BRUNEI

INDONESIEN

SUMATRA

JAVA

BALI

NUSA TENGGARA

SULAWESI

MALAYSIA

WEST-MALAYSIA

OST-MALAYSIA

SINGAPORE

THAILAND

BANGKOK UND UMGEBUNG

ZENTRAL-THAILAND

NORD-THAILAND

NORDOST- UND OST-THAILAND

SÜD-THAILAND

PRAKTISCHE TIPS

Südostasien
Handbuch

ANHANG

Wir danken allen Freunden und Helfern in Südostasien, die uns mit Informationen versorgt und unterwegs bei der Recherche geholfen haben, vor allem

in **Indonesien:** Jon Zürcher vom Swiss Restaurant in Legian, Oka Wati aus Ubud, Jodi S. Soesilo aus Jakarta, Drs. Alwi Baria aus Sanur, Drs. Handoyo und Susi Sustati aus Surabaya für viele Tips über Ost-Java sowie Jeanne Yasha, Theo Polii und Renate Albrecht.

In **Malaysia** und **Singapore:** Anthony Wong, Robert Basiuk, Philip Yong, Lemon Praddy Ales, Karen Ten Bee Khuan, Wilson Tan Kim Leng, Sascha Matuschinski, Heike-Ilka Weber, Veronica Lee, Stephen Liew, Ejee Bondang, Gracie Manap, Mickey Mohr, Gordon Chrispinus Yap, Victoria Yee, Hildegarda Angkangon, Agnes Lim, William Fletcher, Peng Olsen, Richard, Hii, Tania Price, Gladys Mabel Lawrence, Roselan Hanafiah und Ramli Hamzah, Mr. Velu, Uncle Tan, Ghafar-Nur Salina, Aishah Shaari, Jasmine Lee, Anthony Ang, Mel M. Barisic, Anke Seidlitz, Andy Teh, Jenny Majalap, den Mitarbeitern der MTPB in Frankfurt und Rita Waswani vom STPB in Singapore.

In **Thailand:** Peep Fagrajang aus Bangkok, Familie Holzum, Karl Weinhuber, Guy Gorias, Robert Mather, Ferrini Paolo vom Tip Top Restaurant in Nan, Karl-Heinz aus Chiang Rai, Klaus Derwanz, Hagen von Bloh, Say Pha-yom, Koblarp Sittiruk, Wisoot Buachoom, Lisa Lippuner, Anette Stieber, Uwe Löwel aus Mae Sai, Roland Dusik, Gudrun Beste sowie allen Mitarbeitern von TAT in Hat Yai, Surat Thani, Chiang Mai, Chiang Rai und Khon Kaen. Hilfreich waren auch die Mitarbeiter von TAT in Bangkok und Frankfurt, besonders Mrs. Pataraporn Bamroong.
Zudem danken wir Kunya Tuntivisootti-kul für das Setzen der Thai-Schriftzeichen.
Auch ein weiteres Mal ein herzliches Dankeschön an Mischa für seine Mitarbeit bei der Recherche.

Ganz besonders danken wir den zahlreichen Leserbriefschreibern, die uns bei der Erarbeitung dieser 11. Auflage des Südostasien-Handbuchs durch viele wertvolle Tips und Hinweise geholfen haben. Sie alle einzeln aufzuführen, würde leider den Rahmen dieses Buches sprengen.

Bitte schreiben Sie uns!
Wir sind auf Anregungen, Ergänzungen und Korrekturen angewiesen,
wenn auch dieses Buch aktuell bleiben soll. Es ist unmöglich,
für jede Auflage alle beschriebenen Orte zu besuchen.
Dieses Buch wurde im November 1997 fertiggestellt. Informationen, die von den Lesern kommen,
sind sicherlich aktueller. Kein Brief bleibt ungelesen, die brauchbarsten Zuschriften belohnen
wir mit einem Freiexemplar aus unserem Verlagsprogramm.
Bitte beachten: Informationen sollten so exakt wie möglich sein, v.a. Ortsangaben,
Adressen etc. Hotels möglichst in einen Plan einzeichnen.
Vielen Dank!

Stefan Loose Verlag
Hasenheide 54
D 10967 Berlin
Fax 030-6930171
101516.751@compuserve.com

Südostasien
Handbuch

11. Auflage

**Brunei
Indonesien
Malaysia
Singapore
Thailand**

Richard Doring Stefan Loose Werner Mlyneck
Renate Ramb   Ursula Spraul-Doring

Südostasien Handbuch
ISBN 3-922025-76-5
Vollständig überarbeitete 11. Auflage
Januar 1998

Gedruckt auf chlorfrei gebleichtem Papier.

Erschienen im
Stefan Loose Verlag
Hasenheide 54
D 10967 Berlin
101516.751@compuserve.com

Karten
Klaus Schindler, Berndtson&Berndtson, © Stefan Loose

Umschlagkarten innen und außen
Carlos Borrell, © Stefan Loose

Umschlag- und Farbseitengestaltung
Britta Dieterle, Matthias Grimm

Layout
Gritta Deutschmann

Fotos
Bildnachweis S. 815

Druck
Printed in Germany

© Stefan Loose 1978, 1979, 1981, 1983, 1985, 1986, 1989, 1991, 1993, 1995, **1998**

Alle Rechte vorbehalten – insbesondere die der Übersetzung, des Nachdrucks und der Entnahme von Karten, Fotos und Abbildungen.

Die in diesem Buch enthaltenen Angaben wurden von den Autoren nach bestem Wissen erstellt und vom Lektorat im Verlag mit großer Sorgfalt produziert und auf Richtigkeit überprüft. Trotzdem sind, wie der Verlag nach dem Produkthaftungsrecht betonen muß, inhaltliche und sachliche Fehler nicht vollständig auszuschließen. Deshalb erfolgen alle Angaben ohne Garantie des Verlags oder des Autors. Der Verlag und die Autoren übernehmen keinerlei Verantwortung und Haftung für inhaltliche und sachliche Fehler. Alle Landkarten und Stadtpläne in diesem Buch sind von den Autoren erstellt worden und werden ständig überarbeitet.
Das SÜDOSTASIEN HANDBUCH bekommt man im Buchhandel oder per Post gegen Voreinsendung von 44,80 DM auf Postbankkonto 423104-104 (Stefan Loose) Postbank Berlin (BLZ 10010010) oder gegen Scheck im Brief. Titel und eigene Anschrift auf dem Überweisungsformular nicht vergessen!

Auslieferung
Österreich: Freytag-Berndt u. Artaria AG, Schottenfeldgasse 62; A-1071 Wien
Schweiz: b + i Buch und Information AG, Obfelder Str. 35, CH-8910 Affoltern a.A.

Inhalt

Vorwort	5

BRUNEI — 9
Bevölkerung	10
Geschichte	11
Wirtschaft	11
Bandar Seri Begawan	12
Die Umgebung von Bandar Seri Begawan	18
Tutong und Umgebung	19
Die Umgebung von Seria und Kuala Belait	20
Temburong District	21

INDONESIEN — 23
Bevölkerung	25
Geschichte	27
Wirtschaft	33
Sprachführer	34
Bücherliste	40

SUMATRA — 46
Medan	48
Bukit Lawang (Bohorok)	53
Batak-Hochland und Toba-See	55
Brastagi	55
Die Umgebung von Brastagi	58
Prapat	61
Pulau Samosir	63
West-Sumatra	70
Padang	70
Bukittinggi	76
Die Umgebung von Bukittinggi	81
Danau Maninjau	82
Payakumbuh	83
Die Umgebung von Payakumbuh	84
Das südliche Tana Minang	84
Batusangkar	84
Danau Singkarak	85
Riau	85
Pekanbaru	86
Tanjung Pinang	89
Die Strände auf Pulau Bintan	92
Pulau Batam	92
Süd-Sumatra	95
Palembang	95
Provinz Lampung	98
Bandar Lampung	98

JAVA — 101
Jakarta	101
Die Umgebung von Jakarta	119
West-Java	120
Bogor	120
Bandung	125
Die Umgebung von Bandung	132
Pangandaran	133
Die Umgebung von Pangandaran	138
Zentral-Java	139
Cilacap	140
Dieng Plateau	142
Yogyakarta	145
Die Umgebung von Yogyakarta	163
Solo (Surakarta)	168
Ost-Java	174
Surabaya	174
Gunung Bromo	184
Banyuwangi	186

BALI — 188
Süd-Bali	190
Praktische Informationen	190
Denpasar	195
Kuta / Legian	198
Gilimanuk	205
Ubud	205
Die Umgebung von Ubud	214
Besakih	216
Padang Bai	216
Candi Dasa	217
Gunung Batur	220
Penelokan	221
Trunyan	221
Kintamani	222
Das Dorf Batur	222
Bedugul	223
Die Umgebung von Bedugul	223
Singaraja	224
Lovina Beach	225

NUSA TENGGARA — 228
Lombok	229
Lembar	230
Mataram / Ampenan / Cakranegara	230
Sengiggi Beach	235
Gili Air / Gili Meno / Gili Terawangan	237
Lingsar	240
Suranadi	240
Pantai Kuta	240

Tetebatu	241	Geschichte	313
Gunung Rinjani	241	Wirtschaft	316
Sumbawa	242	Bücherliste	318
Poto Tano	243		
Sumbawa Besar	243	**WEST-MALAYSIA**	322
Bima	244	**Kuala Lumpur**	322
Sape	245	Die Umgebung von Kuala Lumpur	338
Komodo-Nationalpark	246	**Von Kuala Lumpur nach Penang**	339
Rinca	246	Bukit Fraser (Fraser's Hill)	339
Padar	246	Cameron Highlands	342
Komodo	247	Lumut	349
Flores	248	Pulau Pangkor	350
Labuan Bajo	250	Ipoh	353
Ruteng	251	Taiping	357
Bajawa	252	**Penang**	359
Ende	253	Georgetown	359
Die Umgebung von Ende	254	Der Norden der Insel Penang	373
Moni und der Gunung Kelimutu	255	**Von Penang nach Norden**	376
Wolowaru	256	Landeinwärts nach Osten	376
Die Umgebung von Wolowaru	256	Alor Setar	377
Maumere	256	Kuala Kedah	378
Waiara	258	Padang Besar	378
Larantuka	258	Kuala Perlis	378
Timor	260	**Pulau Langkawi**	379
Kupang	261	Kuah	381
Die Umgebung von Kupang	265	Die Strände im Westen	383
		Inselrundfahrt	384
SULAWESI	266	Die vorgelagerten Inseln	383
Ujung Pandang	266	**Von Kuala Lumpur nach Süden**	386
Tana Toraja	273	Melaka	386
Die Toraja	273	Die Umgebung von Melaka	396
Rantepao	277	Johor Bharu	396
Die Umgebung von Rantepao	282	**Die Ostküste**	399
Makale	287	Kota Bharu	400
Mangkutana	288	Die Umgebung von Kota Bharu	407
Zentral-Sulawesi	288	Kuala Besut	408
Pendolo	288	Pulau Perhentian	409
Tentena	289	Kuala Terengganu	412
Poso	290	Marang	415
Palu	293	Rantau Abang	416
Tanjung Karang	297	Cherating	417
Togian-Inseln	297	Kuantan	419
Nord-Sulawesi	299	Tasik Chini	422
Manado	299	Mersing	423
Pulau Bunaken	304	Pulau Tioman	424
Airmadidi	305	**Das Landesinnere der Halbinsel**	432
Danau Tondano	305	Kuala Lipis	433
		Jerantut	435
MALAYSIA	309	Taman Negara	437
Bevölkerung	311		

Ost-Malaysia	446	Nord-Thailand	572
Sarawak	446	Bergstämme	573
Kuching	446	Trekking zu den Bergstämmen	578
Die Umgebung von Kuching	453	**Chiang Mai**	581
Bako-Nationalpark	454	Die Umgebung von Chiang Mai	600
Von Kuching nach Belaga	455	Von Chiang Mai nach Mae Sariang	602
Sibu	455	Mae Sariang	603
Kapit	458	Mae Hong Son	604
Bintulu	459	Die Umgebung von Mae Hong Son	607
Niah Höhlen	460	Von Mae Hong Son nach Soppong	608
Miri	461	Soppong	608
Gunung Mulu Nationalpark	463	Tham Lot-Tropfseinhöhle	609
Sabah	464	Pai	610
Kota Kinabalu	465	Ausflüge von Pai	613
Tunku Abdul Rahman Nationalpark	469	Von Pai nach Chiang Mai	613
Von Kota Kinabalu nach Tawau	470	Von Chiang Mai nach Fang	614
Mount Kinabalu	470	Fang	614
Poring	473	Thaton	615
Sandakan	474	Chiang Rai	616
Sepilok Forest Reserve	476	Mae Chan	621
Tawau	477	Mae Salong	621
Von Kota Kinabalu nach Brunei	478	Doi Tung	622
Beaufort	478	Mae Sai	622
Labuan	478	Nach Myanmar (Burma)	624
		Goldenes Dreieck	624
THAILAND	511	Chiang Saen	625
Bevölkerung	512	Chiang Khong	626
Geschichte	514	Nan	627
Wirtschaft	517		
Sprachführer	518	Nordost-Thailand	630
Bücherliste	522	Korat (Nakhon Ratchasima)	630
		Die Umgebung von Korat	634
Bangkok	526	Nong Khai	636
Das Nationalmuseum	527	Die Umgebung von Nong Khai	639
Rings um den Sanam Luang	527	Von Nong Khai nach Chiang Khan	640
Wat Pho	530	Chiang Khan	641
Thonburi	530	That Phanom	642
Indisches Viertel und Chinatown	531	Ostküste	643
Östlich des Zentrums	531	Pattaya	643
Nördlich des Zentrums	532	Ko Samet	644
Die Umgebung von Bangkok	551	Laem Ngop	648
		Ko Chang	649
Zentral-Thailand	552	Ko Mak	655
Ayutthaya	552		
Sukhothai	558	**Süd Thailand**	658
Si Satchanalai	562	Hua Hin	658
Kanchanaburi	563	Bang Saphan	661
Die Umgebung von Kanchanaburi	567	Chumphon	662
Klong Lan National Park	570	Surat Thani	664
Mae Sot	571	**Ko Samui**	666

Nathon	668
Mae Nam Beach	671
Bo Phut Beach	672
Big Buddha Beach	673
Chaweng Bay	674
Lamai Bay	677
Südküste	679
Westküste	680
Inselrundfahrt	680
Ang Thong Marine National Park	682
Ko Pha Ngan	682
Thong Sala	683
Die Strände von Ko Pha Ngan	686
Ausflüge auf Ko Pha Ngan	692
Ko Tao	693
Ban Mae Hat	693
Die Strände von Ko Tao	695
Die Westküste von Süd-Thailand	699
Krabi	699
Rai Leh Beach	704
Ao Nang Beach	706
Ko Lanta	708
Ban Saladan	708
Die Strände von Ko Lanta	710
Ko Phi Phi	712
Ban Laem Trong („Phi Phi Village")	712
Die Strände von Ko Phi Phi	714
Ausflüge auf Ko Phi Phi	714
Phuket	715
Die Stadt Phuket	715
Die Strände von Phuket	719
Wassersport auf Phuket	727
Ausflüge zu Land	728
Die Inseln vor Phuket	729
Phang Nga	729
Die Bucht von Phang Nga	730
Khao Lak	730
Khao Sok National Park	733
Ranong	734
Die Umgebung von Ranong	735
Der tiefe Süden	736
Hat Yai	736
Pakbara	740
Satun	742
Von Thailand nach Malaysia	743

PRAKTISCHE TIPS	744
Anreise	746
Klima	747
Reisezeiten	749
Routenplanung	750
Südostasien – Tips von A–Z	751
– Airlines	755
– Botschaften und Konsulate	755
– Drogen	759
– Ein- und Ausreise	759
– Einreisebestimmungen der Nachbarländer	761
– Essen und Trinken	762
– Feiertage	769
– Frauen unterwegs	770
– Geld	771
– Gepäck	776
– Gesundheit	779
– Informationen	783
– Kalender	783
– Kinder unterwegs	784
– Krankenversorgung	786
– Reisebüros	787
– Übernachtung	788
– Verkehrsmittel	792
in Indonesien	793
in Malaysia, Singapore und Brunei	799
in Thailand	802
– Versicherungen	807
– Zollbestimmungen	808
ANHANG	809
Ortsindex	809
Bildnachweis	815
Über die Autoren	816
Kartenerklärung	817
Kartenverzeichnis	820

Vorwort

Wer möchte nicht verreisen – möglichst weit weg, an weißen Sandstränden unter tropischen Palmen in den Tag hinein leben, im kristallklaren Meer die farbenfrohe Welt der Korallenriffe erleben, auf abenteuerlichen Touren die geheimnisvolle Welt der Urwälder entdecken und das unverfälschte, von der Zivilisation unberührte Leben fremder Menschen kennenlernen? Man braucht nur in ein Flugzeug zu steigen, und bereits am nächsten Tag ist man dort: im Land der Träume. Das versprechen bunte Reiseprospekte. Mit dem fernen Südostasien verbindet insgeheim jeder von uns die Sehnsüchte und Wünsche nach einem anderen Leben. Anders, das heißt vor allem: nicht wie zu Hause, wo sich die Sonne selten sehen läßt, wo Flüsse und Gewässer verschmutzt sind, wo der Alltag jedes Abenteuer vermissen läßt und wo die Zivilisationskrankheiten überhand nehmen.

Wer mit diesen Träumen in seinem Kopf in Bangkok oder Jakarta landet wird im lauten, stinkenden Verkehrschaos der Millionenstädte schon bald seine Illusionen verlieren. Die westliche Zivilisation mit ihren technischen Errungenschaften macht im industriellen Zeitalter vor Südostasien ebenso wenig halt wie die Umweltzerstörung. In ihrem Schlepptau gelingt es westlichen Kulturexporten à la *McDonalds*, *Mickey Mouse* und *Madonna* mehr und mehr die einheimischen Traditionen zu überlagern. Wer die darunterliegende, tief verwurzelte, alte Kultur erleben will, braucht Geduld und Zeit. Doch keine Angst, Bangkok ist nicht Thailand und Denpasar nicht Bali. Nur wenige Stunden von den großen Städten entfernt findet man dichten Dschungel, weiße Sandstrände, wildromantische Wasserfälle und bunte Korallenriffe. Da man die Sehnsucht nach derartigen Oasen mit vielen anderen Menschen teilt, ist man nicht der einzige, der am Strand liegt und durch den Wald trekt.

Die einsame Robinson-Insel ist im Zeitalter des Massentourismus nur schwer zu finden. Doch es gibt sie noch, die menschenleeren Strände und ursprünglichen Dörfer. Allerdings existieren dort weder ein Flugplatz noch komfortable Hotels und Restaurants. Sie sind in diesem Buch auch nicht beschrieben, sonst wären sie schon bald nicht mehr so einsam wie bisher. Und hat man endlich das einsame Paradies gefunden, stellt man bald fest, daß man ohne die Errungenschaften der westlichen Zivilisation auch nicht glücklich ist. Bereits nach einiger Zeit vermißt man die kühlen Drinks, erfrischenden Duschen und jemanden, mit dem man über seine Erlebnisse reden kann.

Die einsamen Strandläufer stellen eine Minderheit dar, die meisten Touristen genießen die Sicherheit der Touristenzentren – die Pauschaltouristen in den Hotels und die Individualtouristen in den Bungalows, Gästehäusern, Losmen und anderswo. Hier findet man immer jemanden, der Englisch spricht, oder sogar Deutsch, und der weiß, wie man ein Spiegelei brät. Die Trekking-Organisationen haben sich darauf eingestellt. Wenn man loszieht, um den tropischen Dschungel zu erleben oder in den schwer zugänglichen Bergregionen Nord-Thailands die „primitiven" Dörfer der Bergstämme zu besuchen, wo die Plastikgesellschaft bereits ihre Spuren hinterlassen hat, schleppt der Guide die Verpflegung für unterwegs mit. Denn die Romantik des Primitiven läßt sich nur genießen, wenn man selbst nicht so leben muß. Und verschließt man nicht die Augen vor dem entbehrungsreichen, harten Leben, ist es schon wieder vorbei mit einer schönen Illusion von den glücklichen Wilden.

In abgelegenen Dörfern sind Weiße eine auffallende Erscheinung, denen spontan besondere Aufmerksamkeit zuteil wird und die man manchmal einlädt. Bei den zumeist reicheren Gästen ist in diesen Situationen besonderes Feingefühl notwendig, um die einfachen Lebensbedingungen ohne Überheblichkeit zu akzeptieren und die Traditionen der Bevölkerung zu respektieren.

Früher nannte man die Länder Südostasiens Entwicklungsländer, weil man vom selbstherrlichen europäischen Standpunkt ausging, daß alle anderen Länder erst dahin „entwickelt" werden müßten, wo wir uns heute befinden. Ein belehrendes, arrogantes Gebaren war für Jahrhunderte das typische Verhaltensmerkmal der weißen Rasse. Mit dem Ende des Kolonialismus sollte diese Einstellung endgültig zu den Akten gelegt sein. Zudem gehört Singapore zu den industrialisierten Nationen Südostasiens mit einem höheren Lebensstandard als das ehemalige Mutterland England, Thailand und Malaysia machen sich gegenseitig den Rang streitig, wer als nächstes NIC (Newly Industrialized Country) zu gelten habe. Vor allem die Städte wirken im Vergleich mit Europa geradezu futuristisch, auf ehemaligen Reisfeldern haben sich Industriebetriebe ausgebreitet, und der Umgang mit Kreditkarten und Geldautomaten ist so selbstverständlich geworden wie das Handeln auf den Märkten.

Neben den Träumen von einer exotischen Ferne schleppt man zudem die heimischen Wertmaßstäbe mit. Unwillkürlich vergleicht man beide Welten, und es schleicht sich der Gedanke vom „zu Hause ist das aber besser" ein. Wer alles wie zu Hause haben will, sollte erst gar nicht losfahren. Wer versucht, ohne Vorurteile und Wertungen Südostasien zu bereisen und Zeit hat, zuzuhören und zu beobachten, wird ein realistischeres Bild von den Ländern erhalten. Vielleicht ist man dann eher in der Lage, die eigenen westlichen Wertvorstellungen zu hinterfragen und andere Kulturen zu verstehen. Unsere Erfahrungen sind ebenfalls durch Träume, Wertmaßstäbe und subjektive Erlebnisse geprägt. Auch wenn wir versucht haben, die verschiedenen Regionen möglichst objektiv zu beschreiben, so ist nicht zu verleugnen, daß auch wir unsere Vorlieben haben. Jeder von uns hat Südostasien auf eine andere Art wahrgenommen. Deshalb wollen wir mit diesem Buch keine allgemein gültigen Maßstäbe setzen, sondern die ersten Schritte in einem fremden Land erleichtern.

Entschließt man sich zu einer Reise, stellen sich verschiedene Fragen, wobei die zu erwartenden Kosten ein zentrales Problem sind. Preise steigen, Fahrpläne verändern sich, Hotels werden umgebaut, eröffnet oder abgerissen, Restaurants wechseln den Besitzer – ein dynamischer Prozeß. Da wir nicht gleichzeitig reisen und Handbücher überarbeiten können, sind Preisangaben relativ schnell überholt. Wir haben für alle Länder im Kapitel Geld, s.S. 776, die Inflationsrate, d.h. den prozentualen Anstieg der Verbraucherpreise, angegeben. Daneben werden sich durch die Abwertung vieler südostasiatischer Währungen während der Wirtschaftskrise Ende 1997 vor allem importierte Waren verteuern.

Die 11. Auflage des Südostasien Handbuchs ist kaum noch mit dem ersten Buch vergleichbar, das vor 20 Jahren für Globetrotter geschrieben wurde. Viele neue Informationen versuchen, dem veränderten Reiseverhalten und Informationsbedürfnis Rechnung zu tragen. Zudem wurden die Karten verbessert und das Layout übersichtlicher gestaltet. Diese vollständig überarbeitete Ausgabe, das Ergebnis monatelanger Recherchen zwischen dem Goldenen Dreieck Nord-Thailands und kleinen indonesischen Inseln konnte nur als Gemeinschaftsprodukt mehrerer Autoren zustande kommen: Neben den Autoren der ersten Auflagen, Stefan Loose und Renate Ramb, recherchierten und formulierten Ursula Spraul-Doring und Richard Doring (Thailand), Frank Holl (Malaysia), Anne Dehne (Singapore) und Werner Mlyneck (Indonesien). Wir haben versucht, so viel wie möglich selbst nachzuchecken. Unser besonderer Dank geht an die zahlreichen Leser, deren ausführliche Briefe, Faxe und E-mails uns beim Zusammentragen weiterer Informationen geholfen haben. Wir freuen uns auf Leserbriefe zu dieser Auflage mit neuen Informationen, Veränderungen und Kritik!

Wir wünschen unseren Lesern auf alle Fälle offene Augen und Ohren, viel Einfühlungsvermögen und nicht zu vergessen – viel Spaß unterwegs.

BRUNEI

Highlights

- Die Sultan Omar Saifuddin-Moschee und der Ausblick vom Minarett

- Die Fahrt mit einem Außenborder durch das Wasserdorf

- Die Kunstschätze im Brunei-Museum

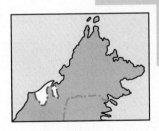

Das kleine, stark vom Islam geprägte Sultanat ist ein Relikt kolonialer Vergangenheit. Ähnlich wie Sarawak und Sabah geriet auch Brunei im vergangenen Jahrhundert unter britischen Einfluß. Obwohl die alte Kolonialmacht bei der Gründung der Föderation von Malaysia auf einen Anschluß drängte, weigerte sich der Sultan vor allem aus ökonomischen Gründen: die sprudelnden Öleinnahmen sollten nicht mit den damals armen Brüdern geteilt werden.

Der nur 5769 km² große Staat an der Nordküste Kalimantans ist relativ unbekannt. Bis 1971 war er britisches Protektorat, danach kontrollierte das Vereinigte Königreich nur noch die Außen- und Verteidigungspolitik. Seit dem 1. Januar 1984 ist Brunei ein unabhängiger Staat. Das Land lebt vom Öl und hat den höchsten Lebensstandard der Region. Einrichtungen des Gesundheits- und Bildungswesens sind für alle Bürger kostenlos. Kredite zur Anschaffung eines PKW oder eines Wohnhauses werden zinslos vergeben. Ebenso großzügig sind die Altersruhegelder. Eine Einkommens- bzw. Lohnsteuer ist unbekannt. Vom allgemeinen Preisniveau her gehört Brunei zu den teuersten Ländern Südostasiens. 85% der beiden räumlich getrennten Landesteile sind mit tropischen Regenwäldern bedeckt. Aufgrund des Ölreichtums hat es das kleine Land nicht nötig, seine Wälder abzuholzen. Zudem sind sie ökonomisch wenig ertragreich. Parallel zur Küste führt eine Asphaltstraße von der Baram-Mündung an der Grenze zu Sarawak bis nach Bandar Seri Begawan. Von hier gibt es eine Straßenverbindung nach Limbang (Sarawak) und in den östlichen Landesteil des Sultanats.

Bevölkerung

Von den 280 000 Einwohnern Bruneis sind 69% Malaien und 18% Chinesen, wobei die letzteren den Handel und das Kleingewerbe kontrollieren. 5,3% gehören protomalaiischen Völkern an. Etwa 8% sind indischer oder europäischer Herkunft.

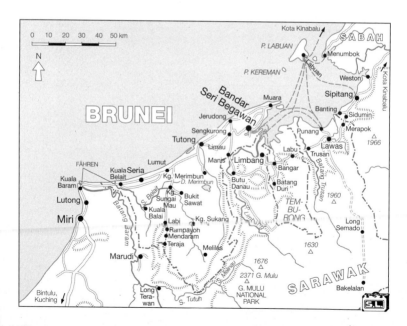

Geschichte

Frühe Handelsbeziehungen

Die Geschichte der malayischen Bundesstaaten Sarawak und Sabah ist eng mit der Bruneis verbunden. Im 6. Jahrhundert wird in chinesischen Schriften ein Ort zwischen China und Java namens Puni oder Poli erwähnt, von dem man annimmt, daß damit Brunei gemeint war. Die Engländer machten aus dem malaiischen Wort *Berunai* (= Brunei) Borneo – ausgesprochen „bornieoh" – und gaben so der drittgrößten Insel der Welt ihren Namen. Intensive Handelsbeziehungen zwischen der Nordküste und dem chinesischen Kaiserreich bestanden schon vor 1500 Jahren. Im 15. Jahrhundert wurde Brunei durch Heirat ein islamisches Sultanat. Unter dem ersten Sultan Mohammed begann sich der Islam an der Nordküste Borneos auszubreiten. Brunei entwickelte sich im folgenden Jahrhundert, besonders unter Sultan Bolkiah, zu einem machtvollen Zentrum, das über große Teile Kalimantans, das Sulu-Archipel und Mindanao herrschte.

Unter britischem Einfluß

Das Auftauchen der ersten europäischen Großmächte Portugal und Spanien veränderte nachhaltig das traditionelle gesellschaftliche und wirtschaftliche Gefüge. 1521 schoß die Flotte des Weltumseglers Magellan Brunei in Trümmer, und das Sultanat, das zudem große Teile der südlichen Philippinen beherrschte, wurde von den Spaniern mit ihrer überlegenen Waffentechnik besiegt. Jahrhundertealte Handelswege waren unterbrochen, was sich später auch unter der Herrschaft der Holländer nicht änderte. 1846 ließ sich das britische Empire die Insel Labuan vom Sultan von Brunei abtreten. Dem geschwächten Sultan blieb unter den drohenden Geschützen der Flotte Seiner Majestät kaum etwas anderes übrig. In Sabah herrschte und regierte die private britische *North Borneo Company*. Zwei englische Kaufleute hatten diesen Teil Borneos vom Sultan von Brunei gekauft, gleichzeitig aber auch dem Sultan von Sulu (Philippinen) Geld zukommen lassen. Die „Weißen Rajah" von Sarawak okkupierten immer mehr Ländereien, und so schrumpfte Brunei zu einem bedeutungslosen Kleinstaat, an dessen Küsten Seeräuber ihr Unwesen trieben. 1888 wurden Brunei und Sabah britisches Protektorat.

Das 20. Jahrhundert

Im 2. Weltkrieg besetzten japanische Truppen die Insel Borneo. Nachdem 1963 unter britischer Regie die Föderation von Malaysia gegründet wurde, schloß sich Brunei unter dem damaligen Sultan Sir Omar Ali Saifuddien nicht dem neuen Staatenbund an. Am 1. Januar 1984 wurde Brunei der 169. unabhängige Staat der Erde und gleichzeitig Mitglied von ASEAN (Association of South East Asian Nations). 1967 dankte Sir Omar zugunsten seines Sohnes *Haji Hassanal Bolkiah Muizuddin Waddaulah ibni Al Marhum Sultan Haji Omar Ali Saifuddien Sa'adul Khairi Waddien* (der offizielle, vollständige Name), dem 29. Herrscher der Dynastie, ab. Der ursprünglich aus 21 Mitgliedern bestehende Gesetzgebende Rat wurde 1962 aufgelöst, und so regiert der Sultan als absoluter Herrscher ohne jede demokratische Kontrolle. Zwei jüngere Brüder sind Minister in den Schlüsselministerien für Auswärtiges und Finanzen, Sultan Sir Hassan al-Bolkiah ist nicht nur Staatsoberhaupt, sondern gleichzeitig Premier- und Verteidigungsminister. Er gilt zur Zeit als der reichste Mann der Welt. Mit der seit 1990 propagierten Ideologie einer malaiisch-islamischen Monarchie, der *Melayu Islam Berjaya,* wird versucht die Monarchie in die traditionelle Kultur des Landes einzubinden.

Wirtschaft

Der begehrte Rohstoff Öl bestimmt das wirtschaftliche Geschehen des Sultanats. Täglich werden von der Brunei Shell Petroleum Company 27 Mill. Kubikmeter Erdgas und 150 000 Barrel Öl gefördert, eine Fördermenge, die das kleine Sultanat bis zum Jahr 2020 beibehalten kann. Mehr als die Hälfte des Bruttosozialproduktes wird in diesem Bereich von 5% der Bevölkerung erwirtschaftet. Durch den Export von Erdöl und Erdgas verfügt das Land über hohe Deviseneinnahmen. Zudem wurden viele Öldollar im Ausland investiert, deren Gewinne in das Land zurückfließen.

Seit 1991 läuft der 6. Fünfjahresplan für die Entwicklung des Landes, dessen Hauptaufgabe die Schaffung von 2000 Industrieprojekten für 40 000 Arbeitnehmer ist. Aber auch die Infrastruktur soll verbessert werden. 80% aller Lebensmittel müssen importiert werden – die Landwirtschaft beschränkt sich weitgehend auf die Selbstversorgung der Agrarbevölkerung, und nur wenige große Farmen sind von wirtschaftlicher Bedeutung.

Bandar Seri Begawan

Die Hauptstadt des Sultanats hat sich in den vergangenen Jahren bemerkenswert verändert. Moderne, mehrgeschossige Büro-, Verwaltungs- und Wohnhäuser prägen das Stadtbild. Satellitenstädte sind in Gadong und an der Jl. Tutong im Westen der Stadt entstanden. Der Wohlstand der 60 000 Einwohner ist offensichtlich. Jeder scheint mit seinen eigenen vier Rädern unterwegs zu sein, Fahrradrikschas und selbst Fahrräder, typisch für die Nachbarländer, sind nirgends zu sehen. Die Stadt hinterläßt zwiespältige Gefühle und bietet wenig Sehenswertes. Die öffentlichen Gebäude scheinen etwas zu groß und protzig geraten zu sein und werden Nacht für Nacht von Hunderten von Scheinwerfern angestrahlt. Der uneingeschränkte Verbrauch von Energie scheint hier keine Probleme zu bereiten.

Die **Mesjid Sultan Omar Ali Saifuddin**, eine der imposantesten Moscheen Südostasiens, wurde 1958 erbaut. Als Baumaterial verwendete man schneeweißen Carrara-Marmor aus Italien und Granit aus Shanghai. Kronleuchter und Glas wurden aus England, Teppiche aus Belgien und Saudi Arabien importiert. Die glitzernde, goldene Kuppel mit einer Fläche von 520 m² ist mit 3,3 Millionen Mosaiken bedeckt. In der Lagune hinter der Moschee spiegelt sich der steinerne Nachbau einer königlichen Barke aus dem 16. Jahrhundert, auf der Koranlesewettbewerbe durchgeführt werden. Von der Aussichtsplattform auf dem Minarett, zu der ein Aufzug hinaufführt, hat man eine herrliche Aussicht über den Kampong Air und die Stadt. Im *Pejabat* der Moschee auf der Südseite gegenüber der königlichen Barke findet man meist einen Angestellten, der den Schlüssel zum Aufzug verwahrt und mit hinauffährt. Die Moschee kann nur außerhalb der Gebetszeiten besucht werden, Sa–Do 8–12, 13–15.30 und 16.30–17.30 Uhr, Fr 16.30 –17.30 Uhr.

Frühe europäische Besucher Bruneis beschrieben die Stadt als das „Venedig des Ostens", da die Bevölkerung zum allergrößten Teil auf und am Wasser lebte. Die heutigen **Kampong Air** (malaiisch: *Kampong* = Dorf, *Air* = Wasser) an beiden Ufern des Brunei River faszinieren Besucher noch immer. Zwischen den Pfahlbauten kann man auf betonierten, zum Teil auch noch hölzernen Stegen über den Brunei River bummeln. Empfehlenswert ist ein Spaziergang von der Omar Ali Saifuddin Moschee durch den dahinter liegenden Kampong Air. Im Gegensatz zu den ärmlichen Wasserdörfern im sonstigen südostasiatischen Raum, werden hier die Häuser mit Strom und Wasser versorgt. An den großen Straßen am Flußufer parkt ein Auto neben dem anderen. Die Dächer der Häuser sind mit Fernsehantennen gespickt. Man schätzt, daß in den Wasserdörfern am Brunei River fast 30 000 Menschen leben, die an ihren traditionellen Wohn- und Lebensweisen festhalten. Für sie werden nun Richtung Palast moderne Reihenhaussiedlungen auf Stelzen ins Wasser gebaut – in ihrem monotonen Einheitsstil aus grauem Beton wirkt alles etwas steril.

In den alten Wasserdörfern ist, trotz einer ausgezeichneten Wasser-Feuerwehr, die Brandgefahr ein großes Risiko, denn ein Holzhaus im Kampong Air brennt in nur ca. 7 Minuten vollständig ab. Ein weiteres

Problem ist die Kanalisation – unvorstellbare Mengen an Abfällen schwimmen zwischen den Holz- und Betonpfeilern! Wen das nicht stört, der kann eine schöne Bootsrundfahrt machen. Boote kann man an allen Anlegestellen, z.B. an der Jl. Residency, für ca. 10 B$ pro Stunde mieten.

Das **Museum der Kroninsignien** (Royal Regalia Museum; *Bangunan Alat Kebesaran Di Raja*) wurde im ehemaligen Churchill Memorial – früher ein kleines Museum für den herausragenden britischen Politiker – untergebracht. Der Vater des jetzigen Sultans war ein großer Bewunderer Churchills, sein Sohn scheint etwas emanzipiertere Ansichten zu vertreten und ließ 1992 das alte Gebäude modernisieren und durch einen zentralen Rundbau beträchtlich erweitern. In der Mitte des neuen Kuppelbaus steht, von Kroninsignien umgeben, die Kutsche, die der Sultan während der Krönungsfeierlichkeiten 1977 benutzte. Links vom Haupteingang informiert eine Ausstellung über die Entwicklung der Verfassung des Sultanats. Interessierte können die alten Schutzverträge zwischen Großbritannien und Brunei sowie andere historische Dokumente entziffern, z.B. den Protektoratsvertrag von 1847, den sogenannten „Vertrag über Freundschaft und Zusammenarbeit". Rechts vom Haupteingang informieren Fotos und Dokumente über den Werdegang des jetzigen Sultans. Geöffnet tgl. außer Fr 8.30–17, Fr 9–11.30 und 14.30–17 Uhr. Eintritt frei.

Neben dem Museum der Kroninsignien wird im 1982 gegründeten **Brunei History Centre** die Geschichte Bruneis und Genealogie der königlichen Familie erforscht. Das kleine Museum enthält den vollständigen Stammbaum des Herrschergeschlechts, Modelle von Sultansgräbern und andere Dokumente. Geöffnet Mo–Do und Sa 9–12 und 13.30–16.30 Uhr. Eintritt frei.

Gegenüber vom Brunei History Centre befinden sich zwei königliche Gebäude, die für die Öffentlichkeit nicht zugänglich sind. Die **Lapau** (Königliche Zeremonienhalle) wird für Festlichkeiten und Zeremonien genutzt. Im daneben liegenden **Dewan Majlis** tagte die Gesetzgebende Versammlung vor ihrer Auflösung durch den Sultan.

Ein kurzer Spaziergang entlang der Jl. Tasek Lama, vorbei am Terrace Hotel, führt zum ruhigen, ausgedehnten **Tasek Lama Park**, mit Picknickplätzen, einem Wasserfall und Teichen mit Wasserlilien. Vom Parkplatz am Eingang erreicht man nach etwa 15 Minuten den Wasserfall. Auf halbem Weg führt ein Pfad hinauf zum Wasserreservoir, das einen Teil des Trinkwassers der Stadt liefert.

Im **Arts and Handicraft Training Centre** in der Jl. Residency wird Kunsthandwerk hergestellt und verkauft, z.B. Silber, Messing- und Bronzewaren, aber auch mit Gold- oder Silberfäden durchwirkte Sarong (Songket), geflochtene Matten und Körbe. Das Zentrum wurde in den 70er Jahren erbaut, um die traditionellen Handwerksformen Bruneis zu fördern bzw. wiederzuentdecken. 1984 zog man in das 10stöckige Gebäude ein, das westliche und islamische Architektur miteinander verbindet. Geöffnet Mo–Do und Sa 8–12.15 und 13.30–16.30, Fr und So 8.30–12 und 14–16.30 Uhr.

Etwa 4 km außerhalb der Stadt am Ufer des Brunei River (Bus nach Kota Batu 1B$ ab Bus Station) kommt man zum lohnenswerten **Brunei Museum.** Im Erdgeschoß befindet sich eine interessante naturkundliche Ausstellung mit einer Sammlung von Schmetterlingen und anderen Insekten. Da Brunei auch eine kleinere Population von Nasenaffen besitzt, ist neben anderen Säugetieren auch diese Spezies ausgestopft vertreten. Das in einem großen Schaukasten ausgestellte männliche Exemplar ist allerdings im prüden Brunei kastriert.

In der phantastischen **Islamic Art Gallery** kann man eine sehenswerte Sammlung islamischer Kunstgegenstände aus Persien, der Türkei, Indien und anderen Ländern bestaunen, darunter alte Koran-Handschriften, Gebetsteppiche, Keramiken, Bronzewaren und Schmuck. Im 1. Stock wird die (Shell)-Geschichte der Ölförderung in Brunei anhand von Fotos, Modellen und Schaubildern gezeigt. Die ethnologische Ausstellung mit dem Schwerpunkt auf der malaiischen Kultur präsentiert Krise, Textilkunst, Spiele und Keramiken. Links neben dem Museum serviert eine Canteen einfache, preiswerte Gerichte und Getränke. Geöffnet ist das Museum tgl. außer Mo 9.30–17, Fr 9–11.30 und 14.30–17 Uhr.

Hinter dem Brunei Museum führt ein Pfad hinunter zum **Malay Technology Museum**. Das 1990 eröffnete, am Fluß gelegene Museum zeigt im 1. Stock den Nachbau eines Wasserdorfes (Kampong Air). Die historischen Haustypen sind durch Holzstege miteinander verbunden. Neben den Methoden des Fischfangs und des traditionellen Bootsbaus werden in den Gebäuden unterschiedliche Handwerke wie Songket-Weberei, Eisen- und Messingverarbeitung dargestellt. Baupläne mit englischer Beschreibung geben zusätzliche detaillierte Informationen über die orginalgetreuen Modelle. Im 2. Stock werden verschiedene Haustypen der indigenen Bevölkerung nachgebaut, z.B. ein Murut- und ein Dusun-Langhaus sowie eine Punan-Schutzhütte. Interessant sind die Beispiele traditioneller Nahrungsmittelproduktion, z.B. der Zuckergewinnung aus der Nipa-Palme oder der Verarbeitung von Sago. Geöffnet tgl. außer Mo 9.30–17, Fr 9–11.30 und 14.30–17 Uhr. In beiden Museen ist der Eintritt frei.

Etwa 750 m stadteinwärts steht das mächtige **Mausoleum** des berühmten Sultans Bolkiah, dem fünften Sultan der Dynastie, der über Brunei 1473–1521 herrschte.

Eine weitere Sehenswürdigkeit ist die neue, gigantische **Istana Nurul Iman**, die größte derzeitig existierende Palastanlage. Sie ist 525 m lang und 230 m breit, hat ca. 1800 Räume, einen Bankettsaal für 4000 Gäste, einen Speisesaal für 500 Personen sowie eine Gebetshalle für die Familie des Sultans und Palastbedienstete, die 1500 Gläubige fassen kann. Die geschätzten Baukosten betrugen US$ 500 bis 600 Millionen. Nur an Hari Raya, am Ende des Ramadan, stehen die Tore der Istana offen, sonst kann sie nur aus gebührender Entfernung bewundert werden. Der Palast, der abends angestrahlt wird, erhebt sich auf einem Hügel 5 km außerhalb der Stadt zwischen dem Fluß und der Jl. Tutong. Vom Fluß aus ist die Größe nur zu erahnen; besser ist der Blick vom **Persiaran Damuan**, einem 1 km langen, an den Ufern des Brunei River angelegten Park, dessen Eingang an der Jl. Tutong 4 km außerhalb der Stadt liegt. Vom Park überblickt man auch die im Fluß gelegene **Pulau Ranggu**, auf der noch einige Nasenaffen leben, die man am häufigsten spätnachmittags in größeren Herden am Ufer antrifft.

Übernachtung

Es gibt keine **preiswerten Hotels** im Zentrum von Bandar Seri Begawan. Allerdings wird von vielen Mittelklasse- bzw. Luxushotels ein Discount eingeräumt, der bis zu 40% betragen kann.
Pusat Belia 4, 3 229423, ist die einzige preiswerte Unterkunft. Die Regierung hat dieses Jugendzentrum errichtet, um ausländische Jugendgruppen unterbringen zu können. Zum Komplex gehören je 10 enge 4-Bett-Schlafsäle getrennt nach Geschlechtern, eine Turnhalle, ein Swimming Pool, Bibliothek und Cafeteria. Eine ISIC-Karte oder ein Internationaler Jugendherbergsausweis ist nützlich, wird aber meist nicht verlangt. Während der ersten drei Nächte kostet die Übernachtung 10 B$, danach pro Nacht 5 B$. Da es in BSB kein Nachtleben gibt, stört es kaum, daß gegen 22.30 Uhr das Haupttor verschlossen wird.
Sungai Buloh Hostel* in Muara, Lot 3454 Simpang 96, Jl. Kota Batu, ✆ 792268, ✆ 792248, für 2 RM mit dem Bus in 25 Min. 20 km Richtung Nordosten. 40 B$ pro 4-Bett-Zimmer, ac, Coffee Shop.

MITTELKLASSE – *Capital Hostel**-**** ③, Jl. Kampong Berangan, gleich hinter dem Pusat Belia, ✆ 223561, ✆ 228789. Die Zimmer sind recht klein, haben jedoch ac, TV und Kühlschrank. Das Essen im Restaurant ist relativ preiswert.
Princess Inn**-*** ⑦, KM 2 Jl. Tutong, ✆ 241128, ✆ 241138, liegt etwa 3 km außerhalb und macht einen etwas abgewohnten Eindruck. Kostenloser Airport Service.

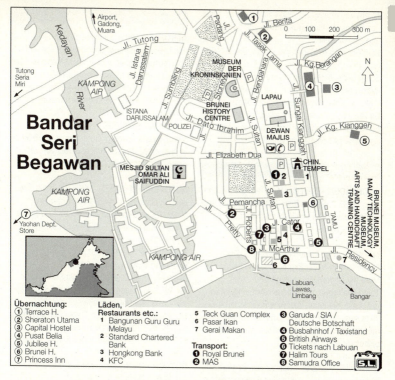

Übernachtung:
① Terrace H.
② Sheraton Utama
③ Capital Hostel
④ Pusat Belia
⑤ Jubilee H.
⑥ Brunei H.
⑦ Princess Inn

Läden, Restaurants etc.:
1 Bangunan Guru Guru Melayu
2 Standard Chartered Bank
3 Hongkong Bank
4 KFC
5 Teck Guan Complex
6 Pasar Ikan
7 Gerai Makan

Transport:
❶ Royal Brunei
❷ MAS
❸ Garuda / SIA / Deutsche Botschaft
❹ Busbahnhof / Taxistand
❺ British Airways
❻ Tickets nach Labuan
❼ Halim Tours
❽ Samudra Office

Terrace Hotel *** ①, Jl. Tasek Lama, ℡ 243554, ℡ 227302, das alte Ang's Hotel hat nicht nur einen neuen Namen bekommen, sondern die meisten Zimmer wurden vollständig renoviert. Angenehmes Restaurant mit *Steamboat Dinner*. Nach Discount fragen!

Brunei Hotel ****-**** ⑥, 95 Jl. Pemancha, ℡ 242372, ℡ 226196. Gepflegtes, zentral gelegenes Haus.

Jubilee Hotel *** ⑤, Jubilee Plaza, Jl. Kg. Kianggeh, ℡ 228070, ℡ 228080.

LUXUS – ***Sheraton*** **** ②, Jl. Bendahara, ℡ 244272, ℡ 221579. Es gilt als das beste Hotel des Landes und hat neben komfortablen Zimmern Restaurants, einen Pool und Coffee Shop.

River View Hotel ****-****, KM 1 Jl. Gadong, ℡ 238238, ℡ 236688, ein Luxushotel mit Pool an der Straße nach Gadong / Muara.

Essen

Überraschenderweise ist das Essen an den diversen Foodstalls in BSB nicht überteuert. Die zumeist großen Portionen kosten 1–5 B$. Die Essenstände ***Gerai Makan*** auf der östlichen Seite des Kanals an der Jl. Residency sind noch nach 21 Uhr geöffnet.

Weitere Essenstände werden am Abend auf dem Parkplatz neben dem chinesischen Tempel gegenüber der Post aufgebaut. Satay, gut gewürzte Kebab in Brötchen, Ikan Bakar und viele andere Speisen gibt's zu äußerst günstigen Preisen. Der einzige Nachteil besteht darin, daß es keine Sitzgelegenheiten gibt, da alle das Essen mit nach Hause nehmen.

Chinesische, **indische** und **malaiische** Restaurants findet man vor allem auf der Jl. Sultan und der Jl. McArthur.

Nyonya-Küche wird im *Rasa Sayang* im 6. Stock des Bangunan Guru Guru Melayu, Jl. Sungai Kianggeh zubereitet.
Fast Food im *KFC* in der Jl. Sultan, Ecke Jl. Cator.
Swensen's, *McDonald's* und *Pizza Hut* findet man in der Jl. Gadong im neuen, gleichnamigen Einkaufsviertel 5 km außerhalb der Stadt.
Da Brunei den Verkauf von alkoholischen Getränken verboten hat, bekommt man in keinem Restaurant Alkohol ausgeschenkt.

Einkaufen

BUCHLÄDEN – *Best Eastern*, Teck Guan Complex, 38-39 Jl. Sultan, Ecke Jl. McArthur, hat die größte Auswahl an englischsprachigen Büchern und viele Comics.

MÄRKTE – Der **Pasar Ikan** der Stadt gleich neben Anlegestelle der Expressboote in der Jl. McArthur ist verhältnismäßig klein.
Tamu Kianggeh, der Lebensmittelmarkt, ist von der Jl. Sg. Kianggeh über eine Fußgängerbrücke zu erreichen. Unter großen, bunten Sonnenschirmen werden Obst, Gemüse, Dschungelprodukte und vieles mehr verkauft.

SHOPPING PLAZAS – Bandar Seri Begawan besitzt neben dem traditionellen Einkaufszentrum in der Innenstadt zwei neuere Stadtteile mit vielen Shopping Plazas, Warenhäusern usw.
Etwa 5 km nördlich der Stadt liegt **Gadong** mit Supermärkten, Restaurants und dem großen Centrepoint Complex.
Näher an der Stadt, an der **Jl. Tutong**, stehen mehrere Shopping Plazas, z.B. *Athirah*, *Badiah* und *Mohammed Yussuf* sowie das Warenhaus *Yaohan*.
Die Lebensmittelabteilung im Untergeschoß des Yoahan hält ein großes Angebot an importierten Waren bereit.
Der kürzeste Weg zur Jl. Tutong führt von der großen Sultan Omar Ali Saifuddin Moschee über den betonierten Pfad durch den Kampong Air. Auf einer schmalen Holzbrücke überquert man den Brunei River und gelangt durch ein weiteres Wasserdorf zum Neubaugebiet.

Sonstiges

ALKOHOL – Brunei ist ein trockenes Land. Alkoholische Getränke dürfen weder verkauft noch ausgeschenkt werden. Nicht-Moslems über 17 Jahre können bei der Einreise 12 Dosen Bier oder zwei Flaschen Spirituosen einführen, die aber beim Zoll deklariert werden müssen.

AMERICAN EXPRESS – repräsentiert *Ken Travel & Trading*, Guan Complex, 38-39 Jl. Sultan, ✆ 223127. Sofortiger Ersatz von verlorenen oder gestohlenen Amex-TC's.

AUTOVERMIETUNGEN – *AVIS*, Hj. Daud Complex, Jl. Gadong, ✆ 442284, im *Sheraton*, ✆ 227100 und im *River View Hotel*, ✆ 238238, sowie in Kuala Belait, *Sea View Hotel*, ✆ 334707.
National Car Systems, 1st Floor, Bangunan Hasbullah 4, Jl. Gadong, ✆ 445187.
In der billigsten Kategorie (Suzuki Swift) kostet bei AVIS ein Wagen mindestens 100 B$ pro Tag inkl. CDW und *Unlimited Mileage*.
Der Wochenpreis für einen Toyota Corolla beträgt 644 B$ inkl. CDW und *Unlimited Mileage*.
Zudem vermieten weitere lokale Firmen Autos.

BOTSCHAFTEN – *Deutschland*, 49-50 Jl. Sultan, Wisma Raya, ✆ 225547;
Österreich (Generalkonsulat), 5/75 Kg. Subok, ✆ 223083;
Indonesien, Lot 4498, Kg. Sg. Hancing Baru, Jl. Muara, ✆ 330180.

FEIERTAGE – Am 15.7. feiert der Sultan mit großem Prunk seinen Geburtstag.

GELD – Malayan Banking wechselt nicht – am besten geht man zur
Hongkong Bank, Jl. Sultan, Ecke Jl. Pemancha, ✆ 242305, repräsentiert Visa- und Master Cards.
Standard Chartered Bank, 55 Jl. Sultan, ✆ 242386, Visa-Repräsentant. Geöffnet Mo–Fr 9–15, Sa 9–11 Uhr. Es empfiehlt sich, US$-Reiseschecks mitzunehmen, da es mit DM-Reiseschecks Probleme gibt.
Generell erhält man schlechtere Kurse für Cash.

INFORMATIONEN – *Information Centre* am Flugplatz. Viel gibt's hier nicht – vielleicht bekommt man *Explore Brunei*, einen 60 Seiten starken Guide, der allerdings 1991 zuletzt aufgelegt worden ist.

ÖFFNUNGSZEITEN – Behörden: Tgl. außer Fr, So und feiertags 7.30–12.15 und 13.30–16.30 Uhr. Geschäfte: Mo–Fr 9–17, Sa 9–12 Uhr. Shopping Centres sind von 10–22 Uhr geöffnet.

POST / TELEFON – **GPO**, Jl. Elizabeth Dua, Ecke Jl. Sultan. Geöffnet Mo–Do und Sa 7.45–16.30 Uhr. Neben dem GPO das *Telecommunications Office* mit einem Service für Internationale Ferngespräche und Telegramme. Geöffnet tgl. 8–24 Uhr. Internationale Gespräche sind weitaus günstiger von öffentlichen Telefonzellen, die aber nur *Phone Cards* akzeptieren. Man bekommt sie im *Telecommunications Office* im Wert von 10, 20, 50 und 100 B$.

REISEBÜROS – *Sura Travel Service*, Bangunan Guru Guru Melayu, Jl. Sungai Kianggeh (neben dem chinesischen Tempel), ✆ 225812, organisiert 3stündige City Sightseeing-Touren für 40 B$. Countryside-Touren werden ebenfalls für 70 B$ angeboten.

Nahverkehrsmittel

Da das Sultanat eine der größten Fahrzeugdichten (2,8 Einwohner pro PKW) besitzt, spielen öffentliche Verkehrsmittel nur eine untergeordnete Rolle. Busverbindungen gibt es nur sporadisch und nach 16 Uhr kaum noch. Eine Alternative zum langen Warten an einer Bushaltestelle ist Trampen.

BUSSE – Der zentrale Busbahnhof befindet sich in der Jl. Cator. Ab hier fahren unregelmäßig Busse nach SERIA 6 B$, TUTONG 1,80 B$ und MUARA 2 B$.

TAXIS können unter ✆ 222214 und 226853 bestellt werden. Sie stehen in der Jl. Cator neben dem Busbahnhof und vor großen Hotels. Allerdings scheinen die Taxifahrer kein großes Interesse an Kunden zu haben. Auch sind sie oft nicht bereit, das Taxameter einzuschalten, sondern verlangen überhöhte Pauschalen. Der erste Kilometer kostet 3 B$, jeder weiteren 200 m bis zu 20 km 20 ¢; über 20 km werden nur noch 10 ¢ je Kilometer berechnet. Eine Fahrt von oder zum Airport kostet zusätzlich 5 B$, Fahrten ins Umland zusätzlich 25 B$. Zwischen 21 und 6 Uhr wird 50% mehr berechnet. Eine Fahrt von der Jl. McArthur zum Brunei Museum kostet etwa 8 B$.

Transport

FLÜGE – Folgende Airlines fliegen BSB an:
MAS, 144 Jl. Pemancha, ✆ 224141-3.
British Airways, Harrisons, Jl. Sungai Kianggeh, ✆ 243911.
Philippine Airlines, 4th Floor, Britannia House, Jl. Cator, ✆ 244075.
Garuda, 49-50 Jl. Sultan, ✆ 235870.
Singapore Airlines, 49-50 Jl. Sultan, ✆ 227253.
Thai Airways, Kompleks Jalan Sultan, 4th Floor, 51-55 Jl. Sultan, ✆ 242991-3.
Royal Brunei Airlines, RBA-Plaza, Jl. Sultan, ✆ 242222.
Ein Taxi zum Airport (5 km) kostet je nach Entfernung 20–25 B$. Airporttax 12 B$.
Preisbeispiele: HONG KONG 666 B$, KOTA KINABALU 78 B$, KUALA LUMPUR 399 B$, MANILA 444 B$, JAKARTA 574 B$, KUCHING 236 B$, SINGAPORE 377 B$.

BOOTE – Ab 6.30 Uhr legen die kleinen, zwölfsitzigen Expressboote nach BANGAR ab. Sie kosten 7 B$ p.P. und fahren bis gegen 16.30 Uhr, wenn genügend Passagiere vorhanden sind. Ab *Gerai Makan* auf der östlichen Seite des Kanals an der Jl. Residency.
Boote nach Sabah s.u.

ÜBERLAND NACH SARAWAK – Busbahnhof in der Jl. Cator hinter dem Brunei Hotel.
Busse nach SERIA fahren den ganzen Tag über in 35 Minuten für 6 B$. Weiter nach KUALA BELAIT in 20 Min. für 1 B$. 5 Busse täglich verkehren bis 15 Uhr von Kuala Belait für 9,50 B$ nach MIRI. Minibus Service kann für 25 B$ tgl. für 25 B$. Reservierung unter ✆ 222945, 240645. Alle Passagiere werden ab 4.30 Uhr von ihrem Hotel bzw. der Wohnung abgeholt. Die Fahrt dauert 4 Std. und die Grenzkontrollen sind unproblematisch.

Bandar Seri Begawan

Auf dem Landweg ist Limbang und der östliche Landesteil Bruneis, Temburong, zu erreichen. Allerdings verkehren bisher auf dieser Strecke keine öffentlichen Verkehrsmittel.
Die Strecke führt über SENGKURONG und KG. PARIT nach LIMAU MANIS. 4 km südöstlich befindet sich der Kontrollpunkt Bruneis. Den Einreisestempel für Sarawak bekommt man nur in Limbang. In BATU DANAU muß man den Limbang River mit einer Fähre überqueren.

ÜBERLAND NACH SABAH – Für diese Route gibt es mehrere Möglichkeiten, die es mit etwas Glück ermöglichen, an einem Tag Kota Kinabalu zu erreichen.
Erste Möglichkeit: Expressboote fahren tgl. um 8, 8.30, 13 und 15 Uhr für 20 B$ bzw. 25 B$ 1. Klasse in 2 1/2 Std. nach LABUAN.
Tickets für das Anschlußboot nach KOTA KINABALU werden bereits für 16 B$ auf dem Schiff verkauft, so daß man mit dem ersten Boot bereits mittags in Kota Kinabalu ist.
Es empfiehlt sich, mindestens einen Tag vorher das Ticket am Stand in der Jl. McArthur, bei *Halim Tours* (in der schmalen Gasse gegenüber der Jetty) oder im
Ratu Samudra Ticketing Office, 201-203 Giok Tee Bldg., Jl. McArthur, zu besorgen und bereits 30 Minuten früher am Pier an der Jl. McArthur zu sein (Immigration).
An Wochenenden und Feiertagen sind die Boote frühzeitig ausgebucht.
Zweite Möglichkeit: Tgl. um 11.30 Uhr fährt ein Expressboot für 25 B$ nach LAWAS.
Ab hier direkter Busanschluß nach Kota Kinabalu. Weitere Infos s.S. 478.
Dritte Möglichkeit: Bis zu 14 Expressboote fahren bis gegen 17.50 Uhr in etwa 30 Min. nach LIMBANG für 10 B$. Weitere Infos über den Landweg s.o. und S. 479.

Die Umgebung von Bandar Seri Begawan
Strände
Der beliebteste Strand, **Pantai Muara**, erstreckt sich 2 km außerhalb der uninteressanten Hafenstadt Muara. Am weißen Sandstrand gibt es am Wochenende Essenstände, außerdem Picknickplätze und einen großen Kinderspielplatz. Ab Bandar Seri Begawan fahren Busse für 2 B$ nach Muara, wo man bereits am Kreisverkehr gleich hinter der Moschee kurz vor dem Ort aussteigt. Die linke Abzweigung führt nach 2 km zum Strand. Wie viele Strände in Borneo ist auch der Muara Beach von Treibholz übersät. Biegt man am Kreisverkehr nach rechts ab, kommt man südlich von Muara zum **Pantai Serasa** auf einer Halbinsel, die in die Bucht von Brunei hineinreicht. Wer den mit 500 m höchsten „Berg" des Muara-Distrikts, den **Bukit Tempayan Pisang**, besteigen will, muß auf dem Weg nach Serasa, bereits nach 2 km rechts (Simpang 196) abbiegen. **Pantai Meragang** liegt nahe der neuen Küstenstraße nach Tutong, etwa 4 km vor Muara. Der bisher kaum erschlossene Strand bietet gute Möglichkeiten zum Wandern.

Bukit Shahbandar Forest Recreation Park
Am Muara–Tutong Highway liegt am KM 15 die 70 ha große Forest Reserve. Wer tropischen Regenwald erwartet, wird enttäuscht sein. Der größte Teil des Parks wurde nach den großen Waldbränden in den 60er Jahren mit Nadelbäumen und Akazien bepflanzt. Der Rest besteht aus Sekundär- und Kerangas-Wald, einem niedrigwachsenden Gehölz, das typisch für die sandigen Küstenböden Borneos ist. Im *Information Centre* am Eingang bekommt man Übersichtskarten. Straßen, von denen Trails abzweigen, führen durch einen Teil des Parks, z.B. zum Triangle Point, der höchsten Erhebung mit einer guten Sicht über das Südchinesische Meer, Muara und Bandar Seri Begawan.

Jerudong Park
Westlich von Bukit Shahbandar liegt der 1000 ha große Park mit seinen drei Polofeldern, dem *Royal Brunei Polo Club* und dem *Royal Brunei Golf and Country Club*. Zudem sind hier an die 600 Pferde untergebracht. Die Lieblingsbeschäftigung des Sultans ist **Polo** und Jerudong ist wohl die größte Poloanlage der Welt komplett mit

einem Stadion, unzähligen Pferdeställen, in denen die aus Argentinien importierten Pferde gehegt und gepflegt werden, einer Reitstrecke, die von Flutlicht ausgeleuchtet wird, einem Veterinärzentrum sowie der wahrscheinlich teuersten und besten Unterkunft im Sultanat, in der die Staatsgäste untergebracht werden. Besucher müssen sich beim Manager der Anlage anmelden.

Am **Pantai Jerudong**, in der Nähe der Polo-Anlagen, erheben sich nordöstlich der Fischstände Felsen, die aus Sandstein- und Tonschichten bestehen. In derartigem Gestein wird in Brunei Erdöl und -gas gefunden, denn der poröse Sandstein wird von einer undurchlässigen Tonschicht überlagert, die das schwarze Gold am Austreten hindert. Mit öffentlichen Verkehrsmitteln ist der Strand schwer zu erreichen.

Limau Manis

30 km südwestlich von BSB liegt der kleine Ort Limau Manis kurz vor der Grenze mit Sarawak (Limbang Division). Es gibt einen Grenzkontrollpunkt der Brunei Police, doch in Sarawak bekommt man den Einreisestempel erst an der Jetty in Limbang. Limau Manis wird von öffentlichen Bussen nicht angefahren. Am günstigsten ist es, mit einem Tutong- oder Seria-Bus bis nach Sengkurong zu fahren. Hier zweigt die Jl. Mulaut nach Süden ab, auf der man versuchen kann, per Anhalter weiterzukommen.10 km hinter der Abzweigung in Sengkurong erreicht man **Kg. Parit**, ein beliebtes Ausflugsziel. Neben dem obligatorischen Picknickplatz gibt es Essensstände und zahlreiche nachgebaute, traditionelle Häuser in Originalgröße.

Sehenswert ist ein Mini-Kampong Air, der über einem Bach errichtet wurde. So ähnlich, nur viel größer, muß es um die Jahrhundertwende in BSB ausgesehen haben, als die Wände und Dächer der Gebäude noch aus Palmblättern bestanden.

Nach weiteren 2,5 km erreicht man das 370 ha große **Wasan Rice Project**, ein Naßreisanbaugebiet, in dem unter Aufsicht des Landwirtschaftsministeriums der Reisanbau gefördert wird. Damit soll seit 1979 die Abhängigkeit Bruneis von Reisimporten vermindert werden. Viel Erfolg scheint dem Projekt nicht beschert zu sein. denn die Einfuhr von Lebensmitteln hat sich seitdem kaum verringert. Insgesamt stehen in der Mulaut-Ebene an die 2700 ha für den Naßreisanbau zur Verfügung.

Tutong und Umgebung

Nach Tutong fahren Busse ab BSB für 1,80 B$. Auch die Busse nach Seria halten hier. Die kleine Distrikthauptstadt, hat außer dem wöchentlichen, farbenprächtigen **Tamu** nicht allzuviel zu bieten. Jeden Donnerstag gegen 18 Uhr werden die Stände aufgebaut. Am folgenden Tag öffnen sie bereits gegen 7 Uhr morgens. Verkauft werden neben Obst und Gemüse auch Dschungelprodukte aus dem Hinterland.

Der Strand **Pantai Seri Kenangan**, auch Pantai Tutong genannt, erstreckt sich von der Stadt Tutong über die schmale Landzunge zwischen dem Meer und dem Tutong River. Keine öffentlichen Verkehrsmittel fahren zum 27 km südlich von Tutong gelegen **Danau Merimbun**. Der flache, mit etwa 500 m Länge und 180 m Breite größte See des Landes, wird von Sumpf und hohem Schilf umrahmt. In seiner Mitte befindet sich eine kleine Insel mit etwas Primärwald, die durch hölzerne Plankenwege mit dem Ufer verbunden ist. Beiderseits der Straße Tutong–Seria, besonders zwischen den KM 50 und 60 türmen sich weiße **Sanddünen**, die an Schnee erinnern. Es handelt sich um Sandböden mit einem 90%igen Quartzanteil, die sich hervorragend für die Glasherstellung eignen. Schätzungen sprechen von 20 Millionen Tonnen Bestand. Bisher liegen keine Pläne für einen industriellen Abbau vor. Spötter meinen, daß nach Erschöpfen der Ölvorräte der Quartzsand an der Reihe sei.

Kuala Belait und Seria

Die beiden 17 km auseinanderliegenden Orte sind die Zentren der Ölindustrie, in denen seit 1932 Öl gefördert wird.

Eine kleine Shell-Anekdote erzählt die Geschichte der Entdeckung des „Schwarzen Goldes" 1929: Zwei Angestellte der British Malayan Petroleum Company, die schon mehrere Jahre erfolglos in Brunei nach Öl suchten, fuhren mit ihren Fahrrädern am Strand von Kuala Belait nach Seria, zwei winzigen, unbedeutenden Orten. Als sie die Mündung des Seria-Flusses erreichten, waren sie so erschöpft, daß sie am Strand eine Rast einlegen mußten. Einer der beiden roch Öl, und veranlaßte eine Probebohrung, die zur Entdeckung des riesigen Seria-Ölfeldes führte.

Seria

Etwas bizarr erscheint das gigantische, von Shell Brunei in Auftrag gegebene Denkmal der Förderung des milliardsten Barrel (**Billionth Barrel Monument**) am Strand von Seria. Es steht an der Stelle, an der das erste Öl entdeckt wurde.

In der charakterlosen Stadt leben die meisten der ausländischen Expatriates, ohne deren Arbeit das Öl nicht fließen würde, in abgeschlossenen Siedlungen. Geschützt werden die gewaltigen Förder- und Verarbeitungsanlagen der Shell Brunei von einem britischen Gurkha-Regiment.

Kuala Belait

Dieses ist der attraktivere der beiden Orte, mit alten chinesischen Geschäftshäusern und breiten, baumbestandenen Straßen. Gleich am Markt befindet sich die Busstation und die Bootsanlegestelle.

Übernachtung

In **Seria** gibt es eine für Brunei recht günstige Übernachtungsmöglichkeit in der Nähe des Marktes.
Rumah Tumpangan Seria* hat einfache Zimmer mit Fan und etwas teuere mit ac.
In **Kuala Belait** gibt es zwei Hotels:
Sentosa***, 92-93 Jl. McKerron, ✆ 334341, ✉ 331129, in der Nähe des Marktes, ist selbst in Brunei für das Gebotene überteuert.
Seaview***-****, Jl. Maulana, ✆ 332651, ✉ 332654, mit Swimming Pool, 2,6 km in Richtung Seria. Das beste Hotel außerhalb von BSB direkt am Strand wurde renoviert. Großer Lebensmittelsupermarkt im Seaview Department Store.

Die Umgebung von Seria und Kuala Belait
Sungai Liang Forest Reserve

Die 14 ha große Forest Reserve liegt 18 km östlich von Seria an der Hauptstraße nach Tutong an der Abzweigung nach Labi. Zum größten Teil besteht sie aus Primärwald. Nur am Eingang wurde ein künstlicher See angelegt, der von Pavillons umgeben ist. Im *Information Centre* bekommt man eine Übersichtskarte.

Labi Road

22 km weiter südlich liegt direkt an der Straße die 270 ha große **Luagan Lalak Forest Reserve**, ein in der Trockenzeit von hohem Schilf eingerahmtes Sumpfgebiet, das sich in der Regenzeit zu einem großen See ausdehnt. Ein Plankenweg führt hinaus in den Sumpf zu einem kleinen Pavillon. **Labi**, 21 km weiter, ein kleiner Marktflecken, ist Zentrum des Obstanbaus. Limonen, Rambutan, Orangen, Durian, Jackfruit und Cempedak werden angebaut. Südlich von Labi können mehrere Iban-Langhäuser besucht werden, die allerdings einem Vergleich mit Sarawak nicht standhalten. **Mendaram Besar** und **Teraja** werden von 100 bzw. 40 Iban bewohnt, viele Bewohner arbeiten jedoch in der Ölindustrie, und sind während der Woche nicht im Langhaus. Sehenswert sind mehrere **Wasserfälle** in der Nähe der Langhäuser, die auf gut markierten Trails zu erreichen sind. Empfehlenswert ist eine zweistündige Wanderung durch Primärwald auf den 441 m hohen **Bukit Teraja**. An klaren Tagen kann man nicht nur den Gunung Mulu und das breite Baram-Tal erblicken, sondern sogar die Kalktelsen der Niah Caves.

Sungai Belait

Kuala Balai, eine 45minütige Bootsfahrt flußaufwärts von Kuala Belait, ist ein kleines, traditionelles Dorf, das einst die wichtigste Siedlung im Westen des Sultanats war. Noch ist die Sagoverarbeitung die bedeutendste Einnahmequelle der wenigen, verbliebenen Brunei-Bisayas. Sie sind zwar längst islamisiert, haben sich jedoch ihre alten Bräuche bewahrt. Etwas weiter flußabwärts steht am Ufer des Sungai Belait eine kleine Schutzhütte, in der eine Sammlung Schädel aus den Tagen der Kopfjagd einen ehrenvollen Platz haben. Um sie vor den Besuchern zu schützen, hat man sie mit Maschendraht umzäunt. Heute noch werden Zeremonien abgehalten, um die Seelen und Geister der Toten zu besänftigen. Kuala Balai ist auch über eine nicht asphaltierte Straße ab Kuala Belait in 30 Minuten zu erreichen. Die Langhäuser und Dörfer am Oberlauf des Sungai Belait sind besser ab **Kg. Sungai Mau** (KM 16 auf der Labi Road) oder **Kg. Bukit Sawat** zu erreichen. 2–3 Stunden dauert die Bootsfahrt ab Kg. Sungai Mau nach **Kg. Sukang**, der wichtigsten Siedlung. Sie besteht aus einem Dusun-Langhaus, mehreren Einzelhäusern, einer Polizeistation, einer Grundschule und einem kleinen Punan-Langhaus am gegenüberliegenden Flußufer. Neben dem Anbau von Reis, Gemüse und Obst, spielt die Jagd bei beiden Volksgruppen eine wichtige Rolle. Während die Punan mit Blasrohren auf Jagd gehen, benutzen die Dusun Speere (der Besitz von Schußwaffen ist in Brunei verboten).

Weiter flußaufwärts liegt das Iban-Langhaus **Melilas**. Es empfiehlt sich, bei Trips an den Oberlauf des Sungai Belait mindestens eine Übernachtung in einem der Langhäuser einzuplanen. Ein Boot zu chartern kostet zwischen 150 und 200 B$ pro Tag.

Temburong District

Diese kleinere Landeshälfte Bruneis wird von Sarawak ganz umschlossen. Die etwa 10 000 Einwohner konzentrieren sich in Bangar, der Distrikthauptstadt, sowie einigen Langhäusern an den Flußläufen. Die Südhälfte Temburongs ist mit tropischem Regenwald, der Norden von Mangroven und Sümpfen bedeckt. Insgesamt bietet Temburong eine intakte, von Menschen kaum berührte Biosphäre, die in Borneo ihresgleichen sucht. Der Raubbau an den Wäldern, typisch für Kalimantan, Sabah und Sarawak, hat hier noch nicht eingesetzt. Noch sind 80% des Landes von ursprünglichem Wald bedeckt. Leider ist Temburong nicht auf Besucher eingerichtet, und eine offizielle Tourismuspolitik des Sultanats existiert nicht.

Bangar

Distrikthauptstadt ist etwas hochgegriffen für diese kleine, verschlafene Siedlung an den Ufern des Temburong River. Der Ort selbst besteht aus einem Pasar, einer Reihe chinesischer Geschäftshäuser, einer Moschee und Verwaltungsgebäuden. Um die Bootsanlegestelle stehen ein paar Taxis, die einzigen Verkehrsmittel im Distrikt Temburong, in dem es 70 km Straßen gibt.

Transport

TAXIS UND BUSSE – Eine durchgehende Verbindung besteht mit LIMBANG (Sarawak) und damit über LIMAU MANIS (s.S. 19) nach Bandar Seri Begawan.
Taxis bis zur Grenze kosten 5 B$ – auf der anderen Seite fahren malaysische Taxis für 10 RM nach Limbang (s.S. 478).
Den **Ausreisestempel** für Brunei bekommt man im *Immigration Office* in Bangar – den Einreisestempel für Sarawak gibt es nur in Limbang. Die Taxifahrer wissen Bescheid.
Eine Ausreise über LABU nach TRUSAN und LAWAS in Sarawak ist ebenfalls möglich (s.S. 478). Ein Taxi bis zum Ende der Straße kostet 20 B$. Dann muß man zu Fuß über einen Hügel marschieren und erreicht die Grenze. Hier warten malaysische Taxis, die für 12 RM bis zum Trusan River fahren. Die Fähre über den Fluß kostet 1 RM. Ab TRUSAN verkehren Busse für 3 RM nach LAWAS.

BOOTE – Die Bootsfahrt von BANGAR nach BANDAR SERI BEGAWAN dauert 45 Minuten und kostet 7 B$. Es fahren täglich mehrere Expreßboote.

INDONESIEN

Highlights

- Die immer noch lebendige Kultur der Batak am Toba-See

- Die umfangreiche Sammlung des Nationalmuseums in Jakarta

- Der Borobudur, ein beeindruckender buddhistischer Tempelkomplex

- Der Gunung Bromo, eine surreale Vulkanlandschaft

- Tanzvorführungen in Ubud, vor allem bei Vollmond

- Die Badestrände auf den Gilis oder am Senggigi Beach

- Die Dörfer und Landschaft von Tana Toraja

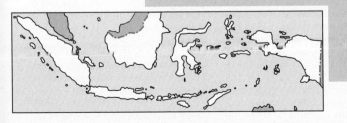

17 508 Inseln beiderseits des Äquators warten darauf, entdeckt zu werden. Mehr als die Hälfte davon sind unbewohnt. Dagegen leben auf den von undurchdringlichem Dschungel bedeckten Inseln Sumatra, Kalimantan und Irian Jaya viele verschiedene Völker. Auf der nach Grönland zweitgrößten Insel der Welt, die früher Neu Guinea hieß und deren westliche Hälfte heute zu Indonesien gehört, siedeln noch Menschen mit einer steinzeitlichen Kultur. Die Hochkulturen in Java und Bali zeugen von hinduistischen und buddhistischen Einflüssen, die bereits im ersten Jahrtausend unserer Zeitrechnung durch den Handel mit Indien die Inselwelt erreichten. Ein Land voller Kontraste - hier Java, die am dichtesten besiedelte Insel der Welt, wo sich ein Dorf an das nächste reiht, kein Flecken der fruchtbaren Vulkanböden brach liegt, dort menschenleere Wälder und Sümpfe, die nur ab und an von Jägern und Sammlern durchstreift werden. Entfernungen sind riesig. Von Sabang in Nord-Sumatra bis Merauke in Irian Jaya sind es 5120 km Luftlinie - mehr als 1/8 des Erdumfangs und weiter als vom Nordkap nach Marokko.

Die Tourismusindustrie ist auf vielen Inseln noch nicht so entwickelt wie in Thailand oder Malaysia. Es fehlen gute Straßen, internationalem Standard entsprechende Hotels und andere Annehmlichkeiten, auf die der bequem reisende Tourist nicht ver-

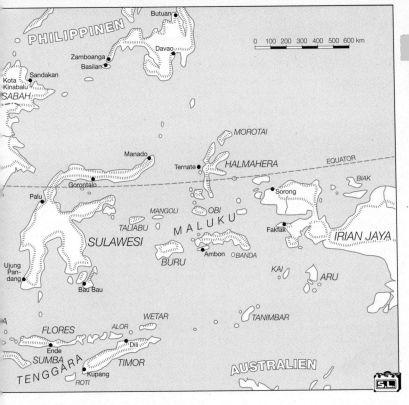

zichten möchte. Ausnahmen sind Java, Bali und, mit Einschränkungen, die Tourismuszentren Nord-Sumatra, West-Sumatra, Süd- und Nord-Sulawesi. Wer außerhalb dieser Gebiete das Land bereist, braucht viel Zeit und Kenntnisse der Nationalsprache Bahasa Indonesia. Die aus dem Hochmalaiischen entwickelte Sprache wird in allen Schulen unterrichtet, denn in dem riesigen Land sprechen die 196 Millionen Einwohner über 250 Regionalsprachen und mehrere hundert Dialekte. Durch die überregionale, eigene Sprache wird von staatlicher Seite versucht, dieses räumlich wie kulturell zersplitterte Land zu einer Nation zu vereinen. Die Vielfalt Indonesiens lernt man schon bei einer Reise durch ein kleinräumiges Gebiet kennen. Auf jeder der großen Inseln könnte man einen Monat bleiben - Indonesien in drei Wochen zu bereisen ist wie Europa in sieben Tagen!

Bevölkerung
Bevölkerungsstruktur

196 Millionen Menschen lebten 1996 in Indonesien – und Jahr für Jahr werden es 3 Millionen mehr. Die Wachstumsrate des nach China und Indien bevölkerungsreichsten Landes Asiens liegt bei 1,6%, die Säuglingssterblichkeit bei 65 pro 1000 Lebendgeburten. Dennoch sind zur Zeit 32% aller Indonesier jünger als 14 Jahre, denn die mittlere Lebenserwartung liegt bei 61

Jahren (1960: 41 Jahre; Westeuropa 72 Jahre). Das Programm zur Familienplanung wird seit 1969 durchgeführt, und die sinkende Wachstumsrate (1970–80 noch 2,4%) ist Beweis für einen ersten Erfolg.

Transmigrasi

Weit über die Hälfte der Menschen (ca. 60%) konzentriert sich auf der zentralen Insel Java. Hier sind die Böden fruchtbar, und schon früh hat sich der Aufbau eines Gesundheitssystems in einer sinkenden Sterberate niedergeschlagen. Jakarta mit mittlerweile 10 Millionen Einwohnern wirkt wie ein Magnet auf die junge, arbeitslose Landbevölkerung. In Zentral-Java rings um Yogya und Solo leben bis zu 2000 Menschen pro km^2, was etwa der Bevölkerungsdichte des Stadtstaates Hamburg entspricht. Weitere dicht besiedelte Provinzen sind Süd-Sulawesi, Bali, Lombok, West- und Nord-Sumatra. Die Bewohner dieser Gegenden sind keineswegs in der Industrie oder Verwaltung tätig, sondern leben überwiegend von der Landwirtschaft. Dem stehen kaum besiedelte Regionen gegenüber. In den Dschungelgebieten und Sümpfen von Irian Jaya und Kalimantan leben weniger als 3 Menschen auf einem Quadratkilometer. Im Rahmen des Transmigrasi-Programmes siedelt man Menschen aus übervölkerten Regionen in unbewohnte Wildnis um. Nach anfänglicher staatlicher Unterstützung sind die Siedler nach 3 Jahren auf sich selbst gestellt. Die fremde Landschaft, soziale Probleme, eine unzureichende Infrastruktur und fehlende landwirtschaftliche Kenntnisse führen bereits in der Anfangsphase zu Problemen. Hinzu kommt die nachlassende Fruchtbarkeit der Neulandflächen die unter den Kindern der Siedler einsetzende erneute Parzellierung.

Der Schmelztiegel

Schon bei der Ankunft in Jakarta fällt auf, daß die Stadt ein Schmelztiegel verschiedenster Rassen und Religionen ist – malaiische und melanesische Völker findet man hier ebenso wie die Nachkommen der eingewanderten Chinesen, Inder und Araber. Von Jakarta aus versucht man unter dem Wappenspruch „Einheit durch Vielfalt", ein unter holländischer Kolonialregierung geschaffenes Land zu vereinigen, dessen Staatsbürger 250 verschiedene Sprachen sprechen und dem über 300 verschiedene Völker auf unterschiedlichsten Kulturstufen angehören. Sie alle sind Indonesier – die westlich orientierten Studenten ebenso wie die auf steinzeitlicher Stufe lebenden Altvölker. Funde aus prähistorischer Zeit beweisen die frühe Besiedlung der Inselwelt. 1,8 Millionen Jahre alt ist der sogenannte Java-Mensch, dessen Schädelknochen bei Mojokerto in Ost-Java entdeckt wurde.

Protomalaien

Die ersten Malaien (Protomalaien) sind bis heute Ackerbauern geblieben, die das Landesinnere der Inseln kultiviert haben. Sie pflanzen Reis und andere Kulturpflanzen an, jagen, flechten, weben, töpfern und schnitzen. Sie haben weitgehend eine eigenständige Kultur bewahrt. Unter vielen dieser Völker ist die Kunst der Ikat-Weberei verbreitet. Familienfeste und andere Feiern werden nach den alten Vorschriften der Stammesreligionen begangen. Während der Islam bei den Protomalaien kaum Wurzeln gefaßt hat, sind einige Stämme zum Christentum übergetreten. Zwischen diesen altindonesischen Völkern, so den auf Sumatra lebenden Batak (ca. 1 Million), den Dayak (ca. 2 Millionen) auf Kalimantan, den Toraja (ca. 700 000) auf Sulawesi und weiteren kleineren Gruppen bestehen starke Unterschiede in der Kultur, der Sprache und dem äußeren Erscheinungsbild.

Deutero-Malaien

Die Deutero-Malaien entwickelten unter den Einflüssen des Buddhismus und des Hinduismus eine eindrucksvolle Hochkultur, wovon noch heute die Tempelarchitektur Javas zeugt. Seit dem 12. Jahrhundert wurden diese Kulturen vom Islam überlagert, der sich von Aceh über die Inseln ausbreitete. Nur auf Bali und Teilen der Insel Lombok hat sich bis heute der Hinduismus erhalten. Die Bevölkerung Javas hingegen ist moslemisch, wie 87% der Gesamtbevölkerung. Schon vor der Kolonialzeit hatten die Deutero-Malaien die Flußtäler und Küstenregionen besiedelt und betrieben intensiven Reisanbau (Java, Bali). Gleichzeitig gelten sie als die seefahrenden und handeltreibenden Völker, z.B. die Bugis (ca. 5 Mill.) und Maduresen (ca. 5 Mill.). Unter der zentralen Gewalt ihrer Herrscher, der Könige und Sultane, entwickelten sie eine hohe Ausdrucksform in Kunst und Literatur. Von den europäischen Kolonialmächten wurden sie als erste beeinflußt, und sie bestimmen noch heute weitgehend das wirtschaftliche und politische Leben des Staates.

Chinesen

Sie kamen schon früh als Händler auf die Inseln, doch die Mehrheit wanderte erst seit dem 19. Jahrhundert als Lohnarbeiter ein. Ihnen wurde untersagt, Land zu besitzen, so daß sich viele in den Städten niederließen und Handel betrieben. Problembelastet ist heute das Verhältnis zu den etwa 4 Millionen Chinesen, von denen sich etwa 1,6 Millionen die indonesische Staatsbürgerschaft erkauft haben, die anderen sind staatenlos (1 Million) oder Bürger Chinas. Ähnlich wie in anderen südostasiatischen Ländern kontrolliert die chinesische Minderheit überproportional den Handel und die Wirtschaft. In vielen, zum Teil blutigen Auseinandersetzungen zwischen *Pribumi* (einheimische Indonesier) und Chinesen finden die Widersprüche ihren Ausdruck. Ein großer Teil bekennt sich zum Buddhismus, doch nicht wenige sind auf dem Papier Christen, damit sie als ungläubige Chinesen nicht verdächtigt werden, Kommunisten zu sein.

Geschichte
Frühgeschichte

Vor 30 000 Jahren erreichten Negritos die Inseln, deren kraushaarige, dunkelhäutige Nachfahren heute nur noch auf den Andamanen, den Philippinen und der malaiischen Halbinsel leben. Verdrängt wurden sie vor etwa 10 000 Jahren von den nachfolgenden Einwanderern, wahrscheinlich weddoide Völker, deren Spuren man in Wajak, Ost-Java, entdeckte. Mit den später eintreffenden Proto- und Deuteromalaien kam auch das Wissen um die Gewinnung und Bearbeitung der Metalle Bronze und Eisen auf die Inseln. Schon 2500 bis 3000 v.Chr. wurde Naßreis angebaut. Alle Einwanderer gründeten kleine Siedlungen an den Flußläufen und -mündungen. Eine Tendenz zur sozialen Differenzierung kann aus zahlreichen archäologischen Funden für den Beginn unserer Zeitrechnung angenommen werden.

See- und Küstenfahrt war allen malaiischen Völkern bekannt, trotzdem beschränkte sich die Herrschaft der Fürsten und Sippenoberhäupter auf einen überschaubaren Bereich, der ihnen genügend Nahrung versprach. So steht am Beginn der aufgezeichneten Geschichte eine Vielzahl kleiner und kleinster Bevölkerungsgruppen, die mit ihren unmittelbaren Nachbarn Handels- und soziale Kontakte hatten. Die mehr als 200 unterschiedlichen Sprachen innerhalb der malayo-polynesischen Sprachfamilie sind noch heute ein Kennzeichen dieser Zersplitterung.

Indisierung

In den ersten Jahrhunderten unserer Zeitrechnung beginnt die sogenannte Indisierung Indonesiens. Der griechische Geograph Ptolomäus berichtet schon im 2. Jahrhundert über *Labadiou* (wahrscheinlich Java) und über *Malaiou* (wahrscheinlich Malayu in Südost-Sumatra). Seine Informationsquellen waren indische Händler, die bis an die Küsten Sumatras und Javas gelangt waren. Aber erst zwischen dem 4. und 6. Jahrhundert verzeichnet der südostasiatische Handel einen enormen Aufschwung. Produkte Süd- und Südostasiens waren auf den chinesischen Märkten gefragt, und es entwickelte sich ein regulärer Schiffsverkehr zwischen Indien, den Siedlungen an den Flußmündungen Sumatras und China. Durch den Handel mit Indien gelangten auch kulturelle Einflüsse in das Land und prägten Sprache, Schrift und Literatur. Brahmanen brachten die heiligen Schriften des Hinduismus nach Indonesien, und die sich formierende aristokratische Klasse übernahm zahlreiche Elemente der neuen Religion. Die indische Konzeption des Königtums war von nun an bestimmend. Das komplexe Gesamtsystem des Hinduismus wurde jedoch nicht übernommen.

Die Lehre von den Kasten (Varna), der Begründung eines Reiches und einer Dynastie und die heiligen Schriften fanden keinen Eingang in die indonesische Gesellschaft.

Sri Vijaya

In den folgenden Jahrhunderten entstanden buddhistische und hinduistische Königreiche, hauptsächlich auf Java und Sumatra. Die Einflußsphären dieser Großreiche umfaßten den ganzen südostasiatischen Raum. Im Brennpunkt der wichtigen Handelsroute zwischen China und Indien gelegen, erlangte Sri Vijaya seit dem 7. Jahrhundert eine Vormachtstellung. Alle Schiffe mußten die Häfen Sri Vijayas anlaufen und Zölle entrichten. Sri Vijaya war kein zentralisiertes Reich, sondern ein Stadtstaat, der andere Fürstentümer militärisch unterwarf und tributpflichtig machte.

Man nimmt an, daß die Hauptstadt in der Nähe des heutigen Palembang in Sumatra gelegen haben muß. Der Niedergang des Sri Vijaya-Reiches kam im 11. Jahrhundert, als chinesische Händler auf direktem Weg in die Produktionszentren segelten. Grundlage der frühen Staaten auf Java war hingegen die äußerst ertragreiche Landwirtschaft auf den vulkanischen Böden. Das wichtigste Herrschergeschlecht Javas war die Sailendra-Dynastie; selbst Sri Vijaya wurde Mitte des 9. Jahrhunderts von einem Sailendra regiert.

Der Borobudur und die Tempel von Prambanan wurden von Herrschern dieser Dynastie in Auftrag gegeben. Buddhismus und Shivaismus existierten in Java nebeneinander.

Majapahit

Seit dem 10. Jahrhundert war Ost-Java das politische und kulturelle Zentrum. Das Kertanegara-Reich (1268–92) gilt als Vorläufer von Majapahit. Wichtigster Staatsmann dieser Periode war Gajah Mada (1329–50). Er betrieb eine aktive Außenpolitik und dehnte Macht und Einfluß Majapahits systematisch aus. Zentrum des Reiches war die Hauptstadt mit dem Kraton des Königs. Die Provinzen wurden von Gouverneuren oder Fürsten verwaltet, die vom König ernannt wurden. Mit den Staaten des südostasiatischen Festlands unterhielt Majapahit Handelsbeziehungen, ebenso mit China und Indien. Die Zeit von König Hayam Wuruk seit 1350 wird als die glorreichste Periode javanischer Geschichte betrachtet. Er besuchte unruhige Grenzgebiete, sprach mit den Ältesten vieler Dörfer, klärte Landstreitigkeiten, trieb Tribut ein, betete an Buddha-Schreinen, Shiva-Statuen und altjavanischen Heiligtümern und besuchte heilige Männer, um zur Erleuchtung zu gelangen. Viele seiner Untertanen hatten dadurch die Gelegenheit, den göttlichen Herrscher zu Gesicht zu bekommen. Durch die Verschmelzung indischer Einflüsse mit javanischer Tradition bildeten sich die ersten Elemente einer eigenständigen indonesischen Kultur.

Islamisierung

Entlang der Handelswege zwischen China, Indien und Arabien breitete sich seit dem 13./14. Jahrhundert der Islam zuerst unter Händlern und Kaufleuten aus. Am Ende des 13. Jahrhunderts gab es bereits zwei islamische Sultanate in Nord-Sumatra (Samudra-Pasai und Perlak). Im 15. Jahrhundert hatte sich der Islam über die Nordküste Javas bis nach Ternate und Tidore auf den Nord-Molukken ausgebreitet. Das eigentliche Machtzentrum des malaiischen Raums war jedoch Malacca. Die islamischen Fürsten der Küstenstädte bildeten ei-

Südostasiens Märkte

Passionsfrüchte

Pomelos

Durian

Jackfruit

Bananen

Kokosnüsse

Rambutan

Mangosteen

Schlangenfrüchte

Rosenäpfel

Wassermelone, Papaya, Ananas und Guave

Reis – das Grundnahrungsmittel

Gegrillte Enten

Zum Trocknen ausgelegte Fische

Gemüseverkäuferin

Chilis

Bambusschößlinge

Zitronengras

Kürbisse

Muskatnuß

Ingwerpflanze

Bambus

Gewürze

Teepflückerinnen

Kaffeestrauch

nen Gegensatz zu den alten aristokratischen Herrscherhäusern im Inneren Javas. Ende des 16. Jahrhunderts wurde das Mataram-Reich zum wichtigsten Machtfaktor auf Java. Unter Panembahan Senapati, der in der Nähe des heutigen Yogyakarta seine Residenz hatte, wurden die islamischen Küstenstädte unterworfen. Seitdem war die Praktizierung des Islam von den königlichen Bedingungen des alten Java abhängig. Der Islam wurde als eine unter anderen Religionen toleriert. Am Hof von Mataram konnten mohammedanische Berater zu höchsten Ehren gelangen und wurden pflichtbewußte Diener des hindu-javanischen Herrschers. Auf den Dörfern blieb der Islam, besonders in Zeiten sozialer Unruhen, einflußreich, da er den bäuerlichen Massen ein Paradies versprach. Der Islam und die javanische Form des Shivaismus-Buddhismus verschmolzen zwar nicht miteinander, nahmen aber beide Einflüsse der jeweils anderen Religion auf.

Ankunft der Portugiesen

Portugiesen beeinflußten ab 1515 für beinahe 100 Jahre die Geschichte der Inseln und nahmen aufgrund überlegener Waffentechnik und nautischer Fähigkeiten bald den gesamten Handel unter ihre Kontrolle. 1511 wurde Malacca erobert. Unter dem Zeichen des Kreuzes wurden Feldzüge gegen schwache Fürsten unternommen – Mord, Plünderungen und Sklavenhandel standen auf der Tagesordnung. Konkurrenten im lukrativen Gewürzhandel kamen schon bald aus Europa, zuerst Spanier, dann auch Engländer und Holländer.

Ankunft der Holländer und Herrschaft der VOC

Gegen Ende des 16. Jahrhunderts erschienen die Holländer, und Portugals Handelsmonopol brach zusammen. 1595 landeten holländische Schiffe in Banten (West-Java) und kehrten bald darauf überreichlich mit Gewürzen beladen in die Niederlande zurück. Aufgabe der schon 1602 gegründeten Vereenigde Oostindische Compagnie (VOC) war es, europäische Konkurrenten vom Handel im Archipel auszuschließen sowie den von asiatischen Kaufleuten abgewickelten Handel zu kontrollieren. Neben den von der niederländischen Regierung verbrieften Handelsrechten besaß die VOC weitergehende Rechte wie eigene Gerichtsbarkeit, eigene Streitkräfte, das Recht, über Krieg und Frieden zu entscheiden, Verträge mit anderen Staaten abzuschließen und Handelsstützpunkte und Festungen zu errichten. Die wichtigste Aufgabe in dieser ersten Entwicklungsphase der VOC war der Gewürzhandel und dessen Kontrolle. Ambon und Bandaneira waren fest in holländischer Hand. Rigoros schränkte die VOC den Anbau von Muskatnuß und Gewürznelken ein, um den Weltmarktpreis zu erhöhen.

Der Niedergang von Mataram und der VOC

Mataram verkörperte den traditionellen Typ einer hinduistisch-javanischen Monarchie, während das islamische Banten eine weltoffene Handelsmacht war. Dänen, Holländer und Engländer besaßen eigene Kontore in der Nähe der Stadt. Interne Schwierigkeiten und Erbfolgekriege leiteten den endgültigen Niedergang Matarams ein. Indem die VOC Amangkurat, den Nachfolger Sultan Agungs, unterstützte, konnte sie die ersten größeren territorialen Gewinne einstreichen. Mitte des 18. Jahrhunderts war Mataram in zwei Sultanate zerfallen, Surakarta und Yogyakarta, und politisch zur Bedeutungslosigkeit abgesunken.

Banten geriet 1683 endgültig in holländischen Besitz.

Schon 1784 erhielt England im Vertrag von Paris Handelsrechte in Indonesien. Das Monopol der VOC war damit gebrochen, ihre Verschuldung wuchs. Andererseits verschlang die Administration der riesigen Territorien Unsummen. Keinesfalls kann man den Grund für den Niedergang der VOC allein in der Korruption unter den Angestellten oder in ihrem Schmuggel der monopolisierten Waren sehen – von Beginn an durch die niedrigen Gehälter eine übliche Praxis.

Britische Kolonialherrschaft

1811 landeten britische Soldaten der East India Company unter Lord Minto, Generalgouverneur von Indien, der nach der Kapitulation der Kolonialtruppen Hollands Stamford Raffles als Gouverneur einsetzte. Raffles war in erster Linie ein glühender Nationalist, der die strategische und handelspolitische Rolle Ost-Indiens schon sehr früh erkannt hatte. Für ihn galt es, das holländische Kolonialreich dem britischen einzugliedern.

Die fünf Jahre britischer Herrschaft brachten besonders Java weitreichende Veränderungen administrativer, wirtschaftlicher und politischer Natur. Raffles gliederte Java in sechzehn Residentschaften und entmachtete die Fürsten und Regenten.

1816 erfolgte die Rückgabe des ehemaligen niederländischen Kolonialbesitzes an die alte Kolonialmacht. Die neuen Generalgouverneure waren als erstes gezwungen, ihre Autorität zu festigen und zahlreiche Unruhen auf den Molukken und Celebes, in West-Kalimantan und Palembang niederzuschlagen. Viele Gebiete wurden dadurch der Kolonialverwaltung direkt unterstellt.

Der Java-Krieg

Der Java-Krieg (1825-1830) war der erste eindeutig antikolonialistische Massenaufstand gegen die holländische Verwaltung. Die wirtschaftliche Situation der Bauern und Handwerker, der einheimischen Kleinhändler und -unternehmer hatte sich zusehends verschlechtert.

Schätzungen gehen davon aus, daß fast 200 000 Javaner während des Kriegs umkamen. Batavia verlor 15 000 Mann, darunter mehr als die Hälfte Europäer. Viel Land war verödet, die Bevölkerung verarmt. Die Kosten für die niederländische Regierung waren enorm. Nicht zuletzt war das einer der Gründe, daß das schon von Daendels geplante Zwangsanbausystem (Cultuurstelsel) eingeführt wurde.

Das Zwangsanbausystem

Jedes Dorf wurde dazu verpflichtet, 20% seiner Anbaufläche mit landwirtschaftlichen Exportprodukten zu bepflanzen. Diese mußten dem Staat abgeliefert werden. War die Summe dieser Produkte höher als die veranlagte Grundsteuer, konnte das Dorf eine entsprechende Rückvergütung verlangen. Umgekehrt, wenn das Dorf weniger als die veranlagte Grundsteuer produzieren konnte, mußte es zusätzliche Leistungen erbringen. Exportprodukte waren zuerst Indigo und Zuckerrohr, bald gefolgt von Kaffee, Tee, Tabak und Pfeffer. Der Wert der Exporte stieg von 13 Mill. Gulden im Jahr 1830 auf 74 Mill. Gulden 10 Jahre später. Zwischen 1840 und 1880 konnten so dem holländischen Staatshaushalt jährlich 18 Mill. Gulden aus der Kolonie zugeführt werden.

Die liberale Politik

In den 60er Jahren des vergangenen Jahrhunderts wurde das Zwangsanbausystem in den Niederlanden mehr und mehr kritisiert. Dabei standen nicht so sehr humanitäre Aspekte im Vordergrund, sondern holländisches Kapital sollte in großen Plantagen investiert werden, was unter dem alten System nicht möglich war. Diese sogenannte Liberale Politik wurde 1870 eingeführt. Europäische Investoren konnten langfristige Pachtverträge mit indonesischen Landbesitzern abschließen oder, im Fall von unbebautem Land, mit der Kolonialregierung. Große Plantagen entstanden auf Java und vor allem in Nord-Sumatra. Diese neue Politik leitete eine Phase der wirtschaftlichen Expansion ein. Exporte verzehnfachten sich zwischen 1870 und 1930. Parallel dazu verlief eine territoriale Expansion. Bis 1910 war Indonesien in den heutigen Grenzen im Besitz Batavias. Am erfolgreichsten war die ethische Politik in der Heranbildung einer kleinen, europäisch gebildeten Elite. Selbst im Islam wuchsen modernistische Ideen, die versuchten, die Anforderungen des 20. Jahrhunderts mit der Religion in Einklang zu bringen.

Der Volksraad

Am Ende des 1. Weltkriegs war die Kolonialregierung gezwungen, breiteren Bevölkerungsteilen mehr Mitsprache einzuräumen. Dazu kreierte sie den Volksraad, der aus zum Teil gewählten, zum Teil ernannten Mitgliedern der drei Bevölkerungsgruppen (Holländer, Indonesier, andere Asiaten) bestand. Insgesamt hatte der Volksraad keinerlei legislative oder exekutive Rechte, sondern stellte nur ein Forum für Kritik und Debatte dar. Verschiedene nationalistische Führer akzeptierten Sitze, andere sprachen sich für einen Kampf ohne Kompromisse aus. 1921 waren die Spannungen im Sarekat Dagang Islam so groß, daß der gesamte linke Flügel, größtenteils Anhänger der PKI, ausgeschlossen wurde. 1926 / 27 unternahm die Partei einen Aufstandsversuch auf Java und West-Sumatra, der aber von der Kolonialregierung schnell niedergeschlagen wurde, wovon sich die PKI bis zum Ende des 2. Weltkriegs nicht wieder erholte.

Nationales Erwachen

Nach dem Niedergang der PKI und des Sarekat Dagang Islam, beides ideologisch geprägte Bewegungen, begann in nationalistischen Kreisen eine erneute Diskussion über den Weg zur Unabhängigkeit. Die allgemeine Losung war „Indonesia Merdeka!" Es galt nicht so sehr, sich den kommenden indonesischen Staat in einer bestimmten sozialen oder politischen Ordnung auszumalen, sondern zuerst das Ziel der Unabhängigkeit zu erreichen. Für dieses Ziel konnten auch Anhänger der PKI oder der islamischen Strömungen gewonnen werden. Im Juli 1927 fanden diese Vorstellungen Ausdruck in einer neuen Partei, der Partai Nasional Indonesia. Der wichtigste Programmpunkt der PNI war die Verweigerung der Zusammenarbeit mit der Kolonialregierung. Ihr Vorsitzender war der Ingenieur Sukarno, der die Gedanken und Zielvorstellungen der gemäßigten islamischen Führer, der Kommunisten und radikalen Nationalisten sehr gut kannte, sich aber keiner Richtung anschloß. Sein Traum war die Vereinigung dieser drei Hauptströmungen der Unabhängigkeitsbewegung. 1930 wurde Sukarno mit vier weiteren Führern der PNI angeklagt und zu vier Jahren Gefängnis verurteilt, 1931 entlassen, 1933 bis zum Beginn der japanischen Besatzung nach Flores, dann nach Bengkulu verbannt.

Japanische Besatzung

Der 2. Weltkrieg in Europa und im Pazifik veränderte die Situation grundlegend. Als 1942 die japanischen Streitkräfte in Indonesien einmarschierten, wurden sie von vielen Indonesiern als asiatische Befreier von europäischer Kolonialherrschaft begrüßt. Die Nationalisten unter Sukarno und Hatta arbeiteten eng mit ihnen zusammen. Die Grundeinstellung zu Japan änderte sich allerdings rasch, als man feststellte, daß man nur die alten Unterdrücker gegen neue eingetauscht hatte. Sukarno versuchte während der Besatzung, die Interessen Indonesiens zu vertreten, und man sollte sich hüten, ihn einseitig als Kollaborateur darzustellen, wie es später von holländischer Seite geschah. Im September 1944 gab der japanische Premier eine Absichtserklärung über die indonesische Unabhängigkeit ab, im März 1945 wurde eine Verfassung entworfen. Sukarno und Hatta wurden im August 1945 von Marschall Terauchi nach Saigon beordert, und ihnen wurde die Unabhängigkeit zugesichert.

Am 17. August 1945, zwei Tage nach der japanischen Kapitulation, erklärte Sukarno die Unabhängigkeit Indonesiens.

Die Rückkehr der Holländer

Nach der Kapitulation Japans waren britische Truppen damit beauftragt, die japanischen Streitkräfte zu entwaffnen. Die neue republikanische Regierung Indonesiens unter Hatta und Sukarno wollte mit den Alliierten Streitkräften zusammenarbeiten, trotzdem gab es im Herrschaftsbereich der Republik Zusammenstöße, da holländische Soldaten und Mitglieder der alten Kolonialverwaltung ihnen auf dem Fuße folgten. Schon 1946 war Holland ge-

Geschichte

zwungen mit Sutan Sjahrir, dem Premierminister der Republik, zu verhandeln. Doch das Abkommen von Linggarjati, in dem Holland der jungen Republik die Unabhängigkeit zugestand, wurde nicht lange eingehalten.

1947 besetzten holländische Truppen unter dem Vorwand, durch eine Polizeiaktion Gesetzlichkeit und Ordnung wieder herstellen zu wollen, große Gebiete der Republik. Unter Vermittlung der Vereinten Nationen wurde das Renville-Abkommen im Januar 1948 geschlossen.

Die endgültige Unabhängigkeit

Innerhalb des republikanischen Lagers fanden danach schwere Auseinandersetzungen statt. Bürgerliche Kräfte aus der PNI wollten die linke Regierung unter Premier Amir Sjarifuddin stürzen. Hatta übernahm die Regierungsgewalt, und bald brach der von der PKI initiierte Umsturzversuch von Madiun aus. In den Kämpfen zwischen überlegenen republikanischen Regierungstruppen und Rebellen wurden die Führer der PKI erschossen.

Holland nutzte die Auseinandersetzungen innerhalb der Republik zu einer weiteren militärischen Aktion. Die Streitkräfte Indonesiens begannen einen Guerillakrieg gegen die Invasoren. Im Frühjahr 1949 waren außer den Außeninseln und den großen Städten auf Java und Sumatra alle anderen Gebiete in republikanischer Hand. Im August 1949 war Holland gezwungen, ein Abkommen zu unterzeichnen, das Indonesien die endgültige Unabhängigkeit gewährte.

Der Einheitsstaat unter Sukarno

Die Verfassung von 1950 machte Indonesien zu einem Einheitsstaat, der dem Präsidenten (Sukarno) nur eine repräsentative Rolle zuwies. Innerhalb der folgenden 7 Jahre lösten sich 7 verschiedene Regierungen ab, bis Staatspräsident Sukarno 1957 seine Gelenkte Demokratie erklärte. Er kritisierte das westliche Demokratiekonzept als ungeeignet für Indonesien. Dagegen stellte er das traditionelle System von *Musjawarah* und *Mufakat* (etwa Diskussion und Konsens). Zur gleichen Zeit brachen Sezessionsbestrebungen in Sumatra und auf anderen Außeninseln aus. Die Zentralregierung reagierte schnell, und Ende 1958 waren die Aufstände niedergeschlagen. Sukarno, die Armee und die nicht kompromittierte PKI waren jetzt die Machtfaktoren in der Republik. 1959 wurde die alte Präsidial-Verfassung von 1945 durch ein Dekret des Präsidenten wieder in Kraft gesetzt. Das Konzept Nasakom (Nationalismus, Religion, Kommunismus) wurde eingeführt. Sukarnos Macht bis 1965 lag in der Balance zwischen Armee und PKI.

Der Aufstieg Suhartos

Die sich verschlechternde wirtschaftliche Situation, politische Machtkämpfe zwischen Parteien und Militärs und der verstärkte Einfluß der PKI führten zu einer **innenpolitischen Krise**. So war der Lebenskostenindex in Jakarta von 100 (1958) auf 36 347 (1965) gestiegen. In der Nacht des 30. September 1965 versuchten linksgerichtete Militärs einen Putsch und erschossen fünf Armeegeneräle. Am Abend des gleichen Tages begann der Aufstieg General Suhartos. Die Armee-Führung sprach von einem kommunistischen Aufstandsversuch; die noch bestehende PKI von einer internen Angelegenheit der Armee. In den folgenden Monaten wurde die PKI zerschlagen, mehrere hunderttausend Menschen wurden ermordet.

Am 11. März 1966 fanden in Jakarta und anderen Städten Demonstrationen gegen Sukarno statt. Die militärische Führung zwang Sukarno damit, zahlreiche Machtbefugnisse an Suharto abzutreten. Die PKI wurde verboten, 15 Minister Sukarnos verhaftet. Im März 1968 trat General Suharto sein Amt als Präsident der Republik Indonesien an.

Golkar

Immerhin gelang es, die ökonomische Krise in den Griff zu bekommen, durch kontrollierte ausländische Investitionen die Wirtschaft anzukurbeln und die Probleme der Infrastruktur anzugehen. Mehrfach wurde seither General Suharto in seinem Amt bestätigt. Die regierende Golkar ist keine Partei im westlichen Sinne, sondern umfaßt die sogenannten „funktionalen Gruppen". Im Sekretariat von Golkar sind z.B. Bauern, Fischer, Staatsangestellte, Genossenschaften, religiöse Gruppen, Studenten, Streitkräfte, Veteranen usw. durch ihre Verbände bzw. Interessenorganisationen vertreten. 1997 siegte Golkar erwartungsgemäß mit 74% (1992: 68%), gefolgt von der PPP mit 22% (17%) und der PDI mit 3% (15%). Die gewaltigen Verluste der PDI sind auf die von Regierungs- und Militärkreisen provozierte Ausschaltung der charismatischen Parteivorsitzenden Megawati Sukarnoputri zurückzuführen. Seitdem ist die Partei unter ihrer neuen regierungsfreundlichen Führung für viele Kritiker des politischen Systgems nicht mehr wählbar.

Wirtschaft
Einige Wirtschaftsdaten

Nach offiziellen Regierungsangaben leben nur 14% der Bevölkerung unterhalb der Armutsgrenze, die durch ein Tageseinkommen von 930 Rp bei Stadt- und 608 Rp bei Landbewohnern vom Staat definiert ist. Vor 25 Jahren waren es noch 70 %. Andererseits bezweifeln indonesische Sozialwissenschaftler diese Angaben. Sie gehen davon aus, das 82% der Gesamtbevölkerung mit einem Pro-Kopf-Einkommen von monatlich 60 000 Rp oder weniger auskommen müssen, eine weitaus realistischere Annahme für die Armutsgrenze im Vergleich zu den staatlichen Angaben.

Bodenschätze

Verarbeitete Erzeugnisse als wichtigste Exportprodukte erzielen etwas mehr als 50%, Erdöl und Erdgas ein Drittel der Aufuhrerlöse. Indonesien fördert etwa 1,6 Millionen Barrel Erdöl täglich. Zudem ist Indonesien der weltgrößte Produzent von Flüssiggas mit steigenden Fördermengen. Etwa die Hälfte des Erdgases und Erdöls wird in Sumatra gefördert. Zwölf ausländische Firmen sind im Ölgeschäft aktiv. Die wichtigste ist Caltex, die in den Provinzen Jambi und Riau die größten Felder betreibt. Die staatliche Gesellschaft Pertamina fördert im Vergleich nur geringe Mengen, monopolisiert allerdings die gesamte Rohölverarbeitung.

Nach China ist Indonesien der zweitgrößte Produzent von Zinn. Das Metall wird auf und vor den Inseln Bangka, Bilitung und Karimun abgebaut. Nickel-Vorkommen finden sich auf Sulawesi und den Molukken. Die zwei größten Abbaugebiete sind Soroako (Zentral-Sulawesi) und Kolaka (Südost-Sulawesi). Weitere wichtige Bodenschätze sind Bauxit (auf der Insel Bintan, Riau), Gold und Silber (Sumatra) sowie Kupfer bei Tembagapura (Irian Jaya).

Landwirtschaft

Noch immer sind mehr als die Häfte der Erwerbspersonen in der Landwirtschaft beschäftigt. Java und Bali sind große Naßreisanbaugebiete, und ihre vulkanischen Böden ermöglichen eine intensive landwirtschaftliche Nutzung. Für die rasch anwachsende Bevölkerung werden immer mehr Nahrungsmittel benötigt. Daher steigert man die Reiserträge durch künstliche Bewässerung, intensive Düngung und neue Sorten, die mehrere Ernten im Jahr ermöglichen.

Allerdings verkleinern sich die Reisfelder von Generation zu Generation, so daß sie am Ende kaum mehr eine Familie ernähren. 90% der Betriebe sind kleiner als 2 ha, in Zentral-Java bewirtschaften manchmal mehrere Familien Reisfelder von unter einem Hektar. Viele Bauern sind verschuldet, neben der Pacht, die ein Großteil der Bauern ohne eigenen Boden bezahlt, erhöhen prunkvolle, traditionelle Familienfeiern den Schuldenberg erheblich. Auf den Außeninseln werden aufgrund unterschiedlicher klimatischer Bedingungen zudem andere landwirtschaftliche Produkte angebaut, z.B. Mais und Tapioka. In großen Teilen Sumatras herrscht traditionelle Plantagenwirtschaft vor, die ausschließlich auf den Anbau von Pflanzen für den Welthandel ausgerichtet ist. Kautschuk, Ölpalme, Tee, Kaffee, Kakao, Tabak und Pfeffer werden auf riesigen Plantagen angebaut, die heute wieder im Besitz ausländischer Gesellschaften sind. Jedoch erfolgt, abgesehen von Palmöl, der weitaus größere Teil dieser Pflanzenproduktion in kleineren bäuerlichen Betrieben.

Forstwirtschaft

Große Probleme ergeben sich auf den waldreichen Inseln durch den Holzeinschlag. 1993 wurden durch den Export von Holzprodukten (Sperrholz, Schnittholz, Holzmöbel) fast 4 Milliarden US$ eingenommen. Im Gegensatz zu den Erlösen ausländischer – vor allem US-amerikanischer und japanischer – Holzgesellschaften bringen Aufforstungsprogramme keine Devisen ein.

Im Repelita-IV-Plan von 1984 wurden zum ersten Mal für die Forstwirtschaft grundsätzliche politische Entscheidungen getroffen. Der Export von unverarbeitetem Holz wurde verboten und eine holzverarbeitende Industrie gefördert. Von den im Plan ausgewiesenen Waldflächen von angeblich 1,13 Mill. km^2 (60% der Gesamtfläche) sind 336 000 km^2 für den Holzeinschlag ausgewiesen (entspricht etwa der Fläche Finnlands), die damit dem so wichtigen Ökosystem Tropischer Regenwald verlorengehen wird.

Industrie

Etwa 17% der arbeitsfähigen Bevölkerung ist in der Industrie beschäftigt, die über 50% der Exporterlöse und fast 40% des Bruttoinlandsprodukts erzielt. Traditionelle Industriezentren sind Jakarta und West-Java, Surabaya, Medan und Ujung Pandang.

Wichtigste Sektoren sind die Nahrungsmittel- und Getränkeindustrie, Textil- und Lederindustrie sowie Tabakverarbeitung. Zunehmend gewinnen arbeitsintensive, exportorientierte Industrien wie die Textil-, Spielzeug und Schuhherstellung an Bedeutung.

Bei allen Negativerscheinungen ist es gelungen, den Lebensstandard der Bevölkerung, die von etwa 105 Mill. auf 196 Mill. gewachsen ist, zu heben.

Die Nahrungsmittelproduktion konnte absolut gesteigert werden, und eine auf den natürlichen Resourcen des Landes basierende industrielle Entwicklung wurde eingeleitet

---

Sprachführer

Eine Nation – ein Land – eine Sprache: der Slogan der indonesischen Nationalisten in den Zwanziger Jahren verdeutlicht den politischen Stellenwert einer einigenden Sprache. Seit 1945 ist das aus dem klassischen Malaiisch entwickelte Indonesisch Staatssprache.

Viele Wörter wurden aus Fremdsprachen übernommen – aus indonesischen Regionalsprachen ebenso wie aus dem Arabischen, dem Sanskrit, dem Chinesischen, dem Holländischen und – vor allem in jüngerer Zeit – dem Englischen. Generell werden die Wörter so ausgesprochen, wie sie geschrieben werden – mit wenigen Ausnahmen:

(e)			selten wie „Meer", häufig verschluckt oder wie „gekommen"
(c)	candi	Tempel	wie im Deutschen „rutschen"
(j)	jalan	Straße	ein weiches dsch z.B. „Gin"
(kh)	akhirnya	endlich	wie im Deutschen „Loch"
(ng)	bunga	Blume	wie im Deutschen ng in „singen"
(ny)	nyanyi	singen	ein Laut ähnlich „Champagner"
(r)	roti	Brot	gerolltes r wie in Bayern
(y)	wayang	Theater	wie im Deutschen „ja"

Ständig wiederkehrende Fragen (F) und entsprechende Antworten (A)

F: *apa kabar?*	Wie geht's Dir?
A: *kabar baik*	Mir geht's gut.
F: *siapa nama mu?*	Wie heißt Du?
A: *nama saya ...*	Ich heiße ...
F: *darimana?*	Woher (kommst Du)?
A: *dari jerman*	aus Deutschland
dari swiss	aus der Schweiz
dari austria	aus Österreich
dari bulan	vom Mond
F: *pergi / mau kemana?*	Wohin gehst Du?
A: *ke pantai*	Zum Strand
jalan-jalan	Spazierengehen
F: *penginap / tinggal dimana?*	Wo wohnst Du?
A: *di losmen ...*	Im Losmen ...
F: *berapa lama di indonesia?*	Wie lange (bist Du) in Indonesien?
A: *sudah lama*	Schon lange (oder)
satu hari saja	erst einen Tag (bzw.)
satu minggu	eine Woche
F: *bisa bicara bahasa indonesia?*	Sprichst Du Indonesisch?
A: *sedikit*	ein wenig (oder)
saya (tidak) mengerti bahasa indonesia.	Ich verstehe (kein) Indonesisch.
F: *umur berapa?*	Wie alt (bist Du)?
A: *dua puluh tahun*	20 Jahre
F: *sendiri?*	Alleine? (Sofern man alleine ist, oder:)
F: *sudah kawin?*	(Bist Du) schon verheiratet?
A: *belum / ya*	noch nicht, falls „ya", folgt:
F: *berapa anak-anak?*	Wieviele Kinder?
A: *tiga, sepuluh*	3, 10 – nie keine!

...und nicht zu vergessen den englischen Satz:
I want to practice my English.
Damit die Konversation nicht einseitig bleibt:

Grußformeln

selamat pagi!	Guten Morgen!
selamat tidur!	Schlafe gut!
selamat datang!	Herzlich Willkommen!
selamat makan!	Guten Appetit!

Fragen

apa	was
apa ini?	Was ist das?
siapa	wer
siapa nama mu?	Wie heißt du?
berapa	wieviel
berapa lama?	Wie lange?
kapan	wann
berapa jauh?	Wie weit?
mengapa	warum
kapan bis datang?	Wann kommt der Bus an?

Personen

saya / aku	ich
nama saya ...	Mein Name ist ...
kamu (anda)	du (höflich ihr)
dia / ia	er / sie / es
kita / kami*	wir (* ohne die angesprochene Person)
engkau	ihr
mereka	sie (Plural)

Anrede

saudara	Bruder / Schwester (förmliche Anrede)
tuan / nyonya / nona	Herr / Frau / Frl. (traditionell)
bapak (pak)	Vater
ibu (bu)	Mutter
bung	älterer Bruder, einer älteren Person, freundschaftlich
kawan / teman	Freund
anak	Kind
perempuan / wanita	Frau, weiblich
laki laki	Mann, männlich

Zeit

pagi	Morgen (bis 11.00 Uhr)
siang	Mittag
sore	Nachmittag
malam	Abend
hari ini	heute (dieser Tag)
besok	morgen
kemarin	gestern

waktu	Zeit
jam berapa?	Wie spät ist es?
jam karet	Gummizeit (typische indonesische Zeitangabe)
sekarang	jetzt
sebentar	bald (bis 12 Stunden)
nanti	später
belum	noch nicht
sudah	schon / fertig
yang lalu	vor ...
antas	sofort danach
lama	lange dauernd
dahulu	vorher, früher
tadi	gerade, vorhin
sebelum	vor, bevor
abadi	ewig
menit	Minute
jam	Stunde
hari	Tag
minggu	Woche
bulan	Monat
tahun	Jahr
abad	Jahrhundert
keabadian	Ewigkeit
tiaphari	jeden Tag
sehari-hari	jeden Tag
sehari-harian	den ganzen Tag
sehari-semalam	Tag und Nacht
hari minggu	Sonntag
hari senin	Montag
h. selasa	Dienstag
h. rabu	Mittwoch
h. kamis	Donnerstag
h. jumat	Freitag
h. sabtu	Samstag

Zahlen

0	*nol*
1	*satu*
2	*dua*
3	*tiga*
4	*empat*
5	*lima*
6	*enam*
7	*tujuh*
8	*delapan*
9	*sembilan*
10	*sepuluh*
11	*sebelas*
12	*dua belas*
20	*dua puluh*
30	*tiga puluh*
45	*empat puluh lima*
100	*seratus*
200	*dua ratus*
1000	*seribu*
2000	*dua ribu*
setengah	1/2
seperempat / seprapat	1/4
banyak	viel
sedikit	wenig
kurang	weniger (-)
tambah / lagi / lebih	mehr (+)

Einkaufen

(mem)beli	kaufen
(men)jual	verkaufen
(mem)bayar	bezahlen
uang / duit	Geld
mahal	teuer
murah	billig
terlalu (mahal)	zu (teuer)
turun	heruntergehen
paling mahal	am teuersten
tanpa / dengan	ohne/ mit
harga pasti	Festpreis
harga biasa	richtiger Preis
ongkos	(Un)kosten
menawar	handeln
berapa harga?	Wieviel kostet es? (wörtl.: wieviel Preis?)
rusak	zerstört, verdorben, zerbrochen
pakaian	Kleidung
kain	(gewebter) Stoff
kapas	Baumwolle
sutera	Seide
sabun	Seife
lilin	Kerze
handuk	Handtuch
obat nyamuk	Moskitocoils
korek api	Streichhölzer
obat langir	Shampoo
kertas tulis	Schreibpapier
kertas bungkus	Packpapier
kertas wc	Toilettenpapier

surat / franko	Brief / Briefmarke	panas	heiß
sampul surat	Briefumschlag	dingin	kalt
surat kabar	Tageszeitung	pahit	bitter (= ohne alles)
		teh pahit es	Eis-Tee pur
		manis	süß (= mit Zucker)
		teh manis	süßer Tee
		susu	(mit) Milch – im allgemeinen süße Dosenmilch!

Wohnen

dimana ada losmen / hotel?	Wo gibt es ein Losmen / Hotel ?
ada kamar kosong?	Haben Sie ein freies Zimmer?
untuk dua orang (malam)	für 2 Personen (Nächte)
kamar	Zimmer
kosong	leer
kamar mandi	Bad
penuh	voll
kunci	Schlüssel
nyamuk	Moskito
pintu	Tür
jendela	Fenster
kaca	Fensterglas
kaca cermin	Spiegel
meja	Tisch
kursi	Stuhl
masuk	eintreten
keluar	hinausgehen
duduk	sitzen
(men)cuci	etwas waschen
mandi	baden
tidur	schlafen
bangun	erwachen

Essen und Trinken

makan	essen
minum	trinken
makan pagi	Frühstück
makan siang	Mittagessen ...
saya mau makan	Ich will essen!
piring	Teller
gelas	Glas
porsi / bungkus	Portion / Portion zum Mitnehmen
teh	Tee
kopi	Kaffee
air	Wasser
air masak	abgekochtes Wasser
es	Eis
air jeruk	Zitrussaft

nasi putih	gekochter Reis
mie	Nudeln
roti	Brot
kue	Kuchen
daging	Fleisch
sapi	Rind
kerbau	Büffel
babi	Schwein
ayam	Huhn
kambing	Ziege
bebek	Ente
hati	Leber (im übertragenen Sinn Herz)
rusa	Hirsch
tikus	Maus
anjing	Hund
ular	Schlange
ikan	Fisch
udang	Krabben
udang karang	Hummer
cumi-cumi	Tintenfisch
siput	Muscheln/Schnecken
sayur	Gemüse
kentang	Kartoffel
timun	Gurke
bayam	Spinat
terong	Aubergine
bawang merah	Zwiebel
bawang prei	Porree
apokat	Avocado
tomat	Tomate
buah	Frucht
nanas	Ananas
kelapa	Kokosnuß
mangga	Mango
semangka	Wassermelone
nangkah	Jackfrucht
pisang	Banane

Weiteres über Früchte im Teil A–Z unter Essen und Trinken, s.S. 764.

Reisen und Transport

kemana	wohin
pergi kemana?	Wohin gehst Du?
dari mana	woher
dari mana dia datang?	Woher kommt er?
dimana	wo
dimana ada ...	Wo ist ...
ke / di / dari	nach / in / von
saya pergi ke ...	Ich gehe (fortgehen) nach ...
saya datang dari ...	Ich komme aus ...
saya tinggal (penginap) di ...	Ich wohne in ...
terus	geradeaus
kiri / kanan	links / rechts
utara / selatan	Norden / Süden
timur / barat	Osten / Westen
pesawat terbang / kapal terbang	Flugzeug
pelabuhan udara / lapangan terbang	Flughafen
setasiun / terminal bis	Busbahnhof
bis	Bus
bis malam	Nachtbus
kapal laut	Schiff
pelabuhan	Hafen
kereta api	Eisenbahn
setasiun kereta api	Bahnhof
taksi	Taxi
tempat taksi	Haltestelle
dermaga	Bootsanlegestelle, Mole
mobil	Auto – allgemein Fahrzeug, Wagen
kuda	Pferd
dokar / bendi	Pferdekutsche
sepeda motor	Motorrad
meminjam	mieten
naik mobil	Autofahren
naik pesawat	Flugzeug fliegen
karcis	Fahrkarte
loket	Schalter
kelas tiga	3. Klasse
korting	Ermäßigung
tempat duduk	Sitzplatz
barang / bagasi	Gepäck / Güter
cepat	schnell
pelan	langsam
hilang	verschwinden
hati-hati	Vorsicht!
awas	Achtung!
keliling	umherreisen
pengembara	Vagabund, Traveller
jalan	Straße
jembatan	Brücke
simpang	Abzweigung
simpang empat	Kreuzung
hulu	flußaufwärts
hilir	flußabwärts
batas	Grenze
selokan	Graben
berbahaya	riskant
tentu / pasti	sicher, bestimmt
berangkat	aufbrechen, starten
pergi ke	gehen nach
pulang	zurückkehren
pergi pulang	hin und zurück
jatuh	fallen, untergehen
terbang	fliegen
berenang	schwimmen

Umwelt

kampung / desa / dusun	Dorf
kota	Stadt
pulau	Insel
gunung	Berg
gunung api	Vulkan
puncak	Gipfel
bukit	Hügel
kawah	Krater
gua	Höhle
hutan	Wald
pohon	Baum
binatang	Tier
burung	Vogel
bunga	Blume
daun	Blatt
kayu	Holz
perak	Silber
besi	Eisen
mas	Gold
telaga / situ / kolam	Teich, kleiner See, Weiher
danau	See
mata air	Quelle
air terjun	Wasserfall

air tawar	Frischwasser	*damai / aman*	sicher, friedlich
air pasang	Flut	*ramai*	laut, betriebsam, voller
air surut	Ebbe		Leute, „Hier ist was los!"
sungai	Fluß		
laut	Meer		

Krankheit

pantai	Strand
batu	Stein
karang	Koralle
pasir	Sand
teluk	Bucht
tanjung	Landzunge
selat	Meeresstraße
ombak	Welle
pinggir	Rand
p. laut	Meeresufer
banjir	Überschwemmung
penanjung	Halbinsel
kepulauan	Inselgruppe
dunia	Welt
tanah	Land
kuala	Flußmündung
lumpur	Schlamm
rawa	Sumpf
rumput	Gras, Unkraut
tembok	Mauer
pagar	Zaun
lapangan	Stadion/Platz
main	spielen
sepak bola	Fußball
udara	Luft
bintang	Stern
bulan	Mond
matahari	Sonne
hujan	Regen
salju	Schnee
angin	Wind
angin ribut	Sturm
guntur	Donner
kilat	Blitz
basah	naß
kering	trocken
hitam	schwarz
putih	weiß
kuning	gelb
merah	rot
biru (muda)	(hell-) blau
hijau / hijo	grün
cokelat	braun
ungu	Violett
sepi	leise, still, einsam

sakit	krank
sehat	gesund
jatuh sakit	krank werden
rumah sakit	Krankenhaus
obat	Medizin
dokter / apotik	Arzt / Apotheke
demam	Fieber
berak-berak	Durchfall
infeksi	Infekt
(kaki) patah	(Bein)gebrochen
sakit kepala	Kopfschmerzen
sakit hati	Liebeskummer
sakit rumah	Heimweh
kaca mata	Brille

Körperteile

kepala	Kopf
mata	Auge
gigi	Zahn
hidung	Nase
perut	Bauch
lengan	Arm
jari	Finger
kaki	Bein, Fuß
rambut	Haar
leher	Hals
dada	Brust
telinga	Ohr
tangan	Hand
mulut	Mund
punggung	Rücken
bokong / pantat	Gesäß

Gespräch

saya suka / mau / bisa / harus	Ich mag / will / kann / muß
terima kasih! – sama-sama!	Vielen Dank! – (Antwort: desgl.)
tolonglah! / silahkan!	Bitte! (fordernd / anbietend)
permisi! / maaf!	Entschuldigung! (vorher, nachher)

ya / tidak (bukan)	Ja / Nein (bei Substantiven)
selamat datang!	Herzlich Willkommen!
selamat tinggal!	Auf Wiedersehen! zu dem, der bleibt
selamat jalan!	Auf Wiedersehen! zu dem, der geht
baik / kabar baik!	gut / Mir geht's gut!
bagus / losmen ini bagus.	gut (o.k.) / Dieser Losmen ist gut.
enak / makanan enak!	wohlschmeckend / Das Essen ist gut.
gaji / hasil	Lohn, Verdienst / Ernte, Einkommen
hidup / lahir	leben / geboren werden
darah / mati / meninggal	Blut / tot / sterben
agama / percaya	Religion / glauben
minta / kenang (-kenangan)	bitten / sich erinnern (Andenken)
tahu / kenal	kennen (Dinge) / (Personen)
tua / muda / baru	alt / jung / neu
cantik / indah	hübsch (Personen) / schön (Dinge)
bahagia / gembira / ramah(-tamah)	glücklich / fröhlich / freundlich
marah	wütend, zornig
santai	entspannt
cinta / rindu / senang / suka	lieben / sehnen / wohlfühlen / mögen
lelah (cape) / lapar / haus	müde / hungrig / durstig
kotor / jelek / kasar	schmutzig / rauh / unhöflich, rüpelhaft
panjang / pendek	lang / kurz
tinggi / dalam	hoch / tief
jauh / dekat / besar / kecil	weit / nahe / groß / klein
dibawah / diatas	unten / oben
dimuka / dibelakang	vorne / hinten

ZUM WEITERLERNEN

saya belajar bahasa indonesia.	Ich lerne Indonesisch.
apakah kamu bisa bahasa inggeris?	Sprichst Du Englisch?
tolonglah bicara pelan-pelan!	Bitte sprich langsam!
saya tidak mengerti.	Ich verstehe nicht.
apa ini? / apa itu?	Was ist dieses? / jenes?
apa namanya (di bahasa i.)?	Wie heißt das (in Indonesisch)?
boleh memotret foto?	Darf ich fotografieren?

Bücherliste

In Indonesien gibt es nur in einigen Second Hand Buchhandlungen deutsche Taschenbücher. Wer keine englischen Bücher lesen will oder kann, sollte sich entsprechend vor der Reise eindecken.

Selbst die Auswahl an englischsprachiger Literatur ist in Indonesien nicht so groß wie beispielsweise in Singapore. In Jakarta und anderen Städten werden Wörterbücher von fliegenden Händlern angeboten.

Geschichte

Twentieth Century Indonesia
(Neill, Wilfried T.; New York 1973) Allgemeine Informationen zur neueren Geschichte.
A History of Modern Indonesia (Ricklefs, M. C.; London 1981) Umfangreiches Lehrbuch über die Geschichte von 1300 bis heute. Gut und verständlich.
Geschichte Indonesiens (Kubitscheck / Wessel; Berlin 1981) Ein historisches Werk aus marxistischer Sicht von den Anfängen bis zur Gegenwart.
The Indonesian Tragedy (May, Brian; Singapore 1978) Eine Sozialgeschichte der Nachkriegszeit unter Sukarno und Suharto. Hintergrundinformationen zum Aufstand von 1965.

Geographie – Zeitgeschehen

Indonesien (Hrsg.: Kötter / Roeder / Junghans; Tübingen 1979) Umfangreiche Länderkunde mit Beiträgen verschiedener Autoren zu physischen und kulturgeographischen Themen, zum Teil zu theoretisch.
Indonesien hat viele Gesichter (Uhlig, Helmut; Berlin 1980) Leicht lesbarer, guter Einstieg. Von ihm auch ein Balibuch (1981).
Weiße Experten nicht gefragt (Krause, Karla; Hamburg 1981) Protokoll über die Selbsthilfe in

indonesischen Dörfern, sehr informativ. Für alle, die Interesse an Entwicklungshilfe haben, aber etwas überholt..
5 mal Indonesien (Siebert, Rüdiger; München 1987) Recht voluminöses Werk, mit Abbildungen, das in vielen Einzelkapiteln facettenhaft ein Bild des heutigen Indonesien vermittelt.
Der Malaiische Archipel (Wallace, A. R.; Frankfurt 1983) Von 1869 stammt der Klassiker des englischen Forschers, der jahrelang die Inseln bereiste. Deutsche Übersetzung aus dem Societätsverlag. Schwerpunkt: Flora und Fauna. Die englische Ausgabe ist in Singapore unter dem Titel *The Malay Archipelago* wieder erschienen.
Wild Indonesia (Cubitt, G.; Whitten, Jane u. Tony; London 1992) Großformatiger und großartiger Bild- und Textband über die letzten erhaltenen Wildgebiete des Archipels; in Zusammenarbeit mit dem WWF.

Die Töchter Kartinis (Berninghausen, Jutta; Kerstan, Birgit; Berlin 1983) Berichte vom Leben indonesischer Frauen.
Kultur Knigge – Indonesien (Draine, Cathie; Hall, Barbara; Nördlingen 1988) Beste Einführung in das Alltagsleben und die Probleme, mit denen Ausländer konfrontiert werden.

Bildbände

Indonesien (Muller, Kal; Zach, Paul). Bester Bildband über den Archipel Deutsche Auflage: Berlin 1987, englisches Original: Singapore 1986. In gleicher Aufmachung:
Bali – ebenfalls in hervorragender Druckqualität und mit herrlichen Bildern, englische Auflage: Singapore 1987, deutsche Auflage: Berlin 1988.
Indonesia (Sonneville, B. L.; Paris) Schöner Bildband eines französischen Fotografen – zum Einstimmen.

Kultur

Versunkene Königreiche Indonesiens (Hrsg.: Eggebrecht, Arne und Eva; Mainz 1995) Sehr umfangreicher und hervorragend illustrierter Ausstellungskatalog.
The World of Indonesian Textiles (Warming / Gaworski; London 1981) Informatives Werk im Großformat vor allem über Ikat und Batik.
Indonesian Batik – Processes, Patterns and Places (Fraser-Lu, Sylvia; Singapore 1986) Handliches Hardcover-Bändchen mit vielen Farbfotos.
Batik – Its Mystery and Meaning (Djoemena, Nian S.; Jakarta 1986) Großformatiges, zweisprachiges Werk (Indonesisch, Englisch), sehr ausführlich, 270 Fotos, meist in Farbe. Die Autorin ist eine Minangkabau aus West-Sumatra.
Das Indonesische Schattenspiel – Bali, Java, Lombok (Spitzing, G.; Köln 1981, TB) Ausführliche Beschreibung von Ursprung, Entwicklung und Bedeutung des *Wayang Kulit*, mit zahlreichen Abbildungen.
The Traditional Architecture of Indonesia (Dawson, Barry / Gillow, John; London 1994) Großformatiger Band mit vielen Photos und Zeichnungen über die verschiedenenen traditionellen Häuser Indonesiens von Sumatra bis Timor und Irian.

... mit regionalem Schwerpunkt

Sumatra

Sumatra – Its History and People (Loeb, E. M.; Kuala Lumpur 1972; Nachdruck der Wiener Ausgabe von 1935) Sozialgeschichte der Völker und Regionen dieser Insel.
Arm durch Reichtum – Sumatra (Museum für Völkerkunde; Frankfurt am Main 1979) Ein reichhaltig illustrierter Leitfaden zu einer Sumatra-Ausstellung, mit viel Hintergrundinformation; Taschenbuch.
The Ecology of Sumatra (Whitten, Anthony J.; Damanik, Sengli J.; Anwar, Jazanul; Hisyam, Nazaruddin; Yogyakarta 1984) 600 Seiten starkes Handbuch mit ausführlicher Analyse der Umweltprobleme Sumatras. Ein ähnlicher Band ist auch über Sulawesi erschienen.
Journey to the Land of the Earth Goddess (Frey, Katherine St.; Jakarta 1986) Großformatiger Bild- und Textband über die Minangkabau, ihre Kultur und (lebendigen) Mythen.
The Batak (Sibeth, Achim; London 1991) Ein umfangreiches, ausführliches Werk über das bekannteste Volk Nord-Sumatras, mit vielen historischen und zeitgenössischen Photos, zum Teil in Farbe.
Batak Cloth and Clothing –
A Dynamic Indonesian Tradition (Niessen,

Sandra A.; Kuala Lumpur 1993) Eine Studie über Batak-Textilien und Batak-Kleidung und deren Wandel im Laufe dieses Jahrhunderts; mit vielen, z.T. sehr alten Photos.

Java

History of Java (Raffles, Sir Stamford; Kuala Lumpur 1978) Ein Nachdruck von Oxford University Press. Umfangreiche Arbeit in 2 Bänden des kurzzeitigen Gouverneurs der Insel. 1817 erschienen.
Java-Masken (Lucas, H.; Kassel 1973) Erste zusammenfassende Monographie über das javanische Maskenwesen in Zusammenhang mit weltweit verbreiteten Initiationsriten und Ahnen- und Totenkult. Auch ein hervorragendes Bestimmungsbuch für Masken-Sammler.
Java und Bali (Mainz am Rhein 1980) Ein reichhaltig illustrierter Ausstellungskatalog mit vielen allgemeinen Hintergrundinformationen. Die Ausstellung war in der Zeit vom Juni 1980 bis April 1981 in Stuttgart, Essen und München zu sehen.
The Folk Art of Java (Fischer, Joseph; Kuala Lumpur 1994) Reichhaltig illustrierter Band über die verschiedenenen Aspekte javanischer Volkskunst.
The Temples of Java (Dumarcay, Jaques; Singapore 1986) Beschreibung aller hinduistischen und buddhistischen Tempel Zentral- und Ost-Javas.
The Religion of Java (Geertz, Clifford; Chicago, London 1960, Neuauflage 1976) Umfangreiche und sehr detaillierte Studie über religiöse Anschauungen und Praktiken, durchgeführt in einer zentraljavanischen Kleinstadt.

Bali

DuMont Kunstreiseführer Bali (Spitzing, Günter; Köln 1983) Gut und sehr engagiert geschrieben, mit zahlreichen Fotos.
Island of Bali (Covarrubias, Miguel; New York 1972) Das Standardwerk über Bali. In weiten Teilen immer noch faszinierende aktuell, auch wenn es 1937 zum erstenmal erschien.
The Balinese (Mabbett, Hugh; Singapore / Wellington 1985) Gute Einführung in das moderne Bali.
Dance and Drama in Bali (Zoete, Beryl de; Spies, Walter; Singapore 1986, Erstausgabe 1938) Ein Klassiker und Standardwerk, geschrieben von zwei Experten, mit seltenen Schwarzweißfotos.
Balinese Dance in Transition (I Made Bandem, F. E. deBoer; Kuala Lumpur 1995) Fast lückenlose Darstellung alter und neuer Tänze Balis, im Großformat mit zahlreichen Fotos.
The Art and Culture of Bali (Ramseyer, Urs; Singapore 1986) Großformatiger, sehr detaillierter Text- und Bildband mit über 400 Abbildungen. Das deutsche Original erschien 1977 in der Schweiz.
Masks of Bali (Slattum, J.; Schraub, P.; San Francisco 1992) Sehr schöner Bild- und Textband (Paperback) über Balis Masken und die Tänze und Dramen, in denen sie erscheinen.
Offerings – The Ritual Art of Bali (Brinkgreve, F.; Stuart-Fox, D.; Singapore 1992) Faszinierender Bild- und Textband über die atemberaubende Vielfalt der Opfergaben, ihre Herstellung, ihre Verwendung und ihre Symbolik.
Walter Spies and Balinese Art (Rhodius, Hans und Darling, John; Zutphen 1980) Bild- und Textband, mit vielen großformatigen Abbildungen der traumhaften Landschaften des deutschen Künstlers und Werken balinesischer Meister.
Artists on Bali (Spruit, Ruud; Amsterdam 1995) Sechs der wichtigsten europäischen Maler, die in Bali gearbeitet haben, werden in diesem Text- und Bildband vorgestellt: Nieuwenkamp, Bonnet, Spies, Hofker, Le Mayeur und Arie Smit.
Selected Paintings from the Collection of the Agung Rai Fine Art Gallery (Bali 1992) Kleiner Bildband, in dem Agung Rai die besten Werke seiner Sammlung präsentiert.
Kinship in Bali (Geertz, Hildred, Clifford; Chicago, London 1975) Studie über die soziale Organisation der balinesischen Gesellschaft.
The Balinese People – A Reinvestigation of Character (Jensen, Gordon D. und Suryani, Luh Ketut; Singapore 1992) Zwei Psychiater untersuchen die psychosozialen Aspekte der balinesischen Kultur, u.a. Trance, Black Magic usw., mit vielen Fotos.
Trance and Possession in Bali (Suryani, Luh Ketut / Jensen, Gordon D.; Kuala Lumpur 1993) Der zweite Band der beiden Psychiater (s.o.), mit vielen Photos.
A House in Bali (Mc Phee, Colin; Singapore 1985) Oxford Paperback-Nachdruck, Erstausga-

be London 1947. Ein Musiker, der in den 30er Jahren nach Bali kommt, um „jedes Gamelan-Orchester der Insel zu hören", baut sich ein Haus in Sayan, westlich von Ubud.

Heilkunde und Volkstum auf Bali (Weck, Wolfgang, Prof. Dr. med.; Bali 1986) Nachdruck einer detaillierten Arbeit aus den 30er Jahren, nicht nur für Mediziner.

Our Hotel in Bali (Koke, Louise G.; Wellington und Singapore 1987) Zwei junge Amerikaner bauen in den 30er Jahren das erste Hotel am Strand von Kuta, zahlreiche Fotos und Zeichnungen.

In Praise of Kuta (Mabbett, Hugh; Wellington / Singapore 1987) Hintergründe und Fakten zu Balis populärstem Feriendorf – viele Fotos.

Außeninseln

Die Insel Timor (Fiedler, H.; Friedrichsegen 1929) Landbeschreibung, Bevölkerung, Sitten und Gebräuche der Atoni und Belu. Großformat, viele Photos.

Celebes (Grubauer, Prof. Albert; Hagen 1923) Ethnologische Streifzüge durch Tana Toraja und Zentral-Sulawesi; mit vielen seltenen Schwarzweißfotos.

Reisebeschreibungen

Von Hinterindien bis Surabaya (Tübingen 1977) Nachdruck alter Beschreibungen von Asienreisen früher Forscher und Abenteurer in einem Sammelband.

Zu Mahamerus Füßen – Wanderungen auf Java (Helbig, Karl; Leipzig 1954) Leicht lesbarer Reisebericht des deutschen Geologen, der, wo immer möglich, am liebsten zu Fuß unterwegs war; inklusive einige Vulkanbesteigungen: Pangrango, Dieng, Lawu, Kelut, Bromo, Semeru. Vom gleichen Autor erschien ein ähnliches Werk über Sumatra – *Tuan Gila, ein verrückter Herr wandert am äquator* (Leipzig 1934), und eines über ganz Indonesien – *Paradies in Licht und Schatten* (Braunschweig 1949).

Weißer Fremdling – Sechs Monate auf Celebes (Wilcox, Harry; Wien 1954) Ein britischer Offizier sucht nach Ende des 2. Weltkriegs eine „heile Welt" und lebt 6 Monate glücklich unter den Toraja. Eine Neuauflage der 1949 erschienenen englischen Erstausgabe bietet Oxford University Press: **Six Moons in Sulawesi** (Singapore 1989).

Zoo Quest for a Dragon (Attenborough, David; London 1957, als Oxford Paperback 1986) Reise eines Zoologen durch Java, Bali und Kalimantan nach Komodo, um einen Waran für den Londoner Zoo zu fangen.

Dämmerung über Indonesien (Funke, Friedrich W.; Bremen 1959) Bericht über eine 16 000 km lange Reise durch die Inseln Sumatra, Java, Bali und Sulawesi; mit Fotos.

Buschpilot (Bulart, Hans T.; Kopacky, W; Wien 1980) Bulart arbeitete drei Jahre als Hubschrauberpilot bei der INCO in Malili, Sulawesi, und erzählt hier einige seiner Abenteuer.

Aufruhr im Paradies (Tantri, K'Tut; Berlin 1961) Eine junge Amerikanerin geht Anfang der 30er Jahre nach Bali, wird dort integriert und nimmt am Befreiungskampf teil. Eine faszinierende Autobiographie.

Eine islamische Reise – unter den Gläubigen (Naipaul, V. S.; Frankfurt 1984) Englische Ausgabe: *Among the believers* (Penguin Books 1982) 1979 und 1980 bereiste der bekannte Schriftsteller die islamischen Länder Iran, Pakistan, Malaysia und Indonesien und berichtet in faszinierender Weise von seinen Gesprächen mit den Menschen.

Roter Reis im Paradies (Siebert, Rüdiger; Wuppertal 1977) Reiseeindrücke von verschiedenen Inseln kritisch betrachtet.

Das Meer der Träume – Joseph Conrads Ostindien (Siebert, Rüdiger; München 1989) Beschreibung einer Reise zu den Schauplätzen der Romane des berühmten Autors.

Romane – Dichtung

Waffenschmuggel (Ambler, Eric; Diogenes 1979) Ein Roman über Rebellen und Waffengeschäfte während der Aufstände auf Sumatra und des Ausnahmezustands in Malaya.

Lord Jim (Conrad, Joseph; Diogenes Taschenbuch 1974) Conrad hat für viele seiner Romane und Erzählungen Südostasien und besonders Inselindien als Hintergrund gewählt. Lord Jim ist ein Klassiker, Conrads Stil ist aber nicht jedermanns Sache. Weitere Titel:
Almayers Wahn (Fischer TB 1980)
Geschichten der Unrast (Fischer TB 1982)
Sieg (Fischer TB 1983)
Der Verdammte der Inseln (Fischer TB 1979)

Die Rettung (Fischer TB 2058)
Gesammelte Erzählungen (Maugham, Somerset; Bd. IV, VIII, X; Diogenes TB) Südostasien in den 20er und 30er Jahren vor dem Zusammenbruch der europäischen Einflußsphären. Maugham präsentiert in seinen Kurzgeschichten koloniale Charaktere und deren Verhalten.
Naga! (Manzu, Peter; Singapore 1980) Ein Action Thriller um die Jagd auf eine monströse Riesenschlange, die in den Gewässern des Riau-Archipels nahe Singapore die friedlichen Bewohner kleiner Fischerdörfer in Angst und Schrecken versetzt.
Letters of a Javanese Princess (Kartini, Raden; New York 1964) Ausgewählte Briefe der indonesischen Nationalheldin, Vorbild der Frauenbewegung, an ihre holländischen Freunde.
Tropic Fever (Szekely, Ladislao; Singapore 1985, Erstausgabe 1937) Die Erlebnisse eines europäischen Pflanzers zu Beginn dieses Jahrhunderts in Nord-Sumatra, humorvoll und spannend, teilweise autobiographisch. Ebenso interessant sind die zwei Bücher seiner Frau Madelon H. Lulofs.
Perlen im Reisfeld (Übers.: Hilgers-Hesse, I.; Tübingen 1971) Mochtar Lubis, der bekannte Schriftsteller aus West-Sumatra, hat 39 moderne, kritische Erzählungen verschiedener indonesischer Autoren für diesen Band ausgewählt.
Twilight in Jakarta (Lubis, Mochtar; London 1963) Die Helden entstammen der unteren sozialen Schicht, beschrieben wird die Korruption in der jungen Republik. Das Buch steht immer wieder auf dem Index, Lubis wurde mehrmals eingesperrt.
Die deutsche Übersetzung ist mit dem Titel **Dämmerung in Jakarta** im Horlemann Verlag, Bad Honnef, 1994, erschienen.
Ebenfalls von Lubis ist der Titel **Tiger! Tiger!** in deutscher Sprache erschienen, der die Archetypen allgemein-menschlicher, rationaler und irrationaler Ängste mit traditionellen indonesischen Glaubensvorstellungen beschreibt.
Im selben Verlag erschien von Armijn Pane
In Fesseln (Titel der Originalausgabe: Bengulu, 1940) und **Die Webervögel** von Y: B. Mangunwijaya. Dieses Buch beschreibt die Gedanken der kleine Leute , der Tradition und der internationalen Diplomatie.

Contemporary Indonesian Poetry (Hrsg.: Aveling; Brisbane 1975) Eine neuere lyrische Sammlung.
Athesis (Miharja, Achidist; London 1956) Probleme der kulturellen Gegensätze in den 40er Jahren zwischen West und Ost sind Hintergrund der Handlung.
From Surabaya to Armageddon (Hrsg.: Aveling, H.; Sing. 1976) Phantastische Sammlung von Kurzgeschichten indonesischer Autoren.
The Fugitive (Toer, Pramoedya Ananta; Singapore 1975) Englische Übersetzung einer längeren Geschichte vom Ende der japanischen Besatzung. Der javanische Autor ist einer der bekanntesten Schriftsteller, der wegen seiner politischen Überzeugung auf Buru gefangen gehalten wurde.
Garten der Menschheit – Bumi Manusia (Toer, P. A.; Berlin 1984) Erster Band eines vierteiligen Werks, das Toer auf Buru seinen Mitgefangenen erzählt hat. Deutsche Übersetzung eines indonesischen Romans.
Kind aller Völker – Anak Semua Bangsa (Toer, P. A.; Luzern 1991) Der zweite Band der Tetralogie in deutscher Übersetzung.
Das ungewollte Leben (Toer, P. A.; Berlin 1987) Acht Erzählungen des javanischen Autors in deutscher Übersetzung.
Max Havelaar. De Koffieveilingen der Nederlandsche Handelsmaatschapij (Multatulis, Amsterdam 1860) Unter Pseudonym schrieb Eduard F. E. Douwes Dekker diesen Roman, der sich erstmals kritisch mit dem holländischen Kolonialismus auseinandersetzte. Die deutsche Übersetzung: *Max Havelaar oder die Kaffeeversteigerung der niederländischen Handelsgesellschaft* erschien 1885.
Malaiische Chronik / Hang Tuah (Übersetzer: Overbeck, H.; Düsseldorf, Köln 1976) Neuausgabe der aus den 20er Jahren stammenden Übersetzung der zwei wichtigsten Werke der klassischen malaiischen Literatur aus dem 16. Jh. – das erste eine Genealogie der Herrscher von Malakka, das zweite ein historischer Roman um den Volkshelden Hang Tuah. In einem Band.
Das Ramayana des Valmiki (Übersetzer: Schmöldees, C.; Düsseldorf, Köln 1981) In deutscher Prosa, übersetzt aus dem Englischen. Das ursprünglich aus Indien stammende hinduistische Epos ist eine der literarischen Grundlagen des

Wayang auf Java wie auch zahlreicher balinesischer Tänze.
Mahabharata (Übersetzer: Roy, B., Roemer, E.; Düsseldorf, Köln 1979, Taschenbuch)
Das zweite große indische Epos, das ebenfalls die indonesische Kunst und Kultur maßgeblich beeinflußt hat.

Liebe und Tod auf Bali (Baum, V.; Köln 1965) Dieser Roman (Erstveröffentlichung 1937) erzählt die tragischen Ereignisse der Jahre 1904 - 1906, in Bali als *Puputan* – das Ende – bekannt. Die Holländer nehmen die angebliche Plünderung eines chinesischen Schiffes zum Vorwand, um mit Truppen auf der Insel zu erscheinen; die Invasion gipfelt in der Schlacht von Badung, wo Hunderte von Balinesen ihrem Fürsten freiwillig in den Tod folgen.

Flucht aus Java (Black, Gavin; Zürich 1988, TB) Spannender Action Thriller eines Fernost-Kenners. Vom selben Autor sind im selben Verlag weitere spannende Romane mit Schauplatz Südostasien erschienen.

Reiseführer und Karten

Indonesia – A travel survival kit (Turner, Peter; Delahunty, Brendan; Taylor, Chris; Willett, David, Hawthorn 1997) Umfangreicher Guide über Indonesien. Neuauflage ca. alle 2 Jahre.
Im gleichen Verlag erschien **Bali & Lombok** (Lyon, James; Wheeler, Tony, 1997).
Deutsche Übersetzung „**Indonesien-Handbuch**" und „**Bali-Java-Handbuch**" im Verlag Gisela Walter, Bremen.
Indonesia Handbook (Dalton, Bill; Chico, USA 1995) Umfangreich und vollgepackt mit detaillierten Infos, nicht immer aktuell.
Apa Guide Bali (deutsche Auflage: Langenscheidt Verlag, München) Ein schön bebildertes Buch mit guten Reisetips und Hintergrundinformationen über die Insel.
Apa Guide Java (deutsche Auflage: Langenscheidt Verlag, München) Ausführlich beschriebene Reiserouten durch Java – ähnlich dem Bali-Führer.
Richtig Reisen Indonesien (Dusik, Roland; Köln) Empfehlenswerter Führer aus der bewährten Richtig-Reisen-Reihe des DuMont Verlags.
Bali (Periplus Editions, Berkeley / Singapore 1992/93) Ein englischsprachiger, bunter Reiseführer, der gute Fotos mit Essays und praktischen Informationen verknüpft. Im gleichen Verlag erschienen weitere acht Bände: **Sumatra**, **Java**, **East of Bali**, **Kalimantan – Indonesian Borneo**, **Sulawesi**, **Spice Islands**, **Irian Jaya – West New Guinea** sowie **Underwater Indonesia. A Guide to the World's best Diving** sowie Kartenmaterial **Periplus Travel Map** North Sumatra, West Sumatra, West Java, Central Java, East Javas, Bali, Lombok, Irian Jaya, Riau, South Sumatra, Lampung, North Sulawesi, South Sulawesi, Maluku, Flores & Sumba, Singapore
Indonesia 1-7 Empfehlenswertes Kartenwerk über Indonesien aus dem Nelles Verlag München, das häufig aktualisiert wird.
Bali – Java – Lombok Travel Handbuch (Loose, S., Mlyneck, W., Ramb, R.; Berlin 1997, 5. Auflage) Umfangreicher Band mit vielen zusätzlichen Background-Informationen von uns.
Sumatra Travel Handbuch (Loose, S., Ramb, R., Schindler, K.; Berlin 1998, 2. Auflage) Noch mehr Sumatra als in diesem Indonesien-Handbuch mit vielen zusätzlichen Background-Informationen von uns.

Wörterbücher und Sprachführer

Lehrbuch der Indonesischen Sprache von Krause, 1978.
Indonesisch für Globetrotter von Gunda Urban, Bielefeld 1983. Ein unkonventioneller und praktischer Sprachführer für unterwegs.
Alle weiteren Bücher in Englisch:
Bahasa Indonesia von Johanni Johns, Canberra 1977 – gut!
Ein kleines **Wörterbuch**, das es in verschiedensten Ausführungen gibt, ist immer ganz brauchbar. Allerdings kann sich im Indonesischen ein Wort durch Vor- und Nachsilben total verändern. Um es im Wörterbuch zu finden, muß man deshalb den Wortstamm suchen, und das ist oft eine Detektivarbeit! Zwei gute Wörterbücher (allerdings nichts für die Reise, da viel zu schwer) sind:
Wörterbuch Indonesisch – Deutsch von Erich-Dieter Krause, früher VEB Leipzig 1985, heute bei Langenscheidt, und
Deutsch – Indonesisches Wörterbuch von Adolf Heuken, Jakarta 1987, als Langenscheidts Handwörterbuch erschienen 1988.

Sumatra

Mit 473 606 km² ist die Insel Sumatra fast so groß wie Deutschland, Österreich und die Schweiz zusammen. Die Nord-Süd-Entfernung beträgt 1800 km, die breiteste Stelle nur 400 km. Beinahe ein Drittel, nämlich die gesamte Ostküste zwischen Medan und Palembang, besteht aus Sumpfgebiet, das weiter westlich in tropischen Regenwald übergeht. Um die Jahrhundertwende wurden hier von europäischen Pflanzern große Plantagen angelegt. Eine Gebirgskette zieht sich die gesamte Westküste entlang (Bukit Barisan). Insgesamt liegen 50 Vulkane in diesem Gebirge, neun sind heute noch aktiv. Viele Berge sind über 3000 m hoch, der höchste ist der Gunung Kerinci mit 3805 m.

Zwischen den Sumpfgebieten im Osten und dem Gebirge im Westen war der tropische Regenwald bisher nur wenig erschlossen, doch neueren Zahlen nach zu urteilen, scheint sich das schnell zu ändern. Der Trans-Sumatra-Highway, der von Banda Aceh bis nach Tanjung Karang / Bakauheni führt, erschließt große, bisher unzugängliche Gebiete. Er ist mittlerweile durchgehend asphaltiert, und auch im Süden sind alle Brücken fertig, so daß man selbst in der Regenzeit von Bukittinggi bis Jakarta kaum mehr als 2 Tage braucht. Einige unbefestigte Nebenstraßen werden jedoch in der Regenzeit zu Schlammpisten, Brücken werden weggespült, und Erdrmassen blockieren den Verkehr.

Bemerkenswert ist dennoch die ethnische Vielfalt: In Aceh wohnen die strenggläubigsten Moslems Indonesiens, in Nord-Sumatra die teilweise christianisierten Batak, in West-Sumatra findet man die matrilinear organisierte Gesellschaft der Minangkabau, auf der Insel Nias eine Megalithkultur und auf den Mentawai-Inseln archaische Dschungelbewohner. Im Süden siedeln im Rahmen der staatlichen Transmigrasi-Programme viele Javaner.

Touristische Schwerpunkte gibt es eigentlich nur zwei – den Toba-See und seine Umgebung und das Gebiet um Bukittinggi. Kleinere Traveller-Zentren haben sich in Bukit Lawang, in Brastagi, auf Pulau Weh und auf Pulau Nias gebildet. Alles weitere ist touristisches Neuland, vor allem der Süden Sumatras. Die maximal zwei Monate, die das Einreisevisum gewährt, sind nicht viel Zeit, um die Insel kennenzulernen, aber aufgrund der geographischen Nähe zu Malaysia und Singapore bestehen preisgünstigere Ein- und Ausreisemöglichkeiten als in anderen Regionen Indonesiens.

Wenn das Visum abgelaufen ist

sollte man auf dem schnellsten Weg in eines der Nachbarländer fahren und, falls nötig, dort ein neues Visum beantragen bzw. visafrei einreisen. Hier die wichtigsten Verbindungen ins Ausland:

Bei Ein- und Ausreise kein Visum erforderlich

- Batam – Singapore tgl. Bootsverbindung.
- Jakarta – Singapore tgl. Flugverbindung.
- Medan – Penang fliegt Sempati tgl.; 6x wöchentlich Fähre.
- Medan – Lumut Bootsverbindung.
- Medan – Singapore fliegen Silk Air und Garuda tgl.
- Medan – Kuala Lumpur fliegt Sempati 3x wöchentlich.
- Medan – Ipoh fliegt Pelangi Air 4x wöchentlich.
- Padang – Kuala Lumpur fliegt Sempati 4x wöchentlich.
- Padang – Johore Bharu fliegt Pelangi Air 3x wöchentlich.
- Padang – Singapore fliegt Silk Air tgl.
- Dumai – Port Kelang Bootsverbindung.
- Dumai – Melaka tgl. Bootsverbindung.
- Pekanbaru – Melaka fliegt Pelangi Air 3x wöchentlich.
- Pekanbaru – Singapore fliegen Garuda und Silk Air tgl.
- Pekanbaru – Kuala Lumpur fliegt Sempatil 4x wöchentlich.
- Pekanbaru – Batam fliegt tgl. Merpati; tgl. Bootsverbindung.
- Tanjung Pinang – Singapore tgl. Bootsverbindung.

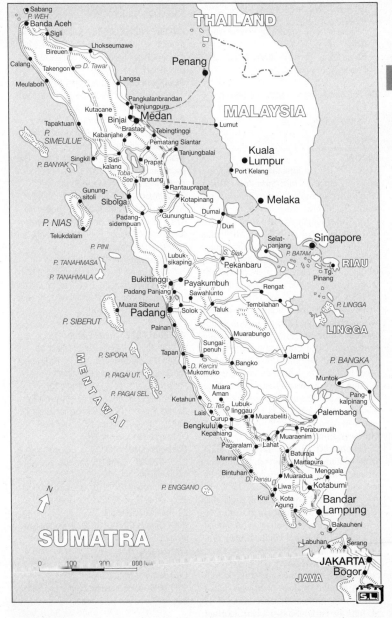

→ Tanjung Pinang – Johore Bharu tgl. Bootsverbindung.
→ Tanjung Balai – Singapore tgl. Bootsverbindung.
→ Banda Aceh – Penang – Kuala Lumpur fliegt Pelangi Air 3x wöchentlich.

Bei Ein- und Ausreise Visum erforderlich
→ Palembang – Johore Bharu fliegt Pelangi Air 4x wöchentlich.

Medan

Medan ist die Hauptstadt und das ökonomische Zentrum Nord-Sumatras. Auffallend ist der kosmopolitische Charakter der Stadt. Nachfahren chinesischer und javanischer Kulis, eingewanderte Sikhs, Araber und Tamilen, aber auch Batak, Minangkabau und Angehörige anderer malaiischer Völker prägen das Stadtbild. Medan bedeutet „Feld" oder „Platz", hier aber „Schlachtfeld", denn zwischen den Kriegern Acehs und des Sultans von Deli fand an dieser Stelle eine bedeutende militärische Auseinandersetzung statt. 1823 reiste John Anderson, ein Beauftragter der britischen Regierung, nach Nord-Sumatra und beschrieb Medan als ein Dorf mit etwa 200 Einwohnern. In den 60er Jahren des vergangenen Jahrhunderts wuchs die Bedeutung des Ortes, eine explosionsartige Entwicklung war die Folge. 1918 lebten bereits 43 900 Menschen in Medan, heute sind es etwa 2,3 Millionen Einwohner.

Sehenswert ist der **Maimoon-Palast**, 1888 von einem italienischen Architekten erbaut. Nach der Restaurierung ist der Palast, zumindest die Audienzhalle im Untergeschoß, nun der Öffentlichkeit zugänglich (Spende). Die **Mesjid Raya** (Große Moschee) wurde zum Teil aus den Steinen alter buddhistischer und hinduistischer Tempel errichtet (Spende).

Das **Provinz-Museum** mit seinen interessanten geschichtlichen und völkerkundlichen Ausstellungen liegt nicht weit südöstlich von der großen Moschee in der Jl. H. M. Joni. Es ist Di–So 8–17 Uhr geöffnet. Eintritt.

Übernachtung

UNTERE PREISKLASSE – *Losmen*
Irama* ④, Jl. Palang Merah 112 S, ✆ 326416, in einer ruhigen Seitenstraße, auch Schlafsaal, sehr einfach.
Siguragura Hotel* ⑦, Jl. Letjen. Suprapto 2/K, ✆ 323991, heruntergekommen und laut, auch Schlafsaal; mit Travel Agent.
Penginapan Tapian Nabaru* ⑬, Jl. Hang Tuah 6, ✆ 512155, in einer ruhigen Gegend gelegen, sehr heruntergekommen.
Wisma Yuli*-*** ⑯, Jl. Sisingamangaraja, Gang Pagaruyung 79 B, ✆ 722413, in ruhiger Seitenstraße gegenüber der Mesjid Raya.
Zakia Hotel** ⑰, Jl. Sipisopiso 10, ✆ 722413, in ruhiger Seitenstraße neben der großen Moschee; relativ saubere Zimmer mit und ohne Mandi, inkl. Frühstück, Balkon mit Aussicht, auch Dormitory*, freundliche Leute.
Sarah Guesthouse*-** ⑱, Jl. Pertama 10, ✆ 719460, hinter Toyota, in einer ruhigen Wohngegend, sauber, familiär, Zi mit Fan, mit und ohne Mandi, auch Dorm; das Guesthouse zahlt keine Provision an Becak-Fahrer!

MITTELKLASSE – *Hotel Elbruba* ①
(US$30–40), Jl. Perintis Kemerdekaan 19, ✆ 530476, alle Zimmer mit ac, TV, Heißwasser und Badewanne; Bar und Restaurant.
Petisah Hotel**-**** ②, Jl. Nibung 22, ✆ 522942, Zi mit und ohne ac, einige mit TV.
Ibunda Hotel**** ⑨, Jl. Sisingamangaraja 33, ✆ 325874, alle Zi mit ac, TV, ✆ und Heißwasser, neu und sauber.
Dhaksina Hotel***-**** ⑩, Jl. Sisingamangaraja 20, ✆ 720000, ✆ 740113, Fan oder ac und TV, relativ sauber.
Hotel Sumatera***-**** ⑪, Jl. Sisingamangaraja 35, ✆ 718807, ✆ 721553, alle Zimmer mit ac, z.T. mit Heißwasser und TV.
Hotel Garuda City***-**** ⑫, Jl. Sisingamangaraja 27, ✆ 717733, ✆ 714411, laut, viele Zimmer haben keine Fenster, aber ac und TV; mit Restaurant.
Labana Inn***-**** ⑭, Jl. Abd. Lubis 67, ✆ 521686, ruhige, saubere Zimmer und Bungalows mit TV, ac und Heißwasser.

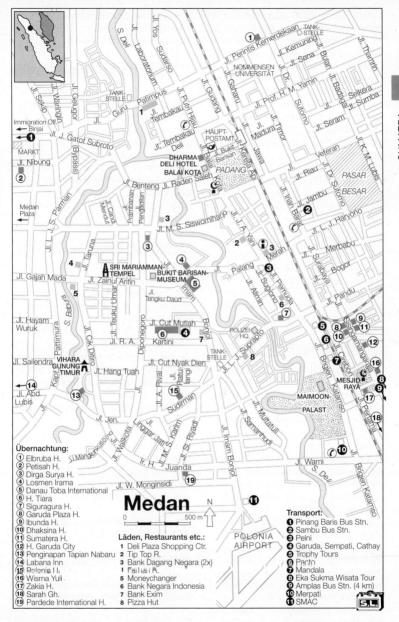

OBERE PREISKLASSE – *Natour Dharma Deli Hotel* (US$55–235), Jl. Balai Kota 2, ✆ 327011, ✆ 327153, das ehemalige holländische Hotel de Boer, mit 185 Zimmern im Neubau, Bar, Garten und Pool.

Dirga Surya Hotel (US$60–750) ③, Jl. Imam Bonjol 6, ✆ 552662, ✆ 549327, liegt sehr laut, mit Pub, Bar und Restaurant.

Danau Toba International (ab US$89) ⑤, Jl. Imam Bonjol 17, ✆ 327000, ✆ 530553, mit großem Pool, Garten, Bars, Disco und guten Restaurants.

Hotel Tiara (ab US$115) ⑥, Jl. Cut Mutiah, ✆ 516000, ✆ 510176, zentral, doch ruhig gelegen, 185 Zimmer, mit Pool.

Garuda Plaza Hotel (ab US$66) ⑧, Jl. Sisingamangaraja 18, ✆ 716255, ✆ 714411, mit 154 Zimmern und Suites, Pool und Restaurant.

Polonia Hotel (US$65–220) ⑮, Jl. Jen. Sudirman 14, ✆ 535111, ✆ 519553, mit 200 Zimmern und Suites; Pool und gutes Restaurant.

Pardede International Hotel (ab US$40) ⑲, Jl. Jr. Haji Juanda 14, ✆ 543866, ✆ 553675; kleiner Pool, Restaurant und Bar mit entgegenkommenden jungen Damen.

Essen

Gutes Essen im stilvollen *Tiptop*, Jl. Jen. A. Yani 92, ✆ 532042, geöffnet ab 10 Uhr morgens. Mi, Sa und So abends Live-Musik, meist mit Batak-Musikern, perfekter Service.

Farhan, Jl. Taruna 94, ✆ 327564, geöffnet tgl. 11–22 Uhr; indische, vegetarische Gerichte und hausgemachte Joghurts.

Mehrere Padang-Restaurants liegen am Beginn der Jl. Sisingamaraja ab Jl. Pandu.

Viele Restaurants sind auch in den modernen Shopping Centres, z.B. im *Deli Plaza* oder im *Prisai Plaza* untergebracht. Im 3. Stock des *Deli Plaza* gutes Dim Sum im **Nalayan Restaurant**. Wer ein ansehnliches Steak bei Oldies Musik essen möchte, sollte das *Musicafe* im gleichen Stock versuchen.

Im 4. Stock des *Medan Plaza Shopping Centre*, Jl. Iskandar Muda, findet man das **Houston** und das **Plaza International**.

Abends ab 18 Uhr werden in der Jl. Zainul Arifin **Essenstände** aufgebaut. Bis 1 Uhr morgens kann man hier gut und preiswert essen – ist nicht weit vom Danau Toba International. Essenstände jeden Abend auch am Amusement Park *(Taman Ria)* in der Jl. Jen. Gatot Subroto.

Einkaufen

In der Jl. Jen. A. Yani viele Souvenir- und Antiquitätenshops, z.B. *Toko Asli*, Nr. 62, oder *Toko Seni*, Nr. 2.

In den vergangenen Jahren sind riesige Shopping Centres entstanden, die im Warenangebot durchaus mit Penang oder Kuala Lumpur konkurrieren können, z.B.

Golden Shopping Centre, *Medan Plaza* und *Deli Plaza*.

Waren des täglichen Bedarfs gibt es im *Central Olympia*, südlich des großen Marktes.

Sonstiges

AUTOVERMIETUNG – für Selbstfahrer: Im Danau Toba International Hotel kann man Autos mieten, z.B. einen Toyota Kijang für 50 000 Rp pro Tag, wenn man für mindestens eine Woche mietet.

Viele Reisebüros in Medan vermieten Wagen mit Fahrer für ca. 175 000 Rp.

Eka Sukma Wisata Tour & Travel, Jl. Sisingamangaraja 92 A, ✆ 720421, ✆ 717522, bietet dazu noch die Möglichkeit, Übernachtungsgutscheine für 70 DM je DZ zu kaufen, die in sehr guten Hotels eingelöst werden können. Wagen mit Fahrer kosten hier 150 DM pro Tag.

GELD – gute Kurse in der *Bank Negara Indonesia 1946*, Jl. Pemuda 12 (auch am Flugplatz), *Bali Bank*, Jl. Balai Kota 10, oder in der *Bank Dagang Negara*, Jl. Jen. A. Yani 109. Viele Money Changer betreiben ihr Geschäft in der Jl. Jen. A. Yani.

American Express: *Pacto*, Jl. Brigjen. Katamso 35G, ✆ 510081, ✆ 513669.

IMMIGRATION – Jl. Binjai 268 A, km 6, ✆ 512112. Außer in Medan kann man in Nord-Sumatra ein 30-Tage-Visum auch in Pematang Siantar und Sibolga verlängern lassen.

INFORMATIONEN – Jl. Jen. A. Yani 107, ✆ 538 101, und am Airport. Hier gibt es einen

Stadtplan und eine Karte vom Toba-See, geöffnet
Mo–Do 8.30–15, Fr bis 13 Uhr.

KONSULATE – es gibt in Medan 12 ausländische Konsulate, z.B.:
Deutschland, Jl. Karim MS 4, ✆ 537108, geöffnet Mo–Fr 8–16 Uhr;
Malaysia, Jl. Diponegoro 11, ✆ 518053;
Niederlande, Jl. A. Rivai 22, ✆ 519025.

PHPA – Jl. Sisingamangaraja KM 5,5: Neubau auf der westlichen Straßenseite, geöffnet Mo–Do 8–14.45, Fr 8–11.30 Uhr.

POST – *Kantor Pos*, Jl. Balai Kota, geöffnet von Mo–Sa 7.30–20 und So 9–16 Uhr.
Für Briefmarkensammler gibt es hier einen brauchbaren Philatelie-Schalter.

TELEFON – *Telkom* liegt schräg gegenüber von der Post in der Jl. Putri Hijau und ist für Telefonate rund um die Uhr geöffnet.

VORWAHL – 061.

Nahverkehrsmittel

MINIBUSSE – *Angkutan Kota*, fahren ab der zentralen Sambu Bus Station auf diversen Rundrouten durch die Stadt; sie kosten 400 Rp, egal wie weit *(jauh/dekat)*, außer zur Pinang Baris Bus Station 600 Rp.

BECAK – Für kurze und mittlere Entfernungen ist ein *Becak Dayung* (Fahrradriksha) für 500–1000 Rp am besten. Sie dürfen nicht auf Hauptstraßen fahren. Für größere Entfernungen ein *Becak Mesin* (Motorradriksha) für 1000–1500 Rp.

TAXI – mit Taxameter und ac bieten:
Metax, Jl. Kapt. Pattimura 439, ✆ 524657;
Karsa, Jl. Kirana 21, ✆ 520952;
Kostar, Jl. Kapt. Pattimura 116, ✆ 528181;
VIP, Jl. Turi 74, ✆ 714997.
Die Einschaltgebühr beträgt 1400 Rp, jeder weitere Kilometer 550 Rp.

Transport

BUSSE – Es gibt drei Busbahnhöfe in Medan:
Die zentrale **Sambu** Bus Station ist für Minibusse im Stadtverkehr.
Die **Pinang Baris** Bus Station, ca. 10 km außerhalb nordwestlich der Stadt, ist für alle Ziele nördlich von Medan (Brastagi, Binjai, Banda Aceh u.a.) Zu erreichen mit dem Taxi ab Zentrum für etwa 7000 Rp (ab Airport 12 000 Rp) oder mit gelbem Minibus für 600 Rp. Die **Amplas** Bus Station, ca. 7 km außerhalb südöstlich der Stadt, ist für alle Ziele südlich von Medan (Prapat, Padang, Jakarta u.a.). Zu erreichen mit dem Taxi für etwa 5000 Rp ab Zentrum.

Öffentliche Minibusse verkehren von Pinang Baris über Sambu nach Amplas (600 und 400 Rp). Kauft man in Pinang Baris ein Ticket für ein südliches Fahrtziel, dann bietet die Busgesellschaft einen kostenlosen Minibus-Transfer nach Amplas, und umgekehrt.

Preisbeispiele:
Ab **Pinang Baris** –
BANDA ACEH 18 000 / ac 25–35 000 Rp, 12–15 Std.,
BINJAI 400 Rp,
BRASTAGI 1800 Rp (Minibus 2500 Rp),
BUKIT LAWANG 1700 Rp,
KUTACANE 5000 Rp,
TAKENGON 14 500 / ac 19 500 Rp, 12 Std.,
TAPAKTUAN 14 500 Rp, 12 Std.
Ab **Amplas** –
PRAPAT 4500 Rp,
SIBOLGA 11 000 Rp,
DUMAI 17 000 Rp, 12 Std., Abfahrt 19 Uhr (mit Anschluß an das Speedboot nach Batam).
Von **beiden Busstationen**:
BENGKULU 44 000 / ac 51 000 Rp,
BUKITTINGGI 22 000 / ac 27 000 Rp,
JAKARTA 60 000 / ac 98 000–150 000 Rp,
PADANG 24 000 / ac 30 000 Rp,
PEKANBARU 22 000 / ac 27 000 Rp.
Tickets für Fernbusse gibt es außer an den Busbahnhöfen bei vielen Agenten in der Stadt, z.B. in der Jl. Sisingamangaraja, und bei den Büros der Busgesellschaften, u.a.
ALS, Jl. Amaliun 2 A, ✆ 231190;
P. M. Toh, Jl. G. Mada 57, ✆ 522546;

C. V. Kurnia und Anugerah, Jl. G. Mada 44, ✆ 520293;
Makmur, Jl. M. Joni 9, ✆ 711950.

TAXI – Überlandtaxis fahren direkt ab Airport oder den Büros verschiedener Taxigesellschaften nach BRASTAGI (42 000 Rp), PRAPAT (90 000 Rp), BUKIT LAWANG (90 000 Rp) oder nach SIBOLGA (145 000 Rp). Jeweils fünf Fahrgäste haben Platz.

EISENBAHN – Züge nach RANTAU PRAPAT (2. Kl. 8500 Rp), TANJUNG BALAI (3. Kl. 3200 Rp / 2. Kl. 6300 Rp) und PEMATANG SIANTAR (2600 / 4600 Rp) – umsteigen in TEBINGTINGGI.

FLÜGE – Vom *Polonia Airport* sind es nur etwa 1–2 km in die Stadt. Taxi ist nicht notwendig – außerhalb des Flugplatzgeländes an der Jl. Ir. Haji Juanda warten Becak, die ca. 1000 Rp kosten. Minibus 400 Rp.
Am Taxischalter kostet eine Fahrt in die Stadt 5500 Rp.
Airport Tax international 15 000 Rp, national 6600 Rp.
Tgl. Flüge mit MAS und Sempati nach PENANG; mit Silk Air nach SINGAPORE. Inlandsflüge mit Merpati, Garuda, Mandala, Sempati und SMAC. Gepäck nur gut verschlossen aufgeben, denn es wird geklaut.

Airlines: *Garuda*, im Dharma Deli Hotel, Jl. Balai Kota 2, ✆ 516400, und im Tiara Convention Center, Jl. Cut Mutiah, ✆ 515277, geöffnet Mo–Fr 8–12 und 13–20, Sa 8–12 und 13–17, So und feiertags 9–14 Uhr.
Cathay Pacific, im Tiara Convention Center, Jl. Cut Mutiah, ✆ 537088, geöffnet Mo–Fr 8.30–12 und 13–16.30, Sa 8–13 Uhr.
Mandala, Jl. Brigjen. Katamso 37E, ✆ 513309, geöffnet Mo–Fr 8–18, Sa 9–13, So und feiertags 9–12 Uhr.
Mas, Jl. Imam Bonjol 1 / (Hotel Danau Toba International), ✆ 519333, geöffnet Mo–Fr 8.30–16.30, Sa 8.30–15, So und feiertags 9–13 Uhr.
Merpati, Jl. Brigjen. Katamso 72, ✆ 514057, geöffnet Mo–Fr 8–17, Sa 9–13, So und feiertags 9–12 Uhr.
Pelangi, Jl. Teuku Cik Ditiro 124, ✆ 518071, geöffnet Mo–Fr 8–17, Sa 8–13, So und feiertags 8–12 Uhr.
Sempati, im Tiara Convention Center, Jl. Cut Mutiah, ✆ 551612, geöffnet Mo–Fr 8–12 und 13–20, Sa 8–12 und 13–17, So und feiertags 9–14 Uhr.
SIA und *Silk Air* (Polonia Hotel), Jl. Jen. Sudirman 14, ✆ 537744, geöffnet Mo–Fr 8–17, Sa 8–13, So und feiertags 8–12 Uhr.
SMAC, Jl. Imam Bonjol 59, ✆ 537760, geöffnet Mo–Fr 8–17, Sa und So 8–13 Uhr.
Thai Airways, im Natour Dharma Deli Hotel, Jl. Balai Kota 2, geöffnet Mo–Fr 8–17 Uhr.

Preisbeispiele (ohne MwSt):
BANDA ACEH 123 000 Rp (GA),
IPOH US$70,
JAKARTA 368 000 Rp (GA, MDL, SG),
PADANG 149 000 Rp (MZ),
PALEMBANG 276 000 Rp (MZ),
PEKANBARU 137 000 Rp (MZ),
PENANG US$55 / 74 (MAS, SG),
SINGAPORE 301 000 Rp (Silk Air / GA).
SMAC fliegt tgl. nach GUNUNGSITOLI (Nord-Nias) 109 000 Rp, SIBOLGA 75 000 Rp;
Di, Do und Fr nach TAPAKTUAN 75 000 Rp (an anderen Tagen zum Teil über Sibolga);
Di, Do und So nach MEULABOH (Aceh Barat) für 111 000 Rp.

SCHIFFE – Belawan, 26 km entfernt, ist der Hafen von Medan. *Mitra*-Minibusse ab Jl. Jen. A. Yani kosten 850 Rp.
Pelni, Jl. Kol. Sugiono 5–7, ✆ 518899, geöffnet Di–Do 8–12 und 13–16, Fr 8–12 und 14–16, Sa 8–11 Uhr.
Zwei Schiffe, die KM. Kambuna und die KM. Kerinci, verlassen abwechselnd jeden Mo um 13 Uhr Belawan.
Während die **KM. Kambuna** über Jakarta, Surabaya und Ujung Pandang nach Balikpapan, Palu, Toli Toli und Manado fährt, führt die Route der **KM. Kerinci** von Ujung Pandang weiter nach Bau Bau, Ambon, Manado und Ternate.
Preisbeispiele (Ekonomi Class; 1. Klasse):
AMBON 276 000 / 785 500 Rp (6 Tage),
BALIKPAPAN 228 000 / 618 500 Rp (5 Tage),
BAU BAU 235 500 / 652 500 Rp (5 Tage),
JAKARTA 116 500 / 330 500 Rp (44 Std.),

MANADO 308 500 / 845 500 Rp (7 Tage),
PALU 240 000 / 645 500 Rp (6 Tage),
SURABAYA 165 000 / 435 000 Rp (73 Std.),
UJUNG PANDANG 205 500 / 554 000 Rp
(4 Tage).
Hafensteuer 2500 Rp.
Mi und So um 13 Uhr und Fr um 11 Uhr geht das Fährschiff **Perdana Express** nach PENANG (Malaysia) ab, Fahrzeit 4 1/2 Std. Kostet 81 000 Rp (90 RM). Bei Buchung von Hin- und Rückfahrt gibt es einen kleinen Discount. Agent in Medan: **Trophy Tours**, Jl. Brigjen. Katamso 33 D, ✆ 514888, ✆ 510340.
Di, Do und Sa fährt tgl. 10 Uhr die **Express Bahagia** auf der gleichen Route zum gleichen Preis. Agent: **Eka Sukma Wisata Tour & Travel**, Jl. Sisingamangaraja 92 A, ✆ 720421, ✆ 717522.
Dasselbe Reisebüro setzt jeden Mo den Luxusdampfer **Empress Cruise** auf der Strecke nach Penang ein. Kostet 120 RM. Rückfahrt jeden Mi. Weitere Fährverbindungen bestehen von Belawan nach Lumut und Port Kelang in Malaysia. Infos bei *Trophy Tours*.

Bukit Lawang (Bohorok)

Es gibt nur noch 4000 freilebende Orang Utan, 2000 davon leben in Sumatra ausschließlich im Gunung Leuser Nationalpark, die restlichen 2000 in Kalimantan im Tanjung Puting Nationalpark u.a. Angeschlossen an die Nationalparks sind Orang Utan-Rehabilitationszentren. In den Reha-Zentren werden aus der Gefangenschaft befreite Orang Utan auf ein Leben in der Wildnis vorbereitet, in die sie nach einigen Jahren Rehabilitation entlassen werden.

Noch immer werden Orang Utan illegal als Haustiere gehalten (allein in Taiwan 700 Tiere). Trotz Jagd- und Ausfuhrverbot werden Muttertiere im Dschungel gejagt und erschossen, um die Säuglinge lebend fangen zu können. Diese enden dann an der Kette oder in winzigen Käfigen und bekommen nie Gelegenheit, ihren natürlichen Lebensraum und ihre natürliche Lebensweise kennenzulernen, ein jahrelanger Prozeß, bei dem die Mutter unersetzlich ist.

Im Bohorok Orang Utan Rehabilitation Centre bei Bukit Lawang am Rande des Gunung Leuser Nationalparks besteht die Gelegenheit, halbwegs rehabilitierte Orang Utan in ihrer normalen Umwelt und auch aus nächster Nähe zu erleben. Dazu bietet der Ort die Möglichkeit, ohne allzu großen Aufwand durch intakten tropischen Regenwald zu Höhlen und Wasserfällen zu wandern.

Allerdings wird Bukit Lawang auch von einheimischen Ausflüglern aus Medan häufig besucht, so daß es zumindest an Sonn- und Feiertagen mit der Ruhe vorbei ist. Mehr und mehr Hotels, Restaurants und Geschäfte werden gebaut, natürlich auf Kosten der umgebenden Natur; überall liegt Müll herum. Junge Guides bieten ihre Dienste an, und Moneychanger wechseln US$, natürlich zu schlechten Kursen. Aber noch immer ist Bukit Lawang ein angenehmer Ort, wo man gut wohnen und ein paar Tage abschalten kann - inmitten üppiger, tropischer Vegetation am Ufer des Bohorok Rivers, dessen beruhigendes Rauschen ständig und fast überall zu hören ist.

In Bukit Lawang fährt man bis zur Endhaltestelle der Busse, etwa 3 km vom eigentlichen Dorfzentrum. Hier steht das PHPA-Büro und gleich nebenan ein Visitor Centre mit WWF mit guten Infos.

Über Hängebrücken geht es zu Fuß zu einigen Bungalowanlagen, die hübsch am Fluß gelegen sind. Weitere Unterkünfte liegen in dem engen Flußtal am Fußweg, der zur Sampan-Anlegestelle führt.

Um die Orang Utan zu sehen, holt man sich zuerst vom PHPA-Büro ein Permit und läuft von hier ca. 30 Minuten auf einem Fußpfad am Fluß entlang bis zur Fähre (nur ein Sampan mit Seilzug). Auf der anderen Flußseite liegt im Dschungel in einer Flußschleife das Rehabilitationszentrum. Von den Gebäuden aus sind es noch einmal 500 m steil bergauf zum Reservat, wo die Tiere um 8 und 15 Uhr beobachtet werden können.

Bukit Lawang liegt an der Ostgrenze des großen Gunung Leuser National Parks (8500 km^2, davon 3/4 in der Provinz Aceh). Von hier aus erreicht man nur mühsam das Innere des Parks, gewinnt aber auf

Tageswanderungen oder einem 2-Tage-Trek einen guten Einblick in die Wildnis.

Ein kleiner Ausflug, der ohne Guide möglich ist, führt zur Fledermaushöhle **Gua Kampret**. Der Weg (1/2 Std.) ist ausgeschildert und führt ab Wisma Bukit Lawang Cottage flußabwärts durch Gummiplantagen. An einem kleinen Warung zahlt man 500 Rp für das Öffnen einer Tür. Dann klettert man etwa 200 m durch mehrere tunnelartige Höhlen steil auf und ab über scharfkantige Kalkfelsen – feste Schuhe und Taschenlampe nicht vergessen. Schon dieser kleine Ausflug gibt einen guten Einblick in die Schwierigkeiten, die einen auf ausgedehnteren Touren erwarten.

Übernachtung

Fast alle Unterkünfte haben ihr eigenes Restaurant:

Wisma Bukit Lawang Cottage*-** (14), ✆ 545061, Zimmer und Bungalows mit Mandi und z.T. mit Moskitonetz, ruhig und empfehlenswert, mit gutem Restaurant.

Wisma Leuser Sibayak*-* (13), ✆ 550576, hier geht es am Wochenende recht lebhaft zu, Zimmer und Bungalows, z.T. mit Heißwasser.

Mutiara Indah Guesthouse* (16), sehr einfach.

Rindu Alam Hotel**** (15), ✆/℻ 545015, ziemlich steril, inkl. Frühstück.

Yusman Guesthouse*, (12), Zi mit und ohne Mandi.

Wisma Bukit Lawang Indah*-** (11).

Wisma Anggrek Leuser**-*** (10), saubere Bungalows in einem Garten am Fluß.

Farina 53 Guesthouse* (7), Zimmer mit Dusche in schöner Hanglage; Bar und Restaurant.

Queen Emerald Resort* (6), ✆ 544259, einfache Zimmer, z.T. in Hanglage; nett eingerichtetes Restaurant; wer abends noch ausgehen will, sollte die Taschenlampe nicht vergessen, denn der Weg hierher ist nachts streckenweise nicht beleuchtet.

Ariko Inn* (1), Zimmer in kleinen Bungalows, sehr ruhig und einsam; 15 Minuten von der Sampan-Anlegestelle über einen unbefestigten, nachts unbeleuchteten Fußpfad durch den Dschungel am Fluß entlang, vorbei an schönen Picknick-Plätzen.

Sonstiges

INFORMATIONEN – Visitor Centre des WWF, täglich geöffnet 9–15 Uhr, außerdem Mo, Mi und Fr von 19.30–22 Uhr: ab 20 Uhr wird ein Film über die Orang Utan gezeigt.

PERMIT – Um die Orang Utan zu sehen, muß man sich zuerst ein Permit besorgen. Das geht schnell und unbürokratisch im PHPA-Office, täglich geöffnet 7–15 Uhr, und kostet 4500 Rp für 2 Tage, inkl. Sampan-Gebühr.
Fütterung ist täglich um 8 und 15 Uhr, Sampan verkehren nur bis gegen 16 Uhr.

TREKKING – Aus Sicherheitsgründen muß man einen Guide nehmen, der 20 000 Rp pro Tag und Person, bzw. 25 000 Rp pro Tag und Person für mehrere Tage kostet, inkl. Mahlzeiten und Trekking Permit. Angeboten wird auch ein 3-Tage- bzw. 5-Tage-Trek nach Brastagi (90 000 /

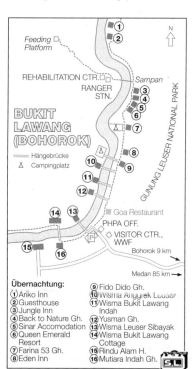

Übernachtung:
1. Ariko Inn
2. Guesthouse
3. Jungle Inn
4. Back to Nature Gh.
5. Sinar Accomodation
6. Queen Emerald Resort
7. Farina 53 Gh.
8. Eden Inn
9. Fido Dido Gh.
10. Wisma Anggrek Leuser
11. Wisma Bukit Lawang Indah
12. Yusman Gh.
13. Wisma Leuser Sibayak
14. Wisma Bukit Lawang Cottage
15. Rindu Alam H.
16. Mutiara Indah Gh.

150 000 Rp), wobei man aber nur streckenweise durch Dschungel wandert. Das Gepäck wird per Minibus von Bukit Lawang nach Brastagi transportiert. Ebenso kann man in 6 Tagen nach Kutacane trekken (s.S. 58).

Kombinierte Rafting / Jungle Trekking Trips werden vom *Back to Nature Guest House* auf dem Sungei Wampu für 125 000 Rp (1 Tag Trekking, Übernachtung im Dschungel, 1 Tag Rafting) angeboten.

TUBE RAFTING – Bei mittlerem Wasserstand kann man sich mit aufgepumpten Schläuchen aus LKW-Reifen für 1000 Rp pro Schlauch den Sungai Bohorok hinabtreiben lassen – nicht ganz ungefährlich. Außerdem gibt es gute Bademöglichkeiten.

VORWAHL – 061.

Transport

BUSSE – Direktbus von MEDAN ab Pinang Baris Bus Station nach Bukit Lawang 1700 Rp, 3 Std., 85 km. Busse zurück nach MEDAN fahren zwischen 5.30 und 15 Uhr.

TAXI – Charterpreise:
MEDAN 90 000 Rp,
BELAWAN 125 000 Rp,
BRASTAGI 160 000 Rp,
LAKE TOBA 280 000 Rp.

TOURIST BUS – Täglich 7.30 Uhr nach BRASTAGI 15 000 Rp und PRAPAT 25 000 Rp; BUKITTINGGI 50 000 Rp.

Batak-Hochland und Toba-See

Das Hochland des nördlichen Bukit Barisan-Gebirges, in dessen Zentrum der Toba-See liegt, ist die Heimat verschiedener Batak-Stämme. In der Abgeschiedenheit der Berge lebten die Batak bis zur Mitte des 19. Jahrhunderts nahezu völlig isoliert und konnten so ihre eigene Kultur bewahren. Unter anderem hielten übertriebene Berichte über die kriegerischen, menschenfressenden Batak die Weißen davon ab, ins Hochland einzudringen. Man schrieb schon das Jahr 1853, als zum ersten Mal ein Europäer den Toba-See erblickte, und zwar der holländische Linguist Van der Tuuk, der später die Bibel in die Batak-Sprache übersetzte. Die anschließenden Aktivitäten der Missionare und der holländischen Kolonialherren führten zu durchgreifenden Veränderungen in der Kultur der Batak. Inzwischen hat der Tourismus den Toba-See erobert, was weitere kulturelle Auswirkungen nach sich ziehen wird, deren Ausmaße noch nicht abzusehen sind. Traditionelle Häuser nutzt man als Touristenunterkünfte, Holzschnitzereien sind nur noch Massenprodukte für den Souvenirhandel. Traveller, die nur ihr eigenes Vergnügen suchen (Nacktbaden, Drogen) und keine Rücksicht auf die Menschen nehmen, deren Heimat der Toba-See ist, haben einen nicht zu unterschätzenden Anteil an den kulturellen Veränderungen.

Brastagi

Die Fahrt von Medan 66 km Richtung Südwesten führt hinauf in die Berge nach Brastagi, das 1320 m hoch liegt. Nach endlosen Kurven hat die steile Straße die Hochebene, die Heimat der Karo-Batak erreicht – ein hügeliges, weites Land, das von den beiden aktiven Vulkanen Sibayak (2300 m) und Sinabung (2451 m) eingerahmt wird. Schon in den 20er Jahren kamen die weißen Manager der in malariaverseuchten Sümpfen liegenden Plantagen hierher, um die kühle Bergluft zu genießen.

Heute stehen an den Hängen westlich der Hauptstraße die Wochenendvillen der wohlhabenden Bewohner von Medan. Man durchquert dieses Viertel auf dem Weg zum **Gundaling Hill**. Vom Hügel bietet sich eine schöne Aussicht über die Hochebene. Im Zentrum von Brastagi, an der Hauptstraße, liegt der **Markt**, auf dem die Batak Obst und Gemüse verkaufen. Zu ungünstigen Jahreszeiten wimmelt es hier von Fliegen. Am Denkmal an der Jl. Veteran werden in Souvenir- und Antiquitätenläden

Gegenstände der Batak angeboten, außerdem befindet sich hier hinter dem Tourist Office ein großer **Obst- und Souvenirmarkt**. Abgesehen von der Gegend um den Gundaling Hill ist Brastagi keine besonders schöne Stadt; auf der breiten Hauptstraße herrscht reger LKW-Verkehr.

Übernachtung

UNTERE PREISKLASSE – Wisma Dieng* ㉟, Jl. Udara 27, am Ortsende, einfache, kleine Zimmer, laut und schmuddelig.
Wisma Sibayak* ㊱, Jl. Udara 1, ✆ 91104, lebhafter Traveller-Treffpunkt, viele Infos, einfach, aber sauber; großer Garten, Restaurant.
Sibayak Guesthouse* ㉝, Jl. Veteran 119, ✆ 91122, Zi mit und ohne Mandi, viele Infos, kleiner Bookshop, Restaurant.
Ginsata Hotel* ⑱, Jl. Veteran 27, ✆ 91441, gutes Padang-Restaurant; hinter dem Hotel das gleichnamige Guesthouse*, ruhig, sauber, familiär, Zi mit und ohne Mandi.
Torong Inn* ㉘, Jl. Veteran, ✆ 91966, relativ sauber, mit gutem Restaurant.
Losmen Merpati*-** ㉙, Jl. Trimurti 68, ✆ 91157, ruhig gelegen, mit Innenhof und kleinem Coffee Shop.
Kaliaga Bungalow*** ⑰, Jl. Perwira, ✆ 91116, ruhig gelegen, mit Garten und Aussicht, etwas renovierungsbedürftige Zimmer, Heißwasser auf Anfrage, freundliche Leute.
Wisma Ikut* ⑩, Jl. Gundaling 24, ✆ 91171, eine ruhig gelegene Kolonialvilla in einem großen Garten auf einem Hügel, 5 Min. vom Tourist Office; viele Infos, akzeptables Restaurant.
De Merel Guesthouse* ⑨, Jl. Gundaling 5, ✆ 91586, ruhig gelegene Kolonialvilla, sauber und freundlich.
Wisma Sibayak Multinational**-*** ②, Jl. Pendidikan 93, ✆ 91031, ziemlich außerhalb im Grünen gelegen, 20 Min. vom Zentrum, mit großem Garten, Bemo ins Zentrum.

MITTLERE UND OBERE PREISKLASSE – Bere Karona Hotel (US$12–45) ⑤, Jl. Pendidikan 148, ✆ 91888, ✆ 91513, am Weg zum Gunung Sibayak, schöne Bungalow-Anlage; Restaurant.
Brastagi Cottage (US$35–45) ㉒, Jl. Gundaling, ✆ 91345, ✆ 91456, große Zimmer mit Heißwasser; schöne Aussicht, Garten und Restaurant.
Danau Toba International Cottage (US$35–45) ㉔, Jl. Gundaling, ✆ 91347, ✆ 91346, mit Pool und schöner Aussicht.
Hotel Bukit Kubu (US$22–50) ⑪, Jl. Sempurna 2, ✆ 91524, war bisher eins der am besten erhaltenen Kolonialhotels, leider etwas runtergekommen und überteuert.
Hotel Rudang (US$30–60) ⑫, Jl. Sempurna 16, ✆ 91579, etwas sterile Atmosphäre, viele Reisegruppen.
Rose Garden (US$40–80) ⑬, Jl. Peceren, ✆ 91777; Swimming Pool.
Mutiara Brastagi Hotel (US$50–125) ⑭, Jl. Peceren 168, ✆ 91555, ✆ 91384, 120 Zimmer, großer Swimming Pool.
Sibayak International Hotel (ab US$60) ⑥, Jl. Merdeka, ✆ 91301, ✆ 91307, 3-Sterne-Hotel mit 113 Zi und geheiztem Pool, den auch Nicht-Gäste benutzen können, 3000 Rp pro Tag.

Essen

Die Restaurants und Rumah Makan konzentrieren sich auf der Jl. Veteran; von Nord nach Süd:
Brastagi Seafood Restaurant, Jl. Veteran 23, ✆ 91339, kleine Auswahl, aber sauber und gut, geöffnet 7.30–22 Uhr.
Rumah Makan Gadis Minang, mit gutem Nasi Padang.
Asia Restaurant, chinesisch und gut, aber nicht billig.
Torong Inn Garuda, gutes Padang Food.
Budi Aman Kedai Nasi Islam, preiswert und akzeptabel.
Rumah Makan Muslimin, bei Travellern sehr beliebt, große Portionen, guter Service; nicht durch das vergammelte Äußere abschrecken lassen.
Rumah Makan Sehat, sehr guter, preiswerter Chinese.
Rumah Makan Sempana, hier wird *Babi Pangqanq* angeboten; das traditionelle Karo-Batak-Essen besteht aus gebratenem Schweinefleisch, Blutsoße und Reis.
Ora Et Labora, ab 5 Uhr kann man zum Frühstück Kaffee und Kuchen bekommen.

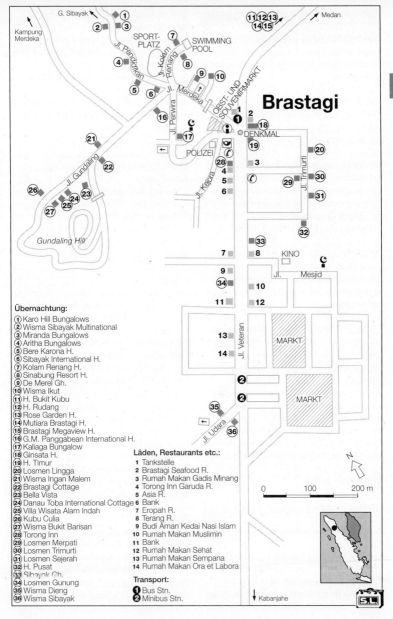

Sonstiges

AUTOVERMIETUNG – Minibusse mit Fahrer vermietet *Manto Barus,* Jl. Kejora 83, ✆ 91939, ✆ 91513; Manto ist auch über das *Wisma Ikut* zu erreichen.

GELD – *Bank Rakyat,* Jl. Veteran.
Die besten US$-Wechselkurse für TC und Cash beim Money Changer *P. T. Pura Buana International,* Jl. Veteran 55, ✆ 91514 (Warpostel).

INFORMATIONEN – *Tourist Office,* Jl. Veteran, am Denkmal, ✆ 91084, täglich geöffnet 8–18 Uhr; einige der Mitarbeiter sind sehr kompetent. Gute und verläßliche Infos bekommt man auch im *Sibayak Guesthouse,* Jl. Veteran 119, sowie Vermittlung von Guides für Bergbesteigungen.

POST / TELEFON – Post und *Telkom* am Denkmal in der Jl. Veteran. Für Auslandsgespräche und Telefax gibt es auch das *Warpostel Brastagi,* Jl. Veteran 55, ✆ 91514, ✆ 91513, tgl. 24 Std. geöffnet.

TOUREN / GUIDES – Das Tourist Office vermittelt erfahrene Guides (mit Lizenz) für Dschungel-Treks, die in der Regel von Kutacane aus für 3 Tage durch den Gunung Leuser-Nationalpark führen.
Auch längere Touren, kombiniert mit Schlauchbootfahrt auf dem Alas River, sind möglich. Kostet US$60–80 p.P. für 3 Tage, alles inkl., bei 4 bis 8 Teilnehmern. Angeboten wird weiterhin der Trek nach Bukit Lawang, wobei man zwischen verschiedenen Wegen wählen kann (3–5 Tage).

VORWAHL – 0628.

Transport

Busse fahren regelmäßig ab MEDAN für 1800 Rp.
Von PRAPAT zuerst Bus nach PEMATANG SIANTAR (1200 Rp), weiter nach KABANJAHE (2300 Rp) und Brastagi 400 Rp.
Alternative Route: Boot (Mo) von AMBARITA auf Samosir nach HARANGGAOL für 3500 Rp, 3–4 Std. Von da geht ein Bus über SERIBUDOLOK (1200 Rp) nach KABANJAHE (1000 Rp).
Oder man fährt von PANGURURAN über SIDIKALANG nach KABANJAHE.
Tgl. gegen 9 Uhr kommt ein Bus von Medan durch Brastagi, der direkt nach KUTACANE fährt, 5000 Rp, 6 Std.
Tgl. kommt auch ein Bus nach TAPAKTUAN durch, 11 000 Rp, 10 Std.
Tourist-Bus nach PRAPAT 15 000 Rp, Abfahrt 13 Uhr, 4,5 Std.; nach BUKIT LAWANG 15 000 Rp, Abfahrt 13 Uhr, 5 Std.

Die Umgebung von Brastagi

Kabanjahe

Alle Ausflüge nach Süden und Westen führen zuerst ins 11 km südlich gelegene Kabanjahe (Bus 400 Rp), dem Sitz der Verwaltung *(Bupati)* der Karo-Batak-Region. Sehenswert ist der große Markt, wo man etwas billiger als in Brastagi einkauft.

Lingga

Ein Karo-Batak-Dorf (Eintritt) mit einigen noch erhaltenen Rumah Adat liegt etwa 4,5 km westlich. 2,5 km davon kann man mit einem Minibus für 300 Rp fahren, dann geht es links ab. 1,5 km vor dem Ort steht rechts ein kleines Batak-Museum. Gegen eine Spende (kleine Gruppe 10 000 Rp) führen Tänzer in den traditionellen Masken- und Stocktanz auf, und die liebenswerte Verwalterin kleidet die Besucher in Karo-Kleidung und lehrt sie Tanzen. In Lingga selbst sind mehrere Häuser restauriert worden, andere dagegen fallen in sich zusammen. Viel Müll liegt auf den Dorfstraßen, und viele Touristengruppen werden durch das Dorf geschleust. Insgesamt etwas rauhe Atmosphäre!

Barusjahe

15 km östlich von Kabanjahe, mit dem Minibus für 1500 Rp zu erreichen, hat ebenfalls gut erhaltene Karo-Batak-Häuser aufzuweisen. Man kann hier übernachten; vielleicht interessant für die, die den etwa dreistündigen Fußmarsch zurück nach Brastagi machen wollen: Der Weg verläuft nach Nordwesten und mündet nördlich von Brastagi in die Straße nach Medan. In

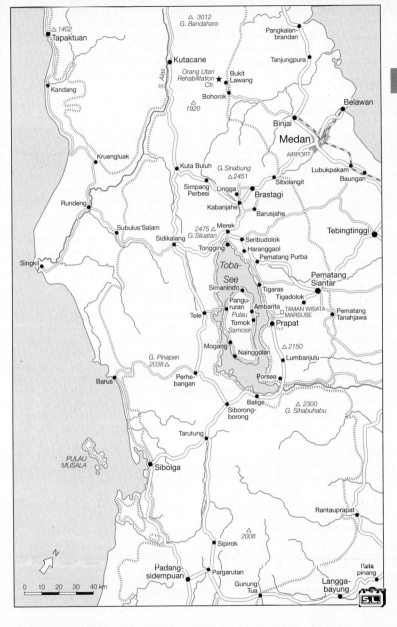

Nord-Sumatra

Serdang, etwa 5 km von Barusjahe, kann man das größte traditionelle Haus des gesamten Tanah Karo bewundern. In dem Haus leben 12 Familien, wo doch sonst höchstens acht Familien üblich sind.

Sipisopiso

Am besten nimmt man einen Bus nach Pematang Siantar und läßt sich nach 23 km (1200 Rp) in **Merek** an der Abzweigung mit der Hinweistafel *Air Terjun Sipisopiso* absetzen. 3 km muß man dann auf der gut asphaltierten Straße durch baumloses Hochland wandern. Noch eine Abzweigung nach rechts, und nach 300 m erreicht man eine Aussichtsplattform (400 Rp Eintritt) mit atemberaubendem Fernblick: Tief unten schmiegt sich das Dorf **Tongging** ans Ufer des Toba-Sees, dessen spiegelnde Fläche sich bis zur fernen und steilen Insel **Samosir** erstreckt. In eine Schlucht zur Rechten ergießt sich der über 80 m hohe Wasserfall (= *Air Terjun*) Sipisopiso.

An Sonn- und Feiertagen sollte man diesen Platz meiden, sich ansonsten aber nicht von gelegentlich auftauchenden Touristenbussen abschrecken lassen. Nach den üblichen Gruppenfotos verschwinden sie auch genauso schnell wieder, wie sie gekommen sind. Die asphaltierte Straße windet sich bis Tongging (6 km) hinunter, Minibus 800 Rp. In Tongging wohnt man sehr ruhig im einfachen *Wisma Sibayak Guesthouse**, mit großem Garten an einem Fluß.

Gunung Sibayak

Der 2300 m hohe Vulkan Sibayak kann an einem Tag bestiegen werden. Man fährt mit einem frühen Bus (400 Rp) gegen 6 Uhr in Richtung Medan, nach 8 km ist man am Startpunkt der Wanderung. Die Abzweigung Richtung Kampung Daulu führt in ein üppiges Hochtal. Nach 500 m werden die ersten heißen Quellen, **Lau Debuk Debuk**, erreicht. Für 300 Rp kann in einem großen, dampfenden Becken gebadet werden (vielleicht auf dem Rückweg?). 2 km weiter kommt man an dem Dorf **Daulu** vorbei. Hier kann man sich auf dem Markt und beim Bäcker mit Proviant eindecken. Wasser und Früchte bringt man besser aus Brastagi mit. Nach den nächsten 2 km ist **Radja Berne** = **Semangat Gunung** (Geist des Berges) erreicht. Es gibt auch direkte Minibusse für 750 Rp von Brastagi nach Radja Berne.

Für den Rückweg nach Brastagi ist es nicht schwierig, von Radja Berne aus den Fußpfad über eine Bergkette zu nehmen. Nach etwa einer Stunde ist ein Aussichtspunkt mit schönem Blick auf den Vulkan erreicht. Nach einer weiteren knappen Stunde ist man zurück in Brastagi.

Nachdem mehrere Touristen während der vergangenen Jahre abstürzten oder sich verliefen und starben, empfehlen wir, nur mit einem ortskundigen Guide den Berg zu besteigen. Regenkleidung und festes Schuhwerk sei empfohlen, denn der Pfad und die Treppen sind teilweise sehr schlammig und schlüpfrig.

Der zweistündige Aufstieg ist recht unproblematisch. Ein Fußpfad auf den Berg beginnt beim letzten Rumah Makan von Radja Berne. Hier ist die letzte Gelegenheit zu einem billigen Frühstück. Zuerst geht es über die Dämme der Sawah, dann durch Bambusdickicht und zuletzt steil über Treppen aufwärts durch den Bergwald, wo die üblichen Geräusche von dem „Gesang" der Siamang übertönt werden. Der zweite Weg zum Gipfel führt am Westhang hinauf und ist weniger steil und anstrengend. Ab Brastagi folgt man der Straße vom Denkmal zum Sportplatz und hält sich Richtung Norden (Jl. Pendidikan). Die asphaltierte Straße macht nach etwa 2 km eine scharfe Kurve nach rechts. Hier zweigt links der Weg zum Sibayak ab. An einem kleinen Häuschen müssen 500 Rp Eintritt bezahlt werden.

Am Krater erwarten den Besucher Steinwüsten, Schwefel- und Wasserdämpfe – eine unwirkliche Atmosphäre. Hier wird Schwefelgestein abgebaut und durch eine Holzröhre zu Tal befördert. An ande-

Oben links: Auf dem Markt von Brastagi; unten: Marktgebäude in Brastagi; oben rechts: Bauer auf Samosir

ren Stellen wird heißer, flüssiger Schwefel in Bambusrohre geschöpft, der abgekühlt und erhärtet nach dem Spalten des Bambus in handlichen Stangen abtransportiert werden kann. An glücklichen Tagen kann es auch mal wolkenfrei sein. Dann überblickt man das gesamte Tana Karo im Süden und Westen und die glitzernde Küstenlinie mit Medan im Norden. Am Nordhang des Sibayak oberhalb von Bandar Baru sind 250 ha Bergwald unter Naturschutz gestellt – die Wälder sind relativ unberührt und Heimat vieler Vogelarten und des Siamang.

Wer ohne Guide unterwegs ist, sollte auf jeden Fall den selben Weg zurückgehen, da man leicht auf den falschen Pfad gerät, der ins Nichts führt. Auf keinen Fall Richtung Nordosten gehen, durch ein Bachbett absteigen oder den von Energietechnikern angebrachten Markierungen folgen.

Prapat

Wenn man über den Trans-Sumatra-Highway von Pematang Siantar hinauf in die Berge fährt, verläßt man die eintönige Plantagenlandschaft. Kiefernwälder bedecken vereinzelt die steilen, kargen Hänge; auf den Wiesen der Vulkanlandschaft weiden Wasserbüffel. Kokosnüsse, Tapioka, Erdnüsse, Obst, Gemüse und in zunehmendem Maße Nelken sind hier die wichtigsten Anbauprodukte. Eine besondere Spezialität des Hochlandes sind die Markisa (Passionsfrüchte) und Avocados. Dennoch – ein wenig Ähnlichkeit mit der norditalienischen Seenlandschaft ist dem Hochland nicht abzusprechen. Das milde Klima erinnert vor allem morgens an heiße, mitteleuropäische Sommertage. Nachmittags ziehen sich oft dunkle Wolken über den Berggipfeln zusammen, und es kommt zu kräftigen Regenschauern. Die Touristenzentren am Toba-See sind Prapat und Tuk Tuk auf der Insel Samosir. In Prapat, der größten und wichtigsten Stadt am Toba-See, gibt es viele, auch komfortablere Hotels. Busladungen von Pauschaltouristen übernachten hier und unternehmen von der Stadt aus Tagesausflüge. Sehenswert ist der große **Markt**, der jeden Samstag auf dem Tiga Raja-Platz an der Bootsanlegestelle stattfindet. Aus allen Dörfern kommen die Frauen in Booten und Minibussen hierher, um Obst und Gemüse, Fische und Reis zu verkaufen. Während sie ihre schweren Lasten durch das Getümmel des Marktes tragen, genießen die Männer den frischen *Toddy*.

In der Jl. Haranggaol, die zum Markt hinunterführt, und in der Jl. Sisingamangaraja gibt es mehrere Antiquitäten- und Souvenirläden sowie Money Changer.

Übernachtung

Kommt man spät abends in Prapat an oder muß einen sehr frühen Bus nach Sibolga / Bukittinggi / Padang nehmen, dann sollte man in der Stadt übernachten. Preiswerte Unterkünfte für einen längeren Aufenthalt sind auf der Insel Samosir besser und günstiger. Wer luxuriösere Hotels bevorzugt, ist in Prapat besser aufgehoben.

UNTERE PREISKLASSE – *David Inn**, Jl. Sisingamangaraja, ✆ 41246, sehr einfach und laut.
Sondang Inn*, Jl. P. Samosir 7, ✆ 41114, einfach, aber mit Aussicht.
Pago Pago Inn*, Jl. Haranggaol, nur 6 Zi, Gemeinschafts-Mandi, nett eingerichteter Eingangsraum.
Hotel Soloh Jaya*-***, Jl. Haranggaol, Zimmer mit Balkon, große Dachterrasse.
Marina Inn*-***, Jl. Nelson Purba 32 a, ✆ 41558, nicht so schön gelegen.

MITTLERE UND OBERE PREISKLASSE –
Riris Inn***, Jl. Haranggaol 43, ✆ 41392, inkl. Frühstück.
Tarabunga Sibigo Hotel****, Jl. Sibigo 2, ✆ 41665, 41700, Zimmer mit Aussicht.
Parapat View Hotel (ab US$30), Jl. Sidahapintu, ✆ 41375, Bar, Restaurant und Pool.
Hotel Toba Hill***-****, Jl. Ajibata, ✆ 41240, mit Disco, nicht so schön gelegen.

Toba-See; oben: Tänzerinnen in Pangururan; unten: Eine ungewöhnliche Grabstätte

Danau Toba International Cottage (US$15–55), Jl. Nelson Purba 4, ☎ 41172, gepflegte Anlage am Ufer des Sees.
Danau Toba International Hotel (US$40), Jl. P. Samosir 17, ☎ 41583, schön auf einem kleinen Hügel gelegen.
Natour Prapat Hotel (US$80–97), Jl. Marihat 1, ☎ 41012, ✆ 41019, am Seeufer gelegenes Luxushotel.
Niagara Hotel (US$60–328), Jl. Pembangunan 1, ☎ 41028, ✆ 41233, auf einem Hügel hoch über der Stadt, mit Swimming Pool, Tennisplatz und Golfplatz.

Essen

Wer experimentierfreudig genug ist, die exotische Batak-Küche zu probieren, sollte sich in den Warung rings um den Markt umsehen. Wie in den Nasi Padang-Restaurants kann man sich aus den großen Töpfen mit verschiedenen fertig gekochten Gerichten etwas aussuchen – wie wär's mit *Sang Sang* (Hundefleisch-Curry) oder für wenig Mutige *Naniarsik*, Fisch in einer scharfen Sauce gekocht.

Nach unseren Erfahrungen ist allerdings das Essen in den normalen chinesischen oder den Padang-Restaurants der Stadt nicht besonders beeindruckend. Die meisten Restaurants sind in der Jl. Sisingamangaraja *(MINANG, ASIA, ISTANA, BRASTAGI* u.a.).
Hongkong, Jl. Haranggaol, chinesisches Essen.
Bali, in der gleichen Straße, indonesisches Restaurant.
Rumah Makan Islam Murni, Jl. Haranggaol 84, bietet gutes und preiswertes Nasi Padang.
B. Caro Coffee House, nebenan, mit schmackhaftem und preiswertem Traveller-Food.
In Prapat gibt es ebenso wie in Brastagi ausgezeichnete *Markisa* (Marquisa, Passionsfrüchte) und Mangos während der jeweiligen Saison an Straßenständen und auf dem Markt.

Sonstiges

FESTE – Seit 1980 wird zur Förderung des Tourismus und zur Erhaltung der Kultur in einigen Orten rings um den Toba-See jährlich das Lake Toba Festival (Horas-Festival) veranstaltet – mit traditionellen Tänzen, Folklore, Bootsrennen in Prapat und Muara (Südufer) und Pferderennen in Siborongborong (südlich von Muara). Meist findet das Fest während der europäischen Sommermonate statt.

GELD – Eine *Bank Rakyat* ist in der Jl. Sisingamangaraja 88. Zur Not kann man in den großen Hotels wechseln oder bei *Andilo* an der Bus Station, der Cash sowie US$-Schecks zu einigermaßen günstigen Kursen akzeptiert. Weitere Money Changer mit allerdings nur mäßigen Kursen in der Jl. Haranggaol.

MIETBOOTE – An den Bootsstegen in der Jl. Marihat und der Jl. P. Samosir können stunden- oder tageweise Tret- oder Ausflugsboote gemietet werden – Preise siehe Anschlagtafel.

POST / TELEFON – Die Post liegt an der Jl. Sisingamangaraja, geöffnet Mo–Do und Sa 8–14, Fr bis 11 Uhr.
Telkom in der Jl. Josep Sinaga 28; ein *Wartel* befindet sich an der Jl. Sisingamangaraja, 24 Std. geöffnet.

VORWAHL – 0625.

Transport

BUSSE – Die Bus Station liegt etwas außerhalb an der Straße nach Sibolga; Minibus zur Bootsanlegestelle 300 Rp. Alle Fernbusse wie auch die lokalen Busse stoppen außer am Busbahnhof meist auch vor den Reisebüros an der Jl. Sisingamangaraja, einige auch an der Bootsanlegestelle zur Insel Samosir. Man braucht keine Tickets im voraus zu kaufen.

Die lokalen Oplet und Minibusse fahren von 7 bis 13 Uhr, z.B. nach PEMATANG SIANTAR 1200 Rp, BALIGE 2200 Rp, BRASTAGI (umsteigen in Pematang Siantar und Kabanjahe) 4000 Rp, Touristenbus 15 000 Rp; nach TARUTUNG 4100 Rp, 3 Std., Abfahrt 10 Uhr, weiter nach SIBOLGA 3000 Rp, 2 Std.

Buchungen für Fernbusse klappen leider meist nicht, denn in Prapat weiß natürlich niemand, wie voll die Busse schon sind, wenn sie hier durchkommen.

Am besten einfach bei den Reisebüros, bzw. an der Bus Station warten.

Preisbeispiele:
MEDAN 4200 Rp, 4 1/2 Std.; SIBOLGA 9000 Rp, Abfahrt 11, 12 und 13.30 Uhr; BUKITTINGGI 22 500 / 30 000 Rp, Abfahrt 6, 12, 18 Uhr, 15–18 Std., 508 km; JAKARTA 60 000 Rp, Abfahrt 14 Uhr, 50 Std. Fernbusse Richtung Bukittinggi fahren meist über Tarutung / Sipirok / Padangsidempuan und nicht via Sibolga. Wer nach Nias will, muß aufpassen! Bis SIBOLGA (220 km) braucht man 5 Stunden. Hinter SIBORONGBORONG windet sich die Straße in Serpentinen über die Berge.

Nach BUKITTINGGI besser keinen Nachtbus nehmen, sondern einen der etwas langsameren Tagbusse; nachts kann man auf der kurvigen Strecke sowieso nicht schlafen. Der Nachteil der etwas längeren Fahrt wird aufgehoben durch die Ausblicke auf die Landschaft, durch häufigere Möglichkeiten zum Beinevertreten und durch höhere Sicherheit (nachts sind schon Busse im Abgrund gelandet). Täglich um 6 Uhr fährt ein Tourist Bus (25 000 Rp) nach Bukittinggi: der Service unterscheidet sich kaum von normalen Bussen, versprochene Zwischenstops werden oft vergessen, einziger Vorteil: man fährt tagsüber und hat einen festen Sitzplatz.

Wer in aller Ruhe nach Bukittinggi will, dem sei folgende 3tägige Tour empfohlen:
Von PRAPAT nach BALIGE, traditionelle Häuser (2500 Rp), weiter nach TARUTUNG (2500 Rp) – PADANGSIDEMPUAN (2500 Rp) – KOTANOPAN (1800 Rp) – PANTI (1800 Rp), Gelegenheit, das Rimbo Panti-Naturschutzgebiet zu besuchen – BUKITTINGGI (2500 Rp).
Wo und wie man auf der Strecke übernachtet, hängt von den Abfahrts- und Ankunftszeiten der Busse ab.

Tickets für die Fähre von Medan nach PENANG sowie Flugtickets können auch in Prapat gebucht werden. Da die Kommunikation mit der Stadt Medan jedoch nicht immer klappt, ist es besser, es selbst in Medan zu organisieren.

TAXI – Von MEDAN nach Prapat kann man sich für 90 000 Rp ein Taxi oder ein privat angebotenes Auto mieten, das bereits in 4 Stunden am Toba-See ist.
Die Charterkosten für ein Taxi Sedan nach BUKITTINGGI, 11 Std., betragen 280 000 Rp, für einen Minibus 300 000 Rp.

BOOTE – Zu verschiedenen Anlegestellen auf der Insel Samosir fahren von 9.30 bis etwa 19 Uhr ab Anlegestelle am Markt Boote, 800 Rp, in unregelmäßigen Abständen.
Die meisten Boote fahren nach TOMOK, TUK TUK und AMBARITA. Meist wird man zu der am nächsten gelegenen Anlegestelle der ausgesuchten Unterkunft gebracht. Die Überfahrt dauert etwa 30–45 Minuten, nach AMBARITA 15 Minuten länger, gleicher Preis! Das erste Boot ab Samosir geht morgens gegen 7.30 Uhr. Die Nachmittags-Boote fallen manchmal wegen heftiger Gewitter aus.
Eine Autofähre verkehrt zwischen TOMOK und AJIBATA, 2 km südlich von Prapat. Außerdem gibt es Fähren von TIGARAS. Die Überfahrt kostet 450 Rp pro Person, PKW 9600 Rp. Abfahrtszeiten sind auf einer Tafel angegeben (mindestens 5x tgl. zwischen 8.30 und 21 Uhr).

Pulau Samosir

Die Insel ist seit über 20 Jahren der Traveller-Treffpunkt in Sumatra, vor allem während der europäischen Sommermonate. Neben den einfachen, billigen Unterkünften direkt am Seeufer haben sich mittlerweile auch größere Hotels angesiedelt. Das Essen ist preiswert, wenn auch nicht allzu phantasievoll. Zu Fuß, mit dem Fahrrad oder Motorrad kann man auf schmalen, wenig befahrenen Straßen durch eine abwechslungsreiche Landschaft die Dörfer der Insel erkunden. Allerdings ist aufgrund des Tourismus von der ursprünglichen Lebensweise der Batak und ihren Traditionen in Tuk Tuk, Tomok oder Ambarita nicht mehr viel übriggeblieben. Der Tourismus hinterläßt seine Spuren!

Tomok

Dieser Ort ist *das* Ausflugsziel der Insel. Zahlreiche Pauschaltouristen kommen von Prapat herüber, um die Königsgräber zu besichtigen. Entsprechend reihen sich von der Anlegestelle der Boote bis hinauf zum Grab des Königs *Sidabutar* Verkaufsstände, die so ziemlich alles anbieten, was an altem (echtem) und neuem Kunstgewerbe der Batak zu haben ist. Man sollte nichts kaufen, wenn gerade eine große Touristengruppe gelandet ist. *Ulos,* die traditionellen Bataktücher, kosten je nach Qualität bis zu 80 000 Rp. Außerdem gibt es Holz- und Knochenschnitzereien, Batak-Kalender, Zauberstäbe, Musikinstrumente (Mandolinen, Xylophone), Zauberbücher, Textilien und anderes.

Rechts des Weges kommt man von der Hauptstraße zu einem etwas abseits gelegenen und weniger besuchten, freien Platz. Hier steht ein steinerner Tisch mit Stühlen neben dem Grab von König Sidabutar, das von zwei Elefanten bewacht wird. Das steinerne Grab, dessen Front eine hockende menschliche Figur mit einem maskenhaften, gehörnten Gesicht ziert, ähnelt dem weitaus berühmteren Grab weiter oben. Im Hintergrund sind steinerne Figuren aufgereiht, die wahrscheinlich ehemalige Herrscher darstellen.

Dahinter stehen an einem freien Platz drei alte Batakhäuser und das als Museum gekennzeichnete Haus, das einmal das Haus des Königs gewesen sein soll. Im Wohnraum sieht man neben verschiedenen Haushaltsgeräten, Bildern, Beteldosen und anderen Kleinigkeiten auch eine Si Gale Gale-Figur. Die Familie erwartet eine Spende. Hier können ab und an Vorführungen der tanzenden hölzernen Puppen (Si Gale Gale) beobachtet werden.

Die Souvenirstände enden am Aufgang zu den Grabmälern anderer Familienmitglieder des Königs Sidabutar, seines Sohnes und Enkels. Neben den Gräbern wurden am Begräbnistag vor über 200 Jahren Hariars-Bäume gepflanzt. Einer der Bäume steht noch heute. Daneben findet man fünf weitere alte Batakhäuser und kreisförmig angeordnete steinerne Figuren, darunter auch mehrere Frauen. Läuft man den Weg von den Gräbern aus weiter den Berg hinauf, gelangt man nach etwa 1 1/2 Stunden in ein Dorf, das auf dem Grat liegt. Von hier hat man bei gutem Wetter eine herrliche Sicht auf die Insel und den See. Von Tomok aus geht es zuerst an einzelnen Häusern vorbei, im letzten Haus kann man gegen ein kleines Entgeld einen Kaffee trinken. Am Wald wird der schmale Pfad etwas breiter und vor allem etwas schattiger.

Tuk Tuk

In dem ehemaligen kleinen Dorf auf der Halbinsel gegenüber von Prapat findet man überall am Ufer komfortable Hotels und einfache Unterkünfte in nachgebauten oder gar alten Batakhäusern. Man badet im See, und in kleinen Restaurants gibt es preiswerte Gerichte, zubereitet von der Chefin des Hauses. Einige Touristen sind im Laufe der Jahre hier hängengeblieben, Ehen zwischen Einheimischen und Westlern sind keine Seltenheit, so daß auch verschiedene europäische Spezialitäten auf der Speisekarte stehen.

Da die meisten Batak in Tuk Tuk vom Tourismus leben, sprechen viele Englisch (oder gar Deutsch) – wer indonesisches Flair sucht, sollte woanders hinziehen.

Die Halbinsel kann man in einer angenehmen Zweistundentour umrunden. Von Little Tuk Tuk führt der Feldweg durch Reisfelder und Wiesen vorbei an der katholischen Kirche. An der nördlichen Bucht kann man entweder einen Abstecher nach Ambarita (s.u.) machen oder die Straße rechts hinauflaufen. Vom am Hang gelegenen Losmen und Restaurants bietet sich ein guter Ausblick auf die Bucht. Die gesamte nördliche Spitze wird vom größten Hotel der Insel, dem *Toledo Inn* mit seinen Bungalows und Wohnquartieren für die Angestellten, eingenommen. Die Straße verläuft nun etwas weiter landeinwärts. Vorbei an einem Reisebüro, einer Buchausleihe, vereinzelten Losmen und Hotelneubauten kommt man in das eigentliche Dorf. Hier gibt es außer den Losmen eine Tankstelle, mehrere Souvenirshops und Geschäfte und einen Billardsalon. An der Polizeistation führt eine Abzweigung zu den Bungalows von *Carolina,* die mit schönen Batak-Schnitzereien verziert sind. Geht man die kurvenreiche Strecke zurück nach Little Tuk Tuk, vorbei am häßlichen *Hotel Dumasari* und den wenig bewohnten Losmen, eröffnet sich eine schöne Aussicht auf die südliche Bucht.

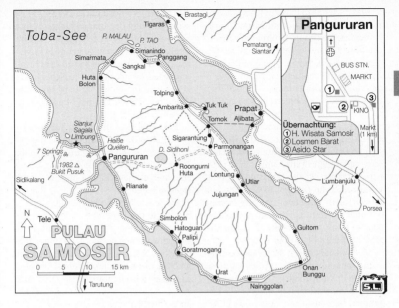

Ambarita

Die Uferstraße von der Halbinsel nach Ambarita führt an verschiedenen ruhiger gelegenen Losmen vorbei. Auf halbem Wege liegt das traditionelle Dorf Siallagan mit dem großen steinernen Königsgrab, das von drei annähernd lebensgroßen Figuren der bestatteten Siallagan-Herrscher gekrönt wird. Daneben, etwas weiter Richtung See, stehen die aus Stein gehauenen Stühle, Bänke und Tische, wo sich früher der König und die Vertreter der Dörfer versammelten, um ihr Palaver abzuhalten. Es wurde aber nicht nur diskutiert, sondern auch Recht gesprochen und hart geurteilt. Hinrichtungen fanden gleich nebenan statt, wo die Verurteilten auf einem großen Stein geköpft wurden.

Simanindo

Richtung Norden verläuft die Straße am Seeufer entlang durch eine hügelige, abwechslungsreiche Landschaft, über hölzerne Brücken und durch kleine Dörfer. 3 km nördlich von Ambarita kann man im *Vanesha Guesthouse** am Tolping Beach übernachten.

Kurz hinter **Panggang** mit seinen vielen Goldfischfarmen sitzen Frauen in einer 15 m langen, kühlen Höhle (Sipayu Cave) und flechten Matten. 15 km nördlich von Ambarita, kurz vor Simanindo führt ein Weg rechts ab zu der in seiner traditionellen Form erhaltenen **Huta Bolon**, der alten Siedlung des früheren Königs Sidauruk. Sie ist zum Freilichtmuseum umfunktioniert worden, 3000 Rp Eintritt. Direkt gegenüber der Kasse stehen unter einem schützenden Dach die königliche Prahu *(Solu Bolon)* und das Museumsgebäude. Über eine Treppe geht es ins Innere, wo Holzschnitzereien, Waffen, Küchenutensilien, Messinggefäße und Ritualgegenstände der Batak ausgestellt sind. Durch einen engen Durchgang in der Mauer gelangt man ins Freilichtmuseum. Rings um den großen Platz stehen verschiedene Gebäude, darunter fünf alte Häuser, deren Dächer leider zum Teil nicht mehr wie früher mit Palmfasern, sondern mit Wellblech gedeckt sind.

Das ehemalige Haus des Königs Sidauruk (Rumah Bolon) ist mit besonders vielen Schnitzereien und Skulpturen verziert, die böse Geister fernhalten sollen. Gegenüber den Häusern stehen fünf Reisspeicher (Sopo). Eventuell wird man eingeladen, auch die Innenräume der anderen, zum Teil noch bewohnten Häuser gegen eine Spende zu besichtigen.

Jeden Morgen (10.30–11.15 und 11.45–12.30, So nur 11.45–12.30 Uhr) werden auf dem freien Platz vor den Häusern traditionelle Tänze aufgeführt – Eintritt 3000 Rp. Viele Touristengruppen! Übernachten im *Losmen** gegenüber dem Eingang zum Museum, die nette Familie hat aber nur ein Zimmer zu vermieten, oder im *Losmen** 500 m nördlich vom Museum. Schöner Blick über den See.

Vor Simanindo liegt die kleine Insel **Tao** – ein Strand im Norden und die *Pulau Tao Cottages* (US$30) laden zum totalen Abschalten ein. Fast stündlich von 6–17 Uhr geht ein Minibus nach Pangururan (1200 Rp).

Konkurrenz hat das Freilichtmuseum Huta Bolon vom etwa 2 km nördlich gelegenen **Desa Sinta Dame** bekommen. Traditionelle Tänze werden hier zu gleichen Preisen tgl. von 10–11 und von 11.15–12.15 Uhr aufgeführt.

Pangururan

Durch **Simarmata** (KM 23) und **Huta Bolon** (KM 27) mit schönen alten Batakhäusern erreicht man nach 37 km (ab Ambarita) Pangururan, das durch einen Damm mit dem Festland verbunden ist. Der täglich von Ort zu Ort ziehende Inselmarkt findet an jedem Mittwoch vom späten Vormittag an etwa 1 km außerhalb von Pangururan an der Straße nach Süden statt.

Rechts hinter der Brücke führt eine Straße etwa 3 km hinauf zu den heißen **Schwefelquellen**, die aus den Felsen sprudeln, aber kaum den Weg lohnen.

Der 1982 m hohe **Bukit Pusuk** kann in etwa 1 1/2 Stunden bestiegen werden. Die Straße von den Quellen weiter Richtung Nordwesten führt etwa 6 km gefährlich steil hinauf. Nordöstlich des Berges soll die erste Siedlung der Batak gelegen haben. Ein riesiger Steintisch, **Sianjur Sagala Limbung**, ist dort noch zu sehen. Etwas weiter kommt man zu den sieben Frischwasserquellen, die alle unterschiedlich schmecken sollen. In kleinen Losmen kann man direkt bei den Quellen oder im Ort selbst übernachten (s.u.).

Ein Fahrweg führt ab Pangururan hinauf zum **Danau Sidihoni**. Da die Nadelwälder im Innern der Insel abgeholzt werden, ist ein Netz von Logging Roads entstanden, die zum Teil bis zur Ostküstenstraße führen.

Südhälfte der Insel

Die gut asphaltierte Straße verläuft durch ein Schwefelabbaugebiet kurz hinter **Rianate** (44 KM) durch das landschaftlich schönste Gebiet der Insel Samosir. Belohnt wird man mit phantastischen Aussichten auf die steilen Berge und abgelegenen Dörfer des Festlandes.

Bei **Goratmogang** (56 KM) befindet sich ein großes Nelkenanbaugebiet, und im Süden der Insel gibt es kunstvoll angelegte Reisfelder, die bis in den See reichen.

Nainggolan (72 KM) liegt zwischen lieblichen Hügeln, die für den Reisanbau terrassiert wurden.

Nach **Onan Bunggu** (84 KM) wird die Straße recht abenteuerlich und führt landeinwärts hinein in die Berge. In den zerklüfteten Bergen wurden Reisterrassen angelegt und somit jedes Fleckchen bebaubarer Boden ausgenutzt. Bei gutem Wetter bieten sich atemberaubende Ausblicke auf das im Osten gelegene Festland und den See. Am KM 92 kann man auf die Küste bis nach Tuk Tuk sehen.

Bei KM 100 in **Jujungan** ist das Plateau erklommen, und tief unten erkennt man das kleine Dorf **Uiar**, wo die Küstenstraße nach Norden beginnt. Durch Kiefernwälder und Hochmoore kommt man bei KM 108 an die erste große Logging Road, die ins Innere der Insel führt.

Nach einem letzten Blick auf die Bucht von Prapat führt die schlechte und unbefestigte, von Holztransportern arg in Mitleidenschaft gezogene Straße steil nach unten. Bei KM 118 ist Tomok erreicht.

Tips für eine Inselumrundung

Eine Rundfahrt mit dem Motorrad von Tomok in Richtung Süden hat mehrere Vorteile: Am Morgen ist es höchst unwahrscheinlich, daß es auf der landschaftlich aufregendsten Strecke auf dem Bergkamm entlang regnet. Fahrer mit wenig Geländeerfahrung legen die schwierigste Strecke auf der unbefestigten Straße hinauf in die Berge zuerst zurück. Normalerweise fahren die Holztransporter am Morgen von der Autofähre hinauf und am frühen Nachmittag etwa ab 14 Uhr vollbeladen wieder hinunter. Man fährt also mit den Trucks hinauf und muß kaum dem Gegenverkehr ausweichen.

Eine Rundfahrt gegen den Uhrzeigersinn hat den Vorteil, daß das Museum und die Tanzaufführungen in Simanindo gut eingeplant werden können. Allerdings muß man darauf vorbereitet sein, den schwierigsten Abschnitt, der auf etwa 10 km nur Platz für einen LKW bietet, am Nachmittag bei Regen und zusammen mit vollbeladenen Holztransportern, die selbstmörderisch nach unten rasen, zurückzulegen. Nur erfahrene Biker sollten das mit guten Maschinen versuchen. Die 124 km lange Strecke kann bequem mit Zwischenstops in 6–7 Stunden zurückgelegt werden; besucht man Simanindo, müssen weitere 1 1/2 Stunden eingeplant werden.

Übernachtung

Einheitspreis für ein Doppelzimmer in den einfachen Batakhäusern ist zur Zeit 4000 Rp – aber es gibt auch teurere und besser ausgestattete Unterkünfte. Man sollte immer darauf achten, daß die Zimmer einbruchsicher sind, und ein eigenes Vorhängeschloß benutzen (mehrere Leser berichteten über Diebstähle). In den letzten Jahren sind die meisten Häuser an das Stromnetz angeschlossen worden.

LITTLE TUK TUK – an der seichten Bucht, die bereits zu einem Teil versandet ist, stehen folgende Unterkünfte:
*Bagus Bay Homestay** ㊺, gutes Restaurant, jeden Abend Video-Filme, großer Garten.
*Tabo Cottages*****-***, ㊹, ✆/📠 41614, Anette und ihre Familie bietet in angenehmer Umgebung am See komfortable Zimmer mit Veranda, Badezimmer mit Heißwasser und ein Restaurant.
*Dumasari Hotel*****-****, ㊷, ✆ 41841, ein häßlicher Bau, der gar nicht in die Landschaft paßt.
*Linda's****-***, ㊸, ganz angenehm, aber nahe dem Dumasari Hotel.
*Carolina Cottage*****-****, ㊳, ✆ 41520, auf der südöstlichen Spitze der Halbinsel; stilvolle Batakbungalows und etwas hellhörige, komfortable Zimmer am Strand inmitten von Blumen und Bäumen, alle mit Bad oder Du/WC, oft ausgebucht. Man überblickt vom Restaurant und den meisten Häusern aus die Bucht. Einige Traveller waren allerdings sowohl von den Cottages als auch vom Restaurant enttäuscht. Am eigenen Strand kann man baden und bootfahren, zudem hat das Carolina eine private Fähranlegestelle.

TUK TUK – hier gibt es die größte Auswahl an Unterkünften: *Silintong Hotel* ㊲ (US$40–80), ✆ 41345, 41249, herrliche Gartenanlage am Ufer des Sees.
Dicht beieinander liegen:
*Rosita** ㉝, gut und zu empfehlen;
*Matahari** ㉜, nicht so besonders;
*Bernard's** ㉛, ✆ 41263, mit Restaurant;
*Marroan** ㉙, freundlich und gut, oft übernachten hier LKW-Fahrer.
*Romlan** ㉘, ✆ 41557, auf der winzigen Halbinsel, nett eingerichtete und saubere Bungalows mit und ohne Privat-Mandi; hier kocht (sehr gut) die deutsche Chefin.
*Sumber Pulo Mas** ㉗, große, saubere Zimmer, Mandi / WC, Balkon mit Aussicht über den See.
*Hotel Ambaroba*****, ㉒, fast luxuriös, aber etwas steril und wenig einladend.
*Endy's**, ⑲, schöner Garten am Ufer des Sees, liegt etwas abseits und relativ ruhig.

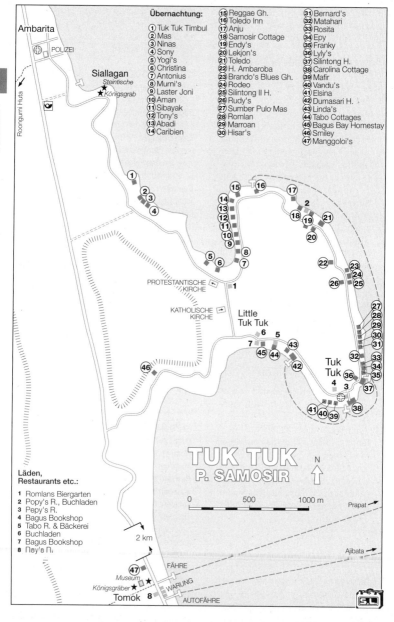

Toledo Inn**** ⑯, ✆ 41181, mittelmäßige Bungalows, am nordwestlichen Hang der Halbinsel gelegen, großartige Aussicht. Dahinter findet man an der Straße einige Losmen dicht beieinander in nachgebauten Batakhäusern mit direktem Zugang zum See, der hier tiefer ist.
Abadi* ⑬, empfehlenswert,
Tony's* ⑫, freundliche Besitzerin, empfehlenswert,
Aman*-** ⑩, etwas komfortabler als seine Nachbarn,
Antonius* ⑦, der Besitzer ist pensionierter Religionslehrer.
Richtung Ambarita etwas weiter liegen die folgenden Losmen in einer relativ ruhigen Umgebung:
Christina* ⑥, neue Batak-Häuser mit Restaurant an der seichten Bucht;
Sony* ④, gut und sauber;
Mas* ②, bei Travellern beliebt, ruhig und direkt am Seeufer;
Tuk Tuk Timbul* ①, auf einer Landzunge mit eigenem Bootssteg.

AMBARITA – 2,5 km nördlich von Ambarita, 200 m abseits der Straße findet man die großen Hotels
Sanggam Beach*** (ab US$35) und
Sopo Toba*** sowie
King's Gordon Guesthouse*-**, mit eigenem Strand inmitten von viel Grün; man ist hier allerdings recht isoliert und auf das Restaurant im Losmen angewiesen.

TOMOK – Zwischen Tuk Tuk und Tomok gibt es auch einige Losmen, z.B. *Smiley** ㊻, etwas heruntergekommen.
In Tomok selbst das alte Batakhaus von *Mangoloi's** ㊼, nette Leute, gute Tips.

PANGURURAN – *Hotel Wisata Samosir***, Jl. Kejaksaan 42, ✆ 20050.
Losmen Barat*, Jl. Sisingamangaraja 66, ✆ 20053, sehr einfache Unterkunft bei einer freundlichen Familie, Restaurant mit Traveller Food. Richard, der Besitzer, spricht Englisch, hat viele Infos und verleiht Motorräder.
Asido Star**, neues Hotel mit Reihenhäusern an der Straße nach Süden.

Weitere Unterkünfte in **Simanindo** und **Tao**.

Essen

Fast in jedem Losmen gibt es ein kleines Restaurant. Die Losmenbesitzer freuen sich, ihre Gäste oft zu sehen, denn die Einkünfte aus der Zimmervermietung sind gering. Andererseits ist es von Nachteil, wenn man längere Zeit in einem abgelegenen Losmen allein auf dessen Küche angewiesen ist, denn die Variationsbreite der Gerichte ist gering.
Ausgezeichnetes Essen bekommt man unter anderem im *Romlan*, außerdem täglich frisches, selbstgebackenes Brot. Gutes Essen auch bei **Bernard**, **Rohandy** und **Tony**.
Tabo Restaurant, vegetarische Gerichte und Kräutertees, zubereitet von der deutschen Chefin; köstliche Soja-Milch, gut zum Frühstück und Abendessen. An der Straße Bäckerei mit Weizenbrot, frischem Kuchen und Plätzchen.
Romlans Biergarten, hier kann man angenehm in einem Garten sitzen und Bier vom Faß trinken.

Sonstiges

BÜCHER – In Tuk Tuk und Little Tuk Tuk gibt es in einigen Buchläden, z.B. im *Bagus Bookshop*, gebrauchte Bücher – man sollte nichts Großartiges erwarten, sondern besser selbst etwas Literatur von zu Hause oder aus Singapore mitbringen! Es bleibt viel Zeit zum Lesen, denn abends ist nicht viel los.

GELD – mehrere Moneychanger in Tuk Tuk wechseln TC und Cash verschiedener Währungen zu schlechten Kursen. Günstigere Kurse bekommt man im *Toledo Inn*.

GESUNDHEIT – *Puskesmas* (Krankenstationen) gibt es in Tuk Tuk, Tomok und Ambarita. Da über unfähige Ärzte berichtet wurde, informiert man sich am besten im Losmen oder Hotel.

MOTORRÄDER U.A. – in einigen Losmen und in Tuk Tuk selbst können Motorräder für etwa 20 000 Rp pro Tag inkl. Benzin gemietet werden, um damit die Insel Samosir zu erkunden. Allerdings sind sie sämtlich nicht versichert. Eine Durchquerung der Insel über die Berge ist mit dem Motorrad nicht möglich.
Für 5000–6000 Rp pro Tag werden **Kanus** ver-

mietet. **Fahrräder** bzw. Mountain-Bikes kosten 10 000 Rp pro Tag.

VORWAHL – 0625. Pangururan 0626.

Transport

Auf Samosir: Minibusse kosten von Tuk Tuk nach Tomok oder Ambarita 400 Rp. Wenn man weiter will, ist es besser, von Tuk Tuk vor zur Hauptstraße zu laufen, wo häufiger Minibusse verkehren. Zwischen Tomok und Pangururan fahren in größeren Abständen teilweise völlig überladene Minibusse für 2000 Rp.
Tuk Tuk – Simanindo kostet 600 Rp, Simanindo – Pangururan 1200 Rp. Die Fähren nach Prapat verkehren von 7.30–16.30 Uhr ab diversen Anlegestellen. Am Sonntag verkehrt ein Boot von Tomok über Ambarita und Simanindo für 4000 Rp nach Pangururan.
Ab Ambarita fährt Mo gegen 7.30 Uhr ein Boot für 3000 Rp vom Markt nach HARANGGAOL, eine schöne Tour. Ab hier über SERIBUDOLOK (1200 Rp), KABANJAHE (1000 Rp) nach BRASTAGI (400 Rp). Das Boot fährt um 15 Uhr von Haranggaol weiter nach TONGGING, 2500 Rp.
Ab Pangururan fährt ein Minibus über TELE, SIDIKALANG (4200 Rp, 3 Std.) nach MEREK (4 Std., 5500 Rp). Von da Anschluß nach BRASTAGI / KABANJAHE. 3x tgl. fährt für 8500 Rp ein Bus direkt nach MEDAN (über Autofähre Tomok). Erste Abfahrt 8 Uhr, Ankunft 15 Uhr.
Ab Sidikalang Busse nach KUTACANE, SINGKIL (Boote zu den Banyak-Inseln) und TAPAKTUAN.
Von Tele fahren Minibusse nach Süden über SIBORONGBORONG (kleiner Losmen am Bus Terminal) bis TARUTUNG, von dort Anschluß nach SIBOLGA (3000 Rp).
Tickets für Fernbusse ab Prapat (s.S. 61) bekommt man gegen Aufpreis auch in Tuk Tuk.

West-Sumatra

Über 4,2 Millionen Menschen leben im Tanah Minang, dem Land der Minangkabau. Von der 49 778 km2 großen Provinz sind etwa 50% mit Wald bedeckt, und nur 15% werden landwirtschaftlich genutzt. Wichtige Exportartikel sind Kopra, Rotan, Harz und Gambir (Farbstoff). West-Sumatra ist heute von Reisimporten unabhängig und führt Reis in die Nachbarprovinzen Jambi und Riau aus.

Minang (auch *Menang*) bedeutet Sieg - *Kabau* (heute *Kerbau*) Büffel. Über die Entstehung des Namens „Minangkabau" gibt es eine alte Legende. Ein javanisches Heer wollte das Land erobern. Die Soldaten müssen so zahlreich gewesen sein, daß die Felsen, an denen sie ihre Schwerter gewetzt hatten, verschwanden. Der König der Minangkabau schloß eine Übereinkunft mit seinem javanischen Gegenspieler. Zwei Büffel sollten gegeneinander kämpfen, um dadurch Blutvergießen zwischen den Heeren zu vermeiden. Die Minangkabau ließen ein junges Kalb längere Zeit hungern und befestigten vor dem Kampf eine Speerspitze auf seiner Nase. Durstig stürzte sich das Kalb auf den Bauch seines Gegners und tötete dadurch den Büffel des Javaner.

Faszinierend ist die Vermischung zweier an sich so gegensätzlicher Kulturen wie dem Islam mit seiner Überbetonung der Rolles des Mannes und der traditionellen Minangkabau Kultur mit ihrem matrilinearen Gesellschaftssystem - matrilinear bedeutet hier nicht unbedingt Matriarchat, also Mutterherrschaft, sondern charakterisiert die Erbfolge, die immer von der Mutter auf die Tochter führt.

Ein altes Minang-Sprichwort sagte übrigens: „Steckt man in unserem Land einen Stock in die Erde, so wird er wachsen." Fruchtbar war das Hochland der Minangkabau schon immer aufgrund der vulkanischen Böden. Überall überragen Vulkankegel die üppig grüne Landschaft, die mit ihren zahlreichen kleinen Dörfern und blauen Seen ein abwechslungsreiches Bild bietet.

Padang
Die großflächig angelegte Provinzhauptstadt mit ihren etwa einer Million Einwohnern scheint ohne den für andere Städ-

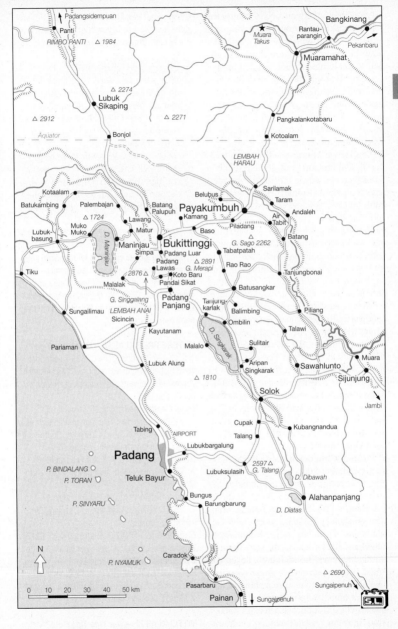

West-Sumatra

te typischen stickigen und unsympathischen Großstadtcharakter auszukommen. Schon zweimal wurde sie als „sauberste Stadt Indonesiens" ausgezeichnet. Die großen Verwaltungsgebäude wurden im modernen Minangkabau-Stil errichtet und prägen das Stadtbild. Padang ist der wichtigste Hafen an der Westküste mit regelmäßigen Verbindungen nach Java, auf die Mentawai-Inseln und an die nördliche Westküste Sumatras.

Das riesige **Museum Adityawarman** in der Jl. Diponegoro mit seinen schönen Schnitzereien wurde einem großen Minangkabau-Haus (Rumah Gadang) nachgebaut. Im Untergeschoß werden neben Netzen und Reusen traditionelle Fischfangmethoden veranschaulicht sowie Textilien und Kleidung aus allen Teilen Sumatras, z.T. auch von anderen Inseln, ausgestellt. Im Obergeschoß werden traditionelle Minangkabau-Hochzeitsbräuche erklärt und Schmuck, Holzschnitzereien, Werkzeuge, Küchengegenstände und anderes Kunsthandwerk (Bronze, Rotan) ausgestellt. Insgesamt entspricht das Museum aber nicht den Erwartungen, die an ein Provinzmuseum eines so wichtigen Volkes Indonesiens gestellt werden. Geöffnet Di–So 8–15 Uhr. Eintritt 250 Rp, Eingang Jl. Bundo Kanduang. Im gegenüber liegenden **Art Centre** (Taman Budaya) finden regelmäßig Tanz- und Musikveranstaltungen, Lesungen, Ausstellungen usw. statt. Geöffnet tgl. 8–14 Uhr, Eintritt.

Padangs **Chinatown**, hier *Kampung Cina* genannt, wird durch die Jl. Dobi, die Jl. Hos. Cokroaminoto und die Jl. Pondok begrenzt. Im Westen grenzt die Stadt direkt ans Meer, im Süden an den Batang Arau. Hier am alten Hafen stehen noch einige Gebäude aus der holländischen Kolonialzeit, und kleine Küstenschiffe, die auch hinüber auf die Mentawai-Inseln fahren, liegen vor Anker. Nimmt man einen Sampan (200 Rp) über den Fluß, kann man zum **chinesischen Friedhof** hinaufsteigen. Von der Sampananlegestelle am südlichen Ufer des Batang Arau führt ein Weg in Richtung Flußmündung, vorbei an einer alten holländischen Kanone auf den **Gunung Padang**. Die Aussicht auf die Stadt von hier oben wird nur noch vom Flugzeug aus übertroffen.

Sitten und Gebräuche
Dem *Adat* und der islamischen Tradition folgend, legen die Minangkabau auf ihre Kleidung großen Wert. Entsprechend wird ebenso von Touristen ein sauberes, gepflegtes Äußeres erwartet.

Der Besucher, der so die hiesigen Sitten respektiert, wird auch seinerseits von den Menschen respektiert werden, und man wird ihm mit Höflichkeit und Freundlichkeit begegnen.

Übernachtung

In der Stadt gibt es eine große Auswahl an sauberen und preiswerten Mittelklassehotels – die meisten Hotels der unteren Preisklasse haben neben billigen 15 000 Rp Doppelzimmern auch komfortablere, die bis zu 40 000 Rp kosten können.

UNTERE PREISKLASSE – *Hotel Tiga Tiga**-*** ⑨, Jl. Pemuda 31, ✆ 22633, gegenüber vom Busbahnhof, daher recht laut. Die billigsten Zimmer mit Gemeinschaftsmandi, die teuren mit ac, TV und Bad.

*Hotel Cendrawasih*** ⑩, Jl. Pemuda 27, ✆ 22894, neben dem Tiga Tiga und ähnlich. Hier werden 7–10tägige Siberut-Trips und Touren auf andere vorgelagerte Inseln angeboten.

Hotel Sriwijaya-*** ⑭, Jl. Alang Lawas I/15, ✆ 23577, sauber, nett, aber gleich neben einer Moschee.

Jakarta Hotel-**** ③, Jl. Belakang Olo 57, ✆ 23331, zentral, etwas laut, z.T. stickige Zimmer ohne Fenster.

Garuda Hotel-**** ⑥, Jl. Permindo 4, ✆ 22176, Zimmer mit Fan oder ac, an einer lauten Straße.

*L.A. Homestay*** ⑤, Jl. Koto Marapak 7 ▪, inkl. Frühstück, auch Dormitory*, nur 5 Minuten zu Fuß vom Busbahnhof in der nördlichen Parallelstraße zur Jl. Hang Tuah.

MITTELKLASSE – *New Tiga Tiga Hotel**-**** ②, Jl. Veteran 33, ✆ 22173, sauber, teure Zim-

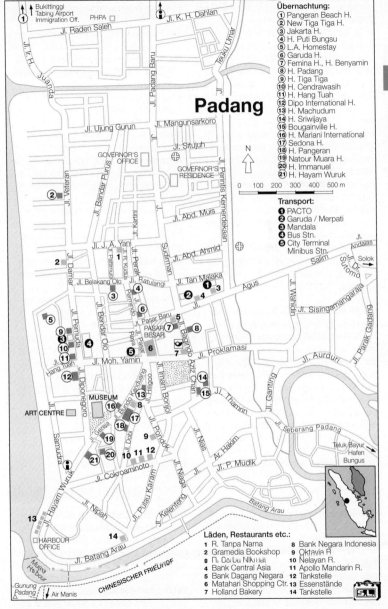

Padang

mer hinten im Garten, sehr ruhig, relativ weit vom Zentrum.
Hotel Hang Tuah**-*** ⑪, Jl. Pemuda 1, ℡ 26556, am besten sind die Zimmer nach hinten, zum Teil mit ac, inkl. Frühstück.
Hotel Puti Bungsu**-**** ④, Jl. Permindo 40, ℡ 23922, saubere Zimmer mit Fan oder ac.
Hotel Immanuel***-**** ⑳, Jl. Tanah Beroyo 1, ℡ 23917, gut und sauber, ruhig gelegen, 23 Zimmer.
Hotel Padang**-**** ⑧, Jl. Bagindo Aziz Chan 28, ℡ 22563, in einer alten holländischen Villa mit einem schönen Innenhof, kleine Zimmer mit Veranda, inkl. Frühstück, sauber.
Bougainville Hotel**-**** ⑮, Jl. Bagindo Aziz Chan 2, ℡ 22149.
Hotel Benyamin*** ⑦, Jl. Bagindo Aziz Chan 19, ℡ 22324, zweistöckiges, nettes Hotel in einer Gasse hinter dem Femina.
Femina Hotel**-*** ⑦, Jl. Bagindo Aziz Chan 15, ℡ 34309, ℻ 34388, nett eingerichtete Zimmer mit Fan oder ac, das beste Preis-Leistungs-Verhältnis in der mittleren Preislage.

OBERE PREISKLASSE – *Dipo International Hotel* (ab US$36–52) ⑫, Jl. Diponegoro 25, ℡ 34261, ℻ 34265, neues, sehr sauberes Hotel.
Sedona Hotel (ab US$150) ⑰, Jl. Bundo Kanduang 20–28, ℡ 37555, ℻ 37567, gegenüber dem kleinen Hotel von Madame Mariani wurde das Luxushotel errichtet. Neben einem großen Swimming Pool bietet es alle Annehmlichkeiten.
Natour Muara Hotel (US$40–50) ⑲, Jl. Gereja 34, ℡ 35600, ℻ 31163, lohnt nicht die Mehrausgabe.
Hotel Mariani International (US$26–52) ⑯, Jl. Bundo Kanduang 35, ℡ 25466, ℻ 25410, empfehlenswert, trotz des schönen Namens hat Madame Mariani nur 30 Zimmer.
Hotel Pangeran (US$38–75) ⑱, Jl. Dobi 3 - 5, ℡ 31233, ℻ 27180, Hotel für Geschäftsleute im Zentrum der Stadt.
Hotel Hayam Wuruk (US$35–45) ㉑, Jl. Hayam Wuruk 16, ℡ 21726, ℻ 38123, nettes neues Hotel mit kleinem Swimming Pool.
Pangeran Beach Hotel (ab US$75) ①, Jl. Jr. Haji Juanda 79, ℡ 51333, ℻ 54613, nördlich der Stadt am Strand gelegen, mit Swimming Pool, Restaurants.

Essen

Nasi Padang stammt, wie schon der Name sagt, aus West-Sumatra. Man bekommt den Tisch mit kleinen Schälchen der verschiedenen Gerichte vollgestellt. Bezahlt wird nur, was man tatsächlich gegessen hat.
Nasi Padang gibt es z.B. im *BOPET IRAMA*, Jl. Prof. M. Yamin 114,
im *Serba Nikmat*, Jl. Haji Agus Salim 20, oder im *Simpang Raya*, Jl. Aziz Chan 24 (gegenüber vom Postamt).
Tanpa Nama, Jl. Rohana Kudus 87, und *RODA BARU*, Jl. Pasar Raya 6, streiten sich, wer die Nr. 1 ist. Im Roda Baru bekommt man große Portionen.
Nur wenige chinesische Restaurants sind im Kampung Cina, der Chinatown von Padang, z.B. *Oktavia*, Jl. Pondok. Gegenüber *Chan's* und *Ri & Ri*.
Apollo Mandarin, Jl. Hos. Cokroaminoto 36 A, und *Nelayan*, nebenan, servieren empfehlenswerte Seafood-Gerichte.
Nicht schlecht ist auch das kleine Restaurant beim Hang Tuah Hotel, nur wenig Auswahl, aber gute chinesische Gerichte.
Viele Essenstände findet man auf der Jl. Samudra, Jl. Hayam Wuruk, direkt am Meer, abends werden noch mehr aufgebaut. Hauptsächlich Shrimps-Omelette, Sate und *Es Jendur*.
Kentucky Fried Chicken in der Jl. Bundo Kanduang.
Im 2. Stock des *Matahari Shopping Centres* gibt es einen guten Food Court.
Empfehlenswert sind die **Bäckereien** *Hoya*, Jl. Hos. Cokroaminoto, und *Holland Bakery*, Jl. Proklamasi.

Sonstiges

EINKAUFEN – Einkaufsstraße ist die Jl. Imam Bonjol mit mehreren Department Stores. In der Nr. 6 A findet man auch einen Souvenir- bzw. Antiquitätenladen. Größtes Shopping Centre ist das *Matahari* in der Jl. Prof. M. Yamin.

GELD – *Bank Dagang Negara*, Jl. Bagindo Aziz Chan 21; *Bank Negara Indonesia 1946*, Jl. Dobi 1; *Bank Central Asia*, Jl. Haji Agus Salim 10 A. Bargeld kann auch beim Money Changer *Eka Ya-*

sa Utama in der Jl. Niaga 241 getauscht werden.
American Express: Agent ist *Pacto Ltd*, Jl. Tan Melaka 25, ✆ 27780, ✉ 33335. Geöffnet Mo–Fr 8.30–16, Sa 8.30–13 Uhr.

IMMIGRATION – Office in der Jl. Khatib Sulaiman, ✆ 55113; nette Leute!

INFORMATIONEN – *Tourist Office* für West-Sumatra / Riau, Jl. Khatib Sulaiman 22, Padang Baru, ✆ 56006. Geöffnet Mo–Do 7.30–14, Fr 7.30–11, Sa 7.30–12.30 Uhr; Stadtbus 14 A. Städtisches *Tourist Office*, Jl. Samudra 1. Sehr hilfreich ist auch *Pacto*, s.o.

MEDIZINISCHE HILFE – *R. S. Yos Sudarso*, Jl. Situjuh, ✆ 33230.

PHPA – Jl. Raden Saleh 8, ✆ 25136.

POST – Jl. Bagindo Aziz Chan 7, geöffnet Mo–Do 8–16, Fr 8–12, Sa bis 13 Uhr.

TELEFON – mehrere Wartel, die zum Teil 24 Stunden geöffnet sind, auf der Jl. Veteran.

VORWAHL – 0751.

Nahverkehrsmittel

Städtische **Busse** *Bis Kota* und **Minibusse** *Angkutan Kota* kosten 300 Rp (egal wie weit) und fahren ab dem Oplet / City Terminal, Ecke Jl. Moh. Yamin / Jl. Pasar Raya, auf verschiedenen Routen durch die Stadt; zum Airport Tabing kosten sie 600 Rp.
Pferdekutschen *(Bendi)* kosten ca. 500 Rp für 2 km. **Taxi** mit ac und Taxameter gibt es bei *P.T. Patax*, Jl. Dr. Sutomo 90, ✆ 26385, 1 Stunde kostet 15 000 Rp.

Transport

BUSSE – Außer dem City Terminal für Stadt- und Nahverkehr gibt es noch den zentralen Busbahnhof für Fernbusse in der Jl. Pemuda.
Die Büros der Fernbusunternehmen liegen alle am Busbahnhof.
Preisbeispiele:
BENGKULU 11 000 Rp, ac 22 000 Rp;
BUKITTINGGI 2000 Rp;
DUMAI 12 600 Rp, ac 21 500 Rp;
JAKARTA 32 000 Rp, ac 58 000 Rp;
LUBUKLINGGAU 13 500 Rp, ac 20 000 Rp, ca. 24 Std.;
MEDAN 24 000 Rp, ac 30 000 Rp;
PALEMBANG 21 000 Rp, ac 42 000 Rp;
PEKANBARU 6000 Rp, ac 12 000 Rp;
PRAPAT 22 000 Rp, ac 30 000 Rp;
SIBOLGA 13 500 Rp, ac 20 000 Rp;
SOLOK 1400 Rp, 1 1/2 Std.;
SUNGAIPENUH 6000 Rp, ac 11 000 Rp;
TANJUNG KARANG 26 000 Rp, ac 50 000 Rp.
Ein **Taxi** nach Bukittinggi kostet 55 000 Rp.

FLÜGE – Der Tabing Airport liegt 9 km nördlich der Stadt. Bemo 600 Rp, ein Taxi ab Airport-Counter nach Padang kostet 9500 Rp; direkt nach Bukittinggi 55 000 Rp.
Garuda, Jl. Jr. Haji Juanda 79, ✆ 58488, im Pangeran Beach Hotel, geöffnet Mo–Fr 7.30–17 Uhr, Sa, So und feiertags 9–13 Uhr;
Merpati, Jl. Jen. Sudirman 2, ✆ 32011.
Mandala neben Hotel Tiga Tiga, Jl. Pemuda 29 A, ✆ 32773.
Sempati im Pangeran Beach Hotel, Jl. Jr. Haji Juanda 79, ✆ 51612.
Silk Air im Hotel Hayam Wuruk, ✆ 38122.
Pelangi Air im Hotel Natour Muara, ✆ 34261.
Es besteht Mo, Di, Do und So eine direkte Flugverbindung nach SINGAPORE mit Merpati bzw. Silk Air für US$110.
Pelangi bzw. Sempati fliegen abwechselnd tgl. für US$107 nach KUALA LUMPUR (z.T. mit Zwischenstops in Pekanbaru und Johor Bharu).
Preisbeispiele (ohne MwSt):
BATAM 130 000 Rp (MZ, SG),
JAKARTA 263 000 Rp (GA, MZ, SG, MDL),
MEDAN 149 000 Rp (MZ),
PALEMBANG 155 000 Rp (MZ).

SCHIFFE – Padangs großer Hafen Teluk Bayur liegt 7 km südlich der Stadt, Minibus 400 Rp; hier legen sämtliche Pelni-Schiffe an. Vom kleinen Hafen Muara an der Mündung des Batang Arau fahren die Schiffe nach Siberut. Jeden zweiten Fr um 13 Uhr fährt die **KM. Lawit** (s.S. 797) nach GUNUNGSITOLI (Nias) und SIBOLGA. Zwei Tage später am folgenden So ist sie wieder in Padang und fährt um 11 Uhr nach JAKARTA, PONTIANAK, SEMARANG und KUMAI.

Preisbeispiele (Ekonomi / 1. Kl.):
GUNUNGSITOLI 31 000 / 79 500 Rp,
SIBOLGA 35 500 / 121 000 Rp,
JAKARTA 81 500 / 230 000 Rp.
Das Schiff ist eine empfehlenswerte Alternative zu den strapaziösen Busfahrten.
Tickets bei *Pelni* direkt am Hafen Teluk Bayur, Jl. Tanjung Priok 32, ℡ 33624, ✆ 33428. In der Stadt bei den Agenturen sind Tickets um 2500 Rp teurer.

Außer den Pelni-Schiffen verkehren kleinere Kutter entlang der Westküste Sumatras. Infos dazu im alten Hafen MUARA beim Hafenmeister *(Syahbandar)* oder in Teluk Bayur.

Bukittinggi

920 m ü.d.M. liegt der „hohe Hügel", eine wörtliche Übersetzung des Ortsnamens. Bis zur Unabhängigkeit hieß Bukittinggi „Fort de Kock", nach einem holländischen General, der in den Padri-Kriegen 1821-1838 hier eine wichtige Befestigung errichten ließ. Damals verbündete sich die Kolonialmacht mit den vom „Adat" geprägten Minangkabau-Fürsten gegen aggressive Reformer, die den Islam auch in West-Sumatra einführen wollten.

Bukittinggi (85 000 Einwohner) ist eine kühle und angenehme Stadt und Ausgangspunkt für zahlreiche Ausflüge. Touristen halten sich meist in der Altstadt auf, die sich um zwei Hügel herum bis zum Sianok Canyon erstreckt. Zwischen den beiden Hügeln verläuft die Jl. Jen. A. Yani. Alle Sehenswürdigkeiten sind von hier bequem zu Fuß zu erreichen. Südöstlich der Altstadt breiten sich Bukittinggis neue, unattraktive Vororte aus, die sich noch über einige Kilometer hinziehen. Ein Abendspaziergang lohnt sich auf den westlichen Hügel hinauf zum **Fort de Kock**. Von der alten Befestigungsanlage ist allerdings nicht mehr viel zu sehen, statt dessen genießt man die schöne Aussicht und die Sonnenuntergänge.

Seit 1992 führt eine aufwendige Hängebrücke direkt vom Fort über die Jl. Jen. A. Yani hinweg auf den gegenüberliegenden Hügel. Hier findet man den **Taman Bundo Kanduang** mit einem kleinen, heruntergekommenen Zoo. Eintritt:1250 Rp, für Fort und Park. In einem originalgetreu nachgebauten Minangkabau-Haus ist das älteste **Museum** West-Sumatras untergebracht. Eintritt 500 Rp, geöffnet Sa–Do 8–18, Fr 8–11 und 14–18 Uhr. Es besitzt eine wertvolle Sammlung von historischem und kulturellem Interesse, so z.B. traditionelle Kleidung, antiken Schmuck, Haushalts- und Küchengeräte und einige Modelle alter Minangkabau-Gebäude. Daneben gibt es auch Kuriositäten wie ausgestopfte, zweiköpfige Kälber. Teilweise sind die Erläuterungen in englisch.

Der **Zoo** ist wie viele andere Zoos in Südostasien sehr heruntergekommen, trotzdem bekommt man einen kleinen Überblick über die Fauna Sumatras. Das angeschlossene **Aquarium** kostet nochmals 350 Rp Eintritt.

Vom **Jam Gadang**, dem großen Uhrturm, sind die beiden Vulkane im Süden der Stadt zu sehen, links der 2891 m hohe Gunung Merapi, der heute noch aktiv ist, und rechts der Gunung Singgalang mit 2877 m.

Gleich am Uhrturm steht auch das Gebäude des **Pasar Atas**, des oberen Marktes, mit seinen vielen Läden. Mittwochs und samstags findet an und auf den Treppen, die von hier hinunterführen, ein Markt statt, einer der größten und faszinierendsten Märkte Indonesiens. Dorfbewohner aus der Umgebung kommen hierher.

Auf dem **Pasar Bawah**, dem unteren Markt, werden täglich an offenen Ständen Obst, Gemüse, Gewürze und Fisch verkauft. In den beiden Marktgebäuden am unteren Markt findet man zahlreiche Geschäfte, im südlichen werden u.a. auch kunsthandwerkliche Dinge verkauft (Minangkabau-Schmuck, Korbwaren usw.).

An der Jl. Panorama liegt das **Armeemuseum**. Neben zahlreichen Waffen kann man eine Bilddokumentation über die Prozesse gegen die Führer der PKI von West-Sumatra sehen. Ein Diorama stellt den Überfall holländischer Truppen auf republikanische Soldaten dar. Geöffnet Sa–Do

8–17, Fr 8–11 und 13–17 Uhr, Eintritt 500
Rp. Von dem kleinen **Panorama-Park** (Eintritt 500 Rp) gegenüber dem Armeemuseum kann man in den **Sianok Canyon** hinuntersehen und über einen schmalen Weg mit vielen Treppenstufen sogar hinabsteigen. Dieser Fußweg beginnt 50 m westlich vom Westende des Parks.

Die von japanischen Besatzungstruppen angelegten Munitionslager können auch besucht werden, der Eingang liegt innerhalb des Panorama-Parks. Die Stollen und Höhlen (**Lobang Jepang**) führen tief hinab bis an die Straße zum Cañyon. Eintritt 350 Rp. Trekking-Touren im Cañyon (3–5 Std.) macht man am besten mit einem Guide, der auch interessante Plätze abseits der Wege zeigen kann, z.B. *flying foxes*. Infos im Tourist Office.

Übernachtung

UNTERE PREISKLASSE – Viele billige Hotels liegen an der Jl. Jen. A. Yani. Kommt man mit dem Bus von Norden (Sibolga, Medan), sollte man sich bereits an der Kreuzung Jl. Pemuda / Jl. Jen. A. Yani absetzen lassen.

*Srikandi Hotel*** ③, Jl. Jen. A. Yani 117, ✆ 22984, nett und sauber, aber renovierungsbedürftig.

*Murni Hotel** ④, Jl. Jen. A. Yani 115, ✆ 21824, kleines Familienhotel.

*Nirwana Hotel** ⑤, Jl. Jen. A. Yani 113, ✆ 21292, akzeptabel.

*Bamboo House** ⑦, Jl. Jen. A. Yani 132, ✆ 23388, einfacher Homestay mit Innenhof, Dormitory und Zimmer mit und ohne Mandi.

*Losmen Singgalang**.⑧, Jl. Jen. A. Yani 130, ✆ 21576, laut.

Yusuf Hotel-*** ⑪, Jl. Jen. A. Yani 111, ✆ 21133, eines der ältesten Hotels der Stadt, ist kürzlich renoviert worden (hieß früher Grand Hotel).

*Tigo Balai Hotel** ⑳, Jl. Jen. A. Yani 100, ✆ 31996, duster und schmuddelig.

*Gangga Hotel** ㉒, Jl. Jen. A. Yani 70, ✆ 22967, reichlich heruntergekommen.

*Tina Guesthouse** ㉑, ✆ 32948, an der Treppe von der Jl. Jen. A. Yani zur Jl. Cidur Mato, billig, aber sehr einfach und laut.

D'enam Homestay-*** ⑱, Jl. Yos Sudarso 4 (Jl. Benteng), ✆ 21333, angenehm, in ruhiger Lage, Dorm und Zi mit und ohne Mandi.

*Suwarni Hotel*** ⑰, Jl. Benteng 2, sauber und ruhig, hübsch eingerichtet, familiäre Atmosphäre.

*Surya Hotel*** ㉖, Jl. A. Karim 7, ✆ 22587.

Wisma Kartini-*** ㉗, Jl. Tengku Umar 21, ✆ 22885, mit und ohne Mandi, z.T. mit Heißwasser, inkl. Frühstück.

Merdeka Homestay-*** ⑨, Jl. Dr. A. Rivai 20, ✆ 21253, schöne Kolonialvilla am Rande des Parks um das Fort, Zimmer mit Mandi, z.T. mit Heißwasser und TV.

*Mountain View Hotel*** ⑮, Jl. Yos Sudarso 3, ✆ 21621; 4 Leute können sich 2 getrennte Schlafzimmer mit einem Badezimmer teilen.

MITTELKLASSE – *Gallery Hotel**-**** ㉙, Jl. Haji Agus Salim 25, ✆ 23515, ✉ 31496, sehr sauber, nett eingerichtet, Dachterrasse mit großartiger Aussicht, teure Zimmer mit TV und Heißwasser. Viele Reisegruppen: oft ausgebucht.

*Sari Hotel**-**** ㉘, Jl. Yos Sudarso 7, ✆ 22986, sehr sauber, alle Zi mit Bad, einige mit Heißwasser und TV, gemütlicher Aufenthaltsraum.

*Hotel Orchid***-**** ㉕, Jl. Tengku Umar 11, ✆ 32634, saubere, kleine Zi mit Balkon, inkl. Frühstück, z.T. mit TV und Heißwasser.

*Hotel Fort de Kock***-**** ⑭, Jl. Yos Sudarso 33, ✆ 33005, gepflegt, sauber und ruhig, mit Heißwasser, TV und z.T. mit Balkon, inkl. Frühstück.

*Lima's Hotel**-**** ①, Jl. Kesehatan 34, ✆ 22641, ✉ 32570, gut, ruhig und sauber, schöne Dachterrasse, Bar und Restaurant.

*Flower Hotel**-**** ⑲, Jl. Jen. A. Yani 104, ✆ 22186, saubere Zimmer, meist mit Fenster zum Treppenhaus, mit und ohne Mandi, z.T. mit Heißwasser und TV.

*Minang International Hotel**** ㉛, Jl. Panorama 20 A, ✆ 21120, Balkon mit Blick zum Cañyon, alle Zimmer mit Heißwasser und Badewanne.

OBERE PREISKLASSE – *Sari Bundo Hotel* (US$20–50) ⑬, Jl. Yos Sudarso 7 A (Jl. Benteng), ✆ 22953, nur 36 Zi mit TV, Tel und Heißwasser.

Hotel Benteng (US$20–40) ⑯, Jl. Benteng 1, ✆ 21115, ✉ 22596, modernisiertes Kolonialho-

tel aus den 30er Jahren, Zimmer mit TV, Tel, Heißwasser und schönem Blick über die Stadt.
Denai Hotel (ab US$41) ⑥, Jl. Dr. A. Rivai 26, ✆ 21511, ✆ 23490, 64 sehr schöne, gepflegte Zimmer, z.T. mit Balkon, und 2 Bungalows.
Novotel Bukittinggi ㉚, ✆ 31122, ✆ 31123, 4-Sterne-Hotel mit beheiztem Pool.
Dymens Hotel (US$35–60) ㉞, Jl. Nawawi 3, ✆ 21015, ✆ 21613, mit etwas Patina.
Hotel Pusako (ab US$100) ⑫, Jl. Soekarno-Hatta 7, ✆ 22111, ✆ 21017, ein 4-Sterne-Luxushotel auf einem Hügel an der Straße nach Pekanbaru, 191 Zimmer und Suites, mit beheiztem Swimming Pool.
Bukittinggi View Hotel (ab US$38), Jl. Raya Medan KM 7, ✆ 22444, hübsch auf einem Hügel an der Straße nach Sibolga gelegen, gute Aussicht über das Tanah Minang. Viele Reisegruppen, abends werden oft Tänze aufgeführt.

Essen

Traveller-Food bekommt man in einem der zahlreichen Coffee Shops, die sich nicht wesentlich voneinander unterscheiden und sich vor allem zum Frühstücken lohnen.
Harau Cliff Cafe, Jl. Jen. A. Yani 134, ✆ 31850, hat neben akzeptablem Essen auch gute Musik.
Monalisa, Jl. Jen. A. Yani 58, ✆ 22644, ein kleines, sehr gutes chinesisches Restaurant mit geschmacklichen Zugeständnissen an die Touristen. Bemerkenswert ist der *Fruit Salad* aus bis zu 20 verschiedenen Früchten.
Family, Jl. Benteng 1 (am Fort de Kock), gutes Nasi Padang.
Mehrere gute Padang Food-Läden befinden sich in der Nähe des Marktes.
Simpang Raya, gegenüber dem Gloria Kino über der Apotheke (Jl. Minangkabau) und ein zweites **Simpang Raya** gegenüber dem Uhrturm, wo man schön im 1. Stock sitzen kann. *Belud,* kleine, geräucherte Aale, sollte man ausprobieren.
Roda Baru Restaurant, hinter dem Markt, hat ähnlich gutes Essen.
Kedai Nasi Nikmat, Jl. Minangkabau 9, wo die Einheimischen essen, gut und preiswert.
In allen Nasi-Padang-Läden werden sämtliche Speisen in kleinen Schälchen auf den Tisch gestellt, und man bezahlt nur das, was tatsächlich verzehrt wird. Meist sind Preistafeln angebracht,
wenn nicht, kann man vorher fragen, wieviel jedes Schälchen kostet.
Wer Lust auf was Süßes hat, sollte einen längeren Spaziergang nicht scheuen:
New Hollandia Bakery & Cake Shop & Ice Cream, Jl. Jen. Sudirman 18.

Sonstiges

AUTOVERMIETUNG – Bei Travel Agents (auch Hotels, Coffee Shops und bei Privatpersonen) können **Minibusse / Sedan / Jeeps** gechartert werden; kosten ca. 125 000 Rp pro Tag (Sedan 200 000 Rp), inkl. Fahrer und Benzin.

GELD – *Bank Negara Indonesia 1946*, Jl. Jen. A. Yani 126, geöffnet Mo–Fr 8–12 und 13.30–16.15 Uhr.
Bank Rakyat Indonesia, Jl. Jen. A. Yani 3 (gegenüber Uhrturm).
Toko Eka, Jl. Minangkabau 51, ✆ 21247, ein Money Changer.
P. T. Tigo Balai Indah, Jl. Jen. A. Yani 100, wechselt Cash und TC verschiedener Währungen.

INFORMATIONEN – ein *Tourist Office*, ✆ 22403, befindet sich gegenüber dem Uhrturm, geöffnet Mo–Do 8–16, Fr 8–11.30 und 14–15.30 Uhr, Sa und So geschlossen.

MOTORRÄDER – (z.B. bei *P. T. Tigo Balai Indah*, Jl. Jen. A. Yani 100, ✆ 31996) kosten 15 000–20 000 Rp pro Tag, Reisepaß muß als Sicherheit hinterlegt werden.

POST – *Kantor Pos*, Jl. Jen. Sudirman, südlich der Altstadt, geöffnet Mo–Do 8–12 und 13.30–16, Fr 8–11.30 Uhr.
Eine kleine Post-Nebenstelle befindet sich am Pasar Atas, neben dem Tourist Office.

TÄNZE – Täglich um 20.30 Uhr tritt in der Jl. Lenggogeni 1, unterhalb vom Tourist Office, eine Tanzgruppe aus Bukittinggi auf: vier verschiedene Gruppen wechseln sich dabei ab und präsentieren jeweils in ihrem zweistündigen Programm „Minangkabau Traditional Arts" alte und neue Tänze, Volkslieder, Volkstheater und *Pencak Silat* – Eintritt 7500 Rp. Außerdem gibt es noch weni-

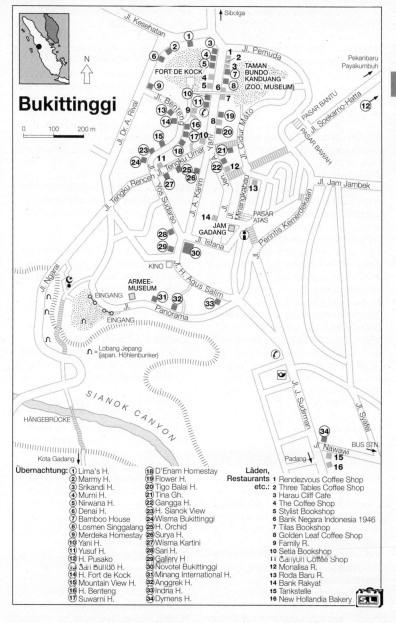

ger regelmäßig stattfindende Tanzaufführungen vor dem Museum.

TELEFON – *Telkom*, 24 Std. geöffnet, Jl. Jen. Sudirman, südlich der Altstadt.
Internationale Telefonate und Faxe sind auch möglich vom:
Warparpostel, Jl. Jen. A. Yani 111, tgl. 7.30–24 Uhr geöffnet.

TOUREN / GUIDES – Guides für Besichtigungsfahrten kosten 25 000 Rp pro Tag, für Trekking-Touren 40 000 Rp, wobei Essen oder Unterkunft für den Guide oft extra bezahlt werden müssen. Guides müssen eine Lizenz haben, die man sich im Zweifelsfall zeigen lassen soll. Die überall angebotenen Tagestouren mit Minibus für 25 000 Rp p.P. sind nur interessant, wenn man keine Zeit für Ausflüge auf eigene Faust hat; jeden Dienstag und Samstag stehen auch die Stierkämpfe auf dem Programm. Die Qualität der Touren ist sehr unterschiedlich und hängt in erster Linie von der Kompetenz, aber auch von der Laune des Guides ab. Einen guten Eindruck macht der Guide Efi (Hanafi), anzutreffen im *Golden Leaf Coffee Shop*, Jl. Jen. A. Yani 116, ✆ 22304, 31757, der aus Payakumbuh stammt und lohnende Trekking-Touren ins Harau-Tal und ins Mahat-Tal unternimmt, sogar bis Muara Takus (10–12 Tage). Efi legt großen Wert darauf, daß man für den Besuch in den Dörfern gepflegte Kleidung mitnimmt.

VORWAHL – 0752.

Einkaufen

Antiquitäten und Souvenirs: Eine Riesenauswahl auf drei Etagen bietet *Minang Art*, Jl. Jen. A. Yani 51, ✆ 33008. Kleinere Läden sind in der Jl. Jen. A. Yani 14, 38 und 44. Noch mehr Souvenir- und Antiquitätenläden findet man am Pasar Atas in der Jl. Minangkabau.
Gebrauchte Taschenbücher bekommt man im *Tilas Bookshop*, Jl. Jen. A. Yani 124, sowie im *Setia Bookshop* und im *Stylist Bookshop,* beide ebenfalls in der Jl. Jen. A. Yani.
Auf dem **Markt** gibt es lotweise feingemahlenen Kaffee zu kaufen. Gewürzstände, die frische Nelken, Muskatnüsse, Zimt, Kardamom und Koriander verkaufen, findet man auf dem Pasar Bawah.

Nahverkehrsmittel

BENDI – Im Bereich der Altstadt kann alles zu Fuß erreicht werden. Innerhalb des Ortes verkehren zweirädrige Pferdekutschen, *Bendi*. Halteplätze sind am Pasar Bawah und in der Jl. Jen. A. Yani an der Abzweigung Jl. Tengku Umar. Die Fahrer verlangen häufig Touristenpreise. Richtpreis innerhalb der Stadt: 1500 Rp, nach außerhalb 3000 Rp.

BEMO – Die dreirädrigen Bemo sind seltener geworden. Sie fahren von der Endhaltestelle am Pasar Bawah auf Rundkursen durch die Stadt und kosten 250 Rp, egal wie weit.

MINIBUSSE – Für 250 Rp pendeln Minibusse (dunkelrot) auf diversen Routen zwischen Busbahnhof und Pasar Bawah; mit großem Rucksack bezahlt man 100 Rp extra.

TAXI – mit Taxameter bekommt man bei:
Patax, Jl. Urip Sumoharjo, ✆ 21163;
Buana Taxi, Jl. Sukarno-Hatta 8, ✆ 22803, 22748, 21042. Kurze Strecken kosten 1500 Rp, Markt–Busstation 3000 Rp. Taxicharter nach PEKANBARU beträgt 125 000 Rp.

Transport

BUSSE – Die meisten Hotels und alle Reisebüros organisieren gegen einen Aufpreis die Weiterreise mit Fernbussen.
Alle Bus-Unternehmen haben ihre Büros am Busbahnhof **Aur Kuning**, 3 km südöstlich der Altstadt, wo man Tickets ohne Aufpreis bekommt. Nach SIBOLGA fährt *P.O. Terang* tgl. 16 Uhr, 11 500 Rp non ac, 12 Std.
Weitere **Preisbeispiele**:
BENGKULU 22 000 Rp,
DUMAI 11 000 / ac 16 000 Rp,
JAKARTA 33 000 / ac 54 000 / 75 000 Rp,
JAMBI 10 000 Rp,
LUBUKLINGGAU 21 000 / ac 30 000 Rp,
MEDAN 22 000 / ac 27 500 Rp,
PADANG 2000 / ac 2500 Rp,
PALEMBANG 19 500 / ac 24 000 Rp,

PEKANBARU 5500 / ac 10 000 Rp, 6–8 Std.,
PRAPAT 22 000 / 28 000 Rp, 16 Std.,
TANJUNG KARANG 33 000 / ac 54 000 Rp,
30–40 Std.
Täglich fährt ein **Tourist Bus** nach PRAPAT,
25 000 Rp; Tickets bekommt man bei Travel
Agents und in den meisten Hotels.
Lokale Minibus-Preise:
BATANG PALUPUH 750 Rp,
BATUSANGKAR 1500 Rp,
BONJOL 1500 Rp,
MANINJAU 1000 Rp,
PADANG PANJANG 550 Rp,
PANTI 2300 Rp,
PAYAKUMBUH 750 Rp,
SOLOK 1800 Rp (2 Std.).

SCHIFFE – Tickets für Pelnis **KM. Lawit** ab Padang werden z.B. von *P.T. Maju Indosari Travel Service*, ℅ 21671, am Uhrturm mit einem Aufschlag von 3000 Rp verkauft. Diese Extragebühr wird oft von Reisebüros berechnet.

FLÜGE – *P. T. Tigo Balai Indah*, Jl. Jen. A. Yani 100, ℅ 31996, ist Agent für *Pelangi Air* und *MAS. Pelangi Air* bzw. *Sempati* fliegen 12 Uhr von Padang z.T. über Pekanbaru nach KUALA LUMPUR, US$107.

Die Umgebung von Bukittinggi
Kota Gadang

Der direkte Weg von Bukittinggi nach Kota Gadang führt durch den **Sianok Cañyon** (s.o.), der sich bis zu 100 m tief in die Landschaft einschneidet. Vom Panorama-Park führt ein steiler Fußweg über viele Stufen hinunter in den Cañyon, wo man auf einer Hängebrücke einen Fluß überquert. Auf der anderen Seite der Brücke führen wieder steile Stufen hinauf nach Kota Gadang. In Kota Gadang produziert man in den Häusern Stickereien und verarbeitet Silber aus Palembang zu kunstvollen Filigranarbeiten. Der Souvenirladen *Amai Setia*, der auch Silberarbeiten verkauft (geöffnet tgl. 9–17 Uhr), liegt an einer Straße in den Cañyon. Außerdem gibt es noch *Asia Silver Work* und *Denny & Dessy,* beide am Fußweg in den Cañyon. Gegenüber der Moschee steht ein schmuckes traditionelles Minang-Haus. Bis Sianok ist es nicht weit (1 1/2 km Richtung Westen), und von hier führt ein abenteuerlicher Pfad über eine steile Treppenanlage wieder hinunter in den Cañyon. Dort erreicht man wieder die Straße, die von Bukittinggi durch den westlichen Teil des Cañyon führt.

Stierkämpfe

Außer im Ramadan finden in **Koto Baru** (Dienstag) und in **Batagak** (Samstag) um 17 Uhr Stierkämpfe statt, bekannt als *Adu Kerbau*. Die beiden Orte liegen 9 km bzw. 10 km südlich von Bukittinggi an der Hauptstraße nach Padang, der Eintritt kostet 500 Rp. Die Atmosphäre ist äußerst spannend, zwei Stiere kämpfen gegeneinander, bis einer die Flucht ergreift. Der Kampfplatz wird dabei von den umstehenden Männern gebildet, die schon lange vorher gewaltige Beträge setzen. Ein Kampf kann eine halbe Stunde dauern oder auch nur 30 Sekunden, wenn einer der beiden eine Flucht dem Kampf vorzieht.

Gunung Merapi

Um den Gunung Merapi ohne Übernachtung auf dem Berg zu besteigen, nimmt man den ersten Bus um 5 Uhr nach Koto Baru. Etwa 200 m nach der Abzweigung nach Pandai Sikat muß man sich bei der Polizei anmelden. Da es keine Wegemarkierungen gibt, sollte man sich vor dem Aufstieg genau informieren oder besser einen Guide nehmen. Schon mehrere Leute sind am Merapi spurlos verschwunden oder bei einem Ausbruch getötet oder verletzt worden. Im Sommer 1996 war der Merapi vollständig gesperrt. Nach einer Stunde erreicht man die Reste des alten Forsthauses, und etwa 10 Minuten vor diesem kann man in einer Hütte übernachten. Nach weiteren zwei Stunden Dschungelmarsch ist die Waldgrenze erreicht. Hinter dem Graben muß man den Zick-Zack-Weg nehmen, der links hinauf durch das Lavageröll führt. Nach einer weiteren Stunde ist man auf dem 2891 m hohen Gipfel, der leider häufig von Wolken verhüllt ist.

Danau Maninjau

Einer der schönsten Seen Sumatras! Besonders beeindruckend ist der Blick auf den See und die ihn umgebenden Berge von **Puncak Lawang**. Mit einem frühen Bus vom Aur Kuning Terminal in Bukittinggi kommt man für 850 Rp nach **Pasar Lawang**. Von hier sind es 40 Min. Fußmarsch, vorbei an Zuckerrohrfeldern, nach Puncak Lawang, 760 m über dem See; oder mit Minibus für 400 Rp von Lawang zum Aussichtspunkt. Eintritt 300 Rp. Ein Fußpfad führt vor dem Schlagbaum durch den Dschungel hinunter nach **Bayur**. Besonders im oberen Bereich ist er sehr zugewachsen und nicht allzu leicht zu finden. Nach 45 Min. Abstieg erreicht man *Losmen Anas** mitten im Wald (einfache DZ und Dorms; freundliche Familie). Der Abstieg dauert 2 Std. – von Bayur sind es 3 km bis zum Dorf **Maninjau**. Ca. 300 m vor Maninjau steht links der Straße ein Badehaus mit warmem Wasser.

Es lohnt sich, im ruhigen Maninjau einige Tage zu verbringen. Man kann im See baden und die reizvolle Landschaft genießen. Der letzte Bus zurück nach Bukittinggi fährt gegen 16 / 17 Uhr (1000 Rp, 36 km). Die asphaltierte Straße führt über 45 Haarnadelkurven steil nach oben – auch von hier hat man gute Aussicht, wenn der Bus nicht völlig übersetzt ist.

Südlich und östlich des Sees sind über 22 000 ha Wald unter Naturschutz gestellt worden. Die Rufe der dort lebenden Siamang sind noch in Maninjau zu hören, selbst Tiger werden gelegentlich gesichtet.

Übernachtung

Beach Guesthouse* ⑩, ✆ 61082, freundliche Leute, preiswert und vor allem hübsch und sehr ruhig am See gelegen, etwas heruntergekommen.
Riak Danau Guesthouse* ⑪, etwas besser als der Beach Homestay.
Weitere einfache Losmen stehen südlich vom Markt:
Pillie Homestay* ⑯, Jl. Hudin Rahman 91, ✆ 61048, macht einen akzeptablen Eindruck.

Einfache Homestays findet man auch nördlich von Maninjau an der Straße nach Bayur:
Palantha Homestay* ④, ✆ 61061, direkt am See, kostenlose Boote, mit Coffee Shop.
Abang Homestay* ⑤, ✆ 61073.
Hotel New Tropical*-** ③, ✆ 61089.
Ananda Homestay* ②, freundlich, am See. gelegen
Maransy Homestay* ①, am Seeufer.
Panurunan Homestay** ⑨, direkt an der Straße nach Norden – nicht so schön gelegen.
Family Homestay*** ⑧, ✆ 61037, sauberes, kleines, freundliches Guesthouse mit viel Komfort.
Wisma Tan Dirih**** ⑦, ✆ 61263, sauberes Guesthouse, nur 6 Zimmer, nett eingerichtet, TV, Heißwasser, Badewanne.
Pasir Panjang Permai Hotel***-**** ⑥, ✆ 22111, zu teuer für den gebotenen Standard.
Maninjau Indah Hotel**-*** ⑭, Zimmer unterschiedlicher Qualität, am See, mit teurem, enttäuschenden Restaurant und Bootsvermietung.
In **Bayur**, 4 km nördlich von Maninjau:
Rizal Beach Homestay* , ✆ 61404, sehr einfache Zi, aber nette Leute, gutes Essen, mit Garten und eigenem Strand.
Bayur Permai Beach Homestay, ✆ 61215, mit Strand.
In **Batu Anjing** am gegenüberliegenden Seeufer, südlich von Muko Muko, 15 Min. zu Fuß von der Power Station, der sehr ruhig gelegene **Losmen Cinto Manih***.
Oberhalb des Sees in **Embun Pagi** vor den Haarnadelkurven und mit toller Aussicht, das **Maninjau View Resort** (US$33–50), ✆ 61355, in den teureren Cottages können 4 Personen übernachten.
Gegenüber, mit einer ebenso schönen Aussicht **Wisma Anggrek*****, ✆ 61282, 10 Zimmer in zwei Häusern.

VORWAHL – 0752.

Transportmittel und Touren

Im Losmen oder Hotel kann man nachfragen, wenn man Fahrzeuge chartern will. Etwa 4000 Rp pro Tag kostet ein Fahrrad; ein Motorrad 15 000 Rp pro Tag; ein Kanu 5000 Rp pro Tag bzw. 4000 Rp pro halben Tag; ein Minibus um

Übernachtung:
① Maransy Homestay
② Ananda Homestay
③ H. New Tropical
④ Palantha Homestay
⑤ Abang Homestay
⑥ Pasir Panjang Permai H.
⑦ Wisma Tan Dirih
⑧ Family Homestay
⑨ Panurunan Homestay
⑩ Beach Gh.
⑪ Riak Danau Gh.
⑫ Bundo Homestay
⑬ Bobo H.
⑭ Maninjau Indah H.
⑮ Amai Homestay
⑯ Pillie Homestay

Läden, Restaurants, etc.:
1 Folksy Bookshop
2 Mesra Bookstore
3 Maninjau View Coffee Shop
4 Bank Rakyat
5 Gumala Coffee Shop
6 Three Table Coffee Shop

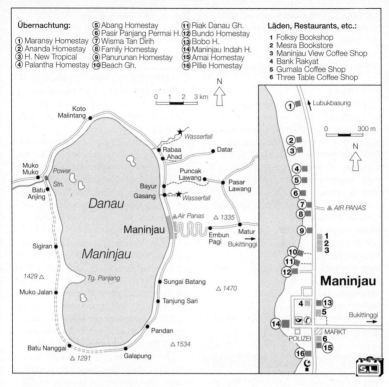

den See kostet 25 000 Rp; ein Motorboot 25 000 / 35 000 Rp pro Std. Eine Motorradfahrt um den See (ca. 60 km) dauert etwa 3 Std., der See ist 16 km lang und 8 km breit, die Straße um das südliche Seeufer ist stellenweise miserabel.

Für Wanderungen durch die Berge am See kann man im Beach Guesthouse oder im *Three Table Coffee Shop* nach Zal fragen, einem Guide, der versteckte Wasserfälle und herrlich gelegene, selten besuchte Dörfer zeigt, z.B. Datar.

Am Sonntag ist Markt in Ahad, dann herrscht reges Treiben auf der Straße nach Datar.

Payakumbuh

Entlang der Straße von Bukittinggi wird in Piladang, 9 km vor Payakumbuh, in mehreren „Fabriken" Sanjai, ein Knabbergebäck aus Tapioka, hergestellt. Die in der Sonne trocknenden, roten und weißen Scheibchen weisen den Weg. In der nicht besonders stimulierenden Stadt Payakumbuh (ca. 86 000 Einwohner, 514 m ü.d.M.) findet an jedem Sonntag ein großer **Markt** statt. Entlang der Hauptstraße in Richtung Bukittinggi kommt man (ab Zentrum) nach etwa 1 km zu einem herrlichen **Rumah Gadang**. In dem etwa 300 Jahre alten Gebäude residierte einst der Sultan, seine Nachfahren laden Besucher gern zu einer Besichtigung ein. Nicht weit vom Sultanspalast befindet sich auf dem Gelände einer alten Moschee das Grab des letzten Sultans.

5 km vor Payakumbuh liegt rechts der Straße die ausgeleuchtete Höhle **Ngalau Indah**. 300 Rp Eintritt für den Taman Wisata, 200 Rp für die Höhle. Am Ende des 2 km langen, steilen Wegs, der zur Höhle hinaufführt, gibt es Erfrischungsstände.

Der Blick von hier oben auf das weite Tal ist eigentlich faszinierender als die Tropfsteinhöhle selbst.

Übernachtung

Rizal's House*, Parit Rantang 71, am schmalen Fußweg hinter dem Hotel Wisata. Ruhig, familiäre Atmosphäre, einfache Zimmer mit Gemeinschaftsmandi, der Besitzer Rizal spricht sehr gutes Englisch und organisiert Trekking-Touren.
Zurni Boer's House*, Labuh Baru 6, an der Jl. Pacuan. 4 Zi werden vermietet. Die Besitzerin spricht Englisch und arbeitet im hiesigen Tourist Office. Im Preis von 10 000 Rp p.P. sind Frühstück und Dinner enthalten, Coffee Shop, Kochkurse werden organisiert.
Wisma Flamboyant**, Jl. Ade Irma Suryani 11, ✆ 92333, Zimmer Nr. 11 mit Terrasse, großzügig, empfehlenswert.
Hotel Wisata II*, Jl. Soekarno Hatta 140, Zimmer mit Mandi.
Hotel Wisata I liegt etwa 4 km außerhalb an der Straße nach Bukittinggi.
Sari Hotel*-**, Jl. Jen. Sudirman 13, ✆ 92406, teure Zimmer im hinteren Bereich.

Essen

Minang Asti, neben der Bank Negara Indonesia, ist ein großes Nasi Padang Restaurant.
Nasi Padang auch im *Asia Baru* im zentralen Markt.

Sonstiges

INFORMATIONEN – kleines informatives *Tourist Office* in der Jl. Olah Raga 31, ✆ 92907, zu erreichen von der Hauptstraße durch eine schmale Gasse zwischen Postamt und Bank. Geöffnet Mo–Fr 7.30–16 Uhr.

VORWAHL – 0752.

Transport

Der Busterminal liegt 3 km außerhalb der Stadt an der Straße nach Bukittinggi, Minibusse in die Stadt kosten 250 Rp, Bendi können für 1500 Rp gechartert werden. Regelmäßige Busse von BUKITTINGGI, 33 km, 750 Rp.
Zudem stoppen alle Busse in Richtung PEKANBARU in Payakumbuh.

Die Umgebung von Payakumbuh
Lembah Harau-Naturschutzgebiet

15 km nordöstlich von Payakumbuh liegt ein wunderschönes Tal, das von steilen Felswänden begrenzt wird.

Von den 300 ha des Reservats sind 10% zu einem Erholungspark ausgebaut worden mit Spazierwegen, Rastplätzen und Aussichtsplattformen. Dieses Gebiet soll um 23 500 ha geschützen Wald auf den Bergen im Osten (Richtung Riau) erweitert werden, wo Tiger, Waldziegenantilopen, Siamang und andere bedrohte Tierarten leben. Man erreicht das Tal mit einem Bus bis Payakumbuh sowie einem weiteren Minibus für etwa 10 km bis nach **Sarilamak** (400 Rp) am Anfang des Tales. Von dort geht es zu Fuß 90 Minuten die schnurgerade Straße entlang bis zum Information Office. Samstags am Markttag verkehren mehrere Busse für 350 Rp. Nur am So fahren Busse direkt zum Harau Valley.

2 km weiter nach rechts kommt man zu einem schönen, 50 m hohen Wasserfall, in dessen Bassin man seine müden Füße kühlen kann.

Ein weiterer Wasserfall liegt 1 km links vom Office. Rizal in Payakumbuh bietet Ein- und Zweitagetreks für 20 000 Rp bzw. 50 000 Rp an, darin enthalten sind Transport, Verpflegung und Unterkunft in einem abgelegenen Dorf.

Das südliche Tana Minang
Batusangkar

60 km südöstlich von Bukittinggi liegt das Zentrum der Minangkabau-Kultur Batusangkar. Sehenswert ist das neue **Balai Adat**.

Nur etwa 30 Minuten Fußmarsch (1 1/2 km) führen nach **Pagarruyung**. Im Ort steht direkt an der Straße ein 1,50 m hoher Stein mit Sanskrit- und Kawi-Inschriften aus der Zeit des Königs Adityawarman (14. Jahrhundert). Weitere *Batu Tulis* (beschriebene Steine) entdeckt man in den nahegelegenen Dörfern **Bendang**, **Saruaso** und **Limakaum**; in Saruaso gibt es außerdem Königsgräber mit Steinphallus.

Nach weiteren 2,5 km erreicht man den originalgetreu nachgebauten **Istana**. Das Innere des riesigen Königspalastes ist mit bunten Stoffen dekoriert. Einige Königsgräber werden noch heute von den Nachfahren gepflegt. Alte Versammlungshäuser stehen in **Limakaum** und **Pariangan**.

An der Straße von Batusangkar zum Singkarak-See kommt man zur Abzweigung nach **Balimbing** (ca. 2 km), einem Dorf mit mehreren alten Rumah Adat, z.T. über 150 Jahre alt.

Geht man die Straße am Balai Adat vorbei weiter nach hinten, erreicht man das älteste Haus des Ortes, das **Rumah Adat Kampainan Panjang**, das unter Denkmalschutz steht. Noch fünf Personen bewohnen das große Haus – eventuell kann man hier auch übernachten. Eine besonders schöne Bergstrecke führt am Ombilin-Fluß entlang hinunter zum See.

Übernachtung und Informationen

Hotel Pagarruyung*-**, Jl. Prof. Hamka 4,
Hotel Parma*-**, nebenan;
Hotel Yoherma*-***, Jl. Prof. Hamka 15, ✆ 71130.
Ein kleines **Tourist Office** gibt es in der Jl. Pemuda 1.

Transport

Zu erreichen ist der Ort Batusangkar ab BUKITTINGGI mit einem Minibus für 1500 Rp.
Der Bus Terminal befindet sich 2 km östlich der Stadt, ein Minibus ins Zentrum kostet 250 Rp.

Danau Singkarak

Der große Hochlandsee südlich von Bukittinggi ist fast genau so schön gelegen wie der Danau Maninjau. Die Hauptstraße Bukittinggi – Solok führt am Ostufer des Sees entlang. In **Ombilin**, wo man den Abfluß des Sees überquert, kann man Boote mieten. Der Zufluß ist beim Dorf Singkarak. Man kann im See baden, das Wasser ist kühl und klar. *Idul Fitri*, das Ende des Ramadan, wird in den Orten am See u.a. mit Bootsrennen gefeiert. In **Sulitair** steht eines der am besten erhaltenen Minangkabau-Häuser, etwa 70 m lang. 20 Familien leben darin.

Übernachtung

Nördlich von Ombilin kann man am Seeufer in **Batu Tebal** übernachten:
Minang Hotel**-***,
Hotel Sumpur****, komfortabel,
Hotel Jayakarta**-***, ✆ 21279.

Transport

Von Singkarak fährt gegen Mittag der letzte Bus nach Sulitair (14 km). Der allerletzte Bus zurück zur Hauptstraße verläßt Sulitair gegen 15 Uhr. 600 Rp kostet der Bus von Singkarak nach PADANG PANJANG und von da 500 Rp nach BUKITTINGGI.

Riau

Etwa 3,8 Millionen Menschen leben in der Provinz Riau (94 562 km2), die sich über einen großen Teil der Ostküste Sumatras und die Inselarchipele Riau und Lingga erstreckt. Außerdem gehören die Anambas- und Bunguran- (= Natuna) Inseln zwischen Kalimantan und Westmalaysia dazu. Reich ist Riau aufgrund des Erdöls; nördlich der Hauptstadt Pekanbaru liegen die Ölfelder von Minas und Duri – beide durch eine Pipeline mit dem Raffineriezentrum Dumai verbunden. Südlich von Pekanbaru werden die Ölfelder von Lirik und Pudu ausgebeutet.

Allwetterstraßen führen von Bukittinggi nach Pekanbaru und weiter nach Dumai; eine andere Straße verläuft von Jambi über Rengat, Pekanbaru und Duri nach Nord-

Pekanbaru

Die Stadt (ca. 350 000 Einwohner) mit ihren vielen Verwaltungs- und Bankgebäuden läßt den Ölreichtum ahnen. Entsprechend hoch sind die Preise. Hier gibt es außerdem die besten Ananas von Sumatra. Der Hafen und die Hausboote am Sungai Siak lohnen einen Spaziergang abseits der Hauptstraße.

Will man sich den Ölmulti Caltex mal ansehen, kann man mit einem Oplet hinausfahren. In Sebanga bei Duri, 140 km nördlich von Pekanbaru, findet man ein Elefanten-Trainingscenter (*Pusat Latihan Gajah*).

Übernachtung

UNTERE PREISKLASSE – *Widya Hotel**-****, Jl. Kampar Lama 49, ☏ 21880, Zi mit und ohne Mandi, Fan oder ac, nicht weit vom Hafen.
Penginapan Linda*-***, Jl. Nangka 133, ☏ 22375, Zi mit und ohne Mandi, z.T. mit ac, gegenüber vom Bus Terminal, laut, sehr einfach.
Tommy's Place*, Jl. Nangka, Gang Intan Korong 7, 500 m vom Busbahnhof, spartanisch, aber der Traveller-Treffpunkt, ruhig gelegen, in dörflicher Umgebung; Infos. Nicht den Leuten am Busbahnhof glauben, die behaupten, Tommy's sei geschlossen.
Wisma Sinda**-***, Jl. Pepaya 73, ☏ 23719, relativ saubere Zimmer mit Mandi, Fan oder ac und TV; Restaurant.
Gemini Guesthouse**-***, Jl. Taskurun 44, ☏ 32916, nur 300 m vom Busbahnhof in einer ruhigen Seitenstraße, Zi mit Mandi, Fan oder ac.
Wisma Muara Takus**-***, Jl. Cempedak 17, ☏ 21045, mit und ohne Mandi, Fan oder ac.
Wisma Unedo**-***, Jl. Cempedak 1, ☏ 23396, alle Zi mit Mandi, Fan oder ac, ruhig.
Poppies Homestay*, Gang Cempedak II / 20, ☏ 33863, nette Leute.

MITTELKLASSE – *Hotel Bunda**-*****, Jl. Prof. M. Yamin 104, ☏ 21728, sehr sauberes, gutes Familienhotel, Zi z.T. mit ac, TV, Tel.
Hotel Rauda (US$25–40), Jl. Tangkuban Prahu 4, ☏ 33372, ℻ 33211, zentral, doch ruhig und gepflegt.
Hotel Anom***, Jl. Jen. Gatot Subroto 3, ☏ 36083, inkl. Frühstück, sauber, aber etwas dunkel, viele Zimmer haben nur Fenster zum Hof.
Badarussamsi Hotel***-****, Jl. Sisingamangaraja 71, ☏ 22475, ruhig gelegen und sauber.
Hotel Riau***-****, Jl. Diponegoro 34, ☏ 35479, alle Zi mit ac, inkl. Frühstück, schöner Garten, ruhig gelegen, renovierungsbedürftiges Gebäude.
Wisma Yani**-****, Jl. Pepaya 17, ☏ 23647, etwas abgewohnte, aber relativ saubere Zimmer mit und ohne Mandi, Fan oder ac und TV, inkl. Frühstück.

OBERE PREISKLASSE – *Furaya Hotel* (US$42–145), Jl. Jen. Sudirman 72, ☏ 26688, ℻ 22653, inkl. Frühstück, Restaurant und Coffee Shop.
Indrapura International Hotel (US$45–155), Jl. Dr. Sutomo 86, ☏ 36233, ℻ 38906, zu teuer für das Gebotene, mit Swimming Pool.
Tasia Ratu Hotel (US$48–140), Jl. K. H. Hasyim Ashari 10, ☏ 33225, ℻ 38912, zentral.
Grand Dyan Hotel (US$60–150), Jl. Jen. Gatot Subroto 7, ☏ 26600, ℻ 31630, inkl. Frühstück; Swimming Pool.
Hotel Mutiara Merdeka (US$85–242), Jl. Yos Sudarso 12, ☏ 31272, ℻ 32959, das Top-Hotel der Stadt mit 142 Zimmern und Suites; Pool.

Essen

Die meisten Restaurants liegen zentral in der Jl. Jen. Sudirman und in den Seitenstraßen zwischen Markt und Hafen.
Restaurant Sari Bunda, Jl. Jen. Gatot Subroto 8, eine Seitenstraße der Jl. Sudirman, gutes Nasi Padang, im 1. Stock mit ac.
Holland Bakery, Jl. Jen. Sudirman, bietet Backwaren in bewährter Qualität an.
In der Jl. Ir. Haji Juanda, nicht weit vom Hafen, befinden sich die sehr guten chinesischen Restaurants *Jumbo* (Seafood) und *Medan* (Riesenauswahl und mit ac). Wer etwas tiefer in die Tasche greifen will, findet die besten Restaurants

der Stadt im Mutiara Merdeka und im Grand Dyan Hotel. Am Abend ißt man ausgezeichnet in den Warung am Markt in der Jl. Imam Bonjol, die eine große Auswahl an Gerichten anbieten.

Sonstiges

GELD – Geldwechsel in der *Bank Negara Indonesia 1946*, Jl. Jen. Sudirman 63, oder in der *Bank Dagang Negara*, Jl. Jen. Sudirman 450. Einen Money Changer findet man am Markt in der Jl. Hos. Cokroaminoto.

INFORMATIONEN – *Tourist Office*, Dinas Pariwisata, Jl. Gajah Mada 200, ✆ 25301, wenig ergiebig.

POST / TELEFON – Das Hauptpostamt und *Telkom* liegen in der Jl. Jen. Sudirman, südlich vom Markt. Wie *Telkom* haben auch einige Wartel 24 Std. geöffnet, z.B. in der Jl. Riau, in der Jl. Jen. Sudirman, Ecke Jl. Jen. Gatot Subroto, und in der Jl. Jen. Sudirman, Ecke Jl. Teuku Cik Ditiro.

VORWAHL – 0761.

Nahverkehrsmittel

In Pekanbaru kann man die meisten Wege bequem zu Fuß bewältigen, vom Busbahnhof zum Hafen sind es etwa 4 km. Minibusse (Oplet) fahren auf verschiedenen Routen ab Busbahnhof für 300 Rp, egal wie weit. Taxi erreicht man bei: *Garuda Taxi*, Jl. Jen. A. Yani 49, ✆ 22151; und *Kopsi*, Jl. Jen. Sudirman 426, ✆ 25050.

Transport

BUSSE – Der Fernbusbahnhof liegt an der Jl. Nangka. Hier sind auch die Büros der Busgesellschaften.
Preisbeispiele:
BUKITTINGGI 5500 Rp (6–8 Std.),
DUMAI 5000 Rp,
MEDAN 22 000 / ac 27 000 Rp,
PADANG 6500 Rp,
TANJUNG KARANG 42 000 Rp.

FLÜGE – Der Simpang Tiga Airport liegt 10 km südlich der Stadt. Reisebüros und Airlines haben einen Minibus-Service. Taxi kostet 11 000 Rp. Vom Airport in die Stadt geht man zuerst 1 km zur Hauptstraße und nimmt von da einen Minibus zum Busbahnhof, 600 Rp.
Büros der Fluggesellschaften: *Garuda / Merpati*, Jl. Jen. Sudirman 343, ✆ 33026.
Sempati, Jl. Jen. Sudirman 384, ✆ 21612.
Außerdem ein Agent:
P.T. Kota Piring Kencana Travel, Jl. Sisingamangaraja 1, ✆ 34970.
Pelangi Air / SMAC, c/o *P.T. Indoraya Mulia*, Jl. Jen. Sudirman 106, ✆ 32622.
Silk Air, im Hotel Mutiara Merdeka Jl. Yos Sudarso 12, ✆ 31272.
Silk Air / Merpati fliegen Mo, Mi, Do und Sa für US$88 nach SINGAPORE.
Pelangi Air / Sempati fliegen tgl. für US$70 nach KUALA LUMPUR, außerdem fliegt Pelangi Air Di und Sa für US$55 nach MELAKA.
SMAC fliegt für 189 000 Rp nach DABO (P. Singkep) und nach TANJUNG BALAI (P. Karimun) für 93 000 Rp.
Weitere **Preisbeispiele** (ohne MwSt):
BATAM 90 000 Rp (MZ, SG),
JAKARTA 267 000 Rp (MZ, SG),
MEDAN 137 000 Rp (MZ),
PADANG 68 000 Rp (MZ),
PALEMBANG 153 000 Rp (MZ),
TANJUNG PINANG 118 000 Rp (MZ, SG).
Ein guter Travel Agent ist *P.T. Cendrawasih Kencana Tours & Travel*, Jl. Imam Bonjol 32, ✆ 22286, sehr hilfsbereite Leute!

SCHIFFE – Tickets bekommt man am Hafen in den Büros verschiedener Gesellschaften und gegen Aufpreis auch bei Tommy.
Die Verbindungen nach BATAM: zuerst Schiff nach SELATPANJANG, Abfahrt tgl. 17 Uhr, 12 Std., 15 000 Rp. Dort direkter Anschluß um 7.30 Uhr mit Speedboat nach Batam, 3 Std., 20 000 Rp.
Oder: Tgl. Bus um 8 Uhr von Pekanbaru nach BUTUN, 3 Std., weiter um 12.30 Uhr mit dem Speedboat nach Batam, 3 1/2 Std.
2x die Woche gegen 18 Uhr geht ein direktes Boot nach BATAM, 40 Std., ca. 35 000 Rp.
Täglich fährt ein direktes Expressboot den Sungei Siak hinunter bis nach TANJUNG PINANG. Abfahrt zwischen 16 und 18 Uhr. Preise: 28 000 Rp Deck (nicht zu empfehlen) oder 35 000 Rp

Kabine. Der Trip dauert 28 Std. Die Boote sind häufig total überfüllt, und Deck-Passagiere finden kaum Platz. Essen sollte man selbst mitbringen, an Bord gibt es nur Reis und kleine, gebratene Fische. Getränke mitnehmen! Vor allem nachts gut auf das Gepäck aufpassen! Angelegt wird manchmal in SELATPANJANG (Pulau Tebingtinggi). Von den landschaftlichen Eindrücken sehr empfehlenswert, sonst nur für Leute, die anstrengende Trips gewohnt sind. Außerdem fährt ein Schiff nach TANJUNG BALAI (Pulau Karimun), 2x wöchentlich um 16 Uhr, Fahrzeit 28 Std., 22 000 Rp Kabine / 15 000 Rp Deck.
Von Tanjung Balai kann man ein Speedboat nach Batam nehmen, in 2 Std., 22 000 Rp.

Tanjung Pinang

Tanjung Pinang (Pinang bedeutet „Betelnußpalme, Arekapalme"), die wichtigste Stadt im Riau-Archipel, ist nur 80 km Luftlinie oder zwei bis drei Stunden Bootsfahrt von Singapore entfernt und ein zentraler Verkehrsknotenpunkt zwischen Sumatra, Riau und Lingga, Kalimantan und vor allem Singapore. Das Investitionsfieber, das die Nachbarinsel Batam infiziert hat, scheint auch auf die größere Insel Bintan überzugreifen. Noch liegt die Stadt im Übergangsfeld zwischen der reichen, chinesischen Gesellschaft Singapores und dem bodenständigen, armen Sumatra. Am Freitag Mittag erwartet die Stadt den Ansturm der spendierfreudigen, vergnügungssüchtigen Wochenendausflügler aus den Nachbarländern Singapore und Malaysia. Die Imigrasi-Beamten haben viel zu tun, die Hotels erhöhen die Preise, und die Mädchen und Taxifahrer taxieren die eintreffenden Besucher. Am Sonntag ist der Spuk wieder vorbei, und eine behäbige Ruhe kehrt in die Stadt zurück. Ein großer Teil Tanjung Pinangs ist auf Pfählen ins Meer gebaut; die modernen Pfahlbauten stehen heute auf Betonsäulen, und die schmalen, von Geschäften gesäumten Zugangsstraßen zum Meer, hier *Pelantar* genannt, sind auch schon asphaltiert. Die verschachtelten Wohnhäuser rechts und links sind aber nur über wacklige Plankenwege zu erreichen.

Am Ende des Pelantar II steht der chinesische Tempel **Cetya Bodih Sasan**. Das neu errichtete Gebäude bietet auch Platz für Theateraufführungen und Begräbniszeremonien und wird von vielen Chinesen aus Singapore besucht. Gleich daneben liegen kleinere Handelsschiffe und Frachter vor Anker und werden von Kulis oder Uraltkränen be- oder entladen. Daneben warten geschäftstüchtige Bootsleute auf Passagiere, um sie auf ihren Sampan nach Senggarang zu rudern.

Der älteste und schönste chinesische Tempel der Stadt, **Vihara Bhatra Sasana**, liegt gegenüber dem Obstmarkt im Einkaufsviertel. Nur zeitweilig öffnen sich die schweren Gittertore, um Gläubigen und Bettlern Einlaß zu gewähren. In einem Teich, über dem Kuan Yin, die Göttin der Barmherzigkeit, thront, werden Schildkröten gehalten, Symbole für langes Leben. Hier erlebt man chinesisches Tempelleben pur.

Übernachtung

Hotels sind teuer, besonders am Wochenende – werktags kann man min. 30%, in den teuren Hotels auch mehr Discount heraushandeln.

UNTERE PREISKLASSE – *Bong's Homestay**, Jl. Lorong Bintan II, 20, ✆ 25624, Seitengasse der Jl. Bintan, nur 300 m vom Hafen, eine nette chinesische Familie, die 3 winzige, aber saubere Zimmer zu vermieten hat, Gemeinschaftsmandi, Schlafsaal.
Johnny's Guesthouse*, Jl. Lorong Bintan II, 22, ist ähnlich wie Bong's und gleich nebenan.
Rommel Guesthouse*, Jl. M. Yusuf Kahar 12, in einer Seitengasse neben dem Hotel Wisma Riau.
Lobo's Guesthouse*, Jl. Diponegoro 8, relativ saubere Zimmer mit Fan; Garten.
Hotel Surya**, Jl. Bintan 10, ✆ 21811, 21293, einfache Zimmer mit und ohne Mandi in zwei Häusern, etwas muffig; kleiner Innenhof mit Sitzmöglichkeit im Freien, Prostituierte.

MITTLERE UND OBERE PREISKLASSE –
Sampurna Inn Hotel***-****, Jl. Yusuf Kahar 6,

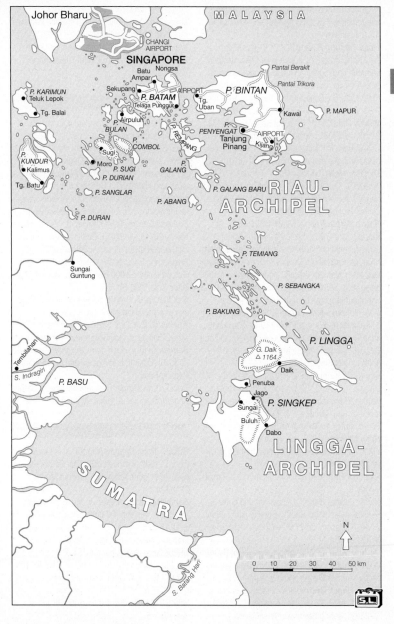

Riau-Lingga-Archipel

✆ 21555, 21883, etwas vergammelte Zimmer mit und ohne Fenster, Fan oder ac, teilweise mit TV, Tel und Bar.
Hotel Tanjung Pinang***-****, Jl. Pos 692, ✆ 21236, ℻ 21379, schon etwas heruntergekommen und muffig, aber o.k., zentral, einige Zi ohne Fenster, mit ac, TV, Heißwasser, große Freitreppe. So–Do bekommt man eine Suite für 3 Personen schon für 42 000 Rp. Viele Mädchen.
Wisma Riau***-****, Jl. Yusuf Kahar 8, ✆ 21023, 21133, ℻ 24082, einige große Zi mit TV, ac, Heißwasser, Kühlschrank und Tel, relativ sauber, etwas laut, Zimmer nach hinten sind ruhig.
Dynasty Hotel (US$30–45), Jl. Tambak 117, ✆ 23707, ℻ 23554, saubere, meist kleine Zi mit den üblichen Annehmlichkeiten, 2 große Deluxe-Zimmer auf der Dachterrasse.
Sanno Bintan Permai Hotel (US$35–60), Jl. Pos 25, ✆ 27730, ℻ 22058, inkl. Frühstück, sauber, gepflegt und zentral, schöne Terrasse am Meer, große Zimmer, Deluxe Zimmer mit Aussicht aufs Meer. Von der (leider) ungenutzten Dachterrasse im 4. Stock kann man die phantastischen Sonnenuntergänge beobachten.
Riau Holidays Indah Hotel (US$25–32), Jl. Pelantar II, 53, ✆ 22644, 22573, Zi mit und ohne Teppich, relativ sauber und gepflegt, mit ac, TV usw., große Terrasse am Meer. Am Wochenende voll mit Singaporeanern.
Shangrila Hotel (US$30–60), Jl. Gudang Minyak, ✆ 22202, 1,2 km vom Zentrum, gut und sauber, Zimmer mit und ohne Fenster; Restaurant, Bar und Karaoke.
Etwas **weiter außerhalb** liegen:
Hotel Halim, (US$32–35), Jl. Jen. D. I. Panjaitan KM 6, ✆ 23719, sehr gut, sauber, nett eingerichtet, Restaurant.
Rainbow Hotel (US$35–45), Jl. Jen. D. I. Panjaitan KM 6, ✆ 21982, ℻ 25982, sehr gut und sauber; kleiner Garten, Restaurant und guter Service, kostenloser Shuttle-Service zum Laden an der Jl. Pasar Ikan 27 A, wo Zimmer gebucht werden können.
Garden Hotel (US$35–40), Jl. Jen. Gatot Subroto 282, KM 5, ✆ 22344, ℻ 22470, sehr gut und sauber; großer Garten und Restaurant.
Bintan Beach Resort (US$45–85), Jl. Pantai Impian 1, etwa 3,5 km vom Zentrum, ✆ 23661, ℻ 23995, sehr gutes und sehr sauberes

Luxushotel am Meer (kein Sandstrand), einige Zimmer mit Balkon, großer Pool, Restaurant, Bar, Disco, Tennis etc.
Wer länger bleiben will, sollte auch die Unterkunftsmöglichkeiten am Pantai Trikora mit in Betracht ziehen.

Essen

Gutes Essen bekommt man auf dem chinesischen Nachtmarkt in der Jl. Pos.
Nach Sonnenuntergang erwacht der unscheinbare Parkplatz neben der Bank Dagang Negara in der Jl. Teuku Umar zum *Food Market*, malaiische und chinesische Gerichte, Saté, Nasi Padang, Gado Gado, Chicken Rice, Austernomelette und Seafood im Angebot. Empfehlenswert.
Seafood Centre, Teluk Keriting, Jl. Usman Harun 16, ✆ 23215, ℻ 21631. Eine reichliche Auswahl an Seafood bietet dieses außerhalb gelegene Restaurant. Es ist relativ teuer, ein mittelgroßer Garupa kostet 22 000 Rp. Zu erreichen mit Angkutan Kota 1000 Rp.
Bak Kut Te, Jl. Pos 66, billiges chinesisches Essen, u.a. Mee Pangsit.
Rumah Makan Pagi Sore, Jl. Merdeka, indisches Frühstück, Roti Gula, guter Kaffee.
Sampurna Inn, neben dem gleichnamigen Hotel, Jl. Yusuf Kahar 6, bietet gutes und preiswertes Padang Food.
Sunkist und *Flipper* Restaurants, vor der großen Sporthalle an der Jl. Yusuf Kahar.

Sonstiges

GELD – *Bank Dagang Negara*, Jl. Teuku Umar 23, ✆ 21007, wechselt US$, DM, Sfr u.a., cash, aber keine Amex-TC, geöffnet Mo–Fr 8–16 Uhr.
Bank Negara Indonesia, Jl. Teuku Umar 630, ✆ 21432, wechselt TC und cash, geöffnet Mo–Fr 8–16.15 Uhr.
Money Changer: *P.T. Netra Service Jaya*, Jl. Pos 2, ✆ 21384, nur für US$, RM und S$ bar, keine TC. Weitere in der Jl. Pos und der Jl. Merdeka.

IMMIGRATION – *Kantor Imigrasi*, Jl. Jen. A. Yani KM 4,5.

POST – *Kantor Pos*, Jl. Merdeka 17, geöffnet Mo–Sa 8–20, So 8–13 Uhr.

TELEFON – Für Internationale Telefonate, ✆, Telegramme und Telex ist *Telkom* zuständig, Jl. Hang Tuah 11, ✆ 23183, ✆ 22115, tgl. 24 Std. geöffnet.
Ähnlichen Service bieten:
Wartel Kemusuk, Jl. Mawar 232, ✆ 219 00, ✆ 22467, geöffnet tgl. 6–24 Uhr.
Wartel Ira, Jl. Bakar Batu 46, ✆ 24355, ✆ 22304, tgl. geöffnet 7–24 Uhr.
Warpostel Trasco Madya, Jl. Tugu Pahlawan 1A, 1,5 km vom Zentrum, ✆ 24155, ✆ 24084, tgl. geöffnet 7.30–24 Uhr.

VORWAHL – 0771.

Nahverkehrsmittel

MINIBUSSE – Die *Angkutan Kota* haben keinen festen Standplatz; man kann sie allerdings überall in der Stadt anhalten, nach der Richtung fragen und sein gewünschtes Fahrtziel nennen. Sie kosten 400 Rp bis 5 km; 5–8 km kosten 1000 Rp.

MOTORRAD-TAXIS – *Ojek*, stehen an fast jeder Straßenecke und kosten etwa 500 Rp/km; zum Trikora Beach 20 000 Rp.

SAMPAN – kleine Boote, die noch gerudert werden oder mit Außenbordern versehen sind, findet man am Hafen oder am Pelantar I und II. Sie fahren innerhalb der Stadt aber auch zu den Inseln und kosten 1000 Rp p.P. zur Insel PENYENGAT oder über die Bucht nach SENGGARANG, falls man sie mit anderen Fahrgästen teilt; zwischen den Pelantar in der Stadt ebenfalls 1000 Rp p.P. Charter 20 000 Rp pro Std.

TAXI – z.T. uralte Limousinen, durchweg ohne Taxameter, stehen meist am Hafen und dort, wo sich die Jl. Merdeka zu einem breiten Platz erweitert. Sie kosten 6500 Rp nur für die 500 m vom Hafen ins Zentrum (!), 6500 Rp für die 5 km vom Hafen bzw. Zentrum zum Pelni-Office, vom Airport 15 000 Rp, zum Pantai Trikora 25 000 Rp; Charter kostet 15 000 Rp pro Stunde. Tagestouren auf der Insel aushandeln.

Transport

BUSSE – Der Bus Terminal liegt etwa 7 km außerhalb vom Zentrum an der Jl. Jen. D. I. Panjaitan, zu erreichen mit einem Minibus für 600 Rp.
Tgl. zwischen 7 und 12 Uhr fahren ca. 5 Busse nach KIJANG, 850 Rp; tagsüber stündlich nach TG. UBAN, 3000 Rp; ca. 5 Busse zwischen 7 und 11 Uhr hinaus zum TRIKORA BEACH, 2500 Rp.

FLÜGE – Der Kijang Airport liegt 12 km außerhalb der Stadt; Taxi ab Jl. Merdeka für 15 000 Rp.
Merpati, Jl. Bintan 44, ✆ 21267, 22002, ✆ 21269, geöffnet Mo–Do und Sa 7.30–16, Fr 7.30–11 und 13.30–16, So 7.30–14 Uhr.
Sempati, Jl. Bintan 9, ✆ 21377, 21042, ✆ 22116, geöffnet Mo–Sa 7–16, So 7–11 Uhr.
SMAC, Jl. Jen. A. Yani KM 5, ✆ 22798, geöffnet tgl. 7.30–16.30 Uhr. SMAC fliegt Mi und Sa nach RANAI (Pulau Natuna), 210 000 Rp, Sa auch nach MATAK (Pulau Anambas), 96 000 Rp, außerdem nach BATAM und SINGAPORE.
Weitere Flüge: JAKARTA 254 000 Rp (SG nur über Pekanbaru; MZ Di, Fr und So direkt), PEKANBARU 118 000 Rp (MZ Mo, Do und Sa; SG tgl. außer Mo). Weitere Verbindungen mit allen innerindonesischen Airlines ab Batam.

SCHIFFE – *Pelni*, Jl. Jen. A. Yani km 5, ✆ 21513, ✆ 23427, geöffnet Mo–Do 8–12, Fr 8–11.30 Uhr.
Jeden zweiten Freitag fährt das Pelni-Schiff **KM. Rinjani** von Kijang, einem Hafen an der Ostküste von Pulau Bintan, nach DUMAI. Auf dem Rückweg ist es am folgenden Sonntag wiederum in Kijang und fährt weiter über MUNTOK (P. Bangka) und JAKARTA nach SURABAYA, UJUNG PANDANG, BAU BAU, AMBON und SÜD-MOLUKKEN.
An jedem anderen Freitag (alle 2 Wochen) fährt die **KM. Umsini** nach DUMAI und am folgenden Sonntag über JAKARTA, SURABAYA und UJUNG PANDANG nach BALIKPAPAN, PALU, KWANDANG und MANADO.

Tanjung Pinang

Jeden zweiten Mittwoch fährt die **KM. Awu** über die ANAMBAS- und NATUNA-Inseln nach PONTIANAK und SURABAYA, jeden zweiten Sa über BATAM und KUALA ENOK nach JAKARTA.
Preisbeispiele (Ekonomi / 1. Kl.):
DUMAI 46 500 / 117 500 Rp,
JAKARTA 83 000 / 234 500 Rp.
Tickets für alle anderen Boote und Fähren bekommt man bei vier Agenten am Hafentor; weitere Agenten in der Jl. Pelantar I.
Ein Sampan (200 / 300 Rp) ist erforderlich, falls die Schiffe draußen in der Bucht ankern.
SINGAPORE: 9.30, 9.45, 13 und 14 Uhr (2 Boote) tgl., 48 000–54 000 Rp, 2–3 Std.
JOHORE BHARU (Malaysia): tgl. ein Expressboot für 55 000 Rp.
PEKANBARU: tgl. gegen 11 Uhr, 28 Std., evtl. mit Zwischenstop in SELATPANJANG auf Pulau Tebingtinggi. Deck 28 000 / Kabine 35 000 Rp. Von Selatpanjang verkehren auch Boote nach Dumai.
TEMBILAHAN, am Sungei Indragiri: Di, Do und Sa, gegen 10 Uhr, Schnellboot in 4–5 Std., 55 000 Rp ab Pelantar II. Von Tembilahan auf dem Sungei Indragiri nach RENGAT; Speedboat 25 000 Rp, 5 Std. Von Rengat Bus nach Pekanbaru 5500 Rp. Oder von Tembilahan Schiff nach Jambi. Zum Unabhängigkeitstag (17. August) finden in vielen Orten am Sungai Indragiri spannende Bootsrennen statt.
PULAU SINGKEP: tgl. Expressboot nach DABO, 3 Std., 20 000 Rp .
PULAU LINGGA: Anschlußboot von Dabo nach DAIK, 5000 Rp.
TELAGA PUNGGUR, P. Batam: halbstündlich ab 7.30 bis 17 Uhr, 7500–10 000 Rp. Damri-Bus für 900 Rp nach Sekupang bzw. Nagoya. JAMBI, unregelmäßig einmal die Woche, 25 000 Rp oder ab Selatpanjang (s.o.)
PANGKALPINANG, P. Bangka: Di und Fr 8 Uhr mit dem Luxus-Express-Boot **M.V. Bintan Permata** (ac), 9 Std., 61 500 Rp; das Schiff fährt weiter nach JAKARTA: insgesamt 22 Std. für 110 500 Rp.
Zuverlässige Infos zu allen Bootsverbindungen ab Tanjung Pinang bekommt man bei *Osaka Ferry Service*, Jl. Merkeda 43, ✆ 21829, nach Raymond Chin fragen.

Die Strände auf Pulau Bintan

Mehrere schöne, einsame Strände liegen im Osten, Norden und Süden der Insel Bintan. **Pantai Berakit** im Nordosten kann mit einem Bus erreicht werden. **Pantai Trikora** ist einer der schönsten Strände. Man fährt auf einer neuen Straße Richtung **Kijang** und biegt bei Batu (Kilometerstein) 10 hinter der Moschee links ab. Von hier sind es weitere 18 km bis Kawal. Im Dorf geht es links ab, und nach weiteren 9 km ist man am Strand. Pantai Trikora besteht aus mehreren, hintereinanderliegenden Stränden (Pantai Trikora 1–4), wo man einige Übernachtungsmöglichkeiten findet. An verschiedenen Strandabschnitten muß man mit Moskitos und Sandfliegen rechnen.

Übernachtung

Yasin's Guesthouse**, Pantai Trikora, Teluk Bakau KM 36, spartanische Holzhütten an einem schmalen Sandstrand, mit und ohne Mandi, 3 Mahlzeiten inbegriffen; ca. 100 m vom Strand liegt eine winzige Insel; Maske, Schnorchel und Flossen sind kostenlos, die Wasserqualität ist aber nicht überzeugend.
Bukit Berbunga Chalets (BBC)**, südlich von Yasin's, ist etwas runtergekommen.
Trikora Beach Resort (US$50–80), Jl. Teluk Bakau KM 37, ✆ 24454, ✆ 27784, luxuriöse Bungalowanlage mit Bar, Restaurant und kleinem Pool; Schnorchelausrüstung, Boote, Fahrräder, Jeeps und Motorräder können gemietet werden.

Pulau Batam

Batam – eine Insel im Aufbruch: riesige Bulldozer schlagen Schneisen in die Wälder, um das hervorragende Straßennetz zu erweitern und neue Gebiete zu erschließen. Strom- und Telefonkabel werden verlegt, Sümpfe trockengelegt und dschungelbedeckte Berge in Golfplätze verwandelt. Der riesige Industriepark mitten auf der Insel, nur einer unter vielen, scheint aus einer anderen Welt zu stammen – hier hat sich die arbeitsintensive Industrie aus aller Welt

Oben: Blick zurück auf Singapore; Mitte links: Tradition und Moderne auf Batam; Mitte rechts: Chinesischer Tempel auf Bintan; unten links: Fischerdorf; unten rechts: In Tanjung Pinang

angesiedelt: Philips, Shimano, Epson, Thompson, Bayer, Gold Star, Panasonic, JVC, ICI ... – umgeben von den Gemeinschaftsschlafquartieren und Häusern der Arbeiter, die für einen Bruchteil des Lohnes arbeiten, der in Singapore gezahlt werden muß. Die Menschen stammen aus allen Landesteilen Indonesiens, vor allem aus den überbevölkerten Städten. Der alte Banyanbaum an der Abzweigung zum Industriepark, der von den Kettensägen verschont blieb, scheint die einzige historische Dimension an diesem Ort zu bilden. Alles andere ist durch Arbeitsverträge geregelt. Man bleibt, um Geld zu verdienen, auch wenn es kaum 5000 Rp pro Tag sind.

Nagoya

Batam ist die Abkürzung von Batu Ampar. Die Insel ist visafreier Ein- und Ausreiseort und neben Tanjung Pinang der wichtigste Verkehrsknotenpunkt im Riau-Archipel. Der Hauptort der Insel heißt Nagoya (oder Batam Center), eine neue Stadt, die einen unfertigen Eindruck macht. Hier findet man Geschäfte, Kinos und teure Hotels. Batam Center erreicht man per Bus (Colt oder Bemo gibt es nicht), 1000 Rp von Sekupang, dem wichtigsten Fährhafen der Insel. Boote in alle Richtungen verkehren häufig genug, so daß man nur kurz auf Batam zu bleiben braucht, denn Sehenswürdigkeiten gibt es nicht, und Preise sind für indonesische Verhältnisse sehr hoch. Nach Möglichkeit sollte man die Ein- oder Ausreise von / nach Singapore an Wochenenden und Feiertagen vermeiden, wenn Kurzurlauber aus Singapore und Malaysia stundenlanges Schlangestehen und Gedrängel bei der Paßkontrolle verursachen.

Übernachtung

Wer sich die durchweg teuren Hotels der Insel nicht leisten kann, sollte sich bei Taxifahrern erkundigen, die einige private Homestays** kennen. Bei den teuren Hotels immer nach Discount fragen, an Wochentagen bis zu 40%.

HOTELS – Nagoya (Preise in S$):
Bukit Mutiara Hotel (S$55–65), Jl. G. Bromo, Nagoya, ✆ 458481, ✆ 456234, angenehme Zimmer mit ac, TV und tel, guter Service.
New Holiday Hotel (ab S$85), Jl. Imam Bonjol, Nagoya, ✆ 459308, ✆ 459306, neues, modernes Hotel, zentral gelegen, Swimming Pool, mehrere Restaurants.
Batamjaya Hotel (ab S$45), Jl. Imam Bonjol, Nagoya, ✆ 458707, ✆ 458057, mit kleinem Swimming Pool, an der Hauptstraße, Zimmer nach hinten ruhig.
Nan Tongga View Hotel (ab S$95), Jl. Raja Ali Haji, Jodoh, an der Uferstraße von Nagoya, ✆ 459796, ✆ 459670, 136 Zimmer mit ac, TV, Minibar usw. Aus den oberen Stockwerken gute Sicht auf die Skyline von Singapore.
Nagoya Plaza Hotel (ab S$125), Jl. Imam Bonjol, Nagoya, ✆ 459888, ✆ 457880.
Sekupang: ***Hilltop Hotel*** (ab S$100), Jl. Ir. Sutami 8, Sekupang, ✆ 322482, ✆ 322211, mit Pool.
Resorts am Strand: ***Turi Beach Resort*** (ab US$85), Batu Ampar, ✆ 321543, ✆ 323740, Bungalows im balinesischen Stil, großer Swimming Pool, Bars, Restaurants, Sauna, Tennis, Wassersport und vieles mehr wird geboten.
Nongsa Beach Cottages (ab US$60), Nongsa, ✆ 422652.
Batam Fantasy Resort (ab US$55), Tanjung Pinggir, Sekupang, ✆ 322825, ✆ 322850.

Essen

Puri Garden, Jl. Teuku Umar, riesiges Restaurant in Nagoya.
Golden Prawn Seafood, Bengkong (nordöstlich von Nagoya), großes Seafood-Restaurant, ins Meer gebaut, mäßige Preise.
Flamingo Lounge mit Oldies-Live Musik im New Holiday Hotel, Nagoya. Ab 17 Uhr Happy Hour.
Die großen Fast Food-Ketten sind in den Geschäftsstraßen Nagoyas fast alle vertreten.

Sonstiges

GELD – *BCA*, Jl. Imam Bonjol;
Bank Dagang Negara, Jl. Imam Bonjol;

SUMATRA

Pulau Penyengat, die Insel voller historischer Spuren; oben: Moschee; unten: Malaiische Kinder

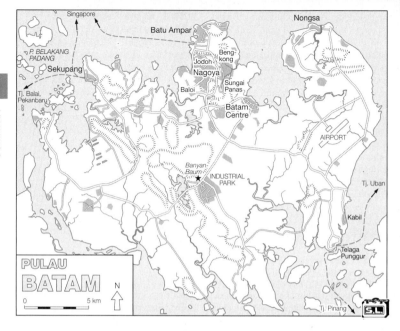

in der gleichen Straße auch mehrere Money Changer.

TAXI – das schnellste Verkehrsmittel der Insel. Preisbeispiele in S$ ab Nagoya:
AIRPORT S$13, BATU AMPAR S$5, KABIL S$13, SEKUPANG S$12, TELEGA PUNGGUR S$20.

VORWAHL – 0778.

Transport

FLÜGE – Am Airport Hang Nadim findet man nur Taxis; von / nach SEKUPANG 20 000 Rp.
Garuda, Pesero Bldg., 2nd Fl., ✆ 458510, Batu Ampar.
Merpati, Jodoh Square, Blok A # 1, Nagoya, ✆ 457288.
Sempati, Jl. Imam Bonjol, Gedung Astek, Nagoya, ✆ 451612, ✆ 453301.
Bouraq, Jl. Raden Patah 6, Nagoya, ✆ 458344.
Smac, Complex Sakura Aspan 10, ✆ 458710.

Preisbeispiele (ohne MwSt):
DABO 77 000 Rp (SMAC),
DUMAI 100 000 Rp (SMAC),
JAKARTA 250 000 Rp (GA, MZ, SG),
JAMBI 143 000 Rp (MZ),
MEDAN 193 000 Rp (MZ, SG),
PADANG 130 000 Rp (MZ, SG),
PALEMBANG 128 000 Rp (MZ),
PANGKALPINANG 177 000 Rp (MZ),
PEKANBARU 90 000 Rp (MZ),
PONTIANAK 179 000 Rp (MZ),
SINGAPORE 70 000 Rp (SMAC).

SCHIFFE – von **Sekupang** nach SINGAPORE: tgl. bis zu 25x zwischen 8.20 und 18.20 Uhr, 1/2 Std., um die 25 000 Rp – man kann auch in Singapore Dollar bezahlen (S$16). Ticketverkauf, Imigrasi, Money Changer (nur bar), ein Restaurant und ein *duty free shop* am Hafen bzw. der Ferry-Jetty. Alle Fähren sind absolute Luxusklasse (bequeme Sitze, ac etc.).
Singapore-Zeit ist 1 Stunde weiter als West-Indonesien-Zeit. In Singapore Ankunft am Singapore

Cruise Center (World Trade Center); hier ein Money Changer.
Nach TANJUNG BALAI (Pulau Karimun): tgl. mindestens 2 Expressboote, 22 000 Rp, 2 Std.; von hier Anschluß nach PEKANBARU.
Nach PEKANBARU: tgl. Speedboat nach SELATPANJANG 20 000 Rp, 3 Std., weiter nach Pekanbaru 15 000 Rp, 12 Std.
Mehrmals die Woche fährt auch ein direktes Boot nach Pekanbaru, ca. 35 000 Rp, 40 Std.
Von **Batu Ampar** – nach SINGAPORE 5x tgl. um 9, 10.30, 13.30, 16.20 und 19.30 Uhr; 1/2 Std., 18 000 / 22 000 Rp.
Von **Telaga Punggur** – nach TANJUNG PINANG halbstündlich ab 7.30 bis 17 Uhr in 50 Minuten, 7500–10 000 Rp. Damri-Bus für 900 Rp von Sekupang bzw. Nagoya, Taxi S$20.

Süd-Sumatra

Mit 103 688 km^2 ist Sumatra Selatan (Sulsel) größte Provinz der Insel. Ihre 7 Millionen Einwohner (1996) leben überwiegend im trockenen Tiefland im Zentrum der Provinz bis hinauf in das Pasemah-Hochland. Noch sind 40% der Landfläche bewaldet, hauptsächlich von ausgedehnten, menschenleeren Sumpfwäldern an der Ostküste und geschützten Bergwäldern im Barisan-Gebirge im Westen. Dicht besiedelt sind die Zinn-Inseln Pulau Bangka und Pulau Belitung. Touristische Attraktionen, bisher noch so gut wie „unentdeckt", bietet die Provinz mit dem Pasemah-Hochland und dem Danau Ranau, einem großen See, dessen Schönheit durchaus mit der seiner Brüdern im Norden Sumatras konkurrieren kann.

Palembang

Über eine Million Bewohner hat die expandierende Hauptstadt Süd-Sumatras heute. Alle wichtigen Straßen und zwei Eisenbahnlinien führen nach Palembang, dem Verkehrsknotenpunkt im Süden. Eine große Ölraffinerie liegt in der Nähe, deren Produkte über den Erdölhafen am Musi-Fluß verschifft werden. Sehenswert ist das **Balaputra Dewa Museum** (Provinz-Museum), Jl. Jen. Sudirman km 6. Hier sind die ethnologischen, archäologischen und zoologischen Sammlungen untergebracht. Wer sich für die Skulpturen des Pasemah-Hochlands interessiert, kann sich hier schon die am besten erhaltenen Exemplare anschauen. Geöffnet Di–Do 8–14, Fr 8–11, Sa und So 8–12 Uhr.

Das Museum für Stadtgeschichte, **Museum Sultan Mahmud Badaruddin**, ist in einem Sultanspalast aus dem Jahre 1780 in der Jl. Benteng am nördlichen Ufer des Sungai Musi, nicht weit von der großen Brücke Jembatan Ampera untergebracht. Geöffnet Mo–Do 8–16, Fr 8–12 und 14–16, Sa 8–12 Uhr. Außerdem findet man hier einen kleinen Informationsstand des Tourist Office.

Auch die verschiedenen Märkte Palembangs sind einen Besuch wert. In **Pasar Ilir**, der alten Chinatown am Nordufer des Musi, reiht sich Laden an Laden. Das Batik- und Songket-Angebot ist recht groß. Vereinzelt findet man auch noch traditionelle Schmuckarbeiten aus Gold oder Silber. Viele interessante Läden lohnen den Weg in die Jl. Guru, z.B. *Kud Mawar Melati*, 30 Ilir, Jl. Tl. Kerangga 276, mit alten Textilien und Gemälden.

Übernachtung

UNTERE PREISKLASSE – *Penginapan Riau**, Jl. Dempo Luar 409, ✆ 352011, einfache Zimmer, nicht allzu sauber, aber zumindest mit Fenster, gemeinsames Mandi.
Hotel Sumatra*, Jl. Mayor Ruslan 351, ✆ 352603, sehr spartanische Zimmer mit und ohne Fenster, mit kleinem Frühstück.
Hotel Purnama*-**, Jl. Mayor Ruslan 7, ✆ 351400, am besten in der unteren Preisklasse, einigermaßen saubere, helle Zimmer mit und ohne Mandi

MITTLERE PREISKLASSE – *Hotel Nusantara**-****, Jl. Letkol. Iskandar 17, ✆ 353306, etwas laut, aber saubere Zimmer mit und ohne Fenster, Fan oder ac, TV und Tel.

Hotel Puri Indah***-****, Jl. Merdeka 38–40, ✆ 356912, sauber und nett eingerichtete Zimmer in einer alten holländischen Villa; schöner, kleiner Innenhof und kleiner Garten; einige Zimmer ohne Fenster, alle mit ac, z. T. auch mit TV, Heißwasser und Badewanne; Restaurant, Disco und Bar.
Kenanga Inn***, Jl. Bukit Kecil 76 (Jl. K. H. A. Dahlan), ✆ 358166, relativ saubere Zimmer mit ac, Badewanne, Frühstück und z. T. mit Fenster.
Arjuna Hotel***, Jl. Kapten A. Rivai 219, ✆ 356719, Fan oder ac, TV und Heißwasser, einige Zimmer mit Balkon, renovierungsbedürftig.
Le Paradis Hotel (US$23–36), Jl. Kapten A. Rivai 58, ✆ 356707, etwas heruntergekommen, aber sauber und o.k.; kleiner Garten.
Sari Hotel (US$15–37), Jl. Jen. Sudirman 1301, Ecke Jl. Kapt. A. Rivai, ✆ 313320, z. T. große Zimmer, alle mit ac, TV, Heißwasser, Badewanne und Kühlschrank, etwas vergammelt, aber sonst o.k. und sauber; angeschlossen ist das Padang Restaurant *Sari Bundo*.

OBERE PREISKLASSE – *Lembang Hotel* (ab US$50), Jl. Kol. Atmo 16, ✆ 363333, 313476, 📠 352472; Bar, Disco, Coffee Shop (24 Std.) und Restaurant mit Live Musik; Zimmer mit Aussicht im 7. Stock.
King's Hotel (ab US$54), Jl. Kol. Atmo 623, ✆ 310033, 📠 310937, 7 Stockwerke; sehenswert ist die mit kunstvollen Holzschnitzereien ausgestattete Sriwijaya Suite, die aber auch satte US$480 pro Nacht kostet.
Hotel Swarna Dwipa (ab US$45), Jl. Tasik 2, ✆ 313322, 📠 362992, ruhig gelegen; Garten, Swimming Pool und gutes Restaurant.
Hotel Sandjaja (ab US$78), Jl. Kapten A. Rivai 35, ✆ 310675, 350634, 📠 313693, mit Swimming Pool und einer Sailendra Presidential Suite für US$600 pro Nacht.

Essen

Restaurant Indah, Jl. Veteran 433 A, bietet indonesisch-chinesische Küche.
Restaurant Pagi Sore, Jl. Jen. Sudirman 96, ✆ 352783, gutes Padang Food.
Restaurant Gembira, Jl. Jen. Sudirman 195.
Restaurant Palapa Raya, Jl. Jen. A. Yani 68.
Köstliches Gebäck kann man in der
New Holland Bakery, Jl. Jen. Sudirman, kaufen; weiterhin in der *Hawaii Modern Bakery*, Jl. Letkol. Iskandar 902 F, ✆ 350184.

Sonstiges

EINKAUFEN – Ein gutes Sortiment an **Landkarten und Stadtplänen** hat der *Toko Buku Gramedia*, Jl. Kol. Atmo 45, ✆ 353493.

GELD – *Bank Negara Indonesia*, Jl. Jen. Sudirman 689, ✆ 352316.
Bank Bumi Daya, Jl. Jen. Sudirman 1779, ✆ 358571.
Bank Dagang Negara, Jl. Kapten A. Rivai 57, ✆ 352644.
Bank Central Asia, Jl. Kapten A. Rivai 22, ✆ 358244.

INFORMATIONEN – *Dinas Pariwisata*, Jl. POM IX, ✆ 357348, geöffnet Mo–Do 8–14, Fr 8–11 Uhr, bietet relativ gute Informationen über die Provinz und einen Stadtplan.
Dinas Pariwisata, Jl. Benteng, ✆ 358450, im Museum Sultan M. Badaruddin, geöffnet Mo–Do 8–16, Fr 8–12 und 14–16 Uhr; Informationen über Palembang.

PHPA – Jl. Kol. H. Berlian, Ponti Kayu KM 6,5; ✆ 411476.

POST – Die Hauptpost steht in der Jl. Merdeka, geöffnet Mo–Do 8–20, Fr 8–12 und 14–20, Sa 8–15 und 16–20, So 7–13 und 14–20 Uhr. Ein kleines *Kantor Pos* befindet sich auch in der Jl. Kapten A. Rivai.

TELEFON – *Telkom*, Jl. Merdeka 5, neben der Hauptpost, tgl. 24 Std. geöffnet.
Außerdem gibt es einige *Wartel*: Eines neben dem Hotel Lembang in der Jl. Kol. Atmo, ein anderes in der Jl. Kapten A. Rivai 47, neben dem Arjuna Hotel, tgl. 24 Std. geöffnet.

VORWAHL – 0711.

Nahverkehrsmittel

BECAK – kosten etwa 500 Rp pro km, fahren in der Regel aber nicht auf den Hauptstraßen, vor allem nicht auf der Jl. Jen. Sudirman.

BUS – DAMRI-Stadtbusse, *Bis Kota,* verkehren nur entlang einiger Hauptstraßen, haben feste Haltestellen und kosten 350 Rp, egal wie weit.

OPLET – Minibusse *(Angkutan Kota)* haben keinen bestimmten Terminal, kommen aber fast alle früher oder später am Markt gegenüber dem Stadtmuseum, Jl. Benteng, vorbei; sie kurven auf verschiedenen variablen Routen durch die Stadt, man kann sie überall anhalten und sollte vor Fahrtantritt mit dem Fahrer das Fahrtziel klären; sie kosten 350 Rp, egal wie weit.

SAMPAN – Wer den Sungai Musi mit einem kleinen Kahn, gerudert oder mit schwachem Motor, überqueren will, zahlt dafür 500–1000 Rp.

TAXI – Es gibt nur wenige Taxis mit Taxameter in der Stadt, am besten bestellt man sie über ein Hotel; die Einschaltgebühr beträgt 1400 Rp, jeder weitere km kostet ca. 500 Rp.
Taxis ohne Taxameter kann man für ca. 7500 Rp pro Stunde chartern.

Transport

BUSSE – Der Bus Terminal für den Fernverkehr, **Tujuh Ulu**, liegt am südlichen Ufer des Sungai Musi bei der modernen, von Japan erbauten Hebebrücke *Jembatan Ampera.* Vorsicht, hier wird viel geklaut!
Einige Fernbusse, z.B. nach Jakarta, fahren vom Office des jeweiligen Busunternehmens ab.
Benteng Jaya, Jl. A. S. Tubun 19, ✆ 312211.
P.O. Putra Remaja, Jl. Veteran 4887 F, ✆ 353029.
A.L.S., Jl. Kol. Atmo, ✆ 356235, und Jl. Jen. Basuki Rahmat, ✆ 411114.
Preisbeispiele:
BUKITTINGGI/PADANG 19 000/ac 25 000 Rp;
JAKARTA 25 000 / ac 48 000 Rp;
LUBUKLINGGAU 11 000 / ac 20 500 Rp;
MEDAN 48 000 Rp;
PAGARALAM 7500 Rp, 6 1/2 Std., 293 km;
TANJUNG KARANG 13 500 Rp.

EISENBAHN – Der Bahnhof *Kertapati* liegt am südlichen Ufer des Sungai Musi, zu erreichen für 350 Rp mit einem Oplet ab Zentrum; oder mit einem Taxi (ohne Taxameter) für 6000 Rp.

TANJUNG KARANG: Tgl. 9 und 21 Uhr; 5800 Rp Economy Class, 20 500 Rp Business Class, 32 000 Rp Executive Class; Fahrzeit ca. 8 Std.
LUBUKLINGGAU: Tgl. 8, 10 und 20 Uhr; 11 500 / 25 000 Rp; Fahrzeit ca. 7 Std. Wie in Java bekommt man auch hier ISIC-Ermäßigungen.

FLÜGE – Der Sultan Mahmud Badaruddin Airport liegt 15 km nördlich der Stadt. Oplet ab Stadtmuseum, Jl. Benteng, 600 Rp, dann muß man die letzten 2 km laufen; Taxi 15 000 Rp.
Merpati / Garuda, Jl. Kapten A. Rivai 35 (im Hotel Sandjaja), ✆ 312790, 311029, ✉ 312131; geöffnet Mo–Do 7.30–12 und 13–16.45, Fr 7.30–11.30 und 13.45–16.45, Sa und So 9–13 Uhr.
Pelangi (✆ 414946) fliegt 4x wöchentlich nach Johore Bharu und Kuala Lumpur. Palembang ist kein visafreier Ein- und Ausreiseort.
Preisbeispiele (ohne MwSt):
BATAM 128 000 Rp,
BENGKULU 88 000 Rp,
JAKARTA 140 000 Rp,
JAMBI 59 000 Rp,
JOHORE BHARU US$112,
KUALA LUMPUR US$138,
MEDAN 276 000 Rp,
PADANG 155 000 Rp,
PANGKALPINANG 56 000 Rp,
PEKANBARU 153 000 Rp,
RENGAT 132 000 Rp,
TANJUNG PANDAN 111 000 Rp.
Zum selben Preis wie Merpati fliegt auch tgl. *Deraya* nach TANJUNG PANDAN:
Deraya Air Taxi, Jl. Jen. Sudirman 2954, ✆ 353700, 356462, geöffnet Mo–Fr 8–16, Sa und So 8–13 Uhr.

SCHIFFE – Vom Hafen *Boom Baru* am Nordufer des Sungai Musi, östlich vom Zentrum, fahren tgl. 2 Expressboote nach MUNTOK (Pulau Bangka), 25 000 Rp, 3 Std.; Abfahrtzeiten ändern sich laufend. Einmal tgl. fährt eine Autofähre zur Pulau Bangka ab dem westlich vom Zentrum gelegenen Hafen TANGGA BUNTUNG, 10 000 Rp, 12–14 Std. Tickets für die **KM. Rinjani** und die **KM. Umsini** ab Muntok, Pulau Bangka, bekommt man bei *Pelni*, Jl. Yos Sudarso 7, am Hafen Boom Baru, ✆ 311334, ✉ 311335, geöffnet Mo–Do 8–12, Fr 8–11 Uhr (s.S. 797).

Provinz Lampung

Die südlichste und mit 33 307 km² zweitkleinste Provinz Sumatras ist dank ihrer relativ fruchtbaren Böden mit 6,6 Millionen Einwohnern – hauptsächlich eingewanderte Sundanesen und Javaner – relativ dicht besiedelt. Wald bedeckt weniger als 20% von Lampung, das zur Kolonialzeit noch Tummelplatz der Großwildjäger war. Die Reste der ehemals reichen Fauna werden in zwei Nationalparks konserviert, die aber beide durch Holzindustrie und illegales Ansiedeln unübersehbare Schäden davongetragen haben.

Bandar Lampung

Die Hauptstadt der Provinz am Ende der großartigen Lampung Bay, aus den drei Städten **Tanjung Karang**, **Teluk Betung** und **Panjang** zusammengewachsen, zählt 700 000 Einwohner. Jede der drei Städte hat ihr eigenes Zentrum mit Einkaufsstraßen, Märkten, Banken usw. Die Zentren liegen gut 5 km auseinander, so daß sich Bandar Lampung ziemlich weitläufig entlang der Bucht und über die steilen Hügel des Hinterlandes erstreckt. Die schönste Stadt, Tanjung Karang, zieht sich die über 100 m über dem Meeresspiegel gelegenen Hügel hinauf und bietet einen wunderbaren Ausblick über die Bucht, an deren Ufer Teluk Betung liegt. Am Abend lohnt ein Besuch des Nachtmarkts **Pasar Mambo** in der Jl. Sultan Hasanuddin, wo in vielen Warung gutes Seafood zubereitet wird. In der Jl. Teuku Umar, 7 km nördlich vom Zentrum Tanjung Karangs, nicht weit vom Busbahnhof Raja Basa, steht das **Lampung Museum**. Ausgestellt sind traditionelle Haushaltsgeräte der Provinz, Keramiken aus China und Siam, alte handgewebte *Tapis*-Stoffe usw. Geöffnet Di–Do 9–14, Fr 9–11 und 13–15, Sa und So 9–15 Uhr.

Übernachtung/

UNTERE PREISKLASSE – Das Angebot ist äußerst beschränkt; aber auch Hotels der mittleren Preisklasse bieten manchmal preiswerte Zimmer.
Losmen Bahagia*, Jl. Bawal 72, Teluk Betung, ✆ 42220, ungemütlich, spartanisch.
Hotel Mini 1**, Jl. R. A. Kartini 72 (Jl. Dwi Warna 7), Tg. Karang, ✆ 55928; Zimmer mit Fan und Mandi; zentral, schmuddelig und laut.
Hotel Wijaya Kusuma**, Jl. Way Besai 26, Teluk Betung, ✆ 52163; nicht sehr saubere Zimmer mit Fan in schöner Hanglage.
Lusy Hotel**, Jl. Diponegoro 186, Teluk Betung, ✆ 45695; einfache Zimmer mit Mandi, Fan o. ac.

MITTELKLASSE – *Ria Hotel**-****, Jl. R. A. Kartini 79, Tg. Karang, ✆ 53974; mit und ohne Mandi, mit Fan oder ac, Fenster zum Flur, zentral und laut.
Hotel Kurnia Dua**-***, Jl. Raden Intan 75, Tanjung Karang, ✆ 52905; Zi mit und ohne Mandi, Fan oder ac, meist ohne Fenster.
Hotel Purnama**-****, Jl. Raden Intan 77, Tg. Karang, ✆ 51447; Fan oder ac, TV und Heißwasser, sauber, aber an einer lauten Straße.
Kurnia City Hotel***-****, Jl. Raden Intan 114, Tg. Karang, ✆ 62030, ✎ 62924; saubere Zi mit Fenster, ac, TV, Tel und Heißwasser, etwas laut; Karaoke und kleines Restaurant.
Hotel Andalas***-****, Jl. Raden Intan 89, Tg. Karang, ✆ 63432; sauber und gut, mit Fan oder ac, TV und Heißwasser, nahe der Moschee.
Nusa Indah Hotel***-****, Jl. Raden Intan 132, Tg. Karang, ✆ 53029, ✎ 64820; sauber und gut, alle Zimmer mit ac, TV und Tel, etwas schmucklos eingerichtet.
Srikandi Guesthouse (US$36–48), Jl. Diponegoro 54, Teluk Betung, ✆ 52154; große Zi, sauber, gepflegt und komplett ausgestattet, inkl. Frühstück. Großer Parkplatz im Innenhof.
Hartono Hotel***, Jl. Ir. Haji Juanda, Teluk Betung, ✆ 62525, 62345; alle Zi mit ac, TV, Tel und Kühlschrank, inkl. Frühstück; ruhig, sauber, preiswert und sehr gut, in Hanglage mit großartigem Panoramablick über die Stadt.
Rarem Hotel**-***, Jl. Way Rarem 23, Teluk Betung, ✆ 61300, 61241; Fan oder ac, TV und Heißwasser, sauber und o.k.; Balkon mit Aussicht, kleiner Garten.

OBERE PREISKLASSE – *Indra Palace Hotel* (ab US$77), Jl. Wolter Monginsidi 70, ✆ 62766,

✆ 62399; z.T. mit Aussicht über die Lampung Bay; guter Service, Swimming Pool.
Marco Polo Hotel (US$24–54), Jl. Dr. Susilo 4, ✆ 62511, ℻ 54419; preiswert und daher oft voll, mit herrlicher Aussicht und großem Pool (öffentlich).
Sheraton Inn (ab US$97), Jl. Wolter Monginsidi 175, ✆ 486666, ℻ 486690, das z.Zt. beste Hotel in Lampung; Pool und schöner Garten; am Wochenende gibt es mitunter einen Discount.
Sahid Krakatau Hotel (ab US$55), Jl. Yos Sudarso 294, ✆ 488888, ℻ 486589, schön am Meer gelegen; Swimming Pool, guter Service, Restaurant.

Essen

Restaurant Setia, Jl. Raden Intan 3, Tg. Karang, ✆ 51945; gutes, preiswertes Padang Food.
Restaurant Begadang, Jl. Diponegoro 164, ✆ 53201; Padang Food in stilvoller Umgebung, empfehlenswert.
Restaurant Simpang Raya, Jl. Diponegoro 1, ✆ 54549, großes Minangkabau-Haus.
Kentucky Fried Chicken, Jl. Jen. Sudirman 11, ✆ 43723.

Einkaufen

Die traditionellen handgewebten **Stoffe**, für die Lampung berühmt ist, werden u.a. im *Toko / Sanggar Ruwajurai* verkauft. Es gibt zwei Läden mit diesem Namen, die nicht weit voneinander entfernt im Zentrum Tanjung Karangs liegen: in der Jl. R. A. Kartini 70 (Jl. Dwi Warna 1), ✆ 53353 und in der Jl. Imam Bonjol 34, ✆ 52791; hier kann man im Hinterzimmer beim Besticken der Stoffe mit Goldfäden zuschauen.

Sonstiges

GELD – *Bank Negara Indonesia*, Jl. Laksamana Malahayati 18, Teluk Betung, ✆ 41946.
Bank Dagang Negara, Jl. Laksamana Malahayati 138, Teluk Betung, ✆ 42290.
Bank Bumi Daya, Jl. Laksamana Malahayati 30, Teluk Betung.
Bank Central Asia, Jl. Raden Intan 98, Tg. Karang, ✆ 51986.

IMMIGRATION – *Kantor Imigrasi*, Jl. Diponegoro 24, ✆ 41697.

INFORMATIONEN – bei *Dinas Pariwisata*, Jl. W. R. Supratman 39, Gunung Mas, Teluk Betung, ✆ 482565, ℻ 482081; geöffnet Mo–Do 8–15, Fr bis 11 Uhr.
Kanwil Parpostel, Jl. Kotaraja 12, Tanjung Karang, ✆ 51900; Öffnungszeiten wie Dinas Pariwisata.
Warung Informasi Pariwisata, Jl. Majapahit, Tg. Karang, ✆ 63272; ein nur sporadisch geöffneter Info-Stand.

POST – Die Hauptpost, *Kantor Pos dan Giro Besar*, ist in der Jl. K. H. A. Dahlan 21, ✆ 52125; geöffnet Mo–Do 8–20, Fr 8–11 und 14–20, Sa 8–15 Uhr.
Außerdem gibt es noch drei kleinere Postämter, die aber meist nur vormittags geöffnet sind: in Tg. Karang in der Jl. Jen. Sudirman und in der Jl. Kotaraja 11, nicht weit vom Bahnhof; in Teluk Betung in der Jl. Sultan Hasanuddin 41, ✆ 41134.

TELEFON – *Telkom*, Jl. Majapahit 1, Tg. Karang, ✆ 53105; tgl. 24 Std. geöffnet.
Wartel Mahkota, Jl. Ikan Hiu 69, ✆ 46590, Teluk Betung.
Wartel Riandika, Jl. Sultan Hasanuddin 58 B, Teluk Betung, ✆ 46259.
Wartel Kopegtel, Jl. R. A. Kartini 1 (Jl. Bukittinggi), ✆ 64901, ℻ 64904, Tg. Karang; geöffnet tgl. 8–22.30 Uhr.

VORWAHL – 0721.

Nahverkehrsmittel

BECAK – verkehren fast ausschließlich in Teluk Betung und kosten ca. 500 Rp pro km.

STADTBUSSE – Stadtbusse der Firma DAMRI pendeln zwischen dem außerhalb gelegenen Busbahnhof Raja Basa und Terminal Pasar Bawah am Bahnhof (300 Rp, 7 km) sowie zwischen Pasar Bawah und Terminal Telukbetung (300 Rp, 6 km) – der Fahrpreis für Kurzstrecken beträgt ebenfalls 300 Rp; die Busse fahren nur auf den Hauptstraßen und haben gekennzeichnete Haltestellen.

Bandar Lampung

MIKROLET – Wie die Stadtbusse pendeln auch die Minibusse zwischen den drei Terminals und fahren noch zum Hafen Panjang. Sie verkehren auf verschiedenen Strecken, machen auf Wunsch auch Umwege, und man kann sie überall anhalten. Sie kosten auf den meisten Strecken 300 Rp, egal wie weit. Nur bei größeren Entfernungen, z.B. von Panjang nach Tg. Karang, zahlt man 600 Rp.

TAXI – (mit ac und Taxameter) sieht man selten in der Stadt herumfahren.
Sie stehen meist am Airport oder vor den großen Hotels und können telefonisch bestellt werden:
Taxi 333, Jl. Ikan Manyung 2, Teluk Betung, ✆ 45579;
Trans Bandar Taxi, Jl. R. A. Kartini 69, Tg. Karang, ✆ 63068.
Die Einschaltgebühr beträgt 1400 Rp für den ersten km, jeder weitere km kostet 500 Rp.
Ein Taxi kann man auch für 7500 Rp pro Std. chartern (min. für 2 Std.).

Transport

BUSSE – Der Terminal für Fernbusse, **Raja Basa**, liegt 7 km nördlich vom Zentrum Tanjung Karangs; zu erreichen mit einem Stadtbus für 200 Rp oder einem Minibus für 250 Rp ab Terminal Pasar Bawah. Alle großen Bus-Gesellschaften haben ihr Ticket Office am Busbahnhof; es lohnt sich, die Preise (non ac/ac) zu vergleichen.
Preisbeispiele:
BANDA ACEH 65 000 / 95 000 Rp;
BENGKULU 23 000 / 54 000 Rp;
JAKARTA 12 500 / 24 500 Rp;
JAMBI 24 000 / 54 500 Rp;
KRUI 7500 Rp (287 km, 8–9 Std.);
MEDAN / PRAPAT 55 000 / 84 000 Rp;
PADANG / BUKITTINGGI 33 000 / 54 000 Rp;
PAGARALAM 18 000 Rp;
PALEMBANG 13 500 / 30 000 Rp;
PEKANBARU 42 000 / 69 000 Rp;
SIBOLGA 51 000 / 81 000 Rp.

EISENBAHN – 2x tgl. ab Bahnhof Tanjung Karang ein Zug nach KERTAPATI (Palembang), 5800 Rp Economy Class, 20 500 Rp Business Class, 32 000 Rp Executive Class; Fahrzeit ca. 8 Std.

FLÜGE – Der Airport Branti liegt 22 km nördlich von Tanjung Karang am Trans-Sumatra-Highway. Taxi vom Airport nach Tanjung Karang 12 000 Rp, nach Teluk Betung 14 000 Rp.
Merpati / Garuda, Jl. R. A. Kartini 90, Tg. Karang, ✆ 63226, 📠 63041; geöffnet Mo–Do 7–16, Fr 7–11 und 13–16 Uhr, Sa, So und feiertags 9–13 Uhr.
Merpati fliegt mehrmals tgl. nach JAKARTA, 77 000 Rp. Und einmal tgl. nach PALEMBANG, 74 000 Rp.

FÄHREN – Zum Hafen der Autofähre BAKAUHENI am äußersten Südostzipfel Sumatras (Tanjung Tua) fahren Busse rund um die Uhr ab Terminal Raja Basa, 1800 Rp, 65 km, 2 Std. Tag und Nacht, alle 45 Min. geht eine Fähre nach MERAK (Java), 2 Std.; 3. Kl. 1600 Rp; 2. Kl. 2200 Rp, 1. Kl. ac 2800 Rp, PKW 23 000 Rp, Motorrad 8000 Rp.

Java

Wer von Indonesien spricht, meint damit nicht selten Java. Hier lebt die Mehrheit der Bevölkerung, hier werden die wirtschaftlich und politisch bedeutsamen Entscheidungen getroffen, hier existierten schon vor Jahrhunderten mächtige Reiche, die eigene Hochkulturen entwickelten. Hier aber wächst auch die Bevölkerung so schnell wie nirgendwo sonst, liegen glanzvolle Macht und ohnmächtiges Elend dicht beieinander, löst die industrielle Entwicklung zunehmend die traditionellen Strukturen auf. Eine Insel im Aufbruch, doch mit welchem Ziel?

Vulkane, Reisterrassen, Steilküsten, kilometerlange Sandstrände und die Tempel vergangener Epochen prägen noch immer das Bild, daneben aber auch Tausende von Dörfern und moderne Großstädte. 750 Einwohner leben heute auf einem Quadratkilometer Java – wie man auch seine Route plant, man wird den Menschen also kaum entkommen. Größte Bevölkerungsgruppen sind im Westen die Sundanesen, im Osten die Javaner und die Maduresen. Ein Schmelztiegel aller indonesischen Völker ist Jakarta. Die Hauptstadt wird für viele Ausgangspunkt einer Tour durch Java sein.

Die meisten Touristen rasen von Jakarta nach Yogyakarta und von dort aus weiter nach Bali. Wer die Insel und ihre Menschen etwas besser kennenlernen möchte, sollte die ausgetretenen Pfade verlassen und Ausflüge in die Dörfer machen. Vulkanbesteigungen sind auf Java relativ leicht durchzuführen – eine Vulkankette zieht sich über die gesamte Insel. Vielfach unbekannt sind auch die schönen Strände – es muß nicht immer Bali sein!

Jakarta

Die größte Metropole Indonesiens hat heute schätzungsweise 10 Millionen Einwohner. Und sie wächst weiter: Stadtplaner gehen davon aus, daß in 15 bis 20 Jahren eine neue Riesenstadt Jabotabek mit 25 Millionen Einwohnern entstanden sein wird. Jabotabek ist aus den Anfangsbuchstaben der Städte Jakarta, Bogor, Tangerang und Bekasi zusammengesetzt, die dann in etwa die Grenzen der neuen Metropole bilden werden.

Kraß und augenfällig sind die Gegensätze zwischen Armut und Reichtum. Slums beginnen häufig bereits dicht hinter manch prunkvollem Verwaltungspalast. Trotzdem versucht die Stadtverwaltung das Unmögliche – die Lebensqualität für die Millionen von Menschen zu erhöhen. Straßen, Brücken, Abwässersysteme, Frischwasserleitungen, Schulen, Gesundheitszentren, Bade- und Waschplätze verschlangen seit 1965 an die US$100 Millionen. Monotone Neubaugebiete mit x-stöckigen Wohnmaschinen, typisch z.B.

für Singapore, sind bisher allerdings noch selten. Stattdessen wurden an die 300 000 Billighäuser errichtet, die sich in die traditionellen „Kampung" Jakartas einfügen. „Kampung" nennt man die dorfähnlichen Stadtteile beiderseits der großen Straßen, die häufig nur auf schmalen Wegen, gerade so breit wie ein Motorrad, erreichbar sind. Ländliches Indonesien scheint sich hier, obwohl mitten in der Großstadt, erhalten zu haben.

Für den Besucher hat Jakarta, wie jede Großstadt, verschiedene Gesichter. Einerseits ist man mit allen Problemen einer Dritte-Welt-Metropole konfrontiert, andererseits aber hat man die Möglichkeit, sich mehr als in jeder anderen Stadt über Indonesien zu informieren. Zahlreiche Museen lohnen einige Tage Aufenthalt, ebenso der Besuch des Segelschiffhafens.

Und zur Erholung kann man das Freizeitangebot der Stadt genießen – z.B. in Ancol oder im Taman Mini.

Alt-Jakarta

Ein Rundgang durch Alt-Jakarta beginnt nördlich des Hauptbahnhofs (Kota Station), am Ende der Jl. Pintu Besar Utara. Da das frühe Batavia recht klein war, kann man alles gut an einem Tag zu Fuß bewältigen. Schon allein wegen der Atmosphäre, die von den Repräsentationsgebäuden ausgeht, lohnt ein Abstecher ins alte Batavia.

Taman Fatahillah

Rings um den alten Rathausplatz wurden mit Hilfe der UNESCO mehrere koloniale Gebäude restauriert. Im Zentrum steht das **Jakarta Museum** (Fatahillah Museum / City Hall Museum), das in einem der ältesten erhaltenen Gebäude untergebracht ist. 1710 erbaut, diente es als *Stadthuys* (Rathaus) der Verwaltung, später wurde es militärisches Hauptquartier und bis zum 2. Weltkrieg Sitz der Verwaltung West-Javas. Seit 1974 ist hier ein historisches Museum untergebracht. Wer Spaß an alten Landkarten, Waffen, Möbeln und anderen Relikten des holländischen Batavia hat, sollte es sich ansehen. Geöffnet: Di–Do,

0   1   2   3 km

🚋 *BAHNHOF*

Ⓐ Segelschiffhafen Kali Baru
Ⓑ Dunia Fantasi
Ⓒ Da Bo Gong Miao
Ⓓ Arsip Nasional
Ⓔ Mesjid Kebon Jeruk
Ⓕ Taman Prasasti Museum
Ⓖ Tekstil Museum
Ⓗ Sasmita Loka Museum
Ⓘ Gedung Perintis Kemerdekaan
Ⓙ Abri Museum
Ⓚ zum Ragunan Zoo
Ⓛ zum Taman Mini

Übernachtung:
① Surya H.
② Matruh H.
③ Sahid Jaya H.
④ Hilton Hotel

Läden, Restaurants etc.:
1 Duta Merlin Shopping Ctr.
2 Pasar Baru Shopping Ctr.
3 Artha Loka Bldg.
4 Pasar Burung
5 Goethe-Institut
6 Wisma Metropolitan
7 Indonesian Bazar
8 Ratu Plaza Shopping Ctr.
9 Botschaft der Niederlande

Transport:
❶ Tanjung Priok Bus Stn.& Pier
❷ Ancol Marina
❸ Kota Bus Stn.
❹ Kalideres Bus Stn.
❺ Grogol Bus Stn.
❻ Bouraq Airlines
❼ Merpati Airlines
❽ Pelni
❾ Mandala Airlines
❿ Sempati Airlines
⓫ Pulo Gadung Bus Stn.
⓬ Rawamangun Bus Stn.
⓭ Manggarai Bus Stn.
⓮ Kampung Melayu Bus Stn.
⓯ Lebak Bulus Bus Stn.
⓰ Kebayoran Bus Stn. (Blok M)
⓱ Pasar Minggu Bus Stn.
⓲ Kampung Rambutan Bus Stn.

*alle weiteren Objekte s. Detailpläne
Alt-Jakarta
Zentrum
Jl. Jaksa und Umgebung*

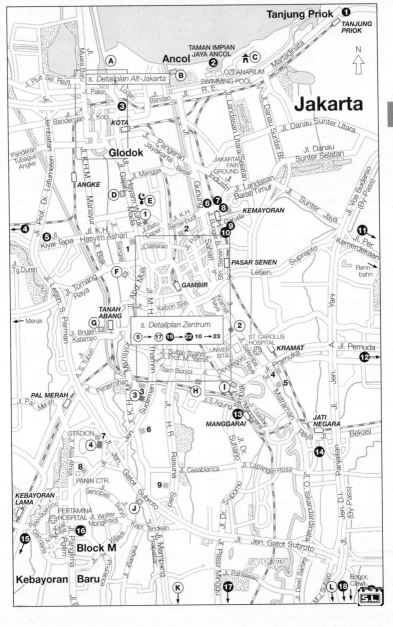

So 10–16, Fr, Sa 10–13 Uhr, Mo geschlossen, Eintritt 1000 Rp.

Ein weiteres Museum befindet sich an der Westseite des Platzes, Jl. Pintu Besar Utara 27, das **Wayang Museum**. Das traditionelle Puppentheater ist in ganz Südostasien verbreitet. Im Museum sind meisterhaft gearbeitete Stabpuppen und Schattenspielfiguren sowie die dazugehörigen Instrumente und andere Gegenstände zu sehen, die für eine Aufführung gebraucht werden. Das Gebäude selbst wurde 1912 errichtet.

Geöffnet: Di–Do und So 9–14, Fr 9–11, Sa 9–13 Uhr, Mo geschlossen; So mitunter Aufführungen des Wayang Kulit (Schattenspiel), Eintritt 1000 Rp.

Wer sich für indonesische Malerei und Keramik interessiert, sollte einen Blick in das **Balai Seni Rupa & Museum Keramik** (Museum für Kunst und Malerei & Museum für Keramik) werfen. In dem 1870 errichteten Gebäude des ehemaligen Justizpalastes an der Ostseite des Platzes findet man Bilder bekannter indonesischer Maler. Interessant ist auch die Keramikabteilung. Geöffnet: Di–Fr und So von 9–15, Fr 9–11, Sa 9–13 Uhr, Mo geschlossen, Eintritt 1000 Rp. Auf der Nordseite des Platzes steht gegenüber dem Rathaus die alte portugiesische Kanone **Si Jagur**, ein Fruchtbarkeitssymbol, vor dem noch heute Frauen um möglichst viele Kinder bitten.

Am „Großen Kanal"

Vom Fatahillah-Platz gelangt man durch die Jl. Kali Besar Timur V zum **Kali Besar**, dem „Großen Kanal". Überall stehen Handelskontore, Geschäftshäuser und Warenlager aus holländischer Vergangenheit. Aus dem frühen 18. Jahrhundert stammen die beiden Häuser an der westlichen Kanalseite (Jl. Kali Besar Barat), das Eckhaus der Chartered Bank und das Haus Toko Merah, heute: PT. Dharma Niaga in der Nr. 11.

Spaziert man am Kanal entlang Richtung Norden, kommt man zur letzten, restaurierten, über 200 Jahre alten Zugbrücke, **Hoenderpasarbrug**, der „Hühnermarkt-Brücke". Weiter in Richtung Norden überquert man die verkehrsreiche Jl. Pakin. An der Mündung des Kanals steht der erst 1839 errichtete **Aussichtsturm**, von dem aus der Hafenmeister die eintreffenden Schiffe sichtete. Er ist auf den Mauern der Befestigungsanlage **Bastion Culemborg** aus dem Jahre 1645 errichtet. Vom Turm aus hat man einen guten Blick auf den Kanal und die roten Ziegeldächer der alten Häuser.

Etwas weiter Richtung Norden gelangt man durch die geschäftige Jl. Pasar Ikan zum **Bahari Museum**, einem kleinen Schiffsmuseum, das in einem Teil der ehemaligen Lagerhallen der Ostindischen Handelscompagnie untergebracht ist. Ebenso interessant wie die Ausstellungsstücke (Boote und Schiffsmodelle, Karten und Werkzeuge) sind die seit 1652 errichteten Gebäude mit ihren mächtigen Mauern, in denen früher die Waren der Compagnie – Gewürze, Kaffee und Tee – gelagert wurden. Die hohe Mauer zur Straße hin ist Teil der alten Stadtmauer. Geöffnet Di–Do und So 9–15, Fr 9–14, Sa 9–13, Mo geschlossen, Eintritt 1000 Rp.

Über eine Fußgängerbrücke erreicht man den alten Fischmarkt, **Pasar Ikan**, auf einer Insel. Bereits vor Sonnenaufgang spielt sich hier ein reges Treiben ab. Der eigentliche, große Fischmarkt liegt etwa 3 km weiter westlich in Muara Angke. Hier kann man beobachten, wie die ankommenden Fischkutter entladen und die Fische und Schalentiere in zwei riesigen Hallen zum Verkauf angeboten werden. Zurück zur Jl. Pakin; nach Überquerung der großen Brücke kommt man links hinauf zur Mole (Eintritt).

Der Segelschiffhafen

Im Kali Baru, besser bekannt unter dem Namen Sunda Kelapa, kann man das Treiben rings um die Bugis-Schoner mit ihren hohen Masten und eingerollten Segeln ansehen. Verwegene Gestalten entladen Holz aus Kalimantan, Kleinhändler verkaufen billiges Parfüm und Souvenirs an die Matrosen. Mit einem Sampan kann man sich durch den Hafen rudern lassen – am besten erst auf dem Rückweg von der Mole, dann gehen die Preise automatisch herunter.

Ancol

Taman Impian Jaya Ancol nennt sich ein 137 ha großer Erholungs- und Vergnügungspark direkt am Meer. Da immer eine kühle Brise weht, ist es hier nicht so heiß wie in der Stadt. Da zudem der Weg hierher nicht weit ist, kann man sich nach einem anstrengenden Sightseeing-Tag einen erholsamen Nachmittag in Ancol gönnen. Zu erreichen mit einem Taxi (ca. 5000 Rp ab City) oder vom Bahnhof Kota mit dem Bus Nr. 64 oder 65, in Richtung Tanjung Priok. Der Haupteingang ist rund um die Uhr geöffnet, Eintritt Mo–Fr 2500 Rp Sa, So und feiertags 3000 Rp. Am Wochenende sollte man möglichst nicht hierher kommen, denn dann herrscht Hochbetrieb.

Vorbei am Golfplatz und der Bowlingbahn kommt man zur 1985 eröffneten Phantasiewelt **Dunia Fantasi**, eine indonesische Mischung aus Disneyland und Rummelplatz mit Buden und Verkaufsständen im Baustil aller Epochen und Kontinente, einem großen Riesenrad (schöne Sicht!) und vielen Karussells. Geöffnet Mo–Sa 14–21, So und feiertags 10–21 Uhr, Eintritt (inkl. Haupteingang) Mo–Fr 23 500 Rp, Sa 26 000 Rp sowie So und feiertags 28 000 Rp.

Weiter Richtung Strand gelangt man zur **Marina**. Von diesem Yachthafen aus fahren Boote nach Kepulauan Seribu. Auf der Halbinsel gibt es verschiedene Seafood-Restaurants. Direkt am Meer ein luxuriöses Hotel, Bungalowanlagen, und an der Lagune der Bootsverleih. Südlich davon betritt man durch das überdimensionale Maul eines Wales den großen Swimming Pool mit Riesenrutschen, Wellenbad und einer runden Bahn mit Strömung – herrlich zum Schwimmen. Geöffnet tgl. 7–21 Uhr, Eintritt (inkl. Haupteingang) Mo–Fr 9500 Rp, Sa, So und feiertags 14 500 Rp. Gegenüber

das Ozeanarium, wo täglich Shows mit dressierten Seelöwen, Fluß-Delphinen und anderen Tieren gezeigt werden. Weiter im Süden ein Kunstmarkt – Pasar Seni, mit Kunstgalerie und Verkaufsständen. Außerdem stehen zur Verfügung: Autokino (ab 19 Uhr), Kasino, Reitpferde, Nachtclubs für alle Bedürfnisse und mit allen Begleiterscheinungen, Wasserski, Strand, Spielplätze.

Chinatown

Weiter im Süden liegt das alte Chinesenviertel **Glodok**. Die typisch chinesische Atmosphäre mit den zur Straße hin offenen Läden, Restaurants und Werkstatten geht durch sterile Neubauten wie moderne Shopping Center (Glodok Shopping Center an der Jl. Pancoran und der Jl. Gajah Mada), Banken und Wohnblocks im Einheitsbetonstil immer mehr verloren. Nur abends erwacht vergangenes chinesisches Leben, wenn Foodstalls in den Straßen aufgebaut werden.

Etwa 250 m westlich vom Glodok Shopping Center steht in der Jl. Petak Sembilan der bedeutendste chinesische Tempel der Stadt, **Jin De Yuan** (auch Kim Tek I oder Wihara Dharma Bhakti genannt), der bereits 1650 vom chinesischen Leutnant Guo Xun Guan zu Ehren der Göttin der Barmherzigkeit errichtet wurde. Das Dach des Haupttempels ist mit Nagaschlangen und anderen Porzellanfiguren verziert, im Inneren stehen buddhistische und taoistische Figuren. Aus dem 17. Jahrhundert stammt die Figur des „Herrschers über die drei Welten" – San Yuan – über dem Haupteingang. Zu chinesischen Feiertagen, z.B. zum „Fest der hungrigen Geister" oder zum chinesischen Neujahr, versammelt sich die chinesische Gemeinde im Tempel.

Nationaldenkmal

Zu Beginn des 19. Jahrhunderts waren die meisten Verwaltungsgebäude aus der verseuchten Altstadt in das neue Batavia rings um den Koningsplain umgesiedelt worden. Heute überragt den nahezu 1 km² großen Merdeka-Platz (Unabhängigkeitsplatz) im Zentrum unübersehbar das 132 m hohe Prunkstück der Denkmalbaukunst Sukarnos, das **Nationaldenkmal** (Monas) mit seiner Flamme, die mit 35 kg Gold überzogen ist. Ein Fahrstuhl geht hinauf auf die Aussichtsplattform (115 m). Von hier hat man einen guten Blick über Jakarta und kann sich eine Übersicht über das koloniale Batavia des 19. Jahrhunderts verschaffen. Lohnend ist der Besuch des im Keller gelegenen historischen Museums. Indonesische (Militär-) Geschichte bis zur Irian-Annexion wird in Schaukästen dargestellt. Die Unabhängigkeitshalle bietet als Höhepunkt die in Marmor gepackte Größe der Nation mit der Originalstimme Sukarnos von der Ausrufung der Unabhängigkeit. Den Eingang erreicht man über den nördlichen Merdeka-Platz, vorbei am Denkmal des Freiheitskämpfers Diponegoro und am Unabhängigkeits-Springbrunnen. Geöffnet tgl. 8.30–17 Uhr. Eintritt 3000 Rp, inklusive Fahrstuhl und Museum, nur Museum 500 Rp.

Nationalmuseum

Westlich des Merdeka-Platzes liegt das Nationalmuseum (Museum Pusat) oder Gedung Gajah (Elefantengebäude), so genannt wegen des dort stehenden, vom thailändischen König als Geschenk überreichten Bronze-Elefanten. Es ist eines der größten und am besten bestückten Museen Südostasiens. Bereits 1868 wurde es von den Holländern gegründet. Man sollte mindestens einen Vormittag nur für das Museum einplanen, um ausreichend Zeit für alle ausgestellten Objekte zu haben. Am Anfang einer Indonesienreise kann man sich hier umfassend über die Vulkane und Inseln, Völker und ihre Bräuche, traditio-

nelle Kunst und Kunstgewerbe auf allen Inseln des Archipels informieren.

Öffnungszeiten: Di–Do und So 8.30–14.30, Fr 8.30–11 und Sa 8.30–13.30 Uhr, Mo geschlossen. Taschen müssen an der Kasse abgegeben werden und werden dort in Schließfächern verstaut. Di, Mi und Do finden um 9.30 Uhr kostenlose, englischsprachige Führungen statt, Do um 10 Uhr deutschsprachige, Eintritt 200 Rp.

Übernachtung

BILLIGE UNTERKÜNFTE – Die Travellerszene trifft sich in der **Jl. Jaksa**, einer schmalen Seitenstraße südlich vom Merdeka-Platz. Die vielen billigen Losmen sind häufig voll. Am günstigsten ist die Zimmersuche vormittags; abends wird es ziemlich aussichtslos.

Wisma Delima** (Schlafsaal*) ㉔, Jl. Jaksa 5, ℡ 337026, Ermäßigung mit JH-Ausweis, ziemlich heruntergekommen.

Jusran Hostel** ㉕, Jl. Jaksa Gang 6 Nr. 9, ℡ 3140373, 12 Zimmer mit Fan, Du/WC außerhalb, ruhig, am Ende einer Sackgasse ca. 30 m abseits der Jl. Jaksa, familiäre Atmosphäre.

Bloemsteen Hostel** ㉖, Jl. Kebon Sirih Timur Dalam, Gang 1, Nr. 173, ℡ 323002, eine Seitenstraße der Jl. Jaksa; eine anspruchslose, aber freundliche Pension, Zi mit Fan.

Kresna Hostel** ㉗, gleich nebenan in der Nr. 175, ℡ 325403, ähnlich.

Norbek Hostel*-*** ㉙, Jl. Jaksa 14, ℡ 330392, teilweise mit ac, liegt gut abgeschirmt.

Nick´s Hostel***-**** (Schlafsaal*) ㉚, Jl. Jaksa 16, ℡ 336754, 3141988, Zimmer mit ac, z.T. ohne Mandi, teure Zimmer mit TV und Kühlschrank; inkl. Frühstück.

Djody Hostel*** ㉛, Jl. Jaksa 27, ℡ 3141732, ℡ 3142368, etwas heruntergekommene Zi mit Fan, gemeinsames Mandi.

Djody Hotel***-**** ㉜, Jl. Jaksa 35, ℡ 3151404, ℡ 0142368, Zimmer mit Fan oder ac, etwas teurere mit Du/WC. Zudem gibt es 3-Bett Familienzimmer. Netter Innenhof mit kleinem Restaurant, gemütlich und sauber.

Tator Hotel**** ㉝, Jl. Jaksa 37, ℡ 323940, ℡ 325124, Zimmer mit Fan oder ac, mit gutem Restaurant, der Besitzer ist ein Toraja.

Hostel 36** ㉟, in einer Seitengasse neben Karya Hotel, inkl. Frühstück, schöner Innenhof.

In der Seitenstraße Jl. Kebon Sirih Barat Dalam gibt es mehrere, trotz einer kleinen Moschee, etwas ruhiger gelegene Unterkünfte:

Borneo Hostel**-*** (Schlafsaal*) ㉓, Jl. Kebon Sirih Barat Dalam 35, ℡ 337873; bessere Zimmer im Neubau, mit „Biergarten".

Bintang Kejora Hostel** ㉒, Jl. Kebon Sirih Barat Dalam, ℡ 323878, 14 saubere Zimmer, gefließte Du/WC außerhalb, sauber, ein kleines Frühstück ist im Preis inbegriffen.

Pondok Wisata Kebon Sirih 16** ⑳, ℡ 326747, nicht empfehlenswert.

Pondok Wisata Jaya**-*** ⑲, Nr. 10, ℡ 324135, 18 Zimmer, einige mit ac, Du/WC außerhalb.

In der Jl. K. H. Wahid Hasyim:

Wisma I.S.E.*** ⑨, Nr.168, westlich der Jl. M. H. Thamrin, ℡ 333463, im 2. und 3. Stock mit schöner, großer Terrasse, wo man auch frühstücken kann; nette Atmosphäre, relativ große Zimmer, einfach und sauber.

MITTELKLASSE-HOTELS – in der Jl. Jaksa und Umgebung:

Karya Hotel (US$66–91) ㉞, Jl. Jaksa 32-34, ℡ 3140484, ℡ 3142781, alle 73 Zimmer mit ac und Bad, die teurere Kategorie ist zudem mit TV, Telefon, Heißwasser und Kühlschrank.

Le Margot Hotel (US$35) ㉘, Jl. Jaksa 15 C, ℡ 3913830, ℡ 324641, ziemlich kleine, aber helle, saubere Zimmer, ac, Heißwasser, TV und Telefon; mit Pub und Restaurant.

Cipta Hotel (US$78–103) ㊴, Jl. K. H. Wahid Hasyim 53, ℡ 3904701, ℡ 326531, alle 48 Zimmer mit ac, Heißwasser, Telefon und TV.

Indra Internasional Hotel (US$47–85) ㊳, Jl. K. H. Wahid Hasyim 63, ℡ 3152858, ℡ 323465, alle Zimmer mit ac, Heißwasser, TV, Telefon und Kühlschrank, inkl. Frühstück; kleines, sauberes Hotel.

Nördlich vom Merdeka-Platz in Gambir: von hier aus kann man die meisten Sehenswürdigkeiten gut zu Fuß erkunden.

Sri Vijaya Hotel (ab US$38) ⑤, Jl. Veteran 1, ℡ 370409, große, saubere Zimmer mit ac.

Surya Hotel (US$38–57) ①, Jl. Batu Ceper 44-46, ℡ 378108, ℡ 3808442. Neubau (Hotel Surya Baru) in der Nr. 11A, ℡ 368108.

Läden, Restaurants etc.:
23 Ikan Bakar Kebon Sirih
24 Ayam Goreng Jakarta
25 Apotheke
26 Hot Pot Garden R.
27 Bakwan Campur Surabaya
28 Ramayana Dept. Store
29 Modern Bakery
30 Natrabu Minang R.
31 Kentucky Fried Chicken
32 Wendy's R.
33 Sederhana R.
34 Sizzler R.
35 Sabang Jaya R.
36 Paradiso 2001 R.
37 Tidar R.
38 Hoka Hoka Bento R.
39 Dunkin Donuts
40 Fresh Fruits Center
41 Sabang R. & Bakery
42 Lim Thiam Kie
43 Apotheke
44 Money Changer
45 Angie's Cafe
46 Memories Cafe
47 R.M. Jaksa Intern.
48 Yasa Budo R.
49 Hasara Indian R.
50 Bank BDI
51 Parkit Parrots Pub
52 Le Bistro
53 Bakmi Toko Tiga

Übernachtung:
⑨ Wisma I.S.E.
⑱ Sabang Metropolitan H.
⑲ Pondok Wisata Jaya
⑳ Pondok Wisata Keb.Sirih 16
㉑ Rita Hostel
㉒ Bintang Kejora Hostel
㉓ Borneo Hostel
㉔ Wisma Delima
㉕ Jusran Hostel
㉖ Bloemsteen H.
㉗ Kresna Hostel
㉘ Le Margot H.
㉙ Norbeck Hostel
㉚ Nick's Hostel
㉛ Djody Hostel
㉜ Djody H.
㉝ Tator H.
㉞ Karya H.
㉟ Hostel 36
㊱ H. Arodia
㊲ Ibis Tamarind H.
㊳ Indra Internasional H.
㊴ Cipta H.

Nahe dem Kulturzentrum Taman Ismail Marzuki, dem Kramat Bahnhof und der Universität:
Mutiara Hotel (US$35–47) ⑧, Jl. Kramat Pulo 17 - 21, ab Jl. Kramat Raya, ✆ 3141992.
Gondia Guest House (US$40–52) ⑩, Jl. Gondangdia Kecil 22, ✆ 3901961, ✉ 3107961, alle Zimmer mit ac, DU/WC mit heißem Wasser, TV und Telefon, incl. Frühstück.
Menteng 1 Hotel (US$32–47) ⑪, Jl. R. P. Soeroso 28, ✆ 3145208, und die Filiale Menteng 2 in der Jl. Cikini Raya 105, ✆ 3900378, ✉ 3146311, haben auch einen Swimming Pool. Ein drittes Menteng Hotel in der Jl. Matraman Raya 21, ✆ 8509872.
Marco Polo Hotel (um US$60) ⑰, Jl. Teuku Cik Ditiro 19, ✆ 2301777, ✉ 3107138, Zi mit ac, TV, Telefon, Heißwasser, Kühlschrank und Balkon; Swimming Pool, Restaurant.

Matruh Hotel****, Jl. Raden Saleh 12, ✆ 3141319.
Yannie Guest House**** ⑫, Jl. Raden Saleh 35, ✆ 3140012, ✉ 327005, empfehlenswert, komfortable Zimmer, die auf einen Innenhof gehen, Frühstück ist im Preis inbegriffen.

Nahe Flughafen, lohnend, wenn man einen ganz frühen Flug gebucht hat oder zwischen zwei Flügen eine Nacht in Jakarta verbringen muß:
Cengkareng Transit Hotel (US$25–50), Jl. Jurumudi km 25, ✆ 6191964, ✉ 6194194; hoteleigener, kostenloser Transport vom Airport zum Hotel und zurück. Buchung am Airport, Hotel Reservation Counter.

LUXUSHOTELS – bieten klimatisierte, komfortable Zimmer, Pool, Restaurants und vieles mehr.

Zu den besten Hotels des Landes zählen **östlich des Merdeka Platzes**:
Borobudur Intercontinental ⑥, Jl. Lapangan Banteng Selatan, ✆ 3805555, ✉ 3809595.
Aryaduta ⑦, Jl. Prapatan 44-48, ✆ 3861234, ✉ 3809900.
Weitere internationale Hotels **in der Jl. M. H. Thamrin**:
Grand Hyatt ⑭, Jl. M. H. Thamrin Kav. 28-30, Plaza Indonesia, ✆ 3901234, ✉ 3906426.
President Hotel ⑬, Jl. M. H. Thamrin 59, ✆ 2301122, ✉ 3143621.
Mandarin Oriental ⑯, Jl. M. H. Thamrin, ✆ 3141307, ✉ 3148680.
Indonesia ⑤, ✆ 2301008, ✉ 3141508, wurde für die Asiatischen Spiele 1962 erbaut und galt damals als das modernste, größte Luxushotel des Landes. Mittlerweile ist der Glanz etwas verblaßt.
Richtung Kebayoran Baru: *Sahid Jaya & Tower* ③, Jl. Jen. Sudirman 86, ✆ 5704444, ✉ 5702208.
Hilton ④, Jl. Jen. Gatot Subroto, ✆ 5703600, ✉ 5733091.

Essen

JL. JAKSA – Für alle, die hier wohnen und nicht viel Geld ausgeben wollen, bietet es sich an, in den Traveller Food-Restaurants zu essen. Sie bieten zwar nichts Besonderes, sind aber billig. Beliebt sind *Angie's Cafe*, *Memories Cafe* und *Rumah Makan Jaksa Internasional*.

> Gewarnt sei vor den Sate-Ständen, die tagsüber ihr Fleisch in der Sonne liegen lassen, denn auf dem qualmenden Holzkohlenfeuer scheint nicht alles abzusterben, was sich mittlerweile angesammelt hat – einige Leute haben sich schlimme Magengeschichten geholt.

Abends gibt es frische Sate in der Jl. Haji Agus Salim nördlich Jl. K. H. Wahid Hasyim.

RINGS UM DIE JL. HAJI AGUS SALIM – findet man eine große Auswahl verschiedenster Küchen:
Lim Thiam Kie, chinesisch, vor allem Seafood).
Hot Pot Garden, ebenfalls chinesisch, Steamboat, Seafood u.a.
Natrabu Minang und *Sederhana* bieten Padang-Küche an.
Fast-Food Restaurants, die nicht gerade billig sind, bieten Hühnchen *(Kentucky Fried Chicken)*, Steaks, Hamburger und Sandwiches *(Wendy´s)*, japanische Snacks *(Hoka Hoka Bento)* – alles den islamischen Essensvorschriften entsprechend *halal*. Nur wenige Meter weiter westlich sind auch die internationalen Ketten *McDonalds* und *Pizza Hut* im Sarinah Department Store und Theatre Building beheimatet.
Ikan Bakar Kebon Sirih bietet Ikan Bakar (gegrillten Fisch), eine indonesische Spezialität.
Weiterhin gibt es indonesisches Essen im *Ayam Goreng Jakarta* (Hühnchengerichte) und bei *Paradiso 2001*, in einer Gasse 10 m westlich der Jl. Haji Agus Salim. Zum Nachtisch Obst aus dem *Fresh Fruits Center* oder Donuts von *Dunkin Donuts* gegenüber.
Modern Bakery, *Sabang Restaurant And Bakery* und *Sarinah Department Store* verkaufen Kuchen und Torten in allen Farben und Größen, außerdem Snacks und Eiscreme.

SEAFOOD – *Red Lobster*, Wisma Metropolitan 2, 16. Stock, Jl. Jen. Sudirman 31, ✆ 5711659.
Seafood Terrace, Grand Hyatt, Jl. M. H. Thamrin, ✆ 3901234, erstklassiges Gartenrestaurant im balinesischen Stil, mit traditioneller Musik.
Tung Lok, Metro Plaza, 3. Stock, Jl. K. H. Samanhudi, ✆ 374038.
BNI Tower Restaurant, Wisma BNI, Jl. Jen. Sudirman Kav. 1, 32. Stock, ✆ 5702741.
Jun Njan, in der Nr. 69 am nördlichen Ende der Jl. Batu Ceper, ✆ 364063, serviert gutes Seafood.

JAPANISCH – *Kobe*, Dewan Press Bldg., 3. Stock, Jl. Kebon Sirih 32, ✆ 352030.
Yakiniku Daidomon, BBD-Bldg., Bumi Daya Plaza, 30. Stock, Jl. Imam Bonjol 61, ✆ 3140775, mit toller Aussicht.
Yoshiko Japanese Garden, Jl. Museum 1, ✆ 353478.
Torigin, Wisma Aria, 3. Stock, Jl. Hos. Cokroaminoto 81, ✆ 3106555, mit Karaoke.
Sumibian, Chase Plaza, 25. Stock, Jl. Jen. Sudirman Kav. 25, ✆ 5706405, mit Aussicht.
Shima, Hotel Aryaduta, Jl. Prapatan 44-46, 377263, erstklassig und sehr beliebt.

KOREANISCH – *Korean Tower*, BBD-Bldg., 30. Stock, Jl. Imam Bonjol 61, ✆ 330311, mit großartiger Aussicht.
Arirang, Jl. Mahakam 1/28, Kebayoran Baru, ✆ 7397032, und Jl. Gereja Theresia 1, ✆ 3100151.

MEXIKANISCH – *Green Pub*, Jakarta Theater Bldg., Jl. M. H. Thamrin 9, ✆ 3159332, abends Live-Musik (Jazz, Country).
Del Taco, Mexican Fast-Food, Plaza Indonesia, 3. Stock, Jl. M. H. Thamrin, ✆ 3107609, und im *Amigos* (mit abendlicher Live-Musik), Kemang Club Villas, Jl. Kelurahan Bangka, Jakarta Selatan, ✆ 7994754, und Theatre Bldg., Jl. M. H. Thamrin 9, ✆ 3159332.

EUROPÄISCHE KÜCHEN – Ein europäisches Restaurant im holländischen Kolonialstil mit viel 50er Jahre Atmosphäre und Musik, das zudem große Portionen serviert, ist das *Art & Curio*, Jl. Kebon Binatang III 8a, ✆ 8322879, neben der Bahnlinie.
Oasis, Jl. Raden Saleh 47, ✆ 327818, Reservierungen ✆ 326397, ist ein Nobelrestaurant mit kolonialer Atmosphäre (gepflegte Kleidung erwünscht – wer im T-Shirt kommt, bekommt ein Hemd ausgeliehen). Empfehlenswert ist die Rjistafel, die von einem Dutzend junger, traditionell gekleideter Kellnerinnen aufgetragen wird. Dazu gibt es ab 21 Uhr Batak-Musik.
Französische Küche im *Le Bistro*, Jl. K. H. Wahid Hasyim 75, ✆ 330668, 3909249;
Cafe De Paris, Jl. Kapt. Tendean 5, ✆ 5673429, 5668809;
La Rose, Garden Plaza, The Landmark Center, Jl. Jen. Sudirman 1, ✆ 5710909.
Italienische Küche im *Ambiente*, Hotel Aryaduta, ✆ 3861234, in jeder Beziehung erstklassig. *Pinocchio*, Wisma Metropolitan 1, Top Floor, Jl. Jen. Sudirman Kav. 29, ✆ 5254736.
Deutsche Gerichte in der *Gaststube*, Indocement Bldg., Jl. Jen. Sudirman, ✆ 5712734, auch schweizer und österreichische Küche, So und feiertags geschlossen.
Italienisches **Speiseeis** wird bereits seit Generationen von der *Ragusa Gelateria* hergestellt.
Große Portionen gibt es in der Duta Merlin Shopping Arcade, im Hayam Wuruk Plaza und in der Jl. Veteran 1/10.

Wer amerikanische Eiscreme bevorzugt, findet sie bei *Swensen's*, z.B. im Glodok Plaza, Jl. Pinangsia Raya, oder Plaza Indonesia, Jl. M. H. Thamrin.

ANDERE – Typische **West-Java-Küche** im *Sari Kuring*, Jl. Batu Ceper 55A, ✆ 3841542; Jl. Silang Monas Timur, ✆ 352972, und Jl. Raya Matraman, ✆ 8583968.
Neben weiteren billigen Restaurants in Glodok hier der beste **Chinese** zum Geldausgeben, *Cahaya Kota*, Jl. K. H. Wahid Hasyim 9, ✆ 332434.
Vietnamesische Gerichte im *Pare'gu*, Jl. Sunan Kalijaga 64-65, Kebayoran Baru, ✆ 717114.
Indische Spezialitäten im nicht so besonderen, überteuerten
Shalimar North Indian Restaurant, Jl. Kebon Sirih 40, ✆ 359962, und im
Akbar Palace, Grand Wijaya Centre, Block H 37-39, Jl. Dharmawangsa Raya, ✆ 7206818.

Weitere **Spezialitäten- und Nobel-Restaurants** findet man in den diversen 4- und 5-Sterne-Hotels der Stadt.

WARUNG – werden gegen Abend in verschiedenen Bezirken der Stadt aufgebaut. Chinesisch und Seafood in der Jl. Pecenongan (Querstraße zur Jl. Ir. Haji Juanda nicht weit von der Moschee). Weitere Essenstände in Glodok in der Jl. Mangga Besar (ab Jl. Hayam Wuruk, hier besonders chinesisch, indisch und Nasi Padang) oder im Blok M in Kebayoran Baru, dem neuen Stadtviertel im Südwesten.
Nach Einbruch der Dunkelheit werden auch auf dem Parkplatz des Sarinah Kaufhauses, Jl. M. H. Thamrin, Foodstalls aufgebaut.
Im Untergeschoß vom Sarinah Jaya Kaufhaus am Blok M in Kebayoran Baru kann man sich an zahlreichen Essensständen Gerichte aus ganz Indonesien und Europa zusammenstellen – bezahlt wird mit Coupons. Hier, im Zentrum der neuen Stadt, gibt es entlang der Jl. Melawai viele indonesische, europäische und chinesische Restaurants.

AKTUELLE INFORMATIONEN – liefert das *Jakarta Program – What's On*, ein monatlich erscheinendes Magazin, erhältlich an den Kiosken der großen Hotels, in größeren Buchhandlungen und einigen Supermärkten.

Kultur und Unterhaltung

Das Kulturzentrum **Taman Ismail Marzuki** liegt in der Jl. Cikini Raya 73, ✆ 337325. Jeden Tag von 8–20 Uhr und oft auch noch spät abends wird etwas geboten: Musik, Theater, Lesungen einheimischer und ausländischer Autoren, aber auch Kino und Ausstellungen.
Das Programm des Monats liegt meist im VIC aus.
Weitere Kulturveranstaltungen im *Taman Mini Indonesia Indah*, ✆ 8401714, und *Ancol Dreamland*, ✆ 681511. Die jeweiligen Veranstaltungen werden in der Presse bekanntgegeben und in monatlich erscheinenden Programmheften veröffentlicht.

GAMELAN-MUSIK – Regelmäßige Aufführungen So mittags im Taman Mini.

WAYANG KULIT – Aufführungen So 10–12 Uhr im *Wayang Museum*, ✆ 679560, 1x monatlich in Ancol.
Wayang Workshop, Jl. Haji Agus Salim 80, ✆ 368231, Do 20–22 Uhr.

WAYANG GOLEK – im *Gedung Kesenian*, Jl. Gedung Kesenian 1, ✆ 3808283, So 20–22 Uhr, und 1x monatlich in Ancol.

VOLKSTÄNZE – aus verschiedenen indonesischen Provinzen So 9–14 Uhr im *Taman Mini Indonesia;* Fr abends im Hotel Borobudur sowie Sa abends oder So morgens im *Ancol Dreamland*.

VOLKSTHEATER – Sirmulat, mit komischen Einlagen und lustigen Liedern in lockerer Atmosphäre, Mo–Fr von 16–22 Uhr, Sa bis 24, So 8–22 Uhr im *Ria Loka*, Taman Ria Remaja Senayan, Jl. Pintu 8, Senayan.
Ketoprak, javanisches Volkstheater, begleitet von Gamelan-Musik, das seine Themen aus Volkslegenden und Märchen bezieht, wird Mo und Do ab 20–23 Uhr im *Bharata Theatre*, Jl. Kalilio 15, nicht weit vom Pasar Senen, geboten. Auf dieser Bühne finden am Di, Mi, Fr und Sa 20-23 Uhr Wayang Orang-Aufführungen-(= Wayang Wong) statt, die auf dem Ramayana oder dem Mahabharata basieren. Wayang Wong und Ketoprak auch monatlich im Taman Mini, Ancol Dreamland und Gedung Kesenian.

GEMÄLDE-AUSSTELLUNGEN – *Balai Seni Rupa*, Jl. Taman Fatahillah 2, ✆ 676090: Di–Do 9–14, Fr 9–11, Sa 9–13 und So 9–15 Uhr.
Taman Ismail Marzuki, ✆ 337325: tgl. 8–20 Uhr.
Balai Budaya, Jl. Gereja Theresia, tgl. 9–15 und 17–20 Uhr.

INDISCHES KULTURZENTRUM – Das erst 1989 eröffnete *Jawaharlal Nehru Cultural Centre*, Jl. Imam Bonjol 32, bietet Tabla- und Sitar-Kurse, Unterricht in Gesang und Tanz, zeigt indische Filme und verfügt über eine beachtliche Bibliothek. Geöffnet tgl. außer Sa 9–16.30 Uhr.

PLANETARIUM – im Taman Ismail Marzuki, Jl. Cikini Raya 73, ✆ 337325, geöffnet Di–So bis 20 Uhr. Regelmäßige Veranstaltungen So um 10, 11.30 und 15 Uhr.

PFERDERENNEN – auf der *Pulo Mas-Rennbahn* im Osten der Stadt. Rennen finden normalerweise an jedem Wochenende von Mai bis Oktober statt, Infos über ✆ 352191-6. P.P.D.-Bus Nr. 41 ab Lapangan Banteng-Bus Station.

DISCOS UND LIVE-MUSIK – das Nachtleben spielt sich in der Jl. Gajah Mada, Jl. Hayam Wuruk, Jl. M. H. Thamrin und um Blok M in Kebayoran Baru ab – Kinos, Discos, Pubs und andere, eher basis- und männerorientierte Vergnügungen. Nachtclubs und Discos in fast allen großen Hotels – aber teuer!
Parkit Parrots Pub, Jl. K. H. Wahid Hasyim 88, im modernen Gebäude der BDI-Bank, nahe Jl. Jaksa, ✆ 324117. Jeden Abend Live-Musik, man kann auch essen. Geöffnet bis 2 Uhr.
Jaya Pub, Jaya Bldg., Jl. M. H. Thamrin 12, ✆ 3125633, gegenüber vom Sari Pacific Hotel; angemessene Preise (man kann hier auch essen), Live-Musik, geöffnet bis 2 Uhr, empfehlenswert.
The Jazz Club, Sabang Hotel, Jl. Haji Agus Salim, ✆ 354031. Meist spielt die sehr gute,

hauseigene Band, angenehme Atmosphäre.
Geöffnet tgl. 18–1 Uhr, außer So.
Jamz Jazzclub, Jl. Panglima Polim Raya 11,
✆ 7206031, Live-Musik.
News Cafe, Setiabudi Bldg., Jl. H. R. Rasuna
Said, ✆ 517361. Jeden Abend Live-Musik, internationale Küche. Zur Ausstattung des Lokals gehören zahlreiche TV-Monitore, auf denen sich die Gäste jederzeit die aktuellsten Weltnachrichten (Reuter) ansehen können.
Geöffnet tgl. 11–1 Uhr.
Die englischsprachige Tageszeitung *Jakarta Post* informiert über die ständig wechselnden Programme und Live-Shows der wichtigsten Nachtlokale. Weitere aktuelle Tips findet man im *Jakarta Program – What's On*, ein monatlich erscheinendes Magazin, erhältlich in den großen Hotels, einigen Buchläden und Supermärkten.

Einkaufen

KUNSTGEWERBE – Überall in Indonesien kann man schöne Kunstgewerbeartikel einkaufen – in Jakarta gibts es eine Auswahl von allen Inseln: Batak-Kalender aus Sumatra, Batik und Wayang-Figuren aus Java, Ikat-Decken aus Sumba und Flores, Schnitzereien aus Irian Jaya, geflochtene Taschen und Körbe aus Kalimantan und vieles mehr. Hier kann man bereits eine Souvenir-Rundreise durch den ganzen Archipel unternehmen, doch wer nicht nur einkaufen, sondern auch reisen will, der sollte besser vor Ort einkaufen, denn dort ist alles viel billiger.
Eine große Kunstgewerbe- und Batikabteilung findet man im Warenhaus *Sarinah*, einmal in Blok M, ein weiteres in der Jl. M. H. Thamrin, geöffnet tgl. 9–18 Uhr. Man kann nicht handeln, und es ist teurer als in den kleinen Läden.
Pasar Seni Ancol, auf dem großen Kunstgewerbemarkt im Vergnügungspark Ancol wird Kunsthandwerk wie Schnitzereien, Bilder, Flecht- und Webarbeiten produziert und verkauft. Eine Kunstausstellung im angrenzenden, zweistöckigen Gebäude.
Indonesian Bazar, Jl. Jen. Gatot Subroto, nahe der großen Kreuzung mit der Jl. Jen. Sudirman, nördlich vom Hilton Hotel, ist eine große Kunstgewerbeausstellung, in der man tgl. von 10–18 Uhr einkaufen kann.

ANTIQUITÄTEN – Antiquitäten chinesischer oder holländischer Herkunft findet man in den Läden entlang der Jl. Majapahit und der Jl. Kebon Sirih Timur Dalam. Eine gute Auswahl auch in Kebayoran Baru in vielen Läden entlang der Jl. Palatehan.
In der **Jl. Surabaya** (gelber Bus Nr. 59 ab Jl. Kebon Sirih oder Jl. M. H. Thamrin) kann man tgl. von 9–17 Uhr Souvenirs und Antiquitäten einkaufen. Zahlreiche Buden haben ähnliche Angebote – ist man gut im Handeln, kann man leicht einen vernünftigen Preis erzielen.

> Kultstätten werden nur geplündert, seltene Tiere nur gejagt und alte Erbstücke nur verkauft, wenn sich dafür ein Käufer findet.
> Durch unser Verhalten können wir mit dazu beitragen, daß Indonesien nicht schon bald seiner wichtigsten Kultur- und Naturschätze beraubt ist.

MÄRKTE – sind nicht nur interessant, wenn man etwas einkaufen will. Neben dem schon erwähnten Fischmarkt *Kali Baru* kann man sich mal auf dem **Bird's Market** (Pasar Burung) südlich der Jl. Pramuka, am Beginn der Stadtautobahn, umsehen (Gelber Bus Nr. 59 ab Jl. Kebon Sirih oder Jl. M. H. Thamrin).

SHOPPING CENTRES – Lebensmittel, Luxusartikel u.a. bieten die Einkaufszentren Pasar Baru, Glodok, Hayam Wuruk und Gajah Mada Plaza, Pasar Senen, Ratu Plaza in der Jl. Jen. Sudirman und Blok M in Kebayoran Baru.
Ein **Supermarkt**, in dem man unter anderem auch ein großes Angebot an westlichen Lebensmitteln findet, ist *Golden Truly*. Die zentral gelegene Filiale im Jakarta Theatre Building besitzt – zum Vergnügen der einheimischen Kunden – sprechende Kassen.
Gelael Supermarket, Jl. Hayam Wuruk 103, hat rund um die Uhr geöffnet.

BUCHHANDLUNGEN – Man sollte sich besser schon vor der Reise nach Indonesien mit Büchern eindecken. Es gibt nur wenige Buchhandlungen, die englischsprachige Bücher verkaufen.
Gunung Agung Bookstore, Jl. Kwitang 6 und Nr. 38, ist ein staatlicher Laden. Im Angebot auch

Landkarten. Filiale u.a. im Ratu Plaza, Jl. Jen. Sudirman.
Gramedia, Jl. Gajah Mada 109, Jl. Pintu Air 72 und Blok M. Die beste Buchhandlung mit dem breitesten Angebot.
Eine gute Buchabteilung auch im Kaufhaus *Sarinah*, Jl. M. H. Thamrin.
Weitere interessante englischsprachige Bücher kann man eventuell im Souvenirstand des Nationalmuseums entdecken.
Oder man versucht die Buch- und Zeitschriftenläden in den großen Hotels oder im *Arthaloka Bldg.*, Jl. Jen. Sudirman.

FILME – Beim Einkauf von Filmen sollte man darauf achten, daß sie richtig gelagert wurden, deshalb Geschäfte mit ac bevorzugen. Preise liegen über denen von Singapore. Papierabzüge kann man in Jakarta, Yogyakarta, Bali u.a. viel billiger als in Deutschland machen lassen.

Sonstiges

AMERICAN EXPRESS – Zentrale: ✆ 5216000, ℻ 5216888, Telex 60900 AMEXCO IA, Kreditkarten: Exchange House in der Jl. H. R. Rasuna Said Blok X, Kuningan, an der Schnellstraße Richtung Süden, Kreditkarten-Service (auch bei Verlust) ✆ 5216111.
Reiseschecks und Postservice von Amexco über *Pacto Ltd.*, Lagoon Tower B1, Jl. Jen. Gatot Subroto, ✆ 5705800, ℻ 5705798, bei Verlust von Schecks ✆ 5216666 anrufen. Pacto ist Repräsentant für ganz Indonesien und eines der größten Reisebüros mit Filialen in Sanur (Bali), Surabaya, Bandung, Ujung Pandang, Medan, Padang und Yogyakarta.

AUTOVERMIETUNG – *Avis*, Jl. Diponegoro 25, ✆ 3142900, ℻ 331845.
Hertz, Chase Plaza, 7th Floor, Jl. Jen. Sudirman Kav 21, ✆ 5703683, ℻ 5712215.
Indorent, Jl. Hayam Wuruk 6, ✆ 355326, 366560, ℻ 3810062.
Thrifty, Jl. Pluit Raya Selatan 110, ✆ 6602177, ℻ 6602180.
Toyota Rent A Car, Jl. K. H. Hasyim Ashari 31, ✆ 6508919, 4300622.
Die großen Gesellschaften bieten auch die Möglichkeit, gegen eine Rückführungsgebühr den Wagen in Jakarta zu mieten und in Bali oder Medan abzugeben.

GELD – Schlechte Kurse am Airport. In der Stadt gibt es nahezu an jeder Ecke eine Bank. Zentral liegt die *Bank Dagang Negara*, Jl. M. H. Thamrin 5, Ecke Jl. Kebon Sirih, ✆ 321707, werktags geöffnet bis 14 Uhr.
P. T. Senopati Jasatama Valuta, Jl. K. H. Wahid Hasyim 17, ✆ 3104334, ist ein Moneychanger, der auch bis abends geöffnet hat. Wechselt aber nur Bargeld verschiedener Währungen und US$-Traveller Cheques.
Deutsche Bank hat eine Filiale im Wisma Kosgoro, Jl. M. H. Thamrin 53, ✆ 331092, 3904792, ℻ 335252, Telex 61524 db ia. Sie akzeptiert auch Euroschecks der Deutschen Bank.
Bank Sumitomo Niaga, Jl. Jen. Sudirman Kav. 61-62, Sumitmas Bldg., 10. Stock, ✆ 5227011, ℻ 5227022; die japanische Bank wechselt zu relativ guten Kursen US$ und Yen, cash und TC, auch größere Summen.

GOETHE-INSTITUT – In der etwa 10 000 Bücher umfassenden Bibliothek mit ihrer umfangreichen Südostasien- und Indonesien-Abteilung kann man mal wieder deutsche Zeitungen und Bücher lesen. Deutsche Filme und andere kulturelle Veranstaltungen werden in Zeitungen und in eigenen Broschüren angekündigt. Gut zum Kennenlernen von Indonesiern, die Deutsch lernen.
Adresse: Jl. Matraman Raya 23, ✆ 850 9132, ℻ 8583238. Geöffnet Mo–Fr 8–17 Uhr, die Bibliothek Mo–Do 14–18 und Sa 10–14 Uhr. Im Juni oder Juli ist das Institut für ca. 2 Wochen geschlossen.

IMMIGRATION – Visaverlängerungen in der Jl. Teuku Umar 1, Eintritt durch den Nebeneingang, ✆ 349811 / 349812, geöffnet Mo–Do 8–15, Fr bis 11 Uhr, und im *Central Immigration Office*, Jl. H. R. Rasuna Said Kav 8/9, Kuningan, ✆ 5224658, erledigt.
Obwohl seit der Einführung der visafreien Einreise nur noch wenige Ausländer hierher kommen, muß man sich in Geduld fassen, mehrere Formulare ausfüllen und mindestens zwei Tage warten.

INFORMATIONEN – *Visitors Information Center* (VIC) im Theatre Building, Jl. M. H. Thamrin

9, geöffnet Mo–Fr 9–17, Sa bis 14 Uhr. Zwischen 12 und 13 Uhr machen die Angestellten Mittagspause und schließen das recht informative Büro, ✆ 3154094.
Das Office am Airport ist außerdem So von 8–20 Uhr offen, ✆ 5507088.
Dinas Pariwisata Jakarta (Städtisches Tourist Office), Jl. K. H. Abdul Rohim 2, Kuningan Barat, ✆ 5209689, 5209677.
Directorate General of Tourism, Jl. Medan Merdeka Barat 16-19, ✆ 3838169, 3838174, ✉ 3867589, 3860828.
Indonesia Tourism Promotion Board, Bank Pacific Bldg., 9. Stock, Jl. Jen. Sudirman 8, ✆ 5704879.

KRIMINALITÄT – In der Stadt sind schon mehrere Touristen, zum Teil mit Messern, überfallen worden. Besonders gefährlich sind nachts der Gambir-Bahnhof und die Jl. Haji Agus Salim. Aber auch im Gedränge eines Stadtbusses oder im *Bajaj*, das während des Stoßverkehrs an einer Ampel wartete, gab es schon Überfälle und Diebstähle. Besonders berüchtigt für Taschendiebe ist Bus Nr. 70, in dem routinierte Profibanden arbeiten, die sich auf Ablenkungsmanöver und Rasierklingentricks spezialisiert haben.

MEDIZINISCHE HILFE – *Central Jakarta Emergency Service*, 24 Std.-Dienst, ✆ 3142029.
St.Carolus Hospital, Jl. Salemba Raya 41, Menteng, ✆ 3904441.
Pertamina Hospital, Jl. Kyai Maja 43, Kebayoran Baru, ✆ 7200290, Notfall ✆ 707211.
Deutschsprechender Arzt: *Dr. Mangasa Tobing*, Jl. Panglima Polim IX, ✆ 7702137 (südlich Blok M).
Bei Zahnschmerzen: *Stephanie Dental Clinic*, Tira Bldg., Jl. H. R. Rasuna Said Kav. B3, Jakarta Pusat, ✆ 512579 / 512595.
Apotheken *(Apotik)* mit 24 Std.-Dienst:
Raden Saleh, Jl. Raden Saleh 2, ✆ 323550.
Titi Murni, Jl. Kramat Raya 128, ✆ 3909682.
Jaya, Jl. Panglima Polim 4/12, Jakarta Selatan, ✆ 7252932.

POST – GPO in der Jl. Lapangan Banteng Utara, ✆ 3840276. Geöffnet Mo–Fr 8–16 und Sa bis 13 Uhr. Zu erreichen mit Bus Nr. 40. Weitere Postämter u.a. in der Jl. Gajah Mada (nahe Merlin Shopping Centre), am Fatahillah Platz, im Sarinah Kaufhaus, Jl. M. H. Thamrin, und versteckt in einer Seitenpassage zwischen Bürohochhäusern an der Jl. Kebon Sirih.

STADTPLÄNE – im *Visitors Information Center* gibt es einen recht brauchbaren Stadtplan. Am besten ist jedoch der Falk-Stadtplan Jakarta im Maßstab 1 : 17 500, etwas für Leute, die länger in der Stadt bleiben wollen; kostet 56 000 Rp. Gut ist auch der Stadtplan aus dem Münchner Nelles Verlag im Maßstab 1 : 22 500.

TELEFON – Innerhalb von Jakarta wechseln die Telefonnummern recht schnell.
Telecommunication Offices (24 Std. geöffnet) im Jayakarta Tower Hotel, Jl. Hayam Wuruk 126, und im Theatre Bldg., Jl. M. H. Thamrin 9. Von hier kann man Ferngespräche in alle Welt führen – geht schnell über Satellit.
Warparpostel RTQ, Jl. Jaksa 25, ✆ 3904501, ✉ 3904503, bietet Post- und Telefon-Service, nebenbei auch ein guter Travel Agent, tgl. geöffnet 8–24 Uhr.
R-Gespräche sind nur mit Deutschland, der Schweiz, den NL, NZ, USA, GB, Kanada, Australien und Malaysia möglich.
Ortsgespräche von öffentlichen Fernsprechern kosten 100 Rp für 5 Min.

TRADITIONELLE MASSAGE UND KOSMETIK – im *Martha Tilaar Salon*, Jl. Cikini Raya 83, ✆ 337616, nur für Frauen, Ganzkörpermassage mit indonesischen Kräutern (Jamu), Aromatherapie u.a. Eine Ganzkörpermassage mit Bad in angenehmer Umgebung kostet allerdings um 40 000 Rp.

VORWAHL – 021.

ZEITUNGEN – Ausländische Blätter, z.B. „Der Spiegel", findet man in den internationalen Hotels. Berichte über Indonesien und anstößige Bilder sind häufig hinter schwarzen Balken verschwunden oder herausgerissen.
Englischsprachige indonesische Zeitungen sind *Indonesia Times*, *Jakarta Post* und *Indonesian Observer*.

Nahverkehrsmittel

BAJAJ – Günstigstes Transportmittel für kürzere und mittlere Entfernungen (1000 bis 2000 Rp) sind die kleinen, roten Motorroller mit Platz für zwei hinter dem Fahrer. Preis immer vorher aushandeln. Aber wie schon früher die Becak sollen bald auch die Bajaj aus der Stadt verbannt werden.

BUSSE – Für 400 Rp kann man in Jakarta von einem Ende zum anderen fahren. Auf verschiedenen großen Straßen fahren neue, recht bequeme Busse – auf anderen Uraltklapperkisten. Die Busse der Patas-Linie kosten 700 Rp, sollen dafür aber sicherer sein als die anderen Stadtbusse – und schneller, da sie nicht überall halten. In den vollen Stadtbussen wird viel gestohlen, vor allem im blauen S.M.S.-Bus Nr. 70, der zwischen Kota Bahnhof und Blok M verkehrt, außerdem in Bus 1, 11 und 700.

TAXIS – Sind die bequemsten Transportmittel innerhalb der Stadt, verhältnismäßig billig und überall zu finden. Einige Fahrer bestehen darauf, einen festen (überhöhten) Fahrpreis auszuhandeln. Dennoch sind alle Wagen mit Taxameter ausgestattet, was auch Nachteile haben kann, da Umwege die Uhr klicken lassen. Sofern man den richtigen Preis nicht kennt, sollte man darauf bestehen, daß das Taxameter eingeschaltet wird. Im Zweifelsfall kann man sich mit aufgeschlagenem Stadtplan neben den Fahrer setzen und die Route verfolgen.
Die Einschaltgebühr plus einem zusätzlichen Kilometer beträgt 1500 Rp, jeder weitere Kilometer kostet 550 Rp.
Etwa 30 000 Rp kostet die Fahrt vom Airport zur Jl. Jaksa und für 25 000 Rp kann man bereits die gesamte Hauptstadt durchqueren.
Blue Bird, Jl. Hos. Cokroaminoto 107, ✆ 7989000, 7989111, ✆ 7999102. Die blauen Bluebird-Taxis sind am zuverlässigsten, auch bei telefonischen Vorbestellungen. Man kann sie zu dem stundenweise mieten. Auch Luxuslimousinen mit Chauffeur.
Metropolitan Taksi, ✆ 4204444, für Beschwerden ✆ 4204885.
Jakarta International Taxi, ✆ 3103777, für Beschwerden ✆ 3103344.

Silver Bird, ✆ 7941234, 7981001.
Express, ✆ 5709009, 5709010.
Royal City Taxi, ✆ 8500888, 8461120.
Kosti Jaya, ✆ 7801333, 7801331.
Master Taxi, ✆ 5841073.

Transport

BUSSE – Es gibt mehrere Busbahnhöfe in Jakarta; **Fernbusse** fahren ab:
→ Kalideres Bus Stn.,
→ Kampung Rambutan Bus Stn.,
→ Pulo Gadung Bus Stn.

Die anderen Busbahnhöfe werden nur von **Stadtbussen** angefahren:
→ Kebayoran Bus Stn. (Blok M),
→ Pasar Minggu Bus Stn.,
→ Grogol Bus Stn.,
→ Rawamangun Bus Stn.,
→ Tanjung Priok Bus Stn.,
→ Kota Bus Stn.,
→ Pasar Senen Bus Stn.,
→ Manggarai Bus Stn.,
→ Lebak Bulus Bus Stn.,
→ Kampung Melayu Bus Stn.

Die normalen Überlandbusse sind häufig überfüllt – zur Hauptreisezeit werden eintreffende Busse regelrecht gestürmt; je nach Company, Fahrtroute und Ausstattung variiert der Preis.

Busse **nach Westen** (vor allem **Sumatra**) fahren vom im Westen der Stadt liegenden **Kalideres** Busbahnhof ab (der Doppeldeckerbus 913 fährt raus):
BANDA ACEH 85 000 / 115 000 Rp,
BUKITTINGGI 33 000 / ac 60 000 Rp,
MERAK 2500 Rp,
PALEMBANG 25 000 / 48 000 Rp.
Von Kalideres fahren auch Busse nach BOGOR 1000 Rp.
Busse mit Zielen im **Osten** (u. Süden) **von West-Java** fahren vom Busbahnhof **Kampung Rambutan** ab. Er liegt ca. 20 km südöstlich vom Zentrum; man erreicht ihn direkt mit Stadtbus P 16 ab Sarinah Bldg., Jl. M. H. Thamrin:
BANDUNG 4000 Rp,
BOGOR 1000 Rp, 1 Std,
CIBADAG 1800 Rp,
CIPANAS / PUNCAK 2000 Rp,

SEMARANG 9500 / 12 500 Rp,
SUKABUMI 2000 Rp.
Busse **nach Osten** (Zentral- und Ost-Java, Bali) fahren von der im Osten gelegenen **Pulo Gadung** Bus Stn. ab:
CIREBON 4700 / ac 8700 / ac Royal 15 000 Rp,
SURABAYA 25 000 / ac 48 000 Rp,
YOGYAKARTA (16–18 Std.) 21 000 /
ac 41 000 Rp,
BALI ac 75 000 Rp.
Für längere Strecken nimmt man besser **Expressbusse** mit Liegesitzen; Tickets sind bei einschlägigen Travel Agents erhältlich. Einige Reiseunternehmen setzen auf bestimmten Fernstrecken (z.B. Yogya, Cilacap, Purwokerto, Semarang) bequeme **Minibusse** ein, oft mit ac und Liegesitzen. Abfahrt zu festen Uhrzeiten vom Office, am Zielort wird man zur gewünschten Adresse gebracht. Nach Yogya meist nur einmal tgl., ac 30 000 Rp:
Marina Travel, Jl. Petogogan 2/35, Block A, Kebayoran Baru, ✆ 716344.
Sri Ayu Travel, Jl. Tarian Raya Timur, Block W/14, ✆ 4899729, und Jl. Gedung Kesenian, ✆ 350624, und Jl. Anggrek Garuda Raya 52, ✆ 5302138.
Priaventure, Jl. Ampera Raya 1, ✆ 7802528 / 7804263 / 7804273.

ÜBERLANDTAXEN – Die folgenden Gesellschaften fahren mit großen, alten Limousinen zwischen 6 und 21 Uhr in 4 Std. nach Bandung, sobald sich 5 Passagiere eingefunden haben. Man wird an der gewünschten Adresse abgesetzt, kann aber auch unterwegs am Puncak Paß aussteigen, muß aber immer den vollen Preis von 15 000 Rp p.P. bezahlen.
4848 (Empat Delapan Empat Delapan), Jl. Prapatan 34, ✆ 364488, nur 10 Min. zu Fuß von der Jl. Jaksa;
Media Taxi, Jl. Johar 15, Menteng, ✆ 330868, 343643, und
Parahiyangan, Jl. Johar 18, ✆ 323831.

EISENBAHN – Von Jakarta gibt es Zugverbindungen nach Zentral- und Ost-Java sowie nach Süd-Sumatra. Die Abfahrtszeiten der Züge ändern sich wie überall, deshalb erkundigt man sich am besten vorher am Kota- oder Gambir-Bahnhof nach Abfahrtszeiten und Dauer der Fahrt.

Studentenermäßigung, die es meist nur für billige Züge gibt, wurde in Jakarta häufig erst nach Rücksprache mit dem Bahnhofsvorsteher gewährt.
Tickets gibt es auch in vielen Reisebüros, z.B. in der Jl. Menteng Raya 24 (nahe Jl. Jaksa).
Vorortzüge fahren 41x tgl. zwischen 5.50 und 20.20 Uhr in etwa 1 Std. von Kota über Gambir nach BOGOR für 1000 Rp, 3. Klasse; 2500 Rp, 2. Klasse, und 4000 Rp, 1. Klasse. Nur 7 Züge haben 1. / 2. Klasse: 7.30, 8.15, 10.35, 14.20, 16.12, 16.35 und 18.36 Uhr.

INTERNATIONALE FLÜGE – Auf dem Flughafen Soekarno-Hatta in Cengkareng, 23 km westlich von Jakarta, werden alle internationalen und die meisten nationalen Flüge (s.u.) abgefertigt. Er ist von der City aus über eine Schnellstraße zu erreichen. Die Busgesellschaft *Damri*, ✆ 414823, setzt Mercedes-**Busse** ein (weiß mit blauen Streifen), um die Passagiere für 4000 Rp vom und zum Airport zu transportieren.
Abfahrt von folgenden Endstationen: Blok M, Gambir Bahnhof, Kemayoran (Jl. Angkasa), Rawamangun Bus Terminal, alle 30 Min. Damri operiert vom frühen Morgen (ca. 3 Uhr) bis späten Abend (ca. 22.30 Uhr – bei Nachtflügen nicht zu sehr darauf verlassen, denn häufig fahren bereits nach 21.30 Uhr keine Busse mehr!), Fahrzeit 45 Min. bis 2 Std. während der Rush-hour.
Taxi vom Zentrum Jakartas 30 000 / 35 000 Rp. Einige Unterkünfte in der Jl. Jaksa haben einen **Minibus**-Service, mit dem nach Voranmeldung 1–8 Pers. für 30–35 000 Rp nach Cengkareng fahren können.
Mit **öffentlichen Bussen** sollte man mindestens 2 1/2 Std. rechnen, zuerst mit Bus 913 bis Kalideres, dann umsteigen in Bus 214 bis Airport.
Der Airport Soekarno-Hatta verfügt über zwei sich gegenüberliegende Terminal-Gebäude, in denen jeweils drei Subterminals untergebracht sind:
Terminal 1:
A) Sempati-Inlandsflüge,
B) Merpati Inlandsflüge,
C) Bouraq-, Mandala-Inlandsflüge.
Terminal 2:
D) internationale Flüge,
E) Garuda und a. internationale Flüge,
F) Garuda-Inlandsflüge.

Airport-Tax:
nationale Flüge 11 000 Rp;
internationale Flüge 25 000 Rp.

Hier eine Aufstellung der wichtigsten **internationalen Fluggesellschaften**, die Jakarta anfliegen:
Air India, Hotel Sari Pacific, Jl. M. H. Thamrin 7A, ✆ 385884, ✆ 3858848.
British Airways, Wisma Metropolitan 1, 10. Stock, Jl. Jen. Sudirman Kav. 29-31, ✆ 5211490, ✆ 5211442.
Cathay Pacific, Jl. Jen. Sudirman Kav. 52-53, ✆ 5150777, ✆ 5151731.
China Airlines, Wisma Dharmala Sakti, Jl. Jen. Sudirman 32, ✆ 5704003, ✆ 5704147.
Japan Airlines, MID Plaza, Jl. Jen. Sudirman Kav. 28, ✆ 5723211, ✆ 5723231.
KLM, Plaza Indonesia, Jl. M. H. Thamrin, ✆ 320708 / 3107657, ✆ 336636.
Lufthansa, Panin Centre Bldg., Jl. Jen. Sudirman 1, ✆ 5702005, ✆ 5711476.
MAS, World Trade Center, Jl. Jen. Sudirman Kav. 29, ✆ 5229682, ✆ 5229815.
Philippines Airlines, Plaza Mashil, Jl. Jen. Sudirman Kav. 25, ✆ 5267780, ✆ 5267789.
Qantas, BDN Building, Jl. M. H. Thamrin 5, ✆ 2300277, ✆ 2300420.
Singapore Airlines, Chase Plaza, Jl. Jen. Sudirman Kav. 21, ✆ 5206933, ✆ 5704207.
Swissair, Plaza Mashil, Jl. Jen. Sudirman Kav. 29, ✆ 5229912.
Thai Airways International, BDN Bldg., Jl. M. H. Thamrin 5, ✆ 3140607, ✆ 330792.
Uta French Airlines, Summitmas Tower, 9. Stock, Jl. Jen. Sudirman Kav. 61-62, ✆ 5202262, ✆ 5202295.

NATIONALE FLÜGE – in der Regel ebenfalls ab Sukarno–Hatta Airport; nur einige wenige MZ-Flüge starten und landen noch am Halim Airport: von/nach Bandar Lampung, Bandung, Cilacap, Ketapang, Pangkalanbun, Pangkalpinang und Semarang.
Garuda (GA), Head Office: Danareksa Bldg., Jl. Merdeka Selatan 13, 11. Stock, ✆ 3801901/3806276; hier kein Ticket-Verkauf etc., besser geht man in eine der Filialen:
→ BDN Bldg., Jl. M. H. Thamrin 5, ✆ 2311991/2310023/2310308;
→ Hotel Borobudur, ✆ 3100568/69/70;
→ Wisma Dharmala Sakti, Jl. Jen. Sudirman 32, ✆ 2512241/2512259.
Merpati (MZ), Jl. Angkasa 2, ✆ 4225555, ✆ 4258073, tgl. geöffnet 8–21 Uhr, telefonische Reservation 24 Std. tgl.
Mandala (MDL), Jl. Veteran 1/34, ✆ 368107; Head Office: Jl. Garuda 76, ✆ 4246100 / 4206646.
Bouraq (BO), Jl. Angkasa 1, ✆ 6595194 / 6595179.
Sempati (SG), Head Office: Jl. Merdeka Timur 7, ✆ 3848760/3843323, ✆ 367743. Ticketing Service 24 Std.: Jl. Bungur Besar 23, ✆ 4205555 / 418011. Mandala und Sempati haben auf verschiedenen Flügen Sonderpreise.
Preisbeispiele (hinzu kommen noch 10% Mwst und eine geringe Versicherungsgebühr):
AMBON 496 000 Rp (MZ, MDL),
BANDA ACEH 483 000 Rp (GA),
BALIKPAPAN 339 000 Rp (MZ, GA, BO, SG),
BANDUNG 54 000 Rp (MZ, BO),
BENGKULU 165 000 Rp (MZ),
BANJARMASIN 263 000 Rp (MZ, SG),
BATAM 250 000 Rp (GA, MZ, SG),
BIAK 733 000 Rp (GA),
CILACAP 122 000 Rp (MZ),
CIREBON 86 000 Rp (MZ),
DENPASAR 239 000 Rp (GA, SG),
JAMBI 183 000 Rp (MZ),
JAYAPURA 811 000 Rp (MZ),
KUPANG 481 000 Rp (MZ),
MEDAN 368 000 Rp (GA, MZ, MDL, SG),
MANADO 597 000 Rp (GA, BO, SG),
MAUMERE 451 000 Rp (MZ),
PALEMBANG 140 000 Rp (MZ),
PANGKALPINANG 139 000 Rp (MZ, SG),
PADANG 263 000 Rp (MZ, MDL, SG),
PONTIANAK 213 000 Rp (MZ, BO, SG),
SEMARANG 119 000 Rp (MZ, BO, SG),
SURABAYA 197 000 Rp (GA, BO, MDL, SG),
TANJUNGPANDAN 103 000 Rp (MZ),
TANJUNG PINANG 239 000 Rp (MZ, SG),
UJUNG PANDANG 359 000 Rp (GA, MDL, SG),
YOGYAKARTA 130 000 Rp (GA, BO, SG)

SCHIFFE – *Pelni*, die staatliche Gesellschaft, hat ihr Head Office in der Jl. Gajah Mada 14, ✆ 3844342, ✆ 3854130. Tickets in der Jl. Angkasa 18, ✆ 4217406.

Von den z.Zt. 16 regelmäßig in alle Richtungen des Archipels fahrenden Passagierschiffen halten zehn auch in **Tanjung Priok**, dem Hafen von Jakarta. Details und Preise s.S. 797f.
Andere Schiffe fahren nur unregelmäßig und halten keinem Vergleich mit dem Standard der neuen Schiffe stand. Vom Pelni-Pier ist es 1 km bis zum Hafenausgang: dazwischen verkehren Traktoren mit zwei Hängern, auf deren Ladefläche man für 100 Rp mitfahren kann.
Am Tor fahren Stadtbusse zum Zentrum ab, 400 Rp – die Patas-Busse für 700 Rp sind schneller.
Ein fast luxuriöses Schnellboot, die **MV. Bintan Permata**, fährt Mi und Sa 16 Uhr über PANG-KALPINANG, P. Bangka (60 000 Rp), nach TG. PINANG 110 000 Rp; Tickets bei **Admiral Lines**, Jl. Raya Pelabuhan 21, Tg. Priok.

Die Umgebung von Jakarta
Taman Mini

Etwa 20 km außerhalb Jakartas an der Straße nach Bogor liegt dieser Park. Mit Bus Nr. 40 oder 41 nach Kampung Rambutan Bus Stn. ab Haltestelle Emmanuel Church, gegenüber Gambir Bahnhof oder ab Jl. M. H. Thamrin Bus Nr. P11 oder P16, oder ac-Busse 10, 47, 70 oder 79. Geöffnet tgl. 9–17 Uhr. Auf 160 ha ist Indonesien im Miniformat nachgebaut, um den Besuchern einen Eindruck von der Vielfalt des Landes zu vermitteln. Das Zentrum bildet ein künstlicher See mit den nachgebildeten indonesischen Inseln. Mit einer Seilbahn kann man über Kalimantan, Sulawesi und die anderen Inseln schweben oder mit kleinen Booten an ihnen vorbeifahren. Rings um den See finden sich typische Häuser aus den 27 Provinzen. In ihnen werden Produkte aus Industrie, Handwerk und Landwirtschaft ausgestellt.

Lohnenswert ist es, die folgenden Häuser auch von innen zu besichtigen: **Java- und Sumatra-Provinzen**, **Bali**, **Irian Jaya**, **Nusa Tenggara Timur**, **Kalimantan Timur** und **Timor Timur** – und natürlich die Provinzen, die man bereist. In einigen sind regionale Museen untergebracht, die Kostüme, Werkzeuge, Musikinstrumente und Fotos zeigen. Häufig kann ein landeskundiger Angestellter Fragen beantworten. In den Häusern einiger Provinzen erhält man zudem Informationsmaterial oder kann lokale Souvenirs erwerben. Außerdem ist jede Weltreligion mit einem eigenen Gebäude vertreten, in denen religiöse Veranstaltungen stattfinden.

In dem im balinesischen Stil errichteten **Museum Indonesia** (tgl. 9–17 Uhr) findet man eine umfassende Ausstellung von Kunsthandwerk, Kleidung und Gebrauchsgegenständen aus allen Teilen Indonesiens. Der riesige Komodo-Waran beherbergt in seinem Inneren das **Museum Komodo** – eine zoologische Ausstellung mit präparierten und ausgestopften Tieren des Archipels auf zwei Stockwerken.

Philatelisten können sich im **Museum Prangko** eine umfangreiche Briefmarkensammlung ansehen. Auf einem Freigelände sind alte Dampflokomotiven ausgestellt. Zudem gibt es einen Orchideengarten, einen großen Kinderspielplatz und einen Vogelpark zu besichtigen.

In einem riesigen, schneckenförmigen Kino, **Teater Imax Keong Emas**, werden verschiedene Filme, u.a. auch über Indonesien gezeigt. Recht beeindruckend wirken die phantastischen Aufnahmen von Vulkanen und Menschen auf der überdimensionalen Leinwand, die vom Guiness-Buch der Rekorde als die größte der Welt bezeichnet wird. Geöffnet Mo–Sa 11–16 und So 10–17 Uhr. Am Sonntag kommen viele indonesische Besucher hierher. Dann treffen sich die Molukker oder Timoresen in *ihren* Häusern, spielen Bands aus Nord-Sumatra ihre Batak-Musik und führen Tanzgruppen aus Bali oder Borneo ihre Tänze auf. Man picknickt auf den großen Rasenflächen. An zahlreichen Warung und in Restaurants kann man essen und trinken. Besucht man den Taman Mini sonntags, kann ein volles Tagesprogramm absolviert werden.

Ragunan Zoo

16 km südlich der Stadt gelegen, zuerst nach Blok M fahren, dann mit Bus Nr. 19 (400 Rp) oder Metro Mini S 77 zum Zoo.

Der 185 ha große Zoo eignet sich gut, um der Hektik Jakartas für einige Zeit zu entfliehen. Er beherbergt über 3600 Tiere, darunter Tiger, Komodo-Waran, Anoa und Banteng. Geöffnet tgl. von 9–18 Uhr, Eintritt 1000 Rp. Am Wochenende voll.

West-Java

Die Provinz West-Java (49 000 km², 38 Millionen Einwohner ohne Jakarta) – das Gebiet zwischen Krakatau und Cirebon – ist ein vielfältiges Land mit Reisterrassen, Stränden und Vulkanen, aber mit nur 9,5% Wald. Das Hinterland der Hauptstadt Jakarta ist dicht besiedelt und gut mit Verkehrswegen erschlossen. Die alten Hafenstädte im Norden, Banten, Batavia (das heutige Jakarta) und Cirebon, waren einerseits frühe Hochburgen des Islam, andererseits Stützpunkte der auf Seehandel basierenden Wirtschaft.

Die Südküste hingegen, ohne bedeutende Häfen, ist weitgehend unerschlossen geblieben und kann auch heute nur über vereinzelte Stichstraßen erreicht werden. Die im Südwesten liegende Halbinsel Ujung Kulon blieb eines der wenigen vom Menschen nahezu unberührten Dschungelgebiete, in dem die letzten Java-Nashörner und andere vom Aussterben bedrohte Tiere eine Heimat gefunden haben. In West-Java leben vor allem Sundanesen, die zweitgrößte ethnische Gruppe Indonesiens, mit einer eigenen, vom Islam beeinflußten Kultur und einer eigenen Sprache. Außerdem findet man in der Abgeschlossenheit der Berge südlich von Rangkasbitung die Badui, eine kleine Gruppe der javanischen Urbevölkerung, deren Kultur kaum hinduistisch beeinflußt ist.

Will man typische sundanesische Volkskunst erleben, sollte man sich eine Wayang Golek-Vorführung ansehen – ein Puppentheater, bei dem mit hölzernen Stabpuppen Episoden aus dem Ramayana und Mahabharata aufgeführt werden. Begleitet wird es von den Klängen der traditionellen Bambusinstrumente, Angklung. Hauptstadt West-Javas und kultureller Mittelpunkt ist Bandung – eine Großstadt in den kühleren Bergen, idealer Ausgangspunkt für die Erkundung der landschaftlich reizvollen Umgebung.

Bogor

Nach Jakarta ist dieser Ort mit seinem kühlen Klima eine angenehme Erfrischung, obwohl er nur 290 m über dem Meeresspiegel liegt. Schon zur Kolonialzeit zogen sich die höheren Verwaltungsbeamten aus der tropischen Hitze der malariaverseuchten, feucht-stickigen Hauptstadt in die Berge zurück. Die Stadt mit ihren 280 000 Einwohnern ist durch den großen Park im Zentrum recht weitläufig angelegt. Die breiten Gehwege mit vielen Bäumen und das angenehme Klima machen lange Spaziergänge erträglich.

1744 ließ der Generalgouverneur van Imhoff in Buitenzorg (ohne Sorge) eine Residenz errichten. Die **Istana Bogor**, Sitz holländischer Gouverneure, ist heute beliebter Aufenthaltsort von Präsident Suharto.

Im Zentrum der Stadt liegt der 87 ha große **Botanische Garten** – eine beeindruckende Sammlung riesiger Urwaldbäume, zarter Orchideen und Palmen aus aller Welt. Nicht nur Botaniker werden davon begeistert sein. Einen Vormittag wird man sicher allein für den Garten brauchen. Für die Nachmittage sollte man sich etwas anderes vornehmen, denn dann regnet es häufig. Nicht weit vom südlichen Haupteingang steht eine Gedenkstätte, die Sir Stamford Raffles 1814 seiner verstorbenen Frau errichten ließ. Im östlichen Teil des Gartens liegt das Orchideenhaus, in dem 3000 verschiedene Orchideensorten gezüchtet werden. Das Orchideenhaus ist allerdings meistens geschlossen. Indonesier werden sich als ortskundige Gesprächspartner und als Führer anbieten. Einige sind recht gut informiert. Man sollte jedoch gleich über den Preis sprechen, da es sonst am Ende des Rundgangs zu Auseinander-

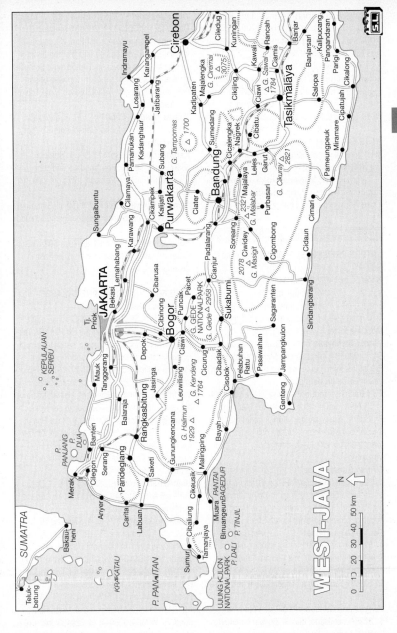

setzungen kommen könnte. Der Eintritt beträgt 2100 Rp, an Sonn- und Feiertagen 1000 Rp. Geöffnet ist der Botanische Garten tgl. 8–17 Uhr.

Einen Besuch lohnt auch das **Zoologische Museum** im Garten, links neben dem Eingang. Hier findet man das 27 m lange Skelett eines Blauwals. Geöffnet ist das Museum tgl. 8–16 Uhr, außer Do und Fr bis 15 Uhr, Eintritt 500 Rp. Außerdem gibt es im Ort ein **Herbarium** und eine der besten botanischen **Bibliotheken**, die der Universität angeschlossen ist.

Wer sich für **Wayang Golek** interessiert, findet auch einen Puppenmacher in Bogor; Dase Asi wohnt in Lebak Kantin RT 02/06.

Übernachtung

UNTERE PREISKLASSE – von Süden nach Norden:

Hotel Duta***-**** ㉖, Jl. Baranangsiang II Kav. 7, ✆ 328494; Zimmer mit Mandi, mit Fan und z.T. mit TV; relativ sauber und akzeptabel, sehr ruhig gelegen, abgesehen von der großen Moschee in der Nähe.

Wisma Ramayana***-**** ㉕, Jl. Ir. Haji Juanda 54, ✆ 320364; mit und ohne Mandi, sauber, mit Frühstück, nette Leute; hier nach Andum fragen, einem Guide für Bergtouren.

Puri Bali Guesthouse**-*** ㉔, Jl. Paledang 30, ✆ 317498; große, hohe Räume mit Mandi und Frühstück, relativ sauber; eine angenehme Unterkunft bei einer interessanten balinesischen Familie in einem 150 Jahre alten Haus, mit großem Vorgarten.

Firman Guest House**-*** ㉓, Jl. Paledang 48, ✆ 323246; freundliche Familien-Pension, nette Leute, viele Traveller; z.T. recht kleine Zimmer mit Fan und Frühstück, mit und ohne Mandi; relativ ruhig, obwohl an einer lauten Straße gelegen.

Sartika Guesthouse*** ㉑, Jl. Dewi Sartika 4 D, ✆ 323747, ℡ 313302; ruhig, sauber, freundlich, Zi mit und ohne Mandi, mit Fan, inkl. Frühstück.

Hotel Trio Permai*** ⑳, Jl. Dewi Sartika 2, ✆ 329672; laut und nicht sehr sauber, mit Prostituierten.

Penginapan Gandasari** ⑯, Jl. Veteran 57, ✆ 322540; einfache, dunkle Zimmer an einer lauten Straße.

Abu Pensione**-**** (Schlafsaal*) ⑰, Jl. Mayor Oking 15, ✆ 322893, ℡ 335634; saubere Zimmer mit und ohne Mandi, mit Fan, z.T. mit Heißwasser und ac, die besten und größten Zimmer sind im hinteren Anbau am Rande einer Schlucht; Restaurant auf einer schönen Terrasse überm Fluß sowie Tour and Travel Service; viele Traveller, viele Infos.

Wisma Teladan (Efita)**-*** ⑤, Jl. Sawojajar 3 A, ✆ 325327, einfache, ungepflegte Zimmer mit und ohne Mandi.

Karunia Guesthouse**-*** ⑦, Jl. Sempur 35/37, ✆ 323411; kleine, saubere und sehr freundliche Familien-Pension, ruhig gelegen, mit Frühstück.

Sempur Kencana Hotel**-**** ⑭, Jl. Sempur 6, ✆ 328347, ruhig gelegen, aber ungemütlich und renovierbedürftig.

Kopo Hostel**-*** (Dorm*), Jl. Raya 502, 15 km außerhalb an der Straße zum Puncak Pass in Cisarua.

MITTLERE UND OBERE PREISKLASSE – von Süden nach Norden:

Hotel Ririn (US$32–47) ㉘, Jl. Ciburial Indah, ✆ 314070, ℡ 329094; Zimmer mit Fan, TV, Telefon, z.T. mit Heißwasser und ac; sauber und nett eingerichtet, mit Pool, Garten und Restaurant.

Pakuan Palace Hotel (US$32–37) ㉗, Jl. Pakuan 5, ✆ 311207, ℡ 323062; saubere Zimmer mit TV, Telefon, ac und Heißwasser; kleiner Innenhof mit Garten, Restaurant, Moschee in der Nähe.

Hotel Wisma Permata**** ㉒, Jl. Raya Pajajaran 35, ✆ 323402, ℡ 311082; saubere Zimmer mit Fan oder ac, Du/WC, z.T. mit TV und Heißwasser, inkl. Frühstück; kleiner Innenhof und Garten, mit Restaurant.

Hotel Mirah Sartika (US$23–41) ⑲, Jl. Dewi Sartika 6 A, ✆ 312343, ℡ 315188; sauber, mit Restaurant, zentral gelegen.

Lotus Indah Hotel**** ⑬, Jl. Sancang 19, ✆ 323824; Zimmer mit TV, Heißwasser und ac, sauber und ruhig, mit kleinem Garten.

Bogor Inn (US$15–63) ⑫, Jl. Kumbang 12, ✆ 328134; sauber, aber etwas renovierbedürftig, nett eingerichtet, ruhig gelegen, kleiner Innenhof.

Hotel New Mirah und *Mirah II* (US$16–48) ⑩+⑪, Jl. Mandalawangi und Jl. Megamendung, ✆ 312385, 328044, ℡ 329423; inkl. Frühstück; zwei Hotels in einem, mit mehreren klei-

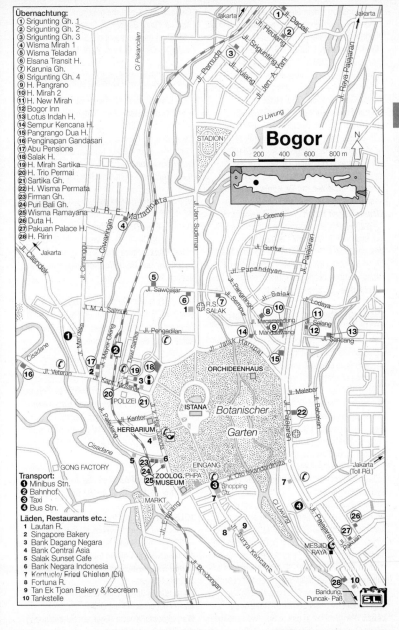

nen, begrünten Innenhöfen und hübsch eingerichteten Aufenthaltsräumen, sehr sauber und gepflegt, mit Restaurant.
Hotel Pangrango (US$21–68) ⑨, Jl. Pangrango 23, ✆ 328670, ℡ 314060; das beste Hotel der Stadt, sehr gepflegt und sauber, sehr guter Service, mit kleinem Swimming Pool, preiswert für das Gebotene, inkl. Frühstück.
Srigunting Guesthouse 1-4 (US$36–68) ①+②+③+⑧: Jl. Dadali III/2, ✆ 327544; Jl. Heulang 11 A, ✆ 311243; Jl. Merak 14, ✆ 323080; Jl. Pangrango 21 A, ✆ 324160; vier ruhig gelegene Häuser mit jeweils nur 3–8 Zimmern, familiär und freundlich, sehr sauber und hübsch eingerichtet, mit TV, Kühlschrank, Heißwasser und ac, inkl. Frühstück.
Elsana Transit Hotel**** ⑥, Jl. Sawojajar 36, ✆ 322552, relativ sauber, aber laut, mit begrüntem Innenhof, Zimmer mit Fan und Mandi.
Wisma Mirah I***-**** ④, Jl. R. E. Martadinata 17, ✆ 323520, kleines Hotel mit begrüntem Innenhof, sauber, gepflegt. Wohnlich eingerichtet.
Hotel Salak ⑱, Jl. Ir. Haji Juanda, eine Bauruine.

Essen

Vom Eingang zum Botanischen Garten die Jl. Oto Iskandardinata entlang Richtung Osten reihen sich viele **Obststände** aneinander.
Warung konzentrieren sich in der Jl. Merdeka, Ecke Jl. Veteran – hier gibt es aber meist nur Murtabak und andere Snacks, und in der Jl. Dewi Sartika sowie in der nächsten, westlichen Parallelstraße, an welcher der Bahnhof liegt.
Mehrere **Restaurants** findet man in der Jl. Surya Kencana, z.B. *Fortuna* in der Nr. 130, ✆ 315873; ein guter, preiswerter Chinese. Man sollte sich nicht durch das vergammelte Äußere abschrecken lassen.
Salak Sunset Cafe, Jl. Paledang 38, ein indonesisch-französisch-englisches Unternehmen, außerdem ein Traveller-Treff, wo man tatsächlich eine tolle Sicht auf den Gunung Salak und den Sonnenuntergang hat; gute Fruchtsäfte, Pizza usw.
Rumah Makan Sahabat, Jl. Jen. Sudirman 12, neben dem Rumah Sakit Salak, serviert ebenfalls preiswerte chinesische Gerichte. Nördlich von Bogor findet man das berühmte Restaurant *Lebak Wangi* mitten in einem See, wo sundanesische Gerichte serviert werden.

Gebäck und Eiscreme bekommt man in der *Tan Ek Tjoan Bakery*, Jl. Surya Kencana 153 - 155. Oder man versucht die *Singapore Bakery*, Jl. Mayor Oking, Ecke Jl. Kapt. Muslihat.

Einkaufen

Eine Einkaufsstraße ist die Jl. Surya Kencana südlich vom Botanischen Garten; hier findet man das große Einkaufszentrum *Bogor Plaza* gegenüber vom Eingang zum Botanischen Garten, und ganz in der Nähe in der Jl. Empang den *Ramayana Market*.
Viele Geschäfte stehen auch in der Jl. Merdeka.

Sonstiges

GELD – *Bank Dagang Negara*, Jl. Kapt. Muslihat, geöffnet Mo–Fr 8–12 und 13–14.30 Uhr, sowie *Bank Negara Indonesia*, Jl. Ir. Haji Juanda 52 und *Bank Central Asia*, Jl. Ir. Haji Juanda 28.

INFORMATIONEN – *Dinas Pariwisata*, Jl. Ir. Haji Juanda 10, geöffnet Mo–Do 8–15, Fr 8–11 Uhr; soll aber bald umziehen. Bessere Infos bekommt man bei Abu Pensione.

PHPA – Will man Nationalparks besuchen, benötigt man die Genehmigung der Naturschutzbehörde, die ihre Zentrale in Bogor hat. Adresse: *PHPA (Direktorat Perlindungan Hutan dan Pelestarian Alam)*, Jl. Ir. Haji Juanda 15, ✆ 311-615, am Haupteingang zum Botanischen Garten; geöffnet Mo–Do 8–15, Fr 7–11 und 13–15 Uhr.

POST – *Kantor Pos*, Jl. Ir. Haji Juanda, geöffnet Mo–Fr 6–20, Sa und So 6–18 Uhr.

TELEFON – Internationale Telefonate u.a. klappen problemlos von *Telkom*, Jl. Pengadilan 14, ✆ 321211, tgl. 24 Std. geöffnet.
Ähnlichen Service bieten 24 Std. tgl.:
Wartel Exotica im Park Taman Topi an der Jl. Dewi Sartika;
Warpostel in der Jl. Veteran 36;
Wartel neben dem Post Office;
Warparpostel Kebun Raya, am Haupteingang zum Botanischen Garten;

Wartel in der Jl. Pajajaran schräg gegenüber von der Bus Station.

VORWAHL – 0251.

Nahverkehrsmittel

BECAK – kosten etwa 1000 Rp pro km.

MINIBUS – Innerhalb der Stadt fahren Minibusse (Angkutan Kota) für 350 Rp, egal wie weit, auf festen Routen ab Bemostation an der Jl. Merdeka.

TAXI – Nicht näher gekennzeichnete PKW, ohne Taxameter und ac, die man für 8000 Rp pro Stunde, bei einem Minimum von 2 Std., chartern kann; sie stehen meist vor dem Haupteingang zum Botanischen Garten.

Transport

BUSSE – fahren ab JAKARTA (von Kampung Rambutan und auch von Kalideres Terminal) über den Jagorawi-Highway und kosten 1500 Rp.
Preisbeispiele für Verbindungen in andere Richtungen:
BANDUNG 3000 Rp/ac 5000 Rp, 3 Std.;
CIPANAS/PUNCAK: Bus 1000 Rp, Colt 2000 Rp;
PANGANDARAN 12 000 Rp (Express), 8–9 Std;
RANGKASBITUNG 2700 Rp, 119 km, 3 Std.;
YOGYAKARTA 15 000/18 000 Rp (Express).

FLÜGE – Flüge ab Jakarta kann man auch in Bogor buchen:
Sempati, Jl. Pajajaran, gegenüber von Kentucky Fried Chicken; *Garuda*, Jl. Mayor Oking 13, neben Abu Pensione.

MINIBUSSE – In einigen Unterkünften, z.B. Abu Pensione, werden lohnende Minibus-Touren, Ausflüge mit Guide und direkter Minibus-Transfer nach PANGANDARAN (13 000 Rp) angeboten.

EISENBAHN – Von Bogor fahren ca. alle 1/2 Std. (tgl. 39x) zwischen 4.15 und 18.39 Uhr Züge in ca. 1 Std. nach JAKARTA zum Kota- bzw. zum Gambir-Bahnhof für 1000/2500/4000 Rp, 3./2./1. Klasse. Die meisten Züge haben nur 3. Klasse, nur 8 Züge haben 1./2. Klasse: um 7.05, 7.21, 9.32, 13.10, 14.30, 15.30, 16.20 und 17.18 Uhr.

Bandung

Eine Stadt, die nördlich der Bahnlinie noch ahnen läßt, wie es zu Zeiten der Holländer einmal ausgesehen hat – die Zeit der Kolonialherren scheint noch nicht ganz vorbei. Daneben ist Bandung die Stadt, in der sich die jungen Nationalstaaten Asiens und Afrikas 1955 zur ersten Konferenz der Blockfreien zusammenfanden und in deren Universität wichtige Persönlichkeiten der neueren indonesischen Geschichte studierten. Hinter den sauberen Fassaden tobten Mitte der Sechziger Jahre Exzesse gegen die chinesische Minderheit.

Bandung (ca. 600 m ü.d.M.) ist geteilt durch die Eisenbahnlinie in eine nördliche, höher gelegene, europäisch-angehauchte Stadt und eine südliche, mehr indonesische Hälfte – eine hektische Großstadt voller Autoabgase und rätselhafter Einbahnstraßensysteme. Aufgrund der großen Universität ist sie zudem von vielen Intellektuellen und jungen Leuten geprägt. Bandung hat mehr als 2 Millionen Einwohner und ist damit die drittgrößte Stadt Indonesiens.

Die **Jalan Asia Afrika** erinnert an die Bandung-Konferenz von 1955. An der Jl. Braga findet man das **Gedung Merdeka**, ein 100 Jahre altes holländisches Kolonialgebäude, in dem die Konferenzteilnehmer tagten. Das kleine Museum, auch bekannt als Asia Afrika Museum, ist täglich außer Mo von 8–12 Uhr geöffnet.

Das **Bandung Institute of Technology** ist die wohl wichtigste Universität des Landes mit einem hohen wissenschaftlichen Standard und vielen politisch aktiven Studenten. Auch Sukarno, der in der Stadt noch immer liebevoll Bung Karno genannt wird, hat hier graduiert. Die Gebäude sind in einer Kombination aus traditionellem und modernem Stil errichtet – aufgebaut wurde das Institut bereits während der Kolonialzeit. Schon 1920 gründete die holländische Verwaltung die technische Hochschule. Auf dem Campus der Uni lernt man leicht Studenten kennen, die einen herumführen. Falls man sich für Skulpturen, Weben, Textilien, Zeichnen und andere Bereiche der Kunst oder des Kunsthandwerks interessiert, sollte man sich die Abteilung für Kunst zeigen lassen. Man kann den Besuch im Institut mit einem Abstecher zum nahegelegenen **Zoo** verbinden, der allerdings einen vernachlässigten Eindruck macht. Geöffnet täglich von 9–17 Uhr.

Das **Geologische Museum**, Jl. Diponegoro 57, gegründet 1929, hat eine interessante Kollektion von Fossilien, thematischen Karten, Modellen von Vulkanen (mit Fotos von Eruptionen), Knochenstücken von Lebewesen aus längst vergangenen Zeiten sowie das Prunkstück, den Schädel des Java-Menschen. Einige Ausstellungsstücke aus Deutschland sind auch zu sehen, z.B. Schädel aus Steinheim und Oberkassel. Geöffnet Mo–Mi 8–14, Do–Sa von 8–13 Uhr, So geschlossen.

Ein schöner Ausflug führt nach Dago, einem Hügel mit einem Freilichttheater (viel Beton) und einem Restaurant. Bemo mit der Beschriftung „Dago" für 400 Rp ab Hotel Grand Preanger, Jl. Asia Afrika. Nach ca. 3 km (ab Zentrum) aussteigen. Die letzte Strecke auf den Hügel geht man zu Fuß. Von oben hat man einen herrlichen Blick über die Stadt. Über die Jl. Bukit Dago Utara führt ein steiler Weg hinunter zum Wasserfall **Curug Dago** (siehe auch Ausflüge von Bandung: Heiße Quellen).

Übernachtung:
1. Catellya Gh. 2
2. Setiabudi Gh.
3. Sheraton Inn
4. Edelweiss Gh.
5. Paniisan H.
6. Sangkuriang H. & Gh.
7. Bukit Dago H.
8. Royal Dago Inn
9. Patra Jasa H.
10. Catellya Gh. 1
11. International Imperium H.
12. Sriwenda Gh.
13. Griya Indah H.
14. Patradissa H.
15. Nugraha H.
16. Mutiara H.
17. Sahara H.
18. Guntur H.
19. Endah Parahyangan H.
20. Cipaganti Indah H.
21. Losmen Saudara
22. Losmen Sakadarna
23. Sakadarna Intern. Travellers Homestay
24. Melati 1 H.
25. Le Yossie Homestay
26. Melati 2 H.
27. Moritz Homestay
28. Panghegar H.
29. Royal Palace H.
30. Istana H.
31. Bungsu H.
32. Gania Plaza H.
33. Internasional H.
34. Embong H.
35. Grand H. Preanger
36. Savoy Homann H.
37. Kumala H.
38. Papandayan H.

Läden, Restaurants, etc.:
1. Cafe Venezia
2. Tankstelle (2x)
3. Babakan Siliwangi R.
4. Tizis R.
5. viele Jeans-Läden
6. Mandala Sari R.
7. Kentucky Fried Chicken
8. Tien Tien R.

Transport:
1. Bouraq
2. Interlink Travel
3. Taxi 4848
4. Minibus Stn.
5. Merpati Airlines
6. Cicaheum Bus Stn. (3 km)
7. Kebon Kelapa Minibus Stn.
8. Leuwi Panjang Bus Stn. (5 km)

Übernachtung

UNTERE PREISKLASSE – *Sakadarna International Travellers Homestay*** 23, Jl. Kebon Jati, Gg. Babakan 55-7/B, ☎ 4218553; inkl. Frühstück, mit Restaurant, viele Infos, die Zimmer sind zwar nur spartanisch eingerichtet, aber oft voll.

Losmen Sakadarna** 22, Jl. Kebon Jati 50/7 B, ☎ 439897, sehr einfach.

Losmen Saudara** 21, Jl. Kebon Jati 51/7 B, sehr einfach, aber freundlich.

Le Yossie Homestay** 25, Jl. Kebon Jati 53, ☎ 4205453, ☎ 441224, Gemeinschafts-Mandi, an einer lauten Straße.

Moritz Homestay** 27, Jl. Kebon Jati, Luxor Permai 18, ☎ 437264, viele Traveller.

Hotel Melati 1** 24, Jl. Kebon Jati 9, ☎ 4206409, vergammelt.

Melati 2*** 26, ☎ 4206409, schräg gegenüber, ist nur wenig besser.

Hotel Bungsu**-*** 31, Jl. Veteran 24, ☎ 432097, mit und ohne Mandi, laut.

Gania Plaza Hotel**-*** 32, Jl. Veteran 30, ☎ 4206557, laut. Zu teuer für das Gebotene.

Hotel Internasional**-*** 33, Jl. Veteran 32, ☎ 439327, mit und ohne Mandi, laut.

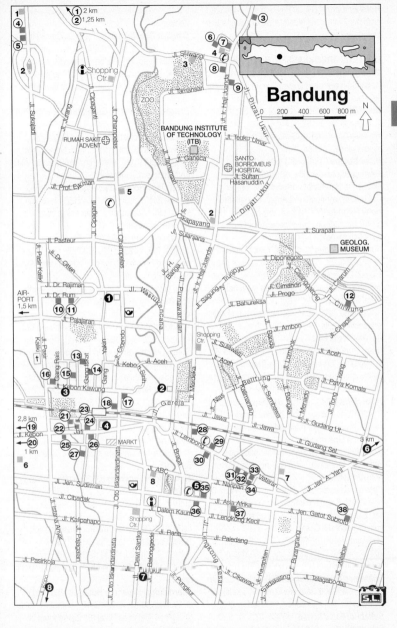

Hotel Embong** ㉞, Jl. Embong 9, ℡ 430526, einfache Zimmer mit Mandi, in einer ruhigen Seitenstraße.

MITTLERE PREISKLASSE – *Hotel Endah Parahyangan***** ⑲, Jl. Raya Cibeureum, ℡ 634934; preiswert und sauber, fast Luxusklasse, etwa 2,5 km westlich vom Zentrum.

Hotel Cipaganti Indah (US$24–48) ⑳, Jl. Rajawali Timur 132, ℡/℡ 618922; Zimmer mit Telefon, TV und Heißwasser, Fan oder ac, sauber, ohne Fenster.

Hotel Mutiara (US$26–54) ⑯, Jl. Kebon Kawung 60, ℡ 4200333, ℡ 4200111; die Zimmer im Hauptgebäude sind laut, ruhiger und besser wohnt man im Anbau im Hinterhof.

Hotel Nugraha**-**** ⑮, Jl. Haji M. Mesri 11, ℡ 436146; dunkle und ungemütliche Räume mit und ohne Mandi.

Hotel Griya Indah***-**** ⑬, Jl. H. M. Iskat 21, ℡ 4204263, ℡ 4204784; Zi mit und ohne Mandi, z.T. mit TV, Telefon, Heißwasser und ac, sauber und ruhig, mit Balkon und kleinem Innenhof.

Hotel Patradissa***-**** ⑭, Jl. H. M. Iskat 8, ℡ 4206680, ℡ 211294; relativ sauber und nett eingerichtet, guter Service, ruhig gelegen, mit kleinem Restaurant.

Hotel Guntur**** ⑱, Jl. Oto Iskandarnata 20, ℡ 4203763; Zimmer mit TV, Heißwasser und Balkon zum begrünten Innenhof, zentral gelegen, relativ sauber und preiswert, mit Restaurant.

Hotel Sahara**-**** ⑰, Jl. Oto Iskandarnata 3, ℡ 4204684; Zimmer mit und ohne Mandi, z.T. mit TV, etwas vergammelt und muffig, sonst OK.

Sriwenda Guesthouse***-**** ⑫, Jl. Ciliwung 7, ℡ 273368; ruhig gelegen, familiär und angenehm, mit Frühstück, viele holländische Gäste; Autovermietung.

Catellya Guesthouse***-**** ⑩, Jl. Dr. Rum 12, ℡ 431098; Zimmer mit Frühstück und Heißwasser, z.T. mit TV und ac, familiär und sauber, abends kocht die Chefin.

Panjisan Hotel (US$50–60) ⑤, Jl. Sukajadi 202, ℡/℡ 281114; sauber und komfortabel, mit kleinem Garten.

Edelweiss Guesthouse (US$30) ④, Jl. Sukajadi 206, ℡ 282369; saubere Zi mit TV, Telefon, Heißwasser, schöner Balkon, mit Restaurant.

Setiabudi Guesthouse (US$24–37) ②, Jl. Dr. Setiabudi 191, ℡ 212716, 215246; Zimmer mit TV, Telefon und Heißwasser, z.T. mit ac, weit vom Zentrum.

Catellya Guesthouse II**** ①, Jl. Cipaku Indah 3/11, ℡ 214035, ℡ 210577; saubere und helle Räume mit ac, TV, Telefon und Heißwasser; kleines Hotel in einer ruhigen Wohngegend im hügeligen Norden der Stadt, mit viel Vegetation rundherum.

Sangkuriang Hotel & Guesthouse (US$30–52) ⑥, Jl. Cisitu 45 B, ℡ 2504707, ℡ 2502420; hübsch eingerichtete Zimmer, mit Restaurant, einem kleinem Pool und schönem Garten, alle Zimmer mit TV, ac, Telefon und Heißwasser, inkl. Frühstück, empfehlenswert.

Bukit Dago Hotel (US$20–40) ⑦, Jl. Jr. Haji Juanda 311, ℡ 2504244, ℡ 2505944; relativ komfortabel ausgestattet, aber etwas ungemütlich, mit Restaurant.

Royal Dago Inn (US$42–90) (8), Jl. Jr. Haji Juanda 169, ℡ 2502200, 2500565; einige Zimmer ohne Fenster, aber nett eingerichtet und sauber, mit Restaurant.

Viele gute Mittelklassehotels liegen **außerhalb von Bandung** an der Straße nach Lembang, z.B.:

Pondok Kahuripan****, Jl. Raya Lembang KM 12,8, ℡ 287949, 287333.

Günstig wohnt man auch in **Lembang**, denn mit dem Minibus gelangt man von früh morgens bis spät abends schnell in das Zentrum der Stadt.

Yehezkiel Hotel***-****, Lembang, Jl. Maribaya 11 B, ℡ 287133, ℡ 286677, Zi mit und ohne Bad, z.T. mit TV, Telefon und heißem Wasser, inkl. Frühstück.

Diamond Hotel****, Jl. Riung Sugema 10, ℡ 286808, gut und sehr sauber, mit TV und Balkon.

Grand Hotel Lembang (US$20–110), Jl. Raya Lembang 272, ℡ 2786671, ℡ 2786829, mit großem Pool, Restaurant, Bar, Tennisplatz.

LUXUSHOTELS – alle mit Pool ausgestattet:

Hotel Panghegar (ab US$108) ㉘, Jl. Merdeka 2, ℡ 432286, ℡ 431583; mit rotierendem Dachrestaurant, das eine phantastische Aussicht bietet.

International Imperium Hotel (ab US$70) ⑪, Jl. Dr. Rum 30-32, ℡ 4202244, ℡ 435541, ruhig gelegenes, kleineres Hotel (51 Zi), sehr gut bestückte Bar.

Royal Palace Hotel (ab US$85) ㉙, Jl. Lembong 21, ✆ 4208372, ✉ 440376.
Grand Hotel Preanger (ab US$145) ㉟, Jl. Asia Afrika 81, ✆ 431631, ✉ 430034; gebaut im Jahre 1928 im Art Deco-Stil; die *Presidential Suite* kostet lockere US$2400 pro Nacht.
Savoy Homann (ab US$127) ㊱, Jl. Asia Afrika 112, ✆ 432244, ✉ 436187; im Art Deco-Stil.
Kumala Hotel (US$70–100) ㊲, Jl. Asia Afrika 140, ✆ 4205141, ✉ 438852.
Hotel Papandayan (ab US$104) ㊳, Jl. Jen. Gatot Subroto 83, ✆ 310799, ✉ 310988.
Sheraton Inn (ab US$120) ③, Jl. Jr. Haji Juanda 390, ✆ 2500303, ✉ 2500301.

Essen

Es gibt zahlreiche **Bäckereien** mit guten Kuchen und Törtchen. Riesig scheint die Auswahl in der *Rasa Bakery*, Jl. Tamblong 15 – zum Frühstücken ideal.
French Bakery, Jl. Braga 35, gut, modern und sauber.
Canary Bakery, schräg gegenüber an der Ecke. Weitere Bäckereien liegen in der Jl. Sunda.

SUNDANESISCH – Freunde einheimischer Küche sollten es nicht versäumen, das sundanesische Restaurant **Babakan Siliwangi** zu besuchen, das etwas außerhalb liegt; tgl. 9–22 Uhr geöffnet. Nette Atmosphäre! Bestellt man ein Goldfischgericht (die Spezialität!), wird der Fisch direkt aus dem Wasser geholt. Dazu kann man einen *Bajigur* (Kokosnußmilch, Kaffee, brauner Zucker und Kulang-Kaling) oder *Bandrek* (Ingwermilch mit Kokosnuß und braunem Zucker) trinken.
Mandala Sari Restaurant, Jl. Kelenteng 37, ✆ 613026. Sundanesische Küche, preiswert und gut, sauber und stilecht eingerichtet.
Warung Nasi Pulen Khas Sunda, Jl. Cihampelas 144, ✆ 84048. Hier kann man seinen Einkaufsbummel unterbrechen. Überhaupt findet man hier in der Jl. Cihampelas viele Restaurants.

CHINESISCH – In der Jl. Dalem Kaum gibt es einige Restaurants, die am Ende der Kinovorstellungen brechend voll sind, wie z.B. das chinesische Restaurant *Queen*, Jl. Dalem Kaum 79. Überhaupt ist hier bis 22 Uhr viel los!

Tien Tien Restaurant, Jl. ABC 82, ✆ 435413, ist ein sehr guter Chinese.
Top Restaurant, Jl. Kebon Jati 131, ist preiswert und gut.

ANDERE – Ein netter *Coffe Shop* mit kleinen indonesischen und europäischen Gerichten steht in der Jl. Lembong 9, nur wenige Meter westlich der Jl. Braga.
Europäische Küche bietet auch das *Tizis Restaurant*, Jl. Kidang Pananjung, 50 m von der Hauptstraße Jl. Jr. Haji Juanda, mit Garten und hübsch eingerichtet.
Kentucky Fried Chicken, Jl. Sunda 52, und gegenüber die lokale Variante *Ayam Goreng Cianjur*.
Abends stehen viele **Warung** am unteren Ende der Jl. Jr. Haji Juanda, der Hauptstraße Richtung Dago, und in der Jl. Pasteur, im Süden der Stadt – an der Jl. Pasteur findet man auch das Schlangen-Restaurant *Naya*.

Unterhaltung und Kultur

DISCOS, PUBS – *Oriental*, Jl. Jen Sudirman 134, ✆ 57138, geöffnet von 20–2 Uhr.
North Sea Pub (Dutch Bar), Jl. Braga, mit Live-Musik, geöffnet von 20–2 Uhr.
Top One, Jl. Suniaraja 7, ✆ 433202, geöffnet von 19–2 Uhr.
Marabu, Jl. Suniaraja Timur 7, ✆ 437410, geöffnet von 21–2 Uhr.
German Pub, Jl. Raya Junjunan 218, geöffnet von 20–2 Uhr.

KINOS – gibt es viele, vor allem in der Jl. Dewi Sartika, der Jl. Jen. Sudirman und in der Jl. Merdeka. Meist amerikanische Produktionen, aber auch einheimische Filme, von denen man sich auf jeden Fall einen ansehen sollte.

KETUK TILU TANZ – ein traditioneller Tanz, populär bei Feierlichkeiten. Man unterscheidet Bühnenvorführungen und freie Tänze, bei denen das Publikum, aufgefordert durch ein Zeichen, teil nehmen kann.
Tgl. von 19–1 Uhr kann man diesen Tanz im *Fajar Parahyangan*, Jl. Dalem Kaum 92, hinter dem Yogya Shopping Center, sehen (2500 Rp). Weitere sundanesische Tänze, z.B. *Jaipongan*,

werden Mi und Sa von 19–22.30 Uhr im *Hotel Panghegar*, Jl. Merdeka 2, aufgeführt (gepflegte Kleidung erwünscht).
Außerdem jeden So 10–13 Uhr im *Sekar Pakuan*, Jl. Dulatip 60.
Wer sich intensiver mit traditionellen sundanesischen Tänzen beschäftigen will, wende sich an die Tanzschule *Jugala*, Jl. Kopo 15; tgl. 14–20 Uhr wird geprobt, Zuschauen kostet nichts.

PENCAK SILAT – die indonesische Kunst der Selbstverteidigung wird auch in West-Java aufgeführt. Jeden Mo und Do 19–21 Uhr in der SMP (Schule) in einer Seitenstraße der Jl. Dulatip, nur 400 m vom Sakadarna.

WAYANG GOLEK – Aufführungen jeden Sa von 21.30–4.30 Uhr im *Gedung Rumentang Siang*, Jl. Baranang Siang 1, ✆ 433562.
Eintritt: 1500 Rp. Gezeigt werden das Ramayana oder Märchen aus West-Java, vorher Tanz- und Musikdarbietungen.
Außerdem jeden Sa 19–21 Uhr im *Restaurant Sindang Reret 3*, Jl. Naripan 9, ✆ 4203440.

WAYANG ORANG – Traditionelles sundanesisches Drama, jeden Fr ab 20 Uhr im *Gedung Rumentang Siang*, Jl. Baranang Siang 1, ✆ 433562, Eintritt: 1500 Rp.

ZIEGENBOCKKAMPF – traditioneller Dorfsport in West-Java, bei größeren Kämpfen wird kräftig gewettet. Zwei Ziegenböcke gehen so lange aufeinander los, bis einer k.o. ist.
Jeden So 8–12 Uhr, abwechselnd in Ledeng, Jl. Sersan Bajurie, und in Rancabuni. Aktuelle Infos im Tourist Office, nach Adu Domba *(ram fighting)* fragen.

Einkaufen

Bandung hat das größte und beste Angebot an **Jeans** von ganz Indonesien, ist auch am preiswertesten. Vor allem in der Jl. Cihampelas reiht sich ein Jeans-Shop an den anderen. Sehenswert ist alleine schon die verrückte „Disneyland"-Architektur der Läden.
Bücher (in Englisch) – Relativ gut bestückt ist der Bookshop des Sheraton Inn.

Sonstiges

AMERICAN EXPRESS – *Pacto*, Hotel Savoy Homann, Jl. Asia Afrika 112, ✆ 436101, geöffnet Mo–Fr 8.30–16.30, Sa 8.30–12.30 Uhr.

GELD – *Bank Dagang Negara*, Jl. Asia Afrika 51, geöffnet Mo–Fr 8–12.30 und 13.30–14 Uhr.
Bank Exim, Jl. Asia Afrika 105, geöffnet Mo–Fr 8–12 und 13–13.30 Uhr.
Bank Negara Indonesia, Jl. Asia Afrika 119, geöffnet Mo–Fr 8–12.30 und 13.30–14 Uhr.
Bank Bumi Daya, Jl. Asia Afrika 120, geöffnet Mo–Fr 8–12 und 13–14 Uhr.
Bank Central Asia, Jl. Asia Afrika 124, geöffnet Mo–Fr 8–13 Uhr.
Moneychanger: *P.T. Dwipa Mulia*, Jl. Asia Afrika 148, ✆ 446553, geöffnet Mo–Fr 8–18, Sa 8–16 Uhr.
Metro Jasa, Jl. Jen. Gatot Subroto 21.
Pro Valuta, Jl. Oto Iskandarnata 127.
Golden, Jl. Oto Iskandarnata 180, gute Kurse.

IMMIGRATION – *Kantor Imigrasi*, Jl. Surapati 82, ✆ 432081.
Interlink, Jl. Wastukencana 5, ✆ 435529, ✆ 434392. Der Travel Agent kümmert sich gegen eine entsprechende Gebühr um Visaverlängerungen.

GOETHE-INSTITUT – Jl. R. E. Martadinata 48, ✆ 436440, geöffnet Mo–Fr 8–13 und 14–16, Sa 8–13 Uhr.

INFORMATIONEN – an der Nordostecke des Alun Alun-Platzes liegt das *Tourist Information Office*, ✆ 436644, geöffnet Mo–Do 8–17, Fr bis 15 Uhr. Hier bekommt man einen Stadtplan und einige Tips. Wer spezielle Fragen hat, kann sich auch an *Diparda Jawa Barat*, Jl. Cipaganti 151-153, ✆ 281490, wenden.

MEDIZINISCHE VERSORGUNG – Krankenhäuser *(Rumah Sakit)* gibt es eine ganze Reihe in Bandung: *Santo Borromeus Hospital*, Jl. Jr. Haji Juanda 100, ✆ 281011;
Santo Yusuf, Jl. Cikutra 9, ✆ 271108.
Rumah Sakit Advent, Jl. Cihampelas 161, ✆ 282091, macht einen guten Eindruck; mit englischsprechendem Personal.

PHPA – Jl. Jen. A. Yani 276.

POST – *Kantor Pos*, Jl. Asia Afrika, tgl. geöffnet 8–20 Uhr. Eine kleine Filiale liegt an der unteren Jl. Cihampelas.

TELEFON – Gespräche ins Ausland klappen problemlos von *Telkom*, Jl. Lembong, tgl. 24 Std. geöffnet. Ähnlichen Service bieten: *Wartel PWI Jabar*, Jl. Asia Afrika 67-69, tgl. 24 Std. geöffnet; *Wartel Sandhyta Witel V*, Jl. Cihampelas 121, tgl. 24 Std. geöffnet; *Warpostel Memory*, Jl. Jr. Haji Juanda 185, tgl. 24 Std. geöffnet; *Wartel PJKA*, im Bahnhof, Jl. Kebon Kawung, tgl. 5–23 Uhr geöffnet.
Zwei *Wartel* liegen auch in der Jl. Kebon Jati, eines neben Hotel Melati 1, das andere schräg gegenüber der Minibus Station.

VORWAHL – 022.

Nahverkehrsmittel

BECAK – verkehren nicht auf Hauptstraßen und kosten etwa 1000 Rp pro km.

MINIBUSSE – (Angkutan Kota) im Stadtverkehr und auf die umliegenden Dörfer fahren ab Terminal Jl. Kebon Jati. Eine Strecke innerhalb der Stadt kostet 400 Rp, egal wie weit.
Nach LEMBANG 750 Rp, CIATER 2500 Rp.

STADTBUSSE – der Firma Damri verkehren nur auf Hauptstraßen in Ost-West bzw. Nord-Süd-Richtung (250 Rp).

TAXIS – mit Taxameter und ac kosten 1400 Rp Einschaltgebühr inkl. dem ersten Kilometer, jeder weitere Kilometer kostet 550 Rp.
Bandung Raya Taxi, Jl. Sukarno-Hatta 1, ✆ 460765;
Media Taxi, Jl. Cihampelas 87, ✆ 284184.

Transport

BUSSE – Der Terminal für Fernbusse in östliche Richtungen liegt außerhalb in **Cicaheum**, Jl. Jen. A. Yani, im Osten der Stadt (Bemo 450 Rp vom Zentrum oder Citybus 1). Außerdem ein Busbahnhof in **Leuwi Panjang** im Südwesten der Stadt für Ziele im Süden West-Javas und Fernbusse in Richtung Westen (z.B. Bogor). Zwischen beiden Busbahnhöfen pendeln Minibusse. Den ganzen Tag über fahren Busse ab Leuwi Panjang nach JAKARTA, sie brauchen für die Fahrt 5–7 Std. Je nach Bus kostet eine Tour 3600 Rp bis 5000 Rp. In Express-Bussen (Bis Cepat) nach Jakarta zahlt man immer den vollen Preis, auch wenn man nur Teilstrecken fährt, z. B. nur bis Puncak / Cipanas oder Bogor!
Preisbeispiele:
BANJAR 3500 Rp, 146 km, 4 1/2 Std.,
BOGOR 3000 / 5000 Rp,
CIPANAS 2000 Rp,
CIREBON 2500 / ac 4000 / ac Royal 6000 Rp, 3 1/2 Std., 120 km,
GARUT 2000 Rp,
MERAK 5000 Rp,
PURWAKARTA 1600 Rp,
PURWOKERTO 5800 Rp,
SEMARANG 6600 Rp,
SOLO 8000 Rp,
SUKABUMI 2100 Rp,
SUMEDANG 1000 Rp,
TASIKMALAYA 2500 Rp,
TEGAL 3100 Rp,
YOGYAKARTA 8000 / Express 15 000 Rp.
Es ist besser, in TASIKMALAYA umzusteigen, denn einige Busse haben hier 1–1 1/2 Std. Aufenthalt.
Ab **Terminal Cicaheum**: nach PANGANDARAN nahezu stündlich direkt mit dem bequemen ac-Bus *Sari Bakti Utama*, 9000 Rp, 5–6 Std. Oder, weniger bequem und ohne ac, direkt mit *Budiman*, 7500 Rp, ab Cicaheum.
Vom Terminal Cicaheum fahren tagsüber etwa stündlich auch Minibusse nach Pangandaran, 8500 Rp.
Nur von **Leuwi Panjang**: MAJALAYA 850 Rp, 34 km (mit Colt weiter nach GARUT), und CIWIDEY Bus 750 Rp, Colt 1200 Rp, 30 km.

MINIBUS – Nach PANGANDARAN gibt es auch Minibusse, die man einen Tag vorher buchen sollte, wobei man in der Regel vom Hotel abgeholt und am Zielort wieder beim gewünschten Hotel abgesetzt wird:
4848, Jl. Kebon Kawung, nicht weit vom Bahnhof, ✆ 213848, ohne ac, 9000 Rp, 2x tgl.

Sari Harum, morgens mit ac, 12 500 Rp, ohne ac, 11 000 Rp.

Die Minibusse kann man in fast jedem Hotel buchen, oft wird für diesen Service 2000 Rp aufgeschlagen. Ebenfalls über Hotels zu buchen: ein Shuttle-Bus nach Bogor, 11 000 Rp, 4x tgl.

4848 hat auch Minibusse nach:
CIREBON, 7x tgl., 3 Std., non ac 7500 Rp, ac 10 000 Rp,
JAKARTA und BOGOR, 14 000 Rp,
CIAMIS, 6000 Rp,
GARUT, 5000 Rp,
TASKMALAYA, 5000 Rp,
BANJAR, 6500 Rp.

EISENBAHN – Bandung hat, zusätzlich zum alten, ein neues, sehenswertes Bahnhofsgebäude; die Zufahrt ist von der Jl. Kebon Kawung. Der neue Bau verbindet moderne Architektur mit dem luftigen traditionellen Kratonstil und gilt als schönster Bahnhof Indonesiens.

Von Bandung fahren täglich viele Züge nach Jakarta, nicht ganz so viele nach Yogyakarta und Surabaya. Die Abfahrtszeiten der Züge ändern sich häufig, deshalb erkundigt man sich am besten vorher am Bahnhof nach Abfahrtszeiten und Dauer der Fahrt.

FLÜGE – Der Flughafen liegt 4 km westlich vom Zentrum.

In der Ankunftshalle findet man einen Taxi-Schalter, wo man einen Coupon kaufen kann: Ein Taxi ins Zentrum kostet 7000 Rp (der normale Preis ist 4000 Rp) und nach Lembang 15 000 Rp.

Oder man geht vom Airport ca. 500 m in Richtung Zentrum und nimmt einen öffentlichen Minibus für 400 Rp bis Minibus Terminal Jl. Kebon Jati.

Airlines:
Bouraq, Jl. Cihampelas 27, ✆ 437896, geöffnet Mo-Sa 8–16, So 8–14 Uhr.
Merpati, Jl. Asia Afrika 73, ✆ 439774, geöffnet Mo–Do 7.30–12 und 13–16.30, Fr 7.30–11 und 13–16.30, Sa 9–13, So und feiertags 9–12 Uhr.
Garuda, im Grand Hotel Preanger, Jl. Asia Afrika 81.
Sempati, im Panghegar Hotel, Jl. Merdeka 2, ✆ 444499, 432362.

Preisbeispiele (+10% Mwst):
BATAM 279 000 Rp (SG, MZ),
JAKARTA 63 000 Rp (BO, MZ, SG),
SEMARANG 90 000 Rp (MZ),
SURABAYA 157 000 Rp (MZ, BO),
YOGYAKARTA 81 000 Rp (BO).

Merpati fliegt tgl. direkt von Bandung nach Singapore, allerdings ist Bandung kein visafreier Ein- und Ausreiseort.

Die Umgebung von Bandung

Lembang

16 km von Bandung – mit dem Colt (750 Rp) ab Kebon Jati – kommt man in den Bergort, der für seinen Obstmarkt und das kühle Gebirgsklima bekannt ist. Gemüsegärten ziehen sich die Berghänge hinauf.

Die Hauptstraße von Bandung nach Lembang ist mittlerweile soweit zugebaut, vor allem mit Hotels und Ausflugslokalen, daß der Bergort mit der Hauptstadt zusammengewachsen ist und fast als ein Vorort Bandungs gelten kann.

Im Ort steht das weitläufige *Grand Hotel*, das bereits bei den Holländern beliebt war.

Tangkuban Prahu-Krater

Einstmals war dieser 2076 m hohe Vulkan nördlich von Lembang kegelförmig, bis eine riesige Explosion die Kuppe des Bergs absprengte. Die Erdmassen gingen vor Bandung nieder, dort, wo noch heute die Hügel zu sehen sind. Der Fluß wurde gestaut, und es entstand ein riesiger See, der bis zu 75 m tief war. Das ursprüngliche Bandung, 40 km weiter südlich, erhielt einen Namen, mit dem sonst nur Küstenorte bezeichnet werden. Doch dann grub sich der Fluß ein unterirdisches Bett (daher die Höhlen in Bandungs Umgebung), und das Wasser konnte zum Meer hin abfließen. Seither sieht der Berg wie ein „umgekipptes Boot" (indonesisch: *Tangkuban Prahu*) aus. Doch der Vulkan ist noch lange nicht zur Ruhe gekommen. Bereits viermal in diesem Jahrhundert kam es zu Magma-Eruptionen, und einer der zehn Krater spuckt immer noch heiße Schwefeldämpfe.

Der Vulkan ist mit einem Colt von Bandung (9 km in Richtung Subang) für 800 Rp zu erreichen. Man läßt sich am Beginn der Bergstraße absetzen (Eintritt) und läuft die restlichen 4 km zum Gipfel. Will man nicht die Straße entlanglaufen, kann man 1 1/2 km hinter dem Tor auf einen Pfad nach rechts zum Domas abbiegen – von hier sind es weitere 20 Minuten durch einen schönen Wald bis zum Krater. Ein Führer zu den heißen Quellen ist absolut nicht nötig (horrende Preise!). Lohnenswert ist die Tour vor allem am frühen Vormittag - hat man einen schlechten Tag erwischt, ist bereits ab 9 Uhr morgens alles zugezogen und neblig. Der 370 ha große *Taman Wisata* ist Touristen zugänglich. Er wird von 1290 ha geschützter Wildvegetation (Cagar Alam) umgeben.

Heiße Quellen

Ein Resultat der vulkanischen Tätigkeit sind auch die heißen Quellen in der Umgebung, die zumeist touristisch erschlossen sind. Am besten zu erreichen sind die **Maribaya Hot Springs**, 10 Minuten von Lembang entfernt (Eintritt). Colt befahren die Strecke für 500 Rp, oder man macht einen zweistündigen Spaziergang von Bandung über Dago durch Nadelwälder und einen Tunnel. In Maribaya gibt es Übernachtungsmöglichkeiten, Restaurants, Badestuben, die allerdings ziemlich heruntergekommen sind.

Noch mehr fürs Touristenherz bieten die **Ciater Hot Springs**, 35 km nördlich von Bandung. Viele Weiße und Japaner genießen das heiße Bad in einem landschaftlich reizvollen Gebiet. Im milden, kühlen Klima ist es angenehm, in der Umgebung zu wandern, z.B. zum Wasserfall **Curug Panganten** in der Nähe von Cimahi.

Übernachtung

In der Nähe der Curug Panganten-Pools stehen die Bungalows des *Sari Ater Resort* (US$21 125), ✆ 0261 11207, ✉ 0261 21772; Buchung in Bandung, Jl. Taman Sari 72, ✆ 283188, ✉ 287862, oder in Jakarta, Jl. Abdul Muis 18, ✆ 377882, ✉ 352484. Das Resort hat Restaurants, eine Bar mit Disco (Sa) und Karaoke, einen Tennisplatz usw.

Pangandaran

Der Fischerort an der Südküste ist ein beliebter Zwischenstop vieler Traveller auf dem Weg von Jakarta nach Yogya.

Er liegt z.T. auf einer nach Süden gerichteten Landzunge, **Pananjung** genannt, die an der schmalsten Stelle nur 300 m breit ist. Die langen, dunkelgrauen Strände locken überwiegend einheimische Besucher an. Zum Baden eignet sich der südliche Abschnitt des Weststrandes. Weiter im Norden treten manchmal tückische Strömungen auf. Der Oststrand wird fast ausschließlich von Fischern genutzt und lädt weniger zum Baden ein. Trotz Tourismus sind Fischfang und Landwirtschaft die wichtigsten Einkommensquellen vieler Bewohner dieser traditionsbewußten Dorfgesellschaft geblieben.

Von der Bushaltestelle in Pangandaran sind es etwa 1,5 km bis zu den ersten Losmen in Pananjung, doch kein Problem: Becakfahrer kümmern sich um jeden Besucher. Sie transportieren immer nur eine Person, so daß mehrere in den Genuß der Provision kommen, die sie normalerweise von den Losmen- und Hotelbesitzern erhalten.

Wegen dieser Provision verlangen die meisten Hotels / Losmen von Gästen, die nur eine Nacht bleiben wollen, einen entsprechend höheren Zimmerpreis. Der normale Fahrpreis vom Markt nach Pananjung beträgt 1000–1500 Rp pro Becak. Kurz nach der Abzweigung zahlt man 2000 Rp Eintritt (nur einmal für den Gesamtaufenthalt).

Übernachtung

Die meisten Unterkünfte in Pangandaran stehen unter der Woche fast immer leer: hier wird das große Geschäft am Wochenende und während der Feiertage mit einheimischen Touristen gemacht.

Mehrmals im Jahr sind die Unterkünfte in Pangandaran total ausgebucht, z.B. an Idul Fitri, Weihnachten und Neujahr. Indonesische Gäste zahlen dann mitunter den fünffachen Zimmerpreis.

Hotels und Losmen, die hauptsächlich westliche Reisende zu ihren Gästen zählen, finden sich vor allem in zwei Ortsteilen – in Pananjung im Süden der Halbinsel nahe dem Naturreservat, zum anderen etwa 1,2 km nördlich von hier in der Jl. Bulak Laut und am nördlichen Weststrand.

UNTERE PREISKLASSE – von Norden nach Süden, z.B.:
Bamboo House**-*** ②, ℡ 639419, empfehlenswert, mit Frühstück und Open-Air-Badezimmer, sauber, familiäre Atmosphäre, kleiner Garten.
Arga Loka*** ⑧, ℡ 639182, Fan oder ac, sauber, etwas ungemütlich.
Dalia Indah Hotel**-*** ⑨, Jl. Pamugaran 25, ℡ 639173, gibt Discount für längeres Wohnen.
Bintang Jelita**-*** ⑩, ℡ 639297, sauber, mit Fan oder ac, Frühstück und Balkon mit Blick aufs Meer.
Bulak Laut Bungalows**-**** ⑪+⑫, ℡ 639377, hübsche, kleine Bambus-Bungalows mit kleiner Terrasse, nett eingerichtet, Fan oder ac, Open-Air-Bad und Wohnzimmer, mit Frühstück, an einer relativ lebhaften Straßenecke.
Pantai Sari**-*** ⑭, Jl. Bulak Laut, ℡ 639175, große Zimmer mit Fan oder ac; Restaurant.
Holiday Inn* ⑯, Jl. Bulak Laut, ℡ 639285, einfache Bambuszimmer mit Mandi, Fan und kleinem Frühstück, nicht so schön gelegen.
Hotel Kelapa** ⑲, Jl. Sumardi 26, ℡ 639329, empfehlenswert, ruhig, schöner, großer Garten, Zi mit Fan, Du/WC und Veranda, inkl. Frühstück; freundliche Leute und guter Service.
Panorama**-*** ㉙, ℡ 639218, z.T. mit Meeresblick, der leider durch die neue Straße am Oststrand einige Reize verloren hat.
Susan's Guesthouse*** ㉚, Jl. Kalen Buhaya, ℡ 639290, ruhig gelegen, sehr sauber, mit Garten.
Mini Dua*-** ㉛, Jl. Kalen Buhaya, ℡ 639298, ruhig gelegen, empfehlenswert und sauber.
Delta Gecko Lodge*-**, sehr ruhig und schön gelegen, aber ca. 5 km westlich vom Ort, nicht weit von der Muara Karangtirta. Nebenan das hervorragende *Franco's Restaurant*.

MITTLERE BIS OBERE PREISKLASSE – von Norden nach Süden, z.B.:
Surya Pesona Hotel (US$13–78) ①, Jl. Pamugaran, ℡ 639428, ℻ 639289, elf einfache Zimmer mit Fan, aber auch 60 luxuriösere mit ac, Heißwasser, Badewanne, TV, Telefon; mit Restaurant und Swimming Pool, größtes, wenn auch nicht bestes Hotel des Ortes.
Adams Homestay**** ④, ℡ 639164, 639343, ℻ 639164; wer länger bleiben will, ist hier (unter deutschem Management) bestens aufgehoben, sehr sauber, nett eingerichtet, große Bibliothek, herrlicher Garten mit vielen Vögeln, Swimming Pool, Restaurant, Cafetaria und Wartel.
Hotel Putri Duyung (US$15–65) ⑤, Jl. Pamugaran, ℡ 639209, saubere, hübsch dekorierte Zimmer und Bungalows, mit Fan oder ac und TV.
Sandaan (US$17–39) ⑦, ℡ 639165, Fan oder ac, Heißwasser u. TV, mit Frühstück; Restaurant, kleiner Swimming Pool.
Hotel Bumi Nusantara (US$17–41) ㉖, ℡ 639032, ℻ 639031, am zentralen Weststrand, mit Garten und Restaurant.
Pantai Indah Barat (US$45–87) ㉗, Jl. Kidang Pananjung, ℡ 639004, ℻ 639327, komfortabel ausgestattete Zimmer, etwas steril; Swimming Pool.

Übernachtung:
① Surya Pesona H.
② Bamboo House
③ Losmen Mini Tiga
④ Adams Homestay
⑤ Putri Duyung H.
⑥ Uni Beach H.
⑦ Sandaan
⑧ Arga Loka
⑨ Dalia Indah H.
⑩ Bintang Jelita
⑪ Bulak Laut Bung.
⑫ Bulak Laut Bung.
⑬ Palem Indah H.
⑭ Pantai Sari
⑮ Nyiur Indah 2 H.
⑯ Holiday Inn
⑰ Bima Sakti H.
⑱ Sunset H.
⑲ H. Kelapa
⑳ Bahtera Jaya
㉑ Anggia Motel
㉒ Duta Loka
㉓ Bumi Pananjung
㉔ Pantai Indah Timur
㉕ Pantai Indah Depan
㉖ Bumi Nusantara H.
㉗ Pantai Indah Barat
㉘ Sunrise Beach H.
㉙ Panorama
㉚ Susan's Gh.
㉛ Mini Dua
㉜ Pelangi
㉝ Rawamangun
㉞ Losmen Morris
㉟ Mangkubumi Beach H.
㊱ Nyiur Indah H.
㊲ Pangandaran Beach H.
㊳ Losmen Morris

Transport:
❶ Sari Bakti Utama (Bus)
❷ Budiman (Bus)
❸ Bus Station
❹ Sari Harum Travel

Läden, Restaurants etc.:
1 Bank Rakyat Indonesia
2 Scandinavian R.
3 Relax Cafe
4 Disco Star Meridian
5 Nanjung R.
6 Cilacap R.
7 Ocid's Office
8 Bank Rakyat Indonesia
9 Sympathy R.
10 Inti Laut Seafood R.
11 Mambo R.
12 Warung
13 Masruddin's Buchladen

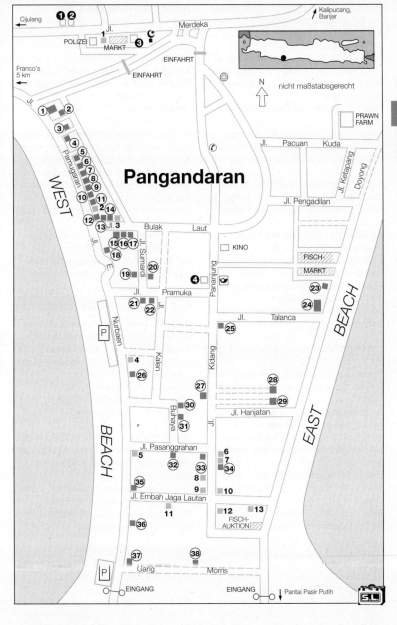

Pantai Indah Timur (US$60–120) ㉔, Zimmer und Bungalows am Weststrand, unter demselben Management wie der Namensvetter.
Sunrise Beach Hotel (US$35–97) ㉘, ☏ 639220, ✆ 639425, am Oststrand, die meisten Zimmer mit ac; Restaurant, großer Swimming Pool und schöner Garten, viele Reisegruppen, oft ausgebucht.

Etwa 3–4 km östlich vom Zentrum in **Babakan**, direkt am Meer, findet man folgende, sehr ruhig gelegene Unterkünfte; allerdings gibt es hier nur die zu den Bungalow-Anlagen gehörenden Restaurants, außerdem keine Einkaufsmöglichkeiten:

Laguna Beach Bungalows***, inkl. Frühstück.
Sandy Beach Bungalows**-***, ☏ 379085, inkl. Frühstück, Fahrräder werden gratis verliehen.

AUSSERDEM – gibt es viele namenlose **Privatunterkünfte** *(Pondok Wisata)*, meist mit Schild *Kosong* (leer; Zimmer frei). Bei den meisten Losmen und Hotels ist Frühstück inklusive! Für einen längeren Aufenthalt kann man **Häuser** mieten (ab 100 000 Rp pro Monat), aber nicht während wichtiger Feiertage.

Essen und Trinken

Preiswerte Warung findet man fast an jeder Ecke. Natürlich gibt es auch gutes und billiges Traveller Food.
Sympathy Restaurant (Rumah Makan Simpati), der etwas deutschsprechende, sympathische Küchenchef Mumu serviert u.a. gutes Seafood, ausgezeichnet sind seine *Fruit Pies* mit Schokoladensauce.
Cilacap Restaurant (Chez Mama), ☏ 639098, eines der ältesten und besten Restaurants des Ortes.
Nyiur Indah, im gleichnamigen Hotel, chinesisch.
Inti Laut Seafood Restaurant, ☏ 639326, am südlichen Ende der Jl. Kidang Pananjung; empfehlenswerter Chinese, dem auch die Prawn Farm an der Jl. Pacuan Kuda gehört, spezialisiert auf Seafood.
Wer in der Jl. Bulak Laut oder weiter oben am Weststrand wohnt, findet auch hier gute Restaurants, z.B. *Pantai Sari*, im gleichnamigen Hotel, und *Relax Cafe*.

Rumah Makan Bunga Laut, Jl. Bulak Laut, neben Hotel Nyiur Indah 2, authentische javanische Küche; hier sollte man unbedingt die köstliche Tongseng-Suppe probieren; der Service erfordert mitunter etwas Geduld.
Hillman's Fishfarm Restaurant, nördlich vom Busbahnhof, ist einen Besuch wert; es liegt inmitten von Fischteichen, wo man den Fisch selbst fangen kann.
Franco´s Restaurant (Francesco Brillo), liegt ca. 5 km westlich in einer Kokospalmen-Plantage, zwar ein weiter Weg, den man aber sicherlich nicht bereut; ausgezeichnete italienische Küche, Seafood usw. in uriger Atmosphäre.

Es lohnt sich, einmal morgens zur **Fischauktion** in Pananjung zu gehen. Haie und Rochen, gelegentlich sogar ein 3–4 m langer Marlin werden hier meistbietend verkauft.
Auf dem weiter nördlich am Oststrand gelegenen **Fischmarkt** kann man sich an den Ständen seine Seafood-Spezialitäten selbst aussuchen und an Ort und Stelle zubereiten lassen.

Sonstiges

BÜCHER – Eine ständig wachsende Bibliothek (Verleih, Tausch und Verkauf) englischer und deutscher Titel gibt es in *Adams Homestay*. Die Leute freuen sich, wenn man gebrauchte Bücher mitbringt.
Ein kleinerer *Buchladen* (Masruddin's) liegt schräg gegenüber vom Inti Laut Seafood Restaurant in der Jl. Embah Jaga Lautan.

EINKAUFEN – An zahlreichen Ständen entlang der westlichen Strandstraße wird immer die gleiche Auswahl an Badekleidung, T-Shirts und Drinks angeboten.
Eine größere Auswahl an Lebensmitteln und anderen Dingen findet man auf dem modernen Markt gleich neben dem Bus Terminal und in den Geschäften an der Jl. Merdeka.

FAHRRÄDER / MOTORRÄDER – Zahlreiche Läden vermieten Fahrräder für 2000–2500 Rp pro Tag und Motorräder für 12 500 Rp pro Tag.

GELD – Cash, allerdings nur saubere, fast druckfrische Scheine, und TC können in kleinen Bankfilialen an der Jl. Kidang Pananjung und in der Jl.

Merdeka gewechselt werden. Außerdem gibt es mehrere Money Changer.

INFORMATIONEN / GUIDES / TOUREN – Es gibt viele private sog. *Tourist Information Centres*, die zu kaum unterschiedlichen Preisen Tickets für Busse und Boote verkaufen und Touren per Minibus, Motorrad, Fahrrad oder zu Fuß anbieten (mit Guide), z.B. zum Green Canyon oder nach Cintaratu, zu Wasserfällen, Höhlen und stillen Dörfern. Der Guide sollte möglichst eine Lizenz der offiziellen Indonesian Guide Association haben.
Das offizielle *Tourist Information Office*, geleitet von Ocid, mit angeschlossener *Indonesian Guide Association*, wechselt leider fast jährlich seinen Standort. Zuletzt befand es sich an der südlichen Jl. Kidang Pananjung, nicht weit vom Cilacap Restaurant.

MASSAGE – Eine gute Ganzkörpermassage kostet 5000 Rp und dauert 1 Std.

MEDIZINISCHE HILFE – Im Norden der Halbinsel werden in einem kleinen Krankenhaus einfache Fälle versorgt. Wesentlich besser sind die Krankenhäuser in Bandung (s.S. 130).

POST – Das Postamt befindet sich an der Jl. Kidang Pananjung nahe der Einmündung der Jl. Pramuka, geöffnet Mo–Do u. Sa 8–14, Fr bis 11 Uhr.

TELEFON – Das *Telekomunikation Centre* liegt unübersehbar an der nördlichen Jl. Kidang Pananjung. Von hier aus können problemlos Auslandsgespräche geführt werden; 24 Std. geöffnet, notfalls an die Tür klopfen.
Auslandsgespräche und Fax ebenfalls bei *Adams Homestay.*

VORWAHL – 0265.

WASSERSPORT – Schnorchelausrüstung gibt es für 2000 Rp pro Tag.
Man kann Fischkutter für eine Fahrt nach Cilacap oder Nusa Kambangan chartern, oder damit zum Fischen fahren. Pro Tag kostet ein Boot für max. 15 Personen ca. 175 000 Rp; kleinere Boote für weniger Leute oder kürzere Zeit sind entsprechend billiger.

Transport

LOKALE BUSSE – Richtung Westen geht es immer über BANJAR, lokale Minibusse 2500 Rp, 65 km, 1 Std.; TASIKMALAYA 3500 Rp, 107 km, 3 Std.

MINIBUSSE UND EXPRESSBUSSE – Die diversen Tourist Information Centres bieten Minibusse an, die alle Passagiere im Hotel abholen und in Bandung oder in Yogyakarta (inkl. Bootstrip, s.u.) bis zur gewünschten Adresse fahren:
BANDUNG, z.B. mit *Sari Harum Travel*, Jl. Kidang Pananjung, gegenüber der Post, Abfahrt tgl. um 6 u. 14 Uhr, 13 500 Rp, 5 1/2 Std.
Nach BOGOR, ac 22 500 Rp, und JAKARTA, ac 25 000 Rp, geht es ab Banjarsari mit einem öffentlichen Bus weiter und am Zielort nur bis zur jeweiligen Bus Station.
Der schnellste und bequemste Weg nach JAKARTA: Mit Sari Harum Travel nach Bandung zum Bahnhof, weiter mit einem der häufigen Parahyangan-Züge nach Jakarta, Bhf. Gambir.
Zwei Gesellschaften haben Expressbusse nach BANDUNG:
Sari Bakti Utama, Jl. Merdeka 36, ✆ 639446, fährt fast jede Stunde mit bequemen ac-Bussen, 9000 Rp, 5–6 Std.
Budiman, Jl. Merdeka, ebenso häufig, weniger bequem und ohne ac, 7500 Rp. Budiman hat auch Direktbusse nach JAKARTA, Terminal Kampung Rambutan, und BOGOR, 12 000 Rp.

EISENBAHN – Für die Reise nach JAKARTA oder BANDUNG eignet sich auch die Eisenbahn, die in BANJAR hält; die Nebenstrecke von Banjar über Pangandaran nach Cijulang ist leider schon seit etlichen Jahren stillgelegt.
Nach YOGYAKARTA fährt ab Banjar gegen 9.20 Uhr ein 3. Klasse-Zug (7000 Rp), gegen 11 Uhr ein 1. / 2. Klasse-Zug (35 000 / 20 000 Rp), der nur 4 Std. braucht, und gegen 13 Uhr wieder ein 3. Klasse-Zug (7000 Rp), 5 Std. Weitere Züge nach Yogyakarta: 20.14 Uhr, 2. Kl., 25 000 Rp; 22.10 Uhr, 1. / 2. Kl., 50 000 / 37 000 Rp und um 1.33 Uhr, 3. Kl., 9000 Rp.

BOOTE – Richtung Osten könnte man auch mit dem Bus über Banjar fahren. Doch fast genauso schnell, aber unterhaltsamer und abwechslungsreicher ist der Bootstrip nach CILACAP.

Auf eigene Faust fährt man mit einem frühen Minibus Richtung Banjar bis KALIPUCANG 1000 Rp, 16 km, 1/2 Std. Von der Hauptstraße geht es 200 m zu Fuß zur Anlegestelle des kleinen Motorkutters, der um 7, 8, 12 und 13 Uhr abfährt. Die letzten Boote sind zu spät, um von Cilacap weiterzukommen.

Für 1700 Rp schippert man 4 Std. gemütlich den Sungai Citanduy hinab und durch die Mangroven zwischen Java und Nusa Kambangan, mit Stops in kleinen Kampung und an Pfahlbaudörfern.

Man sieht kunstvolle Fischfallen auf den weiten offenen Lagunen, Fischer in ihren Einbäumen, viele Wasservögel und die lustigen Schlammspringer, kleine Fische mit Stielaugen, die an Land leben.

Nach YOGYA oder WONOSOBO geht es von Cilacap Hafen weiter mit dem Minibus von Agung oder Delima direkt zur gewünschten Adresse (8500 Rp), oder mit dem Minibus ab Toko Jadi. Die beschriebene Bootsfahrt ist auch Bestandteil der kombinierten Minibus-Tour, die von den diversen Tourist Information Centres angeboten wird: nach YOGYAKARTA (13 500 Rp) oder WONOSOBO, Dieng (15 500 Rp), wird man ca. 6 Uhr morgens vom Hotel abgeholt, steigt in Kalipucang am Fährhafen mit seinem Gepäck aus, macht den Bootstrip und fährt von Cilacap Hafen mit einem anderen Bus weiter. Gegen 16 Uhr kommt man in Yogya an, wo man zu einem Hotel nach Wahl gebracht wird.

Die Umgebung von Pangandaran
Naturschutzgebiet

Nur ein paar hundert Meter südlich vom Dorf beginnt das über 500 ha große Naturreservat: Durch einen der beiden Eingänge (Eintritt 1250 Rp, das Ticket gilt für einen Tag) gelangt man zuerst in den **Touristenpark** *(Taman Wisata)*. Hier tummeln sich ungestört Makaken, die dunklen Languren sind dagegen schon distanzierter. Auf breiten Wegen gelangt man zu Grabstätten, Höhlen, japanischen Bunkern und kleinen Badesträndern. Besonders schön ist **Pantai Pasir Putih** im Osten.

Doch über 90% der Halbinsel sind Wildnis, Primär- und Sekundärdschungel und offene Weideflächen mit Bantengherden. Eine kleine Art der „größten Blume der Welt" wächst hier, die *Rafflesia padma,* die einen Durchmesser von 35–40 cm erreicht. Dieses eigentliche Naturreservat darf nur mit einem Guide betreten werden, ist oft sogar monatelang total für Besucher gesperrt. Für eine Tour durch die Wildnis fragt man bei der *Guide Association* oder im Losmen nach einem Guide, der eine Lizenz haben sollte. Zur Zeit werden 10 000 Rp pro Person für einen ca. 6 Stunden dauernden Ausflug verlangt. Ein empfehlenswerter Jungle Guide ist Ocid, der ein kleines Tourist Office (an der unteren Jl. Kidang Pananjung neben dem Cilacap Restaurant) leitet.

Wer in guter Kondition ist, kann die Halbinsel in einem schweißtreibenden Tagesmarsch (12 Std.) umrunden. Ein schmaler Fußpfad, schlüpfrig und überwuchert, läuft in einem ewigen Auf und Ab über die steilen Klippen und durch den Dschungel, fast immer an der Küste entlang, über kleine Flüsse, vorbei an lauschigen Wasserfällen, mit gelegentlichen Ausblicken aufs Meer. Versteckte Seitenpfade biegen in felsengesäumte Buchten ab, wo man die Strände garantiert für sich allein hat – abgesehen von den Affen, die hoch oben durch die Wipfel der Bäume turnen.

In der Osthälfte des Naturreservats sieht man die Schlafbäume der großen Flughunde (Fruchtfledermäuse), die tagsüber kopfunter in den Ästen hängen. Zum Sonnenuntergang verlassen sie die Halbinsel und fliegen Richtung Nordwesten auf Futtersuche, wovon sie vor Sonnenaufgang zurückkehren.

Die Küste im Westen

Die Küste im Westen hat außer nicht enden wollenden Stränden noch andere Ausflugsziele aufzuweisen. Die Tour ist mit öffentlichen Minibussen möglich, aber zeitraubend, denn man muß von der Straße aus zu den Ausflugszielen immer 1 oder 2 km zu Fuß gehen. Besser ist die Tour mit einem gemieteten Motorrad zurückzulegen.

Muara Karangtirta: Bei Cikalong (9 km) oder Cibenda (12 km) biegt man zu dieser Lagune ab, wo drei Flüsse von Sanddünen aufgestaut werden, bevor sie ins Meer münden. Trotz starker Meeresbrise eine weite, glatte Wasserfläche. Hier gibt es einen sehr ruhig gelegenen Losmen.

Batu Hiu (= Haifischstein) ist ein felsiger Aussichtshügel zwischen dunklen Sandstränden, der 1 km weiter in die Brandung hinausragt (Eintritt: 1000 Rp). Er ist von seltsamen Pandanusbäumen mit hohen Stützwurzeln bewachsen. Viele Warung und drei Penginapan*.

Muara Bojong Salawe: Wo die Küste nach Südwesten abbiegt, liegt die zweite große Lagune, Abzweigung kurz hinter Parigi (19 km). Man kann mit gemieteten Booten herumpaddeln und gelegentlich auf der nahen Rennbahn Pferderennen beobachten. Südlich der Lagune wird zur Zeit an einem Flughafen gebaut.

Cijulang (23 km), hier ist Endstation für die Busse von Banjar, aber mit Ojek geht es weiter. Kurz hinterm Ort Abzweigung nach

Pantai Batu Karas (ca. 5 km) mit Brandung zum Surfen (Eintritt: 1000 Rp). Mittlerweile 8 Losmen*-***. Hierher kann man ausweichen, wenn an Feiertagen in Pangandaran alles voll ist. Batu Karas eignet sich zum Schnorcheln; hier gibt es richtig große Fische und auch viele Lobster. Lohnend ist eine Bootstour (2 Std.) den Fluß südlich von Cijulang hinauf zum **Green Canyon**. Die Straße nach Westen ist durchgehend asphaltiert und führt schließlich nach Tasikmalaya und Cipatujah.

Pantai Poncol, einsamer Strand mit dunklem Sand, dramatischer Brandung und zerklüfteten Felsenklippen, 30 km westlich von Cijulang bei Cimanuk. An einigen Stränden westlich von Pangandaran sieht man Seeschildkröten.

Die Straße nach Osten

Auch in Richtung Banjar gibt es sehenswerte Plätze. Die Dörfer Putrapinggan (5 km) und Emplak (10,5 km) sind Ausgangspunkt für Trekking-Touren bis zu max. 3 Tagen.

Curug Bojong / Curug Puringis, zwei Wasserfälle (nicht so spektakulär in der Trockenzeit), erreicht man, wenn man von einem der beiden Dörfer durch Reisfelder und Wälder wandert. Am besten mit Guide aus Pangandaran.

Pantai Lembah Putri: Abzweigung nach 6 km zum „Strand im Tal der Prinzessin".

Zurück an der Hauptstraße: Nach 1 km kommt man an eine 160 m lange, etwas baufällige Eisenbahnbrücke, die einen tollen Blick aufs Meer gewährt.

Pantai Karang Nini: Ein Weg zweigt 2 km weiter zu dem „Korallenstrand der Großmutter" ab (Eintritt: 1000 Rp), wo man einen *Bungalow-Losmen*** findet.

Pantai Karapyak und **Pantai Palatar Agung**, nochmals 3 km die gewundene Straße hinauf, zweigt rechts eine schmale, doch asphaltierte Straße zu diesen Stränden ab (7 km). Am Pantai Karapyak steht ein einfacher Losmen*; 1 km östlich davon kann man einen Hügel am Meer erklimmen und die großartige Aussicht genießen.

Sungai Citanduy: 1–2 km weiter bergauf überblickt man die weite Mündung dieses Flusses und einen Teil der Strecke, den das Boot nach Cilacap vorbei an der Insel Nusa Kambangan zurücklegt.

Nusa Kambangan: Auf diese Insel können von Pangandaran aus per Boot Tagesausflüge mit Picknick gemacht werden.

Zentral-Java

Im Zentrum Javas beeindrucken die Zeugnisse einer vergangenen hinduistischen und buddhistischen Hochkultur – die Tempelanlagen Prambanan und Borobudur oder die Ruinen auf dem Dieng-Plateau. Nachdem das machtvolle Majapahit-Reich durch die zunehmende Ausbreitung des Islam im 16. Jahrhundert zerfiel, erlangte in Zentral-Java ein moslemisches Sultanat, das Reich Neu-Mataram, das seinen Schwerpunkt im Gebiet von Demak und Kudus hatte, die Vorherrschaft. Durch Intrigen westlicher Händler im Kampf um das Monopol im Gewürzhandel zerfiel dieses Reich in vier Sultanate.

Von der höfischen Hochkultur ist besonders im Sultanat von Yogyakarta viel erhalten geblieben: Wayang-Aufführungen, Theater in überaus prunkvoller Form, wie es sonst kaum zu sehen ist, oder Schulen, die traditionelle Tänze und Gamelanmusik unterrichten und weiterentwickeln. Daneben ist Zentral-Java – vor allem Solo, Pekalongan und Yogyakarta – ein bedeutsames Zentrum der Batikindustrie.

Mit ungefähr 32,5 Millionen Menschen auf einer Fläche von 37 000 km2 (davon nur 3,3% Wald) ist die Provinz Zentral-Java einschließlich der Spezialprovinz Yogyakarta das am dichtesten besiedelte Gebiet Indonesiens – Probleme der Überbevölkerung, z.B: die Besitzzersplitterung bis zu handtuchgroßen Reisfeldern, werden deutlicher als in anderen Regionen.

Cilacap

In Cilacap (= Fluß der Winkerkrabben) befindet sich der einzige Überseehafen an Javas 1000 km langer Südküste, gleichzeitig wichtige Industriestadt (Zementwerk, Ölraffinerie).

Für den Traveller von Interesse sind die Bootsverbindungen nach Pangandaran und Abstecher in die Umgebung. Nicht vergessen: im Hafen ist Fotografieren verboten!

Übernachtung und Essen

Hat der Bus aus Yogya Verspätung, muß man möglicherweise hier übernachten.
Losmen Lima*, nur 600 m von der alten Bootsanlegestelle in einer ruhigen Seitenstraße eines kleinen Kampung.
Losmen Arafah*-**, Jl. Jen. Sudirman 48, ist einfach aber sauber, mit Frühstück
Penginapan Wijaya*-**, Jl. Letjen. Suprapto 4.
Grand Hotel***-****, Jl. Dr. Wahidin 5-11, Zimmer mit ac.
Ein gutes chinesisches Restaurant ist **Perapatan / Sien Hieng**, Jl. Jen. A. Yani.

Sonstiges

BEMO – Der Ort ist ziemlich weitläufig, Bemo kosten im Stadtbereich 350 Rp.

GELD – in der Jl. Jen. A. Yani, **Bank Bumi Daya**, Nr. 28; **Bank Dagang Negara**, Nr. 100; **Bank Negara Indonesia 1946**, Nr. 27.

SPRACHSCHULE – Im **Happy House Of English**, Jl. Letjen. S. Parman 56, kann man Englisch unterrichten und Kontakte zu einheimischen Familien knüpfen.

VORWAHL – 0282.

Transport

BUSSE – Nach YOGYAKARTA direkter Bus via KROYA 3800 / 5800 Rp, 196 km, 5–6 Std. Oder man fährt nach PURWOKERTO 1700 Rp, 2 Std. Von hier weiter nach WONOSOBO 2100 Rp, 2 1/2 Std., Dokar (1500 Rp) zum Minibus Terminal, dann hinauf zum DIENG PLATEAU 1000 Rp, 26 km, 1 Std.

EISENBAHN – Tgl. gegen 18 Uhr fährt ein 1. / 2.-Klasse-Zug über CIREBON (23 000 / 12 000 Rp, 5 Std.) nach JAKARTA, Gambir (35 000 / 20 000 Rp, 8 Std.).

MINIBUSSE – **Toko Jadi**, Jl. Jen. A. Yani 72, ✆ 21490, hat tgl. um 7 und 14 Uhr zwei direkte Minibusse nach YOGYA bis zur gewünschten Adresse, 8500 Rp, 4–4 1/2 Std.
Mit Glück steht ein Minibus, **Agung** oder **Delima**, an der Bootsanlegestelle, der für 8500 Rp nach Yogya fährt. Bei Bedarf auch über WONOSOBO.
Sri Ayu Travel, im Delyma Hotel, Jl. Jen. Sudirman 3, ✆ 21410, hat tgl. komfortable Minibusse mit ac nach JAKARTA und SEMARANG (9000 Rp).

FLÜGE – Tgl. sollte es für 122 000 Rp einen Merpati Perintis-Flug um 11.25 Uhr nach JAKARTA geben, falls sich genügend Passagiere einfinden.
Merpati im Grand Hotel, Jl. Dr. Wahidin 5-11, ✆ 21381.

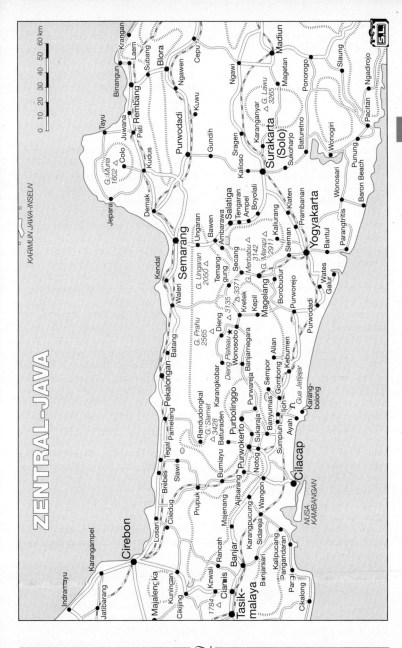

Zentral-Java

FÄHRE – Die Fähre von CILACAP nach KALIPUCANG legt tgl. um 7, 8, 12, 13 Uhr ab, die 4 Std. Fahrt kosten 1700 Rp.
Der Ticketschalter öffnet 30 Min. vorher.
Weiter mit dem Minibus nach PANGANDARAN 1000 Rp, 1/2 Std.
Mit der ersten Fähre von KALIPUCANG kann man problemlos noch am gleichen Tag weiter nach YOGYA oder sogar DIENG fahren. Von der Bootsanlegestelle: Becak 500 Rp oder 1/2 km zu Fuß, dann Bemo für 350 Rp zum Bus Terminal, oder Becak für gesamte Strecke 1500 Rp.

Dieng Plateau

Auf einem sumpfigen Hochplateau (2093 m) inmitten der Bergwelt Javas zeugen acht schlichte, unauffällige Tempelbauten von der ehemaligen Größe einer Tempelstadt oder Klosteranlage. Schon zu Beginn des 9. Jahrhunderts befand sich hier ein Zentrum des Shiva-Kults und ein Pilgerort, wo neben Priestern und Mönchen auch bewundernswerte Baumeister gelebt haben müssen. Archäologen entdeckten die Grundmauern großer Gebäudekomplexe und 32 weiterer Tempel. In Stein gehauene Treppen führten auf steile Bergrücken, eine Riesenmauer stützte die rutschenden Hänge des Gunung Prahu (2565 m, und eine unterirdische Kanalisation sollte die sumpfigen Gebirgswiesen trockenlegen.

Das Plateau, Di Hyang – „Zuflucht der Götter"- genannt, ist der Krater eines schon lange erloschenen Vulkans, der passende Ort für die Verehrung Shivas, des kosmischen Zerstörers. Denn obwohl verstummt, regt sich noch „Leben" im Berg. Dampfschwaden wallen über heiße Seen, deren Wasserflächen in seltsamen, grünblauen Farben schillern, Schwefelgeruch liegt in der Luft, kochender Schlamm blubbert in kleinen Tümpeln, und spätestens nachmittags fallen die Nebel ein und vermischen sich mit dem Rauch der Holzfeuer, der aus den Dächern der Bauerndörfer aufsteigt.

Kräftige Menschen mit wettergegerbter Haut wohnen in diesen Dörfern. Nicht nur Zerstörung bringt der Berg. Seine fruchtbaren Vulkanböden lassen üppiges Leben sprießen. Wie üppig, das kann man selbst sehen, wenn man auf rutschigen Bergpfaden durch die pittoreske Landschaft wandert, zwischen terrassierten Gemüsefeldern mit gigantischen Kohlköpfen, durch stille, weltentrückte Wälder, vorbei an steilen, von Riesenfarnen umrankten Felsen zu versteckten Bergseen und Dörfern, wo nur selten Fremdlinge auftauchen.

Von einem der Aussichtshügel reicht der Blick an klaren Tagen – besonders frühmorgens – über sechs, sieben Vulkane in nächster Nähe – herausragend das „Zwillingspaar" Gunung Sundoro (3151 m) und Gunung Sumbing (3371 m) im Südosten – bis zu den Küstenlinien im Norden und Süden und fernen Vulkankegeln, die sich im Osten (Gunung Merbabu / Merapi) und Westen (Gunung Slamet) aus dem Dunst der Ebene erheben. In den vergangenen Jahren gab es mehrere Gasausbrüche an der Westseite des Plateaus, die einigen hundert Menschen das Leben kosteten. Die Gegend ist markiert und die Straße umgeleitet worden.

Die Uferregionen der Seen *(= Telaga)* Dringo, Sumurup, Warna und Pengilon sind Naturschutzgebiet; die Fauna beschränkt sich auf Wasservögel. Ein verwirrendes Netz von Fußwegen überzieht die Umgebung des Plateaus, neuerdings bereichert um viele Straßen, unschöne, die weltentrückte Stimmung störende Schöpfungen der Pertamina, die einen Teil der geothermischen Kräfte in Elektrizität verwandelt.

Ein Rundgang

Acht kleine Candi, erst in jüngster Vergangenheit nach Helden des Mahabharata-Epos benannt, sind auf einem bequemen Spaziergang zu besichtigen.

Westlich des Dorfes Dieng zweigt links ein Weg zu den meistbesuchten Tempelruinen, dem **Arjuna-Komplex**, in einem Sumpfgebiet ab. Der Fußweg führt vom Parkplatz an Grundmauern eines ehemaligen **Palastes** vorbei. Nur wenige Meter weiter, der erste und größte Tempel, **Candi Ar-**

juna, dem der kleine, flache Bau des **Candi Semar** gegenüberliegt. Er könnte einmal als Wohnraum gedient haben. Besonders schöne Wandreliefs, die Wishnu darstellen, auf dem nächsten Tempel, **Candi Srikandi**. Dahinter die kleineren Bauten von **Candi Punta Dewa** und **Candi Sembadra**. Weiter im Süden, **Candi Gatutkaca**. Gegenüber ein kleines **Museum** mit Ausgrabungsfunden.

Außergewöhnlich ist **Candi Bima** auf einem kleinen Hügel am Südwestende der Ebene: eine Reihe von Gesichtern starrt dem Besucher aus Fensternischen entgegen. Auf dem südlichen Weg von Dieng zum Candi Bima kommt man am **Telaga Warna** vorbei, einem wirklichen „Farbensee", dessen Oberfläche bei entsprechendem Licht in verschiedensten türkisen Farbtönen schimmert. Zwischen diesem See und dem „Spiegelsee" Telaga Pengilon (jav.) liegt die **Gua Semar**, eine ehemalige, zur Zeit geschlossene Meditationshöhle. Nach ritueller Reinigung an der Quelle Bima Lukar nahmen Hilfesuchende im Inneren der Grotte spirituellen Kontakt mit Semar auf, dem weisen Clown, Ratgeber des Helden Arjuna und Schutzgottheit Javas. Die Höhle soll exakt im Zentrum der Insel liegen.

Südlich vom Candi Bima weisen aufsteigende Schwefeldämpfe den Weg zu verschiedenen Tümpeln, wo kochend heißes, stinkendes Schwefelwasser aus porösen Felsen emporsteigt. Der Weg zum **Sikidang Krater** führt über Pertamina-Gelände und könnte gesperrt sein.

Südlich von Gua Semar schmiegt sich das angeblich höchstgelegene Dorf Javas, **Sembungan** (2100 m), an den **Telaga Cebong**. Noch weiter südlich, 12 km innerhalb von Wonosobo, liegt der fast kreisrunde **Telaga Menjer**. Idul Fitri, das Ende des islamischen Fastenmonats, wird an diesem See mit traditionellen Veranstaltungen zelebriert. Am Unabhängigkeitstag gibt es meist auch folkloristische Tänze auf der Freilichtbühne von Kalianget (hier heiße Quellen und ein Hotel mit Tennisplatz), etwas außerhalb von Wonosobo.

Ein besonders schmuckes Dorf entdeckt man im Inneren (!) des alten Kraters Kawah Sileri am Gunung Sipandu, an dessen Fuß der heiße See **Telaga Sileri** Dampfschwaden ausstößt. Auf der gegenüberliegenden Talseite, versteckt zwischen bewaldeten Schluchten, liegt ein Kratersee mit fast senkrechten Ufern, **Telaga Merdada**, der allerdings durch eine Ansiedlung großer Blechbaracken verschandelt ist. Mehr Seen und Teiche weiter im Westen links und rechts der Straße nach Batur, wo man allmählich auf 1000 m Höhe herunterklettert.

Übernachtung

IM DORF DIENG – gibt es nur einfache Losmen. Man sollte warme Kleidung und, wenn möglich, einen Schlafsack mitnehmen; nachts nähern sich die Temperaturen dem Gefrierpunkt:

Dieng Plateau Homestay* ③, Jl. Raya Dieng 16, mit Restaurant.

Losmen Bu Djono* ②, nebenan, mit Restaurant; hier Infos bei dem Guide Mr. Sulistio, vermietet auch einen Colt für 50 000 Rp inkl. Benzin und Fahrer für eine ca. 6-stündige Dieng-Tour.

Hotel Gunung Mas*-*** ①, Jl. Raya Dieng 42, 300 m vom Bu Djono Richtung Batur; muffige, überteuerte Zimmer, z.T. mit Mandi.

Losmen Asri*-** ④, 300 m vom Bu Djono Richtung Telaga Warna, mit Balkon.

IN WONOSOBO – findet man bessere Hotels, Losmen und Restaurants.

Eine Kleinstadt mit zentralem Markt (ein mehrstöckiger Neubau), eine Stunde Fahrzeit von Dieng; alle Straßen und Gassen des Ortes verlaufen rechtwinklig, Straßen meist in Nord-Süd-Richtung, Gassen in Ost-West-Richtung:

Losmen Widuri*-**, Jl. Resimen 18, Nr. 44, ✆ 22585, am Markt; einfache, aber saubere Zimmer mit und ohne Mandi, Fenster zum Flur; mit Balkon, zentral und laut.

Losmen Pendawa Lima*-**, Jl. Resimen 18, Nr. 46, ✆ 21257, mit und ohne Mandi, laut, muffig, Fenster zum Flur, Balkon.

Losmen Rahayu*, nebenan und weniger gut.

Hotel Petra**-****, Jl. Jen. A. Yani 97, ✆ 21152, die meisten Zimmer ohne Fenster.

Wisma Duta**, Jl. R. S. U. 3, ✆ 21674, saubere Zimmer mit u. ohne Mandi, mit Fenster, inkl. Frühstück, freundliche Leute, nett eingerichteter Aufenthaltsraum, kleiner Garten, viele Traveller, Moschee in der Nähe.

Losmen Famili**, Jl. Sumbing 6, ✆ 21396, mit und ohne Mandi, an einer lauten Straße.

Hotel Sindoro**, Jl. Sumbing 5, ✆ 21179, wie sein Nachbar.

Citra Homestay**, Jl. Angkatan 45, ✆ 21880, in einer Seitengasse 5 Min. nordöstlich vom zentralen Markt, sauber und ruhig (aber Moschee in der Nähe), gemeinsames Mandi, kleines Frühstück; nette Leute, die auch Touren und Guide-Service anbieten, viele Traveller; wer anruft, wird von der Bus Station abgeholt.

Hotel Nirwana**** (bis US$32), Jl. Resimen 18, Nr. 36, ✆ 21066, ✆ 21558, saubere Zimmer mit Heißwasser-Dusche oder Badewanne, gutes Frühstück, Balkon, zentral am Markt gelegen.

Hotel Sri Kencono****, Jl. Jen. A. Yani 81, ✆ 21522, ✆ 23270, große, saubere Zimmer mit Mandi, Heißwasser und TV; alle Fenster zum Innenhof, der zu einem Parkplatz ausgebaut ist.

Hotel Surya Asia (US$47–83), Jl Jen. A. Yani 137, ✆ 22992, 23597, ✆ 23598, gutes Mittelklassehotel mit 60 Zimmern und Suiten, ausgestattet mit TV, Tel. und Heißwasser; mit Restaurant, inkl. Frühstück.

Essen und Trinken

Im Dorf Dieng werden Champignons gezüchtet und in der angeschlossenen Konservenfabrik verarbeitet.

Dennoch scheint es nicht möglich zu sein, in irgendeinem Restaurant frische Pilze zu bekommen, sondern leider nur Konserven.

Bei Travellern und Touristen beliebt ist das *Dieng Restaurant* in Wonosobo, Jl. Angkatan 45, Nr. 37, ✆ 21266, ✆ 22134; Selbstbedienung mit einem großen Angebot an Getränken und indonesisch-europäischen Gerichten, die nur schwach gewürzt sind.

Nebenan, gut und etwas teurer, ist das *Restaurant Asia*, ✆ 21165, chinesisch und Seafood.

DHG Restaurant, Jl. Pasukan Ronggolawe 17, ✆/✆ 21120, bietet europäische und indonesische Gerichte, die man umgeben von tropischen Pflanzen genießen kann (DHG = *Dieng Horticulture Growers*). Abends stehen Warung auf der Jl. Resimen 18.

Sonstiges

GELD – *Bank Negara Indonesia*, Jl. Jen. A. Yani 10, ✆ 21130, Wonosobo, Mo–Do geöffnet von 8–14 Uhr, Fr bis 11 Uhr.

INFORMATIONEN – *Dinas Pariwisata*, Jl. Pemuda 2, ✆ 21194, Wonosobo, am Alun Alun-Platz nördlich vom Markt, Mo–Do geöffnet von 7–14, Fr bis 11 Uhr; wenige Informationen. Ebenso unergiebig ist das Tourist Office im Dorf Dieng, wo einem nur Guides und Minibusse angeboten werden.

POST – *Kantor Pos*, Jl. Pemuda 9, Wonosobo, am Alun Alun-Platz nördlich vom Markt, geöffnet Mo–Do, Sa 8–14, Fr bis 11 Uhr.

TELEFON – *Telkom*, Jl. Jen. A. Yani 1, Ecke Jl. R. A. Kartini, Wonosobo, nördlich vom Markt, tgl. 24 Std. geöffnet.

VORWAHL – 0286.

Transport

Von YOGYA Bus nach MAGELANG 1000 Rp, 1 Std., Minibus weiter nach WONOSOBO 1800 Rp, 2 1/2 Std.

Zwischen TEMANGGUNG, dem Zentrum des Tabakanbaus, und Wonosobo überwindet die Straße den 1500 m hohen KLEDUNG PASS zwischen den Vulkanen GUNUNG SUMBING (3371 m) im Südosten und GUNUNG SUNDORO (3151 m) im Nordwesten.

Vom Wonosobo Bus Terminal: Dokar 1500 Rp, 1 1/2 km, zur Minibus Station (eine Parallelstraße westlich vom zentralen Markt) und über schwindelerregende Serpentinen in 1 Std. aus einer Höhe von 780 m hinauf nach DIENG (2093 m), 26 km, 1000 Rp. In Dieng Eintritt 3000 Rp. Verschiedene Travel Agents in Yogya bieten Tagestouren (inkl. Borobudur) für ca. 25 000 / ac 30 000 Rp mit Minibussen an, das ist aber nur etwas für Eilige: man ist höchstens 2 Std. auf dem Plateau und kann gerade mal die Tempel im

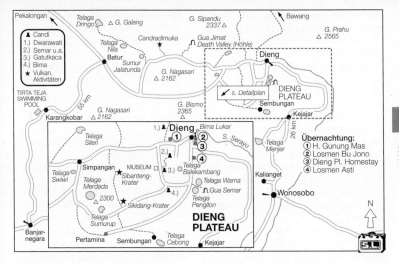

kühl-feuchten Mittagsnebel fotografieren.
WONOSOBO erreicht man auch ab AMBARAWA (1700 Rp) und PURWOKERTO (2200 Rp).
Kommt man von Westen (Cilacap, Purwokerto), kann man es mal auf einer Nebenstrecke versuchen: Banjarnegara–Karangkobar–Batur– Dieng, 3 Etappen mit dem Colt für je ca. 1000 Rp, insgesamt 55 km.
Eine Alternative zur Rückfahrt mit dem Colt ist eine 3-Std.-Wanderung nach BAWANG. Der Pfad beginnt bei der Polizeistation von Dieng und führt nach Norden, immer abwärts durch einen Hohlweg.
Ab BAWANG Colt nach PEKALONGAN oder BANYUPUTIH an der Nordküste, weiter mit dem Bus nach SEMARANG.
Direkter Minibus von WONOSOBO nach YOGYAKARTA bis zur gewünschten Adresse, 3–4x tgl., 6000 Rp, bei **Rahayu Travel**, Jl. Jen. A. Yani 11.

Yogyakarta

Alle Wege führen nach Yogya – auf jeden Fall die der Traveller und Touristen in Java. Hier treffen sich Langzeiturlauber, die selbst den vierten Abend der Ramayana-Aufführung nicht verpassen wollen, und rasende Rucksäcke, die auf dem Weg von Jakarta nach Bali einen Zwischenstop machen. Es gibt so viele alte Tempel, kulturelle Darbietungen, Batikfabriken und Souvenirläden wie sonst kaum in Indonesien. Von Yogya kann man ans Meer oder in die Berge fahren, um Vulkane zu besteigen. Und nicht zuletzt findet man die für jede Brieftasche passende touristische Infrastruktur. Wer all das liebt, sich nicht an den vielen Besuchern stört und die negativen Begleiterscheinungen des Massentourismus hinnehmen kann, für den ist Yogya ein idealer Aufenthaltsort.

Die Geschichte der etwa 600 000 Einwohner zählenden Stadt begann erst 1755, als unter holländischem Druck das Mataram-Reich geteilt und Yogya Sultansstadt wurde. Als Java dann unter britischer Verwaltung stand, ließ Stamford Raffles 1812 den Kraton von europäischen Truppen erstürmen und den regierenden Sultan absetzen. Die Bibliothek und viele Kunstschätze wurden geplündert, ein großer Teil davon steht heute im British Museum. 1946 wurde Yogya provisorische Hauptstadt der Republik Indonesien. Zwei Jahre später versuchten die zurückgekehrten Holländer die letzten republikanischen Bastionen, darunter auch Yogya, zu erobern und nahmen die gesamte Führungselite

Indonesiens gefangen. Hamengku Buwono IX., der damalige Sultan, ließ sich aber nur auf eine kurze Unterredung mit den Holländern ein – über ihren sofortigen Truppenabzug. Im März 1989 wurde Prinz Mangkubumi, Sohn des verstorbenen Sultans, zum neuen Sultan Hamengku Buwono X. gekrönt. Heute ist Yogyakarta das einzige relativ selbständige Sultanat der Republik. Noch immer sind im Kraton über 2000 Angestellte und 1500 Soldaten tätig, die zum Teil allerdings nur zweimal monatlich ihren Ehrendienst verrichten. Die Stadt und das sie unmittelbar umgebende Land bilden innerhalb der Provinz Zentral-Java eine eigene Sonderprovinz, Daerah Istimewa (3169 km²), die heute (1996) etwa 3 Mill. Einwohner hat.

Der Kraton

Wie eine kleine Stadt in der Stadt liegt südlich der Jl. Malioboro der Bereich des Sultanspalastes, ein Beispiel klassischer javanischer Hofarchitektur. Knapp vier Meter hohe und ebenso dicke, weiße Mauern im Quadrat von einem Kilometer Länge umgeben die Anlage, die ursprünglich zusätzlich durch einen Wassergraben gesichert und nur durch fünf Tore zugänglich war. 1755 ließ Sultan Hamengku Buwono I. diesen Palast errichten. Wer eine Vorstellung von der Symbolik dieser Architektur erhalten will, sollte sich im Kraton das Heft: *The Royal Palace (Kraton) of Yogyakarta. Its Architecture and its Meaning* besorgen. Zwischen den Mauern und der eigentlichen Palastanlage liegt ein dicht bebauter Wohnbezirk, durch den schmale Gassen führen. Im Norden und Süden münden diese jeweils in einen großen, rechteckigen Platz, den Alun Alun Lor (im Norden) und Alun Alun Kidul (im Süden). Kommt man von Norden, liegt am südlichen Ende des Platzes der **Pagelaran** (Eintritt 500 R.p). Früher wurden die Pavillons für offizielle Empfänge genutzt. Dabei nahm der Sultan im hinteren, am höchsten gelegenen Bereich, **Siti Hinggil**, Platz. Heute ist dieses Areal u.a. während der Garebeg-Feierlichkeiten zum Ende des Ramadan geöffnet.

Die traditionelle javanische Stadt

Viele alte javanische Städte sind nach dem gleichen Schema aufgebaut: Auf hinduistische Einflüsse geht der an den Haupthimmelsrichtungen orientierte Straßenverlauf zurück. Die zentrale Kreuzung ist zu einem großen Versammlungsplatz, dem Alun-Alun oder Padang, ausgebaut, denn ihr kommt eine magische Bedeutung zu. Entsprechend ist sie mit heiligen Waringin-Bäumen bepflanzt.

Im Süden liegt der befestigte Palastbezirk, der Kraton, an den ein weiterer, kleinerer Platz anschließt. Innerhalb der Kraton-Mauern befinden sich im Norden die Repräsentations-, dahinter die Wohngebäude des Sultans und seiner Familie sowie rechts und links davon die Wohnungen und Werkstätten der Bediensteten und ihrer Angehörigen.

Direkt an den Kraton grenzt im Westen oder Osten der großzügig geplante Wohnbezirk der Oberschicht (Staatsbeamte u.a.) an. Im Süden sind häufig Werkstätten zu finden, die den Sultanshof beliefern, jedoch innerhalb der Mauern keinen Platz haben (z.B. die Batikwerkstätten). Die westliche, nach Mekka ausgerichtete Seite des Alun-Alun ist für die Moschee reserviert. Nahe dem zentralen Platz stehen ebenfalls die wichtigen Kantore der holländischen Kolonialregierung.

Läuft man westlich daran vorbei, kommt man nur wenige Meter vom Haupteingang entfernt zum Rotowijayan-Gebäude mit einem kleinen **Kutschenmuseum**. Im Eintrittspreis ist ein englischsprechender Guide eingeschlossen. Hier können achtzehn zum Teil prunkvolle Kutschen aus den Jahren 1761 bis 1927 bewundert werden, die aus indonesischer, holländischer und deutscher Produktion stammen und alle im Besitz der Sultane waren. Fliegende Händler mit Souvenirs markieren den Weg zum ersten Vorhof des Kraton, **Kemandungan** (Keben). Durch

Yogyakarta
Zentrum

Übernachtung:
- ③ Natour Garuda H.
- ④ Mutiara H.

Läden, Restaurants etc.:
- 6 Legian Garden R.
- 7 Matahari Plaza
- 8 Colombo R.
- 9 Matahari Dept. Store
- 10 Dynasty Dept. Store
- 11 Ramai Dept. Store
- 12 Bank Negara Ind. 1946

KRATON

- Ⓐ Srimanganti-Tor
- Ⓑ Srimanganti-Pavillon
- Ⓒ Danaprata-Tor
- Ⓓ Purwaretna-Gebäude
- Ⓔ Gedung Kuning
- Ⓕ Bangsal Proboyakso
- Ⓖ Bangsal Kencana
- Ⓗ Kemandungan Kidul
- Ⓘ Siti Hinggil Kidul
- Ⓙ Pagelaran
- Ⓚ Siti Hinggil
- Ⓛ Kemandungan (Keben)
- Ⓜ Trajumas-Pavillon
- Ⓝ Kesatrian
- Ⓞ Museum
- Ⓟ Bangsal Manis
- Ⓠ Plateran Kedaton
- Ⓡ Kemandungan

das **Srimanganti-Tor** (Regol) erreicht man einen weiteren Vorhof mit dem **Srimanganti-Pavillon** (rechts) und dem **Trajumas-Pavillon** (links).

Für den eigentlichen **Kraton**, den Ngayogyakarta Hadiningrat Palast, zahlt man an der Kasse 1500 Rp Eintritt. Im Preis ist ein traditionell gekleideter Führer eingeschlossen, der in Deutsch, Englisch, Französisch oder einer anderen Fremdsprache durch den Palast führt. Geöffnet tgl. 8.30–13 Uhr, Fr bis 11 Uhr. Männer dürfen nicht mit schulterfreien T-Shirts hinein, für diesen Fall hält man am Eingang ein paar Hemden bereit. Wenn man sich nicht vom Führer drängen läßt, kann man sich in Ruhe umsehen und wird viele interessante Details in dem schlichten, hölzernen Palast entdecken (nichts Großartiges erwarten!). Faszinierend exotisch wirken die höfisch gekleideten Palastwachen und Führer mit ihrer Kopfbedeckung Blangkon, der traditionellen Jacke Surjan, unter der auf dem Rücken ein Kris herausragt, und einem Sarong Batik.

Wenn im Kraton klassische Tänze aufgeführt werden (s.S. 155f), scheint längst Vergangenes wieder lebendig zu werden. Das älteste Gamelan-Orchester aus dem

16. Jahrhundert gehörte dem Sultan von Demak und wird immer noch einmal im Jahr zu Mohammeds Geburtstag (Sekaten) in der großen Moschee gespielt. Es wird im **Purwaretna-Gebäude** rechts vom nächsten Tor aufbewahrt.

Durch dieses **Danapratapa-Tor**, das von zwei dämonischen Figuren (Gupala) bewacht wird, gelangt man schließlich in den inneren Kraton. Noch heute lebt der Sultan mit seiner großen Familie und seinem Hofstaat hinter dem **Gedung Kuning** im westlichen Bereich, der für Besucher nicht zugänglich ist.

Im Westen des Platzes **Plateran Kedaton** liegt das mit Marmor, Lüstern und Spiegeln ausgestattete **Sekretariat** des Sultans – ein Gebäude, in dem sich javanische Architektur des 18. Jahrhunderts mit europäischer Ausstattung aus viktorianischer Zeit auf ungewohnte Art verbindet.

Dahinter der zentrale **Bangsal Kencono**, der Goldene Pavillon. An ihn schließt im Westen der **Bangsal Proboyakso** an, in dem die Familie des Sultans residiert, und im Süden der **Bangsal Manis**, der Süße Pavillon. Hier fanden festliche Staatsbankette statt, zu denen Musiker in den drei kleineren, gegenüberliegenden Pavillons aufspielten.

An diesen vorbei kommt man in den östlichen Bereich des Kratons, **Kesatrian**. Hier werden verschiedene, zum Sultanshof gehörende Gegenstände aufbewahrt, darunter Wayang-Figuren und ein Gamelan-Orchester, das die regelmäßigen Tanzaufführungen begleitet.

Im letzten Bereich des Kraton sind ein **Museum** mit einer Ahnengalerie und Stammbäumen der Sultane und das Gedung Kopo **Palastmuseum** untergebracht, in dem Geschenke der zweiten bis siebten Sultansfamilie und der Sultansthron ausgestellt sind.

Das Wasserschloß Taman Sari

Südwestlich des Kraton gelangt man zum Wasserschloß Taman Sari. Ein portugiesischer Architekt errichtete 1765 den „Blumengarten" mit kühlen Innenhöfen, die durch unterirdische Bogengänge miteinander verbunden waren und in denen Springbrunnen und Schwimmbecken zusätzlich Abkühlung verschafften.

Im Zentrum lag der Jungbrunnen **Umbul Binangun**, ein Badeplatz der Hofdamen, zu dem der Sultan von einer Galerie aus Einblick hatte. Neben dieser vergnüglichen Funktion hatte das Wasserschloß aber auch eine strategische Bedeutung.

Durch die unterirdischen **Passagen** konnte man im Belagerungsfall aus dem Kraton entkommen. Die Gänge konnten anschließend geflutet werden, um so das Eindringen der Feinde in den Kraton zu verhindern. Was während der britischen Besatzungszeit in Trümmer ging, ist nur zu einem geringen Teil restauriert worden. Die meisten Bauten der Anlage sind nur noch Ruinen und lassen kaum noch etwas von dem früheren Glanz erahnen. Auf dem über 10 ha großen Areal stehen zwischen den Ruinen zahlreiche einstöckige, ziegelgedeckte Wohnhäuser inmitten von Gärten. In dem Labyrinth der Gassen liegen viele Batikgalerien und Ateliers.

Den nördlichen Teil der Anlage, den ehemaligen Pool **Segaran**, erreicht man kostenlos vom Vogelmarkt aus. Mitten in diesem künstlichen See lagen drei Gebäude, die man mit einem Boot und durch unterirdische Gänge erreichen konnte. Diese Gänge wurden durch die überbauten, mittlerweile restaurierten Schächte mit Licht und Frischluft versorgt. Das große **Kenongo-Gebäude** wurde zu repräsentativen Zwecken genutzt. Der südliche, kleine **Gedung Cemeti** diente vermutlich als Speisesaal, und der interessante Rundbau **Sumur Gemuling** war wahrscheinlich einmal eine Moschee.

Der Eingang zum restaurierten **Umbul Binangun**, dem Jungbrunnen, liegt im Südosten. Hier müssen 300 Rp Eintritt gezahlt werden. Die dekorativen Steinmetzarbeiten sind vor allem an dem **Gedung Gapura Agung-Gebäude** hinter den drei Badepools noch gut zu erkennen. Der daran anschließende südliche Bezirk mit den Sultansgemächern ist weitgehend zerstört.

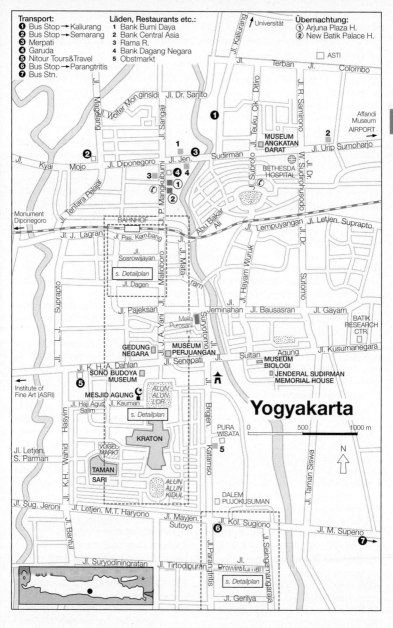

Der Vogelmarkt

Nördlich vom Wasserschloß findet man den Vogelmarkt (Pasar Ngasem). In schmalen Gängen hängen an Bäumen und Häusern Käfige mit tropischen Vögeln. Die berühmten Singvögel für Singwettbewerbe in ihren schönen, verzierten Käfigen sind zum Teil 3 Mill. Rupiahs wert. Außerdem findet man an den Verkaufsständen Kakadus und Papageien, Wildkatzen, Meerschweinchen und Hasen, Enten und Küken – sogar Mungos, Fledermäuse und tropische Eichhörnchen.

Für Tierfreunde ist es ziemlich deprimierend, die Tiere in ihren engen Käfigen hocken zu sehen. Das entsprechende Futter (Ameiseneier, Larven und Insekten) wird gleichzeitig angeboten. Vorsicht, sehr bissige Ameisen!

Rings um den Alun Alun Lor

Am südwestlichen Alun Alun Lor steht die große **Moschee**, Mesjid Agung. Sie ist im traditionellen javanischen Stil mit dem typischen großen Dach 1773 erbaut worden. Im **Sono Budoyo Museum**, Jl. Trikora 2, im Nordwesten des großen Platzes, kann man sich einen Überblick über die zentraljavanische Kultur verschaffen. Im Hof stehen hinduistische und buddhistische Steinstatuen neben alten indonesischen Kanonen und den Instrumenten eines Gamelan-Orchesters. Die ersten Räume sind der Frühzeit gewidmet – hier sind Steinfiguren aus Wonosari, Bronzetrommeln und Metallwaffen aus Nusa Tenggara (Inseln östlich von Bali) ausgestellt.

Islamische Kunst vom Majapahit-Reich bis zu kalligraphischen Werken aus jüngerer Zeit ist im nächsten Raum untergebracht. Schwerpunkt der Ausstellung ist eine Sammlung von Wayang Kulit (Schattenspiel)-Figuren, Wayang Golek (Stabpuppen) und Topeng (Masken).

Außerdem gibt es eine Ausstellung über Batik sowie zentraljavanische und balinesische Kunst. Geöffnet Di–Do 8–13, Fr bis 11.30, Sa bis 12.30, So bis 12 Uhr. Eintritt 500 Rp.

Weitere Museen

Geht man von hier aus weiter nach Norden und überquert die große Straße Richtung Jl. Maliboro, liegt rechts hinter dem Heldendenkmal das **Museum Perjuangan**, Jl. Kol. Sugiono 24, im ehemaligen Benteng (= Fort) Vredeburg, geöffnet Di–Do 8–13, Fr bis 11 Uhr, Sa und So bis 12 Uhr, Eintritt 500 Rp. Dieses kleine Museum, in dem die Geschichte Yogyakartas in 30 Dioramen dargestellt wird, ist in einem holländischen Kolonialgebäude untergebracht, das früher einmal als militärisches Hauptquartier genutzt wurde. Von hier aus konnte der gegenüberliegende Sitz des holländischen Residenten bewacht werden. Von 1946 bis 1949, als Yogyakarta Hauptstadt der Republik Indonesien war, lebte Präsident Sukarno in diesem repräsentativen Gebäude (**Gedung Negara**), das von einem großen Garten umgeben ist. Zur Zeit dient es als staatliches Gästehaus für hochgestellte Persönlichkeiten.

Im **Museum Angkatan Darat**, dem Armeemuseum in der Jl. Jen. Sudirman, Ecke Jl. Cik Ditiro, wird die Geschichte der Revolution dargestellt. Ausstellungsstücke aus der Zeit des Widerstandes gegen die Holländer von 1945 bis 1949. Geöffnet Mo–Do und So von 8–13.30, Sa bis 12 Uhr, Fr geschlossen. Eintritt 500 Rp. Pflanzen und präparierte Tiere des gesamten Archipels sind im **Museum Biologi**, Jl. Sultan Agung 22, zu besichtigen.

Etwas weiter stadtauswärts, in der nächsten Querstraße, ist das **Jenderal Sudirman Memorial House**. Zwei kleine Kanonen stehen vor dem Wohnhaus, in dem Sudirman 1945 lebte.

Übernachtung

In keiner anderen Stadt gibt es so viele billige Losmen und kleine, komfortable Hotels.

SÜDLICH DES BAHNHOFS – findet man viele Losmen und Hotels in der Jl. Pasar Kembang und der Jl. Sosrowijayan und in den schmalen Gassen dazwischen: *Losmen Beta** ㉘, Gang 1, winzige Kammern ohne Fenster, aber sehr billig.

Losmen Lucy* ㉙, Gang 1, hat Zimmer für den gleichen Preis.
Bagus Hotel*-** ㉖, Gang 2, *bagus* und sauber.
Losmen Gandhi* ㊻, Gang 2, schöner Garten.
Utar Pension*-** ㊳, ruhig und sauber, in einer Seitengasse westlich von Gang 2.
Losmen Lotus*-** ㊲, Seitengasse westlich von Gang 2, sauber, gemütlich und ruhig, Zimmer mit und ohne Mandi.
Hotel Aziatic** ㊺, Jl. Sosrowijayan 6, große Zimmer mit riesigen Betten, ziemlich abgewohnt.
Marina Palace Hotel***-**** ㊿, Jl. Sosrowijayan 3, ✆ 588490, Zimmer mit Fan oder ac, Heißwasser, inkl. Frühstück.
Hotel Indonesia** ㊿, Jl. Sosrowijayan 7, Zimmer mit Dusche.
Hotel Rama** ㊾, Jl. Sosrowijayan 16, ✆ 512885, Zimmer, mit Fenster.
Dewi Homestay*-** ㊾, Jl. Sosrowijayan, ✆ 516014, in einem Seitengang, nett eingerichtete, saubere Zimmer mit und ohne Bad, mit Fan.
Losmen Happy**-*** ㊷, Jl. Sosrowijayan, ✆ 513043, in einem Seitengang, sauber, doch etwas steril, enge Zimmer.
Bakti Kasih Hotel (US$13–38) ㊽, Jl. Sosrowijayan 33, ✆ 514890, Zimmer mit Fan oder ac, Heißwasser und TV, sauber, guter Service, mit Frühstück, doch für das Gebotene zu teuer – aber die Leute lassen mit sich handeln.
Losmen Bladok**-*** ㊾, Jl. Sosrowijayan 76, ✆ 560452, sehr saubere Zimmer mit Fan und Mandi oder Dusche, schöner Balkon, guter Service, 2 luftige Zimmer im 3. Stock mit Privat-Balkon und Aussicht, außerdem neue ac-Zimmer mit Heißwasser und Kühlschrank (um US$25–30); mit sehr gutem Restaurant und Swimming Pool.
Karunia Hotel**-*** ㊽, Jl. Sosrowijayan 78, ✆ 565057, mit Dachterrasse, Zimmer mit und ohne Bad, mit Fan oder ac.
Oryza Hotel**-*** ㊽, Jl. Sosrowijayan 49, ✆ 512495, ✆ 512004, sauber, mit und ohne Mandi, z.T. mit ac, inkl. Frühstück.
Yogya Inn*** ㊼, Jl. Sosrowijayan 242, ✆ 560125, mit Frühstück.
Batik Palace Hotel (US$33–53) ⑭, Jl. Pasar Kembang 29, ✆ 589849, ✆ 563824, alle Zimmer mit ac und Heißwasser, sauber, inkl. Frühstück, mit Pool, Bar und Restaurant.
Hotel Asia Afrika**-**** ⑮, Jl. Pasar Kembang 21, ✆ 514489, 566219, ✆ 560139, große Zimmer mit Mandi oder Du, z.T. mit ac und Heißwasser; Restaurant, Bar und kleiner Swimming Pool.
Hotel Ratna**-*** ⑰, Jl. Pasar Kembang 17 a, ✆ 561851, etwas von der Straße zurückversetzt, relativ ruhig, mit Innenhof, Zi mit Mandi.
Trim Guesthouse*** ⑲, Jl. Pasar Kembang 9, ✆ 587654, sauber.
Trim Hotel***-**** ㉓, Jl. Pasar Kembang 2, ✆ 514113, ✆ 560045, saubere Zimmer mit Fan oder ac und Heißwasser.

IN DER JL. DAGEN – der ersten Parallelstraße südlich der Jl. Sosrowijayan:
Wisma Persada***-**** ⑩, Jl. Dagen 6, ✆ 513685, 563780, ✆ 563147, sauber, große Zimmer mit Frühstück, Fan oder ac.
Lilik Guesthouse***-**** ⑥⑧, Jl. Dagen 16, ✆ 512680, Zimmer mit Dusche, Fan oder ac, Heißwasser, inkl. Frühstück.
Sri Wibowo Hotel***-**** ⑭, Jl. Dagen 23, ✆/✆ 563084, Zimmer mit Fan oder ac und TV, inkl. Frühstück.
Peti Mas Guesthouse (US$19–40) ⑬, Jl. Dagen 27, ✆/✆ 561938, saubere Zimmer mit Fan oder ac, schöner Innenhof mit Garten, Restaurant und Swimming Pool.
Blue Safir Hotel*** ⑥⑦, Jl. Dagen 34 - 36, ✆ 562589, sehr kleine Zimmer mit ac und TV, inkl. Frühstück, nicht allzu sauber.
Kombokarno Hotel (US$12–34) ⑪, Jl. Dagen 49, ✆ 515032, ✆ 582440, sauber und nett eingerichtet, Zimmer mit Fan, ohne Mandi, oder mit ac, TV und Heißwasser.
Wisma Nendra***-**** ⑥⑥, Jl. Dagen 50, ✆ 512136, Zi mit Fan oder ac und TV.
Puntodewo Guesthouse*** ⑥⑤, Jl. Dagen 46, ✆ 566479, kleines, sauberes Hotel, Zimmer mit Fan, Dusche und Frühstück, Kaffee oder Tee jederzeit gratis.
Cahaya Kasih Hotel**** ⑥④, Jl. Malioboro, Gg. Sosromenduran GT 1/280, ✆ 580360, kleine Zi mit Fan oder ac/TV, inkl. Frühstück, neu, sauber, ruhig gelegen, zentral.
Batik Palace Cottage (US$31–49) ⑥③, Komplex Taman Yuwono, Sosromenduran, Seitenstraße der Jl. Dagen, ✆ 561828, ✆ 561823, alle 15 Zimmer und 20 Cottages mit ac und Heißwasser, mit Bar, Restaurant und Swimming Pool.
New Batik Palace Hotel (US$44) ②, Jl. P. Mangkubumi 46, ✆ 562510, ✆ 563824, kleines

Hotel, 22 Zimmer, alle mit ac und Heißwasser, mit Bar, Restaurant und Pool.

SÜDLICH VOM KRATON – in der **Jl. Prawirotaman** und ihrer südlichen Parallelstraße, der Jl. Gerilya, sowie in der näheren Umgebung gibt es viele Guest Houses von guter Qualität. Fast alle Zimmer haben ein eigenes Badezimmer mit Dusche, Bad oder Mandi und einen Fan oder ac. Zudem ist das Frühstück oft im Preis inkl.:
Duta Garden Hotel (US$45–50) (78), Gg. Timuran MG 3/103, ℡ 373482, ℡ 372064, neues, kleines Hotel, Zi mit Fan oder ac, Frühstück; Garten und Pool.
Sartika Guesthouse** (101), Nr. 44 A, ℡ 372669, sauber und nett eingerichtet, mit Fan, kleiner Innenhof, schöner Balkon.
Kirana Guesthouse**** (100), Nr. 38, ℡ 376600, einfache, z.T. aber helle Zimmer mit Fan oder ac, inkl. Frühstück, in der Eingangshalle des alten javanischen Hauses viele Antiquitäten, Restaurant.
Galunggung Guesthouse*** (99), Nr. 36, ℡ 376915, mit Fan oder ac, inkl. Frühstück, kleiner Innenhof, Swimming Pool.
Prayogo Guesthouse** (98), Nr. 34, ℡ 377715, preiswert, mit kleinem Innenhof, Zimmer mit und ohne Mandi, alle mit Fan.
Wisma Pari Kesit**-*** (97), Nr. 32, ℡ 375002, inkl. Frühstück, kleine, dunkle Zimmer mit Fenster zum Flur, einige mit 2 großen Betten, die auch von 4 Personen gemietet werden können.
Perwita Sari Guesthouse*** (88), Nr. 31, ℡ 377592, Zi mit Fan, Pool, kleines Restaurant.
Vagabond Youth Hostel** (80), Jl. Prawirotaman MG 3/589, ℡ 371207, in einer sehr ruhigen Seitengasse, 200 m von der Straße entfernt, sauber und empfehlenswert, aber einige Zimmer sehr hellhörig. Auch preiswerte Schlafsaalbetten.
Rose Guesthouse**-**** (96), Nr. 28, ℡ 377991, ℡ 380011, Zi z.T. mit heißem Wasser und ac, sonst Fan; die Zimmer liegen rings um einen ruhigen Garten mit Restaurant und Pool.
Duta Guesthouse (UC$16–10) (95), Nr. 26, ℡/℡ 372064, ein altes, javanisches Haus mit Restaurant rings um zwei kühle Innenhöfe mit Goldfischteich bzw. Pool, die Zi der oberen Preisklasse (ac) sind hübsch eingerichtet, angenehme Atmosphäre, guter Service. Es werden zudem Zi in einem privaten Homestay** angeboten.

Sumaryo Guesthouse***-**** (94), Nr. 22, ℡ 377552, ℡ 373507, nett eingerichtet, teilw. ac, Innenhof mit Garten, Swimming Pool.
Wisma Indah***-**** (93), Nr. 16, ℡/℡ 376021, freundlicher Chef und nettes Personal, sauber, mit Fan oder ac, Dusche oder Bad, Heißwasser, inkl. Frühstück, schöner, kleiner Innnenhof und Garten mit kleinem Swimming Pool.
Sriwijaya Guesthouse***-**** (96), Nr. 7, ℡ 371870, Zi mit Fan oder ac, inkl. Frühstück.
Putra Jaya Guesthouse**-*** (92), Nr. 10, ℡ 375185, kleine, saubere Zimmer mit Mandi, Fan und Frühstück, Balkon, kleiner Innenhof; Restaurant, Moneychanger, Tours & Travel Service.
Borobudur Guesthouse** (85), Nr. 5, ℡ 376891, ℡ 373507, saubere Zimmer mit Fan und Frühstück, kleiner Innenhof.
Puri Pertiwi Guesthouse** (84), Jl. Prawirotaman Timuran MG 3/171, ℡ 374215, ruhige Seitengasse, kleine, saubere Zi mit Fan und Frühstück.
Airlangga Hotel**** (91), Nr. 6 - 8, ℡ 372829, ℡ 371427, Zimmer mit Fan oder ac und Heißwasser, großes Hotel mit viel Sapto Hoedoyo-Kunst, Pool, Restaurant, Pub. Mit Frühstück.
Wisma Gajah**** (90), Nr. 4, ℡ 375659, ℡ 372037, saubere, schön eingerichtete Zi mit Fan oder ac, Pool, Restaurant, schöner Garten.
Indraprastha Homestay*** (83), in dem Seitengang MG III/69, ℡ 374087, ℡ 371175, mit Fan, Dusche und Frühstück, schöner, kleiner Garten.
In der **südlichen Parallelstraße**, der Jl. Gerilya:
Palupi Guesthouse***-**** (109), Nr. MG VII/56, ℡ 373823, mit Restaurant und kleinem Garten, Zimmer mit und ohne Bad, mit Fan oder ac.
Agung Guesthouse**-**** (107), Nr. 68 YK, ℡ 375512, hat Zimmer mit heißem Wasser, Fan oder ac, inkl. Frühstück, im Garten hinter dem Restaurant ein kleiner Pool.
Metro Guesthouse**-**** (106), Nr MG 7/71, ℡ 372364, 372689, ℡ 372004, Zimmer mit Fan oder ac, mit und ohne Bad, Heißwasser und Frühstück; Wäscherei, Taxiservice, Safe, Pool.
Makuta Guesthouse*** (114), Nr. MG 7/72, ℡ 371004, kleiner, schattiger Innenhof, Zimmer mit WC, Dusche, Fan, Frühstück und Snacks.
Gayatri Guesthouse**-*** (105), Nr. MG 3/601, ℡ 372673, Zi mit Frühstück, Fan und Dusche.
Muria Guesthouse**-*** (104), Nr. MG 3/600, ℡ 377211, Zi mit Fan, Mandi und Frühstück.

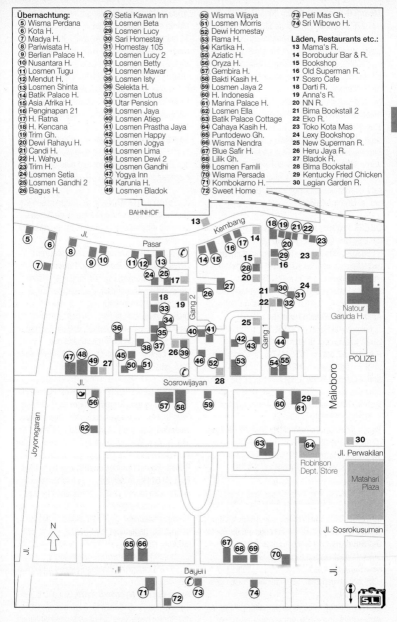

Merapi Guesthouse**(103), Nr. MG 3/599,
✆ 377533, kleine Zi mit/ohne Mandi, Fan und
Frühstück, Balkon und kleiner Innenhof.
Delta Homestay**-***(102), Nr. Mg 3/597a,
✆ 378092, ℻ 372064, kleine Zi mit/ohne Mandi,
z.T. mit ac, inkl. Frühstück, schöner Garten, kleiner Swimming Pool.
Noch etwas **weiter südlich**:
Matahari Hotel (US$30–97)(119), Jl. Parangtritis
123, ✆/℻ 372020, Zi mit Fan oder ac, mit Dusche oder Bad, TV und Telefon, mit Restaurant,
Bar, Karaoke, Swimming Pool und Fitness-Raum.
Jogja Village Inn (US$46–86) (120), Jl. Menukan
5, ✆/℻ 373031, nur 11 Zimmer: ac, Heißwasser,
sehr geschmackvoll eingerichtet; Restaurant,
großer Swimming Pool.

OBERE PREISKLASSE – *Natour Garuda Hotel*
(ab US$120) (3), Jl. Malioboro 60, ✆ 566353,
℻ 563074, das älteste Hotel der Stadt, stilvoll
und total renoviert; es wurde 1911 eröffnet und
hieß seinerzeit Grand Hotel de Djokja.
Mutiara Hotel (US$38–110) (4), Jl. Malioboro
18, ✆ 563814, ℻ 561201, Swimming Pool.
Ambarrukmo Palace Hotel (ab US$95),
Jl. Laksda Adi Sucipto, ✆ 588488, ℻ 563283,
Luxus total an der Straße Richtung Solo.
Puri Artha Cottage (US$44–79), Jl. Cendrawasih 9, ✆ 563288, ℻ 562765.
Sahid Garden Hotel (US$66–110), Jl. Babarsari,
Tambakbayan, ✆ 587370, ℻ 563183.
Santika Hotel (ab US$72), Jl. Jen. Sudirman 19,
✆ 563036, ℻ 562047.
Yogya International Hotel (US$48–78), Jl. Laksda Adi Sucipto 38, ✆ 564727, ℻ 564171.
Sri Wedari Hotel (US$42–53), Jl. Laksda Adi
Sucipto, am KM 5, ✆ 588288, ℻ 562162.

Essen und Trinken

SÜDLICH DES BAHNHOFS – In dieser Wohngegend gibt es eine Reihe Traveller-Restaurants:
Old Superman, im Gang I, Banana Pancake und
Omelett, aber auch gute andere Gerichte.
New Superman, ein Stück weiter, größer und
hübscher eingerichtet, aber gleiche Preise (gleicher Besitzer).
NN Restaurant, nebenan, klein, aber gute preiswerte, große Portionen, umfangreiche Speisekarte.
Anna's Restaurant in Gang 2, ist gut und billig.
Mama's Restaurant in der Jl. Pasar Kembang
71 hat nicht ganz so viel Auswahl, ist dafür aber
billig – zum Beispiel gute Avocado-Salate und
Sandwiches während der Saison.
Bladok Restaurant, Jl. Sosrowijayan 76, angenehm zum Sitzen und vorzüglich zum Essen.
Colombo Restaurant, Jl. Malioboro, eine große
Auswahl chinesischer und indonesischer Speisen.
Legian Garden Restaurant, Jl. Perwakilan 9,
✆/℻ 564644, man sitzt im halboffenen 2. Stock
des Eckhauses; unter anderem gute Steaks und
Fischgerichte; geöffnet tgl. 10–14 und 17–22 Uhr.

JL. PRAWIROTAMAN – In der Gegend südlich
vom Kraton haben einige Hotels auch Restaurants mit einer allerdings beschränkten Auswahl
an Gerichten.
Außerdem gibt es *Palm House Restaurant*,
Griya Bujana Restaurant und *Hanoman's
Forest Restaurant*, wo man im Garten sitzen
kann und ein allabendlich wechselndes Kulturprogramm geboten wird.
Diese Restaurants haben sich dem europäischen
Geschmack soweit angepaßt, daß sie Liebhaber
der indonesischen Küche enttäuschen.
Tante Lies, Jl. Parangtritis, Ecke Jl. Prawirotaman, ist eine preiswerte Alternative.

ANDERE GEGENDEN – Billige Nasi Rames in
den **Warung und Rumah Makan** rings um den
Pura Wisata, Jl. Brigjen. Katamso – hier essen
die Indonesier! Viele Murtabak-Stände in der Jl.
Jen. A. Yani. Weitere Warung am nördlichen Alun
Alun und um den Vogelmarkt; dort auch billige
Rumah Makan. Den besten Soto Ayam (Hühner-Eintopf) gibt es in den Warung entlang der Jl. R.
E. Martadinata, bei den Einheimischen besser
bekannt unter Katipira.
Rama Restaurant, Jl. P. Mangkubumi 101,
✆ 513480, gegenüber vom Garuda-Office, chinesisch.
Sintawang Restaurant, Jl. Magelang 9,
✆ 562901; ausgezeichnetes Seafood und chinesisches Essen.
Ayam Goreng Nyonya Suharti, Jl. Laksda Adi
Sucipto 208, ✆ 515522, ca. 3 km außerhalb, an
der Straße nach Solo; die gebratenen Hähnchen
sind über Yogya hinaus bekannt.

Kentucky Fried Chicken, die amerikanische Ayam Goreng-Variante, gibt es vor dem Ambarrukmo Palace Hotel in derselben Straße, im 1. Stock eines Supermarktes, und in der Jl. Malioboro. Phantastischen und billigen Rindfleisch-Eintopf, der einen längeren Weg lohnt, im *Warung Soto Pak Sholeh* in Tegalrejo kurz hinter der Abzweigung der Straße zum Diponegoro-Monument.

Kultur und Unterhaltung

Ständig finden viele kulturelle Veranstaltungen in Yogya statt. Im Tourist Office erhält man die aktuellen Termine. Außerdem wissen Becakfahrer und Losmenbesitzer Bescheid:

GAMELAN-MUSIK – ist ein unverzichtbarer Bestandteil der Tänze und Theateraufführungen. Der monoton scheinende Klang der Gongs, Trommeln und Xylophone, die manchmal von einem Saiteninstrument oder einer Flöte begleitet werden, ist für europäische Ohren ungewohnt. Mo und Mi von 10.30–12 Uhr im Kraton, nicht während des Fastenmonats Ramadan.

KLASSISCHE TÄNZE – erfordern ein anstrengendes Training, bei dem bereits Kinder mit den kunstvollen, langsamen Bewegungen vertraut gemacht werden. Die höfischen Tänze durften früher nur innerhalb der Palastmauern unterrichtet werden. Jeden So von 10.30–12 Uhr im Kraton Proben der klassischen Kraton-Tanzschule, nicht während des Fastenmonats Ramadan. Heute gibt es auch außerhalb Schulen, die zum Teil moderne Varianten der klassischen Tänze lehren, z.B. *Bagong Kussudiardja Padepokan Dance Centre* im Dorf Kasihan Bantul, Unterricht tgl. außer So und feiertags ab 8 Uhr. Sehenswerte Vorführungen Mo, Mi und Fr von 20–22 Uhr im *Dalem Pujokusuman* in der Jl. Brigjen. Katamso, ✆ 513165, Eintritt 10 000 Rp – im Wechsel mit Ramayana Ballett.

KULTURZENTREN – Das *Institute of Fine Art (ASRI)* liegt hinter dem Winongo Fluß in einer kleinen Seitenstraße der Jl. Martadinata. Neben Malerei und Bildhauerei steht auch die Batikkunst auf dem Unterrichtsprogramm.
In der staatlichen Tanzschule *ASTI (Akademi Senitari Indonesia)* werden seit 1964 die klassi-

Übernachtung:
75 Dina H.
76 Kartini Gh.
77 Agung Star H.
78 Duta Garden H.
79 Ayodya H.
80 Vagabond YH
81 Bougainville Gh.
82 Sri Timur H.
83 Indraprastha Homest.
84 Puri Pertiwi H.
85 Borobudur Gh.
86 Sriwijaya Gh.
87 Mas Gun Gh.
88 Perwita Sari Gh.
89 Galunggung Gh.
90 Wisma Gajah
91 Airlangga H.
92 Putra Jaya Gh.
93 Wisma Indah
94 Sumaryo Gh.
95 Duta Gh.
96 Rose Gh.
97 Wisma Pari Kesit
98 Prayogo Gh.
99 Galunggung Gh.
100 Kirana Gh.
101 Sartika Gh.
102 Delta Homestay
103 Merapi Gh.
104 Muria Gh.
105 Gayatri Gh.
106 Metro Gh.
107 Agung Gh.
108 Kroto Homestay
109 Palupi Gh.
110 Wisma Nugraha
111 Pulung H.
112 Cepuri Gh.
113 Metro Gh.
114 Makuta Gh.
115 Wisma Kamajaya
116 Metro Postcard House
117 Sunarko H.
118 Candra Kirana Gh.
119 Matahari H.
120 Jogja Village Inn

Läden, Restaurants etc.:
31 Cherry Garden R.
32 Hanoman's Forest R.
33 Griya Bujana R.
34 Putri R.
35 Antiquitätenhändler
36 Tante Lies
37 Palm House R.
38 Prambanan R.
39 Buchladen
40 La Beng Beng R.
41 Lotus Garden R.
42 Bamboo House R.
43 Bima Bookstall
44 Java R.

Yogyakarta

schen javanischen Tänze sowie Tänze aus West-Java und Bali gelehrt.

RAMAYANA BALLETT – Von Mai bis Oktober wird während der Vollmondnächte an den jeweiligen Wochenenden Fr–Mo 19–21 Uhr vor den Tempelruinen von Prambanan (Roro Jonggrang Freilichttheater) das Ramayana-Epos aufgeführt. Eintritt je nach Sitzplatz 7500–35 000 Rp pro Abend. Reservation und Information unter ✆ 96408, ✆ 96404. Wohl eine der lohnenswertesten Vorführungen überhaupt! Das Tourist Office organisiert einen Minibus für den Transport, kostet hin und zurück 5000 Rp.
1. Abend: Entführung von Prinzessin Sita.
2. Abend: Die Schlachten mit Hanuman.
3. Abend: Der Tod von Kombokarno.
4. Abend: Die Läuterung der Königin Sita.
Weitere Ramayana-Aufführungen in einer Kurzfassung oder andere klassische Tänze im:
Dalem Pujokusuman, Jl. Brigjen. Katamso, ✆ 513165, Mo, Mi und Fr 20–22 Uhr, 10 000 Rp.
Pura Wisata Open Theatre, Jl. Brigjen. Katamso, ✆/✆ 563605, tgl. 20–22 Uhr, 15 000 Rp.
Trimurti Covered Theatre, Prambanan, ✆ 96408, ✆ 96404, jeden Di, Mi und Do 19.30–21.30 Uhr, Tickets je nach Sitzplatz 10 000 / 15 000 Rp; nach der Vorstellung Minibus-Service für 2500 Rp zum gewünschten Hotel.

WAYANG KULIT – Das traditionelle Schattenspiel mit aus Leder gestanzten Figuren kann an verschiedenen Plätzen in Yogyakarta angeschaut werden – ebenso auch die Herstellung dieser Puppen. Vorführungen in Alt-Javanisch im:
Agastya Art Institute, Jl. Gedongkiwo MJ 1/996, tgl. außer Sa 15–17 Uhr. Eintritt 3000 Rp. Hier werden auch die Dalang, die Puppenspieler, ausgebildet.
Ambar Budaya (im Craft Centre nahe Ambarrukmo Palace Hotel), Jl. Laksda Adi Sucipto; tgl. 20–21.30 Uhr. Eintritt 5000 Rp.
Sono Budoyo Museum, Jl. Trikora, tgl. 20–22 Uhr, Eintritt 3000 Rp
Sasana Hinggil Kidul (südlicher Alun Alun) an jedem zweiten Sa im Monat von abends 21 Uhr bis zum frühen Morgen.

Die nicht-touristischen Wayang Kulit-Aufführungen dauern immer an die 9 Std. – eine ganze Nacht, in der ohne Unterbrechung die großen Epen vorgeführt werden. Eintritt je nach Platz 2000–3000 Rp.

WAYANG GOLEK – Typisch für West-Java – wer es dort nicht gesehen hat, kann es im *Agastya Art Institute*, Jl. Gedongkiwo MJ 1/996, nachholen; jeden Sa 15–17 Uhr. Eintritt 3000 Rp. Außerdem bei *Nitour*, Jl. K. H. A. Dahlan 71, tgl. außer So 11–13 Uhr (3000 Rp). Hier kann man Puppen kaufen, allerdings teuer.

Einkaufen

Wer einen Überblick über all das bekommen will, was es in Yogya einzukaufen gibt, braucht nur einmal die Jl. Malioboro abzulaufen. Fliegende Händler bieten unter den Arkaden und auf dem Bürgersteig alles an, was in der billigen Preisklasse zu haben ist – Ledersandalen und -taschen, Lampenschirme und Wayang-Figuren aus ausgestanztem Ziegenleder, billige Batik-Sarong, Hemden und andere (meist schlecht verarbeitete) Textilien, Stempel, Türschilder, Bambusflöten, Schnitzereien, Kassetten und vieles mehr.
Zum Handeln muß man sich Zeit nehmen! Qualitativ bessere und keineswegs teurere Waren bekommt man in verschiedenen Geschäften.

ANTIQUITÄTEN – Wer Antiquitäten, Kuriositäten und Kunsthandwerk aus anderen Teilen Indonesiens sucht, könnte in der Jl. Parangtritis und der Jl. Tirtodipuran, südlich vom Kraton, fündig werden, wo es eine ganze Reihe von entsprechenden Läden mit unterschiedlichen Preisen gibt.

BAMBUSARBEITEN, MUSIKINSTRUMENTE UND DEKORATIONEN – werden in **Moyudan**, nordwestlich von Yogya (Bemo Richtung Godean, 500 Rp), bei *P.T. Gunung Penuh* angefertigt.

BATIKBILDER – werden überall offeriert. Auf den ersten Blick ein verwirrendes Angebot verschiedenster stilistischer Richtungen und Qualitäten. Da Batikbilder leicht zu transportieren sind und

Das buddhistische Heiligtum Borobudur inmitten der javanischen Reislandschaft

zudem traditionelle javanische Kunst mit modernem Design verbinden, sind sie ein beliebtes Souvenir. Leider besitzen nur wenige Touristen Fachkenntnisse über Batikmalerei, so daß ein großes Angebot schlechter Qualität auf dem Markt ist.

Wer ein preiswertes Mitbringsel sucht, ohne viel Wert auf Qualität zu legen, kann sich in den kleinen Galerien, die es überall in der Stadt gibt, umsehen. Viele Galerien liegen rings um den Taman Sari hinter dem Vogelmarkt (Pasar Ngasem) und in der Gegend südlich des Bahnhofs.

Wer Wert auf eine gute Arbeit legt, sollte zuvor in den Galerien bekannter Künstler das Auge schärfen. Ihre Bilder sind allerdings nur selten unter US$100 zu bekommen. Die folgende Liste kann nur unvollständig sein. Zu den etablierten Künstlern gehören:

Amri Gallery, Jl. Gampingan 6 (hinter ASRI - Kunstakademie), ✆ 564525, ✉ 564519, geöffnet tgl. außer Mo 9–16 Uhr. Amri Jahya ist einer der bekanntesten (und teuersten) Batikkünstler. Er bevorzugt abstrakte Motive in klaren Farben. Neben seinen Bildern entwirft er moderne Designs für Textilien, die ebenfalls in der Galerie verkauft werden.

Sapto Hoedoyo - die Werke des vor einigen Jahren verstorbenen Künstlers werden in der Abflug-Wartehalle des Flughafens verkauft, außerdem gibt es eine Galerie in einem auffälligen Gebäude nahe dem Flugplatz, das zudem unübersehbar durch Sapto Hoedoyos hohe, naive Skulpturen gekennzeichnet ist. Die Öl- und Batikbilder sind in dezenten Farben gehalten, favorisiert werden folkloristische Motive, die zentralamerikanische Vorbilder zu haben scheinen.

Soemihardjo, Jl. Mangkuyudan 23 (s.u.), ✆ 371785, ✉ 371880, geöffnet tgl. 9–17 Uhr bevorzugt javanische Motive aus dem alltäglichen Leben von Händler und Bauern und entwirft in gearbeitete, arbeitsintensive Designs für Textilien.

Astuti, Jl. Gading 18, ✆ 372987, ✉ 373507, geöffnet tgl. 9–21 Uhr; Astuti malt abstrakte und surrealistische Bilder von großer dynamischer Aussagekraft in Batik und Öl. Batikbilder kosten US$125–400, Ölgemälde ab US$300.

Tulus Warsito, Jl. Jogokariyan 69 B, Ecke Jl. Parangtritis, ✆ 0816680093 (handphone), geöffnet tgl. 8–21 Uhr; malt hauptsächlich abstrakt, aber auch Landschaften und Personen, meist mit Agrylfarben auf Leinwand, aber auch Batikbilder. Er offeriert zudem Batikkurse (s.u.).

Slamet Riyanto, Jl. Tirtodipuran 61, ✆ 372615, geöffnet Mo–Sa 9–21 Uhr, malt abstrakte dynamische Kompositionen und halbabstrakte Landschaften in einem eigenwilligen Stil und in den meist dezenten Farben der traditionellen Batik.

Kuswadji, Jl. Alun Alun Utara, Pojok Barat Daya, ✆ 378115, geöffnet tgl. 9–19 Uhr. Der 1986 verstorbene Pionier der modernen Batikmalerei bevorzugte dekorative Motive aus klassischen javanischen Epen und Volkssagen. Typisch für seinen Stil sind Wayang-Darstellungen. Elf seiner Kinder und einige Studenten führen seine Arbeit fort. Sie haben dabei völlig unterschiedliche Stilrichtungen entwickelt, von abstrakten Motiven bis zu fein ausgearbeiteten Pflanzendarstellungen.

F. Agus, Mergangsan Kidul, eine Seitengasse der Jl. Tamansiswa, ✆ 375537, tgl. geöffnet von 6–18 Uhr. Agus malt Batikbilder im traditionellen Stil, z.B. balinesische Tänzerinnen, Szenen aus dem Ramayana und dörfliche Szenen; kleine Bilder kosten US$60–100, größere US$200–1000.

BATIKFABRIKEN – sollte man sich auf jeden Fall vor dem Einkauf von Batik ansehen. Hier kann man den Prozeß des Einwachsens und Färbens beobachten und ein besseres Gefühl für die Qualität einer Batik entwickeln. Den Fabriken ist immer ein Verkaufsraum angeschlossen, wo die Stoffe häufig teurer sind als in den Geschäften.

Roro Jonggrang, Jl. Tirtodipuran 6 a, Hand- und Stempelbatik.

Batik Plentong, Nr. 28, und *Batik Winotosastro* Nr. 54, sind die größten Fabriken in dieser Straße – weitere etwas kleinere in der Umgebung.

Suryakencana, Jl. Ngadinegaran MD 3/98, eine der großen Fabriken; reichhaltige Auswahl im Verkaufsraum.

Batik Soemihardjo, Jl. Mangkuyudan 23, ragt aus dem gängigen Angebot heraus. Soemihardjo und der 1984 verstorbene Soelardjo gelten als Wegbereiter des modernen Batikdesigns. Sie besaßen die technischen Möglichkeiten und erarbeiteten in den 60er Jahren in Zusammenarbeit mit den Künstlern Kuswadji, Kussudiardjo, Oeto-

Oben: Markt in Sarangan; unten: Fliegender Händler in Cilacap

no, Kusnadi und anderen neue Batik-Kreationen. In der Jl. K. H. A. Dahlan gibt es zwei Läden, die qualitativ gute Batik z.T. billiger als die Fabriken anbieten: **Kembali** und **Ramayana**. Weitere gute Batikgeschäfte in der Jl. Malioboro.

BATIKKURSE – vor allem südlich vom Kraton findet man zahlreiche Batikfabriken und Batikmaler. Man kann vorbeikommen und den Herstellungsprozeß beobachten.
Batik Research Centre, Jl. Kusumanegara 7, ✆ 512557, 513753, bietet Batikkurse an, die zwar nicht gerade billig, aber sehr umfassend und gut sind. Ein Kurs dauert mindestens 3 Monate und kostet um die 250 000 Rp. Zudem ist im Centre eine ausgezeichnete Ausstellung untergebracht, geöffnet Mo–Do 9–11.30, Fr und Sa bis 10.30 Uhr.
Gapura Batik Art, Taman Kraton KP III/177, am Haupteingang vom Wasserschloß (Taman Sari). Intensive und informative Batikkurse bei Hadjir Digdodarmodjo, drei oder fünf Nachmittage inkl. Material kosten US$20 / 25.
Tulus Warsito, ein Künstler der jüngeren Generation, bietet ebenfalls Batikkurse an.
Kurse: 1 Tag 25 000 Rp, 3 Tage 70 000 Rp, 5 Tage 120 000 Rp und 10 Tage 240 000 Rp.
Adresse: Jl. Jogokariyan 69 B.

BÜCHER / MUSIKKASSETTEN – Ein guter Kassettenladen ist **Kota Mas**, Jl. Malioboro 187.
Lexy Bookshop, Nr. 183, ganz in der Nähe, ✆ 563611, verkauft gebrauchte Taschenbücher.
Bima Book Stall, Jl. Sosrowijayan 22, bietet nicht ganz so viel Lesestoff; ein Ableger auch im Gang 1 und in der Jl. Prawirotaman.
Gebrauchte Taschenbücher in Deutsch, Englisch oder anderen europäischen Sprachen sind in Yogya oft um die Hälfte billiger als in Bali.

EINKAUFSSTRASSE ist vor allem die Jl. Malioboro. In zahlreichen Geschäften kann man um Antiquitäten und Batik, Schmuck und Raritäten handeln. Am südlichen Ende liegt der *Pasar Beringharjo*, ein großer Markt, auf dem nicht nur Lebensmittel, sondern auch billige Stoffe, Geschirr, Tabak und Kräuter sowie viele andere Dinge angeboten werden. Günstig zum Einkaufen von **Kunstgewerbeartikeln** ist das *Art & Craft Centre* im Pura Wisata, Jl. Brigjen Katamso.

LEDER – man kann in Yogya Taschen aus dickem, hellem Leder (sehr haltbar!), Schuhe, Sandalen und andere Lederartikel kaufen, für die in Jakarta mindestens der doppelte Preis bezahlt werden muß.
Lederfabrik **Kusuma** in der Jl. Kauman. Billiger (jedoch von schlechterer Qualität) sind Lederprodukte in den Läden der Jl. Malioboro oder auf der Jl. Pasar Kembang.

MESSINGARBEITEN – werden bei *Prapto Wihardjo* in der Jl. R. E. Martadinata 29 hergestellt und verkauft.

ÖLBILDER – Einer der berühmtesten indonesischen Maler, *Affandi* (1907–1990), lebte und arbeitete in einem eigenwillig gestalteten Haus mit Studio an der Jl. Solo Richtung Airport. Affandi benutzte ausschließlich Spachtel und Tube, für seine abstrakt verfremdeten Portraits und Landschaftsbilder. Die Galerie ist tgl. außer feiertags von 9–15 Uhr geöffnet, ✆ 588526, Eintritt.

SILBER – bekannt für seine Silberarbeiten ist das Dorf **Kota Gede**, 3 km südöstlich der Stadt, zu erreichen mit Bus Nr. 4 und Nr. 14 ab Jl. Malioboro oder Bus Nr. 14 ab Jl. Prawirotaman, außerdem auch mit Pferdekutschen oder Becak. Lohnenswert ist der Ort, wenn man die Silberschmiede bei der Arbeit beobachten will – besonders arbeitsintensiv sind die Filigranarbeiten.
Tom Silversmith wird oft von Touristenbussen angefahren. Er liegt mit seinen Preisen im Durchschnitt 20% höher als die anderen Läden.
Padma's Silver, Kota Gede, Jl. Kemasan, ist ein preiswerter Silver-Shop.
Schmuck wird nicht nach Gewicht verkauft, ist also noch teurer. Insgesamt kostet Silber in Java mehr als in Thailand.

WAYANG KULIT – wer wissen möchte, wie die Figuren hergestellt werden, sollte sich einen Wayang Kulit-Workshop ansehen.
Dort können die langwierigen Arbeiten vom Ausstanzen des Leders über das Bemalen mit feinsten Farben bis zum Zusammenfügen der Lederteile und Befestigen der Hornstöcke verfolgt werden.
Neue Figuren sind relativ teuer, je nach Größe und Feinheit der Arbeit bis zu 50 000 Rp.

Manchmal kann man auch gebrauchte Wayang Kulit-Figuren billig kaufen – allerdings nicht in den Antiquitätenläden, sondern in den Wayang-Schulen selbst, z.B. bei *Swasthigita*, Studio und Workshop, südlich des Kraton in einer kleinen Gasse links am Anfang der Jl. D. I. Panjaitan, Jl. Ngadinegaran MJ 7/50, sehr teuer.
Agastya, Jl. Gedong Kiwo MD III/237.
Mulyo Suhardjo, macht große Wandschirme zu unerschwinglichen Preisen, westlich des Winongo-Flusses in der Jl. Tamansari 37 B.
Preiswerte Wayang Kulit-Figuren und andere Lederarbeiten (z.B. Lampenschirme) gibt es in den vielen Werkstätten des Dorfes Pucung / Wukirsari bei Imogiri, z.B. bei *Suharno.*

Sonstiges

AMERICAN EXPRESS – bei *Pacto Ltd.*, c/o Ambarrukmo Palace Hotel, Jl. Laksda Adi Sucipto, ✆ 562906, 588488, ✉ 561050, geöffnet Mo–Fr 8.30–16.30, Sa bis 12.30 Uhr; und c/o Natour Garuda Hotel, Jl. Malioboro 60, ✆ 565345, 566353, ✉ 565345, geöffnet Mo–Fr 8.30–16.30, Sa bis 12.30 Uhr.

AUTOVERMIETUNGEN – *Travel Kartika*, Jl. Sosrowijayan 10, ✆ 513424, vermietet Minibusse, inkl. Fahrer und Benzin für ca. 100 000 Rp pro Tag.
Bali Car Rental Service vermietet Jeeps und PKW für Selbstfahrer (VW Safari US$25 pro Tag), Büro im Flughafen, ✆ 562548. Die Wagen können auch in Bali zurückgegeben werden (s.S.190).
Mirindo Transport, Jl. Yos Sudarso 19, Kota Baru, ✆ 512064, 511396, ✉ 563804, vermietet Fahrzeuge an Selbstfahrer oder mit Fahrer.
Star Car Rental, Jl. Laksda Adi Sucipto 22, ✆ 519603, ✉ 562403, vermietet z.B. einen Suzuki Jeep für US$40 pro Tag inkl. Versicherung; kann man im Tourist Office, Jl. Malioboro, buchen, der Wagen wird ins Hotel gebracht.

GELD – Nahe dem Hauptpostamt die *Bank Negara Indonesia 1946*, Jl. K. H. A. Dahlan 1, ✆ 514864. Sie wechselt Mo–Fr 8–14 Uhr.
Bank Dagang Negara, Jl. Jen. Sudirman Nr. 67, ✆ 514602, und die *Bank Bumi Daya*, Nr. 42. Geöffnet Mo–Fr 8–14 Uhr.
Bank Niaga, Jl. Jen. Sudirman 15. Gute Kurse, hier können Visa-Karten-Inhaber Mo–Fr 8–13 Uhr Bargeld bekommen. Eine weitere Filiale vor dem Hotel Natour Garuda, geöffnet Mo–Fr 8–14 Uhr.
BCA Bank, Jl. Urip Sumoharjo 49, zahlt Bargeld an Inhaber von Scheckkarten (verschiedene Companies).
Ebenso *Lippo Bank*, Jl. Jen. Sudirman 65.
Geldwechsler, die von 8 bis 20 oder 22 Uhr geöffnet haben, findet man an fast jeder Straßenecke.

IMMIGRATION OFFICE – in der Jl. Laksda Adi Sucipto Raya, beim Kilometer 10, weit außerhalb Richtung Solo bzw. Flughafen, ✆ 586130.

Die leidigen Guides

Der angebliche Kunststudent wird den ausländischen Besuchern geduldig die Sehenswürdigkeiten der Stadt zeigen und natürlich auch zu bestimmten Batikfabriken und Galerien führen. Dort hat man automatisch 20–50% auf den Preis aufgeschlagen, die später der Guide kassiert. Ähnlich arbeiten Becakfahrer, die einen für den unrealistischen Preis von 500 Rp den ganzen Tag herumfahren wollen. Geht man auf das scheinbar günstige Angebot ein, braucht man sich nicht zu wundern, wenn der Fahrer sein Geld auf andere Art zu verdienen versucht. Deshalb sollte man sich von Becakfahrern nicht zu Geschäften fahren lassen, wenn man einen realistischen Preis bezahlen will.

Mittlerweile ist die Guide-Unsitte so weit verbreitet, daß einem auch völlig Unbekannte folgen, um sich in den Geschäften als Guides auszugeben. Es erfordert einige Tricks, sie rechtzeitig wieder loszuwerden. Viele Geschäfte locken auch damit, daß sie angeblich den letzten Tag geöffnet haben und gerade einen sehr günstigen „Räumungsverkauf" veranstalten.

INFORMATIONEN – *Tourist Information Centre*, Jl. Malioboro 16, ☎ 566000. Kompetente Leute; man bekommt einen kostenlosen Stadt- und Umgebungsplan, Infos über kulturelle Veranstaltungen und aktuelle Tips zu Hotels und Transport, u.a. eine Aufstellung der aktuellen Stadtbus-Routen und Verkehrsverbindungen in Richtung Parangtritis und Bromo. Normalerweise tgl. außer So und feiertags von 8–19.30 Uhr geöffnet.

MEDIZINISCHE HILFE – *Bethesda Hospital*, Jl. Jen. Sudirman 81, ☎ 881774, 24 Std. geöffnet.
Ludira Husada Tama Hospital, Jl. Wiratama 4, Tegalrejo, im Nordwesten der Stadt, Nähe Diponegoro Monument, ☎ 512033, 513651, 517173, 24 Std. geöffnet; die Ärzte kommen auch zur Visite ins Hotel.
Putra, Jl. Malioboro 125; das Labor macht Urin-, Stuhl- und Bluttests. Preisliste hängt aus.

POLIZEI – Dem Tourist Information Centre angeschlossen ist ein kleines Büro der *Tourist Police*, ☎ 566000, geöffnet Mo–Sa 8–17 Uhr.

POST – Ein altes, weißes Kolonialgebäude in der Jl. Senopati 2, nahe der verlängerten Jl. Malioboro (Jl. Jen. A. Yani), geöffnet Mo–Do und Sa 6–22, Fr 6–11 und 14–22 Uhr; für Briefmarkensammler gibt es einen brauchbaren Philatelie-Schalter.
Ein kleines Postamt befindet sich in der Jl. Sosrowijayan.

SPRACHKURSE – Das *Yogyakarta Indonesian Language Center (YILC)*, Wisma Bahasa, Jl. Rajawali, Gg. Nuri 6, Demangan Baru, ☎ 588409, führt diverse Kurse zum Erlernen der Bahasa Indonesia durch, für Anfänger und Fortgeschrittene (90 Std. in 3 Wochen), für Spezialisten (60 Std. in 3 Wochen) und eilige Touristen (4–10 Std. in 1–5 Tagen). Die Preise liegen bei US$2–5 pro Person und Stunde, je nach Kurs und Teilnehmerzahl.

TELEFON – Das *Perumtel* Office für internationale Telefongespräche liegt hinter dem Postamt an der Straße Richtung Alun Alun, geöffnet 24 Std. Von hier kann man auch Telegramme, Telex und Telefax abschicken.

Telkom, Jl. Yos Sudarso 9, bietet den gleichen Service, ebenso einige private Wartel oder Warpostel:
Warpostel Bahana, Jl. P. Mangkubumi 69, 24 Std. geöffnet.
Wartel Batik Palace, Jl. Pasar Kembang 27, ☎ 563450, 24 Std. geöffnet.
Wartel, Jl. Sosrowijayan, 24 Std. geöffnet.
Wartel, Jl. Dagen, beim Peti Mas Guesthouse, 24 Std. geöffnet.
Warpostel Mirota, Jl. Suryatmajan, Ecke Jl. Malioboro, 24 Std. geöffnet.
Warpostel Pura Wisata, Jl. Brigjen. Katamso, ☎ 563605, 24 Std. geöffnet.
Wartel Dewi Kartika, Jl. Parangtritis 54, 24 Std. geöffnet.
Warpostel Hispindo, Jl. Sisingamangaraja 56, ☎ 378688, 24 Std. geöffnet.

VORWAHL – 0274.

ZOO – Gembira Loka, etwas außerhalb, Richtung Wonosari, sehr vernachlässigt, sonntags total überfüllt. Interessant sind der Sumatra-Tiger und die Komodo-Warane, Eintritt: 500 Rp.

Feste und Feiertage

Die exakten Termine der Feste verschieben sich jährlich, da sie sich nach dem javanischen und dem moslemischen Kalender richten. Deshalb sollte man sich im Tourist Office von Yogya den *Calendar of Events* des jeweiligen Jahres besorgen.

SIRAMAN – Reinigungszeremonie, die während des ersten javanischen Monats stattfindet. In diesem heiligen Monat werden vor allem die Erbstücke des Sultans gereinigt. In einer öffentlichen, feierlichen Handlung werden die alten Kutschen gewaschen. Nicht öffentlich sind jedoch die Zeremonien der Waffenreinigung innerhalb der Kratonmauern. Dem Wasser, das hierfür benützt wird, schreibt man magische Kräfte zu.

GAREBEG SYAWAL – das Ende des Ramadan wird besonders festlich in Yogyakarta gefeiert. Bereits am Abend zuvor, dem Lebaran-Tag, ertönt aus allen Moscheen, aus Bussen und auf den Straßen ein endloses *„Allah-u-akbar"*. Kinder

ziehen mit großen, selbstgebastelten Papierlaternen durch die Straßen. Am nächsten Morgen versammeln sich Tausende von Menschen vor der großen Moschee auf dem nördlichen Alun Alun zum Gebet.
Anschließend ziehen die farbenprächtig gekleideten Truppen des Sultans vom Kraton über den Pakelaran zum Alun Alun zur Garebeg-Zeremonie. Ein hoher Turm aus Lebensmitteln, der Gunungan, wird am Ende der Parade zur Moschee getragen und dort an die wartenden Menschen verteilt.

SEKATEN – eine Festwoche zu Ehren des Geburtstags von Mohammed. Zu Beginn werden die Gamelan-Instrumente aus dem Kraton in einer Prozession zur großen Moschee (Mesjid Agung) gebracht, wo sie während dieser Woche morgens und abends gespielt werden. Danach gelangen sie in einer ebenso prunkvollen Zeremonie in den Palast zurück. Die Palastgarde in traditionellen Uniformen und Waffen begleitet den Zug. Gunungan – Reis und Gemüse in Bergen aufgetürmt – als Symbol des Wohlstands, werden unter der Bevölkerung verteilt. Die Feierlichkeiten begleitet ein Nachtbasar.

WAICAK – der wichtigste buddhistische Feiertag, an dem man Buddhas Geburt, seiner Erleuchtung und seines Eintritts ins Nirvana gedenkt. Während der Vollmondnacht (meist im Mai) pilgern gläubige Buddhisten zum Borobudur, um dort mit Gebeten und Prozessionen das Ereignis zu begehen.

LABUHAN – Der Krönungstag des Sultans Hamengku Buwono X. wird in verschiedenen Orten der Umgebung Yogyas gefeiert. Besonders prunkvoll in Parangtritis, wo der Meeresgöttin Nyai Loro Kidul Opfergaben dargebracht werden.

Nahverkehrsmittel

BECAK – Fahrrad-Rickschas prägen das Bild der „Kota Becak" Yogyakarta. Die schätzungsweise 15 000 Becak sind das gängige Nahverkehrsmittel. Vor Fahrtantritt muß man den Preis aushandeln. An Touristen werden manchmal überhöhte Forderungen gestellt. Doch auch ein Becak-Fahrer muß seinen Lebensunterhalt und die Miete für sein Fahrzeug verdienen.
Gängig sind: für 1 km ca. 500 Rp, für eine Stunde ca. 1000 Rp. Vorsicht bei billigen Angeboten (s.S. 159).

BEMO – Nur wenige Bemo fahren innerhalb der Stadt und dort meist nur in den Straßen außerhalb des Stadtkerns. Innerhalb des Stadtgebiets kosten sie 350 Rp, in die Außenbezirke etwas mehr.

FAHRRÄDER – Eine Alternative zu den öffentlichen Verkehrsmitteln, denn abgesehen vom Autoverkehr ist Yogya gut mit dem Rad zu erkunden. Für 3000 Rp pro Tag werden Räder in der Jl. Pasar Kembang, der Jl. Sosrowijayan und der Jl. Prawirotaman vermietet. Allerdings ist man nicht versichert, auch nicht gegen Diebstahl.

MOTORRÄDER – werden gegenüber vom Asia Afrika Hotel in der Jl. Pasar Kembang für 9000–10 000 Rp pro Tag vermietet. Im Süden der Stadt auch in Hotels in der Jl. Prawirotaman und der Parallelstraße.

PFERDEKUTSCHEN – Manchmal sieht man sie alle in einem langen Umzug durch die Stadt ziehen, dann hat wieder einmal ein Reiseveranstalter alle Kutschen für zwei Busladungen von Touristen gechartert. Normalerweise dürfen sie nur in den Außenbezirken fahren und in der Jl. Malioboro. Meist stehen sie an den Straßen Richtung Kota Gede herum (Busse und Bemo nach Prambanan fahren nördlich am Ort vorbei, direkt vor Tom Silversmith, doch viele Bemo weigern sich, einen Fahrgast bis dahin mitzunehmen).
Pro Kilometer muß man pro Person 300 Rp für Pferd und Kutscher zahlen – drei Leute passen in einen Wagen.

STADTBUSSE – (350 Rp) fahren vom Busbahnhof Umbulharjo, 3 km außerhalb im Südosten der Stadt nahe Kota Gede, auf verschiedenen Rundkursen durch die Stadt. Sie operieren nur bis Sonnenuntergang.
Die Nr. 2 fährt vom Busbahnhof über Jl. Parangtritis zur Jl. Mataram in der Nähe der Jl. Malioboro und des Bahnhofs.
Die Nr. 1 und die Nr. 14 fahren ab Jl. Malioboro über Jl. Parangtritis zum Busbahnhof, der End-

station der Fern- und Nahverkehrsbusse wie auch der Stadtbusse.

TAXIS – In der Regel mit ac, aber nicht immer mit Taxameter. Sie stehen in der Jl. Senopati hinter dem Hauptpostamt und vor den großen Hotels. Die Einschaltgebühr beträgt 1300 Rp, jeder weitere Kilometer 450 Rp. Vom Airport in die Stadt kosten sie 7000 Rp. Pro Stunde zahlt man für einen Wagen mit Fahrer 10 000 Rp.
Einige Taxiunternehmen:
Rajawali, am Airport, ℡ 564467, 512976, 561459, 512144 (Coupon-System am Airport).
Jari Alam Sakti (JAS), Jl. Kapt. Tendean 39, ℡ 373737, 373388.
Indra Kelana, Jl. P. Mangkubumi 56, ℡ 515819.
Centris, Jl. Diponegoro 64, ℡ 512548, 514877.
Arga Surya Alam (ASA), Jl. Kaliurang 71, ℡ 588018.

Transport

BUSSE – Der Busbahnhof **Umbulharjo** für Nah- und Fernbusse wie auch für alle Stadtbusse liegt 3 km außerhalb der City nahe Kota Gede (Jl. Menteri Supeno / Jl. Veteran).
Busse in die nähere Umgebung auch von innerstädtischen Haltestellen:
Nach Norden, Borobudur, Magelang usw. auch ab Jl. Magelang / Jl. Kyai Mojo.
Colt nach Solo und Kaliurang auch ab der Station Terban in der Jl. Simanjuntak.
Bus nach Parangtritis ab Jl. Parangtritis, Ecke Jl. Kol. Sugiono.
Preisbeispiele: AMBARAWA 1500 Rp, MAGELANG 1000 Rp, 1 Std.; SEMARANG 3000 / ac 4000 Rp, 3 Std.; SOLO 1400 Rp, 65 km; PURWOKERTO 3600 Rp; CILACAP 3800 / 5800 Rp, 5–6 Std., 196 km.
Für längere Strecken sollte man besser **Expressbusse** nehmen. Sie fahren an den jeweiligen Offices in Yogya zwischen 15 und 19 Uhr ab, so daß man die ganze Nacht unterwegs ist.
In der Jl. Sosrowijayan und der Jl. Prawirotaman sind mehrere Büros, die Tickets für Expressbusse verkaufen.
Es ist also nicht notwendig, die einzelnen Büros der Buscompanies abzulaufen.
Die Buspreise variieren je nach Ausstattung der Busse.

Preisbeispiele:
Nach DENPASAR (16–18 Std.) 29 000 Rp, ac 46 000 Rp, *(Bali Ekspres, Bali Indah, Cakrawala, Puspasari, Bali Buana Artha)*.
LOVINA BEACH 33 000 Rp, ac 50 000 Rp; man kann auch in GILIMANUK (28 000 Rp, ac 44 000 Rp) umsteigen und dort für die restliche Strecke extra bezahlen (2500 Rp).
JAKARTA (16–18 Std.) 24 000 Rp, ac 30 000 Rp *(Limex, Muncul, Garuda)*. BANDUNG 18 000 Rp *(Bandung Express)*. BOGOR 22 000 Rp *(Bogor Jaya)*. MALANG ac 21 000 Rp *(Agung, Pemudi)*.
Nach SURABAYA ac 21 000 Rp *(Agung, Kembang)*, ein normaler Tagesbus kostet 5000 Rp.

MINIBUSSE – Einige Travel Agents, z.B. *Kartika*, Jl. Sosrowijayan 10, ℡ 513424, haben tgl. (7 und 14 Uhr) einen Minibus nach CILACAP zur Bootsanlegestelle (Boote nach Pangandaran), 10 000 Rp, 4 Std.
Nach PANGANDARAN direkt 17 500 Rp, Abfahrt um 7 Uhr, inkl. Bootstrip von Cilacap nach Kalipucang, Ankunft in Pangandaran gegen 17 Uhr.
Direkter Minibus nach SOLO bis zum Hotel nach Wahl bei *S.A.A.*, Jl. Diponegoro 9 A, Ecke Jl. P. Mangkubumi, ℡ 563238, tagsüber jede halbe Stunde Abfahrt, 3500 Rp.
Direkter Minibus nach Solo auch von *New Rejeki Sri Rahaya*, Jl. Perwakilan, Ecke Jl. Mataram, nicht weit von der Jl. Sosrowijayan.
Außerdem:
CILACAP 10 000 Rp, 14.30 Uhr;
JAKARTA ac 30 000 Rp, 16 Uhr;
MAGELANG ac 3000 Rp, 8, 9, 11, 13, 15 und 17 Uhr;
MALANG ac 20 000 / 24 000 Rp, 9, 20 Uhr;
PEKALONGAN ac 9000 Rp, 9, 16 Uhr;
PURWOKERTO 7500 Rp, 8 und 14.30 Uhr;
SEMARANG ac 5500 Rp, 8, 9, 11, 13, 15 und 17 Uhr;
SURABAYA ac 22 000 Rp, 9 und 20 Uhr.
Mehrere Bus- und Minibus-Unternehmen oder deren Agenten haben ihr Büro in der Jl. P. Mangkubumi.
Die Minibusse sind meist komfortabel (Liegesitze) und mit ac, sie fahren vor dem Office ab, manchmal wird man auch vom Hotel abgeholt und am Zielort zur gewünschten Adresse gebracht:

Priaventure, Jl. P. Mangkubumi 15, ✆ 564981, nach BOGOR, BANDUNG, JAKARTA, ac 30 000 Rp, 17 Uhr; nach SURABAYA, MALANG, ac 16 000 Rp, 9 und 20 Uhr.
Rosalia Indah, Jl. P. Mangkubumi 51, ✆ 512740, nach KEDIRI, BLITAR, MALANG, ac 16 000 Rp, 7, 9, 11, 14 und 20 Uhr; nach SURABAYA, ac 16 000 Rp, 6, 8, 10, 11, 14 und 20 Uhr; nach JAKARTA, ac 30 000 Rp, 16 Uhr.
Timbul Jaya, Jl. P. Mangkubumi 37, ✆ 566101, nach SURABAYA, ac 16 000 Rp, 6, 8, 10, 11 und 20 Uhr.

EISENBAHN – Der Bahnhof liegt mitten im Zentrum an der Jl. Pasar Kembang. Tickets für teurere Züge muß man schon einen Tag vorher kaufen. Es empfiehlt sich, rechtzeitig vor Abfahrt am Bahnhof zu sein – die Warteschlangen, vor allem vor dem 3. Klasse-Schalter, sind beachtlich.

FLÜGE – *Garuda*, *Merpati*, *Sempati* und *Bouraq* fliegen den 10 km östlich gelegenen Flughafen Adi Sucipto an (Richtung Solo).
Büros:
Garuda, Jl. P. Mangkubumi 52, ✆ 561440, geöffnet Mo–Do 7.30–16.45, Fr 7.30–11.30 und 13.45–16.45 Uhr, Sa, So und Feiertag 9–13 Uhr.
Merpati, Jl. Jen. Sudirman 9–11, ✆ 514272.
Bouraq, Jl. Mataram 60, ✆ 882664.
Sempati (SG), im Natour Garuda Hotel, Jl. Malioboro 60, ✆ 561475, 565790, 566355.
Zum Flugplatz nimmt man einen Colt ab Jl. Simanjuntak in Richtung Solo, von der Hauptstraße sind es nur 200–300 m.
Ein Taxi kostet ca. 7000 Rp, einige Hotels offerieren einen Gratis-Zubringerdienst.
Preisbeispiele (ohne Mehrwertsteuer):
BANDUNG 81 000 Rp (BO),
BANJARMASIN 205 000 Rp (BO),
DENPASAR 127 000 Rp (MZ, SG),
JAKARTA 136 000 Rp (GA, BO, SG),
SURABAYA 65 000 Rp (MZ, SG).

Die Umgebung von Yogyakarta

Die Tempel und Ruinen rings um Yogya sowie die abwechslungsreiche Vulkan- und Küstenlandschaft bieten viele Ausflugsmöglichkeiten. Alle folgenden Touren kann man jeweils gut an einem Tag unternehmen. Wer länger bleiben will, findet in den einzelnen Abschnitten die entsprechenden Hotels. Einige Travel Agents in Yogya bieten Tagestouren (Borobudur, Prambanan und Dieng Plateau) mit Minibussen für 25 000–35 000 Rp an. Für Leute, die wenig Zeit und Lust zum Organisieren haben, nicht schlecht. Ein Taxi für eine Tour (4 Std.) zum Borobudur kostet 45 000 Rp, zum Prambanan 35 000 Rp und nach Parangtritis 65 000 Rp (5 Std.).

Borobudur

39 km nordwestlich der Stadt liegt der größte buddhistische Tempelkomplex Südostasiens. Der Borobudur wurde um 800 n.Chr. während der Zeit der Sailendra-Dynastie erbaut. Man vermutet, daß ca. 10 000 Arbeiter an die 100 Jahre zur Fertigstellung dieses quadratischen Baus mit einer Seitenlänge von 117 m gebraucht haben. Das Sailendra-Reich wurde 856 von hinduistischen Fürsten zerstört und der prächtige Tempel durch einen verheerenden Ausbruch des Merapi für fast 1000 Jahre verschüttet. Borobudur aber lebte weiter in den Erzählungen der Menschen. Erst 1814 wurde mit den Ausgrabungen begonnen.

1973 startete man, unterstützt durch die UNESCO, ein zehnjähriges Mammutprojekt, um den vom Zusammenbruch bedrohten Borobudur zu retten. Fresken mußten restauriert werden, und das Fundament wurde Stein für Stein erneuert – insgesamt wurden 1 300 232 Steine katalogisiert, gereinigt und chemisch behandelt, wofür US$ 25 Millionen ausgegeben wurden.

Borobudur ist im buddhistischen Sinn eine riesige Stupa, deren drei Ebenen der Dreiteilung des irdischen Daseins im Mahayana-Buddhismus entsprechen: *Khamadhatu*, die unterste Ebene des alltäglichen Daseins; die mittlere Ebene, *Rupadhatu*, die vergeistigte Form, und die obere Ebene, *Arupadhatu*, die vollständige Abstraktion und Loslösung von der diesseitigen Welt. Während des Aufstiegs vollzieht man dieses geistige Erlebnis nach. Auf allen Stufen stellen 1300 nahezu vollplastisch gearbeitete Reliefs vielfältige Szenen aus dem Leben Buddhas dar – die Geburt als seine letzte Inkarnation, der mühsame Weg zur Erleuchtung und sein Ableben, mit dem er das Nirvana erreicht. Umrundet man die drei Ebenen im Uhrzeigersinn, dann läuft wie in einem Bilderbuch, über insgesamt 5 km, das Leben des Erleuchteten vor einem ab. Auf der obersten Stufe ist das Nirvana erreicht – der Blick über die Reisfelder und Palmenhaine bis zum Menoreh-Gebirge scheint ebenso weltentrückt wie die zahlreichen Buddhafiguren, die, geschützt vor dem zersetzenden, tropischen Klima, in kleinen Stupen sitzen. Sie sind in Meditation versunken und symbolisieren mit ihren Handhaltungen *(Mudra)* eine bestimmte geistige Situation. Je nachdem, wie die Sonne sie im Laufe des Tages anstrahlt, verändert sich ihr Gesichtsausdruck.

Durch einen Bombenanschlag im Januar 1985 wurden neun Stupen zerstört, inzwischen ist der Schaden behoben. Der Protest entzündete sich am überdimensionierten *Borobudur Historical Park,* für den ganze Dörfer aus der fruchtbaren Ebene umgesiedelt wurden. Dafür sind Parkplätze und gepflegte Rasenflächen entstanden.

Eintritt: 5000 Rp, Studenten 2000 Rp, geöffnet tgl. 6–17.30 Uhr. Man sollte versuchen, bereits um 6 Uhr hier zu sein, dann kann man die Aussicht über die dunstige Landschaft in der Morgensonne und die Schönheit des Tempels genießen. Andere empfehlen den Spätnachmittag ab 16 Uhr.

In modernen Gebäuden sind Souvenirgeschäfte und eine Informationsstelle untergebracht. Hier werden Bücher über den Borobudur verkauft – ansonsten wenig ergiebig. Ein **Museum** und ein Restaurant liegen nördlich vom Hauptaufgang Richtung Straße. Offizielle Guides (viele Infos!) für 5000 Rp, „Schüler" 500 Rp.

2 km von Borobudur entfernt, Richtung Muntilan (vor der Brücke rechts ca. 300 m) liegt der kleine **Pawon Tempel**, der erst 1903 freigelegt wurde. Wahrscheinlich war er ein Eingangstempel zum Borobudur.

Nur einen Kilometer vom Borobudur, kurz hinter dem Fluß, kommt man zum **Mendut Tempel** – dem Tempel im Bambushain. Das äußere Bauwerk stammt aus der Zeit, in der auch Borobudur gebaut wurde. In dem dunklen Innenraum stehen die nahezu drei Meter hohen Figuren von Buddha (Mitte), Lokesvara (links) und Vairapani (rechts) – eindrucksvolle Monumente des Mahayana-Buddhismus. Hier billigere Souvenirs als am Borobudur.

In Mungkid, nur 2 km vom Borobudur entfernt, hat im Frühjahr 1994 Haj Widayat, einer der bekanntesten Künstler Yogyas, sein privates **Museum H. Widayat** eröffnet. Gezeigt werden Beispiele zeitgenössischer indonesischer Kunst, sowohl Gemälde und Skulpturen aus Widayats eigener Werkstatt, als auch die Werke anderer Künstler.

Übernachtung

Übernachten kann man am Parkeingang des Borobudur im **Losmen Borobudur***. Oder besser nebenan im **Losmen Barokah***.
Nahebei **Lotus Guesthouse****, ✆ 88281, Jl. Medang Kamulan 2.
Hotel Manohara (um US$33), ✆ 0293-88131, inkl. Frühstück; angenehmes Hotel innerhalb des Borobudur-Parks, d.h. die Besichtigung des Borobudur ist für Hotelgäste gratis.

Transport

Mit einem Bus von YOGYA ab Jl. Diponegoro, Kreuzung Jl. Magelang, für 800 Rp nach MUNTILAN, dann Anschlußbus nach Borobudur für 500 Rp.
Direktbusse ab Yogya kosten 1250 Rp.
Außerdem werden von zahlreichen Travel Agents diverse Touren angeboten.

Prambanan

Etwa 16 km nordöstlich von Yogya liegt diese hinduistische Tempelanlage. Sie wurde wahrscheinlich zu Beginn des 10. Jahrhunderts unter den hinduistischen Herrschern Zentral-Javas erbaut. Mitte des 16. Jahrhunderts zerstörte ein Erdbeben

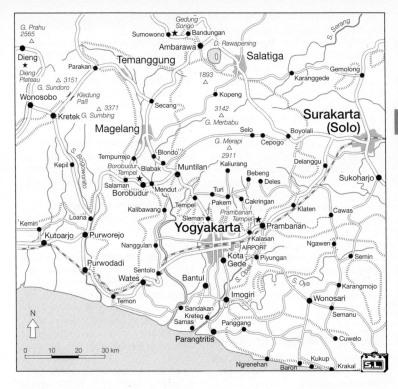

große Teile der Tempel. Noch im vergangenen Jahrhundert benutzte man die Steinquader zum Straßenbau. 1937 wurde mit der Rekonstruktion des 47 m hohen Shiva-Tempels begonnen. Das bedeutendste hinduistische Heiligtum Javas besteht insgesamt aus acht Tempeln und einer Reihe kleinerer Candi. **Lara Jonggrang**, der größte, zentrale Tempel mit 20 Ecken, ist Shiva gewidmet. Dieser Gott, Symbol der Zerstörung, die gleichzeitig Voraussetzung für ständige Erneuerung ist, genoß im hinduistischen Java besondere Verehrung. Die vier Innenräume, jeweils über eine Treppe zugänglich, enthalten steinerne Figuren von Shiva (im östlichen Hauptraum), seiner Frau Durga (Norden), Shiva als Lehrer (Süden) und seinem Sohn, dem elefantenköpfigen Gott Ganesha, dem Gott der Weisheit (Westen). Auf der Innenwand der äußeren Mauer sind in 42 Bildern Szenen aus dem Ramayana dargestellt. Einen Rundgang sollte man am östlichen Eingang beginnen und dann im Uhrzeigersinn laufen. Die Fortsetzung des Epos entdeckt man an den beiden rechts und links des Shiva-Tempels stehenden, Brahma und Wishnu gewidmeten Tempeln. Ihnen gegenüber drei kleinere, gut erhaltene Bauten, **Candi Vahana** genannt, die den mythischen Reittieren der drei Götter geweiht sind. Nur noch Shivas Nandi (der Stier) ist erhalten.

In Prambanan ist, ähnlich wie am Borobudur, ein historischer Park angelegt worden, der neben dem Haupttempel auch **Candi Bubrah**, **Candi Lumbung** und **Candi Sewu**, die weiter nördlich liegen, umfaßt. Eintritt: 5000 Rp, Studenten 2000. Westlich vom Opak-Fluß steht die große Freilichtbühne für die **Ramayana-Aufführungen**. Während der Monate Mai bis Oktober finden alljährlich an Vollmond-Wochenenden Mammutaufführungen des Ramayana statt. Unter Scheinwerferbatterien, unterstützt von Großlautsprechern, treten bis zu 450 Akteure auf. Neben dem Haupttempel finden sich noch zahlreiche Ruinen anderer Tempel – insgesamt an die 180 Bauten – in der weiteren Umgebung von Prambanan, die man zu Fuß oder mit dem Fahrrad erkunden kann; oft kommen Kinder und zeigen den Weg. Man kann sich für eine zwei- bis dreistündige Tour zu den zentral gelegenen Ruinen auch ein Dokar für ca. 3500 Rp pro Fahrzeug chartern.

Nördlich des Prambanan liegen die Ruinen der kleinen buddhistischen Tempel **Lumbung** und **Bubrah**. Den Buddhafiguren fehlen die Köpfe, die weitgehend zerstörten Bauwerke sind restauriert worden.

Übernachtung

Übernachten in Prambanan im **Nyonya Muharti Homestay**, Jl. Tampurnas, nicht weit vom Eingang zum Tempelbezirk.

Transport

Prambanan ist von YOGYA ab Jl. Simanjuntak leicht mit einem Bus oder Minibus Richtung Solo für 600 Rp zu erreichen.

Kaliurang

Bei gutem Wetter, wenn man am frühen Morgen nördlich von Yogya den Vulkankegel des Merapi deutlich erkennen kann, sollte man zumindest einen Tagesausflug nach Kaliurang, 900 m hoch am Hang des Merapi, machen.

Von Kaliurang aus können schöne Wanderungen unternommen werden – am Wochenende strömen Indonesier in Scharen hierher, während der Woche kommen viele Schulklassen zu den Wasserfällen und Schwimmbädern.

Übernachtung

Im kühlen Klima von Kaliurang kann man sich in über 100 Penginapan, Losmen und Hotels erholen; hier nur eine kleine Auswahl:

Vogel Hostel*-***, Jl. Astamulya 76, ✆ 0274/895208, Schlafsaal für 3000 Rp p. P., Zimmer mit u. ohne Mandi und ein Bungalow für 22 000 Rp, weitere Zimmer in einem in der Nähe liegenden neueren Gebäude (Christian Hostel) z.T. mit Aussicht auf den Merapi; mit Restaurant. Die meisten Traveller wohnen bei Vogel, da man hier die besten Infos bekommt; mit Jugendherbergsausweis bekommt man die Zimmer etwas billiger.

Satriafi Hotel***-****, Jl. Kesehatan 143, ✆ 895128, saubere Zimmer mit Du/WC, z.T. mit TV und Heißwasser, ruhig und gepflegt; mit Restaurant.

Penginapan Sri Pratala**, Jl. Malang Yudo, saubere Zimmer mit WC/Du und Heißwasser, nette Leute, ruhig am östlichen Dorfrand gelegen.

Penginapan Garuda*, kleine, einfache Zimmer mit gemeinsamen Mandi, nicht weit vom Vogel Hostel und nur als Ausweichmöglichkeit, falls Vogel voll ist.

Penginapan Merpati*, neben Peng. Garuda und ähnlich.

Penginapan Sri Sasono** und **Losmen Sri Kahono****, Jl. Astorenggo, ✆ 895301, liegen nebeneinander am nordwestlichen Dorfrand und haben das selbe Management; etwas abgewohnte Zimmer mit Du/WC, z.T. mit Privat-Balkon.

Transport

Colt fahren für 1000 Rp von der Jl. Simanjuntak in YOGYAKARTA nach Kaliurang, ca. 25 km.

Gunung Merapi

Der „Feuerberg" (2911 m) macht seinem Namen alle Ehre. Beinahe regelmäßig im Abstand von wenigen Jahren bricht er aus, zuletzt Januar 1997, und fast immer schwebt eine weiße Rauchfahne über dem Krater. Im Vogel Hostel hängen Bilder des Ausbruchs von 1994. Bei einem der größten Ausbrüche wurde einst sogar der fast 50 km entfernt liegende Borobudur verschüttet. Vulkanausbrüche fordern in Indonesien zahlreiche Menschenleben. Kein Wunder, daß die Berge von der Bevölkerung in großem Maße respektiert werden.

Will man den Merapi besteigen, was recht anstrengend ist, gibt es mehrere Möglichkeiten. Gut ist folgende Strecke: Bus nach Kartosuro (Richtung Solo ca. 1 1/2 Std. für 1000 Rp). Von dort ca. 1 Std. für 750 Rp nach Boyolali, danach Minibus für 1000 Rp nach Selo.

Eine weitere landschaftlich sehr reizvolle Strecke nach **Selo** führt von Blabak (3 km hinter Muntilan) über eine 30 km lange Nebenstraße (eine Stunde, an der Abzweigung in Blabak nach Bus fragen, fährt selten, 1700 Rp) am Nordhang des Merapi entlang. Übernachten im *Agung Merapi*-**** (auch Schlafsaal) mit heißem Wasser und Restaurant. Hier bekommt man einen Guide für die Merapi-Besteigung vermittelt – Kosten: mindestens 5000 Rp, bei einer Gruppe 2500 Rp pro Person. Empfehlenswert ist eine gute Taschenlampe. Man muß bereits um 1 Uhr nachts aufbrechen, wenn man den Sonnenaufgang auf dem Gipfel erleben will – bei gutem Wetter ein gigantisches Erlebnis. Zur notwendigen Ausrüstung gehören ausreichend Proviant, Wasserflaschen und warme Kleidung. Von Selo folgt man dem Schild *Ke Merapi*. Nach 1 km auf einem befahrbaren Weg zweigt ein Pfad links ab, der steil bergauf führt. Nach 3 Stunden ist Pasar Purba erreicht, und nach 4–5 Stunden ist man auf dem Gipfel.

Einige Travel Agents in Yogya bieten die komplette Merapi-Tour an für ca. 25 000 Rp pro Person bei mindestens 2 Personen (alles inklusive): 22 Uhr Start mit Minibus, 24 Uhr Ankunft in **Selo**, 5 Uhr auf dem Gipfel, 6.30 Uhr bis 9.30 Uhr Abstieg, anschließend Frühstück, zurück in Yogya gegen 13 Uhr.

Sollte der Gipfel des Merapi wegen vulkanischer Aktivitäten (Ausbruchgefahr) gesperrt sein, was häufiger vorkommt, bieten sowohl das *Vogel Hostel* in Kaliurang als auch das *Agung Merapi Hostel* in Selo andere geführte Touren am Berg an, wobei man meist die Lavaströme sehen kann.

Die oberen Hänge des „Feuerbergs" tragen ebenso wie die des Nachbarn, des 3142 m hohen **Gunung Merbabu**, ausgedehnte Kasuarinenwälder, die unter Naturschutz stehen. *Taman Wisata* (Touristenparks) mit Wasserfällen gibt es bei Kaliurang und auf der Nordseite des Merbabu: **Tuk Songo**; außerdem am Osthang des Merapi bei **Deles**, zu erreichen über Klaten, halbwegs zwischen Yogya und Solo.

Parangtritis

Die Südküste Javas zeigt sich oft von ihrer rauhen Seite. Die Welt der Meeresgöttin Nyai Loro Kidul ist unberechenbar und hat schon vielen Menschen das Leben gekostet. Durch den nahe der Südküste von Java gelegenen Tiefseegraben kommt es zu tückischen Unterströmungen. Deshalb sollte man an allen Stränden der Südküste möglichst nicht baden.

Alljährlich während der **Labuhan-Zeremonie** (s.S. 161) versucht man in Parangtritis durch Opfergaben die Meeresgöttin zu beschwichtigen.

28 km von Yogya entfernt erstreckt sich hier eine dunkle Dünenlandschaft, die im Osten von Felsklippen begrenzt wird. Man kann in einem Swimming Pool baden, dessen klares, kalziumhaltiges Wasser aus einer Felsenquelle stammt und über Bambusleitungen in das Becken geleitet wird. An Wochenenden und Feiertagen sollte man diesen Strand meiden, denn dann ist er mit einheimischen Besuchern total überfüllt.

Übernachtung

Übernachtungsmöglichkeit in vielen einfachen Losmen*, z.B. **Agung Garden*-*****, ✆ 0274/367690, 50 m vom Strand entfernt, Zimmer mit eigenem Mandi, Restaurant und kleinem Innenhof, ein ac-Zimmer für 35 000 Rp.

Östlich des Dorfes, in großartiger Lage auf Steilklippen überm Strand, stehen die 40 Luxus-Bungalows des Beach Resort **The Queen Of The South** (US$70–165), ✆ 367196, ✆ 367197, mit Pool, Bar, Restaurant, Tennis etc.

Transport

Von YOGYAKARTA, Jl. Parangtritis, fahren häufig direkte Busse nach Parangtritis (850 Rp, 1/2 Std.), auf gut ausgebauter Straße über BANTUL und KRETEG, wo eine breite Brücke den Opak-Fluß überspannt. Manche Busse nehmen (zum selben Preis) die Alternativ-Route über IMOGIRI nach Parangtritis, eine landschaftlich reizvolle Strecke am Opak-Fluß entlang, vorbei an kleinen Dörfern und Kalkstein-Formationen.

Solo (Surakarta)

Wer den Touristenrummel von Yogyakarta nicht länger ertragen möchte, wen die javanische Kultur auch ohne Banana-Pancake fasziniert, sollte seine Bleibe 64 km weiter nach Osten verlagern. Solo oder Surakarta, wie die offizielle Bezeichnung lautet, hat viele Gemeinsamkeiten mit Yogya, außer den Touristen. In beiden Städten residierten Sultane. Unter Paku Buwono II. wurde Solo zum Verwaltungszentrum des Surakarta-Hadiningrat-Königreiches.

Während die Nachbarstadt Yogya die Unabhängigkeitsbewegung unter Sukarno und Hatta unterstützte, stand der Sultan von Solo hinter den holländischen Kolonialisten. Nach dem Ende des Krieges verlor er jede politische Macht, im Gegensatz zu seinem Kollegen in Yogya, der in vielen Nachkriegskabinetten Ministerposten innehatte.

Den **Kraton Hadiningrat** (oder Sunan-Palast) im Südosten der City ließ der erste Herrscher 1745 erbauen. Vor dem Palast wurden früher auf dem großen Alun Alun Lor Platz Soldaten der Palastwache ausgebildet. Von den eigentlichen Palastgebäuden kann nur ein Teil besichtigt werden (geöffnet 8–14 Uhr), da der Sultan mit seinen sechs Ehefrauen, 38 Kindern und 200 Bediensteten im Palast residiert.

Um ihm die gebührende Ehre zu erweisen, darf man nur in Schuhen (wer Sandalen trägt, muß barfuß laufen) das Palastgebäude betreten. Zum Kraton gehört auch ein Turm, in dem sich der Sultan mit der Königin des Meeres Nyai Loro Kidul zum tête-à-tête traf. Man kann den Turm jedoch nur aus einiger Entfernung sehen.

Im **Museum Sasono Sewoko** sind neben altjavanischen Bronzegegenständen und Wayang-Figuren auch einige alte Kutschen der Sultane ausgestellt. Nicht sehr lohnenswert, geöffnet tgl. außer Freitag 9–12.30 Uhr.

Die Akademie für Theater, Musik und Tanz, **ASKI**, ist in einem Gebäude 5 km östlich der Stadt Richtung Candi Sukuh untergebracht.

Auf dem **Pasar Klewer**, am Westtor des Alun Alun-Platzes, kann man zwischen 9 und 16 Uhr günstig Batik einkaufen. An zahlreichen Ständen werden Textilien aller Art verkauft! Die Batikfrauen von Yogya fahren zum Einkaufen nach Solo, denn hier gibt es die größten Batikfabriken. Viele Batikfabriken, bzw. -Workshops findet man im Kampung Laweyan, ca. 2 km südwestlich vom Zentrum.

Batik Keris, überall in Indonesien bekannt, hat ebenfalls eine Fabrik im Südwesten der Stadt, aber auch einen Laden in der Jl. Yos Sudarso 62. Am südwestlichen Ende des Alun Alun Lor steht die große **Moschee** mit ihrem überdimensionalen, für Zentral-Java typischen Dach.

Auf dem **Pasar Triwindu** an der Jl. Diponegoro kann man zwischen Ramsch und Ersatzteilen noch manches entdecken, was hier nach langem Handeln wesentlich günstiger als in Yogya oder gar Jakarta zu bekommen ist, z.B. Antiquitäten, Schattenspielfiguren, Masken ... Geöffnet 9–16 Uhr.

Mitten durch die Stadt auf der Jl. Brigjen. Slamet Riyadi verlaufen Bahngleise, auf denen schon zu Beginn dieses Jahrhunderts eine Dampfstraßenbahn entlangbimmelte. (Nachzulesen bei: Max Dauthenday, Erlebnisse auf Java, München 1924) An Sekaten (Mohammeds Geburtstag) und Idul Fitri (Ende des Ramadan) läßt man im Rahmen der Feierlichkeiten eine alte Dampflok mit ebenso alten Waggons auffahren.

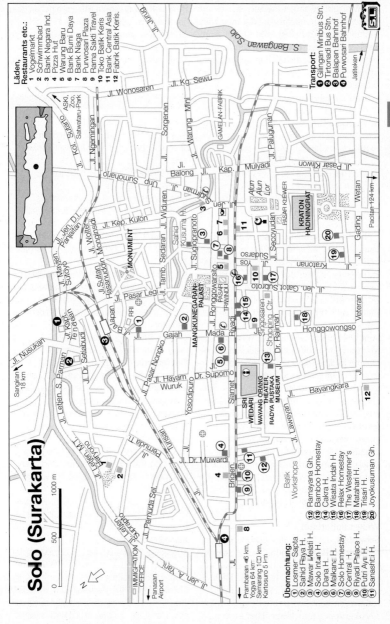

Solo (Surakarta)

Der Mangkunegaran-Palast

Über die Jl. Diponegoro gelangt man zum Mangkunegaran-Palast, der 1757 vom zweiten Herrscherhaus erbaut wurde. Man betritt den im traditionellen javanischen Stil aus Teakholz (Jati) errichteten Palast durch den südlichen Eingang.

Im Zentrum des großen Hofes steht die 200 Jahre alte, über 60 m lange und über 50 m breite Empfangshalle, Pendopo, deren Dach noch immer in traditioneller Weise mit Holzschindeln gedeckt ist.

Im südwestlichen Teil des Gebäudes werden die Instrumente eines Gamelan-Orchesters aus dem 17. Jahrhundert aufbewahrt, das als Begleitung zu javanischen Tänzen jeden Mittwoch zwischen 9 und 12 Uhr gespielt wird.

Im Norden schließen sich an dieses Gebäude die vor allem für Hochzeits- und Begräbnis-Zeremonien genutzten Räume **Dalem Ageng** an. Auf der Veranda zwischen beiden Gebäuden, **Pringgitan** genannt, werden offizielle Gäste empfangen. Hier finden auch die Wayang Kulit-Aufführungen statt, wobei die Frauen die Schatten vom Dalem aus beobachten, während die Männer hinter dem Orchester und dem Dalang in dem Pendopo Platz nehmen.

Im Dalem sind in Schaukästen archäologische Funde aus der Zeit der Majapahit-Dynastie und des frühen Mataram-Reiches ausgestellt. Außerdem kann man eine Kollektion von Waffen, Masken, Wayang-Figuren, Wayang Beber-Rollen und anderen Gegenständen aus dem Besitz des Sultans sehen. In dem weitläufigen Areal lebt noch heute die Familie von Prinz Mangkunegoro. Geöffnet ist der Palast Mo–Sa 8.30–14, So bis 13 Uhr, Eintritt 2500 Rp.

Weiter außerhalb

Sriwedari, der Vergnügungspark, liegt im Westen an der Jl. Brigjen. Slamet Riyadi. Keine größere Stadt auf Java kann auf diese Mischung aus Zoo, Rummel, Theater und Markt verzichten. Wayang-Aufführungen gehören ebenso zum Programm wie Musikgruppen und Tänze. Hier kann man abends billig essen.

Das **Radyapustaka Museum** neben dem Sriwedari ist tgl. außer Mo 8–13 und Fr/Sa bis 11 Uhr geöffnet. Es enthält Waffen, Wayang-Figuren und eine schöne Sammlung alter javanischer Schriften und Bücher.

Übernachtung

UNTERE PREISKLASSE – Einige einfache Losmen und Hotels liegen in der Gegend um die **Jl. K. H. A. Dahlan** und die **Jl. Imam Bonjol**, z.B.:
Hotel Central* (8), Jl. K. H. A. Dahlan 32, ℅ 42814, ziemlich laut.
Solo Homestay* (7), Jl. K. H. A. Dahlan , Gg. Bandar 2, mit und ohne Mandi, ruhig, mit Innenhof.
Hotel Mawar Melati*-*** (3), Jl. Imam Bonjol 54, ℅ 36434, mit und ohne Mandi, z.T. mit Fan und TV.
Warung Baru Homestay**, Jl. K. H. A. Dahlan, in der Nähe des gleichnamigen Restaurants, sauber und nett eingerichtet, inkl. Frühstück.
Einige Losmen auch in der Gegend **um den Bahnhof**, z.B.
Losmen Sapta* (1), Jl. Gajah Mada 182.
In der unteren Preisklasse zu empfehlen sind:
The Westerner's*-** (17), Kemlayan Kidul 11 (Gasse zwischen Jl. Yos Sudarso und Jl. Jen. Gatot Subroto), ℅ 33106, zentral, sehr sauber, hilfsbereite, freundliche Besitzer.
Paradiso Homestay*-** und *Cendana Guesthouse*-***, in derselben Gasse wie The Westerner's und ähnlich.
Relax Homestay*-** (16), in einer Seitengasse der Jl. Jen. Gatot Subroto, inkl. Frühstück, nicht besonders sauber, großer Garten, z.T. winzige Zimmer.
Mama Homestay*-**, Jl. Yos Sudarso, Kauman Gg. 3/49, ℅ 52248, nett und sauber; in einer Seitengasse.
Bamboo Homestay*-** (13), Jl. Setyaki 1, ℅ 35856, luftige Räume mit und ohne Mandi, inkl. Frühstück, hinter dem Sriwedari-Park in einer ruhigen Seitenstraße.
Matahari Hotel** (18), Gandakan Kiwo RT 02/RW 1 Nr. 8, in einer Seitengasse, akzeptabel, mit und ohne Mandi, mit Fan oder ac und Heißwasser, schöner Balkon.

Joyokusuman Guesthouse*-** ⑳, Gajahan RT9/1, ein renovierungsbedürftiger ehemaliger Prinzenpalast in einem weitläufigen, ruhigen Garten, der dem javanischen Maler Hendra gehört, südlich vom Kraton Hadiningrat.
Hotel Trisari*-** ⑲, Jl. A. M. Sangaji 4, ✆ 35959, südlich vom Kraton Hadiningrat.

MITTELKLASSE – *Hotel Wisata Indah* (US$28–36) ⑮, Jl. Brigjen. Slamet Riyadi 173, ✆ 43753, alle Zimmer mit ac, TV, Heißwasser, etc, nett eingerichtet.
Malkana Hotel***-**** ⑥, Jl. Gajah Mada 29, ✆/✉ 712233, sauber und OK, mit Fan oder ac, TV und Heißwasser, inkl. Frühstück.
Hotel Dana (US$43–112) ⑤, Jl. Brigjen. Slamet Riyadi 286, ✆ 711976, ✉ 713880, Fan oder ac, TV, Telefon etc.; Garten, großer Innenhof, inkl. Frühstück.
Sanashtri Hotel (US$14–37) ⑪, Jl. Sutowijoyo 45, ✆ 718308, ✉ 715807, Fan oder ac, TV und Heißwasser, ruhig und sauber, schöner Garten.
Ramayana Guesthouse***-**** ⑫, Jl. Dr. Wahidin 22, ✆ 712814, etwas renovierungsbedürftige Zimmer mit Fan oder ac, Heißwasser und Kühlschrank, inkl. Frühstück, ein sehr nettes, ruhiges Guest House mit kleinem Garten.
Putri Ayu Hotel***-**** ⑩, Jl. Brigjen. Slamet Riyadi 331, ✆/✉ 711812, Fan oder ac und TV, kleiner Garten, Balkon, akzeptabel.

OBERE PREISKLASSE – *Sahid Kusuma Hotel* (ab US$103), Jl. Sugiopranoto 20, ✆ 46356, ✉ 44788, bestes Hotel der Stadt, komfortabel und geschmackvoll eingerichtete Zimmer und Bungalows, mit Swimming Pool; in der Lobby wird am späten Nachmittag Gamelan-Musik gespielt, außerdem weitere kulturelle Darbietungen.
Hotel Cakra (ab US$57) ⑭, Jl. Brigjen. Slamet Riyadi 201, ✆ 45847 - 51, ✉ 48334, mit Restaurant und Swimming Pool.
Sahid Raya Hotel (ab US$115) ②, Jl. Gajah Mada 82, ✆ 44144, ✉ 44133, Luxushotel mit 140 Zimmern und Suiten, Swimming Pool, Fitness Center, etc.
Solo Intan Hotel (US$62–107) ④, Jl. Brigjen. Slamet Riyadi 366, ✆ 716075, ✉ 716076, gutes, dreistöckiges Hotel mit nur 32 nett eingerichteten Zimmern und Suiten.

Riyadi Palace Hotel (US$46–118) ⑨, Jl. Brigjen. Slamet Riyadi 335, ✆ 717181-87, ✉ 721552, sehr gut, 54 komfortable Zimmer und Suiten.

Essen und Trinken

Auf Traveller spezialisiert hat sich der *Warung Baru*, Jl. K. H. A. Dahlan 23, ✆ 56369, gegenüber vom Hotel Central, gutes Frühstück mit selbstgebackenem Brot ab 6 Uhr.
Cafe Gamelan & Restaurant, Jl. K. H. A. Dahlan 28, ✆ 41640, spezialisiert auf Traveller-Food, aber auch gute javanische Gerichte.
Viele **Warung** sind im Vergnügungspark aufgebaut. *Warung Sate* und Restaurants auch in der Jl. Yos Sudarso südlich der Jl. Brigjen. Slamet Riyadi, sowie in der Jl. Teuku Umar nördlich der gleichen Straße.
American Bakery, Jl. Brigjen. Slamet Riyadi, nahe Jl. Diponegoro, verkauft Eis.
Holland Restaurant, in der gleichen Straße Nr. 151 nahe dem Markt. Hier gibt es gute Brote, Pasteten und andere Gerichte.
Ramayana Restaurant, Jl. Ronggowarsito 2, serviert schmackhaftes *Sate*.
Central Restaurant, Jl. Notosuman 3, gute chinesische Gerichte.

Kultur und Unterhaltung

BATIK-KURSE – Gute und preiswerte Batik-Kurse kann man über den *Warung Baru*, Jl. K. H. A. Dahlan 23, ✆ 56369, organisieren: ab 7500 Rp pro Tag.

GAMELAN – Im **Kampung Jatiteken**, 1/2 Std. per Fahrrad vom Zentrum, kann man Gamelan-Werkstätten besuchen. Der Weg führt auf der Jl. Veteran Richtung Osten, man überquert einen kleinen Fluß und biegt ein paar 100 m weiter rechts ab. Zentraler liegt die Gamelan-Werkstatt *Mulyado*, Loji Wetan RT 24/3.

WAYANG BEBER – die Handlung ist hier auf langen Papier- oder Stoffrollen aufgemalt. Während der Vorstellung werden diese vom Dalang vor dem Publikum aufgerollt und vorgelesen bzw. erklärt. Heute ist diese älteste Art von Wayang beinahe ausgestorben.

WAYANG KULIT – das traditionelle Schattenspiel wird jeden 3. Samstag im Monat eine ganze Nacht im RRI (lokale Radiostation) aufgeführt. Die Bewohner des kleinen Dorfes **Sumber** in der Nähe des Airports sind darauf spezialisiert, *Topeng* (Tanzmasken) und Schattenspielfiguren herzustellen.

WAYANG ORANG – jeden Abend Mo–Sa von 20–22 Uhr Aufführungen im Sriwedari-Park.

Sonstiges

GELD – *Bank Negara Indonesia 1946*, Jl. Jen. Sudirman 19, ✆ 44509, am Ende der Jl. Sugiopranoto.
Bank Bumi Daya, Jl. Brigjen. Slamet Riyadi 18, ✆ 44911, zwischen Jl. Imam Bonjol und Jl. Jen. Sudirman.
Bank Niaga, Jl. Brigjen. Slamet Riyadi 8, ✆ 47955.
Bank Central Asia, Jl. Brigjen. Slamet Riyadi 7, ✆ 42225.

IMMIGRATION – *Kantor Imigrasi*, Jl. Laksda Adi Sucipto, ✆ 48479, Richtung Flugplatz.

INFORMATIONEN – *Tourist Information*, Jl. Brigjen. Slamet Riyadi 275, neben dem Sriwedari-Park, ✆ 711435, ✆ 716501, Infos über kulturelle Veranstaltungen, geöffnet Mo–Sa 8–15 Uhr. Eine Zweigstelle des Tourist Office ist im Hauptgebäude der Tirtonadi Bus Station untergebracht, geöffnet 7–22 Uhr.

MEDIZINISCHE HILFE – *Kasih Ibu Hospital*, J. Brigjen. Slamet Riyadi 404, ✆ 44422.
PKU Muhamadyah Hospital, Jl. Ronggowarsito 88, ✆ 43978.
Panti Kosala Hospital (Dr. Oen Hospital), Jl. Brigjen. Katamso 55, ✆ 43139.

POST – Hauptpostamt in der Jl. Jen. Sudirman 8, tgl. 7–21 Uhr geöffnet.

TELEFON – *Telkom*, einige Meter nördlich vom Postamt, auf der anderen Straßenseite, 24 Std. geöffnet. Ähnlichen Service bieten einige Wartel, z.B.: *Wartel Pasar Pon*, Jl. Brigjen. Slamet Riyadi 127, tgl. 5–23 Uhr geöffnet.

VORWAHL – 0271.

Nahverkehrsmittel

ANGKUTAN KOTA – die städtischen Minibusse fahren für 350 Rp im Stadtgebiet.

BECAK – sind auch in Solo noch weit verbreitet. Für kürzere Entfernungen zahlt man etwa 500 Rp. Indonesier zahlen „mit dem Herzen", d.h. ein älterer oder freundlicher Fahrer erhält etwas mehr.

FAHRRÄDER – können im *Warung Baru* und im Losmen *The Westerner's* (nur für Gäste) für ca. 2500 Rp pro Tag geliehen werden.
TAXI – Taxen mit ac kosten 1400 Rp Einschaltgebühr, der erste km ist inklusive, jeder weitere kostet 550 Rp:
Solo Central Taxi, Jl. Laksda Adi Sucipto 78, ✆ 715678;
Hayumas Taxi Service, Jl. Asrama 24, ✆ 43551.

Transport

BUSSE – Busbahnhof **Tirtonadi** an der Jl. Dr. Setiabudi.
Preisbeispiele:
AMBARAWA 1100 Rp,
JAKARTA 12 000 / ac 24 000 / Executive Class 30 000 Rp,
KEDIRI 4000 Rp, 4 1/2 Std.,
MADIUN 2200 Rp, 2 1/2 Std., 113 km,
MAGELANG 2200 Rp,
MOJOKERTO 4300 Rp, SALATIGA 1100 Rp,
PACITAN 2400 Rp, 3 1/2 Std., 135 km,
PURWODADI 1100 Rp,
SEMARANG 2000 Rp, 100 km, 2 1/2 Std.,
SURABAYA 5200 Rp, 276 km, 6 Std.,
TAWANGMANGU 850 Rp,
YOGYAKARTA 1400 Rp, 64 km.

Nach Yogya: Um die Kosten (ca. 1500 Rp) für ein Becak zum Busbahnhof zu sparen, nimmt man einen Stadtbus (Doppeldecker!) für 250 Rp von der Jl. Veteran bis KARTOSURO im Westen der Stadt. Hier ist die Endstation und gleichzeitig Zwischenstop für sämtliche Busse nach Yogya (1200 Rp).

Expressbusse nach DENPASAR fahren zwischen 16.30 und 17.30 Uhr vom Busbahnhof, 29 000 / ac 46 000 Rp. Die Fahrtdauer beträgt 15–16 Std.

MINIBUSSE – Einige Reisebüros fahren tgl. mit bequemen Minibussen (meist mit Liegesitzen, ac) verschiedene Städte an und bringen ihre Passagiere bis zur gewünschten Adresse:
Rama Sakti Travel, bei Elteha in der Jl. Honggowongso, 2. Block westlich von *The Westerner´s*, hat alle halbe Stunde einen direkten Minibus (3500 /ac 4000 Rp) nach YOGYA.
Nikki Tour & Travel, Jl. Yos Sudarso 17, ✆ 43166, nach KEDIRI, MALANG und SURABAYA, ac 18 000 Rp, jeweils um 7, 9, 11 und 13 Uhr; nach YOGYA und SEMARANG jede Stunde, ac 5000 Rp.
Timbul Jaya, Jl. Terminal Travel Gilingan, ✆ 46573, nach SURABAYA, ac 16 000 Rp, um 8, 10, 12, 13 und 22 Uhr.
Rosalia Indah, Jl. Brigjen. Slamet Riyadi 102, ✆ 32437, nach KEDIRI, BLITAR, MALANG, ac 17 000 Rp, 9, 11, 14, 16 und 22 Uhr, nach SURABAYA, ac 17 000 Rp, 10, 12, 14 und 22 Uhr.
Travel 4848, Jl. Diponegoro 85, ✆ 43794.

EISENBAHN – Balapan-Bahnhof im Norden der Stadt, verlängerte Jl. Gajah Mada.

FLÜGE – Der Flughafen Panasan liegt 9 km westlich der Stadt.
Garuda und *Merpati* im Wisma Lippo (Lippo Bank), Jl. Brigjen. Slamet Riyadi 136, ✆ 44955, 42219, ✉ 44080, geöffnet Mo–Fr 7.30–16.45, Sa, So und feiertags 9–13 Uhr.
Sempati, c/o Solo Intan Hotel, Jl. Brigjen. Slamet Riyadi 366, ✆ 711612.
Es gibt Flüge nach JAKARTA 137 000 Rp (GA, SG), SURABAYA 59 000 Rp (MZ) und über SURABAYA einen Flug nach DENPASAR 127 000 Rp (MZ).
Preise ohne Mwst.
Silk Air, im BCA-Bldg., Jl. Brigjen. Slamet Riyadi, 3. Stock, ✆ 41374, ✉ 41369, fliegt Mo, Mi und Sa nach SINGAPORE.

Die Umgebung von Solo
Sangiran

In der Umgebung dieses Dorfes, 18 km nördlich von Solo, wurden bei paläontologischen Ausgrabungen und auch zufällig von Bauern bei der Feldarbeit am Fluß Solo 1891, 1937 und später noch mehrmals auf einem 6 x 9 km großen Areal Knochenreste des 1,8 Mill. Jahre alten sogenannten Java-Menschen *(Homo erectus)* entdeckt. Man nimmt an, daß es sich dabei um einen der frühesten Vorläufer des *Homo sapiens* handelt.

Sein Schädelknochen wird in einem kleinen Museum ausgestellt. Außerdem sind dort Zähne und meterlange Stoßzähne des Stegodon, eines eiszeitlichen Elefanten, versteinerte Geweihe von Hirschen und Gehörne von Antilopen, riesige Schädel mit über 2 m Hornspannweite eines frühen, vielleicht schon domestizierten Wasserbüffels und aus der gleichen Zeit (vor etwa 100 000 Jahren) stammende Schädel und Werkzeuge eines *Homo sapiens* zu sehen. (Noch mehr prähistorische Funde im Geologischen Museum von Bandung.) Vorher sollte man sich die informative Broschüre über das Sangiran Museum im Tourist Office von Solo besorgen.

Mit einem Bus für 500 Rp geht es in Richtung Purwodadi bis etwa 2 km hinter Kalioso. Hier folgt man der Ausschilderung, biegt rechts ab und läuft die restlichen 3.5 km nach Sangiran. Ojek kosten für diese Strecke 2000 Rp.

Candi Sukuh

Der Tempel am Fuß des Vulkans Lawu (3265 m) liegt 910 m hoch, inmitten einer herrlichen Berglandschaft, 42 km von Solo entfernt. Seine ursprüngliche Bedeutung ist unklar: Ähnlichkeit mit polynesischen Kultstätten weist auf Ahnenverehrung, Phallus-Skulpturen und rätselhafte Reliefs deuten auf einen tantrisch-magischen Geheimkult (Bima-Kult), durchsetzt mit Fruchtbarkeitskulten. Höchst untypisch für die javanische Hindu-Architektur ist der zentrale Bau der Tempelanlage, der einer Maya-Pyramide ähnlich sieht.

Zuerst nimmt man einen Bus für 600 Rp nach Karangpandan, dann einen Minibus für 400 Rp nach Kemuning. Die weiteren 1 1/2 km steil bergauf zum Tempel sind evtl. nur zu Fuß zu bewältigen. Wer in Solo bereits am Vormittag wegfährt, hat auf dem Rückweg keine Transportprobleme; der letzte Bus zurück verläßt Tawangmangu gegen 16 Uhr. Im Tourist Office von Solo erhält man eine Broschüre über den Tempel.

Eine schöne Wanderung (2–3 Std.) führt vom Candi Sukuh zum Wasserfall in Tawangmangu. Der meist breite und mit Steinen gepflasterte Weg geht durch Dörfer und Felder, hilfsbereite Leute zeigen Fremden gern den Weg. Anschließend kann man sich mit einem Bad am Fuße des Wasserfalls **Air Terjun Grojogan Sewu** erfrischen. Weiter oben am Berg liegt ein weiteres Hinduheiligtum, der **Candi Ceta**, ähnlich dem Candi Sukuh, aber weniger gut erhalten und nicht so einfach zu erreichen.

Ost-Java

Der Ostteil der Insel Java (34 Millionen Einwohner auf 48 000 km²) ist bisher am wenigsten touristisch entwickelt. Weder die Stadt Malang mit ihrem kolonialen Stadtbild und einer reizvollen Umgebung noch Surabaya mit einem der schönsten Segelschiffhäfen und günstigen Einkaufsmöglichkeiten sind bis jetzt zu Pilgerstätten des Tourismus geworden.

In Ost-Java gibt es noch abgelegene Strände, die nur schwer zugänglich sind, vor allem im Süden. Zahlreiche Vulkane können bestiegen werden, so z.B. der Semeru, mit 3680 m der höchste Berg Javas, der Bromo und seine gespenstisch wirkende Mondlandschaft oder der Ijen mit seinem Kratersee. Lohnenswert sind Abstecher in den Baluran Nationalpark und in den an der Südküste gelegenen Meru Betiri National Park. Historisch hat die Provinz einiges zu bieten. Als das zentraljavanische Mataram-Reich an Einfluß verlor, gelangten Kediri und Singosari zu Ruhm und Ansehen, und schon im 10. Jahrhundert florierte der Handel mit den Nachbarinseln. Wenig später erlebte Ost-Java eine künstlerische und architektonische Blütezeit, geprägt von einem eigenen, eher volkstümlichen Stil. Viele Hindu-Tempel entstanden – fast allesamt jünger als die zentraljavanischen Anlagen –, die sich in ihrer Ausschmückung (Reliefs / Skulpturen) weitgehend von indischen und zentraljavanischen Vorbildern lösten. Die Relikte und Ruinen können noch heute an vielen Orten besichtigt werden.

Surabaya

Allein im Großraum Surabaya, dem wichtigsten Industriezentrum nach Jakarta, leben heute über fünf der 34 Millionen Einwohner der Provinz. Geprägt ist die zweitgrößte Stadt Indonesiens von der Industrie und dem Hafen. Große Fabriken, die Stahl, aber auch Zucker und heute immer mehr Konsumgüter produzieren, sind am Stadtrand errichtet worden. Die große Ausfallstraße nach Süden ist auf vielen Kilometern von modernen Fabrikhallen gesäumt, in denen von Lebensmitteln über Textilien und Sportschuhen bis zu japanischen Videorecordern eine breite Palette an Industrieprodukten hergestellt wird.

Das Stadtbild spiegelt die krasse Gegensätzlichkeit der indonesischen Großstädte wieder – nur wenige Schritte trennen die Bettler und Papphütten entlang der Flußufer und Bahndämme von den vorbeifahrenden, klimatisierten Limousinen und streng bewachten Luxusvillen. Trotz der starken Kriegszerstörungen sind in einigen Vierteln alte Kolonialgebäude, Relikte der holländischen Vergangenheit, stehengeblieben. Nach dem 2. Weltkrieg tobte hier die Schlacht von Surabaya, bei der englische Truppen die junge indonesische Republik bekämpften und Teile der Stadt nach tagelangen Bomben- und Artillerieangriffen in Schutt und Asche legten. Daneben schießen moderne Shopping-Center

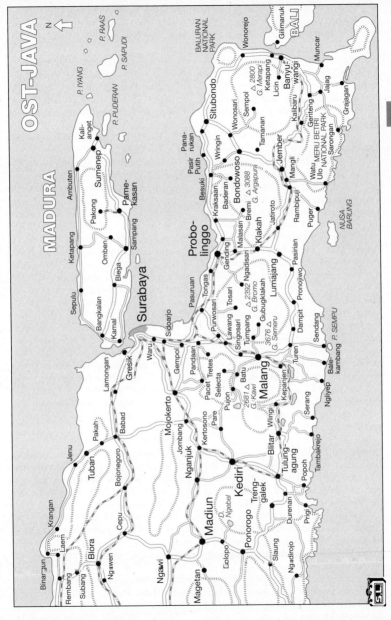

Ost-Java

à la Singapore, luxuriöse Hotels und repräsentative Verwaltungsgebäude aus dem Boden. Selbst wenn die Großstadt Surabaya kein erholsamer Aufenthaltsort ist, wird sie doch als ein wichtiger Verkehrsknotenpunkt von vielen Touristen angesteuert. In diesem Fall lohnt sich sicherlich ein ein- bis zweitägiger Aufenthalt. Zudem ist sie ein guter Ausgangspunkt für Ausflüge in die Umgebung.

Tanjung Perak

Selbst bei einem kurzen Zwischenstop sollte man sich den Hafen nicht entgehen lassen. Von der Jl. Jen. Basuki Rahmat / Jl. Embongmalang fährt der Stadtbus A (Purabaya–Perak) für 500 Rp hierher. Der große Hafen westlich vom Leuchtturm ist nicht zugänglich. Die Anlegestelle der Fähre nach Madura befindet sich an der Endstation des Busses. Jede halbe Stunde legt hier eine Fähre nach Kamal ab (500 Rp). Auf der langen Straße entlang des **Kali Mas** (= Goldfluß) kommt man zum interessanten Teil des Hafens. Hinter Lagerhallen werden die großen Makassar-Schoner be- oder entladen. Die riesigen Segelschiffe und die Aktivitäten vor, auf und an den Schiffen sind faszinierend – im Gegensatz zum Segelschiffhafen von Jakarta lassen sich hier kaum Touristen blicken. Zum Fotografieren braucht man eine Erlaubnis, normalerweise wird aber kaum jemand danach fragen.

Nördliches Zentrum

Gegenüber vom modernen Gebäude der Provinzregierung an der Jl. Pahlawan erinnert das **Heldendenkmal**, ein Obelisk, an die Schlacht von Surabaya (1945).

Vom Heldendenkmal Richtung Norden erreicht man das ehemalige **Europäerviertel**, das sich bis zur Jl. Indrapura erstreckt. In der Jl. Pahlawan und der Verlängerung bis zur Jembatan Merah ist eine Reihe repräsentativer Kolonialbauten erhalten geblieben und restauriert worden. Die kleinen Erker, runden Türmchen, Arkaden und Jugendstil-Fassaden heben sich wohltuend von dem ansonsten uniformen Stadtbild ab. Selbst wenn man keine Post abholen oder abschicken will, lohnt das Hauptpostamt einen Besuch – besonders die Innenräume.

Östlich der **Jembatan Merah** (Rote Brücke), wo die größte Schlacht des Unabhängigkeitskampfes stattfand, liegt die geschäftige Chinatown, **Kembang Jepun**. Entlang der schmalen Gassen stehen dicht gedrängt eine Reihe alter, kleinerer Häuser mit schweren Eisengittern sowie einige chinesische Tempel.

Von hier aus kann man mit einem Becak durch die schmalen Straßen des alten Araberviertels Sasak zur **Ampel-Moschee** fahren. Die letzten Meter durch die enge Ampel Suci-Gasse geht es nur noch zu Fuß. Zwischen den Auslagen der Geschäfte drängen sich die Menschen. Parfüm und Datteln, Gebetsteppiche und Holzschuhe, Schals, Schleier und andere religiöse Artikel werden wie auf einem orientalischen Basar angeboten. Die Gasse endet an der Ampel-Moschee, die von **Sunan Ampel**, einem der neun heiligen Wali, erbaut worden ist. Er starb 1481 und wurde auf dem Friedhof links hinter der Moschee beigesetzt. Zu seinem Grab pilgern viele Moslems, um zu beten. Vor dem Friedhof steht ein Wächter, der Besucher abweist, wenn sie „unzüchtig" gekleidet sind. Frauen dürfen Teile der Moschee nicht betreten. Zugang tgl. bis kurz vor Sonnenuntergang.

Im Zentrum

In der Jl. Gub. Suryo weht die indonesische Fahne vor dem ehemaligen **Gouverneurspalast** der Holländer. Im weißen, kolonialen Säulenbau sind die Amtsräume des Gouverneurs von Ost-Java untergebracht.

Gegenüber, im kleinen Apsari-Park neben dem Postamt, kommt man am Denkmal des ersten Gouverneurs von Ost-Java vorbei zu einer weitaus älteren Statue im hinteren Teil der Anlage. Hier meditiert völlig unbeeindruckt vom großstädtischen Trubel **Joko Dolog**, der buddhistische „Wächter des jungen Teakwaldes".

Die Steinfigur war 1326 für den letzten König von Singosari errichtet worden. Die

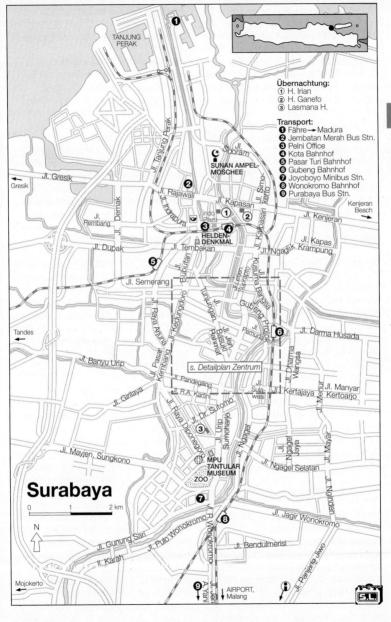

Holländer brachten sie vor über 300 Jahren von ihrem ursprünglichen Platz nahe Malang nach Surabaya. General Sudirman, einem der bedeutenden Führer der Unabhängigkeitsbewegung, begegnet man auf der nördlichen Jl. Yos Sudarso nahe **Taman Surya**, einer belebten, kleinen Rasenfläche mitten im Großstadtverkehr, wo man an zahlreichen Warung essen kann.

Dahinter erhebt sich das alte holländische **Rathaus**, das auch heute noch der Sitz der Stadtverwaltung ist.

Entlang der nördlichen **Jalan Kayun**, die vor der Brücke von der Jl. Pemuda abzweigt, findet täglich ein großer Blumenmarkt statt, wo neben Blumen auch Zierfische angeboten werden. Weiter im Süden dieser Straße kommt man zum **Kayun-Park**, wo viele Essenstände aufgebaut sind.

Südlich des Zentrums

Im Gegensatz zu vielen anderen südostasiatischen Städten hat Surabaya einen wirklich sehenswerten **Zoo**, auch wenn die Anlage leicht heruntergekommen ist und man sich vom vielen Müll nicht stören lassen darf. Nicht nur die bis zu drei Meter langen Komodo-Warane, sondern auch Hirscheber (Babirusa) aus Sulawesi, Zwergrinder (Anoa) und Nasenaffen lohnen einen Besuch. Im Westen des Zoos ist eine Babirusa-Zuchtstation untergebracht. Geöffnet ist der Zoo (Kebun Binatang) tgl. bis 18 Uhr, Eintritt 1000 Rp. Aquarium und Nachttierhaus 300 Rp. Der Zoo liegt im Süden der Stadt, zu erreichen mit einem Bemo für 450 Rp oder Bus für 500 Rp.

Übernachtung

UNTERE PREISKLASSE – Billige Unterkünfte sind in der Stadt spärlich gesät:
Bamboe Den*-** (oder *Transito Inn*) (8), Jl. Ketapang Kali 6A, ✆ 5340030. Schon seit Jahren ist der „Den" der Travellertreffpunkt. Sehr einfach, winzige DZ und EZ. Schlafsaal 5500 Rp. Infos bekommt man bei Bruno, dem langjährigen Chef des „Den". Vom Gubeng-Bahnhof sind es nur 15 Min. zu Fuß. Vom Purabaya Busbahnhof mit Damri-Bus 2.

Bina Dirga Angkasa Hostel***-**** (13), Jl. Embong Kenongo 52, ✆ 5342687, Zi mit Fan oder ac und TV. Für den gebotenen Standard viel zu teuer!
Hotel Gubeng*** (11), Jl. Sumatera 18, ✆ 5341603, Zi mit und ohne Mandi; sehr vergammelt und zu teuer für das Gebotene.
Olympic Hotel***-**** (19), Jl. Urip Sumoharjo 65-67, ✆ 5343216, ✉ 5317375, Zi mit und ohne Bad, z.T. mit Fan oder ac/TV, inkl. Frühstück; etwas heruntergekommen.
Wisma Ganesha**-***, Jl. Prapen Indah B 42, ✆ 8491585, Zi mit Du/WC und Fan, inkl. Frühstück, weit außerhalb im Süden der Stadt, angenehme Atmosphäre.
Paviljoen Hotel***-**** (4), Jl. Genteng Besar 94-98, ✆ 5343449, Zimmer mit Fan oder ac, inkl. Frühstück; zentral gelegene Kolonialvilla aus dem Jahre 1917 (1992 renoviert).
Hotel Ganefo***-**** (2), Jl. Kapasan 169-171, ✆ 311169, 315345, ✉ 361390, saubere Zimmer mit und ohne Mandi, z.T. ohne Fenster, aber mit TV; ein schönes, altes Kolonial-Gebäude mit großen, hohen Räumen und kleinem Garten.
Hotel Irian*** (1), Jl. Samudra 16, ✆ 20953, 334937, 335753, saubere Zimmer mit Fan, Mandi und WC außerhalb; ein Kolonial-Gebäude mit großen, hohen Zimmern und einem schönen, kleinen Garten im Innenhof.

MITTELKLASSE – im Vergleich zu anderen indonesischen Städten ist diese Kategorie in Surabaya teurer, man muß für ein DZ mit mindestens 60 000 Rp rechnen.
Hotel Remaja (US$26–31) (12), Jl. Embong Kenongo 12, ✆ 5341359, ✉ 5310009, saubere Zimmer mit TV, ac, Heißwasser und Frühstück; bei Geschäftsleuten sehr beliebt, häufig ausgebucht.
Hotel Tanjung (US$40–60) (17), Jl. Panglima Sudirman 43-45, ✆ 5344031, ✉ 5312290, Zimmer mit ac, Heißwasser, TV und Tel, inkl. Frühstück; insgesamt den Preis nicht wert.
Hotel Tanjung Indah (US$32) (18), Jl. Embong Cerme 1, ✆ 5353030, ✉ 5312290, saubere Zimmer mit ac, TV, Tel und Kühlschrank, inkl. Frühstück; gutes Mittelklasse-Hotel.
Lasmana Hotel (US$29–43) (3), Jl. Bintoro 16, ✆ 5377152, Zi z.T. mit ac, TV und Heißwasser. Liegt in der Nähe des Zoos, mit Pool.

Übernachtung:
4. Pavilyoen H.
5. H. Majapahit Mandarin Oriental
6. H. Tunjungan
7. Natour Simpang H.
8. Bamboe Den
9. Garden Palace H.
10. Garden H.
11. H. Gubeng
12. H. Remaja
13. Bina Dirga Angkasa Hostel
14. Sahid H.
15. Hyatt Regency Surabaya
16. Elmi H.
17. H. Tanjung
18. H. Tanjung Indah
19. Olympic H.

Läden, Restaurants etc.:
1. Garuda Airlines
2. Bank Niaga
3. Andhika Plaza
4. Tunjungan Plaza
5. Bank Duta
6. Surabaya Plaza
7. R. Taman Sari Indah
8. Granada Bakery
9. Blumenmarkt
10. Yayasan Goethe Indonesia
11. Rumah Makan Ria
12. Gramedia Bookshop
13. Antiquitätenläden
14. Pasopati Moneychanger

Surabaya Zentrum

OBERE PREISKLASSE – Alle Hotels mit Pool und allen Annehmlichkeiten dieser Preisklasse.
Garden Hotel (ab US$109) ⑩, Jl. Pemuda 21, ☎ 5320951, ✉ 5316111.
Garden Palace Hotel (ab US$133) ⑨, Jl. Yos Sudarso 11, ☎ 5320951, ✉ 5316111, ein 4-Sterne-Hotel mit 380 Zimmern und Suiten, 24 Stockwerke, 5 Restaurants, zwei Bars etc.
Elmi Hotel (ab US$77) ⑯, Jl. Panglima Sudirman 42 - 44, ☎ 5322571, ✉ 5315615.

Hyatt Regency Surabaya (ab US$205) ⑮, Jl. Jen. Basuki Rahmat 106-128, ☎ 5311234, ✉ 5321508, über 500 Zimmer und Suiten; in dem mehrstöckigen Neubau gibt es alles, was das Herz begehrt – vom Fitness Centre bis zur Disco; in der Lobby liegen auch aktuelle englische und deutsche Zeitungen aus.
Hotel Majapahit Mandarin Oriental (1997 noch ab US$118, später wesentlich teurer) ⑤,

Jl. Tunjungan 65, ✆ 5454333, 📠 5454111. Einst ein klassisches Kolonialhotel mit großem Garten, 1910 errichtet von den Brüdern Sarkie, die auch das Raffles in Singapore und das E & O in Penang besaßen. Das frühere holländische Oranje Hotel wurde während der japanischen Herrschaft zum Yamato Hotel. Als im November 1945 vor dem Gebäude die Flagge der indonesischen Republik gehißt wurde, war dies der Auslöser für die Schlacht von Surabaya.

Essen und Trinken

Die Murtabak-**Essenstände** am THR (s.u.) sollte man schon vor einem Parkbesuch abklappern. Oder man versucht die Warung im Kampung Sasak, nahe der großen Moschee, im Kayun-Park (s.S. 178) und im Taman Surya (s.S. 178) oder des Abends in der Jl. Genteng Besar, nicht weit vom Bamboe Den. Auch in den modernen **Shopping Centres** gibt es viele Restaurants in jeder Preislage. So beispielsweise im *Tunjungan Plaza 1* teure koreanische und chinesische Restaurants, aber auch indonesische Essenstände und Cafés – überwiegend im 4. und 5. Stockwerk. Im riesigen und supermodernen Einkaufszentrum *Surabaya Plaza*, Jl. Pemuda, 300 m vom Gubeng Bahnhof, sind u.a. ein koreanisches Restaurant und chinesische sowie indonesische Restaurants untergebracht. Außerdem sind folgende Fast Food-Ketten vertreten: *Kentucky Fried Chicken, Pizza Hut* und *McDonalds*.
New Bima, Jl. Pahlawan 102, ist ein riesiges Lokal mit Life Musik. Speisekarte mit Fotos. Andere preiswertere chinesische Restaurants in der Gegend Jl. Pasar Besar und in der Jl. Panglima Sudirman.

Die **Küche aus Ost-Java** wird in den folgenden Restaurants serviert:
Taman Sari Indah, Jl. Taman Apsari 3 - 5, ✆ 5344857.
Rumah Makan Ria, Jl. Kombes Pol M. Duryat 7, ✆ 5343693.
Metro Simpang Restaurant, vor dem gleichnamigen Hotel in der Jl. Tunjungan, Ecke Jl. Gub. Suryo.
Frische **Kuchen**, Croissants und Pizza bekommt man in der *Granada Bakery*, Jl. Pemuda, Ecke Jl. Panglima Sudirman.

Eiscreme im italienischen Stil gibt es im *Zangrandi Ice Cream Palace* in der Jl. Yos Sudarso und im Tunjungan Plaza 1, 4. Stock.
Swensen's Ice Cream, Jl. Jen. Basuki Rahmat 16 - 18, und in der Surabaya Mall, ist ein weiteres Eiscafé im amerikanischen Stil.

Unterhaltung

VERGNÜGUNGSPARKS – Einen Abend (Fr, Sa, Di, Do) kann man im **Taman Hibunan Rakyat (THR)**, dem Vergnügungspark von Surabaya an der Jl. Kusuma Bangsa, verbringen. Besonders am Samstag ist hier viel los. Dominiert wird der THR von dem gigantischen Shopping Complex *Surabaya Mall*, über dessen Architektur man geteilter Meinung sein kann. Der Eingang zum THR befindet sich hinter der Surabaya Mall (500 Rp, Sa 1000 Rp Eintritt) und führt zum Ludruk Theater, einem Kino und zu verschiedenen Restaurants. Man sollte rechtzeitig hingehen, denn ab 22 Uhr macht langsam alles dicht. Viele Vorführungen beginnen um 20 Uhr. Sehenswert ist das für Surabaya typische Ludruk-Theater, bei dem alle Rollen von Männern gespielt werden – ein Volksvergnügen, bei dem es so laut zugeht, daß die Dialoge in den letzten Reihen nicht mehr verstanden werden. Karten kosten zwischen 500 und 1000 Rp. Außer Theater gibt es auch Tanzaufführungen, Live-Musik von sentimentalen Schnulzen bis zu harter Rockmusik. Mit Bemo E ab Jl. Sumatera (450 Rp).

Südlich vom THR liegt der **Taman Remaja**, ein kleinerer Vergnügungspark für Kinder. Sa und So treten Rockgruppen auf, Eintritt je nach Gruppe bis zu 2500 Rp. Am Abend bauen entlang der Jl. Kusuma Bangsa Straßenhändler ihre Murtabak-Stände auf.

DISCOS – Zahlreiche Discos und Nachtclubs bieten für jeden etwas.
Top Ten, im Tunjungan Plaza, ist vor allem am Wochenende gut besucht.
Caesar Night Club, im Surabaya Plaza, 5. Stock, Jl. Pemuda 31-37.
Kowloon Night Club, im Surabaya Plaza, 5. Stock, Jl. Pemuda 31-37, ✆ 5315589.
Fire Discotheque, im Tunjungan Plaza 2, Jl. Jen. Basuki Rahmat, 7. Stock, ✆ 5325803.
Tifa ist eine Disco im Hyatt Regency Hotel.

Atom Discotheque, Pusat Perbelanjaan Pasar Atom, Jl. Bunguran 45, ℡ 5330825.
Studio East Discotheque, Anhika Plaza, Jl. Simpang Dukuh 38 - 40, ℡ 5311604.
Paradise Discotheque, Surabaya Indah, Jl. Embong Malang 33 - 37, ℡ 5346977.

Einkaufen

Surabaya ist ein Einkaufsparadies; Textilien, Schuhe, Brillen, Uhren, Unterhaltungselektronik, CDs und Kassetten bekommt man hier sehr günstig. Überall sind auch die internationalen Modemacher vertreten. Zudem ist die Atmosphäre merklich entspannter als z.B. in Singapore.

SHOPPING CENTRES – das größte Angebot findet man in den *Tunjungan Plaza 1* und *2*, *Surabaya Plaza*, *Surabaya Mall*, *Indo Plaza* u.a., wo man sich nach Singapore versetzt fühlt. In den Konsumpalästen aus Marmor und Glas gehen vor allem Chinesen ihren liebsten Freizeitbeschäftigungen nach – Einkaufen und Essen. *Surabaya Plaza* an der Jl. Pemuda ist ein Renomierstück. Ein riesiges, supermodernes Einkaufszentrum, angeblich das größte von ganz Südostasien, mit diversen Restaurants und großem Freizeit- und Unterhaltungsangebot.

ANTIQUITÄTEN – findet man in mehreren kleinen Läden am Anfang der Jl. Urip Sumoharjo, nicht weit vom Hyatt Regency Hotel auf der rechten Straßenseite (z.B. in der Nr. 4) und in den Seitengassen.

AUSRÜSTUNG – für Bergtouren in Ost-Java sollte man schon in Surabaya einkaufen. *Siola*, Jl. Tunjungan 1, ist ein Department-Store. Hier gibt es Erdnußbutter, getrocknete Früchte, viele exotische Konserven (wiegen zuviel) und manchmal sogar deutsches Schwarzbrot in Dosen, jahrelang haltbar, aber nicht billig.
In einem *Toko Plastik* am Markt, wenige hundert Meter östlich der Jl. Tunjungan, oder im *Toko Metro*, Jl. Tunjungan 101, kann man sich Plastikschnur und Plastikplanen (anstatt Zelt) besorgen. Planen werden am laufenden Meter verkauft, ab 400 Rp pro Meter. Für eine Person sollten 5–6 m reichen, um von unten und oben gegen Nässe zu schützen.

BUCHLÄDEN – mehrere in der Jl. Jen. Basuki Rahmat und der Jl. Tunjungan, die allerdings nur in begrenztem Rahmen englischsprachige Bücher haben. Der größte ist *Gramedia*, Jl. Jen. Basuki Rahmat 95. Ein guter Buchladen mit englischsprachigen Büchern und Zeitschriften befindet sich im Hyatt Regency Hotel.

JEANS – aller Fabrikate gibt es in der „Straße der Jeans" gegenüber vom Sarinah Department Store in der Jl. Tunjungan.

SUPERMARKTKETTEN – im *Siola* (Jl. Tunjungan), *NAM* (Jl. Tunjungan) und *Gelael* gibt es ein breites Angebot an frischen und konservierten Lebensmitteln, das auch westliche Produkte umfaßt.

SOUVENIRS – bekommt man in der Jl. Urip Sumoharjo und anderen Einkaufsstraßen. Eine große Auswahl von Bildern, Silber- und Messingarbeiten im *Sarinah*, Jl. Tunjungan 7, oder im *Kundadas Art Shop* in der Nr. 97. Chinesisches Porzellan im *Bali Art Shop* gegenüber vom Hyatt Regency Hotel.

Sonstiges

AMERICAN EXPRESS – *P.T. Pacto*, Hyatt Regency Surabaya, Jl. Jen. Basuki Rahmat 106-128, ℡ 5311234, ✆ 5326385.

AUTOVERMIETUNG – *Globe Rent A Car*, Jl. Jen. Basuki Rahmat 147, ℡ 5311552, vermietet Autos mit und ohne Fahrer.
Pratama Rent a Car, Jl. Embong Kenongo 34, ℡/✆ 5472274, vermietet einen Kijang für 100 000 Rp/Tag, bzw. einen Isuzu Panther für 125 000 Rp/Tag. Bei längerer Mietdauer gibt es einen Discount.

GELD – Die Zentrale der *Bank Negara Indonesia* in der Jl. Gub. Suryo 36, ℡ 5310115. *Bank Dagang Negara*, Jl. Genteng Kali 93, ℡ 5319511.
Bank Niaga, in der Jl. Tunjungan 47, ℡ 5343537 – in dieser Straße weitere Banken.
Deutsche Bank hat eine Filiale in der Jl. Jen. Basuki Rahmat 141, ℡ 5311822, geöffnet Mo–Fr 8.30–15 Uhr.

BCA *(Bank Central Asia)*, Jl. Tunjungan 51, ✆ 5371003, oder Jl. Veteran 26, zahlt Bargeld gegen Vorlage von Visa- und Mastercard.
Bank Duta, Jl. Gub. Suryo 12, ✆ 5312126.
Money Changer, die zu schlechteren Kursen wechseln, am Airport, außerdem *Pasopati*, Jl. Urip Sumoharjo 21, ✆ 5344200, gute Kurse.

YAYASAN GOETHE INDONESIA – Jl. Taman A.I.S. Nasution 15, ✆ 5343735, am großen Kreisverkehr (Bambu Runcing-Denkmal), ist das ehemalige Goethe-Institut. Hier werden deutsche Sprachkurse durchgeführt; geöffnet Mo–Do 7.30–16, Fr bis 12 Uhr; die Bibliothek ist geöffnet Mo–Do 9–12 und 14.30–17.30 Uhr.

IMMIGRATION – Jl. Letjen. S. Parman 58A, ✆ 815515.

INFORMATIONEN – Das regionale *Tourist Information Office* liegt zentral in der Jl. Pemuda 118, 200 m vom Gubeng Bahnhof, geöffnet Mo–Sa 8–19 Uhr.
East Java Government Tourism Service, Jl. Wisata Menanggal, ✆ 8531814, ✉ 8531822, im Süden der Stadt, nicht weit von der Purabaya Bus Stn., geöffnet Mo–Do 7–14, Fr bis 11 Uhr. Hier bekommt man die exakten Termine der Feste und Feiertage sowie der Stierrennen auf Madura.

MEDIZINISCHE VERSORGUNG – Das katholische Krankenhaus *Rumah Sakit V.A. Paulo*, Jl. Diponegoro 51, ✆ 5367562, ist modern ausgestattet. Hier arbeiten einige deutsche und deutschsprechende Ärzte und Schwestern.

POST / TELEFON – Das Hauptpostamt in der Jl. Kebon Rojo nahe Jembatan Merah / Jl. Veteran ist selbst eine Sehenswürdigkeit. Ansonsten gibt es ein weiteres Postamt etwas versteckt neben dem Taman Apsari in der Jl. Gub. Suryo. Internationale Gespräche in den Wartel (Telephone Offices), Jl. Garuda 4, Jl. Kapuas 51 und Jl. Veteran 1 und vielen anderen.
PHPA – Jl. Kutisari Selatan 13 / 39.

VORWAHL – 031.

Nahverkehrsmittel

Spaziergänge durch die verkehrsreichen Straßen von Surabaya sind kein Vergnügen, und sie zu überqueren endet nicht selten in einem abenteuerlichen Hindernislauf durch den endlosen Strom von Motorrädern und Autos, denn Fußgängerüberwege sind selten.

BECAK – inzwischen aus dem Stadtzentrum verbannt, kosten etwa 1000 Rp pro km.

BEMO / MIKROLET – *(Angkutan Kota)* kosten im Stadtgebiet 450/500 Rp. Sie fahren auf 42 festgelegten Routen, haben aber keine festen Haltestellen. Sie sind mit Buchstaben bzw. Buchstaben und Zahlenkombinationen gekennzeichnet. Man kann vor dem Einsteigen nach dem Fahrtziel fragen und sich mit Hilfe eines Stadtplanes orientieren.

STADTBUSSE – *(Bis Kota)* haben feste, gekennzeichnete Haltestellen. Die 11 Linien verkehren auf den Hauptstraßen in Nord-Süd-Richtung vom Purabaya Busbahnhof über Zoo - Tunjungan Shopping Centre - westliches Ende der Jl. Pemuda - GPO zum Jembatan-Merah-Busbahnhof oder zum Tanjung Perak Hafen, Einheitspreis 500 Rp.

TAXEN – können überall angehalten werden. Einschaltgebühr 1300 Rp und weitere 500 Rp für jeden weiteren Kilometer.
Taxi Super, Jl. Ngemplak 20, ✆ 5342096.
Taxi Surya, Jl. Margorejo 107, ✆ 812286.
Taxi Zebra, Jl. Jen. Basuki Rahmat 129, ✆ 5618888.

Transport

BUSSE – Die meisten Busse fahren vom **Purabaya** Terminal ab. Er liegt 15 km südlich der Stadt, nahe der Jl. Jen. A. Yani, zu erreichen mit Damri-Bus Nr. 2 und Stadtbus C oder E (500 Rp). Busse nach KUDUS, TUBAN und BOJONEGORO fahren ab **Jembatan Merah Terminal**. Expressbus-Gesellschaften haben ihre Büros im Purabaya Terminal, Tickets können im voraus in diversen Reisebüros in der Stadt gekauft werden. **Preisbeispiele** für Express- und Nachtbusse

(angegeben ist jeweils der non-ac sowie der VIP-Preis; ac-Buspreise liegen jeweils dazwischen):
BANDUNG 19 000 / 30 000 Rp,
BANYUWANGI 6000 / 9000 Rp, 6 1/2 Std.,
CIREBON 15 500 / 24 000 Rp,
DENPASAR 11 500 / 18 000 Rp,
JAKARTA 23 000 / 36 000 Rp,
MAGELANG 11 000 / 17 500 Rp,
MATARAM 17 500 / 26 000 Rp,
SEMARANG 11 000 / 17 000 Rp,
SINGARAJA 10 500 / 16 000 Rp,
SOLO / YOGYA 8000 / 12 500 Rp.
Preisbeispiele für Busse im Nahverkehr:
BANYUWANGI 5500 Rp, 6 1/2 Std.,
BLITAR 3100 Rp,
JEMBER 3500–6000 Rp,
KALIANGET 5500 Rp,
KAMAL 1000 Rp,
KEDIRI 2400 Rp,
MADIUN 3000 Rp, 3 Std.,
MALANG 2000–3300 (ac) Rp, 2 Std.,
PACITAN 5000 Rp,
PAMEKASAN 3500 Rp,
PANDAAN 1000 Rp,
PROBOLINGGO 1800–3000 Rp, 2 Std.,
PURWOSARI 1100 Rp,
SINGOSARI 1300 Rp,
SUMENEP 5000 Rp,
TULUNGAGUNG 3000–3600 Rp.
Die langsamen Tagbusse nach Banyuwangi legen in Probolinggo und Situbondo längere Pausen ein. Ist man in Eile, sollte man nur Teilstrecken fahren und jeweils umsteigen.

MINIBUSSE – Einige Reiseunternehmen fahren tgl. mit komfortablen Minibussen in verschiedene Städte bis zur gewünschten Adresse:
P.T. Timbul Jaya, Jl. Wiratno 31, Kenjeran, ✆ 317868, 364227, nach SOLO und YOGYA, ac 20 000 Rp, 8, 10, 11, 16, 20 und 22 Uhr.
P.T. Multi Lintas Eranusa, Jl. Argopuro 69, ✆ 5472419-20, 5472421, hat täglich Minibusse nach YOGYA, SOLO, BANDUNG und JAKARTA.
Tourist Information Office, Jl. Pemuda 118, organisiert Minibusse (ac) für Fernstrecken, z.B. YOGYA, SOLO, SEMERANG für 20 000 Rp, DENPASAR 30 000 Rp, JAKARTA 60 000 Rp und MALANG 6500 Rp. Man wird im Hotel abgeholt.

Bamboe Den organisiert ebenfalls Minibusse z.B. YOGYA / SOLO für 20 000 Rp (Abfahrt 9 und 22 Uhr) oder DENPASAR 30 000 Rp (Abfahrt 19 Uhr).

EISENBAHN – Es gibt vier verschiedene Bahnhöfe in der Stadt, Wonokromo im Süden, Gubeng im Zentrum, Kota im Norden und Pasar Turi im Westen. Der Eingang zum Gubeng Bahnhof befindet sich im neuen Bahnhofsgebäude auf der Ostseite der Bahnlinie.
Richtung Solo–Yogyakarta–Bandung oder Jakarta fahren Züge ab Kota, ✆ 21465, oder Gubeng, ✆ 5340080, über Wonokromo, ✆ 8410649.
Richtung Semarang–Cirebon–Jakarta fahren Züge ab Pasar Turi, ✆ 5345014.
Richtung Malang, **Banyuwangi** fahren Züge ab Kota über Gubeng und Wonokromo.

FLÜGE – Der Flughafen Juanda liegt 16 km südlich vom Stadtzentrum und ist neben dem Hafen ein visafreier Ein- und Ausreiseort. Es gibt einen Taxi-Service zwischen Flughafen und Stadtzentrum für 9000 Rp. Ein Schalter in der Ankunftshalle verkauft die entsprechenden Coupons. Im Flughafengebäude sind zudem ein Postamt, eine Bank und ein Tourist Information Center untergebracht. Von der Hauptstraße, etwas mehr als 1 km vom Flughafen entfernt, fahren Bemo in die Stadt.
Adressen der Airlines:
Air France, World Trade Center (WTC), Jl. Pemuda 27-31, ✆ 5319200.
Bouraq, Jl. Panglima Sudirman 70/11, ✆ 5452918-22, 5321621. Filialen im Garden Palace Hotel, ✆ 5321001, und im Jembatan Merah Plaza, ✆ 3556421.
British Airways, im Hyatt Regency Hotel, Skyline Bldg., 5. Stock, Jl. Jen. Basuki Rahmat 124-128, ✆ 5326383.
Cathay Pacific, Hyatt Regency Hotel, Skyline Bldg., 1. Stock, ✆ 5345052, 5317543, 5321582.
Garuda, Hyatt Regency Hotel, Skyline Bldg., ✆ 5315500, 5021525. Filiale in der Jl. Tunjungan 29, ✆ 5457347.
KLM, World Trade Center (WTC), Jl. Pemuda 27-31, ✆ 5315096, 5320247, 5315097.
Lufthansa, Hyatt Regency Hotel, Skyline Bldg., 1. Stock, ✆ 5316355, 5322290.

Malaysia Airlines, Hyatt Regency Hotel, Skyline Bldg., 1. Stock, ✆ 5318632, ✉ 5318633.
Mandala, Jl. Raya Diponegoro 73, ✆ 587157, ✉ 587158.
Merpati, Jl. Raya Darmo 111, ✆ 588111, ✉ 585400.
Qantas, Hyatt Regency Hotel, Skyline Bldg., ✆ 5452322, ✉ 5452569.
Sempati, Hyatt Regency Hotel, Skyline Bldg., 1. Stock, ✆ 5321612, ✉ 5316746. Filiale im Tunjungan Plaza 2, Jl. Tunjungan, ✆ 5326680, ✉ 5326684.
Singapore Airlines, BBD Tower, 10. Stock, 1004-1006, Jl. Jen. Basuki Rahmat 2-6, ✆ 5319215, 5319218, ✉ 5319214.
Thai Airways International, Hyatt Regency Hotel, Skyline Bldg., ✆ 5340861, 5311234.

Preisbeispiele (ohne Mwst):
AMBON 443 000 Rp (MZ, MDL),
BALIKPAPAN 236 000 Rp (MZ, BO, SG),
BANDUNG 157 000 Rp (MZ, BO),
BANJARMASIN 146 000 Rp (MZ, BO, SG),
BIAK 658 000 Rp (MZ),
DENPASAR 96 000 Rp (MZ, BO, SG),
JAKARTA 197 000 Rp (MDL, SG, BO, GA),
KUPANG 327 000 Rp (MZ, BO),
MANADO 452 000 Rp (MZ, BO, SG),
MATARAM 105 000 Rp (MZ, SG),
MAUMERE 300 000 Rp (MZ, BO),
SEMARANG 71 000 Rp (MZ, SG),
SOLO 59 000 Rp (MZ),
UJUNG PANDANG 224 000 Rp (MZ, MDL, SG),
WAINGAPU 247 000 Rp (MZ, BO),
YOGYAKARTA 65 000 Rp (MZ).
Mandala (MDL) und Sempati (SG) bieten verschiedene Flüge zu Sonderpreisen an. Singapore Airlines fliegt 10x wöchentlich nach SINGAPORE. Malaysia Airlines fliegt tgl. über JOHORE BHARU nach KUALA LUMPUR.

SCHIFFE – Surabaya ist der günstigste Ort, um Verbindungen nach Ost-Indonesien zu bekommen, 11 von Pelnis derzeit 16 Passagierschiffen laufen regelmäßig Tanjung Perak, den Hafen von Surabaya, an (s.S. 797f).
Pelni, Jl. Pahlawan 20, ✆ 3551092-94. Tickets für Touristen gibt es auch hinter dem Schalter, so daß man nicht anstehen muß. Auch am Busbahnhof werden Tickets für die Pelni-Schiffe verkauft.

P.T. Kalla Lines, Jl. Perak Timur 512, ✆ 3294403, hat ca. 4x im Monat (anscheinend nicht regelmäßig) ein Passagierschiff nach Johor Bharu, Malaysia.

Gunung Bromo

Von allen Vulkanen Ost-Javas wird der Bromo (2392 m) am meisten besucht. Die einmalige Kulisse des Sandmeers, des Vulkankegels und der umliegenden Gebirgslandschaft mit ihren Gemüsegärten an steilen Hängen ist ohne stundenlange Klettertouren erreichbar. In der abgeschiedenen Bergwelt leben die Tengger. Als die hinduistischen Herrscher Ost-Javas vor dem sich ausbreitenden Islam nach Bali flohen, zog sich die einfache Bevölkerung in die Berge zurück, wo sie noch heute weitgehend eigenständig ihre hinduistischen Traditionen bewahrt hat. Das gesamte Bromo-Semeru-Massiv ist ein Nationalpark (58 000 ha).

Die übliche Anreise zum Bromo erfolgt von Nordosten über **Probolinggo** und **Ngadisari** (Eintritt 2100 Rp). Hier oben kann es recht kalt werden, vor allem am frühen Morgen. Zwar gibt es in den Losmen dicke Decken, aber für den Aufstieg vor Sonnenaufgang sollte man schon einen dicken Pullover oder eine Jacke dabeihaben. Mit einer Taschenlampe findet man den Weg auch ohne Führer. Oder man folgt den kleinen Pferden der Tengger, die am frühen Morgen mit zahlungskräftigen Touristen auf dem Rücken zum Krater trotten. Von Ngadisari fahren Jeeps und Minibusse für 1500 Rp hinauf nach **Cemoro Lawang** am Rand des Sandmeers. Zu Fuß braucht man etwa 45–60 Minuten (3 km). Von dort sind es weitere 30–45 Minuten bis zum Kegel. Der Weg ist mit weißen Markierungen auf den Steinen gekennzeichnet. Der übliche Preis für ein Pferd zum Bromo und zurück beträgt etwa 10 000 Rp. Faszinierend ist die Landschaft um den Bromo bei Sonnenaufgang – gutes Wetter vorausgesetzt, wenn die Vulkankegel und das graue Sandmeer in rötliches Licht getaucht sind. Die Sonne geht je nach Jahreszeit zwischen

4.30 und 5.30 Uhr auf, so daß man am besten schon kurz vor 3 Uhr von Ngadisari losgeht. Wem die Landschaft gefällt, der kann einige Tage in dem angenehmen Ort bleiben und weitere Wanderungen kreuz und quer durch das Sandmeer unternehmen. Es ist gefährlich, den inneren Krater zu umrunden. Der hinter der Treppe noch einen halben Meter breite Fußpfad verengt sich nach 2/3 des Weges (im Uhrzeigersinn) auf Fußbreite. Teilstrecken kann man nur auf der brüchigen, verwitterten Lava rutschend bewältigen. Außerdem strömen giftige Gase aus, durch die man bewußtlos werden kann – abgesehen von den Schwefeldämpfen, die ständig die Lunge reizen. Sehr lohnend ist die Wanderung weiter Richtung Süden.

Übernachtung

PROBOLINGGO – der Ort hat nichts Besonderes zu bieten:
Victoria**, Jl. Suroyo 1, anspruchslos.
Hotel Ratna**-***, Jl. Panglima Sudirman 94, etwas besser.
Maju Jaya**-***, Jl. Siaman 70, ca. 50 m von der Hauptstraße, alle Zi mit Mandi, WC und Fan.
Hotel Bromo Permai II**-****, Jl. Panglima Sudirman 237.

NGADISARI – Besser ist es, die Planung so einzurichten, daß man spätestens bis zum Abend diesen Ort erreicht hat. In der Hochsaison von Juli bis September sowie an wichtigen Feiertagen (Weihnachten, Idul Fitri, Kasodo u.a.) ist oft alles ausgebucht, dann ist es ratsam, möglichst noch vormittags hier einzutreffen. 2 km unterhalb von Ngadisari liegt an der Straße:
Yoschi's Guesthouse*-****, Jl. Wonokerto 1, ✆ 0335-23387, Zimmer und Bungalows mit heißer Dusche; Garten und Restaurant.
Bromo Homestay*-**, Jl. Wonokerto 5, von Yoschi's 100 m bergab, nicht zu empfehlen; die Direktbusse von Yogyakarta halten oft nur hier.
Wisma Ucik**-***, in Ngadisari, ein von der Regierung geleitetes Guesthouse mit 6 rel. sauberen, aber schmucklosen Zimmern in einem schönen Garten; das dazugehörige Restaurant ist oft geschlossen.
Losmen Pak Dukun**-***, in Ngadisari, saubere, etwas sterile Zimmer, gemeinsames Mandi; einige Warung sind in der Nähe.

CEMORO LAWANG – Von Ngadisari führt die Straße steil weitere 3 km hinauf an den Kraterrand nach Cemoro Lawang; man kann diese Strecke laufen, fahren oder sogar reiten.
Hotel Bromo Permai*-****, ✆/✉ 23459, eine größere Anlage mit Garten und Restaurant direkt am Kraterrand, einigermaßen sauber und vor allem in der oberen Preislage zu empfehlen, außerdem Schlafsaal; oft Reisegruppen.
Wenige Meter unterhalb, direkt an der Straße:
Cafe Lava Hostel*-**, ✆ 23458, einfach, doch akzeptabel, Garten mit Aussicht, gutes Essen.
Cemara Indah*-****, ✆ 23457, mit und ohne Mandi, Heißwasser auf Anfrage, in der oberen Preislage überteuert; Restaurant.
Weiter bergauf, in herrlicher Lage am Kraterrand:
Lava View Hostel**-***, ✆ 23458, zwar neu und sauber, aber schlecht zu lüftende und deshalb miefige Zimmer, alle mit Mandi.

SUKAPURA – 25 km von Probolinggo, auf dem Weg nach Ngadisari:
Grand Bromo Hotel (ab US$55), eine Luxusherberge mit Restaurant und Bar, Pool, Tennisplätzen, Konferenzraum usw.

TOSARI – nordwestlich von Ngadisari, zu erreichen über Pasuruan: *Bromo Cottages* (US$60), ✆ 082-336888, ✉ 336833, luxuriöse Bungalows in phantastischer Hanglage.

Feste

Im 12. Monat des Tengger-Kalenders findet am Bromo das große **Kasodo-Opferfest** statt. Dem Feuergott Brama, der im Krater des noch aktiven Vulkans lebt und der Unheil wie auch Segen über die Landschaft und die Menschen bringen kann (zuletzt war der Bromo 1980 aktiv, der letzte große Ausbruch ereignete sich 1842), opfert man in einer farbenprächtigen Zeremonie Reis, Früchte und Blumen, die in den Krater geworfen werden.
Im Februar wird in den Tengger-Dörfern die **Karo-Zeremonie** begangen, um die Erschaffung der Menschen durch Sang Hyang Widhi zu feiern. Priester besuchen die Familien in ihren Häu-

sern, wo ein zeremonielles Festmahl stattfindet. Zum Beginn des Festes tanzen die Männer in traditioneller Kleidung überlieferte Tänze – *Tari Sodor*. Anschließend werden verehrte Erbstücke *(Pusaka)* gesegnet.

Transport

PROBOLINGGO erreicht man mit dem Zug oder besser mit einem Bus.

Vom Bahnhof zum Bus- und Minibus-Terminal, von wo auch die Minibusse nach Ngadisari und Cemoro Lawang fahren, sind es etwa 4 km, für die meist nur Becak zur Verfügung stehen.

BUSSE - ab MALANG 2100 / Patas 3100 Rp, 90 km, 2 1/2 Std., SURABAYA 98 km, 2100 / 3100 Rp (Express 6000 Rp), und BESUKI 58 km, 1300 Rp.
Von BANYUWANGI / KETAPANG auf der Nordroute (via Situbondo) 190 km, 4 1/2 Std., 4200 Rp. Ab SITUBONDO 2200 / ac Patas 3600 Rp, 2 1/2 Std. Von JEMBER via LUMAJANG 1900 / Patas 3200 Rp, 106 km, 2 Std.

MINIBUSSE - nach NGADISARI kosten 2000 Rp, 2 Std., direkt nach CEMORO LAWANG 3000 Rp. Manchmal sind die kleinen Fahrzeuge total überladen – 20 Leute mit mehr Gepäck sind keine Seltenheit, und es scheint wie ein Wunder, daß man trotzdem ankommt.
Wer spät abends in Probolinggo ankommt, sollte beim Chartern eines Minibusses bedenken, daß schon manche unterwegs plötzlich total überhöhte Preise verlangt haben! Expressbusse nach DENPASAR kosten ca. 20 000 Rp. Die am Tourist Office von Ngadisari verkauften Tickets lohnen sich nicht (zu teuer), da man sowieso mit den üblichen Colt und Bussen weiterfährt.

Banyuwangi

Von **Ketapang**, nördlich der Stadt, Bemo 100 Rp, gehen die Fähren nach Bali ab. Für Touristen hat die Stadt wenig zu bieten. Muß man warten, kann man sich das kleine **Museum Daerah Blambangan**, Jl. Sritanjung, anschauen; am Alun Alun, schräg gegenüber der großen Moschee, Di–So 8–14 Uhr geöffnet.

Bu Nemi, neben dem Museum, produziert und verkauft Batik Tulis. Man kann bei der Herstellung zusehen.

Übernachtung

Hotel Baru**-***, Jl. Letjen. M. T. Haryono 82, ✆ 21369, relativ sauber und ruhig, Fan oder ac/TV; mit Restaurant gegenüber.
Hotel Slamet*-***, Jl. K. H. Wahid Hasyim 96, ✆ 24675, sauber, Fan oder ac und TV.
Hotel Berlin Barat**-***, Jl. Letjen. M. T. Haryono 92, ✆ 21323, Fan oder ac/TV, mit Innenhof.
Hotel Wisma Blambangan**-***, Jl. Dr. Wahidin 4, ✆ 21598, zentral, z.T. ac und TV.
Hotel Bakti*, Jl. Panglima Sudirman 115, ✆ 21129, einfach, aber akzeptabel; kleine Zimmer mit Fan und Mandi, meist mit Fenster zum Flur bzw. zum Innenhof.
Hotel Anda*, Jl. Jen. Basuki Rahmat 34, ✆ 24441, Zi nur z.T. mit eigenem Mandi und Fan.
Kumala Hotel**-****, Jl. Jen. A. Yani 21 B, ✆ 23287, in einer ruhigen, schmalen Seitenstraße; saubere, helle Räume, nett eingerichtet, Mandi und Fan oder ac, TV, Telefon, Heißwasser, Badewanne und Kühlschrank, inkl. Frühstück, mit Cafeteria.
Pinang Sari Hotel**-****, Jl. Jen. Basuki Rahmat 116, ✆ 23266, ruhig, sauber und z.T. nett eingerichtet, mit Fan und Mandi oder ac, TV, Heißwasser, Badewanne und Kühlschrank; schöner Garten und Restaurant, 2 km nördlich vom Zentrum.
Hotel Manyar (US$11–58), Jl. Gatot Subroto 110, ✆ 24741, ✆ 24742, schöner, großer Garten und eigener Strand, empfehlenswert; in Ketapang, 1 km südlich des Fährhafens, 7 km nördlich vom Zentrum Banyuwangis.

Essen

Suzy Restaurant, Jl. Pattimura 21, sehr gutes chinesisches Essen und Seafood.

Sonstiges

GELD – Die *Bank Negara Indonesia,* Jl. Banterang 46, wechselt *cash* und TC verschiedener Währungen.
Bank Central Asia (BCA), Jl. Jen. Sudirman 87.

INFORMATIONEN – ein kleines *Tourist Office* befindet sich in der Jl. Diponegoro 2, ✆ 24761, schräg gegenüber der Hauptpost, geöffnet Mo–Do 7–14, Fr bis 11 Uhr; hier bekommt man in der Regel gute Infos und einen Stadtplan.

PHPA – Das Büro des Amtes für Naturschutz befindet sich in der Jl. Jen. A. Yani 108, ✆ 44119.

POST – *Kantor Pos*, Jl. Diponegoro 1, geöffnet Mo–Do und Sa 8–14 Uhr, Fr bis 11 Uhr.

TELEFON – *Telkom*, Jl. Dr. Sutomo 69 - 71, ✆ 21000, ✆ 61299, tgl. 24 Std. geöffnet; vom Kantor Pos um die Ecke.
Einen ähnlichen Service bieten einige Wartel:
Wartel Jati Raya, Jl. Panglima Sudirman 83, geöffnet tgl. 7–23 Uhr.
Wartel Nusantara, Jl. Jen. Basuki Rahmat, am Minibus Terminal Blambangan, tgl. 24 Std. geöffnet.

VORWAHL – 0333.

Nahverkehrsmittel

BECAK – 1 km Fahrt kostetet etwa 500 Rp.

DOKAR – Pferdekutschen kosten etwa 500 Rp pro km; sie verkehren aber nicht im Zentrum.

MINIBUS – die gelben Minibusse im Stadtverkehr (Angkutan Kota), auch einfach als *Lin* bezeichnet, kosten 400 Rp *jauh/dekat* (egal wie weit).
Sie fahren ab Blambangan Terminal, 1 km nördlich vom Zentrum, auf diversen Routen, z.B.:
Lin 6 zum Fährhafen oder Bahnhof in Ketapang, 8 km nördlich vom Zentrum;
Lin 1 und Lin 2 zum Bus Terminal Brawijaya, 3 km südlich vom Zentrum;
Lin 3, **Lin 4 und Lin 5** zum Bahnhof Argopuro, 5 km westlich vom Zentrum.

OJEK – Motorrad-Taxen, bei denen man auf dem Rücksitz mitfährt, treten meist nachts an die Stelle der Becak; sie kosten ungefähr 2500 Rp von der Blambangan Minibus Station zur Brawijaya Bus Station im Süden der Stadt.

Transport

BUSSE – Fernbusse mit Zielen im Süden von Ost-Java fahren ab **Brawijaya** Bus Station, 3 km südlich vom Zentrum.
Fernbusse auf der Nordroute, z.B. nach SURABAYA oder YOGYAKARTA, fahren von dem neuen Bus-Terminal 10 km nördlich vom Zentrum, z.T. auch ab Fährhafen Ketapang, 8 km nördlich vom Zentrum. Büros von Ticket-Agenten findet man am Fährhafen auf der gegenüberliegenden Straßenseite. Nach YOGYA fahren sie gegen 18 Uhr, 27 500 / ac 35 000 Rp.
PROBOLINGGO via Situbondo (Nordroute) 3600 / 4200 Rp, 190 km, 4 1/2 Std.; JEMBER 2800 Rp, 3 1/2 Std., 120 km; SITUBONDO 2500 Rp, 2 Std.; PASIR PUTIH 2700 Rp; SURABAYA 6000 Rp, 290 km, 6 1/2 Std. Die normalen Tagbusse nach Surabaya legen lange Pausen in Situbondo und Probolinggo ein, die nach Malang in Jember und Probolinggo. Besser ist es nur Teilstrecken zu fahren und jeweils umzusteigen; die Javaner machen es auch so.

EISENBAHN – Es gibt 2 Bahnhöfe in Banyuwangi: **Argopuro**, 5 km westlich vom Zentrum, und **Banyuwangi Baru**, 8 km nördlich vom Zentrum in Ketapang, 300 m vom Fährhafen.

FÄHREN NACH BALI – Der Fährhafen ist in Ketapang, 8 km nördlich der Stadt. Fähren fahren stündlich rund um die Uhr bis zu 16x tgl. im Abstand von 1 bis 3 Std.
Einheitspreis 1000 Rp, Kinder bezahlen 800 Rp, Motorrad 2700 Rp, Auto: 10 500 Rp; inkl. Versicherung und einer Gebühr für das Betreten des Hafens.

Bali

"Heute hat nahezu jeder von Bali gehört. Für einige ist die Insel gerade in - eines der vielen Reiseziele der Welt – andere verbinden mit dem Namen dunkelhäutige, gut gebaute Mädchen, Kokospalmen, wogende Wellen und allerlei romantische Vorstellungen, die ein Südsee-Insel-Paradies kennzeichnen."

Dieses ist kein Zitat aus einem aktuellen Reiseprospekt, sondern wurde bereits vor über 50 Jahren von Covarrubias geschrieben (und von uns frei übersetzt). Als zu jener Zeit die Insel von sonnenhungrigen Weißen entdeckt wurde, begann die zweite Kolonisierung. Zuvor hatten bereits die Holländer das Land unterworfen und ausgebeutet.

Zuerst kamen wenige – es gab nur zwei Hotels in Denpasar. Einige Maler ließen sich in Ubud nieder und entwickelten unter dem Einfluß der einheimischen Künstler einen eigenen Stil. Plötzlich, im Zeitalter des Massentourismus, landeten ganze Flugzeugladungen mit Fremden, die in tropisch-exotischer Ferne ihren Urlaub verbringen wollten. Kunst nun für Touristen statt für Tempel, Begräbniszeremonien mit Touristenrummel - von den bekannten Folgen des Fremdenverkehrs blieb auch Bali nicht verschont.

In den Restaurants von Sanur, Kuta und Nusa Dua zahlt man heute für ein Essen das Monatseinkommen ei-nes Balinesen. Kuta und Legian Beach sind von Budget-Travellern erobert und von Pauschaltouristen in Besitz genommen worden – hier, in „Klein-Australien", herrscht Jahrmarktstimmung, und das Shopping scheint sich zur vordringlichsten Betätigung entwickelt zu haben. Immer neue Strände werden erschlossen: Nusa Dua für Pauschaltouristen, Candi Dasa für Traveller.

Doch inzwischen ist man sich der Gefahren bewußt, die der Tourismus mit sich bringt. Deshalb unterliegen fast alle touristischen Entwicklungen einer Kontrolle durch die staatliche Bali Tourist Development Corporation. Ballungen von Touristenhotels beschränken sich auf wenige Orte im Süden Balis, regelrechte Touristenenklaven. Um Kunst und Kultur zu erhalten und zu fördern, sind von der Regierung Kunst- und Tanzschulen und ein Religionsinstitut eingerichtet worden. Tanz-, Musik- und Kunstwettbewerbe halten den Standard hoch. Andererseits bringen Touristen das nötige Geld, das zur Finanzierung der kostspieligen Zeremonien und Feste und zur Restaurierung von Tempeln und Altertümern verwendet werden kann.

Obwohl täglich Dutzende klimatisierter Luxusbusse voll mit neugierigen und fotografierwütigen Urlaubern auf den wenigen asphaltierten Straßen durch die Dörfer rauschen, bleibt der größte Teil der Insel doch weitgehend von Touristen verschont. Und wenn die Ausflügler abends in die Urlaubszentren zurückkehren, findet man in den Dörfern unverfälschtes balinesisches Leben.

Nach einigen Tagen kennt man die Männer auf der Straße, die liebevoll ihre Kampfhähne pflegen, wird zu Tanz und Tuak eingeladen, kann an Feiern und Tempelfesten teilnehmen. Es scheint selbstverständlich, daß Besucher aus dem fernen Europa beispielsweise zu einer Hochzeitsfeier eingeladen werden, schließlich wollen sie doch das Leben der Balinesen kennenlernen – wozu hätten sie sonst die lange Reise unternommen? Und nach einiger Zeit werden die Dorfgeräusche vertraut, das Hundegebell, der Rhythmus des Gamelan-Orchesters und das Lachen der Kinder. Wer so Bali entdeckt, wird die Insel und ihre Menschen lieben lernen.

Während der zahlreichen Feiertage besuchen festlich gekleidete Balinesen die bunt geschmückten Tempelanlagen, um Opfergaben darzubringen

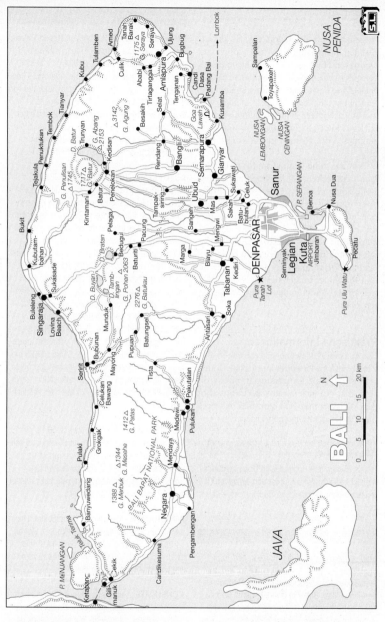

Oben: Besakih, der Muttertempel am Hang des Gunung Agung; unten: Steinmetzarbeiten schmücken die zahllosen Tempel der Insel

Süd-Bali

Angelockt von den tropischen Stränden, wohnen die meisten Touristen südlich von Denpasar. Hier, wo sich Bali am meisten verändert hat, liegen die Badeorte Sanur, Nusa Dua, Kuta und Legian wie auch der Internationale Flughafen. Es gibt alles, was das Touristenherz begehrt: billige oder luxuriöse Hotels, Swimming Pools und Souvenirgeschäfte, Restaurants und Unterhaltung.

Nur einsame Sandstrände wird man kaum entdecken. Im Westen überwiegen steile Klippen, die von der starken Brandung umspült werden. Im Osten dehnen sich unzugängliche Mangrovensümpfe aus. Bis auf die trockene Halbinsel Bukit mit dem Touristenresort Nusa Dua ist die fruchtbare Ebene im Süden dicht besiedelt. Kleine Dörfer inmitten der Kokoshaine und Reisfelder prägen das Bild – Bali, wie man es aus den Fremdenverkehrsprospekten kennt.

Praktische Informationen

Die meisten Bali-Besucher verbringen ihre Zeit in einem der südbalinesischen Touristenorte. Da die Entfernungen nicht groß sind, hier ein paar praktische Informationen, die ganz Süd-Bali betreffen. Näheres dann unter den einzelnen Orten.

Übernachtung / Essen

Hotels, Bungalows und sonstige Übernachtungsmöglichkeiten haben wir unter den einzelnen Orten aufgelistet. Desgleichen Restaurants, Kneipen, Bars und Discos.

Einkaufen

Man vergleiche immer die Preise in den Touristenzentren mit den Angeboten in den Dörfern. Günstig kauft man Kleidung in Kuta, Holzschnitzereien in Mas, Bilder in Ubud, Leder in Bedulu, Steinmetzarbeiten in Batubulan, Silber in Celuk, Antiquitäten, Lontar und Ikat in Klungkung ... Details im regionalen Teil.

Allgemeine Hinweise

AMERICAN EXPRESS – bei Verlust von Travellers Cheques und anderen Fragen ist **Pacto Ltd.**, Jl. By Pass Ngurah Rai, ✆ 288247, ✆ 288240, Telex 35110 pacto ia, der Ansprechpartner. Theoretisch täglich geöffnet 7.30–21 Uhr, aber nur von 8–16 Uhr (Mo–Sa) ist das Büro voll besetzt. Geldüberweisungen (MoneyGram) über dieses Büro funktionieren zuverlässig. Außerdem gibt es eine Filiale im Grand Bali Beach Hotel, Sanur, ✆ 287506, geöffnet Mo–Sa 8–17 Uhr.

AUTOVERMIETUNG – Außer den US$75-Schlitten mit Chauffeur gibt es günstige Autos oder Jeeps zu mieten. Die Fahrer brauchen einen internationalen Führerschein. Man muß dabei mit folgenden Durchschnittspreisen rechnen (günstigere Preise, mietet man sie eine Woche): VW Safari Jeep ca. 40/45 000 Rp, großer Suzuki Jeep oder Kijang ca. 50/60 000 Rp. Eine Gruppe von vier bis acht Unternehmungslustigen kann sich ein Bemo chartern. Empfiehlt sich vor allem bei abendlichen Dorffesten. Das kostet mit Fahrer pro Tag bis zu 80 000 Rp ohne Benzin.
Bali Car Rental Service, Jl. By Pass Ngurah Rai, Sanur, ✆ 288550, 288359, vermietet Jeeps und PKW für Selbstfahrer (VW Safari US$25 pro Tag), bei mehrtägigem Mieten werden Discounts bis zu 25% gewährt. One way rental nach Yogya ist bei Bezahlung von US$120 ebenfalls möglich (s.S. 159).

FAHRRÄDER – Sie kosten etwa 3000 Rp pro Tag (Mountainbike 5000 Rp). Im Stadtgebiet von Denpasar und auf allen Hauptstraßen sowie im verkehrsreichen Süden nicht zu empfehlen. Schwierige Bergstrecken können samt Drahtesel in einem Bemo bewältigt werden.

IMMIGRATION – neben dem Hauptpostamt in der Jl. Jen. D. I. Panjaitan, Niti Mandala, Renon, ✆ 227828. Geöffnet Mo–Do von 7–14, Fr bis 11 Uhr, Sa bis 12.30 Uhr. Ein weiteres Kantor Imigrasi im Airport, ✆ 751038.

KONSULATE – ein **deutsches Honorarkonsulat** findet man in Sanur in der Jl. Pantai Karang 17, ✆ 288535, ✆ 288826. Mit etwas Glück ist der Konsul Mo–Fr von 8–12 Uhr zu erreichen.

Schweizer Konsularagentur, die auch für Österreich zuständig ist, in Legian hinter dem *Swiss Restaurant*, Jl. Pura Bagus Taruna, ✆ 751735, ✆ 754457.
Geöffnet Mo–Fr 9–13 Uhr.

Australisches Konsulat, Denpasar, Jl Raya Sanur 146, ✆ 235092, ✆ 231990, geöffnet Mo–Fr 8.30–12 und 13–15 Uhr; hier gibt es Visa für Australien.

Konsulat der Niederlande, KCB-Reisebüro, Jl. Imam Bonjol 599, der Straße von Denpasar nach Kuta, ✆ 751904, ✆ 752777, geöffnet Mo–Fr 8–16.30 Uhr, Sa und So 8–14 Uhr.

KRIMINALITÄT – Von dem Geld, das in Bali umgesetzt wird, versuchen natürlich auch weniger ehrliche Mitmenschen etwas abzubekommen: Zimmer werden aufgebrochen, in den Bemo verschwindet schnell etwas aus einer Tasche, und im Schutz der Dämmerung ist man am Strand plötzlich um eine Kamera erleichtert.
Verluste und Diebstähle bei der Polizei in Kuta an der Straße Richtung Airport kurz hinter der Kreuzung, ✆ 751598, melden, die Englisch spricht und ein Protokoll verfaßt.
Wir warnen ausdrücklich vor **Drogen** – auch Marihuana und *Magic Mushrooms*, es sei denn, man möchte länger bleiben als geplant – im Gefängnis nämlich.

MASSAGE – Am Strand und in den Losmen bieten Massagefrauen ihre Dienste an.
Für 5000 Rp ölen sie den Körper ein und kneten ihn von oben bis unten mehr oder weniger kräftig durch. Die meisten Frauen haben keinerlei Ausbildung, allerdings entspricht es der balinesischen Tradition, wenn gegen den venösen Blutstrom ausgestrichen wird.

MEDIZINISCHE VERSORGUNG – Öffentliche **Krankenhäuser** *(Rumah Sakit Umum)* genießen nicht den besten Ruf.
Nur die Notaufnahme in Sanglah wurde durch eine großzügige japanische Spende modernisiert und mit den neuesten medizinischen Apparaten ausgestattet.
R.S.U. Sanglah, Jl. Kesehatan Selatan 1, Denpasar, ✆ 227911.

R.S.U. Wangaya, Jl. R. A. Kartini 109, Denpasar, ✆ 222141.
Ausweichmöglichkeit sind die **Privatpraxen**. Sie kosten zwar mehr Geld, sind aber besser.
R.S.U. Manuaba Jl. Hos. Cokroaminoto 28, Denpasar, ✆ 226393. Privatklinik, gut und teuer.
Dr. I.K. Rina, Jl. Hayam Wuruk 71, Denpasar, ✆ 234185. Internist mit einer guten Privatklinik.
R.S.U. Dharma Husada, Jl. Jen. Sudirman 50, Denpasar, ✆ 227560. Hier arbeiten Malaria-Spezialisten.
Dr. Indra Guizot, Jl. Pattimura 19, Denpasar, ✆ 222445, hilft bei Zahnschmerzen. Sprechstunde Mo–Fr 17–21 Uhr, telefonische Anmeldung ab 10 Uhr.
Dr. Alex Hostiadi, Jl. Veteran 29, Denpasar, ein Frauenarzt, praktiziert Mo–Fr 16.30–18.30 Uhr.
Im Ernstfall sollte man versuchen, nach Singapore auszufliegen, wo es ausgezeichnete Krankenhäuser gibt. Krankentransporte mit Hubschrauber oder Flugzeug werden durchgeführt von: *P.T. Bali Tourist International Assist*, Jl. Hayam Wuruk 40, Denpasar, ✆ 228996;
P.T. Gatari Hutama Air Service, ✆ 751011.

MOTORRÄDER – An sich bieten sie eine ausgezeichnete Möglichkeit, das Land kennenzulernen, wenn sie nur nicht so laut und luftverpestend wären. Man kommt überall hin, sofern man sich von wildgewordenen Dorfkötern und Schlaglöchern oder schlammigen Straßen nicht abhalten läßt.
Die ersten Erfahrungen im Umgang mit Zweirädern sollte man möglichst nicht im Straßenverkehr in Denpasar und im übervölkerten Süd-Bali sammeln.
Wer keinen internationalen Motorradführerschein hat, muß (laut Polizei) den balinesischen Führerschein erwerben (s.u.). Eine Kaskoversicherung, die sich oft als notwendig erweist, kostet pro Woche 10 000 Rp.
Maschinen von 100 cc oder 125 cc gibt es vor allem Jl. Gajah Mada in Denpasar und in den Touristen-Zentren zu mieten. Sie kosten um 8000 / 10000 Rp pro Tag.
Benzin kostet 700 Rp pro Liter. Im Landesinneren gibt es nicht viele Zapfsäulen, zudem ist dort das Benzin wesentlich teurer (bis 1000 Rp).
Vor Vertragsabschluß sollte man die Maschine bei einer Probefahrt durchchecken. In Indonesien

Süd-Bali

besteht Helmpflicht. Zur Sicherheit kann man Handschuhe und eine Brille tragen. Trotz abkühlendem Fahrtwind ist die Wirkung der starken Sonneneinstrahlung nicht zu unterschätzen!

NACKTBADEN – ist per Gesetz verboten. Wer dabei erwischt wird oder in Badekleidung außerhalb der Strände herumläuft, kann mit bis zu 2 Jahren und 8 Monaten Gefängnis bestraft werden.

POLIZEI – einen Motorradführerschein (s.o.) beantragt man bei der Verkehrspolizei *(Komdak Lalu Lintas)* in Denpasar in der Jl. W. R. Supratman. Man benötigt einen Guide, meist ein Losmenbesitzer oder der Motorradverleiher.
Die eigentliche Prüfung kostet 40 000 Rp. Insgesamt muß man mit etwa 70 000 Rp für Prüfung, Guide, Paßbilder, ein Tag Motorradmiete und Versicherung rechnen. Geöffnet Mo–Fr 7–15 Uhr.
Für allgemeine Verkehrsprobleme ist das Office in Denpasar in der Jl. Gajah Mada zuständig. Wer ein Motorrad mieten will, kann sich die dort ausgehängten Bilder von verunglückten Touristen anschauen – nahezu tgl. geschieht ein Unfall.
Wegen anderer Probleme (Diebstahl u.ä.) zur nächsten Polizeistelle, die zumeist 24 Std. geöffnet sind.
In Denpasar: Jl. Diponegoro 10, ✆ 234928, oder Jl. Jen. A. Yani, ✆ 225456.

SCHLIESSFÄCHER – Wertsachen sollten weder unbewacht im Zimmer bleiben noch an den Strand mitgenommen werden.
Falls in der Unterkunft kein Safe zur Verfügung steht, ist ein gemietetes Schließfach bei einer der zahlreichen Banken oder einem Money Changer eine sichere Alternative. Sie kosten pro Monat 10 000 Rp.

TÄNZE – Kecak- und Ramayana-Tänze werden auf verschiedenen Bühnen und in den großen Touristen-Hotels aufgeführt.
Tickets für Tanzveranstaltungen in anderen Dörfern sind in allen Touristenzentren erhältlich. Im Preis ist der Transport eingeschlossen, da abends keine Bemo fahren.
Mit einem eigenen Fahrzeug fährt man besser selbst zu den Bühnen, wo es die Tickets wesentlich billiger gibt:

Kecak-Tanz: Ayodya Pura in Denpasar, Jl. Raya Sanur 130, tgl. 18–19 Uhr, im Art Center tgl. 18.30–19.30 Uhr, 6000 Rp; in Padang Tegal, Ubud, So 19 Uhr, 7000 Rp.
Legong-Tanz: Sa 19.30 Uhr, Tebesaya, Pura Dalem Puri, bei Ubud (in großem Rahmen, trotzdem empfehlenswert!), 7000 Rp.
Barong und Kris-Tanz: Tgl. um 9 Uhr in Batubulan, 7000 Rp – viele Touristenbusse.
Trance-Tanz, Feuertanz und Kecak: So, Mo, Mi und Fr um 19 Uhr im Dorftempel von Bona, 7000 Rp, inkl. Transport.
In Ubud finden fast tgl. weitere Tanzveranstaltungen in kleinerem Rahmen statt.

VORWAHL – Südbali, mit Denpasar, Kuta, Sanur, Nusa Dua, Tabanan, Gianyar,
Ubud – 0361
Singaraja, Lovina – 0362
Amlapura, Candi Dasa, Padang Bai – 0363
Negara – 0365
Klungkung, Bangli, Kintamani, Batur – 0366
Baturiti, Bedugul – 0368
Pupuan – 0369
Lombok – 0370

Touren

Sobek Expeditions, Jl. By Pass Ngurah Rai 56X, Sanur, ✆ 287059, 289448, ✆ 289448, bietet tgl. abenteuerliche **Schlauchbootfahrten** von 2 1/2 Std. (11 km) durch die Schluchten und über die Stromschnellen des Yeh Ayung, nordwestlich von Ubud, zu buchen auch durch Travel Agents. Eine insgesamt gut organisierte Tour mit erfahrenen, sicherheitsbewußten Guides, inkl. Transport vom Hotel zum Fluß und zurück, Mahlzeiten und Getränke und Ausrüstung etc. US$68 p.P.
Nachteil: Die Balinesen, die ihren Badeplatz an der Schlauchboot-Strecke haben, werden in ihrer Privatsphäre gestört.
Sobek hat noch andere ebenso gut organisierte Touren in seinem Programm: Kajak-Fahrten (US$68), Mountain Biking (US$55), Trekking (US$49).
Nicht ganz so gut organisiert, aber etwas billiger, sind folgende Veranstalter:
Ayung River Rafting, Denpasar, Jl. Diponegoro 150B, ✆ 238759, ✆ 224236, Schlauchbootfahrt

(US$63 – alles incl.), Mountain Biking (US$45), Trekking (US$40).
Bali Adventure Rafting, Adventure House, Jl. By Pass Ngurah Rai, Pesanggaran, ✆ 721480.
Raging Thunder Adventures, Jl. By Pass Ngurah Rai 11A, Kuta, ✆ 758822, ✆ 758814, bietet eine 12 km lange Schlauchbootfahrt auf dem Yeh Unda, östlich von Semarapura (Klungkung), für US$65 P.P. an.

Tauchen

Für Tauchgänge und -kurse, die vor allem im Norden und Osten der Insel durchgeführt werden, wende man sich an:
Bali Marine Sports, Jl. By Pass Ngurah Rai, Sanur, ✆ 289308, ✆ 287872.
Ena Dive Center, Jl. Pangembak 7, Sanur, ✆ 287134, ✆ 287945.
Dive & Dive's, Jl. By Pass Ngurah Rai 23, Sanur, ✆ 288052, ✆ 289309.
Baruna Water Sport, Jl. By Pass Ngurah Rai 300 B, Tuban, ✆ 753820, ✆ 753809.
Oceana Dive Center, Jl. By Pass Ngurah Rai 78, Sanur, ✆ 288892, ✆ 288652.
Bali Pesona Bahari, Jl. By Pass Ngurah Rai, Blanjong, Sanur, ✆ 289308, ✆ 287872.

Auf Bali gibt es folgende Tauchgelegenheiten:
Sanur und Nusa Dua – Nicht das beste Riff Balis, aber fischreich und in Strandnähe; in wenigen Min. mit dem Boot zu erreichen; die Sicht variiert zwischen 8 und 15 m.
Nusa Penida – Sehr fischreiche Riffe mit Steilabfällen; zu erreichen über Padang Bai (1 Std.) oder Sanur / Nusa Dua (1 1/2 Std.); Sicht um 15 m, aber starke und zum Teil unberechenbare Strömungen, die mitunter unangenehm kalt sein können.
Padang Bai – Relativ flache Riffe, 15 Min. mit dem Auslegerboot; Sicht variiert zwischen 6 und 15 m, keine starken Strömungen, aber relativ niedrige Wassertemperaturen.
Candi Dasa – Äußerst fischreiche, steil abfallende Riffe und ein Unterwasser-Canyon vor Pulau Tepekong (Pulau Kambinq); 1/2 Std. mit dem Boot; Sicht 6–20 m, starke Strömungen.
Amed / Tulamben – Küstenriffe und ein Schiffswrack, 30 m vor der Küste, sehr fischreich, kaum Strömungen; Sicht 10–20 m; das beliebteste und meistbesuchte Tauchziel Balis.

Pulau Menjangan – Steil abfallende, zerklüftete Riffe, 30 Min. mit dem Boot von Labuan Lalang; gute Sicht von 25–50 m; die Insel Menjangan ist Teil des Bali Barat Nationalparks.

Transport

BUSSE – Von Denpasar fahren tgl. die Busse mehrerer Companies nach **Java**, oft non-stop bis Jakarta. Weniger strapaziös ist es, den Bus nur bis Surabaya zu nehmen, und von da mit dem Zug weiterzufahren. Tickets bekommt man in Reisebüros und bei den Busunternehmen, z.B. ***Bali Cepat*** oder ***Bali Indah*** – Büros in der Jl. Hasanuddin in Denpasar (Abf. zwischen 15 und 20 Uhr). Kostet nach SURABAYA 30 000 Rp (ac), 17 000 Rp (non ac). Es werden auch günstige, kombinierte Bus-/Bahn-Tickets angeboten, bei denen der Bus nach Gilimanuk, die Fähre nach Ketapang und der Zug in verschiedene Städte Javas im Preis eingeschlossen ist. Infos in Kuta bei ***Perama Tourist Service***.
Preisbeispiele ac-Busse:
BANDUNG 58 000 Rp,
BOGOR 67 000 Rp,
CIREBON 46 000 Rp,
JAKARTA 74 000 Rp,
MALANG 29 000 Rp,
SEMARANG 42 000 Rp,
YOGYAKARTA 46 000 Rp.
Die meisten Busse nach West-Java fahren zwischen 6 und 7.30 Uhr, die nach Zentral-Java zwischen 14.30 und 20 Uhr und die nach Ost-Java zwischen 18.30 und 20 Uhr ab.
Non-ac Busse sind billiger. MALANG kostet z.B. 19 000 Rp; YOGYAKARTA 29 000 Rp. Weitere Buscompanies in Denpasar in der Jl. Diponegoro und der Jl. Hasanuddin. Abfahrt der Fernbusse von den Büros der Gesellschaften und von der Ubung Station.
Näheres über Busse, Minibusse, Bemo und Colt auf Bali siehe unter Denpasar.

FLÜGE – Der Flughafen Ngurah Rai, ✆ 751011, 3 km westlich von Kuta, ist von Denpasar, Sanur und Kuta aus mit dem Bemo oder Minibus für 600 / 900 Rp zu erreichen. Sie fahren allerdings nur die Hauptstraße entlang und halten am Abzweig zum Flughafen. Vor der Ankunftshalle bieten **Coupontaxen** ihren Service an. Sie fahren

alle Touristenzentren der Insel an und haben eine aktuelle Preisliste ausliegen, z.B. nach:
CANDI DASA 80 000 Rp,
KUTA 10 250 Rp,
LOVINA 90 000 Rp,
SANUR 17 400 Rp,
UBUD 47 000 Rp.
Airport-Tax: 25 000 Rp für Auslandsflüge, 11 000 Rp für Inlandsflüge.
Büros der **Fluggesellschaften**:
Garuda, Jl. Melati 61, Denpasar, ✆ 227825, geöffnet Mo–Fr 7.30–16.45, Sa, So und Feiertag 9–13 Uhr; Filialen im Grand Bali Beach Hotel, Sanur Beach Hotel, Nusa Dua Hotel und Kuta Beach Hotel. Rückbestätigung und Reservation (24 Std. tgl.) unter ✆ 235169 und 234606, besser jedoch sich etwa 1 Woche vor Abflug die Buchungsbestätigung schriftlich geben zu lassen.
Merpati, Jl. Melati 51, Denpasar, ✆ 235556, 235557, ✆ 231962, geöffnet tgl. 7.30–21 Uhr; Reservation und Rückbestätigung telefonisch tgl. 24 Std.
Bouraq, Jl. Jen. Sudirman 7A, Denpasar, ✆ 237420, geöffnet tgl. 8–18 Uhr.
Sempati, Grand Bali Beach Hotel, Sanur, ✆/✆ 288823, für Rückbestätigungen ✆ 754218.
Die folgenden Airlines haben Büros im *Grand Bali Beach Hotel*, Sanur, und sind tgl. außer So und Feiertag von 8–16.30 Uhr mit unterschiedlichen Mittagspausen geöffnet:
Cathay Pacific, ✆ 288576, ✆ 253942,
Continental, ✆/✆ 287775,
KLM, ✆ 287576, ✆ 287460,
Lufthansa, ✆/✆ 287069,
MAS, ✆ 288716,
Qantas, ✆ 288333, ✆ 287331,
Thai, ✆ 288063.
Singapore Airlines, im Bank Bali Bldg., Jl. Dewi Sartika 88, 3. Stock, Denpasar ✆ 261666, ✆ 261653, geöffnet Mo–Fr 8–17, Sa 8–13 Uhr.
Air New Zealand, Blok D-32 Tragia Supermarket, Jl. By Pass Nusa Dua, ✆ 771493.
Während der Hochsaison (Juli, August und um Weihnachten) sind viele Flüge bereits frühzeitig ausgebucht.
Preisbeispiele Inlandsflüge (+ 10% MwSt):
AMBON 356 000 Rp (GA, MZ),
BIMA 153 000 Rp (MZ),
ENDE 255 000 Rp (MZ),
JAKARTA 239 000 Rp (GA, MZ, BO, SG),
KUPANG 244 000 Rp (GA, BO, MZ),
LABUHANBAJO 200 000 Rp (MZ),
MATARAM 43 000 Rp (MZ, SG),
MAUMERE 235 000 Rp (BO, MZ),
RUTENG 232 000 Rp (MZ),
SUMBAWA 98 000 Rp (MZ),
SURABAYA 96 000 Rp (GA, MZ, BO, SG),
UJUNG PANDANG 167 000 Rp (MZ),
YOGYAKARTA 127 000 Rp (GA, MZ, SG),
WAINGAPU 208 000 Rp (BO, MZ).

Preisbeispiele Auslandsflüge (one way):
SINGAPORE US$147 (Air New Zealand)
oder für US$184 (Garuda),
DARWIN US$240 (Garuda),
KUALA LUMPUR US$228 (MAS),
BANGKOK US$233 (Royal Air Brunei)
oder für US$289 (MAS),
PERTH US$294 (Garuda).

SCHIFFE – Fähren nach **Java** stündlich ab GILIMANUK 1000 Rp. Busse ab Denpasar 3500 Rp.
Regelmäßige Fähren nach **Lombok** ab PADANG BAI, Minibus / Bus ab Denpasar 3000 / 2500 Rp. 12 Schiffe tgl., Abfahrt alle 2 Std.: 24 Uhr, 2 Uhr, 4 Uhr usw.; Fahrzeit 4 Std.,
Preise: VIP (ac) – Erwachsener 9000 Rp, Kind 5000 Rp; Ekonomi – Erwachsener 5500 Rp, Kind 2900 Rp; PKW 37 000 Rp, Motorrad 8000 Rp.
Der eigentliche Hafen von Bali ist Benoa, südlich von Denpasar. Aber auch von Buleleng (Singaraja) fahren in unregelmäßigen Abständen Schiffe z.B. nach Nusa Tenggara.
Ein privates Unternehmen fährt tgl. 8.30 und 14.30 Uhr (2 Std.) mit der schnellen, komfortablen Mabua Express (ac, 248 Liegesitze) von Benoa nach Lembar, Lombok (1. Kl.: US$30, 2. Kl.: US$20):
P. T. Mabua Intan Express, Benoa Harbour, ✆ 772370, 772521, ✆ 772370.
Pelni, Jl. Pelabuhan, Benoa, ✆/✆ 728962. Pelnis **KM. Tatamailau**, **KM. Dobonsolo**, **KM. Binaiya**, **KM. Tilongkabila** und **KM. Awu** legen auf ihren Routen nach Nusa Tenggara, Sulawesi, Irian und Kalimantan in Benoa an. Pelni-Fahrplan und weitere Informationen über die Schiffe s.S. 797f.

Denpasar

Größte Stadt (350 000 Einwohner) und seit der Unabhängigkeit Hauptstadt der Insel. Sie vereint eigentlich all das, was man sich unter Bali nicht vorstellt – der ständige Lärm lautknatternder Suzukis, Hondas und Bemo, die kreuz und quer durch das Einbahnstraßenlabyrinth der Stadt kurven – Hektik und der über allem liegende Abgasgestank.

Um Denpasar kommt man nicht herum, denn hier befinden sich die Banken, Büros der Fluggesellschaften, Geschäfte, Busbahnhöfe und im Notfall auch Krankenhäuser und die Polizei. Billiger und angenehmer als in der Stadt wohnt es sich allerdings in den Losmen am Strand von Kuta, Legian, Sanur oder anderen Orten Süd-Balis.

Trotz alledem lohnt das **Bali Museum** eine Fahrt nach Denpasar. Es wurde 1932 von Holländern im traditionellen balinesischen Stil der Tempel und Paläste erbaut. Die Ausstellungsstücke vermitteln einen guten Überblick über die Entwicklung der Kunst von prähistorischer Zeit bis heute. Besonders schön ist die Sammlung von Tanzmasken. Das Museum liegt am östlichen Puputan-Platz. Geöffnet: So, Di-Do 7–14, Fr bis 11 und Sa bis 12.30 Uhr, Mo und feiertags geschlossen, Eintritt 200 Rp.

Direkt neben dem Bali Museum steht der Tempel **Pura Jagatnata**. Er ist der obersten hinduistischen Gottheit Ida Batara Sang Hyang Widhi Wasa gewidmet, dessen goldene Statue im Tempel aufgestellt ist.

Einen längeren Besuch lohnt das **Taman Werdi Budaya Art Center** an der Jl. Bayusuta (Jl. Sanur, Ecke Jl. Nusa Indah), ca. 1 1/2 km östlich vom Museum. Eine schöne Anlage mit viel Grün, kleinen Teichen, Ausstellungsräumen und einer großen Bühne, auf der Tänze aufgeführt werden. Geöffnet tgl. außer an Feiertagen 8–16.30, Fr bis 16 Uhr, Eintritt 250 Rp. Jeden Abend 18.30 Uhr: Kecak-Tanz, 6000 Rp. Auf der Freilichtbühne Ardha Candra werden in Vollmondnächten aufwendige, sehenswerte Aufführungen dargeboten.

Übernachtung

AN DER STRASSE RICHTUNG KUTA –
Two Brothers Inn** ③, ✆ 484704, inkl. Frühstück, in einer ruhigen Seitengasse der Jl. Imam Bonjol, nette Familie.
Losmen Taman Suci**, Jl. Imam Bonjol 45, ✆ 226724, ähnlich.
Direkt **in der City**, mehrere Hotels in der Jl. Sultan Hasanuddin, allerdings recht laut:
Hotel Pendawa**-*** ②, Nr. 4,
Hotel Merta Sari**, Nr. 24.
Wisma Taruna Inn* ①, Jl. Gadung 31, ✆ 226913, wenige Minuten von Kereneng Station, ist preiswert, aber nicht besonders sauber.

JL. DIPONEGORO – Die meisten Hotels findet man im Süden der Stadt (Stadtteil Sanglah):
Hotel Dewi**-*** ④, Nr. 112, ✆ 226720, Fan oder ac, mit relativ ruhigem Innenhof, einige Restaurant und Rumah Makan befinden sich in der Nähe.
Hotel Chandra Garden**-**** (bis US$55) ⑤, Nr. 114, ✆ 226425, gut, mit Garten.
Hotel Viking**-**** ⑥, Nr. 120, ✆ 223992, 235153, Fan oder ac, liegt ein paar hundert Meter südlich.
Hotel Queen** ⑦, Jl. Yos Sudarso 4, ✆ 226922, Zimmer mit und ohne Fan.
Hotel Damai** ⑧, Jl. Patih Jelantik, eine Seitenstraße der Jl. Diponegoro, ✆ 222476, empfehlenswert.
In derselben Seitenstraße befinden sich noch drei andere Hotels.
Weiter südlich an der Jl. Diponegoro liegen u.a.:
Hotel Oka** ⑩, Nr. 156, ✆ 234685;
Hotel Warta** ⑨, Nr. 129, ✆ 222518;
Hotel Artha**-**** ⑪, Nr. 131 A, ✆ 227370, 222804, Fan oder ac.

Essen

Im Stadtgebiet findet man überall kleine Warung und Restaurants, in denen man preiswert essen kann. In dem großen Marktgebäude *(Pasar Badung)* gibt es einige billige Restaurants (auch Donuts!). Hier findet ein Nachtmarkt statt.
Ein weiterer Nachtmarkt befindet sich im Norden, am Sportstadion, Jl. W. R. Supratman, Ecke Jl. Melati.

Wer gut essen gehen will, kann sich auf der Jl. Gajah Mada umsehen. Im *PADANG II* bekommt man gutes Padang Food.
Puri Selera, Nr. 16, und
Hongkong, Nr. 99, bieten chinesische Küche, und das
Restaurant Madura, hier werden indonesische Gerichte serviert.

Sonstiges

GELD – Die Wechselkurse der Banken sind oft etwas besser als die der Money-Changer. Beim Vergleichen der Kurse sollte man die Provision und Gebühren nicht vergessen! Banken:
Bank Negara Indonesia 1946, Jl. Gajah Mada 20, Ecke Jl. Veteran.
Bank Bumi Daya, Jl. Veteran 2.
Bank Dagang Negara, Jl. Gajah Mada 3.
Bank Indonesia, Jl. W. R. Supratman / Jl. Trijata.
Bank Rakyat Indonesia, Jl. Dr. Kusuma Atmaja 1.
Bank Exim, Jl. Udayana 11, ✆ 223984, vertritt Thomas Cook Reiseschecks.
Bank Duta, Jl. Hayam Wuruk 165, ✆ 226578, und
Bank International Indonesia, Jl. Dewi Sartika, sind die Visa-Vertragsbanken.
Die meisten Banken sind geöffnet: Mo–Fr 8–17 Uhr, wobei die Kassenschalter aber schon gegen 15/15.30 Uhr schließen.
Eine Ausnahme ist z.B. die **Bank Bali**, Jl. Dewi Sartika 88, geöffnet Mo–Fr 8–14.30, Sa 8–11 Uhr.
Will man sich Geld von zu Hause nachschicken lassen, dann ist die Bank Duta (✆ 224865, telex 235140 DUTADP IA) oder die Bank Bumi Daya die richtige Adresse.
Die Vertrauensperson zu Hause schickt ein *Personal Money Transfer* an diese Bank, versehen mit der Reisepaß-Nr. und dem Namen des Empfängers, wie er im Paß steht! Gegen Vorlage desselben bekommt man sein Geld ausgezahlt. Es kann jedoch bis zu 4 Wochen dauern. Schneller ist es in Jakarta oder Singapore.

INFORMATIONEN – *Bali Government Tourist Office*, Jl. Letjen. S. Parman, Niti Mandala, ✆ 222387, 226313 geöffnet Mo–Do 7–14, Fr bis 11 und Sa bis 12.30 Uhr. Hier gibt es eine Karte der Insel, aktuelle Informationen und den *Calendar of Events*, in dem alle Feste aufgelistet sind.
Badung Government Tourist Office,
Jl. Surapati 7, ✆ 223602, hilfreicher und zentral gelegen. Geöffnet Mo–Do 7–14, Fr bis 11, Sa bis 12.30 Uhr.

MOTORRÄDER – Maschinen von 100 cc oder 125 cc gibt es vor allem Jl. Gajah Mada.

POST – Hauptpostamt in Niti Mandala, Renon, an der Jl. Raya Puputan, geöffnet Mo–Do 8–20 Uhr, Fr 8–11, 14–20 Uhr, Sa bis 15 Uhr. Zu erreichen mit einem Bemo ab Kereneng (600 Rp).

TELEFON – Telegramme, Telex und internationale Telefonate bei **Telkom**, Jl. Teuku Umar 6, Ecke Jl. Diponegoro, im Süden der Stadt. Für Telefonate rund um die Uhr geöffnet, der Telegramm- und Fax-Schalter Mo–Sa 8–19 Uhr und So 8–12 Uhr.
Ähnlichen Service bieten viele **Wartel**, die meist 24 Std. tgl. geöffnet sind.

VORWAHL – 0361.

Einkaufen

Die Geschäfte in der **Jl. Gajah Mada** und der **Jl. M. H. Thamrin** verkaufen Textilien, Holzschnitzereien und andere (un)brauchbare Souvenirs.
In der **Jl. Sulawesi** findet man balinesischen Schmuck, Lederarbeiten und Schneider.
Waren des täglichen Bedarfs wie Lebensmittel etc. bekommt man günstig im **Tiara Dewata Supermarket**, Jl. Mayjen. Sutoyo. Ein großes **Einkaufszentrum** mit vielen Einzelläden liegt an der Jl. Diponegoro. Zwei weitere Shopping Centers befinden sich nicht weit von hier in der Jl. Dewi Sartika: **Matahari** und **NDA Pasaraya**.
Es lohnt sich auch, auf dem Markt **Pasar Badung** nach preiswerten Mitbringseln zu stöbern.

Nahverkehrsmittel

STADTBEMO – Innerhalb von Denpasar kostet jede Fahrt mit den dreirädrigen Bemo 400 / 600 Rp. Sie fahren bis ca. 21 Uhr im verwirrenden Einbahnstraßensystem auf festgelegten Routen mit Endhaltestellen am Krankenhaus, am Markt,

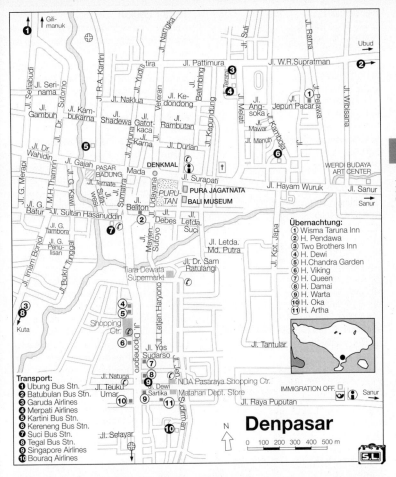

an den Bemostationen und an der Jl. R. A. Kartini nahe Jl. Gajah Mada.

Transport

BUSSE – verkehren nur auf den Hauptstrecken: Gilimanuk–Denpasar–Padang Bai und Denpasar–Singaraja–Gilimanuk, oft zum gleichen Preis wie Minibusse.

MINIBUSSE, BEMO UND COLT – (Preise immer vorher bei Unbeteiligten in Erfahrung bringen) fahren von 6–16 / 18 Uhr fast jeden Ort der Insel an. Zu späterer Stunde muß man auf den meisten Strecken (außer Denpasar–Kuta bzw. Legian) laufen oder ein Fahrzeug chartern. Die Insel selbst ist verhältnismäßig klein, so daß von Denpasar aus jeder Ort mit öffentlichen Verkehrsmitteln leicht an einem Tag erreicht werden kann. In Denpasar fahren die Bemo, Busse und Minibusse von verschiedenen Stationen ab.

Hier einige Richtpreise:

Von Batubulan (nach Norden und Osten):
AMLAPURA 1500 / 2300 Rp,

BANGLI 1200 Rp,
CANDI DASA 1800 Rp,
GIANYAR 700 Rp,
KERENENG 600 Rp,
KINTAMANI 1800 Rp,
KLUNGKUNG 1200 Rp,
PADANG BAI 1500 Rp,
SINGARAJA 3000 / 4000 Rp,
UBUD 1000 Rp,
UBUNG 900 Rp.

Von Kereneng (nur Nahverkehr):
BATUBULAN 600 Rp,
SANUR 600 Rp,
TEGAL 400 Rp,
UBUNG 500 Rp.

Von Ubung (nach Norden und Westen):
GILIMANUK 3000 / 3500 Rp,
KEDIRI 600 Rp,
MENGWI 600 Rp,
NEGARA 2200 Rp,
SINGARAJA 3000 Rp,
TABANAN 750 Rp.

Von Suci (nach Süden):
BENOA 600 Rp.

Von Kartini: SANGEH 850 Rp.

Von Tegal: KUTA 750 Rp, LEGIAN 1000 Rp, ULUWATU 1500 Rp, Flughafen 850 Rp.

TAXI – (mit Taxameter und ac) erreicht man rund um die Uhr bei **Praja Taxi**, Jl. By Pass Ngurah Rai (Blanjong), Sanur, ℡ 289090 oder 289191.

Kuta / Legian

Vor allem für viele Australier ist Bali gleich Kuta. Hier bleibt man unter sich, kann baden und surfen, billig essen und wohnen, von früh bis spät einkaufen, mit dem Motorrad durch die Gegend fahren und sich zum Tagesabschluß bei Bier und heißer Discomusik austoben. Es sind nicht so sehr Globetrotter, sondern meist Urlauber, die sich hier mit gut gefüllter Reisekasse in zwei Wochen die begehrte Sonnenbräune holen.

Mittlerweile hat sich Kuta am kilometerlangen Sandstrand so weit nach Norden ausgedehnt, daß sich das ehemals ruhige Legian nicht mehr vom turbulenten Kuta unterscheidet. Ähnlich sieht es auch schon im nördlich anschließenden Dorf Seminyak aus; sogar bis hinauf nach Canggu und Seseh Beach werden bald so gut wie alle Strände verbaut sein.

Die Legian Street ist über Kilometer mit Geschäften und Restaurants zugebaut. Durch die schmale Einbahnstraße dröhnt ein endloser Strom von Motorrädern, Minibussen, Bemo und Autos. Da die meisten Losmen in den schmalen Gassen *(Gang)* liegen, zwängt man sich mit dem Motorrad oder Auto selbst hier hindurch und drängt jeden Fußgänger buchstäblich an die Wand. Bereits am frühen Morgen werden die Motorräder voll aufgedreht, um zum Strand zu brausen.

Übernachtung:
1. Bintang Bali H.
2. Santika Beach H.
3. Bali Dynasty Resort
4. Kartika Plaza H.
5. Dayu Inn
6. Sari Yasa II
7. Adhi Jaya Cottages
8. Bali Garden H.
9. Jesen's Inn II
10. Bakung Sari Inn
11. Karthi Inn
12. Ramayana H.
13. Kuta Beach Club
14. Kuta Village Inn
15. Agung Beach Bungalows
16. Jesen's Inn III
17. Flora Beach H.
18. Nagasari Beach Inn
19. Asana Santhi Willy
20. Anom Dewi Youth Hostel
21. Yulia Beach Inn
22. Kuta Beach H.
23. H. Aneka Kuta
24. Kodja Beach Inn
25. Poppies Cottages
26. Le Walon Bungalows
27. Masa Inn
28. Kedin Inn
29. Lima Satu (51) Cottages
30. Sari Yasa Samudra
31. Taman Ayu Bungalows
32. Puri Agung Homestay
33. Paradiso Beach Inn
34. Aquarius Star H.
35. Rita's House
36. Berlian Inn
37. Sari Jaya Cottages
38. Mahendra Beach Inn
39. Maharani H.
40. Kuta Segara Ceria H.
41. Ronta Beach Inn
42. Puri Beach Inn
43. Mama's Beach Inn
44. Puri Rama Cottages
45. Sanjaya Beach Inn
46. Taman Mekar Beach Inn
47. Barong Cottages
48. Old Poppies Cottages
49. Taman Indah Beach Inn
50. Dewi Ratih Cottages
51. The Bounty H.
52. Bali Sahid Seaside Cottages
53. Rama Palace H.
54. Bali Dwipa II
55. Dewa Bharata Bungalows
56. Agung Cottages
57. Simpang Inn
58. Alex Beach Inn
59. Angin Laut Inn
60. Bali Dwipa I
61. H. Bendesa
62. Bali Bungalow

Läden, Restaurants, etc.:
1. Kuta Seafood R.
2. Bali Seafood R.
3. Dayu R.
4. Bali Bagia R.
5. The Pub
6. Casablanca Bar
7. Dayu II R.
8. Buchladen
9. Lenny's R.
10. Suci's R.
11. Buchladen
12. Made's Warung
13. Poppie's R.
14. Buchladen
15. TJ's R.
16. Nusa Indah R.
17. Perama Tours
18. Tree House R.
19. Buchladen
20. Mini R.
21. Hard Rock Cafe
22. Twice R.
23. Lips Pub
24. Mama German R.
25. McDonald's

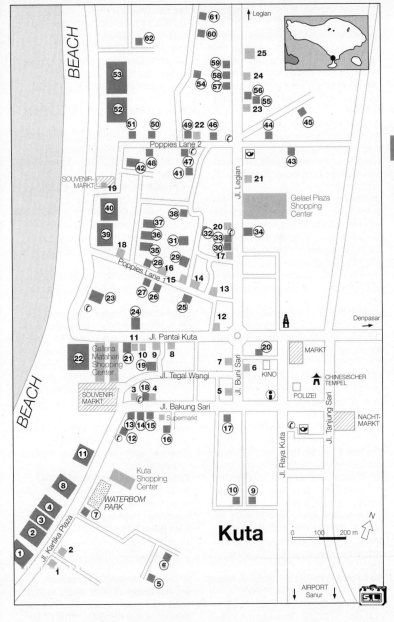

Übernachtung

Die meisten Unterkünfte in Kuta und Legian sind im balinesischen Stil errichtet, mit ruhigen Innenhöfen und viel Grün. Neben teuren Hotelanlagen, die sich vor allem in Strandnähe konzentrieren, gibt es auch billigere Losmen. Sie bieten für wenig Geld oft sogar eine Dusche und ein kleines Frühstück.

Um Dieben das Handwerk zu erschweren, sollten die Zimmer immer sicher verschlossen sein. Bei einem längeren Aufenthalt lohnt es sich, verschiedene Losmen anzusehen. In der Hochsaison (Juli, August, Dezember) sind viele gute Unterkünfte ausgebucht.

Die Taxifahrer am Airport empfehlen gern überteuerte Hotels, bei denen sie eine Provision kassieren können. Wer einfliegt, kann sich bei der Zimmervermittlung im Passagierbereich hinter der Gepäckausgabe über die aktuellen Preise informieren und auch preiswertere Losmen reservieren lassen. Sie verlangen eine Anzahlung von US$10, die mit dem Zimmerpreis verrechnet wird.

Hier einige Losmen und Hotels des Kuta-Legian-Strandes (von Süden nach Norden). Da es zur Zeit an die 300 Unterkünfte gibt, können wir hier nur eine kleine Auswahl vorstellen:

KUTA – Jl. Kartika Plaza: *Bintang Bali Hotel* (ab US$175) ①, Luxushotel (5 Sterne), nur 5 Min. mit dem Auto vom Flughafen, ✆ 753292, ✉ 753288.
Karthi Inn (US$48–84) ⑪, ✆ 754810, ✉ 751708, mit Swimming Pool.
Sari Yasa II** ⑥, Gg. Puspa Ayu, ✆ 752825, in einer Seitengasse, inkl. Frühstück; ruhig, Innenhof mit Garten, Zimmer mit Fan und Open-Air-Bad. In der Gegend liegen noch weitere preiswerte Losmen, z.B. *Dayu Inn*** ⑤.
Jl. Bakung Sari: *Jesen's Inn II**** ⑨, Gg. Kresek 7, ✆ 752647, sauber, gepflegt und ruhig; schöner, kleiner Garten. Einen großen Garten und gleiche Preise hat der ebenfalls ruhige *Jesen's Inn III* ⑯, ✆ 755275.
Flora Beach Hotel (US$51–118) ⑰, Jl. Bakung Sari 13 A, ✆ 751870, ✉ 754227, Pool.
Agung Beach Bungalows (US$22–42) ⑮, ✆ 751264, ✉ 753752, Zimmer mit und ohne ac, Swimming Pool, Garten.

Nagasari Beach Inn*** ⑱, ✆ 751960, ✉ 756288, inkl. Frühstück, Zimmer mit Fan und Heißwasser; mit Garten.
Kuta Village Inn (US$33–55) ⑭, ✆ 753052, ✉ 753051, Zimmer mit Heißwasser, Fan oder ac; Swimming Pool und Garten.
Kuta Beach Club (US$42) ⑬, ✆ 751261, ✉ 752896, mit Pool.
Ramayana Hotel (US$67–85) ⑫, ✆ 751864, ✉ 751866, mit zwei Pools.
Asana Santhi Willy (US$40) ⑲, Jl. Tegal Wangi 17, ✆ 751281, ✉ 752641, sauber, ruhig gelegen, mit kleinem Pool, Zimmer mit ac und Heißwasser.
Jl. Pantai Kuta: Hier gibt es mehrere Losmen, in denen es allerdings recht laut ist:
Anom Dewi Youth Hostel** ⑳, Jl. Kuta Theatre 6, ✆ 752292, in einer Seitengasse, einfach.
Yulia Beach Inn**-**** ㉑, Jl. Pantai Kuta 43, ✆ 751893, ✉ 751055, Zimmer mit Fan oder ac, z.T. mit Heißwasser.
Kodja Beach Inn (US$11–31) ㉔, Jl. Pantai Kuta 42, ✆ 751754, Fan bzw. ac, z.T. mit Heißwasser.
Poppies Lane 1: *Poppies Cottages* (US$95) ㉕, ✆ 751059, ✉ 752364, komfortable, klimatisierte Bungalows im balinesischen Stil, herrlicher Garten mit schönem Pool (Hotelgäste frei, ansonsten 5000 Rp Eintritt), sauber, guter Service.
La Walon Bungalows (US$23–28) ㉖, ✆ 757234, ✉ 752463, hübsch eingerichtete Zimmer mit Fan und Bungalows mit ac, Swimming Pool.
Masa Inn*** ㉗, ✉ 752606, Zimmer mit Fan und Dusche, z.T. mit Heißwasser, kleiner Pool.
Kedin Inn** ㉘, ✆ 752935, mit Fan und Mandi, ruhig und sauber.
Kuta Segara Ceria Hotel (US$85–100) ㊵, ✆ 751961, ✉ 751962, am Strand, mit Pool, Tennis und viel Luxus, turbulent.
Angenehme Losmen in den Seitengassen:
Rita's House (US$16–27) ㉟, ✆ 751760, Zimmer mit Fan oder ac.
Berlian Inn (US$10–27) ㊱, ✆ 751501, inkl. Frühstück, Zimmer mit Fan oder ac, z.T. mit Heißwasser, mit nettem Garten, sauber.
Sari Jaya Cottages (US$22–29) ㊲, ✆ 756909, ✉ 752948, Fan oder ac, mit kleinem Pool, ruhig.
Mahendra Beach Inn** ㊳, ✆ 752371, inkl. Frühstück, Zimmer mit Mandi, z.T. mit Fan, ein-

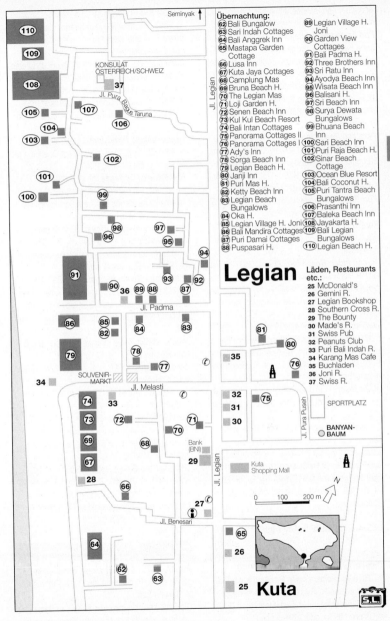

fach, aber nett, schöner Innenhof.
Ähnlich preiswert ist in derselben Gasse
Puri Agung Homestay** ㉜.
Lima Satu (51) Cottages (US$27) ㉙,
℡ 754944, nettes, kleines, dreistöckiges Hotel mit kleinem Pool, Zimmer mit ac, Heißwasser und Kühlschrank, inkl. Frühstück.
Jl. Legian: *Sari Yasa Samudra***-***** ㉚, Jl. Legian 26, ℡ 751858, mit fan oder ac, inkl. Frühstück.
Paradiso Beach Inn (US$29–40) ㉝, Jl. Legian 28, ℡ 752270, ℻ 751781, inkl. Frühstück, mit Fan oder ac, Heißwasser, Swimming Pool.
Mama's Beach Inn** ㊸, ℡ 751994, in einer Seitengasse etwas weiter nördlich.
Puri Rama Cottages (US$37) ㊹, ℡ 751 057, ℻ 751591, mit Swimming Pool.
Poppies Lane 2: **Taman Mekar Beach Inn***** ㊻, ℡ 753798, einfache Zimmer mit Fan und Frühstück.
Taman Indah Beach Inn** ㊹, ℡ 753795, ein kleiner Homestay, inkl. Frühstück.
Dewi Ratih Cottages*** ㊿, ℡/℻ 751694, kleines Hotel, nett eingerichtet, ruhig und sauber, mit kleinem Pool.
Old Poppies Cottages (US$34) ㊽, ℡ 751059, ℻ 752364; ruhige, große Bungalows mit Fan in einem schönen Garten, Rezeption in den neuen Poppies Cottages, Poppies Lane 1, deren Pool man mitbenutzen kann.
Jl. Benesari: Ruhig liegen die zahlreichen Losmen zwischen Poppies Lane 2 und Jl. Benesari, z.B.:
Sari Indah Cottages** ㊳, ℡ 754047, nahe Jl. Benesari, mit Fan, Mandi und Frühstück.
Lusa Inn*** ㊿, Jl. Benesari, mit Frühstück, Bad und Fan, z.T. mit Heißwasser, sauber und ruhig.
Bali Anggrek Inn (ab US$68) ㊿, ℡ 751265, ℻ 751766, großes Luxushotel direkt an der Straßenstraße.

LEGIAN – Jl. Melasti: *Ady's Inn*-**** ㊲,
℡ 753445, hinter dem Souvenir Markt, sehr ruhig, kleiner Garten, etwas renovierungsbedürftig.
Camplung Mas (US$60) ㊽, ℡ 751580, ℻ 751869, in einer Gasse Richtung Kuta, Zimmer mit ac und Heißwasser, zwei Swimming Pools; Zimmerpreis inkl. zwei Mahlzeiten (Frühstück und Mittag- oder Abendessen).
In derselben Gasse viele weitere Unterkünfte.

Legian Beach Hotel (ab US$109) ㊴,
℡ 751711, ℻ 752651, am Strand, riesige Anlage mit Pool und allem Luxus, geschmackvoll eingerichtete Zimmer.
Janji Inn** ㊿, ℡ 753328, östlich der Jl. Legian, ziemlich weit vom Strand, dafür aber sehr ruhig, mit Fan, Mandi und Frühstück, nette Leute.
Jl. Padma: *Legian Beach Bungalows**** ㊷,
℡ 751087, mit Fan und Frühstück, schöner Garten.
Legian Village Hotel Joni (US$18–30) ㊈,
℡ 751182, ℻ 752455, sauber, mit Dusche, Fan oder ac, große Zimmer, Pool.
Bali Mandira Cottages (ab US$120) ㊻,
℡ 751381, ℻ 752377, großes, luxuriöses, vollständig klimatisiertes Hotel am Strand, mit viel Komfort, Pool und Tennisplatz.
Richtung Seminyak: *Ocean Blue Resort* (US$36–115) ⑩③, ℡ 751946, ℻ 753 587, direkt am Meer, schöne parkähnliche Gartenanlage, Pool, guter Service, sauber.
Puri Tantra Beach Bungalows (US$35) ⑩⑤,
℡ 753195, ℻ 752777, eine kleine Anlage mit 6 komplett eingerichteten Bungalows in einem schönen Garten am Strand, ruhig und sehr sauber.
Weiter nördlich findet man weitere sehr ruhige Unterkünfte:
Su's Cottages**-*** ⑪⑪, ℡/℻ 751324, mit Fan, z.T. mit Heißwasser.
Lory Beach Inn**-*** ⑪⑦, ℡ 753663, mit Fan und Mandi.
Nusa Di Nusa (US$38–95) ⑫④, ℡ 751414, Zimmer und Bungalows in einem schönen Garten, Fan oder ac, mit Restaurant und kleinem Swimming Pool.
Dhyana Pura Beach Hotel (US$60–110) ⑫⑦,
℡ 751442, ℻ 751463, Zimmer und Bungalows in einer weitläufigen, herrlichen Gartenanlage, mit Pool; ein Unternehmen der *„Protestant Christian Church of Bali"*.

Essen

RESTAURANTS – Die meisten Restaurants liegen in der Jl. Pantai Kuta, der Jl. Legian und der Jl. Bakung Sari.
Die Favoriten scheinen von Saison zu Saison zu wechseln wie die Speisekarten, daher hier nur ein paar Adressen:

Zum **Frühstücken** braucht man weder auf Müsli noch auf Brot oder Kuchen zu verzichten. Zahlreiche Cafés bieten Frühstück nach westlichen Vorstellungen.

Tree House Restaurant, Poppies Lane 1, serviert zum Frühstück auch eine leckere, kühle Lassi.

Schon für 2000 Rp bekommt man in den billigen Warung ein sättigendes Gericht. Gutes, billiges Essen gibt es auf dem Kuta-**Nachtmarkt** nahe der Post.

Made's Warung, Jl. Pantai Kuta, ist kein Essenstand, sondern schon ein alteingesessenes Restaurant. Immer voll, denn das Essen ist nach wie vor gut.

Bali Bagia Restaurant, Jl. Bakung Sari, unterscheidet sich kaum von den vielen anderen, bietet aber relativ preiswertes Seafood.

Lenny's Restaurant, Jl. Pantai Kuta, gutes Seafood-Restaurant, aber nicht billig.

Nusa Indah Restaurant, Poppies Lane 1, ist nicht teuer und meist recht gut besucht.

TJ's Restaurant, Poppies Lane 1, ☎ 751093, mexikanisches Restaurant, das zwar keine authentische mittelamerikanische Küche, aber ganz gute Gerichte anbietet.

Restaurant Mini, Jl. Legian, ist nicht so klein wie der Name vermuten läßt. Hier gibt es frischen Fisch und Seafood vom Grill.

Gemini Restaurant, Jl. Legian, ist ein guter, relativ preiswerter Chinese. Zu empfehlen.

Karang Mas Café, Jl. Legian, Jl. Melasti, Bar und Restaurant. Hier sitzt man sehr schön am Strand.

Swiss Restaurant, Jl. Pura Bagus Taruna, im etwas ruhigeren Norden Legians. Bei einem gemütlichen Plausch mit dem Schweizer Chef Jon kann man u.a. Bratwürste und Rösti probieren.

Übrigens: Auf Schildkrötensteaks, die in manchen Restaurants angeboten werden, sollte man verzichten, denn die Tiere werden schon von Irian Jaya herangeschafft, um den hohen Bedarf zu decken. Sie sind vom Aussterben bedroht.

Unterhaltung

An Kneipen und Discos herrscht in Kuta und Legian kein Mangel. Den großen Hotels ist oft eine hauseigene Disco angeschlossen, die nicht nur den Hotelgästen offensteht. Discos verlangen meist um 5000 Rp Eintritt, wofür es ein Gratis-Getränk gibt.

Casablanca Bar, Jl. Buni Sari, ist ein Musikclub mit Live-Band und großer Bar.

Peanuts Club, ac-gekühlte Disco an der Jl. Legian.

Hard Rock Café, Jl. Legian, ist eine weltweite Institution, die wohl nicht weiter kommentiert werden muß. Nur: billig ist es hier nicht. Aber voll.

The Bounty, Jl. Legian, ☎/✉ 754040, großer „Vergnügungsdampfer" in Legian, ausgestattet mit mehreren Bars, Restaurant und Live-Bühne.

The Jaya Pub, Jl. Seminyak, im Norden Legians, ein Ableger des berühmten Jaya Pubs von Jakarta. Jazz- und *sing along*-orientierte Bands, kein Eintritt, aber die Getränkepreise sind dementsprechend. Gute Atmosphäre, hier muß man nicht unter 20 sein.

Cafè Luna, Jl. Seminyak, liegt gleich gegenüber. Modernes, cooles Schickeria-Lokal, das ebensogut auch in München oder Berlin stehen könnte.

Goa 2001, Jl. Seminyak, weiter nördlich. Großer Eß- und Trinkpalast mit gemischtem Publikum. Ein beliebter abendlicher Treffpunkt, in dem die Stimmungswogen oft sehr hoch schlagen.

Double Six, ☎ 753666, nahe Sheraton-Hotel im Norden Legians, die Disco der Nachtschwärmer, mit italienischem Restaurant.

Gado Gado, Jl. Dhyana Pura, ganz im Norden. Luftige, große Disco am Strand, scheint die letzte Station auf dem Trip durch die Nacht zu sein.

Einkaufen

Das Angebot an Souvenirs, Kunsthandwerk und Textilien ist überwältigend, nicht immer jedoch die Qualität. Man sollte sich von fliegenden Händlern und penetranten Verkäufern nicht zu Spontankäufen verleiten lassen, sondern sich Zeit nehmen, die Preise vergleichen und handeln.

BÜCHER – Einige Buchläden in der Jl. Pantai Kuta und der Jl. Legian verkaufen gebrauchte Bücher, überwiegend in Englisch, fast zum Neupreis. Sie nehmen ausgelesene Bücher zum halben Preis zurück.

Zudem tauschen und verkaufen fliegende Händler Bücher.

Im *Legian Bookshop*, Jl. Legian, nördlich der Einmündung der Jl. Benesari, findet man neben neuen englischsprachigen Taschenbüchern auch einige deutsche Zeitungen und Zeitschriften.

KASSETTEN – Die Straßenstände, an denen billige Raubkopien von schlechter Qualität verkauft wurden, haben sich zu chromglänzenden Shops mit hervorragenden Anlagen gemausert. Und die Preise sind so günstig wie eh und je.

LEBENSMITTEL – *Gelael Supermarket* mit einem Kentucky Fried Chicken in der Jl. Raya Kuta, der Straße Richtung Denpasar, neben der Tankstelle; und das *Gelael Plaza* in der Jl. Legian. Daneben gibt es zahlreiche gut sortierte Läden in Kuta und Legian, die auf die Bedürfnisse der Touristen eingestellt sind.

Sonstiges

AUTOVERMIETUNG – Näheres s.S. 190.

BUNGY-JUMPING – Mittlerweile bieten vier Unternehmen diesen Sport für besonders Mutige. Vielleicht am spektakulärsten ist die Anlage am Strand von Seminyak vor der Disco Double Six, wo man sogar bis spät nachts noch springen kann. Andere Unternehmen findet man in Kuta nicht weit von der Jl. Benesari und in der Jl. Tanjung Mekar. In der Nähe von Gianyar kann man sogar neben einem Wasserfall abspringen.

GELD – Näheres s.S. 190.

INFORMATIONEN – Ein kleines Tourist Office findet man im Century Plaza, Jl. Benesari, ☎ 753540.

POST – Jl. Raya Kuta, in einer Seitengasse, geöffnet Mo-Do 8–14 Uhr, Fr 8–11, Sa 8–12.30 Uhr. Hier gibt es auch einen Poste Restante-Schalter. (Postadresse: GPO Kuta Bali, Indonesia).
Ein *Postal Agent* liegt an der Jl. Legian, geöffnet Mo-Sa 8–16 Uhr, feiertags 8–13 Uhr, So geschlossen (Postadresse: Kuta Postal Agent, Jl. Legian, Kuta).
Briefe und Pakete können auch an mehreren kleinen Postannahmestellen abgegeben werden.

REISEBÜRO – Gute Preise und Infos hat *Perama Tourist Service* in der Jl. Legian, ☎ 751551, ein Reisebüro und Restaurant. Hier außerdem Poste Restante und Geldwechsel möglich. Zuverlässig ist auch das *KCB-Reisebüro*, Jl. Imam Bonjol 599, der Straße nach Denpasar, nahe Gelael Supermarket, ☎ 751094, das vom holländischen Honorarkonsul geleitet wird.

SURFEN – In der Jl. Legian und in einigen Losmen gibt es Surfbretter zu mieten. Sie kosten pro Tag 4000 Rp, pro Woche 12 000 Rp.
Weitere Surfstrände auf Bali: Uluwatu (Suluban Beach), Nusa Dua (Jimbaran Beach), Nusa Lembongan.

TELEFON – In Kuta, Jl. Legian, und am Airport gibt es ein *Telecommunication Centre*. Daneben gibt es Wartel *(Warung Telefon)*, von denen aus man Auslandsgespräche führen und empfangen kann, z.B. im Supermarkt in der Jl. Bakung Sari, in der Jl. Melasti und etwas weiter nördlich auf der Jl. Legian. Zudem bieten die Wartel einen Telegramm-, Fax- und Telex-Service.

VORWAHL – 0361.

WASSERRUTSCHEN – Der *Waterbom Park*, Jl. Kartika Plaza, ☎ 755678, im Süden von Kuta, bietet mit seinen 8 Wasserrutschbahnen von insgesamt über 600 m Länge feuchtes Vergnügen, Nervenkitzel und Entspannung – in einem 3,5 ha großen Park, mit Restaurant. Tgl. von 9–18 Uhr geöffnet; Eintritt: Erwachsene US$11, Kinder 5–12 Jahre alt US$6, unter 5 Jahre gratis.

Nahverkehrsmittel

BEMO / MINIBUSSE – warten v.a. auf der Jl. Legian auf Kunden und bieten Transport (Charter) zwischen Kuta und Legian zu überhöhten Preisen an. Nur nach langem Handeln lassen sie sich auf Taxipreise herunterhandeln. Der normale Preis beträgt 300 Rp p.P. Abends findet man oft kein Bemo, das für diesen Preis von Kuta nach Legian fährt.
Von der Jl. Pantai Kuta, Ecke Jl. Legian, fahren sie Richtung Denpasar 750 Rp oder zum Airport 500 Rp.

Die Busse aus Denpasar halten meist am Markt, Jl. Raya Kuta. Hier bekommt man fast immer ein Bemo oder einen Minibus zum richtigen Preis.

TAXI – Die Einschaltgebühr beträgt inklusive des ersten Kilometers 1500 Rp, jeder weitere Kilometer kostet 550 Rp. Coupontaxen vom Flughafen verlangen nach Kuta / Legian 10250 Rp.

Transport

Busse fahren von den verschiedenen Busstationen rund um Denpasar. Nähere Informationen über Busse und Flüge s.S. 193f (Denpasar) und über lokale Busse s.S. 197.
Shuttle-Busse kann man bei zahlreichen Agenten buchen; die Minibusse verkehren zwischen Balis Touristenzentren und fahren zum Airport oder nach Padang Bai.
Manchmal wird man vom Hotel abgeholt und am Zielort wieder bis zur gewünschten Adresse gebracht.

Gilimanuk

Der Fährhafen von Bali nach Java liegt 128 km von Denpasar oder 88 km von Singaraja entfernt. Gibt es keine Pannen oder von Erdbeben zerstörte Brücken, kann man ihn in ca. 2–3 Std. ab Denpasar oder Singaraja erreichen. Auf dem Weg lohnt 31 km westlich von Denpasar ein Abstecher zum malerisch auf einem Felsen im Meer gelegenen Tempel **Tanah Lot.**

Übernachtung

Penginapan Putra Sesana*-**, direkt am Busterminal, Zimmer mit eigenem Mandi, aber etwas laut und unsauber.
300 m weiter an der Hauptstraße Richtung Negara
Penginapan Kartika Candra*-** und
Penginapan Nusantara*-**.
Ein Stück weiter findet man
Penginapan Gili Sari*-** und *Penginapan Surya*-***.
Penginapan Nusantara II*-**, 500 m nordöstlich vom Busterminal, am Oststrand, ist vielleicht am besten, da ruhig gelegen.

Essen

Preiswert ißt man in den Warung am Markt, oder man versucht **Rumah Makan Sari Arum**, 500 m in Richtung Denpasar.

Transport

BEMO, BUSSE, MINIBUSSE – ab Ubung Station in DENPASAR 3000 / ac 5000 Rp, ab SINGARAJA 2500 Rp. Bemo, Dokar oder Ojek für die 1,5 km vom Hafen zum Bus Terminal 400 Rp.

FÄHREN NACH JAVA – Einheitspreis: 1000 Rp, Motorrad: 2700 Rp, Auto: 10 550 Rp. Abfahrt etwa stündlich, rund um die Uhr.

ZEITUNTERSCHIED – In Java ist es eine Stunde früher als in Bali.

Ubud

Umgeben von Reisterrassen und vielen kleinen Dörfern, die jedes eine Tageswanderung wert sind, liegt der zentrale Ort Ubud. Daß er sich zu einem Touristenzentrum entwickelte, liegt nicht zuletzt daran, daß sich das ländliche Bali hier in seiner ganzen Schönheit präsentiert: Reisfelder bei Sonnenuntergang, ein Maler beim Mischen seiner Farben, Bauern, die ihre Enten am Abend durch die Dorfstraßen nach Hause treiben, Kinder beim Baden im Fluß – Bilder, die wir untrennbar mit Bali verbinden.

Neben den auflistbaren Sehenswürdigkeiten gibt es in Ubud vor allem viel selbst zu entdecken. Allerdings werden auch hier die staubigen Feldwege immer mehr zu Asphaltpisten für laute Motorräder, und Elektrizität hat bald im letzten Haus Einzug gehalten. Auf der mit Shops, Restaurants und Hotels zugebauten Monkeyforest Road trifft man mehr Touristen als Einheimische, und die Geschäfte haben ihr Angebot auf die zahlungskräftigeren ausländischen Kunden abgestellt. Trotzdem: wer balinesisches Dorfleben kennenlernen will, ist in und um Ubud richtig und sollte für ein paar Tage hierherziehen, denn bei einem

Tagesausflug wird man kaum damit in Berührung kommen. Kurzbesucher werden nur die Hauptstraße mit ihren Souvenirläden und Ateliers sehen, in denen die naiven Bilder „Junger Künstler" zu überhöhten Preisen verkauft werden, allenfalls fällt noch ein Besuch im Museum ab.

Wer Bilder einkaufen will, sollte zuerst im **Puri Lukisan**, dem Kunstmuseum von Ubud, seinen Blick für die verschiedenen Stilrichtungen schärfen. Die Gebäude im traditionellen balinesischen Stil, die mitten in einem großen Garten liegen, präsentieren eine Zusammenstellung von Bildern der modernen balinesischen Malerei, die ihre Motive aus dem alltäglichen Leben bezieht. Seit den dreißiger Jahren leben europäische Maler in Ubud – sie und die Balinesen haben sich wechselseitig beeinflußt. Vor allem Walter Spies und Rudolf Bonnet malten und forschten einen großen Teil ihres Lebens in Ubud. Auch heute noch arbeiten einige Europäer in Ubud. Um die Studios von Antonio Blanco oder Han Snel zu besuchen, muß man Eintritt bezahlen. Das Puri Lukisan Museum ist tgl. von 8 bis 16 Uhr geöffnet. Eintritt 2000 Rp.

Ein weitaus interessanteres Museum ist das von Suteja Neka aufgebaute **Museum Neka** an der Straße nach Kedewatan, etwa 2 km nördlich von Campuan (2000 Rp Eintritt). Hier kann man neben Bildern balinesischer Maler (u.a. I Gusti Nyoman Lempad, Ida Bagus Made Nadera, Anak Agung Gde Sobrat) auch Ausstellungsstücke anderer indonesischer (Affandi, Widayat u.a.) sowie europäischer Maler (Spies, Bonnet, Arie Smit, Theo Meier, Covarrubias) sehen, die sich mit Bali beschäftigt oder in Bali gelebt haben, bzw. noch leben (Snel, Blanco, Donald Friend).

Mindestens ebenso lohnend wie das Neka Museum ist das erst 1996 eröffnete **ARMA – Agung Rai Museum of Art** im südlichen Pengosekan, eine weitläufige, aufwendige Anlage, wo neben einer permanenten Gemälde-Ausstellung auch wechselnde Exhibitionen stattfinden; weiterhin gibt es Tanzaufführungen, Workshops, eine Bibliothek, zwei Restaurants usw., tgl. geöffnet 9–18 Uhr, Eintritt 2500 Rp.

Da Ubud häufig von Stromausfällen heimgesucht wird, sollte man sich angewöhnen, zu abendlichen Unternehmen eine Taschenlampe mitzunehmen.

Übernachtung

Tourismus begann sich in Ubud und den umliegenden Dörfern zwar erst ab Ende der 70er Jahre zu entwickeln, also 10 Jahre später als Kuta, doch gibt es inzwischen auch hier an die 300 Hotels, Bungalow-Anlagen und Homestays, welche die Haupt- und Nebenstraßen sowie die schmalen begrünten Seitengassen der Dörfer säumen und weit verstreut in den Reisfeldern rundherum liegen. Und die Entwicklung geht weiter ...

Etwa die Hälfte der Unterkünfte gehört in die **Homestay**-Kategorie, d.h. man wohnt in der Regel für wenig Geld bei einer balinesischen Familie, die innerhalb ihres Bauerngehöfts ein paar Fremdenzimmer eingerichtet oder ein paar zusätzliche Häuschen erbaut hat. Meist hat man sein eigenes Mandi, und es gibt neben dem kostenlosen Tee ein mehr oder weniger reichliches Frühstück. Die Mehrzahl der Homestays liegt in den ruhigen, schmalen Seitenstraßen und Gassen nördlich und südlich der von West nach Ost verlaufenden Hauptstraße Ubuds und östlich der Jl. Monkeyforest, also mehr oder weniger zentral; weitere entdeckt man in den südöstlichen Dörfern Pengosekan und Peliatan; sie unterscheiden sich in Preis und Ausstattung nicht sonderlich voneinander. Einige der alten, etablierten Homestays haben mittlerweile angebaut, modernisiert und den Standard von Mittelklasse-Hotels erreicht, ohne dabei die familiäre Atmosphäre eingebüßt zu haben.

Daneben sind während der letzten Jahre auch **Bungalow-Anlagen und kleinere Hotels** in den verschiedensten Preisklassen von einfach bis superluxuriös wie Pilze aus dem Boden geschossen, zum Glück aber noch keine großen Massentourismus-Hotels. Schon ab mittlerer Preisklasse gehört oft ein Swimming Pool mit zur Ausstattung, dafür muß man aber auf die familiäre Atmosphäre der Homestays verzichten. Einige teurere Hotels und Bungalow-Anlagen säumen die untere Jl. Monkeyforest, und sie konzentrieren sich westlich von Ubud in Campuan und Penestanan. Die teuersten findet man noch weiter westlich in Sayan und Kedewatan am Rande der Yeh Ayung-Schlucht.

UNTERE PREISKLASSE – Eine kleine Auswahl von Nordwest nach Südost:
In Campuan:
Arjuna's Inn** ㉙, ✆ 96098, südlich von Blancos Studio; wird von Blancos Tochter gemanagt. Nebenan liegt der
Arjuna's Inn 2**-*** ㉛.
Sari Bamboo Bungalows**-*** ㉞, ✆ 975547, großer Garten und Aussicht über Reisfelder; wer länger als einen Monat bleibt, erhält günstige Rabatte.
An der Jl. Monkeyforest:
Puri Muwa Bungalows** ㊻, zentral gelegenes, traditionelles Haus, mit Restaurant.
Bendi's Accommodation**-*** ㊶, ✆ 96410, gegenüber vom Sportplatz, freundlich und preiswert, gutes Restaurant.
Warsi's House**-*** ㊸, ✆ 975311, am Sportplatz, schöne Zi mit Badewanne, Heißwasser und Fan, inkl. Frühstück; mit Garten und Aussicht über Reisfelder, freundliche Familie.
Masih Bungalows**-**** ㊵, ✆ 975062, auf der Ostseite des Sportplatzes, Zi mit Fan, Du/WC, z.T. mit Heißwasser.
Wahyu Bungalows** ㊴, ✆ 975308, inkl. Frühstück, familiär.
Monkeyforest Hideaway**-**** 105, ✆/📧 975354, fast am Affenwald, die älteste Unterkunft an der unteren Jl. Monkeyforest.
Südlich und südöstlich vom zentralen Markt:
Sania's House**-*** ㊱, ✆ 975535, in einer ruhigen Seitengasse, sauber und empfehlenswert, z.T. mit Heißwasser, gutes Frühstück.
Budi House** ㉝, Gg. Maruti, ✆ 96307, ruhig und sauber.
Esty's House** ㊱, einfach, aber empfehlenswert.
Dewangga Bungalows**-*** ㊲, ✆ 96302, ruhig gelegen, einfach, aber nett, z.T. mit Heißwasser, in einem schönen, großen Garten.
Agung Cottages*** ㊾, ✆ 975414, mit Mandi, z.T. mit Heißwasser, ruhig.
Suartha Pension** ㊴, ✆ 974244, zwar an einer belebten Straße im Banjar Padang Tegal,
aber die Bungalows liegen nach hinten in einem ruhigen Garten.
Artini 1 Accomodation*** ㊾, ✆ 975689, 📧 975348, Jl. Hanoman 54, schöne, saubere Bungalows in einem kleinen Garten.
Matahari Cottages**-**** ㊰, Jl. Jembawan, Padang Tegal, ✆ 975459, südlich der Post; ruhig und schön im Grünen gelegen.
Weiter die Straße hinunter findet man viele andere preiswerte Unterkünfte.
Im Banjar Tebesaya, südlich der Hauptstraße in einer auffallend grünen Seitenstraße liegen sehr ruhig u.a. folgende Losmen:
Dhea Homestay** ㊻, ✆ 975523, inkl. Frühstück, preiswert und gut.
Putu Putera Homestay** ㊼, ✆ 96204, inkl. Frühstück, familiär.
Family House**-*** ㊽, ✆ 975054, saubere Zimmer mit Bad und Fan, inkl. Frühstück, familiär, schöner Garten.
Sanjiwani Bungalows** ㊾, ✆/📧 96205, große, saubere Zimmer, nett eingerichtet, gutes Frühstück, freundliche Familie.
Puri Asri Bungalows 2**-*** ㊿, ✆ 96210, z.T. mit Heißwasser, schöner Garten.
In Pengosekan: wem Ubud zu turbulent ist, kann sich hierher zurückziehen:
Guci Guesthouse*** ㊼, ✆/📧 975975, toller Garten, bei einem sehr netten balinesisch-deutschen Ehepaar.
In Peliatan, im Süden des Ortes:
Siti Homestay* ㊾, ✆ 975599, Bungalows mit Garten, freundliche Leute.
Sari Bungalows* ㊽, ✆ 975541, ruhig und mit großem Frühstück; Restaurant.
Nyoman Astana Bungalows**-*** ㊿, ✆ 975661, schöne Bungalows, z.T. mit heißer Dusche, in einem kleinen Garten, familiär.

MITTLERE PREISKLASSE – von Nordwest nach Südost:
In Sayan:
Sayan Terrace Hotel (US$25–71) ⑰, ✆/📧 975384, Bungalows mit Heißwasser und Badewanne und wunderschönem Blick über die Schlucht des Yeh Ayung, inkl. Frühstück.
In Campuan:
Ulun Ubud Cottages (US$55–90) ⑥, ✆ 975024, 📧 975524, Zi mit Fan, Heißwasser und Tel; mit Antiquitäten eingerichtet, Restaurant,

kleiner Swimming Pool, schöner Blick über die Schlucht des Yeh Wos.
Villa Sanggingan (US$50) ⑨, ℡ 975389, ✉ 975639, große Zi mit Fan, Kühlschrank, Heißwasser; kleiner Swimming Pool.
Ananda Cottages (US$42–91) ⑪, ℡ 975376, ✉ 975375, schöne Anlage am Rande der Reisfelder; Swimming Pool.
Puri Raka Inn*** ⑬, ℡ 975213, mit Pool.
Hotel Tjampuhan (US$68–99) ㉖, ℡ 975368, ✉ 975137, sehr geschmackvoll und komfortabel eingerichtete Zimmer und Bungalows, in einem engen Tal gelegen; früher wohnte der Maler Walter Spies hier: er ließ sich den mittlerweile modernisierten Pool bauen.
Sri Ratih Cottages (US$25–30) ㉟, ℡ 975638, Swimming Pool, großer Garten und Blick über Reisfelder.

In Penestanan:
Siddhartha Cottages*** ㉒, ℡ 975748, am Rande der Reisfelder, von Campuans Hauptstraße die steile Treppe hinauf.

Im Westen Ubuds:
Pringga Juwita Water Garden Cottages (US$66–85) ㉞, Jl. Bisma, ℡/✉ 975734, an einem schmalen Seitenweg; gemütlich eingerichtete, zweistöckige Bungalows; Swimming Pool.
Juwita Inn*** ㊷, ℡ 976056, sehr sauber, ruhig, nett eingerichtet, schöner, kleiner Garten.
Ina Inn-****** ㊹, Jl. Bisma, ℡ 96317, am Ende einer schmalen Gasse, Zi mit Fan, Heißwasser, Badewanne und Ausblick über Reisfelder.
Noch weiter südlich findet man andere sehr ruhige Unterkünfte.

Im Zentrum Ubuds:
Siti Bungalows (US$57–69) ㊶, ℡ 975699, ✉ 975643, die Anlage des Malers Han Snel, geschmackvoll eingerichtete, saubere Cottages, trotz Nähe zum Zentrum sehr ruhig.
Puri Saraswati Bungalows (US$26–44) ㉛, ℡/✉ 975164, hinter dem Cafe Lotus.
Oka Wati's Sunset Bungalows (US$33–50) ㊹, ℡/✉ 975063, in einer kleinen Seitengasse westlich der oberen Jl. Monkeyforest; besonders schön und mit allem Komfort ausgestattet.
Nick's Pension (US$27–33) ㊄, ℡/✉ 975636; zwei Eingänge; der ältere Teil der Anlage liegt am Rande einer schmalen, von Tropenpflanzen überwucherten Schlucht, neue Bungalows in den Reisfeldern an der Jl. Bisma; Pool, Restaurant.

Nirwana Pension*** ㊅, ℡ 975415, ✉ 975052, bei einem Maler, nett eingerichtete Zi mit Frühstück, z.T. mit Heißwasser; Batik-Kurse.

An der Jl. Monkeyforest:
Cendana Cottages (US$40) ㊅, ℡/✉ 96243, Zi mit Fan und Heißwasser, Pool, Restaurant.
Ubud Village Hotel (US$45–75) ㊇, ℡ 975571, ✉ 975069, mit Fan oder ac und Heißwasser, Restaurant, Bar und Swimming Pool.
Pertiwi Bungalows (US$48–96) ㊈, ℡ 975236, ✉ 975559, mit Swimming Pool.
Grand Hotel Ubud (US$32–46) ㊈, ℡/✉ 975437, Fan oder ac, Heißwasser, inkl. Frühstück, kleiner Swimming Pool.
Yulia Village Inn (US$36–42) ㊈, ℡ 96258, ✉ 974049, Bungalows mit Fan oder ac, Heißwasser und Frühstück, Swimming Pool.
Fibra Inn & Bungalows (US$48–73) ⑩①, ℡/✉ 975451, geschmackvoll eingerichtete Zimmer mit Fan, Heißwasser und Veranda zum Garten, Swimming Pool.
Ubud Inn (US$40–70) ⑩③, ℡ 975071, ✉ 975188, kleiner Swimming Pool.

In Padang Tegal:
Dewi Sri Bungalows (US$29–57) ㊉, Jl. Hanoman, ℡ 975300, ✉ 975777, hübsche Bungalows am Rande eines Reisfeldes.

In Pengosekan:
Bali Breeze Bungalows*** ㊄, ℡ 975410, ✉ 975546, am Rande der Reisfelder.

In Nyuh Kuning:
Saren Indah Hotel (um US$50), ℡/✉ 974683, ruhig gelegen, umgeben von Reisfeldern, mit Heißwasser; Swimming Pool.

OBERE PREISKLASSE – von Nordwest nach Südost:

In Kedewatan:
Kupu Kupu Barong (ab US$405) ①, ℡ 975478, ✉ 975079, neunzehn Luxus-Bungalows in spektakulärer Lage dicht am Rande der Yeh Ayung-Schlucht.
Cahaya Dewata Resort Hotel (ab US$73) ③, ℡ 975496, ✉ 975495, mit 44 Zimmern.
Villa Indah (US$120) ④, ℡/✉ 975490, acht Bungalows mit Küche und phantastischer Aussicht, kleiner Swimming Pool.
Amandari (ab US$436) ⑤, ℡ 975333, ✉ 975 335, geschmackvoll eingerichtete Luxus-Suiten.

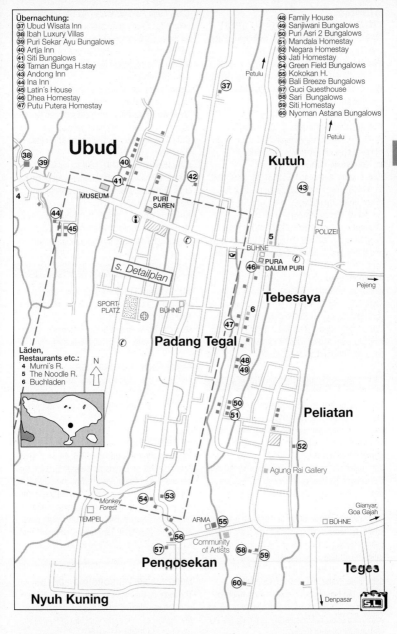

In Campuan:
Villa Bukit Ubud (ab US$85) ⑦, ✆ 975371, ✉ 975787, Restaurant, kleiner Swimming Pool und Blick über die Schlucht des Yeh Wos.
Pita Maha Resort (ab US$300) ⑩, ✆ 974330, ✉ 974329, Luxus-Bungalows am Rande der Yeh Wos-Schlucht, ein Ableger des bekannten Hotel Tjampuhan.

In Penestanan:
Padma Indah Cottages (ab US$106) ㉝, ✆/✉ 975719, hübsch eingerichtet, mit Pool, in ruhiger Lage, umgeben von Reisfeldern.

Im Nordwesten Ubuds:
Ibah Luxury Villas (ab US$236) ㊳, ✆ 974466, ✉ 974467, nicht weit vom Zentrum, doch ruhig, stilvoll und komfortabel.

An der Jl. Monkeyforest:
Champlung Sari Hotel (US$97–157) (104), ✆ 975418, ✉ 975473, Zi mit ac, TV, Heißwasser und Kühlschrank, inkl. Frühstück; kleiner Swimming Pool.

In Pengosekan:
Kokokan Hotel (ab US$106) ㊵, ✆ 975742, ✉ 975332, nur 15 stil- und geschmackvoll eingerichtete Zimmer und Suiten in einem üppigen Garten mit Blick auf Reisfelder; eigener Zugang zum Museum nebenan, zwei Restaurants, eines davon mit thailändischer Küche.

Essen

Während der letzten Jahre sind viele neue Restaurants entstanden, die sich auf den zunehmenden Touristenstrom eingestellt haben und von Steaks bis Sandwiches alles anbieten.
Murni's Restaurant, ✆ 975233, ✉ 975282, an der Brücke nach Campuan; das Preisniveau der Speisekarte ist zwar etwas höher, doch dafür werden entsprechend gute Gerichte geboten; gute Joghurts.
Oka Watis Restaurant, auch hier kann man gut essen; neben Thunfisch-Steaks und Schnitzel bekommt man auf Vorbestellung balinesische Ente und andere Spezialitäten.
Lilie's Garden Restaurant, ✆ 975359, liegt ganz in der Nähe, ebenfalls zu empfehlen.
Ary, an der Hauptstraße, guter Kokos-Kuchen.
Nomad's, ✆ 975114, hat das größte Angebot an Alkoholika und Cocktails, außerdem gute Steaks und andere leckere Sachen.
Casa Luna Restaurant, an der Hauptstraße, hat sehr gutes Essen zu akzeptablen Preisen, balinesische und italienische Küche, Kuchen, selbstgebackenes Brot, Käse, Joghurt und so weiter.

An der Monkeyforest Road gibt es inzwischen etwa 30 Restaurants.
Bendi's, am Sportplatz, preiswert, große Portionen, auch vegetarisch; nette Leute.
Bamboo Restaurant, am Nordende des Sportplatzes, preiswert, aber nicht ganz so gut.
Café Bali, hier sitzt man recht nett am Rande der Reisfelder.
Café Wayan, ✆ 975447, liegt weiter südlich; ausgezeichnetes Angebot, berühmt für seine Kuchen, Brote und vorzügliche europäische und thailändische Küche.
Kokokan Club, ✆ 96495, in Pengosekan beim gleichnamigen Hotel, authentische Thai Cuisine in gepflegter Atmosphäre; gut bestückte Bar.

Sonstiges

AUTOVERMIETUNG – Autos ohne Fahrer kosten pro Tag ca. 45 000 Rp, z.B. bei *Nomad* und *Kulkul* in der Hauptstraße.
Mehrere Travel Agents bieten für kleinere Gruppen organisierte Touren mit Minibussen an.

FAHRRÄDER / MOTORRÄDER – Viele Läden vermieten (pro Tag): Fahrräder / Mountainbikes für 3000 / 5000 Rp und Motorräder für 8000 / 10 000 Rp. Bei mehreren Tagen gibt es einen Discount.

INFORMATIONEN – Gute Informationen im *Yayasan Bina Wisata*, ✆ 96285, einem privaten Tourist Office, an Ubuds zentraler Kreuzung. Hier bekommt man eine Karte von Bali mit zahlreichen zusätzlichen Tips, Infos über kulturelle Veranstaltungen und deren Eintrittspreise. Außerdem ein Schwarzes Brett mit kaufe / verkaufe ... Anzeigen, Tickets für Tanzveranstaltungen, Zeitungen und Bücher. Geöffnet tgl. außer So von 8.30–19.30 Uhr.

MEDIZINISCHE VERSORGUNG – *Dr. I Wayan Darwata*, Jl. Sriwedari 6, ✆ 974691, ca. 50 m nördlich von Nomad's Restaurant, ist ein empfehlenswerter praktischer Arzt, der in Hawaii studiert hat und Englisch spricht.

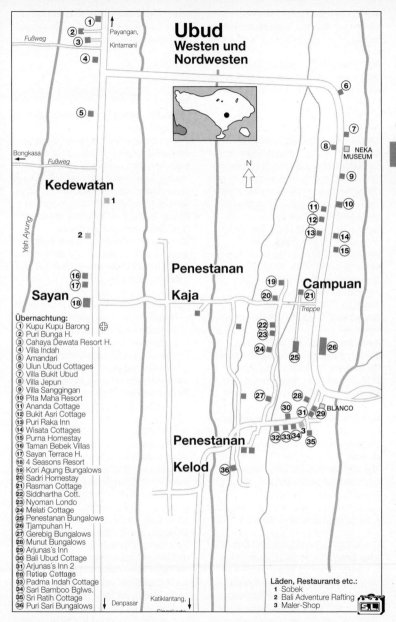

MONEYCHANGER – gibt es sehr viele in Ubud. Sie wechseln *cash* und TC zu unterschiedlichen Kursen.

POST – das kleine Postamt liegt im Osten von Ubud, südlich der Hauptstraße, in der Jl. Jembawan 1, geöffnet Mo–Do und Sa 8–14, Fr bis 11 Uhr.

TÄNZE – An verschiedenen Abenden finden auf unterschiedlichen Bühnen Tanzveranstaltungen statt. Da sich die Termine häufig ändern, sollte man sich vorher über die aktuellen Veranstaltungen informieren. Zudem werden bei einem nachmittäglichen Spaziergang durch Ubud immer wieder Eintrittskarten angeboten; Eintrittspreis bei allen Veranstaltungen 7000 Rp:
Legong: Mo und Sa 19.30 Uhr, Puri Ubud; Fr 19.30 Uhr, Peliatan, Puri Kaleran; Sa 19.30 Uhr, Tebesaya, Pura Dalem Puri.
Kecak: Mi und So 19 Uhr, Padang Tegal, Jl. Hanoman, mit Feuer- and Trancetanz; Do 19.30 Uhr, Puri Agung Peliatan.
Gabor: Do 19.30 Uhr, Puri Ubud.
Wayang Kulit: Mi + So 20 Uhr, Oka Kartini, Tebesaya.
Ramayana Ballet: Di 20 Uhr, Puri Ubud.
Sunda Upasunda: Mi 19.30 Uhr, Puri Ubud.
Mahabharata: So 19.30 Uhr, Puri Ubud; Di 19.30 Uhr, Teges, 3 km südlich von Ubud.
Barong: Fr 18.30 Uhr, Puri Ubud.

TELEFON – Bei *Telkom*, Jl. Raya, an Ubuds Hauptstraße, ✆ 975105, kann man rund um die Uhr telefonieren, Faxe und Telegramme abschicken.
Ähnlichen Service bieten einige *Wartel:*
1. bei Nomad an der Hauptstraße,
2. beim Puri Lukisan Museum,
3. südlich vom Sportplatz in der Jl. Monkeyforest,
4. am südlichen Ende der Jl. Hanoman.

TRADITIONELLE MASSAGE UND KOSMETIK

– *Nur Salon*, Jl. Hanoman 28, Padang Tegal, ✆ 975352, ✆ 974622, können sich Frauen (und Männer) bei einer Massage mit indonesischen Kräutern (Jamu) und duftenden Blütenbädern erholen. Kosten für eine Ganzkörpermassage mit Bad 35 000 Rp, 1 1/2 Std., Gesichtsbehandlung 20 000 Rp, 1 Std. Im Gegensatz zu den Strand- und Losmen-Massagen eine völlig andere Erfahrung. Oft ausgebucht: besser 1-2 Tage vorher einen Termin ausmachen.

VORWAHL – 0361.

Einkaufen

GEMÄLDE – Entlang der Hauptstraße reiht sich eine Galerie an die andere.
Ob man Gemälde im traditionellen Stil oder modernere Richtungen bevorzugt, hier ist alles vertreten. Man sollte sich beim Einkaufen viel Zeit nehmen. Generell kauft man wesentlich günstiger bei den Malern selbst. Sie leben sowohl in Ubud wie auch in Penestanan, Peliatan, Pengosekan, Padang Tegal und den weiter entfernt liegenden Orten Batuan, Kamasan und Bedulu.
Die Preise sind in den letzten Jahren enorm gestiegen, und die Qualität hat unter der Massenproduktion gelitten. Bezeichnend, daß die Bilder vielfach in US$ ausgezeichnet sind.
Viele Busse machen täglich in Ubud auf ihrer Rundtour einen Zwischenstop. Nach dem Besuch im Museum werden in wenigen Minuten die Souvenirs gekauft – selbst wenn man sich die Kunst US$1000 kosten läßt. Zum Handeln bleibt keine Zeit, denn der Bus fährt gleich weiter. Läßt man sich begleiten, zahlt man Provision.
Sehenswert, aber nicht billig, ist die *Agung Rai Fine Art Gallery* in Peliatan südöstlich von Ubud, ✆ 974562, ✆ 974229, tgl. geöffnet 9–18 Uhr.

SOUVENIRS – Außer Gemälden wird in den Läden der Hauptstraße und der Monkeyforest Road all das an Batik, Ikat und anderen Textilien, Schnitzereien und sonstigen Souvenirs verkauft, was ebenso in Denpasar oder Kuta erhältlich ist. Vormittags lohnt ein Bummel über den Markt, der an jedem dritten Tag stattfindet. Zu früher Stunde gibt es Tuak. Aus der Fülle von Art Shops sei nur ein kleiner Laden erwähnt, dessen Inhaber fast ausschließlich eigene Produkte und nicht das übliche Massenangebot verkauft.
Ida Bagus Yadnya hat einen Laden im 1. Stock des Marktgebäudes und einen winzigen Stand zur Hauptstraße hin. Seine Spezialität sind Holzschnitzereien, die auch in Mas und Sanur verkauft werden, dort aber das Mehrfache kosten. Aus den Blättern der Lontarpalme geflochtene

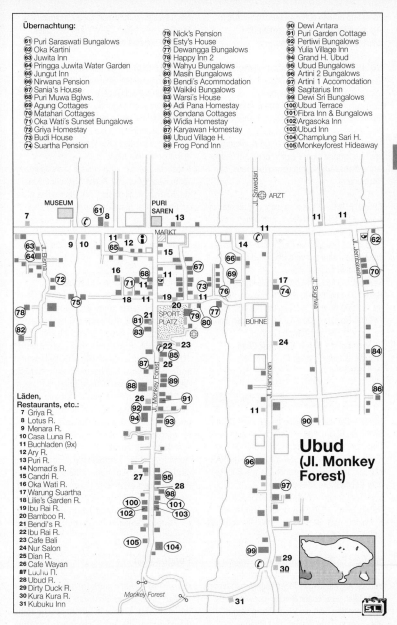

Teller und Körbe kauft man günstig bei **Anak Agung Rai** in Katiklantang, einem Dorf 2 km südlich von Penestanan.

BÜCHER – Mehrere Buchläden mit gebrauchten Taschenbüchern (deutsch, englisch u.a.) findet man in der oberen Jl. Monkeyforest.
Eine gute Auswahl hat der **Cinta Bookshop** nördlich vom Sportplatz. Weitere Buchläden sind an der Hauptstraße und in Tebesaya.
Neue Bücher erhält man im **Ubud Bookshop** an der Hauptstraße nicht weit von der Post, und im **Ary's Bookshop** schräg gegenüber vom Lotus Restaurant.

SPEDITEURE – Kauft man mehr ein, als man in seinem Gepäck unterbringen und tragen kann, sollte man alles zu einem der zahlreichen Speditions-Büros bringen, die die Sachen (v.a. Zerbrechliches) sehr gut verpacken und an die gewünschte Adresse senden.
Seamail: 1-3 kg ca. 47 000 Rp, 3-5 kg ca. 61 000 Rp, 5-10 kg ca. 80 000 Rp, 10-15 kg ca. 96 000 bis 120 000 Rp und 15-20 kg ca. 113 000 bis 140 000 Rp plus 5000 / 10 000 Rp für den Service, der viel Zeit und Aufwand erspart.
Zuverlässig ist z.B. **P.T. Nominasi Chandra Wisata**, Jl. Monkeyforest 71, ✆ 975067, ✉ 975065.

Transport

BEMO – Die meisten Bemo fahren nach DENPASAR (Batubulan), 800 / 1000 Rp. Will man nach Osten oder Norden, fährt man bis SAKAH kurz hinter MAS für 400 Rp, von dort nach GIANYAR 400 Rp (direkt von Ubud nach Gianyar 600 Rp) oder KLUNGKUNG 1000 Rp.
Von Gianyar nach TAMPAKSIRING, BANGLI, PENELOKAN 1800 Rp und SINGARAJA, ab Klungkung nach BESAKIH für 2000 Rp und CANDI DASA 1500 Rp.

MIT DEM EIGENEN FAHRZEUG – kann man Richtung Osten eine Abkürzung nehmen:
Von der Abzweigung in Teges kommt man an der Goa Gajah vorbei nach Bedulu (nur wenige Bemo!). Von dort führt der Weg ständig bergauf über Pejeng, Tampaksiring nach Penelokan, 1480 m über dem Meeresspiegel.

Nach Westen kommt man auf gut ausgebauten Straßen (sehr selten Bemo!) über Campuan, Sayan, Kengetan nach Sangeh oder Mengwi.

SHUTTLE BUS – Viele Travel Agents bieten Transport mit einem Shuttle Bus an: sehr zu empfehlen mit viel Gepäck oder wenn man nach Sanur, zum Airport oder nach Kuta will (je nach Busunternehmer 6000 / 9000 / 11 000 Rp), da man mit öffentlichen Bemo zweimal umsteigen muß, z.B. von Ubud nach Kuta oder zum Airport in Batubulan und Tegal.
Angeboten werden auch Fahrten in die Touristenzentren Lomboks, inkl. Fähre (aber nur 2. Klasse). Hier empfiehlt es sich, den Shuttle Bus nur bis Padang Bai zu nehmen und auf der Fähre 1. Klasse (ac) zu fahren. Ab Lembar, Lomboks Hafen, läßt sich meist mühelos ein weiterer Shuttle Bus zu jedem gewünschten Ziel finden.

Die Umgebung von Ubud
Affenwald

Von Ubud läuft man die Monkeyforest Road hinunter, die in den letzten Jahren mit Shops, Restaurants und Hotels zugebaut wurde. Eintritt in den „Affenwald" 1050 Rp. Kommt man ohne Erdnüsse und anderes Eßbares hierher, verhalten sich die Affen normalerweise friedlich.

50 m hinter der Kasse führen rechts Stufen in eine kleine Schlucht hinab und mitten durch (!) einen Banyan-Baum. Eine märchenhafte Atmosphäre erfüllt diesen dämmrigen Ort. Hier unten verbirgt sich ein kleiner Tempel und weiter hinten ein Badeplatz. Auf der südlichen Seite des Affenwaldes *(Wanara Wana)* liegt auf einem Hügel der Unterwelttempel **Pura Dalem** des Banjar Padang Tegal. Einige bizarre Rangda-Statuen bewachen die heilige Stätte.

Pengosekan

Eine aktive Künstlergruppe, schlicht *Community of Artists* genannt, die unter der Leitung von Dewa Nyoman Batuan arbeitet, stellt ihre Werke in einem Studio nahe der Hauptstraße aus: Gemälde mit Naturszenen in Pastelltönen, bemalte Holzschnitzereien, sogar mit Schnitzereien verzierte Möbelstücke. Sehenswert ist auch das in der Nähe liegende ARMA – Agung Rai Museum of Art (s.S. 206). Von Pengosekan führt eine schmale Straße weiter Richtung Süden durch eine abwechslungsreiche Landschaft bis Celuk. In **Silungan** und anderen kleinen Dörfern arbeiten Maler und Holzschnitzer, die vor allem Spiegelrahmen und Tiere aus Weichholz schnitzen.

Goa Gajah

Auf der Straße von Peliatan nach Bedulu kommt man nach etwa 3 km (Bemo 300 Rp, aber auch ein schöner Spaziergang) zur Goa Gajah, der Elefantenhöhle. Der Eingang zur Höhle ist mit seltsamen Skulpturen verziert, die in den Felsen gehauen sind. Ein Dämon scheint alle, die eintreten, mit seinem riesigen Maul zu verschlucken. Die Skulpturen im Inneren lassen darauf schließen, daß die Höhle von einem Einsiedler bewohnt war. Vor der Höhle liegen Badeplätze mit Nymphen, die erst in den 50er Jahren entdeckt wurden. Steigt man in die Schlucht hinab, findet man weitere Ruinen. Ein schöner Ort, wenn gerade keine Busladung Touristen da ist! Kostet Eintritt; auch ein Tempelschal ist erforderlich. Oben an der Straße am riesigen Parkplatz werden Souvenirs verkauft, vor allem Ledertaschen. Im Vergleich zu Yogya etwas teurer, aber immer noch recht günstig.

Bedulu

Einen Besuch wert ist auf jeden Fall das Felsenrelief **Yeh Pulu** im Süden von Bedulu. Ein Schild an der Hauptstraße weist den Weg, vorbei an einem schönen, ruhigen Losmen und einem Badeplatz. Inmitten von Reisfeldern erstreckt sich an einer niedrigen Felswand ein aufwendiges, 25 m langes und 2 m hohes Relief, in dem zumeist lebendige Szenen aus dem Arbeitsalltag gezeigt werden. Bedeutung und Alter der Anlage sind ein bisher ungelöstes Rätsel. Man vermutet, daß Yeh Pulu zu einer Eremitenklause gehörte und ca. im 14. Jahrhundert entstanden ist.

Gunung Kawi

Im Süden von Tampaksiring liegt östlich der Straße in einer herrlichen, steilen Schlucht des Pakrisan-Flusses mit kunstvollen Reisterrassen das Heiligtum Gunung Kawi. Aus zwei gegenüberliegenden Felswänden sind neun Monumente in Form ostjavanischer Candi herausgemeißelt. Fast verwitterte Inschriften belegen, daß es sich dabei um die aus dem 11. Jahrhundert stammenden Bestattungstempel des Königs Udayana und seiner Familie handelt.

Kommt man von der Straße die in den Fels gehauenen Stufen herunter (Eintritt, Tempelschal), sieht man vor sich fünf Monumente, die von links nach rechts folgenden Personen zugedacht sind: Das erste dem König Udayana, das zweite der Königin Gunapriya, das dritte der Lieblingskonkubine des Königs und die beiden letzten seinen Söhnen Marakata und Anak Wungsu. Die vier Candi auf der westlichen Seite des Flusses sind dem Andenken der vier Konkubinen Anak Wungsus gewidmet.

Im Süden des Tals, nicht weit von den Grabmalen, entdeckt man an mehreren idyllisch gelegenen Plätzen Gruppen von ebenfalls aus Felswänden herausgemeißelten Höhlen, in welchen vermutlich Eremiten und Asketen ihr beschauliches Dasein geführt haben. So soll auch Anak Wungsu seinen Thron verlassen haben, um hier sein Leben als Einsiedler zu beschließen und durch Meditation und Entsagung zur Erlösung zu gelangen.

Pura Tirta Empul

Das Quellheiligtum liegt nur 2 km nördlich von Gunung Kawi. Von Gianyar aus kosten Bemo 600 Rp, ab Denpasar 1200 Rp nach Tampaksiring. Nahe dem großen Banyan-Baum stehen zwei Losmen: *Tampaksiring Homestay** und *Gusti*-***. Im Norden des Ortes führt rechts eine Straße zu den heiligen Quellen (Eintritt, viel Verkaufsrummel).

Schon seit tausend Jahren baden die Balinesen in diesen Quellen, denen heilende Wirkung zugesprochen wird. Selbst der Gouverneur ließ sich hier einen Palast erbauen, den auch der alternde Präsident Sukarno häufig besuchte. Der Schrein ist Gott Indra geweiht, der selbst diese Quellen erschaffen haben soll. Da dieses ein heiliger Platz ist, müssen Besucher einen Tempelschal tragen.

Besakih

Der 3140 m hohe Gunung Agung ist Zentrum der balinesischen Welt und Sitz der Götter. 20 km nördlich von Klungkung (Semarapura) liegt auf 900 m Höhe am Fuß des heiligen Berges der Tempel Besakih, der größte und heiligste der Insel, der von allen Balinesen als „Muttertempel" verehrt wird. Eigentlich ist es ein Komplex von vielen einzelnen Tempeln. Jedes ehemalige Königshaus, jeder Familienclan und jede Berufsgruppe ist hier mit einem eigenen Tempel vertreten. Der bedeutendste davon ist **Pura Penataran Agung**, der einst der Königsfamilie von Klungkung gehörte.

Schon im 8. Jahrhundert soll der legendäre Rsi Markandeya, ein Hindu-Heiliger aus Java, Pura Besakih gegründet haben. Wahrscheinlich fand er hier schon ein uraltes prähinduistisches, megalithisches Heiligtum vor, das der Verehrung eines Berggottes und vor allem der Ahnen diente. Im Laufe der Jahrhunderte ist die Anlage immer wieder aufgebaut und erweitert worden. Nur Hindus dürfen das Innere der Tempelanlage betreten. Obwohl der Komplex aus fast 200 Bauwerken besteht, gibt es nichts Außergewöhnliches, was nicht auch in anderen Tempeln zu sehen ist. Dafür ist die Lage umso spektakulärer: ein guter Überblick bietet sich von der Nordostecke.

Übernachtung

Auf dem Weg zum Tempel liegt im Tal das **Arca Valley****, mit Restaurant. Und ein **Losmen**** 100 m vor dem Tempeleingang.

Transport

Die meisten Touristen fahren in Reisebussen oder mit dem eigenen Fahrzeug zum Besakih. Von KLUNGKUNG kommt man an Festtagen mit einem Bemo (2000 Rp) direkt zum Tempel. Ansonsten geht es mit dem Bemo bis MENANGA (1200 Rp). Von hier führt der Weg 6 km steil hinauf. Manchmal fahren auf dieser Strecke Bemo für 600 Rp.

Bei gutem Wetter kann man während der Fahrt über die Reisterrassen bis zum Meer schauen. Etwa ab 11 Uhr liegt der Berg mit dem Tempel häufig in Wolken.

Padang Bai

Der kleine Hafen liegt in einer schönen Bucht, 2 km abseits der Hauptstraße. Eng aneinander gereiht säumen Fischerboote den Strand, bunte Einbaumkanus mit Ausleger, der Bug verziert mit magischen Augen und einem Schnabel.

Von Padang Bai fahren die Fähren nach Lombok ab. Darüber hinaus lohnt es sich, einige Tage in Padang Bai zu verbringen und Wanderungen und Spaziergänge zu unternehmen. Klettertouren durch die Hügel hinter der Bucht werden mit wunderbarer Aussicht belohnt. Entlang der Küste warten kleine, versteckte weiße Sandstrände darauf, entdeckt zu werden. In den Losmen und Bungalow-Anlagen am Strand von Padang Bai wohnt man genauso gut wie in den bekannten Touristenzentren Balis.

Übernachtung

IM ORT – *Jatiwangi Inn***, 41433, Jl. Melanting 5, nicht weit vom Markt, nett eingerichtete, saubere Zimmer mit Mandi, inkl. Frühstück.
Pantai Ayu Homestay**, 41396, Jl. Silayukti, auf einem Hügel am Dorfrand; Zimmer mit und ohne Mandi, mit Fan, ruhig, sauber und nett eingerichtet; gutes Restaurant und eine freundliche, hilfsbereite Ibu; vermietet Auto und Schnorchelausrüstung.
Hotel Madya**, 41393, nebenan das Dona Cafe, wo man gut sitzen und auf die Fähre warten kann; hier auch Perama Tour Service.
Pondok Wisata Darma**-***, 41394, Gang Tongkol 6, alle Zi mit Fan und Mandi, sauber und nett eingerichtet, mit gutem Frühstück.

Purba Inn**, Gg. Segara I, etwas versteckt in einer schmalen Gasse, mit Frühstück, etwas heruntergekommen.
Pondok Wisata Serangan**, ✆ 41425, mit Dusche, inkl. Frühstück.
Außerdem einige andere kleine Homestays**, die meist als *Pondok Wisata* bezeichnet sind.

AM STRAND – *Hotel Puri Rai*** (bis US$40), Jl. Silayukti 7X, ✆ 41385-87, 📠 41386, Bungalows mit Fan und Frühstück, die teuren mit ac, Restaurant; hier kann man Auto und Schnorchelausrüstung mieten.
Penginapan Kerti*, ✆ 41391, vermietet auch Motorräder.
Padang Bai Beach Inn**-***, ✆ 41517, mit Frühstück.
Topi Inn**, ✆ 41424, inkl. Frühstück, Schlafsaal 3000 Rp ohne Frühstück, am Ende des Strandes etwas abseits gelegen, preiswert und sehr ruhig, aber nicht so empfehlenswert, mit Restaurant.

VORWAHL – 0363.

Essen und Trinken

Einfache Rumah Makan nicht weit vom Hafen: Wenn man von der Fähre kommt, 50 m links hinter dem Schlagbaum – hier ist auch ein kleines Postamt.
Mehrere kleine Restaurants am Strand gegenüber den Bungalow-Anlagen servieren frischen, preiswerten Fisch.
Ein guter Rumah Makan mit freundlicher Bewirtung ist *Kendedes*, 200 m östlich vom Hafen; hier kann man *Made's Special* probieren: Tee, Zitrone, Coke mit einem kräftigen Schuß Arak.

Transport

Findet man keinen direkten Transport bis Padang Bai, steigt man an der Abzweigung von der Hauptstraße aus und läuft die 2 km.
Bemo fahren für 2500 Rp nach DENPASAR (Busse 1500 Rp), CANDI DASA 600 Rp, AMLAPURA 1200 Rp.
Außerdem pendeln Shuttle-Busse zwischen Padang Bai und Balis Touristenzentren, z.B. Kuta 9500 Rp.
Fähre nach Lombok: s.S. 194.

Candi Dasa

Wer Kuta / Legian fluchtartig verlassen hat, auch vom Lovina Beach enttäuscht ist und trotzdem das Strandleben nicht missen möchte, findet sich meist am Strand von Candi Dasa wieder. Candi Dasa ist eine kleine Ansiedlung mit Schule und einem Tempel an einer Felswand.

Der schmale Sandstrand verdient diese Bezeichnung eigentlich nur bei Ebbe, denn bei Flut unterspülen die Wellen die palmenbestandene Küste. Taucher finden ein Korallenriff und vorgelagerte Felseninseln, ansonsten gibt es nicht viel zu unternehmen – also ein idealer Platz zum Faulenzen!? Die erste Unterkunft von Candi Dasa war der Gandhi Ashrama an der Lagune – bei vegetarischer Kost vertieft man sich hier auch heute noch in Yoga und Meditation. Inzwischen erstreckt sich ein über 2 km langes Losmen-, Bungalow- und Restaurant-Dorf auf dem schmalen Streifen zwischen Strand und Straße. Abgesehen von dieser Straße ist Candi Dasa ein relativ ruhiges Fleckchen mit wenig Verkaufsrummel.

Und wem Candi Dasa immer noch zu betriebsam ist, findet weitere Unterkünfte an den Stränden wenige Kilometer weiter westlich, **Balina Beach**, **Mendira Beach** und **Sengkidu Beach**.

Übernachtung

Ständig entstehen neue Unterkünfte, wo für jeden Geldbeutel etwas dabei sein müßte. Einige Beispiele (von West nach Ost):

BALINA BEACH – *Amankila* (ab US$435) ①, ✆ 41333, 📠 41555, Luxusbungalows in spektakulärer Lage an einem Berghang direkt am Meer.
Pondok Pantai Balina (US$48–121) ③, ✆ 41002, 📠 41001, alle teuren Zi mit ac, inkl. Frühstück; Restaurant, kleiner Pool und Tauchcenter.
Puri Buitan Cottages (US$35–75) ④, ✆ 41021, Zi mit Fan oder ac, inkl. Frühstück; Restaurant und Swimming Pool.
Serai Hotel (ab US$133) ⑤, ✆ 41011, 📠 41015; 58 Zi und Suites; sehr gutes Restaurant, Swimming Pool und großer Garten.

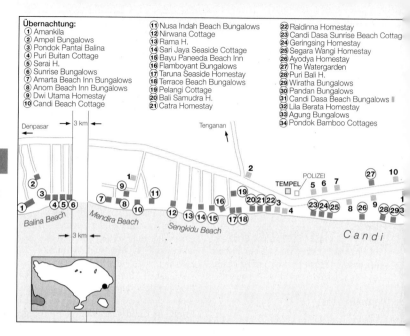

MENDIRA BEACH – *Amarta Beach Inn Bungalows***-*** ⑦, ✆ 41230, mit Frühstück, schöne Lage, Restaurant.
Anom Beach Inn Bungalows (US$41–70) ⑧, ✆/✉ 41998, Zi mit Fan oder ac, Heißwasser, inkl. Frühstück, mit Restaurant.
Candi Beach Cottage (US$103–121) ⑩, ✆ 41234, ✉ 41111, Zi und Bungalows mit ac, TV, Kühlschrank etc.; Restaurant und Swimming Pool.
Nusa Indah Beach Bungalows** ⑪, inkl. Frühstück, kleine Anlage mit nett eingerichteten Bungalows, sehr ruhig gelegen.

SENGKIDU BEACH – *Flamboyant Bungalows*** ⑯, mit Fan und Dusche, inkl. Frühstück, ruhig und sauber.
Raidinna Homestay** ⑳, mit Frühstück.

CANDI DASA – *Geringsing Homestay*** ㉔, mit Fan und Mandi, inkl. Frühstück.
Ayodya Homestay**-** ㉖, ✆ 41992, inkl. Frühstück, Zimmer mit Fan und Mandi.

The Watergarden (US$75–87) ㉗, ✆ 41540, ✉ 41164, sehr schöne Bungalows mit Fan und Heißwasser in einem phantastischen Garten voller Goldfischteiche, mit Restaurant und Pool, eine kleine, sehr stilvolle, sehenswerte Anlage.
Wiratha Bungalows-***** ㉙, ✆ 41973, mit Restaurant.
Candi Dasa Beach Bungalows Li (ab US$79) ㉛, ✆ 41126, ✉ 41537, mit Restaurant und Pool, alle Zi mit ac.
Pondok Bamboo Cottages*** ㉞, ✆ 41534, ✉ 41818, sauber und nett, mit Fan und Open-Air-Badezimmer, inkl. Frühstück; Restaurant.
Dewa Bharata Bungalows (US$26–35) ㉟, mit Heißwasser, Fan oder ac, Frühstück; Restaurant, kleiner Swimming Pool.
Kelapa Mas Homestay**-*** ㊳, ✆/✉ 41947, mit Fan, Mandi und Frühstück; Restaurant und großer Garten.
Rama Bungalows-***** ㊶, ✆/✉ 41778, 15 Zimmer mit Fan, an der Lagune, inkl. Frühstück; Restaurant.

- Dewa Bharata Bungalows
- Natia Homestay
- Ida Homestay
- Kelapa Mas Homestay
- Gandhi Ashrama
- Dewi Bungalows
- Rama Bungalows
- Sindhu Brata Bungalows
- Pandawa Bungalows
- Srikandi Bungalows
- Satria Bungalows
- Barong Beach Inn

- 47 Ramayana Beach Inn
- 48 Dutha Cottages
- 49 Nani Beach Inn
- 50 Genggong Cottages
- 51 Dandidasa Park Resort
- 52 Puri Oka H.
- 53 Ida Beach Village
- 54 Puri Pudak Bungalows
- 55 Asoka Beach Bungalows
- 56 Sekar Orchid Bungalows
- 57 Puri Bagus Candidasa
- 58 Bunga Putri Homestay

Läden, Restaurants, etc.:
1. Stingray Dive Ctr.
2. Flamboyant R.
3. Toke Cafe
4. Lotus Seaview R.
5. Arie R.
6. Candi Dasa R.
7. TJ's Cafe
8. Money Changer
9. Stingray Dive Ctr.
10. Ciao R.
11. Ayu R.
12. Chez Lilly R.
13. Hawaii R.
14. Buchladen
15. Money Changer
16. Tirta Nadi R.
17. Beer Garden
18. Kubu Bali Bar & R.
19. Murni's Cafe
20. The Legend
21. Warung Rasmini
22. Laguna View R.
23. Raja's R.
24. Candi Agung R.
25. Gloria R.

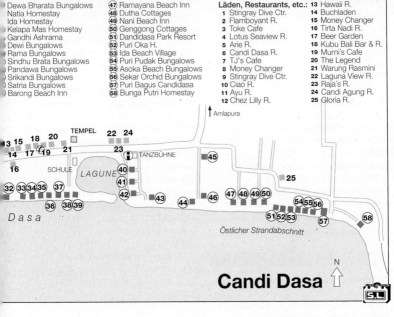

Candi Dasa

Sindhu Brata Bungalows**-**** 42, ☎ 41825, Fan oder ac, in einem schönen Garten an der Lagune.

ÖSTLICHER STRAND – Sehr ruhig liegen folgende Hotels und Losmen am östlichen Strandabschnitt:
Satria Bungalows*-** 45, inkl. Frühstück,
Barong Beach Inn**-*** 46, mit Frühstück,
Ramayana Beach Inn** 47,
Dutha Cottages** 48,
Nani Beach Inn** 49,
Candidasa Park Resort (US$40–65) 51, ☎ 41373, ☏ 41971, mit Restaurant und Swimming Pool, sehr saubere Zi mit ac, Heißwasser, TV, Tel, Minibar und Frühstück, aber ohne Aussicht, da sich die Zi in zwei Reihen gegenüberliegen, ohne Garten.
Ida Beach Village (US$45–60) 53, ☎ 41118, ☏ 41041, eine sehr originelle Bungalow-Anlage im Stil eines traditionellen Dorfes, mit Heißwasser, Tel, Fan oder ac, hübsch eingerichtet; Restaurant und kleiner Swimming Pool.

Puri Pudak Bungalows**-**** 54, ☎ 41978, mit Fan, Heißwasser und Frühstück.
Puri Bagus Candidasa (ab US$85) 57, ☎ 41131, ☏ 41290, mit ac, Restaurant, Swimming Pool etc., sehr schöne, luxuriöse Anlage.
Bunga Putri Homestay** 58, inkl. Frühstück, mit Restaurant, in herrlicher Lage am äußersten Ende des Strandes.

VORWAHL – 0363.

Essen und Trinken

Angenehm sitzt man im *Lotus Seaview Restaurant*, ☎ 41257, italienisch, chinesisch, indonesisch, nicht gerade billig, aber gutes Essen und sehr schöne Anlage am Meer.
Preiswerte große Portionen bekommt man im
Candi Dasa Restaurant.
Eine gute Alternative dazu ist das
Ayu Restaurant.
Chez Lilly Restaurant, gutes Seafood und italienische Gerichte, abends mit Video-Programm.

Ciao Restaurant, spezialisiert auf italienische Küche, liegt etwas von der Hauptstraße zurückversetzt.

Hawaii Restaurant, neben Seafood auch indonesische und balinesische Küche.

Murni's Cafe, preiswertes Seafood, aber auch gutes Frühstück.

The Legend, bzw. *Legenda Rock Cafe*, mit viel Musik, gut zum Trinken, viel Auswahl an alkoholischen Getränken, aber auch Pizza etc.

Laguna View Restaurant, bietet gutes Seafood, mit schöner Aussicht über die Lagune von der Terrasse im 1. Stock; mit Pub.

Es gibt kein Nachtleben in Candi Dasa! Ab 22/22.30 Uhr macht alles dicht.

Drei oder vier Restaurants versuchen, mit mehr oder weniger Erfolg, Gäste herbeizulocken, indem sie von 19–22 Uhr ein Video-Programm zeigen.

Transport

Colt von PADANG BAI (600 Rp) Richtung AMLAPURA.

Von DENPASAR (Station Batubulan) kostet ein Minibus 2500 Rp, der Bus 1800 Rp.

Gunung Batur

Spricht man vom Gunung Batur, meint man meist nur den „jungen" Batur im Zentrum der 10–14 km breiten, fast kreisrunden Caldera, die das Massiv des „alten" Batur krönt. Der Urkrater, von den Holländern Molengraaff-Krater genannt, ist von steilen Wänden umgeben.

Im Westen verläuft die Hauptstraße von Bangli nach Singaraja über mehrere Kilometer auf dem Grat des Kraterrandes, eine der drei einzigen Straßen, die Balis Gebirge überqueren. Im Südosten ragt der Randkegel des **Gunung Abang** (= älterer Bruder) empor, die höchste Erhebung (2153 m) des gesamten Batur-Massivs.

Einen Teil der alten Caldera füllt der halbmondförmige, 90 m tiefe Batur-See aus, in dem die *Subak* (Organisationen von Reisbauern) aus der Region Gianyar jedes Jahr einen Büffel opfern. An seinen Ufern wie auch rund um den kahlen Kegel des jungen Batur liegen ein paar Dörfchen, darunter ein Dorf der Bali Aga, Trunyan. Es erstaunt, daß die Nähe des aktiven Vulkans mit seinem Hauptkrater und vielen Nebenkratern die Leute nicht abschreckt.

Die Besteigung des Gunung Batur

Man kann den Batur von Pura Jati oder Toya Bungkah aus in einer Tagestour besteigen – am besten mit Führer. Feste Schuhe und ein dicker Pullover sind angebracht. Ab Pura Jati folgt man immer den weißen Markierungen. Ab Toya Bungkah dauern Auf- und Abstieg an die drei Stunden. Der Aufstieg über die unwirklichen Lavaformationen ist sehr interessant, lohnt sich allerdings nur bei gutem Wetter! Zahlreiche Losmen organisieren ab 3–4 Personen für 20 000–25 000 Rp die Tour.

In **Toya Bungkah** am Ufer des Sees bei den heißen Quellen wurde im Frühjahr 1997 gerade an einer neuen Park- und Badeanlage gebaut. Außerdem gibt es in Toya Bungkah ein kleines vulkanologisches Museum.

Übernachtung und Essen

Die meisten Touristen die den Batur besteigen oder nur ein paar Tage am See verbringen wollen, wohnen in Toya Bungkah:

Awangga Bungalows**-****, Zi mit Du/WC, z.T. mit Heißwasser und TV, inkl. Frühstück; mit Garten, freundliche Leute.

Losmen Abadi***, nur kaltes Wasser, schöner Blick auf den See.

Nyoman Mawa Homestay I und II***, beide mit Heißwasser, jeweils mit Restaurant.

Jero Wijaya Cottages***, mit Restaurant, direkt am See.

Dharma Yasa Homestay**-***.

Losmen Wisma Tirtha Yarta**, inkl. Frühstück, direkt am Seeufer.

Pondok Wisata Pualam***, netter, kleiner Garten, aber nicht so schön gelegen.

Nyoman Pangus Bungalows**-***, ✆ 51167, Zimmer nur mit kaltem Wasser, inkl. Frühstück, mit Restaurant.

Arlina's Bungalows**-***, ✆ 51165, saubere Zi mit Du/WC, z.T. mit Heißwasser, nette Leute; Restaurant.
Hotel Puri Bening Hayato (US$24–96), ✆ 51234, ✉ 51248, etwas steriles Mittelklasse-Hotel, alle Zi mit Heißwasser, TV, Terrasse oder Balkon, inkl. Frühstück.
Weitere Unterkünfte findet man in Kedisan, bzw. weiter südöstlich in Buahan (s.u.).

VORWAHL – 0366.

Transport

Bemo von PENELOKAN nach Toya Bungkah für 600 Rp, Touristen 1000 Rp.
Die Straße führt von Toya Bungkah weiter über SONGAN um den Batur herum bis nach KOLOMBO.
In Songan kann man auch rechts bis zu einem kleinen Tempel am Ende der Straße fahren.

Penelokan

Der Name bedeutet „Aussichtspunkt", und der Blick, den man von hier oben, in 1450 m Höhe, über den Vulkan Batur und die umliegende Berglandschaft hat, ist faszinierend. Bei gutem Wetter ist sogar die Südküste zu sehen. Die tolle Sicht lockt natürlich viele Touristen an, die wiederum viele Fliegende Händler nach sich ziehen. Wer durch Penelokan fährt, muß Eintritt bezahlen.

Übernachtung

Lakeview Homestay**-****, ✆/✉ 0366-51464, Zimmer mit und ohne Mandi, mit Frühstück und z.T. mit Heißwasser und Aussicht auf die Berglandschaft; Restaurant.
Gunawan Bungalows**-***, sehr vergammelte Zimmer mit Mandi und Frühstück, gutes Restaurant und umwerfender Ausblick über den See und den Vulkan.
Weitere Unterkünfte in Kintamani oder unten in der Caldera bei den heißen Quellen in Toya Bungkah.

Transport

Bemo fahren ab GIANYAR (1800 Rp), KLUNGKUNG (1500 Rp) und SINGARAJA (1800 Rp, 2 1/2 Std.) nach Penelokan. Bus ab BANGLI 750 Rp.

Trunyan

Das Dorf ist wie Tenganan von Bali Aga bewohnt, also „Original"-Balinesen, die kaum vom Hinduismus oder anderen Fremdeinflüssen berührt scheinen. Einmalig ist ihre Art der Totenbestattung. Die Leichen werden nicht wie bei Hindu-Balinesen verbrannt, auch nicht wie bei den Bali Aga von Tenganan beerdigt, sondern in weiße Tücher gehüllt und im Freien aufgebahrt, wo sie dann unbeachtet verwesen.

Eingezwängt auf einem schmalen Landstreifen zwischen See und steilem Kraterrand lebt man hier in fast völliger Isolation vom restlichen Bali. Besucher sind nicht so willkommen wie in Tenganan, werden aber geduldet. Viel zu sehen gibt es eigentlich auch nicht: Mauern aus finsteren Lavablöcken umgeben die eng aneinander gereihten Gehöfte, in denen man die sonst üblichen tropischen Gärten und Bäume vermißt. Ein steiler Zick-Zack-Pfad hinter dem Dorf führt die Kraterwand hoch zu einem Ableger von Trunyan außerhalb der großen Caldera, wo die Ländereien der Bali Aga liegen.

Übernachtung

In **Kedisan**: *Hotel Surya**-*****, ✆ 51378, Zi mit Du/WC, z.T. mit TV, Heißwasser und Badewanne, inkl. Frühstück; mit Restaurant.
Hotel Segara**-**** (bis US$45), ✆ 51136, ✉ 51212, saubere Zi z.T. mit Heißwasser und TV, mit Restaurant, Innenhof und Parkplatz.
Pondok Wisata Putra Mulya**, Zi mit Du/WC, nur kaltes Wasser, sauber und preiswert, inkl. Frühstück, mit Restaurant, freundliche Leute.
Am besten zum Wohnen, ruhig und ohne Touristenscharen, ist das Dorf **Buahan**, 1-2 km südöstlich von Kedisan:

Pondok Wisata Semadi**, Zi mit Du/WC, inkl. Frühstück, ein ruhiger Homestay mit Rumah Makan, nicht weit vom Seeufer.

Hotel Buahan***, ✆ 51217/18, 1 km von Kedisan, saubere Zi mit Du/WC und Heißwasser; ein kleines Hotel in ruhiger Lage.

Hotel Baruna**-***, Jl. Desa Abang, ✆ 51221, 1,5 km von der Bootsanlegestelle in Kedisan, saubere Zi mit Du/WC, z.T. mit Badewanne, aber nur kaltes Wasser, inkl. Frühstück, in sehr ruhiger Lage am Seeufer; gutes Restaurant: frischer Fisch aus dem Batur-See; freundliche Leute.

Sonstiges

VORWAHL – 0366.

Transport

Man nimmt zuerst ein Bemo etwa 3 km den steilen Berg hinunter bis nach KEDISAN, wo man Boote für die Rundfahrt auf dem See (Trunyan, Bali Aga Friedhof, Toya Bungkah) mieten kann. Tickets bekommt man an einem Kiosk, die Preise sind nach Teilnehmerzahl gestaffelt: 1 Person zahlt alleine 36 000 Rp für ein Boot, bei 2 Personen zahlt jeder 19 000 Rp, bei 3 Personen je 13 200 Rp, bei 4 Personen je 10 100 Rp, bei 5 Personen je 8300 Rp, bei 6 Personen je 7200 Rp, und bei 7 Personen kostet es 6300 Rp pro Person. Trunyan ist ansonsten über einen recht schwierigen Fußweg, der immer am See entlang führt, zu erreichen.

Kintamani

Das kühle, oft von Wolken verhangene Kintamani ist der größte Marktort am Batur. Alle drei Tage ist die Hauptstraße hoffnungslos verstopft mit Gemüselastern, Minibussen und Gebirgsbewohnern, die um Kaffeebohnen, Obst und Gemüse feilschen. Schon die Holländer unterhielten hier ein Gästehaus, ein erster Zwischenstop für Besucher, die im Hafen von Buleleng (Singaraja) gelandet und auf dem Weg zu ihren Hotels in Denpasar waren. In dem langgestreckten Dorf wohnt man trotz der Hunde (eine besondere Rasse, langhaarig und aggressiv) recht angenehm. Nördlich von Kintamani kann man durch im Bergwind rauschende Kasuarinenwälder wandern.

Übernachtung

Superman Homestay**, südlich vom Batur Tempel, spartanische Zimmer mit und ohne Mandi.

Losmen Miranda**, nördlich vom Batur Tempel am Markt.

Losmen Puri Astina Inn**, noch etwas weiter nördlich und 400 m östlich der Hauptstraße.

Losmen Sasaka Inn**, ✆ 61520, nördlich vom Markt, Zimmer mit Mandi.

Transport

Bemo ab SINGARAJA kosten 1800 Rp, ab BANGLI 1000 Rp.
Es fahren auch Bemo ab AMLAPURA die Ostküstenstraße entlang über KUBUTAMBAHAN.

Das Dorf Batur

Im Süden ist Kintamani mit dem neuen Dorf Batur zusammengewachsen. Das alte Batur befand sich einst am Fuße des aktiven Vulkans. Der schwere Ausbruch 1917 hatte es stark zerstört, aber der Tempel war von den Lavamassen verschont worden. Dies nahm man als gutes Omen und baute das Dorf an gleicher Stelle wieder auf. Der nächste schwere Ausbruch 1926 vernichtete das Dorf erneut, diesmal mitsamt dem Tempel. Erst daraufhin entschlossen sich die Leute, das Dorf Batur an eine geschütztere Stelle auf den Rand der Caldera zu verlegen.

Mittelpunkt des Ortes ist der neue, große Tempel, **Pura Ulun Danu Batur**, ein umfangreicher Komplex. Eindrucksvolle, hohe Tempeltore und Reihen von vielstufigen, schlanken Meru erheben sich am Rande des Steilhangs über der Caldera, die einen phantastischen Hintergrund für das Heiligtum bildet. Die Gebäude bestehen aus dunklem Lavagestein, die Innenhöfe sind mit schwarzer Asche bestreut. Die hier verehrte Hauptgottheit ist Dewi Danu, Göttin der Gewässer. Es wird eine Spende erwartet.

Bedugul

Wolkenverhangener Bergurwald, Kaffeeplantagen und Gemüsefelder, üppiges Grün, wohin das Auge blickt – welch ein Gegensatz zum rauhen Batur! Auch hier oben befand sich einst eine riesige Caldera. Reste des alten Kraterrandes stehen halbkreisförmig noch im Norden und Osten, mit dem **Gunung Catur** (2096 m) als höchster Erhebung. Nach Südwesten bis hin zum Gunung Batukau ragen unregelmäßig jüngere Vulkankegel auf. In den einstigen Krater war noch bis 1818 ein einziger großer See eingebettet. Der Ausbruch eines Nebenvulkans verschaffte einem Teil der Wassermassen einen Abfluß – mit katastrophalen Folgen für viele Dörfer am Berghang. Zurück blieben drei kleinere, idyllisch gelegene Seen und eine Menge fruchtbaren Ackerlandes, heutzutage eine stimmungsvolle, beschauliche Landschaft mit freundlichen Menschen. Größtes Dorf ist der Marktort **Candi Kuning**, nördlich von Bedugul und 1200 m hoch gelegen.

Übernachtungsmöglichkeiten bieten sowohl die kleine Ansiedlung Bedugul am Südufer des Danau Bratan, direkt an der Hauptstraße von Denpasar (48 km) nach Singaraja (30 km), als auch der Marktort Candi Kuning und die Dörfer weiter nördlich. Auf dem Bratan-See kann man mit gemieteten Kähnen, Motorbooten und sogar auf Wasserskiern herumfahren.

Übernachtung

Von Süden nach Norden:
Hotel Bedugul***-****, ✆ 0361-226593, 0368-21197, 21366, ✉ 0368-21198, Zi mit Heißwasser und TV; am Ufer des Sees gelegen, Bootsvermietung, Wasserski und Restaurant.
Hotel Bukit Permai (US$25–40), ✆ 0368-21443, 21445, mit TV, Heißwasser und Frühstück und großartiger Aussicht.
Penginapan Mawar Indah** ***, ✆ 0368-21100, an der Straße zum Botanischen Garten, 250 m von der Hauptstraße.
Penginapan Rosela**, 50 m weiter, sehr einfach.
Sari Artha Inn**, ✆ 0368-21011, am Markt in Candi Kuning, sauber, mit Mandi.

Lila Graha Bungalows***-****, ✆ 0368-21446, auf einem Hügel über dem See, saubere Zi mit Heißwasser und Frühstück, z.T. mit Kamin.
Ashram Bungalows**-****, ✆ 0368-21450, ✉ 21101, nordöstlich von Candi Kuning, schön in einem Garten am Ufer des Sees gelegen, inkl. Frühstück, saubere Zi mit und ohne Mandi, z.T. mit Heißwasser.
Bali Handara Kosaido Country Club, liegt einige Kilometer nördlich und bietet mehr Luxus; noble Bungalows und einer der schönsten Golfplätze der Welt.
Bali Lake Buyan Cottages (ab US$96), ✆ 0362-21351, ✉ 21388, 2 km weiter; neun sehr geschmackvoll eingerichtete Bungalows, komplett ausgestattet mit 2 Schlafzimmern, 2 Badezimmern, Wohnzimmer, Küche etc.

Die Umgebung von Bedugul
Candi Kuning

Ein Spaziergang von einer halben Stunde über die Straße nach Norden führt von Bedugul zum sehenswerten Markt von Candi Kuning. Orchideen und andere Dschungelgewächse, kunstvoll aufgetürmtes Obst und Gemüse in erstaunlicher Artenvielfalt locken Käufer aus ganz Bali. Sogar Erdbeeren gibt es hier!

Eine weitere Attraktion des Ortes ist ein schön angelegter **Botanischer Garten** (*Kebun Raya*), der zu beschaulichen Spaziergängen einlädt. Die Einfahrt liegt nur 300 m südlich vom Markt an der Hauptstraße. Gegründet 1959 und erweitert 1975 bedeckt er heute ein Areal von fast 130 ha in einer Höhe von 1250–1450 m über dem Meer. Hier findet man breite, großzügig angelegte Wege, Wiesen, die zum Picknick einladen, Schutzhütten, um sich bei plötzlichen Regengüssen unterzustellen, eine Fülle von tropischen Gebirgspflanzen, meist mit Namensschildchen versehen, und eine bemerkenswerte Orchideensammlung.

Pura Ulun Danu Bratan

Ein Stück weiter auf der Straße Richtung Singaraja steht am Seeufer einer der meistfotografierten Tempel Balis. Schon allein wegen seiner malerischen Lage sollte man mal beim Pura Ulun Danu Bratan vorbeischauen. Ein Teil der Anlage liegt auf zwei kleinen Inseln in Ufernähe. Auf der äußersten Insel steht ein dreistufiger Meru, in dem Gott Shiva in einer gnädigen Gestalt als Schöpfer und seine Gemahlin Parvati in ihrer Manifestation als Dewi Danu, Göttin der Gewässer, verehrt werden. Der schlanke, elfstufige Meru auf der zweiten Insel ist Sitz von Wishnu als Gott des Fruchtbarkeit spendenden Wassers und Gottheit des Berges Puncak Mangu und seiner Gattin Dewi Sri, Göttin der Schönheit, des Reichtums und besonders des Ackerbaus (Reisgöttin).

Im größeren Tempelkomplex am Seeufer stehen u.a. ein siebenstufiger Meru für Brahma und ein dreistufiger Lotosthron (Padmasana) für die Hindu-Trinität Brahma-Wishnu-Shiva. Im Süden der Anlage sind die Schreine für die Vorfahren der Rajas von Mengwi untergebracht. Links vom Eingang entdeckt man sogar eine buddhistische Stupa und fünf Buddha-Statuen. Buddha wird von den Hindus als neunte Inkarnation Wishnus verehrt. Die Statuen stellen die fünf transzendentalen Buddhas dar (Jina oder Dhyani), welche die fünf Himmelsrichtungen symbolisieren; sie unterscheiden sich nur durch ihre Handhaltung (Mudra).

Singaraja

Eine ruhige Kleinstadt (ca. 50 000 Einwohner) an der Nordküste, heute Hauptstadt des Distrikts (Kabupaten) Buleleng, das flächenmäßig größte Kabupaten Balis. Der Name „Buleleng" geht auf ein ehemaliges, hier ansässiges Raja-Reich zurück, das zwischen Ende des 17. und Ende des 18. Jahrhunderts seine machtvollste Zeit erlebte. Es hatte die Herrschaft über Mengwi, Karangasem (Amlapura) und Jembrana (Negara), sein Einfluß reichte bis nach Blambangan (Ostjava). Vor dem Ausbau des Straßensystems auf Bali bildete die zentrale Bergkette eine nur unter großen Mühen zu überwindende Barriere. Diese relative Isolation von Süd-Bali und die engen Kontakte mit ausländischen Kulturen haben dazu geführt, daß sich in Nord-Bali eigene Bräuche und Kunstformen erhalten, bzw. entwickelt haben, die sich deutlich vom übrigen Bali unterscheiden.

Die **Historische Bibliothek Gedung Kertya** in der Jl. Veteran hat eine gute Sammlung von Lontar-Schriften. An die 3500 Exemplare sind vorhanden, darunter die ältesten schriftlichen Überlieferungen Balis.

Übernachtung

Man übernachtet besser am Lovina Beach. Wer in der Stadt bleiben will, findet mehrere günstige Hotels in der Jl. Jen. A. Yani:
Hotel Niaga*, Jl. Jen. A. Yani 8, ✆ 21907, zentral, aber laut, gemeinsames Mandi.
Hotel Sentral**-***, Jl. Jen. A. Yani 48, ✆ 21896, alle Zi mit Mandi, Fan oder ac, inkl. Frühstück.
Hotel Duta Karya**-***, Jl. Jen. A. Yani 59, ✆ 21467, alle Zi mit Du/WC, Fan oder ac, inkl. Frühstück; kleiner Innenhof.
Hotel Saka Bindu**, Jl. Jen. A. Yani 104, ✆ 21791, Zi mit Mandi, inkl. Frühstück.
Hotel Gelar Sari**, Jl. Jen. A. Yani 87, ✆ 21495, Zi mit und ohne Mandi, einfach aber sauber, als Frühstück gibt es nur Kaffee oder Tee.
Hotel Wijaya**-**** (bis US$40), Jl. Jen. Sudirman 74, ✆ 21915, die billigen Zi mit gemeinsamem Mandi, ansonsten mit Du/WC, Fan oder ac, Tel und TV, z.T. auch Kühlschrank, Heißwasser und Badewanne, inkl. Frühstück, sauber und relativ ruhig, schöner Innenhof mit Garten; das beste Hotel der Stadt, mit Restaurant.
Hotel Sedana Yoga**-***, Jl. Gajah Mada 136, ✆ 21715, Zi mit Mandi und Fan, bzw. mit Du/WC und ac, sauber, aber laut, inkl. kleines Frühstück.
Hotel R. Sena**, Jl. Ngurah Rai 17, ✆ 21041, einfache Zi mit Mandi/WC, kleiner Garten.

Sonstiges

GELD – Die *Bank Central Asia (BCA)*, Jl. Pramuka, Ecke Jl. Jen. A. Yani und die *Bank Dagang Negara (BDN)*, Jl. Jen. A. Yani, wechseln cash und TC.

VORWAHL – 0362.

Transport

Busse fahren direkt ab SURABAYA für 18 000 Rp nach SINGARAJA, (Banyuasri Busbahnhof im Westen).
Hier auch Bemo / Busse nach DENPASAR 3000 Rp und GILIMANUK 2500 Rp.
Ab Penarukan (Bemo ab Banyuasri für 400 Rp) nach SANGSIT 600 Rp, KINTAMANI 1800 Rp, AMLAPURA 1800 Rp, KLUNGKUNG 2200 Rp und PENELOKAN 1800 Rp, in 2 1/2 Std.

Lovina Beach

6-12 km westlich der Stadt (Bemo 600 Rp) finden sich die Leute ein, die dem Trubel von Kuta entfliehen wollen. Da der dunkle Strand längst nicht so schön wie im Süden ist und das ruhige, trübe Meer keinen Surfer anlockt, wird es weiterhin so bleiben, selbst wenn die Sonnenuntergänge auch hier prachtvoll sind. Die Besucherzahlen sind in den letzten Jahren sogar merklich heruntergegangen, Lovina ist anscheinend nicht mehr „in". Viele Losmen stehen leer, in den Restaurants sitzen nur noch vereinzelte Traveller. Höchstens in der Hauptsaison (Juli / August) herrscht hier der übliche Touristentrubel; nervige Strandverkäufer gibt es allerdings das ganze Jahr über.

Wer in den Korallenriffen schnorcheln will, muß sich mit einem Boot hinausfahren lassen. Der Preis dürfte bei einem voll besetzten Boot etwa um 5000 Rp p.P. liegen. Taucherbrillen, Schnorchel und Flossen sollten im Preis eingeschlossen sein – ansonsten muß man nochmal ca. 1000 Rp extra bezahlen. Draußen ist das Meer glasklar, so daß man die farbige Unterwasserwelt ungehindert genießen kann. Für den frühen Morgen werden **„Delphin-Touren"** angeboten.

Übernachtung

Zahlreiche Losmen und Bungalowanlagen ziehen sich über 6 km an der Straße, bzw. am Strand entlang. In der Hochsaison (Juli / August) steigen die Preise der billigen Unterkünfte um das Doppelte, andere bis zu 50%. Hier eine Auswahl (von West nach Ost):

IN TEMUKUS – *Krisna Beach Inn*-*** ④,
41141, einfach, aber in schöner Lage am Strand; hübscher Garten und Restaurant.
Samudra Hotel***-**** ⑤, 41751, Zi mit Fan oder ac, heiße Dusche, inkl. Frühstück, schöner Garten, Restaurant.
Toto Homestay* ⑧, 41107, sehr kleine Zi / Bungalows mit Bad, Restaurant.
Adirama Beach Hotel (US$25–50) ⑨, 41759, mit Fan oder ac, TV und heißes Wasser, Restaurant, Swimming Pool.
Bali Dewata** ⑫, 41778, inkl. Frühstück, mit Restaurant, leider nicht am Strand.
Aditya Hotel (US$23–52) ⑭, 41059, 41342, 80 Zi mit TV, ac oder Fan, Heißwasser; Anlage mit Pool, Pub und Restaurant.

IN KALIBUKBUK – *Manggala Hotel*** ⑯, 41371, Zi mit Mandi, Fan und Frühstück, schöner Garten, Restaurant (Eiscreme).
Purnama Homestay*-** ⑱, mit Fan und Bad, inkl. Frühstück.
Lovina Beach Hotel**-**** ⑲, 41473, saubere Zi mit Fan oder ac, Heißwasser, Badewanne, Frühstück; schöner Garten, Strandrestaurant.
Bali Lovina Beach Cottage (US$40–70) ⑳, 41285, 41478, Zi mit Fan oder ac und Heißwasser; mit Pool und einer Filiale des Barrakuda Dive Centers.
Wisnu Cottages*-** ㉒, schöne Zi mit Mandi/Fan in einem Garten am Strand; Restaurant.
Padang Lovina Cottages***-**** ㉚, 41302, sauber, aber etwas steril, mit Fan und Frühstück.
Angsoka Cottages**-**** ㉗, 41841, 41023, Bungalows mit Fan oder ac, inkl. Frühstück; Swimming Pool, Restaurant.
Harris Homestay** ㉙, sauber und sehr ruhig gelegen, von einer deutschen Frau geführt; Fan, Mandi, Frühstück, Moskito-Netz.
Palestis Beach Cottages** ㉘, 41035, sauber, nett und preiswert, mit Fan, Moskito-Netz, Open Air Badezimmer und Frühstück.
Susila 2 Beach Inn*-** ㉖, 41565, Mandi, Fan, Frühstück.
Chono's Cottage*-** ㉜, 41569, Fan, Mandi, Frühstück; schöner, verwilderter Garten, empfehlenswert.

Rambutan Cottages***-**** ㊴, ✆/✉ 41388, schöne, große, luftige und saubere Zi mit Fan, Bad und Moskitonetz, guter, freundlicher Service, ruhig gelegen; schattiger, großer Garten, Restaurant und Swimming Pool.

Rini Hotel**-*** ㊲, ✆ 41386, sauber, guter Service, schöner Garten.

Mas Lovina Hotel (US$90–168) ㊷, ✆ 41237, 41236, zehn komplett eingerichtete Bungalows: 2 Schlafzimmer, 2 Badezimmer, Wohnzimmer, Küche etc.; Swimming Pool, Tennisplatz.

IN ANTURAN – *Palma Beach Hotel* (US$75–194) ㊹, ✆ 41775, ✉ 41659, das erste Luxushotel am Lovina Beach.

Celuk Agung Hotel (US$29–64) ㊽, ✆ 41039, 41379, Fan oder ac, TV und Kühlschrank; Swimming Pool und Restaurant.

Lila Cita Beach Inn** ㊻, kleine, einfache Zimmer mit Mandi, z.T. mit Fan, inkl. Frühstück, schön am Meer gelegen, mit Garten.

IN TUKAD MUNGGA – *Puri Mandhara Hotel*** ㊿, ✆ 41476, mit und ohne Mandi, mit Fan oder Balkon, inkl. Frühstück, sauber und akzeptabel.

Bali Taman Hotel (US$27–55) ㊽, ✆ 41126, ✉ 41840, 18 Zimmer, Fan oder ac, mit Restaurant und Pool.

IN PEMARON – *Permai Beach Cottages**-**** ㊻, ✆ 41471, Fan oder ac, TV, Heißwasser, Badewanne; preiswert und mit schöner Aussicht von den Balkonen im 1. Stock; Restaurant und Permai Dive Center.

Jati Reef Bungalows**-*** ㊼, ✆ 41952, preiswerte, wenn auch schmucklose Zi mit Fan und Open Air-Bad; großer Garten, ruhig gelegen inmitten von Reisfeldern fast am Strand.

Baruna Hotel (US$20–60) ㊾, ✆ 41745, ✉ 41252, Fan oder ac; kleiner Swimming Pool, Restaurant.

Essen

Viele Losmen und Hotels haben ihr eigenes Restaurant und oft auch eine Bar.
Zusätzlich säumen zahlreiche Restaurant und Rumah Makan die Straßen, einige mit Videoprogramm und / oder Live-Musik sowie Tanzvorführungen inkl. Büffet.
Der Treffpunkt in Lovina ist zur Zeit das *Superman Restaurant*, viele Infos.

Sonstiges

INFORMATIONEN – ein kleines Informationsbüro befindet sich im Gebäude der Polizei in Kalibukbuk, theoretisch tgl. außer So 8–20 Uhr geöffnet.

MEDIZINISCHE VERSORGUNG – *Dr. A. A. M. Udayana*, ✆ 41459, Kalibukbuk, nicht weit von den Wisnu Cottages, ist ein praktischer Arzt, der in Deutschland studiert hat und Deutsch spricht.

VORWAHL – 0362.

WASSERSPORT – Schnorcheltouren (ca. 2 Std.) werden für 5000 Rp p.P. inklusive Ausrüstung angeboten, sowie Delphin-Touren 10 000 Rp p.P. mit anschließendem Schnorcheln (Abfahrt gegen 6 Uhr früh).
In der Hauptsaison jagen etwa 20 Boote allmorgendlich hinter ein paar Delphinen her...

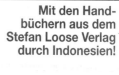

Mit den Handbüchern aus dem Stefan Loose Verlag durch Indonesien!

Indonesien
848 Seiten, 190 Karten,
über 100 Fotos
ISBN 3-922025-70-6
44,80 DM, 42,80 Sfr, 327 ÖS

Sumatra
444 Seiten, 56 Karten,
86 Fotos
ISBN 3-922025-59-5
36,80 DM, 35,80 Sfr, 269 ÖS

Bali Java
608 Seiten, 90 Karten,
über 110 Fotos
ISBN 3-922025-49-8
36,80 DM, 35,80 Sfr, 269 ÖS

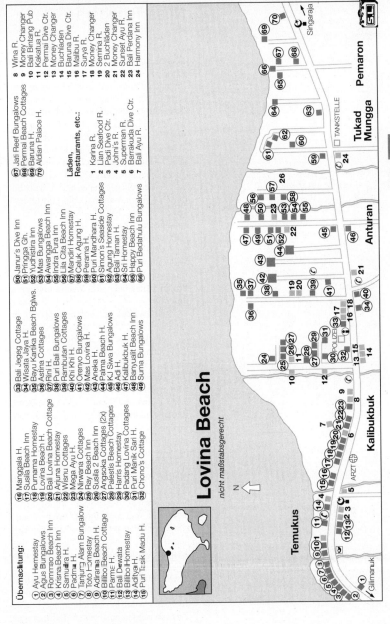

Nusa Tenggara

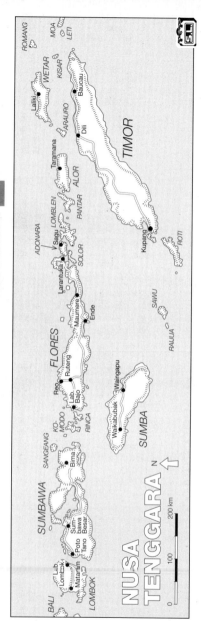

Der indonesische Name Nusa Tenggara bedeutet „südöstliche Inseln" und bezeichnet die kleinen Sunda-Inseln östlich von Bali. Sie sind administrativ in drei Provinzen unterteilt: Nusa Tenggara Barat (West) mit den Hauptinseln Lombok und Sumbawa, wo 3,7 Millionen Menschen (1996) auf einer Fläche von 20 177 km2 leben. Nusa Tenggara Timur (Ost) besteht aus den Inseln Komodo, Sumba, Flores und West-Timor. Hier leben auf 47 876 km2 3,6 Millionen Menschen. Eine eigene Provinz bildet Ost-Timor, das ehemalige portugiesische Überseegebiet, das erst seit 1976 zu Indonesien gehört und später zur 27. Provinz des Staates erklärt wurde (14 874 km2, 800 000 Einwohner). Wie die Zahlen erkennen lassen, nimmt die Bevölkerung von West nach Ost deutlich ab. Die Provinzhauptstädte sind Mataram, Kupang und Dili.

Zwischen Bali und Lombok verläuft die Wallace-Linie. Östlich dieser Grenze treten verschiedene Arten asiatischer Flora und Fauna nur sporadisch auf. Große Säugetiere wie Elefant, Tiger, Leopard, Tapir usw. kommen nicht mehr vor. Dafür findet man typische Arten australisch-melanesischer Fauna und Flora. Anstatt tropischer Regenwälder überwiegt hier eine Savannenlandschaft. Östlich von Bali zeigt sich Indonesien von einer anderen Seite.

Je weiter man nach Osten kommt, umso stärker wird auch der melanesische Einfluß. Während an den Küsten vielfach Malaien siedeln, findet man im Landesinneren, etwa auf Flores oder Timor, Melanesier. Sie sind weitgehend christianisiert. Hingegen leben auf Sumbawa und der östlichen Hälfte Lomboks ziemlich orthodox gesinnte Moslem und im Westen von Lombok hinduistische Balinesen.

Die Infrastruktur ist wie in allen „abgelegenen Ecken" Indonesiens bescheiden, doch sind in den letzten Jahren beachtliche Verbesserungen eingetreten. Expreßbusse verkehren täglich zwischen Java und Bima

(Ost-Sumbawa). Sumba, Flores und Timor haben jeweils eine Straßenverbindung in West-Ost-Richtung, die abschnittsweise allmählich sogar asphaltiert wird. Dies trifft vor allem auf Timor zu, wofür wohl militärische Gründe ausschlaggebend sind. Dagegen erfordern Abstecher von diesen Hauptstraßen an die Nord- und Südküsten der Inseln schon einiges an Improvisationstalent, gegebenenfalls auch Fußmärsche, besonders während der Regenzeit (November–Mai). Fähren verkehren zwischen den Inseln Bali, Lombok, Sumbawa, Komodo, Flores und Timor. Die Schiffe der Pelni-Gesellschaft verbinden viele Häfen Nusa Tenggaras mit Sulawesi, Java und den Molukken. Wer längere Wartezeiten vermeiden will, muß auch mal eine kürzere Strecke fliegen. Merpati bedient als einzige Gesellschaft sämtliche Flugplätze der Region mehrmals wöchentlich. Bouraq landet nur auf einigen wenigen Flugplätzen, ist aber verläßlicher als Merpati.

Eine mögliche Rundreise durch NT könnte also mit einem Flug von Bali oder Bima nach Waikabubak (West-Sumba) beginnen, weiter mit dem Bus nach Waingapu (Ost-Sumba), Schiff nach Kupang (Timor) und weiter nach Alor. Mit kleinen Schiffen durch den Solor- und Alor-Archipel nach Larantuka (Ost- Flores) und mit Bussen und Fähren in westlicher Richtung zurück nach Bali. 5–6 Wochen sollte man für einen solchen Rundtrip schon veranschlagen.

Lombok

Balinesische Tempel und Paläste gehören zum Bild des westlichen Teils der Insel Lombok. Zu Beginn des 18. Jahrhunderts wurde Lombok von Bewohnern der westlichen Nachbarinsel erobert, die hier vier Fürstentümer gründeten. Unliebsame und aufrührerische Balinesen wurden häufig hierher verbannt.

Die ursprüngliche Bevölkerung, die Sasak, war bereits im 17. Jahrhundert mit dem Islam konfrontiert worden. Sunan Prapen, ein Sohn des berühmten Wali Sunan Giri aus Gresik (Ost-Java), versuchte die Lehre des Propheten zu verbreiten. Wie es scheint, mit nicht allzu großem Erfolg, denn der alte animistische Glaube der Sasak spielt weiterhin eine wichtige Rolle. Nach der Ankunft der Balinesen trat als drittes Element der balinesische Hinduismus hinzu. Heute bezeichnet man diese Religion als Wetu Telu, wobei beide Worte aus der Sasak-Sprache „Ergebnis" und „drei" bedeuten, gemeint sind damit aber nicht nur die drei Wurzeln dieser Religion, sondern insgesamt die Trinität allen Seins. Das drückt sich zum Beispiel in der Dreifaltigkeit von Allah, Mohammed und Adam aus. Eine ähnliche Trinität besteht bei Sonne, Mond und Sternen, die Himmel, Erde und Wasser symbolisieren. Obwohl sich die Anhänger dieser Religion, das sind etwa ein Drittel der Gesamtbevölkerung von Lombok, als Mohammedaner bezeichnen und fühlen, werden doch viele Glaubensgrundsätze des Islam nicht praktiziert. So wird der Fastenmonat Ramadan nicht eingehalten, Wetu-Telu-Anhänger fasten nur drei Tage. Ebenso ist das islamische Gebot des fünfmaligen täglichen Gebets unbekannt. Obwohl die Toten mit dem Kopf nach Mecca begraben werden, ist noch kein Wetu-Telu-Sasak je zur Hadsch in die heilige Stadt gereist. Bei den jüngeren Sasak hat der orthodoxe Islam in den vergangenen Jahrzehnten viele Anhänger gewonnen. Oft waren die Beziehungen zwischen den verschiedenen Glaubensrichtungen Lomboks sehr gespannt.

Die Eingliederung der Insel Lombok in das niederländische Kolonialreich begann im 19. Jahrhundert. 1843 schloß der balinesische Raja von Mataram einen Schutzvertrag mit der holländischen Kolonialregierung in Batavia. 1894 wurde die Insel auch verwaltungsmäßig Niederländisch-Ostindien eingegliedert. Hier wie auch in anderen Teilen des Archipels zeichnete sich die holländische Politik durch Ausspielen der verschiedenen Bevölkerungsgruppen gegeneinander aus. Sasak-Fürsten verbündeten sich gegen Batavia, Kolonialtruppen landeten auf Lombok und verlangten vom Raja von Mataram eine Million Gulden „Wiedergutmachung". Jüngere Prinzen widersetzten sich und vertrieben die holländischen Soldaten von der Insel. Eine Strafexpedition landete, und das eigenständige Schicksal Lomboks war besiegelt. Den Raja schickte man ins Exil, und der widerspenstige Kronprinz wurde ermordet.

Lembar

In einer malerischen Bucht an Lomboks Westküste, 31 km südlich der Hauptstadt, liegt der wichtigste Hafen der Insel. Hier legen regelmäßig die großen Passagierschiffe von Pelni und die Fähren von und nach Bali an. Lembar ist nur ein kleines Dorf, eignet sich aber als Basis für Ausflüge in den wenig erschlossenen Südwesten Lomboks.

Übernachtung

Sri Wahyu Homestay*-**, Jl. Pusri 1, einfach, mit Restaurant und Garten; 1 1/2 km vom Hafen im Dorf Serumbung, mit Cidomo (Pferdekutsche) 500 Rp.
Serumbung Indah**, 200 m vom Sri Wahyu an der Straße nach Mataram, empfehlenswert.

Transport

MINIBUSSE – Nach Cakranegara, Stasiun Sweta, 2500 Rp. Außerdem werden für Traveller Shuttle-Busse angeboten, die meist non-stop in die Hauptstadt bis zur gewünschten Adresse fahren (3000 / 3500 Rp) oder gleich bis SENGGIGI oder sogar nach BANGSAL zu den Booten auf die Inseln Gili Air, Meno und Terawangan.

FÄHREN – 12x tgl. nach PADANG BAI, Bali (4 Std.), Abfahrt alle 2 Std. um 24, 2, 4, 6 Uhr usw; Fahrpreise: VIP (ac) 10 000 Rp, Kind 5500 Rp; Ekonomi 5800 Rp, Kind 3000 Rp; Motorrad 8000 Rp; PKW 37 000 Rp.

SCHIFFE – Lembar wird regelmäßig von folgenden Pelni-Schiffen angelaufen: **KM. Sirimau**, **KM. Tilongkabila**, **KM. Awu** und **KM. Binaiya** (Details s.S. 797f).
Tickets bei *Pelni* in Ampenan, Jl. Industri 1, ✆ 27212, ✆ 21604.

Mataram / Ampenan / Cakranegara

Die Verwaltungshauptstadt Mataram ist mit den beiden Nachbarorten, der alten Hafenstadt Ampenan und dem chinesisch geprägten Cakranegara, zusammengewachsen. Die für indonesische Provinzhauptstädte typischen Verwaltungsgebäude, Banken und Büros konzentrieren sich entlang der großen West-Ost-Straße. Sehenswertes ist kaum zu entdecken.

In Cakranegara steht der größte Tempel von Lombok, **Pura Meru**. 1720 wurde er auf Anordnung des balinesischen Prinzen Anak Agung Made Karang erbaut. Im Vergleich zu den Anlagen von Bali ist er allerdings etwas enttäuschend und vernachlässigt. Im äußeren Hof sind die großen hölzernen Trommeln untergebracht, durch die die Gläubigen zum Tempel gerufen werden, der mittlere Hof besitzt zwei erhöhte Plattformen, auf denen die Opfergaben abgestellt werden. Im inneren Hof stehen ein großer sowie an die 30 kleinere Schreine. Die drei Meru symbolisieren durch die Zahl ihrer Dächer die drei Gottheiten Shiva (11), Wishnu (9) und Brahma (7).

Östlich der Jl. Sultan Hasanuddin, schräg gegenüber vom Pura Meru, findet man den **Taman Mayura**, früher ein Teil des balinesischen Königshofes. In der Mitte des künstlichen Sees steht eine offene Halle, die über einen Steg erreicht werden kann. Hier fand 1894 die militärische Auseinandersetzung mit holländischen Kolonialtruppen statt. Es gelang den Balinesen, alle holländischen Soldaten von der Insel zu vertreiben – allerdings nur für ein paar Monate.

Ein **Chinesischer Tempel** steht in Ampenan, Jl. Pabean, nicht weit vom alten Hafen, allerdings nichts Besonderes. Hat man ein paar Stunden übrig, lohnt sich ein Besuch des **West Nusa Tenggara Museums**

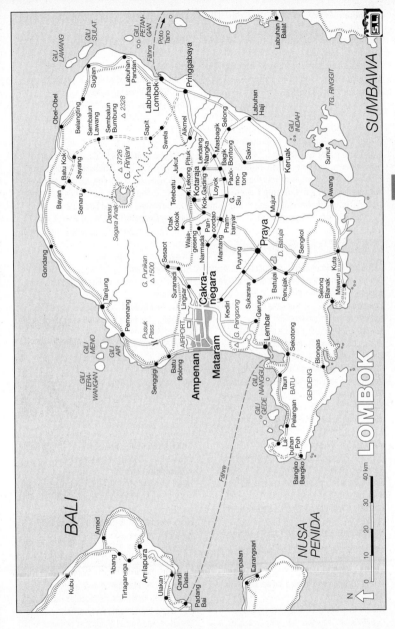

(Museum NTB) in der Jl. Panji Tilar Negara 6, ✆ 22159. In dem Gebäude sind umfangreiche Sammlungen von Waffen, Textilien, Haushaltsgegenständen, Modellen traditioneller Häuser und anderer Dinge ausgestellt. Geöffnet täglich 8–16 Uhr, außer Mo und feiertags.

Am nördlichen Stadtrand von Ampenan steht am Strand **Pura Segara**, ein Hindutempel, der meist verschlossen ist. Dahinter ein chinesischer Friedhof, noch etwas weiter das moslemische Gegenstück. Sehenswert sind die vielen buntbemalten Fischerboote. 9 km südlich von Mataram hat man vom Hügel **Gunung Pengsong** mit einem Tempel voller Affen eine sehr schöne Aussicht über einen Großteil der Insel.

Übernachtung

AMPENAN – *Hotel Zahir**, Jl. Koperasi 9, kleine Zimmer mit und ohne Mandi, Innenhof; müßte dringend renoviert werden.

Losmen Horas*-**, Jl. Koperasi 62, ✆ 31695, einfach, aber kürzlich renoviert.

Wisma Triguna**, Jl. Koperasi 76, ✆ 31705, akzeptabel, schattiger Innenhof.

Hotel Wisata**-***, Jl. Koperasi 19, ✆ 26971, ✆ 21781, Zi mit Mandi/Fan oder Du/WC, ac und Heißwasser, neu und sauber; gutes Restaurant.

Nitour Hotel (US$35–40), Jl. Yos Sudarso 4, ✆ 23780, ✆ 36579, mit Restaurant und Garten, alle Zimmer mit ac und TV.

MATARAM – *Wisma Nusantara 1*-***, Jl. Letjen. Suprapto 28, ✆ 22522, 23492, nicht schlecht.

Paradiso Hotel**-***, Jl. Angsoka 3, ✆ 32675, 32074, zum Teil mit ac, Heißwasser; ein ruhiges Hotel mit schattigem Garten und Restaurant.

Losmen Kamboja*, Jl. W. R. Supratman 10, ✆ 32211.

Hotel Mareje Sari Guna*-***, Jl. Pariwisata 9, ✆ 31711, kleines, sauberes und sehr ruhiges Hotel, Zimmer mit Fan oder ac.

Hotel Kertayoga**-***, Jl. Pejanggik 64, ✆ 21775, Zimmer teilweise mit ac, inkl. Frühstück, etwas laut.

Wisma Chandra**, Jl. Catur Warga 55, ✆ 23979, einfach, aber o.k., inkl. Frühstück, mit Restaurant.

Losmen Rinjani*, Jl. Catur Warga 18, ✆ 31633, anspruchslos.

Hotel Tenang**-***, Jl Catur Warga 2, ✆ 23345, z.T. mit ac, sonst recht dürftig, kleiner, begrünter Innenhof.

Hotel Handika (US$12–42), Jl. Panca Usaha 3, ✆ 33578, z.T. mit ac, sauber.

Lombok Raya Hotel (US$67–97), Jl. Panca Usaha 11, ✆ 32305, 36478, relativ luxuriöses Hotel mit 48 Zi, Restaurant, Bar und Swimming Pool.

Hotel Granada (US$28–50), Jl. Bung Karno, ✆ 32260, 36219, ✆ 36015, gepflegte Zimmer und Bungalows mit Telefon, Kühlschrank, Heißwasser, ac und TV; schöner Garten mit kleinem Zoo, Swimming Pool und Restaurant.

Sayung Cottages (US$22), Jl. Bung Karno 31, ✆/✆ 25378, schön eingerichtete Bungalows im Sasak-Stil mit Telefon, ac und Heißwasser; großer Garten, Restaurant.

Hotel Puri Indah***, Jl. Sriwijaya, ✆ 37633, Zimmer mit Fan oder ac; Restaurant und Swimming Pool.

Graha Ayu Hotel (US$29–40), Jl. Ismail Marzuki, ✆ 35697, ✆ 26291, sauber und gepflegt, großer Garten, Restaurant.

Hotel Selaparang***-****, Jl. Pejanggik 42, ✆ 32670, 33235, zum Teil mit ac, lohnt nicht die Mehrausgabe.

Mataram Hotel (US$16–28), Jl. Pejanggik 105, ✆ 33675, ✆ 34966, inkl. Frühstück, z.T. mit ac, Tel, Heißwasser, Kühlschrank und TV; Swimming Pool.

CAKRANEGARA – *Srikandi Inn**-****, Jl. Kebudayaan 2, ✆ 35591, inkl. Frühstück.

Wisma Nusantara 2*-***, Jl. Beo 10, ✆ 33826.

Hotel Pusaka**-****, Jl. Sultan Hasanuddin 23, ✆ 33119, inkl. Frühstück, Zimmer zum Teil mit ac und TV.

Hotel Merpati**-**, Jl. Sultan Hasanuddin 17, ✆ 32212, sehr einfach, laut.

Hotel Ratih**-****, Jl. Pejanggik 127, ✆ 31096, ✆ 24865, Zi z.T. mit ac, Heißwasser, Tel und TV.

Hotel Shanti Puri**-***, Jl. Maktal 15, ✆ 32649, saubere Zi mit Mandi, Fan oder ac, viele Traveller; schöner, kleiner Innenhof, gutes Restaurant, freundliche balinesische Familie; Fahr- und Motorräder sowie Autos können hier gemietet werden, viele Infos.

Losmen Ayu*-***, Jl. Nursiwan 20, ✆ 21761, Zimmer mit und ohne Bad, Fan oder ac, freundliche Leute.
Adiguna Homestay**, Jl. Nursiwan 9, ✆ 25946, saubere Zi mit Mandi/WC und Fan; Innenhof.
Losmen Astiti 2*-**, Jl. Subak III / 3, ✆ 37988, Zi mit und ohne Bad, alle mit Fan, inkl. Frühstück und jederzeit Kaffee oder Tee.
Hotel Cakrajaya**, Jl. Tenun 1, ✆ 33480, inkl. Frühstück, preiswert.
Losmen Buana Mas*-**, Jl. Brawijaya 18, ✆ 35360, ziemlich weit außerhalb.

Essen

Rumah Makan Cirebon, Jl. Yos Sudarso, Ampenan, ✆ 32625, chinesisches und westliches Essen.
Rumah Makan Setia, Jl. Yos Sudarso, ist billiger, macht allerdings einen etwas schmuddeligen Eindruck.
Vanilli Steakhouse, Jl. Pejanggik, ✆ 22233, gegenüber vom General Hospital in Mataram, Spezialität: Steaks, Durian-Eis und Milchshakes.
Restaurant Sekawan, Jl. Pejanggik 59, ✆ 21883, Seafood und chinesisch.
Restaurant Madya, Jl. Sultan Hasanuddin, Cakranegara, ✆ 35709, preiswert.
Rumah Makan Dirgahayu, Jl. Cilinya, Mataram 10, ✆ 37559, gute indonesische Küche.
Restaurant Sayung, Jl. Bung Karno, ✆ 25378, Mataram, nicht weit vom Granada Hotel, chinesische und europäische Küche.

Einkaufen

ANTIQUITÄTEN, ETHNOGRAFIKA UND SOUVENIRS – *Musdah*, in einer Seitenstraße, 200 m vom Zahir Hotel, Ampenan.
Sudirman, Jl. Yos Sudarso 88, ✆ 32553, Ampenan.
Indrakila Art Gallery, Jl. Pramuka, ✆ 23791.
Sindhu Putra, Jl. Gora Sindhu, ✆ 36603, Cakranegara.
Putra Kathina Art Shop, Jl. Ismail Marzuki 5, ✆ 26311, 26995, Cakranegara.
Gallery Lombok Asli, Jl. Raya Montong, ✆ 24646, ✆ 22020, Mataram.
Sari Kusuma Art Shop, Jl. Selaparang 45, ✆ 23338, Cakranegara.

HANDGEWEBTE IKAT-STOFFE – *Pertenunan Rinjani*, Jl. Pejanggik 44–46, wo man auch bei der Produktion zusehen kann.
Slamet Riady, Jl. Tenun 10, ✆ 21196.
Suka Hati, Jl. Majeluk, Gg. 2, Karang Jero, ✆ 23504, 22920, Cakranegara.
Sari Bunga, Jl. Umar Maya, Gg. Perkutut 18, Cakranegara.

MALEREI – Einer der bekanntesten Maler Lomboks, *I Wayan Pengsong*, verkauft seine Werke in der Jl. Banjaransari 20, ✆ 25217, Cakranegara.

SUPERMARKT – *Toko Jembatan Baru*, Jl. Pejanggik 41, ✆ 31820, in dem Supermarkt gibt es so ziemlich alle Lebensmittel, die ein Westler auf Lombok vermissen könnte: Schokolade, Kuchen.

TÖPFERWAREN – der Sasak gibt es im *Lombok Pottery Center*, Jl. Majapahit 7, ✆/✉ 23804, Mataram.

ZUCHTPERLEN – von Gili Air und vom Tanjung Ringgit, Ost-Lombok, bei *Lombok Island Pearls*, Jl. Sriwijaya 301, ✆ 35221, Mataram.

Sonstiges

AUTOVERMIETUNG – *Yoga Rent Car*, Jl. Pejanggik A 1, Mataram, Komplex APHM Cilinaya, ✆ 37609.
Rainbow Rent Car, Jl. Pejanggik 12–14, Mataram, ✆ 22488, 21090.
Oriental Car, Jl. Selaparang, Gg. Kepundung II/4, Cakranegara, ✆ 21208.

GELD – *Bank Negara Indonesia 1946 (BNI)*, Jl. Langko 64, ✆ 21946.
Bank Indonesia, Jl. Pejanggik 2, Ecke Jl. Udayana, ✆ 31237.
Bank Bumi Daya, Jl. Sultan Hasanuddin, ✆ 22303.
Bank Exim, Jl. Pejanggik 20, ✆ 31240.
Bank Central Asia (BCA), Jl. Pejanggik 67, ✆ 32587, 32588, ✉ 22347; hier können Besitzer von Kreditkarten Bargeld abheben. Ebenso in der *Bank Danamon*.
Money Changer findet man in Cakranegara, Jl. Pejanggik, und in Ampenan, Jl. Saleh Sungkar.

GOLF – Etwa 16 km östlich der Stadt in der Nähe von Suranadi finden Freunde des Golfsports den *Golong Golf Course* mit zur Zeit noch 9 Löchern, er soll auf 18 erweitert werden.

IMMIGRATION – (das einzige Office in Nusa Tenggara Barat), Jl. Udayana 2, ✆ 32520, Mataram.

INFORMATIONEN – *Tourist Office*, Jl. Langko 70, ✆ 31730, schräg gegenüber vom Ampenan-Postamt, tgl. außer Sa/So 9–13 Uhr geöffnet. *Depparpostel*, Jl. Indrakila 2 A, ✆ 22327, 32723, ✆ 27233, Mataram.

MOTORRÄDER – im Pasar Bras in Cakra können Motorräder für ca. 10 000 Rp pro Tag gemietet werden. Außerdem bei *Perama Tours & Travel*, Jl. Pejanggik 66, ✆ 23368, Mataram.

PHPA – Büro der Naturschutzbehörde in Mataram, Jl. Pejanggik 42, ✆ 31504.

POST – *Post Office* in Ampenan an der Jl. Langko, in Cakra an der Jl. Pejanggik und in der Jl. Kebudayaan; das General Post Office befindet sich in Mataram an der Jl. Sriwijaya.

TAUCHEN – *Rinjani Divers*, Jl. Pemuda, ✆ 31402, ✆ 23253, Mataram, führt tgl. an verschiedenen Plätzen der Insel Tauchgänge durch.

TELEFON – *Telkom*, Jl. Langko 23, ✆ 22000, Mataram, für internationale Telefonate, ✆, Telegramm und Telex, 24 Std. geöffnet. Ähnlichen Service bieten:
Warparpostel P.T. Panorama, Jl. T. G. H. Faisal 45, ✆ 34778, ✆ 34779, Cakra;
Warparpostel in der Jl. A. A. Gede Ngurah, Cakra;
Wartel, Jl. Yos Sudarso, Ampenan, 24 Std. geöffnet.

TOUREN – *Perama Tours & Travel*, Jl. Pejanggik 66, ✆ 35936, 35928, Mataram, unternimmt Bootstouren (bis zu 7 Tagen) mit einem kleinen, aber gut ausgestatteten Schiff von Lombok über Sumbawa und Komodo nach West-Flores (Labuan Bajo), mit Stops zum Schnorcheln, Waranfütterung usw. Kostet bis zu US$200 pro Person alles inklusive – einige Teilnehmer waren begeistert, andere enttäuscht.

VORWAHL – 0370.

Nahverkehrsmittel

CIDOMO – In der Stadt, besonders in den Vororten, wie auch auf dem Lande begegnet man oft dem *Cidomo*, einer kleinen zweirädrigen Pferdekutsche – hier muß der Preis ausgehandelt werden, ca. 500 Rp pro km.

MINIBUSSE – sind das gängige Nahverkehrsmittel. Von der Sweta Station in Cakra fahren sie auf verschiedenen Rundkursen durch die Stadt zum Minibus Terminal Kebun Ruee in Ampenan, Jl. Adi Sucipto. Der Fahrpreis beträgt immer 300 Rp, egal wie weit.

Transport

BUSSE – Zentrale Bus / Minibus Station ist **Stasiun Sweta**, 1 km östlich von Cakranegara. Auf einer großen Tafel sind alle Fahrpreise aufgelistet.
Preisbeispiele für **Minibusse**:
Hafen LEMBAR 2500 Rp,
KUTA 1800 Rp,
LABUHAN LOMBOK 3000 Rp (2 Std.),
PEMENANG 1200 Rp,
PRAYA 1000 Rp,
SENGGIGI 600 Rp.
Expressbusse: ab Sweta Bus Station (hier auch Tickets) nach BIMA hat *Damai Indah*, Jl. Sultan Hasanuddin 17, Cakra.
Nach SURABAYA fahren:
Bali Cepat, Jl. Sultan Hasanuddin 22, Cakra,
Bali Indah, Jl. Selaparang 65, Cakra.
Kosten je nach Ausstattung:
DENPASAR 18 000 / ac 22 000 Rp inkl. Fähre,
SURABAYA in 2 Tagen, inkl. einigen kleinen Mahlzeiten und Fähren 32 000 / ac 37 000 Rp;
YOGYAKARTA 48 000 / ac 54 000 Rp,
JAKARTA 71 000 / ac 81 000 Rp;
SUMBAWA BESAR 10 000 / ac 12-15 000 Rp,
BIMA 22 000 / ac 27 000 Rp,
SAPE 28 000 / ac 32 000 Rp.

Shuttle-Bus nach BANGSAL zur Anlegestelle der Boote zu den Inseln GILI AIR, GILI MENO und GILI TERAWANGAN, 5500 Rp; von den meisten Hotels wird man abgeholt. Etwas überteuert sind die Tickets für Shuttle-Busse inkl. Bootstrip zu den Inseln, GILI AIR 7500 Rp, GILI MENO 8000 Rp, GILI TERAWANGAN 8500 Rp.
Ebenso werden Shuttle-Busse in die Touristenzentren Balis angeboten, wobei die Fähre (Ekonomi) inklusive ist. Für etwa den gleichen Preis kann man auch mit einem Shuttle-Bus nur bis Lembar fahren, auf der Fähre 1. Klasse (ac) nehmen und findet dann in Padang Bai bis zum späten Nachmittag problemlos einen anderen

Shuttle-Bus nach Kuta oder Ubud.
Am häufigsten verkehren die Shuttle-Busse der Firma **PT. Lombok Independent**, Jl. G. Kerinci 4, ✆/✉ 33241, Mataram.

FLÜGE – Merpati, Bouraq, Sempati und Silk Air fliegen den Selaparang Airport an, der 2 km nördlich der Stadt liegt, Bemo 300 Rp.
Merpati, Jl. Yos Sudarso 6, Ampenan, ✆/✉ 23762, geöffnet Mo–Sa 8–17, So und feiertags 9–12 Uhr; Jl. Pejanggik (neben Hotel Ratih), ✆ 32226, geöffnet Mo–Do 7.30–12 und 13–16.30, Fr 7.30–12 und 14–16.30 Uhr, Sa, So und feiertags 9–14 Uhr.
Sempati, Jl. Pejanggik B 8, Komplek APHM Cilinaya, Mataram, ✆ 31612, ✉ 31226.
Bouraq, Jl. A. A. Gede Ngurah 63, Cakra, ✆ 31640, 35651, geöffnet Mo–Sa 8–17, So 8–13 Uhr.
Silk Air, Pacific Supermarket (Senggigi Beach), Jl. Raya Senggigi, ✆ 93877, ✉ 93822.
Preisbeispiele (ohne MwSt):
BIMA 112 000 Rp (MZ),
DENPASAR 54 000 Rp (SG, MZ, BO),
SUMBAWA BESAR 56 000 Rp (MZ),
SURABAYA 105 000 Rp (SG, MZ, BO).
Silk Air fliegt tgl. außer Fr nach Singapore.

SCHIFFE – Fähre nach Bali und Pelni-Schiffe ab Hafen LEMBAR (s.S. 797f).
Fähre nach POTO TANO, dem Fährhafen von West-Sumbawa, ab LABUHAN LOMBOK an der Ostküste; tgl. zwischen 7 und 18 Uhr ca. stündlich; Fahrpreis 2400 Rp, Kind 1500 Rp, Motorrad 4200 Rp, PKW 38 000 Rp; Fahrzeit 1 1/4 Std.
Die **Mabua Express**, ein komfortables Schnellboot (ac) für 248 Passagiere, fährt tgl. 11.30 und 17 Uhr in ca. 2 Std. von Lembar nach BENOA, Bali (Ekonomi US$17,50 / 1. Kl. US$25):
P. T. Mabua Intan Express, Pelabuhan Lembar, ✆/✉ 37224.

Senggigi Beach

Das kleine, in einer schönen Bucht gelegene Fischerdorf Senggigi ist inzwischen fast völlig verschwunden, geblieben ist nur der Name: jetzt wird damit ein 13 km langer Küstenabschnitt bezeichnet, der schon wenige Kilometer nördlich von Ampenan beginnt und zunehmend vom Tourismus vereinnahmt wird. An den einzelnen Buchten mit zum Teil sehr schönen Stränden sind in erster Linie weiträumig angelegte Luxushotels gebaut worden, mehrere sind noch geplant. Dennoch findet man auch preiswertere Unterkünfte.

Läuft man von Ampenan immer am Strand entlang, erreicht man nach 6 km **Batu Layar**, ein bedeutendes Islam-Wetu-Telu-Heiligtum, bestehend aus einem kleinen Haus, in dem das Grab eines berühmten Heiligen untergebracht ist. Dahinter liegt ein Moslemfriedhof.

3 km weiter in **Batu Bolong** steht ein Hindutempel auf einem Felsen. Hier kann man Sonnenuntergänge mit Aussicht auf das nur wenige Kilometer entfernte Bali mit dem Gunung Agung genießen. Wer über ein eigenes Fahrzeug verfügt, kann von Senggigi noch einige Kilometer noch Norden weiterfahren.

Sobald man die letzte Hotelanlage hinter sich gelassen hat, führt die asphaltierte Straße hinauf in die Hügel, an einer Steilküste mit phantastischer Aussicht entlang und wieder hinab an den kleinen Nipah Beach. Auch der Weiterweg nach Pemenang ist durchgehend asphaltiert.

Übernachtung

UNTERE UND MITTLERE PREISKLASSE –
Eine Auswahl von Süden nach Norden:

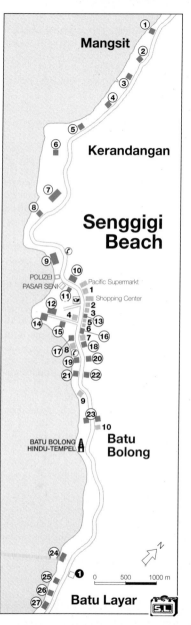

Übernachtung:
1. Nusa Bunga H.
2. Pondok Taman Windy
3. Holiday Inn
4. Pondok Damai
5. Santai Beach Inn
6. Park Royal H.
7. H. Puri Saron
8. Pacific Beach Cottages
9. Sheraton Senggigi Beach H.
10. Puri Bunga Beach Cottages
11. Pondok Shinta
12. Lombok Intan Laguna
13. Pondok Wisata Rinjani
14. Senggigi H.
15. Mascot Cottages
16. H. Bukit Senggigi
17. Lina Cottages
18. Pondok Sederhana
19. Graha Beach H.
20. Pondok Senggigi
21. Sahid Tamara Beach H.
22. Melati Dua Cottages
23. Batu Bolong Cottages (2x)
24. Hotel Bintang Senggigi
25. Atithi Sanggraha H.
26. Pondok Asri H.
27. Jayakarta H.

Läden, Restaurants, etc.:
1. Princess of Lombok R.
2. Padang Murah R.
3. Buchladen
4. Dive Shop
5. Sudirman Art Shop
6. Dive Shop
7. Buchladen
8. Sunshine R.
9. Dynasty R.
10. Kafe Wayan

Transport:
1. Surya Car Rental

Pondok Asri Hotel** ㉖, Batu Layar, ✆ 93075, eine der wenigen billigen Unterkünfte direkt am Strand, der hier aber nicht so großartig ist.
Atithi Sanggraha Hotel**-*** ㉕, Batu Layar, ✆ 93070, preiswert und am Strand.
Batu Bolong Cottages***-**** ㉓, ✆ 93065, ✉ 93198, saubere Bungalows; Restaurant, schöner, eigener Strand.
Melati Dua Cottages***-**** ㉒, Jl. Raya KM 13, ✆ 93288, Fan oder ac, sauber, guter Service; Bar und Restaurant.
Pondok Senggigi (US$11,50–46) ⑳, ✆ 93275, ✉ 93276, 50 m vom Strand; Restaurant und Garten, 4x wöchentlich Live-Musik.
Pondok Sederhana*** ⑱, ✆ 93040, Zimmer mit Du und Fan, inkl. Frühstück.
Lina Cottages*** ⑯, ✆ 93237, 93157, Zi mit ac, Restaurant.

Mascot Cottages (US$42–48) ⑮, ✆ 93365, ✆ 93236, Bungalows mit ac, teilweise mit Heißwasser, Restaurant.
Pondok Wisata Rinjani*** ⑬, ✆ 93274, gepflegte Anlage mit Restaurant, etwas weit vom Strand.
Pondok Shinta** ⑪, ✆ 93012, winzige Hütten.
Santai Beach Inn*** ⑤, ✆ 93038, Mangsit, empfehlenswert, schöner Garten, Restaurant und Bücherei.
Pondok Damai*** ④, saubere Bungalows mit Du/WC und Moskitonetz, inkl. Frühstück; gutes Restaurant, freundliche balinesische Familie.
Pondok Taman Windy*** ②, Bungalows mit Du/WC in einem wunderschönen Garten.

OBERE PREISKLASSE – *Pacific Beach Cottages* (US$42–67) ⑧, ✆ 93006, ✆ 93027, Kerandangan, schöne, saubere Bungalows mit TV und ac, Swimming Pool und Restaurant.
Holiday Inn (ab US$170) ③, ✆ 93444, ✆ 93092, typisches Resorthotel mit 158 Zimmern und Suites.
Puri Bunga Beach Cottages (US$79–91) ⑩, ✆ 91013, 93353, ✆ 93286, luxuriöse Bungalows mit ac, TV, Kühlschrank und Heißwasser; reizvolle Hanglage, Kinderspielplatz, Swimming Pool, Restaurant und Bar.
Senggigi Hotel (ab US$135) ⑭, ✆ 93210, ✆ 93200, 24 Bungalows und 104 Zimmer in einem zweistöckigen Gebäude; Pool.
Sheraton Senggigi Beach Hotel (ab US$150) ⑨, ✆ 93333, ✆ 93140; mit 156 Zimmern, Suites und kleine Villen; phantastischer Pool.
Lombok Intan Laguna (ab US$133) ⑫, ✆ 93090, ✆ 93185.
Jayakarta Hotel (ab US$85) ㉗, ✆ 93045, ✆ 93043.

Essen

Sunshine Restaurant, ✆ 94922, bietet gute chinesische Gerichte, insbesondere Seafood.
Dynasty Restaurant, ✆ 04010, Batu Bolong, ebenfalls Seafood.
Rumah Makan Padang Murah ist spezialisiert auf Padang Food.
Princess of Lombok Restaurant hat gute Eiscreme.

Kafe Wayan in Batu Bolong ist ein Ableger des beliebten Cafe Wayan in Ubud, Bali.

Sonstiges

GELD / POST / TELEFON – Eine *BNI* findet man beim Pacific Supermarkt; außerdem gibt es hier einige Moneychanger.
Ebenso sind *Postal Service* und *Wartel* vorhanden.

VORWAHL – 0370.

Transport

Neben den häufig fahrenden öffentlichen Minibussen fahren auch Shuttle-Busse, die von den Hotels und bei diversen Travel Agents organisiert werden können.
Ein Büro der *Silk Air* findet man beim Pacific Supermarkt (siehe Karte).

Gili Air / Gili Meno / Gili Terawangan

Vor nicht allzu langer Zeit waren sie noch ein Geheimtip, inzwischen finden immer mehr Lombok-Besucher hierher: drei kleine Inseln mit weißen Sandstränden, die allerdings nur wenig Schatten bieten, dafür aber schöne Korallenriffe zum Tauchen und Schnorcheln. Schon sind auch hier die Nacktbadenden zu Hause.

Die meisten Unterkünfte gehören in die untere Preisklasse, luxuriöse Bungalowanlagen stehen nur auf Gili Air und Gili Meno. Auf diesen beiden Inseln gibt es nur wenige Restaurants, dafür bieten viele Losmen drei Mahlzeiten und Getränke, die schon im Preis enthalten sind.

Bangsal / Pemenang

Auslegerboote mit Außenborder zu den Inseln fahren vom Strand Bangsal bei Pemenang ab, wo es mitunter hektisch zugeht und den man nach einer knapp einstündigen Fahrt von Mataram aus erreicht: in nördliche Richtung über den **Pusuk-Paß** (übernachten im *Pusuk Permai****) durch Bambuswälder mit vielen Affen. Ca. 35 km nordöstlich von Pemenang kann man in **Gondang** im *Suhardi Homestay* wohnen und Schnorcheltouren und Wanderungen zu Wasserfällen unternehmen.

Transport

MINIBUSSE – fahren ab Sweta für 1200 Rp in das 28 km entfernte Pemenang oder gleich bis Bangsal.
Sonst mit *Dokar* (auf Lombok heißen die kleinen Pferdewagen *Cidomo*) in etwa 5 Minuten für 500 Rp zur Bootsanlegestelle.

SHUTTLE-BUS – von MATARAM bis Bangsal 5500 Rp; jeweils inkl. Boot: Gili Air 7500 Rp, Gili Meno 8000 Rp, Gili Terawangan 8500 Rp.

BOOTE – GILI AIR 1200 Rp, GILI MENO 1400 Rp, GILI TERAWANGAN 1600 Rp. Die Boote fahren erst dann ab, wenn sie voll sind, d.h. wenn 20 Leute darin Platz gefunden haben. Nach Gili Terawangan ist das meist kein Problem – viele Besucher fahren von Lembar, dem Hafen der Fähre von Bali, gleich durch bis Bangsal, so daß meist genug Leute für ein Boot zusammen sind. Außerdem läßt sich hier am Strand ganz gut warten.
Natürlich kann man auch ein Boot chartern – Boote vermittelt ein kleines Office am Strand, wo man auch die Tickets bekommt.

Gili Air

Die der Küste von Lombok am nächsten liegende Insel hat über 26 Bungalowanlagen, ist aber noch immer bedeutend ruhiger als die inzwischen ziemlich überlaufene Gili Terawangan. Die Losmen hier liegen zudem auch nicht so dicht beieinander und beschränken sich nicht nur auf die Ostküste wie auf den zwei anderen Inseln. Darüber hinaus gibt es auf Gili Air noch einen ansehnlichen Baumbestand, durch setzt von Palmenplantagen, so daß man auf schattigen Wegen angenehm spazierengehen kann.

Das einzige Verkehrsmittel auf der Insel sind die mit Glöckchen behangenen Cidomo, Motorräder gibt es nicht.

Übernachtung

Hotel Gili Air (ab US$36), ruhige, saubere Anlage am Strand, nett eingerichtete Bungalows mit Open-Air-Badezimmer, Fan oder ac, inkl. Frühstück; Restaurant.
Matahari Cottages** (Hochsaison***), sehr ruhig gelegen, mit Moskitonetz, inkl. 3 Mahlzeiten.
Lucky's Cottages**, am Weststrand, mit Moskitonetz und Hängematte, nette Leute, die auch Schnorchelausrüstung vermieten.
Anjani Cottages**, außer den üblichen 3 Mahlzeiten jederzeit Tee und Kaffee gratis.
Gili Indah Hotel (US$13–27), ✆ 36341, ✆ 37328, z.T. komfortable Bungalows, inkl. Frühstück, hier ein Telefon für Auslandsgespräche.
Nusa Tiga Cottages**, inkl. Frühstück, schöner Garten, sauber, die Chefin stammt aus England.
Shanty Han's Cottage***, geschmackvoll eingerichtete Bungalows mit mehreren Schlafzimmern, sehr sauber, inkl. Frühstück.
Gili Air Cottages**, inkl. Frühstück, nette Leute, gutes Restaurant.
Alle anderen Anlagen liegen in derselben Preisklasse (**, inkl. 3 Mahlzeiten, bzw. *-**, inkl. Frühstück) und unterscheiden sich in der Ausstattung nicht sehr voneinander.

Sonstiges

Von den Dive Centers ist wahrscheinlich nur das **Reefseekers Dive Center**, ✆ 34387, zu empfehlen; zwei der Tauchlehrer sind Engländer.

Gili Meno

Die kleinste und ruhigste der drei Inseln hat bereits zwölf Bungalowanlagen und die wenigsten Besucher. Das Preisniveau ist höher als auf Gili Air, doch sind manchmal auch hier im Preis drei Mahlzeiten mit eingeschlossen. Da nur wenige Leute zu dieser Insel fahren, ergeben sich oft lange Wartezeiten bis zur Abfahrt der Boote von Bangsal. Während der Regenzeit, vor allem von Januar bis März, sollte man die Insel meiden, da es zu dieser Zeit von Moskitos nur so wimmelt. Moskitonetze gehören zur Standardausstattung. Es gibt keine Motorräder.

Übernachtung

Bouganvil Resor (US$54–73), Zimmer mit ac und Heißwasser; Restaurant und Pool.
Kontiki Meno Bungalows***-****, ✆ 32824, Zi mit Dusche, inkl. Frühstück; Restaurant, Tauch-Center.
Gazebo Meno Resort Cottages (US$55), ✆/℡ 35795, sehr geschmackvoll eingerichtete Luxus-Bungalows mit ac; Restaurant und weitläufig angelegter Garten; von Anfang Januar bis Mitte März geschlossen; hier ein Telefon für Auslandsgespräche.
Angkasa Biru Casa Blanca Cottage (US$14–40), ✆ 33847, mit Fan oder ac, inkl. Frühstück, winziger Swimming Pool.
Zoraya Beach Resort (US$15–35), ✆ 33801, gut und sehr sauber, Fan oder ac, inkl. Frühstück; kleines Restaurant, Wassersport-Center (Tauchen, Windsurfing etc.), kleiner Tennisplatz.
Pondok Meno**, inkl. 3 Mahlzeiten, mit und ohne Mandi, mit Restaurant und Garten.
Die anderen Unterkünfte liegen in der unteren Preisklasse.

Gili Terawangan

Die größte und meistbesuchte der drei Inseln läßt sich in einer zwei- bis dreistündigen Strandwanderung umrunden. Empfehlenswert bei Ebbe – dabei feste Schuhe anziehen, um über die Riffe zu laufen. Sogar ein kleiner Hügel, eine Ausnahme auf den flachen Gilis, kann erklettert werden. Auch auf Gili Terawangan gibt es noch keine Motorräder, sondern nur *Cidomo*.

Im Nordosten und Osten der Insel liegt nicht weit vom Strand ein Korallenriff. Läuft man ein Stück am Strand entlang Richtung Norden und begibt sich hier ins Wasser, kann man sich von der Strömung über die herrliche Unterwasserwelt zurücktreiben lassen und wieder vor seiner Unterkunft an den Strand gehen.

Wegen der Sandflöhe und Moskitos sollte man unbedingt Coils, Netz, eine Salbe gegen Juckreiz und Moskito-Repellent mitnehmen. Auch die hygienischen Verhältnisse auf Gili Terawangan sind eher mangelhaft.

Mitte 1996 gab es an der Ostküste der Insel ca. 30 Losmen / Bungalowanlagen. Außerdem gibt es einige Pubs, Restaurants und laute Discos, viele T-Shirt-Läden, Schnorchel-Verleih, Buchläden und überhaupt viel Trubel!

Übernachtung

Die meisten Anlagen gehören der billigen Preisklasse (*-**) an, ein Frühstück ist oft im Preis enthalten:
Pondok Kayangan*-**, Zimmer mit eigener Dusche.
Trawangan Cottages*-**, mit Restaurant.
Pondok Shanti Cottages**, mit Frühstück, große Bungalows in einem großen Garten, mit eigenem Bad und Moskitonetz, sauber und freundlich, ruhig gelegen am südlichen Ende des Strandes.
Rainbow Cottages*-**, mit Restaurant.
Sagitarios Bungalows*-**, mit Moskitonetz und eigenem Mandi.
Danau Hijau Bungalows***, besser ausgestattet als die anderen.
Nusa Tiga Bungalows*-**, in sehr ruhiger Lage am nördlichen Ende des Strandes, der hier allerdings nicht mehr so schön ist; mit Restaurant.

Essen

Außer den Restaurants, die einigen Bungalowanlagen angeschlossen sind, gibt es noch andere Lokale, in denen man Hunger und Durst stillen kann.
Der derzeitige Treffpunkt ist das
Borobudur Restaurant, viele Infos, und das Essen ist auch nicht schlecht. In der Nähe gibt es einen Souvenir-Markt und ein Telefon für Auslandsgespräche.
Wer am nördlichen Strandabschnitt wohnt, findet in seiner Nachbarschaft den ***Chendra Excellent Pub & Restaurant***.

Sonstiges

Es gibt mehrere Dive Centers, wahrscheinlich ist nur das ***Blue Marlin Divers***, ✆ 32424, zu empfehlen, einer der Tauchlehrer ist Engländer.

Lingsar

Von Cakranegara fahren für 600 Rp Minibusse zur 7 km nordwestlich von Narmada gelegenen großen **Tempelanlage**, die zur Hälfte den hinduistischen Gläubigen (nördlicher Teil) und zur anderen Hälfte den Angehörigen der islamischen Wetu-Telu-Religion dient. Der Tempelkomplex wurde zu Beginn des 18. Jh. errichtet und 1878 vollständig restauriert. Die Legende berichtet, daß bei der Ankunft der ersten balinesischen Hindus an einer Quelle, *Aik Mual* genannt, etwa 200 m östlich des jetzigen Pura Lingsar, eine neue Quelle zu fließen begann. Die Balinesen nannten sie *Aik Engsar*, woraus sich der Name Lingsar ableitet.

Der höhergelegene, nördliche Hindutempel besitzt vier Schreine, wobei der linke, *Hyang Tunggal* genannt, auf den Gunung Agung in Bali ausgerichtet ist. Der Schrein auf der rechten Seite ist auf den Gunung Rinjani ausgerichtet, den heiligen Berg Lomboks. Im Wetu-Telu-Teil der Tempelanlage gibt es ein Becken mit heiligen Aalen, das dem Gott Wishnu gewidmet ist. Ein lohnender Ausflug!

Narmada

11 km östlich von Cakra steht ein balinesischer **Palast** aus dem Jahr 1801, umgeben von terrassenförmigen Gärten, Swimming Pools und einem See. Ein Ausflugsort, vor allem am Wochenende viele Leute, Warung sind vorhanden. Badesachen mitnehmen. Frauen tragen besser zusätzlich ein T-Shirt. Eintritt 200 Rp zum Park, 200 Rp zum Pool; manchmal werden 1500 Rp Eintritt verlangt und Tanzvorführungen geboten. Minibus ab Sweta 600 Rp.

Suranadi

Der älteste **Hindutempel** Lomboks an einer Quelle mit heiligen Aalen steht in Suranadi, am Fuße des Rinjani in herrlicher Berglandschaft und ist ein guter Ausgangspunkt für Spaziergänge. Minibus ab Sweta, 15 km, 900 Rp. Die Benutzung des Hotelpools neben dem Tempel kostet 500 Rp.

Übernachtung

Übernachten im *Suranadi Hotel***-*****, ☎ 23686, ℻ 23984, dessen alter Teil schon in den 30er Jahren holländischen Kolonialbeamten als Erholungsort diente, mit einem Restaurant, Tennisplatz und dem Golong Golfplatz in der Nähe.
Surya Homestay***, inkl. 3 Mahlzeiten, saubere, einfache Bungalows, Mandi außerhalb.

Pantai Kuta

Der Ort hat mit dem berühmt-berüchtigten Namensvetter auf Bali nichts außer einem Strand gemein. Einige Kilometer nach Osten sind weitere Buchten leicht erreichbar, von denen eine schöner als die andere ist. Die Strände sind blendend weiß, menschenleer und das Wasser kristallklar. Allerdings gibt es an einigen Stellen viel Seegras, und man vermißt schattenspendende Bäume. Es existieren Pläne, den gesamten Küstenabschnitt von Kuta bis **Tanjung An** in ein sogenanntes „Mega-Resort" zu verwandeln, im Stil von Nusa Dua auf Bali, wo dann überwiegend Luxushotels stehen sollen. Bislang gibt es nur einige einfachere Unterkünfte.

Die Straße von Sengkol nach Kuta führt an den zwei traditionellen Sasak-Dörfern **Rambitan** und **Sade** vorbei, wo die Häuser noch in typischer Sasak-Bauweise ohne Wellblech gedeckt sind.

Einen sehr schönen Strand findet man westlich von Kuta in **Selong Blanak**, wo man angenehm in den *Selong Blanak Cottages*** (mit Restaurant) wohnen kann.

Übernachtung

Matahari Inn**-***, ☎ 54832, ℻ 54909, saubere Zimmer mit Du/WC und Fan in einer herrlichen Gartenanlage, 2 Minuten zu Fuß vom Strand; gutes Restaurant, Leihbibliothek, Autovermietung, Schweizer Chefin.
Kuta Beach Bungalows*, sehr einfach, nahe beim Dorf gelegen.
Rambitan Cottages*, sehr einfach, inkl. Frühstück.

Segara Anak Bungalows*-**, inkl. Frühstück, Restaurant; hier ein kleines Post Office und ein Travel Agent.
Rinjani Agung 2 (US$15–25), besser ausgestattet als die anderen.
Wisma Sekar Kuning*-**, ✆ 54854, inkl. Frühstück, mit Restaurant.
Anda Bungalows*-**, ✆ 54836, mit Fan, inkl. Frühstück, mit Restaurant.
Florida Inn*, inkl. Frühstück, gutes Restaurant.
Cockatoo Hotel*-**, ✆ 54831, große, saubere Zimmer inkl. Frühstück, Restaurant.
Rinjani Agung Beach Bungalows*-**, ✆ 54849, sehr sauber, mit Moskitonetz, Frühstück, Restaurant.

Transport

Es gibt einen direkten Minibus ab SWETA für 1800 Rp.
Oder in Etappen: zuerst ein Colt bis PRAYA für 1000 Rp, dann einen Minibus nach SENGKOL für 600 Rp und zuletzt einen Minibus nach Kuta für noch einmal 600 Rp.
Bis spät nachmittags verkehren die übervollen Minibusse zurück Richtung PRAYA, und ab hier fahren Colt nach Sweta bis abends.

zwischen Reisfeldern, rauschenden Bächen und Fischteichen; Restaurant, Swimming Pool und zwei Fahrzeuge, die für Ausflüge gechartert werden können.
Wisma Dewi Enjeni*, einfache Bungalows in sehr schöner Lage mit eigenem Bad; kleines Restaurant, 1 km unterhalb des Wisma Soedjono.
Green Orry Inn**, ✆ 83662, Bungalows mit Aussicht; viele Infos, Motorrad-Verleih.
Cendrawasih Cottages**, inklusive Frühstück, sehr sauber, in sehr schöner Lage.

LOYOK – *Jati Ayu Homestay**, einfach, inkl. Frühstück, südlich von Kotaraja.

LENDANG NANGKA – *Radiah Homestay****, inkl. 3 Mahlzeiten, etwa 8 km südöstlich von Tetebatu.

Transport

Von SWETA Colt / Bus bis PAOKMOTONG 1200 Rp, Bemo nach KOTARAJA 600 Rp, Cidomo nach TETEBATU 500 Rp oder Motorrad 2500 Rp.
Oder Bus ab Sweta bis BAGIK BONTONG 1200 Rp, Cidomo bis LENDANG NANGKA 1000 Rp.

Tetebatu

Wer von dem heißen Küstenklima genug hat, kann sich in diesem kleinen Dorf und einigen Nachbarorten in 600 m Höhe am Südhang des Gunung Rinjani davon erholen. Bei erträglichen Temperaturen lassen sich hier oben viele schöne Wanderungen durch das ländliche Lombok unternehmen.

Wenige Kilometer oberhalb des Dorfes beginnt der Dschungel, den man auf schmalen Pfaden durchstreifen kann, z.B. zu zwei Wasserfällen. Die Rinjani-Besteigung ist von hier nicht möglich.

Übernachtung

TETEBATU – *Wisma Soedjono**-*****, inkl. Frühstück, oberhalb des Dorfes, hübsche, kleine Bungalows im Sasak-Stil, z.T. mit privatem Mandi, etwas heruntergekommen; gelegen unter hohen Bäumen in einem parkähnlichen Garten

Gunung Rinjani

Schon unter den Holländern wurde ein 40 000 ha großes Gebiet um den Vulkankomplex unter Naturschutz gestellt. Inzwischen ist das Reservat sogar um mehr als die Hälfte erweitert und zu einem Nationalpark erklärt worden. Priorität genießen dabei die ausgedehnten Bergwälder, die praktisch den einzigen Wasserspeicher der Insel darstellen. Lombok ist wie ganz Nusa Tenggara nicht mit allzu reicher Säugetier-Fauna gesegnet, umso interessanter ist die Vogelwelt, die schon australischen Einschlag verrät (Honigesser, Kakadu).

Lomboks heiliger, 3726 m hoher Berg kann bestiegen werden. Die ausführlichste Beschreibung einer Rinjani-Besteigung kann in einem älteren Werk (1911) von Dr. Johannes Elbert: „Die Sundaexpedition, Bd. 1", nachgelesen werden. Genaue Informationen zur Besteigung erhält man in den Losmen in **Batu Kok** und in **Senaru**. Zelte und Schlafsäcke können hier gemietet werden. Obwohl der Rinjani höher als der Bromo ist, wird es nicht so kalt wie dort. Ein Führer ist sicherer, aber nicht unbedingt notwendig, da der Weg kaum zu verfehlen ist.

Um 6 Uhr morgens beginnt man mit dem Aufstieg ab Senaru und erreicht nach 15 Minuten Pos 1. Einige Zeit darauf bezahlt man an einem kleinen Posten Eintritt. 2–3 Stunden weiter gelangt man zum Pos 2, einem Rastplatz mit viel Müll. In 2 weiteren Stunden ist Pos 3 erreicht, das sogenannte *Base Camp*.

Der weitere Aufstieg zum Kraterrand dauert ca. 2 Std. und der Abstieg zum Kratersee ebenfalls ca. 2 Std. – unbedingt Schuhe mit Profil anziehen, denn bei Regen ist der Pfad äußerst rutschig und gefährlich. Trinkwasser und Essen muß man mitnehmen, unterwegs gibt es erst wieder am See in der Nähe der heißen Quellen Trinkwasser.

Insgesamt ist die Tour ein lohnendes Erlebnis. Auf alle Fälle schwieriger ist der 6–8 Std. dauernde Aufstieg vom See zum Rinjani-Gipfel.

Übernachtung

Batu Kok – im *Homestay Guru Bakti**, *Pondok Batu Kok** oder im *Rinjani Homestay**.
Senaru – im *Pondok Senaru** oder im *Homestay Bale Bayan** am Pos 1.

BESTEIGUNG – Mietpreise für die gesamte Dauer der Besteigung:
Schlafsack 6000 Rp, Zelt 20 000 Rp, Isomatte 2500 Rp.
Preise pro Tag: Guide 15 000 / 20 000 Rp, Träger 12 000 / 15 000 Rp.

Transport

Zuerst Bus ab Sweta nach BAYAN für 1800 Rp.
Danach Motorrad (2000 Rp) nach BATU KOK,
3 km unterhalb von SENARU.

Labuhan Lombok

Ein uninteressantes Dorf, von wo die regelmäßigen Fähren nach Poto Tano fahren, dem Fährhafen von West-Sumbawa.

Labuhan Lomboks Fährhafen liegt etwa 3 1/2 km außerhalb vom Ort. Südlich von Labuhan Lombok liegt das Fischerdorf **Labuhan Haji**, wo man im *Melewis Beach Hotel* übernachten kann. Hierher kommen nur Indonesier. Der Strand ist aber weder schön noch sauber.

Nördlich von Labuhan Lombok wohnt man angenehm in den *Siola Cottages*** in **Labuhan Pandan** inkl. 3 reichliche und schmackhafte Mahlzeiten. Hier kann man für ca. 25 000 Rp/Tag ein Boot inkl. Taucherbrille und Schnorchel chartern und die Korallenriffe vor der Insel Gili Petangan erkunden.

Übernachtung

Klappt der Anschluß nicht, kann man im Dorf in zwei sehr dürftigen Losmen übernachten. Beide an der Hauptstraße:
Munawar*, der bessere von beiden, und
Dian Dutaku*, 500 m vom Munawar gegenüber dem Kantor Pos.

Sumbawa

Etwa 850 000 Einwohner hat die 15 600 km² große Insel. Zur ältesten Bevölkerungsschicht zählen die in den Bergen lebenden Dodongo und Kolo. Vollständig islamisiert sind die im Westteil der Insel lebenden Sumbawa und die im Osten lebenden Bima. Schon sehr früh in der Geschichte ist Sumbawa bekannt geworden, denn Sandelholz war ein wichtiger Exportartikel. Heute werden auf der Insel die besten Pferde Indonesiens gezüchtet.

Die islamischen Sultane von Süd-Sulawesi betrachteten die Insel immer als ihr Einflußgebiet, denn die verschiedenen kleinen Sultanate an der Nordküste waren größtenteils ihre Gründungen oder zumindest von ihnen abhängig.

Im Jahr 1815 ereignete sich auf Sumbawa eine große Katastrophe, als der Vulkan Tambora ausbrach. Etwa 50 000 Menschen kamen dabei ums Leben. Von 4300 m soll damals der Vulkan auf 2800 m zusammengestürzt sein.

Die einzige relativ gut ausgebaute Straße verläuft in West-Ost-Richtung von Taliwang über den Fährhafen Poto Tano, Alas, Sumbawa Besar, Plampang, Dompu, Bima nach Sape. Sehr schlecht ist die Südküste der Insel zu erreichen. Lunyuk besitzt eine Landepiste, worauf ab und an kleine Twin Otter von Merpati landen. Ein Trail führt von hier über die Berge nach Sumbawa Besar.

Poto Tano

Mit der regelmäßigen Fähre von Labuhan Lombok landet man nach einer kurzen Überfahrt von 1 1/4 Stunde in diesem kleinen Fischerdorf, 30 Busminuten südlich von Alas und 9 km abseits der Hauptstraße gelegen.

Transport

Die Fähren nach Lombok fahren tgl. 5.30–17.30 Uhr jede Stunde. Fahrpreise: Erwachsene 2400 Rp, Kind 1500 Rp, Motorrad 4200 Rp, PKW 38 000 Rp.
Bei Ankunft der Fähre von Lombok warten Busse und Minibusse meist direkt am Pier. Gut ist der Anschluß nach SUMBAWA BESAR für 3000 Rp, dauert etwa 2 Std., 93 km. Ein direkter Bus fährt nach BIMA in
8–10 Stunden für 11 000 Rp inklusive Essen.

Sumbawa Besar

Die wichtigste Stadt West-Sumbawas hat nur wenig Interessantes zu bieten. Die meisten Touristen sind hier nur auf der Durchreise. An Sehenswertem gibt es den zentral gelegenen **Sultanspalast** (**Dalam Loka**) aus dem Jahr 1932, tgl. 8–16 Uhr geöffnet, ein imposanter, hölzerner Pfahlbau, der vor ein paar Jahren vollständig restauriert wurde (eine Spende wird erwartet).

Übernachtung

Hotel Suci*-***, Jl. Sultan Hasanuddin 57, ✆ 21589, mit privatem Mandi und Fan, aber ziemlich vergammelt und direkt neben einer kleinen Moschee.
Losmen Tunas*, Jl. Sultan Hasanuddin 71, ✆ 21212, auf der anderen Seite der Moschee.
Losmen Saudara*-**, Jl. Sultan Hasanuddin 50, ✆ 21528, ziemlich laut.
Losmen Taqdeer*-**, ✆ 21796, in einer Seitengasse der Jl. Kamboja, einfach.
Losmen Indra*-**, Jl. Diponegoro 48 A, ✆ 21278, laut und ungepflegt.
Hotel Tambora**-****, Jl. Kebayan 2, ✆ 21555, ✇ 22624, empfehlenswert, Fan oder ac, TV, Heißwasser, in einer ruhigen Nebenstraße gelegen; gutes Restaurant, Garten und Supermarkt.
Hotel Dewi**-****, Jl. Sultan Hasanuddin 60, ✆ 21170, Fan oder ac, TV, Heißwasser, das Hotel ist sauber und gut, aber etwas steril; Restaurant.
Hotel Tirtasari**-****, Jl. Garuda km 5,5, Richtung Poto Tano, ✆ 21987, ✇ 22337, kleine, nicht so schön eingerichtete Bungalows und Zimmer mit Fan oder ac, TV, Tel, Heißwasser und Kühlschrank; Restaurant und großer Garten, direkt am Strand, der aber nicht allzu sauber ist.

Essen

Rumah Makan Aneka Rasa Jaya, Jl. Sultan Hasanuddin 14, gute chinesische Gerichte und Seafood.
Rumah Makan Surabaya, am Busbahnhof in der Jl. Diponegoro.
Rumah Makan Rukun Jaya, Jl. Sultan Hasanuddin 10, empfehlenswert.
Auch nicht schlecht ist das Restaurant im *Hotel Tambora*.

Sonstiges

AUSFLÜGE – Mit Abdul Muis vom *Hotel Tirtasari* kann man Ausflüge in die Umgebung unternehmen.
Pulau Liang Mas ist gut zum Schnorcheln, die Bootsfahrt dauert ca. 1 1/2 Std.

GELD – *Bank Negara Indonesia*, Jl. R. A. Kartini 10, wechselt Traveller's Cheques.

INFORMATIONEN – Ein paar brauchbare Infos zu Sumbawa bekommt man bei *Perama Tours*, Jl. Sultan Hasanuddin 48, ✆ 22541; auch Tour- und Guide-Service.

PHPA – Büro in der Jl. Garuda 12, ✆ 21358, im Direktorat Kehutanan, 3 km vom Zentrum Richtung Poto Tano, geöffnet Mo–Do 8–14 Uhr, Fr bis 11 Uhr.

POST / TELEFON – *Kantor Pos dan Giro*, Jl. Yos Sudarso 6; ein kleines Postamt befindet sich in der Jl. Garuda 99.
Telkom liegt gegenüber vom Kantor Pos, Jl. Yos Sudarso;
Warpostel, Jl. Sultan Hasanuddin, gegenüber vom Hotel Dewi;
Wartel, Jl. Kebayan 4, neben Hotel Tambora.

VORWAHL – 0371.

Transport

BUSSE – Es gibt drei Bus Terminals. Von der zentralen **Kodim** Bus Station fahren die Busse nach POTO TANO 3000 Rp und TALIWANG 4200 Rp.
Von der Minibus Station **Seketeng** gelangt man zu den umliegenden Dörfern.
An der **Brang Bara** Bus Station findet man die Busse nach BIMA 8500 / ac 14 000 Rp, 7–9 Std.
Dokar in der Stadt kosten 500 Rp.

FLÜGE – *Merpati*, Jl. Diponegoro 115, ✆ 21416, ✆ 22624, geöffnet Mo–Fr 7.30–16, Sa / So 8–14 Uhr, nach DENPASAR 98 000 Rp und MATARAM 58 000 Rp.

SCHIFFE – Alle 4 Wochen legt Pelnis **KM. Tatamailau** in Badas, 10 km westlich, an (s.S. 79ff).
Außerdem unregelmäßige Verbindungen nach AMPENAN, 13 Std., und PADANG BAI, 14 Std. Infos beim *Syahbandar* in Badas, Minibus kostet 600 Rp.

Bima

Von der einstigen Größe des Sultanats Bima ist nichts mehr zu spüren. Im 17. Jahrhundert lagen Sumba, große Teile von Flores und sogar Solor im Machtbereich des Sultanats. 1727 nahm der Sultan den Titel „Eroberer von Solor" an. Nach dem verheerenden Ausbruch des Tambora 1815 ging der Einfluß des Sultanats ständig zurück, während der der Holländer im gesamten ostindonesischen Raum wuchs. Grundsätzlich beließ man die gewachsene Sozialstruktur, errichtete aber Handelsmonopole und bestimmte die Außenbeziehungen. Sultan Ibrahim führte Mitte des vergangenen Jahrhunderts ein neues Rechtssystem ein, welches das Adat mit der islamischen Scharia verband. Noch heute ist Bima stärker als andere Landesteile vom Islam bestimmt.

Die einzige Sehenswürdigkeit der Stadt ist der **Sultanspalast** aus dem Jahre 1927, der 1973 restauriert wurde und heute das bescheidene **Museum Asi Mbojo** beherbergt, geöffnet Mo–Fr 8–17 Uhr.

Übernachtung

Wisma Komodo*-**, Jl. S. Ibrahim 5, ✆ 42070, akzeptable neue sowie vergammelte Zimmer mit und ohne Mandi; kleiner Garten und kleines Frühstück.
Losmen Putera Sari*, Jl. Soekarno-Hatta 7, ✆ 42870, mit und ohne Mandi, zentral, finster und ziemlich ungepflegt.
Losmen Vivi*, Jl. Soekarno-Hatta 38, ✆ 42411, muffig und finster.
Penginapan Bahagia*, Jl. Tongkol 3, spartanisch, aber sehr billig.
Losmen Dara*, Jl. S. Salahuddin 29, ✆ 42493, am Bus Terminal, einfach, etwas muffig.
Hotel Lila Graha**-****, Jl. Lombok 20, ✆ 42645, saubere, aber z.T. etwas dunkle Zimmer (Fenster zum Flur) mit Fan oder ac, TV, Heißwasser, inklusive Frühstück; Balkon und Restaurant, balinesische Besitzer.
Parewa Hotel***, Jl. Soekarno-Hatta 40, ✆ 42652, ✆ 42304, empfehlenswert, große,

saubere, kühle Räume (Fenster zum Flur) mit Fan oder ac, TV und Heißwasser, in ruhiger Lage 15 Minuten vom Zentrum, inkl. kleines Frühstück; gutes Restaurant.
Sangyang Hotel****, Jl. Sultan Hasanuddin 6, große, dunkle Räume, renovierungsbedürftig.
Sonco Tengge Beach Hotel**-***, Jl. S. Salahuddin, ✆ 42987, Fan oder ac und TV, inkl. kleines Frühstück, nicht sehr sauber, direkt an einer Hauptstraße; Restaurant.
Lawata Beach Hotel (US$20–54), Jl. S. Salahuddin, ✆ 43696, ✆ 43698, mit Fan, Heißwasser und TV, z.T. mit ac, Badewanne und Kühlschrank, inkl. Frühstück; Pool, Bar und Restaurant; schön am Meer auf einer kleinen Halbinsel gelegen, sauber.

Essen

Preiswerte Warung stehen auf dem Nachtmarkt um die Jl. Flores und die Jl. Sumba.
Rumah Makan Anda, Jl. S. Kaharuddin 1, ✆ 42703, sehr gutes chinesisches Essen und Seafood.
Rumah Makan Hikmah Jaya, Jl. Lombok 48, ✆ 43449, serviert ostjavanische Küche.
Rumah Makan Pade Doang, Jl. R. E. Martadinata, ✆ 42155, bietet Spezialitäten der Sasak (Lombok).

Sonstiges

GELD – *Bank Negara Indonesia*, Jl. Sultan Hasanuddin 4, ✆ 42356.
Bank Rakyat, Jl. Sumbawa, ✆ 43172; zum Geldwechseln geht man besser in die Filiale, ebenfalls Jl. Sumbawa.

INFORMATIONEN – *Dinas Pariwisata*, Jl. Soekarno-Hatta, ✆ 44331, hier bekommt man ein paar Infos zu Bima und Umgebung.

POST / TELEFON – Die Hauptpost liegt an der Jl. Gajah Mada; zentraler ist ein kleines Postamt an der Jl. Sultan Hasanuddin.
Telkom befindet sich 3 km vom Zentrum an der Jl. Soekarno-Hatta; zentraler liegt das *Wartel*, Jl. Lombok, tgl. 24 Std. geöffnet.

VORWAHL – 0374.

Transport

BUSSE – Express-Busse (z.B. *Langsung Indah*) fahren ab Busbahnhof **Bima** in 24 Std. nach DENPASAR (ac 51 000 Rp inkl. Fähren), und MATARAM 28 000 Rp. Direkt nach POTO TANO 11 000 Rp, SUMBAWA BESAR 9000 / ac 14 000 Rp. Die Büros der Fernbus-Gesellschaften liegen fast alle an der Jl. S. Kaharuddin. Busse zum Fährhafen SAPE, 1 1/2 Std., 2500 Rp, fahren stündlich ab **Raba** Busbahnhof, zu erreichen mit Bemo für 350 Rp (mit viel Gepäck 500 Rp) ab Bima.

FLÜGE – Der Airport liegt 16 km außerhalb der Stadt Richtung Sumbawa Besar.
Merpati, Jl. Soekarno-Hatta 30, ✆ 42197, ✆ 44074, tgl. geöffnet 8–13 und 14–16 Uhr; außerdem Jl. Soekarno-Hatta 60, ✆ 42697, ✆ 44074, geöffnet Mo–Fr 8–17, Sa und So 8–15 Uhr.
Ein zentraler Merpati-Agent ist *P. T. Parewa*, Jl. Sumbawa 19, ✆ 42525, ✆ 42304.
Tgl. fliegt Merpati über MATARAM (112 000 Rp) nach DENPASAR (153 000 Rp). Weitere Flüge: BAJAWA 104 000 Rp, ENDE 112 000 Rp, KUPANG 226 000 Rp, RUTENG 92 000 Rp, LABUANBAJO 52 000 Rp, TAMBULAKA 52 000 Rp und WAINGAPU (über Tambulaka) 84 000 Rp.

SCHIFFE – Schiffe nach REO, Flores, fahren 1 bis 2x wöchentlich, für 18 000 Rp. Im Hafen liegen häufig Schiffe nach SURABAYA, UJUNG PANDANG und AMBON.
Pelni, Jl. R. E. Martadinata 73, ✆ 42203, ✆ 42625, tgl. geöffnet 8–16 Uhr, außerdem Jl. Satria 2, ✆ 42046, ✆ 42625.
Bima liegt auf der Route des regelmäßigen Pelni-Schiffes **KM**. *Binaiya*. (Details s.S. 797f).

Sape

Kommt man von Westen, ist der kleine Fischerort der Ausgangspunkt für einen Besuch der Insel Komodo. Busse ab Bima fahren bis zum Fährhafen.

Wer einen längeren Komodo-Aufenthalt plant, kann in Sape noch Proviant einkaufen.

Übernachtung

Im heruntergekommenen **Losmen Give*** oder im besseren **Losmen Friendship*-***.
Außerdem **Losmen Bahagia*-*** sowie **Losmen Ratnasari*-*** und am Hafen **Losmen Mutiara***, der einen Balkon mit Blick aufs Meer hat.

Transport

Dokar fahren für 500 Rp vom Zentrum Sapes zum Hafen. Von dort fährt tgl. außer Fr früh morgens eine Fähre nach LABUAN BAJO auf Flores für 11 900 Rp, mit Stop auf KOMODO, gleicher Preis; Fahrzeiten: Sape–Komodo 6 1/2 Std., Komodo–Flores 3–4 Std.
In Komodo wird nicht am Hafen angelegt, man muß sich für 1500 Rp in einem kleinen Boot an Land bringen lassen. Außerdem gibt es Bugis-Schiffe, die meist die direkte Route nach Flores nehmen.

Komodo-Nationalpark

Großes Aufsehen in der Welt der Naturforscher erregte 1912 die Entdeckung einer Riesen-Landechse, die zu den größten Reptilien überhaupt zählt: der Komodo-Waran. Schon 1938 richteten die Holländer dem seltenen „Drachen" ein Reservat ein, das 1980 zu einem Nationalpark (75 000 ha) erweitert wurde. Der Park umfaßt die Inselgruppe zwischen Sumbawa und Flores: Pulau Komodo (33 937 ha), Pulau Padar (2017 ha) und Pulau Rinca (19 625 ha), und eine große Meeresfläche zum Schutz ausgezeichneter Korallenriffe, die leider teilweise durch Fischen mit Dynamit bedroht sind.

Das zerklüftete Hügelland verrät den vulkanischen Ursprung der Inseln, die bedauerlicherweise durch unkontrollierte Brände fast sämtliche Wälder eingebüßt haben. Übrig bleibt eine eigenartige Savannenlandschaft, in der vereinzelt oder in Gruppen schlanke Lontar-Palmen aufragen. Etwa 3000 Komodo-Warane leben auf den Inseln Komodo, Rinca und Padar.

Gefährliche Gezeitenströmungen zwischen dem Indischen Ozean im Süden und der Flores-See im Norden isolieren diese Echsenpopulation von Sumbawa, aber nicht von Flores. Nur eine schmale Meerenge trennt Pulau Rinca von der Westküste dieser Insel, wo sich auch die schon erwähnte charakteristische Steppenlandschaft fortsetzt. Die Naturschutzbehörde PHPA bemüht sich, den Komodo-Nationalpark hier um ein über 20 000 ha großes Gebiet – Wae Wuu / Tanjung Kerita Mese – zu erweitern, wo schätzungsweise noch 1000–2000 Exemplare der großen Echse existieren sollen. Hier im relativ schwach besiedelten West-Flores würde auch die reiche Avifauna von einem Reservat profitieren. Eine günstige Zeit für einen Besuch der Inseln ist zwischen April und Juni. Später wird es sehr heiß, und erst die im Dezember einsetzende Regenzeit bringt etwas Abkühlung. Außerdem ziehen sich die Warane zur Paarungszeit (Juli / August) in die Wälder zurück und sind selten zu sehen. Gefährlich sind Bootstouren während der großen Stürme im Februar / März.

Rinca

Die Grassteppe im Norden der Insel ist das Weidegebiet wilder Pferde, Schweine und Büffel, die ab und an den hier lebenden Waranen zum Opfer fallen. Von dem nahe der Nachbarinsel Flores gelegenen Dorf **Kampung Rinca** führen Wege ins Innere der Insel. Das Gebiet im Süden rings um den **Gunung Ora** (= Drachenberg) ist stärker bewaldet und die Heimat interessanter Vogelarten wie auch gefährlicher Wespen und Skorpione. Wanderungen ins Landesinnere sind nur mit PHPA-Führer möglich. Mit einem gecharterten Boot kann man in der Bucht **Dasampi** vor Anker gehen.

Padar

Sehr gefährlich sind die Strömungen rings um diese kleine Insel. Deshalb sollte man sich nur von erfahrenen Bootsleuten fahren lassen. Das Land ist trocken und un-

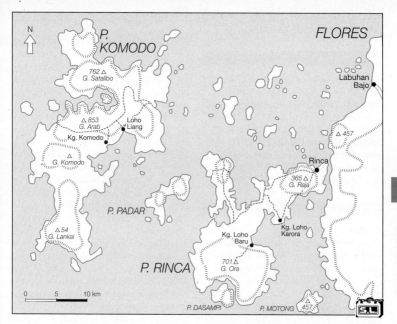

zugänglich, es gibt weniger Tiere als auf der Nachbarinsel, aber schöne Strände mit unberührten Korallenriffen. Schnorcheln sollte man allerdings nur in ruhigen Gewässern nahe dem Strand. Das gilt auch für die anderen Inseln.

Komodo

Hauptort der Insel Komodo ist **Kampung Komodo** mit etwa 600 Einwohnern. Hier steht ein *Wisma Pariwisata* (Touristen-Gästehaus). Lebensmittel und Getränke sind teuer. Übernachten kann man auch im Rasthaus der PHPA, eine gepflegte Anlage, nur gibt es leider zu viele Moskitos, manchmal auch Ratten und Schlangen in den Häusern. Kostet 8000 Rp p.P., in jedem Haus können bis zu 10 Personen übernachten. Außerdem noch teurere 2-Bett-Bungalows. Das Essen ist recht einfach, und Konserven oder andere Lebensmittel sollten schon vorher in Sape oder Labuhanbajo eingekauft werden. Kühlschrank ist vorhanden. Die etwa 20 Park Rangers sind recht freundlich, einige sprechen Englisch. Nördlich des Dorfes, im **Poreng-Tal** und am Fluß **Liang**, sind die besten Plätze zum Beobachten der Warane. Fotografen sollten ihr Teleobjektiv nicht vergessen. Will man den **Gunung Arab** besteigen oder auf anderen Wegen ins Landesinnere vordringen, muß man sich von einem Führer des PHPA begleiten lassen. Das kostet pro Tag 15 000 Rp.

Pulau Lasa

Schön ist ein Ausflug (ohne Guide) zur vorgelagerten Insel Lasa zum Schwimmen und Schnorcheln. Ein Auslegerboot kostet pro Tag um 5000 Rp, ein Motorboot 35 000 Rp. Typisch für die Inseln sind die Segelplattformen, *Bagan*. Zwischen zwei schmalen, langen Booten wird eine bis zu 5 m lange, hölzerne Plattform befestigt, auf der ein flaches Häuschen errichtet ist. Schnorchelausrüstungen werden von PHPA für 500 Rp die Stunde vermietet, direkt vor der Haustür liegt übrigens auch ein ganz passables Korallenriff.

Transport

Regelmäßige Bootsverbindungen ab SAPE (s.o.) und LABUAN BAJO (s.u.). Nach Ankunft wird man beim örtlichen PHPA-Büro registriert. Eintritt 2000 Rp. Hat man nur wenig Zeit, lohnt sich der tgl. Flug nach LABUAN BAJO von DENPASAR über AMPENAN und BIMA für 215 000 Rp. Andererseits kann man aufgrund der verbesserten Straßensituation von AMPENAN (Lombok) in einem Tag (Nachtbus) bis nach SAPE fahren.

Touren

Verschiedene Reisebüros in Bali bieten 3-Tages-Touren nach Komodo an (Flug, Fähren, Mahlzeiten und Übernachtungen inklusive). Preise variieren je nach Teilnehmerzahl zwischen US$300–500. Die Fütterung der „Drachen" erlebt man auf diesen Touren nicht, auch wenn sie angeboten wird; eine Fütterung ist nämlich schon seit einiger Zeit nicht mehr durchgeführt worden, da die Echsen zu abhängig davon wurden und überhaupt nicht mehr auf die Jagd gingen.

Flores

Mit 14 250 km² ist Flores – 360 km lang und nur zwischen 12 und 60 km schmal – die zweitgrößte Insel Nusa Tenggaras und zugleich die landschaftlich schönste und abwechslungsreichste. 1544 sichtete ein portugiesisches Handelsschiff das östliche Kap der Insel und taufte es „Cabo des Flores" (= Kap der Blumen). Seitdem hat die Insel ihren europäischen Namen, sogar in Malaiisch nennt man sie „Pulau Bunga" (= Blumeninsel), obwohl hier auch nicht mehr Blumen wachsen als in anderen Teilen Indonesiens. Eine stark zerklüftete Gebirgskette mit mehreren über 2000 m hohen Vulkanen erstreckt sich über die gesamte Länge der Insel. Die ursprünglichen Monsunwälder haben größtenteils als Folge von Brandrodungsfeldbau ausgedehnten und nur schwer zu rekultivierenden Alang-Alang-Grassteppen Platz gemacht. Tapioka und Bananen waren ehemals die einzigen Grundnahrungsmittel, bevor die Holländer vor etwa 100 Jahren den Reisanbau einführten. Während in den Küstengebieten der malaiische Bevölkerungsanteil

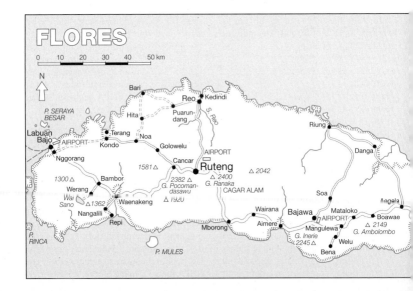

überwiegt, ist in den Dörfern im Landesinneren der melanesische Einschlag nicht zu übersehen.

Wichtigste Volksgruppen sind die Manggarai in West-Flores, verwandt mit den Riungern an der Nordwestküste, die Ngada in der Gegend um Bajawa und die Lionesen in den Bergen nördlich von Ende.

Die Hafenstadt Ende hat eine Mischbevölkerung aus Einheimischen und eingewanderten Bugis und Makassaris (Süd-Sulawesi). Der Bezirk um Maumere wird als ein Übergangsgebiet zwischen Zentral- und Ost-Flores (Larantuka) betrachtet. Letzteres wiederum bildet zusammen mit den östlichen Inseln Adonara, Solor und Lembata eine deutlich von West- und Zentral-Flores verschiedene, eigene Kulturzone. Hier spielt z.B. antikes, wahrscheinlich von Portugiesen eingeführtes Elfenbein eine wichtige Rolle als Brautpreis.

Der portugiesische Einfluß ist auch in anderen Kulturbereichen heute noch zu spüren. Vor allem in der Gegend um Larantuka tragen viele Menschen portugiesische Familiennamen, katholische Feiertage werden mit Prozessionen im alten portugiesischen Stil begangen, und ein südeuropäischer Rasseneinschlag ist unverkennbar. Vor Erscheinen der Europäer gehörten Flores und der Solor-Alor-Archipel zum Herrschaftsbereich des mächtigen Majapahit-Reiches auf Java. Funde aus der Bronzezeit und Zeugnisse der Megalithkultur beweisen, daß auch die prähistorischen Kulturen die Insel erreichten und tiefgreifend geprägt haben. Schon im 16. Jahrhundert begann die Bekehrung zum Katholizismus durch den als Heiligen verehrten portugiesischen Dominikaner Franz Xaver. Später setzten die Holländer die Missionierung fort, und heute bekennen sich mehr als 3/4 der 1 Million Einwohner zur römisch-katholischen Kirche. Der Rest, vorwiegend im Westen der Insel und in den Hafenstädten, ist Anhänger des Islam. Doch konnten die Hochreligionen die alten Glaubensvorstellungen nur zu einem geringen Teil verdrängen. Noch heute existieren, hauptsächlich in den Dörfern und im Landesinneren, Megalithkulturen und animistische Rituale. So kann in ein und demselben Ort nicht weit von der Kirche, aber doch so weit, daß der Schatten des

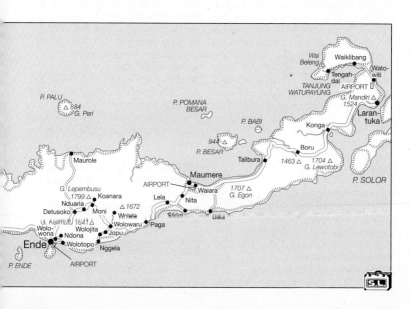

Flores

Kirchturms nicht darauf fällt, ein von Geisterhäuschen und heiligen Steinen umgebener Tanzplatz liegen, und die Dorfbewohner werden trotz Geld und guter Worte nicht einverstanden sein, daß ihr Zeremonialhaus und die darin befindlichen Holzstatuen fotografiert werden.

Seit 1914 ist Flores das Arbeitsfeld der zumeist deutschen Missionare der „Steyler Mission" (S.V.D.), deren Stationen sich fast überall finden. Dank ihrer Energie und ihres Idealismus wurde Flores zu einem Zentrum des Katholizismus in Indonesien. Die Patres und Ordensschwestern haben sich aber auch hinsichtlich der Erforschung der alten Kultur und der Sprachen enorme Verdienste erworben – sie sind eine wahre Fundgrube für Informationen.

Labuan Bajo

Das kleine Fischerdorf am äußersten Westende der Insel erstreckt sich entlang einer geschützten Bucht, die mit vor Anker liegenden Segelbooten übersät ist. Von den umliegenden Bergen bietet sich eine phantastische Aussicht auf unzählige kleine vorgelagerte Inseln mit weißen Sandstränden sowie Tauch- und Schnorchelplätzen. Orientierungsprobleme dürfte es in Labuan Bajo eigentlich nicht geben, da das Dorf praktisch nur aus einer langen Straße besteht, die das Ufer der Bucht säumt. Labuan Bajo scheint sich immer mehr zu einem Traveller-Zentrum zu entwickeln, dem bisher einzigen auf Flores.

Die Bewohner des Ortes, überwiegend Bugis aus Süd-Sulawesi, haben sich schon auf den zunehmenden Besucherstrom eingestellt und bauen fleißig Hotels, Restaurants usw.

Übernachtung

IM ORT – *Hotel Wisata***, Jl. Soekarno, ✆ 41020, knapp 1 km vom Hafen Richtung Ruteng, saubere Zi mit Dusche, Fan, Frühstück; viele Traveller, Restaurant.
Sony Homestay*, Jl. Prof. Dr. Johanes, ✆ 41119, 100 m von der Hauptstraße, einen Hügel hinauf, vorbei am Puskesmas *(Public Health Center)*, billig, aber vergammelt, schön im Grünen gelegen.
Chez Felix*-**, ✆ 30142, Jl. Prof. Dr. Johanes, 30 m weiter, gut, ruhig und sauber, mit Mandi, Fan und Frühstück; Garten, Restaurant.
Losmen Sinjai*, Jl. Soekarno, einfache Zimmer mit Mandi.
Bajo Beach Hotel*-**, Jl. Yos Sudarso, ✆ 41008, saubere Zi mit und ohne Mandi, z.T. mit Fan, inkl. Frühstück, viele Traveller, viele Infos; Restaurant, Dive Shop, Touren.
Mutiara Beach Hotel*-**, Jl. Pelabuan 31, ✆ 41033, direkt am Meer, einfache, kleine Zimmer, viele Infos, Restaurant.
Gardena Bungalows*, Jl. Yos Sudarso, einfache Bambushütten auf einem Hügel mit Aussicht über die Bucht, 200 m südlich vom Hafen; Restaurant, großer Garten.
100 m nördlich vom Hafen in einem Kampung gibt es 3 sehr einfache, billige Losmen: *Bahagia** am Meer, *Pelangi** und *Sahabat**, nebeneinander am Sportplatz.

AUSSERHALB – Weiter **nördlich** liegen:
Waerana Beach Cottages**, 2 km vom Hafen, zu erreichen mit Boot oder Auto; Infos im *Varanus Dive Shop*, nicht weit vom Hafen.
Waecicu Beach Resort**-***, 15 Bootsminuten vom Hafen an einem schönen Sandstrand.
Homestay Batu Gosok**-***, 30 Minuten mit dem Boot, empfehlenswert, schöner Strand.
Südlich vom Ort liegen:
New Bajo Beach Hotel***-****, ✆ 41047, Zimmer und Bungalows mit Fan oder ac, 2 km südl. vom Hafen am Strand.
Cendana Seaside Hotel*-**, herrlich am Strand gelegen, 3 km südlich vom Hafen, mit Auto zu erreichen.

AUF PULAU KANAWA – *Kanawa Island Cottages***, einfache Hütten mit Frühstück auf einer kleinen Insel, 1 Std. mit dem Boot ab Hafen; Infos gegenüber vom Hotel Wisata.

Sonstiges

GELD – *Bank Rakyat Indonesia* wechselt TC, aber nur zu schlechten Kursen.

PHPA – Das Büro der Naturschutzbehörde befindet sich an der Straße zum Airport, nicht weit vom Hotel Wisata. Geöffnet werktags außer Sa bis 14 Uhr. Hilfsbereite und freundliche Mitarbeiter.

POST / TELEFON – Das Postamt liegt zentral an der Hauptstraße, nicht weit vom Hafen.
Telkom befindet sich an der Straße zum Airport, 600 m vom Hotel Wisata.

VORWAHL – 0385.

Touren

Die in Labuan Bajo von Hotels und Agenten angebotenen Ausflüge sind in der Regel Bootstouren zum Tauchen und Schnorcheln.
Varanus Dive Center, nicht weit vom Hafen, bietet eine Tour mit 2 Tauchgängen für US$65, alles inkl. – Preiswerter sind die Ausflüge mit kleinen Booten zu vorgelagerten Inselchen, wo man herrliche weiße Sandstrände findet und gut schnorcheln kann:
Pulau Bidadari, 20–30 Minuten per Boot vom Hafen, 20 000 Rp pro Tag, bis zu 8 Personen.
Pulau Sabolo, 40–60 Bootsminuten, 25 000–30 000 Rp pro Tag, bis 6 Personen.
Weiterhin kann man ein kleines *Kapal Motor* für den **Komodo**-Trip chartern, 75 000 Rp pro Tag, 2 Tage 125 000 Rp, 3 Tage 200 000 Rp, bis zu 6 Personen, alles inkl.
Oder nach **Sape**, mit Zwischenstop auf Komodo, 350 000 Rp, bzw. 500 000 Rp für ein etwas größeres Boot für 8–10 Personen.

Nahverkehrsmittel

Minibusse verkehren nur sporadisch. Aber fast alle Hotels bieten kostenlosen Transfer (mit Boot oder Auto) ins Dorf, zum Hafen oder zum Airport. Außerdem kann man in den meisten Hotels Boote und Autos chartern.

Transport

BUSSE – Die Straße hinauf nach RUTENG ist gut ausgebaut und asphaltiert. Falls keine Erdrutsche oder eingebrochene Brücken die Fahrt unterbrechen, brauchen Busse etwa 5 Std., 5000 Rp.

FLÜGE – Tgl. fliegt Merpati (Office nicht weit vom Airport in der Jl. Eltari, ✆ 41177) vom **Komodo Airport**, dem Airstrip von Labuan Bajo, nach BIMA 52 000 Rp, DENPASAR 208 000 Rp, ENDE 120 000 Rp und KUPANG 232 000 Rp.
Der Airport befindet sich nur 2 km östlich vom Ort.

SCHIFFE – Eine Fähre (11 900 Rp) pendelt tgl. außer Fr zwischen Labuan Bajo und SAPE, Sumbawa, über PULAU KOMODO (4200 Rp), Abfahrt 8 Uhr, Fahrzeit 9–10 Std.
Pelnis **KM. Tatamailau** kommt regelmäßig nach Labuan Bajo (s.S. 797f).

Ruteng

Ein kühler, oft wolkenverhangener Ort in über 1000 m Höhe in den Bergen am Fuße des **Gunung Ranaka** und Sitz einer großen Akademie zur Ausbildung von Laien-Katechesen. Am 29. 12. 1987 brach zuletzt der **Gunung Namparnos** (ca. 2300 m) aus, ein Nebengipfel des Gunung Ranaka, allerdings ohne großen Schaden anzurichten.

Übernachtung

Hotel Karya*, Jl. Motang Rua, einfache Zimmer, Gemeinschaftsmandi.
Hotel Ranaka*, Jl. Yos Sudarso 2, ✆ 21353, für Anspruchslose.
Losmen Agung 2*-**, Jl. Motang Rua 10, ✆ 21835, im Zentrum; relativ sauber, heißes Wasser fürs Mandi auf Bestellung.
Losmen Agung 1**, Jl. Wae Ces 20, ✆ 21080, nicht schlecht, schön gelegen am Stadtrand an der Straße nach Reo; Restaurant. Außerdem gleich nebenan *Losmen Agung 3****, sehr gut.
Hotel Dahlia**-***, Jl. R. A. Kartini, ✆ 21377, ruhig und sauber, einige Zimmer mit TV und Heißwasser; gutes Restaurant.
Hotel Sindha**-***, Jl. Yos Sudarso 26, ✆ 21197, ✆ 21638, große, saubere Zi mit und ohne Mandi, z.T. mit Heißwasser und TV, inkl. Frühstück; Restaurant und Garten, gute Infos.
Hotel Manggarai**, Jl. Adi Sucipto 6, ✆ 21008, östlich vom Zentrum, Zimmer mit

und ohne Mandi, trotz des großen Namens nur ein kleiner Homestay.

Essen

Zwei gute chinesische Restaurants:
Rumah Makan Agung, beim Losmen Agung 2,
R.M. Dunia Baru, in der gleichen Straße.

Sonstiges

AUTOVERMIETUNG – Das *Hotel Sindha* vermietet ein Motorrad für 20 000 Rp pro Tag, und einen Kijang für 60 000 Rp pro Tag, ohne Benzin und Fahrer.

GELD – TC und cash verschiedener Währungen wechselt die *Bank Rakyat*, Jl. Yos Sudarso; US$-cash nimmt auch das *Hotel Sindha* schräg gegenüber.

POST / TELEFON – *Kantor Pos*, Jl. Dewi Sartika 6, im Süden des Ortes nicht weit vom *Rumah Adat*.
Zwei Parallelstraßen weiter liegt *Telkom*; oder man telefoniert vom Hotel Sindha.

VORWAHL – 0385.

Transport

BUSSE – Vom Bus Terminal am Markt mehrmals tgl. Busse nach REO für 2500/3000 Rp. Bus nach ENDE 11 000 Rp, 10 Std. / 260 km, nach BAJAWA 5500 Rp, 5–6 Std. / 135 km – Abfahrt ist zwischen 8 und 9 Uhr. Ab 7 Uhr machen die Busse ihre Rundfahrt und sammeln die Leute ein. Man kann sich am Abend vorher anmelden (übers Hotel) und wird morgens vom Hotel abgeholt. Nach LABUAN BAJO 5000 Rp, 137 km, 4–5 Std.

FLÜGE – *Merpati*, außerhalb vom Zentrum im Nordosten der Stadt, fliegt tgl. außer Mo nach DENPASAR (202 000 Rp) über BIMA (92 000 Rp). Tgl. außer Di und Do auch nach KUPANG (157 000 Rp), Mo / Sa über ENDE (60 000 Rp). Mi / Fr nach LABUAN BAJO (43 000 Rp).

Bajawa

Ein kühler Ort in den Bergen mit einer freundlichen Bevölkerung, buchstäblich von Vulkanen umzingelt, darunter der ebenmäßige, spitze Kegel des **Gunung Inerie** (2245 m). Den besten Überblick hat man von den Hügeln im Westen der Stadt. Im Zentrum des Ortes liegt der Marktplatz, wo man einige gute und preiswerte Rumah Makan findet.

Übernachtung

Hotel Kambera*, Jl. El Tari 9, ✆ 21166, mit und ohne Mandi, inkl. Frühstück, Restaurant.
Hotel Nusantara*-**, Jl. El Tari 10, ✆ 21357, mit und ohne Mandi, inkl. Frühstück; Restaurant, freundliche Leute.
Hotel Korina*-**, Jl. Jen. A. Yani 81, ✆ 21162, mit und ohne Mandi, inkl. Frühstück, freundlich, viele Infos.
Hotel Dagalos*, Jl. Jen. A. Yani 70, einfache Zimmer mit und ohne Mandi, kleines Frühstück, freundliche Leute.
Hotel Sunflower*, Jl. Jen. A. Yani, ✆ 21236, die Gasse neben Hotel Dagalos hinauf, mit und ohne Mandi, inkl. Frühstück, freundlich, schöne Veranda mit Aussicht.
Hotel Kembang**-***, Jl. R. E. Martadinata 18, ✆ 21072, ruhig und sauber, alle Zi mit Mandi.
Hotel Anggrek**, Jl. Letjen. M. T. Haryono 9, ✆ 21172, alle Zi mit Mandi, inkl. Frühstück.
Hotel Virgo**, Jl. Jen. D. I. Panjaitan, ✆ 21061, mit kleinem Garten.
Hotel Johny*-**, Jl. Gajah Mada, ✆ 21079, etwas heruntergekommen.

Essen

Restaurant Camellya, Jl. Jen. A. Yani 82, ✆ 21458, ist ein sehr gutes, kleines Restaurant; chinesisch, indonesisch und europäisch.
Rumah Makan Wisata, Jl. Gajah Mada, chinesisch und europäisch, viele Infos.

Rumah Makan Kasih Bahagia steht am Markt, empfehlenswert.

Die traditionellen Ikat-Sarongs gehören auf dem Markt in Wolowaru auf Flores noch zum alltäglichen Bild

Sonstiges

POST / TELEFON – Das *Kantor Pos* befindet sich an der Jl. Soekarno-Hatta, geöffnet Mo–Do und Sa 8–14, Fr bis 11 Uhr.
Telkom um die Ecke in der Jl. T. W. Mengeruda 1, ✆ 21091, tgl. 24 Std. geöffnet.

VORWAHL – 0384.

Transport

BUSSE – Der Bus Terminal liegt 3 km vom Zentrum Richtung Ende; Mikrolet fahren von hier zum Markt 350 Rp, mit viel Gepäck 500 Rp. Busse fahren tgl. für 5500 Rp nach RUTENG 5–6 Std. / 135 km; nach ENDE für 5000 Rp in 5–6 Std. / 125 km. AIMERE 39 km, 1200 Rp; WAIRANA (Waerana) 57 km, 2500 Rp; MBORONG (Borong) 82 km, 3000 Rp. Busse nach RIUNG tgl. über Aegela 5000 Rp; außerdem Mo, Mi, Fr über Soa 4200 Rp.

FLÜGE – Der *Pelabuhan Udara Turelelo*, wenige Kilometer außerhalb Richtung Soa, wird von *Merpati*, Jl. Budi Utomo, ✆ 21050, am Markt, angesteuert: ENDE (Di, Fr, So) 44 000 Rp, KUPANG (Di, Fr, So) 131 000 Rp; Di, Fr und So wird BIMA für 104 000 Rp angeflogen.

Ende

Wichtigste Stadt auf Flores mit etwa 60 000 Einwohnern. Interessanter Morgenmarkt! Hier kann man die Ikat-Sarong erstehen, die im östlichen und zentralen Flores hergestellt werden. Preise rangieren zwischen 15 000 und 25 000 Rp für einfache Stücke, bei denen chemische Farben und importierte Garne verwendet werden, 45 000–60 000 Rp für die beste Qualität (Naturfarben) und 60 000–200 000 Rp für antike Stoffe, die noch aus selbstgesponnener Baumwolle gewebt und mit natürlichen Farben gefärbt wurden. Die Weberei **Ramacraft**, Jl. Woloare, 2 1/2 km nördlich vom Zentrum, lohnt einen Besuch; auch im nordöstlichen Vorort **Onekore** werden Ikat-Sarong produziert. Mitte der 30er Jahre verbrachte Sukarno, der später Indonesiens erster Präsident werden sollte, hier in Ende einige Jahre im Exil. Sein ehemaliges Haus **Rumah Bung Karno**, das als Museum erhalten wird, kann man sich ansehen.

Im Dezember 1992 wurde Ost-Flores von einem katastrophalen Erdbeben heimgesucht. Auch Ende blieb nicht verschont, und noch immer sieht man einige eingestürzte Häuser und Kirchen.

Übernachtung

Losmen Ikhlas*-**, Jl. Jen. A. Yani, ✆ 21695, viele Traveller, Zimmer mit und ohne Mandi, sauber; mit Restaurant. Der Besitzer spricht gut Englisch, viele Informationen.
Hotel Makmur*, Jl. Jen. A. Yani 17, Zimmer mit und ohne Mandi, ziemlich ungepflegt.
Losmen Rinjani*-**, Jl. Jen. A. Yani 18, laut und spartanisch.
Losmen Safari**-***, Jl. Jen. A. Yani 65, ✆ 21997, sauber, Zimmer mit Mandi und Fan oder ac, inkl. Frühstück; Garten.
Hotel Melati**, Jl. Jen. Gatot Subroto, ✆ 21311, Zi mit Mandi, kleiner Garten, ziemlich heruntergekommen.
Wisma Amica**, Jl. Garuda 39, ✆ 21683, einfache Zi mit Fan und Mandi, ruhig gelegen.
Hotel Wisata**-****, Jl. Kelimutu 68, ✆ 21368, große, helle Zimmer, nicht allzu sauber, Fan oder ac und TV, inkl. Frühstück, Restaurant.
Hotel Dwi Putra (US$11–54), Jl. Yos Sudarso 27, ✆ 21685, zentral gelegen, saubere Zi mit Fan oder ac und Heißwasser, inkl. Frühstück; Restaurant.
Hotel Nirwana**, Jl. Pahlawan 57, ✆ 21124, Zi mit großen Fenstern, Mandi und Fan, renovierungsbedürftig.
Hotel Sandlewood (Cendana)**, Jl. Kemakmuran 19, ✆ 21015, einfach, laut, aber zentral.

Essen

Billig essen kann man in den Warung am Markt.

In Larantuka, Flores; rechts und links unten: Während der Feierlichkeiten zum Karfreitag; links oben: Fischerjunge

Rumah Makan Minang Baru, Jl. Soekarno, hier bekommt man Nasi Padang.
Depot Ende, Jl. Jen. Sudirman 6, ✆ 21208; sehr gutes Essen, u.a. Seafood. Die Spezialität des Hauses sind Wachteln.
Rumah Makan Merlyn, Jl. Jen. A. Yani 6, ✆ 21577, bietet chinesische Küche.
Istana Bambu Restaurant, Jl. Pasar 39, ✆ 21480, serviert preiswertes Seafood sowie indonesische und chinesische Gerichte.

Sonstiges

GELD – *Bank Rakyat*, Jl. Yos Sudarso, wechselt TC und cash zu dürftigen Kursen.

POST / TELEFON – Die Hauptpost befindet sich etwas außerhalb, Jl. Basuki Rahmat 15, ✆ 21203. Zentraler liegt ein kleines Postamt in der Jl. Yos Sudarso.
Telkom, Jl. Kelimutu 5, ✆ 21321, tgl. 24 Std. geöffnet.

VORWAHL – 0381.

Transport

BUSSE – Mehrere Busse ab 7 Uhr morgens bis gegen Mittag nach MAUMERE für 6000 Rp (5 1/2 Std. / 148 km); WOLOWARU für 3000 Rp (2 1/2 Std. / 65 km); MONI 2500 Rp (53 km).
Morgens und mittags Busse nach BAJAWA für 5000 Rp (5–6 Std. / 125 km).
Nach RUTENG 11 000 Rp (10 Std. / 258 km) und nach LARANTUKA (11 000 Rp) nur morgens Busse; besser einen Tag vorher buchen.
Die verschiedenen Bus-Unternehmen haben ihre Büros in den Straßen zwischen Markt und Hafen von Ende. Abfahrt vom jeweiligen Busbahnhof: Ende verfügt über zwei Bus Terminal, die beide weit außerhalb liegen, **Ndao** für Busse nach Westen (Bajawa, Ruteng) und **Wolowona** für den Osten (Moni, Maumere).
Außerdem ein Mikrolet-Terminal am Markt. Zwischen diesen 3 Terminals verkehren Mikrolet für jeweils 350 Rp.

FLÜGE – *Merpati*, Jl. Nangka, ✆ 21355, 21276, 21097, geöffnet Mo, Di, Do, Fr, Sa 8–13 und 16–17 Uhr, So und feiertags 10–12 Uhr.

Bemo zum Flugplatz Ipi kostet 350 Rp.
Preisbeispiele (ohne MwSt):
BAJAWA (Di, Fr, So) 44 000 Rp,
BIMA (tgl.) 112 000 Rp,
DENPASAR (tgl.) 255 000 Rp,
KUPANG (tgl.) 103 000 Rp,
LABUAN BAJO (tgl. außer Mi und Fr) 116 000 Rp,
RUTENG (Mo und Sa) 60 000 Rp.

SCHIFFE – *Pelni*, Jl. Jen. A. Yani 2, ✆ 21043, geöffnet werktags 8–14 Uhr.
Die **KM**. **Binaiya** fährt jeden zweiten Do nach Kupang, Dili, Kalabahi, Maumere und Ujung Pandang, eine Woche später am Fr nach Waingapu, Bima, Lembar und Surabaya (s.S. 798). Kleine Boote schippern die Küste entlang nach MBORONG und LARANTUKA.
Am Mi gegen Abend fährt nach WAINGAPU (14 000 Rp) ab; 1x pro Woche auch eine Fähre nach KUPANG, 18 500 Rp, 16 Std.; Infos im Ferry-Office *ASDP* am Hafen Ipi, ✆ 22007.

Die Umgebung von Ende
Ndona / Wolotopo

Mit einem Mikrolet gelangt man ins 4 km entfernte **Wolowona** (350 Rp). Ab hier fährt man mit einem Colt auf einer anfangs asphaltierten Straße hinauf nach Ndona (8 km), wo Ikat-Sarong allerbester Qualität gewebt werden. Von Wolowona, gleich hinter der Brücke rechts, geht ein breiter Weg zum Strand (2 km) hinunter: Davor liegt die kleine, zerklüftete Insel **Pulau Koa**, und auf der Halbinsel sieht man den zerfurchten **Gunung Meja** (Gunung Iya). Ein herrlicher Fußpfad (5 km) windet sich in östlicher Richtung über steile Klippen und an schwarzen Sandstränden entlang nach Wolotopo. Hunderte von Schulkindern begrüßen jeden Besucher begeistert und lautstark. Im Dorf stehen einige traditionelle Häuser – wieder ein eigener Stil; alles beherrschend ist die große Kirche, die Pater Leo aus Essen vor mehr als 25 Jahren erbauen ließ. Ikat-Sarong von blauer Grundfarbe werden im Ort hergestellt. Man sollte sich zum *Kepala Desa* oder gleich zum *Juru Kunci* bringen lassen, die Spende entrichten, und man wird zum **Sao Ria** (großes

Haus) geführt. Dies ist das auf einem Hügel über dem Dorf gelegene Zeremonialhaus, umgeben von Megalithen und Totenhäuschen mit Särgen. In die Balken sind Tiermotive geschnitzt: Schlangen, Fische und Krokodile, und im Inneren (fotografieren verboten) stehen geheimnisvolle Truhen und in rote Tücher gewickelte Ahnenfiguren. Eine tolle Aussicht von hier oben!

Moni und der Gunung Kelimutu

Das Dorf Moni ist der Ausgangspunkt für einen Trip auf den Gunung Kelimutu. **Heiße Quellen** *(Air Panas)* zum Baden liegen 1 km von Moni entfernt Richtung Ende. Ein mit Schnitzereien verzierter **Rumah Adat** steht gleich hinter den Losmen, nicht weit vom Markt. Etwa 1,5 km vor Moni, von Ende kommend, zweigt rechts eine Straße ab, die auf den Berg hinaufführt. Etwa 14 km geht es bergauf, aber nicht sehr steil – ohne Führer und zu Fuß machbar in etwa 3 Stunden. Also sollte man sich früh und mit Taschenlampe auf den Weg machen, am besten um 2 Uhr, wenn man den Sonnenaufgang oben erleben will. Ist der Berg erst in Wolken, sieht man nichts mehr. Die Attraktion des Gunung Kelimutu sind seine drei **Kraterseen**, die verschiedene Farben haben, die von unterschiedlichen Mineralien herrühren. Die Farben der Seen haben sich im Laufe der letzten Jahre sogar schon mehrmals drastisch geändert, zuletzt 1987.

Die Mondlandschaft der Krater ist nach dem dortigen Glauben der Schlupfwinkel der Geister. Die Seelen der Knaben und Mädchen wohnen im *Tiwu Nuwa Muri Koo Fai*, einstmals türkisfarben, dann tiefblau, jetzt weiß-grünlich. Die Seelen der Alten ruhen im *Tiwu Ata Mbupu*; der jetzt fast schwarze See war früher einmal dunkelblau, dann hellblau bis weiß. Im *Tiwu Ata Polo* warten die Sünder bis zur Nacht, um mit dem Wind emporzufliegen und jeden lebenden Eindringling zu vernichten; dieser einst rote und dann dunkelgrüne See hat jetzt eine dunkelbraune Farbe. Eine interessante Abkürzung auf den Vulkan beginnt etwa auf halbem Weg zwischen Moni und der Abzweigung etwa 1,5 km vor Moni, von Ende kommend, die auf den Berg hinaufführt. Von der Straße führt ein Pfad durch eine kleine Schlucht über einen Fluß durch die zwei Dörfer Nuadepi und Koposili zu einem weiteren Dorf, Manukako, wo man wieder auf die Straße zum Kelimutu stößt. Von da sind es 1 1/2 Std. zum Krater.

Übernachtung und Essen

Es gibt eine Reihe von einfachen Unterkünften in Moni und in der Umgebung. Außerhalb an der Straße nach Maumere liegt z.B. der angenehme *Palm Homestay**.
Recht einfach sind die Homestay am Markt, z.B. *Daniel** und (besser) *Amina Moe**, mit gutem Essen.
In herrlicher Hanglage, mit schöner Aussicht, etwas außerhalb an der Abzweigung zum Kelimutu, die im traditionellen Stil errichteten Bungalows des regierungseigenen
Sao Ria Wisata*-***, sauber und freundlich, mit dürftigem Restaurant und Bar. 200 m unterhalb sieht man das
Restaurant Kelimutu, eine erfreuliche Alternative zu den Rumah Makan im Dorf, das auch einfache Zimmer vermietet.

Transport

Moni erreicht man mit einem Bus ab ENDE für 2500 Rp in 2 1/2 Std.
Tgl. gegen 4 Uhr bringt ein **LKW** Touristen für 3500 Rp bis auf den Kelimutu, dauert etwa 1 Std., zurück 7 Uhr, nochmals 3500 Rp; oft verzögert sich die Abfahrt, so daß man vielleicht den Sonnenaufgang verpaßt. Machbar ist der Trip auch mit einem gecharterten Toyota-**Jeep** (bis zu 5 Pers.) ab Moni. Sollte für Hin- und Rückfahrt um die 35 000 Rp kosten. Die Straße ist durchgehend asphaltiert. Man kann sich auch ab Moni auf einem **Motorrad** für etwa 15 000 Rp hinauffahren lassen; ein Motorrad zu mieten kostet 12 000 Rp. So hat man die Chance, schon frühmorgens auf dem Berg zu stehen, um den Fernblick ohne Wolken zu bewundern. Etwa auf halbem Weg werden 1000 Rp Eintritt von PHPA-Posten verlangt.

Wolowaru

12 km von Moni, Bus 500 Rp, ebenfalls ein guter Ausgangspunkt für die Kelimutu-Tour und für Wanderungen zu traditionellen Dörfern. Der Ort liegt in einer reizvollen grünen Berglandschaft. Samstags ist großer Markt, zu dem die Frauen aus den umliegenden Dörfern in ihren besten handgewebten *Kain* gehüllt erscheinen.

Übernachtung und Essen

Wohnen kann man im **Losmen Setia*** oder im **Losmen Kelimutu***.
Rumah Makan Siang Malam hat gutes Padang Food. Gutes Essen bekommt man auch im **Rumah Makan Jawa Timur** neben Losmen Kelimutu.

Transport

Busse nach ENDE (65 km, 2 Std., 3000 Rp) und MAUMERE (83 km, 2 1/2 Std., 3500 Rp) kommen gegen Mittag durch Wolowaru und halten eine halbe Stunde an einem der beiden Rumah Makan. Wer per Motorrad auf den Gunung Kelimutu will, sollte im **Rumah Makan Siang Malam** nachfragen. Mit dem Fahrer kann man sich auf etwa 20 000 Rp für Hin- und Rückweg einigen. Ein Motorrad zu mieten ohne Fahrer kostet 15 000 Rp; für ein Auto mit Fahrer kommt man auf etwa 35 000 Rp.

Die Umgebung von Wolowaru

Ausflüge sind möglich zu traditionellen Dörfern mit Megalith-Gräbern, *Rumah Adat* und *Ikat*-Webereien (in dieser Gegend bevorzugt man Goldgelb als Grundfarbe). So z.B. nach **Nduaria**, an der Straße nach Ende, 20 km von Wolowaru (Bus 600 Rp) oder nach **Koanara**, nördlich von Moni.

Wolele

ist nur zu Fuß zu erreichen, ca. 2 1/2 Stunden geht es steil bergauf. Es gibt drei Dörfer dieses Namens, Wolele A, B und C; am schönsten liegt Wolele A: Von hier hat man einen herrlichen Ausblick auf dschungelüberwucherte Berge bis hin zum Meer.

Jopu

Ein weiterer Fußmarsch führt in Richtung Süden bergab nach Jopu (4 km), wo man *Rumah Adat* in verschiedenen Stilen sehen kann; einige Häuser sind in der gleichen steilen Bauform wie auf Sumba errichtet, mit Büffelgehörnen als Schwelle vor dem Eingang und Särgen mit den Knochen der Vorfahren neben der Tür. Die dicken Balken und Bretter der Häuser sind aus hartem Edelholz, verziert mit eingeschnitzten Mustern. Auf den von Steinmauern umfaßten Dorfplätzen stehen auf hohen Pfählen die Totenhäuser und mit eingeschnitzten Tiersymbolen versehene Geisterpfähle mit Opferplattformen darauf (fotografieren verboten).

Nggela

Geht man von Jopu weiter über Wolojita (nochmals 4 km) Richtung Süden, gelangt man nach Nggela (12 km von Wolowaru): Ein in einzigartiger Weise auf Felsterrassen angelegtes, auffallend sauberes Dorf an der Küste. Traveller tauchten bis noch vor wenigen Jahren so selten hier auf, daß Kinder erschreckt davonliefen und Frauen scheu ihr Gesicht verbargen; inzwischen gibt es sogar Homestays.

Man sollte Zigaretten als Geschenk für die Männer mitnehmen, und vielleicht wird auch mal der Eintritt ins Innere der alten Häuser gewährt. Häufig wird man auf Wanderungen mit der Frage: „*Apa mau beli?*" – „Was wollt ihr kaufen?" oder „*Mau beli Kain?*" begrüßt. Die Menschen hier können sich anscheinend für das Unterwegssein von Dorf zu Dorf keinen anderen Grund vorstellen, als daß jemand etwas kaufen oder verkaufen will.

Maumere

Der Hafenort an der Nordküste von Flores wirkt insgesamt recht verschlafen, auch wenn Maumere neben Ende der wichtigste Verkehrsknotenpunkt der Insel ist. Die Stadt hat unter dem großen Erdbeben, das Ost-Flores im Dezember 1992 heimsuchte, am meisten gelitten. Inzwischen sind die größten Schäden behoben, doch noch immer gibt es einige Lücken in den Häuserreihen. Auf einem Spaziergang die Jl. Sugiopranoto entlang kommt man zur **Katholischen Kathedrale**. Der auf einem Wandbild hinterm Altar dargestellte Jesus ist hier ein Indonesier! Die Kathedrale ist infolge des Erdbebens sehr baufällig und wird nicht mehr zum Gottesdienst benutzt, aber das Wandbild ist erhalten geblieben.

Auf dem **großen Markt** werden in einigen Läden Ikat-Sarong verkauft. Es kommen auch häufig Frauen aus den umliegenden Dörfern und bieten ihre Ikat-Arbeiten an. Eine lange Tradition hat die **Elfenbeinschnitzerei** in Ost-Flores. Als Zeichen für Reichtum und als allgemeines Statussymbol wird das wahrscheinlich von Portugiesen eingeführte Elfenbein benutzt – hauptsächlich zum Bezahlen des Brautpreises.

Übernachtung

Beng Goan Hotel*-***, Jl. Moa Toda, ✆ 21041, Zimmer mit Mandi, Fan oder ac, inkl. Frühstück, einfach, sauber, etwas laut.

Hotel Bogor 1**-***, Jl. Brigjen. Slamet Riyadi, ✆ 21191, kleine, einfache Zi mit und ohne Mandi, etwas finster und stickig und zu teuer, z. T. mit ac.

Losmen Bogor 2*-**, Jl. Brigjen. Slamet Riyadi 4, ✆ 21137, Zi mit und ohne Mandi, muffig.

Hotel Gardena**-****, Jl. Patirangga 28, ✆ 21489, einfache Zimmer mit Fan oder ac, inkl. Frühstück, familiäre Atmosphäre. Das Hotel ist sauber, aber renovierungsbedürftig.

Hotel Maiwali**-**** (bis US$41), Jl. Don Thomas 8, ✆ 21220, ✆ 21617, empfehlenswert, kleine, aber saubere Zi mit Fan oder ac und TV, inkl. Frühstück; Bar, Restaurant, Autovermietung.

Wini Rai Hotel**-****, Jl. Gajah Mada 50, ✆ 21388, mit und ohne Mandi, Fan oder ac und TV, inkl. Frühstück, sauber; kleiner, begrünter Innenhof.

Permata Sari Beach Hotel***-****, Jl. Jen. Sudirman, 2 km östlich vom Zentrum an der Abzweigung zum Airport, ✆ 21171, 21249, saubere Zi und Cottages mit Garten am Strand, Fan oder ac, TV, Heißwasser und Badewanne, inkl. Frühstück; Restaurant, Autovermietung.

Nogo Beach Hotel**, 10 km westlich von Maumere, einfache Holzhütten an einem schönen Strand; Restaurant.

Eine gute, wenn auch teure Alternative sind die 10 bzw. 11 km östlich in Waiara gelegenen Bungalowanlagen (s.u.).

The Flores Froggies*-**, in Waiterang, 28 km östlich von Maumere Richtung Larantuka gelegen; Zimmer und Bambushütten im Grünen am Strand, inkl. Frühstück; gutes Restaurant, Schnorcheln und Bootstouren sind möglich.

Essen

Gute chinesische und vegetarische Gerichte sowie Seafood bekommt man im *Sarinah Restaurant*, Jl. Raja Centis, ✆ 21529, Speisekarte in Indonesisch und Englisch.

Rumah Makan Sumber Indah, Jl. Raja Centis, ✆ 21375, Seafood und javanische Küche.

Stevani Pub, Jl. Raja Centis 1, ✆ 21273, ein preiswertes, angenehmes Gartenrestaurant: Seafood, chinesisch, indonesisch, europäisch.

Sonstiges

AUTOVERMIETUNG – Im *Hotel Maiwali* kann man einen Minibus chartern, 8000 Rp pro Std. bei mindestens 2 Std., bzw. 75 000 Rp pro Tag inkl. Benzin und Fahrer. Diese Preise gelten nur für Touren in der näheren Umgebung von Maumere, Fernstrecken sind teurer.

GELD – Die *Bank Rakyat*, Jl. Soekarno-Hatta 1, ✆ 21065, geöffnet Mo–Do 8–12 und 13–15.30 Uhr, Fr 8–12.30 und 13.30–15.30 Uhr, wechselt TC und Cash verschiedener Währungen zu mäßigen Kursen.

PHPA – In dem kleinen, originell eingerichteten Büro, Jl. Nong Meak 25, ✆ 21464, ✆ 21523, werktags 7.30–14 Uhr geöffnet, bekommt man viele brauchbare Informationen, nicht nur zu Naturschutzgebieten; mit Reisebüro.

POST / TELEFON – Die Post liegt an der Jl. Pos (wo sonst?), geöffnet Mo–Fr 8–12, Sa bis 11 Uhr. *Telkom*, Jl. Soekarno-Hatta, tgl. 24 Std. geöffnet.

VORWAHL – 0382.

Transport

BUSSE – Maumere hat 2 Busbahnhöfe: einen 3 km östlich der Stadt für Busse nach LARANTUKA 5500 Rp, 4–5 Std., 137 km; vom zweiten Busbahnhof, 1 km südlich der Stadt, fahren die Busse nach ENDE 6000 Rp, 5 1/2 Std., 148 km, über WOLOWARU 3500 Rp, 3 Std. / 83 km. Abfahrt gegen 8 und 17 Uhr. Die Busbahnhöfe erreicht man mit einem Bemo für 350 Rp. Colt nach WAIARA 600 Rp.

FLÜGE – Der Flugplatz liegt etwa 3 km östlich von Maumere. Taxi in die Stadt 6000 Rp. Bemo verlangen 1000 Rp p.P.
Merpati, Jl. Don Thomas 19, ✆ 21342, tgl. 8–14 und 18–20 Uhr geöffnet.
Bouraq, Jl. Nong Meak, ✆ 21467, tgl. 7–18 Uhr geöffnet.
Tgl. Flüge mit Merpati nach UJUNG PANDANG 163 000 Rp.
Weitere Verbindungen: BIMA (Mi, Fr, So mit MZ) 135 000 Rp, KUPANG (tgl. mit MZ und BO) 85 000 Rp, SURABAYA 300 000 Rp (MZ, BO), DENPASAR (tgl. MZ, BO) 235 000 Rp.

SCHIFFE – *Pelni*, Jl. Brigjen. Slamet Riyadi, ✆ 21013, werktags geöffnet von 7.30–12 und 13–15 Uhr. Tickets bekommt man frühestens 4 Tage vor Ankunft des Schiffes:
Alle 2 Wochen an einem Sa fährt die **KM. Binaiya** nach UJUNG PANDANG.
Am folgenden Mi fährt sie nach KALABAHI, DILI, KUPANG, ENDE, WAINGAPU, BIMA, LEMBAR und SURABAYA (s.S. 798).

Waiara

Eine der größten Attraktionen von Flores sind die vor der Nordküste gelegenen Korallenriffe. Tauchexperten meinen, daß der portugiesische Name der Insel „Cabo des Flores" sich nicht auf die Blumen an Land beziehe, sondern auf die einmalige Farbenpracht der Korallenriffe. Die Riffe vor Flores sind aus verschiedenen Gründen einmalig. Zum einen liegt die Insel mitten im sogenannten „Sonnengürtel", der äquatorialen Region, die das Wachstum der Korallen besonders begünstigt. Zum zweiten liegen die Riffe am Bruch zwischen der eurasischen und der australischen Platte. Aus diesem Zusammentreffen zwischen zwei unterschiedlichen Flora- und Faunazonen resultiert der extreme Reichtum der Unterwasserlandschaft.

Übernachtung

Sea World Club (US$15–35), Jl. Nairoa 13, ✆ 21570, ✆ 21102, ca. 10 km östlich von Maumere in Waiara, sehr schön am Strand in einem großen Garten gelegen, Zimmer und Bungalows mit Fan oder ac, inkl. Frühstück, gutes Restaurant; zwei Boote stehen für Tauch- und Schnorcheltouren zur Verfügung, ein Tagesausflug kostet: Schnorcheln 30 000 Rp pro Person, Tauchen US$70, Ausrüstung und Lunch inklusive.
Flores Sao Resort (US$30–70), 1 km weiter östlich: ✆ 21555, ✆ 21666, zu teuer.

Larantuka

Die Stadt, im äußersten Osten der Insel gelegen, war einer der frühesten Außenposten der portugiesischen Kolonisierung. Das lukrative Geschäft mit dem Sandelholz von Timor brachte portugiesische Schiffe schon seit 1515 regelmäßig in die ostindonesische Inselwelt. Larantuka bot sich aufgrund seiner idealen geographischen Lage als Stützpunkt an. n der Mitte des 17. Jahrhunderts befand sich die Stadt in einem wirtschaftlichen Boom. Die Abtretung Malaccas an die VOC 1641, 1666 gefolgt von Makassar, brachte eine neue Einwanderungswelle von Portugiesen nach Larantuka. Aus dem bunten Völkergemisch entstand ein neuer Menschenschlag, der sich selbst „Larantuqueiros" nannte. Bis 1859 dehnten die Larantuqueiros ihren Einfluß auf den gesamten Osten der Insel Flores, große Teile von Timor und auf Solor und Alor aus. Larantuka war faktisch ein unabhängiger Staat geworden, der nur noch lose Verbindungen zu Lissabon unterhielt. 1859 verkaufte der portugiesische Gouverneur von Dili die Stadt mit allen Besitzungen an die Niederlande, und zwar für den lächerlichen Betrag von 200 000 Gulden.

Larantuka ist katholischer Bischofssitz. Die große **Kathedrale**, erbaut 1901, wurde später um zwei Seitenschiffe erweitert. Wie überall im christlichen Osten Nusa Tenggaras sind auch hier die Kirchen zum Gottesdienst total überlaufen. Wichtigstes Ereignis ist die **Karfreitagsprozession**. Aus allen Teilen Ost-Indonesiens kommen die Gläubigen nach Larantuka. Tausende von Menschen nehmen an den bereits am Nachmittag beginnenden Umzügen teil.

Will man selbst an den Prozessionen teilnehmen oder auch nur zusehen, sollte man sich im Pfarramt beim Küster eine Genehmigung holen. Er ist ein belesener Mann, der viel über die wechselvolle Geschichte der Stadt erzählen kann. Alle Hotels sind in der *Semana Santa* ausgebucht. Der Ort ist wichtig als Hafen für die noch weiter östlich gelegenen Inseln des Solor- und Alor-Archipels.

Übernachtung

*Hotel Rulies**③*, Jl. Yos Sudarso 40, ✆ 21198, saubere Zi ohne Mandi, mit Moskitonetz, angenehm, familiäre Atmosphäre.
*Hotel Tresna**-****②*, Jl. Yos Sudarso 8, ✆ 21072, saubere Zi mit und ohne Mandi, z.T. mit ac, begrünter Innenhof.
*Hotel Fortuna**⑤*, Jl. Diponegoro 171, ✆ 21140, saubere Zi mit und ohne Mandi, etwas außerhalb, Minibus zum Zentrum 350 Rp. Außerdem in der Nähe das sehr gute

*Hotel Fortuna 2***-****, Nr. 168, ✆ 21383, Fan oder ac.
*Hotel Kartika**④*, ✆ 21083, Jl. Kathedral, laut und nicht so sauber.
*Hotel Salom**-***①*, Jl. Lalamentik 53, ✆ 21464, ca. 400 m vom Hotel Rulies bergauf, mit und ohne Mandi.

Essen

RUMAH MAKAN NIRWANA, das beste Restaurant der Stadt, gute Hühnchengerichte.
Oder man versucht die Rumah Makan **Padang**, **Sederhana** und **Minang Surya**.

Sonstiges

GELD – Die *Bank Rakyat*, Jl. Yos Sudarso, ✆ 21030, geöffnet Mo–Do 7.30–12, Fr bis 11.30 Uhr, wechselt cash und TC verschiedener Währungen zu mageren Kursen.

VORWAHL – 0383.

Transport

BUSSE – Etwa ein halbes Dutzend Busse nach MAUMERE drehen ab 8 Uhr ihre Runden im Ort, fahren aber erst zwischen 9 und 12 Uhr los; zuletzt stehen sie noch in der Jl. Yos Sudarso – 5500 Rp, 4–5 Std. / 137 km. Reservierung einen Tag vorher klappt nur bedingt, ist aber einen Versuch wert.

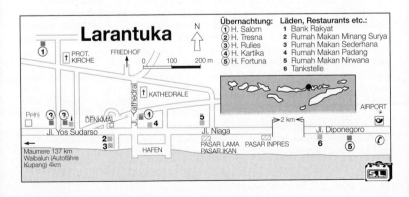

Larantuka

FLÜGE – *Merpati* fliegt nur noch sporadisch nach KUPANG; wahrscheinlich wird der Flug bald ganz eingestellt.

SCHIFFE – 2x pro Woche eine Autofähre vom Pier in Waibalun, 4 km westlich vom Zentrum, nach KUPANG, 15 000 Rp, 15 Std.
Außerdem tgl. um 7 und 13 Uhr ein Boot über WAIWERANG (1800 Rp) nach LEWOLEBA (3600 Rp).
Weitere Boote tgl. nach SAGU, Adonara (3 Std. / 3000 Rp) und LAMAKERA, Solor (2 Std. / 2500 Rp). 2–3x pro Woche ein Boot nach LAMALERA. Tickets bekommt man jeweils an Bord.
Eine Fahrt in den Solor-Alor-Archipel ist eine der lohnendsten Bootsreisen überhaupt. Die Boote werden von Delphinen und fliegenden Fischen begleitet, und tiefblaues Meer umgibt die grünen Vulkaninseln. Die Entfernungen zwischen den Inseln sind nur gering, so daß sie ständig in Sichtweite liegen.
Pelni, Jl. Yos Sudarso 46, ✆ 21201.
2x pro Monat kommt Pelnis **KM. Tatamailau** nach Larantuka (s.S. 797). Jeweils einmal monatlich gibt es Verbindungen mit der **KM. Elang** zu weiter östlich gelegenen Inseln, bzw. mit der **KM. Nyala Perintis** nach Süd- und Südost-Sulawesi.

Timor

„Nusa Cendana" oder Sandelholzinsel nennt man Timor im indonesischen Archipel. Sandelholz wird zwar auch heute noch exportiert, aber das weitaus wichtigere Exportprodukt sind Rinder, die in den weiten Savannen ideale Weidegründe finden. Der größte Ausfuhrhafen für Rinder ist Atapupu an der Nordküste. 1,4 Millionen Menschen leben auf der größten der Kleinen Sunda-Inseln (31.532 km^2), davon über 3/4 Million in Ost-Timor (14 874 km^2).

Die beiden größten Volksgruppen sind die Atoni, die melanesische Urbevölkerung, und die später eingewanderten Belu. Eine Leidenschaft haben alle Stämme der Insel gemeinsam: Fast jeder Timorese, Mann oder Frau, jung oder alt, scheint ununterbrochen Betel zu kauen.

Timor ist eine der trockenen Inseln des malaiischen Archipels, was bei der geringen Entfernung von Australien nicht weiter verwundert. Zu heftigen Regenfällen kommt es zwischen November und Februar, in der Zwischenzeit gibt es regelrechte Dürreperioden.

Wie Sumba zählt die Insel zum äußeren Sundabogen, auf dem kein aktiver Vulkanismus existiert. Ein zentrales Gebirge mit Gipfeln bis zu 2500 m Höhe erstreckt sich über die gesamte Länge Timors (500 km), unterbrochen von einigen Hochebenen (um 1000 m), die steppenartigen Charakter haben. Abgesehen von Mangrovensümpfen an einigen Küstenabschnitten und Resten von Dschungel im Gebirge prägen Lontar-Palmen, Eukalyptus und vor allem Schirm-Akazien das Bild der Landschaft.

Zwischen 1512 und 1520 landeten die Portugiesen wiederholt in Timor auf ihren Handelsreisen zu den Molukken (Gewürzinseln), und 1565 gründeten Dominikanermönche erste Niederlassungen an der Nordküste. 1651 besetzte die holländische Ostindien-Kompanie Kupang und zwang die Portugiesen, in die Oecussi-Region und später (1769) nach Dili im Osten auszuweichen. In einem Vertrag von 1859 und endgültig erst im Jahre 1914 vereinbarte man eine gemeinsame Grenze. Auch der 2. Weltkrieg ging an Timor nicht spurlos vorüber: Japanische Truppen besetzten die Insel von 1942–45 und richteten schwere Verwüstungen an. Katholische Mission wird in großem Umfang seit Beginn unseres Jahrhunderts betrieben – mit Erfolg, wie man sehen kann.

Timor machte Mitte der 70er Jahre Schlagzeilen in der Weltpresse. Der Ostteil der Insel, seit Jahrhunderten portugiesische Kolonie, erklärte sich unabhängig. Mitte Juli 1976 wurde Timor Timur (Ost-Timor) als 27. Provinz in den indonesischen Staatenverband aufgenommen.

Infolge der Unruhen, die Hungersnöte und Flüchtlingsströme nach sich zogen, kam es zu einer drastischen Bevölkerungsabnahme in Tim Tim. Da der Staat die Situation noch immer nicht ganz unter Kontrolle hat, gibt es eine starke Präsenz von Militär und Polizei.

Kupang

Die Provinzhauptstadt von NTT mit ihren ca. 200 000 Einwohnern entwickelt sich immer mehr zum wichtigsten Kommunikationszentrum Nusa Tenggaras. Hier ist der einzige für Jets geeignete Flugplatz: Merpati fliegt mit einer F28 jeden Mittwoch und Samstag von / nach Darwin in Australien.

Der populäre Captain Blight der berühmt – berüchtigten Bounty legte hier nach der Meuterei an. Seit Tahiti, wo sich verständlicherweise seine Mannschaft sehr wohl gefühlt hatte, war er etwa 6000 km gesegelt. Kupang ist eine dynamisch wachsende Stadt, die aus einem älteren Stadtviertel am Meer und einem sich nach Süden ausdehnenden neuen Bezirk besteht. Auf der Jl. Jen. Sudirman, die beide verbindet, verkehren regelmäßig Bemo.

Sehenswert ist der **Pasar Impres** östlich der Jl. Jen. Suharto im neuen Stadtteil. Bauern aus den Dörfern kommen nach Kupang, um landwirtschaftliche Produkte zu verkaufen. Während der Trockenzeit gibt es nur ein karges Angebot. Viele tragen die traditionellen, rotgestreiften *Ikat-Sarong*. Einen Spaziergang lohnt auch das alte Stadtzentrum um die Jl. Siliwangi / Jl. Soekarno.

Das gut bestückte **Provinzmuseum** liegt an der Jl. Perintis Kemerdekaan, 5 km östlich vom Zentrum, geöffnet Mo–Do 8–14, Fr bis 11, Sa bis 12.30 Uhr.

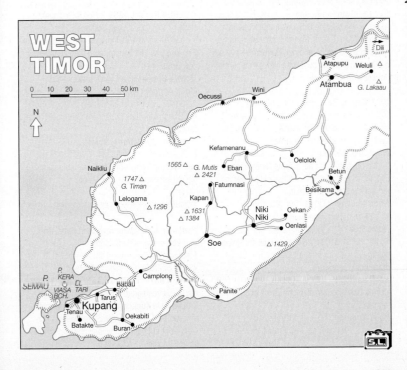

Übernachtung

UNTERE PREISKLASSE – *Taman Ria Beach Hotel***, Jl. Tim Tim 69, ✆ 31320, 3 km östlich vom Zentrum, mit und ohne Mandi, z.T. mit Fan, einfach und nicht allzu sauber, aber direkt am Strand; großer, ungepflegter Garten.
Teddy's Guesthouse* ⑥, Jl. Ikan Tongkol 1, ✆ 21142, ✆ 31569, einfache, saubere Zi mit Fan, Gemeinschaftsmandi und Blick aufs Meer.
Sea Breezes Homestay*, Jl. Ikan Tongkol 2, neben Teddy's, sehr spartanisch.
Losmen L'Avalon*, Jl. Sumatera 8, ✆ 32278, einfach, aber freundlich, gemeinsames Bad/WC.
Fatuleu Homestay*-* ⑩, Jl. G. Fatuleu 1, ✆ 31374, einfache Zi mit Fan, mit und ohne Mandi, inkl. Frühstück, gut und sauber, kleiner Garten, freundliche Leute.
Batu Lesa Indah Homestay*-* ⑯, Jl. Johar 5, ✆ 32863, in einer ruhigen Seitenstraße der Jl. J. Sudirman, mit und ohne Mandi, z.T. mit Fan, inkl. Frühstück, sauber, familiär.
Backpacker's International* ⑱, Jl. Kancil 37 B, ✆ 31291, winzige Zi, aber sehr ruhig im Grünen gelegen, die billigste Unterkunft von Kupang.
Wisma Eden* ⑲, Jl. Kancil 6, sehr heruntergekommene Hütten; aber einen Besuch wert ist der große, von Quellen gespeiste Natur-Pool, unter hohen, alten Bäumen.

MITTELKLASSE – *Hotel Pantai Timor-*****
④, Jl. Sumatera, ✆ 31651, kleine, saubere Z mit Fan oder ac und TV, kleiner, begrünter Innenhof, Restaurant mit Meeresblick.
Maya Beach Hotel-***** ③, Jl. Sumatera 31, ✆ 32169, alle Zi mit ac, z.T. mit Heißwasser und TV, akzeptabel, inkl. Frühstück, kleiner Innenhof mit Garten, Restaurant.
Hotel Maliana* ②, Jl. Sumatera 35, ✆ 21879, mit ac, etwas ungepflegt.
Hotel Susi**-* ①, Jl. Sumatera 37, ✆ 22172, ✆ 31001, z.T. sehr renovierungsbedürftige Zi mit Fan oder ac, Balkon und Dachterrasse mit Meeresblick.
Hotel Salunga* ⑦, Jl. Kakatua 20, ✆ 21510, kleines Guesthouse, einfache Zi mit ac, renovierungsbedürftig.
Hotel Komodo* ⑪, Jl. Kelimutu 40, ✆ 21913, Fan oder ac, inkl. Frühstück und Abendessen.
Hotel Kelimutu* ⑫, Jl. Kelimutu 38, ✆ 31179, Fan oder ac, inkl. Frühstück und Abendessen, mit Balkon, recht gut, aber laut und oft voll.
Hotel Laguna**-* ⑬, Jl. Kelimutu 36, ✆ 33559, mit und ohne Mandi, z.T. mit ac; Balkon, Restaurant.
Hotel Kupang Indah**-* ⑭, Jl. Kelimutu 21, ✆ 22638, Fan oder ac, inkl. Frühstück und Abendessen, heruntergekommen.
Morning Sun Hotel-***** ⑮, Jl. Kelimutu 11 A, Fan oder ac, sauber und akzeptabel.
Hotel Marina**-* ⑧, Jl. Jen. A. Yani 79, ✆ 22566, mit und ohne Mandi, Fan oder ac, inklusive Frühstück, akzeptabel, etwas renovierungsbedürftig; Balkon, kleiner Innenhof.

In **Noelbaki**, 17 km östlich von Kupang:
Teddy's Country Lodge**, kleines Guesthouse, 2 km vom Strand, gut und sauber, mit TV, Kühlschrank, Heißwasser, Fan, inkl. Frühstück; Bar, Restaurant, Swimming Pool.

OBERE PREISKLASSE – *Hotel Flobamor* (US$19–70) ⑰, Jl. Jen. Sudirman 21, ✆ 33476, ✆ 32450, meist dunkle Zimmer ohne Fenster, bzw. mit Fenster zum Flur, zu teuer für das Gebotene.
Orchid Garden Hotel, auch bekannt als ***Hotel Anggrek*** (ab US$64) ⑨, Jl. G. Fatuleu 2, ✆ 33707, 32004, ✆ 33669, ein 2-Sterne-Hotel mit Swimming Pool, hübschem Garten, Restaurant usw.
Sasando International Hotel (ab US$73) ⑤, Jl. R. A. Kartini 1, ✆ 33334–7, ✆ 33338, Luxushotel mit Swimming Pool usw. auf einem Hügel mit schönem Blick aufs Meer.

Essen

Pantai Laut Restaurant, Jl. Ikan Paus, nicht weit von der Minibus Station.
Karang Mas Restaurant am Beginn der Jl. Siliwangi, Seafood und Blick aufs Meer.
Teddy's Bar *(coldest beer in town)*, ✆ 21142, ein Gartenrestaurant am Meer, der Touristen-Treffpunkt in Kupang, australische „Spezialitäten" wie *Fish 'n Chips with Salad* werden serviert, aber auch gute indonesische und chinesische Gerichte.

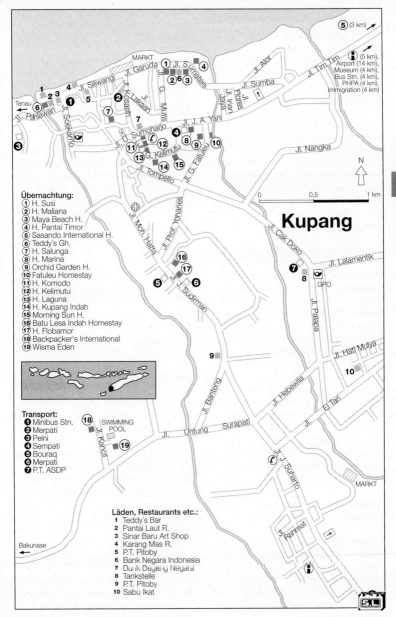

Einkaufen

Einkaufsstraßen sind die Jl. Siliwangi in der Altstadt und die Jl. Jen. Sudirman.
Sinar Baru Art Shop, Jl. Siliwangi 94, ✆ 32290, hat eine große Auswahl von handgewebten Stoffen aus ganz NTT sowie Handarbeiten.
P.T. Dharma Bakti, Jl. Pahlawan, 8 km vom Zentrum Richtung Tenau im Dorf Osmo, nahe der Zementfabrik (Bemo 350 Rp), ist eine traditionelle Weberei. Wer sich für Ikat-Stoffe interessiert, sollte hier vorbeigehen.
Die Weberei hat einen Shop in der Jl. Sumba namens ***Timor Agung.Sabu Ikat Weavers Cooperative***, Jl. Hati Mulya 41, ✆ 22692, 31763, ℻ 31001, im Ortsteil Oebobo.
Hier fabrizieren Frauen Original-Ikat von der Insel Sawu (Sabu).

Sonstiges

AUTOVERMIETUNG – *Teddy's Bar* vermietet Motorräder (30 000 Rp pro Tag) und Minibus mit Fahrer (100 000 Rp pro Tag, 10 000 Rp pro Std.). Außerdem Taxi-Service (24 Std.), innerhalb der Stadt 7500 Rp, zum Airport oder Hafen 10 000 Rp. Normaler Charter-Preis für einen Minibus, z.B. über das *Hotel Maya*, beträgt 7500 Rp pro Stunde, 75 000 Rp pro Tag

GELD – *Bank Dagang Negara*, Jl. Urip Sumoharjo 16, wechselt Cash und TC verschiedener Währungen, geöffnet Mo–Fr 7.30–12 und 13–14.30 Uhr.
Bank Central Asia (BCA), hier können Besitzer von Kreditkarten Bargeld abheben. Ebenso in der *Bank Danamon*.Teddy's Bar wechselt notfalls auch Cash US$ und A$.

IMMIGRATION – *Kantor Imigrasi*, Jl. Perintis Kemerdekaan, nicht weit vom Museum.

INFORMATIONEN – *Dinas Pariwisata Kab. Kupang*, Jl. El Tari 000, ✆ 32630, 6 km östlich der Altstadt, geöffnet Mo–Do 7–14, Fr bis 11 Uhr. Zu erreichen mit Minibus Nr. 10, 350 Rp.
Dinas Pariwisata Provinsi NTT, Jl. Jen. Basuki Rahmat 1, ✆ 21540, 4 km südlich der Altstadt; gleiche Öffnungszeiten.

POST – Die Hauptpost ist in der Jl. Palapa 1. Ein kleines Postamt liegt zentral in der Altstadt, Jl. Soekarno 29.

REISEBÜRO – Ein guter Travel Agent ist *P.T. Pitoby*, Jl. Siliwangi 75, ✆ 21222, 21333, ℻ 31044; und Jl. J. Sudirman 118, ✆ 32700.

TELEFON – *Telkom*, Jl. Urip Sumoharjo 11, tgl 24 Std. geöffnet.

TOUREN – *Teddy's Bar* bietet folgende Bootstouren: Zum Fischen zur **Pulau Kera**, 60 000 Rp pro Tag und Boot. Zum Schnorcheln zur **Pulau Semau** (s.u.), 75 000 Rp pro Tag und Boot; Schnorchelausrüstung 5000 Rp/Tag.
Der übliche Tagestrip zur Pulau Semau, inkl. Barbeque, kostet 35 000 Rp / 1 Person; 50 000 Rp / 2 Personen; 60 000 Rp / 3 Personen.

VORWAHL – 0391.

Nahverkehrsmittel

Die bunten Minibusse innerhalb der Stadt kosten 350 Rp, egal wie weit und sind höchstens bis 21 Uhr unterwegs. Der zentrale Minibus Terminal liegt an der Ecke Jl. Siliwangi / Jl. Soekarno.

Transport

BUSSE – Bus **Terminal Oebobo** liegt 5 km östlich der Altstadt, nicht weit vom Museum.
Preisbeispiele:
SOE 5000 Rp, 3 Std., 110 km – zwischen 7 und 9 Uhr alle 1/2 Stunde, zwischen 9 und 16 Uhr alle 1 1/2 Stunden. KEFAMENANU 7500 Rp, 5 1/2 Std., 197 km; ATAMBUA 10 000 Rp, abends 12 000 Rp, 8 Std., 279 km. NIKI NIKI 5500 Rp. Etwa 5 Busse tgl. nach DILI, 16 000 Rp, abends 18 000 Rp, dauert mindestens 12 Std.

FLÜGE – Kupang ist ein visafreier Ein- und Ausreiseort. Flugplatz *El Tari* liegt 15 km außerhalb der Stadt. Mit einem Minibus vom Terminal im Zentrum Richtung PENFUI / BAUMATA – kostet 600 Rp – und dann die letzten 200 m laufen. Taxi kostet einheitlich 9000 / ac 10 000 Rp.
Merpati, Jl. Jen. Sudirman 21, ✆ 21961, 33221, ℻ 32662; geöffnet Mo–Sa 7.30–20, So

10–14 Uhr; außerdem: Jl. Kosasih 2, ✆ 33205, 33654, 📠 32662, gleiche Öffnungszeiten.
Bouraq, Jl. Jen. Sudirman 20, ✆ 21421, 31543, 📠 31044; tgl. 8–16 Uhr geöffnet.
Sempati, Jl. Jen. A. Yani 79, ✆ 31612, 📠 33500; tgl. 8–18 Uhr geöffnet.
Der Flug Mi und Sa mit Merpati nach DARWIN kostet US$150, *return* US$250 (gültig nur für 3 Monate); internationale Airport-Tax 16 000 Rp.
Weitere **Preisbeispiele** (ohne Mehrwertsteuer):
ALOR 94 000 Rp (MZ),
BIMA 226 000 Rp (MZ),
DENPASAR 244 000 Rp (MZ, BO, SG),
DILI 79 000 Rp (MZ, SG),
ENDE 103 000 Rp (MZ),
JAKARTA 481 000 Rp (MZ via Bali),
LARANTUKA 88 000 Rp (MZ),
MAUMERE 85 000 Rp (MZ, BO),
SAWU 80 000 Rp (MZ),
UJUNG PANDANG 200 000 Rp (MZ),

SCHIFFE – Tenau, der Hafen von Kupang, liegt 8 km westlich der Altstadt; Minibus 350 Rp.
Autofähren nach: LARANTUKA, So und Do, 15 000 Rp, 15 Std.; SAWU, Di und Fr, 14 500 Rp, 13 Std.; KALABAHI, Sa, 18 000 Rp, 15 Std.; ROTI, tgl. außer Do, 5500 Rp, 4 Std.; ENDE, Mo, 18 800 Rp, 16 Std.
Tickets im Ferry-Office *P.T. ASDP (Persero)*, Jl. Cak Doko 20, ✆ 33440, tgl. 8–15 Uhr .
Außerdem Pelnis unregelmäßige Perintis-Dampfer **KM. Baruna Fajar** und **KM. Elang** nach ENDE, WAINGAPU usw.
Pelni, Jl. Pahlawan 7, ✆ 21944, geöffnet Mo–Fr 8–12 und 13–14, Sa bis 11 Uhr.
Die **KM. Binaiya** fährt alle 2 Wochen (Do) nach KALABAHI, DILI, MAUMERE und UJUNG PANDANG,
am folgenden Fr fährt sie nach ENDE, WAINGAPU, LABUAN BAJO, BIMA, LEMBAR und SURABAYA.
Die **KM. Dobonsolo** fährt jeden zweiten Sa nach Bali, Surabaya und Jakarta, am folgenden Fr fährt sie über Dili, Ambon, Sorong, Manokwari und Diak nach JAYAPURA.

Die Umgebung von Kupang
Bakunase

In Bakunase, einem nur 3 km entfernt gelegenen Dorf (Minibus 350 Rp), kann man zwei **Sandelholzöl-Fabriken** besuchen: *P.T. Tropical Oil* und *P.T. Sumber Agung*. (Eine dritte Fabrik steht in Dili, Ost-Timor.) Auch wenn sie rund um die Uhr arbeiten, sollte man zwischen 7 und 16 Uhr da sein. Lastwagenweise wird das seltene und wertvolle Holz angeliefert. 1 kg Sandelholz kostet auf Timor 2500–4000 Rp, in Bali schon 20 000 Rp und mehr. Eine Tonne Holz ergibt 20–25 kg Öl; je älter das Holz, desto ertragreicher.

Da das gesamte Öl in große Tanks abgefüllt direkt nach Jakarta geliefert und von dort exportiert wird, ist es so gut wie unmöglich, in Kupang Sandelholzöl zu kaufen – höchstens auf dem „Schwarzmarkt". Vorsicht! Fälschungen!

Pulau Semau

Wahrscheinlich das beste, was man von Kupang aus unternehmen kann; eine Insel ohne Motorräder und Autos, nur fünf winzige Dörfer, Strände und noch viel Wildnis; die Insel besitzt zwei interessante Naturschutzgebiete, den Mangrovensumpf **Pahatu** und die **Teluk Pelikan**.

Übernachtung und Transport

Tgl. gegen 10 Uhr startet ein Boot zum Tagestrip nach Pulau Semau ab *Teddy's Bar* (s.o.); Teddy besitzt auf der Insel die
Viasa Beach Cottages****, jeglicher Transport zwischen Kupang und Pulau Semau und 3 Mahlzeiten inklusive; ab eine Woche Aufenthalt gibt es 10% Discount.
Auch *Flobamor* hat Cottages auf Pulau Semau, nicht weit von Teddy's am gleichen Strand, teurer, aber nicht so gut. Außerdem gibt es die empfehlenswerten ***Tassies Bungalows******.

Sulawesi

189 216 km² ist Sulawesi groß, und etwa 14 Millionen Menschen leben in den vier Provinzen Utara, Tengah, Selatan und Tenggara. Im Süden siedeln die Bugis und Makassaris, die als die besten Seefahrer im Archipel bekannt sind. Im zentralen Teil findet man die Toraja, ein protomalaiisches Volk, das heute zum größten Teil christianisiert ist. An der Nordspitze leben Minahasa, die zu 90% Protestanten sind.

Sulawesi bildet zusammen mit den kleinen Sunda-Inseln in Flora und Fauna eine Art Übergangszone zwischen der indischen und der australischen Region. Die meisten Großsäugetiere Borneos oder Sumatras sind nicht mehr anzutreffen, die für die Inseln weiter östlich typischen Beuteltiere, Kasuare und Paradiesvögel aber ebenfalls nicht. Dafür existieren mehrere nur auf Sulawesi vorkommende Tierarten, so z.B. der Hirscheber (Babirusa) und das Zwerggrind (Anoa), das kaum 2 m lang wird und eine Schulterhöhe von 1 m erreicht.

Nur wenige Orte sind mehr als 40 km vom Meer entfernt – überall findet man herrliche Sandstrände, Korallenriffe und häufig gleich dahinter steil aufragende Berge. Im Landesinnern sind sie bis zu 3500 m hoch. In allen Teilen der Insel gibt es ausgedehnte und unberührte Dschungelgebiete.

Touristische Schwerpunkte sind in erster Linie das Toraja-Land in Süd-Sulawesi und Manado und Umgebung in Nord-Sulawesi. Kleinere Travellerzentren haben sich in Sengkang und Bira in Süd-Sulawesi, um den Danau Poso in Zentral-Sulawesi und in beschränktem Maße auch auf den Togian-Inseln, Zentral-Sulawesi, gebildet. Dazwischen gibt es noch sehr viel touristisches Neuland zu entdecken, vor allem in Zentral- und Südost-Sulawesi.

Der Trans-Sulawesi-Highway von Ujung Pandang über Palopo, Poso und Gorontalo nach Manado soll nach neuesten Meldungen komplett ausgebaut und durchgehend asphaltiert sein, so daß man die Insel ausschließlich mit Bussen und Minibussen durchqueren kann. Etwa ein Dutzend Orte auf Sulawesi verfügen auch über einen Airport, aber nur die vier Provinzhauptstädte und Gorontalo werden regelmäßig und relativ verläßlich angeflogen; die Flüge zu den restlichen Städten fallen oft aus, teilweise sind sie mittlerweile ganz eingestellt worden.

Eine Alternative sind die regelmäßigen Pelni-Passagierschiffe, die alle größeren und fast alle kleineren Hafenstädte Sulawesis miteinander verbinden. Zudem verkehren überall kleinere Schiffe entlang der Küsten und zu vorgelagerten Inseln und Inselgruppen, die aber weniger verläßlich sind. Die Hafenstädte Südost-Sulawesis erreicht man mit täglichen Fähren; leider nicht ganz so häufig überqueren Boote die Tomini-Bucht zwischen Zentral- und Nord-Sulawesi mit Stops auf den Togian-Inseln.

Ujung Pandang

Jahrhundertelang war die wichtigste und größte Stadt auf Sulawesi unter dem Namen Makassar bekannt. Etwa 900 000 Einwohner zählt sie heute. Erst in den Fünfziger Jahren dieses Jahrhunderts wurde Makassar wieder zu Ujung Pandang, der Name, den die Befestigungsanlage des Königs von Gowa bis 1667 getragen hatte.

Direkt am Meer steht das gut erhaltene Fort Rotterdam, heute auch *Benteng Ujung Pandang* genannt. Vom 10. Sultan des Königreichs Gowa wurde 1545 hier eine Befestigungsanlage mit Erdwällen angelegt. Sie gehörte damit zu den elf Festungen des Königreichs. 1634 wurden neue steinerne Mauern errichtet. 1667 mußte Gowa das Fort an Holland abtreten, und Admiral Cornelius Speelman machte es zum militärischen und administrativen Mittelpunkt. Die meisten Gebäude innerhalb der Mauern wurden als Unterkünfte der holländischen Garnison und der Verwaltung gegen Ende des 17. und zu Beginn des 18. Jahrhunderts erbaut. Erst in neuester Zeit wurde die gesamte Anlage restauriert und gilt als eine der noch am besten erhaltenen, frühen holländischen Bauten.

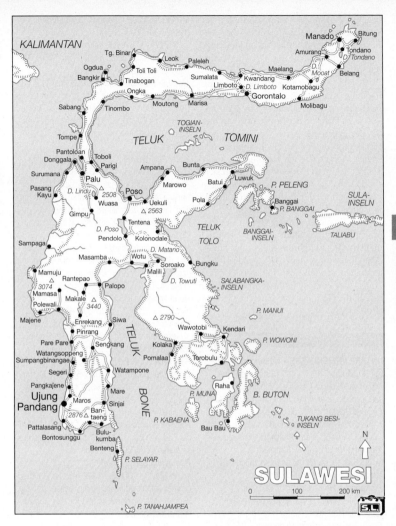

Auf dem Gelände ist in zwei gegenüberliegenden Gebäuden das **Museum Negeri** untergebracht. Im Erdgeschoß des nördlichen Gebäudes sind neben prähistorischen Funden die Insignien, Siegel, Portraits und Stammbäume der Sultansdynastien von Südsulawesi zu bestaunen, im 1. Stock werden in schlecht erleuchteten Vitrinen Briefmarken, Münzen und Banknoten ausgestellt. Sehenswert ist die Galerie der indonesischen Helden, die einem Reisenden meist nur in den immer wieder auftretenden Straßennamen begegnen. Im südlichen Gebäude, einem ehemaligen Lagerhaus, sind die ethnologischen und ethnographischen Sammlungen untergebracht. Besonders interessant ist im 1. Stock die Ausstellung traditioneller Textilien. Geöffnet tgl. außer Mo und feiertags 7.30–16 Uhr, Eintritt 200 Rp. Hier befindet sich auch ein kleines Tourist Office.

Es gibt drei Segelschiffhäfen in Ujung Pandang. Am geschäftigsten ist der **Paotere-Hafen**, ca. 3 km nördlich vom Zentrum, 300 m zu Fuß von der Endstation von Bus 3. Hier liegen alle Arten von Fracht- und Fischerbooten vor Anker. Besonders am frühen Morgen und am Nachmittag, wenn die Fischer ihren Fang entladen, lohnt sich ein Besuch. Die größten Bugis-Schoner *(Pinisi)* liegen an der Jl. R. E. Martadinata zwischen Jl. Sukarno und Jl. Hatta.

Zum Sonnenuntergang treffen sich die jungen Leute der Stadt auf der Uferpromenade **Jl. Penghibur**, um die kühle Abendbrise zu genießen. Fliegende Händler bauen südlich des Makassar Golden Hotels eine endlose Reihe fahrbarer Stände auf, die Getränke und einfache Gerichte offerieren.

Übernachtung

UNTERE PREISKLASSE – *Nusantara Hotel*-*** ①, Jl. Sarappo 103, ✆ 323163, kleine Zi mit und ohne Mandi, z.T. mit Fan, schmuddelig und sehr einfach, aber nettes Personal (aus Flores).
Legend Hostel*-** ③, Jl. Jampea 5 G, ✆ 328203/4, einfach, aber in Hafennähe; Schlafsaal mit Schließfächern, Preise inkl. Frühstück.
Purnama Hotel** ⑧, Jl. Pattimura 3, ✆ 323830, teurer als die anderen Billighotels, aber auch nicht besser.
Richardson Homestay***, Jl. M. Luthfi 21, ✆ 320348, neben Bundt´s Orchideengarten, sauber und freundlich.
Erik´s Traveller's Rest Homestay*-**** ㉔, Jl. Karunrung 9 A, ✆/✆ 321998, sauber und empfehlenswert, Dormitory und Zimmer, z.T. mit ac, Mandi, Heißwasser und TV; gutes, preiswertes Restaurant mit chinesischen und westlichen Gerichten.
Hilda Tourist Hotel**-*** ㉖, Jl. Amirullah 4, ✆ 851219, etwas ungepflegt, doch ruhig gelegen, wenn auch nicht gerade zentral, Zi mit Fan oder ac, z.T. mit Heißwasser.

MITTELKLASSE – *Pondok Suada Indah* (US$25-30) ⑨, Jl. Sultan Hasanuddin 12, ✆ 317179, ✆ 312856, sehr sauberes, kleines Hotel, nett eingerichtet, große Zi mit TV, ac, Tel und Heißwasser, inkl. Frühstück.
Hotel Surya Indonesia (um US$30) ⑬, Jl. Dg. Tompo 3, ✆ 327568, ✆ 311498, in einer ruhigen Seitenstraße der Jl. Ali Malaka, saubere, kleine Zimmer mit TV, Tel, ac, Kühlschrank und Heißwasser, inkl. Frühstück, schöne Aussicht vom 5. Stock.
Hotel Puri Wisata (US$18-36) ⑭, Jl. Sultan Hasanuddin 36-38, ✆ 324344, 312845, ✆ 312783, sehr sauber, nett eingerichtet, guter Service, schöner, kleiner Innenhof, einige Zi mit Fan und ohne Bad, die meisten mit ac, TV, Heißwasser, Tel und Kühlschrank, inkl. Frühstück.
Hotel Venus Kencana**** ⑯, Jl. Botolempangan 17, ✆ 324995, ✆ 319814, sehr sauber und gepflegt, hübsch eingerichtet, guter Service, alle Zi mit ac, TV, Tel, Heißwasser und Frühstück.
Hotel Widhana (US$20-33) ⑲, Jl. Botolempangan 53, ✆ 320983, ✆ 321393, alle Zi mit TV, Heißwasser, Fan oder ac, Tel und Frühstück.
Wisma Tiatira (um US$30) ⑳, Jl. Dr. Sutomo 25, ✆ 318948, 311301, saubere Zi mit ac, TV, Heißwasser, Tel und Frühstück.
Valentino Guesthouse (US$25) ㉑, Jl. Dr. Sutomo 35, ✆ 314272, ✆ 310683, sauber und gepflegt, familiäre Atmosphäre, alle Zi mit ac, Tel, Heißwasser und Kühlschrank.
Pondok Wisata Bontocinde***-**** ㉕, Jl. Sungai Saddang 66, ✆ 871229, 874784, gepflegtes, sauberes Hotel, Zi mit Fan oder ac.
Ramayana Satrya Hotel***-**** ⑫, Jl. Bawakaraeng 121, ✆ 324153, ✆ 322165; die Standardzimmer unten sind etwas muffig, besser sind die Zimmer im 1. Stock mit ac und TV; das Restaurant ist weniger gut.

OBERE PREISKLASSE – *Hotel Pantai Gapura Makassar* (ab US$97) ⑤, Jl. Pasar Ikan 10, ✆ 325791, ✆ 316303, liegt am Meer.
Makassar Golden Hotel (ab US$103) ⑥, Jl. Pasar Ikan 52, ✆ 314408, ✆ 320951, Super Luxus Hotel mit Swimming Pool, Disco, Restaurants usw., direkt am Meer gelegen.
Losari Beach Hotel & Guesthouse (ab US$40) ⑦, Jl. Penghibur 3 und 10, ✆ 326062,

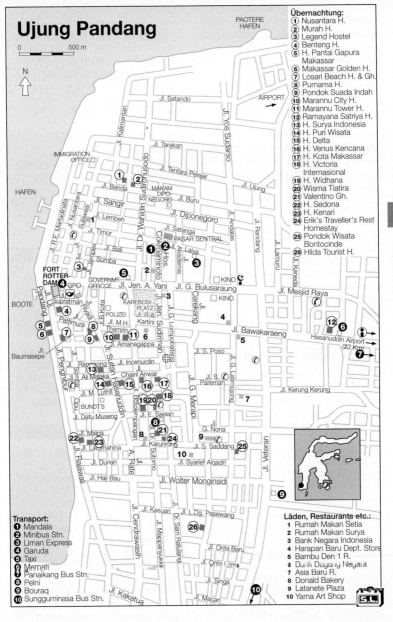

✆ 319611, mit allen Annehmlichkeiten ausgestattete Zimmer im Guesthouse, wegen der 2 Restaurants mit Karaoke etwas laut, besser sind die Zimmer in dem mit balinesischen Malereien geschmückten Hotel, großartige Aussicht von den oberen Stockwerken.

Hotel Delta (US$59–120) ⑮, Jl. Sultan Hasanuddin 43, ✆ 312711, ✆ 312655, geschmackvoll ausgestattete Zi mit ac, Tel, TV, Heißwasser und Kühlschrank, in einem ruhigen, doch zentralen Wohnviertel.

Marannu City Hotel & Tower Hotel (ab US$73) ⑩ + ⑪, Jl. Sultan Hasanuddin 3–5, ✆ 315087, ✆ 319934, Pool, Restaurants und Bars.

Hotel Kota Makassar (ab US$73) ⑰, Jl. Chairil Anwar 28, ✆ 317055, 319204, ✆ 311818, schon etwas vergammelt.

Hotel Victoria Internasional (ab US$120) ⑱, Jl. Jen. Sudirman 24, ✆ 328888, ✆ 312468, Swimming Pool.

Hotel Sedona (ab US$200) ㉒, Jl. Somba Opu 297, ✆ 870555, 870666, ✆ 870222, an der lebhaften Uferpromenade.

Hotel Kenari (ab US$90) ㉓, Jl. Yosef Latumahina 30, ✆ 852353, 874250, ✆ 872126, kleineres Luxushotel (34 Zimmer).

Essen

Seafood gibt es in allen Variationen:

Asia Baru Restaurant, Jl. G. Salahutu 2, an der Jl. G. Latimojong, Fische kann man sich selbst aussuchen.

Rumah Makan Setia, Jl. Bacan 1 A, chinesisch und Seafood.

Empang, Jl. Siau 7, an der Jl. Nusantara, gut ist der *Ikan Baronang*.

Rumah Makan Surya, Jl. Nusa Kambangan 16, ✆ 317066, chinesisch und Seafood, empfehlenswert, geöffnet tgl. 10–15 und 18–23 Uhr.

Rumah Makan Aroma Labbakkang, Jl. Chairil Anwar 25, ✆ 324520, geöffnet tgl. 9–23 Uhr, ausgezeichnetes Seafood.

Viele *Warung* stehen abends in der Jl. Penghibur, wo man *Ikan Bakar* (großes Stück Fisch mit Reis, Gurke und Erdnußsoße) probieren kann. In dieser Straße findet man auch viele Restaurants und Rumah Makan.

Rumah Makan Jawa Timur Patene, Jl. Somba Opu 138, preiswert.

Kios Semarang, Jl. Penghibur 73 A, gute *Udang Goreng*.

Juice House 88, Jl. Pasar Ikan 11 A (im Gebäude der Americaya Shoes), frische Fruchtsäfte, Shakes, Sundaes und Floats tgl. von 9–22 Uhr.

Samalona Restaurant, im Losari Beach Guesthouse, Seafood und Eiscreme. Nebenan im 1. Stock das japanische Restaurant *Shogun*.

Pantai Indah Bakery & Ice Cream, Jl. Penghibur 27.

Donald Bakery mit Coffee Shop und Restaurant, Jl. Karunrung 20, gute Eiscreme.

Restaurant Bambu Den 1, Jl. G. Latimojong 55, ein chinesisches Restaurant mit Karaoke.

Pizza Hut, Jl. G. Latimojong 152.

Kentucky Fried Chicken, Jl. Sultan Hasanuddin 16, im Gelael Supermarkt, schräg gegenüber vom Marannu City Hotel.

Unterhaltung

Als Hafenstadt hat Ujung Pandang ein buntes Nachtleben. Einige Discos mit schummrigem Licht und mehr sind:

Jampea, Jl. Jampea 10, geöffnet tgl. 12–2 Uhr.

Romantika, Jl. Sultan Hasanuddin, Ecke Jl. Pattimura, neben Hotel Purnama.

Weitere Discos findet man im *Makassar Golden Hotel* und im *Marannu City & Tower Hotel*.

Bars oder Pubs mit Karaoke oder Live-Musik im *Losari Beach Guesthouse*, im *Hotel Kota Makassar* und im *Hotel Victoria Internasional*.

Einkaufen

Ein großer **Souvenirladen** ist *Kanebo Art Shop*, Jl. Pattimura 29.

Viele Antiquitäten- und Souvenirshops liegen in der Jl. Somba Opu, parallel zur Uferpromenade, und im Gebäude des nahen Pasar Inpres, Jl. Pattimura. Ein gutes Angebot hat der *Yama Art Shop*, Jl. Syarief Alqadri 5, ✆ 854959.

Ein **Supermarkt** mit westlichen Lebensmitteln ist *Jameson's*, Jl. Dr. Wahidin Sudirohusodo 147.

Das größte Shopping Center ist der *Pasar Sentral (= Makassar Mall)*, Jl. Laiya.

Im *Latanete Plaza*, Jl. S. Saddang, findet man den Seidenhändler *Graha Sutera*.

Bugis-Sarong werden bei *Sutera Alam*, Jl. Onta Lama 47, gewebt. Es wird nur bis 15 Uhr gear-

beitet. **Seide** aus Soppeng wird hierher gebracht, um gefärbt und gewebt zu werden.
Taucherbrillen etc., nicht die beste Qualität, bekommt man im **Mona Sport Centre**, Jl. Somba Opu, Ecke Jl. Ali Malaka; es lohnt sich ein Vergleich mit den Angeboten in den anderen kleineren Sportläden in der selben Straße nur wenige Meter südlich, z.B. **Toko Apollo**.

Sonstiges

AUTOVERMIETUNG – **Safari Car Rental**, Jl. Airport Hasanuddin, ℡ 511976, nur 300 m vom Airport, vermietet für Selbstfahrer z.B. einen Suzuki Jimny für US$35 pro Tag, bzw. US$210 pro Woche; ein Isuzu Panther kostet US$60 pro Tag und US$370 pro Woche. Ein Fahrer kann zusätzlich für US$10 bei Tagestrips (max. 12 Std.) angeheuert werden, bzw. für US$20 pro Tag bei Touren, die mehrere Tage dauern.

GELD – Einige Banken verlangen die Kaufbestätigung bei der Einlösung von Reiseschecks.
Bank Bumi Daya, Jl. Nusantara 72, in Hafennähe.
Bank Dagang Negara, Jl. R. A. Kartini 12–14, am Karebosi-Platz.
Bank Negara Indonesia 1946, Jl. Jen. Sudirman 1, am Karebosi-Platz.
Latunrung, Jl. Wolter Monginsidi 38, ist ein Moneychanger. Die Wechselkurse der Moneychanger sind meist ungünstiger als bei den Banken.
American Express, c/o **Pacto Ltd.**, Jl. Jen. Sudirman 52, ℡ 873208, 872784, ℡ 853906.

IMMIGRATION – **Kantor Imigrasi**, Jl. Tentara Pelajar 2, freundliche Leute.

INFORMATIONEN – **Dinas Pariwisata**, im Kantor Gubernur, Jl. Urip Sumoharjo 269, 3. und 4. Stock, Block J, ℡ 320616; nicht weit vom Bus Terminal Panaikang, zu erreichen mit einem Bemo ab Zentrum für 450 Rp; geöffnet Mo–Do 7.30–14, Fr 7.30–11 Uhr.
Die Mitarbeiter von Dinas Pariwisata sind sehr hilfsbereit, aber nur einige sprechen gutes Englisch.
Ein kleiner Info-Stand ist im Fort Rotterdam, theoretisch geöffnet außer Mo und feiertags 8–16 Uhr.

MEDIZINISCHE VERSORGUNG – empfehlenswert ist das Militärkrankenhaus **Pelamonia** in der Jl. Jen. Sudirman 27.

PHPA – Büro der Naturschutzbehörde, zuständig für Südsulawesi, Jl. Balang Baru 7.

POST – Hauptpostamt, Jl. Brigjen. Slamet Riyadi 10, Ecke Jl. W. R. Supratman, geöffnet tgl. 8–21 Uhr.

TELEFON – Internationale Telefongespräche, Telefax, Telegramme und Telex bei **Telkom**, Jl. Veteran Utara 206, geöffnet 24 Std. tgl. Ähnlichen Service bieten einige private Wartel, z.B.:
Warpostel Metro, Jl. Penghibur 42, geöffnet tgl. 8–24 Uhr.
Wartel Kurnia, Jl. Mesjid Raya 86, geöffnet tgl. 7.30–24 Uhr.
Wartel Supra, Jl. Jen. Sudirman 34, neben Hotel Victoria Internasional, geöffnet tgl. 7.30–24 Uhr.
Wartel, Jl. Sulawesi 65, in Hafennähe, geöffnet tgl. 8–24 Uhr.

VORWAHL – 0411.

Nahverkehrsmittel

Bemo *(Pete Pete)* oder **Mikrolet** kosten 300 Rp innerhalb der Stadt und 500 Rp in die Außenbezirke. Die Bemostation befindet sich am großen Pasar Sentral an der Jl. Cokroaminoto. Ab hier fahren auch die Damri-**Doppeldeckerbusse** (250 Rp).
Becak verkehren in der gesamten Stadt und kosten etwa 1000 Rp pro km, für eine Stunde muß man mit 2500 Rp rechnen.
Taxi mit ac und Taxameter, 1500 Rp Einschaltgebühr inkl. des ersten Kilometer plus 600 Rp für jeden weiteren km, bei:
Amal Taxi, ℡ 313131.
Bosowa Taxi, ℡ 311311, 318689.
Ein Taxi zu chartern kostet 8000 Rp pro Std., bei mind. 2 Std. Die Charterkosten für einen Minibus pro Tag betragen etwa 70 000 / ac 85 000 Rp. Taxis stehen u.a. am Hotel Nusantara in der Jl. Sarappo. Von hier fahren sie auch nach Pare Pare für 9000 Rp pro Person bei voll besetztem Wagen.

Transport

BUSSE – Von der zentralen Bemostation am **Pasar Sentral** an der Jl. Cokroaminoto fahren Stadtbusse für 250 Rp und Bemo für 500 Rp zum östlich vom Zentrum gelegenen Busbahnhof **Panaikang**, Jl. Urip Sumoharjo km 5 (Richtung Airport, Maros).

Busse in die südliche Umgebung der Stadt und andere Orte im Süden fahren ab Terminal **Sungguminasa**, wenige km südöstlich von Ujung Pandang, Mikrolet ab Cokroaminoto Station 500 Rp, Damri-Bus 250 Rp.

Einige Busunternehmen (z.B. *Liman, Piposs* u.a.) haben einen kostenlosen Zubringerservice vom Bus Terminal zum Hotel nach Wahl und in Gegenrichtung.

Tickets für Fernbusse sollte man schon einen Tag vorher bei der entsprechenden Busgesellschaft kaufen; die Büros der Unternehmen findet man am Bus Terminal und unter folgenden Anschriften:

Piposs, Jl. Buru 10 A, ✆ 315081, und **Liman Express** nach POLEWALI 7800 Rp, MAMASA, MAMUJU 14 500 / 17 000 Rp, PALOPO 12 000 / ac 17 000 Rp und MALILI 20 500 / ac 25 000 Rp.
Bina Wisata Trans Sulawesi und *P.O. Tomohon Indah*, Terminal Panaikang, nach PALU tgl. 21 Uhr, 42 000 Rp, 24 Std.; MANADO ac 90 000 Rp.

Weitere Preisbeispiele:
PARE PARE 5000 / 6500 Rp (155 km, 3 1/2 Std.), BONE 5000 / 6500 Rp (174 km, 5 Std.), SENGKANG 5500 Rp, BULUKUMBA 4800 Rp. Direkt nach RANTEPAO (8–9 Std., 328 km) fahren mehrere Buscompanies für 10 000 / ac 15 000 Rp. Litha fährt z.B. 7 x tgl. zwischen 8 und 22 Uhr. Empfehlenswert ist ein früher Bus, um die phantastische Landschaft anzusehen:
Liman Express, Jl. Laiya 25, ✆ 315851, 315022.
Litha, Jl. G. Merapi 160, ✆ 324847.
Alam Indah, Jl. Haji Agus Salim, Lrg 231, Nr. 28. Minibusse nach Pare Pare und Sengkang fahren auch ab Jl. Sarappo. Busse nach Bulukumba und Bontaeng auch ab Jl. Akademis, Jl. K. H. Wahid Hasyim.

MINIBUSSE / TAXI – Ab Airport können Überlandtaxis gebucht werden: TATOR 160 000 Rp, BANTIMURUNG 20 000 Rp, MAMASA 150 000 Rp, PARE PARE 75 000 Rp, MALINO 70 000 Rp, BULUKUMBA 95 000 Rp.
Einen Minibus mit Fahrer zu mieten kostet pro Tag ca. 100 000 Rp – nach Handeln und für mehr als 5 Tage auch weniger. Infos dazu in verschiedenen Reisebüros oder im Tourist Office.

FLÜGE – Der Hasanuddin Airport liegt 22 km nördlich der Stadt. In der Abflughalle gibt es eine Bank, ein Postamt und ein Telefonbüro.
Bei der Ankunft kann man ein offizielles Airport-Taxi (ac) der Firma ***Bosowa*** nehmen, bezahlt wird an einem Schalter, 17 500 Rp kostet die Fahrt ins Zentrum der Stadt. Vor dem Airport-Gebäude wird man von Privatleuten angesprochen, die für 15 000 Rp in die Stadt fahren.
Es gibt Bemo direkt am Airport (bis 17 Uhr) jenseits des Parkplatzes am Polizeiposten, für 1000 Rp in die Stadt, bzw. Bemo 200 Rp (Becak 500 Rp) bis zur Hauptstraße (1 km) und, falls das Bemo nach rechts Richtung Maros abbiegt, umsteigen und Bemo nach links zur Stadt, 1000 Rp, nehmen. Hat man viel Gepäck, kostet das Bemo 1500 Rp. Außerdem stehen Damri-Stadtbusse (Doppeldecker) am Airport, 250 Rp.

Bouraq, Jl. Veteran Selatan 1, ✆ 851906, geöffnet Mo–Fr 8–17, Sa und So bis 13 Uhr.
Garuda, Jl. Brigjen. Slamet Riyadi 6, ✆ 317350, geöffnet Mo bis Fr 7.30–16.30, Sa bis 13, So und feiertags 9–12 Uhr.
Mandala, Jl. Hos. Cokroaminoto 7 c, ✆ 333888, geöffnet Mo–Fr 8–16, Sa, So und feiertags bis 13 Uhr; und im Latanete Plaza, Jl. S. Saddang, ✆ 325592, ✆ 314451, geöffnet Mo-Fr 8-17, Sa, So und feiertags 9-13 Uhr.
Merpati, Jl. G. Bawakaraeng 109, ✆ 324114, neben Ramayana Hotel, geöffnet Mo–Fr 8–21, Sa und So bis 13 Uhr.
Sempati, im Makassar Golden Hotel, ✆ 311612, ✆ 310093, tgl. 24 Std. geöffnet.
Silk Air, im Makassar Golden Hotel, ✆ 312673, bietet Flüge nach Singapore.

Preisbeispiele (ohne Mwst.):
AMBON 245 000 Rp (MZ, SG, MDL),
BALIKPAPAN 166 000 Rp (MZ, BO),
DENPASAR 167 000 Rp (MZ, BO),
JAKARTA 359 000 Rp (GA, MDL),
KENDARI 99 000 Rp (MZ, SG),

KUPANG 200 000 Rp (MZ),
LUWUK 242 000 Rp (MZ),
MANADO 262 000 Rp (GA, BO),
MAUMERE 163 000 Rp (MZ),
PALU 161 000 Rp (MZ, SG, BO),
SOROAKO 143 000 Rp (MZ),
SURABAYA 224 000 Rp (MZ, SG, BO, MDL),
TATOR 89000 Rp (MZ tgl.).

SCHIFFE – *Pelni*, Jl. Jl. Jen. Sudirman, Ecke Jl. E. Saelan, ✆ 317965, ℻ 317964, meist nur vormittags ab 8 Uhr geöffnet, nicht sehr zuverlässiger Service. Aber auch viele Agenten in Hafennähe verkaufen Tickets.
Von den z.Zt. 16 Passagierschiffen der staatlichen Schiffsgesellschaft Pelni legen 9 Schiffe in Ujung Pandang an, so daß von hier auf dem Seeweg praktisch jeder Winkel des Archipels zu erreichen ist.
10x monatlich kann man z.B. von UP nach Surabaya fahren. (Fahrpläne und Informationen s.S. 797f).
Zu den Häfen an der Ostküste Kalimantans fahren häufig Motorschiffe ab Ujung Pandang (günstiger ab Pare Pare). Etwa 35 000 Rp kostet z.B. die 18stündige Fahrt nach BALIKPAPAN.

Tana Toraja

Etwa eine Dreiviertelmillion Toraja siedeln auf Sulawesi, mehr als die Hälfte sind Christen, die anderen Animisten, und nur 5% sind Moslems. Die Verwaltungseinheit Tana Toraja (Tator) schließt jedoch nicht alle Gebiete ein, in denen die Mehrheit der Bevölkerung Toraja sind. Weitere leben in den Bergen nördlich zwischen Tator und Palu, andere westlich im Gebiet um Mamasa (s.o.).

Für den Tourismus Südsulawesis ist Tator die wichtigste Region. In der gebirgigen, von fruchtbaren Flußtälern durchzogenen Landschaft haben sich die Dörfer der Toraja harmonisch eingepaßt. Einfache Wanderungen, aber auch anspruchsvolle Trekking-Touren lohnen sich hier im relativ kühlen Bergklima der durchschnittlich 700 m hoch gelegenen Region.

Zahlreiche Hotels sind besonders im Gebiet um Rantepao entstanden. Auf der Piste Rentetaya, 12 km westlich von Makale, landen täglich Merpati CASA. Busse benötigen zwischen acht und zehn Stunden von Ujung Pandang. Das Gros der Besucher kommt von August bis Oktober, wenn nach der Ernte die großen Totenfeiern stattfinden. Außerhalb dieser Monate kann man in vielen Hotels Rabatt erhalten, wenn nicht gerade ein Kreuzfahrtschiff in Pare Pare festgemacht hat und große Reisebusse für ein oder zwei Tage Hunderte von Touristen ausladen. Regenzeit ist von Dezember bis März. Aber auch in den restlichen Monaten regnet es häufig am Nachmittag.

Die Toraja
Geschichte

Die Urahnen der Toraja kamen etwa 2500 bis 1500 v.Chr. aus dem indochinesischen Raum nach Sulawesi. Wie die Batak oder die Dayak gehören sie zur protomalaiischen Bevölkerungsgruppe. Der Sage nach landeten sie auf einem Berg nahe Kotu, dem *Bambapuang*, der Gottespforte. Übrigens gleicht die überlieferte Hausform einem Schiffsrumpf, was mit der Einwanderung der Toraja zusammenhängen könnte, die per Schiff erfolgte.

Schwer zugängliche Wälder und Gebirgsketten isolierten die Toraja bis zur Mitte unseres Jahrtausends vom Rest Sulawesis. Einige frühe Führer der Toraja-Stämme wurden als *Tomanurun* angesehen, als vom Himmel gesandt, vergleichbar den westlichen Gottkönigen.

Kontakte mit den Bugisreichen Luwu und Gowa sind überliefert, ein Sohn eines Tomanurun wurde sogar mit einer Prinzessin von Gowa verheiratet. Etwa zum gleichen Zeitpunkt besuchten javanische Händler Tana Toraja und beeinflußten die Kultur mit hinduistischen Elementen. Im 16. Jahrhundert eroberte Arung Palakka, König von Bone, das Land der Toraja, wurde aber bald wieder vertrieben. Seit diesem Zeitpunkt sind die Beziehungen zwischen

Bugis und Toraja angespannt, denn die vereinigten Toraja leisteten damals ein Gelöbnis, daß nie wieder ein Bugis-Heer ihr Land erobere.

Das 19. Jahrhundert war von inneren Auseinandersetzungen der Toraja geprägt. Verschiedene Historiker führen das auf verstärkte Feuerwaffenverkäufe von Bugis-Händlern an die Toraja zurück, einige Toraja-Fürsten beschäftigten sogar Bugis als Militärberater.

Im März 1906 kamen holländische Truppen nach Tana Toraja und gliederten das Gebiet ihrem Kolonialreich ein.

Sozialstruktur

Trotz der zahlreichen äußeren Einflüsse im Laufe der vergangenen Jahrhunderte haben sich die grundlegenden Traditionen, Sitten und Gebräuche kaum oder nur wenig verändert. Zu einem nicht geringen Teil liegt das an der starren Sozialstruktur, die auch heute im ländlichen Tana Toraja bestimmend ist. Die Bekehrung zu Christentum oder Islam hat daran kaum etwas geändert.

70% aller Toraja sind kleine Bauern, die vom Naßreisanbau und der Schweine- oder Büffelzucht leben. Sie gehören zur Klasse der *Tobuda*. Eine landbesitzende Mittelschicht, die etwa 25% der Bevölkerung umfaßt, wird *Tomakaka* genannt, was „älterer Bruder" bedeutet. Die restlichen 5% sind *Tokapua*, Angehörige des landbesitzenden Adels. Je nach Region existieren dafür auch unterschiedliche Bezeichnungen.

In der traditionellen Gesellschaft haben Männer und Frauen die gleichen Rechte und die gleiche Verantwortung. Die Erbfolge wird nicht starr durch Geschlecht oder Alter bestimmt, sondern hängt davon ab, wieviel der zukünftige Erbe den verstorbenen Ahnen gedient hat und wie hoch sein Beitrag für die Begräbniszeremonien war. Es kann also durchaus sein, daß ein Neffe oder eine Nichte einen größeren Erbteil erhält als ein Sohn oder eine Tochter. Die Erbfolge wird *Siulu Todolo* (*Siulu* = Bruder) genannt.

Hausform

Das traditionelle Toraja-Dorf besteht aus zwei parallel verlaufenden Häuserreihen in Ost-West-Richtung. Während die Wohnhäuser, *Tongkonan*, nach Norden sehen und damit den Göttern gegenüberstehen, errichtet man ihnen gegenüber die Reisspeicher *Alang*, von denen jeder zahlreiche Reisbündel aufnehmen kann, die zusammen bis zu 20 000 kg wiegen können. Die *Alang* sind auf runden Holzpfählen errichtet, die *Tongkonan* auf eckigen.

Jedes Wohnhaus hat ein Dach aus übereinandergelegten Bambusschichten, die Dachspitze *Longa* hat die Form eines Büffelhorns. An den vorderen Stützbalken der Dächer werden die Hörner der geopferten Büffel befestigt, wobei die Anzahl der Büffelhörner wiederum ein Hinweis auf den sozialen Stand des Hauseigentümers ist. Die Außenwände sind mit geschnitzten geometrischen Ornamenten in den Farben rot, schwarz, weiß und gelb verziert. Nägel werden bei der traditionellen Bauweise nicht benutzt.

Religion

Das Wort *Toraja* stammt von *To ri aja*, was so viel wie „die, die von oben kamen" bedeutet. Wahrscheinlich ist damit der Norden gemeint. Selbst wenn viele Toraja heute Christen sind, so werden noch immer alte Überlieferungen bewahrt und befolgt. Das Christentum der Toraja ist damit nur eine dünne Schicht auf der traditionellen animistischen Religion *Aluk Todolo*, ähnlich dem Islam auf Java, wo in den Köpfen der Menschen noch immer hinduistische Vorstellungen dominieren.

Nach dem *Aluk Todolo* ist das Universum dreigeteilt: Oberwelt, Erde und Unterwelt. Am Zenith der Oberwelt steht *Puang Matua*, der allgegenwärtige Schöpfer aller Dinge. Er sendet die *Dewata* auf die Erde, Gottheiten, die auf die Einhaltung der Religion und der religiös bestimmten Überlieferungen achten.

Rituelles Verhalten und religiöse Gegenstände sind auf diese drei Sphären ausgerichtet. Der Osten repräsentiert die Götter im allgemeinen, der Norden den Zenith und damit *Puang Matua,* der Westen die Ahnen und der Süden den *Nadir,* die Unterwelt. Insgesamt spielt die Unterwelt in der Kosmologie der Toraja keine wichtige Rolle. Die Götter der Unterwelt sind nahe der Erde, unterstützen sie. Hauptgott der Unterwelt ist *Pong Tulakpadang* mit seiner furchterregenden Frau *Ongon Ongon.*

Totenrituale

Nach dem Glauben der Toraja ist das Leben im Diesseits nur ein Übergang, und allein das Sein danach ist von Bedeutung. Aus diesem Grund werden wochenlange Totenfeste gefeiert.

In der Vorstellung der Toraja bleiben die Toten auf der Erde und müssen sich auf die lange, gefährliche Reise nach *Puya* begeben, einem mythischen Ort weit im Süden hinter dem Horizont. Ihr Weg beginnt im Tunnel eines Felsengrabs *(Liang).* Erreichen sie tatsächlich *Puya* und sind die erforderlichen religiösen Rituale von den lebenden Verwandten durchgeführt worden, können sie den heiligen Berg *Bambapuang* besteigen und damit in die Oberwelt eingehen.

Die meisten Verstorbenen erreichen zwar *Puya,* kommen aber nicht in die Oberwelt, sondern leben mit den ins Grab genommenen Opfern in Frieden in Puya. Gefährlich für die Lebenden sind diejenigen Toten, die keinerlei Opfer erhalten haben, bzw. bei deren Tod keine entsprechenden Zeremonien durchgeführt worden sind. Daraus ergibt sich für die nächsten Angehörigen ein sehr starker sozialer und religiöser Zwang, die vorgeschriebenen und äußerst kostspieligen Rituale durchzuführen. Eine Bestattung wird grundsätzlich erst dann bekannt gegeben, wenn alle Blutsverwandten sich versammelt haben, bzw. wenn die nächsten Angehörigen des Verstorbenen die notwendigen materiellen Mittel aufgebracht haben. Damit können Millionen von Rupiahs gemeint sein. Die Verwandten und anderen Gäste bringen aus diesem Anlaß Geschenke mit: Büffel, Schweine, *Tuak* (Palmwein), Zigaretten oder andere Dinge.

Bis zum eigentlichen Begräbnis wird der Tote aufgebahrt. Der Leichnam ist gebadet und in die traditionellen Webtücher eingebettet worden, deren Menge und Qualität Aufschluß über den sozialen Status des Toten geben. Die vom Leichnam abgesonderte Flüssigkeit *Koropi* wird in einem Bambusrohr aufgefangen und auf die Erde geschüttet.

An dieser Stelle wird später ein *Lambak*-Baum gepflanzt. Die Totenfeiern laufen nach genau festgelegten Riten ab. Der Leichnam wird einbalsamiert, in Tücher eingebunden, und bei der oberen sozialen Schicht wird eine Holzfigur *(Tao Tao)* stellvertretend für den Toten hergestellt. Dann beginnt der Empfang der Gäste, und die Büffel werden geopfert *(Sibemba).*

Nach traditioneller Art werden sie mit einer Lanze *(Merok)* getötet, wobei das Tier langsam verendet. Heute werden die Tiere aber meist mit dem *Patinggoro,* einer Art Schwert, geschlachtet. Das Fleisch wird an die Gäste nach bestimmten Richtlinien verteilt, wobei der soziale Status ausschlaggebend ist.

Hellhäutige Wasserbüffel, fast weiß mit schwarzen Flecken, stehen in hohem Ansehen, und ihr Fleisch wird von den Toraja nicht gegessen. Nach einer Legende rettete ein Mann einen weißen Büffel vor dem Tode, indem er ihm einen Bambusspeer, den Leute auf der Jagd gerade eben nach ihm geworfen hatten, aus der Schulter zog. Der Büffel revanchierte sich und half dem Mann bei der Suche nach seiner göttlichen Gemahlin, die in den Himmel zurückgekehrt war. Damals trafen sie ein Abkommen: Welcher Mensch das Fleisch eines weißen Wasserbüffels verzehrt, soll von der Krätze befallen werden.

Begräbniszeremonien, *Rambu Solo* genannt, werden in sechs unterschiedliche Kategorien unterteilt:

Disili – das Begräbnis eines Kindes der untersten Klasse. Dabei wird nur ein Schwein geopfert. Babies, die noch keine Milchzähne haben, werden in dem Stamm eines lebenden Baumes beigesetzt, wie z.B. in der Nähe von Sanggala (Kambira).

Dipasang Bongi – eine Begräbniszeremonie von nur einer Nacht, entweder für Angehörige der oberen Klassen, die sich das an sich vorgeschriebene Ritual nicht leisten können, oder aber für einfache oder junge Menschen. Dabei können vier Schweine und ein oder zwei Büffel geopfert werden.

Dipatallung Bongi – Zeremonie für Angehörige der *Tomakaka* (Mittelschicht), die drei Tage dauert und bei der ca. vier bis zwölf Büffel und viele Schweine geopfert werden müssen.

Dipalimang Bongi – dauert fünf Tage und ist für einen wohlhabenden *Tomakaka* vorgeschrieben. Zwei bis über zwölf Büffel und viele Schweine werden geopfert.

Dipapitung Bongi – eine einwöchige Todesfeier. Mehr als zwölf Büffel und zahlreiche Schweine werden geschlachtet. Viele Gäste treffen aus unterschiedlichen Dörfern ein. Stierkämpfe werden veranstaltet. Um die Gäste willkommen zu heißen, werden Tänze aufgeführt.

Dirapai – ist die größte und seltenste aller Begräbniszeremonien für *Tokapua*. Sie ist in zwei Hälften unterteilt, wobei jede sieben Tage dauert. Die Zeit zwischen den zwei Teilen kann sechs Monate, ein Jahr oder auch mehr umfassen. Das letzte *Dirapai* fand Anfang 1987 in Kete Kesu statt. Tausende von Gästen wurden empfangen, die Zahl der geopferten Büffel ging in die Hunderte.

Für die Toraja ist ein Begräbnis kein trauriges Ereignis, sondern man feiert mit Schlemmereien, Tänzen, Büffel- und Hahnenkämpfen. Nach dem eigentlichen Begräbnis beginnt die Trauerperiode. Am dritten Tag schwärzt man die Kleider, nach einer Woche werden Speiseopfer am Grab niedergelegt, und bereits nach 10 Tagen ist die Trauerperiode zu Ende. Während dieser Zeit darf von den engsten Freunden und Verwandten des Toten kein Reis gegessen werden. Danach folgt die Zeremonie der Freude und des Leidens, denn nun ist die Seele des Verstorbenen zu einem göttlichen Wesen geworden.

Gräber

Die Toraja setzen ihre Toten in Gräbern *(Liang)* bei. Hier unterscheidet man fünf Arten:

Liang Gua Erong – Der Körper des Verstorbenen wird in einem Holzsarg in eine natürliche Höhle gelegt (Londa).

Liang Pa – Diese Gräber sind seit dem 17. Jahrhundert gebräuchlich. Sie werden von den Toraja in einem langwierigen und arbeitsaufwendigen Prozeß in Felsen geschlagen. Die Toten werden ohne Särge in die Felsen geschoben, die Öffnung des Felsengrabs wird dicht verschlossen (Lemo).

Liang Pia – Gräber für Kinder, die noch keine Milchzähne haben. Sie werden in den Stamm eines lebenden Baumes gebohrt; nur wenige Baumarten sind nach Meinung der Toraja dafür geeignet. Nach wenigen Jahren ist das Loch im Baumstamm wieder zugewachsen (Kambira, Katebang).

Liang Patane – In Gebieten ohne Felswände werden die Toten in der Erde begraben und ein kleines Toraja-Haus wird darauf errichtet. Ein Grab ist für alle Familienmitglieder vorgesehen, die Körper werden ohne Särge begraben (Buntao, Kete Kesu).

Liang Erong – Bei den sogenannten „hängenden Gräbern" sind die Särge zumeist an Holzgestellen an hohen Felswänden aufgehangen (Kete Kesu, Palatokke). *Tao Tao*, hölzerne Statuen in den Kleidern der Verstorbenen, stehen vor den einzelnen Gräbern, meist in den hohen Felswänden. Oft wurden Wertgegenstände mitgegeben, die besonders seit der Ankunft der Holländer im 17. Jahrhundert häufig von Grabräubern gestohlen wurden. Deshalb entstanden neue Felsengräber wie in Lemo.

Erst 1986/87 kamen wiederum Diebe nach Lemo. Dieses Mal waren die *Tao Tao* selbst die Beute. Mehrere verschwanden auf Nimmerwiedersehen wahrscheinlich in den Antiquitätenläden westlicher Länder. Weitere *Tao Tao* wurden daher von den Familienangehörigen mit in die *Tongkonan* genommen.

Verhaltensweisen bei Toraja-Festlichkeiten

Wie bei vielen anderen indonesischen Festlichkeiten, muß auch bei den Toraja auf bestimmte Regeln und Formen geachtet werden. Ausländer sind gern gesehen, denn viele Gäste machen die Gastgeber stolz und bringen ihnen Glück.

Bei allen Besuchen kann ein guter Guide nicht nur die Hintergründe aufhellen, sondern im richtigen Moment auch Hinweise auf die richtigen Verhaltensweisen geben.

Niemals sollte man vor den Teilnehmern stehen, aber auch das Sitzen auf den Reisspeichern, wo die einflußreichsten und wichtigsten Leute sitzen, muß unterbleiben. Als Regel gilt: Immer warten, bis man plaziert wird.

Bei der Kleidung gilt folgendes: Schultern müssen bedeckt sein, lange Hose oder besser ein Sarong ist angebracht. Bei Begräbnissen kein Rot tragen.

Es besteht kein Zwang, Geschenke mitzubringen, die Höflichkeit gebietet es aber, einem der nächsten Verwandten etwas zu geben. Eine Stange Zigaretten ist besser als Bargeld. Ob ein Meter Tuak oder sogar ein Schwein als Geschenk angebracht sind, bleibt jedem selbst überlassen.

Tabus

Um das gesellschaftliche Gleichgewicht herzustellen und Unheil abzuwehren, existieren bei den Toraja einige Tabus. Das wichtigste ist die Verletzung der *Rambu Tuka*- und *Rambu Solo*-Zeremonien. Aber auch Diebstahl, Unruhestiften auf dem Markt und Betrug verstoßen gegen gesellschaftliche Normen. Eine Person, die gegen diese Tabus verstößt, muß das einem Priester beichten und bestimmte Opfer darbringen. Es kann unter Umständen auch eine physische Strafe ausgesprochen werden.

Rantepao

Neben Makale, der Bezirkshauptstadt, ist Rantepao, 328 km von Ujung Pandang in einer Flußbiegung des Saddang River gelegen, der wichtigste Ort und das Touristenzentrum in Tator. Außerdem ist die kleine Stadt der beste Ausgangspunkt für Ausflüge in die Umgebung.

Alle sechs Tage findet der **Große Markt** mit dem Büffel- und Schweinemarkt *(Pasar Hewan)* etwa 2,5 km außerhalb der Stadt an der Straße nach Palopo statt (Touristen müssen Eintritt bezahlen). Bereits vor Sonnenaufgang werden hier Büffel und Schweine für das nächste Begräbnis, aber auch andere Haustiere verkauft. Bis aus 15 km Entfernung kommen die Bauern, um ihre Produkte anzubieten. Oft sieht man die Toraja mit langen, frischgeschnittenen Bambusstangen die Wege und Straßen zum Markt laufen. In ihnen wird *Tuak* transportiert, ein Palmwein, der aus der Zuckerpalme gewonnen wird. Man erkundige sich, wann in den anderen fünf Markttorten Tators Markttag ist: Sangalla, Mengkendek, Rembon, Sadan und Buntao. Auf diesen Märkten findet man noch etwas ursprünglichere Atmosphäre als in Makale oder Rantepao, es werden aber keine Büffel verkauft.

Die **Souvenirgeschäfte** im Zentrum an der Jl. A. Mappanyuki bieten fast alle die gleichen Produkte, nämlich Holzschnitzereien sowie Web- und Flechtarbeiten. Schnitzereien sind immer in den überlieferten Farben schwarz, weiß, rostrot und ockergelb gehalten. Gute Textilarbeiten findet man kaum noch in Rantepao, echte Ikat-Decken und -Tücher aus Rongkong sind überteuert.

Will man sich einen ersten Überblick über Rantepao und die Umgebung verschaffen, sollte man auf der anderen Seite des Flusses, westlich der Stadt, den kleinen Berg Singki besteigen. Vorsicht: Verschiedene Leute sind zwar hinauf gekommen, haben aber oben den überwucherten Pfad nach unten nicht mehr gefunden!

Im südlichen Teil des Ortes an der Straße nach Makale stehen etwa 40 traditionelle Häuser, die in einem Halbkreis um zahlreiche Megalithen angeordnet sind. Sie alle wurden vor wenigen Jahren aus Anlaß eines großen Begräbnisses errichtet. Die Anlage ist als **Karasik** bekannt. Mehrere Häuser werden heute bewohnt, und da, wie es scheint, alle Touristengruppen hier durchgeschleust werden, ist auch das Verhalten ihrer Einwohner dementsprechend.

Übernachtung

Rantepao besitzt eine große Zahl von Losmen und Hotels in allen Preislagen. Im Vergleich zu anderen Orten Sulawesis sind sie relativ preisgünstig. Oft steigen die Preise während der Hochsaison im Juli und August.

UNTERE PREISKLASSE – Die billigsten Unterkünfte der Stadt befinden sich **an der Jl. A. Mappanyuki** in der Nähe der Moschee. Alle sind relativ laut, und mit der Sauberkeit steht's auch nicht zum besten:

Sarla Guesthouse* ⑧, Jl. A. Mappanyuki 83, ✆ 21167, Zi mit Mandi.
Wisma Palawa* ⑨, Jl. A. Mappanyuki 81.
Indo Grace Hotel* ⑩, gegenüber, laut.
Marlin Hotel* ⑪, Jl. A. Mappanyuki 76, etwas sauberer, aber laut.
Siporannu Guesthouse* ⑫, Jl. A. Mappanyuki 71.
Batutumonga Guesthouse* ⑬, Jl. A. Mappanyuki 65.
Losmen Flora* ⑭, Jl. Emy Saelan, ✆ 21010, gegenüber der Moschee.
Hotel Victoria* ⑮, Jl. A. Mappanyuki, ✆ 21308, sehr laut.

Etwas besser und teilweise auch ruhiger sind die folgenden Unterkünfte:
Wisma Surya** ⑥, Jl. Wolter Monginsidi 36, ✆ 21312, saubere Zi mit Du/WC, gutes Frühstück, am Fluß.
Wisma Wisata*-** ⑦, Jl. Wolter Monginsidi 40, saubere Zimmer mit Privatmandi.
Marura Homestay** ⑱, Jl. Diponegoro 67, relativ sauber, aber an einer lauten Straße; schöner Balkon und Dachterrasse.
Wisma Rantepao** ㉓, Jl. Landorundun 35, ✆ 21397, DZ mit Du/WC, nicht so besonders.
Rapa Homestay*-** ㉔, Jl. Pembangunan 56, ✆ 21517, in einer ruhigen Nebenstraße.
Rainbow Homestay** ㉕, auch bekannt als *Pondok Pelangi*, Jl. Pembangunan 11 A, ✆ 21753, saubere Zi, z.T. mit Du/WC, ruhig gelegen, gutes Restaurant.
Wisma Monika** ㉖, Jl. Sam Ratulangi, nicht so gut.
Wisma Maria 1** ㉗, Jl. Sam Ratulangi 23, ✆ 21165, Zi mit Du/WC, z.T. mit Heißwasser, ruhig und sauber; großer Garten, in dem ein *Alang* (trad. Reisspeicher) steht, Restaurant.
Padatindo Homestay* ㉚, Jl. Pembangunan 31, ✆ 21793, einfach und familiär.
Wisma Martini* ㉛, Jl. Sam Ratulangi 62, ✆ 21240, nicht mehr so gut wie früher, aber ruhig und mit Garten.

MITTELKLASSE – *Wisma Rosa**-**** ②, Jl. Sa´adan 28, ✆ 21075, Zi unterschiedlicher Qualität, z.T. mit Heißwasser, Badewanne und Balkon.
Wisma Imanuel**-**** ③, Jl. Wolter Monginsidi 16, ✆ 21416, sauber und freundlich, am Fluß, mit Balkon und Garten, inkl. Frühstück und Nachmittags-Snack
Wisma Irama***-**** ④, Jl. Abdul Gani 16, ✆ 21371, sehr sauber und ruhig, z.T. mit Badewanne und Heißwasser, sonst kalte Dusche; Veranda, Balkon und Garten, Essen auf Bestellung.
Wisma Monton**-**** ⑤, Jl. Abdul Gani 14 A, ✆ 21675, ✆ 21665, sehr saubere Zimmer z.T. mit Heißwasser, einige mit Balkon und schöner Aussicht, kleiner Garten, ruhig gelegen; Dachgarten-Restaurant, viele Infos, Tour & Travel Service.
Wisma Duta 88****, Jl. Sawerigading 12, ✆ 23477, saubere Cottages im Toraja-Stil, inkl. Frühstück.
Gardenia Inn*** ⑯, Jl. Diponegoro 98, ✆ 21508, alle Zi mit Heißwasser, z.T. mit Badewanne, zwar etwas außerhalb, aber empfehlenswert; familiär und sehr sauber; angenehmer Garten mit 2 alten *Alang* (trad. Reisspeicher).
Wisma Tanabua*** ⑰, Jl. Diponegoro 43, ✆ 21027, 21374, alle Zi mit Heißwasser, an einer lauten Straße, relativ sauber.
Indra City Hotel***-**** ㉒, ✆ 21060, ✆ 21547, gleich neben Indra 1, aber nicht ganz so gut.

Übernachtung:
1. Wisma Sederhana
2. Wisma Rosa
3. Wisma Imanuel
4. Wisma Irama
5. Wisma Monton
6. Wisma Surya
7. Wisma Wisata
8. Sarla Gh.
9. Wisma Palawa
10. Indo Grace H.
11. Marlin H.
12. Siporannu Gh.
13. Batutumonga Gh.
14. Losmen Flora
15. H. Victoria
16. Gardenia Inn
17. Wisma Tanabua
18. Marura Homestay
19. Peng. Purnama
20. H. Indra 2
21. H. Indra 1
22. Indra City H.
23. Wisma Rantepao
24. Rapa Homestay
25. Rainbow Homestay
26. Wisma Monika
27. Wisma Maria 1
28. Pondok Wisata
29. Hebron Inn
30. Pandatindo Homestay
31. Wima Martini
32. Wisma Anata
33. H. Pia's & Poppies
34. H. Pison

Läden, Restaurants etc.:
1. R.M. Rima
2. R.M. Sarlota
3. Apotheke (2x)
4. Warung Murni
5. R. Chez Dodeng
6. R.M. Setia Kawan
7. R. M. Dodeng
8. Kios Gembira
9. Supermarkt (2x)
10. R.M. Satria Desa
11. Moneychanger (2x)
12. R.M. Mambo
13. R. Rachmat
14. R./Coffee Shop Pia's & Poppies
15. Bank Danamon
16. Bank Rakyat
17. Mart's Café

Transport:
1. Liman Express
2. Bus→Palu (2x)
3. Alam Indah (Bus)
4. Minibus Stn.
5. Fa. Litha (Bus)

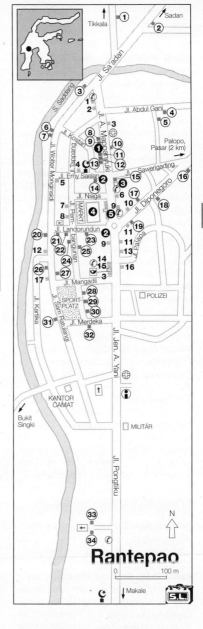

Pondok Wisata* (28), Jl. Pembangunan 23, ✆ 21595, saubere Zi, z.T. mit heißer Dusche oder Badewanne, inkl. Frühstück.

Hebron Inn* (29), Jl. Pembangunan, ✆ 21519, sauberes, kleines Hotel mit Blick auf den Sportplatz, Zimmer mit Heißwasser, schöner Innenhof, gutes Frühstück.

Wisma Anata* (32), Jl. Merdeka 15, ✆ 21356, Zi mit Dusche, z.T. mit Heißwasser, Teppichfußboden und Veranda oder Balkon mit Aussicht; sauber und familiär, kleiner Innenhof.

Hotel Pia's & Poppies* (33), Jl. Pongtiku, ✆ 21121, z.T. hübsch und individuell eingerichtete Zimmer mit heißer Dusche oder Badewanne, etwas außerhalb, aber ruhig im Grünen am Rande von Fischteichen gelegen; nett eingerichtet sind auch Bar und Restaurant.

Hotel Pison**-******* (34), Jl. Pongtiku G II/8, ✆ 21344, saubere Zi mit Balkon, Du/WC oder Bad/WC; gutes Restaurant, kleiner Garten, ruhig.

Wisma Maria 2* (3) Jl. Pongtiku km 2, ✆ 21288, außerhalb in Richtung Makale noch hinter der Abzweigung nach Kete Kesu, DZ mit heißer Dusche, schöne Aussicht, gutes Frühstück mit selbstgebackenem Brot und hausgemachter

Baumtomaten-Tamarilla-Marmelade, abends Toraja-Essen auf Bestellung, mit traditionellen Toraja-Häusern.

OBERE PREISKLASSE – Diese Hotels liegen meist weit außerhalb der Stadt. Ausnahmen:
Hotel Indra 1 (US$44-85) ㉑, Jl. Landorundun 63, ✆ 21583, ℻ 21547, saubere Zimmer um einen Innenhof-Garten.
Hotel Indra 2 (US$44–85) ⑳, Jl. Sam Ratulangi 26, ✆ 21163, ℻ 21547, schmucklose Zi um einen, gepflegten Garten, zu teuer.
An der Straße nach Palopo:
Toraja Cottage (ab US$76) ②, Jl. Pakubalasalu, ✆ 21089, ℻ 21369, 3,5 km außerhalb, 43 Zi in Cottages im Stil der Toraja-Häuser, kleiner Swimming Pool, Bar, Restaurant. Nebenan:
Toraja Garden Cottage (ab US$76), ✆ 23336, ℻ 23335, kleine, holzgetäfelte Zimmer, etwas überteuert, parkähnlicher Garten. Gegenüber:
Toraja Prince Hotel (ab US$92) ①, ✆ 21430, ℻ 21304, ruhig im Grünen gelegen, 60 Zi, Pool.
Marante Highland Resort (ab US$110), Jl. Jurusan Palopo, 4 km außerhalb, ✆ 21616, ℻ 21122, insgesamt 111 luxuriöse Zimmer, Cottages und Suiten, Swimming Pool.
An der Straße nach Makale:
Novotel Toraja (ab US$115), ✆ 21192, 27000, ℻ 27029, Luxushotel mit Swimming Pool, 160 Zimmer und Suiten, Restaurants etc., ca. 2 km südöstlich vom Zentrum.
Rantepao Lodge (US$25–43), Jl. Pao Rura, ✆ 21248, 21833, ca. 3 km außerhalb, ruhig, Pool.
Toraja Misiliana Hotel (ab US$105) ④, Jl. Jurusan Rantepao, ✆ 21212, ℻ 21512, ca. 3,5 km außerhalb, 94 luxuriöse Zi, Suiten und Cottages im trad. Toraja-Stil, Restaurants, Bar, zwei Pools, in einem weitläufigen, parkähnlichen Garten.

Essen

Im *Wisma Maria 2* bereitet man auf Vorbestellung *Paprong* zu, Hühnchen mit Reis und Kokosnuß in frischem Bambus gedünstet. Schmeckt super, unbedingt probieren!
Rumah Makan Rima, Jl. A. Mappanyuki, kurz vor dem Fluß, hier bekommt man neben Toraja-Essen auch Standard-Travellerfood. Nebenan:
Rumah Makan Sarlota, Jl. A. Mappanyuki, preisgünstiges und gutes Essen, freundlicher Service.
Warung Murni, hinter der Moschee, moslemische Speisen.
Restaurant Chez Dodeng (Bamboo-Restaurant), Jl. Wolter Monginsidi, einfaches Essen, dessen Zubereitung viel Zeit braucht.
Rumah Makan Setia Kawan, Jl. A. Mappanyuki 32, ✆ 21264, ist ein großes, bei Touristen beliebtes Restaurant, gutes Essen zu annehmbaren Preisen.
Rumah Makan Dodeng – der frühere Koch von *Chez Dodeng* versucht es seit ein paar Jahren selber. Gleich daneben:
Kios Gembira, für Snacks.
Rumah Makan Satria Desa., an der Straße nach Palopo, moslemisches Essen; empfehlenswert ist hier die *Soto Ayam*.
Restaurant Rachmat, ✆ 21175, ℻ 21109, Jl. Jen. A. Yani, chinesisch-indonesisch, teuer, viele Reisegruppen.
Restaurant / Coffee Shop Pia's & Poppies, Jl. Jen. A. Yani 117, ✆ 21362, nettes, kleines Lokal mit ausgezeichneter Küche.
Rainbow Restaurant, Jl. Pembangunan 11 A, ✆ 21753, beim gleichnamigen Homestay; große Speisekarte und schmackhafte Gerichte.
Mart's Café, Jl. Sam Ratulangi 44 A, ✆ 21692, Marthinus serviert gutes Essen in netter Atmosphäre, gutes Frühstück, So geschlossen.
Restaurant Pia's & Poppies, Jl. Pongtiku, ✆ 21121, beim gleichnamigen Hotel. Hier zaubert in angenehmer Umgebung ein in Kuta und Ujung Pandang ausgebildeter Koch interessant kombinierte, schmackhafte Gerichte auf den Tisch. Die Qualität des Restaurants rechtfertigt den Preis.
Fish Cottage, 4 km in Richtung Makale (hinter dem Misiliana Hotel), hofft vor allem auf Reisegruppen. Hier kann man Fisch in jeder Zubereitungsart in einem Haus im Toraja-Stil mit einem großen Fischteich zu sich nehmen.

Sonstiges

GELD – *Bank Rakyat Indonesia*, Jl. Jen. A. Yani, wechselt TC und Cash zu mageren Kursen, geöffnet Mo–Fr 8–15 Uhr.
Gegenüber steht die *Bank Danamon*.
Bessere Kurse erzielt man bei den Money Changers, Jl. Jen. A. Yani und Jl. Diponegoro.

EINTRITTSPREISE – zu den Sehenswürdigkeiten in der Umgebung der Stadt betragen meist 1000/1250 Rp, ganz selten kommt man umsonst hinein.

INFORMATIONEN – *Tourist Office*, Jl. Jen. A. Yani 62 A, ℡ 21277, geöffnet Mo–Fr 7.30–16 Uhr; man bekommt Infos zu aktuellen Veranstaltungen, Guides bieten ihre Dienste an.

MIETWAGEN / MOTORRÄDER / FAHRRÄDER – Einige Hotels und diverse Reisebüros vermieten Motorräder für 30 000 Rp, Mountain Bikes für 10 000 Rp pro Tag.
Ein Auto, z.B. ein Super Kijang, kostet 50 000 Rp pro Tag, die Fahrt nach Ujung Pandang 150 - 200 000 Rp.

POST / TELEFON – *Kantor Pos*, Jl. Jen. A. Yani 111, geöffnet Mo–Do 8–14, Fr bis 11, Sa bis 14 Uhr.
Telkom, nebenan, für internationale Telefonate und Telegramme, tgl. 24 Std. geöffnet.
Wartel Toraja Permai, Jl. A. Mappanyuki 10, ℡ 21784, ℻ 21236; geöffnet Mo–Sa 8–24, So 15–24 Uhr (Hochsaison: So 10–24 Uhr).
Wartel Citra, Jl. A. Mappanyuki, tgl. 24 Std. geöffnet.
Wartel Titian, Jl. Pongtiku 5 A, ℡ 23280, Mo–Sa tgl. 24 Std. geöffnet, So 13–24 Uhr.

VORWAHL – 0423.

Touren / Guides

Es gibt in Rantepao über 40 lizenzierte Guides, die in einer *Guide Association* zusammengeschlossen sind. Kenntnisse der Toraja-Kultur sind trotz Lizenz recht unterschiedlich. Die Guides folgen den Touristen in die Losmen und Restaurants und können z.T. ziemlich lästig sein; besser organisiert man einen Guide über das Tourist Office. Ein Tour-Guide für Ausflüge in die Umgebung kostet 40 000 Rp pro Tag, ein Guide für Trekking-Touren mit Übernachtungen 50 000 Rp.
Trekking-Touren: Wanderungen in die Umgebung Rantepaos kann man leicht selbst unternehmen. Es werden aber auch bis zu 14tägige Trekking-Touren angeboten, bei denen ein Guide unerläßlich ist. Normalerweise legt man pro Tag 15–20 km zurück (5–6 Std.). Übernachtet wird in den traditionellen Gästezimmern der Toraja-Häuser, das Essen kommt aus dem Dorf, die Gastfamilien kochen, manchmal hilft auch der Guide. Das übliche Trekkinggebiet liegt im Westen und Norden von Tana Toraja.
River Rafting: *Benny Rantelili*, Jl. Mangadil 9/9F, ℡ 22143, ℻ 21500, ist der von *Sobek Expedition* engagierte Guide und Organisator von Schlauchboot-Trips auf dem Saddang River. Ein eintägiger Ausflug inkl. Essen, Transport ab Hotel kostet US$65 p.P. Interessanter ist ein dreitägiger Trekking-Rafting-Trip. Am ersten Tag geht es zu Fuß zu einem Dorf am Oberlauf des Saddang River, am zweiten Tag Rafting über mehr als 20 Stromschnellen, Übernachtung am Fluß, am dritten Tag Rafting bis Mittag, dann Rücktransport nach Rantepao. Kostet US$255.

Transport

BUSSE – Die Büros der Buscompanies liegen alle an der Jl. A. Mappanyuki. Die Fahrt nach UJUNG PANDANG kostet 12 000 / ac 17 500 Rp. Man wird im Hotel abgeholt und sollte möglichst einen späten Abholtermin ausmachen, da man sonst bis zu 2 Std. durch Rantepao fährt; der reservierte Sitzplatz verfällt nicht.
Buspreise:
BONE 9000 Rp,
MALILI 9000 Rp,
PALOPO 3600 Rp (2 Std., sehr schöne Strecke),
PARE PARE 7500 Rp,
SOROAKO 12 000 Rp, 6 Std.
Mehrere Companies bieten Tickets nach Zentral-Sulawesi an:
PALU 36 000 Rp,
POSO 30 000 Rp,
PENDOLO 30 000 Rp, 10 Std.

MINIBUSSE für kurze Strecken stehen am Markt-Terminal.
Minibuspreise:
BATUTUMONGA 2000 Rp,
BUNTAO 1200 Rp,
KETE KESU 600 Rp,
LEMO 350 Rp,
LOKOMATA 3500 Rp,
LONDA 350 Rp,
MAKALE 600 Rp,

MARANTE 600 Rp,
NANGGALA 600 Rp,
PALAWA 1000 Rp,
SADAN 1000 Rp,
SIGUNTU 350 Rp,
TILANGA 350 Rp.

FLÜGE – Merpati fliegt tgl. 10.15 Uhr (Sa 2x) mit einer CASA für 89 000 Rp nach UJUNG PANDANG. Das lohnt sich, wenn man am gleichen Tag einen Anschlußflug ab UP hat. Bei schlechtem Wetter fallen die Flüge allerdings meist aus. *Merpati*, c/o Ramayana Satrya Tours & Travel, Jl. Pongtiku 48, ✆/✆ 21615, 200 m vor dem Rantepao Lodge, geöffnet Mo–Fr 8–16, Sa bis 14, So bis 13 Uhr. Es werden keine Kreditkarten akzeptiert. Freigepäck nur 10 kg.
Vom Flugplatz nahe Makale fahren nach der Ankunft eines Flugzeugs Minibusse für 6000 Rp direkt nach Rantepao, 28 km, 1 Std. – oder man geht bis zur Hauptstraße, 500 m, und wartet auf eines der seltenen Bemo.

Die Umgebung von Rantepao

Am besten ist es, die umliegenden Dörfer zu erwandern. Man kann auch einen Minibus mieten, was sich bei mehreren Leuten lohnt. Vor allem die relativ weit entfernten Dörfer im Südosten können damit bequem erreicht werden. Auf vielen Straßen und Wegen fahren öffentliche Minibusse oder Trucks. Zwischen Rantepao und Makale verkehren ganztägig Minibusse, 600 Rp. Man kann immer eine Strecke mitfahren, unterwegs aussteigen und in die Dörfer laufen.

Die Temperaturen in 700–800 m Höhe sind nicht so schweißtreibend wie an der Küste. Daher kann man auch zur Mittagszeit laufen. Dennoch sollte man etwas zu trinken mitnehmen, denn nicht überall gibt es Warung. Die Toraja-Dörfer sind bisher noch relativ intakte Gemeinschaften, auch wenn bei jedem Begräbnis mittlerweile eine Touristengruppe anwesend ist. Nimmt man an einem Fest teil, empfiehlt es sich, ein kleines Gastgeschenk, z.B. Zigaretten, zu überreichen. Außerdem sollte man sich nur dann niederlassen, wenn man ausdrücklich dazu aufgefordert wird. Sonst bitte im Hintergrund bleiben!

Bei Wanderungen fallen die Kinder der Dörfer über einen her mit ihrem immer wiederkehrenden: „*Kasih Gula Gula*", was so viel wie „gib mir Süßigkeiten" heißt. Es scheint sich die Unsitte eingebürgert zu haben, daß Touristen Bonbons oder ähnliche Süßigkeiten mit sich herumschleppen, worüber viele Eltern nicht erfreut sind. Wer ihnen etwas geben will, sollte besser etwas anderes verteilen!

Bei längeren Wanderungen, die über die Dämme der Reisfelder führen, kann man Bauern immer nach dem Weg ins nächste Dorf fragen, *„Dimana Jalan ke ... ?"* Oder in Bahasa Toraja: *„Umba tulalan ... ?"*

Richtung Süden

Zu diesen häufig besuchten Dörfern nimmt man zuerst eines der zahlreichen Bemo Richtung Makale und läuft die letzten Kilometer in die Dörfer.

Siguntu

7 km, direktes Bemo ab Jl. Pasar, Ecke Jl. Pembangunan, 350 Rp. 2 km westlich der Hauptstraße Rantepao – Makale liegt das alte Königsdorf auf einer Hügelkuppe mit drei gut erhaltenen *Tongkonan*, die einer imposanten Reihe von *Alang* gegenüberstehen. Ein empfehlenswerter Rundwanderweg führt von Rantepao über Singki nach Siguntu und über die Flußbrücke zurück zur Hauptstraße.

Londa

6 km, Bemo nur auf der Hauptstraße für 350 Rp, knapp 2 km muß man laufen. In einem Tal findet man die berühmtesten **Felsengräber** von Tana Toraja. Nur Verstorbene, für die ein *Dirapai* ausgerichtet worden ist, sind hier bestattet. Fotografieren der Felswand am besten nachmittags. Leider sind die alten *Tao Tao* auch hier heruntergenommen und durch neue ersetzt worden, um Diebstählen wie in Lemo vorzubeugen. Junge Männer bringen Besucher mit Gaslampen durch die **Höhlen** im Be-

stattungsfelsen. Sie wollen dafür 3000 Rp oder mindestens 1000 Rp pro Person, die man sich, mit einer Taschenlampe ausgerüstet, sparen kann.

In beiden Höhlen links und rechts der *Tao Tao*-Balustrade stehen Särge, und auf den Felsen und in Nischen liegen viele Schädel. Am Eingang werden Opfergaben für die Verstorbenen abgelegt. In schwarzen Särgen mit Kreuzen werden Christen, in roten Mohammedaner, in anderen Animisten bestattet. In der linken Höhle steht ein Sarg in Form eines Schweines. Die beiden Höhlen sind durch einen engen, 25 m langen Gang miteinander verbunden, der nur für schlanke Zeitgenossen passierbar ist. (Die Guides bieten auch längere Höhlentouren an, die aber extrem schwierig und z.T. sogar lebensgefährlich sind).

Geht man vom Haupteingang kommend vor der Treppe nach rechts bis zum **Tao Tao-Schnitzer** am Ende des Dorfes und blickt auf die Felswand, sieht man in etwa 60 m Höhe weitere in die Felswand eingelassene Särge. Die Tao Tao-Schnitzer verkaufen kleine, lebensecht geschnitzte Figuren. Ein schmaler Fußpfad führt von hier 1 km durch Reisfelder ins Tal hinab zurück zur Hauptstraße, auf die man etwa 3 km südlich der eigentlichen Straße nach Londa gelangt. Nimmt man unterwegs an den Reisfeldern die linke Abzweigung hinauf auf die Anhöhe, kommt man nach Tilanga.

Tilanga

9 km, mit dem Bemo 350 Rp, die letzten 5 km von der Hauptstraße muß man zu Fuß zurücklegen. Im Bambuswald liegt ein sehr schöner See, in dem man baden kann. Sonntagsbesuche sollte man meiden, denn dann versammelt sich ganz Tator an diesem natürlichen **Badeplatz**. Von Tilanga führt ein Fußpfad weitere 3 km durch Reisfelder nach Lemo.

Lemo

12 km, Bemo-Verbindungen (400 Rp) entlang der Hauptstraße. Von hier muß man 1 km laufen. Hinter dem Dorf sind in einer 40 m hohen Felswand zahlreiche Gräber eingelassen, so daß die Felswand durchlöchert scheint.

Auf den Galerien standen noch bis vor einigen Jahren über 50 **Tao Tao**. Leider sind die meisten von skrupellosen Räubern gestohlen worden. Wahrscheinlich sind sie mittlerweile in europäischen Museen oder Antiquitätenhandlungen aufgetaucht. Die beste Zeit zum Fotografieren ist morgens. Nachmittags trifft man daher kaum Touristen, was durchaus ein Vorteil sein kann. Die Sonne steht dann schräg und beleuchtet die Tao Tao. Links führt eine steile Treppe hinauf zu weiteren Felsengräbern auf halber Höhe.

Richtung Südosten

Bemo fahren auf der schmalen Straße nach Buntao (1200 Rp) und Sangalla (ab Makale 600 Rp). Die Dörfer Kalando, Suaya und Makula sind 13, 14 und 16 km von Makale entfernt.

Kete Kesu

4 km, das touristischste Dorf in Tator. Bemo bis zur Abzweigung 600 Rp. Von hier sind es weitere 2 km. Nach 1,5 km findet man das Haus des **Holzschnitzers** Rakka Sangpulo, der nach alten Traditionen arbeitet. Kete Kesu liegt 100 m südlich der Straße. Kurz vor dem Dorfeingang befindet sich rechts am Hang ein *Rante*.

Den fünf *Tongkonan* des alten Dorfes stehen ein Dutzend *Alang* gegenüber; alle Häuser sind sehr gut erhalten. Hinter dem zweiten *Tongkonan* führt ein betonierter Weg durch ein Tal zur Felswand mit den hängenden Gräbern. Am Fuß des Felsens ist in einem großen, aus Zement errichteten Grabmal ein früherer Minister bestattet, der bei einer der größten Begräbniszeremonien Tators im Januar 1987 begraben wurde. Darüber findet man in einer ebenerdigen, künstlichen Höhle eine Gruppe neuerer *Tao Tao*.

Palatokke

9 km: Zu erreichen über Kete Kesu und Sullukan. Bemo fahren für 600 Rp nach **Labo**, dem Dorf der Schmiede. Hier gabelt

Die Umgebung von Rantepao

sich die Straße: links geht es nach Buntao, Paniki und rechts nach Sangalla. Weiter fahren nur wenige Bemo.

Ein schmaler, zum Teil steiler Weg über Geröll, durch Wälder und Reisfelder (2 1/2 km, ca. 30 Minuten ab der Straße) führt nach Palatokke mit seinen beiden hängenden Gräbern *(Liang Erong),* 700–800 Jahre alt, der auf dicken Holzstangen stehen, die in die Felswand eingelassen sind. Einige Schädel liegen dekorativ am Fuße des Felsens. Alte Überlieferungen besagen, daß der Begriff *Palatokke* einen Menschen bezeichnet, der wie ein Gecko die steilen Felswände hinauf- und hinunterklettern konnte. Bei der Anbringung der beiden hängenden Gräber wäre diese Eigenschaft durchaus von Vorteil gewesen.

Sangalla

Leichter ab Makale zu erreichen (600 Rp). Ursprünglich und geschäftig ist der kleine Ort am jeweiligen Markttag. Der Endhaltepunkt der Busse und Bemo heißt **Tumanete**. Man läuft von hier eine Abkürzung über Reisfelder 900 m den Berg hinauf, an der Schule (SMA) vorbei bis zu den Kindergräbern in einem Bambushain in **Kambira**.

Die etwa 100 Jahre alten Gräber *(Liang Pia)* für kleine Kinder, denen noch keine Zähne gewachsen waren, wurden in einem Baum angelegt. Man glaubte, daß sie dadurch mit den Bäumen wachsen könnten.

Dann geht man den Weg etwa 800 m weiter nach **Buntu Kalando**. In einem ehemaligen Königshaus, das noch heute von den aristokratischen Nachfahren bewohnt wird, wurde ein kleines Museum eingerichtet. Die Sammlung umfaßt Textilien, Schmuck, Fotos und andere Besitztümer der Königsfamilie sowie eine große Ausstellung verschiedener Küchengeräte. Es werden einfache Zimmer für 10 000 Rp pro Person vermietet. Essen auf Vorbestellung möglich. Bei unserem letzten Besuch wurden zwei Zimmer ausgebaut und modernisiert.

In **Lobe**, dem angrenzenden Ort nahe dem Königshaus, sieht man einen alten *Rante* mit seltsam geformten Megalithen. Links der Straße (Schild) die *„Bambu Musik Group"*, ein Kinderorchester, das von dem Lehrer Marthen Mande geleitet wird. Ein Stück weiter zweigt links ein Weg zu zwei weiteren Kindergräbern ab, die allerdings jüngeren Datums sind.

Eine ausgeschilderte Abzweigung nach rechts führt nach 700 m zu den hängenden Gräbern **Tampangallo**. Nicht weit entfernt in Richtung Südwesten befindet sich in einem kleinen Tal eine Höhle mit vielen Schädeln, alten Särgen und einigen neueren *Tao Tao*. Von hier führt ein nur schwer zu findender Pfad direkt nach Suaya.

In **Suaya** sind neben den Königsgräbern noch mehr als 40 *Tao Tao* erhalten. Die Särge aus dem Holz des Jackfruchtbaumes stehen geschützt in einem kleinen Haus mit großen Glasfenstern. Vormittags ist das Licht am besten, um die *Tao Tao*, die in drei Galerien in der steilen Felswand stehen, zu fotografieren. Nach einem langen Aufstieg auf einer asphaltierten Straße blickt man hinab auf das Saddang-Tal und Makale. Kurz zuvor stehen weitere Königsgräber und *Tao Tao* in einer Felswand gleich neben dem Weg in **Tondon**.

Makula

3 km hinter der Abzweigung nach Suaya kann man rechts im Pool der **heißen Quellen** baden oder für etwas mehr Geld im Badehaus ein Bad nehmen.

Richtung Osten

Richtung Palopo fahren etwa stündlich Bemo. Man muß damit rechnen, den Weg zurücklaufen zu müssen, wenn man spätnachmittags unterwegs ist. Die Dörfer liegen alle nahe der Straße.

Marante

7 km, Bemo 600 Rp: Traditionelles Dorf an der Straße, wie **Tondon**, das nächste Dorf.

Totenfeier in Tana Toraja, das größte Fest wird besonders prunkvoll begangen

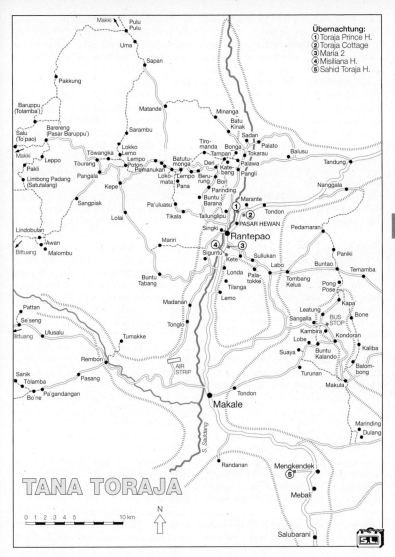

Nanggala

16 km, Minibus ab Rantepao 600 Rp, ab Marante 300 Rp: Zahlreiche *Alang* (Reisspeicher) mit besonders schönen Verzierungen an den Unterseiten, die Dorf- und Kriegsszenen darstellen. Besonders gut erhaltener *Tongkonan* (Familienhaus). Unterhalb des Dorfes beginnt rechts der etwa

Die zentralen Märkte in Tana Toraja sind ein wichtiger Treffpunkt

8 km lange Fußpfad über die Berge nach **Paniki** (herrliche Aussicht!).

Im Tal eine japanische Kaffeeplantage *(Tombang Kalua)*, dann Fußpfad auf Berggrat bis oberhalb Paniki, ab hier wieder Straße. Ab Paniki geht ein langer Fußweg nach **Buntao**. Die alten Gräber hier sind ausgeraubt. Ab hier Bemo (1200 Rp) zurück nach Rantepao. Die Umgebung von Nanggala eignet sich auch sehr gut für Rundwanderungen: Reisterrassen, Bambushaine, versteckte Dörfer.

Richtung Norden

Minibusse fahren nach Sadan und Palawa. Diese beiden Dörfer kann man an einem Tag besuchen.

Palawa

9 km, Minibus ab Rantepao 1000 Rp: Läuft man den Hügel hinauf, erreicht man den Eingang zu diesem traditionellen Dorf. Auf halbem Weg findet man südlich der Straße zwei verwitterte Megalithenzirkel *(Rante)*. Im Dorf selbst reihen sich zahlreiche *Tongkonan* aneinander, denen die Reisspeicher in einer geraden Reihe gegenüberliegen. Ein vollständig erhaltenes Dorf im traditionellen Stil, das entsprechend häufig von Touristenbussen besucht wird. In jedem Haus werden Souvenirs verkauft!

Sadan

12 km, Minibus ab Rantepao 1000 Rp: Von hier nach **Malimbong** laufen. Der Weg biegt kurz vor der Brücke nach links ab. Nach weiteren 400 m ist das Dorf erreicht. An einfachen Webstühlen *(tenun* = weben) werden in zwei Häusern Stoffe mit den typischen bunten Mustern hergestellt, aber auch Stickereien, Ikat und Batik aus anderen indonesischen Regionen verkauft. Schönes *Tongkonan* mit 91 Hörnern. Wohnen im Losmen von Frau Sabara, die sehr hilfreich ist.

Richtung Nordwesten

Für die Tour zu den Dörfern Batutumonga und Lokomata sollte man mindestens einen ganzen Tag einplanen, um die herrliche Landschaft zu genießen. Bis Lempo ist die Straße gut ausgebaut, Minibusse verkehren relativ oft auf dieser Strecke. Eine Alternative ist die Wanderung ab Deri.

Deri

Minibus bis Deri 1200 Rp. Schöne traditionelle Häuser. Zwischen Deri und **Tampan**, 1 km von der Straße, findet man etwas versteckt Kindergräber in einem Baum, bekannt als *Tetewai Katebang*. In der reizvollen Landschaft lohnt eine Rundwanderung über Tampan und **Bonga** nach **Palawa**.

Der Fußmarsch von Deri bis hinunter nach **Bori** dauert etwa eine halbe Stunde bis 45 Minuten. Direkt an der Hauptstraße ein Felsengrab und im Dorf selbst ein *Rante*. Auf dem *Rante* von Bori haben schon etliche Bestattungszeremonien für *Tokapua* (Adelige) stattgefunden. Jeder hier aufgerichtete Megalith steht für eine Bestattung, bei der mindestens 25 Büffel geschlachtet wurden. Gut erhalten sind der *Lakkian*, das Haus, wo die Leiche während der Feier aufgebahrt wird, und der *Balakayan*, die Plattform in den Bäumen, von der aus das Büffelfleisch an die Gäste verteilt wird. Selten Bemo von Bori nach Rantepao für 750 Rp.

1 km weiter in **Parinding** stehen gut erhaltene *Tongkonan* und *Alang*. Am *Tongkonan* vier hölzerne Büffelköpfe, außerdem schön geschnitzte *Katik*, aus dem Frontgiebel herausragende Fabelwesen mit Schlangenkörper und Hahnenkopf, die Häuptlingswürde symbolisieren.

Barana

Südlich von **Parinding** folgt **Kande Api**; rechts 1 1/2 km bergauf (mit Guide) entdeckt man ein schönes traditionelles Dorf. Weiter südlich im Dorf Barana sollte man nach *Buntu Barana (Buntu* = Hügel) fragen; über steile Pfade gelangt man zu Höhlengräbern mit *Tao Tao* und den Resten einer mindestens 500 Jahre alten Befestigungsanlage mit tiefen Höhlen auf dem Hügel. Gute Aussicht!

Batutumonga

30 km, 2000 Rp mit einem Minibus. Oder mit einem Minibus nach **Lempo** (1500 Rp) und von dort eine halbe Stunde zu Fuß. Man sollte bereits früh am Morgen zu dieser interessanten Fahrt aufbrechen. Das Dorf liegt in den Bergen, und man hat eine schöne Aussicht auf die weite Ebene von Rantepao und das nördlich anschließende Tal. 30 Minuten hinter dem Dorf Richtung Lokomata beginnt ein Fußweg, der zurück über **Pana** (30 Minuten, im Bambushain Gräber) und **Tikala** (1 1/2 Std.) nach Rantepao führt. Durch Bambuswälder und über Reisterrassen steigt man hinab – zu Fuß dauert die gesamte Tour etwa vier Stunden. Ab **Pauluasu** fahren Bemo nach Rantepao (600 Rp).

In Batutumonga gibt es mehrere Unterkünfte mit Familienanschluß. Sehr gut wohnt man bei *Mama Siska***, 500 m östlich des Dorfes Hinweisschild, mit drei reichhaltigen Mahlzeiten. An der Hauptstraße zudem *Batutumonga Guest House**-**** und *Mama Rina Guesthouse****, drei Mahlzeiten sind im Preis inbegriffen. Die Spezialität von Mama Rina ist *Bamboo Chicken*. Weiterhin das *Tonapa Guesthouse**-****, geleitet von Mama Rinas Bruder.

Lokomata

6 km weiter von Batutumonga (ab Rantepao 3500 Rp). Lokomata an den Hängen des Gunung Sesean hat ebenfalls viele Gräber in einem großen Felsen.

Richtung Südwesten
Tumakke

Bis **Rembon**, 9 km von Makale, fahren; etwa 3 km nördlich der Straße, 1/2 Stunde zu Fuß über eine lange Hängebrücke und immer einem breiten Weg folgend, gelangt man nach Tumakke, wo ein altes *Tongkonan* steht, dessen Dach mit mächtigen Steinplatten gedeckt ist.

Von Rembon weiter nach **Ulusalu**, 7 km, und **Seseng**, 10 km. Etwa 1 km nördlich von Seseng sieht man Felsengräber und *Tao Tao* in **Pattan**. Minibusse fahren noch bis **Bittuang**, von wo man in drei Tagen nach Mamasa wandern kann. Der Weg wird zur Straße ausgebaut, und vielleicht können zumindest Geländewagen bald die gesamte Strecke nach Mamasa fahren.

Makale

Die Bezirkshauptstadt von Tana Toraja, 310 km von Ujung Pandang, wurde in den 20er Jahren von den Holländern angelegt. Hier gibt es nicht so viele Touristen wie in Rantepao, das aber zum Wohnen schöner ist. Ein interessanter Markt findet einmal in der Woche statt. Ansonsten ist Makale geschäftiger als Rantepao, insgesamt aber unattraktiv und nur als Ausgangspunkt für Ausflüge in den Südosten oder den Südwesten von Tator zu empfehlen.

Übernachtung

Penginapan Makale*, der billigste Laden, aber schmutzig und heruntergekommen.
Losmen Merry**, liegt in der Nähe.
Losmen Martha**, an der Straße nach Rantepao.
Batupapan Hotel**-***, ✆ 22259, noch etwas weiter, in schöner Hanglage, von der Regierung geführt.
Barana Hotel****, Jl. Pongtiku 509, ✆ 22251, und
Wisma Hasanuddin**** sind merklich teurer.
Puri Artha Hotel*-***, Jl. Pongtiku 114, ✆ 80113, sauber und freundlich.

Transport

Minibusverbindungen:
BITTUANG 2400 Rp,
PALOPO 3600 Rp,
PARE PARE 7500 Rp, 155 km, 4 1/2 Std.,
RANTEPAO 600 Rp,
SANGALLA 750 Rp.
Busse nach:
BONE 6000 Rp,
MALILI 7500 Rp,
SOROAKO 10 000 Rp.
UJUNG PANDANG 12 000 / ac 17 500 Rp.

Die Umgebung von Rantepao

Mangkutana

Mangkutana ist ein *Kecamatan,* das aus mehreren Dörfern besteht. Reist man Richtung Norden, ist es die letzte große Siedlung Südsulawesis am Trans-Sulawesi-Highway, der einzigen Straßenverbindung von Süd- nach Zentral-Sulawesi. Ab hier überwindet die schmale Straße in unzähligen Kurven ein hohes Gebirge, das **Pegunungan Peruhumpenai** (1768 m), links und rechts der Straße ist der unberührte Dschungel zum Greifen nahe, ein *Cagar Alam* von 90 000 ha.

Ist man mit einem Fernbus von Palopo oder Ujung Pandang nach Poso oder Palu (oder in Gegenrichtung) unterwegs, wird man den Ort nur im Vorbeifahren sehen. Wer aber zum **Danau Poso** will oder von dort kommt, muß eventuell hier einen Zwischenstop einlegen.

Seitdem der Trans-Sulawesi-Highway durchgehend asphaltiert ist, verkehren täglich genügend Busse oder Minibusse auf dieser Strecke, so daß man in der Regel nicht in Mangkutana übernachten muß.

Übernachtung

Sollte doch einmal der Anschluß nicht klappen, kann man in **Tomoni**, dem zentralen Marktdorf von Mangkutana, wohnen, und zwar im **Penginapan Melati Mekar*-**** oder schräg gegenüber im **Penginapan Sumber Urip*-****, außerdem im **Penginapan Sikumbang*-****.

Transport

Busse und Minibusse fahren meist ab WONOREJO, dem Nachbardorf 2 km nördlich von TOMONI, halten aber auf Wunsch überall entlang der Hauptstraße:
Der Minibus (Kijang) nach PENDOLO, Danau Poso, 9000 Rp, 3 Std., fährt erst ab, wenn genug Leute zusammen sind, normalerweise ab 6 Personen; Chartern kostet mindestens 35 000 Rp. Ansonsten muß man auf Busse aus Ujung Pandang oder Palopo warten, die täglich auf dem Weg nach Zentral-Sulawesi hier durchkommen.
Minibus nach WOTU 600 Rp, 12 km;
PALOPO 3600 Rp, 3 Std.;
Bus 2x tgl. nach UJUNG PANDANG 18 000 Rp.

Zentral-Sulawesi

Die Provinz Sulawesi Tengah (69 726 km²) ist mit ca. 2 Millionen Einwohnern nur spärlich besiedelt und somit noch eines der wildesten, waldreichsten Gebiete der Insel. Es ist abzusehen, daß Sulawesi in den kommenden Jahrzehnten viel von seiner Ursprünglichkeit verlieren wird. Überall sind neue Straßen im Bau, bzw. alte, von den Holländern angelegte Pisten werden ausgebaut und asphaltiert.

Die letzten Wildgebiete, soweit nicht zum Nationalpark oder Cagar Alam erklärt, werden durch Transmigrasi-Projekte (Übersiedlung von Java und Bali) in bewohnbares, bewirtschaftetes Land verwandelt. Weiterhin hegt man auch in Sulawesi Tengah große Pläne, die Tourismus-Industrie anzukurbeln: Schwerpunkte sind die Provinzhauptstadt Palu, der Lore Lindu-Nationalpark, Tentena am Danau Poso, die Togian-Inseln und die Naturreservate Tanjung Api und Morowali.

Pendolo

Das Dorf liegt am Südende des wunderschönen, weiten Danau Poso und ist gut geeignet für einen erholsamen Zwischenstop. Man kann im See baden oder beim relativ kühlen Klima des Hochlandes lange Spaziergänge unternehmen – der Danau Poso liegt 510 m über dem Meeresspiegel. Der über 30 km lange See wird von zahlreichen kleinen Flüssen gespeist, die in den bewaldeten Bergen rings um den See entspringen. Da die Gegend nur sehr spärlich besiedelt ist, sind die Wälder zum größten Teil unangetastet geblieben, so daß die Landschaft noch sehr ursprünglich wirkt. Die Natur scheint hier noch intakt zu sein, was auch das saubere, klare Wasser des Sees beweist. 17 km westlich von Pendolo, in der Nähe des Dorfes **Bancea**, kann man durch einen

Orchideen-Wald wandern. Einfache Hütten zum Übernachten sind vorhanden, doch muß man sein Essen selbst mitbringen und zubereiten. Der Wald, **Hutan Anggrek Bancea**, ist etwa 2 km vom Dorf entfernt.

Übernachtung und Essen

Drei Losmen liegen nah beieinander nicht weit vom Dorfzentrum am Seeufer:
Masamba Homestay**-***, saubere Zi mit Mandi, freundliche Leute, mit Rumah Makan.
Losmen Victory*-**, sauber, alle Zi mit Mandi; Terrasse am Seeufer, Rumah Makan, nette Leute.
Homestay Petezza**, Zimmer mit Mandi, inkl. Frühstück; kleiner, netter Losmen, wo man den gut Englisch sprechenden Guide Alfian Daud treffen kann.
Im Ortszentrum, 400 m vom See und nicht so schön gelegen: *Penginapan Danau Poso*-***, sauber; und gegenüber
Penginapan Sederhana*-**, beide haben Zimmer mit und ohne Mandi. Fast 2 km vom See entfernt am Rande des Dorfes:
Penginapan Anggrek*-**, an der Hauptstraße Richtung Süden, mit Rumah Makan.
Etwa 1 km östl. vom Dorf, nicht weit von der Bootsanlegestelle und am Seeufer:
Hotel Mulia**-****, geräumige, saubere Zimmer und hübsch eingerichtete Cottages mit Mandi (oder Du) und WC, inkl. Frühstück; sehr ruhig gelegen, ziemlich große Anlage mit Restaurant, wo man den gut Englisch sprechenden Guide Simson Onora treffen kann.
Pendolo Cottages**, sehr einfache Holzhütten mit Mandi und Moskitonetz, inkl. Frühstück. Probieren sollte man mal den Wildhonig *(Madu)*, der im Dschungel gesammelt und flaschenweise verkauft wird.

Transport

Das Boot nach TENTENA am Nordende des Danau Poso (2500 Rp, 3 Std.) legt täglich gegen 8 Uhr morgens ab. Es gibt keine öffentlichen Minibusse zwischen Pendolo und Tentena; Chartern kostet ca. 65 000 Rp. Außerdem kann man auf die Fernbusse aus Süd-Sulawesi warten.
Minibusse nach Mangkutana, Süd-Sulawesi, fahren ab, wenn sie voll sind, 9000 Rp, 3 Std.; Charter kostet mindestens 50 000 Rp.
Oder man wartet auf Busse aus Palu oder Poso, die täglich auf dem Weg nach Süd-Sulawesi hier durchkommen.
Für 30 000 Rp fahren Busse direkt nach RANTEPAO.

Tentena

Rund um den Danau Poso warten kleine, weltabgeschiedene Dörfer darauf, entdeckt zu werden (täglich pendeln Motorboote). Der Stolz von Tentena, das sich über mehr als 2 km am Fluß entlang hinzieht, ist eine 210 m lange, überdachte Holzbrücke über den Sungai Poso. Nicht weit vom Ort am Nordufer des Sees liegt die **Gua Pamona**, eine Höhle, in der 1972 frühgeschichtliche Bronzeringe, Schmucksteine und Muschelschalen gefunden wurden. Im Dorf **Peura** am Ostufer grub man vier Jahre später Bronzeäxte aus, die im Stil auf die *Dongson*-Kultur zurückgehen.

Air Terjun Sulewana ist ein spektakulärer Wasserfall beim gleichnamigen Dorf an der Straße nach Poso, 12 km von Tentena. Ein zweiter sehr schöner, mehrstufiger Wasserfall, gut zum Baden, verbirgt sich in den Bergen am nordwestlichen Seeufer, **Air Terjun Salopa**, auch bekannt als Air Terjun Wera. Mit einem Minibus fährt man zuerst nach **Tonusu**, 15 km, 600 Rp, von hier muß man noch etwa 1 Std. laufen (3–4 km); auf dem Weg kommt man an balinesischen Transmigrasi-Dörfern vorbei. Ein attraktiver Strand liegt 5–6 km südlich von Tonusu, der **Siuri Beach**, wo eine Bungalowanlage steht.

Übernachtung und Essen

Zentral gelegen sind folgende Unterkünfte:
Pamona Indah Hotel**-****, Jl. Yos Sudarso 25, ✆ 21245, am Seeufer, 200 m von der Bootsanlegestelle, saubere, holzgetäfelte Zi mit Mandi, z.T. mit TV und Heißwasser; das beste Restaurant im Ort, aber etwas langsamer Service.
Wasantara Hotel**-***, ✆ 21345, am Seeufer, gegenüber dem Pamona Indah, nur die teureren Zimmer im Obergeschoß sind zu empfehlen.

Natural Cottage**-***, Jl. Jen. A. Yani 32, ✆ 21311, 21356, ✆ 21383, direkt am Seeufer, einfache, rustikale, aber große Zimmer mit Mandi/WC, inkl. Frühstück; großer Balkon mit phantastischer Aussicht über den See.
Losmen Moroseneng*, Jl. Yos Sudarso 21, ✆ 21165, kleine, einfache Zimmer mit Mandi. Nebenan:
Losmen Victory**-****, ✆ 21329, sauber und nett, Zi mit Mandi, bzw. Du/WC, z.T. mit Balkon, inkl. Frühstück; kleiner Blumengarten, Rumah Makan.
Penginapan Wisata Remaja*-**, Jl. Pelabuhan 18, ✆ 21301, dunkle Zimmer, z.T. mit Mandi.
Horison Homestay**, Jl. Dr. Setiabudi 6, ✆ 21038, Zi mit und ohne Mandi, inkl. Frühstück, nicht weit vom Markt.

Mehr oder weniger **außerhalb** von Tentena liegen:
Pondok Wisata Ue Datu**-***, Jl. Ue Datu 93, ✆ 21222, 21322, sehr ruhig, schöner Garten; man geht von der Bootsanlegestelle über die Brücke, dann rechts ab ca. 500 m.
Wisata Graha Permai**, Jl. Torulemba 31, ✆/✉ 21383, große, einfache Zimmer in Holz-Bungalows mit Mandi, sehr ruhig gelegen, 1,5 km westlich vom Ort; eine riesige Anlage, im August Schauplatz des Lake Poso Festivals, die restliche Zeit wirken die meist verlassen dastehenden Gebäude etwas gespenstisch.
Panorama Hotel I+II**-***, ✆ 21240, 21241, 3 km von der Bootsanlegestelle auf einem Hügel, ruhig und sauber, aber sehr abgelegen.
Siuri Beach Cottages***, etwa 20 km westlich von Tentena; Infos dazu gibt es in einem kleinen Office der lokalen Guide Association.

Sonstiges

GUIDES / INFORMATIONEN - In Tentena haben sich einige der einheimischen Führer zu einer *Guide Association* zusammengeschlossen, die ein kleines Info-Office beim Natural Cottage hat:
Natural Tourist Service, Jl. Jen. A. Yani 32; geöffnet Mo-Sa 8-20, So 10-20 Uhr.
Die hier vermittelten Guides haben eine offizielle Lizenz und sprechen Englisch. Außer Ausflügen um den Danau Poso bieten sie auch Touren durch den Lore Lindu-Nationalpark und zum Morowali-Reservat an. Ein Guide verlangt US$20 pro Tag bei Gruppen von 2–3 Pers., bzw. US$8 p.T. und Person bei größeren Gruppen.

TELEFON - Zwei *Wartel* befinden sich an der Bootsanlegestelle, eines gegenüber vom Markt, tgl. geöffnet 8-22 Uhr.

VORWAHL - 0458.

Transport

Der Bus Terminal liegt ca. 2,5 km vom Zentrum und der Bootsanlegestelle an der Straße nach Poso.
Es gibt **Taksi Kota**, Stadtbemo, die von früh morgens bis gegen 18 Uhr ständig in dem langgestreckten Dorf hin- und herfahren, eine Fahrt kostet 400 Rp, egal wie weit.
Minibusse nach POSO fahren vom Bus Terminal ab 8 Uhr bis spätnachmittags, wenn sie voll sind, 2000 Rp, 1,5–2 Std., 56 km.
Busse nach Süd-Sulawesi kommen regelmäßig von Poso hier durch.
In Tentena gibt es Ticket-Verkaufsstellen, die mit den Hauptbüros der Busgesellschaften in Poso in telefonischem Kontakt stehen, so daß es auch in Tentena möglich sein sollte, Plätze in diesen Bussen zu reservieren.
Nach GINTU am Rande des Lore Lindu-Nationalparks gelangt man mit gelegentlichem **Geländewagen** für 35 000 Rp, in 8 Std., 72 km, sehr schlechte Straße; oder aber zu Fuß in 2–3 Tagen.
Das **Boot** nach PENDOLO (2500 Rp) fährt gegen 16 Uhr, in 3 Std., vielleicht mit Stops in kleineren Dörfern. Ein gechartertes Speedboat nach Pendolo kostet 75 000 Rp.

Poso

Der Hafenort, an der Nordküste von *Sulteng* und am Ufer der weiten Tomini-Bucht gelegen, ist nach Palu wichtigster Verkehrsknotenpunkt der Provinz. Für den Reisenden sind besonders die Schiffsverbindungen mit den Togian-Inseln und nach Nordsulawesi interessant. Die ruhige Kleinstadt wird von dem Sungai Poso in zwei Hälften unterteilt. Nördlich des Flusses liegt die Altstadt mit dem Hafen, südlich davon erstrecken sich die neueren Stadtteile. Lohnend ist ein abendlicher Bummel am **Pantai Penghibur**, der Uferpromenade in der Altstadt östlich vom Hafen, wo mehrere Warung Erfrischungen und lokale Spezialitäten anbieten. Ungefähr 25 km östlich von Poso Richtung Ampana erstreckt sich der kilometerlange, weiße Sandstrand **Pantai Matako**. Einige Warung unter schattigen Bäumen bieten Getränke und Snacks an. Man erreicht den Strand mit einem Minibus für 1200 Rp.

Übernachtung

ALTSTADT UND HAFENNÄHE –
Wisata Hotel**-***, Jl. Pattimura 19, ℅ 21379, große Zimmer mit Mandi, Fan oder ac, ziemlich heruntergekommen, kleiner Garten; 250 m östlich vom Hafen, schön am Pantai Penghibur gelegen.
Losmen Lalanga Jaya***-****, Jl. Yos Sudarso, ℅ 22326, saubere, holzgetäfelte Zimmer mit Balkon, Mandi/WC und Fan, morgens und nachmittags gibt es Kaffee und Snacks; direkt am Meer auf Pfählen gebaut, großartiger Ausblick; sehr gutes Restaurant.
Hotel Nels**, Jl. Yos Sudarso 20, ℅ 21013, Zimmer mit Privatmandi und Fan, hier arbeiten einige Prostituierte.
Penginapan Ideal*-**, Jl. Jen. A. Yani 64, ℅ 21841, vergammelte Zimmer mit Fan, gemeinsames Mandi.
Kalimantan Hotel**, Jl. Haji Agus Salim 18, ℅ 21420, nicht schlecht, relativ sauber, alle Zimmer mit Fan, meist mit Mandi, gegenüber der Moschee.
Penginapan Delie*, Jl. Haji Agus Salim 12, ℅ 21805, einfache Zi mit Mandi, 2x tgl. Kaffee.
Penginapan Sederhana**, Jl. Haji Agus Salim 25, ℅ 21228, saubere Zi mit Fan und Mandi.
Bambu Jaya Hotel***-****, (bis US$41), Jl. Haji Agus Salim 106, ℅ 21570, Zi z.T. mit ac und TV, aber heruntergekommen und muffig, viel zu teuer für das Gebotene.

SÜDLICH DES SUNGAI POSO –
Losmen Alugoro*-***, Jl. P. Sumatra 20, ℅ 21336, meist mit Fan, ein Zi mit ac; hinter dem Büro der gleichnamigen Busgesellschaft und etwas laut, da die Busse vorm Hotel geparkt und repariert werden.
Losmen Beringin*-**, Jl. P. Sumatra 11, ℅ 21851, einfache Zimmer mit oder ohne Mandi, laut.
Penginapan Poso*, Jl. P. Sumatra 67, ℅ 21788, vergammelte Zi mit Privatmandi, ziemlich laut, gegenüber vom Pasar Sentral.
Alamanda Hotel*-***, Jl. Bali 1, ℅ 21233, saubere Zi mit Privatmandi, z.T. mit ac, kleiner Garten; hier trifft man meist einige Traveller.
Hotel Anugrah**-****, Jl. P. Samosir 1, ℅ 21820, ℅ 22482, saubere Zi mit Mandi/Fan oder ac, TV und Du/WC, Balkon, inkl. kleines Frühstück; nette Leute, ruhig gelegen, chinesisches Restaurant.
Hotel Lasti**-****, Jl. P. Seram 11, ℅ 22669, kl. Zi mit Mandi und größere Zi mit Mandi/WC und ac; mit Restaurant, Disco und Karaoke.
Penginapan Tenang*, Jl. P. Sabang 93, kleine Zi, Gemeinschaftsmandi, ca. 1 km außerhalb an der Straße nach Palu.
Hotel Pantai Kartika**-**** (Kartika Beach Hotel), Jl. P. Sabang 142, ℅ 22891, ca. 2 km außerhalb an der Straße nach Palu; Zi mit Fan/Mandi oder ac, TV, Du/WC und Heißwasser, inkl. kleines Frühstück, die meisten Zimmer mit Fenster zum Flur; das Hotel liegt zwar am Meer, doch gibt es keinen Strand, und man hat keine Aussicht von den Zimmern.

Essen

Einige Restaurant / Rumah Makan findet man in der Jl. P. Sumatra: *Ayam Goreng Pemuda*, Nr. 9, ℅ 21432;
Depot Jawa Tengah, Nr. 17, javanische Gerichte.
Rumah Makan und Warung gibt es auch am Pasar Sentral, Jl. P. Sumatra.
Rumah Makan Padang Raya, Jl. P. Kalimantan 1, ℅ 21310, an der großen Brücke über den Sungai Poso, serviert Padang Food.
Rumah Makan Mekar, Jl. Imam Bonjol 16, ℅ 21063, ein guter Chinese in der Altstadt.
Rumah Makan Lalanga Jaya, Jl. Yos Sudarso, ℅ 22326, ist auf Seafood spezialisiert und empfehlenswert; nicht weit vom Hafen am Meer gelegen.

Abends ab 18 Uhr werden am Pantai Penghibur nicht weit vom Hafen einige Warung aufgebaut; hier gibt es u.a. *Saguer,* lokalen Palmwein, 400 Rp die Flasche; *Cap Tikus,* lokalen Arak, 1000 Rp die Flasche, und *Binte,* ebenfalls eine lokale Spezialität, eine scharfe Fischsuppe mit Gemüse, 500–1000 Rp pro Schale.
10 km westlich von Poso, am Pantai Toini, stehen zwei beliebte Rumah Makan, die sich auf Seafood spezialisiert haben.

Sonstiges

GELD – *Bank Dagang Negara*, Jl. Sultan Hasanuddin 13, geöffnet Mo–Fr 8–14.30 Uhr.
Bank Negara Indonesia, Jl. Yos Sudarso 17, geöffnet Mo–Fr 8–16 Uhr.

INFORMATIONEN – Im *Tourist Information Centre*, Jl. P. Kalimantan 15, ✆ 21211, arbeitet Amir Kiat, ein netter, hilfsbereiter Typ, der viele Infos geben kann.
Geöffnet Mo–Do 7–14, Fr bis 11, Sa bis 13 Uhr.

KRANKENHAUS – *Rumah Sakit Umum*, Jl. Jen. Sudirman 33, ✆ 21071, 21080, 21613.

POST – *Kantor Pos*, Jl. Tadulako 19 *(Tadulako* ist der höchste Ehrentitel, der zur Zeit der Königreiche Poso und Palu einem erfolgreichen und heldenhaften Heerführer vom Raja persönlich verliehen werden konnte). Geöffnet Mo–Do 8–16, Fr 8–13, Sa 8-15, So und feiertags 8–13 Uhr.

TELEFON – Internationale Telefongespräche tgl. rund um die Uhr bei *Telkom*, Jl. Urip Sumoharjo 3.
Außerdem gibt es einige *Wartel*, z.B.:
- Jl. Yos Sudarso 31, tgl. 24 Std geöffnet;
- Jl. P. Timor (bei der Universität);
- Jl. P. Sulawesi, tgl. 7-24 Uhr geöffnet.

VORWAHL – 0452.

Nahverkehrsmittel

MINIBUSSE – Im Stadtverkehr heißen hier *Taksi Kota* und kosten 400 Rp, egal wie weit; sie fahren nicht auf festen Routen, sondern auf Wunsch überall hin.

Transport

BUSSE – Zwei Bus Terminal gibt es in Poso: Den Terminal Bis Pasar Sentral an der Jl. P. Sumatra und den Terminal Bis Kasintuwu.
Am **Pasar Sentral** wird man bei der Ankunft von Palu abgesetzt, und hier machen auch alle Busse nach Palu einen kurzen Stop. Besser wartet man bei den Büros der Busgesellschaften, oder man läßt sich nach Voranmeldung vom Hotel abholen.
Nach PALU (Ekonomi 7500 / Executive 10 000 Rp, 221 km; 6,5–7 Std.) fahren folgende Gesellschaften:
P. O. Alugoro, Jl. P. Sumatra 20, ✆ 21336, Abfahrt 9, 13, 22 Uhr;
P. O. Jawa Indah, Jl. P. Sumatra 71, ✆ 21560, Abfahrt 8, 13, 22 Uhr;
Honda Jaya, Jl. Diponegoro 37, Abfahrt 10 Uhr.
Angeboten werden auch Tickets nach Manado (45 000 Rp) und Gorontalo (35 000 Rp), wobei man aber immer über Palu fährt; besser ist es, die Weiterreise dort zu organisieren. Außerdem besteht die Möglichkeit, nur bis Toboli zu fahren und hier auf einen Bus von Palu nach Norden zu warten.
Alle Busse in südliche und östliche Richtungen fahren vom **Kasintuwu-Terminal** ab.
TENTENA, Danau Poso, Minibus 2000 Rp, 1,5–2 Std., 56 km, Abfahrt alle 1–2 Std.
Für Fernstrecken wird man nach Voranmeldung im Hotel abgeholt. Buchungen macht man am besten im Büro der entsprechenden Busgesellschaft; bei den Agenten am Bus Terminal gibt es öfters Probleme mit falschen Platznummern.
Nach TATOR (Tana Toraja) fahren:
Damri, Jl. P. Sumatra 12, tgl. 23 Uhr, 30 000 Rp;
Antariksa, tgl. 22 Uhr, 25 000 Rp.
Nach PALOPO (25 000 Rp, 11 Std.), PARE PARE (30 000 Rp, 17–20 Std.) und UJUNG PANDANG (35 000 Rp, 22–25 Std.) fahren:
P. O. Alugoro (s. o.), 24 Uhr;
Honda Jaya (s. o.), 10 Uhr;
Fa. Litha, Jl. Tabatoki 54, 20 Uhr;
Super Motor, Jl. Tabatoki.
Nach AMPANA (6000 Rp, 6–7 Std., 150 km), PAGIMANA (15 000 Rp, 17 Std.) und LUWUK (17 500 Rp, 18–22 Std., 380 km) fahren:
Damri (s. o.), 24 Uhr;
Honda Jaya (s. o.), 24 Uhr;
Super Motor (s. o.), 10 Uhr;

eine zwar anstrengende, doch landschaftlich herrliche Fahrt die palmengesäumte Küste entlang. Man sollte rechtzeitig buchen, um sich den besten Sitzplatz vorne neben dem Fahrer zu sichern.

Nach BETELEME (8000 Rp, 5 Std.), KOLONODALE (10 500 Rp, 7–12 Std.) und BUNGKU (18 000 Rp, 15–24 Std.) fahren:
P. O. Alugoro (s. o.), 20 Uhr;
P. O. Jawa Indah (s. o.), 10 und 20 Uhr;
P. O. Pa'antobu, am Terminal, 10 und 21 Uhr.

FLÜGE – Der Airport Kasiguncu liegt 15 km vom Ort an der Straße nach Palu. Mit einem öffentlichen *Taksi Kota* vom Pasar Sentral für 600 Rp bis zur Abzweigung und 500 m laufen, oder mit gechartertem *Taksi Kota* 6000 Rp.
Bouraq, Jl. P. Seram 50, ℡ 21578, fliegt zwar nur von Palu, aber Ticketkauf und Buchung sind auch hier möglich.
Sempati, Jl. P. Seram, ℡ 21109, Buchungen ab Palu.
Merpati, Jl. Sumatra 69 A, ℡ 21274, fliegt jeden So über PALU (54 000 Rp) nach UJUNG PANDANG 176 000 Rp; und jeden So nach LUWUK (116 000 Rp).

SCHIFFE – Zur Zeit (Sommer 1997) gibt es zwei Schiffe pro Woche über die Tomini-Bucht nach GORONTALO mit Zwischenstops auf den TOGIAN-INSELN;
Abfahrt Mo 22 Uhr, Fahrtdauer mit Stops ca. 50 Std.
(Vielleicht gibt es bald auch wieder ein drittes Schiff, das dann Do fahren soll).
Preise (Deck):
AMPANA 5000 Rp;
WAKAI, Pulau Batudaka, 10 000 Rp;
KATUPAT 11 000 Rp;
TONGKABO 11 000 Rp;
MALENGE 13 000 Rp;
DOLONG, Pulau Waleakodi, 15 000 Rp;
GORONTALO 22 500 Rp;
Kabine mit zwei Kojen kostet bis zu 25 000 Rp extra.
Tickets bekommt man am Hafen bei *P. T. Holpersindo Samudera*, Jl. Yos Sudarso 40, ℡ 21343.
Außerdem gibt es jeden Mi 22 Uhr ein Schiff, die **KM. Petasia**, die nur zu den TOGIAN-INSELN fährt und nicht nach Gorontalo, mit Stops in Ampana, Wakai, Katupat/Tongkabo, Malenge, Popolii, Dolong und Pasokan.
Alle 3 Wochen fährt die **KM. Perintis** auf der Strecke UJUNG PANDANG, KENDARI, KOLONODALE, LUWUK, POSO, GORONTALO, BITUNG und zurück. Nach Gorontalo kostet die Deckspassage 12 500 Rp, nach Bitung 23 400 Rp; für ca. 20 000 Rp kann man die Kabine eines Matrosen mieten.
Tickets bekommt man am Hafen im *Kantor Pelabuhan Poso*, Jl. Pattimura 3, ℡ 21620.
Pelni, Jl. Pattimura 18, ℡ 21186, verkauft Tickets für die **KM. Tilongkabila**, die 2x im Monat in Kolonodale anlegt (s.S. 798); geöffnet Mo-Fr 7-12 und 13-16, Sa 7-13 Uhr.

Palu

Die Provinzhauptstadt (160 000 Einwohner) liegt in einer schönen Bucht, von grünen Bergen umgeben, die den meisten Regen abhalten, so daß das Palu-Tal die geringste Niederschlagsmenge (700 mm im Jahr) von ganz Indonesien aufweist. Palu wird vom Sungai Palu in einen östlichen und einen westlichen Stadtteil unterteilt.

Abends trifft man sich am Pantai Talise gegenüber vom Palu Golden Hotel. Fischer schieben trichterförmige Netze durch die Brandungswellen und fangen millimetergroße, frisch geschlüpfte Udang (Garnelen), die über Ujung Pandang nach Japan exportiert werden. Der verdreckte Strand lockt zwar nicht zum Baden, doch sitzt man recht angenehm in einem der vielen Warung.

In der Jl. Sapiri, 2 km vom Zentrum, steht das gut bestückte **Museum** für Geschichte, Kultur und Archäologie Zentral-Sulawesis; geöffnet Di–Do, Sa und So 8-16, Fr 8-11 und 14-16 Uhr, Mo geschlossen; Eintritt 250 Rp.

Ein recht bescheidener Pfahlbau ist das **Souraja**, der Palast des letzten Sultans von Palu, im Westen der Stadt nahe der Jl. Datu Karama. Nicht weit vom Souraja liegt das Grab von Datu Karama, einem berühmten Herrscher des Palu-Reiches, gebürtiger Minangkabau aus West-Sumatra, der den Islam in diese Gegend brachte.

Übernachtung

UNTERE PREISKLASSE – *Pasifik Hotel***,
Jl. Gajah Mada 99, ✆ 22675, Zimmer mit und ohne Mandi, z.T. mit Fan, ziemlich laut, nicht allzu sauber, am besten sind noch die Zimmer im 2. Stock.
Penginapan Bangkalan*, Jl. Gajah Mada 41, ✆ 23094, sehr spartanisch.
Karsam Hotel**, Jl. Dr. Suharso 15, ✆ 21776, nicht weit vom Strand, alle Zi mit Mandi, z.T. mit Fan.
Penginapan Buol Jaya**, Jl. Pramuka 36, ✆ 22508, in einer ruhigen Seitenstraße, einfache Zimmer mit und ohne Mandi.
Kita Hotel**, Jl. Cut Nyak Dien 18, ✆ 21875, dürftige Zi mit Privatmandi, zentral gelegen.
Purnama Raya Hotel**, Jl. Dr. Wahidin 4, ✆ 23646, saubere Zi mit Fan und Mandi, familiäre Atmosphäre; hier kann man oft ein paar Traveller antreffen.
Garuda Hotel**, Jl. Sultan Hasanuddin 49, ✆ 52994, alle Zi mit Mandi, aber ohne Fan und deshalb heiß und stickig, außerdem sehr heruntergekommen.
Taurus Hotel**, Jl. Sultan Hasanuddin 36, ✆ 21567, Zi mit und ohne Mandi, aber mit Fan, laut und nicht besonders sauber.
Ebony Hotel**-***, Jl. Nokilalaki 27, ✆ 21476, Zimmer mit Mandi, Fan oder ac, etwas renovierungsbedürftig, aber sonst ganz annehmbar, mit schönem Innenhof.

MITTLERE UND OBERE PREISKLASSE –
Alam Raya Hotel***-****, Jl. S. I. S. Aldjufri 65, ✆ 21643, Zi mit Fan oder ac, z.T. mit TV, aber meist mit Fenster zum Flur, relativ sauber; schöner, kleiner Innenhof.
Manguni Hotel***-****, Jl. Pattimura 38, ✆ 21275, Zi mit Mandi, Fan oder ac, nicht schlecht.
Pattimura Hotel**** (bis US$37), Jl. Pattimura 18, ✆ 21775, Zi mit ac, ungepflegt, zu teuer für das Gebotene.
Hotel Sentral (US$17–83), Jl. R. A. Kartini 6, ✆ 22789, ✆ 28288, saubere Zi mit ac, TV, Tel, z.T. mit Heißwasser.
Buana Hotel***-****, Jl. R. A. Kartini 8, ✆ 21475, Zi mit TV, Tel und ac, inkl. kleines Frühstück, nicht schlecht.
Hotel Kartini***-****, Jl. R. A. Kartini 12, ✆ 21964, neben Buana Hotel, saubere Zimmer mit Mandi und Fan oder ac, Heißwasser und TV; Restaurant.
Hotel Dely (US$15–50), Jl. Tadulako 17, ✆ 21037, 23209, ✆ 25263, saubere Zi mit Fan oder ac, TV und Tel, die besten sind im 1. Stock, mit Balkon, inkl. Frühstück und Nachmittags-Snack, guter Service, ruhig gelegen.
Fahmil Hotel***-**** (bis US$37), Jl. Jen. A. Yani 60, ✆ 21876, mit Fan oder ac und TV, sauber, nette Leute.
Astoria Hotel***-****, Jl. Letjen. S. Parman 60, ✆ 21675, saubere Zi mit TV, Fan oder ac, inkl. kleines Frühstück; kleiner Garten, allerdings sind zwei Moscheen in der Nähe.
Hotel Dely Baru****, Jl. Letjen. S. Parman 24, ✆ 21076, alle Zi mit ac und TV, gut, sauber.
Hotel Wisata (US$20–42), Jl. Letjen. S. Parman 39, ✆ 21175, kleine, dunkle Zimmer mit ac, Tel und TV, zu teuer für das Gebotene.
Palu Golden Hotel (ab US$55), Jl. Raden Saleh 1, ✆ 21126, 21326, 21426, ✆ 23230, zwar das luxuriöseste Hotel Palus, aber ein häßliches Gebäude ohne Atmosphäre, kein Garten, Swimming Pool, am besten ist die Aussicht von den oberen Stockwerken.

Essen

Einige Restaurants findet man im Zentrum in der Jl. Sultan Hasanuddin II, eine schmale Seitenstraße zwischen Jl. Dr. Wahidin und Jl. Jen. Sudirman parallel zur Jl. Sultan Hasanuddin:
Milano Icecream im Shopping Komplex, Jl. Sultan Hasanuddin II/78, ✆ 23857, hat nur eine kleine Speisekarte, ist aber sauber und macht gutes Essen und vor allem gute Eiscreme. Hier kann man sich bei dem deutschen Besitzer und seiner indonesischen Ehefrau (Peter und Maureen) über das *Prince John Dive Resort* in Tanjung Karang informieren.
Restoran Oriental, Jl. Sultan Hasanuddin II/9-10, ✆ 23275, schmackhafte chinesische Gerichte und Seafood.
Eine gute **Bäckerei** steht auf der Ecke Jl. Sultan Hasanuddin / Jl. Dr. Wahidin.
Am Strand in den Warung (ab spätnachmittags) bekommt man meist nur Kaffee, *Pisang Goreng* und andere Snacks.

Lokale Spezialität ist *Sarabba,* 500 Rp pro Glas: *Jahe* (Ingwer) und *Santan* (geraspelte Kokosnuß) in Kokosmilch, gesüßt mit *Gula merah* (roter, aus Kokosnuß gewonnener Zucker) – kann auf Wunsch mit Milch oder einem rohen Ei veredelt werden (1000 Rp).

Sonstiges

GELD – *Bank Dagang Negara,* Jl. Dr. Sam Ratulangi 46;
Bank Bumi Daya, Jl. Imam Bonjol 88;
Bank Exim, Jl. Sultan Hasanuddin 37;
Bank Negara Indonesia 1946, Jl. Jen. Sudirman 58, Ecke Jl. Cut Nyak Dien.

IMMIGRATION – *Kantor Imigrasi,* Jl. R. A. Kartini 53, 21433.

INFORMATIONEN – *Dinas Pariwisata,* Jl. Raja Moili 11, 21795, geöffnet Mo-Do 7-14, Fr 7-11, Sa 7-13 Uhr.

KRANKENHAUS – *Rumah Sakit Undata,* Jl. Dr. Suharso 14, 21270, 21370, 21470;
Rumah Sakit Keselamatan, Jl. Woodward, 21769, das Krankenhaus der Heilsarmee;
Rumah Sakit Budi Agung, Jl. Maluku, 24 Std. Notdienst, viele Spezialärzte.

PHPA – Das Büro der Naturschutzbehörde ist in der Jl. Prof. M. Yamin.

POST – Ein kleines Postamt liegt zentral in der Jl. Jen. Sudirman 15–17.
Die Hauptpost ist etwas außerhalb in der Jl. Prof. M. Yamin, geöffnet Mo–Do 8–18, Fr 8–11 und 14–18, Sa 8–15 Uhr.

TELEFON – Internationale Telefonate kann man bei **Telkom** führen, Jl. K. H. A. Dahlan 7, Ecke Jl. Sultan Hasanuddin, 24 Std. tgl. geöffnet.
Außerdem gibt es einige private Wartel:
Warpostel Sentosa, Jl. R. A. Kartini 6, im Hotel Sentral, tgl. 24 Std. geöffnet.
Wartel Katriall, Jl. Sultan Hasanuddin 10, 24 Std. tgl. geöffnet.
Warparpostel (Warung Pariwisata, Pos dan Telekomunikasi), im Palu Plaza Shopping Center, Jl. S.I.S. Aldjufri, tgl. geöffnet 8–24 Uhr.
Warpostel Massindo, Jl. Ir. Haji Juanda 58, 29897, tgl. 24 Std. geöffnet.
Wartel, Jl. Letjen. S. Parman.

VORWAHL – 0451.

Nahverkehrsmittel

Pferdekutschen, **Dokar**, stehen an der Ecke Jl. Sultan Hasanuddin / Jl. Dr. Wahidin; sie fahren nicht auf verkehrsreichen Hauptstraßen und kosten etwa 500 Rp pro km.
Motorrad-Taxen, **Ojek**, stehen an der Ecke Jl. Sultan Hasanuddin / Jl. Jen. Sudirman, sie kosten 500 Rp pro km.
Stadtbemo pendeln auf diversen Routen zwischen den beiden Busstationen der Stadt, machen auf Wunsch aber auch Umwege und Abstecher, sie kosten 400 Rp, egal wie weit.
Taxi stehen manchmal vor den teureren Hotels und an der Ecke Jl. Sultan Hasanuddin / Jl. Jen. Sudirman; sind sie mit Taxameter ausgestattet, kostet der 1. km 900 Rp, jeder weitere km 450 Rp:
Mutiara Taksi, Jl. Pattimura 72, 28977, 28444.

Transport

BUSSE – Zwei Bus Terminal gibt es in Palu: Den Pasar Manonda Terminal für Minibusse zu Orten im Westen der Provinz und den Pasar Masomba Terminal für alle Fernbusse und Minibusse mit Zielen im Süden und Osten der Provinz.

Minibusse ab Terminal **Pasar Manonda** fahren nach:
SURUMANA, 3000 Rp;
PASANG KAYU, 6000 Rp, 4 Std., einmal tgl. gegen 10/12 Uhr;
BANGGA 1800 Rp, 40 km;
DONGGALA 1800 Rp, 34 km, 1 Std., 3–4x tgl., besser chartert man ein Sedan-Taxi (max. 4 Pers.) 9000 Rp, oder gleich bis
TANJUNG KARANG 12 000 Rp.
Die Büros der **Fernbus**unternehmen findet man in der Jl. Letjen. S. Parman und der Jl. Raden Saleh und vor allem am Masomba Terminal. Einige Unternehmen holen ihre Fahrgäste, besonders bei Nachtbussen, von zu Hause ab; Vor-

anmeldung und Platzreservierung sind aber in jedem Fall zu empfehlen.

Adressen einiger Busunternehmen:

P. O. Jawa Indah, Jl. Letjen. S. Parman 5, ✆ 22053;
Busse nach Poso 8, 13 und 22 Uhr, außerdem nach Kolonodale.

P. O. Sabar Jaya, Jl. Letjen. S. Parman 6; Busse nach Poso 22 Uhr, außerdem nach Ampana und Luwuk.

P. O. Omega, Jl. Dr. Sam Ratulangi 57, Ecke Jl. Letjen. S. Parman; Busse nach Poso 22 Uhr.

P. O. Alugoro, Jl. Raden Saleh 48, ✆ 52459; Busse nach Poso um 9, 13 und 22 Uhr, außerdem nach Ujung Pandang.

Preisbeispiele (ab Terminal **Pasar Masomba**):
Minibus nach KULAWI 3000 Rp, 71 km, 2,5 Std.;
GIMPU 3600 Rp, 99 km, 3,5 Std.;
WUASA 9000 Rp, 105 km, am Rande des Lore Lindu-Nationalparks.
Minibus zum Hafen PANTOLOAN 750 Rp, 22 km, 1/2 Std.; der Minibus hält auch am Karampe Busstop, Jl. Dr. Sam Ratulangi, Ecke Jl. Raden Saleh.

Busse nach POSO 8500 / ac 11 000 Rp, 6–8 Std., 220 km;
TENTENA 10 000–14 000 Rp;
PARIGI 5000 Rp, 84 km, 2,5–3 Std.;
PALOPO 30 000 Rp;
PARE PARE 33 000 Rp;
TATOR 33 000 / 36 000 Rp;
UJUNG PANDANG 42 000 Rp, 24–27 Std.
AMPANA 13 000–18 000 Rp, 16 Std.;
BUNTA 18 000 Rp;
PAGIMANA 20 500 Rp, 22–25 Std.;
LUWUK 21 000 / 23 000 Rp, 24–28 Std.
KOLONODALE 18 500 / 22 500 Rp, 24 Std.,
BUNGKU 30 000 Rp, schlechte Straße.
SABANG 6000 Rp, 140 km, 4 Std.;
TONGOLOBIBI 9000 Rp;
SONI 15 000 Rp;
TOLI TOLI 24 000 / 30 000 Rp, 24 Std., sehr schlechte Straße.
MOUTONG 13 000 Rp;
MARISA 17 000 Rp;
GORONTALO 27 000 / 30 000 Rp;
MANADO 39 000 / 42 000 Rp, ca. 600 km, ca. 24 Std. (oder mehr);
Zwischenstops sind möglich in TINOMBO (Penginapan) nach 214 km, in MOUTONG (Penginapan Prima Jaya) nach 342 km und in MARISA (Penginapan Sejahtera) nach 440 km. Die Busse sind nicht immer voll, wenn sie hier durchkommen; falls doch, kann man mit LKWs trampen.

FLÜGE – Der Airport liegt nur wenige Kilometer südöstlich vom Ort, Taxi 4000-6000 Rp, Bemo 2000 Rp. Läuft man bei Ankunft etwa 1 km bis zur Hauptstraße, gibt es für 400 Rp ein Bemo in die Stadt.
Airport Tax 7700 Rp.

Bouraq, Jl. Ir. Haji Juanda 67, ✆ 27795, ✆ 21195; tgl. geöffnet 8-19 Uhr.

Merpati / Garuda, Jl. Wolter Monginsidi 71, ✆ 21172, 23341, ✆ 24935, geöffnet Mo-Fr 8-16, Sa und So 8-14 Uhr; außerdem ein kleines Office in der Jl. Sultan Hasanuddin 33.

Sempati, Jl. R. A. Kartini 6, ✆ 21612, ✆ 23833, im H. Sentral; geöffnet Mo–Fr 8–21, Sa und So 8–17 Uhr.

P.T. Wisata Gautama Putra, Jl. S. I. S. Aldjufri 10 A, ✆ 25334, 25020, ✆ 27127, im Palu Plaza Shopping Center, verkauft Tickets für alle 4 Airlines sowie für die Pelni-Schiffe ab Pantoloan (s.u.).

Preisbeispiele (ohne MwSt):
BALIKPAPAN 126 000 Rp (BO),
GORONTALO 120 000 Rp (BO),
JAKARTA 512 000 Rp (MZ),
LUWUK 131 000 Rp (MZ),
MANADO 181 000 Rp (MZ, BO),
POSO 54 000 Rp (MZ),
SURABAYA 332 000 Rp (MZ),
TOLI TOLI 118 000 Rp (MZ),
UJUNG PANDANG 153 000 Rp (MZ, SG, BO).

SCHIFFE – Palus Hafen **Pantoloan** liegt 22 km nördlich der Stadt, Minibus 850 Rp.

Pelni, Jl. R. A. Kartini 96, ✆ 21696, 52718 verkauft Tickets für die Passagierschiffe **KM. Kambuna**, **KM. Tidar** und **KM. Umsini** (s.S. 797).
Die **KM. Monalisa** fährt ab Pelabuhan Wani, nicht weit nördlich von Pantoloan, jeden Mo, Do, Sa 19 Uhr; nach TOLI TOLI 16 500 Rp;
Tickets bekommt man bei:

P.T. Eirene Lines, Jl. Pelabuhan 3, ✆ 91169, 91172, Wani; und im

Toko Sehati, Jl. Raden Saleh 46, ✆ 22630, 23820, Palu, nicht weit vom Palu Golden Hotel.
Unregelmäßig fahren auch kleine Kutter die Kü-

ste hinauf nach Toli Toli und hinunter nach Mamuju / Pare Pare. Für Küstenstrecken günstig ist der Hafen von Donggala. Allerdings braucht man für diese Mitfahrgelegenheiten das Permit des *Syahbandars*, des Harbour Masters, das dieser aber den *Orang Barat* meist verweigert.

Tanjung Karang

Wer sich ein paar Tage an schönen, weißen Sandstränden erholen oder Wassersport betreiben will, ist in diesem kleinen Dorf, auf der Landspitze 37 km nordwestlich von Palu, bestens aufgehoben. Ein schönes Korallenriff und glasklares Wasser bieten ausgezeichnete Tauchmöglichkeiten. Gleich neben dem Dorf steht am Strand die Bungalowanlage des *Prince John Dive Resort*, wo man Schnorchel- und Tauchausrüstung bekommt; außerdem kann man mit dem deutschen Chef Peter oder einem seiner Guides geführte Tauchgänge unternehmen; PADI-Tauchkurse werden ebenfalls durchgeführt. Auch Segelboote, Wasserski u.a. sind zu mieten, weiterhin unternimmt Peter mehrtägige Bootstouren (mit einem Pinisi-Schoner) zu einsamen Inseln in der Selat Makassar. Erste Infos zum Dive Resort gibt es im *Milano Icecream* (s.o.) in Palu.

Tanjung Karang liegt noch etwa 3 km nördlich von dem kleinen Hafenort **Donggala** und ist über eine gut ausgebaute Straße zu erreichen; die letzten Kilometer bis zum Dorf winden sich kurvenreich durch die Hügel.

Übernachtung und Essen

IN TANJUNG KARANG - Am besten wohnt man im sehr ruhig gelegenen *Prince John Dive Resort***-*****, ✆ 71710, große, saubere Bungalows mit Privatmandi und Moskitonetz, inkl. 4 Mahlzeiten, gut und reichlich; schöne, gepflegte Gartenanlage, mit Taxi- und Travel-Service; Buchung über: *PT Kathulictiwa*, Jl. Lotjon. M. T. Haryono 5, ✆ 23027, ✆ 23456, Palu.
Außerdem nebenan: *Natural Cottage**-****, einfache Bungalows am Strand; und
Harmonie Cottage***-****, einfache Bungalows am Strand, inkl. Mahlzeiten.

IN DONGGALA – *Wisma Makmur**, Jl. Hi. Samauna 9, etwas besser *Wisma Rame***, Jl. Pettalolo 51.
Gut und preiswert Chinesisch essen kann man im *Depot Dunia Baru*, Jl. Dr. Sam Ratulangi, oder im *Rumah Makan Gembira*, Jl. Mutiara.

Sonstiges

GELD - Die BDN in Donggala wechselt TC und cash zu miesen Kursen.

VORWAHL - 0457.

Transport

Minibus von PALU, Terminal Pasar Manonda, nach DONGGALA 1800 Rp, 34 km, 1 Std., 3–4mal tgl., besser chartert man ein Sedan-Taxi (maximal 4 Personen) 9000 Rp, oder gleich bis TANJUNG KARANG 12 000 Rp.

Togian-Inseln

Eine Seereise wert sind die wunderschönen Togian-Inseln inmitten der weiten Tomini-Bucht. Sie bestehen aus einer Gruppe eng beieinander liegender Koralleninseln und sind zum Teil noch sehr dicht bewaldet. Etwas abseits im Nordwesten, drei Stunden Fahrt mit dem Motorboot von Wakai, liegt die Vulkaninsel **Pulau Una Una**. Der Gunung Colo (508 m), ein aktiver Vulkan auf Una Una, ist zuletzt im Juli 1983 ausgebrochen. Seitdem ist die Insel nicht mehr permanent bewohnt; übriggeblieben sind einige Plantagen, die nur gelegentlich aufgesucht werden. Auf den anderen Inseln hingegen gibt es ein paar kleine Dörfer; sogar Pfahlbausiedlungen der Orang Bajo, der sogenannten „Seezigeuner", kann man in einigen versteckten Buchten entdecken.

In einem großen Naturreservat leben Dugong und Seeschildkröten, Salzwasserkrokodile und Krebse *(Birgus latro)*, die auf Kokospalmen klettern, um die Nüsse zu verspeisen. Alle Typen und Formen von Korallenriffen sind vertreten und z.T. noch in relativ unberührtem Zustand. Die dichten Mangrovengürtel, die die Inseln säumen, werden häufig von kleinen Sandstränden unterbrochen.

Hauptort der Inseln ist **Wakai** auf **Pulau Batudaka**, mit Post, Telefon und einfachem Krankenhaus; nur ein paar Motorräder kurven ab und zu auf den wenigen Kilometern „Straße" herum. Übernachten kann man außer in Wakai noch in einigen anderen Dörfern, bzw. auf einigen der kleineren Inseln; in den letzten Jahren sind eine Vielzahl einfacher Bungalow-Anlagen und Losmen entstanden.

Es lohnt sich, zumindest mal für einen Tag ein kleines Motorboot zu chartern und die Inseln zu erkunden. So wird man herrliche weiße Strände entdecken, an denen man sich wie Robinson fühlen kann. Bei den Riffen von **Batu Lomoto** sind morgens Delphine und viele Wasservögel zu beobachten.

Gut zum Schnorcheln sind die Gewässer vor **Pulau Taipi**, vor dem Dorf **Bomba**, Pulau Batudaka, und rund um die Halbinsel **Tanjung Kramat**.

Übernachtung

WAKAI – *Hotel Togian Islands**-*****, bei Ankunft vom Hafen 300 m links; sehr schön am Meer gelegen, d.h. teilweise sogar über dem Meer, denn das Hotel ist auf Pfählen im seichten Küstenwasser errichtet; große, saubere Zimmer mit und ohne Mandi, wegen der dünnen Bretterwände extrem hellhörig, aber auch angenehm luftig, mangelhafter Service, nicht immer funktionierende Einrichtungen; Restaurant.

Hier kann man Boote chartern und Schnorchel-Ausrüstung mieten.

Vom Hafen 300 m rechts: die beiden einfachen Losmen *Surya** und *Sederhana**.

Wakai Cottages**-***, 500 m rechts vom Hafen, gepflegte Hütten mit und ohne Mandi/WC, gutes Essen, Boote und Schnorchel-Ausrüstung kann man hier mieten.

Die folgenden Losmen und Bungalow-Anlagen sind in der Regel mehr oder weniger einfach ausgestattet; eine Übernachtung kostet um die 15 000 / 20 000 Rp pro Person inkl. drei Mahlzeiten:

BOMBA, P. BATUDAKA - drei Losmen, bzw. Bungalow-Anlagen.

PULAU KOTA und **PULAU TAIPI** - jeweils eine Bungalow-Anlage.

PULAU KADADIRI – einfache Holzhütten am Strand; Buchung über das Togian Islands Hotel, Wakai.

KATUPAT, P. TOGIAN – *Losmen Bolilanga Indah*.

PULAU PANGEMPA – *Fhadilla Cottage*.

PULAU TONGKABO – *Losmen Indah*.

PULAU MALENGE - zwei Bungalow-Anlagen.

DOLONG, P. WALEAKODI - *Losmen Citra*.

Am **TANJUNG KRAMAT**, P. Waleabahi, entsteht zur Zeit (Sommer 1997) das *Walea Dive Center Resort*, mit Cottages, Restaurant etc.

Touren

Wer in Wakai im *Togian Island Hotel* oder in den *Wakai Cottages* wohnt, kann dort für Ausflüge um die Inseln oder zum Schnorcheln **Prahu Motor** chartern, ab 25 000 Rp pro Tag, z.B. zur Insel Taipi; oder auch 50 000 Rp pro Tag, z.B. bis P. Tongkabo.

Außerdem kann man in den Hotels komplette **Schnorchelausrüstungen** ausleihen: Taucherbrille, Schnorchel und Flossen kosten 5000 Rp pro Tag.

Transport

Schiffe auf die Inseln fahren mehrmals pro Woche ab POSO, (s.S. 293), bzw. ab AMPANA, oder ab PAGIMANA und auch ab GORONTALO.

Nord-Sulawesi

Sulawesi Utara ist die kleinste der vier Provinzen der Insel (2,7 Millionen Einwohner, 27 515 km2). Durchschnittlich nur 50 km breit, aber runde 600 km lang ist die nördlichste Halbinsel Sulawesis. Nach Nordosten findet sie ihre Fortsetzung in den Sangihe- und Talaud-Inselgruppen. Ein sicherer, natürlicher Hafen (Bitung) war für den Gewürzhandel und damit für die Entwicklung der gesamten Region von großer Bedeutung. Die ersten Kontakte der Bewohner (Minahasa) mit Europäern fanden im 16. Jahrhundert statt, als zuerst Portugiesen, später dann Spanier hier landeten. Zu Beginn des 18. Jahrhundert folgten die Holländer, und 100 Jahre später war der größte Teil der Bevölkerung zum Christentum übergetreten.

Heute ist Nord-Sulawesi eine Provinz mit einem der höchsten Pro-Kopf-Einkommen Indonesiens und mit hohem Lebensstandard. Wahrscheinlich ist es auch die Region des Landes, die westlichen Ideen am aufgeschlossensten gegenübersteht. Während der holländischen Herrschaft zeichneten sich die Minahasa durch Kollaboration mit der Kolonialmacht aus, viele dienten in der Armee, und auch 1958, als Aufstände in Sumatra und Sulawesi gegen die Zentralregierung ausbrachen, schlossen sich die Minahasa an. Damals wurde Manado bombardiert. Wichtige landwirtschaftliche Produkte sind Kopra, Nelken, Muskatnuß und andere Gewürze.

Manado

Der größte Teil der etwa 320 000 Einwohner der Hauptstadt Nordsulawesis sind Christen. Armut und Klassenunterschiede sind in dieser mittelständischen Gesellschaft längst nicht so ausgeprägt wie auf Java oder anderen Inseln. Becak hat es hier nie gegeben, und auch der Sarong ist verpönt. Abends promenieren die Mädchen in modischer Kleidung durch die Straßen.

Die Stadt besitzt kaum Sehenswürdigkeiten im herkömmlichen Sinn. Lohnend ist der Besuch der Märkte und einiger chinesischer Tempel. Die für indonesische Großstädte starke chinesische Minderheit scheint auf den ersten Blick in Manado besser integriert zu sein, und Mischehen zwischen Minahasa und Chinesen sind nichts Außergewöhnliches.

Der älteste chinesische Tempel Ost-Indonesiens steht in der Jl. Jen. D. I. Panjaitan im Zentrum der Stadt. Der **Ban Hin Kiong** wurde Anfang des 19. Jh errichtet und 1974 restauriert. Vom ersten Stock hat man eine gute Sicht über das geschäftige Stadtzentrum und den Hafen. Bekannt ist der Ban Hin Kiong durch das Fest des **Toa Peh Kong**, das 14 Tage nach dem Chinesischen Neujahr stattfindet. Neben großen Prozessionen werden Drachentänze u.a. aufgeführt.

Weitere chinesische Tempel stehen in der Nähe, z.B. der **Kwan Im Tong** an der Ecke Jl. Sisingamangaraja.

Übernachtung

UNTERE PREISKLASSE – *Crown Hotel*** ①, Jl. Sultan Hasanuddin, ✆ 866277, Fan oder ac, laut und ungemütlich; Restaurant.
Smiling Hostel** (Dormitory*) ②, Jl. Rumambi 7, ✆ 868463, sehr einfach, aber sauber, Tee und Kaffee jederzeit gratis, schöne Dachterrasse, viele Traveller, viele Infos.
Manado Bersehati Hotel** ⑤, Jl. Jen. Sudirman 20, ✆ 855022, ✆ 857238, etwas teurer als das *Smiling*, aber der zweite Traveller-Treff in Manado, saubere, kleine Zi mit und ohne Du/WC, empfehlenswert.
Hotel Angkasa Raya***-**** ③, Jl. Kol. Soegiono 12A, ✆ 862039, Zi in unterschiedlicher Qualität: vom einfachen Standardzimmer mit Fan bis zur ac-Suite. Nebenan:
Rex Hotel**-***, Jl. Kol. Soegiono 3, ✆ 851136, ✆ 867706, ziemlich sauber, Fan oder ac.
Kawanua Hotel**-*** ⑥, Jl. Jen. Sudirman II 40, ✆ 000042, ✆ 001974, bekannt als *Kawanua Kecil*, nicht sauber, schmale Betten und Badezimmer; inkl. Frühstück, mit Prostituierten.
Minahasa Hotel***-**** ⑨, Jl. Dr. Sam Ratulangi 199, ✆ 862559, ✆ 862059, alle 17 Zi mit Bad/WC, Fan oder ac, z.T. mit Veranda und TV,

in einem großen, sauberen, villenähnlichen Wohnhaus, angenehme, große Aufenthaltsräume und Garten.
Manado Homestay**-**, Wanea Lingkungan III, Komplex Diklat Manado, ✆ 860298, in Wanea im Süden der Stadt, sauber.

MITTLERE UND OBERE PREISKLASSE – im Zentrum der Stadt:

Sahid Kawanua Hotel (ab US$121) ④, Jl. Dr. Sam Ratulangi 1, ✆ 867777, ✉ 865220, mit allen Einrichtungen, Swimming Pool, zwei Restaurants, kleine Bar mit abendlicher Live-Musik; Buchung über alle Hotels der Sahid-Gruppe.
New Queen Hotel (ab US$55) ⑧, Jl. Wakeke 12–14, ✆ 864440, ✉ 853049, sauber und ruhig gelegen, alle Zi mit Bad und TV/Video, freundlicher Service.
Sahid Manado Hotel (ab US$46) ⑩, Jl. Babe Palar 1, ✆ 852688, ✉ 863326, etwas außerhalb; Swimming Pool, Bar und Restaurant.

Südlich von Manado:
Malalayang Indah Hotel (US$18–48), Jl. Raya Malalayang, ✆ 865538, ✉ 861525, 5 km vom Zentrum, kleine Zi in Holzbungalows, Fan oder ac, Restaurant.
Kolongan Beach Hotel (US$25–30), Jl. W. Monginsidi, Malalayang II, ✆ 853001, ✉ 860939, 7 km vom Zentrum, saubere Zi mit Du/WC, Fan oder ac, Balkon und Dachterrasse, inkl. Frühstück; Restaurant und Dive Center.
Manado Beach Hotel (ab US$145), Tasik Ria, ✆ 867001-5, ✉ 867007; 18 km südlich der Stadt am Tasik Ria Beach, 4-Sterne-Hotel mit 200 Zimmer und Suites und allem Luxus; großer Swimming Pool und Marina.
Mokupa Palace Cottage (US$32–43), Tasik Ria, ✆ 854272, saubere Zi und Cottages mit ac, Du/WC, Tel und Kühlschrank, inkl. Frühstück, kleine Anlage (13 Zi) in einem großen Garten am Meer nicht weit vom Manado Beach Hotel; Restaurant, Swimming Pool, freundlicher Service.
Einfache Hütten gibt es auf **P. Bunaken** (s.S. 304 und **P. Siladen** (s.S. 305).
Zimmer und Bungalows außerhalb der Stadt bieten die Tauchbasen (s.u.) in **Malalayang** (südl. der Stadt) und **Molas** (nördl).
In Molas wurde 1996 mit dem Bau eines neuen Resort-Hotels begonnen: luxuriöse Bungalows in Hanglage und mit Golfplatz. Molas wurde offiziell zum Desa Wisata, Touristen-Dorf, erklärt; eine neue, breite Straße führt von hier direkt zum Airport.

Essen

Viele Restaurants sind am Sonntag geschlossen. Gut ist die Auswahl im Süden der Stadt:
Tinoor Jaya Restaurant, Jl. Dr. Sam Ratulangi, serviert Minahasa Food.
Klabat Indah Restaurant, Jl. Dr. Sam Ratulangi, indonesisches Essen.
Mentari Restaurant, Jl. Dr. Sam Ratulangi, Seafood und Goldfisch.
Manado Hilltop Restaurant, Jl. 17 Augustus, ✆ 866581, auf einem Hügel oberhalb der Stadt, ist am besten mit einem Taxi zu erreichen. Großartige Sicht über die ganze Stadt, nachts bunt erleuchtet, relativ teuer, aber große Portionen chinesischer Gerichte. Im 1. Stock Karaoke.
Die Restaurants im Norden, rings um den Markt, sind eher durchschnittlich.
Freunde von Fast Food werden in Manado nicht enttäuscht: Im Gelael Supermarkt, Jl. Jen. Sudirman, gibt es *Swensen's Icecream* und im 1. Stock *Kentucky Fried Chicken*.
Kios 18, westlich vom Gelael Supermarkt, hat gutes, preiswertes chinesisches Essen, z.B. *Mie Goreng*.

Sonstiges

GELD – *Bank Dagang Negara*, Jl. Dotulolong Lasut 15, ✆ 863278.
Bank Bumi Daya, Jl. Dotulolong Lasut 9, ✆ 864279.
Bank Negara Indonesia, Jl. Dotulolong Lasut 1, ✆ 852386.
Bank Exim, Jl. Jen. Sudirman 29, ✆ 864077.
Bank Central Asia (BCA), Jl. Dr. Sam Ratulangi. Auch am Wochenende haben die Money Changer in der Jl. Dr. Sam Ratulangi 136 und im Sahid Kawanua Hotel geöffnet.

IMMIGRATION – Jl. 17. Augustus, ✆ 863491.

INFORMATIONEN – Die beiden Informationsbüros in der Stadt sind nicht sehr ergiebig und haben nur wenige englischsprechende Mitarbeiter. Evtl. erhält man Auskunft über die aktuellen

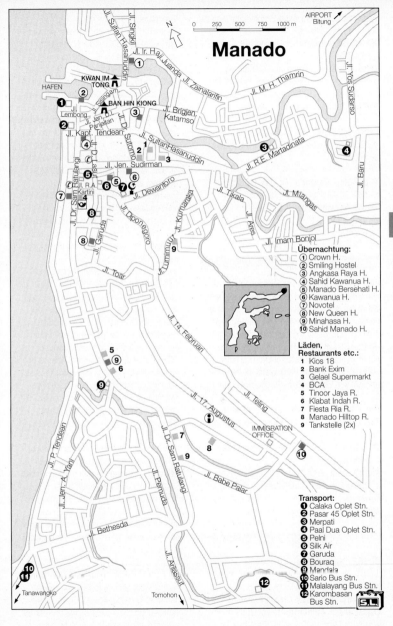

Feste, die besonders in den Sommermonaten zur Nelkenernte stattfinden.
Kanwil Depparpostel, Jl. Diponegoro 111, ✆ 851723;
Diparda Sulawesi Utara, Jl. 17. Augustus, ✆ 864299; geöffnet Mo–Do 8–15, Fr 8–12 Uhr.

PHPA – Jl. Babe Palar 68, ✆ 862688.

POST – Jl. Dr. Sam Ratulangi 21, ✆ 852301, geöffnet Mo–Do 8–20, Fr 8–11 und 14–20, Sa 8–18 Uhr.

TELEFON – *Telkom*, Jl. Dr. Sam Ratulangi 4, ✆ 852626, 851717, tgl. 24 Std. geöffnet.
Ein *Wartel* steht an der Jl. D. Lasut.

VORWAHL – 0431.

Nahverkehrsmittel

Ein endloser Schwarm von **Minibussen** kreist durch die Hauptstraßen von Manado, jedes ein Schild mit dem entsprechenden Zielort (meist eine Minibus Station oder ein Stadtviertel) an der Frontscheibe. Sie drängen sich an der zentralen Minibus Station Pasar 45, um Fahrgäste aufzunehmen, halten ansonsten überall und fahren kleinere Umwege, um Passagiere vor der Tür abzusetzen. Eine Fahrt im Stadtgebiet kostet 300 Rp.
In der Stadt ist es tagsüber kein Problem, ein **Taxi** zu finden. Bei Bedarf sind sie auch telefonisch zu erreichen:
Dian Taxi, Jl. M. H. Thamrin, Kampung Islam, ✆ 851010.
Indra Kelana, Jl. Dr. Sam Ratulangi 26 Nr. 2, ✆ 865433, 864422. Die Fahrzeuge sind mit Taxameter ausgestattet.
Merit Taxi, ✆ 861195, 861456.

Transport

BUSSE / MINIBUSSE – In die nähere Umgebung fahren Minibusse und Busse von **drei** Stationen ab:
Von **Paal Dua** im Osten der Stadt fahren sie nach Ost-Minahasa: AIRMADIDI 19 km, 600 Rp; BITUNG 47 km, 1300 Rp; LIKUPANG, 46 km, 1300 Rp.

Tauchbasen

Folgende Basen bieten Tauchern ein Komplettpaket für US$70–100, in dem Unterkunft, Verpflegung und Touren zum Riff, 2 Tauchgänge sowie die entsprechende Ausrüstung enthalten sind. Es empfiehlt sich jedoch, einen eigenen Tauchanzug mitzubringen. Schnorcheln ist zumeist um US$25–30 billiger. Wer nur zum Tauchen geht und nicht in den Tauchbasen wohnt, zahlt für die Tagestour US$60–70, wer nur schnorchelt US$30–40. Nichtschwimmer können Ausflüge mit Glasbodenbooten für US$20 unternehmen, es lohnt sich!
Von den Tauchbasen in **Molas**, 8 km nördlich von Manado, ist die Anreise zu den Tauchgebieten kürzer, aber es gibt hier keinen Strand, sondern nur Mangroven. Nach Molas mit dem Minibus (einmal umsteigen, jeweils 300 Rp).
Nusantara Diving Centre, Molas Beach, P.O. Box 1015, Manado 95001, ✆ 0431 / 863988, ✉ 860368. Loky Herlambang hat diesen ersten Tauchclub aufgebaut. Übernachtung in Zimmern mit Fan für US$10, Bungalows mit Fan für US$20, solide Häuser mit ac, Bad/WC und Heißwasser für US$40, sehr gute Verpflegung (abends Buffet mit Selbstbedienung und Karaoke-Berieselung), Tauchausrüstung, ausgebildete Tauchführer. Es werden Tauchkurse für Anfänger und Fortgeschrittene angeboten.
Barracuda Diving Resort, Molas Beach, Dusun 2, ✆ 854279, ✉ 864848, liegt an einem Hang mit Aussicht aufs Meer. Bungalows für US$30–42 mit Fan oder ac, Bad, heißem und kaltem Wasser, das manchmal knapp wird; gutes Restaurant.
Auch die Strände südlich der Stadt sind ein beliebtes Ausflugsziel und Standort von Tauchbasen, z.B.: ***Murex Resort***, am **Kalasey Beach**, ca. 10 km südlich von Manado, ✆ 855299, 868513, Buchung: Manado, Jl. Jen. Sudirman 28, ✆ 852116, 866280, hat Zimmer in Holz-Cottages mit Veranda, Fan (US$30) oder ac (US$40), in einem herrlichen Garten am Meer. Die Preise für Tauch- und Schnorchelausflüge sind ähnlich wie bei den anderen Basen. Komplettpreis: US$100.

Von **Karombasan** im Südosten der Stadt fahren sie in den Süden: TOMOHON 25 km, 800 Rp; TONDANO 36 km, 1200 Rp; LANGOWAN 54 km, 1500 Rp.

Von **Sario** im Südwesten der Stadt fahren sie in den Westen: AMURANG 57 km, 2000 Rp; POIGAR 116 km, 3900 Rp.

Fernbusse fahren vom Terminal **Malalayang** im Südwesten, ca. 5 km außerhalb der Stadt, nach KOTAMOBAGU 164 km, 6500 / ac, Express 8000 Rp; INOBONTO 190 km, 6000 Rp, 3 Std.; GORONTALO 400 km, 15 000 Rp, 10–12 Std. Es gibt auch Busse nach PALU (39 000–42 000 Rp) und POSO (54 000 Rp). Einige fahren sogar bis UJUNG PANDANG.

FLÜGE – Der Sam Ratulangi Airport liegt 13 km nordöstlich der Stadt. Minibusse fahren ab Paal Dua für 500 Rp. Taxis kosten ca. 7000–8000 Rp. Am Informationsstand im Flughafen, ✆ 862303, erhält man nach der Ankunft einen guten Überblick über die aktuelle Hotelsituation, da hier viele Unterkünfte um Gäste werben, aber nur Hotels der mittleren und oberen Preisklasse. Wer sich gleich hier für ein Hotel entscheidet, bekommt das Taxi meist gratis.

Airline Offices:
Garuda (GA), Jl. Diponegoro 15, ✆ 862242, 864535, geöffnet Mo–Fr 7.30–16.45, Sa, So 9–13 Uhr;

Merpati (MZ), Jl. R. E. Martadinata 43, ✆ 864027, 851525, geöffnet Mo–Sa 8–16, So/Feiertag 9–16 Uhr;

Bouraq (BO), Jl. Sarapung 27, ✆ 862757, 866335, geöffnet Mo–Sa 8–18, So/Feiertag 8.30–14.30 Uhr;

Mandala (MDL), Jl. Dr. Sam Ratulangi 206, ✆ 851743, 851324, geöffnet Mo–Sa 8–17, So 9–14 Uhr.

Sempati (SG), neben Sahid Kawanua Hotel, Jl. Dr. Sam Ratulangi 1, ✆ 851612, geöffnet Mo–Sa 8–20, So/Feiertag 9–17 Uhr;

Silk Air, Jl. Sarapung 5, ✆ 8863744, 863811, geöffnet Mo Fr 0.00–10.30, Sa 8.30–13 Uhr.

Preisbeispiele (ohne MwSt):
AMBON 242 000 Rp (MZ, BO),
BALIKPAPAN 265 000 Rp (BO, SG),
BIAK 351 000 Rp (GA, MZ),
GORONTALO 100 000 Rp (BO, MZ),
JAKARTA 597 000 Rp (GA, BO, SG),
JAYAPURA 446 000 Rp (MZ),
LUWUK 140 000 Rp (MZ),
MELANGGUANE, Pulau Taulad, 134 000 Rp (MZ),
NAHA, Tahuna, Pulau Sangihe, 97 000 Rp (MZ),
PALU 181 000 Rp (BO, MZ),
POSO 246 000 Rp (MZ),
SURABAYA 452 000 Rp (GA, BO, SG),
TERNATE 108 000 Rp (BO, MZ),
UJUNG PANDANG 262 000 Rp (GA, BO).
Manado ist visafreier Ein- und Ausreiseort.

Mi und Sa 15 Uhr fliegt eine *Bouraq*-Maschine nach DAVAO, Philippinen, zurück Do und So 7 Uhr; das Ticket kostet US$150 für einen einfachen Flug, hin und zurück US$262.

Silk Air fliegt Mo und Do 14.25 Uhr nonstop nach SINGAPORE, zurück an den selben Tagen 9.50 Uhr; das Ticket (1 Monat gültig) kostet US$280 für einen einfachen Flug, hin und zurück US$440; ein Jahresticket kostet US$371, hin und zurück US$742.

SCHIFFE – **Bitung** ist der Hafen von Manado, mit Minibus oder Bus erreichbar für 1300 Rp. Größere Schiffe, darunter die Pelni-Passagierschiffe **KM. Kambuna**, **KM. Umsini**, **KM. Tilongkabila**, **KM. Kerinci** und **KM. Ciremai** (Fahrpläne s.S. 797f), legen nur hier an.

Die **KM. Tilongkabila** fährt jeden zweiten Di Abend über Tahuna, Sangihe-Inseln und Lirung, Talaud-Inseln nach DAVAO auf den Philippinen (Ankunft Do); Ein- und Ausreiseformalitäten werden in Lirung erledigt, das auch visafreier Ein- und Ausreiseort ist.

Die Fahrt von Bitung nach Davao kostet 329 500 Rp / 1. Kl., 248 000 Rp / 2. Kl., 158 000 Rp / 3. Kl.

Pelni, Jl. Dr. Sam Ratulangi 7, ✆ 862844, 860908, Manado.

Kleinere Schiffe fahren unregelmäßig ab Manado Harbour nach TERNATE für 17 000–25 000 Rp, DONGGALA 20 000–40 000 Rp,
GORONTALO 22 000–28 000 Rp,
POSO 24 000–30 000 Rp,
LUWUK 22 000–40 000 Rp,
JAYAPURA 35 000–50 000 Rp.

Die **KM. Delta Teratai** und die **KM. Agape Indah** über TERNATE (24 000 Rp), MANGOLE

(42 000 Rp) und SANANA (56 000 Rp) nach AMBON (64 000 Rp) in 2 Tagen / 3 Nächten.
Die KM. North Teratai und die **KM. Nusa Teratai** nach TAHUNA jeden Mo, Mi und Fr in 10 Std. für 21 000 Rp. Zurück jeden Di, Do und Sa.
Die KM. Solafide Mo nach TOLI TOLI für 38 000 Rp.Tickets am gleichen Tag am Hafen.
Küstenschiffe schippern nach KWANDANG für 12 000 Rp. Ab hier kann man weiter nach TOLI TOLI für ca. 15 000 Rp, und von da nach Kalimantan.
Von Bitung fährt 3x pro Woche ein Schiff für 24 000 Rp nach GORONTALO.

Pulau Bunaken

Ein 75 000 ha großes Gebiet rings um die Inseln **Montehage**, **Nain**, **Bunaken**, **Siladen** und **Manado Tua** wurde als Marine-Nationalpark ausgewiesen, denn hier erwarten den Besucher einige der besten Korallenriffe Indonesiens.

Das Zentrum ist die Insel Bunaken, die mit Mangroven und Kokospalmen bewachsen ist und auf der etwa 3500 Menschen leben.

An der südlichen Spitze der halbmondförmigen Insel befindet sich das Dorf **Bunaken**. Unterkünfte stehen am **Pantai Liang** an der Südwestküste. An dem weißen Sandstrand unter schattenspendenden Mangroven verbringen die Teilnehmer an Tauchfahrten und Ausflügler vom Festland ihre Mittagspause. Nach der Abfahrt ihrer Boote ist es wieder ruhig, und nur wenige Touristen bleiben zurück. Noch mehr einfache Bungalow-Anlagen findet man am östlichen **Pantai Pangalisang**.

Von den Fischern können Einbäume mit Ausleger gemietet werden, um auf das Riff hinauszufahren. Leider sind die meisten Korallen direkt am Strand durch die Boote zerstört worden, und das Wasser ist sehr flach. Interessanter sind die Riffe weiter draußen, so daß auch für Schnorchler die Teilnahme an einem Tauchausflug lohnt.

Die vielfarbigen Korallenriffe, die die Inseln umgeben, weisen eine außergewöhnliche Artenvielfalt auf und werden von zahlreichen bunten Korallenfischen belebt. Unter Tauchern gelten sie als eines der besten und abwechslungsreichsten Tauchgebiete der Welt. Einige Riffe liegen nur knapp unter der Wasseroberfläche, andere fallen mehrere hundert Meter steil ab. Die abfallenden Riffe von Lekuan und Alungbanua eignen sich vor allem zum Tauchen, während die Insel Siladen ein beliebtes Schnorchel-Ziel ist; allerdings muß man hier manchmal mit starken Strömungen rechnen – am sichersten ist man an dem Riff vor Pantai Liang, Pulau Bunaken.

Am Barakuda Point ist die Chance, Haie zu Gesicht zu bekommen, am größten (Angriffe von Haien sind uns nicht bekannt). Eine weitere Abwechslung verspricht ein Wrack vor Molas (gut zum Nachttauchen) und ein Unterwasservulkan. Bis zu einer Tiefe von 10–15 m (bei gutem Wetter bis zu 30 m) hat man gute Sicht.

Die meisten Fische sind in 2–20 m Tiefe anzutreffen. Da die Strömung manchmal recht stark ist, braucht man Boote, die einen begleiten. Beste Zeit: April bis November.

Übernachtung und Essen

PULAU BUNAKEN:
Pantai Liang – Preiswert und recht nett sind u.a. folgende Homestays; die Preise von 15 000–20 000 Rp pro Person sind inklusive Vollpension:
Losmen Swadaya, auch bekannt als Tante Stien´s Homestay;
Ibu Konda Homestay;
Papa Boa's Homestay;
Sam's Homestay.
Bastiano's Beach Front Cottage****, einfache Holzbungalows mit großem Bett und eigenem Bad, für das Gebotene zu teuer.
Das Problem am Pantai Liang ist der Mangel an Frischwasser, das zum Waschen und Duschen nur begrenzt zur Verfügung steht.
Pantai Pangalisang – *Daniel's***-*****, etwas teurer als die anderen Homestays, aber gutes Essen; schönes Riff vor der Tür, Schnorchelausrüstung kann kostenlos ausgeliehen werden.
Preiswerter (15 000–20 000 Rp pro Person inkl. Vollpension) sind u.a. folgende Anlagen:

Dorris'Homestay, und **Lorenso's Homestay**, beide nördlich von Daniel's.
Oceana Cottages***, kleine Anlage mit nur 3 Bungalows, südlich von Daniel's.

PULAU SILADEN:
Auf dieser Insel sind bisher nur zwei Unterkünfte vorhanden, die ebenso preiswert sind wie die Homestays auf P. Bunaken:
Martha's Homestay und
Stingray Homestay.

Transport

Motorisierte Auslegerboote fahren meist gegen 14 Uhr von einer Anlegestelle an der Flußmündung hinter einem Geschäftshaus gegenüber dem Hafen von MANADO in 1 Std. für 2500 Rp nach Bunaken.
Aktuelle Infos zur Transport- und Unterkunft-Situation bekommt man im Smiling Hostel und im Manado Bersehati Hotel.

Airmadidi

Ab Paal Dua Minibus Station in Manado fahren Minibusse für 600 Rp in diesen kleinen Ort am Fuße des Vulkankegels **Gunung Klabat** (1995 m). Die Wälder an seinen Hängen, ein Naturreservat (5670 ha), beheimaten eine vielfältige Fauna und seltene Orchideen.

Bekannt ist Airmadidi für die zahlreichen Waruga in der Umgebung: etwa 3 km abseits der Hauptstraße stehen auf einem kleinen Friedhof 135 Exemplare, die aber kleiner und nicht so kunstvoll gearbeitet sind wie die in Sawangan.

Sawangan

Eine kurvenreiche Straße führt von Airmadidi Richtung Tondano durch das schmale Tal des Tondano-Flusses mit einer üppigen Vegetation aus Bambus, Kokospalmen, Obst- und Nelkenbäumen.

Nach 4,5 km erreicht man Sawangan (Minibus ab Abzweigung 350 Rp). Ein ausgeschilderter Pfad führt von der Hauptstraße 100 m nach links zum Friedhof. Hinter dem neuen Bereich stehen 144 Waruga, die zum Teil auch für Ausländer errichtet wurden. Deutlich sind die abgebildeten Holländer, Portugiesen und Deutschen an ihrer europäischen Kleidung zu erkennen. Ein Teil der Grabbeigaben ist in einem kleinen Museum im Wohnhaus neben dem Friedhof zu besichtigen, falls ein Familienmitglied anwesend ist. Es wird eine Spende erwartet.

> **Waruga**
> Eine ungewöhnliche Bestattungsform findet man in Nordsulawesi. In hohen Steinsärgen wurden die Toten in sitzender Position bestattet.
> Männer erhielten als Grabbeigabe ihre Waffen, während Frauen Schmuck (Armreifen, Ketten) und chinesisches Porzellan mitgegeben wurde.
> Die oben offenen, bis zu 1000 Jahre alten Steinsärge wurden mit schweren, dachförmigen Deckeln verschlossen, die sie wie kleine Tempel aussehen lassen.
> Die Dächer und Wände einiger Waruga sind mit hübschen Steinmetzarbeiten verziert. Die Motive sind vielfältig und reichen von abstrakten Ornamenten bis zu Personendarstellungen mit eindeutigen Geschlechtsmerkmalen.
> Auf Frauengräbern sind oft Geburtsszenen dargestellt.

Danau Tondano

Die kurvenreiche Straße von Airmadidi nach Tondano verläuft parallel zum Tondano River. Kurz vor dem Ziel sieht man links der Straße Tunnel, die japanischen Besatzungssoldaten als Vorratslager dienten.

Besser ausgebaut ist die 36 km lange Strecke über die nette Kleinstadt Tomohon. Nach der Fahrt auf einer steil ansteigenden Straße von Manado hinauf in die spürbar kühleren Berge laden mehrere Ausflugsrestaurants in **Tinoor** zu einem

Zwischenstop ein. Sie locken mit einer herrlichen Aussicht auf die Bucht von Manado und die vorgelagerten Inseln. Hier wird traditionelle Minahasa-Küche zubereitet, d.h. neben Goldfischen stehen auch Gerichte aus dem Fleisch von Hunden, Mäusen und Fledermäusen auf der Speisekarte.

Tomohon

Das kühle, freundliche Gebirgsstädtchen Tomohon, 22 km von Manado, liegt auf dem Sattel zwischen den Vulkanen **Gunung Lokon** und **Gunung Mahawu**. Das milde Klima ist nahezu ideal für den Obstanbau, überall sieht man wunderschöne Blumengärten, und Blumen säumen die Straßenränder. Dieser floristische Reichtum hat der Stadt den Beinamen *Kota Bunga* (Stadt der Blumen) eingebracht.

In Tomohon gibt es angenehme Übernachtungsmöglichkeiten (s.u.), und man kann herrliche Spaziergänge und Wanderungen unternehmen, z.B. zum **Danau Linow**, einem kleinen schwefelhaltigen See mit heißen Quellen.

Tondano

Zahlreiche Kirchen zeugen davon, daß Tondano ein bedeutendes Zentrum christlicher Mission ist. Der Ort, 600 m ü. d. M., liegt inmitten einer hügeligen Landschaft, die von Vulkanen überragt wird. Südlich der Stadt erstreckt sich der etwa 50 km² große Tondano-See inmitten einer leuchtend grünen Umgebung. Zum Wasser hin gehen die Reisfelder in ein Sumpfgebiet über, in dem Pferde weiden und Enten gezüchtet werden.

Das kühle Hochlandklima bietet die Möglichkeit zu schönen Wanderungen. Wer nicht gut zu Fuß ist, kann mit einer der Pferdekutschen fahren, die in den Straßen von Tondano auf Kunden warten. Für eine einstündige Fahrt zum 3 km entfernten See und zurück zahlt man etwa 3000 Rp.

Für eine Tagestour rund um den Tondano-See benötigt man ein bis zwei Ersatzpferde oder ein motorisiertes Fahrzeug.

Die Firma *Waraney Arung Jeram,* Jl. Walanda Maramis 157, ✆ 63485, Tondando, bietet Abenteuer-Touren und Schlauchboot-Wildwasserfahrten an.

Am See

Nur selten fahren öffentliche Verkehrsmittel auf der schmalen Straße am See entlang. Landschaftlich reizvoll ist die Strecke bis **Remboken** am Westufer. Dort gibt es ein Restaurant, einen kleinen Park mit einem Pool und Geschäfte, die Töpferwaren aus dem nahegelegenen Ort Kaima verkaufen. In der Mitte des Sees liegt die kleine Insel **Likri**.

Zum Unabhängigkeitstag und zum Nordsulawesi-Tag am 23. September werden in **Tontimomor**, einem kleinen Dorf am Westufer, Stierrennen veranstaltet. Traditionelle Musik mit Bambusflöten *(Bulu = Bambus)* wird besonders im Dorf **Tara Tara** gepflegt, wenige Kilometer westlich von Tomohon.

Übernachtung

IN TONDANO – *New Asri Hotel****-****,
Jl. Dr. Sam Ratulangi, empfehlenswert.
Hotel Nusantara**-***, Jl. Jen. A. Yani, nicht so gut.

Penginapan Manguni**-***, Jl. Jen. D. I. Panjaitan, Nähe Kantor Pos, nett und sauber.

IN TOMOHON – *Happy Flower Homestay***-***,
einfache, saubere Zimmer ohne und ein Cottage mit Privatmandi, inkl. Frühstück, herrlich im Grünen und etwas versteckt gelegen, aber im Ort bekannt.
Lokon Resting Resort (US$35–85),
✆ 0431-351203, ✉ 351636, saubere, weitläufige Bungalow-Anlage in einem gepflegten, parkähnlichen Garten mit großartigem Ausblick auf den Gunung Lokon.
Außerdem an der Hauptstraße:
Hotel Gardenia (um US$75), ✆ 351282, inkl. Frühstück, schöne Anlage.
Kinilow Indah Hotel****, und
Indra Loka Hotel****.

Transport

Zwei Wege führen zum See:
Wer in AIRMADIDI ist, kann vom Terminal im Ort einen Minibus für 750 Rp nach Tondano nehmen. Da sie immer voll abfahren, ist es nicht möglich, unterwegs in Sawangan zuzusteigen.

Häufiger befahren ist die 36 km lange Strecke von Manado über TOMOHON nach Tondano. Ein Minibus von Tomohon nach Tondano kostet 750 Rp.
Ab Karombasan Station in MANADO fahren Minibusse für 1200 Rp direkt bis Tondano oder für 800 Rp bis Tomohon.

Traditionelles Toraja-Haus

MALAYSIA

Highlights

- Die geschäftigen Straßen des alten Zentrums von Penang

- Die Teeplantagen in den kühlen Cameron Highlands

- Der tropische Regenwald im Taman Negara oder in den Nationalparks Ost-Malaysias

- Der Aufstieg und Ausblick vom höchsten Berg Südostasiens, dem Mount Kinabalu

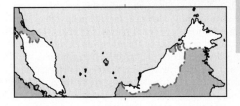

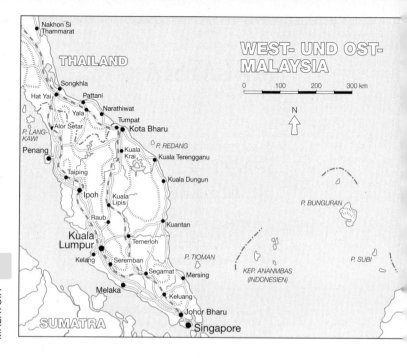

Malaysia ist ein besonderes Reiseland. Wer Strand- und Nachtleben wie in Kuta Beach oder Ko Samui erwartet, wird enttäuscht sein, denn an den malaysischen Küsten geht es, von wenigen Orten abgesehen, eher ruhig, beschaulich und konservativ zu. Versunkene Ruinenstädte und märchenhafte Paläste aus vergangenen Jahrtausenden gibt es in Malaysia nicht, auch die dramatisch-schönen Bilderbuchlandschaften mit den fotogenen, folkloristisch gekleideten Einheimischen sind schwer zu finden. Alles, was „normale" Touristen sich wünschen - hier ist es vorhanden, aber vielleicht eben doch nicht so perfekt, so spektakulär, so preiswert oder so fotogen wie anderswo in Südostasien.

Wer nach Malaysia fährt, sollte sich für Menschen interessieren. Für das Zusammenleben verschiedenster Bevölkerungsgruppen, ihre koloniale Vergangenheit und ihren Aufbruch in das 21. Jahrhundert, ihre vielfältigen Kulturen und ihre Lebensumstände. Gerade in den weniger touristischen Gebieten sind die Menschen neugierig und aufgeschlossen, außerdem ist die englische Sprache noch immer sehr verbreitet. Und wer sich völlig von den westlichen Touristenströmen zurückziehen will, der hat reichlich Gelegenheit dazu. In den wilden Dschungelregionen kann man, entsprechend ausgerüstet, die Zivilisation völlig hinter sich lassen und unberührte Natur kennenlernen.

Die meisten Menschen leben in den Städten an der Westküste der malaiischen Halbinsel. Kuala Lumpur, Melaka, Ipoh, Taiping oder Penang sind beinahe rein chinesische Städte mit einigen malaiischen und indischen Einsprengseln. Daneben ist das britische, koloniale Erbe noch immer zu erkennen. Die alten Verwaltungsgebäude haben zwar malaiische Aufschriften bekommen, und in den prunkvollen Land-

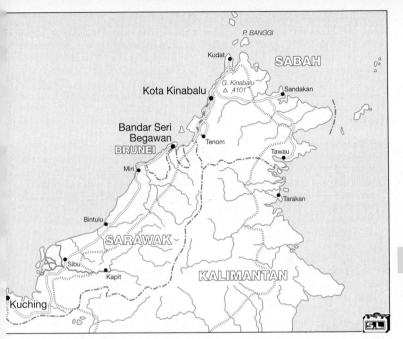

häusern wohnen begüterte Malaysier, dennoch ist die längst vergangene Atmosphäre präsent. Ölpalm- und Kautschukplantagen erstrecken sich von Perlis an der Grenze zu Thailand bis nach Johor Bharu. Die Industrialisierung hat vor allem das Klang Valley westlich der Hauptstadt Kuala Lumpur, das Gebiet um Johor Bharu, im Süden des Landes, um Ipoh und Penang völlig umgestaltet.

Ganz anders dagegen die Ostküste der Halbinsel, wo der malaiische, islamische Einfluß vorherrscht. Hier kann man in den Dörfern am Meer das Leben von Fischer und Bauern beobachten. Alles geht einen geruhsameren Gang. Vor der Ostküste liegen zahlreiche Inseln und farbenprächtige Korallenriffe, die zum Schnorcheln und Tauchen einladen. Zwischen diesen beiden recht unterschiedlichen Hälften der Halbinsel liegen weite Gebiete immergrünen, tropischen Regenwaldes und endlose Plantagen. Leicht zugänglich ist einer der größten Nationalparks Südostasiens, der Taman Negara, der beinahe doppelt so groß wie das Saarland ist. Die Wälder sind die Heimat der Orang Asli, der Ureinwohner der malaiischen Halbinsel.

Sarawak und Sabah an der Nordküste von Borneo gehören zwar politisch zur Föderation von Malaysia, unterscheiden sich aber geographisch und ethnisch sehr vom Festland. An den Flußläufen siedeln verschiedene Dayak-Stämme in den für Borneo typischen Langhäusern.

Bevölkerung
Bevölkerungsstruktur

Etwa 20 Millionen Menschen lebten 1997 im Lande, über 16 Millionen davon auf Peninsular Malaysia. Die Lebenserwartung liegt in Malaysia bei 71 Jahren. Da mit der zunehmenden Industrialisierung ein hoher

Arbeitskräftebedarf besteht, werden von staatlicher Seite vor allem malaiische Großfamilien gefördert, so daß das Bevölkerungswachstum mit 2,4% sehr hoch ist. Malaysier sind kein homogenes Volk, sondern bestehen aus mehreren Bevölkerungsgruppen mit einer Vielfalt an Sprachen, Religionen, Kulturen und ethnischen Wurzeln.

Begriffsverwirrung

Verwirrend sind die für das Land gebräuchlichen Begriffe Malaya und Malaysia, malaiisch und malaysisch. **Malaya** ist der alte, noch von den Engländern geprägte Begriff, der nur für die Malaiische Halbinsel galt (heute Peninsular Malaysia). **Malaysia** bezeichnet den 1962 gegründeten Staat, dessen Staatsbürger zu 62% Bumiputeras, zu 30% Chinesen und zu 8% Inder sind. **Bumiputera** (auch *pribumi*) bedeutet „Sohn der Erde" und bezeichnet die Malaien, die protomalaiischen Bewohner (Iban, Kadazan, Bidayuh usw.) sowie die hauptsächlich in Peninsular Malaysia lebenden frühen Bevölkerungsgruppen, die unter dem Begriff *Orang Asli* (= die ursprünglichen Menschen, also die Ureinwohner) zusammengefaßt werden.

Malaien

Sie sprechen eine gemeinsame Sprache, Malaiisch (Bahasa Malaysia) und bestimmen weitgehend das politische Geschehen des Landes. Die Zugehörigkeit zur muslimischen Religionsgemeinschaft ist das wichtigste Unterscheidungsmerkmale zwischen Malaien und Nicht-Malaien. Regionale Abweichungen sind zwischen der Ost- und Westküste besonders deutlich zu erkennen. Zahlreiche Malaien haben unter ihren Vorfahren Bugis, Minangkabau, Javaner oder andere Bewohner des indonesischen Archipels.

Der Anteil der malaiischen Bevölkerungsgruppen in Sarawak und Sabah liegt unter 20%. Zum größten Teil handelt es sich dabei um zum Islam konvertierte Mitglieder der Altstämme, die die malaiische Kultur angenommen haben.

Chinesen

Chinesen und Inder wanderten in großen Schüben erst im vergangenen Jahrhundert ein, als die britischen Kolonialherren auf den Plantagen und in den Zinnminen dringend Arbeitskräfte benötigten. Chinesische Glücksritter kamen hauptsächlich aus den Südprovinzen. Das Land wurde damals von Hungersnöten und Bürgerkrieg heimgesucht. Der weitaus größte Teil der Einwanderer waren ungelernte Arbeiter (Kulis), die von Menschenhändlern in die Häfen von Singapore oder Penang verfrachtet wurden. Die Chinesen galten als geschäftstüchtig und fleißig und unterschieden sich dadurch merklich von den geruhsamen, weniger materiell denkenden Malaien. Die chinesische Bevölkerungsgruppe stellt ethnisch zwar eine Einheit dar, ist aber gleichzeitig in Sprache und Religion weitaus heterogener als die malaiische. Die Baba Chinesen, eine kleine Gruppe, die schon seit vielen Generationen im Land lebt, spricht eine malaiische Mundart, obwohl sie andererseits in bestimmten Traditionen (Ahnenverehrung, Hochzeits- und Begräbniszeremonien) chinesisch geblieben ist. In Sarawak stellen Chinesen etwa ein Drittel der Bevölkerung, in Sabah liegt ihr Anteil bei 20%. In einem mehrere Generationen dauernden Prozeß haben sich die chinesischen Einwanderer wirtschaftliche Machtpositionen geschaffen, so daß heute ein großer Teil der Wirtschaft fest in ihren Händen ist.

Inder

Im 19. Jahrhundert wurden Hunderttausende von Indern, die meisten aus Südindien, als Kontraktarbeiter auf die Kautschukplantagen und zum Eisenbahn- und Straßenbau nach Malaya gebracht. Schätzungen sprechen von etwa 4,2 Millionen Indern, die zwischen 1786 und 1953 ins Land kamen. Wie die chinesischen Kulis kehrten die meisten nach Beendigung des Kontrakts wieder in ihr Heimatland zurück. Eine kleinere Gruppe von ihnen, Sri Lanka Tamilen und Inder aus Kerala, arbeitete als Verwaltungsbeamte, Büroangestellte, Rechtsanwälte, Lehrer und Ärzte in besser bezahlten Positionen. Nordinder (Sikhs, Bengalis und Pathanen) wurden in den Streitkräften, der Polizei und als Wachtposten beschäftigt. Noch heute sind Inder in diesen Berufsgruppen überproportional vertreten.

Orang Asli

Etwa 50 000 Menschen werden im wörtlichen Sinn als „einheimische Menschen" bezeichnet, die Dschungel- und Küstenbewohner, die bereits vor der Einwanderung der Malaien hier siedelten. Unter dem Begriff Orang Asli werden völlig verschiedene Völker zusammengefaßt, so 1800 Negritos, die älteste Bevölkerungsgruppe, die vor allem in den nördlichen Dschungelgebieten lebt, und die Proto-Malaien, zu denen auch 1600 Orang Laut (Seemenschen) gehören. Die größte Gruppe stellen 30 000 Senoi, die sich wiederum in die Stämme der Temiar, Semai, Mah Meri und Semok Beri aufgliedern. Sie sollen wie die Negritos bereits vor 6000–8000 Jahren eingewandert sein. Ihre Haut ist etwas heller, und im Gegensatz zu den ehemals nomadisierenden Negritos betreiben sie Brandrodungsfeldbau. Heute ist der größte Teil dieser Menschen integriert worden, so daß nur noch ein kleiner Teil in abgelegenen Dschungelgebieten Peninsular Malaysias lebt.

Dayak

Die Bevölkerungszusammensetzung der beiden Bundesstaaten Sarawak und Sabah ist noch komplexer. Dayak wird heute als Gesamtbegriff für die protomalaiische Bevölkerung Borneos verwendet, die in Sarawak etwa die Hälfte der Einwohner stellt – Schätzungen gehen von etwa 200 Stämmen auf der Insel Borneo aus. Die wichtigste Volksgruppe in Sarawak sind die Iban oder See-Dayak, die fast 30% der Gesamtbevölkerung ausmachen. Eine große Zahl lebt auch in Indonesien. Weiterhin finden wir im Landesinneren Bidayuh (Land Dayak 8,4%), Orang Ulu (Kenyah, Kayan, Lun Bawang, Kelabit, Kedayan, Bisaya, Kajang, Penan usw. 5,4%) und an den Küsten Melanau (5,8%), Malaien (20%) sowie Chinesen (30%) und andere. Die Einwohner Sabahs lassen sich in 26 ethnische Gruppen unterteilen. Die größte Gruppe sind mit 30% Kadazan oder Dusun, die in der westlichen Ebene siedeln. Außerdem leben in Sabah 22% Chinesen, 15% islamisierte Bajau und 5% Murut sowie viele illegale Einwanderer aus den Philippinen und Indonesien.

Geschichte
Vor- und Frühgeschichte

Bereits vor über 35 000 Jahren lebten Menschen in den Wäldern Borneos, die großen Höhlen boten ihnen Schutz und Wohnraum. Wie Funde in den Niah-Höhlen auf Borneo beweisen, entwickelten diese Menschen vor etwa 20 000 Jahren verfeinerte Steinwerkzeuge, mit denen sie Holz, Knochen und Bambus bearbeiten konnten. Damit besaßen sie die Möglichkeit, den Boden zu bestellen und Nutzpflanzen wie Taro und Reis anzubauen. Während Ackerbau und Fischfang den Tieflandbewohnern als zusätzliche Nahrungsquelle zur Verfügung standen, waren die im Landesinneren lebenden Dschungelbewohner allein auf den Wald als Lebensgrundlage angewiesen und entwickelten daher eine weniger seßhafte Lebensform. Die Höhlenfunde in Kota Tampan (Perak) und Niah (Sarawak) lassen Parallelen zu anderen Kulturen rings um das südchinesische Meer erkennen, so daß man von einem großräumigen Siedlungsgebiet austronesischer Stämme spricht. Diese segelten mit ihren Auslegerbooten über die Meere bis nach Madagaskar und besiedelten viele Inseln des Pazifischen und des Indischen Ozeans. Daneben wanderten schon in frühester Zeit verschiedene Bevölkerungsgruppen über die Landbrücke der Halbinsel Malaya von Kontinentalasien in Richtung Süden. Diese protomalaiischen Einwanderer standen auf einer spätsteinzeitlichen Kulturstufe, die sich durch eine einfache Art der Fruchtfolge im Ackerbau auszeichnete. Etwa 400 bis 300 v.Chr. kamen aus dem Norden die ersten Deuteromalaien auf die Halbinsel. Sie konnten bereits Eisenwerkzeuge herstellen und führten in fruchtbaren Gegenden den terrassierten Naßreisanbau ein.

Die ersten Staatengebilde

Schon zu Beginn der westlichen Zeitrechnung bestanden Handelskontakte zwischen den Hochkulturen China und Indien, deren Schiffe verschiedene Häfen an den Küsten der Malaiischen Halbinsel anliefen. Hier bildeten sich hinduisierte Stadtstaaten, von denen Langkasuka, im heutigen nördlichen Malaysia (Kedah), der einflußreichste war. Im 7. und 8. Jahrhundert gerieten Inselindien und große Teile des Festlandes unter den Einfluß von Sri Vijaya. Langkasuka, Kelantan, Pahang und Terengganu wurden zu Vasallen. Buddhismus war Staatsreligion und Malaiisch, in Sanskrit geschrieben, die vorherrschende Sprache. In der zweiten Hälfte des 13. Jahrhunderts war das zentral-javanische Majapahit-Reich die bestimmende Macht im südostasiatischen Raum. Persische und arabische Händler brachten schon im 7. Jahrhundert die Stadtstaaten mit den Lehren Mohammeds in Berührung. Auf einem Steinfragment, dem Terengganu-Stein von 1303, sind die islamischen Gesetze in Jawi verzeichnet. Entsprechend muß hier ein islamisches Reich existiert haben, dessen Herrscher Raja Mandulika hieß. Etwa zur gleichen Zeit entstanden mehrere islamische Sultanate an den Küsten Borneos, von denen Brunei das einflußreichste werden sollte.

Malacca

Mehr als 100 Jahre lang war Malacca (Melaka) die wichtigste wirtschaftliche und politische Macht Südostasiens. Man nimmt an, daß die Stadt 1398 gegründet wurde und schon 1450 etwa 40 000 Einwohner zählte. Nur 40 Jahre später beherrschte Malacca die Malaiische Halbinsel bis hinauf nach Songkhla, das Riau- und Lingga Archipel, sowie große Teile Sumatras. Die Stadt war damals die wohl kosmopolitischste Metropole der Welt. In ihr wohnten Araber, Chinesen, Inder, Javaner, Thais, aber auch Bugis, Perser, Gujaratis, Klings und Acinesen.

Die Portugiesen

Das Eintreffen der Europäer unterbrach die jahrhundertealten Verbindungen von Südostasien nach Indien und China, den beiden wichtigsten politischen und kulturellen Zentren der damaligen Welt. 1498 umrundete Vasco da Gama Afrika und landete in Indien. Ziel der portugiesischen Politik war die Kontrolle des lukrativen Gewürzhandels, der bis dahin durch indische, arabische und persische Kaufleute abgewickelt worden war. 1511 gelang es Vizekönig Alfonso d'Albuquerque mit einer Streitmacht von nur 800 Portugiesen und 300 Malabar-Indern Malacca zu erobern. Da die nicht-malaiischen Handelsherren und Kaufleute wurden hoch besteuert wurden, paktierte ein Teil von ihnen offen mit den Portugiesen. Zudem waren Korruption und Intrigen in der malaiischen Führung weit verbreitet, so daß Portugal in den folgenden 130 Jahren Malacca zu einer wichtigen Festung seines fernöstlichen Kolonialreiches ausbauen konnte. Im Prinzip stützte sich der portugiesische Machtanspruch auf eine überlegene Flotte und einer damit verbundenen waffentechnischen Vormachtstellung. Eine Schwäche des portugiesischen Kolonialsystems war die Unfähigkeit, kommerzielle Ambitionen und religiöse Überzeugung in Einklang zu bringen. Die muslimischen Kaufleute, die den Handel im malaiischen Archipel abwickelten, wurden rücksichtslos unterdrückt. Nach einer sechsmonatigen Belagerung Malaccas durch holländische Soldaten und die mit ihnen verbündeten Truppen des Sultans von Johor, ergab sich 1641 der portugiesische Gouverneur. Von nun an regierten Holländer die Stadt.

Minangkabau und Bugis

Ende des 17. Jahrhunderts gelangte ein erneuter Einwanderungsstrom auf die damals recht spärlich besiedelte Malaiische Halbinsel. Die Minangkabau aus Sumatra ließen sich im Süden nieder und gründeten kleinere Fürstentümer. Die Bugis, Seefahrer und Händler aus Süd-Sulawesi, siedelten an den Küsten, gründeten eigene Staaten und regierten in Johor und Selangor. Gegen Ende des 17. Jahrhunderts hatte das Johor-Reich in etwa die frühere geographische Ausdehnung Malaccas erreicht.

Holländer und Briten

Nach der holländischen Eroberung Malaccas erreichte die Stadt nie wieder ihre ursprüngliche Größe. 1824 tauschte Holland seine unprofitabel gewordene Kolonie Malacca gegen die britische Besitzung Bencoolen (Bengkulu) auf Sumatra, und bis zur Unabhängigkeit 1957 wehte, abgesehen von drei Jahren spanischer Besatzung, der Union Jack über der Stadt. Erst 1786 faßte die britische Kolonialmacht Fuß in Malaya. Francis Light schloß mit dem Sultan von Kedah einen Vertrag über die Abtretung der Insel Penang. Die East India Company benötigte für ihren lukrativen China-Handel einen Stützpunkt an der Straße von Malacca. Stamford Raffles nahm 1819 die Insel Singapore für Großbritannien in Besitz. 1826 wurden die Kolonien Penang, Melaka, Dindings (Pangkor) und Singapore zum *Straits Settlement* zusammengeschlossen. Inzwischen hatten sich in Malaya verschiedene einflußreiche Sultanate gebildet, die zum Teil unter der Oberherrschaft des siamesischen Reiches, heute Thailand, standen. Großbritannien, im Aufschwung der Industriellen Revolution, entwickelte ein neues wirtschaftliches Interesse an der Region. Ging es früher vor allem um Kolonialwaren, so nahm nun die Bedeutung der Kolonien als Absatzmärkte und Lieferanten von Rohstoffen für die industrielle Produktion zu.

Malaya

Zwischen 1874 und 1896 wurden die Sultanate von Perak, Selangor, Pahang und Negri Sembilan britische Protektorate, aus denen 1896 die *Föderierten Malaiischen Staaten* entstanden. Johor schloß sich 1914 den Föderierten Staaten an. Durch ein kompliziertes System von Verträgen kontrollierte England inzwischen die Politik der gesamten Malaiischen Halbinsel. Zinn und Kautschuk waren zu den wichtigsten Exportartikeln des Landes geworden, riesige Plantagen überzogen das Land. Die meisten waren im Besitz britischer Monopole.

Der Zweite Weltkrieg

Im Dezember 1942 waren japanische Truppen in Songkhla, Pattani und Kota Bharu gelandet, zwei Monate später fiel Singapore. Bis zum 12. September 1945 beherrschte japanisches Militär Malaya. Die japanische Geheimpolizei *(Kempetai)* schuf ein brutales Unterdrückungssystem, unter dem vor allem die chinesische Bevölkerung zu leiden hatte. Armee und Großkonzerne plünderten das Land aus. In allen Schulen wurde Japanisch unterrichtet, die verschiedenen Nationalitäten gegeneinander ausgespielt. Der Widerstand der Bevölkerung wuchs; unter der Führung der MCP *(Malayan Communist Party)* begann der Guerillakrieg gegen die Besatzer.

Die Unabhängigkeit

Nach dem 2. Weltkrieg wurden politische Parteien gegründet. Wichtigste Gruppierung der Malaien wurde UMNO (United Malays National Organisation). Bald danach schlossen sich Chinesen zur MCA (Malayan Chinese Association) zusammen, und Inder bildeten den MIC (Malayan Indian Congress). Zwei Jahre nach dem Ende des 2. Weltkriegs nahm die MCP den bewaffneten Kampf wieder auf. 1948 mußte der Notstand *(emergency)* ausgerufen werden, der erst 1960 aufgehoben wurde. Schätzungen gehen von 20 000–25 000 Toten auf beiden Seiten aus. Während dieser Periode verhärteten sich die Beziehungen zwischen Malaien, die den größten Teil der Sicherheitskräfte stellten, und der chinesischen Bevölkerungsgruppe, die in der MCP überproportional repräsentiert war. Die drei anderen politischen Gruppierungen bildeten 1955 die *Alliance* und gewannen 51 von 52 Sitzen in der Gesetzgebenden

Versammlung, einem von England eingerichteten Gremium. Nach Verhandlungen des UMNO-Vorsitzenden Tunku Abdul Rahman mit der britischen Regierung 1956, legte man das Datum der Unabhängigkeit Malayas auf den 31. August 1957 fest. Tunku Abdul Rahman wurde der erste Premier des neuen Staates.

Malaiisches Nationalbewußtsein

Im Gegensatz zu anderen Ländern Südostasiens entstand auf der malaiischen Halbinsel erst relativ spät eine nationalistische Bewegung. Die drei Bevölkerungsgruppen hatte unterschiedlichen Interessen, so daß sich ein gemeinsames Nationalgefühl nur schwerliche entwickeln konnte: Chinesen waren und blieben China-orientiert, Malaien lebten zum größten Teil als Kleinbauern in der traditionellen Dorfgemeinschaft, und die Inder arbeiteten auf den Plantagen. Malaysische Historiker sehen heute in den islamischen Erneuerungsbewegungen der Jahrhundertwende erste Anzeichen für einen erwachenden malaiischen Nationalismus.

In den 20er Jahren wurde die nationalistische Bewegung stark von Indonesien beeinflußt, der radikale Flügel trat damals für den Anschluß Malayas an den zu bildenden indonesischen Staat ein. Erst in jüngster Zeit scheint es der jüngeren städtischen Generation zu gelingen, ein gemeinsames Nationalgefühl über die Schranken der Rassen und Religionen hinaus zu entwickeln. Sie verstehen sich mittlerweile nicht mehr wie ihre Vorfahren als Chinesen, Malaien oder Inder sondern als Malaysier.

Ministerpräsident Mahatir

Im Gegensatz zu seinen Vorgängern, die sich noch an Großbritannien orientierten, versucht Ministerpräsident Mahathir ohne Rücksicht auf das koloniale Erbe die postkoloniale Äera zu beenden. Er verstärkt die wirtschaftlichen Handelsbeziehungen mit Japan und Korea, aber auch mit den Golf- und Pazifikstaaten. Eine Zentralisierung soll mehr Effizienz im administrativen, politischen und wirtschaftlichen Bereich schaffen. Außenpolitisch verfolgt Malaysia eine Politik der Nichtpaktgebundenheit und regionalen Kooperation (ASEAN). Allerdings besteht weiterhin das Fünf-Mächte-Verteidigungsabkommen mit Neuseeland, Singapore, Großbritannien und Australien. Als „Erbe" Mahathirs hat sich in den vergangenen Jahren Finanzminister Anwar Ibrahim profiliert.

Die Nationale Front

Die regierende Nationale Front, *Barisan Nasional*, ist aus einem Zweckbündnis der größten politischen Parteien hervorgegangen. Traditionell stellt die malaiische UMNO den Ministerpräsidenten und die maßgeblichen Minister. Die chinesische MCA und der indische MIC sind die wichtigsten Partner.

Daneben sind auch verschiedene Parteien Sarawaks und Sabahs in der Nationalen Front, da das Parteienspektrum in diesen beiden Bundesstaaten völlig unterschiedlich ist. Die drei großen Parteien haben in den vergangenen Jahren enorme interne Spannungen und Probleme bewältigen müssen. Trotzdem erreichten die Barisan-Parteien bei den Wahlen im April 1995 ihren bisher größten Wahlerfolg. Von den 192 Sitzen im *Dewan Rakyat* gingen nur 30 Sitze an die Oppositionsparteien.

Wirtschaft
Landwirtschaftliche Betriebe

Viele Touristen haben den Eindruck, daß Kautschuk- und Ölpalmplantagen die Landwirtschaft Peninsular Malaysias prägen. Kilometerweit erstrecken sich die Pflanzungen, die zum Teil eine Größe von mehr als 4000 ha erreichen. Früher waren sie ausschließlich im Besitz der großen Multis *(Dunlop, Sime Darby, Guthrie, Harrisons)*, in den letzten Jahren wurden sie größtenteils von malaysischen Gesellschaften übernommen.

Für die Kautschukproduktion des Landes fast gleichgewichtig sind die weniger auffälligen sogenannten *smallholdings*, d.h.

Klein- und Familienbetriebe unter 40 ha Anbaufläche. Der größte Teil dieser Betriebe verfügt nur über 1 bis 6 ha. Der Staat fördert sie nach Kräften, liefert Saatgut zu niedrigen Preisen und gewährt Zuschüsse, günstige Kredite und Absatzgarantien. Die 1959 gegründete FELDA *(Federal Land Development Authority)* ist die wichtigste staatliche Gesellschaft für Landerschließung. Sie ist gleichzeitig auch für die Organisation der Besiedlung von Neuland zuständig. Etwa 120 000 Bauern wurden bisher mit ihren Familien umgesiedelt.

Cash crops

Malaysia produzierte mit 1,07 Mill. Tonnen (1996) etwa 25% der gesamten Weltproduktion an Naturkautschuk. Zu Beginn der 80er Jahre sank die Nachfrage nach diesem Rohstoff, deshalb laufen seit einiger Zeit Regierungsprogramme zur Förderung anderer Produkte, vor allem der Ölpalme. Malaysia stellt mit 8,4 Mill. Tonnen über die Hälfte der Weltproduktion von Palmöl her. Weitere wichtige landwirtschaftliche Produkte sind Kakao, Kopra, Pfeffer, Ananas und Tabak.

Durch die einseitige Förderung des Exports von Agrarerzeugnissen bis in die Mitte der 80er Jahre, sogenannten cash crops, hat sich das Land in eine starke Abhängigkeit von Weltmarktpreisen begeben, ohne die Selbstversorgung mit Grundnahrungsmitteln sicherzustellen. Reis muß in immer größeren Mengen importiert werden. Da die Bevölkerung jährlich um 2,4% wächst, kann die Situation bald problematisch werden.

Während vor einigen Jahren auch kleinere Flächen im Süden der Halbinsel mit Reis bepflanzt wurden, liegen diese mittlerweile brach, denn die Landbevölkerung findet wesentlich attraktivere Arbeitsplätze in der Industrie. Die wichtigsten Reisanbaugebiete des Landes liegen in Kedah/Perlis und in Kelantan, wo man die Ernte mit umgebauten Mähdreschern bewältigt.

Bodenschätze

Der drittwichtigste Exportartikel Malaysias ist Erdöl bzw. Erdölprodukte. In den großen Erdgas- und -öl-Offshore-Feldern von Sarawak, Sabah und Terengganu werden riesige Vorräte vermutet. 1996 betrug die Erdölfördermenge 700 000 Barrel am Tag. Die Jahresproduktion an Erdgas belief sich 25 Milliarden m^3. Petronas, die staatliche Ölgesellschaft, hat mit verschiedenen ausländischen Multis Förderverträge abgeschlossen, die auf dem Prinzip des *production sharing* beruhen. Das heißt, daß ein bestimmter Teil der Förderung an Petronas geliefert wird.

Noch 1980 förderte Malaysia 62% der Weltproduktion an Zinn, rutschte aber 1994 mit 4% auf die achte Stelle der Förderländer ab. Die Vorkommen sind erschöpft, so daß die meisten Minen mittlerweile geschlossen wurden.

Industrie

Dank der attraktiven Gesetzgebung für ausländische Investoren, einer ausgezeichneten Infrastruktur, qualifizierter Arbeitskräfte sowie politischer Stabilität weist seit Mitte der 80er Jahre Malaysia mit jährlichen 8–10% eine der höchsten wirtschaftlichen Wachstumsraten auf. Über 43% des Bruttoinlandsproduktes wird von der herstellenden Industrie erwirtschaftet, wodurch dieser Teil der Wirtschaft zum Motor der ökonomischen Entwicklung geworden ist. Die Produktpalette umfaßt elektronische Bauteile, aber auch Fertigprodukte, Erzeugnisse der Nahrungsmittelindustrie, Kautschukwaren (Kfz-Reifen und -schläuche) und bearbeitetes Holz.

Malaysias Silicon Valley erstreckt sich beiderseits des Federal Highway zwischen Kuala Lumpur und Kelang im sogenannten Kelang Valley. Der Aufbau der Schwerindustrie wird seit 1980 durch die Gründung der HICOM *(Heavy Industries Corporation of Malaysia),* einer staatlichen Gesellschaft, verstärkt vorangetrieben. Die bisher wichtigsten Firmen der HICOM sind neben der nationalen Automobilgesellschaft *Proton* das Zementwerk in Teluk Ewa (Langkawi) und das Stahlwerk in Teluk Kalong (Terengganu), das allerdings mittlerweile privatisiert wurde.

Arbeitskräfte

Noch immer werden Handel, Industrie, Banken und Versicherungen überproportional von der chinesischen Minderheit kontrolliert. Durch die staatliche Förderung der *Bumiputra* (Söhne der Erde = Malaien) wurde aber der Anteil der Malaien am Produktivkapital von 2 auf 20% gesteigert.

Trotz mehrerer Millionen Gastarbeiter, vor allem aus Indonesien, die sich zu einem großen Teil illegal im Land aufhalten, besteht ein großer Arbeitskräftebedarf, vor allem in der Plantagenwirtschaft. Ein latenter Mangel an qualifizierten Arbeitskräften besteht auch in der Industrie. Ingenieure, Techniker und Facharbeiter sind Mangelware.

Tourismus

Der Tourismus stellt für Malaysia einen wichtigen volkswirtschaftlichen Faktor dar. Etwa 8,6 Mio Touristen haben 1996 Malaysia besucht, wobei das Gros der Besucher aus Singapore kommt. Das verwundert nicht, denn die Inselrepublik besitzt nur einen geringen Freizeitwert: Strände oder Waldgebiete sind kaum noch vorhanden oder total überlaufen wie etwa Sentosa.

So stauen sich am Wochenende die Autos am Causeway, wenn viele Großstädter versuchen, der Hektik zu entkommen. Außerdem locken merklich günstigere Preise im Nachbarland.

Tourismuszentren wie Desaru werden fast ausschließlich von Urlaubern aus Singapore belegt. Europäer bevorzugen andere Ziele, wie Penang, die Cameron Highlands oder die nördliche Ostküste. Nur wenige verschlägt es nach Sarawak oder Sabah, wo die Kosten für Übernachtungen und Transport wesentlich höher sind als auf der Halbinsel.

Bücherliste

Deutschsprachige Literatur über Malaysia ist recht wenig vorhanden. Um sich auf eine Reise vorzubereiten, kann man sich in einer Bibliothek die entsprechenden Werke in Englisch besorgen.

Allerdings sind viele der angegebenen Bücher in Deutschland kaum erhältlich und selbst in den großen Bibliotheken nicht vorhanden. Man sollte sein Glück am besten in Südostasien selbst versuchen. Singapore, Kuala Lumpur, Penang oder Kuching haben gut ausgestattete Büchereien.

Geschichte

A Portrait of Malaysia and Singapore (Tan Ding Eing; Kuala Lumpur 1980 - Oxford Progressive History) Informatives und leicht verständliches Geschichtswerk vom Malacca Sultanat bis heute. Wirtschaftliche und soziale Fragen werden gut dargestellt.

A History of Malaysia (Watson Andaya, Barbara & Andaya, Leonhard; London 1982) Gute und kritische Darstellung von der Frühgeschichte bis heute.

The Jungle is Neutral (Chapman, F. Spencer; London 1949) Die Erlebnisse zurückgebliebener britischer Offiziere während der japanischen Besetzung. Chapman bildet in den Dschungelgebieten von Perak antijapanische Guerilla aus, die später unter kommunistischen Einfluß den Aufstand gegen die Briten und ihre malaiischen Verbündeten unternehmen.

Jungle War in Malaya - The Campaign against Communism 1948-60 (Miller, Harry; London 1972) Umfangreiche Beschreibung der *emergency* eines britischen Journalisten.

The War Of The Running Dogs (Barber, Noel; Glasgow 1985) Darstellung der *emergency* aus der Sicht eines parteiischen britischen Teilnehmers.

Geographie - Wirtschaft - Zeitgeschehen

Asiatisches Drama (Myrdal, Gunnar; Frankfurt 1973). Wer sich intensiver mit den Problemen der wirtschaftlichen Unterentwicklung der asiatischen Länder auseinandersetzen will, muß Myrdal gelesen haben. Die deutsche, bei Suhrkamp erschienene Übersetzung ist eine Zusammenfassung des gewaltigen, dreibändigen Werkes.

Malaysia-Singapur - Werdegang und Portrait abhängiger Modernisierung (Garbe, Eckart; Bremen 1984) Kritische Darstellung der Entwicklung der beiden Länder.

Malaysia (Kühne, Dietrich; Stuttgart 1985; Klett Länderprofile) Eine Länderkunde, die nicht nur über geographische Fakten berichtet, sondern auch ausführlich bevölkerungspolitische und ökonomische Probleme anschneidet. Leider schreibt Kühne im typisch-wissenschaftlichen Universitätsstil.

Malaysia (Südostasien-Länderreihe Bd.1, Hrsg.: Südostasien Informationsstelle Bochum 1993) 27 Einzelartikel deutscher und malaysischer Autoren zu aktuellen Themen wie Islam, Menschenrechte, Umweltschutz, Frauen etc.

Malaysia: Kautschuk oder Elektronik (Hrsg.: Südostasien-Gruppe in der Evang. Studentengemeinde Bochum, Alektor Verlag Stuttgart 1993) Kritisches Buch über den problematischen Weg von einer traditionellen Agrargesellschaft zu einer modernen Industrienation, mit besonderem Augenmerk auf den Rechten von Arbeitern und Frauen.

South-East Asia. Race, Culture and Nation (Hunter, G.; London, New York, Kuala Lumpur) Allgemeines Werk über die Entstehung der modernen südostasiatischen Nationalstaaten.

The Chinese In Southeast Asia (Purcell, V.; London, Kuala Lumpur, Hong Kong 1965) Umfassende Darstellung der chinesischen Minderheiten in ihrer Entstehung, Gegenwart und Perspektive.

South East Asia - Race, Culture, and Nation (Hunter, G.; Kuala Lumpur, London, New York 1966).

A Dictionary of Malaysian Politics (Barraclough, Simon; Singapore 1988) Auf 97 Seiten werden sämtliche Begriffe des politischen Systems Malaysias erklärt.

Brunei - The Modern Southeast-Asian Islamic Sultanate (Leake, David Jr.; Kuala Lumpur 1990) Eine kritische, interessante Darstellung der Geschichte und Gesellschaft dieses kleinen, reichen Staates.

Ethnologie

Orang Asli - The Aboriginal Tribes of Peninsular Malaysia (Carey, Iskandar; Kuala Lumpur 1976) Wichtigstes Werk über die Ureinwohner West-Malaysias eines früheren Commissioner for Orang Asli Affairs.

The Pagan Tribes Of Borneo (Hose & McDougall, Reprint 1966) Standardwerk über die Stämme Borneos, vor allem über die Iban und Kayan in Sarawak. Erstmals erschienen die zwei dicken Bände 1912.

Vanishing World - The Ibans of Borneo (Morrison, H., New York, Tokyo 1978) Der beste Bildband über die Iban, in Singapore, Malaysia und Europa erhältlich.

Natives of Sarawak - Survival in Borneo's Vanishing Forests (Hong, Evelyne; Penang 1987) Die Kulturen Sarawaks im Spannungsfeld zwischen Tradition und Moderne, im Mittelpunkt stehen die Auswirkungen der Abholzung der Regenwälder.

Borneo: The People of the Weeping Forest - Tradition and Change in Borneo (Leiden 1986) Ausstellungskatalog des Völkerkundemuseums zu einer Ausstellung über die gesellschaftlichen Auswirkungen der Abholzung der Wälder.

Natur und Umwelt

Kinder des Urwalds - Meine Arbeit mit Orang Utans auf Borneo (Harrisson, Barbara; Frankfurt 1979) Leicht zu lesendes Taschenbuch.

Der Malaiische Archipel (Wallace, Alfred Russel; 1. englische Auflage 1869, deutsche Auflage Frankfurt 1983) Klassiker des englischen Naturforschers, der viele Jahre die Inseln und das malaiische Festland bereiste - Schwerpunkt: Fauna und Flora.

Magnificent Plants (Yong Hoi-Sen; Kuala Lumpur 1981) Ein phantastischer Bildband über die Pflanzen Malaysias.

Proboscis Monkeys of Borneo (Bennett, Elizabeth; Gombek, Francis; Kota Kinabalu 1993) Detaillierte Beschreibung der nur auf Borneo lebenden Affen mit zahlreichen guten Fotos.

The Leatherback Turtle - A Malaysian Heritage (Chan Eng Heng / Liew Hock Chark; Kuala Lumpur 1989) Kleiner 50seitiger Band über die Schildkröten Malaysias.

Amphibien & Reptilien Südostasiens (Manthey, Ulrich; Grossmann, Wolfgang; Natur und Tier-Verlag, 1997) Das erste und einzige Werk über die Amphibien- und Reptilienfauna der Sunda-Region. Umfassend, übersichtlich, mit vielen Fotos und Grafiken. 512 Seiten.
Absolut empfehlenswert für Zoologen und Naturfreunde.

Malaysia's Green and Timeless World - An Account of the Flora, Fauna and Indigenous Peoples of the Forests of Malaysia (Shuttleworth, Charles; Kuala Lumpur 1981) Umfangreicher Bericht eines engagierten Naturfreundes mit vielen Schwarzweiß- und Farbfotos

The Sinking Ark - Environmental Problems in Malaysia & Southeast Asia (Lee, David; Kuala Lumpur 1980) Sehr empfehlenswertes Buch über die verschiedensten ökologischen Probleme und deren Auswirkungen.

Tropische Regenwälder (Whitmore, T. C.; Frankfurt 1992) Standardwerk über den tropischen Regenwald in Südostasien. Leider sehr teuer.

The Battle for Sarawak's Forests (Sahabat Alam Malaysia; Penang 1989) Ausführliche Dokumentation über den Kampf der Dschungelbewohner Sarawaks für die Erhaltung ihres Lebensraumes.

Logging Against The Natives of Sarawak (Institute of Social Analysis; Kuala Lumpur 1992) In diesem aktualisierten kritischen Bericht über die Abholzung des Dschungels werden Namen und Fakten benannt.

Reisebeschreibungen

Der Staub Gottes (Ian Buruma; Eichborn Verlag 1992) Ein europäischer Journalist schildert aus 8 asiatischen Staaten, darunter auch Malaysia und Singapore, das alltägliche Leben der „kleinen" Leute vor dem Hintergrund der „großen" Politik. Gelungene Mischung aus politischem Hintergrundbericht und Alltagsbiographien.

Eine Durchquerung der Insel Borneo (Helbig, Karl; Berlin 1982) Bericht der 1937 erfolgten spektakulären Inseldurchquerung anhand von Helbigs Tagebüchern. Von ihm ebenfalls erschienen ist: **Urwaldwildnis Borneo - 3000 Kilometer Zick-Zack-Marsch durch Asiens größte Insel** (Braunschweig 1940).

Wolken über Borneo (Siebert, Rüdiger; Würzburg 1984) Der engagierte Journalist, ein genauer Beobachter, beschreibt in den Essays seine Reiseerfahrungen.

Queen of the Headhunters (Sylvya, Lady Brooke; Singapore 1990) Autobiographie der letzten Weißen Ranee von Sarawak.

The Golden Chersonese - Travels in Malaya in 1879 (Bird, Isabella L.; Reprint Kuala Lumpur 1980) Die abenteuerlichen Reisen der Mrs. Bird in Perak, Selangor, Negri Sembilan, Sungai Ujong und Malacca. Empfehlenswert!

Life in the Forests of the Far East
(St. John, Spenser; Reprint Kuala Lumpur 1974, zuerst erschienen 1862) Großartige Beschreibung Sarawaks und Sabahs mit vielen Karten und Abbildungen. 2 Bände.

In Malay Forests (Maxwell, George; London 1907) Klassiker des großen Malaya Liebhabers. Enthält fünfzehn Geschichten.

In British Malaya Today (Sidney, Richard J.H.; London 1924)

Forest Life and Adventures in the Malay Archipelago (Mjöberg, Eric; Reprint 1988, zuerst erschienen 1928) Ein Kompendium über die Fauna und Flora Borneos und Sumatras, angereichert mit persönlichen Erlebnissen eines schwedischen Arztes.

Kultur - Literatur

Kultur Knigge - Malaysia Singapore (Craig, Jo-Ann; Dormagen 1993) Taschenbuch, das ursprünglich für *expatriates* geschrieben wurde, aber auch in die Hände eines Touristen gehört. Übersetzung des englischen Originals aus der Reihe „Culture Shock".

Malaiische Chronik (Sejarah Melayu) (Hrsg. Karow, Otto; übersetzt aus dem Malaiischen von Overbeck, Hans; Düsseldorf 1976) Die zur Zeit beste Übersetzung des Klassikers der malaiischen Literatur.

Die Geschichte von Hang Tuah (übersetzt aus dem Malaiischen von Overbeck, Hans; Leipzig 1986)

A Royal Pleasure Ground - Malay Decorative Arts and Pastimes (Sheppard, Mubin; Singapore 1986) Reich bebilderter Band der Kultur und des Kunsthandwerks der Malaien.

Place-Names in Peninsular Malaysia (Singam, S.Durai Raja; Kuala Lumpur 1980) Amüsante Erklärung fast aller geographischen Namen Malaysias.

Malay Myths and Legends (Knappert, Jan; Kuala Lumpur 1980) Leicht zu lesende Einführung in die von Legenden umgebene malaiische Geschichte.

A Malaysian Journey (Rashid, Rehman, Petaling Jaya 1993) Die Kurzgeschichten des Autors und Journalisten portraitieren das moderne Malaysia.

Romane

Erzählungen von **Somerset Maugham** (Diogenes Taschenbücher, werden unter verschiedenen Titeln angeboten). Malaya in den Zwanziger und Dreißiger Jahren. Maugham präsentiert in seinen Kurzgeschichten koloniale Charaktere und deren Verhalten. Für Malaysia Traveller ein absolutes Muß.

Waffenschmuggel (Ambler, Eric; Diogenes TB 1977) Spannende Geschichte eines Waffengeschäfts während der Aufstände in Sumatra 1958/59.

Rattenkönig (Clavell, James; München 1979) Persönliche Erlebnisse des Erfolgsautors im japanischen Kriegsgefangenen-Lager Changi in Singapore.

Almayers Wahn (Conrad, Joseph; Frankfurt 1981) Conrad - Roman vom Leben eines Europäers in der Kolonialzeit.
Auch die anderen Conrad Romane sind eine gute Reiselektüre (**Sieg - Eine Inselgeschichte, Die Rettung - Ein Roman von den Untiefen, Der Verdammte der Insel, Lord Jim**).

Saint Jack (Theroux, Paul; Frankfurt 1983) Story von einem Amerikaner, der in Singapore als Zuhälter arbeitet.

Feuer über dem Fluß (Samad Said, A.; Bad Honnef 1993) Deutsche Übersetzung des malaiischen Romans, der das Landleben während der japanischen Besatzung beschreibt.

Malayan Trilogy (Burgess, Anthony; Harmondsworth 1981) Die drei autobiographischen Romane spielen im Malaya der Nachkriegszeit.

Twilight of the Nyonyas (Chin Kee Onn; Kuala Lumpur 1984) Lebensgeschichte einer Straits-Chinesin zum Beginn unseres Jahrhunderts. Etwas langatmig, aber viele Hintergrundinformationen.

Tanamera (Barber, Noel; London 1981) Geschichte von zwei großen Familien Singapores von 1930 bis zur Neuzeit.

Son of Singapore / Man of Malaysia / Eye on the World (Tan Kok Seng, Petaling Jaya 1972, 1974, 1975) Die Trilogie des chinesischen Singaporeaners erzählt seine Lebensgeschichte. Sehr empfehlenswert.

The Soul of Malaya (Fauconnier, Henri; Kuala Lumpur 1965) Der Roman basiert auf den Erlebnissen eines europäischen Pflanzers im Malaya der 20er Jahre.

The White Dove Flies Again (Hashim, Khadijah; Kuala Lumpur 1985) Der Roman der malaiischen Autorin beschreibt das Leben der bäuerlichen Bevölkerung.

Bildbände

Can Survive, La - Cottage Industries in High-rise Singapore (Sullivan, Margaret; Singapore 1985)
Großartiges Buch mit zahlreichen Farbfotos über schon fast ausgestorbene, traditionelle, chinesische Berufe.

Jalan Jalan - Images of Malaysia (Hoefer, Hans; Singapore 1981) West- und Ost-Malaysia mit einer 8 x 10 Plattenkamera aufgenommen.

A Vision of the Past (Falconer, John; Singapore 1987) Frühe Fotos aus Singapore, aufgenommen zwischen 1880 und 1910.

Tropical Rainforest In South-East Asia - A Pictorial Journey (Rubeli, Ken; Kuala Lumpur 1986) Bildband mit sehr guten Erläuterungen über den verbliebenen tropischen Regenwald In Malaysia und Sumatra.

West-Malaysia

Kuala Lumpur

Kuala Lumpur hat einfach nicht die Struktur einer „normalen" Großstadt mit 1,3 Mill. Einwohnern. Auf den ersten Blick eine Mischung aus Ost und West. Türme aus Glas und Beton, durchsetzt mit den bröckelnden Resten alter Straßenzüge, dann wieder gepflegte koloniale Prunkbauten. Nur die kühlen Wolkenkratzer der islamischen Architekten, die immer höher hinauswollen, scheinen für die Ewigkeit geschaffen. Selbst der Chinatown sind die Betonburgen schon bedrohlich auf den Leib gerückt. Obwohl die meisten vermoderten, verwinkelten Ladenhäuser reif für die Planierraupe sind, versucht man bei einigen zumindest noch die Fassaden am Straßenrand zu retten, denn auch hier hat man nach jahrelangem Totalabriß ihren unwiederbringlichen Wert erkannt.

Trotz der regen Bautätigkeit und der damit verbundenen Lärm- und Dreck-Belastung ist Kuala Lumpur ein lohnenswertes Ziel. Eine hektische, spannende Stadt, keine langweilige Provinzmetropole. Die verhaltene, strenge islamische Art ist hier nur eine von vielen, und oft ist auch sie nur Fassade. Kneipen, Kinos, Drogen, Business, Kunst, Kultur, Kriminalität – in Kuala Lumpur gibt es mehr davon als irgendwo anders in Malaysia.

KL ist eine junge Stadt. Daß es ausgerechnet Chinesen waren, die die „schlammige Flußmündung" (Kuala Lumpur) zu einem bewohnbaren Ort machten, mag den malaiischen Geschichtslehrern der heutigen Hauptstadt zwar nicht so recht gefallen, aber ein Name ist mit dem Kuala Lumpur der ersten Jahre untrennbar verbunden: Yap Ah Loy. Er war eine schillernde Figur: hart und despotisch auf der einen, weitsichtig und geschäftstüchtig auf der anderen Seite. Und er besaß nahezu uneingeschränkte Macht in der aufstrebenden Zinn-Metropole, denn die Minen waren er-

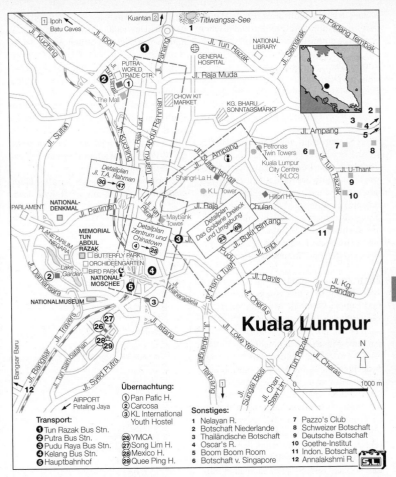

giebig, und die Geschäfte liefen trotz Malariaepidemien, Brand- und Überschwemmungskatastrophen vorzüglich.

1872 fielen rivalisierende malaiische Fürstenhäuser über Kuala Lumpur her und machten die Stadt dem Erdboden gleich, aber Yap Ah Loy ließ auf den Trümmern eine neue bauen – die ab 1878 steil ansteigenden Zinnpreise halfen ihm dabei. 1880 zog der erste britische Resident in Kuala Lumpur ein.

Das alte Zentrum, die Chinatown, lag am Ostufer des Kelang. Die Briten errichteten die ersten Regierungsbauten am Westufer. Schließlich mußte Yap Ah Loy dem Druck des Sultanats in Selangor nachgeben und auch malaiische Siedler im Stadtzentrum dulden. Mit seinem Tode 1885 war die chinesische Vorherrschaft besiegelt. 1886 verlegte der Sultan seinen Hof nach KL, noch im selben Jahr stellten die Briten eine Eisenbahnlinie nach Port

Kelang fertig. 1896 war es bereits Hauptstadt der Konföderation der malaiischen Staaten, administratives Zentrum, Sitz eines großen Behördenapparats und Heimat von Moslems, Christen, Hindus und Buddhisten. Dem Zinn- folgte der Kautschuk-Boom, und erst die beiden Weltkriege, die das koloniale Weltgefüge nachhaltig erschütterten, brachten Perioden der Stagnation.

1957 wurde auf dem Datarang Merdeka, die Unabhängigkeit proklamiert. Seitdem ist Kuala Lumpur unaufhörlich gewachsen. Hatte das KL der Briten die Chinesenstadt schon einmal umgekrempelt, so brachte der Aufstieg Malaysias in den Club der sogenannten Schwellenländer neuerliche städtebauliche Schübe. Schon wächst eine neue Stadt heran: das KL des Industriezeitalters, des modernen Islam.

Zentrum

Aam Zusammenfluß von Sungai Klang und Sungai Gombak steht das rot-gelbe Gebäude der 1909 im orientalischen Stil nach einem nordindischen Vorbild erbauten **Jame-Moschee**. Geöffnet tgl. 8–12 und 14.30–16.15 Uhr. Frauen dürfen nur mit bedecktem Kopf und Männer nur mit langen Hosen hinein. Direkt an der Jl. Tuanku Abdul Rahman, Ecke Jl. Tun Perak erhebt sich das **Jabatan Penerangan**, in dem ursprünglich einmal das Vermessungsamt untergebracht war. Es wurde von Architekt A. C. Norman entworfen, der die meisten Gebäude in diesem Bezirk gestaltet hat, so das 1896 erbaute, ehemalige Rathaus, heute **Old City Hall** genannt, an dem man in Richtung Jl. Raja vorbeikommt. Das neue Rathaus *(Dewan Bandaraya)* steht an der Jl. Raja Laut, Ecke Jl. Parlimen. Das **Mahkamah Tinggi** war ursprünglich ein Gerichtsgebäude.

Nur wenige Schritte südlich, auf der anderen Seite der Brücke, liegt **Datarang Merdeka**, der Platz, auf dem 1957 die Unabhängigkeit ausgerufen wurde. Der **Fahnenmast** soll mit 100 m der höchste der Welt sein. Der Platz rings um den Springbrunnen im nördlichen Bereich hat sich abends zu einem beliebten Treffpunkt entwickelt. Das 1890 errichtete, frühere *Federal Secretariat*, das **Sultan Abdul Samad Building** mit seinem 41 m hohen Glockenturm, ist eines der ältesten und markantesten Gebäude der Stadt. Gegenüber steht auf dem Hügel der 1890 im Tudor-Stil neu erbaute und 1910 erweiterte **Selangor Club** - ein Stück England in Malaysia. Er war das soziale Zentrum der britischen Gesellschaft und ist nach wie vor Treffpunkt der VIPs aus Wirtschaft, Verwaltung, Politik und Kultur.

Norman gestaltete auch das **alte Hauptpostamt** *(Old GPO)* an der Jl. Raja sowie

---

Übernachtung:
③ KL International YH *(s. Übersichtsplan)*
④ Traveller's Moon Lodge
⑤ Travellers Home
⑥ Twin Happiness H.
⑦ KL City Lodge
⑧ Katari H.
⑨ Pudu Raya H.
⑩ Backpackers Travellers Lodge
⑪ Malaya H.
⑫ Nanyeang H.
⑬ Swiss Inn
⑭ Furama H.
⑮ Backpacker Travellers Inn
⑯ Starlight H.
⑰ Mandarin H.
⑱ Wan Kow H.
⑲ City Inn H.
⑳ Lok Ann H.
㉑ CT Gh.
㉒ Colonial H.
㉓ YWCA
㉔ Heritage Station H.
㉕ Riverside Lodge

Läden, Restaurants etc.:
13 Yin Futt Kuok R.
14 Maybank
15 Buffet King
16 Foodstalls
17 Hongkong Bank
18 Ramzan R.
19 King's Confectionery
20 Foodstalls
21 Nam Heong R.
22 Hoi Nam Chai R.
23 Kam Lun Tai R.
24 Maybank
25 Yok Woo Hin R.
26 Won Fo Yuan R.

Transport:
❸ Pudu Raya Bus Stn.
❹ Kelang Bus Stn.
❺ Hauptbahnhof

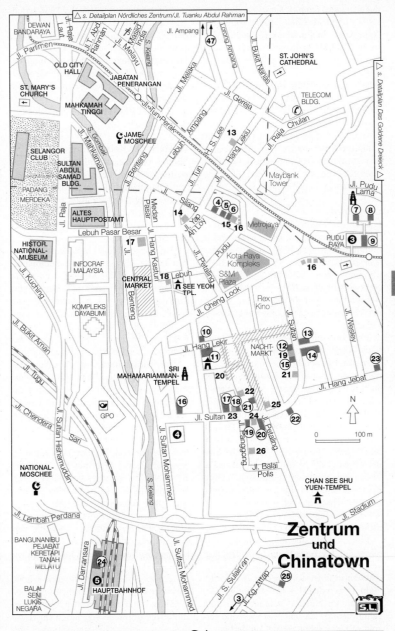

das ehemalige *Jabatan Kerja dan Bank Pertanian* (Amt für öffentliche Arbeiten und Agrarbank). In ihm ist das *Handicraft Centre* **Infokraf Malaysia** eingerichtet worden. Geöffnet tgl. 9–18 Uhr, ✆ 2934929.

Jalan Tuanku Abdul Rahman
Am unteren Ende der betriebsamen Einkaufsstraße haben sich noch einige Ladenhäuser aus den 20er Jahren halten können. Besondere Aufmerksamkeit verdient das **Coliseum Café**, die Nr. 100, gleich neben dem gleichnamigen Kino, eine der wenigen alten KL-Kneipen aus der Zeit der Kautschukpflanzer und Zinnbarone.

Chinatown
Östlich des Kelang-Flusses, zwischen Jl. Sultan, Jl. Petaling, Jl. Hang Lekir und Jl. Sultan Mohammed, liegt das alte chinesische Geschäftsviertel. Viel ist nicht mehr übriggeblieben, die alten, zweistöckigen chinesischen *Shop Houses* sind vor allem während der 70er und 80er Jahre modernen Shopping-Zentren und Bankpalästen gewichen.

Im Zentrum haben Fußgänger und Marktstände die Straßen erobert, so daß Autos kaum noch hindurchkommen. Auf dem sogenannten **Nachtmarkt** pulsiert auch tagsüber das Leben. Auf der Straße wird alles Erdenkliche verkauft.

In der Jl. Tun H. S. Lee steht der 1873 gegründete **Sri Mahamariamman-Tempel**. Die jetzigen Gebäude wurden von indischen Fachkräften aber erst Ende der 60er bis Mitte der 80er Jahre errichtet. Das hohe Eingangstor ist mit hinduistischen Gottheiten geschmückt. Im zentralen Bereich steht der Haupttempel, den – ebenso wie die äußeren Tempelmauern – kleinere Türmchen mit den bunten Figuren zieren.

Eines der ältesten taoistischen Heiligtümer, der **See Yeoh-Tempel** *(Sze Ya),* liegt versteckt hinter chinesischen Geschäftshäusern in einer Seitengasse, der Lebuh Pudu. Durch den Hof, in dem riesige Räucherspiralen hängen, gelangt man zum Hauptgebäude, das mit Malereien und vergoldeten Holzschnitzereien verziert ist.

Völlig renoviert wurde der 1936 errichtete **Central Market**, der nun so etwas wie der „Covent Garden" von Kuala Lumpur geworden ist. Man versuchte erstmalig, die Originalarchitektur weitgehend zu erhalten. Auf zwei Ebenen sind kleine Geschäfte, Restaurants, Konditoreien, Essen- und Verkaufsstände untergebracht. Geöffnet tgl. 8.30–22 Uhr, die Restaurants schließen bereits um 21 Uhr.

Westlich des Kelang-Flusses
Südlich vom Dayabumi liegt das Hauptpostamt, noch weiter südlich kommt man zum **Hauptbahnhof**. Das nordindisch-islamische Hauptgebäude mit seinen zahlreichen Arkaden und Türmen entstand zwischen 1885 und 1911 und ähnelt einer großen Moschee.

Auf einem Hügel nordwestlich des Bahnhofs erhebt sich die **Nationalmoschee**. 75 m hoch ragt das Minarett aus einem Wasserbecken empor. Für Besucher (ordentliche Kleidung erforderlich) ist die Moschee, eine der größten in Südostasien, geöffnet außerhalb der Gebetszeiten tgl. 8–12 und 14.30–16.15 Uhr. Frauen bekommen einen Umhang und ein Kopftuch.

Das **Nationalmuseum** lohnt einen Besuch. Im Erdgeschoß eine ethnologische Ausstellung mit Informationen über die verschiedenen Völker und die Geschichte der malaysischen Staaten. Im 1. Stock erhält man Informationen zu Fauna und Flora, Industrie und Infrastruktur. Aus Sabah und Sarawak ist allerdings kaum etwas vorhanden. Geöffnet tgl. 9–18, Fr 12–14.45 Uhr geschlossen; während des Ramadan tgl. bis 17 Uhr, ✆ 2826255. Eintritt 1 RM, Fotoerlaubnis 1 RM.

Schräg gegenüber im **Orchideengarten** *(Taman Orkid)* kann man über 200 verschiedene Orchideenarten bewundern und kaufen. Geöffnet tgl. 9–18.30 Uhr, Eintritt So und feiertags 1 RM. Nur einige Meter entfernt liegt der **Bird Park**, eine schöne Parkanlage mit kleinen Bächen und Wasserfällen. Unter einem großen Netz fliegen zahlreiche tropische Vogelarten (fast) wie in ihrer natürlicher Umgebung umher. Eintritt 3 RM, Kinder 1 RM; geöffnet tgl. 8–18 Uhr. Anreise am besten mit dem Taxi.

Unterhalb vom Bird Park, 5 Min. zu Fuß entfernt, befindet sich die sehenswerte **Malaysian Butterfly World**, Jl. Cenderawasih, ✆ 2937567, ein liebevoll angelegter Schmetterlingspark. Geöffnet tgl. 9–17 Uhr, Eintritt 5 RM, Kinder 2 RM, Kamera 1 RM, Videokamera 3 RM.

Das Goldene Dreieck

Diese Gegend verfügt über eine ungewöhnliche Dichte an Einkaufsmöglichkeiten, Hotels, Restaurants und Coffee Shops. Rund um die **Jl. Bukit Bintang** kann man am späten Abend noch bummeln gehen. Im nördlich angrenzenden „Golden Triangle", dem **Goldenen Dreieck** rings um die Jl. Ampang und Jl. Raja Chulan herrscht geradezu Goldgräberstimmung: Überall wird gebuddelt und gebaut, Einkaufszentren und Hotels von gigantischen Ausmaßen schießen wie Pilze aus dem Boden.

Im Westen erhebt sich auf dem Bukit Nanas der **KL Tower**, ein 421 m hoher Fernsehturm, einer der höchsten der Welt. Zwei Aufzüge bringen Besucher tgl. von 10–18 Uhr für 8 RM hinauf zur Aussichtsplattform im 1. Stock der Kugel in 300 m Höhe, von der aus man an klaren Tagen das ganze Klang Valley überblicken kann.

Das **Kuala Lumpur City Centre** KLCC ist ein Projekt von gewaltigen Ausmaßen. Auf dem Gelände der ehemaligen Rennbahn entsteht für das kommende Jahrtausend ein neues Wirtschaftszentrum, das das kommerzielle Herz einer der am schnellsten wachsenden Wirtschaftsregionen der Erde werden soll. Der größte Komplex, die **PETRONAS Twin Towers**, sorgte bereits vor seiner Fertigstellung für Wirbel, denn mit 450 m war es (zumindest bei seiner Fertigstellung) das höchste Haus der Erde. Die Zwillingstürme sind im 41. und 42. Stock durch eine Brücke miteinander verbunden.

Bei den meisten Reisegruppen steht der **Komplex Budaya Kraf**, das Kunstgewerbezentrum in der Jl. Conlay, auf dem Programm.

Jalan Ampang

Ein paar koloniale Residenzen haben sich entlang der Jl. Ampang halten können. Besucher kommen vor allem wegen des **Malaysia Tourist Information Complex (MATIC)**, 109 Jl. Ampang, das in der restaurierten Villa eines reichen Zinnbarons untergebracht ist. Verschiedene Stände bieten Wissenswertes über alle Regionen Malaysias. Geöffnet Mo–Fr 8–17, Sa 8–13 Uhr. Mehrmals täglich wird eine Video Show gezeigt, außerdem findet Di, Do, Sa und So um 15.30 Uhr eine traditionelle Tanzdarbietung statt (Eintritt 2 RM).

Übernachtung

GÄSTEHÄUSER UND HOSTELS – Es gibt zwar viele *Low Budget*-Übernachtungsmöglichkeiten in Gästehäusern, aber das Preis-Leistungsverhältnis ist sehr unterschiedlich. Gute Hostels sind dünn gesät, außerdem kommen und gehen sie schnell, weil sie häufig illegal betrieben werden.

Kawana Tourist Inn** ㊾, 68 Jl. Pudu, ✆ 2386714, ℻ 2302120, liegt gegenüber der Busstation. Winzige, einfache Zimmer mit Fan oder ac, zum Teil mit Du/WC, viele haben nur Etagenbetten. Sterile Atmosphäre, aber sauber. Schlafsaalbett 12 RM.

Traveller's Moon Lodge* ④, 36 B Jl. Silang, ✆ 2306601, ist eine beliebte Traveller-Adresse. Billiger Schlafsaal mit 4–8 Betten für 8–10 RM p.P., aber auch Zimmer mit Fan, Dachgarten, nettes Management, Wäscheservice, Safe.

Travellers Home* ⑤, 42 A Jl. Silang, ✆ 2013546, einfache Zimmer mit Fan und Gemeinschafts-Du/WC, kein Schlafsaal. Wäscheservice.

Backpackers Travellers Inn*-** ⑮, 60 Jl. Sultan, ✆ 2382473, gegenüber dem Furama Hotel im 2. Stock. Schlafsaalbett je nach Dorm-Größe 8–10 RM, auch Zimmer mit Fan oder ac (tagsüber ausgeschaltet), Gemeinschafts-Du/WC. Sauber, Reservierung von Tickets und Touren, Wäscheservice, Gepäckaufbewahrung.

Backpackers Travellers Lodge*-*** ⑩, Jl. Tun H. S. Lee, Ecke Jl. Hang Lekir, ✆ 2010889, ℻ 2381128, saubere Zimmer mit ac oder Fan, überwiegend mit Gemeinschafts-Du/WC, Schlafsaal 8 RM, Locker, Wäscheservice.

Chinatown (CT) Guesthouse* ㉑, Jl. Petaling, Wisma B.W.T., 2. Stock, ✆ 2320417, einfache, dunkle Verschläge mit Fan, Schlafsaalbett 10 RM, Wäscheservice. Einige Gäste haben schlechte Erfahrungen gemacht.

YWCA** ㉓, 12 Jl. Hang Jebat, am Stadion, ✆ 2301623. Ein älterer und neuerer Komplex in einem Garten. Eine Adresse nicht nur für Frauen – auch Paare und Familien werden aufgenommen.

Kuala Lumpur International Youth Hostel* ③, 21 Jl. Kampung Attap, am Ende einer Sackgasse, ✆ 2736871, ℻ 2741115, läßt sich vom Bahnhof aus in 5–10 Min. zu Fuß erreichen. In dem sauberen, ac-gekühlten Gebäude kann man für 15 RM die erste, für 12 RM die weiteren Nächte in einem der nach Geschlechtern getrennten Schlafsäle mit 6–10 Betten verbringen. YHA-Mitgliedschaft 30 RM.

Riverside Lodge* ㉕, 80 A Jl. Rotan, am Ende einer ruhigen Seitenstraße der Jl. Kg. Attap, ✆ 2011210, Schlafsaal mit 6 Betten für 8 RM p.P., saubere Zimmer mit Fan und Gemeinschafts-Du/WC, Wäscheservice, Kochgelegenheit.

YMCA**-*** ㉖, 95 Jl. Padang Belia, ✆ 2740045, 2740559. Verkehrstechnisch nicht ideal, dafür relativ komfortabel und ruhig gelegen. Großzügiges Gebäude, Zimmer mit Fan oder ac, zum Teil mit Du/WC. Waschsalon, Reisebüro, Aufenthaltsräume, Restaurant. Am besten vorher anrufen.

Lodge 51*-** ㊼, 51 Jl. Ampang, ✆ 2324678, akzeptable Zimmer mit Fan bzw. ac, Frühstück im Preis inbegriffen.

TI Lodge** ㊻, 104 Jl. Masjid India, abgehend von der Lorong Bunus Enam, ✆ 2930261. Angenehmes Traveller-Hotel, zentral gelegen, kleine Zimmer mit Fan und ac, diese mit und ohne Du/WC, mit Frühstück, Wäscheservice. Gegenüber befindet sich ein großer Markt mit guten Essensständen.

Paradise Lodge*-** ㊲, 319 Jl. Tuanku Abdul Rahman, ✆ 2922872. Zum Teil fensterlose, aber saubere Zimmer, Lounge mit Video, Wäscherei. Wer mit dem Bus kommt, sollte beim *Sime Darby*-Gebäude aussteigen.

Ben Soo Homestay*-** ㉞, 61 B Jl. Tiong Nam, ✆ 2918096. Nicht leicht zu finden, aber das richtige für Rucksackreisende, freundliche, familiäre Atmosphäre. Schlafsaal mit 4 Betten 10 RM p.P. und einfache Zimmer, inklusive Frühstück. Innerhalb der City Abholservice unter ✆ 010-327013.

PREISWERTE HOTELS – Billighotels sind in vielen Fällen Bordelle bzw. Stundenhotels – nichts für alleinreisende Frauen. Wir haben versucht, trotzdem ein paar annehmbare Adressen ausfindig zu machen – Ausnahmen bestätigen auch hier die Regel.

Allerdings lohnt es sich gerade in KL, lieber in Gästehäuser und Hostels oder gleich in die teurere Kategorie auszuweichen, die für etwas mehr Geld erheblich mehr Komfort bietet.

KL City Lodge** ⑦, 16 Jl. Pudu, einfaches, lautes Hotel gegenüber der Busstation, Zimmer mit Fan o. ac, z. T. mit Du/WC, Schlafsaalbett 8 RM.

Twin Happiness Hotel** ⑥, 44 A Jl. Silang, ✆ 2387667 und 2389528. Preiswertes kleines Hotel im 1.–4. Stock, spärlich möblierte, dünnwandige, etwas abgewohnte Zimmer mit und ohne ac, einige teurere mit Du/WC, abenteuerlichen Duschvorrichtungen – aber warmem Wasser! Familiäre Atmosphäre, Günstige Lage nahe Chinatown und Busstation.

Starlight Hotel**-*** ⑯, 90 Jl. Hang Kasturi, ✆ 2389775, überteuerte ac-Zimmer, z.T. mit Du/WC. Auch große 4-Bett-Zimmer. Man sollte versuchen, ein Zimmer nach hinten zu bekommen.

Coliseum Hotel** ㊵, 98-100 Jl. Tuanku Abdul Rahman, ✆ 2926270, aus dem Jahre 1921 hat noch 10 einfache Zimmer mit Fan oder ac und Gemeinschafts-Du/WC. Die Doppelzimmer liegen alle zur lauten Straße hin. Einige Gäste klagten über Bettwanzen.

Rex Hotel* ㊹, 132-134 Jl. Tuanku Abdul Rahman, ✆ 2983895. Recht laute Zimmer mit Fan, Gemeinschafts-Du/WC. Ein wenig düster, runtergekommen.

Tivoli Hotel** ㊸, 136 Jl. Tuanku Abdul Rahman, ✆ 2924108, saubere Zimmer mit Fan oder ac, mit und ohne Du/WC.

Shiraz Hotel** ㊴, 1-3 Jl. Medan Tuanku, ✆ 2922625. Hat auch Zimmer mit Du/WC und ac, ansonsten nicht sehr einladend.

Omar Khayam Hotel** ㊶, 5 Jl. Medan Tuanku, ✆ 2988744, gleich nebenan, bietet das gleiche. Die Gegend um die nördliche Jl. Raja Laut ist eigentlich eher für *Short Time*-Etablissements bekannt, dennoch gibt es auch hier akzeptable, billige Übernachtungsmöglichkeiten.

Übernachtung:
① zum Pan Pacific H.
㉚ Grand Central H.
㉛ Asia H.
㉜ New Cylinmen H.
㉝ City H.
㉞ Ben Soo Homestay
㉟ Wilayah H.
㊱ Sentosa H.
㊲ Paradise Lodge
㊳ Holiday Inn City Centre
㊴ Shiraz H. + R.
㊵ Omar Khayam H. + R.
㊶ Mackt Budget H.
㊷ Kowloon H.
㊸ Tivoli H.
㊹ Rex H.
㊺ Coliseum H. (+Café)
㊻ Tl Lodge
㊼ Lodge 51

Läden, Restaurants etc.:
27 Cameleon R.
28 Hanifa R.
29 Lee Wong Kee R.
30 The Eaterie R.
31 Alisan R.
32 Foodstalls
33 Bangles R.
34 Mini Grill House Bar

13 Yin Futt Kouk R.

Transport:
❻ MSL Travel

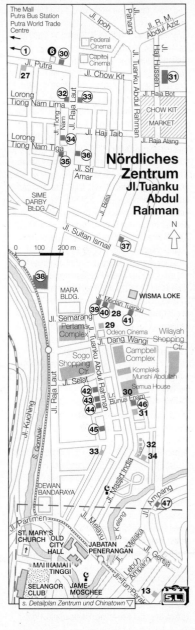

*New Cylinmen*** ㉜, 110 Jl. Raja Laut, ✆ 4425905. Bis zu 4 Personen können sich eines von den vorderen, großen Zimmern teilen, die mit Du/WC nach hinten sind ruhiger.

MITTELKLASSE – in dieser Kategorie gibt es kein großes Angebot. Wer gerade frisch aus Europa gelandet ist und ein ordentliches Mittelklassezimmer haben möchte, muß schon 80, besser noch 100 RM anlegen. Bad, ac und Telefon sind bei diesem Preis natürlich inklusive.

*Pudu Raya Hotel*****-**** ⑨, in der 4. Etage der Busstation, ✆ 2321000, 2305567. Zimmer mit heißem Wasser, Doppelglasfenster, daher nicht so laut. Das Hotel wird mit der Verlegung des Busbahnhofs sicherlich auch verschwinden.

*Katari Hotel***** ⑧, 38 Jl. Pudu, ✆ 2017777, ✆ 2017911, gutes Mittelklassehotel. Zimmer mit ac und Du/WC, nach hinten ruhiger.

*Nanyeang Hotel**** ⑬, 83 Jl. Sultan, ✆ 2387477. Uninteressanter, 5stöckiger Bau mit Aufzug aus den 60ern, aber die Zimmer sind o.k. und mit Bad/WC, ac und TV. Ein bißchen eng

Kuala Lumpur

und nicht gerade auf Hochglanz. Freundliche Angestellte.

City Inn Hotel* ⑲, 11 Jl. Sultan, ☎ 2389190, 📠 4419864, kleines, sauberes Hotel über einem Teeladen, alle Zimmer mit ac und Du/WC.

Heritage Station Hotel-***** ㉔, im 1. Stock des Bahnhofs, ☎ 2735588, 📠 2732842, 180 Zimmer mit ac und Bad/WC, etwas dunkel und überteuert, im Erdgeschoß Restaurant und Bar.

Kowloon Hotel-***** ㊷, 142 - 146 Jl. Tuanku Abdul Rahman, ☎ 2934246, 📠 5 2926548. Zimmer mit ac und Du/WC, TV. Etwas ungepflegt und lausiger Service, aber immer noch etwas besser als die nebenan.

Mackt Budget Hotel* ㊶, 29 Jl. Medan Tuanku, nahe Wisma Loke, ☎ 2947422, 📠 2948422, neues Hotel in einem Geschäftshaus, saubere Zimmer mit ac und Du/WC, recht ruhig und eine Alterative zu den indischen Hotels weiter vorn.

Grand Central Hotel** ㉚, 63 Jl. Putra (Jl. Chow Kit), ☎ 4413011. Gehobene Mittelklasse, eines der besseren Hotels im Norden.

Asia Hotel** ㉛, 69 Jl. Haji Hussein, ☎ 2926077. Hotelhochhaus direkt am Chow Kit Market, ordentliche Zimmer mit ac, TV und Kühlschrank, gutes Preis-Leistungsverhältnis, vor allem mit Studentenermäßigung.

Tai Ichi* (67), 78 Jl. Bukit Bintang, ☎ 2427533, 📠 2410162, die etwas preiswertere Alternative. Relativ einfache Zimmer mit ac und Du/WC.

Comfort Inn* (58), 65 Changkat Bukit Bintang, ☎ 2413636, 📠 2434633, sehr sauber, alle Zimmer mit ac und Du/WC, ab 10 Tagen 1 Tag kostenlos.

Agora Hotel** (68), 106-110 Jl. Bukit Bintang, ☎ 2428133, 📠 2427815, mittelgroßes Hotel mit relativ kleinen, komplett ausgestatteten Zimmern.

Imperial Hotel-***** (60), 76-80, Changkat Bukit Bintang, ☎ 2481422, 📠 2429048. Mehrstöckiger, großer Bau in einer lebendigen Seitenstraße, gutes Preis-Leistungsverhältnis.

Town View Hotel* (59), 81 Jl. Alor, ☎ 2400110, 📠 2187062, im Zentrum des Vergnügungsviertels, Zimmer mit ac und Du/WC, viele Kurzzeitgäste.

The Lodge* (53), 2 Jl. Tengah, Ecke Jl. Sultan Ismail, ☎ 2420122. Günstige Lage, allerdings an verkehrsreicher Kreuzung. Restaurants, Pool.

OBERE MITTELKLASSE – in diesen Hotels muß man mindestens 100 RM anlegen. Geboten wird ein dementsprechender Zimmerstandard, Pool, Bars und Restaurants. Es lohnt sich, nach Preisnachlässen zu forschen.

Swiss Inn** ⑫, 62 Jl. Sultan, ☎ 2323333, 📠 2016699, neues Drei-Sterne-Hotel mit 100 kleinen, nett eingerichteten Zimmern mitten in Chinatown, Restaurant mit Straßencafé. Sehr gutes Preis-Leistungsverhältnis, häufig ausgebucht, daher rechtzeitig reservieren!

Malaya Hotel** ⑪, Jl. Hang Lekir, Ecke Jl. Tun H.S. Lee, ☎ 2327722, 📠 2300980. Mehrstöckiges, gepflegtes, 25 Jahre altes Drei-Sterne-Hotel mitten im Geschehen von Old Chinatown.

Corona Inn ab **** (57), 22 Jl. Tong Shin, ☎ 2443888, 📠 2440715. Empfehlenswertes Hotel in einer ruhigen Seitenstraße, Zimmer mit Bad/WC, ac und TV, etwas teurer, aber gutes Preis-Leistungsverhältnis.

LUXUS – Die angegebenen Preise sind die offiziellen *walk in rates*, auf die in den allermeisten Fällen ein Rabatt gewährt wird.

Federal Hotel (ab 200 RM) (63), 35 Jl. Bukit Bintang, ☎ 2489166, 📠 2482877. Freundliches 400-Zi-Hotel in einer interessanten Gegend. Vom rotierenden Dinner-Restaurant (ab 19 Uhr) hat man einen schönen Panaroma-Blick. Coffe Shop, leckeres Frühstücksbüfett, Pool, Bowlingbahn.

Swiss Garden Hotel (ab 300 RM) (56), 117 Jl. Pudu, ☎ 2413333, 📠 2415555, sowohl das Einkaufsviertel als auch die Chinatown sind von hier aus zu Fuß zu erreichen.

Essen

DIE CHINATOWN – naturgemäß eine gute Gegend, um chinesisch essen zu gehen.

Yook Woo Hin, 100 Jl. Petaling, nördlich der Jl. Sultan serviert ein gutes, stilechtes Dim Sum-Frühstück, allerdings nur von 5.30 bis 10 Uhr.

Kam Lun Tai, Jl. Sultan, gleich neben dem Mandarin Hotel, bietet ebenfalls Dim Sum-Frühstück. Ab 6 Uhr morgens. Außerdem weitere Gerichte, wie gebackene Ente oder anderes Geflügel.

King's Confectionery, 66 Jl. Sultan, ist eine leckere Bäckerei mit allerlei Spezialitäten, die man auch im Laden verzehren kann. Der Betrieb arbeitet ohne Konservierungsstoffe.

Foodstalls öffnen schon ab 7 morgens, wenn der Markt hinter dem Malaya Hotel mit frischer Ware beliefert wird. An den Essenständen ist dann fast den ganzen Tag über Betrieb.
Gegen Abend, wenn der **Nachtmarkt** beginnt, bauen dann weitere Stände entlang der Jl. Hang Lekir auf. An einem der Stände wird *Steamboat* angeboten: Spießchen verschiedener Art, die man am Tisch selber garen kann.
Hoi Nam Chai, in einer schmalen Gasse parallel zur Jl. Sultan, auch durch einen Gang zwischen den Stoffgeschäften hindurch zu erreichen, leckere Hainan-Entengerichte.
Nam Heong, 70 Jl. Sultan, helles, großes, von Fans gekühltes sauberes Restaurant mit einfachen chinesischen Gerichten, u.a. Hühnerreis, die sich großer Beliebtheit erfreuen.
Wan Fo Yuan, 8 Jl. Panggong, klimatisiertes Restaurant in der südlichen Chinatown, bietet vegetarische China-Spezialitäten.
Buffet King, 46 Jl. Silang. Bietet zwischen 11.30 und 15 bzw. 17.30 und 21.30 Uhr ein Büfett für 16 RM, von dem man soviel essen kann, wie man will.
Ramzan, 11 Lebuh Pudu, ab Jl. Bandar, nahe dem See Yeoh Tempel, serviert sehr gutes, preiswertes Essen.
Yin Futt Kuok, 52 Jl. Hang Lekiu (nicht Lekir!), nicht mehr in Chinatown, aber nur ein kleines Stück nördlich der Jl. Tun Perak. Angenehmes chinesisch-vegetarisches Restaurant.

GOLDENES DREIECK – eine gute Gegend zum Essengehen, zumal auch spät noch etwas los ist.
Foodstalls und Open Air-Restaurants, vor allem mit chinesischen Spezialitäten, reihen sich entlang der Jl. Alor, einer Parallelstraße zur Jl. Bukit Bintang. Weitere Nacht-Foodstalls an der kleinen Gasse, die nahe der Kreuzung von der Jl. Sultan Ismail abgeht. Tagsüber ist an der Jl. Raja Chulan, Ecke Jl. Kia Peng ein weiterer *Food Market* in Betrieb, der vor allem die Angestellten aus den umliegenden Büros essen.
Restaurants gibt es zu Hauf. Die folgenden bewegen sich am oberen Ende der Preis-Skala.
Eden Village, Jl. Raja Chulan, nahe Jl. Kia Peng. Großes, überdachtes Freiluft-Restaurant mit Musik und reichhaltiger Speisekarte, beliebt bei Gästen der umliegenden Hotels und entsprechend teuer. Das Seafood ist allerdings ausgezeichnet.

T.G.I. Friday, im Erdgeschoß des Life Centre, Jl. Sultan Ismail, tgl. ab mittags öffnet das Restaurant der amerikanischen Kette, in dem große Portionen Tex-Mex-Food serviert werden.
Bierkeller, im Untergeschoß des Menara Haw Paw, Jl. Sultan Ismail. Außer deutschem Bier wird hier auch eine gute Auswahl deutscher Gerichte serviert, große Portionen.
Estana Curry House, 23 D Jl. Sultan Ismail, Ecke Jl. Raja Chulan, neben dem *Shark Club*, gutes Freiluft-Restaurant.
Yazmin, 6 Jl. Kia Peng, hinter dem *Hilton Hotel*. Hier wird den ausländischen Besuchern gerne vorgeführt, wozu die malaiische Küche in der Lage ist. Stilvolle Kulisse, teuer, aber die *Cultural Show* gibt's gratis dazu.
Bon Ton Restaurant, Jl. Kia Peng, gleich um die Ecke vom Yazmin. Großer Garten, gutes *Western Food*, v.a. Desserts, Bier. Zum Essengehen im europäischen Stil – aber nicht billig.
Sushi King, 63 Jl. Sultan Ismail, ab 19 Uhr kann man sich am Förderband selbst bedienen. Die preiswerten Sushi und kostenloser japanischer Tee machen das ansonsten teure Vergnügen selbst mit schmaler Brieftasche bezahlbar.
The Ship, 40 Jl. Sultan Ismail und 102 Jl. Bukit Bintang. Rühmt sich, das beste Steak der Stadt zu braten; die Karte hat auch noch andere westliche und asiatische Gerichte auf Lager. Bei Touristen beliebt, abends Live-Musik.
Golden Esquire, im 1. Stock des Sungei Wang Plaza, serviert ab mittags *Dim Sum*.
Esquire Kitchen, 22 Jl. Bukit Bintang, chinesisches Mittelklasserestaurant.

JL. TUANKU ABDUL RAHMAN – in der Gegend zwischen dem südlichen Ende der Straße und dem Kelang-Fluß kann man preiswert essen. Zahlreiche **Foodstalls** entlang der Jl. Masjid India zwischen Jl. Bunus und Lorong Bunus 2. Ein großer, beliebter malaiischer *Food Market* lädt am Ende des Lorong Bunus Enam zum Essen ein.
Kompleks Munshi Abdullah, hinter dem Campbell Shopping Centre nahe der Jl. Tuanku Abdul Rahman. Großer, überdachter *Food Market* mit muslimischen Spezialitäten.
The Eaterie, im kühlen Tiefgeschoß des Semua House, bietet einen guten Querschnitt durch alle in Malaysia vertretenen asiatischen Küchen (auch vegetarisch).

Kuala Lumpur

Pertama Shopping Complex, Ecke Jl. Dang Wangi, hat ebenfalls eine bemerkenswerte Foodstall-Abteilung.
Bangles, 60A Jl. Tuanku Abdul Rahman, erstklassige indische Tandoori-Küche, nicht billig.
Coliseum Cafè, 100 Jl. Tuanku Abdul Rahman, ist noch ein Relikt aus der Kolonialzeit, schmucklos und etwas angeschmuddelt, aber mit guter Atmosphäre. Ein Erlebnis ist das *Sizzling Steak* – warum, wird nicht verraten.
Alisan, Jl. Masjid India Ecke Lorong Bunus Enam. Beliebtes Restaurant, malaiisch und daher *Halal.*
Lee Wong Kee, Jl. Tuanku Abdul Rahman, hinter dem Kino Odeon. Großes chinesisches Restaurant mit umfangreichem Seafood-Angebot.
Shiraz, Jl. Medan Tuanku, indisch-pakistanische Küche, nicht das billigste. Zu empfehlen.
Omar Khayam, Jl. Medan Tuanku, gleich nebenan. Ebenfalls indisch und ähnlich in Preis und Angebot.
Hanifa, das dritte in der Reihe, einfacher Inder mit *Roti Chanai* und *Murtabak* für alle, denen es nebenan zu teuer und zu ac-gekühlt ist.

NÖRDLICHES ZENTRUM – hier wird man leicht etwas zu essen finden. Die **Foodstalls** auf dem Chow Kit Market bieten vor allem preiswerte malaiische Spezialitäten.
The Mall, das Shopping Centre am westlichen Ende der Jl. Putra (nördliches Zentrum) gegenüber vom Pan Pacific Hotel, präsentiert in der 4. Etage einen kulinarischen *Food Market* durch die Küchen aller Völker und Regionen Malaysias.
Cameleon, 70 Jl. Putra, ist ein chinesisch-vegetarisches Restaurant. Damit auch die Vegetarier abends nicht extra wieder in die Stadt müssen.

Unterhaltung

KL ist längst nicht so betulich islamisch, wie das nach außen hin manchmal den Anschein hat. Aktuelle Tips sind den Stadtmagazinen *Let's go out* und *Day & Night* zu entnehmen.

CLUBS UND DISCOS – Mittlerweile sind viele Clubs in alten Villen der Planierraupe zum Opfer gefallen. Die meisten Clubs und Discos finden sich in den großen internationalen Hotels oder in deren Nähe.

Life Centre nennt sich der große, glitzernde Komplex an der Jl. Sultan Ismail, Ecke Jl. P. Ramlee. Hier gibt es das amerikanische Restaurant T.G.I. Friday, eine große Karaoke-Disco mit riesigem Video-Screen und den Musik-Club ***Machine One,*** in dem allabendlich viel los ist. Häufig Live-Auftritte von Rock-Bands, an Wochenenden muß eventuell Eintritt bezahlt werden.
Club OZ, im Keller des Shangri-La Hotels, ist *die* Schickeria-Disco überhaupt. Jeans und T-Shirts sind zwar nicht erwünscht, aber so steif und unbeweglich, wie das mit betuchten Hotelgästen durchsetzte Publikum zunächst anmutet, ist der Laden gar nicht. Dafür aber teuer – 15 RM für ein Getränk. 40 RM Eintritt am Wochenende.
Betel Nut, in einer Nebenstraße der Jl. Ampang hinter dem Holiday Inn im Park, bringt Musik der 60er, 70er und 80er Jahre für ein tanzfreudiges junges Publikum. *No Cover Charge.*
Tin Mine, im Hilton Hotel, Jl. Sultan Ismail, Cocktailbar und Disco im coolen Chrom-Outlook, nicht nur für Hotelgäste, bis 2 Uhr, am Wochenende bis 3.30 Uhr geöffnet.
The Musictheque's 1927 Discotheque, im Istana Hotel, Jl. Raja Chulan. Auf 2 Etagen verteilen sich eine Bar mit Live-Musik, ein Karaoke-Centre und eine Disco. Musik der 70er und 80er Jahre.
Blues Cafe, 50 Jl. Sultan Ismail, im EG des Lot 10-Shopping Centre. Gepflegtes, modernes Musik-Café mit Tischen im Freien, Live Blues, Jazz etc. auch Essen.
Riverbank, im Central Market, Chinatown. Jazz- und Bluesbar mit Biergarten zur Flußseite, häufig Live-Auftritte. Er ist trotz der hohen Getränkepreise auch von Touristen gut besucht.

BARS UND PUBS – in denen man einfach abends einen trinken geht, sind relativ dünn gesät. Viele schließen schon um 22 Uhr.
Mini Grill House Bar, 139 Jl. Masjid India. Ac-gekühlte, kleine Bar, gut für ein ebensolches Bier.
Hard Rock Café, 2 Jl. Sultan Ismail, neben dem Concorde Hotel. Eintritt frei, jedoch Mindestverzehr. Am Wochenende bildet das begeisterte Publikum oft lange Schlangen.
Brannigans, Ableger des gleichnamigen Pubs in Singapore, 1 Lorong Perak, kleine Seitenstraße der Jl. P. Ramlee, schräg hinter dem Hard Rock Café. Ein sehr beliebter Bierpub mit sehr guter Stimmung auf drei Etagen.

Modestos, Lorong Perak (direkt hinter Brannigans). Absoluter In-Treff. Trendy Publikum, leckere italienische Pizza.

Bierkeller, im Untergeschoß des Menara Haw Paw, Jl. Sultan Ismail. Bei Bitburger und Diebels Alt vom Faß treffen sich nicht nur deutsche Expats und Touristen. *Happy Hour* bis 21 Uhr.

Shark Club, 23 Jl. Sultan Ismail, Ecke Jl. Raja Chulan. Mit Sportutensilien jeder Art eingerichtet und dekoriert. Trendy Publikum, rund um die Uhr geöffnet, *happy hour* bis 21 Uhr.

Übernachtung:
- ⑦ KL City Lodge
- ⑧ Katari H.
- ⑨ Pudu Raya H.
- ㉓ YWCA
- ㊼ Lodge 51
- ㊽ Renaissance KL
- ㊾ Shangri-La H.
- ㊿ Concorde H.
- ㉛ Holiday Inn on the Park
- ㉜ Kawana Tourist Inn
- ㉝ The Lodge H.
- ㉞ K. L. Hilton H.
- ㉟ Istana H.
- ㊱ Swiss Garden H.
- ㊲ Corona Inn H.
- ㊳ Comfort Inn
- ㊴ Town View H.
- ㊵ Imperial H.
- ㊶ Fortuna H.
- ㊷ The Regent
- ㊸ Federal H.
- ㊹ Cardogan H.
- ㊺ Sungei Wang H.
- ㊻ Malaysia H.
- ㊼ Tai Ichi H.
- ㊽ Agora H.
- ㊾ Melia H.

Läden, Restaurants etc.:
- 35 Le Coq d'Or R.
- 36 Hard Rock Café
- 37 Bierkeller
- 38 Brannigans, Modesto's
- 39 Deutsche Bank
- 40 Life Centre
- 41 Österr. Botschaft
- 42 Yazmin R.
- 43 Food Market
- 44 Eden Village R.
- 45 Hongkong Bank
- 46 Avis
- 47 The Ship
- 48 Foodstalls
- 49 Esquire Kitchen R.
- 50 The Ship
- 51 Sushi King R.
- 52 Foodstalls
- 53 Philippin. Botschaft
- 54 Toong Kwoon Chye R.

Transport:
- ❸ Pudu Raya Bus Stn.
- ❼ Singapore Airlines
- ❽ MAS
- ❾ KLM, Merpati

Kuala Lumpur

Kunst und Kultur

CENTRAL MARKET – hier finden am Wochenende ab 19.45 Uhr kulturelle Veranstaltungen statt. Das monatlich erscheinende Programm erhält man bei den Tourist Offices, Eintritt frei.

FESTE – In der Hauptstadt Malaysias werden viele Feiertage besonders prunkvoll begangen. Den Höhepunkt des **Nationalfeiertags** am 31. August in Kuala Lumpur bildet die große Parade. Ähnlich prächtig werden die Feierlichkeiten zum **Geburtstag des Königs** im Lake Garden, am Königspalast und im Stadion Merdeka begangen. Da es sich um eine Wahl-Monarchie (s.S. 316) handelt, wechselt der Geburtstag alle paar Jahre mit der Wahl eines neuen Sultans. **Federal Territory Day** begeht Kuala Lumpur am 1. Februar mit Umzügen u.a. Das größte aller religiösen Feste in der Stadt ist das hinduistische **Thaipusam-Fest**. Die Prozession führt vom Sri Mahamariamman-Tempel in der Chinatown bis zu den Batu Caves.

KOMPLEKS BUDAYA KRAF – Jl. Conlay, ℡ 2627552, 2627459. Zum Einkaufen vor allem dann interessant, wenn man wenig Zeit hat und nicht wochenlang durch Malaysia fährt. Geöffnet tgl. 10–18 Uhr.

GOETHE-INSTITUT – Jl. Langgak Golf, Ecke Jl. Tun Razak, ℡ 2422011. Gute Bibliothek mit deutschen Zeitungen und Zeitschriften. Abendliches Kulturprogramm u.a. mit deutschen Filmen. Geöffnet Mo, Di, Do 10–19.30; Mi, Fr 10–13 Uhr.

Einkaufen

JL. TUANKU ABDUL RAHMAN – an dieser Straße reihen sich mehrere große Einkaufszentren, vor allem nahe der Jl. Dang Wangi, z.B. *Campteil* und *Wilayah Shopping Complex*. Der *Sogo Permas*, Jl. Tuanku Abdul Rahman, Ecke Jl. Selat, ist eins der größten Kaufhäuser Südostasiens, geöffnet tgl. 11–21 Uhr.

NÖRDLICHES ZENTRUM – Auf der Jl. Tuanku Abdul Rahman zwischen Jl. Raja Bot und Jl. Raja Muda gibt es viele chinesische Läden mit billigen Textilien, aber auch Holzschnitzereien und Gegenständen aus Rotan.

The Mall, großes Einkaufszentrum am Ende der Jl. Putra gegenüber dem *Pan Pacific Hotel*, ist auch architektonisch ganz ansprechend. Interessanter *Food Market*.

JL. BUKIT BINTANG – Die meisten Einkaufszentren stehen hier im östlichen Zentrum von Kuala Lumpur.
B.B. (= Bukit Bintang) Plaza, Jl. Bukit Bintang, hier gibt es eigentlich nichts, was es nicht gibt. Im Erdgeschoß auch die große Buchhandlung *MPH* und im 1. Stock das *Berita Book Centre*. Im angrenzenden *Sungei Wang Plaza* weitere Shops, darunter auch *Times*.

CHINATOWN – Hierhin zieht es jeden Abend viele Menschen, denn schon lange vor Einbruch der Dunkelheit beginnt der **Nachtmarkt** auf der Jl. Petaling und den Nebenstraßen. Neben Haushaltswaren, Kassetten, Schuhen, Postern und Textilien gibt es hier auch allerhand nachgemachte Markenartikel. Außerdem Taschen, Modeschmuck, billige Elektronikartikel aus Hong Kong.

Sonstiges

AUTOVERMIETUNG –
Avis, Jl. Sultan Ismail nahe Jl. Bukit Bintang, ℡ 2423500, 2417144, ℻ 2429650.
Budget, Wisma MCA, 163 Jl. Ampang, ℡ 2637748, ℻ 2649362.
Hertz, 214 A, Kompleks Antarabangsa, Jl. Sultan Ismail, ℡ 2486433.
National, Wisma HLA, Jl. Raja Chulan, ℡ 2480522, ℻ 2432823.
Orix, 42 Jl. Sultan Ismail, ℡ 7463332, ℻ 7463330.
Sintat, 22 Jl. Inai, ℡ 9821988.
Thrifty, Jl. Inai, ℡ 9849797, ℻ 9814907.

GELD – Die meisten **Banken** befinden sich rings um die Masjid Jame. Beim Einlösen von Travellers Cheques wird eine (einmalige) Gebühr von 2–3 RM erhoben, weswegen es sich lohnt, die Angebote der **Money Changer** zu checken.
Deutsche Bank (Asia), Menara IMC, Level 18–20, 8 Jl. Sultan Ismail, ℡ 2021163, wechselt in Einzelfällen auch Euroschecks der Deutschen Bank.

American Express, Mayflower Acme Tours, Angkasa Raya Bldg., Jl. Ampang, ✆ 2486700, geöffnet Mo–Fr 8.30–177.30, Sa 8.30–13 Uhr. Filialen im MAS Bldg., Jl. Sultan Ismail, ✆ 2610007, und im Sogo Shopping Centre, 190 Jl. Tuanku Abdul Rahman, ✆ 2940933, Kreditkarten, TC's, Reisebüro, Reiseschecks sind auch in DM und sFr erhältlich.

IMMIGRATION – Keine Probleme gibt es normalerweise bei der Visaverlängerung. Adresse: ***Immigration Headquarters***, Block 1, Pusat Bandar Damansara, ✆ 2555077.

INFORMATIONEN – Es gibt mehrere Touristen-Informationsbüros in der Stadt. Kostenlos bekommt man hier das Faltblatt *Kuala Lumpur — Map and Guide* mit aktuellen Informationen.
Malaysia Tourist Information Complex (MATIC), 109 Jl. Ampang, ✆ 2423929, geöffnet tgl. 9–21 Uhr.
MTPB (Malaysia Tourism Promotion Board) Zentrale: Putra World Trade Centre, 45 Jl. Tun Ismail, nördlich des Zentrums, ✆ 4411295, geöffnet Mo–Fr 9–18 Uhr. Weitere Büros befinden sich im Bahnhof, ✆ 2746063, und an der Jl. Parlimen, geöffnet tgl. 9–21 Uhr, ✆ 2936661 oder 2936664. Hilfreiches Informationsbüro auch im Terminal 1 des Subang-Flughafens hinter dem Zoll, ✆ 7465707, tgl. 10–21 Uhr.

MEDIZINISCHE HILFE – Das *General Hospital* liegt im Norden der Stadt, nahe der Jl. Tun Razak, ✆ 2921044. Ein Krankenhaus mit moderner Ausstattung, englischsprechenden Ärzten, eigenen Labors und eigener Apotheke. Die Behandlung ist kostenlos. Telefonischer Notruf: 999.
University Hospital, Jl. Universiti in Petaling Jaya, ✆ 7564422, hat einen guten Ruf.
Pantai Medical Centre, Jl. Bukit Pantai, ✆ 2825077, privat und teuer.
Klinik Inter-Med, 43 Jl. Silang, ✆ 2322087, gegenüber Metrojaya in der Chinatown. Eine kleine Praxis mit mehreren Ärzten, bietet schnelle und kompetente Hilfe. Die Ärzte sprechen Englisch. Geöffnet tgl. 8.30–20 Uhr.

POLIZEI – Die Tourist Police ist unter ✆ 2415522/243 zu erreichen. Die 200 Polizisten sind in der Chinatown und der Jl. Tuanku Abdul Rahman unterwegs und haben einen Stand u.a. an der Fußgängerüberführung der Pudu Raya-Busstation, der Fußgängerüberführung vor Sungei Wang Plaza und im Bahnhof.

POST – Hauptpostamt *(Pejabat Pos Besar)* an der Jl. Hishamuddin. Geöffnet Mo–Sa 8–18, So 10–12.45 Uhr.

TELEFON – In Kuala Lumpur konkurrieren 3 Gesellschaften miteinander: Telekom (blaue Zellen), Uniphon (gelbe und orangene Zellen) und Citifon (grüne Zellen). Bei allen drei sind die Preise gleich: Stadtgespräche kosten 20 sen für 3 Min.
Telecom, Jl. Raja Chulan Ecke Jl. Gereja, tgl. 8.30–21 Uhr. Am Airport kann man von 7.30–23.30 Uhr internationale Gespräche führen.

VORWAHL – 03, PLZ 50670.

Nahverkehrsmittel

LRT – Die Bahnen, die sowohl über- als auch unterirdisch verkehren, sind auf den ersten 13 Stationen zwischen Ampang und Jl. Sultan Ismail alle 5–8 Min. zwischen 6 und 24 Uhr in Betrieb. Der Fahrpreis beträgt je nach Entfernung 0,75–2,95 RM. Tickets können auch vergünstigt als *stored value* für 20 oder 50 RM erworben werden.

STADTBUSSE – Kurze Strecken bis 1 km kosten 30 sen im non-ac- und 50 sen im ac-Bus, auf längeren Strecken erhöht sich der Fahrpreis um 5 sen je Kilometer.
Vorsicht! Manche Minibusse haben die gleiche Nummer wie Stadtbusse.

INTRAKOTA – Die neuen vollklimatisierten Busse mit grauen und blauen Streifen fahren für 90 sen innerhalb des Stadtgebietes. Sie sind komfortabel, zuverlässig und sollen die Minibusse ersetzen.

MINIBUSSE – Die vielfach illegal betriebenen rosaroten Busse, die sich inflationär vermehrt haben, gelten als ziemlich unsicher, so daß geplant ist, sie abzuschaffen. Innerhalb der Stadt kosten alle Strecken 60 sen im non-ac- und 70 sen im ac-Minibus.

TAXIS – verglichen mit europäischen Preisen ist das Taxifahren theoretisch immer noch ein preiswertes Vergnügen. Die Einschaltgebühr bei ac-Taxen beträgt 1,50 RM inkl. der ersten 1,6 km, danach 10 sen für jede weiteren 200 m. Die Wartezeit wird mit 2,50 RM je 15 Minuten berechnet. Dazu kommen noch 20 sen für jeden dritten oder vierten Fahrgast bzw. 1 RM für Gepäckstücke im Kofferraum. Zwischen 24 und 6 Uhr ist ein Nachtzuschlag von 50% fällig, bei telefonischen Vorbestellungen 1 RM.

Um überhöhten Preisen entgegenzutreten, hat man am Subang Airport und am Bahnhof Couponausgaben für Taxis eingerichtet. Die Coupons werden nach Fahrtziel-Zonen am Schalter bezahlt und dem Taxifahrer übergeben. Eine Taxifahrt nach Chinatown kostet etwa 22 RM.

Transport

BUSSE – Die **Pudu Raya-Busstation**, Jl. Pudu, ℡ 2386018, ist die größte und hektischste von allen. Die Tage der alten Busstation sind gezählt. Nur 200 m weiter entsteht eine neue moderne Busstation.Hier der bisherige Stand: Fernbusse fahren von Pudu Raya aus in alle Richtungen, v.a. nach Norden und Süden. Busse nach Pahang (Temerloh, Kuantan) auch ab **Tun Razak-(Pahang) Busstation** an der Jl. Tun Razak zwischen Jl. Ipoh und Jl. Pahang, ℡ 4415976. Bus 12 fährt ab Klang-Busstation hin.

Expressbusse nach Temerloh, Kuantan und anderen Städten an der Ostküste auch von der **Putra-Busstation** neben dem Putra World Trade Centre. Von der **Kelang-Busstation** in Chinatown (Jl. Sultan) Busse in die Umgebung.

Die Preisangaben beziehen sich auf Expressbusse. Lokal- und Regionalbusse sind preiswerter.

Nach Norden: In die CAMERON HIGHLANDS (Tanah Rata) mit *Kurnia Bistari*-Bussen 4x tgl. ab 8.30 Uhr für 10,60 RM, ansonsten mit einem der Busse Richtung Norden bis TAPAH für 8 RM und von dort aus einen Nahverkehrsbus nehmen. Nach Pangkor über LUMUT 9x tgl. 14 RM in 4 1/2 Std. Zahlreiche Expressbusse nach IPOH für 10 RM, KUALA KANGSAR für 12 RM und TAIPING für 13 RM in 7 Std. Nach PENANG 2x tgl. 19 RM. BUTTERWORTH 17 RM.

Ein Ticket nach HAT YAI in Thailand kostet je nach Bus 28–55 RM, z.B. von *Haadyai Express*, gegenüber der Pudu Raya-Busstation, ℡ 2302322. Die meisten Busse starten abends.. Nach Langkawi gelangt man mit Fähren von Kuala Kedah über Alor Setar oder Kuala Perlis über KANGAR, 24 RM.

Nach Nordosten: Expressbusse fahren nach KUALA LIPIS 8 RM, bzw. JERANTUT in ca. 4 Std. für 9 RM, von hier aus weiter zum Taman Negara. Zum Taman Negara kommt man in 3 1/2 Std. von der Tun Razak-Busstation über TEMERLOH stündlich zwischen 7 und 18 Uhr für 7 RM nach Jerantut. Wer früh startet, kann es in einem Tag bis zum Taman Negara schaffen. Um 8 Uhr fahren Busse ab *Istana Hotel* nach TEMBELING für 25 RM, die allerdings häufig ausgebucht sind.

An die Ostküste: Nach KUANTAN 18x tgl. in 4 1/2 Std. 13 RM, KUALA TERENGGANU 6x tgl. 22 RM oder KOTA BHARU 4x tgl. 25 RM, MERSING 3x tgl. in 7 Std. 18 RM.

Nach Süden: geht es über SEREMBAN für 3 RM nach MELAKA für 7 RM. Richtung JOHOR BHARU für 17–20 RM in 5 Std. und SINGAPORE zwischen 8 und 18 Uhr stündlich, zwischen 10 und 14 Uhr halb- bzw. 3/4stündlich für 19–22 RM, am besten schon im voraus buchen.

ÜBERLANDTAXIS – Die größte Zentrale befindet sich in der Pudu Raya Bus & Taxi Station, im 2. Stock des großen Terminals. Informationen unter ℡ 2322779 (nach Norden) und ℡ 2320821 (nach Süden). Hier Preise p.P. bei 4 Passagieren im ac-Taxi. TAPAH 20 RM, LUMUT 21 RM, IPOH 20 RM, BUTTERWORTH 35 RM, JERANTUT und KUALA LIPIS 20 RM. KUANTAN 30 RM, KUALA TERENGGANU 40 RM, KOTA BHARU 60 RM. MELAKA 20 RM, JOHOR BHARU 40 RM. Komplett muß man ein Taxi mieten in die CAMERON HIGHLANDS, nach LUMUT und SITIAWAN jeweils für 150–160 RM.

EISENBAHN – Telefonische Informationen unter ℡ 2749422, ℡ 2757331. Die folgenden Preise beziehen sich auf Expresszug in der 2. Klasse.

Nach Süden: 2x tgl. mit dem Express über TAMPIN, ca. 30 km von Melaka entfernt, in 100 Min. für 17 RM, JOHOR BHARU in 5 Std. für 33 RM, nach SINGAPORE in 6 Std. für 34 RM. Zudem fahren zwei langsamere Nachtzüge, die an allen Zwischenstationen halten und deswegen nicht zu empfehlen sind.

Nach Norden: 2x tgl. Uhr mit dem Express über TAPAH ROAD (und weiter mit dem Bus in die Cameron Highlands) in 2 Std. für 19 RM, IPOH in 3 Std. für 22 RM, KUALA KANGSAR in 4 Std. für 26 RM, und TAIPING in 4 1/2 Std. für 28 RM, nach BUTTERWORTH in 6 Std. für 34 RM. Außerdem gibt es zwei Nachtzüge.
Mittags fährt der Langkawi-Express nach ALOR SETAR in 8 1/2 Std. für 35 RM, ARAU in 9 Std. für 35 RM, und weiter nach Hat Yai in 13 Std. für 40 RM. Bett plus 3,50 (oben) bzw. 6 RM (unten).
Nach Thailand: Außer dem Langkawi-Express gibt es eine weitere Möglichkeit: Mit dem frühen Express nach Butterworth und dann mit dem Internationalen Express nach BANGKOK für 67 RM. Reservierungen bis zur Grenze möglich.
Nach Nordosten: muß man erst über Gemas (an der Südstrecke) fahren und dort umsteigen – ein zeitraubendes Unternehmen. Lieber den Bus bis Kuala Lipis nehmen und dort wieder die Bahn.

FLÜGE – Subang International Airport wird von vielen Fluggesellschaften angeflogen.
Bei Redaktionsschluß war der neue Kuala Lumpur International Airport (KLIA) im Bau, der Anfang 1998 in Sepang eröffnet werden soll. An einem Air City Terminal in der Jl. Brickfields in Kuala Lumpur wird man bereits einchecken können und anschließend mit einem Expresszug mit bis zu 160 km/h in 45 Min. zum Airport fahren.
Damit sich auch die folgenden Angaben: Nach Subang (24 km) kostet die Fahrt mit dem **Taxi** ca. 25 RM. Es ist nicht leicht, ein Taxi zu finden, da viele Fahrer lange Wartezeiten am Flugplatz befürchten. Wer in Subang gelandet ist, sollte sich am Taxi-Ticket-Counter einen Taxi-Coupon in die Stadt kaufen (s.o.). Ab Jl. Sultan Mohammed (Kelang-Busstation), fährt ab 6 Uhr bis 22.30 Uhr der **Bus** 47 und 61 für 1,60 RM in etwa 45 Min. nach Subang. Während der Rush Hour sollte man mit wesentlich längeren Fahrtzeiten rechnen. In der Gegenrichtung ab dem hinteren Ende der *Departure Hall* (Terminal 1)fährt etwa halbstündlich Bus Nr. 47 oder 61 für 1,60 RM in die Stadt.
Gepäck kann man beim SITO-Office, gegenüber der Ankunftshalle neben den Autovermietungen, für 4 RM pro Tag (24 Std.) aufbewahren lassen.
Airport Tax beträgt bei internationalen Flügen 40 RM, bei nationalen Flügen 5 RM und bei Flügen nach Brunei und Singapore 10 RM.

Hier die Adressen der wichtigsten **Airlines**:
Aeroflot,Wisma Tong Ah, neben dem Life Centre, 1 Jl. Perak, ✆ 2613331.
Air India, Bangunan Angkasa Raya, 123 Jl. Ampang, ✆ 2420166.
Air Lanka, Bangunan Perangsang Segemal, Jl. Kampung Attap, ✆ 2740893.
Alia Royal Jordanian, MUI-Plaza, Jl. P. Ramlee (im gleichen Haus ist die österreichischen Botschaft), ✆ 2487500.
Biman, Bangunan Angkasa Raya, 123 Jl. Ampang, ✆ 2483765.
British Airways, Plaza See Hoy Chan, ✆ 2554333.
Cathay Pacific, UBN Tower, Jl. P. Ramlee, ✆ 2335115.
China Airlines, Bangunan Amoda, ✆ 2427344.
Eva Airlines, Bangunan Pemas International, ✆ 2622981.
Garuda, City Square, Jl. Tun Razak, 3. Etage, ✆ 2622811.
Japan Airlines, Bangunan Pemas International, ✆ 2611728.
JAT, Menara Boustead, 69 Jl. Raja Chulan, ✆ 2419245.
KLM, Park Royal Hotel, Jl. Sultan Ismail, Ecke Jl. Imbi, ✆ 2420300.
Korean Airlines, MUI Plaza, Jl. P. Ramlee, ✆ 2428311.
Lufthansa, Pernas International, Jl. Sultan Ismail, ✆ 2614666.
Malaysian Airlines, Bangunan MAS, Jl. Sultan Ismail, ✆ 2610555, Reservierungen rund um die Uhr, ✆ 7463000.
Merpati, President House neben dem Park Royal Hotel, ✆ 2422289.
Pakistan Airlines, Bangunan Angkasaraya, ✆ 2425444.
Pelangi Air, Technology Resources Tower, ✆ 2624446-8.
Philippine Airlines, Wisma Stephen, Jl. Raja Chulan, ✆ 2426188.
Royal Brunei, UBN Tower, ✆ 2307166.
Singapore Airlines, Wisma Singapore Airlines, 2-4 Jl. Dang Wangi, ✆ 2923122.
Thai Airways, Bangunan Kuwasa, Jl. Raja Laut, ✆ 2937100.

Internationale Flüge: Nach SINGAPORE fliegen den ganzen Tag über Maschinen von MAS und Singapore Airlines für 206 RM. Die kleinen Maschinen der Pelangi Air fliegen nach PHUKET Mi, Fr und So für 274 RM und nach Sumatra: nach BANDA ACEH Mo, Mi und Fr (allerdings nicht immer zuverlässig) für 334 RM, PEKANBARU einmal tgl. für 246 RM, PALEMBANG Di, Do, Sa und So für 343 RM und PADANG einmal tgl. für 324 RM. Außerdem mit Sempati Mo, Mi und Fr nach MEDAN, Di und Sa nach PADANG und Mo und Do nach Pekanbaru.

Für den Weiterflug in ein anderes Land lohnt es sich, nach verbilligten Angeboten zu forschen. *MSL Travel,* 66 Jl. Putra, ✆ 4424722, ℻ 4433707 ist z.B. ein preisgünstiges Reisebüro. Mit ISIC-Studentenausweis sind Vergünstigungen möglich.

Hier ein paar Preisbeispiele für verbilligte Flüge in die Nachbarländer: BANDAR SERI BEGAWAN für 441 RM, BANGKOK für 385 RM, DARWIN für 580 RM, DENPASAR für 500 RM, NEW DELHI für 660 RM, HAT YAI für 215 RM, HONG KONG für 660 RM, JAKARTA für 440 RM (398 RM mit Merpati), MADRAS für 640 RM, MANILA für 495 RM, TOKYO für 1155 RM. Auch nach SINGAPORE gibt es verbilligte Tickets für 119 RM.

Nationale Flüge: Von Kuala Lumpur aus wird jeder Flugplatz in West- und Ost-Malaysia angeflogen.

MAS (Malaysia Airlines), die nationale Fluggesellschaft des Landes, verkehrt nach: ALOR SETAR 3–4x tgl. für 113 RM; IPOH 3x tgl. für 66 RM; JOHOR BHARU 8x tgl. für 93 RM; KOTA BHARU 6–7x tgl. für 104 RM; KOTA KINABALU 12x tgl. für 437 RM; KUALA TERENGGANU 3–4x tgl. für 104 RM; KUANTAN 5–6x tgl. für 74 RM; KUCHING 11x tgl. für 262 RM; LANGKAWI 6x tgl. für 135 RM; MIRI 2x tgl. direkt, ansonsten über Kuching für 422 RM; PENANG 10–15x tgl. für 104 RM. Nachtflüge sind zu vielen Zielen erheblich billiger und könnten sich vor allem nach Kuching und Kota Kinabalu lohnen.

Pelangi Air fliegt ebenfalls einige dieser Ziele zum gleichen Preis an und zudem mit kleinen 19-Sitzern nach TIOMAN, in der Hochsaison 4–5x tgl. für 141 RM; KERTEH 3x tgl. für 125 RM und PANGKOR einmal tgl. für 120 RM.

Die Umgebung von Kuala Lumpur
Batu Caves

Steile Kalkfelsen ragen nördlich von Kuala Lumpur nahe der vielbefahrenen Autobahn aus der flachen Landschaft auf. Hier sind die berühmten Batu Caves zu finden, ein Höhlensystem beachtlichen Ausmaßes. 245 Stufen führen zu den Höhlen hinauf. Manchmal kommen halbzahme, zum Teil sogar recht aggressive Makaken an die Treppe, um Erdnüsse oder Bananen zu ergattern. Die größte Höhle ist **Dark Cave**, etwa 400 m lang und bis zu 120 m hoch, deren Eingang links kurz vor dem Ende des Treppenaufgangs erreicht ist. Sie ist allerdings wegen herabfallender Stalaktiten schon seit Ewigkeiten geschlossen.

Über weitere 42 Stufen gelangt man hinauf zur **Light Cave**, die aus zwei hohen Höhlen besteht. Auf einer breiten Treppe geht es hinab in die Haupthöhle. Sie ist knapp 180 m lang und erhält ihr Licht durch einige kleine Öffnungen in der Decke. Die Höhle ist eine zentrale Kultstätte der malaysischen Hindus. Seit 1892 befindet sich hier der Schrein des Hindugottes Murugan.

Jedes Jahr im Januar / Februar steht sie im Zentrum des **Thaipusam-Festes**, bei dem sich etwa 100 000 Menschen vor den Batu Caves versammeln. Eine weitere Treppe führt hinauf zur zweiten, oben offenen Höhle. Vor dem Treppenaufgang führt ein Steg über einen Fisch- und Schildkrötenteich zur **Art Gallery** (geöffnet tgl. 7–21 Uhr, 1 RM Eintritt), die ebenfalls in einem Höhlensystem untergebracht ist.

Die Batu Caves liegen 12 km nördlich von Kuala Lumpur und sind in etwa 45 Minuten vom Zentrum aus zu erreichen. Bus Nr. 70 und 349 ab Lebuh Pudu (Chinatown), alle 30 Minuten für 60 sen sowie ac-Bus 69 für 1,10 RM. Busse zurück nach KL halten an der Tankstelle nahe der Straßeneinmündung. Mit dem eigenen Fahrzeug über die Jl. Kuching oder die Jl. Ipoh bis Kampung Batu und dort auf dem Highway Richtung Ipoh bis zur beschilderten Abfahrt Richtung Osten. Geöffnet tgl. 7–21 Uhr.

Kepong Forestry Park (FRIM)

In dem kleinen Waldgebiet nordwestlich der Stadt befindet sich seit 1925 das *Forestry Research Institute Malaysia (FRIM)*. Ursprünglich war das gesamte Areal von etwa 600 ha vollständig gerodet. 1918 wurde das Gebiet zur Bukit Lagong Forest Reserve erklärt und die Bewohner umgesiedelt. Sämtliche Bäume, die heute den tropischen Dschungel um die FRIM-Gebäude bilden, sind erst nach 1920 gepflanzt worden. Einen guten Überblick über die verschiedenen tropischen Nutzhölzer bekommt man auf dem Rundweg 7, dem **Salleh Nature Trail**, der, wie alle anderen Wanderwege, ohne Führer begangen werden kann. Besonders faszinierend ist ein Blick in die Kronen einer Pflanzung von **Kapur-Bäumen** *(Dryobalanops aromatica)*, deren Blätterdach eine gespenstische, spinnennetzartige Struktur angenommen hat. Lohnenswert ist ein Besuch des forstwirtschaftlichen **Museums**, in dem das gesamte Spektrum der Arbeit und Forschung des Instituts dargestellt wird. Geöffnet Mo–Do 8–12 und 14–16, Fr 8–12 und 15–16, Sa 8–12 und 14–17, So 9–12 und 14–17 Uhr, Eintritt frei. Angeschlossen ist eine Bibliothek, die die größte Sammlung forstwissenschaftlicher Literatur Südostasiens enthält.

Der rote Bus Nr. 148 fährt ab Pudu Raya-Busstation 7x tgl. direkt zum FRIM. Erster Bus gegen 7 Uhr, letzter Bus zurück um 19.30 Uhr.

Orang Asli Museum

Dieses Museum vermittelt mit seinen zahlreichen Ausstellungsstücken und Fotos einen guten Überblick über das Alltagsleben und die Kultur der 69 000 Negritos, Senoi und Protomalaien Malaysias. Im Souvenirladen nebenan verkaufen Orang Asli Flechtarbeiten, Blasrohre und anderes Kunsthandwerk.

Das Museum liegt nur einen Kilometer von Mimaland entfernt an der alten Gombak Road (Straße Nr. 68) beim Kilometerstein 24. Geöffnet tgl. außer Fr 9.30–17 Uhr, ✆ 6892122, Eintritt frei.

Von Kuala Lumpur nach Penang

Erzvorkommen und günstig gelegene Hafenstädte waren bereits vor 500 Jahren die Grundlage für eine dynamische Entwicklung der Region zwischen Melaka im Süden und Penang im Norden. Portugiesen, Holländer und Engländer betrieben als erste die systematische Ausbeutung der Bodenschätze. Als Arbeiter für Minen und Plantagen kamen am Ende des vergangenen Jahrhunderts Tausende von Chinesen über die Straits Settlements hierher. Sie engagierten sich auch erfolgreich als Handwerker und Kaufleute und trugen erheblich zur städtischen Entwicklung bei. Mit dem Kautschuk-Boom entstanden Anfang dieses Jahrhunderts im Zinngürtel riesige Plantagen. Auf ihnen wurde eine neue Bevölkerungsgruppe heimisch: die Inder. Vor allem Tamilen aus Südindien schienen den Engländern für das Anzapfen der Gummibäume besser geeignet als die schwer kontrollierbaren Chinesen.

Bukit Fraser (Fraser's Hill)

Hierhin zogen sich die Lordschaften, die Plantagenverwalter und die Kolonialbeamten mit ihren Familien zurück, wenn es ihnen in den feuchten, malariaverseuchten Dschungelniederungen zu heiß wurde. Ein kleines englisches Paradies hatten sie sich hier oben geschaffen: Landhäuser, Gasthöfe, kleine Villen, ein makelloser Golfrasen. Noch immer weht ein Hauch von Großbritannien über dem Hochland. Freilich ist mittlerweile überall asiatische Lässigkeit durchgesickert, und zwischen den ehrwürdigen Landhäusern haben sich wuchtige Apartmentanlagen breitgemacht. Dennoch, Teile von Fraser's Hill sind wie ein Ausflug in die koloniale Vergangenheit. Selbst das Wetter ist englisch, oft neblig und mit kurzen Regenschauern. Erst beim Spaziergang zwischen Bambus und Baumfarnen erinnern wir uns – wir befinden uns mitten in Asien, knapp 4° nördlich des Äquators.

Auf sieben Hügeln liegen versteckt in den Wäldern die über schmale Straßen erreichbaren Hotels und alten, grauen Granithäuser. Nur die riesige Condominiumanlage *Silverpark* auf einer Hügelkuppe überragt das Zentrum, das weitgehend von dem Golfplatz, der das gesamte Tal einnimmt, gebildet wird. In der Kühle der Berge kann man bei Spaziergängen die ungewöhnliche Fauna und Flora kennenlernen. Vor allem für Vogelliebhaber ist das Hochland ein Paradies. Überall wird gebaut, so daß die Anfangspunkte der auf der Karte verzeichneten Dschungelpfade nur mühsam zu finden sind. So wurde durch die Anlage eines neuen Golfplatzes die Umgebung des **Jeriau-Wasserfalls** verschandelt.

Übernachtung

Es empfiehlt sich, vor allem am Wochenende alle Unterkünfte im voraus zu buchen. Die angegeben Preiskategorien beziehen sich auf die Hauptsaison. Während anderer Zeiten sind Ermäßigungen aushandelbar. Preiswerte Übernachtungsmöglichkeiten gibt es nicht. Am unteren Ende der Zufahrtsstraße, gegenüber vom GAP, liegt das
Government Resthouse****, ✆ 3622227. Schönes, etwas heruntergekommenes Resthouse im Stil eines englischen Landhauses, das Essen ist etwas teuer, aber nicht schlecht. Von hier aus ist man in 1 1/2 Stunden durch den Wald hinauf nach Fraser's Hill gelaufen – faszinierend gegen Abend.
Selangor Government Resthouse***, für Reservierungen ✆ 03-8041026. Obwohl oben in Fraser's Hill gelegen, gehört es zum benachbarten Bundesstaat Selangor. In den riesigen Zimmern im 1. Stock können bis zu 4 Personen unterkommen.
Die **Bungalows** kann man über das Information Centre buchen, ✆ 3622044, ist aber nur an Wochenenden nötig. Eine Anzahlung von 50% ist erforderlich. Adresse: *Marketing Dept., Fraser's Hill Development Corporation*, 49000 Fraser's Hill, Pahang Darul Makmur. Uns gefielen:
Raub Bungalow****, kleines, altes Haus aus grauem Granitstein, nicht allzu weit vom Zentrum.
Rompin Bungalow****, historisches Fachwerkhaus mit 3 großen Zimmern und Aufenthaltsraum in einem netten, kleinen Garten mit Blick über die Berge, allerdings etwas weiter abseits.
Temerloh Steakhouse Chalets****, die billigste der staatlich gemanagten Unterkünfte. Mehrere kleine Bungalows mit gut ausgestatteten großen Zimmern und schönem Blick aber mäßigen Sanitäranlagen. Mit Steakhouse.
Weitere private Hotels:
Puncak Inn***-****, renovierungsbedürftige, reizlose Anlage im Zentrum mit unterschiedlichen Zimmerkategorien, z.T. recht kleine Räume.
Quest Resort (ab 200 RM, manchmal Sonderangebote ab 150 RM), ✆ 382300, 100 renovierte Zimmer im Allerwelts-Stil mit der für die Preisklasse entsprechender Ausstattung.
Ye Olde Smokehouse (180–280 RM + 10%), ✆ 3622226, Ableger des gleichnamigen Landhotels in den Cameron Highlands, sieht zwar altenglisch aus, wurde aber erst 1988 eröffnet. Englische Küche der gehobenen Preisklasse.

Essen

Es gibt nur wenige Möglichkeiten, außerhalb der Hotels zu essen. Am Parkplatz vor den *Temerloh Steakhouse Chalets* bieten eine Reihe von Essensständen einfache Gerichte.
Preiswert sind die Restaurants unten im *Puncak Inn*, das malaiische **Arzed Restaurant** und das überraschend gute und freundliche chinesische **Puncak Restaurant**. Beide bieten auch die Möglichkeit, draußen unter dem Dach zu sitzen und die kühle, frische Luft zu genießen.
Recht gut, das Essen im *Quest Resort*.
Im *Ye Olde Smokehouse* wird ein erlesenes englisches Dinner in gediegener Atmosphäre serviert – T-shirts und Jeans sind unerwünscht aber eine gut gefüllte Brieftasche ist hilfreich.

Sonstiges

GELD – *Maybank* im *Quest Resort*, geöffnet Mo–Fr 9.30–16, Sa 9.30–11.30 Uhr.

INFORMATIONEN – Im Information Centre gibt es ein Hotelverzeichnis der in Pahang gelegenen Bungalows und ein allgemeines Faltblatt mit einer Karte von Fraser's Hill.

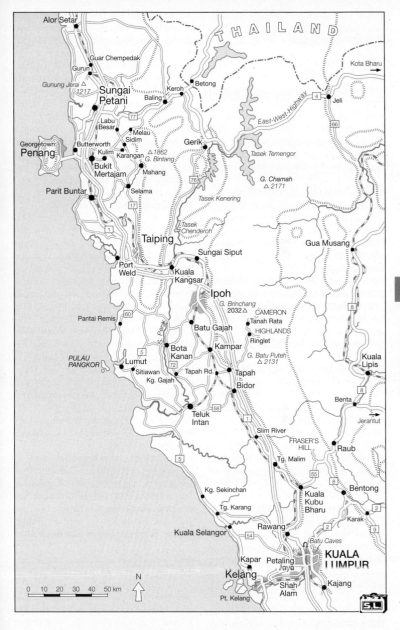

Von Kuala Lumpur nach Penang

Im Büro werden auch der Tennisplatz und Unterkünfte gebucht. Geöffnet tgl. 8–19 Uhr, ✆ 3622201 oder 3622248.

VORWAHL – 09, PLZ 49000.

Transport

Am GAP beginnt die schmale, 7,2 km lange Straße, die jeweils im 40-Minuten Rhythmus für Auf- und Abfahrten freigegeben wird. An geraden Stunden darf man zwischen 7 und 19.30 Uhr nach unten, an ungeraden nach oben fahren.

BUSSE – fahren ab KUALA LUMPUR regelmäßig für 4 RM bis KUALA KUBU BHARU an der großen Nord-Süd-Straße. Von hier gehen tgl. um 8 Uhr und 12 Uhr Busse für 3 RM direkt nach Fraser's Hill. In umgekehrter Richtung fahren sie jeweils um 10 Uhr und 14 Uhr. Vom Gap nach Raub kostet der Bus 3 RM.
Von KUANTAN aus wird es etwas umständlicher: In Temerloh einen Bus Richtung Raub oder Kuala Lipis über TERANUM nehmen Hier Anschluß an den Raub–Kuala Lumpur Bus, der etwa um 12 und 15 Uhr vorbeikommt. Dieser Bus hält am GAP neben dem Resthouse an der Landstraße.

ÜBERLANDTAXIS – Ab KUALA LUMPUR nur mit privaten Taxis für 120 RM.

Cameron Highlands

„Entdeckt" wurde die schöne, von hohen Bergen eingeschlossene Hochfläche von dem englischen Landvermesser William Cameron, der 1885 im Auftrag der Kolonialbehörden unterwegs war. Bis zu 2000 m hoch liegen die Plateaus mit ihren sanft ansteigenden Hängen, die Teepflanzern und Gemüsebauern ideale klimatische Bedingungen bieten und schon damals ein willkommener Erholungsort für tropengeschädigte Engländer waren. Die Briten waren es auch, die die anstrengende, kurvenreiche Straße hinauf in die Berge bauen ließen. Die Abende sind frisch, die Nächte manchmal sogar kühl. Gepflegte Gärten und Teeplantagen, umrahmt vom licht- und luftdurchlässigem Bergwald, laden zu langen Spaziergängen ein. Um falschen Erwartungen vorzubeugen: eine alpine Berglandschaft sind die Cameron Highlands nicht. **Ringlet**, **Tanah Rata** und **Brinchang** sind eher reizlose, größtenteils relativ neue Ansiedlungen. Tanah Rata dürfte der angenehmste und schönste Ort sein und ist zum Übernachten am besten geeignet. Die Highlands lohnen vor allem wegen des milden Klimas und der üppigen Vegetation. **Dschungelwanderungen** sind bei weitem nicht so anstrengend wie etwa in der schwülen Hitze des Taman Negara. Der Besuch einer **Teeplantage** lohnt sich auf jeden Fall.

Von Tapah nach Tanah Rata

Von Tapah, einem Ort an der vielbefahrenen Hauptstraße Kuala Lumpur–Ipoh, fahren fast stündlich Busse die 60 km lange Straße in die Highlands hinauf. Wer eine gute Sicht haben möchte, sollte sich auf der rechten Seite einen Fensterplatz sichern. 2 km westlich des Ortes führt die Straße durch Gummiplantagen und malaiische Dörfer. 1 km südlich vom Kilometer 48 erstreckt sich **Hutan Rekreasi Kuala Woh**, ein Erholungspark am Ufer des Sungai Batang Padung. Am Kilometer 42 bietet sich eine schöne Aussicht auf das Tal. Dann wird die Straße schmaler und windet sich hinauf in die Berge. In den scharfen Haaradelkurven stürzen kleine Bergbäche die Felsen hinab. Der größte Wasserfall, **Lata Iskandar**, am Kilometer 36, ist von Souvenirständen umgeben.

Nach 46 km ist am Kilometer 14 die erste größere Siedlung in den Cameron Highlands erreicht. Der Marktort **Ringlet** mit seinen chinesischen Geschäftshäusern, Hotels und Tankstellen ist enttäuschend gesichtslos. Hinter Ringlet wird der Sungai Bertam durch den **Sultan Abu Bakar Dam** gestaut. Vom Lakehouse Hotel, einem neueren Gebäude am Hang im englischen Landhausstil überblickt man den Stausee. An der Abzweigung kurz vor der Habu Power Station geht es etwa 6 km nach Osten durch das Tal des Sungai Boh zur **Boh Tea Estate**. Während einer der kostenlosen Führungen, die fast stündlich stattfinden,

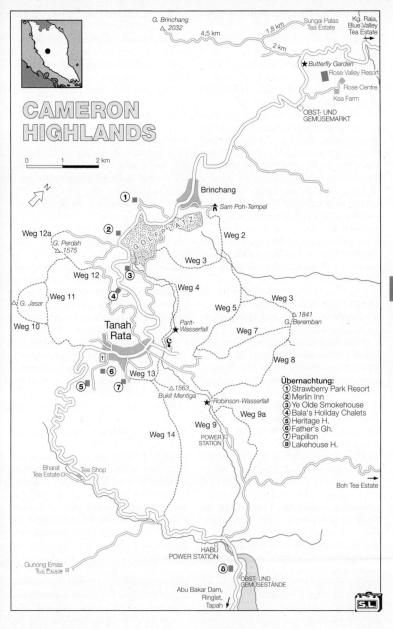

Cameron Highlands

kann man die Verarbeitung des Tees beobachten. Viermal täglich fährt ein Bus aus Ringlet hierher. Von Tanah Rata aus fährt man bis zur Habu Power Station und steigt in einen der Busse, die von Ringlet kommen, um. ✆ 996032, So und Mo geschlossen. 1,5 km weiter Richtung Tanah Rata zweigt eine schmale, schlechte Straße, die sich gut für Wanderungen eignet, durch ein kleines Tal Richtung Südwesten ab. Auf ihr erreicht man, vorbei an Gärtnereien und Gemüsefeldern, nach 3 km die **Gunong Emas Tea Estate**. Geöffnet tgl. außer Fr und feiertags bis 16 Uhr.

5 km südlich von Tanah Rata (Bus 35 sen) liegt nahe der Hauptstraße in einem tiefen Tal westlich der Straße die **Bharat Tea Estate**, die nicht besichtigt werden kann. Ein Teeshop an der Straße verkauft Tee der Plantage und bietet eine schöne Aussicht auf das mit Teesträuchern bewachsene Tal.

Tanah Rata und Umgebung

Die Ansiedlung erinnert mit ihren gepflegten Anlagen an einen ruhigen Kurort. Entlang der Hauptstraße sind preiswerte Hotels und Restaurants zu finden. Hier trifft man sich am Abend, macht Besorgungen oder geht wenigstens einmal auf und ab, um alles gesehen zu haben – viel ist es ja ohnehin nicht. Das neue Camellia-Wohnviertel mit Ferienapartments und Geschäften ist am Ortseingang den Bauvorschriften entsprechend im sogenannten Tudor-Stil entstanden. Von Tanah Rata aus lassen sich ein paar schöne Wanderungen unternehmen. Die Wege (s. Karte) sind numeriert und auf jeder Cameron Highlands-Karte verzeichnet. Auf Grund der vernachlässigten Reparaturen der Schilder sind manche Wege schwer zu finden und einige Besucher haben sich verlaufen. Falls dem noch nicht abgeholfen worden ist, sollten sich noch mehr Touristen beim Tourist Office darüber beschweren.

Als Einstieg empfiehlt sich ein 15minütiger Spaziergang auf dem **Weg 4**, der hinter dem Garden Hotel beginnt und zum **Parit-Wasserfall** führt, der allerdings nicht sehr attraktiv ist. Ein kurzer Spaziergang ist es auch zum **Robinson-Wasserfall**, der wohl aus diesem Grunde ebenso wie der Parit Wasserfall deutlich vom unübersehbaren output der Wegwerf-Gesellschaft gezeichnet ist.

Links am Wasserfall führen die überwachsenen Stufen hinauf zum markierten **Weg 8** zum **Gunung Bereman** (ca. 2 Stunden). Dies ist die schönste, zugleich aber eine anstrengende Dschungelwanderung und benötigt im Ganzen ca. 4 Stunden, wenn man über **Weg 3** zurückgeht. Kurz vor dem Gipfel kommt man durch schönen Mooswald. Weg 3 endet am Golfplatz, führt größtenteils durch tropischen Bergwald und ist zum Teil recht steil. Dafür entschädigt die großartige Vegetation. Nach Regenfällen arten die Klettertouren auf den steilen Pfaden allerdings zu Schlamm-Rutschpartien aus. Vom Golfplatz nach Tanah Rata sind es noch einmal 45 Minuten. Der Beginn von **Weg 5** und **7** ist ebenfalls schlecht beschildert. Hinter dem Cafe Eukalyptus auf der rechten Straßenseite muß man am Pförtner der Verwaltung der Plantage vorbeigehen. Der Auf- und Abstieg ist steil und mühsam. Etwa zwei Stunden erfordert die Wanderung von Tanah Rata über den Wasserfall zur Robinson Falls Power Station und zur Habu Power Station an der Hauptstraße (**Weg 9** bzw. **9a**). Nur 1 1/2 Stunden dauert der Aufstieg über **Weg 10** zum 1855 m hohen **Gunung Jasar**, der hinter *Tan's Camilla Garden*, 400 m südlich der Brücke, beginnt. Man muß durch den Garten und hinten links die unbefestigte Straße hinaufgehen. Der Weg ist teilweise recht steil. Wer nicht unbedingt zum Gipfel muß, kann auch den bequemeren **Weg 11** nehmen, der auf halber Höhe am Hang entlangführt. Zurück nach Tanah Rata über **Weg 12** (1 Stunde).

Die Variante **Weg 12a** ist nicht markiert aber gut zu finden. Schwierig ist der **Weg 2** zum Sam Poh Tempel nach Brinchang, denn er ist teilweise sehr steil und führt über umgefallene Bäume und durch Bäche. Besser nicht alleine gehen!

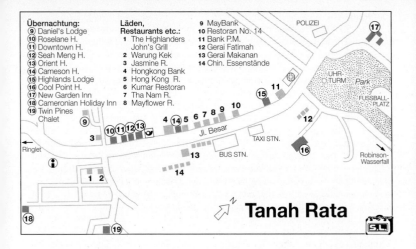

Von Tanah Rata nach Brinchang

Zwischen Tanah Rata und Brinchang wurde parallel zur 5 km langen Straße ein Fußweg angelegt. Kürzer ist es jedoch, Weg 4 über den gepflegten Golfplatz zu nehmen, der in einem echten englischen Highland-Szenario natürlich nicht fehlen darf. Neben der Hauptstraße an einer kleinen Seitenstraße sieht man **Ye Olde Smokehouse** liegen, ein luxuriöses, kleines Hotel im Tudor-Stil (s.u.), der Nachbau eines englischen Landgasthofs. Es stammt aus den 30er Jahren, wurde liebevoll mit entsprechendem Plüsch und Nippes eingerichtet und wirkt trotzdem gediegen und edel. Von den Gästen erwartet man ähnliches: Besuchern, die sich nur mal eben umsehen wollen, weist man dezent die Tür.

Brinchang selbst wirkt mit seinen zahlreichen, mehrstöckigen Hotels und Geschäften weniger einladend als Tanah Rata und erinnert von der Atmosphäre her eher an diese merkwürdigen Skiorte, die man manchmal aus Versehen im Sommer besucht. Überall entstehen Hotel- und Apartmentanlagen, denen ein paar mit schwarzer Farbe angedeutete Fachwerkbalken unter dem Dach den Anstrich von Tudor-Architektur geben sollen. 300 m südlich vom Ortszentrum führt eine Abzweigung Richtung Osten zum **Sam Poh Tempel** (900 m). Die relativ neue buddhistische Tempelanlage beeindruckt durch ihre Größe und Klarheit. Sie ist ein nettes Ausflugsziel. In der ersten Halle wachen 5 riesige, goldschimmernde Tempelwächter über die zentrale Buddhastatue. Im hinteren Tempelgebäude sind die Wände mit Hunderten von Fliesen mit meditierenden Buddhadarstellungen bedeckt. Geöffnet tgl. bis 17 Uhr.

Nördlich von Brinchang

An der Hauptstraße, 3 km nördlich von Brinchang, findet jeden Tag ein **Obst- und Gemüsemarkt** statt, auf dem die weiter talaufwärts angebauten Produkte verkauft werden. Touristen scheinen hier jeden geforderten Preis zu zahlen, entsprechend teuer ist alles – deshalb kräftig handeln!

Für die **Kea Farm** und das **Rose Centre**, eine Gärtnerei 500 m unterhalb des der Hauptstraße im Tal, können sich ausländische Touristen kaum begeistern. Fester Bestandteil jeder organisierten Tour ist der **Butterfly Garden**, 1 km weiter, ein kleines, mit Nylonnetzen überspanntes Areal, in dem man zwischen den umherfliegenden Schmetterlingen herumwandern und fotografieren kann. Kurz hinter dem Butterfly

Cameron Highlands

Orang Asli

Etwa 50 000 Menschen werden von den ethnischen Malaien als *Orang Asli* (einheimische Menschen) bezeichnet. Es handelt sich dabei um Dschungel- und Küstenbewohner, die bereits vor der Einwanderung der heutigen Malaien hier siedelten. Zu ihnen gehören etwa 1800 Negritos, die älteste Bevölkerungsgruppe, die vor allem in den nördlichen Dschungelgebieten lebt, aber auch Proto-Malaien. Die größte Gruppe stellen die 30 000 Senoi, die in den Wäldern der Cameron Highlands siedeln. Der Oberbegriff **Senoi** gilt für die Stämme der Temiar, Semai, Mah Meri und Semok Beri. Sie sollen, wie die Negritos, bereits vor 6000–8000 Jahren eingewandert sein. Ihre Haut ist jedoch etwas heller, und sie betreiben – im Gegensatz zu den nomadisierenden Negritos – Brandrodungsfeldbau. Aus ihren ursprünglichen Siedlungsgebieten wurden sie von den Malaien nach und nach in die schwer zugänglichen Bergwälder zurückgedrängt. Einige leben noch völlig abgeschirmt von der Zivilisation, andere haben viel von der Lebensweise ihrer ehemaligen Gegner angenommen. Besonders die Senoi stehen diesen Einflüssen offen gegenüber, manche ihrer Kinder gehen zur Schule, und einige Orang Asli arbeiten auch auf den Teeplantagen der Highlands.

Die traditionelle Siedlung ist das Langhaus mit bis zu 50 Bewohnern, zumeist eine Großfamilie, deren Oberhaupt, ein älterer Mann, der Gründer des Hauses oder einer seiner Nachfahren ist. Außer einem Blasrohr oder Gewehr und einigen Durianbäumen besitzt der Einzelne normalerweise kein Privateigentum. Jede Gemeinschaft verfügt über eigene Fischgründe und nutzt ein festgelegtes Dschungelgebiet. Man rodet im Zwei-Jahres-Rhythmus den Wald, um Bergreis oder Tapioka anzubauen. Das Fällen der Bäume wird ausschließlich von Männern vorgenommen, während das Ernten, Sammeln von Früchten und der Gemüseanbau die Arbeit der Frauen ist. Jagen und fischen ist ebenfalls die Tätigkeit der Männer. Die Beute wird unter den Bewohnern der Gemeinschaft aufgeteilt. Viele Orang Asli gehen noch mit der traditionellen Waffe, dem über zwei Meter langen Blasrohr und vergifteten Pfeilen, auf Jagd. Während der *Emergency* von 1948 bis 1960 (s.S. 315) wurden die Orang Asli für die MCP, aber auch für die Briten, die sich bis dato wenig um die Ureinwohner gekümmert hatten, interessant, denn sie waren die einzigen, die sich im Dschungel auskannten. Noch heute existiert ein Senoi Pra'ak-Regiment in der *Field Force Police*, die gegen die Guerilla der MCP eingesetzt wurde – und das, obwohl die Begriffe „Krieg" und „Kampf" den Senoi fremd sind.

Garden führt links eine schmale, 6,5 km lange Straße zum Gunung Brinchang hinauf. Lohnenswert ist ein Abstecher zur **Sungai Palas Tea Estate**, die zur Boh-Gruppe gehört. Nach 2 km zweigt von der Straße zum Gunung Brinchang rechts eine schmale Straße ab, die nach 1,8 km an der Fabrik hinter dem Dorf der indischen Arbeiter endet. In der Fabrik werden die verschiedenen Stadien der Teeverarbeitung bei einem kurzen aber informativen Rundgang kostenlos vorgeführt. In einem angenehmen Café mit Blick über die Kaffee- und Teeplantagen wird fachkundig zubereiteter Tee und Kaffee ausgeschenkt. Geöffnet Di–So von 9–16.30 Uhr, Mo und an Feiertagen geschlossen. Viermal täglich fährt für 1,30 RM der Bus Nr. 155 von Tanah Rata aus bis zum Eingang der Plantage. Der letzte Bus zurück gegen 14.30 Uhr, da sich die Fahrer nicht immer an den Plan halten, sollte man sich vergewissern, wann der Bus zurückfährt.

Zur **Blue Valley Tea Estate**, 16 km weiter oben hinter Kg. Raja, nimmt man von Tanah Rata den Bus nach Kg. Raja und geht die letzten 3 km zu Fuß. Die Fahrt führt durch eine reizvolle Landschaft, die durch den Straßenbau allerdings etwas beeinträchtigt wird.

Vom Blue Valley wird bis 1998/99 eine Straße Richtung Ipoh gebaut, die den Weg aus den Großstädten an der Westküste hinauf in die Berge erheblich verkürzen und am Wochenende für noch mehr Besucher sorgen wird.

Gunung Brinchang

Lohnenswert ist die Fahrt hinauf zum **Gunung Brinchang** (2032 m). Die Straße durch die Sungai Palas Tea Estate, deren Pflanzungen sich bis in 1780 m Höhe erstrecken, ist in schlechtem Zustand. Man kann auch ab Tanah Rata zur Tea Estate fahren, an der Abzweigung aussteigen und in 1 3/4 Std. den Berg hinaufwandern. Auf dem höchsten mit dem Auto befahrbaren Punkt Malaysias arbeitet eine Radio- und Fernsehstation. Vor dem Tor steht ein Aussichtsturm, von dem aus man bei gutem Wetter einen weiten Rundblick hat.

Übernachtung

IN TAPAH – Ist der letzte Bus weg, kann man notfalls im renovierten
Bunga Raya Hotel**, 6 Jl. Besar, Ecke Jl. Raja, über KFC, ✆ 4011436, an der Hauptstraße, ca. 300 m südlich der Abzweigung in die Highlands, übernachten. 12 Zimmer mit und ohne ac, Du/WC. Weitere einfache Übernachtungsmöglichkeiten in der Jl. Stesyen:
Utara Hotel*, Nr. 35, ✆ 4012299, saubere Zimmer mit Du/WC und Fan, freundliches, hilfsbereites Management.
Timuran Hotel**, Nr. 23, ✆ 4011092, sauber, Zimmer mit Fan, im Erdgeschoß Restaurant.

IN TANAH RATA – der beste Ort zum Übernachten. Während der Hochsaison, besonders um Weihnachten, ist hier fast alles ausgebucht. In den Schulferien gehen naturgemäß die Preise in die Höhe und an Feiertagen wird noch einmal einiges aufgeschlagen.
Gästehäuser: *Bala's Holiday Chalets*-***** ④, ✆ 4911660, etwa 2 km nördlich an der Straße nach Brinchang, Taxi ab Tanah Rata 3 RM. Ruhig gelegene Anlage in einem schönen Garten und viel Atmosphäre. Schlafsaalbetten 7 RM, Zimmer mit und ohne Du/WC, Familienzimmer und Cottages, heiße Duschen, Kochgelegenheit, Wäscheservice, Fahrradvermietung und ein Teehaus. In der Hochsaison häufig bis unter den Dachfirst belegt. Abholservice ab Tanah Rata.
Papillon Guesthouse*-** ⑦, 8 Jl. Mentinggi, ✆ 4914427, einfache Zimmer und Schlafsaalbetten für 7 RM, Aufenthaltsraum und kleiner Vorgarten, Gemeinschafts-Du/WC mit heißem Wasser, Kochmöglichkeit.
Cameronian Holiday Inn*-** ⑱, 16 Jl. Mentigi, ✆ 4911327, am Ortseingang in kleiner Seitenstraße. nette einstöckige Anlage in einem Garten, Schlafsaalbetten 6 RM sowie DZ mit und ohne Du/WC; freundliche, hilfsbereite Angestellte, Restaurant mit gutem Frühstück, Waschmaschinenbenutzung, Safe, Tageszeitung. Abholservice.
Twin Pines Chalet*-** ⑲, 2 Jl. Mentigi, ✆ 4912169, Schlafsaalbetten 7 RM, unterschiedliche Zimmer, heiße Gemeinschaftsduschen. Durch die rege Bautätigkeit in der Umgebung kann es ziemlich laut sein.
Father's Guest House* ⑥, Jl. Gereja, ✆ 4912484, am Ortseingang auf einem Hügel neben der Kirche. Einfach und sauber, Schlafsaalbetten 6 RM, auch Zimmer im Haupthaus, Gemeinschaftsküche. Gutes Essen zu fairen Preisen. Nettes Management. Abholservice.
Daniel's Lodge* ⑨, 9 Lorong Perdah, ✆ 4915823, saubere, gepflegte DZ, Gemeinschafts-Du/WC, Küchenbenutzung, freundliche Atmosphäre, viele Infos.
Preiswerte Hotels: An der Hauptstraße viele chinesische Hotels, Zimmer meist mit und ohne Du/WC und warmem Wasser. Am Wochenende verdoppeln sich hier häufig die Preise:
Roselane Hotel** ⑩, 44 Jl. Besar, ✆ 4912377, renovierte Zimmer mit Du/WC. Im Erdgeschoß ein chinesisches Restaurant.
Downtown Hotel*-** ⑪, 41 Jl. Besar, ✆ 4912868. Sauber und freundlich, bietet Zimmer mit und ohne Du/WC.
Seah Meng Hotel*-** ⑫, 39 Jl. Besar, ✆ 4911618. Sehr sauber und freundlich, ebenfalls Zimmer mit und ohne Du/WC. Vermittelt auch Apartments*** für bis zu 6 Personen, reserviert Bustickets und organisiert Touren.

Orient Hotel*-** ⑬, 38 Jl. Besar, ✆ 4911633, bietet saubere, preiswerte Zi mit und ohne Du/WC sowie TV. Im EG ein Restaurant.
Cameson Hotel*-** ⑭, 29/30 Jl. Besar, ✆ 4911160, hat 12 große, einfache aber saubere Zimmer mit und ohne Du/WC.
Highlands Lodge* ⑮, 4 Jl. Besar, ✆ 4913135, recht spartanische aber saubere Zimmer mit und ohne Du/WC, viele Traveller.
Mittelklasse: *New Garden Inn***** ⑰, ✆ 4911911, unterhalb der Moschee in einem Garten. Die renovierten Zi sind zweckmäßig ausgestattet, z.T. mit Balkon und Kamin, inkl. Frühstück.
The Cool Point Hotel**** ⑯, 891 Persiaran Dayang Endah, ✆ 4914914, 📠 4914070, neues malaiisch gemanagtes Hotel in zentraler Lage.
Heritage Hotel ⑤, Jl. Gereja, ✆ 4913888, 📠 4915666, neue, riesige Anlage auf einem Hügel am Ortsausgang mit komplett eingerichteten Zimmern und Balkon mit Blick über die Berge. Für unsere Leser kosten die Zimmer außerhalb der Ferienzeit 140 RM alles inklusive.

NÖRDLICH VON TANAH RATA – sind die luxuriöseren Herbergen angesiedelt. In den teuren Hotels bekommt man an Wochentagen außerhalb der Saison meist eine Ermäßigung.
Ye Olde Smokehouse (300–600 RM) ③, ✆ 4911214, 📠 4911215. Jeans und T-Shirts sind nicht gern gesehen, dafür hat sich in den 12 Suiten des Bilderbuch-Häuschens die englische Atmosphäre in ihrer reinsten Kultur erhalten.
Merlin Inn (ab 200 RM) ②, ✆ 4911211, liegt weiter Richtung Brinchang nahe der Hauptstraße.
Strawberry Park Hotel (um 250 RM) ①, ✆ 4911166, liegt 1,6 km vor Brinchang an einer Seitenstraße, Taxi ab Tanah Rata 5 RM. Die Anlage weist internationalen Standard auf, hat von außen aber den Charme einer Lungenklinik.

Essen

IN TANAH RATA – Ein Morgen in den Cameron Highlands beginnt am besten mit einem guten Frühstück in einem der indischen Restaurants an der Hauptstraße. Mittags und abends herrscht an Restaurants und Foodstalls kein Mangel. Malaiische Essenstände und Freiluft-Restaurants reihen sich in langer Kette an der Hauptstraße, wobei die malaiischen Stände im *Gerai Makanan* von den chinesischen Essenständen nebenan strikt getrennt sind. Malaiische Snacks werden zudem im *Gerai Fatimah* angeboten. Im nördlichen Zentrum dominieren die indischen Restaurants: *Restoran No. 14*, 14 Jl. Besar. Sieht unscheinbar aus, aber gut zum Frühstücken, die einfachen südindischen Gerichte sind köstlich.
Kumar Restoran, 26 Jl. Besar, auch hier gibt es *Roti* und *Murtabak* nicht nur zum Frühstück. Gleich nebenan das *Thanam*. Beide sind bei Touristen beliebt, da sie die Tische im Freien stehen haben und die Speisekarte auf den Traveller-Geschmack abgestellt wurde.
Chinesische Restaurants befinden sich vor allem im südlichen Zentrum im Erdgeschoß der Hotels: *Hong Kong Restaurant*, chinesische und westliche Küche, die Preise kann man – falls sie nicht auf der Karte stehen – erfragen.
May Flower Restaurant, gute chinesische Küche, zu dritt oder viert lohnt sich ein *Steamboat*. Auch im
Oriental Melody Restaurant unter dem *Roselane Hotel* wird *Steamboat* angeboten.
Orient Restaurant, im gleichnamigen Hotel, ist nicht billig, bietet aber ebenfalls ein gutes *Steamboat* mit scharfen Saucen.
Jasmine Restaurant wirbt für seine chinesische Reistafel in holländischer Sprache, es gibt aber noch jede Menge anderer Gerichte.
In den Neubaublocks am Ortseingang haben sich bereits einige Restaurants angesiedelt, u.a.:
The Highlanders John's Grill, an der Hauptstraße, serviert Steaks und andere westliche Gerichte, mittags *Set-Lunch*.
Warung Kek, eine Bäckerei mit Café im selben Block, bietet neben salzigen und süßen Kuchen auch kleine Gerichte.

IN BRINCHANG: *Shal's Curry House*, 25 Jl. Besar, ein Teehaus und Restaurant am großen Platz, in dem Chelvam und seine Frau ihren Traum verwirklichen. Zu klassischer Musik werden auf Bananenblättern phantastische hausgemachte Curries und andere Leckereien aus Mutters Küche sowie „indisch-deutscher" Apfelstrudel serviert. Die Spezialität ist *Fish Head Curry*.

Oben: Kellie's Castle bei Ipoh; Mitte links: Ubudiah Moschee in Kuala Kangsar; Mitte rechts: Sam Poh-Tempel in den Cameron Highlands; unten links: Uhrturm in Ipoh; rechts: Moschee in Kangar

Sonstiges

GELD – Geldwechseln z.B. bei der *Hongkong Bank*, geöffnet Mo–Fr 9–16 Uhr. Sind die Banken geschlossen, wechseln auch verschiedene Fotogeschäfte US-Dollarnoten.

INFORMATIONEN – Am Ortseingang ein winziges *Tourist Information Centre & Museum*, in dem man kaum Infos bekommt. Die kleine Ausstellung im Museum beschränkt sich auf die malaiische Kultur – Informationen über Teeplantagen und andere interessante Aspekte der Highlands sucht man vergebens. Geöffnet So–Fr 8–16.15, Sa 8–12.45 Uhr. Bereits seit Jahren ist eine Tourist Information im Neubauviertel geplant.

POST – Geöffnet Mo–Sa 8–16.30 Uhr.

TAXIS – von Tanah Rata nach RINGLET 10 RM pro Wagen, BRINCHANG 6 RM, zum GUNUNG BRINCHANG 50 RM hin und zurück, zur BOH TEA ESTATE 16 RM, 30 RM hin und zurück, BHARAT TEA ESTATE 6 RM, SUNGAI PALAS TEA ESTATE 13 RM, 24 RM hin und zurück, BLUE VALLEY TEA ESTATE 25 RM.

TOUREN – Fast jedes Hotel und Gästehaus bietet die täglich stattfindende 4stündige Cameron Highlands-Tour inkl. Besuch einer Teeplantage für 15 RM an, die aber recht langweilig ist.

VORWAHL – 05, PLZ 39000.

Transport

BUSSE – Der normale Weg in die Highlands führt über das Örtchen TAPAH am Fuße der Berge, 60 km von Tanah Rata. Busse von und nach Tapah verkehren von 8–17.30 Uhr stündlich und kosten bis Tanah Rata 3,70 RM. Die Fahrt dauert 2 Std. Manchmal auch Minibus-Trips.
Von Tapah: Vom Busbahnhof in einer Seitenstraße, der Jl. Raja, fahren nur die Busse in die nähere Umgebung und in die Highlands ab. Expressbusse nach Kuala Lumpur oder Penang halten nach Bedarf an der Hauptstraße. *Kah Mee Agent* und *Kamid Enterprises*, gegenüber dem Busbahnhof, verkaufen Tickets und bringen die Passagiere an die Busstops. Die Expressbusse für die Weiterfahrt können auch bereits in vielen Gästehäusern in Tanah Rata vorgebucht werden. KUALA LUMPUR 11x tgl. 7–8,50 RM; MELAKA 2x tgl. 19 RM; SINGAPORE tgl. um 9.30 und 21.30 Uhr 30–40 RM; BUTTERWORTH 5x tgl. 12 RM; KUALA TERENGGANU tgl. 21.30 Uhr 32 RM; KUANTAN 2x tgl. 23 RM. Natürlich gibt es auch viele Busse zu nähergelegenen Zielen, z.B. IPOH 4 RM, oder LUMUT, 3x tgl. für 10 RM.
Von Tanah Rata: *Kurnia Bistari* fährt tgl. um 8.30 und 14.30 Uhr mit einem Direktbus in 5 Std. nach GEORGETOWN (PENANG) für 14,10 RM. Tickets an der Bus Station. Bis IPOH kostet die Fahrt 12 RM. Zwischen KUALA LUMPUR und Tanah Rata 4x tgl. *Kurnia Bistari*-Busse für 10,60 RM. Ab Tanah Rata zwischen 8.30 und 16 Uhr, ab Kuala Lumpur zwischen 8.30 und 15.30 Uhr.
In den Cameron Highlands: Busse von Tanah Rata 15x tgl. zwischen 6.40 und 18.20 Uhr bis BRINCHANG für 50 sen. 11x tgl. zwischen 8 und 18 Uhr nach RINGLET für 1 RM. Nach KG. RAJA 8x tgl. zwischen 6.40 und 18 Uhr für 1,70 RM – eine schöne Fahrt! Nach SG. PALAS 4x tgl. für 1,30 RM. Zur Teeplantage und -fabrik BOH ESTATE via Ringlet 3x tgl.

ÜBERLANDTAXIS – Ac-Taxi von Tanah Rata nach TAPAH 40 RM (Station in der Jl. Raja, schräg gegenüber der Busstation), zum Bahnhof TAPAH ROAD 50 RM, KUALA LUMPUR 146 RM, IPOH 70 RM, TAMAN NEGARA 220 RM, PENANG 200 RM pro Wagen.

EISENBAHN – Bahnhof in TAPAH ROAD (6 km von Tapah), Bus 1 RM bis TAPAH. Nach KUALA LUMPUR 2x tgl. in 2 1/2 Std. für 19 RM sowie weitere langsame Züge in der Nacht. In der Gegenrichtung 2x tgl. über Ipoh und Taiping nach BUTTERWORTH in 4 Std. für 24 RM.

Lumut

Trotz seiner touristisch ausgebauten Strände im Süden ist Lumut nur Durchgangsort auf dem Weg nach Pangkor. Hier befindet sich die zentrale Flottenbasis der Malaysi-

Kuala Lumpur; oben: Dewan Bandaraya, ein Meisterwerk der Kolonialarchitektur; unten: Gedränge auf dem Chow Kit Market

an Navy. Das Städtchen besitzt jedoch ein paar gute Hotels und Restaurants und Souvenirstände. Zum Baden ist das Wasser aber nicht geeignet.

Übernachtung

Phin Lum Hooi Hotel*, 93 Jl. Titi Panjang, ✆ 6835641.
Dinding Hotel**, 115 Jl. Titi Panjang, ✆ 6835544, gleich nebenan.
Lumut Villa Inn**-****, 1 Jl. Setiawan, ✆ 6835982, ✉ 6724107, etwa 1,5 km vor Lumut, an der Abzweigung zum Strand.
Hotel Indah***, 208 Jl. Iskandar Shah, ✆ 6835064, verfügt über drei riesige DZ mit Meerblick, Balkon, ac und Fan, TV, Tel und Kühlschrank. Blitzsauber und freundlich.
Hotel Manjung Permai***, 211-213 Jl. Iskandar Shah, ✆ 6834934, ✉ 6834937, sieht exklusiv aus, aber die DZ, die mit ac, TV, Tel, Du/WC ausgestattet sind, sind gar nicht so teuer.

Sonstiges

INFORMATIONEN – Vor der Überfahrt nach Pangkor lohnt sich ein Besuch im sehr hilfreichen *Tourist Information Office*, ✆ 6834057. Dort erhält man außer vielen Broschüren auch gute Tips bezüglich Übernachtung auf der Insel. Geöffnet Mo–Fr 9–17, Sa 9–13.45 Uhr.

VORWAHL – 05, PLZ 32200.

Transport

BUSSE – 3 Express- und mehrere Nahverkehrsbusse fahren tgl. nach IPOH für 3–3,50 RM. Zwischen 8 und 18.30 Uhr geht es 9x tgl. nach KUALA LUMPUR für 14 RM via TAPAH (10 RM), 5x tgl. nach BUTTERWORTH für 8,50–10 RM in 4 Std. Nach MELAKA 21 RM.

ÜBERLANDTAXIS – IPOH 6 RM, BUTTERWORTH 16 RM, KUALA LUMPUR 21 RM p.P.

FÄHREN – auf die Insel nach KAMPONG PANGKOR legen im Abstand von etwa einer halben Stunde ab. Das erste Boot fährt Mo–Fr um 6.45 Uhr, das letzte um 20 Uhr, Sa und So von 8–21 Uhr. Die Fahrt dauert 40 Min. und kostet 4 RM. Weitere Fähren 6x tgl. zwischen 8.45 und 18.30 Uhr zum Pan Pacific Resort in 30 Min. für 6 RM hin und zurück. Nach Pangkor Laut 4x tgl. zwischen 8 und 18.30 Uhr für 8 RM hin und zurück.
Nach Sumatra: Eine Fähre des Kuala Perlis – Langkawi Ferry Service, ✆ 04-9667868, fährt Mi um 9 Uhr und Fr um 21 Uhr nach Belawan (MEDAN, visafreier Einreiseort) in 5 Std. für 90 RM einfach, 160 RM hin und zurück. Zurück Di und Do um 14 Uhr.

Pulau Pangkor

Die etwa 12 km lange und 4 km breite Insel Pangkor stellt eine der wenigen Ausnahmen dar, die ansatzweise mit der Ostküste vergleichbar wäre. Kein Wunder, daß Pangkor sich zur Touristenattraktion entwickelte und besonders an Wochenenden und Ferientagen von Ausflüglern geradezu überrannt wird. Vor allem während der Hochsaison, von November bis März aalen sich die Feriengäste an der Westküste von Pangkor. Das bergige, schwer zugängliche Landesinnere ist von tropischem Dschungel bedeckt.

In **Kampung Pangkor** legt die Fähre an. Hier konzentrieren sich die Geschäfte, außerdem gibt es mehrere malaiische und chinesische Restaurants, eine Bank, eine Krankenstation, die Post, das Telefon Office und einen kleinen chinesischen Tempel.

Die meisten Unterkünfte liegen am **Pantai Pasir Bogak**, einem 2 km langen Strand an der Westküste, etwa 3 km entfernt. Ein Strand im Umbruch – fraglich ist nur, ob das Meer, das an der Westküste ohnehin stark verschmutzt ist, die zusätzlichen ungeklärt eingeleiteten Abwässer verträgt. Mittlerweile führt eine Straße mit einigen unangenehmen Steigungen rings um die Insel. Von Pasir Bogak aus kommt man Richtung Norden zur **Tortoise Bay**, einer kleinen Bucht mit grobem Sand. Unterwegs passiert man das **Jungle Information Centre**, von wo aus ein Jungle Trek zur Ostseite der Insel führt. Dahinter erstreckt sich **Teluk Nipah**, ein weiter Sandstrand, an dem einzelne weitausladende Bäume Schatten spenden. Das Wasser ist hier sauber und ruhig. Die Straße führt weiter über die Berge nach Kampong Teluk Dalam. Am ziemlich verschmutzten Strand entlang gelangt man zu Fuß von Teluk Nipah zur **Coral Bay**, einer schönen, von Felsen umrahmten Buch mit klarem Wasser. Ein rot markierter Rundweg führt nördlich der Bucht durch den Dschungel.

Weiter im Norden liegt Pantai Puteri Dewi, auch **Golden Sands Beach** genannt, an dem sich das luxuriöse *Pan Pacific Resort* ausgebreitet hat. Besucher zahlen Eintritt.

Nach Süden geht es durch Fischerdörfer an der Küste entlang zurück zum Kampong Pangkor. Die Boote der Fischer von **Kampung Sungai Pinang Kecil** und **Kampung Sungai Pinang Besar** liegen direkt vor ihren Holzhäusern, die dicht an dicht auf Stelzen im Wasser stehen und durch hölzerne Plankenwege mit dem Festland verbunden sind. Ein Ausflug lohnt zum südlich von Kampung Pangkor gelegenen **Kota Belanda**, den Resten eines alten holländischen Forts südlich vom Dorf Teluk Gedung.

Auf der kleinen tropischen **Pulau Pangkor Laut** südöstlich von Pangkor mit ihren dschungelbedeckten Bergen und palmenbestandenen, einsamen Sandstränden liegt das komfortable *Pangkor Laut Resort*. An der Westküste gibt es eine schöne Badebucht, die **Emerald Bay**. Tagesausflüge auf die Insel sind leider nicht mehr möglich.

Übernachtung

PANTAI PASIR BOGAK – *Pangkor Anchorage*** ⑪, ✆ 6851363, erinnert mit seinen *A-frames* zwischen Stoppelgras und Bäumen und

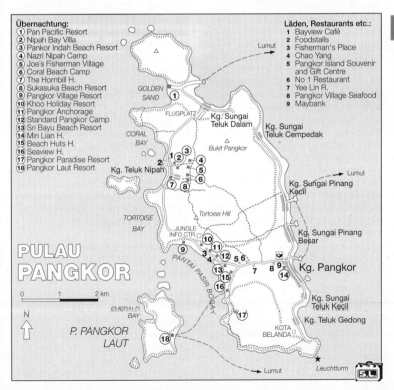

Übernachtung:
① Pan Pacific Resort
② Nipah Bay Villa
③ Pankor Indah Beach Resort
④ Nazri Nipah Camp
⑤ Joe's Fisherman Village
⑥ Coral Beach Camp
⑦ The Hornbill H.
⑧ Sukasuka Beach Resort
⑨ Pangkor Village Resort
⑩ Khoo Holiday Resort
⑪ Pangkor Anchorage
⑫ Standard Pangkor Camp
⑬ Sri Bayu Beach Resort
⑭ Min Lian H.
⑮ Beach Huts H.
⑯ Seaview H.
⑰ Pangkor Paradise Resort
⑱ Pangkor Laut Resort

Läden, Restaurants etc.:
1 Bayview Café
2 Foodstalls
3 Fisherman's Place
4 Chao Yang
5 Pangkor Island Souvenir and Gift Centre
6 No 1 Restaurant
7 Yee Lin R.
8 Pangkor Village Seafood
9 Maybank

seinen Holztischen und -bänken an ein Ferienzeltlager. Wird auch mit straffer Hand geführt. Kinder und Haustiere nicht erwünscht.
Standard Pangkor Camp*- (12), ✆ 6851878, besteht aus 15 dicht nebeneinander gelegenen Bungalows mit Fan und Gemeinschafts-Du/WC.
Pangkor Village Resort*-* (9), ✆ 6851951, hat schlichte Chalets mit Meerblick, preiswerte *A-frames* und Schlafsaalbetten. Am billigsten, aber sicher saunaähnlich warm ist der Unterschlupf in den großen grünen Zelten. Bei Zeltbewohnern ist nur das Frühstück im Preis enthalten, bei allen anderen auch noch das Abendessen im dazugehörigen Restaurant.

Pangkor Paradise Resort-**** (17), ✆ 6851496, liegt am weitesten südlich, direkt am Strand. Chalets mit Fan oder ac und Du/WC, Frühstück im dazugehörigen muslimischen Restaurant im Preis enthalten.
Khoo Holiday Resort-**** (10), ✆/✉ 6851164, hieß früher Sam Khoo's Mini Camp und war ein bekannter Traveller-Treffpunkt. Inzwischen richtet es sich eher an eine finanzkräftigere Klientel, aber abgesehen von den sehr hübschen Chalets am Hang sind die Zimmer mit und ohne ac im Hauptgebäude eher enttäuschend. Es gibt noch ein paar billige *A-frames*. Außer bei letzteren ist Frühstück und Abendessen im Preis enthalten.
Beach Huts Hotel*-**** (15), ✆/✉ 6851159, verfügt über Chalets in einem gepflegten Garten mit ac, TV und Kühlschrank, aber auch freundliche Zimmer mit Fan. Restaurant (Di geschlossen). Während der Woche Ermäßigung.
Seaview Hotel* (16), ✆ 6851605, ✉ 6851970, hat Zimmer, die den hohen Preis nicht wert sind, und nette Chalets mit Du/WC, ac und Blick aufs Meer. Der steinige Strand ist zum Baden schlecht geeignet. Agenehmes Restaurant mit Bar.
Sri Bayu Beach Resort (ab 320 RM) (13), ✆ 6851929, ✉ 6851050 eines der wenigen Resorts mit Chalets am Strand. Restaurant, Pool.

TELUK NIPAH – *Joe's Fisherman Village* (5), Lot 4452, ✆ 6852389, beliebter Travellertreff mit *A-frame*-Hütten und etwas teureren Bungalows, und ein Schlafsaal. Netter Besitzer, einfaches Restaurant, auch Bierverkauf, Mopedverleih.

Nazri Nipah Camp* (4), ✆ 6852014, *A-frames* und eine Hütte mit Blechdach, alles sehr einfach, kleines Restaurant, kein Bier. Bei längerem Aufenthalt Preisermäßigung.
Coral Beach Camp* (6), ✆ 6852711, ähnlich wie Joe's und Nazri, *A-frames*, aber auch ein paar spärlich eingerichtete Hütten mit 2 Doppelbetten, kleines Restaurant, Fahrradverleih.
Sukasuka Beach Resort* (8), Lot 4468, ✆/✉ 6852494, geräumige Chalets mit Fan und Mandi für 2 oder 4 Personen, allerdings stark vernachlässigt. Gepflegte Gartenanlage.
Nipah Bay Villa* (2), Lot 4442, Teluk Nipah, ✆ 6852198, ✉ 6852386, bietet geräumige, saubere Chalets mit ac, Radio und Du/WC in einer gepflegten Anlage, freundliche, hilfsbereite Vermieter; im Preis sind 3 Mahlzeiten inbegriffen. Mountainbikes 20 RM p.T., Bremsen überprüfen, denn das Inselinnere ist bergig.
Pankor Indah Beach Resort* (3), Lot 4451 Telok Nipah, ✆ 6852107, ist ganz ähnlich. Chalets sind auch ohne Verpflegung zu mieten, aber der Preis für VP ist geringfügig höher.
The Hornbill* (7), ✆ 6852005, direkt an der Straße. Ac-Zimmer mit Bad und Balkon, Frühstück inkl. oder Halbpension.

GOLDEN SAND – *Pan Pacific Resort* (ab 260 RM) (1), ✆ 6851091, ✉ 6852390, eine weitläufige 160-Zimmer-Luxus-Anlage mit 5 Restaurants, Pool, Golf-, Tennisplatz und Wassersportmöglichkeiten. Nach Discount fragen!

TELUK DALAM – *Teluk Dalam Resort* (ab 230 RM), ✆ 6853000, ✉ 6854000, eine neue Anlage in der Nähe des Flugplatzes, Chalets mit allem Komfort, aber leider keinem Strand vor der Tür, dafür aber einem riesigen Swimming Pool.

KAMPONG PANGKOR – *Min Lian Hotel** (14), 1 A Jl. Besar, ✆ 6851294, ein chinesisches Hotel, DZ mit Fan oder ac.

PANGKOR LAUT – Die Nachbarinsel ist mehr oder weniger im Besitz des ***Pangkor Laut Resort*** (ab 460 RM) (18), ✆ 6991100, ✉ 6991200, einer in die natürliche Umgebung eingepaßten Anlage mit über 100 klimatisierten Zimmern inmitten üppiger tropischer Vegetation, Pool, luxuriösen Restaurants, großes Wassersportangebot.

Essen

Fisherman's Place, nahe dem Pangkor Anchor, serviert gutes Seafood. In dieser Gegend – vom Anchor nach Süden – gibt es noch weitere Seafoodrestaurants, z.B. das ***Chao Yang;*** einfach, sauber und preiswert. Gutes Seafood auch im Ort im ***Pangkor Village Seafood*** an der Straße zum Pantai Bogak.

Guan Guan, im Zentrum von Kampung Pangkor, auch ein empfehlenswertes Seafood-Restaurant.

No 1 Restaurant, am Strand neben dem großen *Pangkor Island Souvenir and Gift Centre*, hält was sein Name verspricht.

Yee Lin Restaurant etwas weiter außerhalb, ist auch nicht schlechter.

Am Teluk Nipah gibt es abgesehen von den Restaurants der Bungalowanlagen das ***Bayview Café*** mit einem reichhaltigen Angebot aus malaysischen und westlichen Gerichten.

The Golden Phoenix, das Restaurant vom *Hornbill Hotel*, ist auf Seafood spezialisiert; nicht billig, aber ausgezeichnet. Gegen Mittag öffnen ein paar einfache Foodstalls entlang der Hauptstraße gegenüber vom *Bayview Café*.

Sonstiges

GELD – ***Maybank*** in Kampong Pangkor wechselt an Werktagen von 9–16 Uhr Geld und besitzt auch einen VISA-Kreditkartenautomaten. Einen Moneychanger mit längeren Öffnungszeiten findet man am Ortsende Richtung Pasir Bogak.

VORWAHL – 05, PLZ 32300.

Transport

NACH PANGKOR – gelangt man normalerweise von LUMUT, dem Abfahrtsort der Boote nach Pangkor (s.o.).

AUF DER INSEL – Von der Anlegestelle der Fähre in Kampong Pangkor fahren Taxen für 3 RM und Busse für 50 sen nach PASIR BOGAK. Ein Taxi nach Teluk Nipah kostet 10 RM, zum Golden Sands Hotel 15 RM. Einige Bungalowanlagen vermieten Fahrräder, andere auch Mopeds für 30 RM pro Tag. Vorsicht – die Inselstraße verfügt über einige erhebliche Steigungen.

NACH PANGKOR LAUT – Boote verkehren 4x tgl. für 8 RM zwischen Lumut und Pangkor Laut.

Ipoh

Ipoh ist die Hauptstadt des Staates mit dem malaiischen Namen Perak – Silber. Doch ein anderes Metall war die Grundlage für den Reichtum dieser Region – Zinn. Im Kinta Valley befanden sich die größten Zinnvorkommen der Erde. Der Zinn-Boom schwemmte ungeheure Menschenmassen in das Flußtal, die als Schürfer ihr Glück versuchten, die meisten von ihnen Chinesen. Um die Jahrhundertwende hatte die aufblühende Siedlung mit ihren etwa 12 000 Einwohnern bereits den Beinamen „Stadt der Millionäre", denn mit dem Zinn wurde viel Geld verdient.

Im alten Bezirk stehen die englischen Kolonialbauten. Zu ihnen gehört der obligatorische **Uhrturm** *(Clock Tower)*, der 1917 zur Erinnerung an den Tod des ersten britischen Residenten Birch errichtet wurde.

Wohlstand und Reichtum sollten auch die öffentlichen Gebäude bezeugen, so der **High Court**, das Gericht, das Rathaus **Dewan Bandaraya** und der 1917 erbaute, großartige **Bahnhof** mit dem altehrwürdigen *Majestic Hotel*. Auf der 180 m langen Veranda im 2. Stock des ehemaligen *Ipoh Station Hotels* trafen sich bereits in den 20er Jahren die Zinnbarone, um bei einem *Stengah* die neuesten wirtschaftlichen Entwicklungen zu diskutieren.

Die neuere, große Staatsmoschee, die Masjid Negeri, wirkt inmitten der wuchtigen Kolonialbauten geradezu schlicht und nebensächlich. Lohnenswert ist der Besuch des **Ipoh Museums**, Jl. Panglima Bukit Gantang Wahab, in einer Villa, die Anfang des Jahrhunderts von einem der Zinnbarone nördlich des Zentrums errichtet wurde. Im Erdgeschoß dokumentieren alte Fotos und Ausstellungsstücke sehr anschaulich die Entwicklung der Stadt, die Arbeit in den Zinnminen und die Geschichte der Region. Geöffnet Sa–Do 9.30–17, Fr 9.30–12 und 14.30–17 Uhr.

Höhlentempel

An der Jl. Gopeng, der Hauptstraße nach Kuala Lumpur, liegen etwa 6 km südlich des Zentrums am Stadtrand von Ipoh, in den Kalkfelsen hinter dem Felsen mit dem Mercedesstern, drei Höhlentempel. Vor dem ersten, dem **Lin Sen Tong**, steht eine große Kuan Yin-Statue sowie weitere etwas skurril wirkende Figuren. Zu dem 1990 fertiggestellten Tempel gehört auch ein großes vegetarisches Restaurant. Auch im dahinterliegenden **Nam Thian Tong** kann man im *Restoran Sayuran Lok Thian* vegetarisch essen. Die Treppe zum Höhlentempel hinauf ist bis 17 Uhr geöffnet.

Der schönste und größte Tempel ist der **Sam Po Tong**. In der Haupthöhle, die von 8–16.30 Uhr geöffnet ist, werden an verschiedenen Altären Opfergaben dargebracht. Zu erreichen mit Kampa-Bus Nr. 66 oder 73 sowie mit dem Taxi für 7 RM. An der Straße werden an einer langen Reihe von Ständen Pomelos verkauft, die in Ipoh von bester Qualität sein sollen. Um die schmackhaften Früchte muß man allerdings einsatzfreudig handeln. An der vielbefahrenen Straße nach Kuala Kangsar, 6 km nördlich der Stadt, bauten chinesische Einwanderer in den großen Höhlen eines 120 m hohen Kalkfelsens den **Perak Tong**. Die Höhlenwände des Tempels, der tgl. 8–18 Uhr geöffnet ist, sind mit Motiven aus chinesischen Sagen und Legenden bemalt. Vor dem Eingang gibt es hübsche Gärten mit Teichen voller Lotosblüten. Ein Treppenaufgang führt zunächst in die riesige Haupthöhle, in der verschiedene buddhistische und chinesische Gottheiten stehen, überragt von einem eindrucksvollen 12 m großen, sitzenden Buddha. Über einen Weg rechts hinter dem Hauptaltar geht es weiter in den Felsen hinein. Eine Treppe führt bis auf 100 m hinauf, von oben bietet sich eine gute Aussicht. Über eine andere Treppe gelangt man zu einem Bild der chinesischen Göttin der Barmherzigkeit, Kuan Yin. Auch hier gibt es auf dem Tempelgelände ein gutes vegetarisches Restaurant. Am Abend kommen viele Affen zum Tempel. Zu erreichen mit dem Kampung Tawes Bus Nr. 141.

Übernachtung

Da Ipoh nun mal für sein Nachtleben bekannt ist, sind viele preiswerte Unterkünfte gleichzeitig auch Stundenhotels.

Hollywood Hotel**⑪**, 72-76 Jl. C. M. Yusuf, ✆ 2415214. Kleine ac-Zimmer mit Du/WC.

Embassy Hotel**⑨**, 35 Jl. C. M. Yusuf, ✆ 2549496, hat auch einige laute Zimmer, ist jedoch sauber und nett.

Chew Nanyang Hotel**⑥**, 22-24 Jl. Yang Kalsom, ✆ 2540735, einfaches, sauberes Hotel über einem Restaurant.

Wan Wah (Winner) Hotel***⑧**, 32-38 Jl. Ali Pitchay, ✆ 2415177, sauber und für die Preiskategorie wahrscheinlich die beste Adresse in dieser Gegend.

Paradise Hotel**⑦**, 29A Jl. Ali Pitchay, ✆ 2542203, schräg gegenüber, saubere Zimmer, freundliche Leute.

YMCA**①**, 211 Jl. Raja Musa Aziz, ✆ 2540809, ✉ 2412093, inmitten von Parks nördlich des Zentrums gelegen. Zimmer und Schlafsaal (12–15 RM) für Männer, Frauen und Familien, alle Zi mit Du/WC und Fan oder ac.

Eastern Hotel***②**, 118 Jl. Sultan Idris Shah, ✆ 543936, ✉ 501468, ist relativ zentral gelegen, auch hier empfiehlt sich ein Zimmer nach hinten.

Seri Malaysia Hotel****⑤**, Jl. Raja Dihilir, ✆ 2412936, neues Hotel östlich des Zentrums nahe dem japanischen Garten.

Excelsior Hotel****③**, 43 Jl. Clarke, ✆ 2536666, ✉ 2536912, das älteste Hotel der gehobenen Mittelklasse, Komfort entsprechend dem Preis.

Ritz Garden Hotel****⑩**, 79 Jl. C. M. Yusuf, ✆ 547777. Relativ modern, Zimmer mit ac, viele Geschäftsleute.

Majestic****④**, das ehemalige Ipoh Station Hotel im Bahnhof, ✆ 2555605, ✉ 2553393. Das aus der Kolonialzeit stammende Hotel ist komplett renoviert worden, hat aber seinen Charakter dabei bewahren können. Wer die Atmosphäre des Hauses richtig genießen möchte, sollte etwas mehr für eines der 32 großen Zimmer im oberen Stockwerk ausgeben und einen Drink auf der Veranda genießen. Das Frühstück wird im Restaurant im Erdgeschoß serviert, in dem bis zu 1000 Gäste Platz haben.

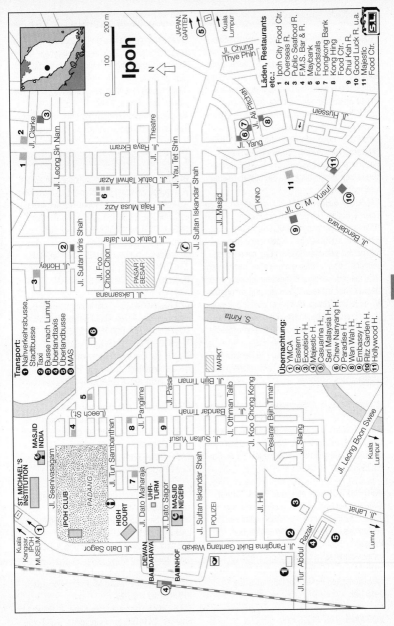

Essen

In der Stadt gibt es verschiedene interessante Food Centres mit guten **Essenständen**, so das *Kong Hing Food Centre* in der Jl. Leech, das *Majestic Food Centre* in der südlichen Jl. Datuk Tahwil Azar (ehemalige Jl. Osborne) mit malaiischen Essenständen oder das chinesische *Ipoh City Food Centre* an der Jl. Clarke, Ecke Jl. Seenivasagam. Gutes Sate an den Essenständen neben dem Bahnhof.

Overseas Restaurant gegenüber Excelsior Hotel in der Jl. Seenivasagam, ✆ 519338, gilt bereits seit Jahren als eines der besten Restaurants der Stadt.

F.M.S. Bar & Restaurant, 2 Jl. Sultan Idris Shah, Ecke Jl. Sultan Yusuf, gleich am Padang. Bereits 1908 wurde hier das erste Bier an durstige Engländer ausgeschenkt. Noch heute ist die Kneipe mit einer gemütlichen Bar, alten Holzmöbeln und Schwingtüren ausgestattet, wenngleich nicht mehr mit original kolonialem Interieur. Uncle Nephew, der Barkeeper, arbeitet nun schon bald 50 Jahre am Tresen, obwohl er bereits seit einigen Jahren pensioniert ist. Viele Stammgäste sorgen für eine angenehme Atmosphäre. Geöffnet tgl. außer Mi von 12–21.30 Uhr.

Public Seafood, das gut besuchte Restaurant in der Jl. Horley, nördliche New Town, bietet preiswertes, gutes Seafood.

Sonstiges

GELD – Nördlich vom Uhrturm findet man mehrere Banken, darunter die **Hongkong Bank** in der 138 Jl. Sultan Yusuf. **Maybank** in der Jl. Sultan Idris Shah.

INFORMATIONEN – das neue **Perak Tourist Office**, hinter dem High Court am Ende der Jl. Tun Sambanthan, ✆ 2412959, ist eines der besten des Landes. Wenn die zahlreichen Prospekte nicht weiterhelfen, können die netten Angestellten sicherlich die Fragen beantworten. Außerdem eine kleine Ausstellung mit historischen Fotos. Geöffnet tgl. außer Mo 9–18 Uhr.

VORWAHL – 05, PLZ 30000.

Nahverkehrsmittel

Busse fahren vom lokalen Busbahnhof am Medan Perhentian Ziele in und außerhalb der Stadt an. Eine Fahrt zu den Tempeln kostet nur wenige Cent.

Taxis kosten innerhalb des Zentrums etwa 3 RM, zu den Tempeln ca. 7 RM.

Bei den **Fahrradrikschas** muß man auf jeden Fall den Preis vor Fahrtantritt aushandeln.

Transport

BUSSE – Der Busbahnhof befindet sich an der Jl. Tun Abdul Razak, südlich der *Old Town*. Nach KUALA LUMPUR 10 RM (über TAPAH, 4 RM), SINGAPORE 27,50 RM, KOTA BHARU 2x tgl. 18 RM, KUALA KANGSAR 2,40 RM (lieber den Direktbus über die Autobahn nehmen als den langsamen Lokalbus!) und BUTTERWORTH 7 RM. Nach LUMUT (Pangkor) von der lokalen Busstation in der Nähe für 3–3,50 RM.

ÜBERLANDTAXIS – Taxistation nahe der Busstation an der Jl. Tun Abdul Razak. KUALA LUMPUR 20 RM; BUTTERWORTH 16 RM; TAIPING 7 RM; KUALA KANGSAR 4 RM; TAPAH (für Cameron Highlands) 10 RM, bis in die Cameron Highlands nach TANAH RATA 15 RM, nach KOTA BHARU 38 RM.

EISENBAHN – Vom imposanten alten Bahnhof fahren 2x tgl. Expresszüge nach BUTTERWORTH in 3 Std. für 21 RM. In der Gegenrichtung 2 Expresszüge über TAPAH ROAD (1 Std. für 3 RM) nach KUALA LUMPUR (3 Std., 22 RM).

FLÜGE – Der Flughafen liegt 5 km südöstlich des Zentrums, Taxi 10 RM.
Direktverbindung mit Pelangi Mi, Fr und So nach LANGKAWI für 107 RM.
Tgl. nach MELAKA für 120 RM und JOHOR BHARU für 159 RM
sowie internationale Flüge 4x wöchentlich nach MEDAN für 198 RM und Mi, Fr und So nach PHUKET für 258 RM.

MAS-Office, Bangunan Seri Kinta, Jl. Sultan Idris Shah, ✆ 2414155, am Flughafen, ✆ 3122459, auch für Pelangi-Flüge.

Kuala Kangsar

An Kuala Kangsar ist, abgesehen von seiner berühmten Moschee, nichts Besonderes, außer daß es ein gemütlicher und liebenswürdiger kleiner Ort ist. Kaum 20 000 Einwohner zählt die alte Sultanstadt von Perak.

Die berühmte **Ubudiah Moschee** von 1913 mit ihren goldenen Kuppeln und schlanken Türmen gilt sie als die schönste Moschee Malaysias. Der Stil ist maurisch, und die gediegenen Materialien unterstreichen das edle Erscheinungsbild. Das Innere ist vergleichsweise schlicht, Frauen oder Nicht-Moslems, die möglicherweise nicht eingelassen werden, versäumen also nicht viel. Unterhalb der Moschee liegt das Mausoleum der königlichen Familie. Über die Straße durch das große Tor am Fluß entlang ist es etwa ein Kilometer zur Moschee.

Nach weiteren 500 m kommt man zu dem auf einem Hügel liegenden majestischen Sultanspalast **Istana Iskandariah**. 1930 wurde er im islamischen Stil erbaut und 1984 für die Ordination des 34. Sultans erheblich erweitert. Das mit hohen Zäunen und Wachposten abgeschirmte Anwesen kann nicht besichtigt werden. Etwas abseits liegt südwestlich des großen Palastes die **Istana Kenangan**, auch *Istana Lembah* genannt, ein schwarz-gelber, hölzerner, 1931 erbauter Palast mit geflochtenen Wänden im malaiischen Stil und schönen Schnitzereien, bei dessen Errichtung kein einziger Metallnagel verwendet wurde. Hier ist das kleine **Royal Museum** untergebracht. Die Sammlung umfaßt Waffen, Kleidungsstücke, Fotografien und andere Gegenstände aus dem Besitz der Sultansfamilie. Geöffnet Mo, Di, Sa, So, feiertags 9.30 -17, Do 9.30–12.45 Uhr, Eintritt frei, Fotografieren verboten.

Übernachtung

Government Resthouse**, Jl. Istana, 7763872, liegt gleich hinter dem großen Tor auf einem Hügel. Zimmer mit Du/WC und ac, teilweise Balkon. Vom Restaurant hat man eine schöne Sicht auf den Perak-River.

Double Lion Hotel**, 7A Jl. Kangsar, 7761010, liegt nur wenige Meter von der Bus Station entfernt und ist sicher das beste, was man auch zu Fuß erreichen kann. Große Zimmer, sauber, kleines Restaurant im Erdgeschoß.

Sin Wah Bee Hotel**, 31 Jl. Daeng Selili, und ***Hai Thean Hotel******,** sind zwei typische billige Chinesenhotels.

Essen

Gute **Foodstalls** und Freiluft-Restaurants befinden sich an der Straße, die vom Kreisel zum Fluß hinunter führt und nördlich vom Markt am Sungai Perak.

New Kassim, ein kleines indisch-islamisches Restaurant an der Jl. Daeng Selili.

Sin Wah Bee (s.o.) hat ein nettes chinesisches Restaurant, das ein bißchen altmodisch wirkt.

VORWAHL – 05, PLZ 33000.

Transport

BUSSE – Von der Bus Station in der Jl. Raja Bendahar geht es nach TAIPING für 2 RM, dort umsteigen nach Butterworth, über IPOH (3 RM) nach KUALA LUMPUR (12 RM) und einmal tgl. nach KOTA BHARU für 16 RM.

ÜBERLANDTAXIS – IPOH 5 RM, TAIPING 4 RM, KUALA LUMPUR 30 RM p.P. Für 5 RM müßte eine Stadtrundfahrt möglich sein.!

EISENBAHN – Der Bahnhof befindet sich ein gutes Stück vom Zentrum entfernt – zu weit, um zu Fuß zu gehen. 2 Expresszüge tgl. über TAIPING (3/4 Std.) nach BUTTERWORTH (2 1/2 Std., 17 RM) oder in Gegenrichtung über IPOH (1 Std.) nach KUALA LUMPUR (5 Std., 26 RM).

Die beiden Bummelzüge, der zusätzlich auf diesen Strecken verkehren, lohnen allenfalls bis TAIPING oder IPOH (2,10 RM).

Taiping

Taiping gehört zu den ältesten Städten Malaysias. Sie war ursprünglich die Hauptstadt der Region und hatte einen anderen

Namen: Larut. Schon 1848 begann hier das Geschäft mit dem Zinn.

Chinesische Einwanderer wuschen am Sungai Larut das wertvolle Metall aus der Erde. Larut war in den Sechziger Jahren des 19. Jahrhunderts bereits eine boomende Minenstadt. Schon 1885 fuhr von hier die erste Eisenbahn des Landes nach Port Weld an der Küste, wo das Zinn auf Schiffe verladen wurde. Das chinesisch-koloniale Zentrum mit seinen Ladenzeilen und Repräsentationsbauten ist noch gut erhalten und hat in Ruhe Patina angesetzt.

Das lohnenswerte **Taiping State Museum** ist in einem hübschen Kolonialgebäude untergebracht. Hier gibt es neben Waffen, archäologischen Funden und einer umfangreichen zoologischen Abteilung auch eine Fotodokumentation über die ereignisreiche Geschichte von Perak zu sehen. Geöffnet tgl. 9–17, Fr 12.15–14.45 Uhr geschlossen, Eintritt frei.

Der **Lake Garden** *(Taman Tasik)*, ein freundlicher großer Park mit vielen alten Bäumen, wurde schon 1890 in einer stillgelegten Zinnmine östlich der Stadt angelegt. Sein **Zoo** ist, verglichen mit anderen seiner Art in Malaysia, sogar recht gelungen und der älteste im Lande. Geöffnet tgl. 8.30–19 Uhr, Eintritt 3 RM.

An den Hängen des Gunung Hijau (Grüner Berg), liegt in über 1000 m Höhe die älteste *Hill Station* Malaysias, **Maxwell Hill**, heute meist *Bukit Larut* genannt. Von der Talstation fahren Landrover für 2,50 RM pro Person stündlich zwischen 7 und 18 Uhr die steile, schmale Straße mit ihren unzähligen Haarnadelkurven hinauf. Auf halber Höhe liegt die Station Tea Gardens (1 RM).

Übernachtung

Peace Hotel*, 32 Jl. Iskandar, ✆ 8073379. Ein heruntergekommenes Jugendstil-Hotel für Anspruchslose. Einfache Zimmer ohne Du/WC.
Peking Hotel**, 2 Jl. Idris, ✆ 8072975, ist eine schöne, zentral gelegene alte Villa, die man von der Überlandtaxistation aus auch zu Fuß erreichen kann. Zimmer mit und ohne ac.
Malaya Hotel*, 52 Market Square, ✆ 8073733, einfaches, ordentliches Hotel an der Ecke, Zimmer mit Fan oder ac für den Preis o.k.
New Resthouse**, Taman Tasik, ✆ 8072044, liegt etwas außerhalb des Zentrums am Lake Garden. Die Lage ist schön, leider wird das Haus nicht so gewissenhaft gepflegt, wie es nötig wäre. Zimmer mit Fan oder ac, Restaurant.
Panorama Hotel***-****, 61-79 Jl. Kota, zentral gelegen, ✆ 8084111.
Meridien Hotel***, 2 Jl. Simpang, ✆ 8084522, großer Block am südlichen Ortseingang, Zimmer mit ac und Du/WC.
Seri Malaysia Hotel****, 4 Jl. Sultan Mansur, ✆ 8069502, ✆ 8069495. Der zweistöckige Neubau im Motel-Stil liegt ziemlich weit außerhalb nördlich des Lake Garden.
Legend Inn****, 2 Jl. Long Jaafar, ✆ 8060000, ✆ 8066666, das beste Hotel im Ort. Zimmer mit allem Komfort, Coffee Shop.

Essen

Die meisten und appetitlichsten **Foodstalls** gibt es im Erdgeschoß des großen Supermarktes in der Jl. Panggong Wayang, Ecke Jl. Iskandar. Malaiische Essensstände öffnen tagsüber am unteren Ende der Jl. Birch.
Im *Kum Loong Restaurant* in der 45-47 Jl. Kota werden ab 6 Uhr morgens und abends leckere *Dim Sum* verkauft. Die kleinen gefüllten Teigtaschen finden reißenden Absatz, so daß man nicht allzu spät vorbeikommen sollte.

Sonstiges

GELD – *Hongkong Bank* neben dem Meridien Hotel am südlichen Ortseingang.

VORWAHL – 05, PLZ 34000.

Transport

BUSSE – Da Taiping etwas abseits der Hauptstraße KL-Butterworth liegt, kommen großen Buslinien nicht automatisch hier durch. Die neue Überland-Busstation befindet sich 6 km westlich des Zentrums in Kemunting, Stadtbusse ab Nahverkehrs-Busstation für 1 RM. Taxi 4 RM pro Wagen. Busse fahren von hier 6x tgl. nach BUTTER-

WORTH für 4 RM, KUALA LUMPUR 13 RM, KOTA BHARU (über Gerik) für 18 RM, einige auch nach IPOH. Auch nach LUMUT gibt es eine direkte Verbindung, weswegen sich Taiping gut in eine Fahrt von Pangkor nach Penang einbauen läßt. Die Station für die Nahverkehrsbusse (z.B. nach KUALA KANGSAR für 2 RM und nach IPOH für 4 RM) befindet sich am südlichen Ende der Jl. Panggong Wayang.

ÜBERLANDTAXIS – Die Taxistation befindet sich an der Jl. Iskandar. Hier auch ein kleines Tourist Office, das bei unserem Besuch nicht besetzt war. Nach IPOH 9 RM, BUTTERWORTH 9 RM, ALOR SETAR 20 RM, KUALA KANGSAR 4 RM, LUMUT 10 RM, TANAH RATA 24 RM, KUALA LUMPUR 36 RM, KOTA BHARU 42 RM p.P.

EISENBAHN – Der Bahnhof ist ein Stück vom Zentrum entfernt. Tgl. 3 Expreßzüge nach BUTTERWORTH (2 Std., 15 RM) oder in der Gegenrichtung über KUALA KANGSAR (3/4 Std.), IPOH (1 1/2 Std.) und TAPAH ROAD (2 1/2 Std.) nach KUALA LUMPUR (5 3/4 Std., 28 RM). Auch der Langkawi-Express, der tgl. zwischen KUALA LUMPUR und ARAU verkehrt, hält mitten in der Nacht in Taiping. Die langsamen Bummelzüge, die zusätzlich 2x tgl. in beide Richtungen fahren, lohnen sich allenfalls nach Kuala Kangsar, nach Butterworth brauchen sie über 2 Std.

Penang

Seit Jahren steht die Insel Penang ganz oben auf den Listen der Reiseveranstalter, und das, obwohl sie nicht einmal zu den atemberaubendsten Landstrichen Malaysias gehört. Gewiß – eine schöne Insel mit waldigen Bergrücken, grünen Plantagen, verschlafenen Dörfchen und reizvollen Buchten, aber für einen Badeurlaub gibt es schönere Ecken, zumal die Wasserqualität wegen der Häfen und Industrieanlagen auf der Festlandseite nicht die beste ist. Dennoch: Penang ist ein „Muß", aber nicht der Strände wegen. Ein paar Tage im Norden der Insel in einer luxuriösen Hotelanlage zu verbringen mag ja ganz nett sein, wird aber mit Sicherheit bald langweilig werden. Das historische Penang bildet den dem Festland zugewandten Zipfel der Insel. Rund 400 000 Inselbewohner leben im Stadtgebiet am Nordostende, während sich die restlichen 100 000 auf mehrere kleine Orte verteilen. Im Südosten, dort wo die imposante Penang Bridge Georgetown mit dem Festland verbindet, haben sich Industrie und Gewerbe ausgebreitet.

In **Batu Ferringhi** und **Teluk Bahang,** wo die Küste am schönsten ist, wurde ein Touristenzentrum mit modernen Hotels geschaffen. An der Küste im Süden gibt es ein paar Fischerdörfer, zum Baden aber laden die Strände hier nicht ein.

Georgetown

Wenige Großstädte Südostasiens haben sich so viel traditionelle Atmosphäre bewahrt. Noch immer leben Moslems, Christen, Hindus und Buddhisten Tür an Tür, brennen Chinesen abends Räucherstäbchen in den Ahnentempeln ab, während ein paar Straßen weiter der Muezzin zum Gebet ruft. Hier stehen sie noch, die kolonialen herrschaftlichen Paläste der englischen Machthaber, die Kirchen, Gerichts- und Verwaltungsgebäude und die protzigen Vorstadtvillen in ihren schattigen Gärten. In den notorisch verstopften Straßen von Chinatown herrscht ein Gewühl von Verkehrsmitteln aller Art, drängen sich noch immer Fahrradrikschas zwischen Marktständen hindurch, wird in offenen Garküchen gebrutzelt und gekocht, was das Herz begehrt. Kaum ein Produkt oder ein Bedürfnis, für das es nicht einen Laden oder eine schummrige Werkstatt gäbe. Kaum eine Dienstleistung, die nicht an irgendeiner Straßenecke in Anspruch genommen werden könnte. Und schon in der nächsten Seitenstraße wieder beschauliches Familienleben, das sich mit asiatischer Gelassenheit aus den engen Häusern ins Freie verlagert hat.

Zu Beginn des vorigen Jahrhunderts schrieb der englische Gouverneur Sir George Leith über Penang:

> *„Es gibt wohl kaum in irgendeinem Gebiet der Welt einen so kleinen Ort, in dem viele verschiedene Menschen unterschiedlichster Nationalität leben, und in dem eine solche Vielzahl verschiedenster Sprachen gesprochen wird."*

Zu dieser Zeit war es gerade ein Vierteljahrhundert her, daß die Engländer dem Sultan von Kedah die fast unbewohnte Insel als Gegenleistung für Protektion und militärischen Schutz abgenommen und den Union Jack aufgezogen hatten. Ihr Interesse war, wie immer, vorrangig geschäftlicher Natur, nämlich einen Stützpunkt für die Schiffe der East India Company zu schaffen. Diese segelten während des ungünstigen Südwestmonsuns selbst auf der Reise von Kalkutta nach Madras auf einem Umweg über Aceh, der Nordspitze Sumatras. Penang oder „Georgetown", wie es Gründungsvater Francis Light 1786 zu Ehren George IV., des damaligen Prince of Wales, nannte, entwickelte sich, von Light durch großzügige Landvergabe und Zollfreiheit nach Kräften gefördert, schnell zu einem bedeutenden Hafen, nicht zuletzt wegen der nahegelegenen Zinnminen. Um 1800 zählte man bereits 10 000 Einwohner, 1803 umfaßte die Stadtfläche schon das Gebiet zwischen der heutigen Jl. Penang und der Lebuh Pantai bis hinunter zur Flußmündung. Chinesische Zinnbarone und Plantagenbesitzer, die im Hafen ihre Waren umschlugen, siedelten in den Außenbezirken, vor allem in den noch heute vornehmen Villengegenden im Norden. Mit der Gründung Singapores 1819 verlagerte sich allerdings der Handelsschwerpunkt. Beide Städte wurden später zusammen mit Malacca zu den wichtigen *Straits Settlements*, mit denen die Engländer das holländische Batavia (heute Jakarta) kaltstellten und sich die Vormachtstellung im Südostasienhandel sicherten.

Penang war nie Schauplatz kriegerischer Auseinandersetzungen, hier ist trotz quirliger Geschäftigkeit die Vergangenheit noch immer lebendig. Die chinesischen Wohn- und Geschäftshäuser beherrschen das Zentrum. Zwar versucht das KOMTAR Building der modernen Beton- und Glas-Kultur eine Schneise zu schlagen, den Durchbruch aber hat es nicht geschafft. Auch in den Randbezirken ist allenthalben rege Bautätigkeit zu verzeichnen. Dennoch: Penang besitzt noch etwas von dem, was wir in Singapore und Hongkong längst vermissen: den Zauber einer fernöstlichen Metropole mit allen ihren Reizen – und Problemen.

Das koloniale Viertel

Der Rundgang durch die City beginnt am 18 m hohen **Uhrturm** *(Clock Tower)* in der Nähe des Hafens. Dieses ist das Viertel der prächtigen kolonialen Bank- und Verwaltungsgebäude. Am **Fort Cornwallis** war der Gründungsvater Georgetowns 1786 an Land gegangen. Ihre Wehrhaftigkeit brauchte die von Strafgefangenen zu Beginn des 19. Jahrhunderts anstelle von Sir Francis Lights altem, hölzernen Fort errichtete Festung glücklicherweise nie unter Beweis zu stellen.

In der Lebuh Light, Ecke Lebuh Pantai (Beach St.), finden sich mehrere viktorianische Verwaltungsgebäude. Der nördliche Abschnitt der Lebuh Pantai war das Finanzzentrum. Bereits 1875 eröffnete die **Standard Chartered Bank** hier eine Filiale. Das heutige repräsentative weiße Bankgebäude stammt aus den 30er Jahren.

Nahe dem Meer, wurde 1903 das **Rathaus** *(Town Hall)* im typischen britischen Kolonialstil errichtet. Auf dem großen Rasen wird in der Abenddämmerung Fußball gespielt, Kinder vergnügen sich auf dem Spielplatz und Händler bauen an der Strandpromenade, der **Esplanade**, ihre Essenstände auf. Eine Statue von Sir Francis Light ziert den Vorplatz des angrenzenden **Museums**, das eine Fundgrube für alle ist, die sich für die Geschichte des britischen Kolonialreiches in Südostasien interessieren. Eintritt frei, geöffnet Mo–So 9–17, Fr 12.15–14.45 Uhr geschlossen. Eine der wenigen noch bewohnten, chinesischen Familienresidenzen aus der zweiten Hälfte des 19. Jahrhunderts steht zurückversetzt in der

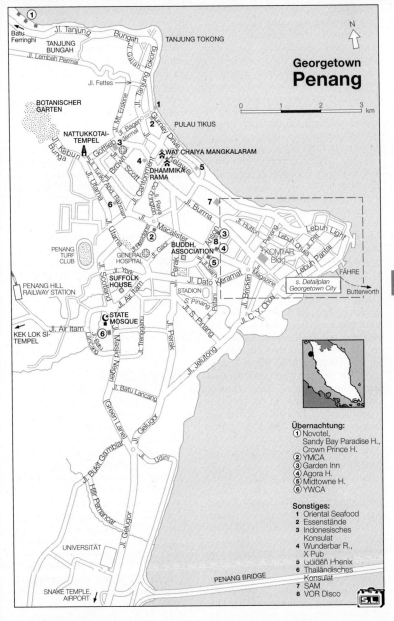

Georgetown – Penang

Lebuh Leith. Das blau gestrichene **Cheong Fatt Tze**-Haus war eines von mehreren Wohn- und Geschäftshäusern des Kaufmanns und chinesischen Vizekonsuls Cheong Fatt Tze, der Handel mit Java, Sumatra, Hongkong und China betrieb. Das zweistöckige Haus mit seinen 40 Zimmern, die zu einem Innenhof hin angeordnet sind, ist nach traditionell chinesischen Gesichtspunkten erbaut, greift aber auch europäische Stilelemente auf. 1994 wurde es restauriert, darf aber nur mit ausdrücklicher Erlaubnis der Bewohner betreten werden. Auf der Penang Road geht es nun in Richtung Meer hinab.

Hinter der Gabelung an der rechten Straßenseite taucht die Fassade des **Eastern & Oriental Hotel** (kurz E&O) auf. Man mag es ihm von hier aus auf den ersten Blick nicht ansehen, aber es gehörte einst zu den Hotel-Legenden des fernen Ostens.

Im Zentrum

Chinesische Geschäftshäuser säumen die Straßen im Zentrum von Penang, dennoch leben hier auch Inder, also Hindus und Moslems. Auf der Jl. Masjid Kapitan Keling, der ehemaligen Lebuh Pitt, befinden wir uns mitten im historischen Kernbereich. Hier entstand schon 1800 der **Goddess of Mercy-Tempel** *(Kuan Yin)*, erkennbar an dem Dach mit den feuerspeienden Drachen. Er ist der älteste und belebteste chinesische Tempel. Den ganzen Tag über, vor allem am 1. und 15. Tag des chinesischen Kalenders kann man das rege Tempelleben beobachten.

Nur wenige Schritte entfernt, jenseits der Straße, befindet sich der farbenprächtige hinduistische **Sri Mariamman-Tempel**, dessen charakteristischer Eingangsturm, der Gopuram, mit zahlreichen Götterstatuen in der Lebuh Queen liegt. Besonders verehrt wird die mit Gold und Edelsteinen dekorierte Statue von Subramaniam, die alljährlich während des Thaipusam-Festes zum Nattukkotai Chettiar Tempe am Botanischen Garten gefahren wird. Besucher des Tempels sollten sich die Erlaubnis des Tempelverwalters einholen.

In der gleichen Straße versammeln sich die indischen Moslems in der **Kapitan Keling-Moschee** zum Gebet. Gegen eine Spende wird man Besucher durch das restaurierte Gebäude führen und für sie beten. Frauen dürfen die Moschee betreten, sollten jedoch ihre Beine und Schultern bedeckt halten.

An der Lebuh Aceh, dem früheren malaiischen Zentrum der Stadt, steht etwas versteckt eine der ältesten Moscheen von Penang, die **Mesjid Melayu**. 1820 wurde sie von dem aus Aceh stammenden arabischen Händler Syed Hussain, dessen Grab auf dem Gelände liegt, errichtet. Eines der schönsten Bauwerke Penangs liegt etwas versteckt zwischen Jl. Masjid Kapitan Keling und Lebuh Pantai.

Mit dem Bau des **Khoo Kongsi**, dem Versammlungshaus des Khoo-Clans, wurde 1894 begonnen, acht Jahre benötigte man bis zur Fertigstellung. Allein die Figurenarrangements auf dem Dach zu studieren, könnte Stunden in Anspruch nehmen.

Das gegenüberliegende Gebäude ist für Theateraufführungen gedacht. Geöffnet Mo–Fr 9–17, Sa 9–13 Uhr.

Kongsi

Mit diesem Begriff werden Clan-Häuser bezeichnet, die von chinesischen Familien gleicher Herkunft und gleichen Familiennamens errichtet werden, sofern sie über das entsprechende Vermögen verfügen. Die Verehrung der Ahnen nimmt in der religiösen Praxis einen breiten Raum ein. Die Khoo-Sippe gehört sicher zu den wohlhabenden Familien, was schon an den Tafeln für die Vorfahren erkennbar ist. Diese haben an allen großen Universitäten der Welt studiert. Kongsis gibt es überall in der Stadt. Weitere Clan-Häuser in der Nähe sind z.B. **Lim Kongsi** (Lebuh Ah Quee) und **Yeoh Kongsi** (Gat Lebuh Chulia). Beachtlich ist auch der **Ong Kongsi** in der Jl. Penang, gegenüber dem KOMTAR Building.

Das eigentliche Penang-Erlebnis, die Atmosphäre in den geschäftigen Straßen und Gassen, entfaltet sich jedoch vor allem gegen Abend. Hauptgeschäftsstraße ist die laute und baulich wenig attraktive **Jl. Penang** (Penang Road – nicht zu verwechseln mit der wesentlich ruhigeren Lebuh Penang, der Penang Street!). Sie endet am 65stöckigen **KOMTAR Building**, einem riesigen modernen Fremdkörper im alten Penang mit Fast Food-Restaurants und schicken Boutiquen. Wer sich die Stadt von oben ansehen will, muß 5 RM anlegen, und diese in einem sogenannten *Tourist Information Centre* samt Souvenirladen im 55. Stock ausgeben. Im *Chinese Restaurant* und der Karaoke-Lounge im 59. Stock oder in den *Heritage Suites* im 60. Stock wird es noch teurer. In den Straßen nördlich vom KOMTAR Building kann man bis spät in die Nacht bummeln, einkaufen, Essengehen.

Penang-Vororte

Wer Gefallen an Tempeln gefunden hat, wird auch in den Vororten auf seine Kosten kommen. Der blaue Bus 93 oder 94 hält bei der Polizeistation nahe der Kreuzung Jl. Sultan Ahmad Shah, Jl. Cantonment. In der Lorong Burmah (Burma Lane) stehen zwei buddhistische Tempel.

Der Eingang zum Thai-Tempel **Wat Chaiyamang Kalaram**, der ganz im Thai-Stil erbaut ist, wird von zwei riesigen Tempelwächtern bewacht. Nagaschlangen säumen den Haupteingang. Im Inneren befindet sich einer der größten ruhenden Buddhas der Welt, 33 m lang, der allerdings nicht fotografiert werden darf. Auf der gegenüberliegenden Straßenseite flankieren zwei weiße Elefanten den Eingang zum einzigen burmesischen Tempel, dem **Dhammika Rama**. In mehreren Gebäuden stehen Buddhastatuen und Figuren aus der buddhistischen Mythologie. Besonders schöne Holzschnitzereien schmücken den neuen Vihara, in dem eine weiße Buddhastatue steht.

Der Besuch der beiden Tempel läßt sich auch mit einem Trip nach Batu Ferringhi oder zum Botanischen Garten verbinden. Bus 7 fährt alle 30 Minuten von der Lebuh Victoria Richtung Botanischer Garten. Etwa ein Kilometer (2 Busstops) vor dem Botanischen Garten, an der Jl. Kebun Bunga, Ecke Jl. Gottlieb, liegt der **Nattukkotai Chettiar Temple**, der größte und berühmteste Hindutempel der Insel. Geöffnet tgl. 8.30–11.30 und 17.30–20 Uhr.

Der **Botanische Garten**, Endstation von Bus 7, liegt in einem Tal und ist umgeben von dschungelbedeckten Hügeln. An die 4000 Javaneraffen leben in den nahen Wäldern. Zum Schutz der Passanten und Gewächse wurde das Füttern der Tiere mittlerweile verboten. Für Tropenneulinge ist ein Gang durch das kleine Areal Primärschungel im vorderen, östlichen Teil des Parks interessant. Am Eingang gibt es ein Restaurant und Foodstalls. Geöffnet tgl. 7–19 Uhr. Der Eintritt ist frei.

MPPP-Bus 1 (ab Jl. Maxwell oder Pengkalan Weld) und *Lim Seng Seng*-Bus 91 oder 92 fahren in den Vorort Air Itam. An der Jl. Air Itam, Ecke Green Lane, erhebt sich die moderne **Moschee** des Staates Penang, die 1980 fertiggestellt wurde. Wer die Moschee besichtigen will, braucht – neben ordentlicher Kleidung – die Genehmigung vom *State Religious Department* in der Lebuh Pantai.

In Air Itam, einem typischen Vorort, führt von der Endstation des Busses Nr. 1 ein Fußweg hinauf zum **Kek Lok Si-Tempel**. Der schmale, überdachte Weg ist etwa 500 Meter lang, ziemlich steil und nahtlos von Souvenirständen mit aufdringlichen Händlern gesäumt. Es ist allerdings möglich, sich den Aufstieg durch den schmalen, stickigen Gang zu ersparen und die längere, steile Straße rechts vom Tor hinaufzunehmen, die an einem Parkhaus endet. Der nicht abreißende Pilgerstrom aus dem In- und Ausland sorgt für eine solide finanzielle Grundlage, so daß ständig Ausbauten an diesem riesigen Tempel vorgenommen werden, der sich mittlerweile über 12 ha erstreckt. Links führt eine Treppe hinauf und durch ein rundes Mondtor zu einer kleinen Pagode, die von über 100

Buddhas in der gleichen Haltung umgeben ist. Rechts geht es durch weitere Hallen hinauf zur großen, weißen Statue der Göttin der Barmherzigkeit *(Kuan Yin)* und zur neuen, prunkvollen Gebetshalle. Davor ist jedoch erst einmal ein Eintrittsgeld von 2 RM zu entrichten. Überragt wird die Anlage von der 30 m hohen Ban Hood-Pagode, auch „Pagode der zehntausend Buddhas" genannt. Im obersten Teil, der Besuchern nicht zugänglich ist, befinden sich einige Schätze, darunter eine Reliquie Buddhas, eine Statue aus purem Gold, Diamanten und Silbermünzen.

Schon allein die fünf bis sechs Grad Temperaturunterschied rechtfertigen den erfrischenden Ausflug auf den 830 Meter hohen **Penang Hill**. Die herrliche Aussicht auf Georgetown, die Insel, und bei gutem Wetter auch auf die Berge von Kedah und Perak tun ein übriges. Schon 1923 wurde die **Penang Hill Railway** in Betrieb genommen. 25 Minuten braucht eine der beiden Bergbahnen bis zu der auf 735 m gelegenen oberen Station.

Zwischen dem Postamt und der Polizeistation beginnt ein **Fußweg zum Botanischen Garten** hinab. Von Air Itam, Endstation des Busses Nr. 1, fährt Bus Nr. 8 bis zur unteren Bahnstation *(Lower Station)* der Bergbahn, die zwischen 6.30 Uhr und 21.15 Uhr halbstündlich verkehrt. Während der Ferien können sich lange Schlangen bilden. Ein Rückfahrtticket kostet 4 RM. Do, Sa und So fährt die letzte Bahn nach unten erst um 23.45 Uhr – es lohnt sich, zu bleiben und das nächtliche Panorama zu betrachten.

Übernachtung

Wer spät abends ankommt, kann Schwierigkeiten haben, noch ein Zimmer zu bekommen. Auch die Mittelklasse-Hotels füllen sich schnell, es empfiehlt sich also, vorher anzurufen.

PREISWERT – In keinem anderen Ort sind die Grenzen zwischen Gästehäusern und Billighotels so durchlässig – viele Chinesenhotels in der Lebuh Chulia, die sich völlig auf den Traveller-Markt spezialisiert haben, unterscheiden sich kaum von Gästehäusern. Bei den meisten liegen die Preise fürs DZ unter 30 RM.

D'Budget Hostel** ㊳, 9 Lebuh Gereja, ✆ 2634794, nahe Fährhafen, bietet es neben dem Schlafsaal für 7 RM auch Zimmer mit Fan oder ac mit und ohne Du/WC.

Plaza Hostel*-** ㉟, 32 Lebuh Ah Quee, ✆ 2632388, Schlafsaal 7 RM, Zimmer mit Fan oder ac**, mit und ohne Fenster, alle mit Gemeinschafts-Du/WC, z.T. mit Balkon, beliebter Traveller-Treff. Sauber und freundlich, Schließfächer, Ticketreservierungen und jede Menge Infos. Essen sollte man besser außerhalb.

Paradise Bed & Breakfast* ㉞, 99 Lebuh Chulia, ✆ 2628439, ✉ 2628441. Kleine, mit Holzwänden abgeteilte Zi inkl. einfaches Frühstück, mit und ohne ac, Gemeinschafts-Du/WC, größtenteils fensterlos, einigermaßen sauber.

Broadway Hostel*-** ㉝, 35F Jl. Masjid Kapitan Keling (Lebuh Pitt), ✆ 2628550, ✉ 2619525, moderner Bau. Zimmer mit ac oder Fan, Schlafsaalbett 7 RM, viele einheimische Gäste.

Tye Ann Hotel* ㉜, 282 Lebuh Chulia, Ecke Lorong Chulia, ✆ 2614875. Alte Traveller-Adresse, billig, häufig ausgebucht. Zimmer und Schlafsaal.

Hong Ping Hotel** ㉛, 273 Lebuh Chulia, ✆ 2625243. Etwas modernerer Bau an einer belebten Straßenecke, sauber und im 2. Stock nicht zu laut.

Pin Seng Hotel* ㉙, 82 Love Lane, ✆ 2619004. Relativ großes Haus, Zimmer mit Gemeinschafts-Du/WC.

Wan Hai Hotel* ㉚, 35 Love Lane, Ecke Lorong Steward, ✆ 2616853. Ehemaliges Chinesenhotel mit einfachen, zumeist etwas dunklen Zimmern, die nach oben nur durch Holzgitter abgeteilt etwas hellhörig sind, Gemeinschafts-Du/WC, Schlafsaal und Dachgarten im 1. Stock.

Swiss Hotel* ㉗, 431 Lebuh Chulia, ✆ 2620133. Beliebte Traveller-Adresse, etwas abseits der Straße, großer Vorhof mit einfachem Restaurant. Zimmer mit Fan, einige mit Du/WC.

Eng Aun Hotel* ㉓, 380 Lebuh Chulia, ✆ 2612333. Ebenfalls mit einem ruhigen Hof. Daß es trotz der verwohnten Zimmer und der Wanzen, Flöhe und Ratten oft ausgebucht ist, liegt wahrscheinlich am netten Service.

Sky Hotel*-** ㉘, 348 Lebuh Chulia, ✆ 2622323, ziemlich abgewohnt. Schlafsaal mit

oder ohne ac, DZ mit Fan oder ac, alle Zimmer mit Du aber ohne WC.
Lum Thean Hotel* ㉒, 422 Lebuh Chulia, ✆ 2614117. Weiträumiges, altes Chinesenhotel. Große Zimmer mit Fan, manche mit Du/WC.
Traverse Inn** ⑱, 53 Jl. Kg. Malabar, ✆ 2619858, neues, winziges Hotel, kleine Zimmer mit ac oder Fan und Gemeinschafts-Du/WC.
Lum Fong Hotel* ㉖, 108 Lebuh Muntri, ✆ 2630026, hat billigere DZ mit einem Bett und etwas teurere mit 2 Betten, alle mit Fan und Gemeinschafts-Du/WC. Recht lautes Chinesenhotel, aber ordentlich und sauber. Lautes Restaurant.
YMCA-**** ②, 211 Jl. Macalister, ✆ 2288211, ✉ 2295869, liegt ein gutes Stück außerhalb des Zentrums im Nordwesten, Bus Nr. 7 ab KOMTAR Bldg. Alle Zimmer mit Du/WC mit und ohne ac.
YWCA** ⑥, 8 Jl. Masjid Negeri (Green Lane), ✆ 2681855, liegt auch weiter draußen nahe der Nationalmoschee und ist Frauen vorbehalten.

MITTELKLASSE – Wer die Billigherbergen leid ist und 40–60 RM anlegen möchte, hat mehrere Hotels zur Auswahl.
Cathay Hotel-**** ㉔, 15 Lebuh Leith, ✆ 2626271. Reizvolles altes Chinesenhotel, saubere, große Zimmer mit Du/WC und ac, manche etwas düster, die besten nach vorn. Im hinteren Bereich befindet sich ein Massagesalon.
Waldorf Hotel** ㉕, 13 Lebuh Leith, ✆ 2626140-3, liegt gleich nebenan. Die acgekühlten Zimmer sind o.k.
White House** ⑬, 72 Jl. Penang, Ecke Jl. Sri Bahari, ✆ 260142, große, einfache Zimmer mit Fan oder ac, einige mit Dusche aber ohne WC.
Towné House** ⑫, 70 Jl. Penang, ✆ 2638621, direkt daneben. Zimmer mit ac, Du/WC, TV, Telefon und Kühlschrank.
Federal Hotel** ⑭, 39 Jl. Penang, ✆ 2634179, einfaches, älteres Hotel, Zimmer mit ac und Telefon, manche mit Balkon, Rezeption im 1.Stock.
Sun Hotel-**** ㉑, 456 Chulia St, ✆ 2629150, 2629153. 30 Zi mit ac oder Fan und Du/WC.
New Patho Hotel** ㉚, 20 Lebuh Leith, ✆ 2620195, sauber und gekachelt, helle Zimmer mit ac und Du/WC.
Merlin Hotel** ㊲, 1A Lebuh Penang, Ecke Lebuh Union, ✆ 2621336. Saubere, einfache Zimmer mit Du/WC und ac.

Oriental Hotel** ⑰, 105 Jl. Penang, Ecke Lebuh Leith, ✆ 2634211, 2635395. Modernes, komfortables Hotel. Gutes Preis-Leistungsverhältnis, im UG ein gutes indisches Restaurant.
Continental Hotel*** ⑨, 5 Jl. Penang, ✆ 2636388, ✉ 2638718, am oberen Ende der Jl. Penang. Business Hotel mit allen Einrichtungen, Café und Restaurant, Frühstücksbüffet.
Malaysia Hotel** ⑩, 7 Jl. Penang, ✆ 2633311, ✉ 631621. Mit allen Zutaten, die ein Hotel der oberen Mittelklasse eben braucht.
The Merchant Hotel*** ⑮, 55 Jl. Penang, ✆ 2632828, ✉ 2625511, komfortables neues Business-Hotel, Rezeption im Erdgeschoß.
Garden Inn*** ③, 41 Jl. Anson, ✆ 2263655, ✉ 2267906. Modernes, komfortables Hotel, etwas außerhalb und ruhiger gelegen.

LUXUS – besseres Preis-Leistungsverhältnis am Strand von Batu Ferringhi (s.S. 373).
Eastern & Oriental Hotel, 10 Lebuh Farquhar, das Kolonialhotel wird luxussaniert. Vom alten Gebäude blieb außer der Fassade wenig übrig.
City Bayview Hotel ab 210 RM ⑧, 25 Lebuh Farquhar, ✆ 2263161. Bereits etwas abgewirtschaftetes Hotel. Vom Turm-Café genießt man eine schöne Aussicht auf die Stadt.
Shangri-La Hotel ab 180 RM ㊶, Jl. Magazine, ✆ 2622622. Internationales Top-Hotel mit entsprechenden Leistungen.
In **Tanjung Bungah** stehen hintereinander zwischen Straße und Strand 3 Hotelblocks, das
Novotel ①, ✆ 8903333, ✉ 8903303,
Sandy Bay Paradise Hotel ①, ✆ 8999999, ✉ 8990000, und
Crown Prince Hotel ①, ✆ 8904111, ✉ 8904777.

Essen

Ein Penang-Besuch läßt sich zu einer wunderbaren kulinarischen Reise ausgestalten, denn hier sind einige der besten Küchen Asiens auf engem Raum versammelt. Malaiisch, indonesisch, chinesisch, Nonya, nord- und südindisch, Thai, japanisch und natürlich auch europäisch läßt es sich allabendlich vorzüglich speisen.

ESSENSTÄNDE – *Hawker Centres* servieren oft erstaunlich gute Mahlzeiten, z.B. tagsüber an der

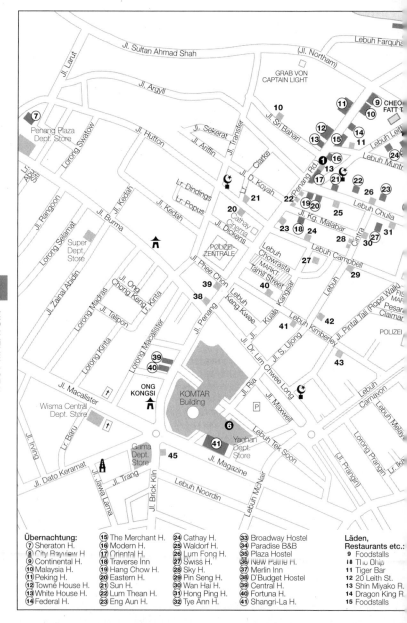

Lebuh King gegenüber dem Rathaus und abends an der Esplanade jenseits vom Rathaus. Gut besucht ist abends die Lebuh Cintra zwischen Lebuh Chulia und Lebuh Campbell, wo sich neben den kleinen chinesischen Restaurants auf dem Bürgersteig weitere Essenstände aufbauen.
Im *Coco Island Pub & Cafe*, 273 Lebuh Chulia, vor dem Hong Ping Hotel, treffen sich abends Traveller.
Ein neues *Hawker Centre* befindet sich im *Kedai Kopi Kimberley* in der Lebuh Kimberley. Chinesische Foodstalls auch im *Hawker Centre* im 1. Stock des KOMTAR Buildings.
Der große Nachtmarkt am Gurney Drive nahe dem Kreisverkehr am Ende der Jl. Bagan Jermal, etwas außerhalb des Zentrums (Bus 93 ab Jl. Burmah oder 94 ab KOMTAR Bldg.), ist vor allem bei Einheimischen beliebt, denn durch seine Lage nahe dem Meer ist es hier abends angenehm kühl.

CHINESISCHE RESTAURANTS – Einige haben keine Speisekarte, und man muß sich ein wenig durchfragen. Von den kleinen Restaurants in der Lebuh Cintra ist das klimatisierte *Hongkong Restaurant* denjenigen zu empfehlen, die Schweinefleisch- und Entengerichte lieben.
Bee Keng, 101 Lebuh Campbell, Ecke Lebuh Cintra. Seafood und andere Gerichte.
Hoe Kongsi, Jl. Penang Ecke Jl. Kg. Malabar, einfache Gerichte wie *Fried Rice* und *Sate*.
Wing Look, Jl. Penang, Ecke Jl. Phee Chon, macht auch *Steamboat* und *Claypot Dishes*.
Loke Thye Kee, 2B Jl. Burmah, Ecke Jl. Penang, bezeichnet sich als das älteste Restaurant von Penang, Terrasse im 1. Stock.
Phoe Thye Yuen, Lebuh Kimberley, zwischen Jl. Kuala Kangsar und Jl. Penang, ist ein kleines vegetarisches Restaurant.
Goh Huat Seng, 59 A Jl. Kimberley, nahe Jl. Pintal Tali. Gutes China-Restaurant, nicht ganz billig.

NONYA – Eine phantastische Mischung aus malaiischer und chinesischer Küche haben die in Südostasien lebenden Chinesinnen, die Nonya, entwickelt.
Dragon King, 99 Lebuh Bishop, nahe Jl. Masjid Kapitan Keling. Spezialisiert auf die Nonya-Küche. Gut schmecken *Assam Prawns*, in Tamarinde eingelegte und gebratene Krabben.

SEAFOOD – Man muß bereit sein, weit mehr als an der Ostküste zu bezahlen, z.B. für große Prawns und Lobster 80–100 RM pro kg, ein Fisch mittlerer Größe um 40 RM. Vor allem an der Strandpromenade **Gurney Drive** im Vorort Pulau Tikus konzentrieren sich die an Wochenenden gut besuchten Seafood-Restaurants.
Oriental Seafood, 42 Gurney Drive, ein großes, ins Meer hinausgebautes Freiluft-Restaurants, Filiale des gleichnamigen
Oriental Seafood in der 62 Jl. Macalister, nahe KOMTAR Bldg., Freiluft-Restaurant, einfacher und überteuert, von 18–24 Uhr geöffnet.
Sea Palace im Peking Hotel, 50 Jl. Penang, ac-gekühltes Seafood-Restaurant, nicht billig.
Eden, 15 Jl. Hutton, in einer Seitenstraße der Jl. Penang. Exzellente Seafood-Spezialitäten, aber auch gute Steaks und andere Gerichte.

MALAIISCHE RESTAURANTS – sind in der Innenstadt wenig vertreten.
Kassim, 2-I Jl. Brick Kiln, nahe KOMTAR Bldg., ist für seinen vorzüglichen *Nasi Kandar* bekannt, die ganze Nacht geöffnet. Dieses malaiische Gericht besteht aus weißem Reis, der zusammen mit verschiedenen scharfen Curries serviert wird.

INDISCHE RESTAURANTS – sind nicht nur rund um die als Little India bezeichnete Gegend um Lorong Pasar und Lebuh Penang zu finden.
Dawood, 63 Lebuh Queen, ✆ 2611633, indisch-muslimisches Restaurant, ist nicht so exklusiv, wie die Fassade vermuten läßt.
Plaza Restaurant, neben dem *Plaza Hostel*, 32 Lebuh Ah Quee, leckere, billige Thosai Masala vom Bananenblatt geben ein phantastisches, preiswertes Frühstück ab.
Kashmir im Untergeschoß des Oriental Hotel, 105 Jl. Penang. Freunde der nordindischen Curries kommen hier auf ihre Kosten. Nicht billig, aber immer gut besucht. Geöffnet tgl. 12–15 und 19–23 Uhr.
Taj Mahal, 161 Jl. Penang, nahe Einmündung Lebuh Chulia, preiswerte indisch-muslimische Gerichte.
Yasmeen, 177 Jl. Penang, gleich nebenan hat das gleiche Angebot.
Tandoori House, 34-36 Jl. Hutton, ✆ 2619105, gehobenes nordindisches Restaurant. Geöffnet tgl. 11.30–15 und 18.30–22.30 Uhr.

Hameediyah, 164 A Lebuh Campbell, liegt in einer Seitenstraße der Jl. Penang, ebenso das benachbarte
Taj, 166 Lebuh Campbell, beide mit preiswertem, typisch muslimisch-indischem Angebot.

WEITERE MÖGLICHKEITEN – Die westlichen Fast Food-Schuppen brauchen wir ja nicht gesondert zu erwähnen.
Rainforest Cafe, Lebuh Chulia, ist mehr als ein gemütliches Café mit einer Speisekarte nach westlichem Geschmack. Mr. Tan, führt auch Dschungel-Treks durch und seine Guides organisieren Siberut-Touren in West-Sumatra.
Green Planet, 63 Lebuh Cintra, gehört ebenfalls Mr. Tan, ac-Restaurant mit ähnlichem Angebot.
20 Leith St und das *Beetle Nuts Funcafe*. gegenüber dem Cheong Fatt Tze, Tex-Mex-Gerichte und kühle Drinks.
Deutsche Gerichte zu durchaus annehmbaren Preisen serviert die gemütliche *Wunderbar* im *X-Pub*, 417 Jl. Burmah, ✆ 2291095, etwas außerhalb des Zentrums in einem renovierten, alten, blau gestrichenen *mansion* etwas zurückversetzt von der Straße. Geöffnet Tgl. außer So 12–15 und 18.30–22 Uhr.

Unterhaltung

Die **Traveller-Szene** sitzt abends in den Kneipen rund um die Lebuh Chulia (wo sonst?). Beliebt ist das *Coco Island Pub & Cafe* vor dem Hong Ping Hotel, das *Rainforest Cafe*, der *Reggae Club* oder das *Reggae Cafe.*
20 Leith St liegt gegenüber dem Cheong Fatt Tze, Auf dem Platz davor sind einige rustikale Bänke aufgestellt worden, so daß man auch im Freien Bier trinken kann.
Hongkong Bar, 371 Lebuh Chulia, eine alte Matrosenbar mit entsprechender Ausstattung.
Tiger Bar, 108 Lebuh Muntri, nahe Jl. Penang, sowie *Boston*, 477 Jl. Penang, am unteren Ende der Straße.
Im stilvollen *X Pub*, Jl. Burmah, ✆ 2291095, der einzigen deutschen **Kneipe** der Stadt, kann man in angenehmer Atmosphäre ein gepflegtes Löwenbräu trinken. Geöffnet tgl. ab 18 Uhr.
Rock World, eine große, neue **Disco** im Zentrum in der Lebuh Campbell in einem ehemaligen Kino, geöffnet ab 21 Uhr.

VOR, neue Disco in der Jl. Anson. Für die 30 RM Eintritt werden mehrere Shows geboten.
Eine weitere Disco für junge Leute im **Street One** im Shangri-La Hotel, Jl. Magazine, ✆ 2622622, mit Karaoke, tgl. geöffnet. Die meisten anderen Discos befinden sich in den Luxushotels von Tanjung Bungah und Batu Ferringhi.
Babylon Boom Boom, Disco mit Transvestiten-Cabaret in der Gat. Lebuh China, tgl. außer Mo ab 21 Uhr geöffnet. 2 Shows um 22.30 und 24 Uhr, Fr um 23, Sa um 23.30 Uhr.
Ein beliebter Laden für **Rockmusik** live ist *The Ship*, Jl. Sri Bahari spielt ab 21 Uhr die Band.

Einkaufen

Jalan Penang ist die Haupt-Einkaufsstraße – von Antiquitäten bis zu Zinnprodukten wird alles, was Touristen interessieren könnte, verkauft. Geschäfte im westlichen Stil findet man hier ebenso wie eine Markthalle mit lokalen Lebensmitteln (**Chowrasta Food Market**). Dazwischen einige indische Schneider.
KOMTAR (Kompleks Tun Abdul Razak), das neue, 65stöckige „Wahrzeichen" am südlichen Ende der Jl. Penang, beherbergt in den unteren Stockwerken eine Reihe von Geschäften und Dienstleistungsunternehmen.
In den übervollen, kleinen offenen Läden der **Chinatown** entlang der Lebuh Kimberley, Lebuh Chulia, Lebuh Campbell und ihrer Seitenstraßen läßt es sich wunderbar stöbern, vor allem natürlich bei den Antiquitätenhändlern (Rope Walk), aber z.B. auch beim Tempelzubehör (Lebuh Kimberley, Jl. Pintal).
Im **indischen Viertel** rings um die Lorong Pasar und Lebuh Penang ist das Angebot profaner, aber nicht weniger ausgefallen. Kassetten und Räucherstäbchen, Kupfer- und Weißblechwaren, bunte Sari-Stoffe und exotische Gewürze (Lebuh Penang) stapeln sich in den engen Läden und auf den Bürgersteigen.
Große **Department Stores** sind der
Yaohan Department Store, neben dem KOMTAR Bldg. (hinter dem *Shangri-La Hotel*)
Gama Department Store, am Kreisverkehr hinter dem KOMTAR Bldg., Jl. Brick Kiln, Ecke Jl. Dato Keramat.
Second Hand-Bücher findet man in der Lebuh Chulia und Jl. Macalister.

Georgetown

Syarikat United Books, 213 Jl. Penang, ist eine Buchhandlung mit großem internationalen Angebot, auch Zeitschriften, Zeitungen und Kassetten.

Sonstiges

AMERICAN EXPRESS – *Mayflower Acme Tours Sdn. Bhd.*, Tan Chung Bldg., 274 Lebuh Victoria, ✆ 2623724, geöffnet Mo–Fr 8.30–17.30, Sa 8.30–13 Uhr.

AUTOVERMIETUNG – Es lohnt sich, nach Sondertarifen zu fragen und die Preise zu vergleichen. Viele Firmen haben einen „Inseltarif", ein Tag kostet dann 85–110 RM. Adressen im Branchenbuch.

DROGEN – Da Penang auch ein Drogenumschlagplatz ist, noch einmal die Warnung, keinesfalls auf irgendein Angebot einzugehen. Seit die Drogengesetze in Malaysia strenger gehandhabt werden, hat man schon mehrfach die Todesstrafe verhängt – auch gegen leichtsinnige Traveller.

FESTE – Vor allem die chinesischen Feste werden in Penang prunkvoll gefeiert, z.B. im Januar / Februar das **Neujahrsfest**. Außerdem begeht man in den großen Tempeln der Stadt spezielle **Tempelfeste** zu Ehren der jeweiligen Namensgeber. Auch das indische **Thaipusam** lohnt im Januar / Februar einen Besuch in Penang. Während des ganzen Monats Dezember läuft ein buntes Programm. Der Höhepunkt der **Pesta Pulau Pinang** z.B. sind die Drachenbootrennen am Gurney Drive in Pulau Tikus. Die Broschüre *Penang for the Visitor* des Tourist Office enthält ausführliche Beschreibungen und die genauen Termine für das jeweilige Jahr.

IMMIGRATION – 29 Lebuh Pantai, ✆ 2615122, geöffnet Mo–Do 8–12.45 und 14–16.15, Fr 8–12.15 und 14.45–16.15, Sa 8–12.45 Uhr.

INFORMATIONEN *Penang Tourist Information Centre*, ✆ 2616663, 10 Jl. Tun Syed Sheh Barakbah, beim Fort Cornwallis. Geöffnet Mo–Do 8–13, 14–16.30; Fr 8.30–12.30, 14.30–16.30, Sa 8.30–13 Uhr. Keine Zimmervermittlung.
MTPB (Malaysia Tourism Promotion Board), neben, hat nur wenige Informationen über Penang.

Ein weiteres *Information Centre* gibt es am Airport, ✆ 6491501, geöffnet Mo–Fr 9–21 Uhr.
Ein *Tourist Information Centre* auch im KOMTAR Bldg., im 3. Stock, nahe McDonald's und KFC, ✆ 2614461, geöffnet tgl. 10–18 Uhr.

KONSULATE – wenn man nach Thailand oder Indonesien weiterreisen will:
Royal Thai Consulate, 1 Jl. Ayer Rajah, Ecke Jl. Tungku Abdul Rahman, ✆ 2269484, liegt im Nordwesten. Geöffnet Mo–Fr 9–12 und 14–15 Uhr. Das Touristenvisum für 2 Monate kostet 33 RM. Es müssen 2 Paßfotos vorgelegt werden, die Bearbeitung dauert in der Regel einen Tag. Zu erreichen mit Bus 7 vom KOMTAR Bldg.
Indonesian Consulate, 467 Jl. Burmah, ✆ 2274686, ebenfalls im Nordwesten der Stadt. Geöffnet Mo–Fr von 9–12 und 14–15 Uhr. Bei den Indonesiern ist es etwas komplizierter. Für eine Einreise über Medan benötigt man kein Visum, da bekommt man den 2-Monate-Stempel drüben. Sonst: 2 Paßfotos, mindestens US$200 zum Vorweisen und ein *Return*-Ticket. Die Ausstellung des Visums dauert ein bis zwei Tage, für Deutsche ist es kostenlos, andere Nationalitäten zahlen 10 RM.
Zu erreichen mit Bus Nr. 93 vom KOMTAR Bldg.
German Consulate, nur ein Honorarkonsul, daher keine Adresse, ✆ 6415707.

MEDIZINISCHE HILFE – Polizei und Ambulanz erreicht man unter der Nummer 999, die Feuerwehr unter ✆ 994.
General Hospital, Jl. Residensi (Jl. Western, am Poloplatz westlich des Zentrums), ✆ 2293333. Im Notfall wird man hierhin gebracht, weil die Behandlung kostenlos ist. Außerdem gibt es in Penang eine Reihe privater Kliniken, z.B.:
Medical Centre, 1 Jl. Pangkor, ✆ 2276111.
Adventist Hospital, 465 Jl. Burmah, ✆ 2261133, liegt nahe am indonesischen Konsulat (s.o.),
The Specialists Centre, 19 Jl. Logan, ✆ 2288501,
Mt. Miramar Hospital, Fettes Park, ✆ 8907044.

MOTORRÄDER – werden in der Lebuh Chulia für ca. 15 RM pro Tag vermietet. Allerdings raten wir vom Motorradmieten ab, da die Fahrzeuge (entgegen der Beteuerung einiger Vermieter) nicht versichert sind und bei der riskanten Fahrweise vieler Verkehrsteilnehmer das Unfallrisiko sehr hoch ist.

POST – *Pejabat Pos Besar* (Hauptpostamt) in der Lebuh Downing, ✆ 2619222, liegt nahe am Fort Cornwallis. Geöffnet Mo–Sa 8–18 Uhr.

VORWAHL – 04, PLZ 10000.

Nahverkehrsmittel

STADTBUSSE – Sehr komfortabel sind die neuen, klimatisierten Intrakota-Minibusse, die innerhalb des Stadtgebietes für 1 RM zu dem jeweiligen Ziel, das an der Frontscheibe angeschrieben ist fahren, und an den üblichen Bushaltestellen stoppen. Daneben fahren fünf weitere Busgesellschaften in der Stadt und auf der Insel.
Die *MPPP*-Citybusse fahren alle ab KOMTAR Bldg., ausgenommen die Busse Nr. 8, 12 und 13. Bus Nr. 11 fährt von der Lebuh Victoria nach Süden zur Penang Bridge, Nr. 7 zum Botanischen Garten, Nr. 1 zum Kek Lok Si Tempel, von dort fährt Nr. 8 zum Penang Hill. Der Fahrpreis variiert je nach Distanz im Stadtgebiet zwischen 40 und 70 sen. Grüne, blaue und gelbe Busse fahren ab Ferry Terminal an der Jetty und halten am KOMTAR Bldg. Die Blauen kann man für 1,40 RM nach Batu Ferringhi und Teluk Bahang nehmen (Umsteigen in Tg. Bungah – der Anschlußbus wartet), die Gelben nach Süden, also zur Brücke, zum Airport, Snake Tempel usw., die Grünen nach Air Itam.

TRISHAWS – Die Fahrradrikschas sind im Citybereich ein beliebtes Transportmittel. Preise aushandeln, denn der erste Preis ist meistens überhöht! Minimum 3 RM.

TAXIS – Obwohl viele Wagen ein Taxameter eingebaut haben, „funktioniert" dieses in der Regel nicht. Der Mindestpreis beträgt 4 RM pro Meile. Zwischen Mitternacht und 6 Uhr morgens wird ein Nachtzuschlag von 50% berechnet. Vom Flugplatz aus fahren Coupon-Taxis in die Stadt für 16 RM. Nach Batu Ferringhi sollte die Fahrt 25 RM kosten und nach Air Itam oder zum Botanischen Garten 10 RM. Telefonisch sind Taxis unter ✆ 2625721 zu bekommen.

FÄHREN – Obwohl seit einigen Jahren eine imposante, 13,5 km lange Brücke die Insel mit dem Festland verbindet, verkehren rund um die Uhr zwischen Penang und Butterworth große Auto- und Personenfähren. Tagsüber legen sie alle 20 Minuten ab, nachts zwischen 24 und 7 Uhr stündlich. Die Fähre von Penang nach Butterworth ist kostenlos, die umgekehrte Fahrt kostet 40 sen, die man für die automatische Sperre als Kleingeld bereithalten sollte. Fernbusse, Overland Taxis und Züge fahren an der Anlegestelle in Butterworth ab.

INSELRUNDFAHRT – Mit öffentlichen Verkehrsmitteln kostet die 75 km lange Rundfahrt um die Insel ca. 5 RM und dauert etwa 6 Stunden. Mit dem blauen Bus Nr. 93 nach Batu Ferringhi (16 km), mit derselben Linie weiter nach Teluk Bahang (19 km). Von hier fährt zwischen 7 und 16 Uhr alle 2 Std. der gelbe Bus Nr. 76 nach Balik Pulau (40 km). Ab hier verkehrt bis gegen Mitternacht der gelbe Bus Nr. 66 über Teluk Kumbar (53 km), vorbei am Bayan Lepas Airport (56 km), dem Schlangentempel (60 km) wie auch der Penang Bridge (62 km) zurück nach Georgetown (75 km).

Transport

BUSSE – zum Festland, z.B. nach Luala Lumpur, fahren am Busbahnhof beim KOMTAR Bldg. ab. Es ist aber immer günstiger, mit der Fähre nach Butterworth zu fahren, und am Busbahnhof direkt nördlich der Fährenlegestelle in den Bus umzusteigen. Tickets ab Penang verkauft:
New SIA Tours, 35 Pengkalan Weld,
✆ 2615115, nach Kuala Lumpur, Cameron Highlands, Singapore und Thailand.
Anikawan Express, im Erdgeschoß des KOMTAR Bldg., ✆ 2622951, nach Kota Bharu, Kuala Lumpur, Melaka und Singapore. Ab Butterworth fahren Busse in jede größere Stadt:
Nach Süden: Nach KUALA LUMPUR 10x tgl. in 7 1/2 Std. für 17 RM, TAIPING für 4 RM, KUALA KANGSAR jede halbe Std. in 2 1/2 Std. für 6 RM, IPOH 6x tgl. in 3 Std. für 7,50 RM.
Über LUMUT nach Pulau Pangkor 5x tgl. in 4 Std. für 8,50–10 RM.
Wer zu den Cameron Highlands möchte, kann ab Penang morgens den Expressbus nach TANAH RATA für 14 RM in 5 Std. nehmen. Man kann

aber auch ab 9 Uhr von Butterworth nach Ipoh fahren und dort in einen Bus nach KL umsteigen, der bis TAPAH fährt. Ein Anschlußbus verkehrt von dort bis 17.30 Uhr nach Tanah Rata. Busse direkt nach MELAKA 3x tgl. in 10 Std., 25 RM, JOHOR BHARU 3x tgl. in 13 Std. für 35–40 RM und weiter nach SINGAPORE in 14 Std. für 40–45 RM.

Nach Norden: Zur thailändischen Grenze nach PADANG BESAR für 9 RM. Auf der thailändischen Seite fahren Busse weiter nach HAT YAI. Außerdem verkehren Minibusse von Penang direkt zu den Touristenzielen in Süd-Thailand. Passagiere der Minibusse sollten besonders bei der Fahrt nach Malaysia darauf achten, daß ihnen keine Drogen ins Gepäck geschmuggelt werden.

ALOR SETAR alle 15 Minuten in 2 Std. für 5 RM, KANGAR für 6,50 RM, KUALA PERLIS (Fähre nach Langkawi) für 7 RM. Schneller kommt man allerdings mit der Fähre ab Kuala Kedah via Alor Setar.

Nach Osten: Nach KOTA BHARU über den East-West Highway um 20.30 Uhr in 7 Std. für 19,50 RM, KUALA TERENGGANU in 8–10 Std. für 24 RM, nach KUANTAN via Temerloh um 20 Uhr in 10–12 Std. für 27 RM.

MINIBUSSE – operieren von den Traveller-Hotels rund um die Lebuh Chulia nach KRABI für 20 RM, PHUKET 40 RM, HAT YAI 16 RM und SURAT THANI 30 RM, von hier Boot nach Ko Samui. Tickets gibt es bei den diversen Hotels. Meist geht es sehr früh am Morgen los, viele fahren auch nachts.

ÜBERLANDTAXIS – Die Überlandtaxis stehen nördlich der Anlegestelle neben dem Busbahnhof in Butterworth, manche lassen sich auch in Traveller-Hotels buchen. Preise für non-ac-Taxi p.P. bei 4 Passagieren, ac-Taxi plus 20%.

Nach Süden: TAIPING 9 RM, IPOH 16 RM, CAMERON HIGHLANDS 30 RM, KUALA LUMPUR 35 RM, JOHOR BHARU 70 RM, LUMUT 16 RM.

Nach Norden: ALOR SETAR 10 RM, KANGAR 13 RM und PADANG BESAR 17 RM, HAT YAI 20–25 RM. KUALA KEDAH 11 RM oder KUALA PERLIS 14 RM.

Nach Osten: KOTA BHARU 35 RM.

EISENBAHN – Züge fahren ab Butterworth Railway Station, am Ferry Terminal, ✆ 3312796. Unsere Preisangaben beziehen sich wie immer auf die 2. Klasse mit ac, Tickets können auch in Georgetown gekauft werden:
Railway Booking Office, Pengkalan Weld, ✆ 2610290, etwa 50 m von der Straße in Richtung Fähre.

Nach Süden: Von Butterworth 2x tgl. Expresszüge über TAIPING (1 1/2 Std., 15 RM), KUALA KANGSAR (2 Std., 17 RM), IPOH (3 Std., 21 RM) und TAPAH ROAD (4 Std., 24 RM), nach KUALA LUMPUR in 6 Std. für 34 RM. Die beiden langsamen Nachtzüge halten an jeder Station und sind allenfalls bis Taiping zu empfehlen. Mit einem anderen Zug geht es von dort aus weiter nach SINGAPORE nochmals 6 1/2–8 Std., insgesamt 68 RM. Für Nachtfahrten empfiehlt es sich, zusätzlich ein Bett zu buchen (14 RM, 2. Kl. ac).

Nach Norden: Ab dem Bahnhof von Bukit Mertajam, 8 km östlich von Butterworth, fährt früh morgens der *Ekspres Langkawi* über Alor Setar nach ARAU (3 Std.), von wo es nur ein kurzer Weg zur Langkawi-Fähre in Kuala Perlis ist. Weiter über PADANG BESAR (4 Std.) nach HAT YAI (5 1/2 Std.). Zudem fährt ab Butterworth tgl. mittags der internationale Express über HAT YAI und SURAT THANI (Fähre nach Ko Samui) nach BANGKOK für 77,50 RM, wo er am nächsten Morgen ankommt. Zurück ab Bangkok am Nachmittag, Ankunft in Butterworth am Mittag des folgenden Tages. Inkl. Schlafplatz 78 RM, 55 RM nur mit Sitzplatzreservierung.

FLÜGE – Der Bayan Lepas International Airport, ✆ 6434411, liegt 20 km südlich von Georgetown, 39 km von Batu Ferringhi entfernt. Gelbe Busse 83 fahren ab Jetty für 1,10 RM, Coupon-Taxi ab City 16 RM, ab Batu Ferringhi 26 RM.

Nationale Flüge: MAS fliegt nonstop nach KUALA LUMPUR 10–15x tgl. für 104 RM, LANGKAWI 4x tgl. für 51 RM. Alle anderen Flüge über Kuala Lumpur.

MAS, KOMTAR Bldg,, ✆ 2620011, 2621403, ✉ 2618191, Airport ✆ 6430811.

Pelangi, ✆ 6482181, 2612311, fliegt tgl. nach KOTA BHARU für 87 RM, Nachtflug am So 61 RM, Mo, Mi und Fr nach KUALA LUMPUR für 104 RM und Mo, Do und Sa nach KUALA TRENGGANU für 151 RM.

Internationale Flüge: Nach SINGAPORE: mit MAS bzw. Singapore Airlines mehrmals tgl. direkt für 237 RM.
Nach Thailand: Mit MAS nach BANGKOK 1–2x tgl. nonstop für 330 RM und PHUKET Mi, Fr und So für 190 RM.
Nach Sumatra mit Sempati oder MAS einmal tgl. nach MEDAN für 171 RM und mit Pelangi Mo, Mi und Fr nach BANDA ACEH für 246 RM – Abflugzeiten allerdings nicht sehr zuverlässig!
Vorsicht, einige Reisebüros existieren nicht lange, eines Tages bleibt die Tür geschlossen und der Manager ist mit den Anzahlungen über alle Berge. **MSL Travel**, im *Agora Hotel*, Jl. Macalister, ✆ 2272655, ✆ 2272102, gehört zu den verläßlichen.

SCHIFFE – **KPLFS (Kuala Perlis–Langkawi Ferry Service)** Port Commission Shopping Complex, Pasara Raja Edward, ✆ 2625630, am Uhrturm neben dem Tourist Office. Tgl. um 8 Uhr ein Schiff nach LANGKAWI in 3 Std. für 35 RM, 60 RM hin und zurück. Nach MEDAN am Di, Do und Sa um 10 Uhr in 6 Std., zurück am Mi, Fr um 14 Uhr und So um 10 Uhr für 90 RM bzw. 160 RM hin und zurück plus 6 RM Hafengebühr.
Ekspres Bahagia, Port Commission Shopping Complex, Pasara Raja Edward, ✆ 2631943, fährt ebenfalls zu den gleichen Bedingungen 5x wöchentlich nach MEDAN. Da 10 Min. vor der Abfahrt auch gebuchte Sitzplätze an Wartende vergeben werden, sollte man mindestens eine halbe Stunde vorher da sein. Tickets bei **MSL Travel**, s.o., oder am Abfahrtstag im Hafen. Eine warme Jacke im Handgepäck mitnehmen, denn die Klimaanlage läuft auf vollen Touren.

Der Norden der Insel Penang

Jahrelang war die Nordküste von Penang das Reiseziel für alle, die bei einem Badeurlaub unter tropischen Palmen auf ein komfortables Hotel nicht verzichten wollten. Doch die starke Verschmutzung der Straße von Malacca macht auch vor dieser Küste nicht halt. So konzentriert sich das Leben in den Strandhotels rings um die Swimming Pools, die in einigen Hotels der oberen Preisklasse traumhafte Dimensionen haben.

Batu Ferringhi

Der kilometerlange Küstenstreifen mit seinen Sandstränden und Badebuchten wird im Interesse des internationalen Publikums saubergehalten. Leider kann man dem Meerwasser seine tropisch-blaue Farbe nicht zurückgeben. Große internationale Hotels bestimmen das Bild, dazwischen gibt es allerdings nach wie vor bescheidene Privathäuser, selbst der kleine Ortskern mit der Moschee ist noch auffindbar. Restaurants und Boutiquen säumen die Straße, aber die Atmosphäre ist friedlich und unaufdringlich, und so mancher Tourist, der an den Tischen im Freien seinen Kaffee schlürft, macht einen ausgesprochen gelangweilten Eindruck.

Teluk Bahang

Der nächste Ort, Teluk Bahang, wird überwiegend von Malabar-Fischern bewohnt. Das ehemalige **Pinang Cultural Centre** ist in einen neuen Gebäudekomplex jenseits der Straße umgezogen. In der *Istana*, einem Theater-Restaurant im Stil malaiischer Paläste, das verschwenderisch mit Holzschnitzereien geschmückt ist, werden abends um 20.30 Uhr für bis zu 500 Gäste malaiische Tänze zu einem traditionellen Büfett (48 RM) aufgeführt. Voranmeldung unter ✆ 8851175. Zudem wurde auf dem Gelände ein altes Minangkabau-Holzhaus aus Negri Sembilan errichtet, das als Museum dienen soll.

Vom Kreisverkehr etwa 1 km in Richtung Balik Pulau liegt die **Butterfly Farm**, ein großes Freigehege, in dem man Tausende von Schmetterlingen frei umherfliegend bewundern kann – eine seltene Gelegenheit, die farbenprächtigsten Exemplare einmal ganz aus der Nähe zu fotografieren. Geöffnet tgl. 9–17, Sa und feiertags bis 18 Uhr, Eintritt 5 RM. Von hier aus kann man auch eine Orchideenfarm besuchen, 1 RM Eintritt.

100 m südlich vom Kreisverkehr kann man die Craft **Batikfabrik** besichtigen und hinter dem riesigen Ausstellungsraum den Prozeß des Batikens beobachten. Geöffnet Mo–Fr 10–18 Uhr, Eintritt 1 RM.

Beim **Muzium Perhutanan** nebenan hat man etwa 100 ha Wald zum Naturschutzgebiet erklärt, weil hier besonders viele Arten malaiischer Bäume wachsen. Das Museum informiert zudem relativ unkritisch über die einheimische Holzwirtschaft und -verarbeitung, geöffnet Di–Do, Sa und So 9–13 und 14–17, Fr 9–12 und 14.45–17 Uhr, Eintritt 50 sen. Der nette Park mit einem See ist länger geöffnet.

Übernachtung

PREISWERT – In Tanjung Bungah:
The Lost Paradise*-**, 261 Jl. Tanjung Bungah, unterhalb der Straße an der Paradise Bay zwischen Tanjung Bungah und Batu Ferringhi, ✆ 8991932. Zwei Villen mit 4 bzw. 7 Zimmern werden für 150 / 300 RM vermietet, aber in der dritten sind auch einfache Zimmer mit Fan oder ac ohne Du/WC zu haben, Bett im Schlafsaal 10 RM. Biergarten und schöner Ausblick.
Kaum zu glauben, aber man kann in
Batu Ferringhi auch billig in kleinen Holzhäusern bei einheimischen Familien wohnen, die zumeist jenseits der Strandstraße stehen.
Baba Guest House**-***, Jl. Batu Ferringhi, ✆ 8811686, einem freundlichen, sauberen Gästehaus. Zimmer mit Du/WC und Fan oder ac.
Shalini's Guest House**-***, 56 Jl. Batu Ferringhi, ✆ 8811859, recht komfortable Zimmer mit und ohne Du/WC, einige mit ac und Kühlschrank. Im Erdgeschoß kann man frühstücken oder kleine Gerichte bekommen und auf dem überdachten Balkon auch einen Regentag genießen.
Ali's Guest House*-***, 53-54 Jl. Batu Ferringhi, ✆ 8811316, kleine Zimmer mit Fan, z.T. mit Gemeinschafts-Du/WC, andere mit ac und Du/WC, Schlafsaalbett 10 RM. Gartenkneipe.
Ah Beng Guest House*-***, Jl. Batu Ferringhi nebenan, ✆ 8811636, ist ein sehr freundliches, sauberes Haus. Am billigsten sind natürlich die mit Fan und Gemeinschafts-Du/WC, es gibt aber auch welche mit ac und Du/WC.
Beng Keat Guest House*-**, 67A Jl. Batu Ferringhi, ✆ 8811987, einfache Zimmer mit Fan oder ac, überwiegend mit Du/WC, Fernsehzimmer, Küchen- und Kühlschrankbenutzung, freundlicher Service.

LUXUS – Die meisten Zimmer in den großen Hotels sind von Reiseunternehmen für Gruppen gebucht. Außerhalb der Ferienzeiten bekommt man überall Rabatt, so daß die folgenden Hotels weniger als 200 RM inklusive großem Frühstücksbüfett kosten.
Ferringhi Beach Hotel (ab 200 RM), Jl. Batu Ferringhi, ✆ 8905999, ✉ 805100, Restaurants, Disco und riesiger Pool.
Rasa Sayang (ab 300 RM), ✆ 8811811, ✉ 8811984, schöne Gartenanlage mit großem Pool, einem breiten Wassersportangebot, etwas steife Atmosphäre. Shuttlebus nach Georgetown.
Golden Sands (ab 300 RM), ✆ 8811911, ✉ 8811880. Große Gartenanlage, Pools.
Lone Pine***, ✆ 8811511, ✉ 8811282, eine einfache Anlage, kleiner Pool, ist recht mitgenommen, aber das billigste Hotel in dieser Ecke.
Holiday Inn (ab 200 RM), ✆ 8811601, ✉ 8811389. Beiderseits der Straße, großer Pool, Wassersportangebot, Bar, Restaurants usw.
Park Royal Hotel ist ein Luxushotel gleich nebenan, für gehobene Ansprüche.

Essen

Paradise Bay, am Strand zwischen Batu Ferringhi und Tanjung Bungah, Restaurant mit Biergarten, dem wegen seiner phantastischen Lage mehr Gäste und eine umfangreichere Karte zu wünschen wäre.
Ein paar **Foodstalls**, schräg gegenüber vom *Lone Pine* in Batu Ferringhi, bedienen die weniger bemittelte, einheimische Kundschaft.
Ferringhi Village Restaurant liegt am oberen Ende der Preis-Skala: edel, groß und teuer. Man sitzt im Freien.
Deep Sea etwas preiswerteres Seafood-Restaurant, liegt ein Stück weiter ortseinwärts.
Eden Seafood Village, schräg gegenüber, ein weiteres, großes Restaurant. Die Auswahl ist groß, die Qualität gut, die Preise entsprechend.
Moghul Arch, großes nordindisches Tandoori-Restaurant.
Guan Guan, Restaurant-Cafe nahe dem Park Royal, nicht ganz so fein wie die benachbarten Hotels, angenehm zum Sitzen, Di geschlossen.
Happy Garden, kleines Gartenrestaurant westlich des Ortskerns. Man sitzt ganz nett, und es ist nicht teuer.

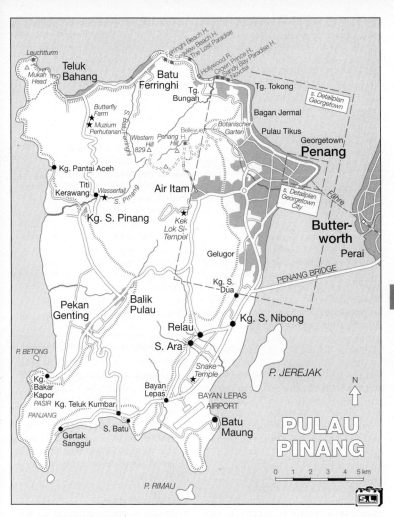

Transport

Der blaue Hin-Bus 93 fährt für 1,20 RM alle 30 Min. vom KOMTAR Bldg. in GEORGETOWN über die Jl. Burmah, Tanjung Tokong, Tanjung Bungah und Batu Ferringhi nach Teluk Bahang. Evtl. muß man in Tanjung Bungah in einen wartenden Bus umsteigen. Auch der ac-Bus 202 fährt hierher.

Der Süden der Insel Penang

Die gelben Busse Nr. 66, 67, 68, 69 oder 80 fahren Richtung Flughafen. Unterwegs kommt man an der Einmündung der neuen **Penang Bridge** vorbei, mit 13,5 km die längste Brücke Südostasiens. Die gelben Busse halten auch am **Schlangentempel** gegenüber dem Siemensgebäude. Er wurde

1850 erbaut und Chor Soo Kong gewidmet, dem man magische Heilkräfte zuspricht und als dessen Jünger die Schlangen angesehen werden. Giftige Vipern *(Wagler's Pit Viper)* liegen betäubt von Weihrauch und Räucherstäbchen schlaff auf zwei kleinen Sträuchern im Haupttempel herum. Ansonsten ist der Tempel recht uninteressant, und der Rummel um ihn herum steht in keinem Verhältnis zu seiner Sehenswürdigkeit.

Von Penang nach Norden

Die Bundesstaaten Kedah und Perlis sind die Reiskammern des Landes. Die Ebene rings um Alor Setar und Kangar, die nur wenige Meter über dem Meeresspiegel liegt, war ursprünglich ein Sumpf- und Mangrovengebiet, das zu Beginn des 20. Jahrhunderts durch zahlreiche Kanäle und Dämme trockengelegt und für den Naßreisanbau nutzbar gemacht wurde. Mit Ausnahme der Insel Langkawi findet man an diesem Küstenabschnitt kaum Badestrände. Im Gegensatz zu anderen Regionen der Halbinsel gibt es hier im Norden eine ausgeprägte Trockenzeit von November bis März, während zur Zeit der wechselnden Winde im April / Mai und von August bis Oktober die höchsten Niederschläge fallen.

Landeinwärts nach Osten

Der gut ausgebaute Highway 77 führt von Sungai Petani nach Osten, Richtung thailändische Grenze. Eine andere, ebenfalls gut ausgebaute Strecke führt von Butterworth über Kulim und Melau und trifft bei Kuala Kctil auf diese Überlandstraße.

Gerik

Gerik ist der größte und wichtigste Ort des Grenzgebietes im Landesinneren mit einem Markt, zahlreichen Geschäften und der letzten Tankstellen vor dem Highway. Mehrere Orang Asli-Dörfer in der Umgebung können nicht auf eigene Faust besucht werden. Die Temperaturen hier oben liegen spürbar niedriger als an der Küste.

Übernachtung

Koh Seng Hotel*, an der Hauptstraße Jl. Sultan Iskandar, ✆ 7912388, scheint von den preiswerteren der beste Tip zu sein.
Rome Hotel**-***, 1 Jl. Tan Saban, ✆ 7915242, ist recht abgewohnt.
Friendly Park Hotel*, 60 Jl. Tokong Datok, nicht weit von der Busstation, ✆ 7912378. In dieser Straße es 2 weitere Hotels: *Golden City* und *Great Wall Hotel*-***, 22 Jl. Tokong Datok, ✆ 7911211, saubere Zimmer mit Waschbecken und Fan, Gemeinschafts-Du/WC, einige große Zimmer auch mit ac, TV und Du/WC.
Resthouse***, 682 Jl. Haji Meor Yahaya, ✆ 7911454, liegt sehr ruhig etwas außerhalb des Zentrums.

VORWAHL – 05, PLZ 33300.

Transport

Nahverkehrsbusse u.a. nach KEROH für 3 RM. Überlandbusse fahren über KUALA KANGSAR nach IPOH für 5 RM bzw. TAIPING 2x tgl. in 3 1/2 Std. für 6 RM und KUALA LUMPUR für 20 RM. Ein Bus verkehrt 2x tgl. zwischen KOTA BHARU für 12 RM und BUTTERWORTH bzw. PENANG in 3 1/2 Std., ein weiterer zwischen Kota Bharu und ALOR SETAR. Alle fahren über Gerik. Taxi bis TANAH MERAH 15 RM, nach KOTA BHARU 20 RM p.P.

East-West-Highway

8 km östlich von Gerik zweigt der East-West-Highway nach Kota Bharu ab. An der Verbindungsstraße wurde 10 Jahre gebaut, und ihre Bedeutung für die Infrastruktur des Landes ist enorm. Die Baukosten beliefen sich auf 360 Millionen RM. Während der Regenzeit kommt es manchmal zu Erdrutschen, so daß sich die Fahrtzeit um einige Stunden verlängern kann. 45 km östlich von Gerik erstreckt sich der riesige **Tasik Temengor**, ein Stausee, der weite

Dschungelgebiete überflutet hat. Erst nach 110 km auf dem East-West-Highway gelangt man wieder in bewohnte Regionen und in den ersten Ort, Batu Melintang.

Übernachtung

Auf der Insel Pulau Banding steht auf einem Hügel das *Resthouse***-*****, ✆/✉ 05-7912273, mit schöner Aussicht über den See. Die Zimmer sind für das Gebotene zu teuer, gleiches gilt für das Essen im Restaurant.

Alor Setar

Die Hauptstadt von Kedah hat sich in den vergangenen Jahren zum Handels- und Geschäftszentrum Nordwest-Malaysias entwickelt. Die vierspurige Lebuh Raya Darul Aman durchquert in Nord-Süd-Richtung das Zentrum, das vom Fernsehturm überragt wird. Hier liegen die wichtigsten Bauwerke: Die **Zahir-Moschee** ist neben der in Kuala Kangsar wohl eine der schönsten orientalischen Moscheen im Land. Östlich der stark befahrenen Straße steht der **Balai Besar**, wörtlich übersetzt „die große Halle", eine Audienzhalle, die als eines der schönsten Beispiele malaiischer Architektur gilt. Es kann nicht besichtigt werden, im Gegensatz zum angrenzenden **Royal Museum** rechts der Halle in einem Erweiterungsbau des Sultanspalastes, geöffnet tgl. außer Fr 10–18, Fr 9–12 und 15–18 Uhr. Im gelben, achteckigen Turm nördlich des Platzes, dem **Balai Nobat**, sind die Musikinstrumente des herrschaftlichen Orchesters untergebracht. Sehenswert ist das **Muzium Negeri** (Staatsmuseum) im Stil des Balai Besar, 2,5 km außerhalb an der Hauptstraße nach Norden gelegen. Hier gibt es eine große Sammlung archäologischer Funde aus Kedah zu sehen. Geöffnet tgl. außer Fr 10–18, Fr 9–12 und 15–18 Uhr, Eintritt frei. Nördlich der Stadt lohnt der **buddhistische Tempel** im Bangkok-Stil mit einem dreifach gestaffelten Dach einen Besuch. Am Mo, Sa und So findet an der Jl. Putera ein großer **Nachtmarkt** statt. So und Mi lohnt ein Besuch auf dem **Markt**.

Übernachtung

Yuan Fang Hotel*, Jl. Langgar, gegenüber der alten Busstation, ist von den kleinen Billighotels noch am meisten zu empfehlen.
Flora Inn***, 8 Medan Raja, Jl. Pengkalan Kapal, neues Hotel, Zimmer mit Du/WC und ac.
Grand Crystal***, 40 Jl. Kg. Perak, ✆ 7313331, ✉ 7316368, ein neues Hotel nahe der Moschee, komplett ausgestattete Zimmer.
Regent Hotel***, 1536 Jl. Sultan Badli Shah, ✆ 7311900, recht komfortabel und sehr zentral.
Seri Malaysia Hotel****, nördlich der Stadt am Stadion, ✆ 7308737, ✉ 7307594, kleine Zimmer mit Du/WC und ac sowie ein Restaurant.

Essen

Billig sind die indischen Läden auf der Jl. Langgar und die Foodstalls hinter dem Busbahnhof. Großer Foodmarket an der Jl. Putera. Am Abend öffnen Essenstände an der Einmündung des Sungai Anak Bukit in den Sungei Kedah.
Medan Raya, malaiische Essenstände im Erdgeschoß unter dem *Flora Inn*.
Low Taik Chai, ein kleines, unscheinbares chinesisches Restaurant mit hervorragenden Essen nördlich der Brücke an der Jl. Tunku Yaakub, Ecke Jl. Sultan Moh. Jiwa.

Transport

BUSSE – **Expressbusterminal** an der Lebuh Raya Darul Aman, Ecke Jl. Telok, nördlich vom Zentrum. Von hier nach BUTTERWORTH 10x tgl. für 5 RM, IPOH 14–16 RM, KUALA LUMPUR 21 RM (V.I.P.) bzw. 25 RM (Super V.I.P.), JOHOR BHARU 36 RM (V.I.P.), 40 RM (Super V.I.P.).
Tgl. fährt ein Bus über GERIK nach KOTA BHARU für 21 RM.
Von der **neuen Busstation** am Kreisverkehr Busse nach BUTTERWORTH 5 RM, KANGAR 2,60 RM, KOTA BHARU 2x tgl. 20 RM.
Noch ist die **alte Busstation** hinter den Geschäftshäusern der Jl. Langgar, Ecke Jl. Stesyen im Zentrum in Betrieb, von der aus Busse nach KUALA KEDAH für 1 RM, SUNGAI PETANI aber auch nach BUTTERWORTH fahren.

ÜBERLANDTAXIS – Von der Taxistation unweit des Bahnhofs nach BUTTERWORTH 10 RM, PENANG 20 RM, IPOH 25 RM, KUALA LUMPUR 50 RM, PADANG BESAR 7 RM p.P. im non-ac Taxi.

EISENBAHN – Am Bahnhof hält jeden Nachmittag Uhr der internationale Express von Butterworth über HAT YAI (1 1/4 Std.) nach BANGKOK (18 Std.) und vormittags in Gegenrichtung der nach BUTTERWORTH (1 1/2 Std.). Abends fährt der Langkawi-Express nach KUALA LUMPUR (8 1/2 Std., Sitzplatz 35 RM, unteres Bett 41 RM), wo er um am frühen Morgen eintrifft.

FLÜGE – Der Flughafen liegt 11 km nördlich der Stadt bei Kepala Batas. Von hier MAS-Flüge nach KUALA LUMPUR 4–5x tgl. für 113 RM. *MAS*-Office, Lebuh Raya Darul Aman, ✆ 7311106, liegt nördlich des Zentrums.

Kuala Kedah

Der Ort ist Durchgangsstation auf dem Weg nach Langkawi. Rings um die Fähranlegestelle herrscht ein reges Treiben. Bereits an der Anlegestelle werden Mietwagen, Unterkünfte und Touren auf Langkawi vermittelt.

Transport

BUSSE – Von und nach ALOR SETAR, 12 km, laufend für 1 RM, nach BUTTERWORTH 3x tgl. für 5,50 RM, IPOH 13 RM, KUALA LUMPUR 21 RM.

ÜBERLANDTAXI – Sie warten an der Anlegestelle. Fahrt im non-ac-Taxi nach ALOR SETAR 2 RM, PADANG BESAR 9 RM, BUTTERWORTH 11 RM, PENANG 20 RM, IPOH 30 RM und KUALA LUMPUR 50 RM p.P.

FÄHREN – Jahr für Jahr werden immer mehr Fähren nach LANGKAWI in Betrieb genommen, so daß die folgenden Informationen nur ein Anhaltspunkt sein können, Auskunft über ✆ 04-7621201 (KPLFS) oder 7623823 (Lada). Abfahrt von Kuala Kedah 11x tgl. zwischen 7.30 und 19.30 Uhr, zurück zwischen 8.10 und 19 Uhr für 15 RM, 1. Klasse 17 RM. Während der Ferien und an Feiertagen sollte man sich rechtzeitig ein Ticket besorgen.

Padang Besar

Grenzort nach Thailand, den man mit dem Bus, Taxi oder der Bahn erreicht. Motorräder und Minibusse transportieren Passagiere bis 22 Uhr Malaysia-Zeit bzw. 21 Uhr Thai-Zeit über die Grenze. Geldwechsel im Bahnhofsgebäude und im Coffeeshop an der Bus Station, allerdings keine guten Wechselkurse.

Transport

BUSSE – fahren von hier nach BUTTERWORTH für 9 RM oder KANGAR für 2 RM, sind aber nicht immer zur Stelle. Auf der thailändischen Seite fahren Busse nach HAT YAI s. S. 000.

ÜBERLANDTAXIS – stehen am Bahnhof: ALOR SETAR 7 RM, KUALA PERLIS 6 RM, BUTTERWORTH 17 RM p.P. im non-ac Taxi. Auf der Thai-Seite Taxis nach HAT YAI 15 RM pro Wagen.

EISENBAHN – Der täglich verkehrende internationale Express von BUTTERWORTH (20 RM) über HAT YAI nach BANGKOK hat eine knappe Stunde Aufenthalt in Padang Besar. Während dieser Zeit werden die Grenzformalitäten erledigt. Der Zug nach Norden fährt am Morgen, der nach Süden um am späten Nachmittag.

Kuala Perlis

Durch endlose Reisfelder führt die Straße zu diesem Fischerort nahe der thailändischen Grenze. Die meisten Gäste befinden sich auf der Durchreise – sie wollen zur Insel Langkawi. Von Süden kommend ist der Weg über Kuala Kedah allerdings schneller.

Übernachtung

Soon Hin *, bei der Taxistation, ein chinesisches Billighotel.
Pens Hotel** , Jl. Kuala Perlis, ✆ 9854122, ✉ 9854131, nahe der Anlegestelle.

VORWAHL – 04, PLZ 02000.

Transport

BUSSE – fahren von der Fähranlegestelle nach ARAU 1,50 RM, BUTTERWORTH 4x tgl. für 7 RM in 3 Std. und nach PADANG BESAR.

ÜBERLANDTAXIS – Taxis nach PADANG BESAR oder ALOR SETAR kosten jeweils 4–5 RM p.P. BUTTERWORTH 14 RM.

FÄHREN – Der neue Abfertigungsterminal liegt 1 km östlich des Zentrums Richtung Meer. Nach KUAH (Langkawi) legen 11x tgl. zwischen 8 und 18.20 Uhr von der Jetty in Kuala Perlis ab, kosten 11–13 RM. In Gegenrichtung zwischen 7.20 und 18.30 Uhr. Die genauen Abfahrtzeiten können sich verändern, Auskunft unter ✆ 04-9854494 (KPLFS) und 9855823 (Lada). Die klimatisierten Speedboote mit numerierten Sitzen sind komfortabel und benötigen etwa 45 Min. An Wochenenden und während der Ferien sollte man sich rechtzeitig ein Ticket besorgen, da vor allem die frühen Boote häufig ausgebucht sind.
Große Longtail-Boote mit Plane fahren nach SATUN in Thailand. Die Überfahrt dauert eine Stunde, kostet 4 RM bzw. 40 Baht. Ankunft an der Tammalang-Pier, von dort aus geht es nach den Einreiseformalitäten mit dem Pickup weiter in die Stadt (3 km), wo Busse und Überlandtaxen nach Hat Yai bzw. Trang weiterfahren (s.S. 736).
Wer aus Thailand kommt, bekommt an der Anlegestelle in Kuala Perlis den Einreisestempel in den Paß. Nicht vergessen, da es sonst Probleme bei der Ausreise gibt. Notfalls kann man sich im Immigration Office melden.

Pulau Langkawi

Schon zu Beginn der 80er Jahre hatte es den Anschein, als sollte die wunderschöne Inselgruppe im Nordwesten Malaysias das Schicksal des nahegelegenen Phuket teilen: Verschlafenes tropisches Paradies wird von finanzkräftigen Tourismusmanagern entdeckt, Hotelkomplexe verdrängen einfache Bungalows, aus Feldwegen werden asphaltierte Straßen, Fischerdörfer avancieren zu Shopping-Centres usw. usw. An die 3 Milliarden RM wurden investiert, eine vorzügliche Straße rings um die Insel gebaut und ein Flughafen angelegt, aber die internationalen Touristenströme flossen an Langkawi vorbei. 1987 unternahm man einen neuen Belebungsversuch und erklärte Langkawi zur zollfreien Zone. Natürlich hat die Sache einen bedeutungsvollen Haken: duty-free-Waren bis zu 500 RM darf nur mitbringen, wer einen Aufenthalt von mindestens 74 Stunden und drei Übernachtungen nachweist. Den ersehnten internationalen Touristen-Boom brachte die Maßnahme nicht.

Sollte am Ende doch der Fluch der toten Prinzessin Mahsuri noch immer auf der Insel lasten? Sie war die Frau eines reichen Geschäftsmannes in Ulu Melaka. Sterben mußte sie, weil man ihr eine Affäre mit einem malaiischen Reisenden anhängte. Zu Unrecht, wie sich bei ihrer Hinrichtung herausstellte. Sieben Generationen hindurch, so der Fluch der sterbenden Prinzessin, solle Langkawi auf keinen grünen Zweig mehr kommen, und tatsächlich folgte eine Periode der Mißernten, Pleiten und Überfälle durch die benachbarten Thais. Inzwischen waren die sieben Generationen längst vorüber, doch noch immer schliefen die 98 meist unbewohnten Inseln des Langkawi-Archipels einen nahezu unberührten Dornröschenschlaf.

Der scheint mittlerweile vorüber zu sein. Die ehrgeizigen Investitionsprogramme greifen langsam: Rege Bautätigkeit hat an den Stränden eingesetzt, viele kleine Dinge haben sich verändert. Dem Neuankömmling, der die Insel zum ersten Mal erlebt, wird sie freilich noch immer ruhig und verschlafen vorkommen. Fast ein Malaysia im Miniaturformat, mit tropischen Wäldern, sanften Bergrücken, schroffen Felsen, Gummiplantagen, Reisfeldern, Sandstränden und luftigen Kampungs. Nur wer nach ein oder zwei Jahren wiederkommt, stellt fest, was inzwischen alles anders geworden ist. Und beginnt nachdenklich zu werden.

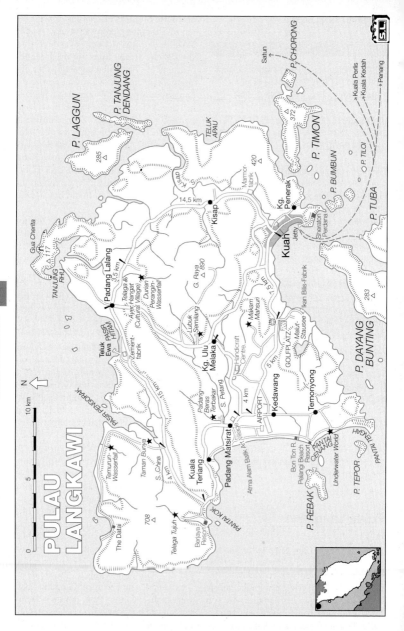

Langkawi; oben: Tanjung Rhu während der Regenzeit; unten: Bauboom in Kuah

Kuah

Im Hauptort auf Langkawi kommt die Fähre an, hier kauft man ein, von hier starten Rundfahrten und Bootstouren. Über 4 km erstreckte sich der rund 3000 Einwohner zählende Ort entlang der Hauptstraße. Das derzeit größte Bauwerk ist das auf Neuland errichtete **Tiara Hotel**, ℡ 9662566, das längste Hotel des Landes. Zahlreiche Duty Free-Shops haben sich etabliert, die Küstenlinie wurde einen Kilometer ins Meer hinausverlagert, und auf dem neugewonnenen Land wurde eine Strandpromenade mit Shopping-Arkaden errichtet und in der Nähe der Jetty ein großer Park angelegt, der von einem überdimensionalen **Seeadler-Denkmal** überragt wird. Samstags von 8–15 Uhr findet gegenüber der Poliklinik ein großer Markt, der **Pasar Tani**, statt.

Übernachtung

Unsere Preiskategorien beziehen sich auf die Hochsaison von Oktober–April. Außerhalb der Spitzenzeiten sind Discounts möglich.

PREISWERT UND MITTELKLASSE – *Malaysia*
Motel*-** ②, ℡ 9666298, am westlichen Ortsende, 4 km ab Fähre, einfache Traveller-Herberge von Mr. Velu, auch Schlafsaalbetten.
Malaysia Hotel*** ①, ℡ 9668087, Raj, der Sohn von Mr. Velu, managt das Hotel. Zimmer mit Bad/WC und ac. Schlafsaalbett 20 RM. Im Erdgeschoß ein indisches Restaurant.
3 einfache, ältere Hotels, die Zimmer mit Du/WC und ac anbieten, stehen am Ortseingang:
Langkawi Hotel*-** ④, ℡ 9666248, auch einfache Zimmer mit Fan.
Asia Hotel** ⑤, 1 Jl. Persiaran Putera, ℡ 916216.
Central Hotel** ⑥, 33 Jl. Persiaran Putera, ℡ 9668585, ℡ 9667385.

Essen

Weng Fung, ist ein kleines chinesische Restaurant gegenüber der Straßeneinmündung, serviert gutes Seafood.
Dayang ist ein unauffälliges chinesisches Restaurant an der Hauptstraße mit einer großen Auswahl, ab 17 Uhr geöffnet.

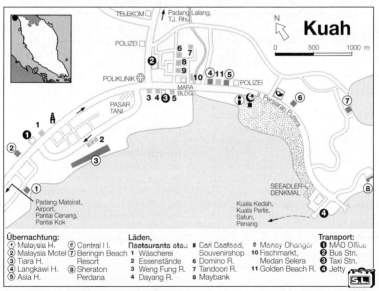

Oben: Mobiler Bäckerladen; unten links: Geflügeltransport; unten rechts: Frisch gepreßter Zuckerrohrsaft ist ein beliebtes Erfrischungsgetränk

Sari Seafood im rückwärtigen Teil des Souvenirshops am alten Fischmarkt, ist teuer, aber gut.
Domino, im Neubaublock hinter dem Mara-Building. Hier serviert der deutsche Besitzer westliche Gerichte und Bier vom Faß.
Tandoori, 54 Jl. Pandak Mayah 5, im letzten Neubaublock hinter dem Mara-Building, ausgezeichnete indische Küche.
Medan Selera, im Food Centre vor dem Fischmarkt werden malaiische Gerichte zubereitet.

Sonstiges

AUTOVERMIETUNG – Mietwagen organisieren Reisebüros und viele Hotels ab 70 RM pro Tag, in der Hochsaison bis 120 RM.

FAHRRÄDER – kosten um die 12 RM pro Tag. Fahrradvermietungen in Kuah gegenüber der Einmündung der Straße von Norden und in einigen Hotels und Bungalowanlagen.

GELD – *Maybank* und *Bank Bumi* nahe dem Fischmarkt. Banken sind in Kedah Sa–Mi von 10–15 und Do von 10–12 Uhr geöffnet! **Money Changer** mit schlechten Kursen neben dem Mara-Buildung und nahe dem Busbahnhof.

INFORMATION – *Tourism Malaysia Information Center* neben der Moschee in Kuah, ✆ 9667789. Geöffnet tgl. 9–13 und 14–18 Uhr. Weitere Informationsbüros von *Tourism Malaysia* an der Fähranlegestelle und im Flughafen.

MOTORRÄDER – Motorräder (kleine Honda 75 oder 90) gibt es für 35 RM am Tag z.B. im Geschäftszentrum beim Domino-Restaurant.

POST – an der Straße zur Jetty, etwas außerhalb. Geöffnet Sa–Mi 8.30–16, Do 8.30–12 Uhr.

TOUREN – mit dem Boot zu den benachbarten Inseln, wo man fischen, schnorcheln, bzw. im Süßwassersee baden kann, werden regelmäßig in fast allen Hotels und Reisebüros angeboten. Ein Tagesausflug mit 10 Teilnehmern kostet um die 40 RM, ein Boot zu chartern 150 RM.

VORWAHL – 04, PLZ 07000.

Nahverkehrsmittel

BUSSE – fahren sehr spärlich bis zum Einbruch der Dunkelheit für 1,50–1,90 RM über die Insel, man kann sie an der Straße anhalten. Etwa stündlich zum Pantai Cenang / Pantai Tengah für 1,40 RM. Zudem von der Anlegestelle Extra-Minibusse. Weitere Busse über Padang Matsirat nach Kuala Teriang und Padang Lalang bzw. Teluk Ewa. 4x tgl. Busse von und zum PANTAI KOK. Zum Flughafen mit dem Bus von MAS.

TAXI – Viele Taxen warten an der Jetty und der Taxistation im Zentrum. Mietpreis 10 RM die Stunde, 120 RM am Tag. Preisbeispiele (pro Wagen) von der Jetty, ✆ 9668286: KUAH 4 RM, PANTAI CENANG 12 RM, TANJUNG RHU 15 RM, PANTAI KOK 15 RM.
Am Flughafen gibt es einen Taxi-Ticket-Counter, ✆ 9551800, an dem man den Fahrpreis im voraus bezahlt, z. B. zum PANTAI CENANG und PANTAI KOK 10 RM und nach KUAH 15 RM.

Transport

FLÜGE – Flughafen Padang Matsirat, 20 km westlich von Kuah, nonstop nach KUALA LUMPUR 7–8x tgl. für 140 RM, PENANG 4x tgl. für 60 RM. SINGAPORE 2x tgl. für 218 RM. Außerdem Charterflüge. *Pelangi*, 9552261, fliegt Mi, Fr und So nach IPOH für 107 RM, am So weiter nach MELAKA und am Mi und Fr nach JOHOR BHARU. *MAS*, Lot 3, 49/50, 3rd Floor, Putra Place (The Mall), ✆ 9666622, an der Hauptstraße im Westen Kuahs. Geöffnet Sa–Do 9–17, Fr und feiertags 9–13 Uhr.

FÄHREN – **Zum Festland:** An Wochenenden und während der Ferien sollte man sich frühzeitig ein Ticket besorgen. Auskunft über Abfahrtszeiten unter ✆ 9666950 (KPLFS) und 9668823 (Lada). Aus Richtung Süden kommen die meisten Besucher mit den Fähren aus KUALA KEDAH. 11x tgl. Fähren für 15–17 RM in 1 Std. 10 Min. ab Kuala Kedah zwischen 7.30 und 19.30 Uhr, ab Kuah zwischen 8.10 und 19 Uhr. Von Norden über KUALA PERLIS. 11x tgl. Fähren für 11–13 RM in 45 Min. ab Kuala Perlis zwischen 8 und 18.20 Uhr, ab Kuah zwischen 7.20 und 18.30 Uhr.
Nach Penang: Die *Selesa Ekspres* legt tgl. um

18.15 Uhr in Kuah und um 8 Uhr in GEORGE-TOWN ab, benötigt 2 1/2 Std. und kostet 35 RM einfach, 60 RM hin und zurück.
Nach Thailand: Mit der *Ramai Ekspres* tgl. um 8.30 und 15 Uhr nach SATUN in 1 Std. für 15 RM. Zurück um 10 und 17 Uhr (Thai-Zeit). Ab Satun bestehen Busverbindungen nach PHUKET, TRANG und HAT YAI.

Die Strände im Westen
Pantai Tengah, Pantai Cenang

Am Südwestzipfel der Insel, ca. 21 km von Kuah entfernt, befinden sich die bekanntesten Strände. Über 2 km erstreckt sich ein kilometerlanger, von Kokospalmen gesäumter weißer Sandstrand. Zahlreiche Anlagen offerieren eine breite Bandbreite an Unterkünften. Nur Billigquartiere für Traveller sind vollständig verschwunden. Durch die dichte Besiedlung des Küstenabschnitts und den regen Bootsverkehr hat sich die Qualität des Meerwassers nicht gerade verbessert. Das Hinterland hingegen ist sehr ländlich geblieben. Lohnend ist ein Besuch von **Underwater World**, ein modernes Aquarium, das auf attraktive Art die Meeresfauna präsentiert. Geöffnet tgl. 10–18 Uhr, Eintritt 12 RM, Kinder 8 RM, ✆ 9556100.

Eine weiteres lohnenswertes Ausflugsziel ist das **Bon Ton** an der Straße vom Pantai Cenang zum Airport. Ein Restaurant, das weit mehr bietet als gute Nonya-Küche.

Padang Matsirat

Der Ort, 7 km nördlich vom Airport, war einmal der Hauptort der Insel. Ein Schild weist auf **Padang Beras Terbakar** – den „Platz vom verbrannten Reis" hin. Die Bewohner hatten einst ihre gesamte Ernte vergraben, um sie vor den angreifenden Thai zu bewahren.

Am östlichen Ortseingang steht das **Atma Alam Batik Art Village**, ✆ 9552615, ✆ 9551227. Das einheimische Künstlerehepaar bietet hervorragende Batikerzeugnisse und Gemälde aus eigener Fabrikation an.

Pantai Kok und Burau Bay

Über Kuala Teriang führt eine kurvenreiche Straße zum Pantai Kok, einem idyllischen Plätzchen in einer ruhigen, flachen Bucht, wo noch einige preiswerte Bungalows stehen. Es ist bloß eine Frage der Zeit, wann der erste Bagger anrollt.

Nach weiteren 2 1/2 km endet die Straße an der Burau Bay. Hier beginnt die Straße zu den „sieben Brunnen" und dem Wasserfall **Telaga Tujuh**. Das letzte Stück durch den Wald muß man zu Fuß zurücklegen, denn da geht es steil bergauf (festes Schuhwerk sinnvoll!). Nach einigen Minuten Fußmarsch zweigt links ein Weg zum Wasserfall ab. Folgt man dem Hauptweg weiter bergauf gelangt man zu den Pools. Vorsicht: Hinter der Absperrung wird es gefährlich steil!

Übernachtung

PANTAI CENANG – Die Anlagen sind vor allem an Wochenenden und malaysischen Feiertagen belegt, dann verdoppeln sich teilweise die Preise.
Preiswert: *Grand Beach Motel***, ✆ 9551457, ✆ 9553846, eine kleine, nette Anlage, alle Holz-Chalets mit Fan, Du/WC, einige mit ac und TV.
Cenang Resthouse**, ✆ 9555595, 11 billige Zimmer mit ac und Du/WC in eng beieinanderstehenden Langhäusern. Restaurant, Bootsverleih.
Melati Tanjong Motel**, ✆ 9551099, hat einfache Chalets mit Fan oder ac, alle mit Du/WC.
AB Motel*-***, ✆ 9551300, ✆ 9551466, vermietet Chalets in einer schönen Anlage mit und ohne ac. Restaurant, Motorradverleih.
Twenty Twenty Chalet**-***, Lot 2014, ✆ 9552806, ✆ 9552810, ist eine hübsche Anlage mit Schlafsaal, Bett für 25 RM und Chalets mit Fan oder ac, die leider nicht am Strand liegt.
Samila Beach Motel*-**, ✆ 9551964, Bungalows in Strandnähe mit Du/WC, z.T. mit ac. Auch ein paar *A-frames*. Restaurant.
Delta Motel**-***, ✆ 9552253, ✆ 9551307, hinter dem Aquarium, einfach ausgestattete A-frame-Hütten und Langhaus mit Fan oder ac und TV, Restaurant.
Green Hill Beach Motel**-***, ✆ 9551935, Holzbungalows mit Fan oder teurere mit ac und TV an einem kleinen Strand.

Mittelklasse: *Beach Garden Resort*****, ℡ 9551363, ℻ 9551221, saubere, gepflegte Zimmer mit ac, Safe, Heißwasserdusche, Kühlschrank und Marmorböden, kleiner Pool. Im Restaurant gibt es sehr leckere deutsche und einheimische Gerichte.
Semarak Beach Resort****, ℡ 9551377, ℻ 9551159, geräumige Doppelbungalows mit Du/WC und Fan oder ac, Restaurant.
Langkapuri Beach Resort***-**** und mehr, ℡ 9553453, ℻ 9551959, moderne Chalets für 2–4 Pers. mit ac, TV, Heißwasserdusche, auch teure mit Meerblick. In der kleinen Bucht, die ein Felsvorsprung vom Cenang Beach trennt, liegen:
Tanjung Malie Beach Motel**-***, ℡ 9551891, hübsche Chalets mit Fan oder ac, TV und Du/WC. Großes Chalet mit Meerblick. Freundliche Atmosphäre.
Luxus: *Pelangi Beach Resort* (ab 250 RM), ℡ 9551001, das Resort nimmt fast den ganzen nördlichen Strand ein.

PANTAI TENGAH – erstreckt sich von hier aus nach Süden. Neben drei großen Pauschalurlauber-Hotels eine preisweitere Anlage für Individualtouristen:
Charlie's Motel**, ℡ 9551200, ℻ 9551316, am nördlichen Ende des Pantai Tengah. Nette Bungalows am Strand mit Fan und Du/WC. Gepflegte Anlage, preiswertes Restaurant.

PANTAI KOK – Alle Angaben daher mit Vorbehalt! Da keine Renovierungsarbeiten mehr erfolgen, sind alle sehr abgewohnt, so daß der Strand nicht mehr empfohlen werden kann.

Essen und Unterhaltung

PANTAI CENANG – *Beach Garden Resort*, ein nettes Restaurant direkt am Strand mit außergewöhnlich aufmerksamem Service serviert leckere deutsche und einheimische Gerichte.
Champor Champor, in individueller und angenehmer Atmosphäre bietet ein junges Team feine Gerichte nach dem Motto East Meets West.
Backofen, Bäckerei mit Vollkornbrot und Frühstück sowie Restaurant mit österreichischen Spezialitäten.
Hot Wok, ein chinesisches Restaurant, das auch bei Einheimischen recht beliebt ist.

Seri Cenang Restaurant, vor dem *Beach View Resort*, serviert eine bunte Mischung aus malaysischen, thailändischen und westlichen Gerichten.
Wonder Season Restaurant mit westlichen und Seafood-Gerichten sowie **Eric's Bar** liegen am Strand des *Langkapuri Beach Resorts*.
Restoran Haji Ramli an der Kreuzung mit der Straße nach Kuah ist ein thailändisches Restaurant.

PANTAI TENGAH – *Oasis Beach Bar*, offene, große Bar und Restaurant in Strandnähe, Lyn organisiert Tagestouren mit seiner Jacht.
Maria's Place, gute einheimische Küche für Nachtschwärmer, bis früh morgens geöffnet.
White Sands Restaurant, gutes chinesisches Essen, das allerdings etwas zu teuer ist.
The Pub, neben dem großen, teuren Seafood Village Restaurant, ac-Bar mit Billardtischen, tgl. außer Fr von 20–4 Uhr geöffnet.
Safari Restaurant, ein Travellertreff, abends Life-Musik.
Sheela's, gegenüber vom Safari, kleines, preiswertes Restaurant, das von Sheila und ihrem deutschen Mann Willi gemanagt wird. Auch deutsche Gerichte sind auf der Karte zu finden, abends geöffnet, Bierausschank.
Bon Ton, ℡ 9553643, nördlich vom Pantai Cenang (s.o.), tgl. 11–23 Uhr geöffnet, leckere westliche und Nonya-Gerichte, die ihren Preis haben. Gute Kuchen (6–8 RM) und Eiscreme.

Sonstiges

MOTORRÄDER – für Inselrundfahrten sind nahezu bei jedem Bungalow für 25–30 RM pro Tag zu haben.

TAXI – Nur wenige leere Taxen fahren die Straße am Strand entlang. Allerdings findet man immer einige vor dem Pelangi Beach Resort. KUAH 10 RM, JETTY 12 RM und AIRPORT 10 RM.

Inselrundfahrt

Die Rundfahrt von mindestens 70 km kann man mit einer kleinen Honda zwar durchaus an einem Tag absolvieren, wer sich etwas Zeit nimmt, kann aber auch zwei oder drei schöne Rundfahrten unternehmen.

Datai

Von der Straße zum Pantai Kok zweigt nach Norden eine gute, wenig befahrene Stecke ab. Bereits nach 4 km führt eine neue Straße nach links am Fuße der dschungelbedeckten Berge entlang nach Datai (43 km ab Kuah). Nach 2,5 km gelangt man zur Krokodilfarm **Taman Buaya**, geöffnet tgl. 9–18 Uhr. Eintritt 6 RM. „Shows" mit Riesenkrokodilen finden um 11.15 und 16.30 Uhr statt.

Nach 6 km erreicht man die Küste und die kleine, von Felsen umrahmte Badebucht **Pasir Pengorak** mit weißem Sandstrand. Nach weiteren 3 km sieht man links im Wald den imposanten **Temurun-Wasserfall**. Ein schmaler Pfad führt nach oben, wo man in einem kleinen Pool baden kann. Nach 19 km endet die Straße oberhalb einer kleinen, einsamen Bucht. Ein Fußweg führt hinab zu einem schmalen, schönen Sandstrand.

Von Kuah Richtung Westen

Makam Mahsuri (Mahsuri's Grab) liegt 10 km von Kuah entfernt. Am Golfplatz nimmt man, von Kuah kommend, die kleinere Straße nach rechts. Am Grab der muslimischen Prinzessin kann man den verhängnisvollen Fluch nachlesen, der auf der Insel lastet. Daneben ist die Geschichte von Mahsuri dargestellt. Um das Grab ist ein riesiger Rummel aufgebaut worden. Händler verkaufen traditionelle malaiische Medizin, die üblichen Souvenirs, und es gibt einige Essenstände.

Außerdem wurde ein traditionelles Kampung-Haus, der **Rumah Kedah**, aufgebaut, den man tgl. von 8.30–18.30 Uhr besichtigen kann. Eintritt: 1 RM. Vom Makam Mahsuri aus kann man weiter zum Wasserfall Telaga Tujuh (s.o.) fahren.

Weiter nach Norden

Die 19 km lange Hauptstraße vom Pantai Kok nach Norden zum Kreisverkehr führt über Teluk Ewa. Bequemer ist die große Straße über das Dörfchen Ulu Melaka nach Padang Lalang. Noch vor Ulu Melaka wurde bei Kg. Tanah Mas ein **Handicraft Centre** eröffnet, das Batiken, Keramiken, Silberarbeiten und Schmuck zum Verkauf anbietet (Eintritt 1 RM, mit der Eintrittskarte vom Makam Mahsuri kostenlos). Weiter nördlich hat man eine 14 km lange, neue Stichstraße Richtung Osten auf den **Gunung Raya** (890 m) gebaut. Von oben hat man eine tolle Aussicht über die Insel und den Archipel. Ganz im Norden liegt **Tanjung Rhu**. Die Bucht war einmal die schönste der ganzen Insel, bis der Bauboom ausbrach. Nachdem eine kleine Felseninsel vor der Küste abgetragen worden war, wurde ein Teil des Strandes durch die stärkeren Wellen weggeschwemmt. Versuche, den Strand zu befestigen, verliefen erfolglos. Bei Ebbe laden die weiten, freiliegenden Sandbänke vor Tanjung Rhu zum Spazierengehen und Muschelsammeln ein. Beim Baden ist wegen gefährlicher Strömungen Vorsicht geboten. Abends kommen bei Flut oft hohe Wellen auf.

Von Padang Lalang nach Kuah

Vom Kreisverkehr nach Kuah (18 km) geht es an den heißen Quellen **Telaga Ayer Hangat** vorbei, die zum *Ayer Hangat Cultural Village* aufgedonnert wurden. Geöffnet tgl. 10–18 Uhr, ☏ 9591357, Eintritt 4 RM. Nach 3 1/2 km zweigt rechts ein Weg zum **Durian Perangin-Wasserfall** ab. Am alten Marmorsteinbruch arbeitet immer noch die **Marmorfabrik**. Ein kleines Informationszentrum demonstriert Verarbeitung und Qualität des hiesigen Marmors. In der **Galeri Perdana** in Kelim, nahe der Fabrik, wird dem Ministerpräsidenten Mahatir gehuldigt. Geöffnet tgl. außer Mo von 10–17 Uhr.

Die vorgelagerten Inseln

Sogenanntes *Island Hopping* mit dem Boot zu benachbarten Inseln, wo man fischen, schnorcheln, bzw. im Süßwassersee baden kann, werden in fast allen Hotels und Reisebüros angeboten. Ein 4stündiger Trip zu 3 Inseln z.B. mit *Langkawi Adventure*, ☏ 9551533, kostet 40 RM p.P. ab 6 Personen. Ein Tagesausflug rund um die Insel

Langkawi 110 RM p.P., Lunchpaket inbegriffen. Ein weiterer Veranstalter ist *Mofaz Marine Sdh. Bhd.,* ✆ 9557361. Recht relaxt ist die Atmosphäre bei der *Dynamite Cruise*, die der Neuseeländer Lyn von der Oasis Beach Bar am Pantai Tengah, ✆ 9651411, von 10–17 Uhr veranstaltet.

Pulau Dayang Bunting, die „Insel des schwangeren Mädchens", zweitgrößtes Eiland der Langkawi-Gruppe, läßt sich mit einem gemieteten Boot in etwa 45 Minuten erreichen. Vom Pier im Westen führt ein Fußweg zum Tasik Dayang Bunting, ein friedlicher, smaragdgrüner Süßwassersee. Die östlich angrenzende Pulau Tuba bietet die Möglichkeit, sich völlig zurückzuziehen. Zwischen **Pulau Singa Besar** und **Beras Basah** gibt es noch einige Korallenriffe Zu den Stränden kommen nur vereinzelt Ausflügler – gleich dahinter beginnt der Dschungel. Auf Singa Besar wurden Wanderwege und ein *Canopy Walkway* durch die Wipfelregion der Urwaldriesen angelegt. In einem kleinen Zoo hält man unter nicht sehr angenehmen Bedingungen einige Tiere.

Von Kuala Lumpur nach Süden

Minangkabau-Einwanderer aus West-Sumatra siedelten sich bereits vor der Ankunft der Portugiesen als Reisbauern um Melaka und später in Negri Sembilan an, während die malaiische Bevölkerung zu jener Zeit noch überwiegend vom Kleinhandel und Fischfang lebte. Die Einwanderer aus Sumatra bestimmten zusammen mit den Bugis aus Süd-Sulawesi vom 16. bis zum 19. Jahrhundert das politische Leben im südlichen Teil der Halbinsel Malaya. Die Bugis waren die berühmtesten und gefürchtetsten Seefahrer des Archipels. Die Minangkabau haben in Negri Sembilan bis heute Reste ihrer matrilinearen Sozialstruktur (Adat Perpateh) bewahrt. Mit dem Bau des neuen Flughafens hat die Region zwischen Kuala Lumpur und Port Dickson einen ungeahnten Aufschwung erhalten. Industriebetriebe und Reihenhaussiedlungen schießen wie Pilze aus dem Boden. Städte und Marktflecken sind, ähnlich wie im Norden, überwiegend chinesisch, die Kampung aber malaiisch geprägt. Anders im Sultanat Johor, wo ein großer Teil der Dorfbevölkerung chinesischen Ursprungs ist, denn viele von ihnen sind während der wirtschaftlichen Depression in den 30er Jahren von Singapore in das Hinterland gezogen.

Melaka

Es gab eine Zeit, da war Jakarta noch ein unbedeutendes Hafennest namens Sunda Kelapa, und Singapore hieß noch Temasik und lag gerade in Trümmern, weil Thais und Javaner sich um die Vorherrschaft auf der malaiischen Halbinsel stritten. In Portugal ging das 14. Jahrhundert zuende, und von Lissabon aus trieb man Handel mit Arabern, Indern und Chinesen. Schwer beladene Schiffe segelten schon damals regelmäßig auf dem Weg von Indien nach China oder zu den Gewürzinseln an der Westküste entlang.

Parameswara, ein Prinz aus Sumatra, hatte sich mit einem Haufen Gefolgstreuer in einem Dörfchen an der Westküste eingenistet und ging der Piraterie nach. Hier, in der Übergangszone zwischen Nordwest- und Südostmonsun, gingen die Seeleute gern vor Anker, um den Wechsel der Windrichtung abzuwarten. Der Aufstieg des kleinen Piratennestes zum Handelshafen dauerte nur wenige Jahrzehnte. Schon Mitte des 15. Jahrhunderts war Malacca eines der bedeutendsten Handelszentren der damaligen Welt.

Auf der Suche nach neuen Märkten landeten 1509 auch die Portugiesen in Malacca. Drei Jahre später hatten sie die Macht übernommen, das Sultanat gestürzt, den malaiischen Hof verjagt und auf dem Hügel ein mächtiges Fort errichtet. Kaufleute und Händler arrangierten sich mit den neuen Herren – vorerst jedenfalls, denn eine

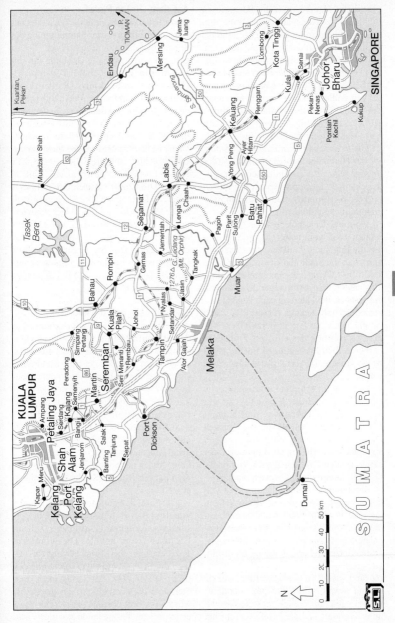

Von Kuala Lumpur nach Süden

glückliche Hand hatten die Portugiesen nicht. Ihr weltumspannendes Imperium bröckelte bereits, zudem trat Holland als rivalisierende Handelsmacht auf den Plan. 130 Jahre regierten die Portugiesen Malacca, aber als die Holländer nach monatelanger Belagerung die Stadt einnnahmen, war sie von endlosen kriegerischen Auseinandersetzungen restlos ruiniert und durch Hunger und Pestilenz so gut wie entvölkert. Man schrieb das Jahr 1641.

Die *Vereenigde Oostindische Compagnie* der Holländer favorisierte Batavia (das heutige Jakarta) als Handelszentrum. Aus der einstigen Metropole wurde ein mittelgroßes, verträumtes, sehr niederländisch anmutendes Städtchen.

Während der napoleonischen Kriege besetzten 1795 vom nahegelegenen Penang aus die Engländer Malacca, um zu verhindern, daß die Stadt in die Hände der Franzosen fiel. Weiter ging ihr Interesse allerdings nicht, man stellte sogar den Plan auf, die gesamte Bevölkerung nach Penang umzusiedeln und begann vorsorglich schon einmal damit, das Fort niederzureißen. Nur der Intervention des eilig aus Singapore herbeigeeilten Sir Stamford Raffles ist es zu verdanken, daß das Projekt aufgegeben wurde.

Von nun an schaltete und waltete die englische *East India Company* an der Meerenge. Der Hafen war verschlammt und kaum noch benutzbar, die eisernen Dampfschiffe des 19. Jahrhunderts zogen an Malacca vorbei nach Singapore, der neuen großen Drehscheibe des (nunmehr britisch dominierten) Ostasienhandels.

Beschaulich wirkt Melaka, wie es sich heute nennt, trotz des allgegenwärtigen malaysischen Wirtschaftswunders noch immer. Nicht die Glastürme der internationalen Gesellschaften, sondern chinesische Ladenviertel beherrschen das Stadtbild. Die großen Bauten der europäischen Herren sind wieder zu dem geworden, was sie einmal waren: Fremdkörper. Landaufschüttungen haben allerdings die Küstenlinie verändert und der Schiffsverkehr hat kaum noch Bedeutung.

Auf dem „Roten Platz"

Unser Rundgang beginnt dort, wo alles anfing, im Zentrum an der Flußmündung des Sungai Melaka, am „Roten Platz", der so genannt wird, weil alle Gebäude um ihn herum in verschiedenen Rot-Tönen gestrichen sind. Das **Stadthuys** (Rathaus), ein Relikt der holländischen Machthaber, wurde um 1650 für den damaligen Gouverneur gebaut und ist damit das älteste noch erhaltene holländische Gebäude in Asien. Heute ist hier das **Historische Museum** untergebracht. Geöffnet tgl. 9–18, Fr 12.15–14.45 Uhr geschlossen. Eintritt 2 RM. Die **Christ Church** entstand erst rund 100 Jahre später. Die Kirche kann tgl. außer Mi besichtigt werden. Der renovierte **Queen Victoria-Brunnen** und der **Uhrturm** auf dem Roten Platz datieren aus englischer Zeit. Die **St. Francis Xavier's Church** ist ein neogotisches Bauwerk aus dem 19. Jahrhundert an der Jl. Laksamana nahe dem „Roten Platz".

St. Paul's Hill und die Istana

Auf einer kleinen Treppe erklimmt man den St. Paul's Hill (die Asphaltstraße hinter dem Stadthuys führt nicht hinauf!). Oben liegt die Ruine der **St. Paul's Church**, eine von fünf Kirchen der mächtigen portugiesischen Festungsanlage *A Famosa,* die von diesem Hügel aus die Stadt beherrschte. Die leere Grabkammer unter dem Kirchenschiff barg 1553 den Leichnam des französischen Jesuiten, Missionars und Heiligen **Franz Xaver** sieben Monate lang, bis er nach Goa überführt wurde. Man hat ihm vor der Kirche ein Denkmal gesetzt.

Die **Porta de Santiago** war alles, was Sir Stamford Raffles 1810 noch vor dem Zerstörungseifer seines Landsmanns William Farquhar retten konnte. Die Jahreszahl 1670 markiert die Restaurierung der Anlage durch die *Vereenigde Oostindische Compagnie (VOC)* Hollands nach dem Sieg über die Portugiesen; das Tor selbst wurde von den Portugiesen bereits 1512 errichtet. Im Parkgelände vor der Porta wird allabendlich vor der Kulisse der historischen Gebäude im Stil des französischen *son et lumiére* eine historische **Sound & Light Show** abgerollt. Eintritt 5 RM. Wer nicht allzu viel Wert auf Inhalte legt und gut gegen Moskitos gewappnet ist, kann damit einen Abend verbringen. Es gibt eine malaiische und eine englische Version.

Im schönen Kolonialgebäude gegenüber hatten die Engländer seit 1912 ihren Club, heute dient es als **Declaration of Independence Memorial** und ehrt die Unabhängigkeitsbewegung Malayas bzw. Malaysias. Bei freiem Eintritt können Fotos und historische Dokumente besichtigt werden. Geöffnet Di–So 9–18, Fr von 12–15 Uhr geschlossen.

Erst vor wenigen Jahren entschloß man sich, die **Istana** zu rekonstruieren, die zu Füßen des Hügels wiederentstanden ist. Im Inneren befindet sich das Muzium Budaya (Malacca Cultural Museum), das neben historischen Exponaten auch viele alltägliche Gebrauchsgegenstände vorführt.

Auf dem kleinen **Holländischen Friedhof** hinter dem Palastgelände bestattete die Kolonialmacht seit 1670 ihre Verstorbenen. Die meisten Gräber stammen allerdings aus britischer Zeit.

Weitere Museen

Auf der Jl. Kota, südwestlich der Porta de Santiago, wurde das **People's Museum** *(Muzium Rakyat)* eingerichtet. Die liebevoll gestaltete Ausstellung soll den Aufschwung dokumentieren, den die Stadt in den letzten Jahren genommen hat. Geöffnet tgl. 9–18, Fr 12.15–14.45 Uhr geschlossen. Eintritt 2 RM.

Am Ufer des Sungai Melaka hat man nahe der Flußmündung ein portugiesisches Segelschiff nachgebaut. In ihm ist das **Muzium Samudera** untergebracht, eine Ausstellung, die über die Geschichte der Seefahrt informiert. Im benachbarten **Royal Malaysian Navy Museum** (Eintritt mit gleichem Ticket) werden einige Schätze, die aus gesunkenen Handelsschiffen vom Meeresgrund geborgen wurden, gezeigt. Geöffnet tgl. 9–18 Uhr, Fr zwischen 12.45 und 14.45 Uhr geschlossen. Eintritt 2 RM. Ein paar Meter weiter nördlich wird in einem der typischen roten Gebäude derzeit ein **Islamisches Museum** eingerichtet.

Chinatown

Die Chinatown jenseits des Flusses macht im Vergleich zu Kuala Lumpur oder Penang einen ausgesprochen friedlichen Eindruck. Die Größe der Häuser täuscht von der Straße her, denn hinter den Fassaden, die wegen des damaligen Steuersystems bewußt schmal gehalten wurden, erstrecken sich die durch Höfe unterteilten Gebäude weit in den Block hinein.

Die **Jonker Street** (heute Jl. Hang Jebat) war früher wegen ihrer vielen Trödelläden bekannt, die heute allerdings zu betuchten Antiquariaten avanciert sind. Die schönsten **Peranakan-Häuser** findet man in der benachbarten Jl. Tun Tan Cheng Lock, der früheren Heeren Street. Viele von ihnen sind nach wie vor in Familienbesitz, so auch die Nr. 50, das **Baba Nonya Heritage Museum**, ein vollständig erhaltenes Domizil, das einen schönen Einblick in den Lebensstil einer reichen Peranakan-Familie von damals gibt. Eintritt 7 RM, Kinder bis 17 Jahre 4 RM, Familien 16 RM. Geöffnet tgl. 10–12.30 und 14–16.30 Uhr. Führungen nach Absprache auch für Kleingruppen. Der prächtige **Cheng Hoon Teng-Tempel** in der Jl. Tokong wurde 1645 gegründet und ist damit der älteste chinesische Tempel Malaysias. Etwas weiter landeinwärts erhebt sich das merkwürdige pagodenartige Minarett der **Kampung Keling Moschee**.

Nur wenige Schritte sind es zum eher unscheinbaren indischen Tempel **Sri Poyyatha Vinayagar Moorthi**, dem ältesten Hindutempel Malaysias (spätes 18. Jh.). Die **Kampung Hulu-Moschee**, etwas weiter nördlich in der Jl. Kampung Hulu, 1728 erbaut, ist die älteste Moschee Malaysias.

Jl. Bunga Raya, Jl. Bendahara

Sie sind die Hauptschlagadern des hektischen alten Einkaufszentrums. In den überwiegend zweistöckigen Geschäftshäusern preisen indische Zeitungs- und Gewürzhändler, chinesische Apotheker und Goldschmiede und malaiische Händler Tür an Tür ihre Waren an. Die **St. Peter's Church**, an der oberen Jl. Bendahara, ist die älteste katholische Kirche des Landes, in der noch Gottesdienste stattfinden. In der Flußschleife nordwestlich der Jl. Bunga Raya findet man sich dann plötzlich in einem verschlafenen, mit Grün durchwachsenen, malaiischen Kampung wieder – Kontraste, die typisch sind für den Vielvölkerstaat Malaysia.

Bukit China

Am Fuß des Hügels finden wir den **Sam Po Kong-Tempel** und **Sultan's Well**, einen unscheinbar wirkenden Brunnen, der den Holländern seinerzeit allerdings so wichtig war, daß sie ihn mit einem Wachhaus und acht Kanonen versahen. Der Hügel selbst ist ein riesiger **chinesischer Friedhof**, der größte außerhalb Chinas mit über 12 000 Gräbern, von denen die ältesten noch aus der Zeit der Ming-Dynastie stammen. Hinter dem Sam Po Kong-Tempel zweigt rechts ein Weg von der Jl. Hang Li Po ab, auf dem man nach wenigen Metern den Eingang erreicht.

Südöstlich des Zentrums

Über viele Kilometer hat man östlich der Flußmündung entlang der Küste Land aufgeschüttet und so die einstigen Strandpromenaden ins Landesinnere verlegt. **Taman Melaka Raya**, das Neubaugebiet auf dem neuen Landstreifen bietet keinerlei Sehenswürdigkeiten.

Etwa 1 1/2 km sind es bis zum **St. John's Hill**, auf dem die Reste einer holländischen Festung liegen. Etwa einen Kilometer weiter stadtauswärts, an der **Jl. Albuquerque**, gründeten in den 30er Jahren die versprengten Reste portugiesischer Nachkommen eine portugiesische Siedlung. Ein paar von ihnen treiben noch immer Fischfang, und in vielen Häusern spricht man Christao, ein archaisches Portugiesisch. Irgendwann erkannte auch das Tourismusministerium den Reiz der kleinen Kulturinsel und eröffnete 1985 den **Medan Portugis**, ein Ziel für abendliche Ausflüge, mit „portugiesischen" Restaurants, Seafood und Culture Shows, die allerdings nur noch selten stattfinden. Zu sehen gibt es außer einem Häuserkaree und einer kleinen Kapelle allerdings nichts. Das große Ereignis in der Siedlung ist die alljährliche Fiesta San Pedro für den Schutzheiligen der Fischer, die vom 29.–30. Juni stattfindet. Bus Nr. 17 fährt bis zur Jl. Albuquerque hinaus.

Übernachtung

Wer mit dem Bus ankommt, wird in der Regel gleich von einer ganzen Reihe Schleppern überfallen, die ihre Übernachtungsmöglichkeiten feilbieten, denn die Konkurrenz ist groß. Zur Orientierung hier eine – sicher unvollständige – Übersicht.

GÄSTEHÄUSER – In Melaka ist es wie in anderen großen Städten auch: die Gästehäuser öffnen und schließen schneller als die Neuauflagen dieses Buches auf den Markt kommen. Wir haben versucht, ein paar „stabile" Adressen ausfindig zu machen, Veränderungen sind auch hier nicht auszuschließen.

Vor allem im Taman Melaka Raya, dem Neubauviertel südlich des Zentrums, wo die meisten Gästehäuser zu finden sind, haben viele Manager die Räumlichkeiten in den engen Neubauten nur gemietet, so daß extreme Mietsteigerungen und Personalmangel vielen zu schaffen macht. Die meisten Gästehäuser bieten billigen Schlafsaalbetten bzw. einfachen Zimmer zwischen 15 und 20 RM, Küchenbenutzung, mehr oder weniger angenehme Aufenthaltsräume sowie eine kleine Bibliothek mit von Travellern hinterlassener Unterhaltungslektüre. Während der Schulferien mieten sich häufig Gruppen ein, so daß es voll und laut werden kann. Die Kneipen in der Gegend fallen überwiegend unter die Kategorie „Rotlichtviertel", entsprechend ist etwas Vorsicht angebracht.

Viele Traveller fahren (zu Fuß ist es von der Bus Station ziemlich weit) mit dem Bus Nr. 17 für 40 sen, der Trishaw oder dem Taxi (jeweils 5 RM) bis zum **Taman Melaka Raya**.

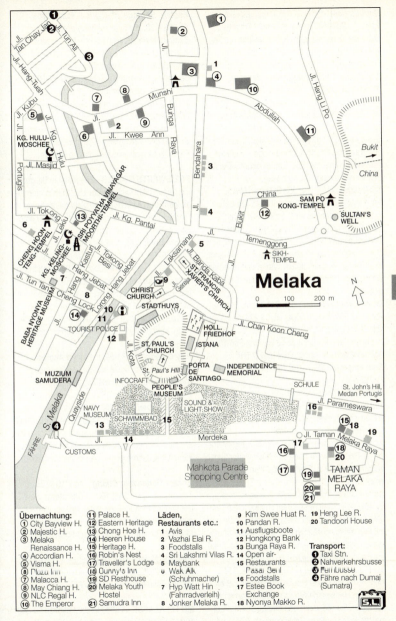

Melaka

Robin's Nest*-** ⑯, 205 B Taman Melaka Raya, ✆ 2829142, die altbekannte Travelleradresse ist umgezogen. Schlafsaalbett mit Fan 7 RM, Zimmer mit Fan oder ac, z.T. mit Balkon, Gemeinschafts-Du/WC, Küchenbenutzung, Ronnie und Bee sind reiseerfahrene Manager.

Travellers' Lodge* ⑰, 214 B Taman Melaka Raya, ✆ 2814793, Schlafsaalbetten für 7 RM und Zimmer, Aufenthaltsraum, familiäre Atmosphäre, Wasch- und Kochmöglichkeiten.

Sunny's Inn*-** ⑱, Taman Melaka Raya, über dem Tandoori House, ist umgezogen, einfache, saubere Zimmer mit Fan, Gemeinschafts-Du/WC, Küchenbenutzung, Dachterrasse.

SD Resthouse*-** ⑲, 258 B Taman Melaka Raya, ✆/✉ 2847080. Freundliches, familiäres indisches Gästehaus im 1. Stock. Saubere DZ mit ac oder (billiger) mit Fan. Manche Zimmer sind etwas düster, da ohne Außenfenster, kosten aber nur 9–15 RM. Küchenbenutzung, TV-Raum, Videoverleih, Kartentelefon. Wer in den billigsten Zimmern nächtigt, muß für ein Handtuch extra bezahlen.

Melaka Youth Hostel* ⑳, 341 Taman Melaka Raya, ✆ 2827915, ✉ über KL 03-2741115. Wer kein JH-Mitglied ist, kann es hier werden. Erste Nacht im Schlafsaal mit ac 12 RM, mit Fan 10 RM, jede weitere Nacht 9 RM bzw. 7 RM.

Samudra Inn* ㉑, 348 B Taman Melaka Raya, ✆ 2827441.

MTHL 1 (Malacca Town Holiday Lodge)*-**, 148 - 149 B Taman Melaka Raya, ✆ 2848830, unterschiedliche Zimmer im 2. Stock über dem Keng-Dom Restaurant.

Andere Gegenden: Wer mit dem Bus Nr. 17 auf der Jl. Parameswara noch ein Stück weiterfährt und an der Ecke Jl. Thamby Abdullah aussteigt, erreicht

Kancil Guest House*-**, 177 Jl. Parameswara, ✆ 2814044, 50 m neben dem chinesischen Tempel, ✆ 2830821. Schlafsaal und saubere Zimmer mit Fan, relativ geräumig und ruhig, Koch- und Waschgelegenheit, kleine Gerichte und Getränke erhältlich, Fahrradverleih

My Place*, 205 Jl. Parameswara, ✆ 2822065, kleines, nettes Guest House im Erdgeschoß eines alten Hauses mit winzigem Vorgarten an einer lauten Straße, indisches Management. Paul spricht auch Deutsch. Schlafsaalbett 6 RM und einfache Zimmer mit Fan.

Eastern Heritage*-** ⑫, 8 Jl. Bukit China, ✆ 2833026, in einem schönen alten Haus im Zentrum Melakas. Nett und sauber, angenehmer Aufenthaltsraum, in dem von der Familie zubereitetes Essen serviert wird. Batikkurse, Tauchbecken zum Abkühlen, Schlafsaalbett 6 RM, einfache und teurere Zimmer mit Fan und Balkon.

MTHL 2 (Malacca Town Holiday Lodge)*-**, 3 ABC Kampung Empat, ✆ 2846905, unmittelbar nördlich von Chinatown, bietet unterschiedliche Zimmer der unteren und mittleren Preislage. Freundliche malaysisch-englische Besitzer.

PREISWERTE HOTELS – Die meisten Billighotels liegen nicht weit von der Bus Station im **neuen Zentrum**. Allerdings sind viele davon heruntergekommene Stundenhotels und nicht zu empfehlen. Einige Ausnahmen sind:

Visma Hotel** ⑤, 111 A-C Jl. Kg. Hulu, ✆ 2838799, ✉ 2839392, ein langweiliger dreistöckiger Neubau gegenüber der Bus Station jenseits des Flusses, preiswerte Zimmer mit Du/WC und ac.

Malacca Hotel* ⑦, 27A Jl. Munshi Abdullah, ✆ 2822499, schräg gegenüber, ist nicht gerade ruhig, aber preiswert. Lieber ein Zimmer nach hinten nehmen.

May Chiang*-** ⑧, 52 Jl. Munshi Abdullah, ✆ 2822101, das beste von den preiswerten in dieser Straße. Zimmer mit Fan bzw. ac und Du/WC.

Majestic Hotel* ②, 188 Jl. Bunga Raya, ✆ 2822367. Klassisches altes Chinesenhotel mit großen Zimmern, eigentlich sehr reizvoll, aber leider ziemlich heruntergekommen. Der Besitzer kämpft seit Jahren gegen den drohenden Abriß.

Andere Gegenden: Chong Hoe*-** ⑬, 26 Jl. Tukang Emas, ✆ 2826102, in Chinatown. Sauber und mit Innenhof, ein guter Tip, nur wird man morgens vom Muezzin der gegenüberliegenden Moschee gestört. Zimmer mit und ohne Du/WC bzw. ac.

Heritage Hotel** ⑮, 116A Taman Melaka Raya, ✆ 2827515, ein modernes, sauberes Hotel; alle Zimmer mit ac und Du/WC.

MITTELKLASSE – Gute Hotels zwischen 50 und 100 RM sind dünn gesät. Zimmer mit Du/WC und ac sind die Regel.

Accordian Hotel***-**** ④, 114 Jl. Bendahara, ☎ 2821911, ✆ 2821333, über Pizza Hut, an einer belebten Straßenecke. Ein neues, modernes Gebäude ohne Charakter aber saubere Zimmer mit Bad/WC, TV und Telefon.

Plaza Inn*** ⑥, 2 Jl. Munshi Abdullah, ☎ 2840881, ✆ 2849357. Ein heruntergekommenes Mittelklassehotel unübersehbar an der Brücke nahe der Bus Station, ist den Preis für die ungepflegten Zimmer nicht wert.

NLC Regal Hotel**-*** ⑨, 66 Jl. Munshi Abdullah, ☎ 2845500, ✆ 2811031. Moderneres Gebäude. Einfache Zimmer mit 2 Betten, Du/WC und ac, für den Preis o.k. Im Erdgeschoß kann es manchmal laut werden.

Palace Hotel*** ⑪, 201 Jl. Munshi Abdullah, ☎ 2825115, ✆ 2848833. Gesichtsloser, mehrstöckiger Neubau – lieber woanders ein paar Ringgit mehr ausgeben.

The Emperor**** ⑩, 123 Jl. Munshi Abdullah, ☎ 284077, ✆ 238989. Pool etc., im Neubau teurere Zimmer.

Baba House***, 125 Jl. Tan Cheng Lock, ☎ 2811216, ✆ 2811217, modern eingerichtete Zimmer mit Du/WC, ac und TV in einem alten Haus in der Chinatown.

Heeren House***-**** ⑭, 1 Jl. Tun Tan Cheng Lock, ☎ 2814241, ✆ 2814239, in einem alten chinesischen Haus geschmackvoll eingerichtete kleine Zimmer in traditionellen Stil mit ac und Du/WC mit Heißwasser, z.T. mit Himmelbetten und Blick auf den Fluß. Im Erdgeschoß werden in der Cafeteria mit historischem Flair Snacks, Kuchen, Salate und Pasta serviert.

LUXUS – über 150 RM ist das Angebot besser. Außerhalb der Hochsaison ist auch der eine oder andere Discount möglich.

Grand Continental****, 20 Jl. Tun Sri Lanang, ☎ 2840088, ✆ 2848125. Hochhaus am nördlichen City-Rand.

City Bayview, ab 250 RM, ① ,Jl. Bendahara, ☎ 2839888, ✆ 2836699. Moderner Hotelkasten mit internationalem Standard.

Melaka Renaissance Hotel, ab 300 RM, ③, Jl. Bendahara, ☎ 2848888, ✆ 2835616, ein gepflegtes, komplett ausgestattetes Luxushotel, das zudem zentral gelegen ist. Pool, Disco und gute Restaurants.

Essen

Eine ganze Reihe guter **Open-Air-Restaurants** verschiedener Preisklassen liegen unterhalb des Parks an der Jl. Taman. Hier verlief früher die Strandpromenade, heute sagt man nur noch Glutton's Corner:

Bunga Raya, 38 - 40 Jl. Taman, Madam Fatso serviert in ihrem offenen Restaurant Seafood, v.a. Krebs, und andere chinesische Gerichte.

Foodstalls gibt es rund um die Bus Station, an der unteren Jl. Bendahara und nachts auch am oberen Jl. Bunga Raya. Der am chinesischen Tempel gleich an der Ecke Jl. Munshi Abdullah ist berühmt für seine guten Krebse. Eine malaiisch orientierte Foodstall-Ecke befindet sich auch am Tor zum Historical Park an der Jl. Parameswara.

Restaurants im Zentrum vor allem in den großen Hotels. Ansonsten:

Vazhai Elai, 42 Jl. Munshi Abdullah, indisches Banana Leaf-Restaurant.

Sri Lakshmi Vilas, 2 Jl. Bendahara, ist ein weiteres, recht preiswertes indisches Restaurant.

Kim Swee Huat, 38 Jl. Laksamana, Traveller-Restaurant mit westlichem Einschlag in der Karte. Gut zum Frühstücken. Nahe dem „Roten Platz".

Restoran Pandan, ein akzeptables Restaurant unten im Pavillon des Touristenbüros am „Roten Platz". Man kann angenehm im Freien sitzen.

Jonkers Melaka, 17 Jl. Hang Jebat, ☎ 2835578, Restaurant in einem alten chinesischen Geschäftshaus, stilvolle Atmosphäre, Menüs um 15 RM. Im vorderen Bereich Souvenirshop mit ausgefallenen Mitbringseln aus Malaysia und anderen Ländern Südostasiens.

Peranakan Place Restaurant, Jl. Tun Tan Cheng Lock, Nonya-Küche. Gediegenes Interieur.

Im Neubaugebiet **Taman Melaka Raya** ist eine Bar und Restaurantgegend entstanden, in der abends oft eine Menge los ist:

Das Einkaufszentrum *Mahkota Parade* unmittelbar westlich von Taman Melaka Raya, gegenüber den Freiluft-Restaurants, beherbergt ein **Foodcentre**, zahlreiche Fastfood- und andere Restaurants. Kaffee und Kuchen gibt es im Parkson Supermarket im Tiefgeschoß.

Heng Lee, 140 Jl. Taman Melaka Raya, ist ein beliebtes China-Restaurant in dieser Gegend. Mittlere Preislage.

Melaka

Nonya Makko, 123 Jl. Taman Melaka Raya, ist auf die Küche der Peranakan-Chinesen spezialisiert, die viele malaiische Einflüsse aufgenommen hat. Curries um 6 RM, geöffnet tgl. 11.30–15 und 18–21.30 Uhr.

Ole Sayang, 198 Jl. Taman Melaka Raya, ein gutes Nonya-Restaurant, allerdings nicht ganz billig. **Tandoori House**, eine Tür weiter Richtung Meer, hält die gleichnamigen Spezialitäten bereit.

Etwas außerhalb liegt der **Medan Portugis**. In touristischer Umgebung wird vor allem Seafood angeboten. Man sitzt überwiegend im Freien, höchstens am Wochenende kann es voll werden. Bus Nr. 17 fährt hinaus. Günstiger als in den überteuerten Restaurants ißt man im **Medan Selera** direkt am Meer. Die Essenstände servieren u.a. leckere Krebse um 10 RM pro Stück.

Einkaufen

Die **Jl. Hang Jebat** genießt noch immer die Popularität der alten „Jonker Street", nur die Preise haben sich radikal verändert. In den übervollen, engen Läden findet sich so manche Rarität und Antiquität, vieles davon aus alten chinesischen Häusern. Ohne einen fundierten Kenner ist bei solchen Käufen freilich Vorsicht geboten, denn natürlich ist alles „echt" und „antik" und auch hier gilt: nie den ersten Preis bezahlen, Handeln gehört zum Ritual!

Etwas Besonderes ist der Laden von **Wah Aik** in der Nr. 92. Die Familie stellt bereits seit Generationen Schuhe her – keineswegs gewöhnliche, sondern kleine Kunstwerke. Die bunten Nonya-Slipper, von Hand maßgefertigte, perlenbestickte Einzelteile, werden immer noch getragen im Gegensatz zu den winzigen chinesischen Schuhen, die früher für Frauen mit gebundenen Füßen hergestellt wurden. Diese kann man nun als originelle Souvenirs erwerben.

Im **Infocraft Centre**, geöffnet tgl. 9–17 Uhr, neben dem People's Museum, und auf dem **Pasar Seni** hinter den Freiluft-Restaurants an der Jl. Merdeka kann man Souvenirs, Textilien und allerhand Schnickschnack kaufen. Die Buden, die fast alle das gleiche verkaufen, ziehen sich auch an der schmalen Gasse entlang, die Richtung St. Paul's Hill hinaufführt.

Das **Mahkota Parade**, ein großes Einkaufszentrum, unmittelbar westlich des Viertels Taman Melaka Raya, beherbergt außer schicken Boutiquen und einem Kaufhaus auch einen Supermarkt – mit Alkoholabteilung – im Untergeschoß.

Sonstiges

BÜCHER – Neue, aber auch gebrauchte Bücher in vielen Sprachen hat **Estee Book Exchange**, 153 Taman Melaka Raya auf Lager. Auch Ankauf. Der Buchladen im **Mahkota Parade** neben dem Parkson Supermarket im Tiefgeschoß hat englischsprachige Taschenbücher und sogar einige Reiseführer im Angebot.

GELD – Nordwestlich der Bus Station an der Jl. Hang Tuah eine große **Maybank**. Eine weitere etwas zentraler an der Jl. Laksamana und im Taman Melaka Raya.

Hongkong Bank, 1 Jl. Kota, in der Nähe des Tourist Office. Manchmal lange Wartezeiten. In der Jl. Laksamana befinden sich auch zwei **Money Changer**, bei dem man Kurs eventuell günstiger ist, wenn man die Bearbeitungsgebühren der Banken einrechnet. Einen weiteren findet man unter dem Tourist Office im Pandan Restaurant, ☏ 2836183 und im Mahkota Parade Lot KG9.

FAHRRÄDER – Durch den immer stärker werdenden Verkehr, der sich durch die schmalen Straßen zwängt, wird es immer anstrengender und gefährlicher, Melaka mit dem Rad zu erkunden. **Hup Watt Hin**, eine Fahrradwerkstatt, die Räder verleiht, in der Jl. Hang Jebat in Chinatown. Sie kosten 4 RM pro Tag, 20 RM Kaution. Auch einige Gästehäuser verleihen Räder.

INFORMATIONEN – direkt am „Roten Platz" liegt die **Tourist Information**, Jl. Kota, ☏ 2836538. Hier kann man sich mit Prospekten und Informationen eindecken. Geöffnet Mo–Sa 8.45–17, So 9–17 Uhr.

MEDIZINISCHE HILFE – General Hospital in der Jl. Bukit Bharu, 3 km nördlich der Stadt Richtung Keroh, Bus Nr. 19.

POLIZEI – **Tourist Police**, ☏ 2703238, neben dem Tourist Office an der Jl. Kota.

POST – *Pejabat Pos Besar* (Hauptpostamt) in Bukit Bharu im Nordosten, 8 km vom Busbahnhof, Bus Nr. 19. Zentral liegt das Postamt neben dem Youth Museum in der Jl. Laksamana und das im Erdgeschoß des Einkaufszentrums Mahkota Parade Lot G33.

SCHWIMMBAD – Das recht gute, zentral gelegene Schwimmbad sorgt mit seinen eigenwilligen Öffnungszeiten dafür, daß es nur selten überfüllt ist, Eintritt 1,50 RM, Sa, So 1,80 RM. Geöffnet tgl. 10–12.30, 14.30–16.15 und 18–20 Uhr.

TOUREN – Mäßig interessant ist eine 45minütige Bootsfahrt auf dem Melaka River, die zu unterschiedlichen Abfahrtszeiten (je nach Gezeiten) für 7 RM ab Anlegestelle am Tourist Office durchgeführt wird.
Ausflugsboote fahren bei mindestens 12 Teilnehmern um 10 Uhr auf die vorgelagerte Insel Pulau Besar, zurück gegen 16 Uhr für 20 RM, ✆ 2610492. Ab 6 Pers. geht es zur kleineren Felseninsel Pulau Upeh von 9–15 Uhr für 16 RM.

VORWAHL – 06, PLZ 75990.

Nahverkehrsmittel

STADTBUSSE – kosten je nach Entfernung 40 sen–1 RM.

TAXIS – hier sollte man vorher einen vernünftigen Preis aushandeln. Kurze Strecke kosten 5–6 RM, von der Bus Station zum Taman Melaka Raya 7–8 RM, Chartern pro Std. ca. 20–25 RM.

TRISHAWS – Preise für Stadtfahrten sind ähnlich wie für Taxen. Wer eine Trishaw für eine Rundfahrt mietet, sollte von 15 RM pro Stunde ausgehen. Den Preis aber in jedem Fall vorher festlegen!

Transport

BUSSE – Ao Buooo fahren von der Expressbus Station in der Jl. Tun Ali. Zwischen 8 und 20 Uhr geht es nahezu stündlich über JOHOR BHARU 4 Std., 11 RM, nach SINGAPORE 5 Std., 12 RM; zwischen 7 und 20 Uhr stündlich nach KUALA LUMPUR für 7 RM. SEGAMAT 3x tgl. für 6 RM, TEMERLOH 2x tgl. für 9 RM, KUANTAN in 4 1/2 Std. für 14 RM. Ac-Busse tgl. um 20 Uhr, non-ac um 18.30 Uhr über KUALA TERENGGANU (22 RM bzw. 18 RM) nach KOTA BHARU für 25 RM bzw. 24 RM. Gegen 20.30 Uhr Richtung IPOH 16 RM, TAIPING 20 RM und BUTTERWORTH 25 RM, PENANG 26 RM. 2x tgl. nach LUMUT für 21 RM, wo die Fähre zur Insel Pangkor ablegt. Allabendlich nach ALOR SETAR für 28 RM und KUALA PERLIS für 30 RM, von dort mit der Fähre nach Langkawi. Über Batu Pahat nach MERSING für 12 RM in 4–5 Std.
Kürzere Entfernungen: MUAR 2,50 RM; PORT DICKSON zwischen 8.30 und 18.30 Uhr alle 2 Std. für 4 RM; KELANG 8 RM; SEREMBAN zwischen 7 und 19.30 Uhr jede halbe Stunde für 5 RM. Zum Bahnhof in TAMPIN für 2,50 RM; TANJUNG KELING bis 23 Uhr für 70 sen; PANTAI KUDUS 1 RM.

ÜBERLANDTAXIS – Halteplatz der Überlandtaxen westlich vom Busbahnhof. Bei Ankunft der Busse warten zudem viele Taxen am Busbahnhof.
Preisbeispiele: KUALA LUMPUR 20 RM, JOHOR BHARU 25 RM, SEREMBAN 10 RM, PORT DICKSON 15 RM, MUAR 5 RM, TAMPIN 5 RM, BATU PAHAT 12 RM p.P., KUANTAN 120 RM p. Taxi.

EISENBAHN – Der nächste Bahnhof befindet sich in Tampin, 38 km nördlich von Melaka, zu erreichen mit dem Bus für 2,50 RM oder dem Sammeltaxi für 5 RM p.P.
2x tgl. fährt ein Expresszug über JOHOR BHARU (3 1/2 Std.), nach SINGAPORE in 4 Std. für 27 RM und in Gegenrichtung über SEREMBAN (40 Min.) nach KUALA LUMPUR in 100 Min. für 17 RM. Außerdem zwei weitere langsame Nachtzüge. Informationen und Ticketreservierung nur im Bahnhof von Tampin, ✆ 4411034.

FLÜGE – Der Flughafen liegt in Batu Berendam, 7 km nördlich von Melaka, Bus Nr. 65 für 80 sen, Taxi 20 RM. Pelangi fliegt von hier aus tgl. nach IPOH 120 RM einfach, Mi und Fr nach LANGKAWI 350 RM hin und zurück.
Außerdem So nach SINGAPORE 154 RM, Di und Sa nach MEDAN 258 RM und PEKANBARU 145 RM.

MAS, *City Bayview Hotel*, Jl. Bendahara, ✆ 2835722. ***Pelangi*** auch unter ✆ 3171176.

SCHIFFE – Eine preisgünstige Schiffsverbindung besteht zwischen Melaka und DUMAI (Sumatra, visafreier Einreiseort). Abfahrt tgl. um 10 Uhr, 1 Std. vorher sollte man da sein. Die Überfahrt dauert ca. 4 Std. und kostet bei beiden Gesellschaften 80 RM, Rückfahrkarte 150 RM.
Der Pier befindet sich an der Flußmündung, in der Nähe ist auch das Office von ***Tunas Pupat Utama Express***, 17A Jl. Merdeka, ✆ 2832506, das die schnelleren Boote betreibt.
Madai Shipping, 321A Jl. Tun Ali, nahe der Bus Station, ✆ 2840671.

Die Umgebung von Melaka

Eine schöne alte Moschee liegt an der Straße nach Port Dickson, die **Tengkera Moschee** aus der Zeit um 1850, die stark an ähnliche Bauten in Sumatra erinnert.

Auf der 38 km langen, viel befahrenen Küstenstraße von Melaka nach Muar kommt man durch weitere Kampung, die von Obstgärten und Kokospalmen umgeben sind. 5 km hinter Merlimau Richtung Muar steht das in Prospekten vermarktete, über 100 Jahre alte **Penghulu-Haus**, das Haus des Dorfvorstehers (gegenüber der Tankstelle nach rechts abbiegen), dessen Bewohner mittlerweile 5 RM von jedem Besucher kassieren.

Auf der Jl. Taming Sari Richtung Norden kommt man nach 10 km zwischen **Air Keroh** und der Autobahnauffahrt in das „Naherholungsgebiet" für die Bewohner von Melaka. Selbst wenn man sich nicht für künstliche Attraktionen begeistern kann, sollte man einen Besuch im kleinen **Zoo** nicht versäumen. Geöffnet tgl. 9–18 Uhr, Eintritt 3 RM, ✆ 2324053, um 11 und 14 Uhr eine Elefantenshow.

Weniger interessant ist die **Krokodilfarm** links der Straße, geöffnet tgl. 10–18 Uhr, Eintritt 3 RM, ✆ 2322349. Der 500 m weiter nördlich daran angrenzende **Recreational Forest**, ein übriggebliebenes Stück Regenwald, ist ein bliebter Picknickplatz. Rechts der Straße dann **Mini Malaysia**, ein Park, in dem 13 traditionelle Häuser repräsentativ für die 13 Bundesstaaten aufgebaut wurden, und ein **Mini Asean Village**, geöffnet Mo–Fr 10–18, Sa, So und feiertags 9.30–18.30 Uhr, Eintritt 4 RM, ✆ 2323176. Am Wochenende finden um 11.30 und 14.30 Uhr kulturelle Veranstaltungen statt. Kurz vor der Autobahnauffahrt die **Butterfly & Snake Farm**, geöffnet tgl. 8.30–17.30 Uhr, Eintritt 4 bzw. 2 RM.

Johor Bharu

Erst seit 1866 ist die Stadt Sitz des Sultans von Johor, obwohl das Sultanat bereits seit 1564 besteht, als der Sohn des letzten Sultans von Malacca sich an den Johor-Fluß zurückzog. Ausländische Touristen stoppen kaum in Johor Bharu. Seit 1924 verbindet ein über 1 km langer Damm, der Causeway, die Stadt mit der Insel Singapore. Eine zweite Brücke wurde 1997 eröffnet, denn der alte Causeway ist hoffnungslos überlastet.

Als kleinere Schwesterstadt von Singapore entwickelt sich Johor Bharu zu einem bedeutenden Industriezentrum und strahlt als solches auf den ganzen Süden der Halbinsel ab. Die Einwohnerzahl stieg von 136 000 (1970) auf über 250 000 (1981) und dürfte heute bei etwa 400 000 liegen.

Bis vor ein paar Jahren wurde die Innenstadt vom imposanten **Sultan Ibrahim Building** überragt, in dem die Verwaltung des Staates Johor untergebracht ist. Heute wird die Skyline von bis zu 30stöckigen Hochhäusern bestimmt. Moderne Shopping Centres wie **KOMTAR** (Kompleks Tun Abdul Razak) und das **Kotaraya** sowie gesichtslose Neubauten prägen das Bild. An der Küste außerhalb der Stadt steht auf dem Bukit Serene die jetzige Privatresidenz des Sultans **Istana Bukit Serene** mit ihrem 33 m hohen Turm. Für Besucher ist sie nicht zugänglich, aber die frühere Residenz **Istana Besar** und der große Palastgarten an der Jl. Tun Dr. Ismail kann besichtigt werden. Geöffnet tgl. außer Fr 10–18 Uhr, Eintritt 12 RM.

Hinter der Istana an der Küste steht auf einem Hügel die im maurisch-viktorianischen Still errichtete, malerische **Sultan Abu Bakar-Moschee**, die 1900 fertiggestellt wurde.

Übernachtung

Preiswerte Hotels dieser Kategorie finden sich in der Jl. Wong Ah Fook und Jl. Meldrum. Die billigsten sind allerdings heruntergekommene Löcher, in denen mehr als „nur" Übernachtung angeboten wird. Ein Lichtblick ist:

Footloose Homestay*, 4-H Jl. Ismail, Kg. Gertak Merah, ✆ 2242881, eine saubere, kleine Herberge mit familiärer Atmosphäre, die in einer ruhigen Wohngegend liegt und selbst für Taxifahrer schwer zu finden ist.

Hawaii Hotel**, 21 Jl. Meldrum, ✆ 2240633, 2240631. Um einen Innenhof gruppierte Zimmer, spartanisch eingerichtet, sauber, mit Fan oder ac und Du/WC. Am Wochenende und in den Schulferien wird es teurer.

Causeway Inn***, 6A - 6F Jl. Meldrum, ✆ 2248811, ℻ 2248820. Modernes Hotelhochhaus mit Blick über den Causeway. Zimmer mit ac, Du/WC, Kühlschrank und TV.

Gateway Hotel***, 61 Jl. Meldrum, ✆ 2235029, ℻ 2235248, hat in dieser Preisklasse die nettesten Zimmer.

City View Hotel****, 16 Overseas Building, Jl. Station, Ecke Jl. Meldrum, ✆ 2249291, ℻ 2248868. Modernes Hotel, nichts Besonderes, aber akzeptable Zimmer mit allem Komfort.

Puteri Pan Pacific ab 300 RM, Jl. Trus, Kotaraya Shopping Centre, ✆ 2233333, ℻ 2236622, bietet allen Komfort und liegt zentral.

Tropical Inn****, 15 Jl. Gereja, ✆ 2247888, ℻ 2241544.

Holiday Inn Crowne Plaza, Jl. Dato Suleiman, ✆ 3323800, ℻ 3318884, bietet allen Komfort, den man von dieser Kette erwartet. Etwas außerhalb des Zentrums im Norden gelegen.

Essen

Eine gute Gegend für Seafood ist auch das Ufer östlich des Causeway (Stulang Laut).

Jaws 5, Jl. Abu Bakar, bekanntes Seafood-Restaurant mit großem Biergarten, nicht das billigste aber gut.

Lido Beach Seafood, etwas weiter westlich an der Jl. Sudai, wurde empfohlen. Nett zum Sitzen, guter Service und relativ preiswert.

Swee Kee Cafe & Restoran, 61 Jl. Meldrum, chinesischer Coffeshop in der City, Spezialität: *Hainanese Chicken Rice*.

Oasis, am unteren Ende der Jl. Trus, beim Parkplatz gegenüber der Hongkong Bank, bietet gutes Seafood zu vernünftigen Preisen. Nur abends geöffnet.

Kerala, 33 Jl. Ibrahim, gute, preiswerte südindische Küche. In der Nähe das ähnliche *Muthu*.

Der Nachtmarkt an der Jl. Wong Ah Fook ist die preiswerteste Verpflegungsmöglichkeit mit einem leckeren Speise-Angebot.

Sonstiges

AUTOVERMIETUNG – Mietwagen sind in Johor günstiger als in Singapore, warum also nicht eine Malaysia-Rundreise in Johor beginnen? Es lohnt, die Preise zu vergleichen, kleine Firmen sind oft billiger als die internationalen Companies.

Avis, Tropical Inn, Jl. Ibrahim, ✆ 2237971.

Budget, Orchid Plaza, Jl. Wong Ah Fook, ✆ 2243951.

Calio, Tropical Inn, Jl. Gereja, ✆ 2233325.

Mayflower, Tan Chong Building, ✆ 2241 57.

National, Sultan Ismail Senai, Airport, ✆ 5994532.

Orix, Johor Tower, Jl. Gereja, ✆ 2241215, ℻ 2241911.

GRENZABFERTIGUNG – Vor dem Causeway verlassen alle Passagiere mit ihrem gesamten Gepäck den Bus und erhalten den jeweiligen Ausreisestempel. Überlandbusse warten, während der Bus Nr. 170 sofort mit abgefertigten Passagieren weiterfährt. Es kann lange Warteschlangen geben, die sich aber schnell bewegen. Jenseits des Causeway erfolgt die Einreise- und Zollkontrolle.

Von Singapore kommende Johor-Besucher steigen am besten gleich am Causeway oder an der ersten Haltestelle nach dem Causeway aus.

INFORMATIONEN – Auf der Johor Bharu-Seite des Causeway erhält man bei einem kleinen *Tourist Office* ein Informationsblatt über Johor mit einem (nicht allzu genauen) Stadtplan. Geöffnet tgl. 9–17 Uhr.

Das *Tourist Information Office* hat ein Info-Center im Erdgeschoß des KOMTAR, Jl. Wong Ah Fook, ✆ 2223591. MTPB Office im 4. Stock, geöffnet Sa bis 13 Uhr, So geschlossen. Eine weitere Filiale befindet sich In der Jl. Ayer Molek neben dem Immigration Building.

POLIZEI – Die *Tourist Police* ist unter ✆ 2232227 zu erreichen.

VORWAHL – 07, PLZ 80990.

Transport

BUSSE – Der moderne, großzügige **Larkin Bus & Taxi Terminal**, der zentrale Busbahnhof für Fernbusse und Busse von und nach Singapore, liegt 6 km nördlich der City. Wer mit dem Bus von Singapore kommend in einen anderen Fernbus umsteigen möchte, erspart sich die Fahrt durch die chaotische City von Johor.
Im Busterminal verkaufen zahlreiche Busgesellschaften Tickets zu jedem größeren Ort **West-Malaysias**: Nach KUALA LUMPUR ständig ac-Busse in ca. 5 Std. für 17–20 RM, MELAKA etwa stündlich zwischen 8.30 und 21 Uhr in 3 Std. für 11 RM, Seremban 14 RM, IPOH 29 RM, LUMUT 30 RM, BUTTERWORTH 3x tgl. in 13 Std. für 35–40 RM, MERSING 3x tgl. in 4 Std. für 10 RM, TEMERLOH 12 RM, KUANTAN in 6–7 Std. für 18 RM, KUALA TRENGGANU 25 RM und KOTA BHARU 4x tgl. für 30 RM.
Nach Singapore pendelt ein Expressbus ständig zwischen Johor Bharu und dem Terminal in Singapore (Queen St., Ecke Arab St.) für 2 RM. Der Linienbus Nr. 170 für 1 RM braucht länger. Mit viel Gepäck ist die Bahnfahrt nach Singapore eine gute Alternative.
Wer zum Changi Airport muß, nimmt am besten Bus Nr. 170 bis zur Haltestelle an der MRT-Station Kranji, von dort bis zur MRT-Station Tanah Merah und dort in Bus Nr. 24 oder 34 umsteigen.
Nach Thailand fährt 2x nachmittags ein Bus bisnach HAT YAI für 65 RM.

ÜBERLANDTAXIS – Überlandtaxis warten am Larkin Bus & Taxi Terminal, ✆ 2234494. Preisbeispiele p.P. bei 4 Passagieren: BUTTERWORTH 70 RM, KOTA TINGGI 5 RM, KUALA LUMPUR 40 RM, KUANTAN 40 RM, MELAKA 25 RM, MERSING 15 RM, SEREMBAN 35 RM, SINGAPORE 7 RM.

EISENBAHN – Mit viel Gepäck bietet es sich an, mit der Bahn nach SINGAPORE zu fahren, da auf diese Weise die lästige Aus- und Einsteigerei an der Grenze entfällt. Abfahrt in Johor Bharu 8x tgl., Fahrzeit 30 Minuten, 2 RM.
Nach Norden Expresszüge 3x tgl. über TAMPIN (3 1/2 Std., von hier 38 km bis Melaka) nach KUALA LUMPUR in 5 Std. für 33 RM. Von dort mit kurzer Unterbrechung weiter Richtung BUTTERWORTH IN 13–15 Std. für 58 RM. Der Morgenzug erreicht abends Kuala Lumpur und hat Anschluß an den Express über Butterworth nach HAT YAI, ab Kuala Lumpur 12 Std., 40–46 RM. Der *Timuran Express* fährt abends über GEMAS, JERANTUT in 6 1/2 Std. für 36–38 RM, KUALA LIPIS 7 1/4 Std., 39–41 RM, und GUA MUSANG nach WAKAF BHARU in 12 Std. für 49–51 RM und TUMPAT.

FLÜGE – Von Johor Bharu aus ist es preiswerter als von Singapore, zu Zielen in Malaysia (v.a. Ost-Malaysia!) zu fliegen. Der Flughafen liegt 25 km nordwestlich der Stadt. *Airport Bus* ab *Puteri Pan Pacific Hotel* und MAS-Office für 4 RM, Taxi 30 RM pro Wagen. Außerdem fährt stündlich für 1,90 RM der Bus Nr. 207 ab Busstation, was allerdings sehr umständlich ist. Ein MAS-Zubringerbus startet auch von Singapore ab *Novotel Orchid*, 214 Dunearn Rd., wo es einen MAS-Schalter gibt, für 10 S$. Abfahrt 3–4 Std. vor Abflug, denn Staus und Grenzabfertigung können viel Zeit in Anspruch nehmen. Dieser Bus hält auch am *Puteri Pan Pacific Hotel* in Johor Bharu.
MAS, Menara Pelangi, Jl. Kuning, ✆ 3341001. 9x tgl. Flüge von MAS oder der Schwestergesellschaft *Pelangi* nach KUALA LUMPUR 93 RM und IPOH 159 RM. einmal tgl. direkt nach Penang für 194 RM. Alle anderen Flüge in West-Malaysia via KL.
Nach KUCHING 2x tgl. nonstop 169 RM, KOTA KINABALU einmal tgl. 347 RM. Interessant sind

die Sondertarife. So kann man auf Nachtflügen schon für 144 RM nach Kuching, für 295 RM über Kuala Lumpur nach Kota Kinabalu kommen. Nach Sumatra fliegt einmal tgl. Pelangi und zwar Di, Do, Sa und So nach PALEMBANG für 280 RM, die anderen Tage nach PADANG für 206 RM. Außerdem mit Merpati Do und So und mit MAS Mo, Do und Sa nach SURABAYA. Nach JAKARTA mit MAS am Di und Fr sowie nach DENPASAR am Mo und Mi.

SCHIFFE – Von Pasir Gudang, 32 km östlich von Johor Bharu, besteht 2x tgl. eine Bootsverbindung nach PULAU BATAM in 1 Std. für 30 RM und tgl. nach TANJUNG PINANG auf Pulau Bintan in 3 Std. für 50 RM. Jeden Sa fährt die *K.M. Athirah* nach SURABAYA in 60 Std., 200 RM economy, 280 RM deluxe class. Tickets bei **S.S. Holidays**, 46 Jl. Jaya, Taman Maju, ✆ 3344187 oder 3344190, ✉ 3344199. Adresse in Pasir Gudang: Level 3, 12 - 13 Kompleks Pusat Bandar, ✆ 511564, ✉ 2511577. Verkehrsverbindung nach Pasir Gudang bei der Reservierung erfragen.

Die Ostküste

Die Staaten Kelantan und Terengganu waren, vom Rest der Halbinsel aus betrachtet, von jeher eine eigene, abgelegene Region. Abgesehen vom Delta des Kelantan-Flusses brachte der Boden auf dem schmalen Küstenstreifen hinter den Bergen keine reichen Ernten hervor, und die heftigen Regenfälle während des Monsuns verursachten unkalkulierbare Überschwemmungen. Krasser als im Westen regieren Regen- und Trockenzeiten das Land, wühlen zwischen Dezember und Februar die ungehindert über das südchinesische Meer heranbrausenden Winde die Brandung auf, regnen sich die mitgeführten Wolkenmassen an den nahen Gebirgshangen ab.

Dies ist die Gegend der Malaien. Sie waren seit eh und je Küstenbewohner, lebten vom Fischfang, betrieben ein wenig Landwirtschaft, hielten etwas Vieh und bauten Boote und Häuser aus Kokospalmen – ein

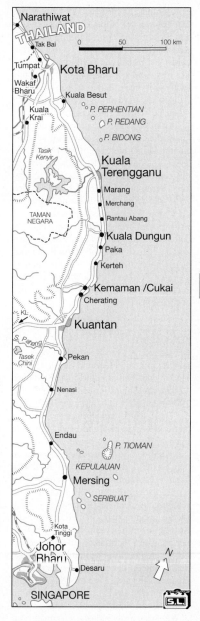

genügsames, anspruchsloses Dasein, das den Launen der Natur, den Gezeiten und den Regeln des Islam gehorchte. Nirgendwo sonst in Malaysia hat sich malaiisches Leben und malaiische Tradition so gehalten wie hier. Und wie überall auf dem Lande spielt sich dieses Leben in konservativen Bahnen ab, werden die strengen muslimischen Vorschriften eingehalten.

In den 70er Jahren wurden vor der Ostküste riesige Ölfelder entdeckt, seitdem entstanden an mehreren Orten Förderanlagen, Tanklager und Raffinerien. Der industrielle Aufschwung hat auch die Ostküste erreicht. Nicht ganz so erfolgreich verlief die Tourismus-Förderung. Dabei hat die Ostküste alles zu bieten, was sich touristisch vermarkten läßt: Sonne, Palmen, tiefblaues Meer, endlose Sandstrände, Folklore und gastfreundliche Menschen. Doch bisher konzentrieren sich die Fremden an wenigen Punkten, vielleicht ist es ihnen doch ein wenig zu friedlich, zu beschaulich und zu konservativ.

Kota Bharu

Die Hauptstadt von Kelantan lag vor 200 Jahren direkt am Meer und ist mit der Versandung der Flußmündung nach und nach 12 km ins Landesinnere „gerückt". Bis 1909 stand Kelantan unter der Herrschaft der Thais, wurde dann britisches Schutzgebiet und kam so als Bundesstaat zum heutigen Malaysia. Noch heute sprechen die 1,2 Millionen Bewohner dieses Staates einen Dialekt, der in anderen Regionen kaum verstanden wird. Kein nennenswerter Kautschuk-Boom, kein rasanter Warenumschlag, kein hektischer Zinn-Rausch suchte das grenznahe Städtchen heim, und trotz seiner mittlerweile 400 000 Einwohner ist es ein nicht allzu aufregender Ort geblieben. Für die erste und bisher einzige Schlagzeile in der Weltpresse sorgten die Japaner, die am 8. Dezember 1941 exakt um 4.55 Uhr am Pantai Dasar mit ihren Truppen an Land gingen und so den 2. Weltkrieg nach Südostasien trugen. Auf dem Landweg rückten sie von hier aus, zum Teil auf eilig konfiszierten Fahrrädern, in weniger als sieben Wochen bis nach Singapore vor. 95 Minuten später fielen am selben Tag die ersten Bomben auf Pearl Harbor.

Auf den ersten Blick bietet das Stadtbild wenig Reize, dennoch darf Kota Bharu als das Zentrum der malaiischen Kultur gelten. Veranstaltungen wie Wettkämpfe im Drachensteigen oder Vogelsing-Wettbewerbe finden regelmäßig statt, auch Werkstätten und Geschäfte für malaiisches Kunsthandwerk sind zahlreich. Ein Besuch im Tourist Office hilft beim Auf- und Herausfinden.

Das Zentrum

Am Padang Merdeka (Unabhängigkeitsplatz) stehen die wichtigen Bauten. So auch die unübersehbare **Istana Balai Besar**, der Sultanspalast von 1844.

Die kleinere **Istana Jahar** (Royal Custom Museum) hat man in ein Museum umgewandelt. Das 1887 errichtete Bauwerk ist ein großartiges Beispiel für die Holzbaukunst Kelantans. Geöffnet tgl. außer Fr 8.30–16.45 Uhr, Eintritt 2 RM, Waffensammlung 1 RM extra.

Das blaue Gebäude hinter der Istana Jahar ist das **Royal Museum**, in dem Gegenstände aus dem Besitz der Sultansfamilie ausgestellt sind. Geöffnet tgl. außer Fr 8.30–16.45 Uhr, Eintritt 2 RM.

Nördlich des Sultanspalastes hat man, stilecht aus dunklem Holz, das neue Handicraft Centre, **Kampung Kraftangan**, errichtet. Hier gibt es alles zu sehen (und zu kaufen), was die malaiische Volkskunst hervorgebracht hat. Geöffnet tgl. außer Fr 8.30–16.45 Uhr. Mit dem Bau der **großen Moschee** wurde 1916 begonnen. Sie ähnelt eher einem weltlichen Kolonialgebäude, hat aber für die Islamisierung der Region eine wichtige Rolle gespielt. Daneben befindet sich das **World War II Museum**, das sich unter anderem mit der japanischen Invasion beschäftigt. Geöffnet tgl. außer Fr 8.30–16.45 Uhr, Eintritt 2 RM. Gleich daneben informiert das **Islam Museum** über die Geschichte des Islam an der Ostküste.

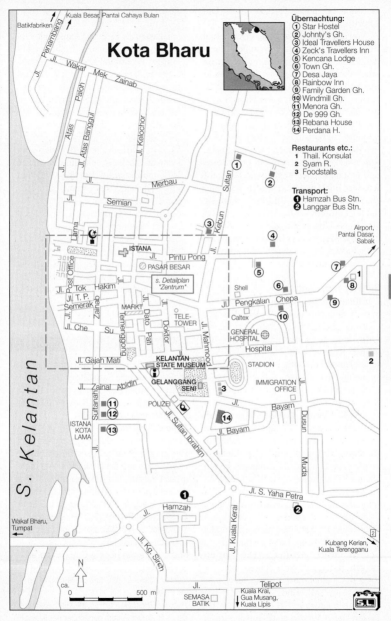

Geöffnet tgl. außer Fr 8.30–16.45 Uhr, Eintritt 2 RM.

Von der Istana Balai Besar erreicht man über die Jl. Hulu Kota den großen Markt, den **Pasar Besar**. Von außen eher ein unansehnlicher Betonklotz, ist das Innere des mehrstöckigen Gebäudes ein Ereignis für Augen, Nase und Ohren, vor allem das untere Geschoß, wo die Gemüse- und Obsthändlerinnen ihr reichhaltiges Angebot ausgebreitet haben. Im 1. Stock gibt es eine Menge Essenstände, in den oberen Stockwerken findet man ein preiswertes und umfangreiches Angebot an Batikstoffen. Der Blick in den zentralen Teil bietet ein farbenprächtiges Bild und ist ein beliebtes Fotomotiv. Die Markthalle ist tgl. von 8–18 Uhr zugänglich. Abends und nachts konzentriert sich das Treiben in der Fußgängerzone, um den Nachtmarkt und die zentrale Busstation.

Südlich vom Zentrum

Das **Kelantan State Museum** hat seine Heimat in den ehemaligen kolonialen Verwaltungsgebäuden zwischen dem Tourist Office und den Government Offices am großen Kreisverkehr. Neben archäologischen Ausstellungsstücken enthält es Beispiele des malaiischen Kunsthandwerks. Eintritt 2 RM, geöffnet tgl. außer Fr 8.30–16.45 Uhr.

Das Kulturzentrum **Gelanggang Seni** (Zufahrt von der Jl. Mahmud), lohnt einen Besuch, wenn traditionelle malaiische Kulturveranstaltungen stattfinden. Geboten werden u.a. *Rebana Ubi* (rhythmische Musik auf Riesentrommeln), *Wau* (Drachensteigen), *Gasing Uri* (Kreiselspiel), Silat (eine traditionelle Art Selbstverteidigung, die bestimmten Regeln und Ritualen folgt), *Wayang Kulit* (Schattenspiel), traditionelle Tänze und Musik. Das Programm ist im Tourist Office erhältlich. Die Aufführungen finden zwischen Februar und Oktober mit Ausnahme des Ramadan-Monats jeden Mo, Mi und Sa von 15.30 –17.30 Uhr sowie von 21–23 Uhr statt. Die besten Darbietungen sind samstags zu sehen. Eintritt frei.

Drachen und Kreisel

sind für die Malaien weniger Kinderspielzeuge als vielmehr kunstvolle Objekte uralter regionaler Tradition. Alljährlich im Frühjahr werden beispielsweise beim internationalen *Kite Festival* die schönsten und wendigsten Drachen gekürt. Dabei spielen Schönheit, Handhabung und Steiggeschwindigkeit ebenso eine Rolle wie das vibrierende Summen, das die Drachen im Wind verursachen. Mittlerweile treffen sich zum Festival Drachen-Clubs aus der ganzen Welt und lassen auf dem Padang die unglaublichsten Gebilde in die Lüfte steigen. Malaiische Kreisel sind meist aus Metall und etwa tellergroß. Einen Kreisel mit einem Seil anzutreiben, ihn dabei noch mit einer Art „Schaufel" aufzufangen und dann zum minutenlangen Weiterrotieren wieder abzusetzen, ist eine Übung, die großes Geschick erfordert und entsprechend feierlich vorgetragen wird.

Übernachtung

GÄSTEHÄUSER – Seit einigen Jahren gibt es in der Stadt zahlreiche Gästehäuser, die um die Gunst des Rucksack-Publikums buhlen. Das Schlafsaalbett kostet in der Regel 4–10 RM pro Nacht, einfache DZ 12–15 RM.

Menora Guest House* ⑪, 3338-D, Jl. Sultanah Zainab, ✆ 7481669. Geräumige, saubere Zi mit Fan, einige auch mit ac und mit Dusche aber ohne WC, Schlafsaal-Betten für 5 RM. Vom Dachgarten blickt man über den Kelantan-Fluß. Chua, der Besitzer, ist sehr hilfreich. In der Cafeteria sorgt Wolfgang für überraschend gutes Essen.

De 999 Guest House* ⑫, 3188-G Taman Sri Bayam, ✆ 7481955, eine Seitenstraße der Jl. Sultanah Zainab gegenüber der Istana Kota Lama. Nettes, ruhiges Guest House, auf Gucklöcher in der Wand achten. Zimmer mit Gemeinschafts-Du/WC und Schlafsaalbetten für 4 RM.

Rebana Guest House* ⑬, in einer Seitenstraße der Jl. Sultanah Zainab gegenüber der Istana Kota Lama. Ruhiger und phantasievoll ausgestatte-

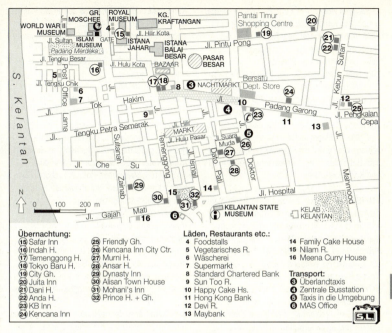

Übernachtung:
- ⑮ Safar Inn
- ⑯ Indah H.
- ⑰ Temenggong H.
- ⑱ Tokyo Baru H.
- ⑲ City Gh.
- ⑳ Juita Inn
- ㉑ Dani H.
- ㉒ Anda H.
- ㉓ KB Inn
- ㉔ Kencana Inn
- ㉕ Friendly Gh.
- ㉖ Kencana Inn City Ctr.
- ㉗ Murni H.
- ㉘ Ansar H.
- ㉙ Dynasty Inn
- ㉚ Alisan Town House
- ㉛ Mohani's Inn
- ㉜ Prince H. + Gh.

Läden, Restaurants etc.:
- 4 Foodstalls
- 5 Vegetarisches R.
- 6 Wäscherei
- 7 Supermarkt
- 8 Standard Chartered Bank
- 9 Sun Too R.
- 10 Happy Cake Hs.
- 11 Hong Kong Bank
- 12 Devi R.
- 13 Maybank
- 14 Family Cake House
- 15 Nilam R.
- 16 Meena Curry House

Transport:
- ❸ Überlandtaxis
- ❷ Zentrale Busstation
- ❺ Taxis in die Umgebung
- ❻ MAS Office

---

ter Hinterhofgarten. Leider ist die Pflege etwas vernachlässigt worden. Fahrradverleih.

Nördlich des Zentrums liegen beiderseits der Jl. Kebun Sultan:

Star Hostel* ①, 4210 Q-T Dusun Raya, ab Jl. Kebun Sultan, ✆ 7482970, neues Hostel etwas abseits der Hauptstraße.

Johnty's* ②, Lot 882 Jl. Kebun Sultan, ✆ 7478677, Bett im Schlafsaal 5 RM, Zimmer mit und ohne Du/WC und ac. Sauber, freundlich, aber etwas Jugendherbergsatmosphäre.

Ideal Travellers House* ③, 3954-F Jl. Kebun Sultan, ✆ 7442246, liegt in einer Seitenstraße mit Garten. Es gibt auch Zimmer mit Dusche und Balkon sowie Schlafsaalbetten für 5 RM. Die Sauberkeit läßt zu wünschen übrig.

Zeck's Travellers Inn* ④, 7088-G Jl. Sri Cemerlang, ab Jl. Kebun Sultan, ✆ 7473423, etwas außerhalb, ruhiges Haus mit Garten, Bett im Schlafsaal 5 RM, Zimmer z.T. mit Du/WC und ac. Frühstück gratis. Nette, familiäre Atmosphäre.

Friendly Guest House* ㉕, 4278-D Jl. Kebun Sultan, ✆ 7484578, das einfache Quartier liegt in einer ruhigen Wohngegend abseits der Jl. Pengkalan Chepa. Spärlich möblierte Zimmer mit und ohne Du/WC. Hilfsbereites Management.

Weitere Guest Houses konzentrieren sich entlang der **Jl. Pengkalan Chepa**:

Town Guest House* ⑥, 4959 Jl. Pengkalan Chepa, ✆ 7485192, ✉ 7449403, einfaches Guest House, Schlafsaalbetten für 5 RM, Zimmer zum Teil mit Du/WC und ac.

Windmill Guest House* ⑩, 289 Jl. Pengkalan Chepa, ✆ 010-910525. Es konnte bei unserem letzten Besuch nicht überzeugen. Einfache Holzverschläge auf 2 Stockwerken.

Family Garden Guest House* ⑨, 4945-D Lorong Islah Lama, eine kleine, ruhige Seitenstraße der Jl. Pengkalan Chepa, ✆ 7475763. Alle Zimmer haben Fenster. Schöner Garten.

Rainbow Inn* ⑧, 4423 Jl. Pengkalan Chepa, weiter stadtauswärts an der lauten Hauptstraße, neben dem Thai-Konsulat, etwa 1,5 km Richtung Flughafen. Bus Nr. 4 fährt hierher.

Kota Bharu

Desa Jaya Hostel*-** ⑦, Jl. Pengkalan Chepa, gegenüber vom Rainbow, ℅ 7481177, etwas komfortableres Hostel, kein Schlafsaal.

Die **zentral gelegenen** Guest Houses verfügen meist nur über winzige Zimmer:

City Guest House* ⑲, 395 Jl. Pintu Pong, im 2. Stock des *Kentucky Fried Chicken*-Gebäudes. Die üblichen abgeteilten, engen Verschläge mit Fan und ohne Fenster, aber sauber und o.k.

KB Inn* ㉓, 1872-D Jl. Padang Garong, ℅ 7441786. Mitten im Geschehen, Sperrholzverschläge um 10 RM mit Fan sowie billige Schlafsaal-Betten für 4 RM. Gemeinschaftsraum mit TV und Kochmöglichkeit.

PREISWERT – Diese Hotels bieten, im Gegensatz zu den Gästehäusern, meist einfache Zimmer mit Du/WC. Allerdings ist es häufig recht laut, auch die Sauberkeit läßt zu wünschen übrig.

Prince Hotel und Guesthouse*-** ㉜, 2953 Jl. Temenggong, einfache, akzeptable Zimmer.

Tokyo Baru Hotel*-** ⑱, 3945 Jl. Tok Hakim, ℅ 7449488, zentral gelegen aber abgewohnt.

Anda Hotel**-*** ㉒, 2529-A Jl. Kebun Sultan, ℅ 7447910, renovierungsbedürftige Zimmer mit Du/WC und ac zu akzeptablen Preisen.

Dani Hotel**-**** ㉑, 2529-S, Jl. Kebun Sultan, ℅ 7486790, ℡ 7461784, kleine, abgewohnte Zimmer mit ac, zum Teil ohne Fenster.

Alisan Town House** ㉚, 365-K Jl. Temenggong, ℅ 7474659, und das gegenüberliegende ***Mohani's Inn***** ㉛, 3761 Jl. Temenggong, ℅ 7477855, ℡ 7471736, sind sauber.

MITTELKLASSE – In dieser Preisklasse zahlt man relativ viel für Zimmer, die nicht immer sauber und ruhig sind.

Indah Hotel*** ⑯, 236-B Jl. Tengku Besar, ℅ 7485081, ℡ 7482788, Zimmer mit Du/WC, ac und Blick auf den Padang. Modernes Gebäude, nicht sehr gepflegt, aber erträglich.

Temenggong Hotel*** ⑰, Jl. Tok Hakim, Ecke Jl. Temenggong, ℅ 7483844, ℡ 7441481, an einer lauten Kreuzung. Modernes Mittelklassehotel.

Kencana Inn**** ㉔, 171-181 Jl. Padang Garong, ℅ 7447944, ℡ 7440181, abgewohnte Zimmer mit Du/WC. Filialen:

Kencana Inn City Centre*** ㉖, Jl. Doktor, ℅ 7440944, ℡ 7440181, und die

Kencana Lodge*** ⑤, etwas außerhalb in der Jl. Sri Cemerlang, ℅ 7477222, ℡ 7477111, winzige Zimmer mit ac und Du/WC, Thai-Restaurant.

Dynasty Inn***-**** ㉙, 2865-D Jl. Sultanah Zainab, ℅ 7473000, ℡ 7473111, modernes, 6stöckiges Hotel.

Für gehobenere Ansprüche empfehlen wir

Safar Inn***-**** ⑮, Jl. Hilir Kota, ℅ 7478000, ℡ 7479000, ein kleineres, nettes Hotel.

Juita Inn**** ⑳, Jl. Pintu Pong, ℅ 7446888, ℡ 7445777, modernes, gepflegtes islamisches Hotel mit geschmackvoll eingerichteten Zimmern.

Ansar Hotel*** ㉘, Jl. Maju, ℅ 7474000, ℡ 7461150, islamisches Hotel mit schönen Zimmern. Unverheiratete Pärchen werden abgewiesen. Frühstück inbegriffen.

Murni Hotel**** ㉗, Jl. Dato Pati, ℅ 7482399, komfortableres City-Hotel.

Perdana Hotel ab 200 RM ⑭, Jl. Mahmud, ℅ 7485000, ℡ 7478955. Das größte und beste Hotel in der Stadt, mit Pool, Bar, Restaurant etc.

Essen

Der **Nachtmarkt**, der bei Einbruch der Dunkelheit in der Fußgängerzone Jl. Padang Garong aufgebaut wird, hält viele kulinarische Köstlichkeiten bereit. Probieren sollte man die hervorragenden *Sate* oder das gegrillte Hühnchen *Ayam Percik*. An den **Essenständen** in der Jl. Mahmud, Ecke Jl. Bayam kann man bereits zum Frühstück eine Reissuppe bekommen. Kleine Freiluft-Restaurants mit malaiischen Spezialitäten befinden sich an der Jl. Sultanah Zainab gegenüber der großen Moschee. In der Bäckerei ***Happy Cake House*** kann man sich aus einem Sortiment von Keksen, *pies* und Kuchen das Gewünschte aussuchen und mit einer Tasse Kaffee oder Tee genießen. Ein breiteres Angebot bietet

Family Cake House, 1964A Jl. Dato Pati, das erst ab 11 Uhr geöffnet hat.

Restaurants sind im Zentrum nicht so dicht gesät, wie man zunächst meinen möchte.

Sun Too, 782 Jl. Temenggong, nahe Jl. Tok Hakim. Thailändisch angehauchte Spezialitäten, außerdem frische Fruchtsäfte.

Meena Curry House, ein hervorragendes indische *Banana Leaf*-Restaurant an der Jl. Gajah Mati, Curry mit Gemüse und Hühnchen oder Lamm für 4 RM.

Nilam Restaurant neben *Mohani's Inn*, Jl. Temenggong, große Portionen malaiischer Gerichte – guter Fisch, auch frisch gepreßte Fruchtsäfte.
Devi, Jl. Kebun Sultan nahe der Kreuzung Jl. Pengkalan Chepa, ist ein weiteres, einfaches Restaurant, das indische Gerichte serviert.

Einkaufen

Einen guten Überblick über das **Kunsthandwerk** der Malaien gibt das neue **Kampung Kraftangan** am Sultanspalast. Zahlreiche kleine Batikfabriken, Drachenbauer und Songket-Weber haben ihre Werkstätten entlang der Straße, die über Kg. Penambang und Kg. Badang zum Pantai Cahaya Bulan hinausführt (s.u.).
Im Süden der Stadt, an der Straße nach Kuala Krai, hinter Jl. Kg. Putih und kurz vor Lee Motors, gibt es eine große Auswahl an Batiken bei *Batik Semasa*. Geöffnet tgl. außer Fr 9–15.30 Uhr. In der Jl. Sultanah Zainab, kurz hinter der Jl. Zainal Abidin, verkaufen einige Läden Kelantan-**Silber** – vor allem Filigranarbeiten – allerdings nicht billig.

Sonstiges

GELD – Banken sind in Kota Bharu tgl. außer Fr 9.30–15, Do 9.30–11.30 Uhr geöffnet.
Ein **Money Changer** mit schlechten Kursen befindet sich an der Jl. Padang Garong beim *Happy Cake House* und im *Perdana Hotel*. Die *Standard Chartered Bank* wechselt nur US$ cash. Besser gleich zur *Maybank*, Jl. Mahmood gehen.

INFORMATIONEN – Das *Tourist Information Centre* am oberen Ende der Jl. Sultan Ibrahim, ✆ 7485534, ℡ 7486652, ist sehr hilfreich und hat ein ausgesprochen reichhaltiges Angebot an Informationsmaterial. Geöffnet Sa-Mi 8–13 und 14–16.45, Do 8–13 und 14–16.30, Sa 9–13 und 14–16.30 Uhr.

KONSULAT – *Thai Consulate*, 4426 Jl. Pengkalan Chepa, ✆ 7482545, ist wichtig für alle, die noch kein Visum für die Einreise nach Thailand haben und dort länger als 30 Tage bleiben wollen. Drei Paßfotos und 33 RM sind mitzubringen. Geöffnet So bis Do 9–16 Uhr. Grenzübergänge nach Thailand sind Rantau Panjang (Sungai Golok) und Kg. Pengkalan Kubor (Tak Bai).

POLIZEI – Die *Tourist Police* ist unter ✆ 7472222 zu erreichen.

TOUREN – Das *Tourist Office* bietet diverse Tages- und Halbtagestouren in die nähere Umgebung an, z.B. eine *River Cruise* auf dem Kelantan Fluß für 70 RM inkl. Mittagessen und einem Besuch einer Batikfabrik sowie verschiedene andere Kunsthandwerksbetriebe.
Über das *TIC* kann man an interessanten **Homestay-Programmen** teilnehmen und für einige Tage das Alltagsleben von Fischern, Puppenmachern, Drachenbauern oder anderen Handwerkern und ihren Familien kennenlernen. Preis 220 RM p.P. bei einer Mindestteilnehmerzahl von 2 Personen für 3 Tage / 2 Nächte, 180 RM für 2 Tage / 1 Nacht.

VORWAHL – 09, PLZ 15990.

WORKSHOPS – vom Tourist Office werden ab zwei Interessenten eintägige Workshops organisiert, bei denen man sich von 10–17 Uhr in den traditionellen Künsten versuchen kann.
Die Batik-, Wayang Kulit-, Töpfer- und Drachenbau-Kurse kosten 125 RM inklusive Material.
Malaiisch kochen lernt man bei Roslan vom Tourist Office mit viel Vergnügen von 10–13 Uhr für 50 RM ab 3 Teilnehmern – Mittagessen selbstverständlich inbegriffen.

Batik und Songket
ist ein Handwerk, das die Malaien besonders kunstvoll beherrschen. Durch mehrere Färbe- und Stempelvorgänge zaubert man auf Tücher mit Hilfe des aufgetragenen Wachses raffinierte Muste. Bei diesem Fertigungsprozeß durchlaufen die Tücher verschiedene heiße Bäder und werden am Schluß auf langen Wäscheleinen zum Trocknen aufgehängt.
Die mit Goldfäden durchwirkten Songket-Stoffe werden auf Handwebstühlen gefertigt und nur zu festlichen Anlässen getragen. Sie können ebenfalls in den meisten Batikläden erworben werden.

Nahverkehrsmittel

STADTBUSSE – Nr. 10 zum Pantai Cahaya Bulan, Nr. 19 oder Nr. 27 zur Bahnstationen Tumpat und Wakaf Bharu, Nr. 9 zum Flughafen.

TAXIS – Taxistand vor dem Pasar Besar. Ein Wagen kostet bei mindestens 3 Std. Mietdauer 2 5 RM pro Stunde, zum Pantai Cahaya Bulan 15 RM, ebenso zum Flughafen. Für kurze Strecken werden die Preise ausgehandelt.

TRISHAWS – nur noch wenige Fahrradrikschas stehen vor allem vor dem Pasar Besar, wo sie auf die mit Waren bepackten Händlerinnen warten. Sie fahren nur kürzere Strecken und kosten normalerweise 3 RM für 10 Min. Preis immer vorher aushandeln.

Transport

BUSSE – **Busse in die Umgebung** fahren an der zentralen Busstation ab. Busse Nr. 5 und 44 fahren nach MACHANG und KUALA KRAI für 4 RM, Nr. 39 nach BACHOK, Nr. 8 und 9 nach SABAK. Bus Nr. 43 fährt zum PANTAI SRI TUJUH. Mit Bus Nr. 29 kommt man zur Grenze nach RANTAU PANJANG (3 RM). Nach Pulau Perhentian mit Bus Nr. 3 nach PASIR PUTIH und weiter mit Bus Nr. 96 nach KUALA BESUT (insgesamt 3,50 RM), wo die Schiffe zur Insel ablegen.
Überlandbusse fahren an zwei Stationen ab: Von der Langgar-Busstation, Jl. Sultan Yaha Petra, Richtung JOHOR BHARU 4x tgl. für 30 RM, PENANG 20 RM, TEMERLOH 23 RM und LUMUT 21 RM. Von der Jalan Hamzah-Busstation Richtung MELAKA 18–26 RM, 2x tgl. geht es über den East-West-Highway nach GERIK für 12 RM, ALOR SETAR 20–21 RM, SUNGAI PETANI 20 RM und KUALA PERLIS 23 RM. KUALA KANGSAR 15 RM, TAIPING 18 RM und SEREMBAN 21 RM. Über GUA MUSANG für 9 RM geht es außerdem um 9.30 und 21.30 Uhr nach KUALA LIPIS für 13 RM. Von beiden Stationen verkehren Busse nach KUALA LUMPUR 25 RM, IPOH 18 RM, KUALA TERENGGANU 8 RM und KUANTAN 16 RM.

ÜBERLANDTAXIS – Überlandtaxis in die nähere Umgebung fahren vor dem *Kencana Inn City Centre* in der Jl. Doktor ab. Taxis zu weiter entfernten Zielen stehen in der Jl. Hilir Pasar nördlich vom Markt. KUALA TERENGGANU 14 RM, KUANTAN 30 RM, KUALA LUMPUR 60 RM, GERIK 20 RM, GUA MUSANG 15 RM, KUALA LIPIS 30 RM, BUTTERWORTH 35 RM, IPOH 38 RM und ALOR SETAR 40 RM. Preise jeweils pro Person, Information und Reservierung unter ✆ 7447104.

EISENBAHN – Der nächste Bahnhof ist in WAKAF BHARU, ca. 5 km westlich. Zu erreichen mit Bus Nr. 19 oder 27 von der zentralen Busstation. Der *Timuran Express* fährt abends von TUMPAT und 10 Min. später von Wakaf Bharu ab und über GUA MUSANG (3 Std.), KUALA LIPIS (4 1/2 Std., 19 RM), JERANTUT (5 1/2 Std., 23 RM) nach JOHOR BHARU (11 Std.) und SINGAPORE (12 Std., 41 RM). Nachmittags fährt ein langsamer Zug bis GEMAS mit Anschluß nach Singapore. Nur zum Teil führt die Strecke durch Dschungelgebiete, dennoch ist die Bahnreise angenehmer als der Bus. Die aktuellen Abfahrtszeiten sind im Tourist Office oder am Bahnhof von Wakaf Bharu, ✆ 7196986, zu erfahren. Nach Thailand gibt es keine durchgehende Bahnverbindung. Züge fahren erst wieder vom Übergang SUNGAI GOLOK, jenseits der Grenze, 2x tgl. über SURAT THANI (9 Std.) nach BANGKOK (ca. 20 Std.). Der Bahnhof in Sungai Golok ist unter ✆ 007-66-73-611162 zu erreichen.

NACH THAILAND – Der schnellste Weg führt mit dem Bus 29 B über Pasir Mas zur Grenze nach Rantau Panjang. Die Busse Nr. 24 oder 29 fahren über Pasir Mas zum Grenzübergang. Taxi zur Grenze (kann man zu Fuß überqueren) 4 RM p.P. Da es im thailändischen Grenzort Sungai Golok (s.S.743) keine Wechselstube gibt, sollte man ein paar Thai-Baht vorsorglich in Kota Bharu tauschen. Minibusse fahren von der Grenze weiter nach Hat Yai für 13 RM bzw. 130 Baht. Zugverbindungen s.o. Notfalls kann man in Rantau Panjang in *Zainun Palace***-****, Jl. Lubok Stol, ✆ 7951113, übernachten, auch Bett im Schlafsaal für 10 RM.

FLÜGE – Der Sultan Ismail Detra Airport liegt 8 km östlich der Stadt, Taxi 14 RM. 6–7x tgl. Flüge nach KUALA LUMPUR 87 RM, von dort weitere Verbindungen.

MAS-Office im Erdgeschoß des Komplex Yakin an der Jl. Gajah Mati, ✆ 747000.

Die Umgebung von Kota Bharu
Pantai Cahaya Bulan

Wer sich von der unbarmherzigen Sonne und dem Müll, in dem hier und dort die Ziegen des Dorfes wühlen, nicht abschrecken läßt, kann kilometerlang durch den feinen Sand am Meer entlang spazierengehen. Beim Baden sollte man aus Rücksicht auf die malaiische Dorfbevölkerung möglichst nicht allzuviel Haut zeigen. An der 11 km langen Straße, die von Kota Bharu zum Strand führt, kann man in Souvenir-, Drachen-, Songket- und Batik-Shops einkaufen und in einigen Werkstätten Batikfrauen bei der Arbeit zusehen. Die Hauptstraße endet am Strand, der Endstation von Bus Nr. 10. Händlerinnen verkaufen an die eintreffenden Besucher Snacks und Getränke. Auch in den Strandhotels, die sich vor allem Richtung Osten erstrecken, kann man etwas essen oder trinken.

Übernachtung

PCB Beach Motel*-***, am Ende der Straße, ✆ 7731090, die preiswertesten Chalets am Strand. Zimmer mit und ohne ac sind eher mittelmäßig.

Resort Pantai Cinta Berahi***-****, jenseits der Straße, ✆ 7742020, ✉ 7741466, die Bungalows sind gut ausgestattet, außerdem einfachere Motelzimmer, das Restaurant entspricht nicht ganz dem angepeilten Standard. Pool vorhanden.

Perdana Resort ab****, ✆ 7744000, ✉ 7739989, an der Straße, die kurz vor der Schule nach Osten abzweigt,. Ansprechende Bungalows, Pool, Restaurant, Tennisplatz etc.

H.B. Village**-***, ✆ 7734993, ✉ 7741006, an derselben Straße 1,7 km von der Abzweigung. Bus Nr. 10 fährt bis hierher. Es gibt einfache A-frame-Hütten mit Mandi, Bungalows mit Fan oder ac sind teurer, mit Restaurant.

Mariam Guest House***, ✆ 7747120, im Dorf, 100 m vor dem *Perdana Resort*. Gäste, die sich am Müll nicht stören, können in diesem Kampunghaus wohnen.

Transport

Bus Nr. 10 fährt zwischen 7 und 19 Uhr vom Pasar Besar etwa alle halbe Stunde über Kg. Penambang und Kg. Badang zum Pantai Cahaya Bulan.

Sabak

Eines der interessanteren Fischerdörfer liegt am **Pantai Dasar**, einem schier endlosen Sandstrand, 13 km östlich von Kota Bharu. Die meisten Einwohner leben vom Fischfang und beliefern den Fischmarkt von Kota Bharu. Wer mittags mit dem Bus Nr. 8 hinaus nach Sabak fährt, kann zwischen 14 und 16 Uhr die Rückkehr der Fischer in ihren bunt bemalten und geschnitzten Booten beobachten. Am Pantai Dasar gingen am 8. Dezember 1941 die ersten japanischen Truppen an Land – einundhalb Stunden vor dem Angriff auf Pearl Harbour begann hier der Zweite Weltkrieg im Pazifik.

Näheres im World War II-Museum in Kota Bharu. Die Busse Nr. 8 und 9 fahren nach Sabak.

Die alte Moschee in Nilam Puri

Eine der ältesten Moscheen Malaysias, die **Masjid Kampong Laut**, steht im Dorf Nilam Puri, ca. 10 km südlich von Kota Bharu, östlich des Highway Nr. 8 auf dem Gelände der Akademi Islam. Vor etwa 300 Jahren wurde sie von javanischen Einwanderern vollständig aus Holz und ohne einen Metallnagel errichtet. Bus Nr. 44 Richtung Kuala Krai fährt von der zentralen Busstation über Nilam Puri.

Richtung Rantau Panjang

Pasir Mas, jenseits des Kelantan-Flusses, durchqueren die meisten Touristen nur mit der Eisenbahn. Dennoch lohnt der schöne Markt einen Besuch. Kurz hinter dem Ort zweigt von der Hauptstraße zur Grenze nach Rantau Panjang eine Seitenstraße nach Repek ab.

Noch vor der Bahnlinie liegt links das **Wat Uttamaram**, ein besonders schöner, reich mit bunten, phantasievollen Figuren versehener Thai-Tempel in friedlicher Umgebung. Notfalls kann man in Rantau Panjang in *Zainun Palace***-***, Jl. Lubok Stol, ℡ 7951113, übernachten, auch Bett im Schlafsaal für 10 RM. Die Busse Nr. 24 oder 29 fahren über Pasir Mas zum Grenzübergang nach Rantau Panjang.

Weitere Thai-Tempel

Von der Hauptstraße, die von Wakaf Bharu nach Nordwesten führt, zweigt in **Cabang Empat** eine Nebenstraße Richtung Kg. Jambu ab. Nach etwa 3,5 km erreicht man das **Wat Phothivihan**, eine Thai-Tempelanlage neueren Datums. Attraktion ist ein 40 Meter langer, liegender Buddha. Mit Bus Nr. 19 oder 27 gelangt man bis Cabang Empat, wo man sich ein Taxi für die Fahrt zum Tempel mieten kann.

Ein weiterer hübscher Tempel steht südlich der Straße nach Tumpat bei **Bukit Tanah**, Bus Nr. 43 ab Kota Bharu. Abseits der Hauptstraße wurde in einer alten Tempelanlage **Wat Mai Suainam Kiri** ein neuerer Vihara in der Form eines Bootes erbaut, der in einem Teich zu schwimmen scheint.

In **Tumpat**, 13 km nordwestlich von Kota Bharu, endet die Eisenbahnlinie. Kurz vor Tumpat, in Kg. Sedur, liegt an der Hauptstraße das weitläufige **Wat Phikulthong** mit einem großen, stehenden Buddha. Im Ort werden noch traditionelle Fischerboote gebaut. Bus 19 fährt von Kota Bharu nach Tumpat.

Kuala Besut

Von der Küstenstraße Nr. 3 nach Kuala Terengganu zweigt in Pasir Puteh, 36 km südlich von Kota Bharu, eine Straße nach Kuala Besut ab. Der Fischerort an der Mündung des Sungai Besut hat sich mittlerweile zu einer wichtigen Durchgangsstation für Touristen auf dem Weg nach Pulau Perhentian entwickelt.

Übernachtung

IN KUALA BESUT – *Coco Hut Hotel*** ①, ℡ 6910418, Jl. Pantai, einfache Zimmer mit ac. *Yanudin Holidays Tours & Guest House** ②, neben den Coco Hut Hotel, bietet spartanische Zimmer mit Fan und Gemeinschafts-Du/WC.
Nan Hotel** ③, Jl. Hj. Mohammad, ℡ 970146, Zimmer mit und ohne Du/WC, mit Fan oder ac sowie mit ac und TV in einer ruhigen Seitenstraße links der Hauptstraße zum Hafen.

IN AIR TAWAR BESUT – *D'Rizan Resort** ④, jenseits des Flusses, 100 m vor der Mündung, einfache A-frame-Hütten auf einem wenig attraktiven Gelände ohne Schatten.
Taman Azimos Chalet**-**** ⑥, ℡ 6956530, freundliche, nette Bungalows mit Fan oder ac und Du/WC in kleinen Vorgärten.
Primula Besut Beach Resort***-**** ⑤, ℡ 6956311, ℻ 6956322, etwa 300 m hinter der Brücke, 200 m vom Strand entfernt.

Sonstiges

GELD – Einige Informations- und Reservierungsbüros, z.B. das des *Coral View Island Resorts*, tauschen auch Geld, am besten Bargeld.

INFORMATIONEN – Am Hafen und entlang der Hauptstraße bieten mehrere *Information Centres* ihre Hilfe an. In erster Linie verkaufen sie Tickets. Einige große Resorts haben Büros am Hafen:
Coral View Island Resort, ℡/℻ 6910943.
Perhentian Island Resort, ℡ 6916946.
Andere Büros vermitteln Unterkünfte und Boote:
Perhentian & Redang Reservation Office, ℡ 6919904.
Perhentian Ferry Travel & Tours, ℡ 6919679.
Tunjang Speddy, ℡ 6910189.
PPPP (Persatuan Pengusaha Pelangan Perhentian), Perhentian Island Tourist Promotion Association, ℡ 6916189.
Mit der Fertigstellung der Hafenanlagen könnten dort die Büros einen neuen Platz finden.

VORWAHL – 09, PLZ 22200.

Transport

BUSSE – Von Süden kommend, muß man in JERTEH, von Norden in PASIR PUTIH aus dem Bus steigen. Von beiden Orten fahren Nahver-

kehrsbusse für 1 RM nach Kuala Besut. Sie halten ebenfalls wie die Überlandtaxis an dem zentralen Platz nahe dem Hafen.
Nach **Jerteh** (hier wechseln 3 Banken Geld): Bus von KUALA TERENGGANU 5,50 RM, von KEMAMAN via Kuala Terengganu 12 RM in 5 Std., IPOH 28 RM. Nach **Pasir Putih**: Bus Nr. 3 von KOTA BHARU 3 RM.
ÜBERLANDTAXIS – nach JERTEH oder PASIR PUTIH 2 RM, KOTA BHARU 5 RM, KUALA TERENGGANU 10 RM und KUANTAN 30 RM p.P. KUALA LUMPUR 200 RM pro Taxi in 6–7 Std.

BOOTE – Normalerweise ist es unproblematisch, nach der Ankunft am Hafen auf eines der Boote zu kommen. Die meisten legen gegen 10 und 14 Uhr ab, benötigen 1 1/2 Std. und kosten 15 RM einfach. Meist werden gleich Rückfahrkarten verkauft, die für jedes Boot dieser Kategorie gelten. Neben den Kuttern fahren Speedboote für maximal 16 Personen in 1/2 Std. für 25 RM einfach um 8.30, 10 und 14 Uhr ab. Zurück am Mittag und Nachmittag. Am besten ist es, sich schon vorher für ein erstes Übernachtungsziel auf Perhentian zu entscheiden, um dem Bootsman mitzuteilen zu können, wo er halten soll.

Pulau Perhentian

Zwei dschungelbewachsene Felsrücken heben sich etwa 25 km vor der Küste von Kuala Besut aus dem Meer, hier und da gesäumt von kleinen Stränden – ganz so, wie man sich ein tropisches Traum-Szenario vorstellt. An vielen Stellen ist das Wasser kristallklar. Ansonsten gibt es nur Sonne und Wind, denn noch geht es auf den beiden Inseln Perhentian Kecil und Perhentian Besar beschaulich zu. Kein Nachtleben, keine Bierkneipen, tagsüber häufig noch nicht mal Strom – vorerst jedenfalls. An Feiertagen oder verlängerten Wochenenden gibt es oft nicht genügend Unterkünfte – kein Wunder, daß die Bungalowsiedlungen wie Pilze aus dem Boden geschossen sind. Die knappen natürlichen Wasservorräte verhinderten bisher die weitere Ansiedlung von touristischen Einrichtungen – das dürfte allerdings mit dem Bau des Wasserreservoirs auf Perhentian Besar vorbei sein.

Perhentian Besar, wie der Name schon sagt, die größere und „erschlossenere" der beiden Inseln. Am <$i**Teluk Pauh**, dort wo das Island Resort steht, gibt es den schönsten Strand mit feinem, weißem Sand und Wasser so klar wie in einem Swimming Pool. Südlich davon erstreckt sich ein langer Strandstreifen, der an einigen Stellen durch Felspartien unterbrochen ist. Auf diesem Stück befinden sich die meisten besser ausgestatteten Bungalowsiedlungen, hier ist also am meisten los.

Viele Boote, die Touristen vom Festland auf die Inseln bringen, laufen zuerst die südlichsten Anlagen an. Hier ist das Wasser meist ruhig und oft von einer türkisgrünen Farbe. Ein **Dschungelpfad** führt vom südlichsten Pier aus über den Bergrücken auf die andere Seite zur Teluk Dalam. Er ist nicht leicht zu finden und etwas zugewachsen: es geht gleich südlich des Pier landeinwärts, zunächst durch Grasland und an den unbewohnten Häusern vorbei und dann durch das Dickicht bergan. Der Abstieg auf der anderen Seite ist relativ steil, aber es ist ein schöner Weg durch die stille Natur, insgesamt etwa 30 Minuten.

Teluk Dalam, auf der anderen Seite, ist eine weitgeschwungene Bucht mit einem schönen, weißen Strand und schattenspendenden Kasuarinas, allerdings ist das Wasser hier zum Schwimmen bei Ebbe zu flach, und die Korallen sind weitgehend zerstört. Ein zweiter Pfad verläuft am *Fauna Chalet* landeinwärts und am Wasserreservoir vorbei. Die ersten 15 Min. folgt man der Schneise von der Wasseraufbereitungsanlage den Berg hinauf und biegt dann rechts auf einen Fußpfad ab, der am Tennisplatz des *Perhentian Island Resorts* endet. Man gelangt nach insgesamt etwa 25 Min. durch den Dschungel zum *Island Resort*.

Auf **Perhentian Kecil** gibt es den einzigen Ort, **Kampung Pasir Hantu**, bestehend aus einer Ansammlung von Holzhäusern, einer Polizeistation, einer Krankenstation mit nicht allzu qualifiziertem Personal und der Moschee. Über einen schmalen Fußweg (20 Min.) gelangt man vom südlichen Dorfrand an der steilen Küste entlang nach **Pasir Petani**, einem kleinen, von Kokospalmen gesäumten Strand mit einer Bungalowanlage. Alle anderen Strände kann man nur mit dem Boot erreichen.

Nördlich des Ortes liegt der **Pasir Panjang** *(Long Beach)*, ein schöner, langgestreckter Sandstrand an dem trotz der Travellerhütten noch viel Ruhe herrscht. Ein kleiner Pfad (15 Min.) führt hinüber auf die Westseite zur **Teluk Aur**. Vor der Bucht kann man gut tauchen, aber der Strand ist nicht ganz so attraktiv wie drüben.

Am nördlichen Ende der Insel liegt **Teluk Kurma**, ebenfalls eine sehr einsame Bucht. Das Wasser ist hier flacher, aber die Schnorchelmöglichkeiten sind prima.

Übernachtung

Während der **Hauptsaison** von Juli bis August und in den malaysischen Schulferien kann es schwierig werden, günstige Unterkünfte auf den Inseln zu finden. Deshalb unbedingt vorab von Kuala Besut aus anrufen und reservieren! Die Büros am Hafen haben Fotos und andere Informationen über die Anlagen.
Die meisten Unterkünfte sind während der **Monsunregen** von November bis Januar geschlossen.

PERHENTIAN BESAR – *Abdul's Chalets*-*** ㉓, ℡ 010-9837303, hinter dem Felsen, Einzel- und Reihenbungalows ohne Du/WC. Auch neuere Häuser mit Du/WC und Fan. Es werden Rafting-Touren organisiert.
ABC* ㉑, einfache, dicht nebeneinanderliegende Hütten mit Meerblick.
IBI** ㉒, ℡ 010-9837169, vermietet ein paar solide Doppelbungalows mit Fan oder ac und Du/WC sowie einfache Eternit-Hütten.
Coco Hut* ⑳, ℡ 09-6972085, billige *A-frame*-Hütten mit Netz und andere Häuschen.
Cozy**-*** ⑲, ℡ 010-3309717, die Hütten mit Du/WC sitzen auf einem Felsen dicht aneinander. Vor dem Einzug checken, ob die Zimmer sauber sind und die Duschen funktionieren. Kein Strand. Kanuvermietung, Restaurant.

Mama's*-** ⑱, ℡ 010-9840232, einfache Holzhütten und bessere, nette Chalets mit Du/WC, einige mit Fan, allerdings nur abends Elektrizität.
Paradise Resort*** ⑰, ℡ 010-9810930, Alle Zimmer mit Du/WC und Fan. Restaurant.
Coral View**-**** ⑯, ℡ 010-9030943, nette Holzhäuser mit Du/WC und Fan oder ac in einer gepflegten Anlage. Beliebtes Restaurant, Tauchschule, Schnorcheltrips und Kanuverleih.
Perhentian Island Resort ab**** ⑮,
℡ 010-9030100, Anmeldung auch in Kuala Lumpur unter ℡ 03-2448530, ✆ 2434984, 102 Zi, gepflegter, feiner Sandstrand, Pool, Tennisplatz, Tauchschule, Restaurant, langsamer Service.
An der **Teluk Dalam:**
Pelangi* ㉔, ℡ 010-9811762, Anlage mit blaugedeckten Chalets, alle mit Du/WC und Fan, Restaurant, Tauchschule.
Flora Bay**-**** ㉕, ℡ 011-977266, nette, saubere Anlage, *A-frame*-Hütten, Reihenhäuser, Doppelbungalows und Suiten mit Du/WC und Fan oder ac in allen Preislagen. Beliebtes Restaurant.
Fauna Beach Resort** ㉖, ℡ 011-971843, kleine Holzbungalows mit Du/WC.
Lazy Lizard* ㉗, das frühere *Seashells*,
℡ 010-326530, eine Reihe einfacher *A-frame*-Hütten nahe dem Wasserreservoir.
Samudra** ㉘, ℡ 010-9842920, *A-frame*-Hütten und Bungalows in wenig stimulierender Umgebung direkt an der Straße und am Reservoir.

PERHENTIAN KECIL – hier kann man wirklich seine Ruhe haben. Die meisten Unterkünfte bieten einfache Hütten mit Moskitonetzen ohne Fan, Elektrizität und Du/WC. Allerdings leidet die Umwelt erheblich unter der wachsenden Zahl von Bungalows und Touristen. Die Ziehbrunnen trocknen zeitweise fast völlig aus, so daß man nur noch Faulschlamm herausbefördert. Die Abwässer aus den Küchen und Sanitäranlagen fließen ungeklärt ins Meer.
Pasir Petani*-** ⑬, ℡ 010-8812444, ist eine sympathische, familiäre kleine Anlage. Schöne Holzhäuschen.
Impianix** ⑭, nebenan, ein neues Resort mit achteckigen, komfortablen Holzbungalows am Hang unter Kokospalmen.
Mira's* ⑫ winzige palmwedelgedeckte Hüttchen, billig, einsam. Man kann sich beim *Sea Horse Café* auf P. Besar abholen lassen.

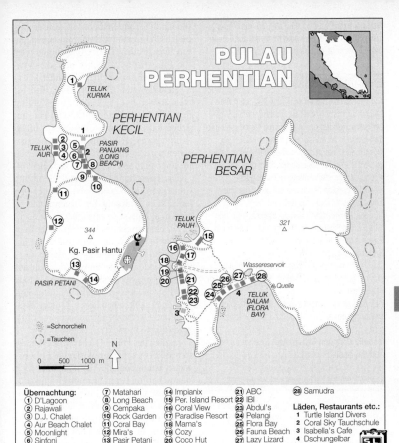

Coral Bay* ⑪, an der Teluk Aur, anspruchslos und nicht besonders gepflegt, aber billig.
Rajawali* ②, ✆ 010-9805244, auf Felsen am nördlichen Rand der Teluk Aur gelegen, einfache Hütten, ruhig.
D.J. Chalet* ③, ✆ 011-717244, 4 einfache Hütten nebenan.
Aur Beach Chalet* ④, 100 m weiter südlich, 8 saubere, einfache Holzhütten ohne Fan mit Gemeinschafts-Du/WC, hat ein kleines Restaurant.
D'Lagoon*-** ①, ✆ 011-970631, einfache Hütten und einsam an der Teluk Kurma gelegen, gut zum Schnorcheln.

Moonlight*-** ⑤, ✆ 010-9842065, gute, einfache Anlage, geräumige, luftige Holzhäuser am Hang, Brunnen oft total verschmutzt, Restaurant mit leckeren Gerichten, abends Menü.
Sinfoni ⑥, neuere Anlage am Long Beach.
Matahari* ⑦, ✆ 010-9841370, bei Travellern beliebte preiswerte Doppelhütten mit Netz und Hängematte, z.T. mit Du/WC. Akzeptables Essen.
Long Beach* ⑧, einfache A-frame-Hütten und Chalets mit Terrasse, Restaurant.
Cempaka Chalet* ⑨, ✆ 011-977600, am gleichen Strand am Hang, stabile, saubere Häuschen, nettes, hilfreiches Management.

Rock Garden* ⑩, ✆ 09-7789326, die Hütten ohne Strom und Mandi sind teilweise auf Felsen gebaut. Abends gibt es ein preiswertes Büfett.

Essen

Auf Perhentian haben sich viele Touristen den Magen verdorben, weil sie unbehandeltes Wasser getrunken haben. Wer einmal festgestellt hat, daß hier alle Abwässer ungeklärt im Sand versickern, wird verstehen, daß es keine Alternative zu den teuren Trinkwasserflaschen gibt. Die Küche der meisten Anlagen ist wenig abwechslungsreich und meist auf den Traveller-Einheitsgeschmack ausgerichtet..
Nur das **Perhentian Island Resort** hat ein nennenswertes Restaurant, das abends Büfett und Essen à la carte anbietet und auch alkoholische Getränke serviert.
Das Restaurant des **Coral View**, das mit einer großen Speisekarte aufwartet, erfreut sich großer Beliebtheit.
Das **Sea Horse Cafe** im ABC ist ein beliebter Treffpunkt am Abend, da Alkohol ausgeschenkt wird.
Isabella Cafe, am Government Resthouse serviert das beste Frühstück.

Transport

Außenborder z.B. von Mama's zum Dorf 3 RM p.P. (ab 2 Pers.), zum Long Beach (Pasir Panjang) 7 RM, zur Flora Bay (Teluk Dalam), Coral Bay (Teluk Aur), D'Lagoon (Teluk Kurma) und zum Turtle Beach 10 RM.
Für Schnorcheltouren sind je nach Entfernung 15–25 RM p.P. bei mindestens 4 Teilnehmern zu zahlen.

Kuala Terengganu

Der Öl-Boom hat dieses beschauliche Sultansstädtchen an der Mündung des Terengganu-Flusses gründlich verändert. Protzige Verwaltungsgebäude, moderne Straßen, Büros, Banken und Shopping Centres zeugen von neuem Reichtum.

Malaiisch war der Charakter dieser Stadt schon immer, aber durch die Offshore-Förderung von Erdöl und -gas fließen 5% Tantiemen an die konservativ malaiisch orientierte Regierung Terengganus. Der größte Teil der Einnahmen wird für Infrastrukturprojekte und die wirtschaftliche Entwicklung verwendet.

Kein Ort zum Urlaubmachen, aber für viele Reisende eine Etappe, die sich auf dem Weg entlang der Ostküste nicht umgehen läßt. Und zum Umschauen, Informationen sammeln, Einkaufen oder Essengehen wird es niemand bedauern, hier eine Übernachtung eingeplant zu haben.

Die **Jalan Bandar** (früher Jl. Kampung China) vermittelt noch einen Eindruck von jener Zeit, als Kuala Terengganu halb so groß und doppelt so verschlafen war. Einige der chinesischen Häuser sind über hundert Jahre alt, wurden restauriert und beherbergen interessante kleine Geschäfte.

Am Ende der Straße befindet sich der Pasar Payang, der große Markt. Im 1. Stock des älteren Gebäudes parallel zum Fluß werden in zahlreichen Läden Batiken, Messing- und Flechtarbeiten und andere kunstgewerbliche Produkte verkauft.

Östlich des Hügels steht der auf den ersten Blick bescheiden wirkende Sultanspalast, **Istana Maziah**, der heute nur noch staatlichen und repräsentativen Funktionen dient. Die Gegend um die Jl. Kg. Dalam mutet noch immer dörflich an.

Nach **Pulau Duyung**, der größten der 13 Inseln in der Mündung des Sungai Terengganu fahren Boote regelmäßig von der Jetty am Ende der Jl. Sultan Ismail ab. Eine weitere neue Jetty befindet sich vor dem Hauptpostamt.

Von der Jetty fahren auch Boote nach **Kampung Seberang Takir** am gegenüberliegenden Ufer, ein langgestrecktes Dorf auf einer schmalen Landzunge zwischen Flußmündung und Meer, das für seinen Trockenfisch bekannt ist.

Zudem kann man mit gecharterten Booten für 20 RM den Fluß hinauf zum **Terengganu Museum** fahren. Es umfaßt ein großes Gelände an der Jl. Losong Ferri außerhalb des Zentrums am Fluß. Zu erreichen mit *Bas Losong* ab Busstation in 30 Min. für 50 sen bzw. mit dem Taxi für

7 RM.Geöffnet Sa–Do 10–18, Fr 10–12 und 15–18 Uhr. Im Zentrum der Eingangshalle des überdimensionierten, modernen Hauptgebäudes im Terengganu-Stil steht der Terengganu-Stein, dessen eingemeißelte Schriftzeichen als die ältesten schriftlichen Überlieferungen des Landes gelten. Das Obergeschoß ist den Sultanen von Terengganu gewidmet. In den Haupthallen dahinter kann man sich über das malaiische Kunsthandwerk informieren, und das darüberliegende Stockwerk ist der Geschichte des Staates gewidmet. Weniger interessant sind die Ausstellungen zur Ölförderung (von Petronas gesponsort) und über den Islam. Zudem gilt es noch viel freie Fläche zu füllen.

Rings um das Museumsgebäude stehen in einem schönen Park zwei alte Schiffe und traditionelle Gebäude aus verschiedenen Landesteilen.

Übernachtung

GÄSTEHÄUSER UND PREISWERTE HOTELS
– *Ping Anchorage Guest House** ⑤, 77a Jl. Dato Isaac, ✆ 6220851, ℻ 6228093, ist der Traveller-Treff in Kuala Terengganu. Einfache Zimmer mit Fan, manche auch mit Du/WC, auch Schlafsaalbetten (5 RM). .

Awiy's Yellow House*, ✆ 6231741, kleines Guest House auf Pulau Duyung, einfache Zimmer und Schlafsaalbetten für 5 RM.

Seri Pantai Accomodation* ②, 35A Jl. Sultan Zainal Abidin, ✆ 6232141. Einfache, aber saubere Billigbleibe im nördlichen Zentrum mit Zimmern ohne Du/WC und Schlafsaal für 8 RM p.P.

K.T. Travellers Inn*** ③, 201 Jl. Sultan Zainal Abidin, ✆ 6223666, ℻ 6232692, im 1. Stock. Alle Zimmer mit ac, TV und Du/WC.

Rex Hotel* ⑥, 112 Jl. Masjid, ✆ 6221384. Von den Billigabsteigen rings um die Busstation die einzige, die ihren (niedrigen) Preis wert ist.

Kuala Terengganu

WEST-MALAYSIA

Übernachtung:
① Sea View H.
② Seri Pantai H.
③ K.T. Travellers Inn
④ Alamanda H.
⑤ Ping Anchorage Gh.
⑥ Rex H.
⑦ Seri Malaysia H.
⑧ Terengganu H.
⑨ Seri Hoover H.
⑩ K.T. Mutiara H.
⑪ Primula Beach Resort
⑫ Permai Park Inn

Läden, Restaurants etc.:
1 Bank Bumiputra
2 Teratai Arts & Crafts
3 Sri Shanmuga R.
4 Golden Dragon R.
5 Standard Chartered Bank
6 Hongkong Bank
7 Maybank
8 UMBC Bank
9 Chuan Kee R.
10 Saharah R.

Transport:
❶ Express Bus Stn.
❷ Nahverkehrsbusse
❸ Überlandtaxis
❹ MAS Office

Kuala Terangganu

*Terengganu Hotel*** ⑧, 12 Jl. Sultan Ismail, ✆ 6222009, ✉ 6222906, liegt nahe der Bootsanlegestelle. Preiswerte, teilweise aber etwas düstere Zimmer, alle mit Du/WC und Fan.

MITTELKLASSE UND LUXUS – *K. T. Mutiara Hotel*** ⑩, 67 Jl. Sultan Ismail, ✆ 6222655, ✉ 6236895, sauberes, vierstöckiges Hotel, Zimmer mit ac. Freundliche, hilfsbereite Leute.
*Sea View Hotel**-**** ①, 18a Jl. Masjid Abidin, ✆ 6221911, ✉ 6223048. Hält nicht was der Name verspricht. Saubere, geräumige Zimmer mit TV, warmem Wasser, mit und ohne ac, aber ohne Atmosphäre; unten Wäscherei.
*Seri Hoover Hotel**** ⑨, 49 Jl. Sultan Ismail, ✆ 6233823, hat Zimmer mit ac oder (billiger) mit Fan ohne Fenster.
Modern und relativ sauber.
*Alamanda Hotel**** ④, 28 Jl. Tok Lam, ✆ 6228888, ✉ 6238899, etwas steril, Zimmer mit ac, TV, Du/WC und warmem Wasser, nach hinten ohne Fenster. Gutes Restaurant.
*Seri Malaysia**** ⑦, Jl. Hiliran, an der Bootsanlegestelle, ✆ 6236454, ✉ 6238344, zentral gelegenes Motel, kleine Zimmer mit Du/WC, ac und TV, z. T. mit Blick auf den Fluß.
Primula Parkroyal ⑪, Jl. Persinggahan, wird bis Anfang 1998 komplett umgebaut.
Permai Park Inn (ab 180 RM) ⑫, Jl. Sultan Mahmud, ✆ 6222122, ✉ 6222121, an der Straße nach Marang, ca. 3 km vom Zentrum.

Essen

Essenstände gibt es rund um die Busstation und an der Strandstraße Jl. Pantai Batu Buruk.
Im 1. Stock des Pasar Payang kann man in der Selbstbedienungs-Cafeteria draußen sitzen mit Aussicht auf den Fluß.
Mehrere empfehlenswerte chinesische Coffee Shops liegen in der Jl. Engku- sar am Plaza Perdana, z.B. *Chuan Kee*, ein einfaches Restaurant, wo es sehr leckere Nudelsuppen und begehrten Hühnerreis, frische Fruchtsäfte und Bier gibt.
Golden Dragon, 198 Jl. Bandar, offenes chinesisches Restaurant in der alten Chinatown.
Sri Shanmuga, Jl. Tok Lam, nahe dem Ping Anchorage, serviert preiswerte indische Gerichte.
Saharah, Jl. Air Jernih, hat ausgezeichnetes *Roti Canai*, *Dhosai*, Curries und Tandoori-Gerichte.

Sonstiges

GELD – Banken sind tgl. Sa–Mi 10–15, Do 9.30–11.30 Uhr geöffnet. *Bank Bumiputra* in der Jl. Masjid Abidin. Die meisten Banken befinden sich in der Jl. Sultan Ismail.

INFORMATIONEN – Hilfreich ist ein Besuch im *Tourism Malaysia (MTPB) Office*, ✆ 6221433, Jl. Sultan Zainal Abidin, Wisma MCIS. Geöffnet Sa–Mi 8–16, Do 8–12.45 Uhr, Fr geschlossen. Gute Informationen für die gesamte Ostküste.
Tourist Information Centre (TIC), ✆ 6221553, neben der Hauptpost, bietet Informationen zu Terengganu und vermittelt Touren nach Redang. Geöffnet Sa–Mi 9–17, Do 9–13 Uhr.

POLIZEI – *Tourist Police:* ✆ 6222222.

POST – Jl. Sultan Zainal Abidin, neben dem alten Sultanspalast Istana Maziah.

VORWAHL – 09, PLZ 20990.

Transport

BUSSE – Von der Expressbusstation am im Zentrum an der Jl. Sultan Zainal Abidin fahren Busse nach KUANTAN 10x tgl. in 3 1/2 Std. für 9 RM, MERSING 19 RM, JOHOR BHARU 2x tgl. für 22 RM in 8 Std., KUALA LUMPUR 2x tgl. für 22 RM in 8 Std., IPOH tgl. für 26 RM in 13 Std., BUTTERWORTH 2x tgl. für 24 RM über den East-West-Highway in 8–10 Std. und KOTA BHARU am Nachmittag für 8 RM, außerdem weitere Nahverkehrsbusse. Nach MELAKA nur 1x tgl. abends für 22 RM in 9 Std. Nahverkehrsbusse starten an der Station in der Jl. Masjid Abidin nach MARANG für 1 RM, RANTAU ABANG 3 RM. Nach PULAU Rhentian nimmt man den Bus Richtung Kota Bharu und steigt in JERTEH (5,50 RM) in den Bus nach Kuala Besut (1 RM), dem Fährhafen, um.

ÜBERLANDTAXIS – In der Jl. Masjid Abidin, gegenüber dem Rex Hotel, warten Überlandtaxis. Sie fahren nach MARANG 3 RM, RANTAU ABANG 8 RM, KUANTAN 18 RM, TEMERLOH 28 RM, BUTTERWORTH 47 RM, KUALA LUMPUR 40 RM, JOHOR BAHRU 50 RM, KOTA BHARU 14 RM und KUALA BESUT 10 RM.

FLÜGE – Der Sultan Mahmud Airport liegt 18 km nördlich von Kuala Terengganu. Taxi nach Kuala Terengganu 16 RM, nach Marang 25 RM.
MAS fliegt 4x tgl. nach KUALA LUMPUR für 104 RM sowie Fr und So nach KUANTAN, alle anderen Flüge über Kuala Lumpur.
Pelangi, ✆ 6664204, Mo, Do und Sa nach PENANG für 151 RM, KUALA LUMPUR für 104 RM.
MAS, 13 Jl. Sultan Omar, ✆ 6221415, 6222266.

Marang

Der kleine Fischerhafen besitzt eine magische Anziehungskraft – wohl weil er dem Bild entspricht, das wir von der Ostküste haben. Doch damit ist es bald vorbei, denn Marang ist auf dem besten Weg, touristisch „entwickelt" zu werden und bei diesen Verschönerungsaktionen seine liebenswürdige Atmosphäre einzubüßen. Die verwitterten Holzhäuser am Hafen verschwinden, dafür entstehen am Pier moderne Kioske, die Souvenirs und Tickets zur vorgelagerten Insel Kapas verkaufen. Im nördlichen Ortszentrum **Kampung Paya** findet am Mittwoch- und Samstagmorgen ein großer Markt statt. Zahlreiche Fischerboote liegen in der Flußmündung und im Schutz der langen Sandbank vor Anker. Vom *Marang Guest House* auf dem Hügel hat man eine schöne Aussicht. Am Sonntag findet ein Nachtmarkt statt.

Von der schlammigen Landzunge am jenseitigen Flußufer mit dem neuen *Buaya Resort* erstreckt sich Richtung Süden ein schier endloser Sandstrand. In **Kampung Seberang Marang** kann man baden, sofern man keine hohen Ansprüche an die Wasserqualität stellt, und lange Spaziergänge unternehmen. Vor der Küste lockt die Insel Pulau Kapas. Eine Abwechslung ist die **Bootsfahrt** den Sungai Marang hinauf. Die mehrstündige Tour für 15 RM sollte man möglichst früh beginnen. Die Fahrt geht ins Hinterland zu einem Dorf, auf dessen Markt ein üppiges Angebot an Obst zu finden ist. Zudem besucht man vielleicht einen Köhler, einen Goldschürfer, eine kleine Tabakfabrik, oder kann beobachten, wie Palmzucker, *Gula Melaka*, hergestellt wird.

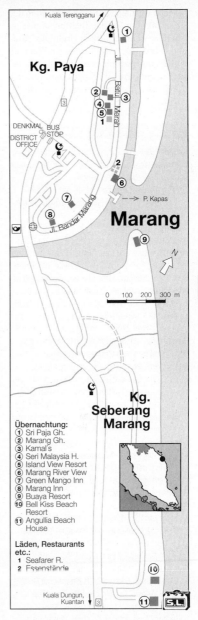

Übernachtung:
① Sri Paja Gh.
② Marang Gh.
③ Kamal's
④ Seri Malaysia H.
⑤ Island View Resort
⑥ Marang River View
⑦ Green Mango Inn
⑧ Marang Inn
⑨ Buaya Resort
⑩ Bell Kiss Beach Resort
⑪ Angullia Beach House

Läden, Restaurants etc.:
1 Seafarer R.
2 Essenstände

Manche westliche Besucher vergessen, daß sie in Marang von ländlich-muslimischer Nachbarschaft umgeben sind. Die Sitten und Lebensregeln sind streng am Islam orientiert, und das mindeste, was sie von Besuchern erwarten dürfen, ist, daß sie nicht durch nachlässige Kleidung oder unbedachtes Verhalten provoziert werden.

Übernachtung

KAMPUNG PAYA – im nördlichen Ortsteil wohnt man zwar nicht direkt am Strand, dafür kann man aber zu Fuß zum Hafen gehen.
Sri Paya Guest House* ①, Jl. Batu Merah, ✆ 6181994, einfaches Holzhaus. Billige Zimmer und Schlafsaal-Betten.
Marang Guest House*-** ②, ✆/✉ 6181976, über Kamal's oben auf dem Hügel gelegen, hat *A-frame*-Hütten und freundliche Holzhaus-Hälften mit ac oder Fan, Du/WC und Moskitonetz. Preiswert, wenn man die Lage und die Ausstattung bedenkt. Restaurant mit schönem Ausblick.
Kamal's* ③, Jl. Batu Merah, ✆ 6182181, ist eine beliebte Traveller-Herberge, trotz der teilweise etwas düsteren Zimmer, noch ganz sympathisch. Es gibt auch ein kleines Café mit Garten, einfache Holzhütten bzw. Zimmerverschläge.
Island View Resort*-** ⑤, Jl. Batu Merah, ✆ 6182006, hat Holzhäuser mit Du und Fan und einfache *A-frame*-Hütten in einem kleinen grünen Garten, wo ein gutes Frühstück serviert wird. Es gibt auch ein paar ac-gekühlte Hütten mit TV und ein Schlafsaal für 7 RM p.P.
Green Mango Inn* ⑦, ✆ 6182040, Das Haus von Aziz und seiner deutschen Frau Evelin auf einem Hügel mit kleinem Garten strahlt eine gemütliche Atmosphäre aus. Zimmer mit Fan und Schlafsaal, Gemeinschafts-Du/WC, Aufenthaltsraum, Küchenbenutzung.
Marang Inn* ⑧, 190 A Jl. Bandar Marang, ✆ 6182132. Zweistöckiges Haus mit Terrasse am Hafen, das vom Abriß bedroht ist. Billige Zimmer und Schlafsaal-Betten ab 4 RM, Café.
Seri Malaysia Hotel*** ④, auf einem Hügel, ✆ 6182889, ✉ 6181285, 30 Zimmer mit Du/WC, ac und TV sowie mit Blick auf die Sandbank.
Marang Riverview Hotel*** ⑥, ✆ 6182928, häßlicher Betonklotz im Zentrum, Zimmer mit Du/WC, ac und TV.
Buaya Resort ⑨, neues Luxusresort in wenig stimulierender Umgebung.

KAMPUNG SEBERANG MARANG – Im südlichen Ortsteil stehen am Strand zwischen Kokospalmen weitere Bungalows. Hier gibt es ausserhalb der Anlagen keine Restaurants.
Bell Kiss Beach Resort*-** ⑩, ✆ 6181579. Chalets am Strand mit Du/WC und Fan sowie einfache *A-frame*-Hütten. Chinesische Küche; Bier, Bücher, Fahrräder.
Angullia Beach House**-*** ⑪, ✆/✉ 6181322, 50 saubere Bungalows in einer gepflegten Gartenanlage mit Fan oder ac und Du/WC. Die Chefin kocht mittags und abends leckere Gerichte. Ihre Söhne organisieren Touren.

VORWAHL – 09, PLZ 21600.

Transport

Zwischen KUALA TERENGGANU und Marang verkehren Nahverkehrsbusse alle 30 Min., zwischen 6.30 und 18 Uhr in 30–45 Min. für 1 RM. Nach RANTAU ABANG bzw. KUALA DUNGUN von 6.30–18 Uhr alle 45 Min. Busse für 3 RM. Außerdem kann man jeden Expressbus nehmen, der an der Küste entlangfährt und an der Hauptstraße in Marang (Caltex-Tankstelle) aussteigen.

Rantau Abang

Dieser Strandabschnitt, 60 km südlich von Terengganu und ein paar Kilometer nördlich von Dungun, hat sich einen hohen Bekanntheitsgrad erworben, indem er mit den seltenen **Meeresschildkröten** um die Aufmerksamkeit der Touristen wirbt. Obwohl die Küste und das Hinterland unter Naturschutz gestellt wurde, kommen Jahr für Jahr weniger Tiere an Land. Das kleine Turtle Information Centre wirkt ein wenig wie ein Abgesang, draußen zieht eine einsame Schildkröte in einem viel zu engen Becken ihre Kreise und irgendwie hat auch der Bau schon bessere Tage gesehen. Geöffnet Mai bis August Sa–Do 9–13, 14–18 und 20–23, Fr 9–12 und 15–23 Uhr, September bis April Sa–Mi 8–12.45 und 14–16, Do 8–12.45 Uhr, Fr geschlossen.

Übernachtung

Rund um den **Turtle Beach** haben sich einige Unterkünfte und Restaurants angesiedelt. Der Strand selbst ist schön und weitläufig, aber es gibt wenig Schatten.
Rantau Abang Visitor Centre**** des *Tanjong Jara* (s. u.), etwa 1 km nördlich des Turtle Centre, ✆ 8441533, Bungalows für bis zu 6 Personen mit ac oder Fan an einer Lagune.
Chalet MDD Rantau Abang***, etwas weiter südlich, ✆ 8453259, solide Holzchalets mit Fan und Du/WC rings um einen asphaltierten Platz. Vom Parkplatz des Centres aus über die Lagune erreicht man 2 einfache Unterkünfte am Strand:
Ismail*, ✆ 8441054, abgewohnte Bungalows mit Fan, Restaurant.
Awang's*, ✆ 8443500, einfache Hütten, manche mit Du/WC, Fan und Seeblick, Restaurant.
Dahima's Guest House**-***, 1,5 km südlich von Rantau Abang, zwischen Straße und Lagune, ✆ 8452843. Schöne, saubere Bungalows mit Du/WC und Fan oder ac, Restaurant.
Merantau Inn**-****, weiter südlich in Kg. Kuala Abang, ✆ 8441131, übertuerte, kleinere Chalets mit ac oder Fan an der Straße.
Tanjong Jara Beach Hotel ab 260 RM, ✆ 8441801, ✆ 8442653, 9 km nördlich von Kuala Dungun am Meer gelegen, war für lange Zeit das beste Hotel der Ostküste.

Transport

Auf der Hauptstraße fahren Busse nach MARANG 3 RM, KUALA TERENGGANU 4 RM, KUALA DUNGUN 1 RM und KUANTAN 8 RM. Überlandtaxis nach MARANG 3 RM, KUALA TERENGGANU 6 RM und KUANTAN 12 RM.

Cherating

In den vergangenen Jahren hat sich das reizvoll gelegene kleine Örtchen von einem Traveller-Treffpunkt zu einem Ferienresort entwickelt. Zuerst waren es nur einige malaiische Familien, die Rucksacktouristen als zahlende Gäste in ihren Häusern aufnahmen, dann entstanden in dem Mangrovengebiet Bungalowsanlagen. Restaurants, Surfbrett-Vermietungen und Batikwerkstätten. Junge Leute aus allen möglichen Ländern fühlten sich hier wohl, denn die Atmosphäre ist in Pahang spürbar lockerer als in den Badeorten der Staaten Terengganu und Kelantan. Und an Wochenenden mischten sich auch Malaysier und Singaporeaner unter die Gäste. Doch schon vor einigen Jahren entstanden an den Stränden außerhalb von Cherating auch Resorts für Urlauber mit gehobenen Ansprüchen. Mittlerweile rüstet sich das ehemalige Fischerdorf selbst mit großen Hotel- und Apartmentanlagen auf, um für den einheimischen Markt attraktiv zu sein, was die Atmosphäre bedrohlich verändert hat. Die seichte Bucht mit feinem, festen Sand

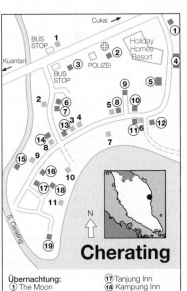

Cherating

Übernachtung:
① The Moon
② Mak De
③ Mak Long Teh
④ Residence Inn
⑤ Spag'n Resort
⑥ Maznah
⑦ Matahari
⑧ Ranting Resort
⑨ Sunshine
⑩ Cherating Inn
⑪ Mini Motel
⑫ Duyong
⑬ Cherating Cottage
⑭ Riverside Holiday Resort
⑮ Green Leaves
⑯ Coconut Inn
⑰ Tanjung Inn
⑱ Kampung Inn
⑲ Cherating Bayview

Läden, Restaurants etc.:
1 Ani R.
2 Dragon R.
3 Travelpost
4 Limbong Art
5 Mimi's
6 Pop Inn
7 De Club
8 Riverside R.
9 Blue Lagoon R.
10 Boathaven
11 Driftwood R.

liegt geschützter als die Küstenorte weiter nördlich. Allerdings muß man bei Ebbe manchmal bis zu 400 m weit durch den Schlick hinauswandern, um schwimmen zu können.

Übernachtung

IN CHERATING – *Mak De** ② und *Mak Long Teh** ③, südlich der neuen Apartmentanlage, die dörflichen Guest Houses der ersten Stunde. Einfach, billig und familiär.

Maznah* ⑥, die sehr einfachen, billigen Hütten mit Netz sind eines der letzten Traveller-Refugien. Frühstück inbegriffen, große Veranda am Haupthaus, angenehme, familiäre Atmosphäre.

Matahari* ⑦, Zimmer mit Fan und Kühlschrank, ohne Du/WC. Man kann im Batikladen eigene Entwürfe auf T-Shirts und Tüchern realisieren.

Riverside*-**** ⑭, ✆ 5819128, hat unterschiedliche Unterkünfte mit Du/WC und Fan oder ac – zum Teil überteuert, Restaurant.

Cherating Cottage*-** ⑬, ✆ 5819273, 12 kleine Hütten mit Gemeinschafts-Du/WC, teurere Zimmer mit ac oder Fan und Du/WC. Recht offenes, einsehbares Gelände.

Coconut Inn* ⑯, ✆ 5819299, kleine, abgewohnte Hüttchen mit Du/WC und Netz, auch preiswerte, sympathische *A-frames* ohne alles.

Tanjung Inn*-** ⑰, ✆ 5819081, mit Palmblättern gedeckte Holzchalets mit Fan oder ac, alle mit Du/WC. Neue, überteuerte ac-Bungalows. Das Grundstück reicht bis zum Strand.

Green Leaves* ⑮ liegt inmitten des Mangrovensaums. Einfache *A-frame*-Hütten, einige mit Du/WC, relaxte Atmosphäre. Keine Moskitonetze.

Kampung Inn** ⑱, ✆ 5819248, die kleinen Holzhäuschen sind preisgünstiger als die großen, alle mit Du/WC und Moskitonetz.

Cherating Bayview*** ⑲, ✆ 5819248, ✉ 5819415, bietet schöne, saubere Bungalows mit Du/WC und Blick aufs Meer für Mittelklasse-Reisende. Ganz nett, jedoch etwas steril.

Ranting Resort** ⑧, ✆ 5819068, eine saubere Anlage mit geräumigen Holzbungalows, alle mit Du/WC und Fan bzw. ac.

Sunshine** ⑨, keine besonders stimulierende Anlage links der schmalen Straße.

Cherating Inn** ⑩, Bungalows mit Du/WC und Fan. Malaiisches Restaurant.

Mini Motel**-*** ⑪, vergammelte Bungalows mit Du/WC und neuere, überteuerte mit ac und TV.

Duyong** ⑫, ✆ 5819335. Die Anlage mit sauberen Holzhütten mit Du/WC und ac wirkt ein bißchen steril und leblos, Restaurant am Strand.

Spag'n Resort**-*** ⑤, ✆ 5819378, ist eine etwas größere Anlage mit nebeneinandergestellten einheitlichen Holzhäusern mit ac oder Fan. Teurere Zimmer mit TV und Heißwasser.

The Moon** ①, ✆ 5819186, oberhalb der östlichen Zufahrtsstraße am Hang gelegen, ist eine ruhige Anlage unter englischem Management. Einfache Hütten im Wald mit Du/WC, Fan und Moskitonetz. Schlafsaal ist auch vorhanden.

Residence Inn ④, ab 195 RM, Hotelblock mit voll ausgestatteten Zimmern, die vor allem mit Konferenzteilnehmern belegt sind.

VORWAHL – 09, PLZ 26080.

Essen

Authentische asiatische Küche darf man bei so vielen ausländischen Gästen in Cherating nicht erwarten, das Angebot ist dem europäisch-amerikanisch genormten Gaumen angepaßt. Abends fließt das Bier und sogar Drinks.

Ani ist ein kleines, preiswertes Restaurant an der Straße, neben der Bushaltestelle.

Lianee Cafe, thailändische und malaiische Gerichte und Seafood, nicht superbillig, aber beliebt.

Mimi's billiges, kleines Restaurant, das *Roti Chanai* und andere einfache Gerichte anbietet.

Cherating Inn und *Spag* haben eigene Restaurants, *Sayang* serviert auch indische Gerichte.

Restaurant Riverside (Nancy's Place) serviert chinesische Gerichte.

Blue Lagoon, gleich nebenan, ist ebenfalls ein belebtes Lokal nach Einbruch der Dunkelheit. Auch das *Pop Inn* hat viele Gäste, vor allem, wenn Musiker auftreten. Alle drei bieten Essen, vor allem aber kühle Getränke, auch Bier.

Payung Cafe ist ein nettes kleines Cafe, in dem es auch etwas zu essen gibt. Am Strand liegt das *Boathaven*, Restaurant und Bar mit westlicher und indischer Küche. Es gibt auch einige Strandhütten. Verleih von Windsurfbrettern.

De Club, nette Kneipe, in der abends auch Live-Musik gespielt wird. Happy Hour von 2–12 Uhr.

Driftwood, weiter südlich am Strand, bietet American Food.

Transport

Nahverkehrsbusse fahren etwa stündlich bis gegen 19.30 Uhr nach BESERAH 2 RM, KUANTAN 3 RM und KEMAMAN 1 RM, seltener nach KUALA DUNGUN oder gar bis KUALA TERENGGANU. Die Busse halten an der Haltestelle bei *Mak Long Teh*. Der *Travelpost* bietet Kombinationstickets an und übernimmt Reservierungen: nach SINGAPORE 30 RM, MERSING 24 RM, KUALA LUMPUR 26 RM, JERANTUT 22 RM, TAPAH 35 RM, BUTTERWORTH 42 RM, KOTA BHARU 26 RM, KUALA BESUT 25 RM und KUALA TERENGGANU 15 RM. Taxis werden von den Bungalowanlagen und Hotels vermittelt.

Kuantan

Die größte Stadt an der Ostküste, „Boomtown", Überseehafen, Wirtschaftszentrum, Schnittpunkt der großen Verkehrswege und Hauptstadt des Staates Pahang. Sehenswürdigkeiten gibt es nicht zu bestaunen, eher allerhand praktische Kleinigkeiten zu erledigen. Beiderseits der Jl. Besar und der Jl. Mahkota sind alle wichtigen Geschäfte, Büros und Hotels bequem zu Fuß zu erreichen. Am Flußufer nahe der alten Busstation kann man draußen sitzen und ausspannen, vielleicht auch mit der Fähre zum gegenüberliegenden Fischerdorf übersetzen.

Das neue Wahrzeichen der Stadt ist die 1994 eröffnete **State Mosque Sultan Ahmad Shah**. Ihre große blau-grün-weiße Kuppel und die Minarette erinnern an architektonische Vorbilder aus arabischen Ländern. Nicht-Muslime können die Moschee in angemessener Bekleidung (Kopfbedeckung für Frauen, bedeckte Beine und Arme für beide Geschlechter) außerhalb der Gebetszeiten besichtigen.

Der nicht besonders attraktive Strand **Pantai Teluk Chempedak**, etwa 5 km vom Stadtzentrum entfernt, bietet auch ansonsten nichts Überwältigendes. Bevölkert wird er natürlich vor allem von erholungssuchenden, züchtig bekleideten Städtern, die hier ihre Freizeit verbringen. Da die Küste steil abfällt, kann es gefährliche Strömungen geben, weit hinauszuschwimmen ist also nicht angeraten.

Übernachtung

ZENTRUM – *Tong Nam Ah** ②, 98 Jl. Besar, ✆ 521204, in einer Seitenstraße nahe der Bus Station gelegen. Billiges Chinesenhotel ohne jeglichen Komfort, aber sauber.
Sin Nam Fong Hotel*-** ⑤, 44 Jl. Teluk Sisek, ✆ 521561, kleines chinesisches Hotel, saubere Zimmer mit Du/WC.
Moonlight Hotel*-** ⑥, 50 Jl. Teluk Sisek, ✆ 524277. Die Zimmer mit und ohne Du/WC und ac sind sehr runtergekommen.
Mei Lai Hotel* ⑦, 58 Jl. Teluk Sisek, ✆ 520312, billige und saubere Zimmer mit Fan, Gemeinschafts-Du/WC. Zur Straße hin recht laut.
Champagne Emas Hotel*** ⑧, 3002 Jl. Haji Ahmad, ✆ 5138820, das preiswerteste Mittelklasse-Hotel, Zimmer mit ac und Du/WC.
Oriental Evergreen Hotel*** ①, 157 Jl. Haji Abdul Rahman, ✆ 5130168, ✆ 5130368. Modernes, ac-gekühltes Stadthotel.
Hotel Classic***-**** ④, Jl. Besar, nahe dem Fluß, ✆ 554599, modernes City-Hotel, bietet für die Preisklasse einen guten Standard.
Samudra Riverview*** ③, Jl. Besar, ✆ 555333, ✆ 5130618, war einmal eines der besten Hotels in der Innenstadt, ist aber mittlerweile etwas abgewohnt und zudem laut., großer Pool.
Sri Malaysia Hotel*** ⑩, Jl. Teluk Sisek, ✆ 553688, ein Haus der landesweiten Kette, zweckmäßig eingerichtete Zimmer mit ac und Du/WC, Restaurant.
Grand Continental ab ****** ⑨, Jl. Gambut, ✆ 5158888, großer, moderner Hotelblock im neuen Zentrum. Zimmer mit allem Komfort.

TELUK CHEMPEDAK – *Hotel Kuantan**-**** ⑫, ✆ 5130026, ist ein helles, freundliches und sauberes Mittelklassehotel mit Zimmern verschiedener Preislage, manche mit ac und Balkon.
Sri Pantai Resort*-*** ⑪, 2 Jl. Sim Lim, ✆ 5137268. Ruhige, kleine Anlage, manche Zimmer mit Balkon. Etwas in die Jahre gekommen.

Hyatt Kuantan ab 300 RM ⑬, ist ein internationales Hotel der Spitzenklasse und bedarf keines weiteren Kommentars, ✆ 5131234.

Essen

Foodstalls und billige, kleine Restaurants finden sich zuhauf rund um die Bus Station. Nett sitzt man in ein kleinen open air-Restaurants am Fluß, wo es u.a. *Claypot* und auch Seafood gibt. Zahlreiche **Foodstalls** mit chinesischen und malaiischen Gerichten reihen sich an der Jl. Mahkota, nahe der großen Moschee. Preiswert essen kann man auch im Terentum Komplex, dem Einkaufszentrum am westlichen Ende der Jl. Mahkota. Ein großer Nachtmarkt findet jeden Samstagabend in der Jl. Gambut, ab Jl. Ubi, statt.
Tiki's Jl. Abdul Aziz, ist ein netter Ort für Frühstück und Mittag. Nur tagsüber geöffnet.
An der Jl. Bukit Ubi, Ecke Jl. Tun Ismail, findet man abends eine große Bandbreite an Gerichten: In der Jl. Bukit Ubi das indische Restaurant *Wanita* mit leckeren Curries vom Bananenblatt.
Kuantan Seafood, gleich um die Ecke, mehrere Stände, an denen Fisch und Meerestiere zubereitet werden.
Soo Ser Yen, etwas weiter östlich, ein vegetarisches Restaurant.
Im *River View* des *Samudra Hotels* sitzt man auf einer überdachten Terasse am Pool mit Blick auf den Fluß. Gehobene Preisklasse.
Nach Teluk Chempedak fährt man vor allem wegen des guten **Seafood**, das hier in den Restaurants angeboten wird. Nicht gerade ein billiges Vergnügen, aber durchaus erschwinglich.

Sonstiges

AUTOVERMIETUNGEN – Ein Kleinwagen kostet pro Tag etwa 160 RM und pro Woche 950 RM.
Avis, 102 Jl. Teluk Sisek, Ecke Jl. Beserah, ✆ 523666, ✆ 5132133
Hertz, im Samudra Riverview Hotel, ✆ 528041. Hat die niedrigsten Preise.
Pacific, 59 Jl. Abdul Aziz, ✆ 526370, ✆ 526706.
National, 49 Jl. Teluk Sisek, ✆ 527303, ✆ 527863.
Orix, am Airport in der Ankunftshalle, ✆ 5383894.

INFORMATIONEN – *Tourist Office* für Pahang, ✆ 5133026, im Pavillon gegenüber dem Terentum Komplex an der Jl. Mahkota. Hilfreiche Mitarbeiter. Es werden auch Touren auf dem Pahang River, zum Tasek Chini und Tasek Bera, zum Taman Negara oder in den Kenong Rimba National Park organisiert. Geöffnet Mo–Do 9–12.45 und 14–16.15, Fr 9–12.15 und 14.45–17, Sa 9–13 Uhr.

POLIZEI – *Tourist Police*, ✆ 5522222.

VORWAHL – 09, PLZ 25000.

Transport

BUSSE – Busse in die Umgebung fahren vom alten Busbahnhof an der Jl. Besar am Markt und ab Jl. Haji Abdul Rahman, am nördlichen Rand der City, u.a. nach BESERAH bzw. CHERATING und KEMAMAN. 3x tgl. nach FELDA CINI II, dem Tor zum Tasek Chini, für 4,70 RM. Der neuer Busbahnhof neben dem Stadion ist mit dem Taxi vom Zentrum für 5 RM oder nach einem Fußmarsch von 20 Min. zu erreichen. Hier auch die Büros der Busgesellschaften.
Nach Norden: Nach CHERATING in 1 Std. für 3 RM mit Bus Nr. 37 Richtung Kemaman. KUALA TERENGGANU 10x tgl. in 3 1/2 Std. für 9 RM, KOTA BHARU 7x tgl. in 6 1/2 Std. für 16 RM.
Nach Westen: Über TEMERLOH in 2 Std. für 6 RM nach KUALA LUMPUR 18x tgl. in 4 1/2 Std. für 13 RM. JERANTUT 4x tgl. in 3 1/2 Std. für 8,50 RM, CAMERON HIGHLANDS 2x tgl. für 23 RM, BUTTERWORTH in 10–12 Std. für 27 RM..
Nach Süden: MERSING in 3–4 Std., 10–11 RM, JOHOR BHARU 6–7x tgl. in 6–7 Std. für 18 RM, SINGAPORE 3x tgl. in 7 Std. für 17 RM, MELAKA 3x tgl. in 4 1/2 Std. für 14 RM.

ÜBERLANDTAXIS – für Überlandfahrten ab Jl. Mahkota, neben dem Tourist-Office.
Nach Norden: CHERATING 7,50 RM, RANTAU ABANG 15 RM, KUALA TERENGGANU 18 RM und KOTA BHARU 30 RM.
Nach Westen: TEMERLOH 10 RM, KUALA LUMPUR 30 RM, JERANTUT 16 RM.
Nach Süden: MERSING 20 RM, JOHOR BHARU 40 RM. Zum TASEK CHINI 60 RM und MELAKA 120 RM pro Taxi.

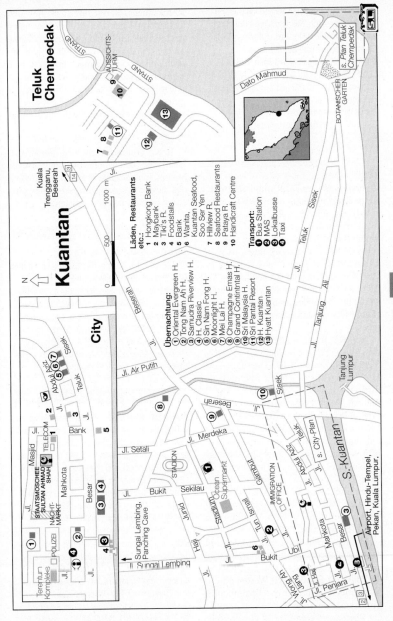

FLÜGE – Der Flughafen liegt 16 km westlich Richtung Temerloh. Mit dem Airport Bus 8x tgl. bis 17.15 Uhr für 1 RM. Taxi 15 RM von Teluk Chempedak und vom Stadtzentrum.
Direkte Verbindung mit MAS nach KUALA LUMPUR 5–6x tgl. für 74 RM, SINGAPORE 4x wöchentlich für 146 RM und nach TIOMAN mit Pelangi einmal tgl. für 79 RM.
MAS-Office, Wisma Bolasepak Pahang, 7 Jl. Gambut, ✆ 5157055, *Pelangi* am Airport, ✆ 5381177.

Tasik Chini

Eigentlich ist der Tasik Chini ein breiter, verzweigter Flußlauf, eine reizvolle Landschaft aus Schlick, Schilf, spiegelglatten Wasserflächen, Buschwerk und Dschungel, wunderbar still und doch belebt von zahlreichen Vögeln und Insekten. An den Ufern leben ein paar Orang Asli, die mit ihren Einbäumen zum Fischen fahren. Von März bis Oktober verwandelt sich der Tasik Chini, besonders sein südliches Ende (Laut Melai), in ein einziges Lotosblumenmeer.

Von **Kg. Rambai** fährt man zuerst auf dem Sungai Pahang flußaufwärts. Nach ca. 5 km taucht am südlichen Ufer die schmale, dschungelüberwachsene Mündung des Sungai Chini auf. Sobald das Boot die schmale Zufahrt passiert hat, ist hinter der Straßenbrücke die Bootsanlegestelle zu sehen, ein neues Haus, in dem ein Restaurant und ein Bootsverleih untergebracht ist. Hier werden ebenfalls Boote für die angenehme Flußfahrt zum See angeboten. Allerdings fahren keine öffentlichen Verkehrsmittel hierher. Der Abfluß des Tasik Chini ist etwa 5 km lang, mit ein paar Pausen braucht man 1 1/2 Stunden, um zum See zu gelangen.

Mit dem Bus gelangt man **auf der Südroute zum See.** Vom Segamat Highway zweigt 113 km nördlich von Segamat eine 36 km lange Straße nach Westen ab und führt überwiegend durch Ölpalmplantagen. 1 km abseits der Straße liegt inmitten der Plantagen **Felda Cini II**, ein am Reißbrett geplantes Versorgungszentrum mit Krankenhaus, Markt, Tankstelle, Bus- und Taxistation. Fährt man an der Abzweigung nach Felda Cini II 2 km weiter geradeaus, an der Gabelung bei der Ölmühle 8 km nach rechts und dann nach links, ist nach weiteren 5 km das südliche Seeufer erreicht. Kurz zuvor kann auf einer Abzweigung Richtung Norden die Bootsanlegestelle Kompleks Pelacongan am Südufer des Pahang River und auf einer Lateritstraße Kg. Gumum erreicht werden.

In **Kg. Gumum**, nicht weit vom Resort, leben die Jakun, ein protomalaiischer Stamm. Eine beliebte Freizeitbeschäftigung der Bewohner des Dorfes ist Blasrohrschießen mit und für Touristen.

Übernachtung und Essen

Lake Cini Resort***, ✆ 09-4567899, ✉ 4567898, am Südufer des Sees, kann mit dem Boot und auf dem Landweg via Felda Cini II erreicht werden. Am Seeufer 18 Bungalows mit Du/WC und Fan, Bett im Schlafsaal 18,50 RM. Übernachten kann man auch sehr einfach in Kg. Gumum, östlich des Resorts, im *Guest House** von Mr. Rajan Jones für 18 RM, mit Frühstück, Lunch und Abendessen. Allerdings gibt es weder Elektrizität noch sanitäre Einrichtungen.

Transport

AUF DEM LANDWEG – Busse fahren 3x tgl. von KUANTAN für 4,70 RM nach FELDA CINI II. Ein Bus des Resorts, der gegen 11.30 Uhr Gäste nach Cini II bringt, nimmt für 5 RM Touristen mit zurück. Ansonsten muß man sich für die letzten 16 km ein Taxi für max. 20 RM nehmen. Ein Überlandtaxi von Kuantan zum See und zurück kostet 60 RM für 4 Personen und ein Taxi nach KG. GUMUM ab Felda Cini II 20 RM.

BOOTE – Weit interessanter als die Busfahrt ist die geruhsame Anreise mit dem Boot. Der einfachste Weg führt über das Tourist Office in Kuantan, das für maximal 4 Personen ein Boot plus Transport für 150 RM organisiert.
Gut ist eine zweitägige Tour mit der *Sri Chini Tour Agency* in KG. RAMBAI, 5 km vor Kg. Belimbing. In Kg. Belimbing kosten Boote für eine

Tagestour je nach Größe zwischen 50 und 160 RM. 4–5 Personen haben in einem kleinen Boot für 50 RM Platz. Auch am Kompleks Pelacongan werden für 50 RM kleine Boote angeboten.

Mersing

Vor der Küste nördlich von Mersing liegt ein Archipel von etwa 60 bewohnten und unbewohnten Inseln, die zum Teil von Korallenriffen umgeben sind. Wichtig ist die kleine Hafenstadt an der Mündung des gleichnamigen Flusses für Reisende daher nur als Durchgangsstation. Von November bis Januar ist die See recht stürmisch, schwimmen oder tauchen kann gefährlich werden. Während dieser Zeit sind auch zahlreiche Hotels und Restaurants geschlossen. Da die meisten Boote früher abfahren als die Busse ankommen, bleiben viele Touristen keine Nacht in der Stadt. Sehenswürdigkeiten gibt es keine, aber im Hafen liegen viele Fischerboote, und von der **Moschee** hat man einen Blick über das gemütliche Örtchen.

Übernachtung

Sheikh Guest House*, 1B Jl. Abu Bakar, 7993767. Ein Bett im Schlafsaal kostet 6 RM. Reisebüro.
Omar's Backpacker Hostel*, 7993125, 7994158, nebenan, Bett im Schlafsaal 6 RM.
Juni Guest House*, 7993155, ca. 500 m südlich des Kreisverkehrs an der Straße nach Johor Bharu. Einfach, sauber, relativ ruhig, aber nicht gerade in der schönsten Gegend.
The Cuckoo's Nest*, 7991060, 9-1Jl. Dato Timur, neues Gästehaus, Schlafsaal-Bett für 7 RM und Zimmer. Frühstück inklusive. Malaiisch-indisch-schweizer Management.
Syuan Koong*, 44A Jl. Abu Bakar, 7991498, billiges, sauberes Chinesenhotel, Zimmer mit Fan und Gemeinschafts-Du/WC oder ac und Du/WC.
Country Hotel**, 7991799, gegenüber der Bus Station, angenehme und saubere kleine Zimmer mit Du/WC und ac, die den etwas höheren Preis wert sind.
Embassy**, 2 Jl. Ismail, 7993545, 7995279, Nicht das einladendste Gebäude, aber die geräumigen Zimmer mit Du/WC und ac sind sauber und o.k.
Mersing Inn**-***, 38 Jl. Ismail, 799919, modernes Hotel, alle Zimmer mit ac, TV und Du/WC. Zentrale Lage, ungefähr auf halber Strecke zwischen Busbahnhof und Fährenlegestelle.
Seri Malaysia Hotel****, 64 Jl. Ismail, 7991876, hat moderne ac-Zimmer mit TV und Warmwasser.
Timotel****, 839 Jl. Endau, 7995888, 7995333, das neue Hotel auf der anderen Seite des Sungai Mersing bietet schöne, große Zimmer mit allen Annehmlichkeiten. Nachteil: Der Fernverkehr rauscht direkt vor dem Hotel vorbei.

Essen

Plaza R&R mit verschiedenen Foodstalls, an denen man z.T. sehr gut essen kann. Hier auch das *De La Riz Café* mit großer Frühstücksauswahl, Büfett und Meerblick.
Es gibt eine ganze Reihe **chinesische** Restaurants im Ort: *Ee Loh*, Jl. Dato Md. Ali, am Kreisverkehr.
Loke Tien Yuen, Jl. Abu Bakar, liegt nur wenige Meter entfernt.
Indische Restaurants sind auch vertreten:
Zam Zam, Jl. Abu Bakar, kleines indisch-muslimisches Restaurant.
Restoran A-Z, Jl. Abu Bakar, schräg gegenüber vom Golden City, eignet sich z.B. gut für ein billiges Frühstück.
Malaiisch wird am Abend bei den Foodstalls am großen Kreisverkehr und an der Flußbrücke gekocht. Vor allem Sate und gegrillter Fisch sind bei Einheimischen beliebt.
Im *Tom Yam Selera Ria*, neben dem *Embassy Hotel*, genießt man abends im kleinen Vorgarten nicht nur die Tom Yam-Suppe, preiswert.

Sonstiges

GELD – Geld wechselt *May Bank*, Jl. Ismail, geöffnet Mo–Fr 9–16, Sa 9.30–11.30 Uhr. Moneychanger bei *Giamso* im Erdgeschoß des *Golden City Hotels*.

INFORMATION – *Mersing Tourist Information Centre* (MTPB), nahe der Fährenlegestelle, 7995212, 7993975, Mo–Fr 8–12.15 und

14–16.15, Sa 8–12.45 Uhr, So geschlossen, hat gute Infos über Johor, Mersing und den Inseln im Seribuat-Archipel, aber kaum etwas zu Tioman (die Insel gehört zum Bundesstaat Pahang).

VORWAHL – 07, PLZ 86800.

Transport

BUSSE – nach Singapore bzw. Kuantan halten die Busse am Kreisverkehr beim Restoran Malaysia. Dort gibt es auch die Tickets.
Alle anderen fahren ab Anlegestelle. Richtung KUANTAN um 13 und 23 Uhr für 11 RM, SINGAPORE um 12.30 und 16 Uhr für 12 RM, MELAKA in 4–5 Std. für 12 RM, KUALA LUMPUR um 12, 17 und 22 Uhr in 7 Std. für 18 RM, IPOH 26 RM, BUTTERWORTH um 17 Uhr für 35 RM, CHERATING 14 RM, KUALA TERENGGANU 19 RM. JOHOR BHARU 3x tgl. in 4 Std. für 10 RM, außerdem von der lokalen Busstation am Hafen mit dem Bus für 5 RM, was jedoch langwierig und unbequem ist.
Nahverkehrsbusse fahren auch in kleinere Orte der Umgebung, z.B. nach ENDAU für 3 RM.

ÜBERLANDTAXIS – vom Halteplatz am Hafen nach JOHOR BHARU 15 RM, KELUANG 9 RM, von dort weiter mit dem Zug nach Kuala Lumpur oder Kota Bharu, KUALA LUMPUR 40 RM, KUALA TERENGGANU 32 RM, KUANTAN 20 RM, SINGAPORE 20 RM.

SCHIFFE – Der Gezeiten wegen fahren die Boote auf die Inseln unregelmäßig. Pulau Tioman erreicht man mit dem großen Schnellboot, Abfahrt tgl. gegen 11.30 Uhr in 1 1/2 Std. für 25 RM (manchmal unzuverlässig) oder für den gleichen Preis mit einem der langsameren Boote wie z.B. dem *Seagull Express*. Letzterer benötigt für die Überfahrt bis zum *Berjaya Tioman Beach Resort* ca. 2 1/2 Std. Die ersten Fähren verlassen Mersing gegen 8.30 Uhr, die letzten gegen 16 Uhr, je nach Gezeitenlage. Tickets u.a. bei *Island Connection* am Kreisverkehr oder bei den Anbietern in der Umgebung der Busstation. Viele Hotels vermitteln preisgünstige Überfahrten. Kein Rückfahrtticket kaufen, auch wenn es zum Sonderpreis angeboten wird. Da verschiedene Gesellschaften Fähren unterhalten, wird oft das Ticket von der gewählten Fähre zurück nicht akzeptiert. Entgegen der in Mersing verbreiteten Auskunft sind Tickets auf Tioman nicht teurer. Wer ein Expressboot-Ticket kauft, sollte sich vorher erkundigen, um welches Schiff es sich handelt. Es kommt vor, daß man auf irgendeine (durchaus recht schnelle) Nußschale verfrachtet wird oder daß die angegebenen Fahrzeiten nicht eingehalten werden. Die Schnellboote legen meist am *Berjaya Tioman Beach Resort,* in Kg. Tekek, Air Batang und Salang an. Wer erst bei Dunkelheit ankommt, muß unter Umständen mit der Taschenlampe auf Zimmersuche gehen. Nach Kg. Juara fährt auch das Boot der *Mutiara Bungalows*.

Pulau Tioman

Ein schroffer, dschungelbewachsener Bergrücken, hier und da gesäumt von weißen, schattigen Palmenstränden und kleinen vorgelagerten Korallenriffen. Taucher können an vielen Stellen in das klare Meer hinuntersinken und die bunte Unterwasserwelt erkunden. Und über allem thront der über 1000 Meter hohe Gunung Kajang.

Wer die Veränderungen der letzten 10 Jahre beobachten konnte, macht sich Sorgen um die Insel. An vielen Stellen sind Unterkünfte entstanden, wird Wasser verbraucht, Strom erzeugt, Müll produziert und auf vorsintflutliche Art entsorgt, ohne daß eine planende Hand die unausweichlichen Folgen in den Griff bekommer. Schon wird ein Wasserreservoir mit E-Werk angelegt, das neue Bautätigkeit nach sich ziehen kann. Zwar hat man überall für Strom, Wasser, Bier und Coca Cola gesorgt, aber eine endgültige Erschließung für die Ansprüche von Pauschaltouristen ist noch nicht in Sichtweite.

Die Unterkünfte reihen sich vor allem an der Westküste und sind wegen der längeren Fußmärsche besser mit dem Boot zu erreichen. Wer Ruhe sucht, der kann sie an vielen Stellen noch finden, und wem das Strandleben zu langweilig wird, der kann auf ausgedehnten Spaziergängen die üppige tropische Vegetation auf sich wirken lassen.

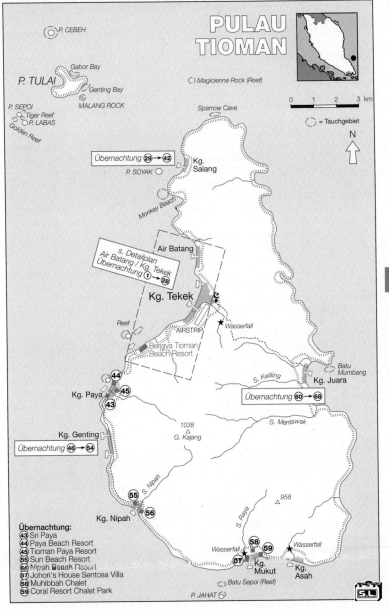

Kampung Tekek könnte man als den Hauptort der Insel bezeichnen. Täglich fliegen hier die kleinen Propellermaschinen ein, deren Passagiere meist auf der (bisher) einzigen befahrbaren Straße nach Süden zum *Berjaya Tioman Beach Resort* gekarrt werden. Im Süden von Kampung Tekek liegen an einem breiten Sandstrand ein paar Anlagen, nach Norden führt nur ein schmaler, befestigter Weg nach Air Batang.

Das kleine **Sudut Muzium** im 1. Stock des Terminal Komplex, geöffnet tgl. 9–17 Uhr, Eintritt 1 RM, erzählt anhand von Ausgrabungen, alten Seekarten und Bildern die Geschichte Tiomans als Handelsstützpunkt im Südchinesischen Meer.

Ein bequemer, befestigter Fußpfad führt von Kg. Tekek an der Westküste entlang, vorbei an zahlreichen Bungalowanlagen, nach Norden bis zum **ABC Beach**. Die Strände sind zum Teil sehr schmal oder steinig und eignen sich nicht überall zum Baden. Zudem machen die Küste und das Meer einen eher schmutzigen Eindruck; der Strand südlich von der Anlegestelle ist besser als der nördliche.

Seltener wandern Leute vom ABC Beach nach Norden durch den Dschungel zum einsamen Monkey Beach (1 1/4 Std.), wo man gut schnorcheln kann, oder bis nach Salang. Dieser Weg ist nicht leicht zu finden. Um von Salang zum Monkey Beach zu kommen, braucht man ca. 1 Stunde, immer an der Stromleitung entlang.

Da die vorgelagerte kleine Insel **Pulau Soyak** die Bucht von **Salang** schützt, ist das Meer hier relativ ruhig. Der Strand ist nicht sehr lang, besonders der schönere, südliche Abschnitt, wenn man die doch recht große Anzahl von Hütten und Restaurants bedenkt. An der nördlichen Bucht liegt das gleichnamige Dorf, das man allerdings vor lauter Bungalows kaum noch wahrnimmt.

Südlich von Tekek bildet das **Berjaya Tioman Beach Resort** mit seinen gepflegten Gärten einen bemerkenswerten Kontrast zu der wildwuchernden Natur ringsum. Von den Tiomanern schlicht „Hotel" genannt, dominiert es in vielerlei Hinsicht das Geschehen auf der Insel. Über einen Dschungeltrail gelangt man in ca. 1 Std. vom Resort aus nach Kg. Paya. Der schmale, teilweise steile Weg beginnt am Ende der Bucht hinter dem Golfplatz. Am besten orientiert man sich im Dschungel konsequent an der Stromleitung, die nach Paya führt.

Von **Kampung Paya** aus, wo ebenfalls ein teures Resort sowie ein paar einfachere Bungalowanlagen gebaut wurden, gelangt man zu Fuß bis zur nächsten Bucht, in der das Fischerdorf **Kampung Genting** liegt. Der Trail ist im ersten Teil etwas zugewachsen. Vorbei an massiven Felsbrokken geht es dann durch den Wald. Auch hier dient das Stromkabel als Orientierung. Bald wird aus dem Pfad ein befestigter Fußweg, der an Felsen, Kampunghäusern und Gärten bis nach Kg. Genting führt (von Kg. Paya in ca. 1 Std.). Hier gibt es zahlreiche Bungalowanlagen. Die nächsten Dörfer **Kampung Nipah** und **Kampung Mukut** sind schwierig zu Fuß und besser mit dem Boot zu erreichen. Beide haben schöne Strände mit Bungalowanlagen. Kampung Mukut besitzt auch einen kleinen **Wasserfall**, aber der große liegt bei **Kampung Asah**. Von der Anlegestelle aus sind es nur ein paar Minuten zu Fuß, und es lohnt sich, Badesachen mitzunehmen.

Dschungelwanderung auf die andere Seite der Insel

Ein wunderschöner Weg führt steil durch den Dschungel auf den ca. 500 m hohen Bergrücken und dann etwas weniger steil bis zur Bucht von Kg. Juara. Vom Strand in Kg. Tekek verläuft eine Abzweigung zur Moschee und weiter bergauf, zunächst auf einem etwas zugewachsenen Pfad. Es geht durch eine verlassene Kautschukplantage und dann quer durch den Dschungel, vorbei an beeindruckend hohen Urwaldriesen und vielen Farnen auf über 1000 Stufen immer bergauf. Etwas abseits des Weges liegt ein kleiner Wasserfall, der zu einer kurzen Rast einlädt. Für die Wanderung benötigt man ca. 2 1/2 Stunden. Schon bald nach dem Überschreiten des Bergrückens beginnt der befestigte Plattenweg nach **Kg. Juara**.

Die weite, halbkreisförmige Bucht mit ihrem breiten Sandstrand, den locker verteilten Kampung-Häuschen und den kleinen Bungalows wird majestätisch von Bergrücken eingerahmt. Quallen und Sandflöhe beeinträchtigen allerdings an manchen Tagen das schöne Gefühl, einmal an einem Ort zu sein, an dem es buchstäblich nichts zu tun gibt. Im Gegensatz zu vielen anderen Stränden kann man hier auch bei Ebbe baden.

Von Kg. Juara fährt einmal täglich gegen 15 Uhr ein *Sea Bus* für 18 RM p. P. über Salang und Air Batang zurück nach Kg. Tekek.

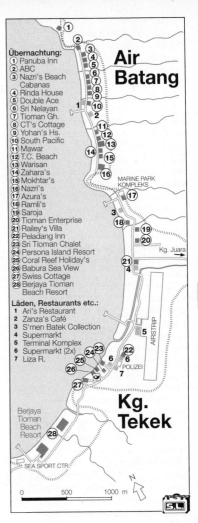

Übernachtung

KG. TEKEK – Von der Anlegestelle ist es ein gutes Stück zu laufen. **Nach Norden** wurde der Strand teilweise mit Zementplatten befestigt.

Railey's Villa* ㉑ ist die ersten Anlage, die man zu Fuß erreicht. Nicht sonderlich attraktiv, nur düstere Schlafsaalbetten.

Tioman Enterprise* ⑳, ✆ 952856, saubere Holzhäuschen mit Fan und Du/WC. Restaurant, Geldwechsel. Es werden auch Räder vermietet und zahlreiche Bootstouren organisiert.

Saroja* ⑲, ähnliche Hütten mit Fan, kleiner Laden und Seafood-Restaurant.

Ramli's*-** ⑱, ✆ 011-716673, am steinigen Strand, Chalets mit Fan und Du/WC, auch zwei billige *A-frames*. Freundliches Restaurant.

Azura's* ⑰, besteht aus ein paar Holzhäusern mit Du/WC und Fan.

Vorbei an dem zweiten Pier kann man auf dem befestigten Fußweg um die Landspitze herumgehen zur Bucht von Air Batang.

Nach Süden muß man von der Anlegestelle ein gutes Stück gehen, bevor die ersten Bungalows auftauchen. Der Strand ist auf diesem Stück zwar schön, aber das Meer ist flach und zum guten Schnorcheln fehlen die großen Steine. Wegen der Seeigel unbedingt Badeschuhe anziehen!

Peladang Inn*** ㉒, ✆ 1146240, neue, saubere ac-Chalets, die ersten vom Flughafen nach Süden. Die Lage an der Straße ist von Nachteil.

Sri Tioman Chalet**-*** ㉓ ✆ 011-711256, größere, gepflegte Anlage mit unterschiedlichen Chalets, alle mit Du/WC. Gutes Restaurant.

Persona Island Resort***-**** ㉔, ✆ 4146213 und 07-7995063, DZ mit Fan oder ac in einem neuen Hotelgebäude mit Restaurant, liegt aber nicht direkt am Strand.

Coral Reef Holiday's*-** ㉕, ✆ 011-766326, kleine aber freundliche Hütten mit großen Fenstern, Fan und Du/WC, manche mit Meerblick, auch Schlafsaalbett für 6 RM.

Babura Sea View**-**** ㉖, ℡ 011-719204, Hütten mit Du/WC unter Kasuarinas. Tauchshop, Restaurant, Souvenirladen und Transportservice.
Swiss Cottage**-*** ㉗, schöne, große Bungalows mit Fan und Du/WC, Chalets ohne Fan und Du/WC oder Zimmer im Langhaus mit Fan und Du/WC. Schattige Anlage mit Restaurant und Tauchshop. Buchungen ℡ 07-2242829.
Berjaya Tioman Beach Resort (ab 245 RM) ㉘, ℡ 4145445, ℻ 4145718, Buchungen ℡ 03-2429611, ℻ 2442527, Golfplatz, Pools, Restaurants, Tauchschule, Bootsvermietung, Krankenstation – keine Annehmlichkeit, die hier nicht zu haben wäre. Der Strand ist ebenfalls schön. Allerdings weicht bei Ebbe das Meer zurück, so daß man über Korallen laufen muß.

AIR BATANG – Vom Pier weiter nach Norden:
South Pacific* ⑩, Bungalows mit Du/WC und einfache Hütten, z.T. aus steinigen Strand.
Johan's House*-*** ⑨, ℡ 011-664257, Chalets verschiedener Preislage und Ausstattung, auch Schlafsaalbetten für 10 RM, recht beliebt.
CT's Cottage** ⑧, solide Bungalows mit Fan und Du/WC von Ben's Diving Centre (s. Salang).
Tioman Guest House*-** ⑦, ℡ 952963, eine relativ große Anlage, Bungalows mit Fan und Du/WC, ein Chalet mit ac.
Sri Nelayan* ⑥, einfache Hütten.
Double Ace* ⑤, einfache, dicht nebeneinander gelegene Hütten mit und ohne Du/WC.
Rinda House* ④, einfache Hütten.
Nazri's Beach Cabanas*-** ③, ℡ 011-333486, ℻ 07-7995405, hübsche Anlage am Hang mit Restaurant, Jetski-Verleih. Etwas edler als am südlichen Air Batang.
ABC*-** ②, ℡ 011-349868, ist beliebt, weil es hier ein schöneres Stückchen Strand gibt. Einfache, alte und komfortablere, neuere Bungalows, beliebtes Restaurant mit Traveller-Küche.
Panuba Inn* ①, in 15 Min. über einen steilen Pfad, der hinter dem ABC um die Felsen herumführt, oder mit einem Boot ab Kg. Tekek zu erreichen. Schöne, einsame Bucht, schlichte Bungalows in luftiger Höhe.
Mawar* ⑪, größere, relativ neue einfache Hütten, nette Anlage, dazu ein Restaurant.
T.C. Beach*-** ⑫, ℡ 011-714141, in Reihen eng aneinanderstehende Holzhütten, alle mit Fan und Du/WC, sauber. Buchverleih.

Warisan* ⑬, einfache, eng beieinanderstehende Häuschen mit Fan und Du/WC. Anlage am Hang. Sandstrand am flachen Meer.
Zahara's (My Friend's Place)* ⑭, neue, saubere Chalets mit Du/WC sowie *A-frames* mit Gemeinschafts-Du/WC. Südlich des Anlegestegs ist der Strand wesentlich besser als nördlich.
Mokhtar's* ⑮, ℡ 011-719952, einfache Hütten in schöner Gartenanlage.
Nazri's*-** ⑯, ℡ 349534, ℡/℻ 07-7995405, alter Traveller-Treffpunkt, Bungalows und Zimmer in verschiedenen Größen, unterschiedlicher Preislagen und Ausstattungen. Waschservice, internationale Telefonverbindung, Schnorchelausrüstungen und Restaurant.

SALANG – Auch hier ist der nördliche Strandabschnitt weniger attraktiv als der südliche, aber dafür wird es ganz im Norden wildromantisch.
Salang Huts* ㉙, die vorerst nördlichste Anlage am steinigen Strand bietet zwölf einfach ausgestattete Chalets mit Fan und Du/WC.
Ella's Huts* ㉚, kleinere Anlage. Sehr einfach und ruhig.
Salang Beach Resort**-**** ㉛, ℡ 07-7992337, ℻ 993607, neben einfachen Hütten auch luxuriöse Bungalows mit ac am Strand.
Salang Indah*-**** ㉜, ℡ 011-730230 und ℡ 07-7991407, ℻ 07-7991407, der größte Komplex, Bungalows in unterschiedlicher Ausstattung. Gute Hütten mit Du/WC und Fan. Zur angenehmen Anlage gehören ein ausgezeichnetes Restaurant und ein Supermarkt mit Money Changer.
Mohammed Abidin's Chalets* ㉝, hat ein paar billige Zimmer im Langhaus.
Salang Dreams* ㉞, kleine Chalets nahe der Anlegestelle, einige mit Außendusche. Nichts besonderes, das Restaurant davor ist gut besucht.
Khalid's Place**-**** ㉟, ℡ 954241, liegt zwar nicht am Strand, ist aber trotzdem nett. Schlafsaalbetten 10 RM, Langhauszimmer, Chalets und Bungalows mit Fan, Du/WC und Moskitonetz.
Puteri Salang Inn** ㊲, saubere Anlage, große Chalets mit Fan und Du/WC, freundlich.
Nora's Chalets* ㊱, preiswerte Zimmer mit Fan, Du/WC und Moskitonetz, Chalets und *A-frames*. Nicht sehr einladend am östlichen Flußufer.
Pak Long** ㊴, kleine Anlage mit 5 sauberen Hütten. Das Restaurant ist zu empfehlen.

Salang Damai* ㊳, die einfach ausgestatteten Hütten ohne Schatten liegen etwas abseits in einer gepflegten Anlage.
Salang Inn Holiday* ㊵, ✆ 717194, besitzt 4 schlichte Zimmer mit Du/WC, Moskitonetz und winziger Veranda mit Meerblick. Kleiner Laden.
Zaid's Place (ab***) ㊶, ✆ 719820, hübsche Bungalows mit guter Ausstattung. Freundliches Restaurant, Laden und Buchverleih. Wechselt auch Reiseschecks. Am Hang am Ende der Bucht thront ein neues Luxus-Resort ㊷.

KG. PAYA – ein paar Kilometer südlich vom *Berjaya Tioman Beach Resort*, mit Gepäck aber nur per Boot erreichbar, schmaler Strand:
Sri Paya*-** ㊸, ✆ 011-716196, einfache Chalets mit und ohne ac sowie Langhauszimmer.
Paya Beach Resort**** ㊹, ✆ 07-7991432. Hübsche, teure Chalets, dazu ein großzügiges Restaurant, Wassersport- und Tauchangebote.
Tioman Paya Resort ㊺, ✆ 011-324121 und ✆ 07-7992602, 3-Tages-Package inkl. Fähre ab 230 RM p.P. in Chalets mit Fan und Du/WC, ac teurer. Gepflegte Anlage abseits vom Strand.

KG. GENTING – nach Genting gelangt man zu Fuß von Paya aus, aber wer hier wohnen möchte, steigt an der ersten Fähranlegestelle aus. Immer mehr Erholungssuchende entdecken Genting, ein Dorf mit kleinen Lebensmittelgeschäften, einer Moschee und einfachen Restaurants. Die ersten Anlagen stehen dicht an dicht gedrängt zwischen dem schmalen Strand und dem Hang.
Sun Beach Resort** ㊿, hübsche Chalets am Meer mit Du/WC und Fan.
Genting Damai Holidays** ㊾, ✆ 011-7715744 und ✆ 07-7993048, eng gepackte Zimmer und Chalets mit ac.
Tioman Yacht Resort*** ㊽, große Chalets für höhere Ansprüche am Hang.
Tropical Coral Inn*** ㊼, ✆ 011-713465 und ✆ 07-7994031, saubere Zimmer, Veranda mit Meerblick. Außerdem *Sharkey's Tauchcenter*.
Genting Bayu** ㊻, die üblichen Holzhäuschen in einer reizvollen Gartenanlage. Strandbar.
Von der Hauptanlegestelle nach Süden:
Genting Ria Coral Beach*-** ㊑, ✆ (Singapore) 2869384 und 97041820, die kleinen Hütten am Strand, einige mit ac, freundlicher Manager aus Singapore.

Tiong Emas** ㊒, wirkt lieblos. Dahinter *Genting Jaya*** ㊓, ✆ 011-731005, 100 m vom Strand entfernt bieten die Chalets absolute Ruhe.
Idaman Beach Holiday* ㊔, ✆ 011-765410, an der kleineren Anlegestelle im Süden der Bucht, einfache Strandhütten, meist ohne Schatten, sowie Langhauszimmer. Kajakverleih.

KG. NIPAH – In Nipah halten die Boote von Mersing her nur nach vorheriger Absprache. Für die Rückfahrt nimmt man am besten den *Sea Bus* zu einer der offiziellen Anlegestellen.
Sun Beach Resort**-*** ㊕, ✆ 07-7994699, zu buchen beim Reisebüro des *Sun Beach Resort*, 18 Plaza R/R, Jl. Abu Bakar in Mersing. Bietet nette Chalets mit Fan und Du/WC. Transportmöglichkeiten im Reisebüro zu erfahren.
Nipah Beach Resort*** ㊖, ✆ 07-7991012, verfügt über 10 Chalets mit Fan und Du/WC.

KG. MUKUT – einigermaßen unverfälschte Natur und zumeist allereinfachste Unterkünfte, z.T. ohne Strom. Zu erreichen mit dem *Sea Bus*.
Johori's House Sentosa Villa* ㊗, ✆ 07-7991746, hat ein paar schlichte Zimmer im Langhaus, auch Restaurant.
Muhibbah Chalet** ㊘, ✆ 07-7992712, etwas luxuriösere Zimmer im Langhaus.
Coral Resort Chalet Park***-**** ㊙, zu buchen über das *Berjaya Tioman Beach Resort*, ist die Luxusherberge an diesem Strand.

KG. JUARA – neben den alten *A-frames* sind nach und nach komfortablere Chalets mit Fan, Du/WC und Moskitonetz errichtet worden, die aber immer noch recht preiswert sind.
Busung Chalets* ㊉, einfachste Hütten und *A-frames*, nicht sehr berauschend, aber billig.
Paradise Point* ㊖¹, außer den Standardchalets mit Du/WC und Fan gibt es ein akzeptables Restaurant, Ticketverkauf für den *Sea Bus*.
Happy Café* ㊖², beliebter Traveller-Treffpunkt am Pier mit einfachen Hütten, die etwas abseits des Strandes liegen.
Alan's Place* ㊖³, einige der Hütten sogar mit Meerblick, dazu das *Turtle Café*.
Juara Mutiara Café* ㊖⁴, außer einfachen *A-frames* und Hütten auch größere Familienzimmer.
Sunrise Place* ㊖⁵, alte und neuere Strandhütten, allerdings ohne Schatten.

Pulau Tioman

Rainbow* ⑯, bunte Hütten am Strand im Schatten eines großen Baumes. Das „Extra": ein Sofa auf der kleinen Terrasse zum Ausspannen.
Bushman* ⑰, einfachste *A-frames*, ohne Schatten.
Juara Bay Resort** ⑱, Reservierung in Kuala Lumpur ✆ 03-9816122, ✆ 9816177, schon von weiten sind die blauen Dächer der Chalets mit und ohne ac am Hang zu sehen. Die größte und teuerste Anlage in Kg. Juara. Großes Restaurant, Wassersport- und Tourenangebote, Bootservice.

Essen

Eine großartige Gastronomie darf man nicht erwarten; in den kleinen Läden gibt es nur das Nötigste, und in den meisten Bungalows wird gekocht, was gerade da ist.
Obwohl vor Tioman nicht gefischt werden darf, gibt es fast immer frisches Seafood. Die angebotenen Fische werden ebenso wie die Hühnchen fast ausschließlich gebraten, süß-sauer, mit Knoblauch oder als Curry zubereitet.

KG. TEKEK – Fast jede Bungalowanlage verfügt über ein eigenes Restaurant. Mehrere einfache Foodstalls gibt es im Terminal Komplex neben dem Flugplatz.
Berjaya Tioman Beach Resort pflegt erwartungsgemäß eine gute Küche – die Preise entsprechen der Umgebung.
Übrigens: die abendlichen *Set-Dinners* im *Fortune Court Restaurant* sind gar nicht mal so überteuert.
Liza Restaurant, neben der Polizei, bietet in angenehmer Atmosphäre sehr gutes Seafood. Qualität hat allerdings ihren Preis.

AIR BATANG – Beliebte Restaurants sind die vom *ABC*, *Johan's* und *Tioman House*, viel Betrieb ist allabendlich bei *Nazri's*.
Ari's Restaurant, nördlich der Anlegestelle, ist preiswert und bietet u.a. *Spaghetti à la Napolitana* und *Risotto à la Milanese*.

SALANG – Fast jede Bungalowanlage verfügt über ein eigenes Restaurant *Salang Indah* unterhält ein großes Restaurant, in dem es gute, preiswerte und umfangreiche Portionen Seafood gibt.

Das Restaurant des *Salang Beach Resort* hat sich auf chinesische Küche spezialisiert, serviert aber auch westliche Gerichte.
Khalid's Restaurant (Salang Pusaka) veranstaltet allabendlich ein BBQ, hat ein umfangreiches Angebot, auch Frühstück (westlicher Art) und mixt einen sagenhaften Bananen-Schoko-Milchshake.
Nora's Chalets verfügt über ein paar einfache Holztische direkt am Strand und serviert dort u.a. Spaghetti zum Abendessen. Rechtzeitig reservieren, da die Nachfrage groß ist.
Billige Essenstände am Ende des Piers.
Pak Long sieht bescheiden aus, bietet aber am Abend exzellentes Seafood zu günstigen Preisen.
Sogar ein bescheidenes Nachtleben gibt es in Kg. Salang. *Four-S Café*, hat 9 verschiedene Biersorten im Angebot. *Sunset-Boulevard*, mit seiner tollen Lage direkt am Strand, sorgt am Abend für Stimmung.

KG. JUARA – Fast jede Unterkunft verfügt über ein eigenes Restaurant; nicht umsonst bezeichnen sich viele Bungalowanlagen auch als Café. In Juara kann man sogar ausgesprochen gut und billig essen, v.a. im *Happy Café*. Auch das *Mutiara* macht gutes Essen.

Sonstiges

BATIK UND SOUVENIRS – allgemein ist das Angebot an diesen Dingen auf Tioman recht bescheiden. Wer nicht die vielfältigen aber überteuerten Angebote im *Berjaya Tioman Beach Resort* nutzen will, der kann es hier versuchen:
Power Batik, in Kg. Juara. Der junge einheimische Künstler Ricky produziert und verkauft farbenprächtige Sarongs, T-Shirts und Tücher, sehenswert. Man kann auch seine eigenen Entwürfe umsetzen (lassen).
S'men Batek Collection, am nördlichen Strandabschnitt von Kg. Tekek, gibt ebenfalls eine Einführungen in die Kunst der Batikmalerei.
Der Souvenirshop neben *Zaid's Place* in Kg. Salang bietet Batik und Kunsthandwerk aus Malaysia an.

GELD – Im *Berjaya Tioman Beach Resort* – links von der Rezeption – können auch Nicht-Gäste gegen einen Aufpreis von 5 RM pro Reisescheck zu fairen Kursen Geld wechseln. Ein Money Changer befindet sich in Kg. Tekek im 1. Stock des Terminal Komplex. In Kg. Salang ist der Supermarkt des *Salang Indah Resort* die Anlaufstelle zum Geldwechseln.

SCHNORCHELN – Tioman ist von Korallenriffen umgeben. Allerdings sind durch die Wasserverschmutzung und Bootsanker die meisten Riffe zerstört worden, so daß man nur noch vereinzelt lebende Korallen vorfindet.

Schnorcheln kann man in der südlichen Bucht von Salang, am Monkey Beach (Korallen weitgehend zerstört) und nördlich vom ABC Beach (nur wenige Korallen).

In Tekek und Juara muß man schon ein Stück hinausfahren.

Zum Schnorcheln werden Boote mit 10–12 Plätzen für 130 RM vermietet, zudem bieten Tauchgruppen Mitfahrgelegenheiten an.

Es lohnt sich nur, wenn das Meer einigermaßen ruhig ist – im aufgewühlten Wasser gibt es nicht viel zu sehen. *Nazri* und *ABC* verleihen Schnorchelausrüstung. In Juara kann man u. a. im *Happy Cafe* Schnorchelausrüstung mieten. Auch Kanus werden verliehen.

TAUCHEN – Die besten Tauchgebiete liegen um Pulau Tulai (Coral Island), Pulau Cebeh (nördlich von Tulai) und Pulau Labas (südwestlich von Tulai).

Ben's Diving Centre, ✆ 011-717014, ✆ 07-7991714 (Mersing), in Kg. Salang, fährt fast jeden Morgen zwischen Februar und November mit Tauchern in einer knappen halben Stunde zu den Inseln und kehrt nachmittags zurück.

Wer nur zum Schnorcheln mitfahren will, zahlt 30 RM, Tauchkurse mit international anerkanntem Zertifikat kosten etwa 625 RM und werden in englischer und deutscher Sprache durchgeführt. Eine Tagestour kostet 110 RM, etwa 1 Std. Night Dive 75 RM. Am ABC Beach besitzt Ben eine Filiale.

Von Lesern erhielten wir allerdings mehrere Beschwerden über nachlässigen Umgang mit dem Material.

Diveasia, Kg. Salang, ✆ 011-716783, 5 Fußminuten nördlich von der Anlegestelle, bietet unterschiedliche Tauchkurse, vom Tagestrip für 110 RM (2 Dives) bis zu 6tägigen Divemaster-Kursen für 1000 RM an, auch mehrtägige Ausflüge mit Übernachtung zu abgelegenen Inseln, z.B. Pulau Dayang. Ein PADI-Anfängerkurs kostet ca. 620 RM für 4 Tage.

Fishermen Dive Centre, Kg. Salang, Anmeldung in Singapore ✆ 4409921, bietet Tagestouren für 120 RM und PADI-Kurse für 600 RM in Englisch an. Tauchschulen auch im *Island Resort*, wo der Tauchgang allerdings 100 RM und das 6-Tage-Tauchpaket ohne Zertifikat 500 RM kosten und in *Eric's Diveshop* in Kg. Juara.

VORWAHL – 09, PLZ 86800.

Verkehrsmittel auf der Insel

Noch gibt es auf der Insel keine Autos. In und um Tekek fahren Motorräder. Ansonsten ist man mit dem Fahrrad unterwegs oder geht zu Fuß.

MINIBUSSE – vom *Berjaya Tioman Beach Resort* verkehren tagsüber in stündlichen Abständen zwischen dem Resort und dem Flughafen in Kg. Tekek. Hotelgäste fahren kostenlos (Anmeldung vorzeigen), aber wenn genügend Platz im Bus ist, dürfen auch Nicht-Gäste mitfahren.

SEA BUSES – Umgebaute Fischerboote, die sogenannten *Sea Buses*, pendeln zwischen den Piers. Sie fahren ziemlich zuverlässig nach Fahrplan – sofern es nicht stürmt. Dann kann der Bootstrip dem Magen strapazieren.

Zwischen 8.30 und 17 Uhr fahren etwa 5 *Sea Buses* vom *Berjaya Tioman Beach Resort* über Kg. Tekek und Air Batang (8 RM) nach Kg. Salang (11 RM) und zurück.

Zwischen Genting und Salang kann man zudem auf die Fähren von und nach Mersing zusteigen, wenn noch Plätze frei sind.

Zwischen Kg. Tekek und Kg. Juara verkehrt nur ein *Sea Bus* pro Tag für 20 RM einfach in 2 Std.: Von Juara um 15 Uhr über Salang und Air Batang nach Tekek.

Von dort gegen 17 Uhr über Paya und Genting wieder zurück nach Juara.

SEA TAXIS – Wenn man es eilig hat oder kein *Sea Bus* zur Verfügung steht, kann man die kleinen Schnellboote *(Sea Taxis)* für ein paar Ringgit mehr mieten.

AUSFLUGSBOOTE – zur Pulau Tulai (Coral Island) tgl. um 9.30 Uhr ab *Berjaya Tioman Beach Resort* für 30 RM über Kg. Tekek (9.45 Uhr, 25 RM), Air Batang (10 Uhr, 25 RM) und Kg. Salang (10.30 Uhr, 18 RM). Boote zur Coral Island für 130 RM oder rund um Tioman für 180 RM können gechartert werden und sind für größere Gruppen die preiswertere Alternative.

Transport

FLÜGE – Während der Hochsaison und an Feiertagen sind die Flüge von und nach Tioman oft schon wochenlang ausgebucht.

Mit kleinen Propellermaschinen (max. Gepäck 10 kg, sonst Zuschlag für jedes weitere kg!) geht es vom Airstrip in Kg. Tekek nach KUALA LUMPUR 6x tgl. zwischen 9.30 und 14 Uhr mit *Pelangi Air* und *Berjaya* Air für 181 RM, nach KUANTAN 1x tgl. mit *Pelangi* Air für 119 RM, nach MERSING 1x tgl. mit *Tiram Air* für 100 RM, Infos im *Plaza R&R* in Mersing oder ✆ 018-8262400, nach JOHOR BHARU einmal tgl. mit *Tiram Air* für 150 RM und nach SINGAPORE-SELETAR 3x tgl. mit *Silk Air* und *Pelangi Air* für 186 RM. Alle Preise inkl. 40 RM Airport-Tax. Achtung: Am Selatar Airport in Singapore gibt es keinen Money Changer, und von dort kommt man nur mit Taxis in die City! Flugtickets gibt es auf Tioman nur in den Airline-Büros im Terminal Komplex (Pelangi, Tiram, von 14–18 Uhr geöffnet) und im *Berjaya Tioman Beach Resort* (Pelangi, Silk, Berjaya). Am Flugplatz selbst werden keine Tickets verkauft.

BOOTE – Wer früh genug aufbricht, schafft es durchaus am selben Tag noch nach Singapore, Melaka oder Kuala Lumpur.

Nach MERSING fahren die großen Schnellboote in 1 1/2 Std. für 25 RM. Das erste Boot startet in Kg. Salang gegen 6.30 Uhr und hält in Air Batang, Kg. Tekek, am *Berjaya Tioman Beach Resort* und in Kg. Genting.

Zwei weitere Boote folgen im 30-Minuten-Abstand.

Kleinere Fischerboote zum gleichen Preis brauchen 3–4 Std. nach Mersing. Ihre unregelmäßigen Abfahrtzeiten kann man an den Anlegestellen erfragen. Von Kg. Juara aus gibt es bei Bedarf Direktverbindungen nach Mersing.

Nach SINGAPORE fährt vom *Berjaya Tioman Beach Resort* (dort auch der Reservierungscounter) das Schnellboot *Island Pearl* (200 Plätze) tgl. außer Mi innerhalb von 5 Std. für 150 RM, Kinder 92 RM. Abfahrt gegen 13.30 Uhr vom *Berjaya Tioman Beach Resort*. An Bord gibt es ein Sonnendeck, Snacks, Video und viel Beinfreiheit. Bei der Reiseplanung ist zu beachten, daß das Schiff in Singapore am World Trade Centre während der Rushhour eintrifft.

Näheres bei **Resort Cruises**, 337 Telok Blangah Rd. 02-03, Shing Loong Bldg. Singapore 0409, ✆ 2784677, ✉ 2743819.

Nach ENDAU fährt von Kg. Tekek 2x tgl. die *Saga Express* für 25 RM in 1 Std. 10 Min., näheres an der Anlegestelle in Kg. Tekek. Für diejenigen, die von Tioman die Ostküste entlang nach Norden reisen möchten, ist diese Fährverbindung eine zeitsparende Alternative zum Umweg über Mersing.

Das Landesinnere der Halbinsel

Die Straße zwischen Kuantan und Kuala Lumpur ist nach wie vor die wichtigste Verbindung zwischen der ruhigen, malaiischen Ostküste und den geschäftigen, chinesisch geprägten Städten im Westen. Früher war die unwegsame Bergwelt mit ihrem undurchdringlichen Dschungel eine unüberwindbare Barriere. Noch immer sind die Gebirgsregionen nördlich der Straße dünn besiedelt. Das ist die Welt der Orang Asli, der Dschungelnomaden.

Südlich der Straße ist das Land weitgehend eben und mehr mit Verkehrswegen durchzogen. Riesige Neulandprojekte sollen über eine Million Hektar Kulturland erschließen, das bedeutet, daß weiter Dschungel gerodet und durch Kautschuk- und Palmölkulturen ersetzt wird. Viele Bauern verlieren ihr Land und müssen ihre traditionellen Lebens- und Wirtschaftsformen aufgeben.

Knapp die Hälfte Gesamt-Malaysias ist mit tropischem Dschungel bedeckt. Der Nationalpark Taman Negara, immerhin fast doppelt so groß wie das Saarland, ist nur ein kleiner – viel zu kleiner – Teil davon. Und den großen Inlandseen Tasik Chini und Tasik Bera, bisher noch schwierig zu erreichen, rückt die „Zivilisation" immer näher.

Von Kuantan nach Kuala Lumpur verläuft die Strecke zunächst nördlich des **Tasik Chini** (s.S. 422). Weiter geht es über **Maran** nach **Temerloh**, dem größten Ort auf dem Weg nach Kuala Lumpur. Die Straße ist sehr befahren, aber auch gut ausgebaut. Eine Nebenstrecke führt nach Süden zur Seenlandschaft des **Tasik Bera**, der mit öffentlichen Verkehrsmitteln nur schwer zu erreichen und touristisch unerschlossen ist.

Bei **Bentong** treffen wir auf die Nordstrecke, die über **Raub** nach **Kuala Lipis** führt, ein netter Ort mit kolonialer Vergangenheit, von dem aus viele Traveller Touren in den Dschungel unternehmen, z.B. in den **Kenong Rimba-Park**. Auf der alten Bahnlinie oder der neuen Straße geht es von hier aus über **Gua Musang** weiter bis nach Kota Bharu. Viele Malaysia-Touristen besuchen den Nationalpark **Taman Negara**, weil hier der Dschungel auch auf leichten Wanderwegen erlebt werden kann. **Jerantut** ist der nächstgelegene Ort für diejenigen, die mit öffentlichen Verkehrsmitteln anreisen.

Kuala Lipis

Die Stadt am Zusammenfluß von Sungai Jelai und Sungai Lipis war zwischen 1919 und 1955 die Verwaltungshauptstadt von Pahang. Aber schon bevor die Briten 1888 den ersten Residenten am Sultanshof ernannten und damit auch Pahang ihrem Kolonialreich eingliederten, war die kleine Siedlung ein Handelsplatz für Gold und Dschungelprodukte. 1913 wurde die erste Anglo-Chinese School gegründet, die als Clifford School noch heute eine der ersten Adressen im malaysischen Bildungssystem ist. 1924 erreichte die Eisenbahnlinie Kuala Lipis, damit war Singapore nur noch eine Tagesreise entfernt.

Kuala Lipis ist nicht sensationell, aber es ist ein hübsches Städtchen, denn es besitzt noch zahlreiche koloniale Bauten, vor allem auf dem weitläufigen Areal südlich der Eisenbahnschienen. Das alte chinesische Zentrum zwischen Jelai-Fluß und Eisenbahn ist eng und muffig und hat noch viel von der Romantik aus der Zeit, als Kuala Lipis noch völlig vom Dschungel umgeben war und die Straße nach Norden hier endete. Viele Traveller machen in Kuala Lipis Station, um für ein paar Tage in den Dschungel zu gehen.

Gleich am Ortseingang zweigt eine Straße zum **District Administration Building** *(Pejabat Tanah Lipis)* ab. Das beeindruckende, auf einem Hügel errichtete koloniale Verwaltungsgebäude wurde 1919 fertiggestellt. Um den Hügel herum kommt man zur bereits erwähnten **Clifford School**, die 1927 nach dem zweiten britischen Residenten Sir Hugh Clifford benannt wurde. Unter den ehemaligen Schülern finden sich mehrere Sultane sowie Tun Abdul Razak, der zweite Premierminister Malaysias von 1970–1976. Von der maurischen **Istana Hinggap** oben auf dem Hügel blickt man auf die Stadt hinunter. Sie wurde 1926 als Gerichtsgebäude errichtet und diente von 1954 bis in die Sechziger Jahre als Palast der Sultansfamilie von Pahang, die dann aber nach Pekan übersiedelte. Zu Repräsentationszwecken steht ihr der Bau allerdings weiter zur Verfügung.

Der **Pahang Club** war das erste englische Bauwerk in Pahang und wurde bereits 1867 errichtet. Bis 1922 wurde es von Sir Hugh Clifford und anderen britischen Residenten bewohnt. Dann stellte man auf dem gegenüberliegenden Hügel südlich der Hauptstraße die neue Residenz, das heutige **Government Resthouse** fertig. In dessen Erdgeschoß ist heute ein kleines Museum eingerichtet. Auf alten Fotos kann man die Geschichte der Stadt nachvollziehen, außerdem sind Krise, Krüge, steinzeitliche Funde, Küchenutensilien, Silberarbeiten und Textilien ausgestellt. Das ehemalige Haus des Residenten soll durch einen unterirdischen Tunnel mit den

Government Offices auf dem gegenüberliegenden Hügel verbunden gewesen sein, um im Belagerungsfall die Flucht zu ermöglichen.

Die chinesische Altstadt hat noch viele alte Geschäftshäuser und es lohnt sich, durch die Arkaden zu spazieren oder die Boote auf dem Fluß zu beobachten. Die Marktgasse, die vom Bahnhofsvorplatz abwärts führt, hat man mittlerweile nach dem Vorbild der *shopping malls* überdacht und „gesäubert". Der große **Markt** findet am Samstagvormittag auf dem Platz zwischen der Bus Station und der alten Moschee statt. Am östlichen Ende der Altstadt liegt versteckt hinter einem chinesischen Tempel eine kleine Markthalle, in der sogar Schweinefleisch angeboten wird – im muslimisch geprägten Malaysia eine Rarität.

Eine Bootstour auf dem Sungai Jelai läßt sich ab Jetty organisieren, je nach Größe kosten die Boote zwischen 30 und 60 RM für eine zweistündige Fahrt.

Übernachtung

PREISWERT – Billige Hotels finden sich in der Hauptstraße, der Jl. Besar, nahe dem Bahnhof. Alle bieten im 1. Stock einfache Zimmer mit Fan und Gemeinschafts-Du/WC.
Tong Kok Hotel* ⑧, 80 Jl. Besar, ✆ 3121027. Einfache, mit Holzwänden abgeteilte Zimmer, sauber und preiswert.
Tiong Kok Baru* ⑦, 68 Jl. Besar, ist ein sehr sauberes Chinesenhotel.
Paris Hotel* ⑥, ✆ 3121136, gleich nebenan, billige, nach oben offene Verschläge über einem Restaurant.
Sang Sang* ⑤, das nächste Haus in der Reihe, dürfte das billigste sein, was es in Kuala Lipis gibt. Die „Zimmer" sind dementsprechend, aber sauber.
Gin Loke* ④, 64 Jl. Besar, ✆ 3121388, über dem Lottoladen wird von der freundlichen Mrs. Han geführt, die sich auf Traveller spezialisiert hat und Dschungeltouren organisiert. Das Haus ist etwas altertümlich und düster, aber die abgeteilten Zi sind relativ groß, billig und sauber.
Hotel Lipis* ③, 63 Jl. Besar, ✆ 3123142, einfach, sauber. Angebot von Trekkingtouren.
Jelai Hotel* ②, 44 Jl. Jelai, ✆ 3121574, liegt unten am Fluß. Helle Zimmer, z.T. mit ac und Blick auf den Fluß.

MITTELKLASSE – bieten in Kuala Lipis nur wenige Hotels:
Da Rakit** ①, Jl. Jelai, an der Jetty, ✆ 3123963, die schwimmenden Doppel-Bungalows sind bereits längere Zeit geschlossen und warten auf einen neuen Investor.
Government Resthouse (Rumah Persinggahan)** ⑪, Jl. Bukit Residensi, ✆ 3122600, auf einem Hügel etwas außerhalb der Stadt. Von außen sieht es nach der Restaurierung sehr schön aus, leider halten die Zimmer mit der Fassade nicht ganz mit. Gutes Preis-Leistungs-Verhältnis aber schlechter Service.
Hotel Sri Pahang** ⑨, Tingkat 1 Bangunan UMNO, ✆ 3122445. Ein relativ neuer Bau, der aber schon bessere Tage gesehen hat. Die Zimmer mit Du/WC und Fan oder ac sind o.k. Gleich um die Ecke das
Pan Holiday** ⑩, 7 Jl. Rumah Rehat, ✆ 3123598. Moderner, gesichtsloser Bau. Zimmer mit ac in ruhiger Seitenstraße.
Lipis Inn**** ⑫, Jl. Benta Lipis, ✆ 3125888, @ 3125588, neuer Hotelblock unterhalb vom Resthouse, in dem Gruppenreisende untergebracht werden und große Familienfeiern stattfinden.

Essen

Es gibt viele chinesische Restaurants im Ort und Essenstände auf dem Markt.
Sin Hoi Kee, Jl. Pekeliling, chinesisches Restaurant neben dem KFC Fast-Food-Laden, das ausgezeichnete Gerichte zu günstigen Preisen serviert, unbedingt ein Wildschweincurry *(Babi Hutan)* probieren! Freundlicher Service, man kann auch draußen sitzen.
Paris Hotel hat im Erdgeschoß eine reizvolle, schummrige alte Chinesenbar zum Trinken.

Sonstiges

GELD – ***Maybank*** in der Jl. Besar mit ATM für Visa und Master Card. Außerdem eine ***Hongkong Bank***.

TOUREN – Von Kuala Lipis aus kann man verschiedene Dschungeltouren unternehmen, z.B. mit den konkurrierenden Guides Abdul und Sabri vom *Gin Loke Hotel* und Appu vom *Hotel Lipis*. **Tuah Travel & Tours**, im Bahnhof, ✆ 3123277 und ✆ 3122144. Mohammed Hassan organisiert ebenfalls Touren in den Kenong Rimba Park einschließlich des notwendigen Permits und Flußtrips. Das Büro vermittelt im Rahmen eines *Village Home Stay*-Programms auch Übernachtungsmöglichkeiten bei Gummipflanzern, Fischern, Bauern oder Rotan-Sammlern in der Umgebung von Kuala Lipis. Telefonische Voranmeldung ist erforderlich. Kosten: 50 RM für die erste und 35 RM für jede weitere Nacht inkl. Verpflegung. Das **Persona Rimba Resort**, ✆ 3123598, Büro gegenüber vom Bahnhof, bietet ebenfalls 1–4tägige Touren in den Park mit Unterkunft in den eigenen Chalets an.

VORWAHL – 09, PLZ 27200.

Transport

BUSSE – Die Bus Station befindet sich am Ende der Jl. Besar. Busse nach KUALA LUMPUR 3x tgl. in 4 Std. für 8 RM, RAUB 3 RM, KUANTAN 2x tgl. in 5–6 Std. für 14 RM. KOTA BHARU 2x tgl. für 16 RM. Man muß möglicherweise in GUA MUSANG (2x tgl., 8 RM) umsteigen. Nach JERANTUT für 7 RM über BENTA, wo man wahrscheinlich umsteigen muß.

ÜBERLANDTAXIS – fahren von der Bus Station nach RAUB 7 RM, KUALA LUMPUR 18 RM, JERANTUT 10 RM, TEMERLOH 15 RM, KUANTAN 30 RM und GUA MUSANG 12 RM. Nur komplett können Überlandtaxi nach FRASER'S HILL für 80 RM gemietet werden.

EISENBAHN – Tgl. fährt ein Expresszug früh morgens über GUA MUSANG (1 1/2 Std.) nach WAKAF BHARU in 5 Std. für 11 RM. Von dort sind es nur wenige Kilometer nach Kota Bharu. Die reizvolle Fahrt führt teilweise durch Dschungelgebiete. Die Postzüge morgens und mittags sind zwar billiger, brauchen aber fast 1 Std. länger. Außerdem verkehren lokale Züge Richtung Gemas und Kota Bharu, die aber noch gemächlicher sind.

In der Gegenrichtung fährt der Expresszug gegen Mitternacht über JERANTUT (1 Std., 2 RM), MENTAKAB (2 Std., 4 RM), GEMAS (4 1/2 Std., 8 RM) und JOHOR BHARU (7 Std., 16 RM) nach SINGAPORE (7 1/2 Std., 21 RM). Die Postzüge am Morgen und frühen Nachmittag fahren nur bis Gemas und benötigen 5–6 Std. Aktuelle Verbindungen und Zeiten am Bahnhof.

Jerantut

Das kleine Städtchen ist wichtig für die Anreise zum Taman Negara, denn hier kommt man zunächst mit Bus oder Bahn an, bevor es in den Nationalpark weitergeht.

Für die Gegend ein typisches Örtchen: bunte chinesische Geschäfte, Markt, Bahnhof, Bus Station, eine hübsche Moschee, aber ansonsten keine nennenswerten Attraktionen. Wer einen Tag Zeit hat, kann einen Ausflug in die Umgebung unternehmen.

Übernachtung

Jerantut Resthouse** (Rumah Persinggahan) ⑧, Jl. Benta, ✆ 2664488, 1 km Richtung Raub hinter der Eisenbahn auf einem Hügel. Zimmer mit Fan oder ac und Du/WC; die etwas teureren am Hang auch mit TV und Veranda. Solange Steven Ng und seine Familie dieses Resthouse managen, ist es die beste Anlaufadresse für Traveller. Steven holt seine Gäste vom Busbahnhof ab und informiert sie abends über den Taman Negara. Es organisiert Minibusfahrten in den Park, auf denen Palmöl-, Gummi- und Kakaoplantagen besichtigt werden. Allerdings ist die holprige Plantagenstraße keine attraktive Alternative zur geruhsamen Bootsfahrt.

Green Park Guest House* ⑦, Jl. Besar, neben dem *Tong Heng Hotel*, ✆ 2663884, ✆ 2662815, DZ mit Fan, Gemeinschafts-Du/WC, und Schlafsaal mit 4 Betten 8 RM p.P., sauber und freundlich. Im Erdgeschoß ein kleines Restaurant. Organisiert verschiedene Touren.

Hostel Rakan Wawasan*, 4 Jl. Betong, nahe dem Bahnhof, ✆ 2661890, kleines neues Hostel, Zimmer und Schlafsaal.

Chet Fatt Hotel* ②, ✆ 2665805, an der Busstation, hat große, saubere Zi mit Fan oder ac.

Sri Kim Yen Hotel* ①, Lot 1751, Jl. Diwangsa, Bandar Baru, ✆ 2662168. Neues Hotel am Busbahnhof, 24 Std. geöffnetes Stundenhotel. Alle Zimmer mit ac, TV und Du/WC.

Jerantut Hotel*-** ④, 36 Jl. Besar, sieht von außen besser aus als von innen. Sehr einfache DZ mit Fan und Gemeinschafts-Du/WC, aber mit Fenstern. Die teureren mit ac und Du/WC dagegen sind finster, da sie nur Fenster zum Korridor haben.

Tong Heng* ⑥ und *Chong Heng** ⑤, 24 Jl. Besar, ✆ 2663693, sind einfache Chinesenhotels. Zimmer mit Fan und Gemeinschafts-Du/WC.

Sri Emas Hotel* ③, Jl. Besar, ✆ 2664499, ✆ 2664801, ist ein angenehmes, neues Hotel, das von Stevens Familie auf die Bedürfnisse von ausländischen Touristen ausgerichtet wurde. Zimmer mit und ohne Du/WC, mit Fan oder ac, Bett im Schlafsaal 7 RM. Im Haus eine Sauna und ein Fitnesszentrum.

Essen

In der Stadt findet man eine Menge chinesischer und malaiischer Restaurants. Sehr gut ist das Restaurant im *Hotel Sri Emas*. Preiswertes Essen an den Essenständen rings um den Markt. Natürlich kann man auch im *Resthouse* essen – auf Wunsch auch vegetarisch.
Zahlreiche chinesische Restaurants in der Straße Richtung Kuala Tembeling.

Sonstiges

GELD – Geld wechselt zu sehr schlechten Kursen der Money Changer am Busbahnhof.
Also lieber die *Bank Of Commerce* oder die *Bank Pertinan* ansteuern.
Die *Bank Nasional* hat auch einen Schalter mit Visa-Service.

EINKAUFEN – Lebensmittel für einen Taman Negara-Trip, Regenponchos, Taschenlampen oder andere einfache Ausrüstungsgegenstände gibt es in den beiden großen Supermärkten.
Der große *Jaya Supermarkct* hat bis 21.30 Uhr geöffnet. Auch der kleine Supermarkt gegenüber der Polizeiwache verkauft Lebensmittel und verfügt über eine umfangreiche Drogerieabteilung.

Frisches Obst wird an den Ständen gegenüber vom Jaya Supermarket verkauft.
Tukang Jahit Mecca, der chinesische Schneider nahe der Busstation, fertigt aus dünnem Baumwollgewebe Gamaschen an, die in den Schuhen und über den Hosen getragen werden und mit Baygon eingesprüht Blutegel abhalten.
An der Busstation werden auch Campinggaskocher und Kartuschen verkauft.
Flechtarbeiten, Töpferarbeiten und anderes Kunstgewerbe wird im *Handicraft Centre* unterhalb vom Resthouse, ✆ 2771271, angeboten.

INFORMATIONEN – Über die *Tourist Information* an der Busstation, einem privaten Vermittlungsbüro des Nusa Camp im Taman Negara, kann man Unterkunft im Camp und den Transport buchen, ✆ 2662369.

MEDIZINISCHE VERSORGUNG – das Krankenhaus auf dem Hügel ist überraschend groß und recht gut ausgestattet.

VORWAHL – 09, PLZ 27000.

Transport

BUSSE – KUANTAN 4x tgl. in 3 1/2 Std. für 8,40 RM, TEMERLOH 4 RM, KUALA LUMPUR 4x tgl. in 4 Std. für 9 RM, BENTA laufend für 3,30 RM, von dort weiter nach Kuala Lipis.

ÜBERLANDTAXIS – nach TEMERLOH 6 RM, KUALA LUMPUR 20 RM, KUANTAN 16 RM und nach KUALA LIPIS (1 1/2 Std.) 10 RM.

EISENBAHN – Der *Timuran Express* Richtung Norden fährt in der Nacht über Kuala Lipis (1 Std.) und Gua Musang (2 1/2 Std.) nach Wakaf Bharu (5 1/2 Std.). In der Gegenrichtung gegen Mitternacht nach JOHOR BHARU in 6 Std. und SINGAPORE in 7 Std., 34 RM. Etwas langsamer und preiswerter ist der Frühzug nach Norden. In der Gegenrichtung fährt der langsame Zug spät abends nur bis Gemas.

MIT DEM BOOT ZUM TAMAN NEGARA – Auch wenn die Straße mittlerweile fertig ist und Jeeps und Minibusse für 20 RM in knapp 2 Std. zum

Nationalpark fahren, lohnt wegen der schönen Landschaft die Anreise mit dem Boot.
Von der Busstation fahren Busse um 8.15, 11, 13.30 und 17.15 Uhr nach KUALA TEMBELING zur Anlegestelle der Taman Negara-Boote, meist aber erst dann, wenn genügend Leute da sind. Sie kosten 1,20 RM und benötigen für die 18 km lange Strecke 45 Min., allerdings verkehren einige nicht bis zur Jetty. Taxis kosten 4 RM p.P.

Zum Taman Negara: Boote fahren von Kuala Tembeling zwischen 9 und 14 Uhr ab und kosten 19 RM. Es empfiehlt sich der Kauf einer Rückfahrkarte. Vor allem morgens kann es auf dem Boot recht kühl werden, so daß eine Jacke und ein Schirm gegen den Fahrtwind gute Dienste leistet.

Am Schalter von *Nusa Ekspress* am Busbahnhof und an der Anlegestelle kann man die Bootsfahrt zum *Nusa Camp* und Übernachtung im Hostel oder Chalet buchen (s.S. 436).

Taman Negara

130 Millionen Jahre ist das Dschungelgebiet Zentral-Malaysias alt. Viele Teile der Welt haben sich während dieser Zeit unter dem Einfluß von Eiszeiten, veränderten Wasserspiegeln oder Klimaschwankungen grundlegend gewandelt. Hier auf der malaiischen Halbinsel aber sind die Verhältnisse stabil geblieben, und so konnte die botanische und zoologische Evolution ungestört voranschreiten, länger als in irgendeinem anderen Waldgebiet der Erde. Zur Erinnerung: der Mensch trat als nennenswerte Spezies erst vor etwa einer halben Million Jahren auf den Plan. Vor etwa hundert Jahren begann er damit, den Dschungel wirtschaftlich zu nutzen. In weiteren hundert Jahren könnte er es geschafft haben, ihn für immer von der Erde zu tilgen.

Normalerweise sind die letzten Waldgebiete unzugänglich und für den durchschnittlichen europäischen Besucher nur mit einheimischen Führern zu erreichen, wofür in der Regel Boote gechartert, Verpflegung gekauft und Ausrüstung bereitgestellt werden muß. Wander- oder gar Spazierwege gibt es im tropischen Regenwald nicht. Anders im Taman Negara. Nicht nur, daß der Primärdschungel hier unberührt und daher artenreich und malerisch ist, man kann ihn zudem ohne Führer erkunden. Markierte Pfade unterschiedlicher Schwierigkeitsgrade ermöglichen sowohl Kurztrips als auch mehrtägige Touren. Nur für die mehrtägige Besteigung des Gunung Tahan im äußersten Nordwesten, mit 2186 Metern der höchste Berg der malaiischen Halbinsel, und für die Rentis Tenor-Tour ist ein Guide vorgeschrieben. Ein Trip in den Taman Negara lohnt sich, auch wenn trekkingerfahrene Abenteurer das Gegenteil behaupten. Wer noch nie im Dschungel war, findet hier einen praktikablen Einstieg, der vielleicht Lust auf längere Touren macht.

Die Anreise

Bei Kuala Tembeling vereinen sich Sungai Tembeling und Sungai Jelai zum Sungai Pahang, dessen Flußsystem das größte der malaiischen Halbinsel ist. Fast 60 km geht es auf schmalen Booten den Tembeling hinauf nach Kuala Tahan, vorbei an idyllischen Kampung und Sandbänken, vor denen Wasserbüffel sich in den Fluten kühlen. Bei Kuala Atok, wo auf der linken Flußseite die bewaldeten Hügelketten bis zum Flußufer reichen, beginnt der Taman Negara. Die mit dichtem Grün überwucherten Uferböschungen vermitteln beim Dahingleiten auf dem schlammig-braunen Fluß den Eindruck, in eine abgelegene Dschungelwelt einzutauchen. Doch der Schein trügt: auf der rechten Seite sind die Menschen mit ihren Siedlungen bis an das Ufer vorgedrungen. Otter und Warane (keine Krokodile!) werden vom Lärm der Boote verschreckt und lassen sich wahrscheinlich nicht sehen.

Als Alternative bietet sich die Anreise mit dem Bus oder Taxi an. Dann geht es auf holprigen Straßen durch Kautschuk-, Ölpalm- und Kakaoplantagen. Wer diese für Malaysia typischen Pflanzungen noch nie aus der Nähe gesehen haben sollte, kann für eine Strecke den Bus nehmen und sich die Plantagenwirtschaft aus der Nähe ansehen.

Kuala Tahan

Bis auf ein paar kleine Dörfer und Orang Asli-Siedlungen ist der Taman Negara unbewohnt. Wichtigster Anlaufpunkt ist Kuala Tahan am Südrand des Parks, ein kleines Örtchen an der Einmündung des Sungai Tahan in den Sungai Tembeling. Die meisten Gäste werden nach einer etwa dreistündigen Bootsfahrt hier aussteigen und hier ihr Quartier beziehen. Am Nordufer, das zum Nationalpark gehört, erstreckt sich das weitläufige Taman Negara Resort mit seinen Einrichtungen, der Campingplatz und das Park Headquarters. Am südlichen Flußufer ist außerhalb der Nationalparkgrenzen am Ende der Straße ein kleines Dorf entstanden mit preiswerten Unterkünften, kleinen Geschäften, schwimmenden Restaurants und den Wohnquartieren der Angestellten. Außenborder pendeln ständig zwischen beiden Flußufern. Vom Resort aus führen verschiedene Wege in den Dschungel.

Wanderungen rund um Kuala Tahan

Vor längeren Treks kann man sich auf kleineren Tagestouren mit den Verhältnissen im Dschungel vertraut machen und sich an das Dämmerlicht, die feuchte, stickige Hitze und an die unbekannten Geräusche gewöhnen, die vor allem bei Sonnenaufgang und -untergang am schönsten sind. In der Nähe des Resorts sind die Wege zwar stark frequentiert, aber gut markiert und mit Hilfe unserer Kartenskizze leicht zu finden.

Nur über eins sollte man sich im klaren sein: Elefanten, Tiger oder Panther wird man, obwohl noch in beachtlichen Populationen vorhanden, nicht zu Gesicht bekommen, wahrscheinlich auch keinen Tapir, keinen Nashornvogel und kein Krokodil. Das Großwild ist mittlerweile aus dem Zentrum des Taman Negara in abgelegene Waldgebiete abgewandert, so leben Elefanten vor allem im Grenzgebiet zu Thailand und im nördlichen Teil des Nationalparks am Kenyir-Damm. Tigern hingegen bieten Ölpalmplantagen ein übersichtlicheres Jagdrevier. Dafür wartet der Taman Negara mit jeder Menge Vögel, Ameisen, Fledermäusen, Schmetterlingen und anderen Kleintieren sowie mit wildwuchernder Vegetation auf. Rings um das Resort können häufig Rehe, Wildschweine, Stachelschweine, Makaken, Schlangen und die großen Tokeys beobachtet werden.

Bulatan Paya: Mit 800 Metern ist der Rundweg direkt hinter dem Resort, nicht weit vom Hochstand *Bumbun Tahan,* nur ein kurzer, aber interessanter Weg – als erster Spazierweg gleich nach der Ankunft empfehlenswert.

Bulatan Rimba: Dieser Rundweg, der hinter dem Campingplatz beginnt, ist etwas schwieriger, da nicht viele Wanderer den Weg benutzen, er in einzelnen Abschnitten schlecht markiert ist und zum Teil durch ein Bachbett führt. Dafür wird man schon wenige Meter vom Resort entfernt mit Natur pur entschädigt.

Bukit Teresek: Ein beliebter, je nach Route zwei- bis dreistündiger Rundweg, führt auf den 344 Meter hohen Bukit Teresek (1,7 km). Wer bereits während der Morgendämmerung hinaufsteigt, kann die Dschungelgeräusche erleben und vom Gipfel beobachten, wie sich der Morgennebel über dem Wald lichtet. Am Nachmittag besteht allerdings eine bessere Chance, bei gutem Wetter und klarer Sicht vom zweiten Aussichtspunkt aus den Gunung Tahan zu sehen. Der Weg überwindet etwa 270 Meter Höhenunterschied, ist also recht schweißtreibend. An den steilsten und meist schlüpfrigen Abschnitten sind Seile angebracht.

Der 800 m lange Abstieg nach Norden Richtung Sungai Tahan, der 2 km vor dem Headquarters auf den Pfad nach Tabing trifft, ist steil, weswegen die meisten Leute von oben denselben Weg wieder zurück bzw. den Richtung Lubok Simpon, der über zwei Bäche führt, nehmen.

Lubok Simpon: Der Badeplatz am Sungai Tahan liegt nur etwa 15 Minuten vom Resort entfernt. Hier kann man sich auf dem Rückweg von einer langen Tour bei einem Bad erfrischen. Allerdings ist das ehemals klare Wasser des Sungai Tahan schlammig-braun und wenig attraktiv. Man sagt, das sei auf die starken Regenfälle zurückzuführen, doch vor einigen Jahren hat es auch geregnet, und dennoch blieb das Wasser klar. Sollte es andere Ursachen haben, und hängen diese eventuell mit der Logging Road zusammen, die deutlich vom Bukit Terisek aus zu erkennen ist? In dem nahegelegenen Sumpf **Jenut Muda** halten sich gern Wildschweine und Hirsche auf.

Canopy Walkway: Die jüngste Attraktion ist ein Spaziergang in 20–30 m Höhe auf dem Canopy Walkway, einem insgesamt 400 m langen System von sechs bis zu 60 m langen Hängebrücken und fünf Plattformen. Interessierte Besucher erhalten dabei einen Einblick in die sonst verschlossene Wipfelregion des tropischen Regenwaldes. Der 2,5 km lange Weg zum Canopy Walkway ist anfänglich derselbe wie zum Bukit Teresek und gut ausgeschildert. Am Eingang trägt man sich in ein Buch ein und entrichtet 5 RM. Geöffnet tgl. außer Fr 10–15, Fr 9–12 Uhr. Vor allem am Wochenende und während der Ferienzeit dient der Walkway Jugendlichen, die laut lärmend über die Hängebrücken toben, als Abenteuerspielplatz.

Auf den Plattformen dürfen sich aus Sicherheitsgründen höchstens fünf Personen aufhalten, bei Hochbetrieb bleibt also wenig Zeit zum Fotografieren und den Ausblick zu genießen. Ruhiger ist es am frühen Nachmittag, dann kann man mit etwas Glück sogar Vögel beobachten, die vom Lärm noch nicht verschreckt wurden. Der schmale Walkway ist mit dicken Seilen gesichert, aber er schwankt natürlich. Einmal auf der Hängebrücke gibt es kein Zurück mehr. Wer unter Höhenangst leidet, sollte lieber auf der Erde bleiben. Bevor es auf dem letzten Abschnitt des Walkway noch einmal die Treppen hinaufgeht, kann man über einen Ausgang hinausgelangen.

Gua Telinga

Ein beliebtes Ziel südlich von Kuala Tahan ist die Fledermaushöhle Gua Telinga. Zuerst läßt man sich über den Sungai Tahan zum alten Dorf übersetzen (50 sen), wo der Weg beginnt. Die starken Steigungen am Beginn des Weges sind zum Teil mit Seilen gesichert. Nach etwa einer Stunde ist **Simpang Tualang** erreicht. Hier zweigt nach Norden ein Weg ab, auf dem man in 2 1/2 Stunden durch Primär- und Sekundärdschungel zum **Cegar Anjing Hide** gelangt (3 km), der am ehemaligen Airstrip liegt. Richtung Westen geht es zur Gua Telinga, deren Eingang nach einer weiteren Stunde erreicht ist (2,6 km). Einfacher ist es, den ersten Weg bis zur Bootsanlegestelle Pangkalan Gua mit einem Boot zurückzulegen, das um 8.30 Uhr in Kuala Tahan abfährt. Von der Anlegestelle bis zur Höhle sind es nur 30 Min.

Wer sich von scharfkantigen, schlüpfrigen Felsen und der dicken Schicht Guano (Fledermauskot – schon der Geruch der Höhle ist charakteristisch) nicht abhalten läßt, kann durch die engen Höhlengänge kriechen, um die Fledermäuse zu beobachten, die überall an den Decken hängen. In einigen Felsspalten leben ungefährliche, farblose Schlangen und in den Wasserlöchern auch große Kröten. Man braucht feste Schuhe (Turnschuhe) und unbedingt eine gute Taschenlampe, um die Höhlenpassage zu durchqueren. Der Durchgang ist durch ein Seil markiert, das manchmal schwer zu sehen ist. Wer ihm folgt und sich auch vor den engen Ritzen nicht fürchtet, kommt in etwa einer halben Stunde am anderen Ende wieder heraus, wird am Abend aber wohl einige Schmutzstreifen aus den Sachen zu waschen haben. Bis jetzt ist in der gut besuchten Höhle noch niemand verloren gegangen.

Nicht weit von der Höhle entfernt stehen die **Belau** und **Yong Hide**, in denen man nach vorheriger Anmeldung übernachten kann.

Zudem befindet sich in **Kemah Keladong**, knapp 2 km weiter südlich, ein Zeltplatz.

Ein interessantes Ziel ist die Besteigung des **Bukit Pecah Piring**. Allerdings sind die Markierungen im mittleren Bereich etwas undeutlich, und der Weg ist häufig durch umgefallene Bäume blockiert.

Rentis Tenor-Tour

Mit einer Campingausrüstung ist in 3–5 Tagen folgende Rentis Tenor-Tour möglich, die nur noch mit Guide begangen werden darf, seit sich eine Touristin verlaufen hat: erster Tag über die Fledermaushöhle Gua Telinga bis **Kemah Keladong** (4,4 km); zweiter Tag nach **Kemah Yong** (6,2 km) am gleichnamigen Fluß und Besteigung des **Bukit Guling Gedang** (+ 2,6 km hin und zurück), der im oberen Bereich recht steil ist; dritter Tag auf einem spärlicher markierten Pfad nach **Kemah Renuis** (6 km); am vierten Tag die kurze Strecke (4 km) nach **Kemah Lameh** und am folgenden Tag zurück nach Kuala Tahan. Es bleibt während der Tour ausreichend Zeit, die Fauna und Flora zu betrachten. Zudem kann man Orang Asli auf der Jagd oder beim Fang von Flußkrebsen begegnen und am Wegesrand einige ihrer Schutzhütten sehen.

Den Sungai Tahan hinauf

Schön ist eine Bootsfahrt auf dem Sungai Tahan durch den Dschungel hinauf zu den Stromschnellen **Lata Berkoh**. Die Boote des Resorts für 3–4 Personen kosten etwa 140 RM inkl. Lunchpaket sowie Erfrischungsgetränken und fahren in etwa 15 Min. bis zur Bootsanlegestelle der gleichnamigen Lodge. Ein Fußweg verläuft unterhalb der Kaskaden. In einem tiefen Pool kann man baden und sich von den kleinen Wasserfällen massieren lassen. Wer gut zu Fuß ist, kann am östlichen Flußufer entlang in etwa 4 Std. von Kuala Tahan über **Bumbun Tabing** und **Bumbun Lesong** hierher wandern. Hin und zurück ist für eine Tageswanderung schon ein ehrgeiziges Ziel.

Die Flußdurchquerung unterhalb der Kaskaden ist nach Regenfällen nicht ganz ungefährlich.

Hochstände (engl. hides, mal. bumbun)

sind an Stellen errichtet worden, an denen man möglicherweise Tiere beobachten kann, also an Lichtungen und *Salt Licks*, die das Wild zur Deckung des Mineralbedarfs aufsucht. Manchmal läßt sich ein Hirsch, ein Wildschwein, vielleicht sogar ein Tapir sehen. Ein Tiger oder Elefant wird sicher nicht dabei sein. Um Tiere beobachten zu können, braucht man viel Geduld, Ruhe und eine starke Taschenlampe, um ab und zu die Lichtung ableuchten zu können. Allerdings verscheuchen bereits die Geräusche, die ein auf dem Holzboden herumtrampelnder Tourist erzeugt, jegliches Wild. Möglicherweise werden die Dschungelratten, die nachts nach Eßbarem stöbern, die einzigen wilden Tiere sein, die sich blicken lassen. Weit besser sind die Chancen, frühmorgens am Flußufer einem scheuen Reh zu begegnen oder abends rings um das Resort ein Rudel herumwühlender Wildschweine oder ein Stachelschwein anzutreffen.

In den *Hides* kann man nach vorheriger Anmeldung im Park Headquarters von Kuala Tahan für 5 RM p.P. zwar billig aber wenig komfortabel übernachten. Die stickig-heißen Hochstände sind mit Doppelstockbetten ohne Matratzen ausgerüstet und haben ein Fenster, von dem aus man auf die Lichtung blickt. Es gibt keine Kochstelle und nur beschränkte Waschmöglichkeiten am nächsten Fluß oder Bach sowie primitiven Toiletten. Zudem sind die feuchten, muffigen Unterstände recht schmuddelig, da häufig Vorgänger ihre Hinterlassenschaften nicht vollständig beseitigt haben. Menschen fühlen sich hier weniger wohl als alle Arten von Insekten und Dschungelratten. Als Alternative empfiehlt sich ein Zelt. Besonders beliebt ist die Kumbang Hide, da mit einer Übernachtung in diesem Hochstand ein schöner, zweitägiger Rundweg möglich ist. Bumbun Tahan, nur wenige Meter vom Resort entfernt, ist nicht zum Übernachten gedacht und dient mehr den Jugendlichen im Camp als nächtlicher Treffpunkt. Die Chance, hier ein wildes Tier zu erblicken, ist gleich Null – wildgewordene Menschen sind wahrscheinlicher.

Den Sungai Tembeling hinauf

Nusa Camp: Auf halber Strecke zwischen Kuala Tahan und Kuala Terenggam liegt am Ostufer jenseits der Nationalparkgrenzen das Nusa Camp. Es organisiert für seine Gäste Touren und verleiht Autoreifen sowie Kanus. Kleinere Dschungelwanderungen sind auch vom Nusa Camp aus möglich, z.B. in 1 Std. zum Aussichtspunkt. Außerhalb des Parks liegen der **Warijsan Hill** und **Abai-Wasserfall**, die an einem Tag besichtigt werden können.

Kuala Terenggan: Wer den 9 km langen Pfad am Fluß entlang von Kuala Tahan nach Kuala Terenggan wandert, kann den **Bukit Indah** besteigen und am Nachmittag mit dem Riverbus zurückkehren – eine recht anstrengende Tour, denn es sind mehrere Flüsse zu durchwaten und es geht ständig bergauf und bergab. Auch die 12,5 km lange Strecke über **Lubok Lesong** ist als Tagestour zu managen, sofern man früh aufbricht. Etwa 600 m vor **Bumbun Kumbang** muß ein Fluß durchquert werden, was allerdings durch das angebrachte Stahlseil selbst bei hohem Wasserstand kein größeres Problem darstellt. Von Bumbun Kumbang ist nach weiteren 45 Min. (1,7 km) Kuala Terenggan erreicht. Eine Übernachtung in den Bungalows der Luxuslodge in Kuala Terenggan, im beliebten aber sehr schmutzigen Bumbun Kumbang Hide oder auf dem einfachen Zeltplatz jenseits des Flusses ist empfehlenswert, da nach 16.15 Uhr kein regelmäßiges Boot zurückfährt.

Von der *Terenggan Lodge* in Kuala Terenggan aus, die auch ein beliebtes Ziel von Bootsausflüglern ist, bietet sich ein phantastischer Blick auf den Fluß. Die Lodge, zu der regelmäßig Boote verkehren, eignet sich ebenfalls gut als Ausgangspunkt für Wanderungen. Wer mit einem frühen Boot heraufführt, kann eine schöne Tageswanderung in der Umgebung der Lodge unternehmen, bevor es mit einem der letzten Boote wieder zurückgeht. Außer der Tour zurück zum Headquarters sind weitere längere Wanderungen möglich, z.B. Richtung **Kuala Kenyam** (16 km, zuerst Richtung Bumbun Kumbang und dann nach rechts) und 3 km weiter am Fluß entlang nach **Kuala Perkai**. Unterwegs kann man auf 2 Zeltplätzen mit Duschen campen.

Der Riverbus fährt von Kuala Tahan um 10 und 15 Uhr, ab Nusa Camp um 10.15 und 15.15 Uhr nach Kuala Terenggan und um 11 und 15.30 Uhr zurück. Zudem fährt das Resort-Boot um 11.15 und 16.15 Uhr zurück. Beide kosten pro Strecke 10 RM, bis Nusa Camp 5 RM. Boote von und nach Kuala Kenyam, Kuala Perkai oder Kuala Klapor müssen gechartert werden. Da es auf der Strecke mehrere Stromschnellen gibt, ist die Verbindung bei geringem Wasserstand unterbrochen. Kaum jemand übersteht diese Tour trocken, deshalb empfiehlt es sich, Kameras und andere wichtige Gepäckstücke gut einzupacken.

Gunung Tahan Trail

Die Besteigung des 2186 m hohen Gunung Tahan nimmt in der Regel 8–10 Tage in Anspruch. Offiziell ist ein Guide vorgeschrieben, mit dem die Tour 500 RM kostet. Es gibt allerdings keine Kontrollen. Hinter Melantai ist die Ausschilderung jedoch teilweise schlecht, so daß die Gefahr besteht, sich zu verlaufen. Empfehlenswert sind Orang Asli-Guides, von denen sicherlich viel zu erfahren ist. Auf dem über 50 km *(one way)* langen Trek durchquert man mehrere Flüsse und überwindet 2100 m Höhenunterschied. Übernachtet wird in Zelten. Da es in den höheren Regionen empfindlich kalt werden kann, ist ein Schlafsack (ohne Daunen) erforderlich. Die ständige Luftfeuchtigkeit sorgt dafür, daß nasse Kleidung kaum trocknet, andererseits ist Wasser über weite Strecken hinweg nicht verfügbar.

Übernachtung

RESORTS – *Taman Negara Resort* in Kuala Tahan, ✆ 2663500, 2662200, ✉ 2661500, liegt innerhalb der Nationalparkgrenzen. *Deluxe* und *Superior Chalets* mit ac und Bad für 200–290 RM oder DZ im *Guesthouse* mit ac für 150 RM. Hostelzimmer mit Fan und Schließfächern und jeweils 8 Betten für 18 RM p.P. Die 160 Betten der ansprechenden, teuren Chalets sind vor allem an Wochenenden und Feiertagen ausgebucht. Selbst das Standard Chalet bietet jede Menge „Luxus"; viel Platz, Luft, Parkettfußboden und einen Balkon, von dem aus man herrlich bequem die Natur beobachten kann. Obwohl man bewußt auf TV, Telefon und Pool verzichtet hat, steht das Resort in starkem Kontrast zu seiner Umgebung. Viele Gäste kommen im Rahmen von Pauschalarrangements hierher und bewegen sich kaum von der Stelle. Vorausbuchung ist angeraten, am besten schon in Kuala Lumpur: *Taman Negara Resort Sales Office*, Lot 6, 2nd floor, Hotel Istana, 73 Jl. Raja Chulan, ✆ 2455585, ✉ 2455430.

Terenggan Lodge****, ein Ableger des *Taman Negara Resort*, eine halbe Stunde weiter flußaufwärts am Hang gelegen mit phantastischem Ausblick. Die schönen, teuren Holzbungalows stehen meistens leer, der Service ist äußerst mäßig und das Essen übertauert, was aufgrund der abgeschiedenen Lage kaum verwundert. Buchungen s.o.

CHALETS UND CAMPS – Jenseits des Resorts liegen oberhalb der schwimmenden Restaurants mehrere einfache Unterkünfte, die über die Treppe oder die steile Straße zu erreichen sind:

Tembeling Hostel (Camp)*, rechts der Treppe, saubere und preiswerte Übernachtungsmöglichkeiten in einfachen Reihenhäusern. Keine Zimmer, nur Schlafsaal mit 2–3 Doppelstockbetten mit Moskitonetz für 8–10 RM p.P. Du/WC außerhalb, Waschmöglichkeiten und Kochgelegenheit, Sitzplätze im Freien.

Liana Hostel*, gelbes Holzhaus an der Treppe mit 4-Bett-Zimmern, nicht allzu saubere Doppelstockbetten, Gemeinschafts-Du/WC.

Agoh's Chalets**, ✆ 2962760, 010-9880049, winzige Steinhütten mit Du/WC und Fan. Einige sollen mit ac ausgestattet werden. Schlafsaalbetten für 10 RM. Offenes Restaurant mit einfachen Gerichten. Kostenlose Gepäckaufbewahrung für Gäste

Teresek View Village**, ✆ 2663065, 010-9884770, direkt am Ende der Straße oberhalb der schwimmenden Restaurants, hat einfache Hütten und komfortablere Chalets mit Fan und Du/WC sowie Schlafsaalbetten für 10 RM. Wäscheservice, es werden Touren angeboten.

Nusa Camp**, 20 Bootsminuten flußaufwärts, auf der östlichen Seite des Sungai Tembeling außerhalb des Nationalparks, besteht aus wenig komfortablen *A-frame*-Hütten, mehreren Chalets, Schlafsaal für 10 RM p.P. und einem einfachen Restaurant. Das Camp betreibt den Riverbus, mit dem man 4x tgl. nach Kuala Tahan bzw. Kuala Tembeling und 3x tgl. nach Kuala Terenggan kommt. Es unterhält ein Büro an der Anlegestelle in Kuala Tembeling und Jerantut, wo man allerdings nicht buchen sollte, ohne das Camp gesehen zu haben. Die Essens- und Einkaufsmöglichkeiten sind begrenzt und übertauert, und man muß sich immer nach dem Bootsfahrplan richten.

CAMPING UND HIDES – Auf dem resorteigenen Campingplatz in Kuala Tahan, der am Hang liegt und ständig von Wanderern durchquert wird, kann man für 2 RM p.P. ein Zelt aufschlagen. Für 8–14 RM werden Zelte für 2–4 Personen ausgeliehen. Diese sind allerdings recht schwer. Für mehrtägige Touren mit Übernachtungen im Zelt empfiehlt es sich daher, seine eigene Ausrüstung mitzubringen. Die Zeltplätze entlang der Trails liegen normalerweise sehr schön am Flußufer mit weichem Boden. Plätze mit Duschen (Kuala Kenyam, Kuala Tahan) kosten 2 RM p.P., alle anderen sind kostenlos. Auf Wanderungen kann man zudem für 5 RM p.P. in den diversen *Hides* (s.o.) und Lodges übernachten. Möglichst ein Moskitonetz und einen Schlafsack mitbringen. Anmeldung und nähere Informationen im Park Headquarters. Der Campingplatz im *Nusa Camp* ist nicht zu empfehlen, da er sich neben dem Generator befindet.

Essen

IM RESORT – *Tahan Restaurant*, im resorteigenen Restaurant ist das Essen auf die Gäste aus aller Welt ausgerichtet und teuer, besonders die abendlichen Büfetts für ca. 40 RM – eigentlich ein Anachronismus in der Wildnis. Abends kann man oben in der *Tembeling Lounge*, die bis Mitternacht geöffnet ist, einen Drink zu sich nehmen. Der einzige Platz in Kuala Tembeling, an dem Bier an zahlungskräftige Gäste ausgeschenkt wird.

Teresek Self Service Cafeteria mit Selbstbedienung liegt in „angemessener" Entfernung

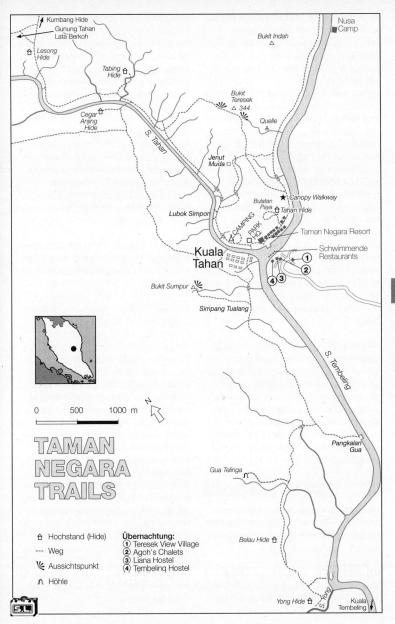

vom Restaurant und Empfang am anderen Ende des Resorts und ist von 7–23 Uhr geöffnet.
Im kleinen schwimmenden Restaurant nahe der Flußmündung unterhalb des Resorts gehen vor allem die Angestellten essen. Hier gibt es ausschließlich *local food*.
Ein Mini Markt verkauft Lebensmittel, alkoholfreie Getränke, Konserven und Souvenirs. Die im Shop gekauften Waren in recyclebaren Verpackungen, also Flaschen und Dosen, sind mit Aufklebern gekennzeichnet. Bei Rückgabe erhält man jeweils 1 RM Pfand zurück.

IN KUALA TEMBELING JENSEITS DES FLUSSES
– Die kleinen schwimmenden Restaurants warten zwar nicht mit kulinarischen Köstlichkeiten auf, sind aber preiswert.
Im **Off Road Cafe** bei dem *Teresek View Village* wird mittags und abends ein wechselndes Tagesmenü für etwa 7 RM geboten.
Der Mini Market am oberen Ende der Treppe bei *Agoh's* bietet eine gute Auswahl an Lebensmitteln zu günstigen Preisen (Ausnahme: Wasser).
Ein weiterer Mini Market am *Teresek View Village*.

UNTERWEGS – Obst hat im Dschungel Seltenheitswert und ist dementsprechend teuer. Vorräte für Trekking Touren sollten leicht sein, schnell zubereitet werden können und keine unzersetzlichen Abfälle (Dosen, Plastik u.ä.) hinterlassen. Glasflaschen auf die Wanderung in den Taman Negara mitzunehmen, ist verboten. Empfehlenswert sind Instant-Nudeln, getrocknete Lebensmittel, Suppen, Nüsse, Kekse, Milchpulver, Milo, Tee, Kaffee, Salz und Öl.

Sonstiges

ANMELDUNG – Vor der Anreise sind in Kuala Tembeling die Personalien anzugeben. Für 1 RM wird dann ein Permit ausgestellt. Die Fotografiererlaubnis kostet weitere 5 RM.

AUSRÜSTUNG – vom Campingkocher über Höhlenlampen bis hin zu Jungle Boots (2,50 RM) und Wasserflaschen läßt sich alles in dem kleinen Lädchen im Resort neben dem Campingplatz ausleihen. Geöffnet tgl. 8–22 Uhr, während der Essenszeiten geschlossen. Anstelle der Jungle Boots kann man Gamaschen gegen Blutegel tragen. Besser als die Mietzelte (2 Pers.-Zelt für 8 RM) ist eine eigene Ausrüstung, bei der ein Moskitonetz und ein Wasserfilter nicht fehlen sollte.

FOTOGRAFIEREN – Bei Bootsfahrten, Touren im Regen und Flußdurchquerungen sollte man darauf achten, daß die Ausrüstung trocken bleibt. Für Aufnahmen im Dschungel sind lichtempfindliche Filme angeraten (mindestens 200, besser noch 400 ASA). Für die Fotografiererlaubnis sind bei der Anmeldung 5 RM zu zahlen.

GELD – Wechseln an der Rezeption des Resorts zu etwas schlechteren Kursen als bei der Bank, wobei Travellers Cheques bessere Kurse als Bargeld erzielen.

INFORMATIONEN – Auf dem Gelände des Resorts befindet sich auch das Büro des *Department of Wildlife and National Parks*. Hier gibt es einen Plan mit Wanderwegen, der allerdings auch nicht detaillierter ist als der in unserem Buch.
Die Broschüre *Illustrated Guide in the Kuala Tahan Region*, die die umliegenden Wege beschreibt und eine kleine Einführung in das Ökosystem des Regenwalds gibt, ist leider vergriffen und nur im Headquarters einzusehen. Vielleicht wird sie wieder neu aufgelegt, wenn genügend Besucher nach ihr fragen.
Ein ausgezeichnetes Heft für biologisch interessierte Leute ist der *Guide To Taman Negara*, erschienen 1971 (Nr. 3 + 4) im *Malayan Nature Journal*, den man neben anderen Büchern hier einsehen kann.
Das Taman Negara-Einführungsvideo (20.45 Uhr) muß man nicht unbedingt gesehen haben.
Die Bücherei des Taman Negara Resorts, in der man nicht nur Fachbücher lesen kann, ist sehr mager ausgestattet.

Oben: Werbung an einem Geschäftshaus in Kuala Lipis; unten: Abschied von Orang Asli-Kindern

REISEZEIT – Obwohl der Park das ganze Jahr über geöffnet ist, sollte man im Dezember und Januar nicht hinfahren, da es zu viel regnet und viele Wanderungen nicht durchführbar sind. Für einen Besuch sollten mindestens 3 Tage veranschlagt werden, da bereits für die An- bzw. Abfahrt ein halber Tag benötigt wird.

TOUREN – Vom Resort und den Unterkünften jenseits des Flusses werden zahlreiche Unternehmungen ab 3–6 Teilnehmern angeboten. *Rapid Shooting* durch die Stromschnellen zwischen Kuala Terenggan und Nusa Camp mit kleinen 25 PS-Viersitzern, mit Kanus oder in Autoreifen – ein großer Spaß, bei dem man garantiert naß wird – für 20–30 RM, Reifenrafting ab Nusa Camp 10 RM. Geführte Dschungeltouren und Nachtwanderungen für 10–20 RM. Nachtsafari mit Geländewagen auf Plantagenstraßen – eine gute Möglichkeit, Tiere zu sehen – für 20 RM bei mindestens 6 Teilnehmern. Touren zu Dörfern der Orang Asli – etwas Feingefühl erforderlich – für 20–60 RM bei mindestens 6 Teilnehmern. Guides des Wildlife Departments warten vormittags im Headquarters auf Kunden. Sie kosten 100 RM pro Tag.

VORWAHL – 09.

Fähren und Riverbusse

In Kuala Tahan gelangt man mit Fähren vom Resort zu den schwimmenden Restaurants auf der anderen Flußseite. Die Boote sind kostenlos, sofern man sie von der anderen Seite heranwinkt, denn sie werden von den Betreibern der Restaurants und Camps bezahlt. 4x tgl. pendelt der Riverbus zwischen Nusa Camp und Kuala Tahan. Zudem fährt er zur Anlegestelle Yong Hide / Belau Hide / Gua Telinga für 3 RM einfach um 8.15 Uhr ab Nusa Camp und um 8.30 Uhr ab Kuala Tahan, zurück gegen 17.40 Uhr.
Nach KUALA TERENGGAN mit dem Riverbus um 10 und 15 Uhr ab Kuala Tahan und um 10.15 und 15.15 Uhr ab Nusa Camp für 10 bzw. 5 RM, Zurück um 11 und 15.30 Uhr.
Auf dieser Strecke verkehren auch Boote des Resorts um 8.30 und 13.30 Uhr, zurück um 11.15 und 16.15 Uhr zum gleichen Preis. Diese Fahrt kann wegen der Stromschnellen auch mal feucht werden.
Die Abfahrtzeiten können sich ändern. Boote zu allen anderen Zielen müssen gechartert werden.

Transport

Auf der Straße, die von Jerantut durch Plantagen an das Kuala Tahan gegenüberliegende Flußufer führt, verkehren Jeeps und Minibusse in knapp 2 Std. für 20 RM p.P. Wer diesen Weg wählt, versäumt die schöne Anreise mit dem Boot.
Es empfiehlt sich, über JERANTUT (s.S. 435f) nach KUALA TEMBELING, der Bootsanlegestelle für den Taman Negara, zu fahren, an der man auch das Permit für 1 RM erhält. Zwischen 9 und 14 Uhr, manchmal auch etwas früher, fahren die Boote für 19 RM einfach von Kuala Tembeling nach KUALA TAHAN in 3–3 1/2 Stunden, zurück zwischen 9 und 14 Uhr (Fr um 14.30 Uhr) in knapp 2 Std. Das Nusa Camp unterhält einen eigenen Bootsservice, ✆ 2663043.
Für den Rücktransport warten in Kuala Tembeling Minibusse an der Bootsanlegestelle, mit denen man nach Jerantut direkt bis zum gewünschten Hotel, zum Busbahnhof oder Bahnhof fahren kann. Taxifahrer suchen natürlich in erster Linie Fahrgäste nach KUALA LUMPUR (3 Std, 80 RM pro Taxi), KUANTAN (2 1/2 Std., 90 RM pro Taxi) oder in andere weit entfernte Orte. Wer nur bis nach JERANTUT für 4 RM p.P. möchte, muß möglicherweise warten, bis fast alle anderen Passagiere davongefahren sind.
Das Resort bietet ab *Istana Hotel* in KUALA LUMPUR um 8 Uhr für 25 RM einen Suttle Service an, zurück um 13 Uhr. Rechtzeitige Anmeldung erforderlich. Damit ist die Anreise ab KL auch auch eigene Faust möglich und muß nicht über Reiseveranstalter gebucht werden. Verbindung mit Expressbussen siehe Transport Jerantut. Auch von Merapoh ist eine Straße Richtung Kuala Tahan im Bau. Im Osten entstehen bei Kuala Koh (Kelantan) und am Kenyir Damm (Terengganu) ebenfalls neue Zugänge zum Taman Negara.

links: Holzschnitzerei vor dem Kuching Museum; rechts oben: Die Tradition wird in Kuching gepflegt; rechts Mitte oben: Blick auf Kuching; rechts Mitte unten: Kenyah-Frau am Oberlauf des Batang Belaga; rechts unten: Geschäftshaus in Kuching

Ost-Malaysia

Sarawak

Flächenmäßig ist Sarawak der größte Staat Malaysias im Nordwesten der drittgrößten Insel der Welt Borneo. Hier leben nur 1,8 Mill. Menschen, 1/4 davon im Distrikt Kuching. Die traditionellen Transportadern sind die Flüsse, auf denen größere und kleine Schiffe Passagiere und Lasten ins Landesinnere befördern. Daneben schreitet der Ausbau des Straßennetzes voran. Seit 1984 ist die Trans-Sarawak-Straße von Kuching nach Miri durchgehend befahrbar und mittlerweile sogar vollständig asphaltiert.

Eine Flußfahrt durch die riesigen Dschungelgebiete zu den Langhäusern der verschiedenen Stämme gehört zum Standardreiseprogramm der Gruppen- und Individualtouristen. Die einen fahren entlang fest organisierter Routen zu den Langhäusern am Skrang River, die sich auf den Massenansturm eingerichtet haben, die anderen versuchen zu abgelegenen Dörfern vorzustoßen. Wo die Bewohner eines Landes zur touristischen Sehenswürdigkeit werden, sind Konflikte unvermeidlich. Die Iban, Kayan und Kenyah sind traditionell auf Gäste eingerichtet, aber nicht auf europäische Touristen mit ihren hohen Ansprüchen.

Kuching

Nach über einer Stunde Flug hat man von Kuala Lumpur oder Singapore aus Kuching erreicht, einen Ort abseits aller Touristenpfade. Die modernen Hochhäuser und Schnellstraßen hinter sich gelassen, erwartet man etwas Somerset Maugham- oder Joseph Conrad-Atmosphäre: geheimnisvollen Dschungel, verwegen dreinblickende Menschen, die mit ihren Einbäumen die trägen, schlammigen Flüsse befahren. Dann landet man in Kuching, betritt den neuen, klimatisierten Airport, in perfektem Englisch offeriert der chinesische Taxifahrer seine Dienste. Wohin soll es gehen – Holiday Inn oder Hilton? Auf gut ausgebauten, breiten Schnellstraßen fährt man durch die Vororte von Kuching – Einfamilienhaus-Idylle mit Vorgarten und PKW. Überall dröhnen Preßlufthämmer, moderne Einkaufszentren werden aus dem Boden gestampft.

Kuching, die mit Abstand größte Stadt und Hauptstadt des Staates Sarawak, war schon immer ein kosmopolitischer Ort. Am Rande der sumpfigen Flußniederungen konnte sich am südlichen Ufer des Sungai Sarawak, nur etwa 20 km vom Südchinesischen Meer entfernt, zu James Brookes Zeiten ein Geschäfts- und Verwaltungszentrum mit einem verkehrsgünstig gelegenen Hafen entwickeln. Noch heute sind fast die Hälfte der 400 000 Einwohner Chinesen und ein gutes weiteres Drittel Malaien, von denen viele mehrere Sprachen sprechen.

Die **Kuching Waterfront**, eine Fußgängerpromenade, die von den internationalen Hotels einen Kilometer am Sungai Sarawak entlang ins alte Zentrum führt, säumen kleine Restaurants, Museen, Parkbänke und Geschäfte. An der Straßengabelung Jl. Tunku Abdul Rahman und Jl. Padungan erhebt sich auf einem Hügel der **Tua Pek Kong Tempel**, der älteste Tempel der Stadt. Die parallel zur Waterfront verlaufende Straße **Main Bazaar** wird von betagten zweistöckigen chinesischen Geschäftshäusern gesäumt. Das **Chinese History Museum** im ehemaligen chinesischen Gerichtsgebäude von 1912 vermittelt einen guten Überblick über das Leben der Chinesen in Sarawak während der vergangenen 150 Jahre. Geöffnet tgl. außer Fr und feiertags 9–18 Uhr. Vorbei an einem kleinen **chinesischen Pavillon** und der **Freilichtbühne** erreicht man den renovierten Bau der **Sarawak Steamship Company**, in dem ein Restaurant und Kunstgewerbeläden untergebracht sind. Bereits am Ende des 18. Jahrhunderts überwachte ein Fort an der Stelle des heutigen **Square Towers** das Treiben auf dem Sungai Sarawak. Hinter den dicken Mauern wird in einem kleinen Kino jede halbe Stunde von 10–14 und

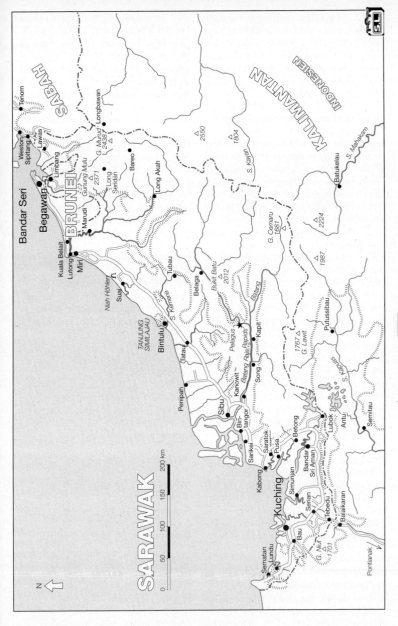

Sarawak

16–22 Uhr ein zehnminütiger, etwas oberflächlicher Film über die Geschichte Sarawaks gezeigt. Im 1. Stock werden gleichzeitig die Sonnenseiten des Landes präsentiert. Weiter im Osten erstreckt sich am Fluß der Geflügel-, der Fisch- sowie der Obst- und Gemüsemarkt.

Die Ecke Jl. Court House / Main Bazaar nimmt der **Oberste Gerichtshof** (Supreme Court) ein. Davor steht das **Brooke-Denkmal** für den zweiten Raja, Sir Charles Brooke. Das repräsentative **Hauptpostamt** wurde 1931 mit hohen korinthischen Doppelsäulen und Arkadengängen erbaut. Überragt wird die Stadt von der goldenen Kuppel der 1968 fertiggestellten **Masjid Kuching**, der ehemaligen Staatsmoschee.

Größte Sehenswürdigkeit ist das **Sarawak Museum**. Das alte Museumsgebäude beherbergt die naturkundliche Sammlung und eine Ausstellung einheimischen Kunstgewerbes. Die große ethnologische und historische Abteilung im neuen Gebäude, dem Dewan Tun Abdul Razak, auf der anderen Straßenseite, vermittelt einen Überblick über das historische und politische Geschehen in Sarawak. Geöffnet: tgl. außer So 9–18 Uhr, feiertags geschlossen, Eintritt frei. Vom neuen Museumsgebäude lohnt ein Abstecher zum **Islamischen Museum**, Jl. Ramlee, das in den renovierten Klassenräumen des ehemaligen malaiischen Lehrerbildungsinstituts aus dem Jahre 1930 untergebracht ist. Geöffnet tgl. außer So und feiertags 9–18 Uhr, Eintritt frei. Der zentrale **Padang Merdeka Negeri Sarawak** ist Schauplatz der großen Parade am Nationalfeiertag. Östlich des Padang ließ sich auf einem Hügel 1849 der erste anglikanische Bischof von Borneo, Dr. McDougall, sein Haus errichten. Das **Bischofshaus**, das älteste Gebäude in Sarawak, wurde allerdings mehrfach restauriert und kann nicht besichtigt werden. Zwei Jahre später wurde die erste anglikanische **St. Thomas' Kathedrale** eingeweiht.

Drei schöne chinesische Tempel stehen in der Jl. Carpenter, der Jl. Wayang und der Jl. Tunku Abdul Rahman. Der **Guan Thian Siang Ti Tempel** in der Jl. Carpenter wird von einem steinernen Löwen bewacht. Der **Kueh Seng Ong Tempel** in der Jl. Wayang ist schon etwas zerfallen. Seine Fassade ist mit bunten Wandreliefs bedeckt. Jenseits des Flusses (20 sen mit dem Boot ab Pangkalan Batu hinter dem Square Tower) erhebt sich am Flußufer links der Anlegestelle die **Istana**, die Residenz des Gouverneurs von Sarawak. Rechts der Anlegestelle wurde der **Kudung Park** angelegt. Hinter dem Park führt eine Straße hinauf zum Hauptquartier der Polizei, auf dessen Gelände das **Fort Margherita** steht, das von der einstigen Größe der Weißen Raja zeugt. Im Fort ist ein **Polizeimuseum** untergebracht, das auch an die Zeit erinnert, als hier Gefangene interniert waren. Geöffnet tgl. außer Mo und feiertags 10–18 Uhr.

Übernachtung

PREISWERT – Anglican Resthouse* ⑩, ✆ 414027, Jl. Tun Haji Openg, hinter der anglikanischen St. Thomas' Kathedrale, Zimmer mit Fan und Gemeinschafts-Du/WC sowie Betten im Schlafsaal. Nette, hilfsbereite Leute.
Kuching Hotel* ⑪, 6 Jl. Temple, ✆ 413985, zentral gelegen, einfache Zimmer mit Fan und Gemeinschafts-Du/WC.
Arif Hotel*-** ⑧, Jl. Haji Taha, ✆ 241211-12, akzeptables Preis-Leistungsverhältnis.
B&B Inn*, etwas laut, aber saubere Zimmer mit Fan und Gemeinschafts-Du/WC, Schlafsaal. Freundliches, junges Management.

MITTELKLASSE – Metropole Inn** ⑫, 22-23 Jl. Green Hill, ✆ 412484, ✉ 256302.
Orchid Inn** ⑭, 2 Jl. Green Hill, ✆ 411417, ✉ 241635. Nebenan:
Furama Hotel** ⑭, 4 Jl. Green Hill, ✆ 413561, einige kleine, preiswerte Zimmer.
Goodwood Inn** ⑬, 16-17 Jl. Green Hill, ✆ 244862, gleiche Besitzer wie das Furama.
Green Mountain Lodging House** ⑬, 1 Jl. Green Hill, ✆ 416320.
City Inn** ④, 276 Jl. Abell, ✆ 414866, hat 27 kleine Zimmer mit ac, TV und Bad.
Longhouse Hotel*** ⑤, 101-102 Jl. Abell, ✆ 419333, große, saubere Zimmer mit ac, Bad/WC und TV, Handeln möglich.

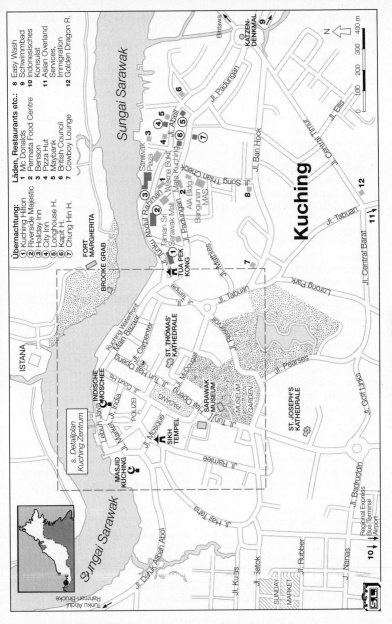

Aurora Hotel***-**** ⑨, Jl. McDougall, nahe dem Sarawak Museum, ✆ 240281, ✉ 425400, Zi unterschiedlicher Qualität, laute Karaoke-Bar.

LUXUS – *Holiday Inn* (ab 200 RM) ③, Jl. Tunku Abdul Rahman, ✆ 423111, ✉ 412777, Swimming Pool, chinesisches Restaurant, Café mit gutem Brot und Kuchen.
Kuching Hilton (um 340 RM) ①, Jl. Tunku Abdul Rahman, ✆ 248200, ✉ 428984, großzügig und gediegen, Pepper's Disco, gutes chinesisches Restaurant und Steakhouse, Pool.
Riverside Majestic (um 300 RM) ②, Jl. Tunku Abdul Rahman, ✆ 247777, ✉ 417552, 19stöckiger, großer Block mit viel Glas und Chrom, Swimming Pool, Pub, Nachtclub und Restaurants.

Essen

In der Carpenter Street findet man vor der Bühne des gegenüberliegenden alten Tempels überdachte **Essenstände** mit chinesischen Gerichten. Tagsüber gibt es nur Nudelsuppen und Sate, abends aber auch andere Gerichte.
Zwischen Jl. Market und der Minibus Station malaiische Essenstände und auf der gegenüberliegenden Seite vor dem Electra Bldg. das chinesische Pendant.
Weitere malaiische und chinesische Essenstände im **Saujana Food Centre** im oberen Stockwerk des Parkhauses. **Permata Food Centre** im Parkhaus hinter dem Wisma Bukit Mata Kuching in der Jl. Padungan offeriert vor allem Seafood.
Kleine Steaks mit Pommes an einem der Essenstände an der **Green Hill Corner**, Jl. Temple. Gegenüber, im **Tiger Garden**, Essenstände mit guten Nudelgerichten.
Indische Küche, die absolut *halal* ist und Vegetariern eine gute Auswahl bietet, wird in der zur Fußgängerzone umgestalteten Jl. India gekocht, z.B. im **Madinah Cafe**, Nr. 47 und nebenan im **Jubilee Restaurant**.
Besser hat uns das Essen im **National Islamic Cafe**, Jl. Carpenter, geschmeckt.
Die beste Laksa der Insel kocht Aunty Yen im *River Cafe* an der Waterfront gegenüber dem Tua Pek Kong Tempel. Auch die anderen Gerichte der kleinen Karte sind aus frischen Zutaten zubereitet und ihren (etwas höheren) Preis wert. Geöffnet tgl. 15–1 Uhr.

Sri Sarawak, im 18. Stock des Riverside, serviert malaiische Küche der gehobenen Preisklasse.
Bei **Fook Hoi**, gegenüber vom GPO, kann man tagsüber preiswert chinesisch essen.
Golden Dragon Restaurant (Kim Loong), 325-328 Jl. Central Timur, außerhalb des Zentrums, lohnt die Anfahrt, phantastische chinesische Küche zu akzeptablen Preisen.
Bei Einheimischen wie Touristen beliebt ist *Benson*, 157 Chan Chin Ann Road, ✆ 426528, im Freien hinter Sarawak Plaza. Gute Seafood-Gerichte, aber nicht billig.
Im *Cafe De Paris*, Jl. Carpenter, Frühstück, Salate und Sandwiches. Geöffnet von 8.30–14 und 18.30–23.30 Uhr.
Life Cafe, 108 Ewe Hai St., neben dem Kueh Seng Ong Tempel, gute, preiswerte Gerichte.
Brot und Kuchen von überraschend guter Qualität bekommt man im Coffee Shop vom *Holiday Inn* und *Hilton Hotel* sowie am Busbahnhof (auch Außer-Haus-Verkauf).

Einkaufen

MÄRKTE – Auf dem Markt, dem Main Bazaar parallel zum Fluß, und den Einkaufsstraßen Jl. Masjid und Jl. Gambier verkauft man frische wie konservierte Lebensmittel. Ein Markt findet vom Samstagvormittag bis zum späten Sonntagabend in der Jl. Satok statt. Neben gängigen Waren werden auch ausgefallene Lebensmittel aus abgelegenen Regionen gehandelt. Der Weg lohnt sich.

EINKAUFSZENTREN – Während der letzten Jahre entstanden moderne Einkaufszentren, z.B. im **Riverside**. Supermärkte mit westlichen Lebensmitteln gibt es im **Centre Point, Sarawak Plaza** und im **Kuching Plaza**, Jl. McDougall.

BÜCHER UND KARTEN – Die größte Auswahl an Büchern und Karten zu Borneo hat der **Bookshop Mohamed Yahia** im Untergeschoß des Sarawak Plaza. Filiale im *Holiday Inn*. Weitere Buchläden im *Hilton* und im *Sarawak Museum*.

SOUVENIRS – in Hülle und Fülle verkaufen die Läden am Main Bazaar und in den Nebenstraßen. Für *pua kumbu* (Ikat-Decken) oder Schnitzereien von guter Qualität ist jedoch einiges zu bezahlen.

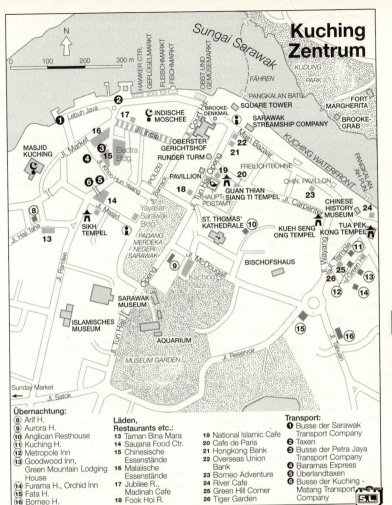

Sonstiges

AUTOVERMIETUNGEN – **Avis**, Office am Airport, ✆ 458020, und im Holiday Inn, ✆ 411370
Mayflower Car Rental, Level 4, Bangunan Satok, ✆ 410110.
Pronto Car Rental, 98 Padungan Rd., gegenüber dem Hilton, ✆ 237889, ✉ 236889.

GELD – Gegenüber vom Holiday Inn die **Standard Chartered Bank** im Wisma Bukit Mata Kuching, ✆ 252233. Günstiger die **Maybank**, Jl. Abell. Zentraler die **Overseas Union Bank**, und **Hongkong Bank**, ✆ 427999, Jl. Tun Haji Openg. **Money Changer** in mehreren indischen Läden der Jl. Temple und im **Bookshop Mohamed Yahia** im Untergeschoß des Sarawak Plaza, der tgl. bis 21 Uhr geöffnet hat.

Kuching

American Express, CPH Travel Agencies, 70 Padungan Rd., ✆ 242289, geöffnet Mo–Fr 8.30–17, Sa 8.30–12 Uhr.

IMMIGRATION – Jl. Simpang Tiga, die verlängerte Jl. Tabuan, im Bangunan Sultan Iskandar, ✆ 245661, geöffnet Mo–Sa 8–18 Uhr. Busse 11, 14, 14A und 14B ab Jl. Masjid.
Sarawak hat eigene Visabestimmungen und akzeptiert keine in West-Malaysia oder Sabah ausgestellten Aufenthaltsgenehmigungen. Normalerweise kann man so lange in Sarawak bleiben, wie das West-Malaysia Visum gültig ist.

INDONESISCHES KONSULAT – 5A Jl. Pisang, ✆ 241734, geöffnet Mo–Fr 8–12 und 14–16 Uhr, feiertags geschlossen. Bus Nr. 6 ab Jl. Masjid. Pontianak kann auf dem Landweg ohne Visum erreicht werden. Visa für die Ausreise von Sabah nach Kalimantan müssen in Kota Kinabalu oder Tawau beantragt werden.

INFORMATIONEN – *Visitors' Information Centre*, Jl. Mosque, ✆ 410944, ✆ 256301, hat gute Informationen über Kuching wie über Sarawak allgemein. Hilfsbereite Angestellte. Geöffnet Mo–Fr 8–16.15, Sa 8–12.45 Uhr.
Ein weiteres Informationsbüro der STA neben dem Sarawak Streamstip Building.
TDC Sarawak Regional Office, Jl. Song Thian Cheok, Rugayah Bldg. ✆ 246575, ✆ 246442, hat Broschüren von TDC zu West- und Ost-Malaysia, aber kaum Informationen zu Sarawak. Gleiche Öffnungszeiten.

LANGHAUS-TOUREN – Zwei verantwortungsvolle Veranstalter mit einigen interessanten Touren sind:
Borneo Adventure Co., 55 Main Bazaar, ✆ 245175, ✆ 422626.
Asian Overland Services, 286A Westwood Park, Jl. Tabuan, ✆ 251162, ✆ 251178. Programm, Termine und Preise per Fax vor Reiseantritt anfordern. Weitere Anbieter von Touren sind.
Interworld, 85 Jl. Rambutan, ✆ 252344, ✆ 424515, Filiale im *Aurora Hotel*.
CPH Travel Agencies, 70 Jl. Padungan, ✆ 426981, ✆ 424587, Filialen im Sarawak Plaza und *Holiday Inn*.

NATIONAL PARKS AND WILDLIFE OFFICE – im Wisma Sumber Alam, Jl. Stadium, Petra Jaya, ✆ 442180. Geöffnet Mo-Fr 8-12.45, 14-16.15, Sa 8-12.45 Uhr. Buchungen für den Bako Park sowie Permits für das Semengoh Rehabilitation Centre im Information Centre in der Jl. Mosque.

VORWAHL – 082, PLZ 93990.

Nahverkehrsmittel

STADTBUSSE – In Kuching und der Umgebung operieren mehrere private Busgesellschaften, die größte davon ist *Chin Lian Long*, ✆ 32766, mit ihren blauen und weißen Bussen.
Der Chin Lian Long-Bus Nr. 17 und 19 fährt für 70 sen in knapp 1 Std. nach PENDING zum Bintawa Jet Terminal der Schiffe nach SIBU, Nr. 6 von der Jl. Masjid zum Indonesischen Konsulat in der Jl. Pisang, Nr. 3, 3A und 6 zum Regional Express Bus Terminal und SFC-Bus Nr. 12 A ab Jl. Masjid für 80 sen zum Airport.

TAXIS – Die Wagen mit grünen Nummernschildern stehen in der Jl. Market, Ecke Jl. Gambier, an den Internationalen Hotels und am Airport. Sie fahren ohne Taxameter. Kürzere Strecken kosten in ac-Taxis 5 RM, längere bis zu 10 RM, zum Airport 15 RM, nachts 20 RM.

Transport

BUSSE – Mit dem Bau eines zentralen Busbahnhofs an der Lebuh Java können sich Abfahrtsorte ändern. Zur Zeit fahren die **lokalen Busse** von Busbahnhöfen um die Jl. Market ab.
Grün-gelbe Busse der *Sarawak Transport Company (STC)*, ✆ 242967, ab Lebuh Java in die südwestliche Umgebung. Gelbe Busse der *Petra Jaya Transport Company* ab Jl. Khoo Hun Yeang nach Osten, z.B. mit Nr. 6 zur Bootsanlegestelle zum BAKO NATIONALPARK alle 45 Min. zwischen 6.40 und 18 Uhr für 2,10 RM, hin und zurück 3 RM. Nr. 2B nach DAMAI für 2,80 RM. Busse der *Kuching–Matang Transport Company* ab Busbahnhof zwischen Jl. Masjid und Jl. Khoo Hun Yeang nach Westen.
Fernbusse fahren vom Regional Express Bus Terminal, 3 1/2 Mile, Jl. Penrissen, ab. Dorthin mit dem Stadtbus 3 und 3A. Tickets gibt es bei

verschiedenen Travel Agents in Kuching oder direkt bei den Companies.

Busse von *Biaramas Express*, 3 Khoo Hun Yeang St., um 6.15 und 9 Uhr über SARIKEI (28 RM), SIBU (32 RM) und BINTULU (52 RM) nach MIRI (70 RM). Auf dieser Strecke fährt auch um 6.30 Uhr ein Bus von *Borneo Highway Express*, Lot 394 Lorong 6, Jl. Rubber, ✆ 427035.

Nach Kalimantan: Jeden Morgen fahren Busse in 9 Std. nach PONTIANAK. Bis zur Grenze in TEBEDU / ENTIKONG brauchen sie 2 Std. und kosten 12 RM. 3 km hinter dem Grenzort befindet sich der Kontrollpunkt. Die Zeitverschiebung zu Indonesien beträgt 1 Std. *Kirata-Busse* kosten 34,50 RM und fahren um 7.30 Uhr ab Regional Express Bus Terminal, 3 1/2 Mile, Jl. Penrissen. Buchungen unter ✆ 336386.

Heng Seng-Busse kosten 40 RM und fahren um 8 Uhr vom Büro der Gesellschaft in der Jl. Khoo Hun Yeang, nahe der Jl. Market ab. Buchungen am Regional Express Bus Terminal, ✆ 454548, oder bei Heng Seng, ✆ 244082.

Biaramas Express fährt um 7 und 12.30 Uhr ab und kostet 34,50 RM. Buchungen am Regional Express Bus Terminal, ✆ 452139.

Außerdem fahren Damri-Busse jeden Morgen um 8 Uhr ab Arif Hotel.

SCHIFFE – Viele Orte an der Küste und an den Flüssen sind nur auf dem Wasserweg zu erreichen. Die aktuellen Abfahrtszeiten und Preise der Expressboote nach Sibu und Sarikei findet man in der *Borneo Post*, dem *People's Mirror* und der *Sarawak Tribune*. Bus Nr. 17 und 19 fährt für 70 sen zur Bintawa Express Wharf in Pending. Ticket am besten schon am Tag zuvor bei einem der Travel Agents in Kuching kaufen. Vom Hafen von Kuching in Pending, 6 km östlich der Stadt, fahren Schiffe über Sarikei nach Sibu, manche direkt. Die teueren Boote sind schneller.

Express Bahagia Nr. 1-3, 50 Jl. Padungan, ✆ 421948, fährt tgl. um 13 sowie Mo, Mi und Fr um 8.30 Uhr für 35 RM in der Economy und 38 RM in der 1. Klasse nach SIBU. Nach SARIKEI 29 RM bzw. 30 RM.

Weitere Boote u.a. von *Ekspres Pertama*, 198 Jl. Padungan, ✆ 414735, und die *Concorde Marine*, Metropole Inn, ✆ 412551, fahren tgl. um 8.30 Uhr für 29 RM in der Economy bzw. 35 RM in der 1. Klasse.

FLÜGE – Kuching Airport liegt 12 km südlich der Stadt, STC-Bus Nr. 12A ab 6.30-19.15 Uhr alle 40 Min. für 80 sen. Taxis kosten etwa 12 RM, nachts 20 RM.

Nationale Flüge: *MAS*, Bangunan MAS, Lot 215 Song Thian Cheok Road, ✆ 246622. Geöffnet Mo-Fr 8-17, Sa 8-16.30, So 8-13, feiertags 8-16 Uhr. Tgl. Flüge nach West-Malaysia, Singapore und innerhalb Ost-Malaysias. Es empfiehlt sich rechtzeitig zu buchen und die Flüge rückbestätigen zu lassen, da gerade zwischen West- und Ost-Malaysia freie Plätze knapp sind. Wer nach Singapore fliegen will und etwas Zeit hat, kann günstiger über Johore Bharu fliegen. Mehrmals tgl. fliegen Maschinen über SIBU 72 RM und BINTULU 117 RM nach MIRI für 164 RM, z.T. direkt, einige gehen sogar weiter nach KOTA KINABALU für 228 RM.

Richtung West-Malaysia direkte Flüge 1-2x tgl. nach JOHOR BHARU für 169 RM (außerdem günstige *special rates*) und 4-6x tgl. nach KUALA LUMPUR für 262 RM (Nachtflug 187 RM).

Internationale Flüge: MAS fliegt jeden Mo und Do für 197 RM inkl. 20 RM Airport Tax nach PONTIANAK. Nach BANDAR SERI BEGAWAN (Brunei) für 297 RM mehrmals wöchentlich, zum Teil mit *Royal Brunei Airlines*, Jl. Song Thian Cheok, Rugayah Bldg. ✆ 243344, ✉ 244563. Nach SINGAPORE mit MAS oder SIA für 275 RM (199 S$). *Singapore Airlines*, Wisma Bukit Mata Kuching, Jl. Tunku Abdul Rahman, ✆ 240266, ✉ 424710.

Nach HONGKONG zweimal wöchentlich für 1156 RM mit *Dragon Air*, Wisma Bukit Mata, Jl. Tunku Abdul Rahman, ✆ 233322.

Die Umgebung von Kuching
Semengoh

Das Semengoh Wildlife Rehabilitation Centre liegt 32 km südlich von Kuching an der Straße nach Kg. Benuk in einer 750 ha großen *Forest Reserve*. Entweder fährt man mit dem Bus 6 (STC) für 1,40 RM von Kuching zur **Forest Department Nursery** oder mit jedem anderen Bus in Richtung Serian bis nach Kg. Jawa Semengoh. Ab hier sind es nur 20 Minuten zu Fuß bis zum Centre. Durch den Sekundärwald führen mehrere Pfade zum Rehabilitationszentrum, das auch auf einer Straße erreichbar ist. Taxi ab Kuching ab 30 RM.

Obwohl der Orang Utan (= Waldmensch) eine geschützte Tierart ist, werden häufig Jungtiere eingefangen und illegal gehalten. Werden diese Tiere vom Sarawak Forest Department beschlagnahmt, bringt man sie hier unter. Die eigentliche Funktion der Stationen ist die Vorbereitung der Tiere auf das unabhängige Leben im Dschungel. Fütterungszeiten um 8.30 und 15 Uhr. Insgesamt gibt es nicht allzuviel zu sehen. Die Station ist tgl. von 8–16.30 Uhr geöffnet. Das notwendige Permit erteilen während der Woche die Mitarbeiter des Wildlife Department im Tourist Office in der Jl. Mosque in Kuching. Am Sonntag ist es direkt am Eingang erhältlich.

Damai

Dieses populäre Ausflugsziel mit einem herrlichen Sandstrand liegt in Teluk Bandung, 34 km von Kuching. Im Hinterland erhebt sich der 880 m hohen Gunung Santubong. Am Strand stehen mehrere Luxushotels, z.B. das *Damai Beach Resort* und *Damai Lagoon*.

Das **Sarawak Cultural Village** ist ein durchaus gelungenes Projekt, die Völker Sarawaks interessierten einheimischen und ausländischen Touristen näherzubringen. Man kann originalgetreue Gebäude der verschiedenen Volksgruppen Sarawaks besichtigen, darunter Langhäuser der Bidayuh, Iban, Orang Ulu und Melanau. Alle Häuser werden von Angehörigen dieser Stämme bewohnt, daher die Bezeichnung *The Living Museum*. Besonders beeindruckend ist das sogenannte *Rumah Tinggi*, das „hohe Haus" der Melanau. Es werden neben Tänzen, viele traditionelle Tätigkeiten vorgeführt: Bidayuh stellen Bambusschnitzereien her, Penan Blasrohre und die Iban und einige andere Völker brauen im Wettbewerb Tuak. Neben den Dayakstämmen sind auch Malaien und Chinesen mit typischen Hausformen und Handwerkern vertreten. Am Haupteingang, im sogenannten *Reception Centre*, befindet sich ein Theater, in dem zweimal täglich 11.30 und 16.30 Uhr (an Wochenenden viermal) Volkstänze aufgeführt werden. Geöffnet tgl. 9–17.15 Uhr. Der Eintrittspreis ist allerdings mit 45 RM recht hoch, wobei das Ticket auch zum Besuch der Tanzaufführungen berechtigt. In Kuching werden Touren inklusive Transport, Eintritt und Mittagessen für 60 RM angeboten. Abfahrt gegen 9 Uhr, weitere Informationen unter ✆ 422411, ✆ 428988.

Auf der Verbindungsstraße von Kuching nach Damai verkehrt ein Holiday Inn Pendelbus in 40 Min. für 12 RM. Billiger ist der stündliche Petra Jaya Transport Bus der zwischen 7.30 und 18 Uhr für 2,80 RM nach Damai fährt. Die Rückfahrt nach Kuching erfolgt jeweils eine Stunde später.

Bako Nationalpark

Die 27,4 km² große Halbinsel, 37 km nördlich von Kuching, eignet sich gut zum Relaxen und Wandern. Mit etwas Glück sieht man Zwerghirsche, Wildschweine, bis zu 2 m lange Warane, Eidechsen, Makaken und die seltenen Nasenaffen. Insgesamt 30 km ausgeschilderte Wege führen durch unterschiedliche Landschaften. Auf der Halbinsel hat sich auf den nährstoffarmen, wasserdurchlässigen Böden eine eigene Strand-, Kliff- und Felsen-Vegetation ausgebildet.

Das Park Headquarter liegt in **Teluk Assam**, auf der westlichen Seite der Halbinsel. In einer interessanten Ausstellung über die Pflanzen- und Tierwelt des Parks kann man sich informieren und anhand einer guten Karte Wanderungen planen. Der Strand vor dem Headquarter lädt zum Sonnen und das flache Wasser zum Baden ein. Die Felsen sind vom Wasser ausgespült und haben bizarre Formen angenommen. In 20 Minuten kann man **Tanjong Sapi**, am südlichen Ende der Bucht, erklimmen. Der Ausblick ist besonders schön bei Sonnenuntergang (Taschenlampe mitnehmen).

Wer die Abgeschiedenheit liebt, findet sie an den anderen Stränden **Teluk Paku** (45 Minuten Fußweg) und **Teluk Pandan Kecil** (1 1/2 Stunden Fußweg), die auch mit dem Boot zu erreichen sind. Der Pfad nach Teluk Pandan Kecil endet hoch oben auf einem Felsen, von dem man eine schöne Aussicht hat. Ein schmaler Weg führt hinunter zum Strand. In der Nähe von **Teluk Tajor** (1 Stunde ab Teluk Assam) kann man in einem kleinen Wasserfall baden.

Empfehlenswert ist der rot markierte, etwa dreistündige Rundwanderweg 7 *(Lintang)* am **Bukit Tambi** vorbei. Er führt durch alle Landschaftszonen des Nationalparks. Man läuft ihn am besten im Uhrzeigersinn. Vom Steg über die Mangroven geht es steil bergauf durch Primärwald auf ein über 200 m hohes Plateau mit sehr niedriger Buschsteppe und zahlreichen insektenfressenden Kannenpflanzen. Häufig führt der Pfad über ausgewaschene Felsen, die bei Regen recht schlüpfrig sind. An sonnigen Tagen wird es auf dem schattenlosen Plateau sehr heiß.

Das gesamte Gebiet weiter im Osten wurde als *conservation area* ausgewiesen und ist zum Schutz der Tier- und Pflanzenwelt für Touristen gesperrt. In den Tiefland-, Sumpf- und Mangrovenwäldern des Bako Nationalparks leben die eigentümlich aussehenden **Nasenaffen**, die nur auf der Insel Borneo vorkommen. Am ehesten begegnet man ihnen am frühen Morgen oder am späten Nachmittag, wenn sie auf dem Weg zu ihren Futterplätzen in den Mangrovenwäldern von **Teluk Delima** oder **Tanjung Paku** sind.

Übernachtung und Essen

In TELUK ASSAM kann man nach Voranmeldung in einem der drei *Hostels* für 10 RM pro Bett übernachten. Außerdem gibt es 7 *Resthouses*** und eine *Lodge***. Während der Ferien und an Wochenenden rechtzeitig vorbuchen.
Im Resthouse und in den Hostels ist eine Küche für Selbstversorger vorhanden. Lebensmittel, vor allem frisches Obst, Gemüse aber auch Moskito-Coils bringt man besser mit, denn in Teluk Assam ist alles teurer und die Auswahl gering.

Transport

Permit im National Parks Booking Office im *Visitor Information Centre* in Kuching, ✆ 410944. Häufig ist Bako ausgebucht, daher werden in den meisten Fällen nur 3 Tage Aufenthalt genehmigt. Während der Regenzeit zwischen November und März kann wegen rauher See der Park nicht besucht werden.
Anreisemöglichkeit zum KAMPUNG BAKO mit Bus Nr. 6 der *Petra Jaya Transport Company* ab Jl. Khoo Hun Yeang alle 45 Min. zwischen 6.40 und 18 Uhr für 2,10 RM, hin und zurück innerhalb von 3 Tagen 3 RM. Von Kampung Bako fahren Boote in 30 Minuten für 30 RM nach Teluk Assam. Sie können bis zu 12 Personen befördern.

Von Kuching nach Belaga

Touristen, die es hierher verschlägt, bekommen keinerlei bestaunenswerte „Sehenswürdigkeiten" oder romantische Landschaften geboten. Das erstes Ziel nach ermüdenden Bus- und Bootstouren sind zumeist triste Marktflecken. Je weiter man sich von den wenigen Straßen entfernt, umso stärker beherrscht der immergrüne tropische Regenwald die Szenerie. Möglichkeiten für Flußtrips bieten sich überall – es liegt an eigenen Unternehmungsgeist, aber auch an Sprachkenntnissen, wieweit man sie realisieren kann. Im Kuching-Kapitel sind Veranstalter gelistet, die Langhaus-Touren anbieten (s.S. 452).

Sibu

Die Hauptstadt der 3. Division am Ufer des Batang Rajang ist mit ca. 200 000 Einwohnern zweitgrößte Stadt Sarawaks. Da größere Schiffe den breiten Rajang hinauffahren können, ist Sibu, 130 km im Landesinnern gelegen, eine bedeutende Hafenstadt und ein Umschlagzentrum der Holzindustrie von Sarawak, aber auch wichtig für den Pfeffer- und Kautschukhandel. Die eng mit dem Hafen verknüpfte Industrie prägt das Gesicht der Stadt, deren Bevölkerung zu über 60% Chinesen sind.

Das Gewirr zweistöckiger chinesischer Geschäftshäuser wird von der **siebenstöckigen Pagode** des chinesischen Tempels Tua Pek Kong an der Sarikei-Bootsanlegestelle überragt. Faszinierend ist besonders am Wochenende ein Gang über den **Lembangan Markt**. Hier kann man manche exotischen Zutaten der einheimischen Küche entdecken. Daneben gibt es im des Geschäftsviertels einen weiteren zweistöckigen **Markt**, wo von 18–22 Uhr Haushaltswaren, Textilien, Snacks und andere Gerichte verkauft werden.

In der modernen Cultural Heritage Exhibition Hall im Dewan Suarah Sibu, Jl. Suarah, 50 m östlich der Jl. Tun Abang Haji Openg, etwa 2,5 km außerhalb des Zentrums, ist das **Civic Centre Museum** untergebracht. Es enthält neben alten Fotografien eine Ausstellung über die Geschichte der Einwanderung der chinesischen Bevölkerungsgruppe, ihre Religionen und Sozialstrukturen sowie über die Lebensbedingungen und Religionen der Iban, Malaien, Melanau und Orang Ulu. Geöffnet Di–Sa 15–20, So 9–12 und feiertags 14–20 Uhr.

Übernachtung

Methodist Guest House*-** ⑨, 22 Island Road, ✆ 332491, alle 7 Zimmer haben ein Bad, die teureren auch ac.

River View Hotel* ⑭, 65 Mission Rd., direkt an der Bus Station, ✆ 325241, ist zwar billig, aber auch ziemlich ungepflegt.

Travellers' Hotel** ⑫, 9 Jl. Bengkel, ✆ 311677, neben dem neuen, riesigen Komplex des Tanah Mas Hotels, einfache, saubere Zimmer mit Du/WC und ac. Preiswerte Unterkunft.

Rex Hotel** ⑥, 32 Cross Road, ✆ 330625, relativ günstige Zimmer, während das

Sarawak Hotel* ⑤, 34 Cross Road, ✆ 333455, nebenan, 25 etwas bessere Zimmer mit ac, TV und Bad/WC hat.

New World Hotel** ③, 1 Jl. Wong Nai Siong, ✆ 310311, gegenüber, ist nicht so gut.

Capitol 88 Hotel** ④, 19 Jl. Wong Nai Siong, ✆ 336444, einfache, saubere Zimmer zu günstigen Preisen.

Centre Point Inn** ⑦, Jing Hwa Bldg., Central Rd., ✆ 320222, ✆ 320496, ist sauber und etwas von der Straße zurückversetzt.

Premier Hotel**** ⑧, Sarawak House Complex, Kg. Nyabor Rd., ✆ 323222, ✆ 323399, wird vor allem von Geschäftsleuten frequentiert.

Tanah Mas Hotel (165–200 RM) ⑬, Jl. Kampung Nyabor, ✆ 333188, ✆ 333288, komfortable Zimmer, chinesisches Restaurant, Cafe und Swimming Pool. Nach Discount fragen.

Kingwood Hotel ⑯, Luxushotel am Fluß, 12 Lorong Lanang 4, ✆ 335888, ✆ 334559. Komfortabel eingerichtete Zimmer für etwa 200 RM.

Essen

Ein großes, neues Hawker Centre liegt zwischen der Channel Road und dem Fischmarkt. Billig sind die malaiischen Essensstände in dem zweistöckigen Gebäude südlich vom Sarawak House. Abends lohnt ein Bummel über den Nachtmarkt rings um den Markt in der High Street, Market Road und Lembangan Lane. Da die meisten Chinesen aus der Foochow-Provinz kommen, prägt die Küche dieser Region das Essen in den chinesischen Restaurants, z.B. im **Hock Chu Len** gegenüber der Standard Chartered Bank, ein klimatisiertes Restaurant.

New Capital Restaurant, 46 Jl. Kampung Nyabor, gutes chinesisches Essen.

Golden Happiness, über dem *Shanghai Hotel*, neben dem *Li Hua*, hat gutes Essen, z.B. Hühnchen mit Früchten.

Das **Kian Hock Cafe** um die Ecke in der Jl. Maju kocht sehr gut, vor allem Seafood.

Sonstiges

GELD – TC wechseln die **Maybank**, Jl. Kampung Nyabor und hinter dem *Kingwood Hotel*, Lanang Road. **Hongkong Bank**, 17 Jl. Wong Nai Siong und **Standard Chartered Bank**, Jl. Tukang Besi (Jl. Blacksmith).

American Express, Travel Consortium Sdn, Bhd., 14 Central Road, ✆ 334555, ✆ 330589, geöffnet Mo–Fr 8.15–17, Sa 8.15–12 Uhr

TAXIS – ✆ 313384, 320773 und 335787, stehen in der Jl. Wong Nai Siong vor dem *Sarawak Hotel*, in der Central Road, und neben der Bus

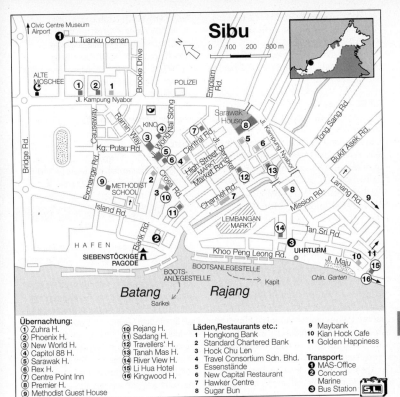

Übernachtung:
① Zuhra H.
② Phoenix H.
③ New World H.
④ Capitol 88 H.
⑤ Sarawak H.
⑥ Rex H.
⑦ Centre Point Inn
⑧ Premier H.
⑨ Methodist Guest House
⑩ Rejang H.
⑪ Sadang H.
⑫ Travellers' H.
⑬ Tanah Mas H.
⑭ River View H.
⑮ Li Hua Hotel
⑯ Kingwood H.

Läden, Restaurants etc.:
1 Hongkong Bank
2 Standard Chartered Bank
3 Hock Chu Len
4 Travel Consortium Sdn. Bhd.
5 Essenstände
6 New Capital Restaurant
7 Hawker Centre
8 Sugar Bun
9 Maybank
10 Kian Hock Cafe
11 Golden Happiness

Transport:
❶ MAS-Office
❷ Concord Marine
❸ Bus Station

Station. Im Stadtgebiet etwa 5 RM und zum Flughafen ca. 20 RM.

TOUREN – Johnny Wong von *Rejang Safari Tours & Travel* im *Sarawak Hotel*, ✆/☏ 326972, führt Trekking-Touren zu Langhäusern am Sungai Katibas durch. Von April bis Juni und im Oktober/November, wenn die Flüsse ausreichend Wasser führen, kann man auch in die Oberläufe der Flüsse fahren.

VORWAHL – 084, PLZ 96000.

Transport

BUSSE – Die Bus Station liegt am Fluß östlich der Kapit-Bootsanlegestelle.
Lanang Rd. Bus Co., ✆ 314527, 4x tgl. nach SARIKEI 6,60 RM, 1 1/2 Std., von dort weiter nach SRI AMAN 20,10 RM und KUCHING 32–34,50 RM, um 9 und 13.30 Uhr direkt, 6 Std.
Ein Bus auch nach PONTIANAK 66,50 RM.
Nach BINTULU 7x tgl. (davon 4 ac-Busse zum gleichen Preis) zwischen 6 und 18 Uhr für 17,50 RM in 3 1/2 Std. Weitere Busse von *Syarikat Bas Express*, ac um 6.15 und 12.15 Uhr, non-ac um 9 und 14 Uhr. Nach MIRI ac-Bus um 6.45 und 9.30 Uhr für 35 RM in 7 Std.

SCHIFFE – Bisher fahren alle Passagierschiffe von den Bootsanlegestellen im Zentrum ab. Sie sollen jedoch verlegt werden. Die Boote haben an Tafeln auf dem Schiff die jeweiligen Abfahrtszeiten angeschlagen.
Nach KUCHING verkehren tgl. Expreßboote der *Express Bahagia* und anderer Companies, z.B.

der *Concord Marine*, für 29–35 RM in der Economy bzw. 35–38 RM in der 1. Kl., je nach Schiffstyp, in 4–5 Stunden.
Nach KAPIT fahren ständig zwischen 6.30 und 14.30 Uhr Expressboote für 15 RM in 3 Std. den Rajang River hinauf.

FLÜGE – *MAS*-Office in der 61 Jl. Tuanku Osman, außerhalb des Stadtzentrums, ✆ 326166. Der Airport liegt etwa 6 km nördlich der Stadt und kann zwischen 7 und 18 Uhr mit dem stündlich verkehrenden Bus 3 A der Lanang Rd. Bus Co. für 2 RM ab Bus Station in der Cross Road erreicht werden. Coupon-Taxi ab Airport 16,50 RM. Preisbeispiele: BINTULU 64 RM, KOTA KINABALU 180 RM, KUCHING 72 RM, MIRI 112 RM.

Kapit

Der Holzhandel haben den einstmals verschlafenen Ort zur finanzkräftigen Hauptstadt der Division werden lassen. Exotisch tätowierte Iban bringen in ihren motorisierten Langbooten Kautschuk, Pfeffer und andere Dschungelprodukte die Flüsse herab, um sie zu verkaufen. Anschließend decken sie sich in den Läden der Stadt mit Produkten der westlichen Zivilisation ein.

Unter Charles Brooke wurde 1877 –1880 **Fort Sylvia** errichtet, ein einfaches Gebäude aus Eisenholz, das sich am Flußufer erhebt. Beeindruckend sind die Markierungen an der Außenwand des Fort, die den höchsten Wasserstand während der großen Überschwemmungen anzeigen.

Im neuen Civic Centre wurde ein interessantes, kleines **Museum** eingerichtet. Geöffnet Mo–Fr 9–12.45 und 14–16.15, Sa 9–12.45 Uhr. Normalerweise ist das Museum verschlossen, dann kann man sich im angrenzenden Büro melden. Neben allgemeinen Informationen über die Region Kapit enthält es ethnologische Sammlungen über die Iban, Orang Ulu, Malaien und Chinesen und zur Fauna Sarawaks.

Übernachtung

Longhouse Hotel*-**, 21 Jl. Berjaya, ✆ 796415, viele Prostituierte, nicht so sauber.

Fully Inn**, 105 Jl. Temenggong Jugah, ✆ 797366, neues Hotel mit leicht unterschiedlichen Zimmerpreisen je nach Stockwerk.
New Rejang Inn**, Jl. Teo Chow Beng, ✆ 796600, 🖷 796341. Saubere, preisgünstige Zimmer. Empfehlenswert!
Arkhill Inn**, Jl. Airport, ✆ 796168, annehmbar; sowie *Well Inn***, Jl. Court, ✆ 796009, muffig und das *Greenland Hotel****, Jl. Teo Chow Beng, ✆ 796388, 🖷 796708, neu und sauber. Leicht überteuert.
Meligai Hotel***, Jl. Airport, ✆ 796611, 🖷 798103, Zimmer mit ac, TV und Bad mit heißem Wasser. Inkl. Pub mit Live-Musik.

Essen

Zahlreiche Essenstände mit malaiischer und chinesischer Küche sowie Iban-Food findet man im Erdgeschoß des *Gelangang Kenyalang*, einem zweistöckigen Gebäude.
An den Essenständen hinter dem großen Markt wird morgens ebenfalls Iban-Food angeboten.
Malaiisches Essen im *Restoran Tropicana* an der Straße zum Gelangang Kenyalang.
Relativ teures chinesisches Essen im *Orchard* um die Ecke vom Gelangang Kenyalang.
Im immer voll besetzten *Ung Tong* gegenüber vom Markt gibt es nicht nur zum Frühstück überraschend gute Brötchen und Kuchen sowie Kaffee.

Sonstiges

GELD – *Maybank* neben dem Meligai Hotel.

GUIDES – Bei Ankunft der Expressboote offerieren Guides an der Anlegestelle ihre Touren. Die meisten besitzen allerdings kein Permit, zudem sind einige schwarze Schafe unter ihnen. Andererseits kann man die meisten Trips kaum selbst organisieren. Benzin oder Diesel kosten flußaufwärts bis zu fünfmal so viel wie an der Küste.

PERMITS – Für eine Tour ins Landesinnere, d.h. den Baleh River hinauf oder nach Belaga, benötigt man ein Reisepermit vom Pejabat Am Residen im 1. Stock des State Government Complex, Zimmer 3. Es ist 10 Tage für Reisen nach Belaga und auf dem Baleh River gültig.

VORWAHL – 084, PLZ 96800.

Transport

SCHIFFE – Nach SIBU fahren mehrere Expressboote zwischen 6.30 und 15.30 Uhr für 15 RM in 2–3 Std.
Expressboote für 20 RM fahren zwischen 7.40 und 12.40 Uhr in bis zu 6 Std. nach BELAGA.
Tgl. um 7 Uhr fahren Flußboote nach ENTAWAU (8 RM) am Baleh River und weiter nach JIMBONG.

FLÜGE – *MAS*-Agent ist *Hua Chiong Co.*, 6 Jl. Temenggong Koh, ✆ 796344, nahe der Expressboot-Anlegestelle.
Der Flughafen liegt 1 km westlich der Stadt. Sonntags verkehrt eine kleine Twin Otter nach SIBU für 48 RM und nach BELAGA für 47 RM. Während der Trockenzeit, wenn keine Boote fahren, sind diese Flüge oft wochenlang ausgebucht.

Bintulu

Alles begann damit, daß vor der Küste von Bintulu Ende der 70er Jahre die größten Erdgasreserven Malaysias entdeckt wurden. 1982 nahm die riesige Gasverflüssigungsanlage, 20 km nördlich der Stadt, ihren Betrieb auf. Südlich der Landzunge Tanjung Kidurong ist für 560 Mill. RM ein Tiefseehafen entstanden. Neben dem Hafen steht die größte Düngemittelfabrik Malaysias. Neu hinzugekommen ist eine landwirtschaftliche Universität mit bisher 1000 Studenten. Und bei den Pelagus-Stromschnellen nahe Belaga und südlich von Bintulu hat man riesige Kohlevorkommen entdeckt. Das fruchtbare Land zwischen Bintulu und Miri wird mit Ölpalmen und Kakaobäumen bepflanzt. Palmöl-Raffinerien und eine weiterverarbeitende Lebensmittelindustrie sind in Bintulu entstanden.

Das **alte Ortszentrum** kann man gut zu Fuß erkunden. Busbahnhof, Bootsanlegestellen, Flughafen, Hotels und andere öffentliche Einrichtungen liegen hier dicht beieinander. Sehenswert sind der **Tamu Bintulu**, ein offener Gemüsemarkt, und die zwei danebenliegenden Gebäude des **Pasar Besar**, in deren Erdgeschoß der Fischmarkt untergebracht ist. Schräg gegenüber befindet sich der **chinesische Tempel** der Stadt.

Übernachtung

Capitol*-**, 84 Jl. Keppel, ✆ 331167, etwas abgewohnt. Viele Traveller steigen hier ab.
Duong Hing Lodging*, 20 New Commercial Ctr., ✆ 336698, ruhige Zimmer mit Fan oder ac und Du/WC.
Sea View Inn**, 254 Jl. Masjid, ✆ 339118, @ 339228, gegenüber der Jetty, Zimmer mit ac, TV und Du/WC.
Queen's Inn**, 238 Jl. Taman Sri Dagang, ✆ 330334, @ 330889, sauber.
Kemena Inn**, 78 Keppel Road, ✆ 331533, ein sehr saubereres und angenehmes Hotel.
Hoover Hotel***, 92 Jl. Keppel, ✆ 337166. Etwas abgewohnte, überteuerte Zimmer.
Royal Hotel****, 10-12 Jl. Pedada, ✆ 332166, @ 334028, wesentlich teurer.
Plaza Hotel****, Jl. Abang Galau, ✆ 335111, @ 332742, das Luxushotel der Stadt mit Pool auf dem Dach, Restaurants und mehr.

Essen

Foodstalls am *Pasar Malam*, der abends am großen Platz hinter dem Royal Hotel stattfindet.
Günstiges chinesisches Essen im *Seaview Restoran* am Kemena River.
Empfehlenswert ist das *Seafood Restaurant* an der Lebuh Raya Abang Galau, wo man im Freien sitzen kann.
Applebee Bakery im Lu Hua Plaza stillt den Hunger nach süßen Kuchen.

Sonstiges

GELD – *Standard Chartered Bank*, 89 Jl. Keppel. Außerdem gibt es noch die *Malayan United Bank*, 3 Jl. Somerville, *Maybank*, New Commercial Centre.

INFORMATIONEN – Im BDA-Building, ✆ 332277, geöffnet Mo–Do 8–12.45, 14–16.15 und Fr 14–16.45 Uhr.

VORWAHL – 086, PLZ 97000.

Transport

BUSSE – Fernbusbahnhof am großen Kreisverkehr in Kidurong, ca. 7 km außerhalb des Stadtzentrums. Dennoch halten immer noch viele Busse am Pasar Malam. Ac-Expressbusse fahren um 12, 13.30 und 18 Uhr für 18 RM in 3 1/2 Std. nach SIBU (221 km). Ac-Busse nach MIRI (214 km) um 7.30, 10.30, 12, 13.30 und 18 Uhr für 18 RM in 3 1/2 Std. Non-ac-Busse für 16.50 RM 6x tgl. zwischen 6 und 16.30 Uhr. Nach SARIKEI um 6, 10.30, 12 und 16 Uhr für 24 RM (hier umsteigen nach Kuching). Busse nach BATU NIAH für 10 RM ab 7 Uhr 7x tgl. in 1 1/2 Std.

ÜBERLANDTAXIS – Für ein Taxi zahlt man nach BATU NIAH 25 RM p.P. (bzw. 120 RM pro Taxi) und nach MIRI 35 RM p.P.

FLÜGE – *MAS*, 129 Jl. Masjid, ✆ 331554. Das alte Flugfeld liegt im Zentrum. Ein neuer, modernerner Flughafen ist außerhalb der Stadt geplant. **MAS** fliegt mehrmals tgl. nach KUCHING für 117 RM, z.T. via SIBU (64 RM) sowie 3x tgl. nach KOTA KINABALU für 127 RM, z.T. via MIRI (69 RM).

Niah Höhlen

1958 fand man am westlichen Zugang der großen Niah Höhle einen menschlichen Schädel und stellte überrascht fest, daß es sich hierbei um die über 35 000 Jahre alten Überreste eines Höhlenbewohners handelte. Vor ca. 20 000 Jahren begannen die Höhlenbewohner mit der Verbesserung ihrer „primitiven" Steinwerkzeuge und konnten nun zunehmend Holz, Knochen und Bambus bearbeiten. In der kleineren Höhle wurden prähistorische Wandmalereien entdeckt. Auf dem Boden dieser Höhle fand man 1200–2000 Jahre alte hölzerne Schiffe, die möglicherweise bei Begräbnisritualen als „Totenschiffe" dienten.

Lohnenswert ist ein Besuch des **Museums** neben dem Government Hostel in Pangkalan Lubang. Ein 3 km langer Plankenweg führt vom Fluß zu den Höhlen. Unter normalen Bedingungen dauert es 1 Std. bis zur Great Cave (Westeingang), die auf 2 Wegen durchquert werden kann. Dahinter beginnt der Pfad zur Painted Cave. Für den Besuch der großen Höhle, der Painted Cave und des Iban-Dorfes braucht man 4 1/2 bis 6 Stunden. Eine starke Taschenlampe und feste Schuhe mit gutem Profil erleichtern die Klettertouren.

Im Kalksteinmassiv des über 3000 ha großen Niah-Nationalparks hat das Wasser im Laufe von Millionen Jahren die insgesamt 11 ha große **Great Cave** ausgewaschen. Durch den 250 m breiten und 75 m hohen westlichen Zugang erreicht man die hochgewölbte Haupthöhle, die sich in einem Labyrinth von Felsspalten, Gängen und Nebenhöhlen verzweigt. Millionen Salangane und Fledermäuse leben in der Höhle. Der Guano wird abgebaut und in schweren Säcken über den kilometerlangen Plankenweg bis zum Fluß getragen.

Die *Painted Cave*, **Kain Hitam**, hinter der großen Höhle, erreicht man nach einem halbstündigen Marsch auf einem Plankenweg.

Übernachtung und Essen

IM NATIONALPARK – In Pangkalan Lubang, dem Headquarter des Nationalparks, Übernachtungsmöglichkeit in komfortablen, sauberen *Chalets*** und im *Hostel* für 10 RM. Kochmöglichkeiten und Du/WC sind vorhanden. Gute chinesische Kantine. Jenseits des Flusses beginnt der Fußweg zu den Höhlen. Hier stehen 4 neue *Resthouses***. Reservierungen in Miri oder Kuching im *National Parks and Wildlife Office*. Am Wochenende und während der Ferien ist viel los. Ansonsten kommen nur einige Traveller hierher.

IN BATU NIAH – Im Ort gibt es 3 Hotels, die von Holzfällern und Touristen genutzt werden.
*Niah Cave Hotel**, ✆ 737726, einfache, saubere Zimmer mit Fan. Vorsicht, Gucklöcher.
*Park View Hotel***, ✆ 737021, ist die neueste Errungenschaft Batu Niahs.
*Hock Seng Hotel*** am Busstop, kleine, stickige Zimmer mit Du/WC, für das Gebotene zu teuer.

Sonstiges

FÄHRE – Ein Boot auf die andere Seite des Flusses kostet 50 sen p.P.

PERMITS – bekommt man Im Headquarter in Pangkalan Lubang, geöffnet tgl. 7.30–12.45 und 14–16.45 Uhr, Eintritt 3 RM, Kamera 5 RM.

VORWAHL – 086, PLZ 98200.

Transport

13 km sind es von der Hauptstraße Miri–Sibu nach BATU NIAH. Nach MIRI fahren Busse von 6.45–15.20 Uhr 10x tgl. für 8,50 RM, 10 RM ac, Taxi 15 RM p.P. Busse fahren für 10 RM ab 6 Uhr 7x tgl. ab BINTULU, Taxis 25 RM p.P.
Man kann sich für den Hin- und Rückweg nach PANGKALAN LUBANG ein Boot oder Taxi für 10 RM chartern oder ca. 30 Minuten am Flußufer entlanggehen – ein schöner Spazierweg.

Miri

Die expandierende und boomende Hauptstadt der 4. Division Sarawaks hat beinahe 170 000 Einwohner. 1910 wurde Öl entdeckt, und die Stadt begann ihren unaufhaltsamen Aufstieg. Die erste Bohrstelle kann auf dem **Canadian Hill**, einem Hügel im Osten der Stadt, besichtigt werden. Von oben hat man eine gute Aussicht. Heute wird fast ausschließlich auf Bohrinseln vor der Küste Öl gefördert.

Neben dem **Fischmarkt** lohnt vor allem der **Tamu Muhibbah** gegenüber der Bus Station einen Besuch. Beim Spaziergang durch die Einkaufsstraßen rings um den Markt findet man stilvolle Läden, in denen Langhausbewohner Gongs, Körbe, Matten, chinesisches Porzellan und Schnitzereien gegen Werkzeuge, Nägel oder andere profane Dinge eintauschen. Das Kunsthandwerk wird anschließend für teures Geld vor allem an westliche Kunden weiter verkauft.

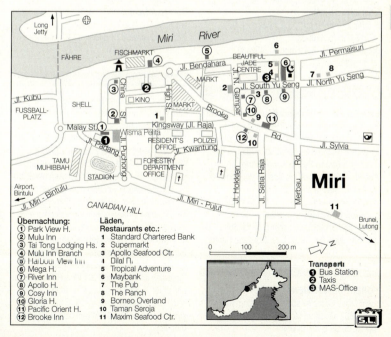

Übernachtung:
1. Park View H.
2. Mulu Inn
3. Tai Tong Lodging Hs.
4. Mulu Inn Branch
5. Harbour View Inn
6. Mega H.
7. River Inn
8. Apollo H.
9. Cosy Inn
10. Gloria H.
11. Pacific Orient H.
12. Brooke Inn

Läden, Restaurants etc.:
1. Standard Chartered Bank
2. Supermarkt
3. Apollo Seafood Ctr.
4. Dilal R.
5. Tropical Adventure
6. Maybank
7. The Pub
8. The Ranch
9. Borneo Overland
10. Taman Seroja
11. Maxim Seafood Ctr.

Transport:
1. Bus Station
2. Taxis
3. MAS-Office

Übernachtung

Tai Tong Lodging House*-* ③, am Fischmarkt, 26 China St., ✆ 34072, 8 RM in Doppelstockbetten auf dem Gang, und DZ mit Fan.
Mulu Inn* ②, 1A China Street, ✆ 417168, ✉ 417172, DZ mit Du/WC, TV und ac, preisgünstig, aber etwas abgewohnt.
Brooke Inn* ⑫, 14 Brooke Rd., ✆ 412881, ✉ 420899, sauberes Hotel, Zimmer mit ac, TV und Du/WC, gutes Preis-Leistungsverhältnis.
River Inn**-* ⑦, Jl. Nahkoda Gampar, ✆ 415507, ✉ 415508, riesige Zimmer.
Harbour View Inn* ⑤, Jl. Bendahara, ✆ 412177, ✉ 420871. Neues, sehr sauberes Hotel mit guter Ausstattung, Bad oder Du/WC.
Cosy Inn* ⑩, Lot 545-547 Jl. South Yu Seng, ✆ 415522, neues Hotel. Nach Discount fragen.
Park View Hotel-***** ①, Kingsway (Jl. Raja), ✆ 414555, ✉ 414488, gutes Restaurant.
Apollo Hotel* ⑧, 4 Jl. South Yu Seng, ✆ 415236, ✉ 419964.
Gloria Hotel** ⑪, 27 Brooke Road, ✆ 416699, ✉ 418866, an der Ecke Kingsway, lohnt nicht die Mehrausgabe.
Pacific Orient Hotel* ⑫, 49 Brooke Rd., ✆ 413333, ✉ 410003.
Mega Hotel ⑥, Jl. Merbau, ✆ 432432, ✉ 433433, gewaltiger Block mitten in der Stadt.

Essen

Essenstände mit chinesischen und malaiischen Kleinigkeiten neben dem Fischmarkt, auf dem Tamu Muhibbah sowie am Markt an der Jl. Brooke. Hübsch am Strand liegt etwa 2 km südlich der Stadt das ***Taman Selera Food Centre.***
Abends empfiehlt sich ein Besuch der Foodstalls im ***Taman Seroja*** an der Jl. Brooke.
Apollo Seafood Centre, 4 Jl. South Yu Seng, ausgezeichnete Meeresfrüchte.
Nordindische Küche und sehr gute Tandoori-Gerichte im ***Bilal Restoran***, Beautiful Jade Centre.

Sonstiges

FOREST DEPARTMENT OFFICE – Im Government Office Complex südlich vom Kingsway, ✆ 436637. Geöffnet Mo–Fr 8.15–12 und 14–16.15, Sa 8–12.45 Uhr.

Buchungen für Unterkunft in Niah und Lambir Hills. Im **National Parks And Wildlife Office** erhält man zudem das Permit für den Gunung Mulu Nationalpark und für Bareo. Das dauert meist länger als einen Tag.

GELD – ***Maybank***, 112 Jl. Bendahara. Gute Kurse, wechselt auch DM-TC, wenig Provision.
Standard Chartered Bank, Kingsway (Jl. Raja).

INFORMATIONEN – Das ***Tourist Information Centre***, Malay Street, an der Busstation, ✆ 612620, hat evtl. weitere Tips.

VORWAHL – 085, PLZ 98000.

TOUREN – Folgende Reisebüros organisieren regelmäßig Touren in den Gunung Mulu. Alle haben eigene Unterkünfte und Guides im Park. Eine viertägige Tour bei drei Teilnehmern mit Flug, 3 Mahlzeiten und Guides kostet etwa 440 RM p.P.
Tropical Adventure, Mega Hotel, Jl. Maju, ✆ 419337, ✉ 414503.
Borneo Adventure, 49 Brooke Road, Pacific Orient Hotel, ✆ 414935, ✉ 419543,
Borneo Overland Services, 37 Brooke Road, ✆ 430255, ✉ 416424.

Transport

BUSSE – Der zentrale Busbahnhof liegt hinter dem Park View Hotel am Wisma Pelita.
Nach BRUNEI (Kuala Belait) tgl. um 7, 9, 10.30, 13 und 15.30 Uhr mit Bussen der *Miri Belait United Transport Co.*, ✆ 419129, für 12,20 RM. Die Fähre von Shell über den Baram verkehrt regelmäßig. Man hat etwa 1 Stunde Aufenthalt am *Immigration Office*. Ein Visum ist zur Zeit für Deutsche und Schweizer nicht erforderlich (aktuelle Situation erfragen). Hinter der Grenze muß man den Bus wechseln, da die großen Busse aus Sarawak nicht nach Brunei fahren dürfen. Schneller sind die Minibusse für 05 RM p.P., die tgl. um 11 und 14 Uhr vom kleinen Büro am Kingsway (Jl. Raja) am *Park View Hotel* abfahren und unter ✆ 433898 gebucht werden können.
Nach BATU NIAH fahren von 6.45–16 Uhr etwa stündlich Busse für 10 RM (ac) bzw. 8,50 RM (non ac).

Nach SIBU über BINTULU um 6.30, 7, 7.30 (ac), 8, 12 und 12.30 Uhr für 29 RM (non-ac-Busse) und 35 RM (ac-Busse) in 8 Std.
Nach BINTULU in 3 1/2 Std. für 16,50 RM, ac-Busse 18 RM.

ÜBERLANDTAXIS – Nach BATU NIAH für 15 RM, BINTULU für 35 RM p.P.

FLÜGE – *MAS*-Office, Lot 239, Beautiful Jade Centre, ✆ 414144. Geöffnet Mo–Fr 8.30–16.30, Sa 8.30–16, So 8.30–12 Uhr.
Zum Flugplatz an der Straße nach Bintulu kosten Taxis 10 RM. Von der Bushaltestelle gleich links vom Flughafengebäude fahren zwischen 6.15 und 20 Uhr etwa stündlich Busse ins Zentrum.
MAS fliegt mehrmals tgl. nach KOTA KINABALU für 104 RM, häufig auch nach KUCHING für 164 RM, z.T. mit Zwischenstop in BINTULU (4x tgl. für 69 RM) oder SIBU (112 RM, Twin Otter 75 RM).
3–4x tgl. fliegen die kleinen Maschinen zum GUNUNG MULU für 69 RM. Dennoch sind sie häufig ausgebucht.

Gunung Mulu Nationalpark

1977/78 waren zum ersten Mal Wissenschaftler im 530 km² großen Park unterwegs, um eine Bestandsaufnahme der geologischen Verhältnisse und der Flora und Fauna zu machen. Nachdem 1977 riesige Höhlensysteme entdeckt worden waren, konnten 1980/81 und 1984 zwei große Expeditionen 26 Höhlen mit insgesamt 150 km Länge erforschen und vermessen.

Man fand den größten natürlichen Höhlenraum der Welt, die 600 m lange, 450 m breite und 100 m hohe *Sarawak Chamber*, weiterhin die größte Höhlenpassage der Welt, *Deer Cave*, und das mit über 70 Kilometern längste Höhlensystem Südostasiens, *Clear Water Cave*. Dieses ist möglicherweise erst 1/3 des gesamten Höhlensystems, das die Sandstein- und Kalkgebirge wie ein Labyrinth durchzieht. Ende 1985 wurde der Park für Besucher geöffnet. Von den zahllosen Höhlen kann aus Sicherheitsgründen nur ein kleiner Teil besucht werden. Am sichersten und schnellsten ist der Nationalpark mit dem Flugzeug zu erreichen. Die Anreise mit Booten ist zeitaufwendig und unsicher.

Die Tagestour zur **Deer Cave** (Gua Rusa) führt über einen Plankenweg in etwa 45 Minuten zum Eingang der Höhle (3 km) durch schönen tropischen Regenwald. Ein großer Teil des Höhlenbereichs ist durch die hohen Eingänge gut erleuchtet. Nach etwa 20 Minuten erreicht man eine steile Wand. Anschließend wird ein Fluß durchwatet, der aus dem Garden of Eden kommt und links im Felsen wieder versickert. Nach weiteren 10 Minuten steht man am Eingang zu einem schmalen Tal, dem **Garden of Eden**. Nun hat man die längste Höhlenpassage der Welt, 2160 m lang und 220 m breit, durchquert. **Lang's Cave**, genannt nach dem Entdecker dieser relativ kleinen Höhle, ist über einen kurzen Plankenweg von Deer Cave aus zu erreichen. Die besonders schönen Stalaktiten und Stalagmiten werden von bunten Scheinwerfern angestrahlt. Zur **Clear Water Cave** fährt man vom *Headquarters* mit dem Boot je nach Wasserstand etwa 30–60 Minuten flußaufwärts. Am Weg liegt ein **Penan-Langhaus**. Seit 1983 versucht die Regierung, die einst nomadisierenden Penan hier anzusiedeln. Die Bootsanlegestelle an der Clear Water Cave ist ein schöner Bade- und Picknickplatz. Dahinter beginnt der kurze Aufstieg über eine Zementtreppe zum Höhleneingang. Man kann eine einstündige Tour durch den leicht zugänglichen Teil der Höhle unternehmen. Die **Wind Cave** ist über einen Plankenweg von etwa 45 Minuten zugänglich. Zuerst fährt man durch eine schmale Passage mit dem Boot ein kleines Stück hinein. Sehenswert sind die **King's Chamber** und der **King's Room** mit zahlreichen Stalaktiten und Stalakmiten.

Mehrtägige, anstrengende Touren sind mit Guide zudem zu den **Pinnacles** und auf den **Gunung Mulu** möglich.

Übernachtung

Man kann sich auch vor Ort erst um eine Unterkunft bemühen und muß nicht vorher gebucht haben. In einer Biegung des Sungai Melinau befindet sich das *Park Headquarters*. Daneben in schöner Lage das **Hostel*** mit vier Schlafsälen mit 6-Betten, ein **VIP-Resthouse***** und zwei Arten von **Chalets*-*****. Im Schlafsaal zahlt man 10 RM p.P., das VIP-Resthouse kostet 150 RM, DZ in den Chalets 50 RM. Außerdem ein gutes, preiswertes Restaurant am Beginn des Fußwegs zur Deer Cave mit einer begrenzten Auswahl an Gerichten. Alle Veranstalter haben *Lodging Houses*, in denen Einzelreisende für etwa 10 RM übernachten können, wenn sie nicht belegt sind. Etwa 500 m weiter flußabwärts vom *Headquarters*, noch in Sichtweite der privaten Lodges, wurde der **Righa Royal Mulu Resort**, eine teure Luxushotelanlage eröffnet. Die guten Standardzimmer kosten gut 200 RM, Chalets ab 300 RM. Bei Buchungen in Miri, ✆ 085-421122, ✉ 421088, bekommt man Discount. Das Hotel hat neben permanenter Elektrizitätsversorgung, einen kleinen Swimming Pool und ein Restaurant, dessen Portionen etwas größer sein könnten.

Sonstiges

AUSRÜSTUNG – Die Touren im Nationalpark erfordern eine gute Kondition, die übliche Dschungelausrüstung (feste Schuhe mit gutem Profil, Baumwollhose, Hut, Rucksack, Anti-Mückenmittel, Wasserflasche, Essen) und für Klettertouren in den Höhlen eine starke Taschenlampe und feste Handschuhe. Wer zu den Pinnacles und zum Gunung Mulu trekt, braucht warme Kleidung, einen Schlafsack, Kochgeschirr (besorgt der Guide) und Lebensmittel.

GUIDES – Man darf nur mit Guide gehen, der im *Headquarters* vermittelt wird, und der pro Tag für eine Gruppe oder einen einzelnen Trekker 20 RM kostet. Teurer wird es an Feiertagen und bei Touren, die Übernachtungen erfordern (Gunung Mulu, Pinnacles).
Einige der Guides sind jedoch schlecht ausgebildet und gehaul, so daß sie unterwegs zur Last werden können. Führen Touren über das obere Government Resthouse hinaus (Clear Water Cave, Gunung Mulu, Pinnacles), braucht man ein weiteres Permit vom *Headquarters*.
Überdies muß man für die meisten Touren ein Boot chartern.

Transport

BUSSE UND BOOTE – Ab Miri fahren Busse um 7, 9 und 12 Uhr für 2,50 RM nach KUALA BARAM (20 km), der Anlegestelle der Boote nach Marudi (Gunung Mulu). Taxis kosten 5 RM p.P. bzw. 20 RM pro Wagen. Mehrere Expressboote fahren von hier ab 7 Uhr in 2 Std. für 15 RM nach MARUDI. Mittags um 12 Uhr fährt ein Expressboot bei mindestens 20 Personen in 3 Std. für 20 RM zuerst auf dem Baram River und später auf dem Tutoh River nach LONG PANAI, je nach Wasserstand auch bis LONG TERAWAN oder nur bis KUALA APOH.
Da der Fluß aber häufig nicht genug Wasser führt, muß man kleinere Boote teuer chartern. Daher sollte man sich vor der Abreise in Miri nach der aktuellen Situation erkundigen.
Ein Platz im Longboat von Long Panai nach Long Terawan kostet 10 RM, von Long Terawan nach MULU 35 RM p.P., ein Boot zu chartern 250 RM.

FLÜGE – *MAS* fliegt 3–4x tgl. in 35 Min. von MIRI (69 RM) zum Gunung Mulu Nationalpark. Minibusse bringen Passagiere von und zum 1 km entfernten Flugfeld im Mulu.

Sabah

Wären da nicht der höchste Berg Südostasiens und ein Orang Utan-Rehabilitationszentrum, welchen ausländischen Touristen würde es dann noch nach Sabah verschlagen? Trotz regelmäßiger Flugverbindungen mit Hong Kong und Manila scheint der östlichste Bundesstaat Malaysias abseits der ausgetretenen Touristenrouten zu liegen.

Im 73 620 km² großen Staat (knapp doppelt so groß wie die Schweiz) leben nur 1,9 Mill. Menschen (Schweiz: 7 Mill.). Besonders in den Städten haben sich viele Emigranten aus den Philippinen und Indonesien niedergelassen.

Bis 1963, als sich Sabah nach einer Volksabstimmung der Föderation von Malaysia anschloß, herrschten die Engländer in British North Borneo. Ähnlich wie Sarawak, wurde Sabah nach dem Ende des

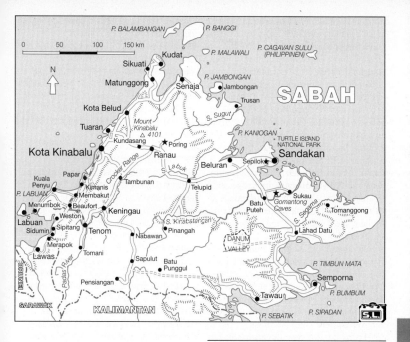

2. Weltkrieges in eine Kronkolonie umgewandelt, während es vorher juristisch Privatbesitz der British North Borneo Chartered Company war, die das Gebiet seit 1877 verwaltete.

In den 70er und 80er Jahren war Sabah eine der expandierendsten und aufstrebendsten Wirtschaftsregionen Malaysias. Das Wachstum basierte einseitig auf Rohstoffen, hauptsächlich Holz und Erdöl. Für Traveller ist Sabah ein relativ teures Reiseziel. Übernachtungs- und Transportkosten sind höher als in West-Malaysia. Wer sich davon nicht abschrecken läßt, dem bietet Sabah einige einmalige Reiseziele.

Kota Kinabalu ist Ausgangspunkt für die Besteigung des Mount Kinabalu, des höchsten Berges Südostasiens. Leicht zu erreichen ist der etwa 4500 ha große Primärdschungel von Sepilok mit der Orang Utan Rehabilitationsstation nicht weit von Sandakan und die kaum besuchten Wälder am Mount Kinabalu.

Kota Kinabalu

Ein großer Teil der Stadt mit etwa 200 000 Einwohnern ist auf Neuland gebaut, das dem Meer abgewonnen wurde. Seit dem wirtschaftlichen Boom der 70er Jahre platzt sie aus allen Nähten. Am Ende des 2. Weltkriegs völlig zerstört, besitzt Kota Kinabalu nicht die nostalgische „Rajah Brooke"-Atmosphäre von Kuching. Insgesamt ist Kota Kinabalu keine Stadt, die zum längeren Verweilen einlädt. Höchstens am Tanjung Aru Beach lassen sich ein paar erholsame Tage verbringen.

Das Stadtzentrum hat weder Flair noch Atmosphäre, allenfalls lohnt ein Gang über den **Central Market** an der Jl. Tun Fuad Stephens mit seinem gewaltigen Warenangebot. In zwei separaten Gebäuden auf der dem Meer zugewandten Seite ist der **Fischmarkt** untergebracht. Hier sind Händler und Emigranten aus Indonesien und den Philippinen in der Mehrzahl. Vor dem Marktgebäude werden kurz vor Sonnenuntergang Essenstände und Verkaufsbuden für den täglichen **Nachtmarkt** aufgebaut. Jeden Sonntag von 6–12 Uhr wird auf dem **Gaya Street Market** eine bunte Vielfalt an Obst, Gemüse und anderen Lebensmitteln, Haushaltswaren, Textilien und Souvenirs verkauft, eine städtische Variante des Tamu. An der Jl. Tunku Abdul Rahman erhebt sich der moderne Bau der **Masjid Sabah**, ein typisches Beispiel moderner islamischer Architektur. Sie ist eine der größten Moscheen Malaysias. Schräg gegenüber steht auf einem Hügel an der Jl. Tunku Abdul Rahman, Ecke Jl. Penampang, das **Sabah Museum**. Im Erdgeschoß ist ausreichend Platz für wechselnde Ausstellungen. Im 1. Stock werden Objekte zur Archäologie, Geschichte und Ethnographie anschaulich präsentiert. Der 2. Stock vermittelt einen Einblick in die Pflanzen- und Tierwelt Sabahs. Daneben findet man hier eine Keramik- und Porzellanausstellung. Der 3. Stock ist weitgehend einheimischen Bambusarbeiten und anderem Kunstgewerbe vorbehalten. Das angrenzende Gebäude der **Art Gallery** (Balai Seni Lukis) ist in der Form der lokalen Bauernhütte, der *Seraung*, gehalten. Das Museum ist geöffnet Mo–Do 10–18 Uhr, Sa, So und feiertags 9–18 Uhr, ✆ 53199, Eintritt frei.

Tanjung Aru, ein Strand vor den Toren der Stadt Richtung Airport, Stadtbus ab Jl. Pantai für 80 sen, bietet Erholung von der Hektik und Hitze der Stadt. Das Wasser eignet sich allerdings nicht zum Baden.

Übernachtung

GÄSTEHÄUSER – sind im Vergleich mit West-Malaysia recht teuer.
Travellers Rest Hostel*-** ⑩, Block L, 3rd Floor, Lot 5, STPC Bldg., Sinsuran Complex, ✆ 224264, nahe dem Markt. Neben Zimmern auch Schlafsaal-Betten für 15 RM.
Jack's B&B*, 17 Block B, 1st Floor, Jl. Karamunsing, ✆ 232367, 15 Min. zu Fuß vom Bus Stop an der Katholischen Kathedrale vor dem Museum entfernt. Bett im Schlafsaal 18 RM p.P. Abholservice vom Airport und der Bus Station.
Außerhalb liegen:
Farida B&B*, 413 Jl. Saga, ab Jl. Tuaran, in Kg. Likas, ✆ 428733, ✆ 424998, etwa 7 km nördlich des Zentrums. Großes Holzhaus mit kleinen 2- und 3-Bett-Zimmern. Überwiegend Schlafsaal-Betten, Garten, Bett 18 RM. Wäscherei.
Seaside Travellers Inn***-****, KM 20 Papar Highway, Kinarut, ✆ 750313, ✆ 715958, südlich der Stadt am Meer. Bus nach Kinarut für $2 oder mit dem Taxi ab Airport 20–25 RM. Bett im Schlafsaal mit 4–6 Doppelstockbetten 25 RM, etwas überteuerte Zi, Garten, Restaurant.

PREISWERT – *Islamic Hotel*** ⑫, 27 Jl. Perpaduan, über dem gleichnamigen Restaurant, renoviert, einige große Zimmer mit Fan, Gemeinschafts-Du/WC, zur Straße hin etwas laut.
KK Hotel* ⑨, 46 Jl. Pantai, ✆ 213348, gegenüber vom Supermarkt, Eingang um die Ecke, kleine Zimmer, Gemeinschafts-Du/WC.
Rakyat Hotel** ⑪, Block 1, Sinsuran Complex, ✆ 211100. Kleine, saubere Zimmer mit Fan und Gemeinschafts-Du/WC sowie teurere mit ac, TV und Du/WC. Freundlich, Gepäckaufbewahrung.

MITTELKLASSE – *High Street Inn**** ⑥, 38 Jl. Pantai, ✆ 218111, ✆ 219111. Saubere Zimmer mit ac, TV und Bad/WC. Hilfsbereites Personal, Airport-Transport.
City Inn*** ⑧, 41 Jl. Pantai, ✆ 218933, ✆ 218937, saubere Zimmer mit Du, WC, ac, Airport-Transfer.
Town Inn*** ⑤, 31-33 Jl. Pantai, ✆ 225832, ✆ 217762, alle Zimmer mit ac und Du/WC.
Sabah Inn*** ④, 25 Jl. Pantai, ✆ 53322, ✆ 219660, etwas lauter, Wäscherei.
Ang's Hotel**-*** ②, 28 Jl. Bakau, ✆ 234999, ✆ 217867, eines der ältesten Hotels der Stadt, ac, Airport-Transfer, Wäscherei, Money Changer.
Nan Xing Hotel***-**** ③, 33 Jl. Haji Saman, ✆ 239388, ✆ 233778, in der Parallelstraße.
Asia Hotel** ⑭, 68-69 Jl. Bandaran Berjaya, ✆ 238533, einfache Zimmer mit Du/WC.
Century Hotel**** ⑬, Jl. Masjid Lama, ✆ 242222, ✆ 242929, das beste und teuerste Hotel in dieser Gegend.

LUXUS – *Hyatt Kinabalu* (ab 240 RM) ⑦, Jl. Datuk Salleh Sullong, ✆ 221234, ✆ 225972. Das beste Stadthotel mit allen Einrichtungen.
Shangri-la's Tanjung Aru Resort (ab 370 RM, 10–30% Rabatt nach Handeln) ⑱, Jl. Pantai

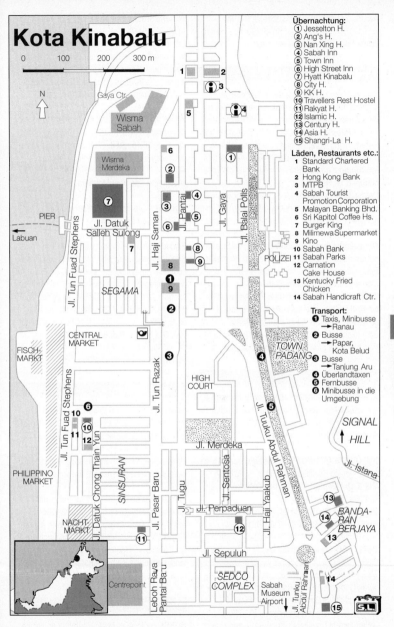

Aru, ✆ 241800, ✆ gebührenfrei 800-9100, ✆ 217155. Das schönste Hotel Sabahs am nördlichen Ende vom Tanjung Aru Beach.

Essen

Billig sind die kleinen Stände im 1. Stock des *Central Market*. Weitere malaiische Essenstände auf dem *Nachtmarkt* vor dem Philippino Market. Im *People's Food Centre* im Souterrain des Karamunsing Complex gibt es ausgezeichnete Tom Yam-Suppen. Gute und preiswerte Gerichte im *Chomp Chomp Park* im 1. Stock des Wisma Merdeka, Jl. Haji Saman.
Der Sedco Complex bietet die beste Möglichkeit, im Freien zu essen und die laue Tropennacht zu genießen. Allerdings können die Massen fliegender Händler recht nervig sein. Zahlreiche einfache **chinesische Restaurants** findet man im Sinsuran Complex, in Segama und in der Jl. Merdeka. Ein gepflegtes Restaurant ist das *Sri Kapitol Coffee House*, 23 Jl. Haji Saman.
Wer Lust auf typisch englische Pub Atmosphäre mit Fish'n Chips hat, sollte *Pete's Corner*, Jl. Mawas, einen Besuch abstatten; billig.
Südindische Curries und *Roti Canai* bekommt man bis 20 Uhr im *Bilal*, Segama Complex.

Sonstiges

AMERICAN EXPRESS – *Discovery Tours (Sabah) Sdn. Bhd.*, Wisma Sabah, Jl. Haji Saman, ✆ 257735, ✆ 221600. Geöffnet Mo–Fr 8.30–17, Sa 8.30–13 Uhr.

AUTOVERMIETUNGEN – *Kinabalu Rent A Car*, Karamunsing Complex, 3rd Floor, ✆ 232602.
E & C Car Rental, G 08 Wisma Sabah, ✆ 239996, ✆ 221466.
Borneo Car Rental, Lot 24, 1st Fl., Likas Industrial Centre, ✆ 429224, ✆ 429024.

GELD – Die **Banken** öffnen Mo–Fr 10–15, Sa 9.30–11.30 Uhr.
Malayan Banking Berhad, Zweigstellen im Sinsuran Complex, in 9 Jl. Pantai und in Karamunsing, und die *Sabah Bank*, Jl. Tun Fuad Stephens, Sinsuran Complex, ✆ 211611, verlangen für Travellers Cheques die geringsten Gebühren.

INDONESISCHES KONSULAT – Jl. Karamunsing, ✆ 219110, 214864, geöffnet Mo–Fr 8–16 Uhr. Nunukan / Tarakan sind keine visafreien Einreiseorte. Das gleiche gilt für eine Einreise über Pensiangan. Daher vorher ein Touristvisum beantragen, das 30 Tage gültig ist. Hierfür benötigt man 2 Paßbilder, 10 RM und 2 Std. Zeit.

INFORMATIONEN – *Sabah Tourist Promotion Corporation*, ✆ 218620, ✆ 212075, geöffnet Mo–Fr 8–16.15, Sa 8–12.45 Uhr, hat viel Material über Sabah und hilfreiche Mitarbeiter.
MTPB, 1 Jl. Sagunting, ✆ 248698, ✆ 241764 allgemeine Tips über Malaysia.

POLIZEI – Die *Tourist Police* ist unter ✆ 212222 zu erreichen.

SABAH PARKS – im Büro in der Jl. Tun Fuad Stephens kann man sich informieren und Unterkünfte im Kinabalu Park, in Poring, im Tunku Abdul Rahman Nationalpark und Turtle Island Park buchen, ✆ 211881, 211585. Geöffnet Mo–Fr 8.30–16, Sa 8.30–14 Uhr. Postadresse: First Floor, Lot 1-3, Block K, Sinsuran Shopping Complex, P.O. Box 10626, 88806 Kota Kinabalu.

VORWAHL – 088, PLZ 88000.

Nahverkehrsmittel

STADTBUSSE – verschiedene Endstationen bzw. Abfahrtsorte. Ausgeschilderte Haltestellen an allen Ausfallstraßen. Ab Town Padang z.B. nach Kg. Likas und Inanam. Gegenüber vom Hauptpostamt fahren Busse nach Tanjung Aru, Sembulan, Putatan (Airport) und Luyang.

TAXIS – Taxipreise müssen vor Fahrtantritt ausgehandelt werden. Je nach Tageszeit kostet eine Fahrt nach Tanjung Aru 6–10 RM, zum Airport 10–15 RM. Taxistandplätze befinden sich am Town Padang, Jl. Pantai, Ecke Jl. Datuk Salleh Sullong, gegenüber vom Central Market, am Shangri-La sowie an der Jl. Tugu, Ecke Jl. Perpaduan.

Transport

BUSSE – Zentraler Minibusbahnhof an der Leboh Raya Pantai Baru. Die meisten fahren von 6

Uhr morgens mehrere Male täglich ab, wenn sie voll sind. Preisbeispiele: BEAUFORT 2 Std., 7 RM, KUDAT 3 Std., 15 RM, LAWAS 4 Std., 20 RM, um 7.30 und 14 Uhr, RANAU (Busse mit dem Kinabalu-Emblem ab Cathay Cinema) 2 Std, 10 RM, bis gegen 13 Uhr, SANDAKAN 6–7 Std., 25 RM (die großen Busse fahren zwischen 7 und 7.30 Uhr ab, TENOM 3 Std., 15 RM. Wer zum Kinabalu Nationalpark möchte, kann mit den Bussen nach Ranau und Sandakan fahren und an der Abzweigung aussteigen, 10 RM, knapp 2 Std.

ÜBERLANDTAXIS – Fahren vom Padang und vom Halteplatz hinter dem Supermarkt nach BEAUFORT für 10 RM, KENINGAU 20 RM, LAWAS 28 RM, RANAU 12 RM, und TENOM 25 RM.

EISENBAHN – Die einzige Eisenbahn auf der ganzen Insel fährt von TANJUNG ARU, (Bus 80 sen), nach TENOM. Zwei Triebwagen fahren Mo–Sa und feiertags um 8 und 11 Uhr vom Bahnhof in Tanjung Aru nach Tenom, Ankunft gegen 14.45 bzw. 16 Uhr. Zwei weitere tgl. um 13.40 bzw. 16.40 Uhr bis PAPAR, Ankunft gegen 14.45 bzw. 17.45 Uhr. So fährt ein Diesel Railcar um 11.20 Uhr und ist gegen 16.40 Uhr in Tenom. Die lange Fahrt auf alten Holzbänken der Economy bis Tenom kostet 7,50 RM, im Railcar 22,80 RM; PAPAR 1,85 (5,65) RM, 1 Std., BEAUFORT 4,80 (14.45) RM, 2 1/2–3 1/2 Std.

FLÜGE – Der Flughafen, 6,5 km südlich der Stadt, ist mit dem Bus Richtung Putatan zu erreichen. Taxi 10–15 RM. Vom Flugplatz Coupon-Taxi in die Stadt 10,20 RM.
Airport Tax 7 RM Inland, 15 RM nach Brunei und Singapore sowie 40 RM für internationale Flüge. Täglich Flüge nach West-Malaysia, rechtzeitig reservieren. Nach Singapore günstig mit dem Direktflug über Johor Bharu.
BINTULU 127 RM, JOHOR BHARU 347 RM, KUALA LUMPUR 437 RM (Nachtflug 306 RM), KUCHING 228 RM, SANDAKAN 83 RM (auf der linken Seite guter Blick auf den Kinabalu), SIBU 180 RM, TAWAU 98 RM.
Zudem fliegen kleine Twin Otter Mi und Sa über KUDAT (50 RM) nach SANDAKAN (69 RM). Di und Fr über LIMBANG (60 RM) nach MIRI (82 RM), am Fr auch über LAWAS (47 RM).
BANDAR SERI BEGAWAN, z.T. mit Stop in Labuan, 83 RM, tgl. außer Mo und Do nach HONG KONG 777 RM, Di, Mi und Fr nach MANILA 490 RM und einmal tgl. nach SINGAPORE 544 RM.

MAS, Karamunsing Complex, ✆ 213555, geöffnet Mo–Fr 8.30–17.30, Sa bis 15.30 und So 9–13 Uhr.
Dragon Air, Bangunan KWSP, 49 Jl. Karamunsing, ✆ 254733, ✆ 237300.
Singapore Airlines, Bangunan KWSP, 49 Jl. Karamunsing, ✆ 255444.
Philippine Airlines, Karamunsing Complex, 3rd Floor, ✆ 218925.
Royal Brunei Airlines, Komplex Kuwasa Karamunsing, ✆ 242193.

SCHIFFE – Tgl. um 8, 9, 10 und 13.30 Uhr fahren Expressboote in 2 1/2 Std. für 20–28 RM nach LABUAN. Zurück um 8.30, 13 und 14 Uhr. Anlegestelle am Pier hinter dem Hyatt Hotel. Buchungsbüro: *Rezeki Murni*, Lot 3, Block D, Segama, ✆ 236834, allerdings sind nur an Feiertagen u.ä. Vorbuchungen erforderlich. Von Labuan bestehen gute Bootsverbindungen nach Brunei.

Tunku Abdul Rahman Nationalpark

Mehrere unbewohnte Inseln liegen in der Likas Bay vor Kota Kinabalu. Seit 1979 sind die Inseln Gaya, Sapi, Manukan, Mamutik und Sulug mit den umgebenden Riffs zu einem knapp 50 km² großen Nationalpark zusammengefaßt worden.

Pulau Gaya, die größte Insel mit zahlreichen Sandstränden, Badebuchten und einem der wenigen ursprünglichen Dipterocarpae-Tieflandwälder kann man auf insgesamt 20 km ausgeschilderten Pfaden erkunden. Rings um die tiefe Bucht des Police Beach mit dem über 1,5 km langen weißen Strand spenden Kasuarina-Bäume Schatten, es gibt eine größere Schutzhütte, Toiletten und Umkleidekabinen. Riffe umgeben die gesamte Insel, zum Schnorcheln eignet sich am besten der südliche Abschnitt. An der nordöstlichen Ecke der größten Insel Pulau Gaya siedeln mehrere Tausend Fischer außerhalb der Grenzen des Nationalparks in einem **Moslem-Dorf**

in Häusern auf Stelzen. **Pulau Sapi**, die kleine Nachbarinsel von Pulau Gaya lockt mit ihren weißen Sandstränden viele Touristen an. Hier ist Camping nach Anmeldung bei Sabah Parks erlaubt, es gibt Picknick- und Grillplätze, Toiletten und Umkleidekabinen. Ein kleineres Korallenriff zieht sich um die Westküste. Auf einem fast 5 km langen, ausgeschilderten Pfad kann man die Insel umrunden. Die kleinste Insel des Nationalparks, **Pulau Mamutik**, besitzt an der nordöstlichen Küste das wahrscheinlich für Schnorchler am besten geeignete Korallenriff. Picknickplätze mit Grillmöglichkeiten, Unterständen, Toiletten, Umkleidekabinen und Trinkwasser sind vorhanden. Ein Wanderweg führt um die Insel.

Die zweitgrößte Insel **Pulau Manukan** ist ein beliebtes Wochenend-Ausflugsziel. Gute Strände befinden sich an der Südküste und der östlichen Inselspitze, die über Wanderwege erreichbar sind. Viele Riffe sind durch Dynamit-Fischen beschädigt worden. Trotzdem scheinen sie sich in neuester Zeit wieder zu erholen. Die beiden Riffe im Osten und Westen der Insel sind für Schnorchler interessant. Auf der Insel befindet sich das *Park Headquarters* sowie ein Swimming Pool, Tennisplätze, 10 Bungalows und ein Restaurant.

Übernachtung

Campingmöglichkeiten bestehen auf den Inseln Gaya, Sapi, Sulug und Mamutik für 5 RM p.P. nur nach Anmeldung bei Sabah Parks in Kota Kinabalu, s.S. 468. Auch über Sabah Parks werden auf **Manukan** Units in großen, soliden Bungalows mit 2 Schlafzimmern für bis zu 4 Personen vermietet, die Mo–Fr 140 RM, am Wochenende sowie während der Schulferien 200 RM kosten. Auch im Moslem-Dorf auf **Pulau Sapi** werden privat einige Zimmer vermietet.
Auf **Pulau Gaya** kann man in der *Gayana Island Lodge***** übernachten. Buchungen in Kota Kinabalu, Lot 16, Wisma Sabah, Jl. Tun Razak, ✆ 245158, ✉ 245168. Die ac-Chalets mit Du/WC liegen am Rand des Nationalparks in der nordöstlichen Bucht am Strand. Die Zimmer sind zu teuer. Gutes, reichliches Essen.

Transport

Boote fahren zwischen 8 und 16.30 Uhr ab Marina (Tanjung Aru Resort) jede halbe Stunde nach PULAU SAPI und bei genügend Passagieren auch zum Police Beach und Padang Point für 26 RM hin und zurück. PULAU MAMUTIK, Manukan und SULUG kostet 22 RM.
Ab KK Jetty am Hyatt werden von Sabah Parks stündlich Fähren auf die Inseln für 10–20 RM return. Mit den kleinen Fischerbooten der Philippinos, die am Markt Überfahrten anbieten, sollte man nicht fahren, denn bei rauher See hat es schon mehrere tödliche Unfälle gegeben.

Von Kota Kinabalu nach Tawau

Der East-West-Highway verläuft 386 km quer durch Sabah von Kota Kinabalu nach Sandakan. Kurz vor Sandakan trifft er auf den 338 km langen East Coast Highway nach Tawau. Die Straße schlängelt sich von der Küste steil hinauf in die Berge, am Mount Kinabalu vorbei, nach Ranau. Danach geht es 95 km auf einer relativ neuen, kaum befahrenen Straße durch einsame Bergwälder in ein weites Tal hinab nach Telupid. Erst hinter dem abgelegenen Marktflecken säumen kleine Dörfer die von Schlaglöchern übersäte Straße, die manchem PKW am Straßenrand den Garaus gemacht haben. Beiderseits des Highway erstrecken sich endlose Ölpalmplantagen, durchschnitten von Lateritstraßen, die zu weit entfernten Camps führen.

Mount Kinabalu

1964 wurde ein 754 km² großes Areal rings um den 4101 m hohen Mount Kinabalu, dem höchsten Berg zwischen Nord-Burma und Irian Jaya, zum Nationalpark erklärt. Auf engstem Raum konnzentrieren sich unterschiedliche Vegetationszonen mit einer einmaligen Artenvielfalt von Fauna und Flora. Nur der kleinere, südlich des Kinabalu gelegene Teil ist touristisch erschlossen. Jährlich kommen über 200 000 Personen, überwiegend aus Malaysia, hierher, nur um die größte Touristenattraktion Sabahs zu besteigen. Die Pfade und Trails durch den tropischen Bergwald rings um das *Headquarters* werden kaum genutzt. Die Bergbesteigung und andere Touren im Park können ebenso wie die Unterkunft ohne weiteres selbst organisiert werden.

Rings um das Headquarters

Das *Headquarters* in 1524 m Höhe nahe der Straße von Kota Kinabalu nach Sandakan umfaßt Verwaltungsgebäude und Unterkünfte für Besucher. Das kleine **Exhibition Centre** im Administration Building vermittelt einen guten Überblick über die Fauna, Flora und Geologie des Nationalparks. Fr–Mo und feiertags beginnen um 19.30 Uhr Diavorträge, tgl. um 14 Uhr wird zudem eine einführende 15minütige Multivisions Show über den Nationalpark für 1 RM angeboten. Hinter dem Gebäude befindet sich der **Mountain Garden**, eine hübsche Gartenanlage mit vielen blühenden Blumen, und ein ausgeschilderter **Waldlehrpfad**. Durch die Anlage werden um 9 und 15 Uhr einstündige englischsprachige Führungen angeboten.

Die Trails in der näheren Umgebung bis hinauf auf den Höhenrücken sind ausgeschildert. Der Pfad hinauf zum **Bukit Burung** (Vogelhügel) über den **Bukit Tupai** ist ebenso empfehlenswert wie der Trail hinunter zum **Sungai Liwago**, den Fluß entlang zur Power Station. Am **Kiau View Trail**, der an der Einfahrt zum Park beginnt, gibt es mehrere Aussichtspunkte.

Der Aufstieg

Der Weg zum Gipfel ist ab Power Station über 5 Meilen (= 8,8 km) lang. Beim *Climbathlon* messen sich Guides, Träger und Bergsteiger, wer der schnellste Gipfelstürmer ist. Der Rekord liegt für den Auf- und Abstieg bei weniger als 3 Stunden. Für uns sind diese Zeiten allerdings keine Richtwerte, schon bei guter Kondition braucht man wesentlich länger – und fit sollte man sein. Wer sich nicht der Horde von Gipfelstürmern anschließen möchte, meidet Wochenenden und Feiertage.

2–2 1/2 Stunden steigt man auf unregelmäßigen Treppenstufen durch den Bergwald bis **Carson's Camp** (Layang Layang) ständig bergauf. Nachdem man die 7000 Feet-Grenze (2100 m), den zweiten Pondok und die Sabah Telecom Station hinter sich gelassen hat, mehren sich die Kennzeichen des tropischen Nebelwaldes.

2–2 1/2 weitere Stunden wandert man durch den Nebelwald bis zum Laban Rata Resthouse am Rande der Vegetationszone. Von Carsons Camp bis zur Vegetationsgrenze wachsen verschiedene Rhododendron-Arten, die vor allem während der europäischen Wintermonate in kräftigen Farben blühen. Eine gute Aussicht hat man kurz vor der 9500-Feet-Grenze (2850 m).

In 3350 m Höhe erreicht man die Vegetationsgrenze, das Resthouse und drei Hütten. Hier übernachten die meisten Leute. Vom **Laban Rata Resthouse** hat man bei wolkenlosem Himmel eine herrliche Aussicht. Auf dem glatten Granitfelsen wachsen nur noch niedrige Büsche mit kleinen, dicken Blättern. Der Low's Peak ist verdeckt, dafür sieht man auf beiden Seiten andere Gipfel. 5 Minuten weiter bergaufwärts steht die **Gunting Lagadan Hütte**. Am nächsten Morgen beginnt zwischen 2 und 3 Uhr der Aufstieg. 2–3 Stunden ist man in der Nacht mit Taschenlampe bis zum Gipfel unterwegs – wegen der Kälte nicht zu zeitig losgehen. Die Luft wird dünner, das Atmen fällt spürbar schwerer. An Streckenabschnitten, die über Granitfelsen gehen, sind dicke Seile gespannt, an denen man sich festhalten kann.

In 3800 m Höhe liegt am Hauptweg die **Sayat Sayat Hütte**, in der bis zu 8 Personen übernachten können. Der Pfad führt am **Opferteich** *(Sacrifice Pool)* vorbei, wo früher den Geistern der Berge geopfert wurde. Rechts erheben sich zwei bizarre Felsen, die wegen ihres Aussehens **Donkey's Ears** genannt werden und die **Ugly Sisters**; links, der pyramidenförmige **South Peak** und **St. John's Peak**.

Besonders anstrengend sind die letzten 15 Minuten bis zum 4101 m hohen **Low's Peak**. Zwischen 5 und 6 Uhr geht die Sonne auf und taucht die grauen Granitwände in warmes Licht. Bei gutem Wetter hat man eine einmalige Sicht bis weit über die Küste Sabahs hinaus. Bei Regen stürzen Wasserfluten über die glatten Granitfelsen in die Tiefe. Allerdings sind die Seile dann sehr durchnäßt und kalt. 1 1/2 Stunden dauert der Abstieg bis zum Resthouse, und nach weiteren 2 1/2 Stunden ist die Power Station und damit die Straße erreicht.

Übernachtung

Alle Übernachtungsmöglichkeiten müssen vorher gebucht und bezahlt werden im Büro von **Sabah Parks** in Kota Kinabalu, s.S. 468. Am Wochenende sind zumeist alle Unterkünfte mit einheimischen Gästen belegt. Dann findet man an der Straße Richtung Kundasang sicherlich noch eine Bleibe. Günstig sind das **Old Fellowship Hostel** mit 46 Betten-Schlafsaal und das **New Hostel** mit 52 Betten-Schlafsaal für 10 RM p.P. Die Cabins unterschiedlicher Größe mit Heißwasserduschen und guter Ausstattung in einem weitläufigen Park kosten je nach Größe 50–270 RM. Sie sind am Wochenende und während der Schulferien teurer (80–360 RM) und zumeist schon lange im voraus ausgebucht. Die meisten Bergsteiger übernachten im gut ausgestatteten **Laban Rata Resthouse** in 3350 m Höhe an der Vegetationsgrenze. Ein Bett im Schlafsaal für insgesamt 56 Personen kostet 25 RM p.P., DZ mit Du/WC 100 RM und Zi für 4 Pers. mit Du/WC 200 RM.
Entlang der Straße:
Rina Ria**, 1 km östlich vom Parkeingang, kurz vor KM 19, ✆ 889282, bietet 4 Bungalows für 40 RM (am Wochenende 60 RM) mit Du/WC und kleinem Balkon mit tollem Ausblick auf das Tal. Hostel mit 6 Betten für 15 RM p.P.
Molly Wong, daneben, ✆ 214903, vermietet ebenfalls Zimmer für 20 RM p.P.
Travellers Cottage, hinter dem *Kim Chuan Restaurant*, 1 km östlich vom Parkeingang, ✆ 750313, ✉ 715958, vermietet 2 Zimmer für bis zu 8 Personen mit Küche für 200 RM.
Kinabalu Rose Cabins***-****, am KM 18, ✆ 889233, ✉ 236112, großes Haus mit schöner Aussicht auf den Kinabalu, 4 Standard- und 4 Familienzimmer für 70–126 RM (am Wochenende 100–180 RM), sowie ein Bungalow.
Mountain View Motel***, ✆ 889085, ✉ 875389, in Kundasang, kleine Zimmer mit heißer Dusche, Frühstück inklusive.
Hotel Perkasa (ab 180 RM), ✆ 889511, ✉ 889101, die besten Zimmer am Berg mit allem Komfort, aber schon etwas abgewohnt.

Essen

Im Administration Building befindet sich das **Liwagu Restaurant** mit annehmbarem Essen, das nicht überteuert ist. Zudem wird unterhalb der Rezeption in der **Balsam Cafeteria** einfaches westliches und asiatisches Essen serviert. In beiden Hostels gibt es eine Gemeinschaftsküche. Das einzige Restaurant auf dem Berg befindet sich im **Laban Rata Resthouse**.

Tips für Bergsteiger

ANFAHRT – Ein Wagen für 12 Personen vom *Headquarters* bis zur Power Station in 1900 m Höhe, wo der Fußweg beginnt, kostet 2 RM p.P.

AUSRÜSTUNG – Wegen der großen Temperaturunterschiede braucht man warme Kleidung, einen Poncho oder eine Gummijacke und einen Hut. Ein guter Schutz sind feste, lange Hosen und Arbeitshandschuhe, sofern man sich an den Seilen hinaufhangeln will. Schuhe mit gutem Profil erleichtern das Klettern. Empfehlenswert ist ein Handtuch zum Abwischen von Schweiß oder Regen, Toilettenpapier und eine Wasserflasche, die an verschiedenen Tanks unterwegs aufgefüllt werden kann, zudem eine starke Taschenlampe.

GESUNDHEITLICHE RISIKEN – Wer herzkrank ist oder einen sehr schwachen Kreislauf hat, sollte die Strapazen eines Aufstiegs vermeiden. Es ist wichtig, gut zu essen, weder Kaffee, Tee, Alkohol noch Softdrinks (Zucker) zu trinken, da dieses die Höhenkrankheit (Übelkeit, Schwindel, Kopfschmerzen) fördert, und das Risiko einer Erkrankung ist recht hoch. Um Krämpfe zu vermeiden, kann man etwas Salz zu sich nehmen. Bekommt man am 1. Tag Kopfschmerzen, sollte man sich ausruhen und möglichst keine Tablette nehmen.

GUIDES – Nur in Begleitung eines Guides darf man auf den Kinabalu hinauf. Die von der Nationalparkverwaltung angestellten Guides sind gut ausgebildet, manche sprechen allerdings nur wenig Englisch. Da sie diese Strecke mehrmals wöchentlich hinter sich bringen, legen sie ein rasantes Tempo vor. Man sollte keine Scheu haben, sie zu bremsen. Ein Guide kostet für 1–3 Personen 25 RM und für 4–6 Personen 30 RM, über 6 Personen 50 RM pro Tag.

PERMIT – Ein Permit für den Aufstieg, das man im *Headquarters* ausgestellt bekommt, kostet 10 RM. Nach der Rückkehr erhält man eine Urkunde (1 RM). Jeder Bergsteiger muß hier zudem eine Unfallversicherung abschließen, die weitere 3,50 RM kostet. Eintritt in den Park 10 RM.

Transport

Von KOTA KINABALU, 113 km, nimmt man einen Bus Richtung Ranau oder Sandakan und steigt an der Abzweigung am Eingang zum Nationalpark aus Die Fahrt kostet 10 RM und dauert 2 Std. Busse von SANDAKAN kosten 20 RM und brauchen 4–5 Std.

Poring

Eine gute Ergänzung zu den Wanderungen in den Bergwäldern und der Bergbesteigung ist ein Bad in den heißen Quellen von Poring im Tieflanddschungel, 24 km nördlich von Ranau. Das 100 ha große Gebiet innerhalb der Grenzen des Nationalparks wird zu einem Zentrum des Naturtourismus entwickelt. Angenehm ist ein Bad in den **heißen Quellen** inmitten der schönen Gartenanlage (Eintritt 2 RM, Kinder 1 RM). Man kann die Becken mit unterschiedlich temperiertem Wasser füllen und abwechselnd vom heißen ins kalte Becken steigen. Der von kaltem Bergwasser gespeiste Swimming Pool bietet nach einem ausgiebigen Bad eine willkommene Abkühlung.

Eine weitere Attraktion ist der **Canopy Walkway** im Tal hinter der heißen Quelle, der allerdings 1996 zeitweilig geschlossen war. Der Weg hinauf ist markiert. Zwischen tropischen Baumriesen wurden in einer Höhe von 10–30 m schwankende Hängebrücken angebracht, die zwar mit Netzen gesichert sind, aber nur Schwindelfreien empfohlen werden können. Leider ist die Anlage nur von 10.30–15.30 Uhr geöffnet, Eintritt 2 RM, Kameras 5 RM, Videokameras 30 RM. Geführte Nachtwanderungen nach Voranmeldung bei mindestens 3 Teilnehmern für 10 RM p.P.

Als weitere Attraktionen locken ein **Orchideengarten** und eine interessante **Schmetterlingsfarm**, geöffnet tgl. 10–15 Uhr, Eintritt frei. Markierte Pfade führen durch den Dschungel zu Wasserfällen, Höhlen und Bambuswäldern. Hinter der heißen Quelle zweigt vom Pfad zum Canopy Walkway ein schöner Dschungelpfad ab. Nach etwa 10 Minuten gelangt man zum **Kipungit Wasserfall** und nach weiteren 10 Minuten zur **Gua Kalawar**, einer kleinen Felsenhöhle, die von Fledermäusen bewohnt ist. Danach führt der Pfad ständig bergauf.

Nach 1 1/2 Stunden durch unberührten Tieflanddschungel erreicht man die **Langanan Wasserfälle**, Kaskaden von mehreren hundert Metern Länge. 3,5 km östlich von Poring wachsen Rafflesias. Da die größte Blume der Welt nur wenige Tage blüht, braucht man schon etwas Glück, um sie zu sehen. In diesem Fall wird am Eingang zum umzäunten **Rafflesia Centre** 5 RM Eintritt verlangt.

Übernachtung

Die Unterkünfte liegen hinter dem Eingangstor, etwas abseits des Weges zu den heißen Quellen. Sie sollten über Sabah Parks reserviert werden. Im *Old* und *New Hostel* Doppelstockbetten in 4- und 6-Bett-Zimmern für 10 RM p.P. Auf dem *Campingplatz* wird eine Übernachtung mit 5 RM berechnet. In der *Old Cabin* können bis zu 6 Personen für 75 RM an Wochentagen und 100 RM an Wochenenden und feiertags übernachten. Die *New Cabin* kostet 60 bzw. 80 RM. 4 Personen können in zwei Zimmern schlafen.

Essen

Gegenüber vom Eingang kleine malaiische und chinesische Restaurants. Neben den Pools serviert ein Restaurant tgl. von 7–21 Uhr gute Gerichte zu akzeptablen Preisen.

Transport

An der Abzweigung 5,5 km östlich von Ranau biegt man nach links ab und fährt auf der Straße 12 km bis zur Gabelung. Links erreicht man nach weiteren 6,7 km Poring. Minibusse fahren überwiegend am Morgen von RANAU für 5 RM nach Poring. Überlandtaxi für 25 RM pro Wagen.

Sandakan

Eine Gruppe englischer Geschäftsleute kaufte 1881 dem Sultan von Sulu und Brunei den nördlichen Teil der Insel ab, und machte Sandakan 1884 zur Hauptstadt von British North Borneo. Schon drei Jahre später lebten 5000 Menschen in der Stadt, die einen rasanten Boom erlebte. Wie Kota Kinabalu war auch Sandakan am Ende des 2. Weltkriegs völlig zerstört. Das neue Stadtzentrum entstand auf aufgeschüttetem Erdreich in der Sandakan Bay, wodurch auch der Bau einer Hafenanlage möglich wurde. Während der „Booming Seventies" floß durch Holzexport und Schmuggel viel Geld in die Stadt. Heute ist der Timber Boom vorbei, und die repräsentativen Gebäude scheinen für die Stadt überdimensioniert.

Am interessantesten ist ein Spaziergang am alten Hafen (**Pengkalan Lama**) entlang zum **Pasar Besar**. Das bunte Treiben in und um die großen und kleineren Markthallen fasziniert durch den auffälligen Philippino- bzw. indonesischen Charakter.

Eines der wenigen Gebäude, das die Bombenangriffe überlebt hat, ist die **St. Michael's Church**, eine hundert Jahre alte steinerne neogotische Kirche. Es lohnt sich, mit einem Taxi auf die Hügelkette nordwestlich des Zentrums hinaufzufahren. Von oben bietet sich eine gute Aussicht. Eine 3 km lange Straße (Taxi 4 RM) führt von der Jl. Singapura am *Adventist Youth Centre* vorbei zum **Trigg Hill** (Bukit Benderah). Noch weiter westlich erhebt sich auf dem Berg der große chinesische **Puu Jih Shih Tempel**. Die in roten und goldenen Farben glänzende große buddhistische Anlage wurde erst 1987 fertiggestellt.

Übernachtung

GÄSTEHÄUSER – *Uncle Tan**, ✆ 531917, ✆ 531639, liegt an der Labuk Road, 29 km außerhalb der Stadt, 5 km vor Sepilok (Postadresse: P.P.M. 245 Elopura, 90000 Sandakan). Bus ab Sandakan 1,60 RM. Bungalows mit Gemeinschafts-Du/WC hinter dem Haupthaus mit Vollpension (gutes Essen) 20 RM p.P. Uncle Tan ist ein Original und betreibt seit Jahren recht geschäftig das Gästehaus und organisiert Touren.
Travellers Rest Hostel*, die Jl. Leila hinaus, in Ramai Ramai, im 2. Block in der 2. Reihe, im 2. Stock, ✆ 216454, in einer etwas heruntergekommenen, unsicheren Gegend, 1 1/2 km westlich des Marktes, freundliche Manager, Frühstück, Kaffee und Tee kostenlos. Nach Voranmeldung wird man abgeholt.
Labuk Bed and Breakfast*, ✆ 533190, an der Labuk Road, 24 km außerhalb der Stadt, eine neue Unterkunft mit Familienanschluß in einem tropischen Garten, Infos und Tourenangebote.

MITTELKLASSE – Von den geforderten Preisen sollte man sich nicht schrecken lassen, denn die meisten sind zu erheblichen Abschlägen bereit.
New Sabah Hotel** ⑤, 18 Jl. Singapura, ✆ 218711, ✆ 271249, saubere Zimmer mit Du/WC, ac und TV, mit Restaurant.
Hung Wing Hotel**-**** ②, Jl. Tiga, ✆ 218855, preiswerte Zimmer mit Du/WC und Fan im 5. und 6. Stock, teurere Zimmer mit ac, Du/WC und TV.
Nak Hotel*** ④, Jl. Pelabuhan, ✆ 272988, ✆ 272879, im Zentrum, renovierte Zimmer mit ac, TV und Du/WC, einige mit Meerblick, Rabatt!

LUXUS – *City View Hotel***** ③, Jl. Tiga, Block 23, ✆ 271122, ✆ 273115, im Zentrum, mit allen Einrichtungen, Handeln!
Hsiang Garden Hotel***-**** ⑥, Jl. Leila, ✆ 273122, ✆ 273127, zwischen chinesischen Geschäftshäusern und Karaoke-Bars.

Renaissance Hotel ①, (ab 300 RM, manchmal Sonderangebote), Jl. Utara, 1 km außerhalb, ✆ 213299, ℡ 271271. Das notorisch unterbelegte First Class Hotel der Stadt auf einem Hügel im Park, Pool und Restaurant.

Essen

Preiswertes malaiisches Essen im Obergeschoß des Marktes. Abends werden auf dem Nachtmarkt vor dem Postamt Essenstände aufgebaut. Auf dem Trigg Hill kann man in drei Restaurants der gehobenen Preisklasse im Freien sitzen und im kühlen Klima hervorragendes Seafood essen. Preiswertere Seafood Restaurants befinden sich westlich der Stadt in Pasir Putih am Meer.

Xo Steak House, Hsiang Garden Estate, gegenüber vom *Hsiang Garden Hotel*, serviert westliche Fleischgerichte und Seafood.

Sonstiges

GELD – *Maybank*, 6 Jl. Leila, 213171; *Sabah Bank*, Lot 1-5 Menara MPS, Jl. Leila, ✆ 213066; *Hong Kong Bank*, Jl. Pelabuhan Lama, gegenüber die **Standard Chartered Bank**, ✆ 275382.

SABAH PARKS – Das Büro für die Genehmigungen zum Besuch von Selingan (Turtle) Island im 9. Stock, Wisma Khoo Siak Chiew, Jl. Buli Sim Sim, ✆ 273453, ℡ 214570. Geöffnet Mo–Fr 8–12 und 14–16.15, Sa 8–12 Uhr.

VORWAHL – 089, PLZ 90000.

WILDLIFE OFFICE – im *Forestry Headquarters* erteilt Permits für die Gomantong Caves, Batu 7 Labuk Rd., ✆ 666550. Hier befindet sich auch ein Museum. Geöffnet Mo–Fr 8–12 und 14–16 Uhr, Sa 8–12 Uhr.

Touren

Wildlife Expeditions Sdn. Bhd., Büros im *Sandakan Renaissance Hotel*, ✆/℡ 273093 und 903, 9th Floor, Wisma Khoo Siak Chiew, Jl. Buli Sim Sim, Touren nach Pulau Selingan (Turtle Island), zu den Gomantang Caves und zum Kinabatangan River, wo *Wildlife Expeditions* am Flußufer bei Sukau eine eigene Lodge unterhält.

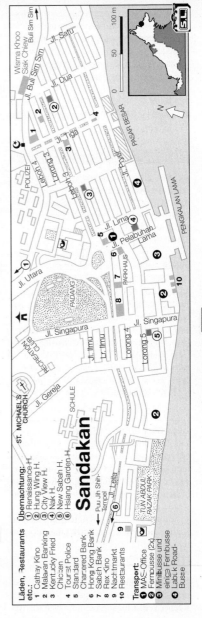

Sandakan

Uncle Tan offeriert preisgünstige Touren für Traveller, die auf ihre Ausgaben achten müssen. Ausflüge nach Pulau Selingan, auf die Insel Tanjung Aru oder zum *Wildlife Camp* an den Oxbow Lakes sowie zum oberen Kinabatangan River. Allerdings waren einige Gäste nicht begeistert. Weitere Reisebüros in Sandakan:
Api Tours, C 1, Block 50, Jl. Leila, ✆ 219958.
S.I.Tours, Lot 3 B, Yeng Ho Hong Bldg., Jl. Leila, ✆ 213502.

Transport

BUSSE – Zwischen 5.30 und 7 Uhr fahren mehrere Busse ab Jl. Leila für 25 RM in 6–7 Std. nach KOTA KINABALU. Richtung Süden sind die Straßen in besserem Zustand. Minibusse ständig nach LAHAD DATU für 15 RM, einige sogar bis TAWAU für 25 RM.

FLÜGE – *MAS-Office*., Jl. Pelabuhan, ✆ 273966-70, geöffnet Mo–Fr 8–16.30, Sa bis 15 und So bis 12 Uhr. Der 15 km außerhalb der Stadt gelegene Airport kann mit dem Minibus Batu 7, der 500 m vor dem Terminal hält, oder mit einem Taxi für 15 RM erreicht werden. Mehrere Flüge täglich direkt von und nach KOTA KINABALU in 50 Min. für 83 RM. 2x tgl. Verbindungen nach TAWAU für 74 RM. Zudem fliegen kleine Twin Otter Mo und Do über KUDAT (54 RM) nach KOTA KINABALU (69 RM), zurück am Mi und Sa.

Sepilok Forest Reserve

Der Besuch des Orang Utan Rehabilitationszentrums lohnt eine Fahrt nach Sandakan. Die Tour kann gut selbst organisiert werden. Das Rehabilitationszentrum *(Sanctuary)* liegt 3 km abseits der Hauptstraße in einem schönen Waldgebiet.

Links vom Eingang ist in einem kleinen **Visitor Information Centre** eine informative Ausstellung über die Fauna und Flora untergebracht. Außerdem werden tgl. um 11.10 und 15.10 Uhr, Fr nur um 10.30 Uhr interessante **Videofilme** über Orang Utan und die Arbeit in Sepilok vorgeführt. Rechts vom Eingang befindet sich die **Rezeption**, wo man auch einige Broschüren erhält und sich für den kostenlosen Videofilm anmelden kann. Sie ist tgl. geöffnet von 9–11 und 14–15.30 Uhr, Fr vormittags nur bis 11 Uhr. Der Zugang zum **Rehabilitationszentrum** liegt dahinter und öffnet tgl. von 9–12 (Fr bis 11.30) und 14–16 Uhr, Eintritt 10 RM, Kinder 5 RM, wer Videos machen möchte zahlt außerdem 10 RM. Die meisten Touristen besuchen zuerst den **Orang Utan Kindergarten**, ein abgesperrter Spielplatz, auf dem sich die Jungtiere vor den Augen der Besucher zwischen 9.15 und 10 Uhr austoben können. Dann geht es weiter auf Plankenwegen durch den Dschungel zur **Plattform A**, wo die Tiere um 10 und 14.30, Fr um 9.30 Uhr, mit einer monotonen Diät aus Bananen und Wasser oder Milch gefüttert werden. Vormittags kommen zahlreiche Besucher und weniger Tiere zur Plattform A, während am Nachmittag die Orang Utan durchaus zahlreicher sein können als die Orang Putih. Mehrere ausgeschilderte Pfade führen durch den Dschungel bis hinunter zu den Mangrovenwäldern. Ein kurzer **Waldlehrpfad** beginnt gleich hinter dem ehemaligen Education Centre. Auf einem weiteren Pfad erreicht man nach etwa 45 Minuten mehrere **Wasserfälle** und Pools, die allerdings als Frischwasserreservoir für die Station benutzt werden und daher etwas „ausgedünnt" sind. Man sollte die Ranger informieren, bevor man allein loszieht.

Übernachtung

Sepilok B&B**, etwa 600 m vor dem Rehabilitationszentrum, Jl. Sepilok, off Mile 14, Jl. Labuk, ✆ 089-532888, ℡ 217668. Neben Zimmern mit Du/WC und Fan auch mehrere Schlafräume mit 6–8 Betten für 20 RM. Großzügige Anlage, Fahrradverleih, Restaurant.
Sepilok Jungle Resort*-****, Jl. Sepilok, off Mile 14, Jl. Labuk, ✆ 089-533031, ℡ 533029, 200 m neben dem Rehabilitationszentrum, Trimmpfad, Pool. Zimmer mit Fan, separate Waschhäuser für Männer und Frauen.

Oben: Der Häuptling und der Medizinmann begrüßen die Gäste eines Iban-Langhauses; unten: Waschplatz am Fluß

Transport

Labuk Road-Busse mit der Bezeichnung Batu 14 und Minibusse fahren von Sandakan alle 30–60 Min. bis gegen 16.30 Uhr für 1,60 RM bzw. 1 RM nach Sepilok. Am KM 23 geht es links ab. Vorbei an einer Orchideenfarm und der Forest Research Station kommt man nach 3 km zum Rehabilitationszentrum. Normalerweise fahren Busse nur bis zur Kreuzung, von der aus man noch 15 Minuten bis zur Station laufen muß. Haben sie allerdings genügend Passagiere, die zur Station wollen, fahren sie auch bis zum Eingang.

Andere Busse mit den Bezeichnungen Batu 16, 17, 30 oder 32 fahren zwar auch in die Richtung, man muß dann aber von der Hauptstraße noch 3 km zum Park laufen oder trampen. Taxis kosten je Strecke ca. 18 RM.

Tawau

Tawau ist eine ökonomische Boomtown mit der am schnellsten anwachsenden Bevölkerung Sabahs. Sie liegt an der Darvel Bucht gegenüber der Insel Sebatik, die zur Hälfte bereits zu Indonesien gehört. Ihren Reichtum verdanken viele Einwohner der Holzwirtschaft, die seit einigen Jahren an Bedeutung verloren hat, da mittlerweile alle wertvollen Bäume im Hinterland abgeholzt worden sind. Am Nachmittag lohnt der **Fischmarkt** neben dem Hafen einen Besuch, wenn die Fischer zurückkehren.

Übernachtung

Loong Hotel**, 3868 Jl. Abaca, ✆ 765308, das ruhige Hotel hat einfache, saubere Zimmer mit Du/WC, TV und ac im 1.–3. Stock.
Soon Yee Hotel**, 1362 Jl. Stephen Tan, ✆ 772447. Einfache, saubere Zimmer mit ac, TV und Du/WC.
Malaysia Hotel**, 37 Jl. Dunlop, ✆ 772800, abgewohnte Zimmer mit Du/WC.
Oriental Hotel**, 10 Jl. Dunlop, ✆ 701001, älteres Hotel nahe dem Hafen.
Tawau Hotel**, 72-73 Jl. Chester, ✆ 771100, ✉ 763496, laut, muffige Zi mit Bad/WC, TV, ac.
North Borneo Hotel***, 52-53 Jl. Dunlop, ✆ 763060, ✉ 773066, neues Hotel an der Hauptstraße. Gute, saubere Zimmer mit Bad/WC, ac und TV. Gutes Preis-Leistungs-Verhältnis.
1st Hotel***, Jl. Bunga, ✆ 770099, ✉ 761296. Neues Hotel, Zimmer mit Du/WC, TV und ac, einige auch mit Bad und Kühlschrank.
Belmont Marco Polo Hotel****, 1 Jl. Klinik, ✆ 777988, ✉ 763739, Das teuerste Hotel zwischen Sandakan und Balikpapan mit allen Einrichtungen, gepflegt.

Essen

Eine große Zahl fest installierter **Foodstalls**, die überwiegend malaiische Gerichte anbieten, stehen auf dem großen Platz hinter dem Sabindo Complex. Viele kleine indische und chinesische Restaurants gibt es in der Jl. Chester und Jl. Dunlop sowie im Fajar Complex, wo auch einige westliche Restaurants zu finden sind, z.B.:
X.O. Steakhouse, Block 42, Fajar Complex, das klimatisierte Restaurant bietet westliches Essen. Recht günstig ist das Mittags- und Abendmenü.
The Mint, Block 38, und das *Blue Mountain*, im gleichen Haus im 1. Stock, überraschen mit einer guten west-östlichen Küche.

Sonstiges

GELD – *Sabah Bank*, 1086 Jl. Utara, WDT 127, ✆ 776483.
Maybank im Fajar Complex, ✆ 761933.
Moneychanger unter dem Kemayan Supermarket wechseln Rupiahs und US$ cash.

INDONESISCHES KONSULAT – Wisma Indonesia, Jl. Apas (= Straße nach Sandakan), 3 km östlich, ✆ 772052. Geöffnet Mo–Fr 8–12 und 14–16 Uhr. Da Nunukan bzw. Tarakan keine visafreien Einreiseorte nach Indonesien sind, muß man sich vorher ein Visum besorgen. Das ist normalerweise unproblematisch und für Deutsche kostenlos. Österreicher und Schweizer zahlen 10 RM Visagebühr. Benötigt werden 2 Paßbilder. Wer morgens die Anträge ausfüllt, kann sich meist schon nachmittags, spätestens jedoch am folgenden Morgen, das Visum abholen. Es gilt für

Oben: Endlos erstrecken sich Ölpalmplantagen über Sabah; unten: Pulau Sipadan

einen Aufenthalt von bis zu 4 Wochen und kann um weitere 2 Wochen verlängert werden.

VORWAHL – 089, PLZ 91000.

Transport

BUSSE – Minibusse von der Haltestelle an der Jl. Dunlop nach LAHAD DATU 8 RM in 4 Std., Überlandtaxis 15 RM p.P. Jeden Morgen fahren Minibusse in ca. 6 Std. nach SANDAKAN für 25 RM.

FLÜGE – Der Airport liegt im Stadtgebiet nördlich vom Zentrum. Airport Tax für nationale Flüge 5 RM, für internationale Flüge 40 RM. Tägliche Flüge nach KOTA KINABALU für 96 RM und SANDAKAN für 74 RM.
MAS-Office, Wisma SASCO, Fajar Complex, ✆ 765533. Der halbstündige Flug mit BOURAQ am Di, Do und Sa um 9.30 Uhr oder **MAS** am Mo und Sa um 11.05 Uhr mit kleinen Maschinen nach TARAKAN kostet 170–200 RM. Buchungen bei *Merkeka Travel Service*, Jl. Sabindo Lima, ✆ und ✉ 771927.

FÄHREN – Richtung Indonesien verkehren mehrere Fähren: *K.M. Samudera Express* fährt 2x tgl. nach NUNUKAN für 25 RM. Dort kann man in einem der zahlreichen Losmen übernachten und am nächsten Morgen weiter nach TARAKAN fahren. Ein Ticket für die gesamte Strecke kostet 65 RM. Zudem fahren die *K.M. Samudra Indah* und auch *K.M. Harapan Mulia* auf dieser Strecke tgl. außer So. Tickets an den Schaltern vor dem Customs Wharf, gegenüber dem Pasar Ikan, unter dem Kemayan Supermarket. Das notwendige **Visum** erhält man beim Indonesischen Konsulat.

Von Kota Kinabalu nach Brunei

Da es zwischen Trusan (Sarawak) und Labu (Brunei) immer noch keine Straßenverbindung gibt, bleibt nur die Möglichkeit, über Sipitang und Merapok nach Lawas zu fahren und dort ein Boot nach Brunei zu nehmen, oder gleich mit dem Schiff von Kota Kinabalu über Labuan nach Bandar Seri Begawan zu fahren.

Beaufort

Die kleine Stadt liegt am nördlichen Ufer des **Padas River**, der ab hier bis Tenom eine tiefe Schlucht durchschneidet. Der verschlafene Ort bietet nichts Sehenswertes und ist nur ein Übernachtungspunkt auf der Strecke von Sabah nach Sarawak.

Übernachtung

Beaufort Hotel**, Lot 19-20 Lochung Park, ✆ 211911, zentral gelegen, Zimmer mit ac, TV, Du/WC. Chinesisches Restaurant.
Beaufort Inn**, nur wenige Meter weiter, ✆ 211232, hat ein ähnliches Angebot.
Mandarin Inn**, Lot 38, Jl. Beaufort Jaya, ✆ 212800, das kleinste Hotel liegt etwas außerhalb jenseits des Flusses.

Transport

Mehrmals tgl. fahren Minibusse in 2 Std. nach KOTA KINABALU für 7 RM. Überlandtaxis 10 RM. Minibusse nach MENUMBOK (Fähre nach Labuan) für 8 RM. Nach Sarawak kommt man entweder mit einem durchgehenden Minibus oder mit mehreren Minibussen in Etappen: zuerst nach SIPITANG 7 RM, dann nach MERAPOK für 2,50 RM und endlich nach LAWAS für 3,50 RM. Überlandtaxis nach Lawas kosten 20–25 RM p.P. In Sindumin, kurz vor Merapok, muß man sich den Sabah-Ausreisestempel besorgen. Den Sarawak-Einreisestempel bekommt man in Lawas.

Labuan

Die 92 km² große Insel wurde bereits 1846 durch den Sultan von Brunei an England abgetreten, um vom Tiefseehafen Victoria Harbour aus Piraten an der Westküste Borneos zu bekämpfen und den Handel zu fördern. Nach 1945 wurde Labuan der britischen Kronkolonie North Borneo einverleibt. 1984 änderte sich erneut der Status der Insel; sie wurde zum Federal Territory erklärt und gehört damit nicht mehr zu Sabah. Seit einigen Jahren genießt die Insel sogar Zollfreiheit, was ihr einen kleinen Wirtschaftsboom und viele durstige Touristen aus dem benachbarten Brunei beschert hat. In Bandar Labuan, dem Hauptort der Insel, kommen die Fähren an. Hier konzentriert sich auch das Geschäftsleben. Von der strategischen Bedeutung der Insel zeugt der **Labuan War Cemetery**, an der Jl. OKK Abdullah, 2 km nördlich der Stadt, auf dem überwiegend britische und australische Soldaten begraben sind, die während der Kämpfe am Ende des 2. Weltkriegs starben. Nördlich der Stadt, etwa 15 Min. zu Fuß vom Zentrum, erhebt sich die **An'Nur Jamek-Moschee**, ein futuristisches Bauwerk, das Assoziationen an ein Raumschiff aus ferner Zeit aufkommen läßt.

Übernachtung

Pantai View Hotel**, Lot 68, Jl. Awang Besar, ✆ 411339, ℻ 412793. Zimmer mit Du/WC, ac und TV sowie ziemlich heruntergekommene Zimmer mit Fan und Gemeinschafts-Du/WC.
Melati Inn**, Jl. Perpaduan, ✆ 416307, ℻ 414757, das nächste Hotel an der Fähre, einfache Zimmer mit Du/WC und ac.
Sri Villa Hotel**, 115 Jl. Awang Besar, um die Ecke vom Melati, ✆ 416369, einfaches Hotel, das bereits etwas schmuddelig, aber billig ist.
Pulau Labuan Hotel***, Lot 27-28 Jl. Muhibbah, ✆ 416288, ℻ 416255, nicht zu verwechseln mit dem teuren Hotel Labuan. Kleines, zentral gelegenes Hotel mit Restaurant und komplett ausgestatteten kleinen Zimmern, oft ausgebucht.
Pulau Labuan Inn***, Lot 8 Jl. Bunga Dahlia, ✆ 416833, ℻ 411750, das Schwesterhotel etwas außerhalb.
Victoria Hotel***, Jl. Bunga Kesuma, ✆ 412411, ℻ 412550, DZ mit ac, Bad/WC und Kühlschrank.
Mariner Hotel***-****, Jl. Tanjung Purun, ✆ 410800, ℻ 418811, modernes Hotel östlich des Zentrums. Komfortable Zi, kleines Restaurant, in dem abends Live-Musik geboten wird.
Federal Inn, Lot 112 Jl. Dewan, ✆ 417811, ℻ 417796, komfortable Zi mit allem Komfort.
Labuan Hotel****, Jl. Tanjung Batu, östlich der Stadt, ✆ 414300, ℻ 410195, großes Hotel, Coffee Shop, Restaurant und eine gute Disco!
Tiara Hotel, das Luxusresort am Meer, südwestlich des Golfclubs, in der Jl. Tanjung Batu, ✆ 410195, das einzige Hotel mit Swimming Pool
Waterfront Financial Hotel, 1 Jl. Wawasan,
✆ 418111, ℻ 413468, neues Businesshotel an der Anlegestelle.

Essen

Ein sehr gutes Seafood Restaurant befindet sich hinter dem Markt im 1. Stock. Im Erdgeschoß darunter ebenfalls ein chinesisches Restaurant. Wer nach Bandar Seri Begawan fährt, kann sich mit Alkoholika eindecken, denn Brunei ist trocken. Die Einfuhr von Alkoholika für den Eigenbedarf (12 Dosen Bier oder 2 Flaschen Spirituosen) ist Nicht-Muslims über 17 Jahren gestattet.

Transport

FLÜGE – *MAS-Office*, Wisma Kee Chia, Jl. Bunga Kesuma, ✆ 412263.
Royal Brunei, Jl. Merdeka, ✆ 421235.
MAS-Flüge bis zu 10x tgl. nach KOTA KINABALU (52 RM), tgl. um 18 Uhr über MIRI (66 RM) nach KUCHING (199 RM), am Morgen nach Miri, 2x tgl. nach KUALA LUMPUR (372–437 RM). Royal Brunei fliegt tgl. um 16 Uhr von BANDAR SERI BEGAWAN nach Labuan und um 17 Uhr zurück. MAS um 9.20 Uhr hin und um 10.10 Uhr zurück. Taxi zum Airport: 8 RM.

SCHIFFE – Nach Kota Kinabalu fahren Expressboote tgl. um 8.30, 13, 14 und 15 Uhr für 20–28 RM, 2 1/2 Std. Zurück um 8, 9 und 13.30 Uhr. Nach MENUMBOK fahren laufend zwischen 7 und 16 Uhr Autofähren für 5 RM in 1 Std. Das Expressboot um 13 Uhr kostet 10 RM und braucht nur 30 Minuten. Von Menumbok Minibusse nach KOTA KINABALU für 20 RM in 2 1/2 Std. Nach BANDAR SERI BEGAWAN fahren Expressboote für 24 RM (2. Kl.), 32 RM (1. Kl.) in 1 1/2 Std. um 8, 12.15 und 14 Uhr; LAWAS um 13 Uhr in 2 1/2 Std., 20 RM; LIMBANG um 12.30 Uhr in 2 Std. 10 RM; SIPITANG um 10 Uhr für 20 RM. Buchungen: *Borneo Leisure Travel*, Jl. Merdeka, Ecke Jl. Bunga Raya, ✆ 412261, für die 15 Uhr-Fähre nach Brunei.
Duta Muhibah Agency, 52 Jl. Merdeka, ✆ 413827, für die 8 Uhr-Fähre nach Brunei und die 15 Uhr-Fähre nach Kota Kinabalu.
Sin Matu, nebenan, 55 Jl. Merdeka, ✆ 412261, für die ersten 3 Kota Kinabalu-Fähren und die 12.15 Uhr-Fähre nach Brunei.

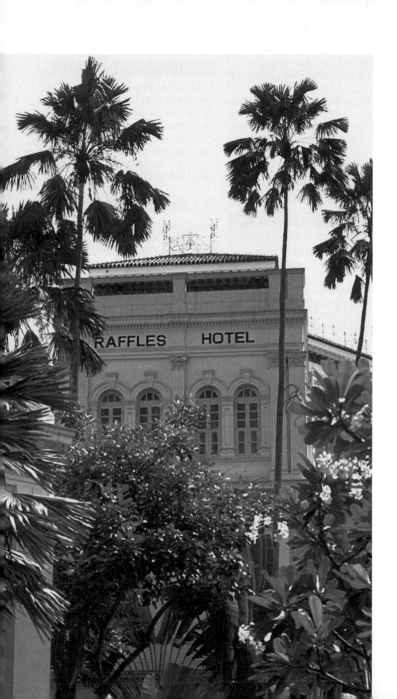

SINGAPORE

Highlights

- Ein Sonntagsspaziergang im Zoo oder auf Sentosa

- Das geschäftige Treiben in den modernen Konsumtempeln

- Die Restaurants und Pubs am Boat oder Clarke Quay

- Die leckeren Gerichte der indischen und chinesischen Restaurants

Singapore - wer erinnert sich beim Klang des Namens nicht an Bilder aus alten Filmen oder an die Geschichten von Somerset Maugham? Singapore, das ist ein Zaubername wie Casablanca, da riecht es nach Hafen und Schlick, nach Laster und Opium. Da drängen sich Riksha-Kulis und Lastträger in engen Gassen, gehen Schieber und Perlenhändler ihren zwielichtigen Geschäften nach. Da sehen wir verschlagene Gesichter unter rotierenden Ventilatoren, Kellner in weißen Jacketts und Ava Gardner auf der Suche nach ihrer Vergangenheit durch die Straßen der Slums irren. So oder ähnlich muß es wohl gewesen sein, das Singapore der Engländer, das Singapore der Kolonialzeit. Obwohl - so lange ist das alles noch gar nicht her.

Das fremde, geheimnisvolle, exotische Singapore von damals, das wir Touristen suchen, läßt sich nur bruchstückhaft erahnen. Wolkenkratzer, Shopping Centres, Autobahnen und Wohnsilos von gigantischen Ausmaßen beherrschen das Stadtbild. Die Slums sind verschwunden, die Straßen gefegt, und kein obdachloser Bettler verschandelt die gepflegten Grünanlagen. Die verbliebenen sozialen Probleme hat man unter den Teppich gekehrt - mit Erfolg, wie es scheint.

Viele Westler beginnen sich nach ein paar Tagen in Singapore zu langweilen: Das ist alles zu bekannt - fast schon wie bei uns. Mehr noch - wenn wir bei Raffles City in die vollklimatisierte U-Bahn steigen, überkommt uns eine Ahnung: hier wächst die Großstadt des 21. Jahrhunderts heran. Aber um das zu sehen, sind wir ja nicht nach Asien gekommen - oder?

Bevölkerung

Etwa 3 Millionen Menschen lebten 1996 in diesem Stadtstaat. Von ihnen sind 76% chinesischer Abstammung, 15,1% Malaien und 6,5% Inder. Der Rest setzt sich aus Europäern und Eurasiern zusammen. Im Gegensatz zu Malaysia sind die offiziellen Staatssprachen Englisch, Malaiisch, Tamil und Mandarin. Allerdings wird die chinesische Hochsprache Mandarin nur von einem geringen Teil der Bevölkerung gesprochen, während die lokalen Dialekte noch häufig verwendet werden. Etwa 42% der Chinesen sind Hokkien, 22% Teochew, 17% Kantonesen, 7% Hainanesen, 7% Hakka. Im Schulsystem werden vier muttersprachliche Richtungen unterschieden: Englisch, Mandarin, Tamil und Malaiisch. Immer größerer Beliebtheit erfreut sich der englische Zweig; selbst in chinesischen Familien der Mittelschicht wird häufig Englisch gesprochen. Die Lebeserwartung liegt bei 75 Jahren, die höchste Südostasiens.

Geschichte
Die Gründungsphase

Auch in Singapore entstanden nach dem Krieg politische Parteien, die aber im Vergleich zu Malaya mehr nach links tendierten. 1959 wurde die erste gesetzgebende Versammlung gewählt und die PAP *(People's Action Party)* gewann 43 der 51 Sitze. Premier wurde der Vorsitzende der Partei, *Lee Kuan Yew*.

1963 wurde die Föderation von Malaysia gegründet. Die Gründe dafür lagen zum einen in der Sorge Englands begründet, daß Singapore nach der Unabhängigkeit weiter nach links abdriften könnte, zum anderen glaubte niemand an die wirtschaftliche Überlebenschance der kleinen Insel. Die PAP unter Lee Kuan Yew drängte später den linken Flügel aus der PAP, der bald eine neue Partei *(Barisan Socialis)* gründete. Schon zwei Jahre später schied Singapore wieder aus der Föderation aus, wirtschaftliche, politische und rassische Gründe waren dafür ausschlaggebend. Seitdem regiert die PAP Singapore – autoritär, würde man bei uns sagen. Aber der gelenkte Kapitalismus geriet zum durchschlagenden wirtschaftlichen Erfolg.

Die 90er Jahre

Die alte Garde der politischen Führer Singapores, die das Land über den Bruch der Föderation mit Malaysia in die Unabhängigkeit geführt und ihm ein beispielloses

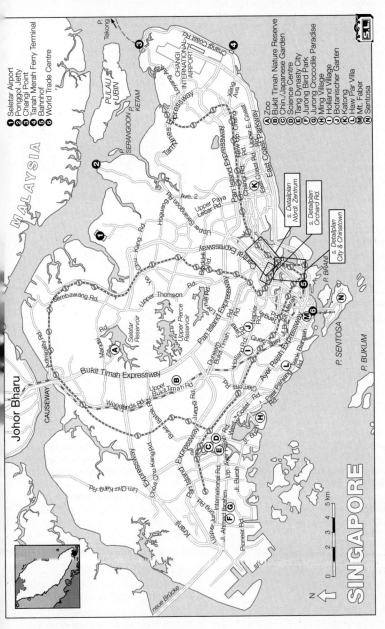

wirtschaftliches Wachstum beschert hat, wurde mittlerweile von einer jüngeren Generation abgelöst. Lee Kuan Yew machte 1990 seinem bisherigen Vertreter Goh Chok Tong Platz, blieb aber als Senior Minister im Amt. Einige Grundfragen der Aufbauphase wie Industrialisierung, erschwingliche Wohnungen, Bildung für alle oder Altersversorgung sind gelöst. Heute leben etwa 80% der Bevölkerung in ihren eigenen vier Wänden, allerdings haben die Preise für Apartments mittlerweile das Niveau europäischer Großstädte überflügelt, und ein eigenes Haus ist für die meisten Einwohner zu einem unerfüllbaren Traum geworden.

Wirtschaft
Das Wirtschaftswunderland

Nach enormen 15%igen Zuwachsraten des Bruttosozialprodukts in den 70er Jahren hat sich der Wirtschaftsboom in den 90er Jahren etwas abgeschwächt, dennoch liegen die für Europäer unvorstellbaren Wachstumsraten immer noch zwischen 7 und 10%. Mittlerweile hat Singapore nach Japan mit US$22 500 das höchste Pro-Kopf-Einkommen Asiens – höher als im ehemaligen Mutterland England. Aufgrund des hohen Lohnniveaus geht man dazu über, arbeitsintensive Betriebe in benachbarte Billiglohnländer zu verlagern und kapitalintensive Industrie zu fördern. Singapore ist Asiens größtes Erdölraffineriezentrum (nach Houston und Rotterdam Nr. 3 in der Welt). Heute sind 36% der Bevölkerung in Industrie und gewerblicher Wirtschaft tätig, der Rest in Handel, Dienstleistungen und im öffentlichen Dienst. Landwirtschaft und Fischerei spielen keine Rolle mehr. Singapore ist zudem das anerkannte Kommunikationszentrum der Region und nimmt als Finanzzentrum mittlerweile nach London, New York, Tokyo und Hong Kong den fünften Platz ein.

Tourismus

7 Millionen Touristen besuchten 1996 die Republik Singapore. Fast ein Drittel kam

Übernachtung:
① Mayfair City H.
② Westin Plaza H.
③ Westin Stamford H.
④ Inn of Sixth Happiness
⑤ Damenlou H.
⑥ The Duxton

Läden, Restaurants, etc.:
1 Rang Mahal R.
2 The Yard
3 Next Page Pub
4 The Tavern
5 Hill St. Centre
6 Rendezvouz R., Hisatomo R., Inagiku R.
7 Annalakshmi R.
8 Marina Square
9 Trader's VIC
10 Suzie Wong
11 Party Doll
12 Sayna R.
13 Hawker's Alley
14 Crazy Elephant
15 Tongkangs
16 Ban Seng R.
17 Empress Place Hawker Ctr.
18 House of Sundanese Food
19 Harry's
20 Tai Tong Hoi Kee R.
21 Nam Thong Tea House
22 Tea Chapter
23 Moto Mahal R., Food Alley
24 Pagi Sore Nasi Padang
25 Fountain Food Court
26 Duxton's Chicago
27 Elvis Bar
28 Hua Tuo Guan R.
29 Moi Kong R.
30 Pine Tree R.
31 Mayarani R.
32 Thanying R.

Transport:
❺ zum Bahnhof (s.Übersichtskarte)
❼ Singapore Airlines (2x)
❽ Thai Airways

aus den ASEAN-Ländern Indonesien und Malaysia. Die Zahl der deutschen Besucher belief sich auf 160 000. Allerdings halten sich die meisten westlichen Besucher zum Einkaufen oder für eine Sightseeing-Tour höchstens 1–2 Tage auf der Insel auf, um anschließend zu attraktiveren Ferienzielen weiterzufliegen.

Die City

Rings um die Mündung des Singapore River konzentriert sich die Innenstadt, einst das Zentrum des alten Singapore. Heute schießen hier mit atemberaubender Ge-

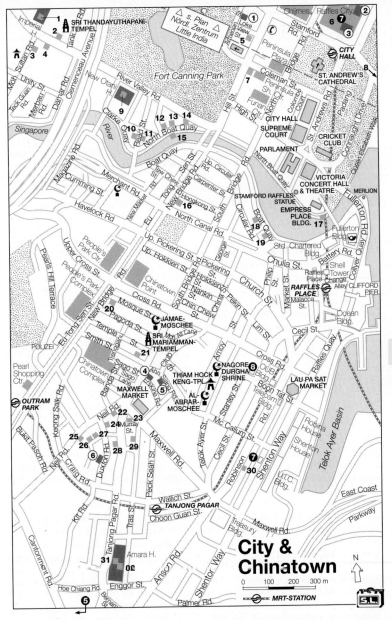

schwindigkeit die Wolkenkratzer in den Himmel. Der Rundgang beginnt am **Raffles Place** (MRT Raffles Place), dem alten Geschäftszentrum, das man sich hier nicht mehr vorstellen kann, denn statt kolonialer Architektur beherrschen Hochhäuser mit Büros, Banken, Airline Offices und Shopping Centres das Bild. Rücksichtslose Kahlschlagpolitik hat beinahe alles Alte weggesaniert – sinnfällig dargestellt in einer großen **Bronzeplastik** im Nordosten des Platzes, die das alte und das neue Singapore gegenüberstellt. Die Passage und Fußgängerbrücke über Collyer Quay, die von kleinen Lädchen gesäumt wird, hat die Funktion der alten **Change Alley** übernommen, die es dem Namen nach zwar wenige Meter weiter immer noch gibt, die aber längst nicht mehr die Heimat der Geldwechsler und kleinen Händler ist.

Auch der traditionsreiche **Clifford Pier** wird von Einkaufsarkaden umrahmt. Der Pier selbst, früher ein wichtiger Ankerplatz an der Mündung des Singapore River, hat keine wirtschaftliche Bedeutung mehr. Zudem wurde der Zugang zum offenen Meer durch Neulandgewinnung und nachfolgenden Autobahnbau stark eingeengt.

Vor der Brücke über den Singapore River steht rechts auf einer Landzunge die Figur des **Merlion**, eine acht Meter hohe, wasserspeiende Statue, halb Löwe, halb Fisch – das Wahrzeichen der Stadt. Noch bis 1983 herrschte auf dem Singapore River geschäftiges Treiben. Große Schiffe lagen vor der Insel auf Reede, ihre Fracht wurde mit Lastkähnen, sogenannten *Tongkangs*, den Fluß hinauf gebracht und am **Boat Quay** entladen. Vom alten Hafenviertel stehen vor der neuzeitlichen Wolkenkratzerkulisse am südlichen Flußufer nur noch einige frisch restaurierte alte Chinesenhäuser und bilden eine beliebte Restaurantmeile (s.S. 497ff).

Die alten Lagerhäuser am **Clarke Quay**, etwas weiter westlich am änderen Ufer des Singapore River, hat man ebenfalls restauriert. Auch hier entstand ein Flanier- und Amüsierviertel, das am Abend viele Besucher anzieht.

Am North Boat Quay markiert ein **Stamford Raffles-Denkmal** die Stelle, wo er 1819 gelandet sein soll. In der Nähe wurden einige repräsentative öffentliche viktorianischen Bauten der Kolonialverwaltung erhalten: das **Empress Place Building** (ehemaliges Gericht, erbaut 1854), das **Parlament** *(Parliament House)*, **Victoria Concert Hall and Theatre** (erbaut 1905; heute Sitz des *Singapore Philharmonic Orchestra)*, **Supreme Court** und die **City Hall**, das Rathaus. Stilvoll ist auch die **St. Andrew's Cathedral** – eine anglikanische, neogotische Kirche, erbaut in den Jahren 1856–61. Der **Cricket Club** gilt noch immer als einer der vornehmeren Clubs der Stadt, und auf der großen Rasenfläche, dem *Padang*, wird tatsächlich Crikket gespielt.

Unübersehbar und silbrig glitzernd erhebt sich im Nordosten **Raffles City**, ein großes, klimatisiertes Einkaufszentrum (MRT City Hall). Von dem Bar-Restaurant im 70. Stock des **Westin Stamford**, des höchsten Hotels der Welt, hat man einen wunderschönen Blick über die Stadt, freilich nur bei entsprechendem Mindestverzehr. Leider erschlägt der ganze Komplex allein schon durch seine Dimensionen das alte **Raffles Hotel**, eines der sorgsam gehegten Wahrzeichen der Stadt.

Etwa 600 m nördlich verläuft zwischen North Bridge Road und Victoria Street die kleine Seitenstraße **Bugis Street** (MRT Bugis). Bugis war einmal eine erstklassige Amüsiermeile, deren kleine Restaurants und Essenstände die ganze Nacht geöffnet waren, und zu später Stunde flanierten hier Tunten, Transvestiten und andere Nachtschwärmer. Bei der gründlichen Sanierung des Karées sind nur ein paar Arkaden von der alten Bugis Street übriggeblieben, die noch eine Ahnung von der ehemaligen Atmosphäre vermitteln. Dennoch, hier ist von Mittag bis 4 Uhr morgens geöffnet, man sitzt vor den Restaurants auf der Straße und bummelt zwischen den Ständen hindurch, aber die „alte" Bugis Street ist es eben doch nicht mehr – sagen die Singaporeaner. Die Touristen stört das wenig, sie kommen trotzdem.

Chinatown

Als Chinatown gilt das Viertel südlich des Flusses, begrenzt von der New Bridge Road, Maxwell Road und Cecil Street. Die alten chinesischen Wohnviertel mit ihren traditionellen Ladenhäusern haben seit den siebziger Jahren immer mehr Bürohochhäusern und Wohnsilos Platz machen müssen. Viele waren verrottet, entsprachen nicht mehr den hygienischen und stadtplanerischen Ansprüchen, und Worte wie „Denkmalschutz", „Urbanität" oder „Ensembleschutz" kamen im Vokabular der damaligen Behörden noch nicht vor. Das hat sich mittlerweile geändert. An Chinatown läßt sich diese Wende am deutlichsten ablesen. Heute restauriert man zumindest die Fassaden der noch verbliebenen Häuser – nicht zuletzt, weil man auch den touristischen Wert der alten chinesischen Viertel erkannt hat. Oft wird des Guten auch zuviel getan – mit dem Erfolg, daß teure Schickeria-Zonen entstehen, in denen die angestammte Bevölkerung von noblen Boutiquen und Edelrestaurants verdrängt wird.

Das Viertel **Tanjong Pagar** um die Tanjong Pagar Road und Duxton Road (nächste MRT-Station Tanjong Pagar) ist ein gutes Beispiel für diese Edel-Sanierung. An der Kreuzung von Maxwell Road und South Bridge Road liegt der **Maxwell Market** mit seinen zahlreichen Essensständen, der um die Mittagszeit am schönsten ist und zu einem leckeren Imbiß einlädt. In der sogenannten *Food Alley*, eine Verlängerung der Tras Street, ißt man etwas komfortabler, aber nicht unbedingt besser. An der Pagoda Street, Ecke South Bridge Road, kann man einen der wichtigsten Hindutempel der Stadt besichtigen.

Der **Sri Mariamman Temple** wurde 1843 anstelle einer Tempelhütte erbaut, die auf das Jahr 1827 zurückgeht. Über dem Haupteingang erhebt sich ein farbenprächtiger Turm, auf dem sich dicht an dicht bunt bemalte hinduistische Figuren drängen. Vor dem Betreten des Tempelinneren sollte man die Schuhe ausziehen und sich zurückhaltend benehmen. Geöffnet tgl. 6–12 und 16.30–20.30 Uhr.

Etwas weiter nördlich liegt noch ein ein islamisches Heiligtum, die **Jamae-Moschee**, die 1830–1835 erbaut wurde.

Einer der ältesten chinesischen Tempel, der **Thiam Hock Keng Temple**, befindet sich zwischen Amoy Street und Telok Ayer Street. Der „Tempel der himmlischen Glückseligkeit" wird hauptsächlich von Taoisten aus Hokkien besucht und ist der Göttin Ma-Cho-Po, der Schutzpatronin der Seeleute, geweiht.

Nördlich des Tempels liegt der **Nagore Durgha Shrine**, eine Moschee, die südindische Moslems um 1830 errichteten.

Die **Al-Abrar-Moschee**, südlich des Tempels gelegen, stammt aus derselben Zeit, wurde jedoch um 1850 erneuert.

Der **Telok Ayer Market (Lau Pa Sat)**, eine alte Markthalle weiter östlich, hat man liebevoll wieder aufgebaut, nachdem sie vor einigen Jahren dem U-Bahnbau weichen und in ihre Einzelteile zerlegt werden mußte. Seitdem wird sie wieder als Food Centre genutzt.

Ein guter Blick über die erleuchtete Stadt bietet sich abends vom **OUB Building**, Robinson Rd. Wer nicht im Restaurant im 63. Stock speisen möchte, kann kostenlos die Aussicht vom 30. Stock aus genießen.

Arab Street und Little India

In der Gegend um die **Arab Street** wohnen überwiegend moslemische Inder, Araber und Malaien. Vor allem zwischen North Bridge Road und Beach Road (MRT Bugis) gibt es einige interessante Läden, die zum Teil allerdings völlig auf Touristen eingestellt sind.

Die wichtigste Moschee der großen moslemischen Gemeinde von Singapore ist die **Sultan-Moschee** in der North Bridge Road. Das ursprüngliche Gebäude wurde zerstört und 1924 durch das heutige Bauwerk mit den großen, goldglänzenden Kuppeln ersetzt.

Durch das kleine, unscheinbare Sultan Gate gelangt man zur **Istana Kampung Glam**, die um 1840 erbaut wurde und dem

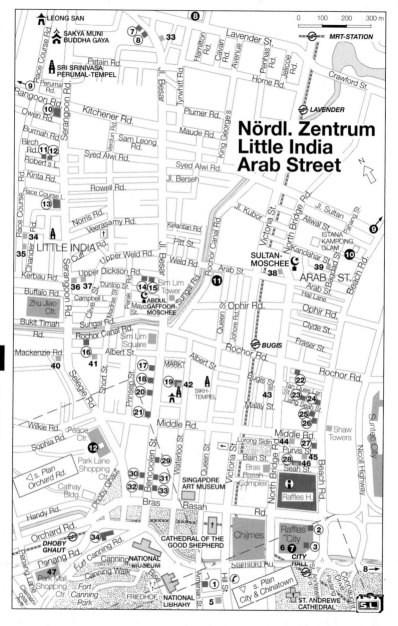

Übernachtung:
- ⑦ Palace H.
- ⑧ Kam Leng H.
- ⑨ Rangoon Hostel
- ⑩ Fortuna H.
- ⑪ Marajan Lodge
- ⑫ Ali's Nest
- ⑬ Broadway H.
- ⑭ Dickson Court H.
- ⑮ Boon Wan H.
- ⑯ Albert Court H.
- ⑰ Peony Mansion Travellers Lodge
- ⑱ Hawaii Hostel
- ⑲ South East Asia H
- ⑳ Goh's Homestay
- ㉑ Budget Boarding House
- ㉒ New 7th Storey H.
- ㉓ New Backpackers Lodge
- ㉔ Backpacker's Cozy Corner
- ㉕ Beach H.
- ㉖ Willy's Homestay, Lee's Traveller Club
- ㉗ Shang Onn
- ㉘ Metropole H.
- ㉙ Peony Mansion
- ㉚ Bencoolen H.
- ㉛ San Wah H.
- ㉜ Strand H.
- ㉝ Bayview Inn
- ㉞ YMCA

s. auch City & Chinatown-Plan:
- ① Mayfair City H.
- ② Westin Plaza H.
- ③ Westin Stamford H.

Läden, Restaurants, etc.:
- 33 Lavender Food Court
- 34 Muthu's Curry House
- 35 Banana Leaf Apollo
- 36 Komala Vilas R.
- 37 New Madras Woodlands
- 38 Singapore, Zam Zam, Victory
- 39 Sabar Menanti
- 40 Rex R.
- 41 Albert Court Mall (Aziza's, Cho Cho's)
- 42 Kwan Yim R.
- 43 Boom Boom Room
- 44 Swee Kee R.
- 45 Yet Con R.
- 46 Imperial Herbal R.
- 47 TGI Friday's

s. auch City & Chinatown-Plan:
- 5 Hill St. Centre
- 6 Rendezvouz R. Hisatomo R. Inagiku R.
- 8 Marina Square

Transport:
- ⑧ Lavender Bus Terminal
- ⑨ Golden Mile Tower
- ⑩ Airpower Travel
- ⑪ Ban San Bus Terminal
- ⑫ Philippine Airlines

s. auch City & Chinatown-Plan:
- ⑦

abgedankten Sultan Hussein als Residenz diente, nachdem die Briten die Insel übernommen hatten. Zur Zeit kann sie nicht besichtigt werden.

Little India erstreckt sich beiderseits der Serangoon Road von der Bukit Timah Road bis hinauf zur Lavender Street, aber nur wenige Touristen wandern so weit nach Norden. Die meisten halten sich in den Seitenstraßen am südlichen Ende der Serangoon Road auf (nächste MRT-Station Bugis, von der Orchard Road Busse Nr. 65, 106 und 111).

Indische Arbeiter kamen in größeren Schüben erst während der zwanziger Jahre nach Singapore. Sie ließen sich überwiegend im „indischen Viertel" rings um die heutige Serangoon Road nieder. Noch immer prägen die einstöckigen alten Geschäftshäuser das Bild. Sehenswürdigkeiten gibt es kaum, aber die lebendigen Straßen sind schön zum Bummeln, auch wenn es nicht mehr ganz so bunt und lebhaft zugeht wie früher. Hier kauft man die besten Sari-Stoffe (große Auswahl in der Buffalo Road), frisch gemischtes Curry-Pulver und andere Gewürze, indischen Kitsch, Götterbildchen, Tee oder wonach einem sonst gerade der Sinn steht.

Das **Zhu Jiao Centre** zwischen Bukit Timah Road und Buffalo Road beherbergt seit einigen Jahren den großen indischen Markt, in dem Obst, Gemüse und alltägliche Gebrauchsgegenstände, aber auch indische Stoffe gehandelt werden. Im Erdgeschoß befindet sich ein großes *Hawker Centre*.

Sehenswert ist der **Sri Srinivasa Perumal-Tempel** an der Serangoon Road, hinter der Perumal Road. Seit 30 Jahren wird dieser Tempelkomplex erweitert und restauriert.

Für alle, deren Reiseroute nicht über Thailand führt, bietet sich die Gelegenheit, einen buddhistischen Tempel zu besichtigen. Der **Sakya Muni Buddha Gaya** oder „Tempel der 1000 Lichter" in der Race Course Road, der Parallelstraße zur Serangoon Road erhielt seinen Namen von den zahlreichen Glühbirnen, die ein 15 m hohe und 300 t schwere Buddhastatue erleuchten. Zur Zeit wegen Renovierungsarbeiten geschlossen.

Einmal hier oben angekommen, lohnt sich auch ein Besuch im **Leong San**, dem Drachenberg-Tempel, der bereits 1917 schräg gegenüber erbaut wurde und der achtzehnarmigen Göttin Kuan Yin geweiht ist.

Fort Canning Park, National und Art Museum

Ein Spaziergang führt durch die hügelige Landschaft der 40 ha großen grünen Lunge mitten in der City hinauf zum ehemaligen **Fort Canning**, von dem nur massive Tore und einige Erdwälle übriggeblieben sind. Von 1857 bis 1860 erbaut, wurde es bereits 1907 wieder geschleift, denn der militärische Wert der Befestigung war von Anfang an umstritten. Nächste MRT-Station ist Dhoby Ghaut.

Das **Fort Canning Centre**, eine restaurierte ehemalige Militärkaserne, beherbergt das **Black Box Theatre**, eine Spielstätte für das *Singapore Dance Theatre* und freie Theatergruppen wie z.B. *Theatreworks*. Den größten Teil des Parks nimmt heute das Fort Canning Reservoir ein. An der Cox Terrace, nicht weit vom Reservoir, befindet sich das Grab des letzten Herrschers des alten malaiischen Temasik, Sultan Iskandar Shah – einziger spärlicher Hinweis darauf, daß die Geschichte Singapores weiter zurückreicht als bis 1819. Durch ein neogotisches Eingangstor (am Fort Canning Rise etwa auf der Höhe der *National Library*) kommt man zum ältesten christlichen **Friedhof** der Stadt. Hier gibt es noch alte Gräber europäischer Siedler ab 1820.

An der Nordseite des Parks ist an der Stamford Road in einem viktorianischen Gebäude von 1887 das **National Museum** untergebracht. Die historischen, archäologischen und ethnologischen Sammlungen stammen u.a. aus Indonesien, Malaysia und China. Außerdem wird ein Überblick über die Geschichte Singapores geboten, u.a. anhand von 20 Dioramen in einem Extraraum. Geöffnet tgl. außer Mo von 9–17.30 Uhr, Eintritt 3 S$.

Orchard Road

Gut 2 km lang ist die renommierte Einkaufsmeile, eine beeindruckende Ansammlung protziger Shopping Centres, durchsetzt mit Büro- und Hotelhochhäusern.

Hier und da findet sich in der Nachbarschaft sogar noch eine alte Villa, die ahnen läßt, wie der Boulevard früher einmal ausgesehen haben mag. Kulturelles gibt es kaum, hier regiert der Konsum, und das so massiv, daß man sich unwillkürlich fragt, wer denn das alles kaufen soll, was da hinter endlosen vollklimatisierten Schaufensterfronten feilgeboten wird.

Wer nur aus Neugier hier entlanggeht, kann sich – außer den architektonischen Eskapaden der Shopping Centers – den **Peranakan Place**, 180 Orchard Rd., ansehen. *Peranakan* nannte man die Chinesen der Straits Settlements, die schon im 16. Jahrhundert außerhalb ihrer alten Heimat einen eigenen Lebensstil entwickelt hatten und sich in einer malaiisch beeinflußten Sprache verständigten. Emerald Hill Road und die zwei Seitenstraßen Hullet Road und Saunders Road, sowie die Restaurantmeile Cuppage Terrace sind Beispiele für die erfolgreiche Bewahrung und Restaurierung alter Straßenzüge. Übrigens eine gute Gegend für einen abendlichen Drink.

Am oberen Ende der Orchard Road / Napier Road, in der Cluny Road, wurde schon 1874 der **Botanische Garten** eröffnet. 1877 pflanzte man hier die ersten Gummibaumsetzlinge, die in London aus gestohlenen brasilianischen Samen gezüchtet worden waren. Damit war die Grundlage für die ersten Gummiplantagen gelegt, die schon bald große Teile British Malayas bedecken sollten. Heute umfaßt der Park immerhin 52 ha, Attraktionen sind ein Stück Primärdschungel, durch den asphaltierte Wege führen, sowie der angrenzende National Orchid Garden, in dem mehr als 50 000 Orchideenpflanzen zu bestaunen sind. Junge Leute lieben den abendlichen Bummel durch den Park unter Flutlicht. Am frühen Morgen kann man Chinesen bei ihren Tai Chi-Übungen zusehen. Zu erreichen mit Bus Nr. 106 ab Bencoolen Street, 7 oder 14 ab Raffles City und 174 ab Chinatown. Der Botanische Garten ist tgl. von 5.00–23.00 Uhr geöffnet; Eintritt frei, der National Orchid Garden tgl. von 8.30–18 Uhr, 2 S$ Eintritt.

Außerhalb des Zentrums

Der Hafen und seine Industrieanlagen prägen den westlichen Teil der Insel. Ab Clifford Pier werden Hafenrundfahrten, sogenannte *Junk Cruises*, angeboten. Ansonsten keine Gegend für touristische Spaziergänge, aber hier und dort gibt es ein paar Sehenswürdigkeiten, die man allerdings gezielt anfahren sollte, um unnötige Fußwege durch langweilige Vorortstraßen zu vermeiden.

Mount Faber

Von mehreren Aussichtspunkten des 91 m hohen **Mount Faber**, einem beliebten Ziel von Reisegruppen, hat man einen schönen Blick auf den Keppel-Hafen, die Werft, die City und die umliegenden Inseln bis hin zum Riau Archipel. Auf dem Gipfel gibt es ein Restaurant, ein kleines Café und die Kabinenbahn-Station, von der aus man tgl. zwischen 8.30 und 21 Uhr in einer Gondel nach Sentosa hinüberschweben und den Ausblick genießen kann (s.u.). Aus 60 m Höhe bietet sich unterwegs eine gute Aussicht über die Hafenanlagen. Eine weitere Kabinenbahn-Station befindet sich am World Trade Centre. Mount Faber erreicht man mit dem Bus Nr. 145 von der MRT-Station Redhill.

World Trade Centre
Sentosa

Die 5 km lange Insel vor den Toren Singapores hat man im Laufe der vergangenen Jahre zu einem riesigen Freizeitpark ausgestaltet, der stark am Konzept amerikanischer Themenparks orientiert ist. In Zukunft werden Besucher die Insel schon von weitem am 37 m hohen **Merlion-Turm** erkennen können, einer ziemlich kitschig anmutenden modernen Variante des Merlion-Wahrzeichens mit Löwenkopf und Fischleib.

An weiteren Inselattraktionen erwartet den Besucher zunächst das **Images of Singapore Museum**. In einzelnen Abteilungen *Pioneers of Singapore* und *Surrender Chambers* thematisieren bewegliche, lebensgroße Puppen in authentisch nachgebauter Umgebung berühmte Szenen aus der frühen Stadtgeschichte. Zahlreiche Fotos, Filmaufnahmen und andere Dokumente berichten vom Leben während des Krieges und von den traumatischen Jahren der japanischen Besetzung und der Rückkehr der Briten. In lebensgroßen Wachsfiguren ist die Unterzeichnung der britischen Kapitulation und später die der Japaner nachgestellt. Die neue Abteilung *Festivals of Singapore* widmet sich dem Leben der Singaporeaner in den 50er und 60er Jahren. Geöffnet tgl. 9–21 Uhr, Eintritt 5 S$.

Ebenfalls mit der Stadtgeschichte verbunden ist das **Fort Siloso** weiter südwestlich, das die Briten um 1890 zum Schutz der Hafeneinfahrt anlegten. Geöffnet tgl. 9–19 Uhr, Eintritt 3 S$.

Im **Maritime Museum** in der Nähe des Causeway wird die Entwicklung des Hafens von Singapore seit dem 5. Jahrhundert nachgezeichnet. Zu sehen gibt es alte Seekarten, Fotografien, Schiffsmodelle und zahlreiche andere nautische Gegenstände, sowie eine Sammlung von traditionellen Booten, die einst in den Gewässern um Singapore kreuzten. Geöffnet tgl. 10–19 Uhr, Eintritt 2 S$.

Im **Asian Village** repräsentieren drei um einen Teich angelegte „typisch asiatische" Dörfer den indischen Subkontinent, Ostasien und Südostasien. Die Tänze und akrobatischen Vorführungen im *Village Theatre* sind evtl. für Asien-Neulinge interessant (4x tgl., 5 S$, eine etwas längere *Lunch* oder *Dinner Show* kostet 18 S$ bzw. 30 S$ inkl. Essen). Asian Village ist tgl. 10–21 Uhr geöffnet, Eintritt frei.

Im Themenpark **Volcanoland** werden u.a. Versatzstücke aus der Kultur der Maya, eine Reise „ins Innere der Erde" und eine Vulkaneruption zu einem „multi-sensorischen" Erlebnis verbunden. Geöffnet tgl. 9–21 Uhr, Eintritt 10 S$.

Für Naturfreunde gibt es einen **Butterfly Park**, an den die beeindruckende Insektensammlung *Insect Kingdom* angeschlossen ist (tgl. 9–18 Uhr, 5 S$), und einen **Orchideengarten** (tgl. 9–19 Uhr, 3 S$).

Am lohnendsten ist **Underwater World**, wo die Besucher sich auf einem Laufband durch einen 100 m langen Acryltunnel „unter Wasser" bewegen und Rochen, Muränen und allerlei anderes Meeresgetier sozusagen hautnah erleben können. Geöffnet tgl. 9–21 Uhr, Eintritt 12 S$ – Kamera nicht vergessen!

Badestrände, Wanderwege, Naturlehrpfade, gepflegte Parkanlagen und allerlei gastronomische und touristische Einrichtungen runden das Bild ab. Ein Monorail-System und zwei Buslinien verbinden alle Sehenswürdigkeiten miteinander, ihre Benutzung ist mit dem Insel-Eintrittsgeld von 5 S$ abgegolten. Wer vorhat, einige der Attraktionen zu besuchen, kauft am besten verbilligte *Packages* für Transport, Eintritt zur Insel und zu ausgewählten Sehenswürdigkeiten, erhältlich bei der Kabinenbahn oder im World Trade Centre.

Seitdem Sentosa auch über eine Brücke vom Festland her zugänglich ist, kann man vom World Trade Centre entweder mit dem Bus oder mit der Fähre übersetzen Bus-Service A fährt vom World Trade Centre, Service B und C von der MRT-Station Tiong Bahru ab. (6,30 S$ inkl. Eintritt). Der Service E von der Orchard Road kostet 7 S$ inkl. Eintritt. Die Schweizer Kabinenbahn ist natürlich teurer, sie kostet 5 S$ plus Eintritt ab World Trade Centre, vom Mount Faber aus 6,50 S$ hin und zuruck.

Haw Par Villa (Tiger Balm Gardens)

Der chinesische Millionar und Geschäftsmann Aw Boon Haw ließ hier Mitte der 30er Jahre ein prächtiges Herrenhaus mit Park für seinen Bruder Aw Boon Par anlegen. Die Villa, die 1942 von den Japanern zerstört wurde, trug den Namen beider Brüder – *Boon Haw* bedeutet „sanfter Tiger", *Boon Par* „sanfter Leopard". Die Brüder erfanden und verkauften den berühmten *Tiger Balm*, ein Allheilmittel gegen Kopfschmerzen und andere Krankheiten, das man auch in Europa kaufen kann. Überall stehen groteske Figuren aus Zement, die in grellen Farben angemalt sind und etwas an Disneyland erinnern. Sie stellen Szenen aus der Mythologie und Geschichte Chinas dar. Haw Par Villa liegt an der Pasir Panjang Road im gleichnamigen Stadtteil, geöffnet tgl. 9–18 Uhr, Eintritt 17 S$. MRT bis Buona Vista, von dort Bus Nr. 200, oder MRT bis Clementi und Bus Nr. 10.

Ming Village

Nur interessant, wenn man sich für chinesisches Porzellan begeistert. Hier soll an die gediegenen Techniken der Ming- und Qing-Dynastie angeknüpft werden. Man kann bei der Arbeit zusehen und – natürlich – viel wertvolles Porzellan kaufen. Geöffnet tgl. 9–17.30 Uhr, kein Eintritt. Adresse: 32 Pandan Rd., zu erreichen mit Bus Nr. 78 von der MRT-Station Clementi.

Jurong

Die Wohn- und Industriegebiete von Jurong, der ältesten *New Town* von Singapore, sind vor allem in den 60er und 70er Jahren entstanden. Einige Gebäude sind für Kenner moderner Architektur interessant, z.B. die futuristische *Jurong Town Hall* von 1979. In ihr ist das **Singapore Science Centre** untergebracht, in dem besonders jüngeren Besuchern Naturwissenschaften nahegebracht werden. Anhand von Versuchen und Objekten können alltägliche und ausgefallene Phänomene nachvollzogen werden. Sehr unterhaltsam, sofern man nicht zuviel erwartet! Das Science Centre ist tgl. außer Mo von 10–18 Uhr geöffnet, Eintritt 3 S$, Kinder 1,50 S$, das 3D-Omni Theatre und die Planetarium-Show kosten extra. Zu erreichen von der

MRT-Station Jurong East aus mit dem Bus Nr. 336 bzw. zu Fuß.

Zwei große Parkanlagen in Jurong sind nicht nur für Freunde der Landschafts- und Gartenarchitektur interessant. Der **Chinesische Garten** *(Yu Hwa Yuan)* mißt 13,5 ha. Das Hauptgebäude ist dem Pekinger Sommerpalast der Sung-Dynastie nachempfunden. Der **Japanische Garten** *(Seiwaen)* soll mit seinen 13 ha die größte japanische Gartenanlage außerhalb Nippons sein. Adresse: Yuan Ching Road. Beide Gärten liegen nebeneinander, geöffnet tgl. 9–18, So und feiertags 8.30–18 Uhr. Eintritt: 4,50 S$ für beide Parks. MRT-Station Chinese Garden.

Den Themenpark **Tang Dynasty City**, der in Disneyland-Manier versucht, Chang-An, die Hauptstadt Chinas zur Zeit Tang-Dynastie (7. Jh.), aufleben zu lassen, muß man nicht unbedingt gesehen haben. Geöffnet tgl. 9.30–18.30 Uhr, Eintritt um 16 S$. Am unteren Ende der Yuan Ching Road gelegen, nächste MRT-Station Lakeside, von dort weiter mit Bus Nr. 154 oder 240.

Jurong Bird Park und Crocodile Paradise

Der Jurong Bird Park wurde auf einem 22 ha großen, hügeligen Gelände westlich vom Jurong Hill angelegt und soll das größte Freifluggehege der Welt umfassen, wofür am Hang des Jurong Hill 2 ha Fläche mit einem Netz abgedeckt wurden. Auf dem Gelände tummeln sich insgesamt 8000 Vögel 600 verschiedener Arten. Geöffnet Mo–Fr 9–18, Sa, So und feiertags ab 8 Uhr, Eintritt 12 S$.

Nächste MRT-Station Boon Lay, von dort fahren die Busse Nr. 194 und 251.

In natürlich wirkender Umgebung werden nebenan im Jurong Crocodile Paradise 2500 Tiere gehalten. Außerdem sind große Aquarien aufgebaut worden. Geöffnet tgl 9–18 Uhr, Eintritt 6 S$. Shows tgl. um 10.45, 11.45, 14, 15 und 16 Uhr. Adresse: 241 Jl. Ahmad Ibrahim.

Verkehrsverbindung wie beim Bird Park.

Zoo

Im Gegensatz zu anderen Anlagen in Südostasien besitzt das 28 ha große, sehr gepflegte Gelände viele Bäume, Büsche, Blumen und zahlreiche weitläufige Freigehege, unter anderem für Orang Utan.

Eine große Attraktion ist der angrenzende **Night Safari Park**, für den 40 ha Sekundärwald am Seletar Reservoir bereitgestellt wurden. Hier kann man im Rahmen eines nächtlichen Spaziergangs oder einer Tour mit dem Bähnchen zahlreiche Spezies in quasi-natürlicher Umgebung beobachten

Der Zoo liegt im Norden der Insel, Zufahrt über die Mandai Lake Road. Geöffnet tgl. 8.30–18 Uhr, Eintritt 9 S$.

Der Nachtsafari-Park öffnet um 19.30 Uhr und schließt um Mitternacht, Eintritt 16 S$, Kinder 11 S$, Bähnchenfahrt 3 S$, Kinder 2 S$. MRT-Station Ang Mo Kio, weiter mit Bus Nr. 138. Der *Bus-Plus* (Zoo 1 Express Service) fährt ab Scotts, Orchard und Bras Basah Road direkt zum Zoo; ✆ 4810166.

Übernachtung

Bei den durchweg hohen Hotelpreisen ist es sinnvoll, sich schon im voraus Gedanken über die beste Übernachtungsmöglichkeit zu machen. Viele Fluggesellschaften bieten verbilligte Hotelzimmer oder Stopover-Programme an, mit denen sich bei Vorbuchung eine Menge Geld sparen läßt, freilich nur in der Mittel- und Luxusklasse.

Per Fax kann man auch von Europa aus Zimmer buchen und sich nach einem Discount erkundigen. Die billigen Hotels können nur vor Ort gebucht werden.

Wer im **Changi Airport** landet, kann sich bei der Zimmervermittlung in der Ankunftshalle ein Hotel reservieren lassen und spart dabei in der Regel einige Prozent (gilt nicht für Billigunterkünfte). Außerdem liegen zahlreiche Prospekte und Pläne zum Mitnehmen aus, auf denen die Adressen wichtiger Hotels verzeichnet sind, vielleicht auch die Broschüre *Guide To Hotels*, die die Quartiere näher beschreibt (gilt ebenfalls nicht für Billigunterkünfte).

Außerhalb des Zentrums

PREISWERT – Die billigsten Übernachtungsmöglichkeiten bieten einfache **Gästehäuser**, die in Privatwohnungen zum Teil ohne Konzession betrieben werden, weswegen sie schwer zu finden sind. Hier sind junge Rucksackreisende meist unter sich. Die Zimmer, sofern vorhanden, sind spartanisch ausgestattet und kosten für 2 Personen 25–45 S$. Oft gibt es nur *Dormitories*, Schlafsäle verschiedener Größe, in denen das Bett für 8–10 S$ vermietet wird. Gästehäuser erscheinen und verschwinden ständig, es ist durchaus möglich, daß sich inzwischen wieder neue Adressen aufgetan haben. Wir können hier nur einige auflisten, die sich vermutlich über einen längeren Zeitraum halten werden.

Eine Alternative sind die etwas teureren alten **Chinesenhotels**, die meisten sind allerdings nicht mehr im besten Zustand.

Nördliches Zentrum (Bencoolen Street): Dieses ist schon seit langer Zeit die Traveller-Gegend. Von Changi Airport Bus Nr. 16 (E) bis zum nahegelegenen YMCA, von der Lavender Bus Station geht man bis zur Jl. Besar und nimmt dort den Bus Nr. 97 oder 103 zur Bencoolen St. Vom Bahnhof aus mit Bus Nr. 97 oder 131 zur nahegelegenen Selegie Rd. (Peace Centre). Bus Nr. 97 fährt auch vom World Trade Centre.

*San Wah Hotel*** ③①, 36 Bencoolen St., ✆ 3362428. Typisches Chinesenhotel mit unfreundlichen Besitzern, sieht von außen etwas brüchig aus und ist innen mit Abstrichen an die Hygiene noch bewohnbar.

In dem Wohnblock *Peony Mansion* ㉙, 46-52 Bencoolen St., befinden sich auf verschiedenen Etagen mehrere Traveller-Herbergen, deren Namen häufig wechseln. Alle vermieten DZ und Schlafsaalbetten (manche mit ac, dann wird's teurer).

*Peony Mansion Traveller's Lodge (Green Curtains)***, #04-46 Bencoolen St., 4. Etage, ✆3385638, ✉ 3391471. Älteste Herberge im Gebäude, ganz o.k., freundliches Personal.

*New Backpackers Lodge**, #09-48 Bencoolen St., 9. Etage, ✆ 3344203. Klein, persönliche Atmosphäre. Preiswerte DZ und Schlafsaalbetten. Filiale in der Liang Seah St ㉓.

*Budget Boarding House** ㉑ (vormals: *Why Not Homestay*), 127 Bencoolen St., ✆ 3388838.

*Peony Mansion Traveller's Lodge (Green Curtains)*** ⑰, 131 A Bencoolen St., ✆ 3348697, ✉ 3391471. Eine Filiale der gleichnamigen Herberge von Nr. 46-52, annehmbar und sauber, hilfsbereites Personal.

*Goh's Homestay*** ⑳, 169 D Bencoolen St., 4. Etage, ✆ 3396561, ✉ 3398606, eine der besseren Billigunterkünfte der Gegend. DZ und Schlafsaalbetten sind ein paar Dollar teurer als bei der Konkurrenz, dafür alles sauber und ruhig.

*Hawaii Hostel*** ⑱, 171 B Bencoolen St., 2. Etage, ✆ 3384817, im Gebäude nebenan, ist eng und düster, aber dafür billiger. DZ und Schlafsaalbetten.

Nördliches Zentrum (Beach Road): Etwa 500 m östlich der Bencoolen St. Airbus 3 (5 S$) fährt vom Changi Airport in die Beach Road zum Metropole Hotel. Wer Geld sparen will, nimmt den langsamen Bus Nr. 16 (1,40 S$) in die Stamford Road, die silbernen Türme von Raffles City sind eine gute Orientierung.

*Shang Onn Hotel*** ㉗, 37 Beach Rd., ✆ 3384153. Anspruchslose, verschlagartige Zimmer, aber sauberer als andere Absteigen in der Gegend.

Im *Fu Yuen Building*, 75 Beach Rd, gibt es zur Zeit zwei Herbergen. Möglicherweise ist unten im Haus kein Schild angebracht:

Willy's Homestay ㉖, 75 Beach Rd, 3. Etage, ✆ 3388826, ✉ 3370916, in Privatwohnung, annehmbar, wenn auch ziemlich dunkel. DZ und Schlafsaalbetten, auch mit ac.

*Lee's Traveller Club*** ㉖, 75 Beach Rd, 6. Etage, ✆ 3395490. Akzeptable, saubere DZ mit Fan oder ac, ein Schlafsaal mit ac und separater Du/WC, andere Schlafsaalbetten stehen mitten im Rezeptionsraum.

*Backpacker's Cozy Corner*** ㉔, 2 A Liang Seah St. (ab Beach Rd.), gegenüber von Polizeistation und Prince Cinema), ✆ 2968005, 3348761, 7246663. Kleine Herberge mit einem engen Schlafsaal und einigen einfachen, kleinen, aber hellen und sauberen DZ.

*New Backpackers Lodge** ㉓, 18 Liang Seah St., ✆ 3387460, ist dunkler, enger und nicht so freundlich wie die Filiale in *Peony Mansion*. DZ und Schlafsaalbetten.

Nördliches Zentrum (Little India): *Ali's Nest** ⑫, 23 Roberts Lane, ✆ 2912938, DZ mit Fan und Schlafsaalbetten ab 6 S$ inklusive Frühstück, kleines Familienunternehmen. Bus Nr. 97

und 131 ab National Library, Raffles City, World Trade Centre oder Bahnhof bis *Broadway Hotel*.
Marajan Lodge*-** ⑪, 30 Roberts Lane, nebenan, ✆ 3387460 und 2935251, DZ mit Fan oder ac sowie Schlafsaalbetten mit Fan oder ac, viele Traveller und entsprechende Infos.

Orchard Road und Umgebung: In dieser teuren Gegend gibt es nur ein Guesthouse, aber das wiederum ist ein guter Tip:
New Sandy's Place*-** ㊶, ✆ 7341431, liegt unweit der Scotts Rd., nahe der MRT-Station Newton, von deren westlichen Ausgang man nur über die große Wiese zu gehen braucht. Am besten ist es, vorher anzurufen und sich den Weg beschreiben zu lassen. Sandy bietet DZ und Schlafsaalbetten, das Haus ist freundlich, familiär und hat sogar einen kleinen Garten.

MITTELKLASSE – in Singapore eine problematische Kategorie, denn zwischen 60 und 100 S$ gibt es nur wenige Quartiere, die es wert sind, empfohlen zu werden.
Nördliches Zentrum (Bencoolen Street):
Strand Hotel*** ㉜, 25 Bencoolen St., ✆ 3381866, ✉ 3363149. Uninteressanter Hotelkasten, modern eingerichtete Zimmer mit allen Annehmlichkeiten.
Bencoolen Hotel*** ㉚, 47 Bencoolen St., ✆ 3360822, ✉ 3362250. Sieht von außen wenig einladend aus, Einrichtung im 70er Jahre-Stil.
South East Asia Hotel*** ⑲, 190 Waterloo St., ✆ 3382394, ✉ 3383480, in der Nähe der Bencoolen St., gleich neben dem Tempel. Zimmer mit allen Klimaanlagen und Bad, muffig.
Nördliches Zentrum (Beach Road): *Beach Hotel**** ㉕, 95 Beach Rd., ✆ 3367712, ✉ 3367713. Liegt zwar nicht am Strand, hat aber komfortable und gemütliche Zimmer unter 100 S$. Empfehlenswerter als die anderen.
New 7th Storey Hotel*** ㉒, 229 Rochor Rd., ✆ 3370251, ✉ 3343550. Mehrstöckiges Allerweltshotel an lauter Straße. Zi mit TV und Bad, abgewohnt und karg, dafür auch nicht so teuer.
Orchard Road und Umgebung: *YMCA*** (International House)* ㉞, 1 Orchard Rd., ✆ 3366000, ✉ 3373140. Absolut zentral am unteren Ende der Orchard Rd. gelegen, DZ mit TV, ac und Bad, diverse Annehmlichkeiten im Hause. Angenehm der Pool auf dem Dach. Auch (teure) Schlafsaalbetten. Häufig ausgebucht, daher besser vorher reservieren. Bus Nr. 16 von Changi Airport hält vor der Tür.
Supreme Hotel*** ㊻, 15 Kramat Rd., ✆ 7378333, ✉ 7337404. Noch das preisgünstigste, wenn man nahe an der Orchard Road wohnen will. Bietet den üblichen Mittelklasse-Standard, und damit hat sich's auch schon.
Lloyd's Inn*** ㊸, 2 Lloyd Rd., ✆ 7377309, ✉ 7377847. Kleines Hotel in ruhiger Wohngegend südlich der MRT-Station Somerset, nette Zimmer im Motel-Stil.
Andere Gegenden: *Metropolitan YMCA****, 60 Stevens Rd., ✆ 7277755, ✉ 2355528. Sauber, aber nicht ganz so gut ausgestattet wie das *International*, liegt etwas weit vom Schuß nordwestlich der Orchard Rd. DZ mit TV, Bad und ac.
Sloane Court Hotel***, 17 Balmoral Rd., westlich vom Newton Circus, ✆ 2353311, ✉ 7339041. Mit Pub-Restaurant im englischen Stil. Zu erreichen mit Bus Nr. 124 oder 190 (Orchard Rd).

OBERE MITTELKLASSE – Hier ein paar Mittelklassehotels, die einen guten Standard bieten. Beim Anrufen empfiehlt es sich grundsätzlich, nach *Discount* oder *Package Offers* zu fragen.
Little India: *Dickson Court Hotel***** ⑭, 1 Dickson Rd., ✆ 2977811, ✉ 2977833. Kleines, in alte Reihenhäuser hineingebautes Boutique-Hotel. Modern und luxuriös, für den Preis ausgezeichnet.
Nördliches Zentrum: Zwei Hotels, die noch recht zentral liegen, sind:
Metropole Hotel**** ㉘, 41 Seah St., ✆ 3363611, ✉ 3393610. Gleich hinter dem Raffles, modern und komfortabel.
Bayview Inn**** ㉝, 30 Bencoolen St., ✆ 337 2882, ✉ 3382880. Hochhaus mit Swimming Pool auf dem Dach.
Orchard Road und Umgebung: *Ladyhill Hotel***** ㊲, Ladyhill Rd., ✆ 7372111, ✉ 7374606. Gutes, freundliches Hotel mit nettem Pool in grüner Wohngegend nahe dem oberen Ende der Orchard Rd.
RELC International**** ㊴, 30 Orange Grove Rd., ✆ 7379044, ✉ 7339976. Modernes Hochhaus, die Buchstaben stehen für *Regional Language Centre*.
Premier**** ㊳, 22 Nassim Hill, ✆ 7339811, ✉ 7335595. Das kleine Haus wird von der *Hotel*

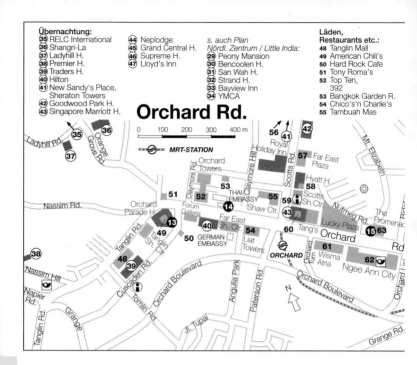

Übernachtung:
- ㉟ RELC International
- ㊱ Shangri-La
- ㊲ Ladyhill H.
- ㊳ Premier H.
- ㊴ Traders H.
- ㊵ Hilton
- ㊶ New Sandy's Place, Sheraton Towers
- ㊷ Goodwood Park H.
- ㊸ Singapore Marriott H.
- ㊹ Neplodge
- ㊺ Grand Central H.
- ㊻ Supreme H.
- ㊼ Lloyd's Inn

s. auch Plan Nördl. Zentrum / Little India:
- ㉙ Peony Mansion
- ㉚ Bencoolen H.
- ㉛ San Wah H.
- ㉜ Strand H.
- ㉝ Bayview Inn
- ㉞ YMCA

Läden, Restaurants etc.:
- ㊽ Tanglin Mall
- ㊾ American Chili's
- ㊿ Hard Rock Cafe
- 51 Tony Roma's
- 52 Top Ten, 392
- 53 Bangkok Garden R.
- 54 Chico's'n Charlie's
- 55 Tambuah Mas

Orchard Rd.

Association als *Training Centre* betrieben – der Service ist dementsprechend aufmerksam.

Chinatown: *Damenlou Hotel***** ⑤, 12 Ann Siang Rd., ✆ 2211900, ✆ 2258500. In einer ruhigen, hübschen Seitenstraße in Chinatown gelegen, bietet dieses kleine Hotel in einem ehemaligen chinesischen Geschäftshaus familiäre Atmosphäre und modern eingerichtete Zimmer. Ein Pub und ein gutes Restaurant sind im Hause.

LUXUS – Daran herrscht in Singapore kein Mangel, vor allem rings um die Hotelmeile Orchard Rd. Dennoch, *Discount*, *Promotional* und *Package Rates* sind gerade in dieser Preislage gang und gäbe! Hier nur eine kleine Auswahl erwähnenswerter Häuser, die aus dem üblichen Einerlei hervorstechen.

City und Marina: *Raffles Hotel*, 1 Beach Rd., ✆ 3371886, ✆ 3397650. Von diesem Juwel aus der Kolonialzeit war ja bereits die Rede (s.S. 486) Das Haus verfügt über diverse stilvolle Restaurants, Bars und Geschäfte und wird abends von Touristen wie Singaporeanern gleichermaßen besucht. Die 104 Suiten werden allerdings nicht unter 670 S$ vermietet.

Westin Plaza ② und *Westin Stamford* ③, 2 Stamford Rd., ✆ 3388585, ✆ 3382862 bzw. 3382862, gehören zum Raffles City-Komplex, also absolut zentral gelegen und mit allen Annehmlichkeiten ausgestattet. Das Stamford gilt mit 73 Stockwerken als das höchste Hotel der Welt. Von oben hat man eine herrliche Aussicht. Ab 280 S$.

Orchard Road und Umgebung: *Goodwood Park Hotel* ㊷, 22 Scotts Rd., ✆ 7377411, ✆ 7328558. Liegt zwischen Orchard Rd. und Newton Circus. Der 1899 erbaute *Teutonia Club* war früher das Zentrum der Deutschen in Singapore, der Preis für's DZ beginnt allerdings bei 430 S$.

Singapore Marriott ㊸, 320 Orchard Rd., ✆ 7355800, ✆ 7359800. Schon von weitem an dem merkwürdigen Pagodenturm zu erkennen. Protziges, chinesisch aufgemachtes City-Hotel, schöner Dachterrassen-Pool. Ab 350 S$.

ewton Circus umtaz Mahal R. ete's Place, rannigan's, hinoiserie cnic, övenpick, ost Plus abrice's 'orld Music Bar	**61** Jack's Place **62** Takashimaya Food Ctr., Spark's **63** Eatz, **64** China Palace R., Where Else **65** No.5 Emerald, Que Pasa Ice Cold Beer	**66** Saxophone Bar **67** Sanur R., Parkway R. **68** Tandoor R. **69** Fire **70** American Express s. auch Plan Nördl. Zentrum / Little India: **47** TGI Friday's	**Transport:** ⑬ STA Travel ⑭ Lufthansa ⑮ Qantas, Turkish Airlines ⑯ Singapore Airlines ⑰ CIEE Travel ⑱ MAS s. auch Plan Nördl. Zentrum / Little India ⑫ Philippine Airlines

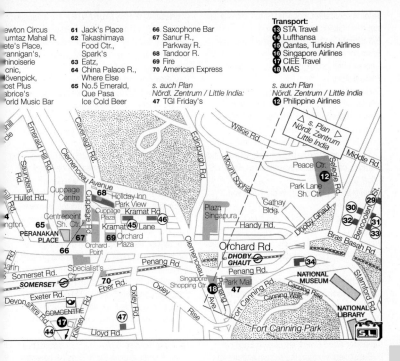

Shangri-La ㊱, 22 Orange Grove Rd., ✆ 7373644, ℻ 7337220. Sicher eines der besten Hotels, eine riesige Anlage mit viel Grün in einer Seitenstraße am oberen Ende der Orchard Rd. Alle denkbaren Annehmlichkeiten, ab 360 S$.
Traders Hotel ㊴, 1 A Cuscaden Rd, ✆ 7382222, ℻ 8314314. In der gleichen Gegend, hinter dem Tanglin Mall. Gehört ebenfalls zur Shangri-La-Kette und bietet ähnlichen Luxus, außerdem sämtliche Einrichtungen für Geschäftsleute, ist aber etwas preiswerter, ab 260 S$.
Chinatown: The Duxton ⑥, 83 Duxton Rd., ✆ 2277678, ℻ 2271232. Im restaurierten Tanjong Pagar-Viertel von Chinatown. Acht koloniale Chinesenhäuser hat man für dieses kleine Prunkstück zu einem Boutique-Hotel umgebaut, ab 320 S$.
Inn Of Sixth Happiness ④, 9-37 Erskine Rd., ✆ 2233266, ℻ 2237951. Ähnlich wie das Duxton in alte *Shop Houses* hineingebaut, nur nicht ganz so elegant und daher etwas preiswerter: ab 150 S$.

Essen

Essengehen ist in Singapore ein Volkssport und eines der Hauptvergnügen. Gut muß in Singapore durchaus nicht teuer sein. In den Coffee Shops der Hotels bekommt man oft ausgezeichnetes lokales Essen zu annehmbaren Preisen (unter 20 S$ p.P). Und in den *Hawker Centres* ist man schon um die 10 S$ dabei, wobei gerade deren Qualität oft erstaunlich ist.

HAWKER CENTRES UND MÄRKTE – Die preiswerteste Art, die lokale Küche kennenzulernen, bieten Essenstände *(Foodstalls)* in den *Food Centres,* auch *Hawker Centre* genannt. Hier ein paar bekannte Adressen:
City und Marina. *Boat Quay* und *Empress Place* haben *Hawker Centres*, die vor allem von den Büroangestellten der umliegenden Wolkenkratzer frequentiert werden. Abends sind beide geschlossen, mittags ist hingegen kaum ein freier Platz zu finden.

Telok Ayer Market, Boon Tat Street, die alte, restaurierte Markthalle ist zum Lunch sehr beliebt.
Hill Street Centre, 64 Hill St., gegenüber vom *Excelsior Hotel*. Chinesische Foodstalls, zum Mittagessen bei den Angestellten der umliegenden Büros beliebt.

Orchard Road und Umgebung: *Newton Circus*, MRT-Station Newton, südlich vom großen Kreisverkehr, ist wohl das von Touristen am meisten besuchte *Hawker Centre*. Zahlreiche Shopping Centres in der Orchard Rd und ihrer Umgebung haben im Tiefgeschoß einen größeren oder kleineren ac-gekühlten *Food Court*, u.a.:

Tanglin Mall, Tanglin Rd., in der Nähe vom *Traders Hotel*.

Picnic Food Court, Scotts Shopping Centre, Scotts Rd., bietet eine gute Auswahl aller Küchen Südostasiens, auch Vegetarier und Freunde des *Frozen Yoghurt* kommen auf ihre Kosten. Geöffnet tgl. 10.30–23 Uhr.

Nördliches Zentrum und Little India: *Zhu Jiao Centre*, zwischen Bukit Timah Rd. und Buffalo Rd., ist ein großes Gebäude, in dem der indische Markt untergebracht ist. Im Erdgeschoß befindet sich eine riesige, preiswerte Food-Abteilung.

Lavender Food Court, am oberen Ende der Jl. Besar, liegt etwas vom Zentrum entfernt im Norden, ist aber preiswert und wegen seiner guten Gerichte sehr beliebt.

Chinatown und Umgebung: *Maxwell Market*, Maxwell Rd., Ecke South Bridge Rd. Schöner, alter Essensmarkt in einer gut erhaltenen Ecke von Chinatown. Am besten zur Mittagszeit hingehen.

Chinatown Complex, Sago St., soll ausgezeichnete chinesische Foodstalls beherbergen, die selbst unter Restaurantlöwen als Tip gehandelt werden.

Fountain Food Court, 51 Neil Rd., mitten im restaurierten Tanjong Pagar-Viertel, hier gibt's von allem etwas, z.B. *Hokkien Fried Mee*.

OPEN AIR-RESTAURANTS – Boat Quay und Clarke Quay sind zwei Amüsierzentren am Singapore River, an denen sich ein Freiluftrestaurant neben das andere reiht.

Draußen sitzen kann man auch in der Fußgängerzone **Cuppage Road**, oder etwas angenehmer am **Peranakan Place / Emerald Hill Road**, beides Seitenstraßen der Orchard Road.

CHINESISCHE RESTAURANTS – Wo anfangen bei der unglaublichen Fülle? Es gibt einfach zu viele, und davon sind einfach zu viele gut. Unsere Auswahl ist also völlig lückenhaft und mehr oder weniger zufällig.

City, Beach Road und Bencoolen Street: *Ban Seng*, 79 New Bridge Rd., ist ein kleines, ac-gekühltes Teochew-Restaurant in der City. *Steamed Fish* in verschiedenen Varianten ist eine Spezialität. Mittags ist es meist voll mit Geschäftsleuten aus den umliegenden Büros.

Yet Con, 25 Purvis St., nördlich vom Raffles. Hier bekommt man ausgezeichnetes *Steamboat* oder *Chicken Rice*, sofern man sich von der unfreundlichen Bedienung nicht vertreiben läßt.

Swee Kee, 53 Middle Rd. Bekanntes, preiswertes China-Restaurant, das neben *Chicken Rice* u.a. auch gute Suppen anbietet.

Chinatown: Selbstverständlich die richtige Gegend für chinesisches Essen. Typische preiswerte, kleine Chinatown-Restaurants konzentrieren sich entlang der Mosque St. und am unteren Ende der Craig Rd. Zwischen Maxwell Rd. und Tras St. verläuft die Food Alley (= Murray Terrace), eine kleine, etwas teurere Restaurantmeile.

Tai Tong Hoi Kee, 3 Mosque St., chinesisches Teehaus und morgens wie mittags ein beliebtes *Dim Sum*-Restaurant.

Moi Kong, 22 Murray Terrace (Food Alley). Die Hakka sind bekannt für ihren selbstgemachten Wein. Hier serviert man z.B. *Fried Prawns in Red Wine* oder gedünstetes Huhn in Wein.

Hua Tuo Guan, 22 Tanjong Pagar Rd., südliche Chinatown. Das kleine Restaurant im restaurierten Tanjong Pagar-Viertel bietet *Herbal Food* an, das bedeutet, daß das Essen nach Gesichtspunkten der chinesischen Medizin mit speziellen Kräutern und Heilsubstanzen zubereitet wird. Nicht von der ausschließlich chinesischen Beschriftung abschrecken lassen, es gibt auch eine englische Karte.

Happy Realm, Pearl Shopping Centre, 3. Etage, Eu Tong Sen St., südlich der New Bridge Rd. Ein faches, klassisch vegetarisches China-Restaurant. Nur bis 20.30 Uhr geöffnet.

INDISCHE RESTAURANTS – Grob unterscheidet man nordindische (meist etwas teurer und nobler) und südindische Küche (scharfe Gerichte, häufig vegetarisch), außerdem indisch-muslimische Restaurants.

City: *Annalakshmi*, im 2. Stock des Excelsior Hotels, 5 Coleman St., Ecke Hill St. Strikt vegetarisch, was Nikotin- und Alkoholverbot einschließt, ruhige Atmosphäre, schöne Dekoration und gutes südindisches Essen. Auch der Geldbeutel wird nicht zu sehr strapaziert.
Geöffnet bis 22 Uhr, Do nur bis 15 Uhr.

***Aangan*,** 4. Stock, Funan Centre, North Bridge Rd., wo abends oft Live-Musik aus Indien oder Pakistan zu hören ist. Nordindische Küche.

Orchard Road: *Bombay Woodlands*, Tanglin Shopping Centre, 19 Tanglin Rd., Eingang gleich von der Straße her. Vegetarische südindische Küche. Preisgünstig für diese teure Gegend sind Frühstück und Mittagessen.

***Mumtaz Mahal*,** Far East Plaza Shopping Centre, Scotts Rd., 5. Etage, ✆ 7322754. Etwas kitschig aufgemacht, serviert aber sehr gute nordindische Küche zu vernünftigen Preisen. Beim Abendessen empfiehlt sich eine Tischreservierung.

Little India: Selbstverständlich eine gute Gegend, v.a. für die scharfe südindische Küche. In der Race Course Rd., die parallel zur Serangoon Rd. verläuft, gibt es z.B. eine ganze Reihe nette Restaurants.

***Banana Leaf Apollo*,** 56 Race Course Rd., serviert u.a. gute Sri Lanka-Krebse und allerlei Gerichte vom Bananenblatt. Mittlere Preislage, bis 22 Uhr geöffnet.

***Muthu's Curry House*,** 76 Race Course Rd. Würzige Curries, wer es gerne etwas milder möchte, sollte das *Chicken Korma* probieren. Bis 22.30 Uhr geöffnet.

***Komala Vilas*,** 76/78 Serangoon Rd., ist ein bekanntes, schlichtes südindisch-vegetarisches Restaurant, das immer gut besucht ist.

***New Madras Woodlands*,** 14 Upper Dickson Rd., gleich um die Ecke von Komala Vilas, die Konkurrenz – fast noch besser. Diverse preiswerte Bananenblatt-Restaurants auch an der Selegie Rd. Dort auch Snacks wie *Samosas* und *Curry Puffs*.

MALAIISCHE UND INDONESISCHE RESTAURANTS
– Malaiische und indonesische Küche sind sich sehr ähnlich.

Orchard Road: *Sanur* im Centrepoint Shopping Centre, indonesisches Restaurant, besonders mittags gut besucht.

***Tambuah Mas*,** Shaw Centre, Scotts Rd., und Tanglin Shopping Centre, obere Orchard Rd., macht ausgezeichnete Sate.

City und Chinatown: *Sayna*, 3 River Valley Rd., am Clarke Quay, serviert indonesische Speisen, inkl. *Fish Head Curry*.

***Pagi Sore Nasi Padang*,** 20 Duxton Rd., im renovierten Tanjong Pagar-Bezirk von Chinatown. Nur Frühstück und Mittagessen, gut besucht.

***Rendezvous Restaurant*,** Raffles City, 252 North Bridge Rd. Vormals ein bei Singaporeanern seit Jahrzehnten wegen seiner leckeren Nasi Padang-Gerichte bekannter Coffee Shop, nun umgezogen und vornehmer mit ac, aber immer noch ausgezeichnet und relativ preiswert.
Tgl. 11–21 Uhr geöffnet.

Aziza's Albert Court Mall, 180 Albert St., ✆ 2351130. Ein kleines malaiisches Restaurant mit familiärer Atmosphäre in einem der restaurierten *Shop Houses* der Fußgängerzone.

THAI-RESTAURANTS
– Hier ein paar Adressen:

***Bangkok Garden*,** Claymore Rd., B1-01 Keck Seng Tower, obere Orchard Road.
Hier gibt es auch den berühmten Salat *Som Tam* aus grünen Papaya. Spezialität: gebratene Muscheln in Erdnußsoße. Mittlere Preislage, bis 22.30 Uhr geöffnet.

***Parkway*,** Centrepoint Shopping Centre, 176 Orchard Rd., ein Ableger eines gleichnamigen, bekannten Restaurants in Katong, bietet eine abwechslungsreiche Speisekarte.
Bis 22 Uhr geöffnet.

WESTERN FOOD, DELIS UND CAFÉBARS
– Europäische oder amerikanische Restaurants gibt es in Singapore fast schon wie den sprichwörtlichen Sand am Meer.

***Spageddies*,** Tanglin Mall, 163 Tanglin Rd., serviert ebendiese und andere italienische Nudelgerichte, sowie Pizza und dergleichen mehr.
Tgl. 11–23 Uhr geöffnet.

Steeple's Deli im Tanglin Shopping Centre, 19 Tanglin Rd, Spezialität sind gute Sandwiches und *Health Food*.

***American Chili's*,** *Orchard Parade Hotel*, obere Orchard Road. Ordentliches amerikanisches und Tex-Mex-Essen.

Tony Roma's, Orchard Hotel Shopping Arcade, 442 Orchard Rd., Filiale im Basement von Suntec City. Spezialität sind *Ribs.*
Jack's Place, #03-18/19, Wisma Atria, Orchard Rd., unweit der Kreuzung Scotts Rd. Mehrere Filialen, u.a. in 117 A Killiney Rd., abgehend von der Orchard Rd., MRT-Station Somerset. Spezialitäten sind Steak und Seafood.
TGI Friday's, Park Mall Shopping Centre, Penang Rd., serviert mächtige, typisch amerikanische Portionen.
Whol Meals Café & Store, 200 Victoria St., kleines Café in der Parco Bugis Junction Shopping Mall mit Vollwertkost, frischen Salaten und Fruchtsäften.
In den zahlreichen Filialen der **Bäckerei** *Delifrance* bekommt man süß oder herzhaft-würzig gefüllte Croissants und andere Backwaren sowie guten Kaffee. Anzutreffen in Ngee Ann City, The Promenade, Wisma Atria, Centrepoint, Peranakan Place und im Clifford Centre (MRT Station Raffles Place).

Kultur und Unterhaltung

Böse Zungen behaupten, in Singapore sei nichts los, was die stolzen Singaporeaner auf die Barrikaden treibt. Ein Nachtleben von der Art, wie es Bangkok oder Manila bieten, wird man in Singapore tatsächlich vergeblich suchen. Das heißt aber nicht, daß nach Einbruch der Dunkelheit die Bürgersteige hochgeklappt werden. Bars, Pubs, Clubs und Discos gibt es zuhauf, und gerade junge Leute gehen oft und gerne aus – sofern sie es sich leisten können. Aber das können in Singapore nicht wenige.

BARS, PUBS UND MUSIKKNEIPEN – Kneipenleben findet hauptsächlich in der Gegend um die Orchard Road und in den Amüsierzentren Boat Quay und Clarke Quay statt, wo man draußen sitzt bzw. auf- und abflaniert. Aber auch in anderen Gegenden gibt es interessante Lokale – ein paar haben wir hier aufgelistet
Viele Pubs und Bars haben *Happy Hours* (meist zwischen 17 und 21 Uhr), in denen alkoholische Getränke z.T. die Hälfte kosten.
Boat Quay: Harry's, 28 Boat Quay, ist eine beliebte Adresse vor allem bei Expats. Lebhaftes Tresenleben, abends spielt oft eine Blues- oder Jazzband. Man muß nicht unter 30 sein, um sich wohlzufühlen.
Clarke Quay: *Suzie Wong,* Read St., eine große, sorgfältig gestylte Schickeria-Bar.
Party Doll, Read St., ein Tanz-, Trink- und Eßpalast im Stil der 50er Jahre mit entsprechender Musik.
Crazy Elephant, North Boat Quay, eine kleine, eher gemütliche Trinkkneipe, in der manchmal *Heritage* spielt – eine langetablierte Singaporer Band, deren Jazz-Blues-Rock-Repertoire sich wohltuend vom üblichen Pop-Einerlei abhebt.
Orchard Road: In den Fußgängerbereichen von Peranakan Place/Emerald Hill Rd. sowie Cuppage Rd., nahe dem Centrepoint Shopping Centre, gibt es viele *Open Air*-Lokale, zwischen denen (nicht nur) die Touristen gern flanieren.
Saxophone Bar, 23 Cuppage Terrace, ist ein beliebter Dauerbrenner. Die Bar ist so klein, daß sich die Musiker, die hier allabendlich etwa ab 22 Uhr *The Joy Of Sax* zelebrieren, hinter dem Tresen aufbauen müssen.
Brannigans im Hyatt Hotel, 10-12 Scotts Rd. Hier sorgt jeden Abend eine ausgezeichnete Filipino-Band für Stimmung, das Bier fließt in Strömen, und am Wochenende muß man schon mal anstehen, um überhaupt hineinzukommen. Gilt allerdings als „Fleischmarkt".
Where Else, Cairnhill Rd., ist eine große, laute Musikkneipe, in der meist eine Band spielt. Nicht ganz so vornehm, am Wochenende gut besucht.

DISCOS – sind nicht billig, vor allem an Wochenenden. Meistens wird Eintritt verlangt, in dem ein Getränk enthalten ist *(Cover Charge).* Am Wochenende kann das 20–30 S$ kosten. Wochentags ist es billiger, außerdem läßt man dann oft weibliche Gäste billiger oder umsonst herein. Die Kleidervorschriften werden nicht mehr so strikt gehandhabt wie ehedem. Für Männer gilt in den gehobeneren Etablissements aber nach wie vor: keine Shorts, keine Sandalen, keine T-Shirts.
Anywhere, im Tanglin Shopping Centre, Tanglin Rd. Die Hausband *Tania* spielt Mo–Sa ab 21.30 Uhr hauptsächlich Rock 'n Roll und Musik der 60er und 70er. Gute Stimmung und angenehme Atmoosphäre, denn das Publikum ist nicht ganz so geschniegelt wie anderswo. Kein Eintritt.
Top Ten, Orchard Towers, obere Orchard Rd., hat bis drei/vier Uhr morgens geöffnet. Großer,

kinoartiger Saal, häufig Live-Bands mit imposanter Bühnenshow. Am Wochenende um 25 S$ *Cover Charge*.
Spark's, Ngee Ann City, Orchard Rd., dürfte die größte und perfekteste Disco Singapores sein. Je nach Musikgeschmack gibt es drei verschiedene *Sections*, diverse Bars und eine eindrucksvolle Lightshow. Trotz 20 S$ *Cover Charge* ständig voll, vor allem junges, modebewußtes Publikum.
Zouk, 19 Jiak Kim St., westlich der City am Singapore River in alten Speichergebäuden, beherbergt zudem ein Pub und eine Weinbar. Die Disco ist eher techno-orientiert.

Einkaufen

Lange Zeit galt Singapore bei westlichen Touristen als Einkaufsparadies, und noch immer steht *Shopping* im Zentrum touristischer Aktivitäten. Da Singapore Freihafen ist, werden die meisten eingeführten Waren taxfree, d.h. von Einfuhrzöllen ausgenommen, aber die meisten Artikel sind längst nicht mehr so preisgünstig wie früher. Beim Einkaufen gilt nach wie vor das traditionelle Prinzip: Handeln und Feilschen gehören zumindest außerhalb der Warenhäuser zum Ritual.

EINKAUFSGEGENDEN – Für alle, die sich ein wenig umsehen und bummeln möchten, hier eine grobe Übersicht über die wichtigsten Einkaufsgegenden.
Die farbige Broschüre *Singapore – A Guide to Shopping*, die das *Tourist Office* herausgibt, listet detailliert die besten Einkaufsgegenden auf und gibt Tips, was es in Singapore zu kaufen gibt – und das ist enorm viel.
Orchard Road: Singapores Schaufenster zur Welt. Hier reiht sich ein *Shopping Centre* an das andere, ständig werden neue eröffnet und alte umgebaut. Man hetzt von einem ac-Schock zum nächsten durch glitzernde Warenwelten, und das Angebot ist, schlicht gesagt, überwältigend. Nur billig ist es nicht, das Preisniveau in Nobelgeschäften ist mindestens mitteleuropäisch, vielleicht läßt sich bei gehobenen Markenartikeln hier und dort ein Schnäppchen machen. Eine gute Gegend für Mode, Schmuck, Bücher und alles, was mit Bekleidung zu tun hat.
Chinatown: Im Gebiet zwischen New Bridge Rd., South Bridge Rd. und südlich davon gibt es nur noch wenige Straßen, die an die alte Chinatown erinnern. Bei einem Spaziergang durch die Seitenstraßen kann man kleine Geschäfte entdecken, die Tempelzubehör, Schmuck, Porzellan, traditionelle Medizin oder andere Spezialitäten verkaufen.
Little India: Man versucht derzeit, das kleine Viertel um die Serangoon Rd., Sungei Rd., Clive St. und Campbell Lane etwas aufzumöbeln. Ein Teil der kleinen Kramläden sind in einem renovierten Marktkomplex untergebracht. Dennoch wirkt das Angebot größtenteils ziemlich mittelmäßig. Eine Ausnahme sind die Juweliere sowie die Stoff- und Sarigeschäfte, die gleichermaßen das Auge blenden.

EINKAUFSTIPS – Was man wo am günstigsten bekommt, läßt sich mit Sicherheit nie sagen, dazu ist das Geschäftsleben zu sehr in Bewegung. Hier nur ein paar Anhaltspunkte. Wer etwas Bestimmtes sucht, sollte die Gelben Seiten des Telefonbuchs zu Rate ziehen.
Ausrüstung: Für Treks durch tropische Wälder kann man in verschiedenen Shops die notwendigen Ausrüstungsgegenstände kaufen, so z.B.
Camper's Corner, Paradiz Centre, 1 Selegie Rd., ✆ 3374743. Wanderstiefel, Jungle Boots, usw.
Milsports Supply, #01-01, Beach Centre, 15 Beach Rd., ✆ 3374681, preiswert.
Whinning Marketing, 5611 North Bridge Rd., ✆ 2954284. Jungle Boots, Zelte, Schlafsäcke, Ponchos usw.
Bücher: Das größte Angebot an englischsprachiger Literatur in dieser Region, auch Bücher über Malaysia und Indonesien, findet man in Singapore.
MPH hat 13 Filialen, u.a. 71 Stamford Rd., Ecke Armenian St.; Afro-Asia-Building, Robinson Rd.; Peninsula Plaza und im Centrepoint, Orchard Rd.
Times Bookshop hat ein ähnlich großes Angebot, u.a. im Centrepoint, Specialist's Centre, Raffles City, Wisma Atria und im Plaza Singapura, 3. Stock.
Select Books, im 3. Stock des Tanglin Shopping Centre, 19 Tanglin Rd., ist die einzige Fachbuchhandlung in Südostasien, die sich auf diese Region spezialisiert hat.
Computer und Software: Die größte Auswahl an Soft- und Hardwareangeboten für IBM-Com-

patibles im **Funan Centre** in der North Bridge Rd. Einige Läden bieten auch Apple an.

Kameras und Zubehör: Beim Einkauf von Fotoapparaten u.ä. sollte man vor allem auf die Internationale Garantiekarte achten und auf der Rechnung das Datum und die Seriennummer vermerken lassen.

Viele Shops im **Lucky Plaza**, Orchard Rd., im **Far East Shopping Centre**, Scotts Rd., und im **People's Park Complex**. in Chinatown.

Etwas teurer sind die Läden im **Centrepoint** und im **Orchard Towers**, beide Orchard Rd, dafür ist die Beratung ein wenig besser.

Goh Kin Camera Service, Orchard Plaza, untere Orchard Rd., repariert Kameras und kann vielleicht bei Problemen helfen.

Video, Hi-Fi und Elektronik: Viele Markengeräte werden in Singapore zu günstigen Preisen angeboten. Allerdings empfiehlt es sich, darauf zu achten, daß die Geräte vollständig sind, beim Anrufbeantworter z.B. das Netzteil dabei ist oder beim Handy der Akku. Wer sich vorher über Festpreise informieren will, kann z.B. zu **Cost Plus** im Scotts Shopping Centre, Scotts Rd., oder zu **Pertama** im Centrepoint, Orchard Rd., gehen.

Danach dann zu **Sim Lim Tower** oder **Sim Lim Square**, beide große Shopping Centres in Jl. Besar, Ecke Rochor Rd., die auf Unterhaltungselektronik spezialisiert sind und die größte Auswahl bieten. Unbedingt handeln!

GESCHÄFTSZEITEN – Die großen Geschäfte haben Mo–Sa von 9–18 Uhr geöffnet, viele sogar bis 22 Uhr und am Sonntag. Büros beginnen zwischen 7.30 und 9.30 Uhr, schließen zwischen 16 und 18 Uhr und machen zwischen 12.30 und 14.30 Uhr Mittagspause. Die meisten Büros arbeiten auch am Samstagvormittag.

Sonstiges

BOTSCHAFTEN UND KONSULATE – Die Adressen der Botschaften findet man im A - Z (s.S. 751ff).

GELD – Nahezu jede internationale Bank hat eine Filiale im Finanzzentrum Singapore. Ein idealer Ort, um sich Geld überweisen zu lassen, am besten über eine deutsche oder schweizerische Großbank. Öffnungszeiten: Mo–Fr 9.30 oder 10–15 Uhr, Sa 9.30–11.30 Uhr. Die DBS (Development Bank of Singapore) ist samstags in Raffles City, Ngee Ann City und Holland Village bis 15 Uhr geöffnet, die Filiale der OCBC Bank im Specialists' Centre, Orchard Rd, zusätzlich So 11.30–16 Uhr.

Commerzbank, 42. Etage, Treasury Building, Shenton Way, ✆ 2234855.

Deutsche Bank, 15. Etage, DBS Building, Tower 2, Shenton Way, ✆ 2244677.

Dresdner Bank, 22. Etage, Tung Centre, 20 Collyer Quay, ✆ 2228080.

Credit Suisse, 49. Etage, UOB Plaza 1, 80 Raffles Place, ✆ 5386322.

Swiss Bank Corporation, 18. Etage, Suntec City Tower, 5 Temasek Boulevard, ✆ 4318000.

Union Bank Of Switzerland, 36. Etage, UOB Plaza 1, 80 Raffles Place, ✆ 5382888.

Für **Euroschecks** gilt folgendes: Die Commerz-, Deutsche- und Dresdner Bank akzeptieren nur Schecks ihrer jeweiligen Mutterbanken. Die Deutsche Bank z.B. löst maximal fünf Schecks, d.h. 2000 DM ein. Normalerweise wird nur ein Scheck eingelöst. Da die Gebühren beachtlich sind, ist es günstiger, Travellers Cheques mitzunehmen.

Moneychanger findet man vor allem am Raffles Place und Collyer Quay, aber auch in den großen Shopping Centres. Bei ihnen gibt es es alle Währungen der Welt zu kaufen.

Bevor man sich den günstigsten Kurs handelt, sollte man sich bei den Banken oder in der neuesten Ausgabe der Far Eastern Economic Review oder der Asiaweek über Wechselkurse informieren.

American Express, Winsland House, 3 Killiney Rd., ✆ 2355788 (geht in der Nähe der MRT-Station Somerset von der Orchard Rd. ab), unterhält ein großes Büro, das für Verluste von Traveller-Cheques zuständig ist und neue ausstellt.

Kreditkarten: Bargeld mit der Kreditkarte und Geheimnummer bekommt man an vielen Geldautomaten der Stadt, u.a. am Changi Airport. Außerdem sind Kreditkarten ein gängiges Zahlungsmittel.

American Express ✆ 2998133;
Diners Card ✆ 2944222;
Mastercard ✆ 5332888;
Visa ✆ 1-800-3451345 (Service Centre).

IMMIGRATION – Wer länger als 30 Tage bleiben will, wird kurz nach Malaysia oder Indonesien ausreisen oder sein Einreisevisum verlängern müssen: *Immigration Department*, 7. und 8. Etage, Pidemco Centre, 95 South Bridge Rd., ✆ 5322877.

INFORMATIONEN – *Singapore Tourist Promotion Board (STPB)*, das Büro der staatlichen Tourismusbehörde, befindet sich im Tourism Court hinter dem *Traders Hotel*, 1 Orchard Spring Lane, nicht weit vom oberen Ende der Tanglin Rd., ✆ 1-800-7383778 bzw. 7366622, ✎ 7369423. Das Informationsmaterial, das man zur Verfügung gestellt bekommt, ist beachtlich. Geöffnet tgl. 8.30–18 Uhr.
STPB Information Office, #02-34 Raffles Hotel Arcade, 328 North Bridge Rd., ✆ 1-800-3341335 bzw. 3341336, ist der Anlaufpunkt für Touristen. Hier wird so gut wie jede Frage beantwortet. Geöffnet tgl. 8.30–20 Uhr; keine Zimmervermittlung.
STPB gibt verschiedene Broschüren über Singapore heraus. Die wichtigste ist *The Official Guide*, der alle wichtigen Informationen enthält und bereits in den Ankunftshallen im Flughafen ausliegt. Daneben gibt es mehrere kleinere Broschüren, z.B. *A Guide to Shopping*, *A Guide to Dining*, *Nightlife and Entertainment* und zahllose Prospekte zu allen möglichen Attraktionen.
Mehrere kostenlose Zeitschriften und Broschüren informieren zwischen seitenlangen Einkaufstips über das aktuelle Geschehen, so die wöchentlich erscheinenden *This Week Singapore* und *The Singapore Visitor*, die überall da ausliegen, wo Touristen sind.
Wer weiterreist und Informationen über **Malaysia** braucht, kann sich an das malaysische Tourismusbüro wenden: *MTPB*, Erdgeschoß, Ocean Bldg., 10 Collyer Quay, ✆ 5326321, 5326351, ✎ 5356650. Das Büro für **Indonesien** befindet sich im gleichen Gebäude im 15. Stock.

KEEP SINGAPORE CLEAN – Eine Kampagne, die Singapore zur saubersten Stadt Südostasiens machte. Doch nicht Appelle an die Vernunft, sondern drakonische Strafen taten die gewünschte Wirkung.
Sie können auch Uneinsichtige treffen, die sich erdreisten, Kaugummi zu kauen, Zigarettenkippen oder andere Abfälle achtlos wegzuwerfen (1000 S$, Wiederholungstäter 2000 S$ plus kostenloser gemeinnütziger Arbeitseinsatz), in öffentlichen Verkehrsmitteln oder Aufzügen zu rauchen (500 S$), oder beim Überqueren der Straße nicht den Zebrastreifen zu benutzen (50 S$).

KULTURINSTITUTE UND CLUBS – Wer den Kontakt zu seinen Landsleuten nicht missen möchte oder mal wieder eine heimische Zeitung lesen will:
Deutsches Haus, 12 First Ave., ✆ 4669548. Gutes deutsches Essen, Nichtmitglieder zahlen 50% mehr.
Die Süddeutsche Zeitung liegt aus.
Swiss Club, 36 Swiss Club Rd., ✆ 4663233.
Goethe-Institut, 7. Etage, 1 Finlayson Green, ✆ 5345011. (MRT Station Raffles Place, südlichen Ausgang in Richtung Lau Pasat nehmen). In der Bibliothek gibt es deutsche Zeitungen und Zeitschriften. Gelegentlich deutsche Filme und andere kulturelle Veranstaltungen.
Die Bibliothek ist Di–Fr 13–19.30 und Sa 13–18 Uhr geöffnet.

MEDIZINISCHE HILFE – Private Ärzte *(Medical Practitioners)* und Zahnärzte *(Dental Surgeons)* sind meist mit den modernsten Geräten ausgestattet. Pro Konsultation muß man mit etwa 30 S$ rechnen.
Die beiden wichtigsten Krankenhäuser sind *Alexandra Hospital*, 378 Alexandra Rd., ✆ 4735222, und
Singapore General Hospital, Outram Rd., ✆ 2223322 oder Notruf ✆ 3214113. Hier auch das *Government Vaccination Centre*, 226 Outram Rd., das Impfungen durchführt.

POST – Singapore hat in Südostasien das billigste, zuverlässigste Postsystem und eignet sich hervorragend, um die längst fälligen Briefe und Pakete nach Hause zu schicken. Seamail-Pakete nach Deutschland kosten 33 S$ für 10 kg bzw. 52 S$ für 20 kg. Genormte Paketkartons sind in allen Postämtern erhältlich.
Da die Post in Singapore geröntgt wird, schickt man Filme, die noch nicht entwickelt sind, nur in den speziellen Entwicklungstüten an die Labors. Eine Postkarte oder ein Aerogramm nach Europa

Sonstiges

kosten 50 ¢, ein Brief bis zu 20g 1 S$, weitere 10 g jeweils 55¢ mehr.

Da es in Singapore kein Hauptpostamt gibt, werden postlagernde Sendungen unter folgender Adresse aufbewahrt: Name, Poste Restante, Singapore Post Office, 71 Robinson Road, Singapore 068895. Diese Sendungen werden zwei Monate gelagert, eine Verlängerung ist nicht möglich. ✆ 2228899, geöffnet Mo–Fr 8.30–18, Sa 8.30–14 Uhr, So geschlossen.

In der Nähe des alten GPO, das in ein Hotel umgewandelt werden soll, befindet sich das *Change Alley Post Office*, 30 Raffles Place, Hitachi Tower, Lot 02-02.

Die meisten Postämter sind Mo–Fr 8.30–17 und Sa bis 13 Uhr geöffnet, längere Öffnungszeiten haben folgende:

Changi Airport Post Offices (Departure Check-in Hall and Departure Lounge in beiden Terminals), Mo–Sa 8–21 Uhr.

Comcentre, 31 Exeter Rd., Ecke Killiney Rd. (nahe Orchard Rd.; MRT-Station Somerset), bietet vollen Postservice. und ist tgl. von 8–22 Uhr geöffnet.

TELEFON – Auskunft: ✆ 100.

In Singapore wird gern und viel telefoniert. In öffentlichen Telefonzellen kosten drei Minuten **Ortsgespräch** 10 ¢. In der Ankunftshalle des Flughafens kann man sogar kostenlose Ortsgespräche führen – ideal für die Zimmersuche.

Bei fast allen **internationalen Gesprächen** kann man durchwählen *(IDD-Calls)*, was erheblich billiger ist als ein vermitteltes Gespräch.

Für *IDD-Calls* gibt es drei Tarifzonen.
Zwischen 12 und 21 Uhr kostet ein Ferngespräch nach Deutschland 2,15 S$ pro Minute
(nach Österreich: 3,60 S$;
in die Schweiz 2,35 S$),
zwischen 21 und 24 Uhr 2,10 S$ pro Minute
(nach Österreich 3,60 S$;
in die Schweiz 2,35 S$),
zwischen Mitternacht und 12 Uhr mittags
2 S$ pro Minute (nach Österreich 3,30 S$,
in die Schweiz 2,22 S$).

Telefonkarten sind für 2, 5, 10 und 20 S$ überall erhältlich.

Wer eine **Kreditkarte** hat, kann (gegen Aufpreis) von vielen Apparaten telefonieren, v.a. entlang der Orchard Rd. Münztelefone werden immer seltener.

VORWAHL – 65, von Deutschland aus 0065.

Nahverkehrsmittel

Die einzelnen Rundgänge kann man gut zu Fuß machen, aber ansonsten sind die Entfernungen innerhalb der Stadt zu groß, daß man nicht ohne öffentliche Transportmittel zurechtkommt, zumal es während der Hitze des Tages nicht immer ein Vergnügen ist, auf handtuchbreiten Bürgersteigen an vielbefahrenen Straßen entlangzugehen. Während der *Rush Hour* (wochentags von 6.30–8.30 und 16.45–18.45 Uhr, manchmal bis 19.30 Uhr, Sa von 6.30–8.30 und 12–14.30 Uhr) kommt man in der Innenstadt nur noch im Schneckentempo voran. Die City wurde deshalb zum *CBD (Central Business District)* erklärt. Private PKWs dürfen in dieses Gebiet Mo–Sa zwischen 7.30 und 10.15 Uhr sowie Mo–Fr zwischen 16 und 19 Uhr nur hineinfahren, wenn sie die Gebühr von 5 S$ (Taxis 2 S$) tgl. bezahlt haben oder mindestens vier Personen befördern. An den Zufahrtsstraßen zum *CBD* werden die Ampeln auf Rot gestellt und alle Fahrzeuge kontrolliert!

MRT (MASS RAPID TRANSIT) – Die U-Bahn ist der ganze Stolz der Singaporeaner. Vor allem an heißen Tagen ein angenehm kühles Transportmittel. Ein Streckenplan ist auf jedem Stadtplan abgedruckt. Der Fahrpreis beträgt 60 ¢ für 3 Stationen, 70 ¢ im Innenstadtbereich, ansonsten geben die Fahrkartenautomaten Auskunft über die Tarife. Auch Geldwechselautomaten stehen zur Verfügung. Nicht vergessen beim Passieren der Drehkreuze das Ticket mitzunehmen, sonst kommt man am anderen Ende nicht mehr heraus!

Wer häufiger mit der MRT fährt, für den lohnt sich der Kauf einer *TransitLink Forecard* (12 S$, davon 2 S$ Kaution). Dieses Ticket wird automatisch bei jeder Fahrt entwertet und ist auch für die meisten Buslinien gültig, welche über einen entsprechenden Entwerter verfügen.

Wenn die *TransitLink Forecard* aufgebraucht ist, kann man sie wieder aufwerten lassen *(to revalue)*. Man bezahlt dann am Schalter einen ent-

sprechenden Betrag, der elektronisch auf dem Ticket gespeichert wird.
Bei Rückgabe der Karte werden die 2 S$ Kaution rückerstattet.

BUSSE – Die Busse der zwei Busgesellschaften *SBS (Singapore Bus Services Ltd.)* und *TIBS (Trans-Island Bus Services)* sind ein billiges und bequemes Verkehrsmittel. Für eine Fahrt zahlt man je nach Zahlgrenzen *(Fare Stages)* zwischen 50 ¢ und 1,40 S$, ac-Busse verlangen pro Zahlgrenze etwas mehr. Für Fremde ein etwas kompliziertes System. Am praktischsten ist die *TransitLink Forecard*, die auch für die MRT benutzt werden kann, da man sich damit das Bereithalten des passenden Fahrgeldes erspart. Die Fahrer geben nämlich kein Wechselgeld heraus, auch nicht am Changi Airport. Bei einigen Linien wird der draußen am Bus angezeigte Standardpreis in eine Box geworfen. Hierzu gehören auch die CBD-Ringbusse im *Central Business District*. Bushaltestellen sind durch ein rotes Schild mit weißen Nummern gekennzeichnet. Hinter der Busnummer ist die *Fare Stage*-Nummer angegeben. Manche Busse halten nur an, wenn man sie heranwinkt.
Lohnenswert sind die *Singapore Explorer Tickets* für das gesamte Busnetz, die 5 S$ für einen Tag, bzw. 12 S$ für 3 Tage kosten und in den großen Hotels, Reisebüros und den *SBS Travel Centres* erhältlich sind.

TAXIS – Taxifahren ist verhältnismäßig billig. Es gibt mehr als 10 000 Taxis auf der Insel, die vor allem an den Taxiständen problemlos zu bekommen sind. In der City dürfen Passagiere normalerweise nur an einer dieser Haltestellen aufgenommen werden. Zu den Stoßzeiten und um frühen Morgen muß man ein wenig warten. Beim Schichtwechsel kann es passieren, daß Taxifahrer nur Fahrgäste mitnehmen, die in eine bestimmte Richtung fahren. Taxifahrer erwarten kein Trinkgeld und müssen immer das Taxameter einschalten.
Die Einschaltgebühr beträgt 2,40 S$ inklusive des ersten Kilometers, jede weiteren 240 m kosten 10 ¢. Nachtzuschlag zwischen 24 Uhr und 6 Uhr 50%, jedes Gepäckstück 50 ¢, der 3. und 4. Fahrgast 1 S$ Zuschlag.
Jede Fahrt ab Changi Airport kostet 3 S$ mehr und jede Fahrt aus dem CBD von Mo–Fr zwischen 16 und 19 Uhr 1 S$ Zuschlag. Mo–Fr wird zwischen 7.30 und 18.30 Uhr bei einer Fahrt in den CBD ein Zuschlag von 3 S$ berechnet, wenn weniger als vier Fahrgäste im Wagen sitzen, Sa und am Tag vor Feiertagen gilt diese Regelung von 7.30–15 Uhr.
Unter ✆ 4525555, 4747707 oder 4811211 erreicht man Funktaxen. Der Zuschlag von 2,20 S$ fällt auch an, wenn man sich z.B. ein Taxi im Hotel bestellt.
Sollte es wirklich Anlaß zu Beschwerden geben: das *Registry of Vehicles*, Sin Ming Drive, ✆ 4594222, oder das *Tourist Office* helfen.

Transport

BUSSE NACH MALAYSIA UND SÜD-THAILAND – Vom **Ban San Terminal**, Queen St., Ecke Arab St. (nördlich vom Zentrum), fährt der *Singapore-Johore Bahru-Express*, ✆ 2928149, von 6.30–24 Uhr etwa alle 10 Minuten für 2,10 S$ nach JOHOR BAHRU.
Wer 0,70 S$ sparen will, kann auch Bus Nr. 170 nehmen, aber der hält an vielen Stops.
Eine weitere Möglichkeit: die MRT bis WOODLANDS und von dort Bus Nr. 170. Wer viel Gepäck dabei hat, wird möglicherweise auf ein Taxi verwiesen.
An der Grenze müssen alle aussteigen und die Kontrollen passieren, der Bus wartet hinter der Sperre auf seine Passagiere und fährt weiter zur Bus Station.
Von Johor Bahru aus bestehen Busverbindungen zu allen Orten der malaiischen Halbinsel.
Der *Singapore-KL-Express*, ✆ 2928254, fährt 3x tgl. in 6 Std. via Seremban nach KUALA LUMPUR. Fahrpreis je nach Ausstattung des Busses 18–23 S$, Fahrkarten tgl. 8–21 Uhr.
Vom **Lavender Bus Terminal**, Lavender St., Ecke Kallang Bharu, bieten mehrere Busgesellschaften Liniendieste an. Es passiert selten, daß die Busse von Singapore ausgebucht sind. Wenn nicht gerade Feiertage anstehen, kann man es getrost ohne Reservierung versuchen. Leider ist es sehr schwer, telefonische eine Auskunft zu bekommen. Der Schalter von *Pan Malaysia Express/Transnasional*, ✆ 2947034, verkauft Fahrkarten tgl. 7.30–20 Uhr, ist manchmal aber mittags geschlossen. Busservice via Seremban nach KUA-

LA LUMPUR um 9, 11, 16.30 und 22 Uhr in 5–6 Std. für 25–30 S$. MERSING um 8, 9, 10 und 22 Uhr. für 11–13 S$. Wer am selben Tag mit dem Boot nach Tioman will, sollte es mit dem ersten Bus probieren, immer klappt es trotzdem nicht. KUANTAN um 9, 10 und 22 Uhr in 7 Std. für 17 S$, KUALA TERENGGANU um 8 und 20 Uhr in 10 Std. für 26 bzw. 33 S$, KOTA BHARU um 19.30 Uhr in 12 Std. für 35 S$, PENANG um 21 Uhr in 11 Std. für 38 S$.

Hasry Bus, ✆ 2949306, Fahrkarten tgl. 7.30–18 Uhr. Busservice morgens und abends nach Kuala Lumpur für 17 S$, Super-V.I.P. 2x tgl. für 23 S$, IPOH 30 S$, BUTTERWORTH in 14 Std. für 33 S$ und ALOR SETAR 41 S$.

Malacca Singapore Express, ✆ 2935915, Fahrkarten tgl. 7.30–17 Uhr. Nach MELAKA 8x tgl. in 5 Std. für 11 S$, Super V.I.P. um 8.40 Uhr für 15 RM. Zudem fahren Busse nach Malaysia und Süd-Thailand ab **Golden Mile Complex**, 5001 Beach Rd., Ecke Crawford St., nahe Lavender Terminal nordöstlich der City. Zahlreiche Reisebüros und Busgesellschaften verkaufen Fahrkarten bis nach Bangkok; die Preise sind mehr oder weniger gleich, u.a.:

Gunung Raya Travel, ✆ 2947711, Fahrkarten tgl. 8–21.30 Uhr: Kuala Lumpur 2x tgl. für 25 S$, PENANG einmal abends für 38 S$, HAT YAI 2x tgl. für 40 S$.

Phya Travel Service, ✆ 2936692, Fahrkarten tgl. 9–21 Uhr: Hat Yai einmal nachmittags für 30 S$ oder VIP-Bus 40 S$, BANGKOK einmal tgl. in 2 Tagen für 70 S$ oder VIP-Bus für 80 S$.

Sri Maju Sarata Express, ✆ 2948228, Fahrkarten tgl. 8–21 Uhr: Kuala Lumpur 4x tgl. für 17 S$ oder komfortablerer VIP-Bus für 26 S$, über Ipoh (30 S$) nach Butterworth 4x tgl. für 39 S$, Super VIP einmal abends für 50 S$.

EISENBAHN – Der Bahnhof befindet sich in der Keppel Rd., südwestlich der Chinatown, Auskunft und Reservierungen ✆ 2225165. Fahrkarten tgl. 8.30–13 und 14–19 Uhr.

Zu erreichen mit Bus Nr. 10 vom Collyer Quay / Shenton Way, Nr. 84 und 145 von der North Bridge Rd., Nr. 97 und 125 von der Jalan Besar, Nr. 100 von der Beach Rd., Nr. 131 von der Bencoolen St., von der Orchard Rd. mit MRT bis Raffles Place und dann Bus Nr. 10 ab Raffles Quay in Richtung Clementi.

Alle Fahrpreise für die 2. Kl. mit ac. Die 3. Kl. ist selbstverständlich billiger und die 1. Klasse den erheblichen Preisunterschied nicht wert. In Singapore bekommt man den *Tourist Railpass*, mit dem Ausländer auf allen Strecken der malaysischen Eisenbahn (dazu gehört auch Singapore) nach Belieben fahren können, 10 Tage 55 US$ oder 30 Tage 120 US$.

Da die Bahn nicht immer die beste Verkehrsverbindung zu den gewünschten Zielen darstellt, braucht es eine gute Planung, um von diesem Angebot zu profitieren.

Richtung KL und Penang: 3x tgl. Expreßzug über TAMPIN (4 Std., 27 S$, 38 km vor Melaka) und SEREMBAN (5 Std.) nach KUALA LUMPUR (6 1/4 Std., 34 S$). Die langsamen Züge, die in jedem kleinen Bahnhof halten, brauchen 9 1/2 Stunden und sind nicht zu empfehlen. Von KL aus geht es weiter über TAPAH ROAD (45 S$, Bus in die Cameron Highlands), IPOH (48 S$), Kuala Kangsar und Taiping nach BUTTERWORTH (ab Singapore 15–16 Std., 60 S$, Fähre nach Penang).

Richtung Bangkok: Ein Expreßzug fährt täglich von Butterworth über Hat Yai und Surat Thani nach Bangkok. Es ist aber nicht empfehlenswert, von Singapore in einem Rutsch nach Bangkok zu fahren, denn die Unterbrechung in Butterworth nimmt zu viele Stunden in Anspruch.

Von Butterworth aus sind es noch einmal knapp 20 Stunden Fahrt. Die gesamte Strecke dürfte in der 2. Klasse mit diversen Zuschlägen für Übernachtung etc. um 140 S$ kosten.

Richtung Kuala Lipis und Kota Bharu: Eine landschaftlich reizvolle Strecke durch das Landesinnere.

Der *Timuran Express* fährt tgl. über Gemas, Mentakab, JERANTUT (6 1/4 Std., 28 S$, Liegewagen 36–38 S$), KUALA TEMBELING (7 Std., Taman Negara) und KUALA LIPIS (7 1/4 Std., 31 S$, Liegewagen 39–41 S$) nach WAKAF BHARU (12 Std., 41 S$, Liegewagen 49–51 S$, nahe Kota Bharu) und TUMPAT.

FLÜGE AB CHANGI AIRPORT – Einer der modernsten Flughäfen der Welt wird der Rolle Singapores als Handelszentrum Südostasiens gerecht. Changi Airport liegt 20 km östlich der City und vermittelt einen guten Eindruck von der Dynamik und Effizienz dieser Stadt: Supermodern, riesig, gut organisiert und dennoch ansprechend gestaltet, verfügt er über alle erdenklichen Einrichtungen und Annehmlichkeiten, wie gute Coffee Shops und Restaurants, die lokale Gerichte sowie westliches Essen anbieten, und nicht zuletzt eine weitläufige *Duty Free*-Zone, die ständig bemüht ist, andere pazifische Flughafenpreise zu unterbieten. Transithotels bieten die Möglichkeit, auf 6-Stunden-Basis ein Zimmer anzumieten: **Oberoi Transit Hotel**, ✆ 5423828, ✆ 5458365. Im Terminal 1 kostet ein DZ 55–89 S$, im Terminal 2 kostet ein EZ 44 S$, ein DZ 50 S$. In der Hotelanlage kann man auch nur duschen, 5 S$ inkl. Seife, Shampoo und Badetuch. Die Benutzung der Sauna oder des Fitnessraums kostet 10 S$ inkl. Dusche.

Auf dem Dach von Terminal 1 kann man sich für 15 S$ in Pool und Jacuzzi entspannen sowie sonnenbaden. Für Hotelgäste sind diese Einrichtungen kostenlos. Transitpassagiere, die lieber ein wenig von der Stadt sehen möchten und mehr als 4 Std. Zeit haben, können sich einer der kostenlosen 2stündigen Stadtrundfahrten anschließen. Sie beginnen um 10.30, 14.30 und 16.30 Uhr, Buchung an einem der Schalter mit der Aufschrift *Free City Tour*. Ein *Skytrain* verbindet die beiden Terminals.

Nach der Landung in Singapore sind Immigration und Gepäckabfertigung meist schnell erledigt. Vor dem Zoll stehen kostenlose Telefone für Ortsgespräche zur Verfügung. Hinter dem Zoll befindet sich die Zimmervermittlung, Geldwechsel-Service sowie eine Gepäckaufbewahrung (3–5 S$ je Stück und Tag). In die Stadt kommt man über den mehrspurigen *Expressway* entweder mit einem Taxi (normale Gebühr + 3 S$, insgesamt höchstens 15 S$), mit dem Airbus (Fahrpreis 5 S$) oder – am günstigsten – mit einem Stadtbus der SBS für 1,40 S$, z.B. Nr. 16 zur Bras Basah Rd., Raffles City, National Library und zum Orchard Boulevard (Parallelstraße zur Orchard Rd.). Für die Stadtbusse vorher passend Kleingeld einwechseln! Die Busse fahren bis gegen 23 Uhr.

Vor dem Abflug von Singapore muß die Buchung von der Fluggesellschaft bestätigt worden sein – nicht vergessen! Häufig sind Flüge in der Region schon drei Monate im voraus ausgebucht, daher empfiehlt es sich, keine *Open Date Tickets* zu kaufen, sondern lieber auf den letztmöglichen Termin zu reservieren. Zum Chinesischen Neujahrsfest bekommt man beispielsweise eine Woche vorher und zwei Wochen danach kaum Flüge aus bzw. nach Singapore.

Am praktischsten ist für die Fahrt zum Flugplatz der *Airbus*, der bei vielen Hotels in der City hält (Fahrpreis 5 S$, Details s.o.). Oder man nimmt zum Flughafen die MRT bis Tampines und dann den Bus Nr. 27. Auch der Bus Nr. 16 fährt ab Bras Basah Rd. hierher.

Der Taxi-Aufschlag von 3 S$ ist von der City zum Flughafen nicht fällig. Es ist hilfreich zu wissen, ob der Flug von Terminal 1 oder 2 geht – bei der Rückbestätigung erfragen.

Die Airport Tax beträgt 15 S$.

Adressen wichtiger Fluggesellschaften:
Aeroflot, Tan Chong Tower, 15 Queen St., ✆ 3361757.
Air China, #01-53, Anson Centre, 51 Anson Rd., ✆ 2252177.
Air France, Orchard Towers, ✆ 7376355.
Air India, #17-01, 5 Shenton Way, UIC Building, ✆ 2259411.
Air New Zealand, #24-08, Ocean Building, 10 Collyer Quay, ✆ 5358266.
British Airways, #01-56, United Square, 101 Thomson Rd., ✆ 2538444.
Cathay Pacific, #16-01, Ocean Bldg., Collyer Quay, ✆ 5331333.
China Airlines, #14-02, Tong Building, 302 Orchard Rd., ✆ 7372211.
Garuda Indonesia (und **Merpati**), #13-03, United Square, 101 Thomson Rd., ✆ 2502888.
KLM, #12-06, Ngee Ann City Tower A, ✆ 7377622.
Lauda Air, #01-01, Lian Huat Building, Tras St., ✆ 2262833.
Lufthansa, #05-01, Palais Renaissance, 390 Orchard Rd., ✆ 7379222.
Malaysian Airlines (**MAS** und **Pelangi**), #02-09, Singapore Shopping Centre, 190 Clemenceau Ave., ✆ 3366777.
Pakistan International, #01-01, 101 Thomson Rd., United Square, ✆ 2512322.
Philippine Airlines, #10-02, Parklane Shopping Mall, Selegie Rd., ✆ 3361611.
Qantas Airways, #04-02, The Promenade, 300 Orchard Rd., ✆ 7373744.

Royal Brunei Airlines, Royal Holiday Inn, Crowne Plaza, 25 Scotts Rd., ✆ 2354672.
Royal Jordanian Airlines, #01-05, Beach Centre, 15 Beach Rd., neben Raffles, ✆ 3388188.
Royal Nepal Airlines, #03-67, Peninsula Shopping Centre, 3 Coleman St., ✆ 3395535.
Singapore Airlines (und *Silk Air)*, #01-07, DBS Building, 6 Shenton Way, ✆ 1-800-2238888.
Außerdem im Mandarin Hotel, Orchard Rd. und in Raffles City, #01-18.
Sempati, 3 Killiney Rd., ✆ 7345077.
Swissair, #18-01, Wisma Atria, 435 Orchard Rd., ✆ 7378133.
Thai Airways, #02-00, The Globe, 133 Cecil St., ✆ 2242011.
Turkish Airlines, The Promenade, Orchard Rd., ✆ 7324556.
Malaysia-Flüge: Mit *Singapore Airlines* und *MAS* mehrmals tgl. nach KUALA LUMPUR in 50 Min. für 111–147 S$ und PENANG in 70 Min. für 170 S$.
MAS fliegt 3x wöchentlich nach KUANTAN in 50 Min. für 136 S$ und mehrmals tgl. nach LANGKAWI, meistens mit Stop in Kuala Lumpur oder Penang, in 1 Std. 20 Min. für 204 S$.
3x tgl. nach KUCHING in 1 Std. 20 Min. für 193 S$ und 2x tgl. nach KOTA KINABALU in 2 1/2 Std. für 391 S$.
Pelangi, ✆ 4816302, fliegt tgl. vom Changi Airport, Terminal 1, nach MELAKA in 45 Min. für 110 S$, IPOH in 2 Std. für 190 S$ und PANGKOR.
Indonesien-Flüge: *Garuda Indonesia, Merpati, Singapore Airlines,* ihre Tochter *Silk Air, Pelangi* (Tochter von *MAS), SMAC* und *Sempati* verbinden Singapore mit mehreren Städten auf Sumatra, Java und Bali, z.B. JAKARTA 130 S$, DENPASAR 300 S$ und MEDAN 250 S$. *Pelangi* fliegt Di und Sa über Melaka nach PEKANBARU. Anschlußflüge innerhalb Indonesiens sind dort wesentlich preiswerter. Außerdem Silk Air-Flüge nach SOLO, PADANG, PEKANBARU und LOMBOK.
Andere internationale Flüge: Billigflugbüros verkaufen viele Tickets weit unter dem IATA-Preis, z.B. nach BANGKOK 150 S$, HONG KONG 490 S$ oder SAIGON 320 S$.
Die meisten Deutschland-Flüge gehen nach Frankfurt.

Auch nach Europa oder Australien gibt es verbilligte Studententickets, z.B. nach FRANKFURT, je nach Airline 630–960 S$, PERTH 470 S$, MELBOURNE oder SYDNEY 600 S$.
Man kann bereits in Singapore einen Flug von Denpasar nach Sydney buchen, aber in Jakarta oder Denpasar sind Australien-Flüge normalerweise billiger.
Backpackers International Travel & Tours, #02-01, Paradiz Shopping Centre, 1 Selegie Rd., ✆ 3387990, auf Budget-Reisende spezialisiert, auch Reservierung von Unterkünften.
Airpower Travel, 26 Sultan Gate, ✆ 294 5664, viele preiswerte Flüge.
CIEE Travel, 110 D Killiney Rd., ✆ 7387066, spezialisiert auf Studentenreisen.
STA Travel, #02-17, Orchard Parade Hotel, ✆ 7345681, ✆ 7375277, eine weitere preiswerte Adresse.

FLÜGE AB SELETAR, JOHOR BHARU UND BATAM – *Pelangi* fliegt vom Seletar Airport im Norden von Singapore nach PULAU TIOMAN (2x tgl., 40 Min., 111 S$). Reservierungen und Buchungen über MAS.
Wer aus Tioman ankommt, sollte ein paar S$ getauscht haben, um das Taxi in den Ort bezahlen zu können.
Am Seletar-Flugplatz gibt es keinen Ticket-Schalter und keine Bank.
Wesentlich billiger als von Singapore sind Malaysia-Flüge ab dem benachbarten Johor Bharu, da sie dort als Inlandsflüge gelten, was sich vor allem bei Flügen nach Ost-Malaysia lohnt. MAS unterhält einen Zubringerservice vom *Novotel Orchid,* 214 Dunearn Rd., ca. 4 Std. vor Abflug, für 10 S$.
Auch ab Batam, der indonesischen Insel vor den Toren von Singapore (Verbindungen mit der Fähre s.u.), sind Flüge mit *Garuda, Merpati, Sempati* und *SMAC* nach Sumatra und Jakarta günstiger. Ob sich der Aufwand wirklich lohnt, sollte man mit spitzem Bleistift berechnen, vor allem, da Taxikosten zum Airport und zusätzliche Übernachtungskosten entstehen.

FÄHREN NACH INDONESIEN – Regional Ferry Terminal (Singapore Cruise Centre) im World Trade Centre südlich der Chinatown am Hafen, zu erreichen mit Bus Nr. 97 und 100 (City)

oder Nr. 65 und 143 (Orchard Rd.), nächste MRT-Station Tiong Bharu. Von hier bieten *Kalpin Tours Auto Batam Ferry Service*, #02-40, ✆ 2714866, und *Dino Shipping (Channel Holidays)*, #02-39, ✆ 2702228 oder 2700311, einen Fährdienst auf folgende Inseln an:
Nach BATAM: Expreßboote zwischen 8 und 18.30 Uhr alle 30 Minuten nach Sekupang und 2x tgl. nach Batu Ampar in 35 Min. für 30 S$ hin und zurück.
Nach BINTAN: 3x tgl. nach Tanjung Pinang in 1 Std. 45 Min. für 63 S$ hin und zurück.
Nach KARIMUN: 2x morgens und 2x nachmittags nach Tanjung Balai in 90 Min. für 45 S$ hin und zurück.
Tanah Merah Ferry Terminal (TMFT) an der Ostküste, nicht weit vom Changi Airport. Mit der MRT bis Bedok, dann SBS-Bus Nr. 35 vom Bedok Bus Interchange oder MRT bis Tanah Merah und SBS-Bus Nr. 35. Hier starten Fähren von *Bintan Resort Ferries*, ✆ 5424369, *Dino Shipping*, ✆ 2702228 oder 2700311, *Kalpin Tours Auto Batam Ferry Service*, ✆ 5427105 und *Interlink*, ✆ 2769722, auf folgende Inseln:
Nach BATAM: *Interlink* 4x tgl., *Dino Shipping* einmal morgens und einmal nachmittags nach NONGSA für 25 S$ hin und zurück.
Nach BINTAN: *Kalpin Tours Auto Batam Ferry Service* einmal morgens nach LOBAM in 90 Min. für 47 S$ hin und zurück. *Bintan Resort Ferries* 3x tgl. nach TELUK SEBONG in 45 Min. für 54 S$ hin und zurück.

FÄHREN NACH MALAYSIA – Vom **Tanah Merah Ferry Terminal** (Verbindungen s.o.) fährt tgl. morgens außer Mi der komfortable Katamaran des *Kalpin Tours Auto Batam Ferry Service*, ✆ 5427105, in etwa 4 Std. zur Anlegestelle des *Island Resorts* auf TIOMAN für 86 S$ einfach, 140 S$ hin und zurück.

Raffles, der Gründer von Singapore, vor der modernen Skykine

THAILAND

Highlights

- Pulsierendes Leben und kulturelle Höhepunkte in Bangkok

- Beeindruckende Ruinen der alten Königsstadt Ayutthaya

- Abenteuerliches Trekking durch Dörfer der Bergstämme

- Bilderbuchstrände auf Ko Chang oder Ko Samui

- Faszinierende Felstürme bei Krabi und in der Bucht von Phang Nga

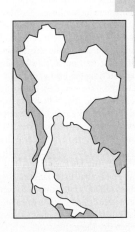

Thailand – das „Land der Freien", ein stolzer Begriff für das frühere Königreich „Siam". Noch heute spürt man, daß dieses Land als einziges in Südostasien niemals von westlichen Mächten kolonialisiert worden ist. Das buddhistische Land hat von außen relativ unbeeinflußt seine eigene Kultur bewahren können. Trotz großer Sprachschwierigkeiten locken exotische Tempel und die Bilderbuchwelt der Ferienkataloge immer mehr Touristen ins Land. Über 7,2 Millionen waren es im Jahre 1996 – eine moderne Variante des Kolonialismus? Wer die Ausbeutung der einheimischen Frauen in Thailands Vergnügungsvierteln und die Umweltzerstörung durch den unkontrollierten Bauboom an vielen Stränden erlebt hat, kann diese Art von Tourismus kaum gutheißen.

Doch es kommen auch viele „farang", wie die Fremden genannt werden, nach Thailand, um das Land und seine Menschen kennenzulernen. Im Süden, entlang der über 2000 km langen Küstenlinie, gibt es tropische Palmenstrände zum Ausspannen. Neben Phuket, dem Urlaubsparadies im europäischen Winter, und Ko Samui, dem früheren Zentrum der Rucksacktouristen, kann man in die weniger bekannten Provinzstädte und Fischerdörfer entlang der Küste fahren, von dort aus die vorgelagerten Inseln entdecken oder sich in den traditionellen Thai-Badeorten Hua Hin und Songkhla unter die einheimischen Urlauber mischen.

Im zentralen Landesteil wird bei einem Besuch der Ruinenstädte Ayutthaya, Sukhothai oder Si Satchanalai die Geschichte des Landes wieder lebendig. Hier sind zahlreiche Zeugnisse vielseitig beeinflußter alter Kulturen erhalten geblieben. Im Norden ist Chiang Mai der erste Anlaufpunkt der meisten Besucher. Von hier aus organisieren eine Vielzahl von Reisebüros Trekkingtouren zu den Bergstammen. Etwas weniger turbulent geht es in den Urlaubszentren Chiang Rai, Mae Hong Son oder Pai zu, die sich ebenfalls als Ausgangsort für Touren im Norden anbieten. Der Nordosten Thailands bietet die Möglichkeit, das Land abseits der Touristenrouten kennenzulernen. Allerdings sind gerade hier einige Grundkenntnisse der thailändischen Sprache notwendig.

Bevölkerung
Bevölkerungsstruktur

60 Millionen Menschen lebten 1997 in Thailand. Staatliche Maßnahmen zur Familienplanung haben das Bevölkerungswachstum auf 1,1% jährlich reduziert. Trotz des gleichzeitigen Rückgangs der Säuglingssterblichkeit ist das Bevölkerungswachstum rückläufig. Waren 1970 noch 16,5% der Bevölkerung jünger als 5 Jahre, sind es mittlerweile weniger als 12%. Die Lebenserwartung liegt in Thailand bei 69 Jahren (1960: 52 Jahre, in Westeuropa heute etwa 76 Jahre).

Schon früh haben sich die Menschen in den Flußebenen niedergelassen, die auch heute zu den am dichtesten besiedelten Regionen gehören. Hingegen können in den Bergregionen nur wenige Menschen auf den kargen Böden ihre Lebensgrundlage erwirtschaften.

Die Thai

81% der Gesamtbevölkerung Thailands sind Thai. Über Jahrhunderte wanderte das Volk der Thai aus Yünnan Richtung Süden. Von den alten Hochkulturen der Mon und Khmer übernahm man die Grundzüge für eine eigene Schrift, aus dem ceylonesischen Raum brachten Mönche den Theravada-Buddhismus und aus China kamen Handwerker und Künstler ins Land. Da die Thai niemals kolonisiert wurden, haben sie ihre eigene kulturelle Identität bis heute weitgehend bewahrt. Während der Ayutthaya-Periode festigte sich die Rolle des Königs als Staatsoberhaupt. Ebenso wie die prunkvollen Tempel das Bild der Städte und Dörfer bestimmen, prägt der Buddhismus das gesellschaftliche Dasein. Neben buddhistischen Traditionen haben zahllose Riten und Bräuche hinduistischen oder animistischen Ursprungs einen festen Platz im Leben der Menschen.

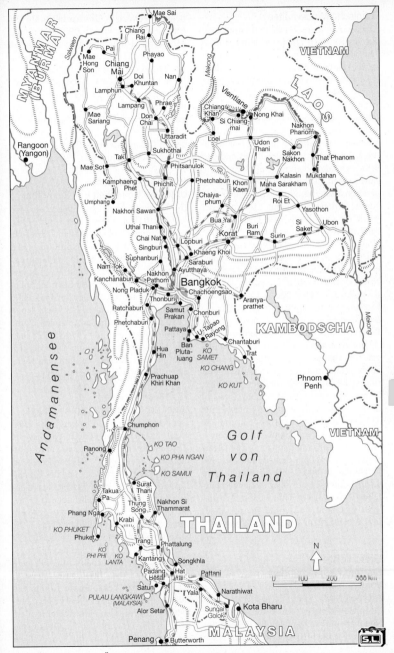

Ethnische Minderheiten

Vor allem in den südlichen und nördlichen Provinzen leben ethnische Minderheiten. Die Südprovinzen an der Grenze zu Malaysia (Pattani, Yala, Narathiwat und Satun) werden von islamischen Malaien bewohnt, die dort bis zu 80% der Bevölkerung ausmachen. In den Nordprovinzen leben als weitere ethnische Minderheit des Landes etwa 500 000 Angehörige der Bergstämme. Ihre Zahl nimmt zu, da einerseits die Lebenserwartung steigt und andererseits viele Menschen über die Grenze aus Burma nach Thailand kommen. Die sieben größten Völker sind die sino-tibetischen Karen, Hmong, Yao, Lahu, Lisu und Akha sowie die zur Mon-Khmer Gruppe gehörenden Lawa. Die alteingesessenen Völker (Lawa, Karen) siedeln weitgehend in den Tälern, wo sie sich in festen Dorfverbänden organisiert haben und überwiegend vom Naßreis-Anbau leben. Hingegen sind die Berghänge in 800–1200 m Höhe der Lebensraum später zugewanderter Völker, die Brandrodungsfeldbau betreiben und vom Bergreis- wie illegalen Opiumanbau leben.

Zudem leben in Thailand 400 000 illegale Immigranten aus Burma und Indochina. Eine andere, wirtschaftlich einflußreiche Minderheit sind die ca. 7 Mill. chinesischstämmigen Menschen. Obwohl die wirtschaftlichen Beziehungen zwischen Thailand und China bis ins 13. und 14. Jahrhundert zurückreichen, sind die meisten Menschen erst in jüngerer Zeit eingewandert. Zwischen dem Beginn des 19. Jahrhunderts und 1950 flüchteten etwa 4 Mill. Chinesen aus ihrer krisengeschüttelten Heimat nach Siam, wo ihre Arbeitskraft geschätzt wurde und sie in Handel und Wirtschaft zu Wohlstand gelangten.

Geschichte

Bis zum 13. Jahrhundert: Vorgeschichte

Archäologische Keramik- und Waffenfunde in Ban Chiang und in der Nähe von Kanchanaburi weisen eine Besiedlung des Landes vor über 7000 Jahren nach. Nach neueren Funden in Grotten bei Krabi lebten sogar schon vor 43 000 Jahren viele Menschen als Sammler und Jäger im Süden Thailands. Die eigentliche Herkunft der Thai-Völker ist wissenschaftlich umstritten. Im 8. bis 11. Jahrhundert waren sie bereits aus dem heutigen Süd-China in ein Gebiet vorgedrungen, das sich von Assam im äußersten Westen bis nach Vietnam erstreckte. Die ersten Reiche entstanden in Chiang Mai und Chiang Rai, aber auch in Nord-Burma und Yünnan.

13.–14. Jahrhundert: Unter der Herrschaft von Sukhothai

Die Khmer im Mekong-Delta und die Mon in Zentral-Thailand und Nieder-Burma hatten mächtige Reiche und hochentwickelte Kulturen geschaffen. Der Einfluß beider Völker war jedoch im 13. Jh. stark zurückgegangen. In diesem Macht-Vakuum gelang es den Thai, den Mon-Staat Haripunchai (Lamphun) zu besiegen und 1296 Chiang Mai zu gründen. Nachdem schon 1220 die Khmer aus der zentralen Ebene verdrängt worden waren, wurde 1228 Sukhothai gegründet, das zum Ende des 13. Jahrhunderts unter König Ramkhamhaeng zu großer kultureller Blüte gelangte.

15.–18. Jahrhundert: Unter der Herrschaft von Ayutthaya

Der Nachfolgestaat Sukhothais war das um 1350 entstandene Königreich Ayutthaya im Zentrum der fruchtbaren Chao Phraya-Ebene. Zum Beginn des 15. Jahrhunderts wurde Sukhothai unterworfen und das Khmer-Reich besiegt bzw. zum Vasallen degradiert. Erst zum Ende des 18. Jahrhunderts gelang die Eroberung Chiang Mais, das sich zeitweise mit Burma verbündete. Waren die Sukhothai-Könige noch volksverbunden, so wurden jetzt am Hof Zeremonien eingeführt, die dem Herrscher göttliche Eigenschaften zusprachen. Stärkster Rivale Ayutthayas war das benachbarte Königreich Burma. 1569 wurden die Thai besiegt, burmesische Garnisonen eingerichtet und ein neuer König ernannt, der die Oberhoheit Burmas anerkannte. In fünf Kriegszügen gelang es dem Prinzen Naresuan zwischen 1584 und 1592 die burmesische Herrschaft abzuschütteln. Die Außenbeziehungen Ayutthayas mit den meisten anderen asiatischen Staaten waren durch intensiven Handel geprägt. 1664 erzwang Holland unter der Androhung militärischer Gewalt den Abschluß eines Vertrags, der ihm ein Monopol in den wichtigsten Bereichen des Außenhandels einräumte. Um den holländischen Einfluß zu vermindern, wurden zwischen 1665 und 1690 diplomatische Kontakte zwischen Ayutthaya und Frankreich aufgenommen. 1687 traf eine französische Gesandtschaft ein. König Narai, beraten durch den griechischen Abenteurer Konstantin Phaulkon, geriet in den Augen des Adels mehr und mehr unter europäischen Einfluß. 1688 gelang eine Palast-Revolte. Damit begann für 150 Jahre eine neue Politik der Abschottung gegenüber den westlichen Großmächten.

Mitte des 18.– Mitte des 19. Jh.: Der Beginn der Chakri-Dynastie

Nachdem 1767 Ayutthaya vom Erzfeind des Reiches, Burma, niedergebrannt und dem Erdboden gleichgemacht worden war, versank das Land im Chaos. Der Provinz-Gouverneur Taksin sammelte die verbliebenen Soldaten und versuchte, das Land politisch wiederzuvereinigen. 1768 wurde er in der neuen Hauptstadt Thonburi zum König ausgerufen. Im Zeitraum von 14 Jahren gelang es ihm in zahlreichen Kriegen, das Land wieder zusammenzufügen. Wichtigster Heerführer wurde General Chakri, der Taksin entmachtete und zum König Rama I. gekrönt wurde. Damit war er der erste König der noch heute herrschenden Dynastie. Unter den Chakri-Königen wurde bis zur Mitte des vergangenen Jahrhunderts hauptsächlich eine Politik der Restauration verfolgt. Der vergangene Glanz Ayutthayas sollte wiederhergestellt werden.

Ende des 19. Jh.: Reformen unter Mongkut und Chulalongkorn

König Mongkut wird als Erneuerer und Reformer des Reiches gesehen. Seine Außenpolitik war von der Vormachtstellung der westlichen Großmächte bestimmt. Deshalb wurden England, den Vereinigten Staaten, Frankreich und anderen Ländern Handels-Privilegien eingeräumt und Territorien abgetreten. Sein Sohn Chulalongkorn führte diese Politik fort. Französische Kanonenboote auf dem Menam Chao Phraya ließen Chulalongkorn keine andere Möglichkeit als territoriale Konzessionen an Frankreich und Großbritannien zu machen. Diese Beschwichtigungspolitik wurde ergänzt durch ein innenpolitisches Reformprogramm, dessen Durchsetzung auf große Schwierigkeiten stieß, da es alte Privilegien des Adels und der königlichen Familie beschnitt. Unter Chulalongkorn wurde die Abschaffung der Sklaverei eingeleitet. Chulalongkorn veränderte die althergebrachte Gesellschaftsordnung, hielt aber gleichzeitig an bestimmten Traditionen fest und gilt dadurch als Begründer des modernen Siam.

Die wichtigsten Könige

? – 1317	Mengrai (Lanna)
1275 – 1317	Ramkhamhaeng
1350 – 1369	U-Thong
1388 – 1395	Ramesuan
1590 – 1605	Naresuan
1630 – 1656	Prasat Thong
1657 – 1688	Narai
1767 – 1782	Taksin
1782 – 1809	Rama I. (General Chakri)
1809 – 1824	Rama II. (Phra Phutthalaetla Naphalai)
1824 – 1851	Rama III. (Phra Nangklao)
1851 – 1868	Rama IV. (Mongkut)
1868 – 1910	Rama V. (Chulalongkorn)
1910 – 1925	Rama VI. (Vichiravudh)
1925 – 1935	Rama VII. (Prajadhipok)
1935 – 1946	Rama VIII. (Anand Mahidol)
seit 1946	Rama IX. (Bhumipol)

Die 30er und 40er Jahre: Konstitutionelle Monarchie

1932 wurde Siam, wie die offizielle Staatsbezeichnung bis dahin lautete, durch einen unblutigen Staatsstreich eine konstitutionelle Monarchie. Pridi Phanomyong, ein in

Frankreich ausgebildeter Rechtsanwalt, war der politische Kopf der radikaldemokratischen Bewegung, die, zusammen mit den mehr konservativen Militärs, den Coup durchführte. Pibul Songgram, Führer des konservativen Flügels, wurde bald zum stärksten Mann der Nation, die nun Thailand hieß. 1940 war das Land Alliierter der Achsenmächte Nazi-Deutschland, Japan und Italien. Mit japanischer Unterstützung annektierte Thailand Teile von Laos, Kambodscha und Malaya. 1944 wurde Pibul Songgram gestürzt, und Thailand verbündete sich mit seinen ehemaligen Gegnern. Pridi Phanomyong, der Führer der antijapanischen Bewegung während des Krieges, arbeitete mit seinen Freunden eine neue Verfassung aus. Er wurde 1947 durch einen Militärputsch unter der Führung von Songgram gestürzt und ging ins Exil.

Die 50er und 60er Jahre: Diktatur

Unter der Führung Songgrams wurde das Land streng antikommunistisch und Mitglied in der SEATO (South East Asia Treaty Organization). 1957 stürzten Militärs unter Marschall Sarit die Einmann-Diktatur. Feldmarschall Thanom Kittikachorn wurde neuer Premier und führte Thailand noch enger in die Arme der USA. Während des Vietnam-Krieges war das Land von einem Netz von US-Militärstützpunkten überzogen.

Die 70er Jahre:
Demokratische Erneuerung

Die fortwährenden Auseinandersetzungen zwischen Parlament und den Militärs führten im November 1971 zur Auflösung der Nationalversammlung, Aufhebung der Verfassung und Erklärung des Kriegsrechts. Fast zwei Jahre lag die eigentliche Macht in den Händen der Armee- und Polizeioffiziere, die sich durch Korruption auszeichneten. Im Oktober 1973 protestieren Hunderttausende gegen die Verhaftung oppositioneller Studentenführer. 71 Menschen wurden wahllos erschossen und mehrere Hundert verletzt; erbitterte Straßenkämpfe folgten. Das Ende der herrschenden Militärclique war gekommen, als Kittikachorn, Prapas und Narong ins Ausland flohen. König Bhumipol verkündete den Rücktritt des Militärregimes und die Einsetzung des Rektors der Thammasat-Universität, Sanya Dharmasakti, als neuen Premier. In der folgenden Zeit wechselten sich die Parteien mit der Bildung von Regierungen ab, bis im Oktober 1976 das Militär wiederum die Macht übernahm. Ab 1977 war General Kriangsak Premier, der sich durch eine Reformpolitik nach innen und einer realistischen Ausgleichspolitik nach außen von seinen Vorgängern unterschied.

Die 80er Jahre: Wirtschaftsboom

Im Frühjahr 1980 wurde Kriangsak gestürzt, und das Parlament bestimmte General Prem Tinsulanond zu seinem Nachfolger, der das Land mit einer demokratisch legitimierten Mehrparteienkoalition regierte. Viele innenpolitischen Reformen verliefen im Sande. Die muslimische Separatistenbewegung im Süden verlor 1987 durch die Kapitulation von 650 Guerillas stark an Einfluß. 1988 ging die Chart Thai Partei aus allgemeinen Parlamentswahlen als Sieger hervor. Ihr Vorsitzender, Chatichai Choonhavan, führte als Ministerpräsident eine 7-Parteien-Koalition. Durch populäre Anordnungen (z.B. Amnestie für politische Gefangene, Erhöhung der Gehälter der Staatsangestellten und des Reispreises für die Bauern) und den wirtschaftlichen Boom konnte die Regierung die anfängliche Skepsis in der Bevölkerung überwinden. Doch schon bald kam es durch den Anstieg der Verbraucherpreise, die ungleiche Einkommensentwicklung, Bodenspekulation und Korruption zu Spannungen, die vor allem im Militär zu Unmutsäußerungen führten.

Anfang 90er Jahre:
Politisierung der Massen

Es überraschte nicht, als im Februar 1991 die Armee in einem unblutigen Putsch Chatichai Choonhavan absetzte. Ein *National Peace Keeping Council* (NPKC) beauftragte Zivilisten mit der Ausarbeitung einer neuen Verfassung. Im März 1992 wurden wiederum Wahlen abgehalten, bei denen die den Militärs nahestehenden Parteien vor allem im ländlichen Raum die Mehrheit der Stimmen erhielten oder kauften. Als im Mai der Anführer des Putsches, General Suchinda Kraprayoon, der nicht dem Parlament angehörte, zum Ministerpräsidenten ernannt wurde, kam es zu gewalttätigen Auseinandersetzungen mit zahlreichen Toten und der Verhaftung des charismatischen Leiters der *Palang Dharma Partei*, Chamlong Srimuang, sowie 4000 seiner Anhänger. Nach der Intervention des Königs wurden die Gefangenen freigelassen, und General Suchinda mußte zurücktreten. Unter dem Druck der Straße kam es im September 1992 zu Neuwahlen, aus der die demokratische Premierminister Chuan Leekpai als Sieger hervorging. Reformversuche der Regierung scheiterten am Widerstand der Opposition und einiger Mitglieder aus den eigenen Reihen. Auf der anderen Seite hatten die Mai-Unruhen zu einem verstärkten demokratischen Bewußtsein geführt, so daß außerparlamentarische Gruppen die Politiker unter Druck setzten, die Lebensbedingungen auf dem Land zu verbessern.

Die aktuelle politische Entwicklung

Aufgrund von Korruptionsvorwürfen im Zusammenhang mit einer Landreform zerbrach die Koalition im Mai 1995, Premierminister Chuan Leekpai verlor die Neuwahlen, bei denen viel über Stimmenkäufe in den ländlichen Regionen gemunkelt wurde. Der Führer der *Chart Thai Partei*, Banharn Silpa-archa, wurde zum 21. Premierminister Thailands ernannt. Aber auch diese 7-Parteien-Koalition ging schnell in die Brüche, so daß bereits Ende 1996 wieder Neuwahlen anstanden, aus denen Chavalit Yongchaiyudh, ein ehemaliger General, als Sieger hervorging. In der ersten Jahreshälfte 1997 arbeitete eine verfassunggebende Versammlung (*CDA = Constitution Drafting Assembly*) aus 99 indirekt gewählten Persönlichkeiten eine neue Verfassung für Thailand aus. Diese Verfassung soll das politische Leben reformieren, Machtmißbrauch des Staates verhindern und die Korruption in der Politik und Verwaltung eindämmen. Die Zukunft Thailands wird mit davon abhängen, ob die Forderungen der Demokratiebewegungen nach mehr bürgerlichen Freiheiten und Mitbestimmung zum Tragen kommen.

Wirtschaft
Einige Wirtschaftsdaten

Die Hälfte der thailändischen Bevölkerung lebt von der Landwirtschaft. Neue Arbeitsplätze werden seit Jahren aber nur von der Industrie geschaffen, in der etwa 15% arbeiten. Mittlerweile liegt der Anteil der industriellen Produktion am Bruttoinlandsprodukt bei 39%. In der Landwirtschaft werden nur 10% des Bruttoinlandsproduktes erwirtschaftet. Während das Bruttosozialprodukt 1992 noch bei US$1840 pro Person lag, betrug es 1996 bereits US$2410 (zum Vergleich: Indien US$310, Deutschland US$23 975) – ein Resultat des jährlichen Wirtschaftswachstums von etwa 8% (in 1996 allerdings unter 7%).

Zwischen 1985 und 1994 verdoppelte sich das durchschnittliche Einkommen der Thai auf 2321 Baht pro Haushalt im Monat. Dank der Maßnahmen der von den Demokraten geführten Regierung von 1992–94, den Wohlstand aus dem Zentrum aufs Land zu verteilen, halbierte sich von 1988 bis 1994 der Anteil der Menschen, die unter der Armutsgrenze leben. Im Durchschnitt lebten 1994 noch 11% der ländlichen und 2% der städtischen Bevölkerung unter der Armutsgrenze von 441 bzw. 698 Baht pro Person und Monat.

Landwirtschaft

Landwirtschaft heißt in Thailand hauptsächlich Feldbau. Fleischproduktion wird nur in relativ kleinem Umfang betrieben. Andererseits ist die Zahl kommerziell betriebener Tierzuchtbetriebe im letzten Jahrzehnt enorm gestiegen. Noch bis in die 50er Jahre wurde in erster Linie Naßreis angebaut, das Haupt-Nahrungsmittel in Thailand. Um die rasch anwachsende Bevölkerung zu ernähren, wurden nach dem 2. Weltkrieg Berghänge und schlechte Böden kultiviert, die sich nicht für den Reisanbau eignen. Hier pflanzte man neue Kulturpflanzen mit geringeren Ansprüchen an Bodenqualität an wie Zuckerrohr, Mais, Cassava, Tapioka und Kenaf. In der Umgebung der Städte stieg die Produktion von Obst und Gemüse. Vor allem im Süden erstrecken sich riesige Ananas- und Gummibaumplantagen. Mittlerweile ist Thailand mit fast 2 Mill. Tonnen pro Jahr der weltgrößte Kautschukproduzent.

Industrie

Über die Hälfte der industriellen Produktionsstätten konzentriert sich im Großraum Bangkok. Die bedeutendsten Zweige stellen die Computer- und Halbleiterindustrie, die arbeitsintensive Textilindustrie sowie die Verarbeitung von Nahrungsmitteln und anderer agrarischer Erzeugnisse dar. Relativ neu ist die Zement- und Automobilindustrie, die hauptsächlich im Ausland gefertigte Teile montiert. Die zunehmende Industrialisierung läßt den Energiebedarf des Landes ansteigen. Nur ein Viertel des Bedarfs kann das Land aus eigenen Öl- und Gasvorkommen im Golf von Thailand und dem Indischen Ozean decken. Der Vertrag mit dem Regime in Yangon über die Lieferung von Gas aus den Vorkommen bei Yetagun ist bei Menschenrechtlern und Umweltschützern auf Kritik gestoßen.

Export

Bereits 40% des Bruttosozialproduktes wird exportiert, wobei ein Wandel von Rohstoffen und Nahrungsmitteln zu Fertigwaren und Industrieprodukten festzustellen ist. 1980 kamen noch 60% aller Exporte aus dem agrarischen Bereich, hingegen stellt 1996 der industrielle Sektor 69% aller ausgeführten Güter. Vor allem landwirtschaftliche Produkte und arbeitskräfteintensive Produkte wie Textilien, Schuhe und Plastik spüren die zunehmende Konkurrenz der ehemaligen sozialistischen Staaten, vor allem Vietnams. Auch die weltweite Wirtschaftsrezession führte zu einer Verringerung der Wachstumsraten in der Computerindustrie. Die ständigen Wechsel in der politischen Führung und die damit einhergehenden Neuorientierungen in der Wirtschaftspolitik haben manchen ausländischen Investor verunsichert, so daß selbst das Nachbarland Malaysia, trotz höherer Löhne, als attraktiver gilt.

Arbeitskräfte

So steht die industrielle Entwicklung des Landes am Beginn eines Umstrukturierungsprozesses von einer arbeitskräfteintensiven zu einer kapitalintensiven Industrie. Dabei erweist sich jedoch der Mangel an qualifiziertem, englischsprechendem Personal, vor allem im Management-Bereich, als großes Manko. Von staatlicher Seite wird seit Anfang der 90er Jahre die weiterführende Qualifikation von Schulabgängern gefordert. Während fast alle Kinder ihrer Schulpflicht nachkommen, geht nur die Hälfte von ihnen auf weiterführende Schulen.

Sprachführer

Wenigstens ein paar Worte auf Thai sprechen zu können und das Bemühen zu zeigen, noch mehr lernen zu wollen – dies weckt spontane Sympathie und Neugier in den meisten Thais. Eine Mini-Konversation von 4 oder 5 Sätzen mit dem Abschluß, nur ganz wenig Thai zu sprechen *(put thai dai nitnoi)*, wird immer wieder die sprichwörtliche Freundlichkeit der Thais hervorzaubern. Selbst mit einem Wörterbuch hat man große Schwierigkeiten, die Worte richtig auszusprechen. Neben den Tonhöhen, die Anfänger nie richtig treffen, muß man sich mit 44 unterschiedlichen Konsonanten und 32 Vokalen herumschlagen, die es zum großen Teil in unserer Sprache nicht gibt. Der folgende Grundwortschatz kann hierbei nur eine kleine Hilfestellung sein. Wer die Zahlen bis 10 000 in Thai beherrscht, wird einen guten Eindruck machen – vor allem bei Taxifahrern und beim Handeln. Am besten läßt man sich die Wörter von einem Thai vorsprechen und versucht, sie nachzusagen. Ein Trost für alle, die es dennoch

wagen – die Grammatik ist recht einfach zu lernen, da es nur wenige Regeln und keine Ausnahmen von diesen Regeln gibt.
Tonhöhen haben wir allerdings nicht angegeben. Die Aussprache-Umschrift der ausgewählten Wörter basiert weitgehend auf dem Deutschen. Je nach Region sprechen viele Thais in der Wortmitte anstelle des R einen Laut aus, der für ungeübte Ohren eher unserem L ähnelt. Gemeinsam üben bringt sanuk – Spaß!

nein	*mai, plao*	ไม่/เปล่า
nicht	*mai*	ไม่

Personen

ich (weiblich)	*ditschan / tschan*	ดิฉัน / ฉัน
ich (männlich)	*pom / kra pom*	ผม / กระผม
du, sie, ihr	*töh / khun / nuak töh*	เธอ / คุณ / พวกเธอ
er, sie, es	*khao*	เขา
wir	*rao*	เรา
Sie / Frau / Herr …	*khun*	คุณ

Zahlen

0	*suun*	๐
1	*nöng*	๑
2	*sohng*	๒
3	*sahm*	๓
4	*sie*	๔
5	*hah*	๕
6	*hock*	๖
7	*dschät*	๗
8	*bät*	๘
9	*kao*	๙
10	*sip*	๑๐
11	*sip et*	๑๑
12	*sip sohng*	๑๒
20	*jie sip*	๒๐
21	*jie sip et*	๒๑
22	*jie sip sohng*	๒๒
30	*sahm sip*	๓๐
40	*sie sip*	๔๐
100	*(nöng) roy*	๑๐๐
101	*roy et*	๑๐๑
200	*sohng roy*	๒๐๐
1000	*(nöng) pan*	๑๐๐๐
10 000	*(nöng) müün*	๑๐๐๐๐
100 000	*(nöng) sähn*	๑๐๐๐๐๐
1 000 000	*(nöng) laan*	๑๐๐๐๐๐๐

Fragen und Antworten

was	*arai?*	อะไร
wann	*möerai?*	เมื่อไหร่
wo, wohin, woher	*tienai?*	ที่ไหน
wo ist …?	*… yuh tionai?*	อยู่ที่ไหน
wieviel(e)	*tao-rai?*	เท่าไหร่
warum	*tammai?*	ทำไม
wie	*jangrai?*	อย่างไร
wer, wen, wem	*krai?*	ใคร
ja	*dschai*	ใช่

Zeit

Wieviel Uhr ist es?	*kie mohng?*	กี่โมง
Morgen	*tschao*	เช้า
Mittag	*diang*	เที่ยง
Abend	*jen*	เย็น
Nacht	*khühn*	กลางคืน
heute	*wan-nie*	วันนี้
morgen	*prung-nie*	พรุ่งนี้
gestern	*müa wan-nie*	เมื่อวานนี้
Minute	*natie*	นาที
Stunde	*tschua mohng*	ชั่วโมง
Tag	*wan*	วัน
Woche	*athit*	อาทิตย์
Monat	*düan*	เดือน
Jahr	*bi*	ปี
jetzt	*däo-nie*	เดี๋ยวนี้
später	*tie-lang*	ทีหลัง
noch nicht	*yang läou*	ยังแล้ว
schon / fertig	*läou*	แล้ว

Einkaufen

kaufen	*süh*	ซื้อ
verkaufen	*khai*	ขาย
Wieviel Baht?	*kih baht?*	กี่บาท
teuer	*päng*	แพง
zu teuer	*päng pai*	แพงไป
billig	*mai päng*	ไม่แพง
es gibt…	*mie…*	มี
es gibt nicht	*mai mie*	ไม่มี
Wieviel kostet es?	*raka tao-rai?*	ราคาเท่าไร
Wieviel möchten Sie?	*khun tong kahn tao-rai?*	คุณต้องการเท่าไร

Waren des täglichen Bedarfs

Tasche	*grapao*	กระเป๋า
Toilettenpapier	*gradad samla*	กระดาษชำระ
Seife	*sabu*	สระบู่

Sprachführer

Deutsch	Thai (Umschrift)	Thai
Shampoo	ja sa pom	ยาสระผม
Handtuch	pa set dua	ผ้าเช็ดตัว
Moskito-Coils	ja gan jung	ยากันยุง
Streichhölzer	mai kit fai	ไม้ขีดไฟ
Kerze	tien	เทียน
Batterie	tahn fai schai	ถ่านไฟฉาย

Post

Packpapier	gadad hoh kong	กระดาษห่อของ
Kordel	tschüak	เชือก
Karton	glong gradad	กล่องกระดาษ
Briefmarke	setäm	แสตมป์
Schreibpapier	gradad kien djod mai	กระดาษเขียนจดหมาย

Reisen

TAT (Tourist Office)	tho tho tho	ท.ท.ท
geradeaus	trong pai	ตรงไป
(nach) links	(liao) sai	(เลี้ยว) ซ้าย
(nach) rechts	(liao) khwa	(เลี้ยว) ขวา
Stop!	jut	หยุด
Wie heißt diese Straße?	thanon nih schüh arai?	ถนนนี้ชื่ออะไร
Wie heißt diese Stadt?	müang nih schüh arai?	เมืองนี้ชื่ออะไร
Wohin gehst du?	töh tschai pai nai?	เธอจะไปไหน
Ich gehe nach...	tschan pai...	ฉันจะไป...
Nein, ich will nicht gehen	tschan mai pai	ฉันไม่ไป

Transport

Bus	rot meh	รถเมล์
Busbahnhof	satani rot meh / bo ko so	สถานีรถเมล์ / บ.ข.ส.
Eisenbahn	rot fai	รถไฟ
Bahnhof	sathani rot fai	สถานีรถไฟ
Flugzeug	krüang bin	เครื่องบิน
Flugplatz	sanahm bin	สนามบิน
Boot	rüha	เรือ
Hafen	tah rüha	ท่าเรือ
Taxi	teksi	แท๊กซี่
Auto	rot jon	รถยนต์
Motorrad	mohtöhsai	มอร์เตอร์ไซค์
Fahrrad	dschakrajahn	รถจักรยาน
mieten	tschau	เช่า
Benzin	bensin	เบนซิน
Normalbenzin	tammadah	ธรรมดา
Super	supähr	ซุปเปอร์

Wohnen

Hotel	rong rähm	โรงแรม
Zimmer	hong	ห้อง
Bett	diang	เตียง
Schlüssel	gun tschä	กุญแจ
Moskito	jung	ยุง
Moskitonetz	mung	มุ้ง
Badezimmer, Toilette	hong nahm	ห้องน้ำ
Wo ist das Hotel?	rong rähm juh tienai?	โรงแรมอยู่ที่ไหน
Wo ist die Toilette?	hong nahm yuh tienai?	ห้องน้ำอยู่ที่ไหน

→ für: Ich muß auf die Toilette

müde	nguang noh	ง่วงนอน
allein	kon dijo	คนเดียว

Essen und Trinken

hungrig	hiju	หิว
durstig sein	gla hai	กระหาย
heiß	rohn	ร้อน
kalt	jen	เย็น
süß	wahn	หวาน
süß-sauer	prio-wahn	เปรี้ยวหวาน
scharf	pät	เผ็ด
gebraten	tord	ทอด
gekocht	tom	ต้ม
gegrillt	yang	ย่าง
getoastet	ping	ปิ้ง
Fisch	plah	ปลา
Fischküchlein	tord man plah	ทอดมันปลา
Garnele, Krabben	gung	กุ้ง
Hummer	gung gam gram	กุ้งก้ามกราม
Krebse	puh	ปู
Tintenfisch	plahmük	ปลาหมึก
Schweinefleisch	muh	หมู
Rindfleisch	nüa	เนื้อ
Hühnerfleisch	gai	ไก่
Entenfleisch	ped	เป็ด
Gemüse	pak	ผัก
gelbe Nudeln	bah mie	บะหมี่
weiße Nudeln	gueh tiao	ก๋วยเตี๋ยว
Reis	kao	ข้าว
weißer Reis	kao plao	ข้าวเปล่า
gebratener Reis	kao phat	ข้าวผัด
Ei	khai	ไข่

Omelett	khai dschiao	ไข่เจียว
Wasser	nahm	น้ำ
Tee	tschah	ชา
Kaffee	gafä	กาแฟ
Alkohol, Brandy	lao	เหล้า
vegetarisch	mangsawirat	มังสาวิรัต
Restaurant	rahn ahahn	ร้านอาหาร
vegetarische Kost	ahahn dschäh	อาหารเจ
kein Rindfleisch	mai sai nüa	ไม่ใส่เนื้อ
kein Seafood	mai gin ahahn thale	ไม่กินอาหารทะเล
essen	gin kao / tahn	กินข้าว / ทาน
essen gehen	pai tahn ahahn	ไปทานอาหาร
trinken	dühm	ดื่ม
Das Essen schmeckt gut!	ahahn a-roi	อาหารอร่อย
Dasselbe noch einmal	ao ik mai	เอาอีกไหม
Ich mag…	pom / tschan schop	ผม / ฉันชอบ
Die Rechnung, bitte!	tschek bin	เช็คบิล

Umwelt

Großstadt	nakhon / müang yai	นคร / เมืองใหญ่
Stadt	müang	เมือง
Dorf	muu bahn / bahn	หมู่บ้าน / บ้าน
Berg	pukao / doi	ภูเขา / เขา
Fluß	mä nahm	แม่น้ำ
Insel	ko	เกาะ
Strand	tschai haht / haht	ชายหาด / หาด
Bucht	ao	อ่าว
Wasserfall	nahm tok	น้ำตก
Höhle	tam	ถ้ำ
Straße	thanon	ถนน
Gasse	soi	ซอย

Gesundheit

gesund	sabai	สบาย
krank	mai sabai	ไม่สบาย
Medizin	jah	ยา
Fieber	kai	ไข้
Durchfall	tong doenn / tong ruong	ท้องเดิน / ท้องร่วง
Erbrechen	adschian	อาเจียร
betrunken	mao	เมา
Krankenhaus	rong payabahn	โรงพยาบาล
wehtun	dschep	เจ็บ

Gespräch

Willkommen! (Begrüßung)	jin die tohn rap	ยินดีต้อนรับ
Wie geht es?	ben jang ngai bang?	เป็นยังไงบ้าง
Mir geht es gut	sabai die	สบายดี
tschüß	laa gon	ลาก่อน
Auf Wiedersehen	läo pop gan mai	แล้วพบกันใหม่
Woher kommst du?	töh mahn dschak tienai?	เธอมาจากไหน
Kann man fotografieren?	tai ruhp dai mai?	ถ่ายรูปได้ไหม
Sprichst du Thai?	töh put Thai dai mai?	เธอพูดไทยได้ไหม
Ich spreche ein wenig Thai	put Thai dai nitnoi	พูดไทยได้นิดหน่อย
Verstehen sie?	khun kao dschai mai?	คุณเข้าใจไหม
Ich verstehe (nicht)	tschan (mai) kao dschai	ฉัน (ไม่) เข้าใจ
Bitte sprechen Sie langsam!	prott put cha cha	โปรดพูดช้าๆ
Das macht nichts!	mai pen rai	ไม่เป็นไร
danke (Männer)	kop khun khrap	ขอบคุณครับ
danke (Frauen)	kop khun kha	ขอบคุณค่ะ
bitte (fordernd)	prott	โปรด
bitte (einladend)	tschuhn	เชิญ
es tut mir leid	tschan sia chai	ฉันเสียใจ
Entschuldigung	kao tott	ขอโทษ
Wie heißt du?	töh dschüarai	เธอชื่ออะไร
Ich heiße …	tschan dschüa	ฉันชื่อ…..
Wie alt bist du?	töh ahju tao-rai	เธออายุเท่าไหร่
Viel Glück!	dschok die	โชคดี
hübsch	suäi	สวย
schmutzig	sockapock	สกปรก
sich wohl fühlen	sabai	สบาย
Spaß haben	sanuk	สนุก
mögen	schop	ชอบ
gut	die	ดี
sehr gut	die mahk	ดีมาก
nicht gut	mai die	ไม่ดี
verrückt	bababobo	บ้าๆบอๆ
gut, clever	gäng	เก่ง
Kind	dek	เด็ก
Junge	dek pu-dschai	เด็กผู้ชาย
Mädchen	dek pu-jing	เด็กผู้หญิง
müssen	tong	ต้อง

Sprachführer

können	dai	ได้
wollen, möchten	jaak, ao	อยาก
brauchen	dongka	ต้องการ
haben...	mie...	มี
ein bißchen	nitnoi	นิดหน่อย
klein	lek	เล็ก
Freund	püan	เพื่อน
Westlicher Ausländer	farang	ฝรั่ง

Die allerwichtigsten 13 Worte – und der wichtigste Satz

Wo ist …?	… yuh tienai?	อยู่ที่ไหน
Gibt es …?	… mie mai?	มีไหม
Bus	rot meh	รถเมล์
Eisenbahn	rot fai	รถไฟ
Flugplatz	sanahm bin	สนามบิน
Boot	rüha	เรือ
Restaurant	rahn ahahn	ร้านอาหาร
Hotel	rong rähm	โรงแรม
Zimmer	hong	ห้อง
Toilette	hong nahm	ห้องน้ำ
Danke	kop kun	ขอบคุณ
Entschuldigung	kao tott	ขอโทษ
sehr gut	die mahk	ดีมาก
Ich spreche nur ganz wenig Thai	put thai dai nitnoi nitnoi	

Bücherliste

Nur wenige deutschsprachige Autoren beschäftigen sich mit Thailand. Der größte Teil der hier angegebenen Literatur ist deshalb auch in Englisch geschrieben. In Thailand werden viele dieser Bücher in den größeren Buchhandlungen verkauft, in Deutschland hingegen sind die englischsprachigen Titel kaum zu bekommen. Eine gute Quelle, die zudem nichts kostet, ist die Bibliothek des Goethe-Instituts in Bangkok (s.S. 541).

Länderkunde

Thailand – Land zwischen Tradition und Moderne (Donner, Wolf; München 1996). Kompetent geschriebene, informative Abhandlung über den Naturraum, die Geschichte, Kultur, Wirtschaft und Gesellschaft des Landes.

Thailand ohne Tempel. Lebensfragen eines Tropenlandes (Donner, Wolf; Frankfurt 1984). Die schwerwiegenden ökologischen und sozialen Probleme Thailands werden fundiert dargestellt und mit Fakten begründet und gut lesbar. Empfehlenswertes Buch für alle, die bereit sind, einen Blick hinter die Sonnenseiten des Landes zu werfen.

Thailand – Geographie, Geschichte, Kultur, Religion, Staat, Gesellschaft, Bildungswesen, Politik, Wirtschaft (Hohnholz, Jürgen, Hrsg; Stuttgart 1984). Hervorragend zur Vorbereitung für Interessierte, z.T. recht kritische Passagen.

Schriftreihe der Deutsch-Thailändischen Gesellschaft (anfordern bei Asia Books Edith Rieger, Bahnhofstr. 132, 69151 Neckargemünd, ✆ 06223-6849; ✉ 72466). Informationen, die über die Tagesereignisse hinaus von Bedeutung und Interesse sind.

Geschichte, Politik, Religion und Soziales

Popular History of Thailand (Jumsai, M. L. Manich; Bangkok; englisch). Ein historisches Buch über die Könige und Kriege im alten Siam aus thailändischer Sicht. Vom selben Autor auch weitere Bücher über Thailand, so ein Sprachführer, eine Literaturgeschichte, Betrachtungen über den Thai-Buddhismus.

Thailand – a Short History (Wyatt, David; New Haven 1984; englisch). Ausgezeichnete Einführung in die Geschichte von der Vorzeit bis heute.

A Meditator's Diary. A Western woman's unique experiences in Thailand monasteries (Jane Hamilton-Merritt; London, Boston, Sydney 1976; englisch). Für alle, die sich ausführlich mit Buddhismus und dem Leben in einem thailändischen Kloster beschäftigen wollen.

Thailand's Boom (Phongpaichit, Pasuk; Baker, Chris; Chiang Mai 1996). Eine aufschlußreiche, unterhaltsame Darstellung der wirtschaftlichen Entwicklung des Landes, wobei der Schwerpunkt auf den vergangenen 20 Jahren liegt.

Behind the Smile – Voices of Thailand (Ekachai, Sanitsuda; Bangkok 1991). Hervorragende kritische Reportagen für die Bangkok Post über die Schwierigkeiten, mit denen das einfache Landvolk im Zuge der dramatischen Änderungen in Thailand zu kämpfen hat.

Die Nacht der Krokodile. Kinderprostitution in Bangkok (Botte, Marie-France; Mari, Jean-Paul; München 1996). In dem aufschlußreichen Sach-

buch faßt die engagierte Autorin, eine belgische Sozialarbeiterin, ein heißes Eisen an. Sie weiß, wovon sie schreibt, denn ihrem Engagement ist es vor allem zu verdanken, daß die mißbrauchten Kinder nicht länger totgeschwiegen werden.
Siamesische Geschichten und **Geschichten aus Siam** (Kordon, Ingo; Frankfurt bzw. Neunkirchen 1993). Ein deutscher ehemaliger Entwicklungshelfer beschreibt in unterhaltsamen Episoden das Leben in einem nordthailändischen Dorf, in dem er seit vielen Jahren lebt.

Natur und Bergvölker

Thailand. Räumliche Strukturen und Entwicklung (Donner, Wolf; Darmstadt 1989). Darstellung thailändischer Landschaftsformen und die Möglichkeiten ihrer sinnvollen, schonenden Nutzung.
A Guide to the Birds of Thailand (Lekagu, Boonsong & Round, Philip D.; Bangkok 1991). Ein Vogelbestimmungsbuch für 913 Vögel in Thailand mit Bildtafeln.
A Field Guide to the Wild Orchids of Thailand (Vaddhanaphuti, Nantiya; Bangkok 1992). Beschreibung von 90 Orchideen mit Photo.
A Field Guide to the Flowering Plants of Thailand (McMakin, Patrick D.; Bangkok 1988). Beschreibung von 502 Blütenpflanzen mit Photo.
Marine Animals of Thailand (Majchacheep, Surin; Bangkok 1989). Wissenschaftliche Beschreibung und Nachschlagewerk über 371 Meerestiere, jeweils mit Photo.
Der unersetzbare Dschungel (Reichholf, Josef H.; BLV München, 1991). Verständlich geschrieben, auch für Neulinge in der Regenwald-Problematik geeignet.
A Life Apart – Viewed from the Hills und **Hmong Voices** (Boyes, Jon & Piraban, S.; Bangkok 1992 / 1990). Interviews mit verschiedenen Hilltribes in der Chiang Rai Provinz, mit kleinem Sprachführer. Hier kommen die Bergbewohner selbst zu Wort und berichten über ihr Leben und ihre Probleme. Leicht zu lesendes Taschenbuch, erhältlich im Suriwong Book Centre, Chiang Mai.

Romane und Erzählungen

Leider sind viele der Taschenbücher vergriffen und nur noch in der Bibliothek oder antiquarisch zu erhalten. Ausnahmen:

Muschelprinz und Duftende Blüte (München 1994). Volkstümliche Liebesgeschichten aus Thailand, die ihren Ursprung in der Region Chiang Mai haben.
Reis aus Silberschalen (Ekert-Rotholz, Alice; Hamburg 1954, Neuauflage bei Rowohlt). Ein unterhaltsamer Einstieg in die Denk- und Handelsweise von Südostasiaten.
Siam hinter der Bambuswand (Ekert-Rotholz, Alice; München 1953). Anhand dieses Reisebuches kann man die rapide Entwicklung von Thailand erkennen, aber auch seine noch immer gültigen Traditionen.
Die Brücke am Kwai (Boulle, Pierre; rororo Taschenbuch). Der verfilmte Klassiker über das Leben im Kriegsgefangenenlager und den Bau der Brücke über den River Kwai im des 2.Weltkrieg.
Im Goldenen Dreieck – Eine Reise in Thailand und Burma (Nicholl, Charles; Hamburg 1993). Roman über die Reise eines sensiblen *Farang* durch den Norden Thailands, Begegnungen mit Opiumhändlern, Waffenschiebern und sympathischen Charakteren in exzentrischen Situationen.
Siamesische Hunde (Blettenberg, Detlef; Ullstein Taschenbuch 1989) Als Landeskenner hat der deutsche Entwicklungshelfer diesen spannenden Thriller mit vielen Fakten über das Leben in Thailand gespickt. Der Handlung liegen die geheimdienstlichen Aktivitäten von Jim Thompson zugrunde. Vom selben Autor erschienen bei Ullstein der Roman **Farang** (vergriffen) sowie die Reportagen **Inka grollt und Buddha lächelt** (vergriffen).
Insel im Schwarzen Fluß – Die Geschichte einer verkauften Kindheit in Thailand (Siebert, Rüdiger; Arena Verlag, Würzburg 1995). Eine hervorragend recherchierte Geschichte über die unmenschlichen Bedingungen, unter denen Kinder armer Eltern in Fabriken arbeiten müssen.
Weitere vergriffene Titel:
Bambus läßt sich nicht brechen – Reportagen vom Überleben in Südostasien (Siebert, Rüdiger; Würzburg 1986, vergriffen). Hervorragend beobachtete und gut geschriebene Kurzgeschichten über die Schattenseiten des Lebens in Thailand und den Nachbarländern. Empfohlenswert!
Frauen in Thailand (dtv-Taschenbuch 1991). Erzählungen thailändischer Autorinnen.
Endstation Bangkok (Lerco, Armand; rororo Taschenbuch 1984). Bericht eines ehemaligen Dealers, der in einem Gefängnis in Thailand landet.

Rough Boys. Drei Jahre Ewigkeit im Drogen-Knast von Bangkok (Vyskocil, Helmuth L.; Heyne Taschenbuch 1984). Ein Erlebnisbericht aus thailändischen Gefängnissen.

In Bangkok erhältlich: **Anfang der Eisenbahn in Thailand** (Weiler, Luis; Reprint Bangkok 1979). Tagebuch vom Bau der Thai-Eisenbahn unter der Leitung von deutschen Ingenieuren in der Periode von 1893 bis 1917; interessant zu lesen.

Thai-Ramayana (Übersetzung der Fassung von König Rama I. durch M.L. Manich Jumsai, deutsch, englisch). Es gibt verschiedene Fassungen dieses Epos', das im gesamten süd- und südostasiatischen Raum bekannt ist. In die Thai-Version sind zahlreiche Märchen und Sagen Thailands eingearbeitet worden. Eine umfangreiche deutsche Übersetzung der indischen Ramayana-Version ist im Eugen Diederichs Verlag, Düsseldorf, Köln 1981 erschienen. Eine besonders schöne englische Nacherzählung mit Bezug auf die Artus-Legende und Abbildungen von den Wandmalereien im Wat Phra Keo hat J.C.Shaw 1988 bei D.K. in Bangkok veröffentlicht.

Kulturführer

Land & Leute Thailand (Bolik, Rainer; Jantawat-Bolik, Siriporn; München 1992). In alphabetischer Reihenfolge wird in dem gut lesbaren Band der Polyglott-Reihe Hintergrundwissen über das Alltagsleben und die Kultur Thailands vermittelt.

Reisegast in Thailand (Cooper, Robert & Nanthapa; München 1994). Amüsant und locker geschrieben ist es eine Hilfestellung, um die Verhaltensweisen der Thais zu verstehen und sich als Ausländer entsprechend zu verhalten. Englische Originalversion: Culture Shock! Thailand.

Gesundheit und Kochbücher

Die Taschenklinik (Dr.med. Lössl, Rainer; München). Das Gesundheits-ABC für unterwegs. Praktische Reisemedizin im Kleinformat, mit medizinischem Wörterbuch in den Weltsprachen.

Traveller's Health. How to Stay Healthy Abroad (Dr. Richard Dawood, Oxford, New York, Tokyo 1992; englisch). Der umfangreichste Gesundheits-Ratgeber für Reisende.

Die Kunst traditioneller Thai Massage (Asokananda – Harald Brust; Bangkok 1990). Die Techniken der Ganzkörpermassage, mit Fotos und Zeichnungen.

100 Thailändische Gerichte (Uher, Petra; Köln 1989). Einführung in die Küche Thailands mit vielen nachvollziehbaren Rezepten.

Die Poesie der thailändischen Küche (Heymann-Sukphan, Wanphen; Aarau 1995). Großformatiges bebildertes Kochbuch, das Appetit macht.

Küchen der Welt: Thailand (München 1995). Phantastisch fotografierter großformatiger Bildband, der weit mehr als ein Kochbuch ist.

Nitaya's Thai Küche (München 1995). Das Buch wartet nicht nur mit schönen Bildern sondern auch mit vielen nachkochbaren Rezepten auf.

Reiseführer

Eine große Zahl von Reiseführern beschäftigen sich mit Thailand. Wir haben einige ausgewählt, die dieses Buch ergänzen können.

Richtig Reisen Thailand (Loose, Renate; DuMont, Köln 1996). Hintergrundinformationen über das buddhistische Land. Zahlreiche Fotos und Routentips über die wichtigsten Reiseziele.

Thailand und Burma (Dittmar, Johanna; DuMont, Köln). Ein Kunstreiseführer, der umfassend über die kulturellen Sehenswürdigkeiten informiert.

Thailand per Rad (Thomes, Matthias; Kettler Verlag). Hervorragender Radführer mit 90 Teilstrecken, Kartenskizzen und Hintergrundwissen.

National Parks of Thailand (Graham, Mark, Hrsg.; Bangkok 1991). Ausführliche Beschreibung der Vegetationssysteme von 30 Nationalparks, Kurzbeschreibung von weiteren 33 der über 100 Nationalparks, schöne Fotos und Karten. Als Wanderführer nicht geeignet.

Top North – A New Guidebook (Soonklahng, Pom; Thailand). Unser Freund Uwe hat in minutiöser Arbeit einen kleinen Führer für Selbstfahrer über den Hohen Norden erstellt, mit vielen Kartenskizzen. Erhältlich in Gästehäusern in Chiang Rai und weiter nördlich. Wird laufend aktualisiert und ergänzt.

Diving in Thailand (Boyd, Ashley I. & Piprell, Collin; Singapore 1995). Ein Führer zu 84 Tauchzielen mit prägnanten Beschreibungen und Bewertungen, sehr gute Karten, Einführung in Thailands Meeresfauna, Wetterbedingungen, Tauchbestimmungen und Schutz der Korallenriffe, viele Fotos.

Tauchreiseführer Thailand (Mietz, Christian; Augsburg 1995). Allgemeine Infos über Thailand, Streifzug durch die Natur und das Leben im Meer, allgemein gehaltener Führer zu 13 Tauchregionen mit Übersichtskarten, konkrete Reisetips zu Anreise, Unterkunft u. Tauchschulen, exzellente Fotos.
Sail Thailand – Exploring the Andaman Sea by Sail – Islands, Maps and Anchorages (Piprell, Collin, Hrsg.; Bangkok 1991). Führer zu den Segelrevieren von Ko Phi Phi bis zu den Surin Islands mit vielen Fotos und Karten.
The Meditation Temples of Thailand: A Guide (Cummings, Joe; Bangkok 1990). Informationen über Buddhismus in Thailand, über Meditationslehrer und die Tempel, die auch Ausländer für einige Zeit aufsuchen können.
A Pocket Guide for Motorcycle Touring in North Thailand (Unkovich, David; Chiang Mai). Exakte Beschreibungen von Motorradtouren im Norden östlich von Chiang Mai. Wird laufend ergänzt. Sehr zu empfehlen.
The Mae Hong Son Loop (Unkovich, David; Chiang Mai). Exakte Beschreibungen von Motorradtouren im Westen Nord-Thailands. Unentbehrliche Information über die schönste Rundfahrt im Norden. Wird laufend ergänzt.

Sprachführer und Wörterbücher

walk & talk Thailand (München 1995). Sprechführer mit Lautschrift und Thai-Schrift; zudem viele Hintergrundinformationen über das Land.
Deutsch – Thai Wörterbuch (Jumsai, Manich; Chalermnit Verlag, Bangkok 1979). Kleines, handliches Büchlein mit geringfügig anderer Lautschrift, das man billig in Buchhandlungen und Souvenir-Shops in Thailand bekommt.

Landkarten und Pläne

Thailand Highway Map 1:1 000 000 (Roads Association of Thailand, Hrsg.; Bangkok). Der zur Zeit umfangreichste Straßenatlas Thailands. Viele Stadtpläne, Sehenswertes. Englisch und Thai. Erscheint jährlich neu.
Thailand Road Map 1:1 750 000 (Berndtson & Berndtson Publications, Fürstenfeldbruck). Brauchbare Straßenkarte mit Sehenswürdigkeiten, 6 Stadtpläne und Detailkarten, Orts- und Straßenindex. Gute Ergänzung zum Handbuch.

Im gleichen Verlag erschienen in derselben nützlichen Aufmachung die
Bangkok City Map 1:14 000, ein Innenstadtplan sowie eine Karte des Großraums bis zum Airport im Maßstab 1:85 000, mit Straßenindex.
Thailand North Road Map 1:750 000 mit Stadtplänen von Chiang Mai, Chiang Rai und Mae Hong Son sowie Umgebungskarten von Chiang Mai und dem Goldenen Dreieck. Einzige Karte des Nordens, in der jede Landstraße exakt recherchiert wurde, mit Straßenkategorien, Befahrbarkeit, touristischen Attraktionen, Symbolen für Aktivitäten, Nationalparks mit Grenzen.
Phuket Road Map 1:80 000, umfaßt das Gebiet bis Krabi, mit Detailplänen von den Stränden, Phuket Town, Krabi und Ko Phi Phi. Exakt recherchierte Karte.
Thailand Regional Maps (Periplus Travel Maps), eine Serie von phantasievoll gezeichneten Regionalkarten zu Zentral-Thailand mit Stadtplänen von Bangkok und Pattaya, Nord-Thailand mit Chiang Mai sowie von Phuket und Ko Samui.
Thailand Highway Map 1:1 600 000 (Highway Department Club, Bangkok 1992). Straßenkarte auf Thai, auf der auch die Nummern kleiner Straßen angegeben sind, außerdem 23 Stadtpläne. Zweitkarte für Selbstfahrer.
Latest Tour's Guide to Bangkok & Thailand. Brauchbarer Bangkok-Stadtplan mit eingezeichneten Busrouten, den es in vielen Gästehäusern, Buchläden und im Tourist Office für 30–40 Baht zu kaufen gibt.
Guide Map of ... (V. Hongsombud; Bangkok). Hervorragend recherchierte Serie von Karten über touristische Gebiete, zur Zeit über Chiang Rai, Krabi, Ko Samui sowie Ko Tao mit Ko Pha Ngan. Wird laufend aktualisiert. Vorsicht vor minderwertigen Nachahmern!
Map of Bangkok & Map of Chiang Mai (Chandler, Nancy). Graphisch hübsch gestaltete, handgezeichnete Karten von den interessantesten Märkten und Einkaufsvierteln mit eingezeichneten Geschäften, Restaurants, Sehenswürdigkeiten.

Video

Bangkok. Das kultivierte Chaos (Schultze & Schultze 1993) Ein sympathisches und realistisches Stadtportrait, das in einem unterhaltsamen Mosaik die Vielfalt der Stadt in 45 Min. darstellt.

Bangkok กรุงเทพ

Gerade 200 Jahre alt ist diese lebendige 6-Millionen-Stadt, deren Ballungsgebiet fast 9 Millionen Menschen umfaßt. Dicht beieinander liegen Armut und Reichtum, Hektik und Ruhe, Glanz und Elend. Die Stadt scheint endlos, es gibt viele Zentren; hier das Touristenviertel (Sukhumvit Road), dort das historische Zentrum (Sanam Luang), in einem ganz anderen Gebiet die Einkaufs- und Verwaltungszentren. Eine unübersichtliche Stadt, in der die meisten Ziele nicht zu Fuß zu erreichen sind. Entsprechend wälzt sich ein Strom laut hupender Taxis, qualmender Busse, knatternder Tuk Tuks und Motorräder sowie anderer Fahrzeuge durch die Stadt und verleihen der Luft von Bangkok das typische Aroma. Bangkok ist das Zentrum, aber auch der Wasserkopf Thailands. Über diese Stadt läuft 90% des Außenhandels; hier wird die Hälfte des Bruttosozialproduktes des Landes erwirtschaftet; hier konzentrieren sich Industrie, Administration und die Hoffnungen vieler Thai auf ein besseres Leben. Daneben gibt es das andere Bangkok, das kulturelle und religiöse Zentrum. Allein 400 Tempel gibt es in der Stadt, viele Märkte und ein interessantes Nationalmuseum. Die Restaurants sind international, und nach Sonnenuntergang wird sich niemand langweilen – selbst wenn man keine Hostessen sucht, denn die Musikkneipen, Discos, Kinos und Biergärten haben durchaus Weltstadt-Niveau, was von der Theaterszene nicht behauptet werden kann.

> Vorsicht! Besonders am Sanam Luang wird man von seriös aussehenden Männern zum Kauf von Edelsteinen überredet. Da bereits seit Jahren viele Touristen auf diesen Trick hereinfallen und große Mengen Geld verloren haben, möchten wir noch einmal eindringlich vor den Schleppern warnen (s.S. 542). Es ist kein Fehler, resolut aufzutreten und mit der Polizei zu drohen.

Königspalast und Wat Phra Keo

Wer für Bangkok nicht viel Zeit hat, wird direkt zum Sanam Luang fahren. Der Bereich südlich des Platzes bis zum Fluß enthält die Bauten des Königspalastes und des Königstempels Wat Phra Keo. Geöffnet tgl. 8.30–15.30 Uhr; Führung in Englisch um 10 Uhr, Eintritt 125 Baht. Im Preis ist der Eintritt zum Vimanmek Teakwood Mansion, zum Tempelmuseum, zu den Königlichen Münzsammlungen und Dekorationen inbegriffen. Die Wachen am Eingang lassen Besucher in Shorts, kurzen Röcken, schulterfreier Kleidung, hinten offenen Sandalen (!) u.ä. nicht hinein bzw. verpassen ihnen gegen Hinterlegung des Passes oder einer Leihgebühr angemessene Kleidung – und ein Rundgang in geliehenen Schuhen kann zu einer Qual werden. Sonntags kann das Innere des Palastes nicht besichtigt werden.

In den ersten Gebäuden hinter der Kasse sind die **Königlichen Münzsammlungen und Dekorationen** untergebracht, etwas für Besucher mit speziellen Interessen. Geöffnet tgl. 9–12 und 13–15.30 Uhr.

Hinter diesem Gebäude liegt das herrliche **Wat Phra Keo**. Durch die Eingangstore, die von riesigen Dämonen, den *Yaks*, bewacht werden, gelangt man in den Tempelbezirk. Er ist von einem überdachten Wandelgang umgeben, der mit besonders schönen Wandmalereien geschmückt ist, die Szenen aus dem thailändischen Ramayana-Epo darstellen. Im Zentrum der Anlage erhebt sich der über und über dekorierte Bot des Jade-Buddhas. Ordner sorgen dafür, daß man die Schuhe vor dem Eingang abstellt und sich im Inneren des Bot (Fotografierverbot) auf den Boden setzt, wobei die Füße nach hinten zeigen sollten. Die Wandmalereien im Innenraum stellen das Leben Buddhas dar. Auf einem Altar thront die mit einem goldenen Gewand bekleidete, 66 cm hohe Buddhastatue aus Nephrit, einer Jadeart. Sie gilt als Beschützer des Landes und der Dynastie.

In wohl keinem Bildband fehlt der von zwei vergoldeten Chedis umgebene Königliche Pantheon, dessen mehrfach gestaffeltes Dach von einem Prang gekrönt wird. Daneben ragt die Bibliothek für die Heiligen Schriften des Therawada-Buddhismus *(Triptaka)* mit pyramidenförmigem Mondhop-Dach empor. Der große, goldene Chedi, hinter der Bibliothek, enthält eine Reliquie Buddhas. Dahinter, auf der unteren Ebene, steht die mit glasierten Tonblumen verzierte Gebetshalle Viharn Yot. In der Viharn Phra Nak, im Nordwesten, wird die Asche der verstorbenen Angehörigen der Chakri-Dynastie aufbewahrt. Das Gebäude Ho Monthien Dhamma, in der nordöstlichen Ecke der Anlage, diente zur Aufbewahrung heiliger Schriften.

Zum **Königspalast** gelangt man durch das südwestliche Tor hinter dem Bot. Den Amarinda-Palast ließ Rama I. als Gerichtshalle erbauen, später wurde er für Krönungsfeierlichkeiten und Empfänge genutzt. Der kleine, graziöse Umkleidepavillon nebenan gilt als typisches Exempel thailändischer Architektur. Dahinter steht der von Rama I. als Krönungshalle geplante Dusit Palast, der seit dem Tod dieses Königs nur für Begräbnisse genutzt wird.

Das Nationalmuseum

Ein Rundgang durch das größte Museum Thailands vermittelt einen guten Überblick über die Geschichte des Landes. Geöffnet Mi–So außer feiertags von 9–12 und 13–16 Uhr, Eintritt 40 Baht, im Kombinationsticket von 80 Baht ist der Eintritt zur Nationalgalerie, den königlichen Barken und dem Elefantenmuseum inbegriffen, ✆ 2241333. Kostenlose einstündige Führung am Do (Thai Kunst und Kultur) um 9.30 Uhr in deutsch. Weitere englischsprachige Führungen am Mi (Thai-Kunst) und Do (Buddhismus) um 9.30 Uhr. Die Termine können sich ändern.

Die Buddhaisawan-Kapelle, rechts vom Eingang, wurde für eine der am meisten verehrten Buddhastatuen, Phra Buddha Singh, errichtet. In dem ersten Gebäude links hinter der Kasse ist die prähistorische Sammlung untergebracht. Dahinter steht links der Kapelle das sogenannte Rote Haus im traditionellen Thai-Stil, das mit Gegenständen aus der frühen Bangkok-Periode eingerichtet ist. Der anschließende zentrale Bau beherbergt die unterschiedlichsten Gegenstände aus der jüngeren Bangkok-Periode. Ihn umrahmenden neue Museumsgebäude. Sie enthalten im Südflügel buddhistische und hinduistische Kunstgegenstände aus verschiedenen Epochen. In den Sälen im Nordflügel sind u.a. Skulpturen, Keramiken, Textilien und Münzen aus verschiedenen Regionen und Perioden ausgestellt.

Rings um den Sanam Luang

Im **Nationaltheater** werden klassische Tänze gepflegt, aber auch populäre Khon-Dramen aufgeführt. Programminformationen Mo–Fr 8.30–16.30 Uhr unter ✆ 2241342, auch an der Kasse sind von 10–12 Uhr Programme erhältlich. Die **Nationalgalerie** in der Chao Fa Road stellt Werke moderner Künstler aus. Geöffnet Mi–So 9–16 Uhr, ✆ 2812224, Eintritt 30 Baht.

In der schmalen Seitenstraße liegt **Wat Mahathat**, die buddhistische Hochschule. Das Wat ist eines der größten von Thailand und beherbergt in seinem abgegrenzten Klosterbereich zwischen 300 und 400 Mönche. Der Tempel ist das Zentrum für Studien der Pali-Schriften und alter religiöser Überlieferungen. Das Meditationszentrum (Section 5) im südwestlichen Tempelbereich steht auch ohne Voranmeldung Ausländern und Ausländerinnen (!) offen. Täglich um 7, 13 und 18 Uhr beginnen zwei- bis dreistündige Meditationsübungen. Das Wat ist tgl. von 9–17 Uhr geöffnet.

Der **Lak Muang**, dessen Dach von einem Prang gekrönt wird, enthält den Grundstein der Stadt, der das Zentrum des Landes markiert, von dem aus alle Entfernungen gemessen werden. Besucher bringen dem Schutzgott Opfergaben dar und lassen traditionelle Tänze aufführen.

Banglampoo, der traditionelle Einkaufsbezirk um die **Khaosan Road** ist das Traveller-Zentrum Bangkoks mit Gästehäu-

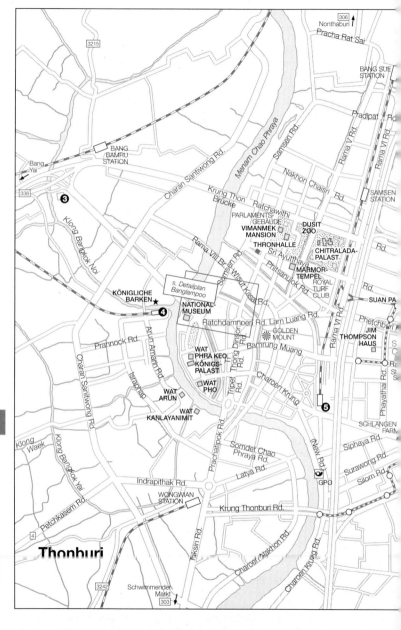

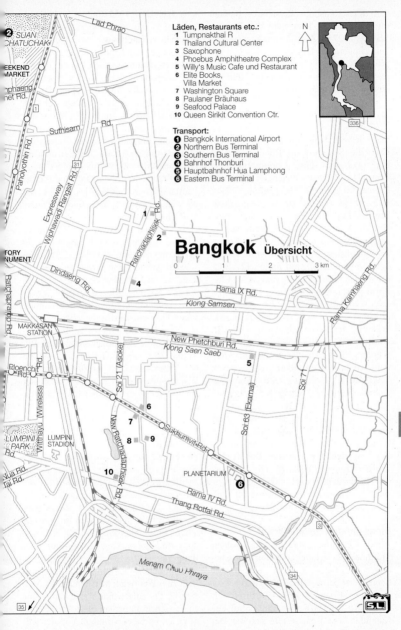

Bangkok – Übersicht

sern, Kassettenshops, Reisebüros, Banken und Restaurants. Hier steht **Wat Bovonives**, das 1827 als Zentrum der strengen Regeln folgenden Dhammayuti-Sekte gegründet wurde. Im Bot steht eine berühmte, vier Meter hohe bronzene Buddhafigur aus der Sukhothai-Periode.

Wat Pho

Südlich vom Königspalast gelangt man über die Sanam Chai Road zum Wat Pho oder Wat Phra Chetuphon, dem Tempel mit dem liegenden Buddha. Eintritt 20 Baht. Geöffnet tgl. 8–17 Uhr, ✆ 2220933. Der Viharn mit dem **ruhenden Buddha** nimmt den nordöstlichen Bezirk ein. Die 45 m lange liegende Statue, die Buddha bei seinem Eingang ins Nirwana symbolisiert, wurde 1987 frisch vergoldet. Ein Wandelgang mit zahlreichen Buddhastatuen umschließt die vier großen **Chedis** in grün, orange, gelb und blau. Durch zwei von Tempelwächtern bewachte Tore erreicht man den westlichen Tempelbezirk. Während der Regentschaft von Rama III. wurde im Wat Pho die Medizinschule gegründet. Noch heute werden in einem halboffenen Pavillon im äußeren nordöstlichen Tempelbezirk traditionelle **Massagetechniken** gelehrt (15tägige Kurse, tgl. 3–5 Std. Unterricht, 4500 Baht, ✆ 2254771, 2212974) und Massagen durchgeführt (100 Baht für 30 Minuten, 180 Baht für 1 Std. + 20 Baht für ein frisches Laken). Die Eingänge zum zentralen **Bot** werden von Bronzelöwen bewacht. Die Marmor-Reliefs auf dem Sockel und die mit Intarsienarbeiten verzierten Eingangstore stellen Szenen aus dem Ramayana dar.

Rings um den Golden Mount

Auf dem künstlich aufgeschütteten **Golden Mount** erhebt sich der goldglänzende Chedi von Wat Saket. Vor dem Aufgang zur oberen Plattform sind 10 Baht Eintritt zu zahlen. Geöffnet tgl. 7.30–17 Uhr.

Inmitten eines Kreisverkehrs auf der Ratchdamnoen Road erhebt sich das **Demokratie-Denkmal**, das an den Staatsstreich im Jahre 1932 und das Ende der absoluten Monarchie erinnert. Ein Teil der ehemaligen **Stadtmauer** entlang des Klong Banglampoo und Klong Ong Ang ist an der Brücke restauriert worden. Jenseits der Mahachai Road wurde ein kleiner Park mit einer **Gedenkstätte für König Rama III.** und einem Pavillon errichtet. Dahinter steht **Wat Ratchanatda**. Im Vorhof hinter dem Viharn werden an zahlreichen Ständen eines **Amulettmarktes** religiöse Statuen und Glücksbringer verkauft. Hinter dem Bot erhebt sich der eigentümliche Metallpalast **Loha Prasat**, der eher an indische Tempelbauten erinnert. Südlich des Klongs steht ein weiterer großer, aber einfacher Tempel, **Wat Theptidaram**.

In Geschäften der Bamrung Muang Road wird eine faszinierende Sammlung von vergoldeten Buddhastatuen, Almosenschalen und anderem Tempelzubehör verkauft. In einem Kreisverkehr steht eine etwa 25 m hohe **Riesenschaukel** *(giant swing)*. Bei einem hinduistisch-brahmanischen Fest wurden früher lebensgefährliche Schaukel-Wettkämpfe ausgetragen.

Südlich der Schaukel erhebt sich **Wat Suthat**. Vor etwa 150 Jahren entstand dieser Tempel, dessen besonders schöne Wandmalereien zu den bedeutendsten Zeugnissen thailändischer Malerei gehören.

Thonburi

Die Schwesterstadt westlich des Flusses wurde 1767 nach der Zerstörung von Ayutthaya die erste Zufluchtsstätte der zersprengten Armee unter König Taksin, bis Rama I. 1782 nach Bangkok übersiedelte. Thonburi kann man nur vom Boot aus erleben. Empfehlenswert ist die Tour mit dem Linienboot vom Chang-Pier nach **Bang Yai**.

Vom Thien-Pier fahren Fähren für 1 Baht zum **Wat Arun**, dem Tempel der Morgenröte. Die aufgehende Sonne läßt die mit chinesischem Porzellan bedeckten Prangs in vielen Farben erstrahlen. Von der letzten Plattform bietet sich eine gute Sicht über den Fluß auf Bangkok. Geöffnet tgl. 8–16.30 Uhr, Eintritt 10 Baht.

Das riesige **Wat Kanlayanimit** steht 2,5 km südlich vom Wat Arun. Im Glockenturm im Hof hängt die größte Bronzeglocke Thailands. Weit beeindruckender ist die riesige sitzende Buddhafigur im höchsten Viharn der Stadt. 800 m weiter im Süden erreicht man die **Santa Cruz-Kirche** (Wat Kuti Cheen) inmitten des ehemaligen portugiesischen Viertels, dem ersten europäischen Geschäftszentrum, von dem kaum noch etwas zu sehen ist. Von der Anlegestelle, wenige Meter östlich der Kirche, legen die Fähren zum Rachini-Pier ab. In Richtung Memorial-Brücke erreicht man nach 400 m einen weiteren Tempel aus der Zeit von Rama III., **Wat Prayun Wong Sawat**. Im östlichen Bereich erhebt sich eine bizarre, künstliche Felseninsel, die mit Miniaturhäusern, -tempeln und -pagoden bebaut ist.

Am Klong Bangkok Noi sind vor der Arun-Amarin-Brücke in einer Bootshalle am Nordufer die **königlichen Barken** untergebracht, die prunkvollsten der 51 Boote, die mit Holzschnitzereien und Lackarbeiten kunstvoll verziert sind. Von der Endstation des ac-Busses 3 ist es nicht weit zu den Barken. An der Brücke hält auch der non-ac-Bus 19 ab Sanam Luang. Geöffnet tgl. 8.30 –16.30 Uhr, ✆ 4240004, Eintritt 30 Baht.

Indisches Viertel und Chinatown

Die endlos lange Straße vom Wat Pho Richtung Osten, die New Road oder **Charoen Krung Road**, wurde als erste Straße der Stadt unter Rama IV. 1851–1868 entlang eines ehemaligen Elefantenpfades gebaut. Europäischer Einfluß ist im zentralen Bereich rings um das Hauptpostamt noch immer zu spüren.

Entlang der Pahurat Road und in den schmalen Gängen zwischen den alten Holzhäusern werden auf dem **Pahurat-Markt** Textilien, von Saris bis zu Brokatstoffen für Tempeltänzer, Schmuck und vieles mehr angeboten – allerdings ohne viel Exotik. Die Wohn- und Geschäftshäuser überragt die goldene Kuppel des Gurdwara Siri Guru Singh Sabha **Sikh-Tempels**.

Östlich von Pahurat erstreckt sich die quirlige **Chinatown**. Ein besonders schöner chinesischer Tempel, der **Neng Noi Yee** (Thai-Name: Wat Mangkon Komalawat), steht an der Charoen Krung Road zwischen Mangkon und Phlapphla Chai Road. Große Fahrzeuge sind aus der **Sampeng Lane** und den schmalen Seitengassen verbannt. Es wird eine Vielfalt von Waren angeboten. Auf dem **chinesischen Markt** in der Soi Itsara Nupha, zwischen Charoen Krung und Yaowarat Rd., werden exotische Zutaten für die chinesische Küche verkauft.

Der massiv goldene Buddha im **Wat Traimitr** wiegt beinahe 6 Tonnen. Die aus dem 14. Jahrhundert stammende eindrucksvolle Statue wurde erst 1955 durch Zufall unter einer Bronzeschicht entdeckt. Geöffnet tgl. 9–17 Uhr, Eintritt 10 Baht.

Östlich des Zentrums

Am östlichen Ende der Silom Road liegt eine der berühmt-berüchtigten Amüsiermeilen, die **Patpong Road**. Nicht weit davon entfernt erstreckt sich eine der wenigen Grünflächen der Stadt, der Lumpini-Park, der vor allem am Sonntag ein beliebtes Familien-Ausflugsziel ist. Das Pasteur-Institut (Königin Saorapha Memorial Institute) an der Rama IV., Ecke Henri Dunant Road, beherbergt die **Schlangenfarm**. Vorführung tgl. um 11 und 14 Uhr, Sa und So nur vormittags, außerdem um 10.30 und 14 Uhr ein informativer Diavortrag. Geöffnet Mo–Fr 8.30–16.30, Sa, So und feiertags 8.30–12 Uhr. Eintritt 70 Baht. Auskünfte unter ✆ 2520161-4.

An der Ecke Ratchadamri Road steht vor dem Grand Hyatt Erawan Hotel ein kleiner **Erawan-Schrein**, der große Beliebtheit genießt. Passanten opfern Räucherstäbchen, Früchte und Kerzen, behängen die Statue mit Blumenkränzen und erbitten den Segen der Götter, oder sie engagieren vier Tänzerinnen, die klassische Tänze rund um den Schrein vorführen.

Das **Jim Thompson-Haus** liegt etwas versteckt am Ende der Soi Kasemsan 2, die von der Rama I. Road abgeht, non-ac-Bus 47 ab Wat Pho oder Sanam Luang. In mehreren großartigen traditionellen Thai-Häusern hat Jim Thompson südostasiatische Kunstschätze zusammengetragen.

Geöffnet Mo–Sa 9–17 Uhr, letzter Einlaß um 16.30 Uhr, ✆ 2150122, Eintritt 100 Baht, Studenten 40 Baht.

Nördlich des Zentrums

Ein Kuppelbau im neo-venezianischen Stil wurde von italienischen Architekten im Auftrag von König Rama V. als **Thronhalle** entworfen. Er kann nicht besichtigt werden.

Auf dem Platz vor dem Gebäude erhebt sich ein **Denkmal von König Rama V.** Dieser König residierte im luftigen, im Stil der Jahrhundertwende eingerichteten **Vimanmek Mansion** von 1901–1907. Geöffnet tgl. außer Mo und Di von 9.30–16 Uhr, ca. 90minütige Touren, daher möglichst bis 14 Uhr ankommen. Die Eintrittskarte zum Königspalast berechtigt zum Besuch des Mansion, ✆ 2220859, ansonsten 50 Baht Eintritt. Es wird ordentliche Kleidung erwartet.

Südlich des Zoos steht Wat Benchamabopitr, allgemein als **Marmortempel** bekannt, da er unter König Chulalongkorn weitgehend aus weißem Carrara-Marmor erbaut wurde. Geöffnet tgl. 8–16.30 Uhr, ✆ 2812501, Eintritt 10 Baht.

Am Samstag oder Sonntag sollte man sich den Besuch des quirligen **Weekend Market** im Suan Chatuchak, an der Straße zum Airport, keinesfalls entgehen lassen.

Übernachtung

Bei der Wahl der Bleibe sollte in erster Linie die Lage entscheiden, denn bei den großen Entfernungen und dem zähen Verkehr ist man lange unterwegs. Luxushotels können günstiger über Reisebüros gebucht werden.

BANGLAMPOO – (Karte s.S.535) Vor allem rings um die Khaosan Rd. konzentrieren sich die billigen Gästehäuser mit Schlafsaal-Betten für etwa 80 Baht und Doppelzimmer mit Fan und Gemeinschafts-Du/WC um 150 Baht. Da die Ausstattung kaum über eine dünne Schaumstoffmatratze hinausgeht und die Türen nicht immer sicher zu verriegeln sind, ist es ratsam, Bettwäsche, Handtücher und ein Vorhängeschloß mitzubringen. Auch einem Haussafe sollte nicht allzuviel Vertrauen entgegengebracht werden. Häufig sind die Wände so dünn, daß man bald die Schlafgewohnheiten jedes Nachbarn kennt. Eine Zimmerbesichtigung vor dem Einchecken lohnt.
In der Khaosan Rd. sind einige zwielichtige Gestalten auf der Suche nach leichtgläubigen Touristen unterwegs.
Hello** ⑲, 63 Khaosan Rd., ✆ 2818579, auf beiden Straßenseiten, z.T. mit ac, nicht sehr sicher, Restaurant mit aggressiver Anmache.
D & D Inn**** ㉚, 68-70 Khaosan Rd., ✆ 6290526-8, ✉ 6290529, neues Hotel, Zi mit Du/WC, ac, TV und Telefon aber ohne Fenster.
Green House**, ac*** ⑱, 88/1 Khaosan Rd., ✆ 2819572, Zi mit Du/WC, z.T. mit ac, Schlafsaal, laut, nicht sehr freundlich, Tischtennis, Massage.
Khaosan Palace Hotel**-*** ㉑, 139 Khaosan Rd., ✆ 2820578, Kleine, helle Zimmer mit ac oder Fan und Du/WC, sauber aber laut, teilweise Neubau, Münzwaschmaschinen, Locker 10 Baht.
New Nith Charoen*** ㉑, 183 Khaosan Rd., ✆ 2819872, altes Haus in zweiter Reihe mit etwas komfortableren Zimmern mit Du/WC.
Khao San Privacy***-**** ㉛, 86 Khaosan Rd., ✆ 2817512, ✉ 2814708, Nr. 86, ungemütliches Kleinhotel, Zimmer mit Fan oder ac.
Orchid*** ⑰, 323/2-3 Soi Rambuttri, ✆ 2802691-2, neueres Haus, Zimmer mit Balkon, Du/WC, Fan oder ac.
Siam Oriental Hotel***-**** ㉜, 190 Khaosan Rd., ✆ 6290311, saubere Zimmer unterschiedlichster Ausstattung, inklusive Frühstück, großer klimatisierter Coffeeshop mit Bar.
Classic Place*** ㉔, 259 Khaosan Rd., ✆ 2817129, sauberes Guesthouse, kleine Zimmer mit Du/WC, Fan oder ac, laut.
Marco Polo*** ㉓, 108/7-10 Khaosan Rd., ✆ 2811715, ruhig, sauber, im Restaurant Video. Zimmer mit Du/WC und ac. Den als Safes aufgestellten Blechkästen nicht vertrauen.

Nana Plaza Inn*** ㉝, 202 Khaosan Rd., ℡ 28164 02, ℻ 2816814, Kleinhotel, Zimmer mit ac, Du/WC. Im EG Bierbar und Restaurant. In der schmalen Gasse **Trokmayom Chakraphong**:
New Joe House**-*** ㊲, 81 Trokmayom Chakraphong, ℡ 2812948, ℻ 2815547, beliebtes Kleinhotel, saubere Zimmer mit Fan oder ac und Du/WC, Garten, Waschmaschinenbenutzung, Fax-, Telefon- und Internet-Service.
Ranee's ㊱, 77 Trokmayom Chakraphong, neben New Joe, ℡ 2824072, ℻ 2816745, Zimmer mit Fan und Gemeinschafts-Du/WC in einem alten Teakhaus mit Garten, gutes Frühstück sowie leckere vegetarische und andere Gerichte.
J.+ Joe House** ㊱, 1 Trokmayom Chakraphong, ℡ 2812949, in 2 renovierten Häusern, kleine Zimmer mit Fan und Gemeinschafts-Du/WC, zum begrünten Innenhof laut.
Thai** ㊱, 24/1 Trokmayom Chakraphong, ℡ 2819041, ruhig gelegenes Holzhaus inmitten alter Thai-Häuser in einer schmalen Gasse. Einfache, kleine Zimmer mit Gemeinschafts-Du/WC.
In einer Gasse **östlich der Tanao Rd.**:
Sweety** ㉖, 49 Ratchdamnoen Klang Rd., ℡ 2802191, ℻ 2802192, Eingang auch von der Ratchdamnoen Rd. Einfache Zi mit Fan oder ac.
New World GH*** ⑥, 2 Samsen Rd., Soi 2. **Nördlich vom Klong Banglampoo**, ℡ 2815596, ℻ 2825614, Apartments mit Fan oder ac und TV.
In den schmalen Gassen **rings um Wat Chana Songkhram** hat sich ein weiteres Gästehaus-Zentrum herausgebildet, das weniger turbulent ist:
Sawasdee House**-*** ⑭, 147 Soi Rambuttri, ℡ 2818138, 6290993, ℻ 6290994, Zimmer mit Fan oder ac mit und ohne Du/WC, z.T. mit Balkon, in einem neuen, vierstöckigen Haus mit großem, kühlen Restaurant und netter Terrasse.
My House**-*** ⑬, 37 Soi Chana Songkhram, ℡ 2829263-4, geräumig, sauber, gemütliches Restaurant,TV, Wäscherei, nette Leute.
Merry V.** ⑬, 33–35 Soi Chana Songkhram, ℡ 2829267, etwas laute DZ und 4-Bett-Zimmer, Etagen-Du/WC, geschäftig und sauber. Nettes, beliebtes Restaurant, Schließfächer.
New Siam*** ⑫, 21 Soi Chana Songkhram, in der Seitengasse zur Phra Athit Rd., ℡ 282 4554, ℻ 2817461, saubere, helle Zimmer mit und ohne Du/WC und Fan oder ac auf drei Stockwerken, nach hinten ruhig, gutes Essen, nette Leute.

Chai's House**-*** ⑩, ℡ 2814901-2, ℻ 2818686, Zi mit Fan oder ac, Gemeinschafts-Du/WC, Gäste haben sich über das unfreundliche Management beschwert. Nettes Restaurant in der von Bambus überschatteten Gasse, Video.
Charlie's House** ⑩, 4-4/1 Soi Kasab, ℡ 2822092, fast am Ende einer Sackgasse, einfache Zimmer mit Fan in einem Wohnhaus.
In der **Phra Sumen und Phra Athit Rd.** liegen:
Banglampoo Square House**-*** ⑤, 131-133 Phra Sumen Rd., ℡ 2824236-7, ℻ 2803530, Kleinhotel, 60 Zimmer mit Du/WC, Fan oder ac. Im geschäftigen Erdgeschoß u.a. Restaurant, Reisebüro, Massag und Wäscherei.
Phra Athit Mansion**** ⑧, 22 Phra Athit Rd., ℡ 2800742, ℻ 2800749. Komfortable ac-Zimmer mit großem Bad, TV und Kühlschrank, ruhig, sauber, Rezeption im Getränkegroßhandel.
New Merry V.**-*** ⑧, 18-20 Phra Athit Rd., ℡ 2803315. Saubere Zimmer mit Fan oder ac, Etagen-Du/WC, ruhigere Zimmer nach hinten.
Peachy**-*** ⑧, 10 Phra Athit Rd., ℡ 2816471, abgewohnte Zimmer mit Fan oder ac und Du/WC, unkooperatives Management.
Hotels: Etwas mehr Komfort bieten folgende Mittelklassehotels.
Viengtai Hotel ⑯, 42 Tani Rd., ℡ 2805434, Reservierungen unter ℡ 2815339, ℻ 2818153, DZ 1600 Baht inklusive Frühstücksbüfett. Pool.
Royal Hotel ㊳, 2 Ratchdamnoen Rd., die Lage am Sanam Luang ist sein größtes Plus, ℡ 2229111, ℻ 2242083. 300 um 1300 Baht, heruntergewirtschaftet, Pool, angenehme Lobby.

THEWET – Dieses Viertel nördlich von Banglampoo bietet den Vorteil, daß man in einer ruhigen, zentralen Wohngegend mit viel Lokalkolorit wohnt. Mehrere nette Gästehäuser liegen in einem Wohngebiet hinter der National Library.
Tavee**, 83 Sri Ayutthaya Rd. Soi 14, ℡ 2801447, saubere Zimmer, auch Schlafsaal-Bett für 70 Baht, Gemeinschafts-Du/WC, geräumiges Haus, gutes Restaurant, Bar.
Backpackers Lodge**, 85 Sri Ayutthaya Rd. Soi 14, ℡ 2820201, 12 Zi mit Gemeinschafts Du/WC, nett.
Sawatdee**, 71 Sri Ayutthaya Rd., ℡ 2825349, Schlafsaal und Zimmer mit Gemeinschafts-Du/WC, familiär, mit kleinem Garten, gutes Restaurant mit Traveller-Food.

BANGKOK UND UMGEBUNG

#	Name		Address	Phone	#	Name		Address	Phone
①	Thai Hotel		78 Prachathipathai Rd.	2822831	㉑	Khaosan Palace H.	**,***	139 Khaosan Rd.	2820578
②	A.V.	**	118 Phra Athit Rd.		㉑	Grand	**	179 Khaosan Rd.	2825712
③	Sak		20 Soi Khan Nivas	2800400	㉑	New Nith Charoen		183 Khaosan Rd.	2819872
④	P.S.	*,**	9 Phra Sumen Rd.	2829932-3	㉒	Wally House	**	189/1-2 Khaosan Rd.	2827067
④	K.C.		58-64 Phra Sumen Rd.	2820618	㉒	Nat	**	217-219 Khaosan Rd.	2826401
⑤	Gypsy	**,***	Phra Sumen Rd.	2801809	㉒	Friendly	***	108/4 Soi Rambuttri	6291356
⑤	Banglampoo Square H.	**,***	131-133 Phra Sumen Rd.	2824236-7	㉓	Marco Polo		108/7-10 Soi Rambuttri	2811715
⑥	New World House	***	2 Samsen Rd., Soi 2	2815596	㉓	Best	**	108/16 Khaosan Rd.	2826413
⑦	Apple 2	**	11 Soi Khai Chae	2811219	㉓	Classic Place	***	259 Khaosan Rd.	2817129
⑦	Phra Athit Mansion	****	22 Phra Athit Rd.	2800742	㉔	New Royal	**	126 Khaosan Rd.	2823276
⑧	New Merry V	**,***	18-20 Phra Athit Rd.	2803315	㉕	Central	*	10 Tanao Road	2820667
⑧	Peachy	**	10 Phra Athit Rd.	2816471	㉕	P.C.	**	Tanao Road	
⑨	Apple	**	10/1 Phra Athit Rd.	2816838	㉕	Srintip	**	119 Tanao Road	2818768
⑨	Ngamjit		Soi Rambuttri	2821114	㉖	Sweety	*,**	49 Ratchdamnoen Klang Rd.	2802191
⑩	Chai's House	**,***	Soi Kasab		㉖	CH II	**	Soi Damnoen Klang Nua	2821596
⑩	Charlie's House		4-4/1 Soi Kasab	2822092	㉖	Nat II	**	Soi Damnoen Klang Nua	
⑩	Roofgarden	**	62 Soi Rambuttri	2824724	㉗	Baan Fah Internat. H.	****	520 Phra Sumen Rd.	6291266-7
⑪	Mango	**	64 Soi Rambuttri	2814783	㉘	Majestic Palace Hotel		97 Ratchdamnoen Rd.	2805610
⑫	New Siam	***	21 Soi Chana Songkhram	2814554	㉙	Ploy	**	2/2 Khaosan Rd.	2821025
⑫	Green	**	27 Soi Chana Songkhram	2828994	㉙	N.S.	*	Khaosan Rd.	
⑬	Merry V.		33-35 Soi Chana Songkhram	2829267	㉙	Prakorb	**	Khaosan Rd.	2811345
⑬	My Hcuse	**,***	37 Soi Chana Songkhram	2829263-4	㉚	D&D Inn	****	68-70 Khaosan Rd.	6290526-8
⑭	Chusr	**	61/1 Soi Rambuttri	2829941	㉚	Khao San Privacy	***	86 Khaosan Rd.	2817512
⑭	Sawasdee House	**,***	147 Soi Rambuttri	2818138	㉛	Top	**,***	Khaosan Rd.	2829954
⑮	B.K.		11/1 Soi Sulaow	2815278	㉜	Bonny	**	132 Khaosan Rd.	2819877
⑮	Viengtai Hotel		42 Tani Rd.	2805434	㉜	160	**	160 Khaosan Rd.	2827096
⑰	Orchid	***	323/2-3 Soi Rambuttri	2802691-2	㉜	Siam Oriental Hotel	***,****	190 Khaosan Rd.	6290311
⑱	Green House	**,***	88/1 Soi Rambuttri	2819572	㉝	Nana Plaza Inn	****	202 Khaosan Rd.	2816402
⑱	A.T.	**	90/1 Soi Rambuttri	2826979	㉞	Siri	**	216 Khaosan Rd.	2822023
⑱	Leed	**	90/5 Soi Rambuttri	2817514	㉟	C.H. 1	**	216/2-3 Khaosan Rd.	2813682-3
⑱	Jim's	**	90/7 Soi Rambuttri	2826978	㉟	7 Holder		Khaosan Rd.	
⑲	Sunepom	**	90/10 Soi Rambuttri	2826887	㊱	Chada		1 Trokmayom Chakraphong Rd.	2812949
⑲	Stidhi		5-7 Khaosan Rd.	2226051	㊱	J.+ Joe House	**	24/1 Trokmayom Chakraphong Rd.	2819041
⑲	Chart	**,***	61 Khaosan Rd.	2803785	㊱	Thai	**	77 Trokmayom Chakraphong Rd.	2824072
⑲	Hello	**	63 Khaosan Rd.	2818579	㊲	Ranee's		81 Trokmayom Chakraphong Rd.	2815647
⑳	Mam's		Khaosan Rd.		㊲	New Joe H.	***	Khaosan Rd.	
⑳	Lek	**	125-127 Khaosan Rd.	2812775	㊳	Royal Hotel		2 Ratchdamnoen Rd.	2229111
⑳	Buddy		Khaosan Rd.		㊴	Tu's Place	**	Soi Damnoen Klang Tai	2261286

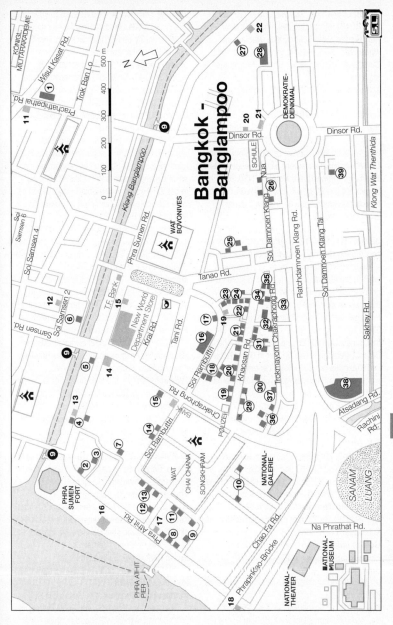

***Shanti Lodge**,** 37 Sri Ayutthaya Rd., ✆ 2812497, stilvoll und nett eingerichtet mit kleinem Garten, viele Stammgäste. Restaurant.
***Paradise**,** 57 Sri Ayutthaya Rd., ✆ 2824094, Schlafsaal, DZ mit großen Betten, Fan, gutes Restaurant.
***Little Home**,** 23/12 Sri Ayutthaya Rd., ✆ 2821574, saubere Zimmer mit Fan, Etagen-Du/WC, freundlich, kleines Restaurant.
Bangkok Youth Hostel**,** ac, 25/2 Phitsanulok Rd., ✆ 2820950, ℡ 6287446, Schlafsaal-Betten 70–90 Baht, große, saubere Zimmer mit Du/WC und ac, Restaurant an der Hauptstraße.
Baan Fah International House**** ㉗, 520 Phra Sumen Rd., ✆ 6291266-7, ℡ 6291268, neues, 4stöckiges Apartmenthaus, in dem Zimmer mit ac, Du/WC und TV.

SUKHUMVIT ROAD UND UMGEBUNG – In dieser Gegend sind die meisten Europäer zu Hause – Touristen wie Geschäftsleute. Entsprechend groß ist die Auswahl an Hotels der mittleren und gehobenen Kategorie. In der Preisklasse bis 800 Baht ist das Angebot mäßig.
Hingegen werden von vielen Kleinhotels für 800–1000 Baht zweckmäßig eingerichtete Zimmer mit ac, Du/WC, TV und Kühlschrank offeriert. Da ein Überangebot an Zimmer in der gehobenen Kategorie (ab 2000 Baht) besteht, lassen sich mit etwas Geschick die Preise herunterhandeln.
Thai House Inn**,** 1/1 Sukhumvit Soi 7, ✆ 2554698, ℡ 2531780, 24 abgewohnte Zimmer mit ac und Du/WC. Thai-Restaurant.
S.V. GH**-**,** 19/35-36 Sukhumvit Soi 19, ✆ 2531747, 20 Zimmer mit Fan ohne Du/WC oder mit ac und Du/WC über dem Reisebüro. Auch in der Soi 22, hinter dem Washington Theatre werden Zimmer vermietet, z.B. ***Southern Comfort Apartments*****,** ✆ 2590328, ℡ 2594318, alle Zimmer mit ac und Du/WC, TV, Kühlschrank und mehr.
Golden Palace*,** 15 Soi Ruam Rudee 1, nahe Bamrungrat Hospital. Pool.
Street One Lodge**,** Sukhumvit Soi 1, ✆ 2515514-6, ℡ 2532554, einfaches, sauberes Kleinhotel.
Ra-Jah**,** 18 Sukhumvit Soi 4, ✆ 2550040, ℡ 2557160, älteres Hotel mit großem Pool im Garten, etwas abgewohnt aber recht preiswert.

Premier Travelodge**,** 170 Soi 8 Sukhumvit Rd., ✆ 2513031, ℡ 2533195, Zimmer mit Du/WC, ac, TV und Kühlschrank nahe der Sukhumvit Rd., daher etwas laut.
Stable Lodge ab****, 39 Sukhumvit Soi 8, ✆ 2533410-11, ℡ 2535125, nettes Kleinhotel unter dänischer Leitung. Relativ kleine Zimmer mit ac, Du/WC, z.T. mit Balkon, Pool in kleinem Garten. Restaurant mit abendlichem Bar-B-Q.
Royal Asia Lodge**,** 91 Sukhumvit Soi 8, ✆ 2515514-6, ℡ 2532554, fast am Ende der Soi, rund um die Uhr Tuktuk-Transport zur Sukhumvit Rd., neues Hotel unter freundlicher indischer Leitung, saubere Zi mit Du/WC und ac.
In der Soi 9 sowie in den Sois 11 und 13 gibt es viele Kleinhotels mit Zimmerpreisen zwischen 800 und 1000 Baht, z.B.:
City Lodge**,** Sukhumvit Soi 9, ✆ 2537705, ℡ 2554667, 28 saubere, professionell gemanagte Zimmer mit ac, Bad/WC, Telefon, TV und Kühlschrank an der lauten Sukhumvit.
Maxim's Inn**,** 131/21-23 Sukhumvit Soi 9, ✆ 2529911-2, ℡ 2535329, zweckmäßige Ausstattung, ruhig, von einigen Zi blickt man neidisch auf den Pool des benachbarten Luxushotels.
Federal Hotel**,** 27 Sukhumvit Soi 11, ✆ 2530175-6, ℡ 2535332, etwas abseits der Hauptstraße, ruhig gelegenes, älteres Hotel mit Pool, saubere Zimmer mit ac, Bad/WC.
President Inn**,** 155 Sukhumvit Soi 11, ✆ 2554230, ℡ 2554235, ruhig, relativ preiswert.
Comfort Inn**,** 153/11-14 Sukhumvit Soi 11, ✆ 2519250, ℡ 2543562, günstige Zimmer mit ac, TV und Kühlschrank, viele Deutsche.
Bangkok Inn**,** 155/12-13 Sukhumvit Soi 11, ✆ 2544834-7, ℡ 2543545, 18 saubere Zimmer mit ac, Du/WC, Safe, SatellitenTV, deutsches, hilfsbereites Management, ruhig.
The Promenade, 18 Sukhumvit Soi 8, ✆ 2534116, ℡ 2547707, ein Hotel der Comfort-Kette (zentrale Reservierung unter ✆ 2482094), offiziell 2200 Baht, aber Sondertarife möglich – gutes Preis-Leistungs-Verhältnis.
Swiss Park Hotel, Sukhumvit Soi 11, ✆ 2540228, ℡ 2540378. Business-Hotel, mit Rabatt ab 1300 Baht. Pool.
Ambassador Bangkok, 171 Sukhumvit Rd., ✆ 2540444, ℡ 2534123, über 1000 Zimmer ab 2000 Baht in mehreren Gebäuden. Viele Pauschaltouristen.

Manhattan, 13 Sukhumvit Soi 15, ✆ 2550166, ✆ 2553481, Zimmer ab 1400 Baht, Pool.
Rembrandt, Sukhumvit Soi 18, ✆ 2617100, Reservierungen unter ✆ 2617100, ✆ 2617017, sauberes Hotel mit über 400 komfortabel eingerichteten Zimmern, Pool, gutes Frühstücksbüfett, das indische Restaurant ist das beste der Stadt.

SIAM SQUARE UND UMGEBUNG – In diesem Gebiet gibt es nur wenige Hotels, deren Angebot dem in der Sukhumvit Rd. ähnelt.
Asia, 296 Phayathai Rd., ✆ 2150808, ✆ 2154360, bei deutschen Reisegruppen beliebtes TUI-Vertragshotel, offiziell kosten die 650 Zimmer ab 3200 Baht, Pool auf dem Dach.
Reno Hotel****, 40 Soi Kasemsan 1, ✆ 2150026, ✆ 2153430, Zimmer mit ac, Pool, Restaurant. In der Straße zudem einige Restaurants und preiswerte Kleinhotels, z.B.:
The Bed & Breakfast***-****, 42/43 Soi Kasemsan 1, ✆ 2153004, ✆ 2152493, kleine Zimmer mit 1 oder 2 Betten, ac und Du/WC.
Wendy House***, 36/2 Soi Kasemsan 1, ✆ 2162436, ✆ 2168053, auch über längere Zeit vermietet werden Zi mit Du/WC und ac.
White Lodge***-****, 36/8 Soi Kasemsan 1, ✆ 2168867, ✆ 2168228, kleine Zimmer mit Du/WC, ac und TV.
A-One Inn***, 25/13 Soi Kasemsan 1, ✆ 2153029, ✆ 2164771, Zimmer mit ac, Bad/WC, TV und Telefon.
Opera***, 16 Soi Somprasong 1, Phetchburi Rd., ✆ 2524032, ✆ 2535360, einfaches Hotel.

CHINATOWN – Bis auf die Nähe zum Hauptbahnhof und zum Menam Chao Phraya gibt es kaum Gründe, hier zu wohnen.
Chao Phraya Riverside***, 1128 Songwat Rd., ✆ 2226344, ✆ 2231696, am Menam Chao Phraya, am Ende der Soi, die gegenüber vom chinesischen Tempel abgeht, ruhige Zimmer mit Du/WC und Fan, Restaurant auf dem Fluß.
River View***-****, Songwat Rd. 768 Soi Panunrangsi, ✆ 2358501, ✆ 2375428, schöne Zimmer mit Telefon, TV, Fan oder ac, mit Flußblick aber ohne Du/WC oder auf der Rückseite mit Du/WC. Dachrestaurant im 8. Stock.
Krung Kasem Srikrung Hotel ****, 1860 Krung Kasem Rd., ✆ 2250132, ✆ 2254705. Der größte Vorteil ist seine Lage gegenüber dem Bahnhof. Vergilbte Zi mit ac und Du/WC, Coffee Shop.

RINGS UM DAS HAUPTPOSTAMT – Am Ufer des Menam Chao Phraya erheben sich einige der teuersten Hotels der Stadt.
T.T. II**, 516-518 Soi Sawang, Siphaya Rd., ✆ 2362946, ✆ 2363054, gutes Gästehaus, das etwas versteckt in einer Nebenstraße liegt. Schlafsaal-Bett 100 Baht und ruhige, saubere Zimmer mit Fan, Etagen-Du/WC, kleines Restaurant.
River City****, 11/4 Soi Charoen Krung 24, ✆ 2351429, 2351431, ✆ 2373127, etwas steriles Kleinhotel nahe River City Shopping Center, saubere Zi mit Bad/WC, TV, ac und Kühlschrank.
Newrotel****, 1216 Charoen Krung Rd., ✆ 2331406, ✆ 2371102, dreistöckiges, relativ ruhig gelegenes Kleinhotel, Zimmer mit ac, Telefon und TV, kleines Restaurant.
Tower Inn, 533 Silom Rd., ✆ 2378300-4, ✆ 2378286. Im 7.–11. Stock komfortable Hotelzimmer ab 2500 Baht, Swimming Pool auf dem Dach (gute Sicht!).
Silom Village Inn, 286/1 Silom Rd., ✆ 6356810-2, 34 Zi mit ac und Du/WC im Silom Village für 1800 Baht, Rabatt möglich.
Oriental ⑬, 48 Oriental Ave., ✆ 2360400-20, ✆ 2361937-9, eines der besten Hotels der Welt. Am Fluß außerdem weitere große Hotels.

SÜDLICH DES LUMPINI PARKS – In der Soi Sri Bamphen rings um das Malaysia Hotel konzentrieren sich überwiegend abgewohnte Gästehäuser. Welch ein Kontrast zu den Luxushotels und christlichen Gästehäusern in der Nähe.
E.T.C.**, 5/3 Soi Ngam Duphli, über dem gleichnamigen Reisebüro, ✆ 2871477, ✆ 2871478.
Anna**, ✆ 2868830, einfache Zimmer, Gemeinschafts-Du/WC.
Tokyo**, einfach und abgewohnt.
Honey**-***, 35/2 Soi Ngam Duphli, ✆ 2863460, Zi mit Fan oder ac, einige davon mit Du/WC.
Freddy's 1*, 39/7 Soi Ngam Duphli, ✆ 2866722, schmuddelige Zimmer über Wäscherei.
Home Sweet Home**, 27/7-8 Soi Sri Bamphen, ✆ 2860638, indisch geleitetes, einfaches GH, Zimmer mit Du/WC, Restaurant.
T.T.O.***, 2/48 Soi Sri Bamphen, ✆/✆ 6797992-6, der geschäftstüchtige Manager des Reisebü-

ros verwaltet das GH am Ende der ruhigen Soi. Ordentliche Zimmer mit Du/WC, ac oder Fan.
Tukh*, 34/3 Soi Sri Bamphen, ✆ 2864228, ✆ 2871669, Zimmer mit Fan oder ac, Gemeinschafts-Du/WC, im Erdgeschoß ein Restaurant.
Kenny**, 34/28 Soi Sri Bamphen, ✆ 2871658, einfache Zimmer über einem offenen Restaurant.
Freddy II**, 27/40 Soi Sri Bamphen, ✆ 2867826, ✆ 2132097, saubere Zimmer mit Fan, Gemeinschafts-Du/WC.
Lee Mansion 4**, 9 Soi Sapankoo, ✆ 2867874, ordentliche Zi mit Du/WC und Fan.
Madam**, 11 Soi Sapankoo, ✆ 286 9289, einfache Zi mit Fan, z.T. mit Du/ WC, freundlich.
Sala Thai**, 15 Soi Sri Bamphen, ✆ 2871436, v.a. Dauergäste.
Bangkok Christian****, 123 Saladaeng Soi 2, nahe Convent Rd., ✆ 2336303, ✆ 2371742, zweckmäßig eingerichtete, saubere Zimmer mit ac und Du/WC, die ihren Preis wert sind.
Windy GH**, gegenüber vom Lumpini-Boxstadion, Rama IV Rd., ✆/✆ 2518728, französisch-thailändisches Management, Zi mit Fan.
YMCA Collins, 27 Sathon Tai Rd., ✆ 2871900, 2872727, ✆ 2871996, überteuerte Zi mit ac, Bad und Kühlschrank ab 1700 Baht. Pool, Coffee Shop und Restaurant.
Malaysia****, 54 Soi Ngam Duphli, ✆ 6798723-27, ✆ 2871457, traditionelles Travellerhotel, das mittlerweile seine Popularität weitgehend den zahlreichen leichten Mädchen und Jungen verdankt, die den Coffee Shop bevölkern.
Quality Hotel Lumpinee ③, 17 Soi Ngam Duphli, ✆ 2870111, ✆ 2873420, gutes Mittelklassehotel mit 100 komfortablen Zimmern.

IN DEN AUSSENBEZIRKEN – In der Nähe des Bangkok International Airports:
Wee-Train Guest House***, 501/1 Dejatungka Rd., Sikan, ✆ 5661774, ✆ 9292301, die Einnahmen aus dem Guesthouse werden für das Frauenhaus verwendet. In dem modernen Gebäude, knapp 3 km westlich des Airports, Zimmer mit Fan oder ac, Du/WC, Kühlschrank und Telefon, Coffee Shop, Cafeteria und Pool.
The Thai House, 32/4 Moo 8, Tambol, Bang Muang, Bang Yai, Nonthaburi, Buchungen über *Asian Overland Adventures*, 22 Phra Athit Rd., ✆ 2800740, ✆ 2800741. Übernachtung bei einer liebenswerten Familie in einem wunderschönen, traditionellen Teak-Haus mit modernen sanitären Anlagen um 600 Baht pro Person inklusive. Frühstück und Transport. Kochkurse auf Anfrage.

Essen

BANGLAMPOO UND THEWET – Im *New World Department Store* in Banglampoo gibt es im 8. Stock ein **Food Center** mit preiswerten asiatischen, vegetarischen und europäischen Gerichten (Couponsystem) mit Ausblick.
Hemlock, 56 Phra Athit Rd., ✆ 2827507, mit winzigem Schild, 10 m nördlich vom Phra Athit Mansion, fast 200 zum Teil ungewöhnliche, delikate Thai-Gerichte in gepflegter Atmosphäre, französische und kalifornische Weine, klassische Musik.
VR Restaurant, 77/2 Ratchdamnoen Klang Rd., am Demokratiedenkmal, ✆ 2816472, sei Mutigen empfohlen, die keinen Wert auf einen Superservice legen und superscharf essen können. Unterhaltsam ist ein Essen am Flußufer oder im schwimmenden Restaurant:
Ton Pho, 43 Phra Athit Rd., ✆ 2800452, geöffnet bis 22 Uhr. Restaurant mit Blick auf den Fluß.
Krua Wang Nar, 17/1 Phra Athit Rd., ✆ 2248552, unter der Phrapinklao-Brücke. An Tischen im Freien und in einem klimatisierten Restaurant werden Seafood- und andere Gerichte der einheimischen und westlichen Küche aufgetragen. Geöffnet bis 22.30 Uhr.
Kalong, in Thewet, am absoluten Ende der Sri Ayutthaya Rd., ✆ 2819228, gutes Seafood.
Kanab Nam, ✆ 4336611, auf der Thonburi-Seite, an der Krung Thong Brücke legen um 19 und 20 Uhr Restaurantboote ab und tuckern den Fluß hinauf, dafür wird ein kleiner Zuschlag berechnet.
Yok Yor, am Wisut Kasat-Pier, ✆ 2821829, tgl. Tour von 20–22 Uhr, für die ein geringer Aufschlag zu zahlen ist, scharfes Essen.

SIAM SQUARE UND UMGEBUNG – Fast Food-Ketten sind nahezu komplett am Siam Square und im Siam Plaza vereint. ***Mah Boon Krong Shopping Center***, Phayathai Rd., Ecke Rama I Rd., östlich vom Siam Square. Food Center im 6. Stock (Couponsystem) mit asiatischen Gerichten.
Amarin Food House, Ploenchit Rd., neben dem Sogo Department Store, internationale Küche zu akzeptablen Preisen. Von 9–15 Uhr Dim Sum.

Coca Noodles Restaurant, 416/3-8 Henri Dunant Rd. am Siam Square, ✆ 2516 337, geöffnet tgl. 11–22 Uhr. Relativ preiswertes, beliebtes **chinesisches** Restaurant. Spezialität Steamboat.

Daidomon, Soi 5 und 3, Siam Square, preiswertes japanisches Restaurant.

Whole Earth Restaurant, 93/3 Soi Lang Suan, Ploenchit Rd., ✆ 2525574, tgl. 11.30–14 und 17.30–23 Uhr geöffnet, das größte, nicht ausschließlich **vegetarische** Restaurant. Thai, indische und vegetarische Gerichte.

SUKHUMVIT ROAD – *Bangkabi Plaza*, vor dem *Ambassador Hotel*, 171 Sukhumvit Rd., zwischen Soi 11 und 13. Neben dem Food Center bieten weitere Läden in den Passagen Fast Food und andere Snacks.

Robinson Department Store, Sukhumvit Rd., zwischen Soi 19 und 21. Im Untergeschoß verkaufen zahlreiche Stände Nudelsuppen, Thai-Gerichte, japanisches und westliches Essen sowie Kuchen. Geöffnet tgl. 11–24 Uhr.

T.G.I. Friday's, Ploenchit Center, Sukhumvit Rd, zwischen Soi 2 und dem Highway. Die amerikanische Kette ist für ihre phantastischen Backkartoffeln und riesigen Hamburger bekannt.

Suda, 6-6 Soi 14, nahe der Sukhumvit Rd., ✆ 2294664, in dem einfachen, offenen Thai-Restaurant werden große Portionen zu günstigen Preisen serviert, viele Touristen.

Thai Ruam Ros, Soi 1, etwa 100 m von der Sukhumvit Rd. entfernt, kleines Restaurant mit einheimischen, chinesischen, mexikanischen und vegetarischen Gerichten.

Yong Lee, eine Institution auf der Sukhumvit Rd., Ecke Soi 15, und das seit über 20 Jahren. Allerdings sollte man keine Ansprüche an die Sauberkeit stellen, die meisten Gerichte um 70 Baht.

Cabbages & Condoms, in der Soi 12, 200 m von der Sukhumvit Rd., ✆ 2527349. Mit viel Humor hat Meechai Virayaidya Methoden zur Geburtenkontrolle im ganzen Land populär gemacht. Hier eröffnete er ein Restaurant mit Biergarten, das den passenden Namen trägt und gute einheimische und westliche Gerichte serviert. Geöffnet tgl. 11–22 Uhr.

Coca Noodles Restaurant, 246 Sukhumvit Rd., zwischen Soi 12 und 14, im *Times Square*. Günstige chinesische Restaurant-Kette.

Moghul Room, 116 Soi 11 Sukhumvit Rd., auf 3 Stockwerken von 11–23 Uhr Curries, Tandoori-Gerichte und andere indische Spezialitäten.

Rang Mahal, im Rembrandt Hotel, hervorragendes nordindisches Restaurant der gehobenen Preisklasse, Reservierung ✆ 2617100.

Bali, 15/3 Soi Ruam Rudee, ✆ 2543581, gegenüber dem Ruam Rudee Village wird sehr gut indonesisch gekocht. Gutes Preis-Leistungs-Verhältnis. Geöffnet Mo–Sa 11–22, So ab 17 Uhr.

Ambassador Hotel, 171 Sukhumvit Rd., zwischen Soi 11 und 13, hat auch eine gute japanische Küche.

Vor allem in der Sukhumvit Rd. konzentrieren sich mehrere kleinere deutsche Restaurants, z.B.: *Taverne* und *Bierkutsche* (mit Biergarten), Soi 3, *Haus München* und *Haus Hamburg* in Soi 15 oder *German Beer House* in Soi 23.

Heidelberg, Soi 4, bereits seit vielen Jahren gibt es diese kleine, nette Kneipe, in der ein großes, reichhaltiges Frühstück serviert wird.

Tilac, 3 Soi 1 Sukhumvit Rd., ✆ 3546207, helles, freundliches, klimatisiertes Restaurant mit deutschen und einheimischen Gerichten.

Bei Otto, 1 Soi 20 Sukhumvit Rd., ✆ 2620892, ✆ 2621496, eine Institution in Bangkok. Neben einem Restaurant mit deutschen Gerichten (geöffnet tgl. 11–24 Uhr) und einer Gaststätte mit Bier vom Faß verkauft ein Brot- und Wurstladen deutsche Spezialitäten und Graubrot.

Stable Lodge, Soi 8 Sukhumvit Rd., bieten ab 19 Uhr ein Barbecue am Pool mit viel Fleisch für 225 Baht, bei dem man so viel essen kann, wie man will. Auch gutes Frühstück.

Whole Earth Restaurant, Soi 26 Sukhumvit Rd., ✆ 2584900, Filiale des vegetarischen Restaurants, geöffnet tgl. 11.30–14 und 17.30–23 Uhr.

ZWISCHEN HAUPTPOSTAMT UND LUMPINI PARK – Mehrere **Restaurantboote** starten abends ab River City, z.B.

River Sightseeing, ✆ 4374047, tgl. ab 19.30 Uhr.

Dinner Cruise, ✆ 2345599, tgl. ab 18 Uhr, 500 Baht pro Person.

Ruen Fah, ✆ 2660123, tgl. ab 19 Uhr, 600–650 Baht pro Person.

Wan Fah, ✆ 4335453, umgebaute Reisbarke.

Silom Village, 286 Silom Rd., ✆ 2358760, geöffnet tgl. 10–23 Uhr, pro Gericht 50–100 Baht,

abends zwischen 19.30 und 20.30 Uhr im Garten kostenlos 20 Minuten klassische Thai-Tänze.
Chaii Karr, 312/3 Silom Rd., gegenüber dem Holiday Inn. Mit viel Holz eingerichtet und gemütlich, günstige Mittagsmenüs.
All Gaengs, 173/8-9 Surawong Rd., in dem kleinen Restaurant werden Thai-Curries serviert, tgl. abends, Mo–Fr auch mittags geöffnet.
Neben zahlreichen Hamburger-Läden hat sich in der Silom Rd. die amerikanische Kette *Sizzlers* mit einer phantastischen Salatbar und Blick auf das Treiben in der Patpong Rd. niedergelassen.

Unterhaltung

BIERGÄRTEN – Rings um das *World Trade Center* an der Ratchdamri, Ecke Ploenchit Rd., werden während der Trockenzeit Hunderte von Tischen und Stühlen aufgestellt, die sich bereits nachmittags füllen.
Singha Beer House, 179 Soi Asoke (Soi 21) Sukhumvit Rd., ✆ 2589713. Bayerisch angehauchte Biergarten-Atmosphäre inmitten von Hochhäusern, überwiegend einheimisches Publikum. Geöffnet tgl. 11–14 und 18–22.30 Uhr.
Paulaner Bräuhaus, President Park Dome, Soi 24, vor den 3 riesigen Apartmentblöcken des Park View. Ab 17.30 Uhr öffnet tgl. das Restaurant und der große Biergarten, der bei Einheimischen und Expats sehr beliebt ist.

DISCOS – *Bubbles* im Dusit Thani Hotel, Rama IV Rd., beliebte Disco mit Laser und Videoanimation, manchmal Live-Musik.
Nasa Spacedrome, 999 Rama Khamhaeng Rd., ✆ 3146530. Diese riesige Disco liegt vor den Toren der Stadt, etwa 100 Baht mit dem Taxi. Auf mehreren futuristisch gestylten Stockwerken amüsiert sich bis 2 Uhr morgens ein überwiegend jugendliches Publikum.
Phoebus Amphitheatre Complex, Ratchadapisek Rd., gegenüber von Yaohan, von 21–3 Uhr öffnet dieser riesige Unterhaltungskomplex, der neben einer Disco noch vieles andere bietet.

INTERNET CAFÉS – *Hello Internet Cafe*, im Obergeschoß des gleichnamigen Restaurants, 63-65 Khaosan Rd., http://loxl.loxinfo.co.th/~hellopub, geöffnet tgl. 10–22 Uhr.
The Café, Surawong Rd., an der Soi Taniya, ryoidii@rms.ksc.co.th, tgl. bis 20 Uhr geöffnet.
Cyber Cafe', im Ploenchit Center, Sukhumvit Rd., http://www.chomanan.co.th, tgl. 10–21 Uhr.
Cyber Restaurant im AM Computer Plaza, Ambassador Hotel, Sukhumvit Rd., http://www.infonews.co.th./amplaza/, rund um die Uhr geöffnet.
Cyberia, 654/8 Sukhumvit Rd., nahe Soi 24, http://www.cyberia.co.th.

PUBS MIT LIVE-MUSIK – *Gypsy Pub*, Phra Sumen Rd., bunt gemischtes Publikum.
Hard Rock Cafe, 424/3 Siam Square Soi 11, ✆ 2510792. Ab 22 Uhr Live-Bands, zumeist Popmusik. Geöffnet tgl. 11–2 Uhr.
Planet Hollywood im Gaysorn Plaza, Ploenchit Rd., Ecke Ratchdamri Rd.
Brown Sugar, 231/20 Sarasin Rd., ✆ 2500103, nördlich vom Lumpini Park. Live-Bands ab 21.30 Uhr, etwas überteuert und renovierungsbedürftig.
In der Straße und um die Ecke, in der Lang Suan Rd., gibt es weitere Musikkneipen.
Saxophone, 3/8 Victory Monument, Phayathai Rd., ✆ 2465472, ab 21 Uhr treten hier einige der besten Jazz- und Bluesmusiker auf.
Rock Pub, 119/62-63 Phayathai Rd., etwas für Hard Rock- und Heavy Metal-Fans.

THAI-BOXEN – Kampf-Atmosphäre mit Begeisterung und viel Wetten, ein thailändisches Männervergnügen. Die Anfangszeiten sind tgl. der *Bangkok Post* zu entnehmen:
Ratchadamnoen Stadion, Ratchdamnoen Nok Rd., ✆ 2814205. Eintritt 220–800 Baht.
Lumpini Stadion, östlich des Lumpini Parks, ✆ 2804550. Eintritt 220–880 Baht.

Kunst und Kultur

BUDDHISTISCHE MEDITATION – und Informationen über Buddhismus bietet die *World Fellowship of Buddhism*, 33 Sukhumvit Rd.,

In der Metropole Bangkok; oben: In der Khaosan Road, dem Traveller-Zentrum; unten: in einem Tempel in der Chinatown

zwischen Soi 1 und 3, ✆ 2511188-90, an.
Im *Wat Mahathat* werden um 7, 13 und 18 Uhr Vipassana-Meditationen angeboten (s.S. 527).

GOETHE-INSTITUT – (German Cultural Institute), 18/1 Soi Sathon Thai Rd., nahe Malaysia Hotel, ✆ 2870942-4, ✆ 2871829. Gute Bibliothek, aktuelle Tageszeitungen, geöffnet Di–Do 9–17, Fr 9–12.30 und Sa 8–13 Uhr. Restaurant.

Einkaufen

Beim Einkaufen braucht man Zeit, um die Preise zu vergleichen. Besonders Straßenhändler vor teuren Hotels und Einkaufszentren, die Touristen gefälschte Markenwaren, Kunsthandwerk und andere Souvenirs offerieren, verlangen häufig total überhöhte Preise. Hingegen sind die meisten Preise in der Sukhumvit und Khaosan Rd. realistischer. Während man hier um das Handeln nicht herumkommt, ist es in den Geschäften, in denen Thais einkaufen, kaum üblich zu feilschen. Wer freundlich nach einem *discount* fragt, wird schon bald die Unterschiede erkennen.

SHOPPING CENTER – wahre Konsumtempel konzentrieren sich vor allem in der unteren Sukhumvit Rd., der Ploenchit Rd. und Silom Rd.
New World, Phra Sumen Rd., Ecke Chakraphong Rd., mit Food Center, Lebensmittelabteilung, Amusement-Center u.a.
River City am Menam Chao Phraya, neben dem Royal Orchid Hotel. Rings um eine Halle, in der Stände Kunsthandwerk anbieten, reihen sich kleine Läden, u.a. viele Kunsthandwerk- und Seidengeschäfte. Im Obergeschoß Kunstauktionen.
Mah Boon Krong Center, Rama I Rd., Ecke Phayathai Rd. Großer Block, viele kleinen Läden bieten eine breite Palette von Waren zu günstigen Preisen an, außerdem der Tokyu Department Store und im Obergeschoß ein Food Center.
Siam Center, nahe dem Siam Square. Traditionelles Shopping Center für Jugendliche mit vielen Textilgeschäften, Kinos und einigen Restaurants, im Obergeschoß Tower Records.
World Trade Center, Ratchadamri, Ecke Rama I Rd., ist ein neuer, mondäner Gebäudekomplex mit dem Zen und Isetan Department Store, einem Vergnügungspark, Kinos, Food Center und Restaurants im 6. Stock, Tennisplätzen, Veranstaltungsräumen, einer Eisbahn im 8. Stock (130 Baht, geöffnet tgl. 10–14.45 und 16–21 Uhr) usw.
Gaysorn Plaza, mit Edelboutiquen und der Filiale von Planet Hollywood,
Narayana Phand, das große Handicraft Centre, im Untergeschoß preiswerter Souvenirmarkt.
Amarin Plaza, Ploenchit Rd., viele Seidengeschäfte und der Sogo Department Store.
Peninsula Plaza, Ratchadamri Rd., viele Luxusboutiquen. Galeries Lafayette und Asia Books.
Nai Lert Bldg., Sukhumvit Rd. zwischen Soi 3 und 5, u.a. Restaurants und ein rund um die Uhr geöffneter Foodland.
Times Square, 246 Sukhumvit Rd., zahlreiche Boutiquen und Restaurants sowie Asia Books.
Panthip Plaza, Phetchburi Rd., Einkaufskomplex für Computerfans.
Silom Complex, nahe Dusit Thani Hotel, Central Department Store, im Tiefgeschoß Fast Food.

ANTIQUITÄTEN – Der Handel mit Antiquitäten ist in Thailand seit 1989 **verboten**. Dennoch lebt eine ganze Branche von der Produktion von täuschend echten Antiquitäten. Informationen erteilt das *Fine Arts Department* unter ✆ 2241370.

BÜCHER UND LANDKARTEN – eine große Auswahl und die beste Auswahl hat
Asia Books, 221 Sukhumvit Rd., außer dem Mutterhaus zwischen Soi 15 und 17 Filialen u.a. im 1. und 3. Stock des Landmark Plaza zwischen Sukhumvit Soi 4 und 6, im Times Square, zwischen Soi 12 und 14 sowie im Peninsula Plaza, Ratchadamri Rd. und World Trade Center. Alle sind bis 20 Uhr, das WTC sogar bis 21 Uhr geöffnet.
DK Book House am Siam Square hat auch ausgefallene Titel, Karten und Sprachführer. Filiale in der 180 Sukhumvit Rd., zwischen Soi 8 und 10.
Elite Used Book, 593/5 Sukhumvit Rd., zwischen Soi 33 und 35, gegenüber dem Queens Park, ✆ 2580221, geöffnet tgl. 10–20 Uhr. Gebrauchte Taschenbücher in verschiedenen Sprachen, vor allem in englisch, auch Ankauf.

Oben: der Golden Mount bietet einen guten Ausblick; unten: Auf den Straßen und Wasserwegen Bangkoks herrscht ein buntes Treiben

EDELSTEINE – Vorsicht! Besonders beim Kauf von Edelsteinen werden viele Ausländer übers Ohr gehauen – so geschickt, man glaubt es kaum!

Die meisten Betroffenen werden auf der Straße angesprochen, mit fadenscheinigen Gründen zum Kauf mit dem Versprechen überredet, die Steine zum Vielfachen des Einkaufspreises zu Hause wieder verkaufen zu können. Wir erhalten jedes Jahr mehrere Briefe von Betroffenen, die zum Teil mehrere tausend Dollar verloren haben. Die *Thai Gem & Jewellery Traders' Association*, 942/152 Chan Issara Tower, Rama IV Rd., ✆ 2353039, die *Lampert Holding*, 807 Silom Rd., Soi 14, ✆ 2364343, schätzen gegen eine Gebühr Edelsteine.

KOPIEN VON MARKENARTIKELN – Beliebte Souvenirs sind zahllose Artikel, die eines gemeinsam haben – sie sind gefälscht, nicht immer von guter Qualität, aber billig. Obwohl der Verkauf illegal ist, interessiert sich die Polizei kaum dafür. Allerdings ist es verboten, Raubkopien nach Deutschland einzuführen.

SCHNEIDER – Indische Schneider nähen nach Vorlage Kleider oder gar Anzüge. Selbst wenn sie innerhalb von 24 Stunden fertig sein könnten, lohnt es sich, 4–5 Tage und mehrere Anproben zu investieren, um alle Details abzusprechen und nicht auf die superschnellen, superbilligen Angebote hereinzufallen. Anzüge 2200–6000 Baht, Blazer und Rock etwa 2000 Baht.

SEIDE – wird in vielen Geschäften der Stadt in verschiedenen Qualitäten und Farben angeboten. *Jim Thompson* ist *das* führende Geschäft in der 9 Surawong Rd., nahe Rama IV Rd., geöffnet tgl. 9–19 Uhr, Filiale im Isetan Kaufhaus im World Trade Center, geöffnet tgl. 10–21 Uhr. Vorsicht, es wird viel Kunstseide oder Mischungen mit hohem Kunstfaseranteil als angeblich echte Seide angeboten.

TIERE – Vor allem auf dem Wochenendmarkt, werden Tiere und Produkte aus Tieren angeboten, die unter das Washingtoner Artenschutzabkommen fallen. Wer dennoch meint, unbedingt eines dieser abartigen Souvenirs erwerben zu müssen, macht sich strafbar.

Sonstiges

AUTOVERMIETUNGEN – Neben der großen Verkehrsdichte und dem ungewohnten Linksverkehr fordert ein verwirrendes System von Einbahnstraßen und Busspuren, die zu unterschiedlichen Zeiten in Betrieb sind, die ganze Aufmerksamkeit des Fahrers. Expressways kosten 20–30 Baht Gebühren.
Avis, 2/12 Witthayu Rd., ✆ 2555300-4, ✆ 2546718.
Budget, 407 Wiphawadi Rangsit Rd., ✆ 2030250, ✆ 2952915.
Hertz, Premier Inter Leasing, 420 Sukhumvit Rd., Soi 71, ✆ 3820293-5.
Klong Toey Car Rent, 1921 Rama IV Rd., ✆ 2501930, ✆ 2523566.
Lumpini Car Rental, 167/4 Witthayu Rd., am Lumpini Park, ✆ 2551966.
National, 931/11 Rama I Rd., ✆ 5175677, ✆ 7764840.

GELD – Einige Banken in Touristenvierteln haben Schalter bis zum späten Abend oder gar rund um die Uhr geöffnet.
Zentralen der großen Banken:
Bangkok Bank, 333 Silom Rd., ✆ 2314333, verkauft auch American Express Reiseschecks.
Bank of America, 2/2 Witthayu Rd., ✆ 2516333, ✆ 2544003.
Bank of Ayutthaya, 550 Ploenchit Rd., ✆ 2550022, ✆ 2538589.
Deutsche Bank, Wireless Bldg., 208 Witthayu Rd., ✆ 6515000, ✆ 6515151, geöffnet Mo–Fr 8.30–15.30 Uhr.
Siam Commercial Bank, 1060 Phetchburi Rd., ✆ 2561234, ✆ 2536697.
Thai Farmers Bank, 400 Paholyothin Rd., ✆ 2701122, ✆ 2714033.
Kreditkartenorganisationen: *American Express*, 388 Paholyothin Rd., ✆ 2730022/33, geöffnet Mo–Fr 8–17 Uhr, Vertretung: Sea Tours, Suite 88-92 Phayathai Plaza, 128 Phayathai Rd., ✆ 2165934, 2165783, geöffnet Mo–Fr 8.30–17, Sa 8.30–12 Uhr.
Visa, Bank of America Building, 2/2 Witthayu Rd., ✆ 2567326, Mo–Fr 8.30–12.30 Uhr.
Außerdem bei Filialen der Thai Farmers Bank, der Siam Commercial Bank und der Bank of America.

Master / Euro Card, bei entsprechenden Bankfilialen. Verlust melden auch unter ✆ 2756690.
Diners Club, 191 Silom Rd., ✆ 2383660, während der Bürozeiten Mo–Fr 8–17 Uhr, ansonsten ✆ 2335775-6, bei Verlust ✆ 2313500.
Thomas Cook, ✆ 6795521.

IMMIGRATION – Soi Suanphlu, Sathon Tai Rd., ✆ 2871740, ✆ 2871310, geöffnet Mo–Fr 8.30–16.30 Uhr. Das 60-Tage Visum kann für 500 Baht um 14 Tage verlängert werden (Foto mitbringen).
Wird die Aufenthaltserlaubnis für 30-Tage überzogen, muß bei der Ausreise 100 Baht pro Tag bezahlt werden. In diesem Fall rechtzeitig am Airport erscheinen und nicht übertreiben.

INFORMATIONEN – *Tourist Authority of Thailand* (TAT) 4 Ratchdamnoen Nok Avenue, ✆ 2815051, ✆ 2824176, geöffnet tgl. 8.30–16.30 Uhr. Am Informationsschalter gibt es Stadtpläne und aktuelle Publikationen. Am Internationalen Airport in der Ankunftshalle gibt es ein *Tourist Office*, ✆ 5238972-3, dessen Mitarbeiter manchmal falsche Informationen über Transportmöglichkeiten und Touren erteilen.

MALAYSIA-INFOS – *Malaysia Tourism Promotion Board*, Liberty Square, 287 Silom Rd., Ecke Convent Rd., ✆ 6311994-6, ✆ 6311998, hält Fahrpläne, Karten und weitere Infos über Malaysia bereit. Geöffnet Mo–Fr 8.30–16 Uhr.

MEDIZINISCHE HILFE – große Krankenhäuser sind das
Bangkok Christian Hospital, 124 Silom Rd., ✆ 2336981, Dr. Kittiporn spricht Deutsch.
Auf europäische Patienten eingestellt sind das *Samitivej Hospital*, 133 Soi 49, Sukhumvit Rd., ✆ 3920010-9, und
BNH Hospital, 9 Convent Rd., zwischen Silom und Sathon Nua Rd., ✆ 2332610, neues Gebäude; zuverlässiges, freundliches, englischsprechendes Personal.
Bangkok Adventist Hospital, 430 Phitsanulok Rd., ✆ 2811422, ist gut, aber relativ teuer. Wird von Missionaren geleitet.
St. Louis Hospital, 215 Sathon Tai Rd., ✆ 2120033-48, ebenfalls ein christliches (katholisches) Krankenhaus.
Bamrungrat Hospital, 33 Soi 3 Sukhumvit Rd., ✆ 2530250-69, Sprechstunde: Mo–Fr 11–15.30 Uhr. In diesem modernen Krankenhaus arbeitet auch die deutschsprechende Frauenärztin Dr. Cleopandhi Soorapanthu und die deutschsprechende Zahnärztin Dr. Ingbun Tiensiri, Mi 17–20 Uhr und So 9–12 Uhr, ✆ 2530250-9. Ein großer Teil des Personals spricht Englisch.
Saorapha Memorial Institute, Rama IV, Ecke Henri Dunant Rd., informiert über Tropenkrankheiten und Impfungen.

POST – Das *General Post Office*, 1160 Charoen Krung Rd. (New Rd.), ✆ 2331050-9, geöffnet Mo–Fr 8–20 Uhr, am Wochenende und feiertags bis 13 Uhr. Der *packing service* ist Mo–Fr 8–16.30 und Sa 9–12 Uhr geöffnet. Die anderen Postämter haben Mo–Fr 8.30–16.30, Sa 9–12 Uhr geöffnet. Außer dem Express-Postservice EMS gibt es folgende Kurierdienste:
DHL, 1550 New Phetchburi Rd., ✆ 2070600.
TNT, 599 Chong Non Si Rd., ✆ 2490242-6.

TELEFONIEREN – **Auslandsgespräche** von gelben internationalen Telefonzellen, die mit Telefonkarten zu 250 und 500 Baht betrieben werden (nicht immer zuverlässig), von privaten Telefonbüros in den Touristenzentren und vom *Telecommunication Center* rechts hinter dem GPO. Geöffnet rund um die Uhr. Von privaten *oversea telephones* wird eine höhere Gebühr berechnet. **Stadtgespräche** kosten von öffentlichen Apparaten aus 1 bzw. 5 Baht.

TOURISTENPOLIZEI – *Tourist Police*, ✆ 1699, Zentrale im UNICO House, Soi Lang Suan, Bangkok 10110, ✆ 6521721-6 und 6521726. Außenstelle an der Rama IV Rd., Ecke Ratchadamri Rd., am Lumpini Park, ✆ 2539560, und am Airport, ✆ 5351641. Zudem steht abends ein Auto an der Patpong.

VORWAHL – 02, PLZ des Hauptpostamtes 10500.

Nahverkehrsmittel

STADTBUSSE – Das öffentliche Nahverkehrssystem wird überwiegend von Stadtbussen bewältigt, die je nach Komfort unterschiedlich teuer sind. Sie sind zunehmend mit Automaten ausgestattet, also Fahrgeld passend bereithalten!

Fahrpreise für Stadtbusse:

non-ac-Busse	3,50 Baht
ac-Busse je nach Entfernung	6–16 Baht
Luxus Micro-Busse	30 Baht

Einen **Stadtplan** mit Buslinien, den *Latest Tour Guide to Bangkok and Thailand*, erhält man für 35 Baht in Reisebüros, Buchhandlungen, Tourist Offices, Gästehäusern und Hotels.

Da die Zielorte nur in Thai auf den Stadtbussen stehen, orientiert man sich an den Nummern. Dabei ist zu beachten, daß ac- und non-ac-Busse die gleichen Nummern haben: Ac-Stadtbusse haben geschlossene Türen und Fenster sowie zwei Buchstaben vor der Nummer. Non-ac-Stadtbusse haben blaue Schilder. Stadtbusse mit rotem Schild weichen von der normalen Route ab. Mercedes-Micro-Busse verkehren von 5–22 Uhr zwischen den Vororten und dem Zentrum.

Die wichtigsten non-ac-Busse:

non-ac 2: Eastern Bus Terminal – Ratchdamnoen Klang Rd.

non-ac 25: Pak Nam – Sukhumvit Rd. – Hauptbahnhof – Sanam Luang

non-ac 29: Airport – Suan Chatuchak (Weekend Market) – Siam Square – Hauptbahnhof

non-ac 38: Suan Chatuchak (Weekend Market) – Eastern Bus Terminal (- 22 Uhr)

non-ac 40: Eastern Bus Terminal – Bahnhof – Thonburi (- 22.45 Uhr)

non-ac 59: Airport – Suan Chatuchak (Weekend Market) – Sanam Luang Khaosan Rd.)

non-ac 136: Northern Bus Terminal – Sukhumvit Soi 21 (Soi Asoke) Klong Toei

non-ac 145: Suan Chatuchak (Weekend Market) – Northern Bus Terminal – Samut Prakan

Die wichtigsten ac-Busse (- gegen 20 Uhr)**:**

ac 1: Eastern Bus Terminal – Hauptbahnhof – Chinatown

ac 3: Suan Chatuchak (Weekend Market) – Banglampoo

ac 4 Airport – Silom Rd.

ac 7: Lumpini Park – Hauptbahnhof – Sanam Luang – Chinatown – Petchkasem Road (Thonburi)

ac 8: Pak Nam – Eastern Bus Terminal – Chinatown – Sanam Luang

ac 11: Pak Nam – Banglampoo – Southern Bus Terminal

ac 13: Airport – Sukhumvit Rd. – Eastern Bus Terminal

ac 29: Airport – Siam Square – Hauptbahnhof

ac 39: Suan Chatuchak (Weekend Market) – Sanam Luang

Die wichtigsten Micro-Busse (Route nicht auf Busplänen verzeichnet):

Nr.1: Nonthaburi – Ratchdamnoen Rd. – Siam Square – Silom Rd.

Nr.2: Paholyothin Rd. – Suan Chatuchak (Weekend Market) – Silom Rd.

Nr.4: Southern Bus Terminal – Krung Thon Brücke – Zoo – Rama IX Rd.

Nr.5: Petchkasem Rd (Thonburi) – Hauptbahnhof – Phayathai Rd. – Victory Monument

Nr.6: Pak Nam – Eastern Bus Terminal – Phayathai Rd. – Siam Square – River City

Nr.7: Rama II Rd. (nahe Schwimmenden Markt, Wat Sai) – Mall 5 – Phra Pinklao Brücke – Ratchdamnoen Rd. – Victory Monument – Suan Chatuchak (Weekend Market)

Nr.8: Taling Chan – Southern Bus Terminal – Ratchdamnoen Rd. – Suan Chatuchak (Weekend Market)

Nr.9: Taksin Rd. – Silom Rd. – Victory Monument – Ratchadaphisek Rd.

Nr.16: Suan Chatuchak (Weekend Market) – Phayathai Rd. – Siam Square – River City

Nr.19: Pahurat – Charoen Krung Rd. – Hauptbahnhof – Eastern Bus Terminal

Es ist geplant, demnächst alle Buslinien neu zu numerieren und umzustellen.

(+ Busse verkehren rund um die Uhr; wegen der vielen Umwege nicht zu empfehlen, zudem fahren einige nur bis Victory Monument.)

TAXEN – Sie sind mit Taxameter ausgestattet. Dennoch weigern sie sich häufig, mit eingeschalteter Uhr zu fahren, vor allem in Vergnügungsvierteln und vor großen Hotels. Man sollte darauf bestehen, daß das Taxameter eingeschaltet wird oder ein anderes Taxi nehmen. Die Einschaltgebühr beträgt 35 Baht einschließlich der ersten beiden Kilometer, jeder folgende Kilometer kostet 4,5–5,5 Baht, zudem werden bei Stau (Geschwindigkeit unter 6 km/h) 1,25 Baht pro Minute fällig. Am besten während der *rush hour* gar nicht erst losfahren. Die Gebühren für die Benutzung der Expressways, pro Strecke 20 oder 30 Baht,

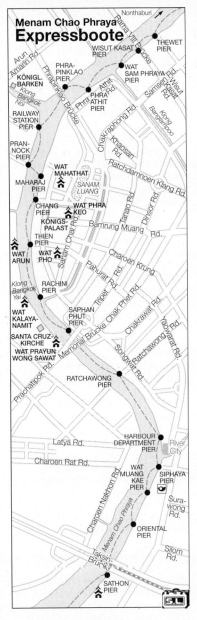

Menam Chao Phraya
Expressboote

sind von den Passagieren extra zu bezahlen. Wenn ein Fahrer das Fahrziel nicht versteht, hilft eine Straßenkarte mit thailändischer Beschriftung, eine Postkarte von der Sehenswürdigkeit, die Visitenkarte des Hotels, oder man läßt sich vorher das Ziel in Thai aufschreiben. Beschwerden über Taxen unter Angabe des Datums, der Uhrzeit und der Registrierungsnummer unter ✆ 5351610.

TUK TUKS – Die offenen Motorroller mit Sitzbank sind nicht günstiger als Taxis und im dichten Verkehr ein Gesundheitsrisiko.

PERSONENFÄHREN – Mit den hohen Booten mit Dach kann man den Menam Chao Phraya überqueren. Fahrpreis 1 Baht.

EXPRESSBOOTE – Die langen Boote mit vielen Sitzplätzen verkehren auf dem Menam Chao Phraya zwischen Nonthaburi (Norden) und Krung Thep-Brücke (Süden) von 7–8 Uhr alle 10 Min., von 6–7, 8–9 und 15–18 Uhr alle 15 Min. sowie zwischen 9 und 15 Uhr alle 30 Min.
Fahrpreis, je nach Entfernung, 4, 6 oder 8 Baht. Während der *rush hour* von 7–9 und 16–18 Uhr halten Boote mit grünen Flaggen nur an den Hauptpiers. Das Ticket unbedingt aufheben, da es an manchen Piers bei der Ankunft kontrolliert wird, ansonsten muß nachgezahlt werden.

LINIENBOOTE AUF DEN KLONGS – *Rua hang yao* – schmale Boote mit Sitzplätzen für etwa 15 Personen, die von einem Außenborder an einer langen Stange angetrieben werden, verkehren regelmäßig im Linienverkehr auf den Klongs von Bangkok und Thonburi.
In Thonburi: Die Boote fahren in Bangkok von separaten Anlegestellen neben den Expressboot-Stops meist dann ab, wenn sie voll sind. Touristen werden gern auf Charterboote verwiesen. Dann hilft es, die entsprechende Endstation in den Vororten zu nennen. Expressboote halten nicht überall, sondern erst nach einer gewissen Strecke – also keine Chance, mit ihnen zu den Royal Barges zu gelangen. Die Fahrt kostet je nach Boot, Tageszeit und Entfernung zwischen 8 und 20 Baht.
In Bangkok: Die Fahrt auf den stinkenden Kanälen durch die Hinterhöfe der Stadt lohnt nicht als Sightseeing-Tour sondern nur, um während

der *rush hour* schneller voranzukommen. Vom **Phanfa-Pier** an der Ratchdamnoen Rd. am Golden Mount verkehren Boote auf dem **Klong Saen Saeb** in die östlichen Vororte. Sie kosten je nach Entfernung 5–15 Baht. Von der Anlegestelle am **Phra Sumen Fort** in Banglampoo fahren für 5 Baht Boote zum **Hauptbahnho**f.

Transport

BUSSE – Bangkok hat vier Busbahnhöfe, von denen die meisten Busse (außer einigen ac-Bussen und Minibussen) abfahren.

Richtung Ostküste: Ekamai, Eastern Bus Terminal, Sukhumvit Rd., gegenüber Soi Ekamai, ✆ 3912504, 3918097 für non-ac-Busse und ✆ 3918097 für ac-Busse.

Non-ac (in Klammern ac-Busse) nach:
BAN PHE (Ko Samet), 196 km, alle 1–2 Stunden bis 17.15 Uhr für 50 Baht in gut 4 Std. (etwa stündlich bis 20.30 Uhr für 90 Baht).
TRAT, 317 km, u.a. um 8, 9, 10.30, 12.30 und 14.30 Uhr für 78 / 94 Baht in 6 Std. (stündlich von 7–23.30 Uhr für 140 Baht).
PATTAYA, 136 km, alle 20 Min. für 37 Baht in 3 Std. (alle 30 Min. bis 22.30 Uhr für 67 Baht. Weitere ac-Busse ab den großen Hotels).

Richtung Norden und Nordosten: Neuer Northern Bus Terminal in der Kamphaengphet 2 Rd., nordwestlich des Suan Chatuchak (Weekend Market) und der ehemaligen Terminals, die an der Straße zum Airport lagen. Infos über Busse ✆ 9360657.

Bisher nur sehr schlechte Verbindungen mit Stadtbussen s.S. 543f. Besser bis Suan Chatuchak (Weekend Market) fahren und sich von dort ein Taxi oder Motorradtaxi nehmen.

Non-ac-Busse (in Klammern ac-Busse) nach:
AYUTTHAYA, 76 km, laufend bis 19 Uhr für 20 Baht in 2 1/2 Std., etwa stündlich über BANG SAI für 27 Baht (alle 30 Min. bis 18 Uhr für 38 Baht).
CHIANG MAI, 713 km, 7x tgl., z.B. um 9.10, 13.35 und 16.30 Uhr für 169 Baht (viele Busse von 8.50–10 und 19.20–21.45 Uhr für 304 Baht in 10 Std.; VIP-24 um 8 und zwischen 20 und 21 Uhr für 470 Baht.
CHIANG RAI, 844 km, häufig von 6.20–9.30 und 15–21.30 Uhr für 189–199 Baht (um 8 Uhr und zwischen 19 und 20.14 Uhr für 358 Baht in 12 Std., VIP-24 um 19.15 und 19.30 Uhr für 525 Baht).
KORAT, Nakhon Ratchasima, 256 km, alle 15 Min. für 64 Baht (alle 20 Min. bis gegen 23.30 Uhr für 115 Baht in 3 1/2 Std.).
PATTAYA, 141 km (stündlich bis 19 Uhr für 67 Baht, 3 Std., günstig für den Transit aus dem Norden zur Ostküste), weitere Busse ab Eastern Bus Terminal.
PHITSANULOK, 372 km, 8x tgl. für 88 / 96 Baht (um 7, 9, 10.45, 11, 14, 16 und 16.30 Uhr für 163 Baht in 6 Std.).
SUKHOTHAI, 440 km, um 8.15 und 21 Uhr für 106 Baht (um 14.40, 22.20 und 22.40 Uhr für 191 Baht in 7–8 Std., zum Historical Park 192 Baht).

Richtung Süden und Westen: Southern Bus Terminal, südlich vom Hwy 338, an der Auffahrt der Borom Ratcha Chonni Rd., Infos über non-ac-Busse ✆ 4355557-8, Infos über ac- und VIP-Busse ✆ 4351199 oder 4351200.

Non-ac-Busse (in Klammern ac-Busse) nach:
HAT YAI, 954 km, um 5.30 und 21.45 Uhr für 238 / 224 Baht (um 7 und zwischen 16 und 20.20 Uhr für 428 Baht, VIP-24 um 17.30 und 18 Uhr für 625 Baht in 14–15 Std.).
HUA HIN, 201 km, alle 25 Min. für 59 Baht (alle 20 Min. bis 22 Uhr für 92 Baht in 3 1/2 Std.). Von der Khaosan Rd. fahren ac-Minibusse um 12 Uhr für 180 Baht.
KANCHANABURI, 129 km, alle 15 Min. bis 20 Uhr für 35 Baht (alle 15 Min. bis 22 Uhr für 62 Baht in 2 1/2 Std.).
KO SAMUI, 779 km, über Surat Thani oder direkt um 20.45 Uhr für 177 Baht inkl. Fähre (um 20 Uhr für 327 Baht).
KRABI, 867 km, um 7.30, 18, 19.30 und 21.30 Uhr für 193 / 204 Baht (um 19 und 20 Uhr für 368 Baht, VIP-24 um 18 und 18.30 Uhr für 540 Baht in 14 Std.; von dem Bus aus der Khaosan Rd. ist abzuraten).
PENANG, VIP-Tickets von *Thai Transport* für 900 Baht in 21 Std., Abfahrt gegen 16 Uhr. In Hat Yai steigt man in einen Minibus um. Besser ist jedoch der Zug.
PHUKET, 891 km, 10x v.a. nachmittags und abends für 210 Baht (um 18.30 und 18.50 Uhr für 368 / 378 Baht, VIP-24 um 17.30 und 18 Uhr für 570 Baht in 14–15 Std.; weitere ac-Busse von privaten Companies, z.B.: *Phuket Travel*, ✆ 4355018, *Phuket Central*, ✆ 4355019).
SURAT THANI, 668 km, um 9.20 und 23 Uhr für

158 Baht (zwischen 20 und 20.30 Uhr für 285 Baht; VIP-24 um 20 Uhr für 440 Baht in 10 Std. Die Busse ab Khaosan Rd. sind wegen Diebstahlgefahr nicht zu empfehlen.
In einigen Hotels werden übertreuerte VIP-Bustickets verkauft, die den Mehrpreis nicht lohnen.)

EISENBAHN – Von HUA LAMPHONG, dem Hauptbahnhof, fahren Züge Richtung Norden, Nordosten, Osten, Süden und Nordwesten. Einige Züge Richtung Kanchanaburi / River Kwae fahren vom Bahnhof in THONBURI ab.

Tickets erhält man bis zu 90 Tagen vor der Abreise im *Advance Booking Office* im Hauptbahnhof Hua Lamphong, ✆ 2233762, 2247788, ✆ 2256068, 2263656, geöffnet Mo–Fr 8.30–16 Uhr, oder in jedem Bahnhof mit Computer-Reservierungssystem. Allerdings werden für zurückgegebene, nicht benutzte Tickets nur 50% des Fahrpreises zurückerstattet. Informationsbüro im Bahnhof, ✆ 2237010, 2237020. Hier erhält man den neuesten Fahrplan, falls vorhanden.

Airland, 866 Ploenchit Rd. und *TTS*, im dem Viengtai Hotel, geöffnet Mo–Fr 8.30–17 Uhr, verkaufen Eisenbahntickets zu Originalpreisen.

Richtung Norden: Fahrzeit und Fahrpreis ohne Zuschläge in der 1. / 2. / 3. Klasse:
INTERNATIONALER AIRPORT, etwa 45 Min., – / 11 / 5 Baht.
AYUTTHAYA (kein EXP. DRC. und SPC. DRC.), etwa 1 1/2 Std., – / 35 / 15 Baht.
PHITSANULOK 5 - 9 Std., 324 / 159 / 69 Baht.
LAMPANG 9–12 Std., 512 / 244 / 106 Baht.
LAMPHUN (kein EXP. DRC.), 11–13 1/2 Std., – / 273 / 118 Baht.
CHIANG MAI 11–14 1/2 Std., 593 / 281 / 121 Baht.

Abfahrtszeiten der Züge nach:
Chiang Mai um 6.40 (RAP.), 8.10 (EXP. DRC., die schnellste und teuerste Alternative eignet sich gut, um etwas von der Landschaft zu sehen), 15 (RAP.), 18 (EXP.), 19.25 (EXP. DRC.), 19.40 (SP.) und 22 Uhr (RAP.).
Phitsanulok um 10.55, 16.35 und 23.10 Uhr Diesel-Sonderzüge (SPC. DRC.).
Den Chai, bei Phrae, um 20 Uhr (RAP.). Außerdem fahren mehrere langsame Personenzüge (ORD.), die auch in allen kleineren Bahnhöfen halten, und die auf englischsprachigen Fahrplänen nur zu einem geringen Teil aufgelistet werden.

Von vielen Reisebüros, vor allem in der Khaosan Rd., werden billige **Touristenbusse** zu den touristischen Reisezielen organisiert. Preise variieren je nach Saison. Preisbeispiele: KO SAMUI 230 Baht, KRABI und PHUKET 260 Baht, KO TAO 550 Baht, BUTTERWORTH (Penang) 520 Baht.
Vor Buchung sollte man sich genau informieren und die Preise vergleichen. Es scheint, daß vielfach unerfahrene Busfahrer eingesetzt werden. Besondere Vorsicht ist bei billigen Fahrten nach Chiang Mai mit illegalen klimatisierten Bussen einschließlich einer Übernachtung geboten.
Die Busse, z.T. Minibusse, sind nicht immer bequem und meistens länger unterwegs als angegeben. In Chiang Mai halten sie außerhalb der Stadt, und die Traveller werden in die Pickups der zugehörigen Gästehäuser verteilt.
Gleich nach der Ankunft versucht man, den übermüdeten Fahrgästen eine Trekking-Tour aufzudrängen.
In einigen Bussen wurde zudem von zugestiegenen „Freunden" des Fahrers Gepäck durchsucht und Wertsachen gestohlen.
Die Busse nach Surat Thani haben immer „Verspätung", damit die Traveller das erste Boot verpassen und im Coffee Shop des Veranstalters erst mal kräftig frühstücken.

Die Touristenpolizei von Bangkok warnt:
1. Nie Wertsachen unbeaufsichtigt lassen.
2. Das Personal darf nur zu zweit sein.
3. Bus-Nummer notieren, vom Ticket eine Fotokopie behalten.
4. Beim Schlafen die Wertsachen sicher verwahren (ein Bauchgurt ist nicht sicher!).
5. Kein Essen oder Getränk von Unbekannten annehmen.
6. Im Falle eines Diebstahls die Touristenpolizei ✆ 1699 benachrichtigen.

Richtung Nordosten: Fahrzeit und Fahrpreis ohne Zuschläge in der 1. / 2. / 3. Klasse:
PAK CHONG (Khao Yai National Park, kein EXP. DRC. und SPC. DRC.) 3 1/2–4 1/2 Std., – / 82 / 36 Baht.
KORAT (Nakhon Ratchasima) 5–6 Std., 230 / 115 / 50 Baht.

KHON KAEN ca. 8 Std., 368 / 179 / 77 Baht.
NONG KHAI 10 1/2–11 1/2 Std., 497 / 238 / 103 Baht.
Die Züge Richtung Nordosten fahren auf 2 verschiedenen Linien. Die Ubon-Linie führt u.a. über Pak Chong, Korat und Surin. Die Nong Khai-Linie führt über Khon Kaen und Udon. Nur EXP. DRC. Richtung Nong Khai fahren über Korat. Beide Linien halten am International Airport, in Ayutthaya und Saraburi.
Abfahrtszeiten der Züge nach:
Ubon um 6.50 (RAP.), 15.25 (ORD.), 18.45 (RAP.), 21 (EXP.), 22.45 (RAP.) und 23.25 Uhr (ORD.). Nong Khai um 6.15 (RAP.), 19 (RAP.) und 20.30 Uhr (EXP.). Udon (SPC. DRC.) um 8.20 und 20.40 Uhr. Surin um 6.05, 11.05 und 21.50 Uhr (SPC. DRC.). Außerdem mehrere Personenzüge (ORD.).

Richtung Osten: Fahrzeit und Fahrpreis nur 3. Klasse:
PATTAYA ca 3 Std., 31 Baht.
CHACHOENGSAO ca. 1 1/2 Std., 13 Baht.
PRACHINBURI 2 1/2–3 Std., 26 Baht.
KABINBURI 3 1/2–5 Std., 33 Baht.
ARANYAPRATHET ca. 5 1/2 Std., 48 Baht.
Abfahrtszeiten der Züge (nur DRC.) nach:
Pattaya um 7 Uhr.
Prachinburi um 9.40 und 17.25 Uhr.
Kabinburi um 8.05, 11.20 und 15.05 Uhr.
Aranyaprathet um 6 und 13.10 Uhr.

Richtung Westen: Fahrzeit und Fahrpreis nur 3. Klasse:
NAKHON PATHOM ca. 1 Std., 14 Baht.
KANCHANABURI 2 1/2 Std., 28 Baht.
NAM TOK 4 1/2 Std., 41 Baht.
Abfahrtszeiten der Züge nach:
Nam Tok (River Kwae) über Kanchanaburi um 7.50 und 13.45 Uhr vom Bahnhof in Thonburi. Da alle Züge Richtung Süden auch in Nakhon Pathom halten, kann man dort umsteigen.

Richtung Süden: Fahrzeit und Fahrpreis ohne Zuschläge in der 1. / 2. / 3. Klasse:
HUA HIN 3–4 Std., 202 / 102 / 44 Baht.
CHUMPHON 7–8 Std., 394 / 190 / 82 Baht.
SURAT THANI 9–11 Std., 519 / 248 / 127 Baht.
TRANG (z.T. keine EXP.) 15 Std., 660 / 311 / 135 Baht.
HAT YAI 16 Std., 734 / 345 / 149 Baht.
SUNGAI GOLOK 20 Std., 893 / 417 / 180 Baht.
PADANG BESAR 17 Std., 767 / 360 / 156 Baht.

Von Thung Song führt eine Stichlinie über Trang nach Kantang, südwestlich von Trang. Eine weitere Stichlinie zweigt in Hat Yai ab und führt über Yala zur malaysischen Grenze (Sungai Golok). Die Hauptlinie verläuft von Hat Yai über Padang Besar (Grenzort) nach Butterworth.
Die Abfahrtszeiten der Züge bis nach:
Butterworth (= Penang in Malaysia) um 15.15 Uhr (EXP. SP. = internationaler Express).
Sungai Golok (malaysische Grenze) um 13.30 (RAP.), 14.35 Uhr (EXP.). Yala um 15.50 Uhr (RAP.) und 21.55 Uhr (EXP. DRC., der schnellste Zug in den Süden).Kantang um 18.30 Uhr (RAP.).
Trang um 17.05 Uhr (EXP.). Nakhon Si Thammarat um 19.20 Uhr (EXP.) und 19.45 Uhr (RAP.).
Surat Thani um 22.35 Uhr (EXP. DRC.).
Zudem fahren weitere Personenzüge (ORD.) und Diesel Railcars (DRC.).
Nach Ko Samui, Ko Pha Ngan und Ko Tao werden kombinierte „Zug-Bus-Expressboot-Tickets" für die Züge um 18.30, 19.45 oder 22.35 Uhr angeboten. Mit den beiden späten Zügen geht es über Chumphon, dort Bustransfer zum Paknam Pier, wo ein Expressboot über KO TAO (Zugpreis + 400 Baht) nach KO PHA NGAN (+ 650 Baht) und KO SAMUI (+ 805 Baht) fährt. Günstiger geht es mit den beiden ersten Zügen über Surat Thani, Ankunft um 5.34 bzw. 6.42 Uhr, Bustransfer zum Hafen und Überfahrt mit dem Expressboot um 8, 12 oder 14.30 Uhr nach KO SAMUI. Fahrpreis inklusive Transfer und Fähre in der 2. Klasse im oberen / unteren Bett ac 603 / 653 Baht, non-ac 483 / 533 Baht, ohne Bett 383 Baht, 3. Klasse 242 Baht. Nach Ko Pha Ngan ist dieses Ticket 40 Baht teurer. Bei der Ankunft in Surat Thani warten am Bahnhof Anschlußbusse nach Krabi.

FLÜGE – Der Bangkok International Airport liegt 22 km (via Expressway) nördlich der City, ✆ 5351111 (Information ✆ 5351254). Der Domestic Terminal liegt 500 m stadteinwärts von den beiden Internationalen Terminals 1 und 2, ✆ 5351253. Ein kostenloser Bus pendelt alle 15 Min. zwischen beiden Abfertigungshallen.
An beiden Internationalen Terminals können am *Baggage Claim* kostenlos Ortsgespräche geführt werden (bei der Ankunft gut zum Reservieren von Zimmern). In allen Flughafengebäuden gibt es Wechselstuben (geöffnet tgl. 6.30–24 Uhr), ein

Postamt (in den Abflughallen, 24 Stunden geöffnet, in der Ankunftshalle von 9–17 Uhr, hier können am Kartentelefon oder über die Vermittlung internationale Ferngespräche geführt werden), die Gepäckaufbewahrung, ✆ 5351250 (geöffnet rund um die Uhr, pro Gepäckstück und 24 Std. 40 Baht, max. 6 Monate), die Zimmervermittlung (Ankunftshalle, nur wenige preiswertere Hotels), ein privates Tourist Office (Internationale Ankunftshalle, nur Broschüren), und den Airport Transport Service. Vorsicht ist vor Schleppern geboten, die Neulingen überteuerte Touren und Transportmittel in die Stadt, nach Chiang Mai und in andere Orte aufschwatzen wollen.

Transport nach Bangkok: Über den neuen **Sky-Train** lagen bei Redaktionsschluß noch keine Angaben vor. Am internationalen Airport vermittelt der *Airport Transport Service* am Ausgang vor dem Terminal 1 Transportmöglichkeiten mit dem Airport Taxi oder der Limousine: Ein Wagen des **Airport Taxi Service** kostet in die City 500 Baht. Billiger sind **Taxis**, die an einem Schalter in der Ankunftshalle geordert werden können, und für Fahrt in die Stadt etwa 200–300 Baht plus 30–50 Baht für den Expressway kosten.

Ein **Airport Bus**-Service fährt für 70 Baht alle 15 Min. in die Stadt: Bus A1 über die Ratchadamri Rd. zur Silom Rd., A2 zum Sanam Luang (Royal Hotel) und A3 ab Soi 7 die Sukhumvit Rd. hinauf bis zum Eastern Bus Terminal.

Stadtbusse sind die billigste und langsamste Möglichkeit, nehmen aber niemanden mit Reisegepäck mit. Vor allem von 6.30–10 und 15.30–20 Uhr sind sie nicht zu empfehlen. Von der Bushaltestelle (ca. 400 m links vom Hauptausgang der Int. Ankunftshalle) fahren sie für 5 Baht (non-ac) bzw. 16 Baht (ac) in 1 1/2–2 1/2 Std. in die Innenstadt (s.S. 543f). Am späten Abend fahren Minibusse auf den gleichen Routen. Beim Kassierer über das Fahrtziel informieren!

Die **Eisenbahn** fährt für 5–15 Baht vom Don Muang-Bahnhof gegenüber vom Internationalen Airport (ca. 50 m über die Überführung Richtung Amari Airport Hotel laufen) zum Hauptbahnhof (Tickets gegen 10 Baht Aufschlag im Zug). Zahlreiche unregelmäßige Verbindungen von 2–6, 13–15 und 16.30–19 Uhr, zwischen 6 und 7.30 Uhr alle 10 Min., ansonsten seltener, nach 19 Uhr nur noch wenige Züge. Für Rapid und Express Trains 30 bzw. 50 Baht Zuschlag.

Nach **Ayutthaya** mit der Eisenbahn in ca. 1 Std. für 15 Baht häufiger zwischen 7 und 9, gegen 16 sowie zwischen 18 und 0 Uhr.

Nach Norden Richtung **Chiang Mai**: Tickets für die Nachtzüge gibt es im Station Office von Don Muang, falls noch freie Plätze vorhanden sind.

Nach Süden: Wer morgens ankommt, kann spätestens um 8.51 Uhr den Zug Nr. 6 bis Bang Sue nehmen und dort um 9.40 Uhr in den lokalen Zug Nr. 233 nach Hua Hin umsteigen. Wer später ankommt, muß zum Hauptbahnhof fahren und kann erst nachmittags weiterfahren.

Transport zum Airport: Ein Taxi aus der Innenstadt kostet 140–250 Baht. Es empfiehlt sich, auch außerhalb der *rush hour* 1 1/2–2 Std. für die Anfahrt einzukalkulieren.

Von der Khaosan Rd. fahren preiswerte **Minibusse** verschiedener Companies. Von diesen Bussen ist abzuraten, da sie manchmal nur um die Ecke fahren und dort mit „kaputtem Motor" liegenbleiben.

Lokale **Züge** zum Bahnhof Don Muang für 5–10 Baht häufig von 4–5.30 Uhr, später etwa stündlich bis gegen 20 Uhr. Für Rapid und Express Trains Zuschlag von 30 bzw. 50 Baht!

Die bei Abflug an neuen Automaten zu entrichtende **Airport-Tax**, bei internationalen Flügen 250 Baht, bei nationalen 30 Baht, Bangkok Airways 60 Baht. Es ist ratsam, rechtzeitig am Airport zu sein, da oft Chaos herrscht.

Inlandsflüge: Am Stand-By-Schalter im Domestic Terminal des Airports werden freie Plätze auf den nächsten Maschinen verkauft.

Thai Airways fliegt u.a. nach: CHIANG MAI 1650 Baht, CHIANG RAI 1940 Baht, HAT YAI 2280 Baht, KHON KAEN 1060 Baht, KORAT (Nakhon Ratchasima) 555 Baht, LAMPANG 1455 Baht, PHITSANULOK 950 Baht, PHUKET 2008 Baht, SURAT THANI 1785 Baht.

Die private Fluggesellschaft **Bangkok Airways** fliegt mit 37sitzigen DASH 8-100 und 56sitzigen DASH 8-300 nach: KO SAMUI 6–12x tgl. 2300 Baht (rechtzeitige Buchung erforderlich, da häufig voll), HUA HIN einmal tgl. 900 Baht, U-TAPAO einmal tgl. 1980 Baht und SUKHOTHAI einmal tgl. 1560 Baht. Zudem verkehrt die neue Gesellschaft *Orient Thai Airlines*, ✆ 2673210-5, einmal tgl. nach CHIANG MAI für 1650 Baht, 4x wöchentlich PHUKET für 2000 Baht und 1-2x tgl. U-TAPAO (bei Pattaya) für 600 Baht.

Flüge in die Nachbarländer: Tarife für Hin- und Rückflug in Billigreisebüros.
DENPASAR US$500, HONG KONG US$250, JAKARTA US$400, KATHMANDU US$600, KUALA LUMPUR US$270, MANILA US$260, PENANG US$220, PERTH US$650, SINGAPORE US$250. Anschlußflüge sind häufig in Europa günstiger als in Bangkok. Die von Billig-Büros reservierten Plätze sollte man bei den Airlines selbst noch einmal checken, da manche Reisebüros in Bangkok Tickets für ausgebuchte Flüge mit Bestätigung (OK) verkaufen.

Vietnam: Thai Airways Inter, Air France und Hang Khong Vietnam fliegen von Bangkok nach HO CHI MINH CITY und HANOI. Visa für 4 Wochen werden von Reisebüros für 1250 Baht in 4 Tagen organisiert, zum doppelten Preis auch in 2 Tagen. Direkt bei der Botschaft kosten sie US$60.

Myanmar (Burma): Bangkok Airways fliegt 3x wöchentlich mit Shorts 3-60 über Chiang Mai nach PAGAN. Außerdem Verbindungen mit Thai Airways und Myanmar Airways International nach YANGON. 4-Wochen-Visa bei Reisebüros innerhalb eines Tages für 400 Baht.

Kambodscha: Cambodia Airlines und Thai Airways Inter fliegen mehrmals tgl. für 5000–7500 Baht nach PHNOM PENH in Kambodscha. 30-Tage-Visa werden bei der Einreise am Flugplatz für US$20 ausgestellt oder können in Bangkok von Reisebüros gegen eine Gebühr von 700 Baht innerhalb eines Tages organisiert werden.

Laos: Lao Aviation fliegt von und nach VIENTIANE. 14-Tage-Visa werden von Reisebüros für 1400 Baht innerhalb von 4 Tagen organisiert, für den doppelten Preis auch innerhalb eines Tages.

China: Thai Airways fliegt abwechselnd mit China Southern Airlines tgl. nach KUNMING, weitere Flüge mit Yunnan Airlines. Außerdem bestehen direkte Verbindungen nach Peking, Shanghai, Shenzhen, Guangzhou (Kanton) und Shantou. Visa gibt es bei der Botschaft in 1–2 Tagen.

Flüge nach Europa: Am billigsten sind Flüge mit Bangladesh Biman über Dacca nach Athen, Amsterdam, Rom, Paris oder London ab 8300 Baht. Etwas teurer und besser sind Flüge mit einigen osteuropäischen Gesellschaften (Aeroflot ist nicht zu empfehlen) nach Europa, hin und zurück nach FRANKFURT ab 16 400 Baht.

Reisebüros Viele befinden sich in der Khaosan Rd. und in der Sukhumvit Rd. Soi 4. Unter den Reisebüros, v.a. in der Khaosan Rd., gibt es auch schwarze Schafe, die Anzahlungen kassieren, das Büro schließen und anschließend unter anderem Namen wieder eröffnen.

Fluggesellschaften:
Aeroflot, Regent House, 183 Ratchadamri Rd., ℡ 2510617-8, ℻ 2553138.
Air France (und UTA), Charn Issara Tower, 942/51 Rama IV Rd., ℡ 2339477, ℻ 2369287.
Air India, 1 Pacific Place, 140 Sukhumvit Rd., ℡ 23505578, ℻ 6310340.
Air Lanka, Charn Issara Tower, 942/34-35 Rama IV Rd., ℡ 2369292-3, ℻ 2367617.
Bangkok Airways, Queen Sirikit National Convention Center, New Ratchadapisek Rd., ℡ 2293456-63, ℻ 2293454.
Bangladesh Biman, 56 Surawong Rd., ℡ 2357643-4, ℻ 2369973.
British Airways, Charn Issara Tower, 942/81 Rama IV Rd., ℡ 2360038, ℻ 2366734.
Cathay Pacific, Ploenchit Tower, 898 Ploenchit Rd., ℡ 2630606, ℻ 2630645.
China Southern Airlines, Silom Plaza, 491 / 35-37 Silom Rd., ℡ 2665688, ℻ 2365279.
China Airlines, Peninsula Plaza, 153 Ratchadamri Rd., ℡ 2534242-3, ℻ 2534565.
Czech Airlines, 2922/215 New Phetchburi Rd., ℡ 3082106.
Egypt Air, CP Tower, 313 Silom Rd., ℡ 2310615-8, ℻ 2310503.
Emirates, Bangkok Bank Building, 54 Soi Asoke, Sukhumvit Rd., ℡ 2607400-4, ℻ 2607408.
EVA Airways, Green Tower, 3656 Rama IV Rd., ℡ 2400890, ℻ 3673398.
Garuda, Lumpini Tower, 1168 Rama IV Rd., ℡ 2856470-3, ℻ 2856474.
Gulf Air, Maneeya Center, 518/5 Ploenchit Rd., ℡ 2547935-8, ℻ 2525256.
Japan Airlines, 254/1 Ratchadapisek Rd., ℡ 274141125, ℻ 2741458.
KLM, Thai Wah Tower, 133 Sathon Tai Rd., ℡ 679110011, ℻ 6791415.
Korean Air, Kongboonma Bldg., 699 Silom Rd., ℡ 26709856, ℻ 2670994.
Kuwait Airways, 9th Floor, Kongboonma Bldg., 699 Silom Rd., ℡ 6412864-7, ℻ 6412869.
Lao Aviation, 491/29-30 Silom Plaza, Silom Rd., ℡ 2369822-3, ℻ 2369821, am Airport, ℡ 53537867.

Lauda Air, Wall Street Tower, 14th Floor, 90 Surawong Rd., ☎ 26708739, ℡ 267.
LOT, 485/11-12 Silom Rd., ☎ 2352223-7.
LTU, 11th Floor, Bangkok Gem and Jewelry Towers, Surawong Rd., ☎ 26712357, ℡ 2671190.
Lufthansa, Q-House Asoke Bldg., 66 Sukhumvit Rd. Soi 21, ☎ 2642400, ℡ 2642399.
Malaysia Airlines, Ploenchit Tower, 898 Ploenchit Rd., ☎ 2630565-71, ℡ 2630576.
Myanmar Airways, 23. Floor, Jewelry Trade Center, Silom Rd., ☎ 63003348, ℡ 6300339.
Pakistan International, 52 Surawong Rd., ☎ 23352156, ℡ 2342357.
Philippine Airlines, Chongkolnee Bldg., 56 Surawong Rd., ☎ 23323502, ℡ 2348455.
Quantas Airways, Charn Issara Tower, 942/51 Rama IV Rd., ☎ 267518899, ℡ 2381118.
Royal Air Cambodge, 20th Floor, Ploenchit Tower, 898 Ploenchit Rd., ☎ 263056571, ℡ 2630576.
Royal Jordanian, 56 Silom Rd., ☎ 2360030, ℡ 2366796.
Royal Nepal Airlines, 9th Floor, Phayathai Bldg., 128 Phayathai Rd., ☎ 21656915, ℡ 2165690.
SAS (Scandinavian Airlines), Glashaus Bldg., 1 Sukhumvit Rd., Soi 25, ☎ 2600444, ℡ 2606269.
SIA (Singapore Airlines), Silom Center Bldg., 2 Silom Rd., ☎ 2360440, ℡ 2365294.
Swiss Air, 1 Silom Rd., ☎ 2332935-9, ℡ 2367417.
Thai Airways Head Office, 89 Wiphawadi Rangsit Rd., ☎ 5130121-9, ℡ 5130203. Weitere Büros: 485 Silom Rd., ☎ 2343100-19; 6 Larn Luang Rd., ☎ 2800100, ℡ 2800735; im Asia Hotel, 296 Phayathai Rd., ☎ 215 2020 und am International Airport, ☎ 535 2081-2.
Turkish Airlines, CP Tower, 313 Silom Rd., ☎ 2310300-7, ℡ 2310311.
Vietnam Airlines (Hang Khong Vietnam), Ploenchit Centre, zwischen Soi 2 und Highway, ☎ 2514242, ℡ 2533459.

Die Umgebung von Bangkok
Krokodilfarm – Farm Chirakae

Südlich von Samut Prakan führt beim KM 28 eine Abzweigung zur Farm der 30 000 Reptilien. Von der Endstation der Stadtbusse in Samut Prakan (ac-Stadtbus 8 für 16 Baht oder ac-Bus 11 ab Thonburi über Ratchdamnoen Ave., Sukhumvit Rd. und Expressway) gehen regelmäßig Minibusse zur Farm, Taxi oder Tuk Tuk 30 Baht. Geöffnet tgl. 8–18 Uhr, ☎ 7034891-5, 2364538, Eintritt 300 Baht. Fütterung zwischen 16.30 und 17.30 Uhr. Die Show, die Europäer meist nicht sonderlich begeistert, beginnt Mo-Fr stündlich zwischen 9 und 11 Uhr sowie zwischen 13 und 16 Uhr, außerdem Sa und So um 12 und 17 Uhr. Eine halbe Stunde später gibt es eine Elefantenshow. Die Eintrittskarte gilt auch für das Dinosaurier-Museum.

Muang Boran (Ancient City)

Etwa 6 km weiter südlich liegt ein riesiges Freilichtmuseum – Thailand in Miniaturausgabe, das einen Besuch auf alle Fälle lohnt. Etwa 80 berühmte Gebäude wurden originalgetreu verkleinert aufgebaut. Die meisten Besucher fahren mit einem Tourbus oder dem Wagen durch den Park. Geöffnet tgl. 9–17 Uhr, Eintritt 50 Baht, Infos in Bangkok: *Ancient City Company*, ☎ 2827614, 2261936. Von Samut Prakan fährt der Minibus 36 für 3 Baht. Er hält nach Bedarf, deshalb muß man klingeln, wenn links der Straße die Holzbrücke mit dem Torbogen, auf dem *Ancient City* steht, erscheint. Zudem fahren Minibusse von der Hauptstraße für 5 Baht hierher, Taxis 40 Baht. Ab Bangkok werden gebuchte Touren für 200 Baht (inkl. guter Führung) angeboten.

Damnoen Saduak

Der unattraktive Ort, 97 km westlich von Bangkok (Bus 78 ab non-ac Southern Bus Terminal für 30 Baht in 2 1/2 Std.) ist wegen seiner schwimmenden Märkte bekannt. Die beste Zeit für einen Besuch ist zwischen 7 und 9 Uhr, bevor die Touristenmassen ankommen. Auch am frühen Nachmittag ist es recht ruhig. Vor allem vormittags werden zahllose Reisegruppen durch die Kanäle und über die Brücken geschleust - organisierte Touren ab Bangkok 200 Baht und mehr. Scheinbar werden die Märkte nur noch als Sehenswürdigkeit am

Leben erhalten. Zum Schutz der „Händlerinnen" wurden Brücken und Fußwege erbaut, von denen aus sich das Treiben am besten beobachten läßt. Allerdings ist die Fußgängerbrücke am Tonkem-Markt selbst gesperrt, so daß man für 10 Baht mit dem Boot übersetzen oder einen weiten Umweg gehen muß. Damit das frische Obst und Gemüse die Verbraucher möglichst früh erreicht, brechen die Frauen schon bei Dunkelheit auf – sofern sie keine Boote mit Außenborder haben. Von der Bus Station fahren Boote mit Dieselmotoren alle 15–20 Minuten für 10 Baht zum schwimmenden Markt Ton-Kem, außerdem Minibusse. Die Busfahrer aus Bangkok fahren Touristen gern weiter bis zur Anlegestelle, wo nur Paddelboote angeboten werden. Den verlangten Preis von über 1000 Baht kann man auf ca. 300 Baht herunterhandeln.

Zentral-Thailand

Der Weg nach Norden führt durch die weite Ebene des Menam Chao Phraya und seiner Nebenflüsse. Wer nicht mit dem Bus über den H1 oder H11 braust, kann auf schmalen Straßen entlang der zahllosen Kanäle und Flüsse die Dörfer inmitten der endlosen Reisfelder erkunden. Auf einigen steilen Felsen, die aus der Ebene emporragen, stehen kleine Tempel.

Ayutthaya

อยุธยา

417 Jahre hindurch war Ayutthaya die Königsstadt des siamesischen Reiches, bis sie 1767 von burmesischen Truppen zerstört wurde. Von hier aus regierten 33 Könige, und auf dem Höhepunkt ihrer Macht hatten die absoluten Monarchen im 17. Jahrhundert eine Stadt errichten lassen, die es mit allen europäischen Metropolen ihrer Zeit aufnehmen konnte. Schiffe aus aller Herren Länder segelten den Menam Chao Phraya hinauf, und Europäer, Chinesen und Japaner siedelten in eigenen Stadtvierteln. Die Pracht bei Hofe und die Ausstattung der Heiligtümer waren legendär, und was davon heute noch zu sehen ist, sind nurmehr kümmerliche Überreste.

Den Fall Ayutthayas haben die Thais den Burmesen bis auf den heutigen Tag nicht verziehen. Was nicht zerstört wurde, verfiel und wurde vom Dschungel überwuchert. Die Könige kehrten nicht an den Ort der Niederlage zurück – die neue Hauptstadt hieß Bangkok. Die historische Stadt liegt auf einer Insel, die durch den Zusammenfluß von 3 Flüssen gebildet wird. Fast alle Tempel sind von 8.30–16.30 Uhr geöffnet. Das heutige, wenig attraktive Zentrum der 60 000 Einwohner zählenden Provinzstadt erstreckt sich weiter im Osten rings um den Markt.

Zu Beginn einer Rundfahrt durch die historische Stadt sei ein Besuch im **Ayutthaya Historical Study Center** empfohlen. Das moderne Gebäude beherbergt ein sehr anschauliches Museum sowie eine Bibliothek. Im Museum wird die Ayutthaya-Periode auf unkonventionelle Art mit Hilfe von Modellen, Schautafeln und Dioramen wieder zum Leben erweckt. Vier Themenschwerpunkte zeigen Ayutthaya als Hauptstadt, Handelszentrum, zentralistischen Staat sowie das traditionelle Dorfleben. Der fünfte Bereich, der Beziehungen Ayutthayas zum Ausland und die Einflüsse von außen darstellt, ist in einer Außenstelle des Museums in der japanischen Siedlung zu sehen (s.u.). Geöffnet Mi–So außer feiertags von 9–16.30 Uhr, Eintritt 100 Baht – nicht billig, aber lohnenswert.

In mehreren Gebäuden in einem kleinen Park ist das **Chao Sam Phya National Museum** eher traditionell eingerichtet, Eingang in der Rotchana Rd. Geöffnet Mi–So von 9–12 und 13–16 Uhr, ✆ 251587, Eintritt 20 Baht.

Der **Rama Park** wurde rings um den hübschen Phra Ram See angelegt und stellt die ihn umgebenden Tempel in einen ansprechenden Rahmen.

Südwestlich des Parks erhebt sich der hohe Prang von **Wat Phra Ram**, das 1369 unter dem zweiten König Ramesuan als Be-

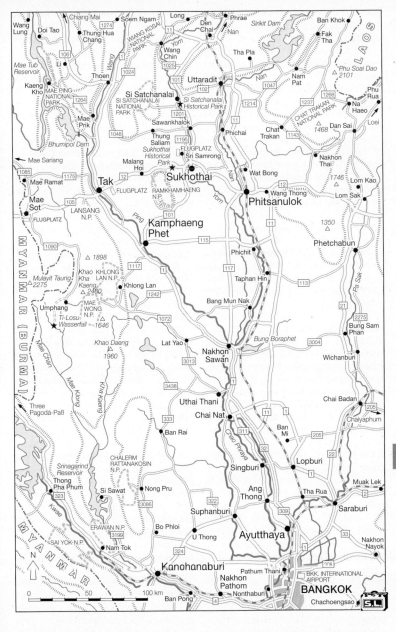

Zentral-Thailand

gräbnisstätte für seinen Vater, U-Thong, dem Gründer von Ayutthaya, erbaut wurde, Eintritt 30 Baht.

Östlich des Parks erstreckt sich das weitläufige **Wat Mahathat**, ein 1384 gegründeter und mehrfach erweiterten Tempel. Die Ruine des zentralen Prangs, der 44 m hoch war, läßt seine ursprüngliche Größe nur noch erahnen. Eintritt 30 Baht bis 16.30 Uhr, danach freier Eintritt.

Gegenüber überragt ein stark restaurierter Prang das **Wat Ratburana**. 1424 ließ der 7. König von Ayutthaya diesen Tempel als Begräbnisstätte für seine beiden älteren Brüder erbauen. In den Krypten unter dem Prang wurde einer der größten Goldschätze der Stadt entdeckt. Geöffnet tgl. 8–16.30 Uhr, danach sind die Tore geschlossen, Eintritt 30 Baht.

Nordwestlich des **U-Thong Memorials**, einer Statue des ersten Königs von Ayutthaya, sind die Mauerreste seines ehemaligen **Palastes** zu besichtigen. Er war 1350 erbaut worden. Die zweistöckige Suriyat Amarin Halle nutzte König Narai zur Beobachtung der Prozession der königlichen Barken. Die angrenzende San Phet Prasat Halle wurde 1448 als Empfangsgebäude erbaut. Unter dem 24. König von Ayutthaya entstand Anfang des 17. Jahrhunderts die Zeremonienhalle Viharn Somdet sowie die Chakravatphaichayon-Halle am östlichen Ende des Palastes, von der aus der König Paraden und Umzüge abnahm. Der offene, hölzerne Trimuk Pavillon, westlich der San Phet Prasat Halle, wurde erst 1907 unter König Chulalongkorn errichtet.

Im Süden erstreckt sich **Wat Phra Si San Phet**, eine prunkvolle königliche Tempelanlage, die burmesische Eroberer 1767 niederbrannten. Drei restaurierte **Chedis** enthalten die Asche verstorbener Könige und eine Reliquie Buddhas. Eintritt 30 Baht, geöffnet tgl. 8.30–16.30 Uhr.

Der Innenraum des rekonstruierten **Viharn Phra Mongkol Bophit** wird von einem der größten Bronzebuddhas Thailands aus dem 15. Jahrhundert ausgefüllt. Geöffnet tgl. von 8–16.30 Uhr. Neben dem Parkplatz vor dem Tempel warten zahlreiche Souvenir- und Getränkehändler auf Kunden.

Etwas versteckt liegt **Wat Lokayasutha**. Hier blieb eine der größten liegenden Buddha-Figuren aus Stuck erhalten, die nun, nachdem das Kloster abgebrannt ist, unter freiem Himmel ruht. Am anderen Flußufer steht **Wat Chai Wattanaram**, eine große Anlage im Khmer-Stil mit einem zentralen Prang. Eintritt 30 Baht.

Im Nordosten der Insel befindet sich der rekonstruierte **Chandra Kasem Palast** des Kronprinzen aus dem Jahre 1577. König Mongkut lebte zeitweise hinter den hohen Mauern. Das erste Gebäude links vom Eingang, der Chantura Mukh Pavillon, enthält eine kleines Museum. Im dahinterliegenden Piman Rajaja Pavillon, der ehemaligen königlichen Residenz, sind weitere Buddhastatuen und andere Gegenstände ausgestellt. Den Pisai Salak Turm hinter der Residenz ließ sich König Mongkut für seine astronomischen Studien erbauen. Geöffnet Mi–So außer feiertags 9–12 und 13–16 Uhr, Eintritt 30 Baht.

Bereits König U-Thong hatte 1357 an der Stelle des **Wat Yai Chai Mongkol** den ersten Tempel der Stadt gegründet. Die heutige Anlage mit dem 62 m hohen Chedi und den Buddha-Statuen entstand 1592 unter Naresuan als Erinnerung an einen historischen Sieg über seinen burmesischen Widersacher. Geöffnet tgl. von 8–18 Uhr, Eintritt 30 Baht.

Weiter im Südwesten erstreckt sich zwischen Fluß und Straße das weitläufige **Wat Phanan Choeng**. Die 20 m hohe Buddha-Statue Phra Chao Phananchoeng im hinteren hohen Viharn soll bereits 1344 aus Stuck gefertigt worden sein und den Tempel niemals verlassen haben. Hinter dem Wat gibt es eine Bootsanlegestelle.

Nördlich des ehemaligen Königspalastes erhebt sich jenseits des Flusses **Wat Na Phra Meru**, eine wahrscheinlich bereits 1504 gegründete Tempelanlage. Der mit schönen Holzschnitzereien geschmückte, imposante, große Bot mit dem mehrfach gestaffelten Dach enthält einen 6 m hohen, vergoldeten Bronzebuddha im Stil eines

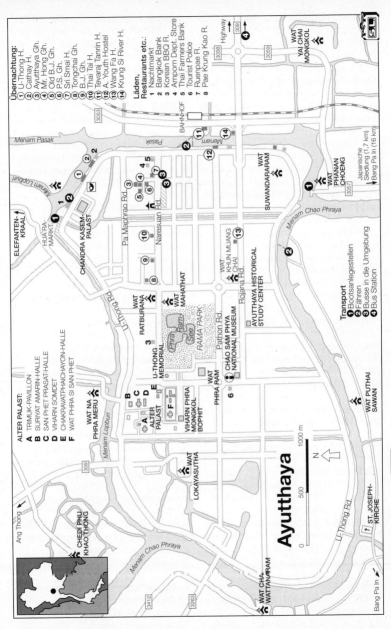

Ayutthaya-Herrschers. Das Innere des danebenliegenden, kleinen Viharn wird von einem aus schwarzem Stein gehauenen Buddha im Dvaravati-Stil dominiert.

2,5 km nordwestlich der Stadt liegt **Chedi Phu Khao Thong**. Der 80 m hohe Chedi ist im burmesischen (Mon-)Stil erbaut. Als die Burmesen 1569 schon einmal Ayutthaya eingenommen hatten, errichteten sie diesen Tempel als Erinnerung an den Sieg. 15 Jahre später wurden sie wieder vertrieben, und der Chedi erhielt ein neues Äußeres im Thai-Stil.

6 km außerhalb, nördlich der historischen Stadt, steht der **Elefantenkraal**. Innerhalb der Umzäunung aus Teak-Pfosten wurden die königlichen Elefanten gezähmt.

Südlich von Wat Phanan Choeng befand sich die **Japanische Siedlung**. Hier sind in einem modernen Rundbau, einer Außenstelle des Ayutthaya Historical Study Center, die Beziehungen Ayutthayas zum Ausland dargestellt.

Von hier sind es 14 km auf einer staubigen Schotterstraße nach **Bang Pa In**. Im 17. Jahrhundert wurde dieser sehenswerte Sommerpalast der Könige von Ayutthaya auf einer Insel im Menam Chao Phraya erbaut. Geöffnet tgl. von 8.30–15.30 Uhr, Eintritt 50 Baht, Thai 30 Baht, Studenten 20 Baht. Vom Northern Bus Terminal in Bangkok fahren Busse alle 20 Min. bis 20.20 Uhr für 16 Baht in 2 Std. hierher.

Übernachtung

GÄSTEHÄUSER – *Old B.J. GH** ⑤, 16/7 Naresuan Rd., ✆ 251526, einfache Zimmer mit Gemeinschafts-Du/WC, nette Leute; Fahrräder 50 Baht, Motorräder 300 Baht.
Ayutthaya GH* ③, 16/2 Naresuan Rd., ✆ 251468. Einfache, saubere Zimmer, Gemeinschafts-Du/WC, Gartenrestaurant mit gemütlicher Terrasse; Fahrräder
Mr. Hong GH** ④, Naresuan Rd., liegt direkt davor. Holzhaus mit einfachen Zimmern.
PS GH** ⑥, Naresuan Rd., ein weiteres kleines Gästehaus mit Vorhof.
B.J. GH** ⑨, 19/29 Naresuan Rd., ✆ 246046, Gästehaus an der lauten Straße, gutes Essen.

Ayutthaya Youth Hostel** ⑫, 48 Mu 2 U-Thong Rd., ✆ 241978, lautes Thai-Haus nördlich der Pridi Damrong Brücke, Restaurant.
Tongchai GH* (ac***) ⑧, 9/6 Maharaj Rd., ✆ 245210, 27 schmuddlige Bungalows in einem kleinen Garten, Karaoke bis 1 Uhr nachts.

HOTELS – *Sri Smai Hotel***-***** ⑦, 12 Naresuan Rd., ✆ 252249, renoviertes Hotel in zentraler Lage, Zi mit Fan und Du/WC, weitere mit ac und Heißwasser, nach hinten ruhiger.
Thai Tai Hotel** (ac***) ⑩, 13/1 Naresuan Rd., ✆ 224702, 100 m abseits der Straße, alte Bungalows und Reihenhäuser, nicht auf Traveller eingestellt, aber o.k.
Wiang Fa Hotel*** ⑬, 1/8 Rojana Rd., ✆ 243252, im alten Zentrum, überwiegend einheimische Kurzzeit-Kunden.
Cathay Hotel** ②, 36/5-6 U-Thong Rd., ✆ 251562, nahe Chandra Kasem Palast, schmuddelig und laut.
U-Thong Hotel** ①, 86 U-Thong Rd., ✆ 251136, muffig, dunkel und teuer, nicht zu verwechseln mit dem
U-Thong Inn, 210 Rojana Rd., ✆ 242236, ℻ 242235, 1 1/2 km östlich vom Fluß. 100 vollklimatisierte Zimmer um 1000 Baht.
Ayutthaya Grand Hotel , 55/5 Rojana Rd., ✆ 335483, ℻ 335492, der Betonklotz, hinter dem Busbahnhof, 4 km östlich der Stadt.
Krung Si River Hotel ⑭, 27/2 Moo 11 Rojana Rd., ✆ 242996, das derzeit beste Hotel, Zimmerpreise ab 2000 Baht, Pool.
Tevaraj Tanrin Hotel ⑪, 91 Moo 10 Rojana Rd., ✆/℻ 244139, schräg gegenüber dem Bahnhof, neu, komplett ausgestattet, Übernachtung mit Frühstück um 1000 Baht.

Essen

Gutes und billiges Essen gibt es auf dem **Nachtmarkt** zwischen Fluß und U-Thong Rd., gegenüber dem Chandra Kasem Palast und an den Straßenständen direkt vor dem Bahnhof. Fastfood sowie ein Dim Sum und Enten-Restaurant im **Amporn Department Store**, wo es zudem einen Supermarkt gibt.
Ruenpae, 36/1 U-Thong Rd., schwimmendes Restaurant neben der Brücke.
Taevaraj Tanrin, südlich vom Bahnhof; im Hotel-

Restaurant, dem offenen schwimmenden Restaurant sowie im großen Thai-Nachtclub wird recht gutes Thai-Essen serviert.

Das *Pae Krung Kao Restaurant*, südlich der Brücke, ist klimatisiert und hat eine englische Speisekarte mit etwas höheren Preisen.

Das kleine *Korean BBQ Restaurant* mit in der Naresuan Rd., gegenüber dem Rama Park neben der Schule, erfreut sich großer Beliebtheit. Fleisch und Gemüse können sich Gäste am Tisch selbst zubereiten, p.P. 50 Baht.

Ins *Knock on Wood* und *Smile Pub*, Rojana Rd., gegenüber dem Ayutthaya Grand Hotel, geht man vor allem wegen der fetzigen Live-Musik.

Sonstiges

FAHRRÄDER – kann man an mehreren Stellen und sogar bei der Tourist Police für ca. 50 Baht pro Tag mieten.

GELD – *Thai Farmers Bank*, Naresuan Rd., nahe beim Busbahnhof. Hier auch die *Thai Military* und *Siam Commercial Bank*.
Bangkok Bank in der Nähe vom Cathay Hotel.

INFORMATIONEN – Das *Tourist Office* am Museum, ✆ 246076-7, ✆ 246078, ist tgl. von 8.30–16.30 Uhr geöffnet. Es hat aktuelles Informationsmaterial und Stadtpläne.

MOTORRÄDER – gibt es ab 300 Baht pro Tag zu mieten, z.B. im Old B.J. Guesthouse.

TOURIST POLICE – je einmal auf dem Gelände des ehemaligen Königspalastes und gegenüber dem Tourist Office, ✆ 242352.

VORWAHL – 035; PLZ 13 000.

Nahverkehrsmittel

TUK TUK – Richtpreis: ca. 150 Baht pro Stunde. Innerhalb des Stadtgebietes 20 Baht, von der Bus Station am Highway in die Stadt 40 Baht.

SONGTHAEW – An der Bus Station können Songthaew für Rundfahrten gemietet werden. Sie pendeln zudem für 3 Baht p.P. zwischen Bus Station und Zentrum.

FÄHREN – Vom Bahnhof in die Stadt kann man mit der Fähre für 2 Baht übersetzen. Eine Fähre führt direkt über den Fluß und eine zweite etwas weiter nach Norden.

Transport

BUSSE – Die meisten Busse fahren ab der Bus Station westlich vom Highway, an der Einmündung der Rojana Rd., ca. 4 km östlich der Stadt, ✆ 335304, Songthaew 3 Baht. Die non-ac-Busse Richtung Norden sind häufig voll, da sie aus Bangkok kommen.

Ab BANGKOK, 76 km, Northeastern Bus Terminal laufend bis 19 Uhr non-ac-Busse für 20 Baht, ac-Bus ab Northern Bus Terminal alle 30 Min. bis 18 Uhr für 38 Baht in 2 1/2 Std. Zurück bis 19.15 Uhr.

Nach SUKHOTHAI 9x tgl. zwischen 7.30 und 17.50 Uhr für 90 Baht in 5 Std., ac-Bus um 9.30 Uhr für 106 Baht.

Nach CHIANG MAI 8x tgl. zwischen 8 und 21.20 Uhr für 212 Baht, PHITSANULOK 7x tgl., CHIANG RAI 2x morgens.

Vom Markt in der Naresuan Rd. starten non-ac-Busse in die nähere Umgebung sowie der rote Bus 17 nach BANGKOK alle 30 Min bis gegen 19 Uhr für 27 Baht über BANG SAI und BANG PA IN. Auf der Lateritstraße H3057 nach Bang Pa In, die 16 km am Fluß entlangführt, verkehren auch Songthaew für 7 Baht.

Nach KANCHANABURI fährt man mit dem gelben Bus 703 in 1 1/2 Std. nach SUPHANBURI, 18 Baht, und steigt dort in den Bus 411 nach Kanchanaburi, 25 Baht, 2 1/2 Std., um.

EISENBAHN – Von BANGKOK am angenehmsten mit dem Zug ab Hua Lamphong etwa 20x pro Tag für 35 / 15 Baht in der 2. / 3. Klasse in 90 Min. In PHITSANULOK 58 Baht, 3. Klasse, halten die meisten Züge Richtung Norden.

Nach CHIANG MAI um 8.09, 16.26, 19.24, 21.04 und 23.27 Uhr. Zurück um 6.35, 15.30, 16.40, 20.40 und 21.05 Uhr.

Da alle Züge Richtung Nordosten ebenfalls in Ayutthaya halten, kommt man auch gut nach Pak Chong (Khao Yai National Park) und Korat, z.B. um 8.22, 9.35, 10.35, 13.10 und 17.04 Uhr.

BOOTE – Zwischen BANG PA IN und Ayutthaya kosten gecharterte Boote etwa 700 Baht.

Von BANGKOK bieten folgende Gesellschaften Tagestouren mit dem Boot nach Bang Pa In und weiter mit dem Bus nach Ayutthaya an:
Ayutthaya Princess, ✆ 2360400-9, tgl. um 8 Uhr ab Royal Orchid Sheraton Hotel.
The Oriental Queen, ✆ 2360400-9, ab Oriental Hotel. **New Horizon Cruise**, ✆ 2668164, ab River City Pier. **River Sun Cruise**, ✆ 2669125-6, ab River City Shopping Complex. Die gesamte Luxus-Tour kostet ab 1400 Baht. Wer beim Veranstalter bucht, spart die hohe Provision des Reisebüros. Anderthalbtägige Kreuzfahrten mit alten, luxuriös eingerichteten Reisbarken ab Bangkok veranstaltet tgl. außer mittwochs die Reederei **Sun Moon Shines**, 603/1 Arun Amarin Rd., Bangkok 10600.

Sukhothai

สุโขทัย

Als die Thai aus dem Norden einwanderten, eroberten sie im Jahre 1238 auch das Gebiet um die Khmer-Siedlung, aus der das spätere Sukhothai entstand. Mit Hilfe einer schlagkräftigen Armee und geschickter Diplomatie brachten sie weite Landstriche unter ihren Einfluß. König Ramkhamhaeng (1275 -1317), entwickelte aus der Mon-Schrift das erste Thai-Alphabet. Ceylonesische Mönche, die der König ins Land holen ließ, sorgten für die Verbreitung der reinen buddhistischen Lehre (Hinajana-Buddhismus) und verdrängten die kulturellen Einflüsse der ungeliebten Khmer. Sukhothai wurde zum ersten großen Machtzentrum der Thai, eine schwer befestigte Stadt. Doch der mächtige Stadtstaat zerfiel unter seinen Nachfolgern und fiel um die Mitte des 14. Jahrhunderts an das aufstrebende Ayutthaya.

Die heutige Stadt Sukhothai (New Sukhothai) mit ihren 23 000 Einwohnern liegt 12 km von den Ruinen von Old Sukhothai, offiziell *Sukhothai Historical Park* genannt, entfernt. In (New) Sukhothai kommen die meisten Busse an, hier gibt es auch die Übernachtungsmöglichkeiten, deswegen wird eine Besichtigungstour meist hier beginnen. Ein ruhiger, netter Ort – viele Durchreisende, die in einem der Gästehäuser wohnen, bleiben wegen der guten Atmosphäre länger als geplant. Der *Old Sukhothai Historical Park* ist in vier Gebiete eingeteilt. In jedem kostet der Eintritt 20 Baht. Fahrräder, in diesem weitläufigen Gelände sehr zu empfehlen, und andere Fahrzeuge kosten extra (zumeist 20 Baht).

Das alte Stadtzentrum

Eine **Stadtmauer** mit einem Graben im Rechteck von 1810 x 1400 m umgibt das eigentliche Stadtgebiet, in dem die Relikte von 16 Tempeln und 4 Hinduschreinen stehen. Hinzu kommen etwa 70 weitere Ruinen außerhalb der Stadtmauer. Schon bei der Anreise sieht man einige Ruinen zerstörter Tempel. Im **Ramkhamhaeng National Museum** sind die Exponate leider sehr unvorteilhaft präsentiert. Die Ausstellungsstücke im Erdgeschoß vermitteln dennoch einen guten Überblick über die Kunst der Sukhothai-Periode. Im Zentrum des Hauptgebäudes ist ein für den Sukhothai-Stil typischer schreitender Buddha ausgestellt. Im ersten Stock sind Kunstwerke aus anderen Epochen zu sehen. Geöffnet täglich 8.30–16.30 Uhr , Eintritt 10 Baht. Im Zentrum der Stadt liegt **Wat Mahathat**, der königliche Tempel. Er war zur Zeit der Sukhothai-Periode das größte religiöse Heiligtum des Landes. Auf einer Fläche von 240 x 280 m wurden seit 1953 neben dem zentralen Chedi, dem Unterbau der Ordinationshalle und dem Viharn noch 209 kleine Chedis und viele andere Gebäude ausgegraben. Während diese kleineren Bauwerke noch viele Merkmale des Khmer-Stils aufweisen, ist der Hauptchedi ein typisches Beispiel für den Sukhothai-Stil. Weiter im Süden erheben sich die drei Laterit-Prasats von **Wat Si Sawai**. Sie waren im 13. Jahrhundert als ein brahmanischer Schrein im Khmer Stil erbaut worden. Später wurde das hinduistische Heiligtum in einen buddhistischen Tempel umgewandelt.

Nördlich des königlichen Tempels liegt **Wat Sra Si** auf einer Insel mitten in einem See. Hier wird alljährlich im November Loy

Krathong, das große Lichterfest, gefeiert. Das **Denkmal** in der Nähe stellt König Ramkhamhaeng dar. Vom **Wat Trakuan** blieb nur der große Chedi in Glockenform übrig.

Im Norden

Zu den Ruinen im Norden nimmt man am besten den nordwestlichen Ausgang. Knapp 1 km entfernt erhebt sich **Wat Si Chum** mit dem riesigen sitzenden Buddha *Phra Atchana* aus dem 14. Jahrhundert. Der quadratische, nach oben offene Mondop war ursprünglich von einem Wassergraben umgeben. Das Innere wird fast vollständig von der imposanten Buddhafigur eingenommen. 700 m weiter im Nordosten liegt **Wat Phra Phai Luang**, das bereits zu Khmer-Zeiten im 12. Jahrhundert ein bedeutendes hinduistisches Heiligtum, wenn nicht gar das Zentrum der Khmer-Hauptstadt, gewesen sein soll. Die Reste der gesamten Anlage wurden vollständig restauriert. Nördlich davon liegen verstreut unter Schutthügeln zerfallene und restaurierte **Kilns** *(Tao Turiang),* Brennöfen aus Ziegelstein, in denen die berühmte Sawankhalok-Keramik *(= Seladon)* hergestellt wurde. Ende des 13. Jh. wurde diese feine Keramik von chinesischen Handwerkern produziert und in den gesamten südostasiatischen Raum exportiert.

Im Westen

Wem die Ruinenanlage innerhalb der Stadtmauer zu sehr restauriert vorkommt, sollte sich die **westlichen Ruinen** nicht entgehen lassen. Am besten kann man sie mit dem Fahrrad oder Motorrad erkunden. Die ersten Ruinen hinter dem ehemaligen Westtor, dem Pratu Oa, mitten in den Feldern sind stark zerfallen. Besser erhalten ist **Wat Mangkon** mit einem Chedi im ceylonesischen Stil. Die Ruinen am Berghang erfordern schweißtreibende Aufstiege. Besonders lohnenswert ist das **Wat Sapan Hin** mit einer 12,5 m großen, stehenden Buddhastatue auf dem 50 m hohen Hügel. Landschaftlich reizvoll liegt der Stausee mit dem **Pra Ruang-Damm** aus der Sukhothai-Periode. Anschließend läßt sich auf Fahrwegen Richtung Osten zu den südlichen Ruinen die Rundfahrt komplettieren.

Im Süden

Durch das südliche Stadttor, dem Pratu Namo, kommt man nach etwa 2,5 km zum **Wat Chetuphon**. Am wuchtigen Mondop war ursprünglich auf jeder Seite jeweils eine Buddhafigur in stehender, schreitender, sitzender und ruhender Haltung angebracht, allerdings sind nur die beiden ersten Figuren erhalten.

Übernachtung

OLD SUKHOTHAI – Am Abend ist in Old Sukhothai nichts mehr los, und es ist schwierig, an Essen zu kommen.

Suwan Guest House*-* ②, schönes, neues Haus, 50 m zurückversetzt an der zentralen Kreuzung, kleine Zimmer ohne Bad.

Vitoon Guest House*-** ①, sehr einfache, düstere Zimmer, an der zentralen Kreuzung.

Thai Village Hotel***-**** ③, 214 Jarodvithi Thong Rd., ✆ 611049, ✆ 612583, im Sukhothai Culture Center, dicht an dicht stehende Holz-Bungalows im traditionellen Stil, einige mit Fan, andere klimatisiert und mit richtiger Badewanne.

NEW SUKHOTHAI – **Gästehäuser:** Die folgenden 4 Gästehäuser erhalten viel Lob. Wer ohne Schlepper ankommt, erhält Rabatt.

Somprasong Guest House*-** ⑬, 32 Pravet Nakhon Rd., ✆ 611709, jenseits der Brücke an der schmalen Dammstraße; kleine, saubere Zi mit Moskitogaze mit/ohne Du/WC in einem Familienhaus; 8 schöne Zimmer in 4 sauberen Bungalows***; einfaches Restaurant mit gutem Essen (25 - 30 Baht pro Gericht), Motorrad 150 Baht.

Banthai Guest House*-** ⑭, 38 Pravet Nakhon Rd., ✆ 610163, sauberes Haupthaus mit einfachen Zimmern, gemütliche Holzhütten mit Du/WC und Moskitonetz im Garten; offenes Restaurant, viele Infos; freundliche, hilfsbereite Leute.

Yupa House* ⑮, 44/10 Pravet Nakhon Rd., ✆ 612578, sehr ruhig gelegen; geräumige Zi ohne Du/WC im 3stöckigen Haupthaus mit Balkon und Dachterrasse, Wohnzimmer, kleine, etwas verwohnte Zi mit Du/WC im Anbau.

Anasukho Guest House**-* ⑦, 234/6 Jarodvithi Thong Rd., ✆ 611315, an der Ausfallstraße Richtung Old Sukhothai, gleich hinter dem Rajthanee Hotel. Teak-Haus mit Schlafsaal und 5 Zi, Traveller-Treff, viele Infos, gute Atmosphäre.

No. 4 Guest House**-* ④, ✆ 610165. Die Pächter mußten ihre sehr beliebte Unterkunft am Fluß räumen. Die herzliche, agile Leiterin versucht, in neuer Lage weiter außerhalb wieder ein angenehmes Gästehaus aufzubauen.

Lotus Village-***** ①, 170 Rajthanee Rd., ✆ 621484, ✉ 621463, 4 über 100 Jahre alte Thaihäuser in einem großen, gepflegten, ruhigen Garten am Fluß, sehr einfache Zi mit breiten Spalten für Moskitos, WC außen; 6 kleine Bungalows aus altem Holz, einfach eingerichtet, Mückenschutz erforderlich! Fahrrad 20 Baht/Tag.

O-2 Guest House**-* (ac**) ②, 26/4 Rajuthit Rd., ✆ 612982, ruhiges Steinhaus in großem Garten, 12 saubere, etwas muffige Zimmer mit Fan mit oder ohne Bad/WC, 2 Zimmer mit ac.

Thai Guest House* ③, 25/4 Rajuthit Rd., ✆ 612853, Holzhaus mit 6 Zimmern mit Gemeinschafts-Du/WC.

Friend House* (ac**) ⑯, 52/7 Soi Nissan Lerthai Rd., ✆ 610172, düstere Zimmer im Reihenhaus, Garten; Video; Fahrrad gratis; 1 km außerhalb Richtung Old Sukhothai in einer ruhigen Gasse.

Sky House** (ac***) ⑫, 58/1-7 Bypass Rd., ✆ 612237, ✉ 611212, Kleinhotel an der Umgehungsstraße (3 km außerhalb), kleine, nett eingerichtete Zimmer, gutes Essen. Schlecht gewartete Motorräder für 130 Baht pro Tag; tgl. Minibus-Touren nach Chiang Mai und umgekehrt.

Hotels: In der verkehrsreichen Singhawat Rd:
Sukhothai-***** ⑤, Nr. 15, ✆ 611133, große Zimmer mit Du/WC, Restaurant.

Sawaddiphong** (ac***) ⑧, Nr. 56, ✆ 611567, ✉ 612268, große Einzelzimmer, die für 2 Pers. reichen, freundliche Leute.

Northern Palace*-****** (auch Wang Nua) ⑥, Nr. 43, ✆ 611193, ✉ 612038, gut eingerichtete ac Zimmer, Pool.

Südlich des Busbahnhofs liegen:
Chinawat**-* (ac***) ⑨, 1-3 Nikon Kasem Rd., ✆ 611385, Hinterhof-Atmosphäre.

River View*** (ac****) ⑪, 92 Nikon Kasem Rd., ✆ 611656, ✉ 613373, große, relativ teure Zimmer mit Du/WC, nicht gerade sauber.

Rajthanee*-****** ⑩, 229 Jarodvithi Thong Rd., ✆ 611031, ✉ 612878, moderne ac-Zimmer.

Essen

OLD SUKHOTHAI – Tagsüber kann man im ***Dong Tarn Restaurant***, gegenüber vom Museum, recht mäßig essen. Einige kleine Garküchen haben englische Speisekarten.

NEW SUKHOTHAI – Zu den meisten **Gästehäusern** gehört auch ein Restaurant. Hervorragend und preiswert ißt man im Restaurant vom ***Somprasong GH***, angenehm ruhig gelegen. Auf dem überdachten **Nachtmarkt** gibt es gutes, billiges Essen, günstige Fruit-Shakes und Bier.

Leaf Bakery, Singhawat Rd., geöffnet von 7–21 Uhr, gute Backwaren.

Dream Cafe (1), 86/1 Singhawat Rd., geöffnet von 10–23.30 Uhr. Wem eine gemütliche Atmosphäre in einem mit vielen Kostbarkeiten liebevoll dekorierten Raum etwas wert ist, der wird sich in diesem klimatisierten Restaurant wohl fühlen. Hier gibt es gute Thai-Gerichte.

Dream Cafe (2), kleiner, mit Antiquitäten ausgestatteter Raum, Bar-Atmosphäre, u.a. europäisches Frühstück ab 7 Uhr.

Sonstiges

FAHRZEUGVERMIETUNG – Gegenüber dem Büro der staatlichen Busgesellschaft kostet ein Mietwagen für 4 Stunden 200 Baht, ein Tuk Tuk 150 Baht, ein Motorrad 100 Baht. Fahrräder werden für 30 Baht pro Tag vermietet, Fahrradrikschas für ca. 200 Baht.

100–200 m vor der zentralen Kreuzung von Old Sukhothai gibt es unzählige Läden, die Fahrräder für 20 Baht vermieten – ideal, wenn es nicht zu heiß ist. Abzuraten ist davon, bereits mit dem Fahrrad von New Sukhothai her zu fahren. Verschiedene Gästehäuser vermieten Mopeds für 100–150 Baht pro Tag, außerdem für 130 Baht in einem Laden Nähe Win Tour.

K.Vitoon, in Old Sukhothai, bietet Motorräder für 45 Baht pro Stunde an.

FESTIVAL – Loy Krathong, das große Lichterfest im November, wird in Old Sukhothai drei Tage lang besonders prächtig begangen. Mit einem all-

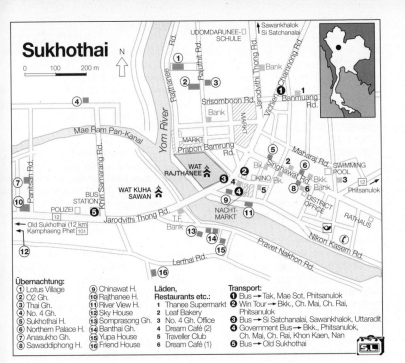

abendlichen Feuerwerk, Umzügen, einem riesigen Jahrmarkt zwischen den Ruinen und einer Light-and-Sound-Show am Wat Si Sawai (bis 300 Baht) werden die Menschenmassen erfreut.

GELD – In der Singhawat Rd. gibt es mehrere Banken. *Thai Farmers Bank.*, Jarodvithi Thong Rd., hinter der Brücke, geöffnet 8.30–15.30 Uhr. Außerhalb dieser Zeit wechselt der Traveller Club gegen Gebühr.

INFORMATIONEN – Im *Traveller Club*, 38 Prasertpong Rd., ✆ 611186, bemüht sich Worachai sehr, Travellern gute Informationen zu geben. Er bietet auch Telefon-Service, Tickets aller Art, Fahrpläne, Auto- und Motorradvermietung (ab 120 Baht/Tag) sowie im Notfall Geldwechsel.

TOUREN – Neben Old Sukhothai stehen u.a. Si Satchanalai, Sawankhalok und der Ramkhamhaeng National Park (Gipfelbesteigung, Wasserfall) auf den Programmen fast aller Gästehäuser. Die Preise liegen zwischen 300 und 500 Baht pro Gruppe (max. 4 Pers.).

VORWAHL – 055; PLZ: 64 000.

Nahverkehrsmittel

Nach Old Sukhothai kommt man von 6.30 - max. 17 Uhr in 20 Min. mit einem **Minibus** für 5 Baht vom Busstop, **Tuk Tuks** 50 Baht in 15 Min.

Transport

BUSSE – Staatliche Busse sowie *Win Tour, Yan Yon Tour* und *Thavorn Farm* befahren die Hauptstrecken. Die Haltestellen sind im Ortsplan eingetragen. Bei der Ankunft der Busse stürzen sich Schlepper und Riksha-Fahrer auf die Rucksackreisenden. Sie erhalten von fast allen Gästehäusern 20 Baht für die Anfahrt.

Von Bangkok: Ab Northern Bus Terminal in BANGKOK (440 km) non-ac-Busse häufig für

106 Baht, ac-Busse für 191 Baht (2. Kl. ac für 148 Baht), VIP-40-Busse für 240 Baht in 7 - 8 Std.

Direkt zum Historical Park fahren non-ac-Busse um 8.15 und 21 Uhr für 105 Baht, ac-Busse um 10.40 Uhr und spätabends für 192 Baht.

Nach Bangkok: Mit dem non-ac-Bus von 6.50 - 18 Uhr, mit staatlichen ac-Bussen am Vormittag und am späten Abend, mit ac-Bussen von *Win Tour* um 8, 9.30, 10.15, 14, 15.40 und 22 Uhr sowie mit dem VIP-40-Bus von *Win Tour* um 9.45, 12.20, 21.45 und 22.45 Uhr.

Yan Yon Tour fährt 7x tgl. am Vormittag und am späten Abend.

Ab Old Sukhothai nach Bangkok fahren non-ac-Busse um 9.30 und 18.30 Uhr sowie ac-Busse um 9.30, 21.30 und 22 Uhr.

Nach AYUTTHAYA 7x tgl. mit non-ac-Bus für 90 Baht, ac-Bus für 106 Baht, VIP-40-Bus für 191 Baht. Die Busse halten nur am Highway, 4 km außerhalb; weiter per Minibus für 50 Baht.

Richtung Norden: Nach CHIANG MAI mit dem non-ac-Bus 7x tgl. zwischen 9.15 und 18.20 Uhr für 91 Baht, ac-Bus 9x tgl. zwischen 7.15 und 16 Uhr für 127 Baht in 5 Std.

Einige Busse, die von Chiang Mai kommen, halten auch in Old Sukhothai. Mit dem Touristenbus nach CHIANG MAI um 9 und 18 Uhr (Ankunft um 14.30 bzw. 21.30 Uhr) für 190 Baht inkl. einer Übernachtung in Chiang Mai; zurück tgl. um 9 Uhr für 500 Baht (inkl. Besuch des Wat Phra That Lampang Luang und einer Übernachtung im *Sky House*).

Nach CHIANG RAI mit non-ac-Bus um 6.40 und 11.30 Uhr für 102 Baht, ac-Bus um 9 und 10 Uhr für 142 Baht in 6 Std.

In Zentral-Thailand: Nach SI SATCHANALAI zum KM 16,4 (53,3 km von Sukhothai) mit Express-Bus ab *Win Tour* um 6.40, 9, 10 und 11.30 Uhr für 35 Baht in 1 Std.

Nach MAE SOT mit dem ac-Minibus um 8.15, 9.15, 10.15, 11.15, 13.15, 14.45, 16.15 und 17.15 Uhr für 65 Baht in 3 Std.; in der Saison ist morgens Anmeldung ratsam unter ✆ 055-611081.

FLÜGE – *Bangkok Airways* , 10 Mu 1, Jarodvithi Thong Rd., ✆ 613310, fliegt am Vormittag von Bangkok nach Sukhothai (1560 Baht) und nach Chiang Mai (720 Baht) sowie in Gegenrichtung.

Si Satchanalai ศรีสัชนาลัย

Si Satchanalai, etwa 55 km weiter nördlich, war vom 14. bis zum 16. Jh. eine Art Zwillingsstadt von Sukhothai. Zeitweilig residierte sogar der König hier. Als die Hauptstadt des Thai-Reiches nach Ayutthaya verlegt wurde, verlor auch Si Satchanalai an Bedeutung. 1990 wurden die Ruinen zum vierten „Historischen Park" Thailands ernannt. Seitdem wird restauriert.

Der Rundgang beginnt südlich der Ruinenstadt beim KM 17,6 des H101 an der Abzweigung des H1201 nach Ban Pa Kluai. Der Fahrradverleih rechts vor der Brücke (500 m) vermietet Räder für 20 Baht pro Tag. Von der Kreuzung hinter der Brücke geht es zunächst 1 km nach links zum Wat Mahathat. Wer bereits an der Haltestelle am KM 16,4 aussteigt, kann im Dorf Chaliang beim Friseur gute Fahrräder für 20 Baht pro 4 Std. mieten und über die nahe Fußgängerhängebrücke direkt zum Wat Mahathat gelangen.

In einer Schleife des Yom-Flusses liegt **Wat Mahathat** (Wat Phra Si Ratana Mahathat Chaliang). Die Mauer aus riesigen Laterit-Blöcken ließ Ramkhamhaeng rings um den Tempelbezirk errichten. Vor dem zentralen Prang aus dem 15. Jh. sitzt eine große Buddhafigur im Sukhothai-Stil. An der Südwand befindet sich der berühmte „Schreitende Buddha". Auf dem Tempelgelände stehen weitere Skulpturen. Eintritt 10 Baht.

Vom Wat Mahathat ist es ein halbstündiger Spaziergang (ca. 2 km) auf einer ruhigen, schönen Straße entlang einiger kleiner Tempel zu den Ruinen von **Alt-Satchanalai**. Eintritt für die Tempel innerhalb der Stadtmauer 20 Baht, Auto 30 Baht, Motorrad/Fahrrad zumeist 20 Baht. Im Park gibt es wenig Schatten, deshalb Wasser mitnehmen. Die Stadtgründung aus der ersten Hälfte des 13. Jh. war durch den Yom-Fluß im Nordosten sowie durch 7 m hohe und 1,5 m breite Mauern aus Lateritstein geschützt. Mehrere große Wälle und Gräben verstärkten die Befestigung. Sie sind allerdings nur noch bruchstückhaft erhalten.

Bei Restaurierungsarbeiten wurden 39 Monumente innerhalb und 75 weitere außerhalb der Stadtmauer freigelegt.

Links der Königspalast, von dem nur noch die Tempelruinen stehen. Dahinter die restaurierten, zentralen Tempel. Eine Mauer umgibt Wat Chang Lom. Im Mittelpunkt steht der runde, im singhalesischen Stil errichtete Chedi, der sich auf einem hohen, quadratischen Sockel erhebt. Wat Chedi Chet Thaew, der Hauptchedi mit der Lotosknospen-Spitze im Sukhothai-Stil, ist die Begräbnisstätte von Sukhothai-Prinzen, die in Si Satchanalai regierten. Ein schöner Blick eröffnet sich von den beiden Hügeln im Norden. Eine breite Treppe führt hinauf zum Wat Khao Phanom Phloeng mit seiner großen Stupa. Über den Grat kommt man von hier aus zu den Ruinen von Wat Khao Suwankiri.

Der **Si Satchanalai National Park** liegt in den westlichen, von tropischem Dschungel bedeckten Bergen. Attraktionen sind die Wasserfälle Tat Dao und Tat Duan (500 m bzw. 3 km vom Headquarter entfernt), eine heiße Quelle und die Höhlen Tham Khang Khao und Tham Thara Wasan. Unterkunft in 4 Bungalows für 3–11 Personen, 250–1000 Baht. Vom H1201 am KM 11,5 (5 km südlich vom Si Satchanalai Historical Park) nach Westen auf die Lateritstraße abbiegen (Schild: *44 km*).

Übernachtung und Essen

Bungalow 59** (ac**), 517 Mu 2, ✆ 671024, 1 km nördlich der neuen Stadt, 200 m hinter der Abzweigung der Straße H102 nach Uttaradit auf der rechten Seite. 17 große Räume mit Du/WC, Motel-Stil, nachts sehr laut.
Einige neue Bungalows** soll es an der Abzweigung geben, daneben ein Restaurant.
Wang Yom, ✆ 611179 Ext. 279, Resort in der Nähe der Ruinen, Luxus-Bungalows am Fluß in einer schönen Gartenanlage, einfache Hütten***, exklusives Restaurant mit gehobenen Preisen.
Getränke und Essen gibt es vor dem Eingang zum Park beim schönen, schattigen *Tourist Information Center* und im **Kaeng Sak**, gegenüber vom Wat Kok Singka Ram, 1 km vor dem Eingang zu den Ruinen. Das teure Restaurant erhebt sich sehr schön über dem Fluß.
Rose Restaurant, 400 m vor dem Bungalow 59.

Sonstiges

INFORMATIONEN – Vor dem Eingang zum Park ein *Tourist Information Center*.

STOFFE – In Ban Hat Sieo (siehe Festival) werden auf Handwebstühlen Baumwoll- und Seidenstoffe nach alten Mustern gefertigt.

Transport

Von **SUKHOTHAI** fahren von 6.30–16.30 Uhr jede Std. blaue non-ac-Busse in 2 Std. für 16 Baht zur Abzweigung zum Historical Park am KM 17,6.
Zurück spätestens um 16.45 Uhr. Man kann auch einen der stündlichen Busse zwischen Uttaradit und Sukhothai nehmen, 22 Baht, und unterwegs aussteigen.
Sinnvoller ist es, Si Satchanalai auf einem Tagesausflug von Sukhothai aus zu besuchen. Zum einen veranstalten die meisten Gästehäuser Touren für ca. 500 Baht pro Gruppe (min. 4 Pers.). Zum anderen kann man ein Motorrad mieten und auf dem H1195 (besser als der stark befahrene H101) und anschließend auf dem H1201 geruhsam durch die Ebene fahren.

Kanchanaburi

กาญจนบุรี

Nicht nur die weltberühmte Brücke am Kwai, die Vorlage zu Pierre Boulles Roman und dem gleichnamigen Film, zieht Touristen in diese Provinzhauptstadt. Japanische Kriegsveteranen kommen wegen der Soldatenfriedhöfe und anderer Spuren, die der 2. Weltkrieg hinterlassen hat. Südlich der neuen Brücke frequentieren einheimische Besucher die Discoboote und schwimmenden Restaurants während sich weiter nördlich in der ruhigeren, ländlichen Umgebung die Falangs in den Gästehäusern wohlfühlen.

Dazwischen liegen weit verstreut die Sehenswürdigkeiten – die Friedhöfe, die Brücke und Museen.

Die berühmte **Brücke am Kwae**, 4 km nordwestlich des Busbahnhofs, stellte für die Japaner eine strategisch wichtige Verbindung dar und wurde deshalb im Juni 1945, am Ende des Krieges, von amerikanischen Bomben weitgehend zerstört.

Von dem privaten **World War II Museum** südlich der Brücke, ✆ 512596, geöffnet tgl. 8–18.30 Uhr, Eintritt 30 Baht, sollte man keine historische Aufarbeitung der Kriegsereignisse erwarten.

Wesentlich kleiner, aber angenehmer ist das **JEATH-Kriegsmuseum** im Wat Chai Chumphon am Mae Klong Fluß. Anhand von Fundstücken, Fotos und anderen Dokumenten vermittelt es einen Eindruck vom Leben der Gefangenen. Geöffnet tgl. 8.30–18 Uhr, Eintritt 20 Baht.

Ein Teil der Toten wurde auf den beiden **Soldatenfriedhöfen** (*war cemetery*) beigesetzt. Der größte befindet sich etwa 300 m südlich vom Bahnhof. An ihn grenzt ein chinesischer Friedhof. Der zweite liegt 2 km südlich der Stadt in **Kao Pun**, am Westufer des Kwae Noi, inmitten einer schönen Landschaft.

Übernachtung

GÄSTEHÄUSER – *Bamboo House**-**** ①, 5 Vietnam Rd., ✆ 512532, drei hellhörige, einsehbare, schwimmende Bambushütten und komfortable Doppelbungalows mit Du/WC, im Haupthaus auch einige Zi mit ac.
Mister Tee GH** ②, 12 Laos Rd., 1 km südlich der Brücke, zweistöckige, einfache Bambusreihenhäuser am Fluß, Zi im Erdgeschoß mit Du/WC, Restaurant, Liegewiese.
C&C River Kwai GH** ③, 265/2 Maenam Kwae Rd., ✆ 624547, solide, saubere Bambushäuschen unter Kokospalmen neben der schmalen Straßenbrücke, auch Zelte, angenehme, ruhige Atmosphäre, Restaurant, Abholservice.
Sam's GH*-*** ④, ✆ 515956, 100 m abseits der Straße, mehrere Bungalows und einstöckige Reihenhäuser, Zi mit Fan mit oder ohne Du/WC, einige komfortable auch mit ac, Restaurant.
Sugar Cane GH** ⑤, 22 Pakistan Rd., ✆ 624520, nette Anlage, größere und kleine Bungalows mit Du/WC, freundlich, hilfsbereit.
Jolly Frog Backpacker's** ⑥, 28 Mae Nam Kwae Rd., China (Sub) Rd., ✆ 514579, größere Anlage, einfache, gemütliche Zimmer mit Fan, mit und ohne Du/WC, gut besuchtes Restaurant, Minibus zur Khaosan Rd. 70 Baht, Touren.
Krathom Thai GH** ⑦, ✆ 514958, ✆ 512017, 52 Rong Heeb Oil Rd., neben dem Restaurant und Reisebüro. Zwei Reihenhäuser mit 15 Zimmern, alle mit Du/WC und dicken Matratzen.
P.S. GH*-** ⑧, 84/4 Rong Heeb Oil Rd., ✆ 513039, kleine, einfache Bambusbungalows mit und ohne Du/WC, sehr ruhig, nette Familie.
Rick's Lodge** ⑨, 48/5 Rong Heeb Oil Rd., ✆ 514831, Zimmer am Ufer mit Du/WC. Restaurant über dem Fluß.
V.N. GH*-** ⑩, 44 Rong Heeb Oil Rd., ✆ 514082, etwas schmuddelig, Zi mit und ohne Du/WC und Fan.
River GH** ⑪, 42 Rong Heeb Oil Rd., ✆ 512491, abgewohnte Hütten im Fluß.
Nita Raft House** ⑮, 27/1 Pakprak Rd., ✆ 514521, 4 Pfahlhäuser mit Moskitonetz auf dem Fluß, preiswertes Essen.
Thip Varee** ⑯, 211/1-4 Saengchuto Rd., ✆ 511063, etwas weiter südlich in einer Nebenstraße. Zi nicht allzu sauber, aber mit Du/WC.
V.L. Guesthouse**-*** ⑭, 277/45 Saengchuto Rd., ✆ 513546, 3stöckiges Kleinhotel, Zimmer mit Fan oder ac, sehr sauber, nach hinten ruhig.

HOTELS – *River Kwai Hotel* ⑬, 284/3-16 Saengchuto Rd., ✆ 511184, ✆ 511269, ein etwas angestaubter Block, für das Gebotene überteuert. Zi mit ac, TV und Du/WC über 1500 Baht. Das angrenzende *River Inn* ist preiswerter.
M.K. Mansion ⑫, 277/41 Saengchuto Rd., ✆ 621143, ✆ 513233, mehrstöckiger Neubau, Zi mit ac und Du/WC, Restaurant mit Karaoke.
Felix River Kwai, 9/1 Moo 3, Thamakham, ✆ 515061, ✆ 515095, in Bangkok ✆ 2553410, ✆ 2553457, in Deutschland ✆ 0130-845858, in der Schweiz ✆ 1551011, große Resortanlage mit zwei Pools am Flußufer. Komfortable, große Zimmer für knapp 2000 Baht, Restaurants.

Essen

An der Song Kwae Rd. werden abends **Essenstände** aufgebaut. In zahlreichen **Schwimmenden Restaurants** im Zentrum und bei der Brücke

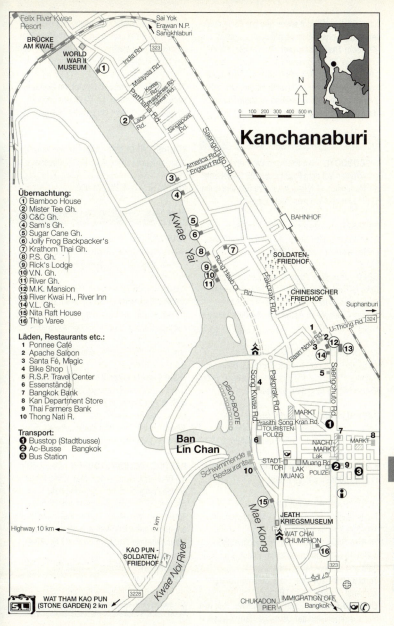

kann man abends gut essen und bei Sonnenuntergang die phantastische Atmosphäre genießen. **Krathom Thai Restaurant**, das *Center of Kanchanaburi*, 52 Rong Heeb Oil Rd., serviert bis Mitternacht ordentliche Portionen sehr schmackhafter europäischer und einheimischer Gerichte. Zwei internationale Fast-Food-Restaurants im **Kan Department Store**.

Sonstiges

DISCOBOOTE – Vor allem am Wochenende schwimmen auf dem Fluß bis zu 200 Discoboote, die versuchen, sich gegenseitig zu übertönen. Im Zentrum dürfen sie nicht mehr fahren.

FAHRRÄDER – werden von Gästehäusern und an anderen Stellen für ca. 40 Baht pro Tag vermietet, Mountainbikes 80 Baht.

GELD – **Bangkok Bank** an der Saengchuto, Ecke U-Thong Rd., ✆ 511111. **Thai Farmers Bank** an der Haltestelle der Bangkok-Busse. **Money Changer** im **Ponnee**, hinter dem Apache Saloon, einem Café.

IMMIGRATION – 100/22 Mae Klong Rd., ✆ 513325, 3,5 km Richtung Bangkok, dann am Rathaus 500 m nach rechts, Songthaew 40 Baht. Visumverlängerung geht schnell.

INFORMATIONEN – **Tourist Office**, ✆/📠 511200, Saengchuto Rd., geöffnet tgl. 8.30–16.30 Uhr. Sehr gute Informationen.

KANUS – werden von einigen Gästehäusern am Fluß für 50 Baht p.P. vermietet.

MOTORRÄDER UND JEEPS – In mehreren Gästehäusern werden kleinere Maschinen für 150–300 Baht vermietet,
Im **Bike Shop**, Song Kwae Rd., geöffnet tgl. außer So 8–19 Uhr, auch 250er Enduros für 250 Baht und größere Maschinen.
Tomi's Cafe neben der Siam Commercial Bank vermietet Scooter für 200 Baht.
Off-Road Tours im Guesthouse von Mr. Tee; von hier aus organisiert der Deutsche Harry Clusen im europäischen Winter Motorradtouren, *Off-Road Tours*, Rosenhagen 19, 33104 Paderborn,

✆/📠 05254-7860. Da er häufig unterwegs ist, sollte man ihn besser vorher anschreiben. Wer unterwegs dazustoßen möchte, zahlt 2500 Baht pro Tag inklusive Fahrzeug und Hotels.

TELEFON – **Telephone Center** am Postamt südlich des Zentrums, tgl. 7–22 Uhr geöffnet. Vor Jolly Frog zudem ein privater Telefonservice (40 Baht Aufschlag).

TOURISTENPOLIZEI – rund um die Uhr ist das Büro im Tourist Office, ✆ 512795, geöffnet.

VORWAHL – 034; PLZ 71 000.

Touren

TOUREN – Die Reisebüros und Gästehäuser in Kanchanaburi bieten **Tagesausflüge** zum Erawan National Park, dem Staudamm und der Brücke an.
Zudem werden Touren zum Tham Than Lot National Park und den Saphirminen sowie Trekkingtouren mit Elefantenreiten und Bambus-Rafting-Trips bei Sangkhlaburi durchgeführt. Tagestouren kosten 400–500 Baht, 2-Tages-Touren mit Elefanten und Rafting 1500–2000 Baht.
R.S.P. Travel Center, 271/1-3 Saengchuto Rd., ✆/📠 512280. Auch ausgefallene Touren.
A.S. Mixed Travel im Krathom Thai Guest House und Restaurant, ✆/📠 512017, und **Westours** vor Jolly Frog Backpacker's, ✆/📠 513654. Auch Bootsvermietung.

RAFTING UND KANUTOUREN – Das Rafting mit Bambusflößen auf dem Mae Klong hat an Beliebtheit eingebüßt. Vor allem durch die Staudämme hat sich die Wasserqualität erheblich verschlechtert, so daß ein Bad im Fluß nicht immer empfehlenswert ist. Floß- und Kanutouren bieten:
Kanchanaburi Trekking Tour (KTT), 363/4 Menam Kwai Rd., ✆ 514470.
Safarine River Rafting, 1/2 India Rd., ✆/📠 624279.

Nahverkehrsmittel

SAMLOR – die Fahrrad-Rikschas kosten für kurze Strecken 30 Baht, zur Brücke 50–60 Baht.

STADTBUSSE – Entlang der Hauptstraße verkehren zwischen 6 und 19 Uhr alle 15 Min. orangene Stadtbusse für 3 Baht, die an festen Halteplätzen stoppen. Bus Nr. 2 fährt zur Brücke.

SONGTHAEW – Innerhalb des Stadtgebietes kostet eine Strecke 30–40 Baht. Eine Kleingruppe kann eines für etwa 400 Baht mieten und in 3–4 Stunden zur Brücke und den Museen fahren.

Transport

BUSSE – In Kanchanaburi halten die Busse an der Bus Station nördlich vom Tourist Office. Ac-Busse nach Bangkok fahren zwischen der Bus Station und dem Tourist Office ab.
Von BANGKOK (non-ac-Southern Bus Terminal in Thonburi) mit dem Bus 81 alle 15 Min. bis 20 Uhr für 35 Baht in 3 Std. (ac-Bus von 5.30 bis 22 Uhr alle 15 Min. für 62 Baht in 2 1/2 Std.) über NAKHON PATHOM (non-ac 20 Baht, ac-Bus 22 Baht, 1 1/2 Std.). Der letzte Bus zurück fährt gegen 19 Uhr. Zudem fährt ein Minibus von Jolly Frog um 10 Uhr für 70 Baht nach Bangkok.
Von DAMNOEN SADUAK (Floating Market) mit Bus 78 zuerst nach Nakhon Pathom und weiter mit Bus 81, schneller über BANG PHAE und von dort mit Bus 461 alle 15 Min. für 19 Baht.
Von HUA HIN mit Bus 71 zuerst nach RATCHABURI und weiter mit Bus 461 bis 18.15 Uhr.
In die Umgebung, z.B. nach BO PHLOI, 50 km, Bus 325 alle 30 Min. bis 17 Uhr in 1 1/2 Std. für 14 Baht, ERAWAN NATIONAL PARK, 65 km, Bus 8170 alle 50 Min. bis 16 Uhr in 2 Std. für 21 Baht. Der Bus 8203 fährt nach THONG PHA PHUM alle 30 Min. bis 18 Uhr in 3 Std. für 40 Baht über SAI YOK YAI, 2 Std., 30 Baht.
SANGKHLABURI, non-ac Bus um 6, 8.40, 10.20 und 12 Uhr in 5 Std. für 70 Baht; 7x tgl. ac-Busse in 4 Std. für 100 Baht, VIP-Bus um 9.30 und 14.30 Uhr für 120 Baht.

EISENBAHN – Beliebt ist die gemächliche Fahrt mit dem Zug vom Bahnhof in THONBURI über Nakhon Pathom, 14 Baht, und Kanchanaburi, 28 Baht, nach Nam Tok, 41 Baht; ab Kanchanaburi 17 Baht. Allerdings dauert der interessanteste Teil der Fahrt über das Wang Po-Viadukt kurz vor Nam Tok nur wenige Minuten. Kaum lohnend sind die speziellen Touristen-Tickets für den Salonwagen von Kanchanaburi nach Nam Tok für 100 Baht, weitere Infos unter ✆ 561052.
Zwei Züge ab Thonburi um 7.50 / 13.45 Uhr, ab Kanchanaburi um 10.55 / 16.26 Uhr, an der Brücke (kurzer Stop), Ankunft in Nam Tok um 13 / 18.40 Uhr. Ab Nam Tok um 13.15 / 5.25 Uhr, ab Kanchanaburi um 15.21 / 7.31 Uhr, Ankunft in Thonburi um 18.10 / 10.35 Uhr.
Ein gemischter Güter- und Passagierzug verkehrt tgl. außer feiertags nur zwischen Kanchanaburi (Abf.: 6.10 Uhr) und Nam Tok (Abf.: 15.10 Uhr) in ca. 2 1/2 Std.

Die Umgebung von Kanchanaburi

Frauen sollten aus Gründen der Sicherheit folgende Touren nicht alleine unternehmen, auch wenn der Mord an einer Touristin sicherlich ein Einzelfall bleiben wird.

Das große **Wat Tham Kao Pun** am KM 55,8 des wenig befahrenen H3228, etwa 4 km südwestlich von Kanchanaburi, ist leicht mit dem Fahrrad zu erreichen. In der **Kao Pun-Höhle** versammelt sich ein Kaleidoskop von brahmanischen, chinesischen und buddhistischen Gottheiten, Heiligen und Buddha-Statuen. Eine Taschenlampe ist empfehlenswert. Von einem Hügel schaut ein riesiger Buddha auf den Fluß herab.

Südlich der Stadt biegt man von der Saengchuto Rd. rechts auf die breite Menam Maekel Ong Rd. ab und überquert nach 1 km die neue Brücke.

Eine weitgehend unbefestigte Straße zweigt links ab und führt Richtung Südosten parallel zum Fluß an Steinbrüchen, chinesischen Friedhöfen und mehreren Tempeln vorbei zu den beiden großen buddhistischen Tempelanlagen **Wat Tham Kao Noi** und **Wat Tham Sua** auf zwei Hügeln. Zu den Tempeln führen zwei separate Aufgänge hinauf. Der südliche Tempel ist ganz im chinesischen Stil gehalten. Auf dem anderen Hügel betritt man die ganz andere Welt eines Thai-Tempels.

9 km außerhalb der Stadt liegt an einem Kalkfelsen **Wat Tham Mongkorn Thong**. 3,4 km südlich des Tourist Office geht es an der zweiten Ampel nach rechts und im-

mer geradeaus bis links hinter einer Schule das weiße Eingangstor auftaucht. Eine Treppe führt hinauf zum Höhlenkloster, von wo sich ein schöner Ausblick bietet.

Von Kanchanaburi nach Nam Tok

Mit einem eigenen Fahrzeug bieten sich mehrere Möglichkeiten für interessante Abstecher vom H323. Auf der Abzweigung am KM 12, dem H3229, erreicht man nach 15 km Ban Kao.

Am westlichen Ortsende führt eine Stichstraße zum **Ban Kao National Museum**. Es enthält einige archäologische Ausgrabungsstücke, die hier gefunden wurden. Geöffnet Mi–So außer feiertags von 9–16 Uhr, Eintritt 20 Baht.

6,5 km weiter auf dem H3228 am Fluß entlang zweigt 500 m hinter dem Bahnhof Tha Kilen der Weg zu den **Khmer-Ruinen** der „Löwenstadt" Muang Sing ab. Der Wassergraben und die Befestigungsmauern sind noch deutlich zu erkennen. Bei Restaurierungsarbeiten wurden Kunstwerke im Lopburi-Stil ausgegraben, die in einem kleinen **Museum** stehen, allerdings sind es meistens Kopien. Eintritt 30 Baht, Autos weitere 30 Baht, Motorräder 20 Baht.

Nam Tok (= Wasserfall) ist die Endstation der *Death Railway*. Höhepunkt der Eisenbahnfahrt ist die Überquerung des **Wang Po-Viadukts**, einer Holzbrücke, die sich eng an die steilen Felswände schmiegt.

Von Nam Tok führt ein beliebter Ausflug zum **Khao Phang-Wasserfall** (ausgeschildert als *Sai Yok Noi-Waterfall*), 1 km westlich der großen Kreuzung Richtung Norden, der am Wochenende ein gut besuchter Picknickplatz ist.

Oberhalb des Wasserfalls führt ein etwa 3–4 km langer, ausgeschilderter Weg durch ein kleines Tal zur großen **Badan Cave** (auch *Wang Ba Dahl*). Die Beleuchtung der Tropfsteinhöhle ist jedoch verrottet, so daß nun Taschenlampen für 10 Baht ausgeliehen werden und der Eintritt auf 5 Baht gesenkt wurde. Auf alle Fälle sind feste Schuhe mit gutem Profil und alte Kleidung angeraten.

Transport

Von KANCHANABURI fahren Züge um 6.10, 10.55 und 16.26 Uhr ab. Die zweistündige Fahrt kostet 17 Baht. Zurück um 5.25, 13.15 und 15.10 Uhr. Der Bus 8203 fährt jede halbe Stunde und kostet 18 Baht.

Weiter zum Three Pagodas Pass

Aufgrund einer Initiative ehemaliger australischer Kriegsgefangener wurde die Gedenkstätte am **Hellfire Pass** angelegt. Sie befindet sich 80 km nördlich von Kanchanaburi westlich des H323 an der ehemaligen Bahnstrecke und ist über die Zufahrt zur National Security Command Livestock Farm am KM 66 und 500 m zu Fuß zu erreichen. Zu sehen sind ein Teil der rekonstruierten Trasse und eine Gedenktafel.

104 km nördlich von Kanchanaburi erstreckt sich der 500 km² große **Sai Yok National Park**. Bus Nr. 8203 fährt bis zur Abzweigung. Von dort fahren manchmal Motorrad-Taxen die letzten 3 km zum Camp. Die Attraktion des Parks ist der Sai Yok- und Nam Jone-Wasserfall. Während der Trockenzeit entfalten beide ihre ganze Schönheit, denn dann ist der Wasserspiegel des Kwae Noi wesentlich niedriger. Eine Hängebrücke führt zum Westufer.

Der kleine Ort **Thong Pha Phum** wird überragt von einem Chedi auf einem steilen Felsen. Es gibt nicht viel zu sehen außer dem beeindruckenden, riesigen Buddha vor dem Tempel am Ortsausgang vor der Kulisse der bizarren Felsformationen. Die asphaltierte Straße nach Sangkhlaburi führt durch eine schöne Landschaft östlich des Reservoirs, das durch den **Khao Laem Damm** gebildet wird.

In **Sangkhlaburi** ist die Ende 1992 eingestürzte Holzbrücke am See immer noch sehenswert. 4 km hinter der neuen Brücke ragt die weitläufige Anlage des Wat Wangka Wiwekaram im indischen, burmesischen und Thai-Stil hoch über dem See auf. Pickups fahren stündlich vom Halteplatz gegenüber dem No Name-Restaurant für 30 Baht zur Grenze.

Am Paß stehen 3 kleine, weiße **Stupas** (daher 3 Pagoden-Paß). Sie sind von Restaurants und Souvenirständen umgeben. Am besten erkundigt man sich bereits in Kanchanaburi, ob es möglich ist, über die Grenze nach Burma zu gelangen.

Dann zahlt man 150 Baht oder 5 US$ für den Grenzübertritt und kann von 8–18 Uhr 1,5 km in das kleine Dorf **Payathonzu** auf der burmesischen Seite laufen, wo burmesische Cheroots, Lackarbeiten und andere Waren verkauft werden.

Übernachtung

SAI YOK NATIONAL PARK – Am Wasserfall gibt es einige Unterkünfte in einfachen Häusern auf Flößen**. Allerdings spricht hier kaum jemand Englisch, und der Preis ist überhöht.

THONG PHA PHUM – Übernachtungsmöglichkeit mitten im Ort neben der Schule in den *S. Boonyong Bungalows***, ℡ 599049, Zimmer mit Fan oder ac und Du/WC.
Som Jai Nuk Bungalows**-***, ℡ 599001, einfache Zimmer mit Fan und Du/WC oder neuere mit Heißwasser und ac, Restaurant.
V.I.P. Hotel**-****, ℡ 599382, einfache Zimmer und Luxusbungalows mit 3 Betten, Du/WC, ac und TV. Auch Flöße auf dem See.

SANGKHLABURI – *Burmese Inn**, 52/3 Nong Lu, ℡ 595146, 1,2 km vom Zentrum entfernt, nahe beim See, Motorradtaxi 10 Baht, Reihenhaus und einfache Doppelbungalows mit Fan und Du/WC, die freundlichen Besitzer Armin und Meo sprechen Englisch und Deutsch.
P. Guest House**, ℡ 595061, ℡ 595139, Ban Nong Lu, 1,6 km von der Bus Station entfernt, Tuk Tuk 20 Baht. Kleine, einfache Bungalows mit Fan, schöner Blick. Restaurant mit weniger gutem Essen, Mountain Bikes (50 Baht pro Tag), Motorrad und Boote (10 Baht für 2 Std.). Tagestouren mit Elefantenreiten 600 Baht.
Sam Pra Sob Resort**, 122 Moo 3 Ban Nong Lu, ℡ 595050, neben der alten Brücke. Kleine Bungalows mit Fan oder ac, schöner Ausblick.
Songkalia River Hut and Resort**-****, 34/1 Moo 3 Ban Nong Lu, ℡ 595023, links vor der neuen Brücke. Große, nette Anlage, Hütten mit Fan oder ac, in Bangkok ℡ 4271583.
Phornphalin Hotel**-****, ℡ 595088, 300 m von der Bus Station, neben einfachen Zimmern mit Fan und Du/WC auch mit ac sowie V.I.P.-Zimmer mit TV und Heißwasser, gutes Restaurant.
Three Pagodas Pass Resort ab****, ℡ 595316-7, oder in Bangkok ℡ 4124159, Bungalows 1000 m vor der Grenze, Restaurant.

Sonstiges

GELD – In Sangkhlaburi befindet sich nahe dem Markt eine *Siam Commercial Bank*.

VORWAHL – 034.

Transport

Von KANCHANABURI fährt auf dem H323 der non-ac-Bus 8203 zwischen 6.45 und 18.30 Uhr alle 30 Min. über Nam Tok und den SAI YOK NATIONAL PARK, 104 km, 30 Baht, nach THONG PHA PHUM, 144 km, 40 Baht, zurück ab 6.45 Uhr. Nur wenige non-ac-Busse verkehren bis SANGKHLABURI, 216 km, 70 Baht, 6 Std. Ac-Minibus um 7.30 Uhr und stündlich zwischen 10.30 und 16.30 in 3 1/2 Std. für 100 Baht; zurück 7x tgl. zwischen 6.30 und 15.30 Uhr. VIP -24-Bus um 9.30 und 14.30 Uhr für 120 Baht. Zum Sai Yok National Park können am Pak Saeng Pier (s.S. 568) für bis zu 12 Pers. Boote gemietet werden, die mindestens 1000 Baht kosten.

Tham Than Lot National Park

Wer sich für Edelsteine interessiert, kann auf dem Weg zum National Park bei **Bo Phloi**, 48 km nördlich von Kanchanaburi, Saphirminen besichtigen. Rings um den Ort lagern in einer Tiefe von 10–15 m Saphire und Halbedelsteine wie Onyx. Im Showroom der *Bo Phloi Gems*, 499/1 Moo 1 Tambol Bo Phloi, ℡ 581192, ℡ 581178, an der Hauptstraße, kann man sich zeigen lassen, wie die Steine vorbereitet werden.

Der wunderschöne, 59 km² große **Tham Than Lot National Park** liegt 50 km von Bo Phlo entfernt. Vom Eingang aus erreicht man in 10 Minuten die eindrucksvolle, 400 m lange Tropfsteinhöhle **Tham**

Than Lot Noi, die von 8.30–15.30 Uhr zu jeder halben Stunde (und bei Bedarf) für 20 Min. per Generator beleuchtet wird. Ein Bach durchfließt die geräumige Höhle, die wuchtige, weiße Tropfsteinüberhänge enthält. Am anderen Ende führt ein Weg von 1 1/2 Stunden am Bach entlang durch eine Dschungellandschaft an bis zu 20 m hohen Wasserfällen vorbei. Nach dem ersten Wasserfall (1,5 km) wird der Pfad schwieriger und vor allem in der Regenzeit gefährlich.

fen nur bis zur ersten Stufe mitgenommen werden. Eintritt 25 Baht. In dem kleinen Informationspavillon hinter dem Eingang wird bei mindestens 15 Interessenten um 14 Uhr eine halbstündige Diashow gezeigt.

Die **Phra That-Höhle** ist vom Park über eine 11 km lange Schotterstraße nur mit einem eigenen Fahrzeug oder einem gecharterten Bus für mindestens 200 Baht zu erreichen. Man braucht eine starke Taschenlampe und etwas Vorsicht, um die Gänge in der Höhle zu erkunden.

Übernachtung und Essen

Es gibt Übernachtungsmöglichkeiten in von Kleintieren verseuchten **Bungalows***** (evtl. 100 Baht p.P.) und mehrere kleine Restaurants. Am Wochenende sind sie meist ausgebucht. In Nong Pru kann man in dem einfachen **Pasuk Hotel*** in einer Gasse nördlich vom Markt übernachten, außerdem Camping-Möglichkeit.

Transport

Der Bus Nr. 325 fährt von 6–18.30 Uhr alle 20 Min. auf dem H3186 über BO PHLOI, 1 1/2 Std., 14 Baht, nach NONG PRU, 3 Std., 24 Baht. Von Nong Pru geht es die 20 km zum Park nur noch mit dem Pickup weiter für 40 Baht (Motorrad-Taxi 80 Baht, Taxi 300 Baht hin und zurück). Mit einem gemieteten Pickup für etwa 1000 Baht kann man den Park in einem Tagesausflug von Kanchanaburi aus besuchen. Reisebüros in Kanchanaburi bieten Tagestouren inklusive Besuch der Saphirmine für 350 Baht an.

Von Kanchanaburi nach Nordwesten

Der **Erawan National Park**, 65 km nordwestlich von Kanchanaburi, erstreckt sich entlang eines schmalen, bewaldeten Tals beiderseits eines Nebenflusses des Kwae Yai. Er bildet eine Reihe von sieben sehr schönen Wasserfällen mit Sinterterrassen. Am schönsten sind die zweite und dritte Stufe, letztere eignet sich am besten zum Baden. Oberhalb der 7. Stufe verbergen sich ein kleiner Pool mit klarem, blauen Wasser und ein kleiner Wasserfall mit herrlichem Schwimmbecken. Lebensmittel dür-

Übernachtung und Essen

Im Erawan National Park bieten die **Bungalows**** mit 2 Zi und 4 Betten 4–6 Pers. Platz. Sie sind meist belegt. Restaurant bis 20 Uhr geöffnet. 5 km vor dem Park kann man in dem **Erawan Resort****-****, ☏ 513568, in kleinen Bungalows am Hang in einem Dorf übernachten. Sie sind mit Du/WC oder Kübeldusche und Fan oder ac ausgestattet. Nebenan ein Restaurant.
Phadang Resort, ☏ 513349, 1 km weiter, für 400–1000 Baht etwas bessere Bungalows.

Transport

Von KANCHANABURI verkehrt der Bus 8170 ab 8 Uhr alle 50 Min. für 21 Baht in 1 1/2–2 Std. bis zum Markt und weiter zum Wasserfall. Der letzte Bus zurück fährt gegen 16 Uhr vom Parkplatz vor dem Eingang zum Erawan National Park ab. Am Markt kann man notfalls für etwa 100 Baht ein Fahrzeug nach Kanchanaburi chartern.

Klong Lan National Park
วนอุทยานคลองลาน

12 km südlich von Kamphaeng Phet zweigt vom Highway Nr. 1 die Straße 1117 Richtung Westen zum Markt in Klong Lan (58 km) ab. Von hier sind es weitere 4 km bis zum **Klong Lan-Wasserfall**, der eine 95 m hohe Steilwand herabstürzt. Mehrere Fußpfade steigen an den steilen Felsen hinauf – schöne Aussicht! Vom oberen Ende des Wasserfalls führt ein herrlicher, z.T. rot markierter Wanderweg durch dichten Bambuswald, vorbei an verlassenen Hill-

tribe-Dörfern. In der Gegend gibt es zahlreiche Dörfer der Hmong, Yao und Lisu. 13 km entfernt Richtung Kamphaeng Phet liegen **Pang Kwai**, ein Wasserreservoir, und der **Klong Narm Lai-Wasserfall**, auch Pang Kwai-Wasserfall genannt. Im *Headquarter* kann man in 7 schönen Bungalows** für 3 Pers. übernachten und sich mit Essen und Getränken versorgen. Minibusse fahren von Kamphaeng Phet für 25 Baht zum Markt in Klong Lan (ca. 58 km entfernt).

Mae Sot

Die aufstrebende Stadt auf 200 m Höhe scheint vor allem vom grenznahen Handel und vom Schmuggel zu leben, denn sie liegt im Grenzgebiet zu Myanmar. Der nur 5 km entfernte Mae Nam Moei bildet die Trennlinie zwischen beiden Ländern.

Sehr interessant ist der **Markt**, auf dem unterschiedliche Menschen in ihren traditionellen Trachten zu sehen sind – Karen von beiden Seiten der Grenze, Burmesen, Thais, Inder und Chinesen. Dazwischen fallen Westler nicht besonders auf. Es gibt viele Händler, die Edelsteine aufkaufen. Der goldene Chedi im **Wat Chumphon** wurde im Jahre 1993 eingeweiht.

Eine Sehenswürdigkeit besonderer Art ist das *Khao-Mao Khao-Fang Restaurant* am KM 2 des H1085 nach Norden. Die Dekoration mit Dschungelpflanzen ist selbst für Thailand etwas Ungewöhnliches.

Mit dem Pickup kommt man von der Haltestelle nahe dem Einkaufszentrum in Mae Sot für 7 Baht die letzten 5 km zur Grenze. Die Zöllner führen, falls sie überhaupt da sind, keine Kontrollen durch. Touristen können die Grenze zum Besuch des Ortes **Myawaddy** offiziell überqueren. Der Paß und 2 ausgefüllte Formulare mit Angaben zu Bargeld, Schecks, Kamera und Schmuck müssen abgegeben werden. Kosten: Boot 5 Baht, Einreisegebühr US$10, Kameragebühr US$5 (passend in US$). Die Militärregierung benötigt die Devisen, um Waffen zu kaufen, mit denen die unglückliche Bevölkerung drangsaliert wird!

Übernachtung

GÄSTEHÄUSER – Sehr beliebt ist das *Mae Sot Guest House No. 2*-***, 208/4 Intarakiri Rd., ✆ 532745, Steinreihenhaus, Zi mit Fan oder ac und Du/WC; offenes Restaurant in einem schönen Holzhaus mit guter burmesischer Küche. Motorräder ca. 180 Baht pro Tag. Der freundliche, hilfsbereite Mr. Too veranstaltet anspruchsvolle Trekking-Touren mit Schlauchboot, 4 Tage / 3 Nächte kosten 4000 - 5000 Baht p.P. ab Umphang.

No. 4 Guest House*, 736 Intarakiri Rd., ✆/✉ 544976, in einem schönen Teak-Haus. Saubere Zimmer und Schlafsaal (30 Baht), Trinkwasser gratis, gutes Essen; beliebt. Fahrrad 25 Baht. Viele Infos, Omm veranstaltet gute 3tägige Trekking-Touren nach Umphang ab ca. 3000 Baht.

West Frontier Guest House*-**, 18/2 Bualoon Rd., ✆ 532638, hübsches, sauberes Teak-Haus, sehr große Zimmer mit Fan und Du/WC, offenes Restaurant, hilfsbereiter Besitzer; Trekking.

Mae Sot House*-**, 14/21 Asia Rd., ✆ 531409, ✉ 532279, gute, billige Zimmer (ab 50 Baht pro Bett), z.T. mit ac. Duschen, Trinkwasser gratis, man wird gratis vom Busbahnhof abgeholt.

HOTELS – *First Hotel**-****, 444 Intonkiri Rd., ✆ 531223, modernes Gebäude.
Suwanavit*, Soi Watluang, ✆ 531162, altes, z.T. aus Teak gebautes Haus, billig, etwas bessere Zimmer im Obergeschoß.
Mae Moei*, Intarakiri Rd., ✆ 531214, kleines, altes Holzhaus, sehr einfache Zimmer.
Siam** (ac***), 185 Prasavithi Rd., ✆ 531376, 4stöckiges Hotel, saubere Zimmer.
Porn Thep***-****, 25/4 Soi Sivrieng, ✆ 532590, ✉ 532596, sehr saubere, komfortable Zimmer.
Mae Sot Hill Hotel, 100 Asia Rd., ✆ 532601, ✉ 532600, luxuriöses Hotel mit Zimmern ab 1059 Baht; beheizter Swimming Pool (Eintritt 25 Baht für Nicht-Gäste); Disco und Night Club.

Essen

Thai Fastfood und westliche Gerichte bietet das *Fah Fah Restaurant*.
Das gemütlich eingerichtete *Pim Hut*, ✆ 532818,

gegenüber, wird geleitet von Boon und Boong, die englisch sprechen, gut über die Umgebung informieren können und Treks mit Rafting veranstalten.

Eine riesige Auswahl an Lebensmitteln der Region wird auf dem *Food Market* vor den Käufern aufgetürmt.

Ab 17.30 Uhr werden Stände in einer Seitenstraße der Prasavithi Rd. aufgebaut – gutes, billiges Essen.

Am KM 2 des H1085 Richtung Norden liegt das phantastisch dekorierte Restaurant *Khao-Mao Khao-Fang* (auch *Boa Pla* genannt), ✆ 532483. Baumpilze, Waben von wilden Bienen und Wespen, gewundene Baumstämme, das Gerüst von Würgefeigen und natürlich anmutende Wasserfälle – eine wahre Sehenswürdigkeit. Dabei sind Speisen und Getränke gar nicht teuer!

Sonstiges

DIEBSTAHL – Auf den Märkten der Stadt sind häufig organisierte Kindergruppen am Werk.

GELD – *T.F. Bank* und *Bangkok Bank* an der Prasavithi Rd. (ATM für Visa- und Mastercard).

MOTORRÄDER – vermietet ein Laden an der Prasavithi Rd., neben der Bangkok Bank, für 150 Baht pro Tag.

REISEBÜROS – Das *Mae Sot Travel Centre*, 14/21 Asia Road, ✆ 531668, ✆ 532279, ✆ 02-5416521 Bangkok, betreibt das Reisebüro S.P. Tour, mehrere Resorts und 4 Gästehäuser in der Umgebung. Es veranstaltet u.a. Floß- und Kanufahrten ab Umphang.

Mae Sot Conservation Tour, 415/17 Tang Kim Chiang Rd., ✆/✆ 532818, veranstaltet Treks mit Rafting in ursprünglichen Dschungelgebieten. Die 4 Tage / 3 Nächte-Tour nach Umphang kostet ab 4000 Baht p.P. im Privatauto (ab 2 Pers.).

TREKKING – Sehr gute Treks veranstaltet Omm im *No. 4 Guest House* ab Umphang (4 Tage/3 Nächte ab 3000 Baht p.P. ab 4 Pers.). In der Nebensaison ist es nur selten möglich, eine Gruppe zusammen zu bekommen.

VORWAHL – 055; PLZ: 63 110.

Transport

BUSSE – Von BANGKOK (520 km) fahren nur ac-Busse um 8, 20 und 21 Uhr für 174 Baht, um 22.15 Uhr für 224 bzw. 280 Baht; VIP-24 um 9 sowie 21–22.30 Uhr für 345 Baht in 8 1/2 Std. Zurück ca. 15 Min. früher als ab Bangkok.

Nach MAE SAI mit dem „Green Bus" um 6, 9 und 21 Uhr für 161 Baht, ac um 8 Uhr für 290 Baht in 12 Std.

Die Busse fahren über CHIANG MAI (für 96/172 Baht) und CHIANG RAI (für 147/264 Baht) in 7 bzw. 11 Std. sowie über TAK (für 28/50 Baht) und LAMPANG (für 72/129 Baht).

Von CHIANG MAI mit dem non-ac-Bus 3x morgens 96 Baht, ac-Bus um 13.10 Uhr für 172 Baht. Von und nach SUKHOTHAI mit dem Minibus 8x tgl. für 65 Baht in 3 Std.

Nach MAE SARIANG mit dem Pickup stündlich von 6 - 12 Uhr für 150 Baht in 5 Std.

FLÜGE – Der Flugplatz liegt 1 km außerhalb des Ortes Richtung Grenze. Am Di, Do, Sa und So von / nach PHITSANULOK (495 Baht) mit Anschluß nach CHIANG MAI (590 Baht) und nach BANGKOK (1405 Baht).

Thai Airways, 76/1 Prasavithi Rd., ✆ 531730.

Nord-Thailand

Die Nordprovinzen bieten eine abwechslungsreiche Landschaft, die höchsten Berge und breite, fruchtbare Täler. Doch die größte Faszination geht von den vielen Völkern aus, die z.T. erst seit wenigen Jahrzehnten in den Bergen leben. Das Grenzgebiet zu Burma ist unsicher. Noch heute ziehen Schmuggelkarawanen über die Grenze. Schießereien an der Grenze sind erneut aufgeflammt, seit Junta-freundliche Karen-Armeen ihre Stammesbrüder sogar über die Grenze nach Thailand verfolgen und ganze Flüchtlingsdörfer niederbrennen. Noch immer bauen einige Bergstämme

Reichhaltige Stickereien zieren die Festtagskleidung der Meo-Familie, aber auch hier hält die Turnschuhkultur Einzug

Opium an, und Opium bedeutet Geld, was besonders zur Erntezeit Banditen auf den Plan ruft. Es gibt also durchaus Gründe, ein Gewehr zu tragen.

Chiang Mai ist das Zentrum der Region und touristischer Schwerpunkt mit entsprechender Infrastruktur. Touristische Entwicklung hat zudem in Chiang Rai im „Hohen Norden" und in Mae Hong Son im „Wilden Westen" eingesetzt. Auch auf dem Land sind Resort Hotels und Gästehäuser entstanden. Vor allem der Trekking-Tourismus hat gewaltige Dimensionen angenommen. Durch den Straßenbau und die Verbesserung der Sicherheit ziehen viel mehr Traveller auf eigene Faust los, zu Fuß, mit Bussen und Pickups oder mit dem Motorrad oder Jeep. Die Vermarktung der Bergstämme ist in vollem Gange – über 100 000 Trekker gaben 1996 über 5 Mill. US$ aus. Wer jedoch meint, daß hier auch die Ursachen für die unübersehbaren Veränderungen in den Dörfern der Bergstämme liegen, überschätzt seinen Einfluß: es ist die systematische Thaiisierung der Bergbauern und die Zerstörung ihrer wirtschaftlichen Grundlagen, die diese schwerwiegenden Umwälzungen bewirken. Wer sich Zeit nimmt und mit offenen Augen durch die schöne Landschaft wandert, kann vielfältige Einblicke in das Leben der Bergstämme gewinnen und viel darüber erfahren, vor welche Probleme die Landbevölkerung in der Dritten Welt gestellt ist.

Bergstämme

Die **sechs Gruppen** der zur Zeit in Nord-Thailand lebenden Minoritäten der Hmong, Yao, Lahu, Lisu, Akha und Karen werden von der Thai-Regierung als *chao thai phu khao* oder kürzer *chao khao* (wörtlich: Bergvölker) bezeichnet. In der Umgangssprache nennt man sie *hilltribes* oder Bergstämme. Tatsächlich lebten jedoch viele von ihnen ursprünglich in fruchtbaren Tälern. Erst durch andere stärkere Völker wurden sie in die unwirtlichen Gebirge verdrängt. All diese Stämme kennen weder eine Stammesorganisation mit einem Stammesführer noch soziale Klassen. Nur die Dorfgemeinschaft mit dem Dorfoberhaupt spielt eine Rolle.

Ethnologisch gehören alle Bergstämme zur sino-tibetischen Sprachfamilie, genauso wie die Thai. Dennoch sind die Unterschiede zwischen den Sprachen der Bergstämme größer als etwa zwischen Englisch und Russisch.

> Wer im hohen Norden das Abenteuer sucht, sollte nicht vergessen, daß ein Trip an die burmesische Grenze auch gefährlich werden kann. Raubüberfälle auf allzu sorglose Trekker sind mehrfach vorgekommen. Mehrere Touristen haben dabei ihr Leben gelassen. Trekker, die versehentlich die Grenze überquerten, schmachteten monatelang in burmesischen Gefängnissen, bevor sie zufällig von Missionaren entdeckt und nach Thailand zurückgebracht wurden. In den letzten Jahren wurden nur ganz selten Busse ausgeraubt oder Boote auf dem Kok-Fluß beschossen. Dennoch: im Zeichen einer dramatischen Verelendung der Bergstämme muß damit gerechnet werden, daß aus der Verzweiflung heraus in besonders betroffenen Gebieten auch die Überfälle zunehmen werden.

Die meisten Bergstämme betreiben traditionell **Brandrodungsfeldbau**. Ein Stück Dschungel, heute zumeist Sekundärbusch, wird grob gerodet, der Rest wird abgebrannt. Einige Bergstämme lassen das Feld nur einige Jahre ruhen, damit es sich ein wenig regenerieren kann. Brach liegende Felder werden jedoch inzwischen von der Regierung zur Aufforstung konfisziert.

Die Bergstämme kamen als **Flüchtlinge** nach Thailand. Über 80% sind bereits in Thailand geboren, doch nicht einmal 20%

In den abgelegenen Bergdörfern Nord-Thailands wird traditionell Mohn für die Opiumgewinnung angebaut besitzen die thailändische Staatsbürgerschaft, die übrigen gelten als illegale Einwanderer. Die Thai-Regierung bemüht sich seit 1953 um die Hilltribes. Sie erlaubt ihnen, in den Bergen zu siedeln und richtet **Hilfsprogramme** ein. Den Bergstämmen wird das Recht auf eigene Sprache und Kultur zugestanden. Doch in der Praxis muß die Thai-Regierung nationale und internationale Interessen vorziehen. Sie kann natürlich nicht dulden, daß diese Bergvölker auch noch den letzten Rest der Wälder abbrennen. Ebenso muß die Regierung den Anbau von Mohn untersagen und den Menschen eine Alternative bieten. Als sogenannte *cash crops* (verkaufbare Produkte) werden Kaffee, Gummi, Nüsse, Obst und Gemüse angebaut. Aber keines dieser Produkte kann mit Opium konkurrieren, denn die Mohn gedeiht relativ unproblematisch, das Rohopium bringt für wenig Volumen viel Geld. Mit den neu eingeführten *cash crops* haben die Hilltribes nur Ärger. Sobald ein Projekt ausgelaufen ist, sind sie mit ihrem Produkt sich selbst überlassen: der Transport klappt nicht mehr, die Zwischenhändler bieten nur Spottpreise, die Bauern im Tiefland steigen auf dasselbe Produkt ein und verkaufen es billiger. So fühlen sich viele Bergstämme in ihrer Existenz bedroht. Ihre Bergreis-Felder, von denen sie sich gerade noch ernähren konnten, werden durch Aufforstung und Gesetze gravierend beschnitten, und ihre Bargeldeinnahmen nehmen drastisch ab. Ihre ökonomische Basis ist also mehr oder weniger zerstört, Fehlernährung greift dramatisch um sich.

Ein dramatisches Übel hat **AIDS** über die Bergstämme gebracht. Wenn die Bauern in die Täler fahren, um ihre Feldfrüchte zu verkaufen, infizieren sie sich bei Prostituierten mit dem HIV-Virus, der dann im Dorf grassiert. Mediziner der Universität Chiang Mai befürchten, daß die Hilltribes durch den tödlichen Virus in wenigen Jahren ausgelöscht sein werden, wenn nicht sofort etwas gegen die weitere Ausbreitung unternommen wird. Für uns **Touristen** stellen die Bergstämme eine große Attraktion dar. Von Reiseorganisationen und Trekking-Unternehmen werden sie mit oft übertriebenen Adjektiven belegt: faszinierend, malerisch, farbenfroh, unberührt von der Zivilisation, ursprünglich, unverdorben, fast unbekannt, neu entdeckt oder gar halb-primitiv. Wir sollten uns davor hüten, sie als Primitive zu betrachten, ihren Geisterglauben zu belächeln und uns überlegen zu fühlen. Tatsächlich besitzen diese Völker eine hochentwickelte, wenn auch völlig andersartige und z.T. noch nicht erforschte Kultur. In manchen Bereichen haben sie uns einiges voraus. So haben sie ihre Ängste beispielsweise als Geister personifiziert, und wissen mit ihnen bestens umzugehen.

Begegnung mit Bergstämmen: Wer sich für die Hilltribes interessiert, sollte zunächst versuchen, die einzelnen Stämme rein äußerlich unterscheiden zu lernen. Am einfachsten ist es, sich in Chiang Mai entsprechende Postkarten zu kaufen und sich Kleidung, Kopfbedeckung und Schmuck der Hilltribe-Frauen einzuprägen. Zwar laufen die Leute in den Dörfern nicht immer in Festtagsgewändern herum, aber auch ihre Alltagskleidung weist noch häufig die gleichen Merkmale auf. Die Männer der einzelnen Bergstämme unterscheiden sich dagegen nicht gravierend. Die meisten tragen zu weiten, schwarzen Hosen eine dunkle Jacke oder ein Hemd vom Markt. Ist traditionelle Frauenkleidung zum Trocknen ausgelegt, weiß man meist genau, mit welchem Stamm man es zu tun hat, auch wenn sich zunächst niemand blicken läßt.

Hmong (Meo)

Die Hmong („freie Menschen") werden von Thais häufig Meo (aus dem Chinesischen: „Barbaren") genannt . Es wird angenommen, daß sie vor einigen tausend Jahren von **Tibet** über Sibirien und die Mongolei nach China einwanderten. Noch heute lebt der größte Teil dieses Volkes in Süd-China, aber auch in Vietnam, Laos und Burma findet man ihre Dörfer. Ende des 19. Jh. wurden ihre ersten Siedlungen in Thailand gegründet. Heute bilden die Hmong mit ca. 65 000 Menschen nach den Karen die zweitgrößte Gruppe der Bergstämme. Ihre Dörfer sind weit verstreut über mindestens 13 Provinzen in Nord- und Zentral-Thailand. Mit Indigo-Farbe gebatikte kurze **Plissee-Röcke**, reichlich mit Kreuzstichen bestickt, kennzeichnen die Frauen der Blauen Hmong. Oben tragen sie eine schwarze Bluse, oft aus Samt und ebenfalls bestickt. Ihr Haar wird in einem großen Knoten auf dem Kopf drapiert. Schwerer **Silberschmuck** und kunstvoll bestickte Schürzen gehören nicht überall zur Alltagskleidung. Die Hmong wohnen in **Großfamilien** in ebenerdigen Häusern, von denen jedes über einen großem Aufenthaltsraum und verschiedene Schlafabteile verfügt. Nur Angehörige einer **Sippe** leben in einem Dorf zusammen. Eine eingeheiratete Frau wird in die Sippe des Mannes aufgenommen. Vorzugsweise errichten die Hmong **Dörfer** in einer Höhe von 1000–1200 m im Schutz der Berge. Zur Selbstversorgung bauen sie **Reis** und **Mais** und zum Verkauf **Opium** an. Sie halten Schweine, Hühner und Ponys in separaten Ställen.

Yao

Die Yao nennen sich selbst *Mien*. Die ersten Yao kamen Mitte des 19. Jh. aus Laos, sie stammen wahrscheinlich aus **Süd-China**. Heute leben Yao in Süd-China, Vietnam, Laos, Burma und ca. 33 000 in Nord-Thailand. Hier siedeln sie hauptsächlich in den Provinzen Chiang Rai, Phayao und Nan. Weitere 10 000 Yao leben in Flüchtlingslagern an der laotischen Grenze.

Viele Wörter ihrer **Sprache** haben die Yao aus dem Chinesischen übernommen. Sie sind auch der einzige Bergstamm Thailands, der sich einer **Schrift** bedient, und zwar der chinesischen. Entweder bringen die Väter ihren Söhnen das Schreiben bei, oder das Dorf engagiert einen chinesischen Lehrer. Nicht nur die Schrift, auch viele **chinesische Bräuche** wurden von den Yao übernommen. Die traditionelle Kleidung der Yao-Frauen besteht aus einem schwarzen **Turban**, einer weiten, überreich bestickten Hose und einem blau-schwarzen **Mantel**. Am meisten fällt jedoch ihre aus dunkelroter Wolle geknüpfte **Schärpe** auf, die sie wie einen Pelzkragen um den Halsausschnitt tragen. Kleine, schwere **Silberohrringe** und silberne **Armreifen** gehören zum Alltagsschmuck der Yao-Frauen. Die Yao leben in **Großfamilien** zusammen. Die polygame Ehe ist möglich. Der junge Yao muß sich seine Braut außerhalb der Sippe suchen. Nach der Hochzeit, die eine zentrale Rolle im Leben der Yao spielt, zieht das junge Paar ins elterliche Haus des Mannes. Voreheliche Kinder der Frau werden automatisch adoptiert. Falls der junge Mann arm, oder das Mädchen die einzige Tochter ist, kann der Mann entscheiden, ob er vorübergehend oder für immer in die Familie der Frau ziehen will.

Lahu

Die Thai und Shan nennen diese Stammesgruppe *Musur* oder *Musoe*. Man glaubt, daß die Lahu aus dem **südwestlichen China**, eventuell aus **Tibet** stammen und über Jahrhunderte südwärts nach Burma, Laos und Thailand gezogen sind. Seit 1891 wird von Lahu-Dörfern in Thailand berichtet. Heute leben ca. 39 000 Lahu vorwiegend in der Provinz Chiang Rai sowie im Norden der Provinzen Chiang Mai und Mae Hong Son.

Bei den Lahu unterscheidet man verschiedene Untergruppen, wovon sich in Thailand hauptsächlich vier angesiedelt haben: Lahu Na (schwarz), Lahu Nyi (rot), Lahu She Leh und Lahu Shi (gelb). Viele Lahu kleiden sich wie gewöhnliche Thai-Bauern, nur manche Lahu Na und viele Lahu She Leh tragen noch täglich ihre eigene **Tracht**. Alle anderen kann man nur noch an Festtagen traditionell gekleidet sehen. Alle Gruppen verzieren ihre Kleidung mit **Borten**.

Der Alltagsschmuck bei Frauen wie Männern besteht aus grob bearbeiteten **Silberarmspangen** und geflochtenen **Armreifen** aus 8 Grashalmen.

Die Lahu leben in **Kleinfamilien** zusammen. Nur für eine gewisse Zeit nach der Hochzeit zieht der Schwiegersohn mit Frau ins Haus der Schwiegereltern, um den Brautpreis abzuarbeiten. Die relativ kleinen Häuser der meisten Lahu stehen auf Pfählen. Auf einem eingekerbten Baumstamm balanciert man zur teilweise überdachten **Terrasse** hinauf, auf der Gäste empfangen und Hausarbeiten verrichtet werden. Wände und Böden des Hauses bestehen aus flachgeklopftem **Bambus**. Die Lücken im Boden sind so weit, daß man durchspucken kann. Das ist wichtig, denn die Lahu-Frauen sind unentwegte **Betelkauer**. Unter dem Haus leben die **Schweine**, die den Abfall, der durch die Lücken fällt, gleich verwerten. Das Wasser wird aus naheliegenden Quellen über Bambusrohre ins Dorf geleitet. Traditionell lebten Lahu in einer Höhe über 1000 Meter. Doch mit Ausnahme der She Leh sind sie in niedere Lagen gezogen. Die Lahu pflanzen **Trockenreis** und **Mais** für ihre tägliche Nahrung an sowie Melonen, Chilies, Hirse, Bohnen und Gemüse zum Verkauf. **Opiumanbau** stellt in manchen Dörfern eine wichtige Erwerbsquelle dar.

Lisu

Die Lisu werden von den Thai *Lisaw* genannt. Die ursprüngliche Herkunft der Lisu wird in **Süd-China** vermutet. 1921 wanderten die ersten nach Thailand ein, über Burma, wie alle nachfolgenden auch. Heute leben ca. 21 000 Lisu in Thailand. Sie haben ihre Dörfer in 9 verschiedenen Provinzen, die meisten leben in den Provinzen Chiang Mai, Chiang Rai und in der Gegend von Pai. Die Lisu ziehen sich gern bunt an und statten ihre Kleidung mit vielen modischen **Accessoires** aus. Heutzutage sind grelle **Nylonstoffe** in Grün und Blau besonders begehrt. Diese werden zu **Jacken** verarbeitet, vorne knie-, hinten wadenlang und seitlich bis zur Hüfte geschlitzt. Oberärmel, Halsausschnitt und Schulterteil sind dicht mit schmalen, bunten **Borten** besetzt. Ein schwarzes **Band** wird eng um die Taille geschlungen. Von den Hüften bis zu den Kniekehlen hängen zwei Bündel aufwendig gefertigter **Kordeln**, am Ende mit kleinen Wollbällchen verziert. Der **Turban**, der zu festlichen Gelegenheiten getragen wird, ist einfach unbeschreiblich. Er wird von den jungen Mädchen mit Plastikblumen und Geschenkbändern verziert, alles was glitzert ist erlaubt. Auch viele Männer tragen vorn weite **Hosen** aus grünem oder blauem **Nylonstoff**.

In der **patriarchalischen** Lisu-Familie gebührt dem Vater absoluter Gehorsam. Konflikte innerhalb der Familie und zwischen Familien werden offen ausgetragen und enden oft gewalttätig. Für die sozialen Beziehungen spielen die **Sippen** eine große Rolle. Die Lisu siedeln vorzugsweise im gebirgigen, schwer zugänglichen **Hinterland** auf einer Höhe von ca. 1000 m, gern haben sie zwecks Sicherheit und Unterhaltung andere Lisu-Dörfer in der Nähe. Ein Dorf liegt meist auf einer Seite eines Bergkammes, auf dessen anderer Seite ein Bach fließt. Das Wasser wird in meisterhaften **Bambus-Aquädukten** um den Berg herum in ihr Dorf geleitet. Die Lisu betreiben **Wechselfeldbau** und pflanzen Reis, Mais und Gemüse für den Eigenverbrauch an.

Sie verrichten nicht alle anfallenden Arbeiten selbst, sondern stellen Karen oder Lahu als billige **Arbeitskräfte** ein. Schweine und Rinder werden zum Verkauf gezüchtet, doch ihr Haupteinkommen beziehen die Lisu durch **Opiumanbau**. Chinesische Händler kaufen das Opium auf und heiraten auch gern Lisu-Frauen. Lisu-Dörfer mit einer Mehrheit von chinesischen Männern sind keine Seltenheit.

Akha

Die Thai nennen sie *Kor* oder *I-gor*, was die Akha nicht gerne hören. Wahrscheinlich stammen die Akha aus dem **tibetischen Hochland** und wanderten im Laufe der Jahrhunderte über Yunnan, wo noch heute die meisten leben, über Nord-Burma und Laos in den Norden Thailands. Um 1900 sollen sich hier die ersten Akha (die Ulo-

Akha) angesiedelt haben. Heute leben ca. 24 000 Akha in Thailand, auf sechs Provinzen verteilt. Die meisten Dörfer stehen in der Provinz Chiang Rai und im Norden der Provinz Chiang Mai.

Akha-Frauen sind mit ihrem faszinierenden **Kopfputz** und **Silberschmuck** unverkennbar. Ihren Kopfputz tragen sie immer, zumindest in reduzierter Form oder von einer Kapuze bedeckt. Er besteht aus Silberknöpfen, -kugeln, Münzen, gefärbten Hühnerfedern und Affenhaar, aus bunten Perlen und roten Wollquasten und Wollbommeln. Er umrahmt das ganze Gesicht, hängt oft bis auf die Brust und wird bei den Loimi von einer silbernen, ca. 20 cm hohen Platte am Hinterkopf gekrönt. Bei den Ulo türmt sich der Kopfschmuck kegelförmig nach oben. Die typischen schwarzblauen **Miniröckchen** werden unterhalb des Bauchansatzes getragen und reichen nur bis knapp übers Knie. Setzt sich die Frau hin, bedeckt eine Schärpe, mit Knöpfen, Münzen und Perlen bestickt, züchtig ihren Schritt. Die aus bunten Stoffen applizierten **Beinstulpen** sieht man noch häufig, während das traditionelle Oberteil oft durch ein **T-Shirt** ersetzt wird. Die **Bambuspfeife**, mit oder ohne Tabak, ist bei Jung und Alt beliebt. Viele Akha-Frauen spinnen ihr Garn selbst und verweben es auf Tretwebstühlen. Die Häuser der Akha sind meistens auf Pfählen gebaut. Unterm Haus leben die Tiere. Die **Häuser** sind mit weit heruntergezogenen Dächern aus Gras bedeckt und besitzen keine Fenster. Männer und Frauen schlafen in separaten Räumen innerhalb des Hauses. Nur in den ersten Jahren nach der Heirat schläft das junge Paar gemeinsam in einem Häuschen auf dem Grundstück seines Vaters. Die Akha errichten ihre Dörfer vorzugsweise auf luftigen **Bergkämmen** in 1000 m Höhe. Sie pflanzen auf wechselnden Feldern Trockenreis, Mais, Hirse, Chilies, Knoblauch, Sesam und verschiedene Gemüse an. Oft ist es zu wenig, um alle richtig zu ernähren. Schweine, Wasserbüffel, Rinder und Geflügel werden für Feste, Opfer und zum Verkauf gehalten. Die **Wasserquelle** befindet sich unterhalb des Dorfes, und die Frauen tragen das Wasser in Bambusgefäßen zu ihren Häusern. Ein Akha-Dorf besitzt am oberen und unteren Ende je ein **Tor** aus massiven Baumstämmen. Sie bilden eine symbolische Grenze gegen alles Böse und Zerstörerische, ob Krankheit, Räuber, Vampire oder wilde Tiere. Auf dem Querbalken sitzen geschnitzte Vögel, sie sollen verhindern, daß zu viele Küken von Falken erjagt werden. Vor jedem Tor stehen dicht beieinander zwei grob geschnitzte **Figuren** aus Holz, ein Mann und eine Frau mit betonten Geschlechtsmerkmalen. Zu jedem Dorf gehört ein ebener **Platz**, an dem sich allabendlich die Jugend trifft. Die Mädchen singen und tanzen, die Burschen schauen zu und machen später auch mit. In absoluter Dunkelheit ziehen sich die Jugendlichen, oft paarweise, zurück.

Karen

Die Karen, von den Thai *Kariang* oder *Yang* genannt, stellen mit 240 000 Menschen (51%) die größte Stammesgruppe in Thailand. Ihr Ursprung ist unklar. Viele Jahrhunderte lebten sie in **Burma**, schon im 18. Jh. übersiedelten einige nach Thailand. Heute leben hauptsächlich Weiße Karen in Thailand, konzentriert entlang der burmesischen Grenze von Mae Hong Son bis Kanchanaburi, aber auch verstreut in weiteren Provinzen von Nord- und Zentral-Thailand. Jenseits der Grenze befinden sich die Karen schon seit Jahrzehnten in einem Guerillakrieg gegen die burmesische Zentralregierung. Man unterteilt die Weißen Karen in Skaw Karen und Pwo Karen, die fälschlich auch Rote Karen genannt werden.

Die Karen-Frauen sind gute **Weberinnen**. Sie fertigen auf einfachen Webstühlen mit Rückenband, auf dem Boden sitzend, schmale Streifen, die mit buntem Faden zu Gewändern zusammengenäht werden. Die unverheirateten Mädchen tragen ein langes, ursprünglich weißes **Gewand**. Ansonsten hat jede Untergruppe ihren Stil. Als einziger Bergstamm Thailands sind die Karen **mutterrechtlich** orientiert. Sie leben in

Kleinfamilien, und die Familie bildet die wichtigste ökonomische Einheit in allen häuslichen Angelegenheiten. Die Karen siedeln sowohl in den Bergen als auch in den Ebenen, ziehen jedoch niedere Lagen von ca. 500 m vor. Die traditionellen **Karen-Häuser** stehen auf Pfählen. Der große Innenraum ist nicht in Zimmer unterteilt, nur manchmal wird für die heranwachsende Tochter ein Eckchen abgetrennt. Das Leben spielt sich tagsüber auf der geräumigen, überdachten **Veranda** ab. Die Karen sind seßhaft, was man an ihren Gärten erkennen kann, in denen Jackfrucht-, Zitrus- und Mangobäume wachsen. Ihre Dörfer sind eingezäunt und sauber angelegt. Ein ausgeklügeltes System des **Wechselfeldbaus** ermöglichte ihnen gute Ernten und verhinderte Erosion auf den brachliegenden Feldern. Heute können sie diese Praxis nicht mehr anwenden. Hauptsächlich bauen sie **Reis** und **Gemüse** an, nur ganz gelegentlich Opium. Die Karen züchten Hühner, Schweine, Wasserbüffel, Rinder und Elefanten. Sie verkaufen ihre überschüssigen Produkte und verdienen Geld durch **Lohnarbeit** und durch das Vermieten ihrer **Elefanten**. Die Karen, die in der Ebene leben, haben sich ihren Thai-Nachbarn mehr oder weniger angepaßt.

Trekking zu den Bergstämmen

Die meisten Touristen in Nord-Thailand wollen Dörfer der dort lebenden Bergstämme besuchen und einen Hauch von dem Abenteuer spüren, das sie umweht. Vielen macht es einfach auch Spaß, endlich aus den Städten herauszukommen und sich in der freien Natur zu bewegen. Weitaus die meisten Treks werden von Chiang Mai aus veranstaltet. Wer die touristische Vermarktung der Bergstämme ablehnt, sollte auf Trekking-Touren verzichten.

Wann kann man trekken?

Von **November bis Februar** ist es tagsüber angenehm warm, nachts kühl, in den Bergen kalt, es regnet fast nie – dies ist die beste Trekking-Zeit. Im **März und April** wird es heiß (mittags 32° bis 35°C), nachts kühlt es um ca. 12°C ab, es ist trocken und staubig – trekken macht keinen Spaß. Von **Mai bis Oktober** regnet es an 15 bis 25 Tagen im Monat, häufig jedoch nur abends und in der Nacht, die Landschaft strahlt in frischem Grün – Trekking-Touren arten oft in Schlammschlachten aus und müssen manchmal abgebrochen werden.

Von wo aus kann man trekken?

Die meisten Treks werden von Chiang Mai aus veranstaltet. Hier gibt es weit über 100 **Trekking-Agenturen**. Außerdem organisieren fast alle **Gästehäuser** Treks. Die Treks führen hauptsächlich in die Gebiete um den Chiang Dao und zum Mae Taeng Fluß, aber auch Richtung Mae Hong Son und Mae Sariang. Die An- und Rückfahrt dauert meist mehrere Stunden. Auch in Chiang Rai, Mae Hong Son und Pai gibt es gute Trekking-Organisationen, in Nan ein kleines Trekking-Office. In Mae Sariang, Soppong, Fang, Thaton, Mae Salong, Mae Sai und Chiang Saen werden individuellere Treks in kleineren Gruppen von Gästehäusern organisiert. Dabei liegt der Ausgangspunkt näher an den Trekking-Gebieten, Treks werden individueller und in kleineren Gruppen durchgeführt.

Besichtigungstour (1/2–1 Tag)

Besichtigungstouren werden hauptsächlich von **Reisebüros** in Chiang Mai und Chiang Rai angeboten. Bei solchen Touren werden Touristen zu Dörfern gefahren, die ganz auf den Sightseeing-Tourismus eingestellt sind, und deren Bewohner auch davon leben.

Exkursion (2–3 Tage)

Exkursionen laufen die Dörfer auf **Standardrouten** an, die jeden Tag von vielen Gruppen begangen werden. Auch **Pauschaltouristen** wird ein solcher Ausflug angeboten. Man darf also keine „unberührten Hilltribes" erwarten. Gewöhnlich muß man nicht länger als ein bis zwei Stunden pro Tag wandern, meist sind eine **Boots-**

fahrt und ein kurzer **Elefantenritt** („Safari" genannt) im Preis inbegriffen.

Trekking-Tour (3–5 Tage)

Wer sich in Chiang Mai oder einem anderen Ort für einen Trek eingeschrieben hat, muß eine Kopie seines Passes abgeben (bisher nur in Chiang Mai), damit der **Guide** die Tour bei der Polizei anmelden kann. Meistens kann der Trek schon am nächsten oder übernächsten Tag losgehen. Der Veranstalter stellt einen kleinen, meist miserablen Rucksack, eine Wasserflasche und eine Decke.

Man startet zwischen 9 und 13 Uhr und fährt mit einem Pickup 1–4 Stunden, je nach Ausgangsort. Ob das erste Mittagessen im Preis inbegriffen ist, sollte man schon vorher erfragen. Am ersten Tag wird 2 bis 4 Stunden gewandert. Gegen Abend läuft man ein **Hilltribe-Dorf** an und wird in einer Hütte der Einheimischen oder einer separaten Touristenhütte untergebracht. Die Gebühr bezahlt der Guide. Im allgemeinen kocht er ein schmackhaftes **Essen** aus den mitgebrachten Vorräten, nur **Reis** wird manchmal vom Dorf bezogen. Man schläft auf dem Boden der Hütte, meist auf Matten. Toiletten dürfen Trekker hier nicht erwarten und sich nicht genieren, Hof oder Garten als solche zu benutzen. An den nächsten Tagen wird 2–8 Stunden marschiert, einige Hilltribe-Dörfer werden passiert, eine **Floßfahrt** oder ein **Elefantenritt** durchgeführt (falls gebucht). Die Floßfahrt ist nichts für Wasserscheue, denn auf den einfachen **Bambusflößen** steht oder sitzt man die meiste Zeit im Wasser. In der zweiten Nacht haben die Teilnehmer schon etwas mehr Erfahrung und können vielleicht etwas besser schlafen. Am letzten Tag wird nur noch wenige Stunden bis zu einer Straße gewandert, und mit Pickup oder Bus geht es zum Ausgangspunkt zurück. **Längere Trekking-Touren** von 6- bis 10-Tagen werden nur selten angeboten. Die Chancen, in abgelegene Gebiete zu kommen und ursprüngliche Dörfer kennenzulernen, sind wesentlich größer als bei kurzen Touren.

Die Bergstämme benötigen **Geld**, und was sie durch die Übernachtung von Trekkinggruppen (10–50 Baht / Person) oder durch den Verkauf von Handarbeiten (5–10 Baht pro Armband) verdienen, trägt zu ihrem Lebensunterhalt und der Ausbildung ihrer Kinder wesentlich bei.

Kosten einer Trekking-Tour

Für eine 3tägige Tour mit Elefantenritt muß man mit 1300 Baht rechnen. *„Only walking"* kostet um 300 Baht pro Person und Tag, in kleinen Orten eher weniger, in großen Orten mehr. Wer nicht will, daß sein Guide oder die besuchten Hilltribes **ausgebeutet** werden, muß auch bereit sein, einen angemessenen Betrag für seine Trekking-Tour zu bezahlen. Ein Guide, der ständig in der Gesellschaft von Touristen lebt, kann nicht mit dem Minimalverdienst eines Arbeiters auskommen. Zudem ist er nur wenige Monate im Jahr beschäftigt.

Ratschläge zum organisierten Trekken

Auswahl des Veranstalters: Man sollte sich keinesfalls in eine Trekking-Tour pressen lassen und sich nicht unüberlegt in eine Liste einschreiben, sobald man mit dem billigen Khaosan-Bus in Chiang Mai angekommen ist (Gute Ausrede: „Ich will 10 Tage trekken gehen!"). Der Zeitaufwand für die Auswahl der Trekking-Agentur lohnt sich. Am einfachsten geht das in den **Gästehäusern**. Wenn die Besitzer einen **verantwortungsvollen Eindruck** machen und sich um das Wohl ihrer Gäste kümmern, sind sie im Normalfall auch an einem guten Trek mit ordentlichen Guides interessiert. Die Gruppe sollte keinesfalls mehr als 8–10 Teilnehmer umfassen, was man sich evtl. auf der Quittung bestätigen lassen sollte. Einige Gästehäuser sind dafür berüchtigt, daß sie regelmäßig zwei Gruppen zu einer riesigen Gruppe zusammenlegen. Alle Trekking-Agenturen müssen beim TAT (Touristenbüro) registriert sein, eine Unfallversicherung bieten und eine Garantiesumme hinterlegt haben.

Gestellte Ausrüstung und Verpflegung: Man sollte unbedingt versuchen, auf Ausrüstung und Essensvorräte Einfluß zu nehmen. In kleinen Orten wie Pai oder Soppong geht das leichter als in Chiang Mai. Im Winter müssen Teilnehmer einer Tour auf 2–3 **Decken** bestehen. Die Kälte wird von den Veranstaltern und den Guides immer heruntergespielt, und die Decken in den Dörfern brauchen die Einheimischen selbst, wenn es richtig kalt wird. In der **Regenzeit** ist es wichtig, nur bei solchen Agenturen eine Floßfahrt zu buchen, die auch Schwimmwesten zur Verfügung stellen. Kentern kann bei Hochwasser ansonsten lebensgefährlich werden. Der **Umwelt** zuliebe sollte man sich versichern lassen, daß kein Wegwerfgeschirr verwendet wird. Wichtig ist auch, welche Nahrungsmittel mitgenommen werden. Besonders das **Frühstück** muß nicht immer aus Weißbrot und Marmelade oder Pancakes bestehen. In den meisten Ausgangsorten gibt es auch Vollkornbrot oder Müsli. Die **Vorbildwirkung** in den Dörfern darf nicht unterschätzt werden. (Manche Mütter gaben ihren Kindern schon Weißbrot, weil sie es bei den Trekkern sahen und dachten, davon bekommt man weiße Haut.) Wer bestimmte Dinge nicht essen kann (z.B. Vegetarier), sollte das dem Guide rechtzeitig mitteilen.

Private Ausrüstung: Feste Schuhe und Sandalen, Kleidung einmal zum Wechseln, Sonnenhut, Wasserflasche, Wasserentkeimungstabletten, Einreibemittel gegen Mücken und Sonnenbrand, Toilettenpapier, Taschenlampe und Streichhölzer, persönliche Toilettenartikel und Medizin, Ohrenstöpsel und etwas Kleingeld. November bis Februar: warmen Schlafsack und Isoliermatte. Wer keinen hat, sollte unbedingt darauf bestehen, daß die Organisation eine zweite Decke stellt. Viele Trekker kommen mit einer Erkältung zurück. Von Mai bis Mitte November: Regenschutz und hohe Schuhe.

Kondition: Jeder Teilnehmer muß im voraus abschätzen, wieviel Stunden er pro Tag **marschieren** kann. Dabei ist zu bedenken, daß es oft steil bergauf und bergab geht, und zumeist ohne jeden Schatten (der Dschungel ist ja abgebrannt). Man sollte sich zuvor die Tour genau erklären lassen: besuchte Bergstämme, Anreise (womit, wie lange), Wanderzeit, Gelände, zu erwartendes Wetter, Übernachtungsplätze, maximale Teilnehmerzahl, Mahlzeiten, gestellte Ausrüstung, was muß jeder Teilnehmer tragen ... Mit dummdreisten Sprüchen braucht sich kein Kunde abspeisen zu lassen!

Geschenke: Bei einer organisierten Tour ist es nicht notwendig, Geschenke zu bringen. Das Dorf (zumindest der *village headman*) wird vom Guide bezahlt. Wer den Bergbewohnern trotzdem eine kleine Freude machen möchte, kann Zigaretten, Salz, Verbandszeug, Wundpflaster oder Nähzeug mitnehmen. Die Guides raten häufig zu Bonbons für die Kinder. Das sehen die Eltern gar nicht gern, weil die Kleinen dadurch zum Betteln erzogen werden. Sinnvoller ist es, eine Spende für das Dorf oder die Schule zu hinterlassen. Mit Luftballons und Seifenblasen bringt man Spaß und Freude ins Dorf.

Wertsachen: Schecks, Bargeld, Reisepapiere (Kopie vom Paß mitnehmen) gehören gegen genaue Quittung in den Safe der Unterkunft. Kreditkarten darf man auf gar keinen Fall in der Unterkunft lassen. Mißbrauch ist möglich und gar nicht selten, und der Geprellte merkt es erst viel zu spät! Gute Gästehäuser geben sich viel Mühe, Wertsachen mißbrauchsicher zu verpacken.

Opium rauchen: Oft wird Ausländern von den Bewohnern der Bergdörfer oder von einem schlechten Guide Opium angeboten, weil sie wissen, daß das Rauchen für viele Trekker die Hauptattraktion ist. Da die meisten Trekker die Wirkung von Opium wahrscheinlich noch nicht am eigenen Leib ausprobiert haben, ist Maß und Vorsicht geboten; Opium ist eine suchterzeugende **Droge**. Schon nach einer Woche regelmäßigen Genusses können beim Absetzen schwere **Entzugserscheinungen** auftreten. Niemals Opium nach Alkohol oder gleichzeitig nehmen! Wer versucht, Drogen aus den Bergen mit nach Chiang Mai oder gar nach Europa zu nehmen, geht ein sehr hohes Risiko ein. In Thailand ist Opiumrauchen illegal und es stehen 1–10 Jahre Gefängnis drauf.

Traditionell wurde Opium nur von Alten und Kranken geraucht, um die Beschwerden erträglicher zu machen. Erst in jüngerer Zeit verfielen auch jüngere Bergbewohner dem Opium und als Folge sogar dem Heroin. Experten führen dies auch auf das Vorbild der Trekker zurück. Wer sich **verantwortungsvoll** verhalten will, verzichtet also ganz aufs Opiumrauchen.

Trekking Guide

Ob Trekker von ihrer Tour begeistert sind oder nicht, hängt von der Gruppe, hauptsächlich aber vom Guide ab. Die schlechtesten Erfahrungen machen Trekker mit einem rauschgiftabhängigen Guide. Er will nur in die Berge, um an Stoff zu kommen, die ihm anvertrauten Trekker sind ihm egal. Außerdem versucht dieser Guide, die Trekker zum Opiumrauchen zu animieren, ja, das Rauchen als Pflicht des Gastes hinzustellen. Schließlich verdient er an jeder Pfeife Geld.

Wer am Wandern, an Natur und Bergstämmen interessiert und nicht aufs Opiumrauchen aus ist, sollte versuchen, einen **rauschgiftfreien Trek** zu buchen. Denn geht abends die Opiumpfeife um, muß morgens der Kater ausgeschlafen werden. Schon vor dem Buchen läßt sich in Erfahrung bringen, ob die Möglichkeit zum Opiumrauchen besteht, man kann fragen, oder die Fotoalben der Trekking-Organisation anschauen. Der Informationsgehalt einer Tour hängt nicht zuletzt davon ab, ob das **Englisch** des Guides verständlich ist. Erfahrene Guides sprechen ein brauchbares Englisch und mehrere Sprachen der Hilltribes. Seit 1994 müssen alle Guides eine Lizenz vorweisen können, die sie nach erfolgreichem Absolvieren eines Kurses erhalten haben. Die Guides müssen während der Treks selbständig wirtschaften und organisieren. Wer mit den Leistungen nicht zufrieden ist, sollte es der Agentur melden.

Ausflüge von Gästehäusern in den Bergen

Sogar inmitten von Tribalgebieten wurden Gästehäuser eröffnet. Sie bieten die Möglichkeit, sich in den Bergen zu erholen, Spaziergänge und Wanderungen zu unternehmen, sich lange Zeit in einem Tribal-Dorf aufzuhalten und sich intensiv mit den Problemen der Bergstämme zu befassen. Die Gästehausbesitzer oder die Boys können in der Regel gute Informationen geben und Führer vermitteln.

Verhalten in Dörfern der Bergstämme

Bei den Hilltribes sehen sich Besucher mit einer Kultur und Gesellschaftsform konfrontiert, die den Horizont eines Mitteleuropäers sprengt. Deshalb werden an Anpassungsbereitschaft und Toleranzfähigkeit große Anforderungen gestellt.

Fremde sind in erster Linie Gäste in dem betreffenden Dorf und sollten sich vorher über **Sitten** und **Tabus** informieren. Die Höflichkeit gebietet, daß man nicht überall herumschnüffelt, sondern sich auf das beschränkt, was die Dorfbewohner zeigen wollen. Das Beobachten der Menschen erfordert **Takt** und darf nicht in Belästigung ausarten. Ohne vorherige Erlaubnis **Fotos** zu schießen, ist mehr als ein grober Verstoß gegen die guten Sitten. Manchmal erweisen sich **Begegnungen** als aufschlußreicher, wenn man die Kamera in der Tasche läßt und statt dessen mehr zuhört und beobachtet. Unangemessenes Verhalten schadet vor allem den nachfolgenden Gästen. Das kann so weit führen, daß ausländische Besucher in einem Dorf der Bergstämme nicht mehr willkommen sind.

Chiang Mai เชียงใหม่

Chiang Mai liegt in einem breiten, fruchtbaren Tal etwa 300 m über dem Meer, im Westen und Osten umgeben von bis zu 2000 m hohen Bergen. Die Stadt wurde 1296 von König Mengrai als Hauptstadt des Reiches Lanna Thai („Königreich der Millionen Reisfelder") gegründet. Mengrai war ein Thai-Lao-Prinz aus Chiang Saen. Es gelang ihm, mehrere Thai-Stämme zu einigen und seinen Einfluß über den gesamten Norden Thailands auszudehnen. 1262 gründete er Chiang Rai, und nachdem er das Mon-Reich Haripunchai (heute Lamphun) unterworfen hatte, machte er Chiang Mai zur Hauptstadt. Das 15. Jh. war das Goldene Zeitalter von Lanna Thai. 1478 wurde das 8. Buddhistische Weltkonzil in Chiang Mai abgehalten. Nur die Beziehungen mit dem aufstrebenden Ayutthaya waren für fast 100 Jahre von Konkurrenz und kriegerischen Auseinandersetzungen geprägt. 1515 wurde Lampang von den Heeren Ayutthayas eingenommen. 1556 wurde Lanna Thai zum Vasallen des mächtigen burmesischen Königs Bayinnaung. In den folgenden 220 Jahren war Chiang Mai, abgesehen von kurzen Zeitspannen der Unabhängigkeit, unter burmesischer Vorherrschaft. Erst 1775 gelang es General Taksin, die nördlichen Gebiete dem neuen Thai-Reich einzuverleiben. Bis 1938 regierte im Norden ein halbautonomer Prinz aus dem Fürstengeschlecht von Lampang, danach wurde Chiang Mai Provinzhauptstadt.

Die „Rose des Nordens", wie man Chiang Mai auch nennt, hat sich mittlerweile zu einer modernen Großstadt mit 164 000 Einwohnern und allen Attributen westlicher Zivilisation entwickelt: Hochhäuser, Autobahnen, Verkehrsstaus, Luftverpestung, Abfallprobleme, Lärm, Bettelei und professionelle Kriminalität. Von der ländlichen Ruhe und Beschaulichkeit der 70er Jahre künden fast nur noch die vielen friedlichen, uralten Tempelanlagen.

Die Altstadt

Von den 79 Tempeln Chiang Mais liegen 33 im alten Teil der Stadt. Sie sind am besten zu Fuß oder mit dem Fahrrad zu erkunden. Der Grundriß der eigentlichen Altstadt ist ein Quadrat von ca. 1500 m Seitenlänge. Teile der im frühen 19. Jahrhundert erbauten **Stadtmauer** und des **Wassergrabens** sind noch erhalten. Das östliche Stadttor Tapae Gate wurde allerdings erst 1986 errichtet. Ansonsten erinnert kaum noch etwas an eine Altstadt: zwischen dreigeschossigen Betonbauten ducken sich einige niedrige Holzhäuser, die von Gärten umgeben und nur über schmale Gassen zu erreichen sind. Im Park **Suan Buak Had** im Südwesten der Altstadt, kann man ausruhen und picknicken.

Unter den vielen Wats mit ihrer typisch nordthailändischen Architektur verdient das aus dem 14. Jahrhundert stammende **Wat Phra Sing** besondere Beachtung, das religiöse Zentrum in der westlichen Altstadt. Schöne Holzschnitzereien am Giebel und Wandmalereien im Inneren des Tempels. Die reizvolle Lai Khan Kapelle beherbergt eine verehrte Buddha-Statue im Sukhothai-Stil. Vor dem Wat werden Touristen von psychologisch ungemein geschickten Schleppern angemacht, um schließlich (manchmal erst nach vielen Stunden) in einem Juweliergeschäft zu landen, in dem nur Schrottsteine zu wahnsinnig hohen Preisen verkauft werden. Also keiner Geschichte Glauben schenken!

Noch älter ist das **Wat Chiang Man** im Nordosten der Altstadt. Nach einer Legende soll König Mengrai um 1300 hier residiert haben, während die Stadt aufgebaut wurde. Auf dem Gelände findet man zwei Viharn, wobei sich im rechten zwei der berühmtesten Buddha-Figuren Chiang Mais befinden, die allerdings wohl verwahrt werden. Die Marmor-Figur im Flach-Relief soll aus dem 8. Jahrhundert stammen und aus Indien kommen. Die andere, *Phra Sai Tang Kamani*, wurde vor über 1000 Jahren aus Bergkristall geschnitten, sie besitzt goldene Haare und gehörte einer Königin des Haripunchai Reiches. Beide werden bei der Bevölkerung als Regenspender verehrt und bei den Songkran Festlichkeiten Mitte April in einer Prozession durch die Stadt getragen. Geöffnet ist das Gebäude evtl. nur an Sonntagen und buddhistischen Feiertagen von 9–17 Uhr.

Wat Chedi Luang soll 1454 einen 90 m hohen Chedi besessen haben, der allerdings 1545 bei einem Erdbeben zerstört wurde. Erhalten blieb die 60 m hohe Ruine. In der östlichen Nische stand 84 Jahre lang der Smaragd-Buddha, der aus Lampang hierher gebracht und später nach Vientiane verschleppt wurde. Zu einer vergoldeten Buddhastatue führt eine zerfallene Treppe hinauf. Das Ergebnis der Restaurierungsarbeiten durch das *Fine Arts Department* ist in Fachkreisen umstritten, da neue Elemente aus dem zentralen Thailand stammen sollen, i.b. der Glockenturm. Links vom Haupteingang steht der Schrein des Schutzgeistes der Stadt (Lak Muang).

Die City

Der City-Bereich der heutigen Stadt liegt etwa zwischen Tapae Gate im Westen und Ping River im Osten. Entlang der Tapae Road gibt es einige interessante Tempel, z.B. das **Wat Saen Fang** oder das **Wat Maharam**. Das **Wat Bupharam** (der Östliche Tempel) wurde vor 500 Jahren erbaut. Es enthält unter anderem den angeblich größten aus Teak geschnitzten Buddha, über 100 Jahre alte Wandmalereien und schöne geschnitzte Holztüren.

Außerhalb

Die Sehenswürdigkeiten außerhalb der Altstadt lassen sich am besten per Fahrrad, Motorrad oder Fahrrad-Riksha aufsuchen.

Im Westen in der Suthep Road liegt **Wat Suan Dok** (1 km westlich des gleichnamigen Tors). Die zahlreichen kleinen, weißen Chedis sind Begräbnisstätten früherer Herrscher von Chiang Mai. Schön wirkt die Anlage nur bei Sonnenuntergang. Fährt man auf der Straße etwa 1,2 km weiter nach Westen und biegt dann nach links ab, erreicht man nach 1,2 km **Wat Umong**, einen Waldtempel. Dieses nach der Legende von König Mengrai um 1300 gegründete Kloster ist heute weitgehend zerstört. Die Wandgemälde in den Grüften sind kaum noch zu erkennen. An den Bäumen sind Tafeln mit Inschriften angebracht, z.B.: *„Today is better than two tomorrows"* oder *„Do good tomorrow, says the fool – the wise man did good yesterday"*. Ein friedlicher Ort zum Erholen, Picknicken und Spazierengehen. Auf der Huai Kaeo Road 5,6 km nach Nordwesten (Bus Nr. 3) kommt man zum **Zoo**. Die weitläufige Anlage an einem Hang ist ideal zum Entspannen. Die meisten Tiere werden artgerecht gehalten, so leben etwa die Gibbons auf einer Insel. Geöffnet tgl. 8–17 Uhr, Eintritt 20 Baht.

300 m hinter der Chang Puak Bus Station in einer rechten Seitenstraße, liegt **Wat Ku Tao** mit einem außergewöhnlichen Chedi, der an übereinandergestapelte Bettelschalen erinnert .Weiter nördlich, am Superhighway, liegt inmitten eines schönen Parks **Wat Jed Yod**. Es wurde 1455 nach dem Vorbild des nordindischen Mahabodhi-Tempels in Bodh Gaya (dem Ort der Erleuchtung Buddhas) in kleinerem Maßstab errichtet.

300 m weiter nordöstlich sind im **National Museum** überwiegend religiöse Kunstwerke verschiedener Epochen und Kunsthandwerk aus jüngerer Zeit zu sehen. Im Vorhof hat man Brennöfen aufgebaut, in denen das berühmte Thai-Celadon hergestellt wurde. Geöffnet Mi–So außer feiertags 9–16 Uhr, Eintritt 10 Baht. Einen weiteren Rundgang lohnt das Viertel südlich vom Chiang Mai Gate. Hier gibt es in den Seitenstraßen noch einige **Handwerksbetriebe**, die nach traditioneller Methode Silberschmuck, Holzschnitzereien, Keramik und Lackarbeiten herstellen. Die Produktion der schwarzen Lack-Dosen, -Tabletts, -Flaschen und -Schachteln ist besonders interessant.

Übernachtung

Der Kampf um das Geld der Traveller
Der scharfe Konkurrenzkampf unter den Gästehäusern hat in Chiang Mai zu seltsamen Auswüchsen geführt: Eine Gruppe von Gästehäusern chartert jeden Tag mehrere ac- oder VIP-Busse, deren Tickets in der Khaosan Rd. in Bangkok für Spottpreise (50 bis 100 Baht) an Traveller verkauft werden. Bei der Ankunft am Morgen

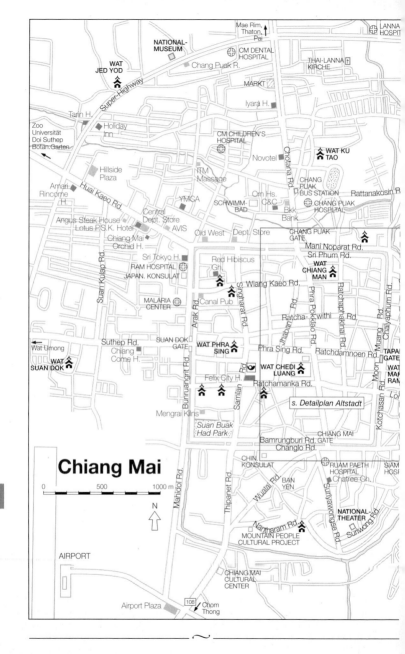

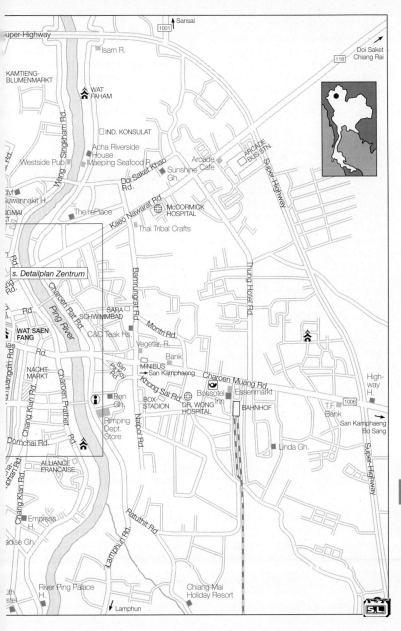

Chiang Mai

wird man in die „Khaosan-Bus-Gästehäuser" verfrachtet, die für jeden „Gast" mehrere 100 Baht an die Organisation bezahlen. Mit der Aussicht auf eine Gratis-Übernachtung unterschreiben übermüdete Traveller dann für einen relativ überteuerten Trek. Damit kommen die vorfinanzierten Kosten für das Gästehaus mit einem satten Gewinn wieder herein.

Die „Bahnhofs-Gästehäuser" haben sich das Recht erkauft, die mit dem Zug ankommenden Traveller innerhalb der Absperrung in Uniform anwerben zu dürfen. Selbst Traveller, die telefonisch den Abholer eines anderen Gästehauses vorbestellt haben, lassen sich abwerben.

Eine dritte Gruppe von Gästehäusern bezahlt an die Tuk Tuk- und Taxi-Fahrer Prämien, um an die restlichen Traveller von Bahnhof, Busbahnhof und Airport zu gelangen (bis zu 250 Baht p.P.!). Daß ein geköderter Fahrer das als Ziel genannte Gästehaus kurzerhand für voll, abgebrannt oder diebstahlgefährdet erklärt, ist leicht verständlich. Es hilft, zu behaupten, man habe bereits gebucht.

Eine weitere Gruppe von Gästehäusern leiht gegen Gewinnbeteiligung die in ihrem Safe verwahrten Kreditkarten ihrer Trekking-Gäste für einen Tag an eine kriminelle Vereinigung aus.

Viele bemühen sich aber, durch tollen Service, ordentliche Zimmer und verantwortungsvoll organisierte Treks bei der Mund-Propaganda gut abzuschneiden. Dazu gehören fast alle von Ausländern geleiteten Gästehäuser. Hier kann kein Tuk Tuk-Fahrer absahnen – deshalb werden gerade diese guten Gästehäuser übel diffamiert.

GÄSTEHÄUSER – In Chiang Mai gibt es über 150 Gästehäuser in allen Preisklassen mit insgesamt 5000 Zimmern. Die Gästehäuser werden von Familien, von jungen Männern oder jungen Frauen geleitet, die (fast!) alle als sehr freundlich, nett und hilfsbereit gelten. Die meisten Gästehäuser führen gleichzeitig ein Trekking-Unternehmen (viele leben hauptsächlich von diesen) oder können Trekking-Touren vermitteln. Sie besorgen Tickets aller Art für alle Reiseziele. Manche verleihen Fahrräder, einige sogar kostenlos. Wer in der Saison am Nachmittag auf Anhieb kein Zimmer findet, ruft von einem Gästehaus reihum an – vielleicht wird der neue Gast sogar abgeholt.

Außerhalb der Saison kann man die Preise herunterhandeln.

Das Zentrum der Traveller-Szene befindet sich links und rechts des östlichen Wallgrabens.

Wenn man am Tapae Gate aussteigt (z.B. Bus Linie 1, 2, 3 oder 5), kann man im Umkreis von 800 Metern unter etwa 80 Gästehäusern mit Zimmern unter 250 Baht wählen.

Neben den beschriebenen Gästehäusern sind weitere bei den Stadtplänen gelistet (s.S. 588).

Altstadt, südliches Viertel: In diesem Viertel liegt das Preisniveau bei 120 bis 300 Baht.

Somwang GH*-** ㉟, 2 Ratchamanka Rd. Soi 2, ✆ 278505; neues 2stöckiges Reihenhaus mit sauberen Zimmern mit warmer Du/WC, sowie älteres Holzreihenhaus mit billigeren Zimmern, z.T. mit eigener Du/WC, betonierter Hof.

Top North GH*** ㊸, 15 Moon Muang Rd. Soi 2, ✆ 278900, ✆ 278485; eine beliebte Mittelklasse-Unterkunft, 4stöckiger Betonbau mit 90 Zimmern, im neuen Flügel mit ac recht gut, die alten Fan-Zimmer ziemlich abgehaltert, Bad mit Warmwasser; Restaurant, kleiner Pool (für Nicht-Gäste 60 Baht).

Banana GH** ㊾, 4/9 Ratchaphakinai Rd., ✆/✆ 206285; einfache, große, saubere Zimmer und Schlafsaal (50 Baht), Du/WC außen; *Sombat* veranstaltet die beliebten Lek Treks.

Phathai** (ac***) ㊼, 48/1 Ratchaphakinai Rd., ✆ 278013, ✆ 274075; am Ende einer ruhigen Gasse, solides Gebäude mit sehr sauberen Zimmern mit Warmwasser-Du/WC; freundlicher Service.

Topper Thai GH*-** ㊷, 7/1 Phra Pokklao Rd. Soi 2, ✆/✆ 274355, sehr ruhiges Teak-Haus, Zimmer mit Fan und Du/WC, Warmwasser-Dusche außen, Dachgarten; Trekking-Guides, Reisebüro; neue, engagierte Besitzer.

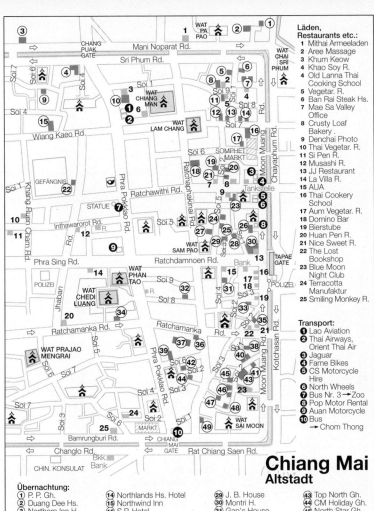

Übernachtung:

#	Name	Kat.	Adresse	Tel.	Fax
①	P. P. Gh.	*	42/2 Mani Noparat Rd. Soi Insoun	℡ 219615	
②	Duang Dee Hs.	**	14/23 Mani Noparat Rd. Soi Insoun	℡ 219361	✆ 219361
51	Je T'aime Gh.	**	247/9 Charoen Rat Rd.	℡ 241912	
52	Cowboy Gh.	**	233 Charoen Rat Rd.	℡ 241314	
53	Marlboro House	**-***	138 Sithiwong Rd.	℡ 232598	
54	Mee Gh.	*	193/1 Charoen Rat Rd.	℡ 243534	
55	Miami H.	***-****	119 Chaiyaphum Rd.	℡ 235240	
56	Prince H.	****	3 Tai Wang Rd.	℡ 252025	✆ 251144
57	Eagle House	*-**	16 Chang Moi Kao Rd. Soi 3	℡ 874126	✆ 216368
58	Chiangmai Inn	**-***	15/1 Chaiyaphum Rd. Soi 2	℡ 251400	✆ 251401
58	Orchid Gh.	*-**	15/1 Chaiyaphum Rd. Soi 2	℡ 251400	
59	Somsook Minicourt	**	56 Chaiyaphum Rd.	℡ 251294	
60	Paocome Gh.	**	9 Chang Moi Rd. Soi 3	℡ 252377	
61	Lek Hs.	*-**	22 Chaiyaphum Rd.	℡ 252686	
62	Schäble Gasthouse	**	18/4 Chang Moi Kao Rd.	℡ 233184	
63	V.K. Gh.	*	22/2 Chang Moi Kao Rd.	℡ 252559	
64	New Happy House	**-***	11/1 Chang Moi Kao Rd.	℡ 252619	
65	Roong Ruang H.	**-****	398 Tapae Rd.	℡ 234746	✆ 252409
66	Daret's Gh.	*-**	4/5 Chaiyaphum Rd.	℡ 235440	
67	Living House	**	4 Tapae Rd. Soi 5	℡ 275370	
68	Tapae GH	**	2/2 Tapae Rd. Soi 4	℡ 271591	
69	Midtown House	**	7 Tapae Rd. Soi 4	℡ 273191	✆ 273191
70	Syntax	**	2/2 Tapae Rd. Soi 6	℡ 276011	
71	Home Place	**	9 Tapae Rd. Soi 6	℡ 276468	✆ 273494
72	Fang Gh.	**-***	46-48 Kampangdin Rd. Soi 1	℡ 282940	
73	Galare Gh.	****	7/1 Charoen Prathet Rd.	℡ 279088	✆ 279088
74	River View Lodge	****	25 Charoen Prathet Rd.	℡ 271109	✆ 279019
75	Thana GH	**	27/8 Tapae Rd. Soi 4	℡ 279794	
75	Baan Jong Come Gh.	***	47 Tapae Rd. Soi 4	℡ 274823	
76	Mr. John House	*	16/1 Tapae Rd. Soi 4	℡ 271590	
77	Ratchada Gh.	**	55 Tapae Rd. Soi 3	℡ 275556	
78	Sri Prakat H.	**	33 Chiang Mai–Lamphun Rd.		
79	Inter Inn	**-***	17 Tapae Rd. Soi 5	℡ 272512	
80	Sarah Gh.	*	20 Tapae Rd. Soi 4	℡ 208271	✆ 279423
81	Kotchasan Inn	**-***	53 Kotchasan Rd.	℡ 276063	
81	Little Home Gh.	**-***	1/1 Kotchasan Rd. Soi 3	℡ 206754	✆ 206754
82	Nice Place Inn	**-***	77/1 Kampaengdin Rd. Soi 1	℡ 272919	
83	Flamingo House	*-**	71 Tapae Rd. Soi 3	℡ 273133	
84	Oriental Gh.	**-***	69 Loi Khroa Rd.	℡ 276742	✆ 206267
85	Night Bazaar Inn	***	9 Charoen Prathet Rd. Soi 6	℡ 818096	
86	Green Lodge	***	60 Charoen Prathet Rd.	℡ 279188	✆ 279188
86	Kim House	***	62 Charoen Prathet Rd.	℡ 282441	✆ 274331
87	Traveller Inn H.	****	40 Loi Khroa Rd.	℡ 208484	✆ 272078
88	Phucome Inn H.	****	64/2 Loi Khroa Rd.	℡ 281467	
89	Downtown Inn	****	172/1 Loi Khroa Rd.	℡ 270662	✆ 272406
90	Chiang Mai Gh.	**	1 Loi Khroa Rd. Soi 2	℡ 208158	
91	Green Leaf Lodge	***	9 Kotchasan Rd. Soi 4	℡ 274908	
92	Lanmathai Gh.		41/8 Loi Khroa Rd. Soi 6	℡ 275563	
93	Park Inn Tana H.	****	Charoen Prathet Rd. Soi 8	℡ 270191	✆ 270193
94	CM Souvenir Gh.	**	118 Charoen Prathet Rd.	℡ 282335	
95	People Place Lodging	***	9 Charoen Prathet Rd. Soi 8	℡ 282487	✆ 270060
96	Lai Thai Gh.	***-****	111/4 Kotchasan Rd.	℡ 271725	✆ 272724
97	Sabai House	**	71/1 Sri Dornchai Rd.	℡ 273288	
98	Baan Kaew Gh.	***	142 Charoen Prathet Rd.	℡ 271606	✆ 273436

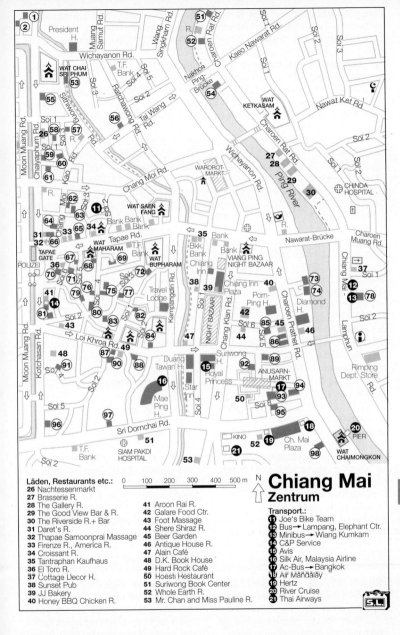

Chiang Mai Zentrum

Läden, Restaurants etc.:
26 Nachtessenmarkt
27 Brasserie R.
28 The Gallery R.
29 The Good View Bar & R.
30 The Riverside R.+ Bar
31 Daret's R.
32 Thapae Samoonprai Massage
33 Firenze R., America R.
34 Croissant R.
35 Tantraphan Kaufhaus
36 El Toro R.
37 Cottage Decor K.
38 Sunset Pub
39 JJ Bakery
40 Honey BBQ Chicken R.
41 Aroon Rai R.
42 Galare Food Ctr.
43 Foot Massage
44 Shere Shiraz R.
45 Beer Garden
46 Antique House R.
47 Alain Café
48 D.K. Book House
49 Hard Rock Cafè
50 Hoesti Restaurant
51 Suriwong Book Center
52 Whole Earth R.
53 Mr. Chan and Miss Pauline R.

Transport.:
11 Joe's Bike Team
12 Bus→ Lampang, Elephant Ctr.
13 Minibus→ Wiang Kumkam
14 C&P Service
15 Avis
16 Silk Air, Malaysia Airline
17 Ac-Bus→ Bangkok
18 Air Mandalay
19 Hertz
20 River Cruise
21 Thai Airways

Chiang Mai

*Chiang Mai Garden GH*** (ac***) ㉞, 82 Ratchamanka Rd., ✆ 815069, 278881. Im Zentrum der Altstadt. 17 gute, saubere Zimmer mit Fan und Du/WC; netter Innenhof, Dachterrasse. *Pissamorn*, die freundliche, engagierte Besitzerin, spricht auch deutsch und bucht fachmännisch Tickets aller Art. Ihre kompetenten Guides (i.b. *Mr. Chan* oder *Piroon*) leiten verantwortungsvolle, vielgelobte 3-Tage-Treks (mit Schlafsäcken, in der Regenzeit auch Schwimmwesten). Sehr zu empfehlen. Nicht zu empfehlen ist die Tagesfahrt nach Chiang Rai.

*Gap's House*** (175 Baht p.P. inkl. Frühstück) ㉛ 3 Ratchdamnoen Soi 4, ✆/📠 278140, schöne Teak- und Steinhäuschen in einem grünen Garten, komfortabel ausgestattete Zimmer mit ac und heißer Dusche/WC (z.T. renovierungsbedürftig); für nur eine Nacht wird nicht gern vermietet.

Altstadt, nordöstliches Viertel: In diesem Viertel liegen gute Gästehäuser mit Zimmerpreisen zwischen 80 und 200 Baht.

*Moon Muang Golden Court*** (ac***) ㉖, 95/1 Moon Muang Rd., ✆ 212779, liegt etwas zurückversetzt, sehr saubere Zimmer in einem Kleinhotel; freundliche Besitzer.

*J. B. House** ㉙, 7/3 Ratchdamnoen Rd. Soi 3, ✆ 213329, 01-9518451, ruhig gelegenes, 3stöckiges Stadthaus, billige, saubere Zi mit winziger Warmwasser-Du/WC, Restaurant im Garten; Johnny Boy-Treks; Zugang von Soi 1.

*Eagle House No. 2*** (ac***) ㉑, 26 Ratchawithi Rd. Soi 2, ✆ 210620, 📠 235387, renoviertes 3stöckiges Stadthaus in ruhiger Gasse, 21 schöne, saubere Zimmer mit z.T. warmer Du/WC und Fan oder ac, Schlafsaal mit 3 Betten à 50 Baht. Restaurant im Garten, preiswertes Essen. Sicherer Safe, billige Wäscherei, Tickets für Inlandflüge. Freundliche Leitung. *Pon & Anette Trekking* führen verantwortungsbewußte 4- und 5-Tage-Treks durch (z.B. 1650 Baht für 5 Tage, sehr zu empfehlen).

Your House-** ⑳, 8 Ratchawithi Rd. Soi 2, ✆ 217492, 📠 419093, älteres Teakhaus in ruhiger Gasse, 9 große Zimmer ohne und mit Du/WC/Bad, fast immer voll; gutes Essen; die freundliche, rührige Besitzerin spricht gut Englisch und Französisch, angenehme Atmosphäre.

*Lamchang House** ⑬, 24 Moon Muang Rd. Soi 7, ✆ 210586, Thaihaus mit etwas düsteren, gemütlichen Bambusmattenzimmern im Erdgeschoß, nach hinten recht ruhig, einfache Du/WC außen, Restaurant im Garten.

*Libra GH*** ⑦, 28 Moon Muang Soi 9, ✆ 210687, 📠 275324, Kleinhotel, saubere Zimmer mit Du/WC, alle mit 3 Betten; ruhige Lage, gutes Essen, nette Leute; wollen vor allem Treks verkaufen (3 Tage 1300 Baht, 4 Tage 1600 Baht), nach dem Trek werden keine Zimmer reserviert.

*S.K. House*** ⑦, 30 Moon Muang Soi 9, ✆ 210690, 📠 210690, saubere Zimmer mit Bad im Anbau, sauberes Restaurant. Eigenes Büro in der Khaosan Road und im Bahnhof in Bangkok.

*Supreme House*** (ac***) ⑧, 44/1 Moon Muang Soi 9, ✆ 222480, 📠 218545, Kleinhotel, saubere Zimmer mit warmer Dusche/WC, nach hinten ruhiger, Zimmer mit 3 und 4 Betten, Schlafsaal für Frauen bzw. Männer, Dachterrasse; kein eigenes Trekking, deutsche Leitung.

Neustadt, nördlich der Tapae Rd.: Hier liegen einige der beliebtesten billigen Gästehäuser.

Daret's GH-** ㊅, 4/5 Chaiyaphum Rd., ✆ 235440, mit großem Freiluft-Restaurant nördlich vom Tapae Gate. Selten ein Zimmer frei, sehr laut, Trekking mit sehr großen Gruppen; Motorräder schlecht gewartet.

*V.K. GH** ㉝, 22/2 Chang Moi Kao Rd., ✆ 252559, ruhig gelegen, genießt einen sehr guten Ruf, daher in der Saison fast immer voll.

Lek House-** ㉑, 22 Chaiyaphum Rd., alte Gebäude mit vergammelten Zimmern, ruhiges, grünes Gartenrestaurant.

*Paocome GH*** ㊀, 9 Chang Moi Rd. Soi 3, ✆ 252377, angenehmes, ruhiges Apartmenthaus, freundliche Besitzerin. In der Saison z.T. teurer.

Eagle House-** ㊄, 16 Chang Moi Kao Rd. Soi 3, ✆ 874126, 235387, 📠 216368, älteres Gästehaus mit gemütlichem Gartenrestaurant, einfache Zimmer mit Du/WC (z.T. renovierungsbedürftig). Geleitet von Pon und seiner irischen Frau Anette, die perfekt Deutsch spricht. *Pon & Anette Trekking* organisiert empfehlenswerte 4- und 5-Tage-Treks (nur hier oder im *Eagle House No. 2* ㉑ zu buchen, z.B. 1650 Baht/5 Tage).

*Duang Dee House**-*** (April–September *-**) ②, 14/23 Mani Noparat Rd. Soi Insoun, ✆/📠 219361, 4stöckiges Stadthaus; 20 große, schöne Zimmer mit neuer Du/WC und Fan oder ac; gutes Restaurant, beliebte Bar, Video- und TV-Zimmer mit ac; bestens geführt vom Berliner Uwe. Hervorragendes Preis-Leistungs-Verhältnis.

Neustadt, südlich der Tapae Rd.: Die Kleinhotels in diesem Viertel sind relativ neu. Das dörflich anmutende Leben beginnt hier, ziemlich geräuschvoll, am frühen Morgen.

Little Home GH**-*** ⑧①, 1/1 Kotchasan Rd. Soi 3, ✆/📠 206754, schönes, neues Gebäude im Thaistil in ruhiger Gasse; 12 sehr saubere Zimmer mit Fan und Du/WC, kein Moskitonetz; gemanagt von einem freundlichen Holländer.

Lai Thai GH*** (ac****) ⑨⑥, 111/4 Kotchasan Rd., ✆ 271725, 📠 272724, großes Haus im Nord-Thailand-Stil, 80 Zimmer, geräumige Zimmer mit modernem Bad, im hinteren Seitenflügel ruhig; gutes, nervig lautes Restaurant, Pool; Schließfächer. Bezahlt hohe Provision an Schlepper.

Baan Jong Come GH*** ⑦⑤, 47 Tapae Rd. Soi 4, ✆ 274823, sehr schöne, saubere, komfortable Zimmer mit warmer Du/WC, z.T. mit ac, sauberes Restaurant, gepflegte Anlage, freundliche Leute.

Sarah GH* ⑧⓪, 20 Tapae Rd. Soi 4, ✆ 208271, 📠 279423, Kleinhotel, saubere Zimmer mit Du/WC, heiße Du separat, Restaurant, kleiner Garten, unter Leitung einer Engländerin, gute Atmosphäre, viele Infos. Beliebt bei Japanern.

Nähe Nachtmarkt: Die Gästehäuser zwischen dem Nachtmarkt und dem Ping Fluß haben durchweg ein gehobenes Niveau. Komfort-Traveller finden Zimmer mit Ventilator für 250–300 Baht und mit Klimaanlage für 350–400 Baht.

Lannathai GH*** ⑨②, 41/8 Soi 6 Loi Khroa Rd., ✆ 275563, 2stöckiges Reihenhaus im modernen Thaistil in ruhiger Seitenstraße.

Baan Kaew GH*** ⑨⑧, 142 Charoen Prathet Rd., ✆ 271606, 📠 273436, sehr ruhig, gute große Zimmer, z.T. mit ac, Warmwasser mit Sonnenkollektoren; schöner Garten.

Am Fluß: Am Ostufer des Ping liegen Gästehäuser im alten Stil mit familiärer Atmosphäre.

Mee GH* ⑤④, 193/1 Charoen Rat Rd., ✆ 243534, festes Haus mit Flußterrasse, dahinter neuerer Flachbau mit 12 Zi. mit Du/WC; Boß mit Macho-Allüren.

Acha Riverside House**, 381 Charoen Rat Rd., ✆ 244550; Backstein-Bungalows mit bequemen Betten im großen, herrlich ungepflegten Garten mit hohen Bäumen; freundliche Familie; ruhig.

Beim Bahnhof: Überschwenglich gelobt wird das *Linda GH*-***, 454/67 Soi Banditpatana, Charoen Muang Rd., ✆ 246915, das von einer deutsch-thailändischen Familie geleitet wird. Es liegt sehr ruhig etwa 400 m östlich vom Bahnhof in einer Seitengasse. Die Zimmer sind sauber mit Bad und Warmwasser; sehr gutes Preis-Leistungs-Verhältnis. Thedda kümmert sich liebevoll um ihre Gäste. Sie veranstaltet gute Treks.

C&C Teak House*-**, 39 Bamrung Rat Rd., ✆ 246966; zwischen Brücke und Bahnhof (1300 m). Gemütliches, sauberes Haus, z.T. sehr enge Zimmer, atmosphärischer Innenhof, leckeres Essen, Thai-franz. Management; viele Franzosen.

Im Süden: *Youth Hostel***, 21/8 Chang Klan Rd., ✆ 276737; 2 km südlich vom Nachtmarkt. Modernes Gebäude, 16 Zimmer mit warmer Dusche und Fan oder ac, Schlafsaal; großer Innenhof. Ermäßigung mit Jugendherbergs- oder Studenten-Ausweis. An den 4tägigen, verantwortungsvoll durchgeführten Treks nehmen Thais und Touristen teil. Anreise mit Bus Nr. 2 auf der Charoen Prathet Rd. und 5 Min. zu Fuß.

Weniger empfehlenswerte Gästehäuser: Die meisten Gästehäuser, die einem **Khaosan-Bus-Unternehmen** angeschlossen sind, eignen sich weniger für einen gemütlichen Aufenthalt, da die meisten Gäste nur eine Nacht bleiben können. Ansonsten sind einige dieser Gästehäuser durchaus gute Unterkünfte. Zu den **Khaosan-Bus-Gästehäusern** gehörten im Juli 1997 u.a.: *Family, Rose GH, Lanna/Sri GH, J.B. House (Johnny Boy), Nat GH, S.K. House, Tanya GH, Orchid GH, Chiang Mai Holiday Tour GH, CM Souvenir GH, Living House* und *Lam Chang GH*.

Zu den **Bahnhof-Gästehäusern** gehörten im Juli 1997 u.a.: *Ben GH, CM Kristi, CM Inn, Mawin GH, Jakawan GH, Chiang Mai GH, Nice Place, Tanya GH, Living House, Travelodge, Nat GH* und *Orchid GH*.

Mit den folgenden Gästehäusern haben Leser neben guten wiederholt **schlechte Erfahrungen** gemacht: *Jakawan GH, Je T'aime GH, Lanna House, Rama House, Tanya* und *Thai Way GH*.

MITTELKLASSE-HOTELS – In Chiang Mai gibt es über 60 Hotels mit über 9000 Zimmern. Ein gutes Preis-Leistungs-Verhältnis bieten:

S.P. Hotel**-*** ⑩, 7 Moon Muang Rd. Soi 7, ✆ 214522, ziemlich ruhig, guter Standard und sehr gute Zimmer (auch ac) für den Preis.

Northwind Inn** (ac***) ⑮, 24/1 Wiang Kaeo Rd., ✆ 215024, 📠 218117, 4stöckiger Plattenbau, saubere Zi. mit Du/WC, Lobby, Restaurant.

Montri**** ㉚, 2 - 6 Ratchdamnoen Rd., ✆ 211070, ✆ 217416, Familienhotel am Tapae Gate, mit Aufzug, vollkommen rollstuhlgerecht, geräumige ac-Zimmer mit TV, Kühlschrank und Du/WC, Fan-Zimmer ohne Kühlschrank, hinten ruhiger. Heiße Dusche 50 Baht, Gepäckaufbewahrung 20 Baht pro Stück und Tag. Im EG das moderne, sehr saubere *JJ Restaurant*.
Folgende Hotels können es zu einem günstigeren Preis durchaus mit Luxushotels aufnehmen.
Traveller Inn Hotel***-**** ㊳, 40 Loi Khroa Rd., ✆ 208484, ✆ 272078; luxuriös wirkendes Hotel, sehr gute, saubere Zimmer mit Bad, Telefon, TV, Kühlschrank; sehr freundliches Personal.
Park Inn Tana H.**** ㊼, 10 Charoen Prathet Rd. Soi 8, ✆ 270191, ✆ 270193; gutes Hotel mit guten Zimmern und freundlichem Personal.

LUXUS-HOTELS – Chiang Mai verfügt über 20 Hotels mit etwa 5000 Zimmern mit internationalem Standard. Alle verfügen über ac, Telefon, TV, Restaurants und einen Pool.
Beim Nachtmarkt u.a.: *Chiang Inn*, 100 Chang Klan Rd., ✆ 270070, ✆ 274299, ab 2200 Baht.
Im **Süden** der Stadt am Fluß: *Westin Chiang Mai*, 318/1 Lamphun Rd., ✆ 275300, ✆ 275299, Spitzenhotel, 526 Zimmer ab 2800 Baht.
Mehrere Hotels liegen etwas außerhalb an und bei der **Huai Kaeo Rd.**, u.a.: *Lotus P. S. K. Hotel*, 99/4 Huai Kaeo Rd., ✆ 224333, ✆ 224488, Zimmer ab 1700 Baht.

Essen

Chiang Mai ist, wie auch Bangkok, ein wahres Essens-Paradies. Restaurants für Touristen bereiten neben Thai-Gerichten auch Speisen aus aller Herren Länder zu. Die wenigsten Gästehäuser in der Altstadt von Chiang Mai haben richtige, eigene Restaurants. Man ißt daher meistens außerhalb in einem der festen oder temporären Restaurants oder an den Essensständen, die zu unterschiedlichen Tageszeiten Suppen, Curries oder Pfannengerichte anbieten und nach eigenen Wünschen variieren. Die Angebote der Spezialitäten- und Hotel-Restaurants kann man bei Bedarf in den Touristenbroschüren nachlesen.

TRAVELLER FOOD – Die Traveller-Szene in Chiang Mai ißt *„Steak with baked potatoes and vegies"* – der Renner für etwa 80 Baht. Besonders gut sind sie im **Ban Rai Steak House** hinter dem Wat Chiang Man. Sehr gutes *Pepper Steak* gibt es im Firenze an der Tapae Rd.
Daret's House in der Chaiyaphum Rd. trifft haargenau den Geschmack der Traveller-Szene, daher ist es in dem Open-Air-Restaurant immer voll.

THAI-GERICHTE – Ganz hervorragendes, trotzdem preiswertes Thai- und Western-Essen bekommt man im modernen *JJ Restaurant* im Erdgeschoß des Montri Hotels beim Tapae Gate, das Bedienungspersonal ist überaus freundlich; auch leckeres Eis, Croissants, Pizza und echter Kaffee; geöffnet 6.30–22.30 Uhr. Der ebenso gute Ableger *JJ Bakery* hat im Chiang Inn Plaza aufgemacht; toll ist das Riesenbaguette.
Essenstände gibt es z.B. an der Chaiyaphum Rd., nördlich von Lek, oder auf dem Anusarn Market in einer Seitenstraße südöstlich vom Nachtmarkt, wo man Seafood, thailändische und chinesische Gerichte essen kann.
Im neuen *Galare Food Centre* gegenüber vom Night Bazaar gibt es ab Mittag an vielen Ständen Pizza, Eis und Thai-Gerichte; man kann im Freien im Schatten oder überdacht sitzen, von 21–23 Uhr mit Vorführung von Thai- und Hilltribe-Tänzen. Empfohlen wurde das unscheinbare, aber hervorragende Restaurant an der Nawarat-Brücke, Ecke Wichayanon Rd., in dem sich ein Ehepaar rührend bemüht, die Gäste zufriedenzustellen. Phantastisches, super-billiges Thai-Essen kann man sich nach eigenen Wünschen selbst zusammenstellen, wenn man zwischen 16 und 17 Uhr auf einem der Märkte (z.B. am Chiang Mai Gate) mehrere kleine Portionen bei den Hausfrauen kauft. Vorsicht bei den roten Gerichten, die sind meist sehr scharf! Man fragt einfach immer: *„Prik mai?"* und wartet auf die Antwort: *„Mai prik!"* = „Nicht scharf!"
The Riverside, 9-11 Charoen Rat Rd., ✆ 243239, 200 m nördlich der Nawarat Brücke, serviert auf 2 Flußterrassen neben europäischem Essen auch Thai Essen.
Honey Barbeque Chicken neben dem Porn Ping Hotel, Charoen Prathet Rd. Leckere, billige Hähnchen *(Grilled Chicken with Honey)*.

NORDTHAILÄNDISCHES ESSEN – das allerdings nicht jedermanns Geschmack ist, hat z.B.

Aroon Rai in der Kotchasan Rd., etwa 400 m südlich vom Tapae Gate. Manchem Europäer ist es hier nicht sauber genug.

Huan Pen Restaurant an der Ratchamanka Rd., Ecke Jhaban Rd., das offene Gebäude an der Straße wirkt tagsüber wie ein einfaches, preiswertes Open-Air-Lokal. Am Abend jedoch gestaltet sich das Speisen im eindrucksvoll dekorierten Holzhaus dahinter zu einem Erlebnis.

Das traditionelle nordthailändische Khantoke-Dinner inklusive Tanzvorführung für die Bergstämme kann man im *Chiang Mai Cultural Center* bekommen – sehr touristisch und „instant". Nicht zu empfehlen. Wer trotzdem hin will: Aufführungen tgl. zwischen 19 und 22 Uhr für 200 Baht.

EUROPÄISCHE KÜCHEN – Die *Bierstube* in der südlichen Moon Muang Rd. hat Bier vom Faß, gutes deutsches und Thai-Essen, sowie im Winter leckeres Eis mit Erdbeeren. Bikertreff.

Roesti Restaurant, 149/23 Chang Klan Rd., ✆ 274402, deutsch-schweizer. Restaurant am Anusarn Markt, herzhafte Küche und vegetarische Gerichte.

Pizza - findet man außer bei *JJ* in vielen weiteren Restaurants, z.B. bei *Ben* im *Hollywood Café* an der Chaiyaphum Road.

Besonders gut gelingt sie bei *Mr. Chan and Miss Pauline*, 2/5 Prachasamphan Rd., und natürlich im Holzofen von *La Villa* im Zentrum der Altstadt; sehr gemütlich.

BACKWAREN – *JJ Bakery* im Chiang Inn Plaza bäckt bräunliches Brot und guten Kuchen.

Nice Sweet Place in der südlichen Moon Muang Rd. ist ein Thai-Laden mit gutem Frühstück und Thai-Gebäck.

VEGETARISCHES ESSEN – *Aum*, am Tapae Gate in der Moon Muang Rd., 10 m südlich der Kreuzung mit der Ratchdamnoen Rd., geöffnet 8.30-20 Uhr; die wenigen Gerichte sind schmackhaft, 25–30 Baht.

Thai Vegetarian Restaurant, Khang Ruen Cham Rd., im Zentrum der Altstadt, ist billiger. um 10 Baht pro Mahlzeit, aber nicht sehr einladend.

Phanarak an der Bamrung Rat Rd., Nähe Kreuzung Charoen Muang Rd. (zwischen Nawarat Brücke und Bahnhof). Ganz hervorragende und vielfältige Gerichte.

Unterhaltung

BARS – *The Riverside* am Fluß (s.o.) hat eine angenehme Bar mit Live-Musik (Piano, Folk, Country, Blues). Unter holländischer Leitung; geöffnet bis 2 Uhr.

Entlang der südlichen Moon Muang Rd. haben einige Bars bis nach Mitternacht geöffnet.

Kleine Bars liegen hinter dem *Night Bazaar* Gebäude, z.B. *Sunset*.

LIVE-MUSIK – In einem großen, offenen Saloon kann man gute (wenn auch laute) Live-Musik im *Old West Saloon* hören, 326 Mani Noparat Rd., geöffnet 17–1 Uhr; außerhalb der Stadtmauer nordwestlich der Altstadt.

Von 23–2 Uhr spielt der Wahnsinns-Gitarrist *Tuk Rock* und Western Music in der *Brasserie*, 37 Charoen Rat Rd., ✆ 241665, 250 m hinterm *Riverside*, gutes Essen; geöffnet 16.30-2 Uhr.

KLASSISCHE TÄNZE – und Tribal-Tänze werden jeden Abend im *Galare Food Center* gegenüber vom Night Bazaar aufgeführt.

Einkaufen

Hier weisen wir noch einmal auf die Warnungen vor Edelsteinverkäufern (s.S. 542) hin.

EDELSTEINE – Die betrügerischen, aber psychologisch ungemein geschickten Verkäufer von wertlosen Edelsteinen treiben auch in Chiang Mai ihr Unwesen. Warnungen vor bestimmten Geschäften nützen leider nichts, da diese alle paar Monate ihren Namen ändern und umziehen. Insbesondere beim *Wat Phra Sing* werden Traveller aufgegabelt, abgeschleppt und schließlich mit der Aussicht auf hohen Gewinn zum Kauf verführt. Wer z.B. „gratis" in einem tollen Hotel (i.b. dem *Bossotel*) übernachten darf, zahlt die Zeche garantiert selbst. Es ist ausgesprochen unfair, hinterher die Leute im Gästehaus zu drängen, einem aus der Patsche zu helfen.

NACHTMARKT – Ein großer *Night Bazaar* findet tgl. zwischen 18 und 23 Uhr (zum Teil auch tagsüber) in mehreren eigens hierfür errichteten, großen Gebäuden in der Chang Klan Rd. und auf den Straßen davor statt. Sehr gut kauft man Textilien, T-Shirts, Hosen, Batik-Wickelröcke, Taschen, Fächer, Parfüm, Schmuck, Hilltribe-Kunstgewerbe, „neue" Antiquitäten und Kassetten. Auch Lackarbeiten, Holzschnitzereien, Holzspiele, Holzspielzeug, Seide und Schirme sind günstig zu haben. Handeln ist erforderlich. Für viele Artikel noch besser ist der *Viang Ping Night Bazaar* 100 m weiter nördlich. Vorsicht: Auf dem Nachtmarkt wurden viele Touristen bestohlen!

KUNSTHANDWERK – Chiang Mai ist ein Shopping-Paradies für Liebhaber von Kunstgewerbe aus Nord-Thailand. Die meisten Läden gibt es in der Tapae Rd. Wie auch auf dem Markt, muß man hier unbedingt handeln. Beim Kauf von Opiumpfeifen sollte man darauf achten, daß sie nicht gebraucht sind. Ansonsten kann es Ärger beim Zoll geben, da sie entsprechend riechen.
Zentrum zur Förderung der Bergvölker-Produktion, 21/17 Suthep Rd., links vor Wat Suan Dok, geöffnet tgl. 9–17 Uhr, steht unter der Schirmherrschaft des Königs. Man kann schöne Sachen kaufen, deren Erlös direkt den Hilltribes zugute kommt.

MÄRKTE – Nördlich der Tapae Rd. an der Wichayanon Rd. befindet sich der *Warorot Markt*. Es kaufen vor allem Thai Lebensmittel, Haushaltswaren und Textilien ein. Hier gibt's die ganze Nacht Obst und Gemüse.
Auf dem *Somphet Markt* gibt es ab dem frühen Nachmittag Obst, Gemüse, Fleisch und Fisch.

BÜCHER UND LANDKARTEN – Bei weitem am besten ist die B&B-Straßenkarte *„Thailand North Road Map"* (mit Chiang Mai Stadtplan), die in allen Buchhandlungen ca. 100–120 Baht kostet. Die aktualisierte Karte *„Chiang Mai"* von Nancy Chandler mit vielen Spezialtips für das Stadtgebiet ist empfehlenswert.
Die übrigen einheimischen Karten sind ihr Geld nicht wert.
Suriwong Book Center, Sri Dornchai Rd., geöffnet bis 19.30 Uhr. In der 2. Etage auch viele Titel aus unserer Bücherliste. Ein neuer Laden wird demnächst gebaut.
D.K. Book House, Kotchasan Rd., riesiger Laden mit großer Auswahl, geöffnet bis 21 Uhr. Eine neue Buchhandlung macht neben *Crusty Loaf Bakery* in der Ratchawithi Rd. auf.

DSCHUNGEL BOOTS – aus Armeebeständen sowie Rucksäcke, Wasserflaschen bei 10 Läden, die Armeezeug verkaufen, z.B. bei *Mithai*, Mani Noparat Rd., östlich des Chang Puak Gate.

Sonstiges

AUTOVERMIETUNG – Zu viert lohnt sich ein Mietwagen oder Jeep, der am Tag ab ca. 800 Baht zu haben ist. Man sollte sich dabei den Wagen vorher genau ansehen und checken. Viele kleinere Firmen wollen absolute Schrott-Autos vermieten.
North Wheels, 127/2 Moon Muang Rd., ℡ 216189, 01-9526160, ℻ 221709, vermietet sehr preiswert über 80 neue und max. 4 Jahre alte Jeeps ab 800 Baht und PKWs ab 1300 Baht, bietet die beste Versicherung, hat 24 Std. Straßendienst, beschäftigt einen eigenen Mechaniker und tauscht im Falle von Unfall oder Panne schnell aus.

BÜCHER – Bücher tauschen kann man im *The Lost Bookshop* in der Ratchamanka Rd.

ESOTERIK – In Chiang Mai hat sich eine Szene mit Yoga, Massage, Meditation und Tai Chi etabliert. Infos mit neuesten Terminen für Kurse hängen bei jedem Gästehaus aus.

FAHRRÄDER – Einige Gästehäuser und die Läden an der Moon Muang Rd. (z.B. *Fame*) haben Fahrräder für etwa 20 Baht pro Tag zu vermieten. Fahrradfahren ist in Chiang Mai kaum noch zu empfehlen: auf den überlasteten Straßen der Stadt passieren sehr viele Unfälle.

FESTE UND FEIERTAGE – **Songkran Festival** (13.–15.4.; ein herrliches Volksfest, die Wasserspritzerei beginnt schon einige Tage vorher, für Mopedfahrer nicht ungefährlich);
Yi Peng Loy Krathong (zu Vollmond im November, farbenprächtige Heißluftballons steigen in den Himmel auf) findet am 3.–5.11.1998 und am 22.–24.11.1999 statt.

GELD – Mehrere Banken in der Tapae Rd. Der Exchange Service der *Siam City Bank* nördlich vom Nachtmarkt ist tgl. von 8–20 Uhr geöffnet.

IMMIGRATION – Sanambin Rd., an der Straße zum Airport, ✆ 277510. Geöffnet Mo–Fr von 8.30–12 und 13–16 Uhr. Visumverlängerung ist (bei dezentem Auftreten) in 1 Std. möglich. Man braucht je 2 Kopien von der Namensseite und der Visumseite im Paß, 2 Paßfotos, 500 Baht.

INFORMATIONEN – *Tourist Office*, 105/1 Chiang Mai - Lamphun Rd., ✆ 248604, 248607, ✆ 248605, hinter der Nawarat Brücke 500 m nach rechts; geöffnet 8.30–16.30 Uhr.
Recht brauchbare Informationsquellen sind die Touristenbroschüren, insbesondere das monatlich erscheinende, 100seitige Heft *„Welcome to Chiang Mai & Chiang Rai"* (englisch).

KOCHKURSE – sind der große Renner. Professionell organisiert und liebevoll durchgeführt werden sie in der *Chiang Mai Thai Cookery School*, 1-3 Moon Muang Rd., ✆ 278033, mit Rezepten (700 Baht p.P.).
Ähnlich ist *Old Lanna Thai Cooking School*, 17/3 Moon Muang Rd. Soi 9, ✆ 213787.

KONSULATE – *Indisches Konsulat*, 344 Charoen Rat Road, ✆ 243066, 242491, geöffnet Mo–Fr 9.30–12 Uhr; zum Visaantrag müssen Deutsche, Österreicher und Holländer ein Unbedenklichkeitsattest von der jeweiligen Botschaft in Bangkok vorlegen.
Chinesisches Generalkonsulat, 111 Changlo Rd., ✆ 276125, ✆ 274614; für Visa geöffnet Mo–Fr 9–11.30 Uhr, wird in 24 Std. ausgestellt.

MEDITATION – *Buddha Dhamma Centre* bietet in jeder letzten Woche eines Monats Kurse in *Samadhi-Prana* an, es liegt im Nordwesten der Stadt.
Northern Insight Meditation Center, im Wat Ram Poeng, Richtung Doi Suthep, ✆ 053-211620. Hier kann man einen 26tägigen Meditationskurs mitmachen.
Sri Chinmoy Meditation Centre, 62/2 Soi Wat Umong, in der Nähe vom Wat Umong, macht Di, Do und Fr um 17.30 Uhr Yoga- und Meditationsklassen – gratis!

MEDIZINISCHE HILFE – *Chang Puak Hospital*, 1/7 Chang Puak Rd. Soi 2, ✆ 220022, hat gute Ärzte und ist nicht zu teuer. Sehr zu empfehlen.

Rhuam Path Hospital, 21 Nantaram Rd., ✆ 273576-7, 200 m südlich vom Chiang Mai Gate, modernes Privat-Krankenhaus mit 24-Std.-Service.
Außerdem gelten unter ortsansässigen Europäern als sehr gut: *Ram Hospital* (hat beste Technik), ✆ 224851-8, und *Chiang Mai Children's Hospital* (Dr. Torpong ist ein deutschsprechender Arzt).
Informationen zu **Malaria** gibt es auf einem Merkblatt vom *Malaria Center*, 18 Boonruangrit Rd., ✆. 221529 (hinter dem Westtor 300 m nach rechts, dann links).

MOTORRÄDER – sind im Norden ein herrliches Fortbewegungsmittel: gute Straßen, befahrbare Wald- und Feldwege, außerhalb der Städte geringer Verkehr, gutes Klima.
Hondas von 125 - 750 ccm werden in den Läden an der Moon Muang Rd., in den Gästehäusern und in vielen anderen Läden in der Stadt vermietet. Die Maschinen sind (außer bei Daret) meist gut in Schuß, sollten aber gründlich gecheckt werden (Reifenprofil, Bremsen). Auch ein gut befestigtes Nummernschild und einen funktionierenden Kilometerzähler sollten sie haben.
Kleine Maschinen sind pro Tag für 120–200 Baht, 250–400 ccm-Motorräder für 400–500 Baht und Enduros für 450–600 Baht zu haben. Bei längerer Miete gibt es Ermäßigung. In der Saison (Weihnachten usw.) sind alle größeren Bikes meistens ausgebucht.
Der Pass muß hinterlegt werden (bisher keine Probleme). Der Internationale **Führerschein** wird bei seriösen Vermietern verlangt, die Polizei kontrolliert gelegentlich.
Haftpflichtversicherungen für Mietmotorräder decken nur Personenschäden bis 50 000 Baht ab. Die „Insurance", die einige clevere Vermieter teuer verkaufen, beinhaltet eigentlich nur selbstverständliche Service-Leistungen, hat aber nichts mit einer Versicherung zu tun.
Warnung: Motorrad-Fahren in Thailand ist gefährlich! Unbedingt einen Sturzhelm und entsprechende Kleidung tragen.
Viele Zweiradfahrer landen im Hospital – die meisten, weil sie auf Kies oder Matsch ins Schleudern geraten sind. Zu billige Mietmotorräder kosten beim Zurückbringen garantiert sehr viel Geld.

Die folgenden Läden wurden seit Jahren von den Motorradexperten David Unkovich, Uwe Bellmann und Harry Clusen getestet:
C&P Service, 51 Kotchasan Rd., ✆ 273161, gute *Honda Dream* und *Honda Baja*, faire Preise, freundlicher Service, die Frau spricht gut englisch.
CS Motorcycle Hire, 127/2 Moon Muang Rd., ✆ 219160, *Honda Dream*, *Honda Baja* und *Honda MTX 125*.
Fame Bikes, Moon Muang Rd./Ecke Ratchawithi Rd., neuere, gut gewartete *Honda Dream* ab 100 Baht/Tag.
Mehrfach gewarnt wurden wir vor **Marble**, **Queen Bee**, **JK Big Bike** und **Pop**. Sie arbeiten u.a. mit dem **Trick**, bereits zuvor vorhandene, z.T. verdeckte Schäden bei der Rückkehr in Rechnung zu stellen.
Uwe von **Duang Dee GH** ② berät und führt Motorrad-Freaks für 100–180 DM pro Tag und Gruppe (ab 3 Pers.), er vermietet dafür 250er Enduros samt Zubehör.
Wer eine Motorradtour im Norden vorhat, sollte sich die **Straßenkarte** *„Thailand North Road Map"* von B&B und David Unkovichs *„General Touring Information"* zulegen. Seine Büchlein *„Pocket Guide for Motorcycle Touring in North Thailand"* und *„The Mae Hong Son Loop – A Touring Guide"* sind sehr zu empfehlen.

POST – Hauptpostamt an der Charoen Muang Rd., kurz vor dem Bahnhof. Postlagernde Sendungen werden hier in einem Buch registriert. Auch zum **Phra Sing Post Office**, Samlan Rd., kann man postlagernde Briefe schicken lassen (PLZ 50200).
Öffnungszeiten der Postämter: Mo-Fr 8.30–12 und 13–16.30 , Sa, So und feiertags 9–12 Uhr.
Telegramme kann man zwischen 7 und 23 Uhr im Hauptpostamt aufgeben, ✆ 241056.

REISEZEIT – Die **kühle Jahreszeit** dauert von Ende Oktober bis Februar. Die Temperatur beträgt 10°C–28°C, durchschnittlich 21°C (nachts empfindet man es als sehr kalt). Am kältesten ist es im Dezember und Januar.
Die **heiße und trockene Jahreszeit** dauert von März bis Mai. Die Temperaturen betragen 25°C–40°C, durchschnittlich 30°C. Am heißesten ist es im April. Die Luft ist staubig und dunstig.

Die **Regenzeit** geht von Juni bis Oktober. Am meisten Regen fällt im September (zumeist mit Tropengewittern von 1/2 bis 2 Std. Dauer). Im Juli und August regnet es meist nachts (es kann aber auch ein oder zweimal mehrere Regentage hintereinander geben). Die Temperaturen betragen 20°C–35°C, durchschnittlich 25°C.
Hochsaison ist von November bis März und von Juli bis August. Wer in dieser Zeit erst abends ankommt, wird im Zentrum nur schwer ein Zimmer finden.

TELEFON – Internationale Ferngespräche am 24-Stunden-Schalter am Hauptpostamt. Vom Postamt in der Praisani Rd. aus sind von 8–12 und 13–16 Uhr internationale Ferngespräche möglich. Außerdem kann man von vielen Gästehäusern internationale Gespräche führen und empfangen. Sie verlangen in der Regel eine Service Charge von 40 Baht.

TOURIST POLICE – im selben Gebäude wie das Tourist Office, zu erreichen unter ✆ 248 130, 248974, ✉ 240289, tgl. von 6–24 Uhr. Das Büro ist allerdings nur von 8.30–12 und 13–16.30 Uhr geöffnet.
Außenstellen: Arcade Bus Station, ✆ 242660, Flugplatz und Night Bazaar (19–24 Uhr).
Diebstähle sollten der Polizei möglichst sofort gemeldet werden. Auch wenn die Chance gering ist, Bargeld zurückzubekommen, so muß die Polizei doch eine Akte anlegen. Die Tourist Police gilt z.Zt. als sehr hilfsbereit. Wer allerdings wertlose Edelsteine zu teuer gekauft und gar noch per Brief nach Hause geschickt hat, braucht keine Hilfe erwarten.

TRADITIONELLE MASSAGE – *Foot Massage*, Loi Khroa Rd., wird sehr gelobt, 1/2 Std. für 100 Baht, Thai-Massage 100 Baht.
Mr. Thapae Samoonprai, 2/3 Chaiyaphum Rd. Etwas schmuddelig, aber sehr gut, 1/2 Std. für 150 Baht p.P. im ac-Zimmer.
Unterricht in traditioneller Thai-Massage:
Chiang Mai Center for Traditional Thai-Massage, 33/30 Sirimungklajan Rd., ✆ 221122 Ext. 5422. Mr. Sombat Tapanya, M.S., bietet Kurse an: 2000 Baht für 6 Lektionen Einzelunterricht, 1000 Baht p.P. für 2 Tage à 7 Std. Gruppenunterricht am Wochenende; leider total überlaufen.

Lek Chaiya, 44 Old Sanambin Rd., Nähe Ton Payom Markt (1 km westlich vom Wat Suan Dok): 7tägiger Massagekurs (5–6 Std. tgl.) für 2500 Baht, der sehr viel Spaß machen soll und mit einer Prüfung und Zertifikat abschließt.

Empfehlenswert ist auch **ITM (Institute of Thai Massage)**, 17/7 Morakot Rd., Hah Yaek Santitham, ✆ 218632: 4 Kurse à 5 Tage à 6 Std. für je 1500 Baht; der Leiter *John* spricht gut englisch und ist ein guter Lehrer.

Fundierte Kurse führt *Asokananda* (Harald Brust) in einem kleinen Dorf durch. Kontakt im *Sunshine Guest House*, 24 Kaeo Nawarat Rd. Soi 4. Monatlich ein 11-Tage-Kurs für 3800 Baht (alles inkl.).

Ebenfalls seriös und gut durchdacht sind die Workshops im *rePlace*: bei Peng Sarnkam (und Lukas Ernst), 1 Chetuphon Rd., ✆ 248838. Für 2–6 Leute kosten 5 Tage 1350 Baht, 10 Tage 2500 Baht, mit deutschem Kurs-Manual.

TREKKING – Weit über 100 Trekking-Agenturen in Chiang Mai vermarkten Treks zu den Bergstämmen mit reißerischer Werbung. Es gibt jedoch durchaus auch Anbieter, die sich bemühen, sozial verträgliche Treks unter aktiver Einbeziehung der Bergstämme durchzuführen.

VORWAHL – 053; PLZ: 50 000 östlich vom Fluß, 50100 südlich der Tapae Rd., 50200 in der Altstadt und südlich der Huai Kaeo Rd., 50300 nördlich der Tapae Rd. und Huai Kaeo Rd.

Nahverkehrsmittel

STADTBUSSE – Innerhalb der Stadt verkehren auf sehr verschlungenen Routen von 6–18 Uhr die Yellow Bus-Linien Nr. 1, 2, 3 und 5, auf der Ringstraße die Nr. 6. Jede Strecke kostet 2 Baht (ac 5 Baht). An der Arcade Bus Station hält die Nr. 3, an der Chang Puak Bus Station die Nr. 2, am Bahnhof die Nr. 1 und 3, am Flugplatz die Nr. 6, die jedoch nicht in die Innenstadt, sondern nur zum Bahnhof fährt. Rote Kleinbusse fahren auf bestimmten Routen, z.B. vom Bahnhof zum Flugplatz entlang dem südlichen Wassergraben.

FAHRRAD-RIKSCHAS – Die Samlor-Fahrer verlangen gern Phantasiepreise, der normale Preis liegt bei 10 Baht für mittlere Strecken.

TUK TUKS – (Motor-Samlor) kosten mindestens 20 Baht pro Fahrzeug (über den Fluß hinüber 30–40 Baht, zum Flugplatz 40 Baht), die Fahrer verlangen häufig überhöhte Preise. Bei einer Einkaufstour mit dem Tuk Tuk kann es sein, daß die Fahrt fast nichts kostet, denn die Fahrer erhalten von den Verkäufern eine ordentliche Provision. Unter gar keinen Umständen sollte man sich mit ihnen auf Drogen-Deals einlassen! Viele Käufer sitzen heute im Knast. Auch durch sie vermittelte Edelsteinkäufe sind absolut suspekt.

SIELOR – Die roten Vierrad-Songthaew kosten 10 Baht p.P. Man nennt am besten ein Hotel, Gästehaus oder Wat in der Nähe des Zieles (das ist besser als der Namen einer kleinen Straße), und wird, evtl. auf Umwegen, hingebracht, wenn sie ungefähr in dieses Gebiet fahren. Für 20–30 Baht p.P. kann man mit mindestens 2 Pers. auch ein leeres Fahrzeug chartern. Auf Anfrage machen sie auch relativ günstige Tagestouren (ab 250 Baht für einen halben Tag).

TAXIS – warten an großen Hotels auf Fahrgäste. Eine Fahrt in der Stadt sollte maximal 50 Baht kosten, vom Airport 80 Baht.

STADTRUNDFAHRTEN – mit Fahrrad-Rikscha oder Tuk Tuk werden überall von freischaffenden Fahrern angeboten, eine zufällige Auswahl von Tempeln und mindestens eine „Fabrik" (=Souvenirladen) gehören dazu.

Transport - Anreise

BUSSE – Vom Northern Bus Terminal in BANGKOK (713 km) fahren non-ac-Busse 8x tgl. morgens und abends für 169 Baht. Zudem viele ac-Busse von 6–10 und 19.20–21.45 Uhr für 304 Baht in 10 Std.; VIP-24-Busse um 8 und von 20–21 Uhr für 470 Baht. Zudem fahren viele private ac-Busse. Diese werden von Travellern nur noch selten benutzt, denn die berüchtigten Khaosan-Busse (s.S. 670) sind zunächst billiger und bequemer. In der Hochsaison ist es von Bangkok aus empfehlenswert, einen Nachtbus zu nehmen, um am Morgen leichter eine Bleibe zu finden. Aus jeder Stadt in Nord-Thailand kommt man mit einem non-ac-Bus direkt nach Chiang Mai. Häufigkeit und Abfahrtszeiten entsprechen in etwa den Abfahrtszeiten von Chiang Mai (s. unten), die Preise sind gleich. Auch aus allen wichtigen Städten in Zentral-Thailand und Nordost-Thailand kommt man per non-ac- und ac-Bus. Von der Ostküste direkte Verbindungen aus Pattaya.

EISENBAHN – Die Schnellzüge aus BANGKOK sind sehr zu empfehlen. Sie fahren über Don Muang Airport, Ayutthaya, Phitsanulok und Lampang; sie kommen nach ca. 12–14 Std. um 5.00, 7.10, 7.55, 11.30 und 19.35 Uhr an, die *Sprinter* um 6.10 und 18.50 Uhr; Fahrpreise siehe unten. Der *Ordinary Train* 103 (nur 3. Kl.) fährt in PHITSANULOK um 7.32 Uhr ab (Ankunft 14.50 Uhr). Bei der Ankunft Vorsicht vor unlauteren Schleppern!

FLÜGE – *Thai Airways* fliegt direkt von Bangkok, Phuket, Chiang Rai, Mae Hong Son, Nan und Phitsanulok.
Orient Thai Airlines fliegt direkt von Bangkok, U-Tapao, Surat Thani, Hat Yai, Udon Thani, Khon Kaen und Ubon, mit Umsteigen in U-Tapao von Phuket.
LTU fliegt im Winter direkt aus Düsseldorf.
Vom Airport zur Stadt gibt es **Sammeltaxi** (Limousinen) für 40 Baht p.P., die zu jedem gewünschten Ziel in der Stadt fahren (in der Flugplatzhalle zu buchen bei Thai Airways, deren Auskünften über Gästehäuser leider nicht zu trauen ist). Die **Tuk Tuks** vor der Halle sind nicht billiger, aber weitaus unzuverlässiger. Ein **Taxi** kostet 80 Baht und fährt auch nur unter Zwang zu den gewünschten Gästehäusern. Alle ankommenden **Sielors** dürfen keine Passagiere zur Stadt mitnehmen, fahren aber bis zur nächsten Kreuzung, wo man recht leicht umsteigen kann. Gute Auskünfte gibt es am TAT-Schalter.

Transport - Weiterreise

BUSSE – Der Busbahnhof **Arcade Station** für alle Orte außerhalb der Provinz und nach Chiang Rai, Mae Hong Son, Mae Sariang, Pai, Lampang und Nan befindet sich am Superhighway an der Kaeo Nawarat Rd., ✆ 242664 (Bus Nr. 3; ein Tuk Tuk ab Altstadt kostet ca. 30 Baht). Die aktuellen Abfahrtszeiten sind im Terminal auf eine große Wand gepinselt und anhand der Busnummer leicht zu verifizieren.

Richtung Bangkok: Mit non-ac-Bus 18 bzw. 99 um 6 und 12.30 Uhr für 169 Baht; mit 2.Kl.-Bus 18 (blau, 40 Sitze) 5x tgl. für 237 Baht, 10 Std. Private VIP-30 Busse 18 (blau) um 7.30 und 9 Uhr sowie von 19–21 Uhr für 304 Baht (Reservierung beim Anusarn Markt). Der staatliche VIP-24 Bus 999 (blau) fährt um 7.30, 9, 19, 19.30, 20 und 21 Uhr für 470 Baht in 10 Std. (Reservierung unter ✆ 241449, Tickets in der Ladenzeile gegenüber). Die privaten ac-Busse nach Bangkok fahren etwas früher von den Büros der Gesellschaften oder beim Anusarn Shopping Center in der Nähe des Nachtmarktes ab.
In vielen Gästehäusern und Reisebüros erhält man für 100–150 Baht Tickets für den Khaosan-Bus. Gegen 18 Uhr wird man am Gästehaus abgeholt. Die Busse fahren manchmal erst 3–4 Std. später von einer Tankstelle ab. Von diesen Bussen raten wir ab.
Richtung Zentral-Thailand: Nach SUKHOTHAI mit Bus 155 (orange): non-ac um 5, 6, 7, 14.15 und 15.15 Uhr für 91 Baht, 5 Std.; 2.Kl. ac-Bus 8x von 8 bis 20 Uhr für 127 Baht (über TAK für 72 / 101 Baht in 4 Std.).
Alternativ nach Sukhothai mit dem Minibus um 9 Uhr für 500 Baht (inkl. einer Übernachtung im *Sky House),* unterwegs Besuch des Wat Phra That Lampang Luang, Ankunft gegen 16 Uhr, Tickets in Gästehäusern.
Nach MAE SOT über Tak mit Bus 672 (grün) um 7.45, 9.45 und 11.20 Uhr für 96 Baht, 6 Std.; mit ac-Bus um 13.10 Uhr für 172 Baht.
Nach AYUTTHAYA mit ac-Bus für 212 Baht.
Richtung Nordosten: Nach KORAT (Nakhon Ratchasima) mit Bus 635 (blau) um 3.30, 6.30 und 15.30 Uhr für 180 Baht in 12 Std.; ac-Bus um 8, 9.45, 17.30, 18.45 und 20 Uhr für 325 Baht; VIP-32-Bus um 20.30 Uhr für 400 Baht.
Nach UDON THANI mit Bus 636 (orange) um 7.30, 17.30 und 19 Uhr für 170 Baht, 12 Std.; VIP-40-Bus 636 (blau) um 20.30 Uhr für 305 Baht; jeden 2. Tag mit VIP-30-Bus um 20.30 Uhr für 400 Baht (umsteigen nach NONG KHAI).
Richtung Ostküste: Nach PATTAYA mit Bus 659 (blau): non-ac um 5.30 und 14.45 Uhr für 216 Baht; ac-Bus um 13.45, 16.25 und 17.30 Uhr für 415 Baht in 14 Std.; ein VIP-40-Bus am Abend für 450 Baht.

In Nord-Thailand: Nach MAE HONG SON über MAE SARIANG (59 Baht, 4 Std.) mit Bus 170

(orange) um 8 und 11 Uhr sowie um 20 Uhr für 115 Baht in 8 Std. (der Bus um 13.30 fährt nur bis KHUN YUAM für 91 Baht, der Bus um 15 Uhr nur bis Mae Sariang); ac-Bus um 6.30, 9 und 21 Uhr für 206 Baht in 8 Std. (bis MAE SARIANG 106 Baht). Die Nachtbusse sind nicht zu empfehlen.
Nach PAI mit Bus 612 (orange) um 7, 8.30, 10.30, 12.30 und 16 Uhr für 45 Baht in 4 Std. (mit Stehplatz wird die Fahrt zu einem Horror-Trip !); ac-Bus um 8 Uhr für 75 Baht in 3 1/2 Std.
Die Busse um 7 und 8.30 Uhr fahren durch nach MAE HONG SON für 87 Baht in 7 1/2 Std.; ebenso der ac-Bus um 8 Uhr für 150 Baht in 7 Std.
Nach CHIANG RAI fahren auf der direkten Route non-ac-Busse 166 (grün) 14x tgl. von 6–17.30 Uhr für 57 Baht, VIP-40-Busse von 7–17 Uhr für 102 Baht, 4 Std.
Nach THUNG KWIAN (Elephant Center) direkt mit dem Lampang-Bus 152 ab 5.20 Uhr alle 20 Min. für 25 Baht in 70 Min. Der Bus hält zum Zusteigen auch an der Nawarat-Brücke vor dem Sri Prakat Hotel.
Nach MAE SAI direkt mit non-ac-Bus 619 (grün) bzw. Bus 149 laufend von 6–15 Uhr für 72 bzw. 77 Baht; VIP-40-Bus um 7, 8 und 9.30 Uhr sowie von 12.30–17 Uhr für 127 Baht in 5 Std.
Nach CHIANG SAEN mit non-ac-Bus 166 bzw. 150 von 5.40–8.10 Uhr und um 12.10 Uhr für 73 bzw. 97 Baht in 5 bzw. 7 Std.; mit dem VIP-40-Bus um 8.30 und 13.30 Uhr für 130 Baht, 5 Std.
Zum GOLDENEN DREIECK mit Bus 166 um 6.30 und 12.10 Uhr für 73 Baht; mit VIP-40-Bus um 9 und 14.30 Uhr für 130 Baht, 5 Std.
Nach CHIANG KHONG mit Bus 671 um 6.15, 10, 12 und 15 Uhr für 91 Baht in 6 1/2 Std., 2.Kl. ac-Bus um 9 Uhr für 128 Baht, VIP-40-Bus um 8 Uhr für 165 Baht.
Nach NAN mit Bus 169 (grün) um 7, 8.30, 11 und 17 Uhr für 89 Baht in 6 Std.; 2.Kl. ac-Bus um 10, 14 und 22 Uhr für 115 Baht; VIP-40-Bus um 8, 15 und 22.30 Uhr für 148 Baht.
Vom **Busbahnhof Chang Puak** in der Chotana Rd., ✆ 211584, kommt man nach Thaton, Fang, Lamphun und Chom Thong.
Nach LAMPHUN mit Bus 101 (blau, 35 Sitze) und 182 (weiß) alle 10 Min. von 5–21 Uhr für 7 Baht, 60 Min. Weiter nach PA SANG 10 Baht, 90 Min. Die Busse 181 und 182 halten auch an der Nawarat Brücke vor dem Sri Prakat Hotel.
Nach THATON mit non-ac-Bus 1231 (orange, 56–70 Sitze) um 6, 7.20, 9, 11.30, 13.30 und 15.30 Uhr für 50 Baht, 4 Std. (mit den ersten beiden erreicht man noch die Boote auf dem Kok-Fluß nach Chiang Rai).
Nach FANG mit non-ac-Bus 1231 (orange, 56–70 Sitze) alle 30 Min. von 5.30–17.30 Uhr für 43 Baht; mit ac-Bus (42 Sitze) um 8 Uhr für 70 Baht in 3 1/2 Std.; mit ac-Minibus jede volle Std. von 8–16.30 Uhr für 70 Baht in 3 1/2 Std. (Reservierung unter ✆ 211577). In Fang besteht Anschluß nach THATON mit dem Minibus in 40 Min.

EISENBAHN – Der Bahnhof liegt im Osten der Stadt in der Charoen Muang Rd., ✆ 242094, 244795; Gepäckaufbewahrung tgl. 6–18 Uhr, 5 Baht pro Stück (ab 6. Tag 10 Baht pro Stück). Bus 1 und 3 halten davor.
Hier kann man links beim *Advance Booking* Züge reservieren und beliebige Tickets kaufen (beim Eintreten eine Nummer ziehen!). Die Computerreservierung klappt hervorragend.
Tgl. fahren fünf durchgehende Züge nach BANGKOK, der *Express* Nr.8 um 16.40 Uhr (Ankunft 6 Uhr), der *Special Express* Nr.6 um 21.05 Uhr (Ankunft 9.40 Uhr) und 3 *Rapid Trains* (nur 2. und 3. Klasse) um 6.35 Uhr (Ankunft 19.50 Uhr), um 15.30 Uhr (Ankunft 5.25 Uhr) und um 20.40 Uhr (Ankunft 10.25 Uhr); außerdem zwei *Sprinter* um 19.40 Uhr (Ankunft 6.15 Uhr) und 7.15 Uhr (Ankunft 18.10 Uhr).
Alle Züge halten in AYUTTHAYA (ca. 12 Std.) und am DON MUANG AIRPORT (ca. 13 Std.).
Direkt zu den Stränden in Südthailand per Zug läßt sich folgende Variante nutzen: Mit dem *Special Express* Nr.6 um 21.05 Uhr nur bis zum Bahnhof BANG SUE fahren (Ankunft 9.15 Uhr, 24 Min. nach Don Muang Airport), dort um 9.40 Uhr in den lokalen Zug Nr. 233 nach HUA HIN umsteigen (Ankunft 13.45 Uhr). Der Fahrschein 3.Kl. (44 Baht) kann auch gegen geringen Aufschlag im Zug gelöst werden.
Fahrpreise nach BANGKOK: *Rapid Train:* 2. Kl. non-ac, unteres Bett: 461 Baht, oberes Bett: 411 Baht, Sitz: 311 Baht (ac 381 Baht); 3.Kl. non-ac, Sitz: 151 Baht. *Express:* 1. Kl. ac: 1163 Baht, 2. Kl. non-ac, unteres Bett: 531 Baht, oberes Bett: 461 Baht (ac 120 Baht mehr).
Special Express: für 20 Baht mehr gibt es echten Luxus in den nagelneuen Wagen.
Sprinter: nur 2. Klasse ac, Sitz: 471 Baht.

FLÜGE – Der Airport im Südwesten ist mit einem Sielor für 25 Baht p.P. bzw. 60 Baht pro Fahrzeug zu erreichen. Manchmal bekommt man in der Stadt billigere Transportmittel. Das Postamt hat von 8.30–20 Uhr geöffnet. Die Airport Tax beträgt 30 Baht.

Thai Airways International, 240 Phra Pokklao Rd., ℡ 210210, 211919 (Reservierung ℡ 210043-5, 211044-7), tgl. 8–17 Uhr, fliegt 11x tgl. nach BANGKOK für 1650 Baht, 2x tgl. nach CHIANG RAI für 420 Baht, Mo, Mi und Fr nach NAN für 510 Baht, 4x tgl. nach MAE HONG SON für 345 Baht, Mo, Mi, Fr, Sa und So direkt nach PHUKET für 3455 Baht (2 Std., Fensterplatz links ist super). Nach SURAT THANI mit Umsteigen in Bangkok für 2970 Baht.

Über Weihnachten sind die Flüge nach Süd-Thailand absolut überbucht, rechtzeitig einchecken! Thai International fliegt am Di, Do und So Nachmittag nach KUNMING in Yunnan (China) für 3540 Baht (45 Tage Holiday Excursion 4960 Baht), ein sehr beliebter Ausflug. Visa gibt es in 24 Std. im chinesischen Konsulat.

Orient Thai Airlines, 240 Phra Pokklao Rd. (im Thai Air Gebäude), ℡ 201566-7, 272040, fliegt 1x tgl nach BANGKOK für 1650 Baht über U-TAPAO (1500 Baht, Fensterplatz rechts lohnt sich), am Di, Do, Fr und So nach PHUKET für 2900 Baht (Fensterplatz links ist super, 2 Std. Aufenthalt in U-Tapao), am Mo, Mi und Fr morgens nach SURAT THANI für 2450 Baht (Transfer nach Ko Samui) und weiter nach HAT YAI für 2900 Baht, sowie jeden Abend nach UDON THANI für 1300 Baht (per Bus oder Zug weiter nach Nong Khai).

Die Umgebung von Chiang Mai
Bo Sang und San Kamphaeng

An der Straße nach Bo Sang haben sich Dutzende Manufakturen und Läden für Kunsthandwerk angesiedelt: Lackarbeiten, Silberwaren, Holzschnitzereien, Seide, Keramik und Halbedelsteine. Es kann sehr interessant sein, die Arbeiter und Arbeiterinnen bei der mühevollen Arbeit zu beobachten. In den Betrieben von Bo Sang werden in Handarbeit **Schirme** aus Papier und Seide hergestellt und bemalt. Das farbenfrohe, lohnenswerte „Umbrella Festival" findet im Januar statt. In San Kamphaeng werden **Baumwoll- und Seidenstoffe**, zum Teil noch auf traditionellen Webstühlen, hergestellt.

Weiße Songthaews nach San Kamphaeng, 13 km östlich der Stadt, fahren regelmäßig am Warorot Markt und im Osten der Stadt an der Charoen Muang Road Ecke Bamrung Rat Road ab und kosten 8 Baht, nach Bo Sang 5 Baht (9 km). Tuk-Tuks fahren zu einem symbolischen Preis von 20 Baht diese Einkaufsstraße entlang, denn die Fahrer erhalten überall Provision, auch wenn die Gäste nichts kaufen. Wer ohne Kaufzwang stöbern will, bucht den Ausflug im Gästehaus (ca. 40 Baht).

Wat Doi Suthep und Doi Pui

Das **Kloster** auf dem Berg, der Chiang Mai überragt, ist das Wahrzeichen der Stadt und unbedingt sehenswert. Wat Doi Suthep, 1080 m hoch, liegt 16 km nordwestlich. Sein goldener Chedi aus dem 16. Jh. enthält Buddha-Reliquien.

Rote Minibusse fahren von 6 bis 15.30 Uhr laufend (ab 3 Fahrgästen) ab der Mani Noparat Road und ab dem Zoo für 30 Baht die kurvenreiche Bergstrecke hinauf und für 20 Baht hinunter. Taxis kosten ca. 200 Baht hin und zurück. Eine hohe Treppe führt nach oben. Der Tempel wird bereits gegen 16.30 Uhr geschlossen. Am Wochenende ist der Besuch nicht ratsam.

Oberhalb vom Wat Doi Suthep, 5 km weiter, befindet sich der **Phu Ping-Palast**, eine Winterresidenz des Königs, mit einer schönen Gartenanlage. Der Palast ist nur Fr bis So von 8.30–16.30 Uhr für Besichtigungen geöffnet, falls niemand von der königlichen Familie anwesend ist.

Lamphun

Lamphun (gesprochen: *Lam-puhn*) ist eine der ältesten Städte in Thailand. Sie wurde im Jahre 660 als Hauptstadt des Haripunchai-Königreichs gegründet. Seine erste Regentin war die hochverehrte Königin Chama Devi. Erst König Mengrai unterwarf 1281 die Dynastie von Chama Devi und gliederte Lamphun in das Königreich

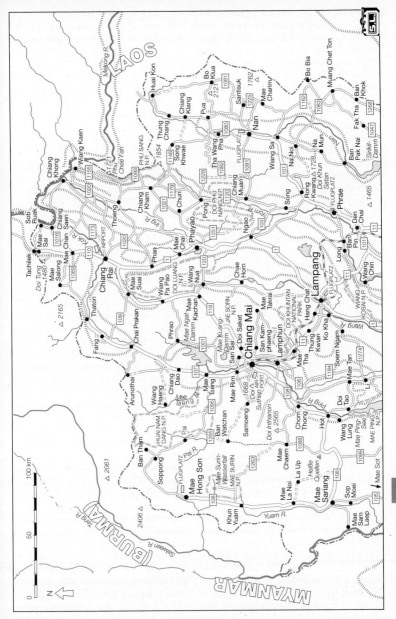

Lannathai ein. Busse in das 26 km südlich von Chiang Mai liegende Lamphun (häufig auch: *Lampoon*) fahren alle 15 Minuten für 7 Baht (ac 14 Baht) an der Chang Puak Busstation ab, zusteigen ist in der Nähe der Nawarat Brücke möglich. Da der Superhighway Richtung Süden um die Stadt herumführt, hat Lamphun viel von seinem Charme bewahren können.

Sehenswert ist das **Wat Phra That Haripunchai** mit seinem 46 m hohen, vergoldeten Chedi, der eine heilige Reliquie enthält. Mit dem Bau dieses Chedi wurde im Jahr 897 begonnen, das Wat stammt aus dem Jahr 1157.

In einem kleinen Gebäude gleich rechts am Eingang sollte man sich nicht die hervorragenden **Wandmalereien** entgehen lassen, die Szenen aus Himmel und Hölle darstellen. Bemerkenswert sind auch der riesige **Bronze-Gong** und in der Nordwestecke der baufällige Suwana Chedi im Dvaravati Stil. Gegenüber steht ein kleines, lohnenswertes National **Museum**. Geöffnet Mi–So außer feiertags 9–12 und 13–16 Uhr, Eintritt 10 Baht.

Etwa 1 km außerhalb der Stadt Richtung Westen liegt das **Wat Ku Kut**, manchmal auch Wat Chama Devi genannt. In den Nischen eines pyramidenförmigen Chedi stehen zahlreiche Buddhafiguren.

Mae Sa Valley

Das landschaftlich reizvolle Mae Sa Valley wurde zu einem Erholungsgebiet für die Bangkoker Oberschicht ausgebaut. Alles, was die thailändische Seele an den Garten Eden erinnert, wurde hier angesiedelt, angelegt, erschlossen oder marktgerecht betont: angenehmes Klima, schöne Parks, plätschernde Wasserfälle, Elefanten zum Reiten, malerische Hilltribe-Dörfer, teure Restaurants und gepflegte Resorts.

Viele organisierte Tagestouren führen ins Mae Sa Valley, auch einige Treks beginnen oder enden hier. Schon ab 250 / 500 Baht kann man in Chiang Mai einen Sielor für einen halben bzw. ganzen Tag mieten und neben dem Mae Sa Valley z.B. auch den Doi Suthep besuchen. Mit öffentlichen Verkehrsmitteln ist das Mae Sa Valley nur schwer zu erkunden. Mit dem Bus 1231 oder Minibus kommt man von der Chang Puak Busstation in Chiang Mai für 6 Baht nach Mae Rim. Von dort aus kann man nur noch laufen (nach der Polizeistation die erste Abzweigung in die *Old Road* rein), trampen oder auf einen der seltenen Minibusse warten, die zum Wasserfall fahren (10 Baht).

Doi Inthanon

Der mit 2565 m höchste Berg Thailands liegt südwestlich von Chiang Mai. Ein Gebiet von etwa 1000 km² ist hier zum National Park erklärt worden – eine verhältnismäßig offene, wenig bewaldete Landschaft, in der Bergstämme der Hmong und Karen leben. Attraktionen sind die zahlreichen Wasserfälle, die verkrüppelten, bemoosten Rhododendron-Bäume und die Wälder der kühlen Gipfelregion.

Die beste Zeit zum Besichtigen der Wasserfälle ist in der Regenzeit von Mai bis November. Die Blumen und Blüten, insbesondere der in Thailand seltene Rote und Weiße Rhododendron, sind am schönsten von Dezember bis Februar. Vögel lassen sich am besten von Februar bis April beobachten, wenn die meisten Arten brüten.

Von Chiang Mai nach Chom Thong fährt der Bus 1232 (blau-weiß) alle 20 Min. von 5–18.30 Uhr für 15 Baht in 1 1/2 Std. Zusteigen ist am Chiang Mai Gate, dem südlichen Tor der Altstadt, möglich.

Gelbe Pickups befahren die direkte Straße H1009 nach Mae Chaem (40 Baht), unterwegs kann man aber nur an einer Attraktion aussteigen (5–20 Baht). Ansonsten muß man neben dem Tempel in Chom Thong ein Pickup für 500–600 Baht für eine Fahrt auf den Gipfel mieten.

Von Chiang Mai nach Mae Sariang

Die Rundfahrt Chiang Mai – Mae Sariang – Mae Hong Son – Pai – Chiang Mai gehört zu den landschaftlich eindrucksvollsten Routen, die Thailand zu bieten hat: einsame Berglandschaft, unerschlossener Dschungel, Teak- und Kiefernwälder, Savanne, fruchtbare Täler, üppig grüne Felder und Reisterrassen.

Genießen kann man diese Strecke von 600 Kilometern jedoch nur, wenn man sie mit dem eigenen Fahrzeug unternimmt. Wer nach einer geeigneten Route für eine Motorradreise sucht – das könnte sie sein. Man verläßt Chiang Mai nach Südwesten auf der neuen, 11 km langen Autobahn, die zum stark befahrenen H108 wird.

Chom Thong

In Chom Thong fährt man direkt auf den Chedi des **Wat Phra That Si Chom Thong** zu. Er stammt aus dem Jahr 1451. Ein Viharn aus dem 16. Jh. mit einer sehr schönen Fassade enthält einen reich verzierten Mondop (einem Altar ähnlich) sowie Buddha-Statuen aus Holz und schön geschnitztes Elfenbein. Die Stützen unter den Ästen des Bodhi-Baums im Hof haben Gläubige gestiftet, um sich Verdienste zu erwerben.

Nach 87 km erreicht man die kleine Stadt Hot. Hinter Hot schwenkt der H108 scharf nach Westen, die Kilometerzählung beginnt wieder bei KM 0. Vom KM 11 folgt die Straße 5 km einem herrlichen Flußbett mit schönen, ausgewaschenen Felsen.

Dann beginnt die Schlucht des **Ob Luang Canyon**, wo eine Felsbarriere von 40 m Höhe vom Chaem-Fluß durchschnitten wird (ein beliebtes Ausflugsziel am Wochenende).

Mae Sariang

แม่สะเรียง

Eine kleine Markt-Stadt, geprägt von den Holzhäusern und mehreren Tempeln im burmesischen Stil: im Zentrum **Wat Utthayan Rom** und **Wat Sri Bunruang**.

Im **Wat Kittiwong** im Zentrum der Stadt werden alte Manuskripte aufbewahrt, in denen die historischen Beziehungen zwischen dem Lanna-Königreich und Burma dokumentiert sind.

Übernachtung

Riverside GH**, 85/1 Laeng Phanit Rd., ☎ 681188, 681353, ein schönes und beliebtes, aber hellhöriges Teak-Haus mit großer Terrasse, Aussicht über den Yuam River und die Flußebene; 10 etwas schmuddelige Zimmer auf mehreren Stockwerken, nicht gerade saubere Du/WC außerhalb; Treks und Touren zur Grenze, Infos über Unterkunft am Salween River.
Mae Sariang GH*, 1 Mu 2, ☎ 681203, kleine muffige Zimmer mit und ohne Du/WC, direkt an der Straße.
See View GH**, 149/1 Maekong, ☎ 681154, hinter der Brücke links, ruhig am Fluß gelegen. Große Zimmer mit Du/WC in Steinbungalows, die z.T. Einheimischen als Wohnung dienen.
Lotus Gh. & Hotel***, 73/5 Wiang Mai Rd., ☎ 681048, große, saubere, gut möblierte ac-Zimmer mit Warmwasser-Du/WC; für Traveller, die unbedingt sparen müssen, gibt es einige einfache Zimmer*, Warmwasser-Du/WC außerhalb.

Essen

Mehrere Restaurants mit ordentlichem Essen liegen nahe an der zentralen Kreuzung.
Renu Restaurant, Wiang Mai Rd., bietet herausragendes Thai-Essen zu 30 - 50 Baht pro Gericht, nette Besitzer.
Bakery House an der Wiang Mai Rd., gutes Frühstück.

Transport

Von CHIANG MAI mit dem non-ac-Bus um 6.30, 8, 11, 13.30 und 15 Uhr, 59 Baht in 4 Std.; ac-Bus um 9 Uhr, 106 Baht.
Zurück non-ac-Busse um 7, 9, 12.30, 13.30 und 15 Uhr; ein ac-Bus um 10.30 Uhr; außerdem einige nicht empfehlenswerte Nachtbusse.
Von MAE HONG SON non-ac-Bus 6x tgl. von 6–21 Uhr, 62 Baht; ac-Bus um 9 Uhr, 110 Baht in 4 1/2 Std.
Zurück um 7, 12.30 und 15 Uhr; ein ac-Bus um 10.30 Uhr.
Von MAE SOT mit dem Pickup stündlich von 6 - 12 Uhr für 150 Baht in 5 1/2 Std.
Zurück ca. stündlich 6.30–13.30 Uhr.

Mae Hong Son

แม่ฮ่องสอน

Wann die abgelegene Provinzhauptstadt gegründet wurde, ist schwer festzustellen. Erst 1832 wurde eine Expedition des Prinzen von Chiang Mai in das abgelegene Tal geschickt, um wilde Elefanten einzufangen. 1874 erklärte der Herrscher von Chiang Mai die Ansiedlung zur Stadt, und Mae Hong Son war geboren. Der Reiz der Stadt liegt zum einen in der Anreise, zum anderen in ihrer Abgeschiedenheit in einer ursprünglichen Berglandschaft. Dazu kommt die prickelnde Nähe zu Myanmar, zu dem zwar kein offizieller Grenzübergang besteht, aber viele Schmuggelpfade hinüberführen. Mae Hong Son hat den Beinamen Muang Sam Mork (Stadt des Nebels der drei Jahreszeiten), und immerhin ist es durchschnittlich an 104 Tagen im Jahr neblig. Die Stadt liegt auf 330 m Höhe, doch im Dezember und Januar wird es in den Nächten empfindlich kühl. Im November / Dezember ist die Umgebung von Mae Hong Son bei Thais besonders beliebt. Sie kommen in Scharen, um die Hänge mit blühenden Sonnenblumen zu bewundern – ein herrlicher Anblick.

Zwischen der Busstation und dem Markt, im unscheinbaren **Wat Hua Wiang**, befindet sich eine sehr verehrte, bronzene Buddhastatue, die in Burma gegossen und über Gebirgspfade und -flüsse hierher transportiert wurde. Sie ist einem Buddha in Mandalay nachempfunden.

Die Ufer des kleinen Sees mitten in der Stadt wurden schön angelegt: Mini-Park, Fitness-Parcours, Ruhebänke und ein Spazierweg. Im Wasser spiegeln sich Palmen und zwei im burmesischen Stil errichtete Chedis, die des **Wat Chong Kham** und des **Wat Chong Klang**.

Schön ist ein Spaziergang zum **Wat Doi Kong Mu**, dessen Chedis die Stadt überragen. Erbaut wurde die Anlage 1874 vom ersten Gouverneur, Phraya Singhanat Racha. Der steile Aufstieg wird durch die herrliche Aussicht über das Tal, über die von Dschungel bedeckten grünen Berge im Westen und über die Stadt belohnt.

Übernachtung

GÄSTEHÄUSER – Die meisten Gästehäuser haben nur Matratzen auf dem Boden und sanitäre Gemeinschaftseinrichtungen. Doch immer mehr schaffen sich einen Durchlauferhitzer für warme Gemeinschaftsduschen an, viele bieten einen Tisch-Fan. Alle Gästehäuser organisieren Trekking-Touren, die meisten haben ein Restaurant. **Um den See herum** sind die Gästehäuser besonders beliebt. In der Saison ist telefonische Zimmerreservierung ratsam.

Holiday House* ⑰, 23 Pradit Jongkam Rd., ✆ 611448, sauberes Reihenhaus westlich des Sees. *Lat,* der Manager, ist immer gut drauf.

Friend House*-** ⑱, 20 Pradit Jongkam Rd., ✆ 611647, neues 2stöckiges Haus in einem ruhigen Hinterhof, saubere Zimmer, unten Sitzgruppe; man spricht französisch.

Jongkam GH*-** ⑲, 7 Udom Chao Nitet Rd., ✆ 611420, kleines, 2stöckiges Haus mit Gemeinschaftsterrasse und 7 Bungalows aus Bambus bzw. Sperrholz, schlechte sanitäre Verhältnisse. Durch eine hohe Mauer, hinter der sich ab Mitternacht häufig lautstarke Trinkgelage abspielen, vom See getrennt – Ohrenstöpsel ratsam.

Johnnie GH* ㉑, 5/2 Udom Chao Nitet Rd., zurückversetzt in einer Gasse, Holzhaus mit kleinen Räumen, warme Du/WC, kein Seeblick.

Piya GH** (ac****) ㉓, 1/1 Khunlum Prapas Rd., Soi 3, ✆ 611260, ✆ 612308, gut eingerichtete Räume um hübsch angelegten Innenhof, ac-Bungalows, gutes Restaurant zur Seeseite. Studenten bekommen 20% Discount.

Rim Nong* ㉔, 4/1 Chamnan Satit Rd., Bretterverschläge, Seeblick, Restaurant.

Joe GH* ㉕,, 3 Chamnan Satit Rd., ✆ 612417, 5 Reihenzimmer mit Gemeinschafts-Du/WC.

In der Nähe des Busbahnhofs liegt u.a.:

Jean's House* ⑧, 6 Prachachon Uthit Rd., ✆ 611662, Steinhaus mit 9 Zi mit/ohne Du/WC, Restaurant mit Video, „bester" Kaffee. Robert, ein toller Redner und miserabler Zuhörer, will 10 neue Bungalows** (ac***) in einer Dependance bauen. Mehrere Leser lobten Roberts Treks.

Im Nordwesten haben sich an der unbefestigten Maksanti Rd. einige Gästehäuser angesiedelt. Sie bieten ruhige, ländliche Atmosphäre, sind in 15-20 Min. zu Fuß vom Zentrum aus zu erreichen oder mit dem Tuk Tuk für 5–10 Baht.

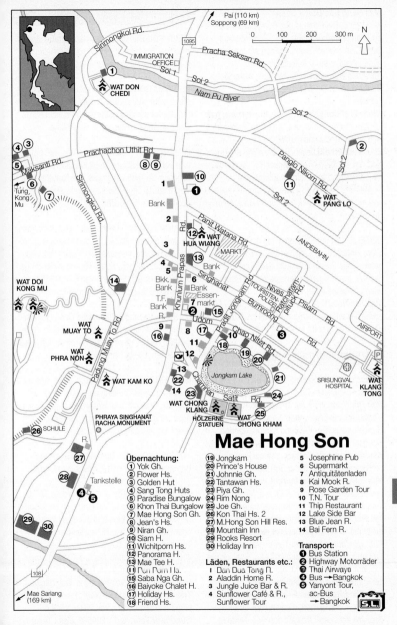

Mae Hong Son Guest House-****⑦, Nr. 295, ✆ 612510, Reihenhaus und Bungalows mit Betten, Fan und Moskitonetz, z.T. Warmwasser-Du/WC, in großem Blumengarten am Hang, nach hinten Wald, offener Aufenthaltsraum.
Paradise Bungalow* ⑤, Nr. 89/1, A-frame Bungalows mit Du/WC im schattenlosen Garten.
Khon Thai Bungalow* ⑥, 5 sehr einfache, halb fertig wirkende Hütten aus Stein und Matten, mit Bett, Moskitonetz und Du/WC.
Etwas außerhalb liegt hinter dem Wat am Bach:
*Yok GH**-****①,14 Sirimongkol Rd., ✆ 611532, neues Reihenhaus, saubere Zimmer mit Du/WC und Fan/ac, z.T. Warmwasser, Restaurant mit einfachen Gerichten für 30 Baht, guter Service.

HOTELS – An der Khunlum Prapas Rd. liegen:
Siam Hotel** (ac***) ⑩, Nr. 23, ✆ 612148; ordentliches Stadthotel, saubere Zimmer mit Du/WC, die riesigen Betten des *Single Room* reichen gut für 2 Pers.
Mae Tee Hotel** (ac***) ⑬, Nr. 55, ✆ 612141; etwas heruntergekommenes Hotel im Zentrum; Flughafentransfer für Gäste.

Essen

Gutes Essen im Foodstall-Center an der Hauptstraße, aber Dauer-TV.
Ban Bua Tong, gegenüber *Siam Hotel*, kleines Restaurant mit preiswerten, vegetarischen Gerichten aus aller Welt und hervorragenden Roggenbrötchen, schleppender Service.
Aladdin Home Restaurant, schmackhafte, preiswerte Gerichte, flotter Service.
Sunflower Café & Restaurant, westliche, Thai- und vegetarische Gerichte, Pizzas, Müsli, Vollkornbrot, Filterkaffee und Kuchen, unter Leitung von *Fiona*, einer Australierin. Hier können Treks mit ihrem Mann *La* gebucht werden.
Thip Restaurant, großes Thai-Restaurant auf 2 Etagen am See, gehobenes Niveau, Speisekarte mit über 200 Gerichten für 50 - 80 Baht, beliebt bei Thai-Gruppen, geöffnet bis 22 Uhr.
Lake Side Bar, kleines Restaurant / Bar in einem Wohnhaus und Garten, direkt an der Straße, jedoch mit schönem Blick auf den See. Nette Atmosphäre, häufig Live Musik, Bier vom Faß.

Sonstiges

GELD – Die Banken an der Hauptstraße sind nicht zu übersehen. Einen Wechselschalter hat die *Bangkok Bank* (tgl. 8.30–19 Uhr).

INFORMATIONEN – bekommt man in den Gästehäusern und bei den Trekking-Agenturen. Der Polizist vor dem Foodstall Center spricht etwas Englisch und hat manchmal Stadtpläne.

IMMIGRATION – Das Tourist Visum wird bei Vorlage von 2 Paßbildern und 2 Kopien vom Pass zügig um 30 Tage verlängert, das Non-Immigrant Visum um 15 Tage (Gebühr jeweils 500 Baht); geöffnet 8.30–16.30 Uhr.

KRANKENHAUS – Bei hohem Fieber kann man im Hospital am östlichen Stadtrand sein Blut auf Malaria untersuchen lassen (10 Baht). Vor allem während der Regenzeit tritt Malaria in der Umgebung gehäuft auf. Einige kleine Privatkliniken sind in der Nähe des Busbahnhofs ab 17 geöffnet.

MARKT – Im Stadtzentrum wird Obst, Gemüse und spottbilliges, gutes Essen angeboten. Gelegentlich kaufen Hmong oder Karen in ihrer Tracht ein. Geöffnet 6–18 Uhr.

MOTORRÄDER – 125er-Maschinen gibt es an mehreren Stellen entlang der Hauptstraße für 130–300 Baht pro Tag. *Highway* vermietet neben guten *Honda Dream* (130 bzw. 180 Baht) auch Jeeps um 1200 Baht. Rechtzeitig vorbuchen.

TOURIST POLICE – Büro an der Singhanat Bamrung Rd., ✆ 611812; hilfsbereite Leute.

TREKKING – Es gibt ca. 10 Guides mit TAT-Lizenz. Bei Treks, die an die Grenze führen, sorgen sie dafür, daß niemand auf eine Mine tritt oder zwischen die feindlichen Linien gerät.
Treks von 3 Tagen Dauer kosten zumeist 400–500 Baht p.P. und Tag (bei 4 Pers.). Auch Gästehäuser organisieren Treks, einige ganz nach individuellen Vorstellungen. Der 7tägige Trek nach Chiang Mai ist nicht zu empfehlen, da er auf und in der Nähe von Pisten verläuft.
Sunflower Tour, ✆/📠 620549, bietet Treks in 5 Schwierigkeitsgraden an (* bis *****), z.T. mit

Camping, Rafting und Elefantenreiten. Sehr empfehlenswert, abwechslungsreich und lehrreich, aber anstrengend ist der 5-Tage-Trek mit *La* nach Pai für 2000 Baht p.P. (1800 Baht ab 6 Pers.).

Mit **Guides**, die sich in Restaurants anbieten und Gäste in ihre Dörfer mitnehmen wollen, haben einige Leser schlechte Erfahrungen gemacht.

VORWAHL – 053; PLZ: 58 000.

Transport

BUSSE – Neben der Tankstelle, 200 m südlich vom Monument, fahren die Busse nach Bangkok ab.
Tuk Tuks ins Zentrum ca. 10 Baht.
Alle anderen Busse halten an der zentralen Bus Station.
Von BANGKOK, 928 km, mit dem non-ac-Bus um 9, 14.30 und 21.45 Uhr für 245 Baht in 14 Std.; ac-Bus um 18 Uhr für 442 Baht in 12 1/2 Std.
Zurück über Mae Sariang mit ac-Bus um 15 Uhr (Ankunft 8.00 Uhr) und non-ac-Bus um 12.30 Uhr (Buchung neben der Shell Tankstelle bei *Yanyont Tour* von 9 - 15 Uhr, ✆ 611514).
Von CHIANG MAI (Arcade Bus Station) nehmen Busse 6x die Südroute (362 km) über Mae Sariang und 5x die Nordroute (242 km) über Pai. Abfahrtszeiten unter Chiang Mai (s.S. 598).
Vom Nachtbus ist auf dieser Strecke abzuraten.
Zurück über Mae Sariang (61 Baht) mit non-ac-Bus um 6, 8, 9 und 14 Uhr für 115 Baht; ac-Bus um 10.30 und 21 Uhr für 206 Baht in 8 Std.
Von PAI (110 km) mit dem non-ac-Bus 6x tgl. von 7–16.30 Uhr für 45 Baht in 4 Std; mit dem ac-Bus um 11.30 Uhr für 85 Baht.
Zurück über SOPPONG (25 Baht) mit non-ac-Bus um 7, 8.30, 10.30, 12.30, 14 und 16 Uhr (die Busse bis 12.30 Uhr fahren weiter nach Chiang Mai für 87 Baht in 7 1/2 Std.) oder mit ac-Bus um 8 Uhr in 3 Std. (weiter nach Chiang Mai für 150 Baht in 7 Std.).

FLÜGE Von CHIANG MAI 5x tgl. von 9.30–14.40 Uhr für 345 Baht in 40 Min.
Zurück fliegen sie zwischen 10.40 und 15.50 Uhr.
Thai Airways Office in der 71 Singhanat Bamrung Rd., ✆ 611297, 611194; frühzeitig buchen, da die Flüge oft voll sind.

Die Umgebung von Mae Hong Son

Von Mae Hong Son gibt es mehrere Möglichkeiten für 1- oder 2-Tages-Ausflüge auf eigene Faust, mit Guides der Gästehäuser oder mit Trekking-Agenturen.

Ein attraktives Ziel ist das **Elefantenbad** unterhalb der Hängebrücke, wo die Dickhäuter vor dem Auflegen des Sitzes gebadet werden.

Pha Sua-Wasserfall, Pang Tong, Napapaek, Mae Aw

Ein schöner Trip führt nach Nordwesten bis zur Grenze in das Hmong-Dorf Napapaek. Für diese Tour ist es besser, einen Pickup für 1000 Baht (oder 250 Baht p.P.) zu nehmen sowie einen Guide, der sich auskennt bzw. die jeweilige politische Situation beurteilen kann.

Von der Straße Richtung Pai kann man am KM 199 oder erst am KM 192,1 abbiegen. Die Betonstraße führt nach Huai Khan (15 bzw. 7 km), anschließend ist sie asphaltiert.

Nach weiteren 6 km mit einem, sehr steilen Anstieg ist der **Pha Sua-Wasserfall**, ein malerischer siebenstufiger Katarakt, erreicht. In der Nähe liegt das Karen-Dorf Huai Mak.

Nach dem Wasserfall (rechts halten) kommen wieder ein paar steile Steigungen. Am Stausee entlang geht es zum Parkplatz des Hilltribe Center. Ein 500 m langer Fußweg führt zum **Pang Tong-Königspalast**, den der König bei Besuchen in dieser Region bewohnt, eine schöne Anlage aus Holz und Bambus mit Teichen und einer Pferdezucht. Zumeist für Besichtigungen nicht geöffnet. Die Straße geradeaus führt zu Hmong-, Kuomintang-, Shan- und Karen-Dörfern.

Nach 38 km ab Mae Hong Son ist **Napapaek** erreicht. Bei unsicherer Lage wird man hier von der Polizei gestoppt.

8 km weiter liegt **Mae Aw**, ein Dorf der Kuomintang (KMT), aber nichts Besonderes.

Langhals-Frauen

Frauen des Padaung-Stammes wurden aus Myanmar in drei Dörfern im Gebiet von Mae Hong Son angesiedelt. Sie sind bekannt für ihren mit Hilfe von Messingringen künstlich verlängerten Hals und werden total touristisch vermarktet. Das südliche *Longneck Village* jenseits von Ban Nam Phiang Din erreicht man nur per Boot mit einer geführten Gruppe. Das nördliche Dorf kann man mit Motorrad oder Jeep auf eigene Faust anfahren. Selbstverständlich wird es auch im Allround-Programm von Reiseveranstaltern und Trekking-Agenturen angeboten. In beiden Dörfern wird 300 Baht Eintritt verlangt. Die Hälfte des Geldes geht an die *Karenni Armee*, die die Frauen hierher gebracht hat, die andere Hälfte an thailändische Geschäftsleute, auf deren Land die Dörfer errichtet wurden. Die Langhals-Frauen werden wie Gefangene gehalten, und nur mit dem Lebensnotwendigsten versorgt. Eine menschenunwürdige Touristenattraktion, bei der die deformierten Frauen wie Tiere im Zoo begafft werden. Doch Tausende von Touristen kommen her, um diesen Zirkus mitzumachen.

Von Mae Hong Son nach Soppong

Die asphaltierte Straße H1095 führt in atemberaubender Linienführung über 6 Pässe nach Soppong (69 km). Am KM 192 liegt links in einem kleinen Park die Grotte **Tham Pla** (*Fish Cave*) mit halbzahmen Fischen, die darauf warten, gefüttert zu werden. Ein unterirdischer Bach fließt in den kleinen Pool. Futter für die Fische gibt es am Parkplatz. Thais kommen gerne hierher zum Picknick, Touristen finden diesen Platz nicht besonders interessant. Gleich darauf geht es durch schöne Waldlandschaft aufwärts zum zweiten Paß (769 m) und extrem steil durch Terrassenfelder und Einzelgehöfte wieder 300 m tiefer zum Dorf **Mae Suya**.

Ausflüge von der Wilderness Lodge

Wer am KM 165,7 nach links abbiegt oder hier aus dem Bus aussteigt, erreicht nach 1,5 km auf gutem Fahrweg die Wilderness Lodge (s.u.). Hier können Traveller, denen nichts an Komfort liegt, ausgezeichnet entspannen oder herrliche Tagesausflüge unternehmen, z.B. zur Nam Lang Cave (2 Std. hin), Red Cliff Cave (2 Std. hin, leicht zu verfehlen), Susa Falls & Cave (3 Std. hin). Die Ausflüge sind im Restaurant genau beschrieben, trotzdem sind die Susa Falls nicht leicht zu finden, und bei den Zeitangaben sollte man etwa 50% Zugabe machen, wenn niemand dabei ist, der den Weg genau kennt.

Übernachtung

Wilderness Lodge* (1,5 km nördlich des H1095, abbiegen am KM 165,7.) Auf einer großen Lichtung oberhalb des Flusses stehen ein Haupthaus mit Restaurant, offener Feuerstelle und Schlafsaal sowie einige einfache Bungalows. Die Lodge wird von Doi geführt. Es gibt gutes vegetarisches Gemeinschaftsessen im 2-Tages-Wechsel, andere Gerichte auf Vorbestellung. Morgens leckere Vollkornbrötchen. Für die Höhlen kann man hier Batterien kaufen und Taschenlampen mieten.

Soppong

สบปอง

Die Busse von Pai und Mae Hong Son machen in Soppong 15 Minuten Zwischenstop. Das neue Dorf am KM 140 ist Hauptort des Distrikts Pangmapa und Marktzentrum für die umliegenden Dörfer der Bergstämme. Soppong hat sich zu einem angenehmen Ausgangspunkt für Ausflüge in die Umgebung entwickelt, so daß ein paar Tage Aufenthalt lohnen. Der bisherige Ort Soppong heißt jetzt Old Village (*Ban Khao*). Auf eigenen Wanderungen kann man Dörfer der Lisu, Lahu und Karen besuchen. Wer den wenig befahrenen Wegen folgt, wird sich kaum verlaufen können. Es ist ratsam, sich zuvor im Gästehaus zu erkundigen, ob es auf der geplanten Route Probleme geben könnte.

Schützt die Wälder in Thailand!
Wer auf Treks in den Wäldern um Soppong zerstörten Wald entdeckt, sollte nicht nur schimpfen. Umweltschutzgruppen benötigen Fotos mit genauer Lagebeschreibung, damit sie etwas unternehmen können. In Soppong nehmen das *Tourist Information Office* oder *Kemarin Garden*, in Pai *Guy* von *Thai Adventure* Informationen entgegen. Wer später die entwickelten Fotos hinschickt, macht sich um den Naturschutz in Thailand verdient.
Ein hervorragendes Buch zu diesem Thema ist „Der unersetzbare Dschungel" von Josef H. Reichholf, BLV München, 1991.

Übernachtung

Alle Gästehäuser sind sehr einfach. Es zieht überall durch die Ritzen und wird nachts sehr kalt.
Jungle House*, 300 m westlich vom Bus Stop, von der Straße zurückversetzt hinter einem Bach. A-frame Bambushütten am Hang in gepflegter, weitläufiger Anlage, Schlafsaal im Haupthaus.
Im idyllischen Restaurant gibt es eine Feuerstelle und bequeme Stühle.
Nui, die Besitzerin, kocht ausgezeichnet und backt Vollkornbrot. Ihr exzellentes *chicken with cashew nuts* sollte man sich nicht entgehen lassen.
Infos für Wanderungen in der Umgebung, Vorschläge für Trekking.
Mai Guesthouse*-**, neben dem Bus Stop, 11 A-frame Bungalows mit Fan, mit und ohne Du/WC, rings um einen kleinen Garten. Restaurant an der Straße.
Lemon Hill*-**, 01-2242366, schräg gegenüber vom Bus Stop; 5 nette Hütten mit und ohne Du/WC, mit Veranda und eine über dem steilen Flußufer, angenehme Atmosphäre.
Kemarin Garden Lodge*-**, 123/3 Mu 1, an einer ruhigen Gasse; 6 große A-frame-Hütten mit Du/WC, Betten mit Moskitonetz und Balkon, sowie 4 einfache Hütten; Restaurant; gute Infos.
Cave Lodge und *River Lodge Guest House* liegen 9 km nördlich bei der Tham Lot (s.S. 610).

Essen

Alle Gästehäuser bieten gute Gerichte. Essenstände entlang der Straße und zwei Restaurants beim Bus Stop servieren einfaches Essen.
Mai House Restaurant in Old Soppong an der Durchgangsstraße, ganz ausgezeichnete Gerichte für 25 - 45 Baht, familiäre Atmosphäre.

Sonstiges

INFORMATIONEN – über die Umgebung gibt es im *Jungle House* und *Kemarin Garden*.

TREKKING – Sawang und Sunny organisieren über das *Jungle House* Tagesausflüge und 3tägige Treks (ca. 300 Baht p.P. und Tag) sowie Elefantenausritte.

VORWAHL – 053; PLZ: 58150.

Transport

Werden die Busse in Pai oder Mae Hong Son nicht voll, warten sie oft bis zur nächsten Abfahrtszeit und kommen in Soppong nicht an.
Nach PAI fährt der Bus 6x tgl. von 9 bis 18 Uhr in 1 1/2 Std. für 20 Baht, die ersten Busse bis 14.45 Uhr fahren weiter nach CHIANG MAI in ca. 6 Std. für insgesamt 65 Baht.
Nach MAE HONG SON 6x tgl. von 8.30–18 Uhr in 2 Std. für 25 Baht.
Zur THAM LOT mit Motorradtaxi für 40 Baht (mit schwerem Rucksack nicht ratsam), mit dem Pickup für 20 Baht p.P. oder 150 Baht für Charter.
Wer von Chiang Mai kommt und zur Tham Lot wandern will, steigt am besten bereits beim alten Dorf (*Ban Khao*) am KM 139 aus.

Tham Lot-Tropfsteinhöhle

Am Ende des Shan-Dorfes Ban Tham (auch: *Tumlord*). befindet sich der Eingang zur Tham Lot Nature Education Station, die tgl. von 9–18 Uhr geöffnet ist. In den Essenständen am Parkplatz gibt es Suppen, Reisgerichte und Getränke. An der Schranke erhält jede Besuchergruppe für 100 Baht einen Guide mit hell leuchtender Gaslampe. Eine zusätzliche starke Taschenlampe ist nützlich. Manche Guides zeigen nur einen kleinen Teil der schönen Höhle. Zum Eingang der Tham Lot sind es noch 500 m durch schönen Wald. Der Nam Lang fließt von Nordost nach Südwest ca. 400 m durch die große Höhle. Fünfmal muß man den Fluß durchwaten oder sich mit einem Floß hindurchfahren lassen (100 Baht für 3-4 Pers.). In der Regenzeit ist der Fluß häufig unpassierbar.

Hauptattraktionen sind die eindrucksvolle **Big Column Cave** (nach 50 m rechts), die schöne **Doll Cave** (nach 100 m links) und oben die **Coffin Chamber** (50 m vor dem Ausgang links) mit Überresten von alten Särgen. Nicht zu verfehlen ist am Höhlenausgang der Dung, den Millionen **Mauersegler** hier hinterlassen. Am späten Nachmittag (ca. 17.30-18.30 Uhr) bieten sie bei der Rückkehr von ihren mehrere hundert Kilometer entfernten Futterplätzen ein unbeschreibliches Schauspiel. Bei völliger Dunkelheit verlassen Abertausende von **Fledermäusen** die Höhle.

Übernachtung

Cave Lodge* liegt 700 m vom Eingang zur Tham Lot entfernt. Sie wird von dem Höhlenforscher John Spies (Australier) und seiner Frau geführt. Ein großes, nach vorn offenes Haus mit Feuerstelle und Matratzenlager und mehrere einfache Bambushütten stehen über dem Steilhang des Nam Lang-Flusses, auch einige bessere Bungalows** mit Du/WC für 4-5 Pers.
Im offenen Restaurant gibt es ein festes vegetarisches Abendmenü und viele Thai-Gerichte (auch Fleisch) nach Karte sowie Joghurt, Käse, Salate, Snacks, Kuchen und Vollkornbrötchen.
In der Saison belagern bis zu 60 Traveller die Lodge. Hier hängen wertvolle Tips für Tagesausflüge auf eigene Faust und für Höhlentouren aus sowie Infos für richtiges Verhalten in Tribal-Dörfern. Die Cave Lodge ist auch ein guter Platz, um Freunde zu finden.
River Lodge*, am Fluß zwischen der Cave Lodge und der Höhle, 5 Bungalows mit Du/WC und ein Haus mit 4 Zimmern.

Transport

Zur Tham Lot ab SOPPONG 9 km zu Fuß, mit dem Motorrad, einem Motorradtaxi (40 Baht ab Bus Stop) oder dem Pickup für 20 Baht p.P. (Charter 150 Baht) auf der sogenannten *New Road*, einem Waldweg von 8 km Länge.

Pai

ปาย

Lange Zeit war Pai von der Außenwelt isoliert, umgeben von hohen Bergen mit engen Tälern. Der neue H1095 brachte neben vielen nützlichen Dingen den Zivilisationsmüll und die Traveller in diesen sauberen Ort, der auch heute noch einen geruhsamen Eindruck macht und preisgünstig ist. Die Bevölkerung von Pai besteht zum Großteil aus Shan, auch *Thai Yai* genannt. Sie sprechen einen eigenen Dialekt, und ihre Tempel unterscheiden sich von den anderen in Thailand. **Wat Klang** (im Zentrum) und **Wat Luang** lohnen eine Stippvisite. Pai ist bestens geeignet als Ausgangsbasis für Wanderungen, Floßfahrten und mehrtägige Ausflüge zu Dörfern der Bergstämme. Aber auch im Ort selbst kann man oft Karen, Lahu und vor allem Lisu treffen, die hier in ihrem besten Sonntagsstaat Einkäufe erledigen, Gemüse oder Handarbeiten verkaufen.

Obwohl Pai nur 560 m hoch liegt, wird es von November bis Februar nachts ziemlich kalt, so daß viele Leute in dicken Wollmützen und Anoraks herumlaufen.

Übernachtung

Neben den einfachen Unterkünften in den Hinterhöfen des Ortskerns sind neue, auch etwas komfortablere entstanden. Anfang 1997 gab es in Pai etwa 220 Zimmer für Traveller. Die einfachen Gästehäuser haben nur Matratzen auf dem Boden und Gemeinschafts-Du/WC, eine Dusche meist mit Durchlauferhitzer für Heißwasser.
An der Hauptstraße Rungsiyanon Road:
Duang*-**, ✆ 699101, gegenüber der Bus Station, kleines Grundstück, verschiedenste Haustypen, der Komfort reicht vom einfachen Schlaf-

saalbett bis zu gut möblierten Zimmern mit Du/WC; gute Betten, guter Service.
Nunya's House*-**, zweistöckiges Reihenhaus im Hinterhof, unten Zimmer mit Du/WC, oben ohne, dicke Schaumgummimatratzen, Sitzgruppen im Hof, relativ ruhig, freundliches Personal.
Big*-**, einfache Beton-Reihenhäuser im Hinterhof, Zimmer mit Fan und Du/WC, Blick auf eine Motorradwerkstatt.
Charlie's House*-**, ✆ 699039; im schön angelegten, aber lauten Hinterhof stehen mittlere und bessere Reihenhäuser mit kleinen, tristen Zimmern, vernachlässigte sanitäre Einrichtungen. Für Billigreisende gibt es einen Schlafsaal, für verwöhnte Gäste das *Sweet House* und *Romantic House*, Bungalows mit westlicher Toilette.
Chez Swan Rooms**, ✆/℡ 699111, 4 geräumige, sehr saubere Apartments hinter dem Restaurant, sehr preiswert.
Shan*-**, ✆ 699162, im Süden neben der Tankstelle, 100 m von der Straße entfernt, 5 einfache und 10 bessere Bungalows mit Du/WC (3 komfortable mit Kühlschrank und 2 Betten), um einen See gruppiert, in dessen Mitte malerisch das Restaurant auf einer Insel steht. Schöne Sicht auf Reisfelder und Berge. Der Besitzer, Mr. Boonyong Sarakam, ein geselliger Shan, spricht gut Englisch und hat ein Herz für Traveller.
Am Fluß, etwas außerhalb des Ortszentrums (in der heißen Jahreszeit ein wenig kühler):
Golden Hut*-**, ✆ 699024, schöne, neue Holzhütten am Fluß mit/ohne Du/WC; Schweizer Leitung.
Orchid House*, kleine Hütten kurz vor der Brücke links, jedoch nicht direkt am Fluß.
Pai Guesthouse*, 100 m vor der Brücke, großes Holzhaus, Zimmer mit Warmwasser-Du/WC, und Blätter-gedeckte A-Frame-Hütten, Du/WC außen.
Pai River Lodge*, schönes, großes Grundstück direkt am Fluß, einfache Hütten auf Pfählen mit Blätterdach und Terrasse. Offener Aufenthaltsraum mit Bodenmatten, kein Essen und kein Service. Unzulängliche sanitäre Einrichtungen.
Im Westen hinter dem Krankenhaus:
Mountain Blue*, 700 m von der Bus Station, schöne Anlage, 15 A-frame Hütten am und im See, Gemeinschafts-Du/WC mit warmem Wasser, 3 gute Bungalows** mit Du/WC, Restaurant über dem See, kein Service, herzliche Atmosphäre und besonderes Flair. Häufig gute Bands.

Im Osten hinterm Wat Mae Yen:
Peter & Vandee Hut*, jenseits der Brücke, 7 sehr luftige Bambushütten, mit Blättern gedeckt, weiträumig in einem großen Garten, z.T. vorn am Reisfeld, warme Du/WC außen, Gartenrestaurant. Kochkurse, Mountain Bikes 40 Baht / 24 Std. Der Besitzer hält zum Vergnügen mancher Gäste einen Gibbon.
In der Umgebung von Pai sind einige teurere, Erholung bietende Unterkünfte entstanden:
Pai Valley Resort***, 63 Mu 5 Mae Natuang, 3 km von Pai, auf der Straße Richtung Mae Hong Son am KM 100,8. Luftiges Reihenhaus, einfache Zimmer mit Du/WC. Nette Besitzerin.
Pai Mountain Lodge**, 8 km von Pai, von der Straße Richtung Mae Hong Son am KM 102,8 nach links abbiegen, nach 3,6 km liegt die Lodge hinter dem Shan-Dorf. Zu Fuß eignet sich der 6,5 km lange Weg über Nam Hu besser. Auf großem Gelände mit kleinem Teich liegen inmitten der Berge große, gemauerte Schweden-Häuser mit 1–2 Schlafzimmern, kleinem Bad und offenem Kamin sowie ein großes Haus.

Essen

Es ist kaum zu glauben – aber in diesem abgelegenen Ort hat man die Qual der Wahl. Neben den Restaurants einiger Gästehäuser und einfachen bis exklusiven Thai Restaurants haben sich einige Köche an die Bedürfnisse der Traveller eingestellt. Alle Restaurants schließen früh.
Thai Yai, hier gibt es Kaffee aus den Hilltribe-Dörfern, frische Brötchen u.a., von der schottischen Chefin Andrea bestens zubereitet.
Chez Swan, feines Restaurant mit weißen Tischtüchern und zivilen Preisen. Neben französischen Gerichten kann Tuk auch ausgezeichnete Thai-Currys zubereiten. Ein wundervoller Mensch ist der Wirt Guy, der auch Bootstouren organisiert.
Own Home kann nicht verleugnen, daß es als vegetarisches Restaurant begonnen hat, Fleisch muß man mit der Lupe suchen.
Beliebt sind die Gerichte aus dem Mittleren Osten und Italien.
Nong Beer, einfaches Thai Restaurant. Die Chefin kocht ausgezeichnet und serviert große Portionen. Die englische Speisekarte sieht dürftig aus, aber man kann problemlos zeigen, welche Zutaten man haben will.

Home Style Kitchen, ein nettes Ehepaar serviert vegetarische und Shan-Hackfleischgerichte bei Kerzenlicht.

Side Walk, gemütliches, kleines Restaurant, gutes Thai-Essen zu günstigen Preisen; große Portionen, prompter Service, nette Leute.

Pancake Heaven, von Sonnenuntergang bis spät in die Nacht backt Mr. Mozib, bekannt als „Pancake Man", leckere, preiswerte Pfannkuchen in 19 Variationen. Er steht vor dem alten Markt, hat immer Betrieb und sorgt für Unterhaltung. Oft läßt er sich von seiner Frau vertreten.

50 Stang Restaurant & Bar, gemütliche, kleine Kneipe, Spezialität ist *Herbal Whisky*, nur abends geöffnet.

Corner Bar, geleitet vom Schweizer Tom.

Mies ist seit Jahren das *Duang Restaurant*.

Sonstiges

GELD – *Krung Thai Bank* an der Hauptstraße, geöffnet 8.30–15.30 Uhr.

FAHRRÄDER – an verschiedenen Stellen, 20 - 30 Baht pro Tag (in der Saison reservieren). Mountain Bikes vermietet die *Pai Tai Bike Society* für 40 Baht/24 Std. (Bikes kontrollieren).

INFORMATIONEN – über die Umgebung von Pai gibt es im neuen *Traveller Shop* an der Hauptstraße, auch Karten und andere nützliche Dinge. Das Büro des *Wildlife Fund of Thailand (WWF)* befindet sich ebenfalls hier, der Ansprechpartner für Umweltschäden.

KAJAKS / SCHLAUCHBOOTE – *Thai Adventure*, 13 Mu 4 Rangsiyanun Rd., ✆/✉ 699111, organisiert Schlauchboot- und Kajaktouren. Zu erfragen im Restaurant Chez Swan bei dem Franzosen Guy Gorias.

Außer im April / Mai ist Kanufahren das ganze Jahr über möglich.

Gästehäuser oder Trekking-Agenturen organisieren Fahrten mit einem einfachen Bambus-Raft auf dem Pai River.

KOCHKURSE – bietet *Vandee* von *Peter & Vandee Hut* in der Saison laufend: 3 Tage im Gartenrestaurant für ca. 700 Baht (inkl. Kochbuch).

MEDIZINISCHE HILFE – 300 m im Westen liegt das neue Hospital, der Chefarzt leitet abends die private Klinik im Ort (niedrige Preise). Bei hohem Fieber kann man im *Malaria Office*, 1 km nördlich des Ortes, eine Blutprobe auf Malaria untersuchen lassen. Vor allem in der Regenzeit tritt die tödliche *Malaria tropica* gehäuft auf. Bei sofortiger Behandlung kann sie völlig geheilt werden.

MOTORRÄDER – *Nop's Bike* vermietet 100cc Honda Dreams für 150 Baht, 250er Yamaha Enduro für 350 Baht, freundlicher Service.

Auch das *Own Home Restaurant* vermietet einige Maschinen. Eindringlich gewarnt wurden wir vor *M.S.*, gegenüber vom *Duang Restaurant*.

SAUNA / MASSAGE – Burmesische *Sauna* und Massage bei Mr. Jan für 100 Baht (Massage 70 Baht) ist sehr beliebt, er fungiert quasi als lokales Hospital.

Kräuter-Sauna und *Traditional Thai Massage* bei ausgebildeten Masseuren hinterm *Pai Guesthouse* für 130 Baht, Mo–Fr 16.30–20.30 Uhr, Sa und So 9–20.30 Uhr. Bietet auch 3tägige Kurse in Thai-Massage.

TREKKING – Jedes Gästehaus und einige kleine Agenturen bieten Trekking Touren an. Pai ist als Ausgangspunkt sehr angenehm, da lange Anfahrtswege wegfallen. Es geht noch recht persönlich zu. Man kann in kleinen Gruppen oder auch nur zu zweit trekken und die gewünschte Wanderzeit und die Ziele mit dem Guide besprechen. Auf Wunsch wird ein Rasttag in einem Hilltribe-Dorf eingelegt, wo man den Einheimischen bei der Arbeit helfen kann. Für einen Trek dürften pro Tag und Person 300–400 Baht anfallen, bei nur 2 Pers. etwas mehr. Mit Elefantenreiten (100 Baht p.P. und Std.) und Floßfahrt kostet ein 3-Tages-Trek etwa 1200 Baht p.P.

Alle Guides verharmlosen die beißende Kälte in den Monaten Dezember bis Februar, ein guter Schlafsack oder mehrere Decken sind dringend anzuraten.

TREKKING-AGENTUR – Seit Jahren arbeitet der Karen *Seela* von *Karen Trekking* absolut zuverlässig. Er wird beständig gelobt. Büro an der Hauptstraße. Auch sein Schüler, der Shan *Berm* führt empfehlenswerte Treks durch.

VORWAHL – 053; PLZ: 58 130.

Transport

Die Strecke von Chiang Mai über die Berge ist eine der schönsten in Thailand.
Von CHIANG MAI (Arcade Bus Station) mit non-ac-Bus um 7, 8.30, 10.30, 12.30 und 16 Uhr für 45 Baht, 4 Std.; mit dem ac-Bus um 8 Uhr für 75 Baht in 3 1/2 Std.
Zurück um 7, 8.30, 11, 12.30 und 16.30 Uhr; ac-Bus um 11 Uhr.
Von MAE HONG SON um 7, 8.30, 10.30, 12.30, 14 und 16 Uhr für 45 Baht in 4 Std.; ac-Bus um 8 Uhr für 85 Baht in 3 Std.
Zurück um 8.30, 11, 12.30 und 14.30 Uhr; ac-Bus um 11.30 Uhr. Die Strecke nach Mae Hong Son führt über hohe Pässe mit schöner Aussicht.

Ausflüge von Pai

Es macht Spaß, in der Gegend von Pai zu wandern oder Rad zu fahren, auch wenn die Ziele nicht spektakulär sind. Nach Westen kann man Dörfer der Lisu, Shan, Red Lahu und Kuomintang-Chinesen besuchen, ohne sich zu verlaufen. Die **Wasserfälle** (ca. 10 km) am Ende der schlechten Wege sind nicht spektakulär, aber erfrischend. Der **Mo Paeng Wasserfall** gilt als vermüllt. Zu empfehlen ist ein 1 1/2tägiger Spaziergang zur Pai Mountain Lodge mit Übernachtung dort.

Im Osten lockt **Wat Mae Yen**, der Tempel auf dem Hügel (3 km) mit schöner Aussicht. Sehr schön und sauber ist der **Mae Yen Wasserfall**, den man zu Fuß in einem Tagesausflug (9 km) erreicht: nach 2 Std. Wanderung geht es vor dem Fluß rechts hoch (30 Min.). Das Wasser fließt ganzjährig ca. 12 m über 3 Stufen herunter in einen knietiefen Pool. Prächtige Bäume, viele Vögel und Schmetterlinge sorgen für einen angenehmen Aufenthalt. Schön ist auch der Rückweg am Nachmittag.

Die **Pong Ron** Hot Springs (11 km) bieten Bademöglichkeit im Bach. An der Abzweigung zu den Quellen kann man Elefantenreiten. Im Süden ist eine Fahrt durch die Dörfer am Pai Fluß entlang recht lohnenswert. An der P.T. Tankstelle (KM 96,2) beginnt die 3,3 km lange Asphaltstraße mit malerischen Fluß- und Dorfszenen. Danach geht sie in eine holprige Schotterstraße über.

Von Pai nach Chiang Mai

Diese Berg- und Talstrecke von 131 km gehört zu den schönsten Landschaften Thailands. Interessante Abstecher für Motorradfahrer sorgen für Abwechslung.

Mae Sae

Vom KM 60 bis zum KM 54 fällt der H1095 steil ab bis zum Dorf Mae Sae, wo der Bus eine Pause macht und die Fahrgäste sich in einem der Restaurants stärken. In diesem kleinen Ort kann man sogar im *Air Hill Guesthouse** übernachten. Am östlichen Dorfende führt ein Weg links etwa 4 km weit zu den heißen Quellen (s.u.).

Nach dem nächsten Paß windet sich die Straße mit 4 haarsträubenden Spitzkehren 350 m den steilen Berg hinunter. Spätestens hier finden die im Bus gratis verteilten Spucktüten bei sensiblen Gemütern regen Zuspruch.

Pong Duet Hot Springs

Am KM 42 zweigt nach links eine Lateritstraße von 6,6 km Länge zu den schönen **Pong Duet Hot Springs** (u.a. auch Pong Duat) ab. Nach 500 m Fußweg durch schönen Wald sprudelt das heiße Wasser bis zu 1,5 m hoch aus der Erde. Am Parkplatz kann das Zelt aufgeschlagen werden.

Mokfa Wasserfall

Lohnend ist der Abstecher zum Mokfa-Wasserfall (auch Mork Fah). Am KM 18,6 nach rechts abbiegen, dann 1,5 km auf einem Feldweg weiterfahren. Vom Parkplatz sind es noch 600 m auf einem sehr schönen Fußweg am Bach entlang unter einem Bambusblätterdach hindurch. Ein Arm des Wasserfalls stürzt aus etwa 30 m Höhe in freiem Fall in einen Kessel.

Nach 97 km ist im Marktflecken **Mae Malai** auf einem unscheinbaren Sträßchen direkt neben dem Markt der H107 erreicht (KM 36,9). Auf diesem geht es bis zur Kreuzung mit dem Superhighway flott voran (Bus 1231 für 15 Baht nach Chiang Mai, für 35 Baht nach Fang).

Von Chiang Mai nach Fang

Man verläßt Chiang Mai am Nordtor Chang Puak. Bis Mae Rim ist die Straße vierspurig. Nach 13,4 km zweigt die Straße H1096 zum Mae Sa Valley ab (s.S. 602) und nach 36,9 km der H1095 nach Pai und Mae Hong Son (s.o.).

Am KM 56 (Bus 1231 von Chiang Mai für 19 Baht, 1 1/2 Std.) befindet sich rechts am Ping Fluß das **Chiang Dao Elephant Training Center,** in dem junge Elefanten trainiert werden, mit Ausnahme der heißen Monate März bis Mai. Busse voller Touristen erscheinen zu den vier 30-minütigen Shows ab 9 Uhr (Eintritt 40 Baht).

Übernachtung

Malee's Nature Lovers Bungalows**-***, 144/2 Mu 5 Chiang Dao 50170, ✆ 01-9618387, 1,3 km hinter den Chiang Dao-Höhlen (links halten), gepflegter Garten; 5 schöne, große Bungalows mit Du/WC, spärlich eingerichtet; Schlafsaal (80 Baht p.P.); Haupthaus mit Eßraum (gemeinschaftliches Abendessen 60 Baht), Sitzplätze, Zelte 50 Baht p.P.; die freundliche, rührige Malee organisiert und leitet eindrucksvolle Ausflüge in der Umgebung. Bestens geeignet für Familien mit Kindern.

Fang

Die Nähe zu Myanmar und der damit verbundene Opium- und Waffenschmuggel charakterisieren den Ort. Bei unserem ersten Besuch 1973 liefen die meisten männlichen Bewohner mit Gewehren oder Colts durch die Straßen. Heute sind die Zeiten ruhiger geworden, und die Thai Border Police hat die Situation unter Kontrolle.

Vom *Fang Garden Guest House* werden 1- bis 7tägige Treks zu Dörfern der Bergstämme und zu einigen hübschen Wasserfällen veranstaltet. Die schwefelhaltigen **heißen Quellen** (gut 90°C) von Bo Nam Ron im **Mae Fang National Park** (10 km westlich) lohnen sich nicht mehr.

Übernachtung

Fang Garden Guest House**, 562 Soi 8, Ban Nong Yao, ✆ 453220, 9 km südlich von Fang, 500 m vom H107.
Großes Gartengrundstück in einer ruhigen Gasse, 4 hübsche Chalets aus Holz und Ziegeln mit Bad und Balkon, Restaurant.
Amara, die freundliche Besitzerin, spricht gut englisch. Als *Crocodile Dundee Trek & Tour Service* (mit Lizenz) veranstaltet sie individuelle, sehr empfehlenswerte Treks (500 Baht p.P. und Tag) zu verschiedenen Bergstämmen (z.T. mit Rafting).
Auf Wunsch führt sie Motorradfahrer auf schwierigen Pisten durch den Dschungel.
Von Fang kommt man mit dem gelben Songthaew (ab Buchladen) für 5 Baht hin, von Chiang Mai kann man bereits in Ban Nong Yao, Soi 8, am KM 143,4 aussteigen.
Ueng Khum**, Tha Pae Rd., in einer Seitenstraße nach dem Straßenknick, gute und preiswerte Bungalows mit Fan, ac und warmer Dusche.
Wang Kaew**, Tha Pae Rd., 50 m daneben, saubere Zimmer.

Essen

Ban Sai Kaew Restaurant, am Straßenknick 200 m nach links, preiswertes Restaurant mit gutem Essen, ac und Satelliten-TV.
Koo Charoen Chai Restaurant, Chotana Road, Thai und chinesische Küche.
JJ Bakery, Chotana Road, neben der Polizei, gutes Frühstück.

Sonstiges

SILBERSCHMUCK – Ein Laden mit *Hilltribe Silver* und Souvenirs liegt gegenüber vom *D.J. Hotel*, ein zweiter 100 m weiter.

VORWAHL – 053; PLZ: 50110.

Transport

Die Bus Station liegt am Ortsanfang rechts.
Von CHIANG MAI (Chang Puak Bus Station) mit non-ac-Bus 1231 alle 30 Min., 43 Baht in 3 1/2 Std., ac-Bus um 8 Uhr, 70 Baht, ac-Minibus stündlich ab 9 Uhr, 70 Baht. Der letzte Bus zurück fährt um 17 Uhr.
Nach THATON mit dem Minibus alle 10 Min., 10 Baht in 40 Min., doch beim Aufsammeln der Fahrgäste vergeht viel Zeit.
Nach MAE SAI mit non-ac-Bus über Thaton und Mae Chan um 9.30, 11.30 und 17 Uhr für 33 Baht. Zurück um 7, 9 und 14.30 Uhr.

Thaton   ท่าตอน

Der kleine Ort am Mae Kok River ist Ausgangspunkt für eine Bootstour – eine der schönsten Flußfahrten, die Thailand zu bieten hat. Und mit dem Floß kann sie geradezu romantisch abenteuerlich werden. Thaton wird überragt von der Monumentalstatue einer gewaltigen goldenen Buddha-Statue, die von einer Naga vor dem Regen geschützt wird. Weiter unterhalb ragt der Kopf eines weißen, sitzenden Buddhas im Chiang Saen-Stil heraus.

Übernachtung

Thip Travel House 1*-**, ✆/@ 459312. Kleine, hellhörige Zimmer mit eigenem Bad/WC; davor Restaurant und Trekking Office. Mrs. Tarbtip, die engagierte Besitzerin, ✆ 01-9811780, organisiert Treks und Floßtouren (s.u.).
Apple GH**, ✆ 459315, sehr schöne Gartenbungalowanlage, gute, hübsche Bungalows mit Du/WC und einige VIP-Bungalows***, der offene Aufenthaltsraum liegt direkt vor einem großen Reisfeld mitten in der Natur.
Chankasem GH*-***, 2 Reihenhäuser mit unterschiedlichen Zimmern, die Tore werden Punkt 22 Uhr abgesperrt; großes Restaurant direkt am Fluß, in der den Abfall entsorgt wird. Aufdringliche Anmache wegen Floßtour. Schlimme Hunde.
Thaton Cottage**** (mit Discount***), ✆ 459355, 500 m flußabwärts, tropischer Garten; ac-Bungalows, großes Bad mit Badewanne/WC, Terrasse; 5 Zimmer im Reihenhaus mit Du/WC; gutes Restaurant am Fluß, gehobene Preise.
Garden Home**, 236 Mu 3, ✆ 459287, 200 m flußaufwärts, schöne, ruhige Anlage, 5 Bambushütten mit Moskitonetz und Bad, 4 kleine, muffige Zimmer mit Du/WC im Reihenhaus; Restaurant.
Asa's Guest Home** (150 Baht p.P. inkl. 2 Mahlzeiten), im modernen Lisu-Dorf Louta (16 km von Thaton). Kein Gästehaus, sondern ein Heim, in das man schnell integriert wird. Bambuszimmer mit dünnen Matratzen und Moskitonetz im Lisu-Haus. Der Trekking Guide Asa veranstaltet eine hochgelobte *Jungle Adventure Tour*.

Essen

Die **Good Morning Bakery** bietet gutes, relativ teures Frühstück mit Vollkornbrot (falls vorhanden) und leckeres Gebäck; 4 gute Mountain Bikes für 70 Baht/2 Tage, Büchertausch.
Das **Apple Restaurant** hat Blick zum Fluß, wirkt aber etwas überdimensioniert; die beiden Besitzerinnen kümmern sich um die Gäste und bereiten leckere Gerichte.

Sonstiges

MOTORRÄDER – werden neben dem Bootshaus von *Thaton Tour* für 200 Baht / 24 Std. vermietet. Besser in Chiang Rai mieten.

TOURIST POLICE – an der Hauptstraße, ✆ 459033. Bei Problemen während der Floßtour muß man zur *Tourist Police* nach Thaton zurück und hier eine schriftliche Beschwerde einreichen.

TREKKING – In jedem Gästehaus werden Trekking-Touren angeboten. Da wir laufend Beschwerdebriefe erhalten, raten wir vom organisierten Trekking ab.

VORWAHL – 053; PLZ: 50280.

Transport

BUSSE – Von CHIANG MAI (Chang Puak Bus Station) mit dem Direktbus 1231 um 6, 7.20 (reicht gerade noch fürs Boot), 9, 11.30 und 15.30 Uhr für 51 Baht in 4 Std. oder mit dem

halbstündlich verkehrenden Bus 1231 nach FANG für 43 Baht in 3 1/2 Std. und von dort mit dem Minibus alle 10 Min. für 10 Baht in 1 Std. nach Thaton.
Nach CHIANG MAI fahren die Direktbusse alle 90 Min. von 6.25–14.25 Uhr.
Nach FANG um 9, 12.30, 15 und 17.30 Uhr.
Nach MAE SAI über MAE CHAN um 7.30, 9.30, 11 und 15 Uhr.

PICKUP – Nach Mae Salong mit gelben Pickups für 50 Baht in 2 Std. auf der Bergstraße mit herrlicher Aussicht. Sie fahren von der Haltestelle jenseits der Brücke alle 30 Min. ab, auch in die östlichen Dörfer, z.B. nach BAN MAI (15 Baht) und BAN MUANG NGAM (10 Baht). Meistens fahren Thai, Chinesen, Akha, Karen, Lahu, Lisu und Yao mit. Mit geringem Gepäck kann man leicht aussteigen, ein nahes Dorf besuchen und später das nächste Pickup weiter nehmen.

FLUSSBOOT – Nach CHIANG RAI um 12.30 Uhr für 160 Baht in 4–5 Std. (Beschreibung s.u.). An ca. 12 Haltestellen kann man unterwegs aussteigen, z.B. bis BAN MAI für 40 Baht, MAE SALAK für 50 Baht, RUAM MITR für 150 Baht.

Flußfahrt auf dem Mae Kok River

Mittags um 12.30 Uhr fahren **Longtail-Boote** (ohne Sitze!) am Bootshaus ab. Die Fahrt auf dem Mae Kok River bis Chiang Rai dauert, wenn keine Pannen auftreten, 4 bis 5 Stunden und kostet 170 Baht pro Person. Zur Sicherheit fahren 1–3 Polizisten mit.

Während der Fahrt sitzt man quer zur Fahrtrichtung auf Kunstlederkissen auf dem Boden des Bootes. Unterwegs kommt man nicht an sein Gepäck, deshalb sollte man rechtzeitig für weitere Polsterung sorgen. Plastikbeutel für Fotoapparat (häufig kommt Wasser über), Sonnenhut und Sonnenbrille (gegen den Fahrtwind) nicht vergessen. Leider rast das Boot zu schnell und zu laut durch schöne Landschaft. Wenn keine Fahrgäste unterwegs zu- oder aussteigen wollen, hält das Boot nur zweimal zur Registrierung der Passagiere (Paß oder Kopie mit Visa-Nummer wird benötigt). Akha-Frauen biedern sich dort zum Fotografieren an.

Weniger Eilige können in 3 Tagen mit einem **Bambusfloß** den Fluß hinuntertreiben (nach Ende der Regenzeit kann die Strömung so stark sein, daß die Reise nur 1 1/2 Tage dauert). Organisiert werden solche Trips vor allem von *Thip's Travel* (mehrere Beschwerdebriefe unserer Leser) und vom *Chankasem Guest House* (noch mehr negative Briefe). Die Preise und Angebote sind ähnlich, man sollte jedoch von den Versprechungen einige Abstriche machen (insbesondere können die Guides entgegen der Abmachung zumeist fast kein Englisch). Während der Saison finden sich täglich genügend Traveller, und die Flöße liegen bereit. Ein Floß faßt bis zu 6 Personen und ist mit einem Hüttenaufbau und einem „WC"-Verschlag ausgestattet. Im Preis von ca. 3600 Baht pro Floß (für 4 Personen) sind zwei Bootsführer, Matten, Decken, Kocher und Essen enthalten. Übernachtet wird auf dem Floß oder am Ufer im Freien (Moskito-Netz oder zumindest Coils sind wichtig).

Es kann auch ein ganzes Programm, wie der Besuch von Akha- oder Lisu-Dörfern und eine Wanderung zu heißen Quellen, mitgebucht werden (ca. 1600 Baht p.P.). Handelt man den Preis zu sehr herunter, so daß die Guides nicht auf ihre Kosten kommen, lassen sie einfach einen Teil des Programms ausfallen. Elefantenritte müssen immer zusätzlich bezahlt werden, trotz gegenteiliger Abmachungen.

Wegen einiger tragischer Unfälle ist es nicht mehr erlaubt, sich ein ganzes Floß zu kaufen und alleine zu steuern. Besonders gefährlich kann es am 2. Tag bei den Stromschnellen in der Höhe vom *Forest Development Center* werden! Viele Flöße kenterten hier.

Chiang Rai

เชียงราย

Die nördlichste Provinz Thailands hat fast 1 Million Einwohner, und obwohl nur ein knappes Drittel ihrer Fläche landwirtschaftlich genutzt wird, hat sie in der Reisproduktion die höchsten Erträge aller Provinzen. Es herrscht eine durchschnittliche Jahrestemperatur von 25°C, im Winter 13°C, in der heißen Jahreszeit (März bis Mai) 35°C. Am meisten regnet es im August und September. Die Stadt wurde bereits 1262 von König Mengrai als Zentrum seines Reiches gegründet. Chiang Mai folgte erst 34 Jahre später. Dennoch gibt es hier keine historischen Bauten oder Ruinen, die als Attraktion dienen könnten. In den letzten Jahren erlebte die Stadt einen Bauboom, der immer noch anhält.

Im Chedi des **Wat Phra Kaeo** wurde 1436 der berühmte Smaragd-Buddha entdeckt. Nach einer Legende soll ein Blitz den Chedi beschädigt, und so die Statue freigelegt haben, die aber damals noch unter einer Gipsschicht verborgen war. Später sprang der Gips ab, und der grüne Buddha kam zum Vorschein. Das tatsächliche Material ist übrigens Jaspis.

Übernachtung

GÄSTEHÄUSER – Fast alle Gästehäuser bieten Fan und Duschen mit heißem Wasser, die meisten als Gemeinschaftseinrichtung. Alle betreiben eine Trekking-Organisation oder vermitteln Trekking-Touren. Motorräder sind für 150 bis 250 Baht über die meisten Häuser zu mieten. Auch Fahrräder stehen zum Verleih bereit.

Chat House* ⑧, 3/2 Saeng Kaew Rd., ✆ 711481; in einer Seitengasse der Trirat Rd., altes, schmuddeliges Haus, neue Bungalows mit Du/WC, Warmwasser und Fan, ruhige Lage; Motorräder sind hier nicht sicher.

Mae Hong Son GH* ⑦, 126 Singhakai Rd., ✆ 715367, am Ende einer Sackgasse, beliebtes, schönes, altes Teakhaus in einem urigen, kleinen Garten, 9 Zimmer; ruhige Lage.

Pintamorn GH*-** (ac**) ⑤, 199/1-3 Mu 21 Singhakai Rd., ✆ 714161, ✆ 713317; auf der Insel in sehr ruhiger Lage; Reihenhaus mit sauberen Zimmern, gemütliches, nicht ganz billiges Restaurant. Vom Busbahnhof oder der Bootsanlegestelle wird man kostenlos abgeholt.

Chian House** ④, 172 Sibunruang Rd., ✆/✆ 713388, auf der Insel (ausgeschildert) in ruhiger Lage; 12 Zimmer im Reihenhaus mit Du/WC, 4 Bungalows mit Warmwasser-Du/WC, Hof mit sauberem Pool; Essen preiswert, große Portionen; junge Besitzer, gute Atmosphäre; Fahrräder 50 Baht / 24 Std. Der Guide *Simon* macht gute 5tägige Treks mit Übernachtung im Dschungel.

Lek House*-** ⑬, 95 Tanalai Rd., ✆ 713337; an belebter Straße, Haus mit Zimmern mit und ohne Du/WC, 4 A-Frame-Hütten mit Du/WC, schattige Sitzgruppen, alles dicht gedrängt.

Pa-Tim House** ⑯, 166/5 Banphaprakan Rd., ✆ 713368; neues 2stöckiges Stadthaus in ruhiger Gasse, große, kahle Zimmer mit guten, großen Betten und Du/WC, originelle Bar; freundliche, erfahrene Trekking Guides.

Head GH*-** ㉑, 279 Ratyota Rd. Soi 2, ✆ 753105; schöner, ruhiger Garten, 3 neue, saubere Steinbungalows mit Du/WC, 3 alte Reihenhäuser, 2 alte, billige Bambusmattenhütten mit Du/WC; gutes Essen; Denchai und Tim verbreiten eine gute Atmosphäre.

Ben GH** ㉓, 351/10 Sankhongnoi Rd. Soi 4, ✆ 716775, in einer ruhigen Wohngegend; das hellhörige Teak-Haus im Lanna-Thai Stil gehört dem fließend englisch und etwas deutsch sprechenden Thai Patrick mit Frau; etwas verwohnte Zimmer mit und ohne Du/WC und Warmwasser; neues Haus mit guten, großen Zimmern mit warmer Du/WC; kleines Restaurant, viele Infos, angenehme Atmosphäre; Abholservic; Fahrräder und Mopeds (150 Baht). Bestes Preis-Leistungs-Verhältnis. Da häufig voll, am besten reservieren.

Boonbundan GH**-*** ㉔, 1005/13 Jet Yod Rd., ✆ 717040, ✆ 712914, Kleinhotel mit unterschiedlichen Gebäuden, z.T. ac, in dem viele Geschäftsleute verkehren. Personal z.T. indifferent.

Tourist Inn**-*** ㉖, 1005/4 Jet Yod Rd., ✆ 714682, kleiner, guter Familienbetrieb, saubere, große Zimmer, ruhig.

Golden Triangle Inn**** ⑭,, 590 Phaholyothin Rd., ✆ 711339, ✆ 713963, hinter dem zugehörigen Café und Reisebüro; flache Reihenhäuser in einer hübschen Anlage; geschmackvolle ac-Zimmer für gehobene Ansprüche.

Maleena Ville*** ⑮, 863 Wat Pranorn Rd., ✆ 712931, östlich des Highways, solide gebaute Bungalows, z.T. mit ac, warme Dusche.

The White House*-** ⑩, 789 Phaholyothin Rd., ✆ 713427, ✉ 713427, an der belebten Ausfallstraße, Stadthaus mit Zimmern mit Du/WC, sehr freundliche Besitzer, die viel über den Norden wissen; veranstalten 8tägige Touren nach Laos.

Weit außerhalb im Südwesten:
The Akha Hill House*-**, 97/7 Doi Hang (Apae's Akha Village), ✆ 01-4607450, 20 km westlich; traditionelles Akha-Haus am Ende des Dorfes, einfache Zimmer, saubere Du/WC, Essen; schöne Sicht übers Tal, Wanderungen zu Hilltribe Dörfern sind möglich. Der Besitzer Apae ist *Village Chief* und Trekking Guide.

Karen House*-***, Ban Thung Phrao, ✆ 01-224 6998, 58 km südwestlich von Chiang Rai, 16 km nördlich von Mae Suai Richtung Wawi in einem Karen-Dorf, 10 Hütten mit und ohne Du/WC, Restaurant, angenehme Atmosphäre, abends Lagerfeuer; geleitet vom Schweizer Christian und seiner Karen-Frau; Mountainbikes. Anreise bis 17 Uhr mit dem gelben Pickup von Mae Suai nach Thung Phrao für 15 Baht.

HOTELS – *Sukniran**** ⑱, 424/1 Banphaprakan Rd., ✆ 711955, ✉ 714701, ordentliches Stadthotel.

Saen Phu Hotel**** ⑰, 389 Banphaprakan Rd., ✆ 717300, ✉ 717308, 7stöckiges Gebäude, sehr gute Zimmer mit ac, den Preis wert; laute Band und Disco im Keller.

Wang Come Hotel ⑳, 869 Pemawibhata Rd., ✆ 711800, ✉ 712972; First-Class-Hotel, Zimmer ab 1200 Baht, Restaurant, Coffee Shop, Pool.

Dusit Island Resort ①, 1129 Kraisorasit Rd., ✆ 715777, ✉ 715801; auf der Insel im Kok River, wirkt wie das Verwaltungsgebäude eines Chemieunternehmens, Zimmer ab 2500 Baht. Gute Aussicht von der Dachbar im 11. Stock.

Essen

Auf mehreren **Nachtmärkten** kann man günstig essen. Westlich vom Uhrturm liegen zwei äußerst beliebte, nur in Thai beschriftete **Restaurants**, das *Phetchaburi* und das *Ratchaburi*. Auch die fertigen Gerichte sehen sehr lecker aus und schmecken ganz hervorragend.

Südlich vom Wiang Inn Hotel liegt die *Bierstube*, ✆ 714195. Hier gibt es Bier vom Faß, gut bürgerliche Küche, Frühstück mit frischen Brötchen und Thai-Essen, geöffnet 9–24 Uhr.

Teepee Bar, am Knick der Phaholyothin Road, urige Kneipe und Shop mit selbstproduzierten Lederwaren; Rockmusik, gute Atmosphäre.

Lotus Bakery House, 869/53 Thaiwiwat Rd., hinter dem Wang Come Hotel. Hier gibt es frischen Kaffee, Frühstück, Brot, Kuchen und süße Stückchen, geöffnet 8–22 Uhr.

Ein sehr gutes *Vegetarisches Restaurant* liegt 250 m südlich der Bierstube an der Kreuzung, billig, von 7–14 Uhr geöffnet.

Sonstiges

AUSFLÜGE – Alle Gästehäuser veranstalten Ausflüge, beraten über lohnende Ziele, stellen Guides zur Verfügung und vermieten Fahrräder, einige auch Motorräder, Jeeps oder PKW. Tagesausflüge lohnen wochentags zum 50 m hohen Khun Kon-Wasserfall, 27 km südwestlich der Stadt, und in der heißen Jahreszeit zum Pattaya Noi Beach, 5 km westlich der Stadt.

AUTOVERMIETUNG – Jeeps werden von vielen Reisebüros für ca. 800–1200 Baht vermietet. *Avis* hat ein Büro im *Dusit Island Resort*, ✆ 715779, ✉ 715801.

BERGSTÄMME – Sehr gute Informationen erhält man im *Hilltribe Museum and Handicraft Center*, 620/25 Tanalai Rd., ✆ 718869; es bietet Einblick in die Tradition der Hilltribes durch eine nette Ausstellung, die Dia-Show (50 Baht) bringt nicht viel. Geöffnet Mo bis Fr 8.30–12 und 13–20 Uhr. Es werden auch 1- und 2-Tages-Touren sowie Treks durchgeführt, deren Erlös direkt für die Hilltribes verwendet werden soll. Das zugehörige Restaurant ist von 11–24 Uhr geöffnet.

GELD – Viele Banken haben ihren *Exchange Service* von 8.30–21 Uhr geöffnet.

INFORMATIONEN – *Tourist Office*, 448/16 Singhakai Rd., ✆ 744674-5, ✉ 717434, gute Informationen und Karten über Chiang Rai, Phayao, Phrae und Nan. Geöffnet 8.30–16.30 Uhr.

KOCHKURSE – *Aye's Cooking Classes*, ✆ 705591, 5 verschiedene Programme mit je

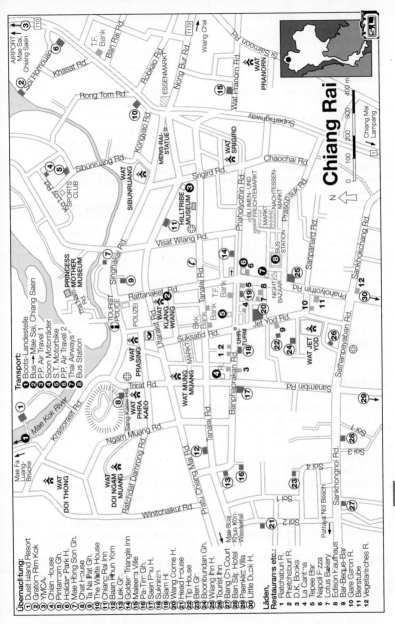

11 Gerichten, die *Aye* (gesprochen Eh) vorkocht, jeweils 500 Baht p.P. (ab 4 Pers.), Abholung 10.30 Uhr, Rückkehr 18.30 Uhr, Informationen an ihrem Stand auf dem *Night Bazaar*.

LANDKARTEN – Sehr gut ist die *"Guide Map of Chiang Rai"* (zu bekommen bei *Ben* und *Ben Tour* für 40 Baht). Besser für Motorrad-Touren geeignet ist die Straßenkarte „*North Thailand Road Map*" von Berndtson & Berndtson (B&B).

MEDIZINISCHE HILFE – *Overbrook Hospital*, Singhakai Rd., ✆ 711366.
Neu ist das *Sri Burin Hospital* nahe *Little Duck Hotel* im Süden, ✆ 717499, ausländische Ärzte.
Empfehlenswert ist die *Aerztliche Praxis Huai Kian* mit dem Arzt Sukrit Tongprasroeth (M.D.), der in Hamburg als Facharzt für Chirurgie praktiziert hat und gut deutsch spricht, 24 km nördlich von Chiang Rai beim KM 849,6 (Schild „*Arzt*" am linken Straßenrand, 8 km vor Mae Chan).

MOTORRÄDER – *Soon Motorcycle*, Trirat Rd., hat über 40 Maschinen von 100–250cc für 150–500 Baht.
S.T. Motorbike, Banphaprakan Rd., ✆ 713652, gilt als sehr zuverlässig, hat auch große Bikes und Jeeps.

REISEBÜRO – *P.P. Air Travel*, 652/6 Uttarakit Rd. und Phaholyothin Rd., ✆ 740208, ✉ 718678, ist zuverlässig, macht Flugrückbestätigungen, hat Sonderangebote für Flüge, verkauft aber keine Zugtickets.
Ben Tour (gehört zum *Ben GH*): Gute Trekking-Touren und Ausflüge (500–800 Baht); 100cc bis 250cc-Motorräder (200 Baht pro Tag für eine ordentliche 125er MTX) und Suzuki-Jeeps (800 Baht ohne, 1200 Baht mit Versicherung).

TOURIST POLICE – beim Tourist Office in der Singhakai Rd., ✆ 717779; soll hilfsbereit sein.

TREKKING TOUREN – Die Preise liegen höher als in Chiang Mai (ab 1600 Baht für 3 Tage / 2 Nächte). Wegen der kahlen Berge wirken einige Treks recht eintönig. Abzuraten ist vom Standard-Trek zum Karen-Dorf Ruam Mitr und dem Wasserfall Huai Mae Sai.
Ben Tour macht viel gelobte Treks.

Auch *Raft Trips* (Floßtouren) auf dem Mae Kok River werden für 2000 Baht angeboten. Die Reise dauert 3 Tage / 2 Nächte und geht bis zum Mekong. Eine Nacht wird auf dem Floß geschlafen, die zweite in einem Hilltribe Village.

UNTERHALTUNG – die zur Zeit lauteste Live-Band spielt im *Saen Phu Hotel*..
Die beste Live-Band soll im *Japan* spielen (24–4 Uhr). Im *Cheers Pub* neben dem Rama Hotel wird von 21–3 Uhr Live-Musik (Beatles und Oldies) geboten.

VORWAHL – 053; PLZ: 57 000.

Nahverkerhrsmittel

Innerhalb von Chiang Rai per **Minibus**, jede Strecke kostet 5 Baht, mit **Tuk Tuk** oder **Fahrrad-Rikscha** 20–40 Baht.

Transport

BUSSE – Alle ac-Busse, VIP-Busse und lokalen Busse halten am zentralen Busbahnhof. Busse nach Mae Sai und Chiang Saen stoppen zudem in der Rattanaket Rd. vor der Polizeistation. Fahrrad-Rikschas zur Unterkunft für 20 Baht.

Bangkok: Vom Northern Bus Terminal, 844 km, mit dem non-ac-Bus etwa stündlich zwischen 6.20 und 9.30 Uhr sowie zwischen 15 und 21.30 Uhr für 189 bzw. 199 Baht in 13 Std., 2.Kl. ac-Bus am Abend für 265 Baht in 12 Std., ac-Bus um 8 Uhr und 6x zwischen 19 und 20.15 Uhr für 364 bzw. 405 Baht, VIP-24 um 19.15 und 19.30 Uhr für 525 Baht.
Zurück mit non-ac-Bus und ac-Bus zu ungefähr denselben Zeiten, VIP-24 Bus 909 um 18.30 und 19.30 Uhr.

Richtung Zentral-Thailand: Nach MAE SOT um 7.20 Uhr für 147 Baht, ac-Bus um 9.20 Uhr für 264 Baht in 11 Std.

Richtung Nordosten: Nach UDON THANI (für Nong Khai) non-ac-Bus um 14.30 Uhr für 175 Baht, ac-Bus um 7 und 13.30 Uhr für 337 Baht. Nach KORAT (Nakhon Ratchasima) ein direkter non-ac-Bus um 7 Uhr für 198 Baht, ac-Bus um 17.30 Uhr für 356 Baht, VIP-40-Bus um 19 Uhr für 450 Baht in 13 Std.

Richtung Ostküste: Nach PATTAYA mit dem non-ac-Bus um 14 Uhr für 230 Baht, ac-Bus um 15 und 16.30 Uhr für 420 Baht in 16 Std.
Nord-Thailand: Von und nach CHIANG MAI fährt jede halbe Stunde zwischen 6 und 17.30 Uhr ein direkter Bus. Die non-ac, 2.Kl. ac und VIP-Busse fahren im Wechsel: 12x tgl. non-ac-Bus 166 (grün) für 57 Baht; 3x tgl. 2.Kl. ac-Bus für 79 Baht; VIP-40 Bus ab 7 Uhr fast jede Stunde für 102 Baht, 4 Std.
In alle Städte in der Provinz Chiang Rai fahren von 6–17.30 Uhr alle 15–45 Min. non-ac-Busse: CHIANG SAEN 17 Baht, MAE SAI 17 Baht, MAE CHAN 9 Baht, PA SANG 10 Baht, CHIANG KHONG 39 Baht.
Nach NAN fährt ein non-ac-Bus auf der kurvenreichen Route durch eine schöne Berglandschaft um 9.30 Uhr für 97 Baht in 6–7 Std.

BOOTE – Bei Touristen besonders beliebt ist die Fahrt mit dem Longtail-Boot von THATON auf dem Mae Kok River flußabwärts nach Chiang Rai in 4–5 Std. Von der Landestelle, die sich jenseits der neuen Mae Fa Luang-Brücke im Nordwesten der Stadt befindet, fährt man am besten mit einem Schlepper zu einem Gästehaus.
Flußaufwärts nach THATON starten die lauten, nassen Boote von derselben Landestelle gegen 10.30 Uhr für 170 Baht. Sie brauchen 5–6 Std. (Paß oder Kopie mit Visa-Nummer nötig).
In der Regenzeit (Juli–Oktober) kann es aufgrund der zahlreichen Strudel und Stromschnellen sehr naß und sogar gefährlich werden.

FLÜGE – Der Airport liegt 8 km nordöstlich der Stadt, Taxi 150 Baht. Der Abholservice der Gästehäuser gilt meist nicht für den Flughafen. Von und nach BANGKOK 4x tgl. für 1855 Baht. Von und nach CHIANG MAI 2x tgl. für 420 Baht.
Thai Airways Office, 870 Phaholyothin Rd., ✆ 711179 (in der Stadt), ✆ 793048 (am Airport).

Mae Chan

แม่จัน

Der kleine Handelsort Mae Chan ist für die Bergstämme, die in diesem Distrikt die Mehrheit der Bevölkerung stellen, der am nächsten gelegene **Einkaufsort**. Im Zentrum hat das Restaurant *Maria* eine englische Speisekarte mit Thai-Essen und einigen westlichen Gerichten, sowie viel Patisserie und selbstgemachtes Brot. Von hier kann man mit Informationen und Hilfe von Martin (s.u.) schöne Ausflüge in die Berge, nach Burma und Laos unternehmen.

Übernachtung

Martin + Goi Swiss / Thai GH**-**, 360 Moo 3, Soi 1, Ban Pa Sang, ✆/✉ 771313; 2,1 km nördlich von Mae Chan, 300 m vor der Abzweigung des H1130 bei der Esso-Tankstelle links in die schmale Gasse abbiegen, Schweizer Flagge am Haus; 4 Zimmer, 1 einfacher Bungalow, familiäre Atmosphäre, viele Infos; Motorradtreks in entlegene Gebiete. Cyberkitchen mit e-mail-Service.

Mae Salong

แม่สลอง

(auf Thai: Santi Khiri) Am Abhang des Doi Mae Salong wurde dieser Ort von ehemaligen Kuomintang Soldaten des 93. Regiments gegründet, die nach dem Sieg Mao Tse Tungs 1949 nach Burma geflohen waren und 1956 nach Thailand vertrieben wurden. Von vielen Stellen in Mae Salong hat man eine schöne Aussicht über das Bergland. Überragt wird der Ort von einer neuen **Pagode**, in der Asche des Buddha aufbewahrt wird.

Zum traditionellen **Markt** kommen von 5–7 Uhr viele Loimi Akha-Frauen, oft herausgeputzt wie zu einem Fest. Fast alle möchten nicht fotografiert werden (einige verlangen Geld): bitte respektieren! Ab 9 Uhr liegt der sogenannte *Evening Market* auf dem Paß Richtung Thaton in schönstem Licht. Neben Thais verkaufen Chinesen viele Waren aus China. Akha-Frauen in voller Tracht präsentieren am Straßenrand auf Tüchern ihre frischen Feldfrüchte. Dieser Markt endet gegen 17 Uhr.

In der Umgebung von Mae Salong leben etwa ein Dutzend verschiedene Bergstämme. Einige Dörfer sind in weniger als einer Stunde zu Fuß zu erreichen. Treks zu entfernten Dörfern im Grenzgebiet sollten nur mit Führern unternommen werden.

Übernachtung und Essen

Mae Salong GH**, ☎ 053/765102, neben der Markthalle, ein flaches Haus mit unzumutbar muffigen Zimmern, mit und ohne Du/WC.

Shin Sane GH*-** (gesprochen: *Schin Sähn*), ☎ 053/765026, 50 m vor der Markthalle; beliebtes, sauberes Holzhaus, Steinbungalows mit warmer Du/WC im Garten; gutes Essen; freundliche, familiäre Atmosphäre.

Akom GH** (auch: *Akha Mae Salong GH*), ☎ 053/765103, Betonhaus mit schönen, sauberen Zimmern, billigere Zimmer* im Keller ohne Fenster, Gemeinschafts-Duschen.

Golden Dragon*** (in der Hochsaison****), 2stöckiges Reihenhaus, Holzbungalows mit mehreren Zimmern, saubere Du/WC, offener Kamin, 100m unterhalb vom Markt.

Ban Heko*, 7 km südwestlich am H1234 Richtung Thaton, 1 km zu Fuß, Unterkunft in einem recht authentischen Dorf der Lisu, gute Kontaktadresse ist der Dorflehrer.

An der Hauptstraße gibt es in vielen Nudel-Restaurants chinesische Reisnudelsuppe.

Im *Beer Garden* auf dem Dach des *Central Hills Hotel* kann man bei schöner Aussicht und frischem Wind gut essen.

Der Nudelstand beim Morgenmarkt serviert eine leckere Nudelsuppe zum Frühstück.

Transport

Von CHIANG RAI mit dem Bus in Richtung MAE SAI für 10 Baht bis zur Abzweigung bei PA SANG (2 km nördlich von MAE CHAN). Von hier fährt alle 40 Min. ein Pickup für 50 Baht die Bergstrecke hoch (abwärts nur 40 Baht).

Nach THATON (44 km) vom Dorfzentrum von 8–15.30 Uhr mit dem Pickup in 2 Std. für 50 Baht (ab 4 Pers.), ein billiges Abenteuer.

Doi Tung

ดอยตุง

Auf dem Weg über den H110 von Mae Chan durch die fruchtbare Ebene weiter nach Norden tauchen auf der linken Seite immer imposantere Berge auf.

Am KM 870,5 zweigt nach links die neue, breite Asphaltstraße zum alles überragenden Doi Tung (18 km) ab. 600 m weiter in **Huai Khrai** (19 km vor Mae Sai) beginnt die *„Old Road"* H1149 zum Doi Tung. Es ist ratsam, aufwärts die *„New Road"* zu wählen, da die alte Straße einige sehr steile Passagen aufweist. Allein wegen der herrlichen Ausblicke ist diese Fahrt (vor allem bei klarem Wetter) sehr empfehlenswert, auch für Motorrad-Neulinge geeignet. Hier gilt ganz besonders: „Der Weg ist das Ziel". Der Bus kostet von Mae Sai bis zur Abzweigung 6 Baht, der Minibus bis hoch 30 Baht.

Am KM 16,2 liegt der Sattel mit einem Tempel, Verkaufsständen und einfachen Restaurants. Die letzten 300 m zum **Wat Phrathat Doi Tung** sind sehr steil. Besser parken und an den Dutzenden von Souvenirständen vorbei die Treppe hochsteigen zum Pilger-Tempel auf 1420 m Höhe. In den zwei Chedis sollen im Jahre 911 von König Achutaraj aus Chiang Saen Reliquien von Buddha niedergelegt worden sein.

Nach Mae Sai kann man die neue Straße (22 km) über den **Doi Chang Mub** nehmen. Die schöne Straße führt entlang der Grenze zu Burma ins Tal, vorbei am Dorf **Ban Phami**, das heute kaum noch als Akha-Dorf zu erkennen ist.

Mae Sai

แม่สาย

Der nördlichste Ort Thailands lebt vom kleinen Grenzverkehr mit Myanmar, bis 1989 Burma genannt. Selbst aus Kengtung (172 km nördlich, auf Thai Chiang Tung) kommen Shan und Burmesen in ihren traditionellen Trachten angereist, um die in Burma unerschwinglichen Waren zu erstehen. Eine Straßenbrücke führt über den Grenzfluß. Touristen können für einen Tagesausflug über die Grenze nach Myanmar (s.u.).

In den vielen Läden vor der Brücke werden preiswert burmesische Souvenirs angeboten, z.B. Marionetten. An der Hauptstraße gibt es eine **Jade-Fabrik**, die man besichtigen kann (montags geschlossen). Auffallend sind die vielen Bettlerinnen aus

Burma. Vom **Wat Doi Wao** auf dem Hügel links vor dem Fluß hat man von einem kleinen Aussichtsturm eine schöne Aussicht über den Ort. Im November und Dezember kann es schon ab dem späten Nachmittag sehr kalt werden.

Übernachtung

GÄSTEHÄUSER – Wer mit Blick auf die burmesische Grenze übernachten möchte, geht vor bis zum Fluß und biegt vor der Grenzschranke nach links ab.
King Kobra GH**-*** (KK GH), 135/5 Sailomchoi Rd., ✆/✉ 733055, großes Stadthaus, geräumige Zimmer mit Du/WC, Aufenthaltsraum mit Kabel-TV, Bar, viele Infos.
Maesai Plaza GH*-**, 386/2 Sailomchoi Rd., ✆ 732230, 60 sehr kleine, kühn konstruierte Pfahlbauhütten aus Bambus, türmen sich dicht gedrängt am Hang auf, Restaurant mit guter Sicht.
Northern GH*-***, 402 Tham Pachom Rd., ✆ 731537, ✉ 02-2121122, 1- und 2stöckige Bretter- und Bambusmattenhütten, etwas heruntergekommen, 3stöckiges Steinhaus am Fluß, in einem großen, netten Garten; freundliche burmesische Familie; schönes Restaurant.
Riverside GH** 2, ✆ 732554, hängt direkt über der Uferböschung; gute Zimmer, Aussicht auf das Leben am und im Fluß; sehr laut.
Maesai GH**-*** 1, ✆ 732021, schön gelegen, aber alles andere als freundlich.
Chad GH-***br, 52/1 Soi Wiangpan, ✆ 732054; vorn am Ortsanfang, in die Gasse zum Wat rein; 10 schöne, saubere Zimmer in traditioneller Bauweise, Warmwasser; netter Garten mit Tischen; freundliche, hilfsbereite Familie. Gute Mopeds (150 Baht) und Enduros (350 Baht) zu mieten; detaillierte Karten und Infos zur Umgebung.
Uwe + Bom GH* bt, 11/2 Mu 9, Ban Bong Ngam, ✆ 709547 (Uwe verlangen), ✉ 771313, 14 km südlich von Mae Sai mitten in einem typischen Thai-Dorf, am KM 876 in der Seitenstraße nach Osten (120 m bis zur deutschen Fahne); 2 einfache Zimmer im Privathaus, gutes Thai-Essen. Der Top North-Experte Uwe läßt Traveller an seinem reichen Erfahrungsschatz teilhaben. Ein unterhaltsamer Bursche. Macht auf Wunsch jeden erdenklichen Motorradtrek im hohen Norden.

HOTELS – *Mae Sai Hotel*** (ac***), ✆ 731462; preiswerte Zimmer, guter Standard.
Top North*** (ac****) 6, 306 Phaholyothin Rd., ✆ 731955, ✉ 732331; 45 komfortable Zimmer.

Essen

Entlang der Hauptstraße gibt es viele Restaurants. Das *Jojo Fast Food* (Coffeeshop) hat ein englisches Menü mit ausgezeichneten Gerichten und ist bis 16 Uhr geöffnet.
Das ac-Restaurant *Rabieng Kaew* an der Hauptstraße, westliche Seite, hat gutes Thai-Essen und angenehme Atmosphäre am Abend.
In den Restaurants an der Brücke können Gäste auf der Aussichtsterrasse sitzen und den Grenzverkehr beobachten.
Essenstände sind auf dem Nachtmarkt zu finden. Ein *Vegetarisches Restaurant* liegt 50 m in der Gasse gegenüber vom Chinesischen Tempel.

Sonstiges

AUSFLÜGE – Mae Sai ist sehr gut geeignet, um Ausflüge nach Mae Salong (68 km), auf den Doi Tung (37 km), nach Chiang Saen (41 km) und zum Goldenen Dreieck (32 km) zu machen. Wer noch keine Höhlen in Thailand gesehen hat, kann evtl. die Tham Luang, die Tham Pla oder die Sao Hin-Höhle erkunden.

EINKAUFEN – Viele Edelsteine stammen angeblich aus Burma. Nach Meinung von Insidern verkaufen die meisten Läden Glas. Nur eine Edelsteinschleiferei verarbeitet echte Ware – Tourmaline aus Namibia. Jade ist sehr teuer. Nur Experten werden beim Kauf nicht reingelegt.

MOTORRÄDER – werden von einigen Läden an der Hauptstraße und in der Gasse zu den Gästehäusern vermietet.

POST – liegt 3 km außerhalb am Highway, Telefongespräche ins Ausland.

UNTERHALTUNG – Die Country Pub an der Gasse 200m rechts von der Brücke bietet Live-Country-Music.

VORWAHL – 053; PLZ: 57 130.

Transport

Der Bus Terminal befindet sich 4 km südlich der Stadt, 400 m vom Highway. Pickup zur Stadt für 5 Baht. Tickets für ac-Busse nach Bangkok gibt es auch im Laden neben der Shell Tankstelle für 420 Baht.

Bangkok: Von Bangkok (875 km) mit dem non-ac-Bus am Nachmittag für 202 Baht, 2.Kl. ac-Bus um 18.05 Uhr für 284 Baht, ac-Bus um 8 und zwischen 19 und 19.45 Uhr für 365 bzw. 405 Baht in 13 Std., VIP-24 um 7.30, 19 und 19.40 Uhr für 565 Baht in 12 Std.
Zurück non-ac-Bus um 16 und 16.30 Uhr, 2.Kl. ac-Bus um 17.20 Uhr, ac-Bus um 7 und von 16–17.30 Uhr, VIP-24 Bus um 7, 17.30 und 17.40 Uhr.

Im Norden: Von und nach CHIANG MAI laufend mit non-ac-Bus von 5.20 und 15 Uhr für 72 bzw. 77 Baht; mit VIP-40-Bus 6x tgl. von 7.30–14 Uhr für 127 Baht in 5 Std.
Von CHIANG RAI mit dem non-ac-Bus alle 15 Min. von 6 bis 19 Uhr für 17 Baht in 1 1/2 Std. Zurück bis 18 Uhr über BAN HUAI KHRAI (6 Baht, weiter mit Pickup zum Doi Tung, 30 Baht), PA SANG (10 Baht, weiter mit Pickup nach MAE SALONG, 50 Baht).
Nach Sob Ruak und CHIANG SAEN mit dem Minibus von 9–15 Uhr für 20 Baht in 40 Min. bzw. 30 Baht in 50 Min.; zurück bis 16 Uhr.
Nach FANG über MAE CHAN und THATON (27 Baht) mit non-ac-Bus um 7, 10.30, 13 und 15.30 Uhr für 33 Baht.

In den Nordosten: Nach KORAT mit non-ac-Bus um 5.30 Uhr für 213 Baht, ac-Bus um 12 und 16 Uhr 382 Baht, VIP-32-Bus um 18 Uhr 450 Baht.

Zur Ostküste: Nach PATTAYA mit non-ac-Bus um 12.30 für 248 Baht, ac-Bus um 13.30 und 15 Uhr für 347 Baht, VIP-40-Bus um 16.00 Uhr für 446 Baht in 16 Std.

Nach Myanmar (Burma)

Ausländische Touristen können Mo–Fr von 6–18 und Sa, So und feiertags von 6–21 Uhr den burmesischen Grenzort Tachilek, der sich auch „The City of Golden Triangle" nennt, in einem Umkreis von 5 km besuchen. Bei der Thai Immigration müssen zwei Paßkopien abgegeben werden (eine von der Namenseite, die andere vom Visum mit Einreisestempel); gegen Hinterlegung des Reisepasses erhält man einen Border Pass. Mit ihm überquert man die Brücke und bezahlt drüben US$5 (keine andere Währung wird akzeptiert). Für die Rückkehr nach Thailand wird kein neues Visum benötigt, gegen Abgabe des Border Passes erhält man seinen Reisepaß zurück. Diese Regelungen ändern sich häufig. Zeitweise wurde die Grenze ohne Ankündigung für mehrere Wochen geschlossen.

In Tachilek kann man ein paar schöne Wats besichtigen und einen Blick auf die im Vergleich zu Thailand sehr ärmlichen Lebensverhältnisse werfen. Von einem Chedi, hat man eine gute Aussicht über die beiden Grenzorte. Allerdings führt nur ein steiler Pfad bzw. eine endlos scheinende Treppe hinauf. Zum Einkaufen lohnt sich der Ort nicht – Mae Sai ist billiger.

Goldenes Dreieck สามเหลี่ยมทองคำ

(= Sob Ruak) Der Nimbus des berüchtigten Goldenen Dreiecks, in dem wohl drei Viertel des Weltopiums produziert werden, eines Gebiets, das viele hundert Quadratkilometer umfaßt, wird für den Touristen auf einen Punkt konzentriert: das Dreiländereck von Laos, Burma und Thailand an der Stelle, wo der Mae Sai River (Ruak River) in den Mekong fließt. Der malerische, einstmals geruhsame Ort hat in letzter Zeit eine absurde Popularität gewonnen.

Nicht Opiumpflanzen sprießen aus dem Boden, sondern hunderte Souvenirstände (vor allem Textilien und Lackarbeiten zu fairen Preisen). Die Ausstellung im **Opium House** lohnt sich kaum (Eintritt 10 Baht).

In Sob Ruak gibt es für eine 30minütige Tour ins Grenzgebiet Speedboote zu mieten. Die Kosten pro Boot, in dem maximal 10 Personen Platz haben, betragen 500 Baht. Man kann bei den laotischen Dörfern anlegen und aussteigen, muß aber um 19 Uhr wieder in Thailand sein. Es gibt nur Luxusresorts für Pauschaltouristen.

Transport

Wer in einem Gästehaus in Chiang Saen übernachtet, kann dort ein Fahrrad für einen Tagesausflug mieten. Ansonsten Minibus von CHIANG SAEN (9 km) für 10 Baht.
Von MAE SAI (32 km) mit dem Minibus von 9–15 Uhr für 20 Baht. Ein Longtail-Boot kostet ab Chiang Saen 300 Baht für 6 Pers.
Von CHIANG MAI direkt mit dem non-ac-Bus 166 um 6.30 und 12.10 Uhr für 73 Baht, mit VIP-40-Bus um 9 und 14.30 Uhr für 130 Baht in 5 Std.

Chiang Saen

เชียง แสน

Man nimmt an, daß Chiang Saen um 1325 erbaut wurde, wahrscheinlich auf den Ruinen einer noch älteren Stadt, die zwischen 1000 und 1100 durch kriegerische Auseinandersetzungen mit den Khmer oder ein Erdbeben zerstört wurde. Chiang Saen liegt nordöstlich von Chiang Rai und ist heute ein ruhiger Marktflecken. Die tausendjährige Geschichte ist angenehm in das Städtchen integriert. Große Teile der alten Stadtmauer und die vielen Ruinen der ehemaligen Tempelanlagen stehen in friedlicher Nachbarschaft zu den Wohnhäusern und Gärten. Über den Mekong sieht man hinüber nach Laos. Leider wurde das Ufer zuzementiert, womit die Stadt viel von ihrem früheren Reiz verlor.

Schön in einem Park mit hohen Bäumen liegt das **Wat Chedi Luang** mit dem 27 m hohen, achteckigen Chedi (häufig mit 88 m Höhe angegeben). Gegenüber liegt das **Museum**, das Funde aus der neolithischen Zeit, eine repräsentative Sammlung von Buddha-Figuren im Chiang Saen-Stil und viele andere Kunstschätze beherbergt. Geöffnet Mi–So außer feiertags 9–16 Uhr, Eintritt 10 Baht. Gleich außerhalb des westlichen Stadttores steht die Stufenpyramide des **Wat Pa Sak**. Eintritt: 20 Baht. Wer den Weg an der Stadtmauer nach Norden weitergeht, kann über 300 Treppenstufen zum **Wat Phra That Chom Kitti** hinaufsteigen und die Sicht über die Stadt, den Mekong und die Ebene genießen.

Übernachtung

Chiang Saen GH*, an der lauten Uferstraße Richtung Norden; sehr gedrängtes, nicht gerade sauberes Gästehaus. Einfache Zimmer, Du/WC außerhalb, Restaurant, Fahrräder zu vermieten.
Siam GH*, kleine Bungalows und ein Reihenhaus, Gemeinschaftsbad mit heißem Wasser; nicht besonders sauber.
Gin's GH**-***, 1 km flußaufwärts. Etwas verwohnte Zimmer mit Badewanne im Haupthaus, nette Bungalows mit Du/WC, einfache Bambushütten und schönes Restaurant.
Von der Terrasse im 2.Stock Sicht auf den Mekong; die freundlichen Besitzer sprechen englisch. *Gin's Tour* vermietet Auto, Motorrad, Fahrrad und veranstaltet Touren.
Baan Suan House***, ✆ 053/650419, an der neuen Umgehungsstraße, herrlich zwischen Lycheebäumen gelegene Anlage, 10 gut eingerichtete Steinbungalows mit Bad/WC, TV, Kühlschrank und Terrasse, Schlafsaal* für 10 Leute; Restaurant.

Essen

Billige, hervorragend zubereitete Thai-Gerichte gibt es mittags in der Markthalle zu kaufen.
Die Bierstube beim Bus Stop hat vertretbares Essen.
Sehr gutes Essen bietet das *Sam Ying Restaurant* an der Hauptstraße (kein engl. Schild).

Sonstiges

BANK – Die *Siam Commercial Bank* hat Mo bis Fr von 8.30–15 Uhr geöffnet.

FAHRRÄDER – vermieten die Gästehäuser für ca. 30 Baht pro Tag. Ein Fahrradverleih auch bei der Abzweigung am Fluß.

INFORMATIONEN – im Tourist Office gegenüber vom Museum, geöffnet tgl. 8.30–16.30 Uhr.

MOTORRÄDER – werden an der Uferstraße schräg gegenüber von der Bootsanlegestelle ab 150 Baht vermietet.
Die Maschinen auf Fahrtüchtigkeit prüfen!

Nahverkehrsmittel

Von der Uferstraße fahren Minibusse bis 17 Uhr zum „Goldenen Dreieck" (9 km) für 10 Baht. Hier werden auch Bootsfahrten für 300 Baht pro Boot (hin und zurück 500 Baht) angeboten.

Transport

BUSSE – Von BANGKOK mit non-ac-Bus um 15.30 Uhr für 216 Baht, mit VIP-24 Bus um 18.30 Uhr für 600 Baht in 13 Std.
Zurück mit dem non-ac-Bus um 15 Uhr oder dem VIP-Bus um 17 Uhr.
Von CHIANG MAI mit non-ac-Bus 166 bzw. 150 von 5.40–8.10 Uhr und um 12.10 Uhr für 73 bzw. 97 Baht in 5 bzw. 7 Std.; mit dem VIP-40-Bus um 9 und 14.30 Uhr für 130 Baht in 5 Std.
Zurück von 6.30–15 mit non-ac- bzw. VIP-40-Bus.
Von CHIANG RAI mit dem Bus alle 15 Min. von 6 bis 16.45 Uhr in 1 1/2 Std. für 17 Baht.
Zurück von 5.20–17.20 Uhr.
Von und nach MAE SAI Pickup für 25 Baht.
Nach CHIANG KHONG non-ac-Bus stündlich von 6–9 Uhr für 25 Baht (evtl. weitere Busse bis 15.30 Uhr). Pickup um 11 Uhr für 30 Baht.

BOOTE – Nach CHIANG KHONG fahren von November bis April Longtail-Boote für 1200 Baht für 5 Pers. in 2 Std. (hin und zurück für 1500 Baht).

Chiang Khong   เชียง โขง

Die Kleinstadt Chiang Khong am Mekong ist als Schmuggler-Ort bekannt, in dem viele Waren aus Laos zu kaufen sind, vor allem Textilien und Schmuck.

Viele Traveller nutzen diesen angenehmen Ort mit seinen freundlichen Menschen als Ausgangspunkt für die Reise nach Laos. Ohne die einheimische Bevölkerung zu fragen, beschloß die Provinzregierung, eine Uferbefestigung aus Stein zu bauen – und die ökologischen Folgen der Zukunft zu überlassen.

Sehenswert sind vielleicht das alte Chedi am **Wat Phra Kaew** (neben der Post) und das **Wat Sob Som** (gegenüber vom Plabuk Resort). Zum Morgenmarkt von 5–7 Uhr kommen viele Hmong und Yao in die Stadt. Sehr belebt und wirklich interessant ist der Wochenmarkt an jedem Freitag, zu dem Hmong in ihren herrlich bestickten Trachten kommen.

Nach Laos

Am anderen Flußufer (Laos) ist das kleine Dorf **Ban Houai Sai** zu sehen. Für US$10 Eintritt können Touristen einen Tagesausflug hierher machen. Visa sind innerhalb 24 Std. zu erhalten. 15-Tage-Visa gibt es offiziell für 60 US Dollar in bar (oder in Baht zu einem miserablen Wechselkurs) in 24 Std. bei mehreren Reisebüros.

Mo-Sa fahren schnelle Boote auf der landschaftlich reizvollen Strecke in 6 Std. nach **Luang Prabang** (600 Baht p.P. bei 6 Pers.), von dort weiter nach Vientiane in 6 Std. Das *Slow Boat* benötigt ca. 36 Std. und kostet 300–500 Baht. *Lao Bor Kaew Travel Co.* arrangiert mit dem Minibus (10 Pers.) eine Fahrt nach Norden zur **chinesischen Grenze**, auf miserabler Straße, durch viel Wald und kaum besuchte Dörfer (Kosten: 10 000 Baht).

Hotels und Gästehäuser (u.a. *Arimid***) sind etwas teurer als in Chiang Khong.

Übernachtung

Tam-Mi-La GH*-***, ✆ 791234, einfache und bessere Holzbungalows (z.T. Warmwasser) in einem urigen, tropischen Garten am steilen Ufer des Mekong; sehr beliebt bei jungen Thais.
Ruan-Thai Sopaphan Lodge***, 83 Mu 8, ✆ 791023, ein Gästehaus für gehobene Ansprüche, großes Thai-Haus, schöne Zimmer mit Du/WC, unten relativ kühl; außerdem vorgebaute, einfache, relativ teure 1- und 2stöckige Reihenhäuser aus Holz am Steilhang, Terrassen mit schöner Aussicht nach Laos; offenes Restaurant.
Orchid Garden GH*-**, 62 Wiang Kaew Soi 2, ✆ 655195, 300 m vom Fluß, Thaistilhaus mit einfachen Zimmern, 3 bessere Holzbungalows mit Du/WC im Garten, sehr ruhig, freundliche Leute.
Chiang Khong Hotel**, 68/1 Moo 1, ✆/✆ 791242, Haupthaus an der Hauptstraße, 2 Reihenhäuser im Hof, gut.

Essen

Preiswerte Gerichte serviert das schwimmende Restaurant am Pier, nebenher kann man das Be- und Entladen der Boote beobachten.
Mehrere Restaurants liegen direkt über dem Steilufer des Mekong.
Besonders gut sitzt man im Flußrestaurant hinter der Polizei, im hübschen Gartenrestaurant an der Zufahrt zum Pier und in den Restaurants im südlichen Ortsteil Had Khrai, wo man das Treiben der Fischer und ihrer Familien mitbekommt.

Sonstiges

BOOTSFAHRT – Ein Bootstrip auf dem Mekong wird am Pier angeboten für 300 Baht / Std. (8–10 Sitze).
Vor allem in der Trockenzeit lohnt sich eine Fahrt flußaufwärts, um die großen Felsen und Strände im Mekong zu sehen (z.B. für 1000 Baht nach Chiang Saen).

GELD – Der Wechselschalter der *Thai Farmers Bank* ist von 8.30–15 Uhr geöffnet.

INFORMATIONEN – In einem Faltblatt, das im *Tam-Mi-La GH* aufliegt, findet man hervorragende Tips zu Ausflügen, insbesondere zum Huai Tong-Wasserfall beim Hmong-Dorf Thung Na Noi und zum Phu Chi Fah, einem Berg auf der Grenze zu Laos.

LAOS-VISUM – 15-Tage-Visum bei den Gästehäusern und Reisebüros im Ort, z.B. bei *Ann Tour* (s.u.) für 60 US$ in bar in 24 Std. (außer Sa und So).
Wer es morgens beantragt, kann es evtl. noch am selben Tag abholen.

REISEBÜRO – *Anntour*, 6/1 Moo 8 Saiklang Rd., ✆ 791218, 655198, ✉ 791211; Repräsentant für Laos-Touren. Autos 1200 Baht/Tag.
Chiangkhong Tour, 367 Moo 1, ✆ 701200, ✉ 655381; Laos-Visum, Bootstouren, Taxi-Service.

VORWAHL – 053; PLZ: 57 140.

Transport

Von BANGKOK abends 9 Busse für 206 Baht (2.Kl. ac 289 Baht, ac 371 Baht) in 13–14 Std. Zurück von 16–16.30 Uhr.
Von CHIANG MAI fahren 4 non-ac-Busse von 6.15–15 Uhr für 91 Baht, ein 2.Kl. ac-Bus um 9 Uhr für 128 Baht, ein VIP-40-Bus um 8 Uhr für 165 Baht in 5 1/2 Std.
Zurück zu ungefähr denselben Zeiten.
Von und nach CHIANG RAI fahren Busse von 4.45–17.45 Uhr alle 45 Min. für 39 Baht in 3 Std.
Von und nach CHIANG SAEN mit dem non-ac-Bus stündlich von 6–9 Uhr für 25 Baht (evtl. weitere Busse bis 15.30 Uhr).
Nach CHIANG SAEN mit dem Pickup um 7.30 Uhr für 30 Baht.

BOOTE – Ein Motorradtaxi von der Stadt zum Pier kostet 10 Baht. Die Personenfähre nach BAN HOUAI SAI (Laos) kostet 20 Baht. Mit dem schnellen Boot nach PAKBANG für 300 Baht p.P., mit dem langsamen Boot 150 Baht.

Nan   น่าน

Das kleine Königreich Nan wurde im 13. Jahrhundert gegründet, die Stadt selbst im Jahre 1368. Durch geschickte Beziehungen mit den jeweils mächtigen benachbarten Herrschern konnte sich die regierende Dynastie bis zum Jahre 1931 als halbautonomes Königreich behaupten. Schöne, aber in den leicht erreichbaren Gebieten schlimm entwaldete Berglandschaften ziehen Reisende in diese entlegene Provinz. Die Stadt hat 24 000 Einwohner.

Tempel-Enthusiasten kommen in Nan voll auf ihre Kosten. Das berühmte **Wat Phumin** wurde 1596 erbaut und im späten 19. Jahrhundert vollständig restauriert. Es liegt im Zentrum der Stadt und ist an den vier orangen Löwen auf den Toren zu erkennen. Der kreuzförmige Tempel (Bot) im traditionellen Lanna-Stil scheint von den außergewöhnlich schönen Schlangen an den Treppenaufgängen getragen zu werden. Er enthält einen zentralen Reliquienschrein mit vier Buddha-Statuen, die in die vier Himmelsrichtungen schauen. Die alten, bereits stark zerfallenen Wandmalereien zeigen interessante Szenen aus dem täglichen Leben. Die Holztüren sind mit schönen Schnitzereien verziert.

Am nördlichen Ende von Nan liegt **Wat Suan Tan**, das von einem 40 m hohen, weiß getünchten Prang überragt wird. Der Tempel beherbergt eine ausgezeichnete Buddha-Statue im Sukhothai-Stil.

Fast überladen wirkt das neue **Wat Ming Muang**, an dem noch 1997 intensiv gearbeitet wurde. Der Viharn wird außen mit filigranen Stuckfiguren und feinen Stuckornamenten verziert. Innen stellen farbenfrohe Wandgemälde das frühere lustbetonte Leben dar.

2 km jenseits der Brücke liegt das 600 Jahre alte **Wat Phra That Chae Haeng** auf einem Hügel hinter hohen Bäumen. Der hochverehrte Chedi Phra That Chae Hang ist mit Platten aus Kupfer bedeckt.

Eine sehr schöne Aussicht hat man vom Berg des **Wat Phra That Khao Noi**, 2 km im Westen der Stadt. Unterwegs kommt man am **Wat Phayawat** mit einem Chedi in der Form einer steilen Stufenpyramide vorbei.

Einen guten Eindruck von der Stadt und ihrer Geschichte vermittelt ein Besuch im **Museum**, Phakwang Road, das in einem Palast aus dem Jahre 1903 im Zentrum von Nan untergebracht ist. Besonders interessant sind die Darstellungen der verschiedenen ethnischen Gruppen in der Nan-Provinz mit Schrifttafeln in Englisch. Geöffnet täglich außer Mo, Di und feiertags von 9–12 und 13–16 Uhr, Eintritt 10 Baht.

Übernachtung

Am Ende einer Gasse liegt
Nan GH*, 57/16 Mahaprom Rd., ✆ 771849; Holzhaus mit spartanischen Zimmern in sehr ruhiger Gegend, detaillierte Informationen über Ausflüge, Fahrrad und Mopeds (200 Baht).
Wiangtai House**, 21/1 Soi Wat Hua Wiang Tai, ✆ 710247, sauberes Stadthaus in einer Gasse neben einem Wat, viele laute Hunde; etwas schäbige Zimmer mit Du/WC.

Doi Phukha GH*, 94/5 Sumon Dhevaraj Rd. Soi 1, ✆ 751517; schönes Thaihaus in nettem Garten, extrem spartanische Zimmer (nur alte Matratzen auf dem Boden, hellhörige Bastmattenwände), Warmwasser-Du/WC außerhalb; schöner Gemeinschaftsraum mit üppigem Dekor, Selbstkochen möglich, Trinkwasser kostenlos, Schließfächer; Fahrräder gratis.
Dhevaraj Hotel****, 466 Sumon Dhevaraj Rd., ✆ 710094; Englisch beschriftet, einige ordentliche Zimmer; gutes Restaurant.
Amorn Sri*-**, 97 Mahayot Rd., ✆ 710510, Zimmer mit Fan.
Sukasem Hotel**, 29-31 Ananthavoraritdej Rd., ✆ 710141, schräg gegenüber vom Markt, große Empfangshalle; einige ac-Zimmer.

Essen

Viele Restaurants gibt es im Zentrum an den modernen Straßen, Straßenrestaurants abends gegenüber vom Sukasem Hotel.
Da Dario, 37/4 Soi Snow White, Raj-Amnuay Rd., in einer ruhigen Gasse etwas außerhalb Richtung Hospital, ✆ 750258. Im gediegenen Familienrestaurant des liebenswerten Tessiners Ferrini Paolo bereitet seine Frau ausgezeichnete Pizza.

Auch andere empfehlenswerte europäische und Thai-Gerichte. Geöffnet Mo–Sa 10–14 und 17–22 Uhr.
Tip Top 2 Restaurant im Stadtzentrum macht auch Pizza.
Tanaya Kitchen an der Hauptstraße, Nähe Nachtmarkt, hat gutes Thai, chinesisches und vegetarisches Essen.

Sonstiges

AUSFLÜGE – Nan eignet sich hervorragend für Ausflüge mit dem Fahrrad oder Motorrad. Die Gästehäuser verkaufen brauchbare Kartenskizzen.
Lohnende Ziele sind u.a. die Höhlen im Tham Pa Tup Forest Park, der Doi Phukha National Park und das Erosionstal von Sao Din.

AUTOVERMIETUNG – am besten bei *Paul*, 331-333 Sumon Dhevaraj Rd., ✆ 772680, sowie gut gewartete Motorräder.

Over Sea Shop, 488 Sumon Dhevaraj Rd., ✆ 710258, vermietet einen geschlossenen Pickup mit Fahrer / Guide, Fahrräder für 20–30 Baht.

GELD – Alle Banken haben nur wochentags von 8.30–15.30 Uhr geöffnet. Am Wochenende ist es nicht möglich, Geld zu tauschen.

LAOS – Ein **Laos Konsulat** zieht bis auf weiteres in ein Gebäude neben dem Museum, es soll auch Visa ausstellen (60 US Dollar in bar, oder in Baht zu einem miserablen Wechselkurs).

MOTORRÄDER – vermietet *Nan GH* für 150–200 Baht, *Paul* (s.o.) für 150 Baht/Tag und der *Over Sea Shop* (s.o.). Vor dem Honda-Laden gegenüber vom Dhevaraj Hotel wurden wir mehrfach wegen mangelhafter Maschinen gewarnt.

REISEBÜRO – *Fhu Travel Service*, in der 453/4 Sumon Dhevaraj Rd., ✆ 710636, tgl. außer Sonntag nachmittags von 8–19 Uhr geöffnet. Ein rühriges, freundliches Ehepaar bietet Informationen, Jeep-Touren, Trekking-Touren (s.u.), Elefantenreiten (1200 Baht p.P. für 4 Std. Ritt durch Dörfer, inkl. An- und Abreise).

TREKKING – *Fhu Travel Service* (s.o.) führt 1- bis 3tägige Treks mit 4 bis 6 Pers. durch: 1 Tag für 600 Baht p.P., 2 Tage 1100 Baht p.P., 3 Tage 1500 Baht p.P. zu 4 Dörfern der Bergstämme (u.a. zu den Mabri). Bei nur 2 Pers. Aufschlag von ca. 400 Baht p.P. und Tag. Die Treks im gebirgigen Osten hinter Mae Charim können mit Rafting oder einer Bootsfahrt verbunden werden.

VORWAHL – 054; PLZ: 55 000

Transport

BUSSE – Von der östlichen **Local Bus Station** fahren die staatlichen Busse (*Bor Kor Sor*) u.a. nach Bangkok und Sukhothai.
Von BANGKOK (681 km) mit dem non-ac-Bus 11x tgl. von 6–21.30 Uhr für 160 Baht (über Phitsanulok) bzw. 177 Baht (über Sukhothai); 2.Kl. ac-Bus um 18 Uhr für 225 Baht; ac-Bus um 8 Uhr und von 20.10–20.45 Uhr für 289 bzw. 319 Baht; VIP-24-Bus um 19.30 und 20 Uhr für 445 Baht in 9 1/2 Std.
Zurück zu ungefähr denselben Zeiten.
Nach SUKHOTHAI um 8.30 Uhr für 75 Baht in 5 Std.
Ab **Ananthavoraritdej Rd.** fahren ac-Busse von *Thavorn Farm*, *Sombat Tour* und *Phrae Tour* zwischen 18 und 19 Uhr für 280–350 Baht nach BANGKOK.
Von der **nördlichen Bus Station** (Nähe Markt) fahren die privaten Busse u.a. nach Chiang Mai und Chiang Rai.
Nach CHIANG MAI mit dem non-ac-Bus um 8.30, 9, 11 und 14 Uhr für 89 Baht in 6 Std.; 2.Kl. ac-Bus um 10, 15 und 22 Uhr für 115 Baht; VIP-40-Bus um 8, 12 und 22.30 Uhr für 148 Baht (Tickets im Büro an der Straße).
Zurück mit non-ac-Bus um 7, 8.30, 11 und 17 Uhr, 2.Kl. ac-Bus um 10, 14 und 22 Uhr, VIP-40-Bus um 8, 15 und 22.30 Uhr. Auf der schönen *New Route* über Phayao mit dem *Green Bus* um 7.30 und 12.30 Uhr für 97 Baht in 6 1/2 Std.
Nach CHIANG RAI mit dem non-ac-Bus über Tha Wang Pha und Chiang Kham auf der Route durch eine schöne Berglandschaft um 9 Uhr für 97 Baht in 6–7 Std., zurück um 9.30 Uhr.
Von der östlichen **Local Bus Station** fahren auch Minibusse nach WIANG SA und weiter nach NA NOI sowie alle 45 Min. Richtung Norden nach THA WANG PHA, PUA, CHIANG KLANG, THUNG CHANG und PON (letzter Bus zurück um 16 Uhr).

FLÜGE – Mit *Thai Airways*, 34 Mahaprom Rd., ✆ 710377, von und nach CHIANG Mai am Mo, Mi, Fr Nachmittag für 510 Baht, tgl. am Nachmittag nach BANGKOK für 1530 Baht.

Nordost-Thailand

Die überwiegend einförmige Landschaft des Nordostens, von den Einheimischen Isan oder Isarn genannt, hat nur wenige Sehenswürdigkeiten im eigentlichen Sinn zu bieten. Ausnahmen sind die Khmer-Ruinen von Phimai und Phanom Rung und die Ausgrabungsstätten von Ban Chiang. Der Nordosten umfaßt eine Fläche von 170 000 km², was ungefähr der Fläche der alten Bundesländer ohne Bayern entspricht. Die Menschen dieser dicht besiedelten Region sind arm. Die Wälder, die einmal zur Wasserregulierung beitrugen, sind weitgehend abgeholzt. Nun versucht man, mit dem Bau von Staudämmen und anderen Wasserregulierungs-Projekten größere Schäden zu verhindern. Die Bewohner von Isan sprechen einen Thai-Dialekt, der dem Laotischen sehr ähnlich ist. Ihre Kultur ist geprägt von der jahrhundertelangen Zugehörigkeit zum Khmer-Reich – viele Baudenkmäler erinnern an jene Epoche. Aus dieser ärmsten Region des Landes stammen viele Bewohner von Bangkok. Wer das Glück hat, jemanden kennenzulernen, der Englisch spricht und ausländische Besucher mit nach Hause nehmen will, sollte die Gelegenheit wahrnehmen, um einen kleinen Einblick in das ländliche Leben dieser Region zu erhalten.

Nach dem Ende der Regenzeit (ab Oktober / November) kann man am besten in den Nordosten reisen. Insgesamt fallen hier geringere Niederschläge als im Tiefland. Hingegen steigt am Ende der Trockenzeit die Temperatur zur Mittagszeit auf Werte um 40°C im Schatten, und ein ständiger Dunstschleier liegt über dem ausgetrockneten Land.

Korat (Nakhon Ratchasima) โคราช

Nakhon Ratchasima – kurz Korat (auch: Khorat) – ist mit 205 000 Einwohnern eine der größten Städte im Nordosten. Bedeutsamer Verkehrsknotenpunkt und Handelszentrum zwischen dem Hochland im Nordosten und Bangkok. Die Stadt ist der erste Ort auf dem Hochplateau und ein guter Ausgangspunkt für Ausflüge.

Im Zentrum der Altstadt sind noch Reste der alten **Stadtbefestigungsanlage** zu erkennen. Die ehemalige Stadtmauer von 1700 m Länge und 1500 m Breite, der Wassergraben und einige Ruinen innerhalb der Befestigung lassen darauf schließen, daß sich hier bereits im 8.–10. Jh. eine bedeutende Stadt befunden haben muß.

Vor dem Stadttor, zwischen Ratchdamnoen und Chumphon Road, steht das **Denkmal von Khun Ying Mo** *(Thao Suranari)*. Sie leitete 1826 den Kampf gegen laotische Invasoren, die Korat überfielen, während die meisten Männer im Krieg gegen Burma waren. Das 1934 errichtete Bronzedenkmal enthält die Asche der hochverehrten Frau. Die lokale Bevölkerung schmückt es ständig mit Blumen und Kränzen und bringt Opfergaben dar.

Im **Museum Maha Wirawong** im Hof des Wat Suthachinda befindet sich eine gute Sammlung von Khmer Kunstgegenständen und Ausgrabungsfunden früherer Epochen. Geöffnet Mi–So 9–12 und 13–16 Uhr, Eintritt 5 Baht. Neben dem Schrein der Stadt (Lak Muang) im Zentrum an der Kreuzung von Chumphon Road / Prachak Road ist an einer Hauswand ein **Bas-Relief** aus Tonkacheln angebracht, das von weitem sehr beeindruckend aussieht.

Übernachtung

GÄSTEHAUS – Einziges Gästehaus ist das *Doctor's GH*-*** ㉕, 78 Sueb Siri Road Soi 4, ✆ 255846; Zimmer mit Fan und ac, heiße Duschen; Aufenthaltsraume. Mit dem Gelben Bus Nr. 2 vom Bahnhof 2 km nach Westen bis zum Ampawan Tempel und in die erste breite Straße nach links, die Sueb Siri Rd., einbiegen, in der zweiten Gasse rechts (vor dem Bahnübergang) steht links das Gästehaus (der Busfahrer weiß Bescheid).

HOTELS – *Asdang*-*** ⑪, 315 Asdang Rd., ✆ 242514, Zimmer mit Fan.

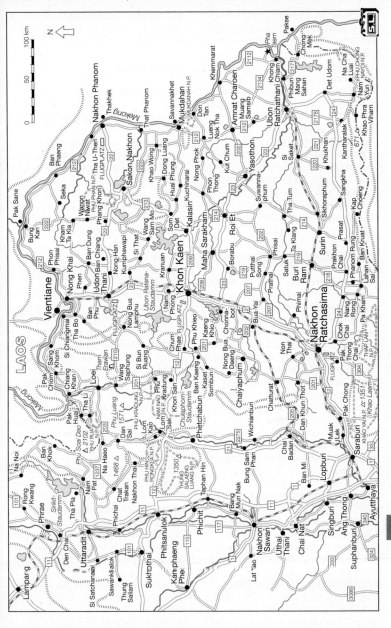

NORDOST- UND OST-THAILAND

Nordost-Thailand

Pho Thong*-** (= Potong) ⑱, 179 Phoklang Rd., ✆ 242084, liegt zentral am verkehrsreichen Platz mit dem Denkmal, Zimmer mit Fan, für das Gebotene zu teuer.

Sri Rattana**-*** ⑬, 7 Suranari Rd., ✆ 243116, das 3. Gebäude ab der Kreuzung (kein engl. Schild); saubere Zimmer mit Du/WC und Fan, gute ac-Zimmer mit TV und Warmwasser, Dachterrasse mit Sicht auf das Treiben auf dem großen Platz; nettes Personal.

Korat Star Hotel*** ⑩, 191 Asdang Rd., ✆ 242260, saubere Zimmer mit ac, freundlicher, englisch sprechender Manager.

First** (ac***) ⑥, 132 Burin Rd., ✆ 255203, am Terminal 1, große Zimmer mit Kühlschrank.

Chom Surang**** ㉗ 2701/2 Mahattai Rd., ✆ 257088-9, ✆ 252897, großes, schönes Hotel, gute Zimmer.

Essen

Gutes, preiswertes Essen wird auf dem *Night Bazaar* verführerisch präsentiert.

Auf dem Tagesmarkt *Mae Kim Haeng* kann man sich bis 18 Uhr ein Essen zusammenstellen.

Rom Yen, Chom Surang Rd., etwas zurückgesetzt, ein schönes und gutes Gartenrestaurant.

Sio Sio, Chom Surang Rd., ein empfehlenswertes, beliebtes Freiluftrestaurant, in dem hervorragendes Thai-Barbecue zubereitet wird.

Klang Plaza, Kaufhaus mit Essenständen im oberen Stockwerk, abends geschlossen.

C&C (=Cabbages & Condoms), 200 m vom *Doctor's GH*, englische Karte, riesige Portionen.

In der *Sweet Home Bakery* und anderen Bäckereien wird leckeres Gebäck und französisches Brot angeboten.

Sonstiges

EINKAUFEN – Viele T-Shirts und Copy-Uhren gibt es auf dem Night Bazaar im Stadtzentrum in der Manat Rd. Das Essen wird lecker präsentiert.

INFORMATIONEN – *TAT Tourist Office*, 2102 - 2104 Mittraphap Rd, ✆ 213666-7 und 213030, ✆ 213667, geöffnet tgl. von 8.30–16.30 Uhr, liegt 4 km außerhalb am Highway H2: guter Stadtplan und informative Broschüren.

MOTORRÄDER – vermietet eine Werkstatt in der 554-6 Phoklang Rd., ✆ 245521, für 200–300 Baht pro Tag.

TOURIST POLICE – ✆ 213333 oder 1699.

VORWAHL – 044; PLZ: 30 000.

Nahverkehrsmittel

STADTBUSSE – kosten 3 Baht und verkehren innerhalb der Stadt auf vier verschiedenen Routen: Nr.1, 2, 3 und 6 im wesentlichen in Ost-West-Richtung.

RIKSCHAS UND TUK TUKS – sind ein brauchbares Transportmittel. Eine kurze Strecke kostet 10 Baht. Nachts kostet es vom Bus Terminal zum Hotel bis zu 40 Baht.

Transport

BUSSE – Vom **Bus Terminal 1** an der Burin Rd. starten nur noch die Busse 21 Richtung Bangkok. Vom **Bus Terminal 2** am H2 (2 km nördlich der Stadt) fahren alle übrigen Busse ab.

Bangkok: Ab Northeastern Bus Terminal (256 km) non-ac-Busse alle 15 Min. für 64 Baht in 4 1/2 Std.; ac-Busse alle 20 Min. für 115 Baht in 3 1/2 Std. Zurück rund um die Uhr alle 15 Min., ac-Expressbusse alle 40 Min. vom Terminal 1.

Richtung Zentral- und Nord-Thailand: Nach CHIANG MAI mit non-ac-Bus 635 um 3, 6 und 15 Uhr für 180 Baht, 6x tgl. ac-Busse am Morgen und Abend für 325 Baht, VIP-32-Bus um 20.30 Uhr für 400 Baht in 11 Std.

Nach CHIANG RAI mit non-ac-Bus 651 um 3.30 Uhr für 198 Baht, ac-Bus um 14 und 17 Uhr für 356 Baht und ein VIP-32-Bus um 19 Uhr für 450 Baht in 13 Std. (die Busse fahren weiter nach MAE SAI für 213 / 382 / 450 Baht).

Richtung Ostküste: Nach PATTAYA mit non-ac-Bus 588/589 um 13 Uhr und 6x am Abend für 80 Baht, ac-Bus um 11, 12 und 12.20 Uhr und 4x am Abend für 125 bzw. 150 Baht in 5 bzw. 6 Std.

Nach CHANTABURI mit non-ac-Bus 340 ungefähr alle 45 Min. bis 16 Uhr für 86 Baht, ac-Bus um 6 und 8.30 Uhr sowie ca. alle 2 Std. bis 20.30 Uhr in 5 Std. (dort weiter nach Trat für Ko Chang).

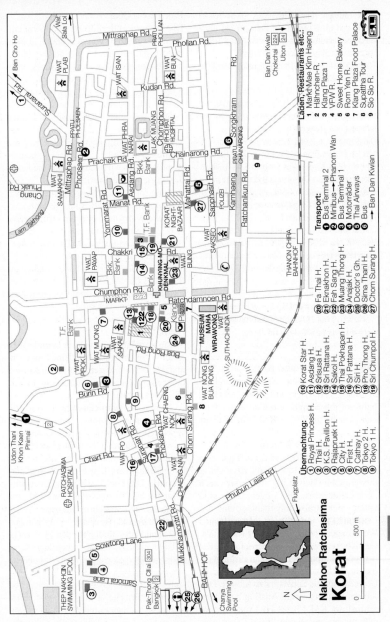

Im Nordosten: Nach NONG KHAI mit ac-Bus 23 um 12 und 14.30 Uhr für 157 Baht in 6 Std. (non-ac-Busse fahren nur bis Udon, dort erfolgt Transfer zum Bus Stop im Norden der Stadt).
Nach PHIMAI mit Bus 1305 jede halbe Stunde für 16 Baht in 90 Min.

EISENBAHN – Alle Fernzüge halten am Bahnhof Korat und alle außer dem Express an der zentraler liegenden Thanon Chira Station.
Die Busse Nr. 1, 2 und 3 halten am Bahnhof.
12x tgl. fahren Züge ab BANGKOK für 115 Baht / 50 Baht (2./3. Kl. plus Zuschlag) in 5 bis 6 Std.
Tagsüber sind die Dieselzüge 945 und 931 um 8.20 bzw. 11.05 Uhr in 4 Std. am schnellsten (80 Baht). Alle übrigen Züge kommen zu ungünstigen Zeiten an oder benötigen 6 Std.
Zurück jeweils 6 Züge in der Nacht und tagsüber.
Nach NONG KHAI fährt direkt der lokale Zug 73 um 6 Uhr in 6 Std.
Zurück mit dem lokalen Zug 76 um 12.30 Uhr (Ankunft 18.55 Uhr).

FLÜGE – *Thai Airways*, 14 Manat Road, ✆ 257211, fliegt 1x tgl. am Abend von und nach BANGKOK in 40 Min. (540 Baht).

Die Umgebung von Korat

Wer die Ausflugsziele zeitsparend und unabhängig erreichen will, kann am Busbahnhof ein Songthaew chartern – handeln. Für bis zu 8 Pers. 800 Baht pro Tag.

Ban Dan Kwian (= Kwien)

Vor dem Töpferdorf wird am Fluß eine rostrote Tonerde gefunden, die zu schönen, unwahrscheinlich billigen **Töpferwaren** verarbeitet wird. Die Gegenstände sind entlang der Straße aufgebaut, so daß das Dorf nicht zu verfehlen ist. Mit einfachen Werkzeugen stellen die Töpfer Krüge, Vasen, Hocker, Fliesen, Lampenschirme, Reliefs und Skulpturen her, die in Erdöfen gebrannt werden. Allerdings sind die meisten Gegenstände als Souvenirs zu schwer. Diesen empfehlenswerten Ausflug zum Töpferdorf am KM 15 des H24 unternimmt man am besten ab dem Pratu Pi mit dem Bus Nr. 1307, der alle 30 Minuten fährt.

Pak Thong Chai

Das Weberdorf liegt 36 km von Korat entfernt. Die meisten **Weber** arbeiten in einer Straße, die man findet, wenn man hinter der Telefonstation die zweite Straße nach links nimmt und gleich wieder links abbiegt. Hier wird im Schatten unter den Häusern die handgesponnene und -gefärbte Seide auf alten Webstühlen zu bunten Stoffen verwebt. Es dauert lange, bis ein Meter Seidenstoff im traditionellen Rautenmuster fertig ist. Der Preis ist keineswegs zu hoch. Vielfach fertigen die Familienbetriebe die Stoffe nur auf Vorbestellung für spezielle Festtagskleidung an. Besser zum Einkaufen sind die Manufakturbetriebe im Ort, rechts der Hauptstraße. Hier sind schon moderne Webstühle im Einsatz. Im Ort auch zwei Hotels: *Achanpan** und *PTC**. Wer einen Führer braucht, kann nach *Bot* fragen. Ab Korat fährt der Bus 1303 bis 19.20 Uhr alle 15 Minuten für 11 Baht in 40 Min. zum Weberdorf, das 2 km östlich des H304 liegt.

Phimai

59 km nordöstlich von Korat befindet sich an einer Nebenstraße die kleine Stadt Phimai. Im Ort und in der Umgebung wurden mehrere Khmer-Ruinen aus dem 11. bis 13. Jh. entdeckt.

Die große **Tempelanlage**, Prasat Hin Phimai, ist nach der Restaurierung eine der schönsten Khmer-Anlagen in Thailand und wurde zum **Phimai Historical Park** erklärt. Während jener Zeit hatten die Khmer ihren Einflußbereich weit nach Westen ausgedehnt. Die buddhistisch-hinduistische Tempelanlage im typischen Khmer-Stil beweist, daß sich in Phimai ein bedeutendes Zentrum befand. Sie diente wahrscheinlich als Vorbild oder Modell für den Monumentalbau von Angkor Wat im heutigen Kambodscha. Der zentrale Prang symbolisiert den heiligen Berg und Sitz der Götter. Vier steinerne Eingangstore ermöglichen den Zugang zum Heiligtum, das von einer rechteckigen Mauer umgeben ist. Der Tempel ist von 7.30–18 Uhr geöffnet, Eintritt 20 Baht.

Ein Teil der Funde, darunter zahlreiche Buddhastatuen, Lingams und besonders schöne, mit Steinmetzarbeiten verzierte Türstürze sind im großen, neuen **Museum** an der Brücke ausgestellt. Es bietet einen guten Überblick über die Kunstgeschichte. Sein Prunkstück ist eine Steinstatue von König Jayavarman VII von Angkor Thom, die im Prasat Phimai gefunden wurde. Geöffnet Mi–So außer feiertags 9–16 Uhr; Eintritt: 10 Baht.

Einen schönen **Banyan-Baum** *(Ficus benjamini)*, dessen Äste und zahlreiche Luftwurzeln eine große Fläche von etwa 50 m im Durchmesser bedecken, steht im Osten von Phimai 1,5 km entfernt. Der 300 Jahre alte, weit ausladende Baum ist herrlich zum Picknicken, vor allem mit Kindern. Im kühlen Schatten unter seinem riesigen Blätterdach steht ein kleiner Tempel. Gegenüber gibt es mehrere Foodstalls.

Übernachtung und Essen

Old Phimai GH* und ***Youth Hostel,*** 214 Moo 1 Chomsudasadet Rd., 3 471918, 100 m von den Ruinen und 300 m von der Bus Station entfernt; altes, angestrichenes Teakhaus, Zimmer mit Fan und ac, Schlafsaal, Dachgarten, Fahrräder (30 Baht), gute Infos und Karten.

S & B GH**, Moo 1 Chomsudasadet Rd., 3 471797, genau gegenüber; gemütliches, altes Teakhaus mit Restaurant; Fahrräder 8 Baht / Std., 25 Baht / Tag.

Phimai Hotel* (ac***), 305 Haruthairom Rd., ☎ 471306, ✆ 471940; im Süden der Stadt; im 4. und 5. Stock billige Zimmer ohne Du/WC und ac.

Angenehm sitzt man im freundlichen ***Bai-Teiy Restaurant*** an der Hauptstraße.

Sonstiges

FESTE – Am zweiten Wochenende im November wird bei den Ruinen das Wasserfest **Phimai Fair** veranstaltet. Sehr zu empfehlen ist das Tanz-Drama „Wimaya Nattakan" (20–21 Uhr, Eintritt 100 und 200 Baht).

INFORMATIONEN – Im *Bai-Teiy Restaurant* ist eine *Volunteer Tourist Information.* Es gibt nützliche Pläne von Phimai und Umgebung sowie dieselben Prospekte wie in Korat. Gute Infos sind auch in den Gästehäusern angeschlagen.

TOUREN – inkl. den Ruinen von Phanom Rung werden vom *Old Phimai GH* für 300 Baht p.P. (ab 4 Pers.) von 8–18 Uhr durchgeführt.

VORWAHL – 044; PLZ: 30 110.

Transport

Im Ort fahren Fahrradrikschas (ab 10 Baht). Vom H2 zweigt 49 km nördlich von Korat die Straße nach Phimai ab.
Von der Busstation im Ort fahren u.a. Busse 1305 nach Korat, von der Busstation am neuen Markt (*Talat Mai*) an der Umgehungsstraße fahren Busse nach Bangkok.
Nach BANGKOK 8x tgl. von 9–22 Uhr in 5 1/2 Std. für 77 Baht, ac-Bus 3x tgl. um 10, 22.30 und 23 Uhr für 140 Baht.
Von KORAT (59 km) mit dem Bus 1305 alle 30 Min. für 16 Baht in 90 Min. Letzter Bus zurück um 19 Uhr.
Nach Nong Khai an der Abzweigung (10 km) umsteigen.

Prasat Phanom Rung

Die Tempelanlage ist, neben Phimai, ein weiteres sehr gut restauriertes Denkmal der Khmer-Kunst. Wer sich für Khmer-Bauwerke interessiert, sollte auch einen größeren Umweg nicht scheuen. Eintritt 20 Baht.

Der hinduistische **Shiva-Tempel** liegt sehr schön auf dem Hügel Phanom Rung. Eine monumentale Treppe führt zum Heiligtum hinauf, das von Galerien in allen vier Richtungen eingefaßt ist. Zwei Gebäude aus Ziegeln stammen bereits aus dem 10. Jh., der kleine Prang mit den schönen Ornamenten über dem Tor wurde um das Jahr 1000 errichtet.

Der zentrale Prang entstand zwischen 1050 und 1150. Im kleinen **Museum** werden u.a. Fotos von den Restaurierungsarbeiten gezeigt.

Übernachtung

Honey Inn*-*, 8/1 Soi Srikoon, Nang Rong, ✆ 671131, neues 2stöckiges Gebäude hinter der Ban Nongree School, 7 Zimmer mit Fan, geleitet vom Lehrerehepaar Mr. und Mrs. Phaisan, neuer Minibus und Guide verfügbar.

Transport

Mit dem Bus von KORAT (60 Baht, 2 Std.) nach BAN TAKO, von dort fahren Motorradtaxen für 140–200 Baht zum Tempel, warten und fahren wieder zum Bus zurück (insgesamt 26 km, 3–4 Std.). Alternativ von Ban Tako mit dem Songthaew weiter bis Ban Tapek und von der Abzweigung hitchhiken. Bequeme Touren bietet das *Old Phimai GH* (s.o.).

Nong Khai

หนอง คาย

Die kleine Stadt (24 000 Einwohner) am Grenzfluß Mekong hat sich seit der Erleichterung der Visabestimmungen wieder zur Durchgangsstation auf dem Weg nach Laos entwickelt. Die Hauptstadt Vientiane liegt nur 24 km entfernt. Die 1774 m lange Friendship Bridge, die erste Brücke über den Mekong, wurde am 8. April 1994 eingeweiht. Ausländische Touristen müssen über diese Brücke nach Laos einreisen. Der französisch angehauchte, laotische Einfluß ist bereits deutlich spürbar. Überhaupt ist Nong Khai eine der angenehmsten Städte im Nordosten, die ein paar Tage Aufenthalt lohnt.

Der bekannteste Tempel ist **Wat Pho Chai**, in dem eine massiv goldene Buddhastatue verehrt wird.

Wat Nernpa Nao liegt in einem Wald am östlichen Stadtrand neben dem Highway. 60 Mönche und Nonnen leben in diesem Meditationszentrum.

Wat Putaugongmaa in der Ho Road, ein farbenfroher chinesischer Tempel mit bunten Drachen und anderen mystischen Tieren, lohnt einen Besuch.

Übernachtung

Empfehlenswert ist das gemütliche
Mut Mee GH*-** ⑪, 1111/4 Kaeworawut Rd., ✆ 460717; 8 kleine Häuser und Bambushütten, 24 saubere Zi und 2 Schlafsäle, mit Moskitonetz, Du/WC außerhalb. Geleitet vom Briten Julian und seiner Frau Pao. Gutes Restaurant direkt am Mekong. Verleih von Mountain Bikes. Gute Infos.
Maekhong GH* ⑤, 519 Rimkong Rd., wenige Zimmer, schöne Flußterrasse. Bootstouren auf dem Mekong, Preis nach Anzahl der Personen.
Rimkong GH** ⑧, ✆ 460625, ✆ 420967, Reihenhaus mit einfachen Zimmern.
Sawasdee GH** (ac***) ②, 402 Meechai Rd., ✆ 412502, ✆ 420259, hellhöriges Holzhaus mit Innenhof, saubere Zimmer mit Fan, schöne ac-Zimmer, warme Dusche, großes Wohnzimmer, familiäre Atmosphäre, Fahrrad 30 Baht/Tag.
Meeting Place GH** ⑦, 1117 Soi Chuenjitt, ✆/✆ 421223, einfache Zimmer, Du/WC separat, Restaurant, beliebte Bar, Infos, Visa-Service.
Pong Vichit Hotel** (ac***) ④, 1244/1 Banterngsit Rd., ✆ 411583; Stadthotel, ordentliche Zimmer.
Prajak Bungalows** (ac***) ⑫, 1178 Prachak Road, ✆ 411116, gute Reihenhäuser mit engem Hof, sehr freundliche Leute.
Phanthavy**-**** ⑨, 1049 Haisoke Rd., ✆ 411568, ✆ 421106. Modernes Stadthotel, jenseits der Straße ruhige, saubere Bungalows, z.T. mit ac.

Essen

Boat, *Ice-Cream* und Restaurant, Gerichte für 40–60 Baht, schöne, angenehme Flußterrasse.
Ruan Prae Haisoke, ein gutes schwimmendes Restaurant, Abfahrt um 17 Uhr.
Vorzügliches Thai-Essen für 20–40 Baht servieren die beiden Restaurants gegenüber vom *Phanthavy Hotel*, Hausnummern 1106 und 1122.
Im sauberen Restaurant, 057/2-3 Prachak Rd., gegenüber Nissan, gibt es mittags beste Currys. Ein gutes vegetarisches Restaurant liegt hinter der Bus Station.

Entlang des Mekong; oben: Wat Prathat Satdja in Tha Li bei Loei; unten: Blick von Nong Khai nach Laos

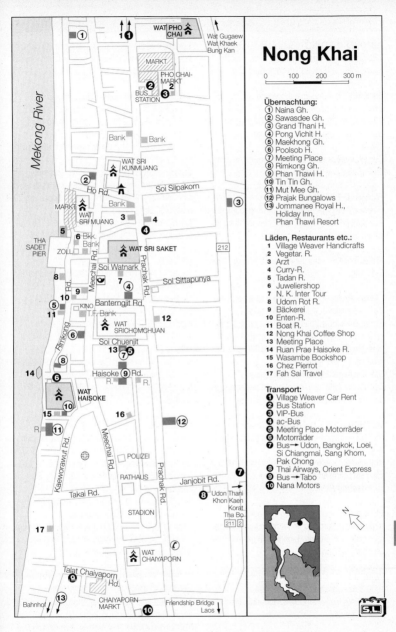

Oben: Tempel in Khon Kaen; Mitte: Landschaften am Mekong; unten: Am Rande des Weges

Sonstiges

AUTOVERMIETUNG – Gute Jeeps vermietet *Village Weaver Car Rent*, 786/1 Prachak Rd., ✆ 411236, ✉ 420333, ab 1000 Baht/Tag.

EINKAUFEN – Souvenirshops und Stände auf dem **Lao Markt** neben dem Pier verkaufen Stickereien, Silberschmuck, Baumwoll- und Seidenstoffe und Waren aus Vietnam und China.
Der *Chaiyaporn Markt* hat ein großes Angebot an Gemüse und Obst.

FAHRRAD-TREKKING – Julian vom *Mut Mee GH* macht 2tägige Touren in der Umgebung für 900 Baht p.P. ab 4 Pers., inkl. Übernachtung in einem Seiden-Forschungszentrum.

IMMIGRATION – bei der neuen Brücke, geöffnet 8–17 Uhr.

LAOS – Beste Infos über Laos und die aktuelle Visum-Situation hat Julian im *Mut Mee GH*.
Ein Visum kann z.Zt. in Nong Khai in 24 Std. arrangiert werden. Als zuverlässig haben sich *Meeting Place* (s.o.) und *Fah Sai Travel* (s.u.) erwiesen.
Das Visum gilt 15 Tage für ganz Laos.
Seit 1. Juni 1997 gelten neue Visabestimmungen für den Grenzübertritt bei der Brücke.

MOTORRÄDER – Bei *Nana Motors* an der Meechai Rd., westlich vom Rathaus, für 200 Baht pro Tag.
Motorräder für 200 Baht vermietet von 7–18 Uhr auch ein Stand an der Haisoke Rd. beim Fluß und *Meeting Place*.

REGENZEIT – In dieser Region beginnt die Regenzeit im Juni und endet normalerweise bereits Mitte September. Hauptsaison ist von Ende Oktober bis Februar.

REISEBÜRO – *Fah Sai Travel Agency*, 1000/3 Kaeworawut Rd., ✆ 411094, ✉ 460949; Visa, Flugtickets, Touren in die Nachbarländer.

VORWAHL – 042; PLZ: 43 000.

Transport

Lokaler Transport erfolgt mit Tuk Tuks. Für den „offiziellen" Preis von 20 Baht schafft es kaum jemand zum Gästehaus.

BUSSE – Ab Northeastern Bus Terminal in BANGKOK fahren non-ac-Busse tgl. 13x bis 22 Uhr für 146 Baht, 2.Kl.-ac-Bus um 21.40 Uhr für 204 Baht, ac-Busse um 8.40 und von 20.15–21 Uhr für 263 Baht, VIP-24 Busse um 20 und 20.30 Uhr für 405 Baht.
Zurück non-ac-Busse am Vor- und Nachmittag bis 19.30 Uhr, 2.Kl.-ac-Bus um 20 Uhr, ac-Busse um 8 Uhr und von 19–20.30 Uhr, VIP-24-Busse um 20 und 20.30 Uhr.
Nach SANG KHOM mit dem Loei-Bus Nr. 507 alle 50 Min. bis 16 Uhr für 61 Baht über SI CHIANGMAI (15 Baht) und weiter nach PAK CHOM (45 Baht).
Nach CHIANG KHAN in Pak Chom umsteigen in ein Songthaew (20 Baht), insgesamt ca. 5 Std.
Mit Bus 223 bis SI CHIANGMAI bis 16 Uhr (Sa und So nur bis 12.40 Uhr) in 2 1/2 Std.
Nach UDON THANI mit Bus 221 alle 30 Min. bis 17.20 Uhr für 15 Baht und weiter nach BAN CHIANG (s.u.).
Nach KORAT mit dem Bangkok-Bus für 88 Baht (ac 157 Baht) und KHON KAEN ac 79 Baht.
Nach PATTAYA 11 Busse für 165 Baht (ac 297 Baht) in 12 Std.

EISENBAHN – Von BANGKOK fahren tgl. 2 *Rapid* um 6.15 und 19 Uhr für 268/133 Baht in der 2./3. Klasse in 11 Std. Der Expresszug um 20.30 Uhr hat Schlafwagen und kostet in der 2. Kl. oberes Bett 388 Baht, unteres Bett 438 Baht, Sitz 288 Baht.
Die Züge zurück fahren um 7.40, 17.40 und 19 Uhr (Express mit Schlafwagen) ab.
Nach KORAT um 12.30 Uhr in 6 1/2 Std. oder um 7.40 Uhr bis BUA YAI (Ankunft 12.11 Uhr) und umsteigen in den wartenden Bus.

FLÜGE – Bei *Royal Express Travel*, 1191 Janjobit Rd., ✆ 421214-7, ✉ 420325, bekommt man Tickets für *Thai Airways* und *Orient Thai Airlines*. Vom nächsten Flugplatz in Udon Thani Verbindung mit *Orient Thai Airlines* nach Chiang Mai. Anfahrt mit Limousine um 17 Uhr für 100 Baht.

Die Umgebung von Nong Khai
Wat Khaek

Auf einem riesigen Gelände stehen neben dem neuen, herrlichen Tempel inmitten hunderter Topfpflanzen eigenwillige menschliche und tierische Figuren. Die bis zu 20 m hohen Statuen sind aus Zement geformt: ein Schlangengott, der die Erdkugel verschlingt; zehnarmige Krieger, die die abgeschlagenen Köpfe ihrer Feinde in den Händen halten – eine „Parodie der menschlichen Gesellschaft". Long Pu Bun Lua, der verstorbene Gründer der Anlage, kam 1975 aus Laos hierher. Mit den Figuren wollte er auf die hinduistischen Wurzeln des Buddhismus verweisen. Ein lohnenswerter Trip!

Wat Khaek ist mit dem Fahrrad zu erreichen. Vom H212 biegt man am KM 4,3 östlich der Stadt hinter der St. Paul's School gegenüber vom gold-roten Tor nach rechts ab (600 m). Fahrradparkplatz 5 Baht. Tuk Tuk ca. 20 Baht.

Phu Pra Bat Historical Park

Diese Felslandschaft mit merkwürdigen Sandsteinformationen wird von vielen Fußwegen durchzogen und eignet sich ausgezeichnet zum Spazierengehen. Der Park ist in 9 Wandergebiete eingeteilt. Wer alles sehen möchte, benötigt mehrere Tage Zeit.

Trotz vieler Schilder auf Thai und Englisch können Besucher sich leicht verlaufen, da es viel mehr Wege gibt, als markiert sind. Am interessantesten ist das Gebiet Nr. 3 am Eingang. Phantastische Felsformationen, oft in Pilzform; natürliche Felsüberhänge, die in der Dvaravati-Periode (7.–10. Jh.) als Tempeldächer dienten; Felszeichnungen, auf denen Männer und Ochsen noch gut zu erkennen sind, 2000–4000 Jahre alt.

über Ban Tiu zur Abzweigung vor dem Park (10 km, 5 Baht). Von hier sind es 4 km zu Fuß bis zum Parkeingang bzw. 3 km bis zum Wat. Besser in Ban Phu ein Motorradtaxi oder Tuk Tuk (ca. 100 Baht) chartern. Einfacher geht es mit dem Motorrad: ab Nong Khai (79 km) oder ab Si Chiangmai (52 km).

Ban Chiang

In den 70er Jahren fand man nahe dem Dorf Ban Chiang bei großangelegten Ausgrabungen Tonscherben, die schön mit eleganten Bändern bemalt waren, sogenannte Bandkeramik. Man konnte sie auf ein Alter von 7000 Jahren datieren. Auch Waffen und andere Gerätschaften wurden ausgegraben. Sie bewiesen, daß die Stelle, auf der das heutige Dorf steht, von 3600 v. Chr. bis 200 n. Chr. besiedelt war und danach verlassen wurde. Die heutige Bevölkerung des Dorfes wanderte erst vor etwa 200 Jahren aus dem heutigen Laos ein.

Ein Teil der Funde ist in einem hervorragenden **Museum** ausgestellt, das sehr informativ aufgebaut und sogar in Englisch beschriftet ist. In der Saison täglich 9–12 und 13–16 Uhr geöffnet, außerhalb am Mo geschlossen, Eintritt 10 Baht.

Eine überdachte Ausgrabungsstätte ist auf dem Gelände von **Wat Po Sri Nai** zu besichtigen. Auf verschiedenen Ebenen liegen noch die Keramiken, Tier- und Menschenknochen an ihrem ursprünglichen Platz. Eintritt 10 Baht.

Übernachtung

Lakeside Sunrise GH**, Ban Chiang, Nonghan, am See, 5 Min. zu Fuß vom Museum. Großes Haus im Thai-Stil mit offenen, schattigen Verandas, 6 Zimmer mit schöner Aussicht; im Café gibt es u.a. echten Kaffee. Geleitet vom Australier Alex Ovenden und Tong.

Transport

Von NONG KHAI nach Ban Phu (65 km, Hotel*) mit Bus 294 von 8.30–14 Uhr alle 30 Min. für 20 Baht in 2 Std. (letzter Bus zurück gegen 15.30 Uhr). Von der Bus Station mit dem Songthaew

Transport

Anreise zunächst von NONG KHAI mit dem Bus 221 nach Udon Thani und mit einem Songthaew zum Bus Terminal 1. Dann alle 25 Min. mit Bus 225 bzw. 230 Richtung Sakon Nakhon bzw. Na-

khon Phanom (20 Baht) bis zur Abzweigung von Ban Pulu (KM 50), wo Tuk Tuks (20 Baht) warten. Alternativ mit dem direkten Songthaew 1371 für 20 Baht, das alle 30 Min. die Pho Sri Rd. entlang nach Osten fährt und 1 Std. benötigt. Früh abfahren, da die Anreise recht lang dauert.
Nach UDON mit dem Songthaew alle 30 Min. von 5.30–12 Uhr, später mit dem Tuk Tuk zur Hauptstraße, wo laufend Busse vorbeifahren.
Mit eigenem Fahrzeug von Udon Thani Richtung Sakon Nakhon fahren und beim KM 49,9 auf die Straße H2225 abbiegen. Von hier aus sind es noch 6 km bis Ban Chiang.

Von Nong Khai nach Chiang Khan

Richtung Westen führt die Straße H211 etwa 200 km am Mekong entlang, zunächst durch intensiv landwirtschaftlich genutzte Ebenen, dann durch eine abwechslungsreiche Flußlandschaft.

Wenn der Wasserspiegel in der Trockenzeit um 8–14 m abfällt, bilden sich überall Inseln, Sandbänke und Stromschnellen. Die Szenerie wirkt dann nicht so beeindruckend. Die Busse nach Pak Chom nehmen zunächst nicht die neue Uferstraße (28 km), sondern fahren weiter südlich über den H2 und den H211. Erst nach 41 km treffen sie beim Ort Tha Bo auf den Mekong.

Si Chiangmai

Von Si Chiangmai aus (KM 45) hat man den besten Blick nach Laos hinein; denn genau gegenüber liegt die Hauptstadt Vientiane. Ab 16 Uhr duftet es vom *Bread Workshop* nach frischem französischem Brot. Am Samstag wird bei Fischkämpfen (in der Regenzeit) bzw. Hahnenkämpfen (während der Trockenzeit) kräftig gewettet.

Der angenehme, ansonsten langweilige Ort eignet sich sehr gut als Basis für Ausflüge im Hinterland. Die Rim Khong Road, die Parallelstraße am Mekong, wurde leider auch hier wenig umweltfreundlich befestigt – viel Zement und Steine anstelle von Schilf und Bäumen.

Übernachtung

Tim Guest House**-*, ✆ 042-451072, 553 Mu 2, Rim Khong Rd., 150 m vom Bus Stop entfernt an der Uferstraße. 3stöckiges Steinhaus mit einfachen Zimmern, vom Schweizer Jean-Daniel Schranz geleitet, der für gemütliche Atmosphäre sorgt. Von der Dachterrasse bietet sich eine schöne Sicht auf Vientiane. Restaurant mit Traveller Food. Viele Infos, Kräutersauna, Thai-Massage; Fahrräder, Motorrad sowie Auto mit Fahrer; Boot-Trips mit dem eigenen Boot.

Transport

Von NONG KHAI fahren die Busse 223 für 15 Baht in 1 1/2 bis 2 1/2 Std. nach Si Chiangmai, sowie die schnelleren Loei-Busse 507. Songthaew kosten 25 Baht.
Weiter nach SANG KHOM für 10 Baht, PAK CHOM 30 Baht, KORAT 95 Baht und BANGKOK 153 Baht (ac 319 Baht).

Sang Khom

Am KM 84 liegt das kleine Straßendorf Sang Khom mit vielen Holzhäusern und einer ruhigen, gemütlichen Atmosphäre.

Fast jedes Jahr nimmt der Mekong in der Regenzeit 3–5 Meter Land mit. Daher wurde im Zentrum ein Uferstreifen von 150 m Länge befestigt, dahinter liegen die Markthalle und ein traditionelles Rennboot.

Pak Chom

In dem fast 2 km langen, ruhigen Ort Pak Chom (KM 146–147) kann man in Gästehäusern an beiden Ortsenden übernachten.

Der Bus hält am östlichen Ortsende, wo sich ein uriger Markt befindet.

Übernachtung

SANG KHOM – Die Hütten der Gästehäuser liegen am Fluß und kosten 60 bis 100 Baht.
Bouy GH* (gesprochen: *Buhi*), 60/4 Sang Khom, ✆/✆ 042-441065, am Bus Stop. Großes, ruhiges Gartengrundstück auf der Insel im Mekong,

mit dem Restaurant am Ufer mit einer
Holzbrücke verbunden; einfache Bambusmattenhütten, Schlafsaal 40 Baht p.P. Restaurant
mit großer Terrasse, neben Thai-Essen auch
vegetarische Gerichte; Kräuter-Sauna;
Fahrräder, Motorrad; engagierte, freundliche
Besitzerin (Mrs. Toy).
River Huts*, 118 Sang Khom, ✆ 441041,
neben *Bouy GH*; schön gelegen am Fluß,
10 einfache Mattenhütten mit Balkon am Fluß;
Restaurant über dem Steilufer, tolle Sicht,
etwas teurer; Kräuter-Sauna, Mountain Bikes,
Motorrad.
Mama's River View Lodge*, 4 Hütten auf der Insel neben *Bouy*, Restaurant mit Thai-Lao und
westl. Essen. Freundliche Mama.

PAK CHOM – *Jumpee Guesthouse**, am östli-
chen Ortseingang, ganz einfache Hütten am
Fluß; Mückenmittel und Moskitonetz notwendig;
sehr nette Leute.
Pak Chom Guesthouse*, Soi 1, ✆ 042-881021,
am westlichen Ortseingang am KM 147.
Einfachste Hütten auf einem ungepflegten
Grundstück am Fluß, sehr ruhig, sehr cool.

Transport

Der Bus 507 befährt die Strecke
NONG KHAI–15 Baht–SI CHIANGMAI–
10 Baht–SANG KHOM–20 Baht–PAK CHOM–
25 Baht–LOEI.
Also von PAK CHOM nach SI CHIANGMAI
(102 km) für 30 Baht.
Der letzte Bus von SANG KHOM nach Nong Khai
fährt gegen 16.45 Uhr, der letzte Bus nach Pak
Chom gegen 16.30 Uhr.
Vorsicht: Der Bus 223 fährt von Nong Khai nur
bis Si Chiangmai (und zwar sehr langsam).
Nach CHIANG KHAN muß man in Pak Chom am
Markt in ein Songthaew (15 Baht) umsteigen.

Chiang Khan

เชียง คาน

Ein ruhiger, schön gelegener und angenehmer Grenzort am Mekong. Fast alle Häuser sind noch aus Holz gebaut. Von den
Straßen am Steilufer des Flusses hat man
einen guten Blick über den Fluß bis nach
Laos. Gemächlich tuckern Passagierschiffe und Frachtkähne über den Mekong.

Der Ort eignet sich sehr gut für Ausflüge auf eigene Faust in der ländlichen
Umgebung.

Übernachtung

Chiang Khan GH*, 282 Rimkong Rd.,
✆ 821023, Holzhaus am Fluß, Verschläge mit
Fan, Gemeinschafts-Du/WC, Restaurant, Fahr-
rad- und Motorradverleih.
Zen GH*, 126/1 Soi 12, ✆/✆ 821119,
nettes, traditionelles Holzhaus in einer
ruhigen Gasse in ländlicher Umgebung;
sehr einfache Zimmer, phantasievolle
Du/WC außen, Kochgelegenheit, englische
Bücher, Massage, Kräuterbad; geleitet
von der Amerikanerin Katie; familiäre
Atmosphäre; gute Tips für Ausflüge per Rad,
Fahrräder.
Ton Khong GH**, 299/3 Soi 10 Chai Khong Rd.,
✆ 821097, neues Haus am Fluß, 13 einfache
Zimmer, Bad außen, elektrische Dusche,
Frühstück, Karaoke, Minibus-Service nach
Bangkok.
Dormitory GH*, Soi 8, ✆ 821289, Schlafsaal
mit 6 Betten à 35 Baht, einige Zimmer,
Garten und Küche; Besitzer derselbe wie im
Rimkong Pub.
Souk Somboon*-**, 243/3 Rimkong Rd.,
✆ 821064, Holzhaus am Fluß, Zimmer mit und
ohne Du/WC.
Phun Sawat*, Soi 9, ✆ 821114, Holzhaus in ei-
ner Gasse; Motorradvermietung.

Essen

Viele Restaurants liegen an der Rimkong Rd.
zwischen Soi 7 und 11.
Im *Lomluk Restaurant* wird im Wok gekocht.
In der *Rimkong Pub* am Fluß gibt es Frühstück und eine Bar, zudem werden Touren
und Bootstrips veranstaltet und ein Motorrad
vermietet.
In der *Bar Beer* kann man sein Bier zu Musik
trinken.

Sonstiges

BOOTSAUSFLÜGE – Bootstrips von 3–5 Std. kosten im *Rimkong Pub* 180–250 Baht ab 3–7 Pers. Beliebt ist der *Sunset Trip* auf dem Mekong für 1 Std. ab 2 Pers. 110 Baht p.P. Per Boot nach PAK CHOM (45 km) für 900 Baht pro Boot.

FAHRRÄDER – gibt es für 30 Baht in der Rimkong Road. Mountain-Bike-Touren in der Umgebung veranstaltet *Zen Bicycle Treks* (auch: *One World Bicycle Expeditions*), 356 Chaikhong Rd., ✆/✆ 821119.

GELD – *Thai Farmers Bank*, Mo–Fr von 8.30–15.30 Uhr geöffnet. Keim ATM-Automat.

VORWAHL – 042; PLZ: 42 110.

Transport

Von BANGKOK fahren non-ac-Busse um 18.15 und 21.30 Uhr für 145 Baht in 11 Std., ac-Busse um 8.15 und 19 Uhr für 261 Baht und VIP-24 Busse um 8 und 21 Uhr für 405 Baht in 9 Std. Zurück mit dem *Yellow Bus* um 7.30, 18 und 18.50 Uhr, mit dem *Blue Bus* um 8 und 18.30 Uhr, mit dem VIP-24 Bus um 7.30 und 18.30 Uhr. Der ac-Minibus vom *Ton Khong GH* fährt jeden So, Di, Do um 18 Uhr nach BANGKOK für 350 Baht, zurück jeden Mo, Mi, Fr um 19 Uhr.
Nach PAK CHOM fahren Songthaews bis 16 Uhr alle 30 Min. für 15 Baht in 1 Std., weiter mit non-ac-Bus nach NONG KHAI ca. jede Std. bis 15.30 Uhr für weitere 50 Baht, insgesamt 5 Std.

That Phanom

ธาตุพนม

Der knapp 4000 Einwohner zählende Wallfahrtsort liegt am Steilufer des Mekong. Auf dem großen Markt und in vielen Geschäften werden Seidenstoffe und Kopien aus Laos angeboten. Viele Traveller nutzen diesen kleinen Ort als Basis für Ausflüge im Nordosten. Die 57 m hohe Stupa des **Wat Phra That Phanom** beherbergt eine hochverehrte Reliquie, ein Brustbeinsplitter Buddhas. Ihre Basis wurde im 6. Jh. aus Ziegeln gebaut und mehrfach restauriert. Der ursprüngliche Turm im laotischen Stil wurde von 1976–78 neu errichtet. Im Museum werden viele Buddha-Statuen verwahrt, geöffnet 8.30–16 Uhr. Interessant ist der **Lao Market** am Fluß, der jeden Montag und Donnerstag früh am Morgen stattfindet. Manchmal gibt es Schlangen, Affen etc. zu kaufen.

Übernachtung

Niyana Guest House*, 288 Moo 2, Rimkhong Rd., großes Gartengrundstück am Fluß, saubere Einzel- und Doppel-Zimmer mit Moskitonetz, Schlafsaal, Gemeinschafts-Du/WC; Aufenthaltsraum, Restaurant, gute Informationen Fahrräder und Motorrad zu mieten; Webunterricht. Die Besitzerin Niyana ist eine außergewöhnliche Frau.
Rimkhong Bungalow**, Rimkhong Rd., ✆ 042-541634; 40 m vom Fluß in einer Seitengasse, Reihenhaus aus Stein, 9 saubere Zimmer mit Du/WC. Daneben Thai-Massage.
That Phanom Resort**-***, ✆ 042-541047, 1 km westlich an der Umgehungsstraße nach Ubon.

Essen

Vorzügliches *Phat Thai* bereitet eine Wirtin auf dem Gehsteig vor ihrem Restaurant südlich vom Torbogen.
Hervorragend ißt man im *Isan Restaurant* westlich vom Markt. Östlich vom Markt liegt ein Enten-Restaurant.
Der *Thai Sweet* Laden am Fluß verkauft süßen Nachtisch von 11.30–13 Uhr.

Transport

Ab Northeastern Bus Terminal in BANGKOK fahren non-ac-Busse um 7 und 18.50 Uhr für 167 Baht, ac-Busse um 19.30 und 20.10 Uhr für 301 Baht, VIP-24-Bus um 19.30 Uhr für 465 Baht. Nach BANGKOK um 8 und 17 Uhr, ac um 8.30, 17.30 und 18 Uhr, VIP-24-Bus um 17.45 Uhr. Nach KORAT, PHIMAI und PAK CHONG (für Khao Yai) nimmt man den Bangkok-Bus. Exzellente Beschreibungen, wie man von That Phanom am besten die touristischen Ziele Phimai und Prasat Phanom Rung sowie Nong Khai erreicht, erhält man von Niyana im Gästehaus.

Ostküste

Schon immer flohen die Bewohner Bangkoks am Wochenende aus der drückenden Schwüle der Stadt an die nahen Strände, um die kühlende Meeresbrise zu genießen. Zahlreiche Hotels und Restaurants entstanden in Pattaya, dem Reiseziel vieler Pauschaltouristen. Östlich von Pattaya hingegen hat sich noch eine Menge ursprünglicher Atmosphäre erhalten.

Pattaya

พัทยา

Entlang der Bucht von Pattaya und der angrenzenden Strände ersteckt sich eines der größten Urlaubszentren Thailands.

In **South Pattaya** konzentrieren sich Bierbars, Restaurants und Hotels. Sogar ein Ableger der amerikanischen Museumskette hat sich im Royal Garden Plaza niedergelassen: **Ripleys Believe it or not**, geöffnet tgl. 10–24 Uhr, Eintritt 200 Baht, Kinder 150 Baht. In **Naklua**, dem nördlichen Pattaya, wo viele Thai-Familien Urlaub machen, geht es ruhiger zu. Der **Wongamat Beach** ist fest in der Hand deutschsprachiger Urlauber. Südlich von Pattaya lädt der **Jomtien Beach** zum Bräunen oder Windsurfen ein. Vom 240 m hohen **Pattaya Park Tower** bieten zwei Dreh-Restaurants einen faszinierenden Panoramablick. Einen weiteren Ausblick auf Pattaya hat man vom Tempel auf dem **Phra Tamnak** zwischen Pattaya und Jomtien Beach.

Übernachtung

1997 waren in Pattaya über 300 Hotels registriert. Bereits für weniger als 300 Baht gibt es heruntergekommene, hellhörige, nicht einbruchssichere Unterkünfte.
Das Tourist Office hat eine Liste der Gästehäuser.
B.J. GH**, Beach Rd., im Norden, ✆ 421147-8, angenehme Umgebung, kleines Restaurant.
Golden Tex GH*-**, 437/86-91 Soi 6, Ecke Beach Rd., ✆ 429153, ✆ 428020, gemütliche Zimmer, große Restaurant-Terrasse mit billigem Essen und Meeresblick.
J.B. GH***, 12 Jomtien Rd., ca. 150 m hinter dem Royal Jomtien im Süden, ✆ 231581, an der Hauptstraße, 25 m vom Strand. Saubere DZ mit Du/WC, ac. Die Zimmer nach hinten sind ruhig.
Deutsches Haus**, 124 Beach Rd., nahe Soi 4, ✆/✆ 428725, Zimmer mit Du/WC und warmem Wasser. Deutsches Management.
Siam City Park Hotel***, 119/102 Naklua Rd., ✆ 421678, 429859, ✆ 426304, neu, hell und sauber, gutes Preis-Leistungs-Verhältnis.
The Cottage***, Second Rd., nahe Soi 2, ✆/✆ 425650, 425660, neben Big-C, zwei Pools, viele (deutsche) Stammgäste.
Thai Garden Resort, 179/168 Moo 5, North Rd., ✆ 426009, ✆ 426198, komfortable, saubere Bungalows und Zimmer ab 1200 Baht in einer Gartenanlage mit 2 Pools. Familienfreundliche Atmosphäre, deutsches Management.

Essen

Wohl kaum ein anderer Badeort in Südostasien hat solch eine große Auswahl an Restaurants.
Bavaria House I, am Strip von South Pattaya, und *Bavaria House II*, ein mächtiger Rundbau in Form eines Oktoberfest-Zeltes an der Second Rd., Ecke Soi Diana Inn, versorgen heimwehkranke Touristen und neugierige Einheimische.
Hopf Brauhaus, die erste Mikrobrauerei Pattayas, an der Beach Rd., Ecke Soi Yamato.
Ruen Thai Restaurant, Second Rd., bietet jeden Abend von 19.30–23 Uhr klassische Musik und Thai-Tanz, Sitzplätze in einer tropischen Gartenanlage oder ac, relativ preiswertes Essen.
Thai House, 171/1 North Rd., neben der City Hall, eines der größten Restaurants der Stadt, durchgehend von 19–24 Uhr eindrucksvolle, traditionelle Tanz-Darbietungen.

Sonstiges

AUTOVERMIETUNG – Vor allem an der Beach Road werden Jeeps ab 500 Baht pro Tag vermietet. Wagen mit ausreichendem Versicherungsschutz gibt es ab 1200 Baht.
Avis, im Dusit, ✆ 425611-6, ✆ 361627, und Royal Garden Resort, ✆ 412120-3, ✆ 429926.

Via-Rent-a-Car an der Second Rd., gegenüber Royal Garden Plaza, ✆ 426242, ✉ 426243.
Car World Club, Sukhumvit Rd., ✆ 726185, 422149, ✉ 422150.

INFORMATIONEN – *TAT Office*, 246/1 Beach Rd., zwischen Soi 8 und 9, ✆ 428750, 429113, geöffnet Mo–Fr 8.30–16.30 Uhr, sehr viele Prospekte und hilfsbereite Mitarbeiter.

MOTORRÄDER – Tödliche Motorradunfälle gehören zum Alltag in Pattaya. Deshalb raten wir davon ab, ein Motorrad zu mieten.

POLIZEI – *Tourist Police* befindet sich an der Second Rd., nahe Soi 6, ✆ 1699 oder 429371.

VORWAHL – 038; PLZ des GPO: 20 260.

Nahverkehrsmittel

Die blauen **Baht-Busse** kosten entlang der Second und Beach Rd. 5 Baht, ansonsten innerhalb von Pattaya bis zu 30 Baht, zum Jomtien Beach 40 Baht, nach Naklua 20 Baht. Sie können überall angehalten werden. Man setzt sich in einen Bus, der in die entsprechende Richtung fährt, nennt das Ziel und bezahlt am Ende – vorher Aushandeln ist gleichbedeutend mit Charter.

Transport

BUSSE – Busse aus Bangkok halten am ac-Busterminal in der North Rd., nahe Sukhumvit Rd. Non-ac-Busse fahren am Jomtien Beach von der Bor Kor Sor Bus Station ab.
Richtung Bangkok: Vom Eastern Bus Terminal, 136 km, non-ac-Busse alle 20 Min. für 37 Baht, ac-Busse alle 30 Min. bis 22 Uhr für 67 Baht in 3 Std. Zurück zwischen 5.30 und 21 Uhr. Vom Internationalen Airport in Bangkok Taxis und Busse von Thai Limousine Service tgl. um 9, 12 und 19 Uhr für 200 Baht p.P. Zurück ab Geschäftsstelle in der North Pattaya Road, ✆ 423140 und 423141, um 6.30, 14 Uhr und 18 Uhr. Von der Busstation bieten die ac-Busse um 7, 9, 11, 13, 15 und 17 Uhr für 150 Baht Airport-Transfer an.
Entlang der Ostküste: Nach BAN PHE (Ko Samet), mit *Malibu Travel*, ✆ 423180, ab Second Rd., um 8, 10, 12 und 15.30 Uhr für 120 Baht, zurück um 10, 14 und 17.30 Uhr.
Nach TRAT mit dem non-ac-Bus um 10 Uhr für 67 Baht, ac-Busse nur ab der Abzweigung der Straße nach Trat im Zentrum von Chonburi.
Richtung Nord-Thailand: Ab Sukhumvit Rd., nahe Central Rd. Nach CHIANG MAI mit dem non-ac-Bus um 7 und 16.15 Uhr, 216 Baht, ac-Busse um 15, 17.55 und 18.20 Uhr für 415 Baht, VIP-Bus um 19 Uhr, 450 Baht in 14 Std. Zurück fahren die meisten Busse am Nachmittag ab.
Nach MAE SAI mit dem non-ac-Bus um 12.30 Uhr für 245 Baht, ac-Bus um 14.30 und 16 Uhr für 445 Baht in 16 Std. (über CHIANG RAI für 230 / 420 Baht). Zurück non-ac-Bus um 11.30 Uhr, ac-Bus um 13.30 und 15 Uhr.
Richtung Nordosten: Ab Central und Sukhumvit Rd. Nach NONG KHAI spätnachmittags 6 non-ac-Busse für 165 Baht und 5 ac-Busse für 297 Baht in 12 Std. Zurück fahren die meisten Busse am Nachmittag.

FLÜGE – Der ehemalige Militär-Flugplatz U-Tapao, rund 40 km südlich von Pattaya, wird für internationale Charter- und Linienflüge genutzt.
Orient Thai Airlines, Büro in der Central Rd., ✆ 720233, ✉ 720235; Flughafen-Büro ✆ 245596-7, fliegt nach BANGKOK Mo, Mi, Fr um 14 Uhr, Di, Do, Fr, So um 10.20 und 14.40 Uhr für 1200 Baht hin und zurück; CHIANG MAI Mo, Mi, Fr um 15.30 Uhr, Di, Do, Fr und So um 17.30 Uhr für 3000 Baht; PHUKET Di, Do, Fr, So um 12 Uhr für 3600 Baht.
Bangkok Airways, Büro im 2. Stock im Royal Garden Plaza, Second Rd., ✆ 411965, 710084, ✉ 411965, nach KO SAMUI tgl. um 14.20 Uhr in 1 Std. für 3280 Baht hin und zurück und um 15,40 Uhr weiter nach PHUKET für 4760 Baht.
Thai Airways International im Royal Cliff, tgl. 9–12 und 13–18 Uhr, ✆ 250286-7, ✉ 250804. Für 150 Baht p.P. Minibus-Transfer ab Hotel zum Flughafen U-Tapao.

Ko Samet

Die Insel ist etwa 6 km lang und zwischen 400 m und 1000 m breit, die Hügelkette erreicht Höhen bis zu 125 Meter. Entlang der Ostküste zieht sich eine Reihe langer, weißer Sandstrände, die durch flache Granitbänke und baumbestandene Felsenkaps unterteilt werden. Bei Flut und hohen Wellen wird manchmal der ganze Strand überspült. Nach Süden zu verdrängen Steine immer mehr den Sand, die Felsenküste wird unterbrochen von halbmondförmigen Buchten. Die Westküste besteht vor allem aus Klippen, die sich dem Wind und den Wellen entgegenstellen, von der Sonne gebleichtes Treibholz sammelt sich in Felsnischen. Nur ganz im Norden locken ein paar Sandstrände. An Wochenenden und in den Ferien wird Ko Samet überschwemmt von bis zu 10 000 Ausflüglern aus Bangkok, die allerdings vorwiegend am Hat Sai Kaeo Beach im Norden der Ostküste bleiben.

Die meisten Boote kommen am Pier im Norden an, wo sich der Hauptort **Ban Na Dan** befindet. Viele Ausflügler schaffen es vom Pier nur zu den häßlichen, angestrichenen Bretterhütten („Gefängniszellen"), dabei kommt man in 10 Minuten leicht zu Fuß zum schönen Hat Sai Kaeo.

Übernachtung

Außerhalb der Saison bekommt man mit etwas Verhandlungsgeschick auf Ko Samet bereits für 70 Baht eine Hütte mit Fan und Dusche. In der Hauptsaison kosten sie mehr als das Doppelte, an langen Wochenenden das Vierfache. An Festtagen, z.B. am Chinesischen Neujahr, sind Traveller nicht gern gesehen, wenn sie die Phantasiepreise nicht widerspruchslos zahlen wollen. Fast alle Anlagen haben Elektrizität und fließendes Wasser. Jede Anlage hat ein Restaurant. Die Bungalowanlagen beim Dorf, am Ao Klang und Ao Noina sind nicht zu empfehlen.

Sonstiges

AUSFLÜGE – Vom Pier und von verschiedenen Bungalowsiedlungen kann man zum Schnorcheln an Korallenriffen (ca. 150 Baht) oder Fischen (ca. 600 Baht) fahren. Ausflüge zu den Nachbarinseln Ko Kudee und Ko Thalu werden für 120 Baht angeboten, weitere für 120–170 Baht.

EINTRITT – Am Eingang zum Park sind von Ausländern 50 Baht Eintritt zu bezahlen.

MALARIA – Viele malariaübertragende Moskitos sind auf der Insel ein Problem. Deshalb unbedingt vorsorgen. Bei ersten Anzeichen einer möglichen Malaria das *Ko Samet Health Center* oder die *Ko Samet Malaria Clinic* im Dorf nahe dem Wat aufsuchen, wo ein kostenloser Bluttest gemacht wird.

REISEZEIT – Hauptsaison ist von November bis März, doch noch bis Juni ist der Aufenthalt auf der Insel angenehm. Völlig überrannt wird der Nordosten der Insel an den Feiertagen von November bis April.

VORWAHL – 038; PLZ: 21 000.

WASSER – Die Wasserversorgung ist nur an den nördlichen Stränden gesichert, die über die Straße mit Tankwagen versorgt werden können. Ansonsten sieht das Wasser häufig schon im Dezember sehr schmutzig aus. Wer es trinkt, muß mit Dauerdurchfall rechnen.

Nahverkehrsmittel

Pickups bringen die Gäste an die Strände. Wollen mindestens 10 Passagiere zum selben Ziel, kostet es nach Hat Sai Kaeo 10 Baht, Ao Phai 20 Baht, Wongduan 30 Baht, zum Paradise Beach 30 Baht.

Transport

BUSSE – Von BANGKOK Eastern Bus Terminal, 196 km, fahren non-ac-Busse alle 1–2 Std. von 6.30–17.15 Uhr für 50 Baht in gut 4 Std., ac-Busse etwa stündlich bis 20.30 Uhr für 90 Baht nach Ban Phe, dem Hafen von Ko Samet.
Zurück fahren non-ac-Busse ca. alle 2 Std. von 5–17.30 Uhr, ac-Busse zu jeder halben Std. bis 18.30 Uhr. Die Rückfahrt am besten gleich nach Ankunft in Ban Phe reservieren.
Von der Khaosan Rd. in Bangkok fahren Minibusse um 8.30, 9.30 und 14.30 Uhr nach Ban Phe für 150 Baht (inkl. Boot), 240–260 Baht hin und zurück. Minibusse ab RAYONG für 10 Baht.
Von PATTAYA mit dem Bus um 8, 10, 12 und 15.30 Uhr für 120 Baht, zurück um 10, 11.30, 13.30, 15.30 und 17.30 Uhr, hin und zurück für 220 Baht.

BOOTE – Ab BAN PHE fahren Boote alle 1–2 Std. sobald sie voll sind für 30 Baht zum Pier von Ban Na Dan und z.T. weiter nach Ao Wongduan. Nach WONGDUAN fahren Boote um 9.30, 11.30, 13.30 und 17.30 Uhr für 30 Baht.
Zurück fahren Boote um 8.30, 12, 14 und 16 Uhr.

Hat Sai Kaeo

Der schöne, 1 km lange Strand im Norden der Ostküste heißt auch Crystal Sand Beach oder Diamond Beach. Vor allem während der Feiertage und an Wochenenden kommen viele Thai-Gruppen, um unter Palmen in den Seafood-Restaurants zu schlemmen. Während der Urlaubssaison schlagen thailändische Gruppen ihre Zelte unter den Palmen am Strand auf.

Auf Fußwegen durch eine Palmenplantage erreicht man die Felsenbucht **Ao Luk Yon** am nordöstlichen Zipfel. Der kleine Strand ist durchsetzt mit sehr grobkörnigem Sand. Um die Felsen herum kann man gut schnorcheln. Hinter einer Felsenbarriere schließt sich nach Süden der 400 m lange, schöne Sandstrand **Ao Hin Khok** an den Hat Sai Kaeo an. Der Fahrweg schlängelt sich nahe am Strand durch einen Wald. Dahinter ziehen sich die Bungalows versteckt unter Bäumen den Hang hinauf.

Übernachtung

Ganz im Norden liegt am **Hat Sai Kaeo**
Coconut***-**** ⑨, feste Bungalows unter Laubbäumen und Hundehütten*, schöner Strand.
Toy** ⑪, eng aneinandergedrängte Bungalows inmitten einer schönen Gartenanlage. Zentrum der Tagesausflügler.
Sai Kaew Villa*** ⑫, günstige ac-Bungalows und teure Luxusbungalows.
White Sand Bungalows**-**** ⑭, unterschiedliche Unterkünfte; Disco und Reggae-Bar.
Am **Ao Luk Yon**, *Pineapple Beach**** ⑦, ✆ 01 2101711, komfortable Bungalows
An einem Hügel am **Ao Hin Khok** liegt
Naga* ⑮, ✆ 01-2181732, einfache Bungalows, z.T. mit guter Sicht; hausgemachte Backwaren und empfehlenswertes Essen (u.a. riesige Pizza); Buchverleih, Post, kein Video, unter Leitung einer engagierten Engländerin.

Little Hut*-** ⑯, ✆ 01-2181264, bessere Hütten mit und ohne Du/WC, gutes Restaurant.

Sonstiges

POST – am Ao Hin Khok gibt es ein kleines Post Office bei *Naga* (geöffnet Mo–Fr 8.30–12 und 13–16, Sa 8.30–12 Uhr), mit Poste Restante.

WASSERSPORT – Wasserski, die leidigen Wasserscooter, Autoschläuche und Schnorcheltouren werden angeboten, wie auch Masken und Schnorchel von wechselhafter Qualität.

Ao Phai

Die Bucht von Ao Phai wird auch *Bamboo Bay* genannt. An dem mit vielen Kokospalmen bestandenen Strand mit dem feinsten Sand der Insel kann man Surfbretter (350 Baht pro Tag, Unterricht 80 Baht pro Std.) und Segelboote (100 Baht pro Std.) mieten. In den 4 Anlagen logieren überwiegend Farang, entsprechend ist die Musik und das Essen in den Restaurants.

An den Klippen entlang sind es 100 m zur **Pudsa-** und **Tubtim-Bucht**. An dem 100 m langen, feinen, weißen Sandstrand stehen viele Palmen und Laubbäume und zwei Bungalowanlagen. Die winzige **Nuan-Bucht** weiter südlich ist umgeben von steilen Klippen. Der kleine Sandstrand ist von Felsen durchsetzt.

Übernachtung

Am **Ao Phai** - *Ao Phai Hut***-**** ⑱,
✆ 01-2112967, verschiedene saubere Hütten am Hang hinter den Felsenklippen, Restaurant.
Seabreeze*-*** ⑲, ✆ 01-2186397, mäßige Hütten hinter dem preiswerten Restaurant, nicht direkt am Strand, nette Atmosphäre; Büchertausch, Telefon- und Fax-Service.
Silver Sand**-*** ⑳, ✆ 01-2110974, zu teure Bungalows, z.T. mit ac, mäßiges Restaurant, Disco, internationaler Telefonservice.
Samed Villa*** ㉑, schöne, komfortable Doppelbungalows mit Fan, unter Schweizer Leitung; in der Regenzeit gibt es viele Moskitos.
Am **Ao Pudsa** – *Tubtim Bungalows***-*** ㉓,
✆ 01-2186425, gr. Anlage unter Palmen, hervor-

ragendes Restaurant mit TV, gute Aussicht, dichte Matten- und Holzhütten, z.T. verwahrlost.
Ao Pudsa Bungalows** ㉒, vorwiegend feste Bungalows am Hang, Windsurfer zu mieten.
An der **Nuan Bay:** *Ao Nual Bungalows**-*** ㉔, die miesen, romantischen Bungalows stehen im Wald verteilt, häufig mit Langzeittravellern belegt.

Ao Wongduan

Die halbkreisförmige Bucht, in der viele Boote ankern, wird auch *Full Moon Bay* genannt. Am feinen Sandstrand wird tagsüber eine Liegestuhlparade aufgebaut, um die Bedürfnisse des gehobenen Publikums zu befriedigen. Restaurants, Souvenirläden und Imbißstände komplettieren den Eindruck eines sehr belebten Strandes. Windsurfbretter kosten 100 Baht pro Stunde. Über einen schmalen Felsrücken erreicht man von Ao Wongduan auf einem gut ausgetretenen Fußpfad den nördlich anschließenden Strand **Ao Cho**. Der verrottende Holzpier teilt die Bucht: in der südlichen Hälfte ist der Strand mit Steinen übersät, der schöne Sandstrand im Norden ist recht schattig.

Übernachtung

Am **Ao Wongduan:** Die meisten Bungalows kosten über 300 Baht. Am nördlichen Ende werden beim Souvenirkiosk 2-Personen-Zelte vermietet (60 Baht für 2 Pers.).
Cabana** ㉗, große Bungalows mit Du/WC am nördlichen Ende.
Malibu Garden Resort***-**** (ac teurer) ㉘, ✆ 651292, ausgedehnte Anlage, gute Bungalows, gutes Restaurant.
Am **Ao Cho:** Am nördlichen Sandstrand liegt *White Shark**-**** (auch *Lung Wang*) ㉕, ✆ 01-2185682, riesige Anlage; neben einfachen Bretterhütten mit eigener Dusche und Toilette auch Doppelhäuser; Restaurants und Beach-Bar, freundliche Familie.
Tantawan*** ㉖, ✆ 01-2100013, am südlichen Steinstrand, komfortablere Anlage mit hübschen Häusern, alle mit Dusche und Fan; recht gutes, aber teures Restaurant auf einem Felsen mit Blick über die Bucht; Bewohner der Bungalows erhalten Essengutscheine.

Übernachtung:
① Samet Hut
② Samet Cliff
③ Samet Resort
④ Samet Inn
⑤ Pra Kai Kaew
⑥ First Best
⑦ Pineapple Beach
⑧ Banana Bungalows
⑨ Coconut
⑩ Diamond Beach
⑪ Toy
⑫ Sai Kaew Villa
⑬ Ploy Talay
⑭ White Sand
⑮ Naga
⑯ Little Hut
⑰ Jep's
⑱ Ao Phai Hut
⑲ Seabreeze
⑳ Silver Sand
㉑ Samed Villa
㉒ Ao Pudsa
㉓ Tubtim
㉔ Ao Nual Bungalows
㉕ White Shark
㉖ Tantawan
㉗ Cabana
㉘ Malibu Garden
㉙ Sea Horse
㉚ Wang Deuan Resort
㉛ Vong Duern Villa
㉜ Candlelight Beach
㉝ Lung Dam Hut
㉞ Samet Ville
㉟ Ao Kiu Coral Beach
㊱ Ao Pakarang
㊲ Hat Sawahn Paradise Beach
㊳ Dome
㊴ Paradise Beach
㊵ Rattana
㊶ Ao Phao Resort

Transport

Ab BAN PHE verkehren Boote von *Sea Horse* und *Malibu* für 40 Baht nach Ao Wongduan. Letztes Boot um 18 Uhr.

Der Speed Boat Service von Ao Cho bietet Insel- und Schnorcheltouren für 150–200 Baht, Transport nach Ban Phe für 60 Baht.

Die südlichen Strände

Ein 300 m langer Fußweg führt von Ao Wongduan über die Klippen zum **Ao Thian** (Lung Dam Beach). Die weite Bucht heißt auch *Sangtain* oder *Candlelight Beach*. Ein großer, von Felsbändern unterteilter Strand ohne Palmen. Das Wasser wird entweder aus Tiefbrunnen geholt, ist also brackig, oder muß in Kanistern gekauft werden. Über den mit niedrigen Gehölzen bewachsenen Bergrücken gelangt man zum Sunset Point an der Westküste.

Ein immer schlechter werdender Fußweg führt von Ao Thian am Strand entlang und über die Klippen bis zur Südspitze der Insel. **Ao Wai** wird auch *Rattan Bay* genannt. Am **Ao Kiu Na Nok** ist Ko Samet so schmal, daß man sowohl den Sonnenauf- als auch den Sonnenuntergang genießen kann. Beliebtes Ausflugsziel der Einheimischen am Wochenende. Am **Ao Karang** (Coral Bay) an der Südspitze gibt es kaum Sandstrand, aber schöne Felsen.

Übernachtung

Am **Ao Thian:** Beide Anlagen gehören nicht zu den besten der Insel, haben aber eine gemütliche Atmosphäre.

Candlelight Beach*-*** ㉜, große Anlage mit 2 Restaurants im Zentrum der Bucht, etwas heruntergekommene Bambus- und Bretterhütten mit Du/WC.

Lung Dam Hut*-** ㉝, kleine, einfache Hütten oberhalb der Felsenküste im Süden.

Am **Ao Kiu Na Nok:** Bungalows zu beiden Seiten der Insel im *Ao Kiu Coral Beach**-***** (und teurer) ㉟, ℡ 652561, ohne und mit Du/WC, sehr sauber, gutes, aber teures Essen im offenen Restaurant in einer Kokosplantage.

Am **Ao Karang:** Ein Dutzend einfache Hütten gibt es im *Ao Pakarang*** ㊱, Anmeldung in Bangkok unter ℡ 02-5177620.

Transport

Am Vormittag fährt ein Boot von Ao Thian nach BAN PHE (40 Baht p.P.), anschließend wieder zurück. Ab Ban Phe fahren Boote um 11.30 und 17 Uhr zum Ao Kiu Na Nok (40 Baht).

Paradise Beach (Ao Phrao)

An der Westküste gibt es nur diesen einen Strand. Die relativ flache, von Felsen begrenzte Bucht mit wenig Wellengang ist mit dem Boot ab Ban Phe oder über einen Weg von Ao Phai (30 Min.) zu erreichen. Der bei Ebbe recht große Strand ist nicht so schön wie die Strände an der Ostküste. Schöne Sonnenuntergänge.

Übernachtung

Hat Sawahn Paradise Beach***-**** ㊲, ℡ 01-4384916, 20 gute Bungalows eines Schweizers, dessen Thai-Frau im Restaurant kocht, Abholservice mit eigenem Boot, Wasserski, PADI-Tauchschule, 50 m zum Riff.
Dome**-**** ㊳, ℡ 01-2185786, hat bessere Bungalows für Thai-Gruppen (4–5 Pers.) am Hang und billige Hütten ganz oben im Wald.
Paradise Beach** ㊴, vermietet einfache Hütten.
Rattana** ㊵, einfache Hütten aus Palm- und Sperrholz, Du/WC außen, relativ neu.

Laem Ngop

แหลมงอบ

17 km südwestlich der Provinzhauptstadt Trat liegt Laem Ngop. Der Ort wirkt wie ein schmuddeliges, billiges Amüsierdörfchen, in dem sich viele Thais vergnügen. Hier befindet sich auch ein Büro des Ko Chang National Marine Parks. Von Laem Ngop fahren die Boote nach Ko Chang und auf die anderen Inseln.

Übernachtung und Essen

Chut Kaew GH* 29 Mu 1, ℡ 597088, 500 m vom Pier an der Hauptstraße, 15 sehr einfache,

saubere Zimmer mit Fan, einfache Gemeinschafts-Du/WC; Restaurant, gutes Frühstück; das Leben spielt sich hinten im Garten ab.
Ko Kham GH*, 19/5 Mu 1, ✆ 597032, 5 Zimmer, Gemeinschafts-Du/WC.
Paradise**-***, 9/5 Mu 1, ✆ 597031, am Dorfeingang links, saubere Bungalows mit Bad und ac (auf Wunsch ohne Benützung der ac); an einem künstlichen Wasserbecken.
Ein gutes Seafood-Restaurant liegt am Anfang des Piers. Im teuren Hafenrestaurant werden Traveller nur unwillig und langsam bedient.

Sonstiges

BANK – *Thai Farmers Bank* mit Wechselschalter an der Hauptstraße, kein ATM.

INFORMATIONEN – *Tourist Office*, 100 Mu 1, ✆/✉ 597255, ein sehr hilfsbereiter, freundlicher Angestellter spricht Englisch, sehr gute Karten und Beschreibungen einiger Inseln.

MEDIZINISCHE HILFE – eine kleine, gut ausgestattete *Clinic* liegt am Ortseingang links. Bei akutem Fieber untersucht das *Malaria Office*, 600 m vom Pier rechts, einen Blutstropfen auf Malariaerreger.

REISEBÜRO – Das *Sea Horse Office*, ✆ 597032, ist für den Khaosan-Minibus zuständig.

Transport

BUSSE – Direkt von der Khaosan Rd. in BANGKOK mit dem Ko Chang Minibus (ac) für 230–280 Baht (ohne Boot), hin und zurück für 400 Baht; Abfahrt um 7 bzw. 8 Uhr, Ankunft ca. 13–14.30 Uhr, dann Kauf der Bootstickets. Rückreise: Nach der Ankunft der Touristen-Boote am Pier (ca. 11 Uhr), fährt der ac-Minibus um ca. 11.30 Uhr für 200 Baht in 7 Std. in die Khaosan Rd. zurück.

BOOTE NACH KO CHANG – Eine verwirrende Zahl von Booten fährt um die Mittagszeit vom großen *Laem Ngop Pier* ab.
Fährboote zu den Dörfern an der Ost- und Südküste fahren jeden Tag um 13 Uhr; sie nehmen die Marktbesucher und viele Waren ins Dorf zurück, sind schlecht gekennzeichnet und am Pier nicht leicht zu finden. Es gibt Boote nach DAN MAI (30 Min., 30 Baht), THAN MAYOM (45 Min., 30 Baht), SALAKKOK (45 Min., 40 Baht), TANTAWAN, LONG BEACH und RUANG TAN (2 1/2 Std., 70 Baht), KLONG SON (1 Std., 50 Baht) und BANG BAO (15 Uhr, 4 Std., 100 Baht, sehr unregelmäßig). Tickets werden an Bord verkauft. Alle Boote fahren um 7 Uhr wieder nach Laem Ngop zurück.
Touristenboote unterschiedlicher Ausstattung, z.T. ohne Sitze, fahren von November bis Juni um 9, 12, 13, 14, 15 und 16 Uhr zum
Ao Sapparot Pier bzw. zu den Stränden an der Westküste: White Sand Beach (zzgl. 10 Baht fürs Zubringerboot), Klong Prao Beach (**Chai-Chet Pier** und **Chok Dee Pier**) und Kai Bae Beach (**Kai Bae Pier**) in 1 1/2–2 1/2 Std. für den Einheitspreis von 70 Baht. Diese Boote fahren ab dem Kai Bae Pier um 7 und 11 Uhr zurück.
In der Regenzeit fahren dieselben Boote auf jeden Fall nur zum **Ao Sapparot Pier** von DAN KAO (40 Baht), dort geht es weiter zu den Stränden per Taxi für 30 Baht.
Vom neuen **Ko Chang Center Point Pier** (4 km weiter westlich), ✆ 538054–9, fahren um 9, 12, 15 und 16 Uhr Boote nach Ko Chang, evtl. jedoch nur zum *Ko Chang Resort*.

BOOTE ZU DEN SÜDLICHEN INSELN – Regelmäßige Transportboote (ohne Verpflegung) fahren von November bis Juni um 15 Uhr u.a. nach KO MAK für 150 Baht in 3–4 Std. Sie fahren am nächsten Morgen um 8 Uhr zurück. Direkt am Pier kann man die Hütten auf Ko Mak samt dem zugehörigen Boot buchen.

Ko Chang

เกาะช้าง

Ko Chang (Elefanten-Insel), die zweitgrößte Insel des Landes, liegt im Südosten des Golfs von Thailand, im Grenzgebiet zu Kambodscha. Sie ist 30 km lang, 8 bis 13 km breit und bis zu 744 m hoch. Der Regenwald im Inneren wirkt wild und undurchdringlich. Die hohen, dschungelbedeckten Berge sind oft in Wolken gehüllt. Nur an den Küsten und in den Tälern liegen einige kleine Dörfer, deren Bewohner (ca. 3000) vom Fischfang oder dem Anbau von Kokosnüssen und Gummibäumen leben. 1982 wurden das gesamte Bergland von Ko Chang und 46 kleinere Inseln zum Ko Chang National Marine Park erklärt. Bis 1987 kamen nur wenige Touristen auf die Insel. Seither sind Bungalowsiedlungen aller Kategorien entstanden. Ko Chang wurde an das Stromnetz angeschlossen, ein Pier gebaut, ein organisierter Bootsverkehr eingerichtet und der Bau einer asphaltierten Ringstraße begonnen. Noch lange wird es preiswerte und angenehme Unterkünfte für jeden Geschmack geben. Und ewig rascheln die Palmen im Wind, glitzern die Muscheln am Strand ... ideal für romantische Traveller.

Übernachtung und Essen

An den meisten Stränden sind noch viele Hütten recht einfach, ohne eigene Du/WC und ohne elektrisches Licht, dafür nicht gerade billig (80–100 Baht). Auch die Preise der besseren Bungalows (250–350 Baht) sind in der Regel höher als z.B. in Süd-Thailand. Jede Bungalowsiedlung hat ihr eigenes Restaurant.

Sonstiges

GELD – Noch gibt es keinen offiziellen Wechselschalter. Aber an fast jeder Bungalow-Rezeption kann man Bargeld (schlechter Kurs) und Reiseschecks (etwas besser) tauschen.

MALARIA – Laut Tropeninstitut Tübingen ist die Gefahr, auf Ko Chang an Malaria zu erkranken, sehr gering. Von chemischer Prophylaxe wird abgeraten. Selbstverständlich wird aber mechanischer Schutz empfohlen.

MEDIZINISCHE HILFE – In Klong Son gibt es eine Krankenstation. Das nächste gute Krankenhaus befindet sich in Trat.

REISEZEIT – Von Oktober bis Januar ist eine angenehme Reisezeit. Im Dezember/Januar muß man 2–4 mal mit Kälteeinbrüchen mit heftigem Wind rechnen (jeweils 4–5 Tage lang). Die beste Zeit ist von Februar bis Mai. Während der Regenzeit von Juli bis September/Oktober sind viele Bungalowanlagen geschlossen. Vom 20.12. bis ca. 5.1. sind alle Bungalows belegt, da Thais hier ihre Weihnachtsferien verbringen. Ein freies Bett zu finden, ist fast aussichtslos. Auch an langen Wochenenden wird Ko Chang gerne von Einheimischen aufgesucht, dann kann es ebenfalls Probleme mit Unterkünften geben. Im April/Mai ist Thai-Saison, ab Juni wird es ruhig.

Nahverkehrsmittel

Jeeps, umgebaute Pickups und relativ teure Motorradtaxis haben den Transport entlang der Ost- und Westküste übernommen (z.B. von White Sand nach Kai Bae 40 Baht).

Transport

Zu und von allen Stränden fahren Boote von und nach LAEM NGOP (Zeiten und Preise s. dort). Sollte das Wetter schlecht sein, fahren um 8 und 9 Uhr alle Boote von DAN KAO zurück nach Laem Ngop für 40 Baht. Ein Zubringer mit einem Pickup von den Stränden kostet 30 Baht.
An den Stränden werden Tickets für die Minibusse nach BANGKOK (250 Baht), BAN PHE (250 Baht) und PATTAYA (350 Baht) verkauft.

Klong Son

Das Dorf liegt am nördlichsten Ende der Insel in einer tiefen Bucht, die als Fischerhafen dient. Durch die Palmen hindurch kann man das Meer auf der östlichen Seite der schmalen Halbinsel sehen. Eine Motorradwerkstatt für kleine Reparaturen befindet sich im Ort.

Übernachtung

Manee GH*-** ③, 3 Bungalows, teures Essen; gute Infos, vor allem über Wanderungen zum Nan Yom-Wasserfall und über den alten Pfad nach Sai Kao Beach.

White Sand Beach (Hat Sai Kao)

Der gut 2 Kilometer lange, schöne, palmenbestandene Sandstrand wird durch einige Felsen aufgelockert. Hier sollen nur wenige Sandfliegen hausen. Im Hinterland ragen steile Berge mit dichtem Regenwald auf, der teilweise bis ans Meer reicht. An kleinen Bächen entlang kann man ein wenig hinaufwandern, um etwas Dschungelgefühl zu schnuppern. In der Mitte liegen einige wenige Fischerhütten, das Dorf **Ban Hat Sai Kao**. Ansonsten haben sich etwa 16 Bungalowanlagen mit über 300 Hütten angesiedelt. Auch bei Ebbe kann man gut schwimmen. Die Straße windet sich über den steilen Hügel, von dem man am chinesischen Tempel eine tolle Aussicht hat, zum Strand herunter. Hier kommt sie auf 40 bis 100 m an den Strand heran. Das Boot nach Laem Ngop stoppt vor dem *Tantawan* in der Mitte des Strandes, Passagiere werden mit dem Longtailboot hinausgefahren.

Übernachtung

Bungalows kosten 80–500 Baht, alle enthalten eine große Matratze und ein gutes Moskitonetz. Die einfachen Anlagen unterscheiden sich kaum voneinander. Die meisten sind von Juli bis November geschlossen.

Von Nord nach Süd liegen am Strand entlang:
White Sand Beach Resort*-**** ④, am schönen, 200 m langen, relativ steil abfallenden Sandstrand liegt die erste Anlage der Insel; die Bungalows sind ihr Geld nicht wert; Restaurant, ganzjährig geöffnet.
Rock Sand* ⑤, farbige Sperrholzhütten hoch am Hang; Restaurant auf den Felsen, schöne Sicht, gutes Essen.
K. C. Sand Beach-*** ⑥, idyllische, 200 m lange Anlage an einem schönen, relativ breiten Sandstrand, 25 einfache Hütten stehen aufgelockert in einer Reihe zwischen vielen jungen Palmen, sehr angenehm zum Sonnenbaden.
Yakah** ⑥, idyllische Anlage unter Palmen am Strand, einfache Hütten mit Veranda, mit und ohne Du/WC; offenes Restaurant mit europäisch orientierter Küche; geleitet von einer Engländerin und ihrem Thai Mann; familiäre Atmosphäre.
Auf der Landseite der sich vom Hügel herunterwindenden Straße liegt ***Jinda***** ⑦, 7 gute Zimmer im Bungalow.
Bei den folgenden Anlagen verläuft die Straße nur 40 m vom Strand entfernt.

Rung Rong-**** (auch Rang Rong) ⑧, ☎ 039-597184, 01-2193464, gute Bungalows am Strand mit Du/WC, 22 einfache, luftige Hütten in allen Preisklassen; freundlicher Manager.
Cookie*-**** ⑧, 3 Reihen fester, schöner Holz- und Steinbungalows mit Du/WC, teures; empfehlenswertes Restaurant mit gutem Thai-Essen.
Mac*** ⑨, gute Bungalows mit Du/WC.
Der folgende, sehr schöne Strandabschnitt weist feinen, hellen Sand auf. Die Straße verläuft bis zu 100 m entfernt im Inland.
Haad Sai Kao Bungalow-*** ⑩, ☎ 01-2193830, einfache Hütten und einige gute Bungalows in 5 Reihen, Restaurant zurückversetzt, ganzjährig geöffnet.
Tantawan-*** ⑪, einfache, grasgedeckte Hütten, sehr eng; Restaurant am Strand, davor Scooter-Vermietung.
Bamboo Bungalow-*** ⑪, kaum von *Tantawan* zu unterscheiden.
Apple Bungalow** ⑫, festes Steinrestaurant am Strand, 13 feste, saubere Bretterbungalows, ganz hinten mit Du/WC. Anschließend kommt auf 150 m ein ungepflegter Palmengarten, dann eine originelle Strandbar und nochmals 150 m Palmen.
Sansai Resort*-***** ⑬, ☎ 01-2114488, 597060 *(Ko Chang Tour)*, breite, recht großzügige Anlage links und rechts der Straße, mit Steinen und Beton befestigter Strand, 22 feste Einzel- und Doppelbungalows von gutem Standard, Holzliegen unter jungen Palmen und Laubbäumen; großes Restaurant, lange Wartezeiten; besonders beliebt bei Schweizern und Familien, ganzjährig geöffnet. Anschließend kommt der Felsen- und Steinestrand.

Essen

Sehr empfehlenswert ist das ***Rung Rong Restaurant*** mit sehr gutem Seafood.
Frische Brötchen vom Holzkohlegrill gibt es abends bei ***Cookie*** und ***Rung Rong***.
Es gibt einige Bars am Strand und an der Straße, z.B. ***Bones Paradise*** gegenüber von Rung Rong und ***Mad Hatter*** neben Rung Rong am Strand.

Sonstiges

BOOTE – Bootstrips werden für 150–350 Baht angeboten.

GELDWECHSEL – im *Muk Hut Restaurant* gegenüber vom *Rung Rong*.

MOTORRÄDER – An der Straße gibt es Motorräder zu mieten, 400 Baht für ein Off-Road-Bike von 8–17 Uhr oder 60 Baht pro Stunde.

MOSKITOS – gibt es insgesamt sehr wenige, aber bei Windstille nach Regen werden sie zur Plage.

MOUNTAIN BIKES – im *Muk Hut Restaurant*.

SHOP – Im *Hut Shop* gibt es Lebensmittel, Getränke, Toilettenartikel und Zigaretten.

TAXI – zum **Kai Bae Beach** bis 17.30 Uhr.

TELEFON – Auf der Höhe von Cookies ist an der Straße eine Telefonzentrale mit Satellit für Auslands- und Ferngespräche eingerichtet.

WINDSURFEN – Oberhalb vom Rung Rong für 100 Baht/Std.

Klong Prao Beach

Der 4 km lange Sandstrand (oft auch: *Klong Plao*) wird durch die Flußmündung des Klong Prao in zwei Teile gespalten und im Norden vom Felsvorsprung Laem Chai Chet begrenzt. Vor allem im mittleren Teil ist der Strand extrem flach und das Wasser nicht so sauber. Die südliche, noch sehr ruhige Hälfte des langen Klong Prao-Strandes heißt auch Klong Makok Beach. Die Anlagen liegen weit auseinander. Die Häuser des Dorfes Ban Klong Prao stehen zum Großteil auf Pfählen im Fluß.

Zum **Klong Prao-Wasserfall** (auch: Klong Plu-Wasserfall) führt ein gut ausgeschilderter Fahrweg. Wer will, kann an der Brücke ein Motorradtaxi (50 Baht) oder ein Kanu mieten.

Übernachtung

Am **Laem Chai Chet:** Auf der Felsnase liegen die ***Chai-Chet Bungalows***-**** ⑯, ✆ 01-2193458, ohne Sandstrand, komfortable Steinbungalows, freundliche Leute. Brücke über

KO CHANG

Übernachtung:

① Premvadee Resort
② Klong Son Resort
③ Manee Gh.
④ White Sand Beach Resort
⑤ Rock Sand
⑥ K.C. Sand Beach, Yakah
⑦ Jinda, Arunee
⑧ Rung Rong, Cookie Bungalow
⑨ Nat Hat Bungalow, Mac Bungalow
⑩ Haad Sai Kao Bungalow
⑪ Tantawan, Bamboo Bungalow
⑫ Apple Bungalow
⑬ Sun Sai Bungalows
⑭ Plaloma Cliff Resort
⑮ Neue Anlage
⑯ Chai-Chet Bungalows
⑰ Coconut Beach
⑱ Ko Chang Resort
⑲ Klong Plao Resort
⑳ P.S.S. Bungalow
㉑ K. P. Bungalow
㉒ Klong Makok Bungalow
㉓ Magic Bungalow, Chok Dee Bungalow
㉔ Coral Resort, Palm Beach Bungalow
㉕ Nang Nual Bungalow
㉖ Kai Bae Hut
㉗ Kai Bae Beach Bungalows
㉘ Porn's Bungalow
㉙ Sea View Resort
㉚ Siam Bay Resort
㉛ Nice Beach Bang Bao
㉜ Bang Bao Laguna
㉝ Ruang Tan Bungalows
㉞ Ban Salakpet Bungalows
㉟ Sang Aroon Bungalow
㊱ Long Beach Bungalows
㊲ Had Sai Yao Resort
㊳ Tantawan Bungalows
㊴ National Park Hütten
㊵ Than Mayom Bungalows
㊶ Than Mayom Resort

Läden, Restaurants etc.:

1 Motorradwerkstatt
2 Muk Hut Restaurant, Bones Paradise Bar
3 Motorradvermietung
4 Sea Horse Diving
5 Delfimarin Diving
6 Kneipe
7 Motorradwerkstatt

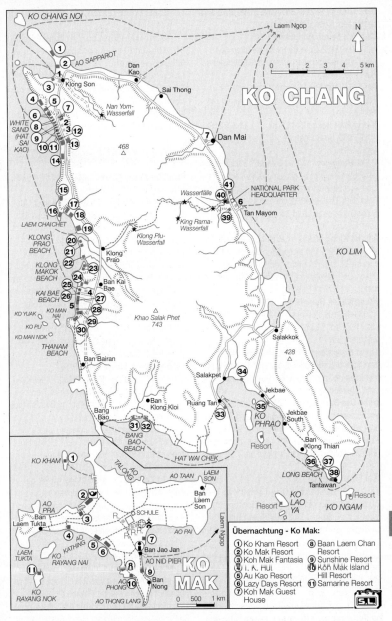

den Fluß zum Strand. Bootsanlegestelle, Abfahrt nach Laem Ngop um 7.40 Uhr.

Coconut Beach Bungalow**-**** ⑰, ✆ 01-2193432, 25 extrem kleine Hütten und recht gute Bungalows, nicht gerade freundliches Personal.

Am **Hat Klong Prao:** Hier trifft man viele Traveller, deren Beine bös von Sandfliegen zerstochen sind.

Klong Plao Resort***-**** ⑲, ✆ 039-597216, ✉ 597060, 30 Bungalows, 40 Zimmer, sehr beliebt bei Thais.

P.S.S. Bungalow* ⑳, ✆ 039-597159, südlich der Flußmündung, 24 einfache Hütten unter Palmen, empfehlenswertes Restaurant; eigenwillige Besitzerin. Der Strand davor und weiter nach Süden ist nicht so gut zum Schwimmen geeignet, aber sehr schön.

Am **Hat Klong Makok:** *K.P. Bungalow*-*** ㉑, ✆ 01-3270225, 100 m lange Anlage unter Palmen am Strand, 24 Hütten, netter Besitzer *(Rangsan),* mit dem man sich gut unterhalten kann.

Klong Makok Bungalow**-**** ㉒, ✆ 039-597194, 150 m lange Anlage am Strand unter Palmen, 9 komfortable Bungalows aus Naturmaterialien.

Magic Bungalow*-*** ㉓, ✆ 039-597242, am Sandstrand unter Palmen, einfache Bambusmattenhütten und einige gute Bungalows mit Dusche, Restaurant über dem Strand.

Chok Dee Bungalow*-*** ㉓, ✆ 01-2193814, am Felsenkap, kein eigener Sandstrand, 4 Steinbungalows, ca. 20 kleine Bambusmattenhütten, Restaurant über dem Wasser; eigene Bootslandestelle, Abfahrt nach Laem Ngop um 7.20 Uhr.

Kai Bae Beach

Der schöne, lange Strand wird von z.T. überhängenden Palmen und dichten Laubbäumen gesäumt. Die Hügel im Hinterland bedeckt dichter Dschungel. Drei Inseln sind malerisch vorgelagert.

Bei Flut wird der Strand am nördlichen und südlichen Ende vollständig überspült. Bei tiefer Ebbe muß man auf dem harten Sand weit zum Wasser hinauslaufen (300 m). An Korallenschrott hat sich schon so mancher die Füße aufgerissen. Die meisten Bungalowanlagen sind ganzjährig geöffnet. Boote fahren um 7 und 11 Uhr zum Festland.

Nach Süden führt ein Dschungelpfad in 30 Minuten über einen Berg zu einem abgelegenen Strand, dem **Thanam Beach** (auch Lonely Beach oder Beautiful Beach). Aber auch hier kommen immer wieder Einheimische vorbei, also kein FKK! Leider lassen zu viele Traveller ihren Müll liegen und Badende wurden schon bestohlen.

Übernachtung

Palm Beach Bungalow*** ㉔, hinter dem Bach, 4 Bungalows mit 6 Zimmern.

Coral Resort*-*** ㉔, ✆ 01-2193815, recht große Bungalows am Steinufer, billige Bambusmattenhütten hinter der Bar; vorgebautes Restaurant mit Laden und Geldwechsel, abends Video, dahinter eine Krabbenfarm mit lautem Generator.

Nang Nual* ㉕, 2 bis 3 Reihen einfache Bungalows aus Rattan und Matten, schmale Matratzen; gutes Thai-Restaurant, Spezialität ist *Kaeng Kamin,* ein gelbes Thai Curry; bei der fürsorglichen Mama kommt familiäre Atmosphäre auf.

Kai Bae Hut*-*** ㉖, ✆ 01-2193452, direkt südlich vom Hafen, 25 feste Bungalows mit Du/WC und Komfort-Bungalows.

Kai Bae Beach Bungalows*-**** ㉗, ✆ 039-597105, ausgedehnte Anlage unter Palmen, z.T. kaum Sandstrand, 50 unterschiedliche Bungalows aus Naturmaterialien; großes Restaurant mit günstigen Preisen.

Porn's Bungalow* ㉘, 26 einfache, aber angenehme Hütten, Du/WC außen, gemütliches Restaurant ohne Stühle, gute Atmosphäre.

Sea View Resort**** (bis 1500 Baht) ㉙, ✆ 01-2193055, ✆/✉ 039-597143, große, gepflegte Anlage mit viel Rasen; gepflegtes, gutes Restaurant am Strand, kleine Portionen, gegen 21 Uhr Schluß. Am von Sandsäcken geschützten Strand stehen noch 5 einfache Hütten*, Du/WC außen. Im Notfall werden winzige 2-Mann-Zelte (100 Baht) mit Matratzen und Decken aufgestellt.

Siam Bay Resort*-**, **** ㉚, insgesamt sehr ungepflegte Anlage mit viel Müll, 13 alte Bambushütten*-** malerisch unter Palmen am Sandstrand entlang, mit und ohne Du/WC, feste, große Bungalows oberhalb am Hang; Restaurant am Ufer, schöner Blick; überfordertes Personal.

Sonstiges

BAR – Zwischen den Coral Bungalows liegt die originelle *Kai Bae Bar*, am Hafen die beliebte *Sea Bar* von Toy.

BOOTSAUSFLÜGE – Ganztägige Schnorcheltrips zu drei unbewohnten Inseln mit intakten Korallen werden u.a. von *Kai Bae Beach Bungalows* am Sa und Di für 200 Baht angeboten (Start 7 Uhr). Beim 10stündigen Trip von *Nang Nual* für 200 Baht ist Verpflegung, Kaffee und Tee im Preis enthalten.

EINKAUFEN – Laden beim Hafen: Toilettenartikel, Snacks, Masken und Schnorchel.

SCHNORCHELN – kann man hervorragend an der Insel vor dem Strand.

Die Südküste

In einer geschützten Bucht an der Südseite der Insel liegt am **Bang Bao Beach** ein uriges Fischerdorf auf Pfählen, die Häuser sind mit vielen Laufstegen verbunden. Bei Ebbe liegt ein großer Teil der Bucht fast trocken. In der Regenzeit ist Bang Bao nur sehr umständlich zu erreichen, entweder zu Fuß vom Kai Bae Beach oder mit einem gecharterten Fischerboot. Wegen Problemen ist unklar, ob die Gästehäuser weiter betrieben werden können.

Am Pier **Ruang Tan (Tha Salakpet)** landet das Boot von Laem Ngop. Hier beginnt der Pfad durch den Regenwald zum Hat Wai Chek. An einer tiefen Bucht im Südosten liegt das traditionelle Fischerdorf **Salakpet**. Zwischen Salakpet und Salakkok verläuft eine Autopiste. Motorrad-Taxis fahren von Than Mayom oder Dan Sai für 100 Baht hierher. Es gibt auch Boote zu den Stränden und Inseln zu chartern, was um die 2000 Baht pro Tag kosten dürfte.

Im Fischerdorf **Jekbae** leben auch Kokosnuß- und Kautschukfarmer. Das Boot von Laem Ngop landet in Jekbae South.

Long Beach (Hat Sai Yao), ein optisch idyllischer Strand, der aber sehr flach und zum Schwimmen kaum geeignet ist, optimal für Kinder und Frisbee-Spieler.

Man erreicht zu Fuß keinen anderen Badestrand, wohl aber in 10 Minuten eine Stelle am Südostzipfel, die gut zum Schnorcheln geeignet ist, **Tantawan**. Dort kann man bei den Fischerhütten am Pier auch für 1500 Baht Boote für Tagesausflüge mieten (max. 8 Personen).

Übernachtung

Am **Bang Bao Beach**: *Nice Beach Bang Bao**-**** ㉛, direkt am Strand, 10 Flachdachbungalows aus Stein mit Du/WC, auf mehrere hundert Meter auseinandergezogen; hübsch verziertes Restaurant.
Bang Bao Laguna*-** ㉜, ☎ 039-511145 Ext 217, am östlichen Rand der Bucht, umgeben von Mangroven, 30 Pfahlbau-Bungalows aus Holz; Restaurant; freundliche Anlage.
Am **Ruang Tan**: 2 Gästehäuser* ㉝ am Pier.
Bei **Salakpet**: 2 km östlich des Dorfes gibt es die *Ban Salakpet Bungalows** ㉞, 12 einfache Hütten.
Am **Long Beach**: *Had Sai Yao Resort*-**** ㊲, ☎ 039-597172, 21 Bungalows.
Am **Tantawan**: *Tantawan Bungalows** ㊳, 12 einfache, saubere Bretterhütten auf Felsen, gutes Seafood.

Transport

Ob jeden Tag ein direktes Boot nach BANG BAO fährt, muß am Hafen von LAEM NGOP nachgefragt werden.
Sicher ist nur ein Boot an jedem Mo und Fr um 15 Uhr.

Ko Mak

เกาะหมาก

Die „Betelnuß-Insel" ist eine flache Insel mit seichten Buchten und schönen, weißen, aber schmalen Stränden. Eigentlich besteht sie aus vier Halbinseln, die sich von Ost nach West über 7 km, von Nord nach Süd über 5,5 km ausdehnen. Rotbraunes Lavagestein tritt an vielen Stellen zutage und bildet im Meer schöne „Badewannen". Auf der Insel werden Kokospalmen und Gummibäume intensiv angebaut.

Im Zentrum der Insel befindet sich ein Dorf mit Schule und Gesundheitsstation, ansonsten gibt es nur kleine Häuseransammlungen. An der Südostseite ragt ein Pier in die Bucht. Fußpfade und Fahrwege (für Traktoren und Jeeps) durchziehen die Insel. Die Strände vor den Bungalowanlagen sind zwar sehr schön, aber voller Sandfliegen und angeschwemmtem Müll. Schnorcheln und Tauchen ist im Osten und Norden gut bis akzeptabel. Mehrere ganz kleine Inseln sind vorgelagert. Von Laem Ngop ist Ko Mak in 3–4 Stunden Bootsfahrt zu erreichen. Noch immer finden nicht allzu viele Touristen auf diese entspannend einsame Insel.

Ko Kham

Diese herrliche, private Südseeinsel hängt westlich vor der Nordspitze von Ko Mak. Bei tiefer Ebbe ist sie über eine Sandbank mit Ko Mak verbunden. Ein Boot verkehrt am Morgen und Abend nach Ko Mak.

Übernachtung

Auf **Ko Mak:** Die ersten vier Anlagen haben Generatorstrom von 18–24 Uhr.
Ko Mak Resort***-**** ②, ✆ 01-2191220, 01-2193290, schöne, ungepflegte Anlage, 20 große Bungalows mit Du/WC nebenan; einfaches Restaurant mit Meersicht; Tauchschule.
Koh Mak Fantasia* ③, ✆ 01-2191220, unter Palmen hinter der Lagune, 10 einfache A-Frame-Hütten am Hang mit Doppelmatratze und Moskitonetz, saubere Du/WC außerhalb; preisgünstiges Restaurant an der Lagune, davor schmaler Sandstrand; freundliches Personal.
T.K. Hut**-*** ④, ✆ 01-2193333, 02-5266156, angenehme, sehr ruhige Gartenanlage, 18 nette Bungalows mit Du/WC, schöne Sicht auf die vorgelagerten Inseln; gutes, aber nicht billiges Essen im einfachen Thai-Stil-Restaurant; flacher Strand mit vielen Steinbrocken.
Au Kao Resort**-**** ⑤, ✆ 01-9165585, schöne Anlage unter Palmen, 5 einfache Hütten z.T. ohne und 13 gute Bungalows mit Du/WC; gutes, relativ teures Restaurant am Meer, Bar; freundliche Leute, die sich um Pattaya-Atmosphäre bemühen. Nettes Hausriff, Tauchschule.

Ban Laem Chan Resort** ⑧, Felsen- und Mangrovenküste, kein Strand, schöne Bungalows.
Auf **Ko Kham:** **Ko Kham Resort*-**** ①, ✆ 01-9467760, 28 Hütten, freundliche Leute, gutes Essen; Generatorstrom ab 19 Uhr; das Wasser für die sanitären Anlagen kommt täglich per Boot von Ko Mak; Essen etc. ist nicht immer ausreichend verfügbar.

Essen

In den meisten Bungalowanlagen sind Tellergerichte ab 35 Baht zu haben, Thai-Gerichte für 60–70 Baht, Soft Drinks und Wasser für 10–15 Baht.
Im Dorf in der Mitte von Ko Mak gibt es zwei einheimische Restaurants mit sehr gutem thailändischem Essen für 15–35 Baht, Soft Drinks und Wasser für 7 Baht; 10–30 Minuten zu Fuß von den Bungalows entfernt.

Sonstiges

FAHRRÄDER – gibt es u.a. am Hafen zu mieten.

MOTORRÄDER – gibt es im *Ko Mak Resort* zu mieten.

POST – beim *Ko Mak Resort*, auch Telefon- und Fax-Service – Verbindung ist nicht sicher.

SANDFLIEGEN – sind an manchen Strandabschnitten eine echte Plage. Ein gutes Mittel dagegen ist ein Kokosnußöl, das beim *Au Kao Resort* verkauft wird. Im Dorfladen wird eine pinkfarbene Paste aus Muscheln und Korallen hergestellt, die die entzündeten Sandfliegenstiche schnell abklingen läßt.

Transport

Das Boot von LAEM NGOP fährt um 7 und 15 Uhr ab und benötigt ca. 3 1/2 Std. Das 15 Uhr-Boot erreicht die Insel erst bei einbrechender Dunkelheit. Am Pier warten die Traktoren oder Jeeps der einzelnen Resorts. Spätestens hier muß man entscheiden, in welcher Anlage man die erste Nacht verbringen will.
Nach LAEM NGOP fährt das Boot um 8 Uhr ab, allerdings nicht an Feiertagen wie Neujahr.

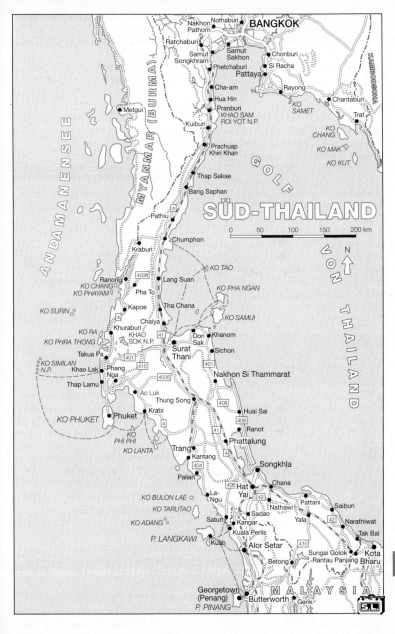

Süd-Thailand

Süd-Thailand

Von Bangkok in den Süden führen zwei Hauptverkehrswege: der Phetchkasem Highway Nr. 4 und die Südlinie der Thailändischen Staatseisenbahn. Bis Surat Thani verlaufen die einspurigen Gleise immer in der Nähe der Küste, erlauben aber nur selten einen Blick aufs Meer. Der zu einer vierspurigen Schnellstraße ausgebaute H4 verläuft zumeist einige Kilometer weit im Inland und läßt fast alle Städte links liegen. Das zentrale Bergmassiv zwischen der Andamanensee und dem Golf von Siam ist zwar nur 800–1500 m hoch, doch es verhindert, daß der Monsunregen auf die entgegengesetzte Küste übergreift. Damit kann man jederzeit dem Regen entgehen, indem man über die Berge zum anderen Meer fährt. Je weiter südlich, umso tropischer wird die Landschaft. Mehr und mehr finden sich Moscheen im Stadtbild – der malaiische Einfluß ist unübersehbar.

Hua Hin หัวหิน

Hua Hin zeigt dem Touristen zwei völlig verschiedene Seiten. Wer die Stadt von Juni bis Oktober besucht, erlebt noch die Atmosphäre eines thailändischen Badeortes mit guten Seafood-Restaurants, Familien-Picknicks am Strand und Souvenirläden voller Muscheln. Wer jedoch in der "Ausländersaison" von November bis April kommt, wird keine Familienidylle entdecken. Er findet eine überlaufene, sehr touristische Stadt mit teuren Hotels, am westlichen Geschmack orientierte Restaurants sowie viele laute Bars und Biergärten.

Der älteste Badeort Thailands mit 38 000 Einwohnern liegt nur 188 km von Bangkok entfernt an der südlichen Eisenbahnlinie.

Abends kommen die Fischer mit ihren Booten in den **Hafen** zurück, um den Fang zu entladen. In den schmalen Gassen südlich vom Hafen prägt noch immer der Fischfang das Leben der Menschen. Der Strand von Hua Hin ist vom Hafen durch eine felsige Landzunge getrennt, auf der ein Luxushotel hochgezogen wurde. Am 6 km langen, von Felsen durchsetzten Sandstrand kann man in der Thai-Saison thailändisches Strandleben beobachten. Zum Baden eignet sich der Strand nur sehr bedingt. Zu manchen Zeiten des Jahres verleiden Quallen das Badevergnügen. Dutzende von Hochhäusern prägen das Landschaftsbild der Umgebung.

Übernachtung

GÄSTEHÄUSER – Preiswerte Gästehäuser liegen in Hua Hin im schmalen Streifen zwischen der Poonsuk Road und der Naretdamri Road. Nur in diesem Stadtviertel dürfen auch Bars und Restaurants für Ausländer öffnen.

Thai-Tae GH ** (ac***) ㉟, 6 Damnoen Kasem Rd., ✆ 511906, gut und viel gelobt, saubere, geräumige Zimmer; echte Hinterhofatmosphäre; Mopeds ab 150 Baht.

Gästehaus Austria ** ㉗, 18/1 Poonsuk Rd., ✆ 532163, etwas zurückversetztes Haus, 5 Zimmer mit Du/WC und Fan, geleitet von Om und Rudi, einem freundlichen, älteren Paar. Om gilt als hervorragende Köchin, sie serviert gutes Frühstück mit Braunbrot, Schinken und Speck; Rudi kann viele Tips geben.

In der **Naretdamri Road** und den Seitengassen gibt es etwa 15 Gästehäuser mit Zimmerpreisen von 120–200 Baht, die in der Saison bis 200–350 Baht steigen können. Hier liegen u.a.:

MP ** ㉜, 6 Naretdamri Rd., ✆ 511344, Zimmer mit Du/WC, kleine gemeinsame Terrasse zum gemütlichen Sitzen, hervorragendes Frühstück, nette Familie, kein Saisonaufschlag.

Maple Leaf ** ㉙, 8/5 Poonsuk Rd., ✆ 533757, Holzhaus mit Balkonen, großzügig gebaut, saubere Zimmer mit und ohne Du/WC, preiswert.

Europa **-*** ㉘, 158 Naretdamri Rd., ✆ 513235, große Zimmer mit Du/WC und Fan, einige Möbel, ein beliebter Traveller-Treff, freundliche Familie.

Phuen GH **-*** ㉒, Soi Bintabat, saubere Zimmer mit Du/WC und Fan, großer Gemeinschaftsbalkon mit Holzstühlen und Bänken, einige bessere Zimmer; gemütlich und gut.

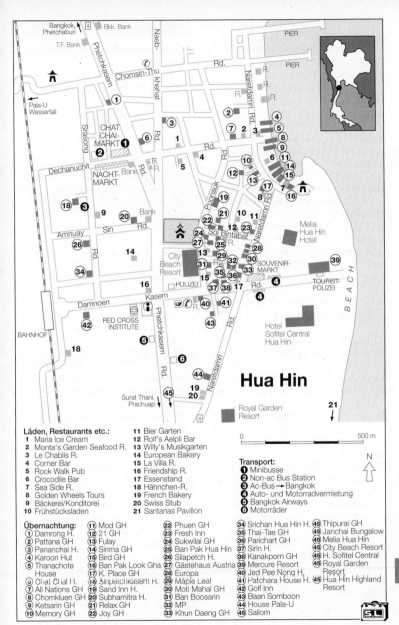

Relax GH** ㉑, Soi Bintabat, ✆ 513585, Holzhaus in ruhiger Gasse, 4 Zimmer mit Fan, Gemeinschafts-Du/WC; familiäre Atmosphäre.
6 Holzhäuser an der Naretdamri Rd. wurden auf Pfählen **über dem Strand** gebaut, den Gezeiten und Gerüchen des Meeres ausgesetzt, u.a.:
Sirima GH*** ⑭, Naretdamri Rd., ✆ 511060, relativ teure Zimmer mit Fan oder ac, die vorderen Zimmer am Meer sind schön.
Mod GH**-**** ⑪, 116 Naretdamri Rd., ✆ 512296, direkt ans Sirima angebaut, relativ günstige Zimmer mit Fan mit und ohne Du/WC; tolle Terrasse.
Ketsarin Guest House** ⑨, 17 Naretdamri Rd., ✆ 511339, 18 recht neue, preiswerte Zimmer.
House Pala-U**-*** ㊹, 178/5 Naretdamri Rd., ✆/@ 512687, in der südlichen Naretdamri Rd. Angenehme Atmosphäre, die freundliche Familie Moser bietet sehr gute Zimmer mit Du/WC und Fan oder ac im Hauptgebäude; billiger sind die 7 neuen Zimmer im Reihenhaus dahinter; interessante Ausflüge, viele Informationen. Bei Anruf wird man vom Bus oder Zug abgeholt. Dieses Gästehaus wird von den Riksha-Fahrern boykottiert.

HOTELS – In den Hotels von Hua Hin regelt die Nachfrage den Preis, ein Zimmer kann sich plötzlich um 100 bis 200 Baht verteuern oder verbilligen. Es empfiehlt sich daher zu handeln!
Ban Pak Hua Hin*** ㉕, 5/15 Soi Bintabat, ✆ 511653, Kleinhotel, saubere Zimmer mit Du/WC und Fan, freundliche, engagierte Familie.
Sand Inn Hotel***-**** ⑲, 18 Poonsuk Rd., neues, empfehlenswertes Mittelklasse-Hotel, saubere Zi mit TV, Du/WC und Fan oder ac.
Subhamitra Hotel**-**** ⑳, 19 Amnuay Sin Rd., ✆ 511208, gute, saubere Zimmer mit Fan oder ac, Swimming Pool.
Pananchai Hotel***-**** ③, 73/5-7 Naebkhehat Rd., ✆ 511707, gute Zimmer mit ac, Warmwasser, TV, Telefon.
Im Stadtbereich liegen 8 **Luxushotels**, u.a.:
Hotel Sofitel Central Hua Hin, 1 Damnoen Kasem Rd., ✆ 512021, @ 511011, stilvolles Luxus Resort direkt am Strand in einem Parkgelände mit Bäumen in Tierform. Das ehemalige Railway Hotel wurde völlig im ursprünglichen Stil renoviert. Es hat riesige, komfortable ac-Zimmer mit Balkon/Terrasse und Blick aufs Meer ab 3000 Baht und Bungalows am Strand.

Essen

In den Restaurants direkt am Meer ist **Seafood** gut, aber übertreuert.
Am besten ißt man in einem der chinesischen Restaurants, z.B. im *Khoung Seng* an der Hauptstraße.
Billige, leckere **Thai-Gerichte** bekommt man auf dem *Nachtmarkt* und kann sie geruhsam an Tischen mit Stühlen verzehren, besonders gut sind Fischgerichte.
Auf dem *Chat Chai Markt* gibt es tagsüber viel Essen, vor allem Seafood.
In einem Restaurant 300 m südlich vom Bahnhof werden **Hähnchen** auf 10 verschiedene Arten zubereitet.
Corner Bar, ein Pub und Restaurant mit gutem Ruf, das von 16 Uhr bis zum frühen Morgen geöffnet ist. Zur späten Stunde trifft man sich hier zum Bier.
Rolf's Aelpli Bar, angenehmes Publikum, guter **Kaffee**.
In der *European Bakery* bekommt man preiswert frische, warme Croissants, Baguettes und guten Milchkaffee zum Frühstück.

Sonstiges

EINKAUFEN – Auf dem Nachtmarkt kaufen vor allem die einheimischen Touristen Textilien und Lebensmittel ein. Viele Stände haben sich auch auf die Wünsche westlicher Touristen eingestellt. Tagsüber findet in mehreren Straßen des Stadtzentrums ein großer Markt statt.

FAHRRÄDER / MOTORRÄDER – Beim Souvenir Markt werden für einen Tag Fahrräder (60–70 Baht), Tandems und Motorräder (150–200 Baht) vermietet. Für eine Stunde kostet eine Honda in der 87/7 Petchkasem Rd. z.B. 50 Baht, von 10–19 Uhr 150 Baht. Schwere Maschinen kosten 500–600 Baht pro Tag, Jeeps ab 800 Baht.

INFORMATIONEN – ein städtisches *Tourist Office* an der Damnoen Kasem Rd., Ecke Phetchkasem Rd., ✆ 512120; tgl. geöffnet von 8.30–16.30 Uhr.

MEDIZINISCHE HILFE – Krankenhaus, 5 km nördlich der Stadt am H4 (Motorradtaxi 10 Baht).

Sehr freundlich und hilfsbereit sind die Leute im *Red Cross Institute* neben dem Tourist Office.

POST – In der Damnoen Kasem Rd. nahe an der Kreuzung, geöffnet Mo–Fr 8.30–16.30 Uhr, am Wochenende und an Feiertagen 9–12 Uhr. Internationale Ferngespräche tgl. 6–22 Uhr.

VORWAHL – 032; PLZ: 77 110.

Nahverkehrsmittel

FAHRRAD-RIKSCHAS – sind in der Stadt ein beliebtes Transportmittel – für kürzere Strecken zahlt man 10 Baht, für längere, z.B. vom Bahnhof zum Strand, 20–30 Baht.

MINIBUSSE – Fahren in die nähere Umgebung der Stadt von der Phetchkasem Rd., gegenüber Chat Chai Hotel, für 5 Baht p.P.

Transport

BUSSE – Die meisten Busse halten am innerstädtischen Busbahnhof westlich vom Nachtmarkt. Ac-Busse nach Bangkok fahren vor dem Siripetchkasem Hotel ab.
Vom Southern Bus Terminal in BANGKOK fahren ac-Busse alle 20 Min. bis 22 Uhr für 92 Baht in 3 1/2 Std., non-ac Busse alle 25 Min. bis 19 Uhr für 51 Baht in 4 Stunden (die Busse fahren weiter nach Pranburi).
Nach BANGKOK geht es ca. alle 20 Min. bis 20 Uhr.
CHUMPHON alle 40 Min. für 66 Baht in 5 Std.; SURAT THANI 17x tgl. für 112 Baht in 8 1/2 Std.; RANONG 10x tgl. für 93 Baht, PHUKET u.a. um 19 und 20.30 Uhr für 163 Baht; KRABI um 22 und 24 Uhr für 158 Baht.
Man kann zudem Busse benutzen, die auf dem Weg vom Süden nach Bangkok in Hua Hin anhalten.

EISENBAHN – Von BANGKOK fahren 10 Züge zwischen 13.30 und 22.35 Uhr in ca. 4 Std. nach Hua Hin (ab 132 / 74 Baht in der 2. / 3. Kl.).
Von THONBURI um 7.20, 13.30 und 19.15 Uhr für 42 Baht in der 3. Kl.
Nach BANGKOK fahren die Schnellzüge in der Nacht ab, tagsüber nur der *Special Express* Nr. 20 um 6.42 Uhr für 172 Baht (2. Kl. Sitzplatz) und der *Sprinter* Nr. 982 um 16.13 Uhr (Ank. 19.35 Uhr).
Nach THONBURI fahren die lokalen Züge Nr. 118 um 6.24 Uhr (Ank. 11 Uhr) und Nr. 126 um 11.56 Uhr (Ank. 16.50 Uhr).
Zum Bahnhof SAMSEN fährt der Dieselzug Nr. 234 um 14.20 Uhr (Ank. 18.55 Uhr).
Wer **aus dem Süden** bei Tag fahren möchte, nimmt von SURAT THANI den *Express Diesel Railcar* um 11.05 Uhr für 234 Baht (Ank.: 16.13 Uhr), von CHUMPHON den lokalen Zug Nr. 126 um 7.10 für 49 Baht (Ankunft 11.56 Uhr).
Richtung Süden fahren der *Rapid* bzw. *Express* um 17.26 und 18.21 Uhr bis zur Grenze nach SUNGAI GOLOK (ab 318 / 167 Baht), der *Special Express* um 18.58 Uhr bis nach Malaysia (ab 413 Baht), der *Rapid* um 19.51 Uhr bis HAT YAI (ab 264 / 136 Baht).
Nach SURAT THANI (ab 174 / 94 Baht) am besten mit dem *Rapid* um 22.18 Uhr oder dem *Express* um 23.10 Uhr, bei deren Ankunft die Busse zu den Fähren nach Ko Samui und Ko Pha Ngan bereits warten.
Der Bummelzug Nr. 127 fährt um 11.53 Uhr ab, bis CHUMPHON für 49 Baht (3. Kl.) in 5 Std.
Rechtzeitige Reservierung der Schnellzüge ist zu empfehlen.
Nach KANCHANABURI um 6.24 und 11.56 Uhr mit Umsteigen in NONG PLADUK um 9.53 bzw. 15.13 Uhr für 40 Baht in der 3. Kl. (Ankunft um 10.55 bzw. 16.26 Uhr).

FLÜGE – *Bangkok Airways* fliegt tgl. um die Mittagszeit von / nach BANGKOK für 900 Baht, ✆ 512083.

Bang Saphan

บาง สะพาน

360 km südlich von Bangkok zweigt am KM 399 der H3169 ab, der nach 10 km die Kleinstadt Bang Saphan (gesprochen: Bang Sa-pahn) erreicht. Der Ort wird auch Bang Saphan Yai genannt. Von einem Hügel grüßt ein Tempel herunter. Der Ort hat nichts Aufregendes zu bieten, aber in der Umgebung liegen einige nette Naturschönheiten und angenehme Gästehäuser.

3 km hinter Bang Saphan kommt man auf dem H3169 zur Bucht, die einen tiefen

Dreiviertelkreis bildet, der durch das Inselchen Ko Thalu malerisch zu einem Vollkreis ergänzt wird.

Ein Halbtagsausflug führt zum **Gold Field Bang Saphan**, wo in kleinen Mengen 99 % reines, und deshalb teures, Gold gefunden wird, das zu Blattgold für religiöse Zwecke verarbeitet wird. Zu erreichen vom H4 am KM 397 in Richtung Berge, dann noch ca. 4 km.

Übernachtung

BANG SAPHAN YAI – Im Ort liegt 300 m vom Bahnhof an der Marktstraße das *Chun Heng**, ein Chinesen-Hotel, der Besitzer spricht englisch.

MEARUMPHUNG ROAD – *Bang Saphan Resort*** (ac***), Nr. 36, ✆ 691152, zweistöckige Reihenhäuser, gute Zi, Restaurant am Strand. *Boon Som Guesthouse**-****, Nr. 24, ✆ 691273, 300 m weiter, Holzhäuschen auf Pfählen.

SUAN LUANG AREA – In Bang Saphan biegt die Straße H3374 300 m nördlich vom Bahnübergang direkt an der Thai Farmers Bank ab, die Resorts liegen 5 km südlich am KM 5.
Karol's Bungalow*-**, 90 Mu 1, einfache, altersschwache Bambushütten ohne Moskitonetz mit oder ohne Du/WC in einer Kokosplantage, absolut ruhig. Einfaches Restaurant mit Thai und europäischem Essen. Zum Strand sind es 5 Minuten.
Suan Luang Resort***, 97 Mu 1,
✆ 01-2125687, 10 saubere, gut ausgestattete und geräumige Holz- und Steinbungalows, Thaifranzösisches Restaurant mit guter Küche, die Besitzer Paul und Kang sind sehr um ihre Gäste bemüht und arrangieren Ausflüge in die Umgebung; Motorräder zu vermieten.
Lola Bungalow*, direkt am Strand, kleine Hütten unter Palmen.

Essen

Entlang der Strandstraße gibt sich die kosmopolitische Küche ein Stelldichein, z.B.
das *Western Café* mit japanischer Küche,
das *Italy* mit echt italienischer Pasta und Pizza sowie australischem Wein und
das *Nam Phung*, ein Thai Garten-Restaurant.

VORWAHL – 032; PLZ: 77 140.

Transport

BUSSE – Nach BANGKOK fährt der direkte non-ac Bus um 7.30 und 12 Uhr, der direkte ac-Bus um 7.30, 10, 13.30 und 23 Uhr.
Mit dem non-ac-Bus nach CHUMPHON für 31 Baht.

EISENBAHN – Motorrad-Taxi vom Bahnhof zum Strand (3 km) für 20 Baht p.P., paßt auch die Nachtzüge ab. Zur Suan Luang Area (5 km) für 30 Baht. Nach BANGKOK mit den Rapid-Zügen um 22.10 und 22.33 Uhr für 187 Baht.
Nach CHUMPHON um 8.26 und 14.57 Uhr für 20 Baht.

Chumphon

ชุมพร

Die lebhafte Provinzhauptstadt Chumphon (auch: Chumporn, gesprochen: Tschumpohn) liegt 468 km südlich von Bangkok, 7 km vom Meer entfernt. Unter Thais wird sie „Tor zum Süden" genannt. Die Gegend wird vom Nordost-Monsun beeinflußt, so daß von Oktober bis Dezember die stärksten Regenfälle niedergehen. In der weiteren Umgebung von Chumphon, die für ausländische Touristen kaum erschlossen ist, laden den Naturliebhaber schöne Strände, Korallen- und Felseninseln, unberührter Dschungel, spektakuläre Höhlen und Wasserfälle zu Ausflügen ein. Um die herrliche Natur von Chumphon zu erkunden, mietet man am besten ein Motorrad oder bucht eine Tour.

Übernachtung

GÄSTEHÄUSER – Die beiden Gästehäuser bieten einen hervorragenden Service, der selbst für Thailand ganz außergewöhnlich ist. Auch für Transit-Gäste wird alles getan, sogar wenn sie mitten in der Nacht vom Zug kommen und einen Schlafplatz brauchen.
New Chumphon GH*-**, Krom Luang Chumphon Rd., ✆ 502900, 600 m östlich vom Bahnhof in einer ruhigen Gasse; zwei Holzhäuser im Thai-Stil,

einfache Zimmer mit Fan, Du/WC im Untergeschoß; Gartenrestaurant mit kleiner Speisekarte. Die freundliche Besitzerin Miao und ihr Sohn Ooh bemühen sich sehr, jedem Gast weiterzuhelfen. Waschmaschine und Auto-Transport (in der Stadt gratis) stehen zur Verfügung. Transfer zum Pier per Pickup für 40 Baht, Mopedvermietung (200 Baht/Tag), vielgelobte Touren ab 500 Baht, z.T. mit Trekking (s.u.).

Sooksamer GH**, 118/4 Sooksamer Road, ✆ 502430, in einer Seitengasse; kleine Zimmer, Schlafsaal, kleines Restaurant und Bar; die hilfsbereite Besitzerin Pat spricht gut englisch und kennt sich hervorragend aus; Fahrzeugvermietung.

Mayazes Resthouse** (ac***), 111/35-36 Soi Bangkok Bank, ✆ 504452, ✆ 502217, sauberes, 3stöckiges Stadthaus im Zentrum, nette, kleine Zimmer, Fenster z.T. zum Flur, sehr saubere Du/westl. WC außerhalb, Trinkwasser frei, Moped 150 Baht/Tag, freundliche Besitzerin, schließt um 22 Uhr.

HOTELS – *Morakot Hotel****, 102-112 Tawee Singkha Rd., ✆ 503628, ✆ 570196, 400 m vom Bahnhof, Seiteneingang neben dem Yamaha-Shop; 5stöckiges Hotel mit Aufzug, hervorragende, saubere Zi (mit Fan unter 300 Baht, ac unter 400 Baht), bestes Preis-Leistungsverhältnis; wenn keine Gemeinschaftsräume benötigt werden, absolut zu empfehlen, aber häufig ausgebucht.

Suriwong** (ac***), 125/27-9 Saladaeng Rd., ✆ 511397, ✆ 502699, saubere Zimmer.

Jansom Chumphon****, 188/56-66 Saladaeng Rd., ✆ 502502, ✆ 502503, beliebtes Komforthotel, voll klimatisiert, bietet alle Annehmlichkeiten.

Essen

Sehr verlockend sind die mobilen Essenstände an den Märkten und der Nachtessenmarkt in der Krom Luang Chumphon Rd., in der Nähe der Gästehäuser.

Super ist die Ente mit Nudeln im chinesischen Restaurant gegenüber vom Suriwong Hotel, nur morgens und mittags offen.

Im 3. Stock der *Ocean Shopping Mall* gibt es ein ac-Food Center mit Coupons.

In der *Diving Bar* kann man leicht nette Einheimische kennenlernen, bei *Live Music* gibt es Essen und gute Informationen vom Manager Boy.

Sonstiges

INFORMATIONEN – Die besten Informationen über Chumphon und attraktive Ziele in der Umgebung werden freizügig in den Gästehäusern verteilt.

MEDIZINISCHE HILFE – Sehr gut und gar nicht teuer soll das *Virasin Hospital* sein.

MOTORRÄDER – vermietet ein Laden in der Tawee Sin Kha Rd., gegenüber vom Suriwong Hotel. Mopeds gibt es auch im Gästehaus.

REISEBÜROS – *Infinity Travel*, 68/2 Tha Taphao Rd., ✆ 501937, macht Transport zum Pier und vermietet Mopeds für 200 Baht. Der Eingang zu den 3 Zimmern** im Obergeschoß wird um 22 Uhr abgeschlossen.

Songserm Travel Center, 66/1 Tha Taphao Rd., ✆ 502023, dient auch als Übernachtungsplatz für Fahrgäste, die per Zug oder Minibus mitten in der Nacht ankommen, 24 Std. geöffnet.

TOUREN – Das *New Chumphon GH* veranstaltet ganztägige Ausflüge per Pickup zu den interessantesten Attraktionen der Umgebung für 500 Baht p.P.

VORWAHL – 077, PLZ: 86 000.

Nahverkehrsmittel

Songthaew für 10 Baht fahren von 18–20 Uhr zum Nachtboot-Pier von Chumphon; später per Taxi für 100 Baht.

Motorradtaxis kosten für Ausländer innerhalb der Stadt generell 10 Baht, nachts 20 Baht.

Transport

BUSSE – Die meisten Busse fahren von der Bus Station ab, einige ac-Busse nach Bangkok vom ac-Bus Terminal in der Pracha U-Thid Rd.

Vom Southern Bus Terminal in BANGKOK, 468 km, mit dem non-ac-Bus laufend für 112 Baht, mit dem ac-Bus für 202 Baht um 14, 21, 21.40 und 22 Uhr in 7 1/2 Std.

Nach BANGKOK fahren die Busse zwischen 10 und 22 Uhr, ac-Busse um 14, 21, 21.40 und

22 Uhr. Nach Bangkok in die Khaosan Road mit dem ac-Minibus um 17 Uhr für 290 Baht, Ankunft um 24 Uhr.

Nach SURAT THANI mit dem non-ac-Bus ca. jede Std. für 57 Baht, ac-Busse um 8.30 und 13 Uhr für 79 Baht in 4 1/2 Std., ac-Minibus jede Std. bis 17 Uhr für 90 Baht in 3 Std.

Nach HAT YAI am Vormittag mit dem non-ac- und dem ac-Bus für 121 / 219 Baht in 9 Std.

Nach RANONG für 35 Baht in 3 Std. auf der landschaftlich reizvollen Strecke zur Westküste, ac-Bus um 16.30 Uhr für 60 Baht, Minibus jede volle Std. bis 17 Uhr für 70 Baht.

SAMMELTAXEN – fahren bis 18 Uhr hinter dem Markt gegenüber von der Bus Station ab. Nach RANONG für 70 Baht, SURAT THANI 80 Baht, für KRABI in Surat Thani umsteigen (weitere 100 Baht).

EISENBAHN – Von BANGKOK mit dem Zug 10x tgl. ab 220 / 112 Baht in der 2. / 3. Klasse; zum Nachtboot nach Ko Tao reicht noch der *Rapid* Nr. 45 um 13.30 Uhr (Ankunft 21.23 Uhr), etwas Schlaf kann man im *Rapid* Nr. 47 um 19.45 Uhr finden (2. Kl. Sleeper oben 320 Baht), der um 3.54 Uhr eintrifft.

Nach BANGKOK fahren die *Rapid*-Züge 48 und 42 um 20.26 und 20.49 Uhr ab, der *Express* 16 um 21.52 Uhr (Ankunft um 5.10, 5.35 bzw. 5.50 Uhr), die *Sprinter* um 13.15 bzw. 24 Uhr für 380 Baht (Ankunft 19.35 bzw. 6.35 Uhr).

Nach Norden fährt der Bummelzug Nr. 126 um 7.10 Uhr (Ankunft um 16.50 Uhr); er erreicht HUA HIN um 11.56 Uhr, 49 Baht.

Nach BANG SAPHAN fährt der lokale Zug Nr. 364 um 13.35 Uhr.

Von SURAT THANI fahren *Rapid*-Züge um 17.35 und 17.50 Uhr, der Express um 19.04 Uhr in 3 Std., lokale Züge um 7.25 und 13.02 Uhr für 34 Baht (Ankunft 11 bzw. 16.25 Uhr).

Nach SURAT THANI fahren lokale Züge um 6.45 und 12.25 Uhr in 3 1/2 Std.

Die Fernzüge in den Süden fahren abends ab, z.B. um 21.23 und 22.10 Uhr nach SUNGAI GOLOK, der *Special Express* Nr. 11 um 22.40 Uhr nach BUTTERWORTH.

BOOTE – Die 4 Boote nach KO TAO fahren jeden Tag am Hafen Pak Nam Chumphon an 4 verschiedenen Piers ab (von Nov–Jan abhängig vom Wetter). Den Transfer (8 km) übernehmen die Gästehäuser, die Reisebüros oder *Songserm* rechtzeitig vor der Abfahrt, falls man ihn nicht selbst organisiert.

Wer mit einem **Kombi-Ticket** per Minibus oder Zug mitten in der Nacht ankommt, "darf" sich bei Videos und Kaffee (10 Baht) im Reisebüro die restlichen Std. um die Ohren schlagen. Wer dagegen mit einem **normalen Ticket** in Chumphon ankommt, sucht das *New Chumphon GH* auf, schläft ein paar Std. und läßt sich evtl. zu einem der Morgenboote bringen.

Das *Jansom* **Speedboat** fährt mit 3–4 Motoren à 200 PS um 8.30 Uhr in 90 Min. für 400 Baht nach Ko Tao (hin und zurück 800 Baht), Rückfahrt um 10.30 Uhr.

Das einmotorige *Gennai* **Speedboat** fährt seit kurzem zu denselben Zeiten und Preisen.

Das alte *Songserm* **Expressboot** fährt um 7.30 Uhr in 2 1/2 Std. nach Ko Tao für 400 Baht und um 10 Uhr weiter nach Ko Pha Ngan (650 Baht).

Das mit Bastmatten ausgelegte **Nachtboot** fährt um 24 Uhr für 250 Baht in 6 Std. Minibus-Zubringer um 22 Uhr für 50 Baht p.P., Pickup-Zubringer vom *New Chumphon Guesthouse* für 40 Baht p.P., Motorradtaxi 60 Baht p.P.

Zurück fährt dasselbe Boot um 10 Uhr, Ankunft gegen 15.30 Uhr; per Bus für 10 Baht in die Stadt.

Surat Thani

สุราษฎร์ธานี

Die Provinz Surat Thani ist die größte im Süden. Die Provinzhauptstadt hieß früher Ban Don und wird von vielen Einheimischen auch heute noch so genannt. Sie ist an sich eine uninteressante Stadt, meist nur Durchgangsstation auf dem Weg nach Ko Samui.

Es gibt für die meisten Touristen keinen Grund, länger hierzubleiben, außer auf den Anschluß zu warten.

Übernachtung

HOTELS – *Thai Tani****, 442/306-8 Talat Kaset 2, ℡ 272977, ℻ 286129, an der Bus Station Kaset 2, Rezeption im 3. Stock (dort recht laut), rie-

sige, saubere, im 4. Stock relativ ruhige Zimmer mit Du/WC und ac oder kleinem Fan; desinteressiertes Personal, gerade noch erträglich.
Bandon Hotel**, 168/2-3 Na Muang Rd., ✆ 272167, am Markteingang, Zimmer mit Du/WC, relativ ruhig, akzeptabel.
Intown Hotel***, ✆ 210145, ✉ 210422, neues Gebäude, saubere Zimmer.
Grand City Hotel** (ac***-****), 428/7-10 Chon Kasem Rd., ✆ 272560, ✉ 284951, anonym und kühl, aber sauber und günstig.

PHUNPIN – Am Bahnhof, 15 km entfernt, gibt es billige Hotels, u.a.: ***Sri Thani****, ***Thai Fah**-******, ✆ 311042, und ***Queen***** (ac***), ✆ 311003.

Essen

Im Viertel am Hafen gibt es mehrere Restaurants mit thailändischen und westlichen Gerichten, wo sich wartende Passagiere verpflegen. Die Straßenmärkte sind phantastisch. Gute Essen-Märkte von 18–23 Uhr in der Tee Lek Rd. und von 23 Uhr bis kurz vor Sonnenaufgang am Fluß entlang. Im klimatisierten ***NPA Café*** an der Na Muang Rd. gibt es von 7.30–22.30 Uhr Thai-Essen und Fastfood, leckeres Speiseeis in ***Bud's Icecream*** nebenan.

Sonstiges

INFORMATIONEN – *TAT Tourist Office*, 5 Talat Mai Rd., ✆ 288818, ✉ 282828, im Westen der Stadt, hinter der Einmündung der Na Muang Rd. Zuständig für Surat Thani, Chumphon und Ranong.

POST – Poste Restante ohne Gebühr.

REISEBÜROS – ein halbes Dutzend in der Nähe vom Pier. Bus- und Fährtickets verkauft u.a. der ***Benjo Club***, freundlich und hilfsbereit. Zug-Tickets gibt es in einem Shop zwischen den Bus Stationen Kaset 1 und 2 (siehe Karte). Bus-Service zur Fähre inkl. Fährtickets bei ***Samui Tour***, 326/12 Talat Mai Rd., ✆ 282352, auch Verleih von Motorrädern, Autos (ca. 800 Baht pro Tag), Booten und Zelten, geöffnet 6–19 Uhr, und bei ***Phantip Travel***, Talat Mai Rd., vor der Bus Station Kaset 1.

VORWAHL – 077, PLZ: 84 000.

Nahverkehrsmittel

Minibusse in der Stadt kosten 5 Baht. **Tuk Tuks** vom Busbahnhof zum Pier für Expressboote kosten 10 Baht. **Kleinbusse** verkehren zwischen Bahnhof und Terminal 1, Zwischenstop an der neuen Bus Station.

Transport

BUSSE – Alle non-ac-Busse halten in der Stadt am Terminal 1 oder 2, private ac-Busse nahe des Piers. Viele Busse warten auch an den verschiedenen Piers auf ankommende Boote bzw. am Bahnhof auf die ankommenden Nachtzüge. Die Busse zu den Fähren starten u.a. bei *Samui Tour* für 70 Baht (inkl. Fähre), ac 90 Baht. Der berüchtigte Khaosan-Bus hält beim *Blue GH*, Tickets etc. gibt es dort zu überhöhten Preisen. Die **New Bus Station** *(Takub)* liegt 7 km westlich an der Abzweigung der Umgehungsstraße.
Vom Terminal 2 (Kaset 2) fahren alle ac-Busse und die folgenden non-ac-Busse ab.
Vom Southern Bus Terminal in BANGKOK, 668 km, mit dem mit non-ac Bus um 9.20 und 23 Uhr für 158 Baht, 2. Kl. ac-Bus um 22 Uhr für 222 Baht, ac-Bus von 20–20.30 Uhr für 285 Baht, VIP-30 um 20 Uhr für 350 Baht in 11 Std., VIP-24 um 20 Uhr für 440 Baht in 10 Std.
Nach BANGKOK fahren viele non-ac-Busse zwischen 7 und 20.30 Uhr, 2. Kl. ac-Busse um 20 Uhr, 2. Kl. ac-Bus (ohne Essen für 175 Baht) um 17.30 und 20 Uhr, ac- und VIP-30-Busse zwischen 19 und 20 Uhr, VIP-24 um 19.30 Uhr.
Nach KRABI mit non-ac-Bus 12x tgl. von 5.20–16.30 Uhr für 60 Baht in 5 Std., ac-Bus um 7, 11, 13.30 und 16.30 Uhr für 90 Baht in 3 1/2 Std. Die privaten ac-Busse nach KRABI von *Songserm* um 7.15, 10.30 und 17.30 Uhr für 150 Baht benötigen entgegen den Fahrplänen oft 4–5 Std., da sie noch Passagiere abholen.
Nach PHUKET, eine landschaftlich schöne Strecke über die Berge, fahren viele non-ac-Busse zwischen 5.30 und 15 Uhr für 77 Baht in 6 Std. (über Khao Sok National Park 35 Baht, Takua Pa 47 Baht, Khao Lak 50 Baht), ac-Bus um 6.50 und 9.40 Uhr für 139 Baht in 5 Std. (Khao Sok 60 Baht).

Die privaten ac-Busse nach PHUKET von *Phantip* um 7 und 10.30 Uhr für 112 Baht und von *Songserm* um 7.15, 10.30 und 17.30 Uhr für 150 Baht holen oft noch Passagiere vom Pier ab. Sie fahren nicht über Khao Sok und Khao Lak, sondern über Phang Nga.

Nach HAT YAI um 5.30, 7.30, 9 und 13 Uhr für 86 Baht in 6 1/2 Std.; ac-Bus um 6.30, 10.30 und 15 Uhr für 154 Baht in 5 Std. (mit dem ersten Bus klappt in Hat Yai der Anschluß nach Kuala Lumpur und Singapore).

Nach CHUMPHON 6x tgl. von 5.30–15.30 Uhr für 57 Baht in 4 1/2 Std.; ac-Bus um 9.50 und 13 Uhr für 79 Baht in 3 Std. (der Chumphon-Bus hält auch kurz in Phunpin, 500 m vom Bahnhof).

Vom Terminal 1 (Kaset 1) fahren nur ac-Busse nach RANONG 6x tgl. von 6.30–16 Uhr für 80 Baht in 3 1/2 Std.

Vom Tha Thong-Pier: Bei der Ankunft des Expressbootes um 10 Uhr warten Busse nach Penang, Hat Yai und Phuket sowie ein Bus zum Airport und zum Bahnhof.

Am Bahnhof Phunpin warten bei Ankunft der Nachtzüge bereits recht teure Busse, die nach Ko Samui, Phuket oder Krabi fahren. Lokale Busse ab Surat Thani sind wesentlich preiswerter.

MINIBUS – Gute ac-Minibusse fahren neben dem Thai Thani Hotel ab: nach KRABI um 7, 10, 14 und 17 Uhr für 120 Baht und nach CHUMPHON jede Std. für 90 Baht.

Minivans von *Songserm* fahren vom Pier nach Ankunft der Boote um 10.30 und 17.30 Uhr nach CHUMPHON in 3 Std. Zurück um 10.30 und 14.30 Uhr in rekordverdächtigen 2 1/2 Std.

SAMMELTAXEN – Nach CHUMPHON 80 Baht, 3 Std., RANONG 110 Baht, 3 Std., PHUKET 150 Baht, 4 Std., KRABI 120 Baht, 2 1/2 Std., HAT YAI 150 Baht, 5 Std.

EISENBAHN – Der Bahnhof Phunpin liegt 15 km westlich von Surat Thani, mit dem orange-roten Bus 1381 vom Busbahnhof Kaset 1 bis gegen Mitternacht für 10 Baht zu erreichen, mit dem Taxi für 100 Baht. Zugtickets erhält man in Surat Thani im Reisebüro beim Terminal 1. Zum Expressboot am Mittag ist der Bus von Songserm kostenlos.

Von BANGKOK 8x tgl. zwischen 13.30 und 19.45 Uhr in ca. 11 Std., Preise ab 278 / 137 Baht (2./3. Kl. Sitzplatz im *Rapid*) und 378 / 428 Baht (oberes/unteres Bett im 2. Kl. *Sleeper* im *Rapid*). Außerdem die *Express Diesel Railcar (Sprinter)* ohne Schlafwagen, aber bequeme Sitze, um 21.55 bzw. 22.35 Uhr in 9 Std. für 438 Baht.

Nach BANGKOK 9x tgl. zwischen 17.35 Uhr und 23.48 Uhr, die *Sprinter* um 11.05 bzw. 21.41 Uhr (unbedingt vorher reservieren).

Nach CHUMPHON mit lokalem Zug Nr.150 und 120 um 7.25 bzw. 13.02 Uhr, 34 Baht in 3 1/2 Std.

Von HAT YAI fahren die *Rapid*-Züge um 15.55 und 17.05 Uhr für 154 / 87 Baht und die *Special Express* um 18.10 und 18.40 für 194 Baht (2. Kl.) in ca. 5 Std., der *Sprinter* um 17.40 Uhr für 244 Baht in 4 Std., lokale Züge um 6.05 und 11.37 Uhr für 57 Baht in 7 Std.

Nach HAT YAI 4x von 0.48–3.10 Uhr, der *Sprinter* um 6.26 Uhr, lokale Züge um 6.40 und 10.18 Uhr.

Von SUNGAI GOLOK an der Grenze zu Malaysia um 12 und 15 Uhr in ca. 9 Std. für 106 Baht in der 3. Klasse. Zurück 2x tgl. nach Mitternacht.

Nach BUTTERWORTH mit dem *Special Express* um 1.55 Uhr für 414 Baht in 10 Std. Weiter nach KUALA LUMPUR (plus 38 RM, 18 Std.) und SINGAPORE (plus 64 RM, in 28 Std.).

Von BUTTERWORTH (PENANG) um 13.40 Uhr (Ankunft 23.13 Uhr).

BOOTE – Express- und Nachtboote sowie Auto-/ Personenfähren fahren laufend von den Piers in Surat Thani, Tha Thong und Don Sak nach KO SAMUI, KO PHA NGAN (s.S. 682) und KO TAO (s.S.693).

Ko Samui

เกาะสมุย

Ko Samui ist die Hauptinsel des Archipels von ca. 80 Inseln im Südwesten des Golfs von Thailand. Mit 247 km² ist sie die drittgrößte Insel Thailands, 14 km breit und 20 km lang. Ein Viertel der Insel besteht aus Flachland, das hauptsächlich mit Kokospalmen und Reisfeldern bebaut ist. Das Innere der Insel, von dichtem Wald bedecktes Hochland, wird nur wenig land-

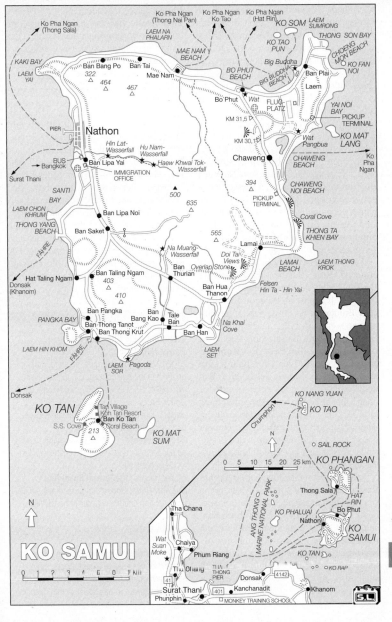

wirtschaftlich genutzt. An den äußeren Hängen wachsen in den Gärten, die ein ungeübtes Auge nicht vom Dschungel unterscheiden kann, Baumfrüchte wie Durian, Rambutan, Langsat und Mangosteen. Für viele Traveller ist Ko Samui der Inbegriff eines Südseeparadieses.

Insgesamt besitzt Ko Samui 26 km schönen Sandstrand. Die bekanntesten Strände, **Chaweng** und **Lamai**, liegen an der Ostküste. Sie glänzen mit weißem Sand, sauberem Wasser und Palmen im Hintergrund und sind entsprechend beliebt. Die ruhigeren Strände **Mae Nam** und **Bo Phut** im Norden werden weitaus weniger frequentiert. Im Westen oder Süden gibt es noch richtige Einsamkeit, allerdings sind hier die Strände flach, z.T. korallendurchsetzt und bei Ebbe nicht zum Baden geeignet.

Für 80 Baht ist durchaus noch eine ganz **einfache Hütte** zu haben, mit integrierter Du/WC kostet sie 100–180 Baht, am Mae Nam Beach bereits ab 80 Baht. Ein **einfacher Bungalow** ist etwas solider gebaut, mit ein wenig Mobiliar ausgestattet, wie Stuhl, Tisch, gute Matratze und Ventilator, und kostet 150–400 Baht. Ein **Komfortbungalow** von 400 bis 1000 Baht ist gut eingerichtet, besitzt ein gekacheltes Bad und verfügt über einen guten Ventilator oder Klimaanlage. Unsere **Preiseinteilung** gilt für die 4 Monate der Hochsaison, während der bei weitem nicht alle Zimmer belegt sind. In der Nebensaison und bei geringer Auslastung lassen sich kräftige Abschläge erzielen (s. u.).

Jede Bungalow-Siedlung hat ihr eigenes **Restaurant**, in vielen ist das Essen preiswert und hervorragend. Wer geräuschempfindlich ist, sucht sich am besten einen Bungalow mit entsprechendem Abstand zum Restaurant und zur Bar. Die üblichen Arten touristischer Unterhaltung werden am Lamai und am Chaweng Beach reichlich angeboten. In vielen Restaurants werden allabendlich westliche, englischsprachige Videos gezeigt. Zudem gibt es Discos, Strandpartys, Bars mit und ohne Hostessen und sogar Vorführungen klassischer Thai-Tänze mit Dinner. Auch Go-Go-Bars mit öffentlicher Anmache haben sich etabliert.

Nathon
หน้าทอน

Der Hauptort der Insel, mittlerweile eine kleine Stadt, ist von geschäftiger Aktivität erfüllt und voll auf die Bedürfnisse von Touristen und Hoteliers eingestellt. Die Preise haben bereits ein gehobenes Niveau erreicht. Hier legen die Express- und Nachtboote an. In der Nebensaison versuchen Schlepper, Neuankömmlingen bei der Ankunft einen Bungalow aufzuschwatzen, andere Aufdringlichkeiten sind aber in der Regel nicht zu erwarten. Die Einkaufsmöglichkeiten sind, mit Ausnahme von Obst und Gemüse, kaum besser als an den Stränden.

Übernachtung

In der Uferstraße **Chonvithi Rd.** liegen:
Palace Hotel*** (ac****) (Chai Thale), ☎ 421079, ✆ 421080, gute, saubere, geräumige Zimmer mit Fan oder ac, z.T. mit Terrassen.
Win Hotel****, ☎/✆ 421500, alle Räume mit ac, Coffee Shop.
Jinta**, vom Strand zurückversetztes Reihenhaus, einfache Zimmer.
Seaview Hotel***, ☎ 421481, am südlichen Ende der Strandstraße, daneben liegen zwei Seafood-Restaurants.
An der Hauptstraße **Tawirat Pakdi Rd.**:
Seaview Guest House**-***, Stadthaus, 30 kleine Zi mit Fan und ac, mit oder ohne Du/WC.

Essen

An der Uferstraße Chonvithi Rd. und an der Amphoe Road gibt es eine Menge Restaurants, hauptsächlich mit europäischem Essen. Wirklich gut und preiswert ist das Essen immer noch im

Oben: Für die Einheimischen ist die Kokospalme der „Baum des Lebens"; unten: Die Busse am Airport von Ko Samui sorgen für Urlaubsstimmung

Thai-Restaurant schräg gegenüber von der Siam City Bank. Etwas Besonderes, wie frischen Käse, Salami, Schinken und Brötchen, aber auch *Chili con Carne* und Knoblauchsuppe, ist im spanischen Restaurant *El Pirata* in der Amphoe Road zu erstehen.
In der beliebten *R. T. Bakery* (auch *Hot Bread Shop*) an der Amphoe Road gibt es mehr als nur Brot und Kuchen.
Im *vegetarischen Restaurant* hinter der Thai Farmers Bank kosten die Gerichte 15–20 Baht.

Sonstiges

GELD – Banken und Wechselstuben in der Tawirat Pakdi Road und an der Uferstraße haben zum Teil recht unterschiedliche Kurse, so daß sich ein Vergleich lohnt.
Siam City Bank hat tgl. von 8.30–20 Uhr geöffnet. Hierher kann man problemlos telegrafisch Geld überweisen lassen. Auch bietet sie Schließfächer und *Poste Restante Service* an.

IMMIGRATION – 1,7 km südlich von Nathon, 200 m vor der Kreuzung rechts, weißes Haus mit der Thai-Flagge (mit Songthaew 5 Baht), geöffnet Mo–Fr von 8.30–12 und 13–16 Uhr, zweimonatige Touristenvisa werden für 550 Baht um 30 Tage verlängert; 1 Paßfoto mitbringen.

JEEPS – werden an mehreren Stellen vermietet ab 800–1000 Baht (Inkl. Versicherung). Der Paß wird als Sicherheit einbehalten.

MEDIZINISCHE HILFE – Ärzte praktizieren in ihren privaten *Clinics* nur von 7–8 Uhr und von 17–19 Uhr außer an Sonn- und Feiertagen. Sonst arbeiten sie im Hospital, 2 km südlich von Nathon, Aufnahme Mo–Fr von 8.30–16.30 Uhr. Ein privates Krankenhaus mit 24-Std.-Notdienst liegt bei Bo Phut (s.S. 672).

MOTORRÄDER – Wir müssen davon abraten, in Nathon Mopeds oder Motorräder zu mieten. Es ist wiederholt passiert, daß ein solches Moped nachts vor dem Bungalow am Strand gestohlen wurde – offenbar mit einem Zweitschlüssel.

POLIZEI – *Tourist Police*, in der Stadt, ✆ 421281, ✆ 421360; Notruf 1699.

POST – am nördlichen Ende der Uferstraße, Überseetelefon (7–22 Uhr) und *Poste Restante Service*, hilfsbereites Personal. Geöffnet Mo–Fr 8.30–16.30 Uhr, Sa und So bis 12 Uhr.

REISEZEIT – Die Monate August bis Oktober sind eine **ideale Reisezeit**, um an den Superstränden Chaweng und Lamai an der Ostküste seinen Badeurlaub zu verbringen. Während des Nordostmonsuns von Mitte November bis Mitte Februar bestehen bessere Bademöglichkeiten im Norden, Westen oder Süden.
Von April bis Juni schwächt der Wind ab, es wird z.T. unerträglich heiß. Von Mai bis Juli ist mit abendlichen Wärmegewittern zu rechnen, die jedoch kaum Abkühlung bringen.

SAISON – Neben der **Hauptsaison**, die von Mitte Juni bis August und von Mitte Dezember bis Ende Januar dauert, wird Ko Samui auch von Februar bis April gut besucht.

TAUCHEN – Von Mitte Februar bis Mitte November ist Tauchsaison auf Ko Samui. Direkt um die Insel herum gibt es mehrere nette Riffe, die bei guter Sicht ein paar Tauchgänge lohnen können. Doch wer intensiver tauchen möchte, sollte nach Ko Tao umziehen (s.S. 698).

VORWAHL – 077; PLZ: 84 140.

Nahverkehrsmittel

PICKUPS – Sie haben die jeweiligen Strände angeschrieben und fahren ihre Ziele von 6–19 Uhr (z.T. auch später) laufend an. Bei Ankunft eines Bootes sind sie am Pier oder an der Ferry Jetty versammelt, ihre Ziele werden ausgerufen. Ansonsten kreisen sie hupend durch die Straßen von Nathon und stoppen auf ein Zeichen überall. Wer um die ganze Insel fahren will, muß in Chaweng Noi umsteigen. Eine Fahrt kostet von Nathon nach MAE NAM, BO PHUT und BIG BUDDHA 20 Baht, CHOENG MON und CHAWENG

Oben: Geisterhäuschen am Strand von Ko Samui;
unten: Einheimische Muschelsammler bevölkern neben Urlaubern die Strände von Ko Samui

30 Baht, LAMAI 30 Baht; ab der Autofähre z.T. 5 Baht mehr. Um 20.30 Uhr fährt das Nacht-Pickup von Nathon nach MAE NAM für 50 Baht, nach CHAWENG und LAMAI für 70 Baht.

MOTORRAD-TAXIS – warten ein paar Schritte nördlich vom Markt auf Fahrgäste zum Busbahnhof (10 Baht), zum Immigration Office (10 Baht) und zum Krankenhaus (15 Baht).

Transport – Anreise

Kommt man erst gegen 18 Uhr oder später auf Ko Samui an, ist es ratsam, für die erste Nacht die Dienste der Schlepper anzunehmen.

BUSSE – Von BANGKOK fahren ac-Busse um 20 Uhr für 327 Baht in 14 Std. nach Ko Samui, 2. Kl.-ac-Bus um 19.30 Uhr für 256 Baht.
Der ac-Bus aus der Khaosan Road fährt gegen 18 Uhr für 180–285 Baht (inkl. Fähre), der sogenannte VIP-Bus kostet 470 Baht (dafür nur bei guten Reisebüros ein echtes Ticket kaufen und vor dem Einsteigen fotokopieren).

> Vor den **Khaosan-Bussen** nach Ko Samui muß dringend gewarnt werden. Bei vorgetäuschten Reifenpannen wurden Rucksäcke entwendet bzw. durchsucht.
> Schlafenden Passagieren wurden auf meisterhafte Weise Geld und Reiseschecks gestohlen.
> Zudem kommen die Busse fast immer so präzise „verspätet" in Surat Thani an, daß das erste Expreß-Boot „leider" verpaßt wird und die Passagiere im zugehörigen Coffee House frühstücken müssen.

EISENBAHN – Bequem ist das kombinierte „Zug-Bus-Fähre-Ticket" ab BANGKOK mit den *Rapid* um 18.30 bzw. 19.45 Uhr für 383 / 242 Baht (Sitzplatz in der 2. / 3. Kl.) und 483 / 533 Baht (2. Kl.-Schlafwagen oberes / unteres Bett) bzw. 603 / 653 Baht (2. Kl.-ac-Schlafwagen oberes / unteres Bett), Bustransfer zum Hafen und Überfahrt mit der Fähre um 9 Uhr; Ankunft auf Ko Samui um 10.40 Uhr.
Das "Zug-Bus–Expreßboot-Ticket" ist identisch, verwendet aber das weniger sichere Expressboot um 8 Uhr (Ank. 10.30 Uhr).
Bei der Ankunft am Bahnhof Phunpin sollte man darauf achten, nicht in den falschen Bus geschleust zu werden, sonst muß man am falschen Pier für das falsche Boot zusätzlich zahlen.

BOOTE – Von SURAT THANI fahren 3 unterschiedliche Boote von 3 Piers ab.
Mit dem **Expressboot** von *Songserm* ab Tha Thong Pier tgl. um 8, 12 und 14.30 Uhr (in der Nebensaison nur um 8 und 14.30 Uhr) in 2 1/2 Std. für 115 Baht (Rückfahrscheine für 210 Baht werden nur ungern verkauft, ac-Zuschlag 30 Baht). 30 Min. vorher fährt ein Zubringerbus vom Songserm-Büro *S. Travel Express* ab, 45 Min. vorher vom Bahnhof in Phunpin (der Morgenbus kostet 10 Baht) zum Pier. Die Boote sind in der Saison fast immer überladen. Sicherer, angenehmer und pünktlicher ist die Fähre.
Mit der **Autofähre** vom Don Sak Pier (80 km östlich von Surat Thani) zum *Samui Ferry Jetty* 5–8x tgl. um 8–18 Uhr in 1 1/2 Std., 40 Baht.
Busse von *Samui Tour* fahren um 6.50, 8.30, 10.30, 12.30 und 15.30 Uhr ab Surat Thani für 70 Baht (inkl. Autofähre) nach Nathon, ac-Busse um 8.30, 12.30 und 15.30 Uhr für 90 Baht (an Bord muß man den Bus verlassen).
Das **Nachtboot** vom zentralen Pier in Surat Thani nach Nathon um 23 Uhr für 70 Baht (unteres Deck 50 Baht) ist bequem und wird von vielen sparsamen Travellern benutzt. Falls es nicht wieder einmal mit dem Gegenboot zusammenstößt, kommt es um 5 Uhr an.
Von KO PHA NGAN s.S. 682, von KO TAO s.S. 693, von CHUMPHON s.S. 662.

FLÜGE – Mit *Bangkok Airways* direkt von BANGKOK 6–16x tgl. zwischen 7 und 18.10 Uhr für 2300 Baht + 100 Baht Tax in 75 Min., von PHUKET tgl. um 11.20 und 17 Uhr in 50 Min. für 1330 Baht, von U-TAPAO tgl. um 14.20 Uhr in 60 Min. für 1640 Baht. Die Maschinen sind häufig unpünktlich und ausgebucht; Reservierung in Bangkok unter ✆ 2534014-8.

Transport – Weiterreise

BUSSE – Alle Reisebüros werben mit Handzetteln und unterschiedlichen Preisen für ihre ac-

Busse und ac-Minibusse nach BANGKOK um 7.15 und 14.30 Uhr ab der Chonvithi Rd. (Ankunft um 19.35 bzw. von 5.35–9.10 Uhr).
Die staatlichen ac-Busse nach Bangkok für 327 Baht fahren um 14.30 Uhr ab der Bus Station, 1,5 km südlich von Nathon.
Nach SURAT THANI mit non-ac-Bus um 7.30, 9.30, 11.30, 13.30, 14.30 und 16.30 Uhr für 70 Baht (inkl. Fähre), mit ac-Bus um 7.30, 11.30 und 13.30 Uhr für 90 Baht (inkl. Fähre).
Nach PHUKET um 7.30 und 14.30 Uhr für 193 Baht (inkl. Fähre) oder 250 Baht (inkl. Expressboot) in ca. 7 Std. (diese Busse fahren **nicht** über Khao Sok und Khao Lak).
Nach KRABI um 7.30 und 14.45 Uhr für 191 Baht (inkl. Fähre) oder um 7.15 und 14.30 Uhr (Ankunft um 14 bzw. 20 Uhr) für 250 Baht (inkl. Expressboot).
Nach PENANG ab 400 Baht (inkl. Fähre) oder 550 Baht (inkl. Expressboot) in ca. 14 Std. Dieser Bus wird häufig überbucht, so daß sich 4 Passagiere 3 Sitzplätze teilen müssen.

EISENBAHN – Nach BANGKOK fahren ab SURAT THANI tgl. 10 Züge. Jedes Reisebüro bucht per Telefon mit 40 Baht Aufschlag.

BOOTE – Zum Bus-, Zug- oder Flugzeug-Ticket wird gleich das passende Bootsticket mitverkauft (Preise siehe bei Anreise). Bei der Ankunft auf dem Festland sollte man sich flink um seinen Sitz im Anschlußbus kümmern.
Surat Thani: Mit dem **Expressboot** von Nathon um 7.15, 12 (nur in der Saison) und 14.30 Uhr (in der Saison wird das Boot gefährlich überladen).
Mit der **Auto- und Personenfähre** nach DON SAK vom *Ferry Jetty* (9 km südlich von Nathon) 5–9x tgl. von 7–17 Uhr.
Vom **Nachtboot** um 21 Uhr ist abzuraten!
Ko Pha Ngan: Nach THONG SALA mit dem **Expressboot** ab Nathon um 10, 11.20, 14 und 17.15 Uhr für 65 Baht in 40 Min. Weitere Boote fahren ab Mae Nam und ab Big Buddha.
Ko Tao: Mit dem direkten *Songserm*-**Expressboot** ab Nathon um 8.30 Uhr für 300 Baht in 90 Min.
Mit dem 600-PS-**Speedboot**, ✆ 425197, um 13 Uhr für 450 Baht in 80 Min. Zurück nach NATHON um 9.30 Uhr. Weitere Boote fahren ab Mae Nam und ab Bo Phut.

FLÜGE – Minibus-Service zum Flughafen für 60 Baht. *Airport fee* 100 Baht.
Bangkok Airways, Chonvithi Rd., Nathon, ✆ 425011, fliegt 6–16x tgl. von 8.50 bis 20 Uhr direkt nach BANGKOK für 2300 Baht, nach PHUKET um 10 und 15.40 Uhr in 50 Min. für 1330 Baht und
nach U-TAPAO um 12.50 Uhr für 1640 Baht.
Alle Flüge unbedingt rückbestätigen.
Zum Thai Airways-Flug von Surat Thani nach Bangkok gibt es einen Zubringer ab Nathon mit einer Limousine bzw. mit ac-Bus um 13.30 Uhr für 200 Baht (inkl. Fähre).

Mae Nam Beach

Die leicht geschwungene, 4 km lange Bucht ist von tausenden von Kokospalmen gesäumt. Sie beginnt 11 km nordöstlich von Nathon.

Die Bungalow-Siedlungen liegen in lockerer Folge am sauberen Strand und sind von der weit entfernten Straße nicht einsehbar. Trotz einiger luxuriöser Hotels bleibt die ruhige, erholsame Atmosphäre bewahrt. Das leidige Video gibt es jedoch fast überall.

Der schmale Strand mit gelbem Sand fällt ziemlich steil ab, so daß schnell Schwimmtiefe erreicht ist. Vor allem im östlichen Bereich ist der Sand relativ grobkörnig, im zentralen Abschnitt beim Dorf eher fein. Das ruhige Wasser eignet sich fast ganzjährig zum Baden. Am Mae Nam Beach empfindet man wegen des vergleichsweise geringen Windes die Hitze stärker, vor allem in der heißen Jahreszeit.

Das ruhige Fischerdorf **Ban Mae Nam** liegt in der Mitte des Strandes. Hier gibt es alles Lebensnotwendige zu kaufen. Man findet sogar einen Arzt und ein Fotolabor.

Am Abend wirkt das Dorf wie ausgestorben.

Übernachtung

Etwa 35 Bungalow-Siedlungen liegen 300–800 m von der Straße entfernt, die meisten haben Bungalows mit Preisen von 80–400 Baht, außerdem 3 teure Hotels.

Home Bay*-****, am westlichen, besonders ruhigen Ende der Bucht unter Palmen, unterschiedliche Bungalows am Strand; gutes, preiswertes Restaurant am Strand, große Portionen.
Phalarn Inn*-**, ✆ 425348, ca. 100 m vom Meer entfernt und ruhig, etwas staubige Zimmer mit großen Betten, funktionierende Du/WC, gutes Essen, nette, familiäre Atmosphäre.
Sea Fan Beach Resort ✆ 425204, ✆ 425350, ruhige, schöne First Class-Anlage. Grober Sand am Strand.
Der folgende 500 m lange, feinsandige Strandabschnitt dürfte noch einige Jahre frei bleiben.
Sunrise Village*-**, gedrängte, saubere Hütten, gutes Essen, freundliche Inhaber.
Shady Shack*-***, ✆ 425392, Strandterrasse mit Bar, freundliche Mama; Windsurf-Schule, Surfen für 200 Baht/Std., 600 Baht/4 Std.
Lolita***-****, ✆/✆ 425134, am feinsandigen Dorfstrand, 20 große, saubere Bungalows mit Bad/WC und Terrasse, die meisten am Strand.
Koseng 2*-***, nette Mattenhütten ohne Du/WC, Bungalows mit Du/WC, Strandrestaurant.
Nature*, ✆ 425201, schmale Anlage zwischen Lagune und Sandstrand, 16 Hütten mit und ohne Du/WC, Windsurfer, relativ teure Getränke.
Östlich des Friedhofs wird der Sand grober. Der Strand ist mit Mauern oder Röhren abgestützt. Hier drängen sich 9 Anlagen auf 700 m, u.a.:
Cleopatra Palace*-***, ✆ 425486, Sandstrand, sehr eng stehende Steinbungalows und Holzhütten, gutes Restaurant, freundlich.
Sea Shore 1+2*-**, ✆ 425280, Steinstrand, saubere, gepflegte Anlage, Holzbungalows und Steinhäuser, gutes Essen, freundliche Leute.
New Lapaz Villa**-*** (ac****), ✆ 425 296, ✆ 425402, Sandstrand, nette Anlage, einfache Holzhütten am Strand, komfortable, saubere Steinbungalows rechts und links; Restaurant, fades Essen; Mopedverleih. Freundliche Leitung, aber die Chefin schmollt, wenn man woanders ißt.
Friendly*-**, einfache Bungalows, geleitet von einer netten, überaus aktiven Mama.
Der östliche Strand wirkt wieder attraktiver:
Magic View Bungalow**, neue Mattenhütten am Strand unter Palmen.
Mae Nam Villa**, ✆ 425501, ruhige, schöne, saubere Anlage, Bungalows mit WC und Fan, einige A-Frame-Hütten ohne Du/WC, freundliche, hilfsbereite Leute, gute Küche; Honda (100 ccm) für 150 Baht/Tag.
Laem Sai Bungalows*-***, ✆ 425133, weitläufige Anlage am östlichen Ende der Bucht, nett angelegt, aber nicht übermäßig gepflegt. Hübsche Bambusbungalows mit eigenem Bad, schöne Steinbungalows mit großer Terrasse, saubere Du/WC; Restaurant; Motorrad 150 Baht. 20minütiger Fußmarsch von der Straße.

Boote

Von Januar bis September fährt tgl. um 12 Uhr nur bei ruhiger See ein Boot nach THONG NAI PAN NOI auf Ko Pha Ngan für 120 Baht. Zurück fährt das Boot um 8 Uhr.
Ein Boot, ✆ 377231, fährt tgl. um 9.30 Uhr über THONG SALA (Ko Pha Ngan) für 100 Baht nach KO TAO für 250 Baht in gut 3 Std. Zurück fährt es um 13.30 Uhr, Ankunft 17.15 Uhr.

Bo Phut Beach

Die 2 1/2 km lange, weit geschwungene Bucht erstreckt sich im Norden der Insel und beginnt 15 km hinter Nathon. Sie weist einen relativ steil abfallenden Strand mit relativ grobem, gelbem Sand auf und ist ganzjährig gut zum Schwimmen und Windsurfen geeignet. Kurz vor dem nordwestlichen Ende der Bucht ist der Strand am schönsten, in der Mitte geht er in das Dorf Ban Bo Phut über, im Osten wird er äußerst flach. Bei Flut bleibt nur ein schmaler Strandstreifen übrig. Das Preisniveau ist etwas gehoben.

Die kleinen, nur als Hobby betriebenen Familienbetriebe schließen außerhalb der Saison ihre Anlagen. Bei Bo Phut quartieren sich viele Urlauber ein, die zwar weg vom Rummel sein wollen, aber dennoch nicht allzu weit von den Unterhaltungsmöglichkeiten von Chaweng.

Ban Bo Phut ist ein kleines Thai-Dorf mit typisch ländlicher Atmosphäre. In Dorfnähe fühlen sich vor allem Franzosen wohl.

Touristenlokale und Unterkünfte sind ins Dorf integriert, einzigartig auf Ko Samui.

Übernachtung

Zwei Dutzend Bungalow-Siedlungen liegen ca. 100 bis 300 m von der Straße entfernt am Strand. Ein Bungalow kostet vorwiegend 80–300 Baht, einige Bungalows bis 500 Baht, Luxus-Anlagen über 1000 Baht.

Von World Resort bis Peace ist der Strand gut, der Sand jedoch grob.

World Resort***-****, ✆/✉ 425355, verschiedenartige Bungalows, viele Pauschaltouristen.

Calm Beach Resort** , ✆ 425375, 20 Bungalows stehen in 2 Reihen nach hinten, dazwischen viel Platz, Windsurfer.

Peace*** , ✆ 425357, ✉ 425343, große Anlage, vorn einfache Bretterbungalows, größere Bungalows mit Du/WC und Fan, z.T. ac, für Familien geeignet, schöner Strand.

Samui Euphoria, ✆ 425100, ✉ 425107, First-Class-Hotel mit allen modernen Einrichtungen. Der folgende Strandabschnitt besteht aus grobem Sand, bei Ebbe schaut feiner Sand heraus.

Ziggy Stardust***-****, ✆ 425409, ✉ 425410, stilvolle Anlage in einem üppig grünen Garten, 27 schön möblierte Holzbungalows, kleinere mit Fan und Du/WC, größere Suiten mit ac, Kühlschrank und Bad/WC; gutes Restaurant auf der Landseite, Swimming Pool; unter Schweizer Leitung.

Smile House***-****, ✆ 425361, ✉ 425239, schöne, große Anlage auf der Landseite der Straße, unterschiedliche Bungalows, z.T. klimatisierte Komfort-Räume, Pool. Gutes Restaurant am Strand; unter englischer Leitung.

The Lodge**** , ✆ 425337, ✉ 425336, schönes, älteres Haus am Strand, alle 10 Zimmer mit ac, Bad und schöner Meersicht, Satelliten-TV in allen Räumen; familiär geführt, netter Service.

Die einfachen Bretterhütten von

Boon*-** , ✆ 425255, und

Oagie* ** ⑩, ✆ 425113, drängen sich zwischen der Dorfstraße und dem Strand.

Östlich vom Dorf ist der Strand nicht zum Baden geeignet.

Sand View*-*** ㉜, ✆ 425438, 10 einfache Mattenhütten und Steinbungalows.

Essen

Einige Restaurants haben eine luftige Veranda am Meer.

Das ***Happy Elephant Restaurant*** im Dorf ist hübsch eingerichtet mit thailändischen Statuen und nordthailändischen Kissen; Spezialität sind *Meat Fondue* und *Suki Yaki*.

Sonstiges

MEDIZINISCHE HILFE – Zwischen Bo Phut und Chaweng liegt am KM 31,6 links das private ***Bandon International Hospital***, 123/1 Moo 1, Bo Phut, ✆ 425382-3, ✉ 425342, westlicher Standard, 24-Std.-Notdienst, Hausbesuche, etwas teurer (aber angeblich besser) als das Hospital bei Nathon. Viele deutsche Reiseversicherungen können direkt abrechnen (Liste verfügbar).

MOTORRÄDER – gibt es im Dorf zu mieten: 100cc Honda 150 Baht, 125er Enduro 200 Baht.

TAXIS – An der Abzweigung Richtung Big Buddha gibt es Taxis und Motorradtaxis.

Boote nach Ko Pha Ngan

Mit dem Speedboot, ✆ 425197, nach THONG SALA (Ko Pha Ngan) um 8.30 und 12 Uhr für 200 Baht in 30 Min., nach KO TAO für 450 Baht in 1 1/2 Std. In der Nebensaison ein Boot um 12 Uhr.

Zu den Booten von BIG BUDDHA nach HAT RIN BEACH (Ko Pha Ngan) fahren 30 Min. vor Abfahrt Zubringer-Taxis, 15 Baht.

Big Buddha Beach

(Auch: *Bang Rak Beach* und *Phra Yai Beach*) 19 km hinter Nathon beginnt die flache Bucht mit gut 2 km Küste, davon 1,3 km Strand. Sie wird überragt von der Buddha Kolossal Statue auf der kleinen Insel **Ko Fan**.

Wenn der Wind im europäischen Sommer von Westen weht, erstreckt sich hier ein schöner, gräulicher Sandstrand mit leicht abfallendem Ufer. Im europäischen

Winter zieht sich das Meer zurück, und der breite Strand sieht mit dem dunklen Matsch bei Ebbe wenig einladend aus. Zum Baden ist er in dieser Jahreszeit nur bei Flut geeignet.

Übernachtung

Trotz der dicht vorbeiführenden Straße ist dieser Strand recht beliebt. Die meisten Anlagen sind zum Strand hin abgeschottet.
Das höhere Preisniveau läßt in der Nebensaison viel Spielraum fürs Handeln.
Anfang 1997 gab es 20 Anlagen, die meisten mit Bungalows von 150–300 Baht.
Am westlichen Strand sind die schmalen Grundstücke mit Mauern oder Betonrohren gesichert. Baden kann man nur bei hohem Wasserstand.
Chalee Bungalow**, 8 nette Steinbungalows in 2 Reihen, Restaurant an der Straße, kleine Bar am Strand.
Como's**-***, ✆ 425210, 13 sehr saubere, nette Hüttchen mit Fan, 4 davon direkt am Strand, Platz für 3 Pers., schattige Terrasse, gutes Essen, der Manager Witoon ist sehr nett.
Am zentralen Strand sind die Grundstücke etwa 30–40 m lang. Auch hier kann man nur bei hohem Wasserstand baden.
Big Buddha Garden***, ✆ 425253, ✆ 425353, 12 Bungalows, einige ac-VIP-Zimmer mit Minibar, Kühlschrank, Du/WC.
In der Mitte der Bucht am KM 3,2 beginnt der schönere Teil des Strandes.
Secret Garden***, ✆ 425419, gute Bungalows, *Beach Pub* mit live Blues & Rock (sonntags um 15 Uhr); deutsch-englische Leitung.
Number One*-***, ✆/✆ 425446, 10 locker im Halbkreis angeordnete, saubere Holzbungalows in vielen Größen, alle mit Du/WC, Meerblick und Palmenschatten; Restaurant, kinderfreundlich; eine Oase für Gäste ohne Ansprüche.
Nipon*** (ac****), ✆ 425137, 11 Bungalows, nette Leute.
Ocean View*-***, ✆ 425439, 15 Holz- und Steinbungalows, Cocktail-Bar.
Big Buddha Beach***, ✆ 425282, neue, große, holzverkleidete Steinbungalows mit Du/WC, gepflegter Garten, Strandterrasse, freundliche Leitung.

Boote

Zum HAT RIN WEST fährt vom Pier beim *Ocean View* die *"Sea Flower"* tgl. um 10.30, 13 und 16 Uhr, 60 Baht in 45 Min. Zurück um 9.30, 10.30 und 14.30 Uhr.
Vom Pier beim *Beach House* fährt tgl. um 9.30 Uhr ein Ausflugsboot nach KO SOM (Orange Island), Rückkehr um 16.30 Uhr.

Chaweng Bay

Die 6 km lange, sanft geschwungene Chaweng-Bucht öffnet sich nach Osten (23 km von Nathon). Eine Bungalow-Siedlung reiht sich an die andere, fast versteckt unter den vielen Kokospalmen. Alle Anlagen liegen zwischen der staubigen Betonstraße und dem breiten, wunderschönen Sandstrand, den viele Globe-trotter als einsame Spitze bezeichnen. Das Preisniveau ist höher, die Ausstattung vornehmer, das Drumherum touristischer als an den anderen Stränden.

Am **Chaweng Yai Beach**, dem nördlichen Ende der beliebten Bucht, fühlen sich Sandstrand-Freaks so richtig wohl. Denn hier ist das Meer so flach, daß der Strand bei Ebbe weit über hundert Meter breit werden kann – hervorragend geeignet fürs Frisby-Spielen und einen Spaziergang zur Insel **Ko Mat Lang**. Dann bilden sich mitten in der Lagune schöne, flache, klare Pools zwischen den Sandbänken. Leider sieht die nördliche Hälfte dann auch ziemlich verschmutzt aus (Plastiktüten, Bierflaschen). Zwischen der kleinen Insel und den südwestlich vorgelagerten Felsen kann man im hüfttiefen Wasser schön schnorcheln.

Von November bis April ist dieser fast 2 km lange Strandabschnitt optisch recht schön, das Wasser steht hoch, manchmal gibt es Wellen, trotzdem kann man sicher baden. Ab Mai / Juni fällt der Wasserspiegel und steigt bis Oktober nicht wieder an.

Das **Zentrum von Chaweng Beach** wirkt wie aus einem Südsee-Bilderbuch: Feiner, weißer **Sand**, überhängende **Palmen**, hellblaues **Meer**, bei Ebbe und Flut **ideal** zum Schwimmen. Dieser Strandabschnitt erstreckt sich vom *Chaweng Garden* im Norden bis zum Kap am *First Bungalow* über 2 1/2 km. Im Winter drückt allerdings der Wind das Wasser gegen die Küste, und der Strand wird relativ schmal. Wer empfindlich ist, sollte sich wegen der vielen Sandflöhe nicht unbedingt in den Sand legen.

Dieser Strandabschnitt hat sich touristisch enorm entwickelt. Einige der Bungalow-Siedlungen gehören zu den teuersten auf Ko Samui. Es werden jedoch auch ganz bewußt neue, preisgünstige Bungalows gebaut. Auf alle Urlauber warten zahlreiche **Strandrestaurants** mit Video, viele einfache und originelle Lokale entlang der Straße, Thai-Dinner mit klassischen Tänzen, mehrere Discos sowie unzählige Bars und Pubs. Supermärkte, Bäckereien, Reisebüros, Fotoshops, Telefon-Service und ein Posten der Touristenpolizei runden das Angebot entlang der Hauptstraße ab. Wer für komfortable Unterkünfte, Sportangebote und abendliche Unterhaltung gerne etwas mehr bezahlt, ist am richtigen Platz.

Der 1 km lange **Chaweng Noi Beach** ist durch ein kleines Kap vom Chaweng Beach getrennt. Der schöne, stellenweise breite, saubere Sandstrand mit den abgeschliffenen **Felsen** im Meer wirkt recht malerisch. Am südlichen Ende liegen viele **Korallenblöcke** im flachen Wasser. Während man im Sommer jederzeit gut schwimmen kann, ist Baden im Winter aufgrund der starken Brandung zu gefährlich. Pauschaltouristen sind hier bei weitem in der Mehrheit.

Übernachtung

CHAWENG YAI BEACH – Etwa 30 Anlagen stehen an diesem Strandabschnitt. Wo die Straße dicht vorbeiführt, können die Pickups stören, die lautstark für die Discos werben.

Einfache Bungalows: Ein Dutzend Anlagen, fast alle Bungalows haben Du/WC und Ventilator.

Venus Resort**, ✆ 422406, 15 hübsche Bungalows mit Fan unter Palmen, Restaurant mit offener Terrasse und lauter Musik; diese Anlage wirkt nicht so gedrängt wie viele andere. Bei Ebbe bilden sich schöne, flache, klare Pools zwischen Sandbänken mitten in der Lagune, etwas weiter kann man im hüfttiefen Wasser schön schnorcheln.

Marine Bungalow**-***, ✆ 422416, ✆ 422263; hübsche Anlage, um einen großen Platz gruppieren sich einfache bis sehr schöne Bungalows; Restaurant mit Video.

Tropic Tree***, ✆ 422298, der Chef spricht Deutsch, Zimmer mit Fan und Du/WC; *Come In* Restaurant.

Komfortbungalows: Zumeist recht gepflegte Anlagen, geräumige Bungalows mit Du/WC, schönem Mobiliar, Fan oder ac, Restaurant zumeist am Strand, am Abend z.T. auf dem Strand.

Samui Island Resort*** (ac****), ✆ 422355, großzügige, geräumige, gut ausgestattete Bungalows, täglich gereinigt, nette Familie mit kleinen Kindern, bei Flut schmaler Strand.

O.P. Bungalow****, ✆ 422424, ✆ 422425, schöne Anlage auf einer kleinen Landspitze, herrliche Sitzplätze am Strand; saubere, gut eingerichtete Bungalows; gutes chinesisches Restaurant mit mittleren Preisen; Mopeds zu vermieten für 150 Baht/Tag. Sehr beliebte und gelobte Anlage. In der Saison bis 20.3. unbedingt telefonisch reservieren.

Samui Cabana*** (ac****), ✆ 422405, ✆ 422309, gute, große Anlage mit 4 Bungalowreihen bis zur Straße, komfortable, aber dunkle Bungalows (Rabatt möglich); das Restaurant serviert gute Fischgerichte; abends Beach-Party.

The Island***-****, ✆ 230941, ✆ 230942, üppiger, schattiger Garten, einfache, dunkle Zimmer im Reihenhaus, geschmackvolle Bungalows mit Fan oder ac. Für Familien mit Kindern geeignet. Restaurant mit gehobenem Publikum; deutsch-amerikanisches Management.

Montien House*** (ac**** und mehr), ✆ 422169, ✆ 422145, schöne Gartenanlage, große Betonbungalows mit Fan oder ac, solide Holzeinrichtung, Veranda, sowie Reihenhaus; guter Service, kompetente Leute.

Samui Coral Resort*** (ac****), ✆ 422143, 20 kleine, helle Bungalows mit Terrasse, sauber und ruhig; gutes Restaurant mit nettem Service direkt am Meer, freundlicher italienischer Padrone.

CHAWENG BEACH (ZENTRUM) – Wer auf guten Schlaf Wert legt, sollte nicht zu nah beim

Reggae Pub übernachten. Ca. 35 Anlagen am feinsandigen Strand.
Einfache Hütten: Viele Hütten unter 150 Baht gibt es in diesen beiden Anlagen:
Dew Drop Hut*-***, ✆ 422238, nette Pfahlhütten im alten Stil, Du/WC separat, uriger Garten, Restaurant und Bar, Kräuter-Sauna, Thai Massage.
Charlie's Hut*-***, ✆ 422343 (gemeinsam mit *Viking*), großes Grundstück, vom Strand zu erkennen an den Büschen in Tierform, saubere, günstige Holzhütten auf Pfählen mit Gemeinschafts-Du/WC, überaus beliebt bei Billigreisenden, gute Atmosphäre. Strom von 18–9 Uhr. Gutes Essen im Restaurant, das Preisniveau ist ok. Wegen erhöhter Diebstahlgefahr Wertsachen besser in Verwahrung geben.
Einfache Bungalows bis 400 Baht gibt es in vielen Anlagen an der nördlichen Strandhälfte, z.B.:
Anchor House Resort**-***, schöner tropischer Garten, 25 einfache, renovierte, saubere Doppelbungalows mit Du/WC und Fan oder ac, Restaurant *Panviman* am Strand; geleitet vom „pensionierten" Weltenbummler Markus aus der Schweiz und seiner Partnerin, Mrs. Pradee, die aus dieser Anlage ein echtes Traveller-Paradies machen wollen.
Chaweng Garden Beach*** (ac****), ✆ 422256, ✆ 422265, saubere Bungalows mit Fan oder ac, gute Matratzen, preiswertes Restaurant, freundliches Personal.
Silver Sand***, ✆ 422161, dreierlei hübsche, naturnahe Bungalows unter Palmen, sehr gute, preiswerte Fischgerichte, aufmerksame Bedienung.
Touristenklasse: Attraktive, gepflegte, relativ naturnah gebaute Anlagen, z.B.:
The Princess Village, ✆ 422216, ✆ 422382, ist etwas ganz Besonderes: 12 schöne, originale Teakhäuser, die aus Zentral-Thailand hergebracht, renoviert und wie ein Dorf neu aufgebaut wurden, 50 Zimmer mit ac oder Fan, antiken Möbeln und modernem Bad ab 1200 Baht; Dorfteich, Ruhepavillons, Strandrestaurant; unter Schweizer Leitung.

CHAWENG NOI BEACH – Relativ teure Anlagen für Pauschaltouristen.
Fair House ab****, ✆ 422256, ✆ 422373, schöne Gartenanlage, eng stehende, geräumige Bungalows mit Fan und Du/WC, komfortable ac-Bungalows mit Mini-Bar ab 1350 Baht; Restaurant mit gehobenem Preisniveau, Pool am sehr schönen Strand.
Chaweng Noi*, die einzige billige Anlage, 10 alte Hütten mit Du/WC, direkt an der Straße.

Essen

Romantisch sitzen kann man am späten Abend auf dem Strand bei der Lagune in mehreren kleinen Restaurants, das Essen ist relativ gut und preiswert, die Shakes sind z.T. sogar Spitze.
Ein Erlebnis besonderer Art ist ein **Dinner** im *Drop Inn*, auch wenn die Qualität der Speisen wegen des großen Andrangs nicht immer gehobenen Ansprüchen genügt.
Ein tolles **Farmerfrühstück** für 90 Baht, ein Tagesgericht für 99 Baht, sowie gute Thai und internationale Küche bietet der Schweizer Koch Hans Peter Frutiger im *Magic Light Restaurant*.
Bong's Restaurant & Bakery hat tgl. frisches Schwarzbrot und Brezeln, Frühstück ab 8.30 Uhr.

Unterhaltung

Ab 23.30 Uhr geht „man" in *The Club*, ✆ 422341, nette Bar, gute Atmosphäre, flinke, freundliche Bedienung, gute CD-Musik (laut Werbung: *„acid jazz, soul, funky, rare grooves, mellow music"*). Ab 0.30 Uhr zieht „man" weiter in die große, ohrenbetäubend laute Disco *Green Mango* (geöffnet bis 3 Uhr), ab 2 Uhr ins *Reggae Pub* und ab 4 Uhr durch das riesige Palisadentor ins *Santa Fè*.

Sonstiges

ARZT – Im *Sea & Sand Medical Service Office*, 166/7 Mu 2, in der Ladenzeile beim *Palmburger* um die Ecke, hat ein fähiger Arzt auch tagsüber Bereitschaft.

MOTORRÄDER – Beste Erfahrungen haben wir mit *Rick's Motorcycle Rental*, ✆ 230096, 231037, an der Strandstraße gegenüber vom *Samui Country Resort* gemacht; Rick hält seine Bikes immer in Schuß; fast neue Honda Dream für 150 Baht/24 Std.
Achtung: Motorradfahren auf Ko Samui ist auch bei vorsichtiger Fahrweise nicht ungefährlich.

PICKUPS – Der Terminal liegt am KM 5, von wo die Chaweng-Pickups die gesamte Strandstraße bis zum Chaweng Noi entlangfahren und z.T. weiter über Lamai bis Nathon (Stichwort *"Around the Island"*), z.T. über Mae Nam nach Nathon. Bei der Ankunft fahren die Pickups die ganze Straße von Süden nach Norden entlang und halten an der gewünschten Unterkunft.

TAUCHEN – Gute Touren macht die deutsche Tauchschule **Calypso Diving** *(Windy's Watersports)*, ✆/✆ 422437.

WASSERSPORT – Wassersportbegeisterte finden Tauchbasen, Surfboard- und Wasserski-Anbieter am Strand und entlang der Straße.

ZEM THAI CULTURAL VILLAGE – In einer schönen, ruhigen Anlage an der Chaweng Lagoon, ✆ 230848, ✆ 422282, können in Kursen von 6–8 Tagen großartige Lernerfahrungen in Yoga, Tai Chi, Zen und Vipassana Meditation, sowie Zen Malerei gemacht werden.

Lamai Bay

Die sichelförmige, 4 km lange Bucht wird von vielen, zum Teil überhängenden Kokospalmen gesäumt. Touristen aus allen Ländern kommen in etwa 80 Hotels und Bungalowsiedlungen mit mehr als 1500 Zimmern unter. Jede Anlage verfügt über ein eigenes Restaurant.

Die **östliche Bucht** beginnt 22 km entfernt von Nathon. Die malerische Bucht mit vorgelagertem Korallenriff ist flach, bei Ebbe weniger als hüfttief. Aus dem weißen Sandstrand ragen glatte Felsen. Die schweren Brecher im Winter werden vom vorgelagerten Kap größtenteils abgehalten, so daß auch dann gebadet werden kann. Im Juli/August fällt die Bucht bei Ebbe fast ganz trocken.

Dem **nördlichen Strand** (21 km von Nathon) ist bis zur Höhe des Dorfes **Ban Lamai** ein Riff vorgelagert. Bei Ebbe schauen hier die Felsen heraus.

Der schöne, **zentrale Strand** liegt 18–21 km von Nathon entfernt. Er ist am südlichen Ende mit malerischen **Felsen** durchsetzt und bei Ebbe und Flut gut zum Baden geeignet, bietet jedoch nur wenig Schatten. Manchmal drängt sich der Eindruck auf, daß der Strand richtig voll ist. Der Sand ist an vielen Stellen recht grob. Im Winter herrscht starke Brandung, und der hohe Wasserstand reduziert den Strand beträchtlich. Am südlichen Ende findet man selbst im Sommer noch Stellen, wo man in den Wellen schwimmen kann.

An der Parallelstraße im Hinterland schlägt die **Unterhaltungsindustrie** gewaltig zu: Kneipen, Discos, Go-Go-Bars, Thai-Boxen, Transvestiten-Show, Snake Show, u.v.m. Leute, die Action suchen, finden sie hier bestimmt.

Die **südliche Küste von Lamai**, die sich südlich an den *Wonderful Rock* anschließt, liegt eigentlich schon in der **Bang Nam Chuet Bay** (17 km von Nathon). Die dort liegenden Bungalows zehren aber von dem bekannten Namen Lamai. Der Strand ist meistens zu flach zum Schwimmen. Bei starkem Ostwind ist es allerdings gerade hier besonders angenehm.

Der **Wonderful Rock**, von den Thai als „Großvater und Großmutter" (*Hin Ta-Hin Yai*) bezeichnet, ist ein weit ins Meer vorstehender Felsen mit schöner Aussicht, dessen Formen offenbar die sexuelle Phantasie beflügeln. Im Winter kann man sich an der tosenden Brandung erfreuen, im Sommer zwischen den Felsen baden. Für Thai-Touristen ist der Fels ein beliebtes Ausflugsziel.

Übernachtung

ÖSTLICHE BUCHT – Die 8 Bungalowanlagen liegen am Hang in Kokosplantagen. Diese Gegend ist relativ weit von der Straße entfernt und wird von Travellern geschätzt, die Ruhe in der Nähe vom Trubel suchen.
Comfort Bungalow****, ✆ 424110, 20 neue, saubere, komfortable ac-Doppelbungalows, Swimming Pool.
Bay View Villa**-***, einfache, z.T. vergammelte Holzhütten mit Du/WC auf Pfählen unter Palmen, schöne Sicht, viel Müll, nettes Restaurant mit toller Sicht, freundliche Leute.

Royal Blue Lagoon***-****, ✆ 424086, ✉ 424195, gepflegte, preiswerte Anlage, günstige Fan-und ac-Bungalows am Hang, Meeresblick; Pool mit Bar; nette Leute. Relativ teures Restaurant, sehr schöne Sicht. Handeln kann lohnen.
Gaid Kaew Resort***-****, ✆ 01-2293798, hübsche Bungalows mit Fan oder ac in Hanglage, hat uns gut gefallen.
Flower Paradise***, ✆ 230919, ca. 250 m vom Strand, saubere Zimmer mit Fan und Bad; Schweizer Leitung, heimatliches Spezial-Essen.

NÖRDLICHER STRAND – Zwischen dem Strand und der nahen Straße gibt es überwiegend billige Unterkünfte bis 150 Baht.
Rose Garden**-****, ✆ 424115, ✉ 424410, gepflegte Anlage, schöne Bungalows mit Fan und Bad, preiswertes Restaurant.
Weekender Villa*-***, ✆ 424116, 19 geräumige, preiswerte Holzbungalows mit Fan und Du/WC, großes Restaurant, familiäre Atmosphäre.
The Spa Resort*-***, ✆ 230855, ✉ 424126, eine Art Gesundheitsfarm mit Steamroom, Massage, Cleansing Fast; saubere, etwas teure Bungalows mit Bad, vegetarisches Essen; Kanus, preiswerter Jeep, Mountain Bike-Touren; geleitet vom Amerikaner Guy und seiner Frau Toi, nette, coole Leute; empfehlenswert.
Beer's House*-**, ✆ 231088, und *Wishes*-*** haben nette Holzhütten mit Du/WC am Strand.

ZENTRUM – Von den etwa 50 Anlagen, sowohl Bungalowsiedlungen als auch Reihenhäusern und Hotels, gehören viele noch den Einheimischen. Die meisten Hotels und teuren Komfortbungalows konnten uns bisher nicht überzeugen.
Billige Unterkünfte bis 150 Baht liegen vorwiegend an der Parallelstraße und den Zufahrtswegen. Direkt am Strand liegen z.B.:
Utopia**-***, ✆/✉ 424151, gute Bungalows mit Du/WC und Fan.
Magic Resort**-****, ✆ 424229, saubere, kleine und große, eng stehende Bungalows.
Lamai Inn 99*** (ac****), ✆ 424427, ✉ 424211, schöne, große Anlage.
Sea Breeze**-****, ✆ 424258, neben guten auch billige Bungalows mit Du/ WC.
Platuna Bungalow**, ✆ 424138, am Fluß, Bungalows mit Fan; Restaurant mit gutem Thai und europäischem Essen.

Lamai Coconut Resort****, ✆ 233236, ✉ 232169, schmales Grundstück am Strand, schöne, große Bungalows in Reih und Glied.
Am südlichen Ende, gibt es noch einige **Anlagen der alten Sorte**, wie das berühmte
White Sand*-**, einfache Hütten direkt am Strand, meist belegt; bessere Hütten dahinter.
Amity*-**, ✆ 424084, billige Hütten ohne Fan und WC, bessere mit; bewohnt von Althippies und Jüngeren, lockere Atmosphäre, gutes Essen.
Green Canyon*-**, ✆ 424292, auf dem Hügel an der Straße, ohne Meersicht, 15 kleine Betonbungalows, Restaurant mit guter Atmosphäre, viele junge Traveller, sehr freundliche Leute.
Lamai Chale't**, ✆ 233232, nahe an der Straße, kleine Hütten, Du/WC außen, preiswerte Steinbungalows mit Du/WC, gutes Restaurant.
Palm Resort**, ✆ 424297, gepflegte Gartenanlage am Strand, weit verteilte, nette Bungalows.
Ac-Bungalows ab 600 Baht gibt es u.a. im:
Nice Resort 1**-*** (ac****), ✆ 424432, ✉ 424028, am südlichen Ende; saubere, gepflegte Anlage, 2 Reihenhäuser, Zimmer mit Fan oder ac; viele junge Touristen.
Nice Resort 2**-*** (ac****), ✆ 424034, ✉ 424431, Bungalows, Reihenhäuser und 2stöckige Reihenhäuser; Handeln möglich; wer schon im Bahnhof in Bangkok ein Zimmer gebucht und bezahlt hat, bekommt kaum sein Geld zurück, wenn die Anlage bereits voll belegt ist.
Sunrise Bungalow**-*** (ac****), ✆ 424435, an der Zufahrt zu *Hin Ta-Hin Yai*, schön angelegter Garten mit kleinem Wasserfall, z.T. zwischen den Felsen, ansprechende Bungalows verschiedenen Stils, einige mit tollem Bad, z.T. gute Aussicht, auch für Familien geeignet; freundliche Leute; gutes Schwimmen bei hohem, ruhigem Wasser zwischen den Felsen oder am kleinen, steil abfallenden Sandstrand, sonst 100 m weiter.

SÜDLICHE KÜSTE – Am steinigen, flachen Strand liegen 7 Anlagen, u.a.:
Swiss Chalet***-****, ✆/✉ 424321, liegt am Felsenstrand mit schöner Sicht. Es bietet geräumige Bungalows in einer großzügigen Anlage, ein komfortables Kleinst-Hotel (mit ac) direkt auf den Felsen am Meer und ein hübsches Restaurant mit Thai und Schweizer Gerichten.
Rocky Bungalow**-****, ✆/✉ 424326, gut abgeschirmt vom Straßenlärm, besitzt einen priva-

ten Sandstrand, von runden Felsen eingerahmt. Das 100 m entfernte Riff bricht die Brandung, daher ist es hier im Winter angenehm, im Sommer jedoch zu flach zum Schwimmen. Hübsche Bungalows, Swimming Pool über dem Strand.

Essen und Unterhaltung

Zentral liegt das *Nakorn Restaurant*, es ist sehr belebt und serviert Seafood in allen Variationen. Eine Unmenge Shops, Restaurants, Bierbars und Discos ziehen dem Touristen das Geld aus der Tasche, wie z.B. Parasailing für 500 Baht pro 5 Minuten.

Rock Pub, gegenüber dem Bauhaus: bis morgens 3 Uhr sitzt niemand drin, danach wird es brechend voll.

In der tollen Disco mit Restaurant *Mix Pub* finden Di, Do und Sa gegen 23 Uhr Travestie-Shows statt (kein Eintritt).

Sonstiges

BÜCHER – *Flamingo Bookstore*, riesige Auswahl auch an deutschen Taschenbüchern zum Tauschen oder Ausleihen; Telefon- und Fax-Service, Flug- und Transportbuchungen.

PICKUPS – Einige Pickups fahren vom Terminal über Coral Cove bis Chaweng Noi weiter. Dort kann man in die Chaweng-Pickups umsteigen.

Südküste

Hier findet man keine kilometerlangen Südseestrände, nur kleine, versteckte **Buchten** mit idyllischen Bungalowanlagen. Allerdings ist das Wasser oft sehr flach oder bei Ebbe das Meer weit entfernt, so daß Baden und Schwimmen nicht ganz einfach werden. Wem Ruhe und Natur mehr bedeuten als makellose, doch kommerzialisierte Sandstrände, ist hier besser aufgehoben. An der Küste entlang führt keine Straße. Die Buchten sind über Stichstraßen vom H4170 erreichbar.

Na Khai Cove: Biegt man hinter dem traditionellen, muslimischen Fischerdorf Ban Hua Thanon (toller Markt) auf den H4170 ab, so weisen nach etwa 400 m einige Schilder nach links. Durch Palmenplantagen kommt man zu einem sehr flachen, ruhigen Strand (16 km von Nathon), der bei Ebbe weit hinaus trocken liegt.

Bang Kao Bay: Jenseits des 135 m hohen Hügels Khao Tale liegt die sehr flache Bang Kao Bay (17 km von Nathon), deren Riff sich mehrere hundert Meter weit draußen entlangzieht.

Thong Krut: Wo der H4170 dem Meer am nächsten kommt, liegt das Dorf Thong Krut an einer flachen Sandbucht. Songthaews nach Nathon fahren mehrmals am Tag für 30 Baht p.P.

Pangka Bay: Diese abgelegene Bucht (15 km von Nathon) im südwestlichen Zipfel der Insel ist über einen schlechten Fahrweg von 2 km zu erreichen. Hier gibt es nur ein verschlafenes Fischerdorf und einige Bungalow-Siedlungen. Bei Ebbe kann man 1 km übers Watt zum Wasser wandern, immer mit Blick auf die skurrilen Felsen im Meer. Auch bei Flut erreicht das Wasser höchstens Brusttiefe. Ruhesuchende Romantiker sind hier bestens aufgehoben. Ohne Motorrad ist man allerdings total abgeschnitten.

Übernachtung

Na Khai Cove: *Hi-He's Resort***, ✆ 424340, Plantage mit jungen Kokospalmen, 5 optisch unattraktive Steinbungalows, große, saubere Zimmer mit Fan, z.T. 3 Betten, Du/WC; Mr. He, ein freundlicher, gebildeter Thai, leitet die Anlage sehr engagiert, er beherrscht Akupressur und Thai-Massage (150 Baht/90 Min.); Restaurant, schmackhafte Trinkkokosnüsse frisch vom Baum. Sehr sauberer, flacher Strand mit vielen Muscheln, gut geeignet für Familien mit kleinen Kindern; bei Flut schön zum Schnorcheln.

Wanna Samui Resort**-***, ✆ 01-9132538, gepflegte Anlage, kleine Bungalows mit Fan und 2stöckige Bungalows mit ac, die vordersten 4 liegen sehr schön, sehr guter Service, im strandnahen Restaurant kein Video, freundliche Leute; eine wohltuend ruhige Oase.

Bang Kao Bay: *River Garden** (mit Fan**), ✆ 424035, beim KM 12,6 führt ein 1 km langer Weg vom H4170 zu dieser weiträumigen, ruhigen

Anlage im Palmenhain, an der Mündung eines Flüßchens. 10 Holzbungalows, einige mit Du/WC; nettes Restaurant, gute Küche.
Diamond Villa*-***, ✆ 424442, Zufahrt beim KM 10,4, einfache und bessere Hütten, einsam und ruhig, Essen nach Wunsch, freundliche Leute.
Thong Krut: Wo der H4170 dem Meer am nächsten kommt, liegen die 7 Hütten von
Thong Krut Bungalow*-***, ✆ 423117, an einer flachen Sandbucht.
Thong Tanot: *Simple Life*** (ac***), ✆ 423111, flacher Strand, 10 gute, saubere Holzbungalows mit Du/WC, Restaurant am Strand.
Pangka Bay: *Gem's House***, ✆/✉ 423006, 10 einfache Hütten in der Mitte der Bucht, Motorradvermietung.
Pearl Bay*-**, ✆ 423110, einfache Hütten am Ende der Bucht, mit einer kleinen Terrasse und Meeresblick, eine große Familienhütte für Reisende mit Kindern, mäßiges Restaurant.
Seagull Bungalow*-**, ✆ 423091, Hütten mit Du/WC gekonnt in die Landschaft integriert, einige am üppig grünen Hang, andere direkt am Meer neben Mangroven; nettes Restaurant.

Westküste

Die flachen Strände der Westküste sind nicht so berauschend wie die an der Ostküste und nicht überlaufen. Liebhaber von Sonnenuntergängen kommen hier auf ihre Kosten. Wenn im Winter am Chaweng und Lamai Beach das Baden unmöglich wird, bleibt auf der Westseite im Windschatten der Insel das Meer ruhig. Fast alle Unterkünfte liegen nicht weit vom Ferry Jetty, der Anlegestelle für die Fähre. Für An- und Abfahrt ist man allerdings auf die häufig überfüllten Pickups angewiesen, die 5–7x pro Tag die Fähre bedienen.

Übernachtung

Hat Taling Ngam: Am KM 3 des H4170 zweigt durch das Elefantentor eine Schotterstraße (1 km) ab zum Strand Hat Taling Ngam (10 km von Nathon), wo noch viele Fischerhäuser stehen.
Västervik***, ✆ 423104, wenig attraktive Doppelsteinhäuser in einer Reihe, Zimmer mit Fan und Du/WC, Dorfatmosphäre.
Wiesenthal***-****, ✆ 235165, in einer Palmenplantage, 10 schöne, locker verteilte Doppelbungalows mit Verbindungstür; Restaurant.
Nasai Garden**, 4 sehr kleine, nette Bungalows.
Thong Yang Bay: *Coco Cabana Beach Club****, ✆ 423465, 1 km südlich des Jetty, weitläufige Anlage unter Palmen, große Bungalows mit Du/WC, absolut ruhig. Kein Club.
Santi Beach: Ruhiger Sandstrand (6 km von Nathon), der gut für kilometerlange Wanderungen geeignet ist. Hier liegen u.a.:
International Bungalow**-****, ✆ 421366, ✉ 424202, etwas überteuerte Hütten unter Palmen; gute Atmosphäre; netter Chef, arrangiert Buchungen und vermietet Mopeds.
Rachapreuk Resort***-****, ✆/✉ 423115, war teuer geplant, ist aber nicht populär, so daß die Preise gewaltig gesenkt wurden; komfortable Zimmer mit Fan und ac.

Inselrundfahrt

Die Insel selbst hat außer ihren Stränden nichts Spektakuläres zu bieten, nichts, das man unbedingt gesehen haben sollte. Trotzdem ist eine Rundfahrt um die Insel wunderschön: die schmalen Straßen durch die Palmengärten, die tollen Ausblicke aufs Meer, die vielen Strände und die „Sehenswürdigkeiten", die eine willkommene Abwechslung bieten.

Am einfachsten ist solch eine Rundfahrt mit dem Motorrad (max. 2,5 Liter Benzin) oder Jeep durchzuführen, aber auch mit dem Fahrrad ist sie möglich, manchmal muß man schieben. Schon viele Motorradfahrer wurden wegen sandiger Stellen aus den Kurven getragen und trugen böse Verletzungen davon. Die öffentlichen Pickups umrunden die Insel nicht. An der Wendeplatte in Chaweng Noi muß man in ein Pickup Richtung Lamai umsteigen.

Wer in Nathon auf dem H4169 im Uhrzeigersinn startet, sollte nach der ersten Steigung einmal anhalten und den Ausblick zurück auf sich wirken lassen.

Vorbei am Mae Nam Beach (von der Straße aus nicht zu sehen) geht es durch den regen Fischerort **Mae Nam**. Mit einer Enduro können erfahrene Off-Road-Artisten am KM 36,6 durch die Berge zum Lamai Beach fahren (ca. 15 km). Nach dem Bo Phut Beach (ebenfalls von der Straße aus nicht zu sehen), geht es am KM 33 nach links auf den H4171 ab zum Big Buddha Beach.

Nach 22 km kommt als erste "Attraktion", der 12 m hohe, sitzende **Big Buddha** (*Phra Yai*). Die Statue steht im dazugehörigen Wat auf der kleinen Insel Ko Fan, die durch zwei Dämme mit dem Festland verbunden ist. Die Statue ist weder alt noch besonders schön, aber gegen den blauen Himmel und das tropische Meer verfehlt sie mit den beiden Wächterfiguren ihre Wirkung nicht. Die Läden mit großer Auswahl an Andenken, Kunsthandwerk und Thai-Essen kennzeichnen diesen Platz als beliebtes Ausflugsziel für Thai Touristen.

Eine Betonstraße führt durch Palmenplantagen in den nordöstlichen Zipfel der Insel. Unterwegs sollte man nicht versäumen, einen Blick auf den **Choeng Mon Beach** zu werfen. Von der Straße zum Chaweng Beach (4 km) bieten sich einige schöne Ausblicke aufs Meer. Vom öffentlichen Strand in der Mitte des Chaweng Strandes überblickt man die geschwungene **Bucht** mit der Insel Ko Mat Lang im Hintergrund. Auf dem zweiten Paß zwischen Chaweng und Lamai läßt sich im *Beverly Hills Cafe* bei einem Drink die einmalige Aussicht genießen.

In **Ban Lamai** geht es in der Kurve nach rechts zur **Cultural Hall**. Hier werden hauptsächlich Gegenstände ausgestellt, die chinesische Händler im letzten Jahrhundert auf die Insel brachten. Am Ende des Lamai Beach biegt man am blauen Schild bei der Tourist Police zum **Wonderful Rock** ab. Vor allem Thai-Touristen zieht es hier zu den naturalistisch geformten Felsen „Großvater und Großmutter" (*Hin Ta-Hin Yai*). Europäischen Besuchern gefällt vielleicht die tosende Brandung besser, vor allem in der Regenzeit.

Am KM 17 zweigt etwas versteckt eine Naturstraße durch Palmengärten ab. Nach 1 km wird sie so steil, daß nur geübte Motorradfahrer hochkommen. Nach weiteren 300 m erreicht man schweißgebadet den Aussichtspunkt **Overlap Stone**, von dem sich ein wunderschöner Blick auf die Südküste öffnet.

Ban Hua Thanon ist das einzige muslimische Fischerdorf der Insel. Die farbenfrohen Boote haben die Fischer aus ihrer einstigen Heimat Pattani mitgebracht. Den frischesten Fisch der Insel kann man auf dem Markt des Dorfes kaufen. Am KM 14,5 zweigt ein Sandweg nach links zum **Wat Samret** ab, wo ein weißer Jade-Buddha und viele Korallen-Buddhas in einer Scheune zu sehen sind. Am Ende des Dorfes Ban Thurian zweigt der Weg zum **Na Muang-Wasserfall** ab (1 km). Hier plätschert ein Bächlein in einigen Stufen 20 m herunter. Im Pool baden viele Thais – vor allem am Wochenende – ausgiebig. Der Wasserfall **Na Muang II** liegt weiter oben im Dschungel. Er ist auf einem ca. 2 km langen, z.T. steilen Weg durch Palmen zu erreichen.

Am KM 15 des H4170 weist die Ausschilderung auf den **Samui Butterfly Garden** hin. Er ist geöffnet von 8.30 bis 18 Uhr, Eintritt 50 Baht. Die Anlage wirkt zwar recht schön, aber nur zur „richtigen" Jahreszeit kann man lebende Schmetterlinge sehen, z.B. im März.

An der südlichsten Spitze von Ko Samui (1,2 km vom H4170) steht ein Chedi, genannt **Pagoda**, der zu einem Wat mit freundlichen Mönchen und Nonnen gehört. Direkt davor schaut ein breites Riff aus dem Wasser heraus. Bei geeignetem Wasserstand kann man hier gut schnorcheln und sieht viele bunte Korallenstöcke, allerdings kaum Fische.

Auf dem H4170 geht es weiter durch üppige Kokosplantagen und weite Reisfelder. Bei Ban Saket erreicht man wieder die Hauptstraße H4169. Hier zweigt eine unbeschilderte Prachtstraße der Air Force in Richtung Berge ab. Nach 500 m ist sie leider mit einer bewachten Schranke abgesperrt.

Auf der Hauptstraße kommt am KM 2 die Abzweigung zum **Hin Lat-Wasserfall**. Zum eigentlichen Wasserfall **Hew Khwai**

Tok steigt vom Parkplatz, rechts an den Hütten vorbei, ein schmaler, etwa 2 km langer Dschungelpfad bergan. Bei dem kleinen Getränkestand (nur in der Saison geöffnet) kann man hinabsteigen und in dem großen Pool unterhalb des **Hu Nam-Wasserfalles** schwimmen oder sich vom fallenden Wasser massieren lassen. Kletterer können hinter der kleinen Brücke noch 500 m nach oben steigen.

Transport

In Nathon gibt es verschiedene Veranstalter, die Bootstrips in den Marine National Park anbieten. Tgl. laufen Boote aus, die je nach Typ 1–2 1/2 Stunden für einen Weg brauchen und inklusive Soft Drink und dem einfachsten Lunch 300–360 Baht p.P. kosten, ab Bo Phut 320 Baht, ab Chaweng 450 Baht (inkl. Transfer). Lange Wochenenden möglichst meiden.

Ang Thong Marine National Park

Während einer Tagestour (8.30–17 Uhr) werden zwei Inseln des 40 Inseln umfassenden Archipels nordwestlich von Ko Samui angefahren.

Auf der Insel **Ko Mae** kann man den grün schimmernden **Thale Noi** bewundern, auch *Blue Lagoon* genannt, einen kristallklaren Salzwassersee. Schnorcheln an den Riffen endet wegen des meist trüben Wassers oft enttäuschend.

Auf der Insel **Wua Talap** lohnt es sich unbedingt, auf den **Utthayan Hill** zu klettern, auch wenn das 30 Min. schweißtreibende Anstrengung bedeutet. Die Aussicht auf die vielen dschungelbewachsenen Inselchen und das in allen Blautönen schimmernde Meer ist einfach betörend. Festes Schuhwerk ist ratsam. Während einige Traveller von der Tour schwärmen, empfinden sie andere als üblen Nepp. Wer auf Wua Talap übernachtet, gewinnt sicher schöne Eindrücke.

Übernachtung und Essen

Auf Wua Talap, einer Insel mit Süßwasser, steht das *Park Headquarter*.
Hier kann man in den *Park Bungalows*** (eigenes Moskitonetz ist ratsam) oder in *Zelten*** (gegen Aufpreis mit Matratzen und Bettwäsche) übernachten. Ein Restaurant ist vorhanden, Essen auf Vorbestellung.
Wer einen Aufenthalt plant, sollte gleich beim Ticket-Kauf den Termin für die Rückfahrt angeben. Mit etwas Glück kann man mit Fischern gegen Bezahlung Bootsausflüge machen.

Ko Pha Ngan เกาะพงัน

Nur 20 km nördlich von Ko Samui liegt die 168 km² große Insel Ko Pha Ngan. Die knapp 8000 Einheimischen sprechen Ko Pha Ngan ungefähr „Ko Pa-hahn" aus. Mit 19 km Länge und 12 km Breite ist die Insel etwa 2/3 so groß wie Ko Samui, hat aber einen völlig anderen Charakter. Während Ko Samui weich und einschmeichelnd wirkt, zeigt sich ihr kleineres Gegenüber eher von der rauhen, ungezähmten Seite.

Die leicht zugängliche Westküste mit ihren hellen, palmengesäumten Sandstränden bietet bei hohem Wasserstand einen Anblick, der den Träumen aus dem Südseebilderbuch nahe kommt. Bei niedrigem Wasserstand wird jedoch eine graue Wattebene freigelegt, die bis zum weit vorgelagerten Riff durchsetzt ist mit scharfkantigen Korallenblöcken, Steinen und Muschelschrott. Bedeutend schöner sind die kleinen Buchten im Nordwesten, die sich wenigstens bei Flut sehr gut zum Schwimmen und Schnorcheln eignen. Der beliebte, einst traumhafte Hat Rin Beach an der Südspitze ist total überlaufen, von der Drogenszene heimgesucht und für Ästheten und Ruhesuchende nicht zu empfehlen. Die schönen Sandbuchten an der felsigen Ostküste sind völlig abgelegen und lassen sich quer durch die steilen, bewaldeten Berge nur mühsam erreichen.

Vor allem billigreisende Traveller schätzen die größtenteils noch recht heimeligen, unkommerzialisierten **Familienbetriebe** von Ko Pha Ngan. Daran hat auch der Einzug von mehr Komfort nichts geändert. Anfang 1997 standen 170 Anlagen mit über 3000 Hütten an den insgesamt etwa 17 km langen Strandabschnitten.

An einigen Stränden gibt es zwar noch ganz einfache **Bambusmattenhütten** mit dünner Matratze und Moskitonetz für 40 bis 50 Baht, doch die besseren Hütten mit eigener Dusche und WC ab 80 Baht sind an allen Stränden mehr gefragt. Jede Bungalowanlage hat ihr eigenes **Restaurant**, z.T. mit wechselhafter Qualität. An fast allen Stränden muß man am Abend mit amerikanischer **Video**-Berieselung rechnen. Wer auf dieses „Bildungsangebot" verzichten kann, findet sicher noch irgendwo ein ruhiges Restaurant.

Hauptsaison ist von Dezember bis Februar. Dauerregen gibt es in manchen Jahren vor allem im November. Von Juli bis Oktober ziehen nachmittags häufig Regenwolken auf, die sich aber nur manchmal für 1–2 Stunden abregnen. Während an der Westküste im Juli und August das Wasser kaum einmal Hüfttiefe erreicht, verschwinden die sonst so breiten Strände im Oktober und November zumeist im Meer – ideal zum Schwimmen.

Zur *Full Moon Party* am Hat Rin Beach kommen Tausende Traveller auch von Ko Samui und Ko Tao an den Strand gereist.

Thong Sala

Der Hauptort der Insel, früher ein kleines **Fischerdorf**, hat sich zu einem **Traveller-Ort** mit allen entsprechenden Möglichkeiten entwickelt. Telefon- und Postamt, Supermärkte, Bäckereien, Hospital und ein Buchladen sowie Reisebüros für die Buchung von Schiffen, Zügen und Flügen sind zentral im Ort und in der Nähe des Piers zu finden.

Selbstverständlich haben sich auch Banken mit Wechselschalter, Kleiderläden und Restaurants mit Traveller-Food niedergelassen.

Übernachtung

In der Nähe vom Pier liegen die kleinen Gästehäuser **Black House**** ① und **Shady Nook**** ②.
Kao Guesthouse** (ac***) ③, ✆ 238061, Zimmer mit Du/WC und Fan oder ac; Coffee Shop.
Poonumpatana** ⑥, ✆ 377089, chinesisches Gästehaus mitten im Ort.
S & L Tour Hostel** ⑦, Neubau neben der Post, Zimmer mit guter Du/WC, für eine Nacht bestens geeignet.

Essen

Sehr preiswert ist das *Vantana Restaurant*, z.B. Fried Rice 20 Baht, Müsli mit Früchten 20 Baht.
Im *Home Made Yoghurt Restaurant* gibt es u.a. gute vegetarische Gerichte.
Yoghurt Home Restaurants gibt es 5 mal auf Ko Pha Ngan: am Pier, in Ban Tai, bei Phangan Bungalow, in Hat Rin und im Haad Tien Resort.
In der *Siripun Bakery*, ✆ 377089, wird gutes Brot und Gebäck gebacken.

Sonstiges

DENGUE-FIEBER – Gegen diese immer wieder grassierende Krankheit (auch Dandy Fieber) gibt es keinen chemischen Schutz, die schwarz-weiß gestreiften Mücken können den ganzen Tag über stechen. Hohes Fieber wird am besten durch Wadenwickel gesenkt. Nach 5–7 Tagen sollte die Temperatur wieder normal sein.

DROGEN – Das Gerücht, auf Ko Pha Ngan sei der Kauf und Gebrauch von Drogen (z.B. Marihuana) legal, ist gefährlicher Unsinn.
Magic Mushrooms sind als Omelettes oder Suppen auf einigen Speisekarten zu finden. Wir raten von dieser halluzinogenen Droge ab. Einige Leute sind danach total ausgeflippt, kamen nicht mehr von ihrem Trip herunter oder litten anschließend unter Depressionen, Hitzegefühl bzw. Erbrechen. In Form von *Buddha Sticks* wird auch die illegale Droge Marihuana an vielen Stränden verkauft. Wer nach Keksen, die in einigen Restaurants auf dem Tresen stehen, gegriffen hat und plötzlich eigenartige Reaktionen verspürt, hat *Ganjah Cookies* gegessen.

KO PHA NGAN

Übernachtung:

TONG SALA BEACH:
① Petchr Cottage, Sundance, Pha Ngan Villa
② Moonlight, Waeng Thai

BAN TAI BEACH:
③ Charm Beach, Chokana Resort
④ First Villa
⑤ Dew Shore Resort, P. Park
⑥ Birdville, S.P. Resort, Pink,
⑦ Triangle Lodge Liberty, Mac's Bay Resort

BAN KHAI BEACH:
⑧ Sabai, Chad Chalet Bay Hut, Pha Ngan Lodge, Lee's Garden
⑨ Ban Khai Bay, Copa
⑩ Pha Ngan Rainbow, Green Peace

HAT TIEN:
㊽ Hat Tien Sanctuary

SADET BEACH:
㊾ Jenny's, Than Wang Thong Resort
㊿ Mai Pen Rai, Joke Bar, J.S. Hut, Nid's
(51) Silver Cliff, Mai Pen Rai 2, Pla, Somsak

THONG NAI PAN YAI:
(52) White Sand, A.D. View, Nice Beach, Central Cottage
(53) Pen, Ping Jung, Chanchit Dreamland
(54) Wangthong Waterfall Resort
(55) White Winds

THONG NAI PAN NOI:
(56) Panviman Resort
(57) Bio's Gh., Star Hut, Honey, Star Hut 2
(58) Thong Ta Pan Resort

BOTTLE BEACH:
(59) Bottle Beach 2
(60) Bottle Beach

CHALOK LAM BAY:
(61) Coral Bay
(62) Try Thong Resort, Fanta
(63) Wattana Resort

MAE HAT BAY:
(64) Crystal Island Garden
(65) Ko Ma
(66) Mae Haad Bungalow, Mae Haad Bay Resort
(67) Island View Cabana
(68) Wang Sigh Resort

HAT SALAD:
(69) My Way, Salad Hut

HAT YAO BEACH:
(70) Ben Jawaan, Dream Hill, Blue Coral
(71) Bay View
(72) Easy Bungalow
(73) Silver Beach
(74) Haad Yao Bungalows, Ibiza, Sea Board Bungalow, Sandy Bay

SI THANU BEACH:
(75) Rock Garden
(76) Great Bay, Gypsy Bungalow & Café, Sea Flower, Sri Thanu
(77) Bovy Resort
(78) Laem Son
(79) Laem Son Bar, Sea View Rainbow
(80) Ladda
(81) Loy Fa
(82) Chai, Nantakarn
(83) Lipstick Cabana
(84) Hin King

WOK TUM BAY:
(85) O.K.
(86) Darin
(87) Chuenjitt
(88) Sea Scene Bounty, Porn Sawan
(89) Cookie, Beach 99

NAI WOK BAY:
(90) Siripun
(91) Charn, Phangan Bungalow

Restaurants, Tauchen etc.:
1 Chalok Lam Diving School
2 Sweet Hut
3 White House Shop
4 Beer Station Ban Sak
5 Thong Sala Diving
6 Donrak Garden R.

FAHRRÄDER – Mountain Bikes vermietet der ***Pha Ngan Batik Shop*** für 80 Baht/Tag.

GELD – Banken sind Mo–Fr von 8.30–15.30 Uhr geöffnet. Es gibt keine Geldautomaten.

INFORMATIONEN – Die ***Tourism Association of Ko Pha Ngan*** gibt jeden Monat einen kostenlosen *Newsletter of Ko Pha Ngan* heraus, der in vielen Gästehäusern ausliegt.

MOTORRÄDER – Ein Moped wird für 100–200 Baht pro Tag vermietet.
Aber Vorsicht: Die meisten „Straßen" auf der Insel sind holprige Naturwege und übelste Bergpfade, auf die sich nur geübte Fahrer wagen sollten!
Viele Bikes sind nicht funktionstüchtig.

POST – mit Poste Restante. Geöffnet Mo–Fr 8.30–12 und 13–16.30 Uhr, Sa 9–12 Uhr.

REISEBÜROS – ***Shine Travel***, ✆ 077-377240-1, 📠 377028, verkauft Eisenbahn- und Flugtickets aller Art, macht Rückbestätigung von Tickets, bietet Auslandsgespräche, Fax-Service, Gepäckaufbewahrung, Motorrad- und Jeep-Vermietung. Sehr zuverlässig. Geöffnet bis 19 Uhr.
Phangan Travel, ✆ 077-377058, 📠 377105, verkauft sämtliche Tickets, hat Fax- und Telefon-Service, vermietet ein Speedboot.

TELEFON – Auslandsgespräche nur von den vielen privaten *Oversea Call* Läden.

VORWAHL – 077; PLZ: 84280.

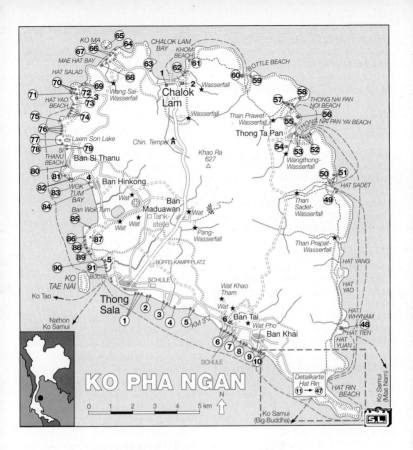

Nahverkehrsmittel

In Thong Sala warten bei jeder Bootsankunft Pickups und Longtail-Boote, die Kunden für 30–60 Baht oder gratis an die Strände bringen.

LONGTAIL-BOOTE – Regelmäßig fahren in der Saison Longtail-Boote nach Hat Yao, zwischen Hat Rin und Thong Nai Pan Yai sowie zwischen Chalok Lam und Bottle Beach.

MOTORRADTAXIS – Motorradtaxis fahren für 40 Baht (bis 18 Uhr) die meisten Strände im Süden, Westen und Norden an.

PICKUPS UND JEEPS – fahren bei Ankunft der Boote nach THONG NAI PAN (60 Baht), nach HAT YAO (40 Baht), BAN KHAI (30 Baht) und HAT RIN (40 Baht).

Transport

BUSSE – Von der Khaosan Road in BANGKOK mit dem ac-Bus (inkl. Boot) um 18 Uhr für 150–280 Baht.

EISENBAHN – Aus BANGKOK kommt man bequem mit dem kombinierten „Zug–Bus–Expressboot–Ticket" über SURAT THANI für die *Rapid* Züge um 18.30 und 19.45 Uhr für 523 / 573 Baht (Schlafwagen oben / unten); Ankunft in Thong Sala gegen 11.30 Uhr.

BOOTE – Zu allen Booten fahren von den Stränden rechtzeitig Zubringerboote oder Pickups.
Surat Thani: Vom Tha Thong Pier mit dem **Expressboot** über Ko Samui (umsteigen) um 8, 12 und 14.30 Uhr in ca. 4 Std., für 145 Baht, hin und zurück 250 Baht (in der Nebensaison nur um 8 und 14.30 Uhr).
Zurück nach SURAT THANI um 6.15, 12 und 13 Uhr in ca. 4 1/2 Std. (in der Nebensaison nur um 6.15 und 13 Uhr); Tickets am Pier.
Mit der **Autofähre** um 22 Uhr vom Tha Thong Pier für 105 Baht, Auto und 1 Fahrer 350 Baht, Ankunft um 4 Uhr. Zurück um 12 Uhr, Ankunft 17 Uhr.
Mit der **Speed-Ferry** um 9 und 16 Uhr von DON SAK in 3 1/2 Std. nach Thong Sala für 105 Baht inkl. Zubringer-Bus ab Surat Thani um 8 und 14.30 Uhr. Zurück fährt die direkte Fähre um 6.20 und 13 Uhr. Der Anschlußbus kommt um 11.30 und 18 Uhr in Surat Thani an. Am Pier warten meist Busse zum Bahnhof, nach Phuket und zu weiteren Städten in Süd-Thailand. Man muß also nicht erst zum Bus Terminal in die Stadt fahren.
Vom Pier in Surat Thani mit dem **Nachtboot** um 23 Uhr für 70 bzw. 90 Baht in 7 Std., nicht zu empfehlen, da zu viele Unfälle passiert sind. Zurück um 22 Uhr.
Ko Samui: Von NATHON mit dem **Expressboot** um 10, 11.20, 14 und 17.15 Uhr für 65 Baht in 40 Min. (in der Nebensaison nur 2x pro Tag).
Nach NATHON um 6.15, 8.30, 13 und 16 Uhr.
Von KO SAMUI mit der **Autofähre** um 10 und 14 Uhr für 100 Baht in 1 Std.
Nach KO SAMUI um 8 und 16 Uhr.
Von Ko Samuis nördlichen Stränden fahren bei ruhiger See die folgenden Boote nach Thong Sala:
Von MAE NAM um 9.30 Uhr für 100 Baht in 75 Min. Zurück nach MAE NAM um 16.15 Uhr.
Von BO PHUT mit dem **Speedboot** um 8.30 und 12 Uhr für 200 Baht in 30 Min.
Zurück nach BO PHUT um 16.40 Uhr.
Ko Tao: Alle Boote fahren von / nach Mae Hat.
Nach MAE HAT tgl. um 10.30 und 12.30 Uhr für 150 Baht in 2 1/2 Std., in der Saison evtl. ein zusätzliches Boot um 9 Uhr. Von MAE HAT um 9 bzw. 14 Uhr.
Nach MAE HAT mit dem **Expressboot** von *Songserm* tgl. um 12.30 Uhr für 250 Baht in 1 1/2 Std.

Zurück um 10 Uhr (laut Plan, meist wird es später).
Das Boot von Mae Nam fährt um 10.45 Uhr weiter nach KO TAO für 150 Baht in 2 Std.
Mit dem **Speedboot** nach MAE HAT um 9 und 15 Uhr für 350 Baht in 1 Std. (in der Nebensaison evtl. nur um 13 Uhr). Zurück fährt das Speedboot um 9.30, 15 und 15.30 Uhr.
Chumphon: Anreise mit dem Expressboot für 650 Baht (s.S. 662).
Billiger mit dem Nachtboot bis Ko Tao (s.S. 693) und um 9 Uhr weiter für insgesamt 350 Baht.

Die Strände von Ko Pha Ngan
Thong Sala Beach

Ein unattraktiver **Wattstrand** bildet den ersten Küstenabschnitt. Die Bungalow-Siedlungen dort sind nicht zu empfehlen. Ihr einziger Vorteil ist, daß die "Stadt" nahe liegt und zu Fuß erreichbar ist.

Ban Tai Beach

Dieser schöne, ruhige **Strand** besteht aus etwas grobem, aber sauberem Sand. Das flache Riff vor dem fast ebenen **Wattstrand** zieht sich weit draußen entlang. Im Sommer ist Baden nur bei hohem Wasserstand an wenigen Stellen möglich. Im Ort Ban Tai (4 km von Thong Sala) gibt es eine Tankstelle, eine Sanitätsstation, mehrere Restaurants und einen Laden, in dem man Mopeds leihen kann. Auf dem Hügel liegt das **Wat Khao Tham** mit schöner Aussicht und 10tägigen Meditationskursen.

Übernachtung

11 Bungalowanlagen liegen vor und hinter dem Ort am Strand, z.B.:
First Villa* (ac****) ④, ✆ 077-377225, gepflegter Garten, 15 solide, saubere Steinbungalows mit Du/WC und Fan oder ac dicht aneinander, Restaurant; Kanus, Mopeds, Jeep zu vermieten; Abhol-Service vom Pier auf Anruf.
Dew Shore Bungalows* ⑤, ✆ 077-238128, netter Garten, 12 neue, saubere Bungalows mit Fan und Du/WC, 24 Std. Strom, Restaurant, kleines Boot und Schnorchelausrüstung gratis, Familienbetrieb; in der Nebensaison*, sehr preiswert.

P. Park* ⑤, ganz einfache Hütten mit und ohne Du/WC.
S.P. Resort* ⑤, ausgezeichnetes, billiges Essen, nette Familie.

Ban Khai Beach

Dieser Wattstrand beginnt 1 km hinter Ban Tai und erstreckt sich über mehr als 2 km. Kurze **Sandstrände** wechseln mit flachen **Felsbänken** ab. Die Straße entlang der Südküste führt durch **Ban Khai**. Motorräder und Jeeps können auf der steilen Straße über die Hügel bis zum Hat Rin Beach fahren. Motorradtaxi und Pickup von Thong Sala kostet 30 Baht p.P.

Übernachtung

Etwa ein Dutzend Anlagen bieten vorwiegend einfache Hütten für 40 bis 50 Baht mit gemeinsamen Duschen und Toiletten.
Chad Chalet Bay Hut* ⑧, gute Hütten mit Du/WC und ganz einfache Hütten, Terrasse überm Strand, relaxte Atmosphäre.
Pha Ngan Lodge*-* ⑧, sehr große A-Frame-Hütten am Strand entlang, Familienbetrieb.
Pha Ngan Rainbow*-* ⑩, kleine, ruhige Anlage mit 8 Bungalows, gutes Essen, Familienbetrieb.
Thong Yang*-* ⑫ liegt schön hinter Felsen, 20 Bungalows.
Boom's Cafe* ⑬, billige Hütten, sehr entspannte, familiäre Atmosphäre. Bis hierhin kommt man mit dem Motorrad-Taxi.
Auf den folgenden 2 km treten die Berge und Felsen bis ans Meer heran, das nur an wenigen Stellen von Sandstränden gesäumt ist.
Silvery Moon* ⑭, recht malerisch unter Palmen, ganz einfache Hütten.

Hat Rin Nai Beach

(Auch: Hat Rin West) Auf der neuen, steilen Straße sind es ca. 12 km von Thong Sala bis Hat Rin. Bis zum Kap **Laem Hat Rin** liegen auf 1 1/2 km schon 28 Bungalow-Siedlungen an **Sandbuchten** oder auf **Felsen**. Im Sommer wird viel Müll und Kokosabfall an den Strand geschwemmt, der von den Anliegern nicht entfernt wird. Zu dieser Zeit sind viele Anlagen geschlossen.

Während der Regenzeit (Oktober / November) sind die Strände zumeist völlig überschwemmt. Danach wird der Strand gereinigt. Das **Riff** verläuft etwa 100 Meter vor dem Strand, dazwischen wachsen viele Korallen. Wer zur Abwechslung einen langen, feinen Sandstrand sucht, geht zu Fuß die 800 m hinüber nach **Hat Rin East**.

Übernachtung

Am nördlichen Ende: 11 Anlagen an einem gemeinsamen Strand.
Dicht an dicht stehen viele ganz einfache Hütten, z.B.: *Sandy** ⑲ und *Seaside** ⑲.
Rainbow*-** ⑳, einfache und bessere Hütten mit Du/WC und Fan, freundliche Familie.
Im Hinterland: Vier Anlagen am Hang mit Hütten für 50 bis 80 Baht, u.a.:
Nee* ㉔, an der Straße, freundliche Familie, gutes Essen.
Pooltrup**-*** ㉓, nette Besitzer, Lehrer der Dorfschule.
Südlich der kleinen Anhöhe: mehrere schmale Anlagen direkt am Strand mit einfachen und besseren Bungalows unter Palmen, z.B.:
Sunset Bay*-** ㉖, saubere Bungalows mit und ohne Du/WC oder Fan, nette Atmosphäre.
Black and White*-** ㉗, Bungalows ohne Du/WC, mit oder ohne Fan, freundliche Familie.
Family House*-** ㉘, schöne Bungalows mit Bad, nette Familie; daneben stehen die malerischen Felsen im Wasser.
Rin Beach Resort**-*** ㉘, ✆ 01-2293016, ausgedehnte Anlage, viele Bungalows mit Fan und einige Luxusbungalows; großes Restaurant, Bäckerei.
Auf dem südlichen Hügel liegt ganz herrlich
Sun Cliff*-** ㉚, ✆ 01-2293016, saubere Bungalows am Hang zwischen Büschen, Bäumen und Felsen, wunderschöne Sicht, freundliche Familie.
Sea Breeze*** ㉛, ✆ 01-2293016, etwas teurer, aber genauso schön auf dem Hügel gelegen.
Auf dem Kap unterhalb des Leuchtturms liegt
Light House*-**** ㉝, ✆ 01-2291880, auf einem 250 m langen Plankensteg über dem Wasser zu erreichen, Hütten und Bungalows schmiegen sich an den Hang; gebadet wird zwischen den Felsen.

Transport

Ab THONG SALA mit dem Jeep (nach Ankunft des Express-Bootes, 40 Baht).
Von BIG BUDDHA auf Ko Samui um 10.30, 13 und 16 Uhr für 60 Baht in 40 Min.
Nach BIG BUDDHA um 9.30, 11.30 und 14.30 Uhr.

Hat Rin Beach

(Auch: Hat Rin East oder Rin Nok Beach) Vor einigen Jahren war bei vielen Travellern Ko Pha Ngan identisch mit diesem herrlichen, durch steile, grüne Hügel begrenzten **Sandstrand** im Südosten der Insel.

Berühmt wurde er in ganz Thailand durch die *Fullmoon-Partys*, über die in der Thai-Presse häufig und ausschweifend berichtet wird. Orgien werden jedoch fast nur von Sandflöhen gefeiert, die im feinen, weißen Sand hausen. Rechts und links wird die Bucht von **Korallen** begrenzt (allerdings reicht die Sicht nur selten zum Schnorcheln aus). Man kann hier während der Saison gut schwimmen, von Oktober bis Februar ist es jedoch wegen der sehr hohen Wellen gefährlich.

Hat Rin hat sich zu einem enorm touristischen **Dorf** entwickelt. Das Preisniveau liegt etwa 50% höher als z.B. auf Ko Samui. Die beiden Dorfstraßen säumen lückenlos mehrere Discos, viele Restaurants und Bars, Tattoo-Shops und Reisebüros, eine Bäckerei mit großer Auswahl, ein gutes *Nepal Vegetarian Restaurant*, Wechselstuben, ein privates Büro für Visaverlängerungen (von 2 auf 3 Monate für 750 Baht) und massenhaft Müll. Restaurants ohne Video-Berieselung sind kaum noch zu finden. Wer Ruhe sucht, ist fehl am Platz und sollte in die abgelegeneren Bungalows Richtung Ban Khai ziehen.

Übernachtung

15 Anlagen liegen z.T. sehr eng am Strand, weitere im Hinterland. Die Bungalows sind durchweg teurer als an den anderen Stränden, nur noch wenige kosten unter 100 Baht, viele bereits 300–500 Baht. Vor Vollmond (s.o.) gibt es keine freien Zimmer, aber 2 Tage danach mehr als genug.
Paradise* ㊲, ✆ 01-2293661, am südlichen Ende, die Hütten auf den Felsen wirken ganz nett; teure Safety-Boxen.
Hat Rin Resort***-**** ㊵, ✆ 01-2293609, Zimmer im Hauptgebäude, saubere, nette Bungalows mit Du/WC und Fan; eine schmale Korallenbank ist vorgelagert, in deren Lagune viele Boote ankern.
Tommy's Resort** ㊸, einfache, beliebte Hütten am schönsten Teil des Sandstrands.
Sea View**-*** ㊺, ✆ 01-2293599, etwas teure Bungalows am Strand mit Du/WC und Fan; hier liegen schon wieder Steine im Wasser.

Essen

An der Zufahrtstraße lädt die **Internationale Küche** ein: Spanisch, Italienisch, Indisch, Thai, ... Einfallsreiche Küche, hervorragendes Seafood gibt es im **Lucky Crab Restaurant** am Weg zwischen Ost- und Weststrand. Tip: *Sizzling Seafood*.

Sonstiges

MOTORRÄDER – Beim einzigen Vermieter kostet eine 100er Honda 200 Baht, 125er Enduro 250 Baht, 250er Enduro 350 Baht. Die Maschinen sind in keinem guten Zustand. Ungeübte Fahrer sollten sich nicht auf die Pisten wagen.

UNTERHALTUNG – In der Saison werden fast jede Nacht am Strand Fêten gefeiert, aus den Boxen der Restaurants dröhnt der Sound, vor allem von *Guns & Roses*, *The Scorpions*, *Air Supply* etc.
Jeden Di, Do, Sa ist Party im **Back Yard Club**. Zur berühmt-berüchtigten **Fullmoon-Party** kommen jeden Monat bis zu 10 000 Traveller an den Strand (und ein großes Polizei-Aufgebot). Laut den Versprechungen der Polizei sollte der Strand eigentlich seit Mitte 1995 drogenfrei sein.

Transport

Ab THONG SALA mit dem Jeep (nach Ankunft des Express-Bootes, 40 Baht).

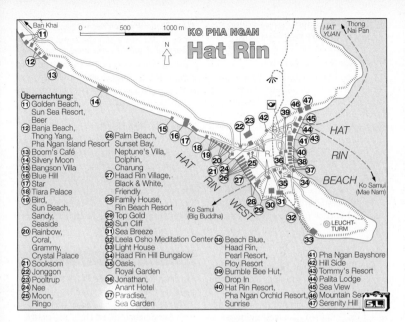

Nach THONG NAI PAN in der Saison tgl. mit dem Longtail-Boot um 12 Uhr für 60 Baht über THAN SADET (50 Baht).

Hat Tien und Sadet Beach

Den kleinen **Sandstrand** Hat Tien an der Ostküste erreicht man am besten mit dem Boot ab Hat Rin (s.u.). Von November bis Januar muß man aber 3 km über den Hügel durch üppige Vegetation zu Fuß gehen, ab dem Schild an der zentralen Kreuzung kann es 1 1/2 bis 2 Std. dauern. Die Bungalows stehen unter **Palmen** bis zum Strand, der von Mangroven begrenzt ist. Der Doppelstrand Sadet Beach ist nur beschwerlich zu Fuß oder mit dem Boot zu erreichen. Viele Bungalows liegen zwischen **malerischen Felsen** und Fischerhütten am kleinen **Sandstrand** und auf dem Felsenhang.

Übernachtung

Am **Hat Tien**: *Hat Tien Sanctuary*-*** ㊽, Bungalows und Schlafsaal, tolles Restaurant, u.a. vegetarische Gerichte, Kurse für alternative Techniken werden angeboten.

Haad Tien Resort*-** ㊽, ☎ 01-2293919; 30 neue Holzbungalows mit Du/WC und Balkon am Strand und am Hügel, Restaurant *Yoghurt Home 5* mit Thai, westlichen und vegetarischen Gerichten; Schnorchelausrüstung, Bootsvermietung.

Am **Sadet Beach**: Am kleineren südlichen Strand liegen *Jenny's*** ㊾ und *Than Wang Thong*-*** ㊾, einfache und die teurere Hütten verstecken sich malerisch zwischen den großen Felsen. 3 Dutzend äußerst einfache und etwas bessere Hütten*-** verteilen sich auf dem etwas größeren, nördlichen Sandstrand auf vier kaum unterscheidbare Anlagen ㊿.

Silver Cliff*-** ㊼, einfache Hütten und Bungalows mit Du/WC am nördlichen Hang.

Transport

Ab HAT RIN fährt in der Saison ein Longtail-Boot um 12 Uhr über HAT TIEN (80 Baht) und THAN SADET (50 Baht) nach THONG NAI PAN YAI. In Gegenrichtung um 8 Uhr.

Von Januar bis September fährt von MAE NAM auf Ko Samui tgl. um 12 Uhr nur bei ruhiger See ein Boot über HAT RIN (12.40 Uhr), HAT TIEN

(60 Baht) und SADET BEACH nach THONG NAI PAN NOI für 120 Baht. Zurück geht es um 8 Uhr.

Thong Nai Pan Yai Beach

Die große Bucht Thong Nai Pan (auch Thong Ta Pan) besteht aus zwei sichelförmigen, hellgelben Sandstränden, die durch einen steilen Hügel getrennt sind. Beide knapp 1 km langen **Strände** liegen so geschützt, daß man auch im Monsun immer irgendwo baden kann.

Der Ort **Ban Thong Nai Pan** liegt verstreut unter Palmen im Hinterland der weitgeschwungenen südlichen **Bucht**. Eine Schule, ein Health Center, ein Tempel, zwei Läden (der *Rainbow Shop* tauscht Geld und Traveller's Cheques zu schlechtem Kurs) und eine Disco bilden die öffentlichen Einrichtungen.

Die **Piste** nach Ban Tai an der Westküste ist zwar nur 13 km lang, aber extrem steil und voller Löcher und Rinnen.

Zum nördlichen Strand muß man entweder ca. 2 km auf dem Verbindungsweg gehen, über den steilen Hügel des *Panviman* klettern, ein Boot chartern – oder durch die Bucht schwimmen.

Übernachtung

Einige Anlagen haben noch Hütten für 60–80 Baht, die besseren mit Fan kosten gleich 300 Baht. Für alle Hütten ist ein eigenes Moskitonetz empfehlenswert. Besonders am Abend ist die Stimmung traumhaft friedlich und still.

White Sand*-*** ㊥, am unschönen östlichen Ende des Strands unter Palmen, Holz- und Steinbungalows mit Fan und Du/WC, davor eine Korallenbank, in der Lagune der Bootshafen; gutes Restaurant, nettes, junges Ehepaar.

Ping Jung**-*** ㊥, große, schöne Bungalows aus Bambusmatten mit richtigen Fenstern und Du/WC, z.T. mit Fan.

Chanchit Dreamland*-** ㊥, am schönsten Teil des Strandes, hier kann man sich wie in einer großen Thai-Familie fühlen. Das Leben spielt sich rund um die Gäste herum ab.

White Winds*-** ㊥, kleine Häuser kleben am Hang des Hügels, phantastische Aussicht, freundliche Leute, gutes, preiswertes Essen.

Wang Thong Waterfall Resort* ㊥, vor der Gabelung zu den beiden Stränden zweigt rechts ein bewachsener Weg zu den herrlich gelegenen 8 Bungalows ab. Fai, die Besitzerin, spricht gut englisch, hält die Anlage bestens in Ordnung und kocht ganz prima. Durch Palmen hindurch ist man in 10 Minuten am Strand.

Thong Nai Pan Noi Beach

(Auch Thong Ta Pan Beach.) Der 700 m lange **Strand** besteht aus herrlich feinem, weißem Sand. Unter Palmen leben einige Fischerfamilien. Vom nördlichen Ende können Unternehmungslustige in 1 1/2 Std. über Ban Fai Mai auf einem gut ausgetretenen, aber anstrengenden **Pfad** zum Bottle Beach wandern.

Übernachtung

Panviman Resort***-**** ㊥, ✆/✆ 377048; große, teure Anlage am Hang des Berges. Vom Restaurant bietet sich ein herrlicher Blick.

Bio's Guest House* ㊥, im Hinterland, einfach und gut; leckeres Yoghurt und Brot.

Star Hut Resort*-** ㊥, ✆ 299005, große Anlage am Strand, Bambushütten mit und ohne Du/WC, netter Service, gute Atmosphäre.

Thong Ta Pan Resort*-** ㊥, einfache Bungalows, z.T. mit Fan, stehen wunderschön auf runden Felsen am Ende des Strandes, nett gemacht, geleitet von einer Engländerin.

Sonstiges

MOTORRÄDER – vermietet die *Chai-Bar*. Wer aber hier einen Unfall baut, ist übel dran, und die Polizei kommt leider nie zum Schlichten her.

Transport

Beide Strände erreicht man, indem man sich bei der Ankunft am Pier den Schleppern anvertraut. Für 60 Baht fahren sie mit dem Allrad-Pickup auf dem schlechten Fahrweg durch den Dschungel (17 km in 40 Min.). Zurück geht es um 8 Uhr.
Vom HAT RIN BEACH fährt in der Saison tgl. um 12 Uhr ein Boot für 60 Baht in 50 Min. Zurück um 8 Uhr vor dem *Chanchit Dreamland*.
Von MAE NAM BEACH auf Ko Samui fährt tgl.

um 12 Uhr ein direktes Boot für 120 Baht. Zurück um 8 Uhr.

Bottle Beach

(Auch Khuat Beach.) In einer kleinen, tiefen **Bucht** im Nordosten liegt dieser schöne, 400 m lange **Sandstrand**. Er bietet wenig Schatten und ist stark vermüllt. Die Bucht ist ideal zum **Schwimmen**. Vor allem an den Felsen auf der linken Buchtseite kann man **schnorcheln**. Es gibt viele Fische, aber im Sommer ist die Sicht wegen Plankton schlecht (nur 2–5 m).

Von Sep/Okt bis Dez/Jan können wegen der hohen Wellen keine Boote in die Bucht fahren, deshalb bleiben die Anlagen in dieser Zeit geschlossen.

Übernachtung und Essen

Bottle Beach*-*** ⑥⓪, am Strand unter Palmen, 50 unterschiedliche Hütten mit Du/WC. Das gemeinsame Waschhaus ist schmuddelig, der Service im Restaurant mäßig.

Bottle Beach 2*-** ⑤⑨, jenseits des Bachs und am östlichen Hang, 40 einfache und bessere Hütten mit Du/WC, relaxte Atmosphäre.

Transport

Von CHALOK LAM fährt (bei ruhiger See) tgl. um 13 und 16 Uhr ein Boot für 30 Baht, zurück um 9.30 und 15 Uhr, bei Bedarf auch häufiger.
Der Fußweg von Chalok Lam (4–5 km) ist recht beschwerlich, von Thong Nai Pan (5 km) etwas einfacher.

Mae Hat Bay

Die 500 m weite Bucht von Mae Hat liegt im Nordwesten von Ko Pha Ngan. Sie wird beherrscht von der steilen, baumbedeckten Insel **Ko Ma**. Der flache, breite **Strand** besteht aus feinem, weißem Sand und ist bemerkenswert sauber. Je nach Wind und Wasserstand muß man zum Schwimmen weit hinauslaufen. Aber Vorsicht: viel Korallenschrott! **Schnorcheln** kann man schon nach 50 m, aber richtig gut ist es im Westen von Ko Ma, zu der bei Niedrigwasser eine **Sandbank** hinüberführt. Viele hohe und junge Palmen wachsen hinter dem Strand.

Übernachtung

Island View Cabana** ⑥⑦, ℡ 377019, eine große Anlage am breiten Sandstrand im Zentrum der Bucht, sehr einfache und komfortablere Holzbungalows, große, schattige Bäume; schönes, gutes Restaurant; Generatorstrom von 6–24 Uhr.

Mae Haad Bay Resort*-** ⑥⑥, Holz- und Steinbungalows, ruhig, besonders beliebt bei Holländern.

Wang Sigh Resort*-** ⑥⑧, eindrucksvolle Anlage am linken Rand der Bucht neben einer kleinen Lagune, über die Stege zum Strand führen, hübsche Bungalows mit Du/WC an der Lagune entlang und am Hang hoch über den Felsen; Restaurant an der Lagune, mittlere Preise (ca. 50 Baht pro Gericht); sehr freundliche Familie, fröhliche Atmosphäre.

Transport

Man erreicht diesen Strand nur unregelmäßig ab THONG SALA mit einem Schlepper per Pickup für 40 Baht in 1 Std.

Hat Yao Beach und Hat Salad

Der 500 m lange, flache und sehr ruhige **Sandstrand** ist abgeschieden und nicht leicht zu erreichen oder zu verlassen. Er wird gesäumt von schönen Kasuarinas, dahinter wachsen Palmen. Das etwa 40 m vorgelagerte Riff bildet eine **Lagune** mit vorwiegend schönem Sandboden und ist bei Flut gut zum Schnorcheln geeignet.

Noch einsamer liegt die schöne, 400 m lange **Hat Salad** Bucht. Die beiden konkurrenzlos billigen Bungalowanlagen liegen am südlichen, ein kleines Fischerdorf mit Booten am nördlichen Ende. Bei hohem Wasserstand kann man zwischen dem feinen **Sandstrand** und dem südlich vorgelagerten **Riff** gut schwimmen und vor den nördlichen Felsen **schnorcheln**. Der 1 km lange, steile Erdweg zur Bucht hinunter kann mit dem Moped für ungeübte Fahrer echt gefährlich werden. Mitfahrer sollten besser absteigen.

Die Strände von Ko Pha Ngan

Übernachtung

Ibiza Bungalow*-** ⑭, gepflegter Palmengarten, angenehme Anlage mit preiswerten Hütten, Restaurant im Zentrum, davor Volleyballfeld und große Kasuarinas. Bargeld und Reiseschecks werden zu schlechten Kursen gewechselt.
Silver Beach* ⑬, 10 sehr einfache Hütten mit/ohne Du/WC, Restaurant im Zentrum.
Bayview*-**** ⑪, am Nordende der Bucht, renovierte Bungalows kühn auf Felsen am Hang, Restaurant mit schöner Sicht. Boot-Service.
Auf dem Hügel liegen 3 kleine Anlagen, u.a.:
Dream Hill*-** ⑩, 100 m vom Strand entfernt, einfache, saubere Hütten mit Du/WC, freundliche Leute, bieten Touren zum Angthong Marine National Park an (300 Baht p.P., ca. 8 Std.).
Am **Hat Salad**: **Salad Hut*** ⑲, am Strand am Ende der Bucht, 10 z.T. sehr luftige Hütten mit oder ohne Du/WC, Restaurant unter Palmen, preiswerte Gerichte; nette, herzliche Leute.
My Way* ⑲, unter Palmen, 14 sehr billige Hütten mit oder ohne Du/WC, mit Moskitonetz und Hängematte, Restaurant zurückversetzt.

Einkaufen

Im Hinterland liegen gleich zwei Läden, der **Hideaway Supermarket**, bei dem es auch Bücher und ein Telefon gibt, und der **White House Shop** mit Mopedvermietung (150–200 Baht/Tag), Wäsche-Service und Tankstelle.

Transport

Zum HAT YAO fährt täglich um 12 Uhr vom Pier ein Boot für 40 Baht, der Pickup um 12 Uhr kostet ebenfalls 40 Baht (einfach). Ein Pickup von Thong Sala nach Hat Salad Bay kostet auch 40 Baht.
Nach THONG SALA mit dem Pickup um 9.30 Uhr für 40 Baht, zu anderen Zeiten per Charter.
Das Boot nach THONG SALA fährt beim *Bayview* um 9.30 Uhr ab. Auch zur Fullmoon-Party fahren Boote.

Wok Tum Bay (Plaay Laem)

Am südlichen Ende der weiten Wok Tum Bay liegen einige Bungalow-Siedlungen an kleinen **Buchten** und **Mini-Stränden** (auch *Plaay Laem* oder *Hin Khong Beach*). Nur bei hohem Wasserstand ist Baden möglich. Viele Traveller zieht es zu diesen Anlagen, weil die **Atmosphäre** stimmt, das Essen schmeckt und sich die Besitzer wirklich um ihre Gäste kümmern. Dieser Küstenabschnitt ist leicht zu erreichen, ab Thong Sala (2 1/2 km) mit dem Pickup für 20 Baht.

Übernachtung

O.K.* �, Bungalows mit großer Terrasse, Gemeinschafts-Du/WC, liebe Familie.
Darin*-** ㊋, saubere Hütten mit und ohne Du/WC, versteckt zwischen den Felsen und an kleinen Stränden, gutes Essen; Papa und Mama umsorgen ihre Gäste, herrliches Schnorcheln.
Sea Scene*-** ㊊, kleine, idyllische Anlage, gemauerte Bungalows mit Du/WC, wenige Meter vom Meer, gutes Essen; nette Leute.
Porn Sawan*-** ㊇, einfache Hütten am Strand, ohne Strom und Wasser, gutes Essen.
Cookie*-** ㊉, viele einfache Hütten am Strand und am Hang, geleitet von einer freundlichen Schweizerin, gute Atmosphäre.
Beach 99* ㊉, schöner Garten, gutes Essen, preiswert; Windsurfer zu mieten.

Ausflüge auf Ko Pha Ngan

Die auf den Landkarten eingezeichneten Fußwege im Inneren der Insel sind in der Realität kaum vorhanden. Ohne Führer kann man sich leicht verirren!

Zum **Pang Waterfall Forest Park** fährt man 1 km auf einer Erdstraße bis zu einem großen Parkplatz. Zum meist kaum erkennbaren **Pang Wasserfall** sind es noch 200 m zu Fuß, zum schönen, lohnenswerten Aussichtspunkt 500 m den Berg hinauf. Essen und Getränke dürfen nicht mit hoch genommen werden.

Vom **Khao Ra**, mit 627 m der höchste Punkt der Insel, soll man eine sehr schöne Aussicht haben, aber der Aufstieg ist nur mit einem erfahrenen Führer möglich. Der Dorfchef von Ban Maduawan kann innerhalb einer Stunde einen Guide für 200 Baht (für 2–5 Personen) vermitteln.

Auf der Spitze eines Hügels, 10 Min. vom Dorf Ban Tai entfernt, liegt der Meditationstempel **Wat Khao Tham**. In seinem Mondop wird ein Fußabdruck Buddhas verehrt. Vom Vorplatz des Tempels hat man einen schönen Blick auf den Strand und das Meer.

Zum **Ang Thong Marine National Park** (s.S. 682) werden lohnenswerte Tagesausflüge per Schiff für 300 Baht angeboten.

Ko Tao   เกาะเต่า

Die kleine Insel Ko Tao (Schildkröteninsel) liegt 38 km nördlich von Ko Pha Ngan und 74 km von Chumphon entfernt. Sie mißt knapp 8 km in der Länge und 3 km in der Breite und hat eine Fläche von ca. 21 km². Bewaldete Berge reichen bis auf 379 m Höhe. Auf Ko Tao, die als letzte der drei Inseln für den Tourismus entdeckt wurde, leben etwa 550 Menschen, die früher aus dem Anbau von Kokosnüssen ein mageres Einkommen erzielten. Fischfang wurde vorwiegend für den Eigenbedarf betrieben. Das harte Leben hat den etwas harschen Charakter der Einheimischen geprägt. Heute beziehen die meisten einen Teil ihres Einkommens aus dem Tourismus. Kaum ein Bewohner der Insel sehnt sich nach dem mühsamen Leben in den alten Zeiten zurück.

An den zwei langen **Sandstränden** im Westen reiht sich unter Kokospalmen eine Bungalowanlage an die andere. Die tiefen, von runden **Felsen** eingerahmten **Sandbuchten** im Süden wirken bei Flut echt romantisch, bei Ebbe sehen die mit Korallenschrott bedeckten Strände jedoch weniger einladend aus. Die kleinen **Felsenbuchten** im Osten sind rauh und schwer zugänglich, recht kleine Sandstrände tauchen bei Ebbe auf.

Im Juli 1997 existierten 69 **Bungalowanlagen** mit knapp 1200 Bungalows. Am Mae Hat und Sai Ri Beach überwiegen saubere, gepflegte Anlagen mit hübschen Bungalows mit Du/WC und Fan ab 150 Baht. An allen anderen Stränden werden selbst in der Saison noch einfache Hütten aus Bambusmatten, Holz oder Sperrholz für weniger als 100 Baht angeboten. Das übrige Preisniveau ist höher als auf den Nachbarinseln. Man kann zwar keine Luxusrestaurants erwarten, das **Essen** ist jedoch zumeist gut.

Ko Tao besitzt unter **Tauchanfängern** einen hervorragenden Ruf, daher der Spitzname „*Ko Taoch*". Kaum sonstwo kann man so preisgünstig direkt neben der Strandhütte das **Tauchen** lernen, wenn man die niedrigen Kosten für die Unterkunft und das Essen mitrechnet. Näheres zum Tauchen s.S. 698. Auch fürs **Schnorcheln** ist Ko Tao hervorragend geeignet. Vor allem an der Ostküste existieren intakte Biotope mit vielerlei Korallen und farbenfrohen Fischen. An der Südküste müssen sich Schnorchler erst über flache Korallenriffe oder durch Felsbarrieren quälen, ehe sie eine geeignete Wassertiefe erreichen.

Auf dem Berg- und Talpfaden kann man herrlich wandern. Sehr zu empfehlen sind die durchaus anstrengenden **Wanderungen** auf den Fahrwegen zu den Buchten an der Ostküste.

Ban Mae Hat   บ้านแม่หาด

In eine malerische Bucht eingebettet, begrenzt von faszinierenden **Granitfelsen**, liegt im Südwesten das Hauptdorf der Insel, Ban Mae Hat. Außer mehreren Restaurants, kleinen Supermärkten und einem Wat haben sich im Ort auch Tauchschulen, eine Bank, Reisebüros, Post und Telefonservice niedergelassen.

Essen

Das *Baan Yaay* serviert milde Thai-Gerichte mit sehr großen Portionen.

Das *Ladda Restaurant* ist besonders sauber und kühl, ein leckerer *Pat Thai* kostet nur 30 Baht. Übermäßig teuer ist das *Mae Haad Restaurant*, so kostet eine Reissuppe glatte 40 Baht.

Im *Chai Suk Restaurant* (rechts vor *Mr. J*) sind sehr gute Gerichte wesentlich billiger als im Dorf. *Far out* bereitet gute Sandwiches und hat Satelliten-TV. Die *Swiss Bakery* bäckt tolles Vollkornbrot, Croissants und europäisches Gebäck.

Sonstiges

DENGUE-FIEBER – trat bereits epidemieartig in den Bungalowanlagen neben Lagunen auf.

GELD – Die *Krung Thai Bank*, 20 m vom Pier, tauscht Reiseschecks und Bargeld, solange der Vorrat an Thai-Baht reicht.
Mr. J., im Süden hinter dem neuen Pier rechts, offeriert Geldwechsel, An- und Verkauf, Büchertausch und Visaverlängerung für 1000 Baht. Er verkauft auch Bootstickets mit Rabatt.

MEDIZINISCHE VERSORGUNG – Eine private *Clinic* liegt drei Häuser hinter der Post, das öffentliche *Health Center* dahinter. Tauchunfälle werden bei der Tauchschule *Scuba Junction*, ✆ 377169, am Sai Ri Beach behandelt.

MOTORRÄDER – gibt es ab 150 Baht für 24 Std.

POST – hat Poste Restante, 8–17 Uhr.

REISEBÜROS – Die Reisebüros machen alle Buchungen und Rückbestätigungen fürs Flugticket sowie Auslandsgespräche.
Ko Tao Booking Center, ✆/✆ 01-2293828, am Pier, zuverlässig.
Nang Yuan Travel, ✆/✆ 01-2295112, macht Fotokopien, vermietet Mopeds für 150 Baht/Tag.
Songserm hat südlich von Mae Hat einen eigenen Pier gebaut und ein Büro eröffnet.

REISEZEIT – Die beste Reisezeit ist von Ende Dezember bis April und im August und September. Im November und Anfang Dezember wird die Insel von schweren Stürmen heimgesucht.

SAISON – In der Hauptsaison von Neujahr bis Mitte Februar wird die Insel total voll. Jeden Tag kommen 300 neue Gäste an, die z.T. in den Büros auf dem Boden nächtigen. In der Nebensaison werden die meisten Bungalows eine Preisklasse tiefer angeboten.

SCHNORCHELN – Die besten Schnorchelreviere liegen im Südosten an den Bai Sai Daeng-Felsen und bei Shark Islands, an der Ostküste und um Ko Nang Yuan. Ausrüstung, meist in schlechtem Zustand, wird von einigen Anlagen kostenlos verliehen, sonst jeweils 50–100 Baht für Maske, Schnorchel und Flossen.

UNTERHALTUNG – Viele Restaurantbesitzer verzichten auf Video-Berieselung.
Am Sai Ri Beach liegen mehrere Bars, die manchmal bis weit in die Nacht lärmen, vor allem an Neumond und Vollmond. Ansonsten ist es auf Ko Tao am Abend friedlich und ruhig.

VORWAHL – 077; PLZ: 84280.

Nahverkehrsmittel

Auf Ko Tao geht man vorwiegend zu Fuß. Aber auch hier bieten sich **Motorradtaxis** (ab 20 Baht) und etwa 2 Dutzend **Pickups** (20 Baht) an.
Nach KO NANG YUAN fährt um 10 und 17 Uhr ein **Taxiboot** für 20 Baht, hin u. zurück 40 Baht.

Transport

Bei der Ankunft der Boote warten viele Schlepper und einige Bungalowbesitzer mit ihren Pickups am Pier. Kostenlos oder für 20–30 Baht bringen sie ihre Gäste an die Strände.
Nach BANGKOK ist der **schnellste Weg** mit dem Speedboot um 10.30 Uhr für 400 Baht nach CHUMPHON, dort weiter mit dem *Sprinter* um 13.15 Uhr für 380 Baht, Ankunft um 19.35 Uhr.
Der **billigste Weg** nach BANGKOK ist mit dem Boot um 10 Uhr für 200 Baht nach CHUMPHON, dort weiter mit dem *Rapid* Nr. 48 um 20.26 Uhr für 102 Baht (Sitzplatz 3. Kl.), Ankunft um 5.10 Uhr. Nur eine **Notlösung** ist die Weiterfahrt mit dem ac-Minibus, der gegen 15.30 Uhr am Pier abfährt und um 22.30 Uhr ankommt.
Nach CHUMPHON um 10 Uhr für 250 Baht in 5 1/2 Std.; per Bus geht es für 10 Baht weiter in die Stadt. Von November bis Mitte Januar ist die Durchführung der Fahrt vom Wetter abhängig.
Das viermotorige *Jansom* **Speedboat** mit 36 bzw. 50 Plätzen fährt um 10.30 Uhr für 500 Baht (Juli 1997: 300 Baht) in 100 Min. nach Ko Tao.

Das einmotorige *Gennai* **Speedboat** fährt zu denselben Zeiten und Preisen.
Das **Expressboot** von *Songserm* fährt tgl. um 15 Uhr in 2 1/2 Std. nach CHUMPHON .
Nach KO PHA NGAN tgl. um 10.30 und 12.30 in 2 1/2 Std. für 150 Baht. Außerdem mit dem **Expressboot** von *Songserm* um 12.30 Uhr für 250 Baht in 1 1/2 Std..
Nach KO SAMUI (NATHON) um 9.30 Uhr mit dem 600-PS-**Speedboot** für 450 Baht in 90 Min. .
Nach MAE NAM um 13.30 Uhr für 250 Baht in fast 4 Std.
Nach BO PHUT mit dem **Speedboot** um 15 und 15.30 Uhr für 450 Baht in 90 Min.
Nach SURAT THANI fährt um 20.30 Uhr ein **Nachtboot** für 250 Baht.

Die Strände von Ko Tao
Mae Hat Beach

Der Strand in der Nähe des Hauptortes ist ziemlich verschmutzt und kann sich mit den anderen Stränden der Insel nicht messen. Richtung Süden gelangt man in 20 Min. über den Hügel zur **Palm Bay** (auch *Ao Phak Bung),* einer hübschen, kleinen Badebucht mit Sandstrand, Palmen und Felsen.

Übernachtung

Nach Norden ziehen sich Kokosplantagen am Sandstrand entlang.
Beach Club*-****, ✆ 01-2134646, 9 kleine, nette Sperrholzhütten am Strand, gute Matratze und Moskitonetz, kein Fan, Du/WC außerhalb, bessere Hütten und Steinbungalows dahinter; Restaurant mit exzellentem Essen.
Auf dem Kap aus großen, glatten Granitfelsen liegen 4 Anlagen, u.a.:
Queen Resort-****, Holz-, Matten- und Steinbungalows am Felsenhang, Restaurant oben mit schöner Sicht übers Meer, Video.
View Cliff***, ✆/📠 01-2294515, gute, saubere Mattenbungalows mit schöner Sicht, die Hütten an der Straße sollte man meiden, Restaurant mit Video, freundliche Leute, angenehme Atmosphäre; an Neumond und Vollmond Techno-Dröhnung bis 4 Uhr.
In den Bergen liegen 3 Bungalowanlagen, z.B.:

Two View Bungalow**, Hütten mit Du/WC, Massagekurs (3000 Baht/5 Tage), Yoga-Meditationskurs (1000 Baht/3 Tage), Aussichtspunkt mit schöner Sicht aufs Meer; geleitet von Sak und der Holländerin Elisabeth.
Südlich von Ban Mae Hat liegen hinter dem Müllbach die ***Paew Bungalows****-**** (auch *Paeli),* kleine und große Bungalows mit und ohne Du/WC, Restaurant am Strand.
Royal Resort***, neue Anlage am Hang, 9 sehr schöne Holzbungalows mit Fan und Du/WC; gutes Restaurant; freundliches Personal.
Sensi Paradise Resort**-*****, schöne Anlage am Hang mit z.T. doppelstöckigen, sauberen, großen Komfort-Bungalows mit Du/WC und Fan, umlaufende Terrasse, schöne Aussicht; gut für Familien geeignet. Günstiges Restaurant. Anschließend kommt eine malerische Felsenküste, schön zum Schnorcheln.
Coral Beach-***, einfache Sperrholzhütten am Hang, schöne Sicht; Restaurant; unterhalb eine nette Steinbucht mit grobem Korallensand und einem Wrack.

Sai Ri Beach

Der 2 km lange, leicht geschwungene **Sandstrand** im Westen der Insel erlaubt nur bei hohem Wasserstand problemloses Schwimmen, ansonsten müssen **Korallenstöcke** und Steine umwatet werden, um tieferes Wasser zu erreichen. Der schöne, breite Strand wird von den Bungalowbesitzern sauber gehalten. Es ist bedeutend angenehmer, am Strand entlang zu wandern, als auf dem Betonweg dauernd den Mopeds auszuweichen.

Im Hinterland liegt das kleine Dorf **Ban Hat Sai Ri**, daneben der große Fischerei-Komplex.

Übernachtung

Alle Anlagen liegen unter hohen Palmen, am Strand stehen vielfach schattige Laubbäume.
A.C. Two**, 11 schöne Mattenbungalows mit Du/WC, im Halbkreis um eine Palmenwiese, gut ausgerüstete Terrasse, Restaurant am Strand.
A.C. Resort**-*****, ✆ 377197, hübsche Bungalows mit Du/WC; laute *Moonlight-Bar.* Exklusiv für Taucher von *Ban Diving.*

Ban Diving Resort**-***, ✆/✉ 01-2293181, gepflegte Anlage am Hang, schöne Steinbungalows, vermietet nur an Tauchgäste.
Koh Tao Cabana***, Mattenbungalows mit Du/WC, sehr gutes Restaurant am Strand; nach 23 Uhr kein Strom; österreichische Leitung.
Sairee Cottage***, gepflegter Palmengarten, nette, etwas teure Bungalows mit Du/WC, gutes Strand-Restaurant, flinker Service, von einem netten Team gemanagt. Gute Atmosphäre.
New Way*-**, kleine, löchrige Sperrholzhütten mit Balkon, Fan und Moskitonetz, mit und ohne Du/WC, 4 neue Bungalows am Betonweg, Restaurant am Strand, ausgezeichnete Küche, beliebte Anlage, familiäre Atmosphäre. Sehr zu empfehlen, falls es keine Moskitos gibt.
Suthep Bungalow*-**, kleine Bungalows mit Du/WC, Restaurant; geleitet von der freundlichen Däng und ihrem englischen Mann.
Sai Ree Hut*-**, ältere Sperrholzhütten, lautes Restaurant am Strand, Video. Freitags Party in der *Moonlight Pub*.
An den Hängen nördlich des Strandes stehen 6 einfache Anlagen, mit Motorradtaxi zu erreichen.

Sonstiges

BOOTE – nach KO NANG YUAN fahren auf der Höhe vom *Sea Shell Resort* ab (20 Baht).

GELD – An einer Bude nördlich vom Cabana tauscht eine freundliche Frau Geld.

REISEBÜRO – An der Paradise Junction werden beim *Ticketing* u.a. Bootsfahrten um 10 Uhr zur Mango Bay und nach Ko Nang Yuan angeboten. Sie arrangieren auch Motorrad-Taxis.

WASSERSPORT – Ski-Bob und Wasserski neben *Ban Diving*.
Ocean Kayaking vor *Sairee Cottage*, 300 Baht/Tag für 1er- und 2er-Kayaks.

Sai Nuan Beach

Auf einem recht schwierigen Pfad Richtung Süden, gespickt mit scharfkantigen Felsen, hartem Gebüsch und trügerischen Wurzeln, erreicht man nach gut 2 km die zwei kleinen **Sandstrände Relax Beach** und **Sai Nuan II**. Normalerweise paßt ein Longtail-Boot neue Gäste am Pier ab. Uns erreichten mehrere Briefe von Lesern, die vor extremer Diebstahlgefahr in den Hütten warnen.

Chalok Ban Kao Bay

Die tiefe **Bucht** im Süden wird von Felsen begrenzt und weist bei hohem Wasserstand einen sehr schönen **Sandstrand** auf. Bei Ebbe ragen viele Korallenfelsen aus dem Wasser.

Wer schwimmen will, muß 100–300 m durchs Wasser waten oder 15 Min. zum hübschen **Freedom Beach** wandern. Die Bucht ist etwa 2 km auf dem „Highway" von Ban Mae Hat entfernt. Alle 7–14 Tage findet eine laute Beach-Party statt.

Ein Ausflug zum östlichen Kap mit den vorgelagerten, bizarren Spirit Rocks **Hin Ta To** und **Hin Yai Mae** lohnt sich. Auch der Mountain **View Point John Suwan** ist reizvoll.

Übernachtung

Die Hütten an diesem Strand sind einfacher und billiger als an der Westküste.
Nach rechts (Westen) liegen eng aneinander:
Carabao*, einfache Mattenhütten, Schöpfdusche, gemütliches Restaurant mit Liegeecken, gutes Essen, Bar, *Dive Café*.
Buddha View**-***, ✆ 01-2293948, 6 A-Frame-Bungalows mit Du/WC und Balkon, hinten ein 2stöckiges Reihenhaus mit 14 Zimmern, Restaurant am Strand, freundliches Personal.
Sunshine 1+2**-***, 2 mal 17 gute Bungalows im Palmengarten, offenes Restaurant, Video.
Taraporn***, über einen Steg zu erreichen, 12 neue, große A-Frame-Bungalows mit Du/WC, 2 weitere am Sandstrand, Restaurant auf Pfählen über dem Wasser. Deutsche Leitung.
Sunset*, 500 m hinter dem Kap an einer kleinen, von Felsen eingerahmten Sandbucht, einfache Hütten unter Palmen, nette Familie.
Auf der linken Seite (Osten) kommt die Straße nah an den Strand heran.
Pond Resort***-****, ✆ 01-2295515, gute, preiswerte Bungalows am steilen Hang, traumhafte Sicht; Restaurant am Strand.

Banana Rock**, kleine Mattenhütten hoch am Hang, Restaurant, Bierbar, Ticket-Office.
K. See Resort**, einfache Hütten im Halbkreis am Strand, einige Palmen.
Ko Tao Cottage****, ✆ 01-2293751, ✉ 01-2293662, geräumige, saubere ac-Bungalows mit Bad und Terrasse, Reihenhäuser, miese Küche.
Aud Bungalow*-**, ganz einfache Hütten.
Tato Lagoon*-**, gute Bungalows am Hang, einfache Hütten ohne Du/WC auf dem Kamm mit herrlicher Sicht, Restaurant an einer malerischen, kleinen Sandbucht, eingerahmt von Felsen; Papa läßt keine Elektrizität zu.

Sonstiges

REISEBÜRO – Bootstickets gibt es im *Banana Rock* Ticket Office.

TAUCHEN – In jeder zweiten Bungalowanlage wirbt eine Tauchschule um Schüler und Taucher. Kaum eine kann sich länger als ein Jahr an derselben Stelle halten.

Ao Thian und Sai Daeng

Ao Thian, der etwa 200 m lange, feine **Sandstrand** im Süden der Insel ist stark mit Korallenbrocken durchsetzt. Schwimmen kann man nur bei hoher Flut sowie links und rechts an den bizarren, runden Felsen. Vor dem **Korallenriff** kann man schnorcheln, aber die Sicht ist nicht gut.

Die Sai Daeng-Bucht erreicht man auf einem Fußpfad (1 km) vom Ao Thian etwas landeinwärts über den Hügel oder per Motorrad auf einer 1,5 km langen Piste. Wegen der vielen Bungalows ist die Idylle dahin.

Am vorgelagerten Kap kann man bei Flut schön **schnorcheln**. Kiet holt manchmal Gäste vom Pier ab.

Ao Leuk

Ao Leuk oder Ao Luk (gesprochen wie Glück ohne G) ist ein kleiner Strand im Südosten mit einigen Palmen. Dem schmalen **Sandstreifen** ist ein steiniger Ufersaum vorgelagert, sehr gut zum Schwimmen, schön zum Schnorcheln. Von Ban Mae Hat gelangt man auf einer Piste durchs Innere der Insel zu dieser Bucht (3 km). Es führt auch ein steiler Fußweg von 1,5 km zum Ao Thian.

Ao Tanote

Die schöne, ruhige **Bucht** an der Ostküste ist auf einer extrem abschüssigen, rauhen Piste zu erreichen (4,5 km von Ban Mae Hat). Unter Palmen und auf den Felsen stehen die Hütten von vier Anlagen. Die Preise in den Restaurants sind spürbar höher als sonstwo.

Der etwa 200 m lange **Strand** ist von schönen **Felsen** durchsetzt. Um die großen Felsen in der Bucht tummeln sich viele Fische zwischen den unterschiedlichen, intakten **Korallen**. Im August ist das Wasser ideal ruhig, im Winter rauh.

Laem Thian

Der winzige **Sandstrand** liegt in der Mitte der Ostküste. Er ist von Felsformationen eingerahmt. Bei einer Wassertiefe von 2–12 m kann man gut **schnorcheln**. Von Ban Mae führt eine katastrophale Piste hin (6 km), zu Fuß erfordert sie etwa 2 Std. Fußmarsch. Der Fußweg zur Tanote Bay hinüber geht 1/2 Std. auf und ab, fast immer im Wald – mit vollem Gepäck recht beschwerlich.

Hin Wong

Am Ende eines engen Tales im Nordosten (4,5 km von Mae Hat) wachsen einige Kokospalmen.

Insbesondere an den Felsen links kann man schön **schnorcheln**. Zu erreichen über einen langen, steilen Fußpfad von der Paradise Junction am Ende des Sai Ri Beach (ca. 40 Min.).

Mango Bay

An der breiten Bucht (auch: Mamuang Bay) im Norden mit ganz wenig Sandstrand kann man bei ruhigem Wasser schön **schnorcheln**. Boote starten u.a. bei der Paradise Junction am Ende des Sai Ri Beach (10 Uhr).

Die Strände von Ko Tao

Tauchparadies Ko Tao

In der unmittelbaren Umgebung von „Ko Taoch" liegen viele schöne Korallenriffe und Felsformationen, in denen **über 100 Korallenarten** verbreitet sind. Die **fischreichen Gewässer** sind als Schutzzone ausgewiesen. Neben vielen Riffbewohnern können auch Schildkröten, Delphine, Wale und sogar **Walhaie** beobachtet werden. Im klaren Wasser macht schon der erste Tauchgang Spaß. Es ist also kein Wunder, daß hier bereits 12 Tauchbasen operieren. Sie fahren mit eigenen oder gemieteten Booten zu 25 Plätzen, die für **Tauchanfänger** überaus vielfältige und eindrucksvolle Erlebnisse bereit halten. So mancher **Tauchexperte** fühlt sich unter den Massen von Tauchschülern nicht besonders wohl und wird nur mit viel Glück großartige, neue Eindrücke gewinnen. Die Sicht beträgt von Januar bis Mai 25–35 m, sonst 15–20 m. Außer während der Regenzeit von Oktober bis Mitte Dezember ist immer **Tauchsaison**. Tauchausflüge zu Walhaien werden von Mai bis Juli veranstaltet.

Die schönsten **Tauchplätze** sind *Southwest Pinnacle*, *Chumphon Pinnacles*, *Red Rock / Shark Island*, *Green Rock*, *Hin Wong Pinnacle* und *Sail Rock*.

Der Standard der von Ausländern geleiteten **Tauchschulen** ist generell sehr hoch, das Gerät wird laufend erneuert und in der Regel gut gewartet, Tauchunfälle hat es bei ihnen noch nie gegeben. Dasselbe kann man leider von den Tauchschulen, die unter Thai-Leitung stehen, nicht sagen.

Im Juli 1997 gab es u.a. die folgenden Tauchschulen:

Big Blue Diving Center, ✆/✉ 01-2139440, PADI Dive Center (5 Sterne IDC-Center) in Ban Mae Hat; 25 Scubapro- bzw. Dacor-Sets, Tiefenmesser, Kompaß, Tauchcomputer, sowie 70 Alu-Flaschen mit DIN- und INT-Anschluß. Das eigene 16 m-Tauchboot für 18 Taucher ist mit Satellitennavigation und 3D-Sonar ausgerüstet. 5 Instruktoren aus Europa geben in 2 Schulungsräumen PADI-Kurse in Deutsch, Englisch und weiteren Sprachen. Schwedische Leitung.
Koh Tao Divers, PADI-5-Sterne-Tauchschule, geleitet von Mr. Nut und vom Deutschen Mike.
Scuba Junction, PADI-Tauchschule, ✆ 377169, geleitet von den Engländern Kevin und Nikki, Agentur von Dacor-Ausrüstung, hier werden Tauchunfälle behandelt; Nitrox verfügbar.
Planet Scuba (=Samui International Diving School), PADI-5-Sterne-Tauchschule, 15 Sets mit 40 Flaschen, etwas sorglos gewartetes Tauchboot.
Ban Diving, ✆ 01-2293181, größte Thai-Tauchschule mit Gästehaus, mehrere Thai Divemaster, 8 Tauchschüler pro Tauchlehrer, keine PADI-Lizenz mehr.
Carabao Scuba Diving, PADI-Tauchschule an der Chalok Ban Kao Bay. Neue Thai-Leitung.
Master Diver, PADI-5-Sterne-Tauchschule, nettes Team.
Koh Nang Yuan Divers, ✆ 01-2295085, ✉ 01-2295212, PADI-Tauchschule auf Ko Nang Yuan. Tauchausfahrten mit einem großen, schnellen Schlauchboot.

Ein **Tauchgang** kostet 700 Baht, 2 Tauchgänge 1200 Baht, 10 ab 4500 Baht. 4- bis 5tägige PADI-Kurse zum *Open Water Diver* werden für ca. 6500 Baht angeboten. Die **Tauchkurse** sollten mindestens 6 Tauchgänge, davon 2 im tiefen Wasser, enthalten und mindestens 4 Tage dauern. Das Zertifikat soll international anerkannt sein (am besten ist PADI). Ein Tauchlehrer sollte maximal 4–5 Schüler betreuen. Schrittliches Begleitmaterial ist absolut notwendig und viel Tauch-Theorie lebenswichtig.

Wer schon auf dem Anreiseboot bei einem Schlepper einen Tauchkurs bucht, landet zumeist in einer zu großen Gruppe und erhält kein PADI-Zertifikat.

Jeder Tauchschüler kann sich an der Putzaktion *PADI Aware* beteiligen, die von den Tauchschulen einmal im Monat gemeinsam durchgeführt wird.

Übernachtung

Ao Thian: *Rocky Resort*-****, zwischen tollen Felsen, viel Stahlbeton; schattenlose Bungalows auf den Felsen, nicht ganz sauber.

Ao Leuk: *Aow Leuk Resort*-***, 4 sehr einfache Hütten unter Palmen, sehr ruhig.

Nice Moon**, 4 Hütten am Steilhang.

Ao Tanote: *Poseidon Bungalow**, einfache Mattenhütten am flachen Hang unter Palmen, Balkon mit schöner Sicht, Du/WC außen, Restaurant vorn am Felsenstrand.

Diamond Beach*-**, 14 einfache Holz- und Mattenhütten ohne Du/WC am Felsenhügel, 2 Bungalows mit Du/WC am Strand, Restaurant, davor ein weit ausladender Schattenbaum, freundliche Besitzer.

Bamboo*, am Hang unter Palmen, schöne Aussicht auf die Bucht, 5 einfache, saubere Hütten mit kleiner Terrasse, Du/WC hinten; gute Küche; nette Leute.

Tanote Bay Resort**-*** (NS*-**), schöne Anlage mit vielen Büschen und Bäumen, kleiner Sandstrand zwischen runden Felsen, 20 Bungalows ohne Stühle am steilen Hang, mit und ohne Du/WC, z.T. großer Balkon, Restaurant mit gutem Essen; von 3 freundlichen Brüdern aus Ko Pha Ngan geleiteter Familienbetrieb.

Laem Thian Beach: *Laem Thian Bungalows*-***, an einem steilen Hang, zum Teil Felsen, 15 einfache Hütten, z.T. eigenes Bad/WC; Restaurant am Strand, mäßiges Essen; freundliche Eltern. Viele wandern nach einer Nacht über den Küstenpfad zur Tanote Bay.

Hin Wong: *Hin Wong Bungalows**, schöne, gepflegte Anlage, 8 einfache Palmblatthütten, Bad extra, der Besitzer Sahat ist nett.

Green Tree Resort*, Haupthaus und 3 Bungalows, steile Pfade, auch zum Bad; familiäre Atmosphäre.

Die Strände von Ko Tao

Die Westküste von Süd-Thailand

Noch Mitte der achtziger Jahre gab es an der Westküste von Süd-Thailand nur ein Reiseziel: die herrlichen Strände der Insel Phuket in der Andamanensee. Als auf Phuket und Ko Phi Phi der Massentourismus einsetzte, sprach sich unter Travellern herum, daß bei Krabi feiner Sandstrand zwischen phantastischen Felsentürmen zu finden ist. Inzwischen weichen Ruhesuchende auf entferntere Inseln wie Ko Lanta, Ko Chang oder Ko Phayam aus oder ziehen an kaum bekannte Strände wie Khao Lak weiter.

Die beste Reisezeit ist von November bis April. Von Mai bis August unterbrechen kurze Regenschauer, vor allem am Nachmittag, das sonnige Wetter. Selbst während des Höhepunkts der Regenzeit von September bis Anfang November kann an der Küste tagelang schönes Wetter herrschen. Hoher Wellengang und kräftige Winde verhindern die meisten Bootsausflüge.

Krabi กระบี่

Die Provinzhauptstadt Krabi war noch vor 10 Jahren unter Travellern völlig unbekannt. Inzwischen begeistern ihre herrliche Umgebung, vor allem die Strände und vorgelagerten Inseln, immer mehr Urlaubshungrige aus Deutschland und Nordeuropa. Die stadtnahen Strände werden zusehends von Pauschaltouristen übernommen, in der Saison sind sie total überfüllt – die Preise steigen.

Die geschäftige Kleinstadt Krabi hat 18 000 Einwohner. Auf den vier Straßen drängen sich die Traveller, obwohl die meisten hier nur auf der Durchreise sind. Mit dem Geldsegen aus dem Tourismus haben die Stadtväter u.a. einige Verschönerungen durchgeführt. Es entstanden zwei feste Piers und eine Uferpromenade, einige

Straßen wurden ausgebaut und ganze Straßenzüge in einheitlichem Stil „saniert".

Übernachtung

GÄSTEHÄUSER – Jedes Reisebüro vermittelt billige Zimmer in Gästehäusern (in der Saison für 80–120 Baht, Nebensaison 60–80 Baht).
Jungle Book GH* ④, 141 Uttarakit Rd., ✆ 611148, sehr kleine Zi, über *Jungle Book Tour*.
Grand Tower GH*-** ⑧, 73/1 Uttarakit Rd., ✆ 611741, 621456, ℻ 611741, saubere Zimmer, die billigen Verschläge ohne Du/WC liegen im 6. Stock, die besseren, schönen haben moderne Du/WC, etwas laut; Balkon in der 5. Etage, Restaurant mit mittleren Preisen, Motorradvermietung, Schließfächer, Reisebüro; empfehlenswert.
Cha GH* ⑪, 45 Uttarakit Rd., ✆ 611141, langes Haus mit Garten und Bäumen, günstige Zimmer mit Gemeinschafts-Du/WC, Restaurant.
K.L. GH* ⑦, 28 Soi 2, ✆ 612511, in der Umgebung von mehreren Discos, 4stöckiges Stadthaus, 43 abgewohnte Zimmer mit Fan, 4 etwas abgenutzte Bäder pro Flur, Rucksack wird kostenlos aufbewahrt; Motorräder.
Sea Side GH*-** ⑩, 105/5-6 Maharaj Rd., ✆ 612351, saubere Zimmer ohne Fenster, Reisebüro; Restaurant *Grillstüberl*.
Café Europa*** ⑫, 1/9 Soi Ruam Chit, ✆/℻ 620407, 5 nett eingerichtete, sehr saubere Zimmer im Obergeschoß, heiße Du/WC außerhalb; Restaurant und Bar, Fax/Telefon-Service, Satelliten-TV; gehört einem freundlichen Dänen. Sehr gutes Preis-Leistungsverhältnis.
K.R. Mansion*** ⑰, 52/1 Chao Fah Rd., ✆ 612761, ℻ 612545, 40 gute, saubere Zimmer mit Du/WC, die man auch monatlich mieten kann.

HOTELS – Die Hotels im Stadtzentrum sind nicht besonders empfehlenswert.
River Side Hotel** (ac***) ㊵, ✆ 612128, ℻ 621301, 500 m außerhalb an einer Seitenstraße, gute Zimmer im neuen Trakt.
Grand Mansion Hotel***-**** ㊴, 289/1 Uttarakit Rd., ✆ 620833-5, ℻ 611372, 700 m außerhalb an der Uferstraße, sehr saubere, gute Zimmer mit Fan oder ac, die besten mit Kühlschrank; preiswertes Essen, freundliches Personal.

Essen

Es gibt in der Stadt viele kleine Restaurants und Garküchen. Hervorragende, billige **Essenstände** am Muslim-Nachtmarkt beim Pier ab 17 Uhr.
Im *Rean Pare*, dem *Schwimmenden Restaurant* auf dem Fluß, sitzt man schön, besonders in der Dämmerung. Das Essen ist noch passabel.
Im 3. Stock des *Vogue Kaufhauses* lädt ein billiges, klimatisiertes *Food Center* zum Schlemmen ein, besonders gut ist die Fruchtsaft- und Eis-Bar; geöffnet 9.30–19 Uhr.
Im *Grillstüberl* hat der deutsche Wirt Ewald für alle ein offenes Ohr, deutsche und Thai Küche.
Im *May and Marks Restaurant* werden nicht nur Bratkartoffeln und skandinavische Spezialitäten serviert, sondern auch hervorragendes Coconut Curry und *Homemade Brown Bread*.
Das *Barn Thai Issara* ist ein sehr gutes vegetarisches und alternatives Restaurant mit angenehmer Atmosphäre.
In der *Lisa Bakery* gibt es von 7.30–20.30 Uhr Vollkornbrot, Croissants, leckeres Gebäck.
In der *Coffee Corner* kann man aus 13 Sorten einen frisch gerösteten Kaffee auswählen (20–35 Baht), zudem werden leckere Milch-Shakes (25 Baht) aus Speiseeis und frischer Milch gemixt.

Sonstiges

AUTOVERMIETUNG – Jeeps u.a. für 1200 Baht bei *SR Tour*, 11 Kongka Rd., ✆ 611930, ℻ 612536, und bei *Thai Mit*, Uttarakit Rd.

GELD – Wechselschalter der Banken sind Mo bis Fr geöffnet von 8.30–19 Uhr, in der Saison auch am Wochenende von 8–15 Uhr. Die *Siam City Bank* betreibt täglich einen Schalter im Pavillon am Phi Phi Pier, sonntags von 8.30–16.30 Uhr.

IMMIGRATION – Uttarakit Rd., ✆ 611097, geöffnet Mo–Fr 8.30–12 und 13–16.30 Uhr. Visa-Verlängerung bei freundlichem Auftreten problemlos.

INFORMATIONEN – *TAT Tourist Office*, ✆ 612740, ist nicht auf dem Laufenden (geöffnet tgl. 8.30–16.30 Uhr). Sehr informativ ist der private *Krabi Holiday Guide* (90 Baht).

Bizarre Felswände der vorgelagerten Inseln ragen bei Krabi aus dem Meer empor

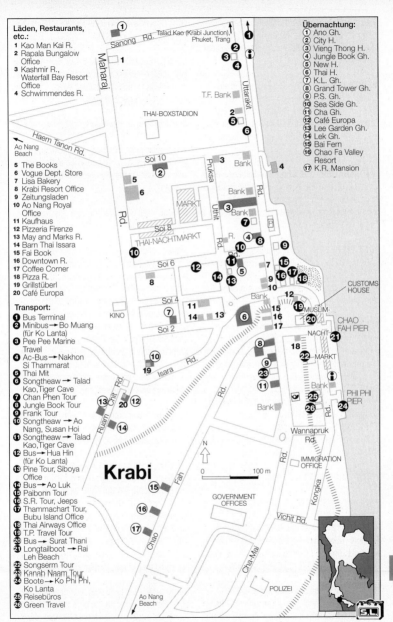

Traumziele; oben: Insel vor Krabi; Mitte: Ko Samui; unten links: Bungalows auf Ko Pha Ngan; unten rechts: Auf dem Weg nach Ko Tao

Die unzähligen Reisebüros halten aktuelle Informationen zu den Gästehäusern in der Umgebung bereit, außerdem Stadtpläne, Informationsblätter, Hinweise für Ausflüge und Tickets.

MEDIZINISCHE HILFE – Gute Ärzte und ein Zahnarzt praktizieren im Krankenhaus, 325 Uttarakit Rd., mit Songthaew 3 Baht ab Stadt. Ein neues Privatkrankenhaus ist im Bau. In den letzten Jahren kamen im Gebiet von Krabi keine Fälle von Malaria vor.

MOTORRÄDER – Bei *Chan Phen* gibt es Honda für 200 Baht pro Tag. Weitere Bikes bei *Paiboon Tour* an der ersten Kreuzung der Uttarakit Rd. und bei mehreren Gästehäusern und Reisebüros. Zuerst den Zustand kontrollieren.

POST / TELEFON – in der Uttarakit Rd, Mo–Fr 8.30–16.30, Sa und So 9–12 Uhr; Poste Restante; Pack-Service. Internationales Telefon, tgl. 7–24 Uhr. Inlandsgespräche besser von woanders führen.

REISEBÜROS – fast alle Reisebüros in Krabi werden von unseren Lesern als freundlich und kompetent gelobt (mit Ausnahme von *Songserm*). Alle vermitteln Boote zu den Inseln und, gegen 20–60 Baht Aufschlag, Bus- und Zugtickets. *Frank Tour*, 256 Uttarakit Rd., ✆ 611110, Frau Renu Chawankul hat alle Informationen im Kopf. *Songserm*, 38 Kongka Rd., ✆ 612665, ✆ 612318, Büro am Pier. Von hier fahren Busse nach Surat Thani, Ko Samui und Ko Pha Ngan, über die wir laufend Klagen bekommen.

VORWAHL – 075; PLZ: 81 000.

Nahverkehrsmittel

PICKUPS – Zwischen der Stadt und dem Bus Terminal **Talad Kao** (= Krabi Junction) verkehren von 6–21 Uhr alle 3 Min. rote Pickups für 5 Baht. Zum Strand AO NANG (20 Baht) fahren von 7–18 Uhr alle 30 Min. Pickups von der Stadt ab (nach 18 Uhr kostet das Chartern etwa 250 Baht!). Dieselben Pickups fahren zum NOPPARAT THARA BEACH für 20 Baht. Zum „Shell Museum" SUSAN HOI geht es nur von Oktober bis April von 7–18 Uhr für 25 Baht. Zum WAT THAM SUA *(Tiger Cave)* von 6–17 Uhr für 20 Baht; Motorradtaxi ca. 40–50 Baht.

LONGTAIL-BOOTE – fahren zur PHRA NANG BAY (Oktober–März sowie bei ruhiger See) und zum RAI LEH BEACH (Ost und West) für 40 Baht in 40 Min., Charter 300 Baht.

Transport

Von kombinierten Bus-Boot-Tickets nach Krabi und Ko Phi Phi bzw. Ko Lanta, die in Bangkok von windigen Reisebüros verkauft werden, ist abzuraten.

BUSSE – Alle Busse fahren vom Bus Terminal **Talad Kao** an der Kreuzung 4 km nördlich von Krabi (= Krabi Junction) ab.
Ankommende Busse werden außerhalb der Hochsaison gleich von Schleppern bestürmt, die den müden Neuankömmlingen ihre Bungalows aufdrängen wollen. Geschäftstüchtige Tuk-Tuk-Fahrer wollen Passagiere für satte 250 Baht **direkt** zum Ao Nang Strand fahren.
Unser Rat: In beiden Fällen abblitzen lassen und erst mal mit dem roten Pickup für 5 Baht nach Krabi reinfahren, dort fahren laufend öffentliche Songthaews für 20 Baht zum Strand.
Tickets für die Fernbusse bekommt man gegen Aufschlag bei den Reisebüros.

Bangkok: Vom Southern Bus Terminal in BANGKOK, 867 km, mit dem non-ac Bus um 7.30 Uhr und 18–21.30 Uhr für 193 bzw. 204 Baht in 13–14 Std., 2. Kl. ac-Bus um 19.30 Uhr für 270 Baht, ac-Busse um 19 und 20 Uhr für 368 Baht, VIP-32 Bus um 16 und 17 Uhr für 450 Baht (Ankunft 6 Uhr), VIP-24 Bus um 18 und 18.30 Uhr für 540 Baht in 12 Std.
Nach BANGKOK fährt der non-ac Bus Nr. 983 um 7.30, 16, 16.40 und 17.20 Uhr, ac-Bus und VIP-42 Bus für 347 bzw. 368 Baht zwischen 15.30 und 17.20 Uhr sowie der VIP-24 Bus um 16, 16.30 und 17 Uhr, Vorbuchung emp fehlenswert.
Der Khaosan-Bus (s.S. 803), von dem dringend abzuraten ist, kostet ab Bangkok 200–280 Baht (ohne Essen). Zurück kostet er 350 Baht (als VIP-Bus 650 Baht) und braucht 15 Std., mit Stop in Surat Thani.

Achtung: Immer noch wird aus diesem Bus Gepäck gestohlen. Höchst genial entwendet das „überzählige" Begleitpersonal Geld und Reiseschecks aus dem Bauchgurt und aus Handtaschen.

In die Umgebung: Nach PHUKET fahren non-ac-Busse ca. alle 40 Min. zwischen 6.20 und 15.10 Uhr für 47 Baht in 4 Std., ac-Busse von 9.30–19 Uhr ca. alle 30 Min. für 84 Baht in 3 Std. Nach PHANG NGA durch eine herrliche Landschaft alle 30 Min. für 24 Baht (ac im Phuket-Bus für 44 Baht) in 2 Std.
Nach RANONG mit non-ac Bus Nr. 435 um 5.30, 9.30 und 11.30 Uhr für 78 Baht; nach KHAO LAK umsteigen in Takua Pa.
Nach AO LUK fahren LKW-Songthaews von 6–17 Uhr gegenüber von *Suzuki* ab, für 15–20 Baht in 90 Min.

Zu den übrigen Orten im Süden: Nach SURAT THANI non-ac-Busse alle 30 Min. von 5.30–14.30 Uhr für 60 Baht in 4 1/2 Std.
Der ac-Bus um 9, 11 und 16 Uhr für 150 Baht, um 14 Uhr für 180 Baht in 3 1/2 Std. fährt bei *Krabi Center* ab, 10 Min. später an der Bus Station; über diesen Bus wird laufend geklagt, so werden manchmal Busse mit engen Normalbus-Sitzen eingesetzt.
Nach HAT YAI non-ac-Busse 5x tgl. zwischen 8.30 und 14.10 Uhr für 91 Baht in 5 Std.; ac-Bus 6x tgl. von 10.50–14.30 Uhr für 132 Baht.
Nach SATUN mit ac-Bus direkt um 11 und 13 Uhr für 129 Baht in 5–6 Std. (der Anschluß an das Expressboot nach Langkawi klappt nicht mit Sicherheit, besser den Minibus nehmen, s.u.).
Nach KO SAMUI mit ac-Bus um 9 und 11 Uhr direkt für 265 Baht (Ankunft 16.30 Uhr), nach KO PHA NGAN für 295 Baht (Ankunft 18 Uhr).

Nach Malaysia und Singapore fahren ac-Minibusse und ac-Busse, u.a. nach Penang, Kota Bharu, Kuala Lumpur und Singapore.
Bei allen Zielen muß man in Hat Yai umsteigen.
Nach LANGKAWI mit ac-Minibus über Satun um 7 Uhr für 450 Baht in 8 Std.

MINIBUSSE – (auch *Minivans* genannt) sind klimatisiert und fahren tgl. zu festen Zeiten von verschiedenen Reisebüros oder am Straßenrand ab (diese sind in der Karte markiert).
Nach PHUKET um 11.30 Uhr für 180 Baht in 3 Std.
Zum PHUKET AIRPORT mit *Grand Tour* um 11.30 Uhr für 180 Baht in 2 1/2 Std.
Nach HAT YAI um 7, 11 und 14 Uhr für 150 Baht in 4 Std.
Nach SATUN um 7 und 11 Uhr für 250 Baht in 6 Std.
Nach SUNGAI GOLOK um 7 und 11 Uhr für 350 Baht in 8 Std. (umsteigen in Hat Yai).
Nach KO LANTA fährt **nur in der Nebensaison**, wenn kein Expressboot (s.u.) verkehrt, um 11 und 13.30 Uhr ein direkter **Minivan** über Ban Hua Hin (inkl. 2 Fähren) zum KLONG DAO BEACH, Tickets für 150 Baht gibt es bei Reisebüros in Krabi, wo man auch abgeholt wird.

SAMMELTAXIS – fahren vom Bus Terminal ab: u.a. nach PHUKET für 90 Baht in 3 Std., SURAT THANI für 120 Baht in 2 1/2 Std.

EISENBAHN – Von BANGKOK gibt es ein bequemes, aber relativ teures *Joint Ticket*: mit der Bahn nach SURAT THANI und dem wartenden Bus nach Krabi für 613 bzw. 563 Baht für die 2. Klasse im unteren bzw. oberen Bett.
Das *Joint Ticket Bus & Train* nach BANGKOK über Surat Thani gilt für den *Rapid* 48 und 42 um 17.35 bzw. 17.50 Uhr für 563 Baht (oben) bzw. 613 Baht (unten), sowie für den Express 16 und 14 um 19.04 bzw. 21.52 Uhr für 613 Baht (oben) bzw. 683 Baht (unten), ac-Zuschlag 120 Baht.
Zubringerbusse fahren um 11, 14 und 16 Uhr in Krabi ab.
Alle Zugfahrten mindestens 2–3 Tage vorher im Reisebüro reservieren lassen (in Ferienzeiten schon 10 Tage vorher).

BOOTE – Nach KO PHI PHI tgl. um 9.30 und 14.30 Uhr per Expressboot für 125–150 Baht einfach in 2 bis 2 1/2 Std.
Nach KO LANTA fährt von November bis April tgl. ein Expressboot um 13.30 Uhr (zu Stoßzeiten auch um 10.30 Uhr) für 150 Baht in 2 Std.
Nach PHUKET über Ko Phi Phi ab 330 Baht.

Rai Leh Beach

Die von phantastischen **Kalksteinformationen** abgeschlossene Halbinsel (auch unter Phra Nang Bay und Rai Lay Beach bekannt) ist nur mit dem Boot zu erreichen. An den **herrlichen Stränden** liegen ein Dutzend Bungalowanlagen. In der Saison sind die Strände dermaßen überlaufen, daß die Bungalows bei weitem nicht ausreichen und die Preise in die Höhe schnellen.

Neben der seichten, mit Mangroven bewachsenen Bucht **Rai Leh (East)**, die nach Süden geöffnet und gegen den Monsun geschützt ist, gibt es drei **Strände** mit feinem, weißem Sand: der herrliche Badestrand **Phra Nang Beach** mit vorgelagerten Felsinseln nach Westen, der flache **Rai Leh Beach (West)** nach Nordwesten und die zum Baden nicht geeignete nördliche Bucht **Ao Ton Sai**. Von den Stränden aus lassen sich Ausflüge zu den vorgelagerten Inseln **Chicken Island** und **Ko Boda** unternehmen, wo es sehr schöne Korallen gibt.

Die **Phra Nang Cave** (Höhle der Prinzessin) direkt am Meer mit eindrucksvoll herabhängenden Stalaktiten ziert mittlerweile viele Touristenprospekte.

Die **Phra Nang Lagoon** (*Sa Phra Nang*) liegt inmitten eines 80–100 m tiefen Felsenkessels. Schwindelfreie können sie über einen mit Seilhilfen versehenen Kletterpfad erreichen, der auf halber Strecke vom Verbindungsweg beim Wegweiser abgeht. Der **Phra Nang View Point** bietet einen überwältigenden Ausblick. Seit einiger Zeit werden hier Kletterkurse veranstaltet.

Übernachtung

Die Preise der Bungalowanlagen variieren je nach Auslastung stark, in der Nebensaison sind ohne weiteres über 50% Rabatt zu erzielen (schöne Bungalows für 200–250 Baht). Nachts sind die Stromgeneratoren weit zu hören.

PHRA NANG BEACH – Hinter einem Zaun und undurchdringlichen Büschen stehen einige der Luxusbungalows des *Dusit Rayavadee* ㉟, ℡ 620740-3, 📠 620630. Am wunderschönen Strand tummeln sich neben hunderten von Badegästen auch Souvenir-, Getränke- und Imbißverkäufer sowie Longtail-Boote. Im öffentlichen Restaurant und an der Bar kann man sich stärken. Zu Fuß gelangt man auf dem schmalen Verbindungsweg am Zaun entlang zum Rai Leh East Beach. Die Toilette liegt nach 30 Metern an diesem Zaun.

RAI LEH EAST BEACH (auch *Nam Mao Beach*, *Sunrise Beach* oder *Back Beach*) – Hier liegen 6 Bungalowanlagen am Strand, u.a.:

Sunrise Bay*** ㉝, ℡ 01-2284236, am Verbindungsweg der Strände, relativ preiswerte Bungalows mit Du/WC, z.T. mit Fan, relativ preisgünstiges Restaurant am Strand, Video.

Ya-Ya***-**** ㉝, ℡ 01-4760270, 2–4stöckige Reihenhäuser aus Stein und Holz sowie originelle Bambus-Hochhäuser, üppiger Tropengarten, teures, manchmal gutes Essen. Kletterschule.

Coco House** ㉞, großer Garten, sehr einfache Bambushütten mit guter Matratze, Fan und Moskitonetz, Du/WC unter freiem Himmel, daher viele "Haustiere"; nettes Restaurant ohne Video, sehr gutes Essen (40–60 Baht pro Gericht), daher in der Saison ab 20 Uhr immer voll.

View Point**** (NS ab***) ㉞, große, ruhige, hübsche Komfortanlage am Ende des Mangrovenstrands in einem gepflegten Garten, gute 1- und 2stöckige Steinbungalows; Restaurant mit schöner Sicht über die Bucht; Tauchschule.

RAI LEH WEST BEACH (*Sunset Beach*) – sehr flacher, aber zum Schwimmen gut geeigneter Strand, optisch sehr schön; Liegeplatz der Longtailboote abgeteilt.

Rai Lay Bay***-**** ㉛, ℡ 01-4764925, ungepflegter Palmengarten, Bambusmatten- und Steinbungalows mit Fan und ac (ab 1500 Baht), das *Sunset Restaurant* ist mies und teuer.

Sand Sea**** ㉛, ℡ 01-2284426, ℡/📠 01-7220114, 60 Bungalows unter Palmen, *Standard* aus Bambusmatten, schöne *DeLuxe* Bungalows aus Stein mit Fan oder ac (ab 1500 Baht), preiswertes Restaurant am Strand, schleppender Service, kleiner Supermarkt, Bootstouren.

Rai Lay Village***-**** ㉛, ℡ 01-2283220, großer Garten, eng aneinanderstehende Bungalows unter Palmen, z.T. neue Steinbungalows ab 2000 Baht mit ac; Restaurant am Strand, kein Alkohol, relativ freundliche Bedienung.

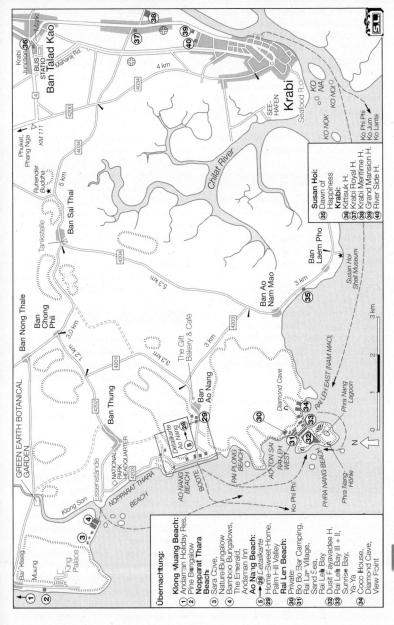

Die Umgebung von Krabi

Direkt dahinter steht auf einem kleinen Grundstück die **Bo Bo Bar** [31] mit Restaurant und guter Musik, Camping ist für 50 Baht p.P. möglich.

Essen

Die Restaurants am West Beach sind immer mehr belegt als jene am East Beach, aber keineswegs besser! Das Personal ist desinteressiert bis arrogant, der Service dauert lange.
Besser ißt man am East Beach: weniger Betrieb, schneller Service, Essen gut bis sehr gut.

Sonstiges

Am Ost- und Weststrand sowie an deren Verbindungsweg gibt es mittlerweile 3 Shops (Lebensmittel, Hausrat, Kleidung, Souvenirs), 2 Buchläden, Friseur, 3 Tauchschulen, 3 Kletterschulen, Batikschule, mehrere Bars und Wäscherei.

KLETTERN – Rai Leh hat sich zu einem Paradies für Kletterer entwickelt. 250 Routen sind beschrieben, gebohrt und gesichert.
Das *Phra Nang Rock Climbers Route Guide Book* kostet 250 Baht. Neue Routen werden in den Klettershops an die Wand gepinnt.
Die Kletterkurse sind bei allen Schulen sehr populär.

TELEFON – Auslandsgespräche (nach Europa für 310 Baht je 3 Min.) beim Rai Lay Village, beim Sand Sea (7–22 Uhr) und beim View Point.

Transport

Boot ab KRABI (neben dem Floating Restaurant) in 50 Min. für 40 Baht p.P. oder in der Saison ab AO NANG in 20 Min. für 20 Baht. Letzte Rückfahrt um 17.30 Uhr.
Von Oktober bis März landen die Boote je nach Wind und Wellen an allen Stränden. Am Rai Leh East Beach landen die Boote von April bis September und bei starkem Wind. Nach dem Aussteigen ist eine Wattwanderung inklusive.
Nach KO PHI PHI mit dem Schiff tgl. um 9 Uhr für 150 Baht einfach (ab Rai Leh West), als Pauschaltour für 570 Baht.

Ao Nang Beach

18 km westlich von Krabi liegt der Ao Nang Beach, der beliebteste Festlandstrand entlang der Westküste. Er verfügt über eine gute touristische Infrastruktur. An drei Seiten wird der Ao Nang von dschungelbewachsenen Felsen begrenzt, die bereits zum National Park gehören.

Feiner, heller Sand bildet den relativ festen **Strand**. Er ist mit kleinen Korallenstücken und winzigem Muschelbruch durchsetzt. Sowohl Touristen als auch Gruppen von Thais nutzen ihn zum Joggen, Baden, Schwimmen, Sonnenbaden und Spazierengehen. Bei Ebbe wirkt der fast ebene Strand nicht gerade einladend, und zum **Schwimmen** muß man weit hinauswaten. Wanderer können am südlichen Ende viele Muscheln finden und um das Kap herum zum Pai Plong Beach weitergehen. Das Schönste am Ao Nang Beach ist der herrliche Ausblick auf die pittoresken **Felsen** der Ko Boda Inselgruppe.

Übernachtung

Die traditionellen Bungalowsiedlungen werden immer mehr durch Hotels ersetzt, die vor allem von Pauschalurlaubern belegt werden. In der Nebensaison von April bis Oktober sind einige der billigen Bungalowanlagen geschlossen.
Ao Nang Thara Lodge*** ⑥,(ac****),
✆ 637087, 400 m vom Strand entfernt, eng aufeinanderstehende, schöne Hütten inmitten vieler Blumen, gepflegter Garten; freundliche Leute.
Ao Nang Beach Bungalows**-*** ⑨, einfache Hütten und Steinbungalows, beide mit Bad, unter Palmen. Wird von *Wanna's Place* verwaltet.
Wanna's Place**-**** ⑩, ✆/✆ 637322, 17 große Zimmer mit Du/WC, z.T. mit ac, häufig ausgebucht. Gutes Restaurant, tolle Shakes.
Gift Bungalows**-*** ⑪, ✆/✆ 01-2292128, die urigste Anlage am Strand; 17 Bambusbungalows mit Fan und einfacher Du/WC, z.T. unter freiem Himmel; sehr beliebtes Restaurant, Brötchen und Kuchen, Touren, kompetentes Personal.
Ya-Ya Bungalows**-*** ⑭, große Bungalows mit Du/WC unter Bäumen.

Green Park Bungalows*-* ⑮, 50 bis 100 m von der Straße zurückversetzte, ruhige Anlage unter Bäumen, hübsche Holzbungalows mit und ohne Du/WC, sauber. Neue Besitzer.

Jungle Hut** ⑲, ✆ 637301, einige gute Bambus-Bungalows mit Du/WC unter Cashew-Bäumen, billigere Baumhäuser im vermüllten hinteren Bereich der Anlage, Restaurant, angenehme Atmosphäre. Handeln! Soll verkauft werden.

Penny's Guesthouse***-**** ㉕, ✆ 637295, ✆ 637448, 2stöckiges Gebäude, 18 sehr saubere Zimmer mit Fan oder ac, zumeist mit Du/WC, großer Gemeinschaftsbalkon mit schöner Sicht auf die Felsen, 3 billige Zimmer im alten Gebäude, Restaurant; Familienbetrieb mit aufmerksamen Personal; Fax-, Telefon- und e-mail-Service.

Ao Nang Village** ㉘, ✆ 01-4760309, drei Reihen Hütten aus Stein und Holz mit Fan und Du/WC, einfach, sauber und preiswert.

Essen

Fast alle Anlagen verfügen über ein eigenes Restaurant. In Strandnähe ist das Essen teurer als an der Zufahrtsstraße.

Gemütlich und ruhig sitzt man ab Sonnenuntergang in den Strandrestaurants im Norden des Strandes, vor dem Fischerboote im Meer liegen.

Sala Thai ist seit Jahren konstant gut.

Moon Terrace hat preiswertes Frühstücksbuffet und gutes Thai-Essen, aufmerksames Personal. Beliebt ist das gemütliche Restaurant der ***Gift Bungalows***. Das gut geschulte Personal ist sehr zuvorkommend und freundlich.

Der Schweizer Stephan in ***Wanna's Place*** bietet Käseplatte mit Import-Käse, gute Thai-Küche, beste Shakes und „Blick".

In der ***Ao Nang Bakery*** backen zwei Muslim-Frauen in der Hochsaison guten Kuchen und servieren billigen Fried Rice in großen Portionen.

The Last Café, ✆ 637053, ✆ 637353, am südlichen Ende des Strandes, ist beliebt fürs Frühstück und ruhig gelegen.

Teng serviert auch *Whole Wheat Bread* und eigene Kuchen.

Einfache Snacks bereiten die Foodstalls in der Nähe des Bus Stops.

Ao Nang

0   100   200 m

Übernachtung:
⑤ Krabi Resort
⑥ Ao Nang Thara Lodge
⑦ Beach Terrace H.
⑧ Ban Ao Nang
⑨ Ao Nang Beach Bung.
⑩ Wanna's Place
⑪ Gift Bungalows
⑫ Phra Nang Inn
⑬ B.B. Bungalows
⑭ Ya-Ya Bungalows
⑮ Green Park Bung.
⑯ Ao Nang Royal Resort
⑰ Ao Nang Orchid
⑱ Krabi Seaview Resort
⑲ Jungle Hut
⑳ Ao Nang Villa
㉑ Neue Anlage
㉒ Peace Laguna Resort
㉓ Nong Eed
㉔ Dream Garden House
㉕ Penny's Gh.
㉖ Don's Pizza
㉗ Mountain View
㉘ Ao Nang Village
㉙ Home-Sweet-Home, Palm Hill Valley

Läden, Restaurants etc.:
1 Coral Diving
2 Sala Thai R.
3 Beach Terrace R.
4 Corner Bar
5 Wanna's Place R.
6 Sea Canoe Krabi
7 Sealand & Trek
8 Gift´s R.
9 Ao Nang Arcade
10 Ao Nang Bakery
11 Mini-Mart
12 Wechselservice
13 Calypso Diving
14 Seafan Divers
15 Phra Nang Inn Video Bar
16 Ao Nang Divers
17 Ao Nang Villa R.
18 Austria Hut R.
19 Don´s Pizza
20 Last Café

Transport:
❶ Sea Breeze Tour & Travel
❷ Barracudas Travel
❸ Songthaew → Krabi, Nopparat Thara Beach
❹ Boote → Phra Nang Beach, Ko Phi Phi
❺ Coke Big Bike

Sonstiges

GELD – Der Wechselschalter beim Bus Stop hat in der Saison tgl. von 10–20 Uhr geöffnet, gleiche Kurse wie in Krabi. Am Abend gehen oft die Baht-Scheine aus. Ein Minibus-Wechselschalter kommt von 16–20 Uhr vorgefahren, er akzeptiert auch Kreditkarten.

KANU – Beliebt und schön sind die Kanutouren in die Mangroven.
Sealand & Trek, bei *Gift Bungalow*, macht Kanu-Touren, Trekking, Mountain Bike-Touren und Camping entlang der ganzen Küste bis Satun.
Sea Kayak Krabi veranstaltet eine eindrucksvolle, ganztägige Canyon Tour.

MOTORRÄDER / FAHRRÄDER – verleihen die meisten Gästehäuser und einige Shops; Einheitspreis 200 Baht für eine 100er Honda.

TOUREN – Ao Nang gilt als hervorragender Ausgangspunkt für Touren und Bootstrips, man sollte aber immer nach einem *Discount* fragen.
Die meisten Gästehäuser und die Reisebüros bieten empfehlenswerte Bootsausflüge auf die vorgelagerten Inseln an. Am billigsten sind Bootstrips bei **Barracuda** (erst ab 4–6 Teilnehmer), bei **Mr. Gift** und **Wanna's Place**. Sie gehen von 9–16.30 Uhr, ein einfaches Lunch, zu wenig Trinkwasser, Schnorchel und Maske gehören dazu.
Bei der „*4-Island-Tour*" fährt man für 180–230 Baht mit dem Longtail-Boot zum Schnorcheln nach **Chicken Island**, **Ko Boda** und zum **Phra Nang Beach**. Bei der „*5-Island-Tour*" geht es für 230–270 Baht etwas weiter nach **Ko Daeng**, **Ko Hong** und **Ko Bileh**.
Beliebt sind auch die Ausflüge zur **Phang Nga Bay** (s.S. 729) für 450–480 Baht inkl. Lunch und Getränk und die Bootsfahrt nach und um **Ko Phi Phi Don** (s.S. 712) herum, 670 Baht.

VORWAHL – 075; PLZ: 81 000.

Transport

Minibusse fahren ab KRABI von 7–18 Uhr alle 30 Min. für 20 Baht, zurück von 6.30–18 Uhr.
Zum PHRA NANG BEACH verkehren in der Saison laufend Longtail Boote für 20 Baht (zurück bis spätestens 17.30 Uhr); die 20minütige, herrliche Fahrt an den dramatischen Felsen entlang ist absolut zu empfehlen.
Nach KO PHI PHI fährt in der Saison jeden Tag um 8.30 Uhr ein Boot in 2 Std. für 150 Baht (einfach); Rückfahrt um 15 Uhr, so daß man in der Zwischenzeit bequem zum Aussichtspunkt aufsteigen kann (s.S. 714). Mit einem Trip um Ko Phi Phi herum kostet es 570 Baht.
Transfer zum PHUKET AIRPORT ab 1200 Baht.

Ko Lanta เกาะลันตา

Die große, hügelige Insel Ko Lanta Yai, meist nur Ko Lanta genannt, ist noch zu 67% mit geschütztem Wald bedeckt. Der Name Lanta stammt von den Vorfahren der Seezigeuner, die heute noch auf der Insel leben. In vielen Dörfern wohnen außerdem muslimische Fischer und etwa 10% chinesische Kaufleute, insgesamt etwa 20 000 Menschen.

Ende der 80er Jahre wurde Ko Lanta von Travellern „entdeckt". Die Strände der 25 km langen Insel wirken zwar eher mittelmäßig, sind aber weit und einsam. Immer noch ist Ko Lanta nicht überlaufen und sehr preiswert, denn der erwartete große Boom blieb aus. Die Preise der Bungalows haben sich auf niedrigem Niveau eingependelt. Nur über Weihnachten und Neujahr schnellen sie in die Höhe. In fast allen Bungalowanlagen herrscht eine angenehme Atmosphäre. Die meisten Reisenden, jung und alt, fühlen sich sehr wohl.

Die Südspitze von Ko Lanta wurde 1990 samt 15 Inseln zum Mu Ko Lanta National Park erklärt.

Ban Saladan

Fast alle Touristenboote kommen an den Bootsanlegern im nördlichen Hafen Ban Saladan an. An der Uferstraße des kleinen **Fischerdorfes** liegen zwei Dutzend feste Holzhäuser, darunter Restaurants, mehrere Läden mit Lebensmitteln, Obst und

Gemüse, vier Tauchschulen, eine Bank und einige Reisebüros mit *Tourist Information*. Hier warten auch die Motorrad-Taxis und die Pickups der Bungalowanlagen.

Von Ban Saladan führt eine Erdstraße entlang der Ostseite der Insel bis zum Dorf **Ban Ko Lanta**. Die Ostküste ist sehr flach und fürs Baden nicht geeignet. Eine weitere Staubstraße zieht sich entlang der schönen Westküste, an der fast alle **Bungalowanlagen** an schönen **Stränden** liegen, bis zu den Buchten im Südwesten. Im Inneren ragen waldbedeckte **Berge** bis zu 488 m auf, durchschnitten von nur wenigen Querstraßen. Mit Motorrädern läßt sich die Insel (mit Ausnahme der Südspitze) umrunden – trotz des Staubs sehr zu empfehlen.

Übernachtung

Die Preise der billigen Hütten auf der Insel sind einander ähnlich. In den meisten Anlagen werden auch Motorräder vermietet. Während der Nebensaison zeigt sich das Personal der geöffneten Anlagen von seiner besten Seite.

Essen

In vielen Bungalowanlagen ist das Essen relativ teuer. Billiger, aber recht wechselhaft sind die kaum noch thailändischen Gerichte im *Sea Side*, im *Sea View* und im *Kwan Restaurant* in **Ban Saladan.**
Neben der zentralen Anlegestelle steht die beliebte *Swiss Bakery*; angenehm sitzt man im luftigen *Beer Garden* über dem Wasser am Steg.

Sonstiges

GELD – Die *Siam City Bank* hat von 8.30–16 Uhr geöffnet, mit der Visa-Card bekommt man Bargeld. Ansonsten wird zu ca. 3% bis 10% schlechterem Kurs gewechselt als auf dem Festland.

MEDIZINISCHE HILFE – In Ban Saladan hat die *Lanta Doctor Clinic* aufgemacht.
In Ban Ko Lanta gibt es das *Lanta Hospital*.
Zeitweilig sind an manchen Stränden Sandfliegen eine Plage.

MOTORRÄDER – werden für 200–250 Baht pro Tag vermietet, 40 Baht pro Stunde.

REISEBÜRO – In 4 Reisebüros in Ban Saladan werden Bootsfahrscheine verkauft und alle Arten von Buchungen gemacht. Flugtickets mit *Thai Airways* und Eisenbahnfahrscheine bucht das Reisebüro neben dem Krabi-Pier. Alle Gästehäuser vermitteln ebenfalls Bootstickets und Touren.

SAISON – Hauptsaison ist von Dezember bis Februar, nur an Weihnachten / Neujahr ist die Insel überlaufen. Schon im März / April erhält man halbe Preise. Von Mai bis Oktober schließen die meisten Bungalowanlagen und alle Tauchschulen.

TAUCHEN – Die Tauchschulen *The Dive Zone*, ✆ 01-2116938, *Ko Lanta Diving Center*, ✆ 01-2292103, ✆ 01-2284346, *Aquarius*, ✆ 076-234201, und *Atlantis*, ✆ 01-2284106, arbeiten friedlich zusammen und bieten ähnliche Touren.
Typische Tauchfahrten gehen zu den herrlichen Schnorchelinseln *Ko Ha Yai*, *Ko Rok* und *Ko Kradan* im Süden.
Weltklasse sind die Tauchplätze bei den Felsen *Hin Daeng* und *Hin Muang* im Süden (1850 Baht), wo von erfahrenen Tauchern häufig Walhaie, Mantas und riesige Muränen gesehen werden. Die übrige Meeresfauna gehört ebenfalls zum Feinsten in Thailand.
Für Höhlen- und Nachttauchen ist *Ko Ha Yai* ideal.

VORWAHL – 075; PLZ: 81150.

Nahverkehrsmittel

Transport auf Ko Lanta erfolgt mit **Pickups** und privaten **Motorrad-Taxis**. Von Ban Saladan bringen sie Passagiere zu allen Bungalow-Anlagen: zum KAW KWANG BEACH für 10 Baht, zum KLONG DAO BEACH 10 Baht, zum *Lanta Paradise* 30 Baht und zum *Sea Sun* 60 Baht.

Transport

MINIBUSSE – Seit es die Fähren gibt, fährt **nur in der Nebensaison**, wenn kein Expressboot verkehrt, von KRABI um 11 und 13.30 Uhr ein direkter Minivan (inkl. 2 Fähren) bis zum KLONG DAO BEACH, Tickets für 150 Baht gibt es bei Reisebüros in Krabi, wo man auch abgeholt wird. Zurück nach KRABI fährt der Minivan um 8 Uhr im Zentrum von Ban Saladan ab.

BOOTE – Bei Anreise auf eigene Faust ist die Fähre nicht zu empfehlen, zu lange Wartezeiten.

Von Krabi direkt gibt es von Nov–April tgl. um 13.30 Uhr ein **Expressboot** für 150 Baht (2 Std.) nach Ban Saladan (zu Stoßzeiten zusätzlich um 10.30 Uhr). Zurück um 8 Uhr (und zu Stoßzeiten um 13 Uhr).

Von Ko Phi Phi nach Ban Saladan fährt von Oktober bis April tgl. ein **Expressboot** um 13 Uhr für 150 Baht in 1 1/2 Std.
Zurück um 8 und 15 Uhr; das erste Boot erlaubt auf Ko Phi Phi Transfer nach Phuket.

Die Strände von Ko Lanta
Kaw Kwang

In der Nordwestecke der Insel, 2 km westlich von Ban Saladan, liegt die Halbinsel Kaw Kwang (= Deer Neck). Die nördliche Bucht besteht aus einem topfebenen **Mangrovenstrand**, der bei Ebbe trockenfällt. Der südliche, flache, aber schöne **Badestrand** geht in den langen Klong Dao Beach über. Dazwischen liegt eine 20–400 m breite Landzunge, die im Westen von einem **Felsenhügel** abgeschlossen wird. Am kleinen Strand hinter dem Hügel kann man bei Flut evtl. schwimmen und gut schnorcheln.

Übernachtung

Deer Neck Cabana**-***, ℡ 01-2303635, schöne Anlage am Mangrovenstrand, zwei Dutzend saubere, preiswerte Komfort-Bungalows; gutes Restaurant auf dem Hügel.
Kaw Kwang Beach**-****, ℡ 01-2284106, am südlichen Strand unter Kokospalmen. Hervorragende Bungalows mit Fan oder ac sowie billige, solide Hütten mit Gemeinschafts-Du/WC. Riesiges Restaurant, Bar am Strand. Das ganze Jahr geöffnet.

Klong Dao Beach

Südlich von Ban Saladan erstreckt sich der flache, relativ feste **Sandstrand** Klong Dao über etwa 2 km. Von Touristen wird er häufig Lanta Beach genannt, was die Einheimischen aber nicht gern hören. Der eher graue Sand ist z.T. übersät mit Muscheln. Das Ufer flankieren mächtige **Kasuarinas**. So wirkt er nicht gerade tropisch, weshalb ihn manche Traveller nicht als schön empfinden. Er ist gut zum **Schwimmen** geeignet, denn schon nach 30 Metern erreicht man schwimmtiefes Wasser. Ab 5 Uhr wird von der Moschee hinter der Straße im südlichen Bereich des Strandes zum Gebet gerufen.

Übernachtung

Wer an diesem Strand eine Unterkunft sucht, wird leicht seinen Traumbungalow finden. Alle Anlagen besitzen ein Restaurant mit Meersicht und mindestens eine Bar am Strand. Alle bieten Schatten auf der Wiese nahe am Strand unter den großen Kasuarinas, einige auch Liegen. Fast alle Anlagen vermieten Mopeds ab 250 Baht.
Golden Bay Cottage*-***, ℡ 01-2291879, 500 m langer Zufahrtsweg am KM 1,6; am besonders flachen, schattigen Strandabschnitt, einfache Hütten und bessere mit Fan und Du/WC, gutes Essen, billiger Wein; Mountain Bikes für 100 Baht. Sehr beliebte Anlage. Ganzjährig geöffnet.
Lanta Villa***-****, ℡ 620629, am KM 1,8; dicht aufeinander gebaute, unterschiedliche Bungalows, alle mit Du/WC und Fan; riesiges Restaurant. Ganzjährig geöffnet.
Lanta Island Resort***, ℡ 621524, am KM 2; 99 preisgünstige, z.T. vergammelte Bungalows auf engem Raum, Du/WC integriert; ungemütliches, etwas teureres Restaurant.
Lanta Sea House***-****, ℡ 01-2284160, 24 Komfort-Bungalows, z.T. mit ac, in einem gepflegten Garten, großes, gutes Restaurant, freundliches, manchmal überfordertes Personal. Wird sehr gelobt. Das ganze Jahr geöffnet.
V.R. Minimart & Bungalow*** (NS**), ℡ 01-2284125, ca. 20 neue, luftige, ebenerdige Steinhäuser mit Fan und Du/WC; freundlicher Besitzer.

Lanta Garden Home*-**, am KM 2,4; kleine Hütten unter schattigen Bäumen, z.T. auf Pfählen, einfach und schön, Du/WC außerhalb, hervorragendes Restaurant, keine Elektrizität, familiäre Atmosphäre, sehr nette, bemühte Leute; hervorragende Kritiken. Hier hört der Sandstrand auf, die scharfkantigen Felsen beginnen.

Essen

Nördlich neben *Golden Bay* liegt das beliebte *Hans Restaurant* mit guter Küche, europäischen Portionen und etwas gehobenen Preisen.
Am südlichen Teil des Strandes (KM 2,7) liegt das beliebte *Danny Restaurant* mit über 300 Gerichten auf der Speisekarte; am Di, Do, So Abend ab 19 Uhr kann man sich zum Festpreis (z.Zt. 70 Baht) am Thai Buffet satt essen. Hier sollen auch ein paar einfache Hütten entstehen.
V.R. Minimart am südlichen Ende des Strandes ist klein, aber gut sortiert, Preise wie auf dem Festland. Motorradvermietung. In der Saison tgl. geöffnet von 8–20 Uhr.

Long Beach

(Auch Phra-Ae Beach) Der Long Beach beginnt am KM 3,5 und ist knapp 3 km lang. Er hat schönen, feinen **Sand** und ist vor allem am nördlichen Ende gut zum **Schwimmen** geeignet. Der mittlere, unerschlossene Teil weist kein bißchen Schatten auf. Der südliche **Strand** ist felsig und optisch weniger ansprechend. Dort wachsen 200 m draußen im Meer ein paar kleine **Korallenstöcke**.

Übernachtung

Memory Bungalow*-**, am KM 3,4 abzweigen; große Bambushütten auf Pfählen, außer Matratzen keine Möbel, kleine Terrasse; bescheidenes Restaurant, wenig Service, nette Leute.
Lanta Palm Beach*-**, am KM 3,8 abzweigen; kleine Bambushütten mit Bad und Balkon, ohne Schatten, miese Steinhütten, Restaurant, schöne Spielwiese unter hohen Kasuarinas.
Sanctuary*, am KM 5,7; kleine, hübsche, sehr einfache Bambushütten, z.T. mit Bad; freundlicher Besitzer; Restaurant. 100 m zum Badestrand.

Relax Bay Tropicana**-****, ✆ 01-4770077, 620618, am KM 6,2 abzweigen; weitläufige Anlage unter lichten Laubbäumen, geräumige, gut ausgestattete Holzbungalows mit Du/WC, Terrasse mit Sitzmöbeln; Restaurant mit schöner Sicht. Direkter Zugang zum 250 m langen, separaten Strand mit feinem Sand, durchsetzt mit Korallengestein, gut zum Schwimmen.

Die südlichen Strände

Der mittlere Teil der Westküste besteht auf etwa 10 km vor allem aus Felsenufer. Der **Klong Khong Beach** ist ein langer, von Pandanus gesäumter, schmaler **Sandstrand**. Bei Ebbe schauen die Steine heraus, nur bei Flut kann man gefahrlos schwimmen. Der 1 km lange, schöne **Sandstrand Klong Nin Beach** wird mehrfach von Felsvorsprüngen unterbrochen. Die Flut überspült den Strand fast völlig.

Had Kantiang (Betonung auf i) ist eine malerische, kleine **Bucht**, in der mehrere Fischerfamilien leben. Sie liegt 20 km von Ban Saladan entfernt. Bei Ebbe kann man nicht schwimmen, aber viele Muscheln sammeln.

Der schöne **Badestrand Waterfall Bay** am südlichen Ende (KM 22) liegt traumhaft ruhig inmitten üppiger Natur. Er ist mit dem Pickup über einen steilen Weg zu erreichen. Schöne **Wanderungen** führen am Bach entlang zum hübschen Wasserfall und über steile Hügel zum Leuchtturm. **Schwimmen** und **schnorcheln** kann man bei jedem Wasserstand. 800 m nördlich liegt der sehr schöne Strand **Ao Nui**.

Übernachtung

KLONG KHONG BEACH – *Blue Lanta*-***, am KM 9; Holzhütten mit dichtem Dach und Balkon, mit Du/WC; Restaurant.
Lanta Coral Beach**, am KM 9,5; geräumige, saubere Holzhütten mit Meerblick, Moskitonetz und Du/WC, Restaurant; freundliche Familie.

KLONG NIN BEACH – *Lanta Paradise*-***, ✆ 01-2291530, am KM 14,5; schöner Sandstrand; neben Fischerhütten stehen sehr eng über 40 stabile, z.T. schöne und preiswerte

Die Strände von Ko Lanta

Bungalows, die meisten mit Bad; gute Atmosphäre. Ganzjährig geöffnet. Motorradverleih.
Lanta Miami Bungalow*-**, am KM 14,7; einfache Bambushütten und Holzbungalows; gutes Restaurant; freundliche Besitzer.
Dream Team*-**, ☏ 01-4771626, am KM 16,5; hübsche Bungalows mit Terrasse, Sandstrand mit Felsen; Restaurant.

WATERFALL BAY – *Waterfall Bay Resort****, ☏ 01-2284014, 28 sehr schöne Bungalows am Strand und am Hügel; variable Küche, die nicht alle Traveller begeistert. Viele Aktivitäten sind möglich. Evtl. anmelden beim *Kashmir Restaurant* in Krabi, ☏ 075/612806, ✆ 612084.

Die Ostküste

An der Ostküste liegt der Hauptort der Insel, **Ban Ko Lanta**, mit dem Postamt. Von hier fahren die Versorgungsboote nach Bo Muang auf dem Festland. 7 km östlich von Ban Ko Lanta liegt die winzige Insel **Bubu Island** mit einer Bungalowanlage. Hier findet man **Ruhe** und **Einsamkeit**.

Übernachtung

Bubu Island***, ☏ 075/612536, ein Dutzend Bungalows mit WC und ein Schlafsaal (80 Baht) sowie relativ teures Restaurant. Sehr netter Besitzer. Von Dezember bis April geöffnet.

Transport

Bubu Island erreicht man am besten mit Minibus und Boot von *Thammachart* in Krabi, 13 Kongka Rd., ☏ 612536, um 10, 11 und 12 Uhr für 150 Baht p.P. Ansonsten mit einem gecharterten Longtailboot vom Lanta Pier in BAN KO LANTA für 150–200 Baht in 15 Min.

Ko Phi Phi

Eine Insel, deren Bilder Südseeträume wecken. Man stelle sich zwei Kalksteinmassive vor, wild zerklüftet, mit Dschungel auf der einen und Kokospalmen auf der anderen Seite bewachsen. Diese werden durch eine flache Landbrücke verbunden, die auf beiden Seiten eine halbrunde, schneeweiße Sandbucht formt. Im glasklaren Wasser der Buchten, das in allen Blauschattierungen schimmert, sieht man die Korallen schon vom Boot aus.

Kein Wunder, daß Ko Phi Phi total vermarktet wurde und während der Saison wahnsinnig touristisch und überlaufen ist. Vor allem junge Leute zieht es hierher, die sich gern aufhalten, wo auch etwas los ist. Viele Bungalows und Restaurants sind völlig verdreckt und absolut übertreuert, Kokospalmen werden gekappt, das Wasser ist knapp und brackig – Ko Phi Phi ist in der Saison kein Traumziel mehr. Schockierte Reisende flüchten schon nach der ersten Nacht. Aber außerhalb der Saison, von Juni bis Oktober, erlebt so mancher hier seinen Traumurlaub, wenn er gerade eine regenfreie Woche erwischt.

Ko Phi Phi besteht eigentlich aus zwei Inseln: die liebliche Ko Phi Phi Don mit allen Unterkünften und die schroffe, unbewohnte Ko Phi Phi Le mit schönen Ausflugszielen.

Wer Ruhe sucht, hat es schwer auf Ko Phi Phi. Schon am frühen Morgen brechen die **Fischerboote** auf, sie werden am Vormittag abgelöst von den **Ausflugsbooten** und Fährschiffen für Touristen – das Geknatter hallt ununterbrochen von den Felsen wider. Wenn am Abend Ruhe einkehrt, beginnen die Stromgeneratoren zu dröhnen.

Ban Laem Trong („Phi Phi Village")

Im Zentrum der südlichen Bucht legen die Boote am zwei Landestegen an.

Das ehemalige Fischerdorf Ban Laem Trong hat sich zu einem ausgedehnten **Touristenort** mit allen Möglichkeiten entwickelt.

Auf den schön angelegten Parkwegen, an der Uferpromenade und an beiden Hauptsträndern herrscht ein wahres Touristengetümmel.

Übernachtung

Während der Saison tut man gut daran, den erstbesten Bungalow zu belegen, sich dann die anderen Anlagen anzuschauen und umzuziehen, sobald sich etwas Besseres findet. Die meisten Zimmer im Dorf sind eigentlich nur Notunterkünfte für eine Nacht.

An der Dorfstraße, die zum Viewpoint führt, liegen von Süd nach Nord einige preiswerte, z.T. neuere Anlagen:

*Tara Inn GH****, Reihenhäuser mit Bambusmattenwänden z.T. am Hang, kleine und große Zimmer, ordentliches Bad.

*Mr. Jong GH***, Zimmer im Reihenhaus mit Du/WC, Fan, sauber und freundlich; Restaurant.

*Rimna Villa**-****, am Hang unter Palmen, feste, wenig schöne Häuschen mit Du/WC und Fan (tagsüber kein Strom), verbunden durch Laufstege und Treppen.

*Valentine**-***, nette Bambusbungalows mit Bad und Fan, etwas abgelegen, aber ruhig.

*Chao Koh Phi Phi Lodge****, ✆ 612747, Anlage am östlichen Dorfrand, Steinbungalows mit Fan.

Essen

Alle Bungalowanlagen haben ein Restaurant, das oft im Preis enthaltene Frühstück kann man jedoch meist vergessen. In der guten Bäckerei und in den Restaurants am Strand entlang bekommt man leckere Croissants und sonstige Backwaren. Es gibt viele Restaurants. Das Essen ist teurer als auf dem Festland. Manchmal mangelt es an Gemüse.

Am billigsten und besten ißt man in den Fischerkneipen im Dorf, die immer gerammelt voll sind. Hervorragendes Thai-Essen serviert z.B. das *Bird Thai Food* in einer kleinen Seitengasse.

Sonstiges

In „Phi Phi Village" gibt es (fast) alles: Supermärkte, Bäckereien, Eissalons, Bierbars, Restaurants, Cafés, Discos (sogar mit Live-Band), ein Reggae Pub, Satelliten-Telefon, Geldwechsler, Bank, Reisebüros, Tauchschulen, Büchertausch, Wäschereien, eine Post und ein Health Center (vor dem *Ton Saï Village*). In zig Läden werden Kleidung, Lederwaren, Schuhe, Souvenirs aus Südostasien u.v.m. angeboten, z.T. auch Unterwasserkameras verliehen.

GELD – Die *Krung Thai Bank* im Zentrum hat 8.30–15.30 Uhr (außer mittags) geöffnet.

SCHNORCHELN – Ko Phi Phi besitzt Top-Schnorchelgebiete mit unwahrscheinlich vielen Fischen. In den meisten Unterkünften gibt es ordentliche Schnorchelausrüstung zu mieten, Einheitspreis 50 Baht, Maske allein 30 Baht. Ausflüge werden überall angeboten.

Die Felsengruppe **Shark Point** (Thai: *Hin Phae*) vor dem Long Beach kann mit Flossen in 2 Std. bequem umrundet werden: viele Fische, am westlichsten Zipfel sind häufig harmlose Ammenhaie zu sehen. Sehr schön kann man auch vor **Laem Poh** schnorcheln. Am Abhang des flachen Wassers vor *P.P.Andaman* leben in geringer Wassertiefe giftige Seeschlangen, in 2 m Tiefe Muränen. Vorsicht vor Booten, die ins Hafenbecken fahren!

TAUCHEN – 15 Tauchschulen bieten den PADI-Tauchkurs zum *Open Water Diver* für 7000 Baht an. Sie liegen rechts vom Pier.

Transport

Während der Hochsaison sollte man unbedingt das frühestmögliche Boot nach Ko Phi Phi nehmen. Doch auch dann muß mit einer Nacht im Freien gerechnet werden.

Von Krabi: Unterschiedliche Boote tgl. um 10, 11 und 14.30 Uhr für 125–150 Baht (ac 200 Baht) pro Weg in 1 1/2–2 1/2 Std. je nach Bootstyp. Zurück tgl. um 9 und 13 Uhr mit mehreren Booten.

Den Bus nach Bangkok erreicht man über Krabi noch am selben Tag.

Vom Ao Nang Beach: in der Saison tgl. um 8.30 Uhr ein Boot über Rai Leh für 150 Baht p.P. in 2 Std., hin und zurück für 280 Baht. Rückfahrt um 15 Uhr.

Von Ko Lanta: von Oktober bis April tgl. um 7.30 Uhr ein Boot für 150 Baht p.P. in 1 1/2 Std., zurück um 13 Uhr.

Von Phuket: viele Boote von 5 verschiedenen Piers um 8.30 Uhr in 50 Min. bis 2 1/2 Std. für 250–450 Baht; z.B.

Phi Phi Cruiser, ℡ 211253, in 1 1/2 Std. für 300 Baht einfach, 500 Baht hin und zurück, wobei der Rückfahrttermin frei gewählt werden kann; *Andaman Queen*, ℡ 215261, je nach Boot in 1–1 1/2 Std., für 350 bzw. 450 Baht, direkt am Tien Sin Pier gibt es einfache Tickets ab 150 Baht; von November bis April zudem um 13.30 Uhr Boote von *Royal Fern*, ℡ 232240, und *Songserm*, ℡ 219954, 📠 219955, in 1 1/2–2 Std. für 300 Baht einfach. Zurück zwischen 13.30 und 15 Uhr für 180–350 Baht, in der Hochsaison außerdem um 9 und 10.30 Uhr. Meistens inkl. Bustransfer zwischen Phuket und Pier (ansonsten 50–80 Baht pro Fahrt zum Strand extra). Den ac-Bus von Phuket nach Bangkok schafft man am selben Tag nur mit dem Morgenboot.

Die Strände auf Ko Phi Phi

Die bei jedem Wasserstand malerische südliche **Ton Sai Bay** ist jeden Tag das Ziel Hunderter von Ausflügler. Am westlichen Ende der Bucht ist der Strand wegen der zahlreichen Korallensteine nicht zum Baden geeignet. Die meisten Traveller Bungalows liegen am **Hin Khom Beach**, östlich vom Dorf. Die Küste besteht aus rauhen **Felsen**, davor zeigt sich bei Flut nur wenig Sandstrand. Fast jeder mögliche Platz ist mit einem Bungalow bebaut. Einige stehen gar zu eng aneinander.

Der schöne **Long Beach**, auch Hat Yao, reicht bis ans Kap Laem Poh. Der **Sandstrand** ist mit Steinen und Korallen durchsetzt. Er bietet eine tolle Sicht übers Meer nach Ko Phi Phi Le. Direkt vom relativ steil abfallenden Strand kann man zu den wunderschönen **Schnorchelfelsen** (z.B. Hin Pae, Shark Point) und zum Riff schwimmen. Nachteilig macht sich der ständige Lärm aller an- und abreisenden Boote und Schiffe bemerkbar. Man erreicht die Long Beach zu Fuß in einer guten halben Stunde oder bis spät am Abend mit einem der ständig verkehrenden Langboote für 20–30 Baht p.P. Die **Lo Dalam Bay** (auch Back Bay) sieht nur bei Flut wunderschön aus. Sie liegt 200 m von der Ton Sai Bay entfernt, auf der anderen Seite der Landbrücke.

Übernachtung

HIN KHOM BEACH – Für die einfachsten Hütten werden über 150 Baht verlangt. Bessere Bungalows mit Du/WC kosten 200–350 Baht.
Gipsy Village***, ℡ 01-2291674, 150 m landeinwärts, ruhigere Lage, einfache, saubere Steinbungalows mit Du/WC und Fan; freundliche Leute.
Gipsy Village 2**, 50 m weiter landeinwärts, 11 ganz einfache Hütten; gutes Wasser.
Phi Phi Andaman Resort***, ℡ 01-2292073, riesige Anlage, mit Bambus verkleidete Stein- und Betonbungalows, Moskitonetze. Große Schattenbäume am Sandstrand. Bei Hochbetrieb herrscht oft Wassermangel.

LONG BEACH – *Paradise Pearl***-*****, ℡ 01-2291485, 📠 01-2284370, 80 saubere, feste Bungalows, in der ersten Reihe mit Moskitogaze, Du/WC und Beton-Gartenmöbeln, die „billigsten" ohne Fan; Restaurant mit unfreundlichem Personal; Reisebüro, Ausflüge, Geldwechsel, Telefon- und Fax-Service, für das Gebotene zu teuer.

LO DALAM BAY – *Charlie Beach Resort****, ℡/📠 075-620615, überteuerte, versiffte Bungalows mit Du/WC und kleiner Terrasse, Blick auf die Bucht; die billigeren Bungalows liegen in der Nähe des Generators; Restaurant.

Ausflüge auf Ko Phi Phi
Aussichtspunkt

Wenn man einige Tage auf Ko Phi Phi verbringt, ist die Besteigung des *View Point* auf dem östlichen Hügel ein absolutes Muß. Denn ein Überblick über die einmalige Form dieser wunderschönen Insel ist nur aus der **Vogelperspektive** zu bekommen.

Die Besteigung (20 Min.) auf einem breiten, mit Betonstufen versehenen Weg beginnt hinter dem Dorf, vorbei am Restaurant des *Viewpoint Resorts*. Vom Felsen reicht der Blick bis zum nördlichen Kap der Insel. Oben verkauft eine Imbißbude auch Souvenirs und vermietet Liegestühle.

Inselrundfahrt

Eine lohnende Sightseeing- und **Schnorchelfahrt** um Phi Phi Don mit dem Boot läßt sich auf eigene Faust für 300 Baht organisieren oder bei einem der vielen Reisebüros buchen (inkl. Schnorchelausrüstung, Mittagessen, Wasser, Früchte). An der Ostseite der Insel gibt es Sandstrände mit mittelfeinem Sand, schön zum Baden.

Ko Phi Phi Le

Bootsfahrten zur schroffen, südlichen Schwesterinsel Ko Phi Phi Le (auch: Ko Phi Phi Lay) mit interessanten **Kliff-Formationen** werden regelmäßig für 100 Baht angeboten. Bei den Ausflugs-Arrangements von Phuket sowie den Inselrundfahrten ist diese Tour im Preis inbegriffen.

Folgende Punkte werden angelaufen: **Viking Cave**, 10 Baht Eintritt, mit angeblich prähistorischen **Höhlenmalereien** und Schwalbennestern. Die **Pi Leh-Bay** wirkt wie ein tief eingeschnittener Fjord, der Blick zurück ziert viele Postkarten. In der lieblichen **Maya Bay** ist Schnorcheln recht angenehm. Vorsicht: Wasserschlangen!

Phuket

Auf der mit 810 km² drittgrößten Insel Thailands (gesprochen: Pu-kett) ist der malaiische Einfluß deutlich spürbar – von 160 000 Einwohnern sind 25% Moslems. Buddhistische Thai (55%) und Chinesen dominieren dennoch das Bild.

Kleine und größere Buchten mit weißen Sandstränden, schöne Tauchgründe, Luxus-Hotels und Seafood-Restaurants machen Phuket zu einem Fernwehziel par excellence. Weit über 2 Millionen Besucher kommen jedes Jahr. An fast jedem Strand der Insel stehen neben komfortablen Bungalowsiedlungen große Hotels internationalen Standards.

Die beste Reisezeit ist Dezember bis März. Im April und Mai kann es an windstillen Tagen unerträglich heiß werden, nachts kühlt es jedoch immer ab. Im Juni setzen die zeitweise stürmischen Südwestwinde ein, die feuchte Luft und viele, zumeist kurze Regenschauer bringen. Wegen der manchmal mannshohen Wellen mit kräftigem Rücksog kann häufig nicht im Meer gebadet werden. Drei bis vier Dauerregentage kommen vor allem im September und Oktober vor.

Die Stadt Phuket

Die meisten Besucher kommen nur tagsüber in die 50 000 Einwohner zählende Stadt, um einzukaufen und sich etwas Abwechslung vom gleichförmigen Strandleben zu verschaffen. Sehenswürdigkeiten sind dünn gesät und nicht so leicht zu entdecken, so daß die meisten nach einem Bummel durch die zentrale **Markthalle** und die Rasada Road wieder enttäuscht abfahren. Einige hübsche chinesische **Geschäftshäuser** stehen in der Talang Road. Allerdings verfällt das schönste Gebäude zusehends. Zu Beginn des 20. Jahrhunderts residierten die reichen Zinnbarone in schönen **Villen**, die in weitläufigen Parks errichtet wurden. Eine prachtvolle Villa in der Ranong Rd., nordwestlich vom Markt, wird leider durch einen Parkplatz im Vorgarten verschandelt. Eine weitere liegt versteckt nördlich des Kreisverkehrs und ist über eine schmale Durchfahrt von der Yaowaraj Rd. aus zu erreichen.

Übernachtung

In der Hochsaison um Weihnachten und Neujahr sind die Gästehäuser und Pensionen in der Stadt mobilen Billigreisenden eine preiswerte Alternative.

Wasana GH**-*** ⑬, 159 Ranong Rd., ✆ 211754, gleich neben dem Markt; sehr saubere Zimmer mit Fan oder ac, nette Leute, im 1. Stock sehr laut.

Downtown Inn*** ⑭, 56/19 Ranong Rd., ✆ 216884, ✉ 216273, in einer kleinen Seitenstraße gegenüber vom Markt, saubere, gut eingerichtete Zimmer mit Fan oder ac, bis 3 Uhr nachts wegen des Coffee Shops sehr laut, im 2. Stock ruhiger.

Talang GH** ⑧, 37 Talang Rd., ✆ 214225, umgebautes chinesisches Geschäftshaus, saubere Zimmer mit Du/WC, einige ohne Fenster, andere mit großer Terrasse.
Crystal GH*** ㉕, 41/16 Montri Rd., ✆ 222774, hinter dem Restaurant, saubere Zimmer mit Du/WC und Fan oder ac, ohne Fenster.
Suk Sabai** ⑥, 82/9 Thepkrasattri Rd., ✆ 212287, einfache, saubere Zimmer mit Fan und Bad, z.T. ac, ruhige Lage.
On On Hotel**-*** ⑯, 19 Phang Nga Rd., ✆ 211154, das älteste Hotel der Stadt, einfache, Zimmer, z.T. mit ac und Du/WC, einige Gäste fanden sie sauber, andere schmuddelig und von Ratten bewohnt.
Pure Mansion***-**** ㉚, 3/7 Chao Fa Rd., ✆ 211709, ✉ 214220, ein recht neues, preiswertes Hotel an der Straße Richtung Süden, alle Zimmer mit ac, TV und Kühlschrank.
Phuket Garden Hotel ㉘, 40/12 Bangkok Rd., ✆ 216900, ✉ 216909, großes, modernes Mittelklassehotel ab 1200 Baht südlich vom Zentrum.
Metropole Hotel ㉖, 1 Soi Surin, Montri Rd., ✆ 215050, ✉ 215990, das höchste Hotel der Stadt, luxuriöse ac-Zimmer ab 2000 Baht, viele Geschäftsleute, z.T. behindertengerecht ausgebaut; Restaurant, Pool.

Essen

Ka Jok See, 26 Takua Pa Rd., ✆ 217903, geschmackvoll eingerichtetes kleines Lokal; geöffnet Di–So abends, Reservierung empfohlen.
Raya Thai Cuisine, Deebuk Rd., östlich vom Klong, gute thailändische Gerichte zu akzeptablen Preisen in einem luftigen Raum im Erdgeschoß einer alten Villa.
Kanda Bakery, 31-33 Rasada Rd., wartet morgens mit frischem Vollkornbrot und Kaffee auf. Das europäisch-asiatische Lunch-Buffet für 200 Baht im *Metropole Hotel* ist seinen Preis wert.

Sonstiges

AUTOVERMIETUNG – *Pure Car Rent*, 75 Rasada Rd., ✆ 211002, ✉ 214220; geöffnet tgl. 8–20 Uhr. Die Flughafenbüros von *Hertz*, ✆ 311162, und *Avis*, ✆ 327358, mit weiteren Filialen in den großen Hotels an den Stränden, offerieren *one way service* in andere Touristenorte.

Jeeps gibt es an der Rasada Rd. und an den Uferstraßen der Strände ab 800 Baht pro Tag – wichtig ist es, die Versicherungsfrage zu klären.

INFORMATIONEN – *TAT Tourist Office*, 73-75 Phuket Rd., ✆ 212213, ✉ 213582, geöffnet tgl. 8.30–16.30 Uhr. Hier gibt es Karten, Prospekte, Werbezeitschriften und weitere Informationen. Im Internet: www.phuket.net; e-mail: info@phuket.net

MEDIZINISCHE HILFE – Besser als das staatliche Krankenhaus sind:
Adventist Hospital Richtung Norden in der 4/1 Thapkrasattri Rd., ✆ 237220, ✉ 212149.
Bangkok Phuket Hospital, 2/1 Hongyok Uthit Rd., ✆ 254421-9, Notruf: 1060, ✉ 254430.
Phuket International Hospital, 44 Chalerm Phra Kiat Rd., ✆ 249400, ✉ 210936, Notruf ✆ 210935.

MOTORRÄDER – Zweiräder gibt es in Phuket an der Rasada Rd. und an den Stränden in vielen Bungalows für 150–250 Baht. Wer keinen Helm trägt, muß mit 500 Baht Strafe rechnen.

POST – *Hauptpostamt* in der Montri Rd., geöffnet Mo–Fr 8.30–12 und 13–16.30, Sa, So und feiertags 9–12 Uhr.

REISEBÜRO – *Songserm*, 51-53 Satun Rd., ✆ 219954, ✉ 219955, an der lokalen Busstation, Bootsfahrten nach Similan und Ko Phi Phi sowie ac-Busse nach Bangkok und Surat Thani mit Anschluß nach Ko Samui und Ko Pha Ngan.

TOURIST POLICE – S.T. Plaza, Sakdidej Rd., an der Straße zum Hafen, nahe *S.T. Hotel*, ✆ 219878, im Notfall ✆ 1699.

VORWAHL – 076; PLZ: Chalong und Süden: 83 130; Patong: 83 150; Phuket Town: 83 000.

Nahverkehrsmittel

MINIBUSSE – Bei der Ankunft der Überlandbusse stehen Minibusse bereit, die Fahrgäste zu den Stränden bringen. Die Fahrer erhalten von vielen Unterkünften eine Provision, so daß Besucher manchmal nicht ihr gewünschtes Ziel erreichen.

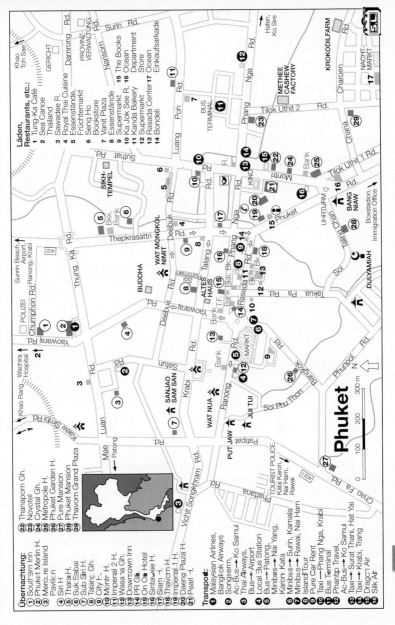

MOTORRADTAXI – kostet in der Stadt 10 Baht pro Person.

TUK TUK (VIERSITZER) – Wer sicher gehen will, nimmt vom Busbahnhof ein vierrädriges Tuk Tuk zum Markt und von dort den normalen Bus. Innerhalb der Stadt kosten Tuk Tuks 10 Baht, längere Strecken 20 Baht. **Charter** an die Strände: Nach PATONG, KATA, KARON und NAI HARN 130 Baht, SURIN und KAMALA 200 Baht, NAI YANG 250 Baht, RAWAI 90 Baht, AIRPORT 250 Baht.

BUSSE AN DIE STRÄNDE – Lokale Busse an die Strände fahren alle 30 Min. bis 18 Uhr in der Nähe vom Kreisverkehr (Bangkok Rd. / Ranong Rd.) ab.
Nach CHALONG 10 Baht, nach LAEM KA, RAWAI, PATONG (auch große Busse ab Markt), KATA, KARON (bis 16.30 Uhr), SURIN 15 Baht, nach NAI YANG, KAMALA und NAI HARN 20 Baht. Alle Preise gelten nur tagsüber. Abends muß kräftig gehandelt werden. Die Busse fahren nicht von Strand zu Strand.

TAXIS – Die Taxifahrer verlangen extrem hohe Preise, handeln. Vom Flughafen zur Stadt kostet es 350 Baht, zu den Stränden 400 Baht.

Transport

BUSSE – Das Bus Terminal, ✆ 211480, befindet sich im Osten der Stadt. *Phantip Travel* hat ein Büro ganz in der Nähe.
Bangkok: Vom Southern non-ac-Bus Terminal, 891 km, non-ac-Busse für 210 Baht, die nicht zu empfehlen sind, und 2. Kl.-ac-Busse um 7, 14, 17 und 20 Uhr für 294 Baht in 15 Std. Vom Southern ac-Bus Terminal ac-Nachtbusse um 18.30 und 18.50 Uhr für 378 Baht und VIP-24-Busse um 17.30 und 18 Uhr für 570 Baht in 14 Std.; weitere ac-Busse für 378–450 Baht von privaten Companies.
Zurück non-ac-Busse ca. jede Std. zwischen 6 und 18.30 Uhr, 2. Kl.-ac-Busse um 8.25, 14.15, 16.20 und 17.30 Uhr, ac-Busse vom Bus Terminal um 17.30 Uhr sowie private ac-Busse um 15, 15.30, 16, 17 und 18 Uhr (jeweils mit **Phuket Travel Service**, ✆ 222107, und **Phuket Central Tour**, ✆ 213615), VIP-24-Bus um 16 Uhr, ✆ 211480.

Nicht zu empfehlen sind die ac-Busse aus der Khaosan Rd. (s.S. 803) für 220–290 Baht.
In die Nachbarorte: Nach PHANG NGA mit Bus Nr. 437, Nr. 438 und Nr. 441 ca. alle 30–60 Min. von 6.30–16.30 Uhr für 26 Baht in 2 1/2 Std.
Nach RANONG mit non-ac-Bus Nr. 430 um 7.30, 10 und 11.30 Uhr für 76 Baht in 6 Std.; ac-Bus Nr. 430 um 10 und 15.10 Uhr für 137 Baht in 5 Std. (✆ 077-811993).
Nach TAKUA PA alle 80 Min. mit Bus Nr. 436 zwischen 6.20 und 18 Uhr für 38 Baht in 3 Std. (bis KHAO LAK für 30 Baht in gut 2 Std.).
Nach KRABI mit Bus Nr. 438 um 10.50, 13.40 und 14.30 Uhr für 47 Baht in 4 Std. (man kann auch die Busse nach Trang oder Hat Yai nehmen und an der Krabi Junction aussteigen); ac-Bus Nr. 438 von 7–13 Uhr jede halbe Std., sowie um 14, 15, 17 und 18.30 Uhr für 84 Baht in 3 Std. (mit dem ac-Bus Richtung Trang oder Hat Yai kostet es 100 Baht).
Zu den übrigen Orten im Süden: Nach KO SAMUI mit ac-Bus von *Phantip* um 10 Uhr für 193 Baht (inkl. Fähre) in 8 1/2 Std., mit *Songserm* um 9 Uhr für 305 Baht.
Nach KO PHA NGAN mit dem Bus von *Songserm* um 15 Uhr, um 22 Uhr weiter mit der Fähre, Ankunft am frühen Morgen.
Nach SURAT THANI mit Bus Nr. 465 (über Khao Lak und Khao Sok) 8x tgl. bis 13.50 Uhr für 77 Baht in 6 Std. (bei Abfahrt vor 9 Uhr Anschluß nach Ko Samui mit der letzten Fähre um 17 Uhr); ac-Bus Nr. 465 um 7.30 und 9 Uhr für 139 Baht in 5 Std.
Die privaten ac-Busse nach SURAT THANI von *Phantip* um 8, 10 und 12 Uhr für 112 Baht in 5 Std., ✆ 210425 und von *Songserm* um 9, 13 und 15 Uhr für 180 Baht in 5 Std. fahren **nicht** über Khao Lak und Khao Sok.
Nach TRANG mit Bus Nr. 441 6x tgl. von 7–12.20 Uhr für 78 Baht in 6 Std.; ac-Bus Nr. 441 11x tgl. von 7–18 Uhr für 140 Baht in 5 Std.
Nach SATUN direkt mit ac-Bus Nr. 734 um 8.15 und 10.15 Uhr für 203 Baht in 7 Std., ansonsten in Trang umsteigen.
Nach HAT YAI mit Bus Nr. 443 um 6.20, 7.40, 9 und 10.20 Uhr für 122 Baht in 9 Std.; ac-Bus Nr. 443 6x am Vormittag und um 21.30 Uhr für 202 Baht in 7 Std. Nach HUA HIN für 163 Baht.
Non-ac- und ac-Busse fahren in viele weitere Städte im Süden.

Nach Malaysia: Nach PENANG fährt ein ac-Minibus direkt ab Phuket.

SAMMELTAXI – Nur noch wenige Taxis fahren ab Phuket, vor allem morgens. Da sie selten voll werden, sollte man sie komplett (für 6 Personen) chartern.
SURAT THANI 250 Baht (3 Std.), TRANG 140 Baht (4 Std.), NAKHON SI THAMMARAT 150 Baht (4 Std.), KRABI 140 Baht (3 Std.).

FLÜGE – Limousinen von *Tour Royale Enterprises Car*, ✆ 222062 oder 235268-71, fahren im Auftrag von Thai Airways um 6.30 Uhr, und dann stündlich von 7–18 Uhr von der Einmündung der Mae Luan Rd. in die Vichit Songkhram Rd., 2 km westlich des Zentrums, zum Airport und zurück in jeweils 1 Std. für 70 Baht, lokale Busse zwischen 9 und 11 Uhr für 15 Baht. Am Taxi-Stand in der Ankunftshalle werden Coupons für Fahrten zu den Stränden (400 Baht) und zu ferneren Zielen zu festen Preisen verkauft, z.B. Khao Lak 900 Baht, Krabi 1700 Baht. Ansonsten kommt man nur schwer vom Flugplatz weg. Vom Flughafen nach PHANG NGA oder KRABI am billigsten mit dem **Minibus** für 70 Baht (Taxi 150 Baht) zur nächsten Haltestelle des lokalen Busses am H402 (am besten zur *Police Highway*, wo alle Busse kurz halten müssen), dann für 20 bzw. 41 Baht (ac-Bus jede Std. für 50 bzw. 84 Baht) in 1 1/2 Std. nach Phang Nga oder weiter nach Krabi. **Thai-Airways-Minibus** vom Flughafen nach Krabi für 400 Baht um 15 Uhr. Alternativ fährt man mit dem **Taxi** nach Khok Kloi zum Bus Terminal (300 Baht) und steigt in den Bus Richtung Takua Pa (für Khao Lak, 25 Baht) oder Richtung Krabi um (s.S. 699).
Inlandflüge: Mit *Thai Airways* tgl. 16x tgl. BANGKOK, 2000 Baht (der erste Flug am Morgen ist billiger), 2x tgl. HAT YAI 780 Baht, Mo, Mi, Fr, Sa, So mittags von CHIANG MAI nonstop nach Phuket 3455 Baht in 2 Std., von Phuket nach Chiang Mai nur mit Zwischenstop in Bangkok.
Mit *Bangkok Airways* nach KO SAMUI tgl. um 11.20 und 17 Uhr für 1330 Baht in 50 Min. mit 68sitziger ATR 72. Zurück tgl. um 10 und 15.40 Uhr.
Mit *Orient Thai Airlines* am Di, Do, Sa, So nachmittags über U-TAPAO (1800 Baht) nach BANGKOK für 2000 Baht in 90 Min. und nach CHIANG MAI für 2900 Baht in 5 Std. (3 Std. via U-Tapao). In Gegenrichtung am Vormittag.
Internationale Flüge mit Thai Airways, Malaysian Airlines, Silk Air oder Dragon Air, Charterflüge von LTU und Condor sowie Lauda Air.
Airlines: *Bangkok Airways*, Yaowarat Rd., ✆ 212341.
Dragon Air, 37/52 Montri Rd., ✆ 215734, 217300, 📠 217299.
LTU (auch zuständig für *Lauda Air*), ✆ 327432.
Malaysian Airlines, Thung Rd., ✆ 216675.
Orient Thai Airlines, ✆ 232302, 327270.
Silk Air, 95/20 Montri Rd., ✆ 213895, 📠 213887.
Thai Airways, 78 Ranong Rd., ✆ 211195, international ✆ 212499.

BOOTE – Zwischen Phuket und KO PHI PHI fahren in der Saison tgl. um 8.30 Uhr bis zu 13 Boote von den Piers in Makham Bay oder Chalong Bay in 1 1/2–2 1/2 Std. für 250–450 Baht einfach, als Tour mit Transfer vom Hotel, Lunch und Besichtigung von Ko Phi Phi Le 450–1100 Baht. Einige verkehren nur zwischen November und April.
Vom Hafen zur Busstation geht es per Taxi (30 Baht) oder 50 m weiter an der Hauptstraße mit dem Minibus für 10 Baht p.P.

Die Strände von Phuket
Chalong Bay und Umgebung

Am südlichen Stadtrand zweigt vom H4021 der H4023 nach links zum **Kap Laem Panwa** ab. Nach 10 km endet die Straße am sehenswerten **Aquarium** und **Marine Biological Research Center**, Eintritt 20 Baht, geöffnet tgl. 8.30–16 Uhr, ✆ 391126. Vor der großen Zinnraffinerie am Meer führt links eine Abzweigung zum Hafen (*Deep Sea Port*) in der **Makham Bay**.

Vom H4021 zweigt 11 km südlich von Phuket Town am Kreisverkehr eine Zufahrt zur seichten **Chalong Bay** ab, der die Insel **Ko Lone** (auch Coral Island genannt) vorgelagert ist und die im Süden vom **Laem Ka** (16 km), einer kleinen Felsformation, begrenzt wird. Morgens starten von hier Ausflugs- und Tauchboote zu den vorgelagerten Inseln.

Übernachtung

The Father Bungalow***-****, 46/16 Chaofa Rd., ✆ 281282, ✇ 281283, trotz der Nähe zur Anlegestelle ruhig, einstöckige Reihenhäuser mit 8 sehr sauberen Zi mit Fan oder ac, Du/WC und TV.
Atlas Resort***-****, 14 Visade Rd., ✆ 381286, ✇ 381279, Abzweigung von der Straße nach Rawai, gepflegte Anlage, kleine Bungalows mit Fan oder ac und gute ac-Zimmer nahe dem Pool und Strand.
Friendship Beach**, 27/1 Soi Mittrapab, ✆ 381281, ✇ 381034, Bungalows rings um das große Restaurant in einer weitläufigen Anlage, Billard-Tisch und vor allem jeden So ab 14 Uhr eine phantastische Jazz Jam Session; Internet-Café ohne Wände, geöffnet tgl. von 10–22 Uhr, 150 Baht/Std., e-mail: Friend1@phuket.ksc.co.th

Essen

Das riesige Seafood-Restaurant **Kan Eang 1**, ✆ 381323, und das vietnamesische **Danang Restaurant**, ✆ 283124, nahe der Anlegestelle, sind vor allem bei Thai-Touristen beliebt. Etwas weiter **Kan Eang 2**.
Jimmy's Lighthouse, 45/33 Chao Fa Rd., am nördlichen Ende der Chalong Bay. Unter dem Leuchtturm mit Blick auf die Bucht treffen sich Yachties aus aller Welt. Die Küche sowie der Besitzer sind amerikanisch. Geöffnet tgl. 8–24 Uhr.

Rawai Beach

Der erschlossene Strand im Süden der Insel, 17 km von Phuket Town, ist am Sonntag ein beliebtes Ausflugsziel einheimischer Touristen. Unter den Kasuarinas stehen mehrere Restaurants. Der schmale Sandstrand ist häufig verschmutzt und sieht wenig einladend aus, das Meer fällt flach ab und ist zum Schwimmen kaum geeignet.

Übernachtung

Salaloy Beach Resort***-****, 52/5 Viset Rd., ✆ 381297, Bungalows mit Fan oder ac und Du/WC, im Restaurant gutes Seafood.

Pornmae Bungalow**, 58/1 Viset Rd., ✆ 381300, saubere, gut eingerichtete Zimmer mit Fan oder ac und Du/WC, familiäre Atmosphäre; großes Strandlokal mit gutem Seafood.
Siam Phuket Resort ab****, ✆ 381346, ✇ 381647, 40 ac-Zimmer um einen Garten mit Pool; Restaurant mit asiatischen und westlichen Gerichten, Seafood.
Rawai Garden Resort**, ✆ 381292, angenehme Bungalows und familiäre Atmosphäre.

Nai Harn Beach

Dieser herrliche Strand liegt nördlich der Südspitze, 21 km von Phuket Town: feiner, weißer Sandstrand, dahinter eine malerische Lagune, rechts und links felsige Hügel, die teilweise mit Kokospalmen bewachsen sind. Während der Regenzeit ist man hier voll dem Monsun ausgeliefert, und es hat bereits Tote gegeben, also ist ein Besuch nur von November bis März zu empfehlen.

Übernachtung und Essen

Coconut Bungalows*, einzige Billigunterkunft weit und breit mit einfachen Hütten am Hang des Hauptstrandes, schöne Sicht; gutes, preiswertes Restaurant an der Straße.
Phuket Yacht Club, ✆ 381156, ✇ 381164, ein protziger Luxusklotz der Meridien-Kette.
Hinter dem Yacht Club liegen:
Ao Sane Bungalows***, ✆/✇ 288306, an einem kleinen, mit Felsen durchsetzten Sandstrand, nach 1 km Fußweg über den Hügel (herrliche Aussicht) zu erreichen. 23 einfache Bungalows mit Fan und Du/WC, ziemlich schmutzig, Restaurant, kleine Korallengärten.
Jungle Beach Resort ab***, ✆ 288264, ✇ 381108, etwa 2 km hinter dem Yacht Club. Neben einfachen Hütten und Komfortbungalows mit Fan oder ac und Du/WC auch schöne Luxusbungalows am Strand, übertouert. Das Meer ist zum Schnorcheln, aber nicht zum Schwimmen geeignet. Shuttle-Service zum Nai Harn Beach.

Kata Beach

17 km von Phuket Town gelegen, besteht aus zwei Buchten, die schöne, saubere und

ruhige **Kata Noi** und die umtriebige, vom *Club Med* dominierte **Kata Yai**. Sie sind durch einen Felsvorsprung getrennt, von dem sich malerische Aussichten eröffnen. Das Korallenriff mit vielen Fischen am nördlichen Ende der Kata Yai-Bucht und rings um die kleine Insel **Ko Pu**, eignet sich gut zum Schnorcheln. Während der Regenzeit entstehen am Kata Noi sehr gefährliche Strömungen.

Im nördlichen Bereich (auch Kata Karon genannt) liegt das angenehme, überschaubare Zentrum mit vielen Geschäften, einigen Bars, Restaurants, Reisebüros, Motorrad- und Jeep-Verleih sowie Tauchstationen.

Übernachtung

KATA NOI – Trotz des riesigen Resort Hotels ist diese Bucht immer noch angenehm ruhig.
Tabkaew Resort***-****, ✆/✉ 330433, saubere Steinbungalows am Hang, schön eingerichtet, Meersicht, gutes, preiswertes Essen, freundliches, geschäftstüchtiges Personal.
Kata Noi Club***-****, 68/36 Mu 2, ✆ 330194, gute Häuser am südlichen Ende des Strandes, ruhige, schöne Lage, Zimmer mit Fan und heißen Duschen. Preiswerte, gute Küche im *World Café*, freundlicher Service.

KATA YAI – Die Unterkünfte konzentrieren sich am südlichen Ende des Strandes.
Pop Cottage***, ✆ 330794; Bungalows in schöner Lage über der Bucht, Pool, nette, hilfsbereite Leute.
Shady Restaurant und Bungalow***-****, 2 Patak Rd., ✆ 330677, im Hof zwischen der Straße und dem guten Strandrestaurant, sehr gute Bungalows mit ac und Du/WC.
Over Sea**, jenseits der Strandstraße am Hang, ✆ 330116, Bungalow mit Fan, nur ein kleines Schild am Laden.
Friendship****, ✆ 330499, ac-Bungalows verschiedener Größe, von drei freundlichen Schwestern geleitet, gutes Essen.

KATA CENTER – Im neuen Zentrum aus mehrstöckigen Stadthäusern wurden auch Gästehäuser aufgemacht.

The Little Mermaid GH***, ✆ 330730, ✉ 330733, 4stöckiges Hotel, kleine, blitzblanke Zimmer mit ac und Fan, gut möbliert, extrem kleine Du/WC, Warmwasser; Skandinavische Bar und Steakhaus.
Inter Bungalows***, 110/59-66 Taina Rd., ✆ 330575, ruhige Reihenbungalows mit Sicht übers Feld, mit Fan oder ac; Motorradvermietung.
Charlies GH***, 110/39-40 Taina Rd., ✆ 330855, sehr sauber, nette Zimmer mit Fan und Du/WC, geleitet vom freundlichen Engländer Alex und seiner Frau.
Lucky GH***, 110/44-45 Taina Rd., ✆ 330572, preiswerte Zimmer und Bungalows mit ac im Hauptgebäude, ruhig am Feld gelegen.
Hotel Center Inn****, 65/1-66/3 Taina Rd., ✆ 330873, ✉ 330631, kleines Hotel, saubere Zimmer mit ac, heimelige, dänische Atmosphäre, Restaurant und Tauchschule.
Smile Inn****, 116/10-12 Taina Rd., im Kata Center Point, ✆ 330926, ✉ 330925, zentral gelegenes neues Hotel, alle Zimmer mit ac und Du/WC, TV, Telefon und Kühlschrank.
Kata On Sea Bungalows**-***, ✆ 330549, 25 Steinbungalows, z.T. mit Sicht über Kata, einfach eingerichtet, überaus beliebt.
Fantasy Hill Bungalow**, 112/1 Mu 4, Taina Rd., ✆ 330106, Bungalows im Thai-Stil mit Fan und Du/WC.

Essen

KATA YAI – Gut sitzt man am südlichen Ende bei *Kata Seafood*, *Kata Mama* und *Shady Restaurant*, das unter Bäumen liegt und eine schöne Sicht bietet.
Im *Flamingo* gegenüber serviert das freundliche Personal hervorragende Holzofenpizza für 100–130 Baht und gute Pasta, allerdings ohne Strandblick.

KATA CENTER – Hungrige werden bei einem Bummel durch die Taina Rd. höchstwahrscheinlich zu jeder Tageszeit etwas Leckeres finden. Zum Frühstücken z.B. im
Kata Barbeque, der deutsche Besitzer fährt jeden Morgen ein preiswertes Büfett auf.
In der *Kata Bakery* ist die Frühstückskarte abwechslungsreicher, die Preise sind etwas höher.
Im *Internet Corner* kann man selbst bei hohem

Wellengang bei einer Tasse Kaffee surfen gehen. Aufgrund der zentralen Lage gut besucht sind das Restaurant im Erdgeschoß des *Smile Inn* im Center Point sowie
In *Siri's Kitchen*, gegenüber dem Kata Center, kocht der ehemalige Chefkoch des *Oriental* leckere Gerichte.
Im einfachen, offenen *Kwong Shop* neben dem *Kata Barbeque* werden leckere Thai-Gerichte mit chinesischem Einschlag, darunter frisches Seafood, serviert

Karon Beach

Der 3 km lange, breite Sandstrand mit Dünen, 20 km von Phuket Town, wirkt landschaftlich nicht gerade reizvoll. Im Norden wird er von Felsen und einer vorgelagerten Lagune begrenzt. Beim Schwimmen ist, vor allem während der Regenzeit, Vorsicht angebracht, da ein starker Rücksog herrscht.

Am zentralen Strand von Karon erstrecken sich eine Handvoll Luxushotels. Am südlichen und nördlichen Rand der Bucht wurden ein *Karon Center North* und ein *Karon Center South* mit Supermärkten, Restaurants, Bars, Reisebüros und Einkaufspassagen aus dem Boden gestampft.

Übernachtung

Auf dem Hügel zwischen Kata und Karon, zwischen Zentrum und Strand, stehen:
Kata Tropicana****, ✆ 330141, ℻ 330408, saubere, geräumige, aber dicht aufeinanderstehende Bungalows mit Fan am Hang, erstklassiges Restaurant.
Ruam Thep Inn ab*****, 120/4 Patak Rd., ✆ 330281, Zimmer mit Du/WC und Fan oder ac in einigen Bungalows und dem Haupthaus zwischen Straße und Strand, belebtes Restaurant.
Marina Cottage, 120/2 Patak Rd., ✆ 330625, ℻ 330516, eine Anlage mit Charakter, große ac-Bungalows ab 1500 Baht in traditioneller Thai-Architektur, Restaurants; sehr auf die Umwelt und auf guten Service bedachtes Management.
An der Luang Pho Chuan Rd. liegen abseits des Strandes mehrere einfache Gästehäuser:

J. J. Inn***, 102/12 Luang Pho Chuan Rd., ✆ 396935, ℻ 396258, 12 gute ac-Zimmer mit Du/WC und Kühlschrank.
Jor House**, 102/4 Luang Pho Chuan Rd., ✆ 396546, ℻ 396258, nette, saubere Zimmer mit Bambusmattenwänden, Fan, einigen Möbeln und Du/WC; Restaurant; freundliche Besitzerin; April–Okt. geschlossen.
Robin House**-***, 129/12 Luang Pho Chuan Rd., ✆ 396496, ℻ 396734, 14 große, gemütlich eingerichtete Zimmer mit einem großen und kleinen Bett, Bambusmattenwände, Fan und saubere Du/WC; Restaurant mit mittleren Preisen; freundliche Familie.
Karon Silver Resort***-****, 127/9 Luang Pho Chuan Rd., ✆ 396135, ℻ 391187, ruhig in der Sackgasse gelegen, Zimmer in zweistöckigen Häusern mit Fan oder ac, mit oder ohne Heißwasser.
Happy Inn GH***, am Ende der Sackgasse, 9 Bungalows in einem Palmen- und Blumengarten am Hang; familiäre Atmosphäre.

Am zentralen Strand dominieren die Riesen-Luxushotels mit Massenabfertigung.

Im Islandia Complex, Karon Nord, haben sich in den 3stöckigen Stadthäusern Kleinhotels etabliert:
P.P. Villa Hotel***, 33/111-114 Patak Rd., ✆ 396118, ℻ 396461, saubere Zimmer mit Fan oder ac, im Café gutes Frühstücksbüfett.
An der Lagune, die es auf dem Weg zum Strand immer erst zu überqueren gilt:
Lume & Yai Bungalows****, ✆ 396383, ℻ 396096, stufenförmig am Hang, Steinhäuser mit Doppelzimmern, z.T. mit Küche, saubere Du/WC, Terrasse.
Phuket Ocean Resort, 9/1 Patak Rd., ✆ 396176, ℻ 396470, ac-Hotelzimmer um 1200 Baht mit Balkon am Hang, schöne Sicht; Restaurant, 2 Pools.
Phuket Golden Sand Inn ab*****, 8/6 Patak Rd., ✆ 396493, ℻ 396117, Bungalows mit Fan oder ac, teure Hotelzimmer mit ac, gutes, nicht überteuertes Restaurant, schöner Pool.
Thep Somboon Inn ab******, 9/6 Patak Rd., ✆ 286030, ℻ 286037, hoch über dem Meer mit herrlicher Aussicht über Karon, 16 schöne Bungalows mit ac oder Fan, Balkon.

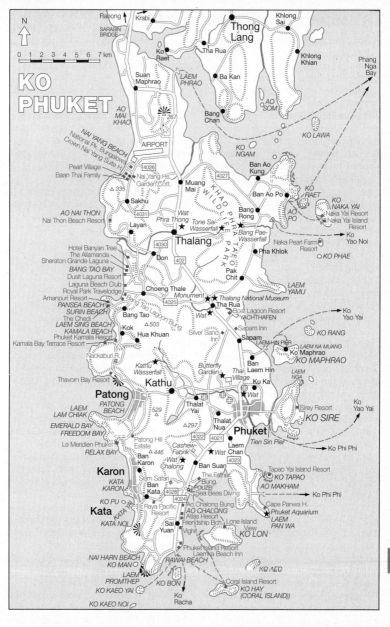

Die Strände von Phuket

Essen

Im angenehm dekorierten *Wiener* wird neben österreichischer Küche auch gutes Seafood geboten.

Beliebt ist das *Sunset Restaurant*. Die freundliche Bedienung serviert westliche und Thai-Küche zu etwas gehobenen Preisen.

Im *Le Café P.P.Restaurant* im Erdgeschoß des *P.P.Villa Hotels* wird morgens ein Frühstücksbüfett aufgebaut, das seinen Preis wert ist.

Das *Little Mermaid*, gegenüber dem Islandia Complex, hat rund um die Uhr geöffnet, nur die Küche schließt zwischen 3 und 6 Uhr, unter dänischer Leitung.

Im *Buffalo Steak House*, südlich vom Karon-Kreisverkehr, serviert man ausgezeichnete neuseeländische oder australische Steaks und zum Nachtisch leckeren schwedischen Apfelkuchen.

Patong Beach

Dieser einstmals herrliche, 3 km lange Strand, 15 km von Phuket Town, wurde für den internationalen Tourismus voll entwickelt. Shops, Unterkünfte, Restaurants Bars und Pubs, die vor allem am Abend von alleinreisenden Männern bevölkert sind, drängen sich an der mittleren Beach Road und auf den etwa 300 Metern der Bangla Road. Der Ort hält ein breites Angebot an Einkaufs-, Essens- und Ausflugsmöglichkeiten bereit und hat sich zu einer pulsierenden Stadt entwickelt. Die Wasserqualität ist nicht mehr die beste, das Meer wirkt zu bestimmten Jahreszeiten trüb, zu anderen kann es aber strahlendblau sein.

Übernachtung

In der Regenzeit von Mai bis Oktober kann man bis zu 50% Rabatt erhandeln, aber auch schon außerhalb der absoluten Hochsaison um Weihnachten und Neujahr sind Rabatte möglich.

Gästehäuser und Pensionen: An der Rat Uthit Rd. und in ihren Seitengassen werden in Stadthäusern relativ günstige Zimmer vermietet. In der Hochsaison kosten sie mit Fan etwa 600 Baht, mit ac 800 Baht.

P.S. 2 Bungalow***-****, 178/54 Rat Uthit Rd., ✆ 342207, einfache, saubere Doppelbungalows mit Fan oder ac und Du/WC und ein neueres zweistöckiges Haus. Die hinteren Häuser liegen recht ruhig um einen Garten.

Malika Mansion****, 77/30 Rat Uthit Rd., ✆ 341585, 8 Zimmer mit ac in einem Stadthaus; Jeep- und Motorradvermietung.

Capricorn's Village***, 82/29 Rat Uthit Rd., ✆/✉ 340390, nette Bungalowanlage mit Garten, Zimmer mit Fan, italienische Leitung.

Asia GH**-***, ✆ 340963, ✉ 340962, geräumige Zimmer, z.T. ac, Schlafsaal 100 Baht.

C & N Bungalows & Mansion***-****, ✆ 340475, ✉ 341896, komfortable Zimmer, z.T. ac, im 4stöckigen Haus, dahinter Bungalows mit einfachen Zi mit Fan, Du/WC und Terrasse.

Charlis GH***, Soi Sansabai, ✆/✉ 340202, ruhiges Stadthaus, Zimmer mit Fan und teure mit ac, Restaurant, schwedische Leitung.

Touristenklasse: In diesen Hotels werden viele Reisegruppen untergebracht.

Eden Bungalow-Hotel, ✆ 01-2291510, ✉ 340944, komfortable Bungalows und Reihenhäuser mit Fan oder ac und Warmwasser ab 1230 Baht, tropischer Garten, Pool, 200 m vom Strand.

Patong Penthouse ab****, ✆ 340350, ✉ 340349, Bungalows mit Fan oder ac in einer weitläufigen Gartenanlage mit Pool und Restaurant.

Expat****, Soi Sunset, am Ende der Barstraße, ✆ 342143, ✉ 340300, um einen tropischen Garten mit Pool gebaut, kleine, etwas dunkle Zimmer mit Fan oder ac; beliebte Bar, Restaurant.

Sand Bungalows***-****, 65/49 Soi San Sabai, ✆ 342949, ✉ 340273, am Ende der Soi Sansabai, ländlich und ruhig hinter einem See, Bungalows mit Fan oder ac, Coffee Shop.

Tropica Bungalow, ✆ 340204, ✉ 340206, erstaunlich ruhige und liebevoll gepflegte Gartenanlage im Zentrum, einfaches Hotel mit ac-Zimmern und unterschiedlichen Bungalows mit ac ab 2000 Baht; unter Leitung eines deutschen Künstlers.

Phairin Beach Hotel, 106/3 Tawiwong Rd., ✆ 340601, ✉ 340522, 3stöckiges, sauberes Mittelklasse-Reihenhaus, Zimmer mit ac, Heißwasser und TV ab 2000 Baht, unter italienischer Leitung.

First-Class-Hotels: In diesen Anlagen der gehobenen Preisklasse können sich auch Individualreisende wohl fühlen.
Banthai Beach Resort, Thawiwong Rd., ✆ 340328, ✉ 340330, große First Class-Anlage mit Thai-Stil Bungalows ab 1800 Baht, Pool und Läden; abends klassische Thai-Tänze.
Baan Sukhothai, Bangla Rd., ✆ 340195, ✉ 340197; im Zentrum, schöne Thai-Stil-Bungalows, z.T. Apartments, ab 1800 Baht.

Essen

In der *Deutschen Bäckerei* am Südende der Na Noi Rd. bekommt man deutsches Frühstück, echt deutsches Brot und Kuchen.
Die von *Giorgio* geleiteten Restaurants *Tropica* und *Patong Seafood* im *Tropica* sind sehr beliebt. Geöffnet tgl. 8–23 Uhr.
Etwas preiswerter ist Seafood im *Restaurant No. 4* am Ende der Soi Post Office, auch wenn der Service zu wünschen übrig läßt.
Patong Beer Garden, 82/47 Rat Utit Rd., im *K-Hotel*, offeriert gute österreichische Küche, gehobenes Preisniveau. Im Garten kann man angenehm sitzen. Sehr schönes Aquarium mit Weichkorallen etc.
Viele Pizzerien in der Soi Post Office (Soi Permpongpatana). Hier auch das
Sabai Sabai, sehr gute, preiswerte Thai-Gerichte und Steaks. Schneller Service.
Auf dem großen *Essensmarkt* in der Rat Uthit Rd. sitzen vor allem Touristen an langen Tischen zwischen den Garküchen. Es ist heiß, aber die Atmosphäre stimmt – da stört es nur wenige, daß vor allem beim Seafood kräftig abgezockt wird.

Unterhaltung

DISCO – *Banana Disco* im Zentrum an der Thawiwong Rd., hier wird es erst nach Mitternacht richtig voll. Geöffnet von 21–2 Uhr.
Eine phantastische Disco ist der *Safari Pub* auf einem Hügel an der Straße nach Karon. Alles ist aus Naturmaterialien erbaut, mit vielen Pflanzen und Tonfiguren originell dekoriert. Live-Bands von 22–2 Uhr. Geöffnet tgl. 20–3 Uhr.

TRAVESTIE-SHOW – *Phuket Simon Cabaret*, an der Straße Richtung Karon Beach. Eine professionell gestaltete Transvestitenshow. Vorstellungen um 19.30 und 21.30 Uhr, Reservierung unter ✆ 342114, ✉ 340437.

Sonstiges

AUTOVERMIETUNG – *Phuket Rent A Car* in der Thawiwong Rd., ✆ 321292.
VIA Rent A Car, 70/85 Rat Uthit Rd., ✆ 341660, ✉ 341661, Kleinwagen mit erstklassiger Versicherung ab 750 Baht, geöffnet tgl. 8–19 Uhr.
Avis hat Niederlassungen im *Holiday Inn*, ✆ 321020, und im *Phuket Cabana*, ✆ 340138.
Außerdem werden am Strand und bei den Gästehäusern *B & B* und *Chanathip* Jeeps ab 800 Baht vermietet, die allerdings nicht ausreichend versichert sind. Ansonsten kosten Mietwagen meist um 1000 Baht.

MEDIZINISCHE VERSORGUNG – *Hospital* an der Sai Nam Yen Road für eine Notversorgung. Bessere Behandlung erfährt man in den Krankenhäusern von Phuket.
Dr. Prame Ittipongse, eine deutschsprechende Ärztin, praktiziert vor dem *Patong Beach Hotel* in 94 Thawiwong Rd., ✆ 341276, tgl. 10–13 und 18–20 Uhr.

MOTORRÄDER – über 100 Maschinen, darunter auch 250cc und 1200cc vermietet *Patong Big Bike* an der Rat Uthit Rd., ✆ 340380. Ein 100cc-Bike kostet 200 Baht pro Tag, 125cc 300 Baht.

POST – Im Zentrum, schräg gegenüber von der *Police Box*. Geöffnet 8.30–12 und 13–16.30, feiertags 9–12 Uhr. Ein neues Hauptpostamt ist neben der Siam Commercial Bank in der Rat Uthit Rd. geplant.

TOURIST POLICE – *Marine Police* und eine *Police Box* im Zentrum an der Thawiwong Rd.

VORWAHL – 076; PLZ: 83 150.

Nahverkehrsmittel

Pickups und Songthaew im Stadtgebiet kosten 10–20 Baht je nach Saison, Tageszeit und Anzahl der Mitfahrer. Motorradtaxi 10 Baht.
Busse nach PHUKET TOWN für 15 Baht starten

am Bus Stop vor dem Patong Merlin, nehmen aber auch während ihrer Fahrt durch die Thawiwong Rd. und Phra Barami Rd. Fahrgäste auf.
Taxi zum AIRPORT 400 Baht, Minibus 150 Baht p.P.

Kamala Beach

Von Patong führt eine neue, breit ausgebaute, aber steile Straße nach Norden, die bereits vielen Freizeit-Motorradfahrern einen Krankenhausaufenthalt beschert hat. Vorbei geht es am **Nakha Beach**, der bei hohem Wasserstand nur einen schmalen Sandstrand aufweist, der kaum zum Baden geeignet ist und zudem von einem langen Pier halbiert wird. Hier liegt das *Thavorn Bay Resort*.

Über den Berg gelangt man durch eine schöne Landschaft zur langgestreckten, kahlen **Kamala Bay**, an deren Südende, 26 km von Phuket Town, ein Moslemdorf liegt. Bei dem einfachen Restaurant am Nordende kann man gefahrlos schwimmen. Pickups fahren nur selten diese 5 km lange Straße entlang. Eine gute Straße verläuft an der Küste entlang weiter Richtung Norden vorbei an hübschen, kleinen Buchten nach Surin. Von zwei Parkplätzen führen Fußwege hinab zum hübschen **Laem Sing Beach**.

Übernachtung

Bird Beach Bungalow***, im Ort an einer landeinwärts führenden Nebenstraße, 10 Steinbungalows mit ac, daneben Motorradverleih.
Maya Bungalow***-****, ℡ 324510, im Ort zwischen der Dorfstraße und dem Strand, 4 ruhige Steinbungalows mit Fan.
Phuket Kamala Resort, ℡ 324396, ℻ 324399, Bungalows der Mittelklasse ab 1700 Baht, Pool. Südlich von Kamala erreicht man über eine Stichstraße:
Kamala Beach Estate, ℡ 324111, ℻ 324115, Apartments ab 1900 Baht pro Tag, Pools.

Surin Beach und Pansea Beach

Ein großer Parkplatz und viele unattraktive Snack- und Souvenirbuden weisen darauf hin, daß der Hauptstrand, 24 km von Phuket Town, hauptsächlich von Thai-Touristen frequentiert wird.

Der schöne, 250 m lange Pansea Beach mit den beiden Hotelanlagen ist völlig abgeschlossen.

Übernachtung

Surin Sweet Apartment***, ℡/℻ 01-2283153, kleine Anlage, Zimmer mit ac.
Taengthai GH***, 12 Zimmer mit ac oder Fan, Restaurant.

Nai Yang Beach

Der schöne Badestrand im Nordwesten, 32 km von Phuket Town, liegt nahe am Flughafen und ist trotzdem ruhig. Riesige, schattenspendende Kasuarinas ragen direkt am Strand in den Himmel, darunter haben sich viele Garküchen und Freiluftrestaurants niedergelassen.

Ein Teil der Bucht ist zum **National Park** erklärt worden, da hier während der Trockenzeit Meeresschildkröten ihre Eier zum Ausbrüten in den Sand legen. Eintritt 10 Baht.

Übernachtung und Essen

Baan Thai Family****, ℡ 327103, ℻ 327303, an der Zufahrtsstraße zum Pearl Village, 500 m vom Strand, saubere Bambus-Bungalows mit Du/WC, Fan und Kühlschrank.
Nai Yang National Park Bungalows**-****, ℡ 327407, hübsche Häuschen in einem Kasuarinawäldchen für 2 bis 12 Personen, mit Bad/WC, separates Toilettenhaus, Zelte*.
Nai Yang House***-****, 6/1 Nai Yang-Airport Rd., ℡ 327488, ℻ 205061, an der Hauptstraße, 1,5 km vor dem Airport, kurz vor der Abzweigung der Straße nach Crown Nai Yang gelegen, sehr saubere, ordentliche Zimmer mit Bad/WC und Fan im Reihenhaus, 3 ac-Bungalows.
Garden Cottage****, 53/1 Mu 1, T. Sakoo, ℡ 327293, ℻ 327292, recht große und sehr saubere, nett eingerichtete Bungalows mit Fan oder ac, Heißwasser. Freundliche, familiäre Atmosphäre.

Wassersport auf Phuket

Schnorcheln

An der Westküste gibt es die meisten Korallenriffe. Das mit 1,5 km Länge größte Riff liegt vor dem Nai Yang Beach, ca. 1 km vor dem Küstenabschnitt, wo das Park-Office steht. Hier liegt die Wassertiefe zwischen 10 und 20 m. Weitere **Riffe** zum Schnorcheln: am nördlichen Patong Beach und vor dem Coral Beach Hotel; an der Freedom und Emerald Bay; vor den Felsen von Laem Prom Thep; vor Laem Son nördlich von Surin Beach; um die Insel Ko Pu am nördlichen Kata Beach und am westlichen Ende des Nai Harn Beach vor Ao Sane und dem Jungle Beach Resort.

Gute **Inseln** zum Schnorcheln: Ko Man (vor Nai Harn), Ko Kaeo Yai (vor der Südspitze von Phuket), Ko Hay (= Coral Island, vor Rawai), Ko Mai Thon (12 km im Südosten), Ko Khai Nai (im Osten vor Ko Siray), Ko Racha Yai und Ko Racha Noi (weit im Süden). Schnorchelausrüstung wird in manchen Unterkünften und in Taucherläden vermietet: Maske ca. 50 Baht, Schnorchel 20 Baht, Flossen 50 Baht pro Tag. Vor Sonnenbrand schützt man sich am besten mit einem Polo-Shirt mit Kragen und eng anliegenden, langen Hosen.

Tauchen von Phuket aus

Tauchen vom Land aus ist in Phuket nur blutigen Anfängern oder zum Eingewöhnen zu empfehlen. Interessanter wird es an den vorgelagerten Inseln, vor allem für Unterwasserfotografen und Genußtaucher.

Das Nonplusultra in Thailand sind derzeit die *Live-Aboard-Cruises* an Bord echter Tauchschiffe. So werden z.B. die Similan Islands, die Burma Banks, der Richelieu Rock und Ko Tachai angesteuert – Tauchreviere, die auch dem verwöhnten Taucher ungewöhnliche Erlebnisse bescheren. Auf Phuket gibt es über ein Dutzend Tauchbasen. Fast alle bieten 4tägige PADI-Kurse zum *Open Water Diver* für 7000–8500 Baht an. In den folgenden Tauchschulen unterrichten auch deutschsprachige Tauchlehrer.

In Patong:

South East Asia Divers, Andaman Square, Thawiwong Rd., ✆ 344022, 📠 342530. PADI 5-Sterne, Filialen in einigen Resorts.

South East Asia Liveaboards, 113/12 Song Roi Pi Rd., ✆ 340406, 📠 340586, veranstaltet Tagestouren und *Live-Aboard-Cruises* nach Similan und Surin, zum Mergui Archipel in Burma und zum Sangihe Archipel in Indonesien, 3 große Boote. Im Internet: www.seadivers.com, e-mail: seadiver@loxinfo.co.th

Santana, 92/18 Sawatdirak Rd., ✆ 294220, 📠 340360, die älteste Tauchschule auf Phuket unter deutscher Leitung, PADI 5-Sterne IDC Center, mit 2 Tauchbooten 3- bis 7tägige *Live-Aboard-Cruises*; e-mail: santanap@loxinfo.co.th

Fantasea (holländische Leitung), 93/58 Thawiwong Rd., ✆ 340088, 📠 340309, bietet ein hervorragend ausgerüstetes Tauchboot und *Live-Abord-Cruises* für 18 Taucher; e-mail: fantasea@phuket.com

In Karon und Kata:

Kon-Tiki, 66/3 Mu 3, Karon Beach, ✆ 396312, 📠 396313, schwedische Tauchschule in den *Green Valley Bungalows*, Ableger in Khao Lak.

Marina Divers, ✆ 330272, 📠 330516, beim *Marina Cottage*, PADI 5-Sterne, deutsche Leitung.

Dive Asia, gegenüber dem *Merlin*, ✆ 330598, 📠 284033, Deutsche PADI 5-Sterne-Tauchschule, Tagestouren und 3- bis 7tägige *Live-Aboard-Cruises*.

Calypso Divers, 109/17 Taina Rd., Kata Beach, ✆/📠 330869. Deutsche Tauchschule, Spezialist für Tauchfahrten zu den Inseln im Süden Thailands.

Nautilus Divers, 5/33 Kata Noi Rd., Kata Beach, ✆ 330174, 📠 330173, Tauchschule unter schweizer Leitung, Tauchfahrten mit dem Speedboat.

Vor einer Buchung empfiehlt es sich, persönlich mit dem Tauchleiter zu sprechen und unbedingt die Ausrüstung zu inspizieren. Zwei Tauchgänge kosten ca. 800 Baht. Tagestörns zu entfernteren Tauchrevieren werden für etwa 1500 Baht angeboten. Ausrüstung kostet pro Tag etwa: Flasche 120 Baht, Tragegestell 50 Baht, Lungenautomat mit Manometer 150–250 Baht, Tarierweste 160 Baht, Tauchanzug 150 Baht, Gürtel 20 Baht, 1 Kilo Blei 10 Baht, ABC-Ausrüstung 100–200 Baht, Luft 40–60 Baht pro Füllung.

Tauchsaison vom 1. Dezember bis 15. Mai, Tauchtouren finden von Mitte Oktober bis Ende Mai statt.

Kanufahren

Sea Canoe Thailand, P.O. Box 276, Phuket, ✆ 212252, ✆ 212172, e-mail: info@seacanoe.com, bietet phantastische Bootstouren in die Phang Nga Bay an, die allerdings ihren durchaus berechtigten Preis haben.

Die langen Strecken werden auf einem größeren Boot zurückgelegt, das die seefesten Kanus für kleinere Ausflüge mitführt. Gepaddelt wird um malerische Inseln herum und durch Höhlen hindurch. Höhepunkte sind Fahrten in Hongs, natürliche Lagunen, die von hohen, üppig bewachsenen Felswänden völlig umschlossen sind. Preis für einen Tagestrip mit Transfer und guter Verpflegung: 2500 Baht; keine Touren im September und Oktober.

Ähnliche Touren veranstaltet *Santana Adventure Tours*, 92/18 Sawatdirak Rd., Patong Beach, ✆/✆ 340360.

Achtung: Auf eigene Faust ohne erfahrenen Führer sind solche Kanutrips lebensgefährlich. Also nicht von Billiganbietern verleiten lassen!

Ausflüge zu Land
Wat Chalong

8 km südwestlich von Phuket Town liegt der berühmte Tempel, der verehrte Statuen von Mönchen enthält, welche sich unter Rama V. besondere Verdienste erworben haben. Pilger entzünden hier gern Kracher. Im hinteren Bereich kann man schön ruhig an einem Teich sitzen.

Von ausgebildetem Personal wird Thai-Massage angeboten.

Wat Phra Thong und Thalang National Museum

Der **Tempel des Goldenen Buddhas** liegt in Thalang, 20 km nördlich von Phuket Stadt. Eine große Buddha-Statue schaut von der Brust aufwärts aus dem Tempelboden heraus. Die Einheimischen plazieren jeden Tag Goldplättchen auf der Statue, so daß sie wie aus Gold erscheint.

Beim Denkmal der Heldinnen, 12 km nördlich von Phuket Stadt, liegt rechts am H402 das **National Museum**. Ein Miniatur-Thai Dorf, Werkzeuge und Geräte für die Gewinnung von Gummi, auf Phuket gefundene alte Waffen und andere Antiquitäten werden hier ausgestellt. Geöffnet Mi–So von 10–16 Uhr; ✆ 311426. Jeden Montag wird daneben ein großer lokaler Markt abgehalten.

Laem Phrom Thep

Einer der beliebtesten Ausflüge führt an die südlichste Inselspitze, 19 km von Phuket Town.

Eine Serpentinenstraße schlängelt sich vom Rawai-Strand durch Kokoswälder zum höchsten Punkt mit vielen Imbiß- und Souvenirständen. Vor allem zu Sonnenuntergang genießen Hunderte von Bustouristen die abendliche Stimmung, bevor sie zum Dinner weiterfahren.

Direkt am Kap kann man im *Phromthep Cape Restaurant*, ✆ 288656, frische Meeresfrüchte genießen.

Khao Phra Taeo Wildlife Park

In diesem letzten Rest tropischen Regenwaldes leben zahlreiche Affen, Vögel und sogar noch einige wilde Bären. Ein einfacher Wanderweg führt am Wasserfall entlang, der nur während der Regenzeit schön ist.

Im Wald stehen die Verwaltungsgebäude des Wildschutzgebietes und Bungalows****, die Platz für 20 Personen bieten. Zu erreichen, indem man in Thalang vom H402 nach Osten abbiegt, der Ausschilderung 3 km zum Tone Sai-Wasserfall folgt und sich an der Gabelung rechts hält.

Die Inseln vor Phuket

Coral Island – Die Insel Ko Hay (auch Ko Hae) liegt etwa 6 km vor Rawai am Südzipfel von Phuket. Wegen ihrer schönen Korallen führen viele Schnorchelausflüge hin. Wer nichts als Strand, Korallen und Kokospalmen sucht, kann hier übernachten (s.u.). Einfache Strandrestaurants bereiten Thaigerichte und servieren kalte Getränke.

Ko Lone – Eine der größten vorgelagerten Inseln hat bis zu 260 m hohe Berge. Auf drei Seiten ist sie von steiler Felsküste umgeben, nur im Norden liegt ein Fischerdorf. Mit dem Boot erreicht man kleine, einsame Strände.

Ko Mai Thon – Auch zu dieser Insel, 16 km vor dem Chalong Beach, werden Tagesausflüge angeboten, die sich wegen der schönen Strände und Schnorchelgründe lohnen. Hier steht ein exklusives Resort mit Zimmerpreisen ab 8000 Baht.

Racha Island – Die hügelige und felsige Insel Ko Racha Yai (auch Ko Raya oder Ko Raja) liegt 21 km südlich von Phuket. Feiner, weißer Sand bildet die zwei Hauptstrände im Nordwesten der Insel. Hier liegen die Bungalowanlagen und einige Erfrischungsstände. Das Wasser ist fast immer klar und herrlich zum Schwimmen und Schnorcheln geeignet. Mehrere Veranstalter bieten Tagestouren an, so daß Tagesausflügler von 11–14.30 Uhr den Strand belagern, schnorcheln und ein Barbecue veranstalten, danach tritt wieder Ruhe ein.

Phang Nga

Die Provinzhauptstadt Phang Nga (gesprochen ungefähr Pang-ga) liegt genau 93 km von Krabi und von Phuket entfernt. Berühmt ist sie für die wunderschöne Bucht mit den steil aus dem Wasser aufragenden Kalkfelsen.

Auch im Stadtgebiet erheben sich viele Kalkfelsen, einige von Höhlen durchzogen.

Übernachtung

Alle billigen Hotels liegen an der Hauptstraße, der **Petchkasem Rd.**, und sind recht laut.
Lak Muang 1**, Nr. 1, ☏ 411288, ✆ 411512, 400 m nördlich am Stadtrand, Zimmer mit Du/WC, zur Straße laut, Personal indifferent. Immer noch die beste Unterkunft beim Stadtzentrum.
Ratanapong**-***, Nr. 111, ☏ 411247, große, relativ saubere Zimmer, sehr laut, nach hinten besser. Kaum akzeptabel.
Ruk Phang Nga**, Nr. 176, ☏ 412090, im Zentrum, nicht sauber, sehr laut, viel Kurzzeitverkehr.
Meng Tong**-*** (auch: Muang Tong), Nr. 128, ☏ 412132, neben der Thai Farmers Bank, 15 besonders große Zimmer mit Fan oder ac, sehr laut.

Sonstiges

BOOTSTOUREN – Der Bruder des verstorbenen Mr. Sayan bietet im Büro *Sayan & Tour* am Bus Terminal, ☏ 430348, preiswerte **Touren** von ca. 5 Std. zur Phang Nga Bay an: von 7.30–13 und 14–18.30 Uhr (in der Saison) für 150 Baht p.P. (plus 2x 10 Baht fürs Auto und 5 Baht für die James Bond-Insel) sowie von 14–9.30 Uhr für 350 Baht p.P. mit zwei Mahlzeiten auf der Restaurant-Insel *Ko Panyi* und einer Übernachtung. Verwandte auf Ko Panyi betreuen seine Gäste. Ein **Ganztagestrip** geht von 7.30–15 Uhr für 350 Baht p.P. durch schönere Landschaften. Vor dem Ratanapong Hotel vermittelt *Mr. Kean* ähnliche Touren.

GELD – Eintauschen von Euroschecks bei der *Thai Farmers Bank* dauert extrem lange.

VORWAHL – 076; PLZ: 82 000.

Transport

Nach BANGKOK fährt der non-ac Bus um 13 und 17.30 Uhr, der ac-Bus um 16 und 18 Uhr, der VIP-24 Bus um 16 Uhr. Abfahrt hinter der Siam City Bank.
Von und nach PHUKET alle 30–60 Min. mit non-ac-Bus für 26 Baht. Pauschaltouren ab Phuket für 350–500 Baht je nach Qualität der Busse.

Von und nach KRABI mit dem non-ac-Bus alle 30–60 Min. für 24 Baht (ac 44 Baht) in 2 Std.
Nach SURAT THANI mit dem non-ac-Bus um 6.30, 7.30 und 13.30 Uhr für 65 Baht und mit dem ac-Bus um 9.30, 11.30 und 13.30 Uhr für 100 Baht (bis KO SAMUI für 200 Baht), Abfahrt gegenüber dem *Ratanapong Hotel*. Mit dem non-ac-Bus je nach Route evtl. in Takua Pa umsteigen. Der erste non-ac-Bus erreicht um 10.30 Uhr den Zubringerbus zur Fähre nach Ko Samui, dafür den Bus bei *Samui Tour* stoppen lassen.
Nach KHAO SOK erst alle 45 Min. nach TAKUA PA (20 Baht), dann stündlich weiter mit dem Surat Thani-Bus für 15 Baht.
Nach KHAO LAK erst mit dem Phuket-Bus zur Bus Station nach KHOK KLOI (20 Baht), dort umsteigen Richtung TAKUA PA (13 Baht).
Zum Hafen mit dem Minibus für 10 Baht.

Die Bucht von Phang Nga

Die weltberühmte Bucht mit ihren bizarren **Kegelkarstfelsen** wurde 1981 zum Nationalpark erklärt. Er umfaßt mit seinen 400 km² einen großen Teil der flachen Bucht, die steilen Inseln und die angrenzenden Felsen. Das Wasser ist fast immer ruhig, so daß eine **Bootsfahrt** nahezu ganzjährig möglich ist. Am eindrucksvollsten ist die Fahrt von Dezember bis April, wenn der Himmel blau und das Licht klar ist. Nicht vergessen, einen Sonnenhut, Sonnencreme, Ohrenstöpsel und etwas zu trinken mitzunehmen. Trotz des Sonnendaches sitzt nicht jeder Passagier dauernd im Schatten.

Zuerst geht es mit dem ohrenbetäubend lauten Longtailboot auf dem breiten **Klong Khao Thalu-Fluß** immer geradeaus, vorbei an Mangrovensümpfen und markant geformten, mit tropischen Bäumen bewachsenen Felsen, z.B. dem „Kleinen Hund" **Khao Ma Chu**. Dann erreicht man die Bucht von Phang Nga: steile Kalkfelsen im Meer, die scheinbar nur durch die Wurzeln der wildwuchernden tropischen Vegetation zusammengehalten werden, dunkle Höhlen und Grotten mit herabhängenden Stalaktiten. Die Felsmalereien am **Khao Khian** sind 3000 Jahre alt.

James Bond machte die bizarren Felsformationen durch den Film „Der Mann mit dem goldenen Colt" berühmt. Gegenüber vom sogenannten "James Bond Felsen" **Khao Tapu** wird auf einer kleinen Insel (5 Baht Eintritt) unter hunderten von Ausflüglern gerastet, die die Erfrischungs- und Souvenirstände belagern.

Das auf Stelzen gebaute **Muslimdorf**, das sich an die Insel **Ko Panyi** anlehnt, hat sich zu einem fast ausschließlichen, teuren Restaurant- und Souvenirdorf gewandelt. Alle Tourgruppen werden hier mit **Meeresfrüchten** abgefüttert (je nach Anbieter üppig bis miserabel). Zuletzt geht die Fahrt durch eine intakte **Mangroven**-Landschaft, und man durchfährt eine Höhle, die **Tham Lot** (gezeitenabhängig kann dieser Abstecher auch zu Beginn der Fahrt erfolgen).

Übernachtung

Phang Nga Bay Resort Hotel****, 20 Tha Dan, ✆ 411067, ✆ 411057; etwas abgewohnte Zimmer; Restaurant; großer, sauberer Pool, tolle Aussicht.
Camping im Park ist möglich, doch die Strände fürs Aufschlagen der Zelte sind sehr schmal. Erlaubnis erteilt: **National Park Division**, Bangkok, ✆ 5790 529.

Transport

Die 3 km lange Zufahrtstraße H4144 zur Bucht geht am KM 33,7 ab. Von Phang Nga fährt ein Minibus für 10 Baht zum Hafen. An der Anlegestelle gleich neben dem Hotel kostet ein langsames, überdachtes Boot für max. 10 Pers. (3–4 Std.) 400–500 Baht, z.B. bei *Nang Nuan Boat* (handeln!). Touren werden ab PHANG NGA für 150–360 Baht, z.T. mit Übernachtung, angeboten. Weitere Touren ab PHUKET für 350–500 Baht und ab KRABI für 350–370 Baht.

Khao Lak

เขาหลัก

58 km nördlich von der Insel Phuket beginnen die wunderschönen Strände von Khao Lak. Hinter einem Zipfel des **Khao**

Lak-Lamru National Parks, den der H4 am KM 56,8 durchquert, bietet sich vom *Khao Lak View Restaurant* eine phantastische **Aussicht** über das helle Band des Sandstrandes, das nach 12 km beim Coral Cape endet.

Unterhalb des Aussichtspunkts liegt der 500 m lange, schöne **Sandstrand Khao Lak Sunset Beach**, hinter dem ein weiterer mit Dschungelbäumen bewachsener Hügel aufragt. Anschließend erstreckt sich ein 1200 Meter langer, herrlicher **Badestrand**, der bei deutschen Individualreisenden besonders beliebte **Khao Lak Nang Thong Beach**. Einige Felsenbänder ragen malerisch bis zu 50 m ins Meer hinaus. Unter Palmen, Kasuarinas und schattigen Laubbäumen verstecken sich 6 Bungalowsiedlungen. Gute 2 km nördlich davon beginnt der ruhige **Khao Lak Palm Beach**, an dem vor kurzem das erste, schmucke Resort gebaut wurde. Der goldbeige, feine Sand ist völlig frei von Steinen oder Felsen. Der breite Strand fällt sacht zum Wasser ab und bietet bei Ebbe und Flut einen idealen Wasserstand für kleine Badegäste und große Schwimmer.

Nach Norden kann man 8 km weit am Strand entlang wandern, ohne auf eine Ansiedlung am Meer zu stoßen.

Übernachtung

SUNSET BEACH – *National Park Bungalows**-*****, im Wald am Hang beim KM 56,8 unterhalb der Straße, 9 einfache Bungalows. Camping ist erlaubt, wo immer sich ein Platz findet.

Khao Lak View Resort**-****, am KM 57,2 unterhalb der Straße, 4 große Steinbungalows auf halber Höhe am Hang, mit Du/WC, Balkon und toller Sicht; 4 kleine Mattenhütten versteckt zwischen den Bäumen.

Khao Lak Sunset Resort, Zufahrt am KM 57,8, kompaktes Gebäude am Hang, 27 große ac-Zimmer ab 1300 Baht, Restaurant im Erdgeschoß.

NANG THONG BEACH – 300–600 m vom H4 liegen 6 Bungalowanlagen direkt am 1200 m langen Strand. Zu den 5 nördlichen geht vom KM 59,6 eine 600 Meter lange, asphaltierte Zufahrtstraße ab. Während des Monsuns sind die meisten Anlagen und die Strandrestaurants von Juli bis September geschlossen.

Khao Lak Laguna Resort, ✆ 01-2292274, ✆ 431297, Zufahrt vom H4 am KM 58,8. Schön angelegtes Gelände, 30 komfortable Doppelbungalows aus Holz ab 1300 Baht, großes Restaurant; freundliches Personal, Pool. Tauchschule.

Nang Thong Bay Resort 2****, ✆ 01-2292727, ✆/✆ 01-2292181; gepflegtes Grundstück, 11 große Bungalows mit Terrasse; gutes Restaurant, Strandbar; vorzüglicher Badestrand.

Tukta Bungalows***-****, ✆ 01-2292137; Flachdachbungalows mit mehreren Zimmern, nettes Strandrestaurant mit Bar.

Nang Thong Bay Resort**-****, ✆ 01-2292727, ✆/✆ 01-2292181; schöne, schattige, von einem Bach durchflossene Anlage, 30 hübsche Holzbungalows, billigere Steinbungalows und Reihenhäuser jenseits der Strandstraße; großes Restaurant mit Meerblick, leckere Thai-Gerichte zu mittleren Preisen. Viele Service-Leistungen.

Garden Beach Resort***, ✆/✆ 01-2292179; große, nicht übermäßig gepflegte Anlage unter hohen Bäumen; 50 z.T. hübsch gestaltete, saubere, täglich gereinigte Steinbungalows, preiswertes Restaurant mit sehr gutem Essen. Taxi-Service.

Khao Lak Bungalows (Gerd & Noi)**-****, zu dieser Anlage erreichten uns massive Beschwerden.

Phu Khao Lak Resort**-***, am KM 59 auf der Landseite des H4, zurückgesetzt in einem Palmenhain, 10 Min. zum Strand, 3 neue, ebenerdige Steinhäuser mit je 4 preiswerten Zimmern, Fan und Du/WC, täglicher Zimmerservice, günstiges Restaurant; geleitet vom freundlichen Mr. Boonchu, der früher als Führer gearbeitet hat und recht gut englisch spricht.

KHAO LAK PALM BEACH – Zufahrtstraße (1000 m) vom Bus Stop am H4 (KM 62,1).

Chong Fah Beach Resort*** (ac****), ✆ 01-2291253, ✆ 431322, neues Kleinhotel am Strand, 2stöckige, schmucke Häuser, 20 Zimmer mit Fan, Du/WC und Balkon mit Meersicht, daneben schöne, neue Bungalows; offenes Restaurant am Strand, vorzügliche, preiswerte Thai-Gerichte; kleines Boot, Auto und Mopeds zu mieten.

Dream Beach Bungalows, unter Palmen können Traveller z.Zt. ihr Zelt aufschlagen, solange der Platz sauber gehalten wird. Infos, Anmeldung, Benutzung der sanitären Anlagen und Entrichtung eines Unkostenbeitrags im Resort nebenan.

Sabai Bungalows**, 250 m vom Strand in einer Palmenplantage, originelle Häuschen aus Ziegelstein, 4 Zimmer mit Du/WC, kleine Leseecke im Giebel; offenes Restaurant; deutsche Leitung.

Essen

SUNSET BEACH - Das luftige *View Restaurant* bietet eine phantastische Sicht über den Khao Lak Strand; Thai-Gerichte mit mäßigen Preisen.

NANG THONG BEACH - In der Mitte des Strandes verkaufen Einheimische in 5 atmosphärisch angenehmen Strandrestaurants gutes, preiswertes Thai-Essen (35–50 Baht) und Getränke (z.B. gute Shakes für 20 Baht). Frisch gefangener Fisch wird nach den Wünschen der Gäste zubereitet, ganz vorzüglich z.B. im *Lamuan Seafood*. *Khao Lak Seafood*, das nördlichste der Restaurants, listet 265 Gerichte auf der Speisekarte auf. Besonders preiswert ist das Restaurant des *Phu Khao Lak Resort*.

Sonstiges

AUSFLÜGE – Tagesausflüge sind zu 7 Marine National Parks und zu 4 National Parks möglich. Bootsausfahrten zum Fischen und Schnorcheln bietet das Strandrestaurant *Khao Lak Seafood*.

DSCHUNGELTOUREN – zum *Sri Phang Nga National Park* und zum *Khao Sok National Park* leitet *Toy* (bei der *Tarzan Bar* zu finden).

GELD – wird im *Nang Thong Bay Resort* gewechselt (ca. 5% Aufschlag), Reiseschecks sowie Visa- und Mastercard werden akzeptiert, zum Bezahlen des Essens mit 3% Gebühr.

INFORMATION – Beim *P & P Talking Stone*, 01-2292181, am Strand neben den Restaurants, wird bestens über Ausflüge und Taxi Service informiert und das richtige Ticket verkauft.

REISEZEIT – Am *Nang Thong Beach* rollen während des Südwestmonsuns von Mai bis Oktober rollen große Wellen an den Strand, Baden ist dann nur sehr eingeschränkt möglich. Dagegen ist der *Palm Beach* auch in der Regenzeit zum Baden und Schwimmen meistens gut geeignet, da etwa 1,5 km vor dem Strand ein breites **Korallenriff** die Wellen bricht.

SAISON – Die Saison dauert von Mitte November bis Mitte April. Die besten Bungalows am *Nang Thong Beach* werden für den Dezember und Januar schon lange im voraus von Stammgästen gebucht. Am kaum bekannten *Palm Beach* sind wohl auch in der Hochsaison noch freie Zimmer zu bekommen.

SCHNORCHELN – Zu empfehlen sind die 3tägigen Trips zu den Similan Inseln (ca. 75 km), mit der *Folie* für 3900 Baht, mit der *Poseidon* für 3700 Baht alles inkl., 01-2296767. Jeden 2. Tag fährt das Speedboot *Diana* von Kon-Tiki um 9 Uhr in 2 1/2 Std. für 1600 Baht (alles inkl.) nach Similan, um 15.30 Uhr zurück; 01-2296736, 431297, im *Khao Lak Laguna*. 1,5 km vor dem *Palm Beach* liegt das Korallenriff *Karang Haeng*. In der Mitte zwischen Ebbe und Flut kann man im 2–5 m tiefen Wasser an einigen Stellen schön schnorcheln. Einen Bootsmann mit Boot organisiert das Chong Fah Beach Resort auf Anfrage.

TAUCHEN – Das *Sea Dragon Dive Center*, / 01-2292418, bietet für max. 8 Taucher bis zu 4 mal pro Woche Similan-Touren (3 Tage / 2 bzw. 3 Nächte) für 7800 bzw. 8600 Baht inkl. Ausrüstung und 7 bzw. 8 Tauchgänge (Nicht-Taucher 4400 Baht).

UNTERHALTUNG – An den Stränden von Khao Lak fühlen sich nur Urlauber wohl, die auf künstliche Unterhaltung verzichten können. Niemand vermißt Videos, laute Bars oder eine Disco.

VORWAHL – 076. PLZ: 82 129.

WANDERUNGEN – durch den Khao Lak National Park werden im Hauptquartier angeboten.

Kor-lae-Fischerboote am Strand von Ko Phi Phi

Transport

Bus-, Zug- und Flugtickets vermittelt zuverlässig mindestens zwei Tage im voraus das *Nang Thong Bay Resort* gegen geringe Gebühr. Die anderen Anlagen verlangen kräftige Aufschläge.

BUSSE – Der Bus zwischen TAKUA PA (15 Baht) und PHUKET (35 Baht) passiert Khao Lak ab ca. 7 Uhr etwa jede Stunde. Ebenso der Bus zwischen RANONG (65 Baht) und PHUKET sowie der öffentliche Bus zwischen SURAT THANI (50 Baht) und PHUKET (die privaten Busse fahren allerdings über Phang Nga, in Khok Kloi umsteigen, 22 Baht).
Nach BANGKOK ab Takua Pa (34 km) um 17.30 Uhr. Auch zu den ac- und VIP-Bussen von Phang Nga nach Bangkok kann man in Takua Pa ca. 1 Std. später zusteigen.
Gut geeignet fürs Umsteigen ist auch die Bus Station am KM 9 in Khok Kloi (Abzweigung nach Krabi), wo viele Überlandbusse halten.

TAXI – Das *Garden Beach Resort* und das *Nang Thong Bay Resort* betreiben einen Taxi-Service u.a. zum AIRPORT in Phuket (je nach Fahrzeug 600, 800 oder 1000 Baht in 75 Min.).

Khao Sok National Park
วนอุทยานเขาสก

Beim KM 109,1 des schönen H401 führt nach links eine schmale Straße (2 km) zum 646 km² großen **Regenwaldnationalpark** Khao Sok. Der Park ist nicht überlaufen – insgesamt besuchen ihn nur wenige tausend Touristen pro Jahr; Eintritt 3 Baht, Auto 10 Baht. Anspruchslose Traveller können außerhalb der Parkgrenzen preiswert in angenehm en Bungalowanlagen übernachten, den immergrünen **Monsunwald** direkt vor der Hüttentür.

Den Naturliebhaber erwarten dichter Dschungel, kleine, eher mittelmäßige Wasserfälle, schöne Wanderwege an Bächen entlang und ein Naturlehrpfad. Leicht zu sehen sind mit etwas Glück Warane, Gibbons, Wildschweine, Flughörnchen, Eichhörnchen, Otter und Nashornvögel. Außerhalb des Parks gibt es herrliche, kaum bekannte **Höhlen**, zu denen in den Gästehäusern auf Wunsch Touren arrangiert werden. Während der nassen Zeit von Mai bis Dezember lohnt sich der Park nur für Leute, denen die vielen **Blutegel** nichts ausmachen oder denen eines der Hausmittelchen hilft, wie z.B. Tabaksaft oder Tiger Balsam.

Übernachtung

Khao Sok Jungle Huts**, vor der Brücke rechts, 7 sehr einfache Bambusmattenhütten, einfaches Restaurant in Flußnähe; Familienbetrieb.
Bamboo House*-**, hinter der Brücke 400 m nach rechts, 23 bessere Hütten mit Du/WC und Terrasse auf einer Baumwiese, einfachere ohne Du/WC und 2 neue Baumhäuser*** am Fluß, in dem man herrlich schwimmen kann; festes Abendmenü und separate Speisekarte; freundliche Familie, der ältere Sohn Sao holt Traveller morgens häufig vom Bus Stop am H401 ab.
Art's Riverview Lodge***, ℡ 076-421394, 700 m hinter dem Bamboo House, schöne Bungalows und Baumhäuser, Essen nicht besonders.
Freedom Camp*, 100 m dahinter auf einer Insel im Sok River, über eine Bambusbrücke erreichbar; uriger Zeltplatz (50 Baht pro Zelt), im einfachen Restaurant wird auf Wunsch *Jungle Food* in Bambusgeschirr gekocht, kleine Bar; ein tolles Erlebnis für anspruchslose, junge Leute, die etwas für Pfadfinderromantik übrig haben. *Pot* bietet abenteuerliche Touren an (s.u.).
Our Jungle House***-****, ℡ 01-2112564, ℡ 01-2292337, 1 km hinter dem Bamboo House, herrlich am Fluß in einem Dschungelgarten gelegen, in dem Bambus, Rattan und Brettwurzelbäume wachsen, 8 saubere, einzelne Häuschen und Baumhäuser mit Du/WC, 2 Langhäuser, Restaurant mit Speisekarte (inkl. vegetar. Speisen), schmackhafte Gerichte; kein elektrischer Strom; unter aktiver Leitung des Australiers Denis.
Khao Sok Rainforest Resort****, ℡ 075-612914, hinter der Brücke links; 10 schöne Holzbungalows; gutes Restaurant; evtl. hoher Rabatt.

Oben und unten links: Unterwegs mit dem Seekanu in der Bucht von Phang Nga; Mitte: Kinder der Fischer; unten rechts: Waschtag im Tempel

Tree Tops River Huts**-***, links vom Parkeingang, idyllische, aber sehr einfache Bambushütten mit Bad hoch in den Bäumen, schöne Hütten am Bach, Restaurant mit festem Abendmenü; freundliche Leute, Moped für 150 Baht / Tag.

Transport

Der Bus nach PHUNPIN für 30 Baht in gut 2 Std. und nach SURAT THANI für 35 Baht, ac 60 Baht, fährt zu jeder halben Std. bis 17 Uhr vorbei, nach TAKUA PA für 20 Baht. Fahrpläne hängen im *Bamboo House* aus, man sollte 15 Minuten vorher am Bus Stop sein.
Achtung: Die privaten Busse von *Songserm* und *Phantip* zwischen Surat Thani und Phuket fahren **nicht** auf dieser Route.
Von KRABI fährt man mit dem Ranong-Bus bis TAKUA PA, von dort mit dem Surat Thani-Bus 40 km zum Park, 20 Baht.
Über TAKUA PA stündlich weiter nach KHAO LAK für 13 Baht und PHANG NGA für 15 Baht.

Ranong

Die Kleinstadt Ranong am Petchkasem Highway ist eine überaus geschäftige Provinzhauptstadt mit starkem chinesischem Einfluß.

Die Stadt wurde vor etwa 250 Jahren von eingewanderten Hokkien-Chinesen gegründet, die sich wegen der nahen Zinnminen hier niederließen. Viele Burmesen aus Kaw Thaung (Victoria Point) kommen zum Einkaufen oder als illegale Arbeiter nach Ranong, und die Stadt profitiert offensichtlich davon. Victoria Point bildet den südlichsten Punkt Myanmars. Ein Besuch ist möglich.

Ranong besteht im wesentlichen aus einer langen „Einkaufsmeile" über einen Hügel, der Ruang Rat Road. Schön ist der weitläufige (Nacht-) Markt im Zentrum. Immer mehr Rucksackreisende kommen nach Rayong nur, um sofort ein Songthaew zum Hafen Sapan Pla zu nehmen, wo die Longtail-Boote zur „neuen" Traveller-Insel Ko Chang (s.u.) abfahren.

Die große Attraktion der Stadt ist die **Thermalquelle**, eine 70°C heiße, schwefelhaltige Mineralquelle, die am Fuße eines bewaldeten Berges im **Wat Tapotharam** entspringt. Man erreicht sie am Fluß entlang etwa 2 km nordöstlich der Stadt. Hinter der Hängebrücke liegt ein kleiner Erholungspark mit öffentlichen, heißen Schöpfduschen für 10 Baht, die recht heruntergekommen und versifft wirken – unter der Woche eine Oase der Ruhe. Ranong ist eine der regenreichsten und waldreichsten Provinzen in Thailand, was auch gleich an der üppigen **Vegetation** auffällt.

Wegen seiner unzugänglichen, steilen Berge sind noch immer 70% der Region mit **Dschungel** bedeckt. Von Mitte April bis Anfang Dezember ist Regenzeit, von Juni bis August gießt es gar in Strömen.

Übernachtung

Die meisten Hotels stehen in der lauten Hauptstraße, der **Ruang Rat Rd.**, u.a.:
Asia**-*** (großes Schild auf englisch), Nr. 99/3, ✆ 811113, östlich vom Markt, 130 ruhige, saubere Zimmer mit Fan oder ac und Bad/WC.
Sin Ranong**-*** (Schild nur auf Thai), Nr. 26/23, ✆ 811454, ✆ 823754, gegenüber vom Markt, saubere Zimmer mit Du/WC und Fan, nach hinten relativ ruhig, ac-Zimmer laut.
Sin Thawi** (ac***) (Schild: *Sintavee Hotel*), Nr. 81/1, ✆ 811213, ✆ 822772, preiswerte, saubere Zimmer mit Bad und Fan oder ac.
Jansom Thara , 2/10 Petchkasem Rd., ✆ 811511, ✆ 821821, außerhalb der Stadt am Highway; 220 Zimmer mit ac, TV, Bad und allem Luxus sowie Bungalows von 1400 bis 3800 Baht; hervorragendes Restaurant, Café, Nacht-Club, Pool (geöffnet ab 16 Uhr), Fitneß-Center, nach Geschlechtern getrennte Jacuzzis.

Essen

Das ***Coffee House*** *(Ban Gafae)* in der Ruang Rat Rd. 173 ist ein schöner Platz zum Frühstücken; die Besitzerin spricht gut englisch und kümmert sich um ihre Gäste.

Bei *J&T Food & Ice* kann man sich über die Bungalowanlagen auf Ko Chang erkundigen.

Sonstiges

MINIBUSSE – Innerhalb von Ranong verkehren von 6–18 Uhr mehrere Minibuslinien (Songthaews) für 5 Baht pro Strecke: Nr. 1 zwischen Markt und Bank, Nr. 2 (rot) vom Markt zu den Thermalquellen, Nr. 3 (rot) vom Markt zum Hafen, ohne Nummer zum Sapan Pla (für Ko Chang).

MOTORRADTAXI – in der Stadt für 20 Baht.

REISEBÜRO – *Ranong Travel & Services*, 37 Ruang Rat Rd., ℡ 833458, ℻ 833457, bietet Informationen, Telefon- und Fax-Service, Trips zu den Inseln und nach Burma, Flugtickets, Auto-, Jeep- und Motorradvermietung; geöffnet 8–18 Uhr.

VORWAHL – 077, PLZ: 85 000.

Transport

BUSSE – Die **Bus Station** (für non-ac-Busse) liegt draußen am H4. Mit dem grünen Songthaew (5 Baht) von der Stadt zu erreichen.
Das **ac-Bus-Terminal** liegt in der Innenstadt in der Tha Muang Rd., gegenüber liegen die Büros der Busgesellschaften *Choke Anan Tour* und *Mitt Tour*.
Vom **lokalen Bus Stop** an der Ruang Rat Rd. fahren Minibusse u.a. zum Hafen von Khura Buri.
Vom Southern Bus Terminal in BANGKOK, 583 km, mit non-ac Bus 7x tgl. für 139 Baht in 10 Std., ac-Busse um 9, 20.20 und 21 Uhr für 250 Baht, VIP-24-Bus um 20 Uhr für 385 Baht in 7 Std.
Nach BANGKOK mit non-ac Bussen 7x tgl. am Morgen und Abend, mit ac-Bussen um 8 und 19 Uhr, mit VIP-Bus um 20 Uhr.
Nach CHUMPHON mit non-ac-Bus 7x tgl. für 35 Baht in 3 Std., mit Minibus ab Ruang Rat Rd von 7–17 Uhr jede volle Std. für 70 Baht.
Nach KRABI um 7, 9, 11 und 12 Uhr für 65 Baht.
Nach PHUKET fährt der rote non-ac-Bus Nr. 430 (76 Baht) um 7, 11 und 13.30 Uhr, der ac-Bus Nr. 430 (137 Baht) um 8.30 und 15.30 Uhr an der Bus Station ab, über KHAO LAK (65 / 120 Baht). Die non-ac-Busse stoppen um 7.15, 11.15 und 13.45 Uhr zusätzlich am Rattanasin Hotel.
Von PHUKET mit non-ac Bussen um 7.30, 10 und 11.30 Uhr für 76 Baht in 6 Std., ac-Busse um 10 und 15.10 Uhr für 137 Baht in 5 Std.
Von PHANG NGA mit non-ac Bussen 4x nachmittags für 70 Baht in 4 1/2 Std.
Von SURAT THANI mit non-ac-Bus um 6.30, 8.30, 10.30, 12.30, 14 und 16 Uhr für 80 Baht in 3 1/2 Std.; mit ac-Minibus um 11 Uhr für 170 Baht. Keine non-ac-Busse.

FLÜGE – *Bangkok Airways*, 50/18 Petchkasem, ℡ 835096, ℻ 835097, fliegt tgl. morgens von / nach BANGKOK für 1980 Baht. Nicht zu übersehen ist das pinkfarbene Büro 2 km südlich am H4.
Der Flugplatz liegt 20 km südlich direkt am KM 634,3, Minibus-Service und Bus-Stop.

Die Umgebung von Ranong
Ko Chang (das „andere" Ko Chang)

Die 18 km von Ranong entfernte Insel Ko Chang besteht aus Hügeln, die vorwiegend von Plantagen und ein wenig Wald bedeckt sind. An der seichten Ostküste wachsen Mangroven, während die felsige Westküste einige flache Buchten bildet, an denen Cashew- und Kokosplantagen gedeihen. Dort liegen auch die schönen **Sandstrände**, die seit einigen Jahren immer mehr Traveller anziehen. Sie suchen friedliches, uriges Leben und verzichten gern auf die Annehmlichkeiten der Zivilisation. Denn auf der abgelegenen Insel gibt es weder Straßen noch öffentlichen Strom. Von Dezember bis April können genügsame Traveller in äußerst einfachen **Hüttensiedlungen** preiswert, aber keinesfalls billig unterkommen. Während des Monsuns sind fast alle Unterkünfte geschlossen, da die kleinen Boote bei Wellengang nicht fahren können.

Die meisten Anlagen liegen am 1 500 m langen **Hauptstrand**, der aus recht festem, gelblichem Sand mit grauen Schlieren besteht, so daß er „schmutzig" aussieht. Bei aufgewühltem Meer wirkt das Wasser recht trüb. In der Mitte dieses Strandes ragen wenig romantisch die Reste von zwei Holzpiers ins Meer hinaus.

Etwa 2 km nördlich liegen an zwei kleinen Stränden mit herrlich weißem Sand zwei weitere Anlagen. Am südwestlichen Ende der Insel wurden in der kleinen Bucht **Ao Lek** von mehreren Familien die ersten Hütten gebaut.

Übernachtung

Anfang 1997 gab es mindestens 14 einfache, nicht ganz billige Bungalowanlagen. Alle sind sauber und ruhig, die Wege zum Plumpsklo über Stock und Stein sind weit und unbeleuchtet.
Die Preise in den Restaurants sind etwas hoch, dafür machen die Portionen satt. Überall geht gegen 22 Uhr das Licht aus. Keine Musikbox, kein Fernseher und kein Video stört den Frieden. Man kann ausruhen, fischen gehen und den herrlichen Sonnenuntergang betrachten.

HAUPTSTRAND – *Eden Bistro Bungalows*-***, am nördlichen Ende, schöne Bungalows, kleines Restaurant, gutes Essen, liebevoller Service, der Chef spricht gut englisch.
Cashew Resort**, einfache, mit einem Doppelbett ausgestattete Bungalows liegen verstreut in einer Cashew-Plantage. Das Essen im Restaurant ist gut, die Atmosphäre paradiesisch.
Chang Tong Bungalows**, südlich der beiden Piers, 10 kleine, saubere Eternithütten in 2 Reihen, einige mit eigener Schöpf-Du/WC, kleines Restaurant, die junge Gai kocht sehr gut, freundliche Thai-Familie. Strom vom Generator.
Sabai Jai**, am südlichen Hang, 50–120 Baht p.P., einfache Hütten, Du/WC außen, von zwei Schweden geleitet. Tips für Wanderungen zum Dschungel und zu anderen Stränden, Bootsausflüge werden organisiert.

NÖRDLICHER STRAND – *Rasta Baby Resort***, bewaldeter Hügel zwischen den zwei kleinen Stränden, 8 Hütten, Badehäuschen extra; im Restaurant am Hang (schöne Aussicht) wird für alle ein gemeinsames Essen gekocht, bezahlt wird pauschal. Strom gibt es noch nicht.
Contex Bungalow**, daneben, kleine Hütten, Familienbetrieb, Restaurant mit Karte.

AO LEK – Mindestens 4 neue Anlagen*-** mit einfachen Hütten aus Naturmaterialien, alle mit kleinem Restaurant.

Transport

In der Saison fahren Longtail-Boote für 100 Baht p.P. von 8–13 Uhr am Hafen **Sapan Pla** (4 km) ab. Man fährt mit einem roten Songthaew ohne Nummer ab Ranong (gegenüber Krung Thai Bank) für 5 Baht, steigt vor dem Tor am Gebührenhäuschen (*Toll Booth*) aus, geht nach links die Straße durchs Wohngebiet bis zum Fluß runter, wo die Boote liegen.
Abgefahren wird, sobald 6 Passagiere beisammen sind. Die zumeist sehr nasse, aber schöne Fahrt dauert 1 1/2 bis 2 Std. Zurück geht es von den Bungalowanlagen um 8 und 10 Uhr.

Der tiefe Süden

Hat Yai

หาดใหญ่

Hat Yai (auch Hatyai, Had Yai oder Haad Yai) liegt 933 km südlich von Bangkok. Die moderne, gesichtslose Stadt mit 130 000 Einwohnern ist das Verkehrs- und Wirtschaftszentrum von Süd-Thailand.

Viele Malaysier kommen hierher, um das einzukaufen, was billiger als im eigenen Land angeboten wird, und um zu später Stunde das zu finden, was ihnen im muslimisch-puritanischen Malaysia nicht geboten wird.

Im Gegensatz zu Pattaya, Phuket und Bangkok spielt sich das Nachtleben von Hat Yai weitgehend in Hotels ab. Neben den umfangreichen Angeboten des horizontalen Gewerbes gibt es zahlreiche Discos mit Live-Musik und Laser-Shows.

Übernachtung

GÄSTEHÄUSER – *Cathay GH*-*** ㉖, 93/1 Niphat Uthit 2 Rd., ✆ 243815, im 1. Obergeschoß, einfache, ungepflegte Zimmer mit Du/WC, Fan und viel Ungeziefer sowie Schlaf-

saal. Die nach hinten gelegenen Zimmer sind teurer. Bei Travellern sehr beliebt. Viele Infos, Snacks; im Erdgeschoß das Reisebüro *Pakdee Tour*.
Sorasilp GH**-*** (auch Sornsil) ③, 251/7-8 Petchkasem Rd., ✆ 232635, saubere Zimmer, Du/WC, auch Schlafsaal, recht laut.
Ladda GH**-*** ㉔, 13-15 Thamnoon Vithi Rd., ✆ 220233, saubere Zimmer, z.T. ac, beim Bahnhof, nette Leute.

HOTELS – In kleinen Chinesenhotels ist die Übernachtung z.T. noch billiger als in Gästehäusern. Die großen Mittelklassehotels unterscheiden sich kaum voneinander.
In der **Niphat Uthit 1 Rd.** liegen z.B.:
Hok Chin Hin** ⑭, Nr. 87, ✆ 243258, renoviertes Kleinhotel mit bestem Preis-Leistungs-Verhältnis, sehr saubere Zimmer mit hervorragendem Bad, große Betten, Fan, gut eingerichtet; Eingang durchs Restaurant. Sehr zu empfehlen.
Racha***-**** ⑨, Nr. 40, ✆ 230951-5, ✉ 234668, komfortables, vollklimatisiertes Hotel, seinen Preis wert; geräumige, gut eingerichtete Zimmer mit Du/WC, ac individuell regelbar, Kühlschrank.
In der **Niphat Uthit 3 Rd.**:
Asian Hat Yai**** ⑦, Nr. 55, ✆ 234891, ✉ 234890, 184 Zimmer mit ac.
Hat Yai Central Hotel**** ㉝, Nr. 180-181, ✆ 230000-11, ✉ 230990, neues, modernes Hotel, alle Zimmer mit ac.
Laemthong** (ac****) ⑳, 46 Thamnoon Vithi Rd., ✆ 244433, ✉ 237574, 200 m vom Bahnhof, groß, sauber und seinen Preis wert.

Essen

Überall in der Stadt findet man recht gute **Seafood-Restaurants** und Essenstände. Am Abend finden mehrere kleine Nachtmärkte statt, z.B. nahe dem Savoy Hotel.
Ein sehr großer, empfehlenswerter **Nachtessenmarkt** wird auf der gesamten Montri 2 Rd. beim Plaza Shopping Center aufgebaut.
Im klimatisierten *Robinson's Food Court* befinden sich die internationalen Restaurants *KFC*, *Burger King*, *Dunkin Donut*, *Daidomon* (Buffet-Lunch und -Dinner für 119 Baht) und Essenstände mit Coupon-System.

Sonstiges

GELD – Banken in der Niphat Uthit 2 und 3 Rd. mit Wechselschalter (von 9–19 Uhr geöffnet, auch am Wochenende). Spät abends wechselt nur ein Money Changer oder eines der großen Hotels.

IMMIGRATION – Petchkasem Rd., ✆ 243019, hinter der Eisenbahnbrücke links.

INFORMATIONEN – *TAT Tourist Office* in der 1/1 Soi 2 Niphat Uthit 3 Rd., etwas versteckt in einer Seitengasse, ✆ 243747 und 238518, ✉ 245986; geöffnet tgl. 8.30–16.30 Uhr.

MEDIZINISCHE VERSORGUNG – Das zur Universität von Songkhla gehörende **Songkhla Nakharin Hospital** am H4 (Kanchanavanit Rd.), ✆ 245677, ist modern eingerichtet und hat auch sonntags einen hervorragenden Notdienst.

POST – Hauptpostamt 300 m nördlich vom President Hotel. Ein weiteres Postamt an der Ratakarn Rd. nahe beim Bahnhof.

TOURIST POLICE – in der 1/1 Soi 2 Niphat Uthit 3 Rd., dieselbe Adresse wie Tourist Office, ✆ 246733 und 1699.

VORWAHL – 074; PLZ: 90 110.

Transport

BUSSE – Non-ac-Busse fahren am Municipal Market (Plaza Shopping Center) ab. Der Busbahnhof für alle Überlandbusse liegt südöstlich der Stadt an der Straße Richtung Grenze, mit dem Songthaew für 10 Baht zu erreichen. Fast alle Busse (Ausnahme: die nach Bangkok und Chumphon) halten 15 Min. später an der Petchkasem Road, gegenüber vom Plaza Shopping Center, wo man zusteigen kann.
Viele ac-Busse fahren von den Reisebüros ab, bei denen das Ticket gekauft wird. Bei Buchung im Gästehaus wird man häufig dort abgeholt, eine längere Stadtrundfahrt ist inklusive.
Alle Tickets für Minibusse und nach Bangkok bucht man am besten in den Reisebüros im Zentrum.

Übernachtung:
① President H.
② J.B. Hotel
③ Sorasilp Gh.
④ Peking H.
⑤ Had Yai International H.
⑥ V.L. Hatyai H.
⑦ Asian H.
⑧ The Regency H.
⑨ Racha H.
⑩ Grand Plaza H.
⑪ Siam City H.
⑫ Mandarin H.
⑬ Central H.
⑭ Hok Chin Hin H.
⑮ Savoy H.
⑯ Grand Plaza H.
⑰ Pink H.
⑱ River Inn
⑲ Park H.
⑳ Laemthong H.
㉑ Indra H.
㉒ Prince H.
㉓ Rajthanee H.
㉔ Ladda Gh.
㉕ Louise Gh.
㉖ Cathay Gh.
㉗ King's H.
㉘ Sakol H.
㉙ Rado H.
㉚ B.P. Grand Suite H.
㉛ Pacific H.
㉜ New World H.
㉝ Hat Yai Central H.
㉞ Sakura H.
㉟ Sakura 2 H.
㊱ Manhattan Palace H.
㊲ Kosit H.
㊳ Ambassador H.
㊴ Emperor H.
㊵ Lee Gardens H.
㊶ Scala H.
㊷ The Florida H.
㊸ New City Gh.

Läden, Restaurants etc.:
1 Ocean Shopping
2 Expo Dep. Store
3 Lee Gardens Plaza
4 Num Heng Vegetar. R.
5 Central Dep. Store
6 Indra Food Center
7 D.K. Bookstore
8 Robinson's Food Court
9 Muslim O-Cha R.
10 Anothai Kasetrika R.

Transport:
❶ Taxi → Songkhla, La-Ngu, Satun, Sadao
❷ ac-Minibus Surat Thani
❸ Bus → Pattani, Narathiwat
❹ Bus → Pakbara, Padang Besar
❺ Bus → Krabi, Phuket, Trang, Surat Thani
❻ Bus → Songkhla
❼ Bus → Bangkok, Phuket
❽ Taxi → Trang, Sungai Golok
❾ Taxi → Nakhon Si Thammarat, Phattalung
❿ ac-Minibus → Trang
⓫ Minibus → Pakbara
⓬ Taxi → Surat Thani
⓭ Taxi → Satun, Pakbara
⓮ Taxi → Penang
⓯ Taxi →Yala
⓰ Ko Samui Tour
⓱ Taxi → Narathiwat, Betong
⓲ Reisebüros (Bustickets)
⓳ Minibus → Yala, Sungai Golok
⓴ Bus → Bangkok, Singapore
㉑ Minibus → Nakhon Si Thammarat
㉒ ac-Minibus → Yala, Padang Besar, Penang
㉓ Orient Thai Airlines
㉔ Thai Airways
㉕ Malaysian Airlines

SÜD-THAILAND

Bangkok: Nach BANGKOK fahren non-ac-Busse um 7 und 14 Uhr, ac-Busse und VIP-30-Busse alle 30 Min. von 13.30–17.40 Uhr, VIP-24 um 16 und 17 Uhr.

Von der Khaosan Road fährt ein schrottreifer ac-Bus um 18 Uhr für 350 Baht (VIP-30 für 600 Baht) bis zu 22 (!!) Std. nach Hat Yai, da er am Ko Samui Pier die Boote abwartet. Absolut nicht zu empfehlen.

In die Nachbarorte: Nach SATUN mit dem non-ac-Bus von 5.40–17.10 Uhr alle 30 Min. für 27 Baht in 2 Std., ac-Bus um 7.10, 9.40 und 15.10 Uhr für 38 Baht in 1 1/2 Std.

Nach PAKBARA (für Ko Lipe und Ko Bulon Lae) um 7.05, 11.05 und 14.55 Uhr für 34 Baht in 2 1/2 Std. (ab Plaza Shopping Center 15 Min. später). Nach PADANG BESAR alle 30 Min. für 18 Baht in 100 Min.

Zu den übrigen Orten im Süden: Nach PHUKET und KRABI fahren non-ac-Busse um 7.30, 8.30 und 9.45 Uhr für 122 / 91 Baht in 9 bzw. 5 Std.; ac-Bus 6x tgl. von 8–13 Uhr für 202 / 132 Baht in 7 bzw. 4 Std.

Nach SURAT THANI 5x tgl. von 5.20–11.20 Uhr für 86 Baht in 6 1/2 Std.; ac-Bus um 7.10, 9, 13 und 15 Uhr für 154 Baht in 5 Std.

Nach KO SAMUI mit ac-Bus um 8 Uhr für 200 Baht in 7 Std.

Nach CHUMPHON um 7.15 und 10.30 Uhr für 121 Baht, ac-Bus um 8.10, 9.30 und 12 Uhr für 219 Baht in 9 Std.

Nach SUNGAI GOLOK mit dem ac-Bus ab 7 Uhr alle 2 Std. für 96 Baht in 4 Std.

Richtung Malaysia / Singapore: Nach BUTTERWORTH (Penang) mit ac-Bus um 9, 9.30, 12, 14 und 16.30 Uhr für 200 Baht. Er fährt weiter nach KUALA LUMPUR für 380 Baht in 13 Std. Alternative ist der *Langkawi Express* um 15.50 Uhr für 435 Baht.

Billiger mit dem *VIP Coach* von *Ming Travel*, 131 Niphat Uthit 2 Rd., ✆ 237325: Butterworth 180 Baht, Kuala Lumpur 230 Baht, Singapore ab 370 Baht. Weitere Busse nach SINGAPORE um 12 Uhr der VIP-32 für 400 Baht, der VIP-24 für 550 Baht in 19 Std. Um 11 Uhr der ac-Bus für 280 Baht.

MINIBUSSE – (auch **Minivans** genannt) sind klimatisiert und fahren tgl. zu festen Zeiten (zumeist jede Stunde) zwischen 7 und 17 Uhr von verschiedenen Stellen am Straßenrand ab. Diese sind in der Karte markiert.

Nach PAKBARA jede volle Std. für 50 Baht von der Niphat Uthit 1 Road, Ecke Duang Chan Road.
Nach PADANG BESAR ab 6 Uhr alle 30 Min. für 30 Baht in 60 Min.
Nach PHUKET um 9.30 Uhr für 240 Baht, nach KRABI um 9.30, 13 und 17 Uhr für 150 Baht.

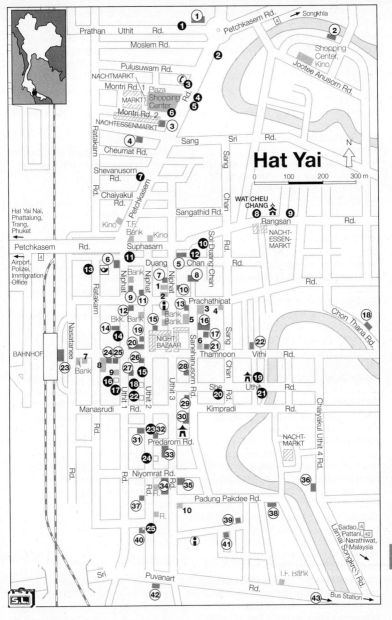

Nach SURAT THANI 5x tgl. von 8.30–17 Uhr für 150 Baht in 4 1/2 Std.
Nach KO SAMUI um 8.30 Uhr für 250 Baht (inkl. Expressboot), weiter nach KO PHA NGAN für 280 Baht.
Nach KO SAMUI um 9 Uhr für 220 Baht (inkl. Fähre), bei *Ko Samui Tour* bereits um 8 Uhr für 250 Baht (Ankunft 15.30 Uhr).
Nach KO PHA NGAN um 12.30 Uhr für 260 Baht (inkl. Nachtboot).
Nach SUNGAI GOLOK jede Std. von 7–17 Uhr für 130 Baht.
Nach PENANG mit *Malinja Holiday Tour* um 9.30, 12.30 und 15 Uhr für ca. 250 Baht oder 22 RM (inkl. Fähre) in 5 Std. Von PENANG (Georgetown) um 4.30 Uhr.

SAMMELTAXIS – fahren tgl. zwischen 6 und 15 bzw. 17 Uhr von verschiedenen Taxiständen Ziele in Süd-Thailand und Malaysia an. Sie fahren dann los, wenn sie voll sind. Die Taxistände sind in der Karte markiert. Der Fahrpreis versteht sich pro Person.
BETONG 100 Baht, 3 1/2 Std.; KRABI 150 Baht, 5 Std.; LA NGU (für Pakbara, Ko Bulon Lae und Ko Lipe) 50 Baht, 2 Std.; PADANG BESAR 35 Baht, 1 Std.; PENANG 220 Baht, 5 Std.; PHUKET 250 Baht, 6 Std.; SATUN 35 Baht, 1 1/2 Std.; SUNGAI GOLOK 130 Baht, 3 1/2 Std.; SURAT THANI 150 Baht, 5 Std.

EISENBAHN – Der Bahnhof liegt im Zentrum der Stadt. Am besten gleich nach der Ankunft das Ticket für die Weiterfahrt kaufen.
Richtung Norden: *Rapid*-Züge fahren um 15.55 und 17.05 Uhr u.a. über SURAT THANI (ab 155 / 85 Baht in der 2. / 3. Kl.), CHUMPHON (ab 210 / 109 Baht) und HUA HIN (ab 297 / 146 Baht) nach BANGKOK (ab 375 / 179 Baht, Ankunft um 8.35 und 18.40 Uhr ab 804 / 415 Baht in der 1. / 2. Kl., Ankunft in Bangkok um 9.30 und 10.35 Uhr).
Richtung Süden: Tgl. um 7.20 Uhr fährt der *Express* von Hat Yai über PADANG BESAR (90 Baht) nach BUTTERWORTH für 292 Baht in gut 4 Std., einschließlich 1 Std. Aufenthalt und Zugwechsel an der Grenze, und kommt um 12.40 Uhr (Malaysia-Zeit = Thai-Zeit + 1 Std.) an. In Butterworth hat man um 14 Uhr Anschluß an den *Express* nach KUALA LUMPUR, Ankunft 19.39

Uhr. Um 22.15 Uhr fährt der Anschlußzug weiter nach SINGAPORE, der am nächsten Morgen um 6.35 Uhr dort ist. Fahrpreis in der 2. Klasse: Butterworth (Penang) 272 Baht, weiter nach Kuala Lumpur 38 RM (ca. 440 Baht) oder nach Singapore 64 RM (ca. 730 Baht).
Zwei weitere Schnellzüge um 6.30 und 6.50 Uhr nach SUNGAI GOLOK, dem Grenzort an der Ostküste für 72 bzw 112 Baht (3. Klasse) in 3 1/2 Std. Von Sungai Golok sind es nur wenige Kilometer nach KOTA BHARU.
Zudem 4 lokale Züge (3. Klasse) zwischen 7.05 und 12.34 Uhr nach SUNGAI GOLOK (42 Baht, 5–6 Std.).

FLÜGE – Zum Airport, 12 km westlich der Stadt, mit dem Sammeltaxi von Thai Airways, 40 Baht, oder einem Songthaew, 30 Baht. Wer nach Malaysia oder Singapore fliegt, zahlt 200 Baht Airport Tax, ansonsten 30 Baht.
Mit **Thai Airways** 6x tgl. von / nach BANGKOK für 2280 Baht und 6x tgl. von / nach PHUKET 780 Baht; nach CHIANG MAI über Bangkok für 3850 Baht.
Mit **Orient Thai Airlines** von CHIANG MAI am Mo, Mi und Fr um 7.20 Uhr für 2900 Baht, nach CHIANG MAI direkt um 10.20 Uhr in 2 Std.
Nach KUALA LUMPUR tgl. für 2100 Baht, beim Rückflug innerhalb von 14 Tagen 3450 Baht (hin und zurück); nach PENANG tgl. für 1025 Baht, beim Rückflug innerhalb von 14 Tagen 1555 Baht; nach SINGAPORE tgl. für 3935 Baht, beim Rückflug innerhalb von 14 Tagen 4400 Baht.
Thai Airways, 166/4 Niphat Uthit 2 Rd., ✆ 243711, und 190/6 Niphat Uthit 2 Rd., ✆ 231272, 232392.
Orient Thai Airlines, New World Hotel, 1. Stock, Niphat Uthit 2 Rd., ✆ 355771-2.
Malaysian Airlines, Lee Gardens Hotel, 1 Lee Pattana Rd., ✆ 245443, 243729.

Pakbara

ปากบารา

Pakbara (die letzte Silbe wird betont) liegt 58 km nordwestlich von Satun.

Von diesem Fischerdorf fahren die umgebauten Fischerboote zu den Inseln Tarutao, Ko Adang, Ko Lipe und Bulon Lae. Wer bei windigem Wetter die Überfahrt zu den Inseln fürchtet, bleibt hier hängen. In diesem muslimisch geprägten Dorf sollten Shorts und Badekleidung gar nicht erst ausgepackt werden.

Übernachtung

PAKBARA – Alle Unterkünfte liegen an der Strandstraße, nicht gerade ruhig und ohne Restaurant. Alle dienen gelegentlich auch dem horizontalen Gewerbe. Fast alle Zimmer haben Du/WC und Fan, aber kein Moskitonetz, obwohl es von Stechfliegen nur so wimmelt.
Die angegebenen Entfernungen sind vom Hafen aus gemessen.
Krachom Sai Bungalow**, 500 m, ✆ 781231, an der Flußmündung auf einem großen Gelände mit Kasuarinas; einfache, sehr saubere A-frame Hütten mit Eternit- oder Palmblattdach, Mini-WC integriert; das Personal spricht kein englisch, ist aber sehr freundlich.
Andrew House*, 600 m, ✆ 781159, 2stöckiges Reihenhaus, einfache Zimmer in der Privatwohnung einer englischsprechenden Lehrerin, auch Schlafsaal.
Marena Bungalow** (auch *Marina*), 800 m, verschiedenartige, hübsche Holzbungalows auf großem Gelände, direkt am Meer, an einem ruhigeren Weg parallel zur Straße.
Rechts daneben liegt *Malee Seafood*.

Sonstiges

Am Hafen liegt das *National Park Office*, von dem aus in der Saison alle offiziellen Boote nach Ko Tarutao, Ko Adang und Ko Lipe fahren (Zeiten und Preise s.u.).
Die Reisebüros verkaufen nur Tickets für ihre eigenen Boote.
Damit kann man natürlich keine anderen Boote benutzen. Also aufpassen!

Transport

Von SATUN mit dem Sammeltaxi (20 Baht) oder Bus (13 Baht) nach LA-NGU.
Von HAT YAI mit dem direkten Bus Nr. 732 um 7.05, 11.05 und 14.55 Uhr in 2 1/2 Std. für 34 Baht. Zurück um 7, 11.30 und 15 Uhr.
Außerdem fährt ein weißer Minibus jede volle Std. für 50 Baht von der Niphat Uthit 1 Road, Ecke Duang Chan Road, bis Pakbara.
Die Abfahrt um 8 Uhr reicht für das Tarutao-Boot.
Sammeltaxi von HAT YAI nach LA-NGU für 50 Baht.

Ko Bulon Lae

เกาะบุโลนเล

Diese schöne, noch sehr saubere, kleine Insel, liegt 22 km vom Festland entfernt. Sie hat sich in kurzer Zeit zu einem beliebten Traveller-Ziel entwickelt.

Bulon Lae (gesprochen: Bulon Läh) wird auch Bulon-Leh, Mulon Lae und sogar Molone genannt. Saubere, von Muschel- und Korallenschrott durchsetzte, von Pinien gesäumte **Sandstrände** eignen sich bestens zum Baden und Schnorcheln.

Übernachtung und Essen

Pansand Resort**-****, ✆ 01-2284279, großzügige Anlage am Hang, 50 m zum Strand; einfache, nette Hütten am Hang mit Gemeinschafts-Du/WC, bessere Bungalows mit Fan und eigenem Bad, sowie Nobelhäuschen, Camping 60 Baht für 2 Pers.; exzellente Gerichte zaubert der chinesische Koch Meow auf den Tisch; freundliches Personal. Im Notfall gibt es Zelte für 50 Baht.
Bulon Resort** (auch *Bulon Lae Bungalows* und *Bang Lee*), im Nordosten direkt am Strand, saubere Anlage, einfache Hütten und Zimmerchen im Langhaus, Gemeinschafts-Du/WC, Licht bis Mitternacht, gutes Restaurant, sehr angenehm.
Bulon Hill Resort***, hinter dem *Bulone Resort* am Hang, 3 Hütten mit Du/WC; Chaeng spricht gut englisch.

Transport

Am Pier in PAKBARA gibt es anscheinend nur noch die Seelenverkäufer von *Charan Tours*.
Ein Boot geht um 14 Uhr in 2 Std. für 100 Baht p.P. Je nach Wind, Wellen etc. landet das Boot an unterschiedlichen Stellen.
Rückfahrt von Bulon Lae um 9 Uhr.

Satun

สตูล

In der Hauptstadt der südlichsten Provinz an der Westküste Thailands, 1025 km von Bangkok entfernt, leben hauptsächlich Moslems und einige Chinesen. Diese **Hafenstadt** abseits der üblichen Route hat Touristen nichts zu bieten. So mancher benutzt sie, um mit dem Boot entlang der schönen Küste nach Kuala Perlis oder auf die Insel Langkawi zu schippern.

Übernachtung

Satultanee-**** (auch: Satun Thani), 90 Satun Thane Rd., ✆ 711010, im Stadtzentrum, Zimmer mit Fan oder ac.
Rain Tong-*** (auch Lian Thong), 4-6 Samanta Pradit Rd., ✆ 711036, gegenüber der Bootsanlegestelle in der Stadt. Chinesenhotel mit großen, sauberen Zimmern, am besten im 2. Stock.

Sonstiges

IMMIGRATION – Office in der Stadt, Paßabfertigung am Tammalang-Pier.

REISEBÜRO – *Satun Travel & Ferry Service*, 45/16 Satun Thane Rd., ✆ 711453, ✆ 721959, verkauft Tickets für die Fähre nach Langkawi. Von hier Taxi für 20 Baht zum Hafen.

VORWAHL – 074; PLZ: 91 000.

Transport

BUSSE – Von KRABI mit dem ac-Bus direkt um 11 und 13 Uhr für 129 Baht in 5–6 Std., ac-Minibus um 7 und 11 Uhr für 250 Baht in 6 Std. Von PHUKET direkt mit ac-Bus um 8.15 und 10.15 Uhr für 203 Baht in 7 Std. Zurück zu denselben Zeiten, aber für 190 Baht.
Von PAKBARA mit dem Pickup bis nach La-Ngu (10 Baht) und von dort weiter mit dem non-ac-Bus nach Satun (13 Baht).
Von HAT YAI, 96 km, am Plaza Shopping Center alle 30 Min. mit dem non-ac-Bus für 27 Baht in 2 Std., ac-Bus um 7.10, 9.40 und 15.10 Uhr für 38 Baht in 90 Min.

MINIBUS – Nach HAT YAI um 9 Uhr für 100 Baht (Abfahrt vor dem Wat). Über Hat Yai geht es nach SURAT THANI für 350 Baht, KO SAMUI 350 Baht, KRABI 250 Baht, PHUKET 350 Baht.

SAMMELTAXI – Sammeltaxis fahren nach HAT YAI für 40 Baht, TRANG für 60 Baht, LA-NGU für 20 Baht (für Ko Bulon) und zur Grenzstation WANGPRACHAN (40 km, s.S. 743) für 20 Baht. Ein Charter-Taxi fährt nach PAKBARA für 180 Baht, nach WANGPRACHAN für 200 Baht.

BOOTE – Der Hafen am Tammalang-Pier liegt 9 km südlich der Stadt. Am Hafen befinden sich auch das *Customs* und *Immigration Office* für die Zoll- und Paßabfertigung. Zu erreichen mit dem Pickup für 10 Baht ab Thai Farmers Bank.
Nach LANGKAWI tgl. mit der *Express Ferry*, um 8, 9, 13 und 16 Uhr für 150 Baht in 75 Min. Nach KUALA PERLIS von 6.30 bis 15 Uhr für 50 Baht. Falls die Banken in Kuala Perlis geschlossen sind, z.B. am Freitag und am Donnerstagnachmittag, wechselt ein Chinesenladen an der Hauptstraße Geld.

Von Thailand nach Malaysia
Wangprachan

วังปราจัน

Der westlichste Grenzübergang zu Land zwischen Thailand und Malaysia liegt 41 km nordöstlich von Satun im **Thale Ban National Park**. Sammeltaxi ab Satun 20 Baht. Von der Grenze geht es nur mit dem Taxi weiter zur nächsten Stadt Kangar (10 RM für 4 Personen).

Die Abfertigungsgebäude beider Länder liegen nebeneinander, so daß man mit einem *Double-Entry*-Visum die Prozedur in 30 Minuten schafft. Geöffnet 7–21 Uhr Thai-Zeit (= 8–22 Uhr Malaysia-Zeit).

Padang Besar / Sadao

ปาดังเบซาร์ / สะเดา

Padang Besar ist der Grenzübergang für den **Internationalen Expresszug**. Die Pässe werden in Thailand eingesammelt und mit dem Ausreisestempel versehen. Am Bahnhof müssen Reisende nur die wichtigsten Daten in das Einreiseformular eintragen, dann bekommen sie den Paß zurück. Wer nur einen neuen Einreisestempel braucht und gleich wieder nach Thailand zurückfahren möchte, benützt besser den Straßengrenzübergang. Von Hat Yai reist man per Bus (18 Baht, alle 30 Min.) oder Taxi (35 Baht) an und wird direkt an der Grenze abgesetzt. In diesem Fall holt man sich den Ausreisestempel und geht die etwa 10 Minuten bis zum Kontrollpunkt der Malaysier zu Fuß oder nutzt den Motorrad- oder Minibustransfer (20 Baht).

Wer gleich wieder nach Thailand zurückkommt, erhält problemlos einen weiteren Stempel für 4 Wochen. Die Grenze ist ab 21 Uhr Thai-Zeit / 22 Uhr Malaysia-Zeit geschlossen. Geldwechsel im Bahnhof und Coffee Shop an der Bus Station.

70 km südlich von Hat Yai liegt der meistgenutzte Grenzübergang **Sadao**, den auch alle Busse und Taxis von Hat Yai nach Penang nehmen. Wer per Sammeltaxi von Malaysia kommt, muß am Duty-Free-Stop Ayer Hitam in ein Thai-Taxi umsteigen und damit durch die Grenzübergänge fahren.

Transport

BUSSE – fahren relativ selten nach BUTTERWORTH (Penang) bis um 20 Uhr für 9 RM. Nach HAT YAI ab Thai-Seite der Grenze alle 30 Min. für 18 Baht in 100 Min.

SAMMELTAXI – für 4 Passagiere fahren vom Bahnhof nach KANGAR 2,50 RM, ALOR SETAR 7 RM, KUALA PERLIS 6 RM, BUTTERWORTH 17 RM p.P. (ohne Klimaanlage).
Nach HAT YAI ab Thai-Seite der Grenze 35 Baht.

Sungai Golok

สุไหง โกลก

An der Ostküste gibt es einen Grenzübergang, der für alle interessant ist, die direkt zur Ostküste von Malaysia fahren wollen.

Übernachtung

Asia Hotel** (z.T. mit ac***), 44 Charoenket Rd., ✆ 611101, gute Zimmer, die eine Mehrausgabe lohnen.

Savoy*-**, ✆ 611093, 8/2 Charoenket Rd., sehr große, saubere Zi mit Du/WC für 3 Personen.
Thailiang Hotel**, 12 Charoenket Rd., ✆ 611132, saubere Zimmer mit Du/WC und Fan. Geldwechseln möglich.

Transport

BUSSE – Im Valentine Hotel, Waman Amnoey Rd., befindet sich der Fahrkartenschalter für die ac-Busse nach HAT YAI, tgl. von 7–15 Uhr alle 2 Std. für 96 Baht in 4 Std.; Abfahrt vor dem Hotel. Alle übrigen Busse fahren von der Bus Station ab, tel 612045.
Minibusse nach HAT YAI jede Std. von 7–17 Uhr für 130 Baht (Tickets schräg gegenüber vom Bahnhof an der Hauptstraße, daneben Wechselstube, Sa / So geöffnet), Sammeltaxi 130 Baht.

EISENBAHN – In Sungai Golok endet der östliche Zweig der Südlinie der Staatseisenbahn von Thailand.
Nach BANGKOK mit dem *Rapid* Nr. 46 um 12 Uhr ab 447 / 210 Baht in der 2./3. Kl. in 20 1/2 Std., mit dem *Special Express* Nr. 20 um 15 Uhr ab 487 Baht (2. Kl.) in 19 1/2 Std.
Nach HAT YAI fahren die lokalen Züge um 6.30, 9, 12.15 und 13.25 Uhr in ca. 4 1/2 Std.

NACH MALAYSIA – geht man zu Fuß über die Grenze oder nimmt für 10 Baht ein Motorrad bzw. für 15 Baht eine Rikscha. Auf der anderen Seite liegt RANTAU PANJANG. Bus Nr. 29 und 36 bis 17 Uhr für 3 RM nach KOTA BHARU.
Der Grenzübergang ist ab 21 Uhr Thai-Zeit bzw. 22 Uhr Malaysia-Zeit geschlossen.

Tak Bai

ตากใบ

Ein weiterer, sehr angenehmer Grenzübergang liegt 38 km weiter östlich direkt an der Küste. Nach Tak Bai fahren Busse von Narathiwat ab 7.30 Uhr für 10 Baht oder ein Taxi vom Bahnhof in Sungai Golok für 15 Baht. Die Autofähre nach Pengkalan Kubor (Malaysia) fährt alle 30 Min. und kostet 5 Baht bzw. 50 sen. Bus 27 oder 43 für 2 RM nach Kota Bharu. Hier bekommt man leicht ein ein neues Visum für Thailand (in 24 Std.)

PRAKTISCHE TIPS

- Anreise　746
- Klima　747
- Reisezeiten　752
- Routenplanung　753
- Südostasien-Tips von A–Z　755

Anreise

Kaum jemand fährt auf dem Landweg oder mit dem Schiff nach Südostasien. Der normale Weg von Europa aus ist der Flug mit einer europäischen oder asiatischen Fluggesellschaft (z.B.: Lufthansa, Sabena, Swissair, Garuda, Singapore Airlines, MAS, KLM, Garuda, Emirates, Royal Brunei, Thai International) nach Bangkok, Kuala Lumpur, Singapore, Jakarta oder Denpasar. Die Airlines differieren beachtlich in ihrer Sicherheit, der Reisedauer (Anzahl und Dauer der Zwischenstops) und dem Preis. Nur non-stop-Flüge erreichen ihr Ziel ohne Zwischenlandung, die anderen legen zumeist am Golf einen Zwischenstop zum Auftanken ein. Im schlimmsten Fall kommt noch eine Zwischenlandung in Europa und eine weitere in Südostasien hinzu.

Der seit Jahren tobende Preiskrieg hat auf den Südostasien-Routen zu einem Preisverfall gefuhrt, so daß Flüge mit den meisten Liniengesellschaften preiswerter als ein Charterflug sind. Wer Wert auf Sicherheit und Service legt, bekommt ein Graumarkt-Ticket einer zuverlässigen europäischen oder südostasiatischen Gesellschaft nach Bangkok bereits ab 1200 DM und nach Denpasar ab 1600 DM. Der offizielle Holidaytarif der Lufthansa liegt etwa 400 DM über diesem Preis. Verschiedene Airlines Südasiens (Biman, PIA) und des ehemaligen Ostblocks (LOT, Tarom, Aeroflot) liegen mit ihren Preisen sogar darunter. Einigen von ihnen fehlt es allerdings an gut ausgebildeten Spezialisten für die Bedienung und Wartung des Fluggeräts, was auf Kosten der Sicherheit geht. Besonders Biman und Aeroflot bzw. die aus ihr hervorgegangenen Firmen genießen keinen guten Ruf bei Vielfliegern. Uns wurde zudem mehrfach von verlorengegangenem Gepäck berichtet. Einen guten Ruf hat hingegen CSA.

Zudem verkaufen einige Chartergesellschaften, z.B. LTU oder Condor auch nur Flüge. Wer Faltbootgepäck mitnehmen will, ist mit Condor gut beraten, denn 100 kg für 2 Personen werden gegen eine minimale Gebühr von 50 DM hin und zurück transportiert. Während der Hochsaison wird ein beachtlicher Aufschlag erhoben. Zudem gibt es für die Abflugtermine zum Ferienbeginn und -ende schon Monate im voraus keinen freien Platz, und viele Maschinen sind überbucht. Günstigste Monate zum Fliegen sind Februar, März, Juni, Oktober und November. Inlandflüge können unter Umständen als günstige Anschlußflüge gebucht werden.

Normalerweise ist die Geltungsdauer von Billigtickets auf 6 Monate begrenzt. Zudem kann man weder die Fluggesellschaft wechseln noch sich das Geld zurückerstatten lassen, wenn der Flug nicht angetreten wird.

Bei weniger strikter Handhabung ist zumindest eine Stornierungsgebühr fällig. Für die Umbuchung des Rückflugs müssen etwa 100 DM bezahlt werden. Trotzdem sollte man keine *open date tickets* kaufen, da Flüge von und nach Südostasien häufig schon Monate im voraus ausgebucht sind.

Gebuchte Flüge müssen spätestens drei Tage vor Abflug rückbestätigt werden, was auch telefonisch geschehen kann. Nicht selten sind die Maschinen überbucht, und die letzten kommen trotz Rückbestätigung nicht mehr mit. Es empfiehlt sich daher, rechtzeitig am Flughafen zu erscheinen.

Geht die Reise nicht nur in ein Land, lohnen sich vielleicht Rundflugtickets. Sie werden von vielen Reisebüros zu einem günstigen Preis angeboten. Die meisten Routen gehen über Indien / Sri Lanka / die Malediven / Myanmar / Malaysia / Singapore / Indonesien oder die Philippinen.

Bitte bei internationalen Flügen auch an die Airport Tax denken.
Thailand: Bangkok 250 Baht, ansonsten 200 Baht
Malaysia: 40 RM
Singapore: 15 S$
Indonesien: Jakarta und Denpasar 25 000 Rp, ansonsten 15 000–21 000 Rp

Klima

Niemand plant einen Badeurlaub an Deutschlands Nordseeküste im Dezember, doch viele vergessen, daß sie auch im tropischen und subtropischen Südostasien bei der Routenplanung Regen- und Trockenzeiten berücksichtigen sollten.

Die **Temperaturen** schwanken an der Küste im Verlauf des Tages meist zwischen 22°C und 34°C. Während der Trockenzeit liegen sie nachmittags häufig etwas darüber, und nach einem Regenschauer ist es etwas weniger heiß. Je näher der Äquator ist, um so geringer werden die täglichen und jährlichen Schwankungen. Angenehm ist der Aufenthalt im Hochland, wo in 1000 m Höhe (2000 m) die Durchschnittstemperaturen bereits 6°C (12°C) niedriger sind als im Flachland. Selbst mittags betragen die Temperaturen kaum mehr als 30°C, so daß man hier ausgedehnte Touren unternehmen kann, ohne um die Mittagszeit allzuviel Schweiß vergießen zu müssen. Nachts kann es zu starken Abkühlungen kommen, und Temperaturstürze unter 5°C sind keine Seltenheit. Auf dem höchsten Berg Südostasiens, dem Mount Kinabalu, kann die Temperatur von tagsüber 18°C nachts schon einmal bis unter den Gefrierpunkt absinken. Es empfiehlt sich, eine Jacke oder einen Pullover mitzunehmen, denn nach einigen tropischen Wochen frieren Touristen aus kühleren Gefilden bei 20°C genauso wie die sonnenverwöhnten Asiaten.

Besonders die Küsten haben ihre eigenen Windsysteme und **Regenzeiten**, die von Küste zu Küste unterschiedlich ausgeprägt sind. Zumeist dauern Gewitter 1/2 bis 2 Stunden. Normalerweise treten nur in wenigen Wochen mehrere Regentage hintereinander auf. Dann kann an einem Tag mehr Regen fallen als in mehreren trüben europäischen Monaten. Stürmische Winde wühlen das Meer auf, unbefestigte Straßen werden zu unpassierbaren Schlammwüsten, und ganze Stadtviertel sind überflutet.

Eine große gesundheitliche Belastung ist in den Innertropen die hohe **Luftfeuchtigkeit** zwischen 98% am frühen Morgen und 70% am Nachmittag. Nur auf dem Festland und den Inseln mit einer ausgesprochenen Trockenzeit sinkt die Luftfeuchtigkeit nachmittags unter 50%. Auf vielen Inseln fallen mehr als 2000 mm Niederschlag im Jahr, manchmal sogar über 5000 mm (Deutschland 700 mm).

Winde bringen Regen, wenn sie vom Meer her kommen – kommen sie über Land, sind sie hingegen trocken. Land- und Seewinde, Berg- und Talwinde, die kleinräumig das Windsystem beeinflussen, führen letztendlich zu komplizierten Verhältnissen, die generelle Aussagen über Regen- und Trockenzeiten vor allem in den Innertropen unmöglich machen. So fällt z.B. in Bogor mehr als doppelt soviel Niederschlag wie in Jakarta, obwohl beide Orte kaum 60 km voneinander entfernt liegen.

Brunei

Die Bucht von Bandar Seri Begawan erhält während der Zeit der wechselnden Winde die höchsten Niederschläge. Der meiste Regen fällt **September bis November** und **Mai bis Juni,** trocken sind die Monate **Januar und Februar.**

Indonesien
Sumatra

Bestimmend ist der Südwest-Monsun, der vor allem der Südwestküste und den anschließenden Gebirgsketten viel Regen bringt. Der Süden der Insel erhält die stärksten Niederschläge, die vor allem im **November und Dezember** viele Straßen unpassierbar machen. Der Trans-Sumatra-Highway ist mittlerweile allerdings wetterfest. Je weiter man nach Norden kommt, um so früher setzt die Regenzeit ein. Zwischen Medan und Padang kommt es zu einer weiteren, schwächeren Regenzeit in den Monaten **April und Mai.**

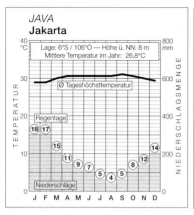
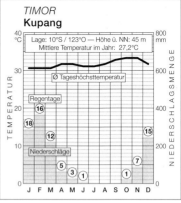
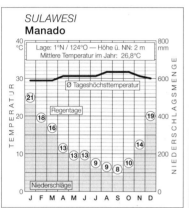
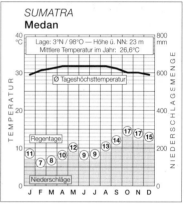
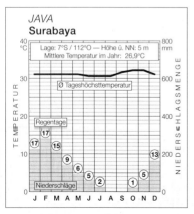
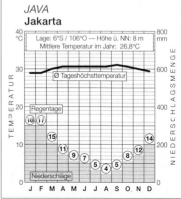

Klima

Java

Von **November bis März** bringt nordwestlicher und westlicher Wind der gesamten Insel hohe Niederschläge. Von **Mai bis September** fallen, mit Ausnahme des Südwestens, kaum Niederschläge, nach Osten hin ist sogar eine ausgesprochene Trockenzeit zu erwarten. Die Temperatur verändert sich während des ganzen Jahres kaum. Auf über 2000 m hohen Vulkanen kann es während der Nacht zu Strahlungsfrösten kommen.

Bali

In der Trockenzeit von **April bis September** regnet es durchschnittlich an weniger als 6 Tagen im Monat. **Dezember und Januar** sind die Monate mit den höchsten Niederschlägen, doch auch noch im Februar und März muß man mit einigen verregneten Tagen rechnen. Die Sonne läßt sich allerdings trotzdem häufig blicken – also kein englisches Wetter!

Nusa Tenggara

Die Trockenzeit von **Juli bis Oktober** ist auf diesen Inseln wesentlich stärker ausgeprägt als im restlichen Indonesien. Besonders am Ende der Trockenzeit ist es entsprechend heiß. Tropische Zyklone erreichen durchschnittlich 3 bis 5 mal im Jahr die am weitesten südöstlich gelegene Insel Timor.

Sulawesi

Wegen seiner ungewöhnlichen Form und der äquatorialen Lage wird Sulawesi von verschiedensten Windströmungen beeinflußt. Im Norden und Süden fallen die meisten Niederschläge im europäischen Winter: Ujung Pandang hat im Sommer eine deutliche Trockenzeit, aber extrem hohe Regenfälle von **Dezember bis März**. Im zentralen Gebiet kommt es zum Teil zu mehreren Regenzeiten im Jahr. Hier liegen die Temperaturen auch höher als an der Küste. Im Palu-Tal verzeichnet man nur 700 mm Regen im Jahr, ein Rekord.

Malaysia
Halbinsel Malaysia

Von **November bis März** steht die Halbinsel Malaysia unter dem Einfluß des Nordost-Monsuns. In diesem Zeitraum gehen über der gesamten Ostküste schwere Regenfälle nieder.

Juni bis August ist die Zeit des Südwest-Monsuns. Abgesehen von Penang und einigen Gebieten in Nordwest-Malaysia, kommt es in der gesamten Region zu relativ geringen Niederschlägen, da die Halbinsel im Windschatten der gebirgigen Insel Sumatra liegt.

April / Mai und **September / Oktober** sind normalerweise Monate mit recht starken Niederschlägen, die aber nicht von den Monsunen ausgelöst werden, sondern durch das Aufsteigen stark erhitzter Luftmassen in kühlere Höhen.

Durch die unterschiedlichen Einflüsse der Monsunwinde entstehen auf der Halbinsel Malaysia vier Klimagebiete:

Nordwesten (Alor Setar): Zwei Perioden mit stärkeren Niederschlägen (April / Mai; September / Oktober) und mindestens zwei Monate im Jahr mit sehr geringen Niederschlägen (Januar / Februar).

Westen (Kuala Lumpur): Zwei kurze Perioden mit hohen Niederschlägen (April und Oktober), aber keine ausgesprochene Trockenzeit.

Ostküste (Kota Bharu): Eine ausgeprägte Regenzeit (Oktober bis Januar), geringe Niederschläge von Juni bis August.

Süden (Singapore, Johor Bharu): Regenfälle beinahe gleichmäßig über das ganze Jahr verteilt.

Ost-Malaysia

Mit über 4000 mm Niederschlag im Jahr gehört Kuching zu den regenreichsten Städten der Erde – im feuchtesten Monat Januar sind es 546 mm, im trockensten Monat Juli immer noch 173 mm. Es regnet im Schnitt an 2 von 3 Tagen. Während der „Landas"-Saison von **Oktober bis Februar** weht ein kräftiger Nordostwind, und es regnet an den Nordostküsten rings um Sandakan und Kuching.

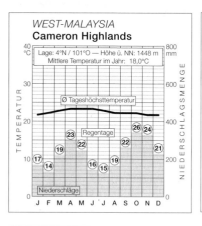
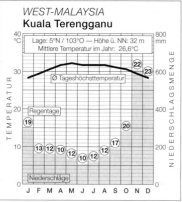
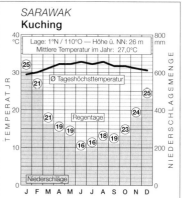
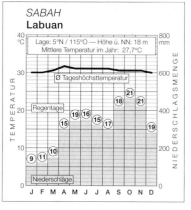
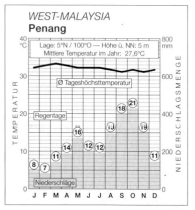
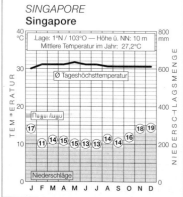

Klima

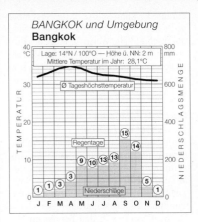
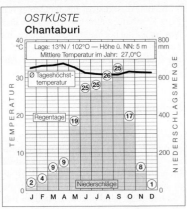
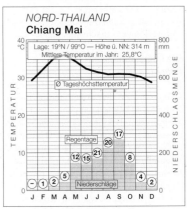
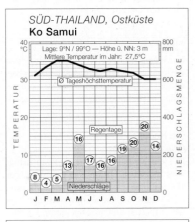
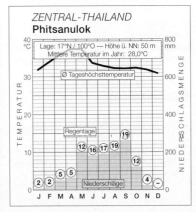
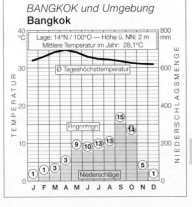

Klima

PRAKTISCHE TIPS

An den Westküsten, z.B. im Gebiet von Kota Kinabalu, fallen zwischen **Juni und November** die höchsten Niederschläge. Im Landesinneren von Sabah kann es während der Zeit der Südwestwinde im **Juli / August** auch recht trocken werden.

Singapore

Die Insel liegt nur etwa 180 km nördlich des Äquators, entsprechend herrscht das ganze Jahr über maritimes Klima. Das mittlere tägliche Maximum beträgt in jedem Monat etwa 31°C. Kühler als 19°C ist es in der Stadt noch nie geworden. Auch die Niederschläge sind gleichmäßig über das Jahr verteilt. Etwas mehr Regen fällt in den Monaten **Oktober bis Januar**.

Thailand

Im Gegensatz zu den tropischen Regionen weiter im Süden folgt das Klima im überwiegend subtropischen, vom Monsun geprägten Thailand einem relativ einheitlichen jahreszeitlichen Rhythmus.

Die Regenzeit
(Mai bis Oktober)

Der einsetzende Südwestmonsun bringt vom Indischen Ozean Niederschläge, vor allem für die Westküste (Phuket, Krabi, Khao Lak). Im Landesinneren regnet es wesentlich später und weniger, die Niederschläge nehmen jedoch bis zum September / Oktober kontinuierlich zu. Dennoch kann es im Mai bereits zu Überschwemmungen in Bangkok kommen. Im Norden setzt die Regenzeit normalerweise erst Ende Juni ein, im Nordosten ist sie Ende September bereits vorbei. Von Mai bis August kann man den Norden, Nordosten, Zentral-Thailand und die Küste Süd-Thailands am Golf von Siam (z.B. Ko Samui) besuchen – die Westküste am Indischen Ozean jedoch nur eingeschränkt. Im **September und Oktober** fallen fast überall hohe Niederschläge.

Wann die Regenzeit beginnt und wie lange sie dauert, weiß niemand genau im voraus. Es kann selbst Mitte November noch stark regnen. Unsere Angaben sind durchschnittliche Werte. In Folge der Erderwärmung scheint sich auch der Monsun zu verschieben. In den letzten Jahren kam und endete er später und brachte vielen Gebieten weniger Regen.

Die kühle Jahreszeit
(November bis Februar)

Am „kältesten" ist es im Dezember und Januar. In diesen Monaten schwankt die Temperatur in Bangkok zwischen 20°C am Morgen und 30°C am Nachmittag. In Nord-Thailand beträgt sie unter 10°C frühmorgens und 28°C nachmittags. An klaren Nächten kann es in den Bergen im November / Dezember fast bis auf den Gefrierpunkt abkühlen. Im Süden gibt es geringere Temperaturschwankungen.

Die heiße Jahreszeit
(März bis Mai)

Die Temperaturen steigen ab Februar ständig an. Zu den hohen Temperaturen kommt eine Wasserknappheit, die sich vor allem in Bangkok bemerkbar macht. Mittagstemperaturen von über 40°C im Schatten sind keine Seltenheit, vor allem im kontinentaleren Klima von Nord-Thailand. Deshalb sollte man bei Trekking-Touren im April und Mai darauf achten, nicht durch abgeholzte Berge zu wandern, wo kaum ein Baum vor der intensiven Sonneneinstrahlung schützt. Angenehm ist der Aufenthalt an der Küste, wo in den Badeorten Hochkonjunktur herrscht. Insgesamt ist der höhergelegene Norden kühler, obwohl es im April und Mai sehr heiß werden kann.

Reisezeiten

* Die **ideale Reisezeit** ist die Trockenzeit. Am sichersten ist es, die Reise einen Monat nach dem Ende der Regenzeit zu beginnen. Allerdings hat sich während der letzten Jahre die Regenzeit oft verschoben oder ist ganz ausgeblieben. Einige Reisende bevorzugen jedoch den

Beginn der Regenzeit: dann strahlt das Land in sattem Grün, viele tropische Früchte werden reif.

- Während der **Schulferien**, vor allem der europäischen Sommer- und Weihnachtsferien herrscht Hochsaison, doch auch während der einheimischen Universitätsferien (Thailand: Mitte März–Juni) und Schulferien (Thailand: Mitte Mai–Mitte Juli, Malaysia: April, im europäischen Sommer und November–Januar). Besonders in Nationalparks, Berg-Resorts und an Stränden sind kaum Zimmer frei, Fähren und Busse ausgebucht und die Naturattraktionen überlaufen.
- Gleiches gilt für **Feiertage** wie das Chinesische Neujahr und die Zeit zwischen Weihnachten und dem 1. Januar. In muslimischen Gebieten ist am Ende des Ramadan alles auf den Beinen.
- Ungeeignet für Ausflüge in die Umgebung großer Städte und zu den ländlichen Naherholungszielen ist zudem jedes **Wochenende**, insbesondere die langen Wochenenden. Hingegen sind die Großstädte dann angenehm zu bereisen, denn der dichte Verkehr dünnt spürbar aus.
- In überwiegend muslimischen Gebieten ist während des **Ramadan**, wenn die Gläubigen tagsüber keine Nahrung zu sich nehmen dürfen, kaum etwas los. Dann sind die Restaurants meist bis Sonnenuntergang geschlossen, Behörden arbeiten mit halber Kraft, Museen und andere Institutionen schließen früher, damit die Mitarbeiter zum Gebet in die Moschee gehen können. Das Leben scheint nur noch träge dahinzufließen, das ganze Land wirkt farbloser. Kein Hinderungsgrund für eine Reise, aber etwas unkomfortabel.
- Nicht zu empfehlen: Reisen am Ende der Trockenzeit (April, Mai) im kontinentaleren Landesinneren von Nord- und Nordost-Thailand, da die Hitze unerträglich werden kann. Ein Besuch der Ostküste der Halbinsel Malaysia während der Regenzeit.

Routenplanung

Südostasien ist zu groß und kein Urlaub kann lange genug dauern, um alle Highlights sehen zu können. Daher gilt es, die Reiseroute nach persönlichen Interessen und der zur Verfügung stehenden Zeit zu planen und eine Auswahl zu treffen. Folgende Vorschläge sind natürlich subjektiv und können nur eine Anregung sein:

In **Bangkok** (s.S. 526) sollten selbst Freunde des Landlebens zwei bis drei Tage für die Besichtigung des Königspalastes und Wat Phra Keo, einiger weiterer Tempel und zum Einkaufen Zeit haben. Eine große Bandbreite an Restaurants und eine interessante Musikszene bieten etwas für jeden Geschmack. Die Standard-Route nach Norden führt über die alten Königsstädte **Ayutthaya** (s.S. 552) und **Sukhothai** (s.S. 558), die nicht nur historisch Interessierten einen Zwischenstop wert sein sollte. Neben den Ruinen bieten die Provinzstädte mit angenehmen Unterkünften in allen Preisklassen eine interessante Erfahrung.

Chiang Mai (s.S. 581), das vielseitige Touristenzentrum im Norden, wird von den meisten Besuchern des Nordens angesteuert. Es bietet neben Tempeln, guten Einkaufsmöglichkeiten und interessanten Ausflügen v.a. Trekking-Touren zu den Bergstämmen (s.S. 578). Für diese Touren sollte man genügend Zeit einplanen und den Veranstalter sorgfältig auswählen. Weitere reizvolle Ziele im Norden mit Trekking-Möglichkeiten sind die beschauliche Provinzstadt **Mae Hong Son** (s.S. 604) nahe der Grenze zu Myanmar, der kleine Bergort **Pai** (s.S. 610) und die boomende nördlichste Provinzstadt **Chiang Rai** (s.S. 616).

Thailand besitzt viele Möglichkeiten für einen preiswerten (*p*) oder komfortablen (*k*) Badeurlaub, z.T. mit Tauchmöglichkeiten (*t*). Bei der Auswahl sollte die Regenzeit (überwiegend im europäischen Winter *w* bzw. Sommer *s*) eine wichtige Rolle spielen. Beliebt sind an der Ostküste **Ko Chang** (s.S. 649; *p, k, s*) und die kleineren Nachbarinseln nahe der kambodschanischen Grenze. Auch **Ko Samet** (s.S. 644; *p, k, s*) und **Pattaya** (s.S. 643; *k, t, s*) finden Liebhaber.

Die lange Küste im Süden und ihre Inseln bieten eine große Vielfalt an Erholungsmöglichkeiten und Aktivitäten in Badeorten, Resorts und kleinen, abgelegenen Anlagen. Hauptziel am Golf von Thailand ist die mit allen Möglichkeiten aufwartende Touristeninsel **Ko Samui** (s.S. 666; *p, k, t, w*), das etwas ruhigere, benachbarte **Ko Pha Ngan** (s.S. 682; *p, t, w*) sowie das kleine **Ko Tao** (s.S. 693; *p, t, w*). Auch wenn der traditionelle Badeort **Hua Hin** (s.S. 658; *p, k, w*) zu einer großen Stadt herangewachsen ist, verbringen hier immer noch viele Touristen, vor allem aus dem Inland, ihren Urlaub. An der Andamanensee zieht es viele Pauschalurlauber, aber auch Individualtouristen, an die leicht erreichbaren Strände von **Phuket** (s.S. 715; *k, t, s*), die ein breites Angebot bereithalten. Alternativen bieten die beliebte Ausflugsinsel **Ko Phi Phi** (s.S. 712; *k, t, s*), die Strände bei **Krabi** (s.S. 699; *k, p, t, s*), sowie die abgelegenere Insel **Ko Lanta** (s.S. 708; *p, t, s*).

Ein Besuch der Ostküste Malaysias lohnt nicht während der Regenzeit im Winter und während des Ramadan. Zum malaiischen Kulturzentrum hat sich **Kota Bharu** (s.S. 400) entwickelt. Mittlerweile bieten fast alle Strände einheimischen Urlaubern, Pauschaltouristen und Travellern ihren Ansprüchen entsprechende Unterkünfte, die ehemaligen Fischerdörfer **Marang** (s.S. 415) und **Cherating** (s.S. 417) ebenso wie die Inseln **Perhentian** (s.S. 409) und **Tioman** (s.S. 424).

Die Badestrände an der Westküste der Halbinsel sind zwar nicht so unberührt wie an der Ostküste, stellen aber im europäischen Winter eine Alternative zur verregneten Ostküste dar. Die besten Strände findet man auf den Inseln **Langkawi** (s.S. 379) und **Pangkor** (s.S. 350). Auf der Insel **Penang** (s.S. 359) locken weniger die Strände als die historische Atmosphäre der geschäftigen, chinesischen Stadt. **Melaka** (s.S. 386), weiter im Süden, ist ebenso vollgepackt mit Geschichte.

Wer auf den Spuren des britischen Empire wandeln möchte, sollte einen Besuch von **Fraser's Hill** (s.S. 339) oder den **Cameron Highlands** (s.S. 342) einplanen, und wer nicht nach Ost-Malaysia fährt, kann Reste intakten Dschungels im **Taman Negara** (s.S. 437) erwandern.

Singapore (s.S. 481) ist so modern, sauber, geordnet und steril, daß man es einfach gesehen haben muß. Im nicht mehr preiswerten Einkaufsparadies ist Shopping die Hauptbeschäftigung von Besuchern und Einheimischen.

Die preiswerteste Route nach Indonesien ist der Seeweg von Penang nach **Medan** (s.S. 48) und von Singapore nach **Pulau Batam** (s.S. 92). Die meisten Touristen fliegen jedoch nach **Jakarta** (s.S. 101) und reisen nach einem möglichst kurzen Aufenthalt und eventuell mit einem Zwischenstop im Bergort **Bogor** (s.S. 120), **Bandung** (s.S. 125) oder dem Badeort **Pangandaran** (s.S. 133) weiter nach **Yogyakarta** (s.S. 145). Die Sultansstadt mit ihren vielfältigen Einkaufsmöglichkeiten, ihrem breiten kulturellen Angebot und den attraktiven Ausflugszielen gilt zurecht als das Touristenzentrum in Java, in dem sich Besucher selten langweilen. Nach einem schnellen Aufstieg auf den Vulkan **Bromo** (s.S. 184) fahren die meisten Touristen gleich weiter zur Trauminsel **Bali** (s.S. 188). Auch wenn Bali mittlerweile mehr Besucher zählt, als die Insel verkraften kann, bietet es allen, die bereit sind, die Touristenzentren Kuta, Legian und Ubud zu verlassen, immer noch genügend Alternativen. Und wer Bali gesehen hat, findet auf **Lombok** (s.S. 229) bessere Badestrände, in **Tana Toraja** (s.S. 273) auf Sulawesi gute Wandermöglichkeiten zu traditionellen Dörfern und in **Bukittinggi** (s.S. 76) sowie am **Toba See** (s.S. 55) weitere interessante Kulturen. Die günstigste Möglichkeit nach Australien führt über **Timor** (s.S. 260), und von der größten Stadt in Nord-Sulawesi, **Manado** (s.S. 299), ist es nicht weit auf die Philippinen.

Südostasien – Tips von A–Z

Airlines

Garuda
Düsseldorfer Str. 14, 60329 Frankfurt
✆ 069-2380688, ✉ 237220.

Malaysian Airlines System
An der Hauptwache 7, 60313 Frankfurt
✆ 069-289734, ✉ 289858.

Royal Brunei Airlines
Airport Center, 60549 Frankfurt
✆ 069-69078040, ✉ 69078043.

Singapore Airlines
Kettenhofweg 51, 60325 Frankfurt
✆ 069-7195103, ✉ 7195125.

Thai Airways
Kennedyallee 93, 60596 Frankfurt
✆ 069-63000410, ✉ 6312061.

➡ Verkehrsmittel in Indonesien, Malaysia, Singapore, Brunei und Thailand

Botschaften und Konsulate

⊃ ... in Australien

Botschaft von Indonesien
8 Darwin Avenue, Yarralumla, Canberra
✆ 733222.

Konsulate
in Darwin, Melbourne und Sydney.

⊃ ... in Brunei

Botschaft von Deutschland
49-50 Jl. Sultan, Wisma Raya
Bandar Seri Begawan
✆ 225547, ✉ 225583.

Generalkonsulat von Österreich
5/75 Kg. Subok, Taman Jubli
Bandar Seri Begawan
✆/✉ 261083.

Botschaft der Philippinen
4th Floor, Badiah Complex, Jl. Tutong
Bandar Seri Begawan
✆ 241465.

⊃ ... in Deutschland

Botschaft von Brunei
Kaiser-Karl-Ring 18, 53111 Bonn
✆ 0228-672044-47, ✉ 687329
geöffnet Mo–Do 9–12.30 und 13.30–17
Fr 9–12 und 14–17 Uhr.

Botschaft von Indonesien
Bernkasteler Str. 2, 53175 Bonn
✆ 0228-382990, ✉ 311393.

Konsulate
13187 Berlin, Esplanade 7
✆ 030-4459210.
22299 Hamburg, Bebelallee 15
✆ 040-512071.
24114 Kiel, Sophienblatt 33
✆ 0431-603201.
28195 Bremen, Domhof 26
✆ 0421-332224.
30159 Hannover, Arnswaldstr. 4
✆ 0511-3612150.
65189 Wiesbaden, Bierstädterstr. 9
✆ 0611-304339.
80538 München, Widenmayerstr. 24
✆ 089-294609.
70629 Stuttgart, Flughafen
Terminal 3, Office 113-114
✆ 0711-7970788.

Botschaft von Malaysia
Mittelstr. 43, 53175 Bonn-Bad Godesberg
✆ 0228-376803-6, ✉ 376584
geöffnet Mo–Fr 9–12.30 Uhr.

Botschaft von Singapore
Südstr. 133, 53175 Bonn-Bad Godesberg
✆ 0228-95103-17, ✉ 310527
geöffnet Mo–Fr 9–12.30 und 13.30–16 Uhr.

Botschaft von Thailand
Ubierstr. 65, 53173 Bonn-Bad Godesberg
✆ 0228-956860, ✉ 363702
geöffnet Mo–Fr 9–12.30 Uhr.

Konsulate
14195 Berlin, Podbielskiallee 1
✆ 030-8312715, ✉ 8316587
geöffnet Mo–Fr 9–12 und 14–16 Uhr,
alle anderen Mo–Fr 10–12 Uhr.
20099 Hamburg 1, An der Alster 85
✆ 040-24839118, ✉ 24839206.
60311 Frankfurt, Roßmarkt 14
✆ 069-20110, ✉ 793958.
80639 München, Prinzenstr. 13
✆ 089-1689788, ✉ 2211180.

⊃ ... in Indonesien

Botschaft von Australien
Jl. H. R. Rasuna Said Kav. C 15-16, Jakarta
✆ 5227111.

Botschaft von Deutschland
Jl. Raden Saleh 54-56, Jakarta
✆ 3849547, 📠 3144984
geöffnet Di–Fr 7.15–16.30
Mo 7.15–13.30 Uhr.

Konsulate
Bandung, Jl. Pasteur 25a
✆ 82842
Honorarkonsulat in Bali
Jl. Pantai Karang 17, Sanur
✆ 288535.
Honorarkonsulat in Medan
Jl. Karim MS4
✆ 537108.

Botschaft von Malaysia
Jl. H. R. Rasuna Said Kav. X/6, Jakarta
✆ 5224947.

Botschaft von Myanmar (Burma)
Jl. Haji Agus Salim 109, Jakarta
✆ 3140440.

Botschaft von Österreich
Jl. Diponegoro 44, Jakarta
✆ 338090
geöffnet Di, Do, Fr 8–14 Uhr.

Konsulate
Bandung, Jl. Prabu Dimuntur 2A
✆ 439505
In Bali ist die schweizer Konsularagentur zuständig (s.u.).

Botschaft von Papua New Guinea
Jl. Jen. Sudirman 1, Panin Bank Centre
6th Floor, Jakarta
✆ 7251218.

Botschaft der Philippinen
Jl. Imam Bonjol 6-8, Jakarta
✆ 3100334.

Botschaft der Schweiz
Jl. H. R. Rasuna Said Bl X/3/2, Jakarta
✆ 5256061, 📠 5202289
geöffnet Mo–Fr 7.15–14 Uhr.

Konsularagentur in Bali
Jl. Pura Bagus Taruna, Legian
✆ 751735.

Botschaft von Singapore
Jl. H. R. Rasuna Said 2, Jakarta
✆ 5201489.

Botschaft von Thailand
Jl. Imam Bonjol 74, Jakarta
✆ 3904225, 📠 3107469.

⊃ ... in Laos

Botschaft von Thailand
Route Phonekheng, Vientiane, P.O.Box 128
✆ 2508, 2543.

⊃ ... in Malaysia

Botschaft von Australien
6 Jl. Yap Kwan Seng, Kuala Lumpur
✆ 2423122
geöffnet Mo–Fr 8.30–16 Uhr.

Botschaft der VR China
229 Jl. Ampang, Kuala Lumpur
✆ 2428495
geöffnet Mo–Fr 9–12 und
14.30–17 Uhr.

Botschaft von Deutschland
3 Jl. U Thant, Kuala Lumpur
✆ 2429666
geöffnet Di, Mi 7.30–12, 13–16.15
Mo, Do 7.30–14 Uhr.

Botschaft von Indien
Jl. Taman Duta, Kuala Lumpur
✆ 2533510
geöffnet Mo–Fr 9–12.30 und 15–17.30 Uhr.

Botschaft von Indonesien
233 Jl. Tun Razak, Kuala Lumpur
✆ 9842011
geöffnet Mo–Fr 9–16 Uhr.

Konsulate
Penang, 467 Jl. Burma, ✆ 2274686
geöffnet Mo–Fr 9–12 und 14–15 Uhr.
Kuching, 1A Jl. Pisang, ✆ 241734
geöffnet Mo–Fr 8–12 und 14–16 Uhr.
Kota Kinabalu, Coastal Road, ✆ 214864
geöffnet Mo–Fr 8–16 Uhr.
Tawau, Wisma Indonesia, Jl. Apas
✆ 772052.

Botschaft von Myanmar (Burma)
5 Taman U Thant 1, Kuala Lumpur
✆ 2423863
geöffnet Mo–Fr 14–17 Uhr.

Botschaft von Österreich
MUI Plaza, Jl. Ramlee, Kuala Lumpur
✆ 2484277
geöffnet Mo–Fr 8–16 Uhr.

Botschaft der Philippinen
1 Changkat Kia Peng, Kuala Lumpur
✆ 2482233
geöffnet Mo–Fr 8.30–12 und 13.30–16 Uhr.
Botschaft der Schweiz
16 Persiaran Madge, Kuala Lumpur
✆ 2480622
geöffnet Mo, Di, Do 8–16.45, Mi
Fr 8–14 Uhr.
Botschaft von Thailand
206 Jl. Ampang, Kuala Lumpur
✆ 2488222, ✉ 2486527
geöffnet Mo–Fr 9–12.30 Uhr.
Konsulate
Penang, 1 Ayer Rajah Rd.
Ecke Jl. Tunku Abdul Rahman
✆ 2269484
geöffnet Mo–Fr 9–12 und
14–15 Uhr.
Kota Bharu, 4426 Jl. Pengkalan Chepa
✆ 7482545
geöffnet So–Do 9–16 Uhr.
Botschaft von Vietnam
4 Persiaran Stonor, Kuala Lumpur
✆ 2484036
geöffnet Mo–Fr 8–16.30, Sa 8–12 Uhr.

↪ ... in Myanmar
Botschaft von Thailand
81 Pyay Rd., Yangon (Rangoon)
✆ 21713, 21715.

↪ ... in den Niederlanden und Belgien
Botschaft von Indonesien
Tobias Asserlaan 8, 2517 The Hague
✆ 070-3108100.
Botschaft von Malaysia
Rustenburgweg 2, 2517 The Hague
✆ 07-3506506, ✉ 3506536.
Botschaft von Singapore
(zuständig für alle BENELUX-Länder)
198 Avenue Franklin Roosevelt
1050 Bruxelles
✆ 02 6602070.
Botschaft von Thailand
1 Buitenrustweg, 2517 The Hague
✆ 070-3452088, 3450632, ✉ 3451929.
Konsulate
1075 HW Amsterdam, Emmastraat 40
✆ 020-799916, ✉ 769081.
3001 DB Rotterdam, 58 Coolsingel
✆ 010-130866.

↪ ... in Österreich
Botschaft von Indonesien
Gustav-Tschermakgasse 5-7, 1180 Wien
✆ 01-342533-5.
Botschaft von Malaysia
Prinz-Eugen-Straße 18, 1040 Wien
✆ 01-5051042/1569, ✉ 5057942.
Botschaft von Thailand
Weimarer Str. 68, 1180 Wien
✆ 01-3103423, 3101630, ✉ 3103935.
Konsulate
1190 Wien, Formenekgasse 12-14
✆ 01-365343, ✉ 368332
geöffnet Mo–Fr 9–12 Uhr.
5020 Salzburg, Ahrenbergstr. 2
✆ 0662-71669
geöffnet Mo–Fr 9–12 Uhr.
6021 Innsbruck, Bozner Platz 2
✆ 0512-580461
geöffnet Mo–Fr 9–12 Uhr.
6850 Dornbirn, Bahnhofstr. 26-28
✆ 05572-65614
geöffnet Mo–Fr 9–16 Uhr.

↪ ... in Papua New Guinea
Botschaft von Indonesien
Sir John Guisa Drive 6, Sec 410 Lot 182
Baroko, Port Moresby
✆ 253116/18.
Konsulat
in Vanimo.

↪ ... auf den Philippinen
Botschaft von Indonesien
Salcedo St., Manila
✆ 855061-68.

↪ ... in der Schweiz
Ständige Vertretung von Brunei bei den UN
16 Avenue Blanc, 1st Floor
1202 Geneva
✆ 022-7381083.
Botschaft von Indonesien
Elfenauweg 51, 3006 Bern
✆ 440983/84.

Ständige Vertretung von Singapore bei den UN
6 Bis Rue Antoine Carteret, 1202 Genève
℡ 022-3447330.

Botschaft von Thailand
Eigerstr. 60, 3007 Bern
℡ 031-462281-2, ℡ 460757
geöffnet Mo–Fr 9–13 und 15–17 Uhr.

Konsulate
1205 Geneva, Rue Senebier 20
℡ 022-257370.
4051 Basel, St. Alban-Graben 8
℡ 061-226867.
8001 Zürich, Talacker 50
℡ 01-2217060, 2217025
geöffnet Mo–Fr 9.30–11.30 Uhr.

⊃ ... in Singapore

Botschaft von Australien
25 Napier Rd.
℡ 7317259, ℡ 7317102
geöffnet Mo–Fr 8.30–16.30 Uhr.

Botschaft der VR China
70–76 Dalvey Rd.
℡ 7343307
geöffnet Mo–Fr 9–12 Uhr.

Botschaft von Deutschland
14-01 Far East Shopping Centre
545 Orchard Rd.
℡ 7371355, ℡ 7372653
geöffnet Mo–Do 8–16, Fr 8–14 Uhr.

Botschaft von Indien
31 Grange Rd.
℡ 7376777, ℡ 7326909
Visaschalter geöffnet Mo–Fr 9–11.30 Uhr.

Botschaft von Indonesien
7 Chatsworth Rd.
℡ 7377422, ℡ 2350542
geöffnet Mo–Fr 9–16 Uhr.

Botschaft von Myanmar (Burma)
133 Middle Rd., Suite 05-04
℡ 3381073
geöffnet Mo–Fr 9–13 und 14–17 Uhr.

Botschaft von Österreich
24-05 Shaw Centre, 1 Scotts Rd.
℡ 2354088, ℡ 7371202
geöffnet Mo–Fr 8–16 Uhr.

Botschaft der Philippinen
20 Nassim Rd.
℡ 7373977, ℡ 7370559
geöffnet Mo–Fr 9–12 und 14–17 Uhr.

Botschaft der Schweiz
1 Swiss Club Link
℡ 4685788, ℡ 4668245
geöffnet Mo–Fr 8–13 Uhr.

Botschaft von Thailand
370 Orchard Rd.
℡ 7372644, ℡ 7320778
geöffnet Mo–Fr 9–12, 14–17 Uhr.

Botschaft von Vietnam
10 Leedon Park
℡ 267887, ℡ 4683747
geöffnet Mo–Fr 9–14 Uhr.

⊃ ... in Thailand

Botschaft von Australien
37 Sathon Tai Rd., Bangkok
℡ 2872680
geöffnet Mo–Fr 8–16 Uhr.

Botschaft der VR China
57 Ratchadapisek Rd., Bangkok
℡ 2457032
geöffnet Mo–Fr 9–11.30 Uhr.
Generalkonsulat
Chiang Mai, 111 Changlo Rd.
℡ 276125
geöffnet Mo–Fr 9–11.30 Uhr.

Botschaft von Deutschland
9 Sathon Tai Rd., Bangkok
℡ 2879000, ℡ 2871776
Mo–Fr 8.30–12 Uhr.

Botschaft von Indien
46 Sukhumvit Rd. Soi 23 (Prasanmit), Bangkok
℡ 2580300-6
geöffnet Mo–Fr 9–12 Uhr.

Konsulat
Chiang Mai, 344 Charoen Rat Rd.
℡ 243066, 242491
geöffnet Mo–Fr 9.30–12 Uhr.

Botschaft von Indonesien
600-602 Petchburi Rd., Bangkok
℡ 2523135-40
geöffnet Mo–Fr 8–16 Uhr.

Botschaft von Kambodscha
185 Ratchadamri Rd., Bangkok
℡ 2546630
geöffnet Mo–Fr 9–17 Uhr.

Botschaft der Volksrepublik Laos
520/1-3 Ramkamhaeng Rd., Soi 39, Bangkok
℡ 5396667.

Konsulate in Khon Kaen und Nan
(stellen nur zögerlich Visa für Ausländer aus).

Botschaft von Malaysia
15. Stock Regent House, 183 Ratchadamri Rd.
Bangkok
✆ 25417005, ✉ 2538970
geöffnet Mo–Fr 8–12 und 13–16 Uhr.

Botschaft von Myanmar (Burma)
132 Sathon Nua Rd., Bangkok
✆ 2332237
geöffnet Mo–Fr 8.30–12 und 14–16.30 Uhr.

Botschaft der Niederlande
106 Wireless Rd., Bangkok
✆ 2547701-5, geöffnet Mo–Fr 9–12 Uhr.

Botschaft von Österreich
14 Soi Nandha, Sathon Tai Rd., Bangkok
✆ 2873970-2, ✉ 2873925
geöffnet Mo–Fr 8–12 Uhr.

Botschaft der Philippinen
760 Sukhumvit Rd., Bangkok
✆ 2590139-40
geöffnet Mo–Fr 8.30–12 und 13.30–17 Uhr.

Botschaft der Schweiz
35 North Wireless Rd., Bangkok
✆ 2530156-60
geöffnet Mo–Fr 9–12 Uhr.

Botschaft von Singapore
129 Sathon Tai Rd., Bangkok
✆ 2862111.

Botschaft von Vietnam
83/1 Withayu (Wireless) Rd., Bangkok
✆ 2517202, geöffnet
Mo–Fr 8.30–11.30 und 13–16.30 Uhr.

➡ Ein- und Ausreise, Einreisebestimmungen der Nachbarländer (s.S. 756ff).

Drogen

Gelegenheit macht nicht nur Diebe, sondern auch Drogen-Schmuggler. Es sitzen bereits viele Touristen wegen Drogenbesitz in den Gefängnissen Südostasiens. Malaysia und Singapore haben sehr strenge Drogengesetze. Bei Verdacht auf Drogenkonsum wird bei der Einreise nach Singapore ein Urintest gemacht, mit dem man innerhalb von 2 Minuten die Einnahme von Drogen nachweisen kann. Es kann bereits Ärger geben, wenn sich im Gepäck Schlaftabletten und andere in Singapore nicht zugelassene Medikamente finden. In diesem Fall hilft eine ärztliche Bescheinigung, daß der Betreffende diese Medikamente braucht. Besonders beim Grenzübertritt von Thailand nach Malaysia sollte man darauf achten, daß keine Drogen ins Gepäck geschmuggelt wurden.
In Thailand sind in vielen Regionen Drogen ohne Probleme zu beschaffen. Die Polizei ist darauf aus, Erfolge in der Drogenszene nachzuweisen. Deshalb werden oft Lockvögel angeheuert, um ahnungslosen Touristen Drogen anzubieten. Bei der Übergabe schnappt die Falle zu.

➡ Zollbestimmungen (s.S. 805).

Ein- und Ausreise

➲ Brunei

Deutsche, Schweizer und Niederländer benötigen für die Einreise nach Brunei kein Visum, wenn sie nicht länger als 14 Tage bleiben, für die gesamte Aufenthaltsdauer genügend Eigenkapital nachweisen und ein fest gebuchtes Rückflugticket sowie einen gültigen Paß besitzen. Österreicher müssen in jedem Fall ein Visum bei der Botschaft in Deutschland beantragen, dessen Ausstellung bis zu 2 Monate dauern kann. Schneller geht es in Kuala Lumpur und Singapore. Für einen längeren Aufenthalt muß man vorher bei einer Botschaft oder *High Commission* von Brunei bzw. einer sie vertretenden britischen High Commission oder einem Generalkonsulat ein Visum beantragen und eine Einladung oder einen Arbeitsvertrag vorweisen.

➲ Indonesien

Zur Einreise benötigt man einen Reisepaß, der mindestens noch 6 Monate gültig sein muß und ein Ausreiseticket – die Ausreise kann auch mit dem Schiff erfolgen. Bei Flugtickets werden *Open-date-Tickets* akzeptiert. Deutsche, Österreicher und Schweizer erhalten bei Einreise einen *Short Visit Pass,* der max. 60 Tage gültig ist. Auch für Geschäftsleute, die bis zu 60 Tagen in Indonesien unterwegs sind, gilt die visafreie Einreise, falls sie keine Arbeit aufnehmen. Voraussetzung ist, daß man eine der folgenden Routen wählt:

Bei Ein- und Ausreise kein Visum erforderlich
Banda Aceh–Kuala Lumpur (Flugzeug),
Banda Aceh–Penang (Flugzeug),
Medan–Penang (Flugzeug / Schiff),
Medan–Lumut (Schiff),
Medan–Singapore (Flugzeug),
Medan–Kuala Lumpur (Flugzeug),
Medan–Ipoh (Flugzeug),
Pekanbaru–Melaka (Flugzeug),
Pekanbaru–Singapore (Flugzeug),
Pekanbaru–Kuala Lumpur (Flugzeug),
Dumai–Melaka (Schiff),
Padang–Johor Bharu (Flugzeug),
Padang–Kuala Lumpur (Flugzeug),
Padang–Singapore (Fluggzeug),
Tanjung Pinang–Singapore (Schiff),
Tanjung Pinang–Johor Bharu (Schiff),
Batam–Singapore (Flugzeug / Schiff),
Jakarta–Singapore (Flugzeug),
Tanjung Balai–Singapore (Schiff),
Bandung–Singapore (Flugzeug),
Surabaya–Singapore (Flugzeug),
Surabaya–Kuala Lumpur (Flugzeug),
Surabaya–Johor Bharu (Schiff),
Denpasar–Singapore (Flugzeug),
Pontianak–Singapore (Flugzeug),
Pontianak–Kuching (Landweg / Flugzeug),
Manado–Guam (Flugzeug),
Manado–Davao (Flugzeug),
Manado–Singapore (Flugzeug),
Denpasar–Darwin (Flugzeug),
Kupang–Darwin (Flugzeug),
Ambon–Darwin (Flugzeug).

Bei Ein– und Ausreise Visum erforderlich
Solo–Singapore (Flugzeug),
Palembang–Johor Bharu (Flugzeug),
Nunukan–Tawau (Schiff),
Tarakan–Tawau (Flugzeug)–Konsulat in Kota Kinabalu und Tawau,
Port Moresby–Wewak–Vanimo–Jayapura (Flugzeug).

Wer über diese Orte ein- oder ausreisen will, braucht weiterhin ein Visum, das vor Einreise in einer diplomatischen Vertretung Indonesiens beantragt werden muß. Das Visum ist 30 Tage gültig und kann einmal 2 Wochen verlängert werden. Deutsche Staatsangehörige bezahlen dafür 55 DM. Der 60-Tage-Short Visit Pass kann nicht verlängert werden. Für 30-Tage-Visa oder Geschäftsreisevisa bekommt man die Verlängerung in allen Immigration-Offices *(Kantor Imigrasi)*, die Ausstellung dauert 2 Tage bis zu einer Woche, also rechtzeitig beantragen. Läuft der Short Visit Pass oder das Visum ab, sollte man keinesfalls die Aufenthaltsdauer überziehen, denn sonst gibt es Probleme bei der Ausreise und eine Geldstrafe, die im Ermessen des jeweiligen Beamten liegt.

⊃ Malaysia
Für die Einreise nach Malaysia benötigt man einen Paß, der noch mindestens sechs Monate länger gültig ist, als man im Land bleiben will. Bei der Einreise wird Deutschen, Schweizern und Österreichern ein *Visit Pass* ausgestellt, der zum dreimonatigen visafreien Aufenthalt berechtigt. Dieser *Visit Pass* kann für 5 RM in einem Immigration Office um etwa einen Monat verlängert werden. Wer länger bleiben will, reist vor Ablauf der Aufenthaltsgenehmigung kurz in ein Nachbarland aus. Wer an der Grenzabfertigung heruntergekommen erscheint und zu wenig Geld hat, kann zurückgewiesen werden.

Bei der Ankunft aus West-Malaysia in Sarawak wird ein neuer *Visit Pass* in den Paß gestempelt, der die Aufenthaltsdauer aber nicht verlängert, sondern sich an der ursprünglich in West-Malaysia festgelegten Frist orientiert. Wer direkt in Sarawak einreist, erhält normalerweise einen *Visit Pass* für 4 Wochen, der in jedem Immigration Office bis maximal 3 Monate verlängert werden kann.

⊃ Singapore
Deutsche, Schweizer, Österreicher und Niederländer können bis zu 3 Monaten ohne Visum in Singapore bleiben. Bei der Einreise als Tourist erhält man eine Aufenthaltsgenehmigung von 30 Tagen. Im Zweifelsfall ist ein gepflegtes Äußeres immer hilfreich. Unter Umständen wird nach einem Ausreiseticket oder dem nötigen Reisekapital gefragt. Wer nach 30 Tagen noch bleiben möchte, fährt entweder kurz nach Johor Bharu (Malaysia) oder stellt einen Antrag im Immigration Department.

⊃ Thailand
Ohne Visum können Touristen aus über 50 Ländern, darunter Deutsche, Schweizer und Öster-

reicher, maximal 30 Tage im Land bleiben. In diesem Fall wird die Aufenthaltsgenehmigung für 30 Tage bei der Einreise in den Paß gestempelt.

Für einen längeren Aufenthalt benötigt man ein Touristenvisum, das für bis zu 60 Tage 30 DM kostet und von einer thailändischen diplomatischen Vertretung im Ausland ausgestellt wird. Für Touristen, die mehrmals einreisen wollen, gibt es Re-Entry-Permits (max. vier Einreisen), wobei für jede Einreise 30 DM zu zahlen ist. Diese sind insgesamt 90 Tage gültig.

Geschäftsreisende im Auftrag einer Firma und Deutsche, die mit einer Thailänderin verheiratet sind, können ein Non-Immigrant-Visum beantragen, das ohne Ausreise verlängert werden kann. Ein Non-Immigrant-Visum für bis zu 90 Tage kostet 50 DM

Für den Visum-Antrag braucht man ein Antragsformular, das man vom jeweils zuständigen Konsulat oder der Botschaft nach schriftlicher Anforderung mit einem frankierten Rückumschlag zugeschickt bekommt, ein Paßbild (manchmal auch zwei) und den Reisepaß, der bei der Einreise mindestens noch sechs Monate gültig sein muß. Kinder benötigen einen eigenen Reisepaß. Vom Ausstellungsdatum an hat das Visum eine Gültigkeitsdauer von 90 Tagen, d.h. innerhalb dieses Zeitraums muß die Einreise erfolgt sein. In begründeten Fällen wird es um weitere 90 Tage verlängert. Wer nicht mindestens US$500 oder ein Ausreiseticket besitzt, dem kann die Einreise verweigert werden. Auch sind allzu nachlässig gekleidete Besucher nicht gern gesehen.

Es ist möglich, das 60 Tage-Touristenvisum bei jedem Immigration Office für 500 Baht um 30 Tage zu verlängern. Dabei sollte man ordentlich gekleidet sein und ggf. einen größeren Geldbetrag vorweisen können. Die 30 Tage gültige visafreie Aufenthaltsgenehmigung wird nur im Falle von Krankheit verlängert. Mit einem Double-Entry-Visum kann man nach Malaysia ausreisen und problemlos innerhalb von Minuten wieder nach Thailand zurückkehren. Notfalls kann man in Laos oder Malaysia in 2 Tagen ein neues Visum beantragen.

Wird die Aufenthaltsgenehmigung oder das Visum um einen oder einige wenige Tage überzogen, ist bei der Ausreise eine Geldstrafe von 100 Baht pro Tag fällig. In diesem Fall sind vor der Abreise mehrere Formulare von einem Grenzbeamten auszufüllen, was einige Zeit dauern kann, daher vor dem Abflug rechtzeitig am Immigration-Schalter erscheinen. Bei längerem Aufenthalt ohne Visum kommt es allerdings zur Gerichtsverhandlung, und wer dann seine Strafe nicht zahlen kann, muß ins Gefängnis. Bei einem Aufenthalt in Thailand von über 90 Tagen im Jahr ist eine pauschale Steuer von 500 Baht zu zahlen.

➡ Botschaften und Konsulate, Zollbestimmungen (s.S. 752 ff und 805).

Einreisebestimmungen der Nachbarländer

⊃ Australien

Ab Singapore, Jakarta, Denpasar und Kupang werden Flüge nach Australien angeboten. Auf dieser Strecke gibt es keine regelmäßig verkehrenden Passagierschiffe. Für die Einreise ist ein Visum erforderlich, das normalerweise für einen Aufenthalt von 3 Monaten von einer australischen Botschaft ausgestellt wird. Außerdem muß bei der Einreise ein Ausreiseticket vorgelegt werden. In Deutschland werden Visa von Reisebüros ausgestellt.

⊃ China

Zur Zeit kann man bereits überland von Thailand und Laos nach Yünnan fahren. Es gibt Flüge von Bangkok, Chiang Mai, Singapore und Kuala Lumpur. Von Kota Kinabalu bestehen regelmäßige Verbindungen nach Hong Kong. Das erforderliche Einreisevisum für die VR China wird von allen Botschaften in einigen Tagen für einen Aufenthalt von 90 Tagen ausgestellt, die Einreise muß innerhalb von 30 Tagen erfolgen.

⊃ Indien

Am besten bereist man Indien als Zwischenstop auf dem Weg von bzw. nach Europa. Visa sind für einen Aufenthalt von drei bzw. sechs Monaten gültig und kosten in Deutschland 35 bzw. 70 DM. In Südostasien dauert die Ausstellung mindestens eine Woche. Zudem wird ein Unbedenklichkeitsattest von der Deutschen Botschaft verlangt.

⊃ Kambodscha

Die Einreise überland ist aufgrund der Kämpfe im

Grenzgebiet zur Zeit nicht möglich. Obwohl mehrere Airlines nach Phnom Penh fliegen, sind die Maschinen oft ausgebucht. 4 Wochen-Visa werden bei Einreise am Flugplatz für US$20 ausgestellt oder können von Reisebüros in Bangkok gegen eine Gebühr von 650 Baht besorgt werden.

⊃ Laos

Es ist kein Problem mehr, überland nach Laos einzureisen. Die wichtigsten Einreisepunkte sind Chiang Khong, Nong Khai und Mukdahan. In Kürze soll ein Übergang im Norden von Nan für westliche Touristen geöffnet werden. Pauschaltouren wählen zumeist das Flugzeug von Bangkok nach Vientiane. 2 Wochen-Visa für Laos werden in Bangkok, Chiang Khong und Nong Khai von Reisebüros für 1200–2500 Baht innerhalb von 24 Std. organisiert. Innerhalb des Landes kann man sich neuerdings relativ frei bewegen und sogar weiter nach Yünnan reisen.

⊃ Myanmar (Burma)

Individualreisende erhalten in Bangkok sofort 30 Tage-Visa für 470 Baht. Mindestumtausch nach der Ankunft US$300. Nach Yangon ist nur die Einreise mit dem Flugzeug möglich. Von Ranong nach Victoria Point sind Tagesausflüge ohne Visum gegen Gebühr möglich. Zu Zeiten politischer und militärischer Ruhe gilt dies auch für den Three Pagoda Pass, Mae Sot / Myawaddy und Mae Sai / Tachilek. Von Chiang Rai und Mae Sai werden sogar mehrtägige Ausflüge nach Keng Tung (Chiang Tung) angeboten.

⊃ Philippinen

Ab Hong Kong, Brunei, Singapore, Kuala Lumpur sowie Jakarta werden Flüge nach Manila angeboten. Am Flughafen erhält man eine Aufenthaltserlaubnis für 21 Tage. Wer länger bleiben will, muß vorher ein Visum beantragen.

⊃ Vietnam

Flüge von Bangkok, Kuala Lumpur und Singapore nach Saigon sind häufig ausgebucht. Als Alternative bietet sich der Flug mit Hang Khong Vietnam oder die Anreise über Hanoi an. Das 4 Wochen-Visum für Einzelreisende kostet bei Reisebüros in Bangkok 1200–1500 Baht. Die Ausstellung dauert 4 Tage. Die Botschaften in Südostasien stellen zur Zeit keine Visa aus.

➡ Botschaften und Konsulate (s.S. 752 ff).

Essen und Trinken

Was gibt es Schöneres, als sich an den Künsten der asiatischen Küche zu erfreuen? Die kulturelle Vielfalt Südostasiens zeigt sich auch im Nebeneinander verschiedener Küchen, die von den Volksgruppen meist als Bestandteil ihrer kulturellen Identität in ihrer traditionellen Form gepflegt werden, oft aber auch zu neuen, interessanten Kombinationen weiterentwickelt werden. Von indischen, malaiischen, chinesischen und europäischen Köchen werden ähnliche Zutaten zu völlig unterschiedlichen Gerichten verarbeitet.

In den Städten, in denen die verschiedenen Nationalitäten ja meist dicht beieinander leben, ist die Variationsbreite besonders groß, und wer ein bißchen Mut zum Fragen und Ausprobieren aufbringt, kann die tollsten kulinarischen Überraschungen erleben. Sich auf das fade Angebot der natürlich auch hier vorhandenen internationalen Einheitsgastronomie zu beschränken, wäre jedenfalls ein Jammer.

⊃ Essen – aber was?

Reis – ist überall in Südostasien das Grundnahrungsmittel Nummer eins. Er kommt in verschiedenen Sorten und Zubereitungsarten auf den Tisch – zum Teil in ungewöhnlichen Varianten, wie in Bambus gegarter Klebreis oder roter Reispudding als Dessert.

Fleisch – verwendet man vom Rind oder Huhn, seltener von der Ziege, und der Ente. Von den Moslems verabscheut, von den Chinesen geliebt: Fleisch vom Schwein.

Eier – werden sowohl hartgekocht als auch gebraten serviert. Eier stammen nicht nur von Hühnern, sondern auch von Enten oder Wachteln.

Seafood – Da das Meer selten weit entfernt ist, serviert man überall phantastischen Fisch und anderes Seafood. Die Palette der Zubereitung reicht von scharfen Fisch-Curries oder Austern-Omeletts auf Nachtmärkten bis zu Lobster oder delikat zubereiteten Krebsen in den Seafood-Restaurants an den Stränden. Hier gibt es meist keine Speisekarte, und wenn es eine gibt, sind nur selten Preise angegeben. Frische Fische werden aus einem Aquarium ausgewählt und nach Gewicht bezahlt. Die einheimischen Gäste kennen die Preise. Wer am Ende keine böse Überraschung erleben möchte, fragt vor dem Bestellen nach dem Preis (pro 100 g) und schaut mit auf die Waage. Fischliebhaber kommen auf ihre Kosten, denn bei allen Nationalitäten wird Seafood anders zubereitet.

	Malaiisch / Indonesisch	Thai
Reis	Nasi	Khao
Rindfleisch	Lembu / Sapi	Nüa
Hühnerfleisch	Ayam	Gai
Entenfleisch	Bebek	Ped
Schweinefleisch	Babi	Muh
Fisch	Ikan	Pla
Eier	Telur	Khai
hartgekochte Eier	Telur Masak	Khai Tom
gebratene Eier	Telur Goreng	Khai Tord

⊃ Essen – aber wie?

Normalerweise wird mit **Löffel** (rechts) und **Gabel** (links) gegessen, wobei man mit der Gabel, entsprechend unserem Messer, die Speisen auf den Löffel schiebt, mit dem man ißt. Besonders in ländlichen Regionen benutzt man statt dessen **die rechte Hand**. Die linke gilt als unrein und sollte nie das Essen berühren. Ausländer brauchen etwas Übung, bis sie ein Curry so galant wie die Inder mit der Hand vom Bananenblatt essen können. Zur Reinigung der Hände vor und nach dem Essen gibt es in fast allen Restaurants Waschbecken.

Auch die Handhabung von **Stäbchen**, wie sie Chinesen benutzen, will gelernt sein. In den meisten Restaurants ist zwar Besteck vorhanden, aber in den Foodstalls und Nudelküchen stehen manchmal nur die schwer zu handhabenden *Chop Sticks* und kurze Suppenlöffel zur Verfügung. Davon abgesehen schmecken chinesische Gerichte ganz anders, wenn man sie mit Stäbchen essen kann. Chinesen werden das Bemühen, sich den einheimischen Gegebenheiten anzupassen, immer anerkennen.

⊃ Essen – aber wo?

Es ist kein Problem, zu jeder Tageszeit irgendwo etwas Eßbares zu bekommen, es sei denn, man befindet sich während des Fastenmonats Ramadan in einem ländlichen, überwiegend muslimischen Gebiet. Während dieser Zeit sind zwar tagsüber die Restaurants geschlossen, doch auf Straßenmärkten wird in größeren Ortschaften eine phantastische Auswahl an Snacks und Kuchen verkauft, die man mit nach Hause nimmt, um damit rechtzeitig zum Sonnenuntergang das „Brechen des Fastens" zu begehen.

Essenstände – bieten nahezu überall und rund um die Uhr ihre Dienste an, und das oft zu erstaunlichen Preisen. In den Städten findet man sie an allen belebten Plätzen, bei Märkten und Busstationen, Kinos und Fabriken – eben überall dort, wo Menschen sind. Viele Touristen trauen den hygienischen Verhältnissen nicht über den Weg – eine Sorge, die in den meisten Fällen unbegründet ist. Am besten bestellt man Gerichte, die frisch zubereitet werden, meidet Salate, Eis und ungeschälte Früchte und achtet darauf, ob (und wie) das Geschirr abgewaschen wird. Daß die Ware verdorben oder minderwertig ist, wird selten vorkommen. Schließlich hat so eine Garküche ihren Marktwert zu verteidigen, die Konkurrenz ist groß, und die Ansprüche sind hoch. Gerade die kleinen Essenstände sind es häufig, die sich auf ein besonderes Gericht, eine regionale Spezialität oder ein besonders gutes Rezept verlegt haben, um ihre Kundschaft zu halten.

Nachtmärkte – haben meist ihre festen, überdachten Plätze. In Einkaufszentren befinden sich deren moderne Varianten meist im unteren oder oberen Stockwerk. Man nimmt an irgendeinem der Tische Platz und ordert bei den Pächtern der Stände die gewünschten Gerichte, die separat anhand des individuell gekennzeichneten Geschirrs abgerechnet werden. Andere Stände verkaufen Getränke, so daß man sich ein komplettes Menü zusammenstellen kann. Geradezu steril (und umweltbelastend) geht es an den *Food Centres* in Singapore zu. Teller und Schüsseln aus Styropor werden ebenso wie die Plastikgabeln, -löffel und Holzstäbchen nach einmaligem Gebrauch weggeworfen.

Traveller-Treffs – In den Tourismuszentren gibt es Restaurants, die sich auf den europäischen Geschmack umgestellt haben und *Traveller-Food* anbieten. Hier bekommt man *Pancakes*, *Porridge*, Toast oder Müsli zum Frühstück; *Fried Rice*, Omelettes und abgemilderte nationale Gerichte als Hauptspeisen und *Fruit Salad* oder *Banana Fritter* für zwischendurch.

Preiswerte Restaurants – Hier sitzt der Gast oft zwischen Küche und Kasse; ein schwitzender Koch ist mit der Zubereitung der Mahlzeiten beschäftigt, der Chef oder die Chefin hat alles im Blick. Mit lautem Geschrei werden Bestellungen und Befehle von einem zum anderen Ende weitergegeben. Chinesen bevorzugen selbst in teuren Restaurants Plastikgeschirr, das mit geschickten Frisbee-Würfen auf dem Tisch verteilt und hinterher samt Essensresten in eine große Plastikwanne gefegt wird. Aber das besagt noch lange nichts über die Qualität der Speisen ...

Manchmal stehen die fertigen Gerichte oder rohen Zutaten in einer Vitrine oder im Kühlschrank. Man braucht also nur eine Auswahl zu treffen und darauf zu deuten. Nach dem Preis sollte man vor dem Essen fragen. Fast immer sind die Gerichte stark gewürzt, und die vielen kleinen Chilis sind der Grund, daß das Essen nicht schlecht wird.

Teurere Restaurants – Zudem gibt es in den Touristenzentren und großen Hotels asiatische und europäische Restaurants, die auf Touristen ausgerichtet sind. Sie offerieren eine mehrsprachige Speisekarte und sind, je nach Ausstattung, Lage und Qualität, etwas teurer.

Coffee Shops – Wer glaubt, hier ein gemütliches Café mit leckerem Kuchen gefunden zu haben, liegt völlig falsch. Kaffee und Kuchen bekommt man höchstens in einer Bakery oder in den großen Hotels, vor allem zum *High Tea*. Der Coffee Shop hingegen, ein großer klimatisierter Raum, der manchmal Erinnerungen an sozialistische Massenabfütterungs-Restaurants aufkommen läßt, dient unterschiedlichsten Bedürfnissen, ist Frühstücksraum, Restaurant und Bar zugleich, wobei in den sogenannten „Junggesellenhotels" letzteres überwiegt. Die dort herumsitzenden jungen Mädchen sind auch in den seltensten Fällen Hotelgäste sondern auf der Suche nach Kundschaft. In einigen Kaufhäusern haben in den letzten Jahren **Cafés** aufgemacht, die mehrere Dutzend verschiedene Sorten Kaffee aus allen Kontinenten anbieten und frisch aufbrühen.

Die Rechnung – In Südostasien wird generell nicht separat bezahlt, sondern einer am Tisch begleicht die Rechnung. Es kann passieren, daß die Rechnung höher ausfällt als die Summe der Einzelgerichte. Wem das nichts ausmacht, in den Augen des Wirtes als geizig zu gelten, der kann versuchen, die Rechnung zu beanstanden. Im Gegensatz zu den Hotels und Restaurants der gehobenen Preisklasse, wo zum Rechnungsbetrag Bedienung addiert wird, enthält die Rechnung in kleineren Restaurants kein Trinkgeld.

⊃ Früchte

Auf den Märkten locken je nach Jahreszeit verschiedene tropische Früchte, die man unbedingt kosten sollte. Die Saison einheimischer Früchte variiert von Region zu Region.

Malaiisch-indonesische Begriffe bzw. Gerichte sind mit (Ma), thailändische mit (Th) und chinesische mit (Ch) gekennzeichnet.

Ananas – Nanas (Ma), Sapparot (Th); werden auf Märkten und geschält auf der Straße preiswert verkauft. Viele Regionen rühmen sich, die süßesten Früchte zu haben.

Banane – Pisang (Ma), Gluei (Th); gibt es das ganze Jahr über auf den Märkten in verschiedenen Größen und Geschmacksrichtungen. Einige verwendet man nur zum Kochen, die schmackhafteren Sorten werden als Obst oder gebacken als Nachspeise gegessen.

Baumstachelbeere – Blimbing (Ma); kleine, gelbe oder grüne, saftige Frucht, sehr sauer – während der Trockenzeit angenehm, dann etwas süßer.

Cashew-Apfel – Jambu Monyet (Ma); Kern ist die Cashewnuß.

Chiku – (Ma) eiförmige Frucht; unter der braunen Schale ein glattes, weiches Fleisch, leicht süß.

Duku – (Ma) braune, golfballgroße Frucht; die Schale läßt sich aufdrücken; einzelne Segmente mit weißem Fruchtfleisch, leicht sauer, das grünliche Mittelstück kann bitter sein.

Durian – Zibetfrucht, auch Stachelfrucht genannt. Grüne, stachlige Frucht bis zur Größe einer Wassermelone mit gelblichem, klebrigen Fruchtfleisch, mehrere Segmente um dicke Kerne. Wegen dem eigenartigen, strengen Geruch, der von der „Königin der Früchte" ausgeht, meiden sie viele Europäer. Am besten läßt man sich von einem Kenner eine Frucht aussuchen. Es ist gesundheitlich riskant, sie zusammen mit Alkohol zu genießen.

Goldapfel oder Apfelmango – Kedongdong (Th); kleine, grüngelbliche Frucht mit großem Kern.

Granatapfel – Delima (Ma); runde Frucht, deren erfrischendes Fruchtfleisch aus mehreren Segmenten besteht, gelblich, braungesprenkelte Schale.

Guave – Jambu Biji (Ma), Farang (Th); die ursprünglich aus Spanien stammende grüne, apfelähnliche Frucht kann reif als Obst oder grün mit Salz und Zucker gegessen werden. Hoher Vitamin-C-Gehalt

Jackbaumfrucht – Nangka (Ma), Kanun (Th); riesige, grünlich-gelbe Früchte, die 30–90 cm lang und 25–50 cm breit werden, mit runden Stacheln. Die festen, gelben, herausgelösten Fruchtsegmente werden portionsweise auf den Straßenmärkten verkauft.

Jujube – Phutsa (Th); die kleine, runde Frucht aus dem Osten des Landes findet man von August bis Februar auf den Märkten. Sie ist süß und wird normalerweise ungeschält gegessen.

Kokosnuß – Kelapa (Ma), Maprao (Th); typische Tieflandfrucht. Die Milch wird getrunken (junge Früchte), das Fruchtfleisch auch zum Kochen verwendet.

Langsat – (Th) die murmelgroßen, süß-säuerlichen Früchte mit hellbrauner Schale und bitterem Kern werden büschelweise verkauft.

Linchi – (Th) Litschipflaumen sind vor allem bei Chinesen als Desserts aus der Konserve beliebt. Frisch gibt es sie von April bis Juni.

Longan – Mata Kucing oder Lengkeng (Ma), Lamyai (Th); eine dünne, feste, bräunliche Schale umgibt das weiße, leicht säuerlich-saftige Fruchtfleisch. Die kleinen, runden Früchte werden büschelweise verkauft.

Malacca-Apfel – Jambu Bol (Ma); große rötliche Frucht.

Mango – Mangga (Ma), Mamuang (Th); länglich-ovale Früchte. In unreifem Zustand sehen sie grün aus, man ißt das säuerliche, feste Fruchtfleisch als Gemüse mit einer scharfen Sauce. Reif sehen sie rötlich-gelb aus, das Fruchtfleisch ist gelb, saftig, süß und reich an Vitamin A und C.

Mangosteen – Manggis (Ma), Mangkut (Th); die 6–7 cm großen, violett-roten Früchte mit weicher, dicker Schale enthalten 5–8 weiße, leicht säuerliche Frucht-Segmente (Vorsicht – sie färben stark). Nie mit Zucker süßen.

Papaya – Malakor (Th); die 7–60 cm langen, grünen bis orange-roten Früchte enthalten viel Vitamin A und Calcium. Sie schmecken besonders gut mit frischen Limonen zum Frühstück. Zudem sind sie – zusammen mit Bananen, Ananas und Wassermelonen – ein wesentlicher Bestandteil des Obstsalates.

Passionsfrucht – Markisa (Ma); grün bis rötlich-violette Frucht.

Rambutan – (Ma) (Haar = *Rambut*), Ngoh (Th); auch Zwillingspflaume genannt, etwa 5 cm große, runde, rote Früchte, deren haariges Aussehen ihnen den Namen gegeben hat. Unter der weichen Schale liegt das weiße Fruchtfleisch um einen großen Kern. Sie werden büschelweise verkauft und sind oft von Ameisen bevölkert.

Rosenapfel – Jambu Air (Ma), Chom-phu (Th); glockenförmige, säuerliche Frucht mit grünlicher bis roter, wachsiger Schale.

Salak – (Ma) kleine, braune Frucht, deren feste Schale an eine Schlangenhaut erinnert, apfelartiger Geschmack.

Santolfrucht – Kecapi (Ma); orangengroß, mit flaumiger, gelber Schale; weißes Fruchtfleisch.

Sauersack, Stachelanone – Sirsak (Ma); lange, herzförmige, bis 1 kg schwere, grüne Früchte. Das weiße, saftige Fruchtfleisch eignet sich gut für Fruchtsäfte, die es in Indonesien abgefüllt zu kaufen gibt – ein billiger, guter Durstlöscher.

Sawo – (Ma), Lakmut (Th); Breiapfel, Sapotillapfel oder Manilafrucht, ovale, kartoffelfarbige Früchte, die ähnlich wie Birnen schmecken.

Starfruit – (Ma); Im Querschnitt sieht die gelblich-grüne, längliche Frucht wie ein Stern aus. Sie wird mit Salz bestreut gegessen oder zu Saft gepreßt – sehr wasserhaltig und durstlöschend.

Wassermelonen – Semangka (Ma); im tropischen Klima besonders erfrischend.

Zitrusfrüchte – Limau oder Jeruk (Ma); Oberbegriff für Zitrusfrüchte, z.B. Limau Betawi oder Jeruk Bali, die große Pomelo; Jeruk Besar, Grapefruit; Jeruk Asam oder Limau Asam, die weit verbreitete Limone; Limau Kesturi, die sehr sauren, kleinen Früchte; Jeruk / Limau Manis, die großen Orangen sowie Limau Cina, die gängigeren kleinen Mandarinen. Manau (Th) Zitrone, bzw. Som-tra (Th), eine Mischung zwischen den uns bekannten Orangen und Mandarinen, Som-o (Th) Pomelo.

⊃ Getränke, alkoholfreie

An kalten, alkoholfreien Getränken wird eine große Auswahl angeboten. Am beliebtesten und recht billig sind die internationalen **Softdrinks** (an Stränden, auf Inseln und in abgelegenen Gebieten teurer). Zum Mitnehmen werden sie leider häufig in Plastiktüten umgefüllt.

Bitte soweit wie möglich auf Plastiktüten und fertig abgepackte Getränke verzichten, denn dieser Müll landet irgendwo am Straßenrand oder an den Stränden. Beliebte Ausflugsstrände sehen von der Ferne schon ganz bunt aus.

Wasser – kann abgekocht aber nicht aus der Leitung getrunken werden. Bei Touristen beliebt ist Quellwasser in Plastikflaschen ohne Kohlensäure, mit Ozon sterilisiert.

Fruchtsäfte – gibt es in Touristenzentren in großer Auswahl. Sie sind eine erfrischende Spezialität, sofern das verwendete Eis einwandfrei ist.

Zitronen- oder Limonensaft bzw. **Orangensaft** – wird häufig angeboten, manchmal auch Limonade. Orangensaft, ebenso wie Zitronensaft, wird oft mit Salz gewürzt, was zwar dem Körper gut tut, doch vielen europäischen Gaumen nicht schmeckt.

Für unterwegs eignen sich besonders gut die in 0,2 l Päckchen abgepackten (leider recht süßen) Tee-, Kakao- und Fruchtsaftgetränke, die sowohl in Lebensmittelgeschäften als auch in Restaurants zu bekommen sind.

Kokosmilch – die klare Milch junger, grüner oder orangefarbener Kokosnüsse schmeckt am besten gekühlt und erfrischt sehr. Nicht bekömmlich ist dagegen das Wasser der reifen, braunen Kokosnuß.

Tee – in Indonesien und Malaysia wird Tee angebaut und überall serviert, während er in Thailand fast nur in Touristenzentren erhältlich ist.

Kaffee – zumeist wird löslicher Pulverkaffee mit süßer Dosenmilch serviert, der keine Ähnlichkeit mit unserem Kaffee hat.

Kakao – vor allem Milo und Ovaltine, wird häufig zubereitet.

Milch – als H-Milch ist sie verhältnismäßig teuer und fast nur in den Lebensmittelläden der Städte zu bekommen. In Thailand wird H-Milch häufig gesüßt oder mit Aromastoffen (z.B. Erdbeergeschmack) angereichert in 0,2 Liter Päckchen abgepackt. In Läden wird preiswertes Milchpulver verkauft.

	Malaiisch / Indonesisch	**Thai**
Wasser	Air	Nam
Zitronen- / Limonensaft	Air Jeruk	Nam Manau
Orangensaft	Air Jeruk Manis	Nam Som
Kokosmilch	Air Kelapa Muda	Nam Maprao
Milch	Susu	Nom Sot
Kaffee	Kopi	Gafä
Tee	Teh	Tschah

kann auch anders bestellt werden, wobei das jeweilige Wort nachgestellt wird:

mit süßer Milch	Susu	Ron
mit Zucker	Oh / Manis	Dam
ohne alles	Pahit	Oh
kalt	Es	Yen
Eiskaffee, süß	Es Kopi	Oh Liang

⊃ Getränke, alkoholische

Es gibt keine Alkoholika in muslimischen Restaurants und streng muslimischen Regionen, wie in den Dörfern von Kelantan oder in Aceh. Weine und ausländische Spirituosen sind sehr teuer und nicht überall erhältlich. Auch

Bier – ist verhältnismäßig teuer. Die gängigen Sorten werden im Land gebraut, u.a. in Indonesien Bintang, Bali Hai und Anker, in Malaysia Tiger, Anchor und Guinness, in Singapore Tiger und Tsingtao und in Thailand Singha, Kloster und Amarit.

Weitere lokale Getränke sind
Tuak (Ma) – Palmwein
Arak (Ma) – Reisschnaps
Brem (Ma) – Reiswein
Mekhong (Th) – Thai-Whisky
Saeng Thip (Th) – Rum-ähnlicher Schnaps

⊃ Gewürze

Frische Gewürze bilden die geschmackliche Grundlage der regional vielfältigen Gerichte. Neben den auf allen Märkten frisch angebotenen Chilis verwendet man Ingwer, Knoblauch, Frühlingszwiebeln, Zitronengras, Zitronen-, Curry-, Koriander-Blätter und Palmzucker. Die kräftig schmeckende Shrimp-Paste, der saure Tamarinden-Saft oder die milde Kokosmilch geben den meisten Gerichten den typischen Geschmack. Wem das Essen noch nicht würzig genug ist, kann sein Gericht durch Saucen zusätzlich würzen. Besonderer Beliebtheit erfreut sich in Malaysia *Sambal Belacan*, Chili-Sauce mit Shrimp-Paste, in Indonesien die süße Sojasauce *Kecap Manis* und in Thailand die salzige Fischsauce *Prik Nam Pla*. Zudem stehen auf dem Tisch Plastikbehälter mit Zucker, zerstoßenen, getrockneten, roten Chilis, Chilis in Essig und manchmal zerstoßene Erdnüsse. Übrigens: je kleiner die Chilis, desto schärfer sind sie.

⊃ Typische chinesische Gerichte

100-Jahr-Eier – sind in Wirklichkeit nur ein paar Wochen alt. Frische Enteneier werden in eine Mischung aus Erde, Reisspreu und Asche gelegt. Nach der Fermentation ist das Eiweiß dunkler geworden und das Eigelb dunkelrot. Sie sind sehr salzig und nicht jedermanns Geschmack.

Bird's Nest Soup – winzige Vogelnester, die ausschließlich aus den zähen, eßbaren Speichel der Salangane bestehen, eine extrem teure Spezialität, die mit Wachteleiern in einer Hühnerbrühe serviert wird.

Cap Cai – Abgeleitet vom chinesischen Chop Suey, ist ein Gericht aus gekochten, kleingeschnittenen Fleisch- und Gemüsestückchen, unter Umständen auch mit gebratenem Ei.

Carrot Cakes – sind ein breiartiges Gemisch aus Rettich und Karotten, das mit Eiern gebacken wird und vor allem in Singapore auf dem Speisezettel steht. Schmeckt und sättigt!

Char Siew – gegrilltes Schweinefleisch, das mit einer scharfen, süßen Gewürzmischung bestrichen und kleingeschnitten mit einer süßen Sauce auf Reis serviert wird.

Hokkien Mee – gebratene Nudeln nach einem Rezept aus der Provinz Fukien. Ausgezeichnet auch die Nudelsuppen.

Oyster Omelette – ein durchaus preisgünstiges Omelette-Gericht mit Austern.

Shark's Fin Soup – Haifischflossen werden lange gekocht und mit Hühnerfleisch und Krabben zu einer ausgezeichneten Suppe verarbeitet.

Steamboat – dieses Gericht macht am meisten Spaß, wenn die Essensrunde aus mindestens vier Personen besteht. Es wird vor allem in Singapore, Kuala Lumpur und den Cameron Highlands angeboten. Die rohen Zutaten (Fisch, Krabben, Fleisch, Leber, Gemüse usw.) werden in einer siedenden Fleischbrühe am Tisch gargekocht und vor dem Essen in eine Mischung aus Chili- und Sojasauce getunkt. Zum Schluß ißt man die gehaltvolle Fleischbrühe mit einem untergeschlagenen Ei und Glasnudeln. Es gibt auch Essenstände, die Steamboat anbieten. Fertige Spießchen, vor allem mit Meerestieren, Fischbällchen, Innereien und Wachteleiern werden in einer heißen Brühe gegart und im Stehen gegessen.

Yam Pot – eine heiße Blätterteigpastete, die mit Fisch, Huhn, Schweinefleisch, Krabben und Gemüse gefüllt ist. Eine Delikatesse!

⊃ Typische indonesische / malaiische Gerichte

Ais Kacang – Eis, Bohnen; die beliebte, bunte Nachspeise gibt es auch an den Essenständen. Gelee-Würfel aus Agar-Agar in verschiedenen Farben, süße, rote Bohnen und Mais werden auf geraspeltem Eis angerichtet und mit einer dicken Kokosmilch-Sauce übergossen, allgemein bekannt als ABC.

Gado-Gado – kalter Salat aus gekochtem Mischgemüse, der mit Erdnußsauce angemacht und zu dem Krupuk serviert wird.

Gebratene Nudeln – Mie Goreng, eine Abwechslung zu gebratenem Reis stellen gebratene Nudeln dar, die bevorzugt mit grünem Blattgemüse gemischt und mit viel Oystersauce serviert werden.

Gebratener Reis – Nasi Goreng, auf englisch *Fried Rice*. Das bekannteste Gericht, bei dem weißer Reis mit Gemüse, Chilis und Fleisch oder Krabben gemischt wird – manchmal mit Ei. Das Standardgericht aller Traveller bekommt man in verschiedensten Varianten an Essenständen und in Restaurants. In Thailand bekannt als Kao Phat.

Ikan Panggang oder **Bakar** – über Holzkohlenfeuer gegrillter Fisch, der nicht immer ausgenommen ist.

Kueh Lapis – (= Kuchen, geschichtet). Der geleeartige Teig wird aus Reis- und Sagomehl sowie Zucker und Kokosmilch hergestellt, in verschiedensten Farbtönen eingefärbt und bunt geschichtet. Sie sind nicht so süß wie sie aussehen und schmecken ganz unterschiedlich.

Laksa – (= zehntausend) ist eine dicke Fischsuppe mit Nudel- und Gemüseeinlagen. Eine

Spezialität der Nonyas ist *Penang Laksa*, eine zusätzlich mit Fischpaste gewürzte, saure Suppe.

Lontong – in Bananenblätter eingewickelter Klebreis. Häufig als Beilage zu Sate oder Gado-Gado.

Nasi Campur / Nasi Rames – dieses „indonesische Nationalgericht" bekommt man an vielen Essensständen. Zum Reis gibt es unterschiedliche kalte Beilagen, meist verschiedene Gemüse, geröstete Erdnüsse, Kokosraspeln, Rindfleisch oder Huhn, Fisch und Ei.

Nasi Lemak – Reis, fettig, ist ein weiteres preiswertes Gericht, das überall offeriert wird und aus weißem, in Kokosmilch gekochtem Reis und verschiedenen Beilagen besteht, meist gekochte Eier, kleine Trockenfische *(Ikan Bilis)*, Gurken *(Mentimun)* und Erdnüsse *(Kacang Tanah)*. Manchmal wird es sogar mit Rendang und Gemüsebeilagen angeboten.

Otak-Otak – ist ein typisches Nonya-Gericht. Feingemahlenes, scharfgewürztes Fisch- und Krabbenfleisch wird in Bananenblätter gewickelt über Holzkohlenfeuer gegrillt.

Pisang Goreng – gebratene Bananen, ein erstes Frühstück oder eine kleine Zwischenmahlzeit, die es auf jedem Markt gibt.

Rendang – eine Art malaiischer Gulasch. Rindfleisch-Würfel werden in einer dicken, sehr würzigen Sauce gekocht. Das Fleisch kann sehr zäh sein.

Rojak – ein kalter Gemüsesalat. Ananas, Gurken und Sengkuang (eine braune, knollige Wurzel) werden mit einer sauer-scharfen Sauce aus Chilis, Shrimp-Paste, Tamarinde und Palmzucker angemacht. Sind die hygienischen Umstände suspekt, sollte auf den kalten Salat verzichtet werden.

Roti – der allgemeine Ausdruck für Brot, zumeist Weißbrot. Vor allem in den Städten gibt es Bäckereien, die neben Brot auch Kuchen im Angebot haben.

Sate – Die kleinen Fleischspieße werden in Zucker und Gewürze eingelegt und über Holzkohle gegrillt. Dazu gibt es eine würzig-süße Erdnußsauce, die weit mehr sättigt als die paar Gramm Fleisch, zudem manchmal Gurken- und Klebreiswürfel.

Die Spieße, die man normalerweise im 10er Bündel kauft, sind an Straßenständen recht günstig.

Allerdings ist das Fleisch vielfach jedoch fett, zäh oder besteht zum Teil aus Hühnerhaut.

Sayur Goreng – wie die chinesische Cap Cai-Variante, gebratenes Gemüse. Soll es etwas anderes als das übliche grüne Blattgemüse sein, bestellt man speziell eine oder mehrere Gemüsesorten.

Soto – eine dicke Suppe im Eintopf-Stil, verdickte Kokosmilch wird zusammen mit Gemüse, Fleisch und Reis gekocht. Klare Suppen werden unter dem Begriff *Sop* zusammengefaßt.

⊃ Typische thailändische Gerichte

Gäng – Thai-Currys mit scharfer Sauce gibt es in verschiedenen Schärfegraden: Garih, ein mildes, indisches Curry; Masman, die gelbe, würzige Variante; Pät, sehr scharfes Curry; Khiau Wahn, extrem scharfes, grünes Curry.

Kanom Dschiäb – ausgebackene Teigtaschen mit Fleisch- oder Krabbenfüllung.

Kao Nieo – Klebreis (Englisch: *Sticky Rice*) ist vor allem im Norden auf dem Land verbreitet und wird auch zu *Som Tam* oder im Süden als Dessert, z.B. zu frischen Mangoscheiben, gegessen.

Kao Tom – eine Reissuppe, die mit Fleischeinlage gegessen wird.

Khai Yad Sai – schmackhaftes Omelett mit Fleisch- oder Gemüsefüllung.

Khanom Chin – wird besonders im Süden Thailands an Straßenständen angeboten. Auf einem Eßtisch im Freien stehen verschiedene Beilagen wie Trockenfischchen, Gurken, Pickles, rohe und eingelegte Sojasprossen, von denen sich die Gäste nach Belieben bedienen, um die Nudeln auf ihrem Teller zu garnieren. Nur ein gekochtes Ei als Beilage ist extra zu bezahlen.

Phat Thai – (gesprochen *Padd Tai*) ein sehr beliebtes, leckeres Gericht, gebratene Reisnudeln mit Tofu, Gemüse, Ei und Erdnüssen. Das Originalrezept erfordert eine lange Vorbereitungszeit und kann deshalb nicht spontan zubereitet werden.

Som Tam – ursprünglich aus dem Nordosten stammt der Salat aus Honig, Essig, geriebenen Erdnüssen, Tomaten, roten Chilis und unreifen Papayas oder Kohl.

Tom Yam – besonders würzig, Thai-Suppe mit Zitronengras, Zitronenblättern, Chilis, Tamarinde und anderen Zutaten sauer-scharf gewürzt. Beliebt als *Tom Yam Gai* (mit Hühnchen) oder *Tom Yam Gung* (mit Krabben).

Yam Nüa – Dieses kalte Gericht aus eingelegtem Rindfleisch, verschiedenen Salaten, Korianderblättern, Minze, Knoblauch, Chilis und einer sauren Sauce ist so scharf, daß hoffentlich keine Bakterien darin überleben.

➡ Geld (Trinkgeld) (s.S. 772).

Feiertage
○ Buddhistische Feiertage

Bei jedem Tempel wird einmal im Jahr ein großes religiöses Fest veranstaltet, das von den Einheimischen begangen wird. Einige davon haben wegen der Berühmtheit des Tempels überregionale Bedeutung erlangt. Tausende von Pilgern versammeln sich mehrere Tage lang, um gemeinsam zu feiern. Religiöse Zeremonien, farbenprächtige Prozessionen, Bootsrennen oder andere Veranstaltungen begleiten die Feierlichkeiten.

Makha Bucha – Vollmondtag im Februar / März. Es finden Lichterprozessionen um die Tempel statt, die an Buddhas Predigt vor 1250 Zuhörern erinnern. Mit Blumen und Kerzen in gefalteten Händen umrunden die Gläubigen dreimal das Gebäude, im Tempel predigen Mönche die Lehre Buddhas. Große Feierlichkeiten im Marmortempel von Bangkok.

Visakha Bucha – Vollmondtag im Mai. Heiligstes buddhistisches Fest. Am Abend finden zur Feier der Geburt, der Erleuchtung Buddhas und seines endgültigen Eintretens ins Nirvana in allen Tempeln Lichterprozessionen um den Bot statt.

Asanha Bucha, Khao Phansa – Fest im Juli, das an die erste Predigt Buddhas in der Öffentlichkeit erinnert. Prozessionen mit Blumen und Kerzen um den Bot. Die Fastenzeit Khao Phansa beginnt am Tag nach Asanha Bucha und dauert drei Monate bis zum Ende der Regenzeit. Während dieser Zeit dürfen die Mönche das Kloster nachts nicht verlassen und unterliegen strengeren Regeln. Im allgemeinen ist dieses die Zeit, während der die jungen Männer ins Kloster gehen. Entsprechend finden zu Beginn des Fastenmonats überall Ordinationsfeierlichkeiten statt.

Thot Kathin, Ok Phansa – Nach dem Ende der Fastenzeit im Oktober reisen während der folgenden Wochen die Menschen aus allen Landesteilen in ihren Heimat-Tempel, um den Mönchen neue Roben und Opfergaben zu überbringen.

Loy Krathong – Im November, am Ende der Regenzeit, wird das große Lichterfest gefeiert. Kleine Boote aus Bananenblättern mit brennenden Kerzen, Räucherstäbchen und Blumen treiben auf den Flüssen, Seen und Klongs – eine Opfergabe an die Göttin des Wassers, *Mae Khingkhe*.

○ Chinesische Feiertage

Chinesisches Neujahr – Das Fest findet im Familienkreis statt und beginnt am ersten Tag des zunehmenden Mondes im zweiten Mondmonat nach der Wintersonnenwende, dauert drei Tage und wird zu mehrtägigen Familienausflügen genutzt. Schon Tage zuvor befindet sich die gesamte chinesische Bevölkerung im Kaufrausch. Am Abend des letzten Tages des alten Jahres versammelt sich die Großfamilie zu einem Festessen. Den Kindern werden kleine, rote Umschläge mit Geldbeträgen überreicht.

Drachenbootfest (Tuan Wu Chieh) – Am 5. Tag des 5. Monats, Anfang / Mitte Juni, wird das Fest in vielen Orten mit überwiegend chinesischer Bevölkerung aus Anlaß des Todes eines berühmten chinesischen Poeten gefeiert, der sich lieber ertränkte als korrupt zu werden. Es heißt, daß Fischer, die den Selbstmord beobachtet hatten, Reiskuchen in den Fluß warfen und trommelten, um zu verhindern, daß ein Drache sich dem Körper näherte. Sehenswert in Singapore und Penang, wo aus diesem Anlaß Bootsrennen stattfinden.

Fest der hungrigen Geister – Im siebten Monat des Jahres kommen die Seelen der verstorbenen Chinesen aus dem Fegefeuer zurück auf die Erde. Indem man den hungrigen Geistern überall Leckereien anbietet, beschwichtigt man sie und erhält sich ihr Wohlwollen bis zum nächsten Fest.

Mondkuchenfest – In der Mitte des achten Monats, wenn der Mond besonders rund erscheint, begehen die Chinesen dieses Fest zur Erinnerung an den Sieg über die Mongolen-Dynastie. Speziell für diesen Anlaß werden kleine, runde Kuchen gebacken. In der Nacht verbrennt man Räucherstäbchen, und Kinder ziehen mit Laternen durch die Straßen.

⊃ Hinduistische Feiertage

Thaipusam – Das größte Hindufest wird Ende Januar / Anfang Februar in allen Tempeln gefeiert. Das Zentrum der Festlichkeiten in Malaysia sind die Batu Caves bei Kuala Lumpur, wo der jüngste Sohn Shivas, der Gott Subramaniam, besondere Verehrung erfährt.

Deepavali – Das zweitwichtigste Hindufest wird im Oktober / November gefeiert. Wörtlich übersetzt bedeutet *Deepa* Lampe und *Vali* Reihe – im übertragenen Sinn ist damit gemeint, daß das Licht die Finsternis vertreibt. In allen Hinduvierteln werden an diesem Tag Lichtergirlanden aufgehängt.

⊃ Muslimische Feiertage

Hari Raya Puasa – Das Ende des Ramadan ist das wichtigste Fest in islamischen Ländern. Vier Wochen lang hat man zwischen Sonnenaufgang und Sonnenuntergang gefastet. Nach tagelangen Vorbereitungen kann das Ende der Fastenzeit erst dann begangen werden, wenn an mindestens drei festgelegten Orten des Landes der neue Mond gesichtet wird. Man dankt Allah dafür, daß man das Fastengebot einhalten konnte. Zwei Tage lang wird dann alles nachgeholt, was während des Ramadan verboten war. In den Moscheen werden Koranverse rezitiert, man besucht Nachbarn und Freunde, tauscht Geschenke aus und begräbt den Streit aus dem vergangenen Jahr.

Hari Raya Haji – Der 10. Tag des 12. Monats ist der richtige Zeitpunkt für alle Moslems der Welt, die Hadj zu begehen. Wer genug Geld hat, erfüllt mit dem Besuch der heiligen Stätten in Mekka ein wichtiges islamisches Gebot. Wer sich das nicht leisten kann, feiert Zuhause. Man trifft sich, betet in den Moscheen und verteilt Almosen.

Maulidin Nabi – 12 Tage nach dem islamischen Neujahr (Ma'al Hijrah) feiern Moslems den Geburtstag des Propheten Mohammed mit Gebeten in allen Moscheen und Umzügen.

⊃ Staatliche Feiertage

1. Januar – **Neujahrsfest** (Brunei, Indonesien, Malaysia, Singapore, Thailand)
23. Februar – **Nationalfeiertag** (Brunei)
Ende März / Mitte April – **Karfreitag** (Singapore, Indonesien)
6. April – **Chakri-Tag** (Thailand)
13.–15. April – **Neujahr** (Thailand)
1. Mai – **der internationale Tag der Arbeit** (Malaysia, Singapore, Thailand)
5. Mai – **Krönungstag** (Thailand)
31. Mai – **Gründungstag des Royal Brunei Malay Regiments** (Brunei)
1. Juni – **Geburtstag des Königs** (Malaysia)
Juni – **Drachenbootfest** (Singapore)
15. Juli – **Geburtstag des Sultans** (Brunei)
9. August – **Nationalfeiertag** (Singapore)
12. August – **Geburtstag der Königin** (Thailand)
17. August – **Unabhängigkeitstag** (Indonesien)
31. August – **Nationalfeiertag** (Malaysia)
23. Oktober – **Chulalongkorn-Tag** (Thailand)
5. Dezember – **Geburtstag des Königs** (Thailand)
10. Dezember – **Verfassungstag** (Thailand)
25. Dezember – **Weihnachten** (Brunei, Indonesien, Malaysia, Singapore)
31. Dezember – **Silvester** (Thailand)

➡ Kalender (s.S. 780).

Frauen unterwegs

Individualreisende, die durch die Berge Nord-Thailands trekken und die Regenwälder Borneos durchstreifen, sind überwiegend männlich. Frauen, die reisen, halten sich eher in Tourismusschwerpunkten – an Stränden und in Städten – auf, und das hat seinen Grund. Die einheimische wie die reisende Männerwelt macht es Frauen keinesfalls einfach, umherzureisen. In Südostasien ist sicherlich die Anmache nicht so groß wie in einigen Ländern Nordafrikas oder des Vorderen Orients, doch gibt es eine Reihe von Einschränkungen. Einige Bereiche sind für Frauen prinzipiell tabu – vom rituellen Männerhaus der Papuas bis zu den traditionellen Segelschiffen der Bugis im Sulu-Archipel. Nicht selten spielen religiöse Überlieferungen und Gesetze eine Rolle: So ist Frauen der Zutritt zu vielen Moscheen und zu dem heiligen Bereich (Bot) einiger buddhistischer Tempelanlagen verboten oder nur eingeschränkt gestattet. Während der Menstruation gelten sie in Bali als unrein und dürfen weder einen Tempel betreten noch an religiösen Zeremonien teilnehmen. Buddhistischen Mönchen ist es verboten, Frauen zu berühren.

Andere Situationen sind generell gefährlich oder mit vielen Unannehmlichkeiten verbunden – vom kostenlosen Übernachten in Wohnungen selbsternannter Guides bis zu nächtlichen Spaziergängen an einsamen Stränden oder durch unbelebte Stadtviertel. Es empfielt sich, einen großen Bogen um Männergruppen zu machen, die betrunken oder in ausgelassener Stimmung sind.

Und dann gibt es noch gewisse Dinge, die für uns durchaus normal sind, die in Südostasien jedoch völlig anders ankommen. Es ist sinnlos, traditionell aufgewachsene Asiaten und Asiatinnen von der Emanzipation der Frau zu überzeugen und von ihnen Verständnis für ein uneheliches Kind oder gar für hüllenloses Sonnenbaden zu erwarten. Hinter den modernen Fassaden regiert noch immer die traditionelle Männergesellschaft.

Asiaten sind in ihren Ansichten oft viel konventioneller als in ihrem Aussehen. Eine Frau, die nicht dem gängigen Bild von einer Frau als Ehefrau und Mutter entspricht, wird leicht in die Rolle der frei verfügbaren Prostituierten gedrängt. Lockere Umgangsformen und allzu luftige Kleidung können einiges dazu beitragen. Es ist daher ratsam, direkten Blickkontakt mit Männern zu meiden, einen BH zu tragen und möglichst Schultern, Oberarme und Beine bis zum Knie bedeckt zu halten. Mit einem vorweisbaren Ehemann – manchmal reicht schon ein Foto oder Ehering – sind Frauen akzeptiert. Schwanger oder gar mit Kindern werden sie in den heiligen Status der Mutter erhoben und nahezu unantastbar. Während zur Zeit des Kolonialismus die weiße *Memsahib* unnahbar war, rückt die sexuell freizügig denkende westliche Touristin in greifbare Nähe. Es spricht sich herum, wo weiße Frauen halbnackt am Strand liegen, und es ist in der Männerwelt allgemein bekannt, daß manche Touristinnen nicht abgeneigt sind, mit Einheimischen ins Bett zu steigen.

Kontakte zu asiatischen Frauen sind rar, denn viele leben ausschließlich in ihren Familienverbänden. Andere haben nicht den Mut, Europäerinnen anzusprechen, denn ihre Allgemeinbildung und damit auch die Fremdsprachenkenntnisse lassen zu wünschen übrig. Viele Europäerinnen sind zudem frustriert von Gesprächen über Küche, Kindererziehung und Kosmetik.

Kontakte zu männlichen Travellern sind nicht immer angenehm. Besonders alleinreisende Frauen werden oft als eine preiswerte Alternative zu einheimischen Prostituierten gesehen. Wer auf diese Anmache nicht aus ist, tut sich am besten mit einer Freundin zusammen, mit der frau auch das Zimmer teilen kann.

Einheimische Frauen reisen in Gruppen. Auch Europäerinnen sind in einer Gruppe sicherer vor Nachstellungen eines Guides im Dschungel oder eines Fischers an einem einsamen Strand. Im dichten Gedränge großer Feste oder überfüllter Verkehrsmittel entzieht man sich so dem Zugriff lüsterner Männer.

Während Thailand, Singapore und andere chinesische Städte relativ unproblematisch zu bereisen sind, gibt es in moslemischen Gebieten einige Schwierigkeiten. Am Strand fühlt man sich leicht wie bei einer Peep Show, und das Privatleben in einem Bungalow oder billigen Zimmer wird durch Löcher in den Wänden öffentlich.

Problematische Situationen lassen sich durch selbstsicheres Auftreten und einige schlagfertige Worte in der Landessprache oft schnell entkrampfen. Vergewaltigungen passieren glücklicherweise höchst selten, und keine Frau sollte sich davon abhalten lassen, ohne männlichen Begleitschutz Asien zu entdecken.

Geld

⊃ **Bankkonten in Südostasien**

Wer sich länger oder häufiger in Thailand, Malaysia oder Singapore aufhält, kann bei einer einheimischen Bank ein Sparkonto eröffnen, am besten bei einer der großen, z.B. der Maybank oder Hongkong Bank in Malaysia bzw. Singapore und bei der Thai Farmers oder Bangkok Bank in Thailand. Bei allen Filialen bekommt man dann vom Sparbuch gegen eine geringe Gebühr Bargeld ausgezahlt. Wer zudem eine ATM-Karte beantragt, kann auch die Geldautomaten nutzen. Auf das Sparbuch können auch Überweisungen aus der Heimat getätigt werden (ca. 7–10 Tage).

⊃ Euroschecks

Indonesien und **Malaysia** – Die Deutsche Bank (Asia) in Jakarta, Surabaya und Kuala Lumpur akzeptiert in Einzelfällen Euroschecks der Deutschen Bank.

Singapore – Die Dresdner Bank akzeptiert nur Euroschecks der Dresdner Bank, Deutschen Bank und Commerzbank. Normalerweise wird jeweils nur ein Scheck eingelöst.

Thailand – Weil krumme Sachen mit Euroschecks gelaufen sind, werden diese in Thailand nur selten akzeptiert. Man bekommt auch nur den Gegenwert von bis zu 400 DM in Landeswährung ausgezahlt. Nur die Thai Farmers Bank wechselt pro Person und Kalendermonat bis zu fünf Euroschecks aller deutschen Banken (ohne Rechtsanspruch). Manchmal wird auf der Ausreisekarte ein entsprechender Vermerk gemacht. Als Reserve sind ein paar Euroschecks gut geeignet. In den Tourismuszentren werden in seltenen Fällen auch Euroschecks von Restaurants, Hotels und Geschäften in Zahlung genommen. Schecks der Deutschen Bank wechselt in begrenzter Zahl die Filiale der Deutschen Bank in Bangkok.

Schweizer mit einem **Postscheckkonto** in der Schweiz können bei allen thailändischen Postämtern problemlos und schnell mit einem Postscheck bis zu 5000 Baht abheben. Dasselbe gilt für Holländer.

⊃ Handeln

Ganz entgegen unseren europäischen Gewohnheiten liegt in Asien der Preis einer Ware nicht immer fest. Vor allem auf den Märkten und an Straßenständen, aber auch in Einkaufszentren und Geschäften, muß um den Kaufpreis gehandelt werden. Meist legen die Verkäufer das erste Angebot nach ihrer Einschätzung des Käufers und der Situation fest. Das sollte man nicht als Betrugsabsicht, sondern als Aufforderung zum Gespräch verstehen.

Nun ist es am Käufer, den Preis zu reduzieren, wobei es natürlich hilfreich ist, bereits eine Vorstellung vom Preis zu haben. Mit Fragen wie: „Gibt es einen Discount?" tastet man sich Stück für Stück an den Punkt heran, der es beiden Seiten ermöglicht, den Handel ohne Gesichtsverlust abzuschließen. Die Spannbreite kann gewaltig sein, denn manch ein Händler nutzt die Unerfahrenheit eines frisch eingeflogenen Bleichgesichts für einen kräftigen Extraprofit.

Andere hingegen schlagen nur wenig auf und sind schon bald nicht mehr bereit, ihren Preis zu reduzieren. In diesem Fall sollte der Käufer nicht wie ein Pfennigfuchser um den letztmöglichen Cent handeln, sondern den geforderten Preis akzeptieren oder sich bei einem anderen Anbieter umsehen.

Unhöflich ist es, eine Arbeit unnötig schlecht zu machen, ihre Qualität über Gebühr in Zweifel zu ziehen oder nach einem vom Verkäufer akzeptierten Preis einen Rückzieher zu machen. Ist der Kauf beim Last Price oder Very Last Price perfekt, trennt man sich nach dem Bezahlen im Einvernehmen mit ein paar freundlichen Worten.

⊃ Kreditkarten

Eine gute Alternative sind Kreditkarten wie *American Express, Visa, MasterCard (Eurocard)* oder *Diner's Card*. Mit der Karte kann man nicht nur Flugtickets, Mietwagen, Einkäufe, Hotel- und Restaurantrechnungen im oberen Preisniveau bargeldlos bezahlen, sondern auch Bargeld abheben. In Thailand, Malaysia und Singapore sind Auszahlungs- und Akzeptanzstellen sowie Geldautomaten (ATM) weit verbreitet. Allerdings verlangen Geschäfte oft, entgegen den Vertragsvereinbarungen, die Verkäufergebühr (3–5%) vom Kunden.

Es ist ratsam, eine bestimmte Summe als Guthaben auf dem Kreditkarten-Konto zu deponieren, damit man nicht auf den vorgegebenen Kreditrahmen angewiesen ist, denn sobald dieser überzogen ist, wird die Karte gesperrt. Auf vielen Kreditkarten-Konten werden sogar Zinsen gezahlt, die gar nicht unattraktiv sind. Hier lohnt es auf jeden Fall, sich vorher zu informieren. Verlust oder Diebstahl sind sofort zu melden, damit man gegen den Mißbrauch der Karte abgesichert ist (maximale Haftung 100 DM). Bei Mietwagen oder Flügen, die mit der Karte bezahlt werden, ist in der Regel automatisch eine Unfallversicherung inklusive.

	American Express	Visa Card	Euro-/MasterCard
Jahresbeitrag	100 DM	ab 60 DM	ab 40 DM
Barauszahlung	1) In einem AE-Office alle drei Wochen mit persönlichem Scheck und der Karte bis zu 2000 DM in lokaler Währung, davon 400 DM bar und der Rest in Reiseschecks. Je nach Büro Gebühr bis zu 4%. 2) An AE-Geldautomaten alle 7 Tage bis zu 1500 DM, Gebühr 4%, min. 10 DM. Die jeweilige Hausbank legt den Wechselkurs wie bei einem Auslandsscheck zugrunde.	1) Die Vertragsbanken **In:** Bank International Indonesia, Bank of America, Bank Duta, Bank Niaga, Bank Central Asia **Ma:** Overseas Union, Chase Manhattan, Standard Chartered, Hongkong, Malayan Banking, Overseas Chinese Banking **Th:** Bank of Ayutthaya, Siam Commercial Bank, Thai Farmers Bank, Bangkok Bank, Thai Military Bank zahlen innerhalb des Kreditrahmens tgl. bis zu US$800 in bar oder in der lokalen Währung aus. Gebühren je nach Abrechnungsmodus 3,65%, min. 10 DM zum Briefkurs vom Vortag. 2) Gleiches gilt für die Barauszahlung vom ATM-Geldautomaten.	1) Die Vertragsbanken **In:** Bank of America, Bank Duta, Bank International Indonesia, Bank Central Asia, Bank Dagang Bali **Ma:** Bank of America, Hongkong, Overseas Chinese, Chase Manhattan, Bank Bumiputra **Th:** Bank of America, Bank of Ayutthaya, Siam Commercial, Thai Military, Thai Farmers Bank zahlen alle 7 Tage bis zu US$1000 in Landeswährung aus, mindestens US$100. 2) An ATM-Geldautomaten alle 7 Tage bis zu US$1000, Gebühren bei Banken 3% und am Automaten: 4%, Umrechnung zum Briefkurs vom Vortag.
Verlust melden	**In:** in allen Pacto-Büros, z.B. ☎ 021-5216238 / 42. **Ma** in Kuala Lumpur unter ☎ 2610007. **Th:** in Bangkok unter ☎ 2730022.	bei jeder Vertragsbank.	☎ USA 314-2756690
Infos in Deutschland	☎ 069-97971000 (auch bei Verlust für Ersatzkarten zuständig)	bei allen ausstellenden Banken (auch bei Verlust für Ersatzkarten zuständig)	☎ 069-79330

> **Warnung**
> Die Kreditkarte darf beim Bezahlen nicht aus den Augen gelassen werden, damit kein zweiter Kaufbeleg erstellt werden kann, auf dem später die Unterschrift gefälscht wird! Sie darf auch niemals in einem Safe, der auch anderen zugänglich ist, verwahrt werden. Schon viele Reisende mußten zu Hause den Kontoauszügen entnehmen, daß während ihrer Abwesenheit hemmungslos „eingekauft" worden war.

Geld

⊃ Löhne

Durchschnittliche Monatseinkommen oder gesetzliche Mindestlöhne können nur ein sehr begrenztes Bild von der Einkommenssituation der Bevölkerung vermitteln, denn wenige verdienen sehr viel und viele sehr wenig. Vor allem in den industrialisierten Städten hat sich aufgrund des Wirtschaftsbooms eine wohlhabende Mittelschicht herausgebildet. Dagegen liegen die Einkommen in der Landwirtschaft, wo ein großer Teil der Bevölkerung tätig ist, merklich unter dem Durchschnitt und zum Teil sogar unter der Armutsgrenze. Da die Mindestlöhne nur für gewerbliche Arbeitnehmer gelten, werden sie von der Industrie häufig unterlaufen. Vor allem Frauen und Kinder beschäftigt man gleichermaßen zu Hungerlöhnen.

Es gibt zwei Ausnahmen: Brunei und Singapore. Aufgrund der hohen Öleinnahmen ist **Brunei** eines der reichsten Länder der Region. Die Bewohner brauchen keine Steuern zu zahlen, Schulen und Krankenhäuser sind frei. Wie es scheint, profitiert die Bevölkerung vom Ölreichtum. Über ein Drittel der Arbeitnehmer des Landes sind Gastarbeiter aus den Nachbarstaaten und westlichen Ländern, die alle am sprudelnden Öldollar mitverdienen.

Seit den 70er Jahren haben Arbeitnehmer in **Singapore**, einem ehemaligen Billiglohnland, erhebliche Lohnerhöhungen genossen. Von den Bruttolöhnen bzw. -gehältern werden 10% für den *Central Providence Fund* einbehalten. Der Arbeitgeber zahlt den gleichen Anteil ein. Mit 55 Jahren bekommt man das angesparte Geld in einer Summe ausgezahlt, oder auch früher, wenn man eine Wohnung kaufen will. Dadurch leben mittlerweile 80% der Bevölkerung in den eigenen vier Wänden.

Auch Malaysia und Thailand gelten bereits als angehende „Tigerstaaten". Allerdings klaffen die Einkommen noch weit auseinander. So beträgt die durchschnittliche Kaufkraft pro Person und Jahr in Indonesien US$3600, in Thailand US$6970, in Malaysia US$8440 und in Singapore US$21 900.

⊃ Öffnungszeiten der Banken

Indonesien – gewöhnlich Mo–Fr außer feiertags von 8–14 Uhr.

Malaysia und **Singapore** – Mo–Fr von 10–15 und Sa* von 9.30–11.30 Uhr. In Kelantan, Terengganu, Kedah und Perlis sind sie am Do von 9.30–11.30 Uhr geöffnet und am Freitag geschlossen.

Sa wird oft kein Geld gewechselt, da kein neuer Kurs aus der Zentrale zu erfahren ist.

Thailand – Mo–Fr außer feiertags von 8.30–15.30 Uhr. In den Touristenorten Schalter *(Currency Exchange Service)* tgl. von 8.30–22 Uhr.

In kleineren Orten gibt es die aktuellen Wechselkurse oft erst ab mittags.

⊃ Reisekosten

Bei der Reisekosten-Planung ist zu bedenken, daß das Preisniveau für Touristen in Großstädten und einigen Touristenzentren wesentlich höher ist als in der Provinz. Außerdem gibt es neben dem Stadt-Land-Preisgefälle beachtliche regionale Unterschiede. So lebt es sich im Nordosten und Norden Thailands oder auf Sumatra, Java und Bali billiger als in anderen Regionen. Teuer sind Reisen zu den indonesischen Außeninseln, nach Singapore, Ost-Malaysia und vor allem ein Besuch von Brunei.

In preiswerten Regionen Thailands und Indonesiens kann man bei anspruchsloser Lebensführung durchaus mit 10 DM am Tag auskommen, während man in West-Malaysia bereits mindestens 30 DM benötigt. Darin sind allerdings Souvenirs, Touren, Mieten von Fahrzeugen und Foodtrips sowie teure Getränke nicht enthalten. So wird beispielsweise in Indonesien zum Essen kostenlos Tee gereicht, während Softdrinks fast soviel kosten wie ein einheimisches Essen. Wenn der Urlaub etwas komfortabler sein soll, braucht man mindestens das doppelte. In diesem Budget sind dann auch komfortable Bungalows und bessere Restaurants enthalten. Wer regelmäßig Bier trinkt, gut Essen geht oder Hotels mit Swimming Pool und anderen luxuriösen Einrichtungen genießen will, braucht noch viel mehr Geld ohne Begrenzung nach oben. Da ein Zimmer für eine Person meist genausoviel kostet wie für zwei Personen, reist man zu zweit billiger.

Reisekosten sind in Indonesien mit Bussen oder Zügen (außer Express) relativ gering. Allerdings müssen große Entfernungen mit dem recht teuren Flugzeug zurückgelegt werden. Im Vergleich dazu ist für Bus- und Zugfahrten in Malaysia zwar mehr zu zahlen, dafür braucht man in der Regel keine großen Entfernungen zurückzulegen. Vor allem in Ost-Malaysia muß man mit höheren Transportkosten rechnen, weil hier Flüge manchmal unvermeidlich sind oder Boote gechartert werden müssen. In Thailand wird eine große Bandbreite an Transportmitteln angeboten, so daß für jeden Geldbeutel das Passende dabei ist.

⊃ Reiseschecks oder Bargeld

Eine Reisekasse sollte nicht nur aus Bargeld bestehen, da bei Diebstahl alles weg ist. Doch mit ein paar US$-Noten kann man schnell mal ein Taxi oder die Airport Tax bezahlen. Dollarscheine sind überall bekannt, DM-Scheine dagegen kaum. 100-Dollar-Noten werden wegen zahlreicher im Umlauf befindlicher Fälschungen häufig nicht akzeptiert.

Sicherheit bieten Reiseschecks (Travellers Cheques), die gegen 1% Provision bei jeder Bank erhältlich sind. US$-, DM-, £- oder sFr-Reiseschecks von AMEXCO (American Express), Visa oder Thomas Cook werden in allen Touristenzentren eingelöst. Bei Verlust oder Diebstahl werden sie im nächsten Vertragsbüro ersetzt (bei Thomas Cook laut Kleingedrucktem evtl. erst im Heimatland). Wichtig ist, daß für den Nachweis die Kaufabrechnung an einer anderen Stelle aufbewahrt wird als die Schecks. Außerdem hilft eine Aufstellung aller bisher bereits eingelösten Schecks, denn diese werden nicht ersetzt.

Reiseschecks europäischer Währungen (vor allem DM, £ und sFr) erzielen zumeist neben dem US$ in den Großstädten und Touristenzentren die besten Wechselkurse. In nichttouristischen Regionen von Thailand, Ost-Malaysia und Indonesien bevorzugt man US$-Schecks. Fast überall, außer in Singapore, sind die Kurse für Travellers Cheques besser als für Bargeld. Beim Einlösen werden für jeden Scheck z.T. erhebliche Gebühren von insgesamt bis zu 12 DM pro Transaktion berechnet, deshalb sollte man lieber Schecks mit einem höheren Wert mitnehmen.

Um Travellers Cheques zu tauschen, muß der Reisepaß vorgelegt werden. Da es viele Betrügereien mit Schecks gegeben hat, weigern sich manche Banken, vor allem in Singapore, größere US$-Schecks ohne Vorlage des Kaufbelegs einzulösen. Manche Banken wechseln generell nicht mehr als US$300 bzw. US$500.

⊃ Trinkgeld

In Südostasien wird traditionell kein Trinkgeld erwartet, in Singapore ist es dem Flughafenpersonal sogar verboten, *Tips* anzunehmen. In großen Hotels und Restaurants werden 10% *Service Charge* und die landesüblichen Steuern auf den Rechnungsbetrag addiert. Ansonsten gibt man ein Trinkgeld, das vom Standard des Restaurants und der Rechnung abhängen sollte. In einfachen Restaurants braucht man nichts zu geben, allerdings verdient das Personal oft so wenig, daß es sich über eine kleine Anerkennung freut. Taxifahrer und Hotelpersonal sollten für besondere Dienstleistungen entlohnt werden, z.B. etwa 0,40–0,80 DM für ein getragenes Gepäckstück, in teuren Hotels auch mehr.

⊃ Überweisungen aus Europa

Bei Überweisungen von Geld aus Europa schickt die asiatische Bank ein Telex oder Fax (die Telex- bzw. Fax-Nummer notieren) an die Heimatbank und fordert den entsprechenden Betrag an. Eine telegraphische Anweisung nach Südostasien kostet 50–80 DM. Die Kosten lassen sich reduzieren, wenn die Gebühren für die Überweisung vom heimischen Konto, die Kosten für den Begünstigten jedoch von Südostasien aus beglichen werden. Wer sich den Abwicklungsbeleg nach Südostasien faxen läßt, kann bei der Bank etwas Druck machen, denn theoretisch sollte das Geld nach 3 Tagen verfügbar sein. Der überwiesene Betrag wird zum Devisenkurs umgerechnet und bar in der lokalen Währung oder in Travellers Cheques gegen eine Gebühr ausgezahlt.

Diese Methode von Geldtransfer empfiehlt sich in Zentralen der Banken in Singapore, Kuala Lumpur oder Penang. Etwas länger dauert es nach Bangkok oder Jakarta, und nach Bali kann das Geld bis zu 4 Wochen unterwegs sein. In Denpasar sollte man sich an die *Bank Duta*, Jl. Raya Hayam Wuruk 165, oder die *Bank Central Asia*, Jl. Hos. Cokroaminoto 39, wenden.

In Thailand eignen sich am besten die Zentralen der Banken in Bangkok, vor allem die Bangkok Bank (Korrespondenzbank der Sparkassen, Zentrale in Bangkok, 333 Silom Road, ✆ 2343333), die Deutsche Bank (Zentrale in Bangkok, Thai Wah Towers, Sathon Tai Road) oder eine andere thailändische Großbank, bei der man ein Konto unterhält.

Geld

Eine weitere Alternative für Indonesien ist das *Amex MoneyGram*. Dazu muß der Einzahler in Deutschland ein Amex-Büro aufsuchen und ein *American Express Send Out Form* ausfüllen, eine Transfergebühr bezahlen und das entsprechende Auszahlungsbüro angeben. Zwei Stunden später kann das Geld in Amex US$ Reiseschecks im Zielort in Empfang genommen werden.

⊃ Währung

In Brunei – der Brunei-Dollar (B$) mit 100 cents, Banknoten zu 1, 5, 10, 50, 100, 500, 1000 und 10 000 B$, Münzen zu 5, 10, 20 und 50¢.

In Indonesien – die indonesische **Rupiah** (Rp), Banknoten zu 50 000, 20 000, 10 000, 5 000, 1 000, 500 und 100 Rp und Münzen von 25, 50, 100 und 500 Rp, wobei die kleinen Münzen kaum noch in Umlauf sind.

In Malaysia – der malaysische **Ringgit** (RM) mit 100 **sen**, Banknoten zu 5, 10, 20, 50, 100, 500 und 1000 RM sowie Münzen zu 1, 5, 10, 20, 50 sen und 1 RM.

In Singapore – Singapore-Dollar (S$) mit 100 **cents**, Banknoten zu 10 000, 1000, 500, 100, 50, 20, 10, 5, 2 und 1 S$, Münzen zu 1 S$, 50, 20, 10, 5 und 1¢.

In Thailand – der **Baht** mit 100 **Satang**, Banknoten zu 1000, 500, 100, 50 und 20 Baht, Münzen zu 10 (innen golden, außen silbrig), 5, 2 (sehr selten) und 1 Baht sowie verschiedene Sondermünzen und -scheine.

Bis auf Indonesien und Thailand, wo maximal 50 000 Rp bzw. 50 000 Baht pro Person ein- bzw. ausgeführt werden dürfen, bestehen keine Restriktionen für die Ein- und Ausfuhr von nationalen und anderen Währungen.

⊃ Wechselkurse (Stand: Nov. 1997)

Brunei:	1 US$	=	1,57 B$
	1 DM	=	0,91 B$
Indonesien:	1 US$	=	3297 Rp
	1 DM	=	1909 Rp
Malaysia:	1 US$	=	3,29 RM
	1 DM	=	1,91 RM
Singapore:	1 US$	=	1,56 S$
	1 DM	=	0,91 S$
Thailand:	1 US$	=	39,25 Baht
	1 DM	=	22,73 Baht

Aktuelle Wechselkurse im Internet:
http://www.oanda.com/cgi-bin/ncc?lang=de

Inflationsrate (Jährl. Anstieg der Verbraucherpreise): Brunei 3,9%; Indonesien 5%; Malaysia 3,5%; Singapore 1,5%; Thailand 5,9%.

Der sich seit Jahren immer wieder ändernde US$-DM-Wechselkurs stellt für Langzeit-Traveller ein Problem dar. Schwankungen im Wechselkursverhältnis nach unten oder oben können viel ausmachen. So kann es schnell passieren – sozusagen über Nacht – daß man bei einer DM- oder $-Aufwertung eine ganze Menge Geld verliert.

Vor einer längeren Reise sollte man auf alle Fälle die Entwicklung der DM-$-Wechselkurse aufmerksam beobachten.

⊃ Wechselstuben

Beim Umtausch von größeren Geldbeträgen lohnt es, außer bei den Banken auch bei den Money Changern die Wechselkurse zu erfragen und beim Vergleich die unterschiedlichen Gebühren zu berücksichtigen. Sie haben vielfach ihre Schalter in Geschäften in großen Einkaufszentren und -straßen.

Da sie zudem andere Artikel verkaufen, wirken sie auf Asien-Neulinge nicht immer seriös. Dennoch sind uns über registrierte Money Changer – bis auf Kuta, wo man immer selbst nachrechnen und nachzählen sollte – noch keine Unregelmäßigkeiten zu Ohren gekommen.

Während Banken Bargeld und Reiseschecks eintauschen, akzeptieren Wechselstuben manchmal nur Banknoten. Wechselstuben tauschen auch außerhalb der Öffnungszeiten der Banken, allerdings sind nachts meist nur noch die großen Hotels bereit, zu schlechten Kursen zu wechseln.

Gepäck

⊃ Packliste

Kleidung

- **Feste Schuhe** (für Trekking-Touren reichen Turnschuhe meist aus)
- **Sandalen** (bei Tempelbesuchen kann man leicht hinein und herausschlüpfen)
- **Gummi-*** oder **Trekkingsandalen** (unter Duschen Pilzgefahr!)
- **Hosen** bzw. **Röcke** aus Baumwolle, die nicht zu eng sitzen sollten.
- **Kurze Hosen** (nur für Strände, zum Baden und in Touristenexklaven)

- **Hemden*** oder **Blusen***
- **T-Shirts*** / **Polo-Shirt*** mit Kragen (fürs Schnorcheln)
- **Jacke** (für die An- und Abreise, kühle Nächte in den Bergen und ac-Busse)
- **Pullover**
- **Regenschirm** (keine Gummijacke wegen Wärmestau!)
- **Sonnenschutz**: Hut / Brille* (in unzerbrechlicher Box) / Sonnencreme
- **Socken** (für den Abend dichte, nicht allzu kurze Socken als Moskitoschutz)
- **Unterwäsche** (aus Baumwolle; BHs
- **Badekleidung**, für Frauen außerhalb der Touristenzentren einteiliger Badeanzug

Hygiene und Pflege
- **Zahnbürste***
- **Zahnpasta*** in stabiler Tube
- **Shampoo** / **Haarpflegemittel** (die auf europäische Haare abgestimmt sind)
- **Nagelschere*** und Nagelfeile
- **Rasierer** (in abgelegenen Gebieten ist ein Naßrasierer zu bevorzugen)
- **Kosmetika** und Hautpflegemittel
- **Feuchties** (unparfümiert; zur Hygiene unterwegs und wo es kein Wasser gibt)
- **Tampons** (in internationalen Hotels oder Supermärkten zu bekommen).
- **Plastiktüten** (für schmutzige Wäsche und als Nässeschutz, Nachschub vorhanden)
- **Nähzeug** (Zwirn / Nähseide / Nadeln / Sicherheitsnadeln)
- **Toilettenpapier*** (auf den meisten öffentlichen Toiletten nicht vorhanden, dafür ersetzt es manchmal Servietten)

Sonstiges
- **Adapter** (da manche Steckdosen Flachstecker nicht aufnehmen)
- **Reisewecker** (oder Armbanduhr mit eingebautem Wecker)
- **Taschenlampe***
- **Taschenmesser** (z.B. Schweizer Messer)
- **Reiseapotheke**
- **Notizbuch*** und **Stifte***
- **Reisepaß** (evtl. Internationaler Studentenausweis und Personalausweis)
- **Impfpaß** (oder zumindest eine Kopie davon für den Notfall)
- **Führerschein**
- **Geld** (Bargeld / Reiseschecks / Abrechnung über Schecks / Kreditkarte)
- **Flugtickets**
- **Kopien der Dokumente** (nach der Einreise wegen Einreisestempel anfertigen)
- **Reiseführer**
- **Landkarten**
- **Reiselektüre**
- **Kleine Geschenke** (Postkarten, Briefmarken, Münzen, Fotos von Daheim oder Sofortbildkamera für Fotos von den Gastgebern, Buntstifte, Murmeln oder Haargummis statt Bonbons für Kinder ... für weitere Anregungen sind wir dankbar)

Wer in einfachen Unterkünften wohnen wird, braucht zudem...
- **Seife*** oder seifenfreie Waschlotion im bruchsicheren Behälter
- dünne **Handtücher***, die schnell trocknen (in den meisten Hotels vorhanden)
- **Waschmittel** in der Tube
- **Plastikbürste*** (zum Reinigen von Wäsche und Schuhen)
- **Kordel** (als Wäscheleine oder zum Aufspannen des Moskitonetzes)
- **Klebeband** (um zu packen und Löcher im Moskitonetz zu verschließen)
- **kleine Nägel** oder **Reißzwecken** (zum Befestigen des Moskitonetzes)
- **60-Watt-Birne*** (für alle, die noch spät lesen wollen)
- **Vorhängeschloß*** (und kleine Schlösser* fürs Gepäck)
- **Moskitonetz*** (Baumwollnetze sind schwerer aber stabiler als Plastiknetze)
- **Schlafsack** (Leinenschlafsack, Bettbezug oder 2 dünne Tücher) in billigen Hotels gibt es keine Bettdecken, und Bettlaken werden nicht häufig gewechselt.

* Diese Gegenstände sind in den Städten und Tourismuszentren von Südostasien preiswerter zu erwerben.

⊃ Reiseapotheke

Von allen regelmäßig benötigten Medikamenten sollte man einen ausreichenden Vorrat mitnehmen. Nicht zu empfehlen sind Zäpfchen oder andere hitzeempfindliche Medikamente.

Basisausstattung

- **Verbandzeug** (Heftpflaster, Leukoplast, Blasenpflaster „compeed", Mullbinden, elastische Binde, sterile Kompressen, Verbandpäckchen, Dreieckstuch, Schere, Pinzette)
- **sterile Einmalspritzen** und -kanülen in verschiedenen Größen (mit ärztlicher Bestätigung, daß sie medizinisch notwendig sind, damit man nicht für einen Fixer gehalten wird)
- **Fieberthermometer**
- **Kondome**
- **Lärmstop** (gegen Lärmbelästigung)
- **Beipackzettel**

Malaria-Prophylaxe

- **Chloroquin** (z.B. Resochin*, nur für gefährdete Grenzgebiete)
- **Paludrine*** (zusätzlich zu Chloroquin, nur für gefährdete Grenzgebiete)
- **Lariam*** oder **Halfan*** zur Standby-Therapie
- **MalaQuick Standby** Malaria-Test
- **Mückenschutz**

Schmerzen und Fieber

- **Aspirin, Benuron, Dolormin**
- **Buscopan** (gegen krampfartige Schmerzen)
- **Antibiotika*** gegen bakterielle Infektionen (in Absprache mit dem Arzt mitnehmen)

Erkrankungen der Haut

- **Desinfektionsmittel** (Betaisodona Lösung, Hansamed Spray, Kodan Tinktur)
- **Tyrosur Gel, Nebacetin Salbe RP** (bei infizierten oder infektionsgefährdeten Wunden)
- **Soventol Gel, Azaron Stift, Fenistil Tropfen, Teldane Tabletten** (bei Juckreiz nach Insektenstichen oder allergischen Erkrankungen)
- **Soventol Hydrocortison Creme, Ebenol Creme** (bei starkem Juckreiz oder stärkerer Entzündung)
- **Wund- & Heilsalbe** (Bepanthen)
- **Fungizid ratio, Canesten** (bei Pilzinfektionen)
- **Berberil, Yxin** (Augentropfen bei Bindehautentzündungen)

Magen- und Darmerkrankungen

- **Imodium akut** (gegen Durchfall, v.a. vor längeren Fahrten)
- **Elotrans** (zur Rückführung von Mineralien; Kinder: Oralpädon Pulver)
- **Dulcolax Dragees, Laxoberal Tropfen** (gegen Verstopfung)
- **Talcid, Riopan** (gegen Sodbrennen)

Erkältungskrankheiten

- **Olynth Nasenspray, Nasivin**
- **Dorithricin, Dolo Dobendan** (bei Halsschmerzen)
- **Silomat** (Hustenstiller)
- **Acc akut, Mucosolvan, Gelomyrtol** (zum Schleim lösen)

Kreislauf

- **Korodin, Effortil** (kreislaufanregend)

Reisekrankheit

- **Superpep Kaugummis, Vomex**

Sonnenschutz mit UVA- und UVB-Filter

- **Ladival Milch bzw. Gel, Ilrido ultra Milch**
- **Sonnenschutzstift** für die Lippen

(* rezeptpflichtig in Deutschland)

Bitte bei den Medikamenten Gegenanzeigen und Wechselwirkungen beachten und sich vom Arzt oder Apotheker beraten lassen.

⊃ Rucksäcke, Koffer und Taschen

Wer überwiegend mit öffentlichen Verkehrsmitteln unterwegs ist und längere Strecken zu Fuß zurücklegen will, reist am besten mit Rucksack. Beim Kauf probiert man ihn mit etwa 15 Kilo Inhalt an. Ein Kompromiß zwischen Koffer und Rucksack stellen die Kofferrucksäcke dar, die von der Vorderseite bepackt werden und bei denen das Tragegestell eingepackt werden kann. Wer sein Gepäck nicht weit tragen muß, kann auch mit Koffer reisen.

Ein zusätzlicher Tagesrucksack *(Daypack)* oder eine Falttasche kann unterwegs bei Tagesausflügen oder Kurztrips das Gepäck aufnehmen und auf dem Heimflug für weiteren Stauraum sorgen. Notfalls gibt es überall billige Koffer und Reisetaschen zu kaufen.

Für Kameras benötigt man Fototaschen, die möglichst nicht schon von außen auf den wertvollen Inhalt schließen lassen. Sie sollten aus festem Material bestehen (nicht aufschlitzbar!), gut verschließbar sein und Platz für weiteres Handgepäck haben.

Wertsachen wie Geld, Pässe, Schecks und Tickets lassen sich am besten nah am Körper in einem breiten Hüftgurt aus Baumwollstoff aufbewahren. Unter Hosen und locker fallenden Kleidern kann man ihn um die Hüfte gebunden unauffällig tragen. Alle Papiere – auch das Geld – werden zusätzlich durch eine Plastikhülle geschützt, denn Schweiß ist zerstörerisch, und unleserliche Bankbescheinigungen oder Flugtickets machen Ärger.

⊃ Trekking-Ausrüstung

Für Trekking-Touren in der Regenzeit oder Dschungelwanderungen durch feuchte Wälder haben sich Dschungel-Boots aus Armeebeständen bewährt, die man in einigen Geschäften und auf Märkten bekommt. Bei mehrtägigen Touren empfiehlt sich ein warmer Schlafsack. Daunen sind ungeeignet, da sie bei hoher Luftfeuchtigkeit nicht trocknen.

Das Gepäck zusätzlich mit einem Zelt oder einem wetterfesten Schlafsack zu belasten, lohnt sich nur, wenn auch entsprechende Vorhaben geplant sind. Für laue Tropennächte reicht ein Bettbezug, Bettuch oder Jugendherbergsschlafsack völlig aus.

⊃ Wickelröcke und das „gute Stück"

Das meistgetragene Kleidungsstück auf dem Land ist, neben Gummisandalen, der Wickelrock (Thai: *Phasin*, Malaiisch: *Sarong*) Auch Touristen können ihn außer zum Baden an nicht abgeschirmten Waschplätzen als Rock im Haus oder am Strand tragen und sich damit zudecken. Als Bekleidung außerhalb der Strände ist er ungeeignet. Mit dem Tragen eines bäuerlichen Kleidungsstücks begibt man sich auf eine niedrige soziale Stufe, verliert Gesicht und macht sich bei den auf westlichen Schick bedachten Städtern lächerlich.

Während einer Reise wird man evtl. von Einheimischen eingeladen. Handelt es sich um eine Hochzeit oder ein anderes Familienfest, erwartet man, daß Gäste sich dem Anlaß entsprechend kleiden. Deshalb sollte auch ein gutes Stück im Gepäck sein, das längere Reisen unbeschadet übersteht. Bei chinesischen Festen (außer bei Begräbnissen) trägt man keine weiße, blaue oder schwarze Kleidung. Bei der Auswahl der Kleidung empfiehlt sich eine Kombination aus lässigbequemer und gutaussehender, „ordentlicher" Kleidung. In Südostasien beurteilt man die Menschen weit mehr als in Europa nach ihrem Äußeren. Ein schmuddeliges Outfit stößt unmerklich auf Ablehnung, da selbst Menschen, die kein Geld haben, bemüht sind, immer sauber und gut gekleidet zu sein. Auch allzu weit ausgeschnittene und eng anliegende Kleidung wird vor allem bei Frauen als obszön angesehen. Wäsche wird fast überall innerhalb von 24 Stunden für wenig Geld gewaschen und gebügelt.

Gesundheit

In Malaysia, Singapore und Brunei sind die gesundheitlichen Risiken relativ gering. Die Länder sind keine Entwicklungsländer mehr, sondern in vielen Bereichen hoch entwickelt, was zwar manche Touristen bedauern, jedoch im Bereich Gesundheit und Hygiene schätzen sollten. Wenn man auf die Gerichte fahrender Händler, die oft in den Slums zubereitet werden, verzichtet, ungeschältes Obst oder Blattsalate meidet, braucht man keine Angst vor schweren Krankheiten zu haben – Malaria ausgenommen. Nicht so gut sieht die Situation in Thailand und Indonesien aus. Aber bitte keine Panik – die meisten Risiken sind durch normales, umsichtiges Verhalten minimierbar.

⊃ Aids

Gibt es wirklich immer noch Menschen, die nicht wissen, wie sich Aids verbreitet? Vor allem in Thailand, wo die Immunschwäche jahrelang totgeschwiegen wurde, ist Aids inzwischen ein öffentlich diskutiertes Faktum. Nicht zu glauben, daß es immer noch Männer gibt, die während ihres Urlaubs vom Freiheitsdrang beseelt beim Verkehr mit Prostituierten auf das Kondom verzichten, ja sogar darauf bestehen, es „ohne" machen zu wollen!

Mittlerweile sind über eine Million Menschen, über 2% der Bevölkerung, mit dem Aids-Virus infiziert. Hochrechnungen gehen davon aus, daß sich diese Zahl bis zum Jahr 2000 auf 2–4 Millionen erhöhen könnte. Unvorsichtigkeit ist schon schlimm genug, aber wer auch noch an „Sauberkeitsbescheinigungen" oder -beteuerungen glaubt, ist naiv. Und das kann bekanntlich tödlich sein. Also, Männer wie Frauen: kein Verkehr ohne Gummi, jedenfalls nicht bei fremden Männern oder Frauen. Und da bekanntlich auch das Präservativ keinen hundertprozentigen Schutz bietet, ist Abstinenz noch immer der sicherste Weg.

Cholera

Die Cholera tritt vor allem in übervölkerten Gebieten unter unhygienischen Bedingungen immer wieder auf. Der Impfschutz durch handelsüblichen Impfstoff ist allerdings umstritten, Reaktionen sind häufig. Geimpft wird deshalb nur dann, wenn eine entsprechende Einreisebestimmung besteht, was für Thailand, Malaysia, Indonesien und die anderen Länder nicht zutrifft. In diesem Fall genügt entgegen der Herstellerempfehlungen eine einmalige Injektion. Neue Impfstoffe sind in der Erprobung. Solange man auf eine saubere, hygienische Umgebung achtet und nicht geschwächt ist, wird man kaum gefährdet sein.

Dengue Fieber

Diese Viruskrankheit tritt überall in Südostasien, vor allem an der Küste auf und wird durch die *Aedes aegypti*-Mucke übertragen, die an ihren schwarz-weiß gebänderten Beinen zu erkennen ist. Sie sticht während des ganzen Tages.

Nach der Inkubationszeit von bis zu einer Woche kommt es zu plötzlichen Fieberanfällen, Kopf- und Muskelschmerzen. Nach 3–5 Tagen kann sich ein Hautausschlag über den ganzen Körper verbreiten. Bei Stufe 1 klingen nach 1–2 Wochen die Krankheitssymptome ab.

Ein zweiter Anfall (Stufe 2) kann zu Komplikationen (inneren und äußeren Blutungen) führen. Wie bei der Malaria ist ein Moskitonetz und der Schutz vor Mückenstichen der beste Weg der Vorsorge. Es gibt keine Impfung oder spezielle Behandlung. Schmerztabletten, fiebersenkende Mittel und kalte Wadenwickel lindern die Symptome. Ein einfacher Test kann Dengue Fieber verifizieren: 5 Minuten den Oberarm abbinden, öffnen und in der Armbeuge nachsehen – falls rote Flecken erscheinen, ist es zu 90% Dengue Fieber.

Durchfallerkrankungen

Auch Asienreisende plagen manchmal Durchfälle (Diarrhöe), die durch Infektionen hervorgerufen werden. Verdorbene Lebensmittel, ungeschältes Obst, Salate, kalte Getränke oder Eiscreme sind häufig die Verursacher. Da auch Mikroorganismen im Wasser durchschlagende Wirkung zeigen können, sollte man nur abgefülltes Wasser trinken (auf den versiegelten Verschluß achten). Wer ganz sicher gehen will, verzichtet zudem auf zerstoßenes Stangeneis. Die zylinderförmigen Eiswürfel gelten dagegen als unbedenklich.

Eine Elektrolyt-Lösung (*Elotrans* bzw. für Kinder *Oralpädon*), die verlorene Flüssigkeit und Salze ergänzt, reicht bei den meist harmlosen Durchfällen völlig aus. Man kann sich selbst eine Lösung herstellen aus 4 gehäuften Teelöffeln Zucker oder Honig, 1/2 Teelöffel Salz und 1 l Orangensaft oder abgekochtem Wasser. Zur Not, z.B. vor langen Fahrten, kann auf *Imodium*, das die Darmtätigkeit ruhiglegt, zurückgegriffen werden (aber nur in geringen Dosen, da die Ausscheidung von Krankheitserregern verzögert wird!). Zudem hilft eine Bananen- oder Reis-und-Tee-Diät und Cola in Maßen, denn es enthält Zucker, Spurenelemente, Elektrolyte und ersetzt das verlorengegangene Wasser. Generell sollte man viel trinken und die Zufuhr von Salz nicht vergessen. Bei länger anhaltenden Erkrankungen empfiehlt es sich, einen Arzt aufzusuchen – es könnte auch eine bakterielle oder eine Amöben-**Ruhr** (Dysenterie) sein.

Verstopfungen können durch eine große Portion geschälter Früchte, z.B. Ananas oder eine halbe Papaya (mit Kernen essen), verhindert werden.

Erkältungen

Erkältungen kommen in den Tropen häufiger vor, als man denkt. Schuld sind vor allem Ventilatoren und Klimaanlagen, die krasse Temperaturwechsel und zu viel Zugluft bescheren. Naßgeschwitzt in klimatisierte Räume zu flüchten, ist nicht ratsam, wenn man nicht etwas zum Wechseln oder Überziehen dabei hat. Auch in klimatisierten Bussen und in den Bergen ist wärmere Kleidung wichtig.

Gelbsucht

Die schwere Lebererkrankung **Hepatitis B** wird vor allem durch sexuellen Körperkontakt und durch Blut (ungenügend sterilisierte Injektionsnadeln, Bluttransfusionen, Tätowierung, Akupunktur) übertragen. Eine rechtzeitige vorbeugende Impfung, z.B. mit *Gen H-B-Vax*, ist sehr zu empfehlen. Die **Hepatitis A** wird durch infiziertes Wasser und Lebensmittel oral übertragen. Vor einer Ansteckung schützt der Impfstoff Havrix (auch als Kombi-Impfung Twinrix für Hepatitis A und B erhältlich). Während in Südostasien die meisten Menschen nach einer harmlosen Hepatitis A-Infektion im Kindesalter gegen diese Krankheit immun sind, trifft dieses nur auf ein Drittel aller Europäer zu. Ob die Impfung notwendig ist, zeigt ein Antikörpertest.

Geschlechtskrankheiten (Veneral Diseases)

Gonorrhöe und die gefährlichere **Syphilis** sind in Asien weit verbreitete Infektionskrankheiten, vor allem bei Prostituierten. Daß der Verkehr mit Prostituierten ohne Kondom ein großes Risiko darstellt, muß mittlerweile hoffentlich nicht mehr betont werden. Bei den ersten Anzeichen einer Erkrankung (Ausfluß / Geschwüre) unbedingt ein Krankenhaus zum Anlegen einer Kultur und zur Blutentnahme aufsuchen.

Hauterkrankungen

Bereits vom Schwitzen kann man sich unangenehm juckende Hautpilze holen. Gegen zu starkes Schwitzen hilft Körperpuder, das angenehm kühlt und in Apotheken oder Supermärkten erhältlich ist.

Für andere Erkrankungen sind häufig Kopf-, Kleider-, Filzläuse, Flöhe, Milben oder Wanzen verantwortlich. Die beste Vorbeugung ist eine ausreichende Hygiene – zudem hilft gegen Hautpilze Baumwollwäsche. Nicht selten treten an Stellen, an denen die Kleidung eng aufliegt, Hitzepickel auf, die man mit Prickly Heat Powder behandeln kann. Gegen Kopfläuse hilft Organoderm, oder, falls man wieder in Deutschland ist, Goldgeist forte.

Japanische Encephalitis (Hirnhautentzündung)

Sie wird durch Moskitos in Agrarregionen einiger südostasiatischer Länder übertragen und trat in den letzten Jahren verstärkt auf. Eine Vorbeugung empfiehlt sich nur bei einem langen Aufenthalt in gefährdeten Gebieten. Der Impfstoff der Firma Biken kann allerdings nur über wenige große Impfzentren (z.B. Landesimpfanstalten und Tropeninstitute) direkt aus Japan mit Kühlkette importiert werden, kostet um 80 DM pro Injektion und soll nur wenige Nebenwirkungen haben.

Kinderlähmung

Selbst in Europa treten immer noch Epidemien auf. Wer in den letzten 10 Jahren die Schluckimpfungen versäumt hat, sollte sich vom Hausarzt den Schluckimpfstoff verschreiben lassen.

Malaria

Eine Gefahr, vor der in Südostasien gewarnt werden muß. Vor allem in Grenz-, Wald- und Sumpfgebieten, in Regionen in Flußnähe sowie auf vielen Inseln (z.B. Ko Samet oder Nias) tritt Malaria auf, darunter auch Malaria tropica, die unbehandelt zum Tode führen kann. Die meisten Städte hingegen werden als malariafrei bezeichnet.

Die Mücke Anopheles, die den Malariaerreger Plasmodium falciparum übertragen kann, sticht während der Nacht, also zwischen Beginn der Dämmerung und Sonnenaufgang. Am Abend schützen helle Kleidung (lange Hosen, langärmlige Hemden, engmaschige Socken) und ein mückenabweisendes Mittel, das auf die Haut aufgetragen wird. Einige Apotheken bieten sanftere Mittel an, die auf Zitronella- und Nelkenöl basieren. Einige Tropenerfahrene schwören auf die Einnahme von Vitamin B.

Ist der Schlafraum nicht mückensicher (lückenlose Mückengitter an Fenster und Türen), sollte man unter einem Moskitonetz schlafen. Am sichersten ist ein eigenes Netz, da die vorhandenen manchmal beschädigt sind. Löcher verschließt man am besten mit Klebeband. Bei niedrigen Temperaturen in klimatisierten Räumen sind die Mücken zwar weniger aktiv, aber keineswegs ungefährlich. Notfalls hilft auch eine Räucherspirale, ein Coil, das Risiko zu verringern. Coils sind grüne Spiralen, die wie Räucherstäbchen abbrennen und für ca. 8 Stunden die Luft verpesten. Oft werden sie abends in offenen Restaurants unter die Tische gestellt, um die herumschwirrenden Moskitos zu vertreiben.

Häufig wird noch die Einnahme von 2–3 Tabletten Resochin an zwei Tagen der Woche eine Woche vor Einreise ins infizierte Gebiet bis 4 Wochen nach der Rückkehr empfohlen, zumeist in Verbindung mit Paludrine, 2x tgl., in Thailand, Malaysia und Singapore erhältlich. Allerdings sind immer mehr Erreger der Malaria tropica gegen diese Präparate resistent. Resochin allein gilt jedoch weiterhin als wirksam gegen die Erreger der anderen, nicht tödlichen Formen von Malaria. Zunehmend raten Tropeninstitute von chemischer Prophylaxe ab und empfehlen mechanischen Schutz.

In Deutschland gibt es seit Mai 1997 den Malaria-Schnelltest *MalaQuick*, mit dem Reisende im Notfall anhand eines Bluttropfens in acht Minuten selbst feststellen können, ob ihre Symptome durch den Malariaerreger *Plasmodium falciparum* ausgelöst wurden (in Apotheken erhältlich).

Wer sich in einem Gebiet ohne ärztliche Versorgung infiziert hat, kann zur Überbrückung mit einer *Standby*-Therapie mit Mefloquin (*Lariam*) oder Halofantrin (*Halfan*) beginnen. Beide Medikamente sind umstritten, *Lariam* wegen seiner Nebenwirkungen, *Halfan* bei Menschen mit Herzrhythmusstörungen (evtl. zuvor beim Arzt ein EKG machen lassen).

Wer aus Südostasien zurückkehrt und an einer nicht geklärten fieberhaften Erkrankung leidet, auch wenn es sich nur um leichtes Fieber und Kopfschmerzen handelt und erst Monate nach der Rückkehr auftritt, sollte dem Arzt unbedingt über den Tropenaufenthalt berichten und auf einem Bluttest bestehen. Die ersten Symptome einer Malaria können denen eines banalen grippalen Infektes ähneln und werden daher häufig verkannt, was schon nach wenigen Tagen das Leben bedrohen kann.

⊃ Pilzinfektionen

Frauen leiden im tropischen Klima häufiger unter Pilzinfektionen. Vor der Reise sollten sie sich entsprechende Medikamente verschreiben lassen. Eine Creme oder Kapseln sind besser als Zäpfchen, die bei der Hitze schmelzen. Ungepflegte Swimming Pools in den Tropen sind Brutstätten für Pilze aller Art.

⊃ Schlangen- und Skorpionbisse

Die weitverbreitete Angst steht in keinem Verhältnis zur realen Gefahr, denn Giftschlangen greifen nur dann an, wenn sie attackiert werden. Gefährlich ist evtl. die Zeit nach Sonnenuntergang zwischen 18 und 20 Uhr, vor allem bei Regen. Einige Schlangen töten durch ein Blutgift, in diesem Fall benötigt man sofort ein Serum, andere töten durch ein Nervengift, dann ist außerdem eine künstliche Beatmung wichtig. Skorpionstiche sind in dieser Region generell nicht tödlich.

⊃ Tollwut

Wo streunende oder auch verendete Hunde zu sehen sind, ist Vorsicht geboten. Wer von einem Hund, einer Katze oder einem Affen gekratzt oder gebissen wird, muß sich sofort impfen lassen, da eine Infektion sonst tödlich endet. In südostasiatischen Großstädten gibt es den teuren *HDC*-Impfstoff (*Human Diploid Cell*). Eine prophylaktische Impfung ist sehr teuer und erscheint nur bei längerem Aufenthalt sinnvoll.

⊃ Typhus / Paratyphus

Typische Symptome: über 7 Tage hohes Fieber einhergehend mit einem eher langsamen Puls und Benommenheit. Empfehlenswert ist die gut verträgliche Schluckimpfung mit *Typhoral L* für alle Reisende, die in Regionen mit einem niedrigen hygienischen Standard reisen. Drei Jahre lang schützt eine Injektion des neuen Typhus-Impfstoffs *Typhim VI*, ehe er wieder aufgefrischt werden muß.

⊃ Wundinfektionen

Unter unhygienischen Bedingungen können sich schon aufgekratzte Moskitostiche zu beträchtlichen Infektionen auswachsen, wenn sie unbehandelt bleiben. Wichtig ist es, daß jede noch so kleine Wunde saubergehalten, desinfiziert und evtl. mit Pflaster geschützt wird. In jeder Apotheke gibt es Antibiotika-Salben, die den Heilprozeß unterstützen. Wer mit nesselnden Quallen in Kontakt gekommen ist, sollte ein Antihistaminicum oder Cortisonsalbe auftragen (als Erste-Hilfe-Maßnahme hilft Essig) und sofort einen Arzt aufsuchen.

⊃ Wundstarrkrampf

Wundstarrkrampf-Erreger findet man überall auf der Erde. Verletzungen kann man nie ausschließen, und wer evtl. noch keine Tetanusimpfung hatte, sollte sich unbedingt zwei Impfungen im 4-Wochen-Abstand geben lassen, die nach einem Jahr aufgefrischt werden müssen. Danach genügt eine Impfung alle 10 Jahre. Am besten ist die Impfung mit dem Tetanus-Diphterie-(Td-)Impfstoff für Personen über 5 Jahre, um gleichzeitig einen Schutz vor Diphterie zu erhalten.

⊃ **Wurmerkrankungen**
Winzige oder größere Exemplare, die überall lauern können, setzen sich an den verschiedensten Körperstellen bzw. -organen fest und sind oft erst Wochen nach der Rückkehr festzustellen. Die meisten sind harmlos und durch eine einmalige Wurmkur zu vernichten, andere sind gefährlich, z.B. Hakenwürmer. Sie bahnen sich den Weg durch die Fußsohlen, deshalb sollte man auf feuchten Böden unbedingt Sandalen tragen. Nach einer Reise in abgelegene Gebiete ist es empfehlenswert, den Stuhl auf Würmer untersuchen zu lassen. Notwendig ist das, wenn man über längere Zeiträume auch nur leichte Durchfälle hat.

➡ Krankenversorgung, Gepäck (s.S. 783 und 773 ff).

Informationen

Viele Informationen auch in diesem Buch sind unvorhersehbaren Veränderungen unterworfen, z.B. Preise, Wechselkurse, Termine etc. Auch die Einreisebestimmungen können sich ändern. Um auf dem aktuellen Stand zu sein, kann man sich zusätzlich vor der Reise bei den Fremdenverkehrsämtern informieren:

Indonesisches Fremdenverkehrsamt
Wiesenhüttenstr. 17, D 60329 Frankfurt
☏ 069-233677, ℻ 230840.
Allgemeine touristische Informationen.
Deutsch-Indonesische Gesellschaft e.V.
Lortzingstr. 72, 50931 Köln, bzw. Hülchrather Str. 6, 50670 Köln. Für Leute, die sich intensiv mit Indonesien beschäftigen möchten.
Malaysisches Fremdenverkehrsamt (MTPB)
Roßmarkt 11, 60311 Frankfurt
☏ 069-283782, ℻ 285215.
Singapore Tourist Promotion Board (STPB)
Hochstr. 35-37, 60313 Frankfurt
☏ 069-2978825, ℻ 069-2978922.
Thailändisches Fremdenverkehrsbüro (TAT)
Bethmannstraße 58, D 60311 Frankfurt
☏ 069-295704 oder 295804, ℻ 281468.
Internet (englisch): http://www.tat.or.th

Weitere **Internet-Adressen** (ohne jede Gewähr):
World Travel Guide (englisch):
http://www.wtgonline.com/country/th/gen.html
Gute Suchmaschine (englisch):
http://city.net/countries/.... (Ländername)
Asiatische Touristik-Homepage (englisch):
asiatravel.com
Indonesien-Infos (deutsch + englisch):
http://www.raduga.com/ir.htm
Indonesien-Infos (englisch):
http://indonesia.elga.net.id/
Ausgefallene Reisetips Indonesien (englisch):
http://www.umanitoba.ca/indonesian/travel.html
Indonesien, Regierung und Tourismus (englisch):
http://www.go-indonesia.com/indonesia
Malaysia-Infos (englisch):
http://www.interknowledge.com/malaysia/
Malaysia, von Hotels bis Jobs (englisch):
http://www.mol.com.my/
Malaysische Staaten u.a. (englisch):
http://www.jaring.my
Thailand für Traveller (deutsch):
http://www.sid-net.de/thailand
Thailand-Infos (deutsch):
http://www.siam.net/reisen/bangkok.htm
Thailand-Infos (englisch):
http://www.sino.net/asean/thailand.html
Phuket-Infos (englisch):
http://www.trv.net/index.htm
Nord-Thailand (deutsch + englisch):
http://www.thailine.com
Chiang Mai & Chiang Rai (englisch):
http://www.infothai.com/wtcmcr/intro.htm

Kalender

In Südostasien benutzt man im Alltagsleben den **westlichen Kalender**, an dem sich staatliche Feiertage, Geburtstage und offizielle Veranstaltungen orientieren.

Hingegen werden muslimische Feste wie z.B. der Ramadan nach dem **islamischen Kalender** festgelegt. Dieser beginnt mit der Flucht Mohammeds aus Mekka am 16. Juli 622 n.Chr. Da diesem Kalendersystem der Mondzyklus zugrunde liegt, besteht jedes Jahr aus 12 Mond-Monaten mit 29 oder 30 Tagen und ist mit 354–355 Tagen normalerweise 10–11 Tage kürzer als das Sonnenjahr. Ein neues Jahr beginnt mit dem Erscheinen des 13. neuen Mondes. 1998 begann der **Ramadan**, der neunte Fastenmonat, am 30.12. und endete mit dem Hari Raya Fest am 29.1.1998. Der nächste Ramadan wird um den 20. Dezember 1998 beginnen.

Der **buddhistische Kalender** orientiert sich ebenfalls am Mondzyklus. Für die Zeitrechnung wird Buddhas Geburt zugrunde gelegt (1998 ist das Jahr 2541 nach Buddha, 1999 = 2542 und 2000 = 2543). Der erste Mondmonat beginnt am Tag nach dem Neumond vor der Wintersonnenwende (also zwischen dem 23. November und dem 22. Dezember). Alle drei Jahre wird ein zusätzlicher achter Monat eingeschoben (das nächste Mal wieder im Jahre 1999).

Alle chinesischen Feiertage richten sich nach dem **chinesischen Kalender**. Dieses System wurde in China bis zur Ankunft der Jesuiten 1582 ausschließlich genutzt, doch erst 1911, mit dem Ende des imperialen Chinas, setzte sich der Gregorianische Kalender landesweit durch. Der imperiale Kalender orientiert sich sowohl am Sonnenals auch am kürzeren Mondzyklus. Die Monate haben dem Mondkalender entsprechend 29 oder 30 Tage, jedoch wird 7 mal innerhalb von 19 Jahren ein zusätzlicher Monat eingeschoben, so daß die Termine im Vergleich zum Sonnenkalender nur innerhalb eines bestimmten Zeitraumes variieren. Im Rhythmus von 12 Jahren wird das Jahr jeweils nach einem Tierkreiszeichen benannt, dem bestimmte Eigenheiten zugeschrieben werden. So ist 1998 das Jahr des Tigers, es folgen Hase (Katze), Drache, Schlange, Pferd, Ziege, Affe, Hahn, Hund, Schwein, Ratte und Büffel.

Daneben haben z.B. die Batak auf Sumatra oder die Balinesen ihre eigenen Kalender. Der **balinesische Kalender** hat sogar nur 210 Tage, so daß viele Tempelfeste zweimal im Jahr gefeiert werden.

➡ Feiertage (s.S. 766 ff).

Kinder unterwegs

Eltern, die sich dafür entscheiden, mit ihrem Nachwuchs zum erstenmal nach Südostasien zu reisen, stellen sich viele Fragen. Sicherlich reagiert jedes Kind anders, denoch können einige Regeln generalisiert werden:

Unvermeidlich ist der lange Flug, bei dem die Bewegungsfreiheit, vor allem für Kinder unter 2 Jahren ohne eigenen Sitzplatz, stark eingeschränkt ist. Während die meisten Kinder, sofern sie nicht sehr hitzeempfindlich sind, den Klimawechsel ohne Probleme verkraften, dauert die Umstellung auf die neue Zeit einige Tage – und vor allem Nächte. Deshalb eignet sich für die ersten drei bis vier Tage ein Quartier, wo man sich nachts ohne größere Störungen für die anderen Gäste mit den Kindern beschäftigen kann. Für den absoluten Notfall empfiehlt sich ein leichtes pflanzliches Beruhigungsmittel, das zumindest die Eltern allein durch seine Existenz beruhigt.

Lange Touren sind problematisch, ebenso unbequeme Transportmittel und Schiffe, so daß man längere Strecken häufiger fliegt und entsprechend mehr Geld braucht. Sofern Kinder keinen Sitzplatz beanspruchen, reisen sie bei Bus- und Bahnfahrten (unter 4 Jahren) umsonst. Es ist jedoch ratsam, den Kindern einen eigenen Sitzplatz (50%) zu besorgen. Kinder zwischen 5 und 12 Jahren zahlen den halben Preis. Bei Flügen zahlen sie unter 2 Jahren 10%, zwischen 2 und 12 die Hälfte. Günstiger als die lokalen Busse ist die Eisenbahn.

Es gibt in Südostasien Reiseziele, die Kinder lieben. Vor allem Stadtkinder genießen die Natur und sind fasziniert von den Stränden und Märkten. Es macht Spaß, gemeinsam in den offenen Werkstätten die Handwerker und Künstler bei der Arbeit zu beobachten. Vergnügungszentren und Tierparks gibt es in vielen Großstädten. Auf dem Land entdecken kleine Tierliebhaber Ziegen, Wasserbüffel, Hühner, Enten und Katzen – auch wenn der direkte Kontakt mit ihnen nicht immer bedenkenlos ist. Das größte Plus in Asien: es gibt immer viele einheimische Kinder, und was ihnen Spaß macht, genießen zumeist auch die kleinen Traveller. Man muß ja nicht gleich im Schlamm baden oder auf einem Wasserbüffel reiten. Vor allem kleinere Kinder sollte man möglichst nur an sauberen Stränden oder in den Pools der großen Hotels baden lassen.

Da die medizinische Versorgung zumeist unproblematisch ist, benötigen die Kinder keine besonderen Medikamente, außer Tabletten zur Malaria-Prophylaxe (gute Erfahrungen haben wir mit *Resochin Junior* gemacht), einigen Fieberzäpfchen, Elektrolyt-Tabletten gegen Durchfall, ein

Mittel gegen Juckreiz, Wunddesinfektionsmittel und viel Pflaster. Jede kleine Schramme sollte sofort gereinigt und desinfiziert werden, da sich sehr leicht Infektionen bilden. Kinder sollten so gut es geht vor Mückenstichen geschützt werden, indem man sie vor Sonnenuntergang mit einem mückenabweisenden Mittel einreibt. Besser als Autan sind biologische Mittel (in der Apotheke fragen). Auf alle Fälle benötigen sie ein eigenes Moskitonetz. Durch mangelnde Sauberkeit können sich leicht Ausschläge entwickeln, deshalb sollten sie möglichst mehrmals täglich mit einwandfreiem Wasser duschen. Auch sollte die empfindliche Haut immer durch eine Kinder-Sonnenmilch vor der prallen Sonne geschützt werden.

Je kleiner die Kinder sind, umso mehr Gepäck scheinen sie zu benötigen – Flaschen und Milchpulver, Windeln, Wäsche und – nicht zu vergessen – das heißgeliebte Kuscheltier. Zudem wollen Babys und Kleinkinder getragen werden. Mit einem Kinderwagen kommt man nicht weit, besser sind solide Kindertragen mit Hüftgurt. Babyflaschen, Milchpulver, Flaschenbürste, Spülmittel und Wegwerfwindeln gibt es überall in touristisch erschlossenen Regionen zu kaufen. Allerdings können Kinder häufig ohne Windeln herumlaufen.

Sind die Sprößlinge dem Windelalter entwachsen, erfordert die Entscheidung zwischen Notwendigem und Überflüssigem sicherlich lange Diskussionen. Ein kleiner Spielzeug-Rucksack, den die Kinder selbst packen und tragen, erleichtert manche Entscheidung. Die Eltern können ja noch einige Überraschungen mit in ihr Gepäck nehmen. Lange Reisetage überstehen Kinder wie Eltern leichter mit einem Walkman und einigen Kinderkassetten. Spielsachen kann man in Südostasien in begrenztem Rahmen billig kaufen, ebenso Kinderkleidung. Wer alleine mit Kind unterwegs ist, beschränkt sich möglichst auf wenige große Gepäckstücke, denn man muß unterwegs häufig auf Kind und Gepäck gleichzeitig aufpassen, wobei das eine meist nicht so still hält wie das andere.

Für Übernachtungen braucht man keinesfalls viel mehr Geld auszugeben, denn auch in preiswerten Zimmern mit zwei großen Betten kommt eine Familie mit 2 Kindern unter. Zudem sind kleine Anlagen überschaubar, und man kann fast immer auf der Terrasse vor dem Zimmer oder im nahegelegenen Restaurant gemütlich den Abend verbringen. Keine Probleme gibt es normalerweise mit dem Essen in chinesischen Restaurants, sofern man auf Hygiene achtet, während indische und malaiische und thailändische Gerichte für Kinder häufig zu scharf sind. Dennoch wird man überall bemüht sein, geeignetes Essen für sie zu besorgen. Viele Probleme lösen sich wie von selbst durch das Entgegenkommen der kinderfreundlichen Menschen. Die Kleinen stehen außerhalb der Tourismuszentren immer im Mittelpunkt, werden beschenkt, gestreichelt, fotografiert und geküßt – manchmal bis zum Rande des Erträglichen, was bereits kleine Kinder eindeutig zu verstehen geben. Manchmal hilft bereits ein Sommerhut auf dem blonden Lockenkopf, aufdringliche Hände fernzuhalten. Zur Not kann man sich in „Touristenexklaven" retten, und den Kindern etwas „normales" Leben gönnen.

In einer wechselnden, fremden Umwelt sind die mitreisenden Erwachsenen die einzigen festen Bezugspunkte der Kinder. Wenn sie noch klein sind, werden sie sich entsprechend an die Eltern klammern, und größeren Kindern, die kein Englisch sprechen, fehlen Ansprechpartner. Die Familie ist rund um die Uhr zusammen und das kann die beste Beziehung belasten (das trifft übrigens nicht nur für Eltern und ihre Kinder zu). Bei allen Entscheidungen muß man die Kinder berücksichtigen, und gemeinsame nächtliche Kneipen- oder Disco-Touren bleiben Eltern verwehrt. Ideal ist deshalb eine gemeinsame Reise mit Freunden zu planen, die ebenfalls Kinder haben.

Nicht vergessen:
Reisepaß (Kinder jeglichen Alters brauchen für alle Länder Südostasiens einen eigenen), **Visa** (falls nötig), **Impfbuch**, **SOS-Anhänger** mit allen wichtigen Daten, leichte **Kleidung**, möglichst strapazierfähige. Sachen, aus denen das Kind bald herauswächst, kann man unterwegs verschenken – die Vorteile liegen auf der Hand, **Wegwerfwindeln**, **Babynahrung**, **Flaschen** für Säuglinge, **Flaschenbürste**, **Spülmittel**. Außerdem kleine **Spiele** und **Bücher**, vielleicht auch ein großes zum Vorlesen gegen Langeweile, **Walkman** und Kassetten, **Fotos** von Daheimgebliebenen gegen Heimweh, **Kuscheltier**, **Sonnencreme** mit hohem Lichtschutzfaktor, **Sonnenhut**.

Kinder unterwegs

Krankenversorgung

Mit Ausnahme von Indonesien und Ost-Malaysia sind Krankenhäuser mit westlichem Standard in Südostasien fast immer innerhalb eines Tages zu erreichen. Generell ist der Service in großen privaten Krankenhäusern besser als in staatlichen Kliniken. Veranstalter bieten sogar Reisen zur Zahnbehandlung nach Singapore oder Thailand an, die zum Teil in deutschen und schweizer Labors erfolgen.

In den Apotheken Südostasiens gibt es viele Präparate billiger und ohne Rezept. Bei Untersuchungen stellte sich heraus, daß einige Präparate gefälscht waren. Wer in einem Krankenhaus oder einer Privatklinik behandelt wird, erhält die Medikamente dort passend abgezählt. Preisgünstiger als in Europa sind Impfungen (auf Einwegspritze bestehen).

⊃ ... in Indonesien

Abgesehen von einigen privaten Krankenhäusern, die westlichen Standard erreichen, sind die Provinzkrankenhäuser merklich schlechter ausgestattet. Nicht überall findet man öffentliche Krankenhäuser (RSU = Rumah Sakit Umum), sondern sogenannte *Puskesmas,* Erste-Hilfe-Stationen oder Gesundheitszentren. In vielen Krankenhäusern wird erwartet, daß die Familie für Medizin oder anderes Material sorgt und sich um das Essen des Patienten kümmert, d.h. in vielen Krankenhäusern wird nicht gekocht. Üblich ist auch, daß sich Familienmitglieder rund um die Uhr bei dem Patienten aufhalten.

Liegen schwierige Probleme vor oder steht eine Operation an, sollte man sich möglichst in die christlichen Krankenhäuser von Surabaya oder Jakarta begeben oder nach Singapore ausfliegen. Uns liegen mehrere Berichte über ärztliche Fahrlässigkeit in den beiden großen Krankenhäusern von Denpasar vor. Die Krankenhausbehandlung ist bis auf eine geringe Aufnahmegebühr frei. Man muß jedoch die Medikamente selbst bezahlen. Häufig lohnt es sich, auf freipraktizierende Ärzte zurückzugreifen.

⊃ ... in Malaysia / Singapore

Die Qualifikation der Ärzte und die Ausstattung der Krankenhäuser ist in Singapore und Malaysia gut. Touristen müssen mittlerweile sowohl in Malaysia als auch in Singapore für ärztliche Behandlungen in die Tasche greifen. Eine einfache Konsultation wird in Malaysia mit etwa 30 RM und in Singapore mit 30 S$ berechnet. Allerdings ist die Atmosphäre in staatlichen malaysischen Krankenhäusern nicht immer angenehm, während privat praktizierende Ärzte eine schnellere Behandlung gewährleisten. Insgesamt ist vor allem in Singapore der Luxus supermoderner Privatkliniken immer noch billiger als eine normale Behandlung in der Klinik zu Hause.

⊃ ... in Thailand

Das Gesundheitswesen in Thailand ist gut entwickelt. Generell findet man in den Provinzhauptstädten Krankenhäuser und in vielen kleineren Orten und Dörfern Erste-Hilfe-Stationen oder Gesundheitszentren, in denen meist keine ausgebildeten Ärzte tätig sind. Selbst in Provinzstädten sind die Krankenhäuser sauber und gut ausgestattet, und das Personal ist hilfsbereit.

Liegen schwierige Probleme vor oder steht eine Operation an, ist es besser, nach Bangkok zu fahren. Hier gibt es gut eingerichtete Krankenhäuser und englisch- oder deutschsprechende, privat praktizierende Ärzte. Empfehlenswert sind die privaten Krankenhäuser, in denen der Patient die recht niedrigen Kosten selbst tragen muß. Die Krankenbehandlung an staatlichen Krankenhäusern ist, bis auf eine geringe Aufnahmegebühr, frei. Die Medikamente müssen selbst bezahlt werden.

⊃ Krankentransport per Flugzeug

Im absoluten Notfall werden Krankentransporte per Hubschrauber oder Flugzeug ins Ausland von folgenden Gesellschaften ausgeführt:

International SOS Assistance
27 Sunset Square, Singapore 2159
✆ 4660377, ✉ 4664043

World Access International
P.O.Box 695, Robinson Road, Singapore
✆ 5355833, ✉ 5355052

Asia Emergency Assistance
319 Joo Chiat Place, Singapore
✆ 65-3450425, 4400445,
Telex: RS 53522 ASIAAS
in Denpasar ✆ 28996
in Jakarta ✆ 7393014, ✉ 7393193

➡ Versicherungen (s.S. 804).

Reisebüros

⊃ ... in Deutschland

Augsburg	**Flugbörse** Vorderer Lech 2 86150 Augsburg ✆ 0821-344680.
Bad Homburg	**Asean Wings Reisebüro GmbH** Louisenstr. 97 61348 Bad Homburg ✆ 06172-29901.
Berlin	**Alternativ Tours** Wilmersdorfer Str. 94 10629 Berlin ✆ 030-8812080. **Neue Reisewelle** Goltzstr. 14 10781 Berlin ✆ 030-2166096.
Düsseldorf	**Explorer Flugdienst** Hüttenstr. 30 40215 Düsseldorf ✆ 0211-994901.
Freiburg	**Globetrotter Tours** Bertoldstr. 8 79098 Freiburg ✆ 0761-37686.
Göttingen	**Reiseladen Johannisstr.** Johannisstr. 28 37073 Göttingen ✆ 0551-43644.
Hamburg	**Weltweit Reiseladen** Schlüterstr. 22 20146 Hamburg ✆ 040-441681.
Karlsruhe	**Reisebüro Lesser** Ludwig-Wilhelm-Str. 16 76131 Karlsruhe ✆ 0721-96433-0.
Kiel	**Gebeco** Holzkoppelweg 19a 24118 Kiel ✆ 0431-54657-0.
Köln	**Lotos Reisen** Aachener Str. 1 50674 Köln ✆ 0221-2577767.
Ludwigsburg	**Flugbörse** Kronenstr. 2 71634 Ludwigsburg ✆ 07141-94640.
München	**Travel Overland** Barerstr. 73 80799 München ✆ 089-272760.
Nürnberg	**Südwind Reisen** Friedrichstr. 14-18 90408 Nürnberg ✆ 0911-363027.
Schwabach	**Logo! Reisen** Rittersbacher Str. 84 91126 Schwabach ✆ 09122-5058
Stuttgart	**Fernost-Flug-Service GmbH** Tübinger Str. 13 – 15 70178 Stuttgart ✆ 0711-6402510.

⊃ ... in Österreich

Wien	**Reiseladen** 1010, Dominikanerbastei 4, ✆ 5137577.

⊃ ... in der Schweiz

	Globetrotter Club & Travel Service
Baden	5401, Bahnhofstr. 14 ✆ 056-2215216.
Basel	4001, Falknerstr. 4 ✆ 061-2617766.
Bern	3001, Neuengasse 23 ✆ 031-3266060.
Luzern	6004, Unter der Egg 10 ✆ 041-528844.
St. Gallen	9001, Merkurstr. 4 ✆ 071-228222.
Thun	3601, Bälliz 61 ✆ 033-2273737.
Winterthur	8401, Stadthausstr. 65 ✆ 052-2121426.
Zürich	8001, Rennweg 35 ✆ 01-2117700.

⊃ ... im Internet

Zudem gibt es in vielen Städten eine Flugbörse, die preiswerte Tickets verkauft, Informationen bundesweit unter ✆ 0180-5252555.

Im Internet bieten bereits viele weitere Reisebüros mehr oder weniger billige Flüge an, die man z.T. online buchen kann, z.B.:
Traxxx-Reisen: http://www.traxxx.de
Last Minute Reisen: http://www.lastminute.de
Airtravel Heilbronn: http://www.tiss.com
Günstige Linienflüge:
http://db.focus.de:8080/E/EA/ea.htm

Übernachtung

In den großen Städten und Tourismuszentren gibt es Unterkünfte in allen Preisklassen und Kategorien. Bestimmte moderne Gebäude lohnen schon wegen ihrer einmaligen Architektur einen Besuch. Soweit die Hotels nicht internationalem Standard entsprechen, sollte man vor dem Einchecken die Räume besichtigen und feststellen, ob sich unter den Matratzen Bettwanzen aufhalten, Toiletten und Duschen benutzbar sind und das Zimmer sicher abzuschließen ist. In einigen Hotels kann man die Wertsachen in einem Safe oder gegen Quittung deponieren. Steht die Unterkunft in der Nähe einer Moschee, muß man damit rechnen, noch vor Sonnenaufgang vom Muezzin geweckt zu werden.

↻ ... in Indonesien
Hotels – Diese Bezeichnung tragen meist Unterkünfte der teuersten Kategorie mit einer großen Variationsbreite – vom exklusiven Luxushotel bis zur heruntergekommenen Absteige, für die dennoch horrende Preise verlangt werden. Einige Hotels an den Stränden sind im Bungalow-Stil angelegt, mit Swimming Pools, inmitten tropischer Gärten. Normalerweise sind die Zimmer klimatisiert und entsprechen westlichem Standard.

In den unteren Preislagen sind die Bezeichnungen Hotel, Losmen, Wisma und Penginapan nahezu austauschbar.

Wisma – Die kleineren Familienunternehmen lassen sich etwa mit europäischen Pensionen vergleichen. Der Preis kann, je nach Standard, stark variieren – etwa von 10 000 Rp aufwärts. In der höheren Preisklasse gehört zu jedem Zimmer ein eigenes Badezimmer.

Losmen – Preislich günstigere Familienunternehmen, die bei einem längeren Aufenthalt zu einem zweiten Zuhause werden können. Sie gibt es in fast allen Orten.
In vielen Losmen wird tagsüber kostenlos Tee angeboten. Auch ein kleines Frühstück ist häufig im Preis inbegriffen.

Penginapan – diese Unterkünfte stellen vom Standard her die niedrigste Kategorie dar.

Pasanggrahan – Ein Rasthaus für reisende Regierungsangehörige und andere *Officials*, meist in kleinen, abgelegenen Dörfern, fast immer in phantastischer Lage auf Hügeln oder an Berghängen mit toller Aussicht. Ist das Rasthaus gerade nicht belegt, läßt man auch Touristen übernachten. Zimmerpreise sind recht unterschiedlich, je nach gebotenem Komfort. Oft sind die Mahlzeiten inklusive.

↻ ... in Malaysia
Internationale Hotels – Die Kapazitäten der Hotels des gehobenen Standards wurden beträchtlich erweitert, so daß es hier kaum zu Engpässen kommt. Einige Hotels, vor allem an den Stränden und in schöner Lage, werden bevorzugt von Reisegruppen gebucht, während andere überwiegend von Geschäftsleuten besucht werden. Diese liegen oft in der City, und nicht selten sind Swimming Pool und Garten kleiner als der Konferenzraum.

Wir haben folgende Preiseinteilung (pro Doppelzimmer) vorgenommen:

	Brunei	Indonesien	Malaysia	Singapore	Thailand
*	bis 50 B$	bis 10 000 Rp	bis 30 RM	bis 30 S$	bis 100 Baht
**	bis 100 B$	bis 20 000 Rp	bis 60 RM	bis 60 S$	bis 250 Baht
***	bis 200 B$	bis 40 000 Rp	bis 100 RM	bis 100 S$	bis 500 Baht
****	bis 400 B$	bis 60 000 Rp	bis 150 RM	bis 150 S$	bis 1000 Baht

Da die Preise der teureren Touristenhotels und Luxushotels stark schwanken, haben wir auf eine generelle Preiseinteilung verzichtet. In der gehobenen Kategorie wird auf den Zimmerpreis in den meisten Ländern Government Tax und Service Charge aufgeschlagen.

Mittelklasse-Hotels – Sie verfügen über klimatisierte Zimmer (*Air-Conditioning* = ac) mit Bad/Dusche und WC, Telefon, Fernseher und/oder Kühlschrank. Hotels in dieser Kategorie sind zwei- bis viermal so teuer wie die preiswerten Unterkünfte. Allerdings bieten sie nicht immer einen entsprechend höheren Standard. Zur gleichen Kategorie zählen auch einige **Government Resthouses** (*Rumah Persinggahan, Rumah Rehat*). Diese Relikte aus britischer Kolonialzeit sind auch an abgelegenen Orten zu finden.

Preiswerte Unterkünfte – Von Chinesen gemanagte Hotels sind häufig in den Innenstädten zu finden und werden vielerorts von Banken, Einkaufs- und Verwaltungszentren verdrängt. Einige sind schon etwas heruntergekommen, dunkel oder schmuddelig, aber meist bemüht man sich um Sauberkeit. In chinesischen Hotels reichen die großen Betten in den Einzelzimmern für zwei Personen, bzw. Doppelzimmer für drei bis vier Personen. Es ist ratsam, sich das Zimmer genau anzuschauen, bevor man es mietet.

Gästehäuser und Hütten – An einigen Stränden und in Dörfern vermieten Malaysier Billigunterkünfte. Manchmal wohnen die Gäste mit den Vermietern zusammen in einem Haus, inklusive Vollpension. Meist werden Hütten angeboten, die in der billigsten Kategorie aus unbearbeiteten Brettern zusammengezimmert und nur mit einer Matratze ausgestattet sind.

In landschaftlich schönen Gebieten – Die Bungalows, Resorts und anderen Herbergen in den Nationalparks, auf den schönsten Inseln, an Stränden und in Dschungelgebieten sind an Wochenenden und während der Schulferien frühzeitig ausgebucht. Die meisten Nationalparks bieten sowohl Chalets für Großfamilien als auch Schlafsäle für Gruppen. Teurer wird es außerhalb der Nationalparks, vor allem in den Dschungel-Luxusresorts und Tauchbasen, die für den Preis allerdings etwas Besonderes bieten. Auch einige Langhäuser fallen diese Kategorie.

In Langhäusern – Die beste Jahreszeit für einen Besuch ist der europäische Sommer, denn nach der Ernte sind viele Erwachsene zu Hause. Da die meisten Kinder während der Schulzeit im Internat leben und die Männer in den Städten arbeiten, machen viele Langhäuser ansonsten einen verlassenen Eindruck. Die Einflüsse der modernen Gesellschaft sind mittlerweile bis ins letzte Langhaus vorgedrungen. Dort, wo die Langhäuser noch nicht durch individuelle Wohnhäuser ersetzt worden sind und das Gemeinschaftsleben eine große Rolle spielt, können Touristen noch etwas von der ursprünglichen Atmosphäre erahnen. Romantisierende Vorstellungen vom Leben primitiver Wilder sind hier allerdings fehl am Platze. Die meisten Touristen besuchen die Langhäuser unter der Obhut eines lokalen Guides oder Reiseveranstalters, die bereits vor der Reise alle finanziellen Angelegenheiten klären. Wer auf eigene Faust unterwegs ist, sollte die Kosten eines Langhaus-Trips nicht allzu niedrig kalkulieren, denn die Transportkosten sind erheblich und Lebensmittel teuer. Besonders wichtig ist es, die traditionellen Riten zu befolgen, vor allem wenn man darauf aufmerksam gemacht worden ist. Die Nächte in Langhäusern sind laut und die Wände dünn. Abhilfe schaffen Ohrenstöpsel. Da es nachts kein Licht gibt, ist es wichtig, eine Taschenlampe in Reichweite zu haben.

⊃ ... in Thailand

Hütten, Gästehäuser und Bungalows – Die Strandhütten und Gästehäuser sind sehr einfach ausgestattet und überwiegend billiger als die preiswertesten Hotels. Ihre Ausstattung beschränkt sich meist auf eine dünne Matratze, eine Lampe und (wichtig, aber selten!) ein Moskitonetz. Besonders hellhörig sind Holzhäuser mit dünnen Bretterwänden. Die allereinfachste Bambushütte ist z.B. auf Ko Pha Ngan schon für 40 Baht zu haben, auf Ko Phi Phi kostet der gleiche Standard mindestens 120 Baht. Mit eigener Dusche und WC kostet sie zumeist ab 80 bis 100 Baht, z.B. auf Ko Samui oder Ko Tao, auf Ko Phi Phi mindestens 200 Baht.

Für einen Bungalow aus festen Materialien sind 160 Baht und mehr fällig. Kommen ein Ventilator und einige Möbelstücke dazu, werden es über 200 Baht. Liegt die Hütte in einem teuren Gebiet (Ko Phi Phi, Phuket) oder an Stränden, die am Wochenende fast nur von Thai-Touristen frequentiert werden, zahlt man für denselben Standard ungefähr das Doppelte.

Hotels – Luxushotels, die internationalem Standard entsprechen, gibt es u.a. in Bangkok, Chiang Mai, Chiang Rai, Phuket, Ko Phi Phi und Ko Samui. In der Provinz werden Hotels mit ordentlichem Standard recht billig angeboten. Für

100 bis 180 Baht bekommt man ein meist sauberes Doppelzimmer mit Dusche und Fan, Einzelzimmer (Zimmer mit nur einem, aber großen Bett) sind etwa 30–40% billiger. Einige Provinz-Hotels, oft nur in Thai-Schrift gekennzeichnet, werden meist zusätzlich als Bordell genutzt. Der Preis richtet sich nach der Art des Zimmers und nicht nach der Anzahl der Personen, die dort übernachten.

In Nationalparks – In den meisten werden Bungalows oder Zelte angeboten. Die Zimmer sind zwar kahl und nur mit Matratzen bestückt, aber geräumig und relativ teuer (200–1000 Baht). Dafür können manchmal bis zu 10 Personen auf Matratzen übernachten. Alleinreisende männliche Traveller haben den Vorteil, für einige Baht bei den Rangern privat unterkommen zu können. Mindestens ein englischsprechender Ranger soll auch ausländischen Touristen behilflich sein können. Er ist mit Erste-Hilfe-Material und einem Notfall-Sender ausgerüstet.

Auch **Klöster** bieten Männern eine Übernachtungsmöglichkeit (gegen eine Spende in Höhe des Übernachtungspreises im Gästehaus), während sie Frauen überwiegend verschlossen bleiben. Sie sind keine Hotels, Service oder nennenswerter Komfort kann dort nicht erwartet werden.

⊃ Privatübernachtungen in Dörfern

Wenn es in einem Ort keine Unterkunftsmöglichkeit gibt, man aber dort übernachten muß, wendet man sich zuerst an den Dorfvorsteher. Er wird Gäste zumeist in seinem Haus unterbringen, denn auf dem Land zählt Gastfreundschaft noch etwas. Ist das nicht möglich, sollte man andere staatliche oder soziale Autoritäten (Polizei, Ladeninhaber, Lehrer usw.) aufsuchen. Es ist angebracht, etwas Geld anzubieten.

Jedem Gast sollte klar sein, daß die meisten Landbewohner sehr beengt leben und keine großen Ansprüche an Komfort stellen. Vor allem in abgelegenen Gebieten ist die Ankunft von Touristen eine willkommene Abwechslung und Grund zum Feiern. Besucher sollten sich nicht scheuen, etwas zur Unterhaltung beizutragen. Das geht auch ohne Worte mit Liedern, Tänzen, Gesellschaftsspielen oder kleinen Zaubertricks. Das Echo ist oft verblüffend. In nichtmoslemischen Gebieten wird bei festlichen Anlässen häufig lokaler Alkohol aufgetischt, dessen Wirkung nicht zu unterschätzen ist. Leben viele Menschen eng beieinander, ist Rücksichtnahme eine Selbstverständlichkeit. Sobald sich Leute zum Schlafen zurückziehen, dämpft man die Lautstärke und bricht ebenfalls bald auf. In einer animistischen Gesellschaft müssen die fremden Götter und Riten geachtet werden. Am besten läßt man sich bereits vor dem Eintreffen im Dorf von einem gegenüber westlichen Dingen aufgeschlossenen Einheimischen über die Bräuche informieren. Auch die hygienischen Verhältnisse entsprechen nicht dem üblichen Standard. Toiletten sind kaum vorhanden, gebadet wird im Fluß – deshalb sollten Frauen den Wickelrock nicht vergessen! Ein Wasserlauf ist in Fließrichtung zumeist in die Sektionen Trinken und Kochen – Baden – Toilette eingeteilt. Während der Trockenzeit ist man auf Trinkwasser aus dem Fluß angewiesen, ansonsten gibt es abgekochtes Regenwasser.

Wird Essen oder Trinken angeboten, nimmt der Gast es mit beiden Händen an. Eine Ablehnung wäre eine grobe Beleidigung des Gastgebers. Bekommt man in malaiischen Gebieten Essen angeboten, das man nicht mag, berührt man es kurz mit den Fingern der rechten Hand, führt die Hand anschließend zum Mund und bedankt sich. Zum Essen setzen sich die Männer zusammen mit den Gästen in einem Kreis auf den Boden. Dabei zeigen die Füße niemals in den Kreis. Jeder bedient sich selbst, ißt mit der rechten Hand und läßt am Ende der Mahlzeit durchblicken, daß er satt und zufriedengestellt ist.

Geschenke sollte man nicht nach europäischem Glasperlen-Kolonial-Verhalten übergeben. Lebensmittel sind oft bessere Geschenke als manche Errungenschaften der Zivilisation. Aber auch Zigaretten, Fotos oder kleinere Geldbeträge sind in einigen Situationen angebracht. Wer in seinem Gepäck noch Platz für eine Sofortbildkamera hat, wird seinem Gastgeber mit Familienfotos große Freude bereiten können. In keinem Haushalt fehlen die Fotoalben mit den beliebten Gruppenbildern, die man gerne zusammen mit Gästen durchblättert. Wird man um Medikamente gebeten (von Aspirin bis Antibiotika, von Malaria- bis Magentabletten), sollte man eine ausreichende Menge dalassen, aber nur, wenn ganz sicher ist, daß den Menschen damit geholfen und kein Mißbrauch getrieben wird.

◯ Rabatte

Für die ersten und evtl. letzten Nächte kann man bereits in Deutschland bei guten Reisebüros Zimmer in Luxushotels buchen, oft für weniger als den halben Listenpreis. Zudem werden häufig Rabatte gewährt, wenn man Touristenhotels über ein einheimisches Reisebüro bucht, in Gebieten mit einem Überangebot außerhalb der Saison unterwegs ist oder per Fax ein Strandhotel vorbucht. Es lohnt sich immer, zu fragen.

◯ Sanitäre Einrichtungen

Der Luxus einer Badewanne ist den teuren Hotels vorbehalten. Die billigeren sind meist mit Duschen ausgestattet, was auch hygienischer ist. Beim Benutzen von Gemeinschaftsduschen empfiehlt es sich, Gummisandalen zu tragen, um Pilzinfektionen zu vermeiden.

Manchmal stehen in südostasiatischen Badezimmern noch große Becken, die mit kaltem Wasser gefüllt sind. Aus diesen Mandis schöpft man mit großen Kellen oder Plastikschüsseln kaltes Wasser und gießt es über den Körper. Im Gegensatz zu den dünnen Strahlen einer Dusche bringt dieses eine wirkliche Abkühlung. Zudem bleibt das Wasser angenehm kühl. Da eine Beckenfüllung für mehr als ein Bad gedacht ist, muß das Wasser für die Nachfolger sauber bleiben.

In öffentlichen Toiletten gibt es zumeist kein Papier, denn die Einheimischen benutzen zur Reinigung Wasser und die linke Hand. Moderne Toiletten sind mit einer kleinen Handdusche ausgestattet. Wer sich dieser Sitte nicht anpassen möchte, nimmt vorsichtshalber Toilettenpapier mit. Die asiatischen Hock-Toiletten in Fußbodenhöhe sind weit verbreitet. Mit etwas Übung wird man sie nach einiger Zeit aus hygienischen Gründen den europäischen Sitztoiletten vorziehen.

◯ Ungeziefer

Gefährliche Zimmergenossen sind Moskitos, denn die Stechmücke Anopheles überträgt Malaria. In vielen Gebieten ist sie durch den Einsatz von Insektiziden ausgerottet. Im Hochland kommt sie nicht vor, da es dort zu kühl ist. Befinden sich in einem Zimmer Moskitos, dann sollte es am Nachmittag gut mit einem Insektenspray ausgesprüht und vor dem Schlafengehen gründlich (ohne Licht!) gelüftet werden. Vor Moskitos schützt ein Moskitonetz oder einige Coils, die es überall zu kaufen gibt. Wer etwas größer geraten ist, hat Schwierigkeiten mit den oft kleinen, schmalen Betten. In weniger erschlossenen Ortschaften gibt es keine Elektrizität, so daß man sich an den Umgang mit Petroleumlampen gewöhnen muß. Es ist ratsam, sich Zeit zum Aufbauen des Netzes zu nehmen und es regelmäßig auf Löcher zu kontrollieren.

Kakerlaken kommen in den besten Häusern vor. Man kann wochenlang in billigen Hotels wohnen, ohne eines dieser Tierchen gesehen zu haben, und während der ersten Nacht in einem besseren Hotel huschen sie plötzlich durchs Badezimmer und verschwinden im nächsten Abfluß. Ist ihre Population übermächtig, dann hilft nur sprühen. Da sie normalerweise Abstand halten, kann man sie auch ignorieren. Ein Moskitonetz hält ebenfalls Kakerlaken fern.

Weitere kleine, unangenehme Zimmergenossen sind Ameisen, die in unglaublichen Mengen auftauchen, wenn sie irgend etwas Eßbares vorfinden. Deshalb möglichst keine Lebensmittel mit aufs Zimmer nehmen, oder sie luftdicht in Dosen verschließen – im Zweifelsfall mit Klebeband abdichten.

◯ Zimmer reservieren

In der Hochsaison, vor allem während der Schulferien, sollten Besucher immer telefonisch ein Zimmer reservieren, besonders wenn sie erst spät nachmittags oder gar abends ankommen. Dieses gilt speziell für die Großstädte und Touristenzentren. Bevorzugt man ein bestimmtes Hotel, dann lohnen sich Reservierungen auf alle Fälle. Meistens spricht an der Rezeption jemand Englisch. Preiswerte Hotels nehmen nur selten Zimmerreservierungen ohne Anzahlung entgegen. In Bangkok und Singapore können vom Flughafen kostenlos Ortsgespräche geführt werden.

◯ Zimmerausstattung

In der preiswertesten Übernachtungskategorie muß man meist auf den Zimmerservice verzichten. Bettwäsche und Handtücher gehören, bis auf ein Bettlaken, normalerweise nicht zur Einrichtung. Häufig lassen sich Handtücher und Decken organisieren, manchmal jedoch gegen eine geringe Gebühr. Auch das Mobiliar ist häufig auf das

Notwendigste beschränkt. Wer abends lesen möchte, kauft sich am besten eine stärkere Glühbirne.

Sind die Wände nicht gemauert, sollte man sie nach sogenannten *Peepholes* untersuchen, durch die Nachbarn Einblick in fremdes Privatleben gewinnen können. Falls im Mauerwerk Gittersteine ohne Fliegendraht angebracht sind, werden nachts garantiert Moskitos im Zimmer sein. Zudem sind derartige Wände nicht gerade geräuschdämpfend, so daß man mit dem ersten Hahnenschrei völlig in das Dorfleben einbezogen wird.

➡ Geld (Trinkgeld), Gepäck

Verkehrsmittel

⊃ Reisebüros und Touren in SOA

Zahlreiche Reisebüros in den Touristenzentren verkaufen Tickets und organisieren Touren. Bei Billigflugbüros in Penang und Bangkok ist es schon mehrfach passiert, daß sie über Nacht dichtgemacht haben und der Chef mit Tickets und Geld verschwunden ist. Daher nennen wir, bis auf wenige geprüfte Ausnahmen, im regionalen Teil keine Adressen. Es ist empfehlenswert, nur eine Anzahlung zu leisten und den Restbetrag bei Erhalt des Tickets zu bezahlen.

Auch Individualtouristen sollten verschiedene Touren besser in einer Gruppe machen: sei es eine Dschungeltour oder die Fahrt zu abgelegenen, schwer erreichbaren Zielen. Für diese Touren empfehlen wir zuverlässige Veranstalter im regionalen Teil. Frauen sollten nicht alleine mit einem (doch zumeist männlichen) Guide losziehen, sondern sich lieber einer Gruppe anschließen. Guides sollten in Malaysia und Thailand immer eine Registrierung besitzen.

In vielen Traveller-Hotels werden Tickets für die Weiterreise organisiert. So werden Gäste in Penang vom Hotel abgeholt und bis zum Bungalow auf Ko Samui gefahren. Dieser Service kostet natürlich etwas mehr. Wer billig reisen will und die zusätzliche Zeit und Mühe nicht scheut, sollte am Busbahnhof oder in den Büros der Busgesellschaften buchen. Manche Hotelbesitzer oder Manager veranstalten eigene Touren. Sie sind auf den schmalen Geldbeutel der Traveller abgestimmt und zum Teil wirklich zu empfehlen. Manchmal wird man an Orte gebracht, die ohne den lokalen Guide verschlossen geblieben wären.

Dem Entschluß zu einer Tour sollte ein Blick in die Gästebücher, in denen die Erfahrungen anderer Traveller zu finden sind, vorhergehen. Dort finden sich nicht nur lobende Worte, sondern auch kritische Hinweise und nützliche Tips. Wer negative Erfahrungen mit Reiseveranstaltern gemacht hat, sollte uns möglichst genau (evtl. mit Belegen) über den Vorfall informieren. Es gibt überall schwarze Schafe, doch man kann sehr wohl etwas dagegen unternehmen.

⊃ Tips für Auto- und Motorradfahrer

Wer ein Auto für einen längeren Zeitraum mietet, kann handeln. Da in der Mittelklasse-Kategorie die Nachfrage häufig das Angebot übersteigt, sollte man frühzeitig reservieren. In der ausländischen Mittelklasse oder der oberen Klasse sind immer Wagen zu bekommen, z.T. auch mit Fahrer.

Alle Autos sind mit einer Klimaanlage ausgestattet. Internationale Firmen besitzen vielfach am Flughafen einen Schalter und gegebenenfalls einen Zubringerdienst, womit man zusätzliche Wege spart. Zudem besteht bei einigen Firmen die Möglichkeit, das Auto am Ort A zu mieten und am Ort B abzugeben. Kleinere Firmen verlangen eine Rückgabe am selben Ort, sind allerdings dafür oft etwas billiger. Eine Probefahrt empfiehlt sich auf alle Fälle, keinesfalls sollte man den gesamten Preis im voraus bezahlen, sondern lieber eine Sicherheit hinterlegen.

Außer dem obligatorischen Linksverkehr gibt es noch andere Verkehrsregeln, die aber nicht sehr ernst genommen werden. Das Chaos der Großstädte (außer von Singapore) ist nur der Anfang. Auf dem Land haben große Fahrzeuge wie Busse und Lastwagen immer Vorfahrt. Andererseits gibt es viele langsame Verkehrsteilnehmer, wie Ochsenkarren, Fahrradrikschas und zahllose Fußgänger, die vor allem außerhalb von Ortschaften nach Einbruch der Dunkelheit gefährliche Situationen heraufbeschwören können. Nachts erschweren zudem unbeleuchtete Fahrzeuge das Fahren. Auch Wasserbüffel, Schweine, Hühner und Enten genießen ein besonderes

Recht. Während bei uns ein Schilderwald auf alle möglichen Gefahren hinweist, muß man sich in Südostasien immer auf Überraschungen gefaßt machen.

Wer vorhat, öfter Motorräder zu leihen, sollte auch den Jethelm von zu Hause mitbringen, da die geliehenen häufig nicht passen. Mit eingeschaltetem Scheinwerfer wird man nicht so leicht übersehen.

Vor allem in Kurven gilt es, so weit wie möglich links zu fahren. Die Tasche oder der Tagesrucksack im Korb sollte immer befestigt werden, da es einige motorisierte Langfinger gibt.

○ Verkehrsverbindungen in SOA

Wer innerhalb Südostasiens von einem Land in das andere reisen möchte, wird normalerweise fliegen oder das Schiff nehmen.

Nur zwischen Thailand und der Halbinsel Malaysia sowie eingeschränkt zwischen Sarawak (Malaysia) und Kalimantan (Indonesien) fahren Busse bzw. Züge.

Täglich verkehrt ein internationaler Express zwischen Bangkok und Butterworth (Penang). Wer bereit ist, US$1200–3000 für die 2000 km lange Fahrt von Bangkok nach Singapore auszugeben, kann einen Platz im nostalgischen Eastern & Oriental Express buchen, der einmal wöchentlich 130 betuchten Gästen eine Luxusreise im Stil von Somerset Maugham ermöglicht.

Passagierschiffe befahren regelmäßig folgende Routen: Batam (Riau-Archipel, Indonesien) – Singapore; Dumai (Sumatra) – Melaka (Malaysia); Medan (Sumatra) – Lumut (Malaysia); Medan (Sumatra) – Penang (Malaysia); Surabaya (Java) – Johor Bharu (Malaysia); Tanjung Pinang (Riau-Archipel, Indonesien) – Johor Bharu (Malaysia); Tanjung Pinang (Riau-Archipel, Indonesien) – Singapore.

Die wichtigsten Flughäfen im internationalen Linienverkehr sind in Thailand Bangkok, Phuket und Hat Yai, in Malaysia Kuala Lumpur, Penang, Johor Bharu, Langkawi, Kuching und Kota Kinabalu, sowie in Indonesien Jakarta, Denpasar, Medan, Kupang und Manado, die überwiegend von den nationalen Airlines Garuda (Indonesien), MAS (Malaysia), SIA (Singapore) und Thai International (Thailand) angeflogen werden.

○ Wichtige Hinweise

Steht das Rückflugdatum noch nicht fest, sollte man den Flug immer zum letztmöglichen Rückkehrtermin buchen – keine open-date tickets kaufen. Häufig sind Südostasien-Flüge auf Wochen im voraus ausgebucht. Zudem ist es dringend ratsam, den Flug immer rechtzeitig rückbestätigen zu lassen. Die Preisangaben in diesem Buch können nur Richtwerte sein, da sie nicht festgeschrieben sind. Während der Schulferien und an wichtigen Feiertagen (v.a. chinesisches Neujahr, Hari Raya, Weihnachten) sind alle Transportmittel überfüllt. Deshalb sollte man unbedingt für diese Zeit rechtzeitig einen Platz buchen.

In klimatisierten Verkehrsmitteln wird es v.a. nachts sehr kalt. Viele ac-Düsen lassen sich nicht abstellen. Da hilft viel Klopapier oder ein breites Klebeband und warme Kleidung, sonst droht trotz Tropen und Sonne eine Erkältung.

Unterwegs auf keinen Fall Essen oder Getränke von Fremden annehmen! Es ist schon passiert, daß Touristen am Ende der Busreise aus einem tiefen Schlaf erwachten und ohne Gepäck dastanden.

Es ist besser, das Gepäck (vor allem Handgepäck) immer im Auge zu behalten, da es häufig zu Diebstählen gekommen ist. Mit einem einfachen Fahrrad-Ringschloß läßt sich das Gepäck leicht an den Metalleitern und Gepäcknetzen festschließen.

Die einzige Methode bei Rasern, betrunkenen oder schläfrigen Busfahrern heißt aussteigen! Es ist zwecklos, andere einheimische Mitfahrer von der drohenden Gefahr überzeugen zu wollen.

Verkehrsmittel in Indonesien
○ Auf Sumatra

Gängige Verkehrsmittel im Fernverkehr sind Überlandbusse, inzwischen alle mit Video, die von verschiedenen privaten Gesellschaften betrieben werden. Während der Regenzeit sollte man Rundreisen durch den Süden der Insel vermeiden, denn dann sind häufig Brücken von den Wassermassen weggerissen. Zwischen Medan und dem Tobasee existieren ausgezeichnete Straßen, auf denen die großen Touristenbusse entlangrauschen. Das Teilstück von Solok nach Lubuklinggau ist die beste Straße Sumatras. Andere Streckenabschnitte des Trans-Sumatra-

Highway, der die Insel von Banda Aceh bis zu den Fährhäfen nach Java durchquert und von großer wirtschaftlicher Bedeutung für die rohstoffreiche Insel ist, sind von schlechterer Qualität – allerdings ist die gesamte Strecke mittlerweile auch während der Regenzeit zu befahren. Man rechne für eine Nord-Süd-Durchquerung in einem Expressbus unter günstigsten Bedingungen mit min. 60 – 80 Std. reiner Fahrzeit.

⊃ Auf Java

Die am dichtesten besiedelte Insel verfügt über die besten aber auch am stärksten ausgelasteten Verkehrsmittel. Autobahnen *(Jalan Tol,* gebührenpflichtig) führen von Jakarta nach Bogor und Merak, dem Fährhafen nach Sumatra, nach Osten bis Cikampek und von Surabaya Richtung Malang (erst 40 km). Relativ schnell sind Überlandbusse auf der West-Ost-Achse Merak – Jakarta – Cirebon – Semarang – Solo – Surabaya (Malang) – Banyuwangi (Teilabschnitte während der Regenzeit häufig überschwemmt!). Abseits vom Trampelpfad tuckert man mit überfüllten Bemo und Colt langsam durch die Landschaft. Diese Transportmittel verkehren häufig nur bis zum frühen Nachmittag. Eine Alternative zu den langsamen, billigen Bussen sind die teureren, aber komfortableren Nachtexpressbusse. Bei den Zügen findet jeder das Passende, vom luxuriösen *Argo Bromo* bis zu den völlig vollgestopften 3. Klasse-Abteilen mit Holzbänken in Nahverkehrszügen, wobei der Zusatz *Ekspres* keineswegs etwas über die wirkliche Geschwindigkeit aussagt. Der Fahrpreis richtet sich nicht nur nach Entfernung und Klasse, sondern auch nach der jeweiligen Art des Zuges.

⊃ Auf Bali

Auf der kleineren Insel gibt es keinen Ort, den man nicht innerhalb eines Tages erreichen kann. Verkehren auf kürzeren Strecken keine öffentlichen Transportmittel, ist das häufig ein guter Grund für ausgedehnte Spaziergänge. Gängige Verkehrsmittel sind Bemo, Colt und Bus. Die schnelleren Colt verkehren auf nahezu jeder asphaltierten Straße der Insel. Auf den etwas belebteren Straßen läßt sich auch gut trampen. Wer auf ein eigenes Transportmittel Wert legt, hat die Wahl zwischen amerikanischen Schlitten mit Chauffeur oder Mietwagen in Form von Jeeps, Motorrädern und Fahrrädern.

⊃ Auf Sulawesi

Zwischen Manado im Norden und Ujung Pandang im Süden gibt es inzwischen eine durchgehende Straßenverbindung, die nach neuesten Meldungen komplett ausgebaut und vollständig asphaltiert sein soll und mit zu den besten Straßen der Insel zählt. Die Strecke wird in Teilabschnitten regelmäßig von Expressbussen befahren. Die Verbindungen auf dem Wasserweg sind manchmal Glückssache oder eine Frage des Geldes (Charter!). Ein ausgebautes Straßennetz, auf dem Busse und Bemo verkehren, gibt es nur rings um Manado bis Gorontalo und um Ujung Pandang bis hinauf nach Tana Toraja. Abseits der Hauptrouten sind die zerfallenen, unbefestigten Straßen oft nur noch mit Jeeps oder Lastwagen zu befahren.

⊃ Busse in Indonesien

Sie sind fast überall die billigsten Verkehrsmittel. Expresslinien durchqueren in acht Tagen den Westen Indonesiens von Aceh bis Bima / Sumbawa, meist aber nur in Teilabschnitten. Die Mercedes-Busse sind kleiner als die europäische Ausführung, transportieren aber wesentlich mehr Passagiere. Die erheblich teureren ac–Busse bieten wohl häufig den erwarteten Komfort (z.B. Service, Luxussitze), aber auch das Risiko, sich eine lästige Erkältung einzufangen. Wird Gepäck auf das Dach verladen, achte man auf eine ausreichende Sicherung. Am besten werden die Gepäckstücke mit einer Kette am Dachgestänge angeschlossen. Wertsachen gehören immer ins Handgepäck. Die Tasche kann als nächtliches Ruhekissen benutzt werden. Der Rucksack ist sicher und man hat mehr Bewegungsfreiheit, wenn man zwei Sitzplätze zahlt und auf dem zweiten Platz das Gepäck unterbringt. Auf Java wird das auch von Indonesiern mit viel Gepäck praktiziert.

Ein Handicap sind lange Beine. Kaum ein Europäer paßt bequem zwischen die engen Sitze. Wer schon einige Tage vorher sein Ticket für den Expressbus kauft, kann sich einen Sitzplatz auswählen, der den Beinen Bewegungsfreiheit läßt. Meist ist das der Platz hinter dem Fahrer. Beim Zusteigen erfährt man den richtigen Fahrpreis im Zweifel von anderen Passagieren. Einige Unternehmen geben Studentendiscount. Auf längeren Strecken sollte man den Busfahrer etwas im Auge behalten. Manche fahren 12 Stunden und länger ohne Ruhepause oder sind alkoholisiert. Dann empfiehlt es sich, auszusteigen und mit dem nächsten Bus weiterzufahren.

⊃ Eisenbahn in Indonesien

Für längere Strecken auf Java ist sie durchaus zu empfehlen, sofern man vom Abfahrtsort des jeweiligen Zuges losfährt. Hat man keinen reservierten Platz oder steigt gar unterwegs in einen schon besetzten Zug ein, kann es passieren, daß man den ganzen Tag eingequetscht zwischen Leidensgenossen im Gang stehen muß, durch den sich zudem in regelmäßigen Abständen Verkäuferscharen drängen. Jeder Zug hat eine eigene Preisklasse und entsprechenden Standard. Studentenermäßigung gibt es nur in der 3. Klasse bei billigen Zügen und nicht bei den teuren Expresszügen. Es ist ratsam, sich Fahrkarten mindestens einen Tag vorher zu besorgen. Expresszüge sind manchmal schon Tage im voraus ausgebucht. Wer nicht zum Bahnhof laufen und am Schalter anstehen will, bekommt sie gegen Vermittlungsgebühr bei einem Reisebüro.

⊃ Flüge in Indonesien

Garuda (GA), die größte, staatliche Gesellschaft, führt fast nur Auslandsflüge durch. Die anderen innerindonesischen Gesellschaften haben zwar offiziell die gleichen Preise wie Garuda bzw. Merpati, geben aber unter Umständen auf bestimmten Flügen einen Discount. Merpati (MZ), Tochtergesellschaft Garudas, fliegt im ganzen Land. Bouraq (BO) ist für Kalimantan, Sulawesi, Nord-Molukken und Nusa Tenggara zuständig, Mandala (MDL) für Flüge von Java nach Sumatra, Sulawesi und Ambon, Sempati (SG) verkehrt in Sumatra, Kalimantan, Java, Bali, Sulawesi und nach Singapore. SMAC (Sabang Merauke Air Charter) fliegt in Sumatra, DAS (Dirgantara Air Services) nur in Kalimantan. Ist man mit den kleinen Maschinen der *Pioneer Flights* (unregelmäßig) von Merpati, SMAC oder DAS unterwegs, sind nur 10 kg Freigepäck erlaubt. Von den Ölfeldern in Sumatra und Kalimantan fliegt Pelita, die Fluggesellschaft der staatlichen Erdölgesellschaft. Sie soll schon mal Traveller mitgenommen haben.

Garuda offeriert auf ihren innerindonesischen Linien für alle, die mit der Garuda oder Lufthansa aus Europa kommen, den *Garuda Airpass*. Dieser *Airpass* beruht auf einem Couponsystem und gilt 60 Tage ab internationalem Abflugtermin. Eine Flugstrecke entspricht einem Coupon und kostet US$100 (unabhängig von der Flugdauer). Man muß mindestens 3 Coupons (US$300) und kann maximal 10 Coupons kaufen (US$1000).

Airport Tax: In Jakarta und Denpasar für internationale Flüge 25 000 Rp, für nationale Flüge 11 000 Rp, ansonsten je nach Flugplatz für internationale Flüge 15 000 Rp–21 000 Rp, für nationale Flüge 4500–9900 Rp, inklusive 10% MwSt.

⊃ Mietwagen / Motorräder in Indonesien

Mietwagen sind auf einigen Inseln nur mit Chauffeur zu bekommen und in diesem Fall teurer als Taxis. Motorräder und Jeeps (ohne Fahrer) gibt es vor allem auf Bali, in Yogyakarta kann man nur Motorräder und (eingeschränkt) Minibusse mieten. Bali ist ideal für Selbstfahrer, sofern man sich an das Verkehrschaos von Denpasar und Süd-Bali, die Hunde in den balinesischen Dörfern und den Linksverkehr gewöhnen kann.

Meist wird nach einem Internationalen Führerschein gefragt, vor allem für Motorräder auf Bali. Ansonsten muß für den balinesischen Motorradführerschein in Denpasar eine spezielle Prüfung absolviert werden. Man sollte beim Motorradfahren feste Hosen, eine Brille und Handschuhe tragen. In Indonesien besteht Helmpflicht. Benzin (Premium) kostet an Pertamina-Tankstellen 700 Rp pro Liter, Diesel (Solar) 380 Rp. Für 870 Rp wird an einigen wenigen Tankstellen Super (Premix) verkauft. Private Händler bieten Treibstoff in alten Ölfässern und Literflaschen zwischen 800 und 1000 Rp an; je abgelegener, desto teurer, denn die Händler holen den Sprit kanisterweise auch von der Pertamina-Tankstelle. Indorent bietet z.B. einen Nissan Sentra 7 Tage für etwa US$320 an, ein Monat kostet um die US$1000. Beide Preise gelten aber nur für den Großraum Jakarta. Für Fahrten nach Bali oder Sumatra muß der doppelte Preis bezahlt werden. Geländewagen (ohne Fahrer) werden in Jakarta auch für Touren nach Sumatra oder Bali vermietet. Die meisten Firmen verlangen dafür bis zu 100% Aufschlag auf die Normaltarife. Daher empfiehlt es sich, die Kosten (auch für die notwendige Versicherung) zu vergleichen und zu handeln. Es ist ebenfalls möglich, gegen eine Überführungsgebühr den Wagen in Jakarta zu mieten und in einer Stadt Sumatras oder Balis zurückzugeben. Dabei muß man mit etwa 300 000 – 400 000 Rp Aufschlag je nach Entfernung rechnen.

⊃ Nahverkehr in Indonesien

Colt, Minibus, Bemo, Ojek – sind die öffentlichen Nahverkehrsmittel. Diese Fahrzeuge haben zwar bestimmte Endhaltepunkte *(Stasion / Terminal)*, doch man kann sie überall anhalten. In vielfältigsten Variationen trifft man auf den Inseln kleine Busse an, die den lokalen Passagierverkehr bewältigen. Es gibt keine festen Abfahrtszeiten, sondern es wird oft erst dann losgefahren, wenn nach Meinung des Fahrers keine weitere Person Platz hat.

Die Fahrpreise sind regional unterschiedlich und im allgemeinen auf Nebenstrecken höher. Dabei zählt nicht nur die Entfernung, sondern auch der Straßenzustand. Will man Auseinandersetzungen um den richtigen Preis aus dem Wege gehen, dann erkundige man sich vor der Abfahrt möglichst bei mehreren Leuten nach dem Fahrpreis (gilt ebenso für alle Busse). Es wird gerne versucht, von Ortsunkundigen ein paar hundert Rupiahs mehr zu bekommen, und zwar nicht nur von Europäern, sondern z.B. ebenso von einem Sundanesen in Ost-Java. Häufig erhält man gute und korrekte Infos (nicht nur zu Fahrpreisen) von den Polizeibeamten, die auf fast jedem Terminal ihr *Kantor* haben. In den modernen Bus Terminals sind sie sogar angeschlagen. Allerdings handelt es sich hierbei um Mindestpreise, die von den Busgesellschaften oft nach Belieben aufgerundet werden.

Macht der Minibus einen Umweg, so muß man vorher mit dem Fahrer die Frage nach eventuellen Extrakosten klären, denn der Fahrer nimmt stillschweigend an, man hätte seinen Bus gechartert. Ausnahmen sind Ost-Nusa Tenggara und Teile Sulawesis: Hier ist es selbstverständlich, jeden einzelnen Passagier ohne Aufpreis vor seiner Haustüre abzusetzen. Einige Nebenstrecken werden wegen schlechtem Straßenzustand und Mangel an Fahrgästen nicht von Minibussen bedient. Hier übernehmen entweder Lastwagen den Personen- und Gütertransport, oder man findet an den Abzweigungen Gruppen junger Männer mit ihren Motorrädern: Motorrad-Taxis (Ojek), um deren Preis man handeln muß! Sie sind fünf- bis zehnmal so teuer wie Minibusse.

Fahrradrikschas – *(Becak)* sind in vielen Städten Javas das gängige Transportmittel. Preise werden individuell ausgehandelt. Man sollte gerade mit alten Fahrern nicht unbedingt um die letzte Rupiah feilschen, sondern wie die Indonesier „mit dem Herzen" zahlen.

Motorisierte Dreiräder – In Großstädten verkehren für den Passagiertransport umgebaute, mit einer Kabine versehene Motorroller, z.B. die orangeroten Bajaj in Jakarta, die Motorradrikschas *(Becak Mesin)* in Medan oder die Bemo *(Becak Motor)* in Denpasar.

Stadtbusse – Neben diesen individuellen Transportmitteln operieren Stadtbusse auf festen Strecken mit gekennzeichneten Haltestellen, z.B. in Jakarta, Yogya, Surabaya. Auf festen Strecken gibt es auch noch Minibusse *(Angkutan Kota* oder *Microlet)*, die überall anhalten.

Dokar, Bendi, Delman, Cidomo – Die von kleinen Pferden gezogenen Karren oder Kutschen funktionieren ähnlich wie Becak. Sie transportieren bis zu 6 Personen, sind aber billiger. Man findet sie meist in Bergorten, wo Becak wegen der Steigungen unbrauchbar sind.

Taxis – In großen Städten und Tourismuszentren gibt es fast überall Taxis, die mit einem Taxameter ausgestattet sind. Der erste Kilometer kostet je nach Region 1200–1500 Rp, jeder weitere etwa die Hälfte. Haben die Taxis kein Taxameter, muß der Preis vorher ausgehandelt werden. Gewinnversprechende Strecken, wie die zwischen Flughafen und City, werden häufig nicht von öffentlichen Nahverkehrsmitteln befahren – Taxifahrer versuchen sich hier eine lukrative Einnahmequelle zu sichern. In diesem Fall kann ein Taxi mit anderen Fahrgästen geteilt werden. Andererseits gibt es jetzt an fast allen großen Flughäfen Taxi-Stände, an denen man die regulären Fahrpreise erfährt. Meist werden von hier die Taxis auch eingeteilt, und man muß bereits im voraus am Taxi-Stand einen festgelegten Preis bezahlen (Coupon-System).

⊃ Schiffe in Indonesien

Pelni, die staatliche Schiffsgesellschaft, verfügt über moderne Passagierschiffe aus deutschen Werften, die über 75 Häfen von Sumatra bis Irian Jaya anfahren.

Pelni Fahrplan

KM. Kerinci Route:
Tanjung Priok (Mi) – Surabaya (Do) – Ujung Pandang (Fr) – Bau Bau (Sa) – Ambon (So) – Bitung (Mo) – **Ternate** (Mo) – Ambon (Di) – Bau Bau (Mi)– Ujung Pandang (Do) – Surabaya (Fr) – Tanjung Priok (Sa) – **Belawan** (Mo) – Tanjung Priok (Mi) – etc.

KM. Kambuna Route:
Tanjung Priok (Mi) – Surabaya (Do) – Ujung Pandang (Fr) – Balikpapan (Sa) – Palu (So) – Toli Toli (So) – **Bitung** (Mo) – Toli Toli (Di) – Palu (Di) – Balikpapan (Mi) – Ujung Pandang (Do) – Surabaya (Fr) – Tanjung Priok (Sa) – **Belawan** (Mo) – Tanjung Priok (Mi) – etc.

KM. Rinjani Route:
Tanjung Priok (Mo) – Surabaya (Di) – Ujung Pandang (Mi) – Bau Bau (Do) – Ambon (Fr) – Banda (Fr) – Tual (Sa) – **Fak Fak** (Sa) – Banda (So) – Ambon (So) – Bau Bau (Mo) – Ujung Pandang (Di) – Surabaya (Mi) – Tg. Priok (Do) – Muntok (Fr) – Kijang (Fr) – **Dumai** (Sa) – Kijang (So) – Muntok (So) – Tg. Priok (Mo) – etc.

KM. Umsini Route:
Tanjung Priok (Mo) – Surabaya (Di) – Ujung Pandang (Mi) – Balikpapan (Do) – Palu (Fr) – Kwandang (Fr) – **Bitung** (Sa) – Kwandang (So) – Palu (So) – Balikpapan (Mo) – Ujung Pandang (Di) – Surabaya (Mi) – Tanjung Priok (Do) – Muntok (Fr) – Kijang (Fr) – **Dumai** (Sa) – Kijang (So) – Muntok (So) – Tg. Priok (Mo) – etc.

KM. Tidar Route:
Surabaya (So) – Ujung Pandang (Mo) – Balikpapan (Di) – **Tarakan** (Mi) – Palu (Do) – Ujung Pandang (Fr) – Surabaya (Sa) – Balikpapan (So)– Surabaya (Mo) – Pare Pare (Di) – **Palu** (Mi) – Nunukan (Do) – Tarakan (Do) – Balikpapan (Fr) – Pare Pare (Sa) – Surabaya (So) – etc.

KM. Ciremai Route:
Tanjung Priok (Di) – Ujung Pandang (Do) Bau Bau (Fr) – Banggai (Fr) – Bitung (Sa) – Ternate (Sa) – Sorong (So) – Manokwari (Mo) – Biak (Mo) – **Jayapura** (Di) – Biak (Mi) – Manokwari (Mi) – Sorong (Do) – Ternate (Fr) – Bitung (Fr) – Banggai (Sa) – Bau Bau (Sa) – Ujung Pandang (So) – Tanjung Priok (Di) – etc.

KM. Dobonsolo Route:
Tj. Priok (Di) – Surabaya (Mi) – Benoa (Do) – Kupang (Fr) – Dili (Fr) – Ambon (Sa) – Sorong (So) – Manokwari (Mo) – Biak (Mo) – **Jayapura** (Di) – Biak (Mi) – Manokwari (Mi) – Sorong (Do) – Ambon (Fr) – Dili (Sa) – Kupang (Sa) – Benoa (So) – Surabaya (Mo) – Tanjung Priok (Di) – etc.

KM. Tatamailau Route:
Banyuwangi (Di) – Benoa (Di) – Badas (Mi) – Labuhan Bajo (Mi) – Larantuka (Do) – Dili (Fr) – Kisar (Fr) – Saumlaki (Sa) – Tual (So) – Dobo (So) – Timika (Mo) – Agats (Di) – **Merauke** (Mi) – Timika (Do) Tual (Fr) – Kaimana (Fr) – Fak Fak (Sa) – Sorong (Sa) – Manokwari (So) – Nabire (Mo) – Serui (Mo) – **Jayapura** (Di) – Serui (Mi) – Nabire (Do) – Manokwari (Do) – Sorong (Fr) – Fak Fak (Sa) – Kaimana (Sa) – Tual (So) – Timika (Mo) – Merauke (Di) – Timika (Mi) – Dobo (Do) – Tual (Do) – Saumlaki (Fr) – Kisar (Sa) – Dili (Sa) – Larantuka (So) – Labuhan Bajo (So) – Badas (Mo) – Banyuwangi (Di) – etc.

KM. Kelimutu Route:
Surabaya (So) – Bawean (So) – Banjarmasin (Mo) – **Surabaya** (Di) – Banjarmasin (Mi) – Semarang (Do) – Banjarmasin (Fr) – Surabaya (Sa) – **Banjarmasin** (So) – Surabaya (Mo) – Banjarmasin (Di) – Semarang (Mi) – Banjarmasin (Do) – Bawean (Fr) – Surabaya (Fr) – Sampit (Sa) – Surabaya (So) – etc.

KM. Lawit Route:
Tanjung Priok (Di) – Tanjung Pandan (Mi) – **Pontianak** (Mi) – Semarang (Fr) – Kumai (Sa) – Semarang (So) – Pontianak (Mo) – Tanjung Pandan (Di) – Tanjung Priok (Mi) – Enggano (Do) – Padang (Fr) – **Gunungsitoli** (Sa) – Sibolga (Sa) – Padang (So) – Enggano (Mo) – Tanjung Priok (Di) – etc.

KM. Sirimau Route:
Tanjung Priok (Sa) – Tanjung Pandan (So) **Pontianak** (Mo) – Cirebon (Di) – Banjarmasin (Do) – Ujung Pandang (Fr) – **Lembar** (Sa) – Ujung Pandang (So) – Banjarmasin (Mo) – Cirebon (Mi) – Pontianak (Do) – Tanjung Pandan (Fr) – Panjang (Sa) – Tg. Priok (Sa) – etc.

KM. Awu Route:
Tanjung Priok (Mo) – Kuala Enok (Di) – Batam (Mi) – Kijang (Mi) – Tarempa (Do) – **Natuna** (Do) – Pontianak (Fr) – Bawean (Sa) – Surabaya (So) – **Lembar** (Mo) – Benoa (Mo) – Surabaya (Di) – Bawean (Di) – Pontianak (Do) – Natuna (Fr) – Tarempa (Fr) – Kijang (Sa) – Batam (Sa) – Kuala Enok (So) – Tanjung Priok (Mo) – etc.

KM. Leuser Route:
Surabaya (Mi) – Sampit (Do) – **Semarang** (Fr) – Sampit (Sa) – Surabaya (So) – Batulicin (Mo) – Pare Pare (Di) – Samarinda (Mi) – Toli Toli (Do) – Tarakan (Fr) – **Nunukan** (Fr) – Toli Toli (Sa) – Samarinda (So) – Pare Pare (Mo) – Batulicin (Di) – Surabaya (Mi) – etc.

KM. Binaiya Route:
Surabaya (Mo) – Benoa (Di) – Lembar (Di) – Bima (Mi) – Labuan Bajo (Mi) – Waingapu (Mi) – Ende (Do) – Kupang (Do) – Kalabahi (Fr) – **Dili** (Fr) – Maumere (Sa) – Bone Rate (Sa) – Ujung Pandang (So) – **Balikpapan** (Mo) – Ujung Pandang (Di) – Bone Rate (Mi) – Maumere (Mi) – Dili (Do) – Kalabahi (Do) – Kupang (Fr) – Ende (Fr) – Waingapu (Sa) – Labuan Bajo (Sa) – Bima (Sa) – Lembar (So) – Surabaya (Mo) – etc.

KM. Bukit Raya Route:
Tj. Priok (Fr) – **Pontianak** (Sa) – Semarang (Mo) – Karimun (Mo) – Kumai (Di) – Surabaya (Mi) – Masalembo (Mi) – Batulicin (Do) – **Samarinda** (Fr) – Batulicin (Sa) – Masalembo (Sa) – Surabaya (So) – Kumai (Mo) – Karimun (Di) – Semarang (Di) – Pontianak (Mi) – Tg. Priok (Fr) – etc.

KM. Tilongkabila Route:
Ujung Pandang (Di) – **Lembar** (Mi) – Benoa (Mi) – Banyuwangi (Do) – Benoa (Do) – **Lembar** (Fr) – Ujung Pandang (Sa) – Bau Bau (So) – Raha (So) – Kendari (So) – Kolonodale (Mo) – Luwuk (Mo) – Gorontalo (Di) – Bitung (Di) – Tahuna (Mi) – Lirung (Mi) – **Davao** (Do) – **Lirung** (Fr) – Tahuna (Fr) – Bitung (Sa) – Gorontalo (Sa) – Luwuk (So) – Kolonodale (So) – Kendari (Mo) – Raha (Mo) – Bau Bau (Mo) – Ujung Pandang (Di) – etc.
Da in den nächsten Jahren voraussichtlich noch einige Schiffe hinzukommen werden und weil sich einige Routen noch im Experimentier-Stadium befinden, wird sich der Fahrplan noch häufig ändern.

Preisbeispiele ab Tanjung Priok

	1.Kl.	2.Kl.	3.Kl.	4.Kl.	EC
Belawan	330.500	248.500	183.000	154.000	116.500 Rp
Kijang	234.500	176.500	130.500	109.500	83.000 Rp
Sibolga	342.500	257.500	189.500	159.000	120.500 Rp
Padang	230.500	173.500	128.000	108.000	81.500 Rp
Surabaya	166.500	125.500	93.000	78.500	59.000 Rp
Ujung Pandang	326.500	245.500	181.000	152.500	115.000 Rp
Palu	488.500	367.500	270.000	226.500	171.500 Rp
Bitung	664.500	499.500	367.000	307.500	232.500 Rp
Bau Bau	406.500	305.500	225.000	189.000	142.500 Rp
Pontianak	230.500	173.500	128.000	108.000	82.000 Rp
Balikpapan	428.500	322.500	237.000	199.000	150.500 Rp
Kupang	442.500	332.500	244.500	205.000	155.000 Rp
Ambon	608.500	457.500	336.000	281.500	213.000 Rp
Ternate	748.500	562.500	413.000	346.000	261.500 Rp
Sorong	794.500	596.500	438.500	367.500	288.000 Rp
Jayapura	1012.500	760.500	558.500	467.500	353.500 Rp

Preise in Rp. Kinder zwischen 1 und 11 Jahren zahlen 70%, unter 1 Jahr 10% des Fahrpreises. Das Essen ist im Preis enthalten. Die Kabinen in der 1. Klasse haben 2 Betten, in der 2. Klasse 4 Betten, in der 3. Klasse 6 Betten und in der 4. Klasse 8 Betten. Gegessen wird im Speisesaal. In der Economy übernachtet man im Schlafsaal und muß sich für das Essen anstellen. Alle Kabinen sind klimatisiert, und Waschräume mit heißem Wasser sind ausreichend vorhanden. Musik und Videoprogramme sorgen für Unterhaltung, auch die ärztliche Versorgung ist gewährleistet.

Die geräumigen, gepflegten Schiffe haben feste Routen und folgen mit beachtlicher Präzision dem Fahrplan. 15 Schiffe verkehren im 2-Wochen-Takt, nur die KM. Tatamailau braucht 4 Wochen für einen Hin- und Rückweg. Abgesehen von einem Dockaufenthalt, jedes Jahr für 2 bzw. 4 Wochen, sind die Schiffe ununterbrochen im Einsatz.

Tickets in Jakarta bei Pelni, Jl. Angkasa 18, und in den Pelni-Büros aller Hafenstädte, die von Pelni angelaufen werden; außerdem bei einigen Travel Agents. Pelni bedient sich inzwischen der modernen Datenverarbeitung, so daß Voraus-Reservierungen kein Problem mehr darstellen dürften.

Viele andere indonesische Schiffe sind total überladen, und ein trockener Schlafplatz ist nur mit größten Anstrengungen zu finden. Die sanitäre Versorgung ist mangelhaft. Essen bringt man sich besser selbst mit. Man kann versuchen, für einige tausend Rupiahs extra von den Seeleuten eine Kabine oder zumindest eine Koje zu mieten, oft mit verschließbarem Spind. Nur die größeren Gesellschaften haben einen Fahrplan. Doch auch ihre Schiffe verkehren zwischen den äußeren Inseln nur sporadisch. Die beste Infoquelle ist der Hafenmeister *(Syahbandar)*. Abenteuerlich ist eine Reise auf den traditionellen Segelschiffen – empfehlenswert nur für männliche Traveller.

Regelmässig verkehrende Passagierfähren in Indonesien

Bakauheni / Sumatra – Merak / Java
Banyuwangi / Java – Gilimanuk / Bali
Bone / Süd–Sulawesi – Kolaka / Südost-Sulawesi
Jangkar / Java – Kalianget / Madura
Krueng Raya / Aceh – Balohan / Pulau Weh
Labuhan Lombok / Lombok – Poto Tano / Sumbawa
Larantuka / Flores – Kupang / Timor
Padang Bai / Bali – Lembar / Lombok
Panjang / Sumatra – Merak / Java
Pekanbaru / Sumatra – Batam / Riau
Pekanbaru / Sumatra – Tanjung Pinang / Riau
Sape / Sumbawa – Komodo – Labuanbajo / Flores
Surabaya / Java – Kamal / Madura

Verkehrsmittel in Malaysia, Singapore und Brunei

Malaysia ist in Bezug auf seine Infrastruktur das am weitesten und besten entwickelte Land Südostasiens. Ein ausgezeichnetes Straßensystem wird durch eine Nord-Süd-Eisenbahnlinie ergänzt, die auch eine Abzweigung nach Nordosten besitzt. Parallel dazu ermöglicht die neue Autobahn entlang der Westküste von Singapore nach Thailand eine gute Verkehrsanbindung der großen Städte. Inlandsflüge sind relativ billig und besonders für die Verbindung nach Sarawak und Sabah von Bedeutung, während sie innerhalb von West-Malaysia, Sarawak und Sabah durch den Ausbau des Straßennetzes zunehmend an Bedeutung verlieren. Der East-West-Highway stellt im Norden West-Malaysias die Verbindung zur Ostküste her, so daß die Möglichkeit besteht, die Halbinsel mit Bussen, Überlandtaxis oder einem Mietwagen zu umrunden. Eine weniger befahrene Straße führt von Kuala Lumpur über Kuala Lipis und Gua Musang nach Kota Bharu.

Auf dem durchgehend asphaltierten Trans-Sabah-Highway fahren Busse von Kota Kinabalu bis Tawau. Von der Straßenverbindung von Kota Kinabalu nach Süden fehlt nur noch ein Teilabschnitt zwischen Lawas und Bangar (Brunei). Von Bandar Seri Begawan nach Süden verzögern einige Fähren den Verkehrsfluß. Neben der gut ausgebauten Küstenstraße verfügt Sarawak über einige Stichstraßen ins Landesinnere. Der Straßenbau wird im ganzen Land enorm vorangetrieben, deshalb können sich unsere Informationen schnell ändern. Man kann durchschnittlich 300 km in Peninsular Malaysia pro Reisetag ohne größeren Streß bewältigen, soweit es sich um Fahrten mit Fernbussen auf durchgehend asphaltierten Straßen oder um Eisenbahnfahrten handelt.

⊃ Busse in Malaysia

Mit Nahverkehrsbussen läßt sich jedes Dorf erreichen, sofern es eine Straße gibt. Da sie überall halten, um Passagiere aufzunehmen oder abzusetzen, kann eine Fahrt von 30 km durchaus eine Stunde und länger dauern. Generell fahren vormittags mehr Busse als nachmittags. Tickets sind am Automaten im Bus erhältlich. Da dieser kein Wechselgeld herausgibt, sollte man Kleingeld bereithalten! Minibusse verkehren nur in der Umgebung einiger großer Städte. Sie fahren zumeist ohne festen Fahrplan ab, wenn sie voll sind. Fernbusse sind wesentlich schneller und zuverlässiger. Zwischen den großen Städten West-Malaysias verkehren klimatisierte Expressbusse von *Ekspres Nasional Berhad*, für die es Tickets in den Büros der Busgesellschaften gibt. Manchmal werden auch verteuerte Tickets von Schleppern vor den Büros verkauft, zum Teil mit falschen Angaben über bereits ausgebuchte Busse.

⊃ Eisenbahn in Malaysia und Singapore

Abgesehen von den kleinen Stichlinien sind nur die Nord-Süd-Hauptlinie zwischen Singapore, Kuala Lumpur, Butterworth und Thailand sowie die Verbindung durch das Landesinnere von Tumpat über Kuala Krai, Kuala Lipis nach Gemas interessant. In Ost-Malaysia gibt es nur eine Verbindung in Sabah zwischen Tanjung Aru, südlich von Kota Kinabalu, und Tenom. Auf der Hauptlinie Singapore–Kuala Lumpur–Penang (787 km) verkehren zwischen den Großstädten tagsüber die schnellen Züge Ekspres Rakyat und Ekspres Sinaran Utara bzw. Selatan. Die Plätze sind reserviert, und man hat die Wahl zwischen einer klimatisierten 1. und einer klimatisierten bzw. nicht klimatisierten 2. Klasse. Es kann auch nicht schaden, etwas zu essen mitzunehmen, denn das Angebot im Speisewagen ist spärlich. Die Züge Ekonomi Siang und Ekonomi Malam haben nur 3. Klasse-Großraumabteile. Zudem fahren noch Bummelzüge, Tren Biasa, die im offiziellen Fahrplan nicht gelistet sind. Für längere Strecken und mit viel Gepäck empfiehlt es sich allerdings, die schnelleren Züge zu buchen, den Ekspres Timuran (Schlafwagen in der 2. Klasse) und den etwas langsameren Suptian Emas zwischen Tumpat (Ostküste) und Singapore bzw. Gemas oder an der Westküste den Senandung Malam (Schlafwagen in der 1. und 2. Klasse). Auf längeren Nachtfahrten lohnt es sich, ein Bett zu buchen. Es kostet in der zweiten Klasse non-ac 7,50 RM oben und 10 RM unten, in der zweiten Klasse ac 11,50 RM oben und 14 RM unten sowie in der ersten Klasse 25 RM (ac). Im International Express nach Bangkok kosten die Liegewagen in der ersten Klasse (ac) 22,60 RM, in der zweiten Klasse 13,60 RM unten bzw. 9,10 RM oben, und in der zweiten Klasse (ac) 22,60 RM unten und 18,10 RM oben. Nur für längere Strecken lohnt sich der Ekspres Langkawi, der nachts mit 1. und 2. Klasse-Schlafwagen und 2. Klasse-Sitzplätzen zwischen Kuala Lumpur und Hat Yai verkehrt. Tickets für die 1., 2. und 3. Klasse kann man 30 Tage im voraus kaufen, wenn eine Platz- bzw. Bett-Reservierung vorgenommen wird. Fahrtunterbrechungen sind nur bei Reisen über 200 km möglich. Kinder zwischen 4 und 12 Jahren zahlen den halben Preis, kleinere Kinder fahren umsonst. Freigepäck: 1. Klasse 60 kg, 2. Klasse 35 kg und 3. Klasse 25 kg.

Mit dem Railpass für US$55 (bzw. US$120) können ausländische Touristen 10 Tage (30 Tage) sämtliche Züge in allen Klassen auf der Malayan Railway benutzen. Mehrkosten entstehen nur für ein Bett. Zu erhalten ausschließlich in den Bahnhöfen von Singapore, Johor Bharu, Kuala Lumpur, Butterworth, Port Kelang, Padang Besar, Rantau Panjang und Wakaf Bharu. Außerdem gibt es für Studenten und Personen unter 30 Jahren einen sogenannten Eurotrain Explorer Pass, der ebenfalls auf dem gesamten Netz der KTM Gültigkeit besitzt. Er gilt 7, 14 oder 21 Tage und kostet US$36, US$48 bzw. US$60.

⊃ Fahrräder / Motorräder in Malaysia

In ländlichen Regionen sind Fahrräder und kleine Motorräder ideale Transportmittel, um gemütlich das Land und seine Menschen kennenzulernen. Allerdings kann man nur in Penang, Langkawi und vereinzelt in einigen kleinen Hotels Fahrräder oder Motorräder mieten. Ungeübte Motorradfahrer sollten die vielbefahrenen Wootküeten Straßen meiden, da Bus- und LKW-Fahrer keine Rücksicht nehmen. Zu beachten ist die Helmpflicht für Motorradfahrer – auch auf kleinen Maschinen! Generell sollten Motorradfahrer bedenken, daß die Fahrzeuge – trotz gegenteiliger Behauptungen – nicht versichert sind.

⊃ Flüge in Malaysia, Singapore und Brunei

Malaysian Airline System fliegt sowohl mit kleinen Twin Otter und Fokker Friendship Maschinen als auch mit dem Airbus, der Boeing 737, 747 und 767. *Domestic Flights* werden meist mit Fokker Friendship Maschinen (F27) geflogen und die billigeren *Twin Otter-Flights* mit den kleineren Twin Otter Maschinen. Die zweite malaysische Fluggesellschaft, Pelangi Air, eine Tochtergesellschaft von MAS, fliegt mit kleinen Maschinen verschiedene Ziele in West-Malaysia, Sumatra und Singapore an. Infos bei Pelangi Air in Kuala Lumpur, ✆ 03-2624446, ✉ 03-2624515, oder in allen MAS-Büros.

Nachtflüge, die preiswerter als normale Flüge sind, werden ab Kuala Lumpur nach Kuching, Kota Kinabalu, Alor Setar, Kota Bharu und Penang angeboten. Allerdings ergeben sich nach der Landung mitten in der Nacht Probleme bei der Zimmersuche. Am günstigsten sind die Flüge zwischen Singapore und Ost-Malaysia via Johor Bharu. Außerdem sollte man nach verbilligten Studententickets und Ausflugstarifen fragen *(Excursion Fare, Advance Purchase Excursion Fare)*. Mit dem *Discover Malaysia Pass* für 99 RM können 5 Sektoren innerhalb der Halbinsel geflogen werden, für 199 RM sind auch Flüge nach und in Ost-Malaysia eingeschlossen. Airport Tax: von Malaysia: internationale Flüge 40 RM, nationale Flüge 5 RM, Brunei und Singapore 10 RM, von Singapore: 15 S$, von Brunei: nach Malaysia oder Singapore 5 B$, ansonsten 12 B$.

⊃ Mietwagen in Malaysia und Singapore

West-Malaysia läßt sich gut mit dem eigenen Fahrzeug erkunden. Renommierte Firmen vermieten Autos in allen größeren Städten Malaysias und in Singapore. Neben den internationalen Companies wie Avis, Hertz und Sintat bieten auch lokale Firmen, die in den regionalen Kapiteln gelistet sind, Mietwagen an. Alle haben unterschiedliche Tarife.

In Sarawak und Sabah fahren nur wenige Touristen selbständig umher, denn die Mietpreise sind wesentlich höher als auf der Halbinsel, die Straßen schlechter und viele interessante Orte mit dem Wagen überhaupt nicht zu erreichen. Mit einem in Singapore gemieteten Auto kann man zwar auch nach Malaysia fahren, was sich jedoch nicht lohnt, da Mietwagen in Johor Bharu (Malaysia) wesentlich günstiger sind. Zudem machen in Singapore die gebührenpflichtigen Zonen (CBD) während der Rush Hour und die extrem hohen Parkgebühren einen Privat- oder Mietwagen unrentabel.

In Singapore und Malaysia genügt für Deutsche der nationale Führerschein, in Brunei ist ein Internationaler Führerschein notwendig. Es empfiehlt sich, für täglich 10–12 RM eine Zusatzversicherung *(Collision Damage Waiver)* abzuschließen, um die Eigenbeteiligung in Höhe von 2000 RM bei Schäden am Mietwagen aufzuheben. Man sollte sich den Mietwagen genau ansehen. Fahrer und Beifahrer, die sich nicht anschnallen, müssen mit hohen Strafen von 200 RM Geldstrafe oder bis zu 6 Wochen Haft rechnen.

Autobahnen sind gebührenpflichtig. Deshalb bevorzugen die meisten Malaysier noch immer die verstopften Landstraßen. Die Nord-Süd-Autobahn von der thailändischen Grenze bis nach Johor Bharu bildet die zentrale Verkehrsachse für den Überlandverkehr an der Westküste.

Die Höchstgeschwindigkeit in Ortschaften beträgt 50 km/h, auf Autobahnen 110 km/h. Eine Hinterlassenschaft der Engländer ist der Kreisverkehr. Vorfahrt hat, wer von rechts kommt. Viele Hinweis- und Straßenschilder sind auf der Halbinsel Malaysia nur in Bahasa Malaysia beschriftet.

Tankstellen haben normalerweise von 6–19 Uhr geöffnet. Verschiedene Serviceleistungen sind kostenlos, Fensterputzer erhalten meistens ein kleines Trinkgeld. Der Benzinpreis ist staatlich reguliert und nur an abgelegenen Tankstellen mit Handpumpe teurer.

⊃ Nahverkehr in Malaysia und Singapore

Fahrradrikschas – Immer weniger Fahrradrikschas, Trishaws genannt, sind als das Taxi des kleinen Mannes im Einsatz. Während sie in Singapore und Kuala Lumpur nur noch Touristen zu entsprechenden Preisen befördern, werden sie in Penang, Melaka oder Kota Bharu noch immer von der einheimischen Bevölkerung genutzt. Die Preise müssen in jedem Fall vor Fahrtantritt ausgehandelt werden.

Taxis – Sie fahren größtenteils ohne Taxameter. Besondere Vorsicht ist an Busbahnhöfen und Bahnhöfen geboten, wo Taxifahrer versuchen, Ortsunkundige zu neppen. An den großen Flughäfen wurde dem Mißbrauch ein Riegel vorgeschoben; hier kauft man an einem Schalter einen Taxi-Coupon ins gewünschte Hotel bzw. den entsprechenden Stadtteil. Wer frühmorgens ein Taxi benötigt, sollte es über das Hotel oder telefonisch vorbestellen. Funktaxis stehen nach unseren Erfahrungen pünktlich vor der Tür. In Singapore ist es manchmal allerdings schwierig, für die frühen Morgenstunden einen Wagen zu bekommen.

Stadtbusse – In größeren Städten verkehren Stadtbusse, in Kuala Lumpur auch Minibusse. In Singapore sind sie gut ausgeschildert, und es gibt einen Busplan. In anderen Städten ist es oft schwierig, die Fahrtroute zu erfahren.

U- und Schnellbahnen – Singapore besitzt eine hochmoderne U-Bahn und Kuala Lumpur eine Schnellbahn.

⊃ Schiffe in Malaysia

Fährverbindungen bestehen vom Festland auf zahlreiche vorgelagerte Inseln. Während der Regenzeit stellen die meisten der kleineren Boote, vor allem an der Ostküste, ihren Betrieb ein. In Sarawak und Sabah sind Flußboote verschiedenster Art und Größe ein wichtiges Transportmittel. Wo keine Linienboote regelmäßig verkehren, kann man Boote chartern, was sehr teuer ist.

Entlang der Küste zwischen Kuching und Tawau kann man mit Dampfern oder anderen Schiffen von Ort zu Ort schippern, zum Teil verkehren auch Schnellboote. Fluß- und Küstenboote fahren von Brunei nach Sarawak und Sabah. Linienverbindungen sind im regionalen Teil aufgeführt.

⊃ Überlandtaxis in Malaysia

Die schnellen Taxis verkehren auf der Halbinsel Malaysia und in Süd-Thailand. Sie dürfen laut Gesetz vier (in Thailand 5) Personen befördern. Entsprechend gilt es am Taxihalteplatz zu warten, his genügend Personen mit gleichem Fahrtziel eingetroffen sind. Mietet man zu zweit oder dritt ein Taxi, müssen die freigebliebenen Plätze mitbezahlt werden. Die Fahrpreise dieses überaus schnellen und bequemen Transportmittels liegen leicht über denen einer 2.Klasse-Eisenbahnfahrt. Lokale Busse sind etwa halb so teuer.

Verkehrsmittel in Thailand

Das System der öffentlichen Verkehrsmittel auf der Straße ist in Thailand hervorragend ausgebaut. Vom Luxusbus mit 24 Sitzen bis zum Motorradtaxi greifen alle Transportmittel nahtlos ineinander über. Selbst wer mitten in der Nacht auf dem Busbahnhof einer Provinzstadt aussteigt, kann darauf vertrauen, daß ihn eine Riksch zu einem freien Hotelzimmer bringt. Einen Anschlußbus in die nächste Stadt bekommt man allerdings schon ab dem späten Nachmittag nur noch selten.

Die Flugrouten und das Eisenbahnnetz sind auf den Knotenpunkt Bangkok ausgerichtet. War früher auch das Straßennetz auf die Hauptstadt ausgerichtet, so existieren heute gut ausgebaute Querverbindungen zwischen den Regionen.

⊃ Busse in Thailand

Non-ac Busse (Normal-Busse, no-air, Thammada oder Standard 3): Zumeist rote Staatsbusse der *Transport Co.* und Busse privater Konzessionäre fahren zum Festpreis von ca. 0,25 Baht/km (kürzere Strecken ca. 0,29 Baht/km) nahezu jede Stadt des Landes an. Zu festen Zeiten fahren sie in unterschiedlicher Anzahl von den Bus Terminals ab. Für Personen über 1,70 m sind sie meist ein Greuel, weil die Beine nicht zwischen die etwa 60 Sitze passen.

Ac-Busse (Klimatisierte Busse, Aircon-Busse, Bus air oder Standard 1B): Vorwiegend blaue, klimatisierte Busse mit Toilette und etwa 48 Sitzen. Sie sind mit ca. 0,42 Baht/km nicht ganz doppelt so teuer wie non-ac Busse und verkehren auf längeren Strecken. Die Preise können aufgrund unterschiedlicher Serviceleistungen, Routen und der Konkurrenzsituation um 20–30% variieren. Für Unterhaltung per Video ist während der Fahrt gesorgt. Getränke und kleinere Mahlzeiten sind häufig im Preis inbegriffen. Die ac-Busse fahren entweder von den Büros der privaten Bus-Companies oder den Bus Terminals ab.

Die orangen **2. Klasse ac-Busse** (second class ac-Bus oder Standard 2) ohne Toilette und Essen sind mit ca. 0,33 Baht/km billiger als die blauen Varianten. Sie besitzen mehr und engere Sitze und fahren nur auf wenigen Routen.

VIP-Busse (gesprochen: wie-ei-pie; VIP-40, Bus air, Standard 1B): Vorwiegend blaue, neuere ac-Busse mit 40, manchmal 32, bequemen Sitzen.

Sie sind ca. 20% teurer als ac-Busse, können bei den privaten Busgesellschaften und in den jeweiligen Busbahnhöfen gebucht werden und fahren zu festen Zeiten ab. Die Toiletten im Bus funktionieren, eine Stewardess reicht Getränke und Snacks, ein Essengutschein ist im Preis enthalten. Die etwas übertriebene Bezeichnung V.I.P. führt häufig zu (gewollten!) Verwechslungen mit den echten V.I.P.-Bussen (s.u.).

Die ausschließlich staatlichen **V.I.P.-24 Busse** (999-Busse, VIP-24, Standard 1A) mit 24 Sitzen (8 Reihen à 3 Sitze) fahren von Bangkok in ca. 36 Städte im Norden, Nordosten und Süden in 7–16 Std., überwiegend nachts. Sie sind sehr bequem und mit 0,66 Baht/km ca. 55% teurer als ac-Busse. Tickets kann man nur in den Büros an den Bus Terminals kaufen, ab 3 Tage vor Abfahrt. Die Sitze haben ausreichend Platz für lange Beine und lassen sich, mit Ausnahme der letzten Reihe, so weit wie im Flugzeug zurückstellen.

Vielfach gewarnt wurden wir vor dem sogenannten **Khaosan-Bus** von der Khaosan Rd. in Bangkok nach Chiang Mai und Surat Thani, wo Verteilerbusse nach Phuket, Krabi und Ko Samui weiterfahren. Ständig und systematisch werden Traveller im Schlaf bestohlen. Die Polizei ist machtlos, da der Bus illegal ist und jeder auf eigenes Risiko mitfährt.

In verschiedenen Provinzhauptstädten haben Privatunternehmer einen Liniendienst mit klimatisierten, 16sitzigen **Minibussen** (auch: *Microbus*) aufgezogen. Sie fahren alle ein bis zwei Stunden, zumeist zur vollen Stunde, von bestimmten Stellen in der Stadt zu benachbarten Provinzhauptstädten und anderen festen Zielen. Tickets gibt es an einem Tisch am Straßenrand, nur wenig teurer als für ac-Busse. Der Fahrstil der Fahrer ist dem Verkehr angemessen.

⊃ Eisenbahn in Thailand

Die thailändische Eisenbahn ist ein zuverlässiges und sicheres Verkehrsmittel, das sich gerade auf längeren Strecken lohnt. Sämtliche Eisenbahnlinien gehen sternförmig von Bangkok aus Richtung Norden, Nordosten, Osten, Süden und Westen bis in die äußersten Landesteile. Die Züge unterscheiden sich nach Komfort und Geschwindigkeit.

Express Diesel Railcar (EXP. DRC., auch *Sprinter*): Teurer und schneller als alle anderen Züge. In den klimatisierten Großraumwaggons können die bequemen Sitze wie im Flugzeug zurückgeklappt werden. Die Stewardess verteilt zu Mittag Fertiggerichte in Pappschachteln und Wasser mit Eis, am Nachmittag Kaffee und Gebäck.

Special Express Trains (EXP. SP.): Schnellzüge. Der Zuschlag beträgt 70 Baht. Sie haben klimatisierte 1. und 2. Klasse-Abteile mit Schlafwagen, die Sitze und unteren Liegen sind intakt. Der Zug nach Sungai Golok verfügt zudem über eine 3. Klasse.

Express Trains (EXP.): Schnellzüge. Sie kosten 50 Baht Zuschlag und haben Abteile der 1., 2. und 3. Klasse (nach Süden nur 2. und 3. Klasse), Schlafwagen mit etwas durchgesessenen Sitzen in den ersten beiden Klassen (Zuschläge s.u.) und sind in der 1. Klasse und einem Teil der 2. Klasse klimatisiert.

Rapid Trains (RAP.): Eilzüge. Recht betagte Züge mit 2. und 3. Klasse-Abteilen, die mehrmals täglich in alle Landesteile fahren. Mit Ausnahme der Züge in den Nordosten haben sie in der 2. Klasse Schlafwagen (Zuschläge s.u.), einige wenige sind sogar klimatisiert. Die Sitze sind durchgesessen, das Essen ist billiger. 30 Baht Zuschlag.

Ordinary Trains (ORD.): Bummelzüge, die an jeder Haltestelle anhalten. Sie haben nur 3. Klasse-Abteile mit Holzbänken und sind zur Hauptverkehrszeit meist überfüllt. Auf dem englischsprachigen Fahrplan sind sie nur zum Teil aufgeführt.

Diesel Railcars (DRC.): Diese langsamen Triebwagen (nur 3. Klasse mit Holzbänken) verkehren in Richtung Kanchanaburi und Nam Tok (River Kwae) sowie nach Aranyaprathet an der Grenze zu Kambodscha und auf kürzeren Strecken im Nordosten.

In Nachtzügen werden in der ersten (nur in Express-Zügen) und zweiten Klasse ab 20 Uhr die Betten heruntergeklappt (ca. 1,85 m lang in Fahrtrichtung), mit sauberer, weißer Bettwäsche bezogen und mit Vorhängen abgeteilt. In Express Zügen sind die unteren Betten 70 Baht teurer: dafür sind sie 75 cm breit (oben nur 60 cm), bieten volle Sitzhöhe, und es rotiert kein Fan neben dem Kopf. Die Sitze der 2. Klasse ohne Schlafwagen sind zwar gepolstert, ansonsten aber miserabel – nur für den Notfall ratsam.

Waschgelegenheiten sind ausreichend vorhanden. Das Essen ist nicht besonders gut und dürftig, die Preise variieren mit der Zugklasse. Nur wenige Züge führen einen Speisewagen (rechtzeitig reservieren!), ansonsten wird das Essen am Sitzplatz serviert. Zur Essenszeit bieten auf vielen Bahnhöfen Verkäuferinnen einfache Curries oder gebratene Hähnchenteile mit Klebereis sehr preiswert an. Getränke werden von fliegenden Händlern tagsüber laufend angeboten. Trinkwasser aus großen Plastikflaschen steht in vielen Wagen zur Verfügung. In allen Zügen besteht Rauchverbot! Die erste und ein Teil der zweiten Klasse ist mit dichten Fenstern und Klimaanlage ausgestattet (70 Baht Zuschlag ohne Bedienung, 120 Baht mit Bedienung), die aber häufig zu kalt ist. In Waggons mit Fan stehen tagsüber die Fenster offen.

Für ausländische Touristen wird für 1100 Baht (ohne Zuschläge) bzw. 2000 Baht (inkl. Zuschläge) ein Thailand Rail Pass angeboten, der sich allerdings nur lohnt, wenn man mindestens 5 Langstrecken befahren will. Infos gibt es im Bahnhof von Bangkok, ✆ 2237010, 2237020. Englischsprachige Fahrpläne für die wichtigsten Züge erhält man umsonst an vielen Bahnhofsschaltern oder gegen eine geringe Gebühr vom *Fahrplancenter, S. Rachdi, Tellstr. 45, CH-8400 Winterthur*, ✆/✆ 41-52-2131220. Die wichtigsten Linien stehen im Internet beim TAT unter www.tat.or.th/dtable/. Es ist ratsam, Tickets für längere Strecken vorzubuchen, denn die Nachtzüge sind häufig voll. Mit dem Computerreservierungssystem geht das ganz einfach.

⊃ Flüge in Thailand

Thai Airways (TG) besitzt in Thailand ein umfangreiches Flugnetz. In den letzten Jahren wurde es häufig geändert, insbesondere wurden kürzere Strecken gestrichen. An fast allen Flughäfen besteht ein Zubringerservice von Thai Airways zwischen Airport und Stadt-Büro (meist 40–70 Baht). Die private Gesellschaft Bangkok Airways (PG) fliegt mit 70sitzigen ATR72 und 46sitzigen ATR42 von Bangkok nach Hua Hin, Ranong, Ko Samui und Sukhothai sowie von Ko Samui nach Phuket, U-Tapao und Singapore. Allerdings werden die Flugpläne häufig ohne Vorwarnung der täglich wechselnden Bedarfslage angepaßt. Bangkok Airways bietet einen *Visit Thailand Air Pass* für US$250 (ca. 425 DM) an, mit dem man in 45 Tagen 4 Sektoren im Inland fliegen kann. Auskunft vom Büro in Frankfurt/Main, ✆ 069-5971304, ✆ 069-550131.

Einen hervorragenden Ruf hat die neue private Fluggesellschaft Orient Thai Airlines (OX). Zu günstigen Tarifen bedient sie mit einer Boeing 727 und einer L1011 mehrmals pro Woche die Flughäfen von Bangkok, Chiang Mai, Phuket, U-Tapao (Pattaya), Surat Thani, Hat Yai, Udon Thani, Khon Kaen und Ubon Ratchathani. Bei Travellern kommt vor allem der Direktflug von Chiang Mai nach Surat Thani gut an (100 Minuten). Beim Ticketkauf erfährt man Genaues über den jeweiligen Zubringerminibus.

Bei Inlandsflügen wird eine Airport Tax von 30 Baht (Ko Samui 100 Baht) erhoben, bei Auslandsflügen 200–250 Baht. Inland-Tickets sind 90 Tage gültig. Flugpreise sind bei den Abflugsorten angegeben.

⊃ Mietwagen in Thailand

Um ein Auto in Thailand zu mieten, benötigt man nur den internationalen Führerschein und etwas Geld. Es ist aber nicht ratsam, die ersten Erfahrungen im asiatischen Straßenverkehr in Bangkok zu machen.

Die Geschwindigkeit ist auf den Highways auf 90 km/h begrenzt. Thais, die von der Polizei bei einem Verkehrsvergehen erwischt werden, kommen oft mit einer gemeinsamen Runde Mekhong in der nächsten Kneipe davon. Auch der Papierkrieg kann häufig durch kleinere Zuwendungen beschleunigt werden. Wenn Verkehrspolizisten behaupten, das Radar hätte eine überhöhte Geschwindigkeit gemessen, sollte man sich zuerst die Fotos zeigen lassen, bevor man bezahlt.

Die hilfreiche Ausschilderung der Highways und Hauptstraßen mit lateinischen Buchstaben ist in abgelegenen Regionen nicht vorhanden. Dann hilft eine Straßenkarte, auf der die Orte in Thai- und lateinischen Buchstaben bezeichnet sind. Brauchbar fanden wir die *Thailand Highway Map*, verlegt von Autoguide, ein Atlas mit zwei sprachigen Karten im Maßstab 1 : 400 000 und zahlreichen Stadtplänen. Für Nord-Thailand ist die von David Unkovich und Richard Doring recherchierte, neue Straßenkarte *Chiang Mai & Thailand North* im Maßstab 1 : 750 000 von Berndtson & Berndtson absolute Spitze.

Normalbenzin kostet an großen Tankstellen 8 bis 9 Baht pro Liter. Etwa 20% teurer wird es bei kleinen Tankstellen, die das Benzin aus Fässern pumpen.

Mietwagen der Mittelklasse sind in Bangkok, wo die Konkurrenz am größten ist, am günstigsten. Ein PKW kostet in der Regel 1000–1500 Baht pro Tag. In Chiang Mai gibt es zudem preiswerte lokale Autovermietungen. In den Touristenzentren außerhalb von Bangkok werden Jeeps (ca. 800 Baht pro Tag), Pickups (600 Baht, gut für Kleingruppen bis 10 Personen) und natürlich Motorräder (ab 200 Baht) und Mopeds (ab 150 Baht) vermietet. Selbst bei großen Firmen kann bei längerer Mietdauer um den Preis gehandelt werden. Eine Woche kostet um 7500 Baht. Von der Kreditkarte wird häufig ein Blankobeleg als Sicherheit hinterlegt, was bei renomierten Firmen kein Problem darstellt. Avis und Hertz bieten *One Way Rental Service* zwischen Phuket, Ko Samui, Bangkok, Pattaya und Chiang Mai an.

Eine Haftpflichtversicherung ist gesetzlich vorgeschrieben. Internationale Versicherungsunternehmen bieten auch Touristen die Möglichkeit, Autos mit einer geringen Selbstkostenbeteiligung zu versichern. Nach thailändischem Recht müssen Unfallverursacher bei Personenschäden an die Betroffenen Entschädigungen von 10 000 bis 200 000 Baht bezahlen, je nach Schwere der Verletzungen. Ein Ausländer muß immer damit rechnen, bei einem Unfall als der allein Schuldige zu gelten. Wird eine Rechtsberatung benötigt, kann man sich an den von der Deutschen Botschaft empfohlenen Rechtsanwalt wenden: *Mr. Bhuttree Kuwanon*, Sataporn Building Suite 304, 70 Pan Rd. Silom, ✆ 2368790-1; eine Beratungsstunde (auf englisch) kostet 1500 Baht.

⊃ **Motorräder / Fahrräder in Thailand**
In fast allen Touristenorten und vielen Provinzstädten gibt es Motorräder (ab 200 Baht) und Mopeds (ab 150 Baht) zu mieten. Die kleinen Hondas sind zwar für Tagesausflüge bestens geeignet, aber keinesfalls für lange Strecken, zu zweit oder mit Gepäck. Die Verkehrssicherheit vieler Leihmotorräder läßt zu wünschen übrig. Es besteht Helmpflicht, und Helme sind in vielen Verleihstellen auch zu haben, denn das Fehlen des Sturzhelms wird inzwischen mit 400 Baht Geldstrafe geahndet. Da aber Handschuhe und Brille nicht gebräuchlich sind, kommt es selbst bei leichten Stürzen zu bösen Hautabschürfungen. Häufig wird der Internationale Führerschein und die Hinterlegung des Passes verlangt, wovon in Ko Samui abzuraten ist. Besser ist es dort, nur den Personalausweis abzugeben.

Haftpflichtversicherungen für Leihmotorräder decken in Thailand nur Personenschäden bis max. 50 000 Baht ab, jedoch keine Sachschäden. Auch als Motorradfahrer sind Ausländer bei einem Unfall zur Zahlung einer Entschädigung verpflichtet. Der Unfallgegner wird praktisch niemals zahlen können (s.u.). An jedem vierten Verkehrsunfall in Thailand ist ein Motorrad beteiligt.

Hervorragend organisierte Motorradtouren mit erstklassigem Material bietet Harry Clusen von *Off-Road Tours*, Rosenhagen 19, D-33104 Paderborn, ✆/✆ 05254-7860. Überaus hilfreich für den Motorradneuling in Nord-Thailand ist die *General Touring Information* von David Unkovich in Chiang Mai.

In vielen Tourismuszentren kann man Fahrräder mieten, die meist jedoch nicht verkehrssicher und wenig komfortabel sind. Auch Mountain Bikes vergammeln beim Vermieten schnell. Wer vorhat, nicht nur am Strand entlang oder durch die Ruinenstädte zu radeln, sollte sich besser ein eigenes Rad mitbringen oder kaufen. Mit einer guten Karte können engagierte Biker durchaus verkehrsarme Routen von Bangkok in den Norden, den Nordosten und Süden finden. Generell eignen sich die Großstädte, besonders Bangkok, nicht zum Radfahren. Brauchbare Mountain Bikes gibt es in Pai zu mieten. Vorgeplante Touren werden in Nong Khai angeboten.

⊃ **Nahverkehr in Thailand**
Das thailändische Verkehrswesen zeichnet sich durch eine Vielzahl billiger, konkurrierender Nahverkehrsmittel aus. Nach 18 Uhr ist es praktisch unmöglich, aus kleinen Orten wegzukommen. Dann muß man teuer chartern. Wer passend zahlt, vermeidet Probleme mit dem Wechselgeld.

Samlor – ein dreirädriges Fahrrad-Taxi mit überdachter Sitzbank für 2 Personen (auch: Fahrradrikscha) für kurze Strecken. Der Fahrpreis muß vorher ausgehandelt werden.

Tuk Tuk – ein dreirädriger Motorroller (Vespa) mit überdachter Sitzbank, manchmal auch *Sam-*

lor genannt. Mit mehr als 2 Personen oder mit Gepäck wird es in dem kleinen Aufbau recht eng. Tuk Tuks fahren nicht auf langen Strecken. Der Fahrpreis muß vorher ausgehandelt werden (3 Finger ausgestreckt = 30 Baht, 4 Finger = 40 Baht, etc.). Eingesetzt in Bangkok, Chiang Mai, Trang (eine besonders umweltfeindliche Version) und in vielen weiteren Städten, in Phuket abgelöst durch einen viersitzigen, umweltfreundlichen Viertakter.

Motorrad-Taxi – normales Motorrad oder Moped, das bis zu 2 Fahrgäste zu beliebigen Zielen mitnimmt. Der Fahrpreis ist recht niedrig, muß aber vorher ausgehandelt werden. Sieht im Stadtverkehr äußerst gefährlich aus, besonders wenn Damen freihändig und quer auf dem Sozius sitzen. Eingesetzt in vielen Städten, auf Inseln ohne PKWs und in ländlichen Gegenden.

Taxi – klimatisierter PKW, in Bangkok überwiegend mit, ansonsten ohne Taxameter. Der Fahrpreis beträgt bei Taxameter-Taxis für die ersten beiden Kilometer 35 Baht, ansonsten muß er vorher ausgehandelt werden. Ein unbedarfter Tourist bezahlt für ein Flughafen-Taxi häufig überhöhte Preise. Taxifahrer sprechen meist kein englisch. Sie erhalten normalerweise kein Trinkgeld, außer für besondere Gefälligkeiten.

Songthaew (gesprochen: *Song-Täo*) – ein privat betriebener Kleinlaster (manchmal sogar ein großer LKW, der auch Minibus heißt) mit zwei niedrigen Sitzbänken, auf denen sich die Passagiere gegenübersitzen. Das Dach ist nicht ganz heruntergezogen, so daß es vor allem bei schneller Fahrt stark zieht. Sie haben feste Preise, für Sitz- wie für Stehplätze dieselben. Nach Sonnenuntergang kann man das Fahrzeug in der Regel nur für mehrere hundert Baht chartern.

Songthaews fahren nach unterschiedlichen Prinzipien: In größeren Städten bedienen sie relativ feste Routen zu einem Einheitstarif (2–5 Baht), bringen jedoch in der Zielgegend die Passagiere bis vor die Tür. Für *Farang*, die kein Thai sprechen, ist es schwierig, ihren Zielort zu erfahren. Anzutreffen in Bangkok und Chiang Mai. In mittleren Städten kurven sie ständig durch die Stadt auf der Suche nach Fahrgästen. Man nennt das Ziel und erhält ein Handzeichen, einzusteigen oder zu warten. Wer viel Zeit hat und ganz hinten sitzt, kann so die halbe Stadt kennenlernen. Fahrpreis meist 5 Baht.

In vielen Städten fahren Songthaews in regelmäßigen Abständen zu bestimmten Orten in der Umgebung. Sie haben einen festen Startplatz am Straßenrand. Der Tarif richtet sich nach der Entfernung und ist auch für Touristen fest. In Ko Samui und Phuket sind die Strände angeschrieben.

Zweigt von einer großen Straße eine kleinere ab, die nicht von großen Bussen bedient wird, übernehmen Songthaews die Verteilung der Fahrgäste in die kleinen Orte. Dasselbe gilt für Bahnhöfe auf dem Land. Die Preise sind fest.

Pickup – ein Songthaew, der überall Passagiere mitnimmt.

Minibus – eine komfortablere Einrichtung auf dem Lande anstelle der halboffenen Songthaews. In Bangkok werden sie zusätzlich zu den festen Buslinien eingesetzt und bedienen einige Busstrecken in der Nacht. In manchen Städten werden auch ganz normale Songthaews modisch Minibus genannt.

Stadtbus – normaler, farblich gekennzeichneter Bus mit Nummer, der eine bestimmte Route befährt. Eine beliebige Strecke kostet je nach Stadt 2–5 Baht. In Chiang Mai gibt es vier Routen, in Korat etwa 10, in Bangkok über 170. Nur in Bangkok gibt es klimatisierte Busse (6–16 Baht) und Microbusse (20 Baht).

Personenfähren, Klongboote und **Expressboote** übernehmen speziell in Bangkok auf dem Menam Chao Phraya einen Teil des öffentlichen Nahverkehrs.

⊃ Schiffe in Thailand

Regelmäßig verkehren vom Festland Boote nach Ko Samui, Ko Pha Ngan, Ko Tao, Ko Samet, Ko Chang, Ko Mak, Ko Bulon Lae, Ko Lanta, Ko Phi Phi und auf die Pattaya, Phuket und Krabi vorgelagerten Inseln.

Longtail-Boote – 5–10 m lange, offene Boote, die von einem beweglich gelagerten Motor angetrieben werden, dessen Schraube weit nach hinten übers Boot hinausragt. Das Standard-Boot in Thailand: sehr schnell, sehr naß, sehr laut. Touristen benutzen sie auf den Klongs und dem Chao Phraya in Bangkok, dem Mae Kok River und zwischen vielen Inseln.

Passagierboote – umgebaute Fischkutter mit Sitzbänken und Sonnendach. Bedienen zu festen Zeiten an wenigen Tagen in der Woche die größeren Dörfer auf Inseln, um den Bewohnern die

Fahrt zum Markt zu ermöglichen, und transportieren vor allem Waren. Zudem werden sie von Tauchbasen verwandt und an Touristen für Ausflüge auf die vorgelagerten Inseln vermietet.

Nachtboote – mehrstöckige, langsame Schiffe, die nachts zwischen Surat Thani und Ko Samui, Surat Thani und Ko Pha Ngan sowie Surat Thani und Ko Tao verkehren. Sie hatten in den letzten Jahren mehrere schwere Zusammenstöße mit dem Gegenboot und sollten daher gemieden werden. Keine Unfälle hatte dagegen das Nachtboot von Chumphon nach Ko Tao, das nur manchmal umdreht, wenn dem Kapitän die Wellen vor der Flußmündung zu hoch erscheinen.

Expressboote – schnelle Passagierboote, die von *Songserm* zwischen Surat Thani, Ko Samui, Ko Pha Ngan, Ko Tao und Chumphon eingesetzt werden. Sie sind recht sicher, aber nicht absolut pünktlich. Das Ko Samui-Boot wird häufig gnadenlos überladen. Zum zweiten bedienen mehrere Gesellschaften in hartem Wettbewerb die Routen zwischen Krabi, Phuket, Ko Phi Phi und Ko Lanta. Auch Tagesausflüge zu den Similan-Inseln werden mit Expressbooten durchgeführt.

Speedboats – große, schnelle Außenborderboote, die Gäste von teuren Inselhotels nach Bedarf befördern. Einige verkehren auch regelmäßig zwischen Chumphon und Ko Tao bzw. von Ko Samui über Ko Pha Ngan nach Ko Tao.

Autofähren – transportieren Fahrzeuge und Passagiere zwischen Ko Samui bzw. Ko Pha Ngan und Don Sak (bzw. Khanom, bei hohem Wellengang). Sie sind sehr sicher und zuverlässig. Bei tiefer Ebbe können sie in Ko Samui nicht sofort am Pier festmachen.

Versicherungen

⊃ Reisegepäckversicherung

Der Versicherungsschutz von Reisegepäckversicherungen ist im Kleingedruckten häufig stark eingeschränkt und laut Stiftung Warentest nicht zu empfehlen. Wertvolles (Fotoausrüstung u.ä.) sollte zu einem möglichst hohen Prozentsatz mitversichert sein, notfalls über eine Zusatzversicherung. Besser ist es, alles, was nicht ausreichend versichert ist, im Handgepäck zu transportieren. Die Versicherung muß Weltgeltung haben, die gesamte Dauer der Reise umfassen und in ausreichender Höhe abgeschlossen sein. Kommt Gepäck weg, ist eine Checkliste hilfreich, auf der alle Gegenstände und ihr Wert eingetragen sind.

⊃ Reisekrankenversicherung

Wichtig ist eine ausreichende Reisekrankenversicherung. Nur einige private Krankenkassen schließen den weltweiten Schutz im Krankheitsfall ein. Wer diesen nicht hat oder bei der gesetzlichen Krankenkasse versichert ist, sollte sich bei Auslandsreisen in jedem Fall privat versichern. Die meisten Reisebüros und einige Kreditkartenorganisationen bieten derartige preiswerte Versicherungen an, die bis zu 42 Tage pro Reise gültig sind.

Die Reisekrankenversicherung garantiert den Krankenrücktransport, wenn er medizinisch notwendig ist. Sofern die Behandlung im Land erfolgt, übernimmt sie alle Arzt- und Krankenhauskosten, erstattet das Geld aber erst im Nachhinein.

Die einzureichenden Rechnungen müssen folgende Angaben enthalten: Name, Vorname, Geburtsdatum, Behandlungsort und Datum, Diagnose, erbrachte Leistungen in detaillierter Aufstellung (Beratung, Untersuchungen, Behandlungen, Medikamente, Injektionen, Laborkosten, Krankenhausaufenthalt), Unterschrift des behandelnden Arztes, Stempel. Der Text sollte in englisch abgefaßt sein. Da die Kosten in der Landeswährung angegeben sind, ist es hilfreich, einen Bankbeleg über den aktuellen Wechselkurs beizulegen.

⊃ Versicherungspakete

Von der Europäischen Reiseversicherung, von Elvia und Hanse-Merkur werden Versicherungspakete angeboten, die neben der Reisekrankenversicherung eine Gepäck-, Haftpflicht-, Unfall- und Rat & Tat-Versicherung einschließen.

Mit der Rat & Tat-Versicherung erhält man über eine Notrufnummer Soforthilfe während der Reise. Krankenhauskosten werden sofort von der Versicherung beglichen, und bei ernsthaften Erkrankungen übernimmt sie den Rücktransport.

Ist der Versicherte nicht transportfähig und muß länger als 10 Tage im Krankenhaus bleiben, kann eine nahestehende Person auf Kosten der Versicherung einfliegen. Auch beim

Verlust der Reisekasse erhält man über den Notruf einen Vorschuß.

Die Pakete sind jedoch, ebenso wie die günstigen Krankenversicherungs-Angebote, auf maximal 6 bzw. 8 Wochen begrenzt. Da bei längeren Reisen bis zu einem Jahr nur Einzelversicherungen möglich sind, und der Versicherungsschutz teurer wird, sollte man in diesem Fall die Leistungen verschiedener Unternehmen vergleichen. Wer sich optimal absichern möchte, schließt eine separate Kranken-, Rat & Tat-, Unfall- und Gepäckversicherung ab. Bei häufigen Auslandsreisen können die Einzelversicherungen oder das Paket auch für ein ganzes Jahr abgeschlossen werden. Dann ist man auf allen Reisen versichert, sofern diese nicht länger als 6 Wochen dauern.

➡ Gepäck, Gesundheit, Krankenversorgung (s.S. 773ff, 776ff und 783).

Zollbestimmungen

⊃ Indonesien

Üblicherweise sind 200 Zigaretten, 1 l alkoholische Getränke und eine kleine Menge Parfüm zollfrei. Verboten ist die Einfuhr von Waffen, Pornographie und Drogen, chinesischer Medizin und jeder Literatur, die in chinesischen Schriftzeichen geschrieben ist. Außerdem müssen Fernseher, Radios und Kassettenrecorder deklariert und wieder ausgeführt werden.

⊃ Malaysia

Zollfrei sind 200 Zigaretten, 1l alkoholische Getränke und Kosmetika bis zu einem Wert von 200 RM, Lebensmittel bis zu einem Wert von 75 RM und andere Geschenke bis zu einem Wert von 200 RM. Teurere Geschenke müssen verzollt werden. Normalerweise müssen 50% des Neuwertes (Kaufbeleg hilfreich) gegen Quittung als Pfand hinterlegt werden und bei der Ausreise mit dem Objekt bekommt man das Geld zurück. Die Ausfuhr von Antiquitäten ist nur mit Genehmigung der Museumsbehörde von Malaysia gestattet.

⊃ Singapore

Zollfrei dürfen 1l Spirituosen und 1l Wein eingeführt werden. Zigaretten werden mit einer Steuer von 17 S$ pro Stange belegt, bei der Ausreise sind sie jedoch zollfrei. Es gibt es keine Beschränkungen bei der Ein- und Ausfuhr von Kosmetika, HiFi-Geräten, Kameras und Elektronik. Nach der Ankunft und vor der Abreise kann in den Duty Free Shops am Airport zollfrei eingekauft werden.

⊃ Thailand

Zollfrei sind neben den üblichen Gegenständen des täglichen Bedarfs 200 Zigaretten bzw. 250 g Tabak, 1 l Wein oder 1 l Spirituosen, ein Fotoapparat, eine Film- oder Video-Kamera und 5 Filme. Alle weiteren Dinge müssen bei der Einreise deklariert und verzollt werden. Für unbelichtetes Filmmaterial beträgt der nur selten erhobene Satz 40% des Gesamtwertes. Verboten ist die Einfuhr von Waffen, Porno-Literatur und Drogen bzw. die Ausfuhr von Buddhastatuen und echten Antiquitäten.

⊃ Tiere und Pflanzen

Hunde, Katzen und andere Tiere bleiben besser zu Hause, denn sie benötigen ein Gesundheitszeugnis, eine Einreiseerlaubnis der Veterinärbehörde und werden für mindestens einen Monat in Quarantäne gesteckt. Auch die Einfuhr von Pflanzen und Samen unterliegt komplizierten Bestimmungen.

Es ist strafbar, Tiere und Produkte aus Tieren, die unter das Washingtoner Artenschutzabkommen fallen, zu erwerben und nach Europa einzuführen.

➡ Ein- und Ausreise (s.S. 756).

Index

A
Affenwald	214
Airmadidi (In)	305
Alor Setar (Ma)	377
Ambarita (In)	65
Ampenan (In)	230
Ancol (In)	105
Ang Thong Marine National Park (Th)	682
Ao Nang Beach (Th)	706
Ao Phai (Th)	646
Ao Wongduan (Th)	647
Arjuna-Komplex (In)	142
Ayutthaya (Th)	552

B
Bajawa (In)	252
Bako Nationalpark (Ma)	454
Bakunase (In)	265
Bali	188
Balimbing (In)	85
Ban Chiang (Th)	639
Ban Dan Kwian (Th)	634
Ban Hat Sai Kao (Th)	651
Ban Khai Beach (Th)	687
Ban Laem Trong („Phi Phi Village") (Th)	712
Ban Mae Hat (Th)	693
Ban Na Dan (Th)	645
Ban Saladan (Th)	708
Ban Tai Beach (Th)	686
Bandar Lampung (In)	98
Bandar Seri Begawan (Br)	12
Bandung (In)	125
Bang Saphan (Th)	661
Bangar (Br)	21
Bangkok (Th)	526
Bangsal (In)	237
Banyuwangi (In)	186
Barana (In)	286
Barusjahe (In)	58
Batak-Hochland (In)	55
Batik (Ma)	405
Batu Caves (Ma)	338
Batu Ferringhi (Ma)	359, 373
Batu Hiu (In)	139
Batur (In)	222
Batusangkar (In)	84
Batutumonga (In)	287
Bayur (In)	82
Beaufort (Ma)	478
Bedugul	223
Bedulu	215
Bendang (In)	85
Besakih	216
Big Buddha Beach (Th)	673
Bima (In)	244
Bintulu (Ma)	459
Bo Phut Beach (Th)	672
Bo Sang (Th)	600
Bogor (In)	120

„Tau-Tau"
Die Figuren in den Felsengräbern von Toradja

südwind
Die Kunst des Reisens

**Südwind
Reiseladen GmbH
Friedrichstr. 14–18
90408 Nürnberg
Tel. 0911/363027
Fax 0911/367368**

Bohorok Orang Utan
 Rehabilitation Centre (In) 53
Brastagi (In) 55
Brunei 9
Bukit Fraser
 (Fraser's Hill) (Ma) 339
Bukit Lawang
 (Bohorok) (In) 53
Bukit Shahbandar Forest
 Recreation Park (Br) 18
Bukit Tambi (Ma) 455
Bukit Teraja. (Br)20
Bukittinggi (In) 76
Bumbun Kumbang (Ma) 441
Burau Bay (Ma) 383

C

Cabang Empat (Ma) 408
Cakranegara (In) 230
Cameron Highlands (Ma) 342
Candi Dasa 217
Candi Kuning 223
Canopy Walkway (Ma) 439
Chaweng Bay (Th) 674
Cherating (Ma) 417
Chiang Khan (Th) 641
Chiang Khong (Th) 626
Chiang Mai (Th) 581
Chiang Rai (Th) 616
Chiang Saen (Th) 625
Chom Thong (Th) 603
Chumphon (Th) 662
Ciater Hot Springs (In) 133
Cijulang (In) 139
Cilacap (In) 140
Coral Bay (Ma) 351
Curug Bojong (In) 139
Curug Panganten (In) 133
Curug Puringis (In) 139

D

Damai (Ma) 454
Danau Maninjau (In) 82
Danau Merimbun (Br) 19
Danau Singkarak (In) 85
Danau Tondano (In) 305
Datai (Ma) 385
Denpasar (In) 195

Deri (In) 286
Dieng Plateau (In) 142
Doi Inthanon (Th) 602
Doi Pui (Th) 600
Doi Tung (Th) 622
Dunia Fantasi (In) 105
Durian Perangin-
 Wasserfall (Ma) 385

E

East-West-Highway (Ma) 376
Emerald Bay (Ma) 351
Ende (In) 253
Erawan National
 Park (Th) 570

F

Fang (Th) 614
Felda Cini II (Ma) 422
Flores (In) 248
Fort Cornwallis (Ma) 360
Fort Sylvia (Ma) 458

G

Georgetown (Ma) 359
Gerik (Ma) 376
Gili Air (In) 238
Gili Meno (In) 238
Gili Terawangan (In) 239
Gilimanuk 205
Glodok (In) 105
Goa Gajah (In) 215
Goldenes Dreieck (Th) 624
Great Cave (Ma) 460
Green Canyon (In) 139
Gua Telinga (Ma) 439
Gundaling Hill (In) 55
Gunung Batur (In) 220
Gunung Brinchang (Ma) 347
Gunung Bromo (In)
Gunung Kawi (In) 215
Gunung Kelimutu (In) 255
Gunung Merapi (In) 81
Gunung Mulu
 Nationalpark (Ma) 463
Gunung Rinjani (In) 241
Gunung Sibayak (In) 60

H

Hat Sai Kaeo (Th) 646
Hat Yai (Th) 736
Hua Hin (Th) 658

I

Indonesien 23
Ipoh (Ma) 353
Istana (In) 85
Istana Bogor (In) 120

J

Jakarta (In) 101
Java (In) 101
Jekbae (Th) 655
Jerantut (Ma) 435
Jerudong Park (Br) 18
Johor Bharu (Ma) 396
Jopu (In) 256

K

Kabanjahe (In) 58
Kai Bae Beach (Th) 654
Kain Hitam (Ma) 460
Kali Besar (In) 104
Kampong Air (Br) 12
Kampung Asah (Ma) 426
Kampung Genting (Ma) 426
Kampung Mukut (Ma) 426
Kampung Nipah (Ma) 426
Kampung Pangkor (Ma) 350
Kampung Paya (Ma) 426
Kampung Seberang
 Marang (Ma) 415
Kampung Sungai
 Pinang Kecil (Ma) 351
Kanchanaburi (Th) 563
Kao Pun (Th) 564
Kapit (Ma) 458
Kete Kesu (In) 283
Kg. Bukit Sawa (Br) 21
Kg. Gumum (Ma) 422
Kg. Rambai (Ma) 422
Kg. Sukanr (Br) 21
Kg. Sungai Mau (Br) 21
Khao Lak (Th) 730

A S W – ASEAN WINGS
Reisebüro GmbH – Ihr Südostasienpartner

Lieber im Jet nach Java als per Bahn nach Bayreuth.
Flüge

Lieber mit 'nem Vamp ins Camp, als mit Fritz ins Ritz.
Hotels

Lieber im Bus nach Bali als im Taxi zur Arbeit.
Rundreisen

„Last Minute"? Lieber 5 vor 12, als keins nach 1.
Pauschalarrangements

Für andere ist laufen teurer, als bei uns fahren.
Mietwagen

Faxabruf unter 06172 / 685630. Sie schalten Ihr Gerät auf **Abruf & Mithören**. Wir führen Sie durch das Programm.

Louisenstraße 59 • 61348 Bad Homburg
Telefon 06172 / 29901 oder 690196 • Fax 06172 / 690546
e-mail: ASW_ASEAN-WINGS-REISEBÜRO@T-ONLINE.DE

Khao Phra Taeo Wildlife Park (Th)	728	
Khao Sok National Park (Th)	733	
Khmer-Ruinen (Th)	568	
Kintamani	222	
Kipungit Wasserfall (Ma)	473	
Klong Lan National Park (Th)	570	
Klong Prao Beach (Th)	652	
Klong Son (Th)	650	
Ko Bulon Lae (Th)	741	
Ko Chang (Th)	649, 735	
Ko Kham (Th)	656	
Ko Lanta (Th)	708	
Ko Mae (Th)	682	
Ko Mak (Th)	655	
Ko Pha Ngan (Th)	682	
Ko Phi Phi (Th)	712	
Ko Samet (Th)	644	
Ko Samui (Th)	666	
Ko Tao (Th)	693	
Komodo (In)	247	
Komodo-Nationalpark (In) komplett	246	
Komtar Building (Ma)	363	
Korat (Nakhon Ratchasima) (Th)	630	
Kota Bharu (Ma)	400	
Kota Gadang (In)	81	
Kota Kinabalu (Ma)	465	
Krabi (Th)	699	
Kuah (Ma)	381	
Kuala Balai (Br)	20	
Kuala Belait (Br)	19	
Kuala Besut (Ma)	408	
Kuala Kangsar (Ma)	357	
Kuala Kedah (Ma)	378	
Kuala Lipis (Ma)	433	
Kuala Lumpur (Ma)	322	
Kuala Perlis (Ma)	378	
Kuala Tahan (Ma)	438	
Kuala Terengganu (Ma)	412	
Kuantan (Ma)	419	
Kuching (Ma)	446	
Kupang (In)	261	
Kuta (In)	198	

L

Labi (Br)	20
Labi Road (Br)	20
Labuan (Ma)	478
Labuan Bajo (In)	250
Laem Ngop (Th)	648
Laem Phrom Thep (Th)	728
Lamai Bay (Th)	677
Lamphun (Th)	600
Lampung (In)	98
Langanan Wasserfälle (Ma)	473
Larantuka (In)	258
Lata Berkoh (Ma)	440
Legian (In)	198
Lombah Harau-Naturschutzgebiet (In)	84
Lembang (In)	132
Lembar (In)	230
Lemo (In)	283
Limakaum (In)	85

Limau Manis (Br)	19
Lingga (In)	58
Lingsar (In)	240
Lokomata (In)	287
Lombok (In)	229
Londa (In)	282
Lovina Beach (In)	225
Lubok Lesong (Ma)	441
Lubok Simpon (Ma)	438
Lumut (Ma)	349

M

Mae Chan (Th)	621
Mae Hong Son (Th)	604
Mae Kok River (Th)	616
Mae Nam (Th)	680
Mae Nam Beach (Th)	671
Mae Sa Valley (Th)	602
Mae Sae (Th)	613
Mae Sai (Th)	622
Mae Salong (Th)	621
Mae Sariang (Th)	603
Mae Sot (Th)	571
Makale (In)	287
Makula (In)	284
Malaysia	309
Manado (In)	299
Mangkutana (In)	288
Maninjau (In)	82
Marang (Ma)	415
Marante (In)	284
Maribaya Hot Springs (In)	133
Mataram (In)	230
Maumere (In)	256
Medan (In)	48
Melaka (Ma)	386
Mendaram Besar (Br)	20
Mersing (Ma)	423
Miri (Ma)	461
Moni (In)	255
Mount Kinabalu (Ma)	470
Muara Bojong Salawe (In)	139
Muara Karangtirta (In)	139
Myanmar (Burma)	624

N

Nagoya (In)	93
Nam Tok (Th)	567
Nan (Th)	627
Nanggala (In)	285
Narmada (In)	240
Nathon (Th)	668
Ndona (In)	254
Ngalau Indah (In)	83
Nggela (In)	256
Niah Höhlen (Ma)	460
Nilam Puri (Ma)	407
Nong Khai (Th)	636
Nord-Sulawesi (In)	299
Nord-Thailand (Th)	572
Nordost-Thailand (Th)	630
Nusa Kambangan (In)	139
Nusa Tenggara (In)	228

O

Orang Asli Museum (Ma)	339
Ost-Malaysia (Ma)	446
Ostküste (Th)	643

P

Padang (In)	70
Padang Bai (In)	216
Padang Besar (Ma)	378
Padang Besar (Th)	743
Padang Matsirat (Ma)	383
Padar (In)	246
Pagarruyung (In)	84
Pahatu (In)	265
Pai (Th)	610
Pak Chom (Th)	640
Pak Thong Chai (Th)	634
Pakbara (Th)	740
Palatokke (In)	283
Palawa (In)	286
Palembang (In)	95
Palu (In)	293
Pananjung (In)	133
Pangandaran (In)	133
Pangururan (In)	66
Paniki (In)	286
Pantai Batu Karas (In)	139
Pantai Cahaya Bulan (Ma)	407
Pantai Cenang (Ma)	383
Pantai Dasar (Ma)	407
Pantai Karang Nini (In)	139
Pantai Karapyak (In)	139
Pantai Kok (Ma)	383
Pantai Kuta (In)	240
Pantai Lembah Putri (In)	139
Pantai Muara (Br)	18
Pantai Palatar Agung (In)	139
Pantai Pasir Bogak (Ma)	350
Pantai Pasir Putih (In)	138
Pantai Poncol (In)	139
Pantai Serasa (Br)	18
Pantai Seri Kenangan (Br)	19
Pantai Tengah (Ma)	383
Pariangan (In)	85
Pasar Lawang (In)	82
Pasir Mas (Ma)	407
Pattaya (Th)	643
Payakumbuh (In)	83
Payathonzu (Th)	569
Pekanbaru (In)	86
Pemenang (In)	237
Penang (Ma)	359
Pendolo (In)	288
Penelokan (In)	221
Pengosekan (In)	214
Persiaran Damuan (Br)	14
Phang Nga (Th)	729
Phimai (Th)	634
Phu Pra Bat Historical Park (Th)	639
Phuket (Th)	715
Poring (Ma)	473
Poso (In)	290
Poto Tano (In)	243
Prapat (In)	61
Prasat Phanom Rung (Th)	635
Pulau Batam (In)	92
Pulau Bintan (In)	92
Pulau Bunaken (In)	304
Pulau Gaya (Ma)	469
Pulau Langkawi (Ma)	379

Pulau Lasa (In)	247	Rantepao (In)	277	Saruaso (In)	85
Pulau Mamutik (Ma)	470	Riau (In)	85	Satun (Th)	742
Pulau Manukan (Ma)	470	Rinca (In)	246	Sawangan (In)	305
Pulau Pangkor (Ma)	350	Ruteng (In)	251	Sembungan (In)	143
Pulau Perhentian (Ma)	409			Semengoh (Ma)	453
Pulau Ranggu (Br)	14			Senggigi Beach (In)	235
Pulau Samosir (In)	63	**S**		Sepilok Forest	
Pulau Sapi (Ma)	470	Sabah (Ma)	464	Reserve (Ma)	476
Pulau Semau (In)	265	Sabak (Ma)	407	Seria (Br)	19-20
Pulau Soyak (Ma)	426	Sadan (In)	286	Si Chiangmai (Th)	640
Pulau Tioman (Ma)	424	Sadao (Th)	743	Si Satchanalai (Th)	562
Puncak Lawang (In)	82	Sai Yok National		Sibu (Ma)	455
Pura Tirta Empul (In)	215	Park (Th)	568	Siguntu (In)	282
Pura Ulun Danu		Salakpet (Th)	655	Sikidang Krater (In)	143
Bratan (In)	223	San Kamphaeng (Th)	600	Simanindo (In)	65
		Sandakan (Ma)	474	Singapore (Si)	481
		Sang Khom (Th)	640	Singaraja (In)	224
R		Sangalla (In)	284	Sipisopiso (In)	60
Rafflesia Centre (Ma)	473	Sangkhlaburi (Th)	568	Solo (Surakarta) (In)	168
Ragunan Zoo (In)	119	Sape (In)	245	Soppong (Th)	608
Rai Leh Beach (Th)	704	Saphirminen (Th)	569	Suaya (In)	284
Ranong (Th)	734	Sarawak (Ma)	446	Surabaya (In)	174
Rantau Abang (Ma)	416	Sarilamak (In)	84	Süd-Bali	190

Süd-Sumatra (In)	95	Taman Negara (Ma)	437	Teluk Delima (Ma)	455
Süd-Thailand (Th)	658	Taman Sari (In)	148	Teluk Nipah (Ma)	350
Südliche Tana		Tana Toraja (In)	273	Teluk Paku (Ma)	454
Minang (In)	84	Tanah Rata (Ma)	342	Teluk Pandan Kecil (Ma)	454
Sukhothai (Th)	558	Tangkuban Prahu-		Teluk Pauh (Ma)	409
Sulawesi (In)	266	Krater (In)	132	Teluk Pelikan (In)	265
Sumatra (In)	3	Tanjong Sapi (Ma)	454	Teluk Tajor (Ma)	455
Sumbawa (In)	242	Tanjung Karang (In)	297	Temburong District (Br)	21
Sumbawa Besar (In)	243	Tanjung Paku (Ma)	455	Tentena (In)	289
Sungai Belait (Br)	20	Tanjung Pinang (In)	89	Teraja (Br)	20
Sungai Citanduy (In)	139	Tantawan (Th)	655	Tetebatu (In)	241
Sungai Golok (Th)	743	Tapah (Ma)	342	Thailand (Th)	511
Sungai Liang		Tasek Lama Park (Br)	13	Thale Ban	
Forest Reserve (Br)	20	Tasik Chini (Ma)	422	National Park. (Th)	743
Surabaya (In)	174	Tawau (Ma)	477	Tham Lot-	
Suranadi (In)	240	Telaga Menjer (In)	143	Tropfsteinhöhle (Th)	609
Surat Thani(Th)	664	Telaga Merdada (In)	143	That Phanom (Th)	642
		Telaga Sileri (In)	143	Thaton (Th)	615
		Telaga Tujuh (Ma)	383	Thong Pha Phum (Th)	568
T		Telaga Warna (In)	143	Thong Sala (Th)	683
Taiping (Ma)	357	Teluk Assam (Ma)	454	Thong Sala Beach (Th)	686
Tak Bai (Th)	744	Teluk Bahang (Ma)	359, 373	Three Pagodas	
Taman Mini (In)	119	Teluk Dalam (Ma)	409	Pass (Th)	568

WELTWEIT PREISWERT SICHER

TRAVEL OVERLAND

Die richtige Adresse für Ihre Reise!

Travel Overland München
Barerstraße 73
80799 München
Tel. 089/ 27 27 60
Fax 089/ 307 30 39

Telefonische Buchungszentrale
Tel. 089/ 27 27 63 00

Travel Overland Augsburg
Zeuggasse 5
86150 Augsburg
Tel. 0821/ 31 41 57
Fax 0821/ 31 32 53

Travel Overland Bremen
Fedelhören 14
28203 Bremen
Tel. 0421/ 33 75 50
Fax 0421/ 32 55 53

Travel Overland Hamburg
Eppendorfer Landstraße 49
20249 Hamburg
Tel. 040/ 18 00 210
Fax 040/ 47 48 60

Flugbüro im Internet: http://www.travel-overland.de

Tilanga (In)	283	Wangprachan (Th)	743	Wat Tham Kao Noi (Th)	567
Timor (In)	260	Waruga (In)	305	Wat Tham Sua (Th)	567
Toba-See (In)	55	Wat Bupharam (Th)	583	Wat Umong (Th)	583
Togian-Inseln (In)	297	Wat Chalong (Th)	728	Wat Uttamaram (Ma)	407
Tomok (In)	63	Wat Chedi Luang (Th)	582	West-Java (In)	120
Tortoise Bay (Ma)	350	Wat Chiang Man (Th)	582	West-Malaysia	322
Trunyan	221	Wat Doi Suthep (Th)	600	West-Sumatra (In)	70
Tuk Tuk (In)	64	Wat Jed Yod (Th)	583	Wolele (In)	256
Tumakke (In)	287	Wat Khaek (Th)	639	Wolotopo (In)	254
Tumpat (Ma)	408	Wat Ku Tao (Th)	583	Wolowaru (In)	256
Tunku Abdul Rahman Nationalpark (Ma)	469	Wat Mae Yen (Th)	613	Wua Talap (Th)	682
Tutong (Br)	19	Wat Maharam (Th)	583		
		Wat Nernpa Nao (Th) I	636	**Y**	
		Wat Phothivihan (Ma)	408	Yogyakarta (In)	145
		Wat Phra Sing (Th)	582		
U				**Z**	
Ubud (In)	205	Wat Phra That Haripunchai (Th)	602	Zentral-Java (In)	139
Ujung Pandang (In)	266	Wat Phra That Si Chom Thong (Th)	603	Zentral-Sulawesi (In)	288
				Zentral-Thailand (Th)	552
W		Wat Saen Fang (Th)	583		
Waiara (In)	258	Wat Suan Dok (Th)	583		

Bildnachweis

S/W-Fotos:
Renate Loose: Seite III, 5, 7, 8, 22, 307, 480, 509, 510, 744
Richard Doring: Seite 699

Farbfotos:
Britta Dieterle: Gegenüber der Seite 188 (groß)
Richard Doring: Gegenüber den Seiten 572, 573 alle (3), 700 alle (2), 701 (4 klein)
Matthias Grimm: Gegenüber den Seiten 156 Mitte, 188 (klein), 189 rechts Mitte
Frank Holl: Gegenüber der Seite 380 alle (2)
Renate Loose: Titel und Innentitel, alle (38) zwischen Seite 28 und 29, gegenüber den Seiten 60 alle (3), 61 alle (2), 92 alle (5), 93 alle (2), 156 oben und unten, 157 unten, 189 oben, Mitte links, unten links und rechts, 253 alle (3), 284 alle (2), 285 alle (4), 348 alle (5), 349 alle (2), 381 unten rechts, 444 alle (2), 445 alle (2), 476 alle (4), 477 alle (2), 540 alle (2), 541 alle (5), 636 alle (2), 637 alle (5), 669 alle (2), 253 alle (2), 701 (groß), 732, 733 alle (5)
Silvia Mayer: Gegenüber der Seite 381 oben und unten links
Werner Mlyneck: Gegenüber den Seiten 157 oben, 252

Über die Autoren

Stefan Loose schloß eine Lehre als Industriekaufmann, die Hochschulreife auf dem zweiten Bildungsweg und ein Studium in Englisch und Politik ab, bevor ihm die Reiselust zum Schicksal wurde. Als die erste Traveller-Welle Südostasien eroberte, war er schon ein alter Hase, der sich auskannte. Die Idee, seine Kenntnisse in ein Buch zu packen, nahm Gestalt an, als er sich entscheiden mußte: Lehrer werden oder etwas anderes machen? Und nachdem er es mit der Referendarzeit probiert hatte, war es endgültig klar: Etwas anderes. Etwas eigenes. Aus der Reiselust einen Beruf machen.

Das war die Zeit, als er **Renate Ramb** kennenlernte. Nach einem Geografie- und Germanistik-Studium hatte die Referendarzeit sie nach Berlin verschlagen. Ihr Faible für asiatische Völker und Kulturen entwickelte sich nach der ersten großen Reise durch Borneo 1978. Bald war die Faszination Südostasiens stärker als die Aussicht auf Verbeamtung, Pensionsberechtigung und Bausparvertrag, und mit dem Zweiten Staatsexamen stand auch ihre Entscheidung fest: Reisen, schreiben, fotografieren, wieder reisen – das war ihr Beruf.

Das erste **Südostasien Handbuch**, auf Schreibmaschine getippt und von Hand illustriert, kam 1978 im Selbstverlag auf den Markt. Daß das Buch ein Renner und der Grundstein zu einem Verlag werden sollte, ahnte damals noch niemand. 1980 heirateten Stefan Loose und Renate Ramb in Penang, 1982 wurde ihr Sohn Mischa geboren – auch er mußte sich frühzeitig daran gewöhnen, ständig auf Reisen zu sein. Das Südostasien Handbuch erlebte eine Neuauflage nach der anderen. Neue Autoren stiegen ein, neue Titel kamen auf den Markt, dicker, bunter, professioneller. Der „Loose" wurde zum Begriff.

Werner Mlyneck streifte schon in jungen Jahren durch alle Länder, schlug sich mit gelegentlichen Jobs durch und verdiente sich seine Reisekasse als LKW-Fahrer auf bundesdeutschen Autobahnen oder im Dschungen von Neuguinea. Zunächst reizte ihn vor allem die Südsee, später verliebte er sich mehr und mehr in Südostasien, vor allem in Indonesien. Stefan Loose hatte er schon 1975 in Kyoto kennengelernt. Ihn als festen Autor zu verpflichten, kostete einige Jahre harte Überzeugungsarbeit. Jahr für Jahr ist Werner für mehrere Monate irgendwo unterwegs zwischen Aceh und Irian. Im heimischen Paderborn hält ihn nur eins: seine Indonesien-Privatbibliothek, wahrscheinlich die größte Sammlung ihrer Art in NRW, wenn nicht in ganz Deutschland.

Richard Doring absolvierte sein Studium der Informatik und Pädagogik in Deutschland und in den USA, war als Trainer in der Industrie tätig und arbeitet heute hauptberuflich als Reisebuchautor. Schon als Teenager, mit Rucksack und Daumen, entdeckte er seine Freude am Reisen.

Ursula Spraul-Doring studierte Sonderpädagogik, Deutsch und Kunst und arbeitet an einer Schule für Lernbehinderte. Die ersten Erfahrungen in Asien sammelte sie alleine mit Rucksack, Bahn und Bus. Ihre Begeisterung war so groß, daß sie mühelos ihren Mann ansteckte.

Gemeinsam durchstreiften sie in den Ferien und während mehrjähriger Reisen alle Kontinente und veröffentlichten ihre Eindrücke in Büchern und Zeitschriften. Vor allem ihr Lieblingsland, Thailand, erkundeten sie mit Bus, Bahn, Schiffen, Mietwagen und dem Wohnmobil bis in die letzten Winkel. Sie trugen Materialien und Informationen zusammen, von denen selbst die örtlichen Tourismusbehörden nur träumen können. Seit der zweiten Auflage bringen sie ihr Wissen mit persönlichem Engagement und größter Genauigkeit in das Loose Travel Handbuch Thailand und das Südostasien Handbuch ein.

Dieses Handbuch lebt freilich nach wie vor auch von den zahlreichen Zuschriften und Kritiken seiner Leser. Vielen Dank für die Mitarbeit!

KARTENLEGENDE

━━━	Eisenbahn	ⓘ	Informationsbüro
═══	Autobahn/Schnellstraße	✉	Postamt
───	Hauptstraße	ⓒ	Telefon
═══	Nebenstraßen	⊕	Krankenhaus
======	Unbefestigte Straße	℗	Parkplatz
------	Fußweg	✝	Christliche Kirche
------	Fähre	✝✝✝	Friedhof
222	Straßennummern	☪	Moschee
✈ ✈	Flughafen, Flugplatz	🛕	Chinesischer Tempel
─·─·─	Internationale Grenze	🛕	Thai-Tempel
⸽⸽⸽	Nationalparkgrenze	🛕	Hindu-Tempel
〰️	Gebirgszug	▨	Markt
ᴡᴡᴡ	Riff	▦	Grünfläche/Park
∼	Gewässer		
★	Sehenswürdigkeit	⑨	**Übernachtung:** Die Nummer wird in der Kartenlegende erklärt. Zudem erscheint diese Ziffer im Übernachtungsteil des Textes.
△	Berggipfel		
♨	Heiße Quelle		
∩	Höhle	6	**Restaurants, Läden, etc.:** Die Nummer wird in der Kartenlegende erklärt.
⌂	Hütte		
■	Einzelnes Gebäude		
※	Aussichtspunkt	❼	**Transport:** Die Nummer wird in der Kartenlegende erklärt.
⤫	Höhenpaß		

Kartenerklärung

Die orangen Bücher aus dem Stefan Loose Verlag gibt es nun schon für 20 Fernreiseziele!

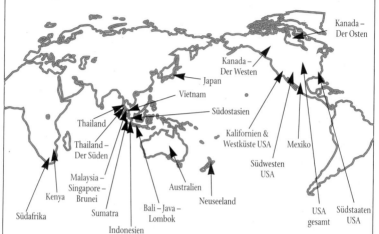

AUSTRALIEN TRAVEL HANDBUCH,
  ANNE DEHNE; 3. AUFLAGE 1996,
  ISBN 3-922025-58-7
BALI – JAVA – LOMBOK TRAVEL HANDBUCH,
  STEFAN LOOSE, WERNER MLYNECK, RENATE
  RAMB; 5. AUFLAGE 1997, ISBN 3-922025-72-2
INDONESIEN TRAVEL HANDBUCH,
  STEFAN LOOSE, WERNER MLYNECK, RENATE
  RAMB; 7. AUFLAGE 1997, ISBN 3-922025-70-6
JAPAN TRAVEL HANDBUCH,
  ROBERT STRAUSS, CHRIS TAYLOR,
  TONY WHEELER; 1. AUFLAGE 1992,
  ISBN 3-922025-41-2
KALIFORNIEN & WESTKÜSTE USA
  TRAVEL HANDBUCH,
  GREG WARD, HRSG.; 4. AUFLAGE 1997,
  ISBN 3-922025-66-8
KANADA – DER OSTEN TRAVEL HANDBUCH,
  MARK LIGHTBODY, JIM DUFRESNE,
  TOM SMALLMAN, DORINDA TALBOT;
  1. AUFLAGE 1997, ISBN 3-922025-75-7
KANADA – DER WESTEN TRAVEL HANDBUCH,
  MARK LIGHTBODY, JIM DUFRESNE,
  TOM SMALLMAN, DORINDA TALBOT;
  1. AUFLAGE 1997, ISBN 3-922025-74-9
KENYA TRAVEL HANDBUCH,
  RICHARD TRILLO; 3. AUFLAGE 1997,
  ISBN 3-922025-69-2
MALAYSIA – SINGAPORE – BRUNEI
  TRAVEL HANDBUCH, STEFAN LOOSE,
  RENATE RAMB, KLAUS SCHIDLER;
  7. AUFLAGE 1997, ISBN 3-922025-71-4
MEXIKO TRAVEL HANDBUCH,
  JOHN FISHER, SILVIA MAYER; 4. AUFLAGE 1996,
  ISBN 3-922025-62-5

NEUSEELAND TRAVEL HANDBUCH,
  TONY WHEELER, NANCY KELLER,
  PETER TURNER, JEFF WILLIAMS;
  2. AUFLAGE 1997, ISBN 3-922025-53-6
SÜDAFRIKA – LESOTHO – SWASILAND
  TRAVEL HANDBUCH,
  RICHARD EVERIST, JON MURRAY;
  1. AUFLAGE 1996, ISBN 3-922025-63-3
SÜDOSTASIEN HANDBUCH
  STEFAN LOOSE, HRSG.; 11. AUFLAGE 1998,
  ISBN 3-922025-76-5
SÜDSTAATEN USA TRAVEL HANDBUCH,
  GREG WARD, HRSG.; 2. AUFLAGE 1996,
  ISBN 3-922025-67-6
SÜDWESTEN USA TRAVEL HANDBUCH,
  GREG WARD, HRSG.; 1. AUFLAGE 1998,
  ISBN 3-922025-77-3
SUMATRA TRAVEL HANDBUCH,
  STEFAN LOOSE, WERNER MLYNECK, RENATE
  RAMB; 1. AUFLAGE 1996, ISBN 3-922025-59-5
THAILAND – DER SÜDEN TRAVEL HANDBUCH,
  R. DORING, S. LOOSE, R. RAMB, U. SPRAUL-
  DORING; 1. AUFLAGE 1996, ISBN 3-922025-60-9
THAILAND TRAVEL HANDBUCH,
  R. DORING, S. LOOSE, R. RAMB, U. SPRAUL-
  DORING; 6. AUFLAGE 1997, ISBN 3-922025-73-0
USA GESAMT TRAVEL HANDBUCH,
  GREG WARD, HRSG.; 2. AUFLAGE 1997,
  ISBN 3-922025-65-X
VIETNAM TRAVEL HANDBUCH,
  DANIEL ROBINSON, U.A.; 3. AUFLAGE 1996,
  ISBN 3-922025-61-7

STEFAN LOOSE VERLAG, HASENHEIDE 54, 10967 BERLIN

MICHAEL MÜLLER VERLAG

Kompetenz in Europa

haben wir uns in fast 20 Jahren mit über 70 Titeln erworben. Neuerdings gibt es die aktuellen und umfassend vor Ort recherchierten Reisehandbücher auch für den **südamerikanischen Kontinent**: Unser Titel Ecuador macht den Anfang – weitere Titel werden folgen.
Michael Müller Reisehandbücher gibt es zu den Ländern/Regionen/Städten:

Osteuropa
– Ungarn
– Tschech./Slow. Rep.
– Polen
– Baltische Länder
– Slowenien und Istrien
– Kroatien – Kvarner Bucht
– Kroat. Inseln und Küste

Türkei
– gesamt
– Mittelmeerküste

Italien
– gesamt
– Oberitalien
– Sizilien
– Toscana
– Toscana Infokarte
– Rom/Latium
– Sardinien
– Apulien
– Italienische Riviera/ Cinque Terre
– Gardasee

Griechenland
– gesamt
– Griechische Inseln
– Nord- und Mittelgriechenland
– Chalkidiki
– Kreta
– Kreta Infokarte
– Peloponnes
– Korfu und Ionische Inseln
– Kykladen
– Amorgos und Kleine Ostkykladen
– Rhodos und Dodekanes
– Kos

– Karpathos
– Samos, Chios, Lesbos und Ikaria
– Lesbos

Zypern
– Südlicher Landesteil
– Nordzypern

Spanien
– gesamt
– Andalusien
– Nordspanien
– Katalonien
– Mallorca

Kanarische Inseln
– La Palma
– La Palma Infokarte
– Gomera
– Lanzarote
– Teneriffa

Portugal
– gesamt
– Lissabon und Umgebung
– Algarve

Mit der Eisenbahn durch Europa
– Südwest
– Skandinavien/Dänemark
– Frankreich/Benelux/ Großbritannien/Irland

Deutschland
– Franken
– Fränkische Schweiz
– Altmühltal und Fränkisches Seenland
– Berlin
– Nürnberg und Fürth
– Sauerland

– Bodensee
– Oberbayerische Seen
– Die Donau von der Quelle bis Passau

Frankreich
– Südwestfrankreich
– Bretagne
– Provence & Côte d'Azur
– Korsika

Nordwesteuropa
– Niederlande
– Amsterdam
– England
– Schottland
– Irland
– Norwegen
– Island

Südamerika
– Ecuador

in Vorbereitung: Tunesien, Tirol, Elsaß, Sporaden, Samos, Mainfranken, Malta, Gran Canaria, Liparische Inseln, Mallorca Infokarte

Michael Müller
Verlag GmbH
Gerberei 19
D-91054 Erlangen
Tel.: 09131/ 216 11
Fax: 09131/ 20 75 41

Kartenverzeichnis

Air Batang / Kg. Tekek	427	Komodo	247	Pulau Pangkor	351
Ayutthaya	555	Korat	633	Pulau Perhentian	411
Bali, Übersicht	189	Kota Bharu	401	Pulau Pinang	375
Bandar Seri Begawan	15	Kota Bharu, Zentrum	403	Pulau Samosir	65
Bandung	127	Kota Kinabalu	467	Pulau Tioman	425
Bangkok	528/529	Krabi	701	Rantepao	279
–Banglampoo	535	– Strände	705	Riau-Lingga-Archipel	89
–Expreßboote	545	– Ao Nang	707	Sabah	465
–Umgebung	551	Kuah	381	Sandakan	475
Bogor	123	Kuala Lumpur, Übersicht	323	Sarawak	447
Bohorok	54	– Zentrum u. Chinatown	325	Senggigi Beach	236
Brastagi	57	– Nördliches Zentrum	329	Sibu	457
Brunei, Übersicht	10	– Das Goldene Dreieck	333	Singapore	483
Bukittinggi	79	Kuala Terangganu	413	– City & Chinatown	485
Cameron Highlands	343	Kuantan	421	– Little India	488
Candi Dasa	218/219	Kuching	449	– Orchard Road	496/497
Cherating	417	– Zentrum	451	Solo	169
Chiang Mai	584/585	Kupang	263	Süd-Thailand	657
–Altstadt	587	Kuta	199	Sukhothai	561
–Zentrum	589	Larantuka	259	Sulawesi	267
Chiang Rai	619	Legian	201	Sumatra	47
Denpasar	197	Lombok	231	Surabaya	177
Dieng Plateau	145	Lovina Beach	227	– Zentrum	179
Flores	248/249	Mae Hong Son	605	Taman Negara Trails	443
Georgetown	361	Malaysia, Übersicht	310/311	Tana Toraja	285
Georgetown-City	366/367	Malaysia, Ostküste	399	Tanah Rata	345
Hat Rin	689	Malaysia, Westküste		Thailand, Übersicht	513
Hat Ya	739	(KL nach Penang)	341	Thailand, Zentral	553
Hua Hin	659	(KL nach Singapore)	387	Thailand, Norden	601
Indonesien, Übersicht	24/25	Manado	301	Thailand, Nordosten	631
Ipoh	355	Maninjau	83	Tuk Tuk	68
Jakarta	103	Marang	415	Ubud	209
– Alt-Jakarta	105	Medan	49	– Jl. Monkey Forest	213
– Jl. Jaksa	109	Melaka, Zentrum	391	– West und Nordwest	211
– Zentrum	107	Miri	461	Ujung Pandang	269
Java, Übersicht	100/101	Nong Khai	637	Sumatra, Westen	71
Java, Westen	121	Nusa Tenggara,		Sumatra, Norden	59
Java, Zentral	141	Übersicht	228	West-Timor	261
Java, Osten	175	Padang	73	Yogyakarta	149
Kanchanaburi	565	Pangandaran	135	– Gasthäuser A	153
Ko Chang	653	Phuket	717	– Gasthäuser B	155
Ko Pha Ngan	685	Phuket, Strände	723	– Zentrum	147
Ko Samet	647	Pulau Batam	94	– Umgebung	165
Ko Samui	667	Pulau Langkawi	380		